Semi-usuel
BO
58

JE

45/16/12

9665 [19]

364/No.

PANTHÉON LITTÉRAIRE.

LITTÉRATURE FRANÇAISE.

HISTOIRE.

CHOIX

DE

CHRONIQUES ET MÉMOIRES

SUR

L'HISTOIRE DE FRANCE.

XVIᴱ SIÈCLE.

PARIS. — IMPRIMERIE GREGOIRE ET C⁰, RUE DU CROISSANT, 16.

CHOIX

DE

CHRONIQUES ET MÉMOIRES

SUR

L'HISTOIRE DE FRANCE

AVEC NOTICES BIOGRAPHIQUES

PAR J. A. C. BUCHON.

B. DE SALIGNAC. — G. DE COLLIGNY. — LA CHASTRE. — GUILL. DE ROCHECHOUART.
MICHEL DE CASTELNAU. — J. DE MERGEY. — F. DE LA NOUE.
ACH. DE GAMON. — J. PHILIPPI. — DUC DE BOUILLON. — GUILL. DE SAULX-TAVANNES.
MARGUERITE DE VALOIS. — J. AUG. DE THOU. — J. CHOISNIN. — MERLE.

PARIS

A. DESREZ, LIBRAIRE-ÉDITEUR,
RUE SAINT-GEORGES, 11.

M DCCC XXXVI.

A LUDOVIC VITET.

A qui pourrais-je plus convenablement offrir cette Collection de Mémoires originaux relatifs à l'histoire des derniers Valois qu'à l'écrivain consciencieux et habile qui a su, dans ses drames historiques des *Barricades* et des *États de Blois*, reproduire d'une manière animée et fidèle ces scènes si intéressantes et si pittoresques, sans recourir jamais à des ornements étrangers, sans les défigurer par des allusions forcées à des événements d'une autre époque, et en respectant toujours la vérité, le public et lui-même.

HOMMAGE DE SON AMI,

J. A. C. BUCHON.

10 juillet 1836.

NOTICES BIOGRAPHIQUES.

BERTRAND DE SALIGNAC,

SEIGNEUR DE LA MOTTE-FÉNÉLON.

NÉ VERS 1510. — MORT A BORDEAUX, EN 1599.

Bertrand de Salignac était le plus jeune des sept fils d'Élie de Salignac et de Catherine de Ségur. On ignore l'époque exacte de sa naissance, et on ne trouve nulle mention de lui avant l'année 1552, où il se jeta dans Metz avec l'élite de la noblesse française pour soutenir le siége de cette ville contre Charles-Quint en personne à la tête d'une armée de cent mille hommes. Salignac écrivit l'année suivante la relation de ce siége telle qu'on la trouvera en tête de ce volume. Le style de cette courte narration est clair et facile : les actions militaires y sont racontées simplement et sans enflure, et, en rendant justice à tous, l'auteur n'a oublié de parler que de lui seul.

En 1554, Fénélon suivit Henri II en Flandre et prit part à la victoire de Renty. Le succès qu'avait obtenu sa première narration l'engagea à en écrire une seconde sur les événemens de cette campagne.

Henri II reconnut dans l'auteur de ces deux écrits un grand esprit de modération et des talens propres aux affaires, et aussitôt après le traité de Cateau-Cambrésis de l'année 1559, il l'envoya en qualité d'ambassadeur auprès d'Élisabeth, devenue depuis peu reine d'Angleterre. Pendant les sept ans de séjour que Fénélon fit auprès d'elle dans cette première ambassade, il sut gagner l'estime de la reine et faire servir aux affaires de son pays les bons sentimens qu'il s'était conciliés.

A son retour en France, il vécut éloigné de toutes les querelles de parti, et lorsqu'en 1570 on envoya en Angleterre Montmorency et Paul de Foix, après la paix de Saint-Germain, Fénélon leur fut adjoint, parce qu'on savait que l'estime dont il jouissait en Angleterre était propre à tout concilier. Au départ de ses collègues, il resta seul chargé des affaires ordinaires pour lesquelles sa présence était nécessaire. La querelle entre les protestans et les catholiques était arrivée au plus haut point d'exaspération. Philippe II et le duc d'Albe, Charles IX et Catherine n'étaient pas des caractères à reculer devant aucune violence ; et aux échafauds de Belgique succédèrent bientôt en France les assassinats de la Saint-Barthélemy. A cette nouvelle le peuple protestant d'Angleterre demanda à envoyer des secours à ses frères de France ; et Élisabeth put craindre que les catholiques de son pays ne préparassent à l'Angleterre de nouveaux ébranlemens. Le caractère honorable de Fénélon, étranger à toute intrigue, opposé à toute violence, contribua beaucoup à la rassurer. Charles IX comprit que le crime dont il venait de souiller son règne allait être un obstacle près du gouvernement protestant d'Angleterre à l'alliance de famille qu'il faisait négocier, et il écrivit à Fénélon de rédiger une justification de cette horrible journée : « Chargez de la justification de cette ac- » tion, lui répondit l'honorable négociateur, ceux » qui vous ont donné le conseil de la commettre. » Charles IX fit en effet rédiger une sorte de mémoire dans lequel il niait toute préméditation et mettait en avant la nécessité de se défendre contre une conspiration, excuse banale de tous les crimes politiques ; et Fénélon fut chargé de présenter cette sorte d'apologie à Élisabeth. Un jour solennel d'audience lui fut désigné. Tout le peuple de Londres était amassé sur son passage ; mais tel était le respect qu'on avait pour sa personne, telle était la confiance inspirée par la modération de ses opinions, qu'il ne reçut pas une seule insulte de ce peuple exalté. Arrivé au palais, il fut frappé du spectacle imposant qui se présenta à lui : le plus profond silence régnait partout, toute la cour était revêtue du deuil le plus sévère. Les haies de courtisans qu'il eut à traverser ne répondirent pas à son salut. Élisabeth l'attendait, entourée de toutes ses femmes en habits de deuil comme elle. Fénélon remplit sa mission sans faiblesse. Élisabeth l'écouta, immobile, et, lorsqu'il eut terminé, elle lui répondit avec sévérité que, bien qu'au premier bruit de cette horrible nouvelle, elle eût été étonnée que tant de braves et loyaux sujets, confiants en la foi de leur souverain, aient été massacrés d'une manière si barbare, elle avait toutefois suspendu son opinion jusqu'à plus ample et plus certaine information ; que si le rapport qui lui était présenté par l'ambassadeur de France, en supposant qu'il ne fût pas fondé sur des erreurs ou de mauvaises informations, pouvait alléger un peu le blâme mérité par les conseillers du roi, ils ne pourraient jamais se disculper ni justifier l'étrange irrégularité de leur conduite ; que cette même force qui avait bien pu massacrer tant d'hommes sans défense eût pu aisément garantir leurs personnes jusqu'à ce qu'un jugement légal et l'exécution de la sentence eussent permis de distinguer l'innocent du coupable ; que l'amiral de Coligny, en particulier, blessé dangereusement comme il l'était, et environné des gardes du roi, dans la sauvegarde desquels il semblait se confier entièrement, n'avait aucun moyen d'échapper, et qu'on eût pu très aisément avant sa mort prendre la peine de le convaincre des crimes dont on l'accusait ; qu'il était plus digne d'un souverain de retenir entre ses seules mains le glaive de la justice que de le confier à d'affreux meurtriers, ennemis déclarés des accusés et qui se livraient à la vengeance sans pitié et sans distinction de personnes ; que si tout cela était vrai, même en supposant la conspiration des protestans réelle, combien ne l'était-ce pas davantage, si ce crime n'était rien autre chose qu'une calomnie de leurs ennemis inventée pour leur destruction ; que si, après une recherche honnête, l'innocence de ces malheureux venait à se faire jour, le devoir du roi était de frapper les calomniateurs qui avaient si cruellement abusé de sa confiance, avaient massacré un si grand nombre de ses braves sujets, et avaient fait tout ce qui était en eux pour couvrir son règne d'une éternelle honte ; quant à elle, elle ferait ce que l'ambassadeur demandait d'elle, qui était de plaindre plutôt que de blâmer son souverain d'avoir été entraîné dans de telles extrémités.

Carte, historien anglais, a donné, dans son *Histoire d'Angleterre*, l'extrait des dépêches de Fénélon relatives à cette entrevue solennelle, et Hume, dont je donne ici l'extrait, n'a fait, pour ainsi dire, que copier Carte dans ce récit. J'ai voulu remonter jusqu'aux dépêches originales, et les ai recherchées aux Archives des affaires étrangères. Tout ce que j'ai pu y retrouver est un volume qui contient plusieurs copies de traités négociés entre la France et l'Angleterre, avec toutes les ratifications. La Bibliothèque du roi possède un volume manuscrit contenant, non les lettres de Fénélon, mais celles qui lui ont été adressées de 1572 à 1575 par Charles IX et Catherine. Ces lettres ont été publiées dans le troisième volume des *Mémoires de Castelnau*, édition de Le Laboureur, dans les additions. Les lettres de Fénélon existent probablement au musée britannique dans quelque ancien fond, où Carte aura pu les consulter.

Fénélon fut une troisième fois envoyé en Angleterre par Henri III pour négocier le mariage d'Élisabeth avec le duc d'Alençon ; mais on ne mettait à cette affaire aucune bonne foi de part ni d'autre, et on voulait s'en tenir aux politesses verbales.

Henri IV, après le traité de Vervins de 1598, choisit Fénélon pour la plus importante des ambassades, celle d'Espagne. Il partit en effet en 1599 ; mais une maladie grave l'ayant arrêté à Bordeaux, il y mourut dans un âge fort avancé, avec la réputation d'un des hommes d'état les plus distingués et d'un des citoyens les plus respectables de son temps.

GASPARD DE COLIGNY.

NÉ A CHASTILLON-SUR-LOING, LE 16 FÉVRIER 1517. — MORT ASSASSINÉ, LE 24 AOUT 1572.

Gaspard de Coligny était le second fils du maréchal Gaspard de Coligny et de Louise de Montmorency, sœur du connétable de ce nom. Son frère aîné, Odet, depuis cardinal et évêque de Beauvais, ayant été contraint par sa famille d'entrer dans l'état ecclésiastique, Gaspard redouta que ses propres succès n'amenassent la même détermination contre lui. Aussi, après des premières études faites avec distinction sous d'excellens maîtres, il se hâta lui-même de renoncer à des travaux qui lui plaisaient, et il quitta les livres pour la cour et les camps. Il fit ses premières armes en Flandre contre les Espagnols, en 1543, et l'année suivante il se distingua tellement à Cérisoles qu'il fut créé chevalier, avec son frère d'Andelot, plus jeune que lui, sur le champ de bataille.

Nommé, en 1552, colonel-général de l'infanterie, après de nombreuses preuves données pendant la guerre de son courage, pendant la paix de la fermeté de son caractère et de ses vues éclairées, il sut régulariser enfin ce corps indiscipliné et le préparer ainsi à rendre les plus grands services. Ce furent les ordonnances de Coligny qui servirent de base plus tard à l'ancien code militaire. Sur la fin de cette même année, il succéda à d'Annebaut dans la charge d'amiral de France. En 1554, il servait en Flandre et il eut part au succès de la bataille de Renty, dont le duc de Guise prétendait s'attribuer tout l'honneur. Coligny, qui s'était lié avec lui d'une manière très intime à la cour de François, comte d'Angoulême, fut blessé de cette vanité, et dès ce moment naquit entre eux une haine qui eut trop d'occasions de se signaler au milieu des violences des guerres civiles.

Une trêve fut conclue pour cinq ans avec les Espagnols par les habiles négociations de Coligny; mais les intrigues du duc de Guise la rompirent bientôt. Une armée espagnole, commandée par Emmanuel-Philibert de Savoie, entra en Picardie, en 1557, et vint mettre le siège devant Saint-Quentin. L'amiral fut chargé de la défense de cette place toute démantelée et s'y jeta avec quelques soldats déterminés. Il y déploya l'esprit le plus fécond en ressources et la constance la plus infatigable. Toute proposition de capitulation fut rejetée et Saint-Quentin ne céda qu'à la force. L'amiral fut fait prisonnier et retenu au fort de l'Ecluse, d'où il ne sortit qu'après avoir payé une rançon de 50,000 écus. Ce fut pendant sa captivité qu'il rédigea la *Relation du siège de Saint-Quentin*, que je donne dans ce volume.

Après la mort d'Henri II, en 1559, lassé des intrigues de cour, il résigna toutes ses charges, se retira dans ses terres et y reprit les études qu'il avait aimées dès l'enfance. D'Andelot, son frère, qui pendant sa captivité à Milan s'était livré à un examen sérieux des questions religieuses et avait fini par embrasser le protestantisme, le détermina à porter son attention sur les mêmes études. Sans adopter encore complètement les nouvelles opinions religieuses, son esprit de justice et d'humanité était touché de l'infortune des protestans, et il chercha à leur en adoucir les coups en leur ouvrant un abri dans les colonies du Nouveau-Monde. Les établissemens tentés par les protestans au Brésil et dans les Florides, sous sa protection, ne purent toutefois se soutenir, tantôt par suite de la rivalité entre les chefs, tantôt à cause des agressions puissantes des Espagnols du voisinage. A l'intérieur, il prêta à leurs justes réclamations l'appui de son nom contre les édits oppresseurs qui se renouvelaient sans cesse, et le fruit de sa sage intervention fut l'édit de 1562, dont l'exécution eût pu calmer les passions. Mais le massacre des protestans à Vassy par les gens du duc de Guise ralluma plus vivement ces feux mal éteints. Les protestans organisent la défense : le prince de Condé est nommé leur généralissime et Coligny son lieutenant-général. Les protestans furent défaits par le duc de Guise à Dreux ; mais le caractère de Coligny n'était pas de ceux qu'abat la mauvaise fortune. Les débris de l'armée protestante ralliés par lui opérèrent avec ordre leur retraite en Normandie, où ils s'emparèrent de plusieurs places fortes.

Le duc de Guise s'apprêtait à pousser ses avantages contre eux, lorsqu'il fut assassiné, dans son camp, d'un coup de pistolet tiré par Poltrot. On voulut faire tomber sur Coligny le soupçon d'avoir conseillé ce meurtre ; mais l'accusation tomba devant la loyauté reconnue de son caractère. Cette mort amena un nouvel édit de pacification, et Coligny, après avoir licencié ses troupes, se retira dans son château de Tanlay, près de Tonnerre.

Cet intervalle de paix servit à Catherine à préparer de nouveaux moyens d'attaque. Des liaisons furent formées avec le duc d'Albe, qui avait couvert les Pays-Bas d'échafauds et proposait son exemple aux catholiques de France. La cour fit de nombreuses levées. Les protestans inquiets coururent aux armes. La bataille de Saint-Denis, puis celle de Jarnac, où fut tué le prince de Condé, remplacé promptement par l'arrivée du jeune Henri d'Albret, et enfin celle de Montcontour, avaient affaibli les protestans sans les décourager, soutenus qu'ils étaient par l'ame indomptable de Coligny et par l'espoir des renforts de protestans allemands qui leur arrivaient. La cour crut une troisième fois devoir temporiser, et un nouveau traité fut signé avec les réformés à Saint-Germain, en 1570. Les conditions en étaient si avantageuses que leurs chefs en conçurent des soupçons. Depuis long-temps la cour cherchait à les attirer à Paris. Pour mieux les tromper, on négocia en même temps le mariage de Henri de Béarn avec Marguerite, sœur du roi, et on amusa Coligny de l'espoir d'une guerre avec les Espagnols, en Flandre. Charles IX semblait s'être complètement tourné du côté des protestans. « Voici le jour le plus heureux de ma vie! » s'écria-t-il en abordant Coligny. « Je vous tiens, ajouta-t-il comme en riant avec un ami, et vous ne nous quitterez pas quand vous voudrez. » L'amiral ne devait plus en effet sortir de Paris. Au milieu des préparatifs des fêtes, un homme apposté par les Guise lui tira d'une fenêtre un coup d'arquebuse dont il fut blessé au bras. Ses amis insistèrent pour qu'il quittât Paris ; mais il refusa. Peu de jours après, Charles IX, pour expier une pensée fugitive de réconciliation, passait sous la domination de sa mère et des Guise, et la Saint-Barthélemy était arrêtée. Dans la nuit du 24 au 25 août 1572, le duc de Guise, bien escorté, se dirigea vers la maison de Coligny, située rue Béthizy. La porte fut forcée ; un assassin nommé Besmes frappa Coligny de plusieurs coups de couteau, traîna son cadavre vers la fenêtre et le jeta aux pieds du duc de Guise, qui frappa du pied son ennemi expiré. Le cadavre, insulté par la populace catholique, fut pendu par les pieds à Montfaucon, où Charles IX alla le visiter, répétant, dit-on, le mot de Vitellius, que « le cadavre d'un ennemi ne sent jamais mauvais. » Quelques uns des serviteurs de Coligny enlevèrent ses restes au péril de leur vie et les déposèrent dans le tombeau de sa famille, à Chastillon. En 1786, M. de Montesquiou-Fezensac obtint du duc de Luxembourg, propriétaire de Chastillon, la permission de les transporter dans sa terre de Maupertuis. Le monument qu'il lui fit élever alors fut, après la démolition de la chapelle de Maupertuis, transporté au musée des Petits-Augustins, d'où il aura été probablement transféré à Versailles.

La *Relation du siège de Saint-Quentin* est le seul ouvrage historique que nous connaissions de Coligny ; mais nous possédons plusieurs lettres relatives à ses négociations en Angleterre. Il en existe quatre manuscrits à la bibliothèque du roi.

Le n° 767 est intitulé : Ambassade de M. de Chastillon en Angleterre, pour le roi François Ier, en 1537 : c'est une copie moderne sur papier, format in-folio. La première lettre, datée d'Avignon, 10 octobre 1537, est du roi François Ier au roi d'Angleterre Henri VIII, au sujet de la trêve entre lui et le roi d'Écosse. Il lui annonce qu'il envoie en Angleterre le sieur de Chastillon, gentilhomme de sa chambre, pour s'entendre avec lui à ce sujet. La deuxième est une lettre du même roi au sieur d'Inteville, son chambellan ordinaire et son ambassadeur en Angleterre, pour lui annoncer son remplacement par le sieur de Chastillon. La troisième pièce, datée de Montbrison, 29 avril 1536, est une instruction donnée au sieur de Chastillon, conformément à la dépêche de l'évêque de Tarbes, ambassadeur aussi en Angleterre. La quatrième est une lettre de M. Bonchetal, secrétaire du roi, à M. de Chastillon. Cette dernière et toutes celles qui suivent ont été publiées par Le Laboureur dans le troisième volume des Additions aux mémoires de Castelnau.

Le n° 1175, Séguier, est une copie plus ancienne des mêmes pièces.

Le n° 9291, qui est le plus ancien de tous, ne contient pas les trois premières lettres ; mais donne toutes les autres.

Le n° 8480 est une copie assez moderne des mêmes pièces, moins aussi les n°s 1, 2 et 3.

CLAUDE DE LA CHASTRE.

NÉ EN 1526. — MORT LE 18 DÉCEMBRE 1614.

Claude de La Chastre, après avoir été élevé comme page dans la maison de Montmorency, s'attacha aux Guise et se distingua, en 1558, au siège de Thionville, dont il a écrit une relation, et, en 1562, à la bataille de Dreux.

Nommé gouverneur du Berry, La Chastre fut chargé, dans l'année 1573, qui suivit la Saint-Barthélemy, de mettre le siége devant la ville de Sancerre, que les protestans avaient obtenue comme une de leurs places de retraite à la paix de 1570. Pendant huit mois, les assiégés soutinrent héroïquement les privations de toute nature, et se rendirent le 19 août 1573, en obtenant de La Chastre une capitulation avantageuse.

Au temps de la ligue, La Chastre se montra un des plus ardens ligueurs. Il fut créé maréchal par le duc de Mayenne, et fut l'un des derniers chefs de la ligue qui refusèrent de reconnaître Henri IV. Mais l'intérêt personnel acheta une soumission que n'avait pu obtenir l'amour de la patrie. Neuf cent mille francs en argent, la conservation des gouvernemens de Berry et d'Orléanais, la confirmation du grade de maréchal de France, tel fut le prix qu'il exigea et obtint pour son obéissance, à l'imitation de tous les autres chefs ligueurs. Si La Chastre vendit son épée, il faut dire aussi qu'il sut l'employer et qu'il servit Henri IV avec le même dévouement qu'il avait servi la ligue.

A la mort d'Henri IV, La Chastre fut chargé par Marie de Médicis de mettre à exécution une partie des plans d'Henri IV en faveur de la maison de Brandebourg, à l'occasion de la succession de Juliers. Un rival fut suscité à la maison impériale, et la Prusse dut à la France une position qui l'aida à s'élever au rang de puissance de premier rang. La Chastre aida puissamment Maurice de Nassau dans cette glorieuse campagne, et mourut peu de temps après, le 18 décembre 1614, âgé de 78 ans.

Ses mémoires, qui faisaient partie de la collection Brienne à la Bibliothèque du roi, ont été publiés par Lenglet du Fresnoy et dans les deux collections de mémoires.

GUILLAUME DE ROCHECHOUART.

NÉ AU COMMENCEMENT DU XVIe SIÈCLE. — MORT EN 1568.

Après avoir servi sous Louis XII, François Ier, Henri II et François II, Guillaume de Rochechouart renonça à la vie active dès le commencement du règne de Charles IX, et mourut dans la retraite en 1568.

Rochechouart avait composé pour sa famille seule les mémoires contenus dans ce volume. On y trouve quelques particularités curieuses sur les affaires qui ont précédé nos guerres de religion. Jean Godefroy les découvrit dans les archives du château de Chastillon-le-Roy, appartenant à la maison de Rochechouart, et les publia pour la première fois dans la troisième édition des mémoires de Castelnau, commentés par Le Laboureur.

MICHEL DE CASTELNAU.

NÉ EN 1520. — MORT EN 1592.

Peu d'hommes d'état eurent une vie plus active que celle de Castelnau. Tour-à-tour soldat, marin, ambassadeur, écrivain, selon le besoin des circonstances, il montra partout patriotisme, lumières, courage, désintéressement. Né en 1520 au château de la Mauvissière, près de Tours, il se livra avec une égale ardeur aux exercices du corps et aux études du cabinet. Des voyages à l'étranger vinrent perfectionner son excellente éducation. Il visita les divers états de l'Italie en homme curieux et en politique, séjourna quelque temps à Milan et à Naples pour y étudier l'Espagne, et long-temps à Rome, et partit pour Malte afin d'y acquérir quelques connaissances sur l'empire Ottoman.

Au commencement du règne d'Henri II, il prit du service dans l'armée de Brissac, en Piémont, et s'y fit distinguer. A son retour, il fut fort bien accueilli par la cour et par François de Lorraine, duc de Guise, dont il avait gagné l'affection pendant la campagne de Piémont. Le duc de Guise étant devenu en 1557 général des galères, en donna une à commander à Castelnau, qui tourna tout son esprit vers les moyens de perfectionner la marine française et qui obtint quelques succès dans cette arme si nouvelle pour lui. Les négociations de Cateau-Cambrésis allaient ouvrir une carrière nouvelle à sa réputation. Il y accompagna les plénipotentiaires français, et lorsque le traité fut conclu, Henri II, qui avait apprécié la sagesse de ses avis, l'envoya en ambassade en Ecosse, près de la régente, et en Angleterre, auprès d'Elisabeth, qui venait de parvenir à la couronne. Castelnau parvint à obtenir d'Elisabeth qu'elle n'insisterait pas sur la reddition de Calais. De là il passa en Allemagne pour confirmer quelques uns des princes dans leur union avec la France, et à la mort d'Henri II, en 1559, il revint à Paris.

François II l'expédia à Rome, où il contribua dans l'intérêt de la France à l'élection de Pie IV, et dès son retour, le duc de Guise lui fit reprendre son métier de marin au moment où on se préparait à faire la guerre à l'Angleterre. La guerre n'eut pas lieu, et Castelnau, après avoir amené sa flotte de la Méditerranée à Nantes, fut chargé d'accompagner Marie Stuart en Ecosse après la mort de François II, et fut accrédité auprès d'elle en qualité d'ambassadeur. Pendant son séjour, il fit plusieurs courses en Angleterre pour chercher à raccommoder Marie avec Élisabeth, et fut rappelé en France pour y reprendre le métier de soldat pendant la guerre civile qui éclata en 1562. Il servit avec distinction à la bataille de Dreux; et après l'assassinat du duc de Guise, lorsqu'on eut recouvré le Havre sur les Anglais, qui voulaient le conserver pour se dédommager de la perte de Calais, Castelnau fut envoyé de nouveau en Angleterre auprès d'Elisabeth, et y négocia une paix dont les conditions furent favorables à la France.

De retour en France, il fut envoyé à plusieurs reprises auprès du féroce duc d'Albe, qui avait succédé dans le gouvernement des Pays-Bas à la tolérante Marguerite de Parme, et auprès du duc de Saxe, pour en obtenir des secours d'hommes contre les protestans. Le duc d'Albe, qui voulait prolonger la guerre civile, promit toujours et ne tint jamais parole. Quant au duc de Saxe, il se hâta d'accourir à la tête de six mille hommes contre son propre beau-frère Casimir, second fils de l'électeur palatin, venu au secours des protestans, tous deux dans l'espoir d'un peu de gloire et de beaucoup de butin. La paix ayant été signée à Longjumeau, en 1568, avant que les troupes saxonnes eussent eu à tirer l'épée, il fallut plus de peine et plus d'argent pour les décider à partir qu'il n'en avait fallu pour les décider à venir. Après avoir renvoyé les étrangers appelés par les catholiques, il s'agissait de renvoyer ceux appelés par les protestans, et Castelnau y réussit à force d'argent promis et donné, mais non sans courir d'assez grands dangers personnels.

Il combattit ensuite à la tête de sa compagnie d'ordonnance, en 1569 et 1570, aux journées de Jarnac et Montcontour, et reprit aussitôt après la carrière diplomatique. Dans les premiers mois de 1572, il fut chargé d'importantes missions en Angleterre, en Allemagne et en Suisse, et eut le bonheur d'être absent de France au moment des massacres de la Saint-Barthélemy.

Catherine de Médicis le chargea d'aller s'adjoindre à Fénélon pour calmer la reine Elisabeth, qui avait manifesté la plus vive indignation à la nouvelle de cet attentat.

Lorsque le duc d'Anjou fut nommé roi de Pologne, il l'accompagna pendant le voyage, mais fut sur-le-champ renvoyé par lui en France pour y surveiller ses intérêts dans le cas d'une prochaine vacance du trône. Charles IX mourut en effet en 1574, et Henry III le nomma en 1575 son ambassadeur près d'Elisabeth. Ce fut pendant les loisirs de cette ambassade que Castelnau composa ses mémoires pour l'instruction de son fils. Il désirait y retracer tous les événemens dont il avait été témoin, mais il n'eut le temps d'écrire que l'histoire des trois premières guerres civiles, de 1559 à 1570. Il quitta l'Angleterre en 1585, deux ans avant la condamnation à mort de Marie Stuart, presque ruiné par les dépenses qu'il avait été obligé de faire, son traitement et les avancés faites pour deux voyages du duc d'Alençon en Angleterre ne lui ayant pas été payés. Le gouvernement même de Saint-Dizier lui avait été enlevé par le duc de Guise. Aussi ne put-il, à l'avénement d'Henri IV, imiter les autres capitaines de son parti, qui faisaient payer à beaux deniers leur soumission. Castelnau se contenta d'offrir ses services. Henri IV l'accueillit, lui donna quelques missions de confiance et lui promit d'amples dédommagemens, qui n'arrivèrent jamais. Castelnau, retiré dans son château de Jonville, en Gâtinais, y mourut en 1592, à l'âge de 74 ans.

Ses mémoires sont un des monumens les plus intéressans de cette curieuse époque. Il n'y dissimule les torts d'aucun parti, et montre partout une connaissance exacte des grandes affaires. Sa narration est vive, élégante, animée; ses réflexions, judicieuses. Jacques de Castelnau, son fils, à l'éducation duquel ils étaient destinés, les fit paraître pour la première fois en 1621, en un volume in-4°.

Le Laboureur les a républiés en deux volumes in-folio, avec de nombreuses pièces à l'appui.

Une nouvelle édition du travail de Le Laboureur fut publiée en trois volumes in-folio par Jean Godefroy.

Plusieurs des additions de Godefroy sont intéressantes, et on y retrouve quelques morceaux qui, sans appartenir en propre aux mémoires de Castelnau, servent du moins à l'histoire de l'époque. L'histoire généalogique de la maison de Castelnau grossit sans utilité cette compilation.

Les mémoires de Castelnau ont aussi été publiés dans les deux collections de mémoires sur l'histoire de France.

JEAN DE MERGEY.

NÉ EN 1536. — MORT VERS 1614.

Jean, sieur de Mergey, naquit en 1536 à Harans-Mesnil, en Champagne. Il était le dernier de quatorze enfans dans une famille peu opulente, et on le destina à l'état ecclésiastique. Ce n'était pas là la vocation de Mergey : ce qu'il aimait, c'était les grands coups d'épée, et au règne de François Ier, il y en eut pour tous les rangs à donner et à recevoir. Il fallut donc renoncer à l'éducation de l'abbaye de Montier-en-Der, dont on croyait le calme propre à subjuguer sa jeune imagination, et à l'espoir des riches bénéfices qui souriait à toute sa parenté. De novice il devint page, et ce fut en cette qualité qu'il suivit son protecteur Des Chenets, de la famille de Dinteville.

Mergey a raconté d'une manière gracieuse et naturelle, dans ses mémoires, les premiers faits d'armes du jeune page, et sa bonne humeur l'accompagne dans toute la suite de son amusante narration. Homme du monde, insouciant, facile, bon convive, assez indifférent, contre l'habitude de son siècle, dans les disputes religieuses, il s'acquit aisément la bienveillance de tous ceux qui le connurent. Attaché au comte de La Rochefoucauld, alors zélé catholique, lorsque son protecteur, pour plaire à sa seconde femme, se fit protestant, Mergey fit comme lui et fut aussi tiède protestant qu'il avait été tiède catholique. Chez La Rochefoucauld, le protestantisme était un culte politique qui servait son ambition ; mais son zèle n'alla jamais jusqu'à lui faire faire une chose qui ne lui rapportât pas un avantage immédiat. On en jugera par un seul fait. Le duc de Guise, dans une bataille où entre autres prisonniers il avait pris le prince de Condé et son aumônier le ministre Paroceli, avait perdu un cheval qu'il aimait beaucoup : il proposa à La Rochefoucauld, un des chefs du parti protestant, de lui rendre le ministre en échange de son cheval. La Rochefoucauld refusa, sous prétexte de ne pas priver Condé des instructions de son aumônier, mais, en effet, parce que le cheval lui semblait bon à garder. Mergey raconte la proposition d'échange, et le refus lui paraît tout-à-fait simple.

Mergey se trouvait à Paris au moment de la Saint-Barthélemy. Anne de Courcelles, sa femme, lui avait écrit une lettre en chiffres dans laquelle elle le pressait de quitter Paris, en lui donnant les avis les plus sinistres. Mergey alla trouver le comte de La Rochefoucauld ; mais les démonstrations affectueuses de Charles IX l'avaient trompé, et un rendez-vous avec la princesse de Condé, dont il était amoureux, le détermina à rester. Mergey ne voulut pas partir sans lui. Pour que tous les chefs protestans fussent mieux sous la main des assassins, le roi les avait tous réunis dans le voisinage de l'amiral de Coligny, récemment frappé d'un coup de poignard. La veille de la Saint-Barthélemy, Charles IX, qui avait une sorte d'affection à sa manière pour La Rochefoucauld, voulut le retenir au palais, pour le sauver du massacre.

« Le samedi, vigile de la Sainct-Barthélemy, dit Mergey, M. le comte, selon sa coutume, estant demeuré le dernier en la chambre du roy et se voulant retirer, un gentilhomme des siens et moi l'attendions en la salle. Et entendant le remuement des souliers quand on fait la révérence, je m'approchai près de la porte et entendis que le roy disoit au dict sieur comte : « Foucauld (car il l'appeloit ainsi), ne t'en va pas, il est déjà tard, nous balivernerons le reste de la nuit. — Cela ne se peut, lui dict le sieur comte, car il fault dormir et se coucher. — Tu coucheras, lui dit-il, avec mes valets de chambre. — Les pieds leur puent, lui respondit-il. Adieu mon petit maitre. » Et sortant, s'en alla en la chambre de madame la princesse de Condé, la douairière, à laquelle il faisoit l'amour, où il demeura encore près d'une heure.... Puis il descendit en la cour, où déjà toutes les compagnies des gardes estoient en bataille, tant suisses, escossois que françois, depuis l'escalier qui estoit en la grand' salle jusques à la porte où estoit M. de Rambouillet, capitaine de la porte, assis sur un billot joignant le petit portillon, qui seulement s'ouvroit. Et comme je sortois, luy, qui m'aimoit et qui me cognoissoit, ayant esté compagnons prisonniers en Flandre, me tendit la main, me print la mienne, me la serrant et me disant d'une voix pitoyable : « Adieu, monsieur de Mergey, mon ami ! » ne m'osant lors dire ce qu'il m'a bien dict depuis, car il sçavoit bien l'exécution qui se debvoit faire, mais il n'y alloit que de sa vie s'il en eust rien décélé.... Chamont et moi nous entrâmes au logis qui nous avoit esté marqué, qui estoit tout vis-à-vis de celui de M. l'amiral, où nous estant couchés, nous ne fusmes pas plus tôt au lit que nous entendons l'alarme et le logis de M. l'amiral attaqué *par le corps de garde* mesme que le roy y avoit *ordonné pour le garder.* »

La maison du menuisier où était logé Mergey, et Mergey lui-même, n'échappèrent au massacre que par hasard. Le duc de Guise et sa suite, après avoir foulé aux pieds l'amiral, allaient faire visiter cette maison, lorsque quelqu'un dit qu'on n'y avait logé que des serviteurs. On avait à frapper plus haut et on passa.

Mergey composa dans sa vieillesse des mémoires dans lesquels il retrace au vif ces scènes tragiques. Loin de chercher jamais à les rendre plus terribles, son humeur facile et légère l'accompagne partout. Il n'a pas d'expression de fureur contre ceux qui lui ont fait courir de si grands dangers à la Saint-Barthélemy. Il peint tout cela sans fiel et comme des accidens de guerre. Des anecdotes curieuses racontées avec aisance et naturel animent son récit.

On ne sait pas exactement l'époque de la mort de Mergey. Il vivait encore en 1613 et avait alors 77 ans.

Ses mémoires ont été publiés pour la première fois par le chanoine Camusat, dans un recueil intitulé *Mélanges historiques* ou *Recueil de plusieurs actes, traités, missives et autres mémoires qui peuvent servir en la déduction de l'histoire, depuis 1390 jusqu'à l'an 1580.* Troyes, Noël Moreau, 1619.

FRANÇOIS DE LA NOUE, DIT BRAS DE FER.

NÉ EN 1531. — MORT LE 4 AOUT 1591.

La Noue est un des plus grands et des plus purs caractères de notre histoire.

« Grand homme de guerre et très expérimenté, dit de lui Montaigne, sa constante bonté, doulceur de mœurs et facilité conscientieuse, en une telle injustice de parts armées (vraie eschole de trahison, d'inhumanité et de brigandage), où tousjours il s'est nourri, mérite qu'on la loge entre les remarquables événements de mon temps. »

Il naquit en 1531, en Bretagne, et n'eut dans sa première jeunesse pour toute éducation que les violens exercices de corps, seuls rudimens qu'eût eus son compatriote Du Guesclin, et les seuls qu'eussent long-temps les jeunes nobles de sa province. Le caractère et l'esprit de La Noue ne pouvaient s'arranger d'une telle grossièreté de mœurs. A peine eut-il été envoyé comme page à la cour d'Henri II qu'il porta un prompt remède aux vices de sa première éducation. L'étude de l'histoire ancienne et moderne, de la tactique, la lecture de Plutarque et des classiques anciens devinrent son occupation favorite. Ennobli et fortifié par ces graves études, son caractère put se préserver intact au milieu des souillures que l'ignorance, la cruauté, qui en est la suite, et la corruption, qui les accompagne presque toujours, ont imprimées à la généralité des hommes politiques de cette époque de désordres.

Le premier acte qui fit respecter son nom, en le faisant connaître, fut un acte de désintéressement et de respect filial. Pendant qu'il faisait ses premières armes en Piémont, sous Brissac, il apprit que le roi, pour protéger sa fortune contre la dilapidation d'une mère livrée à la passion du jeu, lui en avait enlevé l'administration. La Noue arriva, et la grâce qu'il demanda au roi pour les premiers services qu'il venait de rendre fut la levée de l'interdiction prononcée contre sa mère. La Noue n'eut qu'à se féliciter de cet acte de générosité. Sa mère renonça au jeu et redoubla de tendresse pour un fils si digne de ses meilleurs sentimens.

A l'âge de 27 ans, La Noue, après de sérieuses méditations, se décida à embrasser les doctrines de la religion réformée, sans en adopter les haines. Ses relations amicales avec la maison de Lorraine continuèrent pendant les premières années du règne de Charles IX, et il fut même un de ceux qui furent désignés pour accompagner la belle Marie Stuart en Ecosse. Pendant long-temps il refusa de prendre un rôle actif dans les guerres civiles qui divisaient la France et vécut retiré dans son château. Riche, bienfaisant, éclairé, il était dans les temps moins agités un protecteur puissant pour les réformés de son voisinage. Mais ce rôle de modération ne convenait plus à des momens de passion. Les conférences que Catherine de Médicis avait eues à Bayonne avec le féroce duc d'Albe jetèrent l'alarme parmi les protestans; et il fut arrêté que l'on recourrait aux armes. On invoqua l'assistance des protestans d'Allemagne, pour balancer l'accroissement de puissance que les auxiliaires suisses et espagnols donnaient au parti catholique. Chacun contribua de sa fortune à la solde des troupes auxiliaires, et La Noue ne pouvait manquer d'être un des premiers à donner cet exemple de désintéressement. Une trève plutôt qu'une paix vint alors mettre fin aux hostilités ; mais elles ne tardèrent pas à se rallumer à la suite de la tentative faite par Catherine pour faire enlever le prince de Condé dans son château des Noyers. Les protestans furent vaincus à Jarnac et à Montcontour, comme ils l'avaient été deux ans avant à Dreux et à Saint-Denis. Le prince de Condé avait été tué dans la première : La Noue avait été fait prisonnier dans les deux journées ; mais l'esprit de l'amiral ni le sien n'en étaient abattus. Un nouvel exemple de générosité signala la captivité de La Noue. Malgré l'opposition du cardinal de Lorraine, qui disait qu'il y avait en France plusieurs Strozzi, mais qu'il n'y avait qu'un La Noue, il avait été décidé que La Noue serait échangé pour Strozzi. Ce dernier, retenu par la maladie à La Rochelle, ne pouvait être transporté sans danger. La Noue refusa obstinément l'échange : « Je ne bougerai pas, écrivit-il à ses amis ; et j'aime mieux demeurer en prison que de hasarder la vie d'un brave cavalier. »

Dans cette guerre où les passions privées venaient envenimer les passions religieuses, et où le massacre et le pillage étaient le mot d'ordre de tous les partis, La Noue sut en imposer aux siens et conserver dans leurs rangs la plus rigoureuse discipline. Non seulement il ne permit aucune violence contre les personnes, mais il respecta même les biens. Tout ce que le besoin le forçait de prendre était scrupuleusement payé, même en l'absence des maîtres. Alors il faisait placer dans un trou l'argent qui leur était dû : « Ces pauvres gens, » disait-il, seront bien aises de trouver à leur re-» tour ce dédommagement de la perte qu'ils ont » éprouvée. » Un jour, son trésorier lui annonçant qu'il ne restait plus d'argent pour acquitter une dette de ce genre, il reçut l'ordre de vendre un cheval. On rapporta cent écus à La Noue : « Cent écus ! dit-il, c'est trop ; il ne m'en coûte que quatre-vingts, et il y a long-temps qu'il me rend service, et de plus celui qui l'a acheté estant homme de vertu comme il est, ne mérite pas d'estre trompé. Qu'on lui reporte vingt-cinq écus. »

Au siége de Fontenoy, il eut le bras gauche fracassé d'un coup d'arquebuse. Il se refusa d'abord à l'amputation, déclarant qu'il aimait mieux mourir que de se mettre hors d'état de combattre. Ses amis le persuadèrent enfin, et la reine de Navarre eut la force de caractère de lui tenir le bras pendant l'opération. Un bras de fer le mit en état de tenir la bride de son cheval, et il vola aux combats avec une ardeur nouvelle. Cette fois, ce n'était plus contre des Français qu'il allait avoir à éprouver ses armes. Charles IX, pour attirer Coligny à Paris sous les poignards de la Saint-Barthélemy, avait feint de consentir à une guerre contre les Espagnols. Déjà La Noue s'était emparé de Valenciennes et de Mons ; mais bientôt assiégé par le duc d'Albe dans cette dernière ville, il fut obligé de se rendre. Sa captivité le sauva du massacre de la Saint-Barthélemy, dans lequel avaient succombé les siens, et où il n'eût certes pas été épargné ; mais telle était la confiance que ses ennemis eux-mêmes avaient dans la loyauté de son caractère, qu'aussitôt sa délivrance il fut chargé par la cour d'une mission des plus délicates. Charles IX vint le trouver pendant la nuit chez le comte de Retz, l'un de ses ministres, et le pria de vouloir bien obtenir que les Rochellois, qui, à la nouvelle des massacres de la Saint-Barthélemy, s'étaient déclarés indépendans, ne persistassent pas dans cette séparation, et promit de leur donner toutes les garanties qu'ils pourraient désirer. La Noue dit à Charles IX qu'il lui obéirait, « pourvu qu'on ne se » servist pas de lui pour trahir les Rochellois. » Il fallait des principes de morale sévère bien enracinés dans le cœur de La Noue, pour qu'il pût conserver son honneur intact dans cette position difficile. Les protestans, en même temps que les catholiques et le duc d'Anjou, venaient à chaque instant par leurs violences déjouer son œuvre de conciliation. Les Rochellois nourrissaient contre lui une jalouse méfiance. Un ministre protestant, La Place, après l'avoir accablé publiquement d'invectives, lui reprocha un jour d'être vendu à la cour. La modération de La Noue ayant augmenté sa rage, il alla jusqu'à lui donner un soufflet. La Noue arracha ce fanatique des mains de ses officiers, qui voulaient venger son insulte, le reconduisit chez lui et le remit sain et sauf entre les mains de sa femme, en lui disant : « Madame, ayez soin de votre mari et ne le laissez pas sortir de quelque temps, car il a l'esprit égaré. » La position dans laquelle il se trouvait à La Rochelle était trop difficile, même pour un caractère aussi sûr que le sien. Une circonstance imprévue rendit une transaction possible. Le duc d'Anjou ayant été élu roi de Pologne et voulant avant son départ terminer l'affaire de la Rochelle, offrit des conditions si avantageuses que La Noue put en conseiller l'acceptation et recouvrer ainsi sa liberté.

Henri III resta peu de temps en Pologne. Il revint en 1574. Des partis se formèrent parmi les catholiques. Les habitudes efféminées d'Henri III, en faisant naître l'espoir d'une succession prochaine, donnèrent plus d'audace au parti des Guise, et la ligue se forma. En même temps que le parti des catholiques s'unissait sous des chefs aussi puissans, le parti protestant recevait un renfort non moins décisif. Le jeune Henri de Navarre, échappé des mains de ses surveillans, était venu se ranger parmi eux et avait abjuré entre leurs mains le catholicisme, que Charles IX l'avait forcé d'adopter après la Saint-Barthélemy. La Noue, qui vivait tranquille dans sa retraite de Montreuil-Bonnin, auprès de Poitiers, ne tarda pas à se réunir au roi de Navarre et lui amena cent cavaliers choisis. Désirant retenir auprès de lui un capitaine si distingué, Henri lui fit donation de quelques terres. « Sire, lui répondit La Noue, en lui en rapportant le titre, ce m'est beaucoup d'honneur et de contentement de recevoir ce témoignage de la bonne volonté de Votre Majesté, et je ne le refuserais pas si vos affaires estoient en estat de faire des libéralités. Quand je vous verrai au-dessus de vos ennemis et possédant des biens proportionnés à la grandeur de vostre courage et de vostre naissance, je recevrai de bon cœur vos gratifications. Pour cette heure, si vous vouliez récompenser de la mesme façon tous ceux qui vous serviront, Vostre Majesté seroit incontinent ruinée. »

NOTICE SUR FRANÇOIS DE LA NOUE.

Les protestans, pour se fortifier, ayant proposé d'imiter la conduite de François Ier et de faire alliance avec les Turcs, La Noue, consulté à ce sujet, leur répondit : « Si les Turcs ne nous envoient qu'un foible secours, il sera inutile ; si au contraire ils arrivent en force, ils voudront profiter de nos désordres pour envahir le midi de la France, et nous aurons à nous reprocher le crime du comte Julien, qui livra autrefois l'Espagne aux Maures. » Avis sage dont eussent pu profiter d'autres que les protestans du XVIe siècle.

Après la trêve qui suivit la convention de Nérac, en 1570, tous les hommes qui avaient quelques vues d'avenir comprirent qu'il était du plus grand intérêt, non seulement pour la cause de la tolérance et du protestantisme, mais aussi pour le maintien de la tranquillité en France, d'enlever à l'Espagne la possession des provinces flamandes, trop voisines de nous pour ne pas nous inquiéter, entre les mains d'une aussi grande puissance que l'était alors l'Espagne. C'était en berçant Coligny de l'espoir de cette guerre que Charles IX l'avait attiré à Paris avant la Saint-Barthélemy. Henri III y consentit à son tour, pour se débarrasser du duc d'Alençon, que ces provinces promettaient de reconnaître comme leur duc. La Noue partit avec lui, et dès son arrivée fut investi des fonctions de grand-maréchal de camp, et peu de temps après de général de l'armée des états. Dans plusieurs affaires il lutta avec avantage contre un des plus grands capitaines du siècle, le duc de Parme ; mais trop enclin à payer de sa personne, il fut surpris près de Lille et fait prisonnier en juin 1580. Renfermé dans les forteresses les plus malsaines, il fut traité avec la plus grande inhumanité par les Espagnols, qui ne pouvaient lui pardonner les maux qu'il leur avait faits. Toutes les sollicitations pour obtenir sa liberté furent vaines. Les Espagnols se crurent généreux en lui déclarant qu'il ne sortirait qu'à la condition d'avoir les yeux crevés, supplice réservé par les Grecs efféminés et lâches du Bas-Empire aux ennemis qu'ils redoutaient. La Noue, impatient de retourner dans sa famille, avait déjà consenti à ce supplice, lorsque sa femme vint le consoler et le fortifier par sa présence. N'apercevant plus devant lui qu'un emprisonnement sans fin, La Noue reprit ses études, et ce fut pendant les cinq années de sa captivité qu'il composa une grande partie de ses *Discours politiques et militaires*, ouvrage aussi remarquable par la fermeté du style que par la hauteur des pensées.

Il fut échangé en 1585 avec le comte d'Egmont, prisonnier du roi de Navarre. Après la perte de ses deux fils et sa longue captivité, la retraite lui était devenue plus chère que jamais ; il ne put en jouir long-temps, et dès l'année 1586, il combattait encore dans les rangs des protestans. Henri III lui-même, après la mort du duc de Guise, en 1588, se réunit avec eux et se réconcilia avec le roi de Navarre pour résister à la ligue. Le courage et le patriotisme de La Noue rendirent les plus grands services à leur cause. On manquait d'argent pour acheter des munitions, afin de ravitailler Senlis, assiégé par la ligue, et les traitans refusaient d'en fournir. « Eh bien ! s'écria La Noue, ce sera donc moi qui ferai la dépense. Garde son argent quiconque l'estimera plus que son honneur ! Tandis que j'aurai une goutte de sang et un arpent de terre, je les emploierai pour la défense de l'état où Dieu m'a fait naistre. » Et il engagea sur-le-champ sa terre du Plessis-les-Tournelles, la résidence qu'il affectionnait le plus. Le résultat de ce dévouement fut la levée du siège de Senlis et l'ouverture du chemin de Paris aux deux rois, qui commencèrent sur-le-champ le siège de la capitale. Henri III, pour récompenser La Noue de tant de services, lui fit expédier le brevet de la première charge de maréchal de France qui viendrait à vaquer. L'assassinat d'Henri III par Jacques Clément, le 2 août 1589, à Saint-Cloud, obligea Henri IV, abandonné par les troupes catholiques, de se retirer avec les troupes qui lui restaient dévouées. La Noue combattit à ses côtés à Arques et à Ivry ; et au second siége de Paris, en 1590, il emporta un faubourg.

Aussitôt après la prise de cette ville, il fut envoyé en Bretagne, où le duc de Mercœur tenait encore. « Je vais, disait La Noue en partant, mourir à mon giste, comme le bon lièvre. » Au siège de Lamballe, au moment où il levait la visière de son casque, il fut frappé d'une balle au front, et, après quinze jours de souffrance, il mourut le 4 août 1591, à l'âge de 60 ans. « C'estoit, dit » Henri IV en apprenant sa mort, un grand » homme de guerre et encore plus un grand homme » de bien. On ne peut assez regretter qu'un petit » château ait fait périr un capitaine qui valoit » mieux que toute une province. »

Les *Discours politiques et militaires*, que La Noue composa dans sa prison, sont écrits d'un style grave et noble ; on y reconnaît, dans la tendance morale de toutes les pensées, un esprit imbu de la lecture des meilleurs ouvrages anciens. Les douze premiers sont d'abord des considérations sur les guerres civiles de la France, sur les désordres qu'elles ont amenés et sur les moyens d'y remédier ; puis des conseils sur l'éducation de la jeune noblesse et sur les moyens de retarder la ruine de tout le corps des nobles. Les sept suivans sont tout entiers relatifs à la tactique militaire. Les discours XX, XXI et XXII sont des avis donnés aux souverains, et aux rois de France en particulier, sur leur conduite à l'intérieur et à l'extérieur, et surtout dans une alliance contre les Turcs, qu'il désire qu'on chasse d'Europe. Le XXIII renferme toutes les idées du temps sur la pierre philosophale. Le XXIV et le XXV sont des méditations toutes religieuses. Le XXVI et dernier discours est intitulé : *Observations sur plusieurs choses advenues aux trois premiers troubles, avecques la vraye déclaracion de la plus part d'icelles.* Ce sont de véritables mémoires sur les affaires du temps. Le style en est énergique ; les caractères y sont tracés avec autant de vigueur que d'impartialité, et toujours un haut enseignement est présenté à côté des faits, pour que les malheurs d'une génération ne soient pas perdus pour l'autre. La Noue n'y oublie qu'une chose, c'est de parler de lui. Ce sont ces observations qui sont insérées dans ce volume sous le nom de *Mémoires*, qui leur a toujours été donné.

Outre ces ouvrages, on a encore de La Noue un commentaire sur l'histoire de Guicciardini, imprimé en marge de la traduction de Chamedey, Paris, 1568 et 1777, et Genève, 1578 et 1583.

Il avait aussi composé des notes sur toutes les Vies de Plutarque et un abrégé de cet écrivain ; mais cet ouvrage n'a jamais été retrouvé.

ACHILLE GAMON.

VIVAIT AU MILIEU DU XVIe SIÈCLE.

Tout ce qu'on sait d'Achille Gamon, c'est qu'il étoit avocat d'Annonay et fut nommé consul de cette ville en 1558. Les Mémoires qu'il a laissés ont été publiés pour la première fois en 1789 dans les *Pièces fugitives pour servir à l'histoire de France*, recueillies par le marquis d'Aubais et Léon Ménard, en 3 vol. in-4°. Ils contiennent des particularités intéressantes sur les guerres civiles de 1560 à 1586. Il se borne souvent à peindre les effets déplorables des guerres civiles sur le petit coin de terre qu'il habite, et de si violentes passions n'en apparaissent que plus désastreuses, mêlées ainsi à la vie vulgaire.

JEAN PHILIPPI.

VIVAIT SUR LA FIN DU XVIe SIÈCLE.

On ignore les particularités de la vie de Jean Philippi : on sait seulement qu'il était, dans les dernières années du XVIe siècle, général des aides ou conseiller de la cour des aides à Montpellier. Ses Mémoires, qui sont une espèce de journal assez sec, mais curieux par quelques anecdotes qu'il renferme, ont été publiés pour la première fois dans le recueil du marquis d'Aubais que je viens de mentionner à l'article Gamon. Dom Vaissette, qui en a fait usage dans son histoire de Languedoc, ne désigne l'auteur que sous le nom d'Anonyme, de Montpellier. L'abbé de Grefeuille, dans son Histoire de Montpellier, dit qu'il existait un exemplaire de ces Mémoires dans la bibliothèque de Charles Joachim Colbert, évêque de Montpellier, et les attribue à Jean Philippi.

HENRI DE LA TOUR D'AUVERGNE,

VICOMTE DE TURENNE ET DUC DE BOUILLON.

NÉ EN AUVERGNE, LE 28 SEPTEMBRE 1555. — MORT LE 25 MARS 1623.

Après avoir parlé avec de grands éloges du président Jeannin, le cardinal de Richelieu, dans ses mémoires, s'exprime ainsi sur le duc de Bouillon :
« A même temps, le duc de Bouillon, d'esprit bien dissemblable au président Jeannin, finit ses jours, la naissance duquel fut aussi préjudiciable à la France que celle de l'autre lui a apporté d'utilité. Ce fut un homme sans religion et de plus d'extérieur et d'apparence que de réalité de foi, d'une ambition démesurée, factieux et inquiet, qui ne pouvoit vivre ni laisser vivre aucun en repos. Il étoit né et fut nourri catholique ; mais dès qu'il eut atteint l'âge auquel l'amour de la grandeur commence à poindre le courage, il changea de religion pour avoir plus matière de brouiller et de moyens de s'agrandir. Il n'y eut depuis aucun mouvement dont il ne fût la principale partie ou la cause par ses pernicieux conseils. Il étoit courageux, mais malheureux en ses combats, et si envieux de la gloire d'autrui, que, par pure jalousie, il laissa tailler en pièces l'amiral de Villars avec huit cents chevaux, ne le voulant point secourir, le devant, et lui ayant promis de le faire. S'étant retiré à Sédan, lorsque M. le prince fut mis à la Bastille, et n'ayant osé hasarder de plus venir à la cour, ne pouvant plus en personne assister à nos brouilleries, il en étoit le consultant ; et enfin, n'ayant pu perdre l'état dans lequel il étoit né, qui, par le poids de sa grandeur et la bénédiction de Dieu, sortit heureusement de toutes les rébellions qu'il y avoit tramées, il perdit ses plus proches alliés, conseillant imprudemment au prince palatin d'entreprendre l'usurpation du royaume de Bohême, et se vantant vainement entre les siens que, tandis que le roi faisoit en France des rois de la fève[1], il faisoit des rois effectifs en Bohême. Mais cette entreprise étant toute réussie au contraire de son espérance, il mourut avec le déplaisir d'avoir fait perdre son état à celui[1] à qui il avoit conseillé de prendre celui d'autrui, et d'être connu de tout le monde pour un aussi infortuné conseiller que capitaine, dont la prudence étoit plus grande en paroles qu'en effets, et avoit plus de montre que de solidité. »

Le duc de Bouillon a rédigé lui-même, en 1609 et 1610, pour l'instruction de son fils aîné, Frédéric Maurice, qui devint après lui duc de Bouillon, les Mémoires qu'on trouvera dans ce volume : ils s'étendent depuis sa première enfance jusqu'à l'année 1586. On y retrouve à chaque instant les traces de ce caractère inquiet et ambitieux qui lui est attribué dans les mémoires de Richelieu.

Né au château de Joze en Auvergne, le 28 septembre 1555, de François, vicomte de Turenne, et de la fille aînée du connétable Anne de Montmorency, il augmenta considérablement, par deux mariages que lui fit faire Henri IV, la puissance de sa famille. Par le premier, avec Charlotte de La Marck, il devint l'héritier des principautés de Sédan et de Bouillon ; par le second, avec Élisabeth de Nassau, sœur de Maurice, prince d'Orange, il put marcher de pair avec les princes souverains d'Allemagne. Quelque temps après son mariage, il avait été nommé maréchal de France ; de sorte que personne n'eut une part de récompense plus large que la sienne. Mais tout accroissement de puissance était pour lui une nouvelle facilité pour intriguer. Lorsque Henri IV fut reconnu roi de France, il crut le moment convenable pour devenir chef du parti protestant. Rien ne lui coûtait pour satisfaire son ambition, et il entra dans la conspiration de Biron pour appeler les Espagnols en France. Henri IV, satisfait d'avoir donné un exemple de sévérité par l'exécution de Biron, se contenta d'exiger de Bouillon une soumission entière. Bouillon voulut en vain résister : Henri IV s'empara de Sédan en

---
[1] Des chevaliers du Saint-Esprit.
[1] L'électeur palatin, son neveu.

1606, et lui imposa pour condition d'y recevoir garnison pendant quatre ans; mais il le lui rendit au bout d'un mois.

La mort d'Henri IV réveilla son ambition. Il n'avait pu pardonner à Sully d'avoir occupé près d'Henri IV un poste auquel il se croyait lui-même appelé, et il se joignit à ses ennemis pour obtenir une partie de ses dépouilles. On le trouve mêlé à toutes les premières intrigues de la régence; mais la main ferme de l'évêque de Luçon (Richelieu) sut contenir les grands, et Bouillon, désespérant de troubler l'ordre en France, porta ses intrigues au dehors. Il excita son neveu Frédéric, électeur palatin, à se mettre en concurrence avec la maison d'Autriche pour obtenir le trône de Bohème. Ferdinand, fils de l'empereur Mathias, fut en effet déposé par les états de Bohème, qui voulaient un souverain protestant, et Frédéric fut proclamé roi au mois d'août 1609; mais non seulement il ne put conserver sa royauté, mais il fut dépouillé du Palatinat et réduit à venir chercher un asile à Sédan. Le duc de Bouillon, désespérant d'obtenir l'appui de la France pour rétablir son neveu dans son royaume, l'engagea à aller en personne demander l'appui du roi d'Angleterre; et peu de temps après le départ de ce prince, il mourut, le 25 mars 1623, à l'âge de 68 ans.

Le duc de Bouillon laissa après lui deux enfans de sa seconde femme: Frédéric-Maurice, son successeur au duché de Bouillon, et le célèbre vicomte de Turenne.

Les Mémoires du duc de Bouillon ont été imprimés pour la première fois en 1666, et réimprimés dans la Collection des Mémoires. Il en existe six manuscrits à la bibliothèque royale; mais aucun ne s'étend au-delà de l'année 1586, à laquelle se terminent les imprimés.

GUILLAUME DE TAVANNES.

NÉ A DIJON, VERS 1554. — MORT EN 1633.

Guillaume de Tavannes était fils de Gaspard de Tavannes sur lequel son frère, Jean de Tavannes, a laissé de curieux Mémoires, publiés dans cette collection. Guillaume suivit avec modération une carrière honorable, mais peu brillante. Pendant les guerres de religion, il se prononça avec fermeté contre la ligue, et, bien qu'il fût réduit à son château de Corcelles, près de Saumur en Artois, il ne craignit pas de se déclarer hautement contre le duc de Mayenne, qui avait le gouvernement de Bourgogne. Le vicomte de Tavannes, son frère, qui avait pris parti pour la ligue, avait été nommé lieutenant-général en Bourgogne, et pendant les années 1593 et 1594, les deux frères combattirent l'un contre l'autre. « Si mon frère, écrivait Guillaume de » Tavannes à Henri IV, vient à la guerre, comme » il en est le bruit, je la lui ferai si ferme, que mes » malveillans n'auront point sujet de me blasmer. » Et en effet il sut toujours réunir la fermeté à la modération. C'étaient là des qualités qu'on honorait, mais il y avait peu de récompenses à attendre pour elles dans les guerres civiles. Après la pacification, Guillaume de Tavannes fut dépouillé de sa lieutenance générale de Bourgogne, qu'on donna à un ligueur récalcitrant, Claude de Bauffremont, qui sut se faire acheter à propos.

Guillaume de Tavannes se retira dans ses terres et y vécut paisible sans manifester aucun mécontement contre Henri IV, dont il connaissait tous les embarras. Il écrivit dans sa retraite ses *Mémoires des choses advenues en France, et guerres civiles depuis l'année* 1560 *jusqu'en l'an* 1596. Il y parle surtout de ce qui s'est passé en Bourgogne, où il commandait.

Ces Mémoires ont été imprimés pour la première fois en un volume in 4°, Paris, 1625. Plusieurs autres éditions ont paru depuis; on les trouve quelquefois joints aux mémoires de Gaspard de Tavannes, in-folio, Lyon, 1657.

MARGUERITE DE VALOIS,

NÉE LE 14 MAI 1552. — MORTE LE 27 MARS 1615.

La cour des derniers Valois offre un tableau de férocité grossière et de corruption élégante, au même moment où surgissait dans le peuple, avec l'ardeur des réformes religieuses, une austérité de mœurs toute nouvelle. De cette marche opposée des gouvernans d'un côté et des gouvernés de l'autre, il ne pouvait manquer de naître un de ces conflits qui ont été si souvent funestes aux races royales. A côté de cette maison frappée d'infécondité dans ses trois derniers rejetons, deux maisons puissantes cherchaient à se frayer un chemin à la couronne. L'une étoit la maison de Lorraine, forte de la popularité que lui donnaient les qualités brillantes de quelques uns de ses chefs, et son fanatisme catholique si bien en rapport avec le fanatisme du temps. Avec de tels avantages, les Guise, après avoir asservi la cour et l'avoir entraînée dans les guerres religieuses, espéraient bien franchir avec facilité l'intervalle qui les séparait encore du trône. Leurs alliances royales les mettaient déjà presque sur la ligne des rois. L'autre, la maison de Bourbon, avait en effet pour elle le droit régulier de succession, mais elle était éloignée de la sympathie populaire par son adoption de la croyance protestante. Au milieu de cette lutte terrible des ambitions de cour et de l'incandescence religieuse des populations, une femme d'un caractère incertain, superstitieux, mobile, Catherine de Médicis, gouvernant par le plaisir des enfans destinés à ne jamais s'affranchir de leur minorité, et ne sachant pas se gouverner elle-même, portait à elle seule le fardeau d'un état qu'une main puissante, qu'une volonté ferme et éclairée, eussent seuls pu arrêter sur le penchant de sa ruine.

C'est au sein de toutes ces passions et de tous ces désordres que naquit Marguerite, sœur de François II, de Charles IX et d'Henri III, et belle-sœur de Marie Stuart, dont elle eut la grace, l'esprit, l'étourderie et presque la beauté. Entourée de mille séductions que Catherine de Médicis semait sur les pas de ses enfans pour les retenir dans sa dépendance, qui eût pu la guider sur cette pente facile? Vive, spirituelle, belle, sa première passion fut le brillant duc de Guise. Elle était destinée à une autre alliance. Catherine voulait attirer les chefs protestans à Paris sous un faux semblant de réconciliation. La sœur du roi de France, Marguerite, fut donnée au roi de Navarre, et ce fut au bruit des fêtes de son mariage qu'on prépara, contre les protestans sans méfiance, la journée sanglante de la Saint-Barthélemy, qui eut lieu six jours après.

Le roi de Navarre avait conclu ce mariage, de même qu'il consentit alors à l'abjuration du protestantisme, en dépit de lui. Aussi ne se montra-t-il pas plus fidèle à l'une de ses obligations qu'à l'autre. A peine délivré, il abjura son catholicisme forcé et se montra fort peu empressé de conserver ses droits sur sa nouvelle épouse. Si Marguerite fut la confidente de ses volages amours, Henri n'éprouva à son tour aucun scrupule à être le confident des amours de Marguerite pour le beau Bussy d'Amboise, qui avait succédé à La Mole.

Lorsque la guerre fut déclarée, Marguerite, restée près de sa mère à Paris, prit part à toutes les intrigues politiques qui eurent lieu en faveur de son frère, le duc d'Alençon. Pendant ce temps, la puissance du roi de Navarre avait pris un tel accroissement que Catherine jugea prudent de négocier, et lui envoya à cet effet Marguerite, dont il était depuis long-temps séparé. Pibrac, chancelier de Marguerite en même temps que conseiller d'état de son mari [1], fut chargé de ces négociations; mais le malheureux conseiller ne put résister à l'ascendant de sa belle souveraine. Quoiqu'âgé de cinquante ans, il devint éperdument épris d'elle. Marguerite sut profiter de sa faiblesse : elle lui fit sacrifier ses devoirs et se moqua de lui. Le jeune duc de Bouillon fut plus heureux. Catherine, pour se venger des embarras que lui suscitait ce nouvel appui donné aux prétentions du duc d'Alençon en Flandre, informa Henri de la conduite de sa femme; mais elle eut assez d'ascendant sur lui pour lui inspirer de venger l'outrage qui lui était fait, et bientôt se ranima une nouvelle guerre connue sous le nom de *Guerre des amoureux*.

Les projets du duc d'Alençon sur la Flandre ayant échoué par sa propre pusillanimité, Mar-

---

[1] Auteur de cent vingt-six quatrains contenant des *Préceptes utiles pour la vie de l'homme*, livre traduit alors dans toutes les langues de l'Europe.

guerite, qui s'était de nouveau brouillée avec Henri, après avoir été la première à faciliter ses amours avec ses filles d'honneur, le quitta pour revenir à la cour de France, où elle renoua ses relations avec le duc de Guise. Cette facilité à embrasser et à tromper tous les partis lui suscita de si violens ennemis qu'elle résolut encore une fois de retourner à Nérac avec son mari, près duquel elle resta deux ans. Sixte-Quint ayant, en 1585, excommunié le roi de Navarre, Marguerite le quitta encore une fois, s'empara, au nom de la ligue, de l'Agenois, qui lui avait été donné en dot, et en conféra l'administration à sa favorite, madame de Duras. Le désordre des finances et l'accroissement d'impôts qui en furent la suite ne tardèrent pas à soulever les populations. Henri III envoya le maréchal Matignon à Agen, et Marguerite n'eut que le temps de se sauver avec Lignerac, qui la prit en croupe. Elle fit ainsi douze grandes lieues, toujours au galop ; mais elle fut arrêtée par Canillac, au nom du roi, et menée prisonnière au château d'Usson en Auvergne.

Ainsi que sa belle-sœur Marie Stuart, Marguerite savait subjuguer les volontés de tous ceux qui étaient placés auprès d'elle. Canillac ne fut pas plus fort que l'avait été Pibrac ; il consentit à la rendre maîtresse du château, et quand elle se fut assurée de lui, elle le chassa et s'y fortifia.

Sa solitude dans le château d'Usson fut complète pendant quelques années. Les protestans et les catholiques étaient aux prises, et des intérêts trop grands se débattaient pour qu'on songeât à venir la troubler dans sa retraite. Les lettres, qu'elle avait toujours cultivées avec goût et avec succès, vinrent lui apporter une agréable distraction. Ce fut dans cet éloignement de toute agitation qu'elle écrivit ses Mémoires, ouvrage écrit avec une aisance et une grace de style qu'on ne retrouve que dans les premiers écrivains du siècle suivant. Lorsque Henri IV fut devenu roi de France, il autorisa Marguerite à conserver la possession d'Usson, et lui fournit les moyens d'y vivre avec splendeur. En 1598, subjugué par la belle Gabrielle d'Estrées, qu'il avait créée duchesse de Beaufort, et qu'il voulait faire reine de France, il fit proposer à Marguerite de rompre des liens qui leur convenaient si peu à tous les deux. Tant que vécut Gabrielle d'Estrées, Marguerite s'y refusa, pour ne pas voir sa place occupée par une femme qu'elle détestait ; mais Henri IV, après sa mort soudaine, ayant fait demander la main de Marie de Médicis, elle consentit facilement à tout, et ne demanda qu'une pension convenable et le paiement de ses dettes, qui étaient au reste assez considérables, car elle donnait beaucoup, empruntait toujours et ne rendait pas. Sur sa demande et sur celle de Henri IV, Clément VIII donna son adhésion. Une procédure fut ordonnée à cet effet à l'évêché de Paris, et, après l'interrogatoire de Henri sur vingt-deux chefs, le mariage fut annulé, le 17 décembre 1599, pour cause de parenté, d'affinité, de violence et de défaut de consentement d'une des parties.

Elle resta quatre ans encore au château d'Usson dans de fort bons termes avec Henri IV, qui lui rendit les biens dont elle avait été déshéritée par le testament de Catherine, sa mère. Il y avait vingt-deux ans qu'elle n'avait vu Paris. Le calme d'une paix assurée par un bon gouvernement avait succédé aux tempêtes produites par la faiblesse des souverains précédens. Les arts et les lettres refleurissoient. Elle voulut revoir dans ces circonstances favorables les lieux où s'était écoulée sa première jeunesse, et, sans avertir Henri IV, elle descendit d'abord au château de Madrid, dans le bois de Boulogne, puis à l'hôtel de Sens, faubourg Saint-Antoine, et enfin dans ce palais qu'elle fit bâtir sur le bord de la Seine, près du Pré-aux-Clercs, et qu'elle entoura de jardins magnifiques. Les vieilles familles catholiques aimaient à revoir en elle un rejeton encore brillant des Valois, au moment où l'accession des Bourbons paraissait une nouveauté révolutionnaire.

Henri IV lui fit un fort bon accueil, et elle s'en montra reconnaissante en assistant au sacre et au couronnement de Marie de Médicis, ainsi qu'au baptême de ses enfans, et en faisant au dauphin une donation de tous ses biens.

Le palais de la reine Marguerite devint le rendez-vous de tout ce qu'il y avait à Paris de gens d'esprit et de femmes élégantes. Elle y passa les dernières années de sa vie, en se délassant des dissipations de la société par les plaisirs de l'étude, et en faisant succéder les conquêtes de l'esprit aux conquêtes de la beauté. Elle eut, dit-on, quelque peine à renoncer à ces dernières, et se laissa longtemps persuader qu'elle y avait conservé les mêmes droits que pendant les quarante années qui avaient précédé. Elle mourut à Paris dans ces douces illusions et dans cette facile existence, à l'âge de soixante-trois ans, le 27 mars 1615, cinq ans après l'assassinat d'Henri IV, et elle fut enterrée à Saint-Denis. Son monument fut transporté au musée des Petits-Augustins, qui avait succédé au couvent des Petits-Augustins, fondé par elle.

Ses Mémoires furent publiés pour la première fois à Paris, en 1628, en un vol. in-8º ; ils ont été fréquemment réimprimés depuis. On les retrouvera dans ce volume.

Outre ces Mémoires, il existe d'elle des poésies assez gracieuses et des narrations assez amusantes.

JACQUES-AUGUSTE DE THOU.

NÉ A PARIS, LE 8 OCTOBRE 1553. — MORT EN 1616.

La *Biographie universelle* de M. Michaud contient sur ce célèbre historien une notice fort bien faite qu'il m'a été permis de reproduire ici. Le mérite de Jacques-Auguste de Thou, comme citoyen et comme historien, y est fort bien apprécié.

Thou (Jacques-Auguste de), né à Paris le 8 octobre 1553, était fils de Christophe de Thou, premier président du parlement, et de Jacqueline Tuleu de Céli. Comme tant d'autres hommes célèbres, il naquit faible, et l'on craignit long-temps de ne pouvoir prolonger sa frêle existence. Il écouta de bonne heure les leçons des maîtres les plus fameux de son temps, d'abord à Paris, ensuite dans d'autres universités du royaume; il alla jusqu'à Valence, en Dauphiné, où Cujas attirait alors (1571) l'élite de la jeunesse française. Ce fut dans cette ville qu'il connut Joseph Scaliger; et il se forma entre ces deux hommes célèbres une amitié que le commerce le plus intime entretint pendant trente-huit années.

De Thou revint à Paris peu de temps avant les fêtes du mariage d'Henri, roi de Navarre, qui devaient cacher les préparatifs de la Sainte-Barthélemi; il fut témoin de cette journée exécrable, et vit le corps de l'amiral Coligny au gibet de Montfaucon.

Destiné d'abord, du vivant de ses deux frères aînés, à l'état ecclésiastique, de Thou s'établit vers la même époque (1572) chez son oncle, Nicolas de Thou alors chanoine de Notre-Dame, et peu après évêque de Chartres. Il s'y livra entièrement aux études propres à le préparer dignement à cet état : l'année suivante, il accompagna Paul de Foix, envoyé en Italie avec une mission importante. De Thou parcourut toutes les villes que leurs monumens et leurs souvenirs recommandaient à sa curieuse attention. Il visita le Milanais, la Toscane, Venise, Florence, Vérone, Crémone, Padoue, Bologne, Naples, et résida plusieurs mois à Rome. Partout il s'attachait à voir les plus habiles professeurs de chaque école. Préoccupé dès lors de l'idée d'entreprendre un jour un ouvrage digne de la postérité, il en réunissait déjà les matériaux; il établissait des rapports avec ces savans laborieux qui, dans les premiers temps de la renaissance des lettres en Europe, se livraient avec un zèle ardent et consciencieux à des études profondes qui ne leur valurent que peu de gloire, et qui, sans conserver le souvenir de leur nom, ont préparé une facile érudition à leurs successeurs.

Charles IX mourut alors (1574), et Henri III, appelé à lui succéder, quitta furtivement le trône de Pologne et revint en France par le midi de l'Europe. De Thou, accompagnant Paul de Foix, l'alla trouver en Dalmatie; il retourna de là à Rome, et peu après à Paris, où il reprit le cours de ses études, qu'il continua assidument pendant quatre années.

Les factions déchiraient le royaume; l'importance du rôle que jouait le premier président de Thou dans les affaires publiques fit naître plus d'une occasion d'apprécier la prudence et l'habileté précoces de son fils, qu'on chargea de diverses missions de confiance. En 1576, comme les malheurs de sa famille n'avaient pas encore changé sa destination, il fut pourvu d'une charge de conseiller-clerc au parlement de Paris. Deux ans après, on l'envoya négocier avec des chefs du parti protestant, mécontens de la violation de quelques promesses; et, en 1581, il était du nombre des commissaires envoyés en Guyenne pour y rendre la justice à la place de la chambre *mi-partie* de cette province, dont les membres, divisés par la religion, consumaient leur temps en de perpétuels et dangereux débats. De Thou vit alors le prince de Condé et le roi de Navarre; il put facilement apprécier le noble caractère et les généreuses intentions de ce dernier prince, qui devait plus tard être son maître, et auquel il donna depuis tant de marques d'un utile dévouement.

Pendant son séjour à Bordeaux, il se lia avec Michel de Montaigne, alors maire de cette ville : *Homme franc*, dit de Thou, *ennemi de toute con-*

trainte, *qui n'était entré dans aucune cabale, d'ailleurs fort instruit des affaires* [1], auxquelles il avait pris une grande part, et dont les naïfs écrits sont plus connus aujourd'hui que sa sage et honorable conduite dans des circonstances difficiles et des temps malheureux.

De retour à Paris, de Thou, abandonnant une carrière dont l'éloignaient également et sa vocation et la position où les événemens l'avaient placé, résigna ses bénéfices et devint maître des requêtes : l'année suivante, il obtint la survivance de la charge de président à mortier au parlement de Paris, qu'avait son oncle Auguste de Thou, et il se maria (1587).

Depuis trois ans, la guerre civile désolait le royaume, et Henri III était contraint de quitter sa capitale, où commandait en maître un de ses sujets. Ce prince pusillanime ne devait plus compter que sur l'appui des provinces; et, à cet effet, il y envoya des commissaires. De Thou se rendit dans la Normandie, que le roi choisissait pour retraite; il prépara habilement les choses, et passa en Picardie pour continuer sa mission. Au retour, on récompensa ses services par le brevet de conseiller d'état (1588). Ce n'était point un vain titre, puisqu'il lui donnait entrée dans tous les conseils où se traitaient les affaires les plus importantes, et, depuis cette époque, il en est peu auxquelles de Thou n'ait pris part.

Après une paix simulée entre le roi et la ligue, les états du royaume furent assemblés à Blois. De Thou s'y rendit : il accompagnait alors le cardinal de Vendôme et le comte de Soissons, dont il avait la confiance. Le duc de Guise, toujours présomptueux, luttant ouvertement contre le roi, qui, poussé à bout, préparait dans le plus profond secret une vengeance terrible, chercha, mais inutilement, à attirer de Thou dans son parti. Vers le milieu de décembre (le 17), celui-ci se rendit à Paris. Avant son départ, il était allé prendre congé du roi, et il raconte à cette occasion [2] un fait remarquable. Henri III le retint long-temps dans un endroit obscur de son appartement, sans proférer une parole, et tenant sa main dans la sienne. Enfin, rompant ce long silence, il lui donna laconiquement quelques instructions générales pour le premier président de Harlay, son beau-frère. De Thou supposa depuis, et avec vraisemblance, que le roi avait pensé à lui confier quelque chose du projet exécuté six jours plus tard [3], mais que d'autres réflexions l'arrêtèrent.

[1] *Mémoires.*
[2] *Mémoires.*
[3] L'assassinat des Guise, massacrés les 23 et 24 décembre.

A peine arrivé à Paris, il fut obligé d'en sortir, et non sans une peine extrême. Il fut même arrêté en sortant des barrières; la nouvelle de la mort des Guise avait porté les ligueurs aux derniers excès. Il rejoignit bientôt Henri III, et ne contribua pas peu à le persuader de se réunir franchement au roi de Navarre. Le plus grand obstacle à cette utile alliance n'existait plus. Catherine de Médicis venait de mourir, engageant elle-même son fils, en ce moment suprême, à se ménager un aussi ferme appui. Un traité fut entamé et aussitôt conclu par de Thou et Schomberg avec du Plessis-Mornay, venu secrètement à la cour. Un édit transféra, dans ce temps, le parlement à Tours; et de Thou fut appelé à y exercer la charge de président, dont il n'avait encore que la survivance tant qu'existait son oncle. Peu après, il partit avec Gaspard de Schomberg pour aller à travers mille dangers solliciter en Allemagne et en Italie des secours d'hommes et d'argent pour le roi. De Thou était à Venise quand la nouvelle de la mort d'Henri III y fut connue. Il revint en France par la Suisse, et alla trouver Henri IV à Châteaudun.

Le nouveau roi l'accueillit avec bonté et lui donna des marques de sa confiance par les diverses missions dont il le chargea, notamment en l'envoyant auprès du cardinal de Vendôme, qu'on cherchait à éloigner du roi, et qu'il sut persuader de rester fidèle à ses devoirs. Pendant cinq années, de Thou suivit Henri IV dans les camps.

En 1594, on le chargea de traiter, de concert avec Sully, les conditions du raccommodement du duc de Guise avec la cour. Ensuite il fut nommé à l'ambassade de Venise, où il n'alla point. La mort de son oncle le laissa bientôt en possession de la charge de président à mortier. Dans tous les événemens importans du règne d'Henri IV, dont chaque jour affermissait le pouvoir, nous trouvons de Thou au premier rang. Nommé en 1596 pour se rendre à la conférence de Loudun, qui laissait voir le mécontentement des protestans et craindre leur éloignement, il refusa cette mission, dont la difficulté l'effrayait. Peu après, il tenta, sans succès, la réconciliation du duc de Mercœur et la pacification de la Bretagne [1]. Il négociait en même temps avec les religionnaires, et, pour calmer leur défiance et leurs murmures, il rédigeait avec quelques conseillers du prince les articles du célèbre édit signé à Nantes, en 1598, après deux années entières de démarches et de négociations. Plus tard (1600), il assistait en qualité de commissaire catholique à la conférence de Fontainebleau. Il défendait, dans le conseil, avec autant de force

[1] Elles ne tardèrent pas à être accomplies.

que de lumières, les libertés de l'église gallicane, auxquelles on voulait porter une atteinte funeste, en arrachant au roi, pour complaire au pape, la publication du concile de Trente : tentative imprudente, plus d'une fois repoussée, et qui devait se renouveler encore.

Il était, en 1615 et 1616, un des négociateurs du traité de Londres entre la cour et le prince de Condé.

Depuis la mort d'Henri IV, on voit peu de circonstances graves où la régente n'ait eu recours à l'expérience et aux lumières du président de Thou. Enfin il savait concilier tant de travaux divers avec l'exercice de sa charge, qu'il remplit toujours assidûment, surtout lorsque la paix eut été rendue à la France [1].

Il sut encore trouver assez de loisirs pour mettre en ordre et livrer au public la première partie de l'Histoire de son temps, dont il avait réuni les matériaux au milieu même des événemens qu'il a décrits ou des hommes qui en avaient été les acteurs ou les témoins. Depuis plusieurs années, il s'occupait sans relâche de cette composition, l'une des plus vastes qu'ait jamais entreprise un seul homme. Après en avoir longtemps mûri l'idée, il nous apprend lui-même qu'il y mit la première main en 1591 [2]. Ne se bornant pas à l'histoire de son pays, il eut à entretenir de vastes correspondances avec les étrangers qui lui fournissaient des documens. Ce fut en 1604 qu'il publia les dix-huit premiers livres, précédés d'une épître à Henri IV, où il expose son dessein, et ne craint pas d'exprimer ses sentimens par rapport à la religion et au gouvernement de l'état. Cette publication, ainsi que l'avait prévu de Thou, lui suscita une foule d'ennemis. Les nouveaux *zélés*, faction formée du dernier levain de la ligue, se montrèrent les plus violens. Telle était encore la force des partis que la protection avouée du roi ne garantit pas de Thou des attaques, et plus tard des censures de la cour de Rome [3]. Il méprisait les critiques particulières, parce qu'il en connaissait le motif; mais il ressentit une profonde affliction de la mesure sévère dont son livre fut l'objet à Rome. Il chercha à se justifier, et ne fut pas écouté; alors il se plaignit avec éclat et amertume. Ce qu'on aura peine à croire, c'est que la position d'Henri IV, à cette époque, était encore si difficile que, quelque intérêt qu'il portât à l'ouvrage et à son auteur, il ne crut pas devoir interposer ses bons offices, et encore moins réclamer avec autorité.

Peu après, la France perdit l'un de ses meilleurs rois; et une régence faible et agitée succéda à un règne ferme à la fois et paternel. Sully ayant été éloigné de la cour, on lui donna trois successeurs pour le maniement des finances, et de Thou fut un de ces directeurs [1]. De pareilles fonctions étaient peu compatibles avec ses goûts, ses connaissances et les travaux qui jusque là avaient occupé sa vie. Il ne s'y livra qu'à regret. Une circonstance grave vint, dans le même temps, ajouter à son dégoût. Son beau-frère, Achille de Harlay, accablé par l'âge et les infirmités, pensait à la retraite. Il demandait à résigner sa charge à de Thou, auquel le feu roi l'avait promise, que la reine, dès avant sa régence, avait bercé de cet espoir [2], et qui même aurait pu se la faire assurer à l'avance, s'il n'eût pas cru devoir plutôt s'en rapporter à la bienveillance du souverain. Un choix semblable eût obtenu sans doute l'assentiment général; mais la régente n'accueillit pas la proposition d'Achille de Harlay, auquel un autre successeur fut donné [3]. On en sera moins étonné lorsqu'on apprendra que Rome fut consultée sur le choix d'un premier président du parlement de Paris.

Cette disgrace fut un des plus vifs chagrins de la vie du président de Thou. Il pensa sérieusement à quitter la cour et les affaires [4]. Ses amis le dissuadèrent de cette résolution violente. Il continua l'exercice de sa charge pour les finances, mais sans oublier l'injustice dont il se disait hautement la victime, et dont ne purent le consoler les témoignages les plus honorables.

Il reprit alors ses travaux littéraires, interrompus depuis six ans, et s'occupa de conduire son histoire jusqu'à la mort d'Henri IV. Il n'accomplit pas entièrement son dessein [5]. On croit que c'est vers 1614 qu'il écrivit les mémoires de sa vie, pour justifier ses intentions et pour se laver hautement des fausses imputations dirigées contre sa religion.

Fatigué de tant de traverses, profondément

---

[1] Par le traité de Vervins, 1598.
[2] *Mémoires.*
[3] L'histoire fut mise à l'*index*, par décret du 14 novembre 1609; dans la même liste était l'arrêt du parlement de Paris contre Jean Châtel, assassin d'Henri IV. Dans le même temps, et par une espèce de représaille, le parlement de Paris condamna le livre du cardinal Bellarmin sur la puissance du pape.

[1] Avec Château-Neuf et Jeannin : ce dernier, avec le titre de contrôleur-général, avait la presque entière autorité. (*Mémoires de Bassompierre.*)
[2] Lettre de de Thou au président Jeannin.
[3] Ce fut en 1611 que Nicolas de Verdun remplaça Achille de Harlay, et non en 1616, comme il est dit à l'article de ce dernier. (Lettres de de Thou.)
[4] Lettre au président Jeannin.
[5] Nicolas Rigault, ami de de Thou, acheva cet ouvrage sur les Mémoires du président.

affligé de la perte de sa seconde femme, il vit sa santé, depuis long-temps affaiblie, hors d'état de résister à ces atteintes; et après une maladie de quelques mois, il mourut, le 7 mai 1617, à l'âge de soixante-quatre ans[1].

Sentant sa fin prochaine, il montra qu'il y était parfaitement préparé. C'est dans un morceau de poésie latine, pour laquelle il avait eu toute sa vie un goût décidé, et au milieu de vives souffrances, que, le jour même où la mort devait le frapper, il manifesta sa pieuse résignation. Il avait composé lui-même, en latin, une épitaphe pour être placée sur son tombeau. Après avoir protesté hautement de la pureté de sa foi, si souvent attaquée[2], il demandait pour toute grace aux hommes d'être plus épargné par eux après sa mort qu'il ne l'avait été durant sa vie. Jacques-Auguste de Thou ne laissa point d'enfans de son premier mariage. De Gasparde de La Chastre, sa seconde femme, il eut trois fils et trois filles.

On connaît la fin malheureuse de l'aîné, François-Auguste, ami de Cinq-Mars. Le second, conseiller au parlement de Bretagne, mourut également sans alliance. Le troisième, Jacques-Auguste, baron de Meslay, président au parlement de Paris, ambassadeur auprès des états-généraux, laissa deux enfans qui n'eurent point de postérité. Ainsi la famille de Thou s'éteignit en 1746.

Le président de Thou avait depuis 1593 la charge de grand-maître de la bibliothèque du roi[3], qui lui avait été donnée après la mort de Jacques Amyot, grand-aumônier de France. Ce fut sous son administration que cette collection, devenue depuis si magnifique et si précieuse, commença à acquérir une véritable importance[4]. Il avait réuni lui-même, avec de grands soins et des dépenses considérables, une belle bibliothèque qui ne resta pas long-temps dans sa famille[1].

De Thou avait encore le titre de père temporel et protecteur de l'ordre de Saint-François, dans le royaume.

Le nom du président de Thou se recommande sous plus d'un rapport au souvenir et à la reconnaissance de la postérité. Citoyen sage et vertueux, sujet fidèle et dévoué dans des temps de désordre et de factions, magistrat intègre et éclairé, habile homme d'état, grand historien, durant le cours d'une carrière trop courte, mais bien remplie, il offrit tour-à-tour des leçons et des exemples; il ne s'écarta jamais de la ligne qu'il s'était tracée, et c'était, dans sa conduite, celle de l'honneur, de la fidélité et du devoir; dans ses écrits, celle de la vérité. Au milieu des circonstances les plus difficiles et des obstacles les plus graves, il servit avec ardeur et constance ses rois et sa patrie; ses sacrifices furent grands, son désintéressement remarquable: ses souverains l'apprécièrent et ne surent pas toujours le récompenser[2]. La noble ambition de de Thou, ses légitimes espérances, furent cruellement trompées; mais s'il ne put oublier l'injustice, on ne vit pas que son zèle, son dévouement, fussent altérés dans l'exercice de hautes et importantes fonctions.

Placé au premier rang dans la magistrature, issu d'une famille illustrée par de grandes charges et alliée d'ailleurs aux plus nobles du royaume, de Thou sut constamment garder dans ses habitudes cette simplicité sévère, cette modestie, cette gravité, si conformes, ainsi qu'il l'écrivait lui-même, à l'état dans lequel il se trouvait placé. Il jouit en tout temps d'une grande influence dans sa compagnie, bien que d'autres fonctions l'attachassent à la cour, et qu'il eût pu inspirer par là des défian-

---

[1] Il fut inhumé dans une chapelle destinée à sa famille, dans l'église de Saint-André-des-Arcs. Son fils lui fit élever un monument commun pour lui et ses deux femmes.

[2] Il avait déjà fait la profession de foi la plus explicite et la plus touchante dans son testament, écrit le 16 juillet 1616, peu après la mort de sa femme.

[3] Cette charge lui donnait la surintendance de la bibliothèque du roi, qui avait alors pour garde Jean Gosselin, auquel succéda Casaubon et ensuite Rigault, ami de de Thou.

[4] Dès l'année 1594, le président de Thou signala son entrée dans l'exercice de la charge de grand-maître de la bibliothèque du roi, en proposant à Henri IV l'acquisition de la bibliothèque de Catherine de Médicis, composée de près de huit cents manuscrits précieux, la plupart grecs, restés en dépôt chez l'aumônier de feue reine; mais quelques contestations de la part des créanciers de cette princesse retardèrent cette acquisition jusqu'en 1599.

[1] Cette bibliothèque fut vendue en 1680. Une grande partie des livres qui la composaient, entre autres plus de mille manuscrits, ont passé à la bibliothèque du roi, où ils sont compris dans les fonds de Colbert et de Dupuy.

[2] Non-seulement il n'eut aucune part aux faveurs, aux libéralités de la cour, mais après avoir partagé les périls et l'adversité de ses rois, après avoir épuisé son patrimoine à leur service, il ne reçut aucune indemnité, et demeura oublié. « Sa Majesté, écrit-il au président Jeannin, son ami, disait souvent que j'étais » bien différent de ses autres serviteurs; que je ne me » plaignais point de la perte de ma fortune, tandis que » ceux-ci, profitant du malheur des temps, parlaient » sans cesse des pertes qu'ils avaient essuyées : cet élo- » ge flatteur a été toute ma récompense. Le roi changea » à mon égard avec sa fortune, et j'ai appris à mes dé- » pens que rien n'est plus fragile que la faveur des prin- » ces. »

ces à un corps jaloux de quelques prérogatives qu'il s'était attribuées, et qu'alors et depuis il n'exerça pas toujours sans qu'on en ait éprouvé le danger. De Thou marcha avec franchise et loyauté dans la carrière des négociations, et n'y obtint pas pour cela moins de succès ; le temps n'était pas venu où l'on fit trop souvent de la diplomatie une science occulte, bâtie sur le mensonge et la duplicité ; les d'Ossat, les Jeannin, amis de de Thou, savaient défendre autrement les intérêts des rois et des nations. Dans le conseil, de Thou se montra grand homme d'état, profondément versé dans la connaissance des hommes et des choses, également éloigné des exagérations des partis qui divisaient la France. Fidèle sujet du prince, mais dévoué aussi aux intérêts de son pays, il sut défendre à la fois les droits de la couronne, les antiques maximes, les libertés du royaume, que menaçaient tour-à-tour les ennemis du dedans et du dehors : la ligue, Rome et l'Espagne. Mais c'est par ses écrits que de Thou vivra dans la postérité la plus reculée : le souvenir de ses actions, de ses services, pourra s'effacer ; mais son immense ouvrage, le plus parfait dans ce genre qu'aient vu les temps modernes, conservera la mémoire de son nom. Lui-même nous l'apprend, il était né pour écrire l'histoire, *dont les préceptes et les exemples servent à régler la vie et à la rendre heureuse. Plein de cette idée dès sa jeunesse*, il ne négligea aucun moyen pour réunir les matériaux qui lui étaient nécessaires, compulsa tous les ouvrages existans, fouilla toutes les bibliothèques, toutes les archives, conversa avec tous ceux qui avaient pris part aux affaires. D'ailleurs, il pensait comme Montaigne, son ami, et comme beaucoup d'anciens, que *c'est plaisir de voir les choses écrites par ceux qui ont essayé comme il faut les conduire*. Enfin il conduisit à son terme cette pénible entreprise. *Dieu, qui m'en a inspiré le dessein*, dit-il lui-même, *et qui m'a donné des forces pour l'exécuter, m'est témoin que j'ai écrit avec la dernière exactitude et sans partialité, et que je n'ai eu en vue que sa gloire et l'utilité publique*[1].

De Thou en appelait à la postérité, qui lui a répondu en le proclamant le premier, le plus sage, le plus vrai de nos historiens. Et cependant c'est cet ouvrage qui lui valut toutes les traverses de sa vie. Il fut accusé de s'être montré trop favorable à la *nouvelle religion*, comme il l'appelle toujours, et à ses sectaires. La raison en est simple : le fanatisme avait aigri les deux partis ; il écrivait au milieu de leurs sanglantes querelles. On ne pouvait apprécier un homme qui, travaillant en la présence de la postérité et pour elle, jugeait sainement les choses, les hommes, leurs actes et leurs motifs ; qui publiait qu'une religion sainte avait été souvent un ressort de la politique, un instrument de vengeance ; qui reconnaissait que parmi les *Huguenots* on pouvait rencontrer des vertus et des talens ; qui prêchait la tolérance envers des chrétiens dans l'erreur, dont la naissance faisait souvent toute la faute, et que ne devaient ramener ni les châtimens ni l'exemple des plus honteuses passions. Enfin, on ne pouvait pardonner à un auteur initié dans les secrets des affaires, qui dévoilait les intrigues de la cour et les calculs de plus d'une ambition coupable.

Le temps a fait justice de toutes ces attaques dirigées contre un homme qui avait le courage, toujours dangereux, de publier l'histoire de ses contemporains. Combien encore cette tâche ne présentait-elle pas de difficultés plus grandes que tout autre, puisque de Thou décrivait une suite presque non interrompue d'erreurs, d'excès, de fautes et de crimes auxquels s'étaient livrés les acteurs de son histoire pendant un siècle de troubles et de factions ! Pour eux ou leurs familles, la justice, l'impartialité, la sévérité, étaient réputées passion, erreur ou faussetés. Les suffrages des hommes les plus éclairés de son temps, qui presque tous étaient les amis de de Thou et l'avaient aidé de leurs lumières et de leurs conseils, le consolèrent des attaques injustes dirigées contre lui : de ce nombre étaient Casaubon, Jos. Scaliger, P. Pithou, Ant. Loysel, Nicolas Rapin, Ronsard, Florent Chrétien, Pierre Dupuy, Scévole de Sainte-Marthe. Le temps n'a pu que confirmer le jugement de ces hommes pleins de science et de bonne foi. Tous ceux qui ont écrit l'histoire de France ont regardé l'ouvrage du président de Thou comme la source la plus sûre où l'on doive puiser pour la connaissance des événemens du seizième siècle : Bayle le proclame un chef-d'œuvre[1] ; Bossuet invoque continuellement l'autorité du *grand auteur, du fidèle historien*[2]. Ce témoignage seul est le plus fort garant de la véracité, du talent, de la foi du président de Thou. Les auteurs et les critiques les plus éclairés ont ratifié ce jugement[3]. Quelques taches néanmoins déparent cette vaste composition. Le récit des événemens étrangers à la France n'est pas exempt d'erreurs[4] : de Thou travaillait sur des Mémoires

---
[1] Lettre au président Jeannin.

[1] Dictionnaire, art. Ronsard.

[2] *Histoire des variations*, et *Défense de la même hist.*, ch. 38 et 39.

[3] Bonav. d'Argonne (Vigneul de Marville), Mézerai, Baillet, Nicéron, Legendre, Lenglet-Dufresnoy.

[4] Par exemple, pour ce qui concerne Marie Stuart, il paraît que de Thou s'en est rapporté aux écrits de

qu'on lui fournissait, et qui n'étaient pas toujours exacts; on lui a même reproché de les avoir insérés dans leur intégrité, et tels qu'ils lui étaient adressés. Le progrès des sciences fait découvrir également beaucoup de fautes dans des sujets qui tiennent à l'histoire naturelle.

Enfin, l'astrologie exerçait encore un grand empire sur les esprits dans le temps où écrivait le président de Thou, et il a laissé entrer dans son histoire quelques faits prétendus surnaturels et dont, à une autre époque, l'explication eût paru bien simple aux gens sages, s'ils n'y avaient d'ailleurs découvert ni imposture ni erreur. La langue française était encore informe, et de Thou, versé dans la plus pure latinité, ne crut pas devoir écrire l'histoire de notre pays autrement que dans la langue des Romains. Amyot avait cependant déjà fait faire un grand pas au langage. Il en est résulté que l'ouvrage a été moins généralement répandu, et nous répéterons un reproche légitimement adressé à son auteur: en latinisant les noms propres et en exprimant ceux des charges par un mot simple ou composé, analogue aux fonctions, si différentes à Rome de ce qu'elles sont chez nous, il a rendu souvent le texte inintelligible[1]; aussi un *index*[2] est-il devenu indispensable pour lire l'histoire latine, et ce n'est pas sans fatigue qu'on en peut faire usage.

On a aussi relevé, dans plusieurs ouvrages[3], quelques erreurs échappées à de Thou sur plusieurs circonstances de l'histoire française et étrangère, sur quelques noms de lieux et de personnes: ces fautes étaient inévitables dans un livre d'une semblable étendue. Plusieurs furent corrigées par de Thou lui-même ou ceux qu'il chargea après lui de la publication de son histoire. Malgré ces légers défauts, l'ouvrage du président de Thou n'en reste pas moins, ainsi qu'on l'a dit, le plus beau monument historique élevé parmi les modernes. Il n'a point, sous les rapports des temps qu'il embrasse, la même importance que l'histoire de Tite-Live; mais il l'emporte par la critique et la vérité, il s'en approche pour la noblesse du récit. On ne saurait comparer de Thou à Tacite; leur plan n'était pas le même, leur génie diffère encore davantage; mais tous les deux eurent à peindre des temps malheureux, à conserver le souvenir de beaucoup de fautes, de bien des crimes et de quelques belles actions; l'un et l'autre virent la rébellion, la tyrannie, une rapide succession de princes ou bons, ou faibles, ou corrompus; tous deux sont animés d'une égale haine pour le vice, tous deux rendent un culte égal à la vertu.

Enfin, le président de Thou, impassible au milieu du choc des intérêts et des passions des hommes, étranger à la crainte, à la haine, à la faveur, se souvenant qu'il n'écrivait que pour la gloire de Dieu et l'utilité de ses semblables, pénétré de cette noble idée qu'il remplissait une sorte de ministère sacré, de Thou servira sans cesse de modèle à ceux qui voudront écrire dignement l'histoire, si, méprisant de se rendre les échos des préjugés et des passions, ils suivent des guides qui ne trompent jamais, la conscience et l'éternelle vérité. L'injustice dont eut à souffrir si souvent J.-A. de Thou occasiona, d'après ce que nous apprend un de ses amis[1], la publication des Mémoires de sa vie. On a douté qu'ils fussent de de Thou, et par le bien qui y est dit de lui-même, et d'après la préface qui les précède, composée par Nicolas Rigault, indiqué plus haut, qui se donne formellement pour l'auteur des Mémoires. On a cependant pensé plus communément qu'ils avaient été rédigés par de Thou, qui, avec sa franchise et sa loyauté ordinaires, a cru pouvoir se louer lui-même, à l'imitation de beaucoup d'anciens, dont l'exemple était pour lui une leçon. En effet, on reconnaît dans plusieurs endroits et son style et d'autres traces de la part qu'il a dû y prendre. D'un autre côté, quelques passages et quelques erreurs sur des faits qui lui sont personnels, erreurs que l'on croit que de Thou n'aurait pas commises, et en outre l'affectation avec laquelle les Mémoires le présentent, en plus d'un endroit, comme étranger à leur rédaction, donnent à penser que de Thou ne les a point écrits, lui qui, selon ces Mémoires, *ne mentait pas, même dans ses discours les plus frivoles, tant le mensonge lui était odieux.* Nous ne trancherons point cette question: nous dirons seulement qu'il serait permis d'avancer que ces Mémoires, écrits du temps de de Thou, sous ses yeux, par quelqu'un admis

---

Buchanan, historien partial et ingrat, dont cette princesse avait été la bienfaitrice, et qui fut un de ses plus ardens détracteurs. Jacques Ier, devenant, après une longue indifférence, le défenseur de la mémoire de sa mère infortunée, envoya le savant Camden vers de Thou, pour qu'il modifiât son jugement sur cette princesse; mais de Thou, convaincu de la vérité de ses assertions, n'eut point égard à cette réclamation.

[1] Qui devinerait, par exemple, que *Quadrigarius* est le nom latin de Chartier; *Interamnes*, celui de d'Entraigues; *Paludanus*, celui de Des Marais; *Lepidus*, celui de Joyeuse? Que *magister equitum* signifie le connétable, *tribunus equitum*, le maréchal de France, etc.?

[2] Il a été publié, en 1634, sous le titre d'*Index Thuani*, par Jacques Dupuy, frère du savant Pierre Dupuy.

[3] Bayle (Dictionnaire), Le Duchat (Notes), Gui Patin (Lettres), etc.

[1] Rigault, note en tête des Mémoires.

dans son intimité, ont pu être vus et retouchés par lui : ils vont jusqu'en 1600[1]. Le président de Thou s'était adonné de bonne heure à la culture des lettres latines : il a laissé, dans cette langue, un Recueil de poésies qui l'ont placé au premier rang parmi ceux qui s'y sont essayés chez les modernes. Elles contiennent un poème intitulé : *Hieracosophion* ou *de Re accipitrariâ*, composé, vers 1581[2], pour Michel Hurault de L'Hôpital, petit-fils du chancelier de ce nom, conseiller au parlement de Paris, ami de de Thou, et grand amateur de la chasse au faucon; la paraphrase des livres de Job, de l'Ecclésiaste, des Lamentations de Jérémie, et de six des petits prophètes; quelques poèmes sur les fleurs, enfin plusieurs pièces sur divers sujets, parmi lesquelles on distingue les *Odes à la Vérité* et *à la Postérité*, dont la dernière était une nouvelle déclaration de ses principes au sujet de son grand ouvrage[3]. Il les avait déjà énoncés de la manière la plus noble et la plus franche dans la préface qu'il plaça à la tête de son Histoire, et qui était adressée à Henri IV. Cette Épître, à elle seule, est un ouvrage remarquable, qui donne, comme on l'a dit, *la plus haute opinion du génie et du caractère de son auteur, et qui décore magnifiquement l'entrée du vaste édifice de son Histoire.* Cette préface, publiée à part par ordre du roi, avait été traduite par J. Hotman, fils du jurisconsulte, Paris, 1604, in-8º.

On a réuni en un corps d'ouvrage les divers éloges des hommes célèbres du temps, insérés dans la grande Histoire; la vérité de ces portraits avait donné à ce Recueil un vif intérêt. Après cinq éditions successives de son livre, de Thou voulut, en 1616, en donner une nouvelle beaucoup plus complète; il mourut dans le cours de l'impression. Son testament chargeait P. Dupuy et Nic. Rigault d'en procurer une autre encore plus étendue : ils accomplirent ce vœu en 1620. On en fit également à Genève une autre édition six ans après. Plus tard, on publia en Hollande, sous le titre de *Thuanus restitutus*, les morceaux retranchés par de Thou lui-même, ou d'après ses intentions, dans les éditions précédentes. Enfin, les cent trente-huit livres de de Thou, les Supplémens de Rigault, les Mémoires, les Lettres et autres pièces furent réunis dans la magnifique édition donnée, en 1733,

par Thomas Carte, anglais, qui avait comparé les divers manuscrits de l'histoire latine existans dans la bibliothèque du roi et dans plusieurs autres. C'est sur cette édition qu'a été donnée la traduction que nous avons de ce grand ouvrage, en 16 vol. in 4º, Londres (Paris), 1734. Cette traduction, précédée d'une préface par Georgeon, est de l'abbé Le Mascrier, Adam, Lebeau, auteur de l'histoire du Bas-Empire, l'abbé Desfontaines, l'abbé Leduc. La table des matières est du P. Fabre, de l'Oratoire. Du Ryer avait essayé la même traduction; il publia les cinquante premiers livres en 1659, 3 vol. in-folio. Il ne la continua pas; et elle ne mérite aucune estime. Il en avait été fait, par un sieur Dupont, une continuation qui n'a jamais été mise au jour. L'abbé Prévost, connu par d'autres travaux littéraires, l'avait aussi tentée, mais sans succès. Du temps même du président de Thou, son ouvrage, écrit dans une langue commune à toute l'Europe, était répandu dans beaucoup de pays : depuis il été traduit dans plusieurs langues. Il existe un abrégé de la même histoire, par Rémond de Saint-Albine, 1759, 10 volumes in-12. Les Poésies sacrées ont été publiées à Tours et à Paris, 1588, 1592 et 1599, sous le titre de *Metaphrasis poetica Librorum sacrorum aliquot*, et sous celui de *Poemata sacra*. Christophe Dupuy, frère de Pierre, avait réuni, sous le titre de *Thuana*, un court Recueil de quelques Maximes, Réflexions et Anecdotes entendues dans la conservation du président de Thou. Cette composition médiocre, peu digne du nom qu'elle porte, et même de celui de son auteur[1], fut imprimée à Genève, en 1669, avec d'autres ouvrages du même genre, par les soins de Daillé, et depuis réimprimée par Des Maiseaux. Le portrait du président de Thou avait été gravé plusieurs fois : il fait partie de l'œuvre remarquable de Marcenay. Dans l'Histoire du seizième siècle, par David Durand, ministre protestant, 1725 à 1732, 7 volumes in-8º, se trouve une Histoire de de Thou. Il existe un Éloge de Jacques-Auguste de Thou, dans les Mémoires du P. Niceron, tome IX; ce n'est que l'extrait des Mémoires de l'historien. M. Lemontey a donné une Notice sur de Thou, dans la Galerie française. En 1823, l'académie française avait indiqué, comme sujet de prix à décerner en 1824, un discours sur la vie et les ouvrages du président de Thou. Deux concurrens, MM. Chasles et Patin, partagèrent le prix, et M. B. Guérard obtint la première mention. Leurs discours ont été imprimés en 1824.

---

[1] Ce sont ces Mémoires qu'on retrouvera dans ce volume.

[2] Paris, 1584, in 4º. Ce poème a été traduit en vers italiens, par Bergantini, Venise, 1735, in-4º.

[3] Ces morceaux et autres ont été imprimés sous ce titre : *Posteritati, Poematium, opus notis perpetuis illustratum à D. Melanchthone*, Amstelod. Dan. Elzivirius, 1678, in-12.

[1] Elle est indiquée sur le titre comme étant des deux frères Dupuy : *Per fratres Puteanos*.

JEAN CHOISNIN.

NÉ A CHATELLERAULT, EN 1550. — MORT VERS LA FIN DU XVIᵉ SIÈCLE.

Jean Choisnin, né à Chastellerault en 1550, d'une famille obscure, reçut dès son enfance une éducation littéraire. A la recommandation d'un de ses frères qui était au service de Jeanne d'Albret, reine de Navarre, il fut bien accueilli par un des personnages influens de la cour de Catherine de Médicis, dès le commencement du règne de Charles IX et devint principal secrétaire de Jean de Montluc, évêque de Valence, qu'il accompagna dans plusieurs missions importantes. Lorsqu'on songea à faire conférer au duc d'Anjou la couronne de Pologne, afin de l'éloigner de France, Choisnin fut envoyé en Pologne avec Balagni, fils naturel de l'évêque, pour disposer les esprits en faveur de ce choix. Déjà tout était préparé et lui promettait un heureux succès, lorsque la Saint-Barthélemy vint frapper tous les esprits d'épouvante. Il fallut beaucoup d'adresse à Choisnin pour en diminuer l'horreur et surtout pour justifier le duc d'Anjou d'y avoir pris part. Son habileté parvint enfin au but: le duc d'Anjou fut élu, et Choisnin revint en France. Mais le nouveau roi de Pologne, qui craignait que son éloignement de la France ne l'exposât à perdre ses droits de succession à la mort de Charles IX son frère, se montra fort peu reconnaissant de tous les talens qu'on avait déployés en sa faveur, et à peine avait-il pris possession du trône qu'il s'échappa pour revenir en France. Choisnin reçut pour toute faveur le titre de conseiller du roi en son privé conseil.

A son retour en France, Choisnin rédigea la relation des négociations suivies en Pologne pour cette élection, et la fit imprimer à la fin de 1572; mais elle ne parut qu'en juin 1574, l'auteur désirant, avant de la rendre publique, la présenter à Charles IX, qui était alors attaqué de la maladie dont il mourut. C'est le mémoire qui a été publié ici.

A dater de la publication de cette relation, on ne retrouve plus rien sur Choisnin. Le Long, dans sa bibliothèque, indique un autre ouvrage de lui, qui était conservé dans la bibliothèque de M. Pelletier, secrétaire d'état, et qui était intitulé : *Procès-verbal du recolement général des terres des pays conquis en 1584, par Jean Choisnyn*, in-folio.

MATTHIEU DE MERLE.

NÉ A UZÈS, VERS 1548. — MORT VERS 1590.

Matthieu de Merle, baron de Salavas, était, suivant de Thou, le fils d'un cardeur de laine d'Uzès. Il ne sut jamais ni lire ni écrire; mais au milieu de cette agitation fébrile des guerres civiles qui signala le règne des derniers Valois, le courage impétueux et sans frein était un moyen assuré de fortune dans le camp des catholiques, comme dans le camp des protestans. D'abord simple garde du baron d'Acier (depuis duc d'Uzès), puis écuyer du vicomte de Peyre, Merle dès l'âge de vingt ans avait rallié à lui quelques-uns de ces hommes désespérés, si dangereux à leurs ennemis dans les momens de crise, si dangereux à leurs amis dans les momens de paix : « Nous aurons Merle, écrivait le duc de Montpensier à un autre aventurier du même caractère : comme vous et les autres, il est un peu délabré d'hommes ; mais avec lui et avec vous tous j'attaquerois l'enfer, fust-il plein de cinquante mille diables.»

Lorsque Henri IV eut pris le commandement de l'armée protestante, Merle lui rendit de grands services par la *rude guerre qu'il fit aux ennemis*. Ces services le rendirent parfois fort exigeant et on eut la plus grande peine à obtenir de lui que, conformément au traité, il cédât Mende, où il commandait. Une fois les hostilités passées, on ne retrouve plus son nom. On sait seulement qu'après la bataille de Coutras, sur la fin de l'année 1588, il fut envoyé par Henri IV, encore roi de Navarre, dans la ville de Nîmes, pour réclamer des secours pécuniaires que la raideur de son caractère sut sans doute promptement obtenir.

Le marquis d'Aubais, dans ses *Pièces fugitives pour servir à l'histoire de France*, a publié, sur un manuscrit de la bibliothèque du président de Thou, un morceau intitulé : *Les exploits faits par Matthieu Merle, baron de Salavas, en Vivarais, depuis l'an 1576 jusqu'en 1580*. C'est ce morceau qu'on retrouve dans ce volume.

Paris, 10 août 1836.

J.-A.-C. BUCHON.

LE SIÉGE DE METZ

PAR L'EMPEREUR CHARLES V,

EN L'AN 1552.

PAR B. DE SALIGNAC.

AU ROY.

Sire,

Les hommes vertueux qui travaillent en vostre service, oultre les bienfaicts qu'ils peuvent espérer de vostre libéralité, attendent encores ceste récompense que le tesmoignage de leurs faicts soit rendu tel, qu'ils puissent estre estimés entre vos autres subjects, et jouyr toute leur vie de l'honneur qui leur demeure de vous avoir bien servi, laissans après la mort leur nom perpétuel à la postérité. Dont il advient que si de leur vivant on leur fait gouster le fruict et douceur de ceste gloire, ils s'estiment non seulement estre bien remunérés, et pour la pluspart satisfaicts de ce qu'ils ont mérité, mais sont encores par là incités à continuer vostre service en tout ce qui peut toucher le bien de vos affaires. Mesmes ceulx qui sont de cueur semblable, et aussi les successeurs, esquels l'exemple en appartient comme par héritage, entrent plus franchement aux périls que ceulx-ci ont passé, soubs espérance d'acquérir une semblable gloire que leurs majeurs ont rapportée. A ceste cause, sire, j'ay proposé d'autant plus volontiers mettre par escript ce qu'est advenu au dernier siège de Metz, et reduire de jour en autre ce que j'y ay peu veoir et apprendre soubs M. de Biron, un de vos capitaines, diligent enquéreur et soigneux observateur de la vérité. En quoy si je ne peux bien dire tout ce qui conviendroit du grand chef vostre lieutenant, et tant d'aultres vaillants princes, seigneurs, gentilshommes et gens de guerre qui estoyent en la place, à tout le moins je feray tout ce qu'est en moy de leur rendre le tesmoignage d'honneur deu à leur vertu, et peut estre exciteray la volonté à plusieurs aultres de suivre le chemin qu'ils ont tenu, n'espargnans leur vie en ces actes vertueux et louables, qui, pour estre dédiés à vostre service, rendent grand honneur en la vie, et laissent une bien heureuse mémoire à ceulx qui viennent après.

Sire, je supplie à Dieu qu'il vous doint, en toute prospérité et santé, très longue vie. De Paris, le 13 de may 1553.

Vostre très humble et très obéissant subject et serviteur,

B. DE SALIGNAC.

Après que le roy fut de retour des quartiers d'Alemaigne qui sont deçà le Rhin, où il avoit marché avec une grosse armée ès mois d'apvril, may et juing mil cinq cens cinquante deux, pour restablir la liberté de la Germanie, et favoriser le duc de Saxe Maurice, celuy de Meckelbourg, et autres princes de l'Empire ses alliés, qui estoyent en armes contre l'empereur

Charles cinquiesme, tant pour le regard de leurs franchises que pour la délivrance des duc de Saxe et langrave de Hessen, prisonniers ; et que le roy en retournant eut exécuté plusieurs entreprinses au duché de Luxembourg et pays de Haynault, et, ce faict, rompu son camp et séparé son armée pour prendre quelque loisir de se rafreschir, nouvelles vindrent, sur la fin de juillet, que l'empereur s'estant réconcilié avec le duc Maurice, et ayant retiré à soy la plus part des forces qu'il avoit, faisoit encores en Alemaigne grande levée de gens de guerre, qu'on ne pouvoit bonnement juger s'il vouloit employer, du costé de Hongrie, au secours du roy des Romains son frère, qui estoit fort travaillé des Turcs, ou bien convertir ses forces à faire descente en France. Tant y a que le roy, désirant en toutes sortes pourvoir à la seureté de ses frontières, pour soubstenir les premiers efforts que pourroit faire son ennemy pendant qu'il rassembleroit son armée, pensa de plus près au faict de la ville de Metz. Surquoy convient entendre qu'au voyage dessus mentionné, le roy, à la grand requeste de l'évesque, consentement des habitans d'icelle, et accord des princes de l'Empire estans lors en ligue avecques luy, l'avoit mise en sa protection, et y avoit laissé pour gouverneur le seigneur de Gounor [1], gentilhomme de sa chambre, avec quelque nombre de gens de guerre : et desjà avoit on commencé de besongner à la fortification, mesmement en l'endroit où l'on retranchoit la ville, en y faisant deux boulevars, et tirant entre deux une courtine, depuis les molins de la basse Seille jusques à la grand muraille qui regarde la Mozelle, au devant l'église des frères Baudez, cordeliers, et aussi continué la plate-forme de la porte des Rats, dont ceulx de la ville avoyent auparavant faict un desseing. Mais tous ces ouvrages n'estoyent guières advancés, pour le peu de gens qu'on y employoit, à cause que l'on n'estimoit le danger estre si prochain que bien tost après apparut.

Or l'empereur avoit par diverses praticques moyenné et obtenu qu'aucuns des estats de l'Empire et mesmement des villes franches luy fournyroient un bon nombre de gens de guerre, pour employer au recouvrement de Metz,

qu'il disoit estre occupé par force. Et de faict, soubs couleur de procurer le bien de l'Empire, on luy voyoit tourner ses desseings pour ravoir ceste place, congnoissant de quelle importance elle luy estoit, ayant esgard à son duché de Luxembourg et Pays-Bas ; et jugeoit bien estre nécessaire qu'il fist dernière preuve de sa puissance pour la remettre entre ses mains. De quoy le roy estant adverty, et luy voulant en oster le moyen, afin qu'il ne s'en peust ayder, comme il avoit au paravant tousjours faict en toutes les armées qu'avoit dressé contre le royaulme, délibéra de la garder, tant pour estre chose convenable à sa grandeur de conserver ceulx qu'il avoit mis en sa protection, comme aussi fort requise au bien de ses affaires, et au besoing qui se présentoit d'arrester par ce moyen la puissance de son ennemy, qui estoit lors autant grande que de prince qui print oncques les armes contre la France. Atant, pour y pourvoir de personnage qui fust, non seulement pour le nom de dignité de sa maison, aiséement obéy, mais aussi, pour sa prudence et bonne conduitte, suffisant à soubstenir les efforts d'un empereur si puissant, le roy feit élection de monseigneur le duc de Guyse, messire François de Lorraine, pair et grand chambrelan de France, pour y estre son lieutenant général, et donner ordre à tout ce qui seroit requis pour la garde et défence de la ville.

A ceste cause, M. de Guyse partit de la court sur le commencement du moys d'aoust, et passa près de Thoul, ville de sa charge, remise en mesme temps, et par mesmes causes que Metz, soubs la protection du roy, où pour lors la peste estoit fort eschauffée ; mais, nonobstant le danger, il entra dans la ville pour visiter les réparations qu'on y avoit commencées, et trouva qu'à cause de la mortalité et de la maladie du seigneur de Sclavolles, gouverneur de la ville, on y avoit bien peu advancé. Il y mit le meilleur ordre qu'en telle saison estoit possible, et de là s'en vint à Metz, ayant en sa compagnie le marquis d'Elbeuf son jeune frère, le comte de La Rochefoucault, les seigneurs de Randan frères, et le seigneur de Biron, gentilhomme de la chambre du roy, qui estoyent venu trouver en chemin, et plusieurs autres de sa maison. De quoy estans advertis M. le duc de Nemours, les seigneurs

---

[1] Lettres de Cossé-Brissac.

de Gounor, vidame de Chartres, de Martigues et autres seigneurs capitaines qui estoyent dans la ville, sortirent au devant avec les compagnies de gens de cheval et de gens de pied, pour le recueillir en la sorte que sa grandeur et le lieu qu'il venoit tenir le requéroyent.

Dès le lendemain, dix huictiesme du mois, il commença dispenser si justement le temps au faict ordinaire de sa charge, que tant d'yeux qui ont tousjours eu le regard sur luy jusques à la fin du siége, n'ont veu qu'il ayt mis en espargne une seule heure pour la donner à son plaisir particulier; comme, à la vérité, le besoing si grand et si présent requéroit bien qu'on usast de ceste extrême diligence; car la ville, aussi grande qu'elle est, comme de huict à neuf mille pas de tour, n'estoit forte en endroit qu'elle eust, n'ayant un seul pied de rempar en toute la muraille, ny espace pour y en faire, d'autant que le tout estoit entièrement occupé de maisonnages, d'églises et autres grands bastimens, sans qu'il y eust aucune plate-forme en estat, fors celle qu'on appelle de Saincte-Marie, ny aucun boulevart que celuy de la porte de Champaigne, qui est rond et d'ancienne structure, et peu commode pour s'en servir : oultre ce, estoit mal fossoyée en la pluspart, et mal flanquée par tout, et au démourant aisée à battre en plusieurs lieux, et veue presque par tout le dedans, et par courtines, des montaignes voisines.

Quatre ou cinq jours après la venue de M. de Guyse, arriva le seigneur Pierre Strozzi, chevalier de l'Ordre, personnage de grande suffisance, et que M. de Guyse avoit demandé au roy, congnoissant sa vertu, expérience et bon conseil ès choses d'importance; avec lequel et les seigneurs de Gounor, de Sainct-Remy et Camille Marin, fort experts et entendus en faict de fortifications, il visita diligemment tous les endroicts de la ville; et, ayant recogneu les défaulx et foiblesses qu'avons dict, commencèrent à faire desseing de plates-formes, rempars, tranchées, flancs et autres défenses qu'ils y congneurent estre nécessaires. Mais la difficulté estoit de recouvrer nombre suffisant de pionniers pour fournir tous les endroits où il falloit mettre la main, à cause que la saison de mestives où nous estions, et les vendanges qui s'approchoyent, avoyent tiré aux champs la plus part des hommes de travail, estant seulement demourés quelques pauvres femmes et petits garçons à la ville. Néantmoins l'ordre y fut donné si bon, que, du premier jour, les plus pressées et nécessaires fortifications furent poursuyvies, comme le haulsement de la courtine, et deux boulevars du retranchement dont cy-dessus est faict mention, afin d'estre à couvert de la montagne d'Ezirmont, ou autrement de la Belle-Croix, qui voyoit jusques au pied par le dedans, où l'on craignoit que l'ennemy deust faire son premier effort. L'on besongna aussi en toute diligence à la plate-forme de la porte à Mozelle, pour battre depuis la porte des Alemans jusques vers Sainct-Pierre-des-Champs, et de mesmes à la plate-forme de la faulse braye, derrière l'encoignure de Saincte-Glocine, que ceulx de la ville avoyent auparavant commencée, pour battre vers Sainct-Clément et Sainct-Pierre, et servir de flanc le long de la muraille vers la porte Saint-Thibaud; pareillement à la plate-forme des Rats pour défendre du costé de l'isle. A quoy furent départies toutes les centeines et nombre de pionniers dont on peut finer; et fut donné charge aux gens de pied soldats d'abbattre les plus empeschans édifices qui nuisoyent à conduire la besongne.

Il restoit encores le quartier qui prend vis-à-vis du retranchement jusques à la porte des Alemans, lieu fort suspect, et lequel M. de Guyse estimoit debvoir estre promptement remparé, advisant pour le mieulx d'en fortifier la faulse braye, assez ample et large pour mettre nombre de gens à la défendre, estant favorisée d'un bon et grand fossé; sans donner cest advantage à l'ennemy de la pouvoir gaigner. Mais pour ne desfournir les autres atteliers, et aussi pour donner exemple, luy mesmes entreprint l'œuvre avecques les princes, seigneurs et gentilshommes qu'il avoit en sa compagnie, portant quelques heures du jour la hotte, et monstrant estre bien convenable à un chef de soubstenir au besoing le travail et la sueur en sa personne, comme la vigilance en l'esprit.

Il voulut aussi sçavoir quelles munitions de guerre pouvoyent estre en la ville, et trouva qu'il y avoit bien peu de grosse artillerie, et mesmes que la fonte d'icelle avoit esté conduicte par homme non expert, ayant laissé la matière mal alloyée, et sans observer les mesures, dont quelques pièces estoyent desjà gastées, les pouldres, quasi toutes vieilles de trente et quarante ans, en moindre quantité qu'il ne suffisoit pour l'exécution qui estoit convenable de faire advenant quelque grand force; et se feit bailler l'estat du tout par le seigneur d'Ortobie, commissaire ordinaire de l'artillerie, lequel le roy avoit laissé en la ville depuis le mois d'apvril, qu'il y passa. Et oultre cest estat, il trouva encores quelques milliers de salpestre au magazin, pour lequel employer il mit ordre que plusieurs moulins à pouldre fussent dressés.

Quant au faict des vivres, pource qu'il n'y avoit de la munition que deux mil huict cens à trois mil quartes de bled, et que d'en faire amas la chose estoit encores mal aisée; à cause que les laboureurs du pays n'avoyent coustume de battre leurs grains en esté, sinon à mesure qu'ils en avoyent affaire pour leur vivre, semer ou payer leurs redevances, il luy fut besoing faire plusieurs et diverses ordonnances pour y pourvoir. Et du commencement feit venir les quarteniers du pays et contrée, auxquels il commanda assembler les maires des villaiges, pour leur enjoindre qu'ils eussent à faire battre diligemment les grains, et en amener à certain jour, chascun du lieu de son mandement, telle quantité à la ville qu'ils déclairèrent pouvoir faire, et à quoy ils furent lors quotisés : ordonnant que ces grains seroyent mis en seure garde, au profict de ceulx à qui ils appartiendroyent; et où besoing seroit d'en prendre pour la nourriture des gens de guerre, ce seroit à prix et payement raisonnable. Il s'en trouva quelques uns, mais en petit nombre, qui obéyrent au premier mandement, et à iceulx mesmes les ennemys de la garnison de Thionville et les Marangeois, plus brigands que gens de guerre, donnoyent empeschement, pillans les charroys et chevaulx en chemin, et retenans les laboureurs prisonniers. Sur quoy, autant ceulx qui avoyent bonne volunté d'obéir comme ceulx qui ne l'avoyent, sceurent colorer quelques jours la cause qu'ils prenoyent de différer; mais nos chevaulx légiers sortirent plusieurs fois aux champs pour leur donner escorte et asseurer les chemins, mesmes un jour M. de Nemours avec sa compaignie, ensemble les seigneurs de Gounor, vidame de Chartres, les comtes de Martigues, de la Rochefoucault, les seigneurs de Randan, de Biron, et plusieurs autres seigneurs et gentilshommes, vers Enery, aux environs de Thionville. Et advint que quelques soldats françois, partis la nuict du chasteau de Rodemar, que lors nous tenions, s'en venoyent à Metz. Les ennemis en estant advertis, les suyvirent jusques au chasteau de Donchamp, où ils furent apperceus par nos gens, estant la rivière entre deux; et nonobstant qu'elle fust bien grosse, le seigneur Paule Baptiste Fregose, lieutenant de M. de Nemours, la passa quasi à nou avec quinze ou vingt chevaulx, et les alla attaquer. M. de Nemours et ses gens, voulant suivre, hasardoyent de passer en un endroit bien profond; mais le péril du trompette dudict seigneur vidame, qui avoit premier voulu essayer le gué, et avoit esté forcé du courant et porté à vau-l'eaue, leur fut advertissement d'attendre celuy qui avoit guidé le seigneur Paule pour leur monstrer un passage plus aisé, en quoy il coula quelque espace de temps. A la fin, les ennemis les voyans passer, bien qu'ils fussent en plus grand nombre qu'eulx, gaignèrent le pont de Rissemont, où ils avoyent des gens de pied, lesquels ils conduirent dans les boys prochains de là, où les ayans jettés à sauveté; les gens de cheval prindrent la fuite à toute bride jusques aux portes de Thionville. Ceste saillie et autres que nos chevaulx légiers feirent souvent, furent cause que les ennemis ne coururent tant le pays, ny tindrent les chemins si subjects qu'ils avoyent accoustumé, de sorte que la ville commença à se fournir de bleds; joinct que M. de Guyse trouva moyen d'en faire porter autre grande quantité, à mesme condition, d'aucunes prévostés et quartiers de Lorraine, de Barrois et de l'abbaye de Goze, appartenant à M. le cardinal de Lorraine son frère, voisins de ladicte ville. Et furent commis gens à toutes les portes pour tenir registre de la quantité qui entreroit chascun jour, et en rendre compte aux seigneurs de Piepape et de Sainct-Belin, ordonnés commissaires et superintendans à toutes les munitions et provisions de vivres, lesquels rapportoyent le tout par extraict au lieutenant de roy. Aussi se commença-t-on à fournir de foin, avoyne et paille, par le moyen que certains villages furent dédiés particulièrement aux compaignies des gens de cheval qui pour lors y estoyent, et qui depuis y vindrent pour en prendre leur provision, en payant le taux qui en estoit faict à prix raisonnable, et quelque chose d'advantage pour la voicture s'ils prenoyent les chariots; n'estant toutesfois permis les occuper que les jours de dimanche et lundy, à fin que le demeurant de la sepmaine fust réservé à semer les terres, et que, en nous jectant hors d'une nécessité présente, il fust encores pourveu à celle qui pourroit après survenir.

Douze enseignes de gens de pied trouva M. de Guyse dans Metz; lesquelles, pour estre bandes nouvelles, il tascha à dresser et aguerrir. Entre autres choses, il commanda que les squadres d'une chascune bande, qui estoyent de garde pour la nuict, se rendissent tous les soirs en armes, marchans en ordonnance, de leur quartier jusques à la place qui estoit devant son logis, où se rangeoyent les uns près des autres, de façon que tous assemblés avoyent forme d'un bataillon, qu'il faisoit quelques fois marcher en avant, puis soubdain en arrière, monstrer visaige de tous costés, baisser les picques comme pour combattre, ayant faict ficher un blanc à une muraille où les harquebousiers se adjustoyent; et après leur avoir faict entendre ce qu'il vouloit par le capitaine Favars, leur maistre de camp, et donné le mot du guet, les envoyoit en mesme ordonnance à leurs postes et gardes. A quoy ils s'estimoyent si bien accoustumés, que, combien que leur chemin s'adressast à divers endroits de la place, et qu'aucunes trouppes se vinssent croiser dans les autres, toutesfois ils ne se desmeuoyent jamais de leur ranc et file. Au reste, furent faictes plusieurs belles ordonnances sur la forme de vivre desdicts soldats, à ce qu'ils eussent à converser paisiblement avecques les habitans de la ville, sans leur faire ou dire mal, ne prendre aucune chose qu'en payant; laissant les clefs de vivres et marchandises à ceulx à qui elles appartenoyent, sans retenir leurs meubles, fors ceulx qui estoyent nécessaires pour leur usage ordinaire, et de ne les contraindre en rien oultre leur gré; qui fut chose si bien observée, que les uns vivans avecques les autres de si bon accord, sembloyent estre citoyens d'un mesme ville. Au surplus, pour éviter mutinations et brigues, furent faictes, de par luy, défenses aux soldats de ne prendre querelles les uns avecques les autres, ne mettre la main aux armes dans la ville, sur peine d'avoir le poing couppé; en quoy il fut si bien obéy, que jamais ne fut veu nombre de gens de guerre demourer si longuement ensemble où il y ait eu moins de querelles et débats. En ceste façon les choses de Metz commencèrent à se réduire en bon train et conduitte; mais, à fin qu'il n'y eust rien à dire quand le besoing viendroit, M. de Guyse envoya le seigneur Pierre Strozzi vers le roy luy remonstrer par le menu ce qui pouvoit entièrement toucher l'estat, tant des victuailles, artillerie, munitions de guerre, fortifications, faulte de pionniers, que du petit nombre de soldats qu'il y avoit pour défendre une telle et si grande ville, aussi pour entendre comme ledict seigneur de Guyse avoit à se gouverner avec le marquis Albert de Brandebourg, dont cy après sera plus amplement parlé; lequel estoit desjà arrivé à Trièves avec une armée, au cas qu'il s'accostast plus près de Metz. La response du roy fut qu'il pourvoyroit à toutes choses nécessaires aussi tost qu'on pourroit cognoistre la vérité que les entreprinses de l'empereur s'adresseroyent à Metz; et, quant à la particularité du marquis Albert, que M. de Guyse usast en son endroit comme de personnage qu'il espéroit retirer à son service, sans toutesfois avoir trop grande fiance de luy; et qu'il taschast l'esloigner de la ville, et le jecter sur le chemin que l'empereur devoit tenir venant en çà, pour consumer de tant plus les vivres au devant de l'armée qu'il mèneroit.

Au commencement de septembre, les compaignies d'hommes d'armes de messieurs de Guyse, de Lorraine et prince de La Roche-sur-Yon, trois de chevaulx légiers et sept enseignes de gens de pied, furent envoyées pour estre de la garde et seureté de Metz; lesquelles, estant venues près du Pont-à-Mousson, M. de Guyse advisa les embesongner au faict de la récolte, ne voyant que aucun besoing le pressast encores de les mettre dedans, estimant que ce seroit autant de vivres espargnés. Et pource que les habitans du plat pays se monstroyent lents et tardifs à porter leurs grains, il despescha commission, le second jour de septembre, au seigneur d'Entragues, lieutenant de sa compagnie, au seigneur de La Brosse, lieutenant de la compagnie de M. de Lorraine, et au seigneur de Biron, lieutenant de celle de M. le prince de la Roche-sur-Yon, de mener ceste trouppe ès terres de la ville et de l'évesque de Metz les plus éloignées, pour faire avec la forcé, si besoin estoit, que les commandements de la récolte fussent exécutés. En quoy ils procédèrent si sagement, que, du gré du peuple, à qui on permettoit en retenir quelque quantité pour leur nourriture de certain temps, et pour semer, fut amené de ces quartiers, avant le vingtiesme de septembre, environ douze mille charges de grains dans la ville.

Et pource que le temps ne nous promettoit assez de loisir de pouvoir conduire en défense nos remparts et plates-formes avant la venue des ennemis, et mesmement qu'estions incertains par quel endroit ils nous vouldroyent assaillir, M. de Guyse embesongna les gentilshommes de sa maison à faire une prompte provision de plusieurs choses requises, pour jecter à une bresche soubdainement faicte où l'on n'auroit eu temps de remparer : l'un de certain bon nombre de gabions ; un autre assembler deux cens grosses poultres de boys; autres à trouver deux mille grands tonneaux, et de planches et tables ferrées en grand nombre ; autres à remplir quatre mille sacs de terre, et de laine autant qu'il s'en trouveroit, sans y omettre force pics, hoyaulx, pelles, hottes, moutons pour abattre murailles; les autres à la charge des pavezades, des cavaliers de bois pour l'harquebouserie, des parapects, mantelets, tréteaux, barrières, rateaux chevillés, et autres engins, de chascune espèce diverses sortes, pour s'en aider par teste et aux flancs, selon la diversité des lieux et places où l'affaire le requerroit; au seigneur de Sainct-Remy, se pourvoir de bonne heure de tous artifices à feu; aussi au seigneur de Crenay remonter grand nombre d'harquebuses à croc avec leur appareil et fourniment. Et fut la diligence telle, que toutes ces choses se trouvèrent prestes et assemblées ès lieux à ce ordonnés avant que le besoing fust.

Nos soldats n'estoyent cependant paresseux à la démolition des bastimens vers la porte Saincte-Barbe, portans par terre ce grand nombre d'édifices demourés hors du retranchement, afin que si iceluy quartier venoit à estre prins, lequel toutesfois on ne délibéroit légièrement abandonner, il ne s'y trouvast rien en estat qui peust faire faveur à l'ennemy. Et de mesmes poursuyvoient les maisons joignans les murailles de la ville, y faisant un espace tout du long pour y mettre gens en bataille et y pouvoir faire rempars et tranchées. Pareillement au dehors de la ville ils abbattoyent les faulx-bourgs, jardins, édifices de plaisir, et autres murailles qui eussent peu nuire, dont il y avoit grand nombre jusques dans les fossés, ainsi qu'on véoit en ces grandes et riches villes qui ont jouy longuement du bien d'une profonde paix. Et pourroit-on s'esmerveiller de l'obéissance qu'en tel dommage d'édifices ce peuple de Metz rendoit, car, estant la chose conduitte par l'authorité de M. de Guyse, et par gracieuses remonstrances dont il usoit, il ne s'en veit un seul qui feist semblant le trouver dur ; et la plus part mettoyent d'eulx-mesmes la main à les abbattre, comme concernant le bien public et la perpétuelle seureté de leur ville.

Encores, pour ne laisser aucune commodité de couvert à l'ennemy s'il vouloit venir loger près de la ville, ils ruynoient les bourgs de Sainct-Arnoul, de Sainct-Julian, de Sainct-Martin, et autres tout à l'entour : chose qu'il ne fault estimer de petit travail ny peu hazardeuse, veu la presse du temps, qui ne donnoit le loisir d'y besongner en seureté; de sorte qu'ils y sont demourés ensepvelis et couverts soubs les ruines plus de deux cens pauvres soldats, ou autres qui leur aidoyent. Vray est que, quant aux grandes églises, tant du dedans que du dehors, ne les voulant M. de Guise veoir mettre par terre, si la venue de l'ennemy et le saulvement de la ville n'en monstroyent une grande nécessité, les pilliers qui en soustenoyent les voultes et pans de mur furent pour lors seulement couppés et estançonnés de boys, mesurans que l'espace d'un jour ou deux nous en feroit tousjours venir à bout quand le besoing nous y contraindroit, ainsi que depuis avant cinq sepmaines fut mis à exécution. Mais, pource que celle de Sainct-Arnoul estoit de grande estendue, et assise en si hault et proche lieu de la ville, que la voulte eust peu servir aux ennemis d'un dangereux cavalier sur tout le quartier de la porte Champenèse, on s'advança de l'abattre, de crainte qu'ils feissent quelque grand effort de s'en saisir avant qu'on y peust remédier. Et usa M. de Guyse de pitoyable office vers l'abbé et religieux dudict Sainct-Arnoul, ensemble vers les autres gens d'église et de religion de toutes les abbayes, couvens et colleiges abbatus, qu'il accommoda ès autres églises, dont est demeuré grand nombre en estat dans la ville, trouvant suffisant espace pour les y loger tous, avec leurs aornements et joyaulx, sans aucun empeschement de pouvoir vaquer au service de Dieu aussi bien qu'auparavant; et feit transférer en solennelle procession les corps et reliques de plusieurs saincts, qu'il accompagna, et les autres princes et seigneurs avec luy, la torche au poing, teste nue, depuis l'église et abbaye Sainct-Arnoul, jusques en l'église des Frères-Prescheurs.

Il ne fault omettre qu'à mesme jour et procession furent transférés les cercueils esquels gisoyent, en l'église et abbaye Sainct-Arnoul, la royne Hildegarde, femme de Charles premier de ce nom, surnommé Charlemaigne, roy de France et d'Austrasie, duquel royaulme d'Austrasie la ville de Metz estoit la capitale, et depuis empereur; le roy Loys, surnommé Débonnaire, fils des susdicts Charles et Hildegarde, aussi roy des deux royaulmes, et empereur, qui fut inhumé à Sainct-Arnoul, l'an mil huict cens quarante et un; deux de ses seurs, Hildegarde et Aleide; et deux seurs du roy Charlemaigne, Rotayde et Aleide; Droguo, qui fut archevesque de Metz et frère dudict roy Loys Débonnaire, ne sçay au vray si légitime ou bastard; Vitro, duc de Lorraine, père de Saincte-Glocine; Béatrix, espouse d'un Herwic, duc de Metz; Amalard, archevesque de Trièves, jadis chancelier de Charlemaigne, et depuis canonisé pour sainct : lesquels furent tous apportés en l'église des Frères-Prescheurs, et illec enlevés avec telle solennité, et aussi honorablement que faire se peut,

et que l'opportunité du temps le permettoit.

Le marquis Albert de Brandebourg, duquel avons dessus parlé, s'estoit faict chef d'une partie des meilleurs gens de guerre que les princes d'Alemaigne eussent en leur armée contre l'empereur, ayant retiré de sa part le duc de Zimmeren, parent du comte Palatin, lansgrav de Lictemberg, le comte Ludovic d'Ottinguen, et soixante-deux enseignes d'Alemans, lesquelles il avoit réparties en quatre régimens : dont Jacob d'Ausbourg, auparavant son lieutenant, estoit colonel de vingt-deux; le comte d'Altenbourg de seize; Rifemberg de douze, et des douze autres Joassen fon-Calvic, avec huict squadrons de chevaulx, chascun de deux cens, ensemble trente-quatre pièces d'artillerie; et estoit venu des haultes Alemaignes, en branschattant et rançonnant le pays, passer le Rhin à Spire, et courir toutes les terres d'Aulsai, jusques à la ville de Triéves, de laquelle il s'estoit saisy et mis des gens de cheval dedans, avec le régiment de fon-Calvic pour la garder. Maintenant s'estoit venu camper au lieu de Floranges sur la Mozelle, près de Thionville, à trois lieues de Metz, d'où envoyoit souvent demander vivres à M. de Guyse pour la nourriture de son camp, faisant publier qu'il estoit là pour le service du roy. Et de faict, le roy tenoit auprès de luy l'évesque de Bayonne, pour traiter la condition du payement qu'il luy fauldroit en se servant de luy. Or, n'osoit M. de Guyse le refuser, afin qu'il n'en causast quelque mal contentement; aussi craignoit d'autre part desfournir sa ville. Parquoy advisa sagement de ne tomber en l'une n'y en l'aultre nécessité, envoyant la première fois au marquis tel nombre de pains et pièces de vin pour luy satisfaire, qui ne fut de grand foulle à la munition du roy. Et depuis, sur semblable demande, luy feit entendre qu'il n'oseroit ny vouldroit plus toucher à la munition : mais luy envoyoit une autre provision de pain et de vin qu'il avoit faict venir pour la fourniture particulière de sa maison, adjoustant encores nouveau présent d'un coursier que le seigneur de Louvières, son escuyer d'escuierie, mena audict marquis. A la fin, ne voulant M. de Guyse user vers luy, sinon en la façon que le roy luy avoit mandé, et voyant qu'il importunoit tousjours pour vivres, envoya le seigneur Pierre Strozzy luy remonstrer que la raison de la guerre, laquelle il entendoit bien, ne portoit que l'on jectast vivres d'une place de telle importance que Metz, mesmement à ceste heure qu'on entendoit l'empereur s'approcher avec une grosse armée pour la venir assiéger, avecques ce qu'elle n'estoit guères bien fournie; et à peine en pourroit-on tirer la nourriture de son camp trois jours, qu'on ne l'espuysast beaucoup; mais qu'il pourroit prendre son chemin vers les Sallins, pays très fertil, et là entretenir pour un temps son armée. Ce propos sembla avoir esté bien receu de luy, mesmes demanda quelque personnage pour luy monstrer le pays. Mais le bon jugement du seigneur Pierre avoit desjà découvert, par les termes et propos qu'il avait tenu, que ses fins tendoyent seulement à tirer de l'argent du roy, et projectoit dès-lors jouer ce beau tour que depuis on a veu. Lendemain fut despesché Gaspar de Hus, seigneur de Buy, gentilhomme natif de Metz, pour l'aller conduire vers les Sallins; mais, au lieu de prendre ce chemin, il s'approcha une lieue plus en çà, vers la ville, venant camper à Aey, d'où envoya trois de ses gens vers M. de Guyse, luy faire entendre que d'aller vers les Sallins ce seroit trop s'exposer à l'ennemy, en danger que luy et ses gens fussent rompus, et que son intention estoit de passer la Mozelle; parquoy prioit qu'on lui feist faire un pont, et ce pendant le fournir de vivres nécessaires, ensemble mettre en liberté quelques-uns des siens qu'il disoit estre arrestés dans la ville. M. de Guyse envoya recueillir et festoyer ses gents par des gentilshommes de sa maison, auxquels ces Alemans feirent grande instance de prendre la lettre du marquis leur maistre, qui contenoit leur charge, pour la porter à M. de Guyse, et qu'ils viendroyent puis après luy faire la révérence et dire le surplus. Tantost après s'en retournèrent sans se présenter : de laquelle façon M. de Guyse assez esmerveillé ne laissa pourtant à rendre responce, et ramentevoir au marquis touchant les vivres la raison que dessus; et quant au pont, qu'il n'avoit moyen d'en faire dresser promptement, mais qu'il commanderoit que tous les bateaux de Metz et du Pont-à-Mousson se rendissent à l'endroit où il voudroit faire passer ses gents, pour en tirer la commodité qu'il pourroit; au reste, qu'il n'avoit aucun des siens prisonnier, ny ne voudroit qu'ils eussent moins de liberté et bon traictement dans la ville que les François. Ceste response estoit suffisante, et satisfaisoit au tout; parquoy estima ledict marquis que ce luy seroit honte de ne la prendre en payement, et commença incontinent penser à quelque autre nouveaulté : c'est de faindre estre requis que M. de Guyse et luy parlassent ensemble, et qu'il fust advisé un lieu hors la ville pour s'assembler. L'excuse estoit présente à M. de Guyse, que, ayant la garde de la place, ne seroit trouvé bon qu'il en sortist, offrant au marquis que, s'il luy plaisoit venir dedans, il mettroit peine de le bien recueillir et traicter. Le marquis donna parole de venir le jour ensuyvant; dont M. de Guyse envoya bonne trouppe de gentilshommes hors la ville, vers la venue de son camp au devant de luy : et trouvèrent quelques Alemans qui vouloyent entrer, lesquels furent receus. Et après que l'on eut longuement attendu, le marquis envoya dire qu'il ne viendroit jusques au lendemain, auquel jour il approcha encores le matin son camp jusques au village de Mercy et autres d'environ, à une lieue de la ville. Estans des nostres sortis comme le jour précédent, rencontrèrent autre trouppe d'Alemans qui disoyent le marquis n'estre guères loing, et qu'ils s'estoyent mis devant pour acheter ce pendant quelques besongnes en la ville. L'entrée leur en fut donnée comme aux premiers; et sur le midy, un gentilhomme envoyé de la part du marquis vint porter excuse qu'il ne pouvoit encor venir de ce jour, requérant M. de Guyse qu'il luy pleust recevoir dans la ville un nombre de mortiers et quelques munitions de boulets, pour descharger d'autant son charroy, qui commençoit marcher difficilement à cause que le temps s'estoit disposé à la pluye. De quoy, encores qu'il en fust quelque chose, car à la vérité le pays est gras et boueux pour si peu d'eau qu'il y tumbe, si est il à croire que cela tendoit plus à imprimer quelque fidélité de luy qu'au soulagement de son charroy; car en l'hyver après il traina tousjours lesdicts mortiers et boulets sans nouvel attellage de chevaulx. M. de Guyse luy accorda sa demande, et mesmes qu'il pourroit laisser un de ses gens dans la ville pour avoir la garde de ce qu'il y mettroit. Ce soir, il envoya lesdicts mortiers, qui arrivèrent bien tard, et à l'heure que l'on n'a accoustumé ouvrir places de garde : toutesfois, pour ne luy laisser aucune apparente occasion de se plaindre, M. de Guyse, ayant jecté quelques chevaulx dehors pour faire la decouverte, à fin d'obvier aux entreprinses qui se pourroyent faire, et mis force soldats en armes à la porte, quelque nombre d'arquebousiers aux barrières, receut ce charroy à diverses ouvertures de porte, et à diverses fois le visitant, à la raison qu'ils entroyent les uns après les autres, à fin qu'il n'y eust chose dont peust venir inconvénient à la ville, et cela si dextrement, qu'il ne fut donné aucune cognoissance de souspeçon. Le tiers jour, on veit venir autre grosse trouppe d'Alemans, et nulles nouvelles que le marquis arrivast : dont M. de Guyse, considérant ceste façon, et le logis qu'il estoit venu prendre si près de nos portes, se doubta qu'il pourroit avoir quelque dangereuse imagination; parquoy ne permeit que ces Alemans venus dernièrement entrassent, mais doulcement feit sortir ceulx qui estoyent dedans, en nombre de plus de quatre cens, leur offrant faire porter de la marchandise à la porte autant qu'ils en voudroyent acheter. Sur l'heure arrivèrent gens de la part du marquis, pour dire que leur maistre ne pourroit estre bien à son aise en lieu où l'on essayast faire ses gens prisonniers, et que à ceste occasion il n'y estoit voulu venir. A quoy avoit tant peu d'apparence, que l'on ne daigna lui en mander satisfaction ; car aussi n'estoit véritable, comme M. de Guyse, s'en estant soigneusement enquis dès l'autre fois qu'il luy avoit mandé le semblable, l'avoit ainsi trouvé. Toutes lesquelles choses, rapportées au succés de celles qui advindrent dans six sepmaines après, feront juger que le marquis avoit entrepris une de trois choses : ou de tirer le plus de vivres qu'il pourroit pour desfournir la ville, ou bien surprendre la personne de M. de Guyse, et mettre en danger tout le demeurant, ou bien de gaigner, avec le nombre de ses gens qui estoyent ainsi entrés, une des portes par où il peust mettre toutes ses forces dedans, et en demourer le seigneur ; mais Dieu ne permist qu'il en advint ainsi.

Nous avions alors passé la mi-septembre, et commençoyent venir plus d'advertissements de la venue de l'empereur qu'auparavant ; lequel, avec les bandes espagnolles, italiennes et les autres forces qu'il avoit assemblées à Inspruq, Munic, Augsbourg et Ulme, s'estoit acheminé jusques sur le Rhin, lequel sa personne, avec quelque nombre de chevaulx et certaines pièces d'artillerie, l'avoyent passé sur le pont à Strasbourg, le demeurant de l'armée par batteaux ; s'estant encores venus joindre à luy à Landourf, maison du comte Palatin près de Spire, où il faisoit quelque séjour, deux régiments qui venoyent de Francfort et Ratisbonne : par le moyen de quoy son armée estoit encores engrossie, et s'approcha depuis aux Deux-Ponts, qui est un lieu à quinze lieues de Metz, d'où M. de Guyse eut advertissement qu'il faisoit advancer quinze cens ou deux mil chevaulx vers le pays Metsein, pour desfaire les nostres qui y estoyent pour la récolte. Parquoy manda aux seigneurs d'Entragues, de La Brosse et de Biron s'approcher vers la ville avecques leur trouppe, faisans entendre par le pays que l'on eust à mettre plus grande diligence que jamais de porter vivres, et ceulx qui ne le pourroyent si tost faire, eussent à les jetter hors des granges, maisons et édifices, à fin que s'il estoit besoing en faire le gast pour empescher que l'armée de l'ennemy ne s'en prévalust, on les peust brusler sans endommager les bastiments et meubles, espargnant ce pauvre peuple le plus qu'il seroit possible. Il leur fut aussi mandé qu'ils rapportassent un roole de tous les moulins des lieux et environs où ils passoyent, pour les envoyer rompre au devant de l'empereur ; les advertissant encores d'amener en venant un grand nombre de charroys, pour s'en servir à resserrer promptement tout ce qui se trouveroit à deux ou trois lieues à l'entour. Ces choses exécutèrent les susdicts ainsi qu'il leur estoit mandé, et se retirèrent avec leurs gens vers M. de Guyse, qui les feit entrer dans la ville le vingt-deuxiesme jour de septembre, et les envoya loger chascun au quartier qui luy estoit départy, les bandes de gens de pied près des murailles, à fin d'estre voisins des lieux où ils auroyent à faire la garde, et les gens-d'armes et chevaulx légiers sur le milieu de la ville ;

ordonnant à tous capitaines, chefs de gens de guerre, gentilshommes et soldats, ne faire logis hors de leurs quartiers, sur peine d'en estre punis.

En sçachant que la noblesse françoise est assez coustumière de courir la part où l'affaire survient, et, advenant le siége, qu'un bon nombre s'en retireroit en ceste ville, où, s'ils n'avoyent à qui rendre particulière obéissance, vouldroyent prendre logis où bon leur sembleroit, et estre de toutes les factions qui s'entreprendroyent, dont on a veu souvent advenir plus d'inconvéniens que de bons effects; à ceste cause feit commandement que tous gentilshommes et autres qui viendroyent pour leur plaisir eussent à choisir un des capitaines de gens de cheval ou de gens de pied estans en la ville, pour se retirer devers luy et avoir logis dans son quartier, le suyvre et accompaigner à toutes les saillies, factions et entreprinses qui se feroyent par luy, obéissant à l'exécution d'icelles tout ainsi que s'ils avoyent receu soulde, et faict le serment au roy soubs sa charge, et n'entreprendre rien dadvantage, sur peine d'estre mis hors la ville. Et pource que les ennemis eussent peu, en moins de six jours, se faire maistres de la campagne et occuper les vivres, ne tarda guères à renvoyer la cavalerie légière faire le gast qu'avons dict cy dessus et rompre les moulins, leur commandant aller commencer au plus près de l'ennemy et au plus loing de la ville qu'il leur seroit possible, faisans en sorte qu'il demeurast le moins de nourriture et de commodité de toutes choses devant leur armée que faire se pourroit.

Cependant, à fin que l'on feist plus grande diligence de resserrer ce qui estoit encores dehors, fut de nouveau ordonné que dans quatre jours on eust à mettre tous les vivres et le bestiail des villages dans la ville, pour en fournir la munition, ou les vendre au marché à tel prix que l'on trouveroit, sur peine que, le terme passé, les gens de guerre et soldats en pourroyent aller prendre sans payer là où ils en trouveroyent. Ce commandement feit venir en ces quatre jours grande quantité de tous vivres; car la plus part du peuple et les habitans de la ville, qui avoyent encores leurs granges et maisons aux champs toutes pleines, obéirent dans le temps; et ceulx qui ne le voulurent faire sentirent bien tost la punition du mespris et refus qu'ils faisoyent, par ce que les gens de guerre sortirent comme il leur estoit permis, et allèrent faire particulière provision de tout ce qu'ils peurent trouver: qui fut cause que aucuns se repentans venoyent offrir libéralement de porter tout ce qu'ils avoyent, et que la main fut resserrée aux soldats; ce que M. de Guyse feit volontiers, regretant la foule du peuple, pourveu que la ville eust son fournissement. En ceste façon, ne vint guères de dommage que sur ceulx qui avoyent trop mauvaise volunté, et cela mesmes porta quelque espargne à la munition du roy, tenant lieu de distribution aux soldats plus de six sepmaines durant le siége. M. de Guyse avoit usé de plusieurs autres moyens sur le faict des provisions de bleds, vins, bestiail, chairs sallées, poisson, beurre, huille, sel, froumages, riz et tous autres vivres de garde qu'il avoit faict venir de France, Lorraine, Barrois et autres lieux où il s'en pouvoit recouvrer, n'ayant espargné ny son crédit ny ses deniers, de sorte que la ville fut mise en estat pour ne souffrir faim d'un bon an.

Sur le vingtiesme de septembre, M. de Guyse envoya la seconde fois le seigneur Pierre Strozzi vers le roy l'advertir qu'il estoit temps d'envoyer le secours qu'il avoit advisé donner à Metz, veu que l'ennemy s'estoit tant approché qu'il ne falloit plus doubter de sa venue. A quoy Sa Majesté respondit que de Sainct-Mihel, où M. le connestable alloit dresser un commencement d'armée, y seroit pourveu avant que les ennemis peussent estre arrivés.

Quelques jours auparavant, le marquis Albert de Brandebourg estoit retourné vers Trièves pour retirer les gens de cheval et le régiment de fon-Calvic qu'il y avoit laissé, et autresfois revenu au tour de Metz, où il feit cinq ou six logis, entretenant tousjours l'évesque de Bayonne de paroles générales sur lesquelles on ne pouvoit faire aucun bon fondement; car il luy proposoit chascun jour demandes nouvelles, et si excessives, que ledict évesque eust passé grandement sa charge de les luy accorder. Il envoya quérir les mortiers qu'il avoit laissés dans la ville, lesquels M. de

Guyse luy permit reprendre. Et environ ce temps le roy despescha encores le seigneur de Lansac pour venir prendre quelque conclusion avecques luy; mais il trouva moyen de mettre tousjours la chose en longueur, et cependant s'approcha du Pont-à-Mousson, venant loger tout joignant les portes. Auquel lieu M. le connestable envoya de nouveau le seigneur de La Chapelle de Biron, et à la fin M. de Chastillon, son nepveu, à présent admiral de France : lequel, après avoir quelquefois conclud une chose, incontinent après le marquis l'envoyoit conditionner de quelque autre tant esloignée de raison qu'il s'en retourna sans résolution. Ceste façon intraictable de ne se laisser conduire à quelque party honneste de plusieurs qui lui estoyent offers, le rendit suspect à M. le connestable, qui commença penser de luy comme d'un ennemy; et, par le trouble qu'il donna, veint cest inconvénient à la ville, que M. le connestable ne nous peult secourir de tout ce qu'il eust bien voulu, mesmement d'artillerie : car il ne l'eust peu faire conduire avecques moindre force que d'une armée, pour la défiance qu'avions du marquis et de son camp. Bien avoit faict approcher de bonne heure quatre enseignes de gens de pied au Pont-à-Mousson avant que le marquis y passast, lesquelles furent dès lors retirées dans la ville; et depuis envoya deux cens pionniers et un nombre de pouldres que le seigneur Horace Farnèse, duc de Castres, admena, lorsqu'au dix septiesme du moys ensuyvant il vint pour attendre le siége; oultre lesquelles M. de Guyse, pour la crainte d'un long siége, avoit mis peine à en assembler, ou de ce qu'il en avoit tiré de ses places, ou par aultres moyens, dix milliers.

Pource que le mois d'octobre estoit venu, et nous approchions de l'hyver, quelques uns estimèrent que l'empereur n'entreprendroit si tard nous assiéger, cuidans, puis qu'il avoit conduit jusques ici sagement ses affaires, il ne vouldroit forcer à ceste heure la nature du temps, et tant contemner la rigueur du ciel, que de hasarder une si grande armée à la mercy des neiges, pluyes et gelées, qui sont bien véhémentes en ce pays, et se contenteroit, pour ceste année, de s'estre monstré en armes en Alemaigne, et d'avoir réduict à sa dévotion les princes de l'Empire, qui, au commencement de l'esté, estoyent entrés en guerre contre luy; mais qu'il pourroit entreprendre de venir en quelque quartier de la Champaigne, ou en Lorraine et Barrois, pour y faire hyverner son armée et temporiser jusques en la belle saison, que l'exécution de ses entreprises viendroit estre plus aysée. Mais il estoit aussi à penser qu'un si grand amas de gens de guerre et la grand despence de les souldoyer, avec les bravades et menasces dont il avoit usé, et qu'il avoit faict publier par ses ambassadeurs et ministres, tant en Alemaigne qu'en Italie, de vouloir avant toutes choses pourvoir au recouvrement de ce qui touchoit à l'Empire, luy feroient avancer ce siége ; à quoy de plus fort l'inciteroit la foiblesse qu'il sçavoit estre encores en la ville, et la crainte que les affaires du roy, par trop temporiser, se peussent tant affermir qu'il ne fust plus heure de l'empescher ; aussi qu'un esprit picqué se promet souvent de surmonter les plus grandes difficultés, mesmes qu'il avoit aultresfois bien heureusement mené la guerre en hyver. Parquoy faisant M. de Guyse un conseil sur toutes ces choses, résolut de poursuivre sa première et sage délibération, de continuer avecques la plus grande diligence qu'il pourroit la fortification commencée. Et y estoit si attentif, que souvent il faisoit porter son disner aux remparts, de peur de mettre trop de temps à aller et venir en son logis. Et si quelques fois il alloit dehors à cheval, c'estoit pour recognoistre le païs, visiter les advenues et logis que les ennemis pourroyent faire à l'entour de la ville, et prendre garde aux lieux par où ils nous pourroyent nuire, et aussi à ceulx qui seroyent advantageux, tant pour nos saillies et mettre des embuscades, que par où nous ferions nos retraictes.

Les vendanges estoyent lors achevées, lesquelles avoyent esté faictes sans aucun empeschement, et y avoit grande fertilité de vin par tout le pays; dont, après qu'on en eût retiré une grande quantité dans la ville, beaucoup de gents de travail vindrent, qui furent employés à la besongne, par le moyen desquels les plates-formes commencèrent d'approcher à la haulteur suffisante pour s'en pouvoir servir. Et feit lors M. de Guyse asseurer et habiller les voultes de plusieurs églises en plates-formes, armées de balles de laine, qui seroyent cavalliers aux montaignes pour y mettre de l'artillerie, et battre au loing, à l'advenue des ennemis. Et pour autant que l'on disoit estre chose bien aisée de nous priver de celle partie de la Mozelle qui passe dans la ville, rompant la chaussée qui la soustient, au moyen de quoy toute l'eaue retourneroit en son ancien canal, du pont des Mores, hors des murailles, et demoureroyent deux grandes ouvertures servant de bresche aux ennemis, soubs les deux ponts des Barres, par où ladicte rivière entre et sort dans la ville, furent commencées des pallificades dans l'eaue, reculées de vingt cinq ou trente pas desdicts ponts vers le dedans de la ville, pour n'estre exposées à la batterie, avec bon rempar des deux costés du canal, depuis lesdictes pallificades jusques aux ponts, servant de flanc l'un à l'autre. Et aussi pour le mesme danger que, perdant l'eaue, fussions privés des moulins qui estoyent dessus, M. de Guyse en feit faire un bien grand nombre d'autres à bras et à chevaulx pour mouldre les bleds et battre les pouldres.

En ces entrefaictes on entendit que l'armée de l'empereur avoit passé les Deux-Ponts, et s'approchoit vers la Mozelle, s'engrossissant toujours de gents qui suyvoyent d'Alemaigne, et d'autres qui venoyent des Pays-Bas; dont ne voulant M. de Guyse leur laisser en proye une enseigne de gents de pied du capitaine La Prade, qui estoit dans Rodemar, à fin qu'ils ne se peussent avantager d'avoir à leur arrivée fait quelque prinse sur le roy, mist en délibération et conseil de les retirer, ensemble l'artillerie qu'ils pouvoyent avoir. Et furent les capitaines de cest advis : que du premier jour on envoyast querir les gents de pied, congnoissants que la place n'estoit pour attendre une moyenne force, non qu'une si grosse armée qu'on disoit estre celle de l'empereur; mais ils trouvoyent si malaysé, que quasi jugeoyent impossible d'en pouvoir retirer l'artillerie, à cause qu'il y avoit six grandes lieues de mauvais chemin de Rodemar à Metz, qui en valloyent douze françoises, beaucoup de passages difficiles, tant de montaignes que de grands boys entre deux, et le temps qui s'estoit mis à la pluye; d'autre costé, les forces de l'ennemy voisines, et mesmes vingt enseignes de leurs gents de pied desjà logées à Luxembourg et Thionville, entre lesquels Rodemar faisoit le milieu, estant chose contraincte de passer à l'aller et au retour à la portée du canon de Thionville; dont, pour y user seurement, ne fauldroit moindre escorte que de tout le nombre de gents qu'il y avoit dans nostre ville, lesquels, pource qu'il conviendroit mettre beaucoup de temps à trainer l'artillerie, ne seroyent encores peu hasardés en telle entreprinse; mais qu'on la rompist et portast sur sommiers ce qu'on pourroit des munitions de guerre qui s'y trouveroyent. Suyvant cecy, M. de Guyse envoya le lendemain, quatriesme d'octobre, le capitaine Lanque, avec ses harquebousiers à cheval, advertir le capitaine La Prade de tenir luy, ses gents et son affaire prests, et qu'il envoyeroit encor plus grand escorte pour les conduire seurement à Metz. Dont pour cest effect il dépescha deux jours après le seigneur Paule Baptiste et la moitié de la compagnie de M. de Nemours, lesquels passèrent, sans estre apperceus de ceulx de Thionville, à la faveur d'un escarmouche que M. de Nemours et le comte de La Rochefoucault, avec le reste de leurs compaignies, allèrent attaquer devant la ville, sur lesquels sortirent quelques gents de cheval, qui furent incontinent rembarrés dans les portes. Et allèrent encores les nostres donner dans un nombre d'harquebousiers sortis avec les gents de cheval, lesquels avoyent gaigné un fossé, cuydans de là tirer mieulx à seureté; mais ils furent enfoncés et rompus, où le seigneur d'Aurade, gentilhomme de la maison de M. de Nemours, reçeut une harquebousade dans le genoil, de laquelle, à trois ou quatre jours de là, il mourut. Les capitaines Baptiste, Lanque et La Prade exécutèrent, le huictiesme du moys, ce qu'ils avoyent en charge, de la ruine du chasteau et rompement de pièces, conduisans par une nuict les gens de guerre à sauveté, avec un nombre de pouldres et d'arquebouses à croq qu'ils avoyent faict charger, jusques au pont de Rissemont à demie lieue de Thionville, où le seigneur de Biron, avec la compagnie de M. le prince de La Roche-sur-Yon, et sept enseignes de gents de pied soubs le capitaine Fayars, maistre de camp, se trouvèrent à l'aube du jour pour les recueillir. Et pource que quelque maladie assez contagieuse avoit couru entre ces soldats de Rodemar, à fin d'éviter inconvénient dans la ville, M. de Guyse les envoya loger au pont des Moulins, où, après leur avoir faict faire monstre, leur commanda se retirer au camp, vers M. de Chastillon, leur coronel. Et en ce temps il choisit parmy ses autres bandes trente soldats des plus estimés pour sa garde, dont en y avoit six des laquais du roy, qu'il a, durant le siége, souvent employés à diverses entreprinses, èsquelles ils se sont tousjours portés fort vaillamment. Aussi en sont demeurés les treize ou quatorze morts ou impotents de leurs membres.

Trois ou quatre jours après, M. le prince de La Roche-sur-Yon, venant de sa maison, arriva en poste, pour le désir de se trouver en un siége tel qu'on prévoyoit estre cestuy-cy, la venue duquel fut très aggréable à M. de Guyse et à tous les gents de guerre. Il voulut, du premier jour prendre charge de quelque besongne, et commencea un rempar à l'endroit d'une poterne près l'église Sainct-Thibauld, qui fut continué à main gauche jusques à l'entrée de la rivière de la Seille, et de l'autre costé jusques aux Augustins, comme de mesmes feit le seigneur Pierre Strozzy au rempar et tranchée d'entre la porte des Alemans et la plate-forme de la porte à Mozelle. A ladicte plate-forme le comte de La Rochefoucault et le seigneur de Randan, et les seigneurs de Gounor et de La Brosse à la courtine, et deux boulevars du retranchement; le seigneur d'Entragues au ravelin et portal des Alemans; le seigneur de Biron à la plate-forme des Rats; le seigneur de Parroy à celle de l'encongnure de Saincte-Glocine, et certains aultres seigneurs venus auparavant, qui estoient supérintendans à tous les atteliers, faisoyent valoir la diligence des pionniers et des gens de travail, n'espargnans celle mesme des gens de guerre de pied ou de cheval, lesquels y employoient quatre et six heures chascun jour, dont leur gaillardise ayda beaucoup à l'advancement de la besongne; joinct que nos ennemis estoyent lents et nous donnoyent loisir de nous fortifier, séjournans plus d'un demy moys au logis qu'ils avoyent prins aux Deux-Ponts et aux environs; mais cela procédoit, comme il est vraysemblable, de ce que l'empereur vouloit pourvoir, avant passer oultre, aux munitions de guerre et vivres qui seroyent nécessaires durant le siège à l'entretenement d'une si grande armée; comme dès lors il pratiqua que de Strasbourg luy seroit fourny durant deux mois deux cens mille pains par jour, et des aultres villes assises sur le Rhin et la Mozelle, selon qu'ils le pourroyent faire. Il attendoit aussi que sa grosse artillerie fust arrivée à Thionville, laquelle il faisoit descendre par le Rhin jusques à Confluence, et puis remonter par la Mozelle. D'aultre costé, le duc d'Olsten, frère du roy de Dannemarc, et les seigneurs d'Aiguemont, de Brabançon et Du Bossu, luy devoyent amener un autre nombre de gens de guerre qui estoyent bas Alemans, tant de pied que de cheval, lesquels ne pouvoyent si tost arriver; mais sentant qu'ils s'approchoyent, et qu'au demeurant tout l'appareil de son armée estoit prest, il s'achemina vers Sarebruch.

Alant M. de Guyse, désirant avoir particulière congnoissance de l'estat de ceste armée, commanda au seigneur de Randan s'en aller avec sa compaignie si avant qu'il la peust recognoistre; lequel chemina jusques par delà Vaudrevauges sans avoir nouvelles des ennemis; et, passant un peu plus oultre contremont la rivière de Sarre, trouva que leur camp venoit loger ce soir à Forbach, un peu par deçà Sarebruch, à sept lieues de Metz. Surquoy M. de Guyse feit certain jugement qu'ils se venoyent adresser à Metz; et, bien qu'il veist nos enseignes de gens de pied si mal complettes qu'elles n'avoyent lors plus de quatre mil cinq à six cens hommes en tout, que la cavallerie n'avoit faict monstre, sinon de quatre cens quarante quatre chevaux, aussi les trois compagnies de la gendarmerie comptés pour neuf vingts hommes d'armes. Plusieurs y avoyent esté trouvés absens pour estre malades, ou allés se rafraischir du voyage d'Alemaigne, et grande difficulté qu'il en peust estre désormais secouru de plus grand nombre, ny d'aulcune aultre chose. Néantmoins se résolut avec telle trouppe, qu'il congnoissoit estre pourveue de gens de bien, attendre les ennemis, sans demander aultre chose au roy que sa bonne grace, laquelle il espéroit mériter exposant sa vie à la défense et garde de ceste sienne place, comme à la vérité c'estoit service aultant relevé qu'on eust peu faire à la venue de si grand force, et où chascun de bon et sain jugement peust aiséement congnoistre de quelle importance en estoit la conservation ou la perte. Donques, sentant les ennemis si près comme a esté dict, de peur que s'ils avoyent intelligence ou moyens aulcuns de surprendre la ville ils en voulussent à leur arrivée essayer l'exécution, il feit renforcer la garde des murailles, ordonnant que les capitaines, les seigneurs, gentilshommes et gents d'ordonnance, feissent ordinairement tout le long de la nuict la ronde, et luy-mesme le plus souvent estoit à visiter les corps de garde et sentinelles. Aussi ordonna un guet à cheval hors la ville, qui se feroit de jour un peu par dessus le bourg de Sainct-Julian, vers la montaigne et venuë des ennemis, afin que d'heure à aultre il fust adverty de tout ce qui pourroit survenir de leur costé.

Bien tost après il envoya le seigneur Paule-Baptiste sur les champs, pour avoir encores plus seures nouvelles du chemin qu'ils tiendroyent ; lequel, avec trente ou trente-cinq chevaulx, chemina un jour et la nuict, et un peu de l'aultre matinée vers Sarebruch, et trouva que leur camp estoit encor à Forbach : toutesfois il en desloigeoit ce mesme matin pour venir à Sainct-Avau, en s'approchant deux lieues de nous : Ledict seigneur Paule, estant couvert d'un peu de bois et du brouillard qui faisoit lors, demoura quelque temps à veoir passer ce camp ; à la fin, voyant trois ou quatre de leurs soldats débandés, les feit prendre, sans que le camp en eust aucune alarme, et avec cest advis et langue s'en retourna en la ville. Ainsi nous continua l'advertissement que l'empereur approchoit, dont moins que jamais perdismes heure ny temps à faire tout ce qui estoit possible pour la fortification et défence de la ville.

La nuict du deuxiesme jour après, le comte de la Rochefoucault sortit pour aller de rechef veoir les ennemis. Et estant près de Boulac, à quatre lieues de Metz, se tint en embuscade, envoyant le capitaine La Faye, son lieutenant, avec six salades, descouvrir plus avant ; lequel alla donner jusque dans les fauxbourg de Boulac, où y avoit quelques harquebousiers en garde, qui furent chargés et contraincts gagner le fort, donnans l'alarme à huict ou neuf cens chevaulx qui estoyent logés là pour escorte des vivres. Ledict La Faye se retira vers la trouppe, et le comte avecques le tout vers la ville, trouvant en chemin grande quantité de bled et vin pour les ennemis, qu'il gasta et desfonça. Et ne tarda guères après que M. de Guyse, pour estre tousjours bien adverty de ce que les ennemis feroyent, renvoya Paule Baptiste sur le chemin de leur camp ; lequel, estant aussi parti de nuict, arriva, ainsi que le jour commençoit à poindre, en un village qui est entre le petit Metz et les Estangs, au milieu d'un bois, où il trouva de vingt cinq à trente soldats espagnols, lesquels eurent l'alarme de luy, et tirèrent force harquebousades, se jectans dans le bois qui estoit à l'entrée du village, par lequel ledict Baptiste vouloit faire son chemin, qu'il faignit lors prendre par aultre part ; mais, pour mieux pouvoir porter quelque certaineté des ennemis, et les approcher à couvert, il y rentra par aultre endroit ; et arrivant jusques près du camp, qu'il trouva logé par deçà Boulac, print neuf ou dix soldats italiens qui alloyent busquer par les villages, et s'en revint. De ce logis l'empereur partit pour se retirer à Thionville, à cause de quelque indisposition de sa personne : et à deux jours de là, Paul Baptiste retourna aultre fois de nuict sur les champs vers Théoncourt et Créanges, pour aller se mettre derrière les ennemis ; mais il fut mal guidé, et ne peut sortir l'exécution de ce qui avoit esté entreprins. Toutesfois, s'accostant plus près du camp, trouva vingt cinq ou trente Marangeois près d'un bois, qui donnoyent là chasse à quinze ou vingts soldats italiens des ennemis. Ledict Paule print les uns et les aultres ; et, passant encores plus avant, trouva que le camp estoit desloigé de Boulac, et s'en venoit vers les Estangs. Il approcha à un demy quart de lieue de plusieurs esquadrons de gens de pied et de cheval, qu'il suyvit un temps. Et voyant quelques Espagnols et aultres soldats s'escarter de la grosse troupe, les print prisonniers et les conduict à Metz.

Ce soir logea la cavallerie de l'ennemy audict lieu des Estangs, qui est à trois lieues de Metz, et tout le reste de l'armée à demië lieue par delà, où ils se tindrent encores lendemain, à cause du mauvais temps qui les empeschoit mener l'artillerie; mais ce ne fut sans que M. de Guyse leur envoyast sur le jour et sur la nuict donner l'alarme par quelques petites trouppes de nostre cavallerie, de sorte que toute la leur fut contraincte se tenir longuement en bataille. Et les eust on encores travaillés plus souvent, et par plus grand nombre des nostres, n'eust esté que la retraicte estoit mal aysée, et qu'on n'eust sceu faire si petite perte qu'elle n'eust esté trop grande pour le besoing qui s'apprestoit. La nuict, ils envoyèrent des harquebousiers à deux ou trois cens pas de la ville, auprès d'un pont de pierre, du costé de la grande rivière, pour visiter, ainsi qu'on pense, le lieu et l'assiette de leur camp, lesquels furent descouverts de la muraille. Et les fust on allé voir de plus près sans l'incommodité de la nuict.

Deux jours après, qui fut le dix neufviesme d'octobre, le duc d'Albe, capitaine général de l'armée de l'empereur, et le marquis de Marignan, colonel des gents de pied italiens, par lesquels deux la plus part des affaires se conduisoyent, délibérèrent venir recongnoistre la ville, et le logis qui seroit plus propre pour l'assiéger, estimans, puis que la principale charge de l'entreprinse leur touchoit, qu'aussi devoyent ils veoir à l'œil tout ce qui pourroit faciliter ou empescher l'exécution. Ils s'approchèrent à un petit quart de lieue, avec quatorze mille hommes de pied, quatre mille chevaulx et six pièces d'artillerie de campaigne, qui furent descouvers sur les neuf heures du matin par la guette du clochier; et le seigneur de La Brosse, qui estoit ce jour de guet hors la ville avec la compagnie de M. de Lorraine, en donna certain advertissement à M. de Guyse. Et, ayant retiré ses sentinelles, commença s'approcher au pas vers un pont de pierre du bourg Sainct-Julian, où il trouva de nos harquebousiers qui estoient sortis pour le soustenir, lesquels y attendirent la descente des ennemis, et le gardèrent assez longuement; mais, se voyans charger d'une grand force par teste et par flanc, car à trente pas du pont n'y avoit eaue qui y peust faire empeschement, commencèrent se retirer, et, par le moyen d'un bon ordre et commandement du seigneur de La Brosse, qui leur faisoit souvent monstrer visage, et prendre de pas en pas les lieux advantageux pour tirer à couvert, ils gaignèrent la faveur de nos murailles sans qu'il s'en perdist pas un. De l'autre costé, sur la porte des Alemans, descendoyent environ deux mille harquebousiers espagnols ou italiens, ayants laissé la grosse trouppe à huict ou neuf cens pas plus hault, vers les bordes de Valières, et leurs gents de cheval un peu à gauche en bataille. M. de Guyse feit sortir le seigneur de Randan avec vingt cinq chevaulx seulement, pour les aller recognoistre, sans permettre qu'il en sortist davantage, à cause que cest endroit vers la montaigne, couverte de vignes, n'estoit commode à combattre pour la cavalerie. Et ayant ordonné quinze harquebousiers de chascune enseigne de gents de pied se tenir prests, avec un chef des principaulx de chascune d'icelles, il en bailla deux cens au capitaine Favars, maistre de camp, pour l'aller soustenir; et encores le seigneur Pierre Strozzy pour commander aux uns et aux autres, et conduire l'escarmouche. Ledict seigneur de Randan n'alla guères avant sans rencontrer ceste force d'harquebousiers qui venoit au grand pas, en bon ordre et contenance de soldats, pour s'attaquer aux nostres, et tira sur sa trouppe. Toutesfois il les nombra jusques aux derniers; puis, se retirant au pas vers la première ruine de dessus la porte des Alemans, appelée de Brimba, trouva le seigneur Pierre, qui le feit passer et tous les chevaulx, plus bas vers la ville, s'apprestant avec ses harquebousiers faire teste aux ennemis, lesquels il arresta un temps à coups d'harquebouse; mais, d'autant qu'il les voyoit renforcer tousjours, et que, par les costés, commençoyent d'environner le lieu, il retira peu à peu ses gens vers l'autre ruine plus basse et prochaine de la ville, appelée de Saincte-Elizabet; et là, tenant ferme, garda que les ennemis ne passassent oultre, bien qu'ils en feissent leur effort, et continuassent harquebouser plus de deux heures les uns contre les autres. Encores estoyent autres cent ou six vingts harquebousiers, du reste de ceulx que M. de Guyse avoit ordonnés, sortis au-devant d'autre grosse trouppe d'ennemis, venus aux vignes sur la porte Mozelle, qui furent soustenus, et les nostres trouvés aussi roiddes et asseurés qu'aux autres endroits. Ainsi s'attaqua l'escarmouche en plusieurs lieux entre les deux rivières, et véoit-on tous les cousteaux et montaignes pleins de feu et fumée de l'escopéterie. Cependant le duc d'Albe, et le marquis de Marignan qui estoit descendu de sa lictière, où il alloit à cause de quelque mal de jambe, et remonté sur une hacquenée, vindrent à la Belle-Croix, d'où ils peurent, mieulx que de nul autre lieu, véoir le circuit et contenu de la ville, recognoistre les commodités de loger auprès, et les endroits par où elle se pourroit mieulx battre. Quelques Espagnols passèrent le bourg Sainct-Julian vers la rivière, comme voulans sonder deux guais qu'il y avoit pour passer en l'isle, dans laquelle fut jecté une partie de la compaignie de M. le prince de La Roche-sur-Yon, et quelques harquebousiers du capitaine Sainct-Houan, pour les empescher. L'escarmouche dura depuis les unze heures jusques à vespres; que les ennemis, voyans ne pouvoir faire démarcher les nostres des lieux qu'ils s'estoyent résolus de garder, tant s'en fault qu'ils les peussent forcer pour approcher la ville de plus près, commencèrent les premiers se retirer vers leur grosse trouppe, et puis tous ensemble à leur camp, laissant l'avantage aux nostres, auxquels ne fut donné peu de louange par M. de Guyse, d'avoir maintenu si long combat sans estre rafraischis ne renforcés, là où les ennemis l'avoyent esté par trois fois, et tousjours de gros nombre et gens choisis, comme ceulx qui estoyent venus préparés de ceste entreprinse, en laquelle la situation du lieu les avoit encore favorisés de pouvoir venir jusques près de nous, couverts par fossés et ravins. Il fut tiré des deux costés plus de dix milles harquebousades; et y perdismes du nostre le seigneur de Marigny de Picardie, et cinq soldats, qui furent tués sur le champ. Les seigneurs de Mompha, lieutenant de la compagnie du seigneur de Randan, de Silly, le capitaine Sainct-Aulbin, le capitaine Soley et son enseigne La Vaure, et l'enseigne du capitaine Gordan, avec dix ou douze autres soldats, furent blessés, dont Silly, Mompha et La Vaure moururent en peu de jours. Le seigneur de Mey Robert, homme d'armes de la compagnie de M. de Guyse, fut prins.

De leur costé, ne receurent moindre dommage que de huict ou neuf vingts hommes, entre lesquels en y avoit de ceulx qu'ils appellent signalés, ainsi que nous avons sceu depuis. Le soir mesmes, M. de Guyse, estant allé au lieu de l'escarmouche, trouva des paysans qui l'asseurèrent avoir veu un nombre de charrettées de morts et blessés que les ennemis ramenoyent, oultre quelques uns qu'il veit demeurés sur la place. Nostre artillerie des voultes des églises et des plates-formes avoit fort tiré, mesmes de la plate-forme des Rats, quelques coups de canon et de longue couleuvrine dans les ruines de Sainct-Julian, à cause que des Espagnols s'y estoyent retirés; qui n'y feirent pourtant long séjour. Dès ce premier rencontre les ennemis tindrent nos soldats en bonne réputation, ne leur ayans veu, pour aucun danger, reculer ou advancer le pas qu'en gens de guerre et bien asseurés; qui fut un advantage, lequel M. de Guyse cognoissoit estre requis, qu'un chef, au commencement d'une guerre, taschast le plus qu'il luy seroit possible de gaigner.

Le seigneur don Loys d'Avilla, général de la cavalerie espagnole, escripvit lendemain une lettre par son trompette à M. de Guyse, pour ravoir un esclave qui s'estoit venu rendre à nous, et qui, à ce qu'il manda, avoit desrobé un cheval d'Espagne et la bourse de son maistre. M. de Guyse feit response que l'esclave s'estoit retiré plus avant dans les pays du roy, comme estoit la vérité, et quand bien il seroit encore en la ville, la franchise qu'il y avoit acquise, selon l'ancienne et bonne coustume de France, qui donne liberté aux personnes, ne permettroit qu'on le peust rendre; bien luy renvoyoit le cheval, qu'il avoit racheté de celuy à qui l'esclave l'avoit baillé. Bon nombre de leurs soldats se vindrent depuis rendre à M. de Guyse pour le service du roy, mesmement Italiens, tant à cause des défaulx qui estoyent en leur camp, que pour la défiance qu'ils disoyent les ennemis avoir d'eulx et de leur nation; auxquels fut baillé passage et moyen de se retirer en France, après toutesfois qu'on eust tiré d'eulx ce qu'ils pouvoyent sçavoir du faict des ennemis; entre aultres choses, que le marquis de Marignan, estant à la Belle-Croix pour recongnoistre la ville, avoit dict qu'il véoit un lieu pour faire une belle et grande bresche, et où leur artillerie nous pourroit garder de remparer et de la défendre, qui fut cause que M. de Guyse alla luy-mesme là hault sur la montaigne, et recogneut que ce n'estoit aultre chose que ce dedans du mur d'entre la plate-forme des Rats et la tour des Charriers, qu'il avoit auparavant assez remarqué ; lequel et le pied mesme estoit veu de la montaigne, n'ayant rien encores esté touché à la tranchée auparavant ordonnée par le dedans, avec un rempar et deux flancs, ny aux traverses qu'on avoit advisé relever pour le couvrir, à cause que M. de Guyse avoit mesuré, par le temps que les ennemis seroyent contraincts mettre à gaigner l'isle, faire les approches et puis la brèche, qu'il auroit le loisir d'y pourvoir, et cependant les aultres besongnes, qui sembloyent plus pressées, ne seroyent retardées ; ainsi que par fois en devisant il disoit entre ses plus privés, qu'il véoit plusieurs choses ayants besoing de quelque remède, lesquelles il passoit sans en faire semblant, à fin de ne donner congnoissance à touts des foiblesses qu'il trouvoit dans la ville, et n'estre importuné d'y faire remparer, pour mettre les aultres ou une partie en arrière. Il commanda toutesfois dès lors la tranchée et fortification naguères dictes, où fut besongné tant diligemment par nos soldats, avec la conduicte du vidame de Chartres, qu'en peu de temps l'endroit fut mis en estat pour estre défendu.

Les ennemis passèrent trois jours sans se monstrer en campaigne : laquelle chose meut M. de Guyse d'envoyer le comte de La Rochefoucault veoir ce qu'ils faisoyent ; lequel trouva leur camp assis un peu par delà Saincte-Barbe, à une lieue et demie de Metz ; et, après avoir recongneu ce qu'il peut de leur estat et de leur logis, s'en retourna en bruslant les villages des environs, où leur cavalerie eust peu trouver du couvert. Et la nuict après, le seigneur Paule Baptiste sortit avecques quelque nombre de chevaulx pour les aller esveiller ; lequel arriva de grand matin tout auprès du camp, et donna jusques dans le corps de garde des gens de pied italiens, d'où vint l'alarme si chaulde, que tous leurs gens de pied et de cheval se mirent en bataille. De ce temporisement des ennemis nous revenoit tousjours quelque loisir et moyen de nous fortifier. Bien que la grandeur de la ville et tant de lieux foibles qu'elle avoit nous missent en double auxquels on debvoit premièrement entendre ; à toute adventure l'on advisa de commencer en plusieurs, à fin que, si possible estoit, l'entreprinse des ennemis se trouvast tousjours prévenue de quelque chose. Mais il ne tarda seulement que jusques au vingtiesme du mois ; environ les cinq heures du matin, qu'un grand nombre de tabourins se ouyt batre par les champs, par où jugeasmes que leur camp approchoit. Et, sur les sept heures, que le grand brouillart de la matinée fut tombé, nostre campanilh commencea descouvrir les esquadres des gens de pied et de cheval de leur avant-garde ; et, peu après, on les veit apparoistre sur le hault du mont appelé de Chastillon, et une grosse trouppe de leurs gens de cheval passa vers les bordes de Bonny, sur la porte des Alemans, pour se tenir en bataille jusques que leur camp seroit logé. Et aultre nombre vint courir jusques à nostre guet, près du pont de pierre du bourg Sainct-Julian, qu'ils trouvèrent fourni de cavalerie et d'harquebousiers, aussi bien et seurement accommodés pour les recevoir ; avec la faveur de nostre artillerie, qu'en la dernière escarmouche ; mais ils s'en retournèrent incontinent sans le vouloir attaquer. Ils campèrent sur ce mont Chastillon, et feirent des tranchées pour la garde de leurs pièces, qu'ils mirent à la veue de la ville, mais si loing que la nostre n'y pouvoit batre, et plantèrent dessus unze enseignes de gens de pied estendants leur logis jusques à Grimont par le derrière et du costé gauche jusques à la rivière, puis de l'autre costé jusqu'auprès du bourg Sainct-Julian ; qui fut cause de remuer depuis nostre guet qui se faisoit là, et l'asseoir un peu par dessus les ruines de Brimba, et les sentinelles posées vers la Belle-Croix ; si près des ennemis qu'ils se pouvoyent ouyr parler, ne leur laissants gaigner pays sur nous que pied à pied, et le plus tard qu'on pourroit. Ce soir, environ minuict, arrivèrent les deux frères de M. de Vendosme, messieurs d'Anghien et prince de Condé, pareillement messieurs de Montmorency et d'Ampville, fils de M. le connestable. Ils estoyent accompaignés de soixante ou quatre-vingts gentilshommes, lesquels autrement je ne nommeray en particulier, ny aussi plusieurs aultres qui auparavant et depuis arrivèrent, de peur que l'omission de quelc'un le rendist à bonne occasion mal content. Suffira de dire que ceux qui sont venus pour leur plaisir, n'ont peu de louange de s'estre libéralement offers à un tel danger comme celuy de ce siége se représentoit, mesme que, où depuis il a esté question de combatre, ils se sont fort vaillamment portés, et où de remparer ils ne s'y sont aulcunement espargnés.

Estants les choses en ces termes, M. de Guyse voulut purger la ville des personnes superflues pour l'espargnement des vivres, et ordonna à la gendarmerie renvoyer leur train et baguage en leurs garnisons accoustumées, sans retenir que deux vallets et deux chevaulx de service pour homme d'armes, et un vallet et un cheval pour archier, rengeant la cavalerie légière selon l'ordre des archiers; et aux gens de pied de dix en dix un gojat, et six chevaulx seulement en chascune bande. Il feit aussi remonstrer aux habitants de la ville qu'il leur seroit mal aysé de soustenir l'effroy, peine, ennuy et aultres dangiers qu'un long siège a accoustumé d'apporter, et que le peu d'expérience de telles choses les rendroit plus tost incommodes que utiles au service de la ville. A cause de quoy seroit besoing que la plus part se retirassent en quelque ville de France, où ils ne seroyent moins bien receus qu'en leurs propres maisons, ou bien au duché de Lorraine, et aultre païs alliés du roy, laissants seulement en la ville les gens de guerre qu'il avoit pleu au roy y envoyer pour la garder; et portassent avec eulx, si bon leur sembloit, leur or, argent, vaisselle, bagues, joyaulx, linges et aultres meubles, sinon ceulx qui eulx mesmes congnoistroyent les gents de guerre logés chez eulx ne s'en pouvoir passer, et quant aux vivres et aultres biens qu'ils ne vouldroyent remuer, ils les missent en quelque lieu seur, et en baillassent un inventaire aux seigneurs de Piepape et de Sainct Belin, commissaires des vivres, qui donneroyent ordre de bien conserver le tout, et qu'il ne se trouveroit rien dépéri à leur retour.

Ceste remonstrance faicte, beaucoup de gentilshommes, eschevins, bourgeois, chanoines, prestres, religieux et aultres personnes, se retirèrent ès lieux où ils estimoyent se pouvoir mieulx accommoder; mais encores en demouroit il trop grand nombre. Dont M. de Guyse en feit faire une description de touts, et enrooler à part environ douze cens hommes de travail, compris charpentiers, massons et ouvriers de fer, pour mettre tant aux rempars, fortifications, que au service de l'artillerie; soixante ou quatre vingts chanoines, prestres ou religieux, pour continuer ès églises le service de Dieu; et aussi des armuriers, mareschaulx, boulangiers, cordonniers, chausseliers et aultres artisans, certain nombre limité de chascun mestier, duquel l'on ne se pouvoit passer, en faisant élection des plus gents de bien et des plus experts, et mieulx garnis d'étoffes, pour subvenir aux nécessités des gens de guerre; et par exprès les barbiers-chirurgiens, èsquels il feit advancer de l'argent pour se fournir de drogues et onguents requis à la cure des blessures. Les surplus qui n'avoyent billet de ceste retenue, eurent commandement de vuider la ville dans lendemain. Encores, pour l'ordre de ceulx qui demeuroyent, défendit à toutes personnes de ne sonner aucune cloche pour quelque occasion que ce fust, sinon la grande du beufroy aux alarmes, feu ou retraicte du soir, et deux horloges, à cause de la grandeur de la ville, où l'on ne se pouvoit passer de moins, dont encore en commit la charge à des soldats fidèles; et que les citoyens, à peine de mort, n'eussent à sortir hors de leurs maisons quand l'alarme seroit par la ville; et si c'estoit de nuict, qu'ils eussent à jecter de la lumière à leurs fenestres ou portes; davantage, pour plus grande seureté, qu'un grand nombre de soldats seroit en garde jour et nuict par les places et carrefours de la ville; et le prévost des mareschaulx, avec trente ou quarante hallebardiers, se promèneroit ordinairement par tout, à fin qu'à toute heure, de touts costés, se trouvassent gens prests pour appaiser les désordres qui pourroyent survenir, et se saisir de ceulx qui entreprendroyent les faire. Oultre ce, pour éviter inconvénient de peste, ou aultre mortalité qui pourroit estre causée par mauvais air, fut commandé au mesme prévost prendre quelques pyonniers, chevaulx et tombereaux, à fin de purger souvent la ville, jecter les charongnes et aultres immondices dehors, et faire tousjours tenir nettes les rues; pourvoyant, quant aux soldats qui pourroyent tomber malades de blessures ou à cause des gardes de nuict et courvées qu'il leur fauldroit faire à la pluye et au froid, qu'ils seroyent retirés en un hospital, et illec pansés, servis et traictés de tout ce qui leur feroit besoing, pareillement les pyonniers en un aultre hospital, s'ils venoyent estre blessés ou malades travaillant aux rempars ou en aultres services pour la défence de la ville.

Et lors M. de Guyse feit le département des murailles par quartiers aux princes et capitaines, pour les défendre quand l'affaire viendroit : premièrement à messieurs d'Anghien et prince de Condé, depuis la porte Sainct-Thibaud jusques à la rivière de la Seille ; à M. le prince de La Roche-sur-Yon, tout le bas pont des Barres jusques à la tour des Charriers ; à M. de Nemours, depuis les grilles du Gravier jusques à la tranchée du seigneur Pierre Strozzy ; à messieurs le grand prieur, marquis d'Albeuf, et ledict seigneur Pierre, depuis ladicte tranchée jusques aux moulins de la Seille ; à messieurs de Montmorency, d'Ampville et de Gounor, tout le retranchement et quartier demouré hors d'iceluy ; au duc Horace, entre les portes Champenèse et de Sainct-Thibault ; au vidame de Chartres, depuis la tour des Charriers jusques à Pontiffroy ; au comte de La Rochefoucault, la plate-forme de la porte à Moselle ; puis les compagnies de messieurs de Guyse, de Lorraine et du seigneur de Randan, ordonnées à la place du Change, pour s'y rendre aux alarmes, à pied, la picque au poing ; et partout des gens de pied, selon que le besoing y seroit plus grand, leur ayant esté distribué en chasque bande un nombre de corselets et morrions qui avoyent esté trouvés aux chasteaux des portes et aultres lieux de la ville. Et oultre, fut commandé aux mareschaulx des logis, avec certain nombre de gentilshommes de chascune compaignie, se promener à cheval par les quartiers aussi tost que l'affaire surviendroit, pour prendre garde à toutes choses, et remédier aux soubdains inconvéniens qui pourroyent advenir.

Les ennemis tindrent ce logis du mont Chastillon jusques au dernier du mois, et cependant le duc d'Olsten, les seigneurs d'Ayguemont, de Brabançon et du Bossu, arrivèrent avec la cavalerie et gens de pied qu'ils amenoyent des Pays-Bas. Et une nuict quelque nombre de leurs harquebousiers furent envoyés dans l'isle recognoistre le quartier d'entre les deux rivières de la Moselle et de la Seille, où l'on avoit craint qu'ils dressassent une de leurs batteries. Il faisoit si grande pluye que les nostres ne les pouvoyent veoir ; mais, les entendants au bruit et au marcher, leur tirèrent force harquebousades, et ne leur donnèrent le loisir et moyen de recognoistre tous les endroicts qu'ils eussent bien voulu. Lendemain, nonobstant le mauvais temps, nous commenceasmes encores une grande tranchée, et un bon rempar derrière, au joignant de l'aultre qui a esté naguères dict, depuis le recoing de la tour des Charriers jusques à l'encongneure de Pontiffroy, afin de mettre tout le quartier de ceste isle en défense, auquel, à la vérité, n'y avoit rien que la seule muraille, sans aucun flanc ny fossé, qui vallust guères mieux que de n'en avoir point. La nuict d'après vint advertissement que l'on avoit veu un nombre de pionniers besongner à une tranchée au bort de la montaigne de d'Ezirmont, et qu'il y avoit un peu plus en derrière huict pièces d'artillerie attelées ; en quoy nous jugeasmes qu'on les vouloit loger à la Belle-Croix pour tirer dans la ville, ce qui nous feit efforcer à l'advancement des tranchées et aultres couvertes qui se faisoyent pour n'estre veus de la montaigne.

Durant que les ennemis séjournoyent sur l'haulture de Metz, nostre cavalerie les alla souvent veoir ; mesmes un jour, Paule Baptiste, avecques un bon nombre, courut jusques à leurs tentes, et ramena cent chevaulx de leur artillerie qu'il print, et n'en laissa guères moins de tués sur le lieu. Une aultre fois, le vidame de Chartres sortit sur le chemin des fourrageurs, pour voir s'ils alloyent aux vivres sans escorte, où fut tué, prins ou blessé bon nombre d'hommes et chevaulx. Les ennemis, le cuydants surprendre et enfermer, vindrent gaigner l'entre deux de la ville et de luy ; mais, ayant esté bien pensé de sa retraicte, trouva le pont de Magny sur la Seille refaict, qui auparavant avoit esté rompu afin que les ennemis n'y passassent ; et se retirant par là, eurent loisir d'amener deux chariots attelés de bons chevaulx, chargés de gerbée. Ainsi chascun jour se faisoit du dommage aux ennemis, prenants soldats, marchans, chevaulx, mullets, et gastant les vivres que l'on leur amenoit. Quelques gens de cheval des leurs descendoyent au pied du mont Chastillon, le long de la rivière, à la faveur des gens de pied logés près du bourg de Sainct-Julian; mais c'estoit sans arrester, à cause que nostre artillerie y battoit; et mesmes y tua quelque personnage de qualité, avec ce que M. de Guyse mettoit tous les jours une compaignie de chevaulx légiers et quelques soldats en l'isle, pour tousjours garder que l'entrée et les guais ne fussent recogneus; et ceux là leur tiroyent d'un bort de la rivière à l'aultre, pour n'estre guères large. A ceste cause, les ennemis mirent deux pièces sur un coing de montaigne, et tirèrent souvent à nos gens, mais nonobstant elle ne fut abandonnée, ny eux entreprinrent la gaigner.

Le pénultième du mois se présentèrent douze ou quinze cens chevaulx et un gros bataillon de gens de pied bien armés du costé de la porte Moselle; lesquels feirent contenance d'estre là, plus pour escorte du duc d'Albe et des mareschaulx du camp, qui possible estoyent venus recognoistre ce quartier de païs et les commodités d'y loger, que pour venir à l'escarmouche; et ne la voulurent attaquer avec la compaignie de M. de Nemours que le seigneur Paule Baptiste avoit menée ce matin en garde, tout auprès du lieu où ils estoyent; comme aussi ne feirent-ils avec le comte de La Rochefoucault, qui vint avec la sienne, et avec trente aultres gentilshommes et quelque nombre d'harquebousiers, relever le seigneur Paule après midy.

Lendemain au poinct du jour, les bandes espagnolles, italiennes, et quelques régimens de lansquenets, commencèrent à marcher vers la ville pour venir gaigner le logis de la Belle-Croix, et leurs gens de cheval plus avant, à main droite, sur la porte Moselle, hors toutesfois la portée du canon, auquel lieu ils se tindrent en bataille jusques à tant que les gens de pied furent assis, qui ne le peurent estre si tost, à cause que les soldats de la garde de M. de Guyse, avec trente aultres, leur allèrent commencer l'escarmouche, qu'ils maintindrent longuement et de grand asseurance, puis feirent leur retraicte si seure, qu'il n'y en eut que l'un d'eux blessé. Ce logis des ennemis occupa tout le quartier depuis la Belle-Croix jusques à la rivière de la Seille, à main droite; parquoy fut besoing remuer encore nostre guet de cheval à Sainct-Arnould et vers le pont de Magny, entre les deux rivières. La nuict, leurs pionniers, qu'ils avoyent en nombre d'environ cinq mille, qu'on avoit admené des Pays-Bas, et deux mille de Bohême, Autriche et Tirol, avec l'artillerie, feirent une tranchée sur le bort de la montaigne, main gauche de la Belle-Croix, tirant vers le bourg Sainct-Julian, ensemble des traverses, pour y pouvoir estre mieulx à couvert de nostre artillerie qui estoit sur les églises, laquelle tiroit souvent pour les empescher, mais non encores tant que M. de Guyse eust voulu, à cause que quatre pièces de sept dont l'on avoit commencé à tirer s'estoyent esventées, et n'osoyt on plus les charger qu'à demi; mesmes quelque fois nous en servions autant pour leur faire peur du bruit que les endommager de l'effect; toutesfois ils ne furent espargnés des menues pièces et faulconneaux ès endroits qu'on les peust descouvrir. Lendemain ils meirent cinq enseignes de gents de pied à ceste tranchée pour la garde de quelques pièces qu'ils y avoyent logées la nuict, desquelles, ce jour et celuy d'après, ils commencèrent tirer dans la ville; mais nostre diligence avoit desjà conduict si haut nos traverses et aultres couvertures, qu'on s'y pouvoit assez seurement tenir. Un de nos harquebousiers à cheval monta jusques à la tranchée, tirer de grande asseurance aux ennemis, puis se retira tout au pas sans se haster; mesmes, pource que la descente estoit roide, print le loisir de mettre pied à terre et mener son cheval à main. Et sur les unze heures du soir, estants vingt ou vingt-cinq de nos soldats sortis pour aller recognoistre leur tranchée, usèrent de telle diligence, qu'ils cuidèrent surprendre les sentinelles du camp; puis, montants pour harquebouser et donner coups d'espée à ceulx de la garde, gaignoyent une de leurs enseignes s'ils eussent esté encores autant. A la fin, faisans leur retraicte vers la ville, furent suyvis d'un nombre d'Espagnols et Italiens qui descendirent assez près de la porte Saincte-Barbe, crians Escalle! Escalle! ce qui donna bien peu d'effroy à la ville, n'estant guères subjecte au danger de l'échelle. Toutesfois la sentinelle du clochier, à cause du bruit, feit l'alarme; de quoy M. de Guyse marry, commanda que de là en avant la cloche n'eust à sonner, sinon pour la retraicte du soir, et que l'alarme se donneroit par des tabourins aux quartiers qu'elle surviendroit.

On s'esmerveilla pourquoy le duc d'Albe et marquis de Marignan voulurent laisser ce logis de la Belle-Croix, auquel ils avoyent mis peine de s'accommoder, et desjà fait des tranchées, estant le lieu fort à propos pour eulx s'ils eussent voulu donner l'assault du costé de l'isle, ou par le quartier demouré hors du retranchement d'où nous avions assez doubté. Mais il est possible qu'en considérant mieulx le dedans de la ville, ils cogneurent que la fortification de ce costé estoit en meilleur estat qu'ils n'avoyent cuidé, et que la plate-forme des Rats estoit parachevée pour battre dans l'isle, et rendre malaisées les approches; aussi que la tranchée, depuis celle plate-forme jusques au recoing de la tour des Charriers, estoit desjà faicte, avec son rempar et traverses, qui est tout l'espace entre les deux eaues de la Moselle, qu'ils pouvoyent descouvrir de la montaigne; davantage, la courtine de terre et deux boulevars du retranchement estoyent en si bonne défence, que, quant ils auroyent beaucoup travaillé à gaigner ce qui estoit de par delà, ils seroyent encores à recommencer, ou bien que nostre artillerie et faulconneaux des plates-formes et lieux haults leur portassent grande nuisance. Quoy que soit, le second jour de novembre ils deslogèrent secrètement sans sonner tabourins, et ostèrent de bonne heure leur artillerie, faisans encores paroistre les enseignes sur la tranchée, lesquelles à la fin, peu à peu, et comme si le vent les eust abbatues, les retirèrent, mais non si finement que M. de Guyse ne s'en apperceust, ayant desjà envoyé quinze ou vingt soldats pour en recognoistre la façon de plus près, qui furent suivis d'aucuns autres, et arrivèrent de si bonne heure qu'ils surprindrent de leurs gens dans les loges et tranchées, dont ils en tuèrent aucuns, en amenèrent prisonniers d'autres, et trouvèrent de quoy faire butin d'armes, de chevaulx, d'habillements et vivres. Le seigneur Pierre Strozzy fut envoyé jusques là, avec deux cens harquebousiers, qui veit la vérité du deslogement, et que une grosse trouppe d'Alemans estoit plus avant en la plaine, marchant en bataille, sur laquelle il envoya la moitié des siens desbandés, mesmement ceulx qu'il estima plus dispos; lesquels s'approchèrent à cinquante ou soixante pas, couverts de quelques hayes, et tirèrent souvent dans eulx, les pressants si fort, qu'ils les contraignirent trois ou quatre fois tourner le front du bataillon pour leur courir sus; mais les nostres se retiroyent au pas vers le seigneur Pierre, ayants tousjours l'œil sur les ennemis, lesquels ne se remettoyent si tost en leur ordre pour marcher, que ceulx cy retournoyent leur faire nouvelle recharge. Et en ceste façon conduirent ces Alemans presque d'un logis à l'autre, soubs la faveur et rafraischissement que le seigneur Pierre leur faisoit, gaignant tousjours derrière eulx l'avantage des lieux pour les soustenir. Beaucoup d'autres soldats, et aussi des gens de cheval, s'estoyent desrobés pour aller à l'escarmouche, et en plusieurs lieux estoyent venus aux mains avec les ennemis, mesmes avec aucuns qui avoyent jà passé le pont de Magny, vers lequel quartier la moitié de la compagnie de M. de Nemours estoit en garde; et le duc Horace, suivy de quelques autres gentilshommes, y avoit accouru, qui combattit et donna coups d'espée. M. de Guyse, voyant qu'un grand nombre des siens estoit dehors, et que la chaleur du combat les avoit attirés bien loing, voulut asseurer la retraicte des uns et des autres. A ceste cause, il sortit huict ou neuf cens pas hors la ville avec six cens chevaulx, où assembla encores le plus de corselets qu'il peut près de luy, allant sa personne retirer ceulx qui avoyent marché jusques là où les harquebousiers estoyent; et les vint mettre tous en bataille auprès des gens de cheval; puis, pour ramener le tout en lieu de plus grande seureté, commanda maintenant à un tiers de gens de cheval marcher tout bellement trente pas vers la porte Moselle, puis à l'autre tiers s'aller joindre aux premiers, et de mesme aux gens de pied, pendant que le reste monstroit visage. Ce qui fut faict par quelques diverses fois, de sorte que, faisant tousjours une grande teste vers l'ennemy, il les eust menés près de la retraicte avant qu'on cogneust qu'illes voulust retirer. Puis, laissant la gendarmerie à gauche de la porte Moselle soubs la conduite de M. le prince de La Roche-sur-Yon, et la cavalerie soubs la conduicte de M. de Nemours à droite près de la montaigne, retourna au lieu de l'escarmouche; et quasi aussi tost, vingt ou vingt-cinq chevaulx des nostres, qui alloyent gaigner le hault pour veoir la contenance des ennemis, furent chargés d'un gros nombre de cavalerie, dont se retirants vers la nostre, M. de Nemours leur feit faveur de s'advancer vingt ou trente pas, comme pour aller charger les ennemis, lesquels s'arrestèrent et s'en retournèrent sans suivre plus avant. Cependant M. de Guyse donna ordre au rafraischissement et renforcement de nos harquebousiers, advisant ceulx qu'il y envoyoit prendre leur advantage; et faisoit quelque fois changer de place aux uns, retiroit les autres quand il estoit besoing, puis tournoit visiter la gendarmerie, et ores la cavalerie, leur ordonnant ce qu'ils avoyent à faire; ce qui fut continué jusques à la retraicte du soleil, que nos gens feirent la leur, n'ayants receu dommage que de cinq ou six soldats, et le capitaine Maugeron et Bueil y furent blessés.

Les ennemis campèrent ceste nuict au pont de Magny, et demoura le seigneur de Brabançon avec trois régiments de hauts Alemans, un de bas, et trois mille chevaulx, au lieu de Grimont, en la colline derrière le mont Chastillon, où il a tousjours demeuré durant le temps du siège, que depuis on a tousjours appelé le Camp de la royne Marie[1]. Ceste nuict nous arrivèrent encores vingt-cinq ou trente gentilshommes venans de Verdun, qui furent les très bien receus; mais de là en avant on ne peut entrer dans la ville qu'à bien grande difficulté. Le matin, tout le camp passa la rivière de Seille sur le pont de Magny, et estant le seigneur de Randan avec sa compagnie sorty pour la garde vers ce quartier, ne peut mieulx faire que de se retirer, voyant en quelle force les ennemis venoyent, lesquels avoyent mis devant cinq ou six cens harquebousiers desbandés, avec mille autres qui les suivoyent, et bon nombre de gens de cheval à leur costé, marchants tousjours sans s'amuser à l'escarmouche que nos gens leur vouloyent attaquer, et puis vingt-cinq ou trente enseignes d'Alemans en bataille, pour en cest ordre gaigner les abbayes de Sainct-Clément, de Sainct-Arnoul, et autres lieux commodes à loger. Les nostres, ne s'y osants arrester de peur d'y estre investis, se vindrent ranger près des ruines de Sainct-Pierre, dans lesquelles s'allèrent jeter environ quatre vingts de nos harquebousiers pour y faire teste, et mesmes pour passer plus avant en la campagne escarmoucher une trouppe de leurs gens de pied qui couloyent le long des jardins, comme pour venir encores gaigner ce lieu de Sainct-Pierre; mais ils ne s'approchèrent guères, bien que les nostres les allassent chercher; seulement furent tirées quelques harquebousades des uns aux autres. De ce lieu de Sainct-Pierre nos soldats feirent depuis si bonne garde, plus de dix jours durant, que les ennemis ne s'en peurent prévaloir, jusques à ce que leurs tranchées venoyent desjà coupper le chemin de la ville, que l'on les retira; et depuis, une partie des Italiens que estoyent à Sainct-Andrieu y vint loger.

L'armée campa à Sainct-Clément, quelque nombre d'Espagnols à Sainct-Arnoul, certaines bandes de bas Alemans au pont de Magny, don Loys d'Avilla avec la cavalerie espagnolle à la Maladrerie, le mareschal de la Moravie avec les chevaulx bohémois à Blery, le demourant à Olery, à Sainct-Priech, à La Grange aux Dames, à La Grange aux Merciers, et autres lieux à l'environ.

Jusques alors les autres quartiers de la ville nous avoyent donné tant d'affaires, que en cestuy cy, de la porte Sainct-Thibaud jusques à la porte Champenèse, n'y avoit esté faict autre chose que la plate-forme de l'encoingneure Saincte-Glocine. Mais ce jour l'on commença un rempar au tenant de l'église des Augustins, de vingt et quatre pieds de large, jusques au recoing de la chapelle des Prés, où le duc Horace print charge d'y faire besongner; et y feit si bonne diligence, qu'en sept ou huict jours le terrain fut haulsé à trois pieds du parapect de la muraille. Ceste haulteur y estoit nécessaire, pource que cest endroit, quand il eust esté battu, estoit si bas, que de plusieurs lieux les ennemis eussent esté à cavaler de la brèche. Et pource que

---

[1] Brabançon passait pour l'amant de Marie, sœur de Charles V.

le fossé n'y valloit rien, l'on meit incontinent gens à le croiser par le milieu, en forme de tranchée, de huict ou dix pieds de large, pour puis après le remplir des esgouts de la ville. Ceste chose fut commise au seigneur d'Antraigues, qui en feit tel debvoir, qu'il ne passa jour sans y descendre pour y employer le travail des pionniers. En mesme jour, commença l'on remplir la teste du boulevart de la porte Champenèse de terre grasse et argilleuse, fort propre à remparer, que l'on descouvrit aux fossés, laquelle encores on mouilloit, à cause que le temps estoit alors chault et venteux, qui la seichoit incontinent : l'on envoyoit quérir de la fascine hors la ville, par delà les ponts, pour espargner tant que l'on pourroit celle qui se pouvoit trouver dans les jardins et clos de la ville, et aux isles plus voisines.

Les ennemis commencèrent du premier jour remuer terre, à main droicte du chemin de la ville à Sainct-Arnoul, et y firent un cavalier, qu'ils eurent gabionné et dressé dans quatre jours, pour sept ou huict pièces, qu'ils n'y logèrent pas si tost; et seulement, de deux qu'ils avoyent mis au coing de l'abbaye de Sainct-Arnoul, tirèrent vers la petite terrasse des Augustins, où nous avions deux menues pièces qui leur donnoyent de l'ennuy. Ce jour, à quelque occasion, les ennemis envoyèrent un trompette vers M. de Guyse, bien advisé de tomber en propos pour conter du siège de Hesdin, et comme les François l'avoyent rendu au seigneur du Reux, chef pour l'empereur en l'armée qui estoit devant, et aussi la prinse de M. le duc d'Aumalle par le marquis Albert de Brandebourg. Je pense bien que ce n'estoit pour nous en cuider faire plaisir.

En ces entrefaictes fut descouverte l'entreprinse du bastard de Fontanges et de Clavières, soldats de la compagnie du capitaine Bahuz, qui avoyent quelque praticque avecques l'empereur, laquelle, du commencement, ils avoyent faict semblant mener avecques le sceu de M. de Guyse, par le moyen dequoy on espéroit s'en prévaloir; mais il fut trouvé qu'ils avoyent incliné du costé de l'ennemy, et faict d'autres menées, qu'ils celoyent à M. de Guyse, bien dommageables au service du roy; mesmes, soubs couleur de faire entrer un simple soldat dans la ville, y avoyent mis un ingénieur de l'empereur; ils furent retenus prisonniers, et, peu après, ledict Clavières mourut de maladie, de qui la teste fut mise sur la porte de Champagne, et le bastard, ayant confessé la vérité du faict, exécuté à la fin du siége. Un espion surprins alentour des rempars, qui estoit entré pour faire rapport aux ennemis des lieux où il ne verroit rien de fortifié, fut sur l'heure mesme desfaict en la grande place.

Après que les ennemis se furent logés dans Sainct-Arnoul, un jour quelques harquebousiers et autres soldats des leurs furent veus vis à vis de la porte Sainct-Thibault, auxquels le seigneur de Randan fut commandé aller faire une charge avec trente chevaulx de sa compagnie; et fut permis aux comtes de Martigues et de La Rochefoucault, aux seigneurs de Clermont, de Suze, et deux Ruffecs, estre du nombre. Quand ils se furent apprestés, M. de Guyse les retint encores dans le boulevart de la porte Champenèse, par laquelle ils debvoyent sortir, pour laisser tousjours asseurer et approcher les ennemis, jusques à ce qu'il veist l'heure à propos; et lors leur feit ouvrir la porte, les avertissant de charger à main gauche, par ce que le lieu estoit plain et plus commode pour gens de cheval : ce que tout à un coup ils feirent si bien, qu'ils surprindrent ces harquebousiers qui estoyent dans le chemin, les rompirent, et en feirent demeurer quelques uns sur la place. Le comte de La Rochefoucault s'adressa à un, lequel, monstrant asseurance de soldat, l'attendoit avec la harquebouse, et le blessa en la main; mais aussi il ne faillit pas d'estre porté mort par terre. Les demeurans qui peurent gaigner de vitesse l'abbaye se sauvèrent. Cependant le capitaine Caubios, ayant seul faict une charge dans les vignes sur autres harquebousiers qui estoyent à main droicte, fut abbattu mort d'un coup de harquebouse qu'il receut en la teste; et fut la perte que les nostres receurent à ceste saillie.

Or, voulut M. de Guyse, à cause que les ennemis s'estoyent tournés vers cest endroit des portes Champenèse et Sainct-Thibault, s'en approcher; et deslogea de la maison de sire Jeham Droin, qui est en la grand place, pour venir à Saincte-Glocine, à fin d'estre à toute heure sur le lieu où l'affaire et le plus grand danger se préparoyent. Dès lors il ordonna que, pour garder les ennemis de venir jusques à l'avant porte Champenèse, au costé du boulevart, un des arceaux du pont de pierre (car n'y en avoit de levis) seroit abbattu, couppant le pillier qui le soustenoit, comme le semblable avoit esté faict à celuy de la porte aux Alemans, sans laisser, de sept portes qu'il y avoit en la ville, que les trois du pont des Mores, Pontiffroy, et à Moselle pour s'en servir, les quatre autres terrassées et condamnées.

Le deuxiesme jour après, qui estoit le cinquiesme du moys, il envoya le seigneur Paule Baptiste avec quarante ou cinquante sallades entre le grand camp et celuy de la royne Marie, essayer de faire quelque chose de bon sur l'ennemy. Et estant arrivé au lieu où luy sembla devoir mettre son emboscade, envoya le seigneur de Navailles avecques les coureurs descouvrir plus avant s'il y avoit rien en campagne; et luy cependant assist des sentinelles sur les costés, à fin de n'estre surprins. Nos coureurs rencontrèrent les ennemis bien forts, qui leur donnèrent la charge; et eulx se voulants retirer, les sentinelles vont en cest instant descouvrir à main droicte et à main gauche sept ou huit cens chevaulx, qui venoyent à toute bride pour leur coupper chemin et les empescher de se rejoindre à leur trouppe. Dont se voyants enfermés, se résolurent tourner visage sur ceulx qui les suivoyent, comme ils feirent, et les repoulsèrent assez loing; soubdain refeirent la charge sur la grosse trouppe de pistolliers, qui desjà estoyent entre eulx et ledict Paule, et passèrent par force tout à travers, exécutants ceulx qui se trouvèrent en chemin. Le vicomte de Riberac y cuida demeurer prisonnier, mais il fut recouvert. Cependant ledict Paule Baptiste, avec tout le reste, avoit accouru à leur secours, et, les ayant recouverts, se retira le pas, avec la perte seulement d'un des siens, qui fut blessé, et lequel depuis mourut.

Après que les ennemis eurent faict ce cavalier que nous avons dict à droicte du chemin de Sainct-Arnould, ils en commencèrent un autre pour six pièces à main gauche, et une tranchée au pied d'iceluy, tirant vers la porte Sainct-Thibault, par où feismes jugement que leur effort se pourroit addresser entre celle porte et la porte de Champagne; au joignant de laquelle, pour ceste occasion, fut entreprins un nouveau rempar jusques à la plate-forme de l'encoignure Saincte-Glocine, et advisé que le parapect de ladicte plate-forme, laquelle auroit beaucoup à souffrir, seroit renforcé d'un quatriesme rang de gabions, avec encores douze pieds de ceste terre grasse et argilleuse des fossés, de crainte que quelque grand batterie nous en chassast; et nous voulions sauver, s'il estoit possible, deux canonnières qui estoyent par costé, afin de servir de flanc au long de la muraille vers la porte Sainct-Thibault. Encores n'ayans assez d'asseurance en cela, il fut ordonné de faire une nouvelle plate-forme en celle encoignure mesmes, derrière l'autre, par dedans la muraille, pour, à toutes adventures, nous en servir, si estions contraincts quitter celle de devant. Oultre cecy, il restoit plus de soixante et dix toises de muraille foible, et mal pourveue de fossé, entre les deux portes, depuis l'église Sainct-Gengoulf, au bout de ladicte encoigneure, jusques à la chapelle des Prés, où M. de Montmorency eut charge de faire travailler les gens de pied, auxquels départit la besongne par bandes; et y donnèrent si soubdain advancement les uns à l'envy des autres, par la solicitation qu'il leur en faisoit, que leur travail de deux jours porta incontinent monstre d'une sepmaine. Aussi en l'encoigneure où ce rempar venoit joindre celuy du duc Horace, furent ouvertes deux canonnières haultes et deux basses, pour flanquer les deux courtines; et aux deux costés de la porte Champenèse, dans la faulse braye, furent commencés deux massifs de terre pour servir, tant d'espaule à garder que l'entrée du portail ne fut veue du canon, comme aussi des deux flancs, pour battre le long des faulses brayes, dans lesquelles on feit davantage une tranchée par le milieu, de huict pieds de large, à loger des harquebousiers pour les défendre.

L'on pouvoit desjà cognoistre à quel train se reduisoyent les choses de ce siége : de quoy M. de Guyse voulant donner advis au roy par le seigneur Thomas Delvèche, lequel pour autres occasions il avoit auparavant envoyé deux fois vers luy, advisa de le despescher ceste troisiesme fois ; le huictiesme de novembre, avecques bien amples instructions de tout ce qui touchoit le dedans de la ville, et de ce qui avoit esté jusque lors apprins du dehors, faisant entendre comme l'armée de l'empereur s'estoit arrestée devant Metz, et desjà obligée y continuer le siége. Dont le roy pourroit employer ses forces au recouvrement de Hesdin, ou en tel autre endroit que son service le pourroit mieulx requérir, sans se incommoder de rien, pour la haste de nous venir donner secours encores de dix mois, ayant dedans la munition dequoy nourrir les gens de guerre jusques à la fin d'aoust ensuyvant; cognoissant au reste tant de cueur et vertu en ce nombre de gens de bien qu'il avoit auprès de luy, et tant d'affection en son service, qu'il espéroit, avec la grace de Dieu, si bien garder la place, qu'elle ne seroit emportée par force; de quoy le roy eut très grand contentement, mesmement que, de la part de M. de Guyse, d'où se devoit attendre la requeste d'avoir secours, venoit le conseil de l'employer à quelque autre entreprinse pour le bien de ses affaires. Et dès lors le roy despescha M. l'admiral avecques une partie de ses forces vers M. de Vendosme en Picardie, pour reprendre le chasteau de Hesdin, comme l'entreprinse en estoit desjà faicte; dont s'en ensuyvit l'effect que depuis on a veu.

Ce jour s'estoit passé, et se passa encores lendemain, que les ennemis ne mirent aucune pièce sur leurs cavaliers; bien continuoyent leur tranchées vers Saint-Thibault. Et souvent nos soldats sortirent pour escarmoucher ceulx qui estoyent dedans en garde, et recognoistre ce qui s'y faisoit. Aussi de nos murailles on tiroit sans cesse toutes les nuicts avec harquebouses à croq et à main, là où se pouvoit entendre qu'ils besongnoyent, mesmement le neuviesme du mois, sur les huict heures du soir, que, pour la doulceur du temps, on les oyoit fort clairement remuer terre, et approcher leurs tranchées vers la ville. Et à demie heure de là, les ennemis saluèrent de cinquante-six coups de leur artillerie dans la ville, et aux parapects des murailles, pour endommager les nostres qui leur tiroyent : toutesfois il n'y eut personne attaint. Peu après, le capitaine Cornay et Sarlabou furent envoyés, avecques quarante soldats, voir s'ils conduisoyent quelques pièces à leurs cavaliers; mais les tranchées se trouvèrent si renforcées et pleines de gens, qu'ils se contentèrent pour ce coup de leur donner seulement l'alarme, et les faire descouvrir, pour leur tirer de la muraille. Celle nuict et la nuict d'après, les ennemis logèrent quatre canons, ou doubles canons, sur le cavalier de main gauche. Et le dixiesme du mois, sur les sept heures du matin, commencèrent battre le chasteau de la porte Champenèse, qu'ils percèrent assez bas près du portail, à l'endroit où il n'estoit le plus fort. Lendemain, feste de sainct Martin, sur le commencement du jour, continuèrent en mesme endroit; et ayants abbatu l'un des deux tourrions qui estoit au dessus du chasteau, et laissé l'austre prest à tomber, commencèrent battre la tour carrée prochaine de cette porte, tirant vers l'encoigneure Saincte-Glocine; et M. de Guyse, l'allant visiter par le dehors en la fausse braye, fut en grand danger d'estre emporté d'un coup de canon, et se trouva tout couvert d'esclats; mais la providence de Dieu nous le préserva. Ils continuèrent jusques à la nuict, qu'ils veirent avoir fort ouverte ceste tour aux deux estages par le dehors, et par mesme moyen battirent aux défenses de l'église des Augustins, et à la plateforme de l'église Sainct-Thibault.

Les deux jours d'après, ils tirèrent en batterie quatre cens soixante et seize coups au boulevart de la porte Champenèse, qu'ils endommagèrent beaucoup, et y feirent jour et brèche par dessus le cordon, nonobstant qu'il eust l'espesseur de dix-huit pieds; mais on y portoit tousjours beaucoup de terre de fossés, et n'y avoit prince ou capitaine qui s'y espargnast. Le seigneur de La Palice y fut frappé d'un esclat par la teste, dont depuis ne profita, et mourut.

De nostre plate-forme Saincte-Marie on tiroit à leur cavalier et à leurs pièces; et en furent desmontées deux par nostre double canon; mais bien tost l'une des clavettes d'iceluy commença sortir dehors, parquoy fallut de là en avant l'espargner. Aussi une des deux grandes coulevrines que nous avions s'esclata par le bout, environ un pied et demi, non point qu'on luy eust baillé trop grande charge, mais pour estre de matière si aigre, que ne pouvoit endurer le demy de ce qu'il luy falloit : M. de Guyse la feit scier, et s'en servit-on depuis assez bien. Il délibéra lors faire refondre quelques pièces pour en faire de meilleures neufves : à l'occasion de quoy assembla quelques canonniers et autres qui avoyent vu autrefois conduire des fontes, et leur commit du commencement faire une coulevrine et une bastarde, pour, avecques cest essay, s'asseurer de leur expérience et de ce qu'ils sçavoient faire, à fin que si l'on s'en trouvoit bien il leur baillast après plus de besongne.

Un peu auparavant ces choses, le marquis Albert avoit mis fin à ses simulations, et apertement monstré la mauvaise volunté qu'il avoit au service du roy ; car, par un matin, il avoit avec tous les siens changé l'escharpe blanche en rouge, et depuis ramené son camp auprès de la ville : dont le trèziesme du moys, vint avecques toutes ses trouppes devant le pont des Mores pour se camper sur le mont de l'abbaye Sainct-Martin, au pied duquel ses gens de pied se tindrent quelque temps en bataille, et sa cavalerie plus avant en la plaine, entre ce pont et le Pontiffroy, avecques des pièces de campagne qui battoyent souvent et menu aux issues, et le long de l'un et de l'autre. Le capitaine Gordan eut commandement de s'advancer, avecques quarante harquebousiers de sa compagnie, jusques à la croix par delà le pont des Mores, pour escarmoucher deux ou trois cens Alemans qui estoyent près de là, contre lesquels il se maintint bonne pièce, sans leur laisser gaigner aucun advantage. Cependant M. de Guyse commanda au capitaine Cantelou de s'y en aller avec autant de ceulx de sa bande : lequel estant sorty, le capitaine Gordan retira les siens à une petite tranchée ou ravelin sur le bort du pont, tant pour les rafraischir que pour soustenir ceulx cy au besoing : lesquels quand les ennemis veirent bien advancés, ils feirent passer la croix à soixante chevaulx pistoliers des leurs, qui se vindrent mesler dans eulx ; mais les nostres, ne perdants asseurance, tirèrent chascun son coup ; mesmes le seigneur de Sonbernon, qui estoit à pied avecques la harquebouse, abbatit mort un des premiers ; et n'y eut guères coup des autres qui ne fut bien employé ; puis, changeants leurs harquebouses en l'autre main, prindrent les espées, se joignans auprès de Cantelou, lequel d'une halebarde tua le cheval de celuy qui estoit le plus advancé : et se retirants au pas jusques au bout du pont, le demeurant des nostres les soustindrent à coups de harquebouse, et contraignirent les ennemis de repasser la croix, qui ne fut sans laisser brisées en chemin de morts et de blessés de leur trouppe, sans que les nostres receussent aucun dommage, sinon, ainsi qu'ils estoyent sur le pont, leur artillerie tua un de nos harquebousiers, et avoit tué un homme d'église qui regardoit l'escarmouche par dessus les murailles.

Ainsi qu'il se faisoit tard et leurs gens de cheval veirent le camp desjà assis, ils commencèrent faire marcher leurs pièces vers Sainct-Martin, et eulx suivoyent au pas, ayants laissé deux sentinelles à cheval auprès du Pontiffroy ; mais soubdain le seigneur Paule Baptiste, avec quarante chevaulx, sortit sur eulx, et nos coureurs, en baillant la chasse à ces sentinelles, feirent remettre leur camp en bataille, et leurs gens de cheval tourner ; lesquels, se tenants serrés, ne se desbandèrent jamais pour venir charger les nostres, qui tenoyent l'escarmouche large, comme M. de Guyse leur avoit commandé, jusques à ce que le seigneur Paule, ayant veu nombre de fourrageurs qui venoyent à leur camp devers Thionville, avoit envoyé sur eulx dix ou douze aultres des siens, qui les exécutèrent, et mirent le feu à des charrettes de fourrage ; dont les ennemis, pour leur donner secours, y coururent à toute bride ; mais la promptitude des nostres les y feit arriver tard. Ce faict, le seigneur Paule s'approcha vers la ville, pour estre déjà nuict, et se retira sans avoir rien perdu. Ce troisiesme camp du marquis nous osta la liberté de la campagne qui nous restoit par delà la Moselle tirant vers France, nous privant par mesme moyen de la commodité d'avoir nouvelles du roy, ny luy pouvoir faire entendre des nostres.

Or estoit advenu, depuis le temps que les ennemis estoyent approchés de la ville, que le marquis de Marignan, sçachant le trompette de M. de Nemours estre en leur camp, pour y avoir ramené quelque prisonnier espagnol, l'envoya quérir, et luy demanda du portement du duc Horace, de qui il avoit espousé la tante, et qu'il désiroit fort à luy parler en lieu seur, où, s'il ne vouloit venir en personne, le prioit qu'il envoyast quelqu'un des siens parler à luy. Ce propos fut entendu de M. de Guyse et du duc Horace, esquels sembla n'estre le temps de parler à l'ennemy; car desjà y avoit quelques pièces sur la tranchée de la Belle-Croix pour battre dans la ville. Depuis, iceluy mesme trompette fut retenu en une escarmouche, blessé d'un coup d'espée, et mené ès mains du général de la cavalerie de l'empereur, qui luy feit bon traicment; et monstrant estre marry contre ceulx qui l'avoyent blessé sans observer le devoir de la guerre, l'envoya au marquis de Marignan, qui estoit pour lors logé à l'abbaye Sainct-Arnoul, lequel incontinent mit ordre d'estre seul en sa chambre avec le trompette, et luy demanda la response que luy avoit faicte le duc Horace sur le propos de l'autre fois; dont entendant qu'il n'avoit eu charge de luy en porter aucune, le renvoya sans l'enquérir lors plus avant : mais dans une heure après, prenant nouvel advis, le feit autrefois venir vers luy; et en paroles braves commence à dire qu'il sçavoit bien que la ville n'estoit si forte qu'elle ne se peust prendre aisément, et considérant de nostre costé la perte de tant de princes, seigneurs, capitaines et autres gentilshommes et gens de bien qu'il y avoit dedans, lesquels les Espagnols et les Italiens ne pourroyent sauver des mains des Alemans et Bohémois, qui leur portoyent haine presque aussi grande qu'aux François, aussi que le roy estoit desnué d'argent, et sans moyen de nous donner secours, et que, de leur costé, l'empereur estoit vieux, maladif; et luy (parlant ledict marquis de soy mesmes) goutteux, avec volunté de se retirer maintenant sur le dernier de son aage à repos en sa maison, désireroit grandement que quelques bons termes d'accord se peussent mettre en avant entre ces deux princes : à cause de quoy il prioit de nouveau le duc Horace trouver moyen qu'ils se peussent assembler, ou, au moins, qu'il feit venir quelqu'un de ses fidèles serviteurs capables pour conférer de telle chose avecques luy, et qu'il pourroit encores dresser un expédient d'accommoder le faict de Parme, chose qui touchoit l'estat du duc Octavie Farnez, frère du duc Horace. Ce discours peut faire penser que les chefs du camp de l'empereur véoyent desjà l'entreprinse de Metz forte, ou bien s'attendoyent faire valoir les nouvelles de telle assemblée, si elle se fust faicte, vers les estrangiers, pour le moins vers les princes et villes de l'Empire, afin de les y eschauffer davantage; aussi que par le moyen de quelque espérance ils ostassent à leurs soldats une partie de l'ennuy et malayse qu'ils avoyent à souffrir, comme desjà au camp de la royne Marie se semoit que nous avions demandé à parlementer. Sur quoy fut advisé, pour la première fois, que le trompette retourneroit en leur camp, et que le marquis le feroit pour mesme occasion venir vers luy; qu'il seroit instruit de respondre en ceste sorte : c'est que n'avoit osé porter un tel propos au duc Horace, sans le faire premièrement entendre à M. de Guyse, lequel, oyant mettre en compte et en rang de pitié ceulx de la ville comme perdus, luy avoit dict qu'il ne souvenoit point au marquis qu'il fust dedans, ny tant de gens de bien en sa compagnie, estants tous, depuis les princes jusques aux simples soldats, en estat de ne souffrir aucun mal, comme ceux qui n'avoyent faulte de vivres, d'artillerie, munitions de guerre, d'argent, ny d'un bon et grand maistre, qui les avoit pourveus de toutes choses pour faire recevoir honte à ceux qui les vouldroyent assaillir; et puis qu'il confessoit que son maistre estoit vieux et caduc, le deust avoir conseillé se contenter de ses fortunes passées, sans se venir à ceste heure heurter à nos murailles, où il verroit plus tost le bout de sa vie qu'il n'arriveroit au bout de son entreprinse; que le peu d'amytié que les Alemans et Bohémois portoyent aux Espagnols et Italiens ne touchoit en rien les François, estant un chascun de nous mis hors la puissance des uns et des aultres, avec ce que les Alemans n'avoyent occasion porter haine à nous, qui estions entrés en guerre pour leur liberté; mais eux, qui les avoyent pillé et mené la guerre en leur païs, pour les opprimer et réduire en servitude, avoyent à y penser, et ne se tenir pour bien asseurés estants entre leurs mains.

Les termes de ceste response convenoyent fort bien à ceux que le marquis avoit tenus, par le moyen desquels M. de Guyse rompoit la broche à tels parlemens : toutesfois il en advertit le roy, asseurant bien que si les ennemis le pressoyent après cecy, qu'il respondroit n'avoir charge que de bien garder la place. Le trompette fut despesché soubs prétexte de porter une response au prince de Piedmont, sur ce qu'il avoit mandé à M. de Nemours luy apprester à disner, et le dimanche après le viendroit manger son logis, comme s'ils s'asseuroyent de prendre ce matin la ville. Mais les ennemis, pour quelque considération que n'avons descouverte, ne voulurent laisser passer le trompette à leur corps de garde, qui fut cause qu'il s'en retourna.

Ils travailloient cependant jour et nuict à estendre leurs tranchées et les renforcer, pour y pouvoir loger un gros corps de garde, comme ordinairement ils les fournissoyent, de seize enseignes pour le moins. Et encores, craignans les saillies des nostres, y firent des défences en façon de petits bastions, pour battre tout du long, en quoy ils meirent beaucoup de temps, lequel cependant nous employons à remparer dans la ville, mesmement au boulevart de la porte Champenèse, où la batterie s'estoit continuée de six à sept cens coups de canon ou double canon, depuis le tréziesme du mois jusques au dix-septiesme à dix heures, qu'ils y eurent faict quarante pas de bresche, par où le terrain de derrière leur apparut, qui leur feit de là en avant cesser la furie d'y tirer; et seulement employèrent, en cinq jours ensuyvans, jusqu'au vingt-troiziesme du mois, environ cinq cens coups de canon de loing à loing aux deffences. L'un desdicts jours, sur une après dinée, furent veus plus de trois cens hommes des ennemis s'amuser à cueillir des herbes et navaux aux jardins qui sont au long de la rivière de la Seille, n'ayants armes que leurs espées. M. de Guyse feit sortir les capitaines La Faye et Toucheprès, lieutenant et enseigne du comte de La Rochefoucault, avec trente chevaulx, et le capitaine Lanques avec vingt-cinq arquebousiers par la porte Moselle, pour les aller charger; lesquels, ayant passé le pont que M. le connestable avoit faict faire de costé sur la Seille, les coureurs s'advancèrent charger les ennemis, et leur baillèrent la chasse jusques à l'abbaye Sainct-Clément, où estoit la teste de leur camp, qui eut l'alarme; et sortirent plus de douze cens harquebousiers ou corselets,

sans ordre ny personne qui leur commandast, criants après les nostres, et se laissants attirer jusques au capitaine La Faye, auquel cependant messieurs le marquis d'Elbeuf et de Montmorency, qui s'estoyent desrobés de M. de Guyse, et douze ou quinze gentilshommes de leur suitte, s'estoyent venus joindre. Toute la trouppe feit semblant se retirer avec les coureurs, puis tout à coup tourna; et chargeants vivement ce grand nombre d'ennemis qui les suyvoyent en désordre, les contraignirent prendre la fuite, et les chassèrent jusques au bord d'un fossé plein d'eaue, qui, de fortune, se trouva en chemin, lequel garda les nostres de passer delà, pour suyvre l'exécution jusques dans les tentes, car autre chose ne s'estoit présentée qui les en eust peu garder. Cependant les moins dispos furent mal traités. Plus de deux mille Espagnols et Alemans se jetèrent incontinent en campagne; devant lesquels les nostres se retirèrent au pas, à la faveur du capitaine Favars, maistre de camp, qui estoit, avec les harquebousiers de la garde de M. de Guyse et de sa bande, dans les ruines de Sainct-Pierre, et aussi des harquebouses à croq, dont la muraille estoit bien fournie, qui arrestèrent les ennemis : et cependant les nostres rentrèrent dans la ville, avec la perte seulement d'un soldat et du capitaine Cornay, lieutenant dudict Favars, qui fut blessé, et après mourut; au lieu duquel son frère fut depuis son lieutenant.

Et pour ce qu'on s'attendoit bien que les Espagnols de la garde des tranchées, au moins bonne partie, courroyent à l'alarme, M. de Guyse avoit mis le seigneur Pierre Strozzy, dans le fossé de la porte Champenèse, avec quarante corselets, cent cinquante harquebousiers des bandes de Cantelou, Pierrelongue Choqueuse, et vingt chevaulx de la compagnie du seigneur de Randan, pour donner sur la garde des Italiens du bout de la tranchée, vers la grande rivière, lors qu'il verroit les ennemis plus eschauffés de l'autre costé, ce qui fut bien observé. Et tout premier il envoya cinquante harquebousiers, lesquels allèrent d'asseurance recognoistre la mine de ces Italiens, qui la feirent bonne, et ramenèrent les nostres jusques au bord du fossé, d'où descocha incontinent le reste de nos gens de pied, ensemble vingt aultres gentilshommes sortis pour leur plaisir avec l'espée et la rondelle; et peu après suivit le seigneur de Randan avec ses chevaulx, ayant toutesfois donné quelque espace à ceux-cy de s'advancer. Les ennemis entreprindrent faire teste quelque temps à leurs corps de garde, mais ils furent enfoncés; et, sans que les nostres en sauvassent qu'un prisonnier, exécutèrent le demeurant tant qu'ils peurent, jusques à les tuer de leurs dagues. Et ayans faict ce qu'avoyent entreprins, demeurèrent encore près d'un quart d'heure sur le lieu, nonobstant que les ennemis s'engrossissoyent tousjours de ceux qui venoyent de l'aultre escarmouche; puis se retirants au pas, sonnants le tabourin et tirants tousjours sur ceulx qui les suivoyent, rapportèrent dans la ville un grand butin d'armes qu'ils avoyent gaigné aux tranchées, sans avoir perdu que trois soldats, dont le jeune Harbouville en estoit l'un. Ouarty y fut blessé, et le cheval du seigneur de Randan receut deux harquebousades et un coup de hallebarde.

M. de Guyse s'estoit ce jour mesme souvenu en quelle façon et effort les ennemis estoyent venus, lorsqu'ils avoyent couppé chemin, et mis au milieu d'eulx les coureurs du seigneur Paule Baptiste; et avoit ordonné que la compaignie de M. de Lorraine, celle de M. de Nemours, et cinquante harquebousiers du capitaine Sainct-André, sortiroyent entre les deux camps, soubs la conduitte des seigneurs de La Brosse et Paule Baptiste, les uns par la porte Moselle, et les aultres par l'isle, afin que les ennemis n'en peussent recognoistre le nombre; lesquels s'estans tous rendus en un fond près la Belle-Croix, ensemble messieurs le prince de Condé, duc de Nemours, duc Horace, grand-prieur de France, de d'Ampville, et plus de cent aultres gentilshommes, que M. de Guyse ne voulut empescher sortir, cognoissant le lieu où il les avoit commandé se mettre assez estroit pour n'estre combattus que d'un costé. Navailles partit avec eux avec quarante chevaulx et alla battre le chemin bien avant. Le marquis d'Arembergue, brabançon, les ayant descouverts, feit incontinent monter grand nombre des siens à cheval, et menant encores des gens de pied, commanda quarante pistoliers s'advancer pour se mesler avecques les nostres, afin qu'il peust venir à temps pour les desfaire. Navaille lors, en faignant avoir crainte, print la cargue si longue, que les ennemis, cuidans n'y avoir embuscade, le suivirent vers nostre trouppe, où il feit teste, et nonobstant le gros nombre de chevaulx et gens de pied qui suivoyent, nos princes et nos gentilshommes allèrent donner dedans, et se meslèrent si bien, qu'après les lances rompues ils donnèrent coups d'espée. A la fin, les ennemis se retirants de leur costé, et les nostres aussi, le petit pas vers la ville, avec dix ou douze prisonniers, laissèrent le capitaine Sainct-André et ses harquebousiers sur la queue, qui gardèrent bien que les ennemis n'entreprinsent de suivre plus avant. M. de Guyse estant à la porte pour les recueillir, avec ce bon visage qu'il monstroit tousjours à ceux qui revenoyent de la guerre, eût grand plaisir, et donna louange à chascun, selon le rapport de ce qu'ils avoyent bien faict. Ce jour mesmes le marquis Albert avoit mis ses gens aux champs, devant les ponts de la grande rivière, et faict séparer toutes les enseignes, se mettant chascune en rang, qui nous feit juger n'estre pour autre chose que pour faire la monstre. Et lendemain, sur trois heures après midy, Sainct-Gême, lieutenant du seigneur de Gounor, sortit par Pontiffroy avec quarante chevaux, et alla donner durant une grande pluye qu'il faisoit, jusques dans le camp du marquis, où ayant faict de l'exécution, courut vers Sainct-Eloy, sur des fourrageurs qu'il despescha, et print quelques chevaulx de bagage; de quoy l'alarme fut si grande en leur camp, que se mettants tous en armes, à enseignes desployées, suyvirent nos gens jusques près du pont, non sans perte de quinze ou vingt des leurs, sans qu'un seul des nostres y demeurast; seulement Saint-Gême fut blessé, mais depuis il est guary, et quelques chevaulx rapportèrent des tronçons de picque en la teste. M. de Guyse considéra que le cas advenant qu'il y eust brèche raisonnable du costé de la batterie, que ceulx du camp vinssent à l'assault, le marquis pourroit essayer faire quelque bravade du costé de son camp, à fin de nous travailler et embesongner de plusieurs endroits, et partant, ordonna que les portes des ponts seroyent fortifiées où n'y avoit aucun pont-levis, comme en nulle des autres portes de la ville. M. le prince de La Roche-sur-Yon voulut avoir la charge de ceulx cy, et les feit bien terrasser, laissant seulement le passage de la poterne pour un homme à cheval, à fin de ne priver nous mesmes de la commodité de nos saillies, et haulsa un petit rempar aux ravelins, pour y pouvoir estre à couvert de l'artillerie du marquis, qu'il tenoit ordinairement braquée pour y battre.

Trois jours après, qui fut le dix-neufiesme du mois, M. de Guyse commanda au seigneur de Biron prendre trente chevaulx de la compaignie de mondict seigneur le prince, et au seigneur de La Faye trente autres de celle dont il estoit lieutenant, pour aller, l'un donner une alarme par le pont des Mores au camp du marquis, et l'autre par Pontiffroy sur les fourrageurs et escorte qu'ils avoyent ; et que, se retirans, ils prinsent garde comme ils seroyent suyvis, et quels passages il y avoit, afin qu'une autre fois, venant mieulx à propos, l'on y peust faire une belle entreprinse. Le seigneur de Biron sortit le premier par le pont des Mores, s'estants les seigneurs de Duras, d'Achon, de Mortemar, de Sainct-Sulpice et Nantoillet, meslés dans sa trouppe, ensemble le frère du capitaine Lanque, avec quatre ou cinq harquebousies de sa compaignie. Huict chevaulx des ennemis, qui estoyent en sentinelle derrière la croix du bout du pont, voulurent à toute bride gaigner le camp, auxquels le guydon de la compagnie de M. le prince, qui menoit les coureurs, bailla la chasse jusques aux tentes d'un de leurs régimens qui logeoit en la plaine, au pied du mont Sainct-Martin ; et sortants sur luy cinquante chevaulx qui faisoyent la garde entre les saules du chemin de Sainct-Héloy, il attendit les plus avancés, et rompit sa lance, portant par terre un qui fut tué sur la place. Bon nombre de pistoliers vindrent encores du camp à la foule se joindre à ceulx cy, et tous ensemble suyvre nos coureurs, lesquels le seigneur de Biron receut ; et, faisant teste, repoulsa les ennemis plus de soixante pas, où la plus part des nostres rompirent leurs lances, armes que M. de Guyse estima, du lieu d'où il regardoit l'escarmouche, estre bien fort crainte de ces pistoliers ; il en demeura encores un autre des leurs mort. Et se retirant le seigneur de Biron au pas, monstrant chasque fois visage, délibéra sousténir les ennemis, qu'il véoit retourner avec leurs pistolets, et les chargea si à propos, qu'il leur feit monstrer le dos, et print un nommé Hans Moufel, homme de qualité, prisonnier. Encores, à la fin que nos gens s'approchoyent du pont, les autres se trouvants renforcés du nombre de ceulx qui estoyent venus à la file, qui estoyent environ six vingts, entreprindrent les enfoncer ; mais les nostres estants bien serrés, receirent la troisiesme charge, et les contraignirent gaigner au pied si loing, qu'ils eurent puis après loisir faire leur retraicte au pas, sans empeschement ny perte d'un seul homme, estant tout le dommage tombé sur cinq ou six chevaulx. L'artillerie du marquis avoit tousjours tiré ; mais à cause que les pièces estoyent sur le hault, et ne pouvoyent plonger justement dans nos gens, ne les peut endommager.

Ainsi que M. de Guyse recevoit d'un bon visage ceulx-cy sur l'entrée du pont, louant leur conduitte et valeur, le capitaine La Faye arriva avec sa trouppe, ayant longuement attendu à Pontiffroy par où il devoit sortir ; et ne pouvant finer des clefs, estoit venu chercher yssue par cest autre pont. Faisants doncques ceulx qui entroyent l'argue, ces autres sortirent recommencer le combat, envoyants sept ou huict coureurs tous premiers, lesquels trouvèrent la charge bien près ; car ce gros nombre de pistolliers revint de grand furie sur eulx, dont La Faye, pour soustenir et retirer les siens, donna dedans ; et voulut la fortune que les nostres, après avoir donné coups de lance et d'espée, se peussent tous desmesler pour regaigner le pont à la faveur d'un nombre de nos soldats harquebousiers qui avoyent couru celle part. Le capitaine Fayolles, enseigne de la compagnie du seigneur de Randan, et un harquebousier à cheval y furent blessés, et depuis en moururent.

Du costé des tranchées, les ennemis n'avoyent cessé de les conduire tousjours plus avant, vers la porte Sainct-Thibaud, et en avoyent commencé depuis deux jours une nouvelle, plus près de la muraille, au pied de la potence qui est devant l'encogneure Saincte-Glocine, et mené quasi au joignant du ravelin de la porte Sainct-Thibaud, comme pour y loger des harquebousiers ; par où se confirma l'opinion de ceulx qui avoyent jugé qu'ils nous battroyent de ce costé; et fut mis lors le feu aux estançons des églises de Sainct-Thibaud et des Augustins, qui joignoyent la muraille au dessous la porte Sainct-Thibaud, lesquelles nous eussent beaucoup empesché; et avons sceu que les ennemis eurent grand desplaisir quant ils les veirent ruiner.

Et pource qu'aucuns de nos remparts avoyent esté levés à plomb, malaisé que du pied on peust défendre le dessus, à cause de leur haulteur, sur laquelle eust encores esté plus dangereux se tenir, il fut advisé qu'on y adjousteroit un terrain en talus qui les renforceroit, et serviroit de montée aux gens de guerre jusques à pouvoir combattre main à main, et le demeurant leur feroit parapect pour se couvrir. M. de Guyse un matin feit sortir Sainct-Estèphe, lieutenant du capitaine Abos, avec quinze ou vingt harquebousiers, pour aller recongnoistre celle nouvelle tranchée, et n'y fut trouvé personne en garde, à cause, comme on peut penser, que estant encores estroite on n'y pouvoit loger grand nombre de soldats pour la défendre.

En telle façon qu'a esté dict s'estoyent passées les choses de ce siége du costé des ennemis et du nostre jusques au vingtiesme de novembre, que l'empereur arriva en son camp; lequel, estant venu depuis Thionville en lictière, monta à l'approcher sur un cheval turc blanc, et visita son armée, laquelle se mit toute en bataille, reservé les seize enseignes de la garde des tranchées, et furent faictes trois salves de tous les harquebousiers, tant de pied que de cheval, ensemble de l'artillerie, ce qui nous dénonça assez sa venue; et ayant soustenu un quart d'heure la peine d'estre à cheval, vint descendre au logis du duc d'Albe, en un petit coing eschappé du feu dans l'abbaye Sainct-Clément, attendant que le chasteau de La Orgne, appartenant au seigneur de Thalauges, près de Magny, fust accoustré, où il logea durant le siége.

En ceste sorte, le plus grand empereur qui fut jamais esleu en Alemaigne, et auquel sa sagesse et la fortune avoyent jusques à ceste heure maintenu le nom de victorieux, se trouva devant Metz avec quatorze régiments de sept vingts et trois enseignes de lansquenets, compté celui du marquis Albert; et avoyent esté levées à la façon et nombre de gens accoustumé d'Alemaigne, dont ne fault estimer que ne fussent bien complettes, venans fraischement de leur païs; davantage, vingt et sept enseignes d'Espagnols, seize d'Italiens, et neuf à dix mille chevaux, adjouxtant encores ceulx de son camp jusques à douze mille, oultre sa court et la suite de beaucoup de grands princes d'Alemaigne, d'Espagne et d'Italie, qui estoyent venus avecques luy; cent quatorze pièces d'artillerie, sept mille pionniers, très grande munition de poudres et boulets, et une plus abondante provision et commodité de vivres qu'on ait jamais veu en armée d'hyver. Nous estimasmes lors estre vray ce que don Garcilasse da Vegua, et don Alonço Pimentel, gentilshommes espagnols, devisants avecques le seigneur de Biron en une isle par dessus le pont des Mores, avoyent dict : que les forces de ceste armée estoyent plus grandes de quinze mil hommes qu'autre que l'empereur eust jamais assemblé par deçà. Il est à croire que son arrivée porta nouveau conseil d'entreprendre la ville par aultre endroit que celuy auquel ils avoyent desjà bien advancé leurs tranchées; car lendemain menèrent des pièces au cavalier de main droicte du chemin de Sainct-Arnoul, duquel ne s'estoyent encores servis, et commencèrent remuer terre de ce costé au champ appelé de Papane, tirant à la grand rivière, ayants possible eu advertissement par quelques uns de la ville qui estoyent en leur camp qu'il n'y avoit rien de remparé entre la porte de Champenèse et la plate-forme Saincte-Marie, comme l'on ne s'y estoit encores préparé que d'un commencement d'abattre maisons au long de la muraille. Et fault attribuer à la grande diligence qu'avoit esté mise de fortifier les lieux les plus faibles ce désavantage aux ennemis, d'avoir esté contraincts venir par celuy que nous estimions le plus fort; à quoy les pourroit bien avoir encores invités la commodité du logis et l'assiette du lieu, assez haut et à propos pour y battre en cavalier, et l'aysance du fossé sans eau et sans grand empeschement d'y pouvoir descendre pour venir à l'assaut. Comment qu'il soit, leur plus grande entreprise tourna de celle part; de quoy M. de Guyse eut lendemain advertissement venant de leur camp, et feit aussi tourner nostre plus grand travail à fortifier celuy endroit, où ce qui estoit desjà abbattu d'édifices nous feit grand bien, attendu le grand nombre qu'il y en avoit, lequel falloit tout mettre par terre, prendre le pied du rempar bien bas et luy donner beaucoup de largeur, afin qu'il peust soustenir la hauteur et l'espesseur où il le falloit conduire pour arrester le coup de canon, lors que, la muraille ostée, les ennemis le viendroyent battre, qui n'estoit sans grande difficulté, à l'occasion de plusieurs caves, lesquelles se retrouvoyent par là où le rampar devoit passer, par où fusmes contraincts estançonner les planchiers, afin qu'ils ne défaillissent sous la pesanteur de la terre. Les plus grands jusques aux moindres mirent la main à l'œuvre jour et nuict, si diligemment qu'il fut bien tost recogneu que nostre travail préviendroit celuy des ennemis, lesquels toutesfois nous monstrèrent, le deuxiesme jour après sur le matin, un grand nombre de gabions plantés à soixante ou quatre-vingts pas de nostre fossé, en ce champ de Papane, où ils avoyent desjà mis sept ou huict pièces d'artillerie, desquelles, avec celles des deux premiers cavaliers, tirèrent en batterie, le vingt-troisiesme du mois, environ trois cens coups au pan de mur, et aux tours des Wassieux, Ligniers et de Sainct-Michel, entre la porte Champenèse et la plate-forme Sainte-Marie.

Sur les vespres, pource que les ennemis faisoyent semblant de besongner tousjours aux tranchées devers la porte Sainct-Thibaud, pour nous tenir en la crainte d'une seconde batterie, comme ils nous avoyent souvent menassés, M. de Guyse envoya Sainct-Estephe et Deschamps, lieutenants des capitaines Abos et Cantelou, avec soixante soldats, pour veoir ce qu'ils y faisoyent, où d'arrivée les nostres gaignèrent plus de cent cinquante pas de tranchée, tuants ceux qu'ils peurent surprendre, et les gardèrent plus de demie heure par force jusqu'à ce que se faisant tard, et arrivant gros nombre d'ennemis frais pour la garde de nuict, les nostres se retirèrent sans qu'il y eust perte que d'un soldat. La nuict les ennemis continuèrent planter autre nombre de gabions, et dresser un autre cavalier dans la vigne appelée des Wassieux, plus près de la rivière, pour battre la grosse tour de la faulse braye appelée la tour d'Enfer,

nous faisants veoir le matin, en deux endroits de la grande gabionade, des canonnières pour loger trente six pièces en l'un, et quinze en l'autre; et y en avoyent desjà amené vingt-cinq, desquelles tirèrent ce jour et lendemain jusques à la nuict, quatorze cens quarante-huit coups contre le pan du mur qu'avons dict, d'entre la porte Champenèse et la plate-forme Saincte-Marie, et contre les trois tours qui y sont; dont les deux des Ligniers et de Sainct-Michel feirent le saut, et la tierce des Wassieux, plus près de la porte, fut bien endommagée, ensemble les gabions de la plate-forme Saincte-Marie presque tous emportés, qui estoyent du vieux ouvrage faict par les habitants de la ville, remplis de quelque terre de jardins, si menue et légière, que ne pouvoit soustenir le coup non plus que cendres ; de façon que quelque fois le boulet en perçoit trois. Et y furent tués derrière tout plein de nos harquebousiers et autres. De là en avant, les ennemis ne furent guères grevés de nostre artillerie, n'ayants autre lieu en ces quartiers pour les en pouvoir battre, que celle plate-forme.

De ce commencement de batterie, ne se trouvoit encores le pan du mur guères miné, à cause qu'il estoit bon ; et n'avoit on continué tirer en un endroit arresté, mais suy vy du long comme pour le taster, et mesurer ce qu'ils entendoyent faire de brèche, qu'estoit environ trois cens pas, et avoyent tiré quelques coups à la tour d'Enfer.

Ce jour feit M. de Guyse nouveau département de garde entre les gens de guerre, baillant au capitaine Glenay particulièrement le boulevart de la porte Champenèse ; au capitaine Haucourt la tour d'Enfer, et au capitaine Verdun la grand' place : les autres vingt bandes, départies de deux en deux, à chascun quartier des murs et défences de la ville, divisées en dix, dont l'une garderoit un jour les murailles, et l'autre les brèches, et puis changeroyent lendemain, afin de faire part à chascun de l'honneur des brèches, auxquelles deux capitaines en chief, pour le moins, s'y tiendroyent tousjours, avecques les squadres et caporals qui seroyent de la garde, faisant commandement aux arquebousiers de se tenir bien pourveus de poudre et boulets. Et pource qu'on ne craignoit plus tant le costé de l'isle, fut advisé que la compaignie de M. le prince de La Roche-sur-Yon se rendroit aux alarmes, avec celle de M. de Lorraine, devant le logis de M. de Guyse, en la court Saincte-Glocine, et les autres aux lieux desjà ordonnés, en armes, avecques la picque, pour estre prests de secourir là où il leur seroit commandé. Dadvantage, que deux capitaines de gens de pied feroyent ordinairement toutes les nuicts la ronde entière de la ville, passant par tous les quartiers, et en tous les corps de garde, pour venir incontinent faire le rapport à M. de Guyse de tout ce qu'ils auroient veu et ouy, à quelle heure que ce fust, et en quel estat qu'ils le peussent trouver, et donneroyent ordre qu'il n'y eust jeu ou autre amusement entre les soldats de la garde, afin de ne perdre l'occasion de tirer ou offencer l'ennemi, s'il s'approchoit de nos murailles et fossés.

Cependant ne se passoit jour que quelques troupes de nos gens de cheval n'allassent donner l'alarme aux ennemis, et battre les chemins entre les deux camps, où se faisoit dégast de vivres, butins de prisonniers, de chevaulx et de bagages; mesmes les coffres et charroy de l'évesque d'Arras, garde des seaux de l'empereur, y avoyent esté prins; mais pource que d'abordée on tua les chevaulx qui les traisnoyent, ne purent estre conduicts en la ville. Et quant aux prisonniers, on tenoit cest ordre, de ne mettre dedans les valets et garçons de fourrage, de qui on n'espéroit tirer aucune rançon, afin qu'ils ne consommassent les vivres, ains seulement les gens d'apparence qui monstroyent estre pour se racheter: lesquels encores on leur bouschoit les yeux en entrant dans la ville, afin qu'ils ne peussent noter aucune chose de nostre faict et fortification.

Le vingt et sixiesme du mois avant jour, leur grande gabyonnade se trouva fournie de vingt et cinq ou vingt et six pièces d'artillerie, le cavalier d'auprès de la rivière de quatre, les deux autres premiers de cinq ou six. Et sur demie heure de jour quelques-uns des nostres veirent arriver aux tranchées un personnage, lequel à cause de la suite et du nombre d'harquebousiers et hallebardiers de garde qui avoyent passé devant, et qui suivoyent, fut estimé estre l'empereur; depuis nous avons sceu qu'il y avoit esté. Incontinent après, toutes les pièces commencèrent battre aux endroits mesmes qu'avons dict, continuans de telle furie et diligence, qu'avant la nuict furent comptés treize cens quarante-trois coups de canon; et feirent jour en trois lieux de la muraille, par où un nombre de nos harquebousiers s'attiltrèrent de tirer entre deux vollées. Un autre nombre cependant estoit dans le fossé, voyant passer les canonnades sur la teste, qui servoyent tant pour escortes des pyonniers qui descendoyent chercher terre à remparer, que pour garder que l'on n'y vinst rien recognoistre. Et demeurèrent ainsi tout le jour entre la batterie et la muraille, si près des tranchées des ennemis, qu'ils se battoyent avec eulx à coups de pierres. Et souvent M. de Guyse et les autres princes et seigneurs se trouvoyent aussi dans le fossé, pour veoir l'effect de la batterie, n'esfants cependant les uns ny les autres paresseux de haulser le rempar, bien que les boulets et esclats tombassent souvent entre nous, où plusieurs gentilshommes furent blessés: aussi fut le seigneur de Bugnenon tirant de sa harquebouse par un des créneaux de la muraille, et lui fallut trépaner la teste. Un chascun se rendoit si subject à la besogne, que tous ont esté veus porter beaucoup de peine, quand le besoin l'a requis, et tousjours s'y employoit une bonne partie de la nuict: dont sur les dix heures du soir, estant M. de Guyse avec les princes et beaucoup de gentilshommes à porter terre aux endroits des bresches, une volée de dix ou douze canons que les ennemis avoyent affusté de jour, y tira, laquelle se passa avec la perte d'un gentilhomme de la maison de M. de Nemours, appelé Boisherpin, lequel fut emporté. De leur costé les ennemis travaillèrent celle nuict à une autre tranchée, si approchée de nous, qu'au sortir d'icelle estoit entrée dans nostre fossé, où ils logèrent depuis gros nombre d'harquebousiers, qui pouvoyent tirer jusques à ce pont par où l'on y descendoit, dont nous fust ostée la commodité de ceste bonne terre à remparer, que jusques lors les pyonniers avoyent accoustumé d'y prendre.

Le lendemain matin, le jour n'estoit guères bien clair quand une pareille batterie commença, et encores de trente-six coups plus grande que celle de trèze cens quarante-trois du jour précédent. En quoy le seigneur Jehan

Manrique, maistre de l'artillerie de l'empereur, ensemble ceulx qui exécutoyent les pièces feirent grand devoir; et leur donnasmes la louange d'estre fort bons et justes cannonniers. La promptitude de nos harquebousiers gaigna tousjours l'entredeux des vollées à tirer par les bresches, lesquelles, avant la nuict, furent beaucoup eslargies, et la tour d'Enfer fort battue à l'estage du milieu. M. de Guyse alloit d'heure à autre recognoistre le dommage que nos murailles et tours recepvoyent, et se mettre en lieu d'où il peut mesurer le tout de son œil, sans se fier au rapport qu'on luy en pouvoit faire, s'exposant beaucoup de fois à plus grand hasard que l'importance d'une si grande perte qu'eust esté de sa personne en ce lieu, et en temps de telle affaire, n'eust bonnement requis. Il pourvoyoit, avecques le seigneur Pierre Strozzy (qui n'avoit peu d'advis ny faulte de moyens en telles choses), et avec les seigneurs de Gounor, de Saint-Remy et Camille Marin, à sauver nos défenses, en faire de nouvelles et ordonner nouveaux rempars là où il estoit besoing. En quoy on ne sçauroit estimer qui aidoit plus à M. de Guyse, ou l'expérience et pratique qu'il pouvoit avoir eu auparavant de telles choses, ou bien son naturel disposé à la conduitte et maniement du faict et appartenances de la guerre. Et croy que les deux ensemble le rendoyent si entendu, qu'en la plus grande partie des délibérations qui s'en faisoyent, son opinion se trouvoit digne d'estre exécutée.

Le jour après, vingt et huictiesme du mois, continuans les ennemis leur batterie, ouvrirent la tour d'Enfer de dix-huit ou vingt pieds de large, devinants l'endroit d'une cheminée qu'estoit le plus foible de mur, ou bien quelqu'un de la ville qui sçavoit le contenu du dedans le leur avoit enseigné. Sur le midy, tout ce pan du mur d'entre les tours des Wassieux et Ligniers, pour avoir esté fort battu et couppé assez bas, commença pencher en dehors et se départir de la terre qui l'appuyoit. Deux heures après, continuants les ennemis y tirer, tomba tout d'un coup dans la faulse braye, mais une partie soubs soy, rendant la montée malaisée pour venir à l'assault.

Les ennemis voyants renverser la muraille jectèrent un cry et feirent démonstration d'une grande joye, comme s'ils estoyent arrivés au bout d'une partie de leur entreprinse : mais quand la poussière abbatue leur laissa veoir le rempar desjà huict pieds pardessus la bresche, encore que bien raze et large, ils eurent à rabattre beaucoup du compte qu'ils avoyent faict, sans estendre plus avant ceste grande risée, qui ne s'entendit plus.

Un de nos soldats, appellé Montilly, feit la bravade de descendre incontinent par la bresche, comme pour donner cognoissance aux ennemis qu'il ne nous soulcioit guières qu'on y peust aiséement monter; nos gens de guerre de pied et de cheval plantèrent leurs enseignes, guidons et cornettes sur le rempar; et tous les matins, au remuement de la garde, on ne failloit les y mettre. Gros nombre de nos harquebousiers, que M. de Guyse avoit faict apposter, ayants attendu que la muraille fust ostée, comme s'il leur eust faict empeschement, tirèrent incontinent, et toujours jusques à la nuict, dans les tranchées et cavaliers des ennemis, qui fut cause que depuis leurs harquebousiers de la tranchée du bord du fossé s'advisèrent faire de petites canonnières dans le terrein, pour tirer à couvert et de poinct en blanc au long de la bresche, afin de garder que les nostres ne s'osassent présenter au dessus : toutesfois, les gensd'armes ayants l'armet en teste et leurs sayes de livrée vestus, ne laissoyent à monter beaucoup de fois au plus hault, pour y vider la hotte, sans craindre le danger, tellement que les pyonniers mesmes et femmes qui servoyent au rempar s'accoustumèrent peu à peu à les y suivre. Le reste du jour les ennemis essayèrent ce rempar, qu'ils véoyent, à coups de canon ; mais combien qu'il fust fraischement faict, toutefois se trouva en plusieurs endroits assez fort pour arrester le boulet.

La nuict feit cesser la batterie, qui avoit depuis le matin esté de neuf cens à mille coups de canon ; et nous, à plus grande diligence que jamais, eslevasmes et renforçasmes le rempar, pourvoyants, quant à la tour d'Enfer, de jecter de la terre devant l'ouverture, et y faire un rempar espais jusques à la moitié du second estage, réservants l'autre moitié, qui estoit devers nous, pour sauver des canonnières à battre le long de la faulse braye devant la bresche, et nous y loger dedans pour la défendre.

Les deux jours d'après, leur batterie se conduisit plus lentement qu'auparavant; car ils ne tirèrent que six cens trente coups, tant au long du rempar de la bresche, pour nous garder d'y porter terre; que à la tour d'Enfer, laquelle, après avoir esté remparée en l'estage du milieu, où ils avoyent faict la bresche, la percèrent en l'estage de dessus, environ sept ou huit pieds de large, par où ils entrèrent, en espérance de nous en chasser et venir maistres du second, qui leur estoit assez ouvert, puis qu'ils ne pouvoyent de là en avant estre offencés par ce grand œil de la clef de la voulte qui véoit sur la bresche; mais il y fut pourveu, comme en l'autre estage, d'un rempar faict de fumier, de quelque peu de terre et de balles de laine, le plus légier qu'on pouvoit, pour ne charger trop la voulte. Ce soir, sur le tard, M. de Guyse eut quelque advertissement que les ennemis entreprenoyent de venir la nuict gaigner la tour d'Enfer, ayants faict grande provision de facines aux tranchées pour y faire la montée. Dont commanda au seigneur de Biron y aller, avec vingt gentilhommes de la compagnie de M. le prince de La Roche-sur-Yon, pour renforcer la garde jusques à minuict, et au seigneur d'Entragues avec autres vingt de sa compagnie le venir relever. Ce qui fut par après continué toutes les nuicts par la gend'armerie et cavalerie par rang de chascune compagnie. Les princes et seigneurs voulurent estre de la partie, et messieurs de Nemours, de Montmorency, de Martigues, d'Amville, et autres, commencèrent les premiers de veiller au logis du comte de La Rochefoucault, voisin de là, pour s'y trouver au besoing. M. de Guyse travailla cependant à faire remuer des pièces d'artillerie de la plate-forme Saincte-Marie au boulevart et allée de la porte Champenèse, qui estoit desjà remparée; et y avoit canonnières pour battre en flanc à ladicte tour.

Le comte d'Aiguemont partit du camp avec deux mille chevaulx et quelques enseignes de gens de pied pour aller au Pont-à-Mousson, où il entra; et, passant oultre, se vint présenter dans la ville de Thoul, qu'il somma se rendre: à quoy le seigneur d'Esclavolles, gouverneur d'icelle, feit responce que, quand l'empereur auroit prins Metz et seroit venu faire autant d'efforts contre sa ville, il adviseroit lors à la responce qu'il debvroit faire.

Au commencement de décembre les ennemis menèrent une autre tranchée par travers, depuis la grande qu'ils avoyent faicte, tirant à la rivière, jusques au devant de leur grande plate-forme devers nostre fossé, et quelques autres avecques grand advis et mesure, les doublant et triplant pour la défence les unes des autres. Et continuèrent le premier jour du mois tirer au long des rempars et à la tour d'Enfer, environ cent ou six vingts coups de canon.

L'après-disnée, M. de Guyse commanda au seigneur de La Brosse prendre cent chevaulx de la compagnie de M. de Lorraine, au seigneur de Sainct-Luc, son guidon, quarante de la sienne, et au capitaine Lanque ses harquebousiers à cheval, pour aller donner sur les fourrageurs et vivres qui venoyent devers Thionville, et du port d'Olizy au camp du marquis, et que s'il sortoit quelque nombre de gens en désordre, ils feissent ce qu'ils pourroyent juger et cognoistre à l'œil estre raisonnable, sans rien hasarder: ils furent suyvis de plusieurs autres, qui se trouvèrent prests au sortir. Et d'abordée une partie de nos coureurs chargea sur les fourrageurs, qui estoyent en grand nombre, lesquels, ensemble leurs chevaulx, furent tués ou prins, et leurs charretées de vivres menées depuis en la ville. Les autres allèrent donner dans le camp et à l'abrevoir, où ils tuèrent force gens et chevaulx. Un nombre de leurs gens de pied du régiment logé en la plaine, sortirent pour les repousser; et les suyvirent jusques à un fossé, environ cent pas par deçà le camp, où l'un d'eulx, plus advancé que les autres, demanda en langage françois le coup de picque, et, s'adressant au capitaine Lanque, qui le venoit charger, luy tua son cheval. Ledict Lanque se voyant à pied se joignit à l'Alemant, et avec un espieu qu'il portoit l'abbatit mort à terre. Ce faict, nos coureurs se trouvant rassemblés et joincts entreprindrent faire une charge sur ces premiers venus, qu'ils repoulsèrent; et les eussent chassés bien loing, mais quinze ou dix-huit enseignes de leurs gens de pied estoyent desjà aux champs et s'avançoyent vers eulx. Parquoy commencèrent se retirer. Incontinent sept ou huict cens de leurs harquebousiers et picquiers se desbandèrent de dessoubs les enseignes, pour courir après comme à une huée, sans tenir ordre, ensemble cent ou six vingts chevaulx avec pistolets ou lances; et prindrent le seigneur de Chastelet, guydon de la compagnie de M. de Lorraine, lequel fut quelque temps en leurs mains, en grand danger de sa vie. Quoy voyant le seigneur de La Brosse, et que le désordre présentoit une belle occasion de leur faire une bien bonne charge, ordonna au capitaine Sainct-Luc de se jecter à main droicte sur les gens de cheval, et que luy, à gauche, donneroit dans les gens de pied; ce qui fut exécuté si à propos, que les gens de cheval et les gens de pied furent repoussés les uns dans les autres, et tous ensemble menés à coups de lance et d'espée jusques à la teste de leurs enseignes, lesquelles s'arrestèrent tout court. En ce lieu mesme, le marquis Albert, qui estoit venu à l'escarmouche, faillit, pour la vitesse de son cheval, à recevoir un coup de lance du baron de Tourcy, et le seigneur de Brabançon, qui estoit venu le matin disner avec le marquis, y fut blessé. Il en demeura des autres plus de quatre vingts estendus sur la neige, et huict ou dix prisonniers, dont il y en avoit quatre de cheval. Les nostres se retirans vers le pont, trouvèrent le capitaine Favars, avecques cent soldats, harquebousiers et corselets, envoyés pour les soustenir. Ceste escarmouche fut à la veue des trois camps, et ceulx qui estoyent aux tranchées tirèrent quelques coups de deux pièces, par delà la rivière, au long de la prairie, pour favoriser les leurs, et tuèrent deux soldats des nostres en revenant sur le pont. Tous les autres rentrèrent dans la ville, fors un homme d'armes et un archier de la compagnie de M. de Lorraine, qui demeurèrent prisonniers; et les seigneurs de Rocofeuil, de Fogeon, de Trèves, et un autre homme d'armes furent blessés, qui dans peu de jours après moururent. Le seigneur de Clermont eut une harquebousade à la main, et le seigneur de Suze un coup de picque entre la teste et le morrion, qui ne print que la peau. Beaucoup de chevaulx furent blessés, mesmes celuy du seigneur de La Brosse d'un coup de picque, et en moururent dix ou douze. Il ne tint qu'à M. de Guyse que les princes n'avoyent esté de l'entreprinse, car il la leur céla jusques à ce que ceulx cy se trouvèrent dehors, et puis les clefs furent perdues : n'ayant eu peu de peine, toutes les fois qu'il a convénu sortir, de retenir ceulx qui se venoyent présenter, et s'efforçoyent de passer la porte. De l'autre costé, entre les deux camps, avoit esté envoyé à mesme heure Navailles, avecque vingt et cinq chevaulx, qui feit beaucoup de dommage aux fourrageurs, et gasta force vivres, faisant tousjours boucherie sur les passages.

Les trois jours ensuivans, les ennemis poursuivirent leur baterie environ cent ou six vingts coups par jour contre le rempar de la bresche et la tour d'Enfer, à laquelle ils avoyent faict plus de dix-huit pas de bresche, mais nous renforceasmes tousjours le rempar en l'un et l'autre estage, pour sauver celle moitié qu'a esté dict. Ils estendirent leurs tranchées, et le bout du cavalier à main droicte, encores plus vers la rivière, comme pour batre les tours des boulengiers et charpentiers, derrière celle d'Enfer et le pan de mur qui est entre deux, où n'avions encores remparé; mais incontinent y fut mis nombre de gens de guerre et de pionniers, pour y relever un rempar de vingt et quatre pieds de large, avec une tranchée de trente par le devant, reculés de quarante pieds de la muraille; ce qui fut poursuivy de bien grande diligence. Et pour ne laisser conduire aux ennemis leur entreprinse sans les empescher de ce qu'on pourroit, M. de Guyse jecta de nuict le capitaine Candeau, lieutenant de sa garde, et le sergent du capitaine Glenay avec douze harquebousiers dans le fossé, par une secrette yssue qu'il avoit faict faire dans le boulevart de la porte Champenèse, lesquels allèrent jusques aux tranchées. Les uns coururent à un bout harquebouser les ennemis, qui commencèrent couler tout du long, dont Candeau, qui se trouva sur le milieu, et le reste des nostres, leur donnèrent force coups d'espée en passant; et, ayant demeuré bonne pièce dehors, se retirèrent sans avoir rien perdu. Lendemain sur le midi, le capitaine Thomas, de la compagnie de M. de Guyse, avec trente de ses compagnons, sortit entre les deux camps, et, de fortune, rencontra le seigneur de Brabançon qui retournoit du logis de l'empereur au camp qu'il avoit en charge, accompagné de vingt et cinq gentilshommes assez mal armés. Nos gens le chargèrent de sorte, que, sans ce qu'il gaigna de vistesse quelques maisons assez près de son camp, et se jecta dedans, il estoit prins; mais, n'osant le seigneur Thomas ny les siens mettre pied à terre, à cause que l'alarme solicitoit les ennemis de courir à la rescousse de leur général, et y venoient de tous costés, se retirèrent avec un butin de deux tonneaux pleins de bottes, marchandise bien requise et nécessaire à la ville. Le jour après, cinquiesme du mois, le capitaine Simon de Lec, de la compagnie de M. de Nemours, retourna, avec vingt chevaulx, au mesme chemin; et n'eut guères demeuré en son emboscade, qu'il veit passer environ quatre vingts chevaulx alemans venants du camp de l'empereur, et s'en retournoyent à celuy de la royne Marie. Nos gens les surprindrent, et, donnants dessus, feirent sonner bien chauldement, à l'estendart et dedans, à deux trompettes de M. de Nemours, qu'ils avoyent de fortune amené. Dequoy les ennemis estonnés prindrent la fuite, mais il en demeura quatre prisonniers; et, retournants les nostres à la ville, feirent encores butin de quatre mulets chargés de vivres. Ce jour nous perdismes deux hommes de bon service, Camille Marin, au bout d'un rempar qui servoit d'espaule, joignant la tour d'Enfer, auquel lieu, après que M. de Guyse eut essayé recognoistre, par entre deux balles de laine, le remuement de terre que les ennemis faisoient en estendant leur tranchée, et haulsant le cavalier de main droitte vers la rivière, il y voulut regarder pour cognoistre où s'addressoit leur entreprinse, et pouvoir mieulx entendre les moyens d'y remédier; mettant là teste au lieu d'où M. de Guyse venoit de retirer la sienne, soubdain il y receut un coup de harquebouse qui luy espandit la cervelle; et le lieutenant du capitaine Glenay, qui estoit en garde au boulevart, fut frappé d'une autre harquebousade, et dans une heure après mourut. La nuict les ennemis remuèrent une partie des pièces qu'ils avoyent mis en batterie, comme si elles estoyent esventées, et en feirent venir d'aultres, et tirèrent lendemain au recoing de la rivière, pour y faire une nouvelle bresche, et dix ou douze coups par heure, au long des aultres desjà faictes, pour nous garder de remparer; toutefois on y travailloit toujours. Ce soir la compagnie de M. le prince de La Roche-sur-Yon retourna estre de garde à la tour d'Enfer, et M. le prince mesmes en voulut estre, qui sur quelque heure de la nuict descendit au plus bas estage; et luy sembla entendre un bruit de pioches, comme si les ennemis faisoyent quelque mine. M. de Guyse y vint lendemain, qui en eut aussi sentiment, et adjousta foy aux advertissemens qui luy avoyent esté donnés de ceste chose. Le seigneur de Sainct-Remy poursuyvit diligemment de leur aller au devant avec les contremines qu'il avoit desjà commencées, tant en celle tour en deux lieux, qu'au boulevart en autres deux, et autant le long de la faulse braye devant la bresche. Lendemain M. de Guyse feit avaller par une corde au coing derrière la tour d'Enfer le lieutenant et un soldat de sa garde, pour recognoistre par le dehors en quel endroit elle estoit plus endommagée, et si les ennemis y faisoient aucune sappe, aussi pour sonder à coups de marteau si la mine respondoit encor au pied de la muraille ou entre les deux murs; lesquels rapportèrent n'avoir rien apperceu de nouveau, et le tout estre au mesme estat qu'avoit auparavant esté recongneu. Et pour lors ne peusmes avoir plus grande certaineté de leur entreprinse soubs terre, fors que le hault d'un pavillon fut veu au bout de leurs tranchées, qui avoit esté tendu celle nuict, et tout autour on le remparoit de terre argilleuse, ressemblant celle que nous tirions des contremines; par lequel indice fut estimé que là estoit la bouche de leur mine, comme depuis il se trouva. Sur les deux heures après midy, dix ou douze chevaulx de la compagnie du seigneur de Gounor sortirent vers le camp du marquis Albert, pour veoir si l'on auroit fait en la plaine aucun fossé ou tranchée, et prendre garde quelle contenance les ennemis tiendroyent à les charger, afin que s'il avoyent avisé nouveau moyen de nous nuire aux saillies, l'exemple de ceste heure nous en fust advertissement pour une autrefois que plus grande force sortiroit; les advisans qu'ils eussent à feindre de n'oser soustenir aucunes de leurs charges, afin de les r'assurer et leur donner volunté de venir par après aussi peu retenus aux escarmouches qu'ils souloyent, auparavant qu'on leur eust donné ces attaintes qu'avons dict dessus. Mais, pour faire que nos gens n'eussent à s'opiniastrer au combat, M. de Guyse leur feit laisser au sortir de la porte les lances, les accoustremens de teste et brassals. Ils allèrent jusques au camp, et y eut alarme; mais, après avoir couru la campagne, laquelle ne monstra que ce qu'on avoit accoustumé veoir, se retirèrent à la faveur d'un nombre de nos soldats de pied harquebousiers, lesquels gardèrent les ennemis qui couroyent après eulx de suyvre plus avant.

Le jour ensuyvant, septiesme du mois, de grand matin, on ouït sonner beaucoup de tabourins au camp de l'empereur, et, sur les huict heures, deux grosses trouppes de leurs gens de pied s'approchèrent au bord des tranchées, derrière ces murailles qui s'estendent vers Sainct-Arnoul, par dessus lesquelles on véoit apparoistre leur grand nombre de picques : et bien que M. de Guyse n'estimast y avoir grand danger, estant encores la faulse braye devant la bresche toute saine et entière, il feit toutesfois, sans donner alarme, rendre tous les gens de guerre aux lieux qui leur estoyent ordonnés, tant aux bresches, flancs, places de secours, que au long des murailles, où se trouva bien petit nombre de gens pour une ville de si grande garde, mais tous appareillés de bien faire, et monstrans celle bonne volunté et délibération qu'il falloit pour vaillamment repousser l'ennemy. Les princes de Bourbon, les deux de Guyse, celuy de Nemours, le duc Horace, messieurs de Montmorency, vidame de Chartres, de Martigues, et les autres seigneurs et gens de bonne maison, avec plusieurs gentilshommes marchans soubs la cornette de M. de Guyse, prindrent le premier rang à la bresche, suivis d'un bon nombre de soldats. Cependant ledict seigneur alla visiter les uns et les autres, non sans avoir grand aise du maintien et bonne contenance qu'il véoit en chascun, ny sans les solliciter encores en passant par beaucoup de ces bons mots qui incitent à l'honneur, à la vertu et à la victoire. Le capitaine Favars, maistre de camp, ordonnoit de ses gens de pied, et encores par dessus luy le seigneur Pierre Strozzy, ensemble sur les gens de cheval. Le seigneur de Sainct-Remy estoit préparé de ses artifices à feu et engins de guerre, lesquels avoyent esté apportés de bonne heure en une maison prochaine, pour les employer sur les premiers qui viendroyent ; aussi le seigneur de Crenay, et autres gentilshommes et soldats choisis de toutes les compagnies et bandes aux costés de la bresche, pour exécuter bon nombre de harquebouses à croc ; pareillement le seigneur d'Ortobie et ses compagnons, commissaires de l'artillerie, avec leurs canonniers aux flancs et défenses. Et furent toutes choses si promptement mises en leur ordre, et l'ordre mesme partout si bien observé, que les ennemis eussent prins mauvais conseil de nous venir assaillir. Aucuns d'eulx s'advisérent d'aller sur la montaigne qui regardoit à la bresche, d'où ils la peurent veoir fournie de museaux de fer, de morrions et corselets, qui ne fut chose qui leur deust beaucoup plaire.

Sur le soir vint un trompette de la part de l'ambassadeur d'Angleterre, résidant auprès de l'empereur, porter des lettres à deux gentilshommes anglois estants à la suitte du vidame de Chartres, parens du milor Havard, député de Callais, par lesquelles les persuadoit éviter le hazard où ils estoyent, et de s'en venir au camp, pour delà se retirer en Angleterre; mais estant cogneu que c'estoyent des ruzes de l'ennemy, le trompette fut renvoyé avec responce qu'ils estoyent plus asseurés dans la ville qu'ils ne seroyent dehors.

Après que le seigneur Thomas Delvèche, qui estoit allé vers le roy, comme avons dict, eust eu sa responce et attendu quelques jours à Verdun la commodité de se pouvoir conduire en ceste ville, il print le hazard de traverser le païs du costé mesmes des ennemis, et, par entre les deux camps, se rendit le huictiesme du mois, après minuict, auprès de la ville, où M. de Guyse le feit entrer par la porte Moselle; et par luy nous furent confirmées les nouvelles que l'armée du roy s'en alloit assiéger Hesdin, signe de n'espérer de long temps autre secours que celuy qui restoit aux armes et aux bras d'un chascun de ceulx de la ville ; aussi ne faisoit on semblant de le désirer. Bien nous asseura que la délibération du roy estoit de venir lever le siége, nous resjouissants cependant de la prinse que M. le mareschal de Brissac avoit faict sur l'empereur de la ville d'Albe en Piedmont, comme le seigneur Thomas disoit. Ce que M. de Guyse permit au premier trompette qui iroit au camp de l'empereur le dire à ceulx qui l'enquéroyent des nouvelles, en récompense qu'ils nous avoyent auparavant mandé la prinse de Hesdin.

Ceulx qui estoyent prins du camp de l'empereur nous chantoyent tousjours que la délibération de leur maistre estoit ne partir jamais qu'il n'eust prins la ville ; et quand l'armée qu'il avoit seroit ruinée, il en feroit venir une autre, et après la seconde la tierce; de sorte que, craignant M. de Guyse la longueur que ce siége pourroit prendre, meit encores nouvel ordre et mesnage aux vivres, faisant regarder aux particulières provisions que chacun pouvoit avoir en son logis, pour y user avec autant de discrétion que si c'eust esté la munition du roy, et resserrer tout le vin qui se trouveroit par les quartiers des gens de pied en une ou deux caves, soubs les clefs que leurs capitaines tiendroyent, pour en distribuer puis après à chascun soldat deux pintes par jour. Encores, pource qu'on avoit commencé bailler aux pionniers du pain de la munition, qui en eussent à la longue beaucoup consumé, il en feit casser de douze cens, réservant tout ce qu'il pourroit pour l'entretènement des soldats; auxquels, estant desjà failly le bled qu'avoyent amassé au temps de la récolte, leur ordonna, pour le commencement, deux pains pour jour de douze onces chascun, proposant leur en retirer peu à peu par quarts et demy-onces, ce qu'il cognoistroit leur en pouvoir faire passer, afin d'estendre la munition, s'il luy estoit possible, encores par delà les douze mois qu'il pensoit avoir pourveu, tenant le bled pour le plus précieux thrésor qu'il eust en la ville, avec résolution d'opposer une autre opiniastreté contre celle de l'empereur, et d'attendre la dernière souppe à l'eau, avant que donner lieu à son entreprinse. Aussi pour les vivres des chevaulx de service feit départir la paille qui s'estoit trouvée aux granges de la ville, par les compagnies de la gendarmerie et cavalerie, ayant encores, pour leur allonger les vivres le plus qu'il seroit possible, faict commandement aux gens de pied de tuer les courtaux qu'il avoit entendu estre retenus plus que de six par bande, contre ce que l'ordonnance faicte du commencement portoit, et les mettre au sel, donnant charge au prévost des mareschaulx passer par après en tous les quartiers, pour prendre ceulx qui seroyent trouvés oultre le nombre permis, et leur aller coupper les jarrets hors la ville.

Et, pource que desjà avoit esté usé beaucoup de pouldre, il meit en besongne des salpestriers à tirer du salpestre et le raffiner, afin que la munition des pouldres s'entretinst, et ne s'y trouvast faulte au besoing. Oultre ce, voyant que du mois passé et de cestuy n'avoit esté faict payement aux soldats, ny estoit possible que le roy mist de l'argent dans la ville, pour leur en faire encores tenir durant le siége, et que à la fin ils se pourroyent, par faulte d'argent, accoustumer de prendre ce qu'il leur seroit besoing d'habillements ou autre chose sans payer, par où pourroit venir quelque désordre dans la ville, et entre eulx mesmes, délibéra, pour ne mettre rien de la commodité de tous en arrière, qu'il feroit battre de la monnoye soubs l'authorité du roy, et luy donneroit beaucoup plus hault prix que de sa value, soubs obligation toutesfois, en quoy il se soubmettoit par cry publicq, de la reprendre pour autant qu'on la bailleroit; dont en fut commencé faire quelque petit nombre, qui se véoit en mains d'aucuns.

Le marquis Albert se sentoit picqué des saillies que l'on avoit souvent faict sur son camp, et avoit mis gens de pied et de cheval aux aguets dans les saules prochains, et ès fossés et jardins près de la croix du bout du pont des Mores, et autres lieux où il estimoit pouvoir mieulx surprendre et nuire à nos gens. Ce qu'ayant bien attitré deux ou trois jours de rang, envoya passer tout auprès du pont quelques chevaulx et fourrageurs pour amorser les nostres et les attirer dehors, lesquels, M. de Guyse y ayant faict prendre garde, et luy mesmes entreveu quelque chose de l'entreprinse, ne les voulut laisser sortir à la poste du marquis, réservant le faire une autre fois qu'il n'y auroit si bien pourveu : et du costé des tranchées envoya la nuict d'après le seigneur Pierre Strozzy avec un petit nombre de soldats, veoir s'il s'y commençoit aucun nouvel ouvrage. Ceulx de la garde furent surprins, et quelques uns despeschés, sans qu'ils osassent entreprendre sortir pour repoulser les nostres, lesquels, ayans recogneu autant que l'obscurité le leur pouvoit permettre, se retirèrent. Estans rentrés dans la ville, ils trouvèrent à dire le sergeant du capitaine Glenay, lequel fut veu lendemain mort sur le bord et pendant de leurs tranchées, où plusieurs soldats s'offrirent l'aller quérir ; mais on ne voulut pour telle occasion les hazarder à si évident péril : mais son gojat, meu de grand amour et pitié vers le corps de son maistre, feit grand instance qu'on le luy permist ; et, sans craindre l'harquebouserie des ennemis qui luy tirèrent grand nombre de coups, l'alla en plein midy charger sur ses espaules, et l'apporta dans la ville pour luy faire recevoir sépulture ; enquoy il mérita estre faict soldat, comme il fut, de la bande dudict Glenay.

Après que les ennemis eurent, depuis le cinquiesme du mois, tiré assez mollement six cens vingt coups de canon, et toutesfois ouvert à l'encongneure de la rivière la tour des Charpentiers, qui joinct l'eau, et abbatu le bois de la couverture de la tour d'Enfer, ils remuèrent d'autres grosses pièces à leurs cavaliers, et feirent nouvelles canonnières à main gauche de la grande gabionade, comme pour tirer à nostre boulevart, bien qu'ils le veissent remparé ; et le douzième du mois, de bien grand matin, ils se mirent à le battre plus fort que les jours passés, comme s'ils vouloyent parachever de le réduire tout en bresche ; et, continuants jusques au soir environ trois cens cinquante coups, tout ce qu'ils avoyent battu tomba plus de vingt pas de long et bas, jusques au dessoubs du cordon, y ayant, avec ce qui avoit esté ouvert auparavant, cinquante pas de bresche. Vray est qu'ils n'y eussent peu monter sans eschelle, et n'y tirèrent plus de là en avant, s'appercevant qu'ils estoyent à recommencer, à cause qu'ayant par nous esté cogneu de bonne heure ce boulevart estre en lieu où falloit par nécessité nous en ayder, l'avions très bien mesnagé de tout ce qui pouvoit faire pour ne le perdre point, luy fortifiant, comme a esté dict, la teste et puis la porte d'un grand rempar de bonne terre, où leurs canons eussent bien trouvé à manger ; et encores avoit-on faict une traverse derrière iceluy, dans les édifices, pour nous en servir au cas que la teste vinst à estre ouverte. L'on avoit aussi remparé l'allée d'entre ce boulevart et la porte Champenèse d'un vingt et cinq pieds de large de chascun costé, afin que les ennemis, en croisant leur batterie, ne nous en banissent ; et, pour mesme cause, avions relevé deux gros massifs de terre aux deux encongneures de la susdicte porte, pour servir d'espaule à la garder, et de flanc aux faulses brayes; soubs lesquels massifs avoit un passage couvert, venant de la ville à la faulse braye de main gauche, puis à l'allée du boulevart, et d'icelle allée un semblable passage entrant en la faulse braye de main droitte, pour tousjours avoir chemin à secourir nos faulses brayes, boulevart et son allée, en laquelle avions faict deux bonnes canonnières, malysées à oster, lesquelles battoyent dans les fossés le long des bresches ; et jusques à la tour d'Enfer, encores deux autres à mesme effect, soubs un des arceaux de ceste allée ; et avions ouvert au fond du boulevart une secrette saillie pour jecter des gens de pied dans le fossé, n'oubliant y faire force contremines. Et bien que les mauvais fondemens d'iceluy boulevart et les arceaux foibles et fendus de l'allée nous menassassent de la prochaine ruine de l'un et de l'autre, toutesfois le besoing présent nous solicitoit d'y mettre encores tous les jours la main.

Lendemain les ennemis reprindrent leur batterie au long de la grande bresche, à la tour des Wassieux, prochaine de la porte Champenèse, qui estoit desjà bien entamée, et la feirent tomber, partie à deux heures après midy, et le reste à trois heures après minuict, dont y eut de quatre vingts à cent pas de bresche bien raze d'un tenant, joignant laquelle estoyent les deux autres, l'une de trente, l'aultre de vingt au long du mur. Ce jour mourut le capitaine Favars, maistre de camp, qui avoit esté blessé d'une harquebousade sur le rempar de la grande bresche, bien près de M. de Guyse ; et fut son enseigne baillée au capitaine Cornay, son lieutenant, et le capitaine Glenay faict maistre de camp, qui voulut la garde de la tour des Charpentiers, laquelle estant en l'encongneure de la rivière, estoit desjà ouverte et le lieu assez dangereux ; lors fut commis le capitaine Gordant avec sa bande au boulevart, et le capitaine Cantelou à la porte du pont des Mores, le demourant à tenir tousjours l'ordre qui avoit esté auparavant commandé. Estant nuict, et lors qu'il faisoit plus obscur, Glenay commanda à un de ses soldats s'en aller près des tranchées, pour escouter les ennemis, et voir quel guet ils faisoyent, afin de leur donner une estrette, s'il s'y cognoissoit occasion de le faire. Le soldat tomba entre trois sentinelles estans dans le fossé, qui le chargèrent ; et luy, prompt, encor qu'il n'eust autres armes que l'espée, s'en défendit au mieulx qu'il peut, et se retira blessé d'un coup de corsesque au visage, et pour celle nuict n'y eut plus grande entreprinse.

Ceulx de la garde des tranchées appeloyent souvent, et par divers propos solicitoyent les nostres de parler, qui pourtant ne leur faisoyent aucune responce, à cause que la défence y estoit, et mesmes quelques uns avoyent esté du commencement chastiés, pour l'avoir osé entreprendre sans congé.

La matinée du jour ensuivant fut pluvieuse, et se doubtèrent les ennemis qu'ils auroyent quelque alarme de la ville, comme on leur en avoit toujours donné lors qu'il faisoit bien mauvais temps. Ils se jectèrent en grosse trouppe à la campagne, et trouvèrent à charger quinze ou vingt chevaulx des nostres, de la compagnie de M. de Lorraine, qui étoyent allés bien matin entre les deux camps; mais ne les peurent empescher de leur retraitte, qu'ils firent sans aucune perte.

Après midy, le seigneur de Biron sortit avecques cinquante ou soixante chevaulx par Pontiffroy, vers le camp du marquis, et envoya battre le chemin des vivres par une partie de ses coureurs avec le capitaine Lanque, lequel descouvrit une grosse emboscade d'ennemis dans les saules vers Sainct-Héloy, et en advertit la trouppe. Les autres coureurs, qui avoyent donné jusques au camp, ne peurent attirer les ennemis dehors, lesquels avoyent possible pensé que les nostres les iroyent chercher jusques là, et que ceux de l'emboscade leur viendroyent coupper chemin. A tant le seigneur de Biron, ayant demeuré un temps au milieu, pour favoriser ceux qui avoyent couru vers droicte et vers gauche, à la fin les retira avecques quelque butin de fourrageurs, chevaulx et charrettes de vin qu'ils avoyent prins.

Navailles retourna lendemain matin entre les deux camps, et trouva que les ennemis y estoyent bien forts, auxquels, avec vingt et cinq chevaulx qu'il avoit, attaqua l'escarmouche, temporisant le plus qu'il peut pour veoir s'il leur pourroit donner une charge à propos; mais, voyant n'y avoir lieu de s'opiniastrer davantage, se retira sauf avec prinse d'un des leurs, natif de Savoye, lequel dit à M. de Guyse qu'on tenoit pour chose certaine, au camp, que leurs mines entroyent desjà cinquante toyses dans la ville.

Sur les deux heures après midy se feit une autre saillie par le pont des Mores, de trente chevaulx seulement, desquels le comte de Charny, Ouarty, Riberac, Tourcy, Créqui et La Roche-Chalez estoyent. M. de Guyse advisa le capitaine La Faye, qui les conduisoit, n'abandonner de guères le bout du pont, mais envoyer cinq ou six jusques au corps de garde du marquis, pour se faire suyvre et attirer ce qu'ils pourroyent d'ennemis auprès du pont, où il avoit faict mettre des arquebousiers et porter des harquebouses à croc pour les recevoir. Les coureurs allèrent jusques à ce corps de garde, qui estoit plus fort que mesme toute nostre troupe, lequel les rechassa bien vistement. La Faye faignit prendre aussi la fuite pour se faire suivre, et que les ennemis se desbandassent, comme advint; courans après à qui premier auroit attaint les nostres; lesquels tout d'un coup tournèrent, et, trouvant les autres en désordre, les menèrent battans jusques au près de leur camp, duquel sortoit desjà force cavalerie pour venir à l'escarmouche; et se trouvèrent bien tost six ou sept vingts ensemble. Ils en feirent avancer cinquante sur nos gens, lesquels prenant la cargue pour les attirer à nos harquebousiers, comme leur estoit commandé, attendirent un petit la recevoir de trop près, tellement que ceulx cy leur estoyent desjà sur les bras, et le reste de leur grosse trouppe n'estoit guères loing, qui marchoit tousjours au trot. Et ayant voulu le capitaine La Faye demeurer derrière, comme vaillant qu'il est, son cheval eut un coup de lance, et luy porté par terre et tenu prisonnier. Ceulx de la trouppe tournèrent, et feirent tout ce qu'ils peurent à bien combattre pour le recouvrer, mais ne fut possible, et se retirèrent avecques celle perte, et du seigneur de Vitry, qui demeura aussi prisonnier. Le seigneur d'Ouarty fut blessé en la teste, et La Roche-Chalez en la jambe droicte, qu'il luy fallut scier, et depuis en mourut. En mesme temps le seigneur de Randan avait faict la tierce saillie par le Pontiffroy, avecques autres vingt chevaulx et dix harquebousiers du capitaine Lanque, pour, ce pendant qu'on les amuseroit d'un costé, battre de l'autre le chemin vers le moulin d'Olizy, où estoit le port de leurs vivres, et par où les fourrageurs et vivandiers venoyent; ce qu'il eut le loisir de faire. Et renversa deux charretées de pain, et le feit fouler dans la fange, print du vin du Rhin, et amena chariots, chevaulx et prisonniers dans la ville, oultre ceux qu'il défeit sur le lieu.

La nuict ensuivant vindrent quelques Alemans du camp du marquis pour abbattre le parapect du pont des Mores, qui couvroit le ravelin du bout d'iceluy, dans lequel on jectoit ceulx qui estoyent envoyés pour faire les saillies, qui ne pouvoyent estre là offencés de leur artillerie; et essayèrent de rompre une des arches du pont pour nous oster entièrement l'issue par là, ce qui devoit à meilleure raison estre entreprins de nous pour empescher à eulx l'advenue de nos portes et murailles. Toutesfois nos harquebousiers, qui estoyent en garde sur le portail, pourveurent à cecy, tirants si souvent là où ils entendoyent le bruit, qu'ils leur feirent abandonner le pont; et fut trouvé le matin beaucoup de sang et quelques flasques des leurs brisées. Dès lors fut ordonné que trois ou quatre harquebousiers seroyent jectés toutes les nuicts en sentinelle hors la porte, qui se tiendroyent dans le ravelin.

Le soir on avoit veu porter du camp de l'empereur grand nombre d'eschelles dans les tranchées, dont fut donné advertissement aux gens de guerre se tenir prests, et à la fin n'y eut rien d'entreprins. Il advint celle nuict une chose de risée : c'est qu'un Wallon du camp des ennemis, pensant avoir beaucoup cheminé et estre arrivé aux portes de Thionville, vint heurter à la porte Saincte-Barbe, où le caporal de la garde joua si bien son roole, qu'il l'entretint longuement en cest erreur, et lui feit dire tout ce qu'un homme de sa qualité pouvoit sçavoir de l'estat du camp, mesmement de la difficulté qui s'y faisoit de prendre la ville. On attendoit qu'il fust heure d'ouvrir les portes pour l'aller retenir prisonnier; mais aussi tost qu'il fut un peu jour, s'advisant de sa faulte, se mit à fouir, et les nostres l'accompagnèrent à coups de harquebouse et luy tuèrent son cheval.

Les ennemis avoyent tousjours continué, depuis le douziesme du mois, tirer par heure dix ou douze coups de canon en endroits différens, afin que nos harquebousiers ne s'osassent monstrer sur les bresches et aussi pour nous empescher de remparer, à quoy toutesfois on n'avoit mis cesse, n'estant passé jour, depuis le commencement qu'ils feirent leurs tranchées, que nos gens de guerre n'eussent ordinairement la hotte sur l'espaule quand ils n'y avoyent les armes, ou n'estoyent en garde: et ne les véoit on moins adventurer ou aller hardiment sur le hault du rempar, tirer le coup de harquebouse ou porter terre, que si le canon ou harquebouserie des ennemis n'y eust battu; dont souvent en a esté emporté de bons hommes; mais l'asseurance ne fut pourtant diminuée. Et, pour les saulver, furent mises des pavesades et mantelets au costé des bresches, sur les flancs, hors la batterie du canon, afin qu'ils peussent tirer mieulx à couvert et garder d'apparoistre les ennemis sur les tranchées. Lesquels poursuivirent encores, le seiziesme du mois, leur batterie à l'encongneure d'auprès de la rivière, et y feirent dix-huict pas de bresche, portans par terre la tour des Charpentiers, dont la plus grand partie tomba dans soy-mesmes, et un peu dedans le fossé, mieulx à propos que n'avions espéré, craignant que le tout y allast et peust faire pont aux ennemis. Ce jour, un gentilhomme italien, parent du seigneur Ludovic de Birague, se vint rendre à nous, nous advertissant de la diligence que les ennemis mettoyent à conduire leurs mines, et qu'il estoit bruit au camp qu'elles s'en alloyent prestes à mettre feu. Le seigneur de Sainct-Remy s'advançoit tant qu'il luy estoit possible de se trouver au devant, pour faire à eulx mesmes une fricassée ; et M. de Guyse descendoit plusieurs fois le visiter dans les contremines, mesmement sur la nuict, qui estoit l'heure qu'on les entendoit mieulx besongner, mettant ordre que bon nombre de gens de guerre se tinssent prests pour les repousser, si, après y avoir mis le feu, il s'y faisoit bresche et vouloyent venir à l'assault.

Environ ces jours, le seigneur de Brabançon, pour récompenser l'honnesteté que M. de Guyse avoit usé vers quelques prisonniers des leurs, qu'il avoit renvoyés sans rançon et faict rendre leurs armes et chevaulx, offrit pareil traictement à deux soldats françois, l'un du capitaine Haucourt et l'autre de La Queusière, pourveu qu'ils se retirassent en France, estant l'opinion de l'empereur, sur la raison de la guerre, qu'on ne devoit renvoyer dans une ville assiégée ceulx que l'on en avoit peu prendre prisonniers. Par ainsi leur bailla un tabourin pour les conduire vers Nancy ; mais eulx ayans renvoyé le tabourin demy-chemin, disants qu'ils se sçauroyent bien conduire, mirent devant les yeulx le serment qu'avoyent fait de servir le roy soubs la charge de leurs capitaines, qui estoyent enfermés dans la ville, et la honte que leur seroit les abandonner en tel affaire, dont meus d'un bon cueur et vray naturel françois, s'arrestèrent dans un bois jusques à la nuict, à la faveur de laquelle passèrent assez hazardeusement entre les deux camps et se vindrent rendre à nos portes.

Un peu auparavant que le capitaine La Faye feist la saillie par le pont des Mores, comme avons dict, le trompette de la compaignie de M. de Lorainne estoit allé vers le marquis Albert pour le différend de la rançon d'un homme d'armes des nostres, qu'il tenoit plus haulte que la soulde d'un mois, contre ce que luy mesmes avoit requis pour tous ceulx qui seroyent prins d'un costé et d'autre ; et fondoit l'occasion sur la libérale offre de l'homme d'armes, qui s'estoit taxé plus qu'au triple ; ce qu'il n'avoit peu, puisque la loy estoit autrement. Le trompette fut retenu sans pouvoir obtenir congé de s'en revenir tant que le siège dura, de peur, comme on peut penser, que la diminution de ses gens, et la mortalité qui estoit en son camp, fussent rapportées en la ville, et mesmement que la plus part s'en estoyent allés à faulte de payement, et un grand nombre estoyent morts de l'injure de l'hyver. On n'avoit aussi voulu laisser passer le trompette de M. de Guyse vers le camp de la royne Marie, où il estoit envoyé pour autres prisonniers, l'ayant arresté aux sentinelles et porté là sa responce, afin qu'il ne veist les grands cimetières qui estoyent à l'entour de ce camp. De là à deux jours, ayant le marquis à requérir quelque Alemant prisonnier, emprunta le trompette du duc d'Albe, se persuadant qu'il ne seroit arresté, pour autant qu'il ne se advoueroit de luy ; mais M. de Guyse, sçachant les causes de la guerre du duc d'Albe et du marquis estre unes, et tous deux soubs l'empereur, retint ce trompette pour le nostre.

Le dix-septiesme du mois après le midi, se vint présenter, du costé de la montaigne, entre les deux camps, le seigneur don Loys d'Avilla, général de la cavalerie de l'empereur, avec cinq cens chevaulx, et feit donner ses coureurs jusques à la portée d'un mosquet près de nos portes, ayant de fortune M. de Guyse lors faict monter à cheval les seigneurs de La Brosse, de Randan, et Paul Baptiste, avec quinze chevaulx chascun de leur compagnie, pour aller recognoistre à la campagne les moyens de pouvoir faire une entreprinse qui sera dicte cy-après. Il leur bailla encores soixante harquebousiers, lesquels, estans dehors, il logèrent si à propos pour les soustenir, que les ennemis ne se voulurent attaquer ; et seulement quelques harquebousiers à cheval tindrent l'escarmouche large entre les deux trouppes, où y en eut de blessés de leur costé, et aussi le capitaine Simon de Lec, de la compagnie de M. de Nemours, du nostre. Quelqu'un de leur trouppe s'advança de demander un coup de lance ; ce qui fut accepté par le seigneur Torquato da Conty, gentilhomme du duc Horace, qui se mit en avant ; mais l'Espagnol se retira vers les siens. Un autre, appelé Loupès de Para, enseigne de la compaignie de don Alonse Pimentel, demanda Navailles, qu'il avoit l'année passée cogneu en la guerre de Parme, pour parler un mot à luy. Navailles, qui menoit les coureurs, le luy accorda ; et, devisans ensemble, l'Espagnol luy feit offre que, s'il y avoit des capitaines françois qui voulussent rompre une lance, il en avoit là des leurs tous prests, ayants licence de leur général. Navailles n'eust remis ce parti à un autre, sans ce qu'il se trouvoit encores si mal d'une blessure receue en celle guerre de Parme, qu'il ne se pouvoit aider du bras de la lance; et respondit qu'ils n'estoit sorti guères de nos capitaines dehors, toutesfois s'en retournoit jusques à nostre trouppe les en advertir. « Suffira, dist-il, de deux. » Ceste nouvelle pleut grandement aux nostres; et les seigneurs de Randan et du Chastelet, guydon de la compagnie de M. de Lorraine, prièrent Navailles mesmes s'en retourner vers la ville impétrer de M. de Guyse qu'eulx deux deussent satisfaire à cest offre : ce que M. de Guyse accorda, en condition que l'affaire fust de capitaine à capitaine, et que s'ils présentoyent homme d'armes ou cheval légier, il en fust baillé de semblable qualité des nostres. Navailles leur alla incontinent faire entendre ceste permission, et que nos gens estoyent prests. Ils voulurent lors différer l'entreprinse, s'excusants qu'il estoit tard; à la fin en présentèrent un qu'ils asseurèrent estre capitaine, lequel fut mené par un trompette françois du costé de la ville, et le seigneur de Randan par un trompette espagnol du leur, au milieu des deux trouppes, avecques seureté qu'elles ne s'approcheroyent, et, advenant que l'un d'eux tombast, ne seroit retenu prisonnier, et qu'ils ne donroyent aux chevaulx. Ils coururent une et deux fois sans rompre, pour crainte de toucher aux chevaulx, desquels celuy de Randan n'estoit aussi choisi pour un tel acte, ne s'estant luy guères mieulx monté qu'en cheval légier, lorsque l'entreprinse de sortir s'estoit faicte. A la tierce course il rompit sa lance de droit fil, et l'Espagnol, passant sans toucher, laissa tomber la sienne encores entière sur la place, qui demeura aux nostres. Nous avons sceu depuis que c'estoit dom Henrique Manrique, capitaine de chevaulx légiers, et lieutenant du général, et qu'il eut le brassal et bras droit faulsés de ce coup.

Vers le costé du marquis Albert s'estoyent aussi montrés des gens de cheval en la plaine, et avoit M. de Guyse envoyé Broilly, homme d'armes des siens, avec quinze ou vingt de ses compagnons et quelques arquebousiers du capitaine Lanque, pour les escarmoucher. Les ennemis ayants nombré le tout, et veu qu'ils n'estoyent tant qu'eux, vindrent donner sur les coureurs, et des coureurs à la trouppe, laquelle les receut et soustint la charge à coups d'harquebouse et de lance, contraignans à toute force les Alemans, après avoir deschargé leurs pistolets, tourner les espaules; et les nostres les suivyrent battants, jusques à un autre nombre de chevaulx qui venoyent pour les secourir. Nos gens s'arrestèrent, prenans garde à la contenance des ennemis, lesquels se trouvants beaucoup engrossis, s'apprestoyent de faire une recharge; mais eulx, marchants au pas vers leur retraicte, et monstrants souvent visage, et harquebousant sceulx qui s'advançoyent pour les amuser, rentrèrent dans la ville sans laisser rien du leur aux mains des ennemis. La nuict, deux sentinelles de ce mesme camp s'approchèrent jusques à mettre le nez de leurs chevaulx sur le ravelin que nous avions faict au bout du pont des Mores, où de nos harquebousiers du capitaine Cantelou, qui estoyent mis en sentinelle hors de la porte, assirent si bien leurs coups, qu'un de ces deux Alemans s'en retourna blessé, et l'autre avec son cheval demeura mort sur la place, et son corps tiré dans le ravelin.

Les Espagnols des tranchées, ayants celle nuict mesmes entreprins venir chercher du bois de la tour des Charpentiers, qu'ils avoyent abbatue dans les fossés, en l'encóngneure de la rivière, ou bien le duc d'Albe de venir recognoistre le fossé, comme nous avons sceu depuis qu'il y avoit esté, firent tirer une volée de douze ou quinze pièces pour chasser les nostres d'entour les bresches, lesquels, pour cela, ne s'en esloignèrent; mais, se doubtants d'une ou autre entreprinse, furent en grand aguet de tous costés. Et quelques-uns des premiers, qui s'advançoyent pour ce bois, y demeurèrent, faisants tousjours les nostres un estat résolu de ne laisser gaigner aux ennemis aucune chose sur nous, tant fust elle petite, qu'à l'extrémité, et après toute la résistance qu'on leur auroit peu faire.

Le jour ensuivant, dix-huictiesme du mois, Navailles mena vingt-cinq ou trente chevaulx de la compagnie de M. de Nemours jusques au camp du marquis, pour attirer ce qu'il pourroit d'ennemis auprès du pont des Mores, où un nombre de nos harquebousiers estoyent, comme aultrefois, attiltrés pour les recueillir. Les Alemans ne faillirent de venir en grosse trouppe sur luy, qui, se retirant au pas devant eulx à la mesure qu'il estoit suivy, sans aultrement prendre la cargue, et leur faisant souvent teste, les eschauffa si bien, qu'ils se laissèrent mener à la butte de nos harquebousiers, lesquels leur tirèrent à plaisir. Et eulx se voyants tant approchés, essayèrent faire quelque effort de les enfoncer; mais ils n'en rapportèrent du nostre que force plombs et boulets d'harquebouse dans le corps. Encores lendemain, sur les deux heures après midy, pource qu'on véoit tout plein de leurs fourrageurs et vivandiers amener du charroy devers Sainct-Héloy, M. de Guyse les envoya encores visiter par Monserie, gentilhomme du vidame de Chartres, avec vingt chevaulx, lesquels il feit sortir par Pontiffroy en temps si à propos, qu'ils eurent défaict ces fourrageurs, couppé les jarrets aux chevaulx, et mis le feu à leur fourrage avant que les cinquante ou soixante chevaulx de leur garde y eussent accouru; auxquels aussi, pource qu'ils s'approchoyent vers le pont, fut entretenu l'escarmouche jusques sur le tard, qu'il fut heure de se retirer.

On alloit souvent du costé du marquis, pour la commodité de nostre cavalerie, qui y trouvoit la plainera se, et pouvoit-on nombrer de la muraille ce qui sortoit d'ennemis en campagne, et juger du bon ou dangereux succès des entreprinses, pour y remédier selon qu'on en verroit le besoing. Encores le jour d'après, dix-huictiesme du mois, M. de Guyse jecta quinze chevaulx de la compaignie du comte de La Rochefoucault, et quelques harquebousiers de celle de Lanque, avec Touchéprés, par le pont des Mores, qui feirent tenir en armes et à cheval, depuis le midy jusqu'au soir, la cavalerie du marquis, et quelque autre espagnolle qui avoit passé le matin de ce costé, comme la faulte où le marquis s'en trouvoit lors l'avoit contrainct d'en demander à l'empereur, pour respondre à nos saillies. Entre les deux camps, sur les vignes de la porte à Moselle, s'estoyent monstrés, environ vespres du jour précédent, douze ou quinze chevaulx espagnols; Navailles, qui estoit dehors avec vingt-cinq aultres, les avoit envoyés recognoistre par huict des siens, lesquels quand les ennemis veirent approcher du dessus de la montaigne, avoyent prins la cargue d'eulx mesmes pour les attirer, ensemble la trouppe s'ils eussent peu (laquelle marchoit tousjours au pas), près d'une cense où ils avoyent trois cens chevaulx en emboscade. Ce qu'estant recongneu par les nostres, n'avoyent passé lors oultre; mais le jour ensuyvant, le seigneur de Randan et Paule Baptiste avec meilleur nombre de chevaulx y allèrent, et trouvants environ deux cens des ennemis en ce lieu, bien choisis à l'advantage pour eulx, les sollicitèrent longuement et à coups d'harquebouse d'en sortir, mais ne le voulurent abandonner; et d'autant que de l'un et l'autre camp venoit cavalerie à leur secours, les nostres se retirèrent.

Lendemain estoit le vingt-deuxiesme de décembre, et n'avoyent les ennemis cessé tous les jours précédens de tirer, mesmement contre la tour d'Enfer, laquelle estoit aux deux estages de dessus et du milieu entièrement ouverte. Et desjà avoyent approché deux canons au bout de la tranchée des harquebousiers du bord du fossé, en un pendant, qui plongeoyent au dessoubs du cordon au bas étage, ayants commencé l'ouvrir à l'endroit d'un soupirail; qui nous donna crainte qu'elle s'en iroit perdue, et l'entreprinse viendroit par ce moyen plus aisée aux ennemis, à cause que ce flanc osté nous n'eussions peu les empescher qu'ils ne logeassent leur artillerie dans le fossé, pour battre les défences qu'avions de reste au boulevart et allée de la porte Champenèse, et puis feroyent la sappe à la muraille de la faulse braye devant la bresche, comme ils avoyent entreprins. M. de Guyse tint conseil sur le saulvement de celle tour, au moins de deux canonnières de ce bas estage, qui regardoyent dans le fossé, lesquelles, bien que fussent assez couvertes du rond de la tour pour ne pouvoir estre veues du canon, on n'y eust toutesfois peu loger ny harquebousiers, ny aucunes pièces, à cause que, ruinant les vossures, comme leur estoit maintenant aysé, ils emportoyent entièrement les deux premiers estages, et nous ostoyent la descente du troisiesme, laquelle estoit par le milieu de la vossure, avec une eschelle à main, et par ainsi nos flancs d'embas perdus. Il fut advisé que par le dedans de la ville l'on feroit une ouverture jusques à l'allée de l'une des contremines, laquelle iroit trouver la canonnière de nostre flanc, couverte de bons chevrons, assez forts pour soustenir la cheute de la voulte et du terrain et rempar qui estoit dessus, ensemble pour conserver nos gens au dessoubs, n'ayants nos ennemis non plus de moyen se tenir dedans la tour à descouvert pour nous y offenser, que nous. Oultre ce, d'autant qu'ils pourroyent entreprendre de courir la faulse braye, fut ordonné pour les empescher qu'un massif de terre, en façon de plate-forme, seroit relevé dedans, à main droite de la tour, pour leur coupper chemin, et pour battre à l'entrée et porte d'icelle afin qu'ils ne s'osassent monstrer de ce costé, non plus que de l'autre à main gauche le long de la bresche, où le flanc et massif de la porte Champenèse battoit. Ce jour, M. de Guyse descendit dans le fossé, avec quatre soldats de sa garde, fort hazardeusement, veu le grand nombre d'harquebousiers espagnols qui se tenoyent tousjours à la tranchée du bord d'iceluy. Il recongneut le défaillement des arceaux qui soustenoyent l'allée du gros boulevart, lesquels il commanda estançonner et les appuyer de grosses boises, pour s'en servir présentement, réservant y faire ouvrage de plus grande durée, quand on en auroit le loisir et commodité. Quelque heure après, les ennemis voulurent remuer des pièces de leurs cavaliers ; mais nos harquebousiers et harquebouses à croq donnèrent tant de dommage à leurs gens et chevaulx, qu'ils les contraignirent d'attendre qu'il feist nuict.

Le jour ensuivant, vingt et troisiesme du mois, après midi, se feit une belle saillie, qui avoit esté entreprinse par le vidame de Chartres, sur les gens du marquis, et M. de Guyse l'avoit trouvée bonne ; mesmes l'occasion s'y vint présenter de quarante chevaulx alemans qui vindrent environ deux cens pas par deçà le camp au bord d'un fossé, avec des gens de pied harquebousiers, pour en estre favorisés. M. de Guyse, ayant ordonné ceulx qui devoyent sortir, envoya, comme il avoit de coustume, garder qu'on ne montast sur les murailles, et, pour mesme occasion, des hallebardiers aux plates-formes et autres lieux de la ville qui estoyent veus du camp, afin que l'amas de gens qui s'y souloit au commencement faire pour veoir les saillies, ne donnast advis aux ennemis de ceste cy : car il s'estoit quelque fois apperceu qu'ils y en avoyent prins, et s'estoyent mis en armes pour nous recevoir. Sept ou huict harquebousiers à cheval des nostres allèrent premiers jusques à eux ; lesquels n'eurent si tost tiré leur coup, qu'ils furent suivis jusques à nostre trouppe, laquelle estoit de vingt chevaulx que Monserie menoit, qui ne s'advança tant qu'il les eust veu estre cent ou six vingts pas par deçà le fossé : et lors, ayant receu les coureurs, tous ensemble leur allèrent faire un charge, laquelle les ennemis attendirent à coups de pistolets quelque temps ; mais à la fin ils la prindrent toute entière jusques à leurs gens de pied : et, s'arrestants là à cause qu'ils sentoyent le renfort d'autres quarante ou cinquante chevaulx qui venoyent à la file, les nostres feirent semblant prendre au pas la retraitte vers Pontiffroy, par où estoit ordonné que les seigneurs d'Entragues et de La Brosse sortiroyent avecques chascun cinquante chevaulx, entre lesquels M. le prince de Condé, qui s'estoit desguisé en cheval légier, pour en estre l'un, s'y trouva ; mais d'iceulx n'en apparoissoyent que dix ou douze, qui avoyent couru de l'autre costé sur les fourrageurs et vivandiers qu'ils avoyent surprins, et mis le feu aux fourrages ; et amenoyent un trouppeau de vaches et moutons qu'ils avoyent gaigné, qui estoit provision en ce temps bien receue dans la ville ; car la chair fraische avoit commencé à faillir, et plusieurs de nos soldats se prenoyent aux chevaulx. Les ennemis n'ayants, comme il leur sembloit, à se craindre que de ceulx qu'ils véoyent, se sentans, comme avons dict, bien renforcés, descochèrent sur les nostres, qui pour cela n'avancèrent leur retraite qu'au petit pas, et bien serrés, tournans deux ou trois fois visage, et autant de fois arrestans les Alemans, qui par ce moyen s'amusèrent, et se laissèrent attirer près des jardins, entre nos deux ponts, où les nostres faisant teste, se meslèrent les uns dans les autres, et lors le vidame, qui avoit attendu long temps ceste opportunité derrière le ravelin du pont des Mores, avecques soixante chevaulx, desquels le duc Horace estoit du nombre, sortit à toute bride leur couper chemin. Les harquebousiers du fossé, cuidants que ceulx-cy s'adressassent à eulx, commencèrent à gaigner au pied vers un bataillon de quatorze enseignes, qui avoit desjà marché plus de soixante ou quatre vingts pas par deçà les tentes, mais ils tournèrent au fossé, voyants, que nos gens chargeoyent leur gens de cheval, lesquels prenants la fuite, donnèrent bon moyen aux nostres, qui estoyent pesle mesle avec eulx, et à ceux qui estoyent survenus, d'en faire grande exécution. Les mieux montés gaignèrent comme ils peurent la faveur de leurs harquebousiers, avec lesquels faisants teste au bort du fossé, y fut encores combattu à leur grande perte. Les seigneurs d'Entragues et de La Brosse s'advancèrent cependant pour retirer nos gens, qu'ils trouvèrent n'avoir autre dommage que du capitaine Bordeille blessé de trois coups de harquebouse ou de pistolet, de quoy il est guéry, et le cheval du jeune Mally tué d'une canonnade. On sceut lendemain, par un Alemant mesmes de leur camp, qu'il avoit esté tué des leurs, ou de coups de main, ou d'une coulevrine qui avoit tiré de la plate-forme Saint-Simphorien trois fois dans eulx, plus de trente-cinq hommes de cheval, et bien quarante de blessés, la plus part de leurs chevaulx tués, ou si fort blessés, qu'ils ne les avoyent peu rapporter au camp; aussi des gens de pied, vingt-cinq ou trente demeurés sur la place. De ceste perte les ennemis donnèrent cognoissance : car estant, le jour après, le comte de La Rochefoucault sorti encores de leur costé, pour battre le chemin de Sainct-Héloy, vers le pont d'Olizy, où il défoncea des tonneaux, print des marchans et vivandiers à leur veue, ils ne feirent meilleure contenance que de craindre une pareille touche qu'ils avoyent senty le jour précédent. Les marchans prisonniers dirent estre bruit que l'évesque de Maïence faisoit lever des gens de guerre pour envoyer à l'empereur, et qu'il luy venoit davantage huict pièces d'artillerie par eaue, de la ville de Constance.

Trop long seroit, et possible ennuyeux, de particulariser toutes les saillies qui se sont faictes durant le siège, desquelles aussi une partie n'a peu venir à ma cognoissance, à cause qu'il s'en faisoit en mesme heure deux et trois par diverses portes, estant contrainct perdre les unes pour les autres ; et quelquefois nos gens ne rencontrants les ennemis, s'en retournoyent sans faire chose digne de récit; d'autres aussi, que les saillies n'estoyent ordonnées pour autre chose que pour veoir leur contenance et recognoistre ce qui se auroit à faire pour une autrefois, et la pluspart dont l'effect tournoit sur les vivandiers et fourrageurs seulement; comme, à l'heure que le comte de La Rochefoucault gastoit les vivres du camp du marquis, Navailles en faisoit autant entre les deux camps de l'empereur et de la royne Marie, ce qu'on n'auroit aggréable d'ouïr si souvent dire qu'il a esté souvent faict. Suffira que par le récit d'une partie soit monstré ne s'estre jamais présenté un seul moyen de nuire ou gaigner sur l'ennemy, que M. de Guyse (quant la raison de la guerre le luy a conseillé) ne l'ait entreprins et faict sagement exécuter, tenant tousjours l'entreprinse secrète jusques à l'heure qu'il y envoyoit. Et lors, en ayant bien instruit le chef qui la devoit conduire, jectoit premièrement les coureurs dehors tous ensemble, et puis ceux de la grosse trouppe bien serrés, sans y permettre davantage que le nombre qu'il avoit ordonné, faisant mettre des gens de guerre aux lieux de garde en armes, afin que d'aventure lors que serions amusés d'un costé, l'on ne nous surprint de l'autre : et luy se tenoit à la porte avec autre nombre de gens, tant de pied que de cheval, afin que, si quelque occasion se présentoit de faire davantage, ou bien qu'il fallust soustenir et recevoir les nostres pour estre foibles, il peust promptement faire sortir ceulx-cy aussi avant qu'il en verroit estre besoing, n'ayant jamais faict retraitte, quand il y avoit grosse trouppe dehors, fust de pied ou de cheval, que au pas et en bon ordre, et que la trompette et le tabourin ne l'eussent sonnée, advertissant toutesfois n'estre raisonnable qu'on demourast longuement dehors à la teste d'un camp. Celle nuict, veille de Noël, le guet et garde des bresches et murailles furent renforcés, afin que le demeurant de nos gens de guerre peussent, en plus grand repos, solenniser une si grande feste, ainsi que M. de Guyse avoit tousjours bien observé les choses appartenantes à la religion ; et aussi que les ennemis ne se servissent de telle occasion pour nous venir cependant dresser quelque entreprinse. Après le service de minuict, il alla visiter tous les corps de garde. Et le propre jour de Noël, tant du costé des ennemis que du nostre, la dignité de la feste fut assez bien gardée, sans nous porter grand dommage ; seulement ils tirèrent quelques coups de canon, et nous leur rendismes des mosquetades et harquebousades en eschange.

Lendemain de Noël, nous complasmes le soixante-cinquiesme jour de la venue des ennemis, et le quarante-cinquiesme du commencement de leur batterie, qu'encores ne véoit l'empereur guères d'advancement en son enprinse, demeurant l'endroit des bresches aussi fort et mal aisé (par le moyen des bons et larges rempars que nous y avions dressés) que si nos murailles n'eussent point esté battues ; nos flancs par mesme diligence sauvés, et plusieurs faicts de nouveau ; la faulse braye entière, et aussi bon ou meilleure maintien en nos gens, que le premier jour que son armée arriva ; laquelle il cognoissoit que à toute heure alloit en diminuant, à cause de la mortalité grandement eschauffée en ses trois camps, en danger d'estre entièrement ruinés, si sa première délibération ne cédoit à la présente nécessité, et mesmement au temps, qui s'estoit réduit depuis le commencement de décembre à la froidure et gelée plus véhémentes que la belle saison qu'ils avoyent eu du commencement ne les en avoit menassés. Parquoy commença ordonner de sa retraitte ; et feit passer la rivière de Moselle à quelques pièces d'artillerie, lesquelles le marquis de Brandebourg logea auprès d'un de ses régimens en la plaine, comme pour assubjectir davantage les yssues de nos ponts. Et pource que de la ville on ne s'estoit encores apperceu d'aucun signe de deslogement que les ennemis voulussent faire, nous ne pouvions penser à quelle occasion on avoit passé celles pièces. M. de Guyse envoya la compagnie de M. de Nemours, pour en recognoistre ce qu'on pourroit ; et sortirent premiers par le pont des Mores trente chevaulx avec Navailles, pour courir jusques là ; le demourant par Pontiffroy avec M. de Nemours. Les deux trouppes ne parurent si tost sur les ponts, que toute l'artillerie du marquis, tant du hault que de la plaine, et celle qui restoit encores aux tranchées, tira comme si elle eust esté auparavant braquée pour ceste saillie. Ce nonobstant, Navailles alla jusques près des pièces, qu'il nombra seize, lesquelles nous jugeames estre des douze canons, six coulevrines, et cinq mortiers que le marquis avoit presté à l'empereur, comme nous avions bien sceu ; et estoyent gardées de trois ou quatre escadrons de gens de pied. Il temporisa assez longtemps à l'entour, cuydant attirer les ennemis hors du camp : mais ils ne voulurent faire autre jeu que de leur artillerie, de laquelle ne receusmes dommage que du cheval du seigneur Murat d'Auvergne, qui eut la jambe emportée. Encores du matin, estoit sorty l'enseigne de la compagnie du seigneur de Gounor, avec trente chevaulx, qui les estoit allé chercher bien avant ; mais ils n'avoyent voulu se monstrer en campagne, s'advisans pour lendemain de mettre une embusche de deux cens chevaulx vers le chemin de leurs fourrageurs, à main gauche de Sainct-Héloy, pour surprendre les nostres, si le seigneur de Sainct-Phale, enseigne de la compagnie de M. de Guyse (qui eut commandement de sortir avec soixante chevaulx, pour leur coupper tousjours les vivres), n'eust envoyé une partie de ses coureurs vers ce costé, qui les descouvrirent ; et lors ils envoyèrent quelques chevaulx pour charger nosdicts coureurs, espérant que Sainct-Phale s'advanceroit avec toute la trouppe, pour faire la recharge : mais, comme bien advisé, il receut seulement les siens, qui venoyent de faire la descouverte, et autres qu'il avoit envoyé donner jusques au camp, sans suivre les ennemis, lesquels d'eulx mesmes prenoyent la cargue.

Environ une ou deux heures après, M. de Guyse estant allé, selon sa coustume, visiter l'entour des murailles, jecta sa veue du costé de Sainct-Pierre des Champs, où estoit le logis des Italiens du camp de l'empereur, et n'y voyant promener aucun, pensa qu'ils l'avoyent abandonné ; ce qu'il envoya incontinent recognoistre par les capitaines Aboz et Cornay, avec des harquebousiers, qui n'y trouvèrent personne. Et par mesme moyen feit donner Sainct-Estèphe, avec autre nombre de soldats, jusques dans les tranchées de la porte Sainct-Thibaud, où furent trouvés quelques Alémans, lesquels, abandonnans leurs picques, harquebouses et allebardes, furent chassés jusques au corps de garde derrière le prochain cavalier d'auprès Sainct-Arnoul, d'où sortit une grosse trouppe d'harquebousiers et corselets pour repousser les nostres, lesquels, se retirans par les tranchées mesmes, rapportèrent les armes qu'ils y avoyent gaignées. De ces deux choses feismes nous la première conjecture que les ennemis se vouloyent lever; laquelle se confirma encores sur le soir, par advertissement d'un garçon de l'aage de dix ans, natif de la ville, qui vint du camp se rendre à nous, lequel satisfaisoit avec raison aux choses qu'on luy demandoit.

Lendemain, jour des Innocens, s'exécuta une entreprinse sur trois ou quatre cents chevaux, lesquels, pour empescher nos saillies de la porte à Moselle, les ennemis mettoyent ordinairement en garde en la plaine d'entre les deux camps; et avoit M. de Guyse (comme en chose pensée de longue main) faict recognoistre par le seigneur de La Brosse et Paule Baptiste les moyens et chemin qu'il faudroit tenir pour y faire un bon effect : mesmes, par autres saillies, avoit plusieurs fois faict mesurer le temps que le secours leur pouvoit venir de l'un ou l'autre camp. Il ordonna bon nombre de gens de cheval se rendre environ midy à la place du Change, et ès autres endroits les plus couverts de la ville, afin qu'on ne les veist des haults lieux du dehors : et jectant premièrement Navailles avec quinze chevaux dehors, l'envoya devant pour reculer les sentinelles des ennemis, qu'ils avoyent assises au bord de la montagne pour descouvrir jusques à nos portes; et puis le seigneur Pierre avec la cavalerie, pour aller faire la charge; la gendarmerie après, sous M. le prince de La Roche-sur-Yon, qui les soustiendroit. Tous les princes et seigneurs qui estoient dans la ville furent de la partie. Le seigneur Pierre approcha les ennemis le plus couvertement qu'il peut; mais l'un des leurs, qui estoit en sentinelle tant à l'escart que Navailles n'y avoit peu arriver sans se perdre, voyant qu'un si grand nombre sortoit, leur en courut donner advis. Ils se voulurent du commencement retirer au pas vers le camp, puis à toute bride, se sentans pressés; mais nos coureurs et les gens du seigneur Pierre se trouvèrent si près, qu'ils se meslèrent dans eulx; et fut tout ce corps de garde forcé et rompu, demeurans quelques uns sur la place, et trente-trois retenus prisonniers : tout le reste fut mis en routte. Ceste deffaitte fut à la veue du logis de l'empereur, lequel incontinent commanda à ceux de sa maison monter à cheval, et marcha sa cornette jusques au pont de Magny. Or, voyans M. le prince et le seigneur Pierre leur entreprinse exécutée, et que de demeurer longuement entre les deux camps en pourroit venir inconvénient, feirent sonner la retraitte, à quoy fut obéy d'un chascun, bien qu'il en restast en la campagne et à leur veue quelques charrettes et fourrageurs, sur lesquels nos gens commençoyent descocher; mais le commandement qu'en ceste et autres saillies avoit faict M. de Guyse d'obéir aux chefs de l'entreprinse les retint, comme ce sera tousjours fort requis qu'en telle affaire l'obéissance y soit entièrement rendue. Ce jour les ennemis voulurent monstrer qu'ils n'estoyent encores à bout de leurs pouldres et boulets. Et s'estoyent mis de bon matin à tirer dans la ville, de douze ou quinze pièces qui restoyent encore sur leurs cavaliers, plus fort qu'ils n'avoyent faict depuis la grande batterie. Continuans tout le lendemain, jusques environ minuict, qu'ayans parfourny le nombre de quatorze mille coups de grosses pièces et plus, depuis le dixième novembre, oultre douze ou quatorze cens tirés du costé du marquis, ostèrent toutes leurs pièces des cavaliers, et les menèrent à l'abbaye Sainct-Arnoul, où, un peu devant le jour, ceux de la garde des tranchées se retirèrent. Laquelle chose estant le matin recogneue, nos soldats allèrent incontinent gaigner la première tranchée des harquebousiers au bort du fossé, et de ceste cy à la seconde, tant qu'ils coururent toutes celles de devant les cavaliers, où presque tout le jour ne cessèrent d'arquebouser les uns sur les autres; et y perdismes des nostres six ou sept soldats. On veit les quatre ouvertures des mines que les ennemis avoyent commencé, dont l'une respondoit desjà sous la tour d'Enfer. Or, s'estoyent advisés les ennemis de fournir de nuict les ruines de Sainct-Pierre, desjà abandonnées, d'un gros nombre de gens de pied et de cheval, et jecter le matin quelques vaches paistre assez près de la ville vers ce costé, pour y attirer les nostres; mais M. de Guyse ne voulut qu'on y sortist, prévoyant l'entreprinse des ennemis, laquelle se descouvrit sur le soir, qu'on veit ces trouppes retourner au logis. Quinze ou vingt chevaux des nostres furent envoyés entre les deux camps essayer de faire quelque prinse sur tant de charroy et de gens qu'on véoit aller de l'un à l'autre ; mais il s'y trouva si grosse escorte de cavalerie, que nos gens s'en retournèrent sans rien faire. La nuict, voulant M. de Guyse donner advis au roy de ce commencement de retraitte, feit sortir nombre d'harquebousiers par le pont des Mores, pour reculer les sentinelles des ennemis qui estoyent assises au bout d'iceluy, et après eulx jecta le messagier, lequel alla prendre le chemin de Thionville, et puis tourna où luy sembla meilleur pour se pouvoir seurement conduire. Sur le premier somme, le feu se print en une maison de la ville où le capitaine Lanque estoit logé, joignant laquelle y avoit quelque munition de pouldre, et les greniers du roy n'en estoyent pas loing. L'alarme fut donnée, dont s'allèrent les gens de guerre incontinent rendre aux bresches et autres places ordonnées ; et M. de Guyse vint au lieu du feu pour faire remuer les pouldres et pourveoir au demeurant; si bien qu'il n'y eut dommage que d'une partie de la maison. Il faisoit un très mauvais temps, d'un vent impétueux, meslé de neige si espesse, qu'on ne se pouvoit voir ny ouir ; et, de peur que cela n'invitàst les ennemis à quelque entreprinse, on se tinct presque toute la nuict en armes. A quoi s'adjousta une nouvelle occasion de ce qu'une partie du rempar, qu'on avoit faict à main gauche de l'allée, entre la porte Champenèse et le boulevart, tomba; de quoy les ennemis eussent possible essayé s'en servir, s'il fust advenu quelque jour auparavant.

Lendemain après midy, pource que quelque nombre d'harquebousiers ennemis se monstroyent entre Sainct-Arnoul et la ville, vers les dernières tranchées, nos harquebousiers sortirent; et y eut une aspre escarmouche, ne laissans prendre advantage les uns sur les autres de plus de trois heures. A la fin les Espagnols se retirèrent dans les ruines de l'abbaye, où estoit le fort de leur garde. Et avoyent faict des cannonières et petites ouvertures aux murailles, d'où ils tirèrent encores quelques coups à seureté, et bien couverts, sur les nostres. Et y fut blessé au bras le capitaine Pierre Lanque, et aussi l'enseigne du capitaine Béthune, et cinq ou six soldats morts. Du costé de Pontiffroy, les seigneurs de La Rochefoucault et de Randan allèrent battre les chemins vers Sainct-Héloy, tirans à Thionville, par où une partie du camp s'en alloit, et trouvèrent des Espagnols malades, qu'on menoit en chariots, vers lesquels feirent tant d'humanité de les laisser passer sans leur faire sentir nouvelle infortune. Et se tenans encores sur le chemin, prindrent un page, un valet de chambre et un laquay du duc d'Albe, lesquels M. de Guyse renvoya depuis par honnesteté à leur maistre, et renvoya un nommé Jaspar suisse, et deux chevaux légiers espagnols, que Broilly et Mareval avoyent prins en une saillie du vingt-septième dudict mois.

Les deux jours ensuyvans se feirent force saillies de quinze et vingt chevaux sur les routes de ceux qui commençoyent s'en aller; et par quelques Espagnols et autres des leurs qui furent prins, sceusmes le deslogement de l'empereur du chasteau de La Orgne, qui s'en estoit parti ce premier jour de l'an, et retiré à Thionville, avecques le malcontentement qu'on peut penser de se veoir descheu de son espérance, et sa grande armée, qu'il avoit assemblé de divers endroits de la chrestienté, ruinée, son entreprinse tournée à néant, et luy quasi mis pour servir d'exemple à faire veoir au monde que la force et conseil des plus grands hommes n'est rien au regard de la providence de Dieu. Ce mesme jour une trouppe de nos gens de cheval sortit par le pont des Mores, pour aller donner jusques à la file de ceux qui passoyent sous le mont Sainct-Martin ; et trouvèrent beaucoup de cavalerie espagnole qui luy faisoit escorte. Les nostres commencèrent attaquer l'escarmouche ; mais l'un des ennemis appela un de nos harquebousiers à cheval, pour s'enquérir que c'estoit que les Françoys demandoyent. Et comme il luy fust respondu qu'ils cherchoyent à combattre et donner coups de lance, l'Espagnol dist leur trouppe n'estre maintenant en estat pour respondre à cela, qu'ils se retiroyent, et qu'on les laissast aller en paix. Ce propos donna envie au nostre de sçavoir son nom, qui le luy dist, et se nomma le capitaine Sucre, lequel feit incontinent retirer ses gens.

Après le partement de l'empereur, ses deux camps se levèrent le deuxiesme de janvier, par un signe de feu qu'ils feirent de l'un à l'autre, sur les unze heures de nuict; et marcha celuy de la royne Marie jusques à Arcancy, lieue demie de Metz, contre bas la Moselle, et le grand soubs la conduite du duc d'Albe, par delà le pont des Moulins; sur la queue duquel délibérant M. le prince de La Roche-sur-Yon faire lendemain une entreprinse avec sa compagnie et cent chevaulx de celle de M. de Guyse, ensemble les chevaulx légiers du seigneur de Randan, messieurs d'Anguyen, de Condé, de Nemours, grand prieur de France, marquis d'Elbeuf, duc Horace de Montmorency, vidame de Chartres, d'Amville et autres seigneurs en voulurent estre. Et n'ayans autre yssue que par la poterne des moulins de la Seille, furent contraincts mettre pied à terre pour sortir. En quoy alla tant de temps, que les ennemis eurent cependant passé ce pont des Moulins, ayans laissé au bout d'iceluy, et à l'advenue de la ville, un gros nombre d'harquebousiers et de corselets, lesquels, pource qu'il estoit trop dangereux de les enfoncer là où ils estoyent, les nostres essayèrent souvent les attirer à la campagne; mais ils n'y voulurent venir. Dont s'en retournans eurent le spectacle d'une si grande ruine de camp, qu'on eust plustost jugé l'armée y avoir esté vaincue que s'en estre levée. Tant d'hommes morts de quel costé qu'on regardast, beaucoup à qui ne restoit qu'un peu de vie, et une infinité de malades qu'on oyoit plaindre dans les loges, lesquelles à ceste occasion ils avoyent laissées entières; en chascun quartier cimitières grands et fraischement labourés, les chemins couverts de chevaulx morts, les tentes, les armes et autres meubles abandonnés, et généralement une si grande misère en tout, qu'elle esmeut à compassion ceulx mesmes qui leur estoyent justement ennemis. Ils trouvèrent davantage plus de douze mille pains et autres vivres gastés. Par où l'on peult cognoistre que la providence de l'empereur estoit merveilleuse, d'avoir si longuement et en hyver entretenu un tel et si grand peuple, sans aucune disette, en pays desjà ruiné et destruit. Peult estre que si le rigoureux commandement de la guerre eust esté en main d'un prince non tant humain que M. de Guyse, qu'on eust envoyé incontinent mettre le feu par tout le camp; mais sa pitié ne le peult souffrir; ains envoya assembler les malades, ordonnant une charitable aulmosne pour les nourrir et guérir, et sépulture à ceulx qui estoyent desjà trespassés. Puis feit entendre au duc d'Albe que s'il vouloit envoyer de ses gens pour leur pourvoir et les conduire à Thionville, il les accommoderoit voluntiers de batteaux bien couverts pour les y mener. Au moyen de quoy il adjousta à son nom (bien que très grand de beaucoup d'autres louables œuvres) encores ceste humanité, qui en rendra et la mémoire et luy mesme immortels. Dès le matin, le duc d'Albe avoit envoyé vers lui un trompette pour le prier de recevoir en la ville un gentilhomme espagnol, nommé le seigneur Roumero, fort malade, afin d'y estre traicté, et qu'il luy pleust l'avoir en recommandation : ce qui fut libéralement accordé, et ledict Roumero receu avec ceulx qu'on luy avoit laissés pour le servir. Ce mesme jour, le seigneur de La Brosse, avecques la compagnie de M. de Lorraine, celles du seigneur de Gounor et du capitaine Lanque, ensemble quelques soldats du capitaine Voguedemar, sortirent par la porte Saincte-Barbe pour aller donner sur la queue du camp de la royne Marie; mais il avoit tant cheminé depuis environ minuict, que le seigneur de La Brosse ne trouva autre chose, fors une pitié pareille à celle qui avoit esté veue de l'autre costé. Voguedemar avecques ses soldats descendit vers la rivière, et passa jusques au village de Malleroy, où il trouva sept ou huict vingts caques de pouldre, qui furent gardées quelque temps, soubs espérance de faire descendre des batteaux et amener le tout dans la ville; mais sentant approcher la nuict, et que une longue attente seroit dangereuse, mesme que beaucoup d'ennemis du camp du duc d'Albe n'en logeoyent pas loing, fut advisé d'y mettre le feu. Encores sur le hault, le seigneur de La Brosse veit les marques de beaucoup de pouldre bruslée par traisnée, et grand nombre de boulets que les ennemis avoyent laissés, comme aussi en avoyent laissé beaucoup à l'autre camp, et mesme en avoyent ensevely soubs terre, par où se descouvrit encores mieulx le grand appareil de guerre que l'empereur avoit mené et la licence qu'il s'estoit donné d'en prendre en passant par les villes d'Alemaigne. L'on a creu que les cinq cens milliers de pouldre dont ils nous menassoyent tant furent à peu près employés ou gastés.

Quand il fut nuict, M. de Guyse despescha le seigneur Thomas Delvèche pour aller donner advis au roy du succès de ce siége et des termes en quoy les grands forces de l'ennemy estoyent réduictes; et lendemain un nombre de chevaulx fut envoyé vers Saincte-Barbe, sur le chemin que le seigneur de Brabançon et ceulx du Pays-Bas tenoyent: et, après les avoir suivis tout le jour, ne les peurent attaindre, et n'y trouvèrent autre que quelques reliques de morts et malades, d'armes et bagage abandonnés par les chemins.

Le marquis Albert n'avoit encores rien remué, ains le jour précédent avoit tiré de dix huit ou vingt pièces à toute oultrance dans la ville, comme pour descharger son charroy de ceste munition. Et pource qu'on veit quelques harquebousiers espagnols en emboscade assez près de son camp, M. de Guyse envoya trente chevaulx avecques Monserie, par Pontiffroy, pour les recognoistre. Nos coureurs s'approchèrent jusques à donner coups de harquebouse dans eulx; mais ne voulurent venir à l'escarmouche.

Le jour d'après, le marquis ne feit encores semblant de bouger; et y avoit par deçà son camp, le long de la plaine, en bataille, autre nombre de gens à cheval, qu'on sceut depuis estre Bohemoys, se tenans là comme pour escorte de quelque charroy, lequel, à juger de loing, on estimoit estre artillerie. Ls seigneur de Biron eut commandement, avec trente chevaulx, d'aller veoir que c'estoit. Ainsi qu'il sortoit par le pont des Mores, huict chevaulx des ennemis, qui estoyent en sentinelle derrière la croix dudict pont, se monstrèrent, lesquels le guydon de la compagnie de M. le prince de La Roche-sur-Yon, avec trois chevaulx de nos coureurs, alla charger; et, prévoyant le seigneur de Biron que le jeu viendroit estre mal party, mesmes que six chevaulx s'approchoyent encores de renfort aux ennemis, il envoya le seigneur de Dampierre et trois autres des nostres se joindre aux premiers qui estoyent desjà meslés : et avoit ledict guydon esté blessé, se trouvans les uns si avant dans les autres, que, venant autre trouppe d'ennemis bien forts, comme est leur coustume, et qui n'estoyent guères loing de là, un des nostres ne se peut démesler, et, pour la faute de son cheval, qui tomba, fut retenu prisonnier. Le demeurant print la cargue; et furent suivis jusques sur les bras du seigneur de Biron, lequel, voyant les ennemis si près, encor qu'en grand nombre, comme de sept ou huict vingts, délibéra les soustenir, de peur que, s'il se retiroit sans faire teste, ses coureurs fussent perdus, et que les ennemis se vinssent mesler dans sa trouppe, en danger de la rompre. Parquoy commanda qu'on chargeast. Et tout à coup les nostres donnèrent dedans les ennemis; lesquels, après que leur opiniastreté eut duré quelque temps à coups de pistolets, ils furent à la fin contraincts tourner le dos, et furent chassés plus loing que le seigneur de Biron n'eust voulu, qui s'efforça retenir les nostres; mais il faisoit si beau suivre les autres, qu'ils furent menés battant plus de quatre à cinq cens pas, portans par terre et exécutans ceulx qui peurent estre attaints. Et, pource qu'il se monstroit autre trouppe d'ennemis bien serrés à main droicte, il meit peine de rassembler la sienne et se retira peu à peu, monstrant plusieurs fois visage, jusques au pont, sans perte que d'un second prisonnier et d'un autre tué. Ceste escarmouche avoit prins un dangereux commencement, considéré la force des ennemis; mais la fin revint à estre bien et heureusement conduitte. Les seigneurs de Duras, de Bordeille, de Mortemar, de Sainct-Supplice et La Couldre, s'y trouvèrent, qui feirent bien le devoir. Et sceut lors M. de Guyse que ce camp du marquis n'arrestoit que pour l'artillerie de l'empereur, laquelle n'estoit encores passée, et marchoit à grand peine, à cause que le temps estoit au dégel, et la neige fondoit, par où le pays estoit rendu si mol et enfondré, qu'un cheval délivré avoit assez affaire à s'en retirer; mesmement que une partie de leurs pièces estoyent doubles canons ou basilics, et presque toutes de plus gros calibre que ne sont communément les nostres. Ceste mesme cause avoit aussi contrainct et contraignoit encores le duc d'Albe tenir son camp au pont des Moulins à trop grande perte de ses gens, qui mouroyent tousjours ; mais il ne vouloit avoir la honte d'abandonner l'artillerie. Ce jour le vidame de Chartres fut, avec quelque nombre de chevaulx, vers Saincte-Barbe; et s'approcha de la rivière, où veit de l'autre costé la file de ceux qui se retiroyent tousjours vers Thionville, sur lesquels il s'advisa d'une entreprinse, et considéra la commodité du lieu pour l'exécuter. La nuit il feit descendre deux bateaux, et luy-mesmes lendemain s'y trouva avec vingt-cinq ou trente harquebousiers et autant de gens de cheval; et jecta de ces gens de cheval sur le costé des ennemis, autant que les deux bateaux en peurent passer pour une fois, ensemble dix harquebousiers pour le garde de chascun bateau; lesquels chevaux passés outre, couvers sur les armes et croix de manteaux gabans, se saisirent premièrement des trois ou quatre premiers charriots qu'ils trouvèrent, lesquels ils rangèrent en forme de barrière devant les bateaux, pour sauver leur retraite et se pouvoir embarquer, s'ils estoyent forcés de gros nombre de cavalerie ; puis, retournans se pourmener le long du chemin, trouvoyent maintenant six, puis huict, tantost dix des ennemis, auxquels ils faisoyent entendre que leur plus court estoit passer le long de l'eaue, et y adjoustoyent la force quand ils n'y vouloyent aller de gré, ou, les ayant desvalisés, les envoyoient oultre, afin que ceux qui venoyent après n'en eussent cognoissance. La file s'y adressa d'elle-mesme si espesse, que les nostres estoyent assez embesongnés de les despescher, retenans ceux qu'ils jugeoyent pouvoir payer quelque rançon. Ce passe-temps dura environ deux heures sur trois ou quatre cens ; et l'eust encores le vidame continué, sans un Espagnol mesmes prisonnier, lequel, l'ayant veu rendre une belle jeune femme à un Alemant qui disoit l'avoir espousée, meu de ceste honnesteté, l'advertit se retirer de bonne heure, et que toute la cavalerie espagnolle estoit logée aux environs, laquelle, en moins de rien, pourroit estre sur luy : dont prenant ce conseil, ne fut si tost repassé à son bort, que ceste cavalerie se monstra de l'autre part, laquelle ne luy peut faire plus grand mal que de luy en souhaiter.

L'après disnée deux gros esquadrons de gens de cheval furent veus du costé du marquis, auxquels M. de Guyse envoya Navailles, avec vingt et cinq chevaulx, attaquer une escarmouche pour en attirer une partie, s'il pouvoit, vers la croix, où desjà s'estoyent jectés bon nombre d'harquebousiers et corselets pour les recevoir. Les ennemis se tindrent tousjours serrés, et n'envoyèrent que quelque petit nombre de harquebousiers à cheval sur les nostres, non guères loing de leur trouppe, qui se harquebousèrent un temps les uns les autres.

Or y avoit il une isle dedans la Moselle qu'on appelle le Pré de l'Hospital, et venoit par l'un des bouts joindre bien près du pont des Mores, s'estendant puis après contremont la rivière, jusques à trois ou quatre cens pas de l'abbaye Sainct-Martin, et autant jusques au champ de Wassieux, où le bout des tranchées des ennemis respondoit. M. de Guyse avoit souvent pensé y jecter de l'artillerie pour tirer dans l'un des deux camps, ne fust l'inconvénient qu'il seroit tousjours battu de l'autre par le derrière ; aussi estoit danger qu'avec nombre de batteaux, que les ennemis eussent aiséement recouvert et faict descendre, estans maistres du Pont-à-Mousson, vinssent jecter nombre de gens dans l'isle, et gaigner nos pièces ; mais, à ceste heure qu'ils avoyent abandonné le Pont-à-Mousson, et n'avions plus ennemis que d'un costé, luy sembla estre temps de mettre à effect sa délibération. Et premièrement feit passer dans ceste isle deux bastardes, qu'on approcha le plus que l'on peut du camp du marquis ; et essaya l'on d'en tirer à ces esquadres d'ennemis qui se tenoyent derrière les escarmoucheurs. Toutesfois la haulteur du bort de la rivière de leur costé les couvroit, et garda qu'on ne les peut guères offenser. Depuis on y passa un canon, une longue couleyrine et quelques faulconnaulx, afin de fascher le marquis dans son camp, et le contraindre de laisser le logis du mont Sainct-Martin.

Cependant M. le duc de Nevers, qui s'estoit longuement tenu à Thoul avec bon nombre de chevaulx, pour garder que l'ennemy ne jouist de ce quartier de pays, et luy coupper tousjours les vivres, vint à Metz, où il n'eut peu de plaisir à veoir le bon estat de toutes nos choses, et l'ordre qui avoit esté mis pour repoulser l'ennemy. Estant l'apres disnée du costé des ponts avecques M. de Guyse, pour veoir le camp du marquis, et recongnoistre s'il y avoit moyen d'y rien entreprendre, M. de Nemours sortit avec quelques chevaulx de sa compagnie, et la compagnie du seigneur de Randan, envoyant les seigneurs de Clermont, Suze, La Noue, Dampierre, Sombarnon, et trois ou quatre autres, donner jusques au camp, où les ennemis ne coururent à autres armes qu'à l'artillerie, qu'ils feirent tirer incontinent, sans donner à congnoistre qu'ils voulsissent sortir de leur fort, laissans aux nostres maistriser la campagne jusques auprès de leurs tentes. Encores le jour après, le comte de La Rochefoucault et le capitaine Lanque sortirent, afin que jamais on ne leur laissast prendre le repos qu'on leur pourroit oster; et allèrent les coureurs tuer des Alemans jusques dans le camp, approchans à soixante pas de leur artillerie, sans que leurs gens de cheval se monstrassent. Et lendemain, au poinct du jour, les nostres, couverts d'une petite tranchée dans l'isle et Pré de l'Hospital, commencèrent tirer à l'église et abbaye, où le marquis estoit logé, et au long de son camp, qui nous estoit quasi tout en bute, lequel eut à souffrir cela jusques au soir. Et non seulement tint on subjects ceulx cy, mais encores quelques squadrons de cavalerie que le duc d'Albe avoit envoyé en la plaine pour escorte de leur artillerie, qui marchoit tousjours vers le port d'Olizy, où l'on l'embarquoit pour de là la conduire à Thionville, lesquels, au passer et repasser du chemin qui est entre le mont Sainct-Martin et nos pièces, se desbandoyent, courans sans attendre les uns les autres, pour se jecter hors de la portée. Les deux camps du duc d'Albe et du marquis se levèrent lendemain matin, et eut leur cavalerie passé avant jour tant de la plaine que nos pièces pouvoyent battre, et s'alla ranger en squadrons au pied du costeau, attendant les gens de pied, lesquels, laissans la plaine, feirent un chemin nouveau à travers et au pendant des vignes, pour s'asseurer du canon ; puis vindrent regaigner les gens de cheval en la plaine. M. de Guyse feit sortir quinze ou vingt chevaulx de sa compagnie, et huict ou dix harquebousiers du capitaine Lanque, qui leur attaquèrent l'escarmouche, et leur furent sur les bras jusques à midy, qu'on les envoya rafraischir de pareil nombre jusques à la nuict, que les nostres retournèrent en la ville, et les autres prindrent logis aux premiers villages près d'Olizy. M. de Guyse visita les deux lieux de Moulins et du mont Saint-Martin, auxquels et à Longueville, Chazelles, Seye et autres villages d'alentour, il trouva de merveilleuses restes de mors et malades, de sorte que nous jugions la perte d'hommes qui pouvoit avoir esté aux trois camps, de environ vingt mille; et beaucoup des leurs, qui tombèrent depuis prisonniers ès mains des nostres, nous asseurèrent que le nombre passoit jusques à trente, et possible trente-cinq mille.

Quelque autre jour après, M. de Guyse alla veoir le lieu où avoit esté le camp de la royne Marie, laissant dans la ville, pour ne demeurer despourveue de conseil et conduite, M. le gouverneur et quelques autres de qualité, ainsi qu'il avoit accoustumé faire toutes les fois qu'il sortoit dehors. Et furent trouvées des tranchées et flancs en ce camp, vers la venue de la ville, tout ainsi que si les ennemis eussent eu en teste une armée de pareille ou plus grande force à la leur. Il coula le long de l'eaue pour veoir le logis et port d'Olizy, que le duc d'Albe avoit prins, lequel estoit de l'autre bort en lieu hault, et dominoit la plaine basse et rase du costé de deçà, en laquelle ils avoyent relevé un fort de terre, et y tenoyent des harquebousiers pour la seureté du port, afin que les nostres n'empeschassent d'un bort à l'autre l'embarquement de leurs pièces, desquelles en avoyent cependant logé six bien à propos pour défendre les deux costés du fort ; et véritablement le lieu estoit choisy en gens de guerre, et à bon advantage pour eulx. Le vidame de Chartres alla escarmoucher ces harquebousiers du fort, qui sortirent à la campagne soubs la faveur d'un gros nombre d'autres logés en un prochain village, qui leur vindrent au secours ; et ne fut à la fin passé à guères grand combat d'un costé n'y d'autre. Bien fut remarqué par les nostres le moyen de surprendre dans le logis ces derniers venus ; mais eulx, craignans ceste entreprinse, repassèrent dès la nuict l'eaue; et ne les trouvasmes au village le jour d'après, que M. de Guyse mesmes y fut avecques bon nombre de gens de pied et de cheval. De l'autre costé, les seigneurs de La Brosse et de Touchèprès, avec quarante ou cinquante chevaulx, estoyent allés à la queue du camp, pour recognoistre l'ordre qu'ils tenoyent à leur retraitte. Et furent jusques au chasteau de Donchamp, d'où ils furent descouverts. Et sortit bon nombre de soldats les charger à coups de harquebouse, de fossé en fossé, comme le pays en est bien garny, qui fut cause de les faire retirer sans passer plus avant ; et n'y eut rien perdu de nostre costé.

Après cecy, M. le mareschal de Sainct-André arriva avec une trouppe de gendarmerie et cavalerie, lequel avoit tenu dix ou douze jours la campagne, pour fascher les ennemis et les garder de s'eslargir, comme aussi durant le siège il leur avoit tousjours défendu les terres de Verdun et des environs, mesmes faict plusieurs belles desfaictes sur eulx, et souvent avoit envoyé donner des alarmes jusques au camp qui estoit devant Metz. Or, nous trouvans pour sa venue beaucoup renforcés de gens de cheval, fut mis en conseil comme on pourroit offencer les ennemis ; car nous voulions, à leur retraitte, essayer tous les moyens qui seroyent bons et asseurés pour le faire. Il fut trouvé que, à cause de la grande rivière qui leur flanquoit le costé droit, et la faveur que leur faisoit à gauche la forest de Brey, fort espaisse et bien advantageuse pour gens de pied, et qu'ils avoyent mis grand force d'harquebousiers avec leur cavallerie sur la queue, aussi beaucoup de mauvais passages et estroicts jusques à leur logis, on ne pourroit rien entreprendre sur eulx qu'à nostre trop grand désavantage. Toutesfois le seigneur Paule Baptiste eut commandement d'aller encores veoir de près si la commodité d'aucun lieu, ou quelque désordre d'entre eulx, nous pourroit bailler occasion de les aller visiter ; mais il ne trouva autre chose en leur camp qu'un grand nombre d'affuts, flacques et rouages d'artillerie laissés sur la place et sur le port, ayans eulx passé le pont de Rozemont et approché Thionville. Dont fut considéré,

puisqu'ils s'estoyent acheminés, qu'ils marcheroyent lendemain encores par delà, et nous esloignerions par trop de la retraitte si on les poursuivoit si avant, parquoy M. de Guyse se donna repos de telle chose.

C'est à peu près le sommaire de tout ce qui est advenu en ce siége de Metz, grand et notable pour beaucoup de respects, soit pour la grandeur de l'empereur qui en avoit juré l'entreprinse, et pour le nombre des princes qui estoyent avecques luy, soit pour toutes ses forces et appareil de guerre qu'il y avoit amené, et pour la longueur du temps qu'il a campé devant ; d'aultre costé, l'importance de la ville, en laquelle consistoit un grand advantage de la guerre commencée entre ces deux princes ; les personnages de qualité qui estoyent dedans pour la garder, la louange que nos gens de guerre se peuvent donner de l'avoir fortifiée, avitaillée et défendue pour le roi en cinq mois, oultre tant d'autres belles et grandes choses qui s'y sont faictes, où, si la vaillance et le bien faire d'aulcuns ne s'y trouvent récités comme ils méritent, ils soyent asseurés qu'il n'a tenu à l'avoir voulu, mais à ne l'avoir sceu, ou ne l'avoir sceu bien faire ; ce qui les venge assez de moy, en ce que mon ignorance revient à punition de mon défault ; et souhaiterois, pour le réparer à la faveur de ceulx qui pourroyent avoir occasion de se plaindre, avoir aussi peu obmis de la vérité comme suis très certain n'y avoir rien adjousté.

Lendemain dimanche, quinziesme du mois, fut faicte une procession générale, à laquelle s'assemblèrent toutes les églises, couvents et colleiges de la ville ; et y assista M. de Guyse, ensemble les autres princes, seigneurs et gens de guerre, en toute dévotion, rendans grâces à Dieu de nous avoir tenu la main à la défence de la ville, et à nous saulver de la puissance des ennemis. Et pource que M. Guyse fut adverti qu'en plusieurs lieux de la ville il y avoit des livres contenans doctriner éprouvée, M. de Guyse les feit, sans scandale d'aucun, tous assembler en un lieu et y mettre le feu, donnant ordre que les habitans eussent pour l'advenir à suyvre un train de meilleure vie qu'auparavant qu'ils eussent esté receus à la protection du roy.

Le lundi fut publié une ordonnance de par luy, pour le retour des habitans, commettant des capitaines et aultres personnages de qualité à s'enquérir par tous les quartiers s'il y avoit esté faict aucun désordre par les soldats, dont on peut sortir plainte raisonnable, afin d'y pourveoir au mieulx qu'il seroit possible.

Et les jours après il regarda à la police des citoyens et habitans, que le trouble du siége avoit aucunement altérée et changée, pour la remettre en mesme estat qu'auparavant; aussi à la fortification de la ville, pour redresser les bresches et ruines que le canon y avoit faictes, avecques la poursuite des autres choses qui avoyent esté mises en desseing. Puis feit faire la monstre générale aux gens de guerre, tant de pied que de cheval, avec payement de tout le temps qu'ils avoyent servi et qui leur estoit deu. En quoy la libéralité du roy se monstra, de ne précompter en rien les vivres qu'ils avoyent eu et qui leur avoyent esté distribués durant le siége; offrant en oultre M. de Guyse d'obtenir pour eulx autres plusieurs bienfaicts et particulières grâces du roy, selon la cognoissance qu'il avoit des mérites d'un chascun, ainsi que depuis il s'y employa très volontiers. Et ayant ordonné du nombre des gens de guerre qui demeureroyent par après dans la ville, la laissa en la garde du seigneur de Gounor, gouverneur d'icelle; et, le vingt-quatriesme jour dudict mois, s'en retourna vers le roy.

———

Estant le précédent discours sur la presse, l'imprimeur, d'adventure, a recouvert un roole des princes, seigneurs, capitaines et autres gentilshommes et gens de guerre qui estoyent dans Metz durant le siége, et l'a adjousté icy, pensant que telle chose sera bien convenable à la suitte des autres que l'autheur y a couchés; en quoy, si le rang n'est observé selon la dignité de ceulx qui y sont nommés, il sera excusé, pour n'avoir la particulière cognoissance de la plus grande partie d'iceulx, ayant suyvy en cela le Mémoire qui luy en est tombé entre mains.

Monsieur le duc de Guyse, lieutenant de roy, avec sa compagnie de cent hommes d'armes, et les seigneurs d'Entragues, de Sainct-Phale et de Sainct-Luc, lieutenant, enseigne et guydon d'icelle.

M. le prince de La Roche-sur-Yon, avec sa compagnie de quarante hommes d'armes; et les seigneurs de Biron, de Guron et de Montreud, lieutenant, enseigne et guydon d'icelle.

Le seigneur Pierre Strozzi, chevalier de l'Ordre, ayant avec luy un nombre de personnages de bon service.

La compagnie de M. de Lorraine, de quarante hommes d'armes; et le seigneur de La Brosse, de Lemont et de Chastelet, lieutenant, enseigne et guydon d'icelle.

M. de Nemours, avec sa compagnie de deux cens chevaulx légiers; et le seigneur Paule Baptiste Frégose, son lieutenant; le seigneur de Pailiez, son enseigne, après la mort duquel le fils du comte de Lude la porta.

Le seigneur de Gounor, gouverneur de la ville, avec sa compagnie de cens chevaulx légiers; et les seigneurs de Saincte-Gemme et de Mébertin, lieutenant et enseigne d'icelle.

Le comte de La Rochefoucault, avec sa compagnie de cent chevaulx légiers; et les seigneurs de La Faye et de Toucheprés, lieutenant et enseigne d'icelle.

Le seigneur de Randan, avec sa compagnie de cent chevaulx légiers; et les seigneurs de Montpha et de Fayoles, lieutenant et enseigne d'icelle.

Le seigneur de Lanque, avec sa compagnie de cent harquebousiers à cheval; et le chevalier de Lanque et le jeune Lanque, lieutenant et enseigne d'icelle.

Bandes de gens de pied, et premièrement celles qui furent laissées dans Metz quand le roy marcha en Alemagne; sçavoir, des capitaines

Haucourt.	Soley.
Biques.	Pierre Longue.
Bahus.	Aboz.
Cauzère.	Sainct-Houan.
Verdun, son frère.	

Trois qui furent envoyées après que le camp fut rompu, au retour de Haynault; des capitaines

Gordan.	Ambres.	La Granche.

Sept envoyées depuis, pour la garde de la ville, quand M. de Guyse y arriva; sçavoir, des capitaines

Glenay, qui fut depuis maistre de camp, après la mort du capitaine Favars.	Sainct-André.
	Sainct-Aubin.
	Béthune.
	Maugeron.
Choqueuse.	La Mole.

Aultres quatre que M. le connestable envoya depuis; des capitaines

Favars, maistre de camp. Laquelle, luy mort, fut baillée au jeune Cornay, son lieutenant.

Salcède.   Voguedemar.   Cantelou.

Commissaires ordinaires des vivres dans Metz :

Les seigneurs de Piepape et de Sainct-Belin.

Commissaires de l'artillerie, et gens experts au faict des fortifications :

Le seigneur de Sainct-Remy, le seigneur d'Ortobie, le seigneur de Popincourt, Camille Marin.

Nombre des princes, seigneurs et gentilshommes qui vindrent pour leur plaisir au siége :

Messieurs d'Anguien.
Prince de Condé.
Grand prieur de France.
Marquis d'Elbeuf.
De Montmorency et d'Amville frères.
Duc Horace Farnez.
Vidame de Chartres.
Comte de Martigues, et marquis de Baugé, frères.
Comte de Benon.
Comte de Charny.
Comte de Créance.
Comte de Nantueil.
Les seigneurs de Mézières.
Vidame d'Amiens.
De La Palice.
De Montpesat.
De Brosses et son frère.
De Crèvecueur.
D'Ouarty.
De Boys-Daulfin.
De Canaples, deux frères.
De Rocofeuilh.
De Lucé.
De La Chapelle des Ursins.
De Rufec et son frère.
De Suse.
De Lucey.
De Roche-Baron de Borgoigne.
Le vicomte du Mont-Nostre-Dame.
De Navailles.
De Silhy.
De La Noue.
De Rouville.
De Tourcy.
De Bordeille, deux frères.
D'Achon.
De Lorges.
De Duras.
De Mailly, père et fils.
De Verrigny.
De Bugueno.
De La Malherée.
De Maligny.
De Cayluz.
De Joyeuse.
De Mortemar.
De Chatenieray.
De Gamaches.
De Sainct-Supplice.
De Lévy.
De Cessac.
Le vicomte d'Ochy.
De Amanzey.
D'Ambres.
D'Estrée le jeune.
De Carrouge.
De Fosseuse.
D'Estauges.
De Sombernon.
De Sandricourt.
De La Roche-Chalez.
De Charluz le jeune.
De Clermont.
De Soubize.
De Dampierre.
Du Parroy.
De Sainct-Severin.
Le baron de Tinteville.
De Bélenave.
De Orbec.
De Sénetayre.
De Montgey.
De Murat.
D'Aurade.
Le baron de Maignac.
De Fovion.
De La Curée.
De Nantoillet.
De Piepape.
De Sault le jeune.
De Montsalez.
De La Roche du Maine.
De Matignon.
De Riberac.
De Malicorne.
De Clémont.
De Sainct-Geniez.
De Sainct-Stèphe.
De Tranchelion.
D'Argence, deux frères.
De Rothelin.
De Vitry.
De Beuilh.
De La Freté.
De Haraucourt.
De Bule.
Les enfans de Borbonne.
De Téors.
De Harbouville.
De Caubioz.
De Marigny.

Et autres plusieurs gentilshommes, tant de la maison du lieutenant du roy que des autres princes et seigneurs, desquels leur nom n'estoit au Mémoire qui me fut baillé.

Nombre des capitaines et autres gens de nom qui sont morts audict siége.

Les seigneurs de La Palice.
De Paliez.
D'Orade.
De Marigny.
De Mompha.
De Cambioz.
Le capitaine Vate.
L'enseigne du capitaine Gordan.
L'enseigne du capitaine Soley.
Camille Marin.
De Boysherpin.
De Eynerie.
De Fayoles.
De Fonterailles.
De Rocquefeuilh.
L'enseigne du capitaine Glenay.
De La Roche Chalez.
Le baron de Tréves.
De Fovion.
Le capitaine Favars, maistre de camp.
De Harbouville.
De Cornay l'aisné.
Le baron de Tinteville.
Le capitaine Polèdre, italien.

Ensemble quelques hommes d'armes, chevaulx légiers et harquebousiers à cheval qui ne sont icy mentionnés, et environ deux cens cinquante soldats de toutes les bandes.

FIN DU SIÉGE DE METZ.

DISCOURS

DE

GASPAR DE COLLIGNY,

SEIGNEUR DE CHASTILLON, ADMIRAL DE FRANCE,

OU SONT SOMMAIREMENT CONTENUES LES CHOSES QUI SE SONT PASSÉES DURANT LE SIÉGE DE SAINCT-QUENTIN,

EN 1557.

Il pourroit estre qu'il y en auroit aucuns qui, pour n'avoir leu ce petit discours tout au long, et avoir mis le nez dedans seulement, ou par faute de bon jugement, estimeroient que je l'eusse fait par forme de justification; mais devant que d'entrer plus avant à la lecture d'iceluy, je supplie un chacun d'oster cela de son opinion, pour deux raisons principales : la première, qu'il n'est pas besoin de se justifier quand l'on n'est accusé de personne, et que je me sens si net en ce qui touche mon honneur, que je ne crains point le pouvoir estre. La seconde est que, quand je le serois d'aucun, je sens mon cœur assis en assez bon lieu pour le pouvoir deffendre, comme il appartient à un gentilhomme, homme d'honneur et de bien, et pour en pouvoir respondre à un chacun selon la qualité, sans venir aux escritures ny en faire un procès, comme font les advocats. Je veux bien aussi déclarer la raison qui m'a meu à faire ce petit discours afin qu'un chacun l'entende : c'est que, me retrouvant prisonnier après la prise de la ville de Sainct-Quentin, me souvenant que nous n'avons rien de certain en ce monde que la mort, et au contraire rien de si incertain que l'heure d'icelle, j'ay bien voulu mettre par escrit comme toutes choses se sont passées sous ma charge, depuis le jour que je partis de Pierrepont, où je laissay M. le connestable avec l'armée, jusqu'à celuy que ladite ville fut prise d'assaut; car il me semble qu'il n'est rien plus raisonnable que ceux qui sont employés aux charges en rendent eux-mesmes compte fidèlement, et ne fust ce que pour une seule raison, laquelle est qu'il advient ordinairement que ceux mesmes qui ont esté en mesme lieu en parlent différemment, les uns pour faire penser que rien ne leur estoit caché, les autres, qui sont si aises de parler, que de ce mesme dont ils ne savent rien ils en veulent rendre compte. Il y en a d'autres qui en parlent selon leur passion, soit qu'ils veulent bien ou mal aux personnes; davantage, il y a tant de sorte d'escriveurs, et mesme aux pays estranges, qu'il ne se faut point esbahir si ceux là sont bien souvent mal informés des affaires qui passent loin d'eux, quand mesme ceux qui sont sur les lieux en parlent diversement, pour les raisons cy-dessus déclarées.

Parquoy, tout bien considéré, il me semble estre plus raisonnable que ceux qui tiennent la queue de la poesle rédigent telles choses par escrit, que nuls autres, afin qu'ils mettent la vérité toute nue, sans la farder ou couvrir; autrement ils devroient avoir grand honte si en aucune chose ils sont desdits ou ne sont trouvés véritables, car cela pourroit faire penser qu'en tout le reste de ce qu'ils auroient mis par escrit il y pourroit avoir du déguisement. Je proteste donc que tout ce qui s'en suit est fidèlement escrit; et s'il y a quelque omission, il me semble que ce n'est point des principales choses ny de celles qui importent; et si aucunes y en a, je prie ceux qui liront ce présent discours, ou qui l'ouïront lire, de m'en vouloir advertir. Je n'y ai point spécifié les journées, pour n'en estre asseurément mémoratif, et ne point errer.

Je dis donc qu'après que les ennemis eurent passé le Trou Feron, et que La Chapelle et Guyse furent pourveues de ce qu'il y falloit, je dis à M. le connestable qu'il sçavoit comme toute la frontière de Picardie estoit demeurée despourvue, et que s'il lui sembloit bon, je m'acheminerois avec quelque bonne trouppe de gendarmerie, et que cela ne pourroit que grandement favoriser ladite frontière, lui ramentevant aussi les advertissemens que je lui avois dit que journellement me faisoient messieurs de Villebon et Senarpont, qui portaient que les ennemis devoient faire leur effort du costé de Picardie. Et ce qui me fortifioit encore le plus en cette opinion, c'estoit que les bandes espagnolles qui estoient dans le nouveau fort de Hesdin, n'estoient point deslogées, et que je m'asseurois qu'ils ne s'attacheroient point à une place sans celles-là; car c'estoient les plus vieilles et meilleures bandes qu'ils eussent, et sur lesquelles ils faisoient plus de fondement. Il trouva bon que je m'y acheminasse; et pourtant le deuxiesme d'aoust, l'an 1557, je partis de Pierrepont à la pointe du jour; et devant que de partir je parlay audit connestable, qui me dit que je me hastasse de m'aller mettre à Sainct-Quentin.

Je partis à l'heure mesme avec ma compaignie, celles de messieurs le comte de Harau, de Jarnac, de La Fayette, et les bandes de chevaux-légers des capitaines Miraumont et Tenelles, françois, et Achisson, escossois, et m'acheminay droit à La Fère, pource que je ne pouvois prendre autre chemin, à raison que les ennemis, avec toutes leurs forces, estoient entre Sainct-Quentin et Mouy, comme il se descouvroit aisément par les feux qu'ils mettoient dedans des forts et villages. Mais, pour estre mieux asseuré du chemin qu'ils tenoient, je mis les chevaux-légers, tant françois qu'escossois, de leur costé, et leur fis entendre le chemin que je tenois, pour me mander souvent de leurs nouvelles. Et pour ce que le capitaine Tenelles estoit du pays, et qu'il le cognoissoit bien, je le fis donner plus avant que tous les autres.

Estant arrivé à La Fère, il vint bientost après le sieur de Coucy, qui me dit que M. le connestable me mandoit que je m'hastasse de m'aller mettre dans Sainct-Quentin. Or n'avois-je encores nulles nouvelles de mes coureurs, et ne pouvois penser où pourroient estre lesdits ennemis: qui fut cause que j'envoyay d'autres gens à cheval pour les recognoistre; et je pris résolution, avec ceux qui cognoissoient bien le pays, de m'en aller droit à Han, pour ce que de là il m'estoit plus facile d'entrer audit Sainct-Quentin, à raison qu'il eust esté mal aisé qu'encore que lesdits ennemis se fussent voulu arrester, qu'ils l'eussent si estroitement enveloppée, que par l'autre costé de l'eau je n'y fusse entré; et davantage je leur gagnois le devant pour couvrir Péronne et tout le reste de la frontière. Il y avoit bien quelque apparence qu'ils ne se vouloient pas arrester là, car ils brusloient et villages et fourrages, ce qui n'est pas accoustumé à gens qui veulent conquérir et garder un pays.

Il y avoit cinq bandes de gens de pied dedans la Fère, des capitaines Caumont, qui en avoit deux, Sainct-André, Rambouillet et Poy, auxquelles commanday de partir incontinent pour s'en aler droit à Han, encore que Sainct-André et Rambouillet fussent ordonnés pour aller au Castelet, et que pour cet effet fussent partis dudit Pierrepont le soir précédant que moy à l'assiette de la garde; mais ils n'y pouvoient plus aller, pour leur estre empesché le chemin par lesdits ennemis.

Le sieur de Coucy fut présent à toutes les délibérations que je fis; parquoy je le priai de s'en retourner devers M. le connestable pour luy faire le tout entendre, mesme que je ne laissois dedans La Fère que le sieur de Wallon avec sa bande, considérant que nostre camp venoit coucher à trois lieues de là, et qu'il seroit aisé d'y remédier et y mettre d'autres enseignes.

M'estant acheminé par Han, environ à demie lieue de La Fère, j'eus nouvelles de mes coureurs que les ennemis se logeoient devant Sainct-Quentin, et avoient desjà veu quelques tentes dressées près la maladerie du fauxbourg d'Isle, mais qu'il sembloit qu'une partie de leur armée couloit le long de l'eau, tirant audit Han; parquoi les gens de pied et le bagage qui prenoient ce chemin, je les fis prendre à la main gauche par Genly, pour aller plus seurement; et moy allay droit le chemin, mettant gens devant moy pour estre adverty; car le pays estoit assez advantageux pour prendre tel party que j'eusse voulu, au nombre d'ennemis que j'eusse trouvé.

Enfin j'arrivay à Han; et à l'entrée je rencontray Vaulpergues avec une lettre de créance du capitaine Breul, gouverneur de Sainct-Quentin, qui me fit entendre le grand estonnement qui estoit dans cette ville là, et qu'il estoit de besoin de la secourir bien promptement, ou elle estoit en grand danger. Après m'estre informé du chemin, et qu'il m'eust dit qu'il se faisoit fort de me mettre dedans cette nuit-là, mais qu'après ce ne seroit pas sans grande difficulté, je me résolus d'y entrer cette mesme nuit, et sans que personne se désarmast. Je les fis tous advertir qu'ils fissent tous manger une mesure d'avoine à leurs chevaux, et que je voulois partir dedans demie heure, les voulant bien informer d'une chose, qui estoit que je priois les chefs et capitaines de se passer au moins de valets qu'ils pourroient; et quant aux gendarmes, qu'ils n'y menassent point plus d'un valet chacun, et entre deux archers un, et que je m'en allois à Sainct-Quentin, pour y attendre le siége, où je ne leur ferois pas bailler vivres pour davantage de personnes. Et pource que j'eusse bien voulu y pouvoir conduire cette mesme nuit-là les cinq enseignes de gens de pied que j'avois fait partir de La Fère, m'estant enquis où elles estoient, je trouvay qu'il n'estoit encore arrivé que celle du capitaine Poy, si lasse et si harassée, pour venir fraischement de Gascogne, que quasi la moitié estoit demeurée par les chemins. D'autre part, le capitaine Caumont estoit demeuré derrière à La Fère, pour faire délivrer les armes de ses soldats, qui estoient encore encaissées sur des chariots : en sorte que, tout consideré, de toutes ces cinq bandes je ne me pus servir que des deux du capitaine Sainct-André et Rambouillet. Et encore qu'elles fussent bien loin derrière, si est-ce que je donnay ordre, avant de partir, pour les faire marcher incontinent qu'elles seroient arrivées.

Ainsi que je donnois ordre à mon partement, les sieurs de Jarnac et Luzarches me vinrent dire ensemblement qu'il ne leur sembloit pas bien raisonnable que je m'enfermasse dedans Sainct-Quentin, pource que je pourrois faire plus de service estant dehors; mais, si je voulois, qu'eux et tous les capitaines qui estoient là avec moy s'y en iroient, et qu'ils s'accorderoient tous si bien ensemble, que le service du roy n'en demeureroit point. Je leur respondis, en peu de paroles : que je les remerciois du conseil qu'ils me donnoient, mais que j'estois commandé d'y entrer, et qu'à cette intention estois-je venu là, et que j'aymerois mieux avoir perdu tout ce que j'avois vaillant que d'y avoir failly : pour le moins seroient-ils tesmoins que je ferois mon devoir d'y entrer.

Et après avoir adverty mondit sieur le connestable de toute ma résolution par le sieur de Borran, qui s'en retournoit devers luy dudit Han, je montay à cheval environ une demie heure de soleil, mettant mon mareschal des logis devant moy avecques cinquante bons chevaux et de bons guides, auquel je commanday de marcher cent pas devant moy seulement, et quoy qu'il trouvast en son chemin, qu'il le chargeast sans le marchander. Aussi advertis-je tous les capitaines et leurs troupes de ma résolution, et de ce qu'ils avoient à faire.

Je n'eus pas guères marché que je trouvay l'abbé de Sainct-Prins, lequel estoit sorti ce soir là, environ les quatre heures, de Sainct-Quentin, qui me dit qu'il s'en alloit trouver le roy, et qu'il espéroit estre le lendemain à son lever. Après que je me fus enquis de luy du logis des ennemis, et sommairement des autres choses, je le priay de présenter mes très humbles recommandations à la bonne grace du roy, et luy dire qu'il m'avoit trouvé avec une bonne troupe, qui faisions tous nostre compte, Dieu aydant, d'entrer cette mesme nuit dedans Sainct-Quentin, où j'espérois que nous luy ferions un bon service. Aussi y arrivay-je à une heure après minuit, où il entra avec moy, de la quart partie, les trois de la gendarmerie pour le plus; les autres, ou pour s'estre perdus par les chemins à une allarme que nous y eusmes, ou par faute de bonne volonté, n'y entrèrent point. Quant aux chevaux-légers françois et escossois qui estoient partis du camp avec moy, il n'y en avoit un seul arrivé quand je partis de Han; aussi n'entrèrent-ils point à Sainct-Quentin. Des deux bandes de gens de pied qui partirent de Han, comme je l'avois ordonné, il en entra ceste mesme nuit environ six vingts, conduits par le lieutenant du capitaine Rembouillet; car environ avecques autant d'autres le capitaine Sainct-André s'estoit perdu la nuit, lequel toutesfois y entra le jour à quatre heures après midy; en somme, que, pour le plus, de ces deux bandes il y entra deux cent cinquante hommes.

Or, estant arrivé là de nuit, comme le poinct du jour fut venu, je m'en allay au faubourg d'Isle, où je trouvay que nos gens le jour précédent avoient abandonné le boulevart qui y avoit esté fait nouvellement, et s'estoient retirés à la vieille muraille, s'excusant que, pour n'y avoir point de parapet audit boulevart, et estre la terre de dehors aussi haute pour le moins que le dedans dudit boulevart, d'autre part, que, pour avoir gagné les Espagnols des maisons sur le bord du fossé, qui leur estoient à cavalier, et enfin, pour le peu d'hommes qu'ils avoient pour le deffendre, ils avoient esté contraints de ce faire.

M'estant enquis des gens de guerre qui y estoient, je trouvay que la compagnie de monseigneur le dauphin y estoit quasi complette: quant à la compagnie du capitaine Breul, qui en estoit gouverneur, il me dit que la fleur de ses hommes estoient à Bohain, où il y avoit une esquadre des meilleurs hommes qu'il eust, principalement d'harquebousiers. Cela estoit aisé à croire, car le demeurant estoit fort piètre. Il estoit excusable d'une chose, c'estoit qu'il n'y avoit pas plus de dix jours qu'il estoit entré en ceste place; et sçay bien qu'il avoit perdu beaucoup de ses soldats au partir d'Abeville.

Voyant de quelle importance nous estoit de garder ce fauxbourg, je pris l'opinion de tous les capitaines pour savoir ce que nous y pourrions faire. Pour le plus expédient, il fut concluz que sur le soir nous ferions faire une sortie pour mettre le feu dans les maisons qui nous faisoient le dommage, et qu'ayant osté les ennemis de là, nous ferions faire une tranchée tout le long du boulevart, qui serviroit de parapet. Cependant, pour ne perdre point de temps, je fis travailler à deux flancs, pour regarder la pointe dudit boulevart, ce qui se trouvoit en faisant ouverture à la muraille tant qu'il en falloit pour l'embouchure d'une pièce d'artillerie; et si fis-je travailler à une trenchée, d'où le rempart avoit esté osté quand M. le mareschal de Sainct-André estoit d'advis de faire retrancher ce fauxbourg; car en cet endroit l'on pouvoit faire bresche en moins d'une heure, qu'il n'y eust eu homme qui eust osé s'y présenter, pource que le dehors estoit beaucoup plus haut que le dedans, et estoit le rempart du tout osté.

Ces choses ainsi ordonnées, je m'en allay faire le tour de toute la haute ville, pour veoir ce qui y seroit à faire, départir les quartiers, et faire que chascun commençast à y travailler, sans attendre la nécessité. Et cependant je manday à ceux de la ville qu'ils s'assemblassent en leur hostel commun, où ils appelleroient tous les plus notables de tous les estats pour entendre ce que j'avois à leur dire. Ayant donc recogneu le tour de ladite ville, et que je fus venu là où desjà ils estoient assemblés, je leur dis tout ce que je pouvois penser qui pourroit servir pour les asseurer, comme pour lors ils en firent grande démonstration; ce qui toutefois ne leur dura guère. Et outre cela je fis mettre par mémoire ce à quoy il me sembloit estre bon de pourvoir, et dont il falloit qu'ils fissent prompte et diligente recherche, comme de tous les hommes qu'ils avoient en leur ville, ayans armes et qui les pourroient porter, aussi de ceux qui pourroient travailler, tant hommes que femmes, et que, pour cest effect, il falloit faire une recherche de tous les outils, hottes et paniers, pour faire le tout apporter à leur maison de ville, afin que plus facilement on les peust là trouver quand on en auroit affaire, et qu'en une si grande ville il y avoit grand nombre d'ouvriers pour en pouvoir faire bonne quantité, pourtant qu'ils les advertissent continuellement. Et pource que je ne doutois pas qu'il n'y eust une fort grande quantité de bouches qu'il falloit sçavoir dequoy nous les nourririons, qu'ils fissent donc une description de tous les grains, vins et bestail qu'ils avoient en leur ville, et que tout ce qu'ils trouveroient par les maisons, qu'ils le missent en garde de ceux mesmes à qui le bien appartiendroit; et, afin qu'il ne s'en fist point de dégats, je ferois faire une défense à toutes personnes de n'y toucher sur la vie, attendant que j'eusse mis un ordre pour la distribution, aussi de me sçavoir dire quelle quantité d'artillerie, poudre et boulets il y avoit, et quelles gens pour la manier et pour en tirer.

Et pource que, faisant la ronde de leur ville, j'avois veu user grande amonition sans propos, j'avois donné la super-intendance de toute l'artillerie au capitaine Languetot, et sous luy deux gentilshommes de chacune compagnie de gend'armes, qui estoient dix en tout, afin qu'il les peust départir par quartiers et le soulager; et pourtant que ceux qui la manioient eussent à luy obéyr, et que je voulois sçavoir tous les soirs quelle quantité de poudre se seroit tirée le jour; et ainsi qu'ils eussent à lui montrer toutes les poudres qu'ils avoient et les lieux où ils la retiroient, pour me rapporter si elles seroient point en lieu dangereux.

Davantage, je n'avois point de connaissance qu'ils eussent plus de deux moulins en toute leur ville, l'un à eau, l'autre à vent, et quel moyen ils avoient de moudre si ceux là leur failloient. Ce furent les principaux points de l'ordonnance que je leur fis pour lors, leur disant que de ce qui me surviendroit je le leur ferois à toutes heures entendre. Et leur monstray des gentilshommes que j'avois à l'entour de moy, lesquels je leur envoyerois quand besoin seroit, et qu'ils satisfissent tousjours promptement à ce que je leur manderois pour eux. Et, pource qu'ils avoient tout pris par mémoire, ils me dirent qu'ils s'en alloient pour y satisfaire promptement, et puis m'en advertiroient. Bien me dirent-ils sur l'heure mesme qu'ils avoient quinze ou seize moulins à chevaulx, qu'ils faisoient desjà travailler en toute diligence. Je leur fis mettre plusieurs petites choses par escrit aux mémoires qu'ils firent, afin d'y donner ordre, dont il ne me souvient pas bien, car auparavant j'en avois dressé un bien ample.

Estant allé de là à mon logis, je fis assembler tous les capitaines, auxquels je fis entendre l'occasion qui m'avoit là amené, l'ordre que j'avois donné à ceux de la ville, et ce qui me sembloit estre le plus nécessaire pour lors, c'estoit de départir les quartiers, et que nous allassions tous ensemble pour veoir ce qui seroit bon de faire, afin que puis après chacun fist travailler à son endroit. D'une chose les suppliois-je tous, c'estoit que ce que chascun connoistroit, ou penseroit estre bon de faire, qu'il m'en advertist, et que je le recevrois tousjours de bien bonne part; mesmes pour ce qu'il y avoit des gens de bien et expérimentés dedans les compaignies, et qui s'estoient trouvés en d'autres sièges, que l'on leur dist qu'ils me feroient plaisir de m'advertir de ce qu'ils penseroient pouvoir servir.

De là nous en allasmes départir les quartiers, et commencer à l'heure mesme à faire travailler aux lieux qu'il fut advisé. Ainsi ordonnay-je à tous capitaines, tant de cheval que de pied, qu'ils m'eussent à bailler le nombre de leurs hommes par roolle, tant pour veoir ce que j'avois pour le combat, que pour, selon cela, faire faire la distribution des vivres.

Et pour ce qu'en me promenant je vis qu'il y avoit grande quantité de jardins jusques sur le bord des fossés, plains d'arbres, principalement du costé de la porte Sainct-Jean, à l'ombre desquels les ennemis pouvoient venir tout à couvert jusques sur le bord dudit fossé; encore qu'il fust tard, j'envoyay quérir tous les charpentiers qui se peurent trouver, que je fis conduire par deux archers de ma compagnie, afin d'employer le reste de la journée à couper arbres pour faire fascines, et qu'ils continuassent tous les jours; ce qui fut fait tant que l'on peut, mais non pas tant que ce qui y demeura du costé de la porte de Remycourt ne nous apportast à la fin grand dommage.

Or, pour ce qu'il avoit esté conclud de faire cette sortie, comme il a esté dit cy-dessus, pour brusler les maisons qui nous nuisoient, et pour essayer de regagner notre boulevart d'Isle, je priay messieurs de Jarnac, Telligny et de Luzarches, de la faire ainsi et jusqu'au lieu que je leur monstray, cependant que je m'en alois au clocher de la grande église pour reconnoistre l'assiette du guet des ennemis, et voir par où l'on pourroit nous faire venir du secours afin que je le mandasse, et mesme fisse voir à Vaulpergues, que j'envoyois exprès pour cela, pource qu'il me sembloit que cela estoit le plus nécessaire, et que plus on attendroit, plus seroit il difficile. Je fus plus d'une grande heure et demye pour luy monstrer le lieu par où il auroit à venir si on luy bailloit des gens à conduire : lequel eust esté plus aisé que celuy par lequel il les amena ; car, au lieu qu'il donna à la teste d'un corps de garde de gens de pied, et en lieu fort désavantageux pour ceux qui vouloient entrer, il eust donné entre deux corps de garde, l'un de gens de pied, l'autre de gens de cheval, où ils n'eussent trouvé que des sentinelles ; et avant que le corps de garde eust pensé à ce qu'ils avoient à faire, ceux qui eussent voulu entrer pouvoient gagner une colline le long des vignes, par où le capitaine Sainct-André estoit entré en plein jour. Pouvoient eux aussi entrer en despit de tout le monde ; car estant nuit obscure, comme elle estoit, il eust esté mal aisé qu'un corps de garde se fust déplacé pour les venir chercher, pour le moins qu'ils n'eussent esté en lieu de seureté ; car c'estoit fort près de la ville.

Cependant que j'estois sur ce clocher, la sortie se fit ; mais nos gens trouvèrent les ennemis si forts, qu'ils ne peurent exécuter tout ce qu'ils vouloient ; et encore qu'ils bruslassent quelques maisons, ce ne furent pas celles qui nous nuisoient le plus. Et fallut que nos gens se retirassent, estans poursuivis de si près des ennemis, que quasi furent-ils en danger d'entrer avec eux pesle-mesle. Et ne peut on si bien faire que devant que partir de là ils ne bruslassent le tappe-cul, par où l'entrée dudit boulevart leur estoit aisée ; car il ne restoit plus qu'une petite porte que l'on eust aisément rompue d'un coup de pied ; et du boulevart pour entrer au fauxbourg il n'y avoit qu'une muraille environ de sept ou huit pieds de haut, où il y avoit encore deux grandes bresches, par où l'on portoit la terre sur une plate-forme, qui n'estoient bouchées que de clayes et quelques balles de laine. Parquoy toute la nuit, et en la plus grande diligence que je pus, je fis faire une tranchée pour amuser les ennemis le plus long-tems que je pourrois ; car je voulois attendre le plus tard que je pourrois à abandonner ce fauxbourg, encores que j'eusse beaucoup d'opinions contre moi. Et y avoit deux raisons principales à quoy je ne pouvois contester : l'une, que par les marets on y pouvoit

venir par deux endroits et prendre nos gens par le derrière, et qu'on seroit en danger, en les voulant retirer ou secourir, de perdre la ville avecque le fauxbourg ; l'autre, que j'avois si peu d'hommes que je devois plutost regarder à les conserver qu'à les hasarder, et mesme que j'avois veu qu'à cette sortie j'avois perdu ou estropié quinze ou seize des meilleurs hommes que j'eusse, entre lesquels estoit le capitaine Sainct-André. Enfin, pour ne demeurer point opiniâtre en une chose déraisonnable et contre l'opinion de tous les capitaines, je dis que quand je verrois plus grande occasion je me retirerois, mais que cependant il falloit faire aussi bonne mine que si nous ne le voulions point abandonner, et cependant y faire bonne garde, et principalement par les endroits par où on disoit qu'ils pouvoient venir par les marets, afin de n'estre point surpris par là s'il estoit possible ; et surtout qu'il ne fust point divulgué que je voulusse abandonner ledit fauxbourg.

Le second jour que je fus arrivé audit Sainct-Quentin, je dis aux capitaines : qu'encores que les ennemis eussent bien eu connoissance de quelque secours qui estoit entré dans la ville, si estoit-il bien mal aisé qu'ils fussent bien assurés de ce qu'il y avoit, et pourtant que j'avois envie de faire sortir quarante ou cinquante chevaux, pour donner sur l'un des logis qui estoit un peu plus avant que le village de Remycourt, et assez escarté des autres ; et que selon qu'ils se gouverneroient nous adviserions le moyen qu'il y auroit de dresser quelque entreprise. Et pource qu'ils avoient eu desjà connoissance de la compagnie de monseigneur le dauphin, je dis à M. de Telligny que je le priois de donner ceste charge à quelque sage homme de sa compagnie, qui surtout se donnast bien de garde de s'attacher ny de s'amuser à combattre ; et que la sortie que je faisois faire pour lors n'estoit que pour essayer de dresser quelque meilleure entreprise. Il me pria de me reposer sur luy de la charge que je luy baillois, et qu'il la mettroit entre les mains de personnage si suffisant, et auquel il feroit si bien entendre ce qu'il auroit à faire, qu'il m'assuroit qu'il ne gasteroit rien. Or avois-je une si grande douleur de teste, que je fus contraint de me mettre sur un lict au logis de M. de Jarnac, où j'estois pour lors. Et cependant ledit sieur de Telligny s'en alla pour faire monter ses gens à cheval, et leur ordonner ce qu'ils auroient à faire ; mais devant que de partir d'avecques moi je ne me contentay point de luy dire une douzaine de fois que je ne voulois point qu'il sortist, ce qu'il m'asseura. Il fut fort diligent à faire sortir ses gens, car je ne fus point demie heure à me reposer, que je ne me levay pour aller voir comme tout se portoit à cette sortie ; et, m'y acheminant, je trouvay messieurs de Jarnac et de Luzarches, qui venoient de la porte par laquelle ladite sortie avoit esté faite, et me contèrent le grand désordre qu'il y avoit eu, en disant que les premiers coureurs avoient très-mal exécuté ce qui leur avoit esté commandé, et que M. de Telligny voyant cela, encores qu'il ne fust point armé, et sur un bien mauvais courtault, estoit voulu aller pour les faire retirer, laissant le sieur de Cuzieux avec cinquante ou soixante chevaux auprès du moulin qui est hors la porte Sainct-Jean ; et que quand il estoit arrivé où estoient ses coureurs, les ennemis leur avoient fait une charge où il avoit esté enveloppé et porté par terre, et qu'on ne savoit s'il estoit mort ou vif ; sinon qu'il y en avoit qui disoient qu'il n'estoit point encore mort, selon ce qu'ils en avoient peu appercevoir, bien que les ennemis l'eussent despouillé, et qu'il estoit demeuré près la place dudit moulin. Voyant qu'il estoit si près de nos murailles, je dis que je le voulois avoir, mort ou vif ; et commanday aux autres chefs de la compagnie de mondit seigneur le dauphin de monter à cheval, et semblablement aux autres qui se trouvèrent près de moy. Et en m'acheminant vers ladite porte, il vint un soldat à pied me dire que, s'il me plaisoit, il essayeroit de l'aller quérir : je luy promis un bon présent s'il le pouvoit faire, ce qu'il fit fort bien ; et le rapporta avecques quelques siens compagnons. Quand ledit sieur de Telligny me vit, il me pria de luy pardonner, et qu'il savoit bien qu'il m'avoit offensé ; et me réitéra ce langage par cinq ou six fois. Je luy dis qu'il n'estoit plus temps de demander pardon aux hommes, et qu'il le falloit demander à Dieu ; car je le voyois si fort blessé et en tant d'endroits, que je ne regardois que l'heure de luy voir rendre l'esprit ; si vescut-il encore une heure et demie après avoir esté rapporté en la ville. Et ne fut petite perte que ce gentilhomme-là ; car il estoit hardy et advisé, et s'employoit volontiers : et davantage il parut bien depuis en ceste compagnie que le principal estoit mort. Or, ce que je trouvay de plus mauvaise digestion quand il fut blessé, de quoy il mourut, c'est que gens de bien et d'honneur m'ont dit que les ennemis n'estoient point plus de dix-huit ou vingt à la charge qu'ils firent à nos gens, et les nostres estoient bien autant de coureurs, et le sieur de Cuzieux, qui outre cela n'estoit point à cent pas du lieu où il fut porté à terre ; et nonobstant il fut massacré et despouillé sans estre jamais secouru de nul des siens. Ledit sieur de Cuzieux dit, pour son excuse, qu'il avoit exprès commandement dudit sieur de Telligny de ne partir point du lieu où il estoit, que luy-mesme ne le vinst quérir ; et aussi qu'il ne pouvoit avoir connoissance de ce que leurs coureurs faisoient à cause d'un petit haut qui estoit au devant de luy.

Après cela il se passa deux ou trois jours que les ennemis ne faisoient grand chose, sinon que du costé du bourg d'Isle ils nous pressoient le plus qu'ils pouvoient ; et firent quelques tranchées au lieu des maisons qu'ils souloient tenir, où le feu avoit esté mis avec quelques artifices de feu par l'invention d'un Escossois de la compagnie du comte de Harau. Cependant il ne se perdoit point de temps dedans la ville ; car on y travailloit à tous les endroits qu'il avoit esté advisé, et dehors la ville on coupoit des arbres autant que la commodité le pouvoit porter. Et de ma part je sollicitois ceux de la ville à toutes heures, pour sçavoir quelle quantité de tous vivres ils trouvoient, et pour me satisfaire sur les articles que je leur avois baillés par mémoire. Enfin ils me baillèrent un estat desdits vivres, que je trouvai bien petit ; car, à vivre assez estroitement, à peine en pouvois-je avoir pour trois semaines. Et pource que je me doutois que ceste recherche n'avoit pas esté bien faite, je donnai charge à un homme d'armes de ma compagnie de l'aller faire tout de nouveau et n'exempter une seule maison, et qu'il prît deux ou trois de ceux de ma compagnie avec luy, de sa connoissance, et des plus suffisants pour ceste charge, afin d'en estre soulagé ; car aussi l'avois-je commis pour faire saler le bestial qui estoit là dedans, dont il y avoit si petit nombre et si peu de moyen de les faire vivre, que je fus à la fin contraint d'en départir par les compagnies, tant de pied que de cheval, pour certains jours que je leur limitay. Aussi avoit-il en charge de faire départir le pain et le vin. Et s'acquitta si bien de sa charge et commission, qu'au lieu que ceux de la ville ne m'avoient donné connoissance de vivres que pour trois sepmaines, il en trouva pour plus de trois mois; et s'y descouvroit tous les jours quelque chose de nouveau.

Pour revenir maintenant à ce que faisoient les ennemis, après qu'ils eurent fait une tranchée du costé du bourg d'Isle, comme dessus est dit, une nuit ils approchèrent les pièces pour tirer en batterie; et ainsi que je venois de faire une ronde à l'entour de la haute ville, ceux qui estoient en garde au bourg me mandèrent que lesdits ennemis estoient dedans les fossés dudit bourg, qui y sappoient, et qu'ils me prioient de leur mander ce qu'ils auroient à faire. Je m'y en allay, et après avoir bien escouté, j'entendis bien qu'ils ne sappoient point dedans le fossé, et que c'estoient pièces qu'ils approchoient. Parquoy, suivant ce qui avoit esté résolu par l'advis de tous les capitaines, je fis commencer à retirer quelques pièces d'artillerie qui estoient là, et grande quantité de boulets de plusieurs calibres, pouldres à canon, balles de laine, piques, outils à pionniers et plusieurs autres choses; ensorte que lesdits ennemis, quand ils furent entrés, ne se pouvoient vanter d'avoir trouvé aucune chose estant à nous, qui nous eust peu servir. Aussi fis-je accoustrer les maisons afin que le feu s'y mit plus aisément quand nous nous retirerions; car quant aux meubles desdites maisons, ils avoient tous esté portés en la haute ville. Quand il fut une demie heure du jour, la première volée commença à tirer; lors j'appelay les capitaines qui estoient là en garde, et leur dis qu'ils regardassent à faire retirer leurs gens tout doucement, ne voulant point attendre plus tard, pour crainte que j'eusse eu que le peu d'hommes que j'avois eussent eu à ce commencement quelque effroy, et qu'il me les eust puis après fallu retirer en désordre et confusion, et que sur tout le feu fust mis partout; ce qui fut bien exécuté, reservé en l'abbaye d'Isle, où le feu ne pust prendre, encore que j'eusse mis grand peine à la faire bien accoustrer, ce me sembloit. Après avoir retiré tous les gens de guerre et ce qui estoit dedans ledit faubourg en la haute ville, je fis commencer à remparer ceste porte-là, pource que cet endroit estoit fort mauvais. Et environ une demie heure après que j'eus commencé à y faire travailler, il vint un homme de la ville me dire qu'il seroit bon de faire oster quelque quantité de poudres à canon qui estoit dedans deux tours qui estoient en ladite porte, dont il n'avoit jamais esté parlé auparavant, mesme au capitaine Lanquelot, auquel j'avois donné la charge de les visiter toutes, et les endroits où il y en avoit. Je fis incontinent lever les serrures des portes, pource que les clefs ne s'en trouvoient point; et estoient les caques de ladite poudre si pourries, qu'aussi-tost que quand on les touchoit elles s'en alloient en pièces; de sorte que l'on ne les pouvoit aussi transporter, et falloit avoir des linceuls pour les mettre dedans. Voyant que toutes choses se portoient bien là, et que des gentilshommes des miens que j'y laisserois, pourroient faire continuer ce que j'y avois commencé, après y en avoir ordonné trois ou quatre, je m'en allay faire la ronde de toute la ville, afin que les habitans n'en fussent point estonnés parce qu'on avoit abandonné ce fauxbourg. Et comme j'eus quasi achevé tout le tour, estant près de la plate-forme de la tour à l'eau, je vis le feu qui se prit aux poudres qui estoient à la dite porte, où je courus le plus diligemment que je peus, et trouvay que la ruine avoit fait une brèche pour y venir vingt ou vingt-cinq hommes de front. Je rallie ce que je peus promptement de gens auprès de moy pour la deffence de ladite brèche, pource que les ennemis avoient desjà gagné le fauxbourg, et leur eust esté dès cette heure-là aisé d'emporter la ville, n'eust esté que le feu et la fumée des maisons qui brusloient leur ostoit la cognoissance; car je fus une bonne demie heure et plus sans que j'eusse plus de sept hommes avec moy, pour pouvoir défendre ladite brèche, s'il y fust venu affaire. Je n'en donne point de tort aux gens de guerre; car, comme ils virent la porte fermée et quasi remparée, chacun se retira en son logis pour repaistre et se rafraischir ; et l'inconvénient qui advint estoit trop inespéré. Les uns pensoient que ce fussent des bluettes de feu des maisons qui brusloient ; les autres, que ce fust une pièce d'artillerie qui tira au dessus de la porte. Il se perdit là trente cinq ou quarante personnes, entr'autres cinq gentilshommes des miens, fort gens de bien et de service, lesquels j'avois là laissés pour faire diligenter les ouvrages, attendant que je fusse de retour.

Pour revenir à mon propos de ce que j'eus pour un temps si peu de gens avec moy, après qu'un chacun en fut adverti, véritablement tous se diligentèrent de venir, en sorte que la brèche fut bien bordée ; et y fut fait telle diligence à la remparer par haut et par bas, qu'en moins de deux heures elle fut rendue quasi aussi forte qu'elle estoit auparavant. Le jour mesme que le fauxbourg fut abandonné, les ennemis commencèrent à nous approcher de plus près à la haute ville. Qui fut cause aussi de nous faire diligenter nos ouvrages dedans la ville, ce fut à faire remparts ou accoustrer plates-formes ; car à cette heure-là un chacun, tant de gens de guerre comme ceux de la ville, s'employoient fort volontiers aux ouvrages. Or, de tout ce que je faisois, ou pour le moins de ce que je pouvois, j'en advertissois M. le connestable.

Il se passa ainsi un jour ou deux que les ennemis ne nous donnoient pas grand empeschement ; et cependant je regarday à donner le meilleur ordre que je peus pour les vivres ; tant à les faire retirer ensemble le plus qu'il m'estoit possible, qu'à pourvoir qu'il ne s'en fist point de dégast par les maisons privées ; aussi de faire retirer chacun à son quartier, pource qu'à faute de cela il y avoit de la confusion. Il fut aussi ordonné certaines personnes avecques quantité de chariots, pour mener fiens et fascines où il en estoit de besoin ; d'autres qui furent ordonnés à faire transporter les immondices qui estoient par la ville, à cause du grand nombre de bestial qui se tuoit journellement. Et généralement pour toutes choses dont de moi-mesme je me pouvois adviser, ou dont l'on m'advertissoit, j'y faisois mettre le meilleur ordre et le plus prompt que je pouvois. Et pour gratifier plus ceux de la ville, j'allois ordinairement en leur hostel de ville, où je faisois assembler les principaux, et là je résolvois des choses que je voulois bien qu'ils sceussent. Je ne dois point obmettre sur ce propos, que je ne vis jamais de son estat un plus affectionné ny diligent serviteur, qu'estoit le major de la ville, nommé Gibercourt, tant pour le service du roy, que pour le bien et conservation de la ville ; mais il n'y en avoit point d'autres qui le secourussent.

Environ en ce temps-là, le sieur de Luzarches, mon lieutenant, devint malade, qui le fut tant que ce siège dura : ce qui me fut un fort grand desplaisir, car c'estoit un sage gentilhomme et advisé ; et duquel j'eusse peu estre grandement secouru. Quelques jours après que j'eus abandonné le fauxbourg et que je me fus retiré dans la ville, le secours que M. d'Andelot amena faillit à y entrer, dont ceux de la ville commencèrent un peu à s'estonner ; mais je fis tant que je les remis pour cette fois-là, en leur remonstrant que je n'estois point venu là pour me perdre, et que j'y avais amené tant de gens de bien, qu'avecques ceux-là et ceux de la ville, quand bien il n'y en entreroit point d'autres, nous estions suffisants pour nous bien défendre contre toute la force qu'avoient nos ennemis, mais que je les asseurois que M. le connestable tenteroit tous les moyens du monde pour nous secourir. Je fus alors adverty qu'entre ceux qui s'estoient retirés de dedans Sainct-Quentin, de l'allarme qu'avoient donné les ennemis marchans par pays, il y avoit plusieurs bons hommes de la frontière qui avoient accoustumé de faire la guerre en de petits forts où ils se tenoient. Parquoy, pour me servir de tout ce que je pouvois, je donnay charge à deux gentilshommes du pays, l'un nommé Collincourt, et l'autre Amerval, d'arborer chacun une enseigne, et, comme ceux qui les connoissoient mieux que nuls autres, qu'ils eussent à retirer sous eux la plus grande partie et les meilleurs hommes qu'ils pourroient trouver, et les mieux armés ; qu'après les avoir enroolés ils les fissent assembler en la grande place, et que moy-mesme irois faire leur montre, et leur ferois bailler à chacun un escu ; ce qu'ils firent bien promptement et ce mesme jour, et me monstrèrent tous deux

deux cent vingt hommes assez bien armés et en bon esquipage pour le lieu. Je les fis payer comme je leur avois promis, et puis je leur baillai un quartier.

En me promenant par la ville, je voyois plusieurs pauvres personnes qui s'estoient retirés des villages, et lesquels, pour quelque commandement que j'eusse fait, ne vouloient point aller travailler; pourtant fis-je une publication, que toutes personnes qui seroient retirés des villages eussent à aller travailler aux réparations, sur peine d'estre fouettés par les carrefours la première fois qu'on les trouveroit défaillants, et pour la seconde d'estre pendus; sinon qu'une heure devant la nuit ils se tinssent prests à la porte de Han, et que je leur ferois ouvrir la porte pour sortir hors de la ville.

Il en sortit pour cette fois-là environ sept à huit cens, ce qui me fut autant de décharge, car il falloit les nourrir ou les faire mourir de faim, qui eust pu apporter une peste dans la ville. Ce mesme jour je fus aux quartiers de la ville, où il y avoit grande confusion; car encores qu'il y eust seize hommes de la ville délégués pour cela, si s'acquittoient-ils si mal de leur charge, que c'estoit temps perdu de leur rien commander. Et pourtant je déléguai seize gentilshommes de ceux qui estoient résidans en la ville ordinairement, pour avoir ceste charge des quartiers, et me savoir rendre compte, tant de leurs gens que des armes qu'ils avoient en leur logis. Quand je vis que le premier secours n'estoit point entré, la chose à quoy je prenois le plus garde tous les soirs et matins, estoit à l'assiette des guets que nos ennemis faisoient, pour voir s'il y auroit moyen d'y en faire entrer, et d'en advertir M. le connestable. Et après avoir bien tout considéré il me sembloit faisable; comme aussi faisoit-il à ceux auxquels j'en communiquois, et principalement pour n'avoir point encore lesdits ennemis pris les logis qui plus nous pouvoient incommoder à cela. Pour ceste cause je dépeschay trois archers de ma compagnie qui estoient de ce pays-là, et leur fis bien au long entendre ma conception, et leur monstray trois endroits par l'un desquels ils ne pouvoient faillir d'entrer, et leur fis entendre trois signals, afin que par cela ils peussent cognoistre par où ils auroient à venir, et l'endroit qui seroit le plus aisé à entrer. Cela faisois-je pource que lesdits ennemis pouvoient ou faire un nouveau logis ou un guet non accoustumé, de quoy je ne pourrois si promptement advertir ceux qui viendroient.

Le premier soir que je voulus faire sortir lesdits archers, ils ne purent, pour avoir esté descouverts desdits ennemis; mais si firent-ils bien le lendemain que lesdits ennemis aussi deslogèrent, et se vindrent mettre aux endroits que je craignois le plus, dont lesdits archers peurent bien avoir cognoissance; car ils marchèrent au travers d'une partie de l'armée qui marchoit. Mais je ne voulois pas me fier à cela, car par un autre moyen j'advertis à l'heure mesme M. le connestable qu'il ne me pouvoit plus secourir par les endroits que je luy avois mandé par mesdits archers. Dès cette heure-là les ennemis commencèrent à faire leurs trenchées et nous approcher du costé de la porte de Remycourt, ce qui leur estoit aisé à faire à cause de la grande quantité de hayes et arbres qu'il y avoit sur le bord du fossé, où je n'avois peu jusques-là faire travailler, pource que les ouvriers que j'avois avoient esté employés en des endroits que je doutois encore plus que cestuy-là.

Dès le commencement je m'apperceus que leurs pionniers jettoient grande quantité de terre en un mesme lieu; ce qu'il estoit aisé à juger que c'estoit plustost une mine qu'une trenchée. Pour en avoir meilleure cognoissance, je montay au clocher, et y menay avec moy Lauxfort, anglois, lequel estoit aussi mineur, qui fut bien d'opinion que c'estoit le commencement d'une mine. Mais de bonne fortune il y avoit desjà deux ou trois jours qu'il avoit commencé de contreminer en lieu si à propos, qu'après avoir tout veu et bien considéré, il me dit que je ne me donnasse point de peine de ce qu'ils faisoient, et qu'il m'asseuroit qu'il leur gagneroit tousjours le devant, et pourtant que je pourveusse au reste; comme aussi faisois-je le plus diligemment que je pouvois. Or, l'une des choses en quoy j'avois le plus de pensement, et comme aussi celle qui estoit la plus nécessaire, estoit un moyen par lequel je peusse estre secouru. Enfin je n'en trouvay point de plus expédient que par un marets où il y avoit certains petits passages creux qu'il falloit rabiller pource que l'eau y estoit profonde, lesquels je fis rabiller. Et après qu'il me fut rapporté qu'il y auroit moyen de faire venir gens par là, j'en advertis incontinent M. le connestable, et du jour que je tiendrois lesdits passages prests; lequel me manda que j'avois eu cognoissance de sa cavallerie qui estoit venue bien près de Mouy, mais que dedans le jour que je luy avois mandé il m'approcheroit bien encore de plus près, et que cependant je me pourveusse de ce qui avoit donné moyen au capitaine Sainct-Romain d'entrer dedans Sainct-Quentin : me donnant assez à entendre par là que c'estoyent des basteaux desquels je ne pouvois recouvrer; et avois seulement deux ou trois petites nasselles où il ne pouvoit pas tenir plus de deux ou trois hommes à la fois, encore estoit-ce avec grande difficulté.

Cependant les ennemis travailloient fort à leurs tranchées, et commencèrent à approcher nostre fossé, à quoy je ne pouvois remédier : car je n'eusse sceu avoir cinquante harquebusiers de quoy faire estat, n'estant entré encores dedans la ville, sinon ce que j'ay dit cy-devant des bandes du capitaine Sainct-André et Rambouillet. D'harquebuses à croc, quand j'entray dedans la ville, entre bonnes et mauvaises, je n'en trouvay que vingt et une; l'on peut par-là juger combien j'en pouvois mettre ensemble. Je n'avois une seule plate-forme qui eust cognoissance du lieu où ils travailloient : parquoy d'artillerie je ne m'en pouvois non plus ayder. De faire sortir gens il n'estoit pas raisonnable, vu le petit nombre que j'en avois, et qu'il eust esté besoin de mettre une bande d'harquebusiers pour soutenir et dedans et dehors ceux qui eussent fait exécution de la sortie, ce que je n'avois pas. En somme, je ne leur pouvois pas donner grand empeschement; de quoy j'estois fort marry, et ma principale occupation estoit de faire remparer les lieux qui en avoient besoin; mais encore en estois-je grandement diverty par des pièces que les ennemis avoient logées sur la plate-forme du bourg d'Isle, qui voyent tout le long de la courtine où il me falloit travailler; et, pour ceste raison, je ne pouvois plus recouvrer d'ouvriers, si ce n'estoit à coups de baston : et, pource que jusqu'à ceste heure-là tous ceux qui avoient travaillé ç'avoit esté volontairement, je fus lors contraint de faire un roole de pionniers, auxquels je promettois de les nourrir, et, outre cela, de leur bailler argent chacun jour, pource que les vivres commençoient à estre fort courts, et pour la friandise d'un peu d'argent; cela fut cause qu'il s'en enroola environ trois cens, qui me servirent assez bien pour quelque temps; et néantmoins je ne laissay pas outre cela de faire venir de la ville, tant hommes que femmes, tout ce que je pouvois.

Sur ces entrefaites, M. le connestable s'en vint présenter du costé du marets pour faire passer le secours qu'il me vouloit envoyer, et estoit l'entreprise avec ces batteaux l'une des plus belles qui fust jamais faite, n'eust esté que lesdits batteaux ne pouvoient approcher du rivage à raison de la vase, et que les soldats, désireux d'entrer, les chargèrent tant, qu'après ils ne pouvoient desborder.

Je n'entreray point plus avant aux particularités de ladite entreprise, pource que je n'y estois point; seulement diray-je que cette nuict-là je fis tenir les passages que j'avois mandé prests, jusqu'au point du jour que les fis rompre, afin que les ennemis n'en eussent point de cognoissance; car, tant que le jour duroit, ils ne bougeoient de se promener par les marets avec des nasselles. J'avois commis le capitaine Sainct-Romain et quelques soldats avec luy pour recueillir et conduire ceux qui m'eussent esté envoyés; lequel me dit à son retour que les passages à quoy je l'avois commis estoient si bien rabillés, qu'il pensoit me pouvoir mettre dans la ville dix mille hommes avant qu'il eust esté jour. Aussi diray-je que M. d'Andelot, mon frère, y entra avec une troupe de quatre cens cinquante à cinq cens soldats, fort bons hommes, et quinze ou seize capitaines fort suffisants. Il y entra aussi quelques gentilshommes pour leur plaisir, mais bien peu, comme le vicomte du Mont-Nostre-Dame, le sieur de La Curée et Matas. Aussi y entra le sieur de Sainct-Remy, homme fort expérimenté en fait de mines, et lequel s'estoit auparavant trouvé en sept ou huict places assiégées. Aussi y entra un commissaire d'artillerie et trois canonniers, qui estoit une chose dont j'avois grandement affaire, car je n'en avois un seul auparavant, sinon de ceux de la ville, qui estoient tels quels. Or, encore que toute la trouppe qui estoit ordonnée pour entrer dans la ville avec ledit sieur d'Andelot, n'y fut pas venue, pour l'empeschement qu'elle eust des ennemis, si peut on penser quel plaisir j'eus en voyant ce qui estoit entré, et principalement ledit sieur d'Andelot, pour y avoir un second moy-mesme, et sur lequel je me pouvois tant reposer, encores que véritablement j'y eusse auparavant des gens de bien.

Après qu'il se fut seiché, car il avoit esté mouillé en entrant aussi tous les autres, et qu'il eut esté recognoistre tout le tour de la ville, nous despartismes les quartiers aux gens qu'il avoit amenés : semblablement, après que ledit sieur de Sainct-Remy eut bien tout veu, et mesmes la contremine que Lauxfort, anglois, faisoit, il me monstra les lieux où luy sembloit contreminer, et pourtant dès l'heure mesme, nous mismes les gens en besongne qu'il falloit pour cela. D'autre part, j'envoyay quérir le capitaine Lanquetot pour remettre la charge de l'artillerie entre les mains du commissaire qui estoit entré ; dont je me repentis bien puis après, car elle estoit bien mieux menée tandis que ledit Lanquetot la gouvernoit, qu'elle ne fut depuis. Je fus deux jours que je ne sçavois pas certainement la déroute de M. le connestable, sinon que quelques soldats qui avoient esté pris eschappèrent du camp des ennemis, et se vinrent jetter dedans les fossés de nostre ville, qui me contèrent comme tout estoit passé. Aussi vis-je pour suffisant tesmoignage quelque nombre d'enseignes de celles qui avoient esté prises, que lesdits ennemis mirent en parade sur leurs tranchées, pour nous en donner la veue dedans la ville.

Or, ceste nouvelle estonna et descouragea si fort tout le peuple de ladite ville, voire, si j'ose dire, une bonne partie des gens de guerre, que j'avois bien affaire à les assurer. Aussi d'ouvriers je n'en pouvois plus quasi trouver, car ils se cachoient dedans les caves et greniers. Et pource qu'aux plus importans lieux on n'y pouvoit travailler que la nuit, à cause du grand dommage que nous faisoit l'artillerie, quand les ouvriers avoient esté mis en besongne, et que l'on y avoit mis des guets de tous costés, si ne pouvoit-on faire en sorte qu'en moins d'une heure tout ne se dérobast. L'une des choses de quoy nous avions le plus affaire, estoit de traverses, pource que la courtine en laquelle les ennemis adressoient leurs batteries estoit si vue par flanc des pièces qu'ils avoient logées sur la plate-forme d'Isle, qu'il y avoit bien peu d'endroits où l'on ne fust descouvert depuis le pied jusqu'à la teste. Si remédioit-on à tout le mieux qu'on pouvoit. Et ne dois point, sur ce propos, obmettre une invention que trouva M. d'Andelot, de lever une traverse qui nous estoit de grande importance. Ce fut qu'il se servit de vieux batteaux, qui avoient été autrefois faits pour passer les rivières quand une armée marchoit ; lesquels il arrangeoit les uns sur les autres à force de bras d'hommes, et les faisoit remplir de terre ; en sorte qu'en un jour il eust fait tout ce que nos ouvriers n'eussent pas fait en un mois. Or, non point en cela seulement, mais à toutes autres choses il s'employoit et faisoit mettre la main comme personne de jugement. Et si ce n'estoit qu'il est mon frère, et d'autre part assez cogneu, je dirois davantage de luy que je ne fais. Bien puis-je dire que sans luy je fusse demeuré sous le faix, car je n'eusse peu satisfaire seul à la peine qu'il falloit avoir, de laquelle il prit la meilleure part depuis qu'il fut entré dans la ville.

Pour revenir au principal de mon discours, quand je vis que M. le connestable fut pris, je voulus hasarder quelques hommes pour sçavoir à qui j'aurois à m'adresser, pour faire entendre mes nécessités. Je sceus que c'estoit à M. de Nevers, et que M. de Bordillon estoit à La Fère, auquel de là en avant je faisois toutes mes adresses, pource qu'il estoit plus près de moy. Et pour ce que je voyois le grand appareil que faisoient nos ennemis, de tranchées et de gabions, et mesmes que je voyois arriver un grand train d'artillerie, outre celuy qui pouvoit desjà estre en leur camp, je regardois et pensois principalement au moyen qu'il y auroit de faire entrer des gens de guerre, et nommément des harquebusiers. Enfin, par l'advertissement de quelques pescheurs, je sceus qu'il y avoit un endroit dedans les marets qui n'estoit guères plus creux que jusqu'à la ceinture d'homme ; et, pour en estre plus certain, je l'envoyay recognoistre par les soldats, qui me le rapportèrent ainsi. Parquoy je l'escrivis plus certainement à M. de Bordillon pour le faire entendre à M. de Nevers; et luy mandois la facilité qu'il y avoit de me secourir, le besoin que j'en avois, et, s'il avoit à m'envoyer des gens, le moyen qu'il avoit à tenir avec les guides qui les conduiroient. M. de Nevers se trouva à La Fère quand ledit sieur de Bordillon receut mes lettres; lequel me fit luy-mesme responce, et me manda qu'il m'envoyeroit trois cens harquebusiers, qui estoit tout ce qu'il pouvoit faire, et me mandoit le jour. Lequel venu, je les attendis au lieu par lequel ils devoient entrer, pour faire donner le signal que je leur avois mandé quand il seroit temps ; et, environ une heure après minuit, j'ouys l'alarme qui se donna au guet des ennemis, par lequel il falloit qu'ils passassent. Et, sans point de doute messieurs d'Andelot et de Jarnac et moy, qui estions là ensemble, jugions bien le nombre desdits ennemis estre petit et avec effroy; mais, après s'estre recogneus, et voyant qu'il n'y avoit personne des nostres qui les chargeassent, ils donnèrent sur eux et les rompirent; en sorte que, de trois cens harquebusiers qui avoient esté ordonnés, il n'en entra que six vingts, encore tous désarmés et gens nouveaux, qui ne m'apportèrent pas grand faveur. Quant aux chefs qui les conduisoient, il n'en entra point, mais un sergent seulement. Je ne pensois pas qu'ils deussent venir si mal accompagnés ; car ayant veu asseoir le guet des ennemis deux ou trois fois ensuivant, j'avois entre autres choses mandé audit sieur de Bordillon, par l'advis des capitaines qui estoient avec moy, qu'il falloit envoyer des gens de cheval avec des gens de pied, qui eussent donné l'alarme auxdits ennemis, à gauche et à droite du passage, cependant que ceux qui devoient entrer dedans la ville passeroient, ce qu'on pourroit faire sans danger ; car il n'y avoit point trente hommes desdits ennemis au guet, et environ soixante ou quatre vingts hommes de pied, et il ne falloit point craindre qu'il vinst force de l'ennemy sur leurs bras ; car il n'y avoit que les enseignes qui estoit logées dedans ledit fauxbourg d'Isle, qui estoient six ou sept, bien loin dudit passage : tout le reste estoit passé l'eau, qui n'eussent pas sceu passer sitost de nuit les destroits des chaussées que nos gens de cheval ne fussent retirés. Et cependant s'il y eust eu moyen de nous envoyer plus grande force, il fussent encore plus aisément entrés que ne firent les autres, car ils n'eussent trouvé aucun empeschement. Toutesfois, je ne doutois pas que ce que M. de Nevers fit, il le fit avec bonne et meure délibération de beaucoup de capitaines, gens de bien, qu'il avoit avec luy. Ce que j'en dis est pour faire entendre la manière par laquelle j'avois mandé que les hommes pouvoient entrer, et que je n'avois point mandé cest advertissement sans premièrement avoir recogneu quelle difficulté il y pourroit avoir. Ce fut le dernier secours que j'eus ; car, depuis cestuy-là, je n'en voulus plus demander, pource que M. de Nevers m'avoit escrit qu'il m'envoyoit tout ce qu'il avoit peu mettre ensemble, qu'encore avoit-ce esté avec grande difficulté, et aussi que de là en avant il me fut plus possible de faire sortir gens pour mander de mes nouvelles et faire entendre nos nécessités. Ce qui ne tint point à essayer par plusieurs endroits et diverses personnes ; mais le guet estoit si grand, que nul n'y pust passer; et entre les autres y en eut un pris, qui estoit lieutenant du capitaine Lestang, nommé Brion, qui me sembloit homme bien résolu, et lequel me promit qu'il passeroit outre ou qu'il seroit pris.

Il ne me falloit donc plus songer qu'à me bien deffendre avec ce que j'avois, sans plus attendre de secours. Pourtant mettois-je toute la peine que je pouvois de faire travailler, et remédier aux lieux où il estoit plus de besoin, et entre les autres à nos contremines, qui me servoient à deux effets, l'un pour gagner le devant à nos ennemis, s'ils vouloient faire leur effort par là, l'autre que, par lesdites contremines, il nous falloit essayer de gagner un moineau qui estoit dedans nostre fossé, lequel nous pouvoit beaucoup servir, et aussi l'entrée de nos tours, pource qu'il n'y en avoit point que par le haut : lequel estant abattu, les ennemis en demeuroient mieux maistres que nous; et si par ce moyen il ne nous demeuroit un seul flanc ; ce dont nous nous apperceusmes bien mieux puis après.

Or, la contremine que nous eussions la plus avancée et de la plus grande importance, estoit celle de Lauxfort, anglois ; mais il me sembloit qu'il ne s'y faisoit pas telle diligence que j'eusse bien voulu. Aussi cognoissois-je que ledit Lauxfort commençoit à s'estonner, dont je ne luy faisois toutesfois aucune démonstration ny en visage ny en parole : au contraire, je luy disois que je me tenois tousjours asseuré de son costé, et qu'il me tiendroit promesse de gagner tousjours le devant aux ennemis. Il commença à se plaindre de la grande peine qu'il avoit eue, et me demanda quelqu'un pour le soulager, dont je fus fort aise ; car je ne luy en osois bailler auparavant, craignant qu'il ne pensast que j'eusse deffiance de luy ; aussi estois-je bien aise de luy bailler quelqu'un pour apprendre ce qu'il faisoit, encore qu'il ne se passast jour que je n'y allasse une fois pour le moins.

Le sieur de Saint-Remy travailloit continuellement de son costé et faisoit une extresme diligence, mais il travailloit en cinq ou six endroits ; aussi estoit-il secouru des compagnies de gend'armes au quartier desquels il travailloit, car il avoit tousjours gens ordonnés à solliciter les ouvriers sous luy. Tant plus j'allois en avant, et moins j'estois secouru de ceux de la ville, et principalement pour avoir des gens pour remparer ; de sorte que, pour les intimider davantage, je fis faire une revue de ceux qui ne travailloient point, et en fis sortir de ceste fois-là bien cinq à six cens, lesquels, au veu de ceux de ladite ville, estoient assez mal traités des ennemis ; et les asseurois que j'en ferois autant des autres que je cognoistrois qui ne travailleroient point : mais quand j'en eusse fait escarteler, je croy qu'aussi peu j'en eusse esté secouru.

Les ennemis estoient arrivés devant Sainct-Quentin le deuxiesme jour d'aoust, et, depuis ledit jour jusques au vingt et uniesme dudit mois, ils ne firent autre chose que se retrancher, tant pour la seureté de leur artillerie, que pour approcher et gagner nostre fossé ; et nous cependant ne leur pouvions pas donner grand empeschement pour faire sorties, à raison du petit nombre d'hommes que j'avois. Toutes les sorties que je faisois faire n'estoient que pour prendre langue, afin d'estre adverty de ce que faisoient lesdits ennemis, et principalement que je doutois qu'ils ne nous fissent quelque mine de laquelle je ne peusse avoir cognoissance. Quelques fois que j'ay fait faire lesdites sorties, M. de Jarnac s'est présenté à moy pour y aller, ce que je ne luy voulois permettre, pour ce qu'il ne me sembloit pas raisonnable. Or, après que lesdits ennemis eurent séjourné devant nous jusqu'au vingt et uniesme dudit mois, cedit jour ils commencèrent à tirer en batterie au poinct du jour (car ce qu'ils avoient tiré auparavant estoit de la plate-forme du bourg d'Isle, aux lieux où ils nous voyoient travailler), et continuèrent à tirer sept jours ; non pas en un lieu seul, car il ne se passoit guères nuict qu'ils ne changeassent de lieu à leurs pièces pour faire nouvelle batterie. Je croy que l'une des choses qui fit autant différer lesdits ennemis à commencer leur batterie, ce fut qu'ils vouloient attendre que les entrées qu'ils faisoient pardessous terre, pour venir gagner nostre fossé, fussent faites ; car, du premier ou second jour, nous eusmes cognoissance qu'ils commencoient à percer la terre du fossé par leur costé ; et bientost après ils assirent des mantelets pardessous lesquels ils passoient ledit fossé pour venir de nostre costé, sans que nous leur peussions faire mal : car nous n'avions nuls flancs qui eussent cognoissance d'eux ny dudit fossé, et toutes les pierres qu'on leur jettoit ne les pouvoient endommager à cause desdits mantelets. Ils commencèrent leur batterie à l'endroit du moulin à vent qui est près la porte Sainct-Jean, et continuèrent depuis cest endroit-là jusqu'à la tour à l'eau ; de sorte qu'il ne demeura une seule tour qui ne fust abbatue, et bien fort peu de courtines. Et fusmes tous deceus en une chose : car nous pensions la massonnerie de nos tours et courtines beaucoup plus forte qu'elle n'estoit, pource que le parement estoit de grès, et l'épaisseur des murailles bonnes ; mais les matières estoient si mauvaises, qu'aussitost que le dessus estoit entamé, tout le reste tomboit quasi de luy-mesme ; qui fut cause que nous eusmes beaucoup de gens tués et blessés des parapets.

Sur le troisiesme et quatriesme jour de leur batterie, ils passèrent dix ou douze pièces du costé du bourg d'Isle, et les assirent en l'abbaye qui estoit audit bourg, dont ils battirent la porte où j'ay dit cy-dessus que le feu qui s'estoit mis dedans les pouldres avoit fait si grande ruine. Jusques à ce que lesdits ennemis se fussent faits maistres de nostre fossé, je vis le sieur de Sainct-Remy en bonne espérance de faire quelque chose de bon par les contremines; mais depuis qu'il les eut veu là logés, il me dit qu'il ne pouvoit plus leur mal faire; et qu'ils avoient gagné le dessous de luy, me disant par plusieurs fois qu'il n'avoit jamais mis le pied en une si mauvaise place, et qu'il y avoit longtemps qu'il en avoit adverty le feu roy. Ce que j'en dis n'est pas pour le blasmer, comme si je l'avois veu estonné pour peur qu'il eust; mais il estoit plustost fasché de ne trouver quelque remède, tel qu'il eust bien voulu : car je l'ay veu au demeurant homme fort résolu, et avec contenance d'homme asseuré. Je ne diray pas cela de Lauxfort, car plus il alloit en avant, et plus me sembloit-il estonné, et ne vouloit plus aller aux contremines quasi que par acquit.

Depuis le premier jour que la batterie commença jusques à la fin, M. d'Andelot mon frère, et moy, avec ledit sieur de Sainct-Remy, allions tous les soirs recognoistre le dommage que l'artillerie pouvoit avoir fait le jour, et resolvions avec les capitaines aux quartiers desquels la chose touchoit ce qu'ils avoient à faire, et puis les sollicitoit-on afin que ce qui avoit esté ordonné fust vivement et diligemment exécuté.

Après que ladite batterie eut continué trois ou quatre jours, il se mit un certain effroy entre plusieurs, tant de ceux de la ville que mesme d'aucuns gens de guerre, dont j'ay eu cognoissance en me promenant de nuict, que l'on ne me voyoit point; et toutesfois je faisois le sourd et l'aveugle, en donnant courage à ceux mesmes qui me sembloient les plus estonnés. Et, pour remédier à cela, j'avois tenu un langage quelques jours auparavant où estoient quasi tous les capitaines et plusieurs soldats, qui estoit en substance : que j'estois bien résolu de garder cette place avec les hommes que j'avois, et que si l'on m'oyoit tenir quelque langage qui approchast de faire composition, que je les supplios tous qu'ils me jettassent comme un poltron dedans le fossé par dessus les murailles; que s'il y avoit quelqu'un qui m'en tinst propos, je ne lui en ferois pas moins.

Et ne veux sur ce point obmettre à satisfaire à aucuns qui s'esbahissoient que je n'assemblois plus souvent les capitaines; car ce qui m'en gardoit estoit que, hors de ma présence, il se tenoit des langages si estranges et si contraires à ma résolution, que j'eusse eu crainte qu'il m'en eust esté mis quelque chose en avant. Je ne crains point aussi qu'il n'y ait capitaine ny soldat qui puisse dire que je ne l'aye escouté, à quelque heure du jour ou de la nuict qu'il aura voulu parler à moy; et si ç'a esté de chose à quoy il ait fallu pourvoir, que je n'y aye esté et mené de ceux en qui je me fiois le plus pour en résoudre, sans user de plus grande longueur, comme l'on est contraint de faire quand il faut appeler tant de gens : aussi qu'il ne se passoit jour que deux ou trois fois, en passant par les quartiers, je ne demandasse aux capitaines leurs opinions, et mesme que je ne leur conférasse de ce qui se faisoit aux autres; d'autre part, que la première harangue que je leur avois faite estant entré dedans la ville, estoit qu'un chacun eust à m'advertir de ce qu'il jugeoit pouvoir servir à la conservation de la place, ainsi que je l'ay mis cy-devant.

La batterie donc des ennemis continua jusques au sixiesme jour, environ les deux heures après midy, que nous les avions aussi en plusieurs endroits dedans nostre fossé, et jusqu'à nos parapets, à la longueur des picques. A cette heure-là, le guet que j'avois dedans le clocher de la grande église m'advertit que de toutes parts il voyoit l'armée desdits ennemis se mettre en armes, et que plusieurs gens de pied s'acheminoient aux trenchées : ce que je fis entendre à tous les endroits et quartiers de la ville, afin que chacun eust à se tenir sur ses gardes, estimant que ce mesme jour ils nous vinssent donner l'assaut; et moy-mesme allay à trois ou quatre des brèches les plus prochaines de moy, pour voir l'ordre qui y estoit tenu; où c'est que je trouvay un chacun monstrant semblant de vouloir bien se deffendre. Le semblable entendis-je de tous les endroits où j'avois envoyé des gentilshommes, qui fut cause que je m'en retournay bien content à la brèche que je délibérois deffendre, qui est celle que j'estimois que lesdits ennemis feroient leur principal effort, pour ce qu'ils estoient fort opiniastrés à battre cest endroit-là, et à ne nous laisser aucune chose qui eust peu servir de flanc, mesme que c'estoit vis-à-vis de l'entrée qu'ils avoient faite en nostre fossé.

Comme nous estions tous attendants l'assaut, lesdits ennemis mirent le feu en trois mines, lesquelles, toutes trois, entroient sous nostre rempart, dont les principales furent au quartier de monseigneur le dauphin; mais le dommage ne fut pas si grand comme, à mon advis, ils espéroient; et croy que cela fut cause qu'ils ne donnèrent point l'assaut ce jour-là. Aussi ne firent-ils pas grand effort en autres choses; et ils se contentèrent de venir recognoistre les brèches de mon costé, et de descendre dedans le fossé à l'endroit que gardoit M. d'Andelot mon frère.

Après que lesdits ennemis se furent retirés, je m'en allay voir l'effet qu'avoient fait lesdites mines; mais je trouvay que par là nous ne pouvions pas recevoir grand dommage. Si y falloit-il toujours travailler, ce que je remis quand il seroit nuict, pource qu'on ne le pouvoit faire de jour, pour estre en vue desdits ennemis. Le feu s'estoit mis deux jours auparavant en des maisons qui estoient couvertes de chaume, derrière les Jacobins; et en moins de demie heure, il y en eut vingt-cinq ou trente de bruslées; et, de malheur, le vent estoit fort grand ce jour-là, qui chassoit droit au cœur de la ville. Je m'y encourus soudainement avec un gentilhomme ou deux seulement, n'ayant voulu souffrir qu'il m'en suivist davantage. Et mesme ceux que je trouvois des gens de guerre, je les renvoyois dans leurs quartiers, craignant que, sur cette occasion, les ennemis ne voulussent entreprendre de faire quelque effort, encore que pour l'heure il n'y eust pas grande apparence. Ma présence ne servit pas de peu pour remédier à ce feu; car ils estoient tous si estonnés, qu'ils ne sçavoient qu'y faire : je fis rompre deux ou trois maisons au devant, et fis tant que ledit feu fut arresté.

Quand ce vint sur la nuit, je m'en allay comme de coustume, pour voir ce qui se pourroit faire en chacun endroit. Il y en avoit trois principaux qui estoient au quartier de la compagnie de monseigneur le dauphin, celuy que M. d'Andelot gardoit, et la porte d'Isle. L'on travailla toute la nuict le plus que l'on put; et entre autres endroits je trouvay que M. de Cusieux avoit fort bien travaillé ceste nuict-là; car ladite compagnie de monseigneur le dauphin estoit départie en deux, et le plus grand dommage que les mines eussent fait, c'estoit à l'endroit que gardoit le sieur de Cusieux. Quand ce vint un peu après le point du jour, le sieur de Sainct-Remy me vint dire qu'il venoit de la porte d'Isle, et qu'il ne trouvoit pas qu'on y eust fort travaillé, davantage qu'il luy sembloit que les gens de guerre se refroidissoient fort à leur besogne, et qu'ils trouvoient difficile tout ce qu'on leur proposoit; enfin, que leur contenance ne luy plaisoit point, et qu'il me conseilloit d'aller jusques là; ce que je fis incontinent, et le menay avec moy. En y allant, il commença à me dire qu'il me plaignoit merveilleusement, pour la peine qu'il voyoit que je prenois nuict et jour, voire en une place si mauvaise, qu'il ne voyoit pas que j'y peusse faire un tel service que je désirerois, tant pour la débilité de la place, que pour me défaillir le principal de quoy il eust esté besoin d'estre pourveu, qui estoit d'hommes, me voulant en outre bien advertir que de si peu que j'en avois, encores y avoit-il la plupart de mauvaise volonté. Ce propos fut un peu long, de sorte qu'ainsi qu'il achevoit j'arrivay à la porte d'Isle; qui fut cause que je luy dis que je ne luy ferois point de responce pour ceste heure et que nous regardassions à ce qu'il falloit faire. Il me dit qu'il l'avoit desjà monstré au capitaine Sallevert et aux capitaines de gens de pied qui estoient là, et, après leur avoir monstré encore une fois, je fis mettre là main à l'œuvre, tant aux capitaines qu'aux soldats. Il y eut bien quelque capitaine qui me dit qu'il y avoit des soldats qui se faschoient pource que l'artillerie leur faisoit grand dommage. Je m'en allay de là passer où estoit M. d'Andelot mon frère, pour luy dire qu'il seroit bon qu'il commist quelqu'un pour commander à la bande du capitaine Sainct-André, pource que luy estoit fort blessé, et ne bougeoit de son logis. Son lieutenant avoit aussi esté blessé ceste nuict-là, et son sergent tué : de sorte qu'il ne demeuroit plus en cette bande-là pour commander, que son enseigne, qui estoit un jeune gentilhomme et avec peu d'expérience. Il me fit response qu'il avoit entendu que le capitaine Sainct-André se portoit assez bien, et qu'il s'en iroit passer par son logis ; et, s'il trouvoit que ledit capitaine n'y peust vacquer, qu'il y en commettroit un autre. Nous nous allasmes ensemble, car c'estoit aussi mon chemin, et, après avoir parlé audit capitaine Sainct-André, il se fit porter en une chaire là où estoit ladite bande.

Ce jour-là, dès le poinct du jour, qui estoit le septiesme que les ennemis avoient commencé leur batterie, ils commencèrent à tirer de plus grande furie et de plus grand nombre de pièces qu'ils n'avoient encores fait auparavant; de sorte qu'il estoit à juger que ce jour-là ils vouloient faire quelque grand effort. Quand je fus de retour où estoit mon quartier, je pris mon frère et le sieur de Sainct-Remy, les tirant à part. Et dis lors audit Sainct-Remy que je le priois me dire son advis sur l'entreprise qu'il voyoit que les ennemis faisoient sur nous de leurs mines, et le moyen qu'il y auroit d'y remédier. Il me fit responce : qu'il n'estoit pas à ceste heure-là à y penser ; mais qu'il n'y trouvoit un seul remède, pour autant qu'estant maistres de nostre fossé, ils pouvoient pied à pied venir gagner nostre parapet, lequel n'avoit que cinq ou six pieds d'espaisseur, et qu'en moins de rien ils le nous leveroient, et que le rempart demeureroit si estroit, qu'il n'y avoit point de lieu pour se retirer : qu'aussi peu y en avoit-il de se retrancher par le derrière, pource que ledit rempart estoit si haut qu'il maistriseroit de beaucoup le retranchement que l'on pourroit faire, et que je sçavois ce qu'il m'avoit dit un peu auparavant, et d'autres fois semblablement, c'estoit qu'il n'avoit jamais mis le pied en une si mauvaise place. Quant aux contremines qu'il avoit commencées, qu'il s'en alloit pour en fermer deux, et les tenir prestes à y mettre le feu ; mais qu'il craignoit que l'une, qu'il estimoit la principale, ne fist tomber le reste d'une tour, et que la ruine ne fist eschelle à l'ennemy ; mais que s'il voyoit qu'il y eust quelque danger en cela, qu'il n'en prendroit que ce qu'il luy en faudroit pour nous servir.

Quand il eut achevé, je commençai à dire que je leur voulois dire une chose que je tiendrois comme non dite, pour ce que l'un estoit mon frère, et l'autre je l'estimois tant mon amy, que cela ne passeroit point plus avant : c'estoit que je me retrouvois en grande peine d'entendre qu'il ne se trouvoit point de remède pour rompre le dessein de l'ennemy ; et que la chose que j'avois moins de regret, estoit de sacrifier ma personne pour le service du roy et de ma patrie ; et que je cognoissois assez combien importoit, non seulement les jours, mais les heures que nous pourrions garder cette place ; mais qu'une chose se présentoit devant moy, que j'avois ouy dire après la prise de Térouenne, c'estoit qu'après que M. de Montmorency vit que les ennemis s'estoient faits maistres du fossé, et qu'ils commencèrent à sapper son parapet, voyant qu'il ne se pouvoit plus trouver de remède pour sauver la ville, il devoit chercher de faire quelque honneste composition, à quoy l'on disoit que les ennemis l'eussent volontiers receu s'il eust parlé plustost ; adjoustant à cela que l'on voyoit tous les jours ceux mesmes qui faisoient bien, et encore trouvoit-on à redire sur eux ; et que de moy je craignois que l'on me pust imputer que j'aurois eu bien peu de considération, de mettre en hasard de perdre la force que j'avois là dedans, qui estoit la principale du royaume de France pour lors, principalement de gendarmerie, puisque je me voyois réduit à telle nécessité, et que cela eust bien servy à conserver d'autres places et tout le royaume ; mais que j'avois pensé en une chose : c'estoit que nous pouvions juger qu'après la furieuse batterie que faisoient les ennemis, ils voudroient tenter à nous emporter d'assaut ; pourtant qu'il falloit penser à nous bien deffendre, et que si nous les avions bien battus la première fois qu'après ils essayeroient de nous emporter à la longue ; et quand je voirois cela, que lors je pourrois par parlement essayer d'envoyer quelque gentilhomme vers le roy, pour luy faire entendre mes nécessités, et cependant gagner autant de temps. D'une chose les voulois-je bien asseurer : que j'aymois beaucoup mieux mourir qu'il me sortist une parole de la bouche de quoy je peusse avoir honte ; que je cognoissois bien véritablement que j'avois beaucoup de gens de mauvaise volonté, mais qu'il leur falloit faire accroire qu'ils estoient la moitié plus hardis qu'ils ne pensoient. La conclusion de mon propos fut : « Vous voyez comme les ennemis renforcent leur batterie, et est à croire qu'ils feront aujourd'hui un grand effort ; je vous prie que chacun se prépare de les bien repousser et recevoir cette première fois, et puis Dieu nous conseillera ce que nous aurons à faire. »

Nous nous despartismes, et chacun s'en alla pour donner ordre à ses affaires. Devant que passer plus avant, il faut que je déclare combien nous avions de brèches, et le nombre d'hommes de guerre que nous pouvions avoir pour les deffendre. La première estoit celle du capitaine Breul, capitaine de la place, qui avoit sa bande. La seconde, du capitaine Humes, lieutenant du comte de Haran, avec sa compagnie. Il faut que je porte cest honneur aux chefs et aux soldats de ladite compagnie, que je n'en vis point, tant que le siège dura, qui s'employassent mieux et plus volontiers qu'eux, ny qui montrassent visage plus assuré. La troisiesme, du sieur de Cusieux, avec une partie de la compagnie de monseigneur le dauphin. La quatriesme du sieur de La Garde, avec autre partie de ladite compagnie. La bande du capitaine Sainct-André estoit départie en trois, à savoir avec les capitaines Humes, Cusieux et de La Garde. La cinquiesme estoit la mienne, avec partie de ma compagnie, et le capitaine Gordes avec quelques harquebusiers. La sixiesme y avoit autre partie de ma compagnie, et le capitaine Rambouillet. La septiesme, M. de Jarnac avec sa compagnie, et le capitaine Bunon avec ce qu'il pouvoit avoir de sa bande. La huitiesme, les capitaines Forces, Oger et Soleil, avec ce qu'ils pouvoient avoir de leurs bandes, et quatorze ou quinze archers, avec quelques gens d'armes que j'avois baillé à Vaulpergues pour commander. La neufiesme, M. d'Andelot y estoit avec trente-cinq hommes d'armes, que je avois baillés à lui de toutes compagnies, et quelques gens de pied et harquebusiers de Sainct-Roman, qui se faisoient bien paroistre entre les autres. La dixiesme, le capitaine Lignières, avec ce qu'il pouvoit avoir de sa bande. L'onziesme, le capitaine Salvert, avec la compagnie de M. de La Fayette; et les capitaines La Barre et Saquenville, avec ce qu'ils pouvoient avoir de leurs bandes. Et faut noter que, pour toutes lesdites brèches, je n'avois point huit cents hommes de guerre pour les deffendre, tant bons que mauvais, entre gens de pied et de cheval : car je n'avois point voulu y mesler les gens de la ville, les ayant départis aux autres endroits, afin que si nous eussions esté assaillis par eschelles, où il n'avoit point esté fait de batterie, nous eussions eu gens partout pour nous deffendre. Il y avoit eu beaucoup d'hommes tués et plusieurs autres blessés ou malades, desquels je n'estois non plus secouru que s'ils eussent esté morts. Je sais bien qu'en la brèche que je gardois, le capitaine Gordes y avoit du commencement plus de cinquante soldats des siens. Je les fis compter le matin dont nous fusmes assaillis l'après disnée : il ne s'en trouva plus que dix-sept, encore en eus-je cinq de ceux-là tués en sentinelle devant que l'assaut se donnast. Et fus contraint de demander à M. d'Andelot, mon frère, qu'il me secourust de quelque nombre des siens, encore qu'il m'en faschast bien ; car il estoit en lieu où il en avoit bien affaire pour luy mesme ; néantmoins ne laissa-il pas de m'envoyer ce qu'il put.

J'ay dit cy dessus comme les ennemis dès le matin redoubloient fort leur batterie ; ce qu'ils continuèrent jusques environ les deux heures après midy, que nous leur voyions cependant faire tous leurs préparatifs de toutes parts pour nous venir donner l'assaut. De ma part, j'allois et envoyois de tous costés, afin qu'un chacun fust prest à les recevoir ; et enfin je me donnay de garde que, sans bruit et sans sonner tambour, je vis trois enseignes au pied de nostre rempart. Lors je fis présenter un chacun pour combattre ; mais il ne nous enfoncèrent point par mon endroit, et commencèrent à couler et à monter file à file à une tour qui avoit esté fort battue par l'artillerie au coin du quartier du sieur de La Garde. Quand je vis qu'ils prenoient ce chemin-là j'en fus bien aise, car ils montoient fort mal aisément; et si du lieu où j'estois je les voyois un peu par le flanc, et leur faisois tout l'ennui que je pouvois, avec trois harquebusiers que j'avois. Et pensois véritablement qu'il fust impossible de nous forcer par cest endroit-là. A la fin je vis six enseignes qui montoient au haut de la tour et se jettoient à bas; mais je pensois que ce fust dedans une tranchée qui estoit devant le parapet pour estre plus à couvert, jusqu'à ce qu'on vint me dire que les ennemis forçoient ceste brèche-là. Lors je commençay à me tourner, et dire à ceux qui estoient auprès de moy qu'il là nous falloit secourir. Et sur cela vint le sieur de Saragosse, qui me demanda ce que je voulois faire, et où je voulois aller. Je lui dis que je voulois aller secourir ceste brèche que l'on forçoit, et qu'il falloit là tous mourir, et en repousser les ennemis; et sur cela je commençay à descendre du rempart. Il faut sçavoir que je n'estois pas loin de la tour par où lesdits ennemis entrèrent; mais il y avoit une grande traverse qui m'empeschoit de pouvoir juger ce qui s'y faisoit. Quand je fus au pied du rempart, je fus bien esbahi quand je vis le drapeau de l'enseigne de la compagnie de monseigneur le dauphin à l'endroit des Jacobins, qui s'enfuyoit, et beaucoup de ceux de ladite compagnie, si encore ils n'estoient devant. Quand j'eus marché huit ou dix pas plus avant, je vis tout ce quartier-là abandonné, sans qu'il y eust un seul des nostres, mais ennemis, auxquels il estoit aisé d'entrer, puisqu'ils ne trouvoient point de résistance. Et, pour dire vérité, je vis de toutes parts un chacun s'enfuir : de sorte que je demeuray accompagné de trois ou quatre seulement, entre lesquels estoit un page, enveloppé d'ennemis de tous costés. Voyant qu'il n'estoit plus en ma puissance de remédier à ce désordre, et que la ville estoit perdue, aussi que desjà les ennemis et les Allemans entroient en grande furie, je taschay de tomber entre les mains d'un Espagnol, comme je fis, aimant mieux attendre au lieu où j'estois, fortune bonne ou mauvaise, que de m'enfuir. Celui qui me prit, après m'avoir fait un peu reposer au pied du rempart, me voulut emmener en leur camp, et me fit descendre par la brèche mesme que je gardois, par où il n'estoit encore entré un seul ennemy. De là me fit entrer en une des mines qu'ils avoient faites pour gagner nostre fossé, où je trouvay à l'entrée le capitaine Alonze de Cazeres, maistre de camp des vieilles bandes espagnoles, où survint incontinent le duc de Savoye, lequel commanda audit Cazeres de me mener en sa tente. Quand je fus monté en haut, je vis dans les tranchées, à l'endroit de la brèche que M. d'Andelot, mon frère, gardoit, qu'on s'y combattoit à grande furie; mais pource que de cet endroit-là, ny des autres que je n'ay point veus, je n'en pourrois escrire qu'au dire d'autruy, je m'en tairay; car aussi bien n'ay-je délibéré de traicter dès le commencement que des choses dont je voulois et pouvois bien respondre. J'en diray une que l'enseigne du capitaine Sainct-André m'a dite depuis que je suis prisonnier, lequel estoit à l'endroit mesme par lequel les premiers ennemis entrèrent. C'est que quand lesdits ennemis se vindrent présenter en ceste brèche, tous ceux de la compagnie de monseigueur le dauphin qui estoient là pour la deffendre, et semblablement tous les soldats de son capitaine, la désemparèrent et s'enfuirent sans jamais donner un seul coup de picque ny d'espée. Je diray pour conclusion que c'est un grand malheur pour un gentilhomme qui est assiégé en une place où toutes choses luy défaillent qui luy sont nécessaires pour la garder, et principalement devant les forces d'un grand prince, quand il se veut opiniâtrer devant, et mesme quand c'est que l'on a à combattre aussi bien les amis que les ennemis, comme j'ay eu dedans Sainct-Quentin. Tout le reconfort que j'ay, c'est celui qu'il me semble que tous les chrétiens doivent prendre : que tels mystères ne se jouent point sans la permission et volonté de Dieu, laquelle est toujours bonne, sainte et raisonnable, et qui ne fait rien sans juste occasion : dont toutesfois je ne sçay pas la cause, et dont aussi peu je me dois enquérir, mais plustost m'humilier devant luy en me conformant à sa volonté.

Fait à l'Écluse le 28 de décembre 1557.

FIN DU SIÉGE DE SAINCT-QUENTIN.

MÉMOIRE

DU VOYAGE DE M. LE DUC DE GUYSE EN ITALIE,

SON RETOUR,

LA PRINSE DE CALLAIS ET DE THIONVILLE,

EN 1557 ET 1558.

PAR M. DE LA CHASTRE.

Le roy, pour satisfaire au traité de la ligue faite et conclue avec nostre saint père le pape Paul quatriesme, et respectivement ratifiée d'une part et d'autre en l'an 1555, par lequel il estoit tenu et obligé, toutes et quantes fois qu'il seroit assailly dans ses pays, de le secourir avec une armée de dix mille hommes de pied, moitié Suisses et moitié François, cinq cens hommes d'armes et six cens chevaux-légers, avoit au mois de novembre 1556, à l'instante sollicitation que ledit pape luy faisoit de le secourir contre l'armée que le duc d'Albe tenoit aux portes de Rome, envoyé M. le duc de Guyse, son lieutenant-général, en Italie, à son secours avec quatre mille François sous vingt-quatre enseignes, six mille Suisses sous vingt-quatre enseignes que conduisoit le capitaine Frulich, cinq cens hommes d'armes sous sept compagnies; c'est-à-sçavoir: la sienne de cent lances; celles de messieurs les princes de Ferrare et duc de Nemours, de cinquante; du duc d'Aumalle, de cent, et prince de Salerne, de cinquante; celles de messieurs de Montmorency et de Tavannes, chacune de cinquante; six cens chevaux-légers sous quatre compagnies, qui estoient celle de M. le marquis d'Elbœuf, de deux cens; celle des sieurs de Sipierre, de deux cens; de Biron et de La Roche-Posay, de chacune cent; luy ayant baillé, pour l'accompagner et soulager, M. le duc d'Aumalle, son frère, qui menoit l'avant-garde, M. de Nemours, qui étoit colonel des bandes françoises, et M. le marquis d'Elbœuf, des Suisses; le sieur de Tavannes, chevalier de l'Ordre, qui étoit maréchal-de-camp de l'armée, et le sieur de Sipierre, mestre-de-camp de ladite cavalerie légère, qu'il conduisoit en l'absence de M. d'Aumalle, qui estoit occupé à l'avant-garde; et, outre ce, un bon nombre de seigneurs et gentilshommes de la chambre, et autres de la jeunesse qui estoit accourue à ce voyage, tant pour l'espérance d'y voir et apprendre quelques choses, comme le François est naturellement curieux, que pour estre mondit sieur de Guyse merveilleusement aimé et suivi de toute la noblesse.

Lequel, après avoir traversé toute l'Italie avec infinies incommodités, et conduit son armée jusques ès confins du royaume de Naples, au lieu où le pape le vouloit employer, avoit trouvé la foy de ceux qui luy devoient assister et luy donner moyen d'exécuter l'entreprise commencée, suspecte et incertaine, leurs actions et déportemens si estranges, qu'il ne s'en devoit rien promettre de bon, et finalement toutes choses, dont il espéroit tirer quelques faveurs, entièrement défavorables; de façon qu'ayant une armée en teste, et de gens de pied et de cheval, deux fois plus grande que la sienne, après avoir tenté tous les moyens possibles pour l'attirer à la bataille, et l'estre allé chercher luy-mesme jusque dans son fort, luy défaillant toutes choses pour mener et conduire la guerre, avoit été contraint pour ne perdre ses hommes, qui commençoient jà à devenir malades de la grande chaleur et intempérie de l'air, de se retirer, et départir ses forces par les garnisons, par les terres de l'Église, où il avoit été tellement travaillé, que si sa vertu, prudence, dextérité et grande patience n'eust vaincu les nécessités dont il étoit combattu, il ne se pouvoit espérer de cette petite armée autre issue qu'une pareille ruyne qu'avoit eue celle de M. de Lautrec et de tous les autres chefs qui avoient été devant luy en Italie; de quoy il avoit conceu tant d'ennuis et de déplaisir, qu'avec la saison fort fascheuse une fièvre le surprit, qui le mit en grand danger de sa vie; et de pareille maladie tous les princes, seigneurs, gentilshommes, et quasi tous les soldats particulièrement étant en son armée, s'en sentirent et en furent persécutés.

Du costé du Piedmont, M. le maréchal de Brissac, qui avoit été si longuement favorisé de la fortune en toutes les guerres passées, et qui, de fraische mémoire, luy avoit, s'il se peut dire, de sa franche et pure faveur mis Valfesnier et Quérasse, deux places quasi imprenables, entre ses mains, se trouvoit avoir été contraint, après avoir peu heureusement assailly Conis, et y avoir perdu un grand nombre de ses meilleurs hommes, de s'en retirer; et depuis, tenant le marquis de Pesquières dans Fossano, avec une partie des forces de l'estat de Milan, assiégé et réduit à telle extrémité, ou qu'il luy falloit combattre avec désavantage ou bien d'y mourir de faim, l'avoit, par une pure défaveur de la fortune, contre toutes les raisons qui se pouvoient imaginer, perdu, s'estant ledit marquis sauvé inopinément par des chemins incogneus; de façon qu'il se pouvoit clairement voir, en ce quartier-là, une face de la fortune entièrement tournée et dissemblable à celle de deux mois auparavant.

En ce mesme temps, estant le roy à Compiègne, mal fortuné de tous ces deux costés, et trouvé avoir son armée qui estoit en Picardie, en laquelle estoit toute son espérance, estoit défaite, son lieutenant-général, M. le connestable, personnage de grande expérience et de sage conduite, comme tout le monde sait, et auquel estoit toute l'assurance de nostre salut, prisonnier; et avec luy messieurs les ducs de Montpensier et de Longueville, le sieur Ludovic de Gonzague, M. le maréchal de Saint-André, le comte Rhingrave, colonel des lansquenets, et infinis chevaliers de l'Ordre et capitaines, M. le duc d'Étouteville et M. le vicomte de Turenne, morts, avec infinité d'autres gentilshommes; ses ennemis avec plus grande armée que n'eut jamais son père, victorieux en ce royaume; luy sans nulle force de pied ni de cheval, pour avoir été en cette rencontre toute sa gendarmerie, qui estoit déjà ruinée et défaite; ses places de frontières près Saint-Quentin dépourvues entièrement de chefs, d'hommes et de vivres; ses peuples si étonnés et éperdus, qu'il n'y avoit homme qui sceut ce qu'il devoit faire; et les gens de guerre si étonnés qu'on ne les pouvoit rasseurer : voilà l'état auquel se trouvoient lors les affaires du roy, le mercredi onziesme jour d'aoust 1557, qu'il eut la malheureuse nouvelle de la plus grande playe que ce royaume aye receu il y a plus de deux cens ans, advenue le jour précédent, feste de saint Laurent, devant lequel deux jours auparavant, comme s'il eust préveu le malheur qui luy devoit advenir, avoit envoyé la reine avec messieurs de son conseil privé à Paris, pour voir s'il y avoit moyen de trouver quelques deniers et l'éloigner d'autant plus du péril qu'il sentoit, avoit dépêché M. du Mortier, conseiller au conseil privé, à Senlis et à Paris, pour recouvrer deux cens muids de bled, pour les acheminer droit à Compiègne, afin de là les envoyer à celle de ses villes qui en auroit le plus de besoin.

M. l'évesque d'Amiens étoit allé pour le mesme effet à Rheims, afin d'en pouvoir recouvrer de là et des environs pareil nombre pour envoyer à Guyse, qui étoit fort menacée; et le sieur de Voulzay, maistre des requestes dudit seigneur, étoit semblablement allé à Soissons, pour de là et des lieux circonvoisins en envoyer à La Fère la plus grande quantité qu'il pourroit. Et, afin que rien ne demeurast en arrière, l'on avoit envoyé faire une levée de six mille lansquenets sous le colonel Roqueroch; toutes lesquelles choses servirent plus en la nécessité où l'on se trouva par après que, quand elles furent commandées, on ne pouvoit penser qu'elles pussent faire, comme l'on verra par le discours de ce Mémoire.

Incontinent donc après ceste mauvaise nouvelle, annoncée au roy à son lever par le sieur d'Escars, au mesme instant, au lieu de perdre le temps en regrets et plaintes inutiles, et avoir appellé Dieu en son aide, comme celuy de qui il reconnoissoit ceste verge luy estre envoyée, et pour ses péchés et pour ceux de son peuple, desquels, avec eux, il lui falloit également supporter la pénitence, il prit une vertueuse résolution de donner tout l'ordre possible pour remédier à l'inconvénient présent, espérant qu'après avoir fait tout ce que les hommes peuvent faire, Dieu feroit le reste; et, l'ayant auparavant tant favorisé, ne l'abandonneroit pas en cette nécessité, comme bientost il en montra de grands et évidens signes.

La première chose qu'il fit fut de bailler à M. le cardinal de Lorraine, lors estant seul auprès de luy, la charge et le maniement de ses affaires, pour l'expérience qu'il sçavoit estre en luy, pour le long temps qu'il y avoit esté nourri, et pour l'asseurance qu'il avoit de sa suffisance et de sa fidélité. Et d'autant qu'une des principales choses qui luy défailloit, et dont il avoit le plus de besoin, estoit d'un chef qui eust le sens, l'expérience et la vaillance pour conduire le fait de la guerre sous luy et manier un si grand faict comme est la machine de cette monarchie, où le plus habile homme se trouve bien empesché, s'il ne l'a accoutumé, et sur lequel il se puisse reposer, comme il faisoit sur M. le connestable, il despescha le sieur Scipion, son escuyer d'écurie, pour aller quérir mondit sieur de Guyse, comme celuy en qui il sçavoit très bien estre toutes les parties qu'un bon, grand et digne capitaine peut avoir, l'advertissant du désastre qui luy étoit advenu, et le priant de donner tout l'ordre qui luy seroit possible aux affaires de par de là, afin de le venir retrouver en bonne diligence et emmener avec luy le plus de princes, capitaines et gentilshommes qu'il seroit possible, qui estoient en son armée. Et pour cest effet dépescha un courrier voltant devers le baron de La Garde, par lequel il luy mandoit qu'il eust à faire sortir du port de Marseille dix ou douze galères pour aller quérir mondit sieur de Guyse et la troupe qu'il ameneroit avec luy. Il dépescha aussi le sieur de Vyneuf, piedmontois, devers M. le maréchal de Brissac, pour faire venir M. de Termes avec sa compagnie, et M. d'Amville avec la sienne de chevaux-légers, et dire audit sieur maréchal qu'il avisast de se mettre sur la défensive, et départir ses forces dans les places, et luy envoyer quatre mille Suisses de ceux qu'il avoit en Piedmont. Fut mandé au sieur de Saint-Laurent, ambassadeur en Suisse, qu'il eust à faire acheminer du costé de deçà les six mille Suisses qui avoient été levés; et de bonne fortune ils étoient prests pour marcher en Italie au secours de mondit sieur de Guyse. Fut pareillement envoyé devers la reine, qui arrivoit à Paris, le sieur de Fresne-Forget, pour lui dire ce qu'il sembloit au roy qu'elle devoit faire pour contenir le peuple en l'obéissance, et, en attendant sa venue, commencer à donner ordre au recouvrement de deniers, comme la chose la plus nécessaire en telles nécessités. Laquelle, après avoir entendu ce que dessus, tant s'en faut qu'elle se fust laissée vaincre à la juste douleur qu'elle portoit, tant de l'ennuy qu'elle sentoit souffrir au roy que du malheur qu'elle jugeoit devoir advenir audit seigneur et au royaume de ceste perte, que, se résolvant avec un cœur viril et magnanime, elle assembla le conseil du roy son seigneur, qui estoit avec elle, et envoya quérir au mesme instant les principaux de la ville, lesquels elle pria tous vouloir, en la nécessité présente, montrer le service qu'ils vouloient faire au roy, et rendre preuve de leur affection et fidélité. Et le lendemain se trouva à l'Hostel-de-Ville, en pleine assemblée du peuple, où elle leur parla avec tant d'éloquence, et leur fit si bien et dignement entendre ce malheur, qui se présentoit, commun autant à eux comme au roy, et le grand besoin qu'il avoit de l'aide et secours de ses bons et féaux serviteurs, qu'ils lui accordèrent trois cens mille francs pour soldoyer dix mille hommes de pied trois mois durant.

Fut aussi dépesché en Allemagne, pour avancer les levées que le colonel Roquerocq étoit allé faire, et écrit à Reiffleberg pour essayer de recouvrer deux ou trois mille pistoles. Si l'on avoit usé de toutes les diligences possibles pour estre secouru des forces qui estoient les plus lointaines, et à écrire, par tous les endroits de la chrestienté, aux provinces amies et alliées du roy, la fortune qui luy estoit survenue, l'on n'en fit pas moins à tous les capitaines, ministres et officiers du roy, qui estoient en quelques lieux d'importance, tellement qu'avant le deuxiesme jour on eut satisfait à tout ce que dessus; et furent faites plus de deux cens dépesches différentes.

Cependant l'ennemy, ayant eu une telle et si inespérée victoire, se contenta de poursuivre le siége de Sainct-Quentin, sans passer plus oultre, où le roy d'Espagne, voyant le jeu si sûr qu'il n'y avoit plus de dangers, s'en vint trouver son camp, et fit faire, quinze ou seize jours durant, tous les efforts qu'il fut possible pour la force, et le roy ne perdit point de temps de son costé pour remédier aux lieux où estoit le feu voisin, qui avoit le plus besoin de secours; car s'estant M. de Nevers de bonne heure sauvé de ceste rencontre, et sauvé à Laon pour rassembler ce qu'il pourroit d'étrangers et de François, tant de pied que de cheval, et M. le prince de Condé avec luy, qui avoit la charge de la cavalerie légère, M. de Montmorency à Soissons, M. de Bourdillon à La Fère, et M. le comte de Sancerre à Guyse, et estant M. de Humières demeuré dans Péronne, le roy envoya à M. de Nevers un pouvoir de lieutenant-général pour commander à toutes ces frontières de là, luy semblant qu'il ne pouvoit faire une meilleure élection, ni plus digne, ni semblablement plus utile, pour sauver les places qui luy restoient, y commettre de plus dignes personnes que les sieurs dessusdits, qui de bonne fortune s'estoient retirés de la route de la bataille; lesquelles places demeurant en sa puissance, il y avoit apparence que le mal ne devoit pas estre si grand comme il auroit pu, et que l'on craignoit, comme par effet il s'est pu voir depuis.

Mais pource qu'il n'y avoit en pas une desdites places ni forces ni vivres, hormis à Péronne, où il y en avoit assez bonne quantité, il se fit une extresme diligence d'y mettre telle abondance de vins et de bleds, de ceux qu'on avoit peu auparavant commencé à rassembler, qu'en moins de dix jours elles en furent bien et suffisamment pourvues. Et cependant l'on donna ordre d'y envoyer, tant de ceux qu'on avoit recueillis de cette affaire, que d'autres bandes qui se trouvèrent de bonne fortune marchant au camp, que d'autres qu'on fit venir des places de Champagne, et si bon nombre d'hommes, que ledit seigneur y demeura fort asseuré.

Le roy estant à Paris, où il vint le lendemain qu'il eut eu advis de cette défaite, pour estre le lieu de Compiègne si voisin de l'ennemi que sa personne n'y estoit en seureté, il se trouva grandement travaillé, d'autant qu'il luy fallut non-seulement faire l'office de roy, mais de capitaine et de conseiller, ayant auprès de luy peu d'hommes de guerre, et nul de qui il se pust servir en si grande chose; de façon qu'estant M. le cardinal de Lorraine grand et digne, et pourvu d'une grande connaissance des affaires d'état, si est-ce qu'honnestement il pouvoit ignorer beaucoup de choses qui n'estoient de songibier, où il falloit que le roy prit de luy-mesme l'expédient et la résolution, l'on procéda à la cotisation pour lever les trois cens mille livres octroyées par la ville, où il se trouva de grandes difficultés; car ayant esté besogné par supputation, et ne pouvant plus le riche payer plus de cent vingt livres, et le plus pauvre moins de vingt livres, il y eut infinies plaintes, les uns pour estre trop cotisés, et les autres pour voir ceux qui avoient cent fois mieux de quoy qu'ils n'avoient, ne payer non plus qu'eux; ce qui amena une telle longueur, qu'encore que promptement il s'en tirast une bonne et notable somme, il s'est vu par expérience que qui voudra promptement recouvrer deniers d'une ville, il n'y faut nullement suivre ce chemin, comme plein de grande longueur et de beaucoup de difficultés : aussi ne fut-ce de l'opinion de mondit sieur le cardinal, et de quelques-uns des plus avisés.

Et fut escrit à toutes les villes du royaume de France, et envoyé gens pour les solliciter de vouloir ayder à Sa Majesté, et suivre l'exemple du secours que ceux de Paris luy avoient fait en l'affaire présente ; en quoy les peuples se monstrèrent si affectionnés, qu'il se tira une bonne quantité de deniers, qui vinrent bien à propos, d'autant que, si avec cette infortune l'argent fust failly, il n'y avoit nulle espérance de ressource.

L'on fit lever un grand nombre de gens de pied, françois, où encore qu'il fust employé des hommes qui en autre tems n'eussent esté receus, si est-ce que pour la nécessité il s'en falloit servir, pour lesquels armer et semblablement ceux qui étoient échappés de cette défaite, qui estoient demeurés nuds, sans armes, il fit faire un grand nombre de corselets, morions et harquebuses, qui furent départies par les compagnies, de façon qu'en peu de tems elles commencèrent à se r'habiller et armer ; et pource qu'il avoit grand besoin de cavalerie, le roy fit dix compagnies nouvelles de gendarmerie, chacune de cinquantes lances, faisant toutes le nombre de cinq cens hommes d'armes pour avoir esté sa gendarmerie à la bataille dévalisée, et n'avoir espérance d'avoir celle qui étoit en Italie, à tems ; les capitaines qui eurent lesdites compagnies furent M. le marquis d'Elbœuf, M. d'Amville, M. de Randan, M. de La Trimouille, M. Deschevets, M. de Beauvois-Nangis, M. le comte de Charny, messieurs d'Humières, de Chaulnes et Morvilliers.

Après toutes ces provisions données à ce qui se pouvoit, il me semble n'estre hors de propos de dire qu'en ce tems-là le roy tint un conseil, où il assembla tous ceux qui estoient auprès de luy de quelque expérience, pour sçavoir d'eux leurs opinions de ce que leur sembloit qu'il avoit affaire ; où il y en eut qui furent d'opinion qu'il se devoit retirer à Orléans, d'autant que si l'ennemy marchoit, il luy faudroit avoir cette honte d'abandonner Paris : lequel conseil, comme prince vertueux et magnanime, il rejetta, délibéré de mourir plutost que suivre ce parti plein de honte et d'infamie, estimant sa demeure en ladite ville autant honorable et pleine de seureté pour la conservation de tout l'estat, comme il se connut par expérience qu'elle étoit ; en laquelle résolution il fut grandement fortifié par le sieur cardinal, qui n'estoit d'opinion qu'on abandonnast Paris.

M. l'amiral et ceux qui estoient dans Sainct-Quentin, encore qu'ils eussent vu la victoire que les ennemis avoient eue, et qu'ils eussent eu peu de secours et nulle espérance d'en avoir, si est-ce qu'ils ne perdirent le courage pour tant de malheurs, d'autant qu'ils voyoient en eux reposer le seul but de l'espérance de la conservation de ce royaume ; mais, comme un digne et vaillant capitaine qu'il est, donna si bon courage à un chacun, que tous d'une voix se délibérèrent d'y mourir avant que de parler de composition ; et environ le vingtiesme du mois d'aoust, M. de Bourdillon y fit entrer, par dedans le marais, cent vingt harquebusiers de deux cens qui estoient destinés, françois ; le reste fut tué ou noyé. Et avec cela, et ce qu'ils purent faire depuis la défaite de M. le connestable, tinrent encore la place dix-sept jours.

Cela donna un peu d'espérance au roy que, pendant que ledit Sainct-Quentin tiendroit, l'ennemy ne passeroit outre, et cependant il auroit le loisir d'assembler les grandes forces qu'il préparoit ; mais ceste espérance ne luy dura guères ; car, le vingt-septiesme du mois d'aoust, Sainct-Quentin fut forcé et emporté d'assaut, pource qu'estant les ennemis maistres du fossé, pour estre ladite ville bastie à la vieille mode, de laquelle encore que le fossé soit profond et le rempart grand, si est-ce que, n'y ayant nuls flancs pour le défendre, il leur fut aisé de le gagner, comme ils firent ; où estant logés, ils se mirent à sapper et ruyner le pied du rempart, où ils besongnèrent si bien huit ou dix jours durant, qu'ils le démolirent avant qu'ils eussent commencé leurs batteries. Quelque loisir et peu d'empeschement ils y eurent avec l'extresme sécheresse. Et durant sept jours continuels ils firent neuf brèches si grandes, qu'estant défendues avec si peu d'hommes, comme de huit cens en tout, et mesmement d'arquebusiers, dont ils n'en avoient pas deux cens, et ne pouvant tout ensemble (estant arrangés les uns auprès des autres) border lesdites bresches, et étant combattus d'un grand nombre d'hommes, ils durent aisément les forcer. M. l'amiral fut pris, et messieurs d'Andelot et de Jarnac ; et tués beaucoup de capitaines qui y étoient entrés avec M. d'Andelot, comme Sainct-Romain, Gordes, Bimo, et plusieurs autres. Ledit sieur d'Andelot, la nuit mesme qu'il fut pris, se sauva, pour parler bon espagnol, et passa au travers le marais dans l'eau jusqu'à la gorge, où il se pensa noyer, et vint trouver le roy ainsi comme il venoit d'avoir la nouvelle de la perte de ladite ville.

Le vingt-neuvième jour d'aoust 1557, le roy

reçut encore ceste mauvaise nouvelle, qui empiroit grandement la première, car jusques-là nous n'avions point senti la conséquence d'une bataille perdue, si ainsi se doit nommer la défaite du jour Sainct-Laurent, d'autant qu'étant lors l'ennemy maistre de la ville, ses forces gaillardes et victorieuses, il pouvoit et devoit passer outre droit à Paris; mais Dieu ne luy fit pas la grace de prendre si bon conseil, voulant, comme sa bonté l'a toujours démontré, conserver la France et s'opposer à sa ruine. Je dirai, par parenthense, comment le sieur de La Roche du Maine, vieil et expérimenté capitaine, ayant esté pris à la bataille, bien reconnu comme il étoit des vieux capitaines espagnols, allemans et italiens, pour s'estre toujours trouvé à toutes les batailles, rencontres, siéges de villes, qui se sont faits de son tems, l'on fit récit au roy catholique de son mérite, et comme en ses discours il estoit prompt et hardi, Sa Majesté Catholique le voulut voir, et luy demanda entre autres choses combien il pouvoit encore avoir de journées depuis Sainct-Quentin jusqu'à Paris. Ledit sieur de La Roche luy fit réponse que l'on appelloit les batailles bien souvent journées, et que s'il l'entendoit comme cela, il en trouveroit encore pour le moins trois, la France n'estant point si dépeuplée d'hommes, mesme de noblesse, que le roy son maistre avoit encore pu mettre ensemble de plus grandes forces que celles qui avoient esté défaites.

Avec toutes les provisions susdites que l'on faisoit en toute diligence, mesme M. de Guyse, qui s'avança devant les forces qu'il amenoit, arriva près du roy, qui en reçut un extrême plaisir et allégresse. Sa Majesté se déchargea sur ce prince de toute la pesanteur et fardeau de la guerre, de façon que ledit sieur duc de Guyse et le cardinal son frère commandoient tout, l'un aux affaires et finances, l'autre aux gens de guerre; et comme il étoit très-prudent, brave et heureux, bien aimé des gens de guerre, chacun print espérance de revoir les affaires en bon état. Et ce prince, pour ne frustrer la bonne opinion qu'on avoit de luy, ne faisoit qu'imaginer en son esprit toutes sortes de moyens de pouvoir faire quelques actes remarquables qui pussent rabattre l'orgueil de cette superbe nation espagnole, et relever le courage aux siens; et estima que les choses que les ennemis tenoient les plus asseurées seroient les moins gardées. Il est vrai que, quelques années auparavant, le sieur Senarpont avoit donné quelques avis à M. le connestable que l'on pouvoit faire entreprise sur Calais, assez négligemment gardé, et la place n'étant d'elle-mesme pas bonne, ayant beaucoup d'incommodités qui empeschoient la fortification. Ledit sieur de Guyse donc mit cette entreprise en avant, la fait entendre au roy, suppliant Sa Majesté n'en communiquer à nul autre, et la supplia luy permettre de tenter ceste entreprise, ce que le roy trouva bon.

Ledit sieur de Guyse donc, accompagné de tous les princes et noblesse de France qui restoient de la bataille, avec quelques troupes ralliées, fraisches et de bons hommes, tant capitaines que soldats, fait semblant de rassembler l'armée, plustost pour entreprendre sur la coste de Champagne ou ailleurs, et tout à un coup tourne vers Calais, ce que les ennemis n'eussent jamais pensé, tenant cette place imprenable, et preste d'être secourue par la mer. Toutefois la diligence dudit sieur de Guyse fut telle, que marchant, le premier jour de janvier 1558, droit au pont de Nieulé, qui est frontière du pays d'Oye, et le passage de la rivière pour venir à Calais, la place fut prise et forcée avec peu de résistance; le capitaine Gourdan eut la jambe emportée d'un coup de canon. Ce passage pris, l'armée marcha droit aux dunes le long de la mer, où elle se logea; le lendemain force le risban, qui est la forteresse du havre de Calais. Cela fait, entre ledit risban et le château, dans la mer mesme, furent mis douze canons, qui battoient ledit chasteau lorsque la mer estoit basse, et quand elle estoit en pleine marée, il falloit quitter et abandonner l'artillerie et les gabions, qui estoient si bien liés et attachés et retenus d'ancres et de pieux que la mer ne les ébranloit nullement; et lorsque la mer étoit retirée l'on retournoit à la batterie; mais cela ne dura guères, car y ayant quelques bien petites brèches audit chasteau, ladite brèche fut reconnue; et bien que non jugée raisonnable, la hardiesse françoise, pour le désir que chacun, tant les grands que les petits, avoient d'effectuer quelque coup notable, et jugèrent y devoir donner, et que, si l'on attendoit au lendemain, ladite brèche seroit renforcée et mise en état plus forte que devant, tous les capitaines supplièrent M. de Guyse de les y laisser donner. Ledit sieur, jugeant quelque apparence à leur dire, se fiant aussi à la grace de Dieu et en sa bonne fortune, consent et donne charge à M. d'Aumalle son frère d'y conduire ses troupes, qui estoient d'environ trois mille soldats, mais des bons et choisis, et grande quantité de noblesse, qui se mit parmi eux. Ledit sieur de Guyse donna charge à M. d'Aumalle son frère qu'ayant gagné ladite brèche, s'il la trouvait trop difficile, il s'y logeast seulement et empeschast que les ennemis ne remparassent; mais le tout succéda si heureusement, qu'après peu de danger, et moins de résistance, ladite brèche fut forcée; et toute cette troupe se rendit maistre, et logea dans le chasteau, qui est le lieu où est maintenant la citadelle.

Le milord Wentworth, qui commandoit dans ladite ville de Calais, sachant la perte du chasteau par le bruit qu'il entendit, et le témoignage de ceux qui s'estoient sauvés dans ladite ville, se résolut la nuit, comme homme désespéré, et qui se voyoit ainsi quasi perdu, de faire, à la faveur de la nuit, une batterie de six canons à la porte qui entre de la ville audit chasteau, le fossé n'en étant guères bon, et aussi, que de secours de l'armée, il ne falloit point que ceux du chasteau en espérassent qu'après que la mer se seroit retirée. Ledit milord fit donc sa batterie forte et furieuse, perçant de chacun coup la muraille non remparée de ce costé-là, et fit tous efforts de tirer à force ceux qui estoient dedans. Mais estoit une troupe aussi mal aisée à forcer comme de l'estonner, et laquelle en pleine campagne eust combattu deux fois autant d'hommes comme ils estoient; de façon que ce pauvre milord, voyant cette brave résistance, eut recours à demander s'il devoit espérer une composition, qui lui fut accordée telle qu'il s'est vu. Et la ville, deux cens ans après sa perte, retourna françoise par l'astuce, diligence et bonne conduite du duc de Guyse, qui fit cette généreuse exécution en huit jours.

Ce bel exploit exécuté remit toute la France en bon espoir; le roy mesme en fut extresmement réjoui, et en rendit graces à Dieu, tant en particulier qu'en processions et actions de graces publiques. Son lieutenant, le duc de Guyse, ne voulant pas demeurer en si beau chemin, pense et repense de faire encore quelque coup mémorable; et d'une extrémité à l'autre conduit son armée à Thionville, place que l'on tient comme imprenable, à cinq ou six lieues de Metz, qui incommodoit fort ladite ville de Metz, et la tenoit sujette. Ayant donc planté le siége devant Thionville, il se trouva plusieurs difficultés à cause d'une rivière qui bat les rives des courtines de ladite ville d'un costé, et néanmoins la prise d'une tour, qui fut emportée en plein jour, non sans la perte de plusieurs bons capitaines et soldats, et la mort du maréchal Strosse, parlant dans les tranchées audit sieur de Guyse, qui lui tenoit lors la main sur l'espaule; qui fut dommage et perte pour le service du roy, car il estoit bon capitaine et vaillant de sa personne.

Ceste tour donc prise et forcée, nonobstant toutes les difficultés qui s'y trouvèrent, les ennemis voyant qu'elle commandoit fort à la courtine et de près, et qu'il se préparoit une brèche qui estoit fort en vue de ladite tour, commencèrent à perdre courage, et demandèrent appointement, ce qui leur fut accordé; et se rendirent, laissant la place entre les mains du lieutenant du roy.

Ces deux exploits furent faits sur une armée et prince victorieux d'une bataille où toutes les forces qu'avoit le roy avoient esté perdues et dissipées, tant par la mort de la pluspart de l'infanterie que de la noblesse et des chefs, estants morts ou retenus prisonniers.

En ce même temps, un peu auparavant, le maréchal de Termes, de tout temps estimé fort sage et prudent, bien avisé et expérimenté au fait de la guerre, à qui l'on avoit donné une petite armée à commander pour asseurer le pays conquis ès environs de Calais, que l'on repeuploit et r'habilloit-on les bresches de la ville, la fortifiant au mieux que l'on pouvoit, s'avança jusqu'à Dunkerque, qu'il prit; força et saccagea la ville, puis fit sa retraite, ou la pensoit faire à Calais, sentant le comte d'Aiguemont s'approcher avec beaucoup plus de forces qu'il n'en avoit; mais, à cause de la mer, qui remplit de douze en douze heures le canal qui est entre ledit Dunkerque et Calais, ses troupes ayant commencé de s'acheminer, les uns passèrent de bonne heure ledit canal, et se sauvèrent; les autres ne le pouvant, et combattant mal par nécessité, furent défaits, l'infanterie taillée en pièces; et de la cavalerie, les uns pris et les autres morts sur la place, et ledit maréchal mesme fut pris. Il pouvoit avoir en son armée cinq ou six mille hommes de pied, et huit cens chevaux de la gendarmerie du roy. La plupart furent tués ou dévalisés, comme l'infanterie presque toute.

L'hiver survenant, il fallut retirer les armées tant de part que d'autre aux garnisons; le roy d'Espagne à Bruxelles, le roy à Paris, et de l'un à l'autre on commença à traiter d'une paix générale, laquelle enfin se conclut par les noces du roy d'Espagne avec madame Elisabeth, et de madame Marguerite, sœur de Sa Majesté, avec le duc de Savoye, avec la reddition de M. le connestable et autres prisonniers payant leur rançon. Et lors ne fut plus qu'allées et venues de tous les princes françois et grands de ce royaume, et de toute la jeunesse de la cour à aller voir le roy d'Espagne à Bruxelles, où chacun estoit reçu, bien traité et festoyé, comme aussi estoient ceux de ce costé-là qui venoient à Paris, où enfin les noces promises se parachevèrent, où arriva le malheureux coup pour la France de la mort du meilleur roy, plus doux, affable et gracieux qu'elle ait jamais eu, et qui a causé tous les malheurs que nous avons depuis veus en France, par les guerres civiles qui y sont arrivées.

J'apporteray ici, par parenthèse, un acte qui arriva à un des frères du sieur de La Bourdaisière, lors maistre de la garderobe du roy, qui se nommoit le sieur de Vouillon, lequel avoit esté pris à Sainct-Quentin, et commandoit une compagnie de gens de pied françois. La faveur de son frère le faisoit estimer plus grand seigneur qu'il n'estoit, et luy demandoit-on une grosse rançon; luy s'excusoit, et disoit qu'il estoit cadet, et ne pouvoit tant payer. Enfin il promit de sa rançon jusques à deux mille escus, avec une clause que, s'il ne pouvoit trouver parmi tous ses moyens et amis moyen de fournir ladite somme, il se viendroit rendre prisonnier entre les mains de M. de Savoye, lequel, à ces conditions, luy donna congé sur sa foy, à tel terme qu'il luy plut limiter de se représenter. Ledit sieur de Vouillon vint à Paris, parla à ses amis. Pour ne faillir au temps qui luy estoit ordonné, prinst des chevaux de poste, et fit telle diligence, mesurant le temps à son dessein, qu'il arriva à Bruxelles ainsi comme le duc traitoit et festoyoit à disner une troupe de seigneurs françois qui s'y estoient acheminés. Vous pouvez penser que lors ledit sieur de Savoye, la paix estant résolue, son mariage arresté, ne pensoit qu'à l'avènement d'iceluy et à son rétablissement dans ses pays, se souciant peu de ce qui estoit convenu entre luy et ledit sieur de Vouillon, qui se présenta à luy comme il estoit à table: il fut bénignement reçu, et ayant fait entendre audit duc qu'il n'avoit pu trouver pour le rachat de sa liberté les deux mille escus par luy promis, et, pour ne manquer à sa foy, il s'estoit venu remettre entre ses mains, pour recevoir de luy ce qu'il luy plairoit ordonner, en s'acquittant de sa foy promise, ledit duc respondit qu'après disner il en ordonneroit. Sans plus en parler, s'amusa à boire d'autant à la compagnie et faire bonne chère. Cependant le sieur de Vouillon, qui avoit autre dessein, et qui pensoit s'estre honnestement acquitté de sa foy, se démesle de la presse, et, sortant, trouva ses chevaux de poste à la porte. Comme ses gens estoient bien instruits, monte dessus et s'en recourt à Paris, et prétend s'estre bien acquitté de sa foy, estre quitte de sa rançon. L'affaire est mise en délibération devant les capitaines, tant françois qu'espagnols, à ce appellés, par lesquels ceste subtilité fut approuvée, et jugé que tout prisonnier gardé comme l'avoit toujours esté ledit de Vouillon jusqu'à ce qu'il eust la licence de M. de Savoye, comme dit est, sur sa foy de se représenter comme il fit dextrement, il dut estre tenu quitte de sa rançon. Et M. de Savoye la paya à son maistre, pour ce qu'il fut dit que le sieur de Vouillon s'estant acquitté de sa foy, et représenté devant luy en estat de subir la prison ou garde, il n'avoit fait que ce que chacun peut faire, de rechercher sa liberté. Ceci pourra servir à la postérité.

FIN DU MÉMOIRE DE LA CHASTRE.

MÉMOIRES

DE MESSIRE

GUILLAUME DE ROCHECHOUART,

SEIGNEUR DE JARS, BREVIANDE ET LA FAYE,

PREMIER MAISTRE D'HOSTEL DU ROI CHARLES IX, ET CHEVALIER DE SON ORDRE.

Je, Guillaume de Rochechouart, seigneur de Jars, de Breviande et de La Faye, fils unique et seul héritier de Jean de Rochechouart, seigneur de Jars, et d'Anne de Bigny, fus né l'an de grace 1497, le 6 janvier. Un mois après trespassa mon père, duquel j'en fus seul héritier; et, au bout de l'an, madite mère se remaria avec Pierre de Bonnay, seigneur de Bonnay et de Demoret; au moyen de quoy je fus nourry avec Charles de Bigny, seigneur d'Aisnay, de Bigny et de Preveranges, mon ayeul maternel, jusques à l'âge de douze ans, que je fus mis page du duc François d'Angoulesme, par le moyen de François de Rochechouart, seigneur de Chandenier, mon oncle paternel, qui pour lors estoit gouverneur de Gennes. Et tost après, ledit seigneur d'Angoulesme fut envoyé lieutenant pour le roy Louis XII en Guyenne, contre le duc de Nagera, qui avait une armée pour le roy d'Espagne : et à son retour, ledit seigneur d'Angoulesme m'envoya avec ses grands chevaux en Ast, cuidant passer les monts. Et tost après (1514), la reine Anne mourut, le corps de laquelle fut conduit par mondit seigneur d'Angoulesme à Paris, et de là à Sainct-Denis; et, après l'enterrement fait, espousa madame Claude, fille aisnée du roy, qui en mesme temps espousa Marie, sœur du roy Henry d'Angleterre : et furent les noces faites à Abbeville, et de là ladite dame vint faire son entrée et prendre sa couronne à Paris, où je sortis hors de page.

Six mois après, ledit roy Louis mourut, et luy succéda au royaume mondit seigneur d'Angoulesme, qui fut l'an 1514, et tost après fut sacré à Rheims et fit son entrée à Paris : et l'année ensuivante (1516), on entreprit la conqueste du duché de Milan, et estois lors de sa compagnie, qu'il donna depuis qu'il fut roi à M. René, bastard de Savoye. Et après la bataille de Marignan et ladite conqueste faite, le roy envoya mondit seigneur le bastard de Savoye avec six cens hommes de cheval et six mille hommes de pied, au service des Vénitiens, pour leur aider à reprendre Bresce et Véronne, que l'empereur Maximilien tenoit. Et estant ledit Bresce assiégé, ledit empereur vint avec grosse armée qui leva le siège. Et se retira l'armée du roy jusques à Milan, où avoit intelligences ledit empereur, desquelles ne put avoir faveur, et se retira. Et depuis, le seigneur Jean-Jacques Trivulce alla r'assiéger ladite ville de Bresce, qui fut lieutenant du roy en ladite armée, et s'en retourna mondit seigneur le bastard de Savoye en France. Et fusmes audit siége tout l'hyver, et là laissa sa compagnie. Et sur le renouveau, M. de Lautrec fut envoyé lieutenant pour le roy en ladite armée; et fut rendue ladite ville par composition, et mise ès mains des Vénitiens. De là allasmes au siége de Véronne, qui tint six mois, et après se rendit par composition. Ce fait, fut remise ès mains des Vénitiens, et les garnisons assises; et m'en revins en France trouver mondit sieur bastard de Savoye, qui me retint de sa maison.

En ce temps, dernier jour de février 1517, nasquit à Amboise M. le dauphin, qui fut nommé François, et fut tenu sur les fonts, au nom du pape Léon, par le duc d'Urbin son neveu, lequel espousa le lendemain mademoiselle de Boulogne; duquel mariage est issue madame Catherine de Médicis, à présent reine. Et pour les solemnités susdites, furent faits grands tournois, desquels je fus avec la bande de M. le bastard de Savoye. Et, tost après (1520), le roy et le roy d'Angleterre se virent à Ardres avec grande magnificence, et peu après (1521), ledit seigneur empereur assiégea Mézières; au moyen de quoy le roy leva une grande armée pour faire lever ledit siège, et donna charge à M. le comte de Brienne, Charles de Luxembourg, de lever cent hommes d'armes et quatre cens chevaux légers: ce qu'il fit aisément, car il estoit grand seigneur et bien aimé: lequel me retira d'avec M. le bastard de Savoye, pour lors grand maistre de France. Et me promit ledit comte de Brienne de me faire son lieutenant; ce qu'il ne put pour lors faire, parce qu'il en avoit pourvu son frère bastard, âgé de soixante et dix ans, et pendant me donna son enseigne et la conduite de ladite compagnie, pour cause de la vieillesse de sondit lieutenant. Ladite armée levée, le roy leva le siège dudit Mézières, et entra en Hainaut, suivant l'armée dudit éleu empereur jusques à Valenciennes, et de là tira à Hesdin, qui fut prise.

Ce fait, ledit seigneur rompit son armée, et fut réduite la compagnie dudit sieur de Brienne à cinquante hommes d'armes ordinaires; et fus envoyé avec ladite compagnie à Terrouenne, où je demeuray tout l'hyver. Et l'an 1523, l'empereur mit siège devant Hesdin; et après avoir esté trois semaines devant, ne le pouvant prendre, se leva et tira vers la frontière, où il fit beaucoup de maux. Et fus mandé, estant audit Terrouenne, pour ramener ladite compagnie au camp où estoit mondit sieur de Brienne. Et passa l'armée de l'empereur la rivière de Somme à Bray, où estoit pour lors lieutenant pour le roy M. de La Trémouille, lequel envoya M. de Pontdormy ou Pontdremy avec trois cens hommes d'armes, pour conduire et mettre le sieur de Roche-Baron avec sa compagnie et autres bandes dedans Montdidier, pour la garde d'icelle; duquel nombre j'estois avec ma charge. Et à nostre retour fusmes chargés de la part des ennemis, qui estoient toute leur cavalerie, et, après avoir soustenu plusieurs charges, fusmes contraints nous retirer avec peu de perte de quinze ou vingt hommes d'armes, qui furent pris avec M. de Canaple, neveu dudit sieur de Pontdremy, et fut prise ladite ville de Mondidier.

Et après, ledit seigneur de Brienne fut envoyé avec sa compagnie dedans Guise, pour la garde d'icelle, parce que les ennemis tiroient cette part. Et assiégèrent les ennemis le chasteau de Bohain, qu'ils prirent et ne s'osèrent arrester à Guise, attendu la grande froideur qui pour lors estoit, et fut à l'heure quand les bleds gelèrent à la sainct Martin. Et les ennemis estans retirés, prismes sur eux ledit Bohain, et le sieur de La Trémouille se retira, et demeura mondit seigneur de Brienne, lieutenant pour le roy; et demeuray toujours avec luy en la charge susdite depuis que la paix fut conclue (1526). Au moyen de quoy me retiray à ma maison pour regarder à mes affaires et dettes, et quittay ladite charge; et fus en repos l'espace de dix ans, que l'empereur dressa de rechef une armée pour venir en Provence (1536). Et le roy pour aller contre luy fit plusieurs bandes de gens d'armes nouvelles, et en donna cinquante à M. de Vendosme, cinquante à M. de Nevers, cinquante à M. le marquis de Rothelin, cinquante à M. de Longueville, et les pourvu de chacun un lieutenant: et lors mondit sieur de Nevers m'envoya son enseigne jusques en ma maison, et commission pour luy lever sa compagnie, me faisant entendre qu'il me feroit mieux à l'avenir.

Le roy l'avoit pourvu de lieutenant du sieur d'Orades; et menay ladite compagnie complète en Avignon, où le roy dressa son camp: laquelle compagnie fut levée six semaines après la commission despeschée, qui fut trouvée fort belle et complète: et ce voyant, ledit sieur d'Orades ne voulut accepter l'estat, et demeuray lieutenant de ladite compagnie. L'empereur s'estant retiré, le roy m'envoya avec ladite compagnie en Picardie, parce que le siège estoit lors devant Péronne, lequel siège se leva. Estant adverty de la retraite de l'empereur, et, peu de temps après, les princes susdits voulurent mettre des lieutenans à leurs faveurs, comme ledit sieur de Nevers ; dont le roy fut marry, et leur osta à tous ceux qu'ils avoient mis, et leur en bailla d'autres, et donna audit sieur de Nevers le sieur de Dampierre. Ce voyant, me retiray vers le roy, qui me retint près de sa personne, me mettant en l'estat des gentilhommes servans, où j'ay servy long-temps ordinairement. Et me fit ledit seigneur de Nevers son chambellan, avec quatre cens francs d'estat, et cinq chevaux défrayés, et quatre valets. Et lors me commanda le roy estant à Grenoble m'en aller en Piedmont avec M. le dauphin, pour lever le siége de Pignerol et le pas de Suze. Et, le siége levé (1537), les ennemis furent chassés jusques à Montcalier ; et ce fait, le roy vint en Piedmont ; et de là dépescha M. le cardinal de Lorraine et M. le grand-maistre de Montmorency pour aller à Lecate près de Perpignan, pour traiter quelque accord avec Cabes, grand-commandeur majeur d'Espagne, et le sieur de Granvelle, commis de l'empereur, et me recommanda le roy leur faire compagnie : et au retour mondit sieur le grand-maistre fut fait connestable de France.

(1538) Après, le pape, le roy et l'empereur se trouvèrent près de Nice pour traiter quelque accord ; et ne se virent l'empereur ny le roy, et se départirent. Le pape s'en retourna à Rome, et l'empereur vint en ses galères à Aigues-Mortes, où se trouva le roy, qui le reçut honnorablement : et sembloit qu'ils se cherchassent d'amitié d'une part et d'autre. Bientost après (1539), ledit empereur passa par France pour s'en aller en Flandre, où on le reçut honnorablement par tout. Et tost après la guerre recommença. Et dressa le roy deux grosses armées : l'une à Perpignan, que monseigneur le dauphin conduisoit, où le roy me commanda aller ; l'autre fut envoyée à Luxembourg, que conduisoit monseigneur d'Orléans. Et l'an après (1542), ledit sieur dressa une autre armée, où il estoit en personne ; et fut en Hainaut, où il prit la ville de Landrecy, qu'il fortifia, et me donna charge d'une partie de la fortification : et incontinent ledit empereur la vint rassiéger. Le roy s'estant retiré avec son armée en ce pays, la rassembla soudain pour venir secourir ladite ville ; se vint loger à Casteau-Cambresis, y attendant la bataille et forces de l'empereur par trois jours : et n'y auroit eu nulle perte, mais auroit toujours gardé l'advantage sur son ennemy. Et l'année après (1544), l'empereur dressa une fort grande et grosse armée, avec le ban d'Allemagne et toutes les forces de l'Empire, et vint en France, prit Commercy, Ligny en Barrois, et vint assiéger Saint-Disier, où il demeura par l'espace de quarante-trois jours, qu'elle fut prise par composition.

Lors le roy me despescha avec le sieur de Boutières, pour nous en aller avec M. de Nevers dedans Chaalons, attendant y avoir le siége ; et estant là, mondit seigneur de Nevers, et les autres capitaines, advisèrent de m'envoyer en poste devers le roy, qui estoit pour lors à Villers-Cotterets, pour luy remonstrer les nécessités, et ce qu'il faisoit pour la garde de ladite ville, et aussi pour conduire un moine espagnol qui faisoit quelque pratique de la paix. Et ayant obtenu partie de ce que j'avois demandé, m'en retournay audit Chaalons. Et le lendemain l'empereur vint a passer par-devant la ville, et se vint loger à la portée du canon, et le lendemain deslogea dès le point du jour, pour venir trouver l'armée du roy qui estoit à Jaillon. Ce voyant, mondit sieur de Nevers partit de ladite ville pour s'en aller audit Jaillon avec deux cens hommes d'armes, et quatre mille hommes de pied, pour se trouver à la bataille : et néantmoins ledit empereur ne nous voulut assaillir, et passa outre à Epernay, et fut fait accord entre l'empereur et le roy. Et à mon retour, ledit seigneur me fit son maistre-d'hostel ordinaire, et m'envoya en Lorraine, à Toul, Verdun et Metz, pour aucunes ses affaires, et revins trouver ledit seigneur en Bourgogne.

(1547) Me partant de là, le roy recommençoit à estre malade ; et s'en revint à Rambouillet, où il décéda ; et luy succéda à la couronne M. le dauphin Henry II, à présent roy, lequel me retint à son service en mesme estat. L'accompagnay à son sacre à Reims ; et de là visita toutes les frontières de Picardie et de Champagne ; et, l'an après, alla visiter les pays de Piedmont ; et fis tout le voyage. Quelque temps après, la guerre commença entre l'empereur et luy à Parme et autres lieux des frontières, et leva le roy une grosse armée pour aller en Allemagne. Et luy, estant à Sarebourg (1552), me renvoya à Nancy et en Lorraine, pour aucunes de ses affaires et négoces. Et à son retour, l'allay trouver à Rodemac, à Luxembourg, et de là, passant par ledit pays, alla prendre Damvilliers, Monmedy et Ivoy.

En l'an d'après (1553), l'empereur leva une grosse armée, et assiégea Terrouenne et Hesdin, et les prit. Le roy leva aussi une fort grosse armée pour aller contre luy, et s'estant mis à la campagne, l'empereur se retira vers Cambray, ayant toujours le roy à sa queue; et se retira à un fort près Valenciennes, où luy fut présenté la bataille et tiré canonnades dans son fort, dont les ennemis ne voulurent oncques sortir, et se retira le roy avec son armée, l'hiver approchant. Et l'an suivant (1554), ledit seigneur roy leva une grosse armée, et en personne délibéra d'entrer dans le pays ennemy par costé du Liége, assiégea et prit Dinant, Bovines, et de là se retira près le pays de Hainaut, et à Binche, qu'il mit en ruine; et vint en grandes journées jusques à Crèvecœur en Cambresis, pour recouvrer des vivres dont il avoit besoin. Et de là m'envoya ledit seigneur à Saint-Quentin, à Péronne, à Corbie et à Amiens; et l'allay trouver près Hesdin; et de là tira ledit seigneur vers le chasteau de Renty, l'empereur nous costoyant toujours à deux lieues près avec une grosse armée, où il estoit en personne, et ne nous osa assaillir.

Le roy alla assiéger ledit Renty, qui fut battu par deux jours, et l'empereur se vint loger à une lieue près de là, pour secourir ladite place. Et cessa la batterie dudit Renty au tiers jour, par faute de poudres. Et le quatriesme jour après, l'empereur envoya quelque quantité d'arquebusiers pour gagner le logis de la forest de Foucamberg, et gagner ledit bois, ce qu'ils firent; toutefois ne sçurent gagner ledit logis pour ce jour. Et le lendemain ledit empereur se mit en bataille, pour venir y loger, ou bien pour bailler la bataille. Le roy pareillement se mit en ordre pour l'attendre. Et vint l'avant garde dudit empereur outre le bois, laquelle fut chargée et renversée, et le logis et le bois regagné;

où il fut défait vingt-deux enseignes de gens de pied, et quatre cornettes de gens de cheval, et six pièces d'artillerie prises; et furent renversées jusques à la bataille, où estoit ledit empereur; lequel voyant cela, se retira en son logis d'où il estoit party, et là se fortifia le lendemain. Le roy lui fit encore présenter la bataille, et pour l'attirer tira plusieurs coups de canon en son camp; lequel ne voulant sortir, le roy se retira près Montreuil, parce qu'il avoit faute de vivres, et n'avoit poudres pour faire batterie audit chasteau de Renty : auquel lieu il attendit encore quatre ou cinq jours, voir si l'empereur viendroit donner bataille, parce que l'on disoit qu'il n'attendoit que trois mille Espagnols que le prince d'Espagne avoit amenés d'Angleterre. Et voyant qu'il n'y venoit ny faisoit semblant d'y revenir, sa personne s'en revint en France, et laissa M. le connestable chef de son armée pour huit ou dix jours. Et m'en revins avec ledit seigneur, parce que j'estois en mon quartier et temps de service.

Et après avoir iceluy temps achevé, ledit seigneur m'a voulu mettre chambellan de messeigneurs le dauphin, duc d'Orléans et d'Angoulesme, ses enfants; non qu'il aye voulu que j'aye laissé son service et estat de maistre-d'hostel; mais, voyant m'approcher de soixante ans, a voulu me mettre en l'estat pour à l'advenir estre en repos. Ce considérant, et que besoin estoit laisser ma maison pour ledit service, ay délibéré mettre ordre ès partage de mes enfans, à ce qu'ils pussent demeurer à l'advenir en paix. Aussi ay voulu disposer de mon ame le tout en la forme contenue en mon testament.

(1557) Depuis, le roi Philippe dressa une armée et vint en Picardie, assiégea Saint-Quentin. Et pour le secourir, le connestable fut devant ledit Saint-Quentin pour y mettre gens, où il fut détruit le jour de saint Laurens, et grand nombre de seigneurs. Depuis fut traitée paix entre lesdits rois (1558), à condition que le roy rendroit le pays de Piedmont à M. de Savoye, espousant Madame Marguerite, sœur du roy, et aussi le roi d'Espagne rendroit les terres prises des dernières. Et espousa ledit roy d'Espagne la fille du roy Henry, par le duc d'Albe. Et pour solemniser les nopces (1559), fut dressé un tournois, où fut blessé d'un éclat de lance ledit roy, qui mourut dudit coup le onzième après; et fut dommage, parce que c'estoit un bon et benin prince, lequel je vis trespasser et ouvrir, et fis mettre en son cercueil. Et luy succéda François II, son fils, âgé de seize ans, qui, après avoir fait son enterrement, me retint à son service auxdits estats que j'avois eus.

(1560) Dès-lors, il voulut que j'eus la charge et gouvernement de messeigneurs ses frères. Et depuis ledit roy mourut à Orléans; et m'envoya au bois de Vincennes, d'où il me fit capitaine, ayant la charge de monseigneur d'Anjou, son frère, où je fus jusques à son décès. Auquel succéda Charles IX, son frère, lequel me continua en mes dits estats, et davantage me fit gentilhomme de sa chambre, avec les livrées de livres, comme les autres gouverneurs. A raison que je suis vieil, ne pouvant plus la prendre, et aussi voyant les troubles et affaires qui estoient en ce royaume, tant du fait du gouvernement que de la religion, commençay à me retirer à ma maison pour regarder à mon petit ménage, bastir et édifier, comme ont fait les anciens.

Et après avoir fait entendre où j'ay employé mes jours, je veux bien faire entendre en quel bien j'en ay fait le commencement. Comme dit est, mon père me laissa en l'âge de six semaines, avec quatre cents livres de rente, qui estoient affectés à un nommé Jean des Champs, sur quoy falloit payer à ma mère Anne de Bigny, par chacun an, huit vingt quinze livres; parquoy ne me restoit plus que deux cens vingt-cinq livres de rente, sans logis ny meubles, parce que, par la coustume, l'ayeul et l'ayeule, ou oncle ou baillistre, faisoit les meubles et levées siens, sans en rendre aucun compte. Et si à présent lesdites terres valent mieux, faut entendre que le boisseau de bled lors ne valoit que quatre blancs, et à présent il vaut six sols. Aussi les baux des dixmes et terrages sont augmentés des deux parts, et aussi pareillement la dépense : et si j'ay eu quelque domaine à Jars, c'est d'eschanges en la plus grande part, dont je me suis accommodé. Et nonobstant mon vieil âge, ledit seigneur ne me voulut laisser au voyage qu'il entreprit l'an 1564, pour aller visiter son royaume, tant pour faire démonstration de sa religion, que pour voir comment justice estoit administrée, ensemble l'édit de la pacification. Et partit de Fontainebleau, le lundi huitième mars audit mars 1564, pour s'en aller en Brie, Champagne et Bourgogne. Et passant à Dijon, je trouvay messieurs de Chandenier, de mon nom et de mes armes, qui avoient plusieurs procès, desquels j'en accorday vingt-deux. Et de là ledit seigneur tira à Lyon, en Dauphiné, Provence et Languedoc. Et passant par Toulouse, je trouvay les enfans du sénéschal de Toulouse, lesquels j'accorday, comme il sera à plein dit ci-après. Et audit lieu de Toulouse, il plut audit seigneur roy, le jeudy huitième février 1565, de m'honnorer et me faire chevalier de son ordre, et de là il vint en Guyenne, où à Bayonne il vit la reine d'Espagne, sa sœur, et de là s'en revint par Périgord, Angoulesme et Coignac; duquel lieu je luy demanday congé de venir en ma maison, attendu qu'il y avoit deux ans que je n'y avois esté; ce qu'il m'accorda. Et voulant derechef recognoistre mes services, voulut que ma livrée du bureau, qui est de soixante sols par jour, me fut comptée, tant présent comme absent, tant que je vivrois, et me fit expédier lettres.

En partant dudit Coignac, je fus voir la maison de Rochechouart, dont je suis sorty, et où je n'estois jamais allé, et aussi fus voir M. de Mortemar, mon parent de nom et d'armes, et autres; où je reconnus que ceux de nostre dite maison avoient quatre-vingt mille livres de rente, dont j'estois le moindre; qui est pour faire entendre que la maison n'a commencé de moy, comprenant auxdits biens le vicomté de Rochechouart, la maison dudit sieur de Mortemar et de Montpipeau, celle de Chandenier et de Saint-Amand, et la mienne. Faut entendre que passant par Toulouse, je trouvay les héritiers de feu M. Saint-Amand, en son vivant sénéschal de Toulouse, en divorce, lesquels j'accorday. Et ne demeura que les deux petites-filles de feu Antoine de Rochechouart, seigneur de Saint-Amand, qui n'y avoient leur tuteur ny homme pour eux, et aussi que leurs biens estoient mal administrés. Tous leurs parens ensemblement, et jusques au nombre de trente, comme appert par leurs signatures, me prièrent avoir pitié desdites filles, et sauver ceste pauvre maison, attendu que j'avois le moyen, et que leurs biens estoient près de Jars, et aussi qu'à moindre frais j'y pourrois vacquer; et qu'ils estoient d'advis que lesdites deux filles fussent mariées à mes deux petits garçons; sçavoir, à mon fils du second mariage, et au fils de mon fils aisné, pour la conservation des armes de la maison; attendu qu'ils estoient de si près parens qu'avec petite dispense on les peust assembler. A quoy je fis response que j'estois vieil, approchant de soixante et dix ans, ayant charge en la maison du roy, et plusieurs enfans; que je n'en pouvois porter telle charge; mais, pour l'amitié de ladite maison et mon sang, je me transporterois à Paris, avec les contracts et mémoires des affaires, et que si mon pouvoir satisfaisoit, que j'accepterois volontiers le contenu cy-dessus, pourvu que le tout fut pacifié avec les parens, sans autre forme de procès : car je ne voudrois point embrouiller ma maison ny la laisser chargée.

Et le quinziesme novembre 1565, je fus audit Paris; où je trouvay par conseil que, nonobstant la volonté desdits parens, estoit besoin de faire bailler autre tuteur auxdites filles, ou bien que, par l'advis de la tutrice provisionnelle, lesdites filles fussent mariées auxdits deux petits fils, nonobstant leur jeune âge; et par ainsi je pourrois administrer le bien desdites filles. Et quant à disposition de mes biens et de ma maison, je trouvay par conseil que je devois asseurer le fils de mondit fils sur les biens qui luy devoient escheoir de ma maison, qui est la maison principale de Jars, et la moitié du revenu, à ce que ladite fille de Saint-Amand luy fut donnée en mariage, et l'autre moitié demeurant à mon fils aisné, pour les enfans qu'il pourroit avoir du second lit, sans aucunes charges de leurs sœurs ny dettes ; et aussi que j'avois donné à mon fils du second mariage la terre et seigneurie de Chastillon-le-Roy, et autres terres contenues ès lettres de ce faisans mention, sans aucunes charges de sesdites sœurs ny autres dettes. Et quant à mes filles, je leur donnay à chacune dix mille francs, pris sur mes meubles et conquests, hors desdites terres, laissant le contrat de mariage de ma femme d'à présent en sa force et vigueur. Et depuis, le roy voulut encore m'honorer de la charge de son premier maistre d'hostel, où je sers il y a trois mois.

FIN DES MÉMOIRES DE G. DE ROCHECHOUART.

MÉMOIRES
DE
MICHEL DE CASTELNAU.

LIVRE PREMIER.

CHAPITRE PREMIER.

Mort du roi Henri II. François II, son fils, succède à la couronne. Il appelle au ministère le duc de Guyse et le cardinal de Lorraine, oncles de Marie Stuart, reine d'Escosse, sa femme. Éloge du cardinal de Lorraine et du duc de Guyse.

(1559) Pour entrer au discours des choses que j'ay veues et maniées en France et hors le royaume, je commenceray au temps que le roy Henry II, courant en lice, fut blessé en l'œil par le comte de Montgommery, capitaine de la garde escossoise, comme les rois de France ont accoustumé, pour l'ancienne alliance qui est entr'eux et les Escossois, d'en avoir une de cette nation.

Ce fut le dernier jour de juin 1559, lorsque Sa Majesté pensoit avoir une paix assurée, et mis fin à toutes les guerres estrangères, pour establir un repos par tout son royaume par le moyen du traité de Casteau-Cambresis, fait en cette année avec Philippes II, roy d'Espagne, qui, par l'accord, espousa Elisabeth de France, fille aisnée du roy Henry, lequel, par mesme moyen, maria Marguerite, sa sœur, princesse très-sage et vertueuse, à Philibert, duc de Savoye, lequel par le traicté de la paix fut remis en son estat, hormis quelques villes que le roy retint.

Mais la mort de ce prince, vaillant et de bon naturel, apporta de grands et notables changemens à la France, parce que le roy François II, son fils, qui luy succéda à la couronne, n'estoit pour lors aagé que de quinze à seize ans, et avoit nouvellement espousé Marie Stuart, reine d'Escosse, niepce de ceux de Guyse du costé maternel. Par le moyen de laquelle alliance cette maison, qui desjà estoit grande et avoit beaucoup de crédit dès le temps du roy Henry, print tel accroissement, que François duc de Guyse, et Charles cardinal de Lorraine, son frère, disposoient entièrement des affaires du royaume, de la volonté et consentement du roy. Car, comme le clergé de France, le premier et le plus riche des trois estats, dépendoit presque dudit cardinal de Lorraine, aussi la pluspart de la noblesse et des capitaines s'appuyoient sur la faveur et autorité dudit duc de Guyse; tous deux bien unis et en bonne intelligence avec leurs autres frères; à savoir: le duc d'Aumale, grand capitaine, le cardinal de Guyse, bon courtisan, le marquis d'Elbœuf, et le grand-prieur de France, général des galères, auquel la mort en la fleur de son aage a envié l'honneur d'une infinité de beaux desseins qu'il m'a souvent communiqués, tous enfans de Claude de Lorraine, duc de Guyse, et d'Antoinette de Bourbon, princesse très-vertueuse. Et avoient encore moyenné avec le feu roy Henry le mariage de Claude, sa fille puisnée, avec Charles duc de Lorraine, leur petit nepveu.

Outre la grandeur des alliances, le cardinal de Lorraine avoit acquis la réputation d'estre fort bien entendu au maniement des affaires d'estat, pour l'expérience qu'il en avoit, y ayant esté nourry dès l'aage de vingt ans; et avoit l'esprit prompt et subtil, le langage et la grace avec de la majesté, et le naturel actif et vigilant. Et quant au duc de Guyse, il estoit cogneu pour l'un des plus grands capitaines et des plus expérimentés de tout le royaume, qui avoit fait plusieurs services fort signalés à la couronne, mesmement ayant soustenu le siége de la ville de Metz contre l'armée impériale, où l'empereur Charles V commandoit en personne, reconquesté la ville de Calais, que les Anglois avoient tenue plus de deux cens ans, et prins Thionville, sans plusieurs autres actes belliqueux.

CHAPITRE II.

Catherine de Médicis, mère du roi, s'unit avec la maison de Guyse. Cause des inimitiés entre les maisons de Guyse et de Montmorency. Anne de Montmorency, connestable de France, se retire de la cour. Mécontentement des princes du sang.

Or ces deux frères, qui avoient tant obligé de personnes par leurs bienfaits et prévoyances, et qui par ce moyen s'estoient acquis la pluspart de ceux qui avoient les premiers estats et les plus grandes charges de ce royaume, continuèrent encore après la mort du feu roy Henry, aidés de la faveur de Catherine de Médicis, veuve dudit roy, princesse d'un esprit incomparable; ce qu'elle a bien fait paroistre lorsqu'elle print en main les resnes du gouvernement et des affaires du royaume avec la tutelle de ses jeunes enfans, tesmoignant n'avoir aucun plus grand désir que de se faire cognoistre pour mère du roy, et croire le conseil establi par le feu roy son seigneur, s'appuyant du duc de Guyse, qu'elle fit pourvoir de l'estat de grand-maistre; ce qui dépleut fort au connestable Anne de Montmorency, qui auparavant avoit cette charge, la première de la maison du roy, bien que pour récompense le sieur de Montmorency, son fils aisné, fust fait mareschal de France. Cet estat de grand-maistre fut cause en partie des inimitiés couvertes et plus grandes qu'auparavant ces maisons avoient, jalouses l'une de l'autre. Mais ce qui donna accroissement encores à l'envie, fut quand les députés du parlement de Paris vin-

drent gratifier le roy de son heureux advénement à la couronne, suivant la coustume ancienne, lui demandant à qui il luy plaisoit que dès lors en avant l'on s'adressast pour sçavoir sa volonté, et recevoir ses commandemens; lors Sa Majesté fit response qu'elle avoit donné la charge entière de toutes choses au cardinal de Lorraine et au duc de Guyse, ses oncles.

Et comme en mesme temps le connestable fut aussi allé faire la révérence à Sa Majesté, pour lui rendre le cachet, et voir ce qui lui seroit commandé, le roy luy dit: qu'il avoit laissé au cardinal de Lorraine toute la charge des finances, et au duc de Guyse le fait et la conduite des armes, de sorte que c'estoit luy retrancher sa puissance. Lequel dès lors, comme sage et vieil courtisan dissimulant sa douleur, fit response qu'aussi n'estoit-il venu que pour s'excuser de sa charge à l'occasion de son vieil aage, pour se retirer en sa maison.

Quant aux princes du sang, ils se mesloient bien peu des affaires; et quand bien ils en eussent eu la volonté, le peu de faveur qu'ils avoient ne leur en donnoit pas grande occasion. Néantmoins, pour ne les mécontenter, on leur donna d'honnestes commissions. Et en ce temps Antoine de Bourbon, roy de Navarre, estant par le conseil de ses amis et serviteurs tiré de Gascogne jusques à la cour, fut recueilly froidement selon son opinion: de là il print occasion, comme aussi estoit-il peu ambitieux, de s'en retourner; mais, pour le contenter, on lui donna la commission avec le cardinal de Bourbon son frère, et le prince de La Roche-sur-Yon, de conduire Elisabeth de France, sœur du roy, en Espagne, et au prince de Condé, d'aller en Flandre pour continuer les alliances. Quant au duc de Montpensier[1], le plaisir et repos de sa maison luy donnoient plus de contentement que la cour, pour l'autorité que le roy avoit donnée à la maison de Guyse; ce qui desplaisoit autant à celles de Montmorency et de Chastillon qu'aux princes du sang.

---

[1] Louis de Bourbon.

CHAPITRE III.

La maison de Guyse s'establit par le parti catholique. Punition des hérétiques. Edicts du feu roi Henri II contre eux. Divers intérests touchant l'exécution desdits édicts. Exécution à mort du conseiller du Bourg.

Et ce qui plus avança encore les occasions de les diviser d'avec la noblesse et les sujets, pour se faire partisans les uns contre les autres, fut le schisme et la division des religions, que l'on entremesla avec les affaires d'estat (qui rehaussa davantage l'authorité de la maison de Guyse, laquelle tenoit entièrement le parti de l'église catholique, apostolique et romaine); car les protestans, ainsi se nommoient-ils pour les protestations qu'ils faisoient de leur religion, à l'imitation des Allemans, estoient si odieux, que l'on faisoit mourir ceux qui demeuroient obstinés et résolus en leurs opinions; et à aucuns l'on coupoit la langue, de peur qu'en mourant ils ne donnassent au peuple impression de leurs doctrines, ou ne vinssent à mesdire des sacremens : ce qui avoit esté continué depuis l'an mil cinq cens trente et deux, que l'on commença à brusler les luthériens.

A quoy plusieurs juges et magistrats estoient poussés d'un bon zèle, pensans faire sacrifice agréable à Dieu de la mort de telles gens, parce que le peuple de France, de toute ancienneté, a toujours, par sus tous les peuples de l'Europe, esté fort adonné à la religion, comme nous lisons mesme ès commentaires de César. Or, tout le clergé de France, et presque toute la noblesse, et les peuples qui tenoient la religion romaine, jugeoient que le cardinal de Lorraine et le duc de Guyse estoient comme appelés de Dieu pour la conservation de la religion catholique, establie en France depuis douze cens ans; et leur sembloit non seulement impiété de la changer ou altérer en sorte quelconque, mais aussi impossible sans la ruine de l'estat, comme à la vérité ces deux choses sont tellement conjoinctes et liées ensemble, que le changement de l'une altère l'autre. Ce que prévoyant le feu roy Henry, avoit fait un édict au mois de juin 1559, estant à Escouan, par lequel les juges estoient contraints de condamner tous les luthériens à la mort; lequel fut publié et vérifié par tous les parlemens, sans limitation ny modification quelconque, avec défences aux juges de diminuer la peine comme ils avoient fait depuis quelques années auparavant. Et parce que, en ce temps, il y eut quelques conseillers du parlement de Paris, qui, à la mercuriale, furent d'avis de faire ouverture des prisons à un luthérien qui persistoit en son opinion, chose du tout contraire à l'édict de Romorentin, ledit feu roy Henry, fut le dixiesme juin mil cinq cens cinquante-neuf, au parlement, séant pour lors aux Augustins, et fit constituer prisonniers cinq conseillers de la cour.

L'on faisoit divers jugemens de l'édict; et les plus politiques et zélateurs de la religion estimoient qu'il estoit nécessaire, tant pour conserver et maintenir la religion catholique, que pour réprimer les séditieux, qui s'efforçoient, sous couleur de religion, de renverser l'estat politique du royaume, et afin que la crainte du supplice retranchast la secte par la racine. Les autres, qui n'avoient soin ny de religion, ny de l'estat, ny de la police, estimoient aussi l'édict nécessaire, non pas pour exterminer du tout les protestans, car ils jugeoient que cela pourroit estre cause de les multiplier, mais que ce seroit un moyen de s'enrichir par les confiscations des condamnés, et que le roy se pourroit acquitter de quarante et deux millions de livres qu'il devoit, et faire fonds aux finances, et, outre ce, contenter ceux qui demandoient récompense des services qu'ils avoient faits à la couronne, en quoy plusieurs mettoient leur espérance. Mais le roy Henry, qui estoit cognu pour prince de bonne nature, n'ayant autre but que le zèle de la religion catholique, couper le chemin aux hérésies, qui apportent toujours avec elles du changement, se laissa aller aux conseils de ceux qui estoient d'avis de faire brusler les hérétiques sans rémission.

Et de faict, Sa Majesté commanda que l'on fist le procès aux conseillers emprisonnés, ce qui fut depuis différé par sa mort. Et quelque temps après, l'un d'iceux fut absous à pur et à plein; les autres condamnés en l'amende, partie honorable et partie profitable; et le conseiller du Bourg fut condamné et exécuté à mort la veille de Noël 1559, encores qu'il eust des amis, et que le comte Palatin eust écrit au roy pour luy sauver la vie. En ce mesme temps, l'on publia nouveaux édicts, portans défence de faire assemblées secrettes sur peine de la vie, parce que les protestans s'assembloient ordinairement en des maisons particulières, et la nuict plustost que le jour, pour l'exercice de leur religion : et par les mesmes édicts y avoit promesse aux délateurs de la moitié des confiscations.

CHAPITRE IV.

Autorité du parlement de Paris. Pouvoir du parlement d'Angleterre. Poursuites contre les protestans. Prétendues abominations desdits protestans en leurs assemblées. Opiniastreté des protestans. Peines ordonnées contre les catholiques en Angleterre.

Ces édicts estans publiés par tout le royaume, les magistrats firent de grandes inquisitions et vives poursuites contre les protestans, principalement en la ville de Paris, afin que par icelle l'on donnast l'exemple et la reigle de procéder aux autres villes, d'autant que Paris est la capitale de tout le royaume, et des plus fameuses du monde, tant pour la splendeur du parlement, qui est une compagnie illustre de cent trente juges, suivis de trois cents avocats et plus, qui ont réputation envers tous les peuples chrestiens d'estre les mieux entendus aux lois humaines et au fait de la justice, que pour la faculté de théologie et les autres langues et sciences qui reluisent plus en cette ville qu'en autre du monde, outre les arts méchaniques et le trafic merveilleux qui la rend fort peuplée, riche et opulente ; de sorte que les autres villes de France, et tous les magistrats et sujects y ont les yeux jettés, comme sur le modelle de leurs jugemens et administrations politiques; qui est un grand moyen de conserver l'estat et la religion par tout le royaume, parce que le peuple fait jugement que cette ville, pleine de si grands et sçavans personnages, ne peut faillir ; joinct aussi que les sept autres parlemens du royaume se conforment ordinairement à celui-là, qui sont en tout comme huit colomnes fortes et puissantes, composées de tous estats, sur lesquelles est appuyée cette grande monarchie ; les édicts ordinaires n'ayans point de force et n'estans approuvés des autres magistrats, s'ils ne sont reçus et vérifiés ésdits parlemens ; qui est une reigle d'estat, par le moyen de laquelle le roy ne pourroit, quand il le voudroit, faire des lois injustes, que bientost après elles ne fussent rejettées.

Comme aussi en Angleterre, le roy ne peut faire loy qui porte coup aux biens, ny à l'honneur, ny à la vie des sujets, si elle n'est approuvée par les estats du pays, qu'ils appellent leur parlement. Et si l'un d'iceux l'empesche, la loy n'est point receue.

Or, les édicts qui pour lors estoient faits, les juges pour la pluspart n'y avoient point d'égard, ains ordonnoient les peines à leur discrétion, et bien souvent aussi faisoient contre les protestans plus qu'il n'estoit porté par tels édicts, selon que le zèle de la religion ou la passion particulière d'un chacun les poussoit. Doncques, au mois de juillet, bientost après la mort du roy Henry, lorsque l'ardeur de la saison enflamme les cœurs des hommes irrités, l'on print grand nombre de protestans, mesmement à Paris en la rue Sainct-Jacques et au fauxbourg Sainct-Germain-des-Prés, et ceux qui réchappoient abandonnoient leurs maisons. Or ceux qui en estoient furent descouverts par le moyen de quelques uns qui s'estoient départis de leur religion; sçavoir est Russanges et Frème, lesquels avoient dénoncé aux juges les maisons particulières où se faisoient les assemblées, et les noms des coulpables.

Il fut trouvé par informations faites à Paris, que les assemblées se faisoient la nuict, de tous aages, sexes et conditions de personnes, et qu'après avoir mangé un cochon au lieu d'agneau paschal, il se faisoit une détestable et incestueuse copulation des hommes avec les filles et femmes, sans avoir grande discrétion de l'aage ny du sang, comme il fut testifié par deux jeunes garçons, qui disoient avoir exécuté telle chose en certaines assemblées faites en la maison d'un advocat nommé Trouillard, à la place Maubert. Les informations de Paris contenans ce que dit est furent portées à la cour et montrées à la reyne, mère du roy, par le cardinal de Lorraine, en la présence de plusieurs seigneurs et dames, qui en furent fort étonnés ; et dès-lors la reine commanda que l'on en fist justice exemplaire. Mais quand ce fut aux recollemens et confrontations des tesmoins, ils se trouvèrent fort variables, de sorte que la cour de parlement ne put asseoir ny fonder jugement et arrest sur leurs dépositions. Neantmoins le fait demeura aux oreilles du menu peuple, qui le pensoit véritable.

Les moins passionnés jugeoient que la chose estoit supposée, veu que d'un nombre infini d'informations, il ne s'en trouvoit qu'une ; et l'on estimoit que c'estoit une invention propre et nécessaire pour rendre lesdits protestans et leur doctrine d'autant plus odieuse. De laquelle invention l'on avoit anciennement usé contre les chrestiens en la primitive église, comme l'on voit ès apologies de Tertulien et de l'orateur Athenagoras, depuis pratiquée contre les Templiers sous le règne de Philippe-le-Bel, lesquels on accusoit de manger les petits enfans, et d'en crucifier un le jour du saint vendredy. Mais les histoires publiées de ce temps-là en Allemagne portent que c'estoit une pure calomnie que l'on leur imposoit pour avoir leurs biens, comme il fut fait. Toutesfois cette accusation, ou impiété, n'estoit pas nouvelle, puisque l'on voit, et tient-on pour histoire certaine et véritable, que les Gnostiques et Barbelites furent atteints et convaincus de se souiller de paillardises incestueuses, sous voile de religion, et après tuer les enfans procréés de tels incestes, et les piler et paistrir avec de la farine et du miel, et en faire des tourteaux qu'ils mangeoient; disans et blasphemans que c'estoit le corps de Jésus-Christ, dit Epiphanius en son livre contre les hérésies de son temps.

Quoi qu'il en fut, lorsque l'on menoit exécuter des protestans, quelques-uns disoient qu'ils mangeoient les petits enfans. Néantmoins lesdits protestans estoient si opiniastres et résolus en leur religion, que lors mesmes que l'on estoit plus déterminé à les faire mourir, ils ne laissoient pour cela de s'assembler; et plus on en faisoit de punition, plus ils multiplioient. Et semble (sans toutesfois faire marcher de pair l'obstination avec la grace du Sainct-Esprit) que Julien, surnommé l'Apostat, empereur des Romains, défendit pour cette cause par édict exprès de faire mourir les chrestiens, qui se faisoient à l'envi et par grande dévotion de leur salut; mais bien commandoit-il de confisquer leurs biens et offices, qui leur estoit une rigoureuse punition. Et en détourna plus par ce moyen que l'on n'avoit peu faire par les persécutions. Cela se voit en l'Histoire Ecclésiastique.

Aujourd'huy en Angleterre, où il y a des catholiques, il leur est prohibé, sur peine de prisons et quelques sommes de deniers, de faire exercice de leur religion. Mais ces deffences envers les constans ne servent qu'à les rendre plus affectionnés à ladite religion catholique, pour laquelle ils ne craignent de perdre la vie et les biens. Il y en a d'autres de ladite religion catholique en leur cœur, qui s'accomodent aux lois politiques du royaume, et vont à l'église anglicane, de peur de perdre les biens ou d'estre constitués prisonniers. Ceux-là peschent griefvement contre la confession de la foy catholique au-dehors, et commettent un crime extérieur d'hérésie. J'ay cogneu des uns et des autres.

CHAPITRE V.

Assemblées secrettes des protestans défendues par édict du roy. Le président Minard assassiné. Conspiration contre la maison de Guyse. Raison de l'exclusion des princes du sang des conseils et de l'administration du royaume.

Mais pour retourner aux assemblées secrettes que faisoient les protestans en France, l'on n'y traittoit pas seulement de la religion, ains des affaires d'estat, chose très-pernicieuse en toute république et monarchie, comme disoit le consul Posthumius en la harangue qu'il fit au peuple romain contre les bacchanales nocturnes. Et pour cette cause Trajan l'empereur escrivoit à Pline le jeune, gouverneur de l'Asie-Mineure, qu'il ne recherchast pas les chrestiens pour leur religion, s'ils estoient gens de bien au reste de leur vie, mais bien qu'il fist en sorte que les édicts faits contre les corps et collèges illicites fussent estroitement gardés, et ceux qui y contreviendroient punis des peines portées par les loix.

Pour mesme cause fut fait un édict en France, au mois de novembre 1559, que tous ceux qui feroient ou assisteroient aux conventicules et assemblées seroient mis à mort, sans espérance de modération de peine, et les maisons rasées et démolies sans jamais les rédifier. Et particulièrement fut mandé au prévost de Paris (parce que les assemblées estoient plus fréquentes en cette ville et ès environs qu'en autre lieu) de faire crier à son de trompe que ceux qui avoient cognoissance de telles assemblées allassent les révéler à la justice dedans certain temps, s'ils ne vouloient encourir mesme punition, avec promesses d'impunité et cinq cens livres pour loyer au délateur. Et peu après fut rechargé d'informer et punir de mort les sacramentaires et entachés d'autres poincts d'hérésies; et pareillement ceux qui menaçoient les officiers de justice : laquelle dernière clause fut ajoustée à l'édict pour les menaces qui avoient esté faites à quelques délateurs contraints de fuir.

Mais, nonobstant la rigueur de l'édict, Minard, président au parlement de Paris, retournant le soir du palais en sa maison, au mois de novembre, sur les cinq à six heures, fut tué d'un coup de pistolet. A l'occasion de ce meurtre, un édict fut fait que la cour se lèveroit dès-lors en avant à quatre heures du soir, depuis la sainct Martin jusques à Pasques, pour obvier à semblables inconvéniens. Ce meurtre fut effectué de telle façon (de quelque part qu'il fust pratiqué), que, le fait ne pouvant estre avéré, le soupçon demeura sur un Escossois appelé Stuart, lequel fut emprisonné et gehenné comme coupable, sans qu'il voulust jamais rien confesser. Il demeura toutesfois en l'opinion du vulgaire que c'estoit en haine de ce qu'il s'estoit monstré trop entier et violent à la poursuite des protestans. Ce qui augmenta la présomption, fut le meurtre commis en la personne de Julien Frême, qui portoit mémoires et papiers à la cour de parlement, pour faire le procès à plusieurs grands protestans et partisans de cette cause. Et lors, l'on publia un édict portant deffences, sous grandes et rigoureuses peines, de ne porter aucunes harquebuses, pistolets ny armes à feu.

Tout ce fut en partie cause de haster la condamnation du conseiller du Bourg, duquel j'ay parlé cy-devant; ce que les protestans crurent provenir de la malveillance que leur portoient ceux de Guyse, desquels le crédit s'augmentoit toujours : aussi disposoient-ils des armes et des finances, estats et charges honnorables. Sur quoy les protestans et leurs partisans firent délibération de les esloigner de la cour et de la personne du roy, pour faire place au roy de Navarre, premier prince du sang, au prince de Condé et à la maison de Chastillon, qui estoit de leur party.

Mais c'est chose bien estrange de vouloir donner la loy à son maistre, et principalement aux rois, et qu'il ne leur soit loisible de faire eslection de tels serviteurs qu'il leur plaira; ce que les rois de France ont quelquefois pratiqué; et n'ont appelé les princes de leur sang au maniement de leurs affaires que selon l'affection qu'ils leur portoient, pour la jalousie qu'ils s'en figuroient; craignans que l'ambition ne leur fist oublier le devoir naturel, bien que cela ne doive arriver. Et si Gontran tua ses trois neveux, c'est un cas particulier d'une mauvaise conscience. Hiéron, roy de Sicile, pour obvier à semblable inconvénient, ordonna par testament quinze personnes de ses plus fidèles serviteurs pour tuteurs à son petit-fils Hiérosme, et ne voulut pas bailler la garde d'iceluy à ses plus proches parens, craignant que l'on lui volast son estat. Et pour mesme cause, Henry I, roy de France, bailla la garde de son fils à Baudouin, comte de Flandre, son beau-frère, et non pas à Robert, son propre frère, qui avoit voulu entreprendre sur sa couronne. Et Louis-le-Jeune choisit l'archevesque de Rheims pour gouverneur de Philippe-Auguste, son fils, sans avoir esgard à ses frères. Louis huictiesme aussi postposa son frère Philippe à la reine Blanche, la laissant tutrice de Louis neufiesme, qui fut le prince le mieux nourry et l'estat le mieux gouverné qu'on eust peu désirer.

Et, qui plus est, Louis septiesme et huictiesme, sortans du royaume pour les guerres estrangères, ont laissé un abbé de Saint-Denis en France pour gouverneur, et non pas leurs frères et proches parens, pour jalousie de l'estat et du commandement souverain, qui fut la cause principale pourquoy Charles cinquiesme, surnommé le Sage, fit une ordonnance qui fut publiée et vérifiée en parlement, par laquelle il osta la régence durant la minorité des jeunes rois, et déclara son fils majeur à quatorze ans. Néantmoins, pour n'avoir pourveu à sondit fils d'autre conseil que des princes du sang, il survint après sa mort plusieurs guerres civiles entre les maisons d'Orléans et de Bourgogne pour le gouvernement. Et pour cette cause, après la mort de Louis unziesme, les estats députèrent douze conseillers à Charles huictiesme, sans y nommer ny appeller Louis douziesme, proche successeur de la couronne. Et quand bien il n'y auroit nul inconvénient du souverain, ny de l'estat, cela fait retenir souvent (comme quelques politiques estiment) les opinions et la liberté de ceux qui sont timides, lorsqu'ils voyent quelqu'un qui, avec mauvaise conscience, a les armes en main, par lesquelles il pourroit aspirer et atteindre à la souveraineté comme il luy plairoit.

Mais tels effects appartiennent plus aux barbares et princes d'Orient et d'Afrique, qui esloignent tant qu'ils peuvent les princes de leur sang; comme l'on voit en la maison des Ottomans, qui font nourrir leurs propres enfans hors d'auprès d'eux pour la jalousie qu'ils en ont, et pour un soupçon les font bien souvent mourir. Aussi en Afrique l'on voit les enfans du roy d'Ethiopie, qui a plusieurs royaumes sous sa puissance, nourris en une forteresse et sur une haute montagne, de peur qu'estans auprès de luy ils ne soient cause de rébellion.

CHAPITRE VI.

Justification de la maison de Guyse. Avilissement de l'ordre de Sainct-Michel et autres ordres et marques d'honneur. Les ordres de la Jartière et de la Toison maintenus en leur premier lustre. Les protestans de France, mal-contens du gouvernement, soulèvent le prince de Condé et l'admiral de Chastillon. Malheurs arrivés au royaume à l'occasion des guerres de la religion.

Mais, pour reprendre le fil de l'histoire, il n'y avoit point d'apparence de dire et aussi peu de publier par édict, comme l'on fit lors, que ceux de Guyse vouloient tuer le roy et usurper l'estat, veu que le fondement de leur puissance n'avoit plus grand appuy que de la vie du roy, et de leur niepce, reine de France et d'Escosse, de laquelle sur toutes choses ils désiroient voir des enfans et successeurs pour continuer leur crédit; joint aussi que le roy avoit encores trois frères, et dix ou douze princes du sang de Bourbon, auxquels le naturel des François, tant de l'un que de l'autre party, n'eust jamais enduré que l'on eust fait tort; et eussent empesché ceux de Guyse d'aspirer à la couronne, s'ils eussent eu ce désir, bien qu'ils n'en eussent d'autre que de se bien maintenir près du roy, tenir les premiers rangs et gouverner sous son autorité, s'acquérir des amis et serviteurs, en leur faisant avoir les charges et les honneurs, comme, un peu auparavant la mort du feu roy François second, ils firent donner l'ordre de Sainct-Michel à dix-huit chevaliers, qui estoit pour lors une grande et honnorable dignité, et en cinquante ans il ne s'en estoit tant fait que cette année-là; car, depuis Louis unziesme, qui avoit establyʼ cet ordre, jusques à la mort du roy Henry deuxiesme, il avoit tousjours esté en très-grande estime; aussi que, par le statut dudit ordre, il estoit expressément défendu d'excéder le nombre de trente-six, pour le danger inévitable qu'il y avoit que la trop grande multitude n'en apportast le mespris, et qu'enfin il fust anéanty du tout, comme il advint au temps de Charles sixiesme, qui fit tant de chevaliers de l'Estoile-Sainct-Oin, que son successeur Charles septiesme fut contraint de le supprimer, faisant porter l'estoile aux archers de Paris; ce qui fut cause que tous les chevaliers quittèrent cet ordre. Et depuis il en fut estably un nouveau par ledit Louis unziesme, comme j'ay ci-devant dit, ainsi que nous voyons qu'il s'est fait par le roy Henry troisiesme, à présent régnant, un ordre du Sainct-Esprit, que plusieurs pensent une suppression tacitement faite de l'ordre Sainct-Michel. Et combien que ceux de Guyse pensassent, en faisant donner l'ordre à plusieurs seigneurs et gentilshommes qui le méritoient, faire autant de bons amis, si est-ce qu'ils en perdoient d'autres, pour n'avoir eu semblable honneur. Mais depuis il s'en est tant fait du temps du roy Charles neufiesme, que l'ordre en a esté mesprisé et délaissé, tout ainsi que les sénateurs romains laissèrent les anneaux d'or, qui estoient enseignes de la noblesse, voyans qu'un esclave affranchy avoit obtenu cet honneur. Les dames nobles laissèrent aussi les ceintures dorées quand elles les virent si communes que les mal-vivantes les portoient: de là vint le proverbe qui dit que : « Mieux vaut bonne renommée que ceinture dorée; » car tousjours les estats et honneurs par trop communiqués sont méprisés.

L'on voit qu'en Angleterre il y a plus de trois cens ans que l'ordre de la Jartière y estant estably par Édouard troisiesme, n'a point encores esté changé ny le nombre des chevaliers excédé. Et mesme de mon temps je ne l'ay point veu remply, ny pareillement l'ordre de la Toison, estably par Philippe deuxiesme, duc de

Bourgogne, pour le peu de chevaliers qui obtiennent ces honneurs.

Or les inimitiés et partialités prenans tousjours accroissement, ceux d'entre les protestans qui craignoient le plus, se mettans devant les yeux le danger qui les menaçoit de perdre la vie, leurs femmes, leurs enfans et leurs biens, prenoient de là occasion de se liguer avec toutes sortes de mal-contens, leur disans qu'ils ne devoient aussi endurer de se voir forclos et frustrés de pouvoir tenir des estats et charges honnorables dans le royaume. Par ce moyen donc les ministres, surveillans et protestans, s'adressèrent premièrement au roy de Navarre, qui avoit quelque sentiment de la religion protestante, ayant espousé une femme qui en estoit, et aussi sa mère, sœur du feu roy François premier, laquelle fut des premières princesses qui en fit profession.

Mais voyans que le roy de Navarre, qui leur avoit promis de les assister, s'estoit retiré en sa maison après avoir mené la reine Élisabeth en Espagne, ils s'adressèrent à Gaspard de Coligny, admiral de France, et au cardinal de Chastillon et d'Andelot, ses frères, qui estoient aussi de cette religion. Et mesmes ledit d'Andelot, colonel de l'infanterie françoise, l'avoit fait prescher publiquement dès le temps du feu roy Henry II, dont il fut en peine et prisonnier au chasteau de Melun; et n'eust esté la faveur du connestable Anne de Montmorency, son oncle, il estoit en grand danger d'estre mal traitté. Ils avoient aussi le prince de Porcian et quelques autres seigneurs et gentilshommes qui commençoient à adhérer à cette religion, et sur tous Louis de Bourbon, prince de Condé, frère du roy de Navarre, qui avoit aussi sa femme de cette religion, instruite en icelle par la dame de Roye, sa mère, sœur de ceux de Chastillon. Voilà les chefs de part pour cette religion, dont les contraires furent ceux de la maison de Guyse pour les catholiques, sous l'autorité du roy.

Avec la couleur de ces religions se mesloient les factions par toute la France, qui ont suscité et entretenu les guerres civiles de ce royaume, lequel, depuis, a esté exposé à la mercy des peuples voisins et de toutes sortes de gens qui avoient désir de mal faire, ayans de là prins une habitude de piller les peuples, et les rançonner, de tous aages, qualités et sexes, saccager plusieurs villes, raser les églises, emporter les reliques, rompre et violer les sépultures, brusler les villages, ruiner les chasteaux, prendre et s'emparer des deniers du roy, usurper les biens des ecclésiastiques, tuer les prestres et religieux, et bref, exercer par toute la France les plus détestables cruautés qu'il estoit possible d'inventer. De façon qu'en moins de douze ou quinze ans l'on a fait mourir, à l'occasion des guerres civiles, plus d'un million de personnes de toutes conditions, le tout sous prétexte de religion et de l'utilité publique, dont les uns et les autres se couvroient. Et encores qu'il y en eust quelques-uns poussés et induits à prendre les armes pour la deffense d'icelle et conservation de l'estat, néantmoins le nombre de ceux-cy n'estoit pas grand. En quoy la France a expérimenté, à son grand dommage, qu'il n'y a peste si dangereuse en une république que de donner pied aux factions, comme les histoires sont pleines d'infinis semblables exemples. Et, qui n'y remédie dès le commencement, le feu s'embrase soudain par tous les membres d'une monarchie, et ne se peut jamais esteindre qu'avec sa ruine; comme l'on a veu les partisans des Guelfes et Gibelins avoir travaillé toute l'Italie l'espace de six-vingts ans, comme aussi nos pères ont veu la désolation de la France pour les factions des maisons d'Orléans et de Bourgogne.

CHAPITRE VII.

Les causes générales des guerres civiles. Cause particulière de celle de France. Alliance des protestans avec les estrangers, et leur desseins. Ils font entr'eux le procès à la maison de Guyse.

Cela advient souvent par l'ambition des princes et plus grands seigneurs pour le gouvernement de l'estat, ou lorsque le roy est en bas aage, insensé ou prodigue, mal voulu et hay des peuples; car chacun veut pescher en eau trouble, ou bien quelquefois quand le roy veut eslever par trop les uns et rabaisser les autres; ce qui advint au temps du roy Henry cinquiesme, qui fut couronné roy de France et d'Angleterre, qui se fit partisan de la maison de Lancastre contre la maison d'York. De là advint qu'en moins de trente-six ans il fut tué près de quatre-vingts princes du sang d'Angleterre, comme l'escrit Philippe de Commines; et enfin le roy mesme, après avoir souffert dix ans entiers un bannissement en Escosse, fut tué cruellement en prison. Mais quand bien ce seroit une faute au souverain, oubliant le degré auquel Dieu l'a constitué, comme juge et arbitre de l'honneur et de la vie de tous ses sujets, de balancer plus d'un costé que d'autre, et suivre plus tost ses affections particulières que la raison, si n'est-il pas licite aux sujets de vouloir borner sa volonté, qui leur doit servir de loy, son estat estant si parfait, qu'à l'imitation de la puissance divine il peut eslever les uns et rabaisser les autres, sans que pour ce il soit permis de murmurer. Et, pour quelque traittement que ce soit, le souffrir est plus agréable à Dieu que la rébellion.

Or, il semble que tous les moyens que l'on pouvoit trouver pour entretenir la guerre en France fussent, comme par un jugement de Dieu, ordonnés pour chastier les François quand ils pensoient estre en repos; car ils n'avoient ennemis qu'eux-mêmes, ayans les guerres estrangères esté assoupies par le moyen du traitté de Casteau-Cambresis, conclu et arresté peu de jours auparavant la mort du roy Henry second, comme j'ay dit. Aussi est-il difficile qu'un peuple belliqueux comme le François puisse longuement estre en paix, n'ayant plus d'occasion d'exercer ses armes ailleurs (ce qui est infaillible en matière d'estat, que les guerres et occupations estrangères empeschent les intérieures et civiles); qui estoit la cause pourquoy le sénat romain avoit accoustumé de chercher les guerres estrangères, et envoyer dehors les esprits les plus remuans pour obvier aux divisions civiles, selon ce qu'escrit Denys d'Halicarnasse: police autant nécessaire en l'estat, comme de faire une douce purgation et saignée au corps humain, pour le maintenir en santé.

Or, les protestans de France se mettans devant les yeux l'exemple de leurs voisins, c'est à sçavoir, des royaumes d'Angleterre, de Danemarck, d'Escosse, de Suède, de Bohême, les six cantons principaux des Suisses, les trois ligues des Grisons, la république de Genève, où les protestans tiennent la souveraineté et ont osté la messe, à l'imitation des protestans de l'Empire, se vouloient rendre les plus forts pour avoir pleine liberté de leur religion, comme aussi espéroient-ils, et pratiquoient leurs secours et appuy de ce costé-là, disans que la cause estoit commune et inséparable. Les chefs du party du roy n'estoient pas ignorans des guerres advenues pour le fait de la religion ès lieux susdits; mais les peuples, ignorans pour la pluspart, n'en sçavoient rien, et beaucoup ne pouvoient croire qu'il y en eust une telle multitude en France comme depuis elle se descouvrit, ny que les protestans osassent ou pussent faire teste au roy et mettre sus une armée et avoir secours d'Allemagne, comme ils eurent. Aussi ne s'assembloient-ils pas seulement pour l'exercice de leur religion, ains aussi pour les affaires d'estat, et pour adviser tous les moyens de se deffendre et assaillir, de fournir argent à leurs gens de guerre, et faire des entreprises sur les villes et forteresses pour avoir quelques retraictes.

Ayans donc levé nombre de leurs adhérans par toute la France, et recogneu leurs forces, et fait leurs enroolemens, ils conclurent qu'il falloit se défaire du cardinal de Lorraine et du duc de Guyse, et par forme de justice, s'il estoit possible, pour n'estre estimés meurtriers. Aucuns m'ont dit que pour y parvenir ils avoient fait informer contre eux, et que les informations contenoient qu'ils se vouloient emparer du royaume et ruiner tous les princes, et exterminer tous les protestans; ce qu'ils estimoient chose facile, ayans la force, la justice, les finances, les villes et places toutes en main, et beaucoup de partisans et d'amis, et l'amour des peuples, qui désiroient la ruine des protestans. Mais ceux qui me l'ont dit, et ceux qui ont fait les informations ne sont pas bons praticiens; car les témoignages des volontés et pensées d'autruy ne sont pas recevables en aucun jugement, encores que la mesme chose m'ait esté dite en Allemagne, y estant envoyé par le roy Charles pour lever des reistres et amener le duc Jean-Guillaume de Saxe, et y empescher les desseins des protestans. A-t-on jamais veu que l'on puisse faire procès contre ceux qui ne sont ouys et interrogés, et les tesmoins non confrontés, s'ils ne sont condamné par défauts et contumace? Et, puisque l'on y vouloit procéder par forme de justice, il falloit que les juges fussent personnes publiques et légitimes, qui ne pouvoient estre que des pairs de France, puisqu'il estoit question de l'honneur, de la vie et des biens de ceux qui estoient de cette qualité, et du plus haut crime de lèze-majesté ; qui sont tous argumens certains que telles informations et procédures, si aucunes y en avoit, estoient folies de gens passionnés contre tout droit et raison.

CHAPITRE VIII.

Récit particulier de l'entreprise d'Amboise. Desseins des religionnaires, communiqués au prince de Condé, révélés au cardinal de Lorraine. Prudence du duc de Guyse. Mauvaise conduite des conjurés. Mort de La Renaudie. Chastiment des coupables.

(1560) Il me souvient que, lorsque l'entreprise d'Amboise fut descouverte, ayant cet honneur d'estre assez près du roy, je fus envoyé par Sa Majesté pour voir si je pourrois apprendre quelle estoit leur délibération. Je sceus de quelques-uns que l'entreprise n'estoit que pour présenter une requeste au roy contre ceux de Guyse. Aussi fut-il vérifié qu'une assemblée de plusieurs ministres, surveillans, gentilshommes et autres protestans de toute qualité, s'estoit faite en la ville de Nantes, et qu'un nommé Godefroy de Barry, limosin, dit de La Renaudie, avoit esté esleu et nommé en ladite assemblée pour conduire et effectuer l'entreprise, de laquelle il avoit été chargé par le prince de Condé, que l'on disoit estre chef de la conspiration, encore que pour lors il fust avec le roy à Amboise. Et tient-on qu'il fut arresté en ladite assemblée que l'on se saisiroit des personnes du duc de Guyse et du cardinal de Lorraine, pour leur faire leur procès sur plusieurs concussions et crimes de lèze-majesté que lesdits protestans prétendoient contre eux, et qu'à cette fin la requeste seroit présentée au roy, comme plusieurs, qui furent prins, condamnés et exécutés, confessèrent sur les procès qui leur furent faits pardevant le feu chancelier Olivier, que ceux de Guyse avoient rappellé après la mort du roy Henry.

Et combien que l'on leur mist sus qu'ils avoient voulu et s'estoient efforcés de tuer le roy, la reyne sa mère, et tous ceux du conseil, la plus commune et certaine opinion estoit qu'ils n'avoient autre but et intention que d'exterminer la maison de Guyse, comme j'ay dit, et tenir la main forte à remettre et donner l'authorité aux princes du sang, qui estoient hors de crédit, et à la maison de Montmorency et de Chastillon, en espérance d'en estre supportés, comme c'estoit leur principale fin.

Donc, pour exécuter l'entreprise, il fut déterminé audit Nantes, le dixiesme jour de mars 1560, de prendre la ville de Blois, en laquelle le roy estoit pour lors, et que l'on prendroit cinq cens hommes de chaque province pour accompagner les exécuteurs de l'entreprise. Cela conclu, chacun se retira de la ville de Nantes, et La Renaudie s'en alla à Blois faire son rapport au prince de Condé, qui estoit avec le roy; lequel trouva la conclusion bonne, pourveu que le tout se fist par forme de justice, et qu'il fust bien exécuté ; ce qui fut aussi confessé par quelques-uns des conjurés.

Au mesme temps ledit La Renaudie fit diligence pour avancer et disposer tout ce qui estoit de l'entreprise ; et alla par les provinces et en plusieurs maisons particulières de ceux qui estoient de ladite conspiration, pour leur faire promettre et signer : puis il s'en alla à Paris, où il communiqua tout le secret à son hoste nommé des Avenelles, qui trouva cet expédient fort bon, aussi estoit-il protestant. Mais, ayant bien considéré que l'entreprise estoit de merveilleuse conséquence, l'exécution fort difficile et l'issue encore plus dangereuse, craignant que, si les choses ne pouvoient réussir, il fust en danger de perdre la vie et les biens, il révéla le tout à un des secrétaires du cardinal de Lorraine, dont il fut grandement récompensé. Ce qui fut reconfirmé par un gentilhomme de la maison du duc de Nevers, qui estoit de la partie. Et quasi au mesme temps, la conjuration estant sceue en plusieurs endroits de Flandres, d'Allemagne, de Suisse, comme aussi en Italie, le cardinal de Lorraine en fut adverty par le cardinal de Granvelle, qui luy mandoit qu'il se tinst sur ses gardes, sçachant que la conjuration estoit dressée contre luy et son frère. Cela fut cause que ceux de Guyse furent d'avis de laisser la ville de Blois et de mener le roy au chasteau d'Amboise, tant pour estre une place assez bonne que pour rompre le rendez-vous des protestans au jour nommé, ce qui fut fort bien avisé.

Cependant le duc de Guyse envoya aux lieux circonvoisins et par les provinces, pour descouvrir ce qui en estoit. Et ne put-on tirer la vérité asseurée, jusques à tant que les conjurés, qui couloient à la file par divers endroits, et marchoient la nuit fort secrettement, furent apperceus un matin, une partie aux portes d'Amboise, les autres ès environs; ce qu'estant rapporté à ceux de Guyse, ils se trouvèrent un peu estonnés, mais non pas tant que le duc de Guyse (qui avoit beaucoup d'esprit, de courage et d'expérience, et employant l'autorité du roy) ne remédiast promptement à tout ce qui se pouvoit faire, pour s'asseurer de ceux qui estoient à la cour, presque toute à sa dévotion, comme aussi les gardes et les habitans de la ville d'Amboise. Il trouva aussi un honneste moyen de s'asseurer du prince de Condé et de sa maison, auquel il bailla une porte de ladite ville d'Amboise à garder, et avec luy mit le feu grand-prieur de France son frère, avec nombre de ses amis et serviteurs : toutefois les conjurés, pour l'espérance qu'ils avoient d'exécuter l'entreprise, encore qu'elle fust éventée, n'en laissèrent point la poursuite, et changèrent seulement le jour de l'exécution, qui estoit le dixiesme de mars, au seiziesme.

Et cependant le duc de Nemours et les seigneurs et gentilshommes de la cour firent des sorties de la ville, là où ils en attrapèrent plusieurs en diverses troupes mal conduites, et en très mauvais équipage. Ceux qui se retiroient ès maisons et chasteaux des gentilshommes circonvoisins furent contraints de se rendre; et ceux qui passèrent à Tours et autres lieux et passages de la rivière de Loire, y furent arrestés par l'ordre qu'y avoit mis ledit duc de Guyse, lequel sortit luy-mesme de la ville avec quelque troupe de seigneurs et gentilshommes de la cour pour les recognoistre; et les trouva si esperdus et sans chef, que plusieurs pauvres gens, qui ne sçavoient ce qu'ils faisoient, jettoient à terre quelques mauvaises armes qu'ils portoient, et demandoient pardon; desquels les uns furent faits prisonniers, les autres renvoyés pour leur simplicité, après avoir assuré qu'ils ne sçavoient autre chose de l'entreprise, sinon qu'il leur avoit esté assigné jour pour voir présenter une requeste au roy, qui importoit pour le bien de son service et celuy de son royaume.

La Renaudie fut tué d'un coup d'arquebuse par le baron de Pardeillan, après que ledit de La Renaudie eut tué son serviteur. Le baron de Castelnau de Chalosse se rendit au duc de Nemours, sur la parole qu'il luy donna de luy sauver la vie, voyant qu'il ne pouvoit se sauver ny résister; et monstra beaucoup de constance et de résolution, tant à répondre aux interrogatoires qui luy furent faits, qu'à se disposer de mourir, estant hors d'espérance de miséricorde. Il y en eut beaucoup d'autres pris et pendus pour servir d'exemple en un cas si nouveau; et en fut attaché quelque nombre aux créneaux du chasteau, pour estonner les autres; plusieurs furent aussi dévalisés par les chemins, tant par les peuples que par les courtisans. De sorte qu'en moins de quatre ou cinq jours les conjurés et leurs adhérans qui estoient à la cour, et qui n'osoient dire mot, se trouvèrent bien loin de leur compte. Il est certain que la reyne, mère du roy, qui se vouloit faire cognoistre princesse pleine de miséricorde et bonté, adoucit beaucoup d'autres exécutions qui se devoient faire contre les conjurés, desquels Sa Majesté, par son advis, en fit délivrer et renvoyer grand nombre: et sur ce l'on fit une abolition générale, afin que ceux qui n'estoient encore venus cogneussent la douceur et bonté du roy envers eux, combien que par les chemins, nonobstant ladite abolition, il y en eut encore plusieurs pris, tués, noyés ou exécutés.

CHAPITRE IX.

Rigueur des ministres du roy contre les conjurés. Le cardinal de Lorraine, principale cause de l'engagement du prince de Condé dans le parti des protestans. La maison de Lorraine se sert de l'occasion pour s'agrandir. Le duc de Guyse fait lieutenant-général. Il est dangereux de donner toute l'authorité à un seul.

Ces rigueurs n'apportoient point de bien aux affaires de la France, car, en matière de conjurations et de peines décernées contre une multitude, il suffit de punir les chefs et autheurs d'icelles, sans rechercher trop curieusement tous les conjurés. Au contraire, faut dissimuler bien souvent de les cognoistre, afin que, comme le supplice de quelques-uns donne frayeur et crainte aux autres, la trop grande rigueur ne les porte tous au désespoir, la justice devant estre modérée par douceur et clémence, et non pas diffamée par cruauté; joint aussi qu'en cette occurrence la pluspart des conjurés ne sçavoient où ils alloient, ny que c'estoit de crime de lèze-majesté, et n'avoient autre but que d'estre asseurés, par le moyen de la requeste qui se devoit présenter pour la liberté de leurs consciences, de quelque soulagement au reste de la France. Aucuns ont voulu remarquer que l'on pardonnoit moins aux protestans qu'aux catholiques qui estoient de la conspiration, de quoy ils se servirent pour r'allumer le feu de la faction, qui n'estoit pas esteint.

Et si le cardinal de Lorraine, qui vouloit faire cognoistre un zèle à la religion catholique, eust pu dissimuler que le prince de Condé avoit eu part à la conjuration, et qu'il n'en eust jamais esté inquiété, comme le duc de Guyse estoit de cette opinion, les protestans n'eussent peut-estre pas trouvé un prince du sang pour leur chef, qui fut cause d'un merveilleux changement par tout le royaume.

Or, afin de pourvoir à l'avenir à la seureté du roy et de son estat, l'on expédia lettres-patentes, par lesquelles il estoit porté que plusieurs, sous titre et ombre de religion, s'estoient efforcés de vouloir prendre le roy, et la reyne sa mère, et leur conseil, pour tuer les uns, chasser les autres, et disposer entièrement de tout l'estat du royaume à leur plaisir. Et pour obvier dès-lors en avant à telles entreprises, par les mesmes lettres le duc de Guyse estoit estably lieutenant-général du roy, qui fut un moyen d'accroistre encores davantage sa maison; car, par cette occasion, tous les gouverneurs des provinces, baillifs, séneschaux, gentilshommes et autres, luy estoient assujettis. Et combien que pour ses grandes vertus il pust mériter cet honneur, si est-ce que cela ne servit que pour accroistre l'envie que l'on portoit à sa grandeur; joint aussi qu'il n'y a rien qui soit plus dangereux en matière d'estat que d'establir un prince lieutenant-général avec telle puissance qu'il avoit lors, attendu que de là il n'y a plus qu'un degré à la souveraineté, si celuy qui a les forces en main avoit mauvaise conscience, et qu'il voulust abuser de sa puissance : qui fut le moyen par lequel les maires du palais usurpèrent l'authorité souveraine sur les roys de la première et seconde lignée. Toutesfois, si l'on veut dire qu'il est besoin en quelques occasions d'establir un lieutenant-général pour la jeunesse, absence et incapacité du roy, n'est-il pas nécessaire qu'il soit né prince ny fort ambitieux? Pour remédier à tels inconvéniens, aucuns ont voulu dire qu'il vaudroit mieux en establir trois en égale puissance, afin que les deux fissent teste au troisiesme qui voudroit abuser de son authorité, comme firent les empereurs de Constantinople, qui establirent trois grands prévosts en tout leur empire : mais cette opinion n'est pas approuvée des plus grands politiques; car la jalousie du commandement ne peut souffrir de compagnon et apporte toujours du désordre et de la combustion.

CHAPITRE X.

L'admiral de Chastillon et le sieur d'Andelot, son frère, mandés à la cour, se justifient par leur obéissance des soupçons que la maison de Guyse donnoit de leur intelligence avec les conjurés. Le prince de Condé mis en la disgrâce du roy, et retenu en cour. Courageuse et hardie response dudict prince au roy. Il se retire. Prudence du connestable de Montmorency envoyé par le roy au parlement.

Or ceux de Guyse ayant fait avorter les projets de cette conjuration, ils advisèrent d'avoir la raison des principaux autheurs d'icelle. Et d'autant qu'ils pensoient au commencement que l'admiral et d'Andelot fussent de la partie, parce qu'ils estoient fort affectionnés au party des protestans, ils trouvèrent moyen de les attirer à la cour par lettres du roy et de la reyne sa mère, pleines de douceur et belles promesses, comme désirant aussi avoir leur conseil sur le fait de la religion, et sur l'estat et gouvernement du royaume; où ils vinrent incontinent, ce qui asseura fort ceux de Guyse et leurs amis et serviteurs. Plusieurs faisoient jugement que si lesdits admiral et d'Andelot se fussent entièrement entremeslés de ladite conjuration, elle n'eust pas si mal réussi. Mais aussi dit-on que, comme prudens et advisés, ils vouloient voir les commencemens et quel fruit produiroit cette requeste qui se devoit présenter au roy, de laquelle il ne se trouva point de prisonniers, ny de ceux que l'on fit mourir, qui les chargeassent.

Mais bien fut chargé le prince de Condé par le tesmoignage de plusieurs des exécutés et prisonniers. Ce qui fut cause de la haine que ceux de Guyse conçurent contre luy, d'autant plus qu'il estoit leur cousin-germain, et qu'il estoit ordinairement avec eux, lors mesme que l'on tramoit et qu'on vouloit exécuter cette conjuration à leurs despens. Et dès-lors la haine, couverte auparavant, commença à lever le masque, car il fut fait deffense au prince de partir de la cour; et fut observé de si près, qu'il n'osoit presque parler à personne, ny approcher du roy, qui estoit irrité contre luy, parce que l'on luy faisoit entendre qu'il avoit conspiré sa mort. Et ce qui augmenta la malveillance que Sa Majesté luy portoit, fut qu'un jour, ainsi que l'on exécutoit quelques-uns de la conspiration, le prince ne ne se put tenir de dire que c'estoit grande pitié de faire mourir de si gens de bien, qui avoient fait service au roy et à la couronne, et qu'il seroit à craindre que les estrangers, voyans les capitaines françois si mal traités et meurtris, n'y fissent un jour des entreprises aux despens de l'estat. Ce qui estant rapporté au roy, fut cause que La Troussé, prévost de l'hostel, fut envoyé pour se saisir de quelques serviteurs du prince qui avoient fait eschapper le jeune de Maligny. Et afin que le prévost pust chercher en plus grande liberté, il eut mandement de dire audit prince qu'il vinst parler au roy, ce qu'il fit incontinent. Lors Sa Majesté luy dit avec colère qu'il estoit accusé par ceux que l'on avoit exécutés, et autres suffisans témoignages, qu'il estoit chef de la conspiration faite par les séditieux et rebelles contre sa personne et son estat, et que, s'il estoit vrai, il l'en feroit bien repentir.

Le prince, oyant ces propos de la bouche du roy, et craignant que sa réponse ne fust pas bien prise ou calomniée, supplia Sa Majesté d'assembler les princes et son conseil, pour faire sa réponse en si bonne compagnie.

Ce que le roy luy accorda, pensant qu'il se voudroit excuser par quelques douces paroles. Mais le prince se trouvant au conseil, le roy présent, dit que, la personne de Sa Majesté exceptée, et celles de messieurs ses frères, de la reyne sa mère, et de la reyne régnante, et l'honneur et la révérence qu'il leur devoit saufs, ceux qui avoient dit qu'il estoit chef de la conjuration contre la personne du roy et son estat, avoient menty faussement, et autant de fois qu'ils le diroient, autant ils mentiroient, en offrant dès-lors, à toutes heures, de quitter le degré de prince si proche du roy pour les combattre. Cela estant dit, il se retira pour donner lieu aux opinions du conseil. Mais, au lieu d'opiner, le cardinal de Lorraine fit signe au roy pour se lever et rompre l'assemblée, parce qu'il n'y avoit prince ny seigneur qui voulust soustenir ce démenty, qui demeura aux oreilles du conseil.

Peu de temps après, le prince de Condé, voyant qu'il estoit espié de si près, et mal-voulu du roy, se voulut retirer avec licence en sa maison. Et au mesme temps on envoya lettres au connestable, pour aller à Paris faire récit au parlement des choses passées en la ville d'Amboise: en quoy le connestable monstra qu'il estoit vieil et sage courtisan; car, combien qu'il eust la grandeur de ceux de Guyse suspecte, il chanta bien haut les louanges de cette maison, et leur prudence d'avoir remédié à une telle conjuration (de quoy les auditeurs demeurèrent satisfaits), sans toucher, sinon légèrement, que la conjuration fust dressée contre la personne du roy et son estat. Le duc de Guyse avoit choisi le connestable, pour n'estre point suspect à ceux de la religion des protestans, mais ce viel Polybe, grand courtisan de son temps, dit qu'il n'y a point de plus dangereux ennemy que celuy qui loue les actions de ceux qu'il n'aime point. Aussi le cardinal de Lorraine et ses frères, estans advertis du récit que le connestable avoit fait au parlement, dirent qu'ils se fussent bien passés de telles louanges.

CHAPITRE XI.

La maison de Chastillon quitte la cour. Bon conseil de l'admiral à la reyne. L'édict de pacification mal gardé. Autre édict en faveur des protestans. Raisonnement de l'autheur sur la mauvaise conduicte de la conspiration et entreprise d'Amboise. Diverses fautes des conjurés.

Ceux de Chastillon, ayant veu jouer toutes ces piteuses tragédies à la cour, craignans aussi que l'on les y voulust envelopper, demandèrent congé de se retirer, ce qui leur fut accordé. Et la reyne, mère du roy, monstrant une bonne affection à l'admiral, le pria de la conseiller et l'advertir par lettres, souvent, de tous les moyens qu'il sçauroit et pourroit apprendre d'appaiser les troubles et séditions du royaume. Ce que depuis il fit; et escrivit à la reyne que la cause des séditions ne prendroit jamais fin tant que ceux de Guyse seroient à la cour, advertissant Sa Majesté de prendre le maniement des affaires, pour remédier à plus grands inconvéniens que les premiers, et qu'il falloit commencer à ne faire plus aucunes poursuites contre les protestans, ainsi qu'il avoit esté advisé par un édict fait à la haste, du conseil dudit admiral et du feu chancelier Olivier, comme le vray moyen d'esteindre le feu de la conspiration d'Amboise, et ce, pour la crainte que l'on avoit qu'elle n'eust plus grande suitte. Toutesfois plusieurs, voyans cet édict, jugeoient que c'estoit un sujet pour descouvrir ceux qui en estoient, afin de les attraper à leur temps.

Aussi, à la vérité, l'édict fut mal gardé, soit que les magistrats catholiques eussent devant les yeux seulement le vray zèle de la religion catholique, ou que l'on eust mandé par lettres secrettes aux gouverneurs et magistrats de faire justice des protestans, sans avoir égard à l'édict; autrement, qu'il y auroit danger que ce feu ne s'allumast si grand qu'à la fin il embrasast tout le royaume.

La reyne, mère du roy, qui a toujours cherché de maintenir les choses pour la seureté de l'estat et éviter les inconvéniens dont l'on voyoit la France menacée, fit expédier derechef un autre édict, portant deffences bien expresses à tous les baillifs, séneschaux, magistrats et autres juges, de faire de là en avant aucunes poursuites contre les protestans; lequel édict fut assez bien exécuté. Ce fut cause d'attirer en France fort grand nombre de bannis et absens pour la religion, et mesmes plusieurs ministres de Genève et d'Angleterre, qui s'establirent par toute la France, en donnant beaucoup de courage aux protestans, qui s'estoient refroidis, de continuer leurs assemblées et l'exercice de leur religion. Or ce conseil de l'admiral tendoit à double effect. Le premier, pour faire prendre à la reyne mère du roy les affaires en main, en luy donnant advis de reculer, si elle pouvoit, de la cour ceux de Guyse; l'autre, pour fortifier les protestans et leurs partisans, qui se pourroient rallier plus qu'auparavant en faisant l'exercice de leur religion : ce que beaucoup croyent qui ne fust pas advenu si la rigueur eust esté continuée sur les protestans, lorsqu'ils jettoient les premiers fondemens de leurs desseins. Et ceux de Guyse, soit pour le zèle de la religion, ou qu'ils eussent du tout appuyé leurs forces sur les catholiques (comme estant ce party le plus puissant et asseuré, et que c'estoit le vray moyen de se maintenir), estimèrent qu'ils devoient tascher de ruiner et rabattre le party desdits protestans, et les rendre si foibles qu'ils ne pussent résister aux catholiques.

Voilà un sommaire et brief discours de la conjuration d'Amboise, de laquelle je laisseray le jugement libre à un chacun. Mais bien dirai-je qu'elle estoit mal conduite, et encore pirement exécutée, estant en premier lieu communiquée à si grand nombre de personnes de toutes sortes de conditions et d'aages, qu'il estoit impossible de la tenir secrette; car il estoit dit que l'on la pourroit communiquer à tous ceux qui de mesme affection porteroient les armes, combien qu'ils n'eussent assisté au conseil; chose qui fut trouvée bien mauvaise par plusieurs protestans. Aussi l'on peut voir en toutes les histoires que tous ceux qui anciennement conjuroient contre l'estat ou contre la vie des princes, le communiquoient à peu de personnes, faisans infinis sermens. Et la pluspart des conjurés, en chose de grande entreprise, mesloient de leur sang au vin qu'ils beuvoient ensemble, comme l'on peut veoir en la conjuration dressée par les enfans de Brutus, alors premier consul; autres se lioient les pouces ensemble, et en faisoient sortir du sang qu'ils mesloient l'un avec l'autre, et le suçoient, comme Tacite l'escrit du serment des princes d'Arménie aux traittés d'amitié qu'ils faisoient: ce qui se pratique encores en quelques endroits des Indes Orientales.

Les protestans firent une autre faute de délibérer la conspiration en janvier, et en différer l'exécution au dixième de mars, tellement que c'estoit donner loisir à ceux qui sont naturellement peu secrets d'en discourir, en faisant des préparatifs si longs pour s'y trouver, de sorte que les nations estrangères le sçavoient plus d'un mois auparavant le jour préfix ; outre que la longueur du temps refroidit bien souvent les uns, et fait repentir les autres, comme il advint en la conjuration faite contre la personne du plus grand empereur du monde, qui estoit Jules César, dont l'exécution se devoit faire le premier jour de mars, et le mesme jour il estoit adverty de son désastre, s'il eust lu le billet que l'on luy bailla en entrant au sénat.

Davantage, il estoit capitulé qu'il se léveroit une armée pour l'exécution, chose qui estoit impossible sans que le tout fust éventé et découvert, veu que lesdits protestans vouloient que l'on levast des soldats de toutes les provinces de France. En quoy ils failloient grandement, d'autant que ceux de Guyse avoient tant d'amis et serviteurs, et tant d'autres personnes qui ne respiroient que leur faveur, qu'il estoit impossible que la chose leur fust long-temps cachée.

De plus, en matière de conspiration, il faut que ceux auxquels elle est communiquée soient reconnus grandement secrets, ce qui empescha Brutus de découvrir à Cicéron, qui n'estoit pas tenu pour tel, la conjuration contre César, encore qu'il désirast sa mort autant que nul autre. Mais le pis est quand telles entreprises sont communiquées aux femmes, sexe si fragile qu'il ne peut rien tenir de caché. Aussi, la conjuration contre le grand Alexandre fut découverte par un nommé Philotas à une dame qui le révéla incontinent à Alexandre; celle de Catilina par une garce qu'entretenoit l'un des conjurés ; et celle du grand prieur de Capoue, frère du feu mareschal de Strossy, dressée, de nostre mémoire, contre la ville de Gennes, qu'il avoit résolu de prendre et saccager, fut aussi découverte par une courtisane, qui l'avoit sceu d'un soldat ; mais celle d'Amboise fut découverte au secrétaire du cardinal de Lorraine par l'un des plus affectionnés protestans, et qui recevoit ordinairement les complices en sa maison [1]. Dieu réservant le chastiment des grands en un autre temps, auquel chacun a ressenty les effets inévitables de sa justice.

[1] L'avocat Des Avenelles, récompensé par le duc de Guise d'une place dans la magistrature, en Lorraine.

LIVRE SECOND.

CHAPITRE PREMIER.

Libelles publiés contre la maison de Guyse. Les religionnaires s'appuyent de la faveur des protestans d'Allemagne et d'Angleterre. Droit de la reyne Elisabeth sur la couronne d'Angleterre. Raisons des prétentions de la reyne Marie Stuart sur le mesme royaume, et de Jacques, roy d'Escosse, son fils. Droit de la maison de Suffolck, des comtes de Huntington, et des comtes de Héreford. Les enfans ne se légitiment point en Angleterre par le mariage subséquent.

C'estoit une chose fort estrange, et du tout contre le devoir naturel d'un bon sujet, principalement d'un François obéissant et fidèle à son prince, de luy présenter une requeste à main armée. Ce fait si nouveau engendra une ardeur si grande et si bruslante, qu'elle embrasa toutes les provinces de France en diverses factions ; dont une des premières et plus dangereuses semences vint des libelles diffamatoires qui furent publiés contre la maison de Guyse, colorés de préfaces d'honneur quand il estoit question du roy, afin de lever les accusations publiées par plusieurs édicts et lettres-patentes, que ce n'estoit contre Sa Majesté et son estat que les protestans s'estoient révoltés et vouloient prendre les armes, mais pour la deffence de leurs vies, personnes et biens, et pour le zèle qu'ils avoient à leur religion.

Ce que par mesme moyen, et par plusieurs

autres intentions, ils s'efforçoient de faire entendre aux princes estrangers, principalement aux protestans d'Allemagne et d'Angleterre; lesquels, se laissant incontinent persuader aux impressions qui leur estoient données, en escrivoient à leurs ambassadeurs résidens en France, afin d'animer tous les François contre la maison de Guyse. Mais ils s'abusoient, car plus ils escrivoient contre eux, plus ils rehaussoient leur crédit, parce qu'ils avoient les catholiques partisans et favorables avec l'authorité du roy.

Mais en cet endroit je me licencieray un peu de laisser les affaires de France, pour dire quelque chose des royaumes d'Angleterre et d'Escosse, où j'ay eu à traicter plusieurs grandes et importantes négociations pour le service des roys, tant avec la reyne Elisabeth que Marie Stuart, veuve du roy François second. Quant à Elisabeth, reyne d'Angleterre, aucuns ont voulu discourir et escrire de son titre à la couronne d'Angleterre, peut-estre selon leurs opinions et passions. Tant il y a qu'il est certain que Henry huictiesme, roy d'Angleterre, son père, estoit de la maison de Lancastre du costé paternel, et d'Yorck du costé maternel, toutes deux réunies ensemble; ce qui appaisa toutes les guerres civiles et troubles du royaume.

Le roy Henry avoit un frère aisné nommé Artüs, et deux sœurs, Marguerite et Marie, dont l'aisnée fut mariée en premières nopces à Jacques quatriesme, roy d'Escosse, duquel mariage est issu Jacques cinquiesme, aussi roy d'Escosse, lequel espousa Antoinette de Lorraine, de la maison de Guyse, veuve du duc de Longueville, et fut père de Marie Stuart à présent régnante. Marguerite d'Angleterre, veuve de Jacques quatriesme, roy d'Escosse, espousa Archambaut Duglas, comte d'Angus, escossois, qui eut la teste tranchée par le commandement de Jacques cinquiesme, roy d'Escosse, et laissa une fille nommée Marguerite, qui fut mariée à Matthieu Stuart, comte de Lenox, duquel mariage sont issus deux fils, Henry et Charles. Henry espousa Marie Stuart, sa cousine-germaine, reyne d'Escosse, veuve du feu roy François second : je fus envoyé pour consentir et approuver leur mariage de la part du roy Charles neufiesme. Et de ce mariage de Henry et Marie est issu Jacques sixiesme, prince d'Escosse, qui est aujourd'huy. De Charles, l'autre frère, et d'une fille de la maison de Cavendish, est venue Arbelle.

Et quant à Marie, l'autre sœur puisnée du roy Henry d'Angleterre, elle espousa le roy Louys douziesme de France, lequel estant décédé trois mois après, elle s'en retourna en Angleterre, où le roy Henry, son frère, la remaria à Charles Brandon, un sien favory, qu'il fit duc de Suffolck. Duquel mariage deux filles sont sorties; la première, nommée Françoise, qui fut mariée à Henry Grey, que le roy Henry huictiesme fit marquis de Dorset, et par succession des droits de sa femme fut fait duc de Suffolck : dont sont issues trois filles, Jeanne, Catherine et Marie. Jeanne, l'aisnée, pour avoir esté appelée à la couronne devant la reyne Marie, par le moyen du duc de Northumberland, duquel elle avoit espousé le fils aisné, après avoir régné sept jours, fut déposée, et après décapitée dedans la tour de Londres, et son mary dehors, tous deux à mesme heure et jour, et le duc de Northumberland peu de temps après. Catherine, qui estoit la seconde, fut mariée avec Henry Herbert, fils aisné du comte de Pembrock; mais pour estre tous deux trop jeunes, l'on dit que le mariage ne fut point consommé, et Marie venant à régner en fit le divorce. Du règne de la reyne Elisabeth, ladite Catherine et le comte de Héreford se marièrent clandestinement contre les loix et ordonnances du royaume d'Angleterre. A cette occasion ils furent tous deux emprisonnés en la tour de Londres l'espace de trois ans, où néantmoins ils trouvèrent moyen de se fréquenter et faire deux fils. Marie, qui fut la troisiesme fille, nourrie à la cour avec la reyne Elisabeth, espousa clandestinement aussi un capitaine de la porte, avec le grand mécontentement de la reyne, mais peu de temps après ils moururent tous deux. Marguerite, qui fut la seconde fille de Charles Brandon, duc de Suffolck, espousa le comte de Cumberlant, dont est issue Marie, à présent femme du comte de Derby, de laquelle et dudit comte sont issus trois fils. Françoise, première fille dudit Charles Brandon, après la mort de Henry Grey, fait duc de Suffolck, son premier mary, espousa un nommé Adrian Stoc, son serviteur, et en eut deux enfans.

Outre ceux que nous avons déduit, il y a le comte de Huntington qui prétend aussi quelque droit à la couronne : mais il n'y pourroit venir par droit successif qu'après les enfans du comte de Derby, d'autant qu'il est issu de Georges, duc de Clarence, frère du roy Edouard quatriesme, qui ne laissa qu'une fille, laquelle fut mariée au comte de Salisbury. Duquel mariage sont issus trois fils : Henry, Paul, cardinal, et Artus. De Henry sont issues deux filles, dont l'aisnée est morte sans enfans. De la seconde sont issues Marie et Marguerite.

Quant aux enfans du comte de Héreford, qu'il a eu de Catherine, il y a eu sentence donnée par l'archevesque de Cantorbéry, qu'ils n'estoient pas légitimes ; de laquelle il y a eu appel, qui n'est pas décidé : car en Angleterre, s'il n'y a contrat de mariage vérifié par écrit ou par témoins avant la consommation d'iceluy, les enfans nés auparavant le contrat sont tenus pour bastards, et ne se peuvent légitimer par mariage subséquent. Mais si les parties contractent mariage estant la femme grosse, voire preste à se délivrer, pourvu qu'elle ne soit encores accouchée, les enfans seront légitimes, hormis, comme l'on dit, les princes du sang, qui ne se peuvent marier sans congé du roy, sur peine que les enfans soient déclarés bastards et le mariage nul. Vray est que le second fils du comte de Héreford est né après que les deux parties déclarèrent en jugement qu'ils estoient mariés. Or tous les susdits ne peuvent succéder à la couronne d'Angleterre, la reyne Elisabeth mourant sans enfans, devant la reyne d'Escosse, petite-fille de Marguerite, sœur aisnée du roy Henry huictiesme.

CHAPITRE II.

Histoire des amours de Henry VIII, roi d'Angleterre, avec Anne de Boulen, qu'il espouse nonobstant son mariage avec Catherine d'Espagne, qu'il prétend nul. Cela cause le schisme et l'hérésie en Angleterre. Le repude de Catherine improuvé par les religionnaires d'Allemagne et de Genève, qui refusent l'alliance de Henry. Raison pour laquelle le roy François I souhaita la nullité du premier mariage dudit roy Henry, déclaré valide en cour de Rome. Mort d'Anne de Boulen et de Thomas Morus. Raison du titre de Défenseur de la Foy, porté par le roy d'Angleterre. Le roy Henry se fait chef de l'église anglicane. Continuation de ses mariages.

Et pour mieux esclaircir cette généalogie où nous sommes entrés, je reprendray comme ledit roy Henri VIII espousa Catherine d'Espagne, sa belle-sœur, après la mort d'Artus, son frère, par dispense du pape Jules second, à condition toutesfois qu'Artus n'eust point eu copulation avec elle : et de ce mariage fut procréée Marie, sœur aisnée d'Elisabeth, qui depuis fut reyne. Mais il advint que le roy Henry devint amoureux d'une jeune dame rare en beauté et d'illustre maison d'Angleterre, nommée Anne de Boulen, marquise de Pembrock, niepce de Thomas Howart, duc de Nortfolck, laquelle, ne voulant pas servir de concubine au roy, désiroit et feignoit, comme elle estoit prudente et advisée, de se vouloir marier avec un seigneur du pays. Le roy, le voulant empescher, vaincu d'amour comme il y estoit suject, se résolut de l'espouser pour n'avoir point de compagnon. Mais pour ce faire il fut conseillé qu'il estoit nécessaire de répudier Catherine, non pour autre sujet que d'avoir esté auparavant femme d'Artus, son frère. Ce qui fut advisé par un subtil moyen du cardinal d'Yorck, anglois, sur ce qu'il montra que le roy n'avoit peu légitimement espouser la veuve de feu son frère Artus.

Et à ces fins le cardinal Campèje fut député, lequel vint en Angleterre, et fit information de la vérité avec le cardinal d'Yorck, délégué pour luy assister. Et depuis, après avoir trouvé qu'il estoit vray, firent aperte démonstration d'estre fort scandalisés, et y avoir grande charge de conscience en un tel mariage. Dès-lors ils firent deffense au roy Henry et à la reyne Catherine sa femme de ne plus se fréquenter, jusques à ce qu'ils eussent fait leur rapport au pape. Cependant le roy Henry, impatient de ce nouvel amour, ne pouvant supporter la longueur qu'il voyoit au jugement de la répudiation, espousa ladite Anne de Boulen, dont est issue Elisabeth, à présent régnante, née le septiesme jour de septembre 1533.

Et d'autant que Charles cinquiesme, empereur, portoit impatiemment cette répudiation faite de sa tante, et que le pape trouvoit estranges ces nouvelles nopces, mesmes du vivant de Catherine, qui avoit esté quelques années avec le roy, estant dispensé, comme j'ay dit, le roy d'Angleterre commença de se fascher contre le pape, et, comme l'on dit, estant persuadé par sa nouvelle espouse, qui se ressentoit de la religion des protestans, se déclara chef de l'église d'Angleterre, et fit mettre le cardinal d'Yorck en prison, qui avoit changé de volonté, ayant écrit au pape que le roy d'Angleterre avoit espousé une luthérienne.

Sur cela le roy Henry envoya en Allemagne et à Genève, offrant de se faire chef des protestans, et mener dix mille Anglois à la guerre, et contribuer cent mille livres sterlins, qui valent un million de livres tournois. Mais ils ne voulurent jamais approuver la répudiation, hors mis Erasme de Rotterdam, combien qu'auparavant, et dès l'an 1530, il avoit eu advis des universités de Bologne, de Padoue, d'Orléans, de Bourges, d'Angers, de Toulouse et de Paris, où les docteurs en théologie baillèrent, comme l'on dit, sous les seels des universités, que le pape Jules second n'avoit peu le dispenser de prendre la vefve de son frère, mort sans enfans, et que la loy de Dieu qui commandoit expressément au frère de prendre la vefve de son frère pour luy susciter un héritier, n'estoit que figure. Vray est que le bruit estoit que le roy Henry n'y espargna rien. Lesdites consultations ont depuis esté publiées et imprimées en Angleterre.

Cependant le procès fut depuis intenté à Rome pardevant le pape Clément septiesme, à l'instance de l'ambassadeur de l'empereur vers ledit pape, auquel fut envoyé Estienne Gardiner, docteur ès droits, et depuis évesque de Winchester, pour soustenir que la répudiation avoit esté juste, et la dispense du pape Jules illicite de droit divin et humain.

Le bruit estoit commun que le roy François premier avoit eu volonté de marier sa sœur, vefve du feu duc d'Alençon, au roy d'Angleterre, laquelle depuis espousa Henry d'Albret, roy de Navarre; et qu'il avoit incité le cardinal d'Yorck, pour lors ambassadeur en France, de tenir la main à ce que la dispense de Jules deuxiesme fust jugée abusive. Mais deux choses empeschèrent le mariage : l'une, qu'il craignoit que la répudiation fust trouvée mauvaise; l'autre, que le roy d'Angleterre n'aimoit pas madame la duchesse d'Alençon, son but estant d'espouser Anne de Boulen pour sa beauté.

Et d'autant que l'ambassadeur d'Espagne pressoit le pape de faire juger le procès, le pape différoit, tant pour la crainte d'offenser l'empereur, qui avoit de grandes forces en Italie, s'il donnoit jugement au profit du roy d'Angleterre, qu'aussi, donnant la sentence au contraire, ledit roy ne se retirast du tout de l'obéissance de l'église et du saint-siège apostolique, et se déclarast particulièrement ennemi de l'église romaine, et en ce faisant qu'il exemptast son royaume de la foy et hommage que les roys ses prédécesseurs avoient toujours rendu audit siège depuis le roy Jean, surnommé Sans-Terre, payans par chacun an quatre mille ducats à la chambre du pape, pour le cens féodal convenu en l'investiture faite par le pape Innocent troisiesme audit roy Jean, du consentement des seigneurs et barons d'Angleterre.

Mais le pape, ne pouvant plus reculer, fit juger le procès à Rome, où il fut dit par sentence : que le roy n'avoit pu répudier Catherine d'Espagne, et moins encore espouser Anne de Boulen, laquelle pendant le procès avoit esté exécutée à mort, comme atteinte et convaincue d'adultère, lequel toutefois n'estoit pas bien vérifié, ainsi que plusieurs disoient; et croyoit-on que les catholiques, qui avoient fort mauvaise opinion de ladite Anne de Boulen, luy firent de très mauvais offices, tant pour avoir esté cause de la répudiation d'une autre reyne, que pour estre luthérienne, et avoit fait changer au roy Henry sa religion, disans que c'estoit pour troubler le royaume, et mesmement pour avoir fait mourir Thomas Morus, chancelier d'Angleterre, l'un des plus grands personnages de son temps, parce qu'il avoit dit que le roy Henry ne se pouvoit faire chef de l'église anglicane. D'où on jugeoit qu'ayant gasté le roy, elle gasteroit aussi le royaume, qui estoit auparavant si contraire aux hérésies, que le mesme roy avoit fait un livre contre Martin Luther, pour lequel il fut grandement honoré par le pape Jules deuxiesme, qui lui donna le titre de : Défenseur de la Foy catholique, et un chapeau et une espée. Et ce titre de Défenseur de la Foy a depuis esté porté par tous les enfans dudit roy Henry, comme la reyne Elisabeth, à présent régnante, le porte encore.

Le roy Henry estant adverty de cette sentence, non-seulement persista en sa déclaration, après s'estre fait chef de l'église anglicane, mais désavoua le pape pour seigneur féodal, chassant ses receveurs d'Angleterre, et par mesme moyen changea la forme de la religion, et fit abattre quelques images, et fondre des reliques. Auparavant, le roy François premier avoit adverty le pape Clément, par son ambassadeur, qu'il se gardast bien de juger contre le roy d'Angleterre, car en ce faisant il perdroit l'obéissance de ce royaume-là : toutesfois cet advertissement arriva trop tard à Rome, parce que la sentence estoit desjà donnée. En ce temps le roy d'Angleterre fit assembler ses estats, et par iceux fit déclarer le mariage de Catherine d'Espagne illégitime, et qu'après son décès la couronne viendroit aux enfans de luy et de Jeanne de Seimour, laquelle il espousa depuis; et fut incisée par le costé pour avoir son enfant, dont elle mourut : et pour cette cause l'enfant fut appellé Edouart César. Pour la quatrième femme le roy prit Anne, sœur du duc de Clèves, qu'il répudia bientost après. Pour la cinquiesme il espousa Catherine de Howart, qu'il fit décapiter devant que l'an fust passé. Et pour la sixiesme, il espousa Jeanne, vefve du seigneur de Latimer. Et par son testament, fait en décembre 1546, il institua Edouart, son fils, successeur à la couronne, auquel il substitua Marie sa fille aisnée; et à Marie il substitua Élisabeth, ratifiant en cela la volonté des estats d'Angleterre, qui l'avoient ainsi ordonné.

CHAPITRE III.

Règne de Marie, reyne d'Angleterre. Refusée en mariage par Henry de Courtenay, comte de Worcester. Elisabeth, sœur et rivale de la reyne, mise en prison; délivrée par l'entremise de Philippe II, roy d'Espagne, qui prétendoit l'espouser après la mort de sa sœur.

Ainsi Marie succéda au royaume après la mort du jeune roy Édouart son frère, ce qui n'estoit advenu depuis quatorze cens ans; car, combien que Tacite, en la vie de son beau-père Agricola, escrive que les peuples d'Angleterre de son temps estoient commandés par une reyne, et qu'ils recevoient à la succession de la couronne les filles aussi bien que les masles, si est-ce que, depuis ce temps-là jusques à Marie, il ne s'en trouve pas une seule. Car mesme Estienne, comte de Boulogne, gendre seulement de Henry I, roy d'Angleterre, fut préposé à Mahaut, appellée Impératrice, fille dudict Henry, femme de Godefroy Plantagenet, comte d'Anjou, qui succéda à la couronne, et duquel sont tous issus les princes, roys et reynes d'Angleterre, qui ont esté depuis quatre cens ans jusques à présent.

Donc Marie se voyant asseurée de la couronne et estat d'Angleterre, et qu'elle avoit passé l'aage de trente-sept, pour s'asseurer encore davantage, voulut espouser le comte de Worcester, nommé Henry de Courtenay, qu'elle avoit fait premier gentilhomme de sa chambre; lequel estoit issu des princes du sang de France du costé paternel (dit le sieur Tillet), et du costé maternel des roys d'Angleterre de la maison d'Yorck, joint aussi qu'il estoit l'un des plus beaux entre les jeunes seigneurs de son aage. Mais luy n'avoit pas son affection à la reyne Marie, mais bien à Élisabeth, sa jeune sœur, qui luy portoit beaucoup d'affection, comme l'on disoit. Ce que la reyne Marie ayant découvert, et que plusieurs du royaume d'Angleterre, impatiens, et qui tenoient pour chose nouvelle d'estre commandés par une femme, jettoient les yeux sur milord de Courtenay, et eussent bien désiré l'avoir pour roy, et qu'il espousast Élisabeth, il délibéra de sortir du royaume pour éviter le courroux et animosité de la reyne Marie; et alla à Venise, où bientost après il mourut de poison, comme l'on dict.

Et Élisabeth fut constituée prisonnière par le commandement de Marie, en fort grand hazard de perdre la vie, comme elle m'a dit souvent qu'elle s'y estoit résolue, tant pour la mauvaise volonté qu'elle sçavoit que luy portoit ladite reyne Marie sa sœur, que pour avoir inventé contre elle des accusations, d'avoir escrit au feu roy Henry II en France, et avoir des intelligences avec Sa Majesté, et cognoistre en elle une affection toute françoise. Elle m'a dit aussi qu'estant du tout hors d'espérance d'eschapper, elle désiroit faire une seule requeste à la reyne sa sœur, qu'elle eust la teste couppée comme l'on fait en France avec une espée, et non avec une doloire à la façon d'Angleterre, priant que pour cette exécution l'on envoyast quérir un bourreau en France.

Toutefois elle ne courut autre chose de ce danger que la peur; car Philippe, roy d'Espagne, qui avoit espousé ladite reyne Marie, moyenna sa liberté, et la fit sortir de prison, espérant de l'espouser au cas que Marie mourust sans enfans, comme il advint. Et ledit Philippe, qui estoit pour lors au Pays-Bas, envoya des ambassadeurs en Angleterre, et fit grande instance pour avoir en mariage ladite Élisabeth, laquelle n'y voulut aucunement prester l'oreille, pour n'y avoir point d'affection ; ce qu'elle m'a souvent dict, et qu'elle ne croyoit aussi estre honneste et licite entre chrestiens d'espouser le mary de sa sœur, bien que le roy d'Espagne fust asseuré de sa dispense si elle l'eust voulu espouser ; comme aussi il a facilement obtenu d'espouser sa niepce, fille de sa sœur et de son cousin-germain, encore que plusieurs tiennent que le pape ne peut dispenser de telle consanguinité ; ce que mesme les Romains payens tenoient pour un inceste. Et outre le peu de volonté que ladite reyne avoit de l'espouser, il y avoit encore un grand empeschement, pour la diversité des religions ; joint aussi que les Espagnols estoient fort mal-voulus des Anglois, qui avoient du temps de la reyne Marie fait plusieurs desseins de leur faire mauvais party. De sorte que le roy d'Espagne fut contrainct d'avoir une garde angloise, lesdits Anglois s'estans persuadés que les Espagnols, voyans la stérilité de Marie, avoient dessein d'usurper le royaume, parce que cette nation est fort ambitieuse et en possession de s'aggrandir par prétextes d'alliance.

CHAPITRE IV.

Élisabeth succède à la couronne d'Angleterre. Marie Stuart, reyne de France et d'Escosse, y prétend. Raisons d'estat pour l'abolition de la religion catholique en Angleterre. Marie Stuart insiste pour ses droits. Repartie des Anglois à ses prétentions. Elisabeth, pour s'y maintenir, brouille l'Escosse avec la France par ses intelligences avec les hérétiques. Dangereux conseil de la maison de Guyse à la reyne régente d'Escosse, contre les religionnaires du pays, qui révolte le pays et ruine la religion catholique.

Donc, par la mort de Marie, causée de quelque jalousie qu'elle avoit du roy d'Espagne son mary, comme aucuns ont voulu dire, Élisabeth ayant succédé à la couronne d'Angleterre, suivant le testament du roy Henry son père, et le droit des estats estably vingt-neuf ans auparavant au parlement d'Angleterre, fut receue avec grande joie et allégresse, le dix-septième novembre 1559.

Marie Stuart, reyne de France et d'Escosse, en estant advertie, prit les armes d'Angleterre, et les fit conjoindre et écarteler avec celles d'Escosse, et poser publiquement à Paris en plusieurs lieux et portes, par les hérauts du dauphin de France, lorsqu'il espousa ladite Marie, avec les titres qui s'en suivent : *Franciscus et Maria, Dei gratiâ rex et regina Franciæ, Scotiæ, Angliæ et Hiberniæ.* Ce que l'ambassadeur d'Angleterre ayant veu, demanda audience, et fit de grandes plaintes de l'injure faite à sa maistresse ; auquel on fit seulement response qu'il y seroit pourveu, sans toutesfois rien changer ny aux armes ny aux qualités ; car l'on craignoit faire un préjudice irréparable à la reyne d'Escosse, pour le droict qu'elle prétendoit au royaume d'Angleterre et d'Irlande.

La reyne Élisabeth en estant advertie par son ambassadeur, prévoyoit bien qu'elle estoit pour courir la fortune d'une guerre contre la France et l'Escosse, et mesme contre quelque partie de ses sujets qui estoient catholiques, et portoient très impatiemment d'estre frustrés de l'exercice de leur religion, qu'elle avoit changée, par le consentement des trois estats, trois mois après son advènement à la couronne ; ce qu'elle pratiqua fort subtilement sans aucun remuement ny altération ; car, voyant que les protestans qui s'estoient absentés d'Angleterre sous le règne de Marie estoient de retour en leurs maisons, et qu'une partie des peuples et de la noblesse estoient mal affectionnés à la religion catholique, pour establir cette religion protestante à laquelle elle estoit affectionnée, et pour plus seurement régner, elle ne voulut pas user de force, mais prit résolution de faire assembler presque tous les évesques d'Angleterre, auxquels elle fit entendre qu'elle vouloit régler le faict de la religion, et suivre leur advis en tout et partout : de quoy les catholiques estoient bien aises, estimans qu'ils le gagneroient, estant la chose mise à la pluralité des suffrages, d'autant que les évesques estoient, comme ils devoient ou sembloient estre, catholiques, pour le moins en plus grand nombre que les protestans. Mais sur cette délibération la pluspart d'iceux furent gagnés par le conseil de la reyne, les uns par bienfaits, les autres par promesses, et les autres par crainte qu'ils avoient de luy desplaire. Joint aussi qu'une partie des comtes, barons, nobles et roturiers, députés par le peuple aux estats, demandoient le changement, d'autant qu'ils espéroient d'estre pourveus des biens des ecclésiastiques et des confiscations, excepté seulement les éveschés, qui sont encore entre les mains de personnes qui se disent évesques, ou pour le moins en ont l'habit et jouissent du revenu. Par ce moyen la religion fut remise en l'estat auquel l'avoit laissé trois ans auparavant le roy Édouart sixiesme, et toute autre religion deffendue.

Cependant Marie Stuart, reyne de France et d'Escosse, soutenoit par livres publiés qu'elle avoit droict à la couronne d'Angleterre, tant par la loy de nature et droit successif, que par le jugement rendu contre la répudiation de Catherine d'Espagne, ce qui rendoit nul le mariage d'Anne de Boulen; d'où s'ensuivoit que la reyne Élisabeth n'estoit habile à succéder. Les Anglois disoient que les estats d'Angleterre, au parlement qui fut tenu l'an 1525, donnèrent toute puissance au roy Henry huictiesme de nommer et désigner un successeur à la couronne ; et néantmoins nommèrent Édouart sixiesme, et luy substituèrent Marie, et à Marie Élisabeth ; et depuis, le roy Henry, par son testament, appella les mesmes personnes, comme nous avons dit cy devant; et après Élisabeth ordonna que les enfans de Françoise et de Léonor, ses niepces, filles de Marie sa sœur puisnée, et de Charles Brandon, duc de Suffolck, succédassent, et que si elles mouroient sans hoirs légitimes, les plus proches y fussent appelés. De sorte qu'il sembloit qu'il eust totalement exclu les enfans de Marguerite sa sœur aisnée, d'où estoit issue la reyne d'Escosse, qui débattoit le testament de plusieurs nullités.

Pour s'assurer donc, la reyne Élisabeth avoit de long-temps commencé de s'allier le plus qu'elle pouvoit avec les Escossois, tant pour le prétexte d'une mesme religion que pour les distraire du tout, si elle pouvoit, de l'amitié et alliance de France, qui avoit duré huit cens ans et avoit esté comme un frein à l'Angleterre, pour empescher la grandeur et accroissement de ce royaume-là, comme aussi les François ont maintenu souvent l'Escosse contre l'oppression des Anglois, jusques au changement de religion et au règne d'Élisabeth, laquelle prit fort à propos l'occasion des troubles advenus en Escosse l'année que le roy Henry mourut; car auparavant tout y estoit paisible, par la patience et prudence de la douairière d'Escosse, régente et mère de Marie, femme du roy François second ; laquelle ne vouloit, voyant qu'elle ne le pouvoit, forcer la conscience des protestans, qui estoient desjà en grand nombre en Escosse, et se multiplioient tous les jours, comme en cette nation les esprits sont prompts et faciles à mutation, dont j'ay veu infinis exemples en vingt-trois ans que j'ay traicté plusieurs grandes affaires en ce royaume.

Or ceux de Guyse, frères de la régente d'Escosse, voyans que les protestans y prenoient grand pied, et devenoient les plus forts, et qu'il estoit impossible à leur sœur d'en venir à bout, la conseillèrent de faire dresser et publier édicts fort rigoureux contre les protestans; et pour les exécuter envoyèrent Nicolas de Pellevé, évesque d'Amiens, à présent cardinal, et La Brosse, qui voulurent tout soudain contraindre un chacun d'aller à la messe, reprochant à la régente que sa douceur et souffrance avoient tout gasté. Elle, au contraire, combien qu'elle fust du tout catholique, persistoit en son opinion, disant qu'il ne falloit rien changer ni altérer pour le fait de la religion, craignant et leur prédisant la rébellion des sujets, qui advint incontinent après.

Mais elle ne fut creue : qui fut cause que la part de la noblesse escossoise, courageuse, et grand nombre des peuples, prompts et remuans, commencèrent à se mutiner, non pas tant pour le fait de la religion, que parce qu'ils disoient que l'on les vouloit commander par force, et asservir leur liberté aux François, disans pour prétexte qu'à la fin ils emporteroient les plus belles charges et offices du royaume : aussi ne manquent jamais de prétextes ceux qui se veulent mutiner. Cependant la reyne Élisabeth et ses conseillers ne perdoient pas de temps pour nourrir et augmenter cette division et révolte des Escossois malcontens et protestans, qui, se joignans les uns avec les autres, prirent les armes, et commencèrent à donner la chasse aux ecclésiastiques, et enfin réduisirent la régente et son conseil à cette nécessité de recevoir la loy de ses sujets.

CHAPITRE V.

La reyne Élisabeth se déclare pour les hérétiques d'Escosse, et commence la guerre avec la France. Protestation de la part du roy contre l'infraction de la paix par ladite reyne. Ses responses auxdites protestations. Dessein de la reyne d'Escosse sur l'Angleterre, et de la reyne d'Angleterre en Escosse. Traité entre les Escossois et les Anglois.

Sur cela le sieur de Montluc, évesque de Valence, fut envoyé en Escosse, pour voir quel remède il y auroit de leur faire poser les armes: mais n'y en trouvant point, il fut soudain renvoyé en France pour avoir secours. Ce que voyant, la reyne d'Angleterre, qui avoit desjà conclu l'alliance avec les Escossois mutins, fit dresser deux armées, par mer et par terre, et expédier des lettres-patentes qu'elle publia en Angleterre, par lesquelles elle se plaignoit du tort qu'on luy avoit fait en France, et principalement d'avoir souffert que Marie, reyne d'Escosse, se qualifiast reyne d'Angleterre et d'Irlande, avec les armes écartelées d'Escosse et d'Angleterre; et encore, sous couleur de vouloir chastier quelques sujets d'Escosse, l'on dressoit une armée en France pour attenter à l'Angleterre, dont elle estoit menacée. Elle fit aussi remonstrer et prier le roy que l'on laissast l'Escosse en paix, et la forme du royaume en l'estat auquel il estoit, et que l'on retirast tous les François qui y estoient desjà. Autrement elle s'armeroit pour garder qu'il ne s'attentast quelque chose contre l'Angleterre, protestant que tout le mal qui adviendroit pour ce regard ne luy pourroit estre imputé. Et voyant que les forces de France s'approchoient d'Escosse, elle commença la guerre contre quelques vaisseaux françois qui estoient pour lors audit Escosse.

Cela fut cause que l'on fit protester le chevalier de Saivre, de la part du roy, à la reyne d'Angleterre de l'infraction de paix, et de l'ouverture de guerre qu'elle avait commencée, sous couleur que la reyne d'Escosse avoit pris les armes d'Angleterre avec celles d'Escosse, et vouloit réduire ses sujets rebelles sous son obéissance, et que le roy François second avoit fait offre à la reyne d'Angleterre de députer gens de sa part, pourvu qu'elle en nommast aussi de son costé, à fin de vuider leurs différens suivant les articles de la paix; chose que la reyne d'Angleterre n'auroit acceptée; mais auroit limité certain jour, auquel elle vouloit pour tous délais que le roy retirast tous les François qui estoient en Escosse, sans vouloir entrer en accord, n'ayant d'autre but que de clorre le chemin aux François, et les chasser tous d'Escosse.

Toutesfois, le vingtiesme jour d'avril 1560, la reyne d'Angleterre, comme par une forme de response, se plaignit derechef, comme elle avoit déjà faict, de ce que la reyne d'Escosse avoit pris et portoit le nom, tiltre et armes d'Angleterre et d'Irlande, qu'elle n'avoit voulu quitter, quelque remontrance et prière qui luy en eust esté faite par ses ambassadeurs, qu'elle disoit aussi avoir esté maltraités; qui estoient, comme elle disoit, tous signes évidens que les forces menées en Escosse, et celles qui se préparoient encore, estoient pour surprendre l'Angleterre. Elle se plaignoit aussi de grand nombre de pirates françois, seulement contre les Anglois, et du support qui leur estoit donné; et davantage de ce que l'on avoit remonstré et faict instance au pape, pour déclarer qu'elle n'estoit pas reyne et la vraye héritière d'Angleterre, et que l'on avoit voulu capituler avec des Allemans et lansknets pour passer en Escosse avec les François pour la conqueste d'Angleterre; disant encore que le cardinal de Lorraine avoit soutenu au traité de Cambresis la ville de Calais devoir plustost estre à la reyne d'Escosse qu'à elle. Et quant aux forces qu'elle avoit envoyées vers l'Escosse, elle disoit que c'étoit seulement pour la forteresse et ville de Warvick, frontière de l'Angleterre, et que le tout y avoit esté conduit sans aucun acte d'hostilité : alléguant sur cela qu'il n'estoit pas question de mener en Escosse une si grande armée de François pour chastier les rebelles. Elle fit aussi déclarer les torts et injures que les Escossois disoient avoir receu des François, qui estoit l'occasion et le commencement des troubles et divisions d'Escosse; protestant néanmoins qu'elle ne voudroit soutenir la rébellion des sujets d'Escosse contre leur reyne, mais seulement se vouloit garder des surprises que l'on luy pourroit faire, et conserver son estat.

Ces protestations, ainsi faites d'une part et d'autre, sembloient contraires aux effets; car, combien que la reyne d'Escosse ne pensast lors qu'à appaiser les troubles de son estat, si est-ce que la pluspart jugeoient que si elle en eust pu venir à bout, elle eust passé en Angleterre avec les forces de France et d'Escosse, par l'intelligence qu'elle pensoit avoir avec grand nombre de catholiques qui estoient audit Angleterre, attendu qu'il n'y a ny mer ny fleuves, ny montagnes, ny forteresses, qui séparent les deux royaumes, mais seulement un petit ruisseau qui se passe à gué de tous costés. Aussi la reyne d'Angleterre ne pouvoit avoir plus grand plaisir que de voir les troubles et les sujets divisés en Escosse, et la religion des protestans s'y establir, et faisoit entendre aux Escossois qu'ils ne devoient endurer la domination des François en leur pays; pensant que c'estoit un très-grand moyen pour conserver son estat et la religion protestante, de diviser ces deux nations, qui avoient si long-temps maintenu une estroite alliance contre les Anglois, anciens ennemis des uns et des autres.

Or en ce temps le sieur de Glaion et l'évesque d'Aquila, ambassadeurs du roy d'Espagne, taschoient de moyenner la paix, et faire en sorte que la reyne d'Angleterre ne s'entremeslast point des affaires d'Escosse; ce qu'ils ne peurent obtenir. Mais au contraire la reyne d'Angleterre reçut favorablement tous les Escossois qui se voulurent mettre en sa protection, lesquels la supplièrent (par pratique faite) de faire alliance avec eux, et de les aider, comme elle fit bientost après. Mais les Escossois furent advisés par la capitulation qu'ils firent avec elle, qu'ils ne bailleroient aucunes places fortes aux Anglois, comme aussi n'y en a-t-il guère, mais seulement que la reyne d'Angleterre bailleroit des ostages qui seroient renouvellés de six en six mois. Aussi est-il bien à craindre, quand les protecteurs ont des forteresses des alliés, qu'ils ne les rendent jamais, comme ils est advenu de nostre temps des villes impériales comme Utrecht, Constance, Cambray et autres, qui ont esté assujetties à ceux qui les tenoient sous leur protection; de quoy l'empereur Charles V a montré assez d'exemples. Or ce traicté conclu et arresté entre la reyne d'Angleterre et les Escossois, et l'union qu'ils firent de leurs religions, esquelles ils ne vouloient estre forcés, apporta la guerre ouverte.

CHAPITRE VI.

Guerre en Escosse contre les François, qu'on ne peut secourir. Passage du sieur de Castelnau-Mauvissière par le Portugal, avec les galéres de France. Les périls qu'il courut sur la mer avec l'armée navale. Paix faicte en Escosse. Article de ladite paix entre la France et l'Angleterre. Avantage des Anglois et désavantage des François en la guerre d'Escosse. Jugement du sieur de Castelnau sur la protection donnée par nos roys aux hérétiques et protestans.

Cela fit dès lors cognoistre la difficulté qu'il y avoit de forcer les consciences des sujets qui estoient en si grand nombre, mesmement des Escossois, nation farouche, opiniastre et belliqueuse, et qui ne se peut pas dompter par force, si l'on ne les extermine du tout, ce qui seroit trop difficile, attendu la nature du pays : aussi ne faut-il pas apprivoiser les esprits sauvages à coups de baston, mais en les traitant par douceur et courtoisie. Donc les choses estant venues à l'extrémité de la guerre, les François qui estoient en Escosse, se voyans les plus foibles, ne voulurent pas se hazarder au combat, mais se retirèrent dedans la ville de Petit-Lit[1], où ils furent assiégés par mer et par terre des Escossois et des Anglois, avec telle violence, que, ne pouvans plus tenir, pour n'avoir ny vivres ny munitions de guerre, et n'ayans aucune espérance de secours, après plusieurs escarmouches et sorties, Sébastien de Luxembourg, vicomte de Martigues, qui estoit colonel des gens de pied, et le sieur d'Oysel, qui avoit long-temps esté ambassadeur, et commandé à quelques troupes françoises qui avoient esté avec la régente, et tous ensemble résolurent de faire plustost quelque honorable composition, que de se perdre sans raison ny profit en une des plus méchantes places du monde, où il n'y avoit autre forteresse qu'un retranchement.

Et combien que l'on préparast en France des forces pour les secourir, dont le marquis d'Elbœuf estoit le chef et conducteur, si est-ce qu'elles ne pouvoient venir à temps, veu mesme que, s'estant embarqué en Normandie, il eut tant de fortune sur la mer, qu'il luy fallut relascher d'où il estoit party, avec l'entière ruine de tout ce qui estoit avec luy.

Ce qui advança encore la composition moins avantageuse pour les François, est aussi que le grand-prieur de Lorraine, frère du duc de

[1] Leith, à une demi-lieue d'Edinburgh.

Guyse, lequel je suivis en ce voyage, qui devoit commander à l'armée navale, estant général des galères de France, et en amenoit dix des meilleures qui fussent au service du roi, lesquelles il avoit desjà trajectées de la mer Méditerranée en l'Océan, et passé le détroit de Gibraltar et la coste d'Espagne, s'arresta à une infinité de rafraischissemens, et semblablement auprès du roy de Portugal dom Sébastien, pour lors jeune enfant, qui me donna, et la reyne sa grand'mère, et le cardinal dom Henry (qui depuis fut roy après que son neveu se perdit en Afrique), un prisonnier fort estroitement détenu, et accusé de plusieurs pratiques au royaume de Portugal; lequel trafiquoit de plus de cent mille escus, qui luy eussent esté confisqués, et l'eust-on fait mourir, si je ne l'eusse sauvé, avec beaucoup de difficulté. Mais je reçus cette particulière faveur, pour les recommandations d'une infinité de marchands françois et italiens, qui me prièrent de faire cette requeste au petit roy de Portugal et à son conseil.

Or nous eusmes nouvelles en Portugal que, si les galères et toute l'armée navale n'estoient ensemble en Escosse dedans vingt jours, l'accord se feroit au Petit-Lit, comme il fut fait. Lors le grand-prieur fit estat de partir aussitost que le vent pourroit servir pour sortir les galères de Lisbonne : et, vingt-trois heures après, firent voile, et eurent bon temps jusques au cap de Fin-de-terre en Espagne. Mais là ayans fait aiguade pour prendre la pleine mer et laisser la coste, afin d'acourcir le chemin, lesdites galères n'estoient pas encore trente milles en mer, qu'elles furent agitées d'une horrible tempeste, et en très-grand danger de périr, courans cette fortune jusques aux landes de Bordeaux et près de la tour de Cordouan, sans qu'aucun pilote peust cognoistre ny ciel ny terre, ny le lieu où nous estions prests à nous perdre, sinon un pauvre vieil pilote pescheur qu'avoit pris le capitaine Albise, lequel, de fortune, voyant le péril où nous estions, dit à son capitaine que s'il n'avançoit sa galère pour piloter les autres par le chemin qu'il leur monstreroit, elles estoient toutes perdues, ce qui estoit vray. Et ainsi le capitaine Albise et son pilote, laissans les loix de la mer en telle nécessité, se licencièrent d'avancer leur galère devant la Réale, laquelle autrement alloit la première donner à travers d'infinis écueils. Ainsi nous échapasmes ce danger, et Saint-Gouart, qui estoit esdites galères, fut le premier qui recognut la terre et les sables d'Aulonne, comme nous en pensions estre à plus de cinquante lieues. L'extrémité du péril estoit si grand, que l'argousin de la Réale et le patron, qui n'avoient plus d'espérance qu'au hazard de la fortune, prirent leurs bourses, en résolution de se jetter sur quelque écueil, attendans que la tempeste cesseroit, comme elle fit en cet endroit, où les galères ayant quelque rafraischissement, le grand-prieur fit diligence de les amener jusques à Nantes, où estans arrivées, je fus envoyé vers le roy François second, pour sçavoir ce qu'il luy plairoit que fissent lesdites galères, et si elles prendroient la route d'Escosse, et demander de l'argent pour les faire partir. Mais, arrivant à la cour, je trouvay que la composition estoit faicte en Escosse, et le Petit-Lit rendu au mois de juillet 1560.

Et fut dit par l'accord que les armes avoient esté prises, tant du costé du roy que de la reyne d'Angleterre, pour le bien des sujets d'Escosse et la conservation de l'estat, sans que de là en avant les Escossois, pour quelque cause que ce fust, en pussent estre recherchés; que les protestans sortiroient d'Hindebourg, hormis ceux qui estoient bourgeois de la ville; que tous les protestans demeureroient bons et fidèles sujets au roy, à la reyne d'Escosse, et à la régente sa mère, demeurans néantmoins les loix du pays en leur force et vertu; et que les catholiques et gens d'église ne seroient troublés en leurs religions, personnes ny biens; que le dixiesme jour suivant seroit tenu le parlement d'Escosse, pour accorder amiablement tous les différens de la religion; que douze personnes seroient establies en Escosse, dont les sept seroient nommées par le roy, et les autres par les estats des ecclésiastiques, de la noblesse, du peuple; et seroit résolu que toutes les dignités, offices et estats, seroient baillés aux Escossois seulement, et que la forteresse du Petit-Lit seroit abatue; que les capitaines et gens de guerre estrangers qui estoient dedans et en tout le pays d'Escosse sortiroient, et que la ville d'Hindebourg auroit tel exercice de religion qu'il luy plairoit, pour y vivre un chacun en liberté de conscience ; que les protestans ne seroient aucunement molestés pour le fait de leur religion ; que la reyne d'Angleterre retireroit aussi toutes ses forces, et ne s'entremesleroit plus des affaires d'Escosse ; que le traité fait au Casteau-Cambresis demeureroit en sa force et vertu, et que la reyne Marie d'Escosse laisseroit les titres et armes d'Angleterre.

Voilà sommairement ce qui fut capitulé au Petit-Lit. Par cet accord fait et exécuté, la guerre d'Escosse prit fin. Par lequel la reyne d'Angleterre commença tellement d'asseurer son estat et sa religion jusques à présent, qu'elle peut dire avoir plus fait que tous les roys ses prédécesseurs, dont le principal point est d'avoir divisé les François d'avec les Escossois, et avoir jusques aujourd'huy nourry et entretenu cette division, par le moyen de laquelle elle a affoibli les uns et les autres, et s'en est fortifiée. Aussi plusieurs sont de cette opinion, que la puissance d'un prince et d'un estat ne gist pas tant en sa force qu'en la foiblesse et ruine de ses voisins, mesmement ennemis, comme furent les François et les Escossois, de long-temps confédérés et alliés, et ennemis des Anglois, et plus encore les Escossois que les François. A quoy ceux qui ont manié ces affaires n'ont pas bien préveu ; car ils ont fait une playe fort sanglante en France, ayant esté d'advis d'envoyer des François pour faire la guerre à l'Escosse, qui estoit un rempart pour la France, lorsque les Anglois y vouloient entreprendre quelque chose, dont ils estoient advertis par les Escossois, et envoyoient leurs forces en Escosse, sans que les Anglois y pussent remédier, qui leur estoit une grande épine au pied. Et quoy qu'il fust dict par le traité du Petit-Lit que la reyne d'Angleterre ne s'entremesleroit plus des affaires d'Escosse, ce fut un article inutile, et qui ne servit que de couleur et palliation ; car les Anglois ne prétendent pas beaucoup en Escosse, mais il leur suffira d'en avoir chassé les François. Et il est aisé à voir que s'ils vouloient tenter d'y retourner pour s'y faire les plus forts, les Anglois s'armeroient incontinent, et se joindroient avec les Escossois, qui, estans pour la pluspart protestans, ont encore une récente impression de cette nouvelle amitié et alliance faite avec la reyne Elisabeth d'Angleterre, qui leur remet souvent devant les yeux, par quelques bienfaits et pensions, que c'est elle qui les a délivrés de la subjection des François, et est cause qu'ils ont la religion protestante. Et si l'on veut dire que c'estoit bien fait de ruiner les protestans d'Escosse, qui, à la vérité, ont esté la seule occasion d'y faire la guerre, à cela l'on peut respondre qu'il falloit plustost s'attaquer à ceux d'Angleterre que d'Escosse, n'estant pas plus mal-aisé l'un que l'autre. Et tant s'en faut que l'on soit parvenu à l'effet que l'on prétendoit, que ceste guerre a fait perdre l'estat d'Escosse à la France, et l'a acquis à l'Angleterre.

Et ceux qui donnèrent ce conseil n'avoient pas esté si consciencieux sept ou huit ans auparavant, ayant fait lever une puissante armée au roy Henry deuxiesme, et hasarder sa personne et son estat, pour faire la guerre à l'empereur et aux princes catholiques d'Allemagne, afin de mettre les princes protestans et leurs partisans en liberté de leur estat et de leur religion ; lesquels tost après ce nonobstant s'allièrent ensemble au traité de Passau pour prendre leur revanche et attraper le roy ; et firent une grande entreprise contre son royaume, lequel, au jugement de plusieurs, eust eu fort affaire si l'empereur eust repris la ville de Metz. Mais son malheur fut qu'ayant fait une brèche de cent pas, il en fut vigoureusement repoussé par le duc de Guyse, qui y commandoit et avoit avec luy la pluspart des princes et de la noblesse de France, qui ne laissèrent rien en arrière pour employer leurs vies, afin de soutenir un siége de telle importance. Les princes catholiques d'Allemagne ont dit depuis que ce siège fut cause de la ruine de leur religion et party.

L'année suivante, 1554, que les cantons catholiques de Suisse voulurent faire la guerre aux cantons protestans, à la suasion de l'évesque de Terracine, nonce du pape, les François n'entreprirent pas d'aider les catholiques ; ains au contraire le roy, par ses ambassadeurs, empescha la guerre, menaçant les catholiques de se joindre aux protestans. Et si le roy eust fait autrement, il perdoit l'amitié des cantons protestans et le secours des cantons catholiques, et eust esté contraint d'employer ses forces et ses finances pour la guerre des Suisses : cependant les Anglois et les Impériaux eussent eu bon marché de la France ; et eust-on ruiné aussi bien la religion catholique en Suisse comme on l'a fait en Escosse, vu que de six cantons protestans celui de Berne estoit plus fort que tous les catholiques.

CHAPITRE VII.

Résolution prise au conseil du roy d'arrester le prince de Condé. Il se retire en Béarn, et se faict chef des protestans. Raison pour laquelle lesdits protestans furent appelés Huguenots. Nouveau différent entre les maisons de Guyse et de Montmorency. Advis donné par La Planche à la reyne mère contre ceux de Guyse. Libelles publiés contre la maison de Guyse. Le vidame de Chartres, arresté prisonnier, meurt à la Bastille. Le connestable écrit au prince de Condé. La maison de Guyse faict lever des troupes en Allemagne.

Mais, laissant cette discussion des pays et affaires étrangères, je reviens aux nostres, et sur ce que nous avons dit que le prince de Condé avoit demandé permission au roy de se retirer en sa maison. A peine eut-il tourné visage, que le cardinal de Lorraine, de son naturel assez soupçonneux, pensa bien que le mécontentement qu'avoit eu ledit prince, qui estoit de grand courage, luy donneroit occasion de s'en ressentir. Ce qui fut cause que le conseil fut donné au roy de le mettre prisonnier ; à quoy l'on dit que le duc de Guyse estoit d'opinion contraire, qui se monstroit en affaires d'estat très politique et prudent, et remonstra que la conséquence de cet emprisonnement pourroit causer plus de mal que de bien. Toutefois le roy ne se départit point de son premier conseil, de quelque part qu'il fust donné à Sa Majesté. Et comme les préparatifs s'en dressoient, le prince de Condé en eut quelque advertissement. Aussi est-il mal aisé d'esventer quelque chose à la cour des roys et grands princes, et le communiquer à plusieurs, que l'on n'en sçache bientost des nouvelles : car bien souvent les roys n'ont pas moins d'espions que de serviteurs en leurs maisons. Lors le prince de Condé fit semblant d'aller à la cour, et, envoyant son train à Blois, tourna soudain vers Poictiers, où il trouva Genlis, lequel il chargea d'asseurer la reyne sa mère de son très-humble service, et qu'il estoit entièrement résolu de leur estre très bon sujet et serviteur, les suppliant de luy permettre qu'il pust vivre en liberté de conscience ; et de là tira droit en Béarn vers le roy de Navarre.

Genlis ayant dit sa charge au roy et à ceux de Guyse, desquels il estoit particulièrement serviteur, l'on jugea dès-lors et prit-on pour un argument très-certain que le prince de Condé, avec les autres advis que l'on en avoit, se feroit chef des protestans, qui depuis s'appelèrent huguenots en France : dont l'étymologie fut prise à la conjuration d'Amboise, lors que ceux qui devoient présenter la requeste, comme éperdus de crainte, fuyoient de tous costés. Quelques femmes des villages dirent que c'estoient pauvres gens, qui ne valloient pas des huguenots, qui estoient une fort petite monnoye, encore pire que des mailles, du temps de Hugues Capet ; d'où vint en usage que par moquerie l'on les appelloit huguenots[1], et se nommèrent tels quand ils prirent les armes, comme nous dirons en son lieu.

L'opinion se conceut que le prince de Condé tailleroit bien de la besogne, comme il fit depuis. Quoy voyant, il fut délibéré que le mareschal de Sainct-André iroit en Gascogne sous ombre de visiter les terres de sa femme, et par mesme moyen verroit les contenances et actions du roy de Navarre et du prince de Condé, qui en furent aussitost advertis. Mais il ne se put trouver que le roy de Navarre eust volonté de rien changer ni altérer dans l'estat. Au mesme temps survint un différend entre le connestable et ceux de Guyse pour la comté de Dammartin, chacun s'en disant seigneur, pour le droit par eux acquis de divers héritiers, mais le connestable tenoit le chasteau. Et la reyne, mère du roy, qui sçavoit que d'ailleurs il estoit assez mal content, craignoit qu'il se voulust joindre avec le prince de Condé, et donner courage au roy de Navarre d'estre de la partie. Mais pour en estre plus asseurée, et en tirer la vérité, Sa Majesté envoya quérir un homme de lettres nommé La Planche[2], capable de grandes affaires, et serviteur domestique du maréchal de Montmorency, lequel estant arrivé fut interrogé par la reyne, mère du roy, dedans son cabinet, pour sçavoir ce qu'il jugeoit de l'estat des affaires de France, estant le cardinal de Lorraine caché derrière la tapisserie.

---
[1] Ce mot vient de l'allemand *eid-genössen*, alliés.
[2] Régnier de La Planche, auteur de l'*Histoire de l'estat de la France sous François II*, qui fait partie de notre collection.

Et là ledit La Planche discourut bien au long de tout ce qui luy en sembloit; car il estoit éloquent et persuasif, comme je l'ay cogneu : depuis il fit imprimer et publier son advis, duquel, pour le faire court, le but estoit que pour appaiser la France et la garantir de troubles et divisions, et remettre l'obéissance du roy, il estoit nécessaire que ceux de Guyse fussent éloignés de la cour, et faire appeler les princes du sang au conseil du roy, et près de sa personne; lesquels n'en estans séparés, et les estrangers tenans les premières dignités, il ne falloit espérer aucun repos. Par où l'on pouvoit là cognoistre la mauvaise volonté qu'il portoit à la maison de Guyse, laquelle il appelloit estrangère, combien que les princes de cette maison fussent nés en France, et naturels sujets du roy, de père en fils. Et d'autant que l'on soupçonnoit que ledit La Planche eust part en la conjuration d'Amboise, il fut retenu prisonnier, et quatre jours après eslargy. Le mareschal de Montmorency, qui aimoit uniquement ledit La Planche, estima que l'on luy faisoit injure, dont il chargeoit ceux de Guyse : ce qui aida encore à nourrir et augmenter l'inimitié entre ces deux maisons.

Au mesme temps l'on publia un livre en forme de requeste adressée au roy de Navarre et autres princes du sang par les sujets du roy, plein de contuméties et injures contre la maison de Lorraine, qu'il n'est icy besoin de réciter, mais seulement la conclusion, qui estoit pour délivrer la France de sa domination par les princes du sang. Cela estoit une invention meslée avec l'animosité pour inciter toujours le roy de Navarre, le prince de Condé et les autres princes du sang, les seigneurs et les peuples contre cette maison-là, contre laquelle à tous propos les huguenots faisoient imprimer quelques libelles injurieux. Sur quoy on prit un imprimeur qui avoit imprimé un petit livre intitulé le Tigre, dont l'auteur présumé [1] et un marchand furent pendus pour cette cause.

En ce temps le prince de Condé, qui ne pouvoit plus temporiser ny dissimuler ce qu'il avoit en l'esprit, écrivit à tous ses amis, les priant qu'ils ne l'abandonnassent au besoin. Mais le porteur de ses lettres avec leurs responses fut surpris et mené à Fontainebleau, entre lesquelles s'en trouva une du vidame de Chartres, qui promettoit audit prince de le servir et prendre son parti contre qui que ce fust, sans exception de personne, sinon du roy, de messieurs ses frères et de la reyne; qui fut l'occasion pourquoy le vidame bientost après fut constitué prisonnier et mis en la Bastille à Paris, où il mourut, estant fort regretté de la noblesse et de plusieurs peuples de France, desquels il estoit aimé et estimé pour les bonnes qualités qui estoient en luy. Il y eut aussi quelques lettres surprises, que le connestable écrivoit au prince de Condé pour le convier d'aller à la cour, et se purger des calomnies que l'on luy imposoit et vouloit-on mettre sus, en le conseillant de ne tenter la voye des armes et de fait pendant que la porte de justice luy seroit ouverte, luy promettant tout service, amitié et secours, si l'on procédoit contre luy par la voye de rigueur et de force. Ce qui estant venu à la cognoissance de ceux de Guyse, craignans d'estre surpris, envoyèrent le comte Rhingrave en Allemagne devers les princes, pour les disposer à entretenir le party en l'alliance du roy, et par mesme moyen de tenir quelques levées de lanskenets prestes à marcher, voire mesme des reistres, sous sa charge, s'il en estoit besoin.

CHAPITRE VIII.

Conseil des grands du royaume convoqués à Fontainebleau. Le roy de Navarre et le prince de Condé refusent de s'y trouver, et le connestable s'y rend avec une grande suite. L'admiral présente une requeste, et parle pour les huguenots. Le duc de Guyse et le cardinal de Lorraine offrent de rendre compte de l'administration des armes et des finances. Raison de la manière d'opiner dans les conseils du roy. L'archevesque de Vienne propose l'assemblée d'un concile national et des Estats du royaume. Advis de l'admiral. Réplique du duc de Guyse. Opinion du cardinal de Lorraine suivie. Réflexion sur la mort de l'admiral.

La reyne, mère du roy, voyant que les plus grands princes et seigneurs de France se préparoient à la guerre, et monstroient un général mécontentement les uns des autres, envoya quérir le chancelier de L'Hospital et l'admiral, pour leur demander conseil, comme les estimant très-sages et lors fort affectionnés

---

[1] Ce ne fut pas l'auteur qui fut pendu, mais un pauvre diable de libraire chez lequel on trouva un seul exemplaire de cette brochure. L'auteur était ce même Régnier de La Planche dont Castelnau vient de parler.

à la conservation de l'estat. Ils conseillèrent d'assembler les princes et plus grands seigneurs pour prendre avec eux quelque bonne résolution. Surquoy lettres furent expédiées de toutes parts pour se trouver le quinziesme du mois d'aoust à Fontainebleau; mais le roy de Navarre et le prince de Condé furent advertis par leurs amis et serviteurs de n'y aller aucunement s'ils ne vouloient courir le danger de leur vie. Le connestable, qui avoit amené quelques six cens chevaux, s'y trouva fort bien accompagné; ce qui donna à penser à ceux de Guyse, qui toutefois ne firent semblant d'avoir soupçon de telle suite; et fut le connestable fort bien reçu et caressé du roy et de la reyne sa mère.

Enfin le conseil fut tenu le vingtiesme du mois d'aoust audit Fontainebleau, où, avec Leurs Majestés, assistèrent messieurs les frères du roy, les cardinaux de Bourbon, de Lorraine, le duc de Guyse, le connestable, le duc d'Aumale, le chancelier de L'Hospital, les mareschaux de Sainct-André et de Brissac, l'admiral de Chastillon, l'archevesque de Vienne, Morvillier, évesque d'Orléans, qui avoit remis ès mains du roy la garde des sceaux de France, après les avoir tenus trois ou quatre ans, Montluc, évesque de Valence, du Mortier et Devason, tous conseillers au privé conseil; où devant qu'aucun parlast, l'admiral commença à dire: qu'ayant esté en Normandie par le commandement du roy, pour là sçavoir et apprendre quelle seroit l'occasion des troubles, il auroit trouvé que le tout procédoit des persécutions que l'on faisoit pour le fait de la religion, et que l'on luy avoit baillé une requeste pour la présenter à Sa Majesté, pour la supplier très-humblement d'y mettre quelque bon ordre, disant que, combien que la requeste ne fust signée, toutefois, s'il estoit requis, il s'en trouveroit en Normandie plus de cinquante mille qui la signeroient. Et fit une grande supplication à Leurs Majestés de prendre en bonne part ce qu'il en disoit, et la charge qu'il avoit prise de ladite requeste, qui estoit briève, et portoit en substance que, pour éviter les calomnies desquelles l'on chargeoit les protestans, il pleust au roy et à son conseil leur octroyer temples et lieux asseurés, où l'on peust prescher publiquement, et y administrer les sacremens.

La requeste estant leue estonna un chacun; toutefois le roy pria et commanda à l'assemblée de luy donner conseil sans aucune passion, et selon que la nécessité du temps et des affaires le requéroit. Alors le chancelier prit la parole, et fit une remonstrance grave et pleine d'éloquence, pour faire entendre la cause de la maladie à laquelle il falloit trouver remède convenable. Lors le duc de Guyse dit qu'il estoit prest à rendre compte de sa charge pour l'administration des armes et de la lieutenance générale, et le cardinal de Lorraine dit aussi qu'il estoit prest à rendre compte des finances, desquelles il avoit esté sur-intendant. Et, après quelques autres propos de chacun des assistans, bien empeschés à donner quelque bon remède au mal qui se voyoit à l'œil, l'on remit l'assemblée au vingt-troisiesme dudit mois; et fut baillé à chacun un petit billet, portant brièvement les articles sur lesquels le roy demandoit conseil au jour assigné.

Le roy commanda à Montluc, évesque de Valence, dernier conseiller au conseil privé, de parler, et après luy les autres, selon leur ordre, qui est la façon de laquelle l'on use en France, que les derniers et plus jeunes conseillers opinent les premiers, afin que la liberté des advis ne soit diminuée ou retranchée par l'authorité des princes ou premiers conseillers et seigneurs; et que, par ce moyen, le roy et ceux qui tiennent le premier lieu au conseil, et qui ne sont pas quelquefois les mieux exercités aux affaires d'estats, et instruits de ce qui se passe, en soient mieux advertis par ceux qui ont parlé les premiers, afin que, sur les opinions, ils puissent résoudre plus meurement les difficultés qui se proposent en ces lieux-là. Estant escheu de parler à Marillac, évesque de Vienne, il suivit aucunement l'opinion dudit évesque de Valence, et emporta la réputation, comme il estoit éloquent, d'avoir très-bien dict. Son opinion estoit de faire assembler un concile national de toutes les provinces de France, puisque le pape avoit refusé à l'empereur Charles cinquiesme le concile général, lorsqu'il fut à Boulogne-la-Grasse; et après avoir déduit plusieurs moyens pour réformer les abus de l'Eglise, et pour retenir le peuple en obéissance du roy, conclut qu'il seroit nécessaire d'assembler les Estats de France, pour ouyr les plaintes et doléances du peuple, en remonstrant les inconvéniens qui adviendroient par faute d'assembler lesdits Estats.

L'admiral approuva la harangue et résolution dudit Marillac, et toucha un point qui luy sembloit le plus important de tous, disant que c'estoit une chose de périlleuse conséquence de tenir telles gardes que celles qui estoient pour lors auprès du roy, qui ne servoient qu'à faire du désordre, consommer beaucoup d'argent, et le mettre en défiance et crainte de son peuple, monstrant que Sa Majesté n'estoit point haïe de ses sujets, et que s'il y avoit quelques uns autour de sa personne qui eussent crainte d'estre offensés, ils en devoient retrancher l'occasion: concluant aussi qu'il falloit faire droict sur la requeste des protestans, et leur permettre l'exercice public de leur religion, en quelques endroits qui leur seroient assignés, seulement par provision, jusques à tant que l'on peust assembler le concile national.

Mais le duc de Guyse, se sentant piqué par les propos de l'admiral touchant la garde nouvelle du roy, prit la parole, disant qu'elle n'avoit esté establie que depuis la conjuration d'Amboise, faite contre la personne de Sa Majesté, et qu'il avoit charge de donner ordre que dès lors en avant le roy ne tombast plus en si grand inconvénient, que de voir ses sujets luy présenter une requeste avec les armes. Et, quant à ce que ledit admiral avoit dit qu'il se trouveroit plus de cinquante mille protestans pour signer une requeste, le roy en trouveroit un million de sa religion qui y seroient contraires. Et pour le regard de tenir et assembler les Estats, qu'il s'en remettoit à la volonté du roy.

Aussi le cardinal de Lorraine insistoit fort, et empeschoit que la requeste des protestans ne fust suivie touchant l'exercice de leur religion; mais il fut d'opinion que l'on assemblast les Estats, et presque tous les autres assistans furent de son advis. Ainsi la requeste de l'admiral demeura sans effet touchant la provision qu'il demandoit pour les protestans, estant la chose remise jusques à tant que l'on eust assemblé le concile national. Et se peut remarquer en cet endroit qu'après douze ans de cruelles guerres civiles dedans le royaume de France, l'admiral à pareil jour fut tué à Paris,
et plusieurs de sa faction, comme il sera dict en son lieu [1].

CHAPITRE IX.

Les Estats du royaume assignés à Meaux. Faute du roy de Navarre de ne s'estre trouvé au conseil de Fontainebleau. Utilité de l'assemblée des Estats. L'intérest de la maison de Guyse vouloit que le roy y fust le plus fort, et que le connestable n'y eust pas l'authorité sur les armes de Sa Majesté. Entreprise des huguenots en Dauphiné. Le roy en accuse le prince de Condé, et mande au roy de Navarre de luy remettre ce prince entre les mains. L'on fait en sorte de les faire venir à la cour sur des asseurances, et le roy de Navarre refuse l'assistance des huguenots en ce voyage. Ordres apportés à la maison de Guyse pour estre la plus forte aux Estats. Le prince de Condé mesprise les advis qu'on luy donne de ne point venir aux Estats.

La résolution de ce conseil estant prise, furent expédiées lettres-patentes à tous les baillifs, séneschaux, juges et magistrats, portans la publication des Estats, et assignation de se trouver à Meaux le neufième de décembre ensuivant. Et d'autant que le roy de Navarre et le prince de Condé n'estoient point venus, et que l'on pensoit qu'ils fissent amas de gens de guerre, l'on expédia autres lettres-patentes à la cour, par lesquelles la gendarmerie de France estoit départie par les gouvernemens, et sous la charge de ceux desquels l'on se pouvoit asseurer, avec le mot que l'on avoit donné, pour empescher ceux qui s'assembleroient en armes, et obvier aux factions qui continuoient par la France.

En quoy plusieurs partisans de la maison de Bourbon jugèrent que le roy de Navarre avoit failly de n'estre venu, veu mesme qu'il avoit advertissement du connestable qu'il y vint si bien accompagné qu'il n'y eust que craindre pour luy: et n'estant point venu, il sembloit que tacitement il se voulust rendre coupable du faict d'Amboise, et monstroit ouvertement qu'il se défioit de ses forces et de ses amis et serviteurs, envers lesquels il perdoit non seulement son crédit, mais vers beaucoup de seigneurs, gentilhommes et autres de toutes qualités, qui avoient les yeux jettés sur luy, et estimoient qu'il ne devoit point douter que, sortant de sa maison, il n'eust trouvé une bonne et grande suite auxdits Estats, desquels la convocation est chose très belle, lors que les opi-

[1] Les Mémoires de Castelnau, tels que nous les possédons, ne vont pas jusques là, et se terminent à la paix de 1570.

nions sont libres, pour faire ouverture de justice à tous les sujets, ouyr les plaintes et doléances d'un chacun, afin de remédier aux maladies de ce corps politique, et mesme pour régler l'estat des finances, et trouver les moyens d'acquitter le roy, qui se trouvoit lors endebté, comme j'ay dict ailleurs, de quarante et deux millions de livres.

Toutefois c'estoit chose périlleuse de tenir lors les Estats, sans accompagner le roy de bonne et seure garde, et telle que la force luy demeurast en main sans aucune contrariété, puisque l'on avoit l'exemple si récent d'Amboise, six mois auparavant. Outre ce, l'on craignoit que le prince de Condé ne se fist le plus fort, veu qu'il conjuroit tous ses amis et serviteurs de l'assister, comme il a esté dict cydessus; qui d'autre costé ne pouvoit souffrir moins que le roy de Navarre, que ceux de Guyse eussent la force en main, ce qui les faisoit craindre et défier d'aller seuls auxdits Estats, desquels les députés estans en crainte par les divisions et les forces que chacun vouloit avoir en main, je ne parle pas du roy, ils ne pouvoient librement respirer leurs affections. Et quant à ce que l'admiral avoit dict que ce n'estoit pas au roy que le peuple en vouloit, il est bien certain que si Sa Majesté eust esté désarmée, ceux de Guyse, desquels il se servoit pour lors, eussent entièrement esté exposés à la mercy de leurs ennemis, et en danger de leurs vies.

Il y avoit grande apparence que le connestable devoit demeurer chef de l'armée et des forces du roy, et que nul ne le devoit estre devant luy, pour la dignité de sa charge, attendu aussi qu'il n'estoit aucunement de la nouvelle religion, et n'approuvoit point la conjuration d'Amboise, quoy qu'il eust offert service et faveur au roy de Navarre. Mais l'inimité et jalousie qu'il avoit conceu contre la maison de Guyse, qui avoit la meilleure part près de Leurs Majestés, estoit une raison assez forte pour l'empescher.

Or, comme l'on estoit sur les délibérations à Fontainebleau, au mesme temps on eut nouvelles que les protestans s'estoient élevés en Dauphiné sous la conduite de Mouvans et de Montbrun, et que le jeune de Maligny avoit une grande entreprise sur la ville de Lyon, qui la pensa surprendre; et l'eust fait, n'eust esté que le roy de Navarre le fit retirer par lettres bien expresses qu'il luy escrivit. Néantmoins son intention découverte fut cause de faire prendre les armes aux catholiques, et s'assembler contre les compagnies de Montbrun et de Mouvans, qui furent poursuivis de si près par La Mothe-Gondrin, Maugiron et autres forces du Dauphiné, qu'ils furent contraints de quitter le pays et se retirer hors de la France.

Ceux de Guyse estant advertis que l'on avoit voulu surprendre la ville de Lyon, et que cela s'estoit fait par le consentement et l'intelligence du prince de Condé, comme l'on l'asseuroit, conseillèrent au roy d'escrire au roy de Navarre : qu'il estoit adverty que ledit prince avoit attenté contre son estat et s'estoit efforcé de prendre ses villes, ce qu'il ne pouvoit croire: mais pour en estre plus certain, Sa Majesté prioit le roy de Navarre de luy envoyer ledit prince; autrement, qu'il seroit contraint de l'envoyer quérir. A quoy le roy de Navarre fit response qu'il se tenoit si asseuré de la fidélité de son frère envers le roy, et de son innocence, qu'il aimeroit mieux mourir que d'attenter à l'estat du roy, et avoir pensé ce que ses ennemys luy imposoient ; et que s'il croyoit que la voye de justice fust ouverte, il ne feroit difficulté de luy mener sondit frère ; ce qu'il ne pouvoit faire voyant ses ennemys avoir l'authorité à la cour, et abuser des forces de Sa Majesté. Le prince de Condé s'excusa aussi d'y aller, pour les raisons qu'avoit allégué ledit roi de Navarre.

Incontinent le roy fut conseillé de les asseurer par lettres de venir vers luy sans crainte, et qu'ils ne pourroient estre plus seurement en leurs propres maisons, ny en autre lieu où ils peussent aller. La reyne mère du roy leur donna la mesme asseurance; et le cardinal de Bourbon, leur frère, fut envoyé pour les amener. Et furent si vivement sollicités d'aller à la cour, que le roy de Navarre promit qu'il iroit et meneroit son frère, seulement avec leur train, qui n'estoit pas ce que demandoient leurs serviteurs et les protestans et partisans de leur maison, qui s'offroient en fort grand nombre de les accompagner et servir en toutes choses, pourveu que le roy de Navarre se déclarast, l'asseurans qu'il auroit plus de force que ceux de Guyse. Et combien que le roy de Navarre eust assisté à plusieurs presches publics que Théodore de Bèze avoit faits à Nérac, si est-ce qu'il ne voulut pas se déclarer contre eux : tellement que tous ceux qui lui offroient service commençoient dès-lors à se retirer.

Aussi estoit-il à craindre que le roy de Navarre, en monstrant de se défier, et s'accompagner des forces des protestans, ne se rendist désagréable et odieux à Leurs Majestés, qui n'eust pas esté le moyen de justifier le prince son frère. Mais les partisans du roi de Navarre, de la maison de Bourbon, et les protestans qui estoient pour lors en France, s'abusoient de penser estre les plus forts aux Estats, d'autant que le duc de Guyse et ses frères, ayans de leur costé la pluspart de la noblesse, le clergé et les villes presque de tout le royaume, avoient donné si bon ordre par tous les gouvernemens, ports et passages, qu'il estoit impossible aux protestans de faire aucunes assemblées, ny de passer d'un lieu en l'autre qu'ils n'eussent estés surpris et descouverts.

Toutefois, le prince de Condé eust bien pu eschapper et se retirer en quelque maison forte: aussi le roy de Navarre n'estoit pas responsable de sa personne, et avoit juste occasion, au sujet de ceux de Guyse, puisqu'il avoit cette défiance d'eux, de n'aller à la cour; et ce, d'autant plus que la princesse de Condé, sa femme, luy avoit mandé qu'elle estoit certainement advertie que l'on avoit résolu, s'il y venoit, de le prendre prisonnier, luy faire son procès et le faire mourir, le conjurant, d'autant qu'il voudroit éviter la mort, de ne se hasarder d'entreprendre le voyage de la cour, pour quelque occasion que ce fust : et elle mesme alla en personne pour l'en détourner, ce qu'elle ne put faire : car ledit prince respondit à tous ceux qui le vouloient divertir de ce voyage, qu'il s'asseuroit tant sur les promesses du roy et parole de la reyne sa mère, et en la justice de sa cause, qu'il ne pensoit pas qu'il luy en peust arriver mal. Aussi est-il croyable qu'il n'estoit pas adverty des informations que le mareschal de Sainct-André avoit apportées de Lyon, par lesquelles l'on vouloit monstrer qu'il estoit chef de l'entreprise faicte sur ladite ville de Lyon.

CHAPITRE X.

L'assignation des Estats changée de Meaux à Orléans par ceux de Guyse. Grand appareil du roy pour son voyage d'Orléans. Raison de l'invention de faire des lieutenansgénéraux dans les gouvernemens des provinces du royaume. Orléans désarmé. Arrivée du roy à Orléans, et du roy de Navarre et du prince de Condé. Le prince de Condé arresté. Le roy de Navarre observé. La dame de Roye, belle-mère du prince de Condé, et autres, faicts prisonniers. Deffence de rien proposer aux Estats en faveur des huguenots. Chefs d'accusation imputés au prince de Condé. Magnanimité dudit prince. Juges mandés pour lui faire son procès.

En ce temps, le duc de Guyse, craignant peut-estre que la ville de Meaux, assignée pour tenir les Estats, ne fust si propre qu'il estoit nécessaire pour la seureté du roy et la sienne, fut d'advis de la changer à celle d'Orléans ; ce qui fut par luy prudemment faict, tant pour rompre les conjurations et pratiques des protestans, qui estoient en fort grand nombre à Meaux, que pour empescher les desseins des autres, qui y pouvoient venir s'ils sçavoient le lieu assigné: outre ce, que la ville d'Orléans estoit forte et presque au milieu de tout le royaume, pour y envoyer, s'il estoit besoin, et recevoir advertissemens de tous costés ; car le bruict avoit couru que tous les protestans se mettoient en armes, mesme qu'ils s'étoient voulu saisir de ladite ville d'Orléans, ayans le baillif de la ville, nommée Groslot, pour chef, l'un des plus grands protestans qui fust en tout le pays. Et afin de s'asseurer encore mieux et empescher qu'il n'arrivast aucun inconvénient pour le lieu, ceux de Guyse furent aussi d'opinion que le roy passast par la ville de Paris, accompagné de plusieurs seigneurs et chevaliers de l'Ordre, des deux cens gentilshommes de sa maison et de toutes ses gardes, tant de cheval que de pied, et de tous les officiers, chacun en bon équipage, et avec cela deux cens hommes d'armes ; ce qui estonna fort les protestans, voyans Sa Majesté si bien accompagnée ; laquelle estant arrivée dans la ville d'Orléans, plusieurs des premiers et plus grands seigneurs du royaume, hormis le connestable et ses neveux de Chastillon, s'y trouvèrent aussitost.

Et faut remarquer en cet endroict que les gouvernemens baillés au duc de Montpensier et au prince de La Roche-sur-Yon, son frère, avoient pour lieutenans, comme aussi la pluspart des autres gouverneurs, ceux que le duc de Guyse avoit nommés, comme les sieurs de Chavigny d'une part, et de Sipierre d'autre : lequel estant arrivé à Orléans au commencement d'octobre, avec lettres-patentes portans mandement de luy obéir, d'abord avec quelque prétexte commença à désarmer les habitans, et fit loger les garnisons ès maisons suspectes de la nouvelle opinion, et par ce moyen s'asseura de la ville : et quand bien les protestans eussent voulu, ils n'eussent pu rien exécuter. De sorte qu'il n'y avoit rien où ceux de Guyse n'eussent bien pourveu, pour couper le chemin à ce qu'eussent pu attenter leurs ennemys et à se rendre maistres des Estats.

Le roy fit son entrée en ladite ville d'Orléans le dix-huictiesme octobre, et fut receu avec les solennités accoutumées aux nouveaux roys. La reyne fit aussi son entrée le jour mesme. Toutesfois le duc de Guyse ny ses frères ne se trouvèrent ny à l'une ny à l'autre desdites entrées, pour oster la jalousie qui pouvoit estre aux princes du sang, et le sujet à leurs ennemis de les calomnier : non qu'ils eussent crainte que l'on les tuast, comme l'on leur en avoit donné quelques advertissemens ; ce qui n'estoit pas aisé à faire : aussi ne s'estonnoient-ils point, et ne laissoient de se montrer et trouver en public et en tous lieux.

Le dernier jour d'octobre, arrivèrent le roy de Navarre et le prince de Condé en ladite ville d'Orléans, seulement avec leurs serviteurs et trains ordinaires. Et, après avoir salué le roy et la reyne sa mère, le roy dit au prince de Condé qu'il avoit advertissement de plusieurs entreprises qu'il avoit faites contre sa personne et son estat, qui estoit l'occasion de l'avoir mandé pour estre éclairci de la vérité d'une chose de telle importance, et contre son devoir de sujet et parent.

Lors le prince, doué de grand courage, et qui disoit aussi bien que prince et gentilhomme qui fust en France, ne s'estonna point, ains deffendit sa cause devant le roy avec beaucoup de bonnes et fortes raisons ; mais elles ne peurent le garantir que dès lors il ne fust constitué prisonnier et mis ès mains de Chavigny, capitaine des gardes, qui le mena incontinent en une maison de la ville, laquelle fust aussitost fort bien grillée et flancquée de quelques canonnières, et fortifiée de soldats, combien que le roy de Navarre suppliast humblement le roy de luy bailler son frère en garde, ce qui luy fut du tout refusé.

Et mesme le roy de Navarre n'estoit guères plus asseuré que ledit prince de Condé, parce qu'il se voyoit éclairé de fort près, et environné de la garde, et de plusieurs compagnies de gens de pied qui estoient en la ville.

Au mesme temps, Carrouges fut envoyé vers madame de Roye, sœur de l'admiral, et belle-mère du prince de Condé, pour visiter ses papiers, et la faire mener prisonnière à Sainct-Germain-en-Laye, comme ayant eu part à la conjuration d'Amboise : aussi espéroit-on trouver en sa maison plusieurs mémoires qui serviroient à faire le procès audit prince. Peu après, son chancelier ou premier conseiller, appelé La Haye, fut aussi fait prisonnier, comme aussi le chancelier du roy de Navarre, nommé Bouchard, qui fut mené à Meaux avec les autres prisonniers qui avoient intelligence à l'entreprise de Lyon : et au mesme temps ledit baillif d'Orléans fut aussi pris, parce qu'il avoit le bruit d'estre fort factieux en la cause des protestans, qui estoient en grand nombre en la ville d'Orléans et ès environs.

Cela se faisoit pour retrancher par la racine la requeste des protestans qui avoit esté présentée au roy par l'admiral, et pour intimider les députés des provinces de parler en leur faveur. Aussi avoit-on donné bon ordre que nul ne fust député par les Estats qui ne fust bon catholique. Et lorsque les députés arrivoient en la ville d'Orléans, l'on leur faisoit deffences de ne toucher aucunement au faict de la religion.

Et afin que nul ne trouvast estrange, s'il estoit possible, l'emprisonnement du prince de Condé, l'on disoit à la cour qu'il avoit esté chef de la conjuration d'Amboise, ainsi que plusieurs tesmoins l'avoient déposé, mesmement ceux que l'on avoit fait mourir. Davantage, qu'il avoit juré à Genlis et plusieurs autres qu'il n'iroit jamais à la messe, et, non content de cela, qu'il avoit voulu surprendre la ville de Lyon par les pratiques et menées du jeune Maligny, auquel il en avoit donné la charge ; et par ces moyens il estoit atteint et convaincu de crime de lèze-majesté divine et humaine. Et pour rendre la cause plus claire, il fut envoyé un prestre avec son clerc en la chambre où il estoit prisonnier, pour luy dire la messe par commandement du roy. Auquel le prince de Condé fit response qu'il estoit venu pour se justifier des calomnies que l'on luy avoit imposées, ce qui luy estoit de plus grande importance que d'ouïr la messe; laquelle response fut fort mal prise, et aussi qu'il ne fleschissoit point son grand courage pour estre prisonnier.

Et comme un jour quelques-uns de ses serviteurs et amis, qui avoient licence de le voir et luy parler en présence de sa garde, luy dirent qu'il falloit trouver quelque bon moyen de l'accorder avec ceux de Guyse, ses cousins-germains, qui luy pourroient faire beaucoup de plaisirs, il respondit, comme piqué de colère, qu'il n'y avoit meilleur moyen d'appointement qu'avec la pointe de la lance. Cette response fut trouvée bien digne de son courage, comme aussi plusieurs autres propos pleins de menaces, desquels il ne se pouvoit retenir, ce qui irritoit le roy encore davantage et son conseil. De sorte qu'à l'instant l'on envoya quérir Christophe de Thou, président, Barthélemy Faye, et Jacques Violle, conseillers au parlement, et Gilles Bourdin, procureur-général du roy, accompagnés du greffier du Tillet, afin de faire son procès.

CHAPITRE XI.

Procédures contre le prince de Condé, qui en appelle. Ruse de la cour pour le surprendre. Fautes de l'advocat Robert, son conseil. Ledit prince condamné à mort. Incompétence de ses juges. Privilége des chevaliers de l'Ordre. Si le roy peut estre juge des princes du sang et des pairs de France. Divers exemples sur ce sujet. Faute du prince de Condé. Rigueur du roy envers le prince. Le roy de Navarre en danger.

Les juges arrivés, furent au logis où il estoit prisonnier, et luy dirent la charge qu'ils avoient du roy, en le priant et interpellant de respondre aux objections. Lors il demanda qu'il luy fust permis de communiquer avec son conseil, ce qui luy fut octroyé, encore qu'en matière de crimes et principalement de lèze-majesté, dont l'on le chargeoit, l'on ne soit pas receu de communiquer au conseil. Aussitost il envoya quérir Claude Robert, et François de Marillac, advocats au parlement de Paris, par lesquels il fut conseillé de ne pas respondre pardevant les commissaires susdits, ains demander son renvoy pardevant les princes du sang et pairs de France, attendu sa qualité. Néantmoins le président luy fit commandement de respondre, auquel le prince déclara qu'il en appeloit.

Le jour suivant, qui fut le quinziesme novembre, il fut dit par le conseil qu'il avoit mal et sans grief appellé; et, l'arrest du conseil luy estant prononcé, il en appella derechef; mais d'autant qu'il n'y a point d'appel du roy séant en son conseil, parce que les arrests rendus au conseil privé n'ont autre jurisdiction que l'absolue déclaration de la volonté particulière du roy, pour cette cause ledit prince appella du roy mal conseillé au roy bien conseillé, à l'exemple d'un nommé Machetas, condamné par Philippe, roy de Macédoine.

Et combien que le président luy eust déclaré qu'il eust à respondre pardevant luy, sur peine d'estre atteint et convaincu des crimes dont il estoit chargé, néantmoins, ayant encore appellé en adhérant à son premier appel, et le tout rapporté au roy. Afin que, sous sa taciturnité, il ne fust condamné comme convaincu, il fut advisé qu'il respondroit pardevant ledit Robert, son advocat, auquel il fut enjoint de demander audit prince ce qu'il vouloit dire sur les accusations et crimes que l'on luy mettoit sus, et de luy faire signer sa response, ce qu'il fit. Or, de ladite response l'on ne pouvoit rien tirer pour asseoir jugement sur sa condamnation; toutefois l'on avoit gagné ce point sur luy, qu'il avoit respondu.

Sur cela l'on assembla grand nombre de chevaliers de l'Ordre et quelques pairs de France, avec plusieurs autres conseillers du privé conseil, par l'advis desquels, ainsi que plusieurs estimoient, après avoir veu les charges et informations, il fut condamné à la mort, dont l'arrest auroit esté signé de la plus grande partie. Cela estant, ledit advocat Robert, qui l'avoit au commencement bien conseillé, sembla avoir fait une grande faute, et luy avoir fait grand préjudice, de le faire respondre aux articles que luy avoit proposés le président; mais il luy fit encore plus de tort de les luy faire signer, quoy qu'il eust commandement de ce faire; car le roy ne le pouvoit aucunement contraindre de faire de son advocat son juge.

Et quant à l'incompétence des autres juges,

il y avoit quelque apparence par l'ordonnance de Louis XI, parce qu'un simple chevalier de l'Ordre n'estoit tenu de respondre pardevant juges ny commissaires qui ne fussent tous de l'Ordre, ou pour le moins commis du corps et chapitre d'iceluy. A plus forte raison ne pouvoit-on procéder contre un prince du sang, chevalier de l'Ordre, lequel, par les anciennes ordonnances et coustumes en tel cas observées, ne pouvoit estre jugé que par l'assemblée des pairs de France, encore qu'il ne fust question que de l'honneur; mais au faict du prince de Condé, il y alloit de la vie, des biens et de l'honneur.

Et de faict, la cour de parlement fit responseau roy Charles VII, l'an 1458, que Jean d'Alençon, prince du sang, qui fut condamné à mort, ne pouvoit estre jugé, sinon en la présence des pairs, sans qu'il leur fust loisible de substituer. Et en semblable occasion, sur ce que le roy Louis XI demanda, lors qu'il fut question de faire le procès à René d'Anjou, roy de Sicile, la cour fit mesme response, l'an 1475; et, qui plus est, il fut dit que l'on ne pouvoit donner arrest interlocutoire contre un pair de France, quand il y va de l'honneur, sinon que les pairs soient assemblés. Et mesme il y a une protestation faite, dès l'an 1386, par le duc de Bourbon, premier pair de France, au roy Charles VI, par laquelle il est porté que le roy ne devoit assister au jugement du roy de Navarre, et que cela n'appartenoit qu'aux pairs. Et allègue une pareille protestation faite au roy Charles V, afin qu'il ne fust présent au jugement et condamnation du duc de Bretagne, prince du sang; et, où il voudroit passer outre, les pairs demandèrent en plein parlement acte de leur protestation, ce qui leur fut accordé. Et, pour cette cause, Louis IX ne voulut pas donner sentence au jugement de Pierre Maucler, comte de Bretagne, ny au jugement de Thomas, comte de Flandres, ny Philippe-le-Long au jugement de Robert, comte d'Artois, tous princes du sang, et tous atteints de crime de lèze-majesté : ains les arrests sont donnés au nom des pairs, et non pas du roy. Et en cas beaucoup moindre, où il n'estoit question que de la succession d'Alphonse, comte de Poictiers, entre le roy Louis IX et les héritiers dudit comte, le roy ne donna point son advis, ny mesme quand il fut question de l'hommage que devoient faire les comtes de Champagne; ce qui fut jugé par les pairs de France, où le roy estoit présent, mais non pas juge ; comme il se peut voir par l'arrest qui fut rendu l'an 1216, où les pairs de France donnèrent leurs sentences comme seuls juges. Et, sans aller plus loin, au procès du marquis de Saluces il fut soutenu que le roy n'y devoit point assister, parce qu'il y alloit de la confiscation du marquisat.

A plus forte raison donc estoit-il besoin que les princes de France et les pairs fussent assemblés au jugement du prince de Condé, ou du moins appellés s'ils n'y pouvoient assister. Et si ledit prince n'eust respondu ny signé sa response, et que seulement il eust persisté au renvoy qu'il avoit requis, il ne pouvoit estre condamné; car j'ay toujours ouy dire que le silence des accusés ne leur peut nuire, si les juges ne sont tels qu'ils ne se puissent récuser, et principalement quand l'accusé a demandé son renvoy, offrant de procéder pardevant ses juges, et sur le refus à luy fait qu'il aye appellé, comme avoit fait le prince de Condé. Cette formalité ne fut pas bien entendue par le comte de Courtenay, baron de Dammartin, lequel ayant respondu et procédé volontairement pardevant les commissaires de la cour de parlement, le condamnèrent à mourir[1], et fut exécuté l'an 1569, quoy qu'il fust chevalier et pris avec son Ordre.

Pour le regard du prince de Condé, le roy, qui croyoit certainement qu'il avoit voulu attenter à son estat et personne, et se faire chef de la conjuration d'Amboise, et introduire une nouvelle religion en France, ne vouloit recevoir aucunes raisons ny excuses qu'il alléguast, ny la princesse sa femme, laquelle sollicitoit jour et nuit; et se mettoit souvent à genoux devant Sa Majesté avec infinies larmes, suppliant de luy permettre qu'elle vinst voir et parler à luy. Mais le roy ne se put tenir de luy dire tout haut que son mary luy avoit voulu oster sa couronne et estat, et l'avoit voulu tuer.

Le roy de Navarre, qui n'osoit parler à elle, n'estoit pas aussi sans crainte, parce que le bruit estoit pour le moins qu'il ne bougeroit de prison serrée, s'il n'avoit pis. Et disoit-on qu'il estoit en grand danger d'estre aussi accusé de crime de lèze-majesté : dont l'on dict que la

[1] Pour viols et méfaits de tout genre.

reyne, mère du roy, luy donna advertissement, et de se préparer à ce qu'il devoit respondre. De sorte qu'estant mandé par le roy pour la troisiesme fois pour aller parler à Sa Majesté, il dict à ses amis qu'il craignoit qu'on ne luy fist mauvais party ; mais, au contraire, le roy luy usa de toute douceur, bonnes paroles et gracieuses remonstrances. Aussi le roy de Navarre, qui estoit bon prince, parlant à Sa Majesté, adoucit de beaucoup l'aigreur qu'elle pouvoit avoir contre luy.

CHAPITRE XII.

Mort du roy François II. Le prince de Condé délivré. Réconciliation du roy de Navarre avec la maison de Guyse. Le roy de Navarre lieutenant-général du roy. Grand dessein pour la religion, échoué par la mort du roy.

Mais d'autre costé, le roy, qui estoit malade, avoit de si grands accidens, et s'affoiblissoit tous les jours de telle sorte, que l'on n'estimoit rien de sa santé ny de sa vie. Aussi Dieu le voulut appeler bientost après et le retirer de ce monde en la fleur de sa jeunesse ; et par ce moyen cessèrent toutes poursuites contre le prince de Condé. L'on fit entendre à la reyne, mère du roy, qu'après la mort de son fils le roy de Navarre voudroit aspirer à la régence de France, durant la minorité du jeune roy son autre fils, et qu'elle pourroit estre mal-traitée et demeurer sans authorité. Mais comme il n'y avoit point d'occasion de luy oster, pour estre une princesse très-sage et vertueuse, qui ne vouloit ny ne désiroit que la grandeur de ses enfans et le repos du royaume, elle ne se donna pas beaucoup de peine de tels discours. Aussi le roy de Navarre, qui n'estoit pas fort ambitieux, la supplia de croire qu'il ne prétendoit rien à la régence au lieu où elle seroit ; et à l'heure mesme luy offrit son fidelle service et celuy de son frère, ainsi qu'il l'en avoit fait prier, la suppliant d'en demeurer asseurée.

Lors entre la reyne et luy se moyenna une bonne intelligence, et par conséquent entre la maison de Bourbon. De sorte qu'elle demeura dame et maistresse, avec l'authorité souveraine par tout le royaume, et celle de la maison de Guyse un peu rabaissée ; ayant Sa Majesté faict si bien et usé d'une si grande prudence, qu'elle réconcilia le roy de Navarre avec eux, et les fit embrasser, les priant d'oublier tout le passé et de vivre à l'advenir comme bons parens et amis ; en quoy ceux de Guyse recogneurent sa bonté, à laquelle ils se sentoient fort obligés.

Et afin que le roy de Navarre eust occasion de se contenter, elle luy promit qu'il seroit lieutenant-général du roy, ce qu'il estimoit à grand honneur, et dont il demeura bien satisfait. Beaucoup de catholiques estimèrent lors que, si la puissance du duc de Guyse et ses frères eust continué armée de celle du roy, comme elle avoit esté, les protestans eussent eu fort à faire, car l'on avoit mandé tous les principaux seigneurs du royaume, officiers de la couronne et chevaliers de l'Ordre, pour se trouver en ladite ville d'Orléans le jour de Noël, à l'ouverture des Estats, pour leur faire à tous signer la confession de la foy catholique, en présence du roy, et de tout le chapitre de l'Ordre, ensemble à tous les conseillers du conseil privé, maistres des requestes, et officiers domestiques de la maison du roy, et à tous les députés des Estats. Et la mesme confession devoit estre publiée par tout ledit royaume, afin de la faire jurer à tous les juges, magistrats et officiers, et enfin à tous les particuliers, de paroisse en paroisse ; et, à faute de ce faire, l'on y devoit procéder par saisies, condamnations, exécutions, bannissemens et confiscations. Et ceux qui se repentiroient et abjureroient leur religion protestante devoient estre absous.

Tellement que, si le roy ne fust mort si tost, l'on prévoyoit qu'en peu de temps le mal, n'estant encore qu'à sa naissance, eust esté bientost estouffé ; et ceux de cette opinion nouvelle, estans réduits à l'extrémité, eussent eu plus à faire à combattre contre les juges ou à demander pardon, qu'à faire la guerre en la campagne. Mais les hommes ayans ainsi proposé de leur part, Dieu disposa de la sienne tout autrement, par un nouveau roy et nouveau règne en France, qui apporta l'occasion d'autres nouveaux desseins.

LIVRE TROISIÈME.

CHAPITRE PREMIER.

Marie Stuart, reyne d'Escosse, douairière de France, conseillée de se retirer en Escosse. Son embarquement à Calais. Son arrivée. Retour des seigneurs qui l'avoient accompagnée. Compliment de la reyne Elisabeth d'Angleterre à cette reyne. Sujet de la jalousie survenue entre ces deux reynes. Eloge d'Elisabeth, reyne d'Angleterre; douceur de son règne. Sa bonté et son affection au soulagement de ses sujets: elle ne vend point les charges et n'emprunte pas. Son apologie contre ceux qui l'ont crue encline à l'amour. L'autheur la propose pour exemple aux reynes à venir. Ledit autheur employé pour son mariage avec le duc d'Anjou. Défense faicte en Angleterre, sur peine de crime de lèze-majesté, de parler de successeur à la couronne après cette reyne.

Après la mort du roi François II, la cour et tout le royaume changèrent de face, et les affaires prirent un nouveau ply. Premièrement, Marie Stuart, veufve du feu roy, et reyne d'Escosse, qui estoit lors en la fleur de sa beauté, et de l'aage de dix-huit ans, sentoit bien de quelle conséquence luy estoit la perte du roy son seigneur et mary, ayant esté amenée jeune hors de son royaume, lequel estoit en la puissance de ses sujets et de la reyne d'Angleterre, plustost que de la sienne. Après avoir mis quelque relasche à son ennuy, voyant qu'elle ne pouvoit demeurer à la cour ny en France, autrement que comme une jeune douairière, sans faveur ny crédit, ceux de Guyse ses oncles luy conseillèrent de s'en retourner en son royaume d'Escosse, tant pour asseurer son estat, et y vivre avec plus d'authorité, se faisant cognoistre à ses sujets, que pour y restablir sa religion, et que par mesme moyen elle s'approcheroit de l'Angleterre, dont elle estoit la plus proche héritière. Ce que la reyne, mère du roy, trouva fort bon et expédient de s'en défaire.

Sur quoy lui ayant esté baillé un grand et honorable douaire, comme le duché de Touraine, le comté de Poictou et autres terres, sans ses pensions, après qu'elle eust faict ses adieux et donné ordre à son partement, un de mes frères fut envoyé à Nantes, pour faire passer à Calais deux galères de celles que le grand-prieur de France son oncle avoit amenées l'année auparavant de Marseille, ésquelles il entreprit de la faire passer, contre les desseins que l'on disoit que la reyne Elisabeth avoit de la surprendre, ou d'empescher son passage. Mais cette crainte ne l'empescha de s'embarquer à Calais, où elle fut accompagnée fort honorablement jusques au bord de la mer par les ducs de Guyse et de Nemours, et plusieurs autres seigneurs et gentilshommes de la cour. Et le duc d'Aumale, grand-prieur, général desdites galères, son conducteur, le marquis d'Elbœuf, le sieur d'Amville, à présent héritier de la maison de Montmorency, et mareschal de France, de Strossy, La Noue, La Guiche et plusieurs autres, tous pour lors affectionnés à la reyne d'Escosse et à la maison de Guyse, la suivirent jusques en son royaume, où le huitiesme jour après son embarquement, elle arriva, ayant eu la vue et quelque appréhension de l'armée d'Angleterre, qui estoit en mer, soit pour la prendre ou pour luy empescher le passage: ce qui estoit très-mal-aisé, pource que les galères naviguent beaucoup plus légèrement que les vaisseaux ronds.

Aussi elle prit terre sans aucun danger à la rade du Petit-Lit un matin, lorsqu'elle n'estoit nullement attendue de ses sujets; et se fit conduire et porter en sa maison de Sainct-James, autrement appelée Le Cavignet[1], au fauxbourg d'Hindebourg, où soudain elle se mit au lit et y demeura vingt jours ou environ, pendant que les comtes, barons et seigneurs de son royaume, la furent trouver, ordonnant de ses affaires et de l'estat de son pays. Et comme on luy faisoit tout l'honneur et le service qu'elle pouvoit désirer, elle s'efforçoit de se rendre agréable et de contenter autant qu'il luy estoit possible aussi bien les petits que les grands. Et donna d'entrée si bonne opinion d'elle à ses sujets, que l'Escosse s'estimoit

[1] Holy-Rood.

heureuse d'avoir la présence de sa reyne, qui estoit des plus belles et plus parfaites entre les dames de son temps.

Ayant rallié tous ses sujets, qui estoient divisés en factions, et se voyant en pleine et paisible possession, la pluspart des François se retirèrent les uns après les autres.

Le duc d'Aumale s'en retourna par mer avec les galères, et le grand-prieur et le mareschal d'Amville passèrent par l'Angleterre, désireux de voir la reyne, son royaume et sa cour, où ils receurent beaucoup d'honneur, et tous les seigneurs et gentilshommes françois qui les accompagnoient : le marquis d'Elbœuf fut le dernier qui partit d'Escosse, où le comte de Muray, frère bastard de ladite reyne, demeura comme principal chef de son conseil, avec quelques autres seigneurs escossois.

La reyne d'Angleterre envoya se conjouir avec elle de son arrivée en Escosse, luy offrant toutes les amitiés d'une bonne parente, et démonstrant estre bien aise de la voir en mesme isle, où elles règneroient toutes deux en bonne et parfaite union, comme si elle eust oublié toutes les querelles passées par le moyen du traicté fait au Petit-Lit.

Je me souviens que la reyne Elisabeth disoit lors, ce qu'elle luy escrivit aussi, que toute l'isle seroit enrichie et décorée de sa venue et de sa beauté, vertu et bonne grace, qui estoient toutes honnestetés peut-estre fort esloignées du cœur. La reyne d'Escosse de sa part n'oublia aussi rien pour donner bonne response et faire pareilles offres à la reyne d'Angleterre. Ces commencemens d'amitiés furent nourris et entretenus quelques temps par ambassadeurs, honnestes lettres et présens réciproques.

Mais enfin l'ambition, qui rarement abandonne l'esprit des princes, et particulièrement ceux qui sont si voisins, et qui ne permet qu'ils soient longuement en repos, fraya le chemin à l'envie. Et comme la reyne d'Escosse estoit douée d'infinies perfections et de grande beauté, elle fut recherchée à cette occasion de plusieurs grands princes, comme de celuy d'Espagne, qui n'avoit lors que dix-sept ou dix-huit ans, de l'archiduc d'Austriche et de plusieurs princes d'Italie. Cela apporta incontinent de la jalousie à la reyne Elisabeth d'Angleterre, quelque démonstration qu'elle luy fist de la vouloir aimer comme sa sœur et plus proche parente. Et ainsi ces deux reynes en une mesme isle commencèrent à se prendre garde, et espier les actions l'une de l'autre.

Mais la reyne d'Angleterre, comme elle avoit un plus grand royaume, aussi avoit-elle plus de prospérité en toutes ses affaires, comme elle a continué jusques à présent: non que cela luy vinst de grandes superfluités ny dons immenses qu'elle fist, car elle a tousjours esté grande ménagère, sans toutesfois rien exiger de ses sujets, comme ont fait les autres roys d'Angleterre ses prédécesseurs, et n'ayant rien eu en plus grande recommandation que le repos de ses peuples, qui se sont merveilleusement enrichis de son règne. Cette princesse ayant toutes les grandes qualités qui sont requises pour régner long-temps, comme elle a fait, quelque bon esprit qu'elle eust, toutefois n'a jamais voulu rien décider ny entreprendre de son opinion, mais a toujours remis le tout à son conseil. Et pourroit-on dire de son règne ce qui advint au temps d'Auguste, lorsque le temple de Janus fut fermé à Rome par la paix universelle qu'il avoit de son temps. Ainsi la reyne d'Angleterre s'estant garantie de toutes guerres, en les rejettant plustost sur ses voisins que de les attirer et nourrir en son royaume, conservoit par ce moyen ses sujets en fort grand repos ; et si elle a esté taxée d'avarice, c'est à tort, pour n'avoir pas fait de grandes libéralités, lesquelles apportent non seulement de l'envie à ceux à qui elles sont conférées quand il y a de l'excès, mais aussi bien souvent du blasme à ceux qui les exercent sans raison, si le don n'est charitable ou nécessaire.

Ladite reyne ayant entièrement acquité toutes les debtes de ses prédécesseurs, et donné si bon ordre à ses finances, qu'il n'y a aucun prince de son temps qui ait amassé tant de richesses si justement acquises comme elle a fait, sans imposer aucun nouveau tribut ou subside, qui est une raison suffisante pour monstrer que l'avarice ne l'a point commandée, comme on luy en a voulu donner le blasme, aussi a-t-elle esté huict ans sans demander l'octroy et don gratuit que l'Angleterre a de coustume de faire de trois en trois ans à son roy : et, qui plus est, l'an 1570, ses sujets le luy ayant offert sans le demander, elle, non seulement les remercia sans en vouloir rien prendre, mais aussi les asseura qu'elle ne lèveroit jamais un escu sur eux que pour entretenir l'estat, ou lorsque la nécessité le requerroit. Ce seul acte mérite beaucoup de louange, et luy peut apporter le nom de bien libérale.

Davantage, elle n'a point vendu ny tiré d'argent des offices de son royaume, que la pluspart des princes mettent au plus offrant, chose qui corrompt ordinairement la justice, la police, et toutes loix divines et humaines. Et outre ce qu'elle a maintenu ses sujets en paix et en repos, elle a fait faire un grand nombre de vaisseaux, qui sont les forteresses, bastions et remparts de son estat, faisant tous les deux ans faire un grand navire de guerre; et font estat tels vaisseaux de ne trouver rien en mer qui leur puisse résister. Voilà les bastimens et palais que la reyne d'Angleterre a commencé depuis son advénement à la couronne, et lesquels elle continue. Elle a encore une autre sorte de prudente libéralité, qui est de ne rien espargner pour sçavoir des nouvelles des princes estrangers. Et a cela de particulier, qu'elle preste plutost gratuitement que d'emprunter à aucuns changes ou intérests.

Et si l'on a voulu taxer faussement d'avoir de l'amour, je diray avec vérité que ce sont inventions forgées de ses malveillans et ès cabinets des ambassadeurs, pour dégouster de son alliance ceux auxquels elle eust esté utile. Et si elle eust aimé le comte de Leicester, comme l'on a voulu dire, et qu'elle eust oublié l'amour de tous ses autres sujets et des princes estrangers qui l'ont recherchée, qui l'eust empeschée d'espouser ledit sieur comte de Leicester, veu que presque tous les estats de son royaume, et mesme les roys et princes ses voisins, l'en ont requise et luy en ont fait instance, ou de se marier à tel autre de ses sujets qui luy plairoit? Mais elle m'a dict infinies fois, et longuement auparavant que je fusse résident auprès d'elle, que pour sa vie elle ne se voudroit marier qu'à un prince de grande et illustre maison et tige royale, et non moindre que la sienne, plus pour le bien de son estat que par affection particulière, et que si elle pensoit que l'un de ses sujets fust si présomptueux que de la désirer pour femme, elle ne le voudroit jamais voir; mais, contre son naturel, qui ne tenoit rien de la cruauté, elle luy feroit un mauvais tour. De sorte qu'il n'y a point d'apparence de croire qu'elle n'aye tousjours esté aussi chaste que prudente, comme le démonstrent les effets. Ce qui en donne bonne preuve, est la curiosité qu'elle a eue d'apprendre tant de sciences et langues estrangères; et a toujours esté si employée aux affaires de son estat, qu'elle n'eust pu oisivement vacquer aux passions amoureuses, qui n'ont rien de commun avec les lettres, comme les Anciens ont sagement démonstré quand ils ont fait Pallas, déesse de sagesse, vierge et sans mère, et les muses chastes et pucelles. Toutesfois les courtisans disent que l'honneur, et principalement des femmes, ne gist qu'en la réputation, qui rend ceux-là heureux qui la peuvent avoir bonne.

Et si je me suis laissé transporter à la louange de cette princesse, la cognoissance particulière que j'ay eue de ses mérites me servira d'excuse légitime, dont le récit m'a semblé nécessaire, afin que les reynes qui viendront après elle puissent avoir pour miroir l'exemple de ses vertus, si ces mémoires (contre mon intention) estoient un jour mis en lumière, remettant en autre lieu à parler du contract de mariage que j'ay fait passer par une forte solemnelle ambassade, avec François duc d'Anjou, et les visites et grandes amitiés qu'il a démonstrées à ladite reyne d'Angleterre; à quoy j'ay eu l'honneur d'estre employé des premiers, par le commandement de la reyne, mère du roy, incontinent après que la pratique de Henry, fils de France, son frère aisné, à présent roy, fut délaissée, où il fut advisé que, pour le bien des royaumes de France et d'Angleterre, celuy des enfans de France qui seroit le plus esloigné de la couronne, seroit le plus propre pour estre marié avec la reyne d'Angleterre, qui cependant tient non seulement ses sujets, mais aussi la chrestienté en attente de ce qu'elle veut faire, ne voulant en façon que ce soit, durant sa vie, déclarer aucun successeur à sa couronne; aussi toutes les nations du monde regardent plutost le soleil levant que le couchant.

Et pour ceste cause fut arresté aux estats tenus en Angleterre, au mois de mars 1581, qu'il ne se parleroit poinct des successeurs ny de droict successif à la couronne pour qui que ce fust, sur peine de trahison et crime de lèze-majesté. Mais je laisseray en cet endroict ce qui est des affaires d'Angleterre, pour reprendre le fil de l'histoire de la France et les choses advenues vingt ans auparavant le traicté dudict mariage, selon la cognoissance que j'ay eue, tant des unes que des autres.

CHAPITRE II.

Changement arrivé en France par la mort du roy. La reyne mère faict un contre-poids des princes du sang avec la maison de Guyse. Le prince de Condé déclaré innocent. Les autres prisonniers délivrés. Le connestable de Montmorency maintient la maison royale contre ceux de Guyse. Sentimens du chancelier de L'Hospital sur les abus du clergé. Mauvaise administration des finances. Ordre apporté pour la despence du royaume. Le roy de Navarre refuse la régence. Les Estats d'Orléans licenciés sans parler de la requeste des huguenots.

Pour retourner donc au lieu où j'ay fait la digression, lors de la mort du roy François second, auquel succéda Charles neufiesme, son frère : par ce nouveau changement, en tout le royaume, la maison de Guyse particulièrement avoit occasion de porter beaucoup de deuil, parce que leurs ennemis se rehaussoient et fortifioient de tous costés, pour voir leur appuy au roy de Navarre, ce leur sembloit, et le prince de Condé eschappé du péril et hazard qu'il avoit couru, par la pleine liberté en laquelle il fut remis; et dès-lors le roy de Navarre et luy furent tousjours fort bien suivis : qui sont mutations que l'on voit presque ordinairement naistre au changement des roys.

Toutesfois la reyne, mère du roy, pour obvier aux inconvéniens qui pouvoient arriver, comme nous avons dict, avoit moyenné quelque réconciliation entr'eux et ceux de Guyse, et avoit mis en crédit le roy de Navarre et le cardinal de Bourbon, et donné bonne espérance au prince de Condé, afin de tenir comme un contre-poids des princes du sang à la maison de Guyse, et qu'au milieu de ces maisons jalouses et envieuses l'une de l'autre, le gouvernement luy demeurast, comme à la mère du jeune roy. En quoy elle fit paroistre un traict politique de reyne et bonne mère bien advisée, ne voulant laisser tomber le roy son fils et le royaume en autre gouvernement que le sien, où dès lors elle usa de telle prudence et authorité, que chacun commença à la craindre et luy déférer toutes choses.

Et lors le prince de Condé obtint lettres du roy adressées à la cour de parlement, pour estre purgé du crime duquel il avoit esté accusé, et eut un arrêt d'innocence. Et tous les autres prisonniers pour le mesme faict, et détenus pour la religion protestante, bientost après furent élargis, et tous les défauts donnés contre les protestans, révoqués.

Le connestable, qui estoit venu à la cour auparavant la mort du roy François second, accompagné de ses enfans et neveux de Chastillon, et de plusieurs seigneurs et gentilshommes ses amis, qui faisoient le nombre de plus de sept ou huict cens chevaux, avoit bien aidé pour asseurer le roy de Navarre et ledict prince de Condé contre la puissance de la maison de Guyse.

Les protestans lors commencèrent à se ressentir des poursuites faites contr'eux; car, outre la faveur qu'ils espéroient du roy de Navarre et du prince son frère, ils avoyent espérance que le chancelier de L'Hospital, qui avoit succédé à ceste charge par la mort du chancelier Olivier, favoriseroit leur party. Ce qu'il fit cognoistre en la harangue qu'il fit à l'ouverture des Estats d'Orléans; où ayant touché en général et en particulier toutes les calamités publiques, il parla fort contre les abus qui se commettoient en tous estats, et principalement en l'ecclésiastique, ce qui avoit donné occasion aux protestans de vouloir introduire une nouvelle religion, sans toutesfois entrer en la matière ny au mérite de la doctrine. Ce qui fut cause que chacun pensant à la réformation desdits abus, l'on fit plusieurs belles et louables ordonnances, que l'on appelle les ordonnances des Estats d'Orléans, et particulièrement pour retrancher les venditions et trafics des bénéfices, et aussi pour supprimer les offices érigés depuis le règne du roy Louis douziesme.

Mais les Estats, qui ne savoient pas encore le fonds des finances, trouvèrent fort estrange que le roy fust endebté de quarante et deux millions six cens et tant de mille livres, veu que le roy Henry II, venant à la couronne, avoit trouvé en l'espargne dix-sept cens mille escus et le quartier de janvier à recevoir, outre le profit qui venoit du rachat des offices. Et si n'estoit deu que bien peu aux cantons des Suisses, que l'on n'avoit pas voulu payer pour continuer l'alliance avec eux. Toutes ces grandes debtes furent faites en moins de douze ans, pendant lesquels on leva plus d'argent sur les sujets, que l'on n'avoit fait de quatre-vingts ans auparavant, outre le domaine qui estoit presque tout vendu. Plusieurs des députés furent d'advis que l'on devoit contraindre ceux qui avoient manié les finances depuis la mort du roy François premier à rendre compte, et repeter les dons excessifs faits aux plus grands. Mais cela fut pour lors rabatu, parce que ceux qui estoient comptables estoient trop puissans, et, par conséquent, c'estoit se remettre en danger de quelque nouveau trouble, si l'on les vouloit rechercher. Mais l'on advisa de faire le meilleur mesnage qu'il seroit possible, en retenant une partie du gage des officiers pour ceste année-là.

L'on retrancha de plus toutes les dépenses de la venerie et de plusieurs autres offices qui sembloient estre inutiles ; car il y avoit lors en la maison du roy plus de six cens officiers de toutes qualités : mais d'autant qu'il n'y avoit guères plus d'un an que les officiers du royaume avoient payé le rachapt de leurs offices, que l'on appelle confirmation, il fut arresté qu'il n'en seroit rien payé par l'advénement du roy à sa couronne, en récompense aussi de ce que la moitié de leurs gages leur estoit retranchée ; par quoy il ne fut besoin de reconfirmation ny nouvelles lettres.

Plusieurs députés des Estats furent aussi d'advis qu'il falloit élire le roy de Navarre pour régent en France, parce que le roy Charles neufiesme n'estoit pour lors aagé que de dix à unze ans ; mais le roy de Navarre, peu ambitieux, dit à ceux qui le vouloient inciter à telle chose, que c'estoit à la reyne mère du roy d'avoir le gouvernement du roy et du royaume ; joint aussi que le connestable, le duc de Guyse, le chancelier de L'Hospital, de Morviller, évesque d'Orléans, du Mortier de Montluc, évesque de Valence, et plusieurs autres bien versés aux affaires d'estat, et qui estoient du conseil, n'estoient pas de cet advis. Cela fut cause que les députés ne voulurent pas insister davantage sur ce poinct. De sorte qu'après que l'on eust ordonné beaucoup de choses très utiles et nécessaires pour la conservation du royaume, les Estats furent clos, et les députés licenciés.

Alors l'on jugeoit que toute la France seroit paisible et sans crainte d'aucuns ennemis, et espéroit-on un heureux succès de toutes choses. Quant à la requeste des protestans, qui avoit esté présentée six mois auparavant à Fontainebleau par l'admiral, il n'en fut point parlé auxdits estats, encore que ce fust l'un des poincts principaux pour lesquels ils avoient esté assemblés, comme il a esté dit par cy-devant. Aussi ceux de Guyse avoient donné fort bon ordre qu'il n'y eust pas un député qui ne fust catholique, ou s'il y en avoit quelques-uns, c'estoit en petit nombre, ou bien ne s'osoient manifester ; joint aussi que les poursuites rigoureuses que l'on avoit faites en tous les endroits du royaume contre les protestans, les avoient si fort écartés et estonnés, qu'il n'y avoit personne qui osast parler ny des protestans ny de leur requeste : tellement que l'admiral de Chastillon, et ceux qui les favorisoient, voyans qu'il n'y avoit personne qui parlast pour eux, n'osèrent s'en formaliser. Mais, quelque temps après que les protestans eurent cognu que ceux de Guyse n'avoient plus tant d'authorité au conseil, et que le roy de Navarre et le prince de Condé, le chancelier de L'Hospital et autres audit conseil estoient mieux unis avec la reyne, mère du roy, ils commencèrent à reprendre courage et se rallier en leurs assemblées, en espérance que le temps leur seroit favorable pour reprendre leurs premières erres, et se remettre au chemin de leur requeste, et demander des temples et l'exercice de leur religion.

CHAPITRE III.

Requeste présentée au roy par les huguenots, renvoyée au parlement. Diverses opinions. Edict de Juillet dressé sur les délibérations du parlement. Sentimens de l'autheur en faveur dudit édict. Puissance des huguenots. La force ne sert de rien contre les hérésies. L'on propose de recevoir la confession d'Ausbourg. Progrès de l'hérésie en France. Ignorance des ministres calvinistes. Prétextes des huguenots pour avoir des temples. La reyne justifiée de son intelligence avec eux.

Ils s'adressèrent derechef à l'admiral, qui estoit conseil et partie en ceste affaire, lequel en communiqua avec le roy de Navarre et le prince de Condé, et tascha à son possible de leur persuader, pour leur grandeur et bien du royaume, de favoriser la requeste desdits protestans. Lors il fut advisé qu'elle seroit présentée au roy, ce qui fut fait; et à l'instant Sa Majesté la renvoya en son conseil privé. Et pour autant que la chose estoit de grande conséquence, il fut advisé par ledit conseil de renvoyer ladite requeste à la cour de parlement, pour estre bien pesée et meurement considérée avec tous les princes du sang, pairs de France et conseillers du privé conseil, afin que, d'un commun advis et consentement, l'on donnast sur icelle quelque bonne résolution : ceux de Guyse et tous les catholiques n'en estoient pas faschés, s'asseurans que la cour de parlement rejetteroit cette requeste, d'autant que la plus grande partie estoient fort bons catholiques. Et mesme le chancelier de L'Hospital, l'admiral et autres du privé conseil, favorisans ladite requeste, sçavoient bien que si elle estoit accordée au privé conseil, elle seroit rejettée par la cour de parlement, en laquelle se devoit admettre la publication et authorité des édicts : néantmoins l'on craignoit que l'authorité des princes et grands seigneurs du privé conseil, qui favorisoient les protestans, ne donnast courage aux conseillers de la cour de parlement qui eussent voulu avancer ladite requeste, lesquels n'eussent osé l'entreprendre si librement sans l'appuy du conseil privé et des plus grands.

Ladite requeste fut desbattue d'une part et d'autre à la cour de parlement par plusieurs jours du mois de juin et juillet 1561, où les plus savans et grands esprits s'efforcèrent de bien dire, tant ceux dudit parlement que du conseil privé; et se trouvèrent de cinq ou six opinions différentes : les uns estoient d'advis que la requeste devoit estre rejettée, et les édicts faits contre les protestans demeurer en leur force et vertu. Les autres jugeoient que les peines des édicts qui estoient capitales fussent suspendues jusques à la décision du concile général. Aucuns disoient qu'il estoit plus expédient d'en envoyer la cognoissance aux juges ecclésiastiques, avec deffenses de faire assemblées, ny en public ny en particulier, en armes ny sans armes. Il y en avoit d'autres qui estimoient que l'on leur devoit

permettre de s'assembler ès maisons particulières pour l'exercice de leur religion, sans estre inquiétés ny recherchés : on rapporta à ce sujet les édicts faits par les empereurs en la primitive église, sur le différent des catholiques et des ariens, nestoriens et autres sectes, et les édicts faits en Allemagne pour faire l'*interim* et appaiser les catholiques et les protestans si esmeus les uns contre les autres.

Mais à la fin, les avis d'un chascun estans recueillis, l'on fit un édict, lequel depuis fut appellé l'Édict de Juillet, par lequel estoient faites deffenses expresses de s'injurier ny mal faire sous ombre de religion, et aux prédicateurs et ministres d'esmouvoir les peuples à sédition, sur peine de la hart, et pareilles deffenses, sous mesme peine de faire assemblées en public ny en particulier, et de ne faire exercice d'autre religion que de la catholique, apostolique et romaine, remettant la cognoissance du fait de la religion aux juges ordinaires de l'église, hors mis ceux qui seroient livrés au bras séculier, encore le tout par manière de provision, jusqu'à la décision d'un concile général. Et pour le passé l'édict portoit une générale abolition.

Cet édict estant publié ès cours de parlement, esmeut beaucoup d'esprits qui estoient contraires aux protestans; beaucoup de politiques toutesfois estimoient, comme les affaires estoient disposées, qu'il estoit nécessaire pour avoir la vraye paix : car comme le pilote qui se voit en danger se doit accommoder au temps et aux vents, et reculer le plus souvent en arrière, ou temporiser, pour éviter le péril de la fortune, afin qu'après la tempeste il puisse parvenir au port, aussi doivent les sages princes et prudens conseillers s'accommoder aux saisons, dissimuler et changer les édicts au besoin, et faire en sorte que l'estat demeure en son entier, s'il est possible ; ce que la loy ancienne, souvent alléguée par le chancelier de L'Hospital, portoit en peu de mots : *Salus populi suprema lex esto*. Aussi le dernier but de la loy n'est point seulement l'observation de la mesme loy, ains le salut et conservation des peuples et des estats. Et semble mesme que toutes les loix divines tendent à cette fin. Et combien que toutes nos actions doivent butter à la gloire et à l'honneur de Dieu, il est certain que sa puissance, qui est toute parfaite et immuable d'elle-mesme, ne peut estre augmentée par sacrifices ou louanges des plus grands saints, comme elle ne peut diminuer par les blasphesmes des méchants, qui ne sçauroient offencer Dieu de leurs paroles, ains plustost s'offencent et ruinent eux-mesmes. De sorte que tout le bien et le mal que font les hommes n'est que pour les hommes mesmes, et n'en revient rien à Dieu. Aussi voit-on souvent ces mots en la loy divine : *Fais cecy ou cela, et il t'en prendra bien;* et si les républiques estoient péries, les loix divines et humaines ne serviroient plus de rien.

Si l'on veut dire que l'estat du royaume de France n'eust pas esté subverty, quand l'on eust continué les poursuites et condamnations contre les protestans, sans leur permettre le changement de religion, peut-estre est-il vray; mais néantmoins le royaume n'eust pas manqué de tomber aux dangers où depuis il a esté, pour avoir pensé bien faire en continuant ces rigueurs contre lesdits protestans, attendu qu'une grande partie des seigneurs et de la noblesse du royaume tenoient ce party, et favorisoient la religion nouvelle, comme le roy et la reyne de Navarre, le prince et la princesse de Condé, l'admiral de Chastillon, d'Andelot son frère, colonel de toute l'infanterie françoise, le cardinal de Chastillon, tous frères; et avoient lesdits protestans le duc de Nemours, pair de France, et le duc de Longueville pour amis ; et le chancelier de L'Hospital leur estoit du tout favorable, et plusieurs évesques, que le pape excommunia. Outre ce, les autres magistrats, menus officiers et peuples de toutes qualités, qui inclinoient à ceste religion, estoient en beaucoup plus grand nombre que l'on ne pensoit. D'autre part, les princes et peuples voisins, hormis l'Espagne et l'Italie, estoient presque tous protestans, comme la plus grande part de l'Allemagne, l'Angleterre, l'Escosse, Danemarck, Suède, Bohème, et la meilleure partie des six cantons des Suisses et les ligues des Grisons.

Je sçay que plusieurs bien exercés aux affaires d'estat diront que pour sauver un corps il faut couper les membres inutiles et pourris. Cela est vray quand il n'y a que les jambes ou les bras, ou quelque autre membre moins important, si pourry et gasté qu'il infecteroit le reste du corps s'il n'estoit coupé. Mais quand la maladie est venue au cœur, au foye, au cerveau ou autres parties nobles et principales, il n'est plus question en ce cas d'user de sections. Et ne faut pas, pour guérir le cerveau incurable, couper la teste, arracher le cœur ou le foye, et faire mourir tout le corps. Au contraire, il faut s'accommoder au patient et à sa maladie, et y apporter divers remèdes, par diette, médecine et tout ce que l'on pourra, sans avancer sa mort. Donc, puisque l'on n'avoit rien pu gagner en France contre les luthériens par le feu et par la mort et autres condamnations trente ans durant, mais au contraire qu'ils s'étoient multipliés en nombre infiny, il estoit expédient de tenter autre voye, et essayer si l'on gagneroit quelque chose de plus par la douceur : comme fit Auguste envers Cinna, auquel il sauva la vie, l'ayant convaincu de l'avoir voulu tuer ; ce qui succéda bien à l'empereur, car depuis il n'y eut personne qui voulust entreprendre de conspirer contre luy. Voilà, ce semble, les raisons pour lesquelles l'Édict de Juillet fut fait, lequel toutesfois n'estoit que provisionnel, après y avoir employé des plus doctes et grands personnages, et des plus advisés du royaume : ce que j'ay bien voulu toucher en cet endroit, pour en faire juger la nécessité, et qu'il ne faut pas que les gens qui n'ont esté nourris qu'aux écoles, blasment témérairement les princes et les gouverneurs qui manient les affaires d'estat, principalement à l'advènement d'un jeune roy, comme le nostre estoit lors, et plusieurs esbranlés aux factions.

Cet édict estant fait, aucuns des protestans commencèrent à respirer et reprendre courage, et quelques-uns de ceux qui n'osoient auparavant dire mot, se descouvrirent sans aucune crainte, disputans franchement de la religion de part et d'autre, sans exception de lieux. Et quoy qu'il fust deffendu par l'édict de faire assemblées en public ny en particulier, pour le faict de la religion, néantmoins les protestans ne se purent abstenir de s'assembler en des maisons où l'on baptisoit, faisoit la cène, les mariages et prières à la façon de Genève, fort différente de la confession d'Ausbourg, qu'aucuns proposèrent qu'il seroit meilleur d'admettre en France, si la nécessité y estoit, que de bailler entrée à la secte calviniste et aux ministres de Genève, que l'on disoit avoir beaucoup plus d'ignorance et de passion que de religion.

Bientost après, les assemblées furent si grandes, que les maisons particulières qui avoient accoustumé de les recevoir, ne les pouvoient plus contenir. Toutesfois il y avoit encore bien peu de ministres qui se voulussent découvrir, et la pluspart estoient pauvres gens, ignorans et grossiers, et qui n'avoient autre sçavoir ny doctrine que leur cathéchisme et leurs prières imprimées à Genève, parce qu'il n'y avoit autre profit que le danger de perdre la vie et les biens s'ils en eussent eu, et les plus doctes et habiles avoient esté chassés ou faits mourir. C'est pourquoy ceux qui estoient demeurés, comme plus fins et advisés, envoyoient devant les plus grossiers, pour voir quel temps il faisoit. Et dès lors que quelque savant ministre venoit, tous les protestans couroient et le suivoient comme un prophète.

Trois mois après ils présentèrent une autre requeste au roy, pour avoir des temples fondés, comme ils disoient, pour oster l'opinion à beaucoup de catholiques des paillardises que l'on avoit publié se faire ès assemblées privées; qui estoit bien une partie du prétexte, mais en effet les protestans espéroient que ces temples leur estans octroyés, chascun y courroit à l'envy.

Il sembloit à quelques-uns que la reyne, mère du roy, inclinoit à leur faveur, parce qu'elle escoutoit volontiers l'admiral et ceux qui lui parloient pour le bien de l'estat et le repos du royaume, comme c'estoit une princesse qui ne refusoit de prester l'oreille à tout ce qui pouvoit accroistre la grandeur de ses enfans et la paix en France; aussi que pour lors on luy disoit qu'il n'estoit question que de réformer seulement quelques abus qui avoient pris accroissement en l'église catholique par souffrance: et mesme l'on pensoit que la duchesse de Savoye et madame d'Uzès luy avoient donné quelque impression de la nouvelle opinion. Mais, si elle les a escoutées, elle n'y a jamais donné son consentement, et n'a rien voulu faire changer ny innover que par conseil, ny consentir à la requeste des protestans, ouy bien aux assemblées publiques, par souffrance et connivence des magistrats, qui estoient en partie de la religion protestante, ou qui n'osoient ou ne vouloient s'y opposer.

CHAPITRE IV.

Tenue du colloque de Poissy. La régence de la reyne mère confirmée. Les évesques et docteurs, et les ministres qui se trouvèrent à Poissy. Justification du cardinal de Lorraine, qu'on taxoit d'hérésie. Blasphesmes de Théodore de Bèze. Remonstrance du cardinal de Tournon au roy. Response des docteurs catholiques à la profession de foy des huguenots, par la bouche du cardinal de Lorraine. Seconde conférence faite en particulier. Rupture du colloque sans succès. Il est dangereux d'exposer la vérité de la foy au hazard de la dispute.

En ce temps fut advisé de faire le colloque de Poissy, composé des évesques de France, et des ministres des protestans, pendant que les députés des Estats qui estoient à Pontoise cherchoient les moyens d'acquitter le roy. Là fut requis que l'Édict de Juillet fust cassé et aboly, et qu'il fust convoqué un concile pour décider les poincts contentieux de la religion, où le roy présideroit, et que la jurisdiction fust ostée aux évesques et rendue au roy.

La reyne demanda aussi que le gouvernement qui lui estoit laissé par le consentement mesme du roy de Navarre, et de tous les princes et seigneurs du conseil, fust omologué par les Estats. Il fut respondu que c'estoit contre la loy salique et ancienne coustume du royaume : toutesfois, puisque c'estoit par le consentement du roy de Navarre, des princes du sang et du conseil, il fut omologué. L'on tint encore quelques propos de faire rendre compte des finances à ceux qui les avoient maniées du temps du roy Henry second et François second.

Et pour le regard de la religion, un nommé Pierre Vermeil, qui se faisoit appeler Martyr, comme en ce temps chaque ministre changeoit de nom, et un ministre italien que l'on envoya quérir à Zurich sous la foy publique, d'Espina, La Rosière, Marlorat, Merlin, Morel, Malo, et plusieurs autres ministres qui estoient en réputation, se trouvèrent audit Poissy, où ils demandèrent que le roy y présidast, et que la dispute fust vuidée par la parole de Dieu et pureté de l'évangile. D'autre part estoient les docteurs Despence, de Xaintes, et autre de la Sorbonne, et plusieurs évesques pour les catholiques. Pierre Martyr et Théodore de Bèze voulurent user de grandes et vives persuasions à la reyne, mère du roy, pour l'induire à se ranger de leur costé ; mais cela ne servit qu'à la rendre plus constante à suivre et tenir la religion catholique, sans faillir un seul jour d'aller à la messe avec le roy.

Il y eut aussi plusieurs propos familiers, qui furent tenus entre le cardinal de Lorraine et Théodore de Bèze, que l'on a imprimés, et toutefois déguisés et supposés en telle sorte que ledit cardinal se trouveroit luthérien ; car il est qu'il n'approuvé point la Transsubstantiation : à quoy il ne pensa jamais, comme il a bien fait cognoistre en plusieurs sermons qu'il a faits, et mesmement en la harangue qu'il fit en pleine assemblée audit Poissy, où le roy estoit présent, laquelle depuis fut imprimée.

Enfin Théodore de Bèze, assisté de douze ministres, fut ouy en pleine assemblée du conseil privé, et de ceux qui estoient mandés de tous les endroits du royaume, le roy et la reyne sa mère présens. Il discourut fort amplement et disertement, comme aussi il estoit éloquent, de la religion protestante, sans estre nullement interrompu, jusques à ce qu'il se hazarda de dire en telle compagnie, que le corps de Jésus-Christ estoit autant éloigné de l'hostie comme le ciel de la terre.

Alors les évesques et seigneurs catholiques commencèrent fort à murmurer : ce nonobstant, le roy permit qu'il eust entière audience. Mais ayant achevé, le cardinal de Tournon, tant pour dignité qu'il avoit que pour son aage, avec le zèle de la religion catholique, et pour ce qu'il avoit toujours manié les affaires d'estat, prit la parole, et, l'adressant au roy, dit qu'il ne pouvoit plus ouyr tant de blasphesmes contre l'honneur de Dieu et son sainct évangile, en suppliant le roy, au nom de tous les prélats qui estoient présens, de ne croire en des propos si scandaleux : au contraire, que Sa Majesté ne devoit jamais départir d'un seul poinct de la foy catholique, où tant de roys ses prédécesseurs avoient honorablement et heureusement vescu, et y estoient morts constamment. Le jour d'après, Théodore de Bèze escrivit touchant le propos qu'il avoit tenu du Sainct-Sacrement et de l'hostie, voulant adoucir son stile par une déclaration, qui fut depuis imprimée avec sa harangue, et néantmoins il persista en ce qu'il avoit dit.

Après la première session tous les prélats catholiques et docteurs de Sorbonne, pour lors assemblés, résolurent de faire response à la confession des protestans, portée par leur harangue, et touchèrent seulement les deux poincts principaux, à sçavoir l'article concernant le sacrement de l'autel et de l'église catholique : et fut faite la response par le cardinal, à la seconde session de Poissy, le roy présent, et ceux qui avoient ouy la harangue des protestans. Alors les cardinaux et les députés du clergé, s'approchant du roy, le supplièrent, pour le meilleur conseil que l'on lui pust donner, de continuer en la vraye foy de l'église catholique et religion de ses prédécesseurs. Théodore de Bèze supplia qu'il plust à Sa Majesté luy donner audience pour respondre sur-le-champ à tout ce qu'avoit dit le cardinal de Lorraine ; ce que le roy ne voulut faire, mais fut remis à autre jour, afin que personne ne s'offensast ou fust esmeu d'adhérer aux propos des protestans.

L'on advisa un lieu où l'on pourroit ouyr les ministres hors de la grande assemblée, et où le roy et la reyne pussent estre présens : où peu après l'on s'eschauffa si bien en la dispute, que l'ardeur surpassa la raison de part et d'autre, qui fut cause que le roy diminua le nombre jusques à cinq de chaque costé. Et fut dit qu'il y auroit un greffier de chaque part, pour escrire ce qui seroit résolu par commun consentement des deux parties. Mais, après avoir bien disputé l'espace de trois mois, il fut impossible d'accorder entre eux un seul article, de sorte que le colloque fut rompu le vingt-cinquiesme novembre suivant. Le cardinal de Lorraine avoit envoyé quérir des ministres allemans, pour les faire disputer avec ceux de France sur l'article de la cène, qui estoit le plus important, et par ce moyen donner plus d'authenticité à l'église catholique par leur discorde. Le semblable estoit advenu vingt ans auparavant au colloque de Ratisbonne, qui fut, par l'autorité de l'empereur Charles cinquiesme, entre quelques docteurs catholiques et protestans, autant d'une part que d'autre ; ce qui ne servit de rien, sinon de révoquer en doute la religion des uns et des autres, et mettre ceux qui les oyoient et plusieurs peuples en deffiance de leur foy ; car il est bien certain que tout ce qui est mis en dispute engendre doute. Aussi est-ce une faute bien grande de vouloir mettre sa religion en doute, de laquelle l'on doit estre entièrement asseuré. Voilà pourquoy non seulement les princes musulmans et infidèles, mais davantage le duc de Moscovie, qui est un grand monarque, et qui est chrestien, a deffendu de disputer aucunement de la religion. Aussi fut-il deffendu estroitement entre les Hébreux de disputer de la loy de Dieu, et permis seulement de la lire. Et ne faut pas douter que toutes les hérésies ne soient provenues des disputes trop curieuses de la religion chrestienne; laquelle ne se peut bien entendre que par foy et humilité, accompagnées de la grâce de Dieu, parce qu'il y a choses contraires au sens humain, et qui surpassent la raison naturelle. Au contraire, les disputes ne cherchent que les argumens, avec trop de subtilités et surprises, qui ne s'appuyent que sur la raison humaine.

Cependant qu'on disputoit à Poissy, quelqu'un apporta la nouvelle que Philibert, duc de Savoye, ayant eu du pire contre les protestans de la vallée d'Angrogne [1], avoit esté contraint de leur permettre l'exercice de leur religion.

CHAPITRE V.

Emeute au fauxbourg Sainct-Marcel de Paris contre les huguenots, qui forcent l'église de Sainct-Médard et la pillent. Edict de Janvier en leur faveur. Réconciliation du prince de Condé et du duc de Guyse. La vérification de l'Édict de Janvier augmente l'hérésie. De la manière de prescher des huguenots, et leur façon de prier. Faute politique des ministres de France. Adresse des hérétiques, qui conservent quelque chose des cérémonies anciennes de l'église. Honneurs deus et rendus aux habits pontificaux. Raison de l'autheur contre le sentiment des ministres. Nécessité des cérémonies en l'église.

Après la dispute de Poissy tous les catholiques portoient impatiemment de voir que, contre l'Édict de Juillet, les protestans fissent assemblées publiques, preschans et baptisans en divers lieux, mesmement aux fauxbourgs de Paris; qui fut cause que les prestres irrités de cela s'assemblèrent en l'église de Sainct-Médard, au fauxbourg Saint-Marcel de Paris; et si tost que le ministre eut commencé de prescher, ils sonnèrent les cloches le plus fort qu'ils peurent, de sorte que les protestans,

[1] Reste des Vaudois traités avec tant d'inhumanité sous François Ier.

qui estoient en fort grand nombre en un jardin près du temple, ne pouvoient rien entendre: qui fut cause que deux ou trois de l'assemblée des protestans allèrent par devers les prestres pour les faire taire, ce qu'ils ne peurent obtenir, et de là vinrent aux paroles et aux prises, dont il y en eut un qui mourut.

Les prestres incontinent fermèrent leur église; et montans au clocher sonnèrent le tocsin pour esmouvoir le peuple catholique, qui accourut soudain au lieu où se faisoit le presche. Mais les protestans s'y trouvèrent les plus forts, et avec grande violence rompirent les portes de l'église, où ils trouvèrent un des leurs battu et blessé à mort, ne se pouvant mouvoir, lequel ils avoient envoyé dire aux prestres qu'ils cessassent de sonner les cloches: irrités de cela, ils pillèrent l'église, et abattirent et rompirent les images, en menaçant de mettre le feu au clocher, si les prestres ne cessoient de sonner le tocsin. Il y eut plusieurs prestres blessés et quelques autres emprisonnés par les sergens et chevaliers du guet.

Le jour d'après, les catholiques bruslèrent les bancs et sièges des protestans; et vouloient brusler la maison où se faisoit le presche, s'il n'y fust arrivé des officiers de la justice et des forces pour les empescher: qui fut cause que la reyne, mère du roy, ayant fait acheminer à Sainct-Germain un nombre de personnages des plus suffisans du royaume et de tous les parlemens, pour, avec le conseil privé du roy, faire quelque bon édict, et trouver remède au mal qui croissoit, et à l'altération qui estoit entre les catholiques et les protestans, il en fut fait un, le dix-septiesme de janvier, portant: qu'il seroit permis aux protestans de faire l'exercice de leur religion hors les villes seulement, et sans aucunes armes, avec injonction à tous de se comporter modestement, et à tous les magistrats et officiers du roy, detenir la main à l'exécution dudit, lequel n'estoit aussi que provisionnel, non plus que l'Édict de Juillet, fait auparavant.

En ce mesme temps la reyne, mère du roy, cherchant toujours plus de moyen d'adoucir les aigreurs qui estoient de tous les costés, fit un accord entre le prince de Condé et le duc de Guyse, lequel fait en présence du roy, des princes et de tous les plus grands seigneurs, le duc de Guyse déclara qu'il n'avoit jamais incité le feu roi à faire mettre le prince de Condé prisonnier, et se donnèrent quelques raisons l'un à l'autre, dont ils demeurèrent ou feignirent estre contens, et à l'instant s'embrassèrent, promettans de s'aimer comme parens : tellement qu'il ne restoit plus que le cardinal de Lorraine à accorder avec le prince de Condé ; mais d'autant qu'il ne faisoit pas profession des armes comme les autres, il ne falloit pas tant demeurer sur la réputation ny sur le point d'honneur qu'avec les gens de guerre, qui font profession d'employer la vie pour deffendre l'honneur : néantmoins le prince de Condé demeuroit toujours avec ressentiment contre le cardinal de Lorraine, pensant qu'il estoit cause du danger qu'il avoit couru.

Cependant l'édict fut vérifié et publié ès parlemens, après trois jussions et très exprès mandemens. Alors les ministres preschèrent plus hardiment, qui çà qui là, les uns par les champs, les autres en des jardins et à découvert, par tout où l'affection ou la passion les guidoit, et où ils pouvoient trouver du couvert, comme ès vieilles sales et masures, et jusques aux granges; d'autant qu'il leur estoit deffendu de bastir temples et prendre aucune chose d'église. Les peuples curieux de voir chose nouvelle, y alloient de toutes parts, et aussi bien les catholiques que les protestans, les uns seulement pour voir les façons de ceste nouvelle doctrine, les autres pour l'apprendre, et quelques autres pour cognoistre et remarquer ceux qui estoient protestans.

Ils preschoient en françois, sans alléguer aucun latin, et peu souvent les textes de l'évangile; et commençoient ordinairement leurs sermons contre les abus de l'église, qu'aucun catholique prudent ne voudroit deffendre. Mais de là ils entroient pour la pluspart en invectives, et à la fin de leurs presches faisoient des prières, et chantoient des psaumes en rythme françoise, avec la musique et quantité de bonnes voix, dont plusieurs demeuroient bien édifiés, comme désireux de chose nouvelle, de sorte que le nombre croissoit tous les jours. Là aussi se parloit de corriger les abus, et d'une réformation, de faire des aumosnes et choses semblables, belles en l'extérieur, qui occasionnèrent plusieurs catholiques de se ranger à ce party. Et est croyable que si les ministres eussent esté plus graves et plus doctes, et de meilleure vie pour la pluspart, ils eussent eu encore plus de suite. Mais voulurent du premier coup blasmer toutes les cérémonies de l'église romaine, et administrer les sacremens à leur mode, sans garder la modestie qu'observent encore aujourd'hui plusieurs protestans, comme ceux d'Allemagne et d'Angleterre, qui ont encore leurs évesques, primats et leurs ministres, qui ont pris et retiennent le nom de curés, diacres et soubs-diacres, chanoines, doyens, et portent les surplis et ornemens de l'église catholique avec les robes longues; ce qui les fait plus estimer que les protestans de France, de Genève, d'Escosse et autres, qui, sous prétexte de religion plus réformée couvrans leurs passions, se sont pris mesme aux choses qui ne leur nuisoient point, mais servent à retenir les peuples dans une honneste révérence et plus grande modestie à l'endroict des ecclésiastiques.

Aussi la pluspart de ceux qui regrettent la messe et l'exercice de la religion catholique, ès endroits d'où les princes l'ont chassée, ne peuvent encore quitter les habits des gens d'église, avec les cérémonies que les chrétiens ont si long-temps gardées, et lesquelles ont retenu les peuples en dévotion et en admiration tout ensemble, avec beaucoup d'obéissance à leurs évesques, suffragans, curés, abbés, prieurs, et autres qui ont charges en l'église ; qui fut la cause pourquoy les lévites furent séquestrés des peuples, et revestus d'ornemens qui témoignoient la révérence qui estoit due à leur office, et leur grand pontife avoit un habit fort riche et de grande majesté. De sorte que Jaddus, pontife des Hébreux, n'eut aucun meilleur moyen que de se vestir de son habit pontifical, pour détourner l'armée d'Alexandre-le-Grand, lequel ayant veu le pontife en tel habit, s'agenouilla devant luy, et luy acccorda tous les priviléges, exemptions et prérogatives qu'il demanda, combien qu'Ephestion l'en voulust empescher.

L'on dit que le pape Urbain en usa de mesme avec son habit pontifical, pour empescher la fureur d'Attila. Et François Souderin, évesque de Florence, voyant les peuples de cette ville-là cruellement acharnés au sang et à la vie les uns des autres, et qu'il estoit impossible de les appaiser, prit aussi son habit épiscopal, et se présenta à eux, leur faisant des remonstrances, auxquelles, et à la dignité de leur évesque, revestu en cette sorte, cédèrent leurs querelles, et chacun se retira en maison.

Or il est certain qu'Alexandre-le-Grand, duquel l'ambition surpassoit les cieux, pour conquester d'autres mondes, n'eust pas ployé les genoux devant le pontife, ny la fureur d'Attila, qui fut estimé le plus cruel et barbare capitaine de son aage, ny la rage et cruauté d'un peuple acharné de son propre sang et de sa patrie, n'eussent pas si tost esté appaisés, si ces pontifes eussent esté revestus d'habillemens communs, comme les ministres de France. Lesquels, combien que par belle apparence ils disent et preschent qu'il faut oster et corriger les abus, et, comme le bon et diligent jardinier, émonder les arbres de chenilles et de branches mortes, et en couper quelquefois de vives pour avoir plus de fruict et de bois, si est-ce pourtant qu'il ne faut pas couper l'arbre par le pied, et n'y laisser que la racine : ainsi ne faut-il pas, pour amender les abus que ces réformés disoient estre en l'église, en retrancher tout-à-fait la saincteté, l'ornement et les cérémonies, et s'attacher à la malveillance des habits, pour en abattre l'honneur et le service, et la renverser entièrement.

Aussi est-il impossible que le menu-peuple, de long-temps contenu dans l'obéissance par sa loy et coustume, élève son esprit plus haut que sa portée ; à l'infirmité duquel nos pères se sont très sagement accommodés, les contenans avec l'usage de ces solemnités extérieures en la crainte de Dieu, et obéissance de leurs princes supérieurs ; et estant loisible, voire nécessaire, de s'accommoder aux habits et cérémonies, quand il n'y a rien qui soit contre la loy divine et de nature.

CHAPITRE VI.

L'hérésie oblige les évesques et autres ecclésiastiques à estudier et à se réconcilier avec les lettres. Nouveauté de religion cause nouveauté en l'estat. Prières et jeusnes pour la foy. Le roy de Navarre détourné du parti des protestans sous de belles espérances. Il s'unit, comme le connestable, avec la maison de Guyse. Les huguenots affoiblis par ceste union. Sédition arrivée contre eux à Cahors et ailleurs.

En ces temps, comme plusieurs choses se faisoient, ou par exemple, ou par imitation, ou par volonté de mieux faire, les évesques et docteurs, théologiens, curés, religieux et autres pasteurs catholiques, commencèrent à penser en ces nouveaux prescheurs, si désireux et ardens d'advancer leur religion, et dès-lors prirent plus de soin de veiller sur leur troupeau, et au devoir de leurs charges, et aucuns à estudier ès sainctes lettres à l'envy des ministres protestans, qui attiroient les peuples de toutes parts : et craignans que lesdits ministres n'eussent l'advantage sur eux par leurs presches et par iceux attirassent les catholiques, ils commencèrent aussi à prescher plus souvent que de coustume, en advertissant les auditeurs de se garder bien des hérésies des nouveaux dogmatisans, sur peine d'encourir la haine de Dieu en se départant de sa vraye église.

Et ceux qui estoient plus politiques preschoient à haute voix qu'il n'y avoit rien de plus dangereux en une république que la nouveauté de religion, nouveaux ministres, nouvelles loix, nouvelles coustumes, nouvelles cérémonies, nouveaux sacremens et nouvelle doctrine ; toutes lesquelles choses tiroient après elles la ruine des estats, avec une effrénée désobéissance envers Dieu et les princes : parquoy il n'y avoit rien si asseuré que de suivre l'ancienne religion, l'ancienne doctrine, les anciennes cérémonies et les anciennes loix, publiées et gardées depuis les apostres. Et remonstroient aux peuples que depuis quinze ou seize cens ans tous les chrestiens avoient tenu la religion catholique que les protestans s'efforçoient d'arracher et renverser, et qu'il n'estoit pas possible que tant de roys, princes et grands personnages eussent erré si longuement, et fussent privés de la grace de Dieu, et du sang de Jésus-Christ, qui seroit blasphémer contre sa bonté et l'accuser d'injustice.

Davantage, les jésuites, tous les mendians et autres religieux qui preschoient aussi plus qu'auparavant, alloient par les villes, villages et maisons des particuliers, admonester un chascun de la doctrine des protestans. Et les évesques envoyoient quérir des pardons et jubilés à Rome, pour faire jeusner les peuples, et les convier à prier pour la manutention de la vraye église catholique. Et plusieurs ne se pouvoient tenir de dire qu'il falloit empescher les protestans de prescher, puisque la justice n'en tenoit compte. Toutes ces choses empeschèrent beaucoup les desseins des ministres, qui ne preschoient qu'en crainte. De là commença à naistre et s'enraciner une plus grande hayne qu'auparavant entre les catholiques et les protestans. Toutesfois, ceste année-là se passa sans violence, hormis ce qui advint au fauxbourg Sainct-Marcel, comme j'ay dit, ce qui fut assoupi par l'authorité des magistrats. Mais depuis que les catholiques furent advertis que le roy de Navarre avoit esté distrait du party des protestans, et leur estoit plus contraire que favorable, et qu'il estoit uni avec ceux de Guyse, le connestable et le mareschal de Sainct-André, ils commencèrent à se tenir plus asseurés qu'auparavant.

Ceste réconciliation et amitié du roy de Navarre avec ceux de Guyse avoit esté maniée fort dextrement, mesmement par le cardinal de Ferrare, qui estoit venu en France comme légat du pape, afin de publier le concile de Trente, pensant par ce moyen empescher le concile national que la pluspart de la France demandoit, où l'on craignoit qu'il ne fust arresté quelque chose au préjudice de l'église catholique et romaine, aussi qu'il tenoit grande quantité de bénéfices en France. L'on voyoit clairement que le parti des protestans ne prenoit pied et accroissement que par la division des princes et grands seigneurs. C'est pourquoy quelques-uns, désireux de les voir réunis ensemble, dirent au connestable, au duc de Guyse et mareschal de Sainct-André, que le roy de Navarre et le prince de Condé, à l'instance et suscitation des protestans, leur vouloient faire rendre compte des finances de France qu'ils avoient maniées sous le roy Henry et le roy François II, et repeter les dons excessifs à eux faits; à quoy s'ils ne remédioient leurs maisons en seroient ruinées, et que le moyen d'empescher cela seroit de tirer le roy de Navarre de leur costé, en luy persuadant que le pape avoit tant fait avec le roy d'Espagne, qu'il luy rendroit le royaume de Navarre, pourveu qu'il tinst entièrement le party de la religion catholique, qu'il ne pouvoit délaisser sans la perte évidente du royaume de France, où il n'avoit pas petit intérest, comme premier prince du sang après le roy et ses frères, lesquels venans à mourir, il seroit exclus de la couronne s'il n'estoit catholique comme l'avoient esté si long-temps les roys de France, sans qu'aucun d'iceux eust varié en aucune chose de l'obéissance de l'église romaine : à quoy on luy alléguoit l'exemple du pape Jules II, qui avoit osté le royaume de Navarre à Pierre d'Albret, ayeul paternel de la reyne de Navarre sa femme, l'ayant excommunié et exposé la conqueste de Navarre au roy d'Espagne, encore qu'il fust catholique. A plus forte raison estoit-il à craindre que le pape ne le déclarâst, s'il demeuroit en la religion protestante, et chef d'icelle, indigne de la couronne de France. Au contraire, se déclarant catholique, ou le royaume de Navarre luy seroit rendu, ou baillé pour récompense le royaume de Sardaigne, et par mesme moyen le royaume de France luy demeureroit asseuré, si le roy et ses frères venoient à mourir; et si, la reyne, qui avoit le gouvernement, luy defféreroit autant en toutes choses que si luy-mesme avoit la régence; joint que ce luy seroit un grand honneur d'estre lieutenant-général.

Ces propos et plusieurs semblables furent tenus au roy de Navarre par personnes qui avoient beaucoup de crédit auprès de luy, et confirmés par le nonce du pape et l'ambassadeur d'Espagne, qui s'entendoient l'un avec l'autre, cognoissant la facilité du prince, qui estoit vaillant et de bon naturel, mais trop facile à estre persuadé. D'autre costé il luy faschoit d'estre controolé par l'admiral de Chastillon et autres protestans de la cour, qui le vouloient par trop réformer et contraindre. Cela fut en partie cause de le faire incliner du costé des catholiques; joint aussi que la doctrine des protestans ne luy estoit pas trop agréable, combien qu'il fust à toutes heures sollicité par les ministres de ne se mesler avec ceux de Guyse, disans qu'ils luy avoient voulu oster la vie et l'honneur, avec plusieurs autres persuasions, par lesquelles l'on vouloit aussi empescher le connestable de se liguer avec la maison de Guyse, ce qui ne put avoir lieu; car, d'autre costé, l'on luy persuadoit qu'il ne pourroit trouver meilleur appuy en sa vieillesse et pour sa maison que ceux de Guyse, qui luy céderoient par mesme moyen le droict de la comté de Dammartin. Et pour lors il n'y avoit pas grande affection entre la reyne, mère du roy, et le connestable, pour avoir eu quelque mescontentement l'un de l'autre, accompagné de paroles assez aigres. Enfin, ceste amitié et confédération de ceux de Guyse, du connestable et mareschal de Sainct-André avec le roy de Navarre, fut si sagement conduite, qu'en peu de jours ils ne furent tous qu'une mesme chose. Et quelques-uns pour lors eurent opinion qu'ils eussent bien voulu que la reyne, mère du roy, n'eust pas eu le gouvernement, laquelle néantmoins l'a tousjours prudemment conservé.

Lors les partisans, serviteurs et amis de toutes ces maisons, ainsi unis, donnèrent un mauvais coup aux protestans, lesquels firent une lourde faute; car, estans paisibles en l'exercice de leur religion, ils se voulurent mesler trop avant des affaires d'estat, et proposer qu'il falloit faire rendre compte à ceux qui avoient manié les finances, comme s'ils eussent esté trésoriers ou receveurs : ce qui n'estoit pas aisé à faire à telles personnes, qui avoient fait tant de services à la couronne, et avoient beaucoup d'amis et serviteurs, et qui avoient plusieurs enfans, qui n'eussent pas eu moins d'esgard à leur conservation et de leur maison, qu'à l'estat du royaume.

Or, le bruit de ceste confédération estant publié, les catholiques commencèrent de mespriser les protestans avec paroles dédaigneuses; et, les voyant sortir des villes pour aller aux fauxbourgs et villages où se faisoient les presches, et retourner mouillés et crottés, se mocquoient d'eux; et les femmes n'estoient pas exemptes que l'on n'en fist des contes, soit qu'elles fussent guidées de religion, ou d'amour et affection de voir leurs amis qui se trouvoient en telles assemblées. Et lors, s'il se mouvoit quelque dispute pour la religion, elle estoit soudain accompagnée de colère et mépris; et de là on venoit aux mains, où les protestans estoient le plus souvent battus; aussi estoient-ils en moindre nombre que les catholiques. Et sans la crainte des magistrats, ils eussent eu encore pis; car les catholiques ne pouvoient supporter leurs presches et assemblées.

Et de fait, le seiziesme jour de novembre 1561, en la ville de Cahors en Quercy, les protestans s'estans assemblés en une maison pour faire leurs presches et prières, les catholiques, les voyans par les fenestres, commencèrent à murmurer et les appeler huguenots; et parce que c'estoit un dimanche, les artisans, qui n'avoient que faire, s'assemblèrent devant la maison en grand nombre, et, après plusieurs injures, jettèrent des pierres contre les fenestres; et comme les choses s'émeurent de part et d'autre, on mit le feu aux portes, et y eut quelques-uns frappés et tués. L'un des magistrats alla pour faire retirer les peuples, où il fut blessé, et y eut enfin beaucoup de désordre. Le roy en estant adverty, envoya commission à Montluc pour en faire justice, lequel en fit pendre quelques-uns de part et d'autre des principaux autheurs de la sédition. Néantmoins les ministres ne désistèrent point de prescher, et les protestans y allèrent à grandes troupes, sans aucune crainte et considération de l'exemple de ce qui estoit survenu à Cahors.

Il advint en plusieurs autres villes du royaume, comme Sens, Amiens, Troyes, Abbeville, Thoulouse, Marseille, Tours, autres désordres où il y eut aussi des protestans tués par leur insolence; et y eut de la faute de part et d'autre.

CHAPITRE VII.

Histoire du massacre de Vassy. Plainte des huguenots contre ceste action, louée des catholiques. Sentiment des politiques. La reyne entre en soupçon du duc de Guyse. Réception de ce duc à Paris. Amour du peuple de Paris envers la maison de Guyse. Dévotion des Parisiens.

Depuis, ce que l'on a appelé le massacre de Vassy, qui advint au mois de mars ensuivant, fut plus remarqué que tout ce qui estoit advenu à Cahors et autres lieux, que l'on disoit estre folies, ayant le mal esté augmenté et plus aigry par la présence du duc de Guyse, lequel, après la confédération, reçut lettres et prières du roy de Navarre, pour s'advancer d'aller à la cour avec bonne compagnie, afin de se rendre les plus forts auprès du roy. Ledit duc ayant donc pour cet effet adverty ses amis et serviteurs, et donné charge au comte de Rokendolf de lever quelques cornettes de reistres, partit de sa maison de Joinville avec le cardinal de Lorraine, quelques gentilhommes leurs voisins et serviteurs. Et, le premier jour de mars, qui estoit un dimanche, il alla disner à Vassy, où les officiers qui alloient devant, trouvèrent que les protestans y faisoient leur presche en une grange près de l'église. Et y pouvoit avoir environ six ou sept cens personnes de toutes sortes d'aages. Lors, comme m'a souvent dit le duc de Guyse, aucuns de ses officiers et autres, qui estoient allés devant, curieux de voir telle assemblée et nouvelle forme de prescher, sans autre dessein s'approchèrent jusques à la porte du lieu, où il s'émeut quelque noise avec paroles d'une part et d'autre. Aucuns de ceux de dedans, qui gardoient la porte, jettèrent des pierres; et dirent des injures aux gens du duc de Guyse, les appellant papistes et idolastres. Au bruit accoururent les pages, quelques gentilshommes et autres de sa suite : s'estans eschauffés les uns les autres avec injures et coups de pierres, ceux de dedans sortirent en grand nombre, repoussans ceux de dehors. Ce qui estant rapporté au duc en se mettant à table, et que l'on tuoit ses gens, il s'en alla en grande haste, où, les trouvant aux mains à coups de poing et de baston, s'approchant du lieu où se faisoit le presche, luy furent tirés plusieurs coups de pierres, qu'il para de son manteau : et lors se voulant advancer plus près de la grange, tant pour se mettre à couvert que pour appaiser ce désordre, il se fit plus grand; dont il advint, comme il disoit, qu'à son grand regret quelques-uns de ceux qui estoient audit presche furent blessés et tués, de quoy chacun faisoit diverse interprétation.

Cet accident estonna la cour, et plus les protestans par toute la France : lors le prince de Condé, l'admiral, le chancelier de L'Hospital, et autres qui tenoyent le party, en firent de grandes plaintes à la reyne, mère du roy; les autres excusoient le cas, comme estant advenu par inconvénient et sans estre prémédité. Il y eut de là plusieurs ministres protestans qui preschèrent ce fait estre une impiété la plus grande et la plus cruelle du monde.

Au contraire, les prédicateurs catholiques soutenoient que ce n'estoit point de cruauté, la chose estant advenue pour le zèle de la religion catholique, et alléguoient l'exemple de Moyse, qui commanda à tous ceux qui aimoient Dieu de tuer, sans exception de personne, tous ceux qui avoient plié les genoux devant l'image d'or pour luy faire honneur; et, après qu'ils en eurent tué trois mille, il leur dit qu'il leur donnoit sa bénédiction et la prélature de tout le peuple, pour avoir consacré leurs mains au sang de leurs frères pour le service de Dieu; et que Jéhu, roy de Samarie, fit mourir, pour mesme zèle, deux roys et cent douze princes de leur sang, et fit manger aux chiens la reyne Jézabel; et, ayant fait assembler tous les prestres idolastres, feignant estre de leur religion, il les fit tous tuer dans le temple par le commandement de Dieu : de quoy il reçut sa bénédiction, et ses enfans héritiers du roy, jusques à la quatriesme génération, pour avoir vengé l'honneur de Dieu.

Toutesfois, ceux qui en parloient plus politiquement estimoient que cet inconvénient advenu audit Vassy apporteroit beaucoup de maux, attendu que l'assemblée n'estoit faite que suivant les édicts, ésquels il n'y avoit point de révocation, et que tels discours de part et d'autre, faits par les ministres et prédicateurs, estoient semences de sédition qu'il falloit réprimer.

En ce mesme temps, la reyne, mère du roy, fut advertie par le prince de Condé que le duc de Guyse et le connestable venoient à Paris, armés et fort accompagnés; ce qui occasionna Sa Majesté d'escrire audit duc de Guyse, afin qu'il vinst à la cour avec son train ordinaire seulement; et manda le semblable au roy de Navarre, le priant de demander au duc qu'il laissast les armes. Quoy qu'il en fust, il arriva à Paris le vingtiesme jour de mars, fort accompagné. Lors on recognut une très-grande affection que ceux de Paris luy portoient; car, en premier lieu, les principaux de la ville allèrent au-devant de luy pour se conjouir de sa venue; et, entrant dans la ville, tout le peuple montra une grande réjouissance, avec quelques particulières allégresses, qui ne furent faites ny aux princes du sang ny au connestable; ce qui luy donna beaucoup de contentement, et d'espérance à ceux de sa maison d'accroistre leur puissance. Et la pluspart du peuple disoit qu'il ne faisoit rien par ambition, ains pour le seul zèle de la religion catholique, ce qu'ils ne disoient pas des autres; chose qui luy augmentoit aussi la malveillance de ses ennemis et envieux : occasion pourquoy il leur fit dire qu'ils ne luy fissent pas tant d'apertes démonstrations d'amitié; et leur faisoit mesmement signe des mains qu'ils se teussent.

Aussi le peuple de Paris estoit lors, et a toujours esté, autant zélé à la religion qu'autre de tout le royaume de France, dans lequel il se voyoit beaucoup d'altération en la religion; ce qui estoit remarqué des estrangers et de toutes sortes de gens; et que sitost que la messe estoit dite, en beaucoup de lieux l'on fermoit les églises. Au contraire, à Paris elles estoient ouvertes tout le jour avec grande dévotion d'un chacun, qui oyoit la messe jusques à midy; et se faisoient plusieurs vœux et assemblées le reste du jour èsdites églises, avec offre de cierges et autres dons. Aussi en icelle il y a beaucoup d'hospitaux et grand nombre de religieux et couvens, dont le nombre croist tous les jours. Et entre toutes celles de France, cette ville se promettoit d'estre bien gardée, et qu'elle seroit exempte de presches, comme elle fut et a tousjours esté, depuis la déclaration faite quelques jours après sur l'édict de janvier.

CHAPITRE VIII.

Le roy de Navarre et ceux de son party mettent le prince de Condé hors de Paris, et d'authorité y ramènent le roy, qui vouloit demeurer à Fontainebleau. Le prince de Condé et l'admiral, ayans manqué leur dessein de se rendre les plus forts auprès du roy, se saisissent d'Orléans. Persécution des huguenots à Paris. Ils s'assemblent à Orléans, font un party, et reconnaissent pour chef le prince de Condé. La qualité de prince du sang importante dans un party. Puissance du party huguenot, résolu à la guerre. Manifeste des huguenots.

Et d'autant que le prince de Condé avoit aussi quelques gens à sa dévotion en ladite ville de Paris pour conforter le party des protestans, et qu'il y avoit danger évident que les partisans catholiques ne se jetassent sur les protestans, le prévost des marchands alla trouver la reyne, mère du roy, à Monceaux, pour la prier qu'elle y envoyast le roy de Navarre, lequel y alla. Et, estant arrivé, ne put persuader le prince de Condé, son frère, de sortir de la ville. Sur ce il escrivit à la reyne qu'elle luy fist exprès commandement de se retirer, ce qu'elle fit; et, pour l'induire encore davantage, luy envoya le cardinal de Bourbon, son frère.

Alors on ordonna de bonnes et fortes garnisons à Paris, de peur qu'elle ne fust surprise; le tout par le conseil de ceux de Guyse, lesquels s'en allèrent au mesme temps à Fontainebleau, où estoit la cour, avec le roy de Navarre, le connestable et le mareschal de Sainct-André, auparavant que le prince de Condé y pust arriver, parce que son intention estoit de se faire le plus fort auprès du roy et de la reyne sa mère. Et d'autant que Fontainebleau n'estoit qu'une maison de plaisir, sans aucunes murailles ny fossés, le roy de Navarre remonstra au roy et à la reyne sa mère que Leurs Majestés n'y pouvoient demeurer seurement, et pour ceste occasion qu'il estoit expédient de retourner à Paris : ce qui fut fort disputé et desbattu, d'autant que l'on disoit à la reyne que le roy, elle et tous ses enfans se mettroient du tout en la puissance de ceux de Guyse, lesquels tacitement, comme aucuns vouloient dire, prendroient toute l'authorité, laquelle leur seroit conservée et maintenue par ceux de Paris. Davantage, l'on conseilla à la reyne, mère du roy, de ne se mesler des querelles du prince de Condé avec le duc de Guyse; et fut conclu par le roy qu'il ne falloit bouger de Fontainebleau; mais, pensant que cela venoit du conseil, qui n'estoit pas favorable aux desseins du roy de Navarre, de ceux de Guyse et du connestable, après que la chose fut quelque temps contestée de part et d'autre, le roy de Navarre dit à la reyne que, pour le rang qu'il tenoit dans le royaume, comme premier prince du sang, il ne pouvoit accorder ny consentir que le roy demeurast à Fontainebleau, la suppliant de faire condescendre Sa Majesté, avec le conseil du connestable et autres principaux officiers de la couronne, de mener le roy à Paris. Alors Leurs Majestés, ne pouvant mieux, eurent recours à quelques larmes. Et ainsi le roy de Navarre estant du tout conseillé dudit connestable, du duc de Guyse et mareschal de Sainct-André, emmena toute la cour à Paris. Lors le prince de Condé et l'admiral de Chastillon, et ceux de leur party, ayans failly leur dessein et se voyans pressés, recoururent à leurs forces, et à trouver moyen de se loger, de peur de tomber entre les mains de leurs ennemis, qui faisoient des levées, et faisoient bailler commissions aux capitaines et gens de guerre catholiques. Et n'ayant pas les moyens autrement de résister ny se mettre en campagne, ils surprirent la ville d'Orléans par la diligence et bonne conduite de d'Andelot, colonel de l'infanterie françoise, lequel fit entendre aux habitans, après avoir gagné les portes, que ce qu'il faisoit estoit pour le service du roy et la conservation particulière de leur ville, en laquelle il y avoit grand nombre de protestans, auxquels l'on faisoit entendre qu'ils estoient ruinés et perdus s'ils ne tenoient la main à l'entreprise, et leur disant qu'il estoit pour maintenir les édicts de la paix. Avec ces prétextes il se fit le plus fort; et de vray il entretint quelque temps les édicts et la paix entre les catholiques et les protestans. Ainsi cette ville-là fut une retraite à tous les protestans; ce qui leur vint fort à propos, parce qu'elle est forte d'assiette et aussi bien située que ville de France.

En ce mesme temps, le connestable, par le consentement et l'authorité du roy, de laquelle il se fortifioit tousjours, fit brusler les maisons hors la ville de Paris où les protestans faisoient leurs presches et assemblées; chose qui fut très-agréable aux catholiques et principalement au peuple de Paris, qui ne laissa pierre sur pierre. Alors tous les ministres, surveillans et tous les chefs des protestans sortirent de la ville; aucuns d'iceux furent tués par le peuple ou emprisonnés par la justice, laquelle toutesfois ne leur usa d'aucune rigueur ny punition, aussi n'avoient-ils presché que par l'authorité des édicts. Plusieurs autres ministres protestans, qui n'estoient point ministres de ladite ville, furent aussi emprisonnés pour estonner les autres et les réduire par ce moyen à la religion catholique : à laquelle plusieurs s'y réduisirent, ou feignirent vouloir abandonner la protestante, voyant qu'il n'y avoit pas grande seureté aux édicts faits en faveur desdits protestans. Ce nonobstant, en plusieurs autres endroits de la France, les ministres ne laissèrent pas de continuer les presches jusques à ce que la guerre fust déclarée et l'édict de janvier révoqué; et d'autant que plusieurs seigneurs qui s'estoient montrés protestans craignoient qu'estant escartés les uns des autres, ils ne fussent en danger, non-seulement de perdre l'exercice de leur religion, mais aussi les biens et la vie, cela les fit rallier ensemble en ladite ville d'Orléans, en laquelle estoit le prince de Condé, et avec luy l'admiral de Chastillon, d'Andelot, le prince de Porcian, le comte de La Rochefoucault, le sieur de Piennes, de Soubise, de Mouy, Sainct-Fal, d'Esternay et plusieurs autres, qui firent ledit prince de Condé leur chef : ce que volontiers il accepta, tant pour estre de son naturel ambitieux, et pour avoir moyen de se venger de ses ennemis; qu'aussi pour la crainte qu'il avoit de tomber en leurs mains. Lors il escrivit au connestable: qu'il le prioit de cesser de tourmenter les protestans, et faire envers le roy que les édicts, faits pour eux avec grande cognoissance de cause, fussent entretenus; mais cela ne luy servit de rien.

Aucuns des plus politiques pensoient que les édicts ne se devoient révoquer, voyant que les protestans avoient un chef prince du sang, sans lequel ils n'eussent pu rien faire, parce que la noblesse et ces seigneurs qui avoient pris ce party n'eussent pas voulu suivre l'admiral, quoy qu'il fust de grande expérience; lequel aussi ne s'y fust pas embarqué s'il n'eust cogneu le prince de Condé d'un tel courage, qu'il fust plustost mort que de fleschir en aucune chose et changer, comme il avoit monstré en prison. Ceux qui avoient traitté de la confédération entre le roy de Navarre, ceux de Guyse et le connestable, pensoient que celuy-cy retireroit ses neveux de Chastillon, et le roy de Navarre le prince de Condé son frère; et ne pouvoient croire que les deux frères et l'oncle et les neveux se fissent la guerre. Mais entre les autres calamités que la guerre civile tire après soy, elle porte ce malheur d'armer les pères contre les enfans, et les frères contre les frères, et principalement quand il y va du faict de la religion, et que l'ambition domine la raison; lors il n'y a plus aucun parentage ou alliance qui soit respectée.

Ainsi les seigneurs et la noblesse protestante conclurent que, puis qu'ils avoient un prince du sang pour leur chef, qui vivroit et mourroit avec eux, il leur falloit mettre le tout à la fortune et au hazard de la guerre, voyans aussi qu'ils avoient l'admiral, principal officier de la couronne et digne chef de party, pour les bonnes et grandes qualités qu'il avoit en luy; et d'autant qu'il avoit quelque apparence de tenir sa religion plus estroitement que nul autre, il tenoit en bride, comme un censeur, les appétits immodérés des jeunes seigneurs et gentilshommes protestans, par une certaine sévérité qui luy estoit naturelle et bien-séante. Et d'Andelot, son frère, combien qu'il n'eust pas tant d'expérience, estoit tenu néantmoins fort vaillant et hazardeux, et avoit beaucoup de créance avec les soldats. Et pour le regard du cardinal de Chastillon leur frère, il avoit esté dès sa jeunesse noûrry au maniement des grandes affaires, et estoit très-grand courtisan, qui aimoit et faisoit plaisir et caresse à la noblesse. Quant au prince de Porcian, il estoit jeune, prompt, volontaire et toutesfois bien suivy, comme estoient les sieurs de Rohan de Bretagne, de La Rochefoucault, de Genlis, de Montgommery, de Grammont, de Soubise, de Mouy, de Piennes et plusieurs autres seigneurs, auxquels se rallioient de toutes parts quantité de leurs parens, amis et serviteurs, tant capitaines, soldats, qu'artisans, et plusieurs mesme de la maison du roy et de la cour; ce qui accrut tellement le nombre des protestans, qu'ils eurent moyen de faire une armée, mais non pas telle que celle des catholiques, qui avoient le roy pour eux et la plupart des villes.

Or, lesdits protestans pour donner bonne impression de leurs armes, firent dès lors publier une déclaration, comme ils avoient esté contraints de les prendre, tant pour le tort que l'on faisoit au roy, à messeigneurs ses frères, à la reyne sa mère, qui estoient comme captifs, que parce que l'on avoit empesché à Paris l'exécution de l'Édict de janvier; et protestoient n'avoir autre but devant les yeux en la confédération qu'ils avoient faite de prendre les armes, et juré inviolablement de mourir tous ensemble, que pour l'honneur de Dieu, la liberté du roy, de ses frères, de la reyne sa mère, et pour la conservation des édicts. Et pour tout ce que dessus, ils tenoient le prince de Condé, après le roy, pour leur chef, et promettoient de luy obéyr et employer leurs vies et leurs biens, sans souffrir aucunes voleries, meurtres, assassinats, saccagemens d'églises, ny aucunes injures publiques. Ceste protestation ainsi faite fut envoyée au roy par le prince de Condé, avec ses lettres, et à la reyne sa mère, au roy de Navarre et au connestable.

CPHAITRE IX.

La reyne tasche de regagner le prince de Condé. Véritables desseins de ceste princesse. Massacre des huguenots à Sens. Guerre résolue. Livrée des huguenots, leurs raisons de faire la guerre. Déclaration du roy contre leurs prétextes. Révocation de l'Édict de janvier. Prise de plusieurs villes par les huguenots. Le prince de Condé défend les excès et sacriléges. Grand estonnement à la cour de tant de progrès. La reyne et le parlement de Paris offrent toute satisfaction au prince de Condé. Sa response. Son manifeste envoyé aux princes estrangers. Leurs sentimens des malheurs des troubles de France.

La reyne témoignant trouver mauvais que l'on dist que le roy et elle eussent esté forcés contre leurs volontés d'aller à Paris, et qu'ils fussent comme prisonniers, pour adhérer aux particulières volontés de ceux de Guyse, du connestable et du mareschal de Sainct-André, et que l'on publiast que lesdits sieurs eussent pouvoir de faire faire au roy de Navarre tout ce qui leur plaisoit, escrivit au prince de Condé, par le baron de La Garde, de la bonne affection qu'elle luy avoit tousjours portée, et du regret qu'elle avoit de voir les choses en telle extrémité, luy promettant que si à ce coup il se montroit bon serviteur et parent du roy, elle ne l'oublieroit jamais, ny le devoir qu'il monstreroit à la conservation de l'estat, et à appaiser les troubles dont il se faisoit chef d'une part, voyant bien que de l'autre le connestable et mareschal de Sainct-André prenoient beaucoup de licence avec ceux de Guyse pour s'animer peut-estre par trop contre les protestans; en quoy elle n'avoit pas du tout esté crue desdits sieurs, qui avoient des passions particulières, mais que, pour le service du roy et le bien du royaume, il falloit tout oublier. Et si l'on avoit dit du duc de Nemours qu'il avoit voulu tirer Henry, duc d'Anjou, frère du roy, de la cour pour le faire chef des catholiques, que c'estoit chose qui n'avoit point esté approuvée, encore que Rignerolles, pour lors escuyer dudit duc de Nemours, eust esté prisonnier pour ce sujet, la reyne n'oubliant aucunes raisons pour persuader au prince de Condé qu'il ne se devoit embarquer légèrement au dessein de se faire chef des protestans. En quoy il sembloit à quelques-uns qu'elle voulust favoriser son party; mais il est croyable que, comme sage et prudente princesse, elle recherchoit par tous les moyens qui lui estoient possibles la conservation du roy, de ses frères et de l'estat, craignant sur toutes choses la touche des guerres civiles.

En ce mesme temps, quelques-uns en la ville de Sens, qui retournoient du presche, par l'insolence du mal qui alloit toujours croissant, furent tués ; et y eut quelques maisons pillées par des soldats et autres gens armés en ladite ville. De sorte que l'on disoit que le fait de Vassy n'estoit rien au regard de celuy-là de Sens, dont les protestans vouloient imputer la faute au cardinal de Lorraine, qui en estoit pour lors archevesque. Le prince de Condé se plaignoit grandement à la reyne de cet accident, l'appellant massacre et grande cruauté; à quoy la reyne se trouvoit bien empeschée de pouvoir satisfaire, et réparer le mal advenu. Et lors ledit prince de Condé, entièrement résolu de ne se départir de la foy et promesse qu'il avoit donnée aux protestans, de vivre et mourir avec eux, dit qu'il ne falloit plus rien espérer que de Dieu et des armes. Ainsi chacun se résolut et appresta pour la guerre de part et d'autre.

Les protestans donc, que nous appellerons cy-après huguenots, du nom que nous avons dit leur avoir esté donné à la conspiration d'Amboise, ayant pris ce nom, le voulurent honorer de tout le courage que les François ayent jamais eu à combattre leurs plus grands ennemis, et firent faire lors des casaques de drap blanc pour toute leur cavalerie, qui estoit une marque fort aisée à cognoistre ; aucuns des principaux chefs en avoient de velours, mais bien peu. Et, pour donner plus de couleur aux raisons qu'ils disoient avoir de prendre les armes, faisoient souvent publier et imprimer de petits livrets, par lesquels ils se plaignoient de la susdite captivité du roy, et confédérations faites contre Sa Majesté, de l'infraction des édicts, des meurtres et massacres, ainsi les appelloient-ils, faits en plusieurs lieux, de la nécessité en laquelle ils estoient réduits, et autres semblables protestations pleines de paroles fort aigres et piquantes contre ceux de Guyse ; montrans par leurs paroles et discours grande affection envers le roy et la reyne sa mère, et principalement le prince de Condé, qui écrivit aussi lors à toutes les églises des huguenots, afin qu'ils donnassent ordre que leur armée n'eust faute des choses nécessaires pour la deffense de la religion.

Mais d'autre part, pour oster l'occasion audict prince et à ses partisans de prendre les armes, le roy fit publier un nouvel édict, déclaratif et limitatif de l'Édict de janvier, par lequel Sa Majesté vouloit et entendoit que l'Édict de janvier fust entretenu par tout le royaume excepté seulement en la ville de Paris. Et par autres lettres-patentes Sadite Majesté déclara comme les huguenots ne devoient prendre occasion de se rebeller ny prendre les armes, sous couleur que le roy et la reyne estoient prisonniers avec ses frères, tant de ceux de Guyse que du connestable, faisant ample déclaration du contraire ; et qu'ils estoient en pleine et entière liberté pour deffendre l'estat, avec l'aide de leurs bons sujets et serviteurs, tant ceux qui estoient près de leur personne, qu'autres qui en estoient plus éloignés. Laquelle déclaration sembloit monstrer que la confédération faite entre le roy de Navarre, le connestable et le duc de Guyse n'estoit point tant pour le fait de la religion que pour la conservation de l'estat. C'est pourquoy beaucoup de catholiques, qui n'avoient autre but que de maintenir leur religion, et pensoient auparavant que la confédération ne visast que là, commencèrent à se refroidir ; ce qui fut cause que l'Édict de janvier fut entièrement révoqué, afin que tous bons catholiques s'employassent plus volontiers à la conservation du royaume, quand ils verroient qu'il seroit question de la religion seulement, pour laquelle chacun prendroit de bon cœur les armes.

Cependant, afin de ne perdre temps, l'on manda la gendarmerie et ceux des ordonnances de se tenir prests pour le quinziesme du mois du may ; et se délivra plusieurs commissions pour lever des gens de pied; et furent faits nouveaux capitaines de tous aages et qualités ; ce que voyans les huguenots, commencèrent à s'emparer des villes de Blois, Poictiers, Tours, Angers, Baugency, Chaalon-sur-Saosne, Mascon, La Rochelle, Rouen, Pont-eau-de-Mer, Dieppe, le Havre-de-Grace, Bourges, Montauban, Castres, Montpellier, Nismes, Castelnaudary, Pezenas, Béziers, Agen, la forteresse de Maguelone, Aiguesmortes, le pays de Vivarès, les Cevènes,

Orange, Pierre-Latte, Mornas et presque de tout le comté Venaissin autour d'Avignon, Lyon, Grenoble, Montelimar, Romans, Vienne, Cisteron, Gap, Tournon et Valence, où La Mothe-Gondrin, gouverneur, fut tué par les huguenots, qui s'emparèrent de plusieurs autres villes, places fortes et chasteaux, comme ils les purent surprendre par diverses inventions et stratagèmes, où ils spolièrent toutes les églises et rompirent les images, et les jettèrent par terre avec grande animosité.

De quoy le prince de Condé témoigna estre fort fasché, d'autant que cela contrevenoit à la protestation qu'il avoit fait et ses partisans avec luy, et que c'estoit une occasion aux catholiques de grand mescontentement, qui les encourageoit à prendre les armes ouvertement et avec plus de passion. Qui fut cause qu'il fit publier en toutes les villes que l'Édict de janvier y fust entièrement gardé; mais les courages estoient tellement animés, qu'ils avoient lasché la bride à toute sorte de désordre et de licence, sans aucune conduicte ny raison.

Or la prise de tant de villes, où les huguenots commandoient à discrétion, estonna fort la cour et les catholiques, voyans que c'estoit chose très-difficile de les en chasser sans faire de grandes despenses pour y mener des armées et respandre beaucoup de sang, avec la ruine évidente du royaume, comme s'il eust fallu de nouveau reconquester telles places par le moyen desquelles ils tenoient en subjection les catholiques, et les désarmoient, encore qu'ils fussent en beaucoup plus grand nombre que les huguenots.

Cela occasionna la reyne, par meur et prudent conseil, mesmement du chancelier de L'Hospital et des confédérés, craignant que le roy ne se trouvast à la fin dépouillé de son estat, estant toutes choses réduites à l'extrémité de la guerre civile, d'escrire au prince de Condé pour le prier de venir à la cour, où elle espéroit que toutes choses se pacifieroient à son contentement et pour le bien du royaume. La cour de parlement de Paris luy escrivit semblablement, luy faisant response aux lettres qu'il leur avoit envoyées, et le certifiant qu'ils avoient donné arrest de son innocence pour le désir qu'ils avoient de luy faire service et le voir bien content auprès du roy; et que pour le regard de l'Édict de janvier, il n'estoit que provisionnel, pour appaiser les troubles, et jusques à ce que l'on vist que les affaires s'en porteroient mieux, ce qui n'estoit point advenu. Quant au fait de Vassy, ils avoient commission du roy pour en informer et faire la justice, comme ils espéroient faire; si bien qu'il auroit occasion de s'en contenter. Et la conclusion estoit pour l'exhorter à se remettre avec le roy, duquel il estoit si proche parent.

Mais telles remonstrances n'eurent pas beaucoup de vertu envers luy, d'autant qu'il estimoit que le parlement estoit du tout passionné contre les huguenots; ce qui les affoiblissoit fort, attendu aussi que tous les autres parlemens, baillifs, séneschaux et autres juges et magistrats, suivoient entièrement ce qui leur estoit enjoint et mandé par ladite cour de parlement de Paris. Pour response, le prince fit derechef une déclaration, qui fut publiée, pleine de protestations et doléances telles et plus grandes que les précédentes. Néantmoins il offroit de se retirer en sa maison, pourvu que ceux de Guyse, le connestable et mareschal de Sainct-André se retirassent aussi de la cour, laissans les armes et le roy, la reyne et messeigneurs ses frères en liberté, cependant qu'il garderoit à Sa Majesté les villes saisies par les huguenots.

Il escrivit aussi à l'empereur Ferdinand, au duc de Savoye et au comte Palatin, afin qu'il leur plust s'interposer en ceste affaire comme bons amis et alliés de la maison de France, et induire les uns et les autres à quelque bonne union, ou du moins pour se justifier envers eux de la nécessité où il disoit que luy et tous les huguenots de France estoient réduits.

Mais il estoit mal aisé d'esteindre un feu qui estoit trop allumé entre ceux d'un mesme sang et d'une mesme patrie, où chacun vouloit mettre le bon droict de son costé; et aussi que ces princes estrangers, entr'autres ceux de la maison d'Austriche, ne demandoient pas mieux que de voir ce grant estat de France, si fort et si puissant, se ruiner par ses propres mains. Le duc de Savoye sentoit aussi encore le dommage qu'il avoit eu par la France, où il eust plustost attisé le feu que de l'estouffer, sçachant bien qu'elle auroit plus de perte en un an par les guerres civiles, qu'en vingt contre ses voisins, qui en estoient plus forts, et plus asseurés; car il est certain que la ruine et perdition d'un estat est la conservation et accroissement des autres; et nul ne perd en ce monde icy, que l'autre ne gagne, et de la corruption de beaucoup de choses se fait la génération. Il est vray que le comte Palatin, que j'ay de ce temps-là cogneu fort passionné pour les huguenots, avoit quelque volonté, s'il eust pu, de moyenner un accord, mais en faveur desdits huguenots, encore qu'il fust pensionnaire de la maison de France, de laquelle il avoit reçu et les siens de grandes faveurs. Mais il estoit d'autre part suspect aux catholiques, car il avoit abandonné la religion luthérienne, receue par l'intérim d'Allemagne, pour prendre la calviniste, dont il se rendoit fort partisan en toutes choses.

CHAPITRE X.

Nouvelles offres des huguenots. Ceux de Guyse engagés par le pape et les catholiques contre les huguenots. Reproche des huguenots au cardinal de Lorraine. Division entre les calvinistes et les luthériens. Entreprise des huguenots sur Thoulouse. Ils s'emparent de Montauban. Synode tenu par les huguenots à Orléans. L'armée du roy marche vers Orléans. La reyne mère tasche en vain de terminer les affaires par conférence. Offres envoyées au prince de Condé avec les ordres du roy. Sa response. Profanations et sacriléges commis par les huguenots.

Donc les huguenots de France, se sentans forts de tant de villes et forteresses qu'ils avoient prises, estimèrent qu'il seroit aisé de se défendre, ou au moins se pourroient maintenir, combien que le prince de Condé offrist tousjours de se retirer en sa maison, pourveu que ceux de Guyse, le connestable et mareschal de Sainct-André fissent le semblable, ce qu'ils offrirent aussi au roy de faire par plusieurs fois, pourveu que l'Édict de janvier fust révoqué, et que nul ne demeurast avec les armes, sinon du vouloir et consentement de Sa Majesté et du roy de Navarre.

La reyne, mère du roy, leur fit response que le roy ny elle ne commanderoient pas à ceux de Guyse de se retirer; aussi n'en avoient-ils pas grande volonté, tant pour maintenir leur crédit et puissance, que pour estre sommés et interpellés, par le nonce du pape et tous les catholiques, de maintenir la foy et vraye religion contre les huguenots, et essayer de les exterminer avant qu'ils fussent plus forts.

Sitost que les huguenots eurent copie de la requeste, ils firent publier leur response toute pleine de protestations, comme ils avoient fait auparavant, avec belles parolles, toutesfois piquantes, contre le cardinal de Lorraine, disant qu'il contrevenoit à la promesse qu'il avoit faite un an auparavant à un prince de l'Empire, auquel il avoit dict qu'il trouvoit toutes bonnes choses et salutaires en la confession d'Augsbourg, et conformes à la religion catholique, offrant tousjours de garder au roy les villes occupées par eux, qui se monstreroient en toutes choses bons et fidèles sujets. De sorte que chacun se vouloit couvrir et ayder du manteau royal.

Aucuns disoient que les propos que le cardinal de Lorraine avoit tenus à ce prince de l'Empire touchant la confession d'Ausbourg, estoient unsubtil moyen qu'il vouloit inventer pour diviser les luthériens d'avec les calvinistes de France, et les mettre en querelle les uns contre les autres: aussi estoient-ils en grande dispute, laquelle n'est pas encore vuidée. Et s'ils eussent esté bien unis et leurs forces conjointes, ils eussent bien donné des affaires aux catholiques; mais ils ont toujours esté si contraires, qu'au mois de may 1562 les protestans de la confession d'Ausbourg se jettèrent sur les François, qui avoient leurs ministres et leurs presches à part en la ville de Francfort; et n'y eut moyen d'appaiser la sédition qu'au préalable les magistrats et la plus grande partie des bourgeois, qui tenoient la confession d'Ausbourg, n'eussent chassé les calvinistes.

En ce temps, les huguenots de Thoulouse, se voyans trop foibles pour se saisir de la ville comme ils avoient délibéré, et, craignans d'estre mal-traictés des catholiques, trouvèrent moyen d'attirer ès environs d'icelle quelques soldats des monts Pirénées, qui se disoient bandoliers, lesquels, avec l'intelligence qu'ils avoient des huguenots, entrèrent en la ville et la surprirent; puis ils se saisirent de la maison de ville, où estoient les poudres et artillerie, et tinrent en leur puissance une grande partie de ladite ville; mais, n'ayans pu se rendre tout-à-fait maistres d'icelle ny du chasteau, les catholiques prirent courage, s'assemblèrent, vinrent aux armes, et combattirent trois ou quatre jours contre les huguenots, où plusieurs furent tués de part et d'autre, et quelques maisons bruslées. Et les huguenots, estant advertis que Montluc approchoit avec une armée, se retirèrent la nuict du jeudy devant la Pentecoste, et de là surprirent et gagnèrent la ville de Montauban, laquelle ils ont depuis tousjours tenue. Ceux qui demeurèrent en la ville de Thoulouse furent mal-traictés, car ils furent tous tués, pendus ou prisonniers.

Enfin les huguenots, animés et bien résolus, se voyans hors d'espérance de paix, firent assembler leur synode général en la ville d'Orléans, où il fut délibéré des moyens de faire une armée, d'amasser de l'argent, lever des gens de tous costés, et enrooler tous ceux qui pourroient porter les armes. Puis ils firent publier jeusnes et prières solemnelles par toutes leurs églises, pour éviter les dangers et persécutions qui se présentoient contr'eux.

Lors la reyne mère, craignant que la personne du roy et de ses autres enfans fussent en danger, ou que ceux qui estoyent auprès du roy se retirassent en leurs maisons, comme ils en avoient fait courir le bruit, disans que Sa Majesté favorisoit les huguenots et empeschoit tant qu'elle pouvoit qu'on leur fist la guerre, se résolut de laisser partir l'armée qui estoit toute ès environs de Paris, en laquelle il y avoit plusieurs compagnies nouvelles de gens de pied, et la cavalerie pouvoit estre de dix-huit cens ou deux mille chevaux, avec une grande troupe de seigneurs et gentilshommes volontaires en fort bon équipage. Et ainsi l'armée du roy s'achemina bien gaillarde, et conduite par de bons chefs, et commença à marcher en bataille aussi-tost qu'elle fut à cinq ou six lieues de Paris, pour tirer vers Orléans.

Les huguenots d'autre costé, qui estoient en cette ville avec le prince de Condé leur chef, pourvoyoient à leurs affaires le mieux qu'ils pouvoient, chacun d'une part et d'autre, monstrant beaucoup de résolution. L'on ne parloit que de donner la bataille : le prince de Condé, qui a tousjours eu plus de courage que de force, se prépare de sortir d'Orléans et se mettre en campagne. La Beauce se trouve avec deux armées pour luy aider à faire la récolte.

La reyne, mère du roy, voyant les armes au milieu du royaume, qui n'en promettoient que l'entière désolation, cherche le moyen de parler au prince de Condé, présent le roy de Navarre; ce qu'elle fit au commencement du mois de juin, en un village près de Talsy, où se pensa donner la bataille. Et après plusieurs conférences sur le bien de la paix et le repos du royaume, et pour faire poser les armes de part et d'autre, la conclusion du prince de Condé fut : que l'Édict de janvier seroit gardé inviolablement, sans exception ny limitation, et que ceux de Guyse se retireroient en leur maison, comme il offroit de faire de sa part, ce que la reyne eust bien voulu pour éviter à plus grand inconvénient. Mais pour lors le conseil et toute l'authorité ne gisoit qu'aux armes : et ce qui en estoit le pis, ceux qui les avoient en main, de part et d'autre, n'avoient pas grande volonté de les quitter; aussi le roy de Navarre, par le conseil de ceux de Guyse, ne voulut accorder ny l'un ny l'autre de ces poincts. Tellement que cette entreveue ne servit d'autre chose que d'aigrir davantage les affaires.

Chacun s'estant retiré, et les armées estans près l'une de l'autre, Villars fut envoyé de la part du roy au prince de Condé, auquel il porta commandement de poser les armes et luy rendre les villes que luy et ses partisans tenoient; et ce faisant, le duc de Guyse et ses frères, le connestable et le mareschal de Sainct-André, se retireroient en leurs maisons, et que l'Édict de juillet seroit maintenu de poinct en poinct; et seroit pardonné aux huguenots d'avoir pris les armes contre le roy.

Le prince de Condé fit response : qu'il estoit prest de ce faire, pourvu que l'on restablist les choses en l'estat qu'elles estoient auparavant la venue de ceux de Guyse à la cour, et que l'Édict de janvier fust observé, et le cardinal de Ferrare, que les huguenots disoient entretenir les divisions, et les autres confédérés se retirassent, sauf le roy de Navarre; que la reyne, mère du roy, et ledit roy de Navarre eussent le gouvernement libre avec ceux de leur conseil, et qu'il pleust au roy de publier et assembler un concile national, auquel il estoit prest d'assister, s'il plaisoit à Sa Majesté. Mais, pour le regard du pardon d'avoir pris les armes, il disoit n'en estre point de besoin, voulant soustenir que c'estoit pour le service du roy, comme aussi les villes qu'ils tenoient n'estoient que sous son obéissance ; offrant de les quitter et faire retirer les huguenots, moyennant les conditions cy-dessus proposées, lesquelles il remettoit, comme il avoit desjà mandé, au jugement de l'empereur, des princes de l'Empire, du roy d'Espagne, des reynes d'Angleterre et d'Escosse, des seigneurs et cantons des Suisses, et de la république de Venise. Et pour mieux justifier sa cause, il disoit aussi que, s'il estoit question de révoquer l'Édict de janvier, il y falloit procéder par les voyes ordinaires et avec meure délibération, vu qu'il estoit question de la religion, qui est la chose du monde en tous estats la plus importante; et, sans entrer au mérite de la religion, il n'y avoit aucune apparence, avant que l'édict fust révoqué, de tuer, massacrer et emprisonner les huguenots et faire piller leurs maisons, comme l'on avoit fait ès villes de Vassy, Sens et Paris, ès unes par commandement du duc de Guyse, ès autres du connestable; veu mesmement que l'on ne trouvoit poinct, ny ne mettoit-on en fait, qu'ils eussent en aucune chose contrevenu à l'édict: nonobstant toutes ces choses, il persistoit en ses offres et conditions.

Mais tout cela n'estoit que belles paroles sans venir aux effets; car, se défians entièrement les uns des autres, nul ne se fust voulu désarmer le premier. Ainsi Jules-César, qui avoit le gouvernement des Gaules et avoit une grande armée, écrivoit au sénat qu'il estoit prest de laisser les armes, pourvu que Pompeius les laissast aussi, et vinssent tous deux comme personnes privées à pourchasser la récompense de leurs services. Un autre ancien capitaine romain disoit que la guerre estoit juste à ceux auxquels elle estoit nécessaire. Les huguenots disoient la mesme chose.

Le roy de Navarre et les confédérés, que l'on appelloit l'armée du roy, après toutes ces entrevues et pourparlers, conseillèrent de faire sortir des villes tous les huguenots, et leur faire commandement d'en vuider. D'autre part, les huguenots, qui tenoient beaucoup de villes, prirent toutes les reliques des églises et ce qu'ils purent trouver ès dites villes et ès villages où ils estoient les plus forts, et en firent battre de la monnoye au coin du roy, disans que c'estoit pour le service de Sa Majesté. De là commencèrent toutes sortes de sacriléges, voleries, assassinats, parricides, paillardises, incestes, avec une licence débordée de mal faire de part et d'autre. Il y eut quelques villes qui rachetèrent leurs reliques des huguenots, lesquels faisoient aussi fondre les cloches pour faire de l'artillerie. Aucuns d'eux ne se proposoient pas moins que de marcher droit à Paris, et pressoient fort de donner la bataille; mais l'admiral ne vouloit en façon du monde hazarder ce peu de gens qu'il avoit; qui fut cause qu'il se mit seulement sur la deffensive.

CHAPITRE XI.

La reyne pratique une nouvelle conférence à Beaugency. Proposition du prince de Condé. Justification des seigneurs de son parti. Le prince insiste pour le maintien de l'Édict de janvier. Rupture de la conférence. Lettre au roy de Navarre interceptée. La reyne suspecte aux huguenots. L'admiral ne veut hasarder la bataille. Blois assiégé et pris par l'armée du roy. Tours rendu au roy. Beaugency repris par le prince. Bourges réduict à l'obéissance. Angers repris sur les huguenots. Poictiers pris par le mareschal de Sainct-André, et pillé.

Lors la reyne, mère du roy, chercha de nouveau de parlementer avec le prince de Condé, et le roy de Navarre luy écrivit plus gracieusement qu'il n'avoit de coustume. Et pour l'induire plus facilement à s'aboucher eux deux, ledit roy de Navarre fit un roole de ceux qu'il mèneroit avec luy; qui estoient tous gentilshommes et ses plus favoris, comme fit le prince de Condé, desquels après estre convenus, le lieu fut ordonné à Beaugency, que le prince de Condé bailla pour cet effet audit roy, à la charge de le luy rendre si la paix ne se pouvoit conclure : et lors ils firent une trève de huit jours.

En ce second abouchement, le prince de Condé demanda derechef que le cardinal de Ferrare, légat du pape, et les confédérés, se retirassent, hormis le roy de Navarre, et promit de demeurer entre les mains de la reyne, mère du roy, et dudit roy de Navarre, pour ostage de ce qui seroit promis par les huguenots, qui offriroient de faire toutes choses pour le bien de la paix, leurs consciences sauves. Lors se trouvèrent avec le prince de Condé l'admiral, le prince de Porcian, d'Andelot, La Rochefoucauld, Rohan, Genlis et Grammont, lesquels firent la révérence à la reyne mère, qui les reçut fort gracieusement, et entendit bien volontiers toutes leurs raisons, par lesquelles ils remonstroient leur innocence et l'équité de la cause qui les avoit induits de prendre les armes, dont les principales occasions estoient l'infraction des édicts et les massacres de ceux qui alloient au presche suivant l'Édict de janvier.

La reyne leur fit pleinement response : qu'il estoit impossible d'entretenir deux religions en France ; et d'autant que les catholiques estoient beaucoup les plus forts, il ne falloit pas espérer que l'Édict de janvier pust demeurer en vigueur. Le prince de Condé et les seigneurs qui estoient avec luy contestèrent fort sur cela, offrans de se bannir plutost du royaume pourvu que l'édict fust gardé ; ce qu'ils disoient pour bailler plus de force et de justice à leurs cause et raisons de prendre les armes. Et lors la reyne, mère du roy, pour essayer toute sorte de remèdes à un danger si proche et si grand, accepta aussitost leurs offres, ce qui les estonna fort, car ils ne pensoient pas que Sa Majesté leur portast si peu d'affection, qu'elle pust voir le prince de Condé et tant de noblesse bannie de France. Lors ils respondirent que c'estoit la pratique et le dessein des confédérés, à quoy néantmoins ils n'avoient donné conseil ni opinion, car ils ne pensoient pas que les huguenots dussent faire telles offres. Mais le seul but de la reyne estoit de voir le royaume paisible, et le roy maistre en quelque sorte que ce fust : occasion pourquoy Sa Majesté promettoit au prince et à ses partisans toutes les seuretés qu'ils voudroient demander, leur remonstrant aussi qu'ils n'auroient ny les forces ny les moyens de résister aux catholiques.

Or, après plusieurs disputes et raisons déduites de part et d'autre, sans pouvoir rien conclure pour le bien de la paix, le prince de Condé avec sa compagnie se départit de ses offres. Néantmoins il fut sommé par la reyne mère de se souvenir de ses promesses pour le bien du roy et du royaume ; à laquelle pour response il fit des excuses que l'on luy avoit envoyé des lettres interceptées, écrites par les confédérés du cardinal de Lorraine, par lesquelles l'on luy mandoit que la reyne mère et le roy de Navarre n'avoient autre désir que d'abolir et exterminer la religion des huguenots, et que les forces du roy estoient assez grandes pour ce faire, davantage qu'ils estoient fort odieux.

L'on apporta en mesme temps un petit mot intercepté audit prince de Condé, que l'on écrivoit au roy de Navarre, par lequel les confédérés l'advertissoient que surtout il ne fust point parlé de l'Édict de janvier, mais que l'on parlast de rendre les villes usurpées par les huguenots, et que s'il vouloit faire un acte digne de luy, il fist retenir le prince de Condé son frère. Soit que la lettre fust véritable ou supposée, cela fit perdre toute espérance d'accord, et dès-lors les huguenots se défièrent grandement de la reyne, disans qu'elle estoit du tout partiale, et gagnée par la maison de Guyse. Par ce moyen le prince de Condé et les associés demandèrent de se retirer en leur camp, comme ils firent. Quoy voyant, l'armée du roy résolut de ne perdre plus de temps, ains de combattre, ou avancer quelque chose.

L'admiral, entendant cette délibération des catholiques, ne fut pas d'advis que l'on hasardast ce peu de gens qu'ils avoient, veu qu'ils espéroient plus grandes forces, et que par ruses et stratagèmes, en temporisant, ils renvoieroient l'armée du roy sans faire aucun effect. Laquelle, voyant que l'armée huguenotte ne vouloit en façon quelconque venir au combat, alla mettre le siège devant la ville de Blois, qui fit mine de se vouloir deffendre ; mais estant l'artillerie pointée sur le bord du fossé, en deux volées de canon fit brèche au portail et dedans la courtine, dont les assiégés et habitans de ladite ville furent si estonnés, qu'en moins de trois heures ils levèrent la main pour parlementer. Le sieur Dalluye, secrétaire d'estat, et moy, allasmes pour traicter de la composition ; mais les pauvres habitans, estonnés et esperdus, ne sçavoient sinon demander miséricorde avec telle condition que l'on voudroit, parce que quelques huguenots, qui avoient tenu la ville, incontinent qu'ils ouyrent tirer l'artillerie, s'enfuirent, tant par la porte de Vienne que du long de la levée : et presque aussitost entrèrent par la brèche de la courtine le roy de Navarre, le duc de Guyse, le grand prieur et quelques gentilshommes, pour garder que la ville ne fust pillée et saccagée.

Mais comme les choses estoient desjà en

grande altération, et ces noms de huguenots et papistes portoient avec eux un mépris et une haine si grande, qu'ils se traictoient comme mortels ennemis, les soldats estans entrés de tous costés en la ville, chacun en print où il put, quelque ordre et commandement que l'on eust sceu faire; et qui ne trouvoit à piller et à prendre y vivoit à discrétion.

Incontinent après, la ville de Tours, qui n'avoit pas de garnisons suffisantes, et n'estoit pas meilleure que Blois, s'estonna; et ceux qui estoient dedans pour les huguenots n'avoient pas moins de crainte des catholiques qui estoient en la ville que de l'armée du roy; qui fut cause qu'ils envoyèrent vers le roy de Navarre, pour dire que volontiers ils se rendroient à composition, ce qui fut accepté. Alors fut dépesché le sieur de Beauvais Nangy, pour aller faire la composition, et avec luy quelques gens de pied et deux cens chevaux. Cette ville fut bien aise de se remettre en l'obéyssance du roy, où les habitans tuèrent et noyèrent quelques huguenots, pour les outrages qu'ils en avoient receus, et le regret qu'ils avoient d'avoir veu ruiner leurs églises. Le prince de Condé, pour revanche, reprit la ville de Beaugency, où la pluspart des soldats que le roy de Navarre y avoit laissés en garnison furent tués.

L'armée du roy, qui se fortifioit cependant de tous endroicts, alla remettre le camp, auquel j'estois, devant la ville de Bourges, en laquelle commandoit Yvoy avec nombre de gens de guerre, lequel endura la batterie et les approches; et enfin fut contraint de parlementer et rendre la ville par composition, laquelle luy fut gardée et tout ce qui avoit esté promis aux assiégés, dont la pluspart se mirent en l'armée du roy, et mesmement ledit sieur d'Yvoy; les autres s'en allèrent en la ville d'Orléans.

Quant à la ville d'Angers, ceux qui l'avoient prise s'estoient retirés à Orléans pour se joindre à l'armée du prince, et y avoient seulement laissé bien peu de soldats avec les huguenots du pays, qui avoient promis de garder la ville; mais ils ne tenoient pas le chasteau, qui est l'un des meilleurs et plus forts de la France, et qui commande entièrement à ladite ville. Le duc de Montpensier, qui estoit pour lors dans Chinon, envoya quérir le capitaine dudit chasteau et trois ou quatre des principaux habitans de la ville, le plus secrettement qu'il put, où ils advisèrent du jour pour envoyer des forces, qui furent conduites et commandées par Puigaillard, lequel entra de nuit audit chasteau, et de là en la ville, un matin que tous les catholiques avoient le mot du guet de se mettre en liberté; où ils usèrent tant de dextérité et diligence, qu'ils reprirent leur ville et y tuèrent plusieurs huguenots; autres y furent exécutés par justice, et leurs maisons abandonnées à la mercy des soldats et habitans catholiques.

En mesme temps, le mareschal de Sainct-André prit la ville de Poictiers, en laquelle il entra par le chasteau; et fut tué plus de huguenots qu'en aucune des autres, parce qu'ils estoient là en grand nombre; toutesfois il s'en sauva beaucoup. Et la ville fut saccagée, où les catholiques n'eurent guère meilleur marché que les huguenots; car plusieurs filles et femmes y furent traictées à la discrétion des soldats, sans grande exception d'aage ny de religion. La ville de Poictiers avoit esté prise par quelques Gascons et bandoliers, seulement trois mois auparavant, par le moyen des huguenots habitans d'icelle; où ils avoient vescu à discrétion sur les catholiques, saccageans et ruinans toutes les églises.

CHAPITRE XII.

Guerre contre les huguenots en Normandie. Le sieur de Castelnau-Mauvissière employé pour le service du roy au sujet de cette guerre. Le parlement de Rouen retiré à Louviers. Le duc d'Aumale fait lieutenant-général en Normandie, par soupçon qu'on eut du duc de Bouillon, qui en estoit gouverneur. Siège de Rouen. Le sieur de Castelnau-Mauvissière continué en plusieurs emplois. Le duc de Bouillon le fait surprendre en une embuscade par les huguenots, qui le ménent au Havre. Diverses intelligences par luy pratiquées durant sa prison. On luy permet d'aller en cour. Le Havre livré aux Anglois par les huguenots. Les Anglois en mettent les François dehors. Le sieur de Castelnau-Mauvissière fait un second voyage à la cour sur sa foy, et se charge des complimens du comte de Warwick pour le roy. Son retour au Havre. Levées faites en Allemagne par le sieur d'Andelot.

Le grand-prieur de France, qui estoit allé voir madame de Nevers, comtesse de Sainct-Paul, à présent vefve du feu duc de Longueville, et le sieur de Matignon, lieutenant du roy en la basse Normandie, en ce temps se joignirent ensemble pour s'opposer aux desseins du comte de Montgommery, qui tenoit la campagne en ce pays-là, et se retirèrent en la ville de Cherbourg, d'où ils firent sçavoir au roy que, s'il luy plaisoit de m'envoyer vers le duc d'Estampes, gouverneur de Bretagne, et de Martigues, son neveu, pour leur commander d'amener leurs forces de gens de pied et de cheval, attendu que la Bretagne estoit la province de France moins travaillée des huguenots, et joindre celles qu'y pourroit amasser le sieur de Matignon avec les leurs, ce seroit le moyen de défaire le comte de Montgommery, qui tenoit la Basse-Normandie en subjection, et se préparoit pour aller à Rouen, et de reprendre les villes que les huguenots y avoient tenues.

Donc incontinent après la composition de Bourges, le roy me dépescha pour aller trouver lesdits ducs d'Estampes et de Martigues, avec grande prière et commandement, veu que les affaires n'estoient pas grandes en Bretagne, d'amener leurs forces comme il avoit esté advisé ; ce qu'ils offrirent fort volontiers de faire, et tout ce qui leur seroit commandé pour le service du roy. Et aussitost s'acheminèrent par la Basse-Normandie, où le grand-prieur, qui estoit de la maison de Guyse, lequel avoit laissé ses amours pour reprendre les armes, et Matignon, qui avoit les forces dudit pays, s'assemblèrent avec eux ; de sorte qu'estans les plus forts, ils hastèrent le comte de Montgommery de s'aller jetter dedans Rouen, parce que les huguenots, lesquels y commandoient à discrétion, craignoient le siége devant cette ville, comme celle qui leur importoit entièrement et qui incommodoit beaucoup la ville de Paris, à l'occasion du grand trafic et commerce qui est entr'elles, comme la pluspart des nations de l'Europe ont de grandes correspondances en ladite ville de Rouen, l'une des plus riches et plus marchandes de toute la France.

Ceux du parlement s'estoient retirés à Louviers, où ils tenoient leur séance ; mais leurs plus grandes occupations estoient à condamner les huguenots, confisquer leurs biens et les faire mourir quand ils les pouvoient attraper, comme rebelles. De sorte que ceux dudit parlement et ceux qui tenoient la ville faisoient du pis qu'ils pouvoient, avec grande animosité les uns contre les autres.

Le duc d'Aumale fut fait lieutenant-général en toute la Normandie, à l'occasion que le duc de Bouillon, pour lors jeune seigneur et gouverneur de ladite province, favorisoit le party des huguenots en tout ce qu'il pouvoit, combien qu'il témoignast vouloir tenir un certain milieu pour estre estimé politique, de ne se mesler ny d'une part ny d'autre. Mais en matière de guerres civiles, il faut tenir un party asseuré ; car de toutes sortes de nations, du temps mesme des Romains, ceux-là ont esté méprisés qui en ont usé autrement, et par la neutralité on ne se défait de ses ennemis et n'acquiert-on point d'amis.

Or le duc d'Aumale, ayant eu le commandement d'assiéger la ville de Rouen, commença par le fort Saincte-Catherine, qu'il ne put prendre ; il demeura néantmoins avec ses troupes pour tenir la ville en subjection, attendant qu'il eust plus de gens de guerre ou que le camp du roy tournast de ce costé-là. Je fus aussi envoyé devers luy, pour sçavoir quelles forces il demanderoit ; puis j'allai vers le parlement, pour leur dire qu'ils ne fussent pas si violens à faire mourir les huguenots qui tomboient en leurs mains. Et de là ayant passé à Caen, où estoit le duc de Bouillon, pour aller encore trouver le duc d'Estampes, de Martigues, le grand-prieur et Matignon, pour leur commander, de la part du roy, de donner bon ordre aux affaires de la Normandie, et, s'il estoit possible, d'empescher les Anglois d'entrer au Havre-de-Grace et à Dieppe, et autres villes qui leur estoient promises en cette province, je demeuray une nuit à Caen avec ledit sieur de Bouillon, lequel me parla de l'affection qu'il avoit de faire service au roy, faisant toutesfois beaucoup de plaintes de la défiance que l'on avoit de luy, et de ce que Matignon et les lieutenans du roy en la Normandie ne luy obéissoient point, et ne le recognoissoient en aucune chose : ce qu'il me prioit de dire à Sa Majesté quand je la verrois, et, en attendant, de luy escrire par un courrier qu'il dépescheroit ce jour-là.

Cependant j'avois laissé quelques arquebusiers et gens de cheval avec mon train, à deux lieues de Caen, sur le chemin que je devois reprendre le lendemain pour aller trouver lesdits ducs d'Estampes et de Martigues ; de quoy estant jaloux ledit de Bouillon, et que je ne retournerois pas trouver le roy, et davantage qu'il y avoit quelques prisonniers entre les mains de ceux du parlement de Rouen qui luy avoient esté refusés, fit advertir de ses amis et plusieurs huguenots de me faire une embuscade pour me prendre prisonnier : à quoy ayant donné ordre toute la nuit, il me pria de disner encore le lendemain avec luy; mais je partis du matin pour reprendre ma troupe, et fis une grande traitte ce jour-là, auquel ne m'ayant pu attraper, ils firent toute diligence d'advertir lesdits huguenots et autres qui leur estoient favorables, et quelques troupes qui alloient trouver le comte de Montgommery, pour me couper chemin; ce qu'ayant fait de plusieurs endroits, ils me chargèrent en un lieu estroit avec ce peu de gens que j'avois, de sorte que mon cheval ayant esté tué, moy blessé et porté par terre, je fus pris prisonnier par la pratique dudit duc de Bouillon, qui s'en est toutesfois depuis voulu excuser, disant qu'au contraire il avoit voulu empescher l'entreprise.

Je fus mené au Havre-de-Grace, la nuit ensuivant, par mer, où d'arrivée l'on me menaça de mauvais traitemens, parce que le duc d'Aumale et ceux du parlement de Rouen, qui estoient à Louviers, faisoient, comme ils disoient, plusieurs cruautés contre aucuns de la noblesse qui s'estoit retirée là. Néantmoins je reçus beaucoup de faveur de Beauvois-la-Nocle, qui y commandoit, et fus mis en garde ès mains du jeune de La Curée, qui me fit bon traitement. Cependant je trouvay moyen d'envoyer vers le duc d'Estampes et de Martigues, que j'advertis de tout ce que je leur eusse pu dire moi-mesme; lesquels, estans joints avec Matignon et les forces de la Basse-Normandie, assiégèrent et reprirent Sainct-Lo, Vire et autres places, et en chassèrent toutes les forces des huguenots, qui estoient éparses et faisoient mille maux. Le comte de Montgommery en ce mesme instant arriva par mer au Havre-de-Grace pour s'aller mettre dedans Rouen, et ne fut que deux jours à y aller avec ce qu'il put mener le long de la rivière, en plusieurs bons vaisseaux qui luy furent équipés.

Je trouvay aussi les moyens d'escrire au roy, à la reyne sa mère, au roy de Navarre, au duc de Guyse et au connestable, de tout ce qui se passoit audit Havre, par l'entremise d'un de mes gardes et un sergent-major appelé le capitaine La Rose, lesquels j'avois gagnés, qui m'asseuroient ne désirer rien tant que de pouvoir partir de là avec quelque bon prétexte pour faire service au roy; et eus beaucoup de grandes délibérations avec eux, pour voir quels moyens il y auroit d'avoir une porte, et faire une entreprise audit Havre-de-Grace. Comme nous traitions de ces affaires, je reçus lettres de Leurs Majestés, qui me mandèrent que je leur ferois un très-grand service si je pouvois traiter quelque chose avec Beauvois et les gentilshommes qui estoient retirés en cette ville de plusieurs endroits de la Normandie, pour la faire remettre en l'obéissance du roy, sans la mettre entre les mains des Anglois. Mais ledit Beauvois, avec les principaux qui estoient en la ville, me dirent qu'ils ne pouvoient venir à aucune composition, sans en advertir premièrement le prince de Condé et l'admiral.

Cependant ils me proposèrent que, si je pouvois faire rendre certains prisonniers qu'ils me demandoient, qui estoient entre les mains des ducs de Guyse et d'Aumale et du parlement de Rouen, ils me mettroient en liberté et escriroient au roy et à la reyne l'occasion qui les avoit meus de se retirer en cette ville-là, laquelle ils conserveroient pour le service de Leurs Majestés et pour le bien du royaume. De quoy ayant trouvé moyen d'advertir Leurs dites Majestés, ils m'escrivirent incontinent que je fisse tout ce que je pourrois pour les aller trouver; ce qui me fut accordé, tant par ledit sieur de Beauvois que par les principaux du Havre, qui témoignoient désirer quelque bon accord. J'allay donc trouver Leurs Majestés, le roy de Navarre et le connestable, auxquels je fis quelques ouvertures des choses que demandoient ceux qui estoient retirés audit Havre, toutesfois peu raisonnables.

Néantmoins pour le désir que la reyne, mère du roy, avoit que cette ville ne fust mise entre les mains des Anglois, lesquels avoient capitulé avec le vidame de Chartres, qui estoit en Angleterre de la part du prince de Condé et des huguenots pour avoir de l'argent, moyennant lequel ils avoient promis de livrer ledit Havre, Dieppe et quelques autres places de la Normandie, je fus aussitost dépesché pour retourner leur porter une sincère volonté du roy, et des conditions raisonnables, avec la seureté de la vie, des biens et des estats de tous ceux qui estoient en ladite ville, tant bourgeois qu'autres, qui y commandoient, et mesme pour le sieur de Gros, qui en avoit esté gouverneur.

Le lendemain après que je fus de retour au Havre-de-Grace, les mareschaux des logis et fourriers de l'armée d'Angleterre arrivèrent pour marquer les logis; et le premier qu'ils firent fut à la tour et aux principaux bastions, tesmoignans assez qu'ils se vouloient rendre les maistres de cette place, en laquelle les François qui y commandoient, au lieu d'en estre faschés, se réjouissoient de leur venue, me disant qu'ils n'avoient pas faute d'amis estrangers; et comme le roy et les confédérés et chefs de son armée avoient fait faire des levées de reistres et de lanskenets par les comtes Rhingrave et de Rokendolf, ils m'asseuroient qu'ils avoient eu nouvelles que d'Andelot auroit semblablement des reistres et lanskenets, et qu'ils mettroient tant d'estrangers en France, qu'il seroit mal-aisé de les en chasser quand l'on voudroit.

Quatre ou cinq jours après, le comte de Warwick, frère aisné du comte de Leicester, et grand-maistre de l'artillerie d'Angleterre, arriva avec cinq à six mille hommes de pied anglois, et deux à trois cens chevaux, et force jeunes gentilshommes de cette nation, tous lesquels et ledit comte de Warwick estoient de ma cognoissance. Je les vis débarquer et loger, et en moins de trois jours se faire maistres de ladite ville et en mettre dehors les François, auxquels ils baillèrent quelques armes, poudres et munitions, pour s'aller mettre dans Rouen avec le comte de Montgommery, qui s'estoit entièrement asseuré de ladite ville, et avoit fait rompre les églises pour prendre les reliques, et mis toutes choses à la mercy des soldats ramassés de plusieurs endroits, et mal policés, qui prenoient des catholiques tout ce qu'ils avoient, les chassoient et rançonnoient à discrétion. Et comme j'estois prisonnier des François sur ma foy, et avec beaucoup de liberté, je me trouvay avec eux aussi prisonnier des Anglois, y estant les François sans aucune authorité.

Mais ayant beaucoup de cognoissance avec le comte de Warwick, lequel me traita bien; et plusieurs desdits Anglois, pour les affaires que j'avois traitées en Angleterre, il désira que je fisse encore un autre voyage sur ma foy, pour dire à Leurs Majestés qu'entrant dedans le Havre-de-Grace, il n'avoit autre commandement de la reyne d'Angleterre, sa maistresse, que de faire service au roy et à son estat, le voyant si affligé et en l'extrémité des guerres civiles. Je ne voulus pas accepter cette charge en cette façon, mais bien offris-je audit comte de Warwick d'aller devant le roy, et luy dire comme il s'estoit entièrement saisi de la forteresse du Havre-de-Grace, et que j'en avois veu les François, fors Beauvois et quelque peu de sa suite, qui n'y avoient plus aucun commandement; et que si ledit sieur comte prétendoit quelque chose du roy, je ferois volontiers le voyage, et luy en rapporterois les nouvelles.

Sur cela je pris l'occasion, estant toujours prisonnier sur ma foy, de retourner à la cour et en nostre armée, pour faire entendre à Leurs Majestés ce que j'avois veu, et aux chefs de l'armée. Et comme j'estois allé avec des paroles de la part du comte de Warwick, sçachant bien qu'elles ne serviroient de rien que pour faciliter ma liberté, je fus semblablement redespesché de la cour, avec autres paroles qui ne pouvoient que contenter ledit comte et la reyne d'Angleterre, sa maistresse, et aussi pour luy remonstrer que, n'y ayant encore que peu de temps qu'il s'estoit fait une bonne paix avec le feu roy Henry, par le moyen du traité de Casteau-Cambresis, ladicte reyne d'Angleterre n'avoit point d'occasion de s'en despartir envers le roi Charles IX son fils, estant prince jeune qui ne ne l'avoit point offensée; et que davantage elle décherroit de son droit de Calais par le traité fait audit Cambresis, si elle faisoit la première quelque innovation de guerre.

Or cela, comme j'ay dit, n'estoient que paroles et discours, car la guerre s'eschauffoit de tous les costés de la France; et les levées que faisoit d'Andelot en Allemagne s'avançoient fort, tant des dix cornettes de reistres, qui faisoient environ deux mille six cens chevaux, que de douze enseignes de lanskenets, qui faisoient trois mille hommes de pied, sous la conduite du mareschal de Hessen, qui estoit un pauvre soldat.

CHAPITRE XIII

Siége de Rouen et prise du fort Saincte-Catherine. Le roy tasche en vain de l'avoir par composition pour la sauver du pillage. Le sieur de Castelnau-Mauvissière traicte de sa rançon, et vient servir au siége. Pourquoy on ne vouloit point forcer Rouen. Le roy de Navarre blessé au siége. Rouen pris de force, pillé nonobstant les ordres du roy et les soins du duc de Guyse, et mesme par ceux de la cour, qui accoururent au butin. Le comte de Montgommery, gouverneur de Rouen, se sauve. Punition de quelques rebelles et huguenots. Modestie des Suisses au pillage de Rouen. Mort du roy de Navarre. Résolution du siége du Havre. Le sieur de Castelnau-Mauvissière y est employé.

L'armée du roy s'avançant, alla mettre le siége devant Rouen et au fort Saincte-Catherine, qui fut pris après quelque batterie, lors que ceux de dedans estoient à disner, faisans mauvaise garde, ce que quelques-uns des nostres ayant recogneu, firent signe aux soldats, lesquels au mesme temps montèrent, et donnèrent l'espouvante à ceux de dedans, qui s'enfuirent en la ville : il y eut peu de perte, sinon de Randan, qui y fut blessé aux jambes d'une grenade, dont il mourut, ayant la charge de colonel de l'infanterie françoise en la place de d'Andelot : le roy se vint loger dedans le fort.

Le camp resserra lors la ville de si près, que, n'estant poinct fortifiée, d'heure en autre ils couroient le hasard d'estre pris ; néanmoins ils se monstroient résolus et opiniastres. L'on fit une batterie à la tour du Colombier, qui estoit une tour ronde et d'assez bonnes estoffes ; quelques ravelins et flancs furent rompus et levés par nostre artillerie, qui estoit fort près du rempart ; le fossé fut percé et pris, et aussitost nos soldats y furent logés. Le roy et toute la cour du mont Saincte-Catherine voyoient battre cette ville, des plus riches de son royaume. Il y avoit quelques pièces au long du costeau dudit mont Sainte-Catherine, qui battoient en courtine tout du long de ladite ville ; et de là se voyoient tous ceux de dedans, et leurs ouvrages, réparations, retranchemens, et les traverses qu'ils faisoient pour se sauver de l'artillerie, qui les endommageoit fort. Néantmoins l'on ne désiroit pas prendre cette ville par force, s'il estoit possible de l'avoir par composition, pour la crainte que l'on avoit de la voir saccager sans remède, comme elle fut depuis par l'opiniastreté de ceux de dedans.

Un peu devant la prise de la ville, je fus encore renvoyé au Havre-de-Grace ; mais, voyant que c'estoit chose inutile de parler d'y faire aucune composition, je trouvay moyen de me faire libérer entièrement de ma foy, en faisant rendre quelques prisonniers, après avoir recogneu tout ce qui se pouvoit de la place, et de l'ordre que tenoient les Anglois, lesquels s'estonnoient de voir Rouen serré de si près, qu'il eust esté pris vingt jours plustost qu'il ne fut, si l'on n'eust espéré d'y faire quelque composition, comme l'on en chercha tous les moyens, ayant souvent ouy dire au duc de Guyse qu'en vingt-quatre heures il eust pris la ville d'assaut, si le roy eust voulu, mais le chancelier de L'Hospital insistoit tousjours qu'il ne la falloit forcer, et que c'estoit une mauvaise conqueste que de conquérir sur soy-mesme par armes, et que si cette ville estoit pillée, Paris s'en ressentiroit, et les estrangers qui y avoient leurs biens en demanderoient la raison au roy. L'on envoya le capitaine des gardes escossoises et le sieur d'O députés, pour voir s'il se pourroit faire quelque accord ; mais ceux de dedans demeurèrent résolus en leur opiniastreté.

Le roy de Navarre, prince vaillant, et jaloux de l'honneur plus que de la vie, estant dedans le fossé fut blessé en l'espaule droite, dont il mourut, ainsi que je diray cy-après. Le duc de Guyse, voyant l'obstination des assiégés ; et principalement du comte de Montgommery, lequel fist paroistre autant d'opiniastreté que de courage, m'envoya par plusieurs fois des tranchées, et mesme du fossé, devers le roy, la reyne sa mère et leur conseil, qui estoient au mont Saincte-Catherine, pour leur dire que s'ils vouloient la ville seroit prise en moins de deux ou trois heures, ce qu'il ne vouloit faire sans leur bien exprès commandement ; à quoy Leurs Majestés reculoient tant qu'il estoit possible, espérans tousjours de faire quelque composition.

Mais comme les obstinés se perdent à la fin, et voyant que l'on perdoit temps, il fut résolu, après leur avoir donné un faux assaut, où il demeura quelques lansquenets sur le haut du fossé, et avoir mis le feu à la mine, de les prendre par force, comme il fut fait : car ayant le duc de Guyse gagné et saisi le ravelin d'une porte, et logé plusieurs enseignes dedans le fossé, où il y avoit quantité de jeunes seigneurs avec luy, entre lesquels le duc de Nevers et plusieurs autres de la noblesse françoise y furent tués ou blessés, estant main à main avec ceux de dedans, ils furent incontinent contraints d'abandonner le rempart qui fut entrepris. Quoy voyant le duc de Guyse, lequel estoit prest d'exécuter sa promesse de prendre la ville en peu de temps quand il seroit ordonné, envoya derechef devers le roy pour sçavoir sa volonté; mais Sa Majesté remit les choses à la victoire, priant et commandant, s'il estoit possible, que la ville ne fust point pillée, au contraire que l'on fist tout ce qui seroit possible pour contenir les capitaines et soldats, par quelques promesses d'honneur et de bienfaits, et d'une paye franche, s'ils s'abstenoient du pillage.

Lors le duc de Guyse fit une harangue aux capitaines et soldats sur le haut du rempart, où j'estois présent, les priant et admonestant tous de considérer qu'ils estoient François, et que c'estoit l'une des principales villes du royaume, où plusieurs estrangers avoient tous leurs biens; que ce seroit une très-mauvaise condition qu'ils les perdissent par l'opiniastreté de ceux qui y commandoient; que la victoire de se commander estoit plus grande que celle qu'ils pouvoient remporter sur leurs ennemis; que ce seroit chose indigne de soldats bien disciplinés de ruiner et saccager la ville de son souverain, contre sa volonté et en sa présence, et qu'il le trouveroit fort mauvais, et au contraire recognoistroit leur obéissance en cette occasion; parquoy il prioit d'affection les seigneurs, capitaines et soldats de ne se débander point, n'entrer en aucunes maisons, ne piller, ne prendre aucune chose sur les habitans, et n'exercer point de cruautés contre les vaincus. Davantage il leur fit entendre qu'il estoit adverty que les gens de guerre s'estoient retirés au vieil marché et aux chasteaux, où il faudroit combattre. Et après avoir, autant qu'il put, persuadé un chacun, il les pria de luy faire cette promesse, qui luy fut donnée généralement; aussi promit-il de faire donner une paye franche auxdits capitaines et soldats.

Ainsi nous entrons dedans la ville avec peu de résistance, les assiégés fuyent, la ville est incontinent pleine de gens de guerre, qui tous se débandent, vont au pillage, rompent et saccagent les maisons, prennent un chacun à rançon : les courtisans y accourent du mont Saincte-Catherine, qui sont les plus aspres à la curée; chacun lors se loge à discrétion, quelque commandement que le duc de Guyse fist à ceux qui avoient authorité, d'entrer ès maisons, de tuer et chasser les soldats, et les jeter par les fenestres, pour les garantir de piller et saccager, ce qui ne fut possible. La nuit estant proche, chacun qui en put avoir en prit, et toute l'armée se logea dedans la ville.

Le comte de Montgommery se sauva dedans une galère qui estoit en la rivière, de celles qui avoient mené la reyne d'Escosse en son royaume; et, ayant promis liberté aux forçats, il passa pardessus la chaisne, qui fut rompue et faussée, au hasard de la galère et des hommes qui estoient dedans; les autres assiégés se sauvèrent aussi en autres vaisseaux, quelque devoir que ceux qui estoient commis, tant sur la rivière que sur les bords d'icelle, avec quelques pièces d'artillerie, fissent pour les empescher de passer.

Il y eut quelques soldats qui estoient demeurés devant la ville, qui furent prisonniers, bien peu de tués; trois ou quatre des principaux de la ville furent pendus, entr'autres le président Mandreville, le sieur de Gros, qui avoit baillé le Havre-de-Grace, et le ministre Marlorat.

Ainsi cette grande ville, pleine de toutes sortes de richesses, fut pillée l'espace de huit jours, sans avoir esgard à l'une ny à l'autre religion, nonobstant que l'on eust, dès le lendemain de la prise, fait crier, sur peine de la vie, que chaque compagnie et enseigne, de quelque nation qu'elle fust, eust à se retirer au camp et sortir de la ville; à quoy fort peu obéirent, hors mis les Suisses (lesquels ont tousjours gardé et gardent encore grande discipline et obéissance), qui n'emportèrent autre butin que quelque peu de pain et choses pour manger, chaudrons, pots, et autres ustensiles et vaisselles pour leur servir en l'armée : mais les François se fussent fait tuer plutost que de partir tant qu'il y eut de quoy prendre.

La cour se logea dedans la ville, où il fut advisé de faire porter le roy de Navarre, pour voir s'il y auroit moyen de trouver quelque remède à sa blessure : de laquelle, comme l'on déliberoit de le faire porter du long de la rivière, il mourut à Andely, le 17 décembre 1562, et fut fort regretté de la cour et de toute l'armée, ayant esté l'un des plus vaillans et meilleurs princes de son temps, comme en cette race et maison il ne s'en est point vu d'autres.

Après la mort du roy de Navarre l'on advisa aux autres affaires, qui estoient presque en tous les endroits du royaume, et auxquelles il falloit plus promptement remédier : comme d'assiéger le Havre-de-Grace, où estoient les Anglois, pour ne laisser cette nation prendre pied en France, à l'occasion des grandes prétensions qu'ils y ont eues au temps passé. Ainsi il fut conclu d'y envoyer le comte Rhingrave, avec un régiment de trois mille lanskenets, et quatre cornettes de reistres, qui faisoient douze cens chevaux, afin de resserrer les Anglois en la ville, et les autres de cette nation qui estoient à Dieppe et autres endroits de la Normandie, et de leur retrancher les moyens d'avoir des vivres du pays, et autres commodités qui se trouvent en lieu si fertile.

Et parce que je cognoissois cette place, de laquelle je ne faisois que sortir de prison, je fus mandé pour estre quelque temps avec ledit comte Rhingrave avec six compagnies de gens de pied, chacune de deux cens hommes et cent chevaux françois, comme ledit comte l'avoit requis ; lequel estoit l'un de mes plus grands amis, et avoit infiniment désiré que je demeurasse avec luy, et fit loger mes chevaux avec ses reistres et les gens de pied avec ses lanskenets ; et encore quelques enseignes françoises, qui estoient en Normandie nouvellement levées, furent ordonnées de demeurer avec luy pour clorre ledit Havre-de-Grace et tenir les Anglois qui y estoient en telle subjection qu'ils ne pussent sortir ny recevoir aucune commodité de la terre. L'un des régimens de lanskenets demeura depuis en l'armée du roy, laquelle, après la prise de Rouen, l'on advisa d'employer à ce qui seroit le plus nécessaire, et en premier lieu pour couper chemin à celle des huguenots, lesquels se fortifioient de tous les costés de la France, avec les estrangers, lanskenets et reistres, que d'Andelot avoit levé sous la charge et conduite du mareschal du landgrave de Hessen pour joindre les forces qu'avoit le prince de Condé, qui se promettoit d'assiéger la ville de Paris ; chose de fort grande entreprise, et encore de plus difficile exécution, comme il se verra cy-après par les choses qui s'en sont ensuivies.

LIVRE QUATRIÈME.

CHAPITRE PREMIER.

Retour de la cour à Paris. Le comte Rhingrave et le sieur de Castelnau-Mauvissière marchent pour le siége du Havre. Belle escarmouche entre les reistres et les Anglois près de Graville. Misérable estat de la Normandie.

Or, mon fils, la ville de Rouen estant prise, le roy de Navarre mort, et le connestable, qui commandoit à l'armée, ayant donné ordre d'y laisser des garnisons, remparer les bresches et murailles rompues, et remis les catholiques et ceux du parlement en leurs siéges et maisons, la cour et le camp s'acheminèrent ver Paris, tant pour cette ville que pour donner ordre à toutes les affaires du royaume.

Le comte Rhingrave se voulant loger à Graville, devant le Havre-de-Grace, ville qui estoit bien munie d'artillerie, il en sortit six ou sept mille Anglois et deux cens chevaux à la portée et faveur de ladite artillerie, cherchans les avantages, comme s'ils eussent voulu donner une bataille ; ce que voyant ledit comte Rhingrave, et que desjà il estoit fort advancé pour se loger, n'y ayant plus moyen de se retirer, fit attaquer l'escarmouche, qui de part et d'autre s'eschauffa et se fit de telle sorte, qu'il ne s'en est point veu de plus grande de nostre temps. Je vis lors les lanskenets, aussi bien que les François, faire tout ce qui estoit possible, non en une escarmouche, mais en un grand combat, auquel le comte Rhingrave se trouva si empesché, qu'il commanda aussitost de faire venir ses reistres, lesquels se meslèrent courageusement parmy les Anglois qui estoient à la porte de la ville, de laquelle l'artillerie incommodoit fort nos gens. Bassompierre, lieutenant-colonel des lanskenets dudit comte, entr'autres, y fut blessé et pris prisonnier avec plusieurs François.

Ledit comte s'estant retiré et logé près de la ville, commença de resserrer les Anglois de plus près, qui faisoient néantmoins tous les jours quelques sorties ; comme aussi de nostre costé se faisoient nouvelles entreprises, et en conservant la Normandie des Anglois, elle estoit doublement travaillée par les reistres et lanskenets, qui ruynoient le pays et désespéroient un chacun, tant la noblesse que le tiers estat, dont la plus grande partie estoient contraincts d'abandonner leurs maisons.

CHAPITRE II.

Chaalon et Mascon repris par le sieur de Tavannes sur les huguenots. Grands désordres en Provence et Dauphiné à cause du massacre de Cabrières et de Mérindol. Grande guerre en Provence entre le comte de Tende, huguenot, et le comte de Sommerive, son fils, chef du party catholique. Exploits du baron des Adrets contre la noblesse de Suze. Cruauté du baron des Adrets. Arrest du parlement contre les huguenots d'Orléans, qui déclaroit le prince de Condé estre prisonnier entre leurs mains. Le conseiller Sapin et l'abbé de Gastines pendus par représailles à Orléans. Leur mort vengée. Sentiment du sieur de Castelnau sur toutes les violences de part et d'autre, et sur l'inutilité de tant de secours estrangers entretenus par le roy à la ruyne de son royaume. Dangereuses intelligences des huguenots avec les Anglois et les princes d'Allemagne. Deux services importans rendus au roy en Angleterre contre le party huguenot, par le sieur de Castelnau-Mauvissière. Le roy escrit aux princes d'Allemagne pour empescher une levée de reistres par le sieur d'Andelot. Manifeste du prince de Condé contre l'arrest rendu par le parlement de Paris contre les huguenots.

En ce mesme temps la guerre se faisoit par tous les endroits de la France : Tavannes, lieutenant pour le roy en Bourgogne en l'absence duc d'Aumale, reprit sur les huguenots Chaalon et Mascon, que Montbrun tenoit, lequel, se défiant de ses forces, se retira une nuit auparavant que Tavannes fust arrivé, et mena ses soldats en la ville de Lyon, que tenoient les huguenots, tellement que la Bourgogne en demeura exempte.

Mais en Provence et Dauphiné il se fit de grands meurtres, tant des catholiques que des huguenots ; car, outre l'animosité qui estoit entr'eux, ces peuples-là sont farouches et belliqueux de leur nation, et des premiers qui s'estoient despartis, il y a trois cens ans, de l'église catholique romaine, sous le nom de Vaudois, lesquels on disoit estre sorciers ; mais il se trouva qu'ils estoient plustost huguenots. Depuis, le baron de La Garde avec le sieur d'Opède, premier président de Provence, l'an 1555, mena quelques soldats à Cabrières, Merindol et autres villages, qui en firent mourir quelques-uns, dont les huguenots d'Allemagne et les cantons des Suisses firent plainte au roy Henry II; et, à cette cause, ledit président et tout le parlement de Provence fut suspendu, jusques à ce qu'il se fust justifié, et la cause renvoyée au parlement de Paris pour en cognoistre.

Cela fut cause de faire multiplier les huguenots sous les roys Henry et François II ; mais, après les meurtres de Vassy et de Sens, les catholiques se licencièrent un peu plus sur les huguenots de Provence, où il en fut tué en divers lieux. Combien que le baron de Crusol, depuis faict duc d'Uzès, chevalier d'honneur de la reyne, mère du roy, tenant le party des huguenots et de leur religion, eust aucunement réprimé les séditions, si est-ce que, comme il fut party du pays, les caholiques reprirent les armes sous la conduite de Sommerive, fils aisné du comte de Tende, lequel prit les armes contre son père, gouverneur de Provence, qui favorisoit et tenoit le party des huguenots, lesquels s'assemblèrent sous la conduite de Mouvans, et prirent la ville de Sisteron, ayans auparavant pris celle d'Orange ; où Sommerive, comme l'on disoit, fut persuadé par le vice-légat d'Avignon, neveu du pape, de s'acheminer, voyant que ladite ville d'Orange estoit grande et malaisée à garder, et qu'elle seroit plus facile à prendre, comme elle fut, y ayant esté tué grand nombre des huguenots par les catholiques, qui se voulurent venger des injures, pilleries et dommages qu'ils avoient receu d'eux, et en jettèrent quelques-uns par les fenestres, et pendirent les autres par les pieds.

Peu de temps après, le comte de Suze, qui

s'estoit joinct avec Sommerive en Provence, reprit Pierre-Latte et Mornas au comté Venaissin : ce qui estonna fort les huguenots de ce pays-là, qui voyoient le traitement fait à la ville d'Orange, laquelle pensoit estre exempte de l'obéissance du roy et du pape. Lors le baron des Adrets, qui avait esté capitaine en Piedmont avec le mareschal de Brissac, sortit de Lyon avec quelques compagnies, vers le commencement de juillet, et alla chercher le comte de Suze, qui vouloit assiéger Vaureaz, tenu par les huguenots, et eut quelque avantage sur ledit comte, qui se retira avec la pluspart de ses gens. Qui fut cause que le baron des Adrets reprit les villes que le comte de Suze avoit ostées aux huguenots au comté Venaissin, et entr'autres Mornas, où environ deux cents catholiques qui avoient composé de rendre la ville s'estoient retirés au chasteau, estimans que la capitulation leur seroit tenue, de sortir la vie et les bagages sauvés ; néantmoins, sans esgard à la foy jurée et publique, le baron des Adrets les fit cruellement précipiter du haut du chasteau, disant que c'estoit pour venger la cruauté faite à Orange. Aucuns de ceux qui furent précipités et jettés par les fenestres, où il y a infinies toises de haut, se voulans prendre aux grilles, ledit baron leur fit couper les doigts avec une très-grande inhumanité.

Il y eut un desdits précipités qui, en tombant du haut en bas du chasteau, qui est assis sur un grand rocher, se prit à une branche, et ne la voulut jamais abandonner ; quoy voyant, luy furent tirés infinis coups d'arquebuse et de pierre sur la teste, sans qu'il fust possible de le toucher. De quoy ledit baron estant esmerveillé, luy sauva la vie, et reschappa comme par miracle. J'ai esté voir le lieu depuis avec la reyne, mère du roy, estant en Dauphiné ; celuy qui fut sauvé vivoit encore là auprès. Le mesme baron des Adrets, quelque temps après, assiégea et prit Montbrison en Forest, et en fit précipiter encore cinquante, disant pour toutes raisons que quelques-uns des siens avoient esté tués en capitulant pour la reddition de la ville. Et là on remarqua plus de cruauté qu'ès lieux précédens ; et, à la vérité, il sembloit que, par un jugement de Dieu, elles fussent réciproques tant d'un costé que d'autre ; et Orange fut estimée le fondement de celles qui se faisoient au Dauphiné de sang-froid par les huguenots. Bref, toutes choses estoient réduites à l'extrémité ; ledit baron des Adrets y fit bien parler de luy, et son nom fut cogneu par toute la France. Ainsi la guerre civile estoit comme une rage et un feu qui brusloit et embrasoit toute la France.

En ce temps, la cour de parlement de Paris, sur des lettres patentes envoyées par le roy le vingt-cinquiesme juillet, déclara ceux qui tenoient la ville d'Orléans rebelles et coupables du crime de lèze-majesté, hors mis le prince de Condé, comme estant iceluy détenu et arresté prisonnier des huguenots. En vertu de cet arrest, l'on prenoit tous ceux de la religion que l'on attrappoit portant les armes, et procédoit-on contre eux criminellement, comme coupables de lèze-majesté. Et, davantage, la cour de parlement condamna et fit exécuter à mort Gabaston, lieutenant du capitaine du Guet, pour s'estre montré trop partisan des huguenots.

Cela et la condamnation du ministre Marlorat, et autres qu'on fit mourir par justice en plusieurs villes reprises par l'armée du roy, irrita fort les huguenots de la ville d'Orléans, qui jurèrent de s'en venger ; et prirent, par forme de représaille, un nommé George de Selve, que l'on disoit aller en Espagne, Sapin, conseiller au parlement de Paris, et l'abbé de Gastines. Pour le regard de Selve, il fut rendu pour le sieur de Luzarche, que l'on tenoit prisonnier à Paris pour la religion ; mais le conseillier Sapin avec l'abbé de Gastines, et le curé de Saint-Paterne d'Orléans, furent pendus, ce qui estonna et esmeut fort la cour de parlement et les catholiques qui portoient les armes pour le roy, voyant la hardiesse des huguenots contres les sujets de Sa Majesté : et n'y avoit catholique qui ne craignist d'estre traicté de mesme façon s'il tomboit entre leurs mains. La cour de parlement, pour revanche, en condamna aussi quelques autres à estre pendus, à la poursuite du président Le Maistre, de qui le conseiller Sapin estoit nepveu.

Alors l'on cogneut la nécessité qu'il y avoit de garder la foy et n'user de telles violences, possible envers les innocens autant que contre les coupables; car, sans ajouster malheur sur malheur, la France estoit assez travaillée des estrangers, qui marchoient pour les uns et les autres, et desquels on se fust bien passé : car il est certain que les forces du roy estoient suffisantes pour faire teste aux huguenots, et peu à peu les réduire en son obéissance, sans appeller tant d'estrangers, attendu qu'il y avoit pour lors en France cent catholiques pour le moins un huguenot; joint aussi que la pluspart des reistres et lanskenets qui estoient au service du roy estoient huguenots, et mesmement le comte Rhingrave, qui m'a souvent dit que la guerre civile lui desplaisoit fort en France, encore qu'il y eust beaucoup de profit, comme de faire la monstre sur les vieux rooles, à quoy se sont depuis accommodés les reistres et lanskenets, aussi bien que les Suisses, où toutesfois il n'y a que les colonels et capitaines qui ayent du gain : et c'est choses à quoy le prince qui se sert de ces nations doit bien prendre garde; car à la fin il n'a qu'une moitié de gens de guerre en effet, et les autres en papier; et faut payer ceux qui sont retournés dès la première monstre en Allemagne ou en Suisse. Davantage, c'estoit une chose fort périlleuse que d'appeller des estrangers de religion contraire, et envoyés par les princes d'Allemagne, qui ne demandoient que l'entretenement de nos guerres civiles, aussi bien que les Anglois et Espagnols.

Aussi les huguenots prenoient ce prétexte et excusoient de la levée de reistres et lanskenets qu'avoit amenés d'Andelot, sur ce qu'on avoit fait venir toutes sortes d'estrangers pour les exterminer. Et puis dirent en cet endroit que, comme l'on ne peut croire ce que l'on ne désire point, les chefs de l'armée du roy ne pouvoient croire que ledit d'Andelot pust faire cette levée, dont néantmoins adverty le roy, la reyne et le roy de Navarre, dès-lors que j'estois prisonnier au Havre-de-Grace, comme en ayant veu ceux qui s'estoient trouvés à la capitulation. Et il est certain que les Anglois ne se fussent jamais hasardés de faire descente en la Normandie, s'ils n'eussent premièrement esté asseurés de la levée que faisoit ledit d'Andelot, de laquelle la pluspart de l'argent estoit venu d'Angleterre.

Et depuis ce temps-là toutes les pratiques et levées que les huguenots ont faites en Allemagne, ils les ont premièrement commencées audit Angleterre, où j'en ay empesché deux de très-grande importance pendant que j'y ay esté ambassadeur : l'une fut en l'an mil cinq cens soixante et dix-huit, qu'avoit promis de mener le duc Casimir, et de ne sortir de France qu'il n'y eust mis toutes choses à l'extrémité; l'autre fut quand le prince de Condé vint en Angleterre, lorsque La Fère estoit assiégée, pensant y avoir de l'argent pour faire marcher les reistres et lanskenets qu'il avoit errés et retenus : mais je fis en sorte, avec la reyne d'Angleterre et ses principaux conseillers, que l'amitié du roy fust préférée à celle de son sujet, et à la passion de ceux qui avoient précipité le roy de Navarre en cette guerre; de quoy je parleray, Dieu aidant, en son ordre, et retourneray à ce que le roy et les chefs de son armée ne crurent pas assez tost que d'Andelot pust amener des reistres et lanskenets, et qu'il pust les passer, comme il fit.

Raison pour laquelle le roy fut conseillé d'envoyer en Allemagne, et escrire à l'électeur Palatin, pensionnaire de France, au landgrave de Hessen, et autres princes affectionnés aux huguenots, qu'ils n'eussent à les secourir, parce qu'ils estoient rebelles et sacramentaires, qui ne cherchoient autre chose que la ruine des huguenots de la Germanie et confession d'Ausbourg, contraires en plusieurs choses à la confession de Genève; qui fut cause que les huguenots incontinent firent publier, pour la justice de leur cause, la nécessité qui les avoit contraints de prendre les armes, et appeller des étrangers à leur aide, pour défendre leur religion et leurs vies, et entretenir les édicts du roy, sans entrer au différend de la confession d'Ausbourg.

Et particulièrement le prince de Condé fit publier une response contre l'arrêt du parlement de Paris, par lequel il estoit excepté du nombre des huguenots que ledit parlement avoit déclarés rebelles; disant que par son innocence les autres de sa suite estoient justifiés du crime de lèze-majesté, en récusant toutefois les présidens et conseilliers du parlement, qu'ils disoient estre passionnés et partisans de ceux de Guyse, lesquels avoient fait faire exception de sa personne afin de le mettre en défiance de ceux qui l'avoient élu pour chef, veu qu'en plusieurs autres lettres-patentes il n'avoit nullement esté excepté; faisant aussi déclaration qu'il n'avoit pris les armes que pour le service du roy et de la reyne, sa mère, et pour leurs libertés; appelant Leurs Majestés en témoignage, et plusieurs lettres qu'ils luy avoient escrites pour le prier d'employer ses armes pour les enfans de France et leur mère, voyant la confédération faite par ceux de Guyse et le connestable, et leurs partisans, qui tenoient les premiers lieux par toute la France et aux parlemens; lesquels il disoit se monstrer plutost parties formelles des huguenots, que juges équitables; attendu mesmement qu'ils avoient envoyé Chambon et Faye, conseillers, pour luy faire entendre que la cour de parlement ne tiendroit aucun traité de paix fait avec les huguenots; et persistoit au surplus aux protestations par luy faites.

CHAPITRE III.

Le prince de Condé justifie ses armes envers l'empereur. Le landgrave de Hessen favorise les levées du sieur d'Andelot. Prise de Sisteron par le comte de Sommerive. Quelques exploits du mareschal de Joyeuse en Languedoc. Grand affoiblissement des huguenois, qui se remettent par l'arrivée des reistres sous d'Andelot, et marchent droit à Paris. On les amuse en négociations. Offres et demandes du prince de Condé. Response faite au prince.

Peu auparavant, le prince de Condé avoit aussi envoyé à l'empereur Ferdinand, et autres princes d'Allemagne, pour leur faire entendre qu'il n'avoit pas pris les armes sans grande et juste occasion, afin que tous les princes estrangers qui sont jaloux de leurs estats et de l'obéissance que doivent les sujets à leur prince souverain, n'estimassent que luy et ceux qui portoient les armes de son party fussent rebelles au roy; voulant par là se justifier le plus qu'il pourroit envers chacun.

Or le landgrave de Hessen, qui estoit bien asseuré des autres princes d'Allemagne, qui ne vouloient pas abandonner les huguenots, donna à d'Andelot toute la faveur qu'il luy fut possible, et marcha avec les reistres et lanskenets; et à l'instant il eut quelques princes d'Allemagne qui envoyèrent vers les reistres qui estoient sous le comte de Rokendolf, qui avoit auparavant esté au ban impérial, pour leur faire dire que, s'ils ne se retiroient, ils y seroient aussi mis. Cela fut cause que quelques-uns se retirèrent vers le prince de Condé, et les autres continuèrent au service du roy.

En ce temps-là Sommerive assiégea la ville de Sisteron, que Mouvans fut contraint d'abandonner et se retirer la nuit à Grenoble; et en toute la Provence il ne resta pas une seule ville aux huguenots, contre lesquels on exerça des cruautés plus grandes qu'en nulle autre province. Aussi cette contrée est la plus méridionale de France, où les esprits sont fort passionnés et vindicatifs.

Le sieur de Joyeuse, à présent mareschal de France, et lors lieutenant-général pour le roy au gouvernement de Languedoc, reprit Pezenas vers le mois d'aoust. Et, peu après la prise de Montbrison, Negrepelisse mit aussi le siège devant Montauban, qui ne put estre pris: sur cela on assembla les forces de Provence et de Languedoc, pour assiéger Montpellier, tenu par les huguenots, où fut envoyé ledit sieur de Joyeuse pour commander à l'armée; mais il ne fut pas pour lors jusques audit Montpellier, estant adverty que d'Acier, frère puisné du baron du Crusol, à présent duc d'Uzès, bon catholique et grand serviteur du roy, avoit de grandes forces, et suffisantes pour deffendre la ville, voire mesme pour tenir la campagne, et aussi que les habitans dudit Montpellier offroient de garder leur ville, où les huguenots ruinèrent les fauxbourgs et toutes les églises d'icelle. Alors Joyeuse reprit la forteresse de Maguelone par composition, et alla mettre le siège devant Montpellier. Ce qu'ayant entendu, le baron des Adrets y alla, disant qu'il assiégeroit les assiégeans, auxquels il donna beaucoup de peine. Mais incontinent il fut rappelé à Lyon par les habitans de la ville, qui craignoient d'estre assiégés.

Après qu'il fut retiré à Lyon, les catholiques de Provence voulurent aller au siège de Montpellier avec Sommerive et le comte de Suze, lesquels, pensant assiéger la ville de Nismes, y eurent grande perte; cela fut cause que le siège de Montpellier fut levé. Mais je retourneray au cœur de la France, pour dire qu'entre les rivières de Seine et Loire, les huguenots avoient perdu et perdoient beaucoup de villes, semblablement en Bourgogne, Picardie, Bretagne et en Normandie; qui fut cause que plusieurs gentilshommes et soldats huguenots se retirèrent au camp du roy, où ils furent bien recueillis et obtinrent lettres de pardon d'avoir porté les armes contre Sa Majesté, avec entière restitution en leurs biens, honneurs et offices. Quelques-uns aussi qui tenoient le party catholique s'en allèrent vers les huguenots, lesquels avoient de grandes intelligences en l'armée du roy, et ne se faisoit rien à la cour dont ils ne fussent advertis; et de ces gens-là il s'en faut plus donner de garde que des ennemis déclarés. Aussi sont-ils peu estimés, et ne peuvent éviter le nom de traistres et espions, qui n'ont ordinairement le cœur de se déclarer fidelles pour un party ny pour l'autre. Le roy envoya de rechef lettres-patentes pour estre procédé contre ceux qui avoient pris les armes et ses villes, comme rebelles à Sa Majesté. Et y eut lors de grandes délibérations de reprendre lesdites villes que tenoient les huguenots, qui ne les pouvoient deffendre et tenir la campagne sans secours estranger; car en l'armée du roy il y avoit une fort bonne infanterie et grand équipage d'artillerie.

Mais tous ces desseins furent rompus par la venue des reistres que d'Andelot amenoit pour les huguenots, lesquels, s'estant joincts près d'Orléans, environ le mois de novembre, firent délibération d'aller mettre le siège devant Paris, où le connestable et le duc de Guyse allèrent incontinent pour asseurer les habitans de la ville, qui estoient en grande crainte.

Or, d'Andelot ayant esté laissé en ladite ville d'Orléans, avec bonne et forte garnison, l'armée des huguenots, suivant leur délibération, s'achemina droict à Paris; et, après avoir pris en passant, sans résistance, les villes de Pluviers, Estampes, La Ferté et Dourdan, se vint camper à Arcueil sous Paris; pour lequel asseurer, le duc de Guyse s'alla loger hors la ville et aux fauxbourgs, où furent faits des retranchemens pour loger les gens de pied, et y mit-on si bonne garde que ceux de Paris furent un peu moins estonnés.

Toutesfois l'on advisa prudemment de ne rien hasarder contre des gens qui ne mettoient leur espérance qu'au hasard d'une bataille, et devant la principale ville du royaume, mais plutost de parlementer avec eux pendant que le secours des Espagnols et Gascons se joindroit à l'armée du roy. Et afin que l'on prist plus d'asseurance, tant d'une part que d'autre, le connestable alla comme ostage au camp des huguenots: cependant l'admiral passoit au Port-à-l'Anglois pour parler à la reyne, mère du roy, laquelle luy dit résolument qu'il ne falloit point espérer l'Édict de janvier, ny changement de la religion catholique; qui fut cause que l'admiral s'en retourna sans rien faire; et depuis encore l'on parlementa au fauxbourg Saint-Marcel.

Le prince de Condé offrit lors de laisser l'armée, pourveu que leur religion fust entretenue dedans les villes où elle estoit exercée publiquement devant la guerre, et ès autres villes; que l'on ne recherchast plus les huguenots au fait de leurs consciences, et qu'ils eussent main levée de leurs biens, et tous jugemens et sentences contr'eux donnés fussent rescindés; qu'ils pussent avoir et tenir offices et charges honorables, comme les catholiques, et qu'il fust permis à tous gentilshommes d'avoir exercice de leur religion en leurs maisons, et aux conseillers du privé conseil, quand ils seroient à la suite de la cour; que le roy advouast les deniers pris en ses receptes par les huguenots, et les reliques qu'ils avoient fondues, estre pour son service; que le concile général fust tenu en toute liberté, sans que le pape ny le légat pour luy y assistast; ou, s'il ne se pouvoit faire, que du moins dedans six mois l'on tinst un concile national de toute la France avec entière liberté; que les armes fussent posées, tant d'une part que d'autre, et pour l'armée du prince de Condé, advoué avoir esté faite pour le service du roy. Que pour le seureté de la paix, Leurs Majestés jurassent, avec tous ceux de leur conseil privé, toutes les conditions susdites.

Et cependant que le connestable estoit pour voir s'il pourroit passer quelques articles, l'on ne perdoit pas temps pour assembler des forces de tous costés, pour empescher par tous moyens les desseins du prince de Condé, auquel l'on fit response qu'il n'y auroit point d'exercice de la religion à Paris, ny à la cour, ny ès villes frontières, mesmement en la ville de Lyon; que l'armée du roy demeureroit, et l'armée dudit prince seroit licenciée; que les jugemens qui avoient esté donnés contre les huguenots ne seroient cassés, ains seulement suspendus ; que les huguenots ne pourroient avoir offices ny charges publiques, hormis le prince de Condé. Et si l'on ne vouloit pas approuver que les deniers du roy et les reliques prises par les huguenots eussent esté employées pour le service de Sa Majesté.

CHAPITRE IV.

Quelques huguenots se retirent du party. Le prince de Condé songe à la retraite et décampe. L'armée du roy le suit. Diverses opinions des chefs huguenots touchant leur marche. Hardie proposition du prince de Condé de revenir à Paris. L'admiral contraire en son advis. Ils résolvent leur route en Normandie; prennent Gallardon. Les deux armées proche d'Ormoy. Le sieur de Castelnau-Mauvissière envoyé par le connestable et le duc de Guyse vers le roy et la reyne, pour apporter un ordre de donner bataille. La reyne en est faschée, et déplore l'estat des affaires. Son adresse pour se railler de cette députation des généraux. Le conseil du roy résout qu'un général doit se servir des occasions de combattre, sans demander conseil ny ordre à la cour.

Pendant ce parlement et ces allées et venues, ceux des deux armées, comme parens et autrefois amis, et de mesme nation, se voyoient et discouroient ensemble le jour, et les autres bien souvent venoient à quelques combats et escarmouches. Quelques-uns desdits huguenots se retirèrent au camp du roy, ou en leurs maisons : entr'autres, Genlis, lequel avoit toujours esté le serviteur de la maison de Guyse, se retira comme à demy mal content du prince de Condé et de l'admiral ; et ayant prié un soir le sieur d'Avaret, qu'il avoit tiré de ce costé-là, de l'accompagner, il s'en alla avec le mot du guet, sans que ledit d'Avaret le voulust suivre; mais rapporta cette nouvelle, qui estonna fort le prince ; lequel fit soudain changer le mot, combien que Genlis asseurast ledit d'Avaret qu'il ne feroit rien contre eux ny changeroit de religion.

Au mesme temps, l'armée du roy fut renforcée des compagnies espagnoles et de plusieurs Gascons; qui fut cause que le prince de Condé, ayant prins conseil de ce qu'il falloit faire, advisa de se retirer vers la Normandie, où les huguenots avoient quelques villes qu'ils vouloient asseurer et y passer l'hyver, et pour se fortifier de plusieurs de leurs partisans en ladite province, qui estoient en leurs maisons, et des Anglois que la reyne d'Angleterre promettoit d'envoyer avec quelque somme d'argent pour le payement de leurs reistres, qui commençoient fort à se mescontenter de ce qu'on ne leur pouvoit tenir promesse ; joinct aussi que le roy commençoit à les faire pratiquer.

Davantage, l'on avoit fait une délibération d'attaquer le prince au mesme lieu qu'il avoit choisi pour combattre devant Paris, où il estoit en danger de se perdre et toute son armée, s'il y fust demeuré plus long-tems. Quoy voyant, et qu'il ne pouvoit avoir la paix aux conditions qu'il désiroit, ny moins forcer les tranchées de Paris, il prit résolution, le dixiesme de décembre 1562, de desloger, faisant mettre le feu à la pluspart de leurs logis, en partie pour tesmoignage de l'inimitié qu'ils portoient à ladite ville, à laquelle ils ne purent faire pis. Son armée estoit d'environ huit à neuf mille hommes de pied et quatre mille chevaux. Estant deslogé, il se mit en l'arrière garde avec tout ce qu'il avoit de meilleur et de plus fort, craignant d'estre assailly de l'armée du roy, comme il fut suivi de bien près. Il alla faire son premier logis à Palayseau, et le lendemain à Limours, où il demeura tout le jour à tenir conseil, faire plusieurs despesches et attendre nouvelles de ce que feroit nostre armée. Le treiziesme jour dudit mois, il alla loger à Sainct-Arnoul, sur le chemin de Chartres, pensant le prendre ; mais les portes luy furent fermées : néantmoins, plusieurs prestres et catholiques y furent tués ; et voyant qu'il ne pouvoit prendre cette ville, pour n'avoir pas un suffisant attirail ny esquipage d'artillerie, il en fit charger la pluspart audit Sainct-Arnoul sur des chariots.

Cependant l'armée du roy sortit de Paris, et costoyant celle des huguenots, s'approcha d'Estampes, feignant la vouloir assiéger ; ce qui n'estoit pas son dessein, mais de combattre l'armée des ennemis avant qu'elle fust passée en Normandie et jointe avec les Anglois, et qu'elle eust receu l'argent que l'on leur apportoit de ce costé.

Là-dessus les huguenots se trouvèrent bien empeschés, et prirent diverses délibérations : l'une, d'aller droit à Chartres l'assiéger, et en promettre le pillage à leurs soldats ; l'autre, de se loger en lieu avantageux pour attendre l'armée du roy au combat, ce qui ne fut trouvé bon des principaux chefs, voyans que nostre armée avoit eu du renfort et les suivoit de si près. Lors le prince, duquel le grand courage ne pouvoit plus souffrir qu'on reculast, mit en délibération de retourner à Paris, disant qu'il regagneroit le premier, et y trouveroit les tranchées et les fauxbourgs sans résistance, et qu'il luy donneroit un second estonnement plus grand que le premier, et fermeroit le retour à l'armée du roy, laquelle seroit contrainte d'aller prendre un grand tour pour passer la rivière, et rentrer par l'autre costé audit Paris; que cependant il prendroit son advantage sans se retirer devant ses ennemis.

Cette opinion du prince de Condé, plus gaillarde et plus courageuse que raisonnable, l'eust emporté si l'admiral n'y eust entièrement contredit, en remonstrant que l'armée du roy auroit bientost repassé, ou se mettroit entre Orléans et eux pour leur couper les vivres sans difficulté, ou peut-estre iroit assiéger et prendre ledit Orléans, ou enfin les viendroit enclorre dedans les tranchées, pour avoir Paris en teste d'un costé, et l'armée du roy en queue de l'autre. De sorte que l'opinion de l'admiral l'emporta, attendu mesmement que leurs reistres et lanskenets les pressoient pour avoir de l'argent, auxquels ils n'en pouvoient bailler autre que celuy qui leur estoit promis d'Angleterre.

Toutes ces choses bien débattues et mises en considération, et que la perte de leur armée estoit la ruine entière et évidente de tous les huguenots de France, lesquels ne se pourroient jamais relever, il fut conclu qu'ils iroient droit en Normandie suivant leur première délibération; joint que sur toutes choses l'admiral craignoit la perte d'Orléans, comme de leur magasin et retraite, attendu que l'armée du roy estoit la plus forte de gens de pied, et qu'il y avoit force artillerie. Alors ils résolurent de marcher droit à Dreux, que d'Aubigny avoit promis de surprendre, ce qu'il voulut tenter, mais l'effet ne s'ensuivit pas; au contraire, il fut contraint de se retirer plus tost qu'il n'y estoit allé.

Le seiziesme du mois, le prince de Condé alla loger à Ablie, à deux petites lieues de Sainct-Arnoul, et de là le dix-septiesme à Gallardon, où l'entrée luy fut refusée par les catholiques, qui tirèrent et tuèrent quelques huguenots; mais nonobstant, la place, qui ne valoit rien, fut prise et forcée, où il y eut plusieurs prestres et catholiques tués; ils y logèrent la nuit avec une grande commodité de vivres, dont ils avoient bon besoin, et le soir, ils firent pendre un greffier de ladite ville, qu'ils disoient avoir esté cause de leur refuser l'entrée, et en vouloient faire mourir d'autres s'ils ne se fussent sauvés. Ils séjournèrent là deux jours, où ils firent une revue de leurs gens de pied, qui se déroboient tous les jours depuis qu'ils eurent perdu l'espérance de la prise et pillage de Paris, dont ils avoient esté amusés et entretenus longuement.

De là le prince alla loger en un village appelé Ormoy, où il se trouva plus près de nostre armée qu'il ne pensoit, et qui estoit à une lieue de l'admiral, qui menoit l'avant-garde, laquelle estoit logée au village de Néron, et alla le soir trouver le prince pour ensemble adviser à leurs affaires, et le lendemain ils y séjournèrent.

Cependant l'armée du roy ne perdoit pas temps, résolue de donner la bataille; à quoy le connestable, le duc de Guyse et le mareschal de Sainct-André, chefs et conducteurs d'icelle, concluoient toujours; mais ne le vouloient entreprendre sans en avoir le commandement exprès du roy, de la reyne sa mère, des princes et autres du conseil privé qui estoient avec eux; occasion pourquoy, le quatorziesme du mois, lesdits connestables, duc de Guyse et mareschal de Sainct-André me dépeschèrent en grande diligence pour aller trouver Leurs Majestés au bois de Vincennes, et leur dire que dedans quatre ou cinq jours au plus tard ils estoient à la bataille; ce que les ennemis ne pouvoient éviter, et que les deux armées ne se rencontrassent ou en la plaine de Dreux ou celle de Neubourg. Par quoy lesdits sieurs demandoient un commandement exprès et absolu de Leurs Majestés avec leur conseil de combattre; et me baillèrent chacun une petite lettre de cette substance principale, et créance qu'ils ne vouloient rien hazarder sans ce commandement, afin que l'on ne rejettast sur eux aucune faute en affaires de telle importance, et estant si près du roy.

Je fis ce petit voyage toute la nuit, et arrivay le lendemain de grand matin au lever de la reyne, mère du roy, laquelle m'ayant ouy sur ce sujet piteux et lamentable, d'estre à la veille de donner une bataille de François contre François, Sa Majesté me dit qu'elle s'esmerveilloit comme lesdits connestable, duc de Guyse et Sainct-André, estant bons capitaines, prudens et expérimentés, envoyoient demander conseil à une femme et à un enfant, pleins de regret de voir les choses en telle extrémité que d'estre réduites au hazard d'une bataille civile.

Alors entra la nourrice du roy, qui estoit huguenote; et au mesme temps que la reyne me menoit trouver le roy, qui estoit encore au lit, elle reprit ce propos, que c'estoit chose estrange de leur envoyer demander conseil de ce qu'il falloit faire pour la guerre; et lors, fort agitée de douleur, me dit par moquerie : « Il » faut demander à la nourrice du roy si l'on » donnera la bataille. » Lors l'appelant: « Nour- » rice, dit-elle, le temps est venu que l'on de- » mande aux femmes conseil de donner ba- » taille : que vous en semble ? » Lors la nourrice suivant la reyne en la chambre du roy, comme elle avoit accoustumé, dit par plusieurs fois, puis que les huguenots ne se vouloient contenter de raison, qu'elle estoit d'avis que l'on leur donnast la bataille. Et continua ce propos entre quelques-uns qui lui parloient, comme chacun en discouroit alors selon sa passion.

A l'instant la reyne me dit, en faisant sortir ladite nourrice, et quelques autres qui estoient en la chambre du roy, qu'elle ne me pourroit dire pour sa part autre chose que ce qu'elle m'avoit dit, mesmement pour donner conseil à des capitaines; aussi que l'on ne leur pouvoit rien prescrire de la cour, et que j'avois vu ce qu'en disoit la nourrice du roy, auquel je présentay les lettres; et s'y trouvèrent le prince de la Roche-sur-Yon, le chancelier, les sieurs de Sipierre, de Vieilleville, depuis mareschal de France, Carnavalet et quelques autres du conseil privé. Et comme je faisois mon récit de ce qui m'avoit esté commandé par lesdits chefs, et pressois pour m'en retourner l'après-disnée, afin de les résoudre sur le fait de donner la bataille, Losse arriva de la part desdits seigneurs avec semblable charge que la mienne. Sur cela y eut plusieurs discours du bien et du mal qui en pourroit arriver.

Mais la résolution fut que ceux qui avoient les armes en main ne devoient demander conseil ny commandement de la cour; et à l'heure mesme je fus renvoyé pour leur dire de la part du roy et de la reyne, qui leur escrivoient aussi chacun un mot de leur main, que, comme bons et prudens capitaines et chefs de cette armée, ils fissent ce qu'ils jugeroient le plus à propos, de combattre ou non avec tous les avantages qu'ils sçauroient bien choisir.

Je partis à l'instant en poste, et arrivay au village, où ils estoient à l'issue de leur disner, ayant laissé Sipierre et tous ceux qui estoient près du roy en volonté d'estre bientost après moy au camp pour se trouver à la bataille. Losse (depuis capitaine des gardes du roy) demeura jusques au soir, et arriva le lendemain à nostre armée sans apporter rien plus que moy de la cour; d'où l'on remettoit tout en la prudence des chefs de l'armée de faire ce qu'ils verroient nécessaire, selon les forces qu'ils avoient en main.

CHAPITRE V.

Le connestable et le duc de Guyse résolus au combat contre l'opinion de l'admiral, qui n'en vouloit rien croire. Fautes faites par les chefs de part et d'autre. Bataille de Dreux. Le prince tasche d'éviter le combat. Ordonnance de l'armée royale. Pourquoy le duc de Guyse ne prit point de commandement cette journée. Louange de sa valeur et de sa conduite. Forces des deux partis. Commencement du combat. Faute du prince de Condé. Mort du sieur de Montberon, fils du connestable. Le connestable blessé et pris. Grande valeur des Suisses. Exploit du duc de Guyse. Défaite des reistres du prince par le mareschal de Sainct-André. Le prince de Condé pris prisonnier par le sieur d'Amville. Louange du duc de Guyse. Faute de l'avant-garde royale. Grands devoirs de l'admiral de Chastillon en cette journée. Sa retraite. Le duc de Guyse demeuré général.

Alors ils tinrent conseil et résolurent de combattre, et d'aller passer la rivière d'Eure le plus près de Dreux et des ennemis qu'il seroit possible, en certains villages où nostre armée se logea, pour le lendemain ou le jour suivant donner la bataille. Ce qui advint contre l'opinion de l'admiral, qui, pour toutes raisons, alléguoit que l'armée du roy, voyant le progrès du chemin qu'elle avoit fait depuis qu'elle estoit partie de Paris, ne se mettroit jamais au hazard de donner la bataille; ce qui fut rapporté au connestable; mais que le prince de Condé estoit de différente opinion à l'admiral, disant que la bataille ne se pouvoit éviter : à quoy il se prépara plus tost que ledit admiral, qui estoit fort entier en ses opinions, comme je l'ay cogneu souvent ès affaires que j'ay depuis eues à traiter avec luy, tant pour la paix que pour licencier par deux fois ses armées, dont j'ay eu la charge, comme je diray en son lieu.

Donc, pour revenir au point de donner la bataille, l'armée du roy, qui avoit tousjours costoyé celle des huguenots, passa l'eau le dixhuictiesme décembre, et se logea avec tout l'avantage qu'elle put, dont les huguenots furent assez mal advertis; et y en a quelques-uns qui disent que le prince de Condé ny l'admiral ne firent pas ce qu'ils devoient faire, soit pour donner, soit pour éviter la bataille. Aussi notre armée perdit-elle de son avantage de combattre au bout de la campagne de Beauce et en la plaine de Dreux; attendu que la pluspart de nos forces consistoient en gens de pied, et celle des huguenots en plus grand nombre de cavalerie, et avoit un fort grand bagage, et leurs reistres trop de chariots. De sorte que, passant au bourg de Trion, comme il sembloit que ce fust leur intention, ils eussent esté fort incommodés, à l'occasion des chemins bas et plus estroits, et plus avant tant d'arbres qui estoient de ce costé.

Or le jour du combat estant venu, le prince de Condé monta à cheval de grand matin, et premier que l'admiral, qui menoit l'avant-garde; mais ils ne firent pas grand chemin, qu'ils n'eussent advertissement que l'armée du roy avoit passé l'eau de leur costé, et la voyant en bataille, et qu'elle ne bougeoit, ains les attendoit pour voir leur contenance, ils firent alte, et se mirent en bataille à la portée du canon. Le prince de Condé fit délibération de charger le premier, estimant que ce luy seroit avantage; mais il jugea aussi qu'il luy falloit endurer un grand eschec de nostre artillerie, et que la campagne estoit large, de sorte que, venant le premier au combat, il couroit le danger d'estre rencontré par le flanc : et toutefois il fit quelque semblant de tourner la teste vers Trion : ce que voyant le connestable, et que quelques troupes paroissoient, mesmement les reistres du prince, il leur fit tirer quelque volée de canon; ce qui les esbranla de telle sorte, que les reistres se voulurent couvrir et prendre le chemin du valon.

Cela fit juger à quelques-uns de nostre armée, qui le rapportèrent au connestable, que le prince vouloit chercher le moyen d'éviter la bataille, voyant l'armée du roy composée de cinq gros bataillons de gens de pied entremeslés de cavalerie, d'autant qu'elle estoit plus foible, à l'occasion des reistres, que celle du prince. L'avant-garde, conduite par le mareschal de Sainct-André, estoit de dix-sept compagnies de gens d'armes, vingt enseignes de pied françoises, et quatorze compagnies espagnoles, dix enseignes de lanskenets et quatorze pièces d'artillerie. Le connestable, chef de l'armée, menoit la bataille, où il y avoit dixhuit compagnies de gens d'armes, avec les chevaux légers, vingt-deux enseignes de Suisses, et seize compagnies de gens de pied françois et bretons, avec huit pièces d'artillerie.

Le duc de Guyse ce jour-là, pour plusieurs considérations, ne se disoit avoir charge que de sa compagnie, et de quelques-uns de ses amis et serviteurs, aussi que les huguenots disoient que c'estoit sa querelle, et qu'il estoit le motif de cette guere, dont il vouloit oster l'opinion. Il ne laissa toutesfois de remporter avec sa troupe l'honneur de la bataille, par sa prudence et bonne conduite; et pour en parler avec la vérité, l'armée du roy estoit d'environ treize ou quatorze mille hommes de pied et deux mille chevaux, que bons que mauvais. Celle du prince de Condé estoit de quatre mille chevaux, et de sept à huit mille hommes de pied.

Donc, l'armée du roy estant en bataille, voulut marcher vers celle du prince, qui nous monstroit le flanc, et se mit à costé de deux villages nommés Bleinville et l'Espi, si proches l'un de l'autre, que nostre armée n'y pouvoit marcher d'un front; qui fut cause que la bataille, que menoit le connestable, advança l'avant-garde, que menoit le mareschal de Sainct-André. Le prince de Condé, qui estoit tousjours d'opinion de charger le premier, voyant que nostre armée marchoit droit à luy, fit aussi tourner son armée en la plus grande diligence qui luy fut possible, mais non sans quelque désordre, comme il advient le plus souvent en telles affaires; de sorte que l'admiral, qui menoit l'avant-garde des huguenots, se trouva en teste du connestable et de sa bataille, et le prince et sa bataille à l'opposite du mareschal de Sainct-André, qui menoit l'avant-garde du roy. Néantmoins le prince la laissa à la main gauche, et tourna contre le flanc des Suisses, qui fermoient la bataille du connestable, laissant l'avant-garde du mareschal de Sainct-André entière. De sorte que le prince laissoit toute son infanterie engagée, sans considérer qu'estant le plus fort de cavalerie il ne devoit pas charger les gens de pied, comme il en donna le commandement à Mouy et à d'Avaret, qui avoit succédé à Genlis, en les asseurant qu'il les suivroit de bien près, comme il fit de telle furie qu'ils entamèrent fort le bataillon des Suisses avec les reistres, qui les chargèrent en mesme temps; mais lesdits Suisses, lesquels firent ce jour-là tout ce qui se pouvoit désirer de gens de bien, se rallièrent avec grand courage, sans espargner les coups de picques à leurs ennemis.

En ce même temps, d'Amville, aujourd'hui mareschal de France, s'advança avec trois compagnies de gens d'armes et les chevaux légers, auxquels il commandoit, pour faire teste au prince; mais il fut en mesme temps chargé par les reistres, où fut tué Montberon, son frère; La Rochefoucault donna aussi dedans les Suisses, qui les trouva ralliés, et où il ne gagna guères. Cependant l'admiral, avec une grosse troupe de reistres, son régiment et la troupe du prince de Porcian, marcha droit au connestable, qui soustint cette grande charge, en laquelle il fit, et plusieurs qui estoient avec luy, tout ce qui se pouvoit. Quelques autres ne tinrent ferme, voyant qu'il avoit eu son cheval tué, remonté aussitost par d'Orayson, son lieutenant, qui luy bailla le sien; mais enfin estant rechargé, et fort blessé au visage d'un coup de pistolet, il fut contraint de se rendre à un gentilhomme françois, auquel les reistres l'ostèrent, en prenant sa foy et son espée de force : et pour en parler en un mot, la bataille où il commandoit fut presque desfaite, combien que les Suisses se ralliassent tousjours en faisant teste à toutes les charges qui leur estoient faites : de sorte que jamais cette nation ne fit mieux que ce jour-là. Les lanskenets du prince de Condé, les voyans ainsi assaillis de tous endroits, se voulurent mettre de la partie : quoy voyans les Suisses, au lieu de s'estonner, marchèrent droit à eux et les mirent en fuite : quelques cornettes de reistres et de François s'estans ralliées, voulurent entreprendre de leur faire encore une charge; mais ils les trouvèrent si bien ralliés qu'ils ne l'osèrent entreprendre, et ainsi passèrent sans les charger de ce coup-là; mais leur firent une entreprise en despit de laquelle il se maintinrent tousjours ensemble, en se retirant vers nostre avant-garde, qui tenoit ferme sans se mouvoir, ayant ainsi veu maltraiter le connestable et l'emmener prisonnier.

Lors le duc de Guyse tira environ deux cens chevaux des troupes, avec quelque nombre de harquebusiers à sa main droite; et, avec les Espagnols qui suivoient, alla charger les gens de pied des huguenots, qu'ils desfit entièrement, sous la charge de Grammont et de Fontenay.

A l'instant le mareschal de Sainct-André, avec tout le reste de l'avant-garde, s'alla ranger au bout du bataillon des lanskenets, pour charger les reistres et ceux qui se rallieroient et seroient sur pied de l'armée du prince : lesquels voyans telle charge leur tomber sur les bras, et leurs gens de pied desfaits, se retirèrent au grand trot vers un grand bois prochain. Ce que voyant d'Andelot, et leurs lanskenets, dont il avoit esté le conducteur, s'enfuir au travers du village de Bleinville, et assez près du lieu où le connestable avoit soustenu la charge, les voulut contraindre de tourner teste à la cavalerie qui les suivoit, ce qu'ils ne voulurent faire, et ainsi se servirent ce jour-là plus des pieds et des jambes que de leurs picques et corselets : ce que voyant d'Andelot, et qu'il ne pouvoit rien faire, estant las et malade, comme je luy ay depuis ouy dire, et ne pouvant retrouver ny rallier les siens, s'arresta quelque peu, puis se hazarda d'aller regagner le reste de leur armée, qu'il ne retrouva que le lendemain au matin.

Le prince de Condé et l'admiral, voyans nostre avant-garde entièrement victorieuse, et que c'estoit à recommencer, leurs François estans séparés et débandés en divers endroits, furent bien estonnés, et de voir leurs reistres qui prenoient la fuite au grand galop, et leurs François qui les suivoient de près. Le prince, qui ne pouvoit se mettre en l'esprit de se retirer, y demeura, et fut chargé et pris du sieur d'Amville, auquel il se rendit, et donna la foy et l'espée, ayant son cheval blessé, et luy un peu en une main.

Les reistres et les François huguenots, ayant passé des taillis qui estoient près de là, en fuyant trouvèrent un petit haut au de-là d'un vallon, où ils s'arrestèrent, monstrant de vouloir faire teste à nostre avant-garde, qui temporisa un peu trop à les charger et à suivre entièrement cette victoire obtenue par le duc de Guyse sur leur infanterie; lequel ne s'estant porté que pour un particulier capitaine en cette armée, fit bien paroistre qu'il estoit digne d'un plus grand commandement, se gouvernant comme un bon et sage capitaine, et bien affectionné à la cause pour laquelle il portoit les armes, en prenant sagement le party où il voyoit le plus davantage. Toutesfois il y en a qui veulent dire que nostre avant-garde, soit par le retardement du mareschal de Sainct-André ou du duc de Guyse, donna trop de temps à l'admiral, qui ne le perdoit pas, à rallier tout ce qu'il pouvoit de sa cavalerie, comme il fit, environ quatre cens chevaux françois et ses reistres, à la teste desquels il se mit avec le prince de Porcian, La Rochefoucault et la pluspart de la noblesse huguenote, et les pria tous de retourner au combat. Et ainsi ils marchèrent droit au village de Bleinville, où nostre avant-garde estoit en bataille, foible de cavalerie, ce qui apportoit beaucoup davantage audit admiral, lequel se vouloit tousjours avancer pour la rompre; mais le duc de Guyse fit approcher Martigues, qui estoit avec un bataillon de gens de pied couvert de la cavalerie, où estoient les plus vieux soldats de toutes les bandes, lesquels rompirent le dessein dudit admiral, qui estoit de défaire notre cavalerie, comme j'ay dit, laquelle soustint une si grande et forte charge sous la conduite du duc de Guyse, qu'il ne lui demeura pas cent chevaux ensemble, mais il fit une grande diligence de se rallier : ce que voyant l'admiral, et que Martigues avec son bataillon de gens de pied faisoit merveilles de tirer sur sa cavalerie, il commença alors à se serrer avec ses reistres pour faire la retraite.

Ainsi le duc de Guyse demeura chef en l'armée du roy, pour estre le connestable pris prisonnier, et le mareschal de Sainct-André aussi pris et tué. Et voyant que l'admiral se retiroit avec ses reistres et ses François, essaya de le suivre avec Martigues et ses gens de pied et fort peu de cavalerie : mais il n'y eut moyen qu'il le pust joindre, et aussi que la bataille ayant duré plus de cinq heures, les jours estans courts, la nuit survint, qui osta la vue et la cognoissance de l'admiral. Lequel sauva avec sa cavalerie quelques pièces de son artillerie, et les bagages, que les reistres principalement ne veulent jamais abandonner, et s'en alla à La Neufville, environ deux petites lieues de la bataille, de laquelle l'honneur, le gain et la place demeurèrent au duc de Guyse, avec la pluspart de l'artillerie des huguenots, hormis, comme nous avons dit, quelques pièces que sauva l'admiral avec luy.

CHAPITRE VI.

Observations sur la bataille de Dreux. Des morts et blessés en cette journée. Losse porte au roy la nouvelle de la victoire. Grand service du sieur de Biron. Le connestable mené à Orléans, et mis entre les mains de la princesse de Condé, sa nièce. Le prince de Condé prisonnier du duc de Guyse. L'admiral veut revenir au champ de bataille tenter un nouveau combat. Les reistres et les Allemans s'y opposent et l'empeschent. Le duc de Guyse, demeuré maistre du champ de bataille, vient saluer le roy à Rambouillet, luy fait le récit du combat et loue la valeur du connestable, du prince de Condé et du mareschal de Sainct-André, qui y fut tué. Il loue encore le duc d'Aumale et le grand-prieur, ses frères, et les sieurs d'Amville et de Martigues, et parle modestement de soy. Le duc de Guyse fait lieutenant-général pour l'absence du connestable. L'admiral éleu chef des huguenots pour l'absence du prince de Condé. Ses exploits en Berry. Le prince de Condé mené au chasteau d'Onzain.

Voilà, mon fils, comme passa la bataille de Dreux, où la victoire fut bien débattue d'une part et d'autre, et en laquelle il n'y eut point d'escarmouches des deux costés avant que de venir aux grands combats. Les deux chefs y furent prisonniers, et l'on s'y rallia fort souvent. Aussi y eut-il un grand meurtre de part et d'autre; le duc de Nevers y fut blessé, toutesfois par un des siens; d'Annebaut blessé, qui mourut depuis; La Brosse et son fils aussi; Givry, y fut tué, et Beauvois, son frère, y fut blessé. Pour les morts, l'on disoit, et ay vu rapporter au duc de Guyse, qu'il y en avoit huit ou neuf mille sur la place; mais d'autres disent qu'il n'y en avoit pas six; tant y a que la bataille fut fort sanglante : de laquelle les nouvelles furent portées en grande diligence de tous costés par ceux qui n'attendoient pas à à en voir la fin, tant d'une part que d'autre.

L'on avoit rapporté au roy et à la reyne sa mère, et dit par toute la cour, que la bataille estoit perdue et le connestable prisonnier et blessé, de sorte qu'il y en avoit de bien estonnés à la cour, où se faisoient diverses délibérations et discours. Mais telle nouvelle fut bientost tournée en joye par l'arrivée de Losse, qui fit le discours à Leurs Majestés de tout ce qui s'estoit passé en la bataille, en laquelle il ne faut pas céler que Biron, alors premier mareschal de camp, depuis grand-maistre de l'artillerie, aujourd'huy mareschal de France, n'aye remporté beaucoup d'honneur, comme il a fait en toutes les batailles qui se sont donnés ès guerres civiles. Losse ayant esté ouy avec grande allégresse à la cour, meslée toutesfois de douleur pour la prise du connestable et mort du mareschal de Sainct-André et des autres seigneurs et gentilshommes morts ou blessés de nostre costé, il fallut faire part de cette réjouissance à Paris, où il fut commandé de faire feux de joie et processions pour rendre graces à Dieu. Le semblable fut fait ès bonnes villes de France, èsquelles on despescha force courriers pour leur faire entendre cette nouvelle.

Cependant le connestable fut mené en si grande diligence, blessé et vieil comme il estoit, qu'il porta presque le premier ces nouvelles à Orléans, où on lui bailla pour hostesse la princesse de Condé sa nièce; laquelle, d'autre costé, avoit besoin de consolation pour la prise du prince son mary, lequel demeura hoste du duc de Guyse, son cousin, qui le traita fort bien; et couchèrent ensemble le jour de la bataille près de Dreux, où ledit duc avoit son logis, et devisèrent de tout ce qui s'estoit passé.

Il y eut au matin quelques advertissemens apportés au duc de Guyse, que l'admiral voulust persuader aux reistres de retourner le lendemain au combat, leur disant qu'ils trouveroient le reste de nostre armée en désordre, avec si peu de cavalerie, que la victoire leur seroit assurée; mais les reistres n'approuvèrent pas ce conseil, pour les excuses qu'ils alléguèrent de n'avoir plus de poudre, et qu'ils avoient plusieurs chevaux blessés, déferrés et mal repeus, et autres raisons que l'admiral fut contraint de recevoir. De sorte que le lendemain, au lieu de retourner combattre, ils prirent le chemin de Gallardon, laissant quelques pièces de leur artillerie par le chemin.

Le jour suivant au matin, le duc de Guyse se trouva seul au champ et maistre de la place, où il fit tirer quelques coups de canon pour assembler et appeler un chacun, et fit mettre les blessés dans Dreux et enterrer tous les morts. Puis il envoya les enseignes gagnées sur les gens de pied, et les cornettes et guidons remportés sur la cavalerie, à Paris, pour signal de la victoire qui luy estoit demeurée, et s'arresta quelques jours ès environs de Dreux, attendant le commandement du roy.

Alors Leurs Majestés avec toute la cour s'acheminèrent à Rambouillet, où ledit duc fut mandé de s'y trouver: et y estant allé accompagné de la pluspart des seigneurs, gentilshommes et capitaines de son armée, après le disner du roy il se trouva dedans la salle pour faire la révérence à Leurs Majestés, où il leur rendit en public, et comme en forme de harangue, compte de tout ce qui s'estoit passé en cette bataille. Et commença par le regret qu'il avoit d'avoir vu tant de braves François, princes, seigneurs et gentilshommes, obstinés, aux despens de leur sang et de leurs vies, les uns contre les autres, qui eussent été suffisans pour faire quelque belle conqueste sur les ennemis estrangers. Puis il s'estendit amplement à parler de la prudence du connestable, chef et général de l'armée, tant pour l'avoir mis en bataille avec tous les avantages que la nature du lieu lui avoit pu permettre, que pour avoir si bien encouragé un chacun au combat, que les moins courageux s'estoient résolus d'y bien faire, auxquels il avoit montré le chemin, se trouvant partout, suivant son ancienne valeur. Après il fit le discours de toutes les charges qui furent faites par le prince de Condé, auquel il attribua toutes les louanges qui se peuvent donner à un chef d'armée qui ne vouloit rien commander dont luy-mesme ne prist courageusement le hazard, et comme, après plusieurs recharges, l'un et l'autre furent à la fin pris prisonniers, et plusieurs braves seigneurs, capitaines et gentilshommes tués ou blessés. Il loua aussi fort amplement les Suisses; puis il fit une digression sur le malheur qui estoit advenu au mareschal de Sainct-André, chef et conducteur de l'avant-garde, qui, après avoir esté pris, fut tué par la mauvaise volonté que luy portoit un gentilhomme.

Il n'oublia pas l'admiral, qui avoit esté contrainct de quitter la partie; et loua fort le duc d'Aumale, son frère, qui y avoit esté porté par terre, et eu une espaule rompue, et le grandprieur, son autre frère, pour avoir usé de grande diligence et esté deux ou trois jours à cheval devant la bataille, toujours à la teste ou aux flancs, ou à la queue des ennemis, où il s'estoit porté aussi vaillamment qu'on eust sceu désirer. Il fit semblablement un bon récit de d'Amville et de Martigues; mais il parla légèrement des lansknenets, comme ayant peu fait, tant d'une part que d'autre, et fort sobrement de luy, comme n'estant qu'un simple capitaine et particulier en l'armée, avec sa compagnie et quelques gentilshommes de ses amis, qui luy avoient fait cet honneur de le suivre et accompagner ce jour-là, où après la prise dudit connestable et la mort du mareschal de Sainct-André, le reste de l'armée luy avoit fait cet honneur de le prier de la commander. Et s'estant joinct avec eux et ayant pris leur conseil, ils avoient tant fait avec la volonté de Dieu, que la victoire et la place de bataille leur estoit demeurée, et s'estoient maintenus jusques à l'heure, pour attendre ce qu'il plairoit au roy de leur commander.

Et après avoir dit, il présenta à Sa Majesté une infinité de ceux qui l'avoient accompagné audit Rambouillet, où le roy, l'ayant remercié du bon service qu'il luy avoit fait ce jour-là, luy commanda et pria d'accepter la charge de l'armée pendant l'absence du connestable; et ainsi il fut fait lieutenant du roy, avec grand honneur qui luy fut rendu, tant des gens de guerre que de ceux de la cour, bien qu'il se voulust excuser de cette charge en suppliant le roy d'y commettre quelque prince de son sang ou le mareschal de Brissac.

L'admiral cependant, qui avoit pris le chemin de la Beauce, alla à Dangeau, où il fut aussi esleu chef de l'armée des huguenots en l'absence du prince de Condé; et là fit délibération d'aller rafraischir son armée ès villes des pays de Sologne et de Berry, et prit une petite ville appellée Le Puiset, qui se rendit par composition. Estant à Espies en Beauce, il eut quelques advertissemens que le duc de Guyse le vouloit suivre. Qui fut cause qu'il manda à Orléans pour rassembler tout ce qui s'y estoit allé rafraischir, puis s'en alla à Beaugency, où il passa la rivière de Loire, et alla, au commencement de janvier, à Selles en Berry, qu'il assiégea et prit par composition. Il alla semblablement prendre Sainct-Agnan et Montrichard, qui sont toutes places lesquelles ne pouvoient tenir, n'y ayant que les habitans. Le duc de Guyse, d'autre part, ayant grande quantité d'artillerie, et son armée estant composée de gens de pied du reste de la bataille, ne pouvoit aller si tost que l'admiral, qui n'avoit que de la cavalerie. Il prit cependant Estampes et Pluviers, et alla jusques aux portes d'Orléans.

Au mesme temps le roy alla à Chartres, et de là à Blois, où le prince de Condé fut mené, et de là envoyé au chasteau d'Onzain, où il pratiqua de se sauver; ce que toutesfois il ne put exécuter, et y en eut quelques-uns pendus de ceux qui faisoient l'entreprise.

CHAPITRE VII.

Le sieur de Castelnau, après la bataille de Dreux, où il se rencontra, est renvoyé continuer le siège du Havre. Il prend Tancarville. Le roy luy en donne le commandement. Misérable estat de la Normandie entre les deux partis catholique et huguenot. L'admiral de Chastillon prend Jargeau et Sully, et se retire en Normandie. Querelle entre le mareschal de Vieilleville et le sieur de Villebon, gouverneur de Rouen. Le mareschal de Brissac envoyé lieutenant-général en Normandie, à la place du mareschal de Vieilleville. Amnistie publiée par ordre du roy, pour diminuer les troupes de l'admiral, qui escrit aux princes d'Allemagne que le roy n'est pas libre. La reyne tasche de divertir l'admiral de son voyage en Normandie, qu'il continue, et prend Caen.

Mais avant que poursuivre à parler de ces deux armées, que je laisseray pour un peu, je te diray, mon fils, qu'ayant esté laissé au Havre-de-Grace avec le comte Rhingrave, dès lors que l'armée du roy partit de Rouen après la prise de la ville, ce que je m'estois trouvé dedans Paris, en l'armée du roy, et en tout le progrès qu'elle fit jusques après la bataille, ne fut qu'en poursuivant ce qui nous estoit nécessaire pour assiéger ledit Havre, avoir des gens de pied, de l'argent, poudres et munitions. De sorte que du mesme lieu de Rambouillet je fus renvoyé audit Havre-de-Grace, avec l'un des régimens de lanskenets du comte Rhingrave, qui estoit à la bataille, qui fut tout le secours que l'on envoya lors audit comte. Lors le sieur de Vieilleville, estant fait mareschal de France par la mort du mareschal de Sainct-André, fut envoyé à Rouen pour y commander et faire les entreprises de chasser les Anglois de la Normandie, reprendre le Havre et Dieppe.

Et comme je passois au pays de Caux avec ledit régiment de lanskenets, et près d'un chasteau appellé Tancarville, que tenoient les Anglois sur la rivière de Seine, ils eurent quelque espouvante, pensans que ce fust toute l'armée du roy, dont je leur fis courir le bruit, et à l'instant loger là auprès et au village dudit Tancarville les lanskenets, qui fut cause de faire parlementer ceux du chasteau : ce que je manday incontinent au comte Rhingrave, qui estoit à Montivillier; lequel partit à l'heure mesme pour voir cette composition avec son régiment : le mareschal de Vieilleville partit aussi au mesme temps de Rouen, et le jour mesme qu'ils arrivèrent, la place fut rendue des François et Anglois qui estoient dedans.

Le roy, en estant adverty, m'envoya une commission pour y mettre quelques gens de pied et de cheval, afin de tenir les Anglois resserrés de ce costé-là et asseurer la rivière de Seine jusques au Havre-de-Grace, et pour faire le magazin de vivres et toutes choses nécessaires audit Tancarville pour assiéger ledit Havre; car en toute la Normandie il y avoit eu tel désordre par les armées qui y avoient passé et séjourné, que toutes choses y estoient désolées, et tous les pauvres peuples au désespoir; où les catholiques ne faisoient pas moins de mal que les Anglois et les huguenots : de sorte qu'il ne se trouvoit rien par les villages ny par les maisons, qui ne fust caché et retiré dedans des carrières longues et profondes qu'ils ont en ce pays-là, où ils sauvoient tous leurs biens et bestail et eux-mesmes, comme gens sauvages désespérés; de façon que les reistres du comte Rhingrave battoient ordinairement sept ou huit lieues de pays pour trouver des vivres et aller aux fourrages.

Mais, pour retourner aux deux armées du roy et des huguenots, l'admiral, craignant le siége d'Orléans, persuada aux siens d'y aller, et les fit passer et loger en la ville, ayant pris en passant Jargeau et Sully. Alors le duc de Guyse s'alla loger à quatre lieues d'Orléans par le costé de la Sologne, tellement que ces deux armées se trouvèrent voisines, ledit duc pour assaillir et l'admiral pour deffendre : mais, après avoir demeuré quelques jours en ladite ville d'Orléans, il persuada à ses reistres, avec grande peine et difficulté, de reprendre le chemin de la Normandie pour deux raisons : l'une, pour ne se hasarder et enfermer tous en la ville d'Orléans; l'autre, pour recevoir l'argent qui luy estoit promis d'Angleterre pour les payer, leur persuadant de laisser leurs chariots en la ville, qui demeureroient seurement et à couvert, en prendre les chevaux, pages et valets, et en faire quelques cornettes; ce qu'ils firent à la fin, mais très mal volontiers. Cette résolution faite, il laissa d'Andelot, son frère, audit Orléans, pour la deffence de cette ville, et aussi qu'il estoit malade de la fièvre quarte. Cela fait, l'admiral prit son chemin vers Tyron et Dreux, au mesme lieu où il donna la bataille, où il fit divers discours des fautes faites des deux costés.

Le roy, adverty du partement et voyage que ledit admiral faisoit en Normandie avec tous ses reistres et François, dépescha lettres en tous les lieux de cette province pour porter tous leurs biens et vivres ès villes fermées. En ce temps, estant survenu une querelle entre le mareschal de Vieilleville et le sieur de Villebon, baillif et gouverneur de la ville de Rouen, comme ils disnoient ensemble, le mareschal de Vieilleville coupa le poing, au lieu de la jointure, d'un coup d'espée audit Villebon, comme il vouloit mettre la main à la sienne, laquelle luy tomba par terre. Un jour après, j'allay à Rouen, où j'avois affaire pour adviser aux nécessités de la Normandie; et comme j'avois donné advis à Sa Majesté de cet accident arrivé, elle m'envoya lettres pour voir ceux du parlement et les premiers de la ville pour leur commander qu'il n'y eust aucunes factions qui pussent troubler le public. J'avois aussi commandement de Sa Majesté de voir lesdits mareschal de Vieilleville et de Villebon, et leur dire le desplaisir qu'elle avoit de cet accident survenu à l'un et à l'autre; mais chacun d'eux voulut rejetter le tort sur son compagnon. Villebon ne parloit que de mettre la vie et employer tous ses amis pour avoir sa revanche.

Le roy, pour obvier à l'inconvénient qui pouvoit arriver de quelque sédition et nouveau remuement en la ville de Rouen, qui ne commençoit qu'à se remettre de tant de maux qu'elle avoit soufferts auparavant, advisa de retirer le mareschal de Vieilleville, et y envoya le mareschal de Brissac, pour estre lieutenant-général en toute la Normandie, et lui commit la puissance et authorité générale de reprendre les villes du Hayre et Dieppe, et faire une armée pour empescher les desseins de l'admiral en ladite province.

Et alors le roy, pour diminuer et rompre les forces des huguenots, fut conseillé de faire publier un pardon général à tous ceux qui se retireroient d'avec l'admiral pour aller vivre paisiblement dans leurs maisons. Outre cela, Sa Majesté fit faire une déclaration particulière adressante aux princes d'Allemagne, pour leur faire entendre qu'elle estoit en pleine liberté, la reyne sa mère et messeigneurs ses frères; et en envoya la copie au mareschal de Hesse et à ses reistremaistres pour les inciter à se retirer hors du royaume de France, ou bien de se mettre à son service, et de laisser le parti de ses ennemis, mauvais sujets et perturbateurs du repos public, qui les avoient deceus.

Cette déclaration estant venue à la cognoissance du mareschal de Hesse et de ses reistres, aussitost l'admiral leur fit entendre qu'elle estoit contrainte et forcée; que le roy estoit mineur, comme aucuns des autres princes de son sang qui l'avoient signée par son commandement, et les autres intimidés, et la reyne sa mère, par ceux qui les tenoient en subjection. Il escrivit le mesme à l'empereur Ferdinand et aux princes d'Allemagne pour les advertir de croire tout le contraire de ce que l'on leur avoit mandé, en les priant plustost de leur aider et envoyer le secours qui leur avoit esté promis; que de l'empescher et garder que les catholiques ne fissent des levées en Allemagne. La reyne mère, comme j'ay dit souvent, tousjours désireuse de trouver quelque moyen de pacification, escrivit à l'admiral de différer son entreprise d'aller en Normandie pour quelques jours, durant lesquels l'on pourroit traiter de la paix. A quoy il respondit que c'estoit une chose qu'il désireroit volontiers, et que, pour cet effet, il seroit bon que le prince et le connestable se vissent pour traiter cette affaire; mais cependant qu'il estoit délibéré de poursuivre son entreprise; et, comme j'ay dit, estant desjà arrivé au lieu où s'estoit donnée la bataille, il fit diligence d'achever son voyage; mais il ne put, comme c'estoit son dessein, prendre la ville d'Évreux, d'où il fut repoussé, et y perdit quelques gens. En passant, le prince de Porcian fit une entreprise d'aller composer avec celuy qui estoit au Pont-l'Évesque, qui le rendit. L'admiral séjourna quelques jours à Dives, attendant des nouvelles des Anglois, et peu de temps après alla assiéger la ville de Caen, de laquelle du Renouart estoit gouverneur, où le marquis d'Elbœuf, frère puisné du duc de Guyse, s'estoit retiré, estant en ce pays-là; et usa de telle diligence qu'il l'eut à la fin par composition, laquelle ne fut tenue en toutes choses; car les églises furent ruinées, les reliques saccagées, les ecclésiastiques pris et mis à rançon, avec plusieurs catholiques, qui furent contraints de contribuer à ce qu'ils avoient esté cottisés.

CHAPITRE VIII.

Conquestes de l'admiral en Normandie. Déclaration de la reyne d'Angleterre sur le secours qu'elle luy donne. Le duc de Guyse assiége Orléans contre le conseil de plusieurs, et ainsi abandonne la Normandie à l'admiral. Le mareschal de Brissac, renfermé dans Rouen, et hors d'estat de secourir la province, veut remettre son employ, n'estant point assisté. Il envoye vers le roy, et conseille la levée du siége d'Orléans pour venir secourir la Normandie.

L'admiral, triomphant de la prise de Caen, commença à bastir de plus grands desseins sur la Normandie, et depescha plusieurs capitaines pour faire des entreprises sur les villes d'icelle, et entr'autres Mouy et Coulombiers, qui se saisirent de Honfleur et de Bayeux; et Montgommery, lequel, comme nous avons dit, avoit fait un grand ravage dans cette province, fut aussi envoyé pour reprendre les villes de Sainct-Lo, Vire et autres places, ce qu'il fit, avec quelques gens de pied et pionniers anglois qui lui furent baillés par l'admiral, lequel toucha l'argent de la reyne d'Angleterre, que le sieur de Throckmorton, lequel estoit auparavant son ambassadeur auprès du roy, avoit apporté, avec autres belles promesses de ce royaume pour augmenter le mal qui estoit au nostre; ce qui incita l'admiral de leur donner le plus de pied qu'il luy seroit possible, afin qu'ils fussent plus prests à le secourir; s'efforçant de contenter ledit Throkmorton en tout ce qu'il put, et fit relire et publier de nouveau la déclaration qu'avoit faite la reyne d'Angleterre, pour monstrer que son intention n'avoit jamais esté autre que de secourir le roy son bon frère contre la violence et desseins de ceux qui le gouvernoient par force, sans vouloir rien entreprendre dedans le royaume qui ne fust pour le bien et conservation de son estat.

Et ainsi, par tous moyens, ledit admiral taschoit de faire ses affaires en Normandie, y branquetant tous les villages, leur faisant payer et fournir certaines contributions, et mettre les catholiques à rançon, pour payer ses reistres, qui estoient logés au large; lesquels je laisseray pour retourner au duc de Guyse, qui approcha d'Orléans, et s'alla loger au village d'Olivet, à demi-lieue de la ville, le 5 février 1563, où, ayant fait refaire le pont en diligence, et celuy de Sainct-Mesmin, et la chaussée des Moulins de Sainct-Samson, il fit son dessein en peu de temps de mettre en liberté le connestable, et de prendre la ville d'Orléans, contre le conseil et opinion de plusieurs de la cour, qui demandoient qu'il allast en Normandie, pour y combattre ou empescher les desseins de l'admiral, et lequel n'avoit personne qui luy contredist et fist résistance. Car le comte de Rhingrave, qui n'avoit que ses deux régimens de lanskenets et les six compagnies qui m'avoient esté baillés, avec quelque cavalerie, et douze cens reistres, estoit de l'autre costé, au pays de Caux, au delà de la rivière de la Seine, et attaché au Havre-de-Grace, que l'on ne pouvoit abandonner sans mettre le pays à la mercy des Anglois, qui estoient audit Havre et à Dieppe, guidés par plusieurs huguenots qui estoient dedans le pays.

Matignon, lieutenant du roy en la Basse-Normandie, et à présent mareschal de France, estoit d'autre part bien empesché par l'admiral, lequel avec ses reistres estoit maistre de la campagne, comme aussi par le comte de Montgommery; ce qui faisoit bien mal au cœur au mareschal de Brissac, lieutenant-général par toute la Normandie, lequel estoit contraint de demeurer à Rouen, pour n'avoir ny hommes, ny argent, ny moyen de sortir de la ville, et trouvoit ce commandement bien différent de celuy qu'il avoit eu en Piedmont, avec tant d'argent et de braves capitaines et soldats, et qu'il n'y avoit rien en France qui luy fust alors espargné, n'y ayant jeune prince, seigneur et gentilhomme qui n'allast faire son apprentissage en cette guerre de Piedmont. Voyant donc le mareschal de Brissac le piteux commandement qu'il avoit, et le peu de moyen de conserver sa réputation, et faire service au roy en cette charge, manda le comte de Rhingrave et quelques autres seigneurs et gentilshommes, et des principaux capitaines qui estoient serviteurs du roy en Normandie, pour le venir trouver à Rouen, afin de prendre conseil et délibération de ce qu'il falloit faire. Or estans assemblés avec luy, il nous proposa qu'il avoit un extreme regret d'avoir, sur ses vieux jours, accepté la charge de lieutenant-général du roy en Normandie, se trouvant seulement avec la commission qu'il vouloit renvoyer à Sa Majesté, parce que l'on ne luy avoit tenu aucune chose de ce qui luy avoit esté promis, luy ayant esté dit et asseuré au partir de la cour, qu'aussitost qu'il seroit à Rouen l'on luy envoyeroit des hommes, de l'argent, du canon, des munitions, des pionniers et autres choses nécessaires pour reprendre les villes du Havre-de-Grace, de Dieppe et autres détenues, et qui se prenoient tous les jours en Normandie; qu'il estoit un bourgeois de la ville de Rouen, et non un lieutenant du roy, parce qu'il n'avoit pas seulement deux cens chevaux pour recognoistre l'admiral, lequel faisoit tout ce qu'il vouloit sans aucun empeschement. Que de tirer le comte de Rhingrave avec ses forces du Havre-de-Grace, où il tenoit les Anglois resserrés, il n'y avoit point d'apparence, tant pour n'estre assez fort pour faire teste à l'admiral, qu'aussi ce seroit bailler entièrement le pays de Caux aux Anglois, qui avoient six mille hommes dedans le Havre-de-Grace. Et après avoir le mareschal de Brissac allégué plusieurs autres raisons accompagnées de la douleur qu'il avoit de se voir enfermé dans la ville de Rouen, et voir ruiner, prendre et piller toute la Normandie par l'admiral, il demanda conseil d'un chacun de ce qui estoit de faire. La plus grande partie fut d'opinion d'envoyer vers le roy, tant pour luy remonstrer les maux que faisoit l'admiral, que pour la grande espouvante qu'il donnoit à tout le pays, afin que Sa Majesté envoyast des forces et de l'argent au mareschal pour faire une armée, et se mettre en campagne avec ce qu'il tenoit pour le roy, et aller combattre l'admiral.

Le mareschal de Brissac ayant entendu l'opinion d'un chacun, prenant de l'un et de l'autre ce qui luy sembloit bon, fit la conclusion qu'il avoit prise, comme il est à présumer, avant que de nous envoyer quérir, qu'il falloit donc en diligence envoyer vers le roy, qui estoit à Blois, avec les instructions et mémoires de tout l'estat présent de la Normandie et de la nécessité où elle estoit réduite, en danger d'estre bientost plus mal, s'il n'y estoit promptement pourvu, et qu'au lieu de six mille Anglois qu'il y avoit, il y en auroit bientost douze mille et plus; disant qu'il avoit toujours ouy dire et recognu que cette nation ne demandoit qu'à prendre pied en France du costé des lieux maritimes. Davantage, que l'admiral, ayant de l'argent d'Angleterre, n'auroit pas faute de gens mesme d'un renfort de reistres, comme il traitoit avec quelques princes d'Allemagne. Par ainsi qu'il jugeoit (ce qu'à Dieu ne plust) que, s'il n'estoit bientost pourvu à la Normandie, les Anglois et l'admiral y auroient la meilleure part, et seroit fort mal-aisé de les en désloger; et que, pour cette occasion, il ne voyoit autre remède plus prompt, ny forces qui fussent bastantes de deux mois de donner aucun secours à cette province, si ce n'estoit de l'armée que commandoit le duc de Guyse: estans d'advis qu'il laissast la ville et le siége d'Orléans et les entreprises au milieu de la France, où il se trouveroit toujours assez de remèdes pour ruiner les huguenots, afin d'aller chasser les Anglois, principaux ennemis du royaume, et l'admiral de Normandie: lequel estant défait avec ce qui luy restoit de reistres, et le prince de Condé prisonnier, les huguenots estoient perdus pour jamais, et demeureroient sans chef, et les Anglois avec la honte et le repentir d'avoir mis le pied en France. Et fit avec cette résolution plusieurs beaux discours trop longs à réciter, selon son expérience au fait des armes.

CHAPITRE IX.

Le sieur de Castelnau-Mauvissière envoyé au roy à Blois par le mareschal de Brissac proposer ses advis. Le roy le renvoye au duc de Guyse devant Orléans. Le duc de Guyse à son arrivée le mène à l'attaque du fauxbourg de Portereau, qu'il emporte de force. Entretiens du duc de Guyse avec le sieur de Castelnau-Mauvissière, tendant à ne point quitter son entreprise. Libéralité du duc de Guyse envers les soldats blessés. En continuant le siége, le duc assemble le conseil de guerre pour entendre les ordres du sieur de Castelnau-Mauvissière. Discours du duc de Guyse contre le conseil de la levée du siége. Il ramène tous les chefs à son opinion, et fait différence du commandement des armées en guerres civiles et en guerres étrangères. Le duc de Guyse propose la levée du ban et arrière-ban, et de faire une grande armée commandée par le roy, et s'en promet en peu de mois la ruine des rebelles et la paix du royaume.

Après cela il me voulut choisir pour porter ce conseil et son opinion au roy et au duc de Guyse, avec instruction et amples mémoires. Cette dépesche ainsi résolue fut faite tout le reste du jour et de la nuit, et le lendemain au matin je fus pressé de partir par ledit mareschal; après m'avoir dit plusieurs choses de bouche pour dire à Leurs Majestés et au duc de Guyse, afin de les porter à cette résolution. Donc le chemin de Rouen à Blois n'estant pas fort long, je fis diligence d'y aller en poste, et trouvay le roy et la reyne sa mère, et tout le conseil qui estoit auprès d'eux, si préparés à ce que je leur proposay de la part du mareschal, qu'ils me dirent estre entièrement de son opinion, mais qu'il sembloit que ce ne fust celle du duc de Guyse, lequel se vouloit attacher à Orléans de sa seule volonté.

Gonnor, frère dudit mareschal de Brissac, qui avoit la super-intendance générale des finances, pressoit fort de conseil et de raisons semblables à celles de son frère, que le duc de Guyse s'acheminast incontinent en Normandie. De sorte qu'à mesme heure je fus dépesché du roy et de la reyne sa mère, par l'advis de tout le conseil qui estoit auprès d'eux, pour aller trouver le duc de Guyse, qui faisoit ses approches à Orléans. Et comme il n'y a que quatre postes, j'y arrivay devant son disner; et incontinent après il s'en alla voir son infanterie, qui estoit à deux cents pas du fauxbourg du Portereau, sur les deux costés du droit chemin, qui l'attendoit sans faire aucun bruit; suivant le commandement qu'elle en avoit reçu.

Là je proposai au duc de Guyse, le plus briefvement qu'il me fut possible, la commission que j'avois. Mais il ne me respondit autre chose, sinon que j'estois le fort bien venu, et que nous aurions du temps à parler et résoudre sur une affaire de telle importance ; puis me fit bailler un bon cheval de son escurie, et me commanda de le suivre et de bien considérer les gens de pied qui estoient en cette armée, les meilleurs, disoit-il, qu'il eust jamais veu, et d'aussi bons maistres de camp et capitaines qu'il y en eust en France, et entr'autres Martigues, leur colonel, qui estoit plein de valeur et de courage. Au mesme temps il met pied à terre au milieu de ses troupes, parle à quelques capitaines et commissaires de l'artillerie, prend ses armes et fait mettre à la teste de son infanterie quatre coulevrines traisnées seulement par les pionniers ; puis donna droit au fauxbourg du Portereau, qui n'estoit fortifié que de quelques gabions, fascines et tonneaux, où il fit tirer une volée desdites coulevrines, et au mesme temps donner quelques enseignes, lesquelles au mesme instant faussent les portes, renversent tous les gabions et tonneaux, et entrent dedans le fauxbourg, où il y avoit quelques lanskenets et François, qui avoient promis à d'Andelot de garder et deffendre ledit Portereau ; mais les uns se retirèrent fuyans et jettans les armes par terre pour entrer en la ville ; les autres qui n'alloient si tost y furent tués et taillés en pièces, autres pris prisonniers, laissans tout ce qu'ils avoient en leur logis, qui fut tout pris et gagné par les gens de pied du duc de Guyse, lequel fit assez grande diligence, et d'entrer pesle-mesle pour gagner la porte de la ville, et entrer dedans avec les fuyards, qui aidèrent à fermer la porte à leurs compagnons et leurs ennemis tout ensemble, et tiroient fort et ferme du portail et de plusieurs endroits de la ville sur les nostres, qui avoient gagné le fauxbourg.

Lors le duc de Guyse me dit qu'il avoit ouy dire autrefois que l'on prenoit des villes, et y entroit-on pesle-mesle quand il y avoit un espouvantement tel que celui-là, et qu'il n'en avoit jamais veu un plus grand, ayant toutesfois bien fermé leur porte, sans nous épargner la poudre. Aussi tiroient-ils force arquebusades, et quelques pièces qui faisoient beaucoup de dommage aux nostres, et où ledit duc mesme n'estoit pas hors de danger ; qui fut cause de le faire descendre de cheval et entrer ès premières maisons à la main gauche, qui regardoient vers la porte ; de laquelle ceux de la ville tiroient jusques à son logis, où il demeura jusques environ sur les cinq heures du soir à voir tout ce qui se passoit, entendant quelques prisonniers sur l'estat de la ville et de ce que faisoit d'Andelot, qu'ils dirent avoir la fièvre quarte ce jour-là. Lors il dit en riant : que c'estoit une bonne médecine pour la guérir. Et s'enquit du connestable d'autres particularités, selon qu'il pensoit apprendre quelque chose ; puis il me dit : « Je voudrois que le mareschal fust ici pour une heure ; j'estime qu'il prendroit contentement de nos gens de pied, et qu'il auroit regret de les voir partir d'icy sans mettre M. le connestable en liberté et desnicher le magazin et première retraite des huguenots. »

Achevant ce propos, il sortit de ce logis, et alla recognoistre ce qu'il put de la ville, de leurs fortifications et des lieux par où il la voudroit prendre ; puis il assit ses gardes, et ordonna à un chacun ce qu'il avoit à faire pour la nuit, leur asseurant qu'il seroit le lendemain de bon matin avec eux pour adviser du surplus, et donna lui-mesme de sa main de l'argent à quelques soldats blessés, comme c'estoit ordinairement sa coustume, et ainsi avec la nuit il se retira à son logis, qui estoit à une lieue de là, et en retournant il me dit : « Nous parlerons demain pour faire response au roy et à M. le mareschal de Brissac. » Le lendemain de grand matin il m'envoya quérir, estant desjà prest à monter à cheval pour aller au Portereau et retourner à son entreprise, où il employa tout le jour à commander et ordonner tout ce qu'il y avoit à faire pour la prise de la ville, et à préparer des batteaux pour passer la rivière et faire sa batterie, avec espérance que la ville ne tiendroit pas longtemps après. Le troisiesme jour au matin, sur les huit heures, il envoya quérir tous les principaux seigneurs et capitaines qui avoient charge en son armée, et, pour avoir plus d'espace, entra au jardin, où il me donna charge en leur présence de dire, sans oublier aucune chose, la commission que m'avoit donné le mareschal de Brissac, par l'advis de ceux qui estoient serviteurs du roy en Normandie, et le commandement que m'avoient fait Leurs Majestés, qui approuvoient l'opinion dudit mareschal ; ce que je récitay de point en point, avec toutes les raisons qu'il m'estoit commandé de dire au duc de Guyse et à tous ceux qui estoient avec luy. Et, après m'avoir attentivement escouté, demanda l'advis à tous les seigneurs et capitaines qui estoient présens, et les fit opiner par ordre, commençant aux plus jeunes. Il n'y en eut pas un qui ne trouvast en apparence ce conseil du mareschal et ce commandement du roy très-bons, d'aller incontinent combattre l'admiral.

Et après les avoir tous ouys, le duc de Guyse commença de parler en cette façon : « Messieurs, nous avons tous entendu le bon conseil de M. le mareschal de Brissac par la bouche de Castelnau, et l'opinion de tous les bons serviteurs du roy qui sont avec luy, ensemble l'estat auquel sont de présent les affaires en la Normandie, et les actes d'hostilité qu'y fait journellement l'admiral avec ses reistres, et ce qui luy reste de cavalerie de la bataille, toutes choses à la vérité dignes de grande considération, et le commandement exprès que le roy nous donne là-dessus de partir d'icy avec cette armée, pour nous aller opposer à l'admiral et à ses desseins, qui seroient de subjuguer le pays de Normandie, et en bailler une bonne partie aux Anglois, anciens ennemis de la couronne de France, et qui ont tousjours cherché de faire leur profit de nos divisions ; dont il n'est besoin d'alléguer les exemples connus à un chacun; et est bien croyable que la nécessité d'argent dans laquelle est réduit l'admiral pour payer son armée et ses reistres, avec la passion de sa cause, luy fera oublier le devoir de sujet envers son roy et sa patrie; et en l'opinion et au jugement de vous autres, très-sages et bons capitaines qui estes icy assemblés, je recognois bien que vous voulez du tout, comme très-obéissans, vous conformer au commandement du roy et advis très-prudent du mareschal de Brissac, le plus sage et expérimenté capitaine de France après le connestable ; et, de ma part, je craindrois tousjours de faillir en mon opinion, mesmement pour contredire à tant de sages capitaines et au commandement du roy ; mais j'ai aussi souvent ouy dire et appris par expérience que sur nouveau accident il faut prendre nouveau remède ; chose qui me fera plus librement dire ce qui me semble en cette affaire, sans me laisser emporter d'aucune affection particulière. Premièrement je trouve qu'en apparence le conseil de M. le mareschal de Brissac est fort bon de vouloir persuader au roy que Sa Majesté envoye son armée pour défaire celle de l'admiral, remettre la Normandie en liberté, et en chasser les Anglois le plus tost qu'il sera possible, et garder qu'ils ne prennent plus de pied et ne donnent plus d'aide et d'argent aux huguenots, et confesse que leur conservation ou leur ruine dépend de l'admiral et de son armée. Mais de partir si soudain pour le penser trouver et sa cavalerie en lieux désavantageux, comme Castelnau m'en a fait le rapport, et laisser l'entreprise d'Orléans, ville si estonnée et à demi prise, c'est chose qui me semble hors de propos ; veu aussi que l'admiral ne sera pas si mal adverty (attendu qu'il en a de sa faction à la cour et par toute la France), qu'en moins de vingt-quatre heures l'on ne luy mande ce qui aura esté conclu contre luy : sur quoy il pourvoira diligemment à ses affaires pour se mettre et sa cavalerie en lieu de seureté et commode pour chercher ses advantages ; et faut considérer que l'armée du roy, qui tient Orléans de bien près, est composée de gens de pied seulement ; que depuis la bataille toute la cavalerie s'est allée rafraischir et remettre en estat de faire service ; et lorsqu'il a esté question d'employer cent chevaux après avoir passé la rivière de Loire, j'y ay eu assez affaire, la pluspart estant volontaires, et bien souvent j'ay presté ceux de mon escurie et de ma maison. Aussi a-t-on jamais veu une armée, toute de gens de pied, aller chercher une armée de gens de cheval, ayant tant de plaines à passer, comme celle de la Beauce, celle de Dreux et celle du Neubourg, en l'une desquelles l'admiral attendra l'armée du roy, en son option de combattre, ou de hasarder mille ou douze cens chevaux, pour les sabouler parmy les gens de pied, voir s'il les pourra entamer, pour donner dessus tout le reste ? Ou bien, quand il n'aura volonté de combattre, il leur coupera les vivres, et leur fera endurer de grandes incommodités en quelque mauvais logis; et, en un mot, pour partir d'Orléans, quand bien ce seroit chose forcée, il faux six ou sept jours à desloger, à faire cuire du pain, ordonner aux commissaires des vivres de faire leurs estapes, et le chemin qu'il faut tenir, envoyer quérir et faire ferrer les chevaux de l'artillerie, bailler quelque argent aux soldats, dont la pluspart ont besoin, et qui sont sans souliers; et, pendant ce temps-là, l'admiral, estant adverty, s'acheminera pour se trouver en l'une des trois plaines susdites, esquelles, s'il ne veut tenter la fortune de combattre, il passera, avec toute sa cavalerie, à cent ou deux cens pas de l'armée du roy, la laissera aller en Normandie, retournera à Orléans, passera auprès de Paris, donnera aux habitans un estonnement, en danger de brusler les fauxbourgs, espouventera tous ces quartiers, rançonnera chacun à discrétion, peut-estre ira droit à Blois, prendra la ville, ou du moins en fera desloger le roy, et par conséquent se fera maistre de la campagne tout le long de la rivière de Loire, et y asseurera Orléans et les places qu'il y a et au pays de Berry, et, en somme, fera la pluspart de ce qu'il luy plaira sans aucun empeschement. Alors l'on dira: Où est l'armée du roy? Où va le duc de Guyse? Pourquoy a-t-il laissé l'entreprise d'une ville qu'il pouvoit prendre en dix jours? abandonné le Portereau et ce qu'il avoit pris sur les ennemis, pour entreprendre de passer l'armée du roy en Normandie, laquelle à moitié chemin il faudra faire retourner bien harassée, sans avoir rien fait qui soit à propos? Parquoy, je prie un chacun de ne prendre en mauvaise part mon opinion, du tout contraire à celle de M. de Brissac, et faut, à mon advis, prendre Orléans avant que partir de là, et asseurer toute la rivière de Loire et le Berry. »

Lors, comme tous les seigneurs et capitaines qui estoient en ce lieu avoient esté d'opinion contraire, à l'heure mesme ils demeurèrent tous de celle du duc de Guyse, lequel fit incontinent une digression et assez ample discours sur l'estat et malheur des guerres civiles; disant que le mareschal s'y trouveroit bien plus empesché qu'aux guerres de Piedmont, où il n'avoit eu qu'un ennemy en teste, ayant toutes les commodités d'hommes et d'argent que pouvoit produire la France.

Puis il pria ceux qui estoient en ce conseil de prendre bien son opinion, et ne desloger d'Orléans, s'il estoit possible, que la ville ne fust prise; que tousjours il estoit d'advis qu'on allast chercher l'admiral en Normandie, où la part qu'il tourneroit, pour le combattre : toutesfois, qu'il y falloit marcher avec advantage, pour vaincre s'il estoit possible, et non pour estre vaincu; et, pour cet effet, qu'il estoit d'opinion que, dans peu de jours, le roy fist donner le rendez-vous à toute la gendarmerie et arrière-ban de France à Baugency et ès environs, ou à Estampes, comme il seroit advisé pour le mieux, et que pareillement il fust mandé à tous ceux de la noblesse de France, depuis l'aage de dix-huit et vingt ans jusques à soixante, sans aucune excuse que de légitime maladie, de se trouver tous à faire, non pas profession de leur foy, mais de leur affection envers le roy, et que tous ceux qui luy voudroient estre bons sujets prissent les armes et combatissent avec Sa Majesté pour la deffense de sa couronne. Que pareillement toutes les forces qui estoient esparses en divers endroits par le royaume, fussent ramassées comme celles qu'avoient mandées les ducs de Montpensier, de Nemours, Montluc, et toutes les compagnies des gens de pied et de cheval qui estoient à la solde du roy; et que Sa Majesté, estant accompagnée de la reyne sa mère, des princes de son sang qui estoient à la cour et de tout le conseil, commanderoit en personne à son armée, laquelle, après avoir fait monstre, il feroit marcher droit où seroit l'admiral, avec trente mille hommes de pied, et pour le moins dix mille chevaux, dont il se pourroit faire deux armées, desquelles la moindre seroit trop forte pour le combattre et défaire; de telle sorte que luy ny ceux de sa faction ne s'en pourroient jamais relever; et que lors l'on diroit estre la cause et l'armée du roy, et non celle du duc de Guyse, respondant aussi à ceux qui pouvoient objecter que Sa Majesté estoit trop jeune, disant qu'il prendroit sur sa vie de le faire commander et le mettre et loger tousjours en lieu si asseuré, qu'il ne courroit non plus de hasard, ny tout son conseil, que s'ils estoient à Paris; et qu'il espéroit, par ce moyen, qu'avant que l'esté fust passé le roy seroit aussi paisible en son royaume, et exempt de guerres civiles, qu'il fut jamais.

Tout ce que dessus estant proféré par le duc de Guyse, plut grandement à tous les seigneurs, capitaines et autres qui estoient en ce conseil, où aucun ne répliqua rien, sinon qu'il leur sembloit le devoir faire ainsi. Sur cela je fus renvoyé vers le roy, où estant arrivé, soudain Sa Majesté me voulut entendre en présence de la reyne sa mère, du cardinal de Bourbon, du prince de La Roche-sur-Yon et du conseil.

CHAPITRE X.

Le sieur de Castelnau-Mauvissière retourne vers le roy, qui approuve la résolution prise par le duc de Guyse, et renvoye le sieur de Castelnau-Mauvissière en Normandie vers le mareschal de Brissac. Histoire de l'assassinat du duc de Guyse par Poltrot. Prise de Poltrot. Les huguenots s'excusent et se purgent de ce meurtre, qui causa de grands malheurs. Continuation du siége d'Orléans. Poltrot tiré à quatre chevaux. Les charges du duc de Guyse continuées à son fils. Réflexion de l'autheur sur la mort tragique de tous les chefs des deux partis.

Chacun pensoit que je deusse apporter le partement du duc pour aller avec l'armée en Normandie; mais ayant rapporté le contraire au roy, et tout ce qui s'estoit passé ès opinions des seigneurs, gentilshommes, capitaines et autres, desquels le duc avoit pris l'advis, et sa conclusion susdite, elle fut incontinent approuvée de Leurs Majestés, et des princes du sang, et du conseil, où il n'y eut pas un de ceux qui estoient avec le roy qui y contredist. Occasion pourquoy Leurs Majestés luy dépeschèrent au mesme instant Rostaing, tant pour luy communiquer les autres affaires du royaume que pour en avoir son advis.

Ce mesme jour je fus dépesché en Normandie pour faire entendre au mareschal de Brissac ce que je remportois de mon voyage, et luy dire qu'il advisast, avec les forces qui estoient en Normandie, de conserver et deffendre le pays le mieux qu'il seroit possible, et empescher l'admiral et sa cavalerie d'y faire un plus grand progrès, attendant que le roy y envoyast son armée, où peut-estre il iroit en personne, selon le conseil du duc de Guyse. De façon que l'admiral ne pourroit là ni ailleurs trouver lieu de seureté, qu'il ne fust combattu et défait, et que ce seroit le vray moyen de mettre la fin à toutes les guerres civiles de la France.

Je n'avois pas encore esté une heure et demie avec le mareschal de Brissac, qu'il arriva en diligence un chevaucheur d'escurie, qui avoit couru jour et nuict, portant la nouvelle d'une grande blessure qu'avoit eue le duc de Guyse en retournant, le jour d'après que je l'eus laissé en son logis, résolu la nuit mesme d'assaillir les isles. Il estoit accompagné de son escuyer, qui marchoit devant luy, et de Rostaing, monté sur un mulet, lorsqu'un jeune soldat, qui se disoit gentilhomme du pays d'Angoumois, appellé Jean de Méré, dit Poltrot, estant peu auparavant party de Lyon, lors occupé par les huguenots, vint trouver le duc, feignant de se rendre à luy pour servir Sa Majesté en son armée. S'estant donc mis au service de ce prince, qui recevoit volontiers ceux qui le recherchoient, et qui l'avoit fort bien traité, il espia toutes les occasions d'exécuter sa détestable entreprise. L'on disoit que ce Poltrot avoit esté nourry quelque temps en Espagne, dont il parloit le langage, et s'estoit, quelque temps auparavant, tenu au service de Soubise, où quelques-uns vouloient dire qu'il avoit prémédité son entreprise, bien que par sa confession il l'aye deschargé; et qu'estant party de Lyon il fut trouver l'admiral, qui s'en servit comme d'un espion, et luy bailla de l'argent pour acheter un cheval. Quoy que ce soit, il suivit le duc de Guyse jusques aux dix-huitiesme février 1562, qu'il luy tira en l'espaule, de six ou sept pas, un coup de pistolet chargé de trois balles empoisonnées.

Incontinent qu'il eut fait le coup, il essaya de se sauver par les taillis, desquels il y a quantité en ce pays-là; mais ayant chevauché toute la nuit en crainte, pour la grande trahison qu'il avoit commise, et estant, luy et son cheval, fort las et harassés, il descendit en une grange près du lieu d'où il estoit party; et le lendemain, ayant esté trouvé endormy par Le Seurre, principal secrétaire du duc, il fut pris et mené en prison, où estant accusé par conjecture, il confessa le fait; et fut mené en présence de la reyne mère deux ou trois jours après, où il fut interrogé.

Quelque temps après, il fut publié un petit

livre, par lequel l'on chargea l'admiral; La Rochefoucault, Feuquières, Théodore de Bèze et Soubise, auquel les huguenots firent responce par forme d'apologie, disans que ledit Poltrot avoit pris ce conseil de soy-mesme, sans en demander advis à personne. Aussi l'admiral s'en est toujours voulu purger, disant l'acte estre meschant, encore qu'il dist que, pour son particulier, il n'avoit pas grande occasion de plaindre la mort du duc de Guyse, lequel finit ses jours de cette blessure le mercredy vingt-quatriesme dudit mois, après avoir esté malade sept jours avec de grandes douleurs et convulsions. Ce fut un acte le plus meschant que ce Poltrot eust pu commettre, car le soldat mérite la mort, qui seulement aura voulu toucher le baston duquel son capitaine l'auroit voulu chastier. Et ceux qui sçavoient quelque chose de cette entreprise, eussent eu plus d'honneur de l'en détourner que de le conforter en sa mauvaise volonté, comme fit le consul Fabritius; auquel s'adressant un jour le médecin de Pyrrhus, luy offrit de l'empoisonner s'il luy vouloit donner une somme d'argent; mais au contraire, Fabritius, voyant la perfidie d'un tel homme, le fit prendre, et l'envoya, pieds et mains liés, à son maistre, lequel avoit gagné trois grandes batailles sur les Romains. Et combien que quelques-uns ayent pensé que ce Poltrot eust beaucoup fait pour les huguenots, si est-ce que cet acte a esté cause d'autres grands maux qui s'en sont depuis ensuivis, lesquels l'admiral a sentis pour sa part, comme je diray en son lieu; et a cette mort apporté un changement à toutes les affaires de la France.

L'armée, toutes fois, vouloit poursuivre l'entreprise, et fut faite une plate-forme sur le pont pour tirer en la ville; mais le roy, la reyne sa mère, et tous les catholiques, demeurèrent fort estonnés, comme aussi la ville de Paris, qui luy fit des funérailles fort honorables, et en laquelle ledit Poltrot fut exécuté et tiré à quatre chevaux. La reyne, mère du roy, monstra lors le ressouvenir qu'elle avoit de ses services, et l'affection qu'elle portoit à sa mémoire et à toute sa maison, faisant pourvoir Henry, duc de Guyse, son fils aisné, de l'estat de grand-maistre de France, et du gouvernement de Champagne, que tenoit son père, et a fait depuis tout ce qu'elle a pu pour cette maison.

Or il fut advisé, sur les occurrences qui se présentoient, de regarder ce qui estoit le meilleur pour l'estat du roy, du royaume et de l'armée, qui avoit perdu quatre de ses chefs en peu de temps; sçavoir: le roy de Navarre, qui estoit mort au siége de Rouen; le connestable, pris prisonnier; le mareschal de Sainct-André, tué à la bataille de Dreux; et le duc de Guyse, tué devant Orléans: chose fort remarquable, que tous les chefs de part et d'autre de ces deux armées sont à la fin morts violemment sans qu'il en soit eschappé aucun, comme on verra cy-après.

CHAPITRE XI.

Prise de Vienne par le duc de Nemours, qui entreprend sans effet sur la ville de Lyon et défait le baron des Adrets. Autre défaite des huguenots, et prise d'Annonay par le sieur de Sainct-Chaumont. Le duc de Nemours pratique le baron des Adrets, lequel le sieur de Mouvans retient prisonnier.

Laissant l'armée au Portereau, et les affaires de la cour et du royaume sur le point de nouveau changement, je ne veux obmettre que le duc de Nemours, lequel avoit une armée en Dauphiné, joignant ses forces à celles de Bourgogne, Auvergne et Forest, alla assiéger et prendre la ville de Vienne, avec les catholiques qui estoient dedans. Après la prise de laquelle il s'approcha de Lyon, où Soubise commandoit pour les huguenots, d'autant qu'ils ne s'osoient plus fier au baron des Adrets. Là, il y eut plusieurs escarmouches aux approches, où l'un des habitans de la ville, nommé Marc Herbin, promettoit au duc de Nemours de le faire entrer en la ville, moyennant quelque somme qu'il demandoit: de laquelle ne retirant que des promesses, il advertit Soubise de l'entreprise; lequel disposa si bien les garnisons, habitans et gens de guerre qui estoient en la ville, qu'ils en laissèrent entrer quelques-uns de l'armée du duc de Nemours, qui furent presque tous tués; ce que voyant le duc, et qu'il avoit esté trompé, et qu'il falloit trois camps pour assiéger ladite ville, à cause de sa situation, qui est sur le bord de deux grandes rivières, le Rhosne et la Saosne, et une citadelle qui commande aux deux rivières, fut contraint de laisser son entreprise, après avoir défait et mis en déroute quelques enseignes de gens de pied, et quelques cornettes de cavalerie que le baron des Adrets menoit à Lyon pour leur secours. Cette défaite estonna fort toutes les villes situées sur le Rhosne, et donna beaucoup de courage aux catholiques du pays de courir sus aux huguenots.

En ce mesme temps, ceux qui tenoient la ville d'Annonay en Vivarez, que les huguenots avoient prise sur les catholiques, sortirent de ladite ville pour aller surprendre Sainct-Estienne-en-Forest, ce qu'ils firent; mais, comme ils s'amusoient au pillage, ils furent surpris par Sainct-Chaumont, où il y en eut beaucoup de tués, et de là il retourna prendre la ville d'Annonay, devant que les huguenots qui estoient dedans en fussent advertis, qui furent fort maltraités de tous sexes et aages, l'espace de deux jours; et la ville fut pillée, tant par les soldats que par les catholiques qui y estoient encore. Mais ayans nouvelle que le baron des Adrets marchoit en diligence pour avoir la revanche, ils troussèrent bagage, et abandonnèrent la ville d'Annonay, après avoir gasté les grains et vivres qui restoient en icelle, de peur que leurs ennemis ne s'en pussent prévaloir.

Le baron des Adrets estant adverti que Sainct-Chaumont s'estoit retiré avec ses troupes, rebroussa chemin, et s'en alla pour assiéger la ville de Vienne, où estoit une grande partie des gens et de l'armée du duc de Nemours; lequel, cognoissant l'humeur du baron, et sçachant qu'il n'avait pas tant d'affection à la religion des huguenots comme il monstra depuis, qu'à son profit particulier, soit qu'il vist qu'il n'y avoit plus de calices ny reliques à prendre, ou qu'il se faschat de ce party, soit pour acquérir réputation du costé des catholiques, ou bien pour se venger des injures qu'il avoit reçues des huguenots, le duc le cognoissant pour capitaine, et qui avoit beaucoup de crédit et réputation, pensa que c'estoit le plus seur et expédient pour le service du roy de le gagner que de le combattre par force; ce qu'il fit si dextrement avec belles promesses et douces paroles, comme c'estoit un prince fort persuasif, et qui a toujours sçu attirer les hommes par son gentil naturel, que depuis les huguenots n'ont eu en ce pays-là un plus grand ennemy que ce baron, qui commença dès-lors à pratiquer contre les huguenots; lesquels, comme fort vigilans en leurs affaires, en furent advertis, aussi ont-ils toujours eu des espions partout. Qui fut cause que Mouvans, estant le baron des Adrets allé en la ville de Valence, le prit prisonnier par l'advis du cardinal de Chastillon et du sieur de Crusol, depuis fait duc d'Uzès, l'envoya à Nismes, où il fut en bien grand danger; et à peine en fust-il échapé, sinon par le moyen de la paix, en vertu de laquelle il fut eslargy.

CHAPITRE XII.

La reyne moyenne une trève. Entrevue du prince de Condé et du connestable. Raisons qui portoient la reyne à la paix. Dangereux estat de la France. Desseins des Anglois en France. La paix, souhaitée des deux partis, conclue, et à quelles conditions. Difficultés apportées à la vérification du traité par quelques parlemens. Cette paix arreste les progrès de l'admiral en Normandie. Le prince de Condé le rappelle de Normandie. L'admiral se plaint de la précipitation de la paix. Aliénation des biens ecclésiastiques pour la subvention.

Mais, pour retourner à l'armée, que nous avons laissée au Portereau devant Orléans, et à l'admiral, qui faisoit tout ce qu'il pouvoit en Normandie pour y avancer ses affaires, chacun ayant diverses affections par le royaume; les uns de poursuivre la guerre, les autres de faire la paix, la reyne, mère du roy, qui ne respiroit que le bien du roy et de l'estat, voyant, comme j'ay dit, les trois principaux chefs de l'armée du roy morts, et le quatriesme prisonnier, fut conseillée de rechercher les moyens de faire la paix, où elle ne fut pas difficile à persuader. A cette occasion trèves furent accordées d'une part et d'autre.

La princesse de Condé fut voir la reyne à Sainct-Mesmin, où elle fut fort bien reçue avec beaucoup de belles promesses. Et fut arresté un parlement, qui se tint dans l'Isle-aux-Bœufs, près la ville d'Orléans, où furent menés le prince de Condé et le connestable, qui disoit ne pouvoir souffrir que l'on remist l'Edict de janvier; mais il se trouva d'autres moyens par ceux qui estoient du tout désireux de la paix, disans qu'autrement l'estat estoit en danger de se perdre. Le prince de Condé demanda d'entrer à Orléans pour en conférer, à condition aussi que le connestable iroit en l'armée du roy; ce qui fut accordé avec suspension d'armes d'une part et d'autre; qui fut sagement advisé par la reyne, mère du roy, lassée de voir la France si affligée de guerre civile, en laquelle les victorieux perdoient autant et plus quelquefois que les vaincus. Et combien que le roy eust une puissante armée, et moyen de la faire encore plus grande, si est-ce qu'ayant perdu les chefs, il n'en pouvoit pas recouvrer de semblables. Au contraire, les huguenots avoient encore l'admiral, avec un grand nombre de cavalerie, avec plusieurs villes, davantage l'on craignoit qu'il ne s'approchast d'Orléans pour le secourir, où, s'il eust eu la victoire, il eust mis le roy et le royaume sous la puissance des huguenots, qui avoient lors une grande part aux finances du roy, sans qu'il luy fust possible recevoir la moitié de ses deniers et subsides, ny les faire tenir au trésor de l'espargne, estant Sa Majesté endebtée de plus de cinquante millions.

Mais ce qui travailloit encore autant et davantage le roy et son conseil, estoient les Anglais saisis du Havre-de-Grace, qui se preparoient d'amener une plus forte armée en France, pour y prendre pied à la ruine et entière désolation du royaume, comme leur dessein a toujours esté sur diverses prétentions, depuis qu'ils en ont esté chassés. C'estait au moins leur espérance, en nourrissant nos divisions, de s'emparer de la Normandie, comme ils avoient fait pendant les querelles des maisons d'Orléans et de Bourgogne. Tant y a qu'il n'y avoit personne au conseil du roy qui ne fust d'opinion que l'on fist la paix.

Long-temps auparavant, le cardinal de Lorraine estoit allé au concile de Trente, lequel fut si fasché de la mort du duc de Guyse et du grand-prieur, ses frères, qu'il ne se travailloit d'autre chose; et beaucoup de catholiques, qui avoient tant souffert en si peu de temps, ne demandoient pas moins la paix que les huguenots, les uns et autres fort lassés de la guerre.

Pour ces causes, après toutes choses bien pesées et débatues de part et d'autre, la reyne, le prince de Condé, le connestable, d'Andelot, et ceux qui, des deux parts, furent appellés à ce traité, résolurent la paix, après avoir adverty l'admiral des conditions d'icelle, qui estoient telles : « C'est à sçavoir que tous gentilshommes protestans ayans haute justice ou fiefs de haubert, pourroient faire exercice de leur religion en leurs maisons avec leurs sujets;

» Qu'en tous les bailliages et séneschaussées, il y auroit une ville assignée aux huguenots pour l'exercice de leur religion, outre les villes ésquelles l'exercice se faisoit auparavant le septiesme jour de mars, qui fut le jour que l'édict fut conclu, sans toutesfois qu'il fust permis aux huguenots d'occuper les églises des catholiques, qui devoient estre restitués en leurs biens, avec toute liberté de faire le service divin, comme il se faisoit auparavant les guerres;

» Qu'en la ville et prévosté de Paris il ne se feroit aucun exercice de la religion réformée, que l'on appelloit pour lors ainsi; et néantmoins que les huguenots y pourroient aller avec seureté de leurs biens, sans estre recherchés au fait de leurs consciences;

» Que tous les estrangers sortiroient de la France le plus tost que faire se pourroit; et toutes les villes que tenoient les huguenots seroient remises en la puissance du roy;

» Que tous sujets de Sa Majesté seroient remis en leurs biens, estats, honneurs et offices, sans avoir esgard aux jugemens rendus contre les huguenots depuis la mort du roy François second, qui demeureroient cassés et annulés, avec abolition générale octroyée à tous ceux qui avoient pris et porté les armes;

» Que le prince de Condé et tous ceux qui l'avoient suivy seroient tenus et réputés comme bons et loyaux sujets du roy, et qu'ils ne seroient recherchés pour les deniers et finances de Sa Majesté par eux prises durant la guerre, ny pour les monnoyes, poudres, artilleries, démolitions faites par le commandement du prince de Condé ou des siens à son adveu;

» Que tous prisonniers, tant d'une part que d'autre, seroient eslargis sans payer aucune rançon, fors et excepté les larrons et voleurs;

» Défendu à tous, de quelque religion qu'ils fussent, de s'injurier ny reprocher les choses passées, sur peine de la hart, ny de faire aucun traicté avec les estrangers, ny lever aucuns deniers sur les sujets du roy;

» Que l'édict seroit lu, publié et enregistré en tous les parlemens du royaume. »

Voilà les principales clauses de cet édict, sans toucher à quelques autres que chacun peut voir, estant l'édict publié et imprimé.

Mais la dernière clause, « que l'édict seroit vérifié en tous les parlemens, » estoit la plus importante, et sans laquelle l'édict fust demeuré illusoire et sans effet ; car l'exécution d'iceluy dépendoit principalement des magistrats, qui n'eussent eu aucun esgard à l'édict si les parlemens ne l'eussent vérifié, attendu mesmement la minorité du roy et la mort du roy de Navarre ; joint aussi qu'il s'en trouvoit qui ne le pouvoient gouster en sorte quelconque, comme ceux qui faisoient estat de s'enrichir des dépouilles d'autruy, et ne demandoient qu'à pescher en eau trouble, espérans que les confiscations leur demeureroient. Et entre ceux qui estoient plus poussés du zèle de religion, les parlemens de Paris, Rouen, Toulouse, Bordeaux et Provence, tenoient les premiers rangs, qui firent plusieurs remontrances avant que de le vérifier, estimans qu'il seroit bientost rompu ; car l'édict précédent fut de mesme, parce qu'il n'estoit que provisionnel, et jusques à ce qu'autrement y fust pourvu, et de fait il advint ainsi.

Cependant l'admiral, qui estoit en la Basse-Normandie, où il avoit pris plusieurs villes, et réduit les catholiques en mauvais estat, fut adverty par le prince de Condé que la paix estoit accordée, et qu'il laissast la Normandie pour se trouver à la conclusion des articles : ce qu'il fit, comme il m'a dit depuis, avec regret, pour la grande espérance qu'il avoit, après la mort du duc de Guyse, d'avancer mieux ses affaires qu'il n'avait fait auparavant, et, pour le moins, si le prince de Condé eust un peu attendu, d'avoir entièrement l'Edict de janvier. Mais voyant que c'estoit fait, il partit de Caen le quatorziesme de mars avec sa cavalerie, et s'achemina par Lizieux, où l'on luy ferma les portes : de là il voulut aller à Bernay, où l'on luy vouloit faire le mesme ; mais à la fin il y entra, et, continuant son chemin, il passa à Falaize, et de là à Mortagne, où les habitans refusèrent à ses mareschaux des logis et fourriers d'y faire les logis, et se voulurent mettre en deffence ; mais nonobstant ils furent pillés et saccagés, et plusieurs prestres tués. L'admiral, estant arrivé à Orléans le vingt-troisiesme de mars avec son armée, trouva l'édict de la paix résolu, signé et scellé il y avoit cinq ou six jours ; de quoy il monstra d'estre marry, remonstrant plusieurs raisons au prince de Condé, comme il s'estoit par trop hasté, attendu qu'ils n'avoient eu, et ne pourroient jamais avoir plus grand moyen d'avancer leur party et religion, vu que les trois chefs de l'armée des catholiques estoient morts, et le connestable prisonnier. Il fit plusieurs discours sur ce fait, et que l'on pourroit donner beaucoup de mescontentement à ceux qui n'avoient esté appellés à dire leur advis sur une paix de telle importance. Mais le prince de Condé luy respondit à tout ce qu'il pouvoit alléguer, et qu'il s'asseuroit de beaucoup de bonnes espérances que l'on luy avoit données, et de n'estre moins auprès du roy et de la reyne sa mère, que le feu roy de Navarre, son frère, et qu'il pourroit alors obtenir quelque chose de mieux. De sorte qu'ayant contenté l'admiral, il le mena trouver la reyne, mère du roy, où il y eut plusieurs conférences de tout ce que l'on pourroit faire pour le bien de la France. Par ainsi l'édict de la paix demeura en la sorte qu'il avoit esté arresté, et y eut quelques villes nommées ès bailliages et séneschaussées, pour l'exercice de la prétendue religion des huguenots. Au mois de may ensuivant, le roy fit un autre édict pour faire une vente du temporel de l'église, jusques à cent mille escus de rente, par la permission du pape, avec pouvoir aux ecclésiastiques de les racheter, si bon leur sembloit. Et après furent mis les estrangers hors du royaume.

LIVRE CINQUIÈME.

CHAPITRE PREMIER.

Estat misérable de la France avant la paix. Confusion estrange de tous les ordres durant la guerre. Justification de cette paix et de l'édict de mars. La division fomentée en France par l'ambassadeur d'Angleterre, qui y engagea sa maistresse. Ses raisons pour la persuader d'appuyer le party huguenot. Prétexte de cette reyne.

Après la publication de la paix et de l'édict, qui fut le septiesme jour de mars 1562[1], combien qu'il despleust fort à beaucoup de catholiques de voir un tel changement de religion romaine autorisé par ordonnance du roy, si est-ce qu'ils furent contraints de s'accommoder au temps et céder à la nécessité, laquelle, n'estant point sujette aux loix humaines, avoit réduit à ce point les affaires de France, veu qu'une année de guerres civiles luy avoit apporté tant de malheurs et calamités, qu'il estoit presque impossible que, par la continuation, elle s'en pust relever; car l'agriculture, qui est la chose la plus nécessaire pour maintenir tout le corps d'une république, et laquelle estoit auparavant mieux exercée en France qu'en aucun autre royaume, comme le jardin du monde le plus fertile, y estoit toutesfois délaissée, et les villes et villages, en quantité inestimable, estans saccagés, pillés et bruslés, s'en alloient en déserts ; et les pauvres laboureurs chassés de leurs maisons, spoliés de leurs meubles et bestail, pris à rançon, et volés aujourd'hui des uns, demain des autres, de quelque religion ou faction qu'ils fussent, s'enfuyoient comme bestes sauvages, abandonnans tout ce qu'ils avoient pour ne demeurer à la miséricorde de ceux qui estoient sans mercy.

Et pour le regard du trafic, qui est fort grand en ce royaume, il y estoit aussi délaissé et les arts méchaniques ; car les marchands et artisans quittoient leurs boutiques et leurs mestiers pour prendre la cuirasse; la noblesse estoit divisée, et l'état ecclésiastique opprimé, n'y ayant aucun qui fust assuré de son bien ny de sa vie. Et quant à la justice, qui est le fondement des royaumes et républiques, et de toute la société humaine, elle ne pouvoit estre administrée, veu que, où il est question de la force ou violence, il ne faut plus faire estat du magistrat ny des loix. Enfin la guerre civile estoit une source inépuisable de toutes meschancetés, de larcins, voleries, meurtres, incestes, adultères, parricides et autres vices énormes que l'on pust imaginer; esquels il n'y avoit ny bride ny punition aucune. Et le pis estoit qu'en cette guerre les armes, que l'on avoit prises pour la deffence de la religion, aneantissoient toute religion et piété, et produisoient, comme un corps pourry et gasté, la vermine et pestilence d'une infinité d'athéistes; car les églises estoient saccagées et démolies, les anciens monastères détruits, les religieux chassés et les religieuses violées ; et ce qui avoit esté basty en quatre cens ans, estoit destruit en un jour, sans pardonner aux sépulchres des roys et de nos pères.

Voilà, mon fils, les beaux fruits que produisoit cette guerre civile, et tout ce qu'elle produira quand nous serons si malheureux que d'y rentrer, comme nous en suivons le chemin. Donc, par le moyen de la paix, l'artisan qui avoit délaissé son mestier pour se faire brigand et voleur, retournoit à sa boutique, le marchand à son commerce, le laboureur à sa charrue, le magistrat à son siége; et par conséquent chacun en son office jouissoit d'un repos avec une grande douceur, après avoir gousté l'amertume et le fiel de la guerre civile, qui n'avoit esté de cent ans en France plus cruelle. Or, tout ainsi qu'un sage médecin, pour guérir un malade qui est travaillé d'une fièvre ardente, le fait reposer premièrement, ainsi estoit-il nécessaire de donner relasche à la France, en ostant les guerres civiles, afin de guérir l'estat de tant de maladies, ulcères et cruelles douleurs dont il estoit accablé : ce que j'ay bien voulu toucher en passant, pour respondre à ceux qui vouloient donner blasme à la reyne, mère du roy,

[1] 1563, nouveau style.

et à ceux du conseil qui estoient pour lors, d'avoir accordé l'édict de pacification, et à la cour de parlement de l'avoir vérifié.

Mais les moins passionnés d'une part et d'autre estimoient qu'il estoit nécessaire, tant pour les raisons susdites, que pour la crainte que l'on avoit des Anglois, lesquels ne se contentoient pas du Havre-de-Grace, qu'ils tenoient comme un héritage de bonne conqueste, ains désiroient et taschoient de s'advancer le plus qu'ils pouvoient en France, à la faveur de nos divisions, lesquelles un ambassadeur d'Angleterre, nommé Throkmorton, duquel j'ay cy-devant parlé, avoit fomentées et entretenues longuement par la continuelle fréquentation et intelligence qu'il avoit avec l'admiral et ceux de son party. Throkmorton, que j'ai cognu homme fort actif et passionné, prit violemment l'occasion, laissant à part tout ce qui estoit de l'office d'un ambassadeur, qui doit maintenir la paix et l'amitié, pour se rendre partial contre le roy, ne recognoissant que les volontés de l'admiral ; et sceut si bien gagner la reyne d'Angleterre, sa maistresse, et ceux de son conseil, qu'il la fit entrer en cette partie, dont elle m'a souvent dit depuis qu'elle s'estoit repentie, mais trop tard.

Il n'avait rien oublié à la persuader sur les belles occasions qui se présentoient par la division des François, et davantage pour la cause de la religion, plus importante que toutes les autres, et sur tout pendant le bas aage du roy ; et que non seulement elle auroit la Normandie, mais la meilleure part du royaume de France, où les roys d'Angleterre avoient tant de prétentions, et dont ils avoient perdu la possession par la réunion des François. Davantage, que les Anglois se pourroient par ce moyen exempter des guerres civiles qu'ils craignoient s'allumer en leur royaume pour la mesme cause de religion, où les catholiques portoient fort impatiemment que l'on leur eust osté la leur. Pour ces causes donc, et autres, la reyne d'Angleterre avoit pris son prétexte de vouloir ayder le roy, son bon frère, disant estre avertie qu'il estoit prisonnier, et secourir ceux de sa religion, suivant le titre qu'elle disoit porter de défenderesse de la foy ; désirant advancer la religion huguenotte en France autant qu'elle pourroit.

Toutefois, elle m'a souvent dit que c'estoit pour ce que la reyne, mère du roy, avoit dit à ses ambassadeurs qu'il ne falloit pas espérer que l'on luy rendist jamais la ville de Calais, qui estoit l'ancien patrimoine de la couronne de France.

CHAPITRE II.

Le Havre assiégé par l'armée du roy. Les Anglois mettent tous les François hors de la place. Le connestable les somme de se rendre. Response des Anglois. Batterie du Havre. Progrès du siège. Mort du sieur de Richelieu. Batterie ordonnée par le mareschal de Montmorency. On empesche le secours. Bon service du sieur d'Estrées, grand-maistre de l'artillerie, et des mareschaux de Brissac et de Bourdillon.

Mais comme ses prétextes estoient en substance autant pleins d'injustice qu'elle taschoit de les faire paroistre au dehors justes et saincts, aussi fut-il clairement recogneu que Dieu avoit pris en main la juste querelle des François : lesquels, par le bon soin de la reyne, mère du roy, firent résolution de dresser une bonne et forte armée, et mener le roy et Henry, duc d'Anjou, à présent régnant, avec le connestable et la pluspart de la noblesse françoise, tant de l'une que de l'autre religion, devant le Havre, sans les forces qui y estoient desjà sous la conduite du comte Rhingrave. Et n'eurent pas sitost pris cette délibération qu'ils vinrent aux effets ; dont la reyne d'Angleterre estant advertie, incontinent envoya du secours de vivres, artillerie et munitions, avec commandement de tenir jusques à la restitution de ce qu'elle prétendoit lui estre dû par le traité de Cambresis, au défaut de la reddition de Calais.

L'on tient qu'il y avoit jusqu'à six ou sept mille Anglois sous la charge du comte de Warwick, comme j'ay dit cy-devant, lequel, dès lors qu'il entendit que la paix estoit faite, commanda que toutes sortes de gens eussent à déloger du Havre, excepté les Anglois naturels. Ce qui fut effectué, quelques plaintes et remonstrances pleines de pitié et compassion que pussent faire les pauvres habitans de la ville. Et se saisirent les Anglois de tous les vaisseaux et navires qu'ils purent attraper du long de la Normandie, estimans qu'il seroit malaisé au roy de pouvoir mettre sus une armée de mer aussi forte que celle d'Angleterre, mesme en si peu de tems, après tant de ruynes et pertes que si fraischement la France avoit endurées.

Et dès lors ils se préparèrent à tout ce qui estoit nécessaire pour bien garder cette place, en laquelle ayans esté aucunement resserrés par les troupes du comte Rhingrave, ils le furent bien davantage par la présence du roy et de l'armée, laquelle le connestable commandoit, qui, estant logé à Vitanval, dès le lendemain partit de bon matin pour s'en aller aux tranchées, et fit sommer les Anglois de rendre la place, leur faisant remonstrer qu'ils ne la pouvoient deffendre contre le roy et son armée, en laquelle estoient la pluspart des François de l'une et l'autre religion ; et que, s'ils attendoient d'estre forcés, ils ne devoient espérer aucune faveur ni miséricorde ; dont il seroit marry pour l'amitié qu'il avoit tousjours portée à l'Angleterre, envers laquelle il avoit tousjours procuré une bonne intelligence avec les roys ses maistres ; et bien souvent s'estoit rendu médiateur de la paix et union entr'eux, ce qu'il désiroit encore faire en cette occasion. Ce sont ses mesmes paroles et remonstrances, auxquelles j'estois présent.

Sur une telle nouvelle, le comte de Warwick prit conseil et advis des capitaines, et, après, fit sortir un nommé Paulet, desjà aagé, et commissaire général des vivres : lequel fit response qu'ils estoient venus en cette place par le commandement exprès de la reyne leur maistresse ; et estoient résolus d'y mourir tous plustost que la rendre sans son très-exprès commandement ; usant au reste de toutes honnestes paroles, et qu'en autre occasion ils désireroient de faire service au connestable ; lequel, voyant cette response, ne perdit pas temps, comme il n'avoit fait pendant la sommation, pour faire recognoistre une palissade que ceux de dedans gardoient soigneusement, comme leur estant de grande importance, et qui joignoit la porte de la ville. Il commanda, dès lors, de faire une batterie pour rompre les deffenses de la tour du Quay ; et le lendemoin au matin fit tirer plusieurs coups de canon dedans la porte de la ville, et du long de la courtine : ce qui estonna fort les Anglois, qui voyoient faire telles approches en lieux si mal aisés, et loger l'artillerie en des tranchées faites dedans des pierres et gravois, sans qu'il y eust terre, gabions ou fascines pour se couvrir : ce qui est remarquable en ce siège, n'estant lesdites tranchées couvertes que de quelques sacs de laine, ou de sable mouillé, comme la marée donnoit de sept en sept heures dans les tranchées, qui estoient de huit cens pas tout le long du rivage de la mer, depuis le boulevart Saincte-Adresse, où furent tirées plusieurs pièces de la ville, qui firent grand dommage aux nostres, et n'ay jamais veu tranchées, ny artillerie logée en lieu où il fist plus chaud.

Enfin les Anglois, se sentans pressés, mirent le feu à des moulins à vent qui estoient près de leur porte, et abandonnèrent la palissade et leurs tranchées, où l'une des enseignes colonelles de d'Andelot s'alla incontinent loger. Richelieu, maistre de camp, y fut blessé d'une arquebusade à l'espaule, dont il mourut depuis, estant un fort brave gentilhomme : chacun se rendit fort diligent à bien faire ; et mesme « les plus frisés de la cour, » désarmés, mesprisans tout péril, se trouvoient souvent aux tranchées.

Le mareschal de Montmorency, fils aisné du connestable, fit élever comme une plateforme, où il fit asseoir quatre pièces d'artillerie joignant la palissade pour battre en plusieurs endroits de la courtine, qui n'avoit ny fossé au dehors, ny contrescarpe au dedans qui valussent, ce qui estonna encore davantage les assiégés. Le mareschal de Brissac, qui estoit fort vieil, et incommodé de la goutte, et l'un des plus sages et expérimentés capitaines de France, alla voir ces ouvrages, qu'il estima beaucoup, esmerveillé de voir un tel estonnement aux Anglois, et qu'ils eussent fait si bon marché de leurs palissades et tranchées.

Sur le soir sortit une petite barque du Havre, en laquelle y avoit douze ou quinze personnes, pour aller trouver l'armée et secours d'Angleterre, avec une galère qui estoit à la rade, pensant donner secours à la ville : mais ils en furent empeschés à grands coups de canon, et plusieurs pièces pointées pour cet effet ; de sorte qu'ils n'osèrent approcher jusques à la portée de l'artillerie. Ce que voyant les Anglois, et que les François les approchoient de si près de tous costés, ils jugèrent bien qu'en peu de tems le secours de la mer ne leur serviroit de guères.

Ils voulurent loger des pièces tout au bout de la jettée, mais d'Estrée, grand-maistre de l'artillerie, fit grande diligence de loger canons et coulevrines, afin de faire une batterie pour donner incontinent l'assaut ; et vouloit en cela prévenir et devancer Caillac, qui avoit commandé à l'artillerie avant qu'arrivast d'Estrée, d'autant qu'ils n'estoient pas bien ensemble : toutesfois le connestable les mit d'accord ; de sorte que chacun d'eux s'efforça de faire son devoir, et firent continuer la tranchée jusques au bout de la jettée des assiégés.

Les mareschaux de Brissac et de Bourdillon firent aussi toute la diligence qui leur fut possible d'avancer les ouvrages, et ce qui estoit requis pour donner l'assaut, et y demeurèrent la pluspart du jour.

CHAPITRE III.

Lettre des Anglois interceptée. Prudence de L'Aubespine, secrétaire d'estat. Grand service du prince de Condé et du duc de Montpensier au siége du Havre. Grande incommodité des assiégés. Le comte de Warwick parlemente. Prudence du connestable à la capitulation des assiégés. Conditions de la réduction du Havre. Grand service du connestable de Montmorency en la prompte exécution de ce siége. Grand secours d'Angleterre arrivé deux jours trop tard. Civilité de la reyne envers l'admiral d'Angleterre, chef du secours. Exécution du traité du Havre. Sarlabos fait gouverneur de la place.

En mesme temps fut amené au connestable un secrétaire de Smyth, ambassadeur d'Angleterre, auquel son maistre avoit donné commandement d'entrer dedans le Havre par quelque moyen que ce fust, et portoit lettres au comte de Warwick. Mais ceux desquels se fioient l'ambassadeur et son secrétaire, et qui luy devoient donner l'entrée au Havre, en donnèrent avertissement à Richelieu, qui estoit blessé. Le secrétaire estant trompé et pris, ses lettres furent baillées à L'Aubespine, secrétaire d'estat, homme fort prudent et de grande expérience, qui fut d'advis de les envoyer au comte de Warwick par quelqu'autre interposé, et en retirer la response, après s'estre enquis fort exactement du secrétaire de tout ce qui pouvoit servir aux affaires du roy ; mais il fut depuis résolu que le comte de Warwick n'auroit cognoissance de cette lettre, ainsi d'une contrefaite et d'autre stile, pour l'asseurer de la part de l'ambassadeur qu'il ne devoit espérer aucun secours d'Angleterre.

Cependant l'on ne perdoit pas une heure de temps à presser de tous endroits les assiégés ; et, sur ces entrefaites, les prince de Condé et duc de Montpensier, qui ne vouloient perdre l'occasion de faire service au roy en ce siége, arrivèrent au camp, et aussitost furent aux tranchées pour n'espargner leurs personnes, non plus que leurs bons conseils, en la prise de cette place. Alors d'Estrée commença de faire la batterie au boulevart Saincte-Adresse et à la tour du Quay.

Ce qui fit penser les Anglois en leurs affaires, tant pour se voir serrés de si près que pour les incommodités qu'ils souffroient de la contagion, qui estoit grande parmy eux, et autres maladies, avec une telle foiblesse de courage et négligence d'eux-mesmes, qu'ils laissoient les corps morts de peste dans les logis sans les enterrer. Et entre les autres maux, ils enduroient une grande nécessité des eaux douces que l'on leur avoit ostées, et coupé la fontaine de Vitanval. De sorte qu'ils estoient contraints pour la plupart de se servir de l'eau de la mer et en faire cuire leurs viandes, n'ayans que bien peu de cisternes, qui furent tost épuisées.

Ce que voyant le comte de Warwick, et le peu de moyen qu'il avoit de deffendre cette place, en laquelle il se voyoit forcé en moins de six jours, environ la nuit du jeudy, qui estoit le vingt-septiesme du mois de juillet mil cinq cent soixante et trois, il escrivit au comte Rhingrave, avec lequel il avoit eu toute l'amitié et les courtoisies qui se peuvent entre gens de guerre, auparavant qu'y arrivast le connestable, et lui manda que lorsqu'il l'avoit envoyé sommer, il n'avoit point de pouvoir de sa maistresse pour traiter, mais que depuis il luy en estoit venu un, en vertu duquel il y entendroit volontiers s'il plaisoit au connestable : lequel aussitost donna cette charge au mareschal de Montmorency, son fils aisné. Et le comte de Warwick fit sortir un gentilhomme du costé du fort de l'Heure, où estoit logé le mareschal de Brissac, à l'opposite de nos tranchées : lieu sujet à y avoir des escarmouches, parce que les Anglois avoient les sorties de cet endroit plus commodes et avantageuses que de nul autre. Et ainsi que le mareschal de Montmorency pensoit traiter avec le gentilhomme anglois qu'il avoit mené au camp des

Suisses, tout joignant les tranchées des assiégés, ils firent de ce costé-là une fort belle sortie, en laquelle ils furent aussi bien repoussés, et où les maistres de camp Charry et Sarlabos, encore à présent gouverneur au Havre-de-Grace, firent fort bien. Et y en eut quelques-uns tués de part et d'autre : incontinent le gentilhomme anglois, appelé Pellain, accompagné d'un qui estoit sorty pour parlementer, fut mené au connestable; et afin qu'il n'arrivast plus de désordre pendant que l'on traiteroit, furent faites trèves de part et d'autre.

Et lors le connestable remonstra à Pellain comme les Anglois n'avoient aucun moyen de garder le Havre, et que, s'ils ne se hastoient de faire la composition en bref, ils verroient la ville forcée, prise d'assaut, et remise en l'obéissance du roy, chose qui ne tourneroit qu'à la ruine et confusion des assiégés. Ce que le connestable disoit ne désirer point tant qu'une bonne composition, s'ils y vouloient entendre : ce qu'entendu par Pellain, il respondit toutes honnestes et gracieuses paroles, en priant le connestable de remettre ce traité au lendemain, à quoy il montroit de faire difficulté : néanmoins il l'accorda, à la charge que les François ne cesseroient d'avancer les ouvrages de la batterie, et faire tout devoir à suivre leur dessein. Et ainsi se retirèrent avec quelques rafraischissemens et vivres que le connestable leur fit donner pour ce jour. Le lendemain, vingt-huitiesme du mois, Pollet et Horsay, qui avoient esté au service du roy Henri II avec Pellain, sortirent pour venir parlementer avec le connestable, qui estoit à la tranchée de bon matin. Et pour acheminer à quelque conclusion, les mareschaux de Montmorency et de Brissac s'interposèrent comme médiateurs entre le connestable et les députés des Anglois, auxquels il tenoit toute rigueur, leur témoignant que s'ils ne se hastoient de faire composition, il n'estoit plus délibéré d'y entendre, avec plusieurs autres remonstrances pleines de l'authorité que ceux qui ont l'avantage ont accoustumé de garder pour faire leur composition meilleure; d'où il persuada et mena si chaudement les députés du Havre, qu'il les fit venir à accorder les articles qui s'ensuivent :

« A sçavoir, que le comte de Warwick remettroit la ville du Havre-de-Grace entre les mains du connestable, avec toute l'artillerie et munitions de guerre appartenantes au roy et aux habitans de la ville; et pareillement laisseroit tous les navires qui estoient en la ville avec tous leurs équipages. Pour seureté de quoy, le comte de Warwick bailleroit quatre ostages, tels qu'il plairoit au connestable, et davantage que le comte mettroit à l'instant la grosse tour du Havre entre les mains d'un nombre de soldats françois tels qu'il plairoit au connestable de commander, sans toutesfois qu'ils pussent entrer en la ville, ny arborer leurs enseignes sur la tour. »

Fut aussi accordé : « que le comte feroit garder les portes de la ville, sans toutesfois arborer aussi aucunes enseignes, promettant le comte, dès le lendemain huit heures du matin, faire retirer les soldats qui estoient dedans le fort, pour y introduire le connestable.

» Que tous prisonniers pris tant d'une part que d'autre seroient délivrés sans payer rançon.

» Que le comte et tous ceux qui estoient avec luy au Havre, tant gens de guerre qu'autres, se pourroient retirer en toute seureté, et transporter ce qui seroit à eux sans qu'il leur fust donné aucun empeschement.

» Et que les navires et vaisseaux qui seroient ordonnés pour transporter les Anglois, pourroient seurement et librement entrer dedans le port et havre. »

Les quatre ostages des Anglois furent Olivier Mannere, frère du comte de Rutland, Pellan, de Horsay et Leiton. Le connestable accorda six jours au comte de Warwick et à tous ceux qui estoient avec luy pour déloger et emporter tout ce qui leur appartenoit. Et au cas que la mer et les vents leur fussent contraires durant les six jours, leur seroit donné le temps nécessaire pour se retirer.

Ce que dessus estant donc accordé, les députés des Anglois allèrent faire leur récit au comte de Warwick de ce qu'ils avoient fait. Et au mesme temps le mareschal de Montmorency alla trouver le roy à Cricquetoc, pour luy porter ces nouvelles, avec les articles signés du comte de Warwick. Le lendemain, Leurs Majestés s'approchèrent plus près du Havre, où le connestable les alla rencontrer sur le chemin, qui en fut fort caressé, avec infinis remerciemens de ce bon service, qui fut fait à temps; car la reyne d'Angleterre avoit fait embarquer deux mille Anglois en plusieurs bons navires de guerre, pensant les envoyer pour secourir le Havre, lesquels vinrent aborder à la rade deux ou trois jours après la capitulation; mais ils trouvèrent desjà grand nombre des Anglois qui estoient sortis de la ville, ladite capitulation se devant effectuer le lendemain. Le comte de Clinton, admiral d'Angleterre, parut avec toute l'armée de sa reyne, qui estoit d'environ soixante voiles, et fit grande contenance de vouloir descendre en terre : soudain il fut pourvu à mettre bonnes gardes, tant de gens de pied que de cheval, pour s'opposer à son dessein. Quoy voyant, l'admiral cognut bien que sa maistresse et luy avoient esté trop tardifs en leurs affaires, de sorte que, ne pouvant faire autre chose, ce fut à luy de se conformer à ce qui avoit esté traité auparavant qu'il arrivast.

La reyne mère luy envoya un gentilhomme de la chambre du roy, appelé Lignerolles, pour sçavoir de luy s'il vouloit descendre en terre, où il trouveroit Leurs Majestés prestes à luy faire bonne réception et faveur, et donner toute la seureté qu'il pourroit désirer pour ce regard. A quoy l'admiral, que j'ay tousjours cognu sage et modeste en toutes ses actions, pour avoir traité plusieurs grandes affaires avec luy, respondit que s'il voyoit occasion propre d'aller baiser les mains de Leurs Majestés, il ne voudroit meilleure asseurance que leurs paroles, et sur cela il se délibéra d'aller retrouver sa maistresse.

Or, les Anglois qui estoient au Havre n'avoient pas moindre désir de se retirer que les François de les voir desloger; à quoy il fut donné si bon ordre de tous costés, que, dès le trentiesme jour du mois, chacun estoit embarqué, horsmis deux ou trois cens pestiférés, restans de plus de trois mille de leurs compagnons qui y estoient morts. Et le dimanche, trente-uniesme juillet, Sarlabos, maistre de camp, entra dedans la ville avec six enseignes de gens de pied, lequel depuis y a tousjours demeuré gouverneur jusques à présent; et n'eust esté la blessure de Richelieu, de laquelle il mourut, il eust eu cette charge.

CHAPITRE IV.

Grand dessein sans effet d'un hospital fondé pour les soldats estropiés. Le sieur de Castelnau-Mauvyissière prie le roy de le descharger du commandement de Tancarville. Le roy l'envoye au-devant des ambassadeurs d'Angleterre, Smyth et Throkmorton. Il arreste Throkmorton de la part du roy, et l'envoye au chasteau de Sainct-Germain-en-Laye. Raisons de sa détention. Smyth pareillement arresté par le sieur de Castelnau, en haine du mauvais traitement fait au sieur de Foix, ambassadeur de France, en Angleterre. Prudence de Smyth, et ses bonnes intentions pour la paix des deux couronnes. Il refuse au sieur de Castelnau de traiter d'une trève, et propose de traiter de la paix. Le roy fait négocier avec luy par le sieur de Castelnau, qui le met en liberté. Le roy déclaré majeur au parlement de Rouen. Cheute dangereuse de la reyne, laquelle continue le traité de la paix d'Angleterre par l'entremise dudit sieur de Castelnau, qui met Smyth en pleine liberté et l'amène à Paris, où la cour se rendit.

Alors le roy et la reyne sa mère, après avoir rendu graces à Dieu de ce bon et heureux succés, prirent résolution avec le connestable de donner divers contentemens aux gens de guerre, tant capitaines que soldats, qui avoient esté blessés, et leur faire donner quelque argent, avec promesse d'autres bienfaits quand l'occasion s'en offriroit. Et proposa la reyne, mère du roy, de faire un hospital, fondé de bonnes rentes et revenus, pour les soldats estropiés, et ceux qui le seroient dès-lors en allant au service du roy.

Et se firent beaucoup de belles délibérations, qui furent bientost oubliées, après que l'armée fut rompue et séparée, et Leurs Majestés esloignées; qui laissèrent le connestable au Havre-de-Grace, afin de donner ordre à toutes choses, et de là s'en allèrent à Sainct-Romain, puis à Estellam, où j'allay les trouver, pour les supplier d'avoir agréable que je leur remisse le chasteau de Tancarville, qu'ils m'avoient baillé en garde, et licenciasse quelque quatre-vingts chevaux-légers que j'avois de reste dedans le pays de Caux, et des gens de pied, qui n'estoient plus nécessaires d'y estre entretenus, me voulant retirer de ce pays-là le plus tost qu'il me seroit possible, et me descharger des grandes despenses que j'y faisois; pour lesquelles je me voyois beaucoup endebté, n'estans mes gens trop bien payés.

Sur quoi Leurs Majestés me firent de belles promesses, et en mesme instant me commandèrent, avant que de licencier mes chevaux-légers, d'aller sur le chemin de Rouen, pour rencontrer les deux ambassadeurs d'Angleterre, qui vouloient s'acheminer vers le roy, lequel ne les vouloit nullement voir. L'un estoit Smyth, pour ambassadeur ordinaire, l'autre estoit Throkmorton, son prédécesseur, tous deux commandés par la reyne d'Angleterre de se haster d'aller trouver Leurs Majestés au Havre-de-Grace, où Throkmorton laissoit aller Smyth devant pour savoir quel il y feroit. Mais l'un et l'autre y arrivèrent trop tard ; et d'autant que Foix, qui estoit pour lors ambassadeur du roy résidant en Angleterre, estoit fort estroitement observé et quasi comme prisonnier, le roy fut conseillé de faire le semblable à l'endroit de Smyth, et de ne recevoir Throkmorton en quelque façon que ce fust ; mais plustost le faire arrester prisonnier, commece luy lequel, ayant été cause de la guerre avec la reyne sa maistresse, et de rompre le traité de Cambresis fait avec elle, se seroit encore hazardé de passer en France sans passe-port ni sauf-conduit du roy ; surquoy Sa Majesté ne le pouvoit recevoir autrement que pour un prisonnier. Ce qu'elle me commanda de luy dire, et davantage qu'estant hay en l'armée du roy, comme il estoit tant des catholiques que des huguenots, et de tous les peuples de France, il serait en danger de sa personne s'il n'estoit en lieu de seureté. Luy ayant fait cette harangue, comme il estoit homme fort colère et passionné en toutes ses actions, il se voulut élever, se prévalant de sa maistresse, et se deffendre par plusieurs raisons. Mais pour couper chemin à tous ses discours, je l'envoyay au chasteau de Sainct-Germain-en-Laye, avec garde, comme j'en avois eu commandement.

Cela fait, je fis entendre à Smyth, ambassadeur ordinaire, que pour lors il n'avoit que faire au roy, et seroit en mesme hazard que Throkmorton, des peuples et soldats de France, qui avoient reçu tant d'incommodité des Anglois. Par ainsi, et voyant que Foix, ambassadeur du roy en Angleterre, estoit comme prisonnier, il serait meilleur que je lui baillasse quelques gens de cheval pour sa garde, comme j'avois fait à Throkmorton, qui estoit à Sainct-Germain-en-Laye, et que je l'envoyerois au chasteau de Melun, où il seroit en seureté.

Sur quoy il montra moins de passion que Throkmorton, disant qu'il falloit qu'il portast la pénitence des fautes que l'autre avoit faites. Et, soit qu'ils ne fussent pas amis, comme il estoit aisé à voir, car ils ne faisoient pas grande estime l'un de l'autre, Smyth me dit alors que, s'il eust été cru en Angleterre, et que Throkmorton ne luy eust renversé ses desseins, le le roy seroit en bonne amitié et intelligence avec la reyne d'Angleterre sa maistresse, qui eust donné tout contentement et satisfaction à Leurs Majestés ; et que, comme bien instruit de l'estat de France et d'Angleterre, il sçavoit bien que ces deux royaumes ne pouvoient demeurer longuement en guerre, que nécessairement ils ne vinssent à quelque bonne paix, pour la grande communication et correspondance qui est entre eux, et sçavoit les moyens, s'il plaisait au roi et à la reyne sa mère, de les rendre en peu de jours en meilleure intelligence avec la reyne sa maistresse, qu'ils ne furent jamais ; chose qu'il ne voudrait communiquer qu'à Leurs Majestés, et plustost par moy que par nul autre, pour l'amitié que je luy avois portée et à toute l'Angleterre. Il me dit aussi qu'il estoit adverty que le connestable avoit dit au roy et à la reyne sa mère qu'en peu de jours il leur feroit une trève avec la reyne d'Angleterre, qui seroit meilleure que la paix qui estoit auparavant.

Ce qu'ayant mandé à Leurs Majestés, elles m'escrivirent incontinent de tenir l'ambassadeur sur ce propos, et, attendant que la paix se pust faire, de commencer de traiter de la trève avec luy, afin d'éviter tant de dommages et pertes que les Anglois et François recevoient tous les jours, qui ne tournoient qu'au profit des pyrates, estant le commerce arresté et tous les marchands pillés et volés sur la mer, avec grande perte pour tous les deux royaumes. Mais Smyth demeura résolu et opiniastre à ne vouloir parler d'autre chose que de la paix. De quoy ayant donné advis à Leurs Majestés, elles m'escrivirent incontinent de lui donner quelque espèce de liberté, regardant toutes fois qu'il n'échapast, comme aucuns donnoient des advis qu'il en avoit intention ; mais c'estoit chose où il ne pensoit pas. Throkmorton, qui estoit à Sainct-Germain-en-Laye tenu assez estroitement, se scandalisoit fort que l'on voulust traiter sans luy avec Smyth, disant qu'il luy feroit un jour couper la teste, pour estre entré seul en ce traité, sans demander qu'ils fussent conjoints ensemble, disant qu'il sçavoit mieux, comme le dernier party d'Angleterre, l'intention de leur maistresse.

Mais Smyth, qui estoit homme résolu et prévoyant, n'en fit pas grand compte. Au contraire il demanda d'estre mis en liberté, comme ambassadeur ordinaire de la reyne sa maistresse; et comme sçachant ce qui estoit utile pour le bien de la France et de l'Angleterre, il viendroit bientost aux particularités nécessaires pour le bien de la paix. Ce qu'ayant mandé au roy et à la reyne sa mère, ils m'escrivirent par un courrier, que je lui proposasse, comme de moy-même, que, s'il vouloit, nous irions à Paris, et de là nous approcherions de la cour, et pourrions aller jusques à Meulan, où le roi estoit, lequel, de son retour du Havre-de-Grâce, s'estoit fait déclarer à Rouen majeur à quatorze ans, selon l'ordonnance de Charles cinquième; ce qui donna jalousie au parlement de Paris, où tels actes avoient accoustumé d'estre faits. Je dis donc à Smyth qu'estant près de Leurs Majestés, je luy procurerois une favorable audience, dont il fut fort aise. Néantmoins il me dit, comme nous avions beaucoup de familiarité ensemble, qu'il ne croyait pas que je voulusse faire cela sans en avoir commandement, ce que je ne lui voulus confesser.

Ainsi nous nous acheminasmes dès le lendemain matin de Melun pour aller coucher à Paris, et, le jour ensuivant, allasmes coucher à Poissy, où je reçus commandement de demeurer quelques jours avec l'ambassadeur, d'autant que la reyne mère estoit tombée d'un fort traquenart qu'elle montoit, si rudement, que l'on pensoit qu'elle en deust mourir, comme elle en fut à l'extrémité; et lors l'on ne pensa qu'à chercher tous les remèdes pour sa guérison; laquelle ayant recouverte, elle m'envoya quérir, et, en présence du roy, des princes du sang, du connestable, et quelques-uns du conseil, m'ayant enquis des particularités et discours que j'avois eus avec Smyth, pour la paix ou pour la trêve, dont je lui fis récit, elle pria le roy de lui laisser faire la paix avec la reyne d'Angleterre, puis qu'elle estoit venue à bout de son entreprise du Havre-de-Grâce, et en avoit chassé les Anglois. Et sur cela je fus commandé d'aller trouver Smyth, et l'amener à Meulan, et regarder s'il y auroit moyen de commencer à mettre quelque chose par escrit. Ce que luy ayant proposé, il me fit response que, puis qu'il estoit question d'une chose de telle importance, après avoir ouy parler le roy et la reyne sa mère, il falloit qu'il en advertist la reyne sa maistresse, se promettant de la disposer si bien à la paix, qu'en peu de temps les choses prendroient une bon fin; alléguant aussi que, s'il entroit trop avant sur cette matière, sans nouveau commandement et sans en donner avis en Angleterre, et du traitement qu'il avoit reçu, il n'estoit pas sans ennemis et envieux qui l'en voudraient blasmer.

Lors Leurs Majestés me commandèrent de mettre Smyth en liberté, et lui faire compagnie jusqu'à Paris, le faire remettre en son logis, et luy rendre ses papiers, qui avoient esté scellés, et faire encore garder Throkmorton à Sainct-Germain-en-Laye. Et au mesme temps, la reyne, mère du roy, se portant assez bien de sa grande cheute et blesseure, il fut advisé que la cour et le conseil iroient à Paris pour donner ordre aux affaires de tout le royaume, afin d'y establir la paix, et faire plusieurs beaux réglemens et ordonnances avec la majorité du roy, punir plusieurs malversations, et adviser sur l'exécution des articles du concile de Trente, et, sur toutes choses, d'appointer les princes et seigneurs qui pouvoient apporter quelques troubles à l'estat. En quoy la reyne mère travailloit autant qu'il estoit possible pour oster toutes rancunes, afin de ne rentrer aux guerres civiles, dont tout le royaume, et principalement ceux qui avoient quelque chose à perdre, estoient fort las.

CHAPITRE V.

La douairière de Guyse accuse l'admiral de la mort de son mary, et demande justice au roy. Punition d'un sacrilège exécrable commis à Paris contre la saincte hostie. Mort du mareschal de Brissac. Le seigneur Bourdillon succède à sa charge. Les ecclésiastiques obtiennent faculté de racheter les biens aliénés pour la subvention. Le roy va à Fontainebleau recevoir plusieurs ambassadeurs des princes catholiques, qui proposent et offrent assistance pour la ruine des hérétiques et rebelles, pour le faire rentrer en guerre. Le roy veut garder la paix jurée. Les Bourguignons demandent qu'il n'y ait point d'exercice de la religion prétendue en leur province. Nouvelle secte des déistes et trinitistes découverte à Lyon.

En ce mesme temps, Anne d'Est, douairière de Guyse, qui a depuis épousé le duc de

Nemours, avec ses enfants et beaux-frères, demandèrent justice de la mort de feu duc de Guyse contre l'admiral, qui se vouloit d'un costé purger, et de l'autre se tenoit sur ses gardes, et donnoit ordre de se deffendre par le moyen des huguenots, qu'il avoit presque tous à sa dévotion. Ce que prévoyant, Leurs Majestés commandèrent à ceux de Guyse d'attendre le temps et l'occasion. Tout le reste de cette année, le roy, avec une grande cour, demeura à Paris; toujours à une occurence, puis l'autre, selon qu'elles se présentoient.

Je ne veux obmettre qu'en ce temps-là un misérable et meschant homme osta la saincte ostie d'entre les mains d'un prestre disant la messe à l'esglise Saincte-Geneviève, chose qui fust trouvée si impie et méchante d'un chacun, qu'il n'y eut homme si mal conditionné qui n'en eust horreur; et mesme les huguenots confessoient publiquement qu'il avoit mérité une mort rigoureuse. Aussi ne porta-il pas longuement ce crime de lèse-majesté divine; car, le jour mesme, il fut exécuté et bruslé en la place Maubert. Environ ce temps-là, le mareschal de Brissac, qui avoit esté si long-temps lieutenant du roy en Piedmont, desjà fort vieil et cassé, et retourné malade du Havre-de-Grace, mourut, et le sieur de Bourdillon fut fait mareschal de France en sa place. Lors les ecclésiastiques firent grande instance envers le roy, à ce que les biens de l'esglise vendus et aliénés avec permission du pape pour supporter les frais de la guerre, ne demeurassent entre les mains de ceux qui les avoient achetés, la plupart seigneurs ou gentilshommes, et à bon marché, ce qui diminuoit beaucoup des décimes ordinaires. Sur cette remonstrance, le roy leur accorda de racheter les terres et biens immeubles par eux vendus, pour cent mille escus de rente, suivant l'édict de l'aliénation.

Or le roy, se faschant du séjour de Paris, et de plusieurs affaires et rompements de teste, qui sont toujours plus grands en cette ville qu'en autre lieu, résolut d'aller à Fontainebleau sur le commencement de l'année, tant pour y avoir l'air plus commode que pour y recevoir les ambassadeurs du pape, de l'empereur, du roi d'Espagne, du duc de Savoye, et autres princes catholiques amis et alliés de la couronne, qui envoyoient visiter Sa Majesté comme par un commun accord; la prier de faire observer par toute la France les articles et décrets du concile de Trente; et l'exhorter à demeurer ferme en la religion catholique, comme avoyent fait tous ses prédécesseurs très-chrétiens dont il portoit le nom; et ne se laisser esbranler aux hérésies de son royaume. Ils parlèrent aussi à Sa Majesté pour faire cesser l'aliénation des biens de l'église, du tout préjudiciable à son estat, et contre la loy divine, et lui donnèrent conseil de punir tous ceux qui avoient ruiné, saccagé et démoly les églises, porté les armes contre leur roy, donné entrée aux estrangers dedans son royaume, et faire punir ceux qui estoient cause de la mort du feu duc de Guyse. Et finalement ils firent à Sa Majesté plusieurs propositions, plustost pour l'induire à rentrer à la guerre et rompre son édict de pacification qu'à le maintenir; asseurant les ambassadeurs que leurs maistres donneroient toutes faveurs et assistance au roy pour chasser les hérésies de son royaume; et punir ceux qui en estoient les autheurs.

Mais le roy, la reyne sa mère et leur conseil, qui ressentoient les maux advenus à la France par le malheur des guerres civiles, n'avoient pas grand désir d'y rentrer sur les belles promesses des ambassadeurs; car aussi ne se fioit-on pas en celles de leurs maistres: mais nonobstant, l'on leur donna toutes gracieuses et honnestes responses pleines de remerciements, et telles qu'elles se devoient donner à des ambassadeurs en semblables occasions. Et Leurs Majestés firent réponse qu'une paix et édict si solennellement faits par le conseil et advis de tous les princes du sang, et des plus sages du royaume, ne se pouvoit pas ainsi rompre ny altérer, sans un grand danger de la recheute, ordinairement plus dangereuse que la première maladie; ce que nous avons éprouvé assez long-temps depuis ce temps-là, sans y trouver autres remèdes que le bien de la paix, et les édicts faits pour y parvenir. Il y eust aussi les Estats de Bourgogne qui remonstrèrent au roy qu'il estoit impossible de maintenir deux religions en France; et sur cela supplièrent Sa Majesté, par personnes envoyées exprès, qu'il n'y eust point de temples ny exercice de la religion prétendue réformée au pays de Bourgogne pour les huguenots. La harangue de celuy qui fut envoyé à depuis esté imprimée.

En ce mesme temps il y eut à Lyon une nouvelle secte de déistes et trinitistes, qui est une sorte d'hérésie laquelle a esté en Allemagne, Pologne et autres lieux, secte très-dangereuse, dont la foy et la doctrine doit estre rejetée, et laquelle a grandement troublé l'Allemagne, comme il se peut voir par les histoires du temps de l'empereur Ferdinand [1].

CHAPITRE VI.

Divertissemens de la cour à Fontainebleau. Adresse et vaillance du prince de Condé. Festins faits par la reyne mère. Tournoy de douze Grecs contre douze Troyens, dont fut le sieur de Castelnau, comme aussi d'une belle tragi-comédie. Adventure de la tour enchantée, entreprise par le roy et son frère.

Or, quittant ce discours plus sérieux, puis que j'ay commencé à parler du lieu et du séjour de Fontainebleau, je parleray en passant des festins magnifiques, courses de bague et combats de barrière qui s'y firent, où le roy et le duc d'Anjou son frère, depuis roy, firent plusieurs parties esquelles le prince de Condé fut des tenans; lequel fit tout ce qui se peut désirer, non-seulement d'un prince vaillant et courageux, mais du plus adroit cavalier du monde, ne s'espargnant en aucune chose pour donner plaisir au roy, et faire cognoistre à Leurs Majestés et à toute la cour qu'il ne luy demeuroit point d'aigreur dans le cœur.

La reyne, mère du roy, qui n'en voulut pas estre exempte, fit aussi de très-rares et excellens festins, accompagnés d'une parfaite musique, par des syrènes fort bien représentées ès canaux du jardin, avec plusieurs autres gentilles et agréables inventions pour l'amour et pour les armes.

Il y eut aussi un fort beau combat de douze Grecs et douze Troyens, lesquels avoient de long-temps une grande dispute pour l'amour et sur la beauté d'une dame : n'ayans encore pu trouver l'occasion de combattre pour cette querelle, laquelle ils désiroient terminer en présence de grands princes, seigneurs, chevaliers et de belles dames, pour estre tesmoins et juges de la victoire, et sçachans qu'en ce festin il y avoit des personnes de ces qualités pour décider ce point dignement, ils envoyèrent demander le combat au roy par hérauts d'armes, accompagnés aussi de très excellentes voix, qui présentèrent et récitèrent les cartels et plusieurs belles poésies, avec les noms et actes belliqueux des Grecs et Troyens, qui devoient combattre avec des dards et grands pavois, où estoient dépeintes les devises de chaque combattant. J'estois de ce combat sous le nom d'un chevalier nommé Glaucus, comme aussi des autres tournois et parties qui se firent à Fontainebleau, et semblablement d'une tragi-comédie que la reyne, mère du roy, fit jouer en son festin, la plus belle, et aussi bien et artistement représentée que l'on pourroit imaginer, et de laquelle le duc d'Anjou, à présent roy, voulut estre, et avec luy Marguerite de France, sa sœur, à présent reyne de Navarre, et plusieurs princes et princesses, comme le prince de Condé, Henry de Lorraine, duc de Guyse, la duchesse de Nevers, la duchesse d'Uzès, le duc de Rets, aujourd'huy mareschal de France, Villequier et quelques autres seigneurs de la cour. Et, après la comédie, qui fut admirée d'un chacun, je fus choisi pour réciter en la grande salle, devant le roy, le fruit qui se peut tirer des tragédies, esquelles sont représentées les actions des empereurs, rois, princes, bergers et toutes sortes de gens qui vivent en la terre, le théâtre commun du monde, où les hommes sont les acteurs, et la fortune est bien souvent maistresse de la scène et de la vie ; car tel représente aujourd'huy le personnage d'un grand prince, demain joue celuy d'un bouffon, aussi bien sur le grand théâtre que sur le petit.

Le lendemain, pour clorre le pas à tous ces plaisirs, le roy et le duc son frère, se promenans au jardin, apperceurent une grande tour enchantée, en laquelle estoient détenues plusieurs belles dames, gardées par des Furies infernales, de laquelle deux géans d'admirable grandeur estoient les portiers, qui ne pouvoient estre vaincus, ny les enchantemens défaits, que par deux grands princes de la plus noble et illustre maison du monde. Lors le roy et le duc son frère, après s'estre armés secrettement, allèrent combattre les deux géans,

---

[1] Il s'agit ici des sociniens. Leur chef, Lelius Socin, était mort à Zurich en 1562.

qu'ils vainquirent, et de là entrèrent en la tour, où ils firent quelques autres combats dont ils remportèrent aussi la victoire, et mirent fin aux enchantemens; au moyen de quoy ils délivrèrent les dames et les tirèrent de là; et au mesme temps, la tour artificiellement faite devint tout en feu.

CHAPITRE VII.

Continuation de la haine entre ceux de Guyse et l'admiral. Pourparler de paix avec l'Angleterre, où le sieur de Castelnau est employé de la part du roy. Voyage du roy par toute la France pour affermir la paix des provinces. Négociations de la paix d'Angleterre conclue à Troyes. Difficulté terminée pour la prétention des Anglois sur Calais.

Voilà comme l'on mesloit avec les affaires de la cour toutes sortes de plaisirs honnestes; mais, nonobstant cela, la haine de ceux de Guyse contre l'admiral demeuroit tousjours en leurs cœurs, et ne se pouvoit trouver aucun moyen de les contenter.

Sur ce temps arrivèrent nouvelles d'Angleterre à Smyth, ambassadeur, que la reyne sa maistresse et tout son conseil estoient du tout disposés à faire la paix avec le roy: et Smyth en eut tout le pouvoir avec Throkmorton, auquel, parce qu'il n'estoit pas agréable à Leurs Majestés, ils ne vouloient donner audience; et fut résolu au conseil qu'il ne seroit point employé en ce traité. De quoy ayant donné advis à Smyth, avec lequel j'eus quelque conférence pour esbaucher les premiers commencemens de cette paix, il me dit qu'il ne pouvoit traiter luy seul, puisque la commission estoit aussi conjointement adressée à Throkmorton.

Ce qu'ayant redit à Leurs Majestés, ils remirent la chose à une autre fois; et cependant la résolution fut prise, selon que la reyne mère l'avoit projettée avec les princes du sang et son conseil, de faire le voyage par toutes les provinces du royaume, pour faire voir le roy à tous ses sujets, leur commander et enjoindre ses volontés comme majeur, et pour appaiser plusieurs divisions qui estoient encore entre les uns et les autres, et establir par tout une bonne paix.

Le roy partit donc de Fontainebleau, et s'en alla à Sens faire son entrée, et de là à Troyes en Champagne, où l'on résolut, avant que de passer outre, de conclure la paix avec la reyne d'Angleterre; ce qui ne se pouvoit faire sans envoyer quérir Throkmorton, qui estoit tousjours prisonnier à Sainct-Germain-en-Laye, et le mettre en liberté. Le roy donc me commanda de l'envoyer quérir par un gentilhomme et dix archers de ses gardes, feignant que c'estoit pour luy faire compagnie, et donner ordre qu'il fust bien traité et n'eust point de mal par le chemin, dont il fut fort scandalisé, encore qu'il eust des maistres d'hostel du roy ordonnés pour le deffrayer de toutes choses fort honorablement. Et, comme il estoit fort violent, il ne se put tenir de dire qu'au traitement qu'il avoit reçu l'honneur de sa maistresse estoit fort touché. Estant donc arrivé le lendemain, Leurs Majestés advisèrent d'ordonner des commissaires avec ample pouvoir pour traiter avec eux, qui furent les sieurs de Morvillier et Bourdin. La paix ainsi estant mise sur le bureau, en peu de jours fut résolue, et publiée à Troyes le treiziesme jour d'avril, avec grande allégresse de Leurs Majestés et de toute la cour.

Les plus grandes difficultés qui s'y trouvèrent furent pour le regard des ostages que l'on tenoit en Angleterre pour cinq cens mille escus, au défaut de la restitution de Calais dedans huit ans. Mais le roy, avec juste raison, suivant la clause du traité de Cambresis touchant Calais, soustenoit que la reyne d'Angleterre estoit entièrement déchue du droit qu'elle pourroit prétendre à Calais, pour avoir la première enfreint la paix, envoyant prendre le Havre-de-Grace, et, si elle eust peu, toute la Normandie, durant la minorité du roy et le malheur de nos guerres civiles. De sorte que les commissaires insistoient fort, et soustenoient que les gentilshommes françois envoyés par le roy en Angleterre avoient perdu entièrement le nom d'ostages; toutesfois, pour ne s'arrester à peu de chose, Sa Majesté donneroit volontiers six vingt mille escus à la reyne d'Angleterre, si elle vouloit renvoyer les gentilshommes sans les appeller ostages de part ny d'autre.

CHAPITRE VIII.

Le sieur de Castelnau député par le roy vers la reyne d'Angleterre pour l'exécution de la paix. La reyne d'Angleterre feint des difficultés de l'accepter, et blasme ses ambassadeurs. Solemnité de la publication de la paix. La reyne fait disner avec elle le sieur de Castelnau au festin qu'elle fit aux grands de sa cour. Plainte faite par la reyne d'Angleterre de la conduite de quelques seigneurs de France qu'elle avoit en ostage. Le sieur de Castelnau l'appaise et obtient leur liberté. Libéralité de la reyne d'Angleterre envers le sieur de Castelnau à son retour. Le roy, fort content de la négociation du sieur de Castelnau, accepte l'ordre de la Jarretière.

Incontinent après que la paix fut publiée, le roy me despescha pour aller visiter la reyne, et luy faire entendre de quelle affection il avoit procédé à l'advancement de cette paix, ensemble luy offrir toute ferme et constante amitié, l'asseurant qu'il oublieroit le passé si elle vouloit procéder sincèrement pour l'advenir envers luy. J'avois encore un particulier commandement, que, si je trouvois la reyne d'Angleterre en quelque bonne volonté vers Sa Majesté, de luy dire qu'il sçavoit l'amitié que luy avoit portée le feu roy Henry son père, qui l'avoit grandement désirée pour sa belle-fille ; ce que je fis après avoir traité les affaires de la paix avec le sieur de Foix, qui estoit pour lors ambassadeur, et de la reddition des gentilshommes françois que nous ne voulions point appeler ostages.

Estant donc arrivé, la reyne aussitost me voulut ouyr ; et, m'ayant donné une favorable audience, me demanda quelle estoit l'affection du roy, de la reyne mère et des François vers elle, et de quelle façon la paix avoit esté reçue et publiée, où je n'oubliay rien à luy représenter au vray. Lors elle me dit qu'elle avoit meurement considéré deux choses : la première, le désir que Leurs Majestés en France avoient eu et monstré à l'advancement de cette paix, à quoy elle désiroit de correspondre en toutes choses pour sa part, mais que ses ambassadeurs avoient du tout failly en son endroit, pour avoir suivy la généralité de leur commission, et en vertu d'icelle avoir conclu la paix sans luy en donner advis, ny avoir suivy leurs instructions particulières ; la seconde, qu'elle ne pouvoit consentir que les ostages fussent rendus à autres conditions que celles pour lesquelles ils avoient esté baillés : chose qui luy touchoit tant à l'honneur et réputation, qu'elle ne voyoit pas comment elle pourroit satisfaire à la volonté du roy mon maistre, qui avoit pris tous les avantages pour luy. Ce qu'ayant déduit avec plusieurs raisons, elle conclut qu'il luy vaudroit mieux demeurer avec la guerre, désavouer ses ambassadeurs et leur faire trancher la teste, pour l'avoir mise, sans l'advertir, en un traicté déshonorable. A quoy il fut fort amplement respondu par Foix et par moy. Mais tout le discours de la reyne n'estoit qu'artifice, dont elle estoit pleine ; pour nous faire trouver bonne la paix de sa part, qui luy estoit autant et plus utile qu'à nous.

Enfin, voyant que les discours et répliques de part et d'autre ne servoient plus de rien, elle nous dit, avec un visage fort ouvert, que puisque le roy et la reyne désiroient tant son amitié, qu'elle ne la vouloit donc mesurer à aucune chose du monde, et accordoit au roy le traicté, mais qu'elle feroit bien chastier ses ambassadeurs lors qu'ils seroient de retour. Et en mesme temps elle commanda que l'on fist publier la paix au chasteau de Windsor, Londres et autres endroits du royaume. Ce qui fut faict le jour de Sainct-Georges 1563[1], sur les onze heures du matin, où la reyne marcha accompagnée de tous les chevaliers de son ordre, et grande quantité de seigneurs et noblesse, jusques à la chapelle de Windsor, où elle nous pria de l'accompagner pour voir la publication, qui se fit avec les trompettes, tambours, clairons, haultbois et toutes sortes d'allégresses qu'on pouvoit désirer en tel acte. Après que leur service fut achevé, elle envoya quérir Foix et moy pour disner avec elle en la compagnie des chevaliers, et but à la santé du roy et de la reyne sa mère, puis nous envoya la coupe où elle avoit bu, pour luy faire raison.

Après le disner, il fut question de parler des gentilshommes françois, auparavant appelés ostages, qui estoient Mouy, Nantouillet, prévost de Paris, Palaiseau et La Ferté, lesquels estoient là pour luy estre présentés par moy, afin d'estre deschargés et mis en pleine liberté. Ce qu'ayant fait, et requis leur délivrance pour les ramener au roy, la reyne me tint quelques propos sur la vie, actions et déportemens d'iceux en son royaume, et comme ils s'estoient voulu sauver, bien qu'ils luy fussent obligés

[1] 1564, nouveau style.

de les avoir mis sur leur foy, et comme ils avoient recherché de faire quelques menées, entre lesquelles elle dit que celles de Nantouillet luy estoient les plus désagréables, parce que, non seulement il s'estoit voulu sauver comme ses compagnons, mais avoit cherché des pratiques inutiles et sans apparence d'aucun effet, pour troubler son estat, mesme au temps qu'elle luy faisoit le plus de faveur, et qu'il y avoit plus d'espérance de paix que de guerre. Sur quoy elle dit que, quand bien elle accorderoit la pleine et entière délivrance de Mouy, Palaiseau et de La Ferté, en faveur du roy, elle ne devoit nullement consentir à celle de Nantouillet, mais plustost le mettre en la tour de Londres pour les causes alléguées : alors luy parla fort aigrement sur beaucoup de particularités, concluant qu'elle ne le pouvoit laisser aller. A quoy je répliquay : que ce seroit rompre les bons commencemens de la paix, ou la vouloir attacher à une difficulté de nulle conséquence. Enfin, après luy avoir dit ce qui se pouvoit sur ce sujet, elle consentit à sa liberté comme à celle des autres ; outre lesquels je fis encor délivrer quelques cent cinquante prisonniers françois qui estoient en diverses prisons d'Angleterre, ayans esté pris sur la mer ou autrement.

Ce qu'estant fait, après avoir esté quelques jours traicté avec toute sorte de faveurs et bonnes chères de la reyne, qui me fit un présent d'une chaisne de trois mille escus, et d'une quantité de chiens et de chevaux du pays, outre ceux qu'elle envoyoit au roy, je pris congé d'elle après avoir eu toutes mes despesches, et m'en retournay trouver le roy à Bar-le-Duc, où se fit le baptesme du fils aisné du duc de Lorraine, tenu sur les fonts et nommé Henry par le roy : et fut aussi parrain le roy d'Espagne, pour lequel le comte de Mansfeld, gouverneur du Luxembourg, le leva sur les fonts, et la mère du duc de Lorraine fut marraine.

Là, je trouvay le roy et la reyne sa mère, contens des bonnes responses et nouvelles de la reyne d'Angleterre ; laquelle, pour plus grand témoignage d'amitié, et du désir qu'elle avoit d'entretenir la paix, prioit Sa Majesté de prendre l'ordre de la Jarretière, qu'avoit eu le feu roy Henry, son père. Ce qui fut agréable à Sa Majesté, qui s'enquit beaucoup de la reyne d'Angleterre, et comme elle avoit receu cette paix, et en quelle délibération je l'avois laissée de l'entretenir et garder. Cependant le roy, poursuivant son voyage, envoyoit plusieurs personnes qualifiées par les provinces, pour l'exécution de l'édict de pacification : et fit on suspendre le parlement de Provence, d'autant qu'il se rendit difficile à l'exécution de l'édict.

CHAPITRE IX.

Le cardinal de Lorraine, à son retour du concile de Trente, sollicite chaudement la vengeance de la mort du duc de Guyse, son frère. Procès fait à Rome contre la reyne de Navarre, et ses estats mis en interdit, à quoy le roy s'oppose, et le pape demeure ferme en son entreprise. Voyage du roy à Nancy. Le roy, sollicité de rompre la paix avec les huguenots, le refuse. La publication du concile de Trente refusée par les parlemens de France. Importance du voyage du roy, et de la nécessité qui oblige les roys en France de donner accès à leurs sujets, et de prendre connoissance des affaires de leur estat.

Le cardinal de Lorraine, nouvellement retourné du concile de Trente, qui ressentoit tousjours une douleur incroyable de la mort du feu duc de Guyse, son frère, comme faisoient tous les parens, amis et partisans de cette maison, fit nouvelle instance pour en avoir justice. Mais parce que ceux qu'il disoit en estre coupables estoient forts et puissans, et qu'il estoit impossible pour lors de leur donner contentement sur ce poinct sans altérer le repos du royaume, le roy ne vouloit entrer en cognoissance de cette cause, mais bien donnoit tousjours espérance d'en faire la justice en temps et lieu. Et d'autant que Jeanne d'Albret, reyne de Navarre, avoit tousjours soutenu le party des huguenots, tant auparavant qu'après la mort d'Antoine de Bourbon, roy de Navarre, son mary, l'on luy dressa des poursuites en la cour de Rome, à la requeste des commissaires et députés par le pape Pie IV, pour luy faire son procès. Ce qui fut fait par sentence donnée contre elle par deffaut et contumace. Et ses pays, terres et seigneuries furent interdites et exposées au premier conquérant, de mesme que le pape Jules II en avoit usé contre le feu Jean d'Albret, ayeul paternel d'icelle, qui fut aussi interdit, et chassé de son royaume par Ferdinand, roy d'Aragon, combien que Jean d'Albret fust catholique, excommunié toutesfois, soit qu'il fust affectionné au roy Louys douziesme, qui le fut aussi par le mesme Jules second, ou par autre cognoissance de cause que je laisse libre de juger. Mais le roy Charles neuviesme, résolu pour lors de maintenir la paix en son royaume, embrassa la protection de la reyne de Navarre, comme de sa sujette et proche parente, et envoya vers le pape pour luy faire entendre le tort que l'on luy faisoit, contre la teneur des traités et concordats d'entre les papes et les roys de France, premiers deffenseurs du sainct siége apostolique, en priant Sa Saincteté de mettre au néant les deffauts et contumaces, autrement qu'il se pourvoiroit par les voyes et moyens desquels les roys ses prédécesseurs avoient usé en cas semblable. Ce que Sa Majesté fit finalement entendre aux autres princes par ses ambassadeurs ordinaires. Néantmoins, le pape ne voulut aucunement révoquer les procédures par luy faites contre la reyne de Navarre. Son successeur en fit de mesme contre la reyne Elisabeth d'Angleterre, la déclarant aussi incapable de régner. Ce qui a depuis suscité plusieurs à entreprendre contre elle et son estat, tant en Angleterre qu'Irlande, meus du zèle de la religion catholique, ou du prétexte d'icelle.

Mais, pour retourner au voyage du roy, Leurs Majestés partirent de Bar-le-Duc pour se trouver à Nancy le jour de l'Annonciation de Nostre-Dame, 1564, où quelques-uns voulurent dire que l'on commença à traiter d'une saincte ligue, afin d'extirper toutes les hérésies de la chrestienté, et de faire cesser en France l'aliénation des biens des ecclésiastiques, et faire punir ceux qui avoient esté cause de tant de malheurs en ce royaume, spécialement sur l'église catholique, comme aussi les principaux autheurs de la mort du duc de Guyse, entre lesquels ils mettoient le premier l'admiral de Chastillon, lequel tous les catholiques de la France tenoient pour leur principal ennemy, et celuy qui avoit basty les commencemens de cette guerre civile, et contraint le roy à l'Edict de janvier, et à celuy dernièrement fait au traité de la paix à Orléans; auquel tous les catholiques et princes voisins et alliés du roy, mesmement le pape et le roy d'Espagne, insistoient qu'il ne falloit avoir aucun esgard; offrant, par leurs ambassadeurs, qui arrivèrent à Nancy, d'aider à Sa Majesté de toutes leurs forces et puissances; dont le roy les remercia, et leur respondit qu'il n'estoit pas possible de casser un édict si nouvellement fait pour la pacification des grands troubles et guerres civiles de son royaume.

En mesme temps, furent publiés plusieurs livres portans les grands préjudices que pouvoit recevoir la France pour les prérogatives, priviléges et concordats que les roys de France avoient de si long-temps avec les papes, qui estoient anéantis par la publication du concile de Trente, sans entrer aux points et termes de la religion, qui fut cause, en partie, que les cours de parlement de France refusèrent de publier le concile, comme le cardinal de Lorraine et tous les ecclésiastiques de France le désiroient, aussi que, par la publication d'iceluy, l'édict de pacification et le repos auquel estoit alors le royaume eust esté du tout altéré.

Et d'autant que le roy et ses commissaires n'estoient entièrement obéys, comme il estoit nécessaire pour le bien de la paix, cela fit continuer la délibération que Leurs Majestés avoient prise d'avancer leur visite par toutes les provinces du royaume, afin d'authoriser les officiers de la justice, et entendre les doléances d'un chacun, faire exécuter les édicts, et cognoistre la volonté de leurs peuples contre l'opinion en laquelle on nourrissoit les roys de la première lignée, qui ne se monstroient qu'une fois l'année, et à une poignée de peuple seulement, pendant que les maires du palais disposoient des armes, des finances et de tous les estats, offices et bénéfices; et par ce moyen gagnoient les cœurs des soldats aux despens de leurs maistres, auxquels ils ravissoient leurs sceptres et couronnes : chose qui est très-dangereuse à un prince, et surtout à un roy de France, où les princes, la noblesse, les peuples et magistrats veulent avoir honneste et libre accès à leurs roys, ce qui leur a tousjours apporté et apportera à l'avenir l'amitié conjointe avec l'obéyssance de leurs sujets.

CHAPITRE X.

Belle réception du roy en Bourgogne. Fruit de ses voyages de Dauphiné et Languedoc. Citadelle bastie à Lyon par la reyne, à laquelle la maison de Lorraine et le roy d'Espagne taschent de persuader de rompre la paix pour ruiner les hérétiques. Intérests des particuliers et du roy d'Espagne en cette rupture. Le roy reçoit l'Ordre d'Angleterre, et va à Roussillon, où il reçoit visite du duc et de la duchesse de Savoye. Edict de Roussillon. Divers remuemens et plaintes réciproques des catholiques et des huguenots. Réglemens politiques en faveur des huguenots.

Donc, le roy partit de Nancy pour aller par la Bourgogne, et premièrement à Dijon, où le duc d'Aumale, gouverneur, et le sieur de Tavannes, lieutenant-général au gouvernement de la province, firent ce qu'ils purent pour donner plaisir à Leurs Majestés, soit à courir la bague et autres joustes et tournois, et parties qu'ils firent pour rompre en lice; et le parlement, la noblesse et les peuples s'efforcèrent aussi d'agréer à Leurs Majestés, lesquelles, après y avoir esté quelque temps, partirent pour aller à Lyon, afin de pourvoir au Dauphiné et Languedoc, y restablir la religion catholique et la messe, qui en avoit été ostée en plusieurs endroits, et par mesme moyen ordonner certains lieux pour faire les presches, et cependant donner commissions pour faire démanteler quelques villes et chasteaux qui avoient esté les plus séditieux et plus favorables aux huguenots, comme Meaux et Montauban, et faire la justice de plusieurs assassinats commis en beaucoup d'endroits où les magistrats catholiques, remis en leurs estats, avoient bien souvent quelque dent de prendre la revanche des huguenots, qui les avoient maltraités et chassés de leurs biens: chose qui estoit assez suffisante pour rallumer les feux des guerres civiles; et n'y avoit que l'authorité du roy qui y pust remédier.

Cependant, la reyne mère donna ordre, incontinent que le roy fut à Lyon, d'y dresser une bonne et forte citadelle, outre celle qui estoit auparavant. Et combien qu'elle eust un fort grand désir de faire entretenir la paix, comme elle s'y employoit entièrement, si est-ce qu'elle se trouvoit fort combattue par les diverses sollicitations que l'on luy faisoit de recommencer la guerre, pour ne laisser prendre plus de pied aux huguenots, et leur oster tout exercice de leur religion, et les moyens de pouvoir jamais reprendre les armes, afin de réduire entièrement tout le royaume à la religion catholique; à quoy la ligue saincte, de laquelle nous avons parlé cy-dessus, donnoit de grands eschecs. D'autre costé, le duc de Lorraine, qui avoit espousé madame Claude, sœur du roy, la duchesse de Nemours, mère de plusieurs beaux enfans du feu duc de Guyse, le cardinal de Lorraine, les ducs de Guyse, d'Aumale, d'Elbœuf, pressoient fort la reyne mère, pour avoir raison de la mort du feu duc de Guyse; et le roy d'Espagne, mary de la fille aisnée de France, sœur du roy, de laquelle l'on commença lors à projetter le voyage et entrevue à Bayonne, afin d'y faire une ample conclusion pour la conservation de la religion catholique, luy faisant aussi remonstrer que c'estoit une grande honte que Leurs Majestés fussent contraintes, par une petite poignée de leurs sujets, de capituler, quand il leur plaisoit, à leur dévotion; que cependant se perdoit ce grand et glorieux nom de très-chrétien roy de France, que ses prédécesseurs luy avoient acquis par si longues années, et avec une perpétuelle constance de combattre les hérétiques, et maintenir le sainct siége apostolique en sa grandeur.

Et là-dessus je ne veux pas dire qu'il n'y eust aussi de l'affection de quelques-uns sur les confiscations, jointes au ressouvenir que l'on avoit de la mort du duc de Guyse, à l'ambition et aux intérests du roy d'Espagne, qui vouloit oster les moyens au roy de donner secours aux Pays-Bas, desjà disposés à la révolte et à prendre les armes pour le mesme fait de la religion, comme depuis ce temps-là ils ont continué jusques à cette heure, avec une haine mortelle les uns contre les autres; mais bien diray-je qu'il se parloit dès-lors de voir un soulèvement universel de tous les catholiques de France pour abolir les huguenots; que si le roy et son conseil ne vouloient leur prester faveur, l'on s'en prendroit à luy-mesme, en danger de diminuer son authorité et l'obéyssance de ses sujets. Toutes ces raisons estoient bien fortes pour esmouvoir Leurs Majestés à entrer en la ligue des catholiques; mais d'autant qu'il estoit périlleux de casser tout à coup l'édict de pacification, il falloit trouver le moyen peu à peu de diminuer l'effet d'iceluy par autres édicts limités.

Or le roy, désireux d'achever ce grand voyage par son royaume, après avoir donné ordre en la ville de Lyon et aux affaires plus importantes de la province, et donné favorable audience au milord Hontidon, parent de la reyne d'Angleterre, qui estoit venu pour jurer la paix, et porter à Sa Majesté l'ordre de la Jarretière, avec asseurance de la parfaite amitié que la reyne d'Angleterre promettoit de porter à Leurs Majestés, s'achemina, avec la reyne sa mère, à Roussillon, maison du comte de Tournon qu'elle tenoit pour son appanage, où le duc et la duchesse de Savoye et de Berry, et tante du roy, les vinrent visiter, desquels ils furent fort bien reçus. Et comme le duc de Savoye estoit prince fort sage et advisé, il se rendit si agréable à Leurs Majestés, qu'il fut grandement aimé d'elles.

Alors fut faite une deffence fort expresse de ne prescher à dix lieues à la ronde de la cour, sans avoir esgard à la permission de prescher en certaines villes portées par l'édict, qui fut interprété quand le roy ny seroit point. Et par un édict que l'on appela l'Édict de Roussillon, il fut deffendu expressément à toutes personnes, de quelque religion, qualité et condition qu'elles fussent, de se molester les uns les autres, ny de rompre et briser les images, ny toucher aux choses sacrées, sur peine de la vie; et qu'en certains lieux non suspects seroit fait exercice de la religion des huguenots, avec deffence aux magistrats de ne la permettre qu'ès lieux spécifiés. Outre ce, fut deffendu aux huguenots de ne faire synodes ny assemblées, sinon en la présence de certaines gens et officiers du roy, qui seroient tenus d'y assister: qui estoient deux articles de grande importance, pour couper la voye aux conspirations et monopoles contre le roy.

Plusieurs de la religion prétendue réformée faisoient diverses plaintes que le cours et exercice de leur religion estoit empesché : aussi les grandes chaleurs de cette année, 1564, correspondoient aux esprits violens qui ne se pouvoient contenir en repos, ains excitoient divers remuemens en plusieurs endroits du royaume, comme au pays du Maine, Anjou, Touraine, Auxerrois, Guyenne; et venoient de tous costés plaintes des huguenots à la cour, qu'ils estoient maltraités, et que l'on ne leur faisoit point de justice; en quoy le conseil du roy connivoit de son costé. Aussi d'autre part, plusieurs catholiques et gens d'église se plaignoient que les huguenots les empeschoient de jouir de leurs biens, et les ecclésiastiques et curés de faire les fonctions de leurs charges; de sorte que chacun recommençoit à se liguer, comme ne se pouvans plus souffrir; dont je laisseray plusieurs particularités à ceux qui en ont escript bien amplement.

Le roy, par le conseil de la reyne sa mère, voyant l'aigreur qui s'augmentoit nouvellement, meslée avec l'ambition des plus grands, qui entretenoit le mal, ordonna aux gouverneurs des provinces, maires et eschevins des villes, de ne rien dire ny faire aux huguenots qui chantoient des psalmes hors des assemblées; davantage, que l'on ne les forçast au pain bénit, ny à tendre devant leurs portes et fenestres le jour de la Feste-Dieu, ny de bailler aux églises pour les pauvres, ou payer les confrairies. Et fut ordonné qu'aux lieux où il y auroit des huguenots qui ne voudroient tendre devant leur logis, les commissaires et capitaines des quartiers, et autres officiers, eussent à y suppléer.

CHAPITRE XI.

Le sieur de Castelnau-Mauvissière renvoyé en Angleterre proposer le mariage du roy avec la reyne Elisabeth. Sage response de cette reyne. Les seigneurs anglois souhaitent le duc d'Anjou pour mary de leur reyne. Le sieur de Castelnau passe d'Angleterre en Escosse pour parler du mariage du duc d'Anjou avec la reyne Marie Stuart. Estat florissant de la reyne d'Escosse. Plusieurs princes la recherchent en mariage. Elle advoue que l'intérêt de grandeur luy feroit préférer le prince Charles d'Espagne au duc d'Anjou.

Voilà une partie des occupations qu'avoit la cour, soit d'entendre les plaintes d'un chacun et y remédier comme l'on pouvoit, au progrès de ce voyage, durant lequel Sa Majesté fit assez long séjour à Valence, puis en Avignon, et de là fut à Marseille. Pendant ce temps-là je retournay en Angleterre, où Leurs Majestés m'envoyèrent derechef après que le sieur de Cossé, qui depuis a esté mareschal de France, fut retourné d'y jurer la paix. Outre la charge que j'avois de visiter la reyne d'Angleterre, avec plusieurs offres de complimens pour entretenir et fortifier tousjours l'amitié, le roy me donna commission, selon la disposition en l'-

quelle je la trouverois, de luy offrir son service et luy proposer le mariage d'eux deux, afin d'effacer pour jamais ces mots qui estoient entre les François et les Anglois, d'anciens ennemis, et les remettre en parfaite et asseurée amitié par le moyen du mariage.

A quoy la reyne d'Angleterre me fit tous les remerciemens et honnestes responses qu'il estoit possible, estimant cette recherche à très-grand honneur et faveur d'un si grand et puissant roy, auquel et à la reyne sa mère elle se sentoit infiniment obligée. Mais y trouvoit une difficulté, à sçavoir que le roy très-chrestien son bon frère (ce sont ses paroles) estoit trop grand et trop petit : et se voulut interpréter, disant que Sa Majesté avoit un grand et puissant royaume, qu'il n'en voudroit jamais partir pour passer la mer et demeurer en Angleterre, où les sujets veulent tousjours avoir leurs roys et leurs reynes, s'il est possible, avec eux. Pour l'autre poinct, d'estre trop petit, Sa Majesté estoit jeune, et elle desjà aagée de trente ans, s'appelant vieille, chose qu'elle a tousjours dit depuis que je l'ay cognue, et dès son advènement à la couronne, encore qu'il n'y eust dame en sa cour qui eust aucun avantage sur elle pour les bonnes qualités du corps et de l'esprit. Et après infinis remerciemens, elle dit que le roy et la reyne sa mère y penseroient avec meure délibération; cependant qu'ils fissent estats qu'elle prenoit cet honneur en très-bonne part.

Et comme j'estois très-bien vu et traité de tous les premiers et principaux seigneurs de sa cour, quelques-uns me dirent, en confirmant la bonne volonté que leur reyne portoit au roy, à la reyne sa mère et à la France, que le mariage ne seroit pas si propre ny commode de Sa Majesté que du duc d'Anjou, à présent régnant, parce qu'il pourroit, avec moins de difficulté, passer la mer et demeurer en Angleterre, que non pas le roy qui estoit couronné et sacré, et que les François auroient aussi peu de volonté de le laisser passer en Angleterre, que les Anglois leur reyne en France. Parquoy il leur sembloit que le mariage de monseigneur d'Anjou seroit plus propre que l'autre, et par ce moyen, autant que par celuy du roy, seroit jointe et unie l'Angleterre avec la France.

Ce que j'écrivis à Leurs Majestés, partant pour aller vers la reyne d'Escosse, que j'avois aussi charge de visiter et luy reconfirmer l'amitié de Leurs Majestés, sçavoir si elle auroit besoin de leur assistance, comme aussi sentir si elle auroit agréable le mariage du duc d'Anjou, frère du roy, ayant si peu esté avec le feu roy François, désirant Sa Majesté de maintenir tousjours par une bonne alliance la ferme et constante amitié qui avoit tousjours esté avec l'Escosse depuis huit cens ans.

Estant donc arrivé en Escosse, je trouvay cette princesse en la fleur de son aage, estimée et adorée de ses sujets, et recherchée de tous ses voisins; en sorte qu'il n'y avoit grande fortune et alliance qu'elle ne pust espérer, tant pour estre parente et héritière de la reyne d'Angleterre, que pour estre douée d'autres graces et plus grandes perfections de beauté que princesse de son temps. Et parce que j'avois l'honneur d'estre fort cognu d'elle, tant pour avoir esté nostre reyne que pour avoir particulièrement esté de ses serviteurs en France, et l'avoir accompagnée en son royaume d'Escosse, où je retournay le premier pour la visiter de la part du roy, et luy porter nouvelles de ceux de Guyse, ses parens, j'avois plus d'accès à Sa Majesté qu'un autre qui lui eust esté moins cognu et familier.

Donc si je fus bien reçu de la reyne d'Angleterre, je ne le fus pas moins en Escosse, recevant beaucoup d'honneur et faveur de cette princesse, laquelle, après m'avoir tesmoigné estre bien aise de ce mien voyage par devers elle, pour me commettre plusieurs choses dont elle vouloit faire part à Leurs Majestés en France, comme à ses plus chers amis, elle me dit les recherches que luy faisoient plusieurs princes, comme l'archiduc Charles, frère de l'empereur, quelques princes de la Germanie, le duc de Ferrare; et encore, quelques-uns de ses sujets luy avoient voulu mettre en avant le prince de Condé, qui estoit pour lors veuf, afin d'unir la maison de Bourbon en meilleure amitié et intelligence avec la maison de Lorraine qu'elle n'avoit esté jusques alors. Elle me parla aussi d'un autre party duquel l'on luy avoit ouvert quelques propos, plus grand que tous ceux-là, qui estoit de don Charles, fils du roy Philippe et prince d'Espagne, lequel estoit en quelques termes d'être envoyé par son père au Pays-Bas.

Et quand je luy parlay de retourner en France par l'alliance du duc d'Anjou, frère du roy, elle me respondit qu'à la vérité tous les pays et royaumes du monde ne luy touchoient au cœur tant comme la France, où elle avoit eu toute sa nourriture et l'honneur d'en porter la couronne; mais qu'elle ne sçavoit que dire pour y retourner avec une moindre occasion, et peut-estre en danger de perdre son royaume d'Escosse, qui avoit esté auparavant bien esbranlé et ses sujets divisés par son absence; et que, grandeur pour grandeur, si le prince d'Espagne, qui pouvoit estre asseuré, s'il vivoit, d'avoir tous les estats de son père, passoit en Flandre et continuoit en son dessein, elle ne sçavoit pas ce qu'elle feroit pour ce regard, rien toutefois sans le bon conseil et consentement du roy son bon frère et de la reyne sa belle-mère.

CHAPITRE XII.

La reyne d'Angleterre, par raison d'estat, apprehende l'alliance de Marie Stuart avec quelque prince puissant. Elle moyenne adroitement son mariage avec Henry Stuart, seigneur de Darnlay, sous des prétextes fort spécieux. Raison de la prétention de Henry sur la couronne d'Angleterre. Les principaux seigneurs d'Escosse pratiqués pour faire réussir ce mariage. Leurs raisons pour y faire consentir leur reyne. Le seigneur de Darnlay tasche de gagner le sieur de Castelnau, qui n'y avoit pas d'inclination. La reyne d'Escosse le prie d'en escrire en France, où le mariage fut approuvé par politique. Elle l'engage d'aller exprès devers le roy Charles IX. La reyne d'Angleterre fait mine d'improuver ce mariage.

Mais toutes ces alliances plaisoient aussi peu à la reyne d'Angleterre les unes que les autres; car elle ne pensoit jamais avoir espine au pied qui luy fust plus poignante qu'une grande alliance estrangère avec cette reyne, craignant par ce moyen qu'elle ne luy mist un mauvais voisin en son pays, si proche d'Escosse qu'il n'y a rien qui empesche le passage qu'une petite rivière, comme je crois avoir dit cy-devant, qui se passe presque à gué de tous costés, sur laquelle est assise la ville de Warwick, qui a esté depuis quelque temps fortifiée.

Ce que prévoyant dès-lors la reyne d'Angleterre, jetta les yeux sur un jeune seigneur de son royaume, pour en faire un présent à la reyne d'Escosse, lequel estoit fils du comte de Lenox, appelé Henry Stuart, milord Darnlay,

que la comtesse sa mère, qui estoit du sang royal d'Angleterre, avoit fait mourir fort curieusement, luy ayant fait apprendre dès sa jeunesse à jouer du luth, à danser, et autres honnestes exercices. La reyne d'Angleterre trouva donc moyen de faire persuader par de grandes considérations à la reyne d'Escosse, qu'il n'y avoit point de mariage en la chrestienté qui luy apportast tant de bien asseuré et d'entrée au royaume d'Angleterre, dont elle prétendoit d'estre héritière, que celuy du milord Darnlay, afin de fortifier le droit de l'un et de l'autre, estans conjoints par mariage avec le bon consentement de la reyne d'Angleterre et de tous les deux royaumes, comme les plus sages Anglois et Escossois estimoient être le bien de tous, et par mesme moyen oster beaucoup de doutes qui pourroient, avec le temps, troubler ces deux estats si voisins et en une mesme isle, tant pour n'estre point née la reyne d'Escosse en Angleterre, que pource que le milord Darnlay y estoit né, nourry et élevé; car le roy Henry huitiesme avoit voulu faire une loy, par acte de son parlement, pour frustrer sa sœur aisnée mariée en Escosse, et ses héritiers, que ceux qui estoient nés hors du royaume d'Angleterre n'en pourroient hériter. Mais, comme telle loy n'estoit pas juste, aussi n'a-t-elle esté approuvée par le parlement, car c'estoit aller contre la nature, de faire une loy au péril et dommage de ses plus proches héritiers, pour en avancer d'autres en degré plus éloigné, comme il entendoit faire en faveur de sa sœur puisnée, mariée premièrement en France au roy Louis douziesme, et, après estre retourné en Angleterre, à Charles Brandon, qui fut fait duc de Suffolk, fort aimé du roy Henry huitiesme, ainsi que j'ay dit cy-devant : de quoy l'on s'est souvent voulu aider contre la reyne d'Escosse durant sa prison; laquelle m'a donné charge depuis de deffendre la justice de sa cause ès parlemens qui se sont tenus durant ma légation, où à la fin il n'a point esté touché jusques à présent; mais plutost m'a asseuré la reyne d'Angleterre, par diverses fois, qu'elle ne luy feroit point de tort à la succession de son royaume après elle, si elle y avoit le meilleur droit.

Mais pour ne m'esloigner de cette pratique, d'envoyer le milord Darnlay en Escosse, cela fut d'autant plus chaudement exécuté, que la chose fut délibérée et approuvée de ceux en qui la reyne d'Escosse avoit plus de créance; car le comte de Muray, frère bastard de la reyne, qui manioit toutes les affaires de ce royaume, avec le sieur de Ledinton, secrétaire d'estat, et leurs partisans, avoient esté gagnés pour persuader à leur maistresse, non-seulement de bien recevoir ce milord, et le remettre ès biens de son père, mais aussi d'entendre à ce mariage, qui luy seroit plus utile que nul autre pour parvenir à la couronne d'Angleterre; et quand bien elle voudroit de rechef se marier en France ou en Espagne, ce seroit avec tant de despenses et difficultés, que le royaume d'Escosse ne seroit bastant pour y fournir; et aussi que ce seroit apporter une grande jalousie à la reyne d'Angleterre, laquelle n'en prendroit point du milord Darnlay, qui estoit son sujet, et de son sang comme la reyne d'Escosse, laquelle je trouvay une autre fois que je la fus revoir ainsi que l'on luy faisoit tous ces discours, et que le milord Darnlay arriva en Escosse avec peu ou point de moyens, lequel me rechercha tant qu'il put pour luy estre favorable en ses amours, vu l'accès que j'avois de longue main auprès de cette princesse, qui me faisoit l'honneur de ne me rien céler de ce qui luy estoit proposé pour son mariage, mes audiences durant depuis le matin jusques au soir.

Ce n'estoit pas toutesfois mon intention de la porter de ce costé, bien que je recognusse que cette pratique alloit si avant qu'il eust esté fort difficile de l'en divertir, soit qu'elle y eust esté poussée, comme aucuns ont voulu dire, par des enchantemens artificiels ou naturels, ou par les continuelles sollicitations des comtes de Muray et du secrétaire Ledinton, et autres de cette faction, qui ne perdoient pas une heure de temps pour avancer ce mariage.

De façon que la reyne d'Escosse, m'en demandant un jour mon opinion, me déclara fort particulièrement les raisons qui la pourroient mouvoir à le faire, avec le consentement du roy et de la reyne sa belle-mère, s'ils le trouvoient bon et luy conseilloient, et non autrement; me priant de recevoir cette charge de leur représenter le tout comme si elle y envoyoit exprès; ce qu'elle ne pourroit faire par personne en qui elle eust plus de fiance. Sur cela je dépeschay en toute diligence un courrier à Leurs Majestés, leur escrivant amplement le traité de ce mariage, qui s'avançoit tous les jours de telle façon, que mal aisément la reyne d'Escosse eust pu dès-lors s'en retirer. Quoy entendans, Leurs Majestés me demandèrent aussitost que, puisque les choses estoient en ces termes pour cette alliance, elles ne l'auroient pas désagréable, ains la trouveroient beaucoup meilleure que celle de l'archiduc d'Austriche, du prince d'Espagne, et de quelqu'autre prince que ce fust, au cas que Dieu n'eust ordonné qu'elle se pust faire avec le duc d'Anjou, et qu'à la vérité ils estoient fort proches : et ce que Leurs Majestés m'en avoient commandé, estoit plutost pour la grande amitié qu'elles portoient à la reyne d'Escosse, qui avoit esté nourrie avec eux, que pour grande nécessité qu'il y eust, et qu'ils estimoient qu'avec l'alliance de ce jeune seigneur de Darnlay elle se maintiendroit en parfaite amitié, et son royaume d'Escosse, avec la France.

Ainsi donc estant remis en moy d'user discrettement de ce que m'en escrivoient Leurs Majestés, pour laisser plustost aller avant ce mariage que de le rompre ou empescher, il ne faut demander si je fus bien reçu de ces deux amans, puis que j'avois de quoy contenter leurs affections, et auxquelles je rendois plustost de bons que de mauvais offices : néantmoins la reyne d'Escosse me protesta souvent n'avoir point de plus grande passion qu'au bien de son estat, et à vouloir le conseil de ses amis, entre lesquels elle mettoit le roy et la reyne sa belle-mère, pour les plus certains et asseurés. Et lors me pria qu'elle me pust commettre toute la charge qu'elle pourroit donner à qui que ce fust vers Leurs Majestés, voire mesme ce qu'elle leur pourroit dire de bouche, si elle les voyoit, touchant ce mariage, et autres choses de son estat et de son affection envers elle et la couronne de France, qui luy estoit aussi chère que la sienne. Après donc l'avoir asseurée que Leurs Majestés trouveroient bon tout ce qui luy seroit agréable pour ce mariage, elle voulut en avoir derechef par moy leur libre et entier consentement, et pour ce fait me pria de faire diligence, et de luy mander, comme je lui avois promis, ou de porter la responce. Or, combien a esté commode et utile ce mariage à l'un et l'autre, les effets l'ont tesmoigné depuis.

Estant licencié avec tout contentement de la reyne et de ce nouvel amant, je trouvay par le chemin, m'en retournant, la reyne d'Angleterre qui alloit visiter une partie de son royaume, laquelle ne monstroit pas la joye et plaisir qu'elle en avoit en son cœur d'entendre que ce mariage s'avançoit, ains au contraire faisoit semblant de ne l'approuver pas : ce qui l'advança plustost que d'y apporter retardement.

CHAPITRE XIII.

Le sieur de Castelnau renvoyé par le roy en Angleterre pour le mariage du duc d'Anjou, ou pour favoriser celuy du comte de Leicester avec la reyne Elisabeth. Elle reçoit ses propositions avec grande satisfaction, et se loue de sa conduite en tous ses emplois auprès d'elle. Sa response. Elle feint tousjours de ne point approuver le mariage de Marie Stuart, que le sieur de Castelnau trouve fait à son retour en Escosse. Le roy et la reyne d'Escosse renouvellent l'alliance avec la France. Le roy d'Escosse fait chevalier de l'ordre de Sainct-Michel. Ils se brouillent avec la reyne d'Angleterre. Le sieur de Castelnau employé par le roy pour leur réconciliation. Esprit altier de Marie Stuart. Malheureux succès de son mariage. Il met les deux reynes d'accord. Jalousie entre le roy et la reyne d'Escosse, cause de nouveaux troubles. Ingratitude du roy, qui fait tuer le secrétaire de la reyne. Mort tragique du roy. La reyne est chassée et se retire en Angleterre. Raison d'Elisabeth pour l'arrester prisonnière. Son courage dans sa prison. Le roy Jacques, son fils, au pouvoir de ses sujets.

Or, est antarrivé à Valence, où estoient Leurs Majestés, après avoir rendu compte de mon voyage, je fus envoyé aussi tost vers ces deux princesses, pour remettre le propos en avant avec la reyne d'Angleterre, du roy ou duc d'Anjou son frère, lequel seroit toujours prest à luy offrir son service pour respondre aux effets de son affection, si elle le trouvoit plus à propos pour son contentement et le bien de son estat. Mais j'avois aussi charge de Leurs Majestés que, si je trouvois la reyne d'Angleterre disposée, comme l'on disoit, d'espouser le milord Robert Dudley, qu'elle avoit fait comte de Leicester, et advancé pour sa vertu et ses mérites, comme estant des plus accomplis gentilshommes d'Angleterre, et qui estoit aimé et honoré d'un chascun, et que son affection fust de ce costé-là, comme estoit celle de la reyne d'Escosse au milord Darnlay, je fisse tout d'une main au nom de Leurs Majestés tout ce qu'il me seroit possible pour avancer ces deux mariages.

Estant arrivé en Angleterre, la reyne me tesmoigna derechef qu'elle prenoit à grand honneur et faveur ce soin que Leurs Majestés avoient d'elle, tant pour luy offrir un si grand party et alliance du roy ou du duc d'Anjou son frère, que favoriser l'affection qu'elle portoit à un sien sujet, duquel elle me parla, pour estre le plus vertueux et accompli seigneur qu'elle cogneut jamais. Puis elle me dit que de son naturel elle avoit peu d'inclination à se marier, si non pour acquiescer à la prière et requeste de ses sujets; adjoustant que, si le comte de Leicester estoit prince et issu de tige royale, elle consentiroit volontiers à ce party pour l'amitié que toute l'Angleterre luy portoit, mais qu'elle prioit le roy, mon maistre, de croire que jamais elle n'espouseroit son sujet, ny le feroit son compagnon. Enfin elle fit mille remerciemens au roy, à la reyne sa mère, et au duc d'Anjou, de l'affection qu'ils luy portoient, laquelle elle les prioit de luy continuer; et me remercia fort souvent de la peine que j'avois prise de la retourner voir, et des bons offices que j'avois faits, tant en l'avancement de la paix qu'à bastir cette grande et particulière amitié, qui se nourrissoit et augmentoit tous les jours entre la reyne, mère du roy, et elle ; lesquelles, à la vérité, j'avois trouvé auparavant en assez mauvaise intelligence, par quelques sinistres rapports que l'on faisoit de l'une à l'autre. Chose qui est fort dangereuse en matière d'estat, d'animer les grands les uns contre les autres, soit qu'on les veuille flatter ou les mettre mal ensemble : ce qui n'apporte que dommage à eux et leurs estats, et qui tourne bien souvent à la confusion de ceux qui procurent et font ces mauvaises offices.

Donc, n'ayant fait que demi-voyage, je proposay à la reyne d'Angleterre la charge que j'avois du roy mon maistre, et de la reyne, sa mère, de passer jusques en Escosse pour aller voir la reyne, tant pour luy rapporter de ses nouvelles que pour luy faire part de leur bon conseil et advis sur ce en quoy elle en pourroit avoir besoin ; mais je trouvay la reyne d'Angleterre plus froide envers la reyne d'Escosse qu'auparavant, comme se plaignant d'elle de luy avoir soustrait un sien parent et sujet, et de le vouloir espouser contre son gré. Discours bien éloigné de son cœur, comme j'ay dit cy-devant ; car elle faisoit tous ses efforts et n'épargnoit rien pour avancer le mariage, que je trouvay fait et consommé quand j'arrivay en Escosse : et par ainsi j'eus plustost à me conjouir du succès des noces que d'y donner consentement pour Leurs Majestés, auxquelles les deux mariés tesmoignoient estre fort obligés du soin qu'elles avoient d'eux, promettant de vouloir confirmer les alliances plus grandes et fortes qu'elles n'avoient jamais esté entre ces deux royaumes.

Ce qui fut effectué par ce jeune roy, qui fut, quelque temps après, fait chevalier de l'ordre de France, et visité et honoré de quelques présens. La reyne d'Escosse estant devenue grosse, la reyne d'Angleterre augmenta ses mescontentemens à cause de ce mariage ; ainsi l'altération croissant entre ces princesses, elles font estat de se faire la guerre. Lors la reyne d'Escosse a recours à l'alliance de France, pour avoir aide et secours d'hommes, de munitions de guerre et d'argent, et presse violemment pour les avoir : ce qui estonne fort Leurs Majestés et le conseil, qui ne faisoit que sortir de la guerre civile (laquelle avoit esté si cruelle en France), et de faire la paix avec la reyne d'Angleterre, qui n'eust pas failly, secourant la reyne d'Escosse, de rentrer en mauvais mesnage avec nous, et par ce moyen l'on eust renversé tout le bon commencement d'establir quelque repos en France.

Sur quoy fut advisé de me despescher de nouveau vers les reynes d'Angleterre et d'Escosse, avec lettres, pouvoir et instructions, pour les inciter à demeurer bonnes sœurs et amies, en l'amitié desquelles le roy, la reyne sa mère, ne désiroient rien plus que de se lier et joindre fermement, avec remonstrances particulières à la reyne d'Escosse et à ses sujets, de se garder bien d'entrer en guerre civile, qui est la ruine et destruction de tous estats, et mesme de se mettre en mauvaise intelligence avec la reyne d'Angleterre ; que c'estoit le meilleur conseil et secours que Leurs Majestés et tout le conseil de France, tant de la part de l'une que de l'autre religion, luy pouvoient donner. Mais cette jeune princesse, qui avoit un esprit grand et inquiété, comme celui du feu cardinal de Lorraine, son oncle, auxquels ont succédé la pluspart des choses contraires à leurs délibérations, ne pouvoit s'accommoder avec la reyne d'Angleterre, qui estoit plus puissante qu'elle. Ainsi ce mariage et ces grandes amours, que nous pensions estre utiles pour maintenir l'Escosse en paix et destourner grande alliance de ce costé-là, ne produisoient autre chose qu'une nouvelle guerre, non seulement entre l'Ecosse et l'Angleterre, mais encore une grande division entre les nouveaux mariés, comme il s'est veu depuis en toute leur vie, leur histoire estant fort tragique.

Cependant j'usay de tous moyens possibles pour esteindre le feu de cette guerre, qui commençoit de s'allumer en Escosse, dont les flammes fussent volées jusques en France : et, par l'intervention du roy et de la reyne sa mère, je les mis d'accord ; mais, bientost après cette paix générale, une autre guerre particulière survint entre ces nouveaux mariés, à l'occasion des jalousies qui se mirent entr'eux, si grandes, que ce jeune roy d'Escosse, ingrat de l'honneur que luy avoit fait cette belle princesse, veufve d'un si grand roy, de l'avoir espousé en secondes noces, suscité par le comte de Morthon, milord de Reven, et autres Escossois, luy tua honteusement en sa présence un sien secrétaire appelé David Riccio, piedmontois, auquel, à la vérité, elle avoit donné beaucoup de crédit et d'authorité sur toutes les affaires d'Escosse, dont, pour luy rendre compte, il ne pouvoit qu'il ne se tinst près d'elle, et le plus souvent en son cabinet, où il fut massacré cruellement de plusieurs coups, tant que le sang en tomba sur la reyne : spectacle estrange, et assez souvent pratiqué par les Escossois, quand ils se mettent quelque chose de sinistre en l'esprit !

Cela fait, ils prirent leur reyne prisonnière, laquelle leur eschappa, grosse du prince d'Escosse son fils, qui est aujourd'huy. Et lors se recommença nouvelle guerre, où je fus encore renvoyé pour y trouver remède : ce que les autheurs de ce meurtre eussent bien désiré ; mais la reyne d'Escosse ayant eu le pouvoir et l'occasion de les chasser de son pays, ils s'allèrent réfugier en Angleterre, où ils furent reçus et maintenus, jusques à ce que le temps, qui porte toujours avec soy vicissicitude, les ramena en Escosse avec nouvelles guerres ; lesquelles, avec la mort tragique de ce nouveau mary, qui fut emporté d'un caque ou deux de poudre estant couché au lit de sa femme, en ont enfin chassé la reyne, qui aima mieux se réfugier entre les mains et en la puissance de la reyne d'Angleterre, où elle est encore aujourd'huy, que de plus se remettre en celle de ses sujets.

Et lors la reyne d'Angleterre, estant suppliée par la reyne d'Escosse de la recevoir comme sa cousine, et luy user d'hospitalité, envoya au-devant d'elle à la frontière, comme elle m'a dit, en intention de la traiter favorablement ; mais qu'aussitost elle cognut qu'elle faisoit des pratiques par tout le pays du Nort, pour luy troubler son estat. Parquoy elle fut contrainte de la mettre prisonnière, où elle est encore, sans pouvoir trouver moyen d'en sortir, qu'à l'instant il ne survienne quelques nouvelles difficultés, lesquelles ont pour la pluspart passé par mes mains, comme l'occasion s'est présentée d'y estre employé, et le plus souvent deffendre l'honneur et la vie de la reyne d'Escosse, que l'on vouloit priver pour jamais de toutes ses prétentions à la couronne d'Angleterre. Ce qu'elle me disoit et escrivoit ordinairement luy importer plus que sa propre vie, qu'elle n'estimoit plus que pour conserver le royaume d'Angleterre au prince d'Escosse son fils ; lequel je laisseray en son royaume, nourry et prisonnier entre les mains de ses sujets, et la reyne sa mère en Angleterre, pour retourner aux affaires de France, en laquelle se brassoit un renouvellement de la guerre civile, par les pratiques de ceux que j'ay nommés cy-devant.

LIVRE SIXIÈME.

CHAPITRE PREMIER.

Nouvelles émotions en France entre les catholiques et les huguenots. Le roy ordonne l'exécution de l'édict de pacification. Grand hyver en France. Le sieur de Castelnau envoyé par le roy en Savoye. Entrevue du roy avec la reyne d'Espagne suspecte aux huguenots, qui brassent une contre-ligue avec les princes et peuples protestans, et font dessein sur les Pays-Bas. Les seigneurs et villes des Pays-Bas demandent au roy d'Espagne de faire retirer les garnisons espagnoles, et d'abolir l'inquisition. Les Espagnols rappelés de Flandre. La duchesse de Parme faite gouvernante des Pays-Bas. Le cardinal de Granvelle, son conseil, veut maintenir l'inquisition. Les seigneurs du pays le chassent, demandent libre exercice de la nouvelle religion, qui leur est refusé.

Le roy, voyant tant de mouvemens suscités par la France, envoya des lettres-patentes à tous les gouverneurs des provinces, pour faire garder et observer l'édict de pacification, et obvier à toutes émotions. Mais comme l'esté avoit esté chaud et ardent, durant lequel s'estoit commis une infinité de meurtres et cruautés au pays du Maine, Anjou, Touraine, Auxerrois et autres endroits où les huguenots estoient les plus foibles, et pour lesquels ils faisoient beaucoup de plaintes, il suivit un hyver si terrible et si violent, qu'il gela toutes les rivières en France, plusieurs bleds et tous les oliviers, noyers, figuiers, lauriers, orangers et autres arbres onctueux, et grande partie du bois des vignes, et par mesme moyen refroidit les esprits et les cœurs des plus querelleurs. De sorte que toutes ces rumeurs de reprendre les armes s'assoupirent pour un temps.

Le roy et la reyne estoient, en cette saison, à Carcassonne, assiégés des neiges au mois de janvier. Je fus envoyé devers le duc de Savoye, qui pressoit fort que l'on luy rendist les villes de Piedmont, lesquelles luy et son fils ont enfin si dextrement retirées, qu'ils nous ont fermé le pas des montagnes et de l'Italie.

Ces froidures extresmes furent suivies de grandes pestilences en la pluspart des provinces de France, ce qui retenoit les huguenots de prendre les armes. Mais enfin l'entrevue d'Elisabeth, sœur du roy et reyne d'Espagne, à Bayonne, accompagnée du duc d'Alve et de plusieurs grands seigneurs d'Espagne, les grandes allégresses et magnificences qui s'y firent, et les affaires qui s'y traitèrent l'esté subséquent, mirent les huguenots en merveilleuse jalousie et deffiance que la feste se faisoit à leurs despens, pour l'opinion qu'ils avoient d'une estroicte ligue des princes catholiques contre eux. Ce qui leur bailla occasion de remuer toutes pierres, et mettre tout bois en œuvre pour en bastir une contraire, tant avec la reyne d'Angleterre, les princes huguenots d'Allemagne, Genève, qu'ès Pays-Bas, leurs alliés et confédérés en la religion prétendue réformée, et d'inciter tous ceux de leur party en France à prendre l'allarme et ouvrir les yeux à cette contre-ligue, disant que : tout ainsi que les Espagnols, qui avoient desplaisir de voir la paix en France, taschoient d'y remettre la guerre civile pour la seureté de leur estat, les huguenots de France, avec leurs confédérés, devoient la jetter en Flandre, et se joindre avec les seigneurs et autres huguenots du Pays-Bas, et par tel moyen donner le mesme empeschement au roy d'Espagne de ce costé-là, qu'il leur vouloit donner en France. Ce fut environ l'an 1565 que le prince d'Orange, les comtes d'Egmont et de Hornes, et plusieurs autres seigneurs, gentilshommes, officiers, marchands et artisans des bonnes villes du Pays-Bas, présentèrent requeste au roy d'Espagne, tendante à ce qu'il luy plust faire retirer les garnisons espagnoles, et faire cesser la rigueur des persécutions contre les huguenots, et oster l'inquisition. Chose qui l'estonna fort, craignant que pareil accident ne luy advinst en ses pays, que celuy qu'il avoit veu par les guerres civiles de France pour le fait de religion, et que l'on ne chassast ou coupast la gorge aux Espagnols, qui estoient devant le pays fort hays.

C'est pourquoy il délibéra de les retirer, et y envoyer Marguerite d'Autriche, sa sœur naturelle, duchesse de Parme, pour gouverner ce pays; laquelle j'y fus visiter de la part du roy à son arrivée, et recognus lors que les peuples se lassoient fort de la domination espagnole. Le cardinal de Granvelle luy fut baillé comme principal conseiller et chancelier, plein de grande expérience, pour avoir manié longuement de grandes affaires avec l'empereur Charles V. Mais sur tout le cardinal ne vouloit point que l'on y ostat l'inquisition, qui y avoit esté introduite par l'empereur son maistre. Ce que les seigneurs du pays portoient impatiemment, et de se voir entièrement frustrés de l'exercice de la religion prétendue réformée, qui avoit esté réduite, comme ils disoient, en la servitude de l'inquisition, qui porte avec soy le plus souvent une rigoureuse confiscation de corps et de biens.

Ce que les ministres, surveillans et autres, mirent si bien en l'esprit du prince d'Orange, du comte Ludovic de Nassau son frère, des comtes d'Egmont, de Hornes, de Brederode, et autres seigneurs et nobles du pays, qu'ils s'attachèrent avec rudes paroles au cardinal de Granvelle, lequel, craignant plus grand danger, se retira. Estant hors du pays, tous ces seigneurs s'assemblèrent plusieurs fois, mesmement à Bruxelles, où ils résolurent derechef de faire instance au roy d'Espagne que l'exercice de la religion fust estably au Pays-Bas, chose bien contraire à son intention. Néantmoins il ne voulut pas directement rejetter la requeste de ses sujets, mais bien la refusa obliquement, faisant publier le concile de Trente, par lequel la religion des huguenots estoit condamnée. Ce que voyant, les huguenots du Pays-Bas s'allèrent plaindre à l'empereur et aux princes huguenots de se voir enveloppés, par les desseins de leur roy, en une perpétuelle servitude qui leur estoit insupportable.

CHAPITRE II.

Le cardinal de Lorraine, voulant entrer à Paris en grande suite, est désarmé par le mareschal de Montmorency. Haine mortelle entre ces deux seigneurs. Le roy remet à juger leur différend à son retour à Paris. Il accorde les maisons de Guyse et de Chastillon, et réconcilie le cardinal de Guyse et le mareschal de Montmorency. La reyne mère recherche l'alliance de l'empereur et l'amitié des catholiques. Défiance des huguenots; ils soupçonnent quelque intelligence entre le roy et le duc d'Alve. L'admiral tasche de donner ombrage au roy des desseins de ce duc, et fait une belle remonstrance sur la conduite espagnole. Le peu de compte qu'on en fait augmente les défiances du prince de Condé et de l'admiral.

Mais pour en revenir à la France, peu de temps après, le cardinal de Lorraine alla à Paris avec un grand nombre de ses amis et serviteurs, avec armes, pistolets et arquebuses, seulement pour sa seureté et des siens (comme il disoit), plutost que pour offenser personne. Le mareschal de Montmorency, gouverneur de l'Isle de France, estant adverty de sa venue, l'envoya prier à Sainct-Denys de n'aller pas à Paris avec telle compagnie, de peur de quelque sédition, mesmement s'il entroit avec les armes contre l'ordonnance, qui estoit fort gardée pour lors en France de porter armes à feu. Néantmoins le cardinal, ne faisant pas grand compte de cette prière, se délibéra d'y entrer; ce que voyant le mareschal, accompagné du prince de Porcian, alla au-devant, et l'ayant rencontré en la rue Sainct-Denys, le désarma et sa compagnie, où il fut seulement tué un de ses gens qui faisoit résistance de rendre ses pistolets. Le cardinal, pensant que l'on le voulust tuer, se sauva en la maison d'un marchand, où il ne fut point poursuivy ni recherché.

Et lors il conceut une haine mortelle contre Montmorency et les siens, qui auparavant estoient en procès avec ceux de Guyse pour le comté de Dammartin. Plusieurs s'esmerveilloient que personne ne s'estoit remué pour le cardinal, chose du tout contraire à son attente. Mais celuy-là est fort mal asseuré qui met son espérance au secours et appuy d'un peuple, s'il n'est ému de furie, ou conduit par un chef auquel il aye entière confiance.

Cependant le roy, qui estoit en Gascogne, où il recevoit divers advertissemens de tous endroits, que l'on faisoit ce qui estoit possible pour exécuter ses édicts par les provinces, receut en mesme temps les plaintes du cardinal et les excuses du mareschal, auxquels il fit entendre qu'il les oyroit à son retour pour adviser à ce qui seroit nécessaire au fait de l'un et de l'autre; et ainsi continuant son voyage, il alloit visitant la pluspart de son royaume.

L'année ensuivant, il fit assembler à Moulins les premiers des parlemens, et tous les plus grands princes, seigneurs et autres personnes de qualité, en forme d'estats particuliers, où se trouvèrent ceux de Guyse, de Montmorency et de Chastillon, que Sa Majesté avoit mandés; qui estoit un moyen que l'on trouvoit bon en apparence pour accorder la veufve du feu duc de Guyse et le cardinal de Lorraine avec l'admiral, après qu'il eut fait serment de n'avoir eu aucune part à l'homicide commis en la personne du duc de Guyse; et par mesme moyen, le roy et la reyne sa mère accordèrent le cardinal de Lorraine et le mareschal de Montmorency. Vray est que les enfans du duc de Guyse estoient absens et hors de la cour.

L'on ne pouvoit juger autre affection en la reyne, mère du roy, que de trouver des remèdes aux accidens qui troubloient le repos du royaume; néantmoins elle se fortifioit tousjours des princes voisins, et mesme de l'empereur Maximilien contre les huguenots, dont elle estoit en perpétuelle défiance, et chercha l'alliance de l'une des filles de l'empereur, qu'elle obtint quatre ans après. Et pour se mieux maintenir avec les catholiques, et donner tousjours asseurance qu'elle estoit constante de ce costé-là, elle alloit souvent avec ses enfans ès processions générales et grandes assemblées des catholiques.

Ce qui luy gagna entièrement le cœur des ecclésiastiques, de la noblesse et des peuples, et mit les huguenots au désespoir de sa faveur, lors principalement qu'ils virent qu'ouvertement le cardinal de Lorraine prenoit pied à la cour, et faisoit toutes choses qu'il estimoit pouvoir attirer le roy à la ligue catholique, et que le prince de Condé et l'admiral commençoient à s'en esloigner avec les seigneurs, gentilshommes et autres, leurs partisans; que, d'autre part, le connestable s'affectionnoit du tout au party catholique, et que les confrairies du Sainct-Esprit et autres reprenoient plus de vigueur, et les provinces ne pouvoient plus souffrir les ministres ny les presches publics et particuliers, et se séparoient entièrement des huguenots; qui estoient argumens certains qu'en peu de temps il se verroit quelque grand changement.

En ce temps, le duc d'Alve préparoit une armée pour les Pays-Bas, composée de Siciliens, Napolitains, Milanois, et de mille chevaux légers espagnols, et quatre compagnies de la Franche-Comté. Ce qui donna grand ombrage au prince de Condé, à l'admiral et à ceux de leur party, qui conseillèrent aussitost au roy de faire une levée de six mille Suisses et de quelques reistres et lansknets, et renforcer les compagnies françoises, qui avoient esté réduites à cent hommes pour le plus, autres à cinquante, ce qui fut fait; mais, nonobstant cela, ils prirent grande jalousie et défiance que cette armée du duc d'Alve, sa venue au Pays-Bas et cette levée de six mille Suisses que le roy faisoit, ne tombast sur leurs espaules;

parquoy ils délibérèrent d'envoyer en Allemagne, aux Pays-Bas, et vers leurs amis et confédérés, afin de se fortifier d'eux en ce besoin, faisant leurs affaires beaucoup plus secrettement que les catholiques, dont l'admiral estoit le premier négociateur : lequel, voyant que le duc d'Alve continuoit de dresser son armée en Piedmont, prit occasion de remonstrer derechef au roy et à la reine sa mère, qu'ils devoient prendre garde pour l'estat de France, sur lequel le duc d'Alve voudroit aussitost empiéter, s'il pouvoit, que d'apporter une perpétuelle tyrannie aux Pays-Bas, et y establir telles forces que les François y pourroient à peine jamais remédier; alléguant l'admiral, que les Espagnols avoient fait toutes leurs conquestes sous prétexte d'amitié et d'alliances, et qu'ils n'avoient rien en plus grande recommandation que de ruiner la France par divisions ou par guerre ouverte, sous couleur de la religion catholique. Et concluoit qu'il ne fallait laisser passer le duc; que si Leurs Majestés vouloient, c'estoit chose facile de l'en empescher et le combattre, ce que le prince et luy offrirent de faire, et de garder les frontières à leurs despens.

Mais tous ces propos n'esmouvoient pas beaucoup le roy, la reyne sa mère, ny son conseil, qui se ressentoient encore des bonnes chères et de l'entreveue de la reyne d'Espagne à Bayonne, qui avoit reconfirmé l'alliance et amitié que l'admiral ne pouvoit renverser par les beaux discours d'estat qu'il alléguoit, bien entendus pour la seureté de l'estat de France, mais exécutés tout à rebours de son intention. Ce qui fit entièrement juger au prince de Condé, à l'admiral et à ceux de leur party, que le masque estoit levé, et qu'il ne leur falloit plus douter de l'effet de la ligue catholique contre les huguenots.

CHAPITRE III.

Advis des huguenots aux Flamands sur l'arrivée du duc d'Alve, par le libelle intitulé le Sacré Concile. Requeste des religionnaires de Flandre pour abolir l'inquisition. Leur association, leur devise, et la raison du mot de gueux à eux donné. Liberté de religion accordée en Flandre par la duchesse de Parme, révoquée par ordre du roy d'Espagne. Retraite du prince d'Orange, qui veille à sa seureté. Le duc d'Alve passe, avec une armée, d'Italie en Flandre, par la France. Les huguenots continuent leurs soupçons de quelque intelligence, se préparent à la deffensive, et se plaignent par manifestes. Divers jugemens sur leur dessein de se saisir de la personne du roy. Service du sieur de Castelnau-Mauvissière et de ses deux frères en cette occasion.

Et pour y remédier, ils donnèrent derechef advis à leurs confédérés, tant par lettres que par personnes de créance, et firent publier un petit livre intitulé le Sacré Concile, qu'ils dédièrent aux habitans du Pays-Bas, par lequel ils estoient conviés de clorre les passages à l'armée du duc d'Alve, autrement, que bientost ils seroient à la servitude des Espagnols. Ce que les habitans du Pays-Bas n'osèrent ny voulurent entreprendre, dont ils se repentirent bientost après, comme aussi de n'avoir pas sceu juger, quand le roy d'Espagne décerna ses lettres-patentes pour exécuter le concile de Trente, que c'estoit pour fortifier et tenir la main aux inquisitions.

Alors s'assemblèrent trois cens gentilshommes des plus entendus à Bruxelles au mois d'avril 1566, et présentèrent une requeste à la duchesse de Parme, afin d'oster l'inquisition; sur quoy elle respondit qu'elle en avoit escrit au roy d'Espagne, et, en attendant la response, il falloit surseoir les poursuites de l'inquisition : mais, nonobstant cela, ces trois cens gentilshommes firent confédération mutuelle avec ceux qui leur estoient favorables, de chasser l'inquisition, et firent mouler quantité de médailles, esquelles y avoit deux mains accolées, et deux gobelets avec une besace, et et de l'autre costé estoit aussi escrit : PAR FLAMMES ET PAR FER. Autres portoient les armoiries de Bourgogne, avec ces mots : ESCU DE VIANE. Et s'appelloient ces confédérés « les Gueux, » parce que l'un des conseillers de la duchesse de Parme, sur la difficulté que l'on faisoit d'accorder leur requeste, dit que ce n'estoient que « des Gueux. » Lesquels, voyans que les poursuites de l'inquisition estoient relaschées, se résolurent de prescher publiquement par les villes, villages et presque par tout les Pays-Bas, entrèrent ès églises, rompirent les images, et de là vinrent aux armes et se saisirent de quelques villes.

De sorte que la duchesse et son conseil s'y trouvèrent bien empeschés, et n'y purent apporter meilleur ny plus prompt remède, que de leur accorder des temples pour prescher, et, par ce moyen, les prier de laisser les armes. Ce qui fut traicté avec aucuns des seigneurs et confédérés, qui firent tant avec les peuples, qu'ils posèrent les armes, et pour le surplus obéyrent au roy d'Espagne et à ses officiers et magistrats. De quoy le roy d'Espagne estant adverty, fut fort irrité et impatient de telle permission, chose bien contraire au conseil d'Espagne et à l'inquisition, pratiquée premièrement contre les Maures, Sarrasins et esclaves, qui autrement ne se pouvoient dompter.

Il manda lors à la duchesse de Parme et à son conseil, qu'il vouloit entièrement que les édicts fussent gardés, et que l'on fist punition des sacrilèges. Ce qui fut fait de quelques-uns, et les presches ostés, ayant, pour cet effect, la duchesse assemblé toutes les forces du roy d'Espagne aux Pays-Bas, pour courir sus aux huguenots et mutins; lesquels, voyant que la force leur manquoit, eurent leurs recours à présenter nouvelles requestes à la duchesse pour avoir liberté de leur religion, ce qui leur fut entièrement desnié: au contraire fut procédé contre ceux qui estoient de la partie, par confiscation, principalement contre les sacrilèges. Quoy voyans, plusieurs se bannirent eux-mesmes, avec des ministres qui n'avoient plus permission de prescher.

Lors le prince d'Orange et ses frères, avec le comte de Brederode, qui portoient la faction des huguenots, se retirèrent, voyans que les comtes d'Egmont, d'Aremberg, le sieur de Marquerive et autres seigneurs avoient pris les armes pour la duchesse de Parme, afin de faire exécuter les mandemens du roy.

C'estoit au mois de may, auquel temps le duc d'Alve estoit desjà arrivé à Gênes, pour aller aux Pays-Bas avec l'armée qu'il avoit dressée en Italie, lequel depuis passa par la Bourgogne sans aucun contredit, ny qu'aucun Allemand, Flamand ou François huguenot se remuast, mais seulement les Suisses, qui s'armèrent, craignans que le duc de Savoye n'eust quelque intelligence avec le duc, pour entreprendre sur eux. Les Bernois rendirent trois bailliages, qu'ils avoient de long-temps occupés de la duché de Savoye, et, par ce moyen, se rallièrent avec le duc, qui s'en contenta. La ville de Genève demanda secours aux cantons de Berne et de Zurich, au prince de Condé et huguenots de France, plusieurs desquels volontaires y allèrent, dont il ne fut point de besoin; car ce n'estoit pas le dessein du duc d'Alve d'assaillir Genève, parce qu'il avoit assez d'autres besognes taillées aux Pays-Bas.

Où estant donc arrivé sans aucun péril, l'admiral de Chastillon persuada au prince de Condé, et ceux de sa religion en France, que les recrues des compagnies de gens de pied et la levée des Suisses n'estoient à autre fin que pour ruiner les huguenots, au mesme temps que l'armée espagnole arriveroit en Flandre. Et, pour cette cause, l'admiral et ses frères résolurent avec le prince qu'il falloit pourvoir à leurs affaires, et que celuy-là estonneroit son compagnon, qui frapperoit ou s'armeroit le premier; mais qu'il falloit monstrer auparavant que la nécessité les contraignoit d'avoir recours aux armes. Ils firent donc imprimer les raisons et causes qui les y pouvoient contraindre, se plaignans que les édicts de pacification subséquens et déclaratifs de la volonté du roy estoient tellement retranchés et inutiles, qu'il n'y avoit aucune paix asseurée pour les huguenots, ny chose qui en approchast, comme ils spécifièrent par le menu; et mesmement, qu'au lieu d'assigner une ville en chaque bailliage ou séneschaussée, ce qui leur avoit esté auparavant accordé leur estoit osté, comme à plusieurs gentilshommes de n'admettre aux presches autres que leurs sujets, sur grandes peines; et avoit-on deffendu les synodes, qui estoit la chose la plus nécessaire pour entretenir la discipline de leur religion; et que tous prestres, moines et nonnains, mariés par la permission des ministres, estoient contraints, sur peine des galères aux hommes, et aux femmes de prisons perpétuelles, de quitter leurs mariages; que les traités, parlemens, la ligue de Bayonne, la levée des Suisses, qui n'avoient point donné empeschement au duc d'Alve d'aller en Flandre avec une armée trop suspecte à l'estat de France, monstroient assez que l'on les vouloit tous destruire et assassiner au despourveu : protestans qu'ils estoient contraints d'user de la juste deffense que les loix divines et humaines permettent à ceux que l'on veut opprimer, pour deffendre seulement leurs vies et leur religion, et que l'on ne leur pourroit imputer les malheurs et calamités que la guerre civile tire après soy.

Voilà sommairement les causes que les huguenots alléguoient pour couvrir et servir de prétexte à la prise de leurs armes, qui estoient fort suspectes à plusieurs, qui disoient que combien que la juste deffense contre la force et violence fust licite de droit divin et humain, et que l'on eust pû excuser les huguenots de s'asseurer de quelques villes pour leurs deffenses contre les catholiques, si est-ce qu'il n'y a point de loy suffisante pour déclarer la guerre à son roy, se vouloir saisir de sa personne avec une armée offensive, qui est autre chose que d'en faire une seulement deffensive, et en cas d'extresme nécessité, et seulement pour conserver ceux qui ont toute bonne et sincère intention. Par quoy se sont trouvés plusieurs, mesme entre les huguenots d'Allemagne, et des ministres, qui ont blasmé les huguenots de France d'avoir repris les armes en septembre l'an soixante et sept, pour surprendre le roy à Monceaux et toute la cour, comme l'on y pensoit le moins. A quoy il fut remédié par les moyens que je déduiray cy-après, où je ne fûs pas inutile, ny deux de mes frères, l'un desquels a esté depuis capitaine des Suisses du duc d'Alençon; l'autre avoit esté nourry aux guerres de Piedmont, où il commandoit à un régiment de gens de pied, et tous deux fort connus et estimés aux armées et à la cour.

CHAPITRE IV.

Le sieur de Castelnau-Mauvissière envoyé par le roy complimenter la duchesse de Parme, et le duc d'Alve, son successeur au gouvernement des Pays-Bas. Il découvre, en retournant à la cour, la conspiration faite par les huguenots pour surprendre le roy. Il en donne advis à la cour, qui n'en veut rien croire. Le connestable s'en moque. Le chancelier de L'Hospital en blasme le sieur de Castelnau. Advis au roy des assemblées que faisoit l'admiral. La reyne commence à s'en défier, et envoye aux nouvelles Vespasien de Castelnau, frère du sieur de Mauvissière, qui découvre tout ce qui se brassoit. La cour ne se peut résoudre à en rien croire, et le connestable mesme, qui menace les deux frères de Castelnau. Nouvelle confirmation de l'entreprise de l'admiral par Titus de Castelnau, autre frère du sieur de Mauvissière.

Or le duc d'Alve ne perdoit pas de temps pour exécuter la volonté du roy son maistre aux Pays-Bas, tant à y remettre du tout l'inquisition, qu'à chastier ceux qui l'avoient voulu oster. Je fus envoyé en ce temps pour le visiter de la part de Leurs Majestés, et me réjouir avec luy de sa venue, ensemble dire adieu à la duchesse de Parme, qui estoit très-mal contente de l'authorité qui luy avoit esté retranchée, n'ayant plus autre puissance que de donner quelques passeports; de sorte qu'en cette visite je trouvay une grande jalousie et mauvaise intelligence entr'eux, comme elle est tousjours entre ceux qui commandent. Le duc d'Alve demeura avec les armes, la force et authorité; la duchesse commença de plier bagage. Ayant fait ce qui m'estoit commandé pour dire bon jour à l'un et adieu à l'autre, le duc me pria d'asseurer Leurs Majestés qu'il avoit particulier commandement du roy d'Espagne son maistre de donner tout contentement au roy son bon frère, et à la France, et de ne luy espargner ses forces et moyens, s'il en avoit besoin. La duchesse de Parme me fit plusieurs discours de la sincérité avec laquelle elle s'estoit comportée au gouvernement des Pays-Bas, tant pour le conserver en l'obéyssance du roy son seigneur, que pour ne donner aucune jalousie d'elle au roy, à la reyne sa mère et à la France, me priant de les asseurer que, là où elle seroit, elle ne faudroit jamais de se comporter en sorte que l'on en auroit tout contentement. Ainsi je partis, ayant pris congé d'eux, pour m'en retourner à la cour de France.

Mais à peine estois-je sorty de Bruxelles que je trouvay quelques François que j'avois cognus, entre lesquels y en avoit trois à qui j'avois commandé, qui s'en retournoient en France, et me prièrent d'avoir agréable qu'ils vinssent en ma compagnie : ce que leur ayant accordé, ils me firent plusieurs discours des soupçons et défiances où estoient le prince de Condé, l'admiral et les huguenots de France : que, pour y remédier, ils estoient tous préparés aux armes, et à commencer les premiers de faire la guerre, et se servir de la personne du roy, de la reyne sa mère, de ses frères et de leur conseil, qui vouloient destruire la religion prétendue réformée, et ceux qui la maintenoient. Ces gens-là estoient un reste d'aucuns qui avoient este envoyés aux Pays-Bas, pour les exhorter de ne laisser entrer le duc d'Alve et se garder de ses persécutions, comme les huguenots de France donnoient ordre d'y remédier, dont ils me parlèrent si particulièrement par les chemins, que, de point en autre, ils me contèrent l'entreprise et conspiration de prendre le roy et tout son conseil à Monceaux, y chastier les uns, et empescher leurs ennemis et malveillans de ne leur faire plus de mal ; ce que je pensois plustost estre une fable qu'un discours véritable.

Néantmoins, estant retourné à la cour, où l'on ne parloit que de passer le temps et aller à la chasse, je fis le récit de ce que j'avois appris en ce voyage, et comme aucuns François m'en avoient parlé, comme tenans le fait asseuré, dont l'on fit fort peu de cas ; car, ayant fort particulièrement dit au roy et à la reyne sa mère ce que j'en avois entendu, ils me dirent qu'il n'estoit pas possible que telle chose pust advenir : toutesfois mandèrent le connestable, les ducs de Nemours, de Guyse et autres, pour leur faire redire ce que je leur en avois raconté ; le chancelier de L'Hospital y fut aussi appelé.

Alors le connestable m'addressa la parole, disant que c'estoit moy qui avois donné cette allarme à Leurs Majestés et à toute la cour ; que véritablement j'avois raison d'avoir donné advis de ce que j'avois appris ; mais qu'il estoit connestable de France, et commandoit aux armées, et avoit ou devoit avoir si bonne intelligence par les provinces et tout le royaume, que rien n'y pouvoit survenir dont il ne fust adverty, et mieux que moy ; que ce n'estoit pas chose qui se portast en la manche, qu'une armée de huguenots, lorsqu'ils se voudroient remettre en campagne, et que cent chevaux ny cent hommes de pied ne se pouvoient mettre ensemble, dont il n'eust incontinent advis. Lors le chancelier de L'Hospital dit au roy et à la reyne sa mère, que c'estoit un crime capital de donner un faux advertissement à son prince souverain, mesmement pour le mettre en défiance de ses sujets, et qu'ils préparassent une armée pour luy malfaire. De sorte que tous estoient fort mal-satisfaits de moy pour l'advis que j'avois donné.

Le lendemain arrivèrent quelques courriers de Lyon, auxquels Leurs Majestés demandèrent des nouvelles ; ils dirent qu'au mesme temps qu'ils estoient partis, il y avoit rumeur de quelques remuemens, et n'avoient jamais veu tant de gens courir la poste et prendre les traverses que sur ce chemin-là, mesmement pour aller à Chastillon, où estoit l'admiral, qui faisoit les mandemens, départemens et rendez-vous aux troupes, et à ceux de son party qui se devoient assembler, y estant aussi le cardinal de Chastillon et d'Andelot ses frères, avec grand nombre de seigneurs, gentilshommes, capitaines, habitans des villes, et autres de la faction, pour sçavoir ce qu'il falloit faire ; ce qui n'esmeut pas beaucoup la cour, qui ne le pouvoit croire, non plus que ceux qui ne sentent point leur mal ne peuvent appréhender les accidens mortels qui leur peuvent advenir.

Sur cela, la reyne mère m'envoya quérir au cabinet du roy, où estoient seulement Morvillier et l'Aubespine, tous deux grands conseillers, qui me demandèrent fort particulièrement d'où j'avois eu ces advertissemens, de quelles personnes, et ce qu'ils estoient allés faire en Flandre. A quoy je ne pus rien adjouster à ce que j'avois dit auparavant. Lors la reyne prit résolution à l'heure mesme de faire prendre la poste à un de mes frères qui estoit avec moy, et qui avoit sa maison en la vallée d'Aillan, pour apprendre ce qu'il pourroit touchant ce qu'avoient rapporté ces courriers, voyage qui luy fut fort agréable et à moy, comme estans intéressés que Leurs Majestés fussent esclaircies du doute auquel elles estoient. S'estant donc acheminé, il rencontre entre Paris et Juvisy le comte de Saulx en un coche, avec sept ou huit qui estoient à cheval, et qui avoient chacun une cuirasse qui paroissoit sous le manteau, et s'en alloient disner à Savigny, pour de là aller à Chastillon trouver l'admiral, ce qu'un de ceux qui alloient après luy dit; et estant plus avancé, il rencontra plusieurs trains qui alloient jour et nuict sur le chemin. Lors il commanda à un des siens d'aller jusques à Chastillon, entrer dans la maison, se mettre parmy la presse, faire comme les autres et luy en rapporter nouvelles, et apprendre tout ce qu'il pourroit; et y demeura jusques au lendemain, voyant et apprenant tout ce qui s'y faisoit; et puis le vint retrouver avec le nom de la pluspart de ceux qui y estoient, et comme, à mesure que les uns venoient, les autres partoient pour aller vers Tanlay, où se dressoit entièrement leur armée. Ainsi estant bien instruit de tout ce qui se passoit, revint en diligence trouver Leurs Majestés, auxquelles il asseura avoir vu, en moins d'un jour et une nuict, marcher et assembler plus de six cens chevaux, logeans les uns par les maisons des gentilshommes, et les autres en des granges, où ils trouvoient des vivres préparés, et autres par les villages, sans aucun bruict ny désordre, tous avec leurs armes.

Ce qui estonna fort la cour, de quoy néantmoins l'on ne vouloit rien croire : au contraire les princes, les seigneurs, et mesme les dames, me vouloient mal d'avoir donné cette allarme, et fait venir l'un de mes frères pour en confirmer l'avis que j'avois donné. Leurs Majestés m'envoyèrent quérir au cabinet, où estoit le connestable, lequel me dit que l'on ne pouvoit asseoir aucun fondement sur ce que j'avois dit, et que mon frère avoit confirmé, et que, si ce n'estoit le respect de mes services, l'on nous mettroit prisonniers, jusques à ce que la vérité fust cognue de cette chose, qui ne pouvoit entrer aux esprits de la cour, où l'on se laisse aller le plus souvent à ce que l'on désire. Et fut commandé à un lieutenant des gardes, si mon frère vouloit partir de la cour, de l'arrester, dont nous fusmes advertis.

Le lendemain, Titus de Castelnau, mon autre frère, arriva en diligence, et me dit qu'il avoit laissé toutes les troupes du prince de Condé, de l'admiral et autres seigneurs et gentilshommes, qui marchoient tous fort serrés pour aller repaistre à Lagny, et aussitost remonter à cheval pour environner la cour, qui estoit à Monceaux, et se saisir des personnes du roy, de la reyne sa mère, de ses frères et de tous ceux qui leur estoient contraires. Et asseura avoir marché avec eux, et les avoir fort bien recognus. Sur cela, le connestable dit que l'avertissement estoit trop important pour le mépriser, et qu'il falloit en savoir la vérité. Au mesme instant quelques-uns donnèrent advis à la cour que tous les huguenots de Picardie et Champagne estoient montés à cheval.

CHAPITRE V.

Le sieur de Mauvissière et ses frères envoyés pour apprendre de certaines nouvelles de la marche des conjurés. Ledit sieur de Mauvissière se saisit contre eux du pont de Trillebardou. La cour, fort surprise, délibère et résout de remener le roy de Meaux à Paris. Le mareschal de Montmorency député vers l'admiral, et le sieur de Castelnau, despesché à Paris, amène du secours au roy. Dessein des huguenots avorté. Leur response au mareschal de Montmorency. Leurs hostilités contre Paris. Le roy se prépare contre eux et mande ses forces.

Je fus avec mes frères, et quelques-uns qui me furent baillés, envoyé pour les recognoistre, qui fut la veille Sainct-Michel au mois de septembre; et me furent baillés deux chevaucheurs d'escurie, et quelques courtauts de l'escurie du roy, pour en envoyer nouvelles asseurées. Nous montons à cheval sur les quatre à cinq heures pour aller à Lagny, où ils commençoient desjà à paroistre.

Et à l'instant s'avancèrent environ cent chevaux et quelques harquebusiers à cheval, pour se saisir du pont de Trillebardou, que je gagnay premier qu'eux, et le leur rompis, combien qu'ils fissent grand efforts et diligence de l'empescher à coups d'harquebusades, advertissant Sa Majesté de moment en moment de tout ce qui se passoit. Il n'y avoit lors pas un seul homme armé à la cour, ou la pluspart encore n'avoient que des haquenées. Leurs Majestés me mandèrent de les aller trouver à Meaux près de Lagny, et trouvèrent que les advertissemens estoient trop véritables. Incontinent les Suisses furent mandés de se haster, ayant logé à Chasteau-Thierry, qui n'est qu'à quatre lieues de là; ils marchèrent toute la nuit, durant laquelle personne ne reposa. Le roy, les princes, les dames et courtisans estoient sur pied, aussi estonnés qu'ils avoient esté incrédules auparavant. Le connestable et le duc de Nemours n'avoient pas grande peine d'asseurer le roy, qui estoit jeune, et n'appréhendoit point le péril, non plus que ses frères. Quelques-uns du conseil furent d'opinion de ne bouger de Meaux, où les Suisses seroient suffisans pour conserver la ville et les personnes de Leurs Majestés, en attendant que l'on advertiroit la noblesse catholique, la gendarmerie et les serviteurs du roy pour les venir secourir; mais les autres, et la plus grande partie, furent d'advis de se retirer à Paris, et partir trois heures devant le jour, pour y aller aussitost que les Suisses seroient arrivés, qui fut la dernière résolution, effectuée comme elle avoit esté conçue. Au mesme instant le mareschal de Montmorency fut envoyé devers le prince de Condé, le cardinal et l'admiral de Chastillon, pour regarder à leur donner quelque contentement. Cependant chacun se préparoit à la cour pour partir. Je fus envoyé toute la nuit à Paris, trouver le prévost des marchands, les eschevins et premiers de la ville, pour faire prendre les armes et ouvrir la Bastille, où l'on en avoit retiré quantité de ceux qui avoient esté désarmés à la guerre précédente, ensemble pour parler au duc d'Aumale, qui estoit à Paris, au mareschal de Vieilleville et au sieur de Biron, à présent mareschal de France, afin que tous montassent à cheval pour aller au-devant du roy, qui partoit de Meaux avec toute sa cour, les dames, les charriots et bagages, qui montoient à assez grand nombre; mais il y avoit peu d'hommes de combat (qui encore n'avoient ny armes ny bons chevaux), comme j'ay dit, sinon les six mille Suisses, à la teste desquels le connestable marchoit, ordonnant de faire marcher le roy en bataille, avec la noblesse et autres qui estoient à la suite de la cour.

De sorte que les huguenots, qui la pensoient surprendre le jour de Sainct-Michel, lors qu'elle seroit occupée à la célébration de l'Ordre, ou pour le moins l'investir à Meaux, furent déceus de leur espérance, bien estonnés de voir le roy tant accompagné de cavalerie et infanterie, ne pouvans juger, à les voir en ordre de bataille et marcher de cette façon, si c'estoient tous gens de guerre ou non, n'ayans que cinq ou six cens chevaux pour faire cette exécution, pendant que des provinces du royaume ils attendoient le reste de leurs confédérés.

Et, comme les huguenots envoyoient quelques-uns pour recognoistre et escarmoucher, il se trouvoit des courtisans qui faisoient le mesme. Sur quoy les huguenots firent divers semblans de vouloir approcher pour combattre les Suisses qui couvroient le roy et sa cour, lesquels estoient aussi bien disposés à les recevoir, et monstroient en toutes les occasions, non-seulement beaucoup de volonté de bien faire, mais encore une grande espérance de victoire, s'ils fussent venus aux mains. Or enfin le prince de Condé et l'admiral, qui n'avoient que les pistolets, espées et cuirasses, se contentèrent de faire bonne mine, et le roy cependant s'advança à Paris. Le connestable demeura avec les Suisses, qui couchèrent au Bourget, et le lendemain entrèrent à Paris.

Les huguenots se logèrent à Sainct-Denys et autres villages circonvoisins, desquels le mareschal de Montmorency ne rapporta autre chose, sinon qu'ils avoient prévenu les préparatifs qui se faisoient pour les ruiner, et oster l'exercice de leur religion, laquelle toutesfois n'estoit permise que par un édict provisionnel, qui se pouvoit révoquer à la volonté du roy, selon qu'il jugeroit estre le bien de son estat. Cependant les huguenots font la guerre autour de Paris, bruslent les moulins, essayent par tous moyens d'empescher les vivres qui vont à Paris, saisissent les passages des rivières, hastent leurs confédérés, tant de cheval que de pied, prennent des prisonniers, et usent de tous actes d'hostilité, les plus cruels qui se peuvent imaginer.

Sur ce, le roy ne perd point de temps, lequel mande de tous costés ses serviteurs, afin de ramasser tout ce qu'il pourroit pour le secourir. L'on donne le meilleur ordre que l'on peut pour bien garder la ville. L'on regarde aux vivres dedans, et comme l'on en pourra avoir de dehors; mais le pain de Gonnesse et des autres villages circonvoisins, qui s'y apporte presque tous les jours, ne venant point, plusieurs se trouvèrent estonnés; l'on loge aux fauxbourgs Sainct-Martin, Sainct-Denys et autres de ce costé : les huguenots y sont tous les jours à faire la guerre ; et se font divers petits combats et escarmouches : le connestable et les princes et conseilliers d'estat, qui sont avec le roy, n'ont pas faute d'exercice au conseil pour adviser les moyens, non-seulement de se deffendre contre cette invasion de l'armée huguenotte, mais de regarder comme l'on les pourra attaquer.

CHAPITRE VI.

Le sieur de Castelnau-Mauvissière va, par ordre du roy, demander secours au duc d'Alve. Les huguenots s'opposent à son voyage et le repoussent dans Paris. Il prend un autre chemin, et arrive en Flandre avec beaucoup de difficulté. Sa négociation avec le duc d'Alve, qui agit avec plus d'ostentation que d'effet, et refuse le congé de venir servir le roy à plusieurs capitaines espagnols et italiens de son armée. Le duc l'amuse malicieusement pour donner temps aux huguenots de se fortifier et d'entretenir la guerre en France. Il refuse le secours tel qu'on lui demande, et fait d'autres offres pour son avantage. Le sieur de Castelnau le remercie de ses lansknenets, et accepte un corps de troupes sous le comte d'Aremberg. Le sieur de Castelnau se met en marche avec le secours, qui refuse la route ordonnée par le roy, ayant ordre du duc d'Alve de ne point combattre. Les huguenots affoiblissent leurs troupes en les séparant pour en envoyer partie au-devant du secours. Le roy fait marcher son armée vers Sainct-Denis, après quelques vains pourparlers de paix, les huguenots demandans l'exécution de l'édict de pacification et l'éloignement de la maison de Guyse, qu'ils disoient prétendre au royaume.

Et parce que les forces du royaume et serviteurs du roy estoient escartés par les provinces, et mal aisés à ramasser pour aller à Paris, le roy, avec l'advis de la reyne sa mère, du connestable, des ducs de Nemours et d'Aumale, résolut de m'envoyer vers le duc d'Alve pour le prier, par l'amitié et alliance qui estoit avec le roy d'Espagne son beau-frère, et par le zèle et affection qu'il portoit à la conservation de la religion catholique, de secourir en toute diligence Leurs Majestés, qui estoient assiégées en la ville de Paris, et, pour cet effet, me bailler trois ou quatre régimens de gens de pied espagnols et italiens, avec les mille chevaux légers espagnols et les mille italiens qu'il avoit amenés ; qui estoit un secours tout prest à marcher sans bruit, que j'amènerois en cinq ou six jours loger à Senlis, où l'on leur feroit préparer les vivres, le logis, et tout ce qui leur seroit besoin, pour se trouver le lendemain aux portes de Sainct-Denis, du costé de la France, pendant que le roy feroit sortir le connestable, les princes, la noblesse, les Suisses et tout ce qui estoit à Paris, avec vingt pièces d'artillerie, pour desloger les huguenots de Sainct-Denys, lesquels n'y pouvoient demeurer ny en sortir qu'ils ne fussent combatus et vaincus : de telle sorte que l'on en feroit en ce lieu-là, ou en quelqu'autre part qu'ils allassent, périr la faction ; ce qui apporteroit pareil avantage au roy d'Espagne et au duc d'Alve sur les Pays-Bas, qu'à la France. L'ambassadeur d'Espagne, qui estoit pour lors appellé dom Francisque d'Alve, homme de guerre, qui a depuis esté fait grand-maistre de l'artillerie en Espagne, asseura Leurs Majestés que le duc ne faudroit d'envoyer son secours aussitôt que je serois arrivé près de luy et aurois représenté l'estat et nécessité de Leurs Majestés.

Donc incontinent je fus despesché avec lettres de créance pour cet effet, avec protestations d'immortelle amitié et obligation, et tout ce qui se pouvoit dire et promettre sur ce sujet. L'ambassadeur escrivit aussi fort favorablement, et fut advisé de me bailler nombre, tant de gensd'armes, qu'archers, arquebusiers à cheval, mareschaux des logis, fourriers, chevaucheurs d'escurie et autres, jusques à soixante chevaux, tels qu'ils se purent rassembler dans Paris, pour faire ce voyage. Et pour ce que la ville estoit environnée de tous les costés des fauxbourgs Sainct-Denys, Sainct-Martin, Montmartre, Sainct-Honoré et autres portes de ce costé, fut résolu que je sortirois la nuit par la porte Sainct-Antoine, avec de bons guides, pour effectuer le voyage. Mais, estant à un quart de lieu de la ville, je fus chargé et rejetté, avec grand nombre de cavalerie huguenotte, dedans le fauxbourg Sainct-Martin, sans aucun pouvoir de passer; ce qui desplaisoit fort à Leurs Majestés, au connestable, et aux ducs d'Aumale et de Nemours, qui firent tout ce qu'ils purent la nuit suivante pour envoyer découvrir de tous ces costés-là ; et mesmement le duc d'Aumale monta à cheval pour cet effet et pour favoriser mon passage, mais il n'y eut aucun moyen.

Sur quoy fut résolu que je prendrois l'autre costé, et sortirois par la porte Sainct-Germain-des-Prés, pour aller passer à Poissy ou à Meulan (car ils tenoient le pays jusques-là);

et essayer de gagner Beauvais ou Abbeville, et passer au travers de la Picardie : comme je fis, sans jamais avoir pu trouver moyen de repaistre qu'en un village appelé Lihons, où je ne fus pas sitost descendu de cheval, qu'il fallut remonter, à l'occasion de deux cens chevaux qui s'acheminoient à Sainct-Denys, estans les champs et les chemins tous pleins de diverses troupes qui alloient trouver les huguenots. Enfin je fis tant que je gagnay Péronne, où je trouvay les sieurs d'Humières et de Chaulnes, auxquels je dis mon voyage, et Sa Majesté leur escrivant aussi pour assembler leurs compagnies et leurs amis afin de nous attendre sur la frontière et faire donner des vivres. Et après avoir repu, je me délibéray d'aller toute la nuit à Cambray, parce que d'Humières avoit advis qu'il se faisoit une assemblée de huit ou neuf vingts chevaux entre Péronne et Cambray sous la conduite des quelques huguenots de ce pays-là, comme il estoit vray; et faillirent de me charger par le chemin.

J'avois envoyé à Cambray, où l'évesque et le gouverneur de la citadelle m'avoient fait autrefois bonne chère, afin qu'ils me fissent ouvrir les portes environ deux heures avant le jour, et de là je trouvay toute sureté pour aller à Bruxelles, où estoit le duc d'Alve, qui me reçut fort favorablement en apparence, avec la commission que j'avais eue; et après avoir un peu pensé et vu les lettres de Leurs Majestés et celle de l'ambassadeur d'Espagne, il me fit un discours du ressentiment qu'il avoit de voir Leurs Majestés en peine, assiégées à Paris par de si mauvais sujets luthériens, desquels il falloit couper le pied par la racine afin de les exterminer; et que, suivant la volonté et intention du roy son maistre, de secourir et aider de tous ses moyens le roy très-chrestien, son bon frère, il estoit prest de monter à cheval avec toutes ses forces pour aller rompre les testes aux huguenots et remettre Leurs Majestés en liberté, et plusieurs autres grandes braveries. Mais comme je n'avois point de commandement d'accepter ces grandes offres, je le suppliay de me respondre particulièrement à la requeste que je lui faisois, de me donner le secours de deux mille chevaux légers seulement, et de trois ou quatre régimens espagnols que je lui remènerois bientost après; avec beaucoup d'honneur et de profit, et grande obligation du roy et de la reyne sa mère, de ses frères, et de tous les catholiques de la France; et le pressay fort de me donner prompte response, comme j'en avois le commandement. Mais je n'en pus tirer aucune, sinon ambiguë, et qu'il me rendroit content. Et après avoir demeuré près de quatre heures avec luy, m'enquérant de diverses choses, il me fit tenir des chevaux prests à l'issue de son logis, avec grand nombre de seigneurs et capitaines espagnols et italiens pour m'accompagner, qui tous me conjurèrent en particulier que je priasse le duc d'Alve de leur donner congé pour aller faire service au roy mon maistre en cette occasion. Et tout le reste du jour, jusques au soir bien tard, infinis capitaines espagnols et autres (et le lendemain jusques après disner que j'allai trouver le duc), me firent semblables offres, avec beaucoup d'instance et de prières de luy en parler, et la plupart me donnoient leurs noms par escrit. Je pensois avoir une response asseurée du duc à mes demandes, lesquelles requéroient diligence; mais je l'en trouvai fort esloigné, me disant toujours qu'il offroit lui-mesme d'y aller en personne avec toutes ses forces, qu'il mettroit ensemble dans sept semaines, terme que je ne pouvois accepter.

Je luy dis toutes les offres que les capitaines m'avoient faites, en quoy il monstroit d'estre fort satisfait, me parlant du naturel des Espagnols, qui estoient désireux d'aller chercher la guerre et les occasions de combattre; asseurant que celle qui s'offroit d'aller servir le roy luy seroit plus agréable que toutes autres. Que si toutesfois, il donnoit congé à quelques-uns, chacun y voudroit aller, tellement qu'il demeureroit seul. Par quoy il insistoit toujours d'y aller luy-mesme, dont j'estime qu'il avoit le cœur bien esloigné, et n'avoit plus grand plaisir que de nous voir à la guerre; car s'il eust voulu me bailler promptement les forces que je luy demandois, il est croyable que les huguenots se fussent trouvés pris des deux costés à Sainct-Denys. Or, je n'oubliay rien pour le presser, non-seulement le second jour, mais six ou sept après, sans pouvoir tirer de luy aucune response que les précédentes.

Cependant le roy, qui n'attendoit que ce secours d'Espagnols, et qui avoit secrettement fait préparer toutes choses à Senlis pour les recevoir, afin d'aller de là à Sainct-Denys, m'envoyoit tous les jours des courriers, comme ils pouvoient eschapper, pour me haster. Quoy voyant, je me résolus de faire instance au duc de se résoudre sur ma demande, ou me permettre de m'en retourner. Sur quoy il me remit au lendemain, qu'il me pria de disner avec luy, où enfin il me dit qu'il luy estoit impossible de laisser aller les Espagnols, ny les deux mille chevaux légers, sans aller luy-mesme; mais que volontiers il me bailleroit quatre ou cinq mille lansknets, de long-temps entretenus aux Pays-Bas, sous la charge du comte Lodron, et avec cela quinze ou seize cens chevaux de la gendarmerie des Pays-Bas, desquels il se défioit aucunement; qui estoit autant ou plus de forces que je ne luy en demandois. Et se ferma entièrement là-dessus; mais ils ne se pouvoient mettre ensemble pour marcher de vingt jours. Ce que je manday au roy, qui se renforçoit à Paris, et comme je trouvois plus d'apparences de belles paroles, de bonnes chères et braveries, que d'effets au duc; et qu'en attendant que ces troupes fussent prestes à marcher, Sa Majesté me mandast sa volonté. Sur ce il me fut escript, par deux courriers en mesme temps, d'essayer encore une fois d'obtenir ma première demande; et, s'il ne vouloit l'octroyer, luy demander douze compagnies de chevaux légers espagnols et italiens, pour marcher en diligence à Senlis, sinon que j'advisasse de quelque cavalerie et gendarmerie du pays; que, pour le regard des lanskenets, le roy ne les vouloit nullement, ayant ses six mille Suisses, qui estoient assez. Je ne perdis pas une heure de temps à prier et presser le duc de me faire response, où il demeura entier en celle qu'il m'avoit desjà faite.

J'acceptay, ne pouvant mieux, la gendarmerie du pays, et le remerciay de ses lanskenets, le suppliant que ce qu'il bailleroit fust prest dedans trois jours à marcher. Il m'envoya, aussitost que je fus en mon logis, le comte d'Aremberg, autrement le seigneur de Barbanson, l'un des honnestes seigneurs et bons chefs de guerre qui fussent dedans les Pays-Bas, me dire que le duc d'Alve luy avoit donné la charge de huit compagnies de la gendarmerie des Pays-Bas, qui feroient près de seize cens chevaux; et outre cela, qu'il y avoit plus de deux ou trois cens gentilshommes du pays, et de ses amis, tous volontaires, qui offroient de venir, pourveu que je priasse le duc de leur donner congé. Lequel j'allay trouver aussitost pour l'en prier, et communiquer avec le comte d'Aremberg de nostre partement. Ce qui fut accordé et résolu, mais non si tost que je le désirois; car il se passa plus de quinze jours pour assembler toutes ces troupes, auxquelles il fallut bailler une monstre avant que nous acheminer à Cambray, où estoit nostre rendez-vous; et, prenant congé du duc d'Alve, me fit encore mille protestations du désir qu'il avoit luy-mesme de servir Leurs Majestés, et de voir le roy paisible en son royaume; à quoy je luy respondis que ce n'estoit point un secours espagnol si prompt et conforme à toutes ses belles paroles et aux offres que m'avoient faites tant d'Espagnols. Alors il me dit qu'il en estoit le plus marry, que c'estoit ma faute de ne l'avoir laissé aller, mais qu'il me bailleroit cent arquebusiers à cheval de sa garde, sous l'un des meilleurs capitaines qui se pust voir, nommé Montère, qu'il fit appeler pour se tenir prest à marcher quand nous partirions pour aller à Cambray, où nous eusmes bien de la peine de faire venir toutes nos troupes, et à les en faire partir, non qu'il se trouvast faute de bonne volonté au comte, lequel faisoit ce qu'il pouvoit de sa part.

A la fin nous partismes de Cambray le quinziesme novembre 1567, pour nous acheminer au secours du roy avec une fort belle troupe de cavalerie, qui faisoit nombre avec les volontaires d'environ dix-sept cens chevaux en fort bon équipage. Comme nous eusmes passé Péronne, leur pensant faire prendre le droit chemin de Senlis, où il n'y avoit que cinq ou six journées d'armée, le comte d'Aremberg me dit qu'il n'avoit pas charge du duc de tenir ce chemin-là; et fit apporter la carte, résolu de tirer droit à Beauvais, quelque remonstrance que je luy fisse que ce n'estoit ny le chemin ny le commandement que j'avois; à la fin il me monstra l'article de ses instructions qui portoit d'aller trouver le roy à Paris, sans combattre ny rien hasarder par les chemins, encore qu'il crust de remporter la victoire, et ne prendre aucunement le chemin de Senlis, où je le voulois mener, pour de là aller aux portes de Sainct-Denys, ains aller secourir le roy dedans Paris, ne pouvant faire autre chose que ce qui luy estoit commandé.

Dont j'advertis incontinent Leurs Majestés, lesquelles me mandèrent par Chicot, qui estoit pour lors chevaucheur d'escurie, et, depuis, par Favelles, secrétaire du duc d'Alençon, que, s'il estoit possible, je menasse le comté d'Aremberg à Senlis, où se trouveroit le marquis de Villars, beau-frère du connestable, pour le rencontrer avec trois cens chevaux françois, et aller au champ de bataille ; où, au mesme instant, le roy feroit sortir toutes les forces de Paris. Mais cela ne servit de rien ; car le comte suivit son dessein d'aller à Beauvais, et de là à Pontoise pour passer à Poissy, où le prince de Condé et l'admiral envoyèrent d'Andelot et le comte de Montgommery avec une partie de leurs forces pour empescher nostre passage. De quoy le roy estant adverty, il fut résolu que l'armée sortiroit de Paris pour aller à Sainct-Denys, après avoir recherché tous moyens de quelque pacification avec les huguenots, et regarder s'il y auroit quelque condition pour leur faire laisser les armes ; ce que l'on avoit tasché de faire par divers moyens inutiles, mesme jusques à envoyer des hérauts avec leurs cottes d'armes, pour protester contre le prince de Condé, l'admiral et tous les seigneurs et gentilshommes de leur faction, et leur enjoindre d'aller ou envoyer, avec l'obéyssance et devoir de sujets, présenter leur requeste désarmés au roy, en quoy leur seroit donné toute seureté, et que cependant cessassent tous actes d'hostilité, leur promettant tout contentement. A quoy ils firent response qu'ils supplioient le roy très-humblement de leur accorder l'édict de pacification, et chasser ou esloigner de sa personne et de son conseil tous ceux de la maison de Guyse, lesquels, sous ombre qu'ils se disoient issus de la race de Charlemagne, apportoient tout le mal en France avec les prétentions qu'ils avoient, par les divisions, de ruiner la maison de Bourbon, et, après,

s'emparer de l'estat. Tout cela ne servoit que de couleur, et d'entretenir des allées et venues, pour attendre les forces des uns et des autres : l'on n'espéroit pas toutesfois que le comte d'Aremberg se dust trouver à la bataille.

CHAPITRE VII.

Le connestable de Montmorency marche en bataille vers Sainct-Denis. Le prince de Condé, quoique plus foible, sort de la ville pour le combattre. Ordre de sa bataille. Bataille de Sainct-Denis. Vaillance du connestable et du mareschal de Montmorency, son fils. Le champ de bataille demeure au roy. Le connestable blessé. Sa mort, son éloge. Question de guerre touchant l'honneur de la bataille ; s'il consiste en la quantité des morts ou au gain du champ. Les huguenots reviennent le lendemain au champ de bataille. Arrivée du comte d'Aremberg auprès du roy. Entrée en France du duc Jean-Casimir, avec les reistres, au secours des huguenots.

Le connestable, voyant que d'Andelot, son neveu, et le comte de Montgommery estoient allés pour le rencontrer à Poissy, fut d'opinion de faire sortir l'armée du roy de Paris, par plusieurs portes, la vigile de Sainct-Martin, afin de choisir une place avantageuse pour combattre ou pour se loger. Il fit marcher devant luy le mareschal de Montmorency, son fils, avec une troupe de cavalerie et les Suisses. A la gauche, il mit le duc de Longueville, le sieur de Toré, de Chavigny, de Lansac, de Rets, avec force gens de pied, faisant suivre toute l'infanterie parisienne. A sa droite, il mit le comte de Brissac et Philippe Strossy, qui estoient deux braves colonels, avec de belles troupes d'infanterie ; plus avant le mareschal de Cossé et Biron, et plus bas le duc d'Aumale et le mareschal d'Amville, avec deux escadrons de cavalerie.

Et ainsi le connestable ordonna ses forces en bataille pour combattre le prince de Condé, s'ils se présentoit, comme il fit, et plus foible que l'armée du roy, parce que d'Andelot et Montgommery estoient allés pour nous combattre ou nous empescher le passage de Poissy, comme j'ay dit. Néantmoins le prince, de naturel chaud et ardent, pour combattre et voir les ennemis, résolut avec l'admiral de sortir de Sainct-Denys, et mettre sa cavalerie en bataille, selon l'ordre ancien des Françoys, en haye, parce qu'il n'estoit assez fort pour doubler ses rangs. En fit trois troupes, dont estoient de la sienne les comtes de Saulx et de La Suze, les sieurs de Bouchavannes, de Scechèles, les vidames de Chartres et d'Amiens, d'Esternay, Stuart et autres, qui sortirent de Sainct-Denys pour se représenter en teste au connestable. A sa dextre marchoit l'admiral, du costé de Sainct-Ouin, avec lequel estoit Clermont d'Amboyse. A sa gauche estoit Genlis du costé d'Aubervilliers. Et mirent aussi leur infanterie en trois troupes, comme la cavalerie.

Le connestable ayant fait mener quantité d'artillerie, fit tirer plusieurs volées à Genlis, qui l'endommageoient fort et ses troupes. Ce que voyant, le prince de Condé luy envoya dire qu'il fist avancer son infanterie devant la cavalerie ; ce qu'il fit avec beaucoup de dommage aux nostres. Et, au mesme instant, donna avec la cavalerie de l'autre costé et à la dextre du prince de Condé, vers Sainct-Ouin ; l'admiral fit avancer aussi ses gens de pied, qui firent pareillement grand dommage aux nostres. Et luy-mesme donna avec sa cavalerie, laquelle rencontroit la gauche du connestable, qui fut mise en quelque désordre, et mesme les gens de pied du connestable. Le prince de Condé, voyant la meslée de ses deux costés, devança ses gens de pied, qu'il avoit aussi délibéré de faire marcher devant luy, pour aller avec sa cavalerie charger la bataille où estoit le connestable, qui tint ferme, encore que partie de ses troupes fussent chargées si rudement que la pluspart ne tinrent pas coup.

Le connestable, se voyant environné des ennemis, et blessé devant et derrière, faisoit tout ce qu'un chef d'armée eust sceu faire, et donna si grand coup à Stuart, escossois, qu'il luy rompit deux dents en la bouche. Le mareschal de Cossé, voyant que les troupes de Genlis se retiroient, et que le mareschal de Montmorency avoit soustenu et mis en route ce qui s'estoit présenté devant luy, s'avança pour secourir le connestable. Ce que voyant l'admiral, et que le mareschal d'Amville avoit encore une troupe qui n'avoit point combattu, et faisoit ferme pour attendre l'occasion, et que plusieurs des troupes de l'armée du roy se rallioient, fut d'avis, la nuyt s'approchant, de faire retraicte à Sainct-Denys, s'ils n'estoient poursuivis des nostres, comme ils ne furent pas, car l'armée du roy ne jugea pas les en pouvoir garder.

Et ainsi le champ de bataille nous demeura, la victoire toutesfois entremeslée de quelque dommage. Les morts furent emportés et les despouilles par les nostres. Le connestable, fort blessé, mourut trois jours après, aagé de soixante et dix-huit ans, néantmoins encore robuste, lequel n'avoit jamais tourné la teste en combat où il se fust trouvé ; et fit cognoistre en cette occasion aux Parisiens et à ceux qui l'avoient voulu calomnier d'avoir plus porté de faveur à l'admiral, cardinal de Chastillon et d'Andelot, ses neveux, qu'au service du roy et de la religion catholique, qu'il estoit à tort accusé. Et combien qu'il fust grand et illustre, pour estre monté à tous les degrés d'honneurs et de charges que pouvoit souhaiter un tel seigneur, si est-ce que le comble de sa félicité fut de mourir, aagé de soixante et dix-huit ans, en une bataille, pour sa religion et pour la deffense de son roy, devant la plus belle et florissante ville du monde, qui estoit comme son pays et sa maison; ayant eu, après sa mort, des funérailles très honorables et presque royales.

Plusieurs, après la bataille, débattoient à qui estoit demeurée la victoire, ce qui estoit malaisé de juger en cette guerre civile, à cause que les victorieux perdoient autant et plus que les vaincus, comme j'ay dit ci-devant. Et pour cette cause les Romains ne vouloient pas décerner des triomphes à ceux qui estoient victorieux durant leurs guerres civiles. Toutesfois, si l'on veut débattre la victoire entre ennemis, c'est chose certaine que celuy est victorieux qui chasse son ennemy et demeure ferme au champ de bataille, maistre de la campagne, des morts et des despouilles, comme fut l'armée du roy, encore qu'elle eust fait plus grande perte de gens et de son second chef; comme il advint à un roy de Perse qui défit Léonidas et quatre mille Lacédémoniens, lesquels en tuèrent deux fois autant. Mais comme le but de l'armée du roy estoit de mettre Sa Majesté et la ville de Paris en liberté, et chasser les huguenots de Sainct-Denys, aussi en ce point avoit-elle encore cet avantage sur eux d'en estre venue à bout. Toutesfois, ils voulurent le lendemain faire une braverie, et retourner au lieu de la bataille, les tambours et trompettes sonnans, comme s'ils eussent voulu convier derechef l'armée du roy de retourner au combat, laquelle ne pensoit pas que s'estans retirés de la façon que nous avons dit, ils se deussent représenter, et aussi il n'y avoit ny chef ny lieu de sortir si tost de la ville. Quoy voyans, les huguenots bruslèrent le village de La Chapelle et quelques moulins, et approchèrent jusques aux fauxbourgs et barrières de Paris.

Cependant le comte d'Aremberg joignit le roy, entra et fut bien receu à Paris, et ses troupes logèrent au Bourg-la-Reyne et au pont d'Antony. Il fit offre de son service au roy, et tesmoigna avoir un extresme regret de ne s'estre pas trouvé à la bataille. Sa Majesté monta à cheval pour aller voir ses troupes, qui estoient en bataille près dudit Antony, lesquelles furent trouvées très-belles et aussi bien montées et armées que gendarmerie qui eust long-temps esté aux Pays-Bas. Le comte fut logé au logis de Villeroy, pour estre plus près du Louvre, afin d'assister au conseil, estant au reste fort honorablement deffrayé de toutes choses.

Cependant les forces et la noblesse venoient de tous costés à Paris, où l'on prit nouvelle délibération d'attaquer derechef les huguenots, qui s'en allèrent le lendemain à Montereau-faut-Yonne, pour aller au devant de leurs reistres, qui estoient sept mille, et six mille lansquenets, sous la charge et conduite du duc Jean Casimir.

CHAPITRE VIII.

Suppression de l'office de connestable. Le duc d'Anjou, frère du roy, fait lieutenant-général. Le duc d'Aumale envoyé contre les reistres avec le sieur de Tavannes. Le duc d'Anjou fait abandonner Montereau-faut-Yonne aux huguenots, qui marchent pour joindre Casimir. Remarque du sieur de Castelnau touchant la personne de l'électeur palatin, père de Casimir. Occasion manquée de combattre les huguenots à Nostre-Dame-de-l'Espine. La reyne tasche de faire la paix par l'entremise du mareschal de Montmorency. Bernardin Bochetel, évesque de Rennes, envoyé ambassadeur vers l'empereur et les princes d'Allemagne, pour faire voir les mauvais desseins des huguenots sur la France. L'électeur palatin et Casimir, son fils, continuent d'appuyer le party huguenot. Leurs intérests dans cette guerre. Le roy veut aussi avoir des reistres à son service. Offres faites au prince de Condé. Le sieur de Castelnau maintient qu'un roy peut traiter avec ses sujets, et leur doit garder sa foy et sa parole.

Or, après la mort du connestable, la reyne, mère du roy, estima que, pour avoir les armes et la puissance avec l'authorité entière, elle ne pouvoit mieux faire que tacitement supprimer ce grand estat de connestable, qui luy estoit suspect; et donna la charge de lieutenant-général au duc d'Anjou, son second fils, qu'elle aimoit uniquement. Comme il en eut pris la possession, aussitost il se prépara pour suivre, avec toutes les forces de l'armée, les huguenots. Et parce que les nouvelles estoient que le duc Casimir s'avançoit fort, le duc d'Aumale fut envoyé à la frontière, où estoit le cardinal de Lorraine et tous les enfans de la maison de Guyse, afin d'assembler les forces de Champagne et de Bourgogne pour empescher les reistres de se joindre avec les huguenots. Et fut fait commandement à Tavannes, lieutenant du roy en Bourgogne, bon capitaine, et depuis fait mareschal de France, d'assister le duc d'Aumale de tout ce qu'il pourroit, comme il fit, pour luy estre, et à toute la maison de Guyse, fort affectionné; outre que le duc estoit gouverneur de Bourgogne, et commandoit en Champagne, en attendant la majorité de Henry de Lorraine, son neveu.

Cependant le duc d'Anjou, accompagné de tout le meilleur conseil que l'on pouvoit alors trouver en France, spécialement du duc de Nemours et du mareschal de Cossé, que la reyne sa mère luy avoit baillé comme sa créature, avec beaucoup d'authorité près de luy et en l'armée à cause de sa charge, partit de Paris avec toute l'armée, qui s'augmentoit tous les jours, pour aller à Nemours rassembler encore quelques forces, et de là à Montereau, pour essayer d'y combattre les huguenots; ce qui eust esté malaisé s'ils eussent voulu garder ce passage, qui n'estoit pas leur dessein, car ils tirèrent vers Sens, et quittèrent Montereau. Au mesme temps arrivèrent les troupes de Guyenne, conduites par Sainct-Cire, lesquelles marchoient vers la rivière de Seine, et y prirent les places de Pont-sur-Yonne, Bray et Nogent-sur-Seine, qui furent en partie rançonnées, en partie saccagées. De sorte que les huguenots, faisans leur retraite et chemin pour aller trouver leurs secours, abandonnèrent tous ces passages de la rivière de Seine, qui ne pouvoient tenir contre une puissante armée, combien que la guerre civile en France eust rendu les hommes accoustumés et opiniastres à garder de fort mauvaises places.

Mais pour lors l'armée huguenotte n'avoit

autre dessein que d'aller joindre le duc Casimir, second fils de l'électeur palatin, du tout favorable à leur party, selon que j'ay cogneu en plusieurs affaires que j'ay traitées avec luy, et fort passionné en leur cause, toutesfois si grand mesnager et avaricieux, qu'il ne les aidoit que de son affection et bonne volonté ; car de prester argent ou de respondre, il n'y vouloit aucunement entendre, ains, au contraire, faisoit faire d'estranges capitulations aux huguenots.

Or l'on vouloit sur toutes choses les attirer au combat avant qu'ils eussent joint leurs reistres; et s'en présenta une belle occasion à Nostre-Dame-de-l'Espine, près de Chaalons en Champagne, où nostre armée les suivoit de fort près; mais l'on faillit à la prendre par la négligence, comme l'on disoit, du mareschal de Cossé, qui ne fit pas monter à cheval pour les suivre, harassés comme ils estoient après avoir fait de grandes traites, et par si mauvais chemins, en la Champagne, qu'à la vérité ils n'en pouvoient plus, et marchoient avec beaucoup de désordre, ayant tant de chevaux defferrés et de soldats nuds pieds, que dix des nostres, suyvans trente des leurs, les tailloient en pièces ou prenoient prisonniers. Tant y a que, pour n'estre poursuivis, ils gagnèrent la Lorraine aux plus grandes journées qu'ils purent. Et lors le duc d'Anjou avec son armée alla séjourner à Vitry, et l'armée des huguenots à Senne pour joindre leurs reistres et lansknects.

La reyne, mère du roy, vint trouver son fils à La Chaussée et à Vitry, pour voir quel moyen il y auroit, ou de faire la guerre, ou de traiter de quelque accord ; et amena avec elle le mareschal de Montmorency, qui n'avoit point porté les armes depuis la mort du connestable son père, et sembloit qu'il estoit fort propre pour s'entremettre de quelque accord.

Le roy envoya aussi Bernardin Bochetel, évesque de Rennes, en Allemagne, vers l'empereur et les princes, pour leur remonstrer qu'il n'estoit point question en France du fait de religion, qui estoit permise par tous les endroits du royaume; mais que c'estoit pour l'estat que le prince de Condé et ses confédérés avoient pris les armes, le voulant oster à Sa Majesté et à ses frères, qui ne pensoient nullement à la guerre quand les confédérés, sous prétexte de religion, se mirent en devoir de se saisir de sa personne, de la reyne sa mère et des princes, seigneurs et conseillers qui estoient près d'eux, comme ils firent bien cognoistre les ayant assiégés dedans Paris et donné une bataille aux portes d'icelle. Ce voyage de l'évesque de Rennes servit aucunement envers quelques princes d'Allemagne, pour leur donner plus mauvaise impression de l'ambition des huguenots, que celle qu'ils avoient auparavant conçue, pensans qu'ils n'avoient pris les armes que pour la défense de leurs vies et religion. Mais envers l'électeur palatin, cela ne pouvoit plus servir, d'autant que luy et son fils Casimir estoient embarqués en ce party, encore qu'auparavant il fust et les siens tenus et obligés à la couronne de France, de laquelle il estoit pensionnaire, et son fils Casimir nourry à la cour du roy Henry II. L'on fit une deffense aux estats de l'Empire qu'aucun prince n'eust à lever armée sans licence des Estats; mais cela estoit une apparence, qui ne servoit d'autre chose envers les princes huguenots, que d'accorder au comte palatin tacitement tout ce que luy et le duc Casimir son fils faisoient pour le secours des huguenots, qui espéroient bien que, quelque chose qui advint de la paix ou de la guerre, le roy payeroit l'armée de Casimir ; comme il advint, et dont je fis l'accord et la capitulation, comme je parleray cy-après. Et en cet endroit je diray en passant que les reistres ne sont autres que chevaux de louage qui veulent avoir argent et des arrhes, et de bons respondans de leur monstres avant que monter à cheval, encore que le duc Casimir, qui avoit esté persuadé que s'il estoit victorieux, il auroit tel payement qu'il voudroit, et, s'il estoit vaincu, il n'en auroit que faire, ne se fist pas trop tenir.

Néantmoins le roy, voyant les huguenots fonder tout leur appuy sur la venue de leurs reistres, délibéra aussi d'en avoir quelques-uns, en attendant que Sa Majesté fist plus grandes levées sous un prince d'Allemagne, qui a tousjours plus de pouvoir et authorité que des colonels particuliers.

Cependant l'on renvoya offrir au prince de Condé et à ses confédérés l'édict de pacification fait à Orléans, s'il vouloit poser les armes, lequel seroit publié en tous les parlemens ; mais ils ne s'y vouloient point fier. Car les ministres preschoient en public qu'il n'y avoit en cela autre caution que des paroles et du parchemin, qui n'avoient servi qu'à les penser attraper, pour leur oster la vie et la religion, afin d'acquiescer à la passion de ceux de Guyse.

D'autre part, l'on faisoit entendre au roy qu'il n'est jamais honorable au prince souverain de capituler avec son sujet. En quoy il estoit mal conseillé ; car nécessité force la loy ; et vaut beaucoup mieux plier que rompre en matière d'estat, et s'accomoder au temps pour avoir la paix que d'en venir à une guerre civile, qui peut mille fois davantage diminuer l'authorité et puissance du souverain, qu'un traité fait avec son sujet, quand mesme il ne seroit né prince du sang. Et est toujours bon de chercher le remède aux périlleux accidens par les voyes d'un accord honorable. Ne voit-on pas les roys et les princes tous les jours contracter avec leurs moindres sujets, leur obliger la foy et les biens ? chose que le sujet et vassal ne feroit jamais, s'il estoit illicite de contracter avec son roy et seigneur, et s'il ne luy gardoit la foy, comme l'on disoit qu'il n'y estoit point tenu : opinion fort pernicieuse ; car les roys, d'autant plus qu'ils sont élevés par-dessus les autres hommes, d'autant plus aussi doivent-ils tenir leur parole et leur foy, le plus asseuré fondement de la société humaine, et sans laquelle l'on ne pourroit jamais trouver de fin asseurée aux guerres civiles et estrangères. L'édict d'Orléans n'avoit-il pas mesme servy près de quatre ans pour nous tenir en paix ? aussi avoit-il esté publié ès parlemens, à la requeste des procureurs du roy, et n'y avoit en cela autre seureté que la foy et parole de Sa Majesté, laquelle n'a point esté violée de son costé ; car les huguenots, sur une opinion vraysemblable ou imaginaire que je laisse à chacun libre de juger, eurent recours aux armes, et se portèrent les premiers à l'offensive, au lieu qu'ils devoient prendre asseurance en la foy du roy, qui estoit le moyen de l'obliger davantage envers eux ; ou, s'ils ne vouloient du tout s'y fier, ils pouvoient se tenir sur leurs gardes sans commencer aucuns actes d'hostilité.

CHAPITRE IX.

Les huguenots joignent leurs reistres. Le sieur de Castelnau envoyé par le roy en Champagne, vers ceux de la maison de Guyse, pour les porter à combattre les reistres, ce qu'ils refusent. Progrès des huguenots en Bourgogne, Provence, Dauphiné et Languedoc. Prise de Blois par le sieur de Mouvans. La foy violée dans les deux partis. Chartres assiégé par les huguenots. Le sieur de Castelnau-Mauvissière envoyé demander secours pour le roy au duc Jean-Guillaume de Saxe, qui amène cinq mille chevaux.

Or, en ces extrémités, pour tirer quelques fruits des allées et venues qui se faisoient en l'armée des huguenots, l'on leur fit proposer de faire arrester leurs reistres, et que le roy feroit de mesme envers les siens, qu'il joindroit bientost à Pont-à-Mousson. Mais tout cela ne servoit de rien, car ils ne vouloient par perdre une heure de temps pour aller joindre le secours des leurs, comme ils firent, sans que le duc d'Aumale, le cardinal de Lorraine et tous ceux de Guyse, qui avoient ramassé les forces de Champagne et de Bourgogne, et tous leurs amis et serviteurs, le pussent empescher, dont ils donnèrent advis au duc d'Anjou, qui estoit à Vitry.

Incontinent, Sa Majesté m'envoya devers eux regarder s'il y avoit moyen de les combattre, qu'il leur envoiroit trois mille chevaux et le comte d'Aremberg. Sur quoy les sieurs d'Aumale, de Guyse et le cardinal de Lorraine s'assemblèrent pour me faire response, laquelle me fut faite par Tavannes, duquel ils prenoient entièrement le conseil : qui est que, si l'on eust fait cet offre auparavant que le duc Casimir se fust joint avec les huguenots, et eust fait la monstre et reçu argent, qu'ils avoient tiré et emprunté jusques ès bourse des laquais, avec trois mille chevaux et les troupes du comte d'Aremberg, l'on eust pu faire quelque chose ; mais que pour lors il falloit prendre autre délibération, qui estoit de partir eux-mesmes avec ce qu'ils avoient de forces pour alles joindre le duc, et envoyer en Allemagne, Italie Espagne et de tous costés vers les amis du roy pour demander aide et secours, et n'y espargner rien.

Estant de retour avec cette response, il fut résolu d'aller à Troyes, et y mener l'armée du roy pour avoir commodité de vivres, et la tenir forte contre les huguenots, qui avoient toutes leurs forces, ce qui fut fait. Et à l'instant l'armée huguenote s'achemina en Bourgogne pour y vivre plus commodément que par la Champagne, que nous avions mangée; et prit, força et saccagea Mussi, Crevant et autres villes, desquelles les pauvres habitans furent entièrement ruinés. Cependant les autres provinces du royaume n'estoient pas exemptes des maux et calamités de cette guerre civile; car en Provence les huguenots prirent la ville de Sisteron, et se fit en cette province une guerre cruelle, mesme de Sommerive, fils du comte de Tende, catholique, contre son père, huguenot, et gouverneur du pays. Les huguenots du Dauphiné prirent aussi les armes sous la conduite de Montbrun, et ceux du Bas-Languedoc sous d'Acier, frère de Crussol, duc d'Uzès, et se saisirent de Nismes et Montpellier; ceux du Haut-Languedoc, Rouergue et Quercy, sous les vicomtes et autres chefs, et huguenots du pays: ceux d'Auvergne et de Bourbonnois, sous Ponsenac, qui fut défait et mis en déroute, et la pluspart de ses troupes. En cette sorte, si les huguenots avoient de l'avantage en un lieu, les catholiques l'emportoient en un autre, et la pluspart des villes prises par les uns estoient reprises par les autres, comme furent Mascon et Sisteron. Et ce qui restoit du pillage des huguenots estoit repillé par les catholiques, qui tenoient la campagne en Forest et Poictou, sous Montluc et Lude.

Mouvans, l'un des principaux chefs des huguenots de Provence, Dauphiné et Auvergne, défit les compagnies de Sainct-Aray, et mena ses troupes jusques à Orléans pour asseurer la ville, qui estoit menacée; puis alla prendre la ville de Blois après l'avoir battue, et capitulé avec le gouverneur et les habitans, auxquels la foy ne fut pas gardée, disant que les catholiques faisoient gloire de ne tenir promesse aux huguenots. De sorte que, de tous les deux costés, l'on violoit le droit des gens sans aucune honte. Les morts n'estoient pas mesme exempts de ces licences trop inhumaines, car, entre les autres, le corps de feu Ponsenac fut déterré, auquel l'on donna mille coups par la malveillance de quelques catholiques, tant l'appétit de vengeance dominoit la pluspart des esprits forcenés des François, animés au carnage les uns contre les autres, qui par telle furie préparoient un beau chemin et entrée aux estrangers pour se faire seigneurs de la France.

Ce que voyant le roy, la reyne sa mère, et son conseil, et que les huguenots avec le duc Casimir marchoient dedans le royaume, envoyèrent quérir le duc d'Anjou avec l'armée pour se venir loger à Paris et ès environs, comme elle fit. Cependant les huguenots s'en allèrent à Chartres, qu'ils assiégèrent. Je fus à l'instant en diligence envoyé en Allemagne quérir le duc Jean-Guillaume de Saxe, lequel avoit esté au service du roy Henry second avec quatre mille chevaux lors que nous avions la guerre avec le roy d'Espagne, et que la paix fut faite au Casteau-Cambresis, avec les mariages et alliances d'Elisabeth, sœur du roy, et de Marguerite de France, avec le roy d'Espagne et Philibert, duc de Savoye. Le duc de Saxe avoit envoyé offrir son service à la reyne, mère du roy, pour maintenir les enfans du feu roy Henry contre ses ennemis et mauvais sujets, la suppliant de luy donner le portrait d'elle, du feu roy et de tous ses enfans: chose qui luy avoit esté promise de long-temps, et qu'il désiroit tousjours, dont la reyne ayant souvenance, qui ne méprisoit jamais aucun moyen qui luy pust servir pour le bien et deffense de l'estat, luy voulut envoyer par moy, avec la commission que j'avois, les portraits, qu'elle avoit de long-temps fort bien faits en des tablettes grandement enrichies de pierreries, lesquelles valloient plus de huit mille escus.

Ce présent fut fort agréable au duc Jean-Guillaume, lequel mit à part toutes autres considérations et affaires, pour se préparer d'aller servir Leurs Majestés, et d'assembler en grande diligence cinq mille chevaux reistres, sous les colonels et capitaines qui luy estoient affectionnés, et qu'il avoit auparavant retenus. Et ne perdit pas un seul jour, tant pour les assembler que pour les faire marcher, et passer le Rhin en moins de vingt-sept jours. De sorte qu'en cinq semaines je l'amenay à Réthel, où fut choisi le lieu pour la monstre, usant d'une si grande police en venant trouver le roy, qu'il ne se faisoit aucun dommage là où il passoit.

CHAPITRE.

Arrivée du sieur de Castelnau-Mauvissière avec le secours. Il est mal reconnu de son service, parce qu'on avoit changé d'advis, et qu'on inclinoit à la paix. On le renvoye vers le duc de Saxe pour le remercier de son service et le congédier. Raisons données au duc par le sieur de Castelnau. Le duc se plaint du roy. Ses raisons et ses sentimens. Le sieur de Castelnau l'appaise et le conduit à la cour.

J'advertissois Leurs Majestés deux fois la semaine de nostre chemin et de nos journées, lesquelles, arrivant à Réthel, me mandèrent que l'argent partoit de Paris avec les trésoriers et controlleurs pour faire la monstre; mais, avant qu'ils fussent là, que j'eusse à prendre la poste pour les venir trouver au plus tost qu'il me seroit possible à Paris, afin de leur rendre compte moy-mesme de mon voyage, outre quelqu'autre particulier commandement qu'ils me vouloient donner.

Sur quoy estant party et arrivé à Paris, incontinent que Leurs Majestés me virent, comme elles m'avoient dit, lorsque je fus despesché pour effectuer cette commission, que ce seroit le plus grand et notable service que je leur pourrois jamais faire, et à la couronne, d'amener en diligence cette armée de reistres, aussi me dirent-elles lors que je m'estois trop hasté, d'autant que tous les plus sages du royaume avoient conseillé, avec la nécessité du temps, de faire la paix; autrement que l'estat estoit perdu ou pour le moins fort esbranlé par le grand nombre d'estrangers qui estoient en France, laquelle estoit entièrement ruinée, et les peuples désespérés. Davantage, que Chartres estoit assiégée de l'armée des huguenots, et en telle nécessité, que les premières nouvelles qu'on en attendoit, ce seroit la prise. Que de là à Paris il n'y avoit que bien peu de chemin, où Leurs Majestés se contentoient d'avoir donné la bataille de Sainct-Denys, en laquelle estoient seulement des François, mais que d'y avoir tant de reistres et estrangers les plus forts, cela estoit trop hasardeux. Quoy le roy voyant, estoit résolu de traiter la paix avec les huguenots; et pour cet effet avoit desjà assurance du prince de Condé et de l'admiral, qui ne demandoient autre chose; aussi commençoient-ils d'estre bien las de leurs reistres.

Avec toutes ces raisons et plusieurs autres grandes considérations, ils me dirent qu'il me falloit aller faire un autre service à Leurs Majestés, qui estoit de retourner en diligence vers Jean-Guillaume de Saxe, tant pour luy dire qu'il estoit le bien-venu, que pour le remercier de la peine qu'il avoit prise de s'acheminer avec de si belles troupes pour servir à un roy qui luy demeureroit à jamais obligé, avec telle reconnoissance qu'il en auroit contentement. Que plus de dix jours avant que l'on eust nouvelle de sa venue et entrée en France, Leurs Majestés avoient esté conseillées, pour le bien et conservation de l'estat, de faire accord avec le prince de Condé, chef des huguenots, qui ne demandoient que l'exercice de leur religion, asseurance de leurs vies, obéyr et faire service au roy en toutes choses, et poser les armes. Que l'on estoit desjà si avant en ce traité, qu'il n'estoit possible de s'en retirer.

Voilà sommairement ce qui m'estoit commandé de dire au duc Jean-Guillaume, et le persuader de trouver bonne la paix, qu'il devroit plus conseiller que la guerre, dont les événemens sont tousjours périlleux et incertains. Au surplus, que pour le regard de ses troupes levées pour quatre mois, elles en seroyent entièrement payées, et avois l'argent comptant pour la première monstre, laquelle faicte, Leurs Majestés le prioient bien fort de s'en venir les voir avec tels de ses colonels, capitaines, chefs et autres qu'il luy plairoit, où ils seroient bien venus et honorés, comme j'avois, s'il luy plaisoit, la charge de les conduire à Paris. Que pour son armée, Leurs Majestés le prioient trouver bon de prendre le costé de la Picardie à la main droite, pour y vivre plus commodement, jusques à ce que la paix fust establie, et que luy-mesme eust veu et cognu le besoin qu'il y en avoit, et que les troupes auroient des commissaires des vivres pour leur faire bailler tout ce qui seroit nécessaire. Estant retourné vers le duc Jean-Guillaume, et luy ayant fait entendre ce que dessus, il fit appeller tous ses colonels et capitaines, et se mit en grande colère, disant qu'il se plaignoit grandement du roy, et en particulier de moy, de luy avoir apporté cette nouvelle, qui seroit aussi désagréable à ses reistres qu'à luy, pour les avoir amenés en espérance de faire un bon service au roy, et les faire combattre contre ses ennemis, avec bonne intention de luy remettre et asseurer sa couronne. Que c'estoit luy faire un déshonneur de l'avoir amené si avant dedans la France, à la foule du pauvre peuple, sans le délivrer de l'oppression des huguenots, que le roy craignoit par trop, et ne les avoit pas chastiés comme maistre, mais leur avoit accordé toutes choses, comme compagnon. Que pour le regard du duc Jean-Casimir, son beau-frère, encore qu'il eust espousé sa sœur, fille de l'électeur palatin, il avoit bonne espérance que, s'ils se fussent rencontrés au combat, il luy eust fait cognoistre qu'il estoit bien plus juste de combattre pour la bonne cause du roy que pour la mauvaise de ses sujets. Qu'il craignoit de retourner en Allemagne, où l'on se mocqueroit de luy d'estre venu en France pour n'y faire autre chose ; et me monstra beaucoup de mécontentement, ou sur les répliques que je luy fis, et la prière de venir voir le roy, qui le rendroit très-content, et désiroit prendre conseil de luy en ses plus grandes affaires.

Il s'accorda à la fin à tout ce que je luy proposay, et aussitost qu'il auroit fait la monstre, de faire prendre à ses troupes le chemin de Picardie, et luy de s'en venir à la cour, où il fut fort bien receu, traité, caressé et deffrayé de toutes choses, avec mille remerciemens de sa peine. L'on luy communiqua la nécessité de faire la paix, et prit-on son opinion mesme sur la grande quantité d'estrangers qui estoient en France ; en quoy toutesfois l'on lui monstra de n'avoir aucune deffiance de ses troupes, ains au contraire d'estre tout asseuré de sa foy, encore que l'on eust au conseil une merveilleuse deffiance des ducs Casimir et Jean-Guillaume, beaux-frères, tous deux Allemands et puisnés de leurs maisons, pauvres et grandement armés pour entreprendre contre l'estat, comme ils en avoient beau jeu par nos divisions, bien qu'ils ne s'accordassent pour rendre les huguenots plus forts que les catholiques. Aussi la religion de ces deux estoit différente (encore qu'ils s'appellent tous protestans) ; car le duc Jean-Guillaume estoit de la confession d'Augsbourg, et le duc Jean-Casimir de celle de Calvin et de Bèze, où la différence n'est guère moindre qu'entre les catholiques et les huguenots.

CHAPITRE XI.

Paix faite avec les huguenots. Raisons des huguenots pour la souhaiter, quoyque douteuse. Le roy s'oblige par le traité de satisfaire Casimir. Louange du sieur de Morvillier. Le sieur de Castelnau-Mauvissière employé pour le traité et pour mettre les reistres hors du royaume, et en mesme temps député vers le duc d'Alve pour le remercier de son assistance. Le duc fasché de la paix. Grandes difficultés pour traiter avec Casimir, qui veut rentrer en France et venir vers Paris. Le roy conseillé de le faire combattre, et de rappeller pour cet effet le duc Jean-Guillaume de Saxe, son beau-frère, qui s'offre de servir contre luy. Le sieur de Castelnau-Mauvissière, commissaire du roy, menace les reistres et le duc Casimir, qui luy donnent des gardes et le retiennent. Enfin il est obligé de traiter, et les met hors de France. Le roy, pour recognoistre les grands services du sieur de Castelnau, luy donne le gouvernement de Sainct-Disier, qui depuis luy fut osté sans récompense.

A la fin l'on conclut la paix avec le prince de Condé, l'admiral et autres seigneurs leurs associés. Ce qui n'estoit pas malaisé, car l'on accordoit tout ce qu'ils demandoient, et beaucoup plus qu'ils n'avoient espéré ; hormis un article, que, pour soulager le pauvre peuple, ils se désarmeroient incontinent, et rendroient les villes et places fortes, avec deffenses de plus faire associations ny levées d'hommes, ny de deniers pour l'avenir, et toutes choses passées seroient oubliées et abolies. Aucuns jugeoient bien que la paix ne dureroit pas longuement, et que le roy, ayant les villes en sa puissance, et les huguenots désarmés, ne pourroit endurer ce que par contraincte il leur avoit accordé de peur de perdre l'estat.

Les huguenots, d'autre part, estoient fort las de la guerre, tant pour le peu de moyens qu'ils avoient de supporter une telle despence en cette guerre, que pour autres considérations ; car le roy, se résolvant de mettre toutes choses à l'extrémité, les eust peu ruiner à la longue, parce que Sa Majesté n'eust manqué de secours du pape, du roy d'Espagne et des princes catholiques, qui eussent esté bien aises de maintenir la guerre en France. Ce qui les fit en partie résoudre de recevoir plustost une paix douteuse, que tirer avec leur ruine celle de tout le royaume, qui estoit inévitable ; où ils eussent eu la plus petite part, comme auront tous ceux qui appelleront les estrangers à leur secours, sous quelque prétexte que ce soit, de religion ou autre remuement d'estat. Néantmoins, si les huguenots, recherchés de la paix, au lieu qu'ils la devoient demander les premiers, eussent insisté de garder un an, pour leur seureté, la pluspart des villes et forteresses qu'ils avoient occupées, l'on les leur eust laissées pour gage de ce que l'on leur promettoit. Et est croyable que la guerre n'eust pas si tost recommencé, comme elle a fait quatre mois après, les estrangers estant à peine hors du royaume.

Aussi estoit-ce la difficulté de trouver de l'argent pour les payer, car le roy, par le traicté de la paix, prenoit la charge entière de contenter le duc Casimir, et entroit en la capitulation que le prince de Condé avoit faite avec luy, laquelle portoit de rudes conditions, outre les buche-tallons ordinaires, c'est-à-dire les capitulations que font les reistres sur l'ordre ancien de servir à un prince, mesme contre le Sainct-Empire, en la défensive, et autres clauses portées par icelles. En quoy celles qu'ils avoient faites avec les huguenots estoient très désavantageuses ; et y avoit un article en celle du duc Casimir, qui portoit qu'outre le service des quatre mois, comptant celui du retour, s'ils rentroient seulement un jour ou plusieurs dedans le cinq et sixiesme mois, ils en seroient payés entièrement, comme s'ils l'avoient servi du tout.

Donc, pour le fait des reistres, les députés, qui estoient le mareschal de Montmorency et Morvillier, le premier conseiller d'estat pour la robe longue qui fut et aye esté de long-temps en ce royaume, accordèrent, pour le regard de Casimir, de ses reistres et lanskenets, que le roy entreroit de point en point en leur capitulation, comme si Sa Majesté les avoit fait lever pour son service et par ses commissaires, et qu'elle députeroit un gentilhomme pour aller trouver Casimir, tant pour le faire payer que pour luy faire fournir vivres, et accorder avec luy de toutes choses, au plustost et à la moindre foule des sujets que faire se pourroit.

Je fus choisi et envoyé pour cet effect avec ample commission et pouvoir de tout ce que dessus. Néantmoins Leurs Majestés, auparavant que je partisse pour ce voyage, m'envoyèrent remercier le duc d'Alve de son secours, cependant que l'on faisoit les despesches et commissions pour le duc Casimir. Ce remerciement, que je fis au duc, le rendit fort estonné de voir que la paix estoit conclue en France, où toutes les plus fortes raisons que j'eus pour le persuader que le roy ne pouvoit faire autrement, estoient qu'il n'y avoit homme en France, de quelque qualité qu'il fust, qui n'eust demandé et conseillé la paix, jusques au duc de Montpensier, Chavigny et Hugonis, qui estoient les plus violens à la guerre ; ce qui rendit le duc d'Alve si estonné, qu'il fit cognoistre n'avoir pas plaisir de nous voir d'accord.

Je ne demeuray que huict jours en ce voyage, d'où estant retourné, l'on me despescha aussitost vers Casimir et ses troupes, qui commençoient à tourner la teste vers l'Auxerrois : l'on me dit que je le trouverois disposé de s'acheminer à la frontière pour se retirer en Allemagne. Mais la première difficulté fut que je n'avois porté l'argent que l'on m'avoit asseuré à la cour devoir estre six jours après moy ; mais il n'y arriva pas de cinq semaines après, durant lesquelles ils achevèrent les trois mois de service et celuy de retour, et entrèrent dedans un cinquiesme quatre ou cinq jours, duquel ils vouloient estre payés entièrement, selon leur capitulation. Je voulus accorder avec Casimir, jusques à luy faire un présent de douze ou quinze mille escus ; mais il ne vouloit entrer en aucun accord, sçachant bien que ses reistres et lanskenets voudroient avoir le mois entier puisqu'il estoit commencé, et que, si je ne le faisois promptement payer, et accorder les autres articles, le sixiesme mois commenceroit, qu'il faudroit aussi payer ; de quoy, après de grandes disputes, sans qu'aucune raison y pust servir, je donnay advis au roy. Mais l'on me manda de la cour qu'il estoit impossible de trouver si promptement de l'argent, à quoy néantmoins l'on travailloit sans aucune intermission ; que pour le regard des autres articles, j'en accordasse ; mais pour payer le cinquiesme mois où ils estoient entrés, ny moins le sixiesme, quand bien ils y entreroient, le roy ne le pouvoit faire ; que pour un présent de douze ou quinze mille escus à Jean-Casimir, puisque je l'avois offert, je n'en serois pas dédit ; que l'on essayeroit de m'envoyer cette somme avec trois ou quatre cens mille escus, s'il estoit possible, lesquels on cherchoit de tous costés ; que, pour le reste, je prisse quelque terme de le payer aux foires de Francfort, où il seroit satisfoit selon que je l'avois promis; ce qui seroit aussitost ratifié par le roy que je luy en aurois donné advis : qui fut une autre difficulté, laquelle nous menoit tellement à la longue, qu'au lieu de s'advancer vers les frontières d'Allemagne, le duc Casimir me fit faire des protestations qu'il estoit contrainct par ses colonels et reit-maistres de retourner vers Paris, ou aller chercher l'admiral ou le prince de Condé, dont ils disoient tous les maux du monde. Ces difficultés et accidens nouveaux estonnoient fort la cour, et que je ne les avois encore pu acheminer plus avant que la Bourgogne, d'où ils vouloient retourner.

Sur quoy aucuns de la cour, et, comme l'on disoit, le cardinal de Lorraine, tous ceux de Guyse et leurs partisans, prirent occasion de remonstrer au roy qu'il ne devoit point endurer cette bravade de Casimir, attendu qu'il estoit séparé d'avec les huguenots, qui avoient rompu leur armée, tous escortés et retirés en leurs maisons; d'autre part, que les forces du roy estoient encore pour la pluspart ensemble, mesmement la gendarmerie, les Suisses et le régiment du comte de Brissac, qui estoit ordonné d'aller en Piedmont.

Qu'il falloit envoyer vers le duc Jean-Guillaume de Saxe, qui avoit tant fait de plaintes de l'avoir fait venir et s'en retourner sans combattre, et sçavoir de luy s'il voudroit marcher vers le duc Casimir, son beau-frère, qui vouloit ruiner la France sans se contenter de la raison que l'on luy offroit en toutes choses ; et que là-dessus il me falloit faire une despesche pour tenter avec Casimir les derniers remèdes pour le faire sortir par la voye de douceur; et au cas qu'il ne s'en voulust contenter, luy déclarer que le roy seroit contrainct d'user de la force qu'il avoit encore en main, pour descharger ses sujets de l'oppression et de la foule qu'ils recevoient de luy et de ses troupes, et que, par mesme moyen, je donnasse tous les jours advis à Leurs Majestés de nos journées et de déportemens, et d'un lieu advantageux pour le combattre, si besoin estoit.

Qu'aussitost que l'on auroit ma response et celle de Jean-Guillaume de Saxe, l'on feroit marcher les forces en diligence au lieu que je manderois, bien que la reyne ne vinst à cette extrémité qu'à son grand regret; mais que Dieu et tout le monde seroit juge de la rigueur dont vouloit user Casimir et ses troupes, qui ne vouloient pas sortir de France ; et autres raisons portées par la despesche, que j'avois à peine leue que l'on me manda par un autre courrier en diligence, que le duc Jean-Guillaume de Saxe avoit escrit à Leurs Majestés qu'il louoit Dieu que l'occasion se présentast, pendant qu'il avoit les forces en main, de s'employer à leur faire quelque bon service, et qu'il estoit prest, à l'heure mesme, de tourner teste vers le duc Casimir, son beau-frère, puisqu'il se monstroit si opiniastre et difficile à sortir du royaume; ce qui estoit interprété de quelques-uns de la cour en bien, et des autres en mal, disans que les deux beaux-frères se pourroient accorder au lieu de se battre; ce que, pour mon regard, je n'eusse pu croire, mais bien que l'un et l'autre, qui avoient affaire de toutes leurs pièces, n'eussent pas esté marris de gagner tousjours la solde de plusieurs mois. Et quand bien l'on viendroit à l'extrémité, c'estoit le moyen de recommencer la guerre en France, où personne ne pouvoit gagner, que les estrangers. La conclusion de cette despesche, composée de diverses opinions, fut que je fisse ce que je pourrois, par la voye de la douceur, avec le duc Casimir et ses troupes, pour les faire sortir du royaume, mais que je n'obmisse rien pour luy protester que, s'il faisoit autrement, les forces du roy tourneroient la teste vers luy, et le duc Jean-Guillaume de Saxe, son beau-frère, le premier, au grand regret de Sa Majesté. Mais nonobstant toutes ces remonstrances, il vouloit avoir son compte, et faisoit jouer la farce par ses colonels et reit-maistres, qui se bailloient la capitulation l'un à l'autre, à laquelle ils se vouloient entièrement tenir, protestans contre moy de tout le mal qui en adviendroit.

Par ainsi je fus obligé de venir à l'extrémité des menaces et de la contrainte qu'ils donneroient au roy et à tous les François de les mettre dehors; ce qui les mit en telle colère que, deux jours après, il ne fut possible de leur parler. Et sur ce, ils firent mine de monter à cheval pour retourner vers Paris, et prenans une opinion que je me voulois retirer, mirent devant et derrière mon logis une compagnie de lanskenets en garde, sans vouloir laisser entrer ny sortir personne. De quoy voyans que je ne me donnois aucune peine, sinon que je manday au duc Casimir que je serois bien aise de sçavoir si j'estois prisonnier, et s'il avoit déclaré la guerre au roy mon maistre, violant en mon endroit la loy des gens, ils tinrent un grand conseil pour me respondre. Et à la fin ils députèrent le colonel Tik Schombert, l'un des plus violens, avec un nommé Lanchade, pour me visiter et dire que cette garde ne m'avoit esté envoyée pour autre occasion que pour ma seureté, et pour garder que les reistres mutinés (parce que je les avois menacés des forces du roy) ne me fissent un mauvais tour, et autres paroles plus tendantes à fin d'accord que toutes les précédentes; aussi que j'avois mandé à Langres et és villes voisines, de ne leur bailler aucuns vivres, mesme pour argent, sans mon ordonnance, et de retirer tous ceux qu'ils pourroient du plat pays. Et me mirent sur ce propos de leur faire donner des vivres; ce que je leur dis n'estre en mon pouvoir, parce que les villes, la noblesse et tout le pays se plaignoient de moy, de les retenir si longuement, à la foule et entière ruine des peuples; et que, s'il leur en arrivoit du mal et de la nécessité, ils ne s'en prissent qu'à eux-mesmes.

Ils retournèrent faire leur rapport au conseil; et le soir, le duc Casimir me pria de nous aller promener ensemble pour parler de ces affaires, comme nous fismes plus de trois heures, sans rien avancer. Mais le lendemain nous commençasmes à parler plus ouvertement, où Casimir me fit de belles protestations que le fait ne dépendoit pas de luy; que je fisse avec ses reistres, et qu'il quitteroit sa part. Mais il estoit question de deux mois, qui montoient à près de deux cens mille escus, lesquels n'avoient esté employés que pour temporiser et ruiner le peuple. Or enfin, laissant à dire tous les particuliers discours que j'eus avec le duc, moyennant un présent de quinze mille escus que je promis luy donner outre ses monstres, je composay avec ses reistres à une monstre pour le cinq et sixiesme mois où ils estoient entrés, au paiement de laquelle je m'obligeai de faire fournir l'argent deux mois après à Francfort.

Et ainsi, avec bien de la peine, je mis ces estrangers hors du royaume, au bien et soulagement d'iceluy, et au contentement de Leurs Majestés, lesquelles ayant esté retrouver pour leur rendre compte de mon voyage, elles me firent beaucoup de belles promesses; et, peu de jours après, me donnèrent le gouvernement de Sainct-Disier, lequel depuis, pendant mon séjour de dix ans que j'ay esté ambassadeur en Angleterre, m'a esté osté pour le bailler au duc de Guyse, comme il l'avoit demandé pour une des villes d'asseurance, ainsi que je diray cy-après, sans en avoir eu aucune récompense.

LIVRE SEPTIÈME.

CHAPITRE PREMIER.

La paix publiée à Paris, troublée par des défiances mutuelles et par l'ambition des grands. La Rochelle refuse l'obéyssance, et les huguenots de France arment pour le secours de ceux des Pays-Bas. Coqueville défait et décapité. Bulles pour l'aliénation du temporel des ecclésiastiques, suspectes aux huguenots, et autres motifs de leur défiance. Le prince de Condé et l'admiral se retirent à La Rochelle. Le cardinal de Chastillon se sauve en Angleterre. Tout se dispose à la guerre, et la reyne de Navarre se jette dans La Rochelle avec son fils. Le sieur d'Andelot et autres chefs huguenots s'y vont joindre.

Il sembloit en apparence que la France, qui avoit esté tant persécutée d'un des plus grands fléaux de la justice divine, dust plus longuement jouir de la douceur de la paix, par le moyen de l'édict qui fut publié à Paris le vingt-troisiesme mars mil cinq cens soixante-huit, confirmatif de celuy cy-devant fait le septiesme dudit mois mil cinq cens soixante et deux, pour estre iceluy observé en ses points et articles selon sa première forme et teneur, levant toutes restrictions, modifications et déclarations qui avoient esté faites jusques à la publication dudit édict.

Mais la défiance mutelle des catholiques et

des huguenots, jointe à l'ambition des grands et au ressouvenir que l'on avoit à la cour de l'entreprise de Meaux, fit bientost renaistre d'autres nouveaux troubles, autant ou plus dangereux que les premiers et seconds; les fondemens desquels d'aucuns attribuoient à la désobéyssance de quelques villes, qui ne vouloient absolument se soumettre à la puissance de Sa Majesté, entre lesquelles les plus mutines estoient Sancerre, Montauban, et quelques autres de Quercy, Vivarez et Languedoc, comme aussi La Rochelle, qui ne vouloit recevoir les garnisons que Jarnac, son ancien gouverneur, y voulut mettre, et depuis, le mareschal de Vieilleville, par le commandement de Sa Majesté, ny souffrir que les catholiques y fussent restablis en leurs biens, charges et offices, et jouissent de l'édict de pacification. Au contraire, contrevenant à iceluy, continuoit ses fortifications, équipoit grand nombre de navires de guerre; ce qui estoit autant préjudiciable au service du roy, que les troupes que plusieurs capitaines huguenots menoient en Flandre, au secours du prince d'Orange contre le duc d'Alve, estoient levées et conduites sans son pouvoir et commission; entre lesquelles celles que Coqueville avoit fait en Normandie (désavoué toutesfois par le prince de Condé) furent défaites à Valery par le mareschal de Cossé, lequel luy fit trancher la teste et à quelques autres chefs de ses régimens.

D'autre part: les poursuites que l'on faisoit en cour de Rome pour obtenir bulles de Sa Sainteté, afin qu'il fust permis aliéner du temporel de l'église jusques à cent cinquante mille escus de rente pour employer les deniers qui proviendroient de cette vente à l'extermination de la religion huguenotte; les confrairies et assemblées fréquentes qui se faisoient en Bourgogne, et, comme les huguenots disoient, par les pratiques de Tavannes, serviteur de la maison de Guyse; les régimens de Brissac et des enseignes de gendarmes qui s'acheminoient en cette province pour surprendre, disoit-on, le prince de Condé, qui s'estoit retiré en sa ville de Noyers, et l'admiral à Tanlay; l'entretenement des Suisses et des troupes italiennes qu'on envoyoit en garnison à Tours, Orléans et autres villes principales; le grand nombre de cavalerie et infanterie qui estoit

ès environs de Paris pour la garde de Sa Majesté, mettoient les huguenots en grande défiance.

Sujet que prit le prince de Condé (après avoir envoyé la marquise de Rotelin, et depuis Telligny, à Leurs Majestés, avec lettres de créance qui portoient les causes de ses défiances et de ses plaintes contre ceux qui abusoient de l'authorité du roy pour ruiner l'estat et rendre le prince odieux) de partir de Noyers le vingt-cinquiesme aoust mil cinq cens soixante-huit, avec la princesse sa femme, qui estoit grosse, accompagné de l'admiral, qui l'estoit venu trouver avec quarante ou cinquante chevaux seulement, pour se retirer à La Rochelle : le cardinal de Chastillon en mesme temps se sauva aussi dans une barque en Angleterre, après avoir esté vivement poursuivy. Ainsi le masque estant levé, chascun derechef se dispose à la guerre.

Lors la reyne mère est conseillée, outre les troupes qui estoient entretenues, de faire expédier force commissions, et donner le rendez-vous en Poictou à toutes les troupes, où desjà Soubise, Vérac et autres de leur party, commençoient à faire leurs levées, et tous ceux de leur faction se ralliaient pour estre près de leurs chefs et de La Rochelle, la meilleure place qu'ils eussent. La reyne de Navarre, qui estoit en Béarn, bien advertie pour se mettre à l'abry, comme elle le disoit, avec le prince son fils, accompagnée de Fontrailles, séneschal d'Armagnac, Saint-Mégrin, Piles, et autres de ses serviteurs, avec trois mille hommes de pied et quatre cens chevaux, s'y retira aussi le mois de septembre, passant toute la Guyenne nonobstant les efforts de Montluc et d'Escars, gouverneur du Limousin, ayant sur le chemin despesché La Mothe-Fénélon à Leurs Majestés, pour leur faire entendre les causes qui l'avoient portée à se joindre et s'unir, et le prince son fils, au prince de Condé et ceux de sa religion, seulement pour la conservation d'icelle et pour le service du roy.

D'Andelot, Montgommery, le vidame de Chartres, La Noue, Barbezieux et autres chefs huguenots, ayant aussi assemblé huit cens chevaux et deux mille hommes de pied, qu'ils avoient levés en Bretagne, Anjou, le Maine et autres endroits, s'acheminèrent pour joindre le prince de Condé; dont estant adverty, le vicomte de Martigues, comme il s'avançoit avec douze enseignes de gens de pied et quatre cornettes, pour aller trouver le duc de Montpensier, qui estoit à Saumur, afin d'empescher leur passage, fit rencontre de quelques-unes de leurs troupes en un village près Sainct-Mathurin, logées assez à l'escart, desquelles il en défit deux compagnies, avec perte de quinze ou vingt des siens et de son lieutenant. D'Andelot y fut en danger de sa personne, ayant esté contraint de quitter son disner pour remonter à cheval ; mais ayant rallié ses troupes deux ou trois jours après, il les fit passer à gué, laissant un extresme regret au duc de Montpensier et vicomte de Martigues, qui estoient partis ce jour-là de Saumur à dessein de les combattre, d'avoir esté trop tardifs en leurs affaires, et perdu une si belle occasion; et, passant en Poictou, il prit Touars.

CHAPITRE II.

Le roy révoque les édicts faits en faveur des huguenots et de l'exercice de leur religion. Prise de plusieurs places en Poictou et pays d'Aunis par les huguenots. Leur défaite à Messignac par le duc de Montpensier. Le sieur d'Acier joint le prince de Condé. Le duc d'Anjou vient contre luy avec toutes les forces de France. Stratagesme du vicomte de Martigues pour sa retraite. Le prince de Condé se saisit de l'abbaye de Sainct-Florent, présente la bataille au duc d'Anjou. Les huguenots vendent les biens de l'église. La reyne d'Angleterre envoye des munitions à La Rochelle.

Or pendant que le duc d'Anjou assembloit des forces de toutes parts pour exterminer les huguenots, le roy, d'autre costé, s'armant de ses édicts, révoque tous ceux qui avoient esté faits en faveur d'iceux, et défend en son royaume toute autre religion que la catholique, apostolique et romaine, sous les peines aux contrevenans de confiscation de corps et de biens, avec commandement aux ministres d'en sortir dans quinze jours; et par un autre, qui fut aussi publié à Paris, suspend de leurs estats et charges tous les officiers qui font profession de la nouvelle opinion, desquels Sa Majesté déclare ne se vouloir servir : édicts qui servent d'autant d'esperons pour faire haster tous les huguenots de France de se liguer et prendre les armes, mesme ceux qui escoutoient en leurs maisons, desquels le prince de Condé et l'admiral ne font pas grand estat, sinon pour s'en servir vers les princes estrangers de leur opinion, à tous lesquels ils escrivent pour leur faire entendre que l'on ne les poursuit pas comme rebelles et séditieux, mais pour le seul fait de la religion.

Et cependant, en peu de temps, ils se rendent maistres de plusieurs bonnes villes, comme de Saint-Maixent, Fontenay, Niort, Saint-Jean-d'Angely, Pons, Blaye, Taillebourg et Angoulesme, sans que le duc de Montpensier y pust donner secours, en partie à cause de la descente des Provençaux, sous la conduite d'Acier, de Mouvans, d'Ambres, Montbrun, Pierre Gourde, et autres chefs huguenots du pays, qui ayans passé la Dordogne, s'avançoient pour se joindre au prince de Condé, le passage desquels il vouloit empescher; et pour cet effet les ayant joints et rencontrés auprès de Messignac, il tailla en pièces plus de trois mille hommes de pied, et près de trois cens chevaux, en laquelle défaite Mouvans et Pierre Gourde perdirent la vie.

Peu de jours après, d'Acier ayant recueilly le reste de leurs forces, qui estoient encore de plus de quatre mille hommes et cinq cens chevaux, s'achemina à Aubeterre, où l'admiral et le prince les furent trouver; et pour revanche, estant leurs forces jointes, ils délibérèrent de poursuivre à leur tour le duc de Montpensier; de fait ils le talonnèrent de si près quatre ou cinq jours, qu'ils arrivoient toujours le lendemain matin au lieu où il avoit couché; mais s'estant le duc de Montpensier retiré à Chastelleraut, l'armée huguenotte prit le chemin du Bas-Poictou.

Cependant le duc d'Anjou, lieutenant-général de l'armée, avec toutes ses forces et canons, estant party de Paris, s'acheminoit en la plus grande diligence qu'il pouvoit pour joindre celles des ducs de Montpensier et de Guyse, vicomte de Martigues et de Brissac, qui l'attendoient avec impatience pour combattre le prince de Condé; lequel, poussé de ce mesme désir, ayant eu advis que le duc s'avançoit avec son armée, délibéra d'aller au-devant de luy: si bien que, les deux armées estant près l'une de l'autre, il se rencontra que les deux avant-gardes avoient un mesme dessein, qui estoit de loger à Pamprou, bourg qui est à cinq lieues de Poictiers, lequel, après avoir esté disputé des mareschaux des logis et avant-coureurs des deux armées, qui s'en chassèrent et rechassèrent, enfin demeura au prince et à l'admiral, qui y logèrent.

La nuit venue, le vicomte de Martigues, qui conduisoit l'avant-garde, voyant l'incommodité et désavantage du lieu où il estoit, ayant commandé à ses gens de pied de faire des feux en divers endroits, et jetter force mesches allumées sur les buissons pour amuser l'ennemy, fit cependant sa retraite à Jasenueil, où le duc estoit avec la bataille. Le lendemain le prince de Condé et l'admiral, ayans marché sur ses mesmes pas, envoyèrent descouvrir l'estat et disposition de l'armée du duc, en résolution de le combattre; mais, advertis de l'avantage du lieu, tant pour avoir les advenues difficiles que pour estre bien retranché et flanqué, ayant paru dans la plaine de Jasenueil, firent tenir bride en main à leur cavalerie, pendant que leur infanterie employoit le reste du jour en escarmouches avec celle du duc, lequel le lendemain prit le chemin de Poictiers.

Le prince de Condé lors, après plusieurs desseins, délibéra de s'asseurer d'un passage sur la rivière de Loire, pour plus librement rallier ses partisans, qui n'estoient encore tous avec luy; et, pour cet effet, s'achemina avec l'admiral et son armée à Touars, et de là tira à Saumur, où Sainct-Sevar commandoit avec forte garnison; et d'autant que l'abbaye Sainct-Florent, où il y avoit quelques gens de pied, leur importoit pour la facilité du passage, d'Andelot l'assiège et la prend; et, pour revanche des soldats qui avoient esté tués à Mirebeau, que Brissac et du Lude avoient pris quelques jours auparavant, ayant la capitulation par eux esté mal gardée, passe au fil de l'espée tous les soldats de la garnison.

Cependant le duc d'Anjou s'acheminoit à Loudun pour l'assiéger, ce qui fit changer le dessein du prince de Condé, qui alla aussitost au-devant de luy, en intention de luy présenter la bataille, et furent trois ou quatre jours les deux armées à une lieue l'une de l'autre devant cette ville, avec une fière et esgale contenance, sans beaucoup d'effet; mais enfin les plaintes universelles des soldats, ne pouvant permettre aux chefs de les tenir davantage à descouvert contre les glaces et l'aspreté d'un hyver tel qu'il faisoit lors, les fit séparer le quatriesme jour: de sorte que le duc d'Anjou se retira à Chinon et de là envoya son armée en Limousin, et les princes avec l'admiral à Niort, où la reyne de Navarre les vint trouver quelques jours après, avec laquelle ils délibérèrent de vendre et engager le temporel des ecclésiastiques pour subvenir aux affaires de leur party, comme ils firent, et dont ils tirèrent beaucoup d'argent.

La reyne d'Angleterre aussi, en ce mesme temps, à la sollicitation du cardinal de Chastillon, envoya à La Rochelle six canons, avec poudre, munitions et argent, et le prince de Condé, pour son remboursement, luy fit délivrer force métail, cloches et laines.

CHAPITRE III.

La reyne mère offre la paix au prince de Condé. Siége de Sancerre par les catholiques levé. Prise de l'abbaye de Sainct-Michel et des places de Saincte-Foy et Bergerac par les huguenots. Défaite de Montgommery; son entreprise sur Lusignan manquée. Entreprise sur Dieppe par Cateville et Lyndebeuf, découverts et chastiés. Autre entreprise des huguenots sur le Havre. Exploits du duc d'Anjou en Angoumois. Son dessein sur Coignac. Il passe la Charente pour aller aux ennemis. Son stratagesme pour leur oster la cognoissance de son passage.

Lors la reyne mère, fort ennuyée des troubles qui travailloient ce royaume, et toujours désireuse de chercher quelque remède au mal, qui alloit croissant, envoya un nommé Portal, qui avoit esté long-temps prisonnier à la conciergerie, au prince de Condé, pour luy faire quelque ouverture de paix, laquelle le roy son fils et elle embrasseroient avec toute sorte d'affection, s'il y vouloit entendre; et, après plusieurs demandes et répliques de part et d'autre, sans rien conclure, Portal ne remporta autre chose que des paroles pleines d'obéyssance et de service à Leurs Majestés, avec une lettre assez piquante contre ceux qui abusoient de leur authorité pour troubler le royaume, sous prétexte de religion.

Sur la fin de l'année, le comte de Martinengue, La Chastre et Entragues assiègèrent la ville de Sancerre, où, après avoir changé de batterie deux ou trois fois, et donné plusieurs assauts, enfin levèrent le siège au mois de janvier 1569, pour joindre leurs forces aux ducs de Nemours et d'Aumale, commandés pour aller en Champagne, avec une grande et forte armée, afin d'empescher l'entrée du royaume au duc des Deux-Ponts; leur retraite ayant enflé tellement le courage des habitans de Sancerre, qu'ils entreprirent de bastir un fort sur la rivière de Loire, près du port Sainct-Thibault, pour s'asseurer du passage, et arrester les vaisseaux des marchands qui passeroient par-là; mais, bientost après, les plus hardis d'entre eux furent desfaits par les garnisons des villes de La Charité, Nevers, et habitans d'icelles, qui s'assemblèrent.

En ce mesme temps, quelques huguenots du Bas-Poictou prirent l'abbaye Sainct-Michel, où les religieux ne furent pas mieux traités que les soldats qui estoient en garnison. Cependant l'armée huguenotte, qui avoit passé une partie de l'hyver en Poictou, s'acheminoit pour aller au-devant des forces des vicomtes de Monclar, Bourniquet, Paulin, Gourdon et autres chefs, qui avoient cinq à six mille hommes de pied et six cens chevaux. Piles, ayant esté auparavant despesché vers eux pour les persuader de venir en l'armée, à quoy ne les ayant pu porter, pour ne vouloir abandonner leur pays à la mercy des catholiques, et Montauban leur plus asseurée retraite en ce pays-là, reprit son chemin pour s'en revenir au camp des princes, et, passant en Périgord avec huit cens arquebusiers et six vingts chevaux qu'il y avoit levés, après avoir pris Saincte-Foy et Bergerac, mit tout à feu et à sang partout où il passa, pour venger, disoit-il, la mort de Mouvans et ses compagnons.

En ce mesme temps, le comte de Brissac, qui veilloit à toutes occasions, deffit la compagnie de Bressaut, et, peu de jours après, estant party de Lusignan avec son régiment et quelque cavalerie, chargea les troupes du comte de Montgommery, ainsi qu'il repaissoit à un village appellé La Motte-Sainct-Eloy, auquel plus de cinquante des siens furent couchés sur la place, et luy contraint de se sauver au chasteau, et abandonner son jeune frère, lequel fut pris et amené à Lusignan; ce qui donna sujet au comte, quelque temps après, de rechercher les moyens d'avoir la place par intelligence, et pour cet effet pratiqua le lieutenant de Guron, qui en estoit gouverneur, lequel luy promit de la luy mettre entre les mains; mais, n'ayant pu exécuter son malheureux dessein, après avoir tué quelques soldats qui estoient demeurés au chasteau pour la garde de la porte, pendant que les capitaines, accompagnés de la pluspart de leurs soldats, festinoient à la ville, fut payé enfin de sa perfidie; car le gouverneur, ayant gagné le donjon, assisté de ses compagnons, qui vinrent à son secours en fort grande diligence, sur l'advertissement qu'ils eurent de la trahison par un soldat qui s'estoit eschappé, luy fit quitter le chasteau avec la vie, et à tous ceux de son complot.

Il y eut aussi en ce mesme temps quelque entreprise sur Dieppe par Catevile et Lyndebeuf, laquelle estant descouverte par un sergent, le gouverneur en donna aussitost advis à La Meilleraye, lieutenant pour le roy en Normandie, qui les envoya quérir; et les ayant mis entre les mains du parlement de Rouen, ils eurent bientost après les testes tranchées par arrest du parlement; aucuns de la noblesse huguenotte du pays entreprinrent aussi de se rendre maistres du Havre par le moyen de plusieurs partisans qu'ils avoient en la ville, lesquels, la nuit que l'exécution de leur dessein se devoit faire, avoient promis de cadenasser et barrer les portes des catholiques, comme ils firent, mais Sarlabos, gouverneur de la ville, au premier bruit et allarme, donna si bon ordre aux portes et aux murailles, et à tous les endroits de la place, que par sa vigilance il empescha qu'elle ne tombast ce jour-là entre les mains des huguenots, beaucoup desquels de ceux de la ville se sauvèrent en Angleterre; les autres, qui furent appréhendés, furent bientost exécutés.

Cependant le duc d'Anjou, qui avoit reçu les troupes du comte de Tende, gouverneur de Provence, et qui attendoit de jour à autre les deux mille reistres que le comte Rhingrave et Bassompierre avoyent amenés, lesquels s'estoient rafraischis autour de Poictiers, prit résolution de s'acheminer avec son armée en Angoumois pour combattre les princes avant que leurs forces fussent unies avec celles des vicomtes, qu'ils alloient prendre, et au secours qu'ils attendoient d'Allemagne. Pour cet effet, après avoir pris Ruffec et Mèles en passant, il fit acheminer son avant-garde, conduite par le duc de Montpensier, à Chasteau-Neuf, où estant arrivé le mercredy, neuviesme du mois de mars, envoya un trompette au capitaine du chasteau, qui estoit escossois, pour le sommer de le luy remettre entre les mains; lequel fit au commencement contenance de se vouloir défendre; mais enfin, voyant arriver le mesme jour le duc d'Anjou avec le reste de l'armée, n'ayant que cinquante ou soixante soldats, et se voyant forcé, il se rendit à sa volonté et discrétion. Lors le duc, estant maistre du chasteau, résolut d'y séjourner le lendemain, afin d'aviser à ce qui seroit de faire, tant pour l'ordre des magazins pour la suite de l'armée, qu'en attendant la réfection du pont de la rivière de la Charente, que les ennemis avoient rompu, dont la charge fut donnée au président de Birague, qui s'en acquitta fort bien.

Le vendredi, cinquiesme du mois, le duc, ayant advis que ses ennemis estoient à Coignac, résolut pour deux raisons d'aller devant cette ville : l'une, que se présentant devant icelle, si l'armée huguenotte y estoit, comme il se disoit, il espéroit qu'elle sortiroit, et que, ce faisant, il pourroit l'attirer au combat; l'autre, qu'au pis aller il recognoistroit la place pour après l'attaquer. Pour ces causes donc, s'y estant acheminé, il commanda au comte de Brissac, qui avoit avec lui la plus grande partie de la jeunesse, d'approcher le plus près qu'il pourroit, ce qu'il fit de telle façon, qu'il donna jusques dans les barrières de la ville, d'où il ne sortit personne qu'un nommé Cabriane, qui fut prisonnier; cependant le comte recognut fort bien la place, comme firent, par le commandement du duc, les sieurs de Tavannes et de Losse, encore que l'on tirast infinis coups d'artillerie. Peu après, les ennemis se monstrèrent de-là la rivière au-devant de Coignac venant de Xaintes, et demeurèrent long-temps en bataille à la vue de nostre armée, qui s'avança à marcher vers Jarnac, tousjours estant la rivière entre nous et eux; et voyant le duc d'Anjou qu'il estoit déjà tard, il se retira au Chasteau-Neuf, où il arriva la nuit. Le samedy douziesme il y séjourna, à cause que les ponts, tant le vieux que le nouveau, que l'on faisoit de batteaux, auxquels Birague faisoit travailler avec toute la diligence possible, n'estoient encore parfaits. Cependant l'avant-garde de l'armée huguenotte parut sur une montagne au-devant d'iceux ponts, ce qui donna occasion à quelques soldats des nostres de se débander pour attaquer l'escarmouche, lesquels furent aussitost commandés de se retirer à leurs drapeaux, attendant la réfection des ponts, qui furent achevés sur la minuit.

Lors le passage estant ouvert, il fut résolu que deux heures après la cavalerie passeroit sur le vieux pont, et les Suisses et autres régimens de gens de pied sur celuy de batteaux, qui se rompit néantmoins pour l'extresme désir que chacun avoit d'estre delà l'eau et voir les ennemis. Après avoir esté refait du mieux que l'on put, trois heures après, toute l'infanterie passa, hormis huit cens hommes de pied et quatre cens chevaux que le duc avoit ordonnés dès le soir pour demeurer deçà l'eau, sur le haut de la montagne, près de Chasteau-Neuf, pour couvrir le bagage que l'on avoit laissé, et faire croire aux ennemis que c'estoit le gros de l'armée, ce qui servit bien, estant donc nostre armée passée en cette sorte avec toute la diligence qu'il fut possible, aussi peu prévue par le prince de Condé et l'admiral, qu'elle fut bien entreprise par le duc d'Anjou et heureusement conduite par Tavannes et Biron.

CHAPITRE IV.

Le duc d'Anjou se prépare à donner bataille. Premières approches de la bataille de Jarnac. Le sieur de Castelnau-Mauvissière employé en cette fameuse journée. L'admiral contraint d'accepter le combat. Attaque du duc de Montpensier. Arrivée du prince de Condé au combat. Il charge le duc d'Anjou. Sa mort. Défaite des huguenots. Leur retraite, et du sieur d'Acier. Nombre des morts et des prisonniers à la bataille de Jarnac. Le duc d'Anjou donne au duc de Longueville le corps du prince de Condé, et dépesche à la cour le sieur de Castelnau-Mauvissière.

Le duc, voyant que ce jour il seroit prest de voir les ennemis, ayant suivy sa bonne et louable coustume, qui estoit de commencer sa matinée par se recommander à Dieu, voulut recevoir le corps précieux de Nostre-Seigneur, comme firent les princes et quelques capitaines de notre armée; puis après commanda aux sieurs de Carnavalet et de Losse d'aller recognoistre l'endroit où estoit l'ennemi. Ils n'eurent pas fait long chemin qu'ils virent paroistre soixante chevaux au haut de la montagne; et, quasi en mesme temps, un capitaine provençal nommé Vins, de la maison du duc, et neveu de

Carces, qui conduisoit cinquante arquebusiers à cheval, s'avança à eux, et les ayant joints, leur dit qu'il avoit eu commandement de faire ce qu'ils luy ordonneroient. Lors Carnavalet et de Losse luy donnèrent advis d'aller jusques au village, qui estoit bien près de là, ce qu'il fit et y donna si furieusement, que trouvant une cornette des ennemis, il la mit en tel désordre, que beaucoup d'iceux s'estans plus aidés de leurs espérons que de leurs espées, il en amena quinze ou vingt prisonniers, qui asseurèrent que l'admiral et d'Andelot estoient avec toutes les forces de l'armée, et y avoit apparence de bataille. Cependant le duc d'Anjou, pour gagner tousjours temps, fit avancer son avant-garde, conduite, comme j'ay dit, par le duc de Montpensier, de façon que presque en mesme temps arrivèrent le duc de Guyse et le vicomte de Martigues, qui marchoient devant avec leurs régimens de cavalerie.

Lors l'ennemy parut en bien grand nombre, estant desjà entre dix à onze heures du matin au bas de la montagne, du costé de Jarnac; au mesme temps le vicomte de Martigues, assisté de Malicorne, de Pompadour, Lanssac, Fervacques, Fontaines et autres, qui faisoient près de six cens chevaux, attaqua l'escarmouche de telle sorte, qu'ayant donné en queue sur le régiment de Puviaut, qui partoit de Vibrac, il tailla en pièces quelques-uns et mit les autres en grand désordre, qui se retirèrent vers Jarnac, et, rencontrans quelques troupes des leurs sur le haut d'une petite montagne, firent teste en cet endroit, aussi qu'il y avoit un ruisseau bien mal aisé à passer, où l'admiral avoit envoyé mille arquebusiers pour garder ce passage avec quelque cavalerie commandée par La Loue, afin d'avoir cependant moyen de rassembler de tous costés les forces de leur armée, qui estoient fort séparées.

Lors le duc de Montpensier commanda à Cossins et à moy d'aller recognoistre le ruisseau, pour voir s'il seroit aisé à passer, lequel ayant bien recognu et fait nostre rapport, suivant nostre advis, le duc commanda au comte de Brissac avec son régiment de gagner le passage du ruisseau, ce qui fut fait et passé à la vûe de la cavalerie des ennemis, qui vinrent au-devant et fort bien à la charge, et sur tous autres d'Andelot, La Noue et la Loue, qui firent tout devoir de bons combattans; mais, voyans les arquebusiers en fort grand désordre, et qu'ils estoient attaqués en divers endroits, et que toute nostre armée s'avançoit à eux, commencèrent à se retirer peu à peu.

Lors l'admiral, lequel ne s'estoit jusques-là pu résoudre à la bataille, d'autant qu'il estoit beaucoup plus foible et qu'il vouloit attendre qu'il eust uni ses forces, se voyant forcé de combattre, envoya Montaigu au prince de Condé, qui estoit à Jarnac, afin qu'il s'avançast avec la bataille, à cause qu'il ne pouvoit plus reculer. Cependant le duc de Montpensier, qui avoit reçu le commandement du duc de combattre, et passer sur le ventre à tout ce qui se rencontreroit devant luy, estant accompagné de Montsallais, de Clermont-Tallard, du baron de Sénecé, Praslin et plusieurs autres, qui avoient des compagnies de gens-d'armes et de chevaux légers, donna avec grande furie sur la queue des ennemis, entre lesquels l'admiral, d'Andelot et La Noue, qui rallièrent ce qu'ils avoient de cavalerie, firent un tel effort pour soustenir le choc, que plusieurs, de part et d'autre, furent tués et blessés, comme aussi en un passage que Fontrailles, qui commandoit à un régiment de mille hommes, avec Clavau et Languillier, avoient quelque temps deffendu sur une chaussée d'estang, dans lequel après avoir esté forcés, plusieurs furent vus tomber par la presse qu'ils avoient au passage. Ce que voyant, le prince de Condé, qui y estoit arrivé en la plus grande diligence qu'il avoit pu, ayant avec luy Montgommery, les comtes de La Rochefoucault et de Choisy, Chandenier, le baron de Montandre, Rosny, Renty, Montjan, Chastelier, Portaut, et plusieurs autres qui avoient des troupes, vint si furieusement à la charge, qu'il arresta fort court nostre avant-garde, et renversa les premiers qui l'affrontèrent; mais à l'instant le duc d'Anjou, qui avoit tousjours auprès de luy Tavannes, comme l'un des plus expérimentés capitaines de nostre armée, s'estant avancé à la main droite du costé de l'estang, accompagné du comte Rhingrave et Bassompierre avec leurs reistres et autres troupes françoises du comte de Tende, le chargea en flanc avec tant de furie, que beaucoup ne pouvans soustenir une si rude rencontre, estans en fort grand désordre, furent mis à vauderoute; quelques-uns tinrent ferme et aimèrent mieux mourir en combattant, ou tomber à la mercy de leurs ennemis, que de tourner le dos; quelques autres se retirèrent.

Ce fut lors que le prince de Condé, ayant eu son cheval blessé, et luy porté par terre et abandonné des siens, appella Argens, qui passoit devant luy, auquel il donna sa foy et son espée pour estre son prisonnier; mais bientost après ayant esté recognu, il reçut un coup de pistolet par Montesquiou, dont il mourut aussitost, laissant à la postérité mémoire d'un des plus généreux princes qui ayent esté en son temps. Lors l'admiral et d'Andelot, ne pouvans arrester le cours de leur cavalerie, et aussi peu l'infanterie, firent leur retraite avec peu de gens à Sainct-Jean-d'Angely, d'où après il partirent pour aller trouver les jeunes princes de Navarre et de Condé, qui s'estoient retirés à Xaintes, où une partie de leur cavalerie se rendit, et toute leur infanterie à Coignac. D'Acier, qui en estoit parti ce matin-là, faisoit marcher en la plus grande diligence qu'il pouvoit trois mille arquebusiers pour se trouver à la bataille; mais, estant adverty sur le chemin de la perte d'icelle, par ceux qui n'avoient attendu d'en voir la fin, fit avancer son infanterie vers Jarnac; et tost après, sçachant que nostre armée s'y acheminoit, il passa l'eau avec ses gens de pied pour reprendre la route de Coignac, ayant fait rompre les ponts pour favoriser sa retraite.

Avec le prince de Condé plus de cent gentilshommes huguenots finirent leurs jours en cette bataille, et entr'autres Montejan de Bretagne, Chandenier, Chatelier, Portaut, les deux Mambrez, du Maine, Renty, Guitinière, Janissac, Bussière, Stuart, escossois, qui tua le connestable, le capitaine Chaumont, le chevalier de Goullaine, Préaux, Bilernac, Vines, cornette du prince de Navarre, les deux Vandeuvres, Beaumont, qui blessa le duc de Nevers, Saint-Brice, La Paillière, Mesanchère, et plusieurs autres. Le nombre des prisonniers ne fut pas moindre, et entr'autres La Noue, qui a depuis esté eschangé avec Sessac, lieutenant du duc de Guyse, qui avoit esté pris quelque temps auparavant en une hostellerie, s'a-cheminant de la cour en nostre camp, et avec luy Pont de Bretagne, Corbouson, lieutenant du prince de Condé, et son enseigne Fonteraille, Spondillan, capitaine de ses gardes, l'évesque de Cominges, bastard du feu roy de Navarre, le comte de Choisy, Saincte-Mesme, le baron de Rosny, le fils aisné de Clermont d'Amboise, Linière, Guerchy, enseigne de l'admiral, Belleville, Languillier, le jeune Chaumont, Cognée, Bigni, et plusieurs autres. Des nostres furent tués Montsallays, le baron d'Ingrande et de Prunay, Moncauré, le jeune Marcins, Nostraure, Mangotière et le capitaine Gardouch, du régiment du comte de Brissac, peu d'autres. Entre les blessés, les plus signalés furent Bassompierre, Clermont-Tallard, Praslin, le baron de Sénecé, le comte de La Mirandole, La Rivière, capitaine des gardes du duc, Aussun, Yves, lieutenant de Chauvigny, Vince, escuyer d'escurie du duc, le jeune Lanssac, le chevalier de Chemeraut, Mutio Frangipani, et quelques autres.

Après cette victoire, le duc s'estant retiré le treiziesme mars à Jarnac, abandonné des ennemis (lieu où il donna le corps du prince de Condé mort au duc de Longueville, sur la requeste qu'il luy en fit), ayant rendu grace à Dieu, il despescha le soir mesme Losse pour faire sçavoir l'heureux succès de ses armes à Leurs Majestés, lesquelles je fus trouver quatre jours après de la part du duc, pour faire avancer les levées des reistres que le marquis de Bade avoit promis de faire pour le service du roy, qui luy avoit fait tenir de l'argent pour cet effet, il y avoit desjà quelque temps.

CHAPITRE V.

Le sieur de Castelnau-Mauvissière, envoyé par le roy quérir du secours en Allemagne, l'amène en quinze jours; est renvoyé en Flandre vers le duc d'Alve pour un autre secours. Raison du secours promis par le duc d'Alve. Vanité du duc d'Alve, ses exécutions sanglantes aux Pays-Bas. Diligence du sieur de Castelnau-Mauvissière en la conduite du secours donné au roy par le duc d'Alve. Mésintelligence pernicieuse entre les ducs de Nemours et d'Aumale, favorable au passage du duc des Deux-Ponts. Escarmouche de Nuyts. Le duc des Deux-Ponts passe partout à la vue de nostre armée par la faute des chefs; prend la ville de La Charité-sur-Loire.

Je ne fus pas sitost arrivé près de Leurs Majestés, qu'après leur avoir reconfirmé ce que Losse leur avoit dit, à quoy je ne pus rien adjouster, sinon le nombre plus asseuré des morts, prisonniers et blessés de part et d'autre, qu'il n'avoit pu sçavoir au vray à cause de son soudain partement, qu'ils me despeschèrent aussitost vers le marquis pour le faire haster de venir; ce que je fis avec telle diligence, qu'en quinze jours je luy fis passer le Rhin, nonobstant les levées que faisoit le duc des Deux-Ponts, qui pouvoient estre cinq mille reistres et quatre mille lanskenets.

Estant arrivé à Metz avec le marquis, Sa Majesté me commanda incontinent après d'aller trouver le duc d'Alve, et le prier d'un second secours, et tel que l'ambassadeur du roy d'Espagne avoit fait espérer au roy, comme estant leurs interests joints et communs à la ruine des huguenots, autant factieux et rebelles en Flandre que nos huguenots en France; s'asseurant qu'estant son secours joint à l'armée que commandoient les ducs de Nemours et d'Aumale, lesquels Sa Majesté avoit fait alternativement ses lieutenans-généraux en l'armée de Champagne, il empescheroit l'entrée du royaume au duc des Deux-Ponts, ou pour le moins, avant qu'il passast plus avant, seroit combattu en telle sorte qu'il ne luy resteroit qu'un repentir d'avoir entrepris légèrement l'injuste défense de mauvais sujets contre leur roy.

Ce qu'ayant fait entendre au duc, je le trouvay beaucoup plus prompt au secours que je luy demandois qu'il n'avoit esté avant la bataille Sainct-Denys; aussi qu'il estoit piqué au jeu, et fort animé contre les huguenots de France, qui avoient, incontinent après la publication de la paix et de l'édict en France, aidé à entretenir en Flandre la guerre qu'il faisoit au prince d'Orange, comte Ludovic, son frère, et de Mansfeld, ayant envoyé douze cornettes et deux mille hommes de pied sous la charge de Genlis, Morvilliers, marquis de Renel, et d'Hautricour, Mouy, Renty, Esternay, Feuquières et quelques autres, lesquels estans demeurés en Brabant après ces troisiesmes troubles et retraites des princes à La Rochelle, ne s'estoient voulu hasarder de venir en France, et la traverser : ce qu'ils n'eussent pu faire aussi sans grand péril; lesquelles troupes ont depuis bien aidé à faciliter le passage du duc des Deux-Ponts.

Mais, pour retourner au duc d'Alve, après m'avoir fait mille protestations du désir qu'il avoit de servir Leurs Majestés en cette occasion et en toutes autres, il m'asseura qu'il me donneroit dans dix jours deux mille hommes de pied et deux mille cinq cens bons reistres, sous la charge du comte de Mansfeld, gouverneur du Luxembourg, me priant d'en escrire à Leurs Majestés, et leur confirmer toutes assurances de son entière affection à leur service, leur donnant conseil et advis de ne faire jamais paix avec leurs sujets rebelles, et encore moins avec des huguenots; mais bien de les exterminer, et traiter les chefs, s'ils pouvoient jamais tomber entre leurs mains, de mesme qu'il avoit fait les comtes d'Egmont et de Horne, auxquels il avoit fait trancher les testes, pour avoir esté factieux et rebelles au roy d'Espagne, leur maistre, bien que tous deux fussent fort recommandables pour la grandeur de leurs maisons et de leurs services, s'estant le comte d'Egmont fort signalé à la journée de Sainct-Quentin, pour avoir bien fait et esté en partie cause du désastre des François et prise du connestable, comme aussi de la défaite du mareschal de Termes à Gravelines, adjoustant le duc d'Alve beaucoup de discours de ses faits et de la bataille d'Emden, qu'il avoit gagnée sur les Gueux, avec mille paroles pleines de braveries et d'ostentations accoustumées à ceux de sa nation, qui seroient trop inutiles d'insérer en ces Mémoires.

Donc, pour ne perdre temps pendant mon séjour, ayant donné l'ordre que ses troupes fussent prestes, après qu'elles eurent fait monstre, et que j'eus pris congé de luy, je les fis acheminer avec telle diligence, qu'en moins de dix jours nous joignismes l'armée des ducs de Nemours et d'Aumale en Bourgogne, assez à temps pour combattre le duc des Deux-Ponts, aussi fort en cavalerie, mais moindre en infanterie que nous, si ces deux généraux eussent esté bien unis, et eussent pris les occasions qui s'offrirent deux ou trois fois de le combattre avec avantage, en dix-sept jours que nostre armée costoya la sienne, qui ne fut jamais attaquée qu'en quelques logemens, à diverses et légères escarmouches, sinon à Nuyts au passage de la rivière, auquel il sembloit que le combat dust estre plus grand qu'il ne fut.

Mais le duc d'Aumale se contenta, pour ce jour-là, de repousser un régiment de cavalerie commandé par Schomberg, lequel le duc des Deux-Ponts, qui estoit logé à l'abbaye de Cisteaux, avoit fait avancer pour passer la rivière; ce qu'ayant fait, fut contraint de retourner avec perte de quarante ou cinquante des siens, avec quelques prisonniers; mais estant soutenu de leur cavalerie, il fit ferme. Lors le duc d'Aumale commanda au comte de Charny, qui avoit commencé cette première charge avec les compagnies du duc de Lorraine, du marquis de Pont son fils, et autres troupes, de tenir bride en main, en partie à cause que l'artillerie des huguenots, qui estoit pointée sur une colline du costé de l'abbaye, endommageoit nostre cavalerie; ce qui fut cause que chascun regardant la contenance de son compagnon pour prendre son advantage, le reste du jour se passa en escarmouches assez légères entre les gens de pied.

Le lendemain, le duc des Deux-Ponts, qui n'avoit autre but que de tirer pays, se remit en campagne, et, s'estant avancé quelques jours sur nostre armée (qui, après cette journée, demeura derrière), prit le chemin de la ville de Beaune, devant laquelle il séjourna deux jours, attendant ses charriots et bagages; de là fut à Treschasteau, où il passa la rivière avec aussi peu de peine qu'il avoit fait auparavant celle de Saverne; encore que l'armée des ducs de Nemours et d'Aumale fust campée à Sainct-Jean, près de là, pour le passage du Pont-sur-Saosne, qu'il passa aussi sans contredit, la rivière estant guéable en plusieurs endroits : c'est ce qui fut cause que les gens de pied que le duc d'Aumale avoit envoyés pour garder, tant ce passage que celuy de Montreuil, l'abandonnèrent.

Mais, pour retourner au lieu où j'ay fait la disgression de Treschateau, le duc des Deux-Ponts, ayant gagné le pays d'Auxerrois, ne pensa plus qu'à s'asseurer d'un passage sur la rivière de Loire : pour cet effet, ayant eu advis par Guerchi, qui estoit venu au devant de luy, du peu de gens de guerre qu'il y avoit dans La Charité, prit résolution de l'assiéger, et aussitost envoya le marquis de Rénel, Mouy, Hautricourt, avec six cens chevaux et autant d'arquebusiers à cheval, pour l'investir; lesquels, après avoir passé l'eau à Pouilly, gagnèrent bientost le fauxbourg du Pont, où ils se logèrent. Peu après, le duc estant arrivé avec son armée, qui fut environ le dixiesme de may, fit camper ses lanskenets aux deux vallons lesquels regardent la porte de Nevers : estant iceux couverts de vignes qui sont là autour, et ayant logé trois coulevrines sur un terrain qui est élevé, fit battre la porte de Nevers et sa courtine. Le marquis de Rénel, d'autre part, avec trois moyennes, faisoit battre tout le long de la courtine pour empescher les assiégés de réparer les brèches qu'y faisoit la batterie du duc, qui continuoit sans relasche; en sorte que le capitaine ayant abandonné la place sur le prétexte qu'il prit (fort mauvais, toutesfois) d'aller luy-mesme donner advis au duc d'Anjou du peu de moyen qu'il y avoit de conserver la ville, si elle n'estoit promptement secourue, les habitans bientost après demandèrent à parlementer pour avoir armes, vies et bagues sauves. Mais les François, autant désireux de l'honneur que du butin, s'estans hasardés de monter la nuit par une corde en un certain endroit de la muraille mal gardé, qui leur fut enseigné par quelques gens de la ville, entrèrent file à file les uns après les autres, et bientost après les lanskenets les suivirent pour avoir leur bonne part du butin. Le duc perdit fort peu de gens; entr'autres Duilly, lorrain, gendre du mareschal Vieilleville, y fut frappé d'un boulet d'une des pièces qui sortit de la ville, dont il mourut. De ceux de la ville, il y en eut bien soixante de tués. Guerchi y fut laissé gouverneur avec cinq compagnies de gens de pied et quelque cavalerie.

CHAPITRE VI.

Importance de la perte de La Charité. Le roy de Navarre fait chef du party huguenot par la mort du prince de Condé, conjointement avec le jeune prince de Condé. Le sieur de Castelnau-Mauvissière envoyé à la cour par le duc d'Aumale, renvoyé par le roy au duc d'Anjou. Exploits du duc d'Anjou en Xaintonge, Angoumois et Limousin. Mécontentement de son armée. La reyne mère vient à Limoges pour y mettre ordre. Subvention des ecclésiastiques de France par la vente de leur temporel. Le sieur de Terride fait la guerre à la reyne de Navarre. Mort du duc des Deux-Ponts. L'admiral arrive à l'armée du duc. Médaille de la reyne de Navarre, et sa devise. Remonstrance des huguenots au roy, et leur manifeste. Response du roy. Lettres et protestations de l'admiral au mareschal de Montmorency.

Par la prise de cette place, le duc des Deux-Ponts advança son chemin de beaucoup de pays qu'il luy eust fallu traverser pour joindre le camp des princes de Navarre et de Condé, le premier ayant esté eslu chef des huguenots incontinent après la mort du prince de Condé, auquel le jeune prince son fils fut donné pour adjoint, l'admiral demeurant toujours le principal gouverneur et conseiller en toutes les affaires des huguenots, que je laisseray acheminer en Angoumois et Périgueux, sur l'advis qu'ils eurent de la prise de La Charité, et venue du duc des Deux-Ponts, pour aller au-devant de luy, afin de retourner au duc d'Aumale : lequel estant demeuré seul lieutenant-général à l'occasion de la maladie du duc de Nemours, qui s'estoit retiré, et une partie de l'armée desbandée, deux jours après la rencontre de Nuyts, ayant tenu conseil de ce qu'il avoit à faire, me choisit pour aller trouver Leurs Majestés, afin de leur faire entendre ce qui s'estoit passé en tout son voyage, et aussi pour remettre la charge de lieutenant-général de l'armée qu'il commandoit entre les mains du duc d'Anjou, et leur oster la mauvaise impression qu'on avoit voulu donner de luy, pour n'avoir empesché l'entrée du royaume au duc des Deux-Ponts, et se justifier d'autres mauvais offices que quelques-uns luy avoyent voulu rendre à la cour et au conseil.

Estant donc arrivé près de Leurs Majestés, après leur avoir rendu compte de mon voyage vers le duc d'Alve, et de beaucoup de particularités des ducs de Nemours et d'Aumale, dont estant mieux esclaircies elles demeurèrent plus satisfaites, deux ou trois jours après, elles me commandèrent d'aller trouver le duc d'Anjou, lequel, courant la Xaintonge, l'Angoumois et Limousin, avoit réduit en l'obéyssance du roy les places de Mussidan et Aubeterre, afin qu'il fist advancer le reste des forces qui estoyent avec le duc d'Aumale, pour combattre les princes avant qu'ils pussent estre unis au duc des Deux-Ponts, estant leurs conjonctions l'establissement de toutes leurs affaires. Or, comme j'avois recogneu Leurs Majestés mal-satisfaites des ducs de Nemours et d'Aumale, je trouvai que le duc d'Anjou ne l'estoit pas moins de beaucoup de capitaines de son armée, qui, à faute de payement, demandoient congé de se retirer en leurs maisons, comme quelques-uns avoient fait : la pluspart aussi des soldats se desbandoient tous les jours, tant à faute de payement que pource qu'ils avoient grandement paty en l'armée, en partie à cause de l'hyver, qui avoit esté fort grand cette année, et de beaucoup de maladies qu'ils avoient reçues, dont grand nombre estoient morts ; en sorte que l'infanterie estoit réduite à une moitié, la cavalerie au tiers, à qui il estoit deu près de trois mois de leurs services : ce qui donnoit beaucoup de mescontentement au duc, qui recevoit les plaintes d'un chacun ; aussi blasmoit-il fort ceux qui estoient du conseil de Leurs Majestés, pour le peu d'ordre qu'ils apportoient de faire tenir de l'argent ; à quoy, de leur costé, ils estoient assez empeschés, s'estonnans comme les huguenots, qui en devoient bien avoir moins, pouvoient entretenir si long-temps une armée sur pied, et faire venir tant d'estrangers, auxquels il falloit beaucoup d'argent.

Ce qui fit résoudre la reyne mère quelques jours après de venir à Limoges, tant pour voir quels moyens il y auroit de faire une bonne paix, que pour adviser, en cas qu'elle ne se peust faire si tost, aux remèdes nécessaires pour la conservation de l'estat, comme aussi pour donner courage aux gens de guerre, et les contenter par belles paroles et promesses, attendant que partie de la levée fust faite des deniers de la subvention que les ecclésiastiques faisoient à Sa Majesté par la vente et aliénation de leur temporel, jusques à la concurrence de cinquante mille escus de rente, suivant la bulle et permission du pape.

Mais, pour retourner à l'armée des princes, laquelle, comme j'ay dit, s'estoit acheminée sur la fin de may pour venir au-devant du duc à Nantrou, qui fut pris sur quelques soixante soldats, les princes et l'admiral y ayans séjourné deux jours, ils despeschèrent le comte de Montgommery pour aller en Gascogne, afin de commander à l'armée des vicomtes, qui ne pouvoient s'accorder, pour la jalousie du commandement, et aussi pour s'opposer aux desseins de Terride, qui commençoit fort à ruiner les affaires de la reyne de Navarre ; et ayant passé la Vienne deux lieues au-dessus de Limoges, le neuviesme juin arrivèrent à Chalus : le gué de Verthamont, proche le village de mesme nom, est sur la rivière de

Vienne à cette distance de Limoges, d'où l'admiral partit avec quelques chefs de l'armée huguenotte, pour aller recevoir le duc des Deux-Ponts; mais l'onziesme il le trouva mort à Escars, ayant long-temps auparavant esté travaillé d'une fièvre quarte, ensuite de laquelle une fièvre continue luy fit perdre l'espérance de venir à chef de son dessein encommencé, lequel il exhorta tous les chefs de son armée de suivre avec la mesme résolution qu'il quittoit la lumière du jour pour jouir de celle du ciel, estant le deuil et tristesse par la mort de ce prince, à la charge duquel succéda le comte de Mansfeld, entremeslée de joye que les chefs avoient de se voir.

L'admiral fit présent aux principaux d'une quantité de chaisnes d'or, avec quelques médailles, retirant à une portugaise, que la reyne de Navarre avoit fait faire par son conseil, sur lesquelles ces mots estoient engravés : PAIX ASSEURÉE, VICTOIRE ENTIÈRE OU MORT HONNESTE, et au revers le nom d'elle et de son fils, prince de Béarn, pour monstrer la résolution qu'elle et son fils avoient prise de mourir constamment pour la deffence d'une mesme religion, et aussi pour unir davantage les cœurs et volontés de ceste armée estrangère, en la continuation de ceste guerre et association de leurs armées, desquelles la jonction entière se fit à Sainct-Yrier le vingt-troisiesme de juin 1569, où par le commandement des princes, les reistres ayant fait la revue de leurs gens, ils firent monstre et receurent argent. Peu de jours après, les princes, de l'advis de l'admiral, firent dresser une requeste pour l'envoyer au roy, au nom de tous les huguenots de France, par laquelle ils exposoient toutes les causes de leurs plaintes, et justes deffences pour le fait de leur religion, l'exercice de laquelle ils supplioient très-humblement Sa Majesté de vouloir octroyer libre à ses sujets, avec les seuretés requises, sans aucune exception ny modification, protestant que si, en quelques points de la confession de foy auparavant présentée à Sa Majesté par les églises de France, on leur pouvoit enseigner par la parole de Dieu comprise ès livres canoniques qu'ils estoient esloignés de la doctrine des apostres et prophètes, de céder très-volontiers à ceux qui les instruiroient mieux. C'estoit le sommaire de leur demande, de laquelle ces deux articles estoient les plus importans, et de plus difficile accommodement. Ils asseuroient aussi Sa Majesté qu'ils ne désiroient rien plus que la convocation d'un concile libre et général, et protestoient, encore qu'ils eussent uny toutes leurs forces, d'entendre plus volontiers qu'auparavant à une bonne paix, le seul et unique moyen de réconcilier et réunir tous ses sujets à son obéyssance.

L'Estrange ayant esté député pour la présenter à Sa Majesté, fut trouver le duc d'Anjou de la part des princes, pour avoir son passeport; mais il ne put tirer autre response, sinon qu'il en donneroit advis à Sa Majesté, pour sçavoir si elle auroit agréable qu'elle l'octroyast : et d'autant que l'on jugeoit bien que cette requeste n'avoit esté faite que par forme, et que leur intention n'estoit pas de désarmer, que sous des conditions trop avantageuses, le roy ne fit autre response, sinon qu'il ne vouloit rien voir ny entendre, que premièrement les huguenots ne se fussent rangés au devoir que les fidèles sujets doivent à leur prince; mais le mareschal de Montmorency, à qui l'admiral en avoit escrit et renvoyé copie de la requeste, l'asseura, par la response qu'il luy fit, que Sa Majesté, lors que les huguenots de France se seroient mis à leur devoir, les recevroit tousjours comme ses sujets, et oublieroit le passé. Quelques jours après, l'admiral luy en escrivit une autre, par laquelle il tesmoignoit avoir une extresme compassion de voir la ruine et désolation prochaine de la France, à quoy, puisque ses ennemis ne vouloient apporter autre remède, il avoit au moins ce contentement d'avoir recherché, autant qu'il luy avoit esté possible, de pacifier les troubles de ce royaume, appelant Dieu et tous les princes de l'Europe pour juges de son intention, qui seroit tousjours portée au service du roy, et à se maintenir avec tous les protestans de France, en l'exercice de sa religion contre la violence de ses ennemis : ce sont les mesmes termes de sa lettre.

CHAPITRE VII.

La reyne veut voir en bataille l'armée du duc d'Anjou, qui vouloit combattre les huguenots. L'admiral le vient attaquer; et, après une sanglante escarmouche, les deux armées se séparent. Le comte de Lude assiége Niort; il est contraint de lever le siége, et les huguenots prennent plusieurs places en Poictou. Dessein de l'admiral sur le Poictou. Le duc de Guyse se jette dans Poictiers. Attaque des fauxbourgs de Poictiers, secourus par le duc de Guyse, et enfin emportés. Poictiers assiégé par l'admiral. Les sieurs d'Onoux et de Briançon tués au siége. Le duc de Guyse et le comte de Lude encouragent les habitans. Grand service du duc de Guyse en la défense de Lude assiégée, et du comte du Lude. Second assaut bravement soutenu par ceux de Poictiers. Siége de Chastelleraut par le duc d'Anjou pour faire diversion et faire lever celuy de Poictiers.

Cependant le duc d'Anjou, qui avait reçu le reste des forces du duc d'Aumale, comme aussi le secours de trois mille hommes de pied et douze cens chevaux que le pape envoya à Sa Majesté, sous la conduite du comte Santafior son neveu, lesquelles troupes ne remplaçoient toutesfois pas celles qui s'estoient desbandées, et à qui il avoit esté contraint de donner congé, comme j'ay dit cy-dessus; après avoir esté quelques jours à Limoges avec la reyne sa mère, laquelle, accompagnée des cardinaux de Bourbon et de Lorraine, voulut voir l'armée en bataille, visiter toutes les bandes, et exhorter les capitaines et soldats de faire leur devoir, leur promettant qu'outre leur solde, qu'ils recevroient bientost, Sa Majesté recognoistroit leur fidèle service, fit dessein de s'approcher plus près des ennemis afin de les combattre, selon l'occasion et le lieu qui luy seroit plus favorable et avantageux : résolution toutesfois prise contre l'opinion du cardinal de Lorraine et autres chefs de l'armée, qui estoient d'advis qu'il falloit attendre que les troupes qui s'estoient allées rafraischir fussent venues, et toutes les forces du roy ensemble, pour venir à un combat général comme il s'est fait depuis.

Le duc néantmoins ayant suivi sa résolution première, son armée ne fut pas campée à La Rochelabeille, environ une lieue de Sainct-Yrier, que, bien que les avenues fussent assez difficiles, tant pour la situation du lieu que pour les retranchemens que le duc avoit fait faire, le lendemain matin l'armée huguenotte ne marchast en bataille, en sorte que le premier corps de garde, composé du régiment de Strossi, qui s'estoit avancé au-delà de la chaussée de l'estang, l'eut bientost sur les bras; Piles, avec son régiment ayant commencé la charge, de prime abord fut repoussé si brusquement qu'il en demeura plus de cinquante des siens sur la place; et les autres commençoient desjà à prendre party de se retirer, lorsque l'admiral, qui menoit l'avant-garde, commanda à Mouy et Rouvré avec leurs régimens de s'avancer pour les sousteniŕ, et en mesme temps Beauvais, La Nocle et La Loue, avec trois cens chevaux, les chargèrent en flanc, si bien que le capitaine Sainct-Loup, lieutenant de Strossi, qui s'estoit avancé au-delà du vallon, sousteneu de quatre cornettes italiennes, fut contraint de se retirer dans ses barricades, lesquelles estant assaillies en divers endroits, tant de la cavalerie que de l'infanterie, enfin furent forcées, et Strossi, après avoir fait tout devoir de bon capitaine, ne voulant gagner la montagne, comme quelques autres firent, fut prisonnier, et son lieutenant tué sur la place, auquel plus de quatre cens soldats des siens firent compagnie; l'admiral ne voulant se hasarder de passer plus outre et poursuivre le premier succès de cette charge, commanda à la cavalerie de se retirer chacun sous sa cornette et l'infanterie sous son drapeau, aussi que nostre artillerie pointée sur une colline commençoit fort à les endommager.

La pluye, qui fut continuelle ce jour-là, fut aussi en partie cause que le duc d'Anjou ne voulut hasarder la bataille; le lendemain se passa en légères escarmouches, et le troisiesme jour l'armée des princes s'estant éloignée de la nostre, le duc résolut de la licencier pour l'envoyer rafraischir aux garnisons prochaines de la Guyenne, tant parce qu'elle estoit fort harassée à cause des grandes traites et continuelles courvées qu'elle avoit fait, que pour la disette et nécessité de vivres qu'il y avoit en Limousin; en sorte que la pluspart des soldats y mouroient de faim, et n'y trouvoit-on plus de foin ny avoine pour les chevaux : peu de jours après, le duc d'Anjou partit pour aller à Tours, où il demeura quelque temps avec Leurs Majestés.

Cependant le comte du Lude, qui estoit demeuré en Poictou avec quatre mille hommes de pied et quelque cavalerie, tant pour la conservation des villes qui estoient sous l'obéyssance du roy, que pour réduire, comme il se promettoit faire, celles qui tenoient contre son service, estoit bien empesché au siége de Niort, où, après avoir esté quelque temps et donné plusieurs assauts, il fut contraint, par le secours de Telligny et Pivaut, d'en lever le siége avec perte de plus de trois cens des siens; et ainsi se retira à Poictiers afin de pourvoir à la conservation de la ville, où je le laisseray jusques à ce qu'il y soit assiégé, pour retourner à l'armée des princes, laquelle incontinent après le licenciement de la nostre, prit plusieurs petites places, comme Sainct-Sulpice, Branthome, Chasteau-l'Evesque, La Chapelle, Confolan, Chabannois et autres, tant pour tenir le pays en subjection, que pour faire contribuer les habitans d'icelles, et de quelques autres en donner le pillage à ses soldats; puis, sur la fin de juin, s'achemina en Poictou, où l'admiral avoit basti les desseins de sa première conqueste et plus asseurée retraite.

Et d'autant que Poictiers est la principale de la province, et celle qui pouvoit plus nuire et servir à leurs desseins, avant que d'entreprendre le siége comme il avoit projetté, il fut d'advis, pour la resserrer davantage, de commencer aux plus faciles; pour cet effet, ayant envoyé La Loue devant Chastelleraut, par l'intelligence qu'il avoit avec aucuns habitans, quelques jours après il la prit par composition, ensuite de laquelle Lusignan assiégé et battu furieusement, Guron, gouverneur de la place, la rendit aussi par composition, qui fut de sortir vie et bagues sauves.

Cependant le duc d'Anjou, prévoyant le siége de Poictiers, pour l'asseurer dépescha le duc de Guyse avec douze cens chevaux, ainsi qu'il avoit demandé, pour le désir qu'il avoit de faire un service signalé à Sa Majesté en cette occasion; lequel, suivant l'ancienne valeur de ses pères, estant accompagné du marquis du Maine son frère, de Sforce, frère du comte de Santaflor, Montpesat, Mortemar et plusieurs autres gentilshommes françois, y entra le deuxiesme de juillet 1569, deux jours auparavant que l'armée des princes y arrivast, qui y campa le vingt-quatriesme du mois, auquel lieu l'avant-garde de l'armée huguenote se présenta en bataille jusques sur les dubes du fauxbourg Sainct-Ladre, où Piles, qui s'es-toit avancé par le commandement de l'admiral, donna d'abord si furieusement avec son régiment, et quelques cornettes de reistres, qu'ayant faussé les premières barricades et retranchemens que le capitaine Boisvert avoit fait (lequel y avoit sa compagnie logée), il le contraignit, après avoir fait quelque résistance, de se retirer dans les maisons du fauxbourg, lequel ce jour-là eust esté emporté si le duc de Guyse, accompagné de Rufec, de Briançon, l'Argence, Bort, Fervaques et autres gentilshommes, avec six cens chevaux, tant françois qu'italiens, n'eust fait une sortie sur eux; de sorte que, les ayant repoussés hors du fauxbourg à la faveur des pièces pointées sur la plate-forme qui estoit entre le chasteau et le fauxbourg, ils furent contraints de se retirer jusques au village Saincte-Marne, qui est à deux lieues de Poictiers.

Le reste du jour, le duc de Guyse l'employa à faire brusler une partie des maisons du fauxbourg qui estoient plus proches de la porte, pour empescher les assiégeans d'y loger; à quoy si l'on eust pourveu de meilleure heure, et que la compassion de beaucoup de pauvres artisans n'eust empesché de raser les autres, l'armée ennemie n'y eust pas esté logée si commodément, et avec tant d'avantage sur la ville, comme elle fut trois ou quatre jours après qu'ils furent tous gagnés par les huguenots, fors celuy de Rochereuil.

Lors l'admiral, les approches faites, ayant fait loger une partie de l'artillerie sur les rochers, et l'autre partie sur le bord du pré, fit commencer la batterie, qui estoit de treize pièces d'artillerie et quelques couleuvrines, au pont et porte du pont d'Anjoubert, laquelle fut continuée l'espace de trois jours en telle sorte, que les assiégés, qui tenoient encore quelques maisons plus proches des portes des fauxbourgs, par le moyen desquelles ils sortoient à couvert, furent contraints de les abandonner. L'admiral ayant aussi fait pointer quelques pièces au-dessus de Sainct-Cyprien, fit battre une tour qui estoit plus avancée sur le fauxbourg, au moyen de laquelle ceux qui estoient logés à l'abbaye recevoient beaucoup de dommage et d'incommodité par ceux qui la gardoient, qui furent contraints de la quitter, après avoir fait des barricades pour empescher les huguenots de s'y loger. Deux ou trois jours après, l'admiral fit aussi battre la muraille du Pré-l'Abesse et ses deffenses, avec un moulin qui estoit près de là, la ruine duquel apporta beaucoup d'incommodité aux assiégés, qui s'employoient à faire force retranchemens et tranchées dans ce pré, et faisoient aussi tout le devoir possible de réparer leur brèche, et, avec pots et grenades, et autres feux artificiels qu'ils jettoient sans cesse, travailloient autant qu'ils pouvoient les assiégeans; lesquels, après avoir continué leur batterie l'espace de quelques jours, et fait brèche raisonnable, se résolurent de donner l'assaut; et d'autant qu'il falloit passer la rivière avant que d'y venir, ils dressèrent la nuit un pont de tonneaux liés avec forces cables, et autres bois qu'ils avoient amassé, pour porter l'infanterie, et le lendemain ils marchèrent en bataille sur les costeaux, prests à descendre, ayant la chemise blanche sur le dos pour se recognoistre : lors huit cens des enfans perdus firent l'essay du pont, lequel ayant esté trouvé trop foible, furent contraints de se retirer, et mettre la partie à une autre fois. La nuit venue, le duc de Guyse envoya couper les cordages, et rompre le pont, pendant que quelques arquebusiers attaquoient par une feinte escarmouche le corps de garde des huguenots, lesquels continuèrent leur batterie jusques au vingt-neufviesme du mois d'aoust, attendant que deux autres ponts qu'ils faisoient faire fussent parfaits ; l'un desquels ils dressèrent devant le fauxbourg Sainct-Sornin pour passer au Pré-l'Evesque ; l'autre fut mis à quelques cinquante pas d'iceluy sur la mesme rivière, où plusieurs soldats huguenots furent tués et blessés, encore qu'ils eussent dressé force gabions pour se mettre à couvert des harquebusades qu'on tiroit de la muraille, nonobstant lesquelles ils gagnèrent une des brèches du pré, et une vieille tourelle, où ils se logèrent; mais ce ne fut pas sans perte de deux ou trois capitaines du régiment d'Ambres.

Onoux, duquel le service est signalé en ce siége, par le secours de cinq cens hommes qu'il amena au commencement d'iceluy, ayant esté avec bon nombre pour leur faire abandonner cette brèche, ne put remporter autre chose qu'une arquebusade en la teste ; Briançon, frère du comte du Lude, aussi fort recommandable par le soin et la vigilance qu'il apporta pour la conservation de cette ville, comme il visitoit la plate-forme des Carmes, eut la teste emportée d'un coup de canon. Les assiégeans voyans que la brèche de ce pré ne leur apportoit pas tant d'avantage à cause de l'eau qui croissoit d'heure en autre par le moyen de palles que les assiégés avoient fait faire pour arrester son cours, afin de la faire regorger dans le pré (après avoir fait tirer plusieurs coups de canon contre ces palles sans beaucoup d'effet, au moyen de deux murailles que le comte du Lude avoit fait faire sous les arches de derrière qu'il avoit fait remplir de terre ; et au-devant desquelles l'on avoit mis force balles de laine, bien liées et attachées contre les palles pour amortir les coups), changèrent leur batterie aux ponts et gabions que les assiégés avoient dressés à Sainct-Sornin, par le moyen de laquelle ils empeschoient qu'on ne pust réparer la muraille, ce qui donnoit beaucoup d'estonnement aux habitans, qui commençoient fort à s'ennuyer, tant pour les continuelles corvées, veilles et gardes qu'il leur falloit faire, que pour autres incommodités de la vie qu'ils commençoient à souffrir.

Mais, voyant que le duc de Guyse et le comte du Lude, accompagnés d'une infinité de noblesse, s'estoient résolus de mourir sur la brèche plutost que de faire un pas en arrière pour l'abandonner, commencèrent à reprendre courage et à se rasseurer; quelques-uns d'entre eux mesme se résolurent de les y accompagner pour soustenir l'assaut qu'ils croyoient que les huguenots deussent ce jour-là donner, comme ils s'y estoient préparés; mais l'admiral ayant fait recognoistre la profondeur du ruisseau qui couloit le long de la muraille de la ville et au pied de la brèche, laquelle bien que raisonnable, il se trouva que le canal estoit plus profond qu'il ne pensoit ; ce qui fut cause qu'il fit remettre la partie à un autre jour, attendant que les fossés, à quoy il fit travailler en plusieurs endroits, fussent faits pour faire écouler l'eau.

Cependant le duc de Guyse ne perdoit de temps à faire réparer la brèche, comme aussi à faire travailler aux retranchemens et autres lieux les plus foibles de la ville, où il donna si bon ordre, que, sans sa présence et bonne conduite, sans doute les assiégeans n'eussent pas eu tant d'affaires, lesquels enfin voyant qu'ils ne pouvoient destourner l'eau, se résolurent d'attaquer le fauxbourg de Rochereuil, par le moyen duquel les assiégés la retenoient et faisoient déborder ; et pour cet effet l'admiral fit commencer la batterie à la tour du pont, de laquelle les deffenses estant abbatues, peu après les lanskenets avec quelques François gagnèrent une vigne qui panchoit sur la rue du fauxbourg, la perte de laquelle, outre la mort de quelques capitaines qui y furent tués en la deffendant, eust apporté beaucoup davantage d'incommodité aux soldats destinés pour la garde d'iceluy, si la nuit ensuivant le comte du Lude n'eust fait dresser quantité de tonneaux couverts d'ais et autres bois le long du pont et de la rue du fauxbourg, faisant aussi tendre aux lieux les plus découverts force linceux pour couvrir les soldats qui alloient et venoient.

Le reste du mois, l'admiral le fit employer à faire un autre batterie contre les tours et galeries du chasteau, comme aussi une muraille faite en forme d'esperon, derrière laquelle les soldats qui y estoient logés tiroient aisément ceux qui venoient des prés et noyers à la porte et muraille de la ville ; il fit aussi pointer quelques pièces à La Cueille pour battre ceux qui estoient ès defenses du chasteau, afin qu'ils ne pussent facilement tirer ceux qui viendroient à l'assaut, qui fut tenté le troisième jour de septembre, auquel Piles, qui s'estoit avancé avec son régiment, soustenu de celuy de Sainct-André, et d'un autre de lanskenets, pour recognoistre la brèche, fut salué de tant d'arquebusades qu'entre autres une luy perça la cuisse ; la pluspart des capitaines, qui accompagnoient leurs chefs, assez mal suivis de leurs soldats, n'en eurent guères meilleur marché : ce que voyant l'admiral, et qu'ils ne pouvoient emporter que des coups, à cause que le lieu où ils avoient tenté l'assaut estoit trop avantageux aux assiégés, tant pour les défenses du chasteau que pour les ravelins et esperons qu'ils avoient fait faire, munis de plusieurs pièces qui les défendoient, commanda aux François et lanskenets de faire retraite.

Voilà à peu près l'estat des assiégeans et des assiégés, qui, d'heure à autre, attendoient le secours que le duc d'Anjou leur avoit fait espérer au commencement de septembre ; lequel, averty de la grande nécessité de vivres qu'ils avoient, se résolut avec ce qu'il avoit de cavalerie et d'infanterie, qui pouvoit estre de neuf mille hommes de pied et de trois mille chevaux, tant françois, reistres, qu'italiens, attendant que toutes les forces qu'il avoit mandé fussent ensemble, d'assiéger Chastelleraut, croyant bien que les huguenots, pour ne laisser perdre cette place, qui leur estoit trop importante, seroient contraints, pour la secourir, de lever le siége de Poictiers.

CHAPITRE VIII.

Voyage du comte de Montgommery en Béarn, au secours de la reyne de Navarre contre le sieur de Terride. Il fait lever le siége de Navarrin, prend Ortez, et fait Terride prisonnier contre la foy de la capitulation ; restablit la reyne de Navarre, et revient joindre l'armée des princes. Surprise d'Aurillac par les huguenots. Levée du siége de La Charité par les catholiques. Continuation du siége de Chastelleraut. Assaut donné à ladite ville par les Italiens. L'admiral lève le siége de Poictiers pour secourir Chastelleraut, qu'il secourt, et le duc d'Anjou quitte le siége et ravitaille Poictiers. Arrest de mort contre l'admiral, le comte de Montgommery et le vidame de Chartres. La teste de l'admiral mise à prix. Sentiment de l'autheur sur celle proscription. Grand service des sieurs de Biron et de Tavannes. L'admiral présente la bataille au duc d'Anjou, qui fortifie son armée et le suit vers Montcontour, qu'il avoit pris. Advantage du duc d'Anjou en un combat.

Mais avant que d'entrer plus avant en ce discours, l'ordre du temps m'oblige de reprendre le voyage que le comte de Montgommery avoit fait en Gascogne, par le commandement des princes, pour conquérir les places que Terride, lieutenant-général pour le roy en Quercy, avoit prises sur la reyne de Navarre, après que Sa Majesté l'eust fait sommer de se départir, avec le prince son fils, du secours qu'elle donnoit aux huguenots. Le comte ayant donc assemblé les forces des vicomtes, et plusieurs autres tirées des garnisons de Castres, Castelnaudarry et autres lieux, il fit telle diligence, qu'estant party au mois de juillet mil cinq cens soixante et neuf, prenant son chemin par le comté de Foix et montagnes vers Mauléon, combien que le mareschal d'Amville, Montluc, Négrépelisse, Bellegarde et autres seigneurs du pays, eussent des forces bastantes pour luy rompre ses desseins, il arriva néantmoins par sa grande diligence en Béarn, où aussitost il contraignit Terride de lever le siége de Navarrin, seule place qui estoit restée à la reyne de Navarre, laquelle il tenoit assiégée il y avoit plus de deux mois, le pressant en telle sorte qu'il le força (ne s'estimant pas assez fort pour tenir la campagne) de se jetter dans Ortez, ville qui fut autresfois la principale demeure des comtes de Foix, et, après avoir pris la ville d'assaut, réduite à feu et à sang, s'estant retiré au chasteau avec les principaux, enfin se rendit par composition, qui fut de sortir vie et bagues sauves : ce qui toutesfois ne fut accomply en tout ; car le comte le retint prisonnier pour l'eschanger avec son frère pris à La Motte en Poictou, comme j'ay dit cy-devant ; et quant à Saincte-Colombe, Favas, Pordiac et autres, quelques jours après, comme sujets de la reyne de Navarre, ayant esté déclarés criminels de lèze-majesté, on les fit mourir misérablement. Ayant remis les autres places en l'obéyssance de la reyne, auxquelles il mit bonnes garnisons, il se retira à Nérac, et de là se rendit à Saincte-Marie, où il joignit les princes après la bataille de Montcontour, comme diray en son lieu.

En ce mesme temps, les huguenots d'Auvergne surprirent Aurillac sur les catholiques ; et Sansac, qui tenoit La Charité assiégée avec plus de trois mille hommes de pied et cinq cens chevaux, qu'il avoit tiré des garnisons d'Orléans, Nevers, Bourges, Gien et autres lieux ; après un mois de temps, ayant donné deux ou trois assauts, en leva le siége, avec perte de plus de trois cens soldats, pour venir au siége de Chastelleraut, suivant le mandement du duc d'Anjou, qui s'estant acheminé avec les forces que j'ay cy-devant dit, le cinquiesme septembre se rendit à Ingrande, et, deux jours après les approches faites et l'artillerie logée, fit battre la ville du costé de la porte Saincte-Catherine, où, aussitost que la brèche fut jugée raisonnable, les François, Italiens et lansknets en disputèrent la pointe, contention aussi généreuse que le procédé du duc fut louable ; car, pour ne donner de la jalousie aux capitaines et soldats, il ordonna que leur différend seroit jugé au sort du dé, lequel estant tombé en faveur des Italiens, firent tout devoir de gens de bien, et montèrent aussi hardiment sur la brèche, qu'ils en furent repoussés par La Loue ; lequel, après leur avoir fait faire une salve de plusieurs arquebusades, avec quatre cens hommes bien armés, sortit des gabions et barrières qu'il avoit fait faire aux deux costés de la brèche, en sorte qu'après avoir quelques temps combattu main à main, il contraignit Octavian de Montalte et Malateste (deux braves colonels estans fort blessés) de se retirer avec perte de six vingts soldats et de quatre ou cinq capitaines.

Au bruit de ce premier assaut, les huguenots ayant levé le siége, passèrent la Vienne le huitiesme septembre : de quoy estant adverty le duc d'Anjou, et du secours qui estoit entré dans la ville par le moyen du pont qui leur donnoit l'entrée, bien content d'avoir effectué son dessein, et attendant que toutes ses forces fussent ensemble, repassa la Creuse au port de Piles, avec son armée, qui campa à La Celle, lieu fort avantageux, et en mesme temps despescha le comte de Sanzay, avec six compagnies de gens de pied, et quelque cavalerie, pour entrer à Poictiers, luy ayant fait donner force poudre, munitions et autres choses nécessaires pour le rafraischissement de la ville, d'où sortit le duc de Guyse, avec cinq cens chevaux et bon nombre de noblesse, le mesme jour que le comte y entra, qui fut le neuviesme du mois, et aussitost alla à Tours trouver Leurs Majestés, qui luy firent toutes les bonnes chères et remerciemens dus à son affection et au service qu'il leur avoit rendu en la conservation et deffense de cette place, laquelle fut cause de la mort de trois mille huguenots, dont une partie mourut de maladie.

En ce mesme temps, la cour de parlement de Paris, à la requeste du procureur-général Bourdin, donna arrest de mort contre l'admiral et le comte de Montgommery et vidame de Chartres, comme rebelles, atteints et convaincus de crime de lèze-majesté ; et le mesme jour furent mis en effigie. L'arrest aussi portoit promesse de cinquante mille escus à celuy qui livreroit l'admiral au roy et à la justice, soit estranger ou son domestique, avec abolition du crime par luy commis s'il estoit adhérant ou complice de sa rébellion ; lequel arrest fut depuis, à la resqueste du procureur-général, interprété, mort ou vif, pour oster le doute que ceux qui voudroient entreprendre de le représenter en pourroient avoir : arrests que quelques politiques estimoient estre donnés à contre-temps, et qui servoient plustost d'allumettes pour augmenter le feu des guerres civiles, que pour l'esteindre, estant leur party trop fort pour donner de la terreur par de l'encre et de la peinture, à ceux qui n'en prenoient point devant des armées de trente mille hommes et aux plus furieuses charges des combats, comme ils firent bien paroistre lors que nostre armée deslogea, car la leur la nuit mesme la suivit de si près, que, sans la vigilance de Biron à faire retirer l'artillerie à force de bras, outre les chevaux qu'on y employa, et la bonne conduite de Tavannes à faire passer l'armée en diligence, et loger fort à propos trois régimens au port de Piles pour garder le passage et arrester les forces que l'admiral y envoyoit, comme ils firent, attendant que nostre armée fust logée à La Celle, sans doute que le duc d'Anjou eust esté forcé de venir au combat ce jour-là.

Le lendemain l'admiral, voyant que ceux qu'il avoit envoyés n'avoient pu forcer ce passage, adverty qu'il y en avoit un autre plus haut à main droite et plus facile entre le port de Piles et La Haye en Touraine, y fit passer l'armée, en résolution de forcer le duc de venir au combat; pour cet effet, il demeura un jour en bataille, le conviant par de fréquentes escarmouches de venir aux mains; mais voyant qu'il ne le pouvoit attirer à la bataille, encore moins l'y forcer, tant pour estre le lieu trop bien retranché et flanqué, que pour avoir la rivière d'un costé et un bois de l'autre, qui le rendoit plus advantageux et les advenues plus difficiles, repassa la Creuse et la Vienne pour estendre l'armée huguenotte à Faye-la-Vineuse et lieux circonvoisins, afin de la faire vivre plus commodément.

Et le duc d'Anjou, après avoir séjourné cinq ou six jours à La Celle, prit le chemin de Chinon, où il demeura quelques jours, attendant que son armée fust complète, laquelle estant renforcée de plusieurs compagnies de gensd'armes et de cornettes de cavalerie, outre celle que le duc de Guyse lui amena, comme aussi des Suisses et autres régimens françois qu'il avoit envoyés en garnison, délibéra de suivre à son tour ses ennemis; si bien qu'ayant repassé la Vienne avec toutes ses forces fraisches et gaillardes, qui estoient de plus de sept mille chevaux et dix-huit mille hommes de pied, y compris les Suisses, il n'eut pas fait long chemin qu'il fut adverty que l'armée des princes tiroit vers Montcontour, où l'admiral avoit envoyé devant La Noue avec quelque cavalerie et infanterie pour s'en saisir, comme il fit avant que nostre armée y arrivast, laquelle se campa à Sainct-Clair le premier jour d'octobre, près du lieu où, le jour auparavant, la rencontre de l'avant-garde des deux armées s'estoit faite si advantageusement pour les nostres, que, si la nuict n'eust arresté leur poursuite et favorisé la retraicte des huguenots, sans doute leur déroute eust esté plus grande et plus honteuse aux François qu'aux reistres et lanskenets, auxquels l'admiral, qui estoit demeuré avec la bataille, donna l'honneur d'avoir bien combattu sous la conduite du comte de Mansfeld, qui fut seul cause de sauver l'avant-garde, et duquel le lieutenant, nommé le comte Charles, et quatre ou cinq autres capitaines avec luy demeurèrent sur le champ, auxquels plus de cent cinquante de ceux de Mouy et de la compagnie de Beauvais-la-Nocle, qui avoient soustenu la première charge que Martigues leur fit, y tinrent compagnie, et entre autres, d'Audancour, lieutenant de Mouy, y fut tué.

CHAPITRE IX.

Le duc d'Anjou poursuit les ennemis pour les combattre. Disposition de l'armée de celle du duc. Disposition de celle de l'admiral. Bataille de Montcontour. Seconde charge. Le marquis de Bade tué. Troisième charge par le duc d'Anjou, qui fut renversé par terre. Grand service des sieurs de Tavannes, de Biron, et du mareschal de Cossé. Défaite et retraite des huguenots. Nombre des morts, des prisonniers et des blessés. Les huguenots se retirent à Partenay. Ils députent vers leurs alliés, et fuyent devant les victorieux.

Tous ces corps, percés de coups, estoient encore estendus sur la place lorsque le duc d'Anjou y arriva, l'objet desquels augmentoit autant l'ardeur de combattre des nostres, que la retraite des ennemis leur donnoit espérance d'une victoire prochaine si l'on venoit à la bataille; à laquelle le duc s'estant résolu avec les principaux chefs de l'armée, fit le lendemain gagner le passage de la rivière d'Yves près de la source, et, le troisiesme jour, l'ayant fait passer au matin sans grande résistance, il la fit advancer plus à gauche, tirant à la plaine d'Assay, pour y rencontrer ses ennemis et empescher leur retraite au Bas-Poictou, en cas qu'ils s'y voulussent acheminer; et afin qu'ils ne peussent passer la Toue, qui leur servoit de barrière du costé droit, il envoya deux compagnies pour se saisir d'Ervaut et de son passage; mais l'admiral, d'autre costé, avoit donné ordre de faire garder le pas de Jeu, lieu marécageux entre Toüars et Ervaut, et qui pouvoit servir aux siens en cas qu'ils fussent rompus, comme aussi il avoit prévu devant à faire gagner Ervaut pour estre favorable à sa retraite.

Le duc donc, après avoir envoyé descouvrir l'estat de l'armée des princes, pour juger de la disposition et de l'ordre qu'elle tenoit pour la bataille, ayant pris sur tous autres l'advis du mareschal de Cossé et Tavannes pour la disposition de la sienne, donna la conduite de son avant-garde au duc de Montpensier, lequel avoit avec luy cinq régimens françois, et les troupes italiennes séparées en deux bataillons, entre lesquels il y avoit neuf pièces d'artillerie à costé gauche des Suisses, qui faisoient un autre bataillon commandé par Cléry; le duc de Guyse commandoit un escadron de cavalerie, et Martigues, qui estoit plus avancé du costé des François et Italiens, un autre; après suivoit le prince Dauphin, accompagné des comtes de Santafior, Paul Sforce, Chavigny, La Valette et plusieurs autres qui avoient troupes; à la main droite marchoit le duc de Montpensier avec le landgrave de Hesse, le comte Rhingrave, Bassompierre, Schomberg et Vestebourg, qui faisoient douze cornettes de reistres; la bataille estoit composée d'un autre bataillon de Suisses commandé par Méru, leur colonel-général, de six régimens françois, sçavoir Gohas, Cossins, du jeune Montluc, Rance et les deux Isles, et de huit pièces de canon; la cavalerie estoit de plus de trois mille chevaux, divisée en trois escadrons, sçavoir, deux de reistres et un de François; le premier estoit commandé par le comte Mansfeld, celui que j'avois amené; le duc marchoit après, accompagné des ducs de Longueville, marquis de Villars, de Toré, La Fayette, Carnavallet, La Vauguyon, Villequier, Mailly et plusieurs autres; le duc d'Aumale et le marquis de Bade, qui estoit à sa droite, un peu derrière, renfermoit le bataillon des Suisses.

Telle estoit la disposition de nostre armée, que le duc fit marcher en ordre sur les deux heures après midy, ayant demeuré plus de quatre heures faisant halte non guères loin de l'armée huguenotte, que l'admiral avoit aussi disposée dès le matin en bataille en une large campagne distante de demy-lieue de Montcontour, entre la Dive et la Toue, deux rivières fort peu guéables: à costé gauche de la première, il s'estoit mis pour conduire l'avant-garde, composée des régimens de Piles, absent à cause de sa blessure, d'Ambres, Rouvré, Briquemaut et quelques autres, des deux mille lanskenets commandés par Gresselé, et de six pièces de canon à leur main droite. Mouy et La Loue estoient plus avancés avec trois cens chevaux; le reste de la cavalerie, qui estoit de seize cornettes, tant reistres que François, estoit séparé en deux escadrons: l'admiral estoit au premier, accompagné d'Acier, Telligny, Puy-Greffier et autres; le comte de Mansfeld marchoit après. La bataille, qui estoit à la main droite, tirant à la Toue, estoit conduite par le comte Ludovic, accompagné du prince d'Orange et Henry, ses frères, de Ausbourg, Regnard, Érag, Henry d'Estain, et autres colonels, qui faisoient plus de trois mille chevaux; l'infanterie de la bataille estoit composée des régimens de Montbrun, Blacons, Mirabel, Beaudiné, Lirieu, et de deux mille autres lanskenets commandés par Gramvilars.

Les deux armées n'eurent pas long-temps marché en cet ordre, que le duc de Montpensier fit commencer la charge aux enfans perdus; soustenus du duc de Guyse et du vicomte de Martigues, attaquèrent d'abord si furieusement Mouy et La Loue, qu'ayant rompu les premiers rangs de leur cavalerie, tout le reste commença à se débander: lors le marquis de Renel et d'Autricour partirent de la main pour les soustenir, et firent une charge furieuse au vicomte de Martigues; mais estant suivy du comte de Santafior avec sa cavalerie italienne, couverte de deux mille arquebusiers commandés par La Barthe et Sarlabous, il les repoussa de telle sorte qu'Autricour y demeura sur la place, et contraignit les autres de se retirer en désordre;

ce que voyant l'admiral, ayant fait avancer trois régimens françois, auxquels il commanda de ne tirer qu'aux chevaux, entreprit de rompre six cornettes de reistres qui faisoient un grand échec sur les troupes d'Acier, et se mesla si avant en ce combat avec Telligny et La Noue, que si le comte de Mansfeld ne l'eust suivy de bien près pour charger les reistres catholiques, qui commençoient fort à le presser, il couroit fortune de demeurer en cette charge, en laquelle il fut blessé à la joue. Lors le duc d'Anjou, voyant la meslée des deux avant-gardes fort douteuse, et que l'artillerie ennemie endommageoit fort sa bataille, pour secourir ses reistres, qui estoient en fort grand désordre par la charge que le comte de Mansfeld leur fit, commanda au duc d'Aumale et marquis de Bade de s'avancer pour le combattre, contre l'ordre qui avoit esté pris; lesquels se portèrent si avant dans la meslée, que le marquis, avec beaucoup des siens, y demeura sur la place, et le duc d'Aumale eut assez affaire de s'en desgager, ayant le comte de Mansfeld soustenu et mis en route ce qui s'estoit présenté devant luy à cette charge; et, en mesme temps, le duc d'Anjou, voyant que les ennemis se rallioient pour retourner une autre fois à la charge, devança les Suisses, que le mareschal de Cossé devoit faire marcher devant luy pour charger la bataille, où estoit le comte Ludovic, lequel soustint la charge que le duc luy fit, avec tant d'effort, que beaucoup de ceux qui le suivoient, furent mis en grande déroute, et luy-mesme fut en danger de sa personne, ayant eu son cheval porté par terre, et aussitost remonté par le marquis de Villars, qui estoit près de luy, et si lors Tavannes et Biron n'eussent fait tout devoir possible de rallier la cavalerie de la bataille, et que le mareschal de Cossé aussi n'eust fait doubler le pas aux Suisses, la victoire estoit pour demeurer aux huguenots, lesquels se voyans attaqués des Suisses, que le mareschal conduisoit, et de l'infanterie françoise, qui se rallia, comme fit aussi nostre cavalerie, commencèrent à se desbander, quelques devoirs que l'admiral et le comte de Mansfeld fissent pour les rallier; et lors, ne pouvant mieux, ils prirent party pour faire la retraite avec dix cornettes de reistres ensemble, où il y avoit quelques François, abandonnans les lanskenets, qui s'estoient jusques-là maintenus mieux que l'infanterie françoise, à la mercy des Suisses, leurs anciens ennemis, si bien qu'à peine de quatre mille s'en sauva-t-il cinq cens, à beaucoup desquels le duc d'Anjou donna la vie, sur la promesse qu'ils luy firent de servir le roy fidèlement et renoncer au party des princes.

Plus de deux mille François aussi y finirent leurs jours; de la cavalerie moins de quatre cens, entr'autres, Biron, frère du catholique, Sainct-Bonnet; Acier y fut prisonnier avec La Noue et quelques autres, nombre qui eust été plus grand si la nuit n'eust favorisé la course des fuyards, lesquels le duc d'Aumale, Biron, Chavigny, La Valette et plusieurs autres, suivirent jusques à Ervaut. Le duc perdit peu d'infanterie, mais de sa cavalerie plus de cinq cens, et, entre les signalés, le comte Rhingrave l'aisné, le marquis de Bade, comme j'ay dit, et Clermont de Dauphiné; il y en eut aussi beaucoup de blessés, et entr'autres, le duc de Guyse, le comte de Mansfeld, Schomberg, Bassompierre, les comtes d'Ysti et Sautelles, italiens.

Voilà, mon fils, comme se passa cette journée, de laquelle la victoire fut toute entière au duc d'Anjou; car, outre le champ de bataille, avec les morts, qu'il prit soin de faire enterrer, toute l'artillerie fut gagnée, et tout le bagage des reistres pillé: pour celuy des François, une partie qui estoit plus avancée se sauva à Partenay, qui fut le lieu et la retraite des huguenots, lesquels y arrivèrent au soir bien tard, les uns toutesfois plustost que les autres, comme ceux qui avoient fait plus de presse de faire compagnie aux jeunes princes de Navarre et de Condé, lesquels l'admiral avoit conseillé de se retirer au commencement de la charge; la nuit mesme, le duc d'Anjou, de Sainct-Génerou sur la Toue, depescha en diligence au roy, qui estoit à Tours, pour luy faire sçavoir cette bonne nouvelle, de laquelle Sa Majesté fit part aussitost par ses ambassadeurs au pape, à l'empereur, au roy d'Espagne, aux Vénitiens et autres princes chrestiens.

Les princes et l'admiral ayant abandonné Partenay la nuit mesme, gagnèrent Niort, d'où ils depeschèrent aussi à la reyne d'Angleterre et à quelques princes d'Allemagne, pour leur faire entendre le contraire de leur perte, qu'ils asseuroient estre moindre que celle des catholiques, contre lesquels ils espéroient donner en peu de jours une autre bataille, les prians aussi de leur aider de secours d'hommes et argent, pour tousjours mieux se maintenir en la liberté de leur religion. Ainsi, ayant mis ordre à leurs affaires, et laissé Mouy dans Niort, lequel, peu de jours après, ayant esté malheureusement blessé d'un coup de pistolet par Maurevel, qui s'estoit donné à luy, alla finir ses jours à La Rochelle, ils prirent le chemin de Sainct-Jean d'Angely, où Piles, qui s'y estoit retiré dès le siége de Poictiers, à cause de sa blessure, demeura pour commander avec douze enseignes de pied et quelque cavalerie ; de là, furent à Xaintes, où ils prirent résolution de tirer vers le Quercy et Montauban, afin de s'acheminer de là en Gascogne et autres provinces de la France, pour s'esloigner de l'armée victorieuse, et pour autres raisons que je diray cy-après.

CHAPITRE X.

Exploits du duc d'Anjou. Surprise de Nismes par les huguenots. Siége de Sainct-Jean-d'Angely par le duc d'Anjou. Brave résistance de Piles. Conditions proposées pour la réduction de cette ville, accordées par le sieur de Piles. Xaintes abandonnée par les huguenots. Secours jetté dans Sainct-Jean-d'Angely par Sainct-Surin. Continuation du siége. Réduction de Sainct-Jean-d'Angely à l'obéyssance du roy. Mort du vicomte de Martigues et d'autres audit siége. Entrée du roy en la ville. Le sieur de Castelnau-Mauvissière envoyé par la reyne Catherine proposer la paix à la reyne de Navarre. Responce de la reyne de Navarre au sieur de Castelnau-Mauvissière, et ses plaintes contre le conseil du roy.

Cependant, le duc d'Anjou remit en l'obéyssance du roy Partenay, Niort, Fontenay, Chastelleraut, Lusignan, et autres places de Poictou abandonnées par les garnisons huguenottes, partie desquelles se retira à Sancerre, Le Bourg-Dieu, La Charité, sous la conduite de Briquemaut, et autres vers les princes et à La Rochelle ; Montbrun et Mirabel aussi partirent d'Angoulesme en ce mesme temps pour se retirer en leur pays, tant pour y faire de nouvelles levées, que pour y asseurer Privas et Aubenas, villes que les huguenots tenoient au Vivarès, et s'acheminant en Périgord, avec Verbelet, qui alloient pour commander à Aurillac, ayant deux ou trois cens chevaux et huit cens hommes de pied, plus de deux cens de ceux qui estoient demeurés derrière au passage de la Dordogne, furent défaits par les garnisons de Sarlat et autres du pays.

En ce mesme temps, les huguenots de Languedoc surprirent la ville de Nismes sur les catholiques, lesquels, s'estant retirés au chasteau par l'aide et vigilance du capitaine Sainct-Astoul, se maintinrent près de trois mois ; enfin, estant hors d'espérance du secours, sortirent, vie et bagues sauves, cette place ayant depuis servy de retraite à tous les huguenots de ce pays-là, lesquels je laisseray attendre la venue des princes, pour parler de ceux de Vezelay en Bourgogne pris par Dutarot et autres gentilshommes du pays, quelque temps auparavant, lesquels rendirent les efforts de Sansac aussi inutiles que Guerchy avoit fait ceux qu'il avoit tenté devant La Charité, n'ayant, après plusieurs assauts et avoir changé de batterie deux ou trois fois, remporté autre chose que le déplaisir d'avoir perdu plus de trois cens des siens, nombre qui fut augmenté par Foissi, qui commandoit à son infanterie.

Cependant le duc d'Anjou s'employoit au siége de Sainct-Jean-d'Angely, attendant la venue de Sa Majesté, qui arriva à Coulonge-les-Royaux le vingt-sixième jour d'octobre, en résolution de n'en partir que la ville ne fust prise ; ayant par sa présence autant animé le courage des soldats, que celuy de Piles rendit obstiné les siens de soutenir l'assaut que les nostres luy firent, après avoir changé de batterie en divers endroits de la ville, qui fut continuée jusques à ce jour, auquel plus de catholiques que de huguenots finirent leurs jours ; ce qui fut cause que Biron, par la permission de Sa Majesté, pour espargner la vie de beaucoup de gens de bien, escrivit à Piles pour luy persuader de rendre la ville, laquelle il ne pouvoit conserver, estant foible de munitions, et sans espérance de secours ; l'asseurant pour luy et les siens d'une honneste composition, s'il y vouloit entendre.

A quoy il fit response qu'il y presteroit volontiers l'oreille, si cela pouvoit apporter une paix générale, laquelle, d'autant qu'elle ne se pouvoit traiter sans sçavoir sur ce premièrement l'intention de Sa Majesté, et en communiquer aux princes, aussi ne pouvoit-il respondre autre chose ; response qui fut bien prise du mareschal de Cossé, Tavannes et autres chefs principaux, qui furent d'avis de luy envoyer un gentilhomme prisonnier, pour luy dire que, s'il vouloit envoyer quelqu'un de sa part pour parlementer, ils en envoyeroient un autre; à quoy pour satisfaire il envoya La Personne, lequel arrivé à Coulonge-les-Royaux, discourut amplement du bien que la paix pouvoit apporter à tous en général; auquel fut respondu que, pour l'absence des princes et importance de l'affaire, la paix ne se pouvoit si tost conclure, et partant qu'il estoit à propos de parler de la paix particulière de la ville; à quoy il répliqua qu'il n'avoit aucune charge d'en traiter, mais bien, pour parvenir à une paix générale, d'accepter dix jours de trêve, durant lesquels il iroit trouver les princes ou autres, de la part de Piles, pour les y disposer; ce que on luy accorda, à la charge que, si dans dix jours il n'entroit du secours dedans la ville, elle seroit remise entre les mains de Sa Majesté, aux conditions que tous les capitaines et soldats, et toutes autres personnes qui s'en voudroient aller, sortiroient avec leurs armes, chevaux et bagage, et ceux qui voudroient demeurer ne seroient forcés en leurs consciences.

Piles, qui trouvoit ces conditions de rendre la ville, les dix jours passés, fort rudes, fit quelque difficulté de signer la capitulation que Sa Majesté avoit accordée; mais enfin, ayant requis qu'il ne seroit tenu de la rendre qu'il n'eust eu auparavant des nouvelles de La Personne, ce qui luy fut accordé, il la signa.

Sur ces entrefaites, ceux de Xaintes ayant eu advis que Piles parlementoit, de crainte d'estre assiégés, abandonnèrent la ville, où aussitost il fut envoyé dix compagnies de gens de pied et quelque cavalerie. Durant cette trêve, les catholiques et les huguenots se visitoient en toute liberté, et, le temps des dix jours expiré, Biron se présenta pour sommer les assiégés de leur promesse, auquel Piles fit responce qu'il ne le pouvoit faire sans attendre nouvelles de La Personne: finalement, après plusieurs répliques de part et d'autre, il accorda que si le lendemain il n'entendoit de ses nouvelles et qu'il n'eust point de secours, il rendroit la place à Guitinières, lequel croyant la reddition, y estoit allé le jour mesme, pour prendre possession du gouvernement, que le roy luy avoit donné.

Le lendemain dix-huitiesme novembre, Biron ayant envoyé un trompette à Piles pour le sommer de sa promesse, il luy manda qu'il avoit eu le secours qu'il attendoit, qui estoit toutesfois seulement de cinquante chevaux conduits par Sainct-Surin, lequel y entra à six heures du matin, pour le mauvais ordre des corps de garde, qui le laissèrent passer, se disant amy et commandé pour les visiter; lors les ostages furent rendus de part et d'autre, et commença-t-on une autre batterie aux tours du chasteau et plates-formes qui estoient au devant d'iceluy, si bien qu'en peu de temps la porte de laquelle les assiégeans sortoient pour aller à la plate-forme, et un grand pan de muraille depuis le chasteau jusques à la vieille brèche fut par terre, durant laquelle La Motte et Sainct-Surin, avec deux cens arquebusiers et quatre vingts chevaux seulement, entreprirent de faire une sortie, qui leur réussit; car, ayant donné dans les tranchées assez nonchalamment gardées, ils tuèrent quelques cinquante soldats; mais aussitost se voyant chargés de plusieurs compagnies qui accoururent au bruit de l'allarme, ils prirent party de se retirer, ce qui fit redoubler le foudre des canons que l'on avoit pointés sur une plate-forme que l'on avoit élevée sur le bord du fossé pour battre le ravelin d'Aunis et la courtine; si bien qu'en peu de temps les tours et deffences, depuis le ravelin jusques au chasteau, furent par terre, comme aussi la plate-forme que les assiégés avoient dressée sur pilotis derrière le ravelin; ce qui leur apporta beaucoup de dommage, d'autant qu'outre la perte de quantité de gens qui y furent tués, pour le relever et mettre en deffence, ils consommèrent du temps bien inutilement, car les bales des pièces ne laissoient de la percer à jour, pour estre faite de terre trop fraische.

Ce qui fit résoudre les assiégés, avec le peu de munitions qu'ils avoient, d'accepter la première capitulation, que Biron leur offrit derechef, suivant le pouvoir qu'il en eut de Sa Majesté, qui la signa à condition qu'ils ne porteroient les armes de quatre mois pour la cause générale de leur religion; laquelle ne leur fut sitost portée, qu'ils sortirent avec leurs armes et chevaux, enseignes ployées, plus de sept semaines après le siége, qui fut cause de la mort de plus de trois milles catholiques, outre la perte que le roy fit en la personne du vicomte de Martigues, qui fut atteint d'une arquebusade en la teste, de laquelle il mourut.

Piles et ses compagnons ayant pris le chemin d'Angoulesme, y arrivèrent trois ou quatre jours après, moyennant le sauf-conduit que le roy leur fit donner; qui ne les garantit toutefois de l'outrage qui fut rendu, contre l'intention de Sa Majesté, à beaucoup, par l'insolence et la liberté des soldats, qui s'émancipèrent de dévaliser ceux qui estoient mieux accommodés; sujet que Piles prit de se dispenser de la promesse qu'il avoit faite de ne porter les armes de quatre mois contre Sa Majesté, laquelle entra le jour mesme dans la ville accompagnée de la reyne sa mère, du cardinal de Lorraine et autres de son conseil, où après avoir pourvu à toutes les places de Poictou et de Xainctonge, esquelles une partie de l'armée fut distribuée pour la disette de toutes choses et incommodité qu'elle recevoit; ayant décampé de Coulonge-les-Royaux sur la fin du mois de décembre, prit le chemin de Brissac pour se retirer à Angers, où, quelque temps après, les députés pour la paix vinrent trouver Sa Majesté, de laquelle je puis dire avoir porté les premières paroles à la reyne de Navarre, qui estoit à La Rochelle, incontinent après la bataille de Montcontour, par le commandement de la reyne mère, qui m'avoit chargé de l'asseurer de sa bonne affection, et qu'estant désireuse de son bien et de son repos, comme de celuy de la France, elle porteroit tousjours le roy son fils à luy accorder, et à tous ceux de son party, des conditions honnestes, lors que, comme bons et fidèles sujets, s'estant mis à leur devoir, ils voudroient entrer en quelque demande et requeste raisonnable; en quoy la reyne, après plusieurs complimens et offres de services envers Leurs Majestés, avec un desir extresme de voir quelque bon acheminement à cette ouverture de paix, me tesmoigna avoir, et tous ceux de sa religion, beaucoup de sujet de se défier d'aucuns du conseil, desquels elle disoit l'intention estre bien esloignée de la paix; et ce qui luy en augmentoit la créance, estoient les pratiques qu'elle disoit que Fourquevaulx faisoit vers le roy d'Espagne, et quelques autres partisans du cardinal de Lorraine, vers le pape; comme aussi les lettres interceptées du cardinal au duc d'Alve, non seulement pour empescher le secours que les huguenots se promettoient d'Allemagne et d'Angleterre, mais aussi pour favoriser les menées et entreprises que l'on faisoit sur le royaume d'Angleterre, pour avoir après plus de moyen de ruiner les protestans de France; après lesquels discours et autres touchant les desseins du cardinal de Lorraine, elle me dit qu'elle envoyeroit vers les princes et chefs de l'armée pour, et suivant leur avis, envoyer une humble requeste à Sa Majesté, qui porteroit les articles de leurs justes demandes, tant pour avoir l'exercice libre de leur religion et prescher par toute la France, que pour leurs seuretés désirées; ce qu'ayant rapporté à Leurs Majestés, elles délibérèrent depuis d'y renvoyer le mareschal de Cossé pour acheminer ce traité de paix; attendant laquelle avec impatience, il me semble à propos de poursuivre l'ordre du temps, et toucher en passant les plus notables effets et entreprises de guerre qui se pratiquèrent en Poictou et autres lieux de la France, avant et après le siége de Sainct-Jean.

CHAPITRE XI.

Entreprise des huguenots sur la ville de Bourges découverte. Exploits du comte du Lude en Bas-Poictou, et du baron de La Gard°, général des galères. Le baron de La Garde, repoussé de devant Tonnay-Charante, se saisit de Brouage. Le sieur de La Noüe reprend Marans sur les catholiques, et autres places. Il défait le sieur de Puy-Gaillard, et continue ses conquestes.

Celle que les huguenots de Sancerre et La Charité firent sur la ville de Bourges, par la pratique de deux ou trois soldats de la Tour, qui estoient de Sancerre mesme, et de quelques habitans mal-affectionnés à leurs concitoyens, réussit mal aux entrepreneurs; car ayant esté découverte à La Chastre, gouverneur de la ville et du pays de Berry, par un soldat qui en estoit, ceux qui pensoient surprendre la ville au jour convenu furent surpris, et de vingt-cinq ou trente qui estoient desjà entrés par une fausse porte du costé de la Tour, il n'y eut que Renty et deux ou trois autres que La Chastre sauva, qui s'exemptérent du feu et de la mort ; et Briquemaut, un des chefs de l'entreprise, qui s'estoit avancé avec sept ou huit cens chevaux et quinze cens hommes de pied pour la prise de la place, n'eut que la peine de s'en retourner.

En ce mesme temps le comte de Lude, auquel se joignirent Sansay et Puy-Gaillard, avec vingt enseignes de gens de pied, et douze cornettes, fut, par le commandement de Sa Majesté, assiéger Marans, qu'il prit; ensuite d'icelle assujettit Marennes, Brouage et autres isles de Xaintonge, par la prise desquelles il brida fort les courses que les Rochellois faisoient au Bas-Poictou, au grand dommage des villes catholiques, lesquelles pour resserrer encore davantage, le baron de La Garde, qui avoit esté remis en sa charge de général des galères, qu'on luy avoit ostée pour en pourvoir le grand-prieur, frère du duc de Guyse, en ayant tiré huit de Marseille par le commandement de Sa Majesté, et laissé trois à Bourdeaux, en amena cinq jusques à l'embouchure de la Charante au passage de Loupin, où estant, peu de jours après sa venue reprit sur les Rochellois ce grand navire que Sore, qui avoit succédé à la charge de vice-admiral par le décès de La Tour, frère du chastelier Portaut, costoyant la coste d'Angleterre et de Bretagne, avoit pris sur quelques marchands vénitiens, que les officiers de la Cause, qu'ils appellent à La Rochelle, avoient déclaré de bonne prise, autant pour le butin, qui valoit plus de cent mille escus, que parce qu'ils disoient que la république de Venise y avoit part, laquelle avoit aidé Sa Majesté d'argent pour leur faire la guerre.

Le baron, pour les incommoder encore davantage, entreprit aussi de leur enlever des mains Tonnay-Charante, seule place qui leur restoit pour passer en Xaintonge; mais son dessein ne luy réussit pas; car La Noue, s'y estant acheminé deux jours auparavant avec cinq cens arquebusiers pour le mieulx recevoir, luy fit faire une si rude charge, qu'il fut contraint de se retirer, abandonnant la galère de Beaulieu, qui s'estoit plus avancé que les autres à la mercy des ennemis; depuis laquelle prise le baron se retira avec ses galères en Brouage; port auquel les Anglois et Allemands avoient accoustumé de descendre pour prendre du sel, en payement duquel ils donnoient d'autres marchandises aux huguenots, lesquels par ce moyen en recevoient grande commodité.

Quelque temps après, Puy-Gaillard, gouverneur d'Angers, commandant trois à quatre mille hommes de pied et trois cens chevaux, suivant le pouvoir et commission de Sa Majesté, au lieu du comte du Lude, assisté de Puytaillé, Rochebaritaut et Fervacques, qui commandoit à Fontenay, fit diverses entreprises sur La Rochelle; lesquelles ne pouvant réussir, délibéra, pour accourcir leurs vivres, et leur oster toutes provisions, de faire dresser nombre de forts ès bourgades à une et deux lieues autour de la ville; mais La Noue, qui y commandoit, luy fit avorter ses desseins; et, averty de la mort de Puytaillé le jeune, gouverneur de Marans, sçachant qu'il y avoit peu de gens pour la deffense de cette place, par le changement d'un nouveau gouverneur, domestique du mareschal de Cossé, la reprit et y restablit Pivaut avec son régiment, ensuite de laquelle, après la prise de Luçon, Langon, La Grève, Mareuil et autres petites places, il reconquist les sables d'Olone, lieu qui auparavant servoit de retraite et port asseuré aux catholiques, qui y avoient une quantité de vaisseaux et d'artillerie avec beaucoup d'autres biens : plus de trois cens y furent tués, et Landreau, qui y commandoit, fut mené prisonnier à La Rochelle, auquel l'on eust fait mauvais party si Sa Majesté n'eust fait escrire en sa faveur pour lui sauver la vie.

Depuis, ces forts que les huguenots avoient pris en Poictou après la prise de Marans furent repris par Puy-Gaillard, lequel, pour les brider encore davantage, fit dresser un fort à Lusson sur l'avenue des Marets, que La Noue fut assiéger quelques temps après; dont Puy-Gaillard averty, après avoir assemblé toutes ses forces, qu'il avoit distribuées ès places du Bas-Poictou, se délibéra de luy faire lever le siège; mais La Noue l'ayant prévenu, le chargea si inopinément entre Saincte-Gemme et Lusson, comme il ordonnoit de ses forces, qu'elles furent mises à vauderoute, quelque devoir qu'il fist de bon capitaine pour les rallier; après laquelle défaite, le fort pris, Fontenay, assiégé et battu, fut rendu à composition par les tenans; et marchant d'un mesme pas, réduisit Niort, Marennes, Soubise, Brouage, Xaintes et autres places en l'obéyssance des huguenots ; enfin contraignit le baron de La Garde, après avoir tenu la mer quelque temps avec ses galères, de se retirer à Bourdeaux, et Puy-Gaillard, n'ayant des forces bastantes pour s'opposer à ses armes, de prendre le chemin de Sainct-Jean, où je les laisseray prendre haleine pour reprendre le grand voyage de l'armée des princes.

CHAPITRE XII.

Grand voyage de l'armée des princes, afin de faire de l'argent pour le payement des reistres. Leur dessein de revenir devant Paris. Grandes difficultés à l'exécution de leurs projets. Response du roy sur les propositions de paix faites par les huguenots. Les princes et l'admiral refusent les conditions offertes par le roy. Le mareschal de Cossé envoyé contre eux. Il présente la bataille devant-René-le-Duc à l'admiral, qui l'évite prudemment. Escarmouche entre les deux armées. Le mareschal revient vers Paris pour le défendre en cas d'attaque. La paix faite avec les princes et le party huguenot, nonobstant les oppositions du pape et du roy d'Espagne. Grands emplois et belles négociations du sieur de Castelnau-Mauvissière pour le service du roy. Sentiment dudit sieur de Castelnau touchant les guerres faites pour la religion.

Le progrès de ce voyage depuis Xaintes jusques en Lorraine seroit autant ennuyeux au lecteur qu'à moy, si je voulois m'amuser à descrire toutes les particularités, tant des destroits, passages, fleuves, rivières et montagnes, surprises de villes et bourgades, charges et rencontres qu'ils firent, et qui leur furent faites ès Pays de Périgord, Limousin, Quercy, Gascogne, Languedoc, Dauphiné, Lyonnois, Forests, Vivarez, Champagne, Bourgogne, et autres de la France qu'ils traversèrent avec mille difficultés ; seulement je me contenteray de dire que ce qui porta l'admiral, comme il m'a dit depuis, à entreprendre ce long voyage, ce ne fut tant pour se rafraischir, comme quelques-uns disoient, que pour payer les reistres de son party (qui commençoient à se mescontenter) du sac de plusieurs villes et bourgades, et pour se fortifier des troupes du comte de Montgommery, qui les joignit à Saincte-Marie, et autres de Gascogne et Béarn qui estoient à leur dévotion ; qu'aussi pour prendre les forces que Montbrun, Mirabel, Sainct-Romain et autres chefs se promettoient faire en Languedoc et Dauphiné, attendant le secours d'Allemagne, que le comte palatin du Rhin, le prince d'Orange et autres leur faisoient espérer, afin qu'estant toutes ces forces unies et ralliées avec ses Allemands, qu'ils s'attendoient recevoir sur la frontière de Bourgogne, ils pussent estre en estat de venir aux portes de Paris, pour encore tenter une autre fois le hasard et rencontre d'une bataille.

Desseins appuyés sur grandes considérations, auxquels d'autre costé s'opposoient mille difficultés, pour les longues traites et pénibles corvées qu'il leur falloit faire à un si long voyage, auquel il estoit bien croyable qu'ils perdroient autant d'hommes, qui se retireroient ayant gagné le toit de leurs maisons, qu'ils en pourroient acquérir d'autres moins aguerris, sans les continuelles charges et saillies de tant de villes ennemies qu'il leur faudroit essuyer, outre les autres incommodités de la vie qu'ils endureroient, comme ils firent ; car, au bruit de leur venue, les paysans et autres de la campagne, advertis de la cruauté que beaucoup exerçoient pour avoir de l'argent, abandonnèrent leurs maisons, n'y laissant que les portes et les murailles. Il y avoit aussi grande apparence de croire que les reistres, lassés de porter leurs armes, ne pouvant traisner leurs chariots dans les monts Pyrénées et autres, et bien souvent faute de chevaux, seroient contraints de les quitter, lesquels depuis ils eussent bien voulu ravoir, se voyant tous les jours aux mains avec les catholiques.

Si bien que pour ces raisons leur armée, depuis le partement de Xaintes, se trouva diminuée de plus de la moitié à Sainct-Estienne-de-Forest, où elle séjourna quelques jours, tant pour s'y rafraischir qu'en attendant la guérison de l'admiral, qui y estoit tombé fort malade, lieu où Biron et Malassise, députés de Leurs Majestés qui estoient alors à Chasteau-Brian en Bretagne, y arrivèrent sur la fin de may, pour faire sçavoir aux princes et l'admiral comme ils avoient fait à la reyne de Navarre passant à La Rochelle la dernière volonté et response de Sa Majesté aux demandes et requestes que Telligny et Beauvais-la-Nocle luy avoient, dès le mois de janvier, portées à Angers de la part de la reyne de Navarre, princes et autres huguenots de France, qui supplioient Sa Majesté leur permettre l'exercice libre de leur religion par tous les lieux et villes de son royaume, avec cassation de toutes procédures et jugemens donnés contr'eux, et approuvant ce qu'ils avoient fait dedans et dehors iceluy en conséquence des guerres; les restituer en leurs biens, charges et honneurs, comme ils estoient auparavant, et, pour l'establisssement et asseurance de ce que dessus, les pourvoir de tel nombre de villes qu'il plairoit à Sa Majesté leur accorder. C'estoit à peu près le sommaire de leurs demandes, auxquelles les députés cy-nommés firent response que, pour l'exercice de leur religion et seuretés, Sa Majesté leur accordoit volontiers de demeurer et vivre paisiblement en son royaume en toute liberté de conscience, sans que pour ce ils fussent recherchés en leurs maisons, ny contraints à faire chose pour la religion catholique et romaine, contre leur volonté; ne voulant toutesfois qu'il y eust aucun ministre, ny autre exercice de religion que la sienne; et pour places de seureté leur accordoit deux villes auxquelles ils pourroient faire ce que bon leur sembleroit, sans estre recherchés en façon du monde en ce qui concernoit leur religion; et toutesfois, afin qu'il ne se fist chose qui contrevinst à son autorité, Sa Majesté entendoit pourvoir d'un gouverneur dans chacune, auquel ils seroient tenus d'obéyr, voulant aussi qu'ils fussent remis en tous leurs biens, honneurs et charges, fors celles dont ils avoient esté démis par justice, et pour lesquelles Sa Majesté avoit reçu deniers pour subvenir à la nécessité des guerres; à condition que, comme fidèles et obéyssans sujets, ils se départiroient de toute association et cabale qu'ils pourroient avoir dedans et dehors le royaume, et rendroient toutes les places qu'ils tenoient, pour y pourvoir tel que Sa Majesté adviseroit; et après le licenciement de leurs troupes, lequel ils seroient tenus de faire à la moindre foule du peuple, aussitost que Sa Majesté auroit envoyé commissaires et autres pour les conduire au chemin qui leur seroit perscrit, se retireroient chacun en leurs maisons; leur promettant Sa Majesté, ayant effectué ce que dessus, les entretenir en paix comme ses bons et fidèles sujets.

Conditions que les princes et l'admiral ne voulurent accorder, tant pour n'avoir l'exercice libre de leur religion et prescher par tout le royaume, que pour le peu d'asseurance que l'on leur vouloit donner, comme ils disoient; de sorte que les députés partirent sans rien conclure; ce qui fut cause de faire haster le mareschal de Cossé, qui avoit eu la conduite de l'armée nouvelle au lieu du prince dauphin, qui s'estoit retiré en sa maison pour quelque mescontentement qu'il avoit eu, pour aller prendre les Suisses, qui avoient aussi rebroussé chemin sur la rivière de Loire, n'ayant voulu marcher en Poictou sans estre payés de tout ce qui leur estoit deu; et, ayant passé la rivière à Desize avec trois mille chevaux et cinq à six mille hommes de pied, sans les Suisses, prit le chemin d'Autun, et de là estant parvenu au mont Sainct-Jean, en partit le vingt-cinquiesme de juin pour camper à René-le-Duc, en dessein de combattre l'armée des princes, laquelle s'y estoit acheminée, ayant l'admiral envoyé quelque cavalerie et infanterie devant que le mareschal y pust arriver pour s'en saisir; ce qui fut cause qu'il disposa son armée en bataille sur une montagne, à la main droite de celle de Sainct-Jean, vis-à-vis et environ une portée de mousquet d'une autre montagne où l'admiral s'estoit préparé pour attendre le choc.

Deux ruisseaux qui se rencontrent en un endroit, qui coulent de deux estangs qui sont près de là, avec quelques marécages, servoient comme de barrière entre les deux armées, lesquelles marchandèrent à qui passeroit le premier; mais enfin le mareschal, pour attirer ses ennemis au passage, ayant logé deux mille arquebusiers sur le bord de l'eau, fit advancer un des régimens de l'avant-garde pour commencer l'escarmouche, lequel, ayant passé sur la chaussée de l'estang, donna d'abord jusques aux barricades du moulin, où l'admiral avoit logé deux régimens pour la garde de cette advenue, lesquels firent tel devoir de soustenir la charge que ceux du mareschal luy firent, qu'ils ne se voulurent opiniastrer de les enfoncer davantage, ains se retirèrent sur leurs pas, en tel ordre toutesfois que Sainct-Jean, qui estoit à la teste de cette infanterie, les ayant menés jusques au ruisseau, ne pust rien gagner sur eux.

Lors l'admiral, plus foible de gens de pied et sans aucun attirail de canon, ne voulant rien hasarder, et encore au passage d'une rivière où l'on ne pouvoit passer que file à file, leur commanda de s'arrester, et à Montgommery, qui s'estoit advancé avec partie de l'avant-garde pour les soustenir, de tenir bride en main, attendant l'occasion et le temps plus à propos pour prendre son avantage : le reste du jour se passa en escarmouches entre les gens de pied, sans toutesfois passer le bord de l'eau. Des catholiques, Bellegarde et La Bastide y furent tués, peu d'autres signalés ; le nombre des blessés fut plus grand : des huguenots, il y en eut bien autant et davantage ; le lendemain l'admiral fut d'advis de desloger avec l'armée pour prendre la route d'Autun, où elle s'achemina en la plus grande diligence qu'elle put pour venir à La Charité, afin de prendre quelques couleuvrines que les reistres avoient laissées, et se fortifier de quelques troupes qui y estoient demeurées en garnison, et autres villes où ils passèrent, comme Autun, Vezelay et Sancerre.

Lors le mareschal de Cossé, voyant qu'il avoit perdu l'occasion de combattre l'armée huguenotte, eut quelque volonté de la suivre ; mais, adverty des grandes traites qu'elle faisoit pour n'avoir aucun attirail de canon, comme j'ay dict cy-dessus, il changea son dessein ; qui fut, après avoir despesché La Valette avec cinq cens chevaux pour charger ceux qui demeuroient derrière, de la costoyer par la Bourgogne, et tirant vers la vallée d'Aillan après la prise de Mailly, où quelques protestans de ce pays s'estoient retirés ; de là prit la route de Sens, pour asseurer ceux de Paris et empescher que les huguenots ne s'acheminassent à leurs portes, comme ils disoient, en cas que le traité de la paix, que les députés négocioient, ne se pust accomplir.

Laquelle enfin, après avoir esté différée quelque temps par les belles remonstrances du nonce du pape, et promesses de l'ambassadeur d'Espagne, qui offroit à Sa Majesté trois mille chevaux et six mille hommes de pied pour l'extermination des huguenots, fut enfin concluë et arrestée à Sainct-Germain-en-Laye le huitiesme d'aoust 1570, et, trois jours après, omologuée et publiée au parlement de Paris ; laquelle portée par Beauvais-la-Nocle à la reyne de Navarre, qui estoit à La Rochelle, et par Tellighy au camp des princes, qui s'acheminoient sur la frontière du comté de Bourgogne, fut receue avec grande joye et contentement d'un chacun ; et promirent et jurèrent lesdits princes avec l'admiral et autres chefs huguenots de la garder inviolablement, comme Sa Majesté avoit fait, accompagnée de la reyne sa mère, des ducs d'Anjou et d'Alençon, ses frères, et autres de son conseil, laissant à dire la teneur et particularités de l'édict de paix, d'autant qu'il est imprimé ; par la lecture duquel et le discours des choses qui se sont passées, à beaucoup desquelles j'ay esté employé, tant pour establir à La Rochelle et Guyenne les édicts de pacification, et traiter d'affaires importantes avec la reyne de Navarre, princes et admiral, et reconfirmer les nouvelles alliances avec l'Angleterre, où, après la Sainct-Barthélemy, je fus renvoyé une autre fois, avant d'y estre ambassadeur ordinaire, sur le mescontentement que la reyne d'Angleterre avoit des massacres qui s'estoient commis en beaucoup d'endroits sur les huguenots, afin de la remettre en meilleure intelligence avec le roy, d'autant qu'elle estoit conseillée de s'en despartir, et pour la prier aussi de lever sur les saincts fonts de baptesme la fille de Sa Majesté avec l'impératrice, ce qu'elle accorda, contre l'opinion de la pluspart de ceux de son conseil et le désir de tous les Anglois, dont je traiteray sans passion au huitiesme livre ; tu pourras juger, mon fils, et ceux qui liront ces Mémoires, s'ils estoient un jour mis en lumière, à qui il a tenu si l'édict de la paix, tant d'une part que d'autre, a esté mal observé, et cognoistras, par ce qui en est depuis advenu, que le glaive spirituel, qui est le bon exemple des gens d'église, la charité, la prédication, et autres bonnes œuvres, est plus nécessaire pour retrancher les hérésies et ramener au bon chemin ceux qui en sont dévoyés, que celuy qui respand le sang de son prochain, principalement lors que le mal est monté à tel excès, que plus on le pense guérir par les remèdes violens, c'est lors que l'on l'irrite davantage.

FIN DES MÉMOIRES DE CASTELNAU.

MÉMOIRES

DU

SIEUR JEAN DE MERGEY,

GENTILHOMME CHAMPENOIS.

Nicolas de Mergey, sieur de Haraumesgnil en Champagne, paroisse de Sauvage-Mesgnil, diocèse de Troyes, espousa Catherine de Dinteville, de laquelle il eut quatorze enfans, qui tous moururent jeunes, exceptés Bernard, Jacques, Anne et Jean, lesquels furent mariés. Bernard, qui estoit l'aisné, ayant suivy dès sa première jeunesse les armes soubs la charge du seigneur de Jours, qui estoit colonel de la légion de Champagne, ayant acquis réputation aux guerres, fut honoré de l'enseigne colonnelle, et il a laissé plusieurs enfans. Jacques de Mergey, ayant aussi longuement suivy les armes avec l'infanterie, fut honoré d'une place aux gardes du corps du roy, soubs la charge de M. de Brezé, et depuis exempt en ladicte compagnie, et a aussi laissé plusieurs enfans. Anne de Mergey fut mariée avec le sieur de La Pouge, angoulmoysin, oncle du sieur de La Voulte, qui eut une fille mariée avec le capitaine Sainct-Martin, exempt de l'une des compagnies des gardes du roy. Et moy, Jean de Mergey, qui suis le cadet et dernier de tous, ayant atteinct l'aage de huit ans, ma mère me mit au collége, où ayant demeuré deux ans, elle me mit en l'abbaye de Moustierender, en laquelle j'arrestai peu de temps, ne voulant estre moyne; puis elle me mist avec M. de Polizy, bailly de Troyes, chef de la maison de Dinteville, personnage accomply et orné de toutes vertus et sciences autant que homme de son temps et qualité, ayant esté gouverneur de M. d'Orléans, et ambassadeur pour le roy en Angleterre: mais, estant devenu paralitique et impotent de tous ses membres, et ne pouvant plus à ceste occasion demeurer à la cour, et s'estant retiré chez soy, se mist pour son plaisir et exercice à bastir ceste belle maison de Polizy. Lequel me prist en telle amitié, qu'il prenoit bien la peine luy-mesme de m'instruire en toutes les sciences desquelles mon jeune aage pouvoit estre capable. Et ayant demeuré avec luy jusques en l'aage de quatorze ou quinze ans, et me voulant mieux former par la fréquentation du monde et exercice des armes, me mena à M. Des-Chenetz, son frère, chevalier de l'ordre du roy, et capitaine de cinquante hommes d'armes, avec lequel je fis plusieurs voyages, mesme celuy où le roy Henry fit de si beaux exploits de guerre aux pays de l'empereur ès frontières de Hainault et du Liége, pour avoir sa revanche des cruautés, pilleries et bruslemens exercés auparavant par la royne de Hongrie aux frontières de France.

(1554) Le roy en ce voyage prit et saccagea la ville et le chasteau de Beyns et Marimont, maisons de plaisance de ladicte royne de Hongrie, qui estoient aussi bien richement meublées que maisons de la chrestienté. J'eus pour ma part du butin, car tout estoit abandonné, les pantes d'un lict de velours cramoisi tout garny et enrichy de broderie, de toile d'or et d'argent, qui valloient plus de cinq cens escus; mais M. Des-Chenetz, mon maistre, les ayant veus, s'en accommoda. La ville et chasteau de Dinan furent aussi pris, où commandoit Julian Romero, renommé capitaine espagnol, et lequel depuis combatit en France en duel contre un autre Espagnol, en présence du roy, qui leur avoit donné le camp, avec toutes les fanfares et formalités en tel cas requises; mais les deux champions estant mis dedans le camp par leurs parrains, la partie de Julian ne voulut point venir aux mains, et, tournoiant autour du camp, ne faisoit que crier à son ennemy, qui le suyvoit : *No te quiero, Juliano;* proverbe qui a long-temps depuis couru en France.

De Dynan le roy s'achemina quelque temps après, et alla assiéger le fort chasteau de Renty, sur la frontière de France, que tenoit l'empereur, mais si bien muny de bons hommes et de choses nécessaires pour la conservation de la place, qu'il nous fallut lever le siège; car l'empereur, ayant dressé son armée grosse et forte, et s'estant acheminé pour secourir les assiégés, s'asseuroit que trouvant nostre armée harassée pour le long-temps qu'elle avoit tenu la campagne, qu'il en auroit bon marché s'il la pouvoit affronter; et, ayant faict advancer son avant-garde pour donner courage aux assiégés, il y eut de beaux combats et escarmouches entre les deux armées avant que la nostre levast le siège, où je me trouvai en l'une, estant encore page, où je fis mon premier apprentissage, comme vous entendez.

M. de Guyse estant monté à cheval avec environ vingt-cinq chevaux, capitaines et gentilshommes, pour aller recongnoistre l'avant-garde impériale, qui s'estoit approchée jusques près de Fouquemberge, où estoient logés nos chevaux légers, lieu seur et advantageux, ledict sieur de Guyse, estant arrivé assez près dudict Fouquemberge, entendit l'escarmouche que nos chevaux légers avoient attaquée avec les Impériaux, qui luy feirent faire halte, et envoya M. Des-Chenetz pour dire au seigneur Paul-Baptiste Frégose, lieutenant de la cavalerie légère soubs M. de Nemours, qu'il eust à se retirer et ne rien attaquer, et qu'il le vinst trouver où il estoit sur une petite colline.

M. Des-Chenetz se mit en chemin pour exécuter sa charge, et moy avec luy sur un petit cheval barbe, mais fort viste, ayant en ma teste son morion à bannière, avec un beau panache et un javelot de Brésil, le fer doré bien tranchant, avec belle houppe d'or et de soye, ma casaque de page, belle et bien estoffée de broderie, de sorte que je pensois estre quelque petit dieu Mars.

Ledict sieur Des-Chenetz, ayant découvert de dessus une petite montagnète nos gens et les ennemis meslés à l'escarmouche, ne voulut passer outre, voyant au vallon quatre ou cinq chevaux qui se pourmenoient; et, ne sçachant s'ils estoient amis ou ennemis, demeura là, m'envoyant vers ledict Paul-Baptiste pour luy dire ce que M. de Guyse luy mandoit, et me dist qu'il m'attendroit là.

Je m'achemine pour exécuter ma charge, en l'esquipage que j'estois, droict où estoit l'escarmouche, et y arrive si à propos, que nos gens s'estoient débandés pour soustenir ceux qui avoient rembarré les nostres; et les ennemis se retirant pour gaigner leur gros, nous les chargeasmes; et moy y arrivant, et estant bien monté, je fus le premier à la charge. Ayant arresté un Bourguignon qui avoit une cuirace à cru, si courte que la moitié de l'eschine lui paroissoit, j'adresse si bien mon coup, que je luy plante mon javelot en ce défaut dedans l'eschine, qui n'eut pas fait trois pas que, faisant un grand cri avec un laide grimace, tumba mort de dessus son cheval, emportant en ses reins mon javelot, lequel je ne peus retirer à cause qu'il estoit barbillonné, et nous retirasmes à notre gros, où trouvant ledict sieur Paul-Baptiste, je luy dis ce que luy mandoit M. de Guyse; lequel aussitost fit sonner la retraicte, et le menay où M. Des-Chenetz l'attendoit.

Je le priai, par le chemin, de faire en sorte avec ledict sieur Des-Chenetz, mon maistre, que je ne fusse poinct fouetté à cause du javelot que j'avois perdu, lequel se prit à rire et m'asseura que je n'aurois point de mal, et qu'il avoit bien veu comment je l'avois perdu; et ayant trouvé ledict sieur Des-Chenetz, ils s'en vont tous deux trouver M. de Guyse, auquel après avoir fait le récit de tout ce qui s'estoit passé, adressant sa parole audict sieur Des-Chenetz en présence dudict sieur de Guyse, luy dit la peur que j'avois d'estre fouetté pour avoir perdu mon javelot; et ayant récité le fait comme il avoit vu, dist que si tous ses chevaux légers eussent aussi bien fait que moy, qu'il eust battu l'avant-garde de l'empereur : voilà mon premier chef-d'œuvre à la guerre.

Il y eut le lendemain un autre gros combat, qui estoit bien une demi-bataille, car nous eusmes huict enseignes de leurs gens de pied, et quatre pièces de campagne montées sur quatre roues que deux chevaux menoient au galop.

Le roy doncques ayant levé le siége, ceste nuict mesme se retira à Amiens, despartant son armée sur la frontière aux lieux plus seurs et commodes pour vivre, et voir ce que deviendroit celle de l'empereur, lequel, ayant rafraischi les assiégés de tout ce qui leur estoit nécessaire, rompit aussi la sienne, y estans contraints et les uns et les autres, à cause de l'hyver qui les talonnoit.

(1555) Ledict sieur Des-Chenetz, pour toujours m'advancer, m'avoit donné, moy n'en sçachant rien, à M. le comte de La Rochefoucault, qui estoit lieutenant de la compagnie de M. de Lorraine, lequel, avec ladicte compagnie, estoit en garnison à Pierrepont. Ledict sieur Des-Chenetz, estant avec le roy à Amiens et moy avec luy, me mit hors de page et m'envoya audict sieur comte à Pierrepont, avec un bon cheval et trente escus, duquel je fus receu avec plus d'honneur et bonne chère que je ne méritois.

(1556) Les deux armées donc estant rompues, ledict sieur comte, laissant encores sa compagnie en garnison à Pierrepont, s'achemina avec son train pour aller à Paris trouver le roy; et estant près de Senlis, il sceut les nouvelles de la mort de madame la comtesse sa femme, qui luy causa un extresme deuil en son ame; et ayant gaigné Paris, s'alla enfermer en l'abbaye de Sainct-Victor pour évaporer ses soupirs et regrets, où il eust demeuré long-temps sans ses amis, qui par importunité l'en firent sortir. Quant à moy, ayant pris congé de luy, m'en allai en Champagne me rafraischir, où je ne fis pas long séjour, et retournai tost après retrouver M. le comte (1557), lequel, peu de temps après, se remaria avec madame Charlotte de Roye, belle-sœur de M. le prince de Condé; et n'ayant pas demeuré avec elle plus de trois semaines leurs nopces, la guerre se ralluma entre le roy et le roy d'Espagne.

M. le connestable, voulant redresser l'armée et rassembler les forces du roy, manda à M. le comte de le venir trouver avec ladicte compagnie au lieu de La Fère, ce qu'il feit. Or, pendant que ledict connestable dressoit sa petite armée, petite dis-je, car il ne peut mettre ensemble plus haut de deux mille chevaux et six mille hommes de pied, M. de Guyse ayant emmené avec luy en Italie la fleur de toute la noblesse de France, ledict sieur connestable fut si peu advisé avec ceste pongnée de gens qu'il avoit, d'aller affronter une armée fraische et gaillarde, contre l'advis de tous les capitaines qui estoient avec luy, qui tous luy conseilloient de départir tout ce qu'il avoit, tant de cheval que de pied, par toutes les bonnes villes de la frontière, et les bien faire munir, afin que quand l'ennemy en aurait attaqué quelqu'une, et qu'il seroit là attaché, il la trouvast bien munie, et que lors ledict sieur connestable rassemblant ses forces qui estoient départies par les garnisons, il pust rompre les vivres à l'ennemy, et l'incommoder; mais il demeura tousjours ferme en son opinion, et ayant sceu que Sainct-Quentin estoit bloqué, où estoit M. l'admiral, fort dénué d'hommes et autres choses nécessaires, se résolut de l'aller secourir et mettre des hommes dedans; mais il n'estoit plus temps. Il avoit auparavant envoyé M. le mareschal de Sainct-André à Han, craignant que l'ennemy ne s'en emparast, avec deux cens chevaux et deux mille hommes de pied. M. le comte de La Rochefoucault estoit du nombre. Ledict sieur mareschal, ayant entendu que Sainct-Quentin estoit assiégé, retourna à La Fère trouver M. le connestable, laissant ledict sieur comte audict Han, avec toutes les troupes qu'il y avoit menées, en qualité de lieutenant de roy.

Deux jours après, M. le connestable, voulant effectuer son dessein de mettre des hommes dedans Sainct-Quentin, manda audict sieur comte de le venir trouver le lendemain, avec les troupes qu'il avoit sur le chemin de La Fère audict Sainct-Quentin, ce que fit ledict sieur comte, et partit de Han dès le soir mesme, après souper, pour cheminer toute la nuict. Je veux bien mettre ici un mauvais présage que nous eusmes de ladicte entreprise : c'est que mondict sieur le comte et M. de La Capelle-Biron, qui estoit là avec sa compagnie de gens d'armes, estant à cheval en la place dudict Han, faisans sortir les trouppes pour s'acheminer, un grand chien tout noir se vint présenter devant eux, et, estant sur le cul, se mist à hurler sans cesse, et, quelque chose qu'on chassast ledict chien, il retournoit tousjours, et continuoit ses hurlements : lors M. le comte, adressant sa parolle audict sieur de La Capelle-Biron, lui dist : « Que vous semble de cecy, mon père? » qui luy respondit : Parbieu, mon fils ! (car c'estoit son serment) qu'il ne sçavoit qu'en dire, mais que c'estoit une musique malplaisante. M. le connestable, répliquant, lui dist : « Je croy, mon père, que nous allons fournir la comédie. — Parbieu, je le croy, » respondit-il; et se trouva la prophétie dudict sieur comte véritable, car le lendemain la tragédie fut jouée.

Revenant donc à nos troupes, qui avoient marché toute la nuict, le lendemain, sur sept heures du matin, nous rencontrasmes M. le connestable avec son armée. M. le comte feit faire halte aux troupes qu'il menoit, et s'en alla trouver M. le connestable, pour sçavoir ce qu'il avoit à faire et comment il marcheroit, lequel luy commanda de se mettre en marche à la teste de l'armée avec la compagnie de M. de Lorraine, luy disant, comme il faisoit à tous les autres capitaines, qu'il monstreroit aux ennemis un tour de vieille guerre. Suivant donc son commandement, mondict sieur le comte se mist à la teste de l'armée; le reste suivoit, tant cavallerie que infanterie, selon l'ordre qui leur estoit commandé, et ainsi arrivasmes sur les neuf heures à la vue des ennemis, à la portée du canon; mais ils ne pouvoient venir à nous ny nous à eux, à cause d'un grand marest qui estoit entre nous et eux, et une rivière qui passoit par le milieu, qui alloit se rendre et passer par la ville, joignant les murailles.

M. le connestable avoit faict amener dix ou douze bateaux sur des chariots, pour les jetter sur ladicte rivière, et y mettre des soldats et les faire couler dedans la ville; et si lesdicts basteaux eussent esté à la teste de nostre armée comme ils debvoient, ils eussent esté deschargés et mis sur ladicte rivière avec les soldats, avant que les ennemis eussent eu le moyen de les en empescher, car nous arrivasmes à la veue de leur camp sans qu'ils eussent aucunes nouvelles ny allarme de nous; mais nos basteaux estans à la queue de nostre armée, n'arrivèrent de deux grosses heures après nous. Cependant les ennemis eurent loisir de se rasseurer et empescher nos basteaux et soldats de gaigner la ville, ayant tous esté pris et tués, reste une vingtaine, qui entrèrent à la ville avec un basteau. Cependant M. le connestable, avec six canons qu'il avoit, faisoit tirer force canonnades dedans le camp des ennemis, qui firent plus de bruict que d'effect. Or les ennemis, ne pouvans venir à nous sans faire le tour de la ville, et passer sur une chaussée où il ne pouvoit passer que trois chevaux de front, eurent loisir de venir gaigner ladicte chaussée.

M. le comte de La Rochefoucault, estant à la teste de nostre armée avec sa compagnie, et plus proche de ladicte chaussée, avoit envoyé sur le bout pour cognoistre si l'ennemy la voudroit passer pour venir à nous, qui virent desjà les ennemis sur l'autre bout de la chaussée, retournèrent en donner advis audict sieur comte, lequel, quand et quand, fut trouver M. le connestable pour l'en advertir, et luy dire que s'il faisoit là encores trop long séjour, il auroit toute l'armée du roy d'Espagne sur les bras, et que, pour obvier à cela, et avoir loisir de nous retirer seurement, il estoit d'advis que promptement il hazardast trois ou quatre cens harquebusiers, et les envoyast à un moulin à vent qui estoit tout joignant le bout de ladicte chaussée, pour empescher et retenir les ennemis de passer si tost ladicte chaussée, et que luy cependant fist marcher nos gens de pied en toute diligence pour gaigner les boys, qui n'estoient qu'à une lieue de nous, et qu'il fist mettre, pour les suivre et faire sa retraicte, toute la cavalerie en un hot avec l'artillerie sur la queue, et que si les ennemis estoient passés la chaussée et nous vouloient suivre, nous aurions jà gaigné les boys; et, au cas qu'ils eussent faict si bonne diligence de nous joindre, qu'ils n'oseroient nous charger en gros, à cause de nostre artillerie, qui les arresteroit et les escarteroit : s'ils ne vouloient charger par petites troupes, ils ne pourroient nous affronter sans recevoir grande perte, et cependant ferions nostre retraicte seurement ayans gaigné les bois : ce que M. le connestable trouva bon, et commanda audict sieur comte d'aller faire marcher nos gens de pied pour faire ladicte retraicte, dont il s'excusa, luy disant qu'il commandoit à la compagnie de M. de Lorraine, qui faisoit la retraite, et qu'il ne voudroit pas qu'il y arrivast quelque chose qu'il n'y fust luy-mesme, et qu'il ne pensoit pas y estre de retour qu'il n'eust l'ennemi sur les bras, ce qui fut vray. J'estois tousjours avec luy, et entendis tous les discours qu'il eut avec M. le connestable, lequel, n'ayant envoyé lesdicts harquebusiers au moulin pour arrester la cavalerie des ennemis, ou l'ayant oublié, fut cause de nostre desroute.

Ledict sieur comte estant retourné à sa compagnie, nous vismes la plus grande part de leur cavalerie passée, qui se mettoit en bataille pour nous suivre, ce qu'ils firent sans trop se haster, attendant que tout le reste eust passé et leur infanterie aussi ; et cependant les premiers passés, pour nous amuser, avoient desbandé cinquante ou soixante carabins bien montés, qui nous venoient tirer des arquebusades dedans les rains, car nous étions jà sur nostre retraicte.

La compagnie de gensd'armes de M. le prince de Condé, dont M. de Saincte-Foy estoit lieutenant, avoit esté ordonnée pour marcher avec celle de M. de Lorraine, et estoient lesdictes deux compagnies meslées ensemble en haye pour s'estendre davantage, car en ce temps la cavalerie combattait en haye. M. le comte, voyant que lesdicts carabins nous pressoient si fort par le derrier, fist tourner la teste vers les ennemis pour les arrester, qui furent les deux compagnies seules qui tournassent et chargeassent les ennemis, lesquels, voyans nostre armée qui d'elle-mesme avoit pris l'espouvente et se mettoit en route, n'osèrent, ou ne voulurent jamais charger lesdictes compagnies qui avoient faict teste, mais, coulant devant nous, se mirent à suivre les nostres qui jà s'enfuioient. Ledict sieur comte voyant cela, et qu'il n'y avoit plus de moyen de s'en desdire, chargea par le flanc les ennemis, qui suivoient la victoire.

Il advint lors, comme nous commenceasmes nostre charge, M. le comte avoit à son costé M. de Saincte-Foy, et moy au-dessous de luy ; comme nous entrasmes dedans les ennemis, je me trouve coste à coste de mondict sieur le comte, ledict sieur de Saincte-Foy ayant tenu bride au lieu d'enfoncer, ce que firent aussi son enseigne, son guidon et tous ceux de sa compagnie, reservé deux qui furent tués et un prisonnier, et luy se sauva à La Fère, et tous ses compagnons.

Quant à la compagnie de M. de Lorraine, les lieutenant, enseigne et le guidon furent pris avec vingt-huict de prisonniers et trente-deux de tués : je croy que ledict sieur de Saincte-Foy et ses compagnons, prévoyants le désastre, s'estoient donnés le mot pour tenir ainsi bride lors du combat : leur capitaine en chef n'eust pas faict cela, mais il combatoit avec les chevaux légers, dont il estoit colonel. Ayants donc chargé coste à coste dudict sieur comte avec nostre compagnie, nous fusmes bientost escartés parmy un hot de mil ou douze cents chevaux : pour moy, Dieu me fit la grace de percer ledict escadron sans estre blessé, ny moy ny mon cheval ; et en estant hors, je croy que je me fusse bien sauvé ; mais je vis plus avant, à quatre vingts ou cent pas de moy, un gentilhomme de nostre compagnie, nommé Fayoles, à pied tout armé, que deux soldats aussi à pied vouloient tuer, luy tirant force coups d'espée ; qu'il paroit avec ses brassarts le mieux qu'il pouvoit ; et moy, croyant que ce fust un mien frère qui estoit venu nouvellement aussi en nostre compagnie, et n'ayant point encore, ny luy ny ledict Fayoles, de casaques de livrée, avoient chascun faict faire une casaque de gris de Carcassonne pour porter sur leurs armes, attendant celles de livrée ; moy croyant, comme j'ay dit, que ce fust mon frère au lieu dudict Fayoles, poussé mon cheval droict à luy et aux soldats qui le chamailloient ; et, les abordant, je donne un coup d'espée au travers du corps du premier soldat que j'aborde ; et comme je passois outre pour faire de mesme à l'autre, en passant il donna un grand coup d'espée dans le flanc de mon cheval, et le sentant chanceler, et tournant la teste vers la croupe, je vis les boyaux qui luy traisnoient ; et à l'instant mesme un Espagnol à cheval vint m'accoster par le derrier, me donnant un coup de masse sur ma salade, si vertement qu'il me fist voir les estoiles au ciel, et lors me rendis à luy, et en mesme temps le cheval tomba mort entre mes jambes. Mon Espagnol me prist par la main pour me conduire en leur camp; car il pensoit bien avoir faict quelque bonne prise, d'autant que ma casaque estoit de veloux en broderie, mes armes noires et dorées, avec la selle d'armes de mon cheval de mesme; somme, j'estois en fort bon équipage : m'ayant donc amené en sa tente, retourné en toute diligence pour faire encore quelque butin, car l'Espagnol ne vaut rien s'il ne sent à butiner. Une bonne heure après, mon Espagnol m'ameine un prisonnier escossois de la compagnie du comte de Haran.

Voilà ce que je vis en ladicte bataille, dont la deffaicte fut grande, messieurs d'Anguien tué, La Roche du Maine, et tant d'autres dont il ne me souvient; messieurs de Montpensier, connestable, mareschal de Sainct-André, Rhingrave, La Rochefoucault prisonniers, avec tant d'autres seigneurs, capitaines et gentilshommes, qu'il me faudroit trop de temps et de papier pour en faire l'inventaire. Estant donc en leur camp avec mon Escossois, j'estois en grand peine et soucy qu'estoit devenu M. le comte, ny n'osois en demander des nouvelles, de peur que s'il estoit prisonnier cela le fist recognoistre.

Le lendemain de bon matin, mon Escossois et moy fusmes menés devant le maistre de camp pour dire nos noms, nostre pays et nos qualités, comme il fut faict à tous les autres prisonniers ayant esté amenés en nostre tente; et moy, estant à la porte, revassant tousjours à mondict sieur le comte, je ne me donne de garde que je le vis de loing, avec quatre soldats qui l'amenoient de la tente du maistre de camp : je tressailly tout de joye le voyant marcher droict, qui me fit juger qu'il n'estoit point blessé; lequel passant près de moy, je baisse la teste pour ne faire semblant de le cognoistre, lequel, jugeant bien à quel dessein je le faisois, me dist : « Laissons cela, Mergey, je suis bien cognu. » Lors je luy embrasse la cuisse, d'aise que j'avois de le voir sain; il me demanda lors si j'estois fort blessé, parce qu'il voyoit mes chausses toutes sanglantes d'un petit coup d'espée que j'avois receu à la main; je luy dis que ce n'estoit rien; il me demanda si j'estois à rançon, je luy dis que non, ny près à m'y mettre, car celuy qui me tenoit prisonnier me demandoit mille escus. Il se prist lors à rire, et me dist qu'il me faisoit une grande grace de me quitter à si bon marché; et, se retournant à ceux qui le menoient, leur dist : « Et quoy, messieurs, voulez-vous perdre la réputation que vous avez acquise de faire bonne guerre, de demander mille escus à ce soldat qui estoit de ma compagnie, et qui n'avoit vaillant que son cheval et ses armes? » Qui luy respondirent : « Seigneur, nous ne pouvons pas donner loy à nos compagnons; si le prisonnier estoit à nous, nous luy ferions toute courtoisie. » Lors M. le comte me dist : « Advisez de capituler pour vostre rançon le mieux que vous pourrez, affin de venir avec moy pour me servir. » Et ainsi nous séparasmes pour lors.

Dès le soir mesme, je capitule pour ma rançon à la somme de trente escus, et fis la mesme capitulation pour mon Escossois; j'allai le matin trouver M. le comte, qui respondit de ma rançon et de plus de quarante gentilshommes prisonniers, lesquels, estans tous retournés en France, rendirent à madame la comtesse l'argent dont mondict sieur le comte avoit respondu pour eux, horsmis un gentilhomme de la compagnie du roy de Navarre, nommé Séguiniero, de Sainctonge, qui ne rendit point les cent escus dont ledict sieur comte avoit respondu pour luy. Estant donc prisonnier au camp, il y arriva, deux jours après, un trompette du roy de France pour s'enquérir des morts et prisonniers. M. Des-Chenetz, qui s'estoit sauvé, désirant sçavoir de mes nouvelles, avoit donné charge audict trompette de s'en enquérir, et, si j'estois prisonnier, s'adresser au seigneur Fernand de Gonzague, qui estoit fort de ses amis, auquel il envoyoit par ledict trompette deux soldats qu'il avoit retiré de prison pour me retirer pour eux; m'ayant ledict trompette treuvé avec ledict sieur comte, me dit la charge qu'il avoit dudict sieur Des-Chenetz de me remener en France; mais je luy fis responce que tant que M. le comte seroit prisonnier je ne l'abandonnerois point : ainsi mon trompette s'en retourna laissant ses deux Espagnols, et si ne me remmena point.

Cependant que le camp demeura devant Sainct-Quentin par l'espace de quinze jours, les vivres et le vin estoient fort rares à cause que Le Castelet, qui est sur le chemin de Sainct-Quentin à Cambray, tenoit encore pour nous, où commandoit le sieur de Solignac, rompoit tous les vivres qui venoient de Cambray au camp espagnol, lequel Solignac fut depuis fort blasmé d'avoir rendu la place si légèrement, car s'il eust tenu bon, le roy d'Espagne eust esté constraint de lever son siége de devant Saint-Quentin pour attaquer Le Castelet, ou de mourir de faim en son camp devant Saint-Quentin. De quoy moy estois fort triste d'estre réduit à l'eau contre mon naturel ; mais M. le comte ny les capitaines qui le gardoient n'avoient pas meilleure condition, qui n'avoient pour tous vivres, sept qu'ils estoient à table, qu'un morceau de vache, gros comme le poing, qu'ils mettoient dedans un pot plein d'eau sans sel, ny lard ny herbes. Et estans tous à table, ils avoient de petites saulcières de fer blanc où ils mettoient ledict bouillon, et chacun sa saulcière pour humer, puis le lopin de vache estoit party en autant de morceaux qu'ils estoient d'hommes à table, avec fort peu de pain. Je vous laisse à penser la bonne chère que je faisois de leur reste ; mais depuis que Le Castelet fut rendu, les vivres et les vins abondèrent au camp ; et moy, ressuscité, je trouvai là un amy en l'armée, qui estoit le comte de Pont-Devaux, de la Franche-Comté, qui me cognoissoit, m'ayant veu chez luy au Pont-Devaux avec M. Des-Chenetz, lequel me presta dix escus, et avec cela grand chère au cul de la barrique.

Cependant la ville fut battue, trois bresches faites, assaillies et forcées en mesme temps, M. l'admiral et M. d'Andelot son frère pris chacun sur la bresche qu'il deffendoit, et menés incontinent dans le camp ; mais la nuict M. d'Andelot se sauva. Le lendemain, M. de Savoye donna à disner à M. l'admiral et à M. le comte de La Rochefoucault, lequel il aimoit, et non pas M. l'admiral, comme il fit lors démonstration ; car il fit seoir à table vis-à-vis de luy ledict sieur comte, horsmis la place de l'escuyer transchant, lequel il entretint de plusieurs discours fort familièrement ; mais quant à M. l'admiral, il estoit tout au bas bout de la table, qui estoit longue, où il y avoit forces capitaines et gentilshommes, ne luy disant une seule parole, ny ne faisant semblant de le veoir.

L'empereur en ce temps estoit desjà retiré en son monastère, lequel, voyant la liste des seigneurs prisonniers que le roy d'Espagne luy avoit envoyée, et y trouvant ledict sieur comte de La Rochefoucault, luy donna cette louange, que c'estoit la maison de France où il avoit esté le mieulx et plus honorablement receu, quand, par la permission du roy, il la traversa pour aller en ses Pays-Bas.

La ville de Saint-Quentin prise, cinq ou six jours après, M. l'admiral et M. le comte furent chargés sur un chariot de Flandres et menés à Cambray, conduits par les gardes du corps du roy d'Espagne. M. l'admiral avoit avec luy deux de ses gentilshommes prisonniers, Favaz et Avantigny, et moy avec M. le comte. De Cambray, le lendemain, ledict sieur admiral et comte furent séparés, M. l'admiral mené à l'Isle en Flandre, et M. le comte à Genap en Hainault, à dix ou douze lieues de Mariembourg, chasteau fort et commode à garder prisonniers, tout environné d'eau, où furent aussi amenés avec nous le capitaine Breuil, de Bretagne, avec sa femme et deux damoiselles ; il estoit gouverneur de Saint-Quentin lorsqu'elle fut prise ; y furent aussi amenés prisonniers les capitaines Saint-André, provençal, Lignières et Rambouillet, qui avoient chacun une compagnie dedans Saint-Quentin. Un sergent espagnol avec quinze soldats avoit charge de nous garder audict chasteau, où, durant le séjour que nous y fismes, qui fut près de six mois, je m'accostai d'un soldat de nostre garde qui estoit maure, le sceuz si bien persuader qu'il se résolut de faire sauver mondict sieur le comte et tous les autres prisonniers, moyennant mille escus que M. le comte luy promit, et de le garder tousjours en France avec une pension de cent escus par an, sa vie durant.

Or, pour faciliter l'exécution de l'entreprise, il nous falloit servir de M. de Losses, qui estoit gouverneur de Mariembourg pour le roy, qui n'est qu'à douze lieues dudict Genap où nous estions. Et pour luy faire sçavoir de nos nouvelles, il fut advisé que madame de Breuil s'en retourneroit en France, et pour cest effect M. le comte, qui estoit aimé de M. de Savoye, obtint un passeport de luy pour ladicte dame de Breuil, pour se retirer en France ; nostre soldat maure la debvoit conduire jusques à Mariembourg. Le matin qu'elle vouloit partir, et prenant congé du sergent Alcala, qui nous gardoit, le supplia de luy donner quelqu'un de ses soldats pour la conduire par les chemins jusques audict Mariembourg, et qu'elle le contenteroit bien. Nous avions faict la leçon audit Ortègue, lequel, se tenant près dudict Alcala, qui n'en voyoit point de plus près de luy, luy commanda d'aller avec ladicte dame. Ledict Ortègue, pour mieux faire valoir la marchandise, en fit au commencement difficulté, alléguant qu'il ne se pourroit asseurer parmy les François ; mais ladicte dame luy fit tant de belles prières et promesses qu'il n'auroit aucun mal, avec l'assurance que luy en fit aussi ledict Alcala, qu'il s'y accorda. Ainsi donc ladicte dame prist congé, et arriva à Mariembourg avec ledict Ortègue ; et ayant conféré avec ledict sieur de Losses, il promit d'envoyer et guides et soldats pour exécuter l'entreprise.

Ledict chasteau, comme j'ay dict, estant fort et tout environné d'eau, les soldats ne faisoient aucune garde la nuict, le pont-levis estoit tousjours levé ; mais le petit pontilon ou planche ne se levoit poinct ny le jour ny la nuyct ; la porte se fermoit seulement, laquelle ledict Ortègue sçavoit bien ouvrir par dehors, et par ce moyen se pouvoient mettre dans ledict chasteau des hommes. Le jour assigné, dont ledict Ortègue nous avoit donné advis, et que la nuit l'exécution se debvoit faire, M. le comte avoit donné à souper aux capitaines Sainct-André, Lignières et Rambouillet, lesquels se meirent à jouer, attendant le signal. Il y avoit toutes les nuicts deux soldats en garde à la porte de la chambre de M. le comte ; et pour garder en tout événement qu'ils ne se peussent ayder de leurs arquebuses, lesquelles ils laissoient tout le long du jour à la porte de la chambre par le dehors en une petite galerie, je les accommode si bien avec de l'eau et du sel dedans le secret, qu'elles n'avoient garde de faire feu. Nous, attendants le signal, avions faict provision de bons cousteaux, n'ayants point d'autres armes, pour, après avoir despesché nosdicts deux soldats, aller aux autres, et puis trouver nos guides et nos chevaux, lesquels vindrent bien ; mais ils ne trouvèrent point ledict Ortègue pour leur ouvrir la porte ; et ayants tousjours attendu, et voyants que le jour vouloit poindre, se retirèrent. Voylà comment nostre entreprise fut rompue par la lascheté dudict Ortègue, qui nous bailla le lendemain des excuses, qu'il nous fallut prendre en payement et faire semblant de le croire : mais voicy une chose estrange qui survint après.

La dame de Breuil, s'asseurant bien de la promesse de M. de Losses, voulut bien, estant partye d'avec luy, escrire de Maubert-Fontaine ; par sa lettre elle luy faisoit une réitération de l'entreprise, luy suppliant de la mettre en exécution au plus tost. Le malheur voulut que celuy qui portoit la lettre fut pris par ceux de la garnison de Cimay, qui estoient Espagnols. Le capitaine, ayant veu lesdictes lettres, cognut incontinent par icelles qu'il y avoit entreprise pour faire sauver les prisonniers de Genap, envoye incontinent les lettres de ladicte dame du Breuil, à Genap, au sergent Alcala, affin qu'il donnast ordre à un tel affaire ; lequel, incontinent, s'asseura que ceste pratique avoit esté menée par ledict Ortègue, quand il alla conduire la dame du Breuil ; et d'autant qu'il ne le vouloit pas punir en présence de ses compagnons, craignant qu'ils ne se mutinassent, comme ceste nation y est subjecte, se résolut de l'envoyer au gouverneur de Cimay, pour en faire justice exemplaire, ce qu'il fit ; et appellant Ortègue, luy dist qu'il falloit qu'il allast à Cimay porter une lettre au gouverneur pour affaires de conséquence qui importoient pour le service du roy, et qu'il n'y vouloit pas envoyer homme auquel il ne se fiast ; ce que ledict Ortègue accepta ; et, prenant sa lettre bien fermée et cachetée, se mist en chemin : estant à une lieue de Cimay, quelque soupçon et remords de conscience le saisit, de sorte qu'il voulut sçavoir qu'il y avoit dedans la lettre, et l'ayant bien subtillement ouverte et refermée, et y ayant veu sa sentence ; fut toutefois si fol et mal advisé qu'il se résolut de la porter, ce qu'il fit ; et trouvant ledict gouverneur, qui se vouloit mettre à table pour disner, luy présenta ses lettres, lequel les communiqua, à une fenestre, à quelques capitaines qui estoient avec luy, qui se soubsrioient de veoir ce pauvre nègre qui avoit luy-mesme apporté sa sentence sans en rien sçavoir, comme ils cuidoient.

Le gouverneur donc se mettant à table avec ses capitaines, fit aussi asseoir ledict Ortègue, luy disant que après disner il luy feroit sa despesche. Ledict Ortègue ayant bien disné, ne voulut attendre le fruict, se leva de table, disant au gouverneur que pendant qu'il feroit sa despesche il alloit au logis faire abbreuver et donner de l'avenne à son cheval, et le supplioit que, à son retour, il trouvast sa despesche, afin qu'il peust, ce jour mesme, retourner à Genap; ce que le gouverneur lui promist, s'asseurant qu'il retourneroit; mais incontinent qu'il fut au logis, il monta à cheval, et, sans dire à Dieu, se sauva en France et vint trouver M. de Randan, frère de M. le comte, avec lequel il demeura tousjours jusques au siége de Thionville, où il fut tué. Il avoit un compagnon nommé Alonze, lequel ayant sceu le despart de son compagnon, et craignant d'estre soupçonné de participer à l'entreprise, se retira aussi en France avec lettres de M. le comte à madame sa femme pour le recevoir. Voilà le succès de nostre entreprise, de laquelle estant adverty le comte de Mansfeld, de qui le comte estoit prisonnier, et craignant qu'estant si près de la frontière de France il essayast encores quelques autres moyens pour se sauver, le fit mener en Hollande chez un sien beau-frère nommé M. de Brederode, à Vientène, près de la ville d'Utrecq, où nous demeurasmes onze mois avec bonnes gardes nuict et jour, de sorte que toutes nos espérances pour nous sauver furent perdues. Ledict sieur me prist en telle affection pource que je sçavois bien boire, qu'il me voulut suborner pour me faire demeurer avec luy, me promettant deux cents florins d'estat tous les ans. Nous demeurasmes un an audict lieu de Vientène, qui estoit assez pour se fascher et ennuier; durant lequel temps mondict sieur le comte fut surpris d'une fiebvre continue si violente, que nous fusmes long-temps que nous n'en espérions que la mort, mais Dieu luy fit miséricorde luy renvoyant sa santé.

(1558) Le comte de Mansfeld, craignant quelque recheute qui l'emportast, se hasta de le mettre à rançon; et, après avoir bien disputé, enfin il promist trente mil escus, dont il debvoit payer dix mil en sortant de prison, et les vingt mil restants dans un an après, et donner caution messieurs de Guyse, connestable et mareschal de Sainct-André; qui lors possédoient le roy Henri second. L'accord faict, je fus incontinent despesché pour en porter les nouvelles en France; et cependant ledict sieur comte fut mené à Arras, pour être plus proche de la France pour négocier le surplus et apporter les dix mil escus promis.

Estant arrivé à Paris, où lors estoit le roy, je m'en allai droict au Louvre trouver M. le cardinal de Chastillon, auquel j'avois charge de m'adresser, lequel estoit avec le roy en sa chambre, qui ne faisoit que sortir de table : et, frappant à la porte, je dis à l'huissier qui me vint ouvrir que je voulois parler audict sieur cardinal, lequel, me laissant entrer, alla tirer ledict sieur cardinal, lequel me recognoissant, vint à moy, me menant à une fenestre près la porte de la chambre, lequel lisant les lettres que je luy avois apportées, le roy estant debout, qui se chauffoit, me voyant botté et crotté comme un courrier, et M. le cardinal lisant lesdictes lettres, luy demanda : « Quelles nouvelles avez-vous-là? » Qui luy dict : « Sire, c'est de mon nefveu de La Rochefoucault. » Le roy, en tressaillant, me demanda : « En venez-vous, mon gentilhomme? — Ouy, Sire. — Comment se porte-t-il? — Sire, il a esté fort malade; mais, Dieu mercy, il se porte bien à ceste heure. — Est-il à rançon? — Ouy, Sire. — A combien? — A trente mille escus, Sire. — Foy de gentilhomme, dist le roy, il ne demeurera pas pour cela : y retournez-vous? — Ouy, Sire. — Faictes-luy mes recommandations, et qu'il prenne courage, et que je luy garde un bon courtault pour courir le cerf. »

Là-dessus M. le cardinal me mena à M. le connestable et à M. le mareschal de Sainct-André, pour avoir leurs lettres de pleigement et caution pour les vingt mille escus. J'allai moy-mesme trouver M. de Guyse pour le mesme effect, lequel fort librement entra dans ladicte caution : le plus difficile fut de trouver les dix mille escus; mais je fis telle diligence à solliciter les amis de M. le comte, que nous trouvasmes enfin nostre somme. Madame de Guyse presta trois mil escus, madame de Bouillon autant, M. de Marmoustier trouva le reste, et ne fis de séjour à Paris que trois jours.

Ayant donc amassé nos bribes et tous escus au soleil, car ainsi estoit-il accordé, je me mis au retour avec quatre hommes que m'avoit donné M. de Marmoustier, ayant chacun de nous cousu en nos pourpoincts deux mil escus, et trouvasmes à Arras M. le comte, qui nous attendoit, mais non pas si tost; et, ayants delivré lesdicts mille escus, nous reprismes la route de France, par luy tant désirée. Madame sa femme l'attendoit à Noyon; de là il alla trouver le roy, qui luy fist de grandes caresses, et luy tint promesse du courtault qu'il luy avoit promis par moy; qui fut le meilleur de son temps et le plus beau, qu'on appelloit Le Greq, et lequel depuis me donna ledict sieur comte, lequel, au lieu de me laisser reposer, me dist qu'il falloit que j'allasse à Onzain, pour garder le milord Grey, qui y estoit prisonnier, me disant que je sçaurois mieux faire cela qu'un autre, ayant appris en Hollande comment il falloit bien garder prisonnier; il me fallut obéyr.

Estant donc arrivé à Onzain, le pauvre milord, qui en fut adverty et de ma charge, fut saisi de grande tristesse, sçachant bien le mauvais traictement que M. le comte avoit reçeu en sa prison, et, craignant le recevoir pareil ou pire, fut trompé; car, encores que pour le bien garder je n'oubliasse rien, il avoit tous les plaisirs, bons traictements et courtoisies qu'il eust peu désirer, jusques à estre visité souvent par les dames de Bloys. Je demeurai quatre moys avec luy, durant lequel temps il composa de sa rançon à vingt-cinq mil escus: l'accord faict, je le menai à Paris, où estoit M. le comte, lequel, m'ayant lors licentié, je m'en allai en Champagne visiter mes parens et amis, et leur conter des nouvelles des Pays-Bas, où nous avions demeuré dix-huict mo s, tant en Flandres, Hollande, Brabant et Artoys.

Je demeurai en Champagne trois moys, au bout desquels je m'acheminai en Angoulmois, à Verteil, et devins amoureux de Anne de Courcelle, que depuis, et au bout de quatre ans après, j'ay espousée, de laquelle j'ay eu plusieurs filles et un garçon, toutes les filles mortes jeunes, excepté l'aisnée, qui fut mariée avec Jean Horiq, sieur de La Barre, et Magdeleine sa sœur, qui fut mariée avec Abraham de Cram, sieur de Couleynes, et Jean de Mergey, qui fut marié avec Catherine Raimond, fille du sieur du Repaire, qui m'a laissé, après sa mort, sa femme et plusieurs enfans, tant fils que filles.

(1562) Vivant donc en toutes délices et plaisirs, pour me faire oublier la souvenance des maux que j'avois soufferts en prison, les guerres civiles s'allumèrent en France: l'accident de Vassy arriva, et les armes se prirent de tous costés. Une paix se fit: après, suivit le tumulte d'Amboise, et quelque temps après, le roy de Navarre et M. le prince de Condé retenus prisonniers, et la mort inopinée du petit roy François, tous les seigneurs, chevaliers de l'Ordre, et autres des plus grands, debvoient tous en personne venir rendre raison de leur foy, affin de recognoistre ceux qui estoient huguenots, dont j'avais donné advis à M. le comte, qui lors estoit à Troyes en Champagne, lesquels advertissements venoient de la part de la duchesse d'Uzès, qui possédoit fort la royne mère, et qui sçavoit tous les secrets du cabinet, et aymoit fort ledict sieur comte, et faisoit toutes les sepmaines un voyage de Troyes à Orléans pous sçavoir des nouvelles; laquelle manda à mondict sieur le comte qu'il estoit temps qu'il pensast à ce qu'il respondroit estant devant le roy, lequel luy manda par moy qu'il leur diroit son *Credo* en latin, comme son précepteur luy avoit appris; mais elle me dist qu'on luy feroit bien exposer en françois, et que, pour le plus seur pour luy, elle luy conseilloit de ne point venir à la cour; auquel advis il se résolut, et estions préparés, luy et moy et un valet de chambre, de nous en aller en Allemagne, en guyse de marchands, chacun la petite mallète en croupe, et là attendre que l'orage fust passé: mais à l'autre voyage que je fis à Orléans, le jour que j'y arrivai le roy mourut, la mort duquel apporta un estrange changement.

Peu après, le roy Charles, la royne mère et messieurs, estans à Fontainebleau, furent conduicts à Melun par M. de Guyse, ce qui estonna la royne, laquelle lors rechercha M. le prince, luy escripvant qu'il eust pitié de la mère et des enfans, pour les tirer de la captivité où ils estoient. M. le comte de La Rochefoucault, qui estoit lors à Verteil, entendant ces nouvelles, me dépescha incontinent en poste, pour aller vers elle pour recevoir ses commandemens, avec lettres de créance seulement: elle luy manda qu'il ne fist point de de difficulté de se joindre avec M. le prince, et que ce qui estoit bon à prendre estoit bon à rendre; voylà les propres mots qu'elle luy manda par moy, lequel, toutesfois cognoissant l'humeur de la dame, ne voulut promptement adjouster foy à ce qu'elle luy mandoit par moy, et me redespescha incontinent pour aller trouver M. le prince, et sçavoir de luy la vérité, et en quelle disposition estoient les affaires; lequel je trouvai à Clayes près de Meaux, avec mille chevaux, qui passèrent tous en ordre trois à trois sur les fossés de Paris, du costé du fauxbourg Sainct-Martin, et allèrent loger à Sainct-Cloud. Or, pour l'aller trouver, il me falloit passer par la ville et sortir par la porte Sainct-Martin. Estant descendu à la poste pour changer de chevaux, qui estoient au fauxbourg Sainct-Germain-des-Prés, et demandant des chevaux, le gendre de Brusquet[1], qui tenoit la poste, qui me cognoissoit et estoit fort serviteur de M. le comte, me dit qu'il n'oseroit me donner des chevaux si je n'avois un brevet de M. le cardinal de Bourbon, qui lors estoit gouverneur de la ville et logé dans le palais, et me monstra un gentilhomme dudict sieur cardinal, qui ne bougeoit de la poste, pour recevoir tous les brevets de ceux qui vouloient avoir des chevaux.

Je m'en allai quand et quand au palais, pour avoir un brevet dudict sieur cardinal, auquel je ferois à croire que j'estois à M. de Marmoustier, qui estoit à la cour, et que j'allois trouver; mais le malheur voulut que, estant en la cour du palais, je rencontre feu M. de Candales, qui alloit disner avec ledict sieur cardinal, lequel me voyant, me demanda comment se portoit M. le comte son frère, et quelles affaires j'avois en la ville: mais, cognoissant l'humeur du seigneur et la liberté de sa langue, je luy desguise la vérité, luy disant que j'allois trouver M. de Marmoustier à Fontainebleau, où M. le comte m'envoyoit pour ses affaires, et que j'allois trouver M. le cardinal pour avoir des chevaux de poste, lequel me dist: « Je m'en vas disner avec luy, venez avec moy, je vous ferai despescher un brevet; » et là-dessus passa outre. Je ne le voulus suivre, ny aller vers mondict sieur cardinal; car M. de Candales n'eust jamais failly, luy demandant un billet pour moy, de luy dire que j'estois à M. le comte de La Ro-

[1] Fou du roi.

chefoucault, qui eust gasté tout le mystère, et moy en danger d'estre retenu.

J'eus recours à une autre finesse: je m'en vas en la grande salle du palais trouver le procureur de M. le comte, et luy fis escripre mon brevet tel qu'il le falloit; et comme j'avois veu les autres entre les mains dudict gentilhomme qui les recevoit à la poste, et ayant remarqué la signature dudict sieur cardinal, je la contrefis le mieux que je peus, et avec cela m'en retournai à la poste, où, de bonheur, je trouve trois courriers qui demandoient des chevaux, et qui avoient donné leurs brevets audict gentilhomme, qui s'amusoit à eux; cependant je tire à part le maistre de la poste, qui estoit de mes amis, luy monstre mon brevet, luy disant qu'il le fist passer dextrement, car il n'estoit pas du bon coin; ce qu'il sceut fort bien faire, le montrant seulement audict gentilhomme, sans toutefois le lascher, lequel, estant empesché avec les autres, ne se soucia de bien vérifier le mien, et par ce moyen passa, et eus des chevaux.

Il me falloit traverser toute la ville jusques à la porte Sainct-Martin: l'alarme estoit grande, les chaisnes commençoient à se tendre; toutesfois ayant gaigné la porte Sainct-Martin, par laquelle il me falloit sortir, je la trouve fermée, et un capitaine de la ville qui la gardoit avec force soldats en armes, et m'adressant à luy pour le prier me faire ouvrir la porte, me demanda qui j'estois et où j'allois. Je luy dis que j'estois de Troyes en Champagne, fils d'un marchant de la ville, qui m'envoyoit à Anvers pour ses affaires; me demanda si j'avois des lettres; je luy dis que non, et que mon homme qui estoit devant les avoit avec mes autres hardes; ne se contenta de cela, mais me fouilla partout; mais ne trouva dedans la pochette de mes chausses que mon bonnet de nuict, ayant bien préveu ce qui m'advint; car j'avois mis mes lettres dedans la bourre de mon cuissinet; ainsi le petit portillon me fut ouvert, et nous acheminasmes mon postillon et moy, qui, croyant que j'allasse à Anvers, vouloit suivre le grand chemin de la poste, mais, à la sortie du fauxbourg, je tourne à main droicte, pour aller à Claye, où estoit M. le prince; ce que voyant mon postillon, qui tousjours me disoit que ce n'estoit pas le chemin de la poste, se doubta bien incontinent où je voulois aller; se retournant vers moy, me dist : «Vous estes un fin matois; or bien, bien, allons.»

Nous n'eusmes pas faict demy poste, que nous rencontrasmes messieurs le prince, admiral et d'Andelot avec leurs troupes, tous cavaliers sans infanterie, qui furent fort ayses de sçavoir des nouvelles de M. le comte, et cependant qu'ils s'acheminoient à Sainct-Cloud, je m'en retourne au fauxbourg Sainct-Martin et jusques près de la porte de la ville, faignant que je fuyois pour éviter la rencontre de M. le prince, que j'avois descouvert de loing avec ses troupes, qui redoubla l'alarme à ceux de la ville. Ledict sieur prince passa au bout dudict fauxbourg et dessus les fossés de la ville, pour aller gaigner Sainct-Cloud; moy cependant, faisant fort l'estonné en mon cabaret près la porte de la ville où je m'estois retiré, fis fort bien repaistre mes chevaux ; et quand toute la troupe de M. le prince fut outrepassée le bout dudict fauxbourg, je remontai à cheval et allai trouver ledict sieur prince à Sainct-Cloud, où il me fit ma despesche pour m'en retourner vers M. le comte, m'ayant montré là lettre que la royne luy escripvoit, par laquelle elle le prioyt d'avoir pitié de la mère et des enfans, et m'en fit donner une copie pour la porter à mondict sieur le comte, lequel pour lors n'avoit encores pris aucune résolution, et m'en retournai en diligence le trouver.

Cependant M. le prince ayant intelligence en la ville d'Orléans, et la faveur du peuple, dont la plus grande partie avoit changé de religion, y avoit envoyé M. d'Andelot secrettement pour l'exécution de son entreprise. Le sieur de Montreuil en estoit le gouverneur pour le roy. M. le prince estant party de Sainct-Cloud avec sa cavalerie, et faisant diligence arrivant à Sercote, trois petites lieues d'Orléans, se mist avec toute sa troupe au galop pour aller gaigner la porte, M. d'Andelot luy ayant mandé qu'il se hastast, lequel desjà avoit assemblé la pluspart de ceux de sa faction, et estoit allé au logis de M. de Montreuil luy dire qu'il estoit son amy, et que, en ceste considération, il luy conseilloit de se retirer et sortir de la ville, car M. le prince y arrivoit : ledict sieur de Montreuil le creut, et ne fut point opiniastre.

Là-dessus, M. le prince arriva en la ville avec mille chevaux en poste ; ceux qui le rencontroient par les chemins, qui ne sçavoient rien de la venue de M. le prince ny de son entreprise, voyant si grand nombre de cavalerie, tous au galop, se choquants les uns les autres en courant, veoir les uns tumber sur le pavey, des vallets avec leurs malles par terre, pensoient que tous les fols de France fussent là assemblés pour faire rire les spectateurs : voilà comment Orléans fut pris.

De moy, estant arrivé à Verteil, je trouve M. le comte en la salle, avec compagnie de dames, lequel me voyant entrer fut comme tout transi, et se levant me fit signe que je le suivisse, ce que je fis. Il entra en la gallerie qui regarde sur la rivière, ferma la porte par derrière, où je luy rendis compte de tout mon voyage; lequel, ayant entendu le tout, s'appuya sur l'une des fenestres qui regardoient sur la rivière, où il demeura un gros quart d'heure sans dire un seul mot, puis se tournant vers moy, me demanda ce qu'il debvoit faire, auquel je fis response que je n'avois pas l'esprit capable ny l'expérience suffisante pour le conseiller en affaire de telle importance, et qu'il falloit qu'il prist conseil de luy-mesme. Lequel me respliqua qu'il estoit bien résolu de ce qu'il debvoit faire, mais qu'il vouloit que je luy en dise mon advis ; alors je luy dis, puisqu'il me le commandoit, que mon advis estoit qu'il debvoit faire ce que la royne et M. le prince luy mandoient, puisque il y alloit du service de Leurs Majestés et de leur liberté · il me dist alors que telle estoit aussi sa volonté et résolution ; et quand et quand retourna en la salle trouver la compagnie avec un visage riant, et incontinent commença à escripre à tous ses amys en Gascogne, Périgort, Saintonge, Poictou, Limousin et Angoulmois, pour le venir trouver et aller joindre M. le prince; de sorte que ces quinze jours il mist aux champs près de trois cents gentilshommes avec leur équipage, et alla avec ceste belle troupe trouver M. le prince à Orléans, lequel ayant assemblé ses forces françoises, lansquenets et reistres, s'en alla devant Paris où le roy et toutes ses forces s'estoient retirées et retranché les fauxbourgs de Sainct-Germain jusques à la porte Sainct-Anthoine.

Il ne se fit poinct de combat mémorable audit siége qu'à l'escarmouche qui se fit à nostre arrivée, où nos ennemis furent tellement battus et repoussés, et avec un tel désordre, que sans leur artillerie, qui nous saluoit, nous eussions entré pesle-mesle dedans la ville. M. de Guyse estoit à la porte, disant mille injures à la noblesse et gendarmerie qui fuyoient, leur disant qu'il leur falloit des quenouilles et non des lances. Nous fismes plusieurs entreprises sur les fauxbourgs de Sainct-Germain pour leur donner quelques camisades; mais rien ne réussit : enfin le roy d'Espagne envoya du secours et quelque cavalerie françoise qui entra en la ville.

M. le prince voyant qu'il n'y avoit espérance de prendre la ville ny la faire venir à capitulation, leva le siége, et s'achemina vers la Normandie pour recevoir quelques secours d'hommes et d'argent qui luy venoient d'Angleterre. Aussi messieurs de Guyse, connestable et mareschal de Sainct-André, sortirent de Paris avec toutes les forces du roy pour nous suivre, et tant firent qu'ils nous joignirent auprès de Dreux au mois de janvier 1562.

M. le prince, ne pensant point à combattre ce jour-là, avoit envoyé devant nostre artillerie au lieu où nostre armée debvoit aller loger. Nos coureurs, sur les huict heures du matin, ayants descouvert l'armée du roy qui venoit droict à nous, en donnèrent advis à M. le prince et à M. l'admiral, qui tournèrent incontinent teste vers les ennemis avec toute nostre armée, et les rencontrasmes tous en bataille, ayants à leurs costés deux gros villages qui les couvroient par les flancqs, et là nous attendoient avec beaucoup d'advantage. Nostre armée se mit en bataille vis-à-vis de la leur, les attendant aussi pour les attirer hors de leur advantage, et demeurèrent lesdictes deux armées sans bouger, l'une devant l'autre, près de deux heures, sans aucune escarmouche ; enfin voyant M. le prince qu'ils ne vouloient point sortir de leur fort pour venir à nous, se résolut de se retirer pour aller loger et suivre nostre artillerie.

Nostre armée n'eut pas tourné la teste et marché deux cens pas, que celle du roy nous suivit en bon ordre et bien serrée. Quand M. le prince les vit hors de leur fort, il fit aussi tourner la sienne pour les combattre; leur artillerie commença à nous saluer bien furieusement : nous n'avions de quoy leur respondre; les nostres vont les premiers à la charge, et renversèrent tout ce qui se présenta devant eux, et eusmes leur artillerie en nostre possession plus d'une demye heure ; nous les eussions suivy davantage ; mais nous trouvasmes leurs Suisses en teste, qui nous en empeschèrent. Nous leur fismes quelque charge ; mais il est malaisé d'enfoncer tels hérissons : cela fut en partye cause de nostre perte, et de nous mettre en désordre à faire lesdictes charges. Cependant les fuyants s'estoient ralliés, nos gens de pied furent chargés et desfaicts. Sur ce désordre, M. le prince, avec seulement cinq ou six chevaux, passant à la teste de nostre compagnie, qui n'estoit lors que de vingt ou trente, le reste estoit escarté, nous voulusmes le suivre ; mais il ne le voulut permettre, nous commandant de l'attendre, et qu'il alloit seulement recognoistre les ennemis ; mais il ne fut pas à deux cents pas, qu'il rencontra M. le mareschal d'Amville avec sa compagnie, qui le chargea et le prist prisonnier ; cependant nos gens de pied desfaicts, nostre cavalerie, pour se garantir, s'estoit mise à passer et traverser un grand taillis que nous avions derrière nous, et ayant traversé ledict taillis, où les ennemis n'osèrent nous suivre, les nostres trouvèrent en la plaine, près dudict taillis, messieurs l'admiral, La Rochefoucault et prince de Portien, qui rallioient tous ceux qui sortoient du bois, estans esloignés les uns des autres d'environ cinq cents pas sur le bord dudict taillis : un secrétaire de M. le comte et moy, ayants passé ledict taillis, et ne sçachants nouvelles dudict sieur comte, nous trouvasmes M. le prince de Portien qui rallioit de son costé, lequel me cognoissoit, car mon frère avoit esté son gouverneur, qui me dit que nous trouverions M. le comte un peu plus hault, qui rallioit de son costé.

Ayants donc, lesdicts sieur admiral, comte et prince de Portien, rassemblé et rallié tout le reste de nostre cavalerie, excepté ceux qui avoient pris le chemin d'Orléans pour se sauver, dont M. de Congnée, nostre guidon, fut du nombre, qui me voulut emmener avec luy. Les ennemis eurent bien de leur costé aussi des fuyards, mesme M. de Méru, qui, sans desbrider, alla à Sainct-Maur-des-Fossés, où estoit le roy, donner l'alarme, disant que tout estoit perdu. Nos troupes donc rassemblées avec deux cens reistres, le tout ne faisant pas plus de six ou sept cens chevaux en trois troupes, nous fismes le tour du taillis pour aller encores affronter les ennemis avec les espées seulement, réservé les reistres, qui avoient leurs pistolets. Comme nous marchions serrés et bien délibérés, et ayants faict le tour du bois, nous vismes les ennemis tous en bataille, qui ne nous pensoient pas si près d'eux : avant que les joindre et charger, M. le comte m'envoya dire à M. l'admiral, qui conduisoit sa troupe, qu'il estoit d'advis qu'il fist un peu advancer nos reistres, afin qu'ils chargeassent les premiers pour mettre en désordre les ennemis, ce qu'il fit, et chargeasmes tous de telle façon que nous rompismes et renversasmes tout ce qui se trouva devant nous, et eussions mis tout le reste à vau de route, sans M. de Guyse, qui avoit tousjours tenu ferme sans combattre, regardant le passe-temps en son gros de cavallerie.

Ce fut en ladicte dernière charge où nous fismes la plus grande exécution ; le mareschal de Sainct-André tué, M. de La Brosse et tant d'autres capitaines et gentilshommes, M. le connestable pris et quand et quand mené à Orléans ; la nuict nous sépara, et allasmes loger à une lieue d'où s'estoit donné la bataille. Encores faut-il que je die que je fus le dernier des nostres qui se retira, non pas que j'eusse tant de volonté de combattre ; mais estant meslé parmy la compagnie de M. le mareschal de Sainct-André, qui avoient leurs cazaques blanches, avec un peu de broderie de verd qui ne paroissoit quasi point, je fus long-temps pensant qu'ils fussent des nostres ; car les huguenots avoient tous des cazaques blanches : j'avois faict mettre sur la mienne quelque passement de jaune et noir, qui faisoit aussi croire à nos ennemis que j'estois de leur compagnie ; mais ayant recogneu mon erreur, je me desmesle dextrement d'eux, et suivys les nostres qui se retiroient, et, les suivant, je rencontre un guidon d'une compagnie de gens d'armes qui se retiroit plus viste que le pas ; car deux de nos reistres le suivoient : je l'affronte pour l'empescher de fuir, de sorte que nos deux reistres le joignirent, luy donnant chacun un coup de pistolet, dont il tomba mort, les reistres emportèrent le drapeau, et ainsi nous retirasmes au logis, où nos hostes nous traictèrent assez mal pour ceste nuict-là, qui fut aussi froide que j'en sentys jamais ; je servis de palefrenier à M. le comte, car de valets ny de bagage nous n'en avions point ; ils avoient pris quartier à part.

Le lendemain, M. l'admiral ayant faict monter tout le monde à cheval, retournasmes sur le lieu où la bataille s'estoit donnée nous présenter encores ; mais personne ne nous vint attaquer ; ça esté le combat mieux débattu qui se soit faict de mémoire d'homme. Je veux dire un acte de vaillance ou folle hardiesse d'un de nos reistres. M. de Guyse avoit faict faire quatre beaux et riches mandils de velou cramoisi à broderie pour porter sur les armes, dont il en donna trois, l'un à M. le connestable, l'autre à M. le mareschal de Sainct-André, l'autre à M. de La Brosse, et le quart l'avoit retenu pour luy pour s'en parer tout le jour de la bataille, ce que tous les trois avoient faict, excepté luy, qui n'avoit lors sur ses armes qu'un mandil de treillis noir, ayant donné le beau à son escuyer Spagny, qui estoit à la teste de l'escadron dudict sieur de Guyse, monté sur ce brave genet qui a esté si renommé, et ledict mandil sur luy. M. l'admiral estant adverty desdicts mandils qui debvoient paroistre le jour de la bataille, en avoit donné advis à ses capitaines ; la renommée s'en estendit par toute nostre armée : quand nous fismes la dernière charge, il y eut un reistre des nostres qui, de loing, voyant ledict escuyer Spagny à la teste de l'escadron avec son beau mandil, et croyant que ce fust M. de Guyse, se desbanda de sa troupe, son pistolet en la main et le chien abatu, et à toute bride vint affronter ledict Spagny, luy donne un coup de pistolet par la teste, duquel il tomba mort, prend le cheval et regaigne sa troupe, sans que nul de l'esquadron de M. de Guyse se desbandast pour rescourre ledict cheval.

Le lendemain, M. le comte achepta deux cens escus ledict cheval, du reistre qui l'avoit pris : ledict sieur de Guyse regrettoit fort ledict cheval, et employa M. le prince, qui estoit prisonnier, pour prier M. le comte de rendre ledict cheval, offrant d'en donner deux mil escus, et, de plus, mettre en liberté Perocely, ministre de M. le prince, qui estoit prisonnier avec luy; auquel M. le comte feit response que ledict cheval luy faisoit besoing, et que tant que la guerre dureroit il s'en serviroit; que de sa part il debvoit aussi garder ledict Perocely pour l'assister et consoler en son affliction; mais que la paix estant faicte, s'il avoit encores ledict cheval, et que M. de Guyse en eust envie, de bon cœur il luy donneroit.

Retournons trouver M. l'admiral, lequel, avec les reliques de l'armée, s'en alla rafreschir à Orléans et ès environs, cependant qu'il donnoit ordre pour son voyage de Normandie, qu'il avoit délibéré de faire sans gens de pied ny aucun bagage, pour marcher plus légèrement : il eut grand peine à faire condescendre nos reistres de laisser leurs chariots, ce qu'enfin il obtint d'eux, qui est chose qui ne s'estoit encores veue. Nous estants donc acheminés avec mil ou douze cens chevaux sans aucun bagage, nous marchasmes en diligence, ayants disné et repeu, et nos chevaux aussi, et partant du logis dès le poinct du jour, faisions neuf lieues sans repaistre jusques en nos logis, de sorte qu'en quatre jours nous fusmes à Caen, dont la ville se rendit. Il n'y avoit que le chasteau qui estoit fort, dans lequel commandoit et s'estoit renfermé M. le marquis d'Elbœuf.

Nous trouvasmes la ville bien munie, et principalement de bons vins, qui resjouyssoient fort nos reistres, lesquels venoient tous les matins, à diverses troupes, trois à trois, en bon ordre, sages comme présidens, et s'estant départis par les cabarets, y demeuroient à boire jusques sur les trois heures après midy, qu'ils sortoient beaux enfans, pour retournar en leurs logis, faisant faire saults et voltes à leurs chevaux sur le pavé, dont quelquefois ils prenoient la mesure, se querelloient et battoient à la vieille escrime; nous ne faillions point tous les jours d'avoir ce plaisir. Cependant nous battions le chasteau, où il fut faict quelque bresche, mais non pas raisonnable pour l'assaillir : ce que aussi ne voulut attendre ledict sieur marquis d'Elbœuf, qui se rendit.

(1563) Cependant M. de Guyse tenoit Orléans assiégé, dans lequel commandoit M. d'Andelot. M. l'admiral, ayant receu le secours d'Angleterre, d'hommes, d'argent et d'artillerie, se résolut d'aller secourir les assiégés; et, deux jours avant que debvions partir, nous sceusmes la mort de M. de Guyse. La paix quand et quand commencea à se pratiquer par les moyens de messieurs le prince et connestable prisonniers, laquelle fut enfin conclue. M. l'admiral ne laissa de parachever son voyage. Après ceste paix, qui dura quelques années, les feux se rallumèrent (1567). M. le duc d'Anjou, comme lieutenant-général du roi, avoit commandement sur toutes les armées. Les historiens ont descript les choses advenues esdictes guerres, et veus réciter seulement ce que j'ay veu, et où je me suis trouvé.

(1569) Après la rencontre de La Roche-Labeille en Limousin, où j'estois avec M. de Bonneval, ayant laissé M. le comte de présence, non d'affection ny de volonté, à cause que madame sa femme s'estant emparée des terres de Beaulieu et le Chastelar qui m'appartenoient, la tenois en procès, encores qu'il fust au nom de M. le comte, lequel elle possédoit fort, et n'osoit, pour la crainte d'elle, me faire démonstration de l'affection qu'il me portoit : voilà pourquoy, en ce voyage je me mis avec M. de Bonneval; et quand ledict sieur comte me rencontroit, il ne laissoit de me faire bon accueil, me disant tousjours : « Mergey, encores que vous ne soyez pas avec moy, vous estes toutes fois toujours à moy. » Après donc ladicte rencontre, M. l'admiral, avec messieurs les princes de Navarre et de Condé, desquels il estoit lieutenant, et soubs eux commandoit à l'armée, s'achemina en Poictou, et au lieu de Chastellerault M. le comte tumba malade en telle extrémité qu'il fut comme abandonné, ne pouvant quasi plus parler, et ne voulant veoir personne, non pas mesmes M. l'admiral.

Estant donc avec M. de Bonneval, il m'envoya vers ledict sieur comte, qui commandoit à la bataille, de laquelle estoit ledict sieur de Bonneval et sa compaignie, pour sçavoir ce qu'il devoit faire; et est anten la chambre dudict sieur comte, qui estoit tout ouverte, et où chacun entroit, attendant le dernier soupir dudict sieur comte, je me mis avec les autres gentilshommes qui estoient en la chambre à le regarder, et luy moy attentivement et assez longuement; enfin il appela tout bas son chirurgien Bastien, qui estoit au chevet de son lict, luy demandant : « N'est-ce pas là Mergey? » Il luy dit que ouy. « A-t-il esté malade, car je le trouve tout desfaict? — Non, » luy respondit Bastien. Alors il me fit signe de la main que j'allasse à luy, ce que je fis : il me demanda, mais fort bas, car il ne pouvait quasi parler, si j'avois esté malade; je luy dis que non. « Je vous trouve fort desfaict. » Je luy respondis en soubsriant que c'estoit à cause que je ne beuvois pas mon soul de vin; il me demanda qui me menoit; je luy dis que M. de Bonneval m'envoyoit à luy pour recevoir ses commandemens, et sçavoir ce qu'il avoit à faire : à quoy il me respondit : « Allez trouver le comte Ludovicq, qui commande à la bataille depuis que je suis malade. » Dès cette heure-là il commença à reprendre courage et la parole, et retourna en convalescence : les médecins dirent que j'estois cause qu'il avoit repris ses esprits et sa santé.

M. l'admiral s'achemina à Lusignan, qui fut bien assailly et bien deffendu, mais enfin se rendit. Delà nous allasmes attaquer Poictiers; nous fismes une faulte de ne l'avoir attaqué avant Lusignan, car estant despourveu d'hommes et munitions nécessaires, nous l'eussions emporté d'abord ; mais M. le duc eut temps et loisir, pendant que nous estions devant Lusignan, de mettre dedans et gens et munitions. Estant donc assiégé, la compagnie de M. de Bonneval avec trois autres cornettes de cavallerie où il commandoit, estions logés à Viart, fort proche de la ville, et du costé du pont Achard, par où ceux de dedans faisoient quasi tous les jours des sorties sur nous audict Viart, n'ayans nulle infanterie pour nous couvrir, de sorte que nous estions continuellement en cervelle; car il nous falloit soustenir leurs sorties jusques à ce que les compagnies qui estoient logées loing de nous fussent arrivées pour nous soustenir. J'eus un cheval tué soubs moy en l'une desdictes sorties; et si nous n'eussions usé d'une ruse que nous pratiquions, ils nous eussent souvent pris sans verd ; mais tout joignant la porte du pont Achard, et un peu esloigné du fossé, y avoit un grand rocher derrière, sur lequel, du grand matin, nous mettions deux sentinelles à cheval, qui n'estoient point descouvertes de ceux de la ville, et qui pouvoient veoir tout ce qui sortoit de ladicte porte ; et quand la cavallerie vouloit sortir, qui ne pouvoit que venir un à un par une petite ruelle qui se rendoit à ladicte porte, l'une de nos sentinelles qui estoient derrière ledict rocher, partoit à toute bride pour nous donner l'alarme. Il y avoit sur le toict du logis de M. de Bonneval une autre sentinelle qui pouvoit descouvrir jusques au rocher, et voyant partir la sentinelle à cheval qui y estoit, donnoit quand et quand l'alarme.

M. de Bonneval avoit tousjours avec luy en son logis neuf ou dix gentilshommes, les chevaux sellés, et les brides à l'arçon de la selle, et la cuirasse toute preste; lesquels oyants l'alarme de la sentinelle qui estoit sur le toict, estions incontinent à cheval, et plustost en la campagne que les ennemis fussent sortis, qui s'esbahissoient que, tant secretement qu'ils peussent faire leurs sorties, ils nous trouvoient tousjours à cheval pour les recevoir, combien que tous les jours nous ne faillions poinct d'avoir de l'exercice avec la lance, pistolet ou l'espée. Les Italiens faisoient au commencement toutes les sorties ; mais ils s'en lassèrent à la fin, et y demeuroit tousjours quelqu'un pour gaiges. Les reistres prindrent leur place, la ville fut battue, et bresche fut faicte ; mais pour y aller à l'assaut, il falloit passer un ruisseau qui couloit le long des murailles, où l'on estoit jusques à la ceinture, qui rompit l'entreprise, que je vis preste à exécuter. Nous eussions esté bien receus, car, encores que nous eussions gaigné la bresche, toute leur cavallerie estoit en bataille pour nous recevoir en une grande plaine qui joignoit à la bresche : ceux qui ont escript dudict siége n'ont oublié les autres particularités.

Durant cela, M. le duc ayant assemblé toutes ses forces pour nous faire desmordre, vint attaquer Chastellerault, qui nous fut un grand plaisir, car nous ne sçavions comment nous pourrions autrement lever le siége à nostre honneur. Nous nous acheminasmes donc pour désiéger Chastellerault, où nous arrivasmes qu'ils avoient desjà enduré et repoussé un assaut ; et, si les ennemis eussent encores tardé une heure à se retirer, nous les eussions mal accomodés. Nostre infanterie passa sur les ponts, et la cavallerie passa à gué au-dessoubs de la ville; nous fismes toute diligence pour les joindre sur le chemin, mais la leur fut plus grande à la retraicte, et gaignèrent le port de Piles, où ils estoient en toute seureté, à cause des marets et fossés qui les couvraient; si les suivismes-nous jusques sur le bord, où il y eut quelques escarmouches. Nous estants retirés pour passer la rivière sur les ponts de...... et faire vivre nostre armée, nous fusmes quatre ou cinq jours costoyans la leur, où les deux avant-gardes se rencontrans un jour, il y eut une grosse escarmouche où leur artillerie nous fit quelque dommage : la nuict nous sépara, et allasmes loger à Sainct-Cler, près de Montcontour, sur un marest qui estoit entre l'armée catholique et la nostre.

M. le duc, ne pouvant plus retenir ses estrangers, ny la pluspart de la noblesse françoise qui estoit avec luy, voulut hasarder et précipiter la bataille, ce que M. l'admiral eust évité s'il se fust retiré vers Nyort et tout ce pays-là, qui estoit en nostre obéissance; et quand M. le duc nous y eust voulu suivre, ses estrangers et sa noblesse l'eussent quitté, et se fussent retirés, comme tel estoit leur dessein, et dont il fut bien adverty, le soir se pourmenant avec six ou sept chevaux sur le bord du marest, par deux gentilshommes catholiques qui estoient sur l'autre bord, sans le cognoistre toutefois, commencèrent à nous crier : « Huguenots, advertissez M. l'admiral qu'il aura demain la bataille, et que, s'il s'en peut exempter, que dans cinq ou six jours nos estrangers se retirent, et nostre noblesse aussi. »

M. l'admiral, mesprisant cest advertissement, croyant que ce fussent quelques bons compagnons qui nous voulussent donner la baye, n'en tint compte, se fiant que les ennemis ne pouvoient venir à nous à cause du marest, qui ne pouvoit se passer que sur le pont de Montcontour, ou à la source dudict marest, qui estoit à deux lieues de Sainct-Cler, où nous estions logés; mais M. le duc fit marcher son armée toute la nuict pour gaigner la source dudict marest; et, sur les sept heures du matin, nos sentinelles à cheval, qui avoient esté mises sur une grande motte assez loing dudict Sainct-Cler, descouvrirent l'armée catholique, qui marchoit en bataille à nous avec leurs coureurs, qui vindrent droict à ladicte motte pour s'en saisir, où M. de Bonneval avoit mis huict ou dix chevaux de sa compagnie en garde : nous nous meslasmes avec lesdicts coureurs, où mon cheval eut un coup d'harquebuse, et fus contrainct, et mes compagnons aussi, de nous retirer en nostre logis audict Sainct-Cler, où je ne trouvai que mon valet avec un cheval d'Espagne que M. de Bonneval m'avoit presté (luy s'estoit retiré malade à Nyort); pensant monter à cheval, il se trouva desferré d'un pied de devant. Si je fus lors en peine, je le laisse à penser : je ne trouve autre moyen que de passer le ruisseau qui couloit par le milieu dudict marest, qui se passoit facilement à gué, et aller trouver un mareschal qui se tenoit à l'autre bout du marest, vis-à-vis de Sainct-Cler, pour faire referrer mon cheval, ayant mon valet avec moy pour tenir le pied.

Estant à la forge dudict mareschal, j'y trouvai trois reistres des nostres qui faisoient aussi ferrer leurs chevaux, et me fallut attendre qu'ils fussent despeschés les premiers, n'y ayant plus que moy et mon valet, qui tenoit le pied de mon cheval, et moy le mien en l'estrié, car j'entendois grand bruit à Sainct-Cler, nostre logis; mon cheval ferré, je voulus repasser le ruisseau et aller en nostre logis pour suivre nostre compagnie, qui jà en estoit deslogée; et estant sur le bord du ruisseau prest à le passer, il vint un homme à moy, habillé de noir, ayant bonne façon, lequel me dist: « Monsieur, si vous passez outre vous estes perdu, car le bourg est jà rempli d'ennemis, et faut que vous gaigniez Montcontour pour passer l'eau et retrouver l'armée. » Cela m'estonna un petit ; je retourne donc ; et, suivant le rivage du marest, voulois gaigner Montcontour. De fortune je trouve un vieil bonhomme assis sur le chemin, qui faisoit des paniers, auquel je demande s'il y auroit point moyen de passer delà le marest sans passer à Montcontour, qui estoit à une lieue de là où j'estois, lequel me dist que ouy, mais qu'il estoit bien difficile à ceux qui ne sçavoient pas les destours; mais la nécessité fait entreprendre beaucoup de choses; je le prie de me monstrer lesdicts destours, ce qu'il fist, me monstrant certaines marques ; je me hazarde suivant l'instruction du bonhomme, et traverse le marest ; mais mon cheval y perdit son autre fer. Estant hors du marest, et monté en la plaine, je me trouve au cul de l'armée catholique, qui marchoit bien serrée et en bon ordre pour affronter la nostre. Je fis lors un grand cerne pour l'esloigner et aller chercher la nostre, que je voyois de loing aussi approcher pour venir au combat, mais non pas en tel nombre ny ordre que celle des ennemis. L'ayant donc trouvée, il ne restoit plus qu'à faire ferrer mon cheval. Je trouve un mareschal qui avoit un fer à tous pieds, que j'achepte, mais il n'avoit point de cloux ; j'en trouve après un autre qui avoit des cloux, qui referra mon cheval, et allai incontinent retrouver nostre cornette, dont mes compagnons furent fort resjouis, car ils pensoient que je fusse perdu.

Je ne fus pas plutost arrivé, que l'artillerie catholique commencea à nous saluer, qui emporta de la première volée deux de nos compagnons, l'un tout joignant et coste à coste de moy ; somme, les deux armées choquèrent. M. l'admiral, qui menoit l'avant-garde, combattit fort bien, comme aussi fist le comte Ludovicq, qui menoit la bataille. A la première charge j'avois pris un Italien, bien armé et monté, qui s'estoit rendu à moy ; et ayant pris son cheval par la bride et son espée, l'emmenois, quand deux de nos reistres le vinrent accoster, me disant : Nusté prisonnier, luy donnèrent chacun un coup de pistolet et le tuèrent ; je tenois tousjours le cheval par la bride pensant le sauver, mais je vis deux lanciers catholiques qui me suivoient de près ; je quitte lors le cheval et m'esloigne d'eux. Nous perdismes la bataille, mais non pas à vau de route, car nous fismes une belle retraicte ; et nos reistres, s'estant rassemblés, demeurèrent sur la queue avec la cornette de M. de Bonneval, qui s'estoit rallié avec eux. Jamais les ennemis qui nous suivoient n'osèrent nous charger ; et, quand quelques-uns se desbandoient de leur gros, ils estoient repoussés par les François qui estoient soubs la cornette de M. de Bonneval ; nos reistres depuis adoroient ceste cornette, et toutes les fois qu'ils la voyoient luy disoient : Bonne France ! bonne France ! Ainsi nous retirasmes, et vinsmes loger à l'entour de Hervaut et autres lieux commodes ; et messieurs les princes, que M. l'admiral avoit dès le matin envoyés à Nyort, se retirèrent à La Rochelle.

(1570) M. l'admiral, pour rafraischir son armée, fit un grand circuit de pays par la Gascogne, le Vivaretz et autres provinces, enfin remist sus une belle armée, avec laquelle il s'alla planter devant Chartres, où la paix fut faicte, qui dura comme les autres ; car le roy ne pouvoit aymer ceux de la religion ; et lors l'exécution ensuivie le jour de la Sainct-Barthélemy fut proposée par le moyen du mariage du roy de Navarre avec madame Marguerite, à quoy ledict roy de Navarre ne vouloit entendre ; mais les remonstrances et authorité de la royne de Navarre, sa mère, luy firent condescendre, et s'achemina de Pau (1572), où il estoit, pour aller à la cour, ayant pour guides et conducteurs M. le mareschal de Biron et le cardinal d'Armagnac ; et passants à Verteil, lesdicts sieurs de Biron et cardinal estants à la fenestre de leur chambre, qui regarde sur le jeu de paulme, mademoiselle de Benaye et sa niepce, ma femme, estants en la chambre au-dessus, appuyées aussi sur la fenestre, et voyants lesdicts sieurs de Biron et cardinal, desquels elles n'estoient pas veues, parler d'affection et en conseil, escoutoient ce qu'ils disoient, lesquels discouroient des moyens qu'il falloit tenir pour ladicte exécution, dont elle fit advertir M. le comte ; mais il n'en fit non plus d'estat qu'il fit des autres qu'il eut depuis.

Le roy de Navarre donc estant arrivé à la cour, les nopces se firent avec grandes pompes et magnificences, où tous les seigneurs et gentilshommes de la religion estoient pour la pluspart. M. l'admiral, M. le comte et autres seigneurs avoient advertissement de plusieurs endroicts, qu'il se brassoit quelque chose de sinistre contre eux ; mais il n'y adjoustoient point de foy ; mesme, cinq ou six jours avant ladicte exécution, ma femme, qui estoit à Verteil, m'escripvit par une lettre en chiffre que nul ne pouvoit cognoistre qu'elle et moy, que le ministre de Verteil, nommé Textor, luy avoit donné charge de m'advertir pour advertir M. le comte que pour certain il se brassoit une entreprise à Paris contre ceux de la religion, et qu'il tenoit cest advertissement d'un sien frère, médecin de M. de Savoye, qui luy avoit mandé pour advertir mondict sieur le comte; ce que je fis incontinent, luy disant qu'il ne falloit point tant mespriser les advertissemens qu'on luy donnoit, et que pour moy je trouvois que le séjour à Paris n'estoit point bon; à quoy il me respondit qu'il le cognoissoit bien; je luy répliquay que ce n'estoit pas assez de le congnoistre, mais qu'il y falloit remédier, et que ce n'estoit pas assez de courir fort, mais de partir de bonne heure; lequel me respondit qu'il n'espéroit pas de passer là son hyver.

Le lendemain, M. l'admiral sortant du Louvre fut blessé d'une harquebusade; cela commença à esveiller ceux de la religion, lesquels si dès-lors ils eussent deslogé de Paris et gaigné Orléans, le surplus ne fust arrivé, et n'eust-on osé rien faire à M. l'admiral. Le roy fit grand semblant d'estre fort marry de tel accident, vint visiter M. l'admiral avec la royne sa mère, pour mieux l'asseurer et tous les hugenots, auxquels il faisoit, en général et en particulier, toutes les caresses et bonnes chères du monde, lesquels prenoient cela pour argent comtant. Il avoit faict mettre un gros corps de garde devant le logis de M. l'admiral, de peur, comme il disoit, qu'on ne luy fist déplaisir, et, pour plus grande seureté dudict admiral, fit advertir tous les seigneurs et gentilshommes hugenots de se venir loger près de luy, auxquels les mareschaux des logis du roy donnoient des logis. M. le comte de La Rochefoucault deslogea du sien pour venir en celuy qui luy avoit esté marqué, auquel n'y avoit aucuns meubles, ny hoste ny hostesse.

Le samedy, vigile de sainct Barthélemy, M. le comte, selon sa coustume, estant demeuré le dernier en la chambre du roy, et se voulant retirer, un gentilhomme des siens, nommé Chamont, et moy, l'attendions en la salle; et, entendant le remuement des souliers quand on faict la révérence, je m'approche près de la porte, et entendis que le roy dist audict sieur comte: « Foucault (car il l'appelloit ainsi), ne t'en vas pas, il est desjà tard, nous balivernerons le reste de la nuit. — Cela ne se peut, luy respondict ledict sieur comte, car il faut dormir et se coucher. — Tu coucheras, luy dit-il, avec mes valets de chambre. — Les pieds leur puent, luy respondit-il; à Dieu, mon petit maistre; » et sortant s'en alla en la chambre de madame la princesse de Condé la douairière, à laquelle il faisoit l'amour, où il demeura encores près d'une heure : au partir de là, s'en va en la chambre du roy de Navarre, puis, luy ayant donné le bon soir, sortit pour se retirer. Estant au pied de l'escalier, un homme habillé de noir vint à luy, et, le tirant à part, parla longuement à luy, puis se retira quand et quand. Ledict sieur comte m'appella, et me commanda de retourner en la chambre du roy de Navarre, et luy dire qu'il venoit d'estre adverty que M. de Guyse et M. de Nevers estoient par la ville et ne couchoient point au Louvre; ce que je fis, et le trouve couché avec la royne sa femme, et luy ayant dict à l'oreille ce que M. le comte luy mandoit, me commanda de luy dire qu'il le vinst trouver de bon matin comme il luy avoit promis: je m'en retournai à M. le comte, lequel je trouve au pied de l'escalier, et M. de Nancey, capitaine des gardes, devant lequel je ne voulus luy dire ce que le roy de Navarre luy mandoit. Lesdicts sieurs comte et de Nancey retournèrent en la chambre du roy de Navarre, où ils entrèrent seuls et n'y firent long séjour.

Or, le roy avoit adverty ledict roy de Navarre de faire demeurer près de luy le plus de gentilshommes qu'il pourroit, et qu'il avoit peur que ceux de Guyse voulussent faire quelque chose; à l'occasion de quoy force gentilshommes estoient retirés en la garderobe dudict roy de Navarre, qui estoit seulement fermée de tapisserie. Ledict sieur de Nancey, levant la tapisserie, et mettant la teste en ladicte garderobe, la voyant quasi plaine, les uns jouans, les autres causans, je vis qu'il fut assez long-temps les remarquant et comptant avec la teste, leur disant avec une parole longue : « Messieurs, si quelqu'un de vous autres se veut retirer, on s'en va fermer la porte. » Lesquels luy respondirent qu'ils vouloient achever là de passer la nuict, estant attachés au jeu. Là-dessus, M. le comte et luy descendirent en la cour, où desjà toutes les compagnies des gardes estoient en bataille, tant Suisses, Escossois que François, depuis l'escallier qui monte en la grande salle jusques à la porte, où estoit M. de Rambouillet, capitaine de la porte, assis sur un petit billot joignant le petit portillon, qui seulement s'ouvroit; et, comme je sortois, luy, qui m'aimoit et qui me cognoissoit, ayant esté compagnons prisonniers en Flandres, me tendit la main, me prist la mienne, me la serrant et me disant d'une voix pitoyable : « A Dieu, monsieur de Mergey, mon amy; » ne m'osant lors dire ce qu'il m'a bien dict depuis, car il sçavoit bien l'exécution qui se debvoit faire, mais il n'y alloit que de sa vie s'il en eust rien décélé.

M. le comte estant en son nouveau logis fort mal meublé, nous voulusmes bien toutesfois, Chamont et moy, demeurer; mais il ne le voulut permettre : le sieur de Coulaines demeura avec luy, qui avoit fait apporter sa paillasse et un matras. Chamont et moy nous retirasmes au logis qui nous avoit esté marqué, qui estoit tout vis-à-vis de celuy de M. l'admiral, où nous estants couchés, nous ne fusmes pas plustost au lict que nous entendons l'alarme, et le logis de M. l'admiral attaqué par le corps de garde mesme que le roy y avoit ordonné pour le préserver et garder. Je me doubtois tousjours bien que le mal s'estendroit plus loing qu'au logis de M. l'admiral; je me jettai quand et quand hors du lict, et m'habillai le plus promptement que je peus. Chamont estoit si estonné, qu'il demeuroit tout en chemise en la place, ne sçachant que faire; je fis tant que je le fis habiller, et voulois descendre en la rue pour aller trouver M. le comte; mais il me dist : « Pourquoy voulez-vous que nous sortions? que sçavez-vous quelles gens ce sont? attendons encores un peu. » Je le creus, et nous en trouvasmes bien; car si nous fussions sortis en la rue, nous estions despeschés. La chambre où nous estions estoit des appartenances d'un grand logis où estoit logé le train et l'ordinaire de madame la princesse de Condé, de la maison de Nevers; laquelle chambre estoit louée à un menuisier, et séparée dudict logis; et ne me sentant bien assuré en ladicte chambre, oyant le grand bruict et tumulte qui estoit en la rue, et le rompement des portes, mesme celles du logis de M. l'admiral, je mis la teste à une fenestre qui regardoit en la cour dudict logis, en laquelle je vis deux hommes fort estonnés; aussi estoient-ils huguenots et officiers de madame la princesse; et, en recognoissant un, le prie mettre contre la fenestre où j'estois une meschante chanlatte debout qui estoit par terre, affin, par icelle, de descendre en la cour, ce qu'il fit, et par ce moyen me coule en la cour; Chamont en fit autant.

Cependant j'estois en grande peine de sçavoir des nouvelles de M. le comte, et prie celuy qui nous avoit dressé la chanlatte, qui estoit sommelier de madame la princesse, et qui avoit esté laquais de M. le prince, nommé Le Lorrain, d'aller jusques au logis dudict sieur comte pour m'en rapporter des nouvelles ; lequel, estant sorty en la rue, et n'ayant point la livrée de ceux qui faisoient l'exécution, qui estoit des croix blanches sur les chapeaux et sur les bras, faillit d'estre tué; et, s'il ne se fust avoué de madicte dame princesse, il eust esté despesché, et se retira bien viste au logis; je luy fis lors des croix de papier et sur son chapeau et sur ses manches, et le priai d'achever son voyage avec deux escus, car ce métail rend les hommes plus courageux et hazardeux. Estant donc sorty, il ne tarda guères à retourner, me disant que M. le comte s'estoit sauvé, mais ne me disant point comment : et, désirant en sçavoir la vérité, luy donnai encores deux escus pour m'en apporter certaines nouvelles, lequel, à son retour, haussant les espaules, me dist qu'il estoit mort, l'ayant veu tout nud à la porte de son logis, et auprès de luy son fils et un autre grand homme rousseau. Et quand il me nomma son fils, je trouvai cela estrange, comment il pouvoit estre si promptement apporté, et de si loing, auprès de luy; car il estoit logé près la porte Sainct-Martin, de laquelle il y avoit un grand quart de lieue jusques au logis dudict sieur comte ; et luy demande lors quel homme c'estoit que sondict fils, lequel me dist que c'estoit un petit homme, ayant une petite barbe noire, et une jambe plus courte que l'autre. Alors je jugeai bien que mondict sieur le comte estoit mort; car celuy que disoit mon messager estre son fils, estoit tailleur de mondict sieur le comte, boiteux et la barbe noire; l'autre homme rousseau estoit un porte bois qui servoit de portier, ledict tailleur, de Verteil, nommé Barrilet, l'autre du bourg de Sainct-Front, près Verteil. Ces nouvelles m'affligèrent fort.

Cependant, M. l'admiral fut tué en sa chambre, et jetté par la fenestre en la cour, où estoit M. de Guyse à cheval; et, l'ayant veu et recogneu, sortit, et avec toute sa cavallerie se mit à suivre les huguenots qui estoient logés au fauxbourg Sainct-Germain-des-Prés. J'estois en la cour dudict logis, près la grande porte, pour escouter ; et comme la cavallerie suivoit M. de Guyse, l'un d'eux passant devant la porte dudict logis, j'entendis qu'il demanda à quelqu'un : « Qui est logé là-dedans ? » Auquel il fut respondu que c'estoit le train de madame la princesse; lequel dist : « Ce n'est pas là où nous en voulons. » Qui me réjouyt fort, et rentrai au logis, où le maistre arriva tost après, qui estoit capitaine du quartier, et venoit de l'exécution, lequel, sçachant qui nous estions, nous dist qu'il estoit bien marry de ce désastre, lequel il n'approuvoit, et qu'il nous feroit tout le plaisir qu'il pourroit, mais, pource qu'il avoit esté ordonné que tous les logis seroient visités, et qu'il y avoit commissaires députés pour cela, si nous estions trouvés en sa maison, il en pourroit recevoir du blasme et desplaisir; mais que, si nous voulions, il nous mèneroit dedans l'église de Sainct-Thomas du Louvre, et que de là nous nous pourrions sauver ; lequel je remercie de sa bonne volunté, le suppliant la vouloir continuer, et que puisque Dieu nous avoit préservés jusques à ceste heure, que nous espérions qu'il continueroit, et que, pourveu qu'il ne nous fust point ennemy, je m'asseurois que nous n'aurions point de mal, ny luy aucun desplaisir à nostre occasion; ce qu'il nous promist, et là-dessus s'en alla.

Or, ne voulant toujours demeurer là, et ayant entendu que M. de Marcillac s'estoit sauvé, et que M. de La Coste, son gouverneur, l'avoit mené au logis de M. de Lansac, en la rue Sainct-Honoré, j'y envoyai mon valet nommé Vinat, qui estoit de Verteil, pour le supplier qu'il me retirast à luy; mais le portier ne le voulut jamais laisser entrer, et retourna à moy. Je m'advise d'un moyen pour luy faire sçavoir de mes nouvelles: je pliay une demy feuille de papier comme une lettre, et le renvoye bien embouché, lequel estant à la porte, dist au portier qu'il venoit d'Angoumois, et qu'il portoit des lettres de M. Barrault à sa sœur, qui estoit avec madame de Lansac. Le portier luy ouvrit: et, le laissant soubs la porte, alla quérir mademoiselle de Barrault, laquelle estant venue, mon homme luy dist que, pour entrer au logis, il avoit esté contrainct de mentir un petit, et que c'estoit moy qui l'envoyais vers M. le comte pour luy dire de mes nouvelles et où j'estois. « Vrayment, mon amy, tu seras le bien venu; car M. le comte estoit en peine de luy. » Lors, prenant mon Vinat par la main, le mena en la salle où estoit ledict comte, luy disant : « Monsieur, voicy qui vous dira des nouvelles de M. de Mergey. » M. le comte, qui cognoissoit mon valet, luy demanda où j'estois et comment je me portois ; lequel ayant entendu tout le discours dudict Vinat, et le désir que j'avois d'estre avec luy, pria quand et quand le sieur de La Rochette, exempt des gardes, qu'on avoit desjà mis avec luy pour remarquer ses actions, qu'il m'allast incontinent quérir pour m'amener à luy.

J'oubliois à mettre icy que, voulant avoir plus d'une corde en mon arcq, j'avois envoyé ledict Vinat, mon valet, au logis de M. de Sesac, lieutenant de M. de Guyse, et qui avoit espousé la fille aisnée de M. Des-Chenetz, et par ce moyen m'estoit amy, et n'eust osé faillir de me faire en cest endroict un bon office: ayant donné charge à mondict valet de dire que j'estois au logis où il m'avoit laissé, lequel sieur de Sesac, estant au lict pour se reposer de la courvée qu'il avoit faicte avec M. de Guyse à la poursuite du comte de Montgommery, qui s'estoit sauvé, dist à mon valet : « Retourne à ton maistre, et luy dis que s'il ayme sa vie qu'il ne bouge du logis où il est, et que ce soir j'irai ou envoyerai le quérir. » Il envoya bien le soir au logis pour me mener à luy ; mais j'estois desjà avec M. le comte, auquel m'avoit mené ledict sieur de La Rochette, lequel, suivant la prière de M. le comte, estoit venu au logis, et, estant à la porte de la salle où j'estois, commença à me dire avec une voix rude et menaçante : « Allons ! » sans me dire autre chose. Moy, ne sçachant encores qu'il venoit de la part de M. le comte, que d'autre part il estoit grand ennemy de ceux de la religion, m'attendois d'aller non pas dessus, mais dessoubs le pont aux Musniers, comme une infinité d'autres, luy fis une grande et profonde révérence, lequel redoublant sa voix comme d'un rodomont, me dist de rechef: Allons! allons! Je luy demande lors s'il vouloit que je prisse mon espée; lequel me dist: « Oüy d'à; qui voudroit vous battre, voudriez-vous pas vous deffendre? » Je luy répondis: « Ouy et de bon cœur. » Lors, adoucissant sa voix et riant, me dist: « Allons, allons, M. le comte vous demande. » Je luy fis encores une plus grande révérence que la première et de meilleur cœur; et prenant mon espée et une halebarde d'un de ses compagnons qu'il me donna, car il en avoit six ou sept avec luy, qui m'estonnoit fort au commencement, et ainsi allasmes trouver M. le comte, lequel me voyant me saulta au collet, me tenant embrassé un long espace de temps, sans me pouvoir dire un seul mot, avec larmes et soupirs, et moy de mesme.

Je demeurai avec luy quinze jours, durant lesquels M. de La Coste et moy fismes recouvrer la vaisselle d'argent, tant de cuisine que du buffet, qui avoit esté pillée en son logis, ensemble tous ses chevaux, qui estoient logés auprès de Villepreux.

Le roy faisoit toutes les caresses du monde à mondict sieur le comte, le faisant causer familièrement avec luy; mais il fut advisé par le conseil qu'il luy falloit oster tous ses serviteurs qui estoient de la religion. A ceste cause M. de La Coste et moy, avec un bon passeport du roy et une sauve-garde pour nos maisons, nous en retournasmes en Angoumois, remenants avec nous tout le train de feu mondict sieur le comte, et trouvasmes à Verteil M. de Marmoustier, à huict heures du matin, lequel n'estoit encores sorty de sa chambre, et sçachant nostre venue, n'osoit sortir, de peur que nous voyant, cela luy renouvelast ses regrets; en sortant et passant près de nous, tout sanglottant et sans nous dire mot passa outre, et s'en alla en une autre chambre au bout de la salle, sur le portail du chasteau, se jetter sur un lict avec pleurs et sanglots. Cependant nous estions tousjours en la salle, attendant s'il nous feroit appeler; enfin son valet de chambre sortit, qui me dist que Monsieur me demandoit; M. de La Coste voulut venir avec moy, mais le valet de chambre luy dist que Monsieur ne demandoit que moy. J'entre donc tout seul, et l'ayant salué, après qu'il eut un peu modéré ses soupirs, me fit conter tout au long ce qui se passa le jour de l'exécution, et comment son frère avoit esté tué; et ayant achevé, il demeura fort long-temps sans dire mot, puis, jettant un grand soupir, s'escria disant: « O thraistre, ce n'est pas ce que tu m'avois promis! » parlant à mon advis du... [1], qui luy pouvoit bien avoir décelé la conclusion de l'exécution, et promis que le comte son frère en seroit exempt : voilà l'exposition que je donne à ces paroles.

(1573) Tost après, le roy délibéra d'attaquer La Rochelle, et fit son lieutenant-général M. le duc d'Anjou, son frère, qui la vint assiéger avec une grosse et puissante armée, où il usa de toutes les ruzes et stratagesmes qui se pouvoient inventer pour la surprendre et avoir; mais bien assailly et bien deffendu. M. le comte estoit audict siège, et moy avec luy. Enfin la mortalité se mist audict camp, et l'espérance de forcer la ville perdue. M. le duc n'estoit à se repentir d'estre venu là, et ne sçavoit comment en desloger à son honneur : là-dessus, les ambassadeurs de Poulongne arrivèrent pour luy annoncer qu'il avoit esté élu roy de Poulongne, qui luy fut un honorable subjet de lever le siège et faire la paix.

(1574) Quelque temps après, la royne, qui ne pouvoit demeurer oysive, ayant tousjours quelques desseins, mesme sur La Rochelle, se voulut servir de la dame de Bonnal, qui avoit esté nourrie avec elle, et l'ayant instruicte, l'envoya à La Rochelle pour essayer de pratiquer ce dont elle avoit charge, avec amples mémoires. Partant donc de Bonneval, passa par La Rochefoucault, et d'autant qu'elle m'aimoit et me faisoit cest honneur que de m'appeler son cousin, me pria de la vouloir accompagner en son voyage, ce que je ne peus luy refuser. Par les chemins, elle me communiqua sa charge et ses mémoires, lesquels ayant veus, je luy dis que si elle les présentoit en la forme qu'ils estoient, que messieurs de La Rochelle se mocqueroient d'elle, mais que mon advis estoit qu'estant arrivée, la première chose qu'elle feroit seroit

[1] Probablement un des princes de la maison de Guise.

de veoir M. de La Noue, qui y estoit, et luy monstrer lesdicts mémoires pour les corriger et accommoder comme il adviseroit ; ce qu'elle fit et s'en trouva bien, car, encores qu'elle ne fist rien de ce qu'elle prétendoit, elle partit toutesfois contente de ceux de La Rochelle, et eux d'elle.

En ce temps, les guerres s'estants rallumées en France, soubs le vieux prétexte de la religion, M. le prince de Condé ayant rassemblé le plus de François qu'il avoit peu, et attendant un gros secours de reistres qui le venoient trouver, la royne mère ayant instruict M. le duc son fils, lequel faisant le malcontent, à cause qu'il disoit qu'il n'estoit pas bien appanagé, partit de la cour sans dire à Dieu, se joignit avec ceux de la religion, non pas qu'il changeast la sienne. M. le prince, et tous les seigneurs et capitaines, voyants qu'il se vouloit servir de nous, ne peurent mieux faire, ce leur sembloit, que de le faire leur chef; mais son intention n'estoit que de faire évanouyr ceste grosse nuée qui venoit sur les bras des catholiques, laquelle toutesfois joignit M. le prince, qui faillit d'estre attrapé en un parlement qui se fit, où estoit la royne, laquelle avoit délibéré, durant iceluy, de faire enlever mondict sieur le prince, qui estoit venu mal accompagné ; mais nos reistres, se doutans ou ayant senty quelque vent de l'entreprise, envoyèrent au grand trot mil ou douze cens reistres environner le lieu où se faisoit le parlement, et retirèrent M. le prince : s'ils eussent voulu, ils eussent bien faict à la royne ce qu'elle vouloit faire à M. le prince.

Durant ces choses, M. le comte de La Rochefoucault, retournant d'Italie, estoit venu trouver M. le duc, et demeura toujours avec nous jusques à ce que la paix fut conclue, qui fut bientost après, par laquelle, entre autres articles, le roy debvoit payer nos reistres ; mais n'y ayant point d'argent contant, la royne leur offrit de bonnes cautions qu'ils emmèneroient avec eux, ce qu'ils acceptèrent : la royne avoit nommé M. le comte de La Rochefoucault, qui ne faisoit que revenir d'Italie, comme j'ay dict, et M. le comte Descars. M. de Chasteauvieux, beau-frère de M. de Rochechouart, avec lequel j'estois en voyage, me rencontrant de fortune, me dit ladicte résolution de la royne, qui se debvoit exécuter le lendemain, et retenir lesdicts sieurs comtes et les mettre entre les mains des reistres. J'ay trouvé si à propos M. le comte de La Rochefoucault, qui s'estoit desjà acheminé pour aller trouver la royne, logée delà la rivière d'Yonne, auquel je dis ce que M. de Chasteauvieux m'avoit chargé de luy dire, lequel, avec l'advis que luy donnai, tourna bride et s'en vint trouver M. le vicomte de Turenne, qui s'en retournoit à Turenne avec tous les Lymousins. M. de Rochechouart estoit de la partie; nous sceusmes depuis que la royne n'estoit pas bien édifiée de M. le comte de La Rochefoucault, de s'en estre party sans prendre congé d'elle, et fut en délibération de l'envoyer quérir ; mais, sçachant qu'il estoit avec M. de Turenne, qui n'eust pas permis qu'on l'eust emmené contre son gré, le laissa aller, et luy fallut trouver un autre caution.

(1585) Quelque temps après, M. de Marmoustier vint à mourir, qui avoit de beaux bénéfices, et tous en la collation de M. le duc, qui avoit esté esleu duc de Brabant par les estats du pays. M. le comte me despescha en poste vers luy, pour essayer d'avoir lesdicts bénéfices, lequel je trouvai à Anvers le lendemain qu'il y avoit fait son entrée. Luy ayant donné mes lettres et ma créance, qui estoit de luy amener cent gentilshommes bien montés et armés, pour luy faire service aux guerres qu'il avoit contre le roy d'Espagne, il me fit des responses ambiguës pour le regard des bénéfices, acceptant l'offre de cent gentilshommes. M. le comte tint sa promesse, qui luy pensa couster la vie, car il estoit dedans Anvers lors que M. le duc fut contrainct de sortir de la ville.

(1589) Long-temps après survindrent ces malheureuses guerres, et M. de Guyse prisonnier dans le chasteau de Tours, duquel avoit la garde le seigneur du Rouvray, mon beau-frère; et moy, ayant quelques procès en la cour de parlement séant lors à Tours, je ne bougeois quasi d'avec ledict sieur du Rouvray, et par ce moyen estois cognu dudict sieur de Guyse, et fort familier, et qui le plus souvent, avec la permission de mon beau-frère, me faisoit cest honneur de me faire ou disner ou souper avec luy, n'y ayant à sa table que luy et moy, et un exempt des gardes au bas bout,

Or, voyant qu'il me faisoit plus d'honneur que je ne méritois, avec tant de familiarités, je m'advise de l'employer, et le suppliay de vouloir escripre à M. de Mayenne son oncle, affin qu'il fist sortir des soldats que M. de Pompadour avoit mis en ma maison de Venays en garnison, et qu'il me laissast jouir du revenu; lequel me fit response qu'il n'escriproit point à M. de Mayenne, mais qu'il escriproit à M. de Pompadour, et qu'il s'asseuroit que ces lettres auroient autant de vertu que celles de M. son oncle; et, ayant escript, me donna ses lettres, que j'envoye incontinent audict sieur de Pompadour, lequel, tout aussitost, fit desloger la garnison de chez moy.

Le vieillesse ayant pris possession de moy, avec les incommodités dont elle a accoustumé de servir ses vassaux, me contraignit de garder la maison; et, pour comble de malheur, je perdis mon second maistre à ceste malheureuse journée de Sainct-Yrex : cela m'accabla du tout.

Si j'ay inséré en ce discours quelques particularités des combats et rencontres qui se sont faicts en mon temps, et auxquels me suis trouvé, ce n'est pas que je veuille contrefaire l'historien, mais seulement pour réciter ce que j'ay veu à mes enfans, qui verront que je n'ay pas tousjours demeuré à la maison, et que j'ay eu l'honneur d'estre employé envers les grands pour affaires de conséquence, affin qu'ils cherchent les moyens de pouvoir suivre ma trace, et s'acquitter fidellement du service qu'ils doibvent à leurs seigneurs et maistres, comme j'ay faict. Peut-estre seront-ils plus heureux que moy en la récompense de leurs services; non que je me veuille plaindre de mesdicts seigneurs et maistres, qui m'aimoient et honoroient plus que je ne méritois; mais je n'avois pas bien retenu le proverbe, qui dit que service de seigneurs n'est pas héritage. Et sur ce subject diray que MM. le comte de La Rochefoucault, de Randan et de Marmoustier frères, estants un jour à Muret tous trois en une chambre seuls, excepté un secrétaire de M. le comte, nommé Cadenet, lequel estoit en un coing sans estre apperceu d'eux, entre autres propos qu'ils eurent ensemble, tombèrent sur les bons et mauvais serviteurs, qu'il falloit garder les bons et se deffaire des autres; M. de Randan, venant à opiner, dist que quand on avoit un bon serviteur, qu'il ne luy fault jamais faire de bien, mais l'entretenir en bonne espérance et luy faire beaucoup de caresses; « car, disoit-il, si vous luy faictes du bien, il vous quittera aussitost; là où le paissant d'espérance, vous le retenez toujours. » Ledict secrétaire ayant entendu tous ces discours sans estre d'eux apperceu, le lendemain vint trouver M. le comte, auquel il demanda son congé; de quoy M. le comte s'esbahit, et luy demanda l'occasion pourquoy il le vouloit laisser, lequel luy fit response que le service qu'il luy faisoit estoit en intention de avoir récompence, de laquelle se voyant frustré par la résolution que luy et messieurs ses frères avoient prise le jour de devant, de ne point faire de bien à un bon serviteur, estoit l'occasion qui luy faisoit demander son congé. M. le comte voulut r'habiller ses discours, l'asseurant qu'il n'estoit point compris en iceux, et le pria de demeurer, et qu'il ne seroit ingrat à recognoistre ses services; mais il ne fut en la puissance de M. le comte de le retenir, et s'en alla, après toutefois avoir esté bien payé et satisfaict. Ledict Cadenet estoit frère du percepteur de M. le prince, nommé Ozias.

Pour moy, j'ay ce contentement d'avoir fidellement servy mes maistres, et avec cela feray la closture de mon discours, suppliant ceux qui pourront le veoir excuser le subject et le stile, car je ne suis ny historien ny réthoricien; je suis un pauvre gentilhomme champenois qui n'ay jamais faict grande despense au collège, encore que j'aye toujours aymé la lecture des livres.

Fait le 3 septembre 1613, et de mon aage soixante-dix-sept ans, à Sainct-Amand en Angoumois.

FIN DES MÉMOIRES DE MERGEY.

MÉMOIRES

DU

SIEUR FRANÇOIS DE LA NOUE.

CHAPITRE PREMIER.

PREMIERS TROUBLES.

Que ceux de la religion eussent esté prévenus au commencement de la première guerre civile sans l'accident de Vassy.

(1562) Après que l'édict de janvier eut esté résolu et accordé en la présence du roy, par l'advis d'une très-notable compagnie des plus sages politiques de ce royaume, pour donner quelque remède à tant de divers et universels mouvemens, et les reigler sous les loix publiques, la France ne fut pas pourtant du tout remise en tranquillité; tant à cause de l'ardeur qui estoit en ceux de la religion pour s'establir et confermer en la liberté qu'ils avoyent obtenue, que pour la crainte générale des catholiques, qui ne pouvoyent souffrir une telle nouveauté. Une partie des princes et seigneurs tenans ce parti, estant grandement indignés de voir tels accroissemens, firent ligue secrette ensemble en intention de les réprimer. Et comme aucuns d'eux s'acheminoient pour se venir joindre en corps à Paris, survint le désordre de Vassy, où beaucoup de personnes qui estoient au presche furent occises. Et, pource que le fait a esté descrit par les historiens, je n'en feray point davantage de mention. Mon intention est seulement de noter, non tant la tristesse qu'il apporta à ceux de la religion, comme l'instruction qu'ils en prindrent, et le fruict qui en revint. M. le prince de Condé estoit à Paris pour l'establissement de l'exercice public, suivant l'édict du roy, quand il entendit ceste nouvelle, ce qui le fit entrer en consultation avec les plus sages scigneurs et gentilshommes qui lors l'accompagnoient, lesquels jugèrent que ce petit orage estoit un présage certain d'un plus grand, et qu'il convenoit de penser plus loing qu'aux choses présentes. Incontinent, il donna advis à quelques grands de la cour de ce qui estoit advenu, qui en prindrent l'allarme, et luy conseillèrent qu'il cherchast des préservatifs et remèdes pour luy et pour l'estat. Il advertit aussi toutes les églises de France d'estre sur leurs gardes: la pluspart desquelles, imaginans desjà avoir quelque repos asseuré, estoient plus entientives à faire bastir des temples qu'à penser aux provisions militaires pour se défendre. La noblesse de la religion des provinces fut, par ce bruit, merveilleusement réveillée et prompte à se pourvoir d'armes et de chevaux, attendant quel pli prendroient les affaires de la cour et les mouvemens de Paris.

Bientost après arrivèrent en ladite ville messieurs de Guyse, connestable et mareschal de Sainct-André, puis le roy de Navarre, qu'ils avoient attiré à leur ligue, lesquels contraignirent M. le prince de Condé de se retirer en la ville de Meaux, avec une bonne suite de noblesse. Estant là, il envoya en diligence vers messieurs l'amiral et d'Andelot, et leur manda que faute de courage ne l'avoit contraint d'abandonner Paris, ains faute de forces, et qu'ils marchassent en diligence vers luy; car César n'avoit pas seulement passé le Rubicon, mais desjà avoit saisi Rome, et ses estendards commençoient à bransler par les campagnes. Ce qu'ils firent incontinent avec tous leurs amis et équipage, sans toutefois descouvrir les armes, que ceux de la ligue avoient jà descouvertes. Là fallut-il séjourner cinq ou six jours, tant pour délibérer de ce que l'on feroit que pour la cène, qui se célébroit le jour de Pasques. M. l'admiral, qui n'estoit pas novice ès affaires d'estat, prévoyant que le jeu s'alloit eschauffer, remonstra qu'il convenoit se renforcer d'hommes diligemment, ou se préparer à la fuite, et encore craignoit-il qu'on eust beaucoup tardé. Mais comme l'on estoit en tels termes, gentilshommes arrivoient inopinément de tous costés sans avoir esté mandés, de manière qu'en quatre jours il s'en trouva là plus de cinq cens. Ce renfort les fit résoudre de desloger, et à deux fins : l'une, pour essayer de gaigner la cour, et s'installer auprès du roy et de la royne, et, ne le pouvant faire, se saisir d'Orléans, pour là dresser une grosse teste si on venoit aux armes. Ayans donc recueilli en six jours ce qu'ils n'espéroient pas avoir en un mois, ils s'acheminèrent vers Sainct-Cloud, où la troupe se renforça de trois cens bons chevaux, et là ils eurent advertissement que M. de Guyse et ses associés s'estoient emparés de la cour; laquelle diligence, bien à propos pour eux, rompit le premier dessein de M. le prince de Condé, qui y vouloit faire le mesme, et s'authoriser de la faveur du roy, pour la conservation de luy et de ceux de la religion. De Sainct-Cloud ils marchèrent vers Chartres et Angerville, et, par le chemin, rencontrèrent cinq ou six troupes de noblesse; ce qui apporta de l'esbahissement quand on consideroit le soudain rengrossissement de nostre corps, qui n'estoit moindre de mille gentilshommes, qui faisoient bien quinze cens chevaux de combat, plus armés de courage que de corselets. Après on tira vers Orléans, qui fut pris de la façon que les historiens l'ont décrit. Il faut entendre que si M. le prince de Condé se fust trouvé alors avec peu de forces, qu'il eust esté accablé ou assiégé. Mais quand on vit qu'il estoit puissant pour tenir la campagne en sujettion, et qu'il parloit un langage aussi brave à ses adversaires que doux au roy, on ne le pressa pas beaucoup : et, par ce moyen, il eut temps de se prévaloir de plusieurs choses. Voilà le profit qui luy revint de s'estre trouvé fort au commencement.

Aucuns ont pensé qu'on avoit prémédité cecy de long-temps, ou qu'il estoit advenu par la diligence des chefs; mais je puis affermer que non, pour avoir esté présent, et curieux d'en rechercher les causes. Il est certain que la pluspart de la noblesse, ayant entendu l'exécution de Vassy, poussée d'une bonne volonté, et partie de crainte, se délibéra de venir près Paris, imaginant, comme à l'avanture, que ses protecteurs pourroient avoir besoin d'elle. Et, en ceste manière, partoient des provinces ceux qui estoient plus renommés, avec dix, vingt, ou trente de leurs amis, portant armes couvertes, et logeans par les hôtelleries ou par les champs en bien payant, jusqu'à ce qu'ils rencontrèrent le corps et l'occasion tout ensemble. Plusieurs d'entr'eux m'ont asseuré que rien ne les fit mouvoir que cela; et mesme j'ay ouy confesser plusieurs fois à messieurs les princes et admiral que, sans ce bénéfice, ils eussent esté en hasard de prendre mauvais party.

Par cecy, il appert combien de fruit on tire quelquefois des choses dommageables, lesquelles, de prime face apparoissans ruineuses, font néanmoins cognoistre après l'événement qu'elles ont apporté bonne instruction. On peut encore apprendre d'icy, voire les plus grands chefs, de ne trop attribuer à leur prudence en la conduite des affaires, tant publiques que particulières; car, encore qu'elle soit un instrument très-nécessaire, si est-ce que quelquefois elle est comme voilée, ne pouvant, parmi plusieurs voyes et procédures, cognoistre celle qui est la meilleure pour se soustenir quand ces tempestes inopinées surviennent. Et cela arrive afin qu'elle s'humilie, et aille chercher hors d'elle-mesme la cause des bons succès. Sylla, auquel nul de ce siècle ne s'oseroit comparer en science militaire, publioit luy-mesme que par le bénéfice de la fortune il s'estoit garanty et eslevé. Et toutesfois on verra aujourd'hui des gens qui diront que la fortune des anciens payens (qui estoit vaine), et l'ordre que Dieu tient en la conduite des choses inférieures (qui est certain), sont des couvertures qu'on prend pour cacher son ignorance, et que c'est l'homme qui, en se guidant mal ou bien, attire son malheur ou son bonheur, combien que plusieurs expériences y contrarient. On doit repurger son entendement de telles opinions, et se persuader, encore que l'homme pense et délibère, que c'est à Dieu de donner accomplissement à l'œuvre qu'il entreprend.

CHAPITRE II.

A sçavoir si M. le prince de Condé fit un si grand erreur aux premiers troubles, comme plusieurs ont dict, de ne s'estre point saisi de la cour ou de Paris.

Je ne veux poinct nier que beaucoup d'habiles hommes n'ayent eu ceste opinion, et par avanture l'ont encore, laquelle j'ay aussi tenue quelque temps. Mais, après avoir bien repensé et considéré ce qui avint lors que ceste tragédie se commença, et ce qui est survenu depuis, j'ay esté ramené à la cognoissance de choses plus vrayes, qui apparoistront par la suite de mon propos. M. le prince de Condé ayant veu comme son frère, le roy de Navarre, s'estoit laissé peu à peu glisser en une vie délicieuse, et abuser par les vaines et riches promesses et honneurs apparens de ceux qui se mocquoient de luy, si bien qu'il estoit venu à ce poinct de changer de party, dont s'estoit ensuivi un merveilleux refroidissement de plusieurs qui, ouvertement et couvertement, sembloient le favoriser, et davantage d'audace aux liguées de s'y opposer, jugea qu'il ne falloit pas s'appuyer sur un fondement ruiné, et qu'il estoit expédient d'en jetter d'autres ailleurs. Et d'autant que la cour et Paris sont les deux grands luminaires de la France, l'un représentant le soleil et l'autre la lune (sujets toutesfois à s'éclipser), il estima qu'estant peu esclairé de l'un, la clairté de l'autre devoit estre recherchée; et à ceste fin tascha de planter dans Paris la prédication de l'Evangile, afin qu'icelle venant à eschauffer tant de semences cachées, et comme ensevelies dans ceste innumérable multitude de peuple, elles vinssent à produire abondance de fruicts : ce qui apparut bientost après ; car aux assemblées qui se faisoient, il se trouva telle fois jusques à trente mille personnes. Tels beaux commencemens invitoient ceux de la religion de chercher les moyens de s'y establir, à quoi toutesfois ils furent un peu négligens. Mais quand les effets de la ligue se manifestèrent, alors apperceurent-ils clairement qu'ils convenoit faire ce qui, pour avoir trop tardé, n'estoit plus faisable ; cependant ils ne laissèrent de s'y employer avec très petite espérance.

Sur ce fait icy je viens maintenant à dire, après l'avoir examiné, qu'il n'estoit pas facile du commencement, et très-difficile à la fin, de bien exécuter ce dessein en telle façon qu'il eust profité. Je parleray premier de Paris, et monstreray les empeschemens qui s'y fussent trouvés. Chacun sçait que là est le siége de la justice, qui a une merveilleuse authorité. Et comme la faveur d'icelle eust beaucoup servi à ceux de la religion, aussi la desfaveur leur apportoit grande nuisance. Cependant tout ce sénat et sa suite se monstra tousjours ennemy capital d'iceux, excepté très-peu. Le clergé, qui en ceste cité est très-puissant et révéré, enrageoit de voir en public choses qui le touchoient si au vif, et sous main brassoit mille pratiques à l'encontre. Le corps de la maison de ville, craignant les altérations, qu'il estimoit provenir de la diversité de religion, s'efforçoit aussi de la bannir ou reculer. A ceste mesme fin tendoit aussi la pluspart de l'Université, et quasi tout le bas et menu peuple, avec les partisans et serviteurs des princes et seigneurs catholiques. Et en ce que dessus je ne comprens point ceux qui d'ailleurs pouvoient survenir en ladite ville, sinon ceux qui y estoient lors. Quant à la force nerveuse et asseurée dequoy ceux de la religion faisoient estat, elle consistoit en trois cens gentilshommes et autant de soldats expérimentés aux armes; plus, en quatre cens escholiers et quelques bourgeois volontaires sans expérience. Et qu'estoit-ce que cela contre un peuple comme infini, sinon une petite mouche contre un grand éléphant? Je cuide que si les novices des convens, et les chambrières des prestres seulement se fussent présentés à l'impourvue, avec des bastons de cotterets ès mains, que cela leur eust fait tenir bride. Néantmoins avec leur foiblesse ils firent bonne mine, jusques à ce que la force descouverte des princes et seigneurs liguées les contraignit de quitter la partie. Et quand bien on fust venu aux armes dans la ville, comme il estoit difficile qu'en brief on y eust esté contrainct, veu les menées secrettes qui se tramoient, ceux de la religion eussent-ils combattu trois jours, ainsi que firent ceux de Thoulouse? certes non pas trois heures, comme je pense, et n'y avoit moyen de les maintenir, que la présence du roy favorisant son édict. Aucuns ont voulu dire que M. le prince de Condé fit le mesme erreur de Pompée, quand il abandonna Paris. Mais, si on regarde bien, on verra que celuy de Pompée fut sans comparaison plus grand ; car à Rome tout estoit quasi à sa dévotion, où le prince n'avoit à Paris qu'une poignée de gens. Avant qu'approprier les exemples anciens aux faits modernes, on doit premier juger de la similitude qu'il y a entr'eux. Toutes les difficultés susdites me font croire que c'estoit un haut et généreux dessein que de voir establir à Paris l'exercice de la religion ; mais de luy donner fermeté sans le moyen susdit, il estoit comme impossible ; et mesme ce qui s'est passé depuis l'a bien confermé.

A ceste heure voyons la disposition de la cour : il est notoire qu'au temps du colloque de Poissi la doctrine évangélique y fut proposée en liberté ; ce qui causa que plusieurs, tant grands que petits, prindrent goust à icelle. Mais, tout ainsi qu'un feu de paille fait grand flamme, et puis s'esteint incontinent d'autant que la matière défaut, aussi, après que ce qu'ils avoient receu comme une nouveauté se fut un peu envieilly en leur cœur, les affections s'amortirent, et la plupart retourna à l'ancienne cabale de la cour, qui est bien plus propre pour faire rire et piaffer, et pour s'enrichir. Mesme il y eut des huguenots qui se deffroquèrent pour resuivre ceste trace. Il faut estimer que la cour en général est la vraie image du prince ; car, tel qu'il est, telle aussi est sa suite. S'il est sage, elle le sera ; et s'il aime à folastrer, elle l'imitera aussi. Et si un chef de famille, par l'usage, fait que ses enfans et serviteurs forment leurs mœurs au patron des siennes, qu'est-ce donc que fera en sa maison un roy, en la main duquel est l'exaltation et la ruine ? Voilà pourquoy les courtisans voyans que le roy, messieurs ses frères, et la royne leur mère, estoient plus enclinés à la religion catholique, et que le roy de Navarre s'estoit révolté, taschoient aussi de se conformer à eux : ce qui tournoit à la desfaveur du prince de Condé et de ceux qu'il maintenoit. Outre plus, quand bien il fust là arrivé premier que les autres, peu de séjour y eust-il fait sans se rendre odieux ; car proposez à une cour la réformation, ostez-luy ses plaisirs, et l'embrouillez en affaires, elle vous hait à mort. Enfin, ayant beaucoup d'ennemis en icelle, et encores plus dehors, il eust esté mal asseuré ; ce qui me fait croire que le fondement de la cour n'estait pas plus certain que celuy de Paris.

Mais un autre dessein fut tenté par luy, qui ne fut non plus exécuté, auquel y avoit, ce me semble, plus d'apparence : c'estoit d'induire la royne d'aller à Orléans, et y mener le roy. Et quelques historiens disent que cela luy fut proposé lors qu'elle craignoit les mouvemens de la Ligue, et qu'elle y presta l'oreille. Néantmoins tout cela s'en alla en fumée ; mais si les effets s'en fussent ensuyvis, je cuide que les armes se fussent remises au fourreau ; car estant la cour en un lieu où elle ne pouvoit estre surprise, à cause des forces qu'on y eust fait venir, et où elle ne pouvoit estre forcée, pour ce que nul n'eust osé alors entreprendre de faire tirer les canons contre les murailles qui environnoient le roy, on eust là parlé et négocié à cheval, jusques à ce que les affaires eussent été aucunement restablies selon les édicts de pacification ; mais de penser que ce remède eust amorty les guerres, je m'en donneray bien garde. Il suffit s'il les eust dilayées pour quelque peu de temps.

CHAPITRE III.

De trois choses que j'ay remarquées, qui arrivèrent avant que les armées se missent en campagne ; dont l'une fut plaisante, l'autre artificieuse, et la tierce lamentable.

Ceux qui descrivent les grosses histoires, ayans à représenter tant de faits, qui sont en plus grand nombre que ne sont les feuilles en un chesne toufu, ne peuvent pas toujours le faire en notant toutes les particularités qui les accompagnent ; car s'ils s'y vouloient assujettir, pour un volume qu'ils mettent en lumière, ils seroient contraints d'en mettre quatre ; mais ils se contentent seulement de divulguer ce qui est plus mémorable. Et comme en lisant les choses passées, si j'en rencontre quelqu'une, soit petite ou grande, sur laquelle on pourroit dire quelque mot pour la faire mieux gouster, et en tirer un peu de fruict, je me délecte de le faire, mesmement en celles que j'ay veues : ce qui pourra par avanture aucunement servir à l'intelligence de l'histoire ;

qui est la très-riche boutique où ceux qui affectent les beaux ornemens doivent avoir recours, n'estant ce que je mets icy en monstre qu'une petite balle de mercier, en laquelle les marchandises sont de basse valeur; néantmoins je me suis trompé moy-mesme, ou elles ne sont point falsifiées.

Le premier poinct de quoy je parleray sera de la manière qu'arriva M. le prince de Condé et sa suite à Orléans. Il avoit envoyé le jour précédent M. d'Andelot pour se saisir de la ville, où, estant arrivé comme incognu, il apperceut qu'il y auroit de l'empeschement, ce qui le fit envoyer vers ledit seigneur, luy mandant qu'il s'avançast diligemment pour le soustenir, et qu'il y avoit apparence de venir aux armes. Or, tous ne voulans perdre un si bon morceau qu'estoit celuy-là, demandoient non seulement à trotter, mais à courir ; et ce qui fut dit fut aussitost fait; car, à six lieues de là l'esbranlement commença, ayant M. le prince alors, tant en maistres qu'en valets, environ deux mille chevaux; et s'estant luy-mesme mis à la teste, et prins le grand galop, tout ce corps fit le semblable, jusques à ce qu'on fut à la porte. Innumérables gens se trouvoient par les chemins, tant estrangers qu'autres, qui alloient à Paris, qui, voyans le mystère de ceste course, sans que nul leur demandast aucune chose, la pluspart jugeoit du commencement que c'estoient tous les fols de France qui s'estoient assemblés, ou que ce fust quelque gageure; car il n'estoit encores nouvelle de guerre. Mais après y avoir davantage pensé, et considéré le nombre et la noblesse qui là estoit, ils entrèrent en admiration, mais en telle sorte qu'ils ne se pouvoient garder de rire d'un mouvement si impétueux, qui n'abattoit pas les arbres comme les vents de Languedoc, mais qui plustost s'abattoit soy-mesme ; car, par le chemin, on voyoit ordinairement valets portés par terre, chevaux esboités et recrues, malles renversées, ce qui causoit mesme à ceux qui couroient des risées continuelles. Mais ceux qui furent mis ce jour-là hors de la ville plorèrent catholiquement, pour avoir esté despossédés de l'estape des plus délicieux vins de la France.

Quant au second point, la matière est plus grave, d'autant qu'elle consiste en accusations générales et privées, défenses, raisons, et autres artifices pour persuader, avec lesquelles armes tant de grands chefs, par l'espace de deux mois, ne cessèrent de s'entre-combattre, pareillement de conforter et animer leurs confédérés et partisans. Il estoit très nécessaire alors en ces altératione d'estat, si nouvelles et extraordinaires, de lever les mauvaises impressions qui se pouvoyent prendre par ceux qui ignoroient les intentions des entrepreneurs; et s'il y eut bien assailli, il y eut aussi bien défendu. De quoy chacun pourra juger en lisant les actes, tant d'un party que d'autre, qui sont insérés ès annales. Il y en a qui estiment, quand ils ont bonne cause, que d'elle-mesme elle se manifestera à un chacun; ce qui les rend négligens à publier ce qui en est: en quoy ils faillent; car, encore que les choses justes et véritables avecques le temps monstrent toujours leur lumière, toutesfois, en plusieurs occurrences, il est nécessaire de l'anticiper, et que tost on cognoisse ce qui ne laisseroit d'estre cognu plus tard; mais il n'en arriveroit tant de fruit. Et tout ainsi que les mauvaises herbes suffoquent les bonnes si on ne les arrache, aussi qui ne rembarre les calomnies qu'ordinairement les adversaires objectent à l'encontre de ce qui est bon, sans doute il se verroit souvent supprimé. Outre plus, on acquiert davantage de support après au vray déclaré, en quelque affaire que ce soit, qu'on y marche de pied droit, et qu'on y besogne de main équitable. Somme, en ce siècle icy les hommes sont si paresseux aux devoirs publics, que, si on ne les excite de parole sur parole, ils demeurent immobiles. Ceux desquels la cause n'est guères bonne plus de besoin ont-ils d'artificieux langage, pour pallier ce qui estant descouvert la rendroit désfavorisée. Je cuide aussi qu'ils n'ont pas la langue engourdie. Par où on peut voir que l'éloquence est comme un cousteau à deux tranchans : mais, quoiqu'on die, si est bien difficile de desguiser le faux et d'obscurcir le vray.

Le troisiesme point est de l'abouchement qui fut fait auprès de Toury en Beausse, par la royne, le roy de Navarre et le prince de Condé, pour adviser aux moyens d'apaiser les différens survenus. Plusieurs pensoyent que la présence et communication des grands auroit plus d'efficace que les ambassades si souvent envoyés de part et d'autre. Et encore qu'il y ait quelquefois du péril aux entrevues, nonobstant elle laissa d'estre accordée, veu les instances qu'en faisoit la royne, avecques les limitations qui s'ensuivent: Que de chacun costé on ne pourroit amener que cent gentilshommes avec armes et lances, que nulles troupes n'approcheroyent plus près du lieu ordonné que de deux lieues, et que trente chevaux légers, de part et d'autre, six heures devant que s'aboucher, descouvriroyent la campagne, laquelle est, en cest endroit, raze comme la mer. A l'heure dicte, la royne se trouva à cheval en la place assignée avec le roy de Navarre, où M. le prince et M. l'admiral, aussi à cheval, la furent trouver; et là traitèrent des choses publiques par ensemble. Cependant les deux troupes, qui estoient composées d'une eslite d'hommes, et la pluspart seigneurs, firent alte à huit cens pas les uns des autres. Le mareschal d'Amville commandoit à l'une, et le comte de La Rochefoucault à l'autre. Or, après qu'elles se furent contemplées demy-heure, chacun désireux de voir, l'un son frère, l'autre son oncle, son cousin, son amy ou ses anciens compagnons, demandoit licence aux supérieurs, ce qu'on obtenoit avec peine, pource qu'il avoit esté défendu qu'on s'accostast, de crainte de venir aux injures et après aux mains. Mais tant s'en faut que querelles s'en ensuivissent, qu'au contraire ce ne furent que salutations et embrassades de ceux qui ne se pouvoient garder de monstrer signes d'amitié à ceux que la parenté ou l'honnesteté avoit auparavant liés ensemble, nonobstant les marques contraires que chacun portoit; car la troupe qui accompagnoit le roy de Navarre estoit vestue de casaques de velours cramoisi et banderolles rouges, et celle du prince de Condé de casaques et de banderolles blanches. Les catholiques, qui imaginoient que ceux de la religion fussent perdus, les exhortoient de penser à eux, et ne s'obstiner pas à donner entrée à ceste misérable guerre, en laquelle il faudroit que les propres parens s'entre-tuassent. Eux respondoient l'avoir en détestation, mais qu'ils estoient assurés, s'ils n'avoient recours à la défense, qu'on les traiteroit de la mesme façon de plusieurs autres de la religion, qui avoient esté cruellement occis en plusieurs endroits de la France. Bref, chacun s'incitoit à paix, et à persuader les grands d'y entendre. Aucuns, qui, un peu à l'escart, considéroient ces choses plus profondément, déploroient le discord public, source des maux futurs; et quand ils venoient encores à repenser en eux-mesmes que toutes les caresses qu'on s'entre-faisoit seroient converties en meurtres sanglans, si les supérieurs donnoient un petit signe de combattre, et que, les visières estans abatues, et la prompte fureur ayant bandé les yeux, le frère quasi ne pardonneroit à son frère, les larmes leur sortoient des yeux. Je me trouvay là du costé de ceux de la religion, et puis dire que j'avois de l'autre part une douzaine d'amis que je tenois chers comme mes propres frères, et qui me portoient une affection semblable. Cependant la conscience et l'honneur obligeoient un chacun de ne manquer ny à l'un ny à l'autre : les amitiés particulières estoient encores vives alors; mais depuis que les grands maux vindrent à avoir cours, et les conversations à se discontinuer, elles s'allèrent amortissant en plusieurs. La royne et le prince de Condé, après avoir conféré deux heures ensemble, ne se pouvant accorder, se retirèrent, chacun bien marry que meilleur effect ne s'en estoit ensuivy.

CHAPITRE IV.

De la promesse que fit M. le prince de Condé à la royne, un peu légèrement, de sortir hors du royaume de France, et de ce qui empescha qu'elle ne fust accomplie.

Après que de toutes parts bon nombre de gens de guerre des ordonnances furent arrivés à Paris, et partie de la vieille infanterie, le roy de Navarre, messieurs de Guyse et connestable, qui mesprisoient les forces de ceux de la religion comme tumultuaires, s'estimèrent assez puissans pour leur faire peur, et, en corps d'armée, s'acheminèrent vers Chasteaudun. Ce qu'entendant M. le prince, il demanda advis aux chefs de guerre qui l'accompagnoient de ce qu'on devoit faire; tous unanimement dirent, puisqu'on avoit monstré jusques alors une si brave contenance de paroles et de fait, et après, sur le principe de la guerre, qu'on se laissast enclorre et assiéger dedans une ville, ce seroit un acte qui porteroit quelque tesmoignage de lascheté, et qui desfavoriseroit grandement les affaires de ceux de la religion, tant envers les nations estrangères qu'envers ceux de la France qui tenoient le mesme party; veu mesmement que les forces qu'on avoit desjà ramassées approchoient de six mille soldats à pied et deux mille chevaux, et que, par le rapport des espies, les ennemis n'avoient encores que quatre mille hommes de pied et trois mille lances; lesquels, combien qu'ils fussent mieux equippés d'armes, cependant les autres ne leur estoient inférieurs en courage; doncques que rien ne devoit empescher qu'on ne se mist promptement aux champs, et, si l'occasion s'offroit, combattre les ennemis; car on n'en auroit jamais meilleur marché, d'autant que le temps alloit accroissant leurs forces.

Cela arresté, on s'alla camper à une lieue et demie d'Orléans, où nouveaux ambassadeurs vinrent de la part de la royne pour commencer les parlemens; car, tant d'un costé que d'autre, on redoutoit merveilleusement les désolations universelles qui surviendroient, la guerre s'attachant une fois. Aux deux premiers qui se firent, on disputa asssez sans en tirer grande résolution, sinon qu'il fust arresté que les princes et seigneurs catholiques liguès se retireroient en leurs maisons, et puis le prince de Condé obéiroit à ce qui lui seroit commandé de la part du roy pour le bien du royaume. Tost après, ils s'acheminèrent jusques à Chasteaudun seulement, et ne passèrent outre, et présumoient ceux de la religion que ce fust une feinte. Aucuns ont voulu dire que, auxdits parlemens, le prince de Condé s'exposoit trop au péril; mais il y fut tousjours plus fort que les autres, et les siens très-vigilans pour n'estre trompés. Néantmoins, ils ne se purent exempter de l'estre en un poinct, et trop à la bonne foy, en ce qu'ils consignèrent la ville de Boisgency (qui pourtant ne valoit rien) au roy de Navarre pour sa seureté, venant parlementer, laquelle ne leur fut restituée: ce qui les anima merveilleusement, et cognurent qu'il falloit négocier de là en avant la bride en la main. Or, comme il venoit chacun jour quelqu'un vers M. le prince de Condé de la part de la royne pour le disposer à la paix, de quoy elle se monstroit aussi très-désireuse, avint que l'évesque de Valence y fut aussi employé [1], lequel estoit un personnage excellent en doctrine et éloquence, quand il vouloit faire paroistre l'une et l'autre. Il l'amadoua si bien de beau langage, qu'il luy redoubla le désir d'entrer en un bon accord, et finalement luy dit, d'autant que luy estoit calomnié de plusieurs comme autheur de cette guerre, qu'il devoit faire reluire sa justification par toutes belles offres et beaux effets, afin qu'à luy, ny à la cause qu'il maintenoit, on n'imputast la coulpe des misères futures, et que s'il offroit à la royne, au premier pourparler (plustost que de voir ce royaume exposé au feu et au sang), de sortir hors d'iceluy avecques ses amis, qu'elle ne sauroit que respondre, ny moins encor ses ennemis, qui avoient promis de se retirer en leurs maisons, et que de ceste ouverture il se pourroit ensuivre quelque bonne résolution qui feroit cesser les armes; lesquelles posées, toutes choses après se pourroient restablir avec facilité. Ayant parlé il se retira, laissant audit prince (qui se faschoit d'estre contraint d'entrer en guerre contre sa propre nation) quelque impression de suivre ce conseil. Il le communiqua à quelques-uns qui aimoient la pacification, qui ne le réprouvèrent.

Deux jours après, il fut accordé qu'il iroit trouver la royne à une lieue et demie de là, pour essayer encores si on pourroit effectuer quelque chose: ce qui fut fait. Et, après plusieurs longs propos, enfin M. le prince luy fit l'offre ci-devant récitée (qui estoit de sortir hors du royaume), pour luy rendre tesmoignage du zèle qu'il avoit à le voir tranquille. Mais sa dernière parole ne fust pas si tost achevée, qu'elle le prit incontinent au mot, luy disant que c'estoit le vray moyen pour remédier aux maux qu'on craignoit; dont toute la France luy en seroit redevable, et que la majorité du roy estant venue, il remettroit toutes choses en bon estat, tellement que chacun auroit occasion de s'en contenter. Et combien que ce prince ne fust pas aisé à estonner, ny sans réplique, si fut-il estonné à ce coup, ne pensant pas qu'on le deust « prendre au

---
[1] Frère du maréchal Montluc. Sans renoncer au catholicisme, il se maria et eut un fils qu'il fit légitimer.

pied levé, » comme l'on dit. Et d'autant qu'il commençoit à se faire tard, elle luy dit qu'elle renvoyeroit le lendemain vers luy pour sçavoir les conditions qu'il demanderoit. Elle se départit avec bonne espérance, et le prince se retira en son camp, riant, mais entre les dents, avec les principaux de sa noblesse qui avoient entendu le discours. Les uns se grattoient la teste, qui ne leur démangeoit pas, les autres la bransloient; cestuy-cy estoit pensif, et les jeunes gens se mocquoient les uns des autres, s'attribuans chacun un mestier, à quoy ils seroient contraints de vaquer pour avoir moyen de vivre en pays estrange. On arresta au soir que le lendemain on assembleroit les chefs pour prendre advis sur ce fait si important.

Le matin venu, on entre au conseil, où M. l'admiral dit, pource que le fait touchoit à tous, qu'il luy sembloit qu'on le devoit communiquer à tous: ce qu'on fit. Et envoya-t-on les colonels et capitaines pour tirer les avis, tant de la noblesse que de l'infanterie. Mais incontinent tous respondirent que la terre de France les avoit engendrés, et qu'elle leur serviroit de sépulture, et tant qu'ils auroient une goutte de sang, qu'ils ne l'espargnoient pour la défense de leur religion; au reste, que M. le prince se souvinst de la promesse générale qu'il leur avoit faite de ne les abandonner. Cecy estant rapporté au conseil, hasta la conclusion de ceux qui y délibéroient, qui, voyans la disposition publique, furent encore plus fortifiés en leurs opinions, qui se conformèrent à icelle. Mesmes il n'y en eut que trois ou quatre qui parlèrent, veu que le fait estoit si clair; et me ressouvient encore aucunement de quelques particularités qui furent dites. M. l'admiral remonstra à M. le prince, encore qu'il pensast que la royne, en l'acceptation de son offre, n'y procédoit point de mauvaise intention, ains que le désir qu'elle avoit de tirer l'estat de misère la faisoit rechercher tous expédiens, toutefois qu'il estimoit que ceux qui avoient les armes en la main la circonvenoient pour le circonvenir; qu'il ne devoit ny ne pouvoit effectuer ce qu'on luy avoit proposé et qu'il avoit promis de faire, car il s'estoit lié auparavant par plus estroites obligations, et que s'il s'absentoit il perdroit entièrement sa réputation, et condamneroit la cause qu'il avoit embrassée, laquelle, outre sa justice, estant auctorisée par édict du roy, devoit estre maintenue, et n'y falloit espargner la vie. M. d'Andelot parla ainsi: « Monsieur, l'armée des ennemis n'est qu'à cinq petites lieues d'icy. Si elle voit peur, desmembrement, ou autre altération entre nous, elle nous ménera jusques dedans la mer Océane à coups de lance et à coups d'espée. Si vous nous abandonnez maintenant, on dira que c'est par crainte, laquelle (comme je sçay) ne logea jamais dans vostre cœur. Nous sommes vos serviteurs, et vous nostre chef: ne nous séparons donc point, veu que nous combattons pour la religion et pour nos vies. Tant de parlemens qui se sont faits ne sont que piperies, veu les effects qui apparoissent ailleurs. Le meilleur remède pour estre bientost d'accord, est qu'il vous plaise de nous mener à demy-lieue de ceux qui désirent que nous sortions hors du royaume, et paraventure qu'une heure après on en verra sortir quelque bonne résolution, car nous ne serons jamais bons amis que nous n'ayons un peu escrimé ensemble. » Le sieur de Boucard s'avança après, qui estoit un des plus braves gentilshommes de ce royaume, et qui avoit du feu et du plomb en la teste. « Monsieur, dit-il, qui laisse la partie la perd, et qui la remet: laquelle reigle est encores plus vraye au fait que nous manions qu'au jeu de la paume. J'ai desjà cinquante ans sur la teste, qui est pour avoir acquis un peu de prudence: voilà pourquoi il me fascheroit fort de me voir en pays estrange, me proumener avec un cure-dent en la bouche, et que cependant quelque petit affetté, mien voisin, fist le maistre dans ma maison, et s'engraissast du revenu. Qui voudra s'en aller s'en aille: quant à moy, je mourray en ma patrie pour la défense des autels et des foyers. Parquoy, monsieur, je vous supplie et conseille de n'abandonner tant de gens de bien qui vous ont eslu, et de faire vos excuses à la royne, et nous employer bientost, cependant que nous avons envie de mordre. » Il y eut après cela peu de langage, sinon une approbation de tous. Mais M. le prince prit la parole, et, pour la justification de son offre, dit qu'il l'avoit faite voyant qu'on le vouloit tacitement taxer d'estre cause de la guerre, et que si son absence pouvoit apporter la paix, qu'il l'estimeroit bien heureuse, car il n'avoit point son particulier en recommandation, toutefois qu'il appercevoit bien, voyant les forces ennemies si prochaines, et la résolution qu'ils avoient prise, que son humilité seroit prise et réputée d'eux à lascheté, et qu'elle n'apporteroit aucun repos, ains plustost ruine à la cause qu'il maintenoit, et qu'il estoit délibéré de suivre leur conseil, et de vivre et mourir avecques eux. Cela dit, chacun se toucha en la main pour confirmation. Au sortir du conseil, Théodore de Bèze et quelques-uns de ses compagnons luy firent une très-sage et belle remonstrance, pour le conforter en sa résolution, luy alléguans les inconvéniens qui s'en suivroient de se séparer, et le supplièrent de ne laisser point l'œuvre encommencée, à laquelle Dieu donneroit perfection, puis qu'il y alloit de son honneur. Au mesme temps arriva au camp, de la part de la royne, M. de Fresne (Robertet), secrétaire des commandemens, pour remporter les conditions que ledit sieur prince demanderoit pour son issue ; auquel il respondit que l'affaire estoit de poids, et qu'il n'estoit encores résolu, d'autant que plusieurs murmuroient, et, la conclusion prise, on la feroit sçavoir à la royne, ou luy-mesme la luy porteroit. Robertet cognut au langage de quelques particuliers, qu'il y avoit du changement, et s'en retourna retrouver la royne, pour l'advertir qu'il falloit autre chose que du papier pour le mettre dehors, laquelle se retira après.

De ce fait icy les princes et les grands doivent tirer instruction de ne s'obliger de promesse en affaires qui sont de poids, sans avoir premier bien consulté avec les sages ; car, encor qu'on soit poussé de bonne intention, cela n'empesche pas qu'on ne choppe en quelque manière, en ce que la soudaineté fait négliger plusieurs circonstances qui se doivent considérer, et quand bien un observeroit tout ce qui est requis, si est-ce que plusieurs le peuvent encores mieux faire. La dignité de la cause qui s'agit est aussi quelquefois telle, et la quantité des associés si grande, qu'il faut mesmes que les supérieurs déférent à l'un et à l'autre. Ils doivent aussi imaginer que ceux à qui on promet, bien que ce soient choses desraisonnables, ne laissent de se tenir offensés et de se plaindre, s'ils voyent qu'on manque à l'accomplissement d'icelles.

CHAPITRE V.

Par quelle action la guerre commença à s'ouvrir manifestement entre les deux armées.

Pendant que les pourpalers dont il a esté fait mention se continuoient, il y eut quasi tousjours des suspensions d'armes d'une part et d'autre ; qui causa qu'on n'entreprint rien ès environs de Paris et d'Orléans. Mais ayant, le prince de Condé et les siens, cognu que les paroles estoient trop foibles pour remédier aux altérations présentes, il détermina d'y adjouster les effets. Parquoy, incontinent après que la résolution fut prise sur l'offre faite à la royne, il retira à part sept ou huit des principaux capitaines, pour adviser aux moyens plus propres pour venir aux mains avec les ennemis ; car les trefves estoient faillies le jour précédent. Tous opinèrent qu'il les falloit prévenir par diligence, veu que deux choses favorisoient grandement : l'une, que messieurs de Guyse, connestable et mareschal de Sainct-André estoient alors absens de l'armée, et n'y avoit que le roy de Navarre qui y fust ; l'autre, que les compagnies des gensd'armes logeoient fort escartées du corps d'icelle ; que de marcher le jour vers eux, leurs chevaux légers ou leurs fourrageurs leur donneroient advertissement, mais faire une grande diligence la nuit, et arriver à la diane, indubitablement on les surprendroit ; et combien qu'ordinairement on ne vist guères donner de camisades aux armées, d'autant plus faciles à exécuter estoient-elles pource qu'on s'en gardoit moins ; et, quant au chemin, qu'il estoit très-facile, n'ayant que campagne rase jusques à eux.

Une heure après, le camp partit, et arriva à La Ferté de bonne heure, où les chefs dirent aux capitaines leur intention, afin qu'ils fissent vestir leurs soldats de chemises, et les disposassent à se bien porter en ceste magnanime entreprise. Sur les huict heures du soir les troupes estoient jà aux champs, lesquelles, après avoir fait les prières publiques (selon la coustume d'alors de ceux de la religion), se mirent à marcher avec une ardeur de courage que je puis affermer avec vérité n'en avoir jamais veu en gens de guerre de plus grande. Avant le deslogement se commit un acte très-vilain d'un forcement de fille par un gentilhomme, dont la qualité et la brièveté du temps empeschèrent de faire le chastiment; ce qui fit que beaucoup de gens de bien prindrent de là un mauvais présage de l'entreprise. L'ordre qui fut donné pour combattre estoit tel, car on présumoit surprendre les ennemis dans le logis. Premièrement, M. l'admiral marchoit à la teste avec huict cens lances, et devoit renverser toute la cavallerie qu'il rencontreroit en armes; après suivoient douze cens harquebusiers en quatre troupes, ayant charge d'attaquer les corps de garde de l'infanterie ennemie, puis donner dans leur quartier; après marchoient huit cens harquebusiers pour se saisir de l'artillerie, suivis de deux gros bataillons de picques; puis M. le prince de Condé venoit avec plus de mille chevaux en quatre esquadrons, avec le reste de l'arquebuserie. Il faut entendre que, partant à l'heure qu'on fit par raison, on devoit arriver au logis des ennemis à trois heures du matin; car il n'y avoit que belle campagne, et nuls passages étroits, et en une heure et demie les gens de pied pouvoient faire une lieue: mais après en avoir marché deux, les guides recognurent qu'ils s'estoient escartés du chemin, et, en pensant se redresser, ils se fourvoyèrent davantage, demeurans comme esperdus, sans sçavoir où ils estoient, au grand déplaisir des chefs. Somme, qu'ayans cheminé jusques à une grande heure du jour, on trouva qu'on estoit encor à une lieue du camp des ennemis, duquel les batteurs d'estrade, ayans apperceu la teste de l'armée du prince, retournèrent en toute diligence y donner une chaude allarme. On prit conseil de ce qu'il convenoit faire; mais en ces entrefaites on entendit les canonnades redoublées qui se tiraient dudit camp pour signal à leur cavalerie de s'y venir joindre : ce qui fit rompre le dessein de passer outre, veu qu'on était descouvert et qu'il y avait encores loin à marcher; mais s'il n'y eust eu que demy-lieue, on avoit délibéré de passer outre et combattre. Voilà comment une entreprise, qui en apparence estoit bien certaine, fut toute rompue.

Je me suis enquis à quelques suffisans capitaines qui estoient en l'armée contraire, ce qu'ils pensoient qui eust deu succéder si ceux de la religion fussent arrivés à temps. Ils m'ont confessé qu'ils eussent combattu; cependant qu'ils estoient prévenus, estant séparés de leurs chefs plus affectionnés, et de la pluspart de leur cavalerie. M. le mareschal d'Amville estoit logé à la teste de l'armée catholique avec la cavallerie légère, qui est un très vigilant et entendu chef de guerre, lequel m'a dit aussi avoir esté en armes et en cervelle bonne partie de la nuict; néantmoins si tout le gros eust donné à temps, que leur armée estoit en hasard; de quoy il ne faut faire aucune doute, car encore que les événemens militaires soient fort incertains, si est ce que le désavantage d'estre surpris monstroit une apparente perte de celuy qui se laissoit surprendre. Toute la coulpe fut jettée sur les guides, lesquels, pour s'excuser, disoient que M. d'Andelot, ayant dès le partir du logis mis son infanterie en bataillons, cela l'avoit rendue plus tardive à marcher. Mais j'estime que telle excuse estoit plus subtile que véritable, veu qu'il n'y avoit ny haye ny buisson qui donnast empeschement. Toutefois elle auroit eu poids si le pays eust été plus serré. Les deux armées demeurèrent en ordre, combien qu'elles fussent un peu esloignées l'une de l'autre, jusques à deux heures après midi. Après, M. le prince de Condé s'alla loger à Lorges, distance d'une petite lieue d'eux; et le roy de Navarre manda en toute diligence à messieurs de Guyse et connestable, qui estoient à Chasteaudun, ce qui estoit survenu; lesquels le vindrent trouver incontinent. Or, eux craignans d'estre assaillis de nuict, à cause que l'armée du prince de Condé estoit forte de gens de pied, et que leur logis estoit mal propre pour la cavallerie, ils firent mettre à la teste de leur place de bataille, sur l'avenue, cinq ou six gros monceaux de fagots avec force paille dessous, pour y faire mettre le feu si on les alloit attaquer, afin qu'à la clarté de ceste lumière l'on peust tirer trois ou quatre volées d'artillerie, ce qui eust grandement endommagé les assaillans. Aucuns y a qui desdaignent telles inventions, néantmoins elles peuvent servir quelquefois. Le lendemain, ils se mirent encor en bataille sans se voir, et n'y eut que les chevaux légers qui escarmouchèrent. Mais les chefs des deux costés, voyans qu'il estoit bien malaisé de s'entre-surprendre, et leurs logis estre fort incommodes, attirés aussi par une espèce de nécessité de prendre quelques villes qui leur servoient grandement pour la continuation de la guerre, comme Blois et Boisgency, chacun envoya son bagage et artillerie vers icelles dès le matin, et après le midi les armées s'y acheminèrent, se séparant en ceste sorte sans combat ni perte.

Je veux raconter un accident qui survint deux heures après ce départ, que, s'il fust advenu lorsqu'elles estoient plus voisines, paravanture le prince de Condé eust esté en danger d'estre desfait : ce fut une pluye et un orage, qui dura près d'une heure, si horrible, que je sçay entre quatre mille harquebusiers qu'il y avoit, dix n'eussent peu tirer ; et si la pluspart se retirèrent pour chercher le couvert, qui estoit une occasion à souhait qui présentoit la victoire aux catholiques, tant pource qu'ils estoient puissans en cavallerie, que pource que le vent et la pluye donnoient si vivement au visage de leurs contraires, que les plus mordans d'eux estoient bien empeschés de résister à cette fureur du temps. C'est ici au vray ce qui se passa du costé de ceux de la religion en cette expédition. Mais les particularités qui survindrent en l'armée du roy de Navarre, il appartient proprement à ceux qui estoient en icelle, et peuvent les avoir sceues, de les descrire.

CHAPITRE VI.

De la bonne discipline qui fut observée parmy les bandes, tant de cheval que de pied, de M. le prince de Condé, seulement l'espace de deux mois ; puis de la naissance de la picorée.

Alors que ceste guerre commença, les chefs et capitaines se ressouvenoient encores du bel ordre militaire qui avoit esté practiqué en celles qui s'estoient faites sous le roy François et Henry son fils, et plusieurs soldats en estoient aussi mémoratifs ; pour laquelle occasion il semble que ceux qui prindrent les armes se contenoient en leur devoir. Mais ce qui eut plus de force à cest effet, furent les continuelles remonstrances ès prédications, où ils estoient admonestés de ne les employer à l'oppression du pauvre peuple ; et puis le zèle de la religion, dont la plus grande part estoit menée, avoit alors beaucoup de vigueur. De manière que, sans aucune contrainte, chacun se bridoit volontairement, pour ne commettre poinct ce que souventes fois l'horreur des supplices ne peut empescher ; et principalement la noblesse se montra, à ce commencement, très-digne du nom qu'elle portoit ; car, marchant par la campagne, où la licence de vivre est sans comparaison plus grande que dans les villes, elle ne pilloit poinct, ny ne battoit ses hostes, et se contentoit de fort peu ; et les chefs et la pluspart d'icelle, qui de leurs maisons avoient apporté quelques moyens, payoient honnestement. On ne voyoit point fuir personnes des villages, ny n'oyoit-on ne cris ne plaintes. Somme, c'estoit un désordre très-bien ordonné. Quand il se commettoit un crime en quelque troupe, on bannissoit celuy qui l'avoit commis, ou on le livroit ès mains de la justice, et les propres compagnons n'osoient pas mesmes ouvrir la bouche pour excuser le criminel, tant on avoit en détestation les meschancetés et estoit-on amateur de vertu. Au camp de Vaussoudun, près Orléans, où le prince de Condé séjourna près de quinze jours, l'infanterie fit voir qu'elle estoit touchée du mesme sentiment. Elle estoit logée en campagne, et le nombre des enseignes ne passoit trente-six.

Je remarquay alors quatre ou cinq choses notables : la première est qu'entre ceste grande troupe on n'eust pas ouy un blasphesme du nom de Dieu ; car lorsque quelqu'un, plus encore par coustume que par malice, s'y abandonnoit, on se courrouçoit asprement contre luy, ce qui en réprimoit beaucoup ; la seconde, on n'eust pas trouvé une paire de dez ny un jeu de cartes en tous les quartiers, qui sont des sources de tant de querelles et de larcins : tiercement, les femmes en estoient bannies, lesquelles ordinairement ne hantent en tels lieux, sinon pour servir à la dissolution ; en quatrième lieu, nul ne s'escartoit des enseignes pour aller fourrager, ains tous estoient satisfaits des vivres qui leur estoient distribués, ou du peu de solde qu'ils avoient receu. Finalement, au soir et au matin, à l'assiette et lèvement des gardes, les prières publiques se faisoient, et le chant des psalmes retentissoit en l'air : esquelles actions on remarquoit de la piété en ceux qui n'ont pas accoustumé d'en avoir beaucoup ès guerres. Et combien que la justice fust alors sévèrement exécutée, si est-ce que peu en sentirent la rigueur, pource que peu de desbordemens parurent. Certainement plusieurs s'esbahissoient de voir une si belle disposition, et mesmement une fois feu mon frère le sieur de Telligny et moy, en discourant avec M. l'admiral, la prisions beaucoup. Sur cela il nous dit: « C'est voirement une belle chose moyennant qu'elle dure; mais je crains que ces gens icy ne jettent toute leur bonté à la fois, et que d'icy à deux mois il ne leur sera demeuré que la malice. J'ay commandé à l'infanterie longtemps, et la cognois; elle accomplit souvent le proverbe qui dit de jeune hermite vieux diable. Si celle-cy y faut, nous ferons la croix à la cheminée. » Nous nous mismes à rire, sans y prendre garde davantage, jusques à ce que l'expérience nous fit cognoistre qu'il avoit esté prophète en cecy.

Le premier désordre qui arriva fut à la prise de Boisgency, qui fut emportée des Provençaux par deux trous qu'ils firent à la muraille, à la sappe; là où ils exercèrent plus de cruauté et de pillerie sur ceux de la religion habitans d'icelle, qui n'avoient peu sortir, que contre les soldats catholiques qui la défendoient: mesmement il y eut des forcemens de femmes. Cet exemple servit de planche aux Gascons, qui monstrèrent, quelque temps après, qu'ils ne vouloient pas estre surmontés à jouer des mains. Mais le régiment de M. d'Yvoy, qui estoit tout de François, s'escrima encore mieux que les deux autres, comme s'il y eust eu prix proposé à celuy qui pis feroit. Ainsi perdit nostre infanterie son pucelage, et de ceste conjonction illégitime s'ensuivit la procréation de mademoiselle La Piçorée, qui depuis est si bien accrue en dignité qu'on l'appelle maintenant madame. Et si la guerre civile continue encore, je ne doute point qu'elle ne devienne princesse. Ceste perverse coustume s'alla incontinent jetter au milieu de la noblesse, une partie de laquelle, ayant gousté des premières friandises qu'elle administre, ne voulut plus se repaistre d'autre viande. Et en ceste manière le mal, de particulier, devint général, et alla toujours de plus en plus infectant le corps universel. J'ay souventes fois veu adjouster des remèdes pour penser corriger la malignité de ceste humeur; mais combien qu'ils profitassent aucunement, si n'avoient-ils la force de la forcer. Entre autres, M. l'admiral ne s'y est point espargné, qui estoit un fort propre médecin pour guérir ceste maladie, car il estoit impiteux; et ne falloit point par excuses frivoles penser eschapper estant coupable, car elle n'estoient point valables devant luy. Au voyage qu'il fit en Normandie, il fut adverty qu'un capitaine d'argoulets avoit saccagé un village, où il envoya incontinent, et ne peut-on attrapper que le chef et quatre ou cinq soldats, qui receurent leur condamnation incontinent, et les fit attacher bottés et esperonnés, et la casaque sur le dos, avec le drapeau pour enseigne. Et puis, pour enrichir le trophée, il leur fit mettre aux pieds les dépouilles conquises, comme robes de femmes, linceux, nappes, entremeslés de poules et de jambons; ce qui servit d'advertissement et d'escrit en grosses lettres à tous ceux qui se mesleroient de mesme métier, de ne se gouverner comme ceux-là. On ne vit jamais gens plus sages qu'on fut après, tant qu'un mois dura. Mais on retourna depuis à l'exercice des bonnes coustumes, que sans sévérité on ne sçauroit faire oublier. Je diray aussi en faveur des bandes catholiques, qu'elles estoient aussi à ce commencement bien policées et peu mal-faisantes au peuple, entre lesquelles la noblesse reluisoit. Mais de dire combien de temps elles persévérèrent, je ne sçay pas bonnement: toutefois j'ay entendu qu'elles mirent tout incontinent les voiles au vent, et prindrent la mesme route des autres. Encores que quelquefois nos désordres nous aprestent à rire, si est-ce qu'il y a bien plus d'occasion d'en plorer, voyant un si grand nombre de ceux qui manient les armes mériter, par leurs mauvais comportemens, de porter plustost le nom de brigands que de soldats.

CHAPITRE VII.

Pour quelles raisons l'armée de M. le prince de Condé se dissipa après la prise de Boisgency; et comme il tourna ceste nécessité en utilité; et du dessein de celle du roy de Navarre.

Les principaux capitaines du party de ceux de la religion, qui avoient connaissance des affaires du monde, prévoyoient bien que leur armée ne demeureroit pas long-temps en corps, pource qu'une partie des fondemens nécessaires défailloit, et craignoient ceste dissipation comme on craint qu'un grand chesne qui est esbranlé des vents ne fasse sa cheute sur quelque muraille pour la briser, ou accabler sous soy quantité d'autres petits arbrisseaux portant fruict. Pour ceste occasion avoient-ils tousjours conseillé qu'on tentast le combat lors qu'on estoit en vigueur, à quoy on faillit. Or, après la prise de Boisgency, qu'on vit que l'armée contraire s'estoit placée à Blois, qui est située sur le beau fleuve de Loire, et que la guerre s'en alloit tirer à la longue, l'ardeur première commença à s'atiédir. Aussi vindrent lors à faillir les moyens pour soudoyer les gens de guerre, lesquels avoient desjà consumé tous ceux qu'on avoit peu ramasser, tant à Orléans qu'autres endroits. Ceste nécessité ouvrit la porte à plusieurs mescontentemens; la pluspart desquels avoient des fondemens fort légers, combien que le principal mouvement procédast de l'impatience naturelle de la nation françaises, laquelle, ne voyant promptement les effects qu'elle a imaginés, se desgouste et murmure. Je ne veux point céler qu'aucuns mesmes des principaux de la noblesse, trop amateurs de leurs biens ou ayans des espérances un peu ambitieuses, ou pour estre trop délicats, voulans cacher ces défauts, mirent en doute la justice de la guerre. Ce qu'ayant esté cognu, on les pria de se retirer, de peur que leurs propos n'altérassent la volonté des autres. Et quant au gros de la noblesse, qu'on ne pouvoit entretenir ny placer ès garnisons voisines, et qui pouvoient servir ailleurs, on avisa de les employer en leurs provinces, où les afaires balançoient entre ceux de la religion et les catholiques, et principalement en Poictou, Xaintonge et Angoumois. Là envoya-t-on le comte de La Rochefoucault, à Lyon le sieur de Soubise, et à Bourges le sieur d'Ivoy avec son régiment. Et d'autant que c'estoit une chose notoire que les Allemans, Suisses et Espagnols entroient jà en France pour le secours des catholiques, M. d'Andelot fut aussi envoyé en Allemagne, et le sieur de Briquemaut en Angleterre, pour tirer de là ce qu'on pourroit de faveur et d'aide. Par ce moyen, la ville d'Orléans demeura asseurée et deschargée de ce qui l'eust trop grevée; et les négociations estrangères furent bien establies, et remédia-t-on à la conservation des provinces desquelles on recevoit faveur. Ainsi furent desmeslées les difficultés qui survindrent lors du costé du prince; de façon que l'espérance du succès de la guerre n'en diminua pas beaucoup. De quoy je ne m'estonne pas; car, puis qu'ès affaires extresmes les hommes prudens et magnanimes trouvent des remèdes, pourquoy désespereroit-on en celles qui ne sont encore parvenues à ce degré-là? Cependant, en matière de guerre, faute d'argent est un inconvénient qui n'est pas petit. Celui-là n'est pas moindre, d'avoir à manier gens volontaires; car c'est un fardeau sur soy très mal aisé à porter, et par lequel on est aucunes fois accablé; et nul le sçait qui ne l'a esprouvé.

Le roy de Navarre et les chefs joints avec luy, considérans qu'il ne falloit perdre le temps, qui doit estre cher à ceux qui ont les forces en la main, rengrossirent leur camp, tant de François que d'estrangers, et supplièrent la royne de faire venir le roy en l'armée, afin que les huguenots, qui disoient que c'estoit celle du roy de Navarre ou de M. de Guyse, fussent contraints de l'appeler celle du roy, aussi pour authoriser la guerre davantage, qui se faisoit sous son nom, ce qu'elle fit. Et se trouvèrent à Chartres, où fut prise résolution d'aller attaquer Bourges avant qu'on l'eust fortifiée; car une si puissante cité, qui n'est qu'à vingt lieues d'Orléans, accommodoit trop, comme ils disoient, les affaires du prince de Condé. Ils s'y acheminèrent, et, l'ayant attaquée, elle ne fit tant de résistance qu'on espéroit, dont elle tomba entre leurs mains. Après, estans enflés et joyeux de ceste soudaine victoire, qui estoit, disoient-ils, un bras coupé à ceux de la religion, ils entrèrent en délibération de ce qu'ils devoient faire; car plusieurs pressoient fort d'aller attaquer Orléans. Et voicy quelles estoient leurs raisons : que les deux chefs qui faisoient mouvoir tout le corps contraire, à sçavoir le prince de Condé et l'admiral, estoient dedans, et que, les prenant, il seroit après facile de le rendre immobile; que les estrangers qui ouvroient les yeux, et frétilloient pour entrer en France, oyans seulement dire qu'elle seroit assiégée, perdroient la volonté d'y venir; qu'ils avoient assez de gens pour commencer le siége, car, mettans deux mille hommes bien fortifiés dedans le Portereau pour brider la ville de ce costé-là, il leur restoit encore dix mille hommes de pied et trois mille chevaux, qui suffisoient attendant les autres forces qu'on faisoit acheminer; finalement, que la ville n'estoit forte, d'autant qu'il n'y avoit nuls flancs qui valussent ny bon fossé, ny aucune contr'escarpe; seulement y avoit un rempart, dans lequel, avec trente canons, en six jours, on pourroit faire deux cens pas de brèche. «Mais si vous donnez temps, disoient-ils, à ces huguenots de parachever leurs fortifications, où jà ils travaillent, il nous sera impossible de l'emporter.» Qu'on se souvinst que ladite ville n'estoit pas seulement une petite espine dedans le pied de la France, ains plustost une très grosse sagette qui luy perçoit les entrailles, et l'empeschoit de respirer.

Les autres, qui estoient d'opinion contraire, répliquoient en cette sorte: que, par les intelligences qu'ils avoient à Orléans, ils sçavoient de certain que les deux régimens gascons et provençaux estoient demeurés dedans, qui passoient trois mille soldats; plus cinq ou six cens autres soldats qui s'y estoient retirés de ceux qui estoient dans Bourges. Et, outre cela, il y avoit quatre cens gentilshommes, puis les gens de la ville qui portoient les armes, qui n'estoient pas moins de trois mille; tout lequel nombre faisoit plus de sept mille hommes, sans y comprendre encore, disoient-ils, ceux qui se viendroient jetter dedans, s'ils oyoient quelque bruit qu'on la vinst assiéger. Qu'une ville n'estoit pas prenable où il y avoit tel nombre de gens et grosses provisions de vivres. Doncques qu'il n'y avoit nul propos, avec douze mille soldats, de s'aller planter devant, veu le grand nombre des camps séparés qu'il convenoit avoir pour la bien fermer. Davantage, que ce seroit s'embarquer sans biscuit, d'entreprendre tel ouvrage sans estre accompagné de deux cens milliers de poudre, douze mille balles et deux mille pionniers, et que toute la puissance du roy ne pourroit ramasser cela d'un mois; mais qu'il y avoit d'autre besongne ailleurs plus facile à tailler, à quoy il estoit besoin de pourveoir; qui estoit d'oster la ville de Rouen aux ennemis pendant qu'elle estoit encore faible, en laquelle les Anglois, attirés par eux, pourroient faire une grosse masse d'armée pour se jetter après où ils voudroient, et qu'il falloit promptement aller coupper cest autre bras. Et quant aux forces que pouvoit amener le sieur d'Andelot, qu'envoyant à l'encontre d'eux quinze cens chevaux et quatre mille harquebusiers, qui seroient favorisés des pays, villes et rivières, ils suffiroient pour les repousser ou tailler en pièces. Et, avenant qu'on en fust venu à bout, alors ce seroit le vray temps d'aller, et, sans crainte d'estre molestés, planter un mémorable siége devant Orléans, pour l'avoir promptement par vive force, ou plus tard par la mine et la sappe, ou à la longue en faisant des forts à l'entour. Ce dernier advis le gaigna et fut suivy; et, pour dire ce qu'il m'en semble, je trouve qu'il estoit le meilleur; car dans la ville il y avoit pour la défense plus de cinq mille estrangers, sans les habitans, et abondance de munitions et les ravelins commencés, et les fortifications des isles estoient quasi parfaites. Vray est que M. le connestable, qui estoit un grand capitaine, disoit qu'il ne vouloit que des pommes cuites pour les abattre; mais quand on l'eust amené là pour les voir, il confessa qu'il avoit esté mal informé. Souventefois nos chefs devisoient entre eux du siége; mais M. l'admiral s'en mocquoit, disant que, d'une ville qui peut jetter trois mille soldats dans une sortie, l'on ne s'en peut acoster près qu'avec péril, ny moins en approcher l'artillerie; et que l'exemple de Metz et de Padoue, où deux grands empereurs receurent honte pour avoir attaqué des corps trop puissans, estoit un beau miroir pour ceux qui veulent assaillir places qui sont bien pourveues.

CHAPITRE VIII.

Que, sans le secours estranger qu'amena M. d'Andelot, les affaires de ceux de la religion estoient en très mauvais estat, et les courages de plusieurs fort abatus, tant pour la prise de Bourges et Rouen que pour la défaite de M. de Duras.

Il desplaisoit merveilleusement au prince de Condé, entendant d'heure à autre le progrès de l'armée devant Rouen, dequoy il n'avoit moyen de secourir une cité si principale; et dont il voyoit une perdition apparente : ce qu'il estimoit lui devoir diminuer de sa réputation; et tout son recours estoit de mander souvent à M. d'Andelot qu'il diligentast son retour et gardast de se laisser surprendre aux forces qui l'attendoient. Mais comme toutes négociations en Allemagne sont longues, beaucoup de temps s'escoula, ce qui donna moyen à ses adversaires de s'avantager sur luy, mesmement par la prise de ladicte ville, laquelle fut assaillie courageusement et deffendue avec grande obstination. Ces grands chefs de guerre, qui avoient par le passé pris des villes si fortes, comme d'Anvilliers, Mariembourg, Calais et Thionville, jugeoient qu'une si mauvaise place, si fort dominée et sans aucune fortification qui valust, au premier bruit de canon s'estonneroit. Mais, par la résistance que fit le fort de Saincte-Catherine, qui deffendoit la montagne, ils cognurent qu'il y auroit de l'affaire à chasser les pigeons de ce colombier. Il y avoit dedans, avec le comte de Montgommery, sept ou huict cens soldats des vieilles bandes, et deux enseignes angloises commandées par le seigneur Kil-Gré, qui firent tous merveilleux devoir, combien que l'artillerie qui battoit en courtine les endommageast fort; car le jour du grand assaut ceux de dedans perdirent par icelle plus de quatre cens soldats, qui est un très grand nombre. Il fut donné encore un autre faux assaut sans ordre; mais au troisiesme elle fut emportée. J'ay entendu que M. de Guyse commanda à ceux qui avoient la teste, s'ils forçoient le rempart, qu'après ils ne courussent pas desbandés par-ci et par-là, comme le butin d'une si riche ville y attiroit chacun, mais qu'ils marchassent, par plusieurs corps de deux et de trois cens hommes, droit à la place, et que, s'ils la trouvoient abandonnée, alors le soldat pouvoit chercher son avanture; car il craignoit que gens qui avoient si courageusement combattu fissent là encore quelque dernier effort : ce qui toutesfois n'avint pas. Néantmoins si fut-ce une sage prévoyance; car on a vu en d'autres villes que les assaillans, ayans pénétré jusques à la place, avoient esté repoussés par-delà le rempart avec un grand meurtre de ceux qui s'estoient écartés pour piller. On dit aussi que le sac ne dura que trois jours; ordre qu'on doit tenir aux villes qu'on veut conserver, à sçavoir : un jour entier pour butiner, un autre pour emporter, et l'autre pour composer. Mais en ces affaires-là les supérieurs abbrègent ou allongent le terme, selon qu'ils veulent et qu'ils cognoissent qu'ils se pourront faire obéir; laquelle obéissance se monstre bien plustost ès petites places pauvres qu'ès grandes villes opulentes. Ce fut là l'un des principaux actes de nos premières tragédies, d'autant plus remarquable qu'un roy y fut tué, quatre mille hommes, tant d'une part que d'autre, morts ou blessés, et la seconde ville de France en richesse toute saccagée. La nouvelle en fut bien triste au prince de Condé, mesmement pour son frère. Il luy desplut beaucoup aussi de ce qu'on fit pendre trois personnages excellens en armes, en loix et en théologie, à sçavoir, de Croze, Mandreville et Marlorat. Aussi ceux de la religion estans irrités d'une telle ignominie, taschèrent de s'en revancher sur d'autres prisonniers qui avoient esté pris, dont l'un estoit conseiller de la cour de parlement de Paris, et l'autre abbé. Les catholiques disoient que le roy pouvoit faire pendre ses sujets rebelles. Les huguenots respondoient que les haines d'autrui estoient couvertes de son nom, et qu'ils feroient de tel pain souppe, comme dit le proverbe. On doit cependant avoir desplaisir, voire honte, d'user de si rigoureuses revanches; mais plus honteux est-il beaucoup, pour vouloir rassasier son courroux, donner commencement à une nouvelle cruauté. Ce ne seroient pas guerres civiles que les nostres si elles ne produisoient de tels fruicts.

Peu de temps après, M. le prince de Condé entendit la route d'une petite armée de Gascons que le sieur Duras luy amenoit, où il n'y avoit pas moins de cinq mille hommes, qui fut deffaite par le sieur de Montluc, ce qui redoubla encores son ennui. Mais il ne perdoit ny le courage ny la contenance ès adversités. Le malheur avint au sieur de Duras pour deux raisons principales, à ce que j'ay ouy dire : l'une, que, pour vouloir traisner deux canons quant et ses troupes, il marcha pesamment; l'autre, que, pour la commodité de ceste artillerie, il s'amusa à battre par le chemin quelques chasteaux où il y avoit grand butin, ce qui donna temps à ses ennemis de le ratteindre; lesquels estans puissans en cavallerie et luy foible, le renversèrent incontinent. Ceux qui ont à mener un secours se doivent délivrer de gros bagage, et rendre leur expédition couronnée avec la diligence.

En ces entrefaites, j'ai souvenance, oyant deviser de ces choses, que l'admiral dit à M. le prince de Condé qu'un malheur estoit toujours suivi d'un autre, mais qu'il falloit attendre la troisième avanture (entendant du passage de son frère), et qu'elle les relèveroit ou abbatroit du tout. Aussi, eux s'attendoient, si mal luy fust avenu, d'avoir le siége; et en tel cas ils avoient pris une résolution fort secrette, que l'un d'eux s'en iroit en Allemagne pour s'efforcer d'y relever encore quelques secours, et avisèrent que M. le prince de Condé, pour la grandeur de sa maison, auroit beaucoup plus d'efficace pour persuader les princes protestans de la Germanie de luy assister en une cause où eux-mesmes avoient quelque participation. La difficulté estoit du moyen de l'y conduire seurement; mais aucuns gentilshommes se trouvèrent, qui monstrèrent évidemment qu'allant de maison en maison de ceux qui favorisoient son parti, et marchant la nuict et reposant le jour, il estoit facile de passer ayant vingt chevaux, et non plus. Mais il ne fut besoin de tenter ce hasard, pource qu'à dix ou douze jours de là ils eurent nouvelles que M. d'Andelot, ayant passé les principales difficultés de son voyage, estoit à trente lieues d'Orléans. Elle fut secondée d'une autre, à sçavoir, que le comte de La Rochefoucault, suivi de trois cens gentilshommes et des reliques de l'armée du sieur de Duras, seroit bienstost joint à luy. Le prince de Condé dit alors : « Nos ennemis nous ont donné deux mauvais eschecs, ayant pris nos rocs (entendant Rouen et Bourges); j'espère qu'à ce coup nous aurons leurs chevaliers s'ils sortent en campagne. » Il ne faut point demander si chacun sautoit et rioit à Orléans; car c'est la coustume des gens de guerre de se resjouir plus ils ont de moyen de faire du ravage et du mal à ceux qui leur en font; tant l'ire est puissante en leur endroict. Et comment n'auroient-ils quelquefois les affections tachetées de sang, veu que plusieurs gens d'église les ont si rouges de la teinture de vengeance, au cœur desquels ne devroit résider que charité ?

CHAPITRE IX.

Du dessein que prit M. le prince de Condé, voyant les forces estrangères approcher, et comme il s'alla présenter devant Paris, où ayant séjourné onze jours sans faire nul effet, il s'achemina vers la Normandie.

Pource que les bons conseils sont les sources d'où dérivent les belles exécutions; et les accroissemens des forces sont les instrumens qui servent pour y parvenir, cela fit que messieurs le prince et admiral, sentans les leurs estre proches, pensèrent en eux-mesmes à eslire quelque bon dessein. Enfin, avec leurs plus confidens, ils délibérèrent de marcher diligemment vers Paris, non en intention de la forcer (car ils se doutoient bien que les ennemis jetteroient incontinent leur armée dedans), ains pour faire crier les Parisiens, qu'ils estimoient les soufflets de la guerre, et la cuisine dont elle se nourrissoit; car eux, voyans leurs maisons champestres fourragées et bruslées, et dans leur propre ville logés tant de milliers de soldats insolens, ou ils presseroient le roy et la royne d'entendre à la paix, ou diroient tant d'injures à ceux qui seroient renclos dans leurs murailles, qu'ils les forceroient de sortir en campagne, où ils auroient moyen de les combattre et regaigner l'avantage qu'ils avoient perdu à la camisade de Talsy; que cependant ils envoyeroient en Normandie, pour préparer les cent cinquante mille escus qu'on avoit empruntés de quelques marchands d'Angleterre, ce disoit-on, et sur bons gages, d'autant que c'estoit toute l'espérance de soudoyer l'armée estrangère; joinct aussi que la nécessité contraignoit de la faire vivre hors de son pays, et sur celuy de son ennemy, où le soldat trouve tousjours quelque chose à butiner. Deux ou trois jours après, le prince de Condé partit d'Orléans avec toutes ses forces françoises, et huict pièces d'artillerie, tant grosses que petites, et alla rencontrer ses reitres à Pluviers, où il y avoit garnison ennemie, qui fut forcée bienstost. Les ayans gracieusement recueillis, on leur donna un mois de gages, qu'on avoit amassé par ci et par là, de quoy il fallut qu'ils se contentassent; car c'est un mal nécessaire aux armées huguenotes d'estre tousjours sans argent. On les pria après de ne temporiser, afin de gaigner la ville d'Estampes. A quoy ceste diligence servit, pource que jà les catholiques s'y vouloient accommoder, encore que ce soit la pire ville du monde; mais en France on combat tout. Ceste prise estant sceue à Paris, il y eut bien du remuement de mesnage des fauxbourgs en la ville; et qui se fust avancé sur cest estonnement, on les eust forcés, ce disoient beaucoup de gens, lesquels crioient qu'on les allast attaquer. Au contraire, les plus braves chefs respondirent que, quand bien on forceroit les fauxbourgs, on ne gaigneroit pour cela la ville, qui estoit pleine de gens de guerre, et qu'il y auroit danger qu'en les pillant nostre infanterie, qui estoit en petit nombre, ne fust en ce désordre taillée en pièces, et qu'il estoit plus profitable d'aller prendre Corbeil, qui estoit très-foible, pour brider la rivière de ce costé-là. Les plus grands inclinèrent à ceste opinion. Mais comme les catholiques virent qu'on prenoit ceste route, ils y envoyèrent toute la nuict le maistre de camp Cosseins avec son vieil régiment, et après le mareschal de Sainct-André, qui firent bien cognoistre aux huguenots que la meilleure deffence des places sont les bons hommes en nombre suffisant; car ce n'estoient que grosses escarmouches tous les jours. Ce qu'ayans bien considéré messieurs le prince et admiral, dirent : « N'avanturons point nos deux canons et deux coulevrines devant une si mauvaise beste qui mord si fort, car elles seroient en danger de s'aller pourmener à Paris. » Alors il me souvient que quelqu'un dit à M. l'admiral que c'estoit une grande vergongne de n'oser attaquer une telle bicoque. Auquel il respondit qu'il aimoit mieux que les siens se moquassent de luy sans raison, que ses ennemis avec raison.

On descampa après pour s'acheminer vers Paris; et le jour qu'on arriva devant, on voulut taster les ennemis, pour sonder ce qu'ils avoient dans le ventre, et pour essayer aussi de les attirer. Ils mirent hors de leurs tranchées douze cens arquebusiers et cinq ou six cens lances; et là s'attaqua une très-grosse escarmouche. Enfin M. le prince commanda de faire une charge générale, ce qui fut fait, où les catholiques furent menés, partie au trot, partie au galop, jusques dedans leurs tranchées, et non sans effroy, lequel passa aussi jusques parmi le peuple parisien. Le sieur Strosse alors, avec cinq cens harquebusiers choisis, demeura engagé assez loin dans les murailles qui servoient d'enclos à un moulin à vent, où il fit une si brave contenance, qu'encores qu'il fust outre-passé et assailly des nostres, néantmoins on ne le peut forcer. La retraite faite, on s'alla camper aux trois villages fort prochains les uns des autres, à sçavoir : Gentilly, Arcueil et Montrouge. L'espace de sept ou huit jours ce ne furent que parlemens; mais enfin on cognut que ce n'estoit qu'amusemens, car les chefs catholiques, ayans desjà obtenu de si grands avantages, tendoient plustost à la victoire qu'à la paix. Je diray une chose qui arriva pendant que nous estions en ces termes, par où on cognoistra encore mieux le naturel de nostre nation : c'est que le jour que la trefve duroit, on eust veu dans la campagne, entre les corps de garde, sept ou huit cents gentilshommes de costé et d'autre deviser ensemble, aucuns s'entre-saluer, autres s'entr'embrasser, de telle façon que les reitres du prince de Condé, qui ignoroient nos coustumes, entroient en soupçon d'estre trompés et trahis par ceux qui s'entre-faisoient tant de belles démonstrations, et s'en plaignirent aux supérieurs. Depuis ayant veu, les trefves rompues, que ceux mesmes qui plus s'entre-caressoient estoient les plus aspres à s'entre-donner des coups de lances et de pistolets, qui rapportoient quelquefois de cette tragédie de griefves blessures, ils s'asseurèrent un peu, et disoient entre eux : « Quels fols sont ceux-cy, qui s'entr'aiment aujourd'hui et s'entre-tuent demain ! » Certes il est malaisé de voir ses parens et amis, et ne s'esmouvoir point. Mais quand on avoit remis les armes sur le dos, et ouy le sifflement des harquebusades, toutes courtoisies estoient rompues. Encores les catholiques se moquoient de nous, disant : « Messieurs les huguenots, ne prenez pas Paris pour Corbeil. » Ces parlemens d'entre la noblesse devinrent à la fin fort suspects aux chefs catholiques, comme ceux de la paix, qui n'estoient qu'apparences, le furent encore plus aux chefs de la religion, lesquels se faschans d'avoir si peu effectué au séjour qu'ils avoient fait devant Paris, délibérèrent de donner une camisade aux fauxbourgs, pour tailler en pièces la pluspart de l'armée ennemie qui estoit là logée, et toute dispersée à la garde des tranchées, qui avoient bien deux lieues de longueur.

En ceste manière, le despit et la honte leur fit prendre une résolution pour attenter une chose difficile, qu'auparavant, par un meur jugement, lors qu'elle eust esté plus facile, ils avoient estimé n'y avoir nul profit de l'entreprendre. Et souvent j'ay veu arriver le semblable à plusieurs bons hommes de guerre. Quand doncques la nuict fut venue, l'ordre estant jà donné, chacun s'arma, et puis marcha-t-on par les chemins un peu escartés vers le costé du fauxbourg Sainct-Germain, où l'on avoit advis que les retranchemens estoyent petits et la garde foible, ce qui estoit vray. M. de Guyse eut quelque advis de ceste entreprise, et qu'à minuict on devoit donner. Pour ceste occasion fit-il tenir, dès le soir, sa cavallerie et infanterie en armes tout le long de la tranchée, selon le quartier assigné à un chacun; mais quand les quatre heures du matin furent sonnées, et que les catholiques virent qu'il n'y avoit nulle rumeur du costé de nostre camp, quasi tous dirent que c'estoit un faux advertissement, et que les huguenots n'avoient pas le courage de les venir attaquer, et qu'il n'y avoit nul propos, veu que le froid estoit si extresme, de les faire geler tous l'espace d'une longue nuict; à l'appétit d'un soupçon peut-estre mal fondé. Bref, les uns après les autres se retirèrent chacun à son logis, et ne demeura que la garde ordinaire. Ceux de la religion cependant, en faisant leur grand circuit pour n'estre descouverts, se perdirent, et ne peurent arriver que le jour ne fust desjà tout clair près du lieu par où ils devoient assaillir; et, se voyans descouverts et l'alarme grande, ils se retirèrent. Mais s'ils fussent arrivés trois quarts d'heure plustost, il y a apparence qu'ils eussent en cest endroit forcé la tranchée. En ceste entreprise, on voit comme l'impatience des uns cuida estre cause de leur faire recevoir une grande honte; et le peu de prévoyance des autres à la conduite de leurs gens de guerre, leur fit faillir l'occasion qu'ils avoient embrassée, et estre en mocquerie à leurs ennemis. J'ay entendu que M. de Guyse et M. le connestable craignoient plus que le fauxbourg fust forcé pour la vergogne que pour le dommage, et qu'ils affermoient que ce seroit une ruyne de ceux de la religion s'ils y entroient; car, estans escartés dedans au pillage, ils faisoient estat de jetter, par diverses portes et autres endroits, quatre ou cinq mille harquebusiers et deux mille corcelets sur eux, lesquels, les surprenans, en eussent tué une bonne partie et mis l'autre en fuite. Nous fusmes si mal advisés que de vouloir trois jours après retenter le mesme dessein, et croy que nous eussions esté bien battus; mais, au changement de nos gardes, avint qu'un de nos principaux capitaines se retira vers les catholiques, ce qui rompit l'exécution. Le premier jour on luy fit de très-grandes caresses; le second on se mocquoit de luy; le troisiesme il se repentit d'avoir abandonné ses amis. M. le prince de Condé, craignant qu'il ne donnast advis des défauts de son armée, deslogea le lendemain, qui fut un conseil qui luy profita, pource que M. de Guyse avoit résolu, d'autant que les Espagnols et Gascons estoient arrivés, d'attaquer son camp avec toutes ses forces à la diane, s'ils eust encores séjourné un jour. Et veu la façon dont il vouloit procéder, qu'on m'a racontée, je cuide qu'il nous eust mis en mauvais termes, à cause que nous estions logés trop escartés, pour estre si prochains d'eux, qui est une mauvaise coustume que la guerre civile a engendrée. Ainsi donc M. le prince, estant deslogé, dressa sa teste vers la Normandie, pour l'effect cy-devant dict, et, deux jours après, le camp du roy se mit à le suivre, le costoyant tousjours, jusqu'à ce qu'ès plaines de Dreux les deux armées se rencontrèrent.

CHAPITRE X.

Du siége mis par M. de Guyse devant Orléans, et du voyage que fit M. l'admiral en Normandie.

Entre toutes les batailles qui se sont données en France pendant les guerres civiles, il n'y en a aucune plus mémorable que la bataille de Dreux, tant pour les chefs expérimentés qui s'y trouvèrent, que pour l'obstination qu'il y eut au combat. Toutesfois, pour en parler à la vérité, ce fut un accident digne de lamentation, à cause du sang que versèrent dans le sein de leur mère plus de cinq cens gentilshommes françois, tant d'une part que d'autre, et pour la perte qui se fit de princes, seigneurs et suffisans capitaines ; mais, puisque les choses sont advenues, il n'est pas deffendu d'en tirer instruction, combien que la meilleure seroit de ne retourner jamais à une telle folie, qui couste si cher. Or plusieurs choses y arrivèrent, que par avanture tous n'ont pas bien notées, et c'est ce qui m'a donné envie de les représenter, afin que ceux qui passent trop légèrement par dessus les hauts faits d'armes, sans considérer ce qui peut profiter, soient plus diligens de le faire ; car cela est apprendre à estre capitaine.

La première chose qui arriva, encore qu'elle ne soit de fort grand poids, si la peut-on noter comme non ordinaire : c'est qu'encore que les deux armées fussent plus de deux grosses heures à une canonnade l'une de l'autre, tant pour se ranger que pour se contempler, si est ce qu'il ne s'attaqua aucune escarmouche, petite ny grande, sinon le gros combat. Et toutesfois, à plusieurs autres batailles qui se sont données, elles ont tousjours précédé, comme à celles de Cérisoles, Sienne et Gravelines. Ce n'est pas pourtant à dire qu'il faille commencer les batailles par telle action ; mais le plus souvent on y est induit par la qualité des lieux, ou quand on se sent fort d'harquebuserie, ou pour taster les ennemis, ou pour autre considération.

Chacun alors se tenoit ferme, repensant en soy-mesme que les hommes qu'il voyoit venir vers soy n'estoient Espagnols, Anglois ny Italiens, ains François, voire des plus braves, entre lesquels il y en avoit qui estoient ses propres compagnons, parens et amis, et que dans une heure il faudroit se tuer les uns les autres, ce qui donnoit quelque horreur du fait, néantmoins sans diminuer le courage. On fut en ceste manière retenu jusques à ce que les armées s'esbranlèrent pour s'entre-heurter.

La seconde chose très-remarquable, fut la générosité des Suisses, qu'on peut dire qu'ils firent une digne preuve de leur hardiesse ; car, ayant esté le gros corps de bataille où ils estoient renversé à la première charge, et leur bataillon mesme fort endommagé par l'esquadron de M. le prince de Condé, pour cela ils ne laissèrent de demeurer fermes en la place où ils avoient esté rangés, bien qu'ils fussent seuls, abandonnés de leur cavallerie. Et assez loin de l'avant-garde, trois ou quatre cens harquebusiers huguenots les attaquèrent, les voyans si à propos, et en tuèrent beaucoup, mais ils ne les firent desplacer. Puis un bataillon de lansquenets les alla attaquer, qu'ils renversèrent tout aussitost, et le menèrent batant plus de deux cens pas. On leur fit après une recharge de deux cornettes de reitres, qu'ils soustindrent bravement, puis une autre de reitres et François ensemble, qui les fit retirer, et avec peu de désordre, vers leurs gens, qui avoient esté spectateurs de leur valeur. Et combien que leur colonel et quasi tous leurs capitaines demeurassent morts sur la place, si rapportèrent-ils une grande gloire d'une telle résistance.

Le troisième acte fut la longue patience de M. de Guyse, par le moyen de laquelle il parvint à la victoire ; car, après que le corps de la bataille que M. le connestable conduisoit eut esté mis à vau de route, fors les Suisses, luy ayant esté pris en combattant, ledict sieur demeura ferme, attendant si on iroit l'attaquer, car les gens de pied de M. le prince de Condé n'avoient point encore combattu, auprès desquels partie de sa cavallerie se venoit tousjours rallier, outre celle qui faisoit encore alte. Mais comme ceste avant-garde faisoit bonne mine, ceux de la religion ne l'osoient aller mordre. Cependant les uns s'amusoient à charger les Suisses, comme il a esté dit, les autres à poursuivre les fuyards, et beaucoup à piller le bagage, lesquelles actions durèrent plus d'une heure et demie. Plusieurs du party mesme de M. de Guyse, le voyans si long-temps se tenir coy, pendant qu'on exécutoit ceux qui avoient esté rompus, ne sçavoient que penser de luy, comme s'il eust perdu le jugement et croy qu'aucuns l'accusoient jà de timidité ainsi que Fabius Maximus le fut des Romains quasi en pareil fait : mesmement entre ceux qui luy estoient contraires, il y en avoit qui desjà crioient que la victoire estoit acquise pour eux. Mais il me souvient que j'ouys feu M. l'admiral, qui respondit : « Nous nous trompons, car bientost nous verrons ceste grosse nuée fondre sur nous. » Ce qui avint quelque peu après, dont s'ensuivit le changement de fortune. Par là ledict sieur de Guyse fit bien cognoistre qu'il attendoit le point de l'occasion ; car il eut patience de voir désordonner par les petites actions que j'ay récitées le gros des forces de M. le prince, qui l'eussent mis en peine si du commencement toutes rejointes elles le fussent allé attaquer. Mais après qu'il veit qu'elles estoient fort esparses, il s'esbranla avec si belle audace et contenance, qu'il trouva peu de résistance. On ne doit pas estre soudain à juger les intentions de ces grands chefs, car ils ont des considérations que l'effect descouvre par après estre autres que beaucoup n'eussent cuidé.

La quatrième chose digne d'estre notée, est la longue durée du combat, pource qu'on voit ordinairement ès batailles qu'en une heure tout est gaigné ou perdu, et celle de Montcontour dura encores moins. Mais ceste-cy commença environ une heure après midi, et l'issue fut après cinq heures. Il ne faut pas pourtant imaginer que, pendant ledict temps, on fust tousjours combattant, car il y eut plusieurs intervalles, et puis on se rattaquoit par petites charges, et tantost par grosses, qui emportoient les meilleurs hommes : ce qui continua jusques à la noire nuict. Certes, il y eut une merveilleuse animosité des deux costés, dont le nombre des morts en rend suffisant tesmoignage, qui passoit sept mille hommes, à ce que beaucoup disent, la pluspart desquels furent tués au combat plustost qu'à la fuite. Or, ce qui me sembla avoir esté principalement cause de ceste longueur, fut que l'armée du roy estoit forte d'infanterie, et celle de M. le prince de Condé puissante de cavalerie ; car les uns ne pouvoient forcer les gros bataillons, ny les autres chasser loin les chevaux. Si on veut bien regarder à toutes les batailles qui se sont données depuis celle des Suisses, en laquelle on combattit encores le lendemain, nulle ne se pourra aparier à ceste-cy, mesme la journée de Sainct-Laurent s'acheva en moins de demie heure.

Le cinquième accident fut la prise des deux chefs des armées, chose qui avient rarement, parce qu'ordinairement ils ne combattent qu'au dernier et à l'extrémité ; et souvent une bataille est quasi gaignée avant qu'ils soient venus à ce poinct. Mais ceux-cy n'attendirent pas si tard, car à l'abordée chacun voulut monstrer aux siens l'exemple de ne s'espargner. M. le connestable fut pris le premier et fort blessé, ayant tousjours reçu blessures en sept batailles où il s'est trouvé (qui fait foy de la hardiesse qui estoit en luy), et M. le prince fut pris sur la fin, et blessé aussi. D'icy peut naistre une question, à sçavoir si un chef se doit tant avanturer : à quoy on peut respondre qu'on n'appelle pas se hazarder, quand le corps de l'armée où il est s'esbranle pour combattre, et qu'il ne sort de son rang. Et puis ceux-cy ayans de bons seconds, cela leur faisoit moins craindre le danger de leurs personnes ; car l'un avoit M. de Guyse, et l'autre M. l'admiral, qui se trouvèrent aussi bien avant en la meslée.

La sixième fut la manière comment les deux armées se désattaquèrent : ce qui arrive souvent d'une autre façon qu'il n'avint lors. On voit, quand une bataille se donne, que l'issue est communément telle, que le vaincu est mis en fuite, et est avec cela chassé deux ou trois lieues, et quelquefois davantage. Icy on peut dire qu'il n'y eut nulle chasse ; ains que la retraite de ceux de la religion fut faite au pas et avec ordre, ayans deux corps de reitres et un de cavalerie françoise, le tout d'environ douze cens chevaux. Mais M. de Guyse, qui estoit foible de chevaux, ne voulant esloigner ses bataillons d'infanterie, ayant marché cinq ou six cens pas après, se contenta ; et les uns et les autres estans lassés et plusieurs blessés, la nuict survint, qui en fit la séparation. Il logea sur le champ de bataille, et M. l'admiral alla loger en un village à une grosse lieue de là, où le reste de son infanterie et son bagage s'estoient retirés. Aucuns ont eu ceste opinion, qu'il n'y avoit eu perte de bataille alors, parce que les perdans n'avoient esté mis à vau de route ; mais c'est se tromper, car celuy qui gaigne le champ du combat, qui prend l'artillerie et les enseignes d'infanterie, a assez de marques de la victoire. Toutesfois, on peut bien dire qu'elle n'est pas plénière comme quand la fuite s'ensuit. Si on réplique qu'on a veu assez de fois deux armées se retirer l'une devant l'autre en bel ordre, comme à La Roche-la-Belle, et le vendredy de devant la bataille de Montcontour, cela est vray; mais elles n'avoient pas combattu en gros comme icy; seulement s'estoient faites de grosses escarmouches, chacune gardant son avantage du lieu où elle estoit. Il y a encore aujourd'hui beaucoup de gentilshommes et capitaines vivans, qui peuvent se ressouvenir de ce qui s'y passa, et faire encore sur ce fait d'autres observations.

Finalement, j'ay bien encore voulu représenter une autre chose qui sera supernuméraire, pource qu'aussi elle arriva après la bataille : c'est la courtoisie et honnesteté dont usa M. de Guyse, victorieux, envers M. le prince de Condé, prisonnier ; ce que la pluspart des hommes, tant d'un costé que d'autre, n'estimoit nullement qu'il eust voulu faire ; car on sçait comme aux guerres civiles les chefs de part sont odieux, et quelles imputations on leur met sus ; en sorte que quand ils tombent au pouvoir de leurs ennemis, souvent après plusieurs vergongnes qu'on leur fait souffrir, leur vie est en danger de se perdre. Néantmoins tout le contraire arriva ; car, estant amené vers luy, il luy parla avec révérence et grande douceur de propos, où il ne pouvoit prétendre qu'on le voulust picquer ny blasmer. Et pendant qu'il séjourna dans le camp, il mangea souvent avec ledict prince ; et d'autant que ceste journée de la bataille il y avoit peu de licts arrivés, parce que le bagage fut demy saccagé et escarté, il luy offrit son lict, ce que M. le prince ne voulut accepter que pour le regard de la moitié. Et ainsi ces deux grands princes, qui estoient comme ennemis capitaux, se voyoient en un mesme lict, l'un triomphant et l'autre captif, prenant leur repos ensemble. On pourra dire que M. le mareschal d'Amville, le tenant entre ses mains, car ce fut à luy qu'il se rendit, n'eust permis qu'on luy eust fait tort, veu que son père estoit prisonnier. Je confesse qu'il eust fait ce qu'il eust peu ; mais il est certain que si M. de Guyse luy eust voulu nuire, sa réputation et sa créance estoit jà lors si grande, que nul ne l'en eust peu empescher. Il m'a semblé que si beaux actes ne devoient estre ensevelis en oubliance, afin que ceux qui font profession des armes s'estudient de les imiter,

et s'esloignent des cruautés et des choses indignes où tant se laissent aller en ces guerres civiles, pour ne sçavoir ou ne vouloir donner un frein à leurs haines. A l'ennemy qui résiste faut se monstrer superbe, et après qu'il est vaincu il est honneste d'user d'humanité. Quelqu'un pourra encore venir à la traverse, disant qu'il pouvoit bien user de ceste courtoisie, veu ce qu'auparavant il avoit procuré à Orléans contre ledict sieur prince. Je respondray à cestuy-là que mon intention est icy de louer les beaux actes de vertu quand je les rencontre en mon chemin, et ne parler des autres qui ne viennent pas à propos ; et quand je la verray reluire en quelque personne que ce soit, là je l'honnoreray.

CHAPITRE XI.

De six choses remarquables advenues à la bataille de Dreux.

(1563) L'espérance fut grande que M. de Guyse conceut de mener bien tost à fin ceste guerre, voyant la belle victoire qu'il avoit obtenue, bien qu'elle luy eust cousté cher, le chef du party contraire pris, et luy demouré seul sans compagnon, avecques tout le commandement. Il ne fut pas paresseux de la faire publier par tout ; et se voyant contraint de raffraischir son armée, il y donna bon ordre. Cependant, ses pensemens estoient tournés à préparer toutes sortes d'instrumens et provisions pour assaillir la ville d'Orléans ; et disoit que le terrier estant pris où les renards se tiroient, après on les courroit à force par toute la France. M. l'admiral aussi n'avoit pas moins besoin de repos pour ses gens, qui, se faschant d'avoir esté batus, prenoient souvent des occasions de murmurer. Il passa la rivière de Loire, tant pour les faire reposer que les raccommoder aux despens de plusieurs petites villes ennemies mal gardées, et d'un bon quartier de pays, où la bride fut un peu laschée au soldat pour se refaire de ses pertes. Cela leur redonna courage et espérance, voyans leur liberté accrue. A quoy il s'estoit laissé aller, partie par conseil, partie par nécessité, pour éviter une mutination, mesmement des reitres, qui sous main estoient sollicités de la part des catholiques de se retirer, avec grandes promesses. Il craignoit aussi la retraite de quelques soldats françois, qui aux adversités sont assez prompts de retourner leur robbe.

Après il se vint planter à Jargeau, ville sur la rivière de Loire, où il y a un pont, pour avoir ce passage libre ; et là résolut de s'acheminer en Normandie, pour recueillir l'argent d'Angleterre, qui jà y estoit, d'autant que les reitres le menaçoient de le faire prendre prisonnier. Leurs chariots furent mis dans Orléans, afin que la diligence fust plus grande, où M. d'Andelot son frère demoura pour y commander. M. de Guyse, appercevant ce deslogement, se vint camper devant la ville, et son premier dessein fut de vouloir gaigner le faubourg qui est au bout du pont, qui s'appelle Le Porteau, pour empescher les issues de ceste part. Il avoit esté retranché par le sieur de Feuquières, en intention d'y loger à seureté les Allemans et François à pied reschappés de la bataille de Dreux, jusques à ce qu'ils fussent pressés, et se pouvoit garder quatre ou cinq jours contre les combats de main, moyennant qu'on n'y amenast l'artillerie. Il arriva cependant un tel accident, quand il fut attaqué, que la ville en cuida estre prise (tant les événemens de la guerre sont pleins de merveilles), et principalement par la lascheté des lansquenets. L'opinion de M. de Guyse n'estoit pas de le forcer ce jour-là, ains plustost faire recognoistre qu'elle contenance tiendroient ceux qui estoient dedans. Néantmoins, comme chef avisé, il alla garny de fil et d'esguilles, comme on dit, non seulement pour estre préparé pour l'occasion, mais pour former l'occasion, et puis s'en prévaloir. Parquoy il donna à M. de Sipierre, excellent capitaine, douze cens harquebusiers françois, deux légères couleuvrines, et six cornettes de chevaux ; et luy marcha après avec autre petite troupe. A l'abordée, qui fut du costé des Gascons, ils les trouvèrent hors à l'escarmouche, et leurs tranchées et barriquades bien garnies. Mais cependant qu'on s'entretenoit là, quelques soldats escartés rapportèrent que vers le quartier des lansquenets on n'y faisoit pas trop bonne mine : ce qui fut cause qu'on envoya quatre ou cinq cens harquebusiers, suyvis de quelque cavalerie, pour sonder ce costé-là. Et au mesme temps, M. de Sipierre fit tirer l'artillerie dans les barriquades des François. Les lansquenets à ce bruit et mouvement s'estonnèrent, et abandonnans leurs gardes se mirent en fuite. A l'instant entrèrent les soldats catholiques dans le fauxbourg ; puis ils allèrent donner par le derrière des François, qui combattoient bravement à leurs défences, et par ce moyen tout s'en alla à vau de route. On ne sçauroit imaginer un plus grand désordre qu'il y eut là ; car le pont estant embarrassé du bagage, qu'on faisoit retirer dans la ville, les fuyans ne se pouvoient sauver. Mesmes on ne pouvoit fermer la porte des tourelles, ny hausser le pont levis. Cela fut cause que la pluspart se jettèrent dans la rivière à nage ; et, en ceste façon, par le fer, le feu et l'eau, plus de huit cens hommes périrent. Mais l'effroy qui fut porté dans la ville fut encore plus grand que le dommage, et se disoit tout haut que les isles qu'on avoit fortifiées estoient jà gaignées, mesme qu'on combattoit à la porte principale, ce qui estonna les plus assurés. Alors M. d'Andelot, qui estoit un chevalier sans peur, voyant tant de confusion et d'effroy, dit : « Que la noblesse me suive, car il faut rechasser les ennemis, ou mourir. Ils ne peuvent venir à nous que par une voye, et non plus que dix hommes de front. Avec cent des nostres, nous en combattrons mille des leurs. Courage, et allons. » Comme il s'acheminoit, il voyoit la crainte, la fuite et le désordre : il oyoit mille voix lamentables, et quasi autant d'avis qu'on luy donnoit. Luy cependant, sans aucunement s'estonner, passa tous les ponts, et parvint jusques aux tourelles, bien aise de quoy il n'avoit trouvé les ennemis plus avancés. Mais aussi estoit-il temps qu'il y arrivast ; car desjà ils estoient près du pont-levis pour donner en gros : lequel néantmoins fut haussé, et la porte serrée, avec peu de perte. Or, il faut noter que depuis l'entière prise du fauxbourg, jusques à l'arrivée de M. d'Andelot audict lieu, il se passa plus d'une grosse demie heure, que ceste porte demeura tousjours ouverte, sans qu'il y eust aucun qui y fit teste. Cependant les catholiques n'enfoncèrent point, soit qu'ils s'amusassent à piller où à tuer, ou qu'ils se trouvassent là trop peu, ou qu'il n'y eust capitaine d'importance pour guider et commander. Mais c'est chose asseurée que si à l'abordée ils eussent en gros dressé leur teste vers la ville, qu'ils l'eussent emportée, tant l'effroy estoit grand et les remèdes petits ; pour le moins se fussent-ils faits maistres des isles, qui estoit avoir la ville quinze jours après. Je me suis enquis à de bons capitaines catholiques pourquoy ils ne s'avisoient plustost de nostre estonnement; ils m'ont dit qu'eux-mesmes estoient estonnés de se voir si soudain victorieux de tant de gens ; mais qu'ils pensoient que ce qui les avoit retenus, estoit un bruit qui couroit parmi eux, qu'on avoit quitté les tourelles exprès, les ayant remplies de poudre pour les faire sauter lorsque beaucoup de gens les auroient outre-passées. Ainsi perdirent les catholiques une belle occasion, et ceux de la religion eschappèrent un grand péril. Ces faits extraordinaires doivent resveiller la prévoyance de ceux qui défendent, et inciter à diligence ceux qui assaillent, afin que les premiers n'attendent pas à faire demain ce qui se doit faire aujourd'huy, et que les autres se souviennent d'accompagner les troupes qui affrontent de capitaines qui sçachent promptement cognoistre et prendre le parti quand il s'offre. Une très-grande espérance prindrent d'un si bon succès, non seulement M. de Guyse, mais aussi tous ceux de son armée, qui passoit en nombre vingt mille hommes. Au contraire, plusieurs de ceux de dedans furent esbranlés d'une si dure atteinte, et eussent bien désiré que M. l'admiral fust revolé vers eux ; mais peu à peu M. d'Andelot remédia à la foiblesse de telles appréhensions par paroles puissantes et persuasives.

Beaucoup de temps se passa après, qu'on employa à attaquer les tourelles, qui furent surprises par la négligence d'aucuns de ceux de dedans, et à tirer aux deffenses des isles. M. de Guyse avoit délibéré de les battre deux jours avecques vingt canons, puis y donner un furieux assaut. Et comme elles n'estoient guères fortes, à mon avis il les eust emportées. Mais en ces entrefaites survint un accident inopiné, non moins estrange et plus rare que le premier, qui troubla toute la feste, qui fut la blesseure dudit sieur de Guise par un gentilhomme nommé Poltrot, et sa mort peu de jours après. Cela rabatit toute la gaillardise et l'espoir des gens de guerre de l'armée, se voyans privé d'un si grand chef; en sorte que la royne, lassée de tant de misères et de morts signalées, embrassa la négociation de la paix.

Et ne fit-on depuis que parlementer d'un costé et d'autre, jusques à ce qu'elle fut conclue, estans M. le prince de Condé et M. le connestable les principaux instrumens qui la traitèrent. Parlons maintenant de l'expédition de M. l'admiral, lequel, craignant qu'Orléans ne fust forcé, se proposa pour but la diligence. Aussi en six jours fit-il plus de cinquante lieues avecques son armée de cavalerie. Elle estoit de deux mille reitres, cinq cens chevaux françois et mille harquebusiers à cheval ; et pour porter le bagage n'y avoit aucune charrette, sinon douze cens chevaux. En cest équipage nous faisions telle diligence, que souvent nous prévenions la renommée de nous-mesmes en plusieurs lieux où nous arrivions. Estant ledit sieur admiral parvenu à Caen, il attaqua, par le moyen de l'artillerie, et de deux mille Anglois qui luy furent envoyés du Havre-de-Grace par messieurs le comte de Warvich et Beauvais-la-Nocle, qui estoient dedans. Ayant furieusement batu le chasteau, il se rendit par composition, où M. le marquis d'Elbœuf estoit, à qui on ne fit que toute courtoisie. Nos reitres receurent aussi argent, qu'ils trouvèrent beaucoup meilleur que les cidres de Normandie. Et comme nous nous préparions pour retourner secourir Orléans, M. le prince de Condé escrivit que la paix estoit arrestée; ce qui convertit le désir de combattre en un désir de revoir sa maison. Ainsi print fin ceste première guerre civile, après avoir duré un an entier : terme qui sembloit plus long que bref à l'impatience naturelle de nostre nation, laquelle en aucuns endroits se desborda en cruautés plus propres à des barbares qu'à des François. Ceux de la religion en souffroient tousjours la plus grande partie. Et c'est ce qui fit trouver à beaucoup de gens de bien ceste paix meilleure, d'autant qu'elle mettoit fin à toutes ces inhumanités.

CHAPITRE XII.

SECONDS TROUBLES.

Des causes de la prise des armes aux seconds troubles; comme les desseins sur quoy ceux de la religion s'estoient appuyés se trouvèrent vains.

Plusieurs escrits ont esté publiés pour justifier le levement des armes de l'an 1567, et au tres au contraire pour le condamner : dont les historiens qui traitent des choses passées ont amplement discouru ; à quoy doivent avoir recours ceux qui veulent exactement faire recherche de toutes les particularités des actions publiques. Je me contenteray d'en dire succinctement quelques unes sur ce point, qui sont autant vrayes que celles qui ont esté manifestées, les ayant apprises de ceux qui d'un costé ont aydé à conduire les affaires. L'édict de pacification fait devant Orléans avoit donné quasi à l'universel de la France beaucoup de contentement, tant en apparence qu'en effect, en ce que, toutes misères cessantes, chacun vivoit en repos, seuretés de corps et liberté d'esprit. Toutefois, les haines et envies aux uns, et les desfiances aux autres, ne furent pas du tout amorties, ains demeurèrent cachées sans se monstrer. Mais comme le temps a accoustumé de meurir toutes choses, aussi ces semences ici, et beaucoup d'autres encores pires, vindrent à produire des fruits qui nous remirent en nos premières discordes. Les principaux de la religion, qui ouvroient les yeux pour la conservation, tant d'eux que d'autruy, ayans fait un gros amas de ce qui s'estoit fait contr'eux, et de ce qui se brassoit encore, disoient qu'indubitablement on les vouloit miner peu à peu, et puis tout à un coup leur donner le coup de la mort. Des causes que ils alléguoient, les unes estoient manifestes et les autres secrettes. Quant aux premières, elles consistoient ès desmantelemens d'aucunes villes, et constructions de citadelles ès lieux où ils avoient l'exercice public, plus ès massacres qui en plusieurs endroits se commettoient, et en assassinats de gentilshommes signalés (de quoy on n'avoit peu obtenir aucune justice); aux menaces ordinaires qu'en bref ils ne lèveroient pas la teste si haut ; et singulièrement en la venue des Suisses (combien que le duc d'Albe fust desjà passé en Flandres), lesquels n'avoient esté levés que pour la crainte simulée de son passage. Quant aux secrettes, ils mettoient en avant aucunes lettres interceptées, venantes de Rome et d'Espagne, où les desseins qu'on vouloit exécuter se descouvrirent fort à plain ; la résolution prise à Bayonne avec le duc d'Albe d'exterminer les huguenots de France et les gueux de Flandres ; de quoy on avoit esté averty par ceux de qui on ne se doutoit pas. Toutes ces choses, et plusieurs autres dont je me tais, resveilloient fort ceux qui n'avoient pas envie qu'on les prist endormis. Et me recorde que les chefs de la religion firent en peu de temps trois assemblées, tant à Valéri qu'à Chastillon, où se trouvèrent dix ou douze des plus signalés gentilshommes, pour délibérer sur les occurrences présentes, et chercher des expédiens légitimes et honnestes, pour s'asseurer entre tant de frayeur, sans venir aux derniers remèdes. Aux deux premières, les opinions furent diverses. Néantmoins, plus par le conseil de M. l'admiral que de nul autre, chacun fut prié d'avoir encore patience, et qu'en affaires si graves comme celle-cy, qui amenoit beaucoup de maux, on devoit plustost s'y laisser entraisner par la nécessité qu'y courir par la promptitude de la volonté, et qu'en bref on verroit plus clair. Mais à la troisième, qui s'y fit avant qu'un mois fust escoulé, les cerveaux s'échauffèrent davantage, tant pour les considérations passées que pour nouveaux avis qu'on eut, et nommément pour une que messieurs le prince et l'admiral affirmèrent venir d'un personnage de la cour très-affectionné à ceux de la religion, lequel asseuroit qu'il s'estoit là tenu un conseil secret, où délibération avoit esté faite de se saisir d'eux, puis faire mourir l'un et garder l'autre prisonnier ; mettre au mesme temps deux mille Suisses à Paris, deux mille à Orléans, et le reste l'envoyer à Poictiers ; puis casser l'édict de pacification, et en refaire un autre du tout contraire, et qu'on n'en doutast point. Or cela ne fut pas mal-aisé à croire, veu qu'on voyoit desjà les Suisses s'acheminer vers Paris, qu'on avoit promis tant de fois de renvoyer. Et y eut quelques uns qui estoient là, plus sensitifs et impatiens que les autres, qui tindrent ce langage : « Comment ! veut-on attendre qu'on nous vienne lier les pieds et les mains, et puis qu'on nous traisne sur les eschaffauts de Paris, pour assouvir, par nos morts honteuses, la cruauté d'autruy ? Quels avis faut-il plus attendre ? Voyons-nous pas desjà l'ennemy estranger qui marche armé vers nous, et nous menace de vengeance, tant pour les offenses qu'ils receurent de nous à Dreux, que pour les injures que nous avons faites aux catholiques, en nous défendant? Avons nous mis en oubli que plus de trois mille personnes de nostre religion sont péries par morts violentes depuis la paix, pour lesquelles toutes nos plaintes n'ont jamais peu obtenir autre raison que des responses frivoles ou des dilations trompeuses? Si c'estoit le vouloir de nostre roy que nous fussions ainsi outragés et vilipendés, paravanture le supporterions-nous plus doucement. Mais puis que nous sçavons que cela se fait par ceux qui se couvrent de son nom, et qui nous veulent oster l'accès envers luy et sa bien-vueillance, afin qu'estans destitués de tout support et aide nous demeurions leurs esclaves ou leur proye, supporterons-nous telles insolences? Nos pères ont eu patience plus de quarante ans, qu'on leur a fait esprouver toutes sortes de supplices pour la confession du nom de Jésus-Christ, laquelle cause nous maintenons aussi. Et à ceste heure que, non seulement les familles et bourgades, mais les villes toutes entières, sous l'authorité et bénéfice de deux édicts royaux, ont fait une déclaration de foy si notoire, nous serions indignes de porter ces deux beaux titres de chrestien et de gentilhomme, que nous estimons estre l'honneur de nos ornemens, si, par nostre négligence ou lascheté, en nous perdant nous laissions périr une si grande multitude de gens. Pourquoy nous vous supplions, messieurs, qui avez embrassé la défense commune, de prendre promptement une bonne résolution, car l'affaire ne requiert plus qu'on temporise. » Les autres qui estoient en ce conseil furent esmeus, non tant pour la véhémence des paroles que pour la vérité d'icelles. Mais comme il y en a tousjours qui sont fort consideratifs, ceux-là répliquèrent qu'ils appercevoient bien le danger apparent, néantmoins que la salvation leur estoit cachée. « Car si nous voulons, disoient-ils, avoir refuge aux plaintes et doléances, il est tout clair qu'elles servent plus à irriter ceux à qui on les fait que de remèdes. Si aussi nous levons les armes, de combien de vitupères, calomnies et malédictions serons-nous couverts par ceux qui, nous imputans la coulpe des misères qui s'ensuivront, ne pouvant descharger leur colère sur nous, la déchargeroient sur nos pauvres familles demeurées esparses en divers lieux ? Mais puis que de plusieurs maux on doit tousjours choisir les moindres, il semble qu'il y ait encore moins de mal d'endurer les premières violences de nos ennemis que les commencer sur eux, et nous rendre coupables d'une agression publique et générale. » M. d'Andelot prit la parole après, et dit : « Vostre opinion, messieurs qui venez de parler, est fondée sur quelque prudence et équité apparente; mais les principales drogues médicinales propres pour purger l'humeur peccante qui abonde aujourd'huy au corps universel de la France luy défaillent, qui est la fortitude et la magnanimité. Je vous demande : si vous attendez que soyons bannis ès pays estrangers, liés dans les prisons, fugitifs par les forests, courus à force du peuple, mesprisés des gens de guerre, et condamnés par l'authorité des grands, comme nous n'en sommes pas loin, que nous aura servy nostre patience et humilité passée? que nous profitera alors nostre innocence? à qui nous plaindrons-nous? Mais qui est-ce qui nous voudra seulement ouyr? Il est temps de nous désabuser, et de recourir à la défense, qui n'est pas moins juste que nécessaire, et ne nous soucier point si on dit que nous avons esté autheurs de la guerre; car ce sont ceux-là qui par tant de manières ont rompu les conventions et pactions publiques, et qui ont jetté jusques dans nos entrailles six mille soldats estrangers, qui par effect nous l'ont desjà déclarée. Que si nous leur donnons encore cest advantage de frapper les premiers coups, nostre mal sera sans remède. »

Peu de discours y eut-il après, sinon une approbation de tous d'embrasser la force pour se garantir d'une ruine prochaine. Mais s'il y eut des difficultés à se résoudre sur cecy, il n'y en eut pas moins pour sçavoir comme on devoit procéder en ceste nouvelle entreprise. Aucuns vouloient que les chefs et principaux de la religion se saisissent doucement d'Orléans, ville confédérée, et après envoyassent remonstrer à Leurs Majestés que, sentant approcher les Suisses, ils s'estoient là retirés avec leurs amis pour leur seureté, et qu'en les licenciant chacun retourneroit à sa maison. A ceux-là fut respondu qu'ils avoient oublié qu'à Orléans il y avoit un grand portail fortifié, gardé par suffisante garnison de catholiques, par lequel ils pourroient tousjours faire entrer gens en la ville, et que le temps n'estoit plus de plaider, ny se deffendre avecque les paroles et le papier, ains avec le fer. Autres trouvoient bon de prendre par toutes les provinces tant de villes qu'on pourroit, puis se mettre sur la défensive ; lequel advis ne fut non plus receu, pource, dit-on, qu'aux premiers troubles, de cent que ceux de la religion tenoient, au bout de huit mois il ne leur en demoura pas douze entre les mains, d'autant qu'ils n'avoient armées suffisantes pour les secourir. Enfin, on conclut de prendre les armes, et à ce commencement de guerre observer quatre choses : la premiere, de s'emparer de peu de villes, mais d'importance ; la seconde, de composer une armée gaillarde ; la tierce, de tailler en pièces les Suisses, par la faveur desquels les catholiques seroient tousjours maistres de la campagne ; la quatriesme, d'essayer de chasser M. le cardinal de Lorraine de la cour, que plusieurs imaginoient solliciter continuellement le roy à ruiner tous ceux de la religion. De grandes difficultés furent encore proposées sur les deux derniers poincts ; car on dit que le cardinal et les Suisses marchoient tousjours avec le roy, et qu'attaquant les uns, et voulant intimider l'autre, on diroit que l'entreprise auroit esté faite contre la majesté royale et non contre autruy. Toutesfois, elles furent vuidées par ceste réplique : c'est que l'événement descouvriroit quelles seroient leurs intentions, comme ils rendirent tesmoignage de celles du roy Charles VII, estant encore dauphin ; qu'il n'avoit levé les armes ny contre son père, ny contre le royaume ; davantage, qu'on sçavoit bien que les François en corps n'avoient jamais attenté contre la personne de leur prince ; finalement, si ce premier succès estoit favorable, qu'il pourroit retrancher le cours d'une longue et ruineuse guerre, en tant qu'on auroit le moyen de faire entendre au roy la vérité des affaires qu'on luy desguisoit ; dont se pourroit ensuivre la reconfirmation des édicts, mesmement quand ceux qui vouloient prévenir se sentiroient prévenus. Voilà quelle fut la résolution que prindrent lors tous ces personnages qui se trouvèrent ensemble ; lesquels, combien qu'ils fussent doués de grande expérience, sçavoir, valeur et prudence, si est-ce que ce qu'ils avoient si diligemment examiné, et tant bien projetté, se trouva, quand on vint aux effets, merveilleusement esloigné de leur attente : et d'autres choses, à quoy ils n'avoient quasi point pensé pour les tenir trop seures ou difficiles, se tournèrent en leur bénéfice ; dont bien leur print. Par cecy se peut cognoistre que les bonnes délibérations ne sont pas tousjours suivies de bon succès. Ce que j'ay dit n'est pas pour taxer ceux de qui j'ay parlé, la vertu desquels j'ay toujours grandement admirée, ny pour faire négliger la prudence et la diligence aux affaires, ains seulement pour advertir que l'accomplissement de nos œuvres ne gist pas tant en l'humaine proposition qu'en la divine disposition.

Voyons quel fut le succès de l'entreprise. Quant au premier point, qui concernoit les villes, on délibéra d'en surprendre seulement trois, à sçavoir Lyon, Toulouse et Troyes, pour l'utilité qu'elles eussent apporté pour divers respects. Mais les desseins que firent sur icelles ceux qui prirent la charge de s'en saisir ne réussirent pas. Pour le regard d'estre forts en campagne, ceux de la religion le furent au commencement plus que les catholiques ; mais un mois et demy après la prise des armes, ils se trouvèrent plus puissans qu'eux, tellement qu'ils les contraignirent d'aller à refuge aux estrangers qu'ils avoient appelés pour les venir secourir. L'exécution des Suisses succéda aussi très-mal, pourcé que le dessein fut descouvert, et que les forces qui y devoient estre manquèrent ; et n'y eust que le quatriesme point, de moindre importance que les autres, qui s'effectua : qui estoit de séparer M. le cardinal de Lorraine de la cour. Il ne laissa pourtant d'y avoir autant d'authorité et de crédit qu'auparavant. Mais voicy un inconvénient qui ne fut pas petit, où tombèrent ceux de la religion : c'est qu'ils excitèrent l'indignation et haine du roy contr'eux, pource qu'à leur occasion il fut contraint de se retirer à Paris avec frayeur et vistesse, si bien que depuis il leur garda tousjours une arrière pensée. Ceste entrée de guerre eust esté peu heureuse pour eux, si d'autres effects n'eussent récompensé les premiers défauts ; lesquels cependant avinrent plus par les mouvemens de quelques gentilshommes particuliers, et disposition d'aucuns habitans de villes, que par grandes délibérations précédentes : dont s'ensuivit qu'on s'empara de plusieurs, tant bonnes que mauvaises; et des plus prochaines furent Orléans, Auxerre et Soissons. Bien est vray qu'on fut secrettement averty de se remuer à mesme jour; mais on ne fit point grand estat, sinon sur les choses que j'ay récitées.

CHAPITRE XIII.

Que trois choses que le prince de Condé attenta rendirent le commencement de son entreprise fort superbe ; dont les catholiques furent d'abord estonnés.

Quand les hommes sont picqués de la nécessité, leur courage se redouble, et leurs appréhensions précédentes n'estans plus si vives, ils craignent moins de se hazarder à choses difficiles et périlleuses : ce qui avint à ceux de la religion alors, car, appercevant le glaive jà desgainé les menacer, ils résolurent de se sauver plustost avec les bras qu'avec les jambes ; et fermant les yeux à beaucoup de respects, estimèrent qu'il convenoit magnanimement commencer. Leur premier et principal acte fut l'universelle prise des armes par toute la France en un mesme jour : ce qui apporta esbahissement, mesme à plusieurs de leur party qui ne sçavoient l'affaire, et beaucoup de frayeur aux catholiques, qui se fussent par avanture portés avec plus de rigueurs qu'eux, s'ils eussent commencé les premiers la feste. Cependant ils receurent un grand desplaisir de voir tant de villes saisies, ce qu'ils dissimulèrent ; et aucuns d'eux dirent : « Les frères nous ont pris sans verd, à ce coup, mais nous aurons quelque jour nostre revanche. » En quoy ils se monstrèrent gens de parole ; car, avant qu'un an fust passé, ils leur firent cognoistre qu'ils avoient dit vray. Quelques-uns avoient opinion que tant d'advertissemens qui se donnèrent aux provinces descouvriroient l'entreprise. Toutesfois cela arriva en peu d'endroits, combien que ce fussent les importans. Beaucoup moins à ceste heure pourroit-on procéder ce mesme, à cause de l'indiscrétion des hommes, qui est telle qu'ils ne peuvent rien céler. Au temps ancien on remarquoit des exemples semblables en quelque manière à cestuy-cy, excepté que les uns furent pour offendre et l'autre pour se deffendre, comme quand Mithridates fit en un pareil jour tuer dans tous ses pays plus de quarante mille Romains, aussi quand soixante villes de Grèce furent saisies et saccagées en un jour que le consul romain avoit assigné à ses légions, sans que les uns ny les autres en pressentissent rien qu'au temps de l'exécution. Tels faits n'arrivent pas souvent, parce que ceux qui ont une fois esté pris à la pippée, et qui sont reschappés, deviennent après si vigilans et soupçonneux, que le seul branlement de feuille les resveille, et l'ombre les fait tressaillir.

Le second acte renommé fut d'oser assaillir six mille Suisses, et les faire retirer avecques moins de cinq cens chevaux. Vray est que, selon le dessein qui avoit esté fait, il y en devoit avoir davantage, nommément quelque nombre d'harquebusiers à cheval; toutefois on manqua, non d'estre en campagne, mais de se trouver à poinct nommé au rendez-vous ; et à cause du peu de forces, les chefs de la religion se retindrent, et n'osèrent s'aventurer à une charge générale dans ce gros corps, qui sembloit une forest, et outre cela, les chevaux estoient demi recreus de la grande courvée qu'ils avoient faite. Je leur ay pourtant ouy affirmer que si la troupe de Picardie fust arrivée, qui estoit de cent cinquante chevaux, ils eussent essayé le combat, faisant mettre pied à terre à leurs harquebusiers, et chargeant avecques les esquadrons par trois costés. Mais quand il eussent ainsi fait, tousjours l'événement estoit fort douteux. Tout se passa en escarmouche, où il y en eut de morts et de blessés de part et d'autre.

J'ay entendu dire que ce gros bataillon fit une contenance digne des Suisses, car, sans jamais s'estonner, ils demeurèrent fermes pour un temps, puis après se retirèrent serrés, tournans tousjours la teste, comme a accoustumé de faire un furieux sanglier que les abbayeurs poursuivent, jusques à ce qu'on les abandonna, voyant qu'il n'y avoit apparence de les forcer.

Le troisiesme acte fut l'occupation de la ville de Sainct-Denis, où le prince de Condé s'alla placer avec toutes ses forces, et en deux villages prochains qu'il fit retrancher, pour assiéger Paris de ce costé-là. Tous ces effets yenans à estre considérés, voire des meilleurs chefs catholiques, ils en estoient esbahis, et cuidoient que ledict prince attendoit encore promptement de grandes forces, et avoit de bonnes intelligences et dans Paris et dans la cour; car autrement, disoient-ils, n'eust-il osé, estant si foible, venir si audacieusement se loger si près de nous. Et l'admiral, qui est très-avisé et bon guerrier, n'auroit jamais conseillé cela, sans autres fondemens cachés. C'est ce qui les fit temporiser jusques à ce qu'ils eussent ramassé leurs forces. Plusieurs autres trouvoient merveilleusement dur, veu que desjà ils en avoient de bonnes, qui approchoient de dix mille hommes, qu'on souffrist ceste petite poignée de gens les braver chacun jour par continuelless escarmouches jusques dedans leurs portes, et que c'estoit grand'vergongne de voir une fourmy assiéger un éléphant. Mais j'estime que les considérations des autres estoient plus sages, lesquels maintenoyent que c'estoit une imprudence toute notoire de vouloir par un combat, qui est incertain, contre des fols, disoient-ils, qui n'ont maintenant pour conseil que le désespoir, et pour richesse que leurs armes et chevaux, hazarder tout le corps de l'estat, qui est comme enclos dans les murailles de Paris, et qu'ayans chose si sacrée entre mains que la personne du roy, il convenoit faire toutes choses seurement, et qu'en brief ils verroient sortir de cest avis d'honnorables fruits. En ceste manière y eut-il, entre la sagesse des uns et la témérité des autres, comme un discordant accord par quelques jours, jusques à ce que le gros jeu se joua, qui fut si rude que les huguenots furent contraints de quitter leur giste. Sur cest exemple icy si quelqu'un vouloit bastir de grands et avantureux desseins, il feroit paraventure un erreur irrémédiable; car les choses qu'on veut comparer ne se ressemblent pas tousjours en toutes leurs parties, et puis ces accidens sont tels, que c'est beaucoup quand un siècle en produit deux ou trois.

CHAPITRE XIV.
De ce qui avint au deslogement de Sainct-Denis, qui est plus digne d'être remarqué.

Encore que un grand chef de guerre ne puisse atteindre aux fins qu'il s'est proposées, si est-ce qu'aucunes fois il advient qu'en ses procédures il démonstre tant de valeur, qu'on ne laisse de luy donner de la louange, comme plusieurs firent à M. le prince de Condé, pour les beaux exploits qui apparurent pendant qu'il séjourna à Sainct-Denis. Une de ses intentions estoit de mettre les Parisiens en telle nécessité de vivres, et les molester tant par autres voyes, qu'eux, et ceux qui y estoient retirés, seroient contraints d'entendre à une paix; et c'est ce qui fit faire les entreprises du pont Charenton, Sainct-Cloud et Poissy, pour brider la rivière, lesquelles toutefois ne servirent de guères, et cuidèrent causer la ruine de ceux de la religion. Quelqu'un se pourra esmerveiller comme de si excellens capitaines embrassoient un tel dessein, lesquels ne devoient pas ignorer combien de grandes armées avoient par le passé perdu leur peine en le pensant effectuer, ainsi que fit celle du duc Charles de Bourgongne, et cuide aussi qu'ils en estoient mémoratifs aucunement. Mais se voyans portés sur les lieux, l'occasion les convioit de tenter ce que la commune voix croit qu'on fist. Davantage, s'ils fussent demeurés sans rien entreprendre, il leur sembloit qu'ils diminueroient beaucoup de leur réputation, et puis ils voyoient leurs gens si bien disposés, que les choses difficiles leur apparoissoient faisables.

La seconde intention qu'avoit le prince de Condé, estoit d'attirer l'armée enclose dans Paris à la bataille, ayant grand espoir que s'ils la gaignoient la guerre prendroit fin, laquelle intention ne réussit non plus que l'autre. Quand à la tierce, il faisoit estat qu'encore qu'on luy fist abandonner Sainct-Denis, les villes qu'il espéroit qui seroient saisies, tant sur la rivière de Marne que sur celle de Seine, luy serviroient de faveur et d'espaule pour y placer toutes ses forces, attendant la venue des Allemans qu'il avoit mandés pour le secourir; mais pource qu'on n'en put surprendre que deux, à sçavoir Lagny et Montereau, ce dessein s'en alla aussi en fumée comme les autres. Ceux de M. le connestable furent mieux effectués : son premier but estoit, après s'estre renforcé, de contraindre les huguenots à combattre, et estimoient les devoir deffaire, pour les avantages qu'il avoit sur eux; à quoy il approcha de bien près. Il faisoit aussi estat de les desloger d'où ils estoient, et les esloigner des Parisiens, qui ne prenoient pas plaisir d'avoir de tels mesnagers en leurs censes, qui estoyent fort diligens à les rendre vuides; mais il ne peut jouir de ce bénéfice à cause de sa mort. Et pour n'en mentir point, s'il eust esté vivant et en santé, il les eust bien fait haster le pas d'autre sorte qu'ils ne firent. Certes, les uns et les autres se gouvernèrent en grands capitaines; mais ayans différentes fins, comme de conserver et d'assaillir, aussi leurs actions furent en quelques parties différentes. Il estoit bien séant aux huguenots d'estre souvent à cheval, d'entreprendre tantost à propos et quelquefois audacieusement, et prescher tousjours le combattre; mais les catholiques faisoient bien aussi de ne sortir en gros qu'aux occasions apparentes, de ne rien hasarder, et se préparer pour un coup. Je ne réciteray point les petits combats et entreprises qui là se firent, pource qu'aux histoires ils se verront.

Je diray seulement quelque mot de la bataille de Sainct-Denis, qui fut à la vérité mémorable, en ce que si peu d'hommes osèrent se présenter devant une armée si puissante qu'estoit celle qui sortit de Paris, et la soustenir; car elle n'avoit pas moins de quinze ou seize mille hommes de pied, et plus de deux mille lances, là où en celle du prince de Condé, ainsi séparée comme lors elle se trouva, toute sa cavallerie n'arrivoit à mille chevaux, et quasi autant d'harquebusiers. L'occasion de ce grand combat vint d'un erreur que les huguenots firent, dont M. le connestable se sceut dextrement prévaloir. L'erreur fut en ce que M. d'Andelot, qui estoit actif, alla pour surprendre Poissy, et tira de l'armée cinq cens chevaux et huit cens harquebusiers, qui n'estoient pas des pires. J'ay ouy dire que quand on proposa ceste entreprise au conseil, aucuns remonstroyent qu'il ne la falloit faire, car grandes forces estoyent arrivées à Paris; et puis on avoit observé qu'aux escarmouches dernières les gentilshommes catholiques n'avoient fait que crier: « Huguenots, attendez encore trois ou quatre jours, et nous verrons si vous estes si mauvais qu'en faites la mine; » et que c'estoient advertissemens de bataille par ceux qui estoyent exhortés par leurs chefs de s'y préparer, et qu'on ne devoit négliger cela; mais comme on est quelquefois remply de trop de confiance, on ne laissa de passer outre. M. le connestable, estant adverty de ceci par ses espies, jugea qu'il ne falloit laisser passer ceste feste sans danser; et comme c'estoit un vieux routier de guerre, il ne se contenta pas d'estre par les oreilles, il voulut l'estre aussi par les yeux. Parquoy il fit sortir le jour mesme sept ou huit cens lances, favorisées ès retraites d'un nombre d'harquebusiers, pour se présenter en ordonnance à la veue des logis de ceux de la religion, pour sçavoir leurs forces à la vérité, et de ce corps se desbandèrent deux cens lances, qui leur allèrent donner une très chaude alarme. Eux ne faillirent de la prendre; et, pensans qu'on les venoit attaquer à bon escient, tous sortirent avec leurs chefs et bonne délibération. Mais les catholiques ayans reconnu ce qu'ils vouloient se retirèrent, et les capitaines en allèrent faire le rapport à M. le connestable, l'asseurant que toute leur force de pied et de cheval ne passoit pas deux mille hommes, mais, comme on dit, prompte à l'esperon. « C'est, répondit-il, le temps de les attrapper, et que chacun se prépare à la bataille qui se donnera demain. » A l'aube du jour il fit sortir toute son armée aux champs, sa délibération estant, s'ils ne vouloient venir au combat, de leur faire quitter à coups de canon Aubervilliers et Sainct-Ouyn, où M. l'admiral et le sieur de Genlis estoient logés, espérant après gaigner les batteaux de passage pour trancher chemin à M. d'Andelot. Et, à ce que j'ay entendu, ledict sieur connestable estimoit qu'ils ne se hazarderoyent pas de combattre, n'ayans toutes leurs forces entières, et qu'ils se retireroyent tous dans la ville de Sainct-Denis : ce qui arriva autrement, car il n'y eut pas moins d'ardeur de venir aux mains d'un costé que d'autre, nonobstant la grande inégalité. Les catholiques avoient quatre avantages sur leurs ennemis, à sçavoir: l'artillerie, le nombre d'hommes, les bataillons de picques et la place haute et relevée. Tout cela n'empescha point que ceux de la religion ne les allassent assaillir, lesquels se rangèrent en trois corps de cavallerie, mais tous simples, c'est-à-dire en haye, qui est un ordre très mauvais, encore que nostre gendarmerie l'ait long-temps pratiqué; mais l'expérience nous a enseigné de venir à l'usage des esquadrons. Le combat s'ensuivit après, qui fut fort furieux, et dura près de trois quarts d'heure; et ceux qui y ont ensanglanté leur espée, soit d'un costé ou d'autre, se peuvent vanter de n'avoir pas faute de courage, l'ayant esprouvé en un lieu si périlleux. M. l'admiral m'a quelquefois dit que l'harquebuserie à pied, qu'il avoit rangée à ses flancs, luy servit grandement; car, tirant de cinquante pas, elle fit beaucoup d'offense en la cavallerie des catholiques, qu'il chargea. Voilà où nos discordes nous ont conduits, de nous baigner dans le sang les uns des autres. L'issue fut telle, que ceux de la religion furent chassés de dessus la place, et suivis plus d'un demy quart de lieue; et par aventure que pis leur fust arrivé sans la nuit, laquelle les favorisa à leur retraite, qui ne fut sans quelque désordre. Il y eut aussi de l'autre costé des gens qui se retirèrent non moins diligemment que de bonne heure, et spécialement l'infanterie parisienne. En somme, les catholiques eurent l'honneur de la bataille, en ce que le champ et la possession des morts leur demoura. M. le prince de Condé avoit ja mandé à M. d'Andelot de retourner en diligence. Il luy redépescha encore pour le haster, craignant que le lendemain on ne le vinst r'attaquer. Mais à minuit il retourna, très marri de n'avoir esté à la feste. Et après que chacun se fut reposé, les chefs dirent qu'il estoit nécessaire de rabattre un peu de la gloire que leurs ennemis pensoient avoir acquise, en leur monstrant qu'on n'avoit pas perdu le cœur ny l'espérance; et, mettant leur petite armée aux champs, bien délibérés, ils s'allèrent présenter devant les fauxbourgs de Paris, bruslant un village et des moulins à vent, à la veue de la ville, pour les acertener que tous les huguenots n'estoient pas morts, et qu'il y avoit encore de l'exercice préparé. Mais personne ne sortit, à cause (comme il est bien à présumer) de la perte de M. le connestable. Ceste démonstration que firent les huguenots conserva leur réputation. Toutefois, voyans que le séjourner là estoit leur ruyne, ils descampèrent le lendemain, et s'acheminèrent vers Montereau, où ils mandèrent le reste de leurs forces, qui estoient tant à Estampes qu'à Orléans, les venir trouver; ce qui rengrossit fort leur armée.

CHAPITRE XV.

Du voyage qui se fit vers la Lorraine par les deux armées à diverses fins.

Toutes les forces françoises qu'attendoit M. le prince de Condé ne furent pas plustost jointes à luy, que l'armée contraire ne se mist à sa queue, qui s'alloit de jour en jour renforçant; en laquelle monseigneur le duc d'Anjou, qui est aujourd'huy roy, commandoit. Aucuns miens amis catholiques m'ont asseuré que son intention estoit de combattre, s'il en rencontroit une belle occasion; car les vieux capitaines qui le conseilloient, prévoyans bien que si ceux de la religion joignoient leurs reitres (qui ja bransloient), c'estoit pour faire durer la guerre long-temps, ou rendre une bataille incertaine, estoient par ceste considération vivement piqués. Mais quand ils regardoient après l'importance de la personne de leur chef, qui reposoit sous leurs armes, et le désespoir de leurs contraires, cela les retenoit un peu. Ils usèrent de deux gentilles ruses, tant pour les arrester que pour les surprendre; car en guerres telles finesses sont approuvées, au moins on les pratique. La première fut la négociation de la paix, où les plus signalés personnages de ceux de la religion, comme le cardinal de Chastillon, furent employés, ce qui attiédissoit tousjours leur première ardeur de combattre. L'autre, furent deux suspensions d'armes faites pour deux ou trois jours chacune, afin de mieux conférer, disoit-on, des poincts mis en avant. L'une fut près de Montereau, et l'autre près de Chaalons; mais la dernière leur cuida estre très-dommageable, d'autant que le prince de Condé s'arresta en un très-mauvais logis fort escarté, pendant que l'armée des catholiques s'approchoit. Et sans l'entreprise que fit le comte de Brissac sur quelques cornettes d'harquebusiers à cheval, qu'il deffit, ledit prince eust séjourné encores deux jours où il estoit, où sans doute il eust esté combatu et paravanture surpris par ses contraires, qui estoient lors très-puissans, à cause de quinze cens lances bourguignonnes qui s'estoient jointes à eux, que conduisoit le comte d'Arembergue, l'un des plus renommés capitaines des

Pays-Bas. Mais quand il vit une telle exécution s'estre faite pendant la suspension, il pensa qu'il n'estoit pas seur de croire en paroles. Parquoy en trois jours il chemina plus de vingt grandes lieues, par pluyes et si mauvais passages, que c'est merveille comme le bagage et l'artillerie peurent suivre : et ne se perdit rien de l'un ny de l'autre, tant l'ordre fut bon et la diligence grande. L'armée de monseigneur, voyant cest esloignement, se désista de la poursuite ; et aucuns se glorifioient de ce qu'on avoit chassé les huguenots hors du royaume. Autres, plus clairvoyans, s'appercevans bien qu'on ne les pouvoit plus empescher de joindre leurs forces allemandes, furent d'avis de les laisser courre, et aviser aux moyens de les garder de rentrer. Mais il y en eut aussi, et non petite quantité, qui jettèrent un grand blasme sur aucuns conseillers de monseigneur, dequoy on les avoit laissé eschapper sans les combattre, et disoient que l'admiral s'entendoit secrettement avec eux : ce qui estoit une imagination du tout fausse, et de quoy luy-mesme se rioit, m'ayant dit plusieurs fois n'en avoir nulle, mais qu'il tascheroit cependant à les entretenir en ce soupçon.

Je veux raconter quelques mouvemens et légèretés de ceux de la religion pendant le petit séjour qu'ils firent en Lorraine, aussi la libéralité volontaire qu'ils monstrèrent au milieu de tant de pauvreté qui les environnoit : action que j'estime impraticable au temps où nous sommes. Plusieurs s'estoient persuadé, et le bruict en couroit aussi, qu'on n'auroit pas mis le pied dans la Lorraine, que les coqs des reitres ne s'entendissent chanter ; mais après y avoir séjourné quatre et cinq jours, on n'en sçavoit non plus de nouvelles que lorsqu'on estoit devant Paris : ce qui engendra du murmure parmi aucuns mesme de la noblesse, qui donnoient des attaques assez rudes à leurs chefs en leurs devis ordinaires, tant l'impatience est grande parmy nostre nation. Eux l'ayans entendu, s'efforçoient d'y remédier. Et comme les hommes difficilement s'esloignent de leurs inclinations, aussi les dissuasions dont usèrent ces chefs furent différentes ; car le prince de Condé, qui estoit d'une nature joyeuse, se mocquoit si à propos de ces gens si colères et appréhensifs, qu'il faisoit rire ceux mesmes qui excédoient le plus en l'un et en l'autre. De l'autre costé, M. l'admiral avec ses paroles graves leur faisoit tant de honte, qu'enfin ils furent contraints de se radoucir et rapaiser. Je luy demanday lors, si l'armée de monseigneur nous suivoit, quel conseil il prendroit. « Nous acheminer, dit-il, vers Bacchara, où les reitres doivent avoir fait leur assemblée, » et qu'il ne falloit combattre sans eux, et que l'ardeur première ne fust un peu reschauffée. « Mais s'ils ne s'y fussent trouvés, répliquera quelqu'un, qu'eussent fait les huguenots ? » Je pense qu'ils eussent soufflé en leurs doigts, car il faisoit grand froid. Or toute cette fascherie fust bientost convertie en resjouissance, quand ils entendirent au vray que le duc Casimir, prince doué de vertus chrestiennes, et auquel ceux de la religion sont fort obligés, marchoit, et qu'il estoit prochain. Ce n'estoient que chansons et gambades, et ceux qui avoient le plus crié sautoient le plus haut. Ces comportemens vérifièrent très-bien le dire de Tite-Live : « Que les Gaulois sont prompts à entrer en colère, et par conséquent prompts à se resjouir ; » lesquelles passions excèdent aisément, si, à l'imitation des sages, on ne les modère par l'usage de la raison.

M. le prince de Condé ayant sceu par ses négociateurs d'Allemagne que les reitres s'attendoient de toucher pour le moins cent mille escus estans joints avec luy, il fut bien en plus grand'peine qu'il n'avoit esté auparavant pour les mouvemens des siens, d'autant qu'il n'en avoit pas deux mille. Là convint-il faire de nécessité vertu, et, tant luy que M. l'admiral, qui avoient une merveilleuse créance entre ceux de la religion, desployèrent tout leur art, crédit et éloquence, pour persuader un chascun de départir des moyens qu'il avoit pour ceste contribution si nécessaire, dont dépendoit le contentement de ceux qu'on avoit si dévotieusement attendus. Eux-mesmes monstrèrent exemple les premiers, donnans leur propre vaisselle d'argent. Les ministres en leurs prédications exhortèrent à cest effect, et les plus affectionnés capitaines y préparèrent aussi leurs gens ; car, en une affaire si extraordinaire, il estoit besoing de s'aider de toutes sortes d'instrumens. On vit une disposition très-grande en plusieurs de la noblesse de s'en acquitter loyalement; mais quand il fut question de presser les disciples de la Picorée, qui ont ceste propriété de sçavoir vaillamment prendre et laschement donner, là fut l'effort du combat. Toutesfois, moitié par amour, moitié par crainte, ils s'en acquittèrent beaucoup mieux qu'on ne cuidoit : et ceste libéralité fut si générale que, jusques aux goujats des soldats, chascun bailla, de manière qu'à la fin on réputoit à déshonneur d'avoir peu contribué. Il y en eut de ceux-ci qui firent honte à des gentilshommes, en offrant plus volontairement de l'or qu'eux n'avoient fait de l'argent. Somme, que le tout ramassé on trouva, tant en ce qui estoit monnoyé qu'en vaisselle et chaines d'or, plus de quatre vingt mille livres; qui vindrent si à poinct, que sans cela difficilement eust-on appaisé les reitres. Je sçay bien qu'il y en eut beaucoup qui furent aiguillonnés à donner, y estans pressés par l'exemple, la honte et les persuasions : toutesfois c'est chose certaine que bonne partie furent poussés de zéle et d'affection, qui se monstra en ce qu'ils offrirent plus qu'on ne leur avoit demandé. N'est-ce pas là un acte digne d'esbahissement, de voir une armée point payée, et despourveue de moyens, qui estoit comme un prodige, de se dessaisir des petites commodités qu'elle avoit pour subvenir à ses nécessités, ne les espargner pour en accommoder d'autres qui, paravanture, ne leur en sçavoient guères de gré? Il seroit impossible maintenant de faire le semblable, parce que les choses généreuses sont quasi hors d'usage.

CHAPITRE XVI.

Du retour des deux armées vers Orléans et Paris, et la manière que tenoit le prince de Condé pour faire vivre, marcher et loger la sienne.

Il ne fallut point de longue consultation, après que les reitres furent joints, pour sçavoir ce qu'il convenoit faire; car la voix universelle estoit qu'on allast porter la guerre auprés de Paris : ce qu'aucuns paravanture désiroient, pour l'envie de revoir leurs maisons; mais la pluspart sçavoient bien qu'il n'y avoit point de meilleur chemin que celui-là pour r'avoir la paix. Les chefs aussi n'ignoroient pas que, pour continuer la guerre, les armées ne se pouvoient passer d'artillerie, poudre, argent et autres commodités qui se tirent des marchands et artisans, et que s'ils ne s'approchoient d'Orleans (qui estoit leur mére nourrice), ils en seroient privés; ce qui les fit aisément consentir au désir commun. Ainsi, avec ceste bonne volonté, ceux de la religion rebroussèrent chemin, ayans opinion que l'armée ennemie les costoyeroit, tant pour les empescher de bransquetter plusieurs petites villes foibles, que pour espier une occasion d'attraper quelqu'une de leurs troupes. Alors la France regorgeoit de toutes sortes de vivres : ce néantmoins, tousjours falloit-il grand art et diligence pour nourrir une armée de plus de vingt mille hommes, point payée, qui n'estoit favorisée du pays comme l'autre, et qui n'avoit qu'un très-petit équipage pour les munitions. M. l'admiral estoit sur toutes choses soigneux d'avoir de très-habiles commissaires, et de leur faire avoir voicture, selon la nécessité huguenotte; et souloit dire, quand il estoit question de dresser corps d'armée : « Commençons à former ce monstre par le ventre. » Or, pource que nostre coustume estoit que la cavalerie logeoit escartée dans les bons villages, lesdits commissaires, outre les chariots qu'ils avoient avec eux, tenoient encore en chacune cornette un boulanger et deux chevaux de charge, qui n'estoient plustost arrivés au quartier qu'ils se mettoient à faire du pain, et après l'envoyoient au corps de l'infanterie. Et quand ces petites commodités estoient toutes rassemblées, qui sortoient de quarante cornettes que pouvions avoir alors, cela se montoit beaucoup : et de là aussi souvent s'envoyoient chairs et vins, estans les gentilshommes si affectionnés, qu'ils n'espargnoient au séjour leurs charrois pour conduire ce qu'il convenoit. Les petites villettes prises, on les réservoit pour les munitionnaires, et menaçoit-on les autres où il n'y avoit point de garnison, de brusler une lieue à la ronde d'elles si elles n'envoyoient quelques munitions; de manière que nostre infanterie, qui logeoit serrée, estoit ordinairement accommodée. Je ne mets point icy en compte les butins qui se faisoient, tant par les gens de pied que de cheval, sur ceux de contraire party; et ne faut point douter que ce grand animal dévoratif, passant parmi tant de provinces, n'y trouvast tousjours de la pasture; et souvent la robbe du pauvre peuple y estoit meslée, et quelquefois des amis, tant la nécessité et cupidité de prendre incitoit ceux qui ne manquoient jamais d'excuses pour coulourer leurs proyes. De ces fruits icy plusieurs s'entretenoient, en ce qu'il faut que le soldat achette outre la nourriture, comme pour l'habillement et les armes, qui sont choses nécessaires.

Maintenant je parleray du logement de l'armée, laquelle on estoit contraint d'espandre en divers lieux, pour deux raisons principales : l'une, pour la commodité du vivre; l'autre, afin qu'elle fust à couvert pour la garantir de l'injure de l'hyver ; et sans ce soulagement elle n'eust peu consister. Je sçay bien que c'est une mauvaise façon de loger, et qu'aux guerres impériales et royales on n'eust eu garde de commettre ces erreurs, pource qu'on eust esté incontinent surpris; mais ès civiles les deux partis contraires ont esté contraints, et ont accoustumé d'en user ainsi, au moins en nostre France. L'infanterie, on la logeoit en deux corps, à sçavoir en celuy de la bataille et de l'avant-garde; et les gens de cheval, aux villages plus prochains. Quand il survenoit alarme à bon escient, ladite cavalerie s'alloit rendre où les deux chefs estoient ; et si un logis escarté estoit attaqué, on l'alloit secourir incontinent. Parmy les cornettes y avoit bon nombre d'harquebusiers à cheval ; et quand on estoit arrivé au quartier, on fortifioit très-bien les avenues, et s'accommodoit-on souvent dans les temples et chasteaux, afin de pouvoir tenir deux heures, attendant le secours. J'ay quelquefois veu l'un des chefs marcher avec cinq ou six mille hommes, et rechasser les ennemis qui avoient assailly un logis. Mais quelque vigilance qu'il y ait eue de toutes parts, si s'est-il fait beaucoup de surprises, quoiqu'on battist les chemins le jour et la nuict. Les meilleurs avis que souvent on avoit estoient par les picoreurs; lesquels s'espandans par tout comme mouches, rencontroient ordinairement les ennemis, et quelqu'un en venoit dire des nouvelles ; car ces gens-là courent comme lièvres quand il faut fuir, mais quand ils vont croquer quelque proye ils volent. La teste qui se faisoit vers les ennemis, qu'avoient les chevaux légers, estoit de cinq ou six cens bons chevaux et autant d'harquebusiers à cheval, avec peu de bagage, sinon chevaux de charge; et c'estoit pour faire estre lesdits ennemis en cervelle, les garder d'entreprendre, et tenir l'armée advertie.

Quant à la manière de marcher, on donnoit le rendez-vous à toutes les troupes à une telle heure, au lieu le plus commode pour la distribution des logis, et de là on s'acheminait ès quartiers; et allant ainsi par divers chemins, la diligence estoit grande quand on vouloit la faire. Un mal y avoit-il marchant escartés en ceste sorte, c'est que souvent se donnoient de fausses alarmes. Si est-ce qu'on ne remarque point qu'il soit advenu de notable surprinse au prince de Condé. Je ne serois pas d'avis qu'on bastist des reigles sur ces exemples icy, que la nécessité a produits, sinon qu'il y eust la mesme raison qui régnoit lors. On s'en peut servir en les accommodant aux temps, aux lieux et aux personnes. Le plus certain est de redresser nos coustumes par les anciennes reigles militaires, où il y a plus de perfection qu'en ce que nous pratiquons. Ce n'est pas à dire pourtant que ces magnanimes chefs eussent deu faire autrement qu'ils ne firent; car à tout ce qui se devoit et pouvoit alors ils n'y ont manqué. Aussi la pluspart des grandes et signalées actions se sont esvanouies depuis leur mort.

CHAPITRE XVII.

Des nouvelles forces de diverses provinces qui se trouvèrent à Orléans, ce qui convia M. le prince de Condé d'entreprendre le voyage de Chartres.

Aux premières guerres civiles, la pluspart de ceux de la religion tenoient pour maxime, et nommément leurs chefs, qu'il estoit très-difficile de faire la guerre avec réputation, et la paix avec dignité, si l'on n'avoit tousjours une armée en campagne. Et pour ceste occasion, ils exhortoient leurs partisans d'aider à en composer une qui fust gaillarde, d'autant que tout le corps en sentoit le bénéfice. Et c'est ce qui rendoit tant de gens prompts à s'y venir ranger. Mais quand pour cest effect on a abandonné les bonnes places qu'on tenoit aux provinces, on s'en est mal trouvé, parce qu'après on demeuroit sans retraites; quand aussi on a voulu en garder trop, on a manqué à l'autre poinct : ce qui nous doit enseigner à éviter les extrémités. La guerre n'a pourtant laissé de se faire ès dites provinces, tant aux premiers troubles qu'en ceux-cy. Et qui voudra bien considérer les mouvemens du baron des Adrets, et les autres beaux exploits de plusieurs capitaines, tant catholiques que huguenots, lesquels sont notés aux histoires, il verra des choses misérables avoir esté valeureusement et prudemment exécutées. Mais pource que je me suis voulu assujettir de ne parler que de ce que j'ay veu ou entendu de bon lieu, j'ay différé de me donner la carrière par pays inconnus, craignant de broncher. Estant doncques M. le prince de Condé informé que forces de Gascongne et Dauphiné luy estoient arrivées à Orléans, qui approchoient de six mille hommes, il voulut les employer, et leur manda qu'elles se tinssent prestes, et qu'on préparast aussi poudres et balles, et trois ou quatre chétives pièces d'artillerie qui restoient; car, encore que les catholiques estiment les huguenots estre gens à feu, si se sont-ils tousjours mal pourveus de tels instrumens : aussi n'ont-ils point, comme eux, de sainct Antoine, lequel ils disent présider sur cest élément. Son intention estoit, avant que donner à cognoistre son dessein à ses ennemis, d'avoir environné la ville qu'il prétendoit d'assiéger, et nulle ne luy sembla plus commode pour ses affaires que Chartres : laquelle ayant prise, il vouloit faire fortifier pour tenir tousjours une espine au pied des Parisiens, et, à sa faveur, conserver en quelque manière son pays qu'il avoit derrière. Il envoya pour cest effet, de plus de vingt lieues loin, trois mille chevaux pour la fermer. Laquelle diligence ne profita pas de beaucoup, pource qu'un régiment d'infanterie qui estoit logé à quatre lieues de là ne laissa d'y entrer, qui fut la salvation de la ville. Le seigneur de Linières y commandoit, qui avoit en tout vingt-deux compagnies; et nul ne s'espargna à user de tous les remèdes de fortification de quoy l'on se sert aux mauvaises places qui sont prévenues. Les assaillans regardèrent aussi de leur part aux endroits qui leur sembloyent les plus attaquables; et de tous costés il y en avoit de si mauvais, qu'on ne pouvoit quasi discerner le pire. Et ayant recognu une montagne qui dominoit par le flanc d'une courtine, sans entrer en autre considération, ils choisirent cest endroit-là, qui d'arrivée promettoit beaucoup; cependant les remèdes s'y pouvoient aisément trouver, car n'ayant M. le prince que cinq pièces de batterie et quatre légères coulevrines, que pouvoit faire cela contre tant de gens de défense et de travail qui là estoient? Aussi en deux jours et deux nuicts ils bastirent des traverses et des retranchemens, tels qu'on n'osa les enfoncer. Le François est si soudain, qu'il veut incontinent avoir descouvert ce qui ne se peut trouver qu'après avoir long-temps cherché. Et par ceste promptitude, j'ay tant veu faire d'erreurs aux recognoissances des places, que je tiens pour reigle très-utile de voir et revoir deux fois, voire trois, une chose avant que de prendre résolution de s'y arrester. On cognut, après que la bresche fut faite, que c'estoit perdre des hommes à crédit que d'attaquer par-là. Et comme on estoit après pour préparer une nouvelle batterie par un plus foible endroit, la paix fut conclue; ce qui renversa toutes actions militaires. Le proverbe qui dit qu'il n'est muraille que de bons hommes, est bien véritable; car il faut qu'une place soit bien mauvaise s'ils ne trouvent moyen de s'y accommoder. En tels lieux ne se doit-on pas obstiner à long siège; mais pour arrester une armée trois semaines ou un mois, cela se peut entreprendre, pendant qu'une autre se prépare pour favoriser les assiégés.

Au séjour que nous fismes devant ceste place, M. l'admiral fit une belle contre-entreprise, qui se démesla en la manière que je dirai. L'armée contraire estoit au-delà de la rivière de Seine, qui n'osoit approcher en corps de celle du prince, et ne sçay les causes pourquoy. Elle ne voulut pourtant perdre l'occasion de porter quelque faveur à ceux de dedans; et pour cest effect fut envoyé M. de La Vallette, qui estoit un capitaine renommé, avec dix-huit cornettes de cavalerie, pour tascher de surprendre quelqu'une de nos troupes au logis, endommager nos fourrageurs, rompre nos vivres, et nous tenir souvent en alarmes. Il s'approcha à quatre lieues près du camp, logeant assez serré, d'où il commençoit à nous molester grandement. De quoy M. l'admiral estant adverti, il prit la charge d'y pourvoir. Et comme il avoit accoustumé d'aller en gros, de peur, disoit-il, de faillir le gibier, aussi prit-il trois mille cinq cens chevaux, et partit de si bonne heure, qu'à soleil levé il se trouva dans le milieu des quartiers de ceste cavallerie, qui, nonobstant les bonnes gardes qu'elle tenoit en campagne, ne se peut garantir que plusieurs ne fussent enveloppés, et y eut quatre drapeaux pris, mais peu de gens tués. M. de La Vallette, qui estoit logé dans Oudan, rallia quatre ou cinq cens chevaux; et, estant suivi de plus de mille des nostres, il se retira néantmoins avec une belle façon, tournant souvent teste; aussi avoit-il art et expérience. On voit par cecy qu'il ne fait pas seur séjourner guères, si on n'est en lieu fort, devant une grosse puissance de cavallerie; car, sans qu'on y pense, on se trouve surpris comme d'un orage qui arrive à l'impourvue; et quasi aussitost que vos sentinelles, védettes ou batteurs d'estrade, elle vous est sur les bras; car elle marche en asseurance, ne craignant rien, et dit tousjours aux premiers: Attaque, charge, et suys tout ce que tu trouveras. En tels affaires les plus fins, et qui ouvrent bien les yeux, ne laissent quelquefois d'y estre attrapés.

CHAPITRE XVIII.

De la seconde paix, qui fut faite à Lonjumeau.

En tous les troubles de la France on a tousjours veu cecy advenir, c'est qu'en faisant la guerre on n'a pas laissé de traiter de la paix, tant chacun a voulu démonstrer avoir agréable chose si salutaire: aussi s'en est-il fait beaucoup, entre lesquelles ceste-ci a esté la pire pour ceux de la religion. La négociation s'en remmancha, estant là le prince de Condé devant Chartres; et fut envoyé le cardinal de Chastillon de sa part avec autres gentilshommes, pour s'assembler avec les députés du roy à Lonjumeau, où ils besognèrent si bien, que tous les articles furent accordés, les uns envoyans à Paris, les autres à Chartres, pour vuider les difficultés qui survenoient. Or, comme une bonne paix estoit fort désirée, et n'estoit aussi pas moins nécessaire, cependant il y en eut peu qui s'amusassent à bien considérer quelle pouvoit estre ceste-ci; ains, comme si le nom eust apporté avec soy le vray effet, la pluspart de ceux de la religion demeuroyent là attachés qu'il la falloit embrasser. Et pour parler rondement, c'est ce qui força messieurs le prince de Condé et admiral à y condescendre, voyant une si grande disposition (et mesmement en la noblesse) de l'accepter. Ce fut un tourbillon qui les emporta, à quoy il ne purent résister. Vray est que M. le prince y avoit quelque inclination: mais M. l'admiral se douta tousjours de l'inobservation d'icelle, pource qu'il appercevoit à peu près qu'on vouloit prendre une revanche sur les huguenots de l'injure receue à la journée de Meaux. Mesmes dès lors aucuns catholiques, qui estoyent de ceux qui ne peuvent rien céler, disoient tout hault qu'ils s'en vengeroient bientost. Et un de nos négociateurs de paix manda avoir ouy plusieurs fois tels langages, et apperceu une grande indignation cachée ès poictrines d'aucuns de ceux avec lesquels ils conféroyent, et qu'on y prist garde, pource que cela dénotoit quelque sinistre événement. Davantage, il y en eut de la cour propre, tant hommes que femmes, qui quelquefois desrobent des paroles du cabinet, qui mandèrent à leurs parens et amis qu'indubitablement ils seroient trompés s'ils ne besongnoient seurement, qui estoit bien pour resveiller ceux qui se vouloyent endormir sur ce doux oreiller de paix. Mais, quelque avis que l'on eust, on ne peut retenir le torrent qui jà estoit desbordé. On se pourra esmerveiller dequoy ces grands chefs, qui avoient tant de crédit sur leurs partisans, n'ayent sceu leur persuader ce qui leur estoit utile. Mais si on considère bien quelles gens ce sont que les volontaires, et la véhémence du désir de voir sa maison, l'on verra que quand l'ancre de la nécessité apparente est rompue, le navire poussé de vents si violens ne se peut arrester.

Desjà avant le lèvement du siége de Chartres, il s'en estoit allé des cornettes entières et plusieurs particuliers (sans demander congé aux supérieurs) vers les quartiers de Saintonge et Poictou. Et ceste humeur passa parmy l'infanterie, mesmement en celle qui estoit des pays esloignés, et plusieurs disoient, puis que le roy offroit l'édict de pacification dernière, qu'on ne le pouvoit refuser; autres de la noblesse, qu'ils vouloient aller prendre des retraictes en leurs provinces, pour la conservation de leurs familles, qui estoient souvent meurtries par la cruauté de leurs ennemis: les gens de pied se plaignoient aussi de n'estre payés, et qu'ordinairement ils manquoient de vivres. Ainsi donc les chefs de la religion ne peurent adhérer aux advertissemens qu'ils eurent, et rejetter cette paix, pource qu'ils fussent demourés trop foibles. Sur cecy ils discouroyent quelquefois en ceste matière : que le gros de leurs forces françoises les abandonnant, ils seroient contraints de se mettre sur la défensive ; mais que cela les desfavoriseroit grandement, veu qu'on estoit en la saison en laquelle les armées se mettent en campagne ; que de séparer les reitres pour les distribuer dans les villes, ils ne le vouloient faire, pource que c'estoit se devorer soy-mesme ; de les placer aussi en camp fortifié, le remède n'estoit que pour peu de temps ; somme, qu'il falloit esprouver le hasard de la paix. Alors on eust bien désiré d'avoir des villes pour seuretés d'icelle ; mais quand on demandoit d'autres seuretés que les édicts, les sermens et les promesses, on estoit renvoyé bien loin, comme si on eust vilipendé et méprisé l'authorité royale, qui fut occasion qu'on receut ce qui estoit accoustumé d'estre offert. Ainsi ceux de la religion licencièrent leurs estrangers, se retirèrent en leurs maisons, puis posèrent les armes chacun en particulier, ayans opinion (au moins le vulgaire) que les catholiques feroient le semblable. Ils se contentèrent seulement de le promettre, mais en effet ils n'en firent du tout rien, et, demourans tousjours armés, gardèrent les villes et les passages des rivières, si bien qu'à deux mois de là les huguenots se trouvèrent comme à leur discrétion. Aucuns mesme de ceux qui avoient insisté pour la paix furent contraints de dire : « Nous avons fait la folie, ne trouvons donc estrange si nous la beuvons. Toutesfois il y a apparence que le breuvage sera bien amer. »

CHAPITRE XIX.

TROISIESMES TROUBLES.

De la diligente retraite de ceux de la religion aux troisiesmes troubles, et de la belle résolution de M. de Martigues quand il vint à Saumur.

Les affaires humaines sont sujettes à beaucoup de mutations ; et pour en représenter l'inconstance, les ethniques ont figuré une roue tournante, où tantost une chose est en haut et tantost en bas : aussi qui voudra bien noter la dissimilitude du principe de ceste guerre d'avec la précédente, il y appercevra la mesme ; car en la passée les huguenots prévindrent et assaillirent superbement, et en ceste-cy ils furent prévenus, et se retirèrent par une nécessité honteuse ; abandonnans les provinces et villes qui auparavant avoient servy pour leur conservation. Quand ils virent qu'on avoit mis dix compagnies d'infanterie dans Orléans, ils cognurent bien que leurs affaires alloient mal ; mais ce qui les esmeut de desloger des provinces voisines de Paris, fut que M. le prince cuida estre enveloppé en sa maison par des compagnies de gensd'armes et de gens de pied, qui tout doucement s'en approchoient. Luy ayant adverty M. l'admiral et ses plus proches voisins, tous ensemble avec leurs familles se retirèrent à La Rochelle, passans à gué la rivière de Loire en un lieu inaccoustumé. Il donna aussi advertissement à ceux de la religion les plus esloignés, de prendre les armes, et se sauver le mieux qu'ils pourroient vers luy, cherchant de passer la mesme rivière à gué ou par batteaux. Les catholiques en se moquant disoient qu'il avoit tort de prendre l'alarme si chaude, et qu'on n'avoit fait aucune entreprise sur luy. Il respondoit qu'il aimoit beaucoup mieux leur avoir laissé les nids que s'ils eussent attrappé les oyseaux, et que s'il se fust bien ressouvenu de la promesse qu'ils avoient faite de prendre leur revanche de Meaux, et de faire courir les frères à leur tour, qu'il fust party de meilleure heure, afin de n'aller que le pas. Ce sont icy les propos communs que je récite ; car les causes graves, de part et d'autre, sont escrites ès histoires. Je sçay bien qu'une guerre est misérable, et qu'elle apporte avec soy beaucoup de maux ; mais ceste meschante petite paix, qui ne dura que six mois, fut beaucoup pire pour ceux de la religion, qu'on assassinoit en leurs maisons, et ne s'osoient encores défendre. Cela et autres choses les animèrent et disposèrent de chercher seureté en se ralliant ensemble.

M. d'Andelot estant en Bretaigne, receut avis de ramasser tout ce qu'il pourroit, et s'acheminer en Poictou. Il manda qu'on le vint trouver vers l'Anjou, ce qu'on fit ; et quand tout fut joint, la troupe n'estoit moindre de mille bons chevaux et de deux mille harquebusiers, avec laquelle il dressa la teste vers la rivière de Loire pour y chercher un passage commode. Mais le propre jour qu'il arriva au long d'icelle, une inopinée avanture succéda, dont les catholiques se desmeslèrent avec grand honneur. Il s'estoit logé fort escarté, à cause qu'il n'avoit grande alarme d'ennemis, ayant donné charge aux chefs des troupes, estans arrivés en leurs quartiers, de sonder s'il y avoit point quelque endroict guéable. Mais deux heures après s'estre logés, M. de Martigues, qui vouloit aller à Saumur trouver le duc de Montpensier, fut averty que force huguenots, sans nommer qui, s'estoient venus loger sur son chemin. Luy, qui avoit passé une petite rivière par barques, qui s'appelle Sorgue, jugea qu'il n'y avoit plus d'ordre de se retirer, et qu'il convenoit se faire passage avec le fer, quoy qu'on rencontrast. Il n'avoit aucun bagage, l'ayant envoyé de l'autre part de la Loire, estant sa troupe de trois cens lances et cinq cens braves harquebusiers. Et d'autant qu'il estoit contraint de marcher tousjours par une levée de terre qui borde la rivière, où l'on ne peut aller que dix hommes de front, ou six chevaux, il mit à sa teste cent harquebusiers gascons de sa garde avec deux cens autres, et sa cavalerie au milieu; puis le reste de l'infanterie derrière, et cinquante lances pour coureurs. Cela fait, il leur dit : « Mes compagnons, les huguenots sont sur nostre chemin. Il nous faut leur passer sur le ventre, ou estre perdus, car nous ne pouvons nous retirer : que donc chacun se prépare de bien combattre avec les bras, et marcher gaillardement avec les jambes, pour gaigner Saumur : il n'y a que huit petites lieues, et ne pouvons trouver seureté que n'y soyons arrivés. » Tous luy promirent de ne manquer à leur devoir, et en ceste résolution s'acheminèrent. Les deux premières troupes qu'il rencontra, furent deux compagnies de cavallerie qui se logeoient, qu'il escarta aisément; et en combattant fut tué le capitaine Boisvert. Là sceut-il que M. d'Andelot estoit prochain; ce qui luy fit haster le pas afin de le prévenir; mais, quelque diligence qu'il fist, si le trouva-t-il à cheval avec peu de gens, ayant eu l'alarme par quelques fuyards. Il se fit une brave charge, où le lieutenant de M. de Martigues fut tué, et M. d'Andelot contraint de luy laisser le passage libre. Il ne permit à ses soldats de saccager le bagage qui estoit dans les rues, ains les fit tirer outre. A une lieue de là, il rencontra la compagnie des gens de cheval du capitaine Coignée, qui marchoit, et la fist retourner bien viste avec bonnes harquebusades; puis à un quart de lieue du village des Rosiers se présentèrent devant luy deux cens harquebusiers que le seigneur de La Noüe envoyoit vers l'alarme pour le secours des autres; mais comme l'infanterie de M. de Martigues estoit de soldats vieux, et l'autre de nouveaux, ceux-ci furent mis en route, et fallut abandonner le village et luy laisser le passage. Enfin à deux lieues de Saumur il trouva encore une compagnie d'infanterie accommodée dans un temple, laquelle il força, et prit le drapeau, et arriva à nuict fermante à seureté, luy et ses gens, fort travaillés de marcher et de combattre, ayant fait perte de vingt hommes, et en ayant tué quatre fois autant, mais mis en effroy près de mille. J'ay bien voulu raconter cest exploit, pource qu'il m'a semblé plein d'une brave détermination : toutesfois on ne se doit estonner si les troupes de M. d'Andelot ne l'enfoncèrent, car elles furent surprises estans toutes escartées, mesmement la cavalerie estoit dans un lieu trop estroit pour bien combattre; et quand elles se furent reconues et rassemblées, les ennemis estoient desjà à sauveté. Ainsi voit-on combien il sert d'estre en corps, cheminer en ordre et avoir pris une bonne détermination : et c'est ce qui ordinairement fait vaincre les petites troupes, en ce qu'elles veulent suppléer à leur foiblesse par valeur.

Pour ceste escorne M. d'Andelot ne perdit espérance de passer la rivière; et, ayant fait resserrer ses gens en deux corps, il la fit taster par tout. Enfin fut trouvé un gué, comme miraculeusement, où il n'y avoit mémoire d'homme que jamais aucun eust là passé; et le lendemain, joyeux au possible, et tous les siens, d'avoir rencontré ce qu'ils n'espéroient, il passa de l'autre part. Lors que nous estions en ces incertitudes, je luy dis qu'il estoit besoin d'adviser à ce que nous ferions si le passage nous estoit fermé. Il me respondit : « Que pouvons-nous faire, sinon prendre un party extresme, pour mourir comme soldats, ou nous sauver comme soldats? Mon advis est, dit-il, de nous joindre tous, et nous retirer à sept ou huict lieues d'icy vers le pays large, et faire donner des advertissemens à messieurs de Montpensier et de Martigues que nous nous en allons comme fuyans et tous dissipés, chacun taschant à eschapper le péril, ce qu'ils croiront fort aisément. Cependant animons et préparons nos gens à vaincre; et s'ils s'approchent de nous, comme il n'y a doute qu'ils n'y viennent incontinent, plus pour butiner que pour combattre, alors donnons valeureusement sur eux, car nous les romprons, et après n'y aura-t-il troupe qui d'un mois nous ose affronter, et nous sera aisé de gaigner l'Allemagne ou le haut des rivières. » Il m'a semblé que le prompt et brave conseil de ce gentil chevalier, ne devoit non plus estre célé que la belle détermination du seigneur de Martigues, deux personnages, certes, dignes de grandes charges militaires. Le dernier acquit beaucoup d'honneur en son passage, et le premier plus de profit au sien, ayant mis luy et toute sa troupe à seureté, laquelle au bout de huit jours se joignit à M. le prince de Condé, ce qui le renforça beaucoup. Ceste entrée de guerre, si mal commencée de ceux de la religion par des retraites précipitées, estoit un présage qu'ils s'aideroient de ces remèdes en la continuation d'icelle, ce qui advint aussi, combien qu'il leur fust peu advenu aux précédentes; et si on veut sçavoir les causes, je les diray : ce fut pour les mespris de la discipline et pour la multiplication des vices, qui amenèrent le désordre et engendrèrent audace en plusieurs, non en tous, lesquels, sous l'ombre de la nécessité, prenoient trop de licence.

CHAPITRE XX.

Que le temps qu'on donna à M. le prince de Condé, après s'estre retiré à La Rochelle, sans luy jeter aucune armée sur les bras, luy servit de moyen de se prévaloir d'une grande province, sans le soustien de laquelle il n'eust peu continuer la guerre.

Tout le refuge qu'eurent ceux de la religion pour se sauver en ces dernières tempestes, fut de se retirer à La Rochelle, qui jà leur estoit dévotieuse, ayant embrassé l'Evangile et rejetté la doctrine du pape. La ville est assez grande et bien située, sur le bord de la mer, en un pays abondant en vivres, et pleine d'assez riches marchans et bons artisans : ce qui profita beaucoup pour la conservation de plusieurs familles, et pour en tirer les commodités qui estoient nécessaires, tant pour les gens de guerre qu'aux armées de mer et de terre. Or, après l'arrivée de M. d'Andelot, les chefs advisèrent qu'il ne falloit pas perdre temps; et, ayant fait sortir de l'artillerie de La Rochelle, ils attaquèrent les villes de Poictou et Xaintonge, qui alors estoient foibles et assez mal pourvues de garnisons, se faisant maistres de celles qu'ils peurent, comme de Niort, Fontenay, Saint-Maixant, Saintes, Saint-Jean, Ponts et Coignac. Depuis, Blaye et Angoulesme furent prises, estans les unes gaignées aisément, et les autres avec batterie et assaut. Somme, qu'en moins de deux mois, de pauvres vagabonds qu'ils estoient, ils se trouvèrent ès mains des moyens suffisans pour la continuation d'une longue guerre. En toutes ces places on y logea environ trente compagnie d'infanterie, et sept ou huit cornettes de cavallerie : qui fut une grande descharge pour la campagne, et se dressa un bel ordre politique et militaire, tant pour les François que pour la conduite de l'armée. Je considère en cecy comme, la nécessité estant suivie de l'occasion, les huguenots se seurent prévaloir de toutes deux. Estans pressés de la première, ils desployèrent toutes les inventions de leur esprit et les forces de leur corps pour n'en estre accablés. Après, survenant la seconde, ils se trouvèrent bien disposés de l'embrasser. J'ay quelquefois ouy M. l'admiral approprier le beau dire de Thémistocles à la condition des affaires d'alors, à sçavoir : Nous estions perdus si nous n'eussions esté perdus. Par cela il entendoit que sans nostre fuite nous n'eussions pas acquis ceste bonne ressource, voire beaucoup meilleure que celle-là que nous avions auparavant. Je ne sçay pourquoy les catholiques ne cognurent plustost que ceux qu'ils avoient chassés d'auprès d'eux s'establissoient au loin, afin d'y envoyer des remèdes plus promptement; car il n'y a doute que cela eust empesché la moitié de leurs conquestes. J'ay opinion que l'aise qu'on eut à Paris de voir les provinces et villes estre abandonnées, qui auparavant leur avoient fait si forte guerre, enfla le cœur à plusieurs, qui desdaignèrent après les effets des huguenots, estimans que La Rochelle seule pouvoit résister, où dans trois mois on les renfermeroit. Ce sont là les projets qu'on fait après un accident favorable.

La royne dé Navarre, sentant les remuemens venir, fut diligente de se retirer vers ces quartiers-là, amenant avec elle ses enfans et d'assez bonnes forces, ce qui servit, tant pour authoriser la cause que pour fortifier l'armée. Elle craignoit que demourant en ses pays on la contraignist, tant par les mouvemens de ses sujets que par autres forces, de laisser aller son fils à la cour, où indubitablement on l'eust fait changer, au moins extérieurement, de religion. Parquoy elle ne fit difficulté d'abandonner son pays en proye, pour conserver les consciences pures. Exemple très rare en ce siècle-ci, auquel la richesse et la grandeur sont en si grande recommandation, qu'elles sont à plusieurs un dieu domestique auquel ils s'asservissent. Or, ce qui donna un merveilleux accroissement à l'armée de ceux de la religion, furent les troupes que M. d'Acier tira de Dauphiné, Provence et Languedoc. Auparavant, M. le prince avoit escrit, tant à luy qu'aux plus signalés desdites provinces, de mander de bonnes forces à son secours, pour faire teste à l'armée royale, qui luy venoit sur les bras, afin que tant de princes et excellens chefs ne receussent ce désavantage, que de se voir assiégés dans des villes. A quoy tant s'en faut qu'ils manquassent, qu'il semble qu'ils despeuplèrent les lieux d'où ils partirent, tant ils amenèrent d'hommes; car il n'y en avoit pas moins de dix-huit mille portans armes, qui sous la conduite du seigneur d'Acier s'acheminèrent. Mais comme d'un costé ce fut tout le soustenement de l'armée, aussi de l'autre ce fut la perte de plusieurs places, dont les catholiques s'emparèrent après leur département. Et souvent j'ay ouy aucuns des colonels se repentir d'estre sortis en si grand nombre, comme s'ils eussent voulu aller chercher quelque nouvelle habitation. Quand la moitié seulement fust venue, ce n'eust esté que trop.

Ils ne peurent pourtant joindre M. le prince de Condé, qu'un grand inconvénient ne leur avint; car deux régimens des leurs furent desfaits par M. de Montpensier. La cause fut, à ce que j'ay entendu, parce que les sieurs de Mouvans et Pierre Gourde, se sentans incommodés de loger si serré comme ils avoient fait jusque-là, voulurent s'escarter, estimans qu'ayans deux mille harquebusiers il ne suffisoit qu'à une armée de les desfaire. C'estoit un brave soldat que ledict de Mouvans, autant qu'il y en eut en toute la France; mais sa grande valeur et expérience luy firent entreprendre ce qui luy tourna à ruine, qui est ce qui quelquefois fait périr des capitaines et des troupes. Il ne laissa de très bien combattre, et lui et son compagnon moururent sur le champ avec mille de leurs soldats. Les catholiques m'ont raconté un trait qu'ils firent lors, que j'ay trouvé beau; c'est que, sentans M. d'Acier logé à deux petites lieues de là avec seize mille hommes, ils craignirent qu'il ne vinst au secours. Parquoy au mesme temps qu'ils donnèrent au quartier dudict Mouvans avec le gros de leur infanterie, ils envoyèrent à celuy du seigneur d'Acier huit ou neuf cens lances et force harquebusiers à cheval, faisans de grandes fanfares de trompettes et crians bataille. C'estoit afin de lui faire penser que c'estoit à luy qu'on en vouloit. En ceste sorte l'amusèrent-ils pendant que leur entreprise s'exécuta, de laquelle ils rapportèrent dix-sept drapeaux. Ceste perte despleut beaucoup à M. le prince et aux siens; mais l'arrivée de tant d'autres régimens effaça ce regret bientost : car l'homme de guerre, lors mesmement qu'il est en action contre ses ennemis, s'efforce de jetter hors de sa mémoire toutes choses tristes, afin qu'elles n'aillent affoiblissant ceste première fureur qui est en luy, qui souvent le rend redoutable.

CHAPITRE XXI.

Des premiers progrès des deux armées, lors qu'estant en leur fleur elles cherchoient avec pareil désir de s'entre-combattre.

Après la desfaite de Mouvans, l'armée catholique se retira à Chastelleraud, craignant que celle des huguenots, qui s'estoit faite si puissante, ne la vinst affronter en mauvais lieu. Monseigneur le duc d'Anjou se trouva là, qui amena encores d'autres forces bien délibérées, ayans pour chef un tel prince, à qui elles portoient beaucoup d'amour et d'obéissance. Et croy que de long-temps on n'a point veu tant de François en deux armées. Le prince de Condé, ses places fournies, avoit en la sienne plus de dix-huit mille harquebusiers et trois mille bons chevaux. J'estime qu'en celle de monseigneur n'y avoit moins de dix mille soldats et quatre mille lances, sans compter les Suisses; de manière que des deux parts se fussent trouvés trente-cinq mille François, tous accoustumés à manier les armes, et possible aussi hardis soldats qu'il y en eust en la chrestienté. L'armée des huguenots se voyant forte voulut tascher de venir aux mains, et s'approcha deux lieues près de Chastelleraud. Mais ayant le prince de Condé eu advis que l'autre camp estait placé en lieu avantageux, quasi environné d'un petit marescage, à quoy on avoit adjousté un léger retranchement en quelques endroits, il ne voulut rien attenter témérairement, et chercha les voyes pour attirer ses ennemis à combattre. Ce qui le convioit à cela, estoit l'ardeur qu'il voyoit en ses soldats; secondement, le grand nombre qu'il en avoit, car il se doutoit bien que les armées auxquelles la paye défaut ne se peuvent tenir grosses que bien peu de temps ; aussi que la rigueur de l'hyver l'auroit bientost diminuée; en l'armée catholique paravanture qu'aucunes de ces considérations avoient quelque poids. Mais il y eut bonne uniformité en ceci, que les deux chefs estoient touchés d'un pareil désir de venir aux mains, et eurent un pareil dessein d'aller vivre chacun sur le pays de son ennemi, pour conserver le sien des ravages extrêmes que font les armées.

Ainsi toutes les deux descampèrent, et prirent la route de Lusignan, près d'où il y a un petit quartier de pays bon en perfection, où chascune estoit intentionnée de se venir loger. Et combien qu'elles fussent assez proches, si est-ce que l'une ne sçavoit nouvelles de l'autre, ce qu'il ne faut trouver trop estrange, pource qu'on le voit avenir quelquefois. Ayant doncques de toutes les deux parts esté donné le rendez-vous en un gros bourg nommé Pamprou, plein de victuailles, les mareschaux des deux camps s'y trouvèrent quasi en mesme temps avec leurs troupes, d'où ils se chassèrent et rechassèrent par deux ou trois fois, tant chacun désiroit atraper cet os pour le ronger, qui fut à la parfin quitté. Mais, d'autant que les uns et les autres sçavoient bien qu'ils seroient soustenus, nul ne prit la fuite, ains se retirèrent à un quart de lieue de là, où ils se mirent en bataille. Après, arrivèrent pour le soustien des uns messieurs l'admiral et d'Andelot, avec seulement cinq cornettes de cavalerie; et, du costé des catholiques, se présentèrent sept ou huict cens lances. « Il n'est plus question, dit alors M. l'admiral, de loger, ains de combattre ; » et tout soudain advertit M. le prince, lequel estoit à plus d'une grosse lieue de là, qu'il s'avançast, et que cependant il feroit bonne mine. Il commanda qu'on se mist en ordre sur un petit haut, pour oster aux ennemis la veue d'un vallon, afin qu'ils ne le recognussent, et c'estoit pour leur faire penser que nos avions grosse cavallerie et infanterie cachée dedans. Estans donc rangés à une canonnade les uns des autres, il dit à un capitaine d'harquebusiers à cheval qu'il s'avançast cinq cens pas, et qu'il se tinst près d'une haye, ce qu'il fit. Mais comme ces gens-là, encore qu'ils sçachent tirer et courre, ne sont pas pourtant soldats entendus, il n'y eurent pas esté six patenostres, que la moitié s'esbranla pour aller escarmoucher, et après leur cornette marcha pour les soustenir. Les ennemis voyans cela jugèrent qu'on vouloit aller à eux, ce qui les fist serrer, et, avec trois ou quatre grosses troupes de lances, commencèrent à s'avancer. Certes, je vis alors ces deux chefs bien faschés de n'avoir prévenu l'indiscrétion de ce fol, et encores plus pour ne sçavoir quelle résolution prendre, voyans leurs ennemis beaucoup plus forts qu'eux ; mais quand ce vint à conclure, chacun conclud autrement que son naturel et sa coustume ne portoit. M. d'Andelot, qui ne trouvoit jamais rien trop chaud, dit qu'il se falloit retirer au pas, et que les ennemis, estans plus forts, nous feroient recevoir une escorne, et qu'on ne devoit regarder à la honte, d'autant que celuy qui évite le péril, avec le profit qu'il en reçoit, jouit aussi de l'honneur. M. l'admiral, qui estoit homme de grande considération, s'opiniastra à vouloir demourer, disant estre nécessaire avec la bonne contenance de cacher sa foiblesse, et envoya incontinent quérir et rappeller ces harquebusiers, ce qui fit arrester les ennemis.

Or, combien que ce conseil profita, si est ce que celuy de M. d'Andelot estoit plus seur et à préférer, au moins à mon opinion ; ayant bien voulu réciter ce petit fait assez au long, afin que ceux qui veulent s'instruire aux armes en tirent ce fruict : c'est que, quand il est question d'acte qui importe, on doit oster ces argolets de la teste, et au lieu y mettre un très avisé capitaine, accompagné de bonnes lances ; car celuy qui a ceste place est la guide du reste, et, sur son avis, tout le reste se meut ; et faisant autrement on erre, comme on feroit si, marchant par pays incognu, on mettoit devant une guide ignorant le chemin. On peut remarquer aussi qu'encore qu'il n'y ait nulle jalousie entre des capitaines, toutefois, voire en un fait bien clair, on voit arriver de la contrariété en leurs opinions. Et ce qui me fait plus esbahir de celle-ci, est que chacun contrarioit à sa disposition naturelle et coustume de procéder ; car l'un, estant actif comme un Marcellus, délibéra très sagement, et l'autre, lent et considératif comme un Fabius, opina hazardeusement. De dire la cause de cela je ne sçaurois, sinon qu'aux prompts mouvemens on ne garde pas toujours l'ordre accoustumé en ses actions. On voit aussi comme l'audace sert quelquefois ; mais, comme on dit, ces coups sont bons à faire une fois, et n'y retourner pas souvent, pour le hazard qu'il y a. Je demanday depuis à M. de Martigues, qui commandoit en ceste troupe de lances, s'il sçavoit que messieurs l'admiral et d'Andelot fussent en ces cinq cornettes. Il me dit que non, et que s'il l'eust sceu, qu'il eust cousté la vie à tous, ou il les auroit eus vifs ou morts, et qu'ils cuidoient que c'estoient les troupes des mareschaux-de-camp, qu'ils eussent chargées sans un doute qu'ils eurent qu'elles estoient soustenues par une grosse harquebuserie, qui leur sembloit qui paroissoit en un village derrière, encores que ce ne fussent que valets, et qu'ils attendoient leurs gens de pied.

Mais, au bout d'une heure, les uns et les autres pensèrent qu'il y auroit un plus gros jeu ; car on apperceut de tous costés marcher les enseignes d'infanterie et les esquadrons de cavallerie, et estoit sur le tard quand tout fut arrivé, et n'y eut autre chose qu'une grosse escarmouche que la nuict fit cesser. Là n'y avoit-il que l'avant-garde catholique : et ses chefs voyant la partie mal faite d'elle contre le camp huguenot, s'aidèrent d'une gentille ruse pour nous faire croire que tout leur gros y estoit ; car les tambours de leurs régimens françois, ils les firent sonner à la suisse, ce qui nous confirma que tout le corps estoit là, et ne parlait-on que de bataille pour le lendemain. Ils deffendirent aussi que nul des leurs ne se desbandast, et qu'on n'attaquast rien qu'en se deffendant, de peur qu'on ne prit quelque prisonnier qui eust descouvert la vérité : et si nous eussions sceu ceci, on les eust assaillis dès le soir mesme. Ils firent battre les gardes et faire de grands feux ; mais après qu'ils eurent repeu ils deslogèrent avec peu de bruit, et se retirèrent, les uns à Jasneuil, où monseigneur estoit logé avecques la bataille, et les autres au bourg de Sanssay, qui n'en est qu'à une lieue. Le prince de Condé fut adverty à trois heures après minuict de leur deslogement, et à cinq il se mit à leur queue avecques toute son armée, se doutant bien que la leur n'estoit venue là. Voilà comment en un mesme jour deux belles occasions se perdirent : la première, par les catholiques, la seconde, par ceux de la religion. Toutefois, si ne doit-on donner guères de coulpe ny aux uns ny aux autres, car elles furent mal-aisées à recognoistre sur-le-champ, et en deux ou trois heures elles se passèrent. Vray est qu'un petit avis les eust à plein descouvertes ; mais cela est un bénéfice de l'heur, qui ne dépend de la suffisance des capitaines.

Ce que j'ay récité de la journée précédente est encores peu de cas aux pri de ce qui survint le lendemain à Jasnueil, et semble que celui qui dispose de tout se voulut mocquer, pour quelques jours, de tant d'excellens chefs qui estoient là ; d'autant que plusieurs choses qui se firent alors, et qui arrivèrent, fut plus par hazard, et inopinément quasi, que par conseil. La délibération des huguenots estoit de suivre les ennemis jusques dedans le corps de leur armée, et au lieu où ils la trouveroient la combattre. Parquoy M. l'admiral se mit sur leurs brisées, qui estoient assez apparentes, et M. le prince marchoit après ; et comme il y avoit deux routes, l'une qui alloit au bourg de Sanssay, et l'autre à Jasnueil, M. le prince se fourvoya, et prit ceste-ci : de quoy fut occasion une bruine qui s'esleva avant le poinct du jour. La teste que l'admiral avoit mise devant luy, qui estoit forte, donna sur les huict heures du matin au bourg de Sanssay, où cinq ou six cens chevaux estoient logés, qui furent contrains de se retirer plus viste que le pas, et y perdirent tout leur bagage, et si les suivit-on fort loin. Cependant M. le prince, continuant le chemin qu'il avoit pris, ayant marché plus de deux lieues, se trouva au front de l'armée de monseigneur, ne sçachant aucune nouvelle de son avant-garde. Luy, se voyant engagé, pensa qu'il falloit faire bonne mine ; et pource que le pays estoit fort, il fit mettre ses harquebusiers devant, qui passoient douze mille, et fit attacher une escarmouche, et manda à M. l'admiral, ne sçachant où il estoit, qu'il avoit esté contraint de monstrer semblant qu'il vouloit combattre, se trouvant si prochain de monseigneur, et qu'il rebroussast vers luy en toute diligence. Avant que le messager fut à mi-chemin, M. l'admiral entendit tirer les canonnades, ce qui le fit douter de ce qui estoit avenu, et s'achemina vers le bruit avec qu'il peut ramasser ; mais quand il arriva sur le lieu, le soleil s'en alloit jà couché, qui garda qu'on ne peut avoir temps pour délibérer, recognoistre, ny entreprendre rien en gros. Tout se passa en grosses escarmouches, qui furent les plus belles qu'on ait veues il y a longtemps, qui mirent l'armée de monseigneur en quelque espouvantement, à cause qu'elle estoit placée en un lieu merveilleusement incommode ; et toutefois elle ne laissa de tenir tousjours bonne contenance. L'une ny l'autre ne se voyoient point, estans cachées dans des hayes et petits vallons, et n'y avoit que l'harquebuserie desbandée qui s'apperceust. Je remarquay bien que la nostre estoit pleine de courage autant qu'il se peut ; mais la conduite ne fut pareille, car elle tiroit comme en salve, et se tenoit trop serrée ensemble, et tout un régiment attaquoit à la fois : au contraire, celle de monseigneur estoit éparse, tirant assez lentement, et alloit par petites troupes, de manière que deux cens harquebusiers arrestoient un régiment huguenot. Ils ne sceurent pourtant empescher qu'aucuns des nostres ne donnassent jusques dans les premières tentes,

laquelle ardeur leur cousta cher ; car M. de La Vallette leur fit deux charges fort à propos avec trois cens lances, et en tua bien cent cinquante. On demandera à ceste heure si toute l'armée du prince fust arrivée jointe avec luy, ce qui se fust ensuivi. J'ay opinion que l'autre eust esté fort esbranlée, car sa place de bataille estoit si estroite, qu'elle ne suffisoit à la ranger en ordre, venant au combat. Nous luy eussions jetté par les flancs (qui estoit tout pays fort) dix mille harquebusiers favorisés de mille chevaux ; puis, avec tout le reste de l'infanterie, et plus de quinze cens chevaux, M. le prince eust donné par la teste, ce qui estoit difficile à soustenir. Les capitaines catholiques qui y estoient, et qui en voudront parler sainement, ne contrediront guères à ceci ; car onc ne furent si embarrassés qu'ils furent lors, comme je l'ay appris des plus grands, qui ne me l'ont célé. La nuict estant survenue, M. le prince de Condé alla loger à Sanssay, qui n'est qu'à une lieue et demie de là.

Je ne veux taire une chose pour rire qui arriva alors : c'est que pendant qu'on fit alte, tout le bagage de nostre infanterie se vint arrester au long d'un bois, assez près de la queue de nos gens de guerre, et là s'accomodèrent, pensans qu'on y deust camper, y faisans plus de quatre mille feux, et n'apperceurent l'armée se retirer à cause de la nuict ; de manière que plusieurs maistres furent ce jour-là mal soupés. Aucuns catholiques qui estoient en garde m'ont conté que voyans tant de feux, et oyans tant de cris, ils tenoient pour certain que c'estoit nostre armée, et s'attendoient d'avoir le lendemain bataille, ce qui les rendit plus diligens à fortifier leurs avenues. Le feu capitaine Garies m'a aussi dit qu'il s'offroit d'aller recognoistre ce que c'estoit ; mais on ne voulut rien hazarder contre ces braves soldats qui là estoient. Sur la minuit, M. le prince receut avis comme tout le bagage estoit engagé, et le tenoit comme perdu : néantmoins il ne laissa d'y envoyer quatre ou cinq cornettes pour le retirer, et commanda qu'une heure après mille chevaux et deux mille harquebusiers s'y acheminassent pour le favoriser si on sortoit après. Les premiers qui y arrivèrent trouvèrent messieurs les valets et goujats campés en moult belle ordonnance, se chauffans, chantans, et faisans bonne chère; et eust-on jugé de loin que là y avoit plus de dix mille hommes, et eux n'avoient non plus d'appréhension que s'ils eussent esté dans une ville forte. Ils se prindrent à rire de la stupidité de toute ceste forfanterie, laquelle ordinairement est couarde comme un lièvre, mesme où la seureté est; et là, non seulement au milieu d'un très-grand péril, ains de la mort, elle ne faisoit bruire que cris d'allégresse, à cause qu'ils avoient très-bien soupé des vivres de leurs maistres. Ils furent à la teste de ce beau camp, où les plus vaillans goujats avoient posé leurs gardes et sentinelles, et de tant loin qu'ils appercevoient quelqu'un, encore qu'il dist cent fois ami, ils tiroient de bonnes harquebusades après luy, et puis crioient comme des enragés. A la fin ils se recognurent, et ayant sceu où ils estoient, leur assurance se convertit en peur, et deslogèrent tous sans trompette. Après que d'une part et d'autre on eut séjourné un jour, le prince de Condé s'achemina à Mirebeau, qu'il prit, et monseigneur alla à Poictiers, et chacun se logea un peu au large pour reposer les troupes, qui estoient harassées.

Huict ou dix jours s'estans passés, M. l'admiral fit une entreprise pour tailler en pièces le régiment du comte de Brissac, qui estoit assez fortement logé au village d'Aussences, prochain d'une lieue de Poictiers. Or, pensoit-il que toute l'avant-garde de monseigneur fust encore logée à ce fauxbourg de la ville qui estoit de nostre costé; mais plus de la moitié estait passée delà l'eau le jour précédent; et seulement les Suisses et quelque cavalerie y estoient demeurés. Nous menasmes bien six mille harquebusiers et quinze cens chevaux, qui arrivèrent à la diane au village, lequel ils forcèrent après quelque résistance. Cependant, le régiment qui y estoit se retira avec perte de cinquante hommes, et non plus, par un vallon droit à leur camp, et quelques chevaux débandés des nostres se mirent à le suivre; mais le jour estant grand, on apperceut sur un haut, vers ledict Poictiers, nombre de cavalerie qui se rangeoit en ordre, et ouyt-on les tambours sonner, mesme on vit paroistre un bataillon de picques. Les chefs dirent alors : « C'est l'armée, et si nostre gros passe le ruisseau pour deffaire ce régiment qui se va esloignant, elle nous viendra sur les bras, et y a danger que soyons nous mesmes défaits. » Parquoi ils résolurent de se retirer. Quasi tous les meilleurs capitaines opinèrent de mesme; et, pour dire vray, il sembloit en apparence qu'il y eust raison de ce faire. Néantmoins qui eut passé outre, non seulement on eust rompu ce régiment, mais aussi toute ceste demie avant-garde, qui en effect estoit foible. Aucuns capitaines catholiques qui là estoient ayant ouy l'allarme, et voyans qu'il n'y avoit plus là logé que dix enseignes de Suisses, et environ trois cens lances, firent mettre sur ce haut maistres et valets, armés et désarmés, de tous ceux qu'ils purent ramasser, tant de la ville que dehors. Cela faisoit une très-belle monstre, par laquelle nous fusmes circonvenus : et quelques-uns m'ont asseuré que si nous eussions marché droit à eux, qu'ils eussent pris party : mais par cest artifice ils évitèrent le péril, et acquirent louange, vérifians ce vieil proverbe françois, qu'engin vaut mieux que force.

CHAPITRE XXII.

Que les deux armées, en s'entre-voulant vaincre, ne peurent pas seulement se combattre, et comme la rigueur du temps les sépara, ruinant quasi l'une et l'autre armée en cinq jours.

Guichardin en quelque endroict de son histoire dit que rarement il advient qu'un mesme conseil plaise en mesme temps à deux exercices. Mais ces deux icy persévèrent toujours en une mesme résolution de combattre.

Quand ils se furent un peu reposés, monseigneur se mit aux champs, et en passant reprit la ville de Mirebeau. Puis, voulant s'approcher plus près du prince de Condé, qui s'estoit allé loger ès environs des villes de Monstreuil-Bellay et Touars pour la commodité des vivres, il advisa qu'il luy convenoit surprendre ou forcer la ville de Loudun, qui estoit sur son chemin, où il y avoit un régiment huguenot. Là vouloit-il placer son armée, et puis selon les occurrences se gouverner; et en l'occupant il ostoit à ses ennemis un petit quartier de pays très-abondant, et qui pouvoit nourrir son armée un mois. Messieurs les princes de Navarre et de Condé, ayans apperceu son dessein, résolurent, pour ne recevoir ceste vergongne de voir à leur barbe tailler en pièces un de leurs régimens, ou, pour ne monstrer signe de crainte et de foiblesse en quittant une ville qui se pouvoit défendre, de marcher jour et nuit vers Loudun, où estans arrivés, logèrent toute leur infanterie dans les fauxbourgs, et cinq ou six cens chevaux dans la ville, et le demeurant ès villages prochains. Le soir précédent, monseigneur s'estoit venu camper à une petite lieue françoise de là, et avoit quelque opinion que ses ennemis ne s'opiniastreroient à hasarder leur armée pour la conservation d'une si mauvaise place ; mais il la perdit bientôt, car le jour suivant il vit après le soleil levé toute l'armée des princes qui se mettoit en bataille au long des fauxbourgs. Il commanda aussi que la sienne s'y mist, et l'artillerie de part et d'autre estant placée, commença à tirer dans les esquadrons, où quelquefois elle faisoit du dommage. Là voyoit-on plus de quarante mille hommes, et la pluspart tous François, en ordonnance, et assez prochains les uns des autres, avec les courages aussi fiers que la contenance estoit brave, et plusieurs n'attendoient que le signe du combat.

Il faut entendre qu'entre les deux armées n'y avoit que campagne rase, et sans advantage, ce qui pourroit faire trouver estrange pourquoy on ne s'attaqua. Mais de l'autre costé on doit sçavoir que vingt ans auparavant on n'avoit senty un si dur hyver que celuy qu'il faisoit lors ; et non seulement la gelée estoit forte, ains continuellement tomboit un verglas si terrible, que quasi les gens de pied ne pouvoient marcher sans tomber, et beaucoup moins les chevaux : de sorte qu'un petit fossé, relevé seulement de trois ou quatre pieds, ne se pouvoit passer à cheval, tant il estoit glissant ; et comme il y en avoit plusieurs entre les deux armées, faits pour la séparation des héritages, c'estoient comme autant de tranchées ; et celle qui eust voulu aller assaillir se fust entièrement désordonnée. Pour ceste cause chacune se tenoit ferme pour voir celle qui voudroit entreprendre ce hazard, ou plustot ceste folie. Nulle ne voulut tenter le gué, seulement vint quelque légère escarmouche, et une heure avant la nuit on se retira en ses quartiers. Le lendemain l'une et l'autre se mirent encore en bataille, tirant l'artillerie comme au jour précédent : et aucuns qui vouloient aller aux escarmouches se rompoient ou desnouoient les bras ou les jambes, et y en eut plus d'offensés par cest inconvénient que d'harquebusades. Le troisiesme jour la contenance fut pareille, sans qu'on sceust trouver les moyens de venir aux mains, qu'on ne cheust en un très-grand désavantage. Mais le quatriesme, monseigneur, qui avait la pluspart de ses gens logés à descouvert, se retira à une lieue de là, non pour rafraischir ses gens, comme on parle ordinairement, ains pour les reschauffer à couvert contre l'injure du temps : car ils ne pouvoient plus supporter le froid, la véhémence duquel en fit mourir plusieurs, tant d'une part que d'autre. C'est un abus évident quand on veut comme s'obstiner à surmonter la rigueur du temps ; car, puis que les choses plus dures en sont brisées, beaucoup plustost faut-il que l'homme, qui est si sensible, y cède. Aussi ce qui s'ensuit de cecy fit bien cognoistre qu'on ne doit, sans une grande nécessité, faire souffrir les soldats outre leurs forces ; car les maladies se mirent peu de jours après entre iceux, tant violentes que langoureuses, qu'en un mois je suis bien asseuré qu'il en mourut plus de trois mille de nostre costé, sans ceux qui se retirèrent ; et ay ouy dire qu'en l'autre armée autant ou plus prindrent le mesme chemin. L'ardeur que tous avoient de combattre, et la présence de leurs chefs, les faisoit endurer jusques à l'extrémité. Mais, pour n'en mentir point, ceux de monseigneur endurèrent encor davantage, pour n'avoir tant de couvert ny tant de vivres que nous. Quelques cornettes de cavalerie des deux camps estoient logées à demy lieue et à trois quarts les unes des autres ; mais estans au soir retournés à leur logis, tous estoient si transis, qu'ils ne se soucioyent de molester leur ennemy, ny mesmes lui donner une seule alarme, comme s'il y eust eu trefves entr'eux.

Le jour d'après le deslogement de l'armée de monseigneur, il se présenta une belle occasion, qui fut bien préveue par M. l'admiral, et assez chaudement exécutée, laquelle toutesfois ne succéda. Il se douta que les catholiques, qui avoient ès jours précédens logé demy à la haye, voudroyent, estans un petit esloignés, s'escarter ès bons villages, ce qu'ils firent; et ne demoura au corps de l'armée que la personne de monseigneur, l'artillerie, les Suisses, trois ou quatre cens chevaux, et environ douze cens harquebusiers françois ; le reste estoit à une ou à deux lieues de là. Or, sur les neuf heures du matin, que la cavalerie des princes fut arrivée, ils firent sortir douze ou quatorze mille harquebusiers et quatre pièces légères, en délibération de donner droit au corps de l'armée ennemie, qui n'estoit qu'à une petite lieue et demie de là. Ils sçavoient bien qu'il y avoit un ruisseau et certains passages dessus qu'ils n'estimoient pas fort mal-aisés, suivant le rapport des guides. Et ayant la nuit précédente fait recognoistre et taster les gardes qui là estoient, les trouvèrent forçables. Ainsi ils s'acheminèrent, faisans leur teste gaillarde : et quand on arriva à ce passage, qui n'estoit qu'à un quart de lieue de leur camp, on le trouva défendu de quelque infanterie qui ne se doutait pas de cela. Elle fut vivement attaquée, mais on ne la peut forcer, et là s'arresta-t-on à escarmoucher. Leur camp, ayant pris l'alarme très chaude, commença à tirer canonnades sur canonnades, pour rappeler leurs gens escartés ; et est certain qu'il y eut là de l'estonnement beaucoup à ce commencement. Après, leurs chefs pourveurent au renforcement de la garde de ce passage : toutesfois, un grand quart d'heure après, M. l'admiral au mesme temps fit donner à un autre passage, qui fut aussi bien défendu : mais qui les eust peu gaigner, il y a apparence que leur armée estoit prévenue ; car, avant que mille hommes de renfort leur fussent arrivés, nous leur eussions mis en teste d'abordée quinze cens chevaux et six mille harquebusiers, qui les eussent bien esbranlés. Au bout de deux heures qu'ils se furent rengrossis, ils amenèrent des pièces sur un haut ; et, après plusieurs coups tirés de part et d'autre, le froid fit retirer chacun.

Des deux costés, tant la noblesse que les soldats murmuroient fort contre les chefs de quoy, sans aucun fruict, on les jettoit en proye de la froidure et des glaces, se plaignans aussi d'estre assaillis par la faim, et que si on ne les accommodoit en lieux asseurés et munis, ils iroient eux-mesmes s'y placer, ne pouvans plus résister à tant d'extrémités. Il n'y eut en cecy contradiction aucune, car l'intention des chefs s'accordoit bien à leur désir. Les catholiques s'allèrent loger delà la rivière de Loire, és environs de Saumur ; les huguenots retournèrent à Monstreuil-Bellay et à Tours. Par ce dernier fait, je viens à considérer que souvent se rencontrent de belles occasions quand les armées logent escartées : ce qui doit disposer ceux qui les conduisent à une grande vigilance, de crainte d'expérimenter une heure infortunée. Au moins devroient-ils travailler de pouvoir dire comme Alexandre : « J'ay dormy seurement, car Antipater a veillé pour moy. » Il y en a qui pensent que les lecteurs reçoivent peu d'instruction, quand on leur présente des choses qui n'ont pas esté achevées, qu'eux appellent œuvres imparfaites ; mais je ne suis pas de leur advis ; car, quand quelque fait est décrit à la vérité, et avec ses circonstances, encor qu'il ne soit parvenu qu'à my-chemin, si peut-on tousjours en tirer du fruict. Tout ainsi que de ceux qui ne parviennent que jusques au tiers ou au quart du cours commun de la vie, on ne laisse pas d'en tirer de bons exemples ; car la vertu, en toutes les parties de l'aage, ou d'une action, se fait aucunement paroistre. Et c'est ce qui me fera encores mettre icy une audacieuse entreprise, laquelle, n'ayant eu aucun effect, est digne pourtant d'estre sceue.

Le comte de Brissac la mania et voulut l'attenter pendant le séjour que firent les deux armées. Il estoit hardy et avisé au possible pour son aage ; mais le désir de gloire, qui estoit excessif en luy, le ravissoit à choses hautes et difficiles. Messieurs l'admiral et d'Andelot estoient logés dans la ville de Monstreuil-Bellay avec leurs cornettes, qui estoient grosses : en un petit fauxbourg tout proche, y avoit deux compagnies d'infanterie pour faire quelques simples gardes, tant devant leurs logis qu'aux portes. Les gentilshommes faisoient seulement des rondes toutes les heures à l'entour de la muraille, et sembloit que cela devoit suffire ; car y ayant à l'advenue de Saumur six ou sept régimens d'infanterie dans un grand fauxbourg qui estoit outre la rivière, la ville demeuroit couverte de ceste part ; de l'autre, il y avoit de grands marescages à une lieue aux environs, qui ne se pouvoient passer qu'en certains endroits, et neuf ou dix cornettes de cavallerie, logées par les villages en deçà, qui batoient les chemins et de jour et de nuict, ce qui la rendoit asseurée; de sorte qu'il y avoit peu d'apparence qu'elle peust tomber en aucun danger. Or, comme en ces guerres civiles on a tousjours de bons advertissemens, parce que les ennemis couverts sont ordinairement cachés dans les entrailles des partis, ledict comte eut avis premièrement de la petite garde qu'on faisoit à ladicte ville; secondement, qu'on y pourroit arriver sans donner dedans le fort des gardes de nostre cavalerie, en faisant deux lieues davantage que par le droit chemin. Mais il ne se voulut arrester à cela; et, pour estre certifié de tout, il pria un capitaine françois et un italien d'aller de nuict recognoistre ce qui en estoit. L'un d'eux m'a asseuré qu'ils vindrent jusques au pied de la muraille, et, avec une longue picque et une corde ayant une agraffe de fer, ils y montèrent, car elle estoit assez basse, puis furent jusques au logis de M. l'admiral, environ les neuf heures du soir. Cela fait, s'en retournèrent sans jamais estre descouverts. Luy, entendant ceste facilité, fut fort resjouy, et bastit son dessein là dessus, qui estoit tel : Il vouloit, avec mille harquebusiers choisis et bien dispos, et cinq cens chevaux, partir à telle heure que il peust arriver à Monstreuil-Bellay à trois heures après minuict; afin d'avoir deux heures de nuict, pour le moins, pour favoriser sa retraite s'il failloit son entreprise; mais, advenant qu'il l'exécutast, il devoit faire de grands feux ès tours du chasteau, pour advertir l'armée catholique, qui estoit à Saumur, afin de marcher en toute diligence pour le secourir, s'asseurant qu'on ne le forceroit pas sans le battre d'artillerie, et n'y a doute qu'en six heures elle n'eust esté là. En ce faisant, il prenoit deux très-signalés chefs au milieu de leur seureté, et cent gentilshommes de nom. Davantage, il mettoit à vau de route ceste avant-garde qui estoit là logée, qui n'eust attendu la venue des catholiques de renfort, tant leur estonnement eust esté grand, et s'en fussent par avanture ensuivis d'autres inconvéniens. Je pense, quant à moi, qui estois là alors; et qui ay bien remarqué le dedans et le dehors, et comme les affaires alloient, que l'exécution de ceci n'estoit pas impossible; mais, comme il est besoin que Dieu veille pour ceux qui dorment et pour la conservation des cités, aussi quand le comte alla pour parachever son entreprise, il lui survint un désastre inopiné qui renversa son dessein; car, estant party pour cest effect avec une douzaine d'eschelles, et ses gens bien délibérés estans jà à deux bonnes lieues de la ville, il rencontra par cas d'avanture deux cens chevaux huguenots qui alloient courir, lesquels, voyans ceste grosse cavalerie et infanterie aux champs, se retirèrent soudain, donnans l'alarme, tant à la ville qu'aux autres quartiers des gens de cheval, et ainsi fut contraint le comte de se retirer. Depuis, M. l'admiral fit jeter des gardes plus grosses de nuict aux passages, et rebattre les champs plus souvent, combien qu'il ne descouvrist rien de l'entreprise, ny moymesme n'en sceus rien qu'après la paix faite. Certes, je prise beaucoup ce haut exploit que ce jeune homme généreux entreprenoit, auquel il y avoit de l'honneur à l'oser seulement entreprendre. Cependant je ne trouve estrange que M. l'admiral ne se douta jamais qu'une telle chose se peust faire, car il eust, par manière de dire, fallu le prévoir par divination. Il est bon toutefois, quand on est près d'une grosse force et de capitaines déterminés, de redoubler son soin, et penser que le désir d'honneur leur administre des ailes.

CHAPITRE XXIII.

De la mort de M. le prince de Condé à Bassac.

(1569) Les huguenots ayant beaucoup souffert ès jours précédens, trouvèrent le séjour fort doux dans le pays de Poictou, où ils s'estoient retirés, quand on vint rapporter que l'armée de monseigneur estoit aux champs et s'acheminoit vers les costés d'Angoulesme. Il luy estoit venu deux mille reitres de renfort; et croy que son but estoit, pour achever bientost la guerre, de forcer ses ennemis à combattre ou les contraindre de se renfermer dans les villes. En l'un il avoit l'avantage, et en l'autre il diminuoit leur réputation. Messieurs le prince de Condé et admiral sur cest advis firent resserrer leurs gens, et délibérèrent de se tenir au long de la rivière de Charente, pour voir leur contenance, sans rien hazarder, aussi pour favoriser leurs places, pour lesquelles fournir d'hommes ils affoiblirent leur armée. Il ne se fit rien de mémorable jusques à ce que les catholiques arrivèrent à Chasteau-Neuf, qui est sur la rivière susdite, où d'abordée ils prindrent le chasteau, qui estoit ès mains d'un mauvais gardien. Et d'autant que le pont avoit esté rompu en deux endroits, M. l'admiral voulut luy-mesme, pour mieux recognoistre leur mine et le passage, venir jusques-là avec sept ou huit cens chevaux et autant d'harquebusiers, la rivière entre deux toutesfois, où il s'attacha une escarmouche avec quelques gens qu'ils avoient fait passer, ou par barque, ou sur quelque planchage soudainement mis, laquelle ne dura pas beaucoup. Cependant il fut aisé de juger qu'ils vouloient s'efforcer de passer-là.

M. l'admiral, désirant de conserver sa réputation tant qu'il se pouvoit, et faire paroistre à ses ennemis qu'il ne vouloit leur quitter la terre que pied à pied, proposa de leur empescher le passage en corps pour le lendemain ; et sur le lieu mesme ordonna que deux régimens d'infanterie logeroient à un quart de lieue du pont, et huit cens chevaux quelque peu derrière, dont le tiers seroit en garde assez près du passage, tant pour advertir que pour faire quelque légère contestation. Cela fait, il se retira à Bassac, distant d'une lieue, avec le reste de l'avant-garde ; et M. le prince s'approcha à Jarnac, qui est une lieue plus outre. Mais ce qu'il commanda ne fut pas fait ; car, tant la cavallerie que l'infanterie, ayant recognu qu'aux lieux désignés y avoit peu de maisons et nuls vivres ny fourrages, ayant oublié du tout la coustume de camper, et d'estre sans commodité au logis, alla prendre quartier ailleurs. Ainsi la pluspart de ceste troupe s'esloigna pour loger, et ne demeura sur le lieu que peu de gens, qui s'accommodèrent à demy-lieue du passage. De cecy s'ensuit que la garde fut très-foible, laquelle ne peut s'approcher assez pour ouyr ny donner alarme d'heure en heure aux gardes ennemies, ainsi qu'il avoit esté advisé, pour faire croire que toute nostre avant-garde estoit là logée. Les catholiques, qui avoient résolu de se saisir de ce passage, quand bien tout nostre camp l'eust voulu empescher, firent, par la diligence de M. de Biron, non-seulement refaire le vieux pont, mais aussi en dressèrent un nouveau des barques qui se portent aux armées royales, et avant la minuit le tout fut parachevé : puis commencèrent à passer sans grand bruit, cavallerie et infanterie. Ceux de la religion qui estoient en garde avec cinquante chevaux à un petit quart de lieue du passage n'apperceurent quasi point qu'ils passoient, sinon sur l'aube du jour, et incontinent en advertirent M. l'admiral ; lequel ayant sceu, comme la pluspart de ses gens avoient logés fort escartés, mesme du costé que venoient les ennemis, leur manda qu'ils passoient, et qu'ils s'acheminassent diligemment vers luy, afin de se retirer tous ensemble, et qu'il feroit alte cependant à Bassac. Il commanda aussi à l'heure mesme que tout le bagage et l'infanterie se retirast, ce qui fut fait. Et si lors, voire une heure après, toutes ses troupes eussent esté assemblées, très-facilement il se fust retiré, mesme au petit pas ; mais ceste longueur de temps qui se passa (qui ne fut moins de trois heures) à les attendre, fut la principale occasion de nostre désastre. Il ne vouloit laisser perdre telles troupes, où il y avoit huit ou neuf cornettes de cavalerie, et quelques enseignes de gens de pied, dont les chefs estoient le comte de Montgommery, M. d'Acier et le colonel Puviaut.

Enfin, quand ils furent rejoints à luy (sauf M. d'Acier, qui prit la route d'Angoulesme), les ennemis, qui estoyent tousjours passés à la file, estoient si engrossis, si prochains de nous, et l'escarmouche si chaudement attachée, qu'on cognut bien qu'il convenoit combattre : c'est ce qui fit retourner M. le prince de Condé, qui jà estoit à demy-grosse lieue de là se retirant ; car, ayant entendu qu'on seroit contraint de mener les mains, luy, qui avoit un cœur de lion, voulut estre de la partie. Quand donc nous commençasmes à abandonner un petit ruisseau pour nous retirer (qu'on ne pouvoit passer qu'en deux ou trois lieux), alors les catholiques firent avancer la fleur de leur cavalerie, conduite par messieurs de Guyse, de Martigues et le comte de Brissac, et renversèrent quatre cornettes huguenottes qui faisoient la retraite, où je fus pris prisonnier ; puis donnèrent à M. d'Andelot dans un village, qui les soustint assez bien. Eux, l'ayans outrepassé, apperceurent deuxj gros bataillons de cavalerie, où M. le prince et M. l'admiral estoient, lesquels, se voyans engagés, se préparèrent pour aller à la charge. M. l'admiral fit la première et M. le prince la seconde, qui fut encore plus rude que l'autre, et du commencement fit tourner les espaules à ce qui se présenta devant luy; et certes, il fut là bien combattu de part et d'autre. Mais d'autant que toute l'armée catholique s'avançoit tousjours, les huguenots furent contrains de prendre la fuite, ayans perdu sur le champ environ cent gentilshommes, et principalement la personne de M. le prince, lequel, estant porté par terre, ne peut estre secouru des siens, et s'estant rendu à M. d'Argences, survint un gentilhomme gascon, nommé Montesquiou, qui luy donna une pistoletade dans la teste, dont il mourut. Sa mort apporta un merveilleux regret à ceux de la religion, et beaucoup de resjouissances à plusieurs de ses contraires, lesquels estimoient de voir bientost dissiper le corps duquel ils avoient tranché un si digne chef. Si est-ce que parmy le blasme qu'aucuns d'eux luy donnoient, autres ne laissoient de louer sa valeur.

Aussi luy peut-on donner ceste louange, qu'en hardiesse aucun de son siècle ne l'a surmonté, ny en courtoisie. Il parloit fort disertement, plus de nature que d'art, estoit libéral et très-affable à toutes personnes, et avec cela excellent chef de guerre, néantmoins amateur de paix. Il se portoit encores mieux en adversité qu'en prospérité. Mais ce qui le rendoit plus recommandable, c'estoit sa fermeté en la religion. Il vaut mieux que je me taise de peur d'en dire trop peu, ayant aussi bien voulu dire quelque chose, craignant d'estre estimé ingrat à la mémoire d'un si magnanime prince. Tant de dignes personnages catholiques et huguenots, que nos tempestes civiles ont emportés, doivent estre regrettés; car ils honoroient nostre France, et eussent aidé à l'accroistre, si la discorde n'eust excité la valeur des uns pour destruire la valeur des autres. Après ce coup, l'estonnement fut grand au possible en l'armée huguenotte, et bien luy servit le pays enveloppé d'eaux où elle se retira; car cela retint les catholiques, et luy donna temps de se réordonner. Ils imaginèrent, ayant acquis une telle victoire, que nos villes s'estonneroient, qui n'estoient pas guères fortes; mais M. l'admiral avoit jetté dedans la pluspart de son infanterie pour rompre ceste première impétuosité; de façon que, quand ils s'avancèrent pour attaquer Coignac, ils cognurent bien que tels chats ne se prenoient pas (comme l'on dit) sans mittaines, car il y avoit dedans quatre régimens d'infanterie; et comme ils eurent envoyé trois ou quatre cens harquebusiers du costé du parc pour recognoistre cest endroit, ceux de dedans en firent sortir mille ou douze cens, qui les rechassèrent si viste qu'ils n'y retournèrent plus; car aussi il n'y avoit en leur armée que quatre canons et quatre coulevrines. Monseigneur se contentant de sa victoire, et voyant qu'il ne pouvoit guères exploiter, se retira pour rafraischir ses gens, ayant triomphé en sa plus tendre jeunesse de très-excellent chef; aussi fut-il bien conseillé et assisté d'autres dignes capitaines qui l'accompagnèrent. De ce fait icy on peut recueillir que, quand il est question d'une chose importante et hazardeuse, on ne la doit point entreprendre à demy; car, ou il la faut laisser, ou s'y employer avec tout son sens et avec toute sa force. En après, il faut noter que, quand les armées logent escartées, elles tombent en des inconvéniens que la suffisance des meilleurs chefs ne peut détourner.

CHAPITRE XXIV.

Du mémorable passage du duc des Deux-Ponts, depuis les bords du Rhin jusques en Aquitaine.

Plusieurs qui verront icy escrit, comme pour merveille, qu'une armée estrangère ennemie ait pénétré bien avant dans le royaume de France, ne le trouveront peut-estre si estrange, pource que, se mettant devant les yeux autres exemples semblables, et mesmement celuy de l'empereur Charles, quand il vint assaillir Sainct-Disier, ils penseront que telles expéditions ne sont pas si extraordinaires qu'on les voudroit faire croire. Toutesfois, s'ils veulent bien considérer la longueur du chemin que celle-cy fit, et les grands et continuels empeschemens qu'elle eut, je me doute bien qu'ils changeront d'opinion : je confesseray pourtant que les guerres civiles ont beaucoup facilité l'entrée aux nations voisines, qui n'eussent osé l'entreprendre sans l'appuy d'une des deux parties. Mais quand la faveur se trouve petite d'un costé, et la résistance grande de l'autre, alors admire-t-on davantage les actes de ceux qui se sont ainsi avanturés. Je respondray en un mot sur ce qui a esté allégué de l'empereur Charles, et diray de sa personne que c'estoit le plus grand capitaine de la chrestienté ; en après, que son camp estoit de cinquante mille hommes ; finalement, qu'au temps qu'il assailloit, le roy d'Angleterre avait já pris Boulogne, ce qui contraignit le roy François à luy laisser le passage plus libre, pource qu'il ne vouloit rien hazarder témérairement. Autre chose est-ce du fait du duc des Deux-Ponts ; car, encores que ce fust un généreux prince, si n'atteignoit-il point à la suffisance militaire de l'autre ; et ce luy fut un grand ayde et soulagement d'avoir avec luy le prince d'Orange, le comte Ludovic, et le comte Wolrad de Mansfeld, et, outre cela, de très-braves capitaines françois, avec deux mille hommes, tant à pied qu'à cheval, de la mesme nation, qui se joignirent à lui. Le nombre de ses Allemans estoit de cinq mille lansquenets et de six mille reitres. Et avec ceste petite armée se mit-il en chemin, en intention d'aller joindre celle des princes.

Le roy ayant entendu comme il se préparoit pour aller à leur secours, ordonna incontinent une petite armée pour lui faire teste, conduite par M. d'Aumale ; et, doutant de sa foiblesse, y en fit encores joindre une autre, à qui commandoit M. de Nemours. Ces deux corps assemblés estoient supérieurs de beaucoup en infanterie au duc des Deux-Ponts, et en cavalerie inférieurs. Ils avisèrent de n'attendre pas qu'il entrast dans le royaume pour le molester, ains s'avancèrent jusques aux confins de l'Allemagne, et vers Saverne deffirent le régiment d'un nommé La Coche, composé de pièces ramassées, qui se vouloit joindre à luy. Si est-ce qu'il ne laissa d'entrer en France par la Bourgongne, là où ils le vindrent accoster : et jusques à ce qu'il fust parvenu sur le fleuve de Loire, où il n'y a pas guères moins de quatre-vingts lieues, jamais ne l'abandonnèrent, estans ordinairement à ses flancs ou à sa queue ; et plusieurs fois les deux armées s'entrevirent et s'attaquèrent par grosses escarmouches. J'ay souvent ouy dire à M. le prince d'Orange qu'il s'esbahissoit comme, en un si long et difficile chemin, les catholiques n'avoient sceu choisir une occasion favorable pour eux, et que quelquesfois on leur en avoit offert de belles, à cause de l'embarrassement du grand bagage. Je ne veux obmettre aussi qu'outre les belles forces de l'armée du roy, elle avoit d'autres avantages qui ne sont pas petits, comme la faveur des villes, du pays et des rivières ; et encore un autre poinct qui est à noter, c'est qu'elle sçavoit le dessein de son ennemy, qui consistoit à avancer chemin, et à gaigner, par force ou par surprise, un passage sur Loire. Et combien que les ducs de Nemours et d'Aumale fussent de très-braves chefs de guerre, si est-ce que, nonobstant leurs ruses et efforts, ceste armée parvint jusques audit fleuve. Aucuns catholiques disoient que le discord qui survint entr'eux leur fit faillir de belles entreprises, qu'ils eussent pu exécuter s'ils fussent demeurés en bonne union. Je ne sçay ce qui en est ; mais si leur dire est véritable, il ne se faut esbahir s'ils ne battirent point, plustost dequoy ils ne furent battus, toutesfois j'ay appris que leurs ennemis eurent peu de cognoissance de leurs piques. Ceste grande barrière de Loire devoit estre encore une seconde et très-grande difficulté, pour arrester tout court ceste armée allemande, d'autant qu'elle ne se guéoit point si bas, et que toutes les villes situées dessus luy estoient ennemies ; mais le passage d'icelle luy estoit si nécessaire, que cela redoubla la diligence, la témérité et les inventions des huguenots françois, si bien qu'ils allèrent attaquer la ville de La Charité, où il y a un beau pont, et, la trouvant assez mal pourvue d'hommes, la pressèrent tellement, et l'estonnèrent par tant de mines et menaces, qu'avant qu'on luy eust envoyé du secours ils l'eurent emportée : ce qui leur fut une joye incomparable ; car sans cela ils estoient en très-mauvais termes, et eussent esté contraincts d'aller chercher la source de la rivière, qui estoit un allongement de plus de soixante lieues, et, qui pis est, prenant ce chemin-là, ils s'embarrassoient en un pays montagneux et boscageux, où la cavalerie eust peu profité.

J'ay ouy quelquefois M. l'amiral discourir de ce fait icy entre ses plus privés ; mais il estimoit ce passage des estrangers comme impossible : « Car, disoit-il, nous ne les pouvons aider, à cause que l'armée de monseigneur nous est au devant; et quant à eux, qui en ont une autre sur les bras, et un si difficile fleuve en chemin à passer, il est à craindre qu'ils ne desmesleront ceste fusée sans honte et dommage. Et quand mesme ils l'auroient passé, tousjours les deux armées, jointes ensemble, les auront plustost défaits que nous ne serons à vingt lieues d'eux pour les secourir. » Mais quand il entendit le succès de La Charité, et qu'eux estoient délibérés de tenter tous périls pour se joindre, il reprit espérance, et dit : « Voilà un bon présage, rendons-le accomply par diligence et résolution. » Et c'est ce qui fit acheminer messieurs les princes de Navarre et de Condé le fils, qui avoient esté approuvés et receus chefs de ceux de la religion, vers les marches du Limosin, pour s'approcher de l'armée de monseigneur et la tenir en cervelle. Et pour n'en mentir point, chacun jour on estoit comme en fièvre, attendant l'heure qu'on vinst rapporter que deux si grosses puissances auroient accablé nos reitres; mais il en advint autrement, car ils sceurent prendre l'occasion si à propos et avec telle promptitude, qu'ils les outrepassèrent, estans guidés par les troupes françoises, où M. de Mouy se porta valeureusement, et tirèrent vers le lieu où M. l'admiral leur avoit mandé qu'il se viendroit rendre avec dix mille harquebusiers, et deux mille cinq cens chevaux. En ceste manière se fit la conjonction des deux armées, avec abondance d'allégresse. Je ne veux point taxer les braves chefs et capitaines qui estoient en l'armée catholique, pour les avoir laissé passer, car je ne sçay les causes qui les en divertirent. Je ne loueray point aussi desmesurément ceux qui passèrent, ains j'estimeray que ce fut un heur singulier pour eux, qui se monstre quelquefois és actions militaires. Ce qui doit apprendre aux capitaines qui font la guerre, de ne perdre pas l'espoir, encores qu'ils se trouvent en des difficultés grandes, car il ne faut qu'un accident favorable pour le desmesler, lequel suit ceux qui s'évertuent, et fuit ceux qui s'apparessent. Les deux armées, qui estoient alors très-puissantes, car en celle du roy y avoit plus de trente mille hommes, et en celle des princes bien vingt et cinq mille, furent contraintes de s'esloigner pour trouver commodité de vivres, pource que le pays de Limosin est infertile : mais elles se rapprochèrent vers Sainct-Yriez-la-Perche.

M. l'admiral voyant que la stérilité du pays contraignoit de loger escarté, et que, pour estre montueux et plein de bois, les places d'armées estoient souvent fort incommodes, délibéra de prévenir plustot que d'estre prévenu. Parquoy il conseilla les princes d'aller surprendre l'armée catholique, qui estoit non trop loin de là, en un lieu appelé La Roche-Abeille. Ils partirent avant le point du jour, en détermination de donner la bataille, et arrivèrent si à propos, qu'ils furent à un quart de lieue de la teste du camp ennemy, devant qu'on prinst l'alarme d'eux. Ils estoient logés toutesfois fortement, et estant M. de Strosse accouru au bruit avec cinq cens harquebusiers, pour en renforcer trois cens des siens qui estoient en garde à la principale avenue, il trouva desjà l'escarmouche vivement attachée. On peut dire qu'il se porta valeureusement; car il soustint quatre mille harquebusiers huguenots l'espace d'une heure : lequel temps servit beaucoup à l'armée catholique pour se mettre en bon ordre. M. l'admiral, s'estonnant de quoy on ne pouvoit forcer le pas, envoya le capitaine Brueil jusques-là, qui estoit très-avisé. Il cognut incontinent que notre harquebuserie vouloit emporter l'autre par furie et multitude, sans user d'aucun art. Pour abbréger l'affaire, il parla aux capitaines, et ayant disposé des troupes pour attaquer par flanc, et faict esbranler quatre cornettes de chevaux pour donner estonnement, il fit commencer une vive charge, en laquelle les nostres ayant rompu quelques palissades qui couvroient les ennemis, ils les désordonnèrent en telle sorte, que peu après ils se mirent à vau de route, laissans plusieurs de leurs morts avecques vingt et deux officiers et leur colonel prisonniers, lequel fit ce jour-là un bon service à monseigneur; car sans sa résistance les huguenots fussent parvenus à l'artillerie sans empeschement. Mais comme toute la journée il plut, et que l'armée catholique s'estoit placée avantageusement, ils ne peurent plus faire grand effet, et se retirèrent, s'estans monstrés trop rigoureux à l'exécution qu'ils firent, où ils ne prindrent à mercy que très-peu de prisonniers. Les catholiques en furent beaucoup irrités, et s'en revanchèrent en temps et lieu. C'est chose louable de bien combattre, mais on mérite aussi louange d'estre humain et courtois envers ceux à qui la première fureur des armes a pardonné, et ès mains desquels on peut quelquefois tomber, lorsqu'il n'y a point de cause de faire au contraire. Quant aux escarmouches, il me semble que l'art et l'astuce y est autant nécessaire que l'impétuosité, ce que l'expérience confirme assez souvent ; car si le pays est un peu couvert, on se peut prévaloir de beaucoup d'avantages, ce que les Espagnols et Italiens sçavent bien pratiquer, estans nations ingénieuses ; mais tousjours il profite beaucoup d'ordonner ses gens par petites troupes, assaillir par flanc à l'impourveue, bien placer la troupe qui soustient, et enfin venir déterminément à coups d'espée.

CHAPITRE XXV.

Du siége de Poictiers.

Beaucoup d'entreprises se tendent à la guerre, qu'on n'avoit nullement préméditées, et d'autres aussi, qu'on avoit de longue main projectées, se délaissent ; ce qui avient par les changemens que le temps apporte. Et tout ainsi que c'est signe de vaillance de bien exécuter, aussi est-ce signe de prudence de bien délibérer : lesquelles deux parties sont nécessaires aux chefs de guerre. Il n'y en a pourtant nuls si parfaits en cest art, qui quelquefois ne se desvoyent et ne bronchent, mesmement ès guerres civiles ; ce qui excusera davantage l'erreur que l'on dit que les huguenots firent d'assaillir Poictiers. Les choses passèrent en telle sorte : Après le départ de La Roche-Abeille, les deux armées n'avoient pas moins de besoin et d'envie l'une que l'autre de s'aller rafraischir en un bon pays plus gras que le Limosin, à laquelle disposition universelle les chefs furent contraints d'obtempérer, car aux guerres civiles quelquefois la charrue meine les bœufs ; ce qui causa qu'elles se reculèrent, tirans vers les quartiers moins mangés. Messieurs les princes et admiral, ayant veu que le comte de Lude estoit venu pendant leur absence assaillir Nyort, qui avoit esté secourue par la diligence du sieur de Thelligny, qui y mena des forces, et se faschans qu'on leur vinst molester la province d'où ils tiroient toutes leurs commodités, qui estoit autant que tarir leur vache à laict, délibérèrent de la nettoyer, et de prendre Sainct-Maixant, Lusignan et Mirebeau, qu'ils espéroient emporter en peu de jours (sans faire aucune mention de Poictiers), afin que ladicte province leur peust rendre soixante mille livres tous les mois, les garnisons payées, sans les profits de la mer, qui montoient aussi beaucoup ; et c'estoit pour contenter les estrangers, qui crioient incessamment à l'argent. Cela exécuté, leur but estoit d'aller investir la ville de Saumur, qui est sur la rivière de Loire ; laquelle ne vaut rien, et la faire accomoder, pour avoir tousjours là un asseuré passage, puis porter la guerre le reste de l'esté et l'automne vers la ville de Paris, qu'ils pensoient n'estre jamais inclinée à la paix qu'elle ne sentist le fléau à ses portes. Estans doncques de retour dans leur pays, il leur sembloit que Lusignan, qui n'estoit qu'un chasteau, feroit moins de résistance que Sainct-Maixant, où il y avoit un vieil régiment commandé par Onoux : et puis le désir d'avoir six canons que le comte de Lude avoit laissés audit chasteau les convia encore davantage de l'attaquer : ce qu'ayant fait, en peu de jours ils l'emportèrent. La ville de Poictiers cependant, oyant tonner l'artillerie si près d'elle, se munissoit de gens. Mesme messieurs de Guyse et du Maine s'y vindrent jetter avec cinq ou six cens chevaux, plus (ce disait-on) pour travailler l'armée huguenote que pour penser y devoir estre assiégés.

En ce mesme temps avint que la ville de Chastelleraud fut surprise par ceux de la religion : ce qui leur haussa le cœur, et fut en partie cause de faire incliner beaucoup de gens à l'assiégement de Poictiers, pource qu'elle couvroit du plus dangereux costé ceux qui l'eussent assiégée. On s'assembla par deux fois pour en résoudre, et il y en eut quelques uns qui ne trouvoient pas bon qu'on l'attaquast, mesmes M. l'amiral, ains qu'on suivist son premier dessein, remonstrans qu'elle estoit trop fournie d'hommes de qualité, et qu'ordinairement ces grandes cités sont les sépultures des armées, et qu'il falloit retourner à Sainct-

Maixant, que l'on auroit forcé dans huit jours. Mais les principaux seigneurs et gentilshommes de Poictou insistèrent fort et ferme, tant ès conseils qu'ailleurs, qu'on ne perdist une si belle occasion, et que la ville ne valloit du tout rien; que plus de gens y auroit dedans, que ce seroit plus de proye; qu'on ne manqueroit d'artillerie, et que la prenant c'estoit acquérir entièrement toute ceste riche province, et priver de retraite la noblesse catholique, qui, par courses continuelles, troubloit ce que nous possédions. A ceste opinion condescendirent les principaux du conseil, qui, peut-estre, n'avoient pas assez considéré que chacun n'est pas seulement affectionné, ains passionné à rendre libre son pays. Et fut adjousté aussi que ce seroit une belle prise de M. de Guyse et son frère, qui estoient deux grands princes, et les plus prompts à nous venir picquer. Somme, qu'en ceste délibération les fruicts qui provenoient d'une telle conqueste furent très-bien représentés; mais des inconvéniens où nous tombions en y faillant, il en fut fait peu de mention, comme aussi on touche légèrement ceste corde quand on ne veut pas être diverty d'un dessein. Après on envoya en diligence à La Rochelle pour avoir balles et poudres; et partit-on pour serrer Poictiers. Ce siège est amplement descrit par les historiens, ce qui me gardera d'en faire un nouveau récit, seulement ay-je voulu noter quelques particularités qui ne seront paraventure superflues. La première gist en la situation, où l'on voit une chose qui désaccommode merveilleusement la ville, et l'autre qui l'accommode. Ce qui apporte l'incommodité, sont les montagnes qui l'environnent en plusieurs endroits, et sont si prochaines, qu'on ne sçauroit quasi où se mettre à couvert qu'on ne soit veu et offensé et par testé et par courtine, non seulement de l'artillerie, mais aussi des harquebusades; car en tels lieux il n'y a pas plus de quatre cens pas de distance. Ce qui apporte commodité, sont autres montagnes qui sont par dedans, qui servent de grandes plates-formes, et les rivières qui environnent les murailles : de manière que l'on a tousjours ce grand fossé à passer, qui est un embarrassement très-fâcheux; et sans cela j'aimerois mieux estre avec quatre mille hommes dehors pour assaillir, qu'avec quatre mille dedans pour défendre. Somme, c'est une très-méchante place, et digne d'honorer un défendeur. Ce qui ruina les huguenots, fut leur petit attirail d'artillerie, de munitions et de pionniers; car quand ils avoient attaché par un lieu, ils ne pouvoient poursuivre vivement la batterie ni les autres ouvrages, et donnans temps aux catholiques de deux ou trois jours ils avoient préparé de très-bons remèdes, et puis après il falloit recommencer autre part batteries nouvelles, où le mesme advenoit. Il me semble qu'il appartient au prince de Parme d'attaquer les places, et aux huguenots de les défendre; car ils s'en acquittent quelquefois très-valeureusement. Je ne sçay si je seray creu en disant une manière d'assaillir et défendre, qui avoit esté proposée par les assiégeans et assiégés, quand on battit du costé du Pré-l'Abesse. Les huguenots avoient gagné la bresche de la muraille, et les catholiques avoient un retranchement très-petit à trois cens pas de là, et derrière eux un grand espace vuide, de mille pas de long et cinq cens pas de large, le tout estant commandé de la montagne. Nos chefs vouloient, ayant fait quitter ceste tranchée auxdicts catholiques par quatre cens gentilshommes et huit cens harquebusiers, qui eussent aisément forcé la garde ordinaire, faire marcher après deux cens chevaux conduits par M. de Mouy, pour se rendre maistres de ceste campagnette, par laquelle il falloit passer avant qu'arriver aux maisons; puis le gros eust suivy, que M. de Briquemaut, nostre mareschal de camp, menoit. Ce conseil fut pris pour un advis que ils eurent que M. de Guyse avoit ordonné deux cens lances pour s'y placer et combattre; et déjà aux alarmes précédentes avoit-on veu quelques lanciers s'y venir présenter. Mais cette camisade ne s'exécuta, à cause que le jour nous surprit, et nous fusmes descouverts. Et en quelque façon que l'affaire eust succédé, n'eust-ce pas esté une merveille de voir un assaut de la cavallerie combattre de part et d'autre, entremeslée parmi les gens de pied? Il arriva aussi là une chose au contraire de ce qui avient ordinairement aux villes non forcées : c'est que ceux de dedans perdirent plus de gens que ceux du dehors. Toutefois ce qui se perdit fut avec grande louange, d'autant que tout à découvert on voyoit les hommes se présenter asseurés aux traits des canonnades et harquebusades.

Enfin, l'armée de monseigneur fit beaucoup d'honneur aux huguenots quand elle vint assaillir Chastelleraud ; car ce leur fut une légitime occasion de lever le siége, qu'aussi bien eussent-ils levé, pource qu'ils ne sçavoient plus de quel bois faire flèches ; et croy que ceux de dedans n'estoient pas moins empeschés. Sur l'assiégement de ceste ville, je diray que les meilleurs chefs se laissent aisément aller à hauts desseins, d'autans qu'ayans le cœur grand, ils regardent aux objets de mesme nature ; toutefois le plus seur est de croire le proverbe qui dit : « Qui trop embrasse mal estraint. » M. de Guyse et son frère acquirent grand renom d'avoir gardé une si mauvaise place, estans encores si jeunes comme ils estoient ; et aucuns ne prisoient moins cest acte que celuy de Metz. Autres aussi imputoient à M. l'admiral de s'estre là arresté pour attraper ces deux princes, qu'on présumoit qui luy estoient ennemis particuliers ; mais il m'a dit plusieurs fois que si la ville se fust prise, que tant s'en faut qu'il eust permis qu'on leur eust fait desplaisir, qu'au contraire il les eust fait traiter honorablement selon leur dignité, ainsi qu'il avoit fait leur oncle, M. le marquis d'Elbœuf, lorsqu'il tomba entre ses mains à la prise du chasteau de Caen. Il me souvient qu'à la capitulation il m'envoya dans ledict chasteau pour l'asseurer, d'autant que je le cognoissois, qu'on ne luy feroit aucun desplaisir : ce qui fut observé. Monseigneur, voyant nostre armée pleine de despit se lever pour s'en aller vers luy, se retira après avoir tenté en vain un assaut à Chastelleraud, où les Italiens du pape, qui ne firent pas mal leur devoir, furent receus selon l'affection que les huguenots portent à leur maistre. Nous le suyvismes, pensans le contraindre à venir aux mains, mais il bailla tousjours une rivière en teste pour appaiser nostre colère. Quand un acte qui tend à diversion se fait en l'accessoire et s'exécute au principal, on ne se doit plaindre, car le grand fruict de l'un récompense assez le petit dommage de l'autre. On doit aussi noter qu'il faut repenser trois et quatre fois devant qu'entreprendre le siége d'une grande ville.

CHAPITRE XXVI.

De la bataille de Montcontour.

Aucuns ont voulu dire que ceste bataille fut une conséquence du siége de Poictiers, d'autant que l'armée de ceux de la religion s'affoiblit fort devant : ce qui avint, plus par maladies et retraite des gentilshommes et soldats que par morts violentes. De vray, cecy fut une des premières causes de nostre malheur, mais il y en eut bien d'autres : comme nostre retardement et séjour au bourg de La Faye-la-Vineuse, pendant que l'armée de monseigneur se renforçoit à Chinon. Nous y fusmes contrains, parce que tous les chevaux de l'artillerie qu'avions furent envoyés pour ramener à Lusignan partie de celle qui avoit servy à battre Poictiers, qui estoit demourée en un chasteau, et retournèrent si à poinct, que s'ils eussent encore demouré un jour, nous eussions esté constrains d'abandonner la nostre, d'autant que l'armée de monseigneur s'approcha à Loudun, qui n'estoit qu'à trois lieues de nous. Et pource que nous estions en lieu mangé et de mauvaise assiette, M. l'amiral advisa de s'aller loger à Montcontour, où le logis estoit avantageux, et la commodité de vivre bonne : et je croy que, tant luy que beaucoup d'autres, furent deceus, en ce que nul ne cuidoit que ceux auxquels on avoit fait faire une longue retraite, et de nuit, de devant Chastelleraud, fussent si tost prests à nous chercher. Ainsi donc par un vendredy il délogea, faisant aller son bagage par un costé ; et luy marcha avec l'armée par l'autre.

Or, auprès d'un village nommé Sainct-Clair, sans qu'on sceut que peu de nouvelles les uns des autres, la teste de l'armée catholique, où estoit M. de Biron, vint rencontrer quasi par flanc la nostre, qui marchoit. Luy, voyant l'occasion, fit une charge avec mille lances à M. de Mouy, qui faisoit la retraite avec trois cens chevaux et deux cens harquebusiers à pied, et le renversa, le mettant à vau de route, et là perdismes la pluspart de cette harquebuserie, et environ quarante ou cinquante chevaux. Cela venant tout-à-coup et soudain, avec le son de quatre canonnades qui furent tirées, il s'en engendra un tel estonnement parmy les nostres, que, sans dire qui a gaigné ne perdu ;

chacun se retiroit demy d'effroy, à ce seul bruit qui s'entendit derrière. J'affirmeray une chose (non que je le die à nostre vitupère, ains pour monstrer qu'estre prévenu cause de grands désordres, et que les accidens de la guerre sont estranges), c'est que sans un passage, qui de bonheur se trouva, qui retint les catholiques, où ne pouvoient passer plus de vingt chevaux de front; toute nostre armée estoit comme en route par ceste première rencontre. M. l'admiral voyant cecy, se monstra aux siens et rallia les troupes; de sorte qu'à ce passage se firent deux ou trois grosses charges et recharges de quinze cens ou deux mille chevaux à la fois, et celuy qui passoit estoit bien vistement rechassé par l'autre; et là le comte Ludovic et le comte Worad de Mansfeld se portèrent bien. Les deux armées se mirent en bataille, l'une deçà, l'autre delà, à une bonne portée de mousquet seulement, où la nostre estoit aucunement à couvert; et n'en ay jamais veu estre si près, et s'y arrester sans combattre en gros. De passer le passage, personne ne l'osoit plus entreprendre, pour le péril qu'il y avoit, d'autant que plusieurs esquadrons eussent accablé celuy qui s'y fust avanturé. Mais comme les catholiques avoient leur artillerie là, et la nostre estoit desjà à Montcontour, ils s'en aidèrent, et nous tuèrent plus de cent hommes dans nos esquadrons, qui ne laissèrent pourtant de faire bonne contenance; et sans la nuit, qui survint, nous eussions plus souffert, et à sa faveur chacun se retira. Celle de Sainct-Denis, et ceste-cy, nous vindrent a point. Le lendemain au matin, monseigneur voulut faire recognoistre le logis de Montcontour et taster les huguenots; mais il les trouva aux fauxbourgs très-bien fortifiés, n'y ayant autre advenue que celle-là, et s'attacha une escarmouche à pied et à cheval.

Il avint que deux gentilshommes, du costé des catholiques, estans escartés, vindrent à parler à aucuns de la religion, y ayant quelques fossés entre deux : « Messieurs, leur dirent-ils, nous portons marques d'ennemis, mais nous ne vous haïssons nullement, ny vostre party. Advertissez M. l'admiral qu'il se donne bien garde de combattre, car nostre armée est merveilleusement puissante, pour les renforts qui y sont survenus, et est avecques cela bien délibérée ; mais qu'il temporise un mois seulement, car toute la noblesse a juré et dit à monseigneur qu'elle ne demourera davantage, et qu'il les employe dans ce temps-là, et qu'ils feront leur devoir. Qu'il se souvienne qu'il est périlleux de heurter contre la fureur françoise, laquelle pourtant s'escoulera soudain; et s'ils n'ont promptement victoire, ils seront contraints de venir à la paix, pour plusieurs raisons, et la vous donneront avantageuse. Dites-luy que nous savons cecy de bon lieu, et désirions grandement l'en advertir. » Après ils se retirèrent. Les autres allèrent incontinent vers M. l'admiral luy en faire le rapport, ce qu'il gousta. Ils le contèrent aussi à d'autres des principaux, et aucuns y en eut qui ne rejettèrent cela, et désiroient qu'on y obtempérast; mais la pluspart estimèrent que c'estoit un artifice pour estonner, et dirent, encore que cest advis eust apparence d'estre bon, que pourtant il venoit de personnes suspectes qui avoient accoustumé d'user de fraudes et de tromperies, et qu'il n'en falloit faire estat. Voilà une autre cause de nostre meschef, d'avoir trop négligé ce qui devoit estre bien noté.

On s'assembla pour sçavoir ce qu'il convenoit faire; et aucuns proposèrent d'aller gaigner Ervaux, et mettre la rivière qui y passe entre les ennemis et nous, et partir dès les neuf heures du soir, et cheminer toute la nuit pour y parvenir seurement, d'autant qu'estions proches d'eux. Autres y eut qui répliquèrent que ces retraites nocturnes impriment peur à ceux qui les font, et amoindrissent la réputation; donnant audace aux ennemis, et qu'il falloit partir seulement à l'aube du jour, et cest avis fust suivy. M. l'admiral estoit alors en grand'peine, craignant que les reitres ne se mutinassent par faute de payement, et que trois ou quatre régimens des siens, des pays esloignés, ne l'abandonnassent, qui jà avoient demandé congé. Il savoit aussi que plusieurs gentilshommes des pays que possédions s'estoient retirés en leurs maisons; et, pour contenir l'armée en devoir et la renforcer, il avoit supplié messieurs les princes, qui estoient à Partenay, d'y venir : ce qu'ils firent, et amenèrent quant et eux environ cent cinquante bons chevaux. Le jour suivant, nous fusmes à cheval au poinct du jour pour aller droit à Ervaux, ayans tous chemises blanches pour nous mieux recognoistre s'il falloit combattre. Alors nos lansquenêts dirent qu'ils ne vouloient marcher si on ne leur bailloit argent. Un quart-d'heure après, cinq cornettes de reitres en dirent autant, et avant que le tumulte fust appaisé, il se passa plus d'une heure et demie, dont s'ensuivit que nous ne peusmes gaigner un lieu avantageux qui avoit esté recognu près dudit Ervaux, où nous eussions vendu plus cher nostre peau. Et ceste cy ne fut pas des moindres causes qui aidèrent à nous perdre. Or, après avoir fait un quart de lieue, nous apperceusmes l'armée ennemie qui venoit vers nous, et tout le loisir qu'on eut fut de se ranger en ordre, et se mettre en un petit fond à couvert des canonnades.

Voicy encore un grand inconvénient qui nous arrive : c'est que lorsque M. l'admiral vit bransler l'avant-garde catholique droit à luy, qui estoit si puissante (car il y avoit dix-neuf cornettes de reitres en deux esquadrons), il manda au comte Ludovic, qui commandoit à nostre bataille, qu'il le renforçast de trois cornettes, ce qu'il fit; mais luy-mesme les amena, et au mesme temps se commença le combat, où il demeura obligé. De cecy s'ensuivit que ledit corps fut sans conducteur, ne sachant comme se gouverner, et estime-t-on que s'il y eust esté, qu'il eust bien fait un plus grand effort, veu qu'estant sans chef et sans ordre il cuida bien esbranler celuy de monseigneur. Le combat dura un peu plus de demy-heure, et fut toute l'armée huguenotte mise à vau de route, s'estant messieurs les princes, encores jeunes, retirés quelque peu auparavant. Quasi toute nostre infanterie fut taillée en pièces, l'artillerie et les enseignes prises, et le comte Ludovic suivi environ une lieue, lequel fit une très-belle retraicte avec mille chevaux en un corps, et n'y estoit M. l'admiral, pource qu'il y avoit esté blessé au commencement. Le meurtre fut grand, pource que les catholiques estoient fort animés pour les cruautés, disoient-ils, de La Roche-Abeille, et principalement pour la mort de Saincte-Colombe, et autres tués en Béarn. Et à plusieurs de nos prisonniers on fit alors passer le pas pour en prendre satisfaction. Je cuiday aussi suivre le mesme chemin à la chaude, sans l'humanité de monseigneur, qui fut instrument de la bénédiction de Dieu pour la conservation de ma vie : ce qui m'a semblé que je ne devois céler.

Pour conclusion, on peut voir par ce grand exploit que l'armée royale, que nous fismes retirer si viste de devant Chastelleraud, et toute la nuict, ne laissa pas, trois semaines après, de nous vaincre, pource que nous faisions quasi difficulté de nous retirer de jour; et pour nous arrester à maintenir la réputation en apparence, nous la perdismes en effect, qui est un poinct à quoy les jeunes et les vieux soldats doivent quelquefois penser.

CHAPITRE XXVII.

Que le siége de Sainct-Jean-d'Angely fut la ressource de ceux de la religion.

Comme l'assiégement de Poictiers fut le commencement du malheur des huguenots, aussi fut celui de Sainct-Jean l'arrest de la bonne fortune des catholiques. Et s'ils ne se fussent amusés là, et eussent poursuivy les reliques de l'armée rompue, elles eussent esté du tout anéanties, veu l'estonnement qui se mit parmy, et les difficultés qui se présentèrent. Messieurs les princes et admiral se retirèrent avec ce qu'ils peurent recueillir outre la rivière de Charente, et donnèrent cependant ordre à la haste pour conserver les villes de Poictou, qui estoient les premières à la batterie. Mais d'abordée cinq furent abandonnées, à sçavoir : Parthenay, Niort, Fontenay, Sainct-Maixant et Chastelleraud; et la sixiesme ayant veu le canon, se rendit, qui fut Lusignan. Cela enfla tellement d'espérance les victorieux, qu'ils pensoient despouiller en bref temps toutes ces provinces, sans y laisser que la ville capitale, qu'ils estimoient estre La Rochelle. Parquoy ils marchèrent tousjours en avant, pensans que les autres villes, à l'exemple de celle-cy, viendroient à obéissance. Ils s'adressèrent à Sainct-Jean-d'Angely, qui n'estoit guères plus fort que Niort; et l'ayant sommée, elle ne se voulut rendre, pource que le seigneur de Pilles, qui y estoit entré avec partie de son régiment, désiroit de combattre.

J'ay entendu par quelques uns, qu'alors les principaux capitaines qui estoient avec monseigneur furent assemblés pour sçavoir ce qu'ils devoient faire. Aucuns disoient, puis que toute l'infanterie des princes avoit esté taillée en pièces, et qu'eux n'avoient plus que gens de cheval, et la pluspart reitres, qui estoient fort mal contens, et demy enragés d'avoir perdu leur bagage, que leur advis estoit de les poursuivre chaudement, et qu'il en adviendroit l'un de ces deux effects : ou qu'on les defferoit, ou qu'on les contraindroit de capituler pour leur retraite en Allemagne, ce qu'on obtiendroit facilement en leur accordant deux mois de gages. Nous cognoissons aussi, disoient-ils, l'admiral, qui est un des plus rusés capitaines de la terre, et qui se sçait le mieux desmesler d'une adversité, si on luy donne le loisir. Il raccommodera les forces qu'il a, et y en adjoindra encores d'autres de la Gascongne et du Languedoc : tellement qu'au printemps nous le reverrons paroistre avec une nouvelle armée, avec laquelle il ravagera nos provinces, voire viendra molester et brusler jusques aux portes de Paris. Davantage, les princes de Navarre et de Condé estans au milieu de ceste troupe vaincue, leur présence peu à peu les ranimera, et resveilleront encore beaucoup de courages abbattus en d'autres lieux, si avec la diligence on ne leur oste le moyen de se prévaloir du temps. Ils concluoyent que monseigneur avec les deux tiers de l'armée les devoit suivre : ce que faisant, il n'y avoit doute qu'en bref on ne forçast les chefs de se renfermer pour refuge en quelque mauvaise place, qui seroit l'achèvement de la guerre. Autres opinèrent en ceste sorte, disant que l'un des principaux fruicts de la victoire obtenue, ils le moissonnoient à présent par la conqueste des villes, en ayant jà gaigné six en dix jours; que c'estoit là où il falloit s'attacher, et essayer d'avoir les autres, veu le grand estonnement qui estoit en icelles, et que les huguenots ne se contiendroient jamais tant qu'ils auroient des retraites; et que, les en privant, ils perdroient la volonté de se remuer; qu'il ne restoit plus que quelques villes de Xaintonge et Angoulmois en ce quartier-là, qui ne pouvoient résister plus de deux mois aux efforts de l'armée victorieuse et au bonheur de monseigneur; et qu'après, La Rochelle, se voyant desnuée de couverture, trembleroit. Quant aux restes de l'armée desfaite, où les princes et l'admiral s'estoient jettés à sauveté, tout cela s'en alloit fuyant, et se dissiperoit de soy-mesme, et que, pour en haster l'exécution, on pourroit envoyer après eux mille chevaux et deux mille harquebusiers, et faire eslever toutes les forces des provinces où ils s'arresteroient, et cependant mander quérir promptement artillerie et munitions pour parachever leur dessein; lequel, estant bien exécuté, seroit une playe mortelle aux huguenots, qui ne battoient plus que d'une aisle. De ces deux opinions, ceste-cy, qui estoit la moins bonne, comme l'expérience le monstra depuis, fut suivie.

Je me recorde qu'estant prisonnier, ainsi qu'on me menoit vers le roy Charles à Tours, en passant par Loudun, feu M. le cardinal de Lorraine, qui y estoit, me fit dire qu'il désiroit parler à moy. L'estant allé trouver, il m'usa de fort honnestes langages; puis, venant à discourir des affaires militaires, comme c'estoit un prince qui ne les ignoroit, il me dit que la cause de la perte de l'admiral et de ceux de son party avoit esté le siége de Poictiers, et qu'il avoit ouy dire à son frère qu'on ne se devoit attaquer à une grande place bien fournie, quand l'on poursuivoit un plus grand bien, ce que nous faisions alors, d'autant que l'armée du roy estoit sans vigueur et demy dissipée, et que nous eussions peu aller jusqu'à Paris sans trouver résistance; mais que nous luy avions donné le temps de se refaire, et nous prendre quand nous estions demy desfaicts. Je luy respondis : « Monseigneur, je croy que nostre erreur vous admonestera de n'en faire un pareil. — Nous nous en donnerons bien garde, » répliqua-t-il. Certes, ny l'un ny l'autre ne pensoit à ce qui survint depuis ; et quand les effects en apparurent, je cognus bien que nostre exemple leur avoit bien peu profité, et qu'ils n'avoient laissé de broncher à la mesme pierre.

Or eux, pensans espouvanter Sainct-Jean, firent d'abordée une batterie avec sept ou huit pièces; à quoy ils employèrent toutes leurs munitions sans faire bresche qui valust : et cependant qu'ils en attendoient d'autres, les assiégés se renforçoient de courage et de rempars. Ainsi battans pièce à pièce, deux mois s'écoulèrent; et après avoir perdu beaucoup d'hommes, mesmement par la rigueur de l'hyver, enfin la ville se rendit par composition, qu'ils estimoient devoir emporter en huit jours. La résistance qu'elle fit releva les affaires de ceux de la religion, ce qui acquit grande renommée au seigneur de Pilles, pour le remarquable service qu'il leur fit. M. l'admiral m'a autrefois dit que si on eust vivement poursuivy messieurs les princes et luy quand ils s'acheminèrent en Gascongne avec le reste de leur armée, qu'ils estoient en danger de se perdre, veu mesme qu'en passant par le pays de Périgort et d'autres endroits difficiles, les paysans et les petites garnisons leur avoient fait beaucoup de dommage, pource qu'ils n'avoient que cavallerie non moins harassée qu'estonnée; mais que le temps qu'ils eurent de se rafraischir, fortifier d'infanterie, et de butiner dans le bon pays où ils allèrent, restaura les courages et l'espoir de tous. Voilà comment Sainct-Jean ayda à réparer en quelque sorte les ruines que Poictiers et Montcontour avoient faites. Et assez ordinairement voit-on advenir que ceux qu'on pense qui doivent verser par terre, rencontrent quelqu'appuy inopiné qui leur ayde à se redresser; ce qui sert pour modérer la fierté du vainqueur, et enseigner aux vaincus qu'il y a quelque remède, voire aux choses désespérées, lequel, ne se trouvant en la vertu humaine, se trouve en la bonté divine.

CHAPITRE XXVIII.

Que la ville de La Rochelle ne servit pas moins à ceux de la religion qu'avoit fait Orléans aux troubles passés.

Les villes, qui sont comme les appuis non seulement des armées, mais aussi des guerres, doivent estre puissantes et abondantes, afin que, comme de grosses sources dont découlent de gros ruisseaux, elles puissent fournir les commodités nécessaires, et à elles possibles, à ceux qui ne les peuvent avoir d'ailleurs. Cecy a fait dire à quelques catholiques qu'ils n'estimoient pas les huguenots trop lourdauts, d'autant qu'ils avoient tousjours esté soigneux et diligens de s'approprier de très-bonnes retraites. « Nous leur avions osté, disoient-ils, Orléans, pource que nous ne voulions pas que de si près ils vinssent mugueter nostre bonne ville de Paris; mais les galans n'ont pas laissé d'attraper la ville de La Rochelle, qui ne leur servira pas moins. » Ceste-cy n'est pas si grande ny si plaisante que l'autre; elle a pourtant d'autres choses qui récompensent bien ses défauts, dont la principale est sa situation maritime, qui est une voye et une porte qui ne se peuvent fermer qu'avec une despense incomparable, et par où toutes provisions luy viennent en abondance. A deux lieues dans la mer, il y a des isles fertiles qui branslent sous sa faveur. Le peuple de la ville est autant belliqueux que trafiqueur, les magistrats prudens et tous bien affectionnés à la religion réformée. Quant à la fortification, on a cognu par espreuve quelle elle est, qui me gardera d'en parler davantage; je confesseray bien que Orléans, quand on est fort en campagne, est en lieu plus propre pour assaillir; mais estant question de se deffendre, La Rochelle est beaucoup plus utile. Il y en a qui disent que le peuple qui y habite est rude; quoy qu'il en soit, si peut-on affermer qu'il est loyal; et le mesme se dit du Namurois, qu'il est rude et loyal. Quand les défauts qui se retrouvent en une cité ou en un personnage sont beaucoup moindres que les bonnes qualités, on doit passer cela légèrement.

Le secours que messieurs les princes receurent d'elle en ceste troisiesme guerre a fait cognoistre que c'est une bonne boutique et bien fournie; ce que je n'allègue pas pour donner matière aux grandes villes de se glorifier, ains plustost pour les inciter à louer Dieu de leur avoir eslargi abondance de commodités; car quiconque s'eslève est rabaissé tost ou tard. Entre celles qui s'en retirèrent, ceste-cy est à remarquer: c'est qu'elle équippa et arma quantité de vaisseaux qui firent plusieurs riches prises, dont il revint de grands deniers à la cause générale; car, encore qu'on ne prist alors que le dixiesme pour le droit d'admirauté, on ne laissa d'en tirer profit plus de trois cens mille livres. Depuis, aux guerres qui se recommencèrent l'an 1574, la nécessité contraignit de prendre le cinquiesme; et pensoit-on que cela rebuteroit les gens de mer d'aller chercher, avec tant de hazards, leurs adventures; toutesfois cest exercice leur estoit si friand, qu'ils ne désistèrent, pour l'excessivité de ce tribut, encores que souvent il avinst qu'aux proyes que leurs griffes avoient attrapées, les ongles de la Picorée terrestre donnassent de terribles pinçades. Par cecy peut-on voir combien de richesses viennent en un pays par la guerre de la mer. Or, si celle de terre est juste, aussi doit estre celle-cy. Toutesfois, quand on vient à examiner plusieurs actions particulières d'icelle, on trouve qu'il s'y commet des abus merveilleux, au moins parmi nous; car la pluspart de ces adventuriers mettent peu de différence entre les amis et ennemis, et plusieurs fois s'est veu l'ennemy pauvre recevoir miséricorde, et l'amy riche estre dévalisé et jetté dedans les ondes, eux présumans par le vice de cruauté cacher celuy d'avarice. Mais le ciel, qui a des yeux et une bouche, ne laisse pas, après avoir vu ces inhumanités secrettes, d'en faire des manifestations publiques, et davantage, d'en précipiter justement aucuns dans les propres abysmes où ils avoient ensevely injustement le trafiqueur innocent. Cecy soit dit sans faire injure à ceux qui légitimement s'employent en leur vocation; c'est à ceux qui ont une affection désordonnée de piller le monde à qui mon propos s'adresse. J'ai entendu, par les Espagnols qui estoient à la deffaite de M. de Strosse, que la moitié de son armée estoit composée de coureurs ou pilleurs de mer, lesquels l'abandonnèrent au besoin, le laissant périr à leur vue, avec la pluspart des braves hommes qui le suivirent au combat; et s'esbahissoient que de quarante navires qui l'accompagnoient, n'y en avoit que six ou sept qui eussent combattu. Mais comme ils prisoient beaucoup la valeur de ceux-cy, aussi blasmoient-ils de mesme la lascheté des autres, encore qu'elle leur fust profitable. Cecy nous monstre que les affections de butiner et les affections de combattre produisent de différens effets. Quant à moy, je regretteray toujours ce magnanime capitaine, qui estoit mon très-bon amy, lequel, vivant et mourant, a honoré nostre France.

CHAPITRE XXIX.

Qu'en neuf mois l'armée de messieurs les princes fit près de trois cents lieues, tournoyant quasi le royaume de France, et de ce qui luy succéda en ce voyage.

Il estoit force que messieurs les princes et admiral, après leur route, s'esloignassent de l'armée victorieuse, tant pour leur seureté que pour autres raisons qui ont esté touchées comme en passant; qui fut un conseil qui leur profita à cause de l'imprudence des catholiques, lesquels laissant rouler, sans nul empeschement, ceste petite pelote de neige, en peu de temps elle se fit grosse comme une maison; car l'authorité de messieurs les princes attiroit et émouvoit beaucoup de gens : la prévoyance et les inventions de M. l'admiral faisoient exécuter choses utiles; et le corps des reitres, qui estoit encore de trois mille chevaux, donnoit réputation à l'armée. Ils souffrirent beaucoup jusques à ce qu'ils fussent en la Gascongne, où ils se renforcèrent d'harquebusiers, dont ils avoient très-grand besoin, mesmement pour garantir la cavalerie des surprises de nuict, qui sont fort communes en ces quartiers-là, pour la voisinance des villes et chasteaux. On ne les entremesloit parmy les cornettes de reitres et autres troupes françoises, de manière que, tant ès pays larges que couverts, ils estoient tousjours préparés pour se défendre. Quand on donne à un grand chef de guerre du temps pour enfanter ce que son entendement a conceu, non seulement il reconsolide les vieilles blessures, ains il redonne force aux membres qui avoient languy. Pour ceste occasion le doit-on divertir et embarrasser tousjours pour rompre le cours de ses desseins. Le plus long séjour que ceste demy-armée fit, fut vers les quartiers d'Agenois et de Montauban, où elle passa quasi tout l'hyver; et par le bon traitement qu'elle y receut, se refirent comme de nouveaux corps aux hommes. A cecy doivent regarder ceux qui ont les charges militaires, et ne faire pas comme les avares laboureurs, lesquels, pour ne donner jamais relasche à leurs terres, les rendent stériles : aussi, quand pour accroistre leur gloire ils harassent leurs soldats sans les rafraischir, ils les accablent; car, si le seul vent de bise et l'humidité de la lune use les pierres, combien plus seront usés par ces rigueurs et tant de travaux les corps délicats des hommes. La meilleure règle est de bien s'employer au beau temps, et au fascheux prendre un peu de repos, n'estoit qu'une forte nécessité contraignist au contraire. En ce voyage, la règle de Annibal en Italie fut très-bien pratiquée, qui estoit de jetter en proye le pays ennemy aux siens quand l'occasion requéroit qu'ils fussent contentés ; car qui voulut se hazarder, il ne manqua de moyens, tant l'abondance régnoit en ces provinces.

Les premières forces qui se joignirent auxdits princes furent celles du comte de Montgommery, revenans victorieuses de Béarn, qui fut certes un brave exploit, qui est amplement descrit par les historiens ; car par diligence il prévint l'armée de M. de Terride, qui assiégeoit Navarins, jà harassée par le long temps qu'elle avoit là séjourné ; et ne faut pas demander s'il fut bien caressé à son retour. Sur la fin de l'hyver ils s'acheminèrent vers Toulouse, où il se commença une façon de guerre très-violente pour les bruslemens qui furent permis, et seulement sur les maisons des gens de la cour de parlement. La cause estoit, disoit-on, pource qu'ils avoient tousjours esté très-aspres à faire brusler les luthériens et huguenots, aussi pour avoir fait trancher la teste au capitaine Rapin, gentilhomme de la religion, qui leur portoit l'édict de la paix de la part du roy. Ils trouvèrent ceste revanche bien dure : néantmoins on dit qu'elle leur servit d'instruction pour estre plus modérés à l'avenir, comme aussi ils se sont montrés tels. Ceste compagnie est des plus notables de ce royaume et pleine de gens doctes ; mais elle auroit besoin de plus de mansuétude. M. le mareschal d'Amville estoit alors dans ladite ville avec de bonnes forces, et estoit mordu des calomniateurs, qui l'accusoient d'avoir intelligence avec son cousin l'admiral : cependant en tout le voyage nul ne fit si vivement la guerre à l'armée des princes que luy, et leur desfit quatre ou cinq compagnies de chevaux. C'est chose asseurée que ce bruit estoit faux, et le sçay bien, quoy qu'on ait veu depuis arriver.

L'armée donna jusqu'à la comté de Roussillon, où il fut fait du saccagement, encore qu'elle appartinst aux Espagnols. De là elle tira tout au long du Languedoc, et estant approchée du Rhosne, M. le comte Ludovic le passa avec partie des forces de l'armée, pour assaillir quelques places. Mais la principale intention des chefs estoit pour tirer infanterie du Dauphiné, pour rengrossir le corps, comme aussi ils avoient pensé faire de Gascongne et de Languedoc, lequel désir ne se peut bien effectuer ; car quand les soldats venoient à entendre que c'estoit pour s'acheminer vers Paris et au cœur de la France, et qu'après ils se représentoient les misères qu'eux et leurs compagnons, qui y estoient demourés, avoient souffertes l'hyver passé, chacun fuyoit cela comme un mortel précipice, et aimoient sans comparaison mieux demourer à faire la guerre en leur pays. Toutesfois encore ramassèrent-ils plus de trois mille harquebusiers délibérés d'aller partout, qui se disposèrent par régimens, mais tous estoient à cheval. La nécessité les contraignit à ce faire pour la longueur du chemin et la rigueur de l'hyver : et combien que cecy causast quelquefois de l'embarrassement, si en vint-il de l'utilité, en ce que, survenans les occasions, on avoit tousjours son infanterie gaillarde et fraische, n'y ayant guère de maladies parmy elle, d'autant qu'elle estoit tousjours bien logée et bien traitée. M. l'admiral, qui estoit fort expérimenté aux affaires, voyoit bien, encore que la paix se négociast, qu'il estoit bien mal-aisé d'en obtenir une bonne qu'on ne s'approchast de Paris ; et sçachant aussi que delà la rivière de Loire il trouveroit faveur et aide, il hastoit le voyage ; mais la difficulté de passer les montaignes des Cevènes et du Vivarets donna quelque retardement, et encore plus sa maladie, qui luy survint à Sainct-Estienne de Forest, qui le cuida emporter. Cela avenant, par avanture que changement de conseil s'en fust ensuivy, parce qu'ayant perdu le gond sur lequel la porte se tournoit, mal-aisément en eust-on peu trouver un semblable. Il est vray que M. le comte Ludovic estoit un brave chef et bien estimé des François ; mais pourtant n'avoit-il pas acquis l'authorité de l'autre, ny son expérience ; et ne sçaurois affirmer, s'il fust mort, si on eust continué la carrière ou non. Enfin Dieu luy envoya guérison, au grand contentement de tous, après laquelle l'armée marcha si légèrement, qu'en peu de temps elle arriva en Bourgongne à René-le-Duc.

(1570) Là se cuida donner une terrible sentence pour la paix, qui ne fut toutesfois que bonne pour l'avancer. M. le mareschal de Cossé, qui commandoit à l'armée du roy, avoit eu charge expresse de luy d'empescher que celle des princes n'approchast de Paris, mesme de la combattre s'il voyoit le jeu beau; ce qui le fit accoster d'elle en délibération de ce faire. L'ayant trouvé placée en assez forte assiette, il la voulut oster de ses avantages avec son artillerie, de quoy les autres estoient despourveus, et par attaques d'harquebuserie leur faire quitter certains passages qu'ils tenoient. Un seulement fut abandonné du commencement, et là se firent de grosses charges et recharges de cavalerie, où les uns et les autres furent à leur tour poursuivis. Les capitaines qui attaquèrent les premiers du costé des catholiques, furent messieurs de La Vallette, de Strosse et de La Chastre, qui se portèrent bien. Ceux qui soustindrent de la part des huguenots, furent M. de Briquemaut, mareschal de camp, le comte de Montgommery et Genlis. Et en ceste action messieurs les princes, encore très-jeunes, firent voir par leur contenance le désir qu'ils avoient de combattre, dont plusieurs jugèrent que quelque jour ce seroient d'excellens capitaines. Enfin les catholiques, voyant la difficulté de forcer leurs ennemis, se retirèrent à leur logis, comme aussi firent les princes, qui, après avoir considéré que le séjour leur estoit nuisible, aussi qu'ils manquoient de poudres, s'acheminèrent à grandes journées vers La Charité et autres villes qui tenoient leur party, pour se remunir des commodités nécessaires.

Peu après, la trefve se fit entre les deux armées, à laquelle succéda la paix, qui fut occasion que chacun mit les armes bas. Ce fut une grande fatigue d'avoir esté si long-temps en campagne par chaud, par froid et chemins difficiles, et quasi tousjours en terres ennemies, où les propres paysans faisoient autant la guerre que les soldats; qui sont inconvéniens où se trouva plusieurs fois ce grand chef Annibal, quand il fut en Italie. Alors est-ce une belle escole de voir comment on accommode les conseils à la nécessité. Du commencement tels labeurs sont si odieux, qu'ils font murmurer les soldats contre leurs propres chefs; puis, quand ils se sont un peu accoustumés et endurcis à ces pénibles exercices, ils viennent à entrer en bonne opinion d'eux-mesmes, voyans qu'ils ont comme surmonté ce qui espouvante tant de gens, et principalement les délicats. Voila quelles sont les belles galleries et les beaux promenoirs de gens de guerre, et puis leur lit d'honneur est un fossé où une harquebusade les aura renversés. Mais tout cela à la vérité est digne de rémunération et de louange, mesmement quand ceux qui marchent par ces sentiers, et souffrent ces travaux, maintiennent une cause honneste, et en leurs procédures se monstrent pleins de valeur et de modestie.

Or, si quelqu'un en ces lamentables guerres a grandement travaillé et du corps et de l'esprit, on peut dire que ç'a esté M. l'admiral; car la plus pesante partie du fardeau des affaires et des peines militaires, il les a soutenues avec beaucoup de constance et de facilité, et s'est aussi révéremment comporté avec les princes ses supérieurs comme modestement avec ses inférieurs. Il a tousjours eu la piété en singulière recommandation, et un amour de justice, ce qui l'a fait priser et honnorer de ceux du party qu'il avoit embrassé. Il n'a point cherché ambitieusement les commandemens et honneurs, ains en les fuyant on l'a forcé de les prendre pour sa suffisance et preud'hommie. Quand il a manié les armes, il a fait cognoistre qu'il estoit très-entendu, autant que capitaine de son temps, et s'est tousjours exposé courageusement aux périls. Aux adversités on l'a remarqué plein de magnanimité et d'invention pour en sortir, s'estant tousjours monstré sans fard et parade. Somme, c'estoit un personnage digne de restituer un estat affoibly et corrompu. J'ay bien voulu dire ce petit mot de lui en passant, car, l'ayant cognu et hanté, et profité en son escole, j'aurois tort si je n'en faisois une véritable et honneste mention.

CHAPITRE XXX.

Des causes de la troisiesme paix, la comparaison d'icelle avec les précédentes, et si elles ont été nécessaires.

Nulle des trois guerres civiles n'a esté de si longue durée que ceste-cy, qui continua deux ans entiers, là où la première fut d'un an, la seconde de six mois ; et beaucoup ont opinion que si ceux de la religion ne se fussent rapprochés de Paris qu'elle n'eust été si tost parachevée ; de laquelle expérience ils ont tiré ceste règle, que pour obtenir la paix il faut apporter la guerre près de ceste puissante cité. J'estime que ceste cause fut une des principales pour l'avancer, pource que les coups qui menacent la teste donnent grande appréhension. Les estrangers des catholiques, ayans aussi consumé innumérables deniers, en avoient laissé telle disette, qu'on ne sçavoit comme fournir à leurs soldes. Ruines et pilleries aussi se faisoient de toutes parts. Davantage, il sembloit que le bonheur voulust relever ceux qui avoient esté atterrés ; car l'armée des princes avoit fait une brave teste à celle du roy à René-le-Duc. La Gascongne, le Languedoc et le Dauphiné menoient la guerre plus forte qu'auparavant. Le pays de Béarn avoit esté reconquis ; et en Poictou et Xaintonge ceux de la religion eurent de très-bonnes avantures, en ce que les deux vieux régimens furent défaits, et plusieurs villes prises. Tout cela, ramassé avec d'autres occasions secrettes et particulières, disposa le roy et la royne à condescendre à la paix, laquelle fut publiée au mois d'aoust. Ceux de la religion la désiroient aussi grandement, et en avoient besoin, pource que n'ayant un escu pour contenter leurs reitres, a nécessité en quoy ils estoient les eust contraints d'abandonner messieurs les princes ; ce qu'ils leur firent entendre par le comte de Mansfeld : et se voyans approchés de leur pays, il estoit à craindre qu'ils ne s'y résolussent. Cela advenant, c'estoit la ruine de leurs affaires. Plusieurs autres incommodités que je n'allègue pressoient à ce poinct, et, entre autres, les desreiglemens de nos gens de guerre estoient tels qu'on n'y pouvoit remédier. De sorte que M. l'admiral, qui aimoit la police et haïssoit le vice, a dit plusieurs fois depuis qu'il désireroit plustost mourir que de retomber en ces confusions, et voir devant ses yeux commettre tant de maux. Somme, que la paix fut acceptée sous des conditions tolérables, et adjousta-t-on pour la seureté d'icelle ce qu'on n'avoit osé demander ne sceu obtenir aux autres, à sçavoir quatre villes.

Le commencement de la négociation fut après le siége de Sainct-Jean-d'Angely, où furent employés les seigneurs de Thelligny et Beauvais-la-Nocle, gentilshommes ornés de plusieurs vertus, qui s'en acquittèrent fidèlement, et si auparavant les catholiques eussent offert à ceux de la religion, lorsqu'ils estoient en mauvais termes, des conditions moindres, je cuide qu'ils les eussent acceptées. Mais quand ils virent qu'ils ne vouloient leur permettre nul exercice de la religion, ains seulement une simple liberté de conscience, cela les mit au désespoir, et leur fit faire de nécessité vertu. Et comme le temps apporte des mutations, celles qui survindrent se tournèrent en leur faveur, si bien que leurs courages en furent relevés et leurs espérances fortifiées. Le meilleur temps pour traiter une paix est quand on a l'avantage de la guerre ; mais ordinairement cela enfle de telle sorte qu'on n'en veut point ouïr parler : si est-ce que tost ou tard le roy fit sagement de l'accorder, car la continuation de la guerre luy ostoit ses plaisirs, ruinoit l'obéissance et amour qui luy estoit deue, fourrageoit son pays, espuisoit ses finances et consumoit ses forces. « Mais le roy d'Epagne n'a pas fait ainsi en Flandre, dira quelqu'un. — Vraiment, respondra un autre, il n'y a pas beaucoup gaigné, et paraventure qu'enfin, pour donner quelque surséance à ces fascheuses tragédies, il suivra le mesme conseil qu'ont pris ses voisins. »

Or, comme ainsi soit que la paix ait esté nécessaire à ceux de la religion, toutesfois ce malheur est quasi tousjours advenu, qu'elles n'ont pas beaucoup duré, mesmes n'ont pas esté establies selon les conventions faites. Je parleray de la première, bastie devant Orléans, qui dura quatre ans et demy, laquelle n'estoit pas si avantageuse pour eux, à beaucoup près, qu'estoit l'édict de janvier. Mais il ne s'ensuit pas pourtant quelle ne fust acceptable alors; car leurs affaires n'estoient en tel estat qu'ils l'eussent deu refuser, et le temps fit cognoistre depuis le fruit qu'elle apporta. La cogncorde, les bonnes mœurs et l'obéissance aux loix, avoient desjà pris un si bon cours parmy l'universel de France, qu'elle en estoit toute réparée ; mais la discorde ayant jetté ses menées secrettes, la troubla. Quant à la seconde, ce fut paix et non paix, et n'en eut que le nom seulement, mais en effect ce fut une guerre couverte. On la peut appeller le salaire de l'imprudence des huguenots, en ce qu'après avoir esté suffisamment advertis qu'elle seroit très-mauvaise, ils ne laissèrent de la recevoir. La troisiesme fut fort désirée à cause des ruines survenues, des nécessités présentes, et chacun estoit las de travailler et souffrir. Or, comme le François est impatient, il accommode les guerres à son humeur. Et d'autant que les conditions estoient esgales ou plus grandes que les précédentes, à mon advis elle devoit estre supportable à ceux de la religion, veu aussi qu'il n'y avoit moyen d'en avoir de meilleures. Et pour les deux années qu'elle dura, peu s'en peuvent plaindre, sauf quand la rupture d'icelle arriva ; car ce fut acte horrible, qui mérite d'estre enseveli. Maintenant, qui considérera ces paix en leur droite observation, je pense qu'il jugera que ce remède estoit utile et nécessaire à tous ; mais qui voudra regarder à leurs fins, il ne se pourra garder de les nommer paix masquées. Et ceci en a rendu aucuns si farouches, qu'ils croyent qu'il y a tousjours du poison caché sous le beau lustre de cest or. Il s'en est desjà fait en France six générales, comme il se fit aux guerres civiles de la maison de Bourgogne et d'Orléans : et tant les unes que les autres ont esté enfraintes ; mais la septiesme, qui s'accorda à Arras, fut durable et ayda à redresser la France. On pourroit par cest exemple inférer que nostre septiesme devra aussi estre bonne, combien qu'il seroit à désirer qu'on ne vinst à ces termes, parce que le souhait semble impertinent de vouloir tomber en maladie pour jouir après d'une parfaite santé. Dieu y vueille pourvoir ainsi qu'il lui plaira. Certes un chacun se doit mettre devant les yeux, quand il voit le royaume embrasé de guerres, son ire et son courroux, et plustost à l'encontre de soy que contre ses ennemis ; car les uns disent : « Ce sont les huguenots qui par leurs hérésies excitent ces vengeances sur eux. » Les autres répliquent : « Ce sont les catholiques qui par leurs idolastries les attirent. » Et en tels discours nul ne s'accuse. Cependant la première chose qu'on doit faire, c'est d'examiner et accuser en de calamités universelles ses propres imperfections, afin de les amender, et puis regarder la coulpe d'autruy. Et quand nous voyons une fausse et courte paix, nous devons dire que nous ne méritons pas d'en avoir une meilleure, pource que, comme dit le proverbe, quand le pont est passé on se mocque du saint, et la pluspart retournent à leurs vanités et ingratitudes accoustumées.

C'est pourtant une affection louable de désirer la paix, j'entens une bonne (car les mauvaises sont de vrais coupe-gorges), d'autant que par icelle il semble que la piété et la vertu reprennent vie : comme au contraire les guerres civiles sont les boutiques de toutes meschancetés, qui font horreur aux gens de bien. Autrefois il s'en est trouvé de tous les deux partis qui ne prenoient guères de plaisir à en ouyr parler ; car les uns disoient que c'estoit chose indigne et injuste de faire paix avec des rebelles hérétiques, qui méritoient d'estre grièfvement punis, et persistoient en leur dire jusqu'à ce qu'on les guérist de ceste maladie en ceste sorte : si c'estoient gens d'espée, on leur enjoignoit d'aller les premiers à un assaut ou à une rencontre, pour occire ces meschans huguenots ; de quoy ils n'avoient pas tasté une couple de fois, qu'ils ne changeassent vistement d'opinion. Quant aux autres qui estoient d'église, ou de robbe longue, en leur remonstrant qu'il estoit nécessaire qu'ils baillassent la moitié de leurs rentes pour payer les gens de guerre, ils concluoient à la paix. Bref, quelque couverture qu'ils prissent, fust de piété ou de justice, leurs passions estoient inhumaines. Autres aussi y a eu parmy ceux de la religion, qui ne rejettoient pas moins la paix qu'eux, disans que ce n'estoient que trahisons ; mais quand elles eussent esté très bonnes ils en eussent dit autant, pource que la guerre estoit leur mère nourrice et leur eslèvement. Un bon moyen pour les ramener à raison, estoit de proposer pour la nécessité d'icelle de retrancher leurs gages, ou faire quelques emprunts sur eux. Alors en désiroient-ils une prompte fin. Ostez à beaucoup de gens les profits et honneurs, alors jugeront-ils des choses plus sincèrement. Et pour prendre conseil en affaires de si grands poids, ceux qui plus craignent Dieu, et qui sont plus revestus de prudence, doivent estre choisis, d'autant qu'ils préfèrent tousjours l'utilité publique à leurs commodités et affections particulières.

Je représenteray aussi une autre manière de gens qui indifféremment trouvoyent toutes paix bonnes, et toutes guerres mauvaises; et, quand on les asseuroit de les laisser en patience manger les choux de leur jardin et serrer leurs gerbes, ils couloyent aisément l'un et l'autre temps, deussent-ils encore aux quatre festes annuelles recevoir quelque demie douzaine de coups de baston. Ils avoient, à mon advis, empaqueté et caché leur honneur et leur conscience au fond d'un coffre. Le bon citoyen doit avoir zèle aux choses publiques, et regarder plus loin qu'à vivoter en des servitudes honteuses. Pour conclusion, en ces affaires icy la raison nous doit servir de guide, laquelle nous admonneste de ne venir jamais aux armes si une cause et grande nécessité n'y contraint; car la guerre est un remède très violent et extraordinaire, lequel en guérissant une playe en refait d'autres : pour ceste occasion n'en doit-on user qu'extraordinairement. Au contraire, doit-on tousjours désirer la paix, je dy celle qui a présomption de fermeté, et qui n'est inique; car les fausses ne méritent pas de porter ce tiltre, ains plustost de piéges et de pippées, comme fut celle des seconds troubles. « Les autres n'ont guère mieux valu, dira quelqu'un, d'autant qu'elles ont eu peu de durée. » Mon opinion n'est pas telle ; car j'estime que jusques au temps qu'on les a rompues elles ont esté très utiles : ce que l'expérience a fait cognoistre; et cest argument ne vaut non plus que si on disoit : « Cestuy-là a esté meschant pource qu'il n'a vescu que quinze ans. » Mais je veux argumenter au contraire, et dire qu'elles ont esté bonnes d'autant qu'on ne les a soufferêtes avoir longue continuation; car si elles eussent esté nuisibles à ceux de la religion, on les eust laissées avoir leur cours. Dieu vueille en donner une si bonne en France, tant deschirée de ruines, et destituée de bonnes mœurs, qu'elle puisse se renouveller en beauté, afin qu'elle ne soit plus la fable des nations, ains un exemple de vertu.

FIN DES MÉMOIRES DE FRANÇOIS DE LA NOUE.

MÉMOIRES

D'ACHILLE GAMON,

AVOCAT ET CONSUL D'ANNONAI.

L'an 1558, le 27 décembre, furent élus consuls d'Annonai, Achilles Gamon, avocat, et André Marclan, pour les deux années suivantes 1559 et 1560. C'est dans celle-ci que commencèrent les troubles et les émotions au sujet de la religion. La compagnie des gendarmes du comte de Villars, lieutenant du gouverneur du Languedoc, fut envoyée en garnison à Annonai, d'où elle délogea bientôt par ordre de Marillac, abbé de Thiers.

Il y eut deux assemblées des états de Languedoc, tenues, l'une à Beaucaire au mois d'octobre 1559, et l'autre à Montpellier au mois de mars 1560, où les états furent extraordinairement assemblés après l'assemblée générale de ceux de tout le royaume, tenue à Orléans au commencement du règne de Charles IX.

Le sujet de ces assemblées étoit l'acquit des dettes du roi, qu'on disoit monter à plus de quarante-deux millions, et dont le clergé de France offroit d'acquitter dix-sept. Cette offre fut proposée dans l'assemblée, et approuvée de la noblesse; mais Terlon, avocat et capitoul de Toulouse, qui portoit la parole au nom du tiers-état, dit que l'expédient le plus prompt étoit de prendre tout le temporel de l'Église, en réservant aux bénéficiers les maisons et les terres adjacentes de leurs bénéfices, et une pension équivalente aux revenus de ces derniers, que le roi leur assigneroit sur les bonnes villes du royaume. Cette proposition fut vivement rejetée par l'évêque d'Uzès, aussi bien que les plaintes que Chabot, avocat de Nismes, à qui l'audience fut d'abord refusée, et ensuite accordée, à cause des clameurs et des murmures du peuple, fit à l'assemblée contre les ecclésiastiques, sur lesquels il requit qu'on fît tomber les charges de la province, pour les dédommager des maux qu'ils en avoient reçus, et soulager le peuple; ajoutant à ces plaintes, et au portrait qu'il fit de l'ignorance et de la corruption des mœurs des prêtres, la demande qu'elles fussent insérées dans le cahier des états, pour être présentées au roi avec la signature de trente syndicats favorables à la religion réformée, dont Crussol, duc d'Uzès, se chargea, au refus des états. Ledit Chabot étant sorti de la salle, tout le peuple, dont il étoit attendu, se retira sans bruit.

La crainte d'exciter une sédition parmi le peuple empêcha les prélats, les barons et les autres, qui composoient l'assemblée des états, de faire arrêter cet avocat : ils vouloient le faire punir comme un perturbateur du repos public. Leurs sentimens étoient d'ailleurs si partagés sur la religion, ils se défioient tellement les uns des autres, que personne n'osa proposer sa punition. Un air de réforme, dont les prédicateurs de la nouvelle religion faisoient voir la nécessité, séduisoit les uns; la liberté, qu'elle favorisoit, corrompoit les autres, et dans l'incertitude, ou, pour mieux dire, l'ignorance de la religion catholique et de la religion réformée où on étoit, on ne sçavoit à quelle des deux on devoit s'attacher et quels pasteurs il falloit suivre. La nouvelle religion fit en peu de temps des progrès étonnans dans la ville d'Annonai et dans tous les autres lieux voisins, d'où elle se communiqua et se répandit de l'un à l'autre. Quelques-uns, touchés du discours de l'avocat dont nous avons parlé, devinrent protestans; leur exemple en entraîna d'autres; et le nombre de ceux qui les suivirent s'accrut tellement, et leur parti devint si supérieur à celui des catholiques, qu'ils abattirent, pendant la nuit du 6 de mars 1561, toutes les croix de la ville, du fauxbourg et des lieux circonvoisins.

Le 15 suivant, les autels furent renversés, les images brisées et brûlées dans les églises, et la nouvelle religion prêchée dans les places publiques.

Le massacre de Vassy donna lieu aux premiers troubles au sujet de la religion. Ceux de la nouvelle, plus forts que ceux de l'ancienne, s'emparèrent des villes de Lyon, de Tournon, de Romans, de Valence et d'Annonai, sans trouble ni sédition, au mois de mai de l'an 1562. Le sacrifice de la messe fut suspendu et comme interdit; on bâtit des temples; on appela les ministres Pierre Railhet et Pierre Boullod, et on fit l'exercice public de la nouvelle religion. Quoique la ville d'Annonai fût sous les ordres des consuls, Pierre Gueron, sieur de Prost, y fut appelé de Lyon pour en prendre le commandement.

Le 27 de juillet, les religionnaires enlevèrent pendant la nuit les ornemens, les vases sacrés, l'argenterie et les saintes reliques : ce qui irrita extrêmement les catholiques de cette ville, tous leurs voisins, et en particulier le baron de Saint-Vidal, l'évêque du Pui, et plusieurs autres seigneurs, qui menacèrent de les aller assiéger pour les en punir.

Les consuls, craignant de ne pouvoir pas garder leur ville, ni contenir les habitans, à cause de la diversité des sentimens sur la religion, y appelèrent Sarras, François de Buisson, nouveau protestant, et lui en donnèrent le commandement, sous le bon plaisir et la commission du baron des Adrets. Ce commandant maltraita les gentilshommes voisins et vexa les catholiques.

Sur la fin d'octobre 1562, ledit Sarras, sous une prétendue commission du baron des Adrets, fit armer environ cent quarante artisans ou laboureurs d'Annonai, avec lesquels il surprit Saint-Estienne-en-Forez, dont, après avoir enlevé les armes, et fait un butin considérable, il fut chassé au plus vite par les habitans des lieux voisins, avec perte de tous ceux qu'il avoit emmenés d'Annonai, et défait avec le reste de ses troupes

Le bruit de cette défaite, où le frère de Sarras fut dangereusement blessé et fait prisonnier, découragea la plupart des habitans d'Annonai, qui, se voyant sans armes et sans secours, abandonnèrent la ville, et se retirèrent ailleurs.

Quatre jours après, sçavoir le dernier octobre 1562, Saint-Chamond, accompagné de douze à quinze cens hommes, s'étant présenté devant la ville d'Annonai par ordre du duc de Nemours, somma la ville de se rendre au nom de ce seigneur, et de se soumettre à l'obéissance du roi; ce qu'ils refusèrent d'abord, quoique dénués de tout secours, jusqu'à ce qu'ayant sauvé les ministres Railhet et Boullod, et fait conduire en lieu de sûreté, ils capitulèrent avec Saint-Chamond, qui, après avoir fait brûler une partie du pont de Deome, et abattre le mur près du pont de Valgella, entra dans la ville avec ses troupes, passa au fil de l'épée tous ceux qu'il trouva sous les armes, fit précipiter ceux qu'il trouva dans les tours, épargna les catholiques retirés chez du Peloux et Jarnieu; et après avoir fait brûler ou renverser les tours, et permis le sacagement de la ville, se retira avec ses troupes, et alla joindre le duc de Nemours, qui campoit devant Vienne, dont il s'étoit rendu le maître, et arrêter les désordres que le baron des Adrets faisoit aux environs de cette ville. Il mit en garnison Jarnieu dans le château des Célestins de Colombier-le-Cardinal, peu éloigné de la ville d'Annonai.

Pendant le pillage d'Annonai, le chevalier d'Apchon faisoit de son côté piller par ses hommes les lieux voisins, où les religionnaires s'étoient fortifiés.

La retraite de Saint-Chamond donna lieu à Pierre Peichon, successeur de Pierre Fourel, et aux deux consuls qui s'étoient retirés à Tournon et à Valence, d'appeler les chefs des religionnaires pour s'en saisir de nouveau; ce qui fut exécuté en vertu d'une délibération prise dans une assemblée tenue à Baïs : et le comte de Crussol, chef des églises protestantes de Languedoc, sous l'obéissance de Dieu et du roi, en donna la commission à Saint-Martin, son lieutenant au pays de Vivarais, lequel y entra sans résistance le 28 décembre 1562 avec quatre cents hommes de pied ou de cheval, en fit aussi réparer les murailles, et tâcha de la mettre en état de défense. Après son entrée dans Annonai, ledit Saint-Martin somma, mais inutilement, le château des pères célestins de Colombier.

Le duc de Nemours, averti de la prise d'Annonai par les religionnaires, y envoya Saint-Chamond avec trois mille hommes assemblés du pays de Forez, pour la reprendre; ce qu'il fit après deux jours de siége, que les habitans soutinrent, malgré la retraite de Saint-Martin. La crainte des approches de l'armée fit sortir Saint-Martin et se retirer à Tournon, sous prétexte d'aller chercher du secours; mais privés de secours et de munitions de guerre, ils furent obligés de se rendre par capitulation le 11 janvier 1563, dont les conditions furent: 1° Que les troupes étrangères sortiroient avec eurs armes et leurs chevaux, et que, sans emporter leurs enseignes, ils pourroient se retirer où bon leur sembleroit; 2° que la ville ne seroit pas donnée au pillage; 3° qu'on ne feroit aucun préjudice aux habitans; 4° qu'il seroit libre à ces derniers de se retirer au château, s'ils vouloient, et leurs femmes avec leurs enfans dans les maisons de Jarnieu et du Peloux; 5° que l'infanterie n'entreroit point dans la ville; 6° que la cavalerie n'y logeroit qu'une après-dînée pour y prendre quelques rafraîchissemens. Ce fut sous cette capitulation, qui fut reçue par une pauvre femme qui servit de trompette, que les habitans ouvrirent les portes à Saint-Chamond; mais, nonobstant ces conditions, après avoir fait passer au fil de l'épée tous les habitans qui sortoient avec la garnison, il fit suivre et charger celle-ci par le chevalier d'Apchon, qui, ayant été vivement repoussé par le capitaine Montgros, fit piller et tuer les religionnaires qu'il rencontra sur son passage.

Saint-Chamond fit entrer son infanterie et sa cavalerie dans la ville d'Annonai, où le fer et le feu furent également employés, et où le soldat exerça toutes les fureurs de la guerre, jusqu'à précipiter du haut des tours quelques habitans et officiers de la ville qui avoient été les plus séditieux et les plus rebelles: plusieurs catholiques eurent le même sort que les religionnaires; et il n'y eut de sauvés que ceux qui se retirèrent chez des gentilshommes voisins, ou qui s'allèrent cacher dans le bois; le pillage dura cinq jours.

Le 14 du même mois, Saint-Chamond, après avoir fait brûler les portes d'Annonai, démanteler les tours et raser les murailles de la ville jusqu'aux fondemens, se retire à Boulieu, voisin et dépendant d'Annonai, où les religionnaires qui l'habitoient ne furent pas mieux traités que ceux de cette dernière ville.

Le 14 de mars de l'an 1563, le roi fit publier un édit de pacification, qui donna à chacun la liberté de conscience avec le libre exercice de la religion réformée en certaines villes des bailliages, sénéchaussées et gouvernemens, et en celles où elle avait été exercée jusqu'au 7 dudit mois; ce qui commença à rétablir les religionnaires, auxquels on donna la ville d'Annonai pour la sénéchaussée de Beaucaire et de Nismes. Ce fut en vertu de lettres patentes du roi, du 20 d'août 1564, que le baillif royal d'Annonai leur assigna, dans le fauxbourg de la Reclusière, la maison de Gonnet Merle pour l'exercice de leur religion, où le ministre Railhet fit le prêche jusqu'au temps des nouveaux troubles. Ces lettres patentes furent suivies de l'exemption des tailles et impositions, que le roi accorda pour un an à la ville et baronnie d'Annonai.

Le jour de Saint-Michel, 29 septembre 1567, on prit les armes une seconde fois dans le royaume, au sujet de la religion. Les religionnaires se saisirent des villes de Vienne, de Valence, et se seraient rendus maîtres de plusieurs autres si la saison leur eût été plus favorable.

Les habitans d'Annonai, de l'une et de l'autre religion, voyant la guerre s'allumer dans tout le royaume, convinrent entre eux de vivre en paix les uns avec les autres sous l'obéissance du roi et la soumission à ses édits. Cette paix dura jusqu'au second édit de pacification du 23 mars 1568.

Dans ce même temps, le bruit s'étant répandu que l'édit de pacification n'auroit pas lieu, deux jeunes gentilshommes, cadets de la maison de Condamine et Bayar, soutenus d'une vingtaine de soldats, se saisirent, en juillet 1568, de la ville d'Annonai, et mirent aussitôt des gardes aux portes, en faisant entendre aux habitans qu'ils devoient être joints incessamment par cinq cents hommes commandés par La Condamine et Bayar ; mais ceux d'Annonai, s'étant aperçus de leur ruse, les forcèrent de sortir de la ville, et les poursuivirent, sous le commandement de Jarnieu, baillif d'Annonai.

Au commencement du mois de septembre 1568, les seigneurs de Saint-Romain, de la maison de Saint-Chamond, qui fut archevêque d'Aix, de Virieu et de Changy, à la tête de sept cents hommes de Dauphiné, ayant pris les armes en faveur des religionnaires, s'avancèrent vers la ville d'Annonai, s'en rendirent maîtres, et y séjournèrent pendant huit jours ; ils y firent entrer, contre la foi du traité, huit cents hommes, brûlèrent les bâtimens et l'église des Cordeliers, firent abattre celle de la paroisse, rompirent et vendirent les cloches de la ville, et, huit jours après, se retirèrent par les montagnes du côté du Poitou avec plus de deux cents habitans de la ville, qui avoient favorisé leur entrée et tous leurs désordres.

Le 12 du même mois 1568, sur les dix heures du soir, les espions d'Annonai ayant rapporté que Saint-Chamond, frère aîné dudit Saint-Romain, étoit en marche pour s'y rendre à dessein de la raser, parce qu'elle étoit la retraite des religionnaires qui s'assembloient en armes, et qu'il conduisoit avec lui les compagnies des gendarmes du sénéchal de Lyon, du seigneur d'Urfé, baillif de Forez, et du chevalier d'Apchon, et qu'il étoit suivi d'un grand nombre d'argolets commandés par Saint-Priest, et quelques compagnies de pied levées dans le Forez, sous la conduite des capitaines Le Blanc, Fourel et Clair-Imbert, tous les protestans, et surtout ceux qui avoient favorisé les derniers désordres, se mirent en fuite, et se retirèrent, partie chez les gentilshommes voisins, et partie dans les villages ou dans les bois des environs.

Le lundi 13, Saint-Chamond entra dans Annonai, qu'il trouva ouvert et abandonné de presque tous ses habitans, et alla ensuite loger chez les célestins de Colombier, d'où le jeudi suivant il prit la route de Tournon avec ses troupes, pour défendre le passage du Rhône aux ennemis ; mais ceux-ci plus diligens le forcèrent de retourner à Annonai, d'où, après un pillage affreux, des exactions et des violences horribles, et avoir mis le feu aux quatre coins, il alla le lendemain dans le Forez et le Velai.

Avant sa sortie d'Annonai, il tenta de surprendre les religionnaires, qui s'étoient réfugiés en grand nombre et avec leurs effets dans les châteaux et villages voisins ; mais La Tour-Maubourg, l'ayant prévenu, rendit sa tentative inutile.

A peine Saint-Chamond fut arrivé en Velai, qu'il envoya trois compagnies de ses troupes à Annonai, qui fut pillé, saccagé et rançonné pour la cinquième fois, le 14 septembre 1568.

Pendant ce temps-là, les troupes de Saint-Romain et de Virieu, s'étant jointes à celles d'Acier, frère du comte de Crussol, se rendirent par le Gevaudan dans les provinces de Guienne, de Xaintonge et du Poitou, où la guerre étoit ouverte, et où il y eut deux camps pendant tout l'hiver, qui fut très-rude, commandés, l'un par Monsieur, frère du roi, et l'autre par le prince de Condé.

Le duc d'Anjou, comte de Forez, qu'il tenoit pour une partie de son apanage depuis la révolte du duc de Bourbon, comte de Forez, la ville d'Annonai lui appartenant en cette qualité, ayant appris que le capitaine Praulx s'étoit jeté dans la ville de Beaulieu par ordre de Joyeuse, qui, pour son entretien et celui de ses troupes, lui avoit assigné une grosse somme à prendre sur la ville et baronnie d'Annonai, donna pour celle-ci des lettres de sauvegarde et d'exemption, qu'il fit signifier à La Tourette, commandant pour le roi dans le Haut-Vivarais; et les habitans furent déchargés de la garnison dudit capitaine Praulx, à la place duquel il mit le capitaine La Garenne avec quarante, auxquels il assigna 400 livres par mois sur la ville d'Annonai, ensuite sur le pays, et surtout sur les religionnaires et sur les biens confisqués de ceux qui s'étoient retirés et portoient les armes contre les catholiques : ceux qui restèrent dans la ville furent privés de leurs charges, tant par l'édit du roi que par l'arrêt du parlement de Toulouse, ampliatif de celui qui fut publié au bailliage d'Annonai le 17 février 1569.

L'armée des princes de Navarre et de Condé, en faveur des religionnaires s'étant ralliée après la déroute de Montcontour, sous la conduite de Gaspard de Coligni, amiral de France, courut quelques jours aux environs de Toulouse, et de là se rendit à Montpellier, à Nismes, ensuite dans le Vivarais, et séjourna environ quinze jours à Charmes, Saint-Peray et Chalançon, et quelques autres endroits ; d'où elle passa, en mai 1570, à Saint-Etienne-en-Forez, et de là à La Charité et Sancerre, commettant mille désordres dans leur passage et dans leur route.

Suze s'étant mis en marche pour cotoyer cette armée et l'attaquer aux environs de Saint-Didier en Velai avec cinq cents chevaux et quinze cents hommes de pied, il la suivit jusqu'au bourg Argental et à Saint-Sauveur-en-Forez ; mais il fut obligé de se retirer et de repasser le Rhône, par la désertion d'une grande partie de ses troupes, qui craignoient qu'il ne voulût les ramener en Guienne, où elles avoient passé un mauvais quartier d'hiver.

L'édit de pacification donné à Saint-Germain-en-Laye au mois d'août 1570 fut publié au bailliage d'Annonai, et sa publication fit cesser d'abord la guerre et les hostilités de part et d'autre.

Deux ans après, le 24 août 1572, le massacre surnommé de Saint-Barthélemy, fait à Paris, Orléans, Rouen, Meaux, Macon, Lyon, Romans, Valence, Toulouse, et dans les autres principales villes du royaume, jeta une si grande terreur sur les religionnaires d'Annonai, qu'au moindre bruit ou mouvement des catholiques ils se mettoient en fuite, sans être poursuivis de personne.

Environ Noël de l'an 1572, Henri de Montmorenci, seigneur de d'Ampville, mareschal de France, vint en Languedoc avec la commission de lieutenant-général pour le roi dans cette province, et celles de Lyonnois, Dauphiné et Provence. En passant à Vienne, il donna le commandement de la ville et baronnie d'Annonai à Nicolas du Peloux, seigneur de Gourdan et de La Motte, chevalier de l'ordre du roi. Ce commandant fit publier la commission du duc de Montmorenci en janvier 1573, qui portoit l'assurance de la liberté de conscience en faveur des religionnaires, pourvu qu'ils fussent tranquilles et soumis aux ordres du roi, à la réserve de ceux qui avoient commandé dans l'armée contre les catholiques. Ledit du Peloux déclara ensuite de bouche aux habitans d'Annonai, que l'intention du roy étoit qu'il n'y eût qu'une religion en France, et que tous ses sujets allassent à la messe ; et après avoir fait lire les instructions et les ordres du roi à tous les gouverneurs sur cela, il commanda aux curés de tenir un registre de tous ceux qui iroient à la messe et voudroient faire profession de la religion catholique et romaine, et exhorta les habitans de se conformer aux ordres de Sa Majesté.

La mémoire récente des châtimens passés fit que, le dimanche suivant, la plupart des protestans d'Annonai, et, à leur exemple, ceux des villes et villages voisins, assistèrent à la messe.

Du Peloux, ayant mérité par sa sage et prudente conduite le commandement du Haut-Vivarais, se comporta avec tant de douceur et de modération dans son gouvernement, qu'il contint tout le pays dans la paix et dans la soumission ; mais, sur l'avis qu'il eut qu'à l'occasion du massacre de la Saint-Barthélemy les religionnaires d'Aubenas et de Privas avoient pris les armes, et qu'ils s'étoient emparés de nouveau de la ville de Dezaignes, aussi bien que du château de Bozas, il fit réparer les brèches des portes d'Annonai, et fortifier le château ; il mit quelques troupes aux dépens du pays dans le château de Quintenas, et envoya son frère Charles du Peloux, sieur des Colaux, pour commander dans la ville de Chalançon : celui-ci y fut bientôt après assiégé par les religionnaires, qui se jetèrent et se retranchèrent dans le fauxbourg ; mais du Peloux ayant rassemblé quelques troupes, auxquelles plusieurs catholiques d'Annonai se joignirent, il attaqua le renfort qui venoit secourir les assiégeans, et l'obligea de se retirer avec perte et confusion.

Parmi ceux qui avoient pris les armes pour la religion, il y eut un jeune homme nommé Erard, du pays de Vernoux, qui, ayant quitté la basoche de Nismes, se mit à la tête de quatre-vingts hommes de son génie et de sa façon, avec lesquels, sous un guide d'Annonai qui connoissoit le pays, il se jeta dans les tours du seigneur de Munas, près d'Ardois et d'Oriol, qu'il fit réparer ; de là, pour faire subsister sa troupe, il faisoit des courses sur les villages voisins, qu'il chargeoit d'exactions et de contributions, du Peloux l'ayant assiégé inutilement dans les tours de Munas et d'Oriol.

Au mois de novembre 1573, les capitaines Roy et Tremolet, avec leurs troupes, se jetèrent dans les maisons de Munas et Manoa, qu'ils pillèrent, et dont ils emportèrent tout ce que les villages voisins y avoient mis comme dans un lieu de sûreté.

Le mois suivant fut remarquable par la trêve qui fut traitée et conclue à Lotoire, paroisse de Quintenas, entre François de Barjac, seigneur de Pierregourde, commandant dans le Vivarais pour les religionnaires, et du Peloux. Selon cette trêve, il fut dit que les garnisons des tours d'Oriol et desdites maisons de Munas, Manoa et Lotoire se retireroient; que Boffres seroit ouvert, et que Quintenas et quelques autres châteaux seroient rendus à leurs maîtres, et que, moyennant cela, les religionnaires abandonneroient tous les forts du Vivarais, à la réserve de Dezaignes, et ne feroient pas la guerre dans le Vivarais. Ce traité fut conclu à Brogieu, paroisse de Roffieu, audit mois de décembre 1573, suivant lequel les tours d'Oriol furent abandonnées, et ensuite abatues. Quintenas, Lotoire, Manoa et Munas furent rendus à leurs maîtres; Boffres fut abandonné; Chalançon fut épargné, et ne fut pas démantelé, à la prière de la dame de Tournon, Claude de La Tour de Turenne, et de Hautvillars.

La guerre, terminée dans le Vivarais, commença en Velai, où Pierregourde fit venir ses troupes au mois de janvier 1574. Erard s'y rendit aussi avec les siennes, et se jeta dans la ville de Tence, qui avoit été démantelée, et la fortifia; il y fut ensuite assiégé, battu, fait prisonnier et relâché. On raconte du susdit Erard, que, curieux de sçavoir combien de temps pouvoit vivre un homme sans aucune nourriture, il laissa mourir de faim plusieurs prisonniers, et que l'un d'eux vécut jusqu'au neuvième jour. Les religionnaires furent chassés des maisons ou forts dont ils s'étoient saisis, par Saint-Vidal, l'évêque du Pui, La Tour, Sanssac et autres gentilshommes, dans l'espace de cinq ou six mois, reprenans les châteaux d'Espalli, près du Pui, Saint-Quentin, Bellemonte, Bellecombe et autres forts, au nombre de dix à douze; Baudisner se défendit, parce qu'il avoit tenu et gardé depuis le commencement des troubles par le capitaine Vacherelles. Les protestans perdirent quatre ou cinq cents hommes en Velai.

Les estats de Languedoc, tenus à Montpellier, ayant résolu de ne rien imposer sur le fait de la guerre, du Peloux, voyant que le pays ne lui fournissoit pas de quoi la soutenir, se démit de son gouvernement sur la fin de janvier de l'an 1574, laissa la ville d'Annonai à la garde des habitans, et le château à celle de des Colaux son frère; ce qui donna lieu aux habitans d'élire pour gouverneur André de Gurin, sieur de Matré, gentilhomme; ils nommèrent ensuite trois d'entr'eux pour la garde des portes de la ville, et bientôt après se chargèrent de celle du château, avec la résolution de vivre en paix sous l'obéissance du roi, et de ne favoriser en aucune manière les troubles ni les différens partis.

Au mois de mars de l'an 1574, Peraud, qui jusqu'alors avoit suivi du Peloux, soutenu de presque tous les soldats congédiés du château d'Annonai, et d'une cinquantaine de jeunes hommes de la ville et de la garnison du château de Bozas, s'empara de celui de La Barge et de Serrières, mit garnison dans son château de Peraud sur le Rhône, et enleva une voiture de marchandises de Lyon pour la valeur de 100,000 livres.

En 1574, les habitans de Préaulx et de Saint-Jure, à l'exemple de ceux d'Annonai, prirent le parti de se garder eux-mêmes contre les protestans; mais une compagnie de ces derniers ayant surpris l'église, où ils avoient porté tous leurs effets, furent pillés, aussi bien que ceux de Saint-Jure, qui, surpris par le capitaine Clavel dans l'église où ils s'étoient fortifiés dans le temps même de la capitulation, furent presque tous ou tués ou blessés.

Montrond, de la maison d'Apchon, chevalier de l'ordre du roi, fut fait prisonnier par les soldats de Peraud, dans une sortie de son château de Luppé qu'il fit pour les reconnoître, et tué le dernier mars 1574 par un de ses sujets qu'il avoit autrefois maltraité.

Le 6 avril de la même année 1574, la ville de Malleval fut surprise par les soldats de Peraud à la faveur d'une grosse pluye; ils y mirent garnison, brûlèrent quelques maisons, et s'y fortifièrent avec perte de la part des habitans; ils mirent aussi garnison dans le prieuré de Charnas.

Ces nouveaux troubles, qui annonçoient une nouvelle guerre dans le Vivarais, furent cause que les habitans d'Annonai prirent de nouvelles résolutions de vivre en paix sous les édits du roi, s'unirent ensemble et se promirent une fidélité mutuelle. Pierregourde, qui, le lundi de Pâques, 12 avril 1574, avoit pris par composition le château de Quintenas, et y avoit mis garnison, les somma de recevoir l'exercice de la religion réformée, et d'en faire profession publique, comme aussi d'abattre la grande église de la place Vieille, afin que personne ne s'en saisît : ayant appris leur union, il ne les pressa plus.

D'un autre côté, Entragues, de la maison d'Urfé, gouverneur de Forez, et Saint-Chamond, levoient des troupes avec l'artillerie qui sortoit de Lyon, pour assiéger Peraud, Serrières et Malleval. Voulant se rendre maîtres d'Annonai, ils sommèrent les habitans de recevoir une garnison; mais ceux-ci, voulant s'en décharger et se garder eux-mêmes, promirent de ne recevoir aucunes troupes contre la volonté du roi, et donnèrent pour otage de leur parole et de leur fidélité deux habitans des plus considérables de la ville, de l'une et de l'autre religion, ce qui fut arrêté au château de La Condamine près d'Annonai, le 25 avril 1574.

Le même jour, les troupes de Saint-Chamond et d'Urfé partirent pour aller à Serrières; à l'approche desquelles les protestans qui tenoient La Mure et Charnas les abandonnèrent après de grands dégâts. Peraud fut attaqué et assiégé le 3 mars 1574, et forcé d'abandonner ses deux châteaux.

Ceux qui occupoient le château de La Barge, et qui s'étoient retirés dans celui de Serrières, abandonnèrent celui-ci de nuit, de même que ceux de Malleval, sur le bruit de la marche et de la batterie de Peraud : cette ville fut brûlée par les soldats. Quintenas fut sommé de se rendre sans être attaqué, après quoi les troupes de Saint-Chamond se retirèrent.

Le capitaine Cellier, cadet de sa famille, commandant alors de Quintenas sous Pierregourde, devenu suspect, se démit de son commandement, qui fut donné à Peraud, accompagné de ses troupes.

Quoique les habitans d'Annonai fussent sous la protection du prince dauphin, lieutenant-général pour le roi en Languedoc, Provence et Dauphiné, qu'ils eussent permission de se garder eux-mêmes, et qu'ils eussent fait supplier par des députés Saint-Chamond de les laisser en paix et en repos, ce dernier, après la prise de Peraud, ne cessoit de les solliciter et de les presser de recevoir une garnison catholique : ce qu'ils refusèrent, aussi bien que ceux de Boulieu. Ceux d'Annonai furent alarmés sur le bruit qui se répandit que, depuis le décès de Charles IX, la reine mère, régente du royaume, avoit donné à Saint-Chamond le commandement du Vivarais.

Sur ce bruit, Saint-Romain, frère de Saint-Chamond, commandant dans le Bas-Languedoc, les Cevennes, le Vivarais et le Vélai, pour les religionnaires, se rendit au château de Bozas avec un grand nombre de troupes, d'où il écrivit aux consuls d'Annonai de lui envoyer cinq ou six de ses habitans les plus considérables pour conférer avec eux. Sa lettre lue dans l'assemblée de la ville, il fut délibéré que Matré, accompagné de quelques autres habitans, tant catholiques que religionnaires, iroient joindre Saint-Romain, et qu'ils le prieroient de ne rien tenter contre leur ville, et d'en éloigner ses troupes : ce qu'ils crurent obtenir. Mais pendant leur conférence tenue à Quintenas, deux ou trois compagnies s'étant approchées et logées dans le fauxbourg, surprirent la ville, à la faveur de quelques habitans qui étoient d'intelligence avec d'autres qui étoient dans les troupes de Saint-Romain, donnèrent entrée aux capitaines Clavel, Le Bouchet, Cussonnel, Le Bascou et quelques autres ; ce qui affligea extrêmement la ville, qui se vit replongée dans les mêmes malheurs qu'elle avoit voulu éviter, et qu'elle n'avoit que trop éprouvés auparavant.

Saint-Romain, informé de la surprise de cette ville, s'y rendit le jour même, le 17 juillet 1574, accompagné de trois ou quatre cents chevaux, et de cinq compagnies d'infanterie, mit des capitaines et des gardes aux portes et au château, et fut maître absolu de la ville ; d'où le lendemain, 18 juillet, ceux des catholiques qui vouloient sortir furent accompagnés hors de la ville : on ne fit aucune violence ni aux prêtres ni aux autres catholiques qui voulurent rester.

Saint-Romain, touché de compassion sur l'état pitoyable de ces derniers, détourna la proposition qu'on fit de lever sur eux 2 ou 3,000 livres pour le payement des troupes, dont ils étoient déjà extrêmement foulés, aussi bien que les ecclésiastiques, les biens desquels étoient employés pour le payement des soldats avec ceux des deniers royaux et du domaine.

Pendant le séjour de Saint-Romain et de ses troupes à Annonai, la garnison de Quintenas se retira dans la ville; et le château magnifique de l'archevêque de Vienne, autrefois les délices de la maison de Tournon, fut brûlé et presque entièrement ruiné, avec l'église, que l'on croit de la fondation de Charlemagne.

Quintenas avoit été anciennement une abbaye de l'ordre de Saint-Benoît, à laquelle la maison de Tournon avoit donné des abbés, qui avoient fourni des sommes considérables pour la construction et l'entretien du château, sur l'une des portes duquel on voyoit autrefois les armes de cette maison, qui sont de France, parti de gueules au lion rampant d'or, avec la crosse abbatiale à la cime de l'écusson.

Saint-Romain arrêta par sa prudence et sa sage conduite l'insolence du soldat, et empêcha le pillage et les autres excès qui ruinoient le peuple.

La ville de Chalançon, assiégée cette même année 1574 par les religionnaires, sous la conduite de Pierregourde, traite et capitule avec eux et Saint-Chamond et Saint-Vidal, qui étoient en marche pour lui donner du secours. Selon ce traité, elle est démantelée avec les châteaux de Bozas, Estables et quelques autres forts, et les religionnaires y sont introduits. La guerre cesse jusqu'à l'arrivée de Henri III, appellé de Pologne, dont il étoit roi, à la couronne de France, par le décès de son frère Charles IX : il vint à Venise le jour de la surprise de la ville d'Annonai par les religionnaires. Saint-Romain établit à ses dépens une garnison à Annonai à la mi-août 1574; il y laissa trois compagnies de gens de pied, et y mit pour gouverneur Antoine de La Vaisserie, sieur de Meausse, près Montmirel en Querci ; il fit fortifier la ville et le château, sur le bruit de l'arrivée de la reine régente à Lyon, sur la fin du mois d'août, avec quelques troupes françoises et six mille Suisses, et sur la crainte d'un siége.

Le 5 septembre de la même année 1574, le fauxbourg de Deome fut brûlé par ceux de la ville d'Annonai, comme aussi ceux de La Valette, Le Savel et Bourqueville ; les dehors de la ville furent ruinés avec les monastères des Cordeliers, de Sainte-Claire, et la commanderie de Saint-George ; le clocher et le chœur de l'église de la paroisse furent abattus ; ce qui fut accompagné d'un grand nombre d'autres excès et ruines, soit des maisons, soit des fauxbourgs, soit du dehors de la ville.

Pierre Pinet, l'un de ceux que Saint-Romain avoit fait capitaines, quoique de basse extraction, ayant tué d'un coup de pistolet Guillaume de Grabias, sieur de Rueillan, gentilhomme de la suite de Saint-Romain, se retira le 23 juillet, pour éviter la rigueur de la justice, vers du Peloux et des Colaux, lesquels, à sa sollicitation, tentèrent de surprendre la ville et le château d'Annonai, à la faveur de quelques officiers de ses amis ; mais cette entreprise leur paroissant trop difficile, ils tentèrent celle du château par le moyen d'un gentilhomme étranger nommé La Garde, qui ayant été découvert, fut pris et arquebusé avec Chatinois, commandant de Pignieu.

La garnison du château des Célestins de Colombier assiège Pignieu, le prend et le brûle, après quelque résistance, le 17 octobre 1574.

Un moine de Saint-Ruf, natif d'Annonai, nommé Jacques Baud, qui, quelques jours auparavant, avoit tué de sa main un certain Faron, fut tué lui-même d'un coup d'arquebuse en sortant de Pignieu.

Le roi donne de nouveau en 1574 à Saint-Chamond le commandement du haut et du bas Vivarais, et lui promet des troupes pour le siége d'Annonai. Saint-Chamond se rend aux Célestins avec les compagnies des gendarmes de Mandelot, de Rostaing et de La Barge, et dix ou douze enseignes d'infanterie. La Barge étoit mestre-de-camp de cette petite armée, avec laquelle Saint-Chamond fit sommer, le 28 octobre 1574, les habitans d'Annonai de se rendre au roi s'ils ne vouloient y être forcés par un siége. Meausse, commandant d'Annonai, fit répondre qu'il n'y avoit ni Anglois ni Espagnols dans la place, mais des François seulement, qui vouloient la garder pour le roi, et que s'il s'obstinoit à vouloir l'assiéger, il avoit autant de force pour la défendre qu'il pouvoit en avoir pour l'attaquer; ce qui fit que Saint-Chamond cantonna ses troupes autour d'Annonai, attendant plus grand nombre de troupes et l'artillerie pour le siége de cette ville.

Pendant ces entrefaites, le roi Henri III, qui retournoit de Pologne par la voye de Venise et du Piémont, étant arrivé à Lyon, en partit pour aller à Avignon, et se mit sur le Rhône, qu'il descendit le 15 novembre 1574; il alla coucher à Tournon, accompagné de plus de cent bateaux; le lendemain il alla coucher à Avignon par la même voye. Il fut joint à Serrières par Saint-Chamond, qui y alla avec deux bateaux: sur le refus que Sa Majesté fit de lui donner les troupes qu'il lui avoit fait espérer, il se retira par son ordre à Tournon, où il ne fit rien. Les états-généraux du Languedoc furent convoqués à Villeneuve-d'Avignon, au 25 dudit mois de novembre; ils furent depuis continués au 1er décembre; le roi s'y trouva, y présida, et harangua assez long-temps.

Quelques jours auparavant, Jean de Fay, sieur de Virieu, oncle de Peraud, qui avoit suivi le parti des religionnaires jusqu'aux massacres de Paris, où il fut fait prisonnier, et sauvé par Caussac, sollicita par ses lettres le gouverneur, les consuls et les habitans d'Annonai, de vouloir conférer avec lui de la part du roi; mais le refus de Gerlande et de La Condamine, père et fils, qu'il demandait pour otages, empêcha les conférences.

Peu de temps après, Imbert d'Angères, sieur du Mein, chevalier de l'ordre du roi, natif d'Annonai, par amour pour ses concitoyens, n'omit rien pour porter le gouverneur et les consuls de la ville à recommencer les conférences avec Virieu, pour rétablir la paix et la tranquillité parmi le peuple: elles se tinrent au château de Mein, mais elles furent inutiles; et Meausse, piqué des propositions qu'on lui faisoit, renvoya aussitôt les otages qu'on lui avoit donnés: cela arriva à la fin de novembre 1574.

Du Mein, après avoir négocié dans deux voyages qu'il fit à Annonai une trève entre Meausse, qui en étoit gouverneur, et Saint-Chamond, la conclut heureusement le 6 décembre 1574, sous les conditions suivantes:
1° Que Meausse resteroit à Annonai avec cent cinquante hommes entretenus aux dépens et sur les contributions des villages voisins;
2° qu'il ne feroit ni courses ni hostilités;
3° qu'il ne seroit rien entrepris contre eux;
4° que ceux qui étoient hors de la ville pourroient y rentrer et y jouir de leurs biens;
5° que les étrangers ne pourroient entrer dans la ville sans la permission du gouverneur, à la réserve des marchands et négocians; 6° que ceux de la campagne ne seroient pas troublés dans leur travail, ni dans la garde de leurs troupeaux et de leur bétail; 7° qu'enfin la trève dureroit jusqu'au 1er de mai suivant, sous le bon plaisir du roi et du maréchal d'Ampville, et de Saint-Romain, auxquels on communiqueroit lesdits articles pour les ratifier, et qu'en cas de refus de la part du roi, les habitans d'Annonai en seroient avertis trois semaines auparavant.

Saint-Chamond ne convint, dit-on, de cette trève, que par l'impossibilité où il se trouvoit de tenter aucune entreprise, par le défaut des vivres, les fatigues et les maladies de ses troupes, et enfin par la désertion de quelques compagnies, qui avoient abandonné les capitaines Romanet et Tanton.

Le roi, averti de cette trève par un courrier exprès que lui dépêcha en Avignon Saint-Chamond, refusa de la ratifier.

Dès le 8 décembre 1574, les compagnies de Mandelot, de Rostaing et de La Barge étoient déjà délogées de Quintenas et des environs; et suivies le lendemain de celle de La Guiche, qui étoit à Bouliéu, elles prirent la route du Forez et du Lyonnois: par là le blocus d'Annonai fut levé.

Les troupes catholiques ravagèrent tous les villages jusqu'à la rivière de Doulx, et commirent tant d'excès et de violences, que les habitans qui voulurent éviter leur fureur furent obligés de se retirer ou dans les villes ou dans les forêts.

La maison d'Astier, près de Quintenas, fut brûlée, la tour de Munas sous Ardois abattue, et tout le bétail pris et enlevé par les soldats.

Charles de Barjac, sieur de Rochegude et de La Baume, commandant dans le Vivarais en l'absence du maréchal de d'Ampville et de Saint-Romain, se rendit à Annonai le 21 janvier 1575, accompagné de six à sept cents hommes de pied et deux cents chevaux, tant catholiques que religionnaires, parmi lesquels il y avoit beaucoup de Gascons et de Provençaux, qui, quoique en partie catholiques, ruinoient les églises et massacroient les prêtres : durant ces troubles, on se servit également des uns et des autres ; ce qui causa des désordres et des scandales affreux.

Toutes ces troupes se jetèrent le jour suivant, fête de saint Vincent, à Vaucance, où ils mirent le feu après l'avoir pillé et massacré tous ceux qui se présentèrent à eux ; la plupart des paysans se rendirent, les uns dans les châteaux de Vaucance, Le Monestier, Gerlande, et les autres dans les forêts voisines : les villages de Maumeyre, Villeplas, Le Claux, Poulhas et Vaucance, furent brûlés avec plusieurs autres ; la maison de Detourbe, l'église et le clocher de Vanose, où les habitants s'étoient fortifiés, se rendirent par composition.

Quelques-uns attribuent tous ces désordres au ressentiment de ceux d'Annonai contre les habitants de Vaucance, qu'ils croyoient complices des maux qu'ils avoient soufferts dans les troubles précédens ; d'autres les attribuent à Meausse, qui vouloit punir les habitants des vallées du refus qu'ils avoient fait de contribuer à l'entretien de sa garnison, et du logement qu'ils avoient donné aux troupes de ses ennemis.

Au mois de février 1575 se fit la trève ou suspension d'armes entre ceux d'Annonai, religionnaires, et ceux de Bouliou, catholiques, par la médiation de du Peloux ; trève d'autant plus nécessaire, que les terres des habitans de ces deux lieux demeuroient incultes et ravagées par les courses continuelles qu'ils faisoient les uns sur les autres.

Peu de temps après, sçavoir le 13 février 1575, sur les onze heures de la nuit, les religionnaires d'Annonai surprirent la ville d'Andance du côté du Rhône, à la faveur de la maison du capitaine Carrail, qui fut brûlée. C'est à ce même capitaine, qui fut tué dans cette occasion, que Saint-Chamond avoit donné la garde de la ville d'Andance, et le commandement de la garnison, dont, à la prière et sollicitations réitérées des habitants, il les avoit déchargés.

Le jour suivant, Meausse se rendit à Andance avec un plus grand nombre de troupes, et fit conduire les prisonniers à Annonai : comme les habitants de cette ville ne pensoient à rien moins qu'à la prise de leur ville, la plupart furent massacrés dans leurs lits par les ennemis.

Meausse, après avoir donné la ville au pillage, et en avoir fait brûler les fauxbourgs, la fit fortifier du côté du Rhône, que le passage de cette rivière rendoit fort important pour ceux de son parti et pour ses desseins.

Le 20 février 1575, quelques habitants d'Annonai surprirent pendant la nuit la maison de La Rivoire, appartenant à la dame de Luppé, près le bourg d'Argental en Forez, et y mirent garnison sous le commandement du capitaine Pinet.

Au retour de cette expédition, Rochegude se retira au Bas-Vivarais ; et, informé des brigandages commis par le capitaine Erard et ses troupes, avec lesquelles il s'étoit emparé de nouveau du lieu et château de La Mastre, il y marcha, et se saisit adroitement dudit capitaine Erard et de son lieutenant nommé La Chan, que Rochegude fit pendre après quelque procédure, et étrangler aux créneaux du fort ; il mit en liberté six ou sept prisonniers laboureurs et plusieurs autres qu'il tenoit dans de basses fosses, et à qui il faisoit souffrir les plus rudes traitemens ; de ce nombre étoit Guillaume Baud, châtelain de Rochebone, natif d'Annonai, et d'une bonne famille. Ce capitaine Erard avoit été fait prisonnier deux fois par les catholiques ses ennemis, et délivré par argent. On dit que, se voyant en danger, il demandoit souvent si son plein chapeau d'écus ne lui sauveroit pas la vie : ce qui lui fut refusé.

François de Mandelot, seigneur de Passy, et gouverneur pour le roy du Lyonnois, Forez et Beaujolois, et Saint-Chamond, lèvent des troupes pour reprendre La Rivoire et la ville d'Andance, qui étoient deux postes importans par rapport à leur situation sur le Rhône. La première fut attaquée par trois compagnies d'infanterie le 5 mars 1575; mais les habitans, l'ayant abandonnée, se retirèrent à la faveur de la nuit à Annonai : on y mit une garnison catholique sous le commandement du capitaine La Goujonnière.

La prise de cette ville fut suivie de celle d'Andance, assiégée le 8 mars 1575 par Mandelot et Saint-Chamond, auxquels se joignit Gordes, gouverneur de Dauphiné en l'absence du prince dauphin d'Auvergne, accompagné de quelques compagnies suisses et françoises qu'il posta par de-là le Rhône, du côté d'Andancette. La batterie commença le 10 mars 1575; Meausse y avoit mis cent vingt hommes pour la défendre, tirés de la garnison d'Annonai : la terreur de ce siège dans l'esprit des habitans facilita et avança la reddition de cette ville, sans aucune capitulation, les habitans l'ayant abandonnée avec leur gouverneur. Meausse n'ayant pas cru qu'il fût de son honneur ni de son devoir de les suivre dans leur retraite et leur fuite précipitée, qu'il ne put empescher, se retira dans la tour du Prieuré, avec trois ou quatre de ses soldats qui ne voulurent pas l'abandonner : ils furent faits prisonniers ; la plupart des habitans furent massacrés, et les autres se retirèrent à Annonai ; tout ce qui resta dans la ville d'Andance fut ou pillé ou brûlé, et on y mit une garnison catholique sous le capitaine Carnier.

La reddition de cette place donna lieu aux officiers catholiques de tenter et de solliciter celle d'Annonai, dont ils avoient déjà fait prisonnier le gouverneur; on leur promit de leur laisser le libre exercice de la religion, d'oublier leurs fautes passées, s'ils vouloient se soumettre sous l'obéissance du roi, et recevoir un gentilhomme catholique de leur voisinage, à leur chóix, et congédier l'étranger ; mais sur ces entrefaites les habitans d'Annonai, ayant reçu du secours, répondirent qu'ils ne pouvoient rien accorder sans l'ordre de d'Ampville, offrant seulement de recevoir du Peloux, bailly et capitaine d'Annonai.

Cette réponse obligea Mandelot et Saint-Chamond de se retirer le 13 mars 1575 avec leurs troupes à Boulieu, peu éloigné de la ville d'Annonai, qu'ils tentèrent de nouveau, mais inutilement, par les menaces d'un siége qu'ils n'é-toient pas en état de former à cause du petit nombre de leurs troupes, dont ils laissèrent une partie dans Boulieu, tant pour s'assurer des vivres que pour se défendre des courses des habitans d'Annonai.

Peu de jours après, Rochegude, gouverneur du Vivarais pour ceux de la religion et de l'union, arriva à Annonai pour y régler les affaires de la ville, et y établir un commandant à la place de Meausse, que les catholiques avoient conduit prisonnier à Lyon; il traita ensuite avec le commandant de Boulieu pour la sûreté des laboureurs et du bétail. A peine ce traité fut conclu, que, le 19 mars 1575, la compagnie des gendarmes de La Barge, qui étoit à Argental sous le commandement de La Beaune, ayant paru à la vue d'Annonai pour en attirer les habitans, ceux-ci firent une sortie jusqu'en Lapra, sous la montagne de Montmiandon, où il y eut un rude choc entr'eux et les troupes de La Barge, qui auroient été vivement repoussées si elles n'avoient été soutenues à propos par quarante arquebusiers : il y eut nombre de morts et de blessés de part et d'autre dans cette action.

Rochegude, voulant rallier ses troupes, fut frappé malheureusement et par mégarde d'un coup de pistolet, et transporté à Annonai, où il mourut le 22 dudit mois de mars 1575. Il fut enseveli avec son neveu de Barjac, qui mourut le même jour d'une blessure qu'il avoit reçue au siège d'Andance : tous deux furent ensevelis avec des marques d'honneur et de distinction ; et le premier fut également regretté des deux partis, à cause de ses belles qualités et de son rare mérite.

Sur le commencement du mois d'avril 1575, les religionnaires reprirent par surprise le château du Pousin, dont le capitaine Geys, qui y fut tué, étoit commandant. Cette prise avoit été précédée, peu de jours auparavant, de celle de la ville de Baïs et des deux châteaux, vieux et nouveau, où ils se fortifièrent.

On apprit en mesme temps que le vicomte de Turenne, neveu des mareschaux de Montmorency et de d'Ampville, et leur partisan contre les catholiques, quoique catholique lui-même, avoit pris les armes, et qu'il s'étoit mis en campagne avec quatre cents chevaux et deux ou trois mille hommes de pied.

Peu de temps après, Crussol, duc d'Uzès, assiégea la ville de Baïs, et, après l'avoir battue, y entra le 1er mai 1575. Il fit battre avec de l'artillerie que commandoit Virieu, dont il étoit maître en l'absence de Rives, mais inutilement, les deux châteaux, vieux et nouveau, où les assiégés s'étoient retirés : le duc d'Uzès, voyant ses efforts inutiles, fit ruiner les deux tiers de la ville, et fit fortifier l'autre, où il laissa quelques compagnies de gens de pied pour garder le passage du Rhône, et reprit ensuite le chemin du Languedoc.

La Barge, chevalier de l'ordre du roi, ayant été pourveu par le roi du gouvernement du Vivarais, vacant par la démission de Saint-Chamond (il avoit refusé cette charge dès le commencement, mais il l'accepta sur l'assurance qu'on lui donna du secours de Mandelot), se rendit au château des Célestins de Colombier au mois de juin, avec sa compagnie et quelques enseignes d'infanterie, dans l'espérance d'être soutenu des forces que Mandelot avoit nouvellement levées. Il fit d'abord convoquer les états à Tournon, où il proposa un secours d'environ 36,000 livres par mois pour les frais de la guerre qu'il avoit dessein de faire contre ceux d'Annonai; mais, parce que peu de personnes s'y trouvèrent, après deux convocations, il renvoya l'assemblée à Pradelles au mois d'août suivant; il resta cependant au château des Célestins avec une partie de sa compagnie, et mit le reste à Boulieu à la place de Mandelot, qui s'étoit retiré au bourg et à Saint-Julien en Forez.

La Barge, pour couper tout commerce avec Annonai, et empêcher la récolte des bleds, fait défendre de fréquenter les habitans de cette ville, de leur porter aucune sorte de marchandise, de recueillir leurs bleds, et de leur fournir aucun secours, sous peine de la vie; ce qui intimida d'autant plus les habitans, que le duc d'Uzès avoit ordonné de ravager et de brûler les bleds de Languedoc près de Montpellier, Nismes et Uzès. Les habitans d'Annonai firent pourtant la récolte fort tranquillement, et sans aucun trouble de la part de La Barge.

Cet officier tenta, mais sans succès, la surprise de la ville d'Annonai, avec le secours du capitaine des Combes de Privas, bon ami de Pontus, commandant du château d'Annonai, qui, gagné par argent, promit de laisser escalader les catholiques : ce fut sur l'assurance de ce commandant que La Barge fit assembler toutes les garnisons du pays, sa compagnie de gendarmes et celle de Mandelot; et avec ces troupes il se présenta devant le château, fit dresser les échelles à l'endroit où étoit en sentinelle un paysan qu'on avoit gagné, avec le commandant et quelques autres; mais se voyant découvert et hors d'état de forcer ni le château ni la ville, il se retira avec ses troupes, avec menace de massacrer, de violer, de piller et de brûler la ville, mais avec honte et confusion d'avoir manqué son coup. Le susdit paysan qui lui avoit servi de guide, d'espion et de sentinelle, ayant été arrêté dans la ville, fut arquebusé dès le jour même.

La garnison de Boulieu, ayant appris la prise du Prieuré de Rochepaure par les religionnaires, s'y rendit le 6 de septembre de l'an 1575, pendant que La Barge tenoit les états à Pradelles en Vivarais, pour obtenir quelque secours d'argent. Le lendemain, 7 du même mois, ceux d'Annonai mirent le feu au fauxbourg de Boulieu, où étoient logées les compagnies de Leyrète et Espérence, dont la plupart étoient allées à Rochepaure; ledit faubourg fut tout brûlé, à la réserve de quelques maisons qui furent défendues par ceux de la ville.

Dès la même année, La Barge ordonna à Beaune et des Colaux de troubler et d'empêcher les vendanges de ceux d'Annonai; il fit pour cela assembler des troupes d'infanterie et de cavalerie, qui furent vivement repoussées par ceux de la ville.

Dans ce même temps, les députés des églises de France et de leurs confédérés étoient à Paris pour la négociation de la paix; et le roi accorda une suspension d'armes jusqu'à la Saint-Jean avec le duc d'Alençon son frère, qui tenoit le parti des catholiques unis, et qu'on appeloit les mécontens politiques.

Cette suspension fut suivie de la délivrance de Meausse, prisonnier à Lyon, par ordre de la reine, et de son retour à Annonai, dont il reprit le gouvernement en octobre 1575, et de la trêve entre les deux partis du Vivarais, conclue le 3 février 1576 sous les conditions suivantes :

1° Qu'on feroit cesser tout acte d'hostilité

jusqu'à la paix ; 2° que le commerce seroit aussi libre et assuré, aussi bien que la culture des terres; 3° que les garnisons seroient diminuées, et qu'on feroit pour leur entretien une répartition sur les paroisses du pays ; 4° que deux prévôts seroient entretenus aux dépens des deux partis, pour la punition des criminels et malfaiteurs, lesquels seroient livrés à la justice par les capitaines des garnisons et lieux où ils se retireroient ; 5° que les ecclésiastiques jouiroient de leurs biens dans les villes et lieux occupés par les catholiques, et qu'on n'innoveroit rien dans les autres ; 6° que tous les prisonniers et le bétail enlevé depuis le 12 janvier précédent seroient rendus de part et d'autre ; 7° qu'on poursuivroit l'autorisation ou confirmation de la trève pendant deux mois, pour être ensuite pourvu à la destruction, échange et restitution des forts inutiles, et qui étoient à charge au pays. Ces conditions furent arrêtées et acceptées de part et d'autre, à La Beaume de Balzac, le 3 février 1576 ; et, après leur publication, chacun retourna dans sa ville, où la garde fut faite, et la discipline observée avec la même exactitude que pendant la guerre.

Le 12 juin 1576, par mandement du maréchal de d'Ampville, fut publié et enregistré au bailliage l'édit de pacification. Ce même édit, que Tournon, bailli du Vivarais, avoit déjà fait publier à Bouliou, fut lu et publié de nouveau au bailliage d'Annonai. La publication fut accompagnée de grandes réjouissances et suivie de la destruction de toutes les fortifications que ceux d'Annonai avoient faites dans leur ville pour se défendre et se mettre à couvert des insultes et des attaques de leurs ennemis. Cette paix fut un peu troublée par l'avarice de ceux qui, s'étant emparés des biens des ecclésiastiques, avoient de la peine à s'en dessaisir, et prétendoient que tous les bénéfices qui étoient au deçà de la rivière de Doulx leur avoient été donnés à bail par ceux du conseil politique, et commissaires députés, pour le prix de 1,200 livres.

Cette paix, qui dura jusqu'en l'année 1585, fut troublée, et la guerre recommença à l'occasion des garnisons qu'on établit dans les villes et châteaux, et des grandes sommes qu'on exigea pour leur entretien. On imposa sur le seul Vivarais 6,000 écus par mois. Ces vexations des soldats destinés pour la levée de ces impositions obligèrent la plupart des habitans d'abandonner leurs villages, leurs maisons, leurs terres et leur bétail, et de se retirer dans les bois avec les effets qu'ils pouvoient emporter. Ces désordres, qui commencèrent au mois de mars 1585, durèrent autant que la levée des contributions par les troupes qui s'emparèrent des villes et châteaux. Comme il n'y avoit aucun fort qui fût à l'abri de leur insulte, chacun travailloit jour et nuit à se fortifier; mais la confusion des différens partis étoit si grande, qu'on ne sçavoit comment distinguer ses ennemis.

Ce commencement de guerre fut suivi d'une stérilité sans exemple, puisqu'à peine recueillit-on sa semence : cette stérilité causa une cherté si grande, qu'on vendoit jusqu'à vingt et vingt-cinq livres le setier du froment, treize et quatorze livres celui de l'orge, et six à sept livres l'avoine ; le bled étant enfin devenu sans prix, les gens de la campagne furent obligés de se nourrir de glands de chêne, de racines sauvages, de fougère, du marc et des pépins des raisins séchés au four, qu'ils faisoient moudre pour en faire du pain, aussi bien que de l'écorce des pins et des autres arbres, de coquilles de noix et d'amandes, de vieux tuiles et briques, mêlés avec quelque poignée de farine d'orge, d'avoine et du son ; ce qui n'avoit jamais été pratiqué dans le pays. Les habitans d'Annonai se distinguèrent dans cette occasion par leurs soins et par leurs charités envers les pauvres, qu'ils nourrirent pendant l'hiver jusqu'à Pâques de l'an 1586, dont, malgré toutes les précautions, il mourut un grand nombre de froid et de faim, tant dans les villes que dans les villages, et à la campagne.

Pour comble de malheur et de misère, la cherté des vivres fut suivie d'une espèce de contagion, qui dégénéra en peste dans l'été de la même année 1586, et qui s'étendit dans le Dauphiné, le Lyonnois, le Forez et dans le Vivarais. La plupart de ceux qui sortirent d'Annonai pour l'éviter, en furent infestés à la campagne, et en moururent presque tous. Les villages voisins d'Annonai, qui se ressentirent le plus de la peste, et où elle enleva presque tous les habitans, furent ceux de Roiffieu, Brogieu, Lens, Boucieu, Chatinaix,

Varagnes, les Seux, Eynas, Vissenti, Clemencieu, les Moures, Midon, Bolais, Jalencieu, Pignieu, d'Avezieu, les Sollods, village de Gourdan, Chazaux, Javas, Charezin, les Soulliers, Esteyses, Ésenville, Samoyas, Sassolas, Saint-Marcel, Saint-Cyr, Esterpas: les autres villages plus éloignés furent Sarras, Sillon, Revirand, Cermes, Ardois, Forany, Esclassan, La Coullange, Marsan, Saint-Jure, Quintenas, Le Martoret, Felis, Anti, More, Loume, Saint-Alban, Ay, Preaulx, Satillieu, Vaudevant, Saint-Felicien, Bouzas, Boucieule-Roy, Colombier-le-Vieux, Etables, Cremolière, et un très-grand nombre d'autres où elle se répandit. Les grandes villes n'en furent pas exemptes; elles devinrent désertes et sans commerce, soit par la mort de ceux qui en étoient infestés, soit par la retraite de ceux qui vouloient l'éviter. Pour comble de malheur, il arrivoit que les uns les autres, par l'horreur qu'ils avoient de se voir, et la crainte de se communiquer la contagion, mouroient sans secours. Les fruits ne furent pas recueillis, le bétail fut abandonné; en un mot, les biens et les héritages laissés ou à des orphelins hors d'état d'en jouir, ou à des absens que l'éloignement empêchoit de les prendre et d'en avoir soin, ou à des étrangers qui s'en emparoient.

Les villes et les villages de deçà et de delà le Rhône, aussi bien que toutes celles de Dauphiné, du Velai, du Lyonnois et d'Auvergne, éprouvèrent les mêmes calamités; la seule ville de Boulieu, dans la baronnie d'Annonai, qui en avoit été exempte, en fut infestée sur la fin.

La rigueur du fléau dont Dieu affligea toutes ces provinces commença à s'apaiser et à diminuer vers la mi-septembre, et cessa entièrement sur la fin d'octobre. On remarqua que l'avarice dans les uns, et la cupidité dans les autres, donnèrent lieu au progrès de la peste, parce que plusieurs, pour s'emparer, ou par artifice, ou par d'autres voyes, des biens des mourans, couroient de ville en ville et de village en village, et portoient par cette communication la contagion dans les lieux où ils passoient.

FIN DES MÉMOIRES DE GAMON.

MÉMOIRES

DE

JEAN PHILIPPI.

Au mois de juillet 1560, les jeunes gens de Montpellier firent venir un ministre prédicant de Genève, nommé Jean de la Chame, lequel, ayant occultement prêché et enseigné quelques jours par crainte de la justice, augmenta tellement le nombre de ceux qui croyoient à sa doctrine, tant de la ville que des environs, qu'ils commencèrent à se montrer ouvertement, faisant prêcher et administrer les sacremens de jour et publiquement, d'abord en l'école de la grammaire, dite l'École-Mage, puis dans l'église de Saint-Matthieu, par eux saisie pour leur temple. Pierre de La Coste, juge-mage, n'osoit y pourvoir par rigueur, de peur d'exciter une sédition. L'évêque Guillaume Pelissier et les chanoines fermèrent leurs portes, et mirent garnison dans Saint-Pierre.

Les états de Languedoc étant mandés à Beaucaire, Honorat de Savoye, comte de Villars, lieutenant-général en Languedoc, arriva pour les tenir; et pour pourvoir aux troubles, amena deux compagnies de cavalerie, et fit lever les légionnaires du pays. Alors les protestans cessèrent leurs exercices, et le ministre sortit de Montpellier. Villars fit pendre le ministre d'Aigues-Mortes, et arrêter Daisse, qui en étoit gouverneur et capitaine.

Le 15 octobre, Saint-André, de la maison de Montdragon-lez-Avignon, arriva à Montpellier avec titre de gouverneur. Il mena trois enseignes d'infanterie; on lui remit les clefs des portes de la ville, qu'il fit murer, excepté celles de Saint-Gilles et de la Sonnerie. L'évêque, les chanoines et le juge-mage sortirent de leur fort. Saint-André, ayant fait assembler le peuple, fit publier une lettre du roi, qui blâmoit fort tout ce qui s'étoit passé, et en défendoit la continuation : le peuple leva la main, et consentit à tout ; Guillaume de Chaume, seigneur de Poussan, étoit premier consul.

Le samedi 16 novembre, le comte de Villars, ayant pourvu aux affaires de Nismes et des environs, arriva à Montpellier; le mardi 19, il assista à la procession générale et à la messe solennelle : la procession s'arrêta devant la maison de ville, où le juge-mage harangua le peuple et l'exhorta de demeurer fidèle au roi; le peuple parut acquiescer par ses acclamations. Villars fut ensuite faire la même chose à Cevennes, à Anduze et à Alais, où avoient été faites plusieurs assemblées en armes : il fit raser quelques maisons de gentilshommes chefs des protestans, dont les personnes s'étoient absentées, et vint passer le surplus de l'hyver au château de Vauvert près d'Aigues-Mortes. Le gouvernement ayant changé à la mort de François II, on ôta la garnison de Montpellier, et les absens eurent permission d'y rentrer.

Au carême de 1561, quelques jeunes enfans s'assembloient, comme d'eux-mêmes, sur le soir, sous le couvert et parvis du consulat, et là, les chandelles allumées, chantoient les psaumes de David en françois, et l'un d'eux faisoit des prières et oraisons publiques en la même langue, sous la forme de la religion protestante. Ces assemblées devenant extrêmement nombreuses, Pierre de Bourdic, seigneur de Villeneuve, gouverneur de la ville, fit ce qu'il put pour les faire cesser; mais, n'osant en venir à la force, il temporisa.

Le 25 mars, le vicomte de Joyeuse en Vivarais, lieutenant-général en Languedoc depuis peu, par la cession du comte de Villars, tint à Montpellier une assemblée extraordinaire des états, pendant lesquels, et jusqu'au départ de Joyeuse, qui fut à Pâques, ces prières publiques cessèrent; mais, dès qu'il fut parti, Jean de La Chasse et Claude Formy, natif de Montpellier, commencèrent à prêcher en maison privée, et de jour, portes ouvertes, malgré les défenses de la justice. Le peuple catholique fit aux protestans quelques bravades; et le dimanche 4 mai, ils s'assemblèrent au nombre de douze ou quinze cents, et accompagnèrent le pain béni en grande solennité à la grand'messe de l'église Saint-Pierre.

Le 6 août, on publia à Montpellier la tenue future du colloque de Poissy.

Le samedi 30, on publia un édit du roi défendant toute assemblée publique avec armes ou sans armes : on défendit aussi les privées, et de prêcher et d'administrer les sacremens autrement qu'il n'étoit ordonné par l'église catholique : cet édit n'empêcha pas les protestans de continuer leurs assemblées.

Le mercredi matin, 24 septembre, ils se saisirent de l'église Notre-Dame-des-Tables, qu'ils appellèrent le temple de la Loge. Ils y firent faire un inventaire par Montferrier, premier consul, et autres notables personnages, et les mirent au trésor de la maison de ville. Le même jour, Claude Formy, l'un des ministres, fit dans cette église son premier prêche; tout le reste se passa tranquillement.

Quelques protestans s'assemblèrent à Béziers : Joyeuse s'y rendit, et fit saisir le ministre, que l'on ne vit plus.

Messieurs de Saint-Pierre ayant mis garnison dans leur fort avec la permission de Joyeuse, les protestans s'armèrent de leur côté, et firent faire garde la nuit. Quelques-uns alloient par troupes le jour, armés de gros bâtons, dont ils frappoient tous les prêtres et religieux qu'ils trouvoient ; et ces bâtons se nommoient « espoussettes, » d'où vint en proverbe « l'espoussette de Montpellier. » L'évêque, le gouverneur et le juge-mage s'étoient absentés.

Le dimanche 19 octobre, les protestans, au nombre de sept ou huit cents, assiégèrent le fort de Saint-Pierre. Le 20, les chanoines qui étoient dedans demandèrent du secours. François de Chef-de-Bien, général des finances, le seigneur de La Verune-lez-Montpellier, et autres des deux religions, négocièrent un accord par lequel les chanoines pourroient continuer le service de leur église, mais sans armes, et que la garnison sortiroit et seroit mise hors la ville.

La garnison sortit, et un soldat lâcha mal-à-propos un pistolet à feu, et occit un des habitans du nombre des protestans : alors ce peuple, criant trahison, se jeta sur les catholiques, entra dans le fort de Saint-Pierre, tua quarante chanoines ou autres, et pilla tout ce qu'il trouva. Berald, gardien des cordeliers, qui avoit prêché avec grande réputation contre les protestans, fut du nombre des occis ; et le prêcheur de Saint-Pierre, nommé Menim, docteur de Paris, échappa, mais fort blessé. La sacristie, dont les reliquaires ou autres joyaux valoient plus de quarante mille livres, fut garantie, mais avec grande peine. L'église de Saint-Pierre fut mise dans six ou sept heures dans l'état du monde le plus affreux, cent quatre-vingt-dix-sept ans et dix-neuf jours après la première pierre dudit édifice posée par ordre d'Urbain V, fondateur de ce monastère de l'ordre de saint Benoît, sous le nom de Saint-Germain, qui avoit été le 1 octobre 1364, et vingt-trois ans après que les moines dudit lieu avoient été joints aux chanoines réguliers de Maguelone, et institués église cathédrale par Clément VII en 1536. Ce peuple marcha de là contre les autres églises ; de manière que ce qui avoit été fait ou entretenu depuis quatre ou cinq cents ans fut dans un demi-jour si effacé, que, des soixante églises ou chapelles qu'il y avoit dedans ou dehors de Montpellier, le lendemain il ne s'en trouva aucune ouverte, et moins fut vu prêtre ou moine qu'en habit dissimulé ; et de telle façon pour lors eut fin la messe : les nonains furent mises hors leur couvent.

Le dimanche 26 octobre, un ministre prêcha dans l'église de Saint-Firmin, et la populace continua la ruine des couvens et des églises. La même chose fut faite aux villages du diocèse, la messe abolie et les prêtres chassés. La même chose arriva à Nismes, Lunel, Gignac, Sommières et lieux circonvoisins. Après cette émotion, on tint un conseil général dans la maison de ville, et on députa au roi et à M. de Joyeuse à Narbonne pour les informer du fait de Saint-Pierre.

Au mois de novembre, Joyeuse tint les états du Languedoc à Béziers; et le 20 du mois, il fit publier à Montpellier un édit du roi, qui ordonnoit de rendre dans vingt-quatre heures les églises, et de les remettre dans leur premier état. Le lendemain les protestans cédèrent l'église Notre-Dame, et se remirent à prêcher à l'École-Mage; mais, quelques jours après, ils firent un accord avec messieurs du chapitre de Saint-Pierre, qui les laissa prêcher dans l'église Notre-Dame et Saint-Matthieu, non que par cet appointement la messe ni la prêtrise fût remise, ains augmentoit la religion des fidèles. Les habitans qui n'en étoient point se contenoient chez eux les dimanches et les fêtes sans mot sonner. La même chose arrivoit dans les villages voisins. Le populaire des fidèles continuoit de mettre en pièces les sépulcres, déterrer les morts et faire mille folies. On obligeoit les prêtres déguisés à aller ouir les ministres pour pouvoir être en paix. Le peuple porta sa haine jusqu'aux bonnets carrés, et les gens de justice furent obligés de prendre des chapeaux ou bonnets ronds.

Au commencement de décembre, il y eut à Carcassonne une émeute qui dura neuf ou dix heures contre les protestans. Quelques gens armés d'Avignon, étant allés à Villeneuve, y maltraitèrent quelques protestans qu'il y avoit.

Tout tendoit à la guerre, lorsque le comte de Crussol, nommé par le roi pour pacifier le Dauphiné, la Provence et le Languedoc, arriva à Villeneuve, et y manda, au commencement de 1562, les ministres et les principaux des villes de Nismes, Uzès et Montpellier, auxquels il signifia que le roi ne vouloit pas que les ministres prêchassent dans les églises. Les envoyés de Montpellier y étant revenus, y firent publier le 21 janvier, par ordre dudit seigneur de Crussol, de désemparer les églises, et de mettre les armes en lieu public. Le lendemain, les protestans se remirent à prêcher à l'Ecole-Mage et maison privée en la Loge, mais la messe ne fut point rétablie : elle le fut à Nismes, et un jacobin y prêcha. Pierre Viret, un des anciens ministres, arriva de Genève au commencement de l'hyver à Nismes, et y prêcha toujours. Il vint à Montpellier et y fit le premier prêche à la Loge, le mercredi 18 février : le présidial y assista en corps; et le premier consul, Jacques David, seigneur de Montferrier, avec le chaperon rouge et les hallebardiers, comme viguier, conduisit au prêche ledit Viret depuis son logis : les étrangers venoient en foule à Montpellier pour l'entendre.

Le samedi 7 mars, on publia à Montpellier l'édit du 17 janvier, qui défendoit tout exercice de la nouvelle religion dans les villes.

Le lendemain on prêcha hors de la ville dans le fossé des arbalétriers, qui va de la porte de Lattes à celle de la Sonnerie. Les protestans de Toulouse firent prêcher dans le faubourg Saint-Michel; ce que messieurs du parlement n'eussent cuidé; mais l'édit y étoit. Comme les villes de la frontière étoient exceptées, Fourquevaux, gouverneur et capitaine de Narbonne, fit sortir tous les suspects. Les protestans de la ville basse de Carcassonne, faisant prêcher hors de la ville, furent maltraités par le peuple catholique, parmi lequel étoit Marion, contrôleur du domaine, homme des premiers de ce pays en bien; le ministre et le juge ordinaire de la ville furent tués dans ce tumulte. Les protestans de Montpellier, faisant la cène le jour de Pâques, établirent une garde pour leur sûreté; et les catholiques qui voulurent faire leurs pâques furent obligés d'aller à Castries, à Vendargues, à Teyran ou à La Verune, où la messe étoit rétablie.

Le jour de Pâques, 29 mars, vers les sept ou huit heures du matin, on vit à Montpellier et à Nismes trois soleils au ciel, un cercle au-dessous, et l'arc de saint Martin.

Le samedi 4 avril, on publia à Montpellier une déclaration du roi, du 6 mars, en explication de l'édit de janvier, qui défendoit aux officiers de la justice royale d'assister au prêche pour faire profession de ladite religion : le roi ajoutoit que, par cet édit et cette déclaration, il n'entendoit approuver la religion nouvelle.

Le comte de Crussol revenu de Provence, et ayant réglé les affaires à Bagnols, Uzès et Nismes, arriva à Montpellier le mercredi 8 avril; il assembla les principaux des deux religions, et les fit convenir de vivre en paix et de rétablir la messe : on établit, d'un consentement unanime, pour capitaine dans la ville, Louis de Bucelli, seigneur de La Mousson, enfant de la ville, avec des soldats pour s'opposer aux séditieux.

Le dimanche 12 avril, la messe fut dite dans Saint-Firmin par des prêtres étrangers; car ceux de la ville ne l'eussent osé faire : beaucoup de peuple et de noblesse y assistèrent, Crussol et les protestans restèrent à la porte. La messe n'étoit qu'à demi dite qu'il y eut une sédition : les principaux protestans tâchèrent de calmer le peuple, et la messe s'acheva avec grande hâte. Les consuls et principaux accompagnèrent les seigneurs-lieutenans, et les ramenèrent sains et saufs dans leurs logis : depuis furent les messes plus dangereuses que devant, et disoit-on par mémoire dans ladite ville la messe des comtes.

Lesdits seigneurs quelques jours après s'en allèrent, laissant ladite ville dans un état pire qu'auparavant : tant il est dangereux de lâcher la bride au peuple, et lui laisser gagner le haut.

Le 23 avril, on publia à Montpellier les lettres patentes du roi, par lesquelles il déclaroit être parfaitement libre, et non détenu, comme le publioient les protestans, qui avoient commencé la guerre civile. A la fin du même mois, on publia d'autres lettres du roi, qui commandoit qu'on laissât les armes, et confirmoit l'édit de janvier.

On fit alors à Béziers ce qu'on avoit fait à Montpellier : la messe abolie et les images brisées. Les protestans de Montpellier prirent prétexte d'une pluie pour ne plus prêcher dans le fossé et pour se remettre dans Notre-Dame. On fit garde la nuit, et on sonna le tambourin, ce qui n'avoit pas encore été fait.

Les protestans allèrent se saisir de l'isle et château de Maguelone, et y mirent une garnison, pour être les maîtres du passage de l'étang. Ils ruinèrent les antiquités et les sépulcres. Les reliques épargnées et le trésor de Saint-Pierre, dans lequel on trouva six cents marcs d'argent, furent employés à lever des troupes.

Le 12 et 18 mai, fêtes de la Pentecôte, les protestans de Toulouse, ayant voulu se rendre maîtres de cette ville, en furent chassés par les catholiques, secourus par Montluc, Terride et Fourquevaux. Le parlement fit ensuite décapiter Vabres, sénéchal de Toulouse, Portal, viguier, Theronde, ancien et fameux avocat, et le capitaine Sault.

Au mois de juin, Mirepoix, sénéchal de Carcassonne, prit d'assaut, après un mois de siége, la ville de Limoux, que les protestans, semons par Joyeuse leur voisin, n'avoient point voulu rendre. La ville, qui étoit fort marchande, fut pillée et ruinée.

Les protestans renforcèrent la garde à Montpellier, tenoient les portes fermées, et faisoient mettre dans la prison de Saint-Pierre les catholiques qui n'alloient pas au prêche.

Le 28 mai, Jacques de Crussol, seigneur de Beaudiné, dit le baron de Crussol, envoyé par le prince de Condé, qui avoit pris les armes pour délivrer le roi, et nommé par lui pour commander en Languedoc, fit publier à Montpellier ses pouvoirs de la part du roi. Le Languedoc fut ainsi divisé : Joyeuse commanda de Narbonne en là, et Crussol de Béziers en çà. Ce baron alla résider à Béziers, comme ville frontière. Agde, Pézenas et Montagnac tenoient son parti. Tout le monde portoit des armes à Montpellier.

Le samedi matin 30 mai, la cour des aides s'assembla dans la chambre du conseil; les assesseurs du consistoire et les principaux de Montpellier s'y rendirent aussi. On proposa de députer à M. de Joyeuse pour le prier de faire cesser les armes d'un côté et d'autre : les consuls et surveillans éludèrent cette proposition. Le consistoire ayant pour lors toute puissance en ladite ville, le baron de Crussol choisit parmi les surveillans cinq, leur donnant pouvoir, par ses lettres, de gouverner Montpellier, son ressort et ses places, et de prendre les dîmes et revenus ecclésiastiques, reliques, cloches, et le tout employer au fait de cette guerre. On fit la recherche d'armes dans la ville et dans les châteaux et maisons des gentilshommes, où l'on en enleva plus de mille. On en fit de même à Nismes, à Alais et ailleurs. Les troupes que l'on leva allèrent joindre Crussol à Béziers.

Joyeuse leva aussi de son côté des troupes,

et assembla la noblesse et les anciens capitaines qui avoient servi, Fourquevaux, gouverneur de Narbonne, Conas, ancien capitaine employé long-temps en Piémont, le baron de Rieux, le baron de Fendeille et le seigneur de Villeneuve, et se mit aux champs avec beaucoup d'artillerie. Crussol craignit qu'il ne le vînt assiéger dans Béziers, mais il côtoya la campagne, et se saisit de Capestang, de Cazouls, de Narbonne, Serignan et autres petits lieux sur son chemin; il y eut plusieurs escarmouches. Tout-à-coup Joyeuse passa l'Eraut, et assiégea Montagnac, qui se rendit à lui le vendredi 17 juillet. Il traita la garnison avec beaucoup de douceur, et se contenta de faire pendre Bonal, autrement le seigneur de Roquemaure, qui avoit proféré quelques paroles contre lui. Pendant le siège, Joyeuse ayant séjourné quelques jours à Montagnac, et son camp à l'entour, alla à Châteauneuf-lez-Pézenas, près l'Eraut. Crussol sortit de Béziers, vint camper vis-à-vis de lui, la rivière entre deux : pendant la nuit, Joyeuse fit passer la rivière à son artillerie avec partie de ses troupes, et la posta dans une chaussée très à couvert, du côté de Lusignan : le camp des protestans étoit vers Pézenas. Les deux armées étoient presque égales, de quatre mille hommes chacune, mais la cavalerie de Joyeuse étoit presque toute composée de noblesse, et celle des protestans, des gens du peuple.

Le lundi 20 juillet, vers les quatre ou cinq heures du soir, la cavalerie de Joyeuse attacha une escarmouche, que les protestans ne refusèrent pas. Les catholiques firent semblant de fuir, et attirèrent insensiblement les protestans devant leur artillerie, qui par une décharge imprévue les mit tous en désordre; les gendarmes survenant les prirent en flanc, et achevèrent de les mettre en fuite; ce peuple non accoutumé ne put jamais se rallier : Crussol se sauva dans Pézenas avec le reste de son camp, n'ayant pourtant perdu que trois ou quatre cents hommes : Joyeuse traita avec beaucoup de douceur tous ceux qui se rendirent.

L'évêque de Lodève, accompagné du sieur de Saint-Félix, surprit Gignac et s'en empara; et les catholiques de Frontignan en chassèrent les protestans, et rétablirent la messe.

Joyeuse, étant à Châteauneuf, fit repasser l'Eraut à son artillerie, et la porta sur une hauteur près de la maison d'un gentilhomme nommé Saint-Martin, entre Châteauneuf et Aumes, tirant contre Pézenas, quoique éloigné d'une demi-lieue, l'Eraut entre deux. Le canon tiroit et les couleuvrines, lorsque tout-à-coup, le 23 juillet, Joyeuse et Crussol convinrent d'une cessation d'armes, sans que l'on publiât d'autres conditions. Crussol quitta Pézenas, où Joyeuse étant entré, y mit la messe et garnison : il somma Béziers, qui ne voulut pas le recevoir, et se retira vers Narbonne avec ses gens; Crussol vint à Montpellier, et son camp se débanda.

Les protestans de Montpellier ni ceux du voisinage n'avouèrent pas le traité conclu entre Crussol et Joyeuse, d'autant plus qu'ils y perdoient les villes de Pézenas, Montagnac, Gignac et Frontignan, où Joyeuse avoit aboli la religion prétendue réformée et mis garnison, contre les traités, et ils résolurent de continuer la guerre : pour avoir de l'argent, ils empruntoient cent, deux cents et cinq cents écus de tous ceux qu'ils vouloient; et si on refusoit, on étoit envoyé prisonnier à Saint-Pierre. On imposa sur le diocèse soixante et un mille livres payables par les bien-aisés, sauf à eux à les recouvrer sur les autres.

Le baron de Crussol, ayant ramassé trois mille hommes et quelques gentilshommes chassés de Provence pour leur religion, deux gros canons venus de Béziers, et d'autres pièces de campagne, assiégea Frontignan le mardi 18 aoust, et leva le siège le mercredi 26, sans y avoir donné l'assaut; et, après y avoir eu trois ou quatre cents hommes blessés ou tués, il renvoya l'artillerie à Montpellier, et fut camper à Poussan.

Cependant Joyeuse avoit rassemblé cinq cents cavaliers bien armés et montés, cinq mille fantassins, et quinze pièces de canon, grosses ou moyennes. Cette armée, conduite en l'absence de Joyeuse par le baron de Fourquevaux, passa l'Eraut, Crussol étant à Poussan, ce qui l'obligea à se retirer à Montpellier. Le peuple de cette ville, non accoutumé à telles allarmes, commença à se troubler; les catholiques ou les suspects furent enfermés dans Saint-Pierre; la noblesse de la ville avoit délogé. On résolut, pour la sûreté et renfort de la ville, d'abattre tous les fauxbourgs, qui en contenoient plus de la moitié, et où il y avoit quatre couvens de mendians, des plus beaux qu'il y eût en France, deux autres couvens d'hommes, un collége séculier de Saint-Sauveur, trois monastères de filles, et autres paroisses et églises, jusqu'à vingt-six; la commanderie des chevaliers de Rodes, dite Saint-Jean, trois sales pour le droit civil et canon, avec une belle tour hors la porte du Peyron, où était la cloche de l'Université; quatre grands fauxbourgs, l'un à la porte Saint-Guillen, dit le Corrau, s'étendant jusques aux Jacobins, et es autres aux portes du Peyron, dit Saint-Jaume, au Pila-Saint-Geli et à la Sonnerie; un beau et grand château nommé Botonnet, avec seigneurie et jurisdiction à part de la ville, près la porte des Carmes. La démolition de ces édifices fut ordonné par le baron de Crussol le 29 août, et exécutée par tout le peuple, hommes, femmes et enfans, par feu, ruine artificielle et sac, de manière que dans quatre jours cela fut achevé; tous les arbres autour de la ville à la portée du canon furent coupés. Fourquevaux passa sans résistance à Loupian, Poussan, Gigean et Cournon, et, au lieu de venir camper devant Montpellier, il alla à Lattes, ancien village dépeuplé et ruiné, distant une petite lieue de Montpellier; il prit et fit raser une ancienne tour qu'il y avoit, après avoir fait pendre ceux qui la gardoient, et campa le 4 septembre; ce lieu est plus ancien que Montpellier, et s'appeloit *Castellum-Latara;* une belle maison ou métairie, appelée Enseiguinade, le joint, de manière que Lattes et cette métairie sont environnés d'eau, d'un côté par la rivière du Lez, et de l'autre par un bras de cette rivière que l'on a fait passer dans un fossé sur le Lez; et vers l'orient est un beau moulin dit de Saint-Sauveur, et la rivière se jette dans l'étang; il y a un port où les denrées pour Montpellier arrivent d'Aigues-Mortes et de la marine; les environs de Lattes sont pleins de prairies, de grandes campagnes qui fournissent de bleds comme la Beauce. Fourquevaux campa dans ce lieu, capable de contenir une armée quatre fois plus forte que la sienne, et, ne se contentant pas de la situation de ce lieu, quoique très-forte, il fit faire des fossés autour de son camp, double tranchée au dedans, des batteries, des remparts et des plates-formes, de manière que ce camp parut aux amis et aux ennemis inexpugnable, et l'on dit que Fourquevaux, au lieu d'être venu assiéger Montpellier, s'étoit venu retrancher pour soutenir un siége; toutes les maisons de la campagne jusqu'à Melgueil furent détruites et brûlées. Fourquevaux envoya attaquer l'isle de Maguelone avec quelques pièces de campagne, et celui qui commandoit dedans se rendit moyennant quelque argent.

Le baron de Crussol, voyant la contenance des catholiques, et ayant cinq mille fantassins et cinq cents chevaux, alla camper à la portée du canon de Lattes, sur une hauteur où il mit son artillerie, près et en deçà le Mas dit d'Envallat, et au Mas de Boisson; les deux camps commencèrent à se canonner.

Le baron des Adrets arriva avec quatre cents chevaux à Montpellier le 14 septembre; et le lendemain, ayant conféré avec Crussol et les autres officiers de l'armée, il fit marcher l'artillerie pour aller attaquer le camp de Lattes par trois côtés. Il se chargea de celui du moulin de Saint-Sauveur; Crussol eut le côté de Montpellier et d'Encivade, et le capitaine Bouillargues du côté des prairies. Fourquevaux se tint dans son camp, et se contenta de faire jouer son artillerie, et tirer ses arquebusiers derrière ses tranchées. Les protestans, ayant voulu attaquer ses retranchemens, furent repoussés vigoureusement, et obligés de se retirer avec perte; sur quoi des Adrets se contenta de faire raser avec son artillerie le haut du moulin de Saint-Sauveur, et de le rendre inutile aux catholiques : un ou deux jours après, voyant que Fourquevaux n'étoit pas assez fort pour assiéger Montpellier, et l'étoit trop pour être forcé dans son camp, retourna en Dauphiné, et le camp des protestans se débanda.

Fourquevaux, quelques jours après, sortit avec une belle troupe de cavalerie, de l'infanterie et du canon; marcha le long du Lez, et s'embusqua près d'une métairie dite le Pont Trincat; il envoya de là quelques coureurs, qui furent jusqu'aux aires de Saint-Denis pour donner l'allarme à la ville. Crussol fit d'abord sortir des troupes pour poursuivre ces coureurs, qui étant soutenus par les catholiques, les protestans furent obligés de reculer jusques à la porte du Pila-Saint-Geli. Le capitaine Gremian, gentilhomme, voisin de Montpellier, jeune et vaillant, n'ayant pas voulu abandonner ses soldats, fut tué avec vingt-cinq fort près du fauxbourg Saint-Geli; les canonniers de la ville firent très-mal leur devoir ce jour-là, et ils auroient pu incommoder beaucoup la cavalerie catholique, lorsqu'elle parut dans la plaine au deçà de la rivière et du pont Juvénal; mais ils ne tirèrent que lorsque la cavalerie catholique fut, en s'en retournant, hors la portée du canon. Les catholiques perdirent dans cette action mossen Peyrot Loppian, capitaine espagnol fort estimé, qui reçut un coup d'arquebuse à croc tiré d'une tour du moulin de l'évêque sur le Lez: Loppian n'avoit pas été d'avis d'assiéger Montpellier; et comme il représentoit que l'armée n'étoit pas assez forte pour une telle entreprise, on lui dit que Montpellier, n'étant pas une ville de guerre, mais de plaisir, apporteroit les clefs trois lieues à l'avance; lorsqu'il fut blessé il se ressouvint de cela, et dit en son langage: *Ah! segnor de Joyosa, ahora á Montpellier tienen mi vida, y nos no tenemos las llaves.* Quelques jours après, Joyeuse vint au camp de Lattes avec cent vingt chevaux et huit cents fantassins; et le même jour, qui étoit un dimanche, après avoir dîné au Terral, château de l'évêque de Montpellier, il alla se présenter devant cette ville sur le coteau de Saint-Martin-de-Prunet; ceux de sa suite allèrent voltiger sur les ailes de Saint-Jean, et lâchèrent leurs pistolets; on ne leur répondit de la ville que par quelques volées de canon. On dit qu'il ne s'avança jusques là que pour reconnoître l'état présent de la ville, et les ruines des couvens, des églises et des fauxbourgs, que l'on découvroit très-bien de ce lieu-là: il en témoigna beaucoup de regret, ayant reçu beaucoup de services et bon entretien dans cette ville, et ayant avec lui beaucoup de gentilshommes voisins, qui avoient dans la ville leurs parens et leurs biens.

Le 27 septembre, Sommerive et Suze, ayant assiégé Saint-Gilles avec trois mille Italiens ou Provençaux, le capitaine Grille marcha au secours avec quinze cents hommes. Dès qu'il parut, le camp catholique prit la fuite pour passer une brassière du Rhône sur un pont de bois qu'ils y avoient fait faire. Les protestans, qui ne vouloient que secourir Saint-Gilles, voyant cette déroute, donnèrent dessus, et les catholiques eurent douze ou quinze cents hommes tués ou noyés, dix-sept enseignes de perdues, deux gros canons, et leur camp, où il y avoit des meubles très-riches, pillé.

Le premier octobre, le capitaine Grille, revenant victorieux de la journée de Saint-Gilles avec douze cents hommes, étant parti de Lunel après dîné, et marchant sans grand ordre, fut défait aux Arenasses, entre Castelnau et le pont de Salaizon, par les catholiques, qui s'étoient embusqués dans les vallons de Garrigues de Grammont; il ne perdit pourtant que deux cents hommes. Le capitaine Bouillargues s'étant retiré par le haut des Garrigues du Crez vers Teiran, Crussol sortit de Montpellier pour le secourir; mais il apprit la défaite avant d'arriver à Castelnau. Le seigneur de Bizanet fut tué du côté des catholiques à la fin du combat.

Le lendemain de cet exploit, qui étoit un vendredi, un tabourin du camp vint à la ville, portant une lettre de l'évêque d'Alet, fils du seigneur de l'Estrange en Vivarais, arrivé au camp avec Joyeuse, pour demander une entrevue au capitaine Grille. L'entrevue se fit le lendemain samedi, entre le pont Juvénal et le pont Trincat. On ignore ce qu'ils se dirent; mais le même jour et le lendemain 4 octobre, Joyeuse et son camp délogèrent de Lattes, et se retirèrent vers Pézenas.

Le camp ainsi levé, le baron de Crussol établit pour gouverneur dans Montpellier le capitaine Rapin, et alla à Nismes, où il fut assiéger et prendre La Carbonnière, qui est une forte tour, seule assise dans le marais et étang, et le passage nécessaire pour aller à Montpellier, à Nismes et à Aigues-Mortes.

Le 11 octobre, on cria à Montpellier un réglement de police, avec ordre aux officiers du roy d'ouvrir leur auditoire, et à tout le monde d'aller aux prêches et ouir le ministre, sous peine de baniment.

Au commencement de novembre, Joyeuse assiégea Agde, contre lequel on tira cinq cents coups de canon; mais les catholiques ayant été repoussés avec perte par le capitaine Senglar, natif de Montpellier, qui commandoit la garnison, Joyeuse leva le siège.

Pendant ce mois, les catholiques prirent sur les protestans le bourg Saint-Andiol, petite ville sur le Rhône, deux lieux au dessus du Pont-Saint-Esprit; le seigneur de Saint-Remesy, étant dedans, fut occis; mais d'abord après le baron de Crussol ayant paru devant la ville, les catholiques l'abandonnèrent.

Au commencement de ce mois de novembre, furent tenus les états des villes et diocèses protestans à Nismes, où n'assistèrent que les consuls et envoyés desdites villes, avec autant de surveillans des églises et consistoires. On y élut pour chef du pays, conducteur, protecteur et conservateur, jusques à la majorité du roy, le comte de Crussol et de Tonnerre, aîné du baron de Crussol; on imposa pour l'entretien des troupes 400,000 livres, outre les bénéfices et revenus ecclésiastiques; et on régla tout à l'instar des républiques réduites en démocratie. Le 11 novembre, le comte de Crussol accepta en la ville d'Uzès, dont il étoit vicomte, publiquement et solennellement, l'employ présenté par les états de Nismes, sous le bon plaisir du roi, et pour maintenir ledit peuple en l'obéissance dudit seigneur.

A la mi-décembre, Joyeuse tint les états du Languedoc à Carcassonne, où assistèrent les cardinaux d'Armagnac et Strozzi, et où l'on arrêta plusieurs choses contre les protestans et la délibération de l'assemblée tenue par eux à Nismes.

Le baron des Adrets, soupçonné par les protestans à cause de ses conférences avec le duc de Nemours, fut arrêté par ordre du comte de Crussol, mené au château de Nismes, et sur la fin de janvier à Montpellier mis prisonnier dans Saint-Pierre, que l'on nommoit lors le château Saint-Pierre; on l'y laissa huit jours, après lesquels on le ramena à Nismes.

Le seigneur de Peraud en Vivarais arriva à Montpellier pour y être gouverneur à la place du capitaine Rapin. Les surveillans et autres ayant l'administration de la ville, firent un rôle de proscription des catholiques qui ne leur étoient pas agréables, avec ordre de sortir de la ville sans emporter autre chose que dix livres tournois; et le 12 février, on proclama une défense de rien acheter des catholiques; mais ce règlement ne fut pas exécuté à la rigueur.

Au mois de mars, fut tenu à Montpellier le synode général ou colloque de tous les ministres des églises de Languedoc, et autres voisines dissipées, où il y avoit bien cent cinquante ministres, et autant d'anciens et de surveillans.

Le vendredi 5 mars, on apprit à Montpellier la mort de M. de Guyse, occis devant Orléans par Poltrot, le 17 février, dont fut à Montpellier déláchée toute l'artillerie en signe de réjouissance.

Les protestans, ayant assiégé Aramon, furent obligés de lever le siège.

Le comte de Crussol, ayant resté quelque temps à Valence pour s'opposer au duc de Nemours, entra à la fin de mars dans le comté de Venisce; il prit Orange et Serignan, et y eut un de ses frères tué.

Au commencement d'avril, les villes protestantes du Languedoc tinrent leur assemblée à Bagnols par devant le comte de Crussol.

Saint-Vidal, ayant assiégé Florac, le baron de Beaudiné marcha au secours, et l'obligea de se retirer.

La paix conclue en France, portant que les prêtres et ecclésiastiques seroient remis en leurs églises et biens, les protestans de Montpellier commencèrent à ruiner le dedans des églises qui restoient, et rompirent toutes les cloches, qui étoient en grand nombre, et même à Saint-Pierre, où il y avoit quatre tours et beaucoup de cloches, dont deux étoient des plus belles et grosses qu'il y eût en France; elles ne pouvoient être mises en branle, et ne sonnoient qu'au batoir; on ne conserva que les cloches de Notre-Dame-des-Tables et de Saint-Firmin, où l'on prêchoit. Les protestans ne faisoient cela à Montpellier et dans les autres villes où ils étoient les maîtres, que pour ôter les moyens d'y rétablir la messe et le service divin.

Le 7 mai, le cardinal de Châtillon tenant le parti des protestans, qui depuis ces troubles s'étoit retiré par deçà avec le comte de Crussol en habit de laïque, et qu'on nommoit le comte de Beauvais, le comte de Crussol, et Boucard, chevalier de l'Ordre, envoyé par le prince de Condé, vinrent à Montpellier, où on leur fit la réception la plus magnifique que l'on peut imaginer ; on leur alla au devant jusques aux Areniers par-delà Castelnau ; ils trouvèrent au pont de Castelnau cent vingt petits enfans chantans tous ensemble les psaumes de David ; à leur approche de la ville, on délâcha toute l'artillerie, dont partie avoit été mise sur les murs de la porte du Pila-Saint-Geli.

Le dimanche 9 mai, arriva à Montpellier le seigneur de Caylus, gentilhomme de la chambre du roi, et envoyé par ce prince pour faire publier la paix en Languedoc, ce qu'il avoit déjà fait à Toulouse, Carcassonne et Narbonne. Tous ces seigneurs étant à Montpellier, les états du pays de ladite religion du Languedoc s'assemblèrent, et firent leur ouverture le 11. Le comte de Crussol leur ayant déclaré vouloir se décharger de l'administration du pays, qu'il avoit eue jusqu'alors, le lendemain jeudi 12, les états allèrent le prier de continuer sa charge jusqu'à ce que les choses fussent entièrement pacifiées, ce qu'il accepta. Les états répondirent à Caylus qu'ils acceptoient, comme très dévots sujets du roi, l'édit de pacification fait à Amboise le 19 mars précédent, et qu'ils firent publier le même jour avec beaucoup de solennité. Le baron de Crussol courut la lance et la bague.

Le 13 mai, on lut publiquement au prêche la convention passée entre les sur-intendans de la religion et les chanoines de Saint-Pierre, qui leur cédèrent la jouissance de trois temples, Notre-Dame ou la Loge, Saint-Firmin et Saint-Paul. Caylus, ayant les actes de la publication de l'édit, partit le 15, et les états ayant fini vers le 18, les comtes allèrent à Béziers. Pendant qu'ils y étoient, le comte de Beauvais eut une conférence avec M. de Joyeuse à Montels, entre Narbonne et Capestang ; chacun étoit suivi de vingt-cinq hommes sans armes : la conférence dura quelques heures, après laquelle l'un se retira à Béziers, et l'autre à Narbonne. Sur la fin de mai, lesdits seigneurs comtes repassèrent à Monpellier, et retournèrent vers Uzès.

Le maréchal de Vieilleville, nommé pour l'exécution de l'édit de paix, étant au mois de juin à Lyon, y rétablit la messe, et fit donner trois temples aux protestans. Il alla en Dauphiné, au Saint-Esprit et à Beaucaire ; il rétablit la messe, et fit cesser les prêches dans les églises.

Au mois de juillet, Caylus revint en Languedoc, envoyé par le roy pour recevoir des mains du comte de Crussol les villes et pays de la religion, et en icelles commander pour l'exécution de l'édit de paix. Cela étant fait, Caylus fit son entrée à Montpellier le samedi matin 2 août. Le lundi suivant, on commença de prêcher à la Grande-Loge, et puis à l'École-Mage ; Caylus ne put pas rétablir la messe, personne ne s'étant présenté pour la dire ni pour en demander le rétablissement. L'évêque s'étoit retiré depuis la paix avec quelques chanoines à Maguelone, où il avoit rétabli la messe, aussi bien qu'à Villeneuve, village qui lui appartenoit : il écrivit à Caylus qu'il ne vouloit venir à Montpellier.

Le dimanche 3 août, Caylus fit publier une lettre du roy, du 17 juin, qui défendoit le port des armes, excepté l'épée et la dague aux gentilshommes, et qui ordonnoit d'enfermer sous la clef toutes les armes à feu dans les villes, ce qui s'exécuta sans résistance. On fit rouvrir neuf ou dix portes de la ville qui avoyent resté murées pendant plus d'un an.

M. de d'Amville, second fils du connétable de Montmorency, ayant été nommé gouverneur du Languedoc sur la démission de son père, partit au mois de septembre, accompagné de cinq cents hommes d'armes et de beaucoup de noblesse qui augmentoit à mesure qu'il avançoit. Il vint par Toulouse et Narbonne, où la ville de Montpellier l'envoya complimenter par Ceselly, premier président de la chambre des comptes, Jean Philippi, général des aides, et les seigneurs de Poussan et Figaret. Il arriva à Montpellier, et y fit une entrée solennelle par la porte de la Sonnerie, le mardi 7 novembre ; il logea chez Monsereau, autrement la maison des généraux. A l'entrée de la ville se trouvèrent quelques chanoines de l'église cathédrale et autres prêtres vêtus du surplis, et six cordeliers chantant processionnellement en l'accompagnant, chose que l'on n'avoit vue ni ouïe depuis plus de deux ans : on lui présenta un dais magnifique avec ses armes et celles de la ville, sous lequel il refusa de se mettre ; sa garde, de cinquante arquebusiers à pied morionnés, marchoit devant Joyeuse, suivi d'une infinité de noblesse. Au lieu d'aller chez lui, il fut à Notre-Dame-des-Tables, où l'on chanta le *Te Deum;* l'évêque et le juge-mage revinrent alors. D'Amville fit généralement désarmer tout le monde, jusques aux épées et dagues; la ville lui présenta une grande coupe d'argent relevée en bosse, dorée de fin or, le couvercle de même, et dans la coupe six belles pièces d'or rondes, fabriquées expressément à la monnoie, chacune pesant cinquante écus d'or au soleil, avec ses armes d'un côté, et celles de la ville de l'autre; on lui présenta aussi deux caisses pleines, l'une de fioles de verre peintes de diverses histoires, et pleines d'eau d'ange, et musquées; l'autre de carrelets de satin, pleins de diverses poudres odoriférantes, le tout de grande valeur. Le lendemain on dit solennellement la messe à Notre-Dame-des-Tables; les prêtres et religieux commencèrent à se montrer, et les gens de justice reprirent leurs bonnets carrés.

Le 16 novembre, d'Amville partit pour aller au Saint-Esprit. Le 5 décembre, les habitans des deux religions convinrent de nommer six catholiques et six protestans pour gouverner la maison de ville, ce qui fut approuvé par d'Amville, retournant à Narbonne pour y tenir à la fin de décembre les états, qui ne furent pas favorables à ceux de la religion; ils députèrent, pour faire part de leurs intentions au roy, Ambres et Bachellerii, premier consul de Béziers.

Au mois de janvier 1564, d'Amville retourna à Montpellier; et tout fut confirmé le 1er mars par le seigneur de Castelnau-les-Pézenas, gouneur pour la guerre, établi à Montpellier par commission de d'Amville. Les protestans faisoient leurs exercices dans la cour du Bayle, et la maison de Formy près la Loge. Le prince de Salerne, grand seigneur du royaume de Naples, qui avoit embrassé la religion protestante, et s'étoit marié à Montpellier dans la maison de Paulian, assistoit au prêche lorsqu'il étoit à Montpellier.

Le 24 juin, le roy, voulant visiter son royaume, donna une déclaration pour défendre l'exercice de la religion protestante dans les villes où il passeroit. Le 21 septembre, la garnison de Montpellier fut cassée et réduite à cinquante hommes, et logée dans Saint-Pierre.

Le dimanche 17 décembre, le roy, venant de Beaucaire et de Nismes, fit son entrée à Montpellier; on lui prépara un reposoir au jardin du seigneur de Villeneuve, gouverneur de ladite ville, au devant du couvent de Saint-Maur, dit communément de Saint-Mos, où le roy reçut les harangues de toute la ville. Le 26 décembre il y eut une procession générale, où le roy assista. Ce prince partit pour Toulouse le 31 du même mois.

Le 4 mai 1567, il courut un bruit que les catholiques vouloient entreprendre quelque chose contre les protestans; ce qui obligea Joyeuse de se rendre à Montpellier pour mettre la paix.

Le 30 septembre, on publia une déclaration du roy qui confirmoit les édits en faveur des protestans. Joyeuse étoit ce jour-là à Montpellier, et y reçut la nouvelle que ceux de la religion avoient pris les armes à Nismes, Saint-Esprit, Castres et Lavaur, et qu'ils s'étoient saisis de la tour de La Carbonnière; il assembla toute la nuit la garnison, et, ayant fait venir les principaux de la religion, il les exhorta à vivre en paix et pour le service du roy, ce qu'ils promirent, lui disant qu'ils se tenoient fort asseurés par sa présence: l'après-dînée on conseilla à Joyeuse de faire sortir de la ville les étrangers, artisans, garçons de boutique et autres, qui pour la plupart étoient protestans: cette commission exécutée avec un peu trop de vivacité, le peuple commença à s'émouvoir, et dès que Joyeuse le sut, il se retira avec sa femme, ses enfans, les principaux catholiques et ses meilleurs effets dans le fort Saint-Pierre. On voulut continuer de faire la garde, mais le poste de la Loge se retira à Saint-Pierre, aussi bien que les autres; à minuit Joyeuse et la noblesse qui étoit avec lui, sortit par la fausse porte, et alla à Pézenas, laissant dans Saint-Pierre sa femme, ses enfans et ses meubles.

Le matin, les protestans voyant cela firent ouvrir les trois portes de la Sonnerie, de Lattes et Montpilleret, s'impatronisèrent dans la ville, et appelèrent à leur secours leurs voisins, gentilshommes et gens de guerre, qui y accoururent dans vingt-quatre heures. Se voyant maîtres de la ville, ils commencèrent à serrer de près ceux de Saint-Pierre, les chassant dans le fort, leur ôtant le collége de Saint-Ruf, la tour du Colombier battant dans Saint-Pierre, et plusieurs maisons des environs du fort, auxquelles ceux dudit Saint-Pierre mirent feu, détruisant toute la rue des Carmes, le long de laquelle les protestans firent des tranchées pour empêcher la garnison de venir dans la ville. Cependant les capitaines et commandans offrirent à madame de Joyeuse et à sa suite toute sûreté si elle vouloit venir dans la ville, ou escorte si elle vouloit se retirer; elle les remercia, mais, quelques nuits après, escortée par la cavalerie que son mari lui envoya, elle sortit avec ses bagues et sa suite, chose qui déplut fort à ceux de la ville, qui n'espérèrent plus que Saint-Pierre fût secouru par Joyeuse.

Le 7 octobre, le seigneur d'Acier, nommé auparavant Baudiné ou le baron de Crussol, commandant pour le roy en l'absence du prince de Condé en Dauphiné, Provence et Languedoc, arriva à Montpellier avec nombre d'ingénieurs et gentilshommes. On fit alors des tranchées hors la ville du côté du Peyrou pour battre le ravelin du fort, du côté de Boutonnet, devant la porte et tour des Carmes, que les catholiques tenoient; l'infanterie campa hors la ville, depuis le fauxbourg de Saint-Guillen jusqu'auprès du Merdanson, méchant petit ruisseau venant d'assez loin, côtoyant la ville vers le nord, sur lequel il y a trois petits ponts, et duquel l'eau sert aux teinturiers. Il y eut alors quelques rencontres près de Gigean et de Mirevaux, où les protestans battirent les catholiques.

Le 6 novembre, Montbrun arriva avec beaucoup de noblesse, six compagnies d'infanterie et une pièce d'artillerie.

Le 8, Joyeuse, résolu de ravitailler Saint-Pierre, envoya le seigneur de Villeneuve, son lieutenant, avec dix-huit enseignes faisant deux mille cinq cents hommes, et quatre cents chevaux; il campa à onze heures du matin près de Boutonnet jusques au pont de Saint-Cosme par delà le Merdanson; alors d'Acier sortit de la ville avec quatre cents chevaux, et alla se poster entre les Jacobins et Saint-Côme. Les assiégés de Saint-Pierre commencèrent l'attaque en faisant une sortie par le ravelin; mais la garde de la tranchée du Peyrou les repoussa vigoureusement, et les obligea de rentrer; en même temps le camp des catholiques donna sur les tranchées et passa le Merdanson; mais les assiégeans, ayant soutenu leurs attaques, les obligèrent de repasser le ruisseau, au-delà duquel le combat continua depuis midi jusqu'à quatre heures sans aucune décision. Les catholiques, voyant qu'ils avoient perdu soixante hommes, qu'il étoit tard, que l'une des pièces de campagne s'étoit entr'ouverte, et que le feu s'étoit mis à une des caques de poudre, commencèrent à défiler à travers les olivettes vers les terroirs de Malbosc et La Colombière, avec tous leurs charrois et bagage; d'Acier les laissa retirer tranquillement et sans les poursuivre.

Les catholiques ainsi retirés, les compagnies dont Baudiné, frère d'Acier, étoit colonel, reprirent leur poste, et un ministre rendit publiquement graces à Dieu; d'Acier rentrant dans la ville avec la cavalerie, un ministre fit aussi la prière devant la porte de la Sonnerie. Pendant l'escarmouche, tout le menu peuple, jusques aux femmes, enfans et demoiselles, apportoient des pierres sur la muraille pour faire des canonnières pour les arquebusiers; les demoiselles d'une plus grande considération étoient dans le camp de l'infanterie et de la cavalerie, leur faisant apporter de grands paniers de pain, fruits et bouteilles de vin pour les rafraîchir. Les catholiques se retirèrent au plus vite, et ne s'arrêtèrent qu'à Mèze et à Loupian; les garnisons de Pignan, Poussan, Montbazin et Balaruc, donnèrent sur leur queue, leur tuèrent quelques soldats et prirent quelque bagage. Les protestans perdirent dans ce combat le capitaine d'Hostelle d'Alais, douze soldats, et autant de blessés.

Brissonnet, évêque de Lodève, homme portant les armes, ayant fait enfermer quarante-trois protestans dans une grande salle, un dimanche, à l'heure de vêpres, les fit tuer par des soldats.

Le 16 novembre, le seigneur de Cipierre en Provence, frère du comte de Tende, gouverneur de Provence, arriva à Montpellier après avoir été quelques jours à Nismes, durant lesquels le château de Nismes s'étoit rendu aux protestans; il menoit six cornettes sous du

Bar, Senas, Soliers et autres, et vingt-huit enseignes faisant cinq mille hommes, qui restèrent entre Nismes et Montpellier. Arpajon, faisant profession de la religion, arriva à Alais et à Anduze, accompagné des vicomtes de Montclar, de Gordon, de Paulin, de Bourniquel, avec douze cents chevaux et six mille fantassins que l'on nommoit les Gascons.

Le lundi 17 novembre, un des capitaines du fort et garnison de Saint-Pierre, nommé Luynes, sortit pour capituler avec d'Acier. La capitulation fut réglée le lendemain à midi, après avoir tenu quarante-huit jours, à compter du 2 octobre, que le seigneur de Joyeuse s'en étoit allé, et avoit quitté la ville aux protestans. Les capitaines sortirent avec leurs armes, les soldats avec l'épée et la dague; les consuls, chanoines et autres, au nombre de quatre cents, avec leurs effets, furent remis à la discrétion d'Acier, qui en eut la vaisselle d'argent de Joyeuse, et beaucoup de meubles précieux; les soldats étoient au nombre de cent vingt, et les assiégeans y perdirent deux cents hommes, entre autres Saint-Auban. Le même jour de la reddition, le peuple se mit à détruire Saint-Pierre, et continua pendant trois jours; on abattit une des grosses tours: ainsi ce superbe édifice d'Urbain V périt en trois jours, deux cent trois ans un mois et demi après sa première fondation. Le lendemain, on apprit que Suze avoit assiégé le Pont-Saint-Esprit, sur quoi Cipierre s'y achemina avec ses troupes.

Le 20, d'Acier y alla aussi, après avoir pourvu aux affaires de Montpellier, et y avoir laissé le seigneur d'Aubais, avec de la cavalerie et infanterie pour la garde de la ville. Le 22, le conseil de ville nomma par devant ledit gouverneur douze personnes pour administrer la police, à cause de l'absence des consuls, dont le premier étoit Antoine Robin. On apprit que Suze avoit levé le siége du Saint-Esprit.

Le 11 décembre, on fit, par ordre de d'Acier, des réjouissances pour la victoire remportée par le prince de Condé à Saint-Denis le 10 novembre; on abattit alors et on rasa à fond de terre l'église de Saint-Firmin.

La tour de La Carbonnière fut par intelligence recouvrée par les catholiques, dont accusé le capitaine Paye de Lunel, qui en avoit la charge, en perdit la tête à Montpellier. Les catholiques surprirent Poussan, prirent d'assaut Balaruc, et pillèrent ces deux villages.

Vers la mi-janvier 1568, présent d'Acier, furent tenus les états et des gens du pays à Montpellier.

Au mois de février, Joyeuse alla avec ses troupes par la plage à Avignon, joindre le comte de Tende et de Suze. Ils allèrent battre la tour du Pont-Saint-Esprit, et la prirent.

Les catholiques prirent d'assaut Mornas sur le Rhône, dans les terres du pape. D'autre part, ès Cevennes, le baron de Ganges prit d'emblée Sumène sur les protestans, qui l'assiégèrent et le reprirent; Ganges y fut tué avec cent quatre-vingts des siens.

D'Acier, ayant ramassé ses forces, passa le Rhône à Viviers, et s'étant joint avec ceux du Dauphiné en Provence, se présenta devant la tour du bout du Pont-Saint-Esprit, que les catholiques abandonnèrent pendant la nuit. Le lendemain, qui pouvoit être le 15 mars, d'Acier entra avec son armée par cette tour dans le Saint-Esprit; et sachant que Joyeuse avoit occupé Laudun et Tresques, pour être le maître du Saint-Esprit et de Bagnols, continua sa marche jusqu'à Bagnols avec Cipierre et Montbrun, quinze cents chevaux et soixante-dix enseignes; il surprit dans Tresques les gens d'ordonnance de Scipion, italien, et une compagnie du sieur de Laval, de la maison de Châteauneuf-lez-Pézenas. Alors Joyeuse, qui étoit vers Avignon, se tourna à gauche, assiégea Aramon, y donna trois assauts, et obligea la garnison de capituler, après que les catholiques eurent défait l'infanterie que les protestans envoyoient au secours de cette place; ils y perdirent deux ou trois cents hommes.

Les catholiques de Toulouse prirent quelques villages aux environs de Castres; mais ils furent obligés de lever le siége de Puilaurens.

D'Acier étant à Nismes, le seigneur d'Entrenchaux y arriva en poste de la part du prince de Condé. D'Acier alla avec lui à Montpellier, où le lendemain de leur arrivée Entrechaux déclara aux consuls que le roy avoit consenti à la paix, mais que pour renvoyer les soldats étrangers hors du royaume, la portion de finance pour les quatre diocèses de Viviers, Uzès, Nismes, Montpellier et une partie du

Gevaudan, montoit à 50,000 livres ; sur quoi le conseil de ville délibéra et fit une réponse favorable, en attendant d'autres nouvelles de la paix ; la populace se mit à achever de démolir ce qui restoit d'une quinzaine d'églises ou d'édifices publics.

Le 30 avril, la paix fut publiée à Montpellier ; Joyeuse étoit alors à Béziers avec toute sa gendarmerie.

Le 7 mai, Sarlabous, colonel d'un régiment de gens de pied, se présenta devant Montpellier pour y mettre garnison, mais on lui refusa la porte. Un mois après, lorsqu'on eut sçu la volonté du roy par les députés qu'on lui envoya, La Crozette, guidon des gens d'armes de d'Amville, fut receu dans la ville pour gouverneur avec deux enseignes ; il y rétablit la messe : Nismes, Sommières, Lunel et autres villes jusqu'au Saint-Esprit receurent garnison.

Le 27 juillet, La Crozette s'étant retiré avec la garnison au palais, comme lieu plus clos de la ville, et voulant augmenter sa garnison, le peuple, qui étoit encore armé, se mutina ; on fit des tranchées dans les rues, on tendit les chaînes pour empêcher la gendarmerie, qui entroit par la porte des Carmes et de la Blanquerie, d'avancer ; on resta dans cette situation depuis midi jusqu'à quatre heures, que l'on conclut une espèce de trève, par laquelle deux mille cinq cents protestans sortirent de la ville, y laissant leurs familles ; les cinq premiers consuls et deux ministres sortirent aussi, et furent escortés jusqu'à Castelnau. Le 30 juillet, Joyeuse arriva avec beaucoup de noblesse et d'ecclésiastiques. Le 31, il remit en charge les consuls catholiques de l'année précédente. Le 4 août, on fit quelques désordres dans les temples des protestans : Joyeuse y envoya des troupes pour les faire cesser ; les prêches cessèrent ; et les deux autres ministres furent mis hors la ville en toute sûreté. Quelques jours après, Joyeuse partit pour aller visiter Nismes et autres places jusqu'au Saint-Esprit. Vers la mi-août, il envoya un formulaire de serment, pour le faire prêter par ceux de la religion.

Les protestans, retirés à Alais, Anduze, Sauve et dans les Cévennes, firent des courses dans les Pays-Bas au commencement de septembre. Joyeuse étoit au Saint-Esprit pour empêcher les protestans de Provence et Dauphiné de passer le Rhône ; mais Mouvans passa cette impétueuse rivière en un petit port, entre Viviers et Montélimar, et joignit d'Acier, qui avoit délogé d'Uzès, et que l'on disoit avoir rassemblé vingt mille fantassins et quinze cents chevaux. Joyeuse revint avec ses forces à Montpellier ; et, après quelque séjour, il marcha vers Toulouse.

Le 19 octobre, on publia à Montpellier l'édit du roy du 25 septembre, qui déclaroit ne vouloir dans son royaume qu'une religion, l'ancienne catholique romaine. Joyeuse partit de ce temps-là de Toulouse pour aller joindre le duc d'Anjou vers Angoulême. La grande rigueur de l'hyver empêcha les deux armées d'agir.

Le baron de Castelnau-lez-Pézenas commandoit à Montpellier et dans tout le gouvernement.

Le vendredi 4 mars 1569, Jacques de Fargues, marchand apothicaire, des bonnes et anciennes maisons de la ville, âgé de soixante ans, demeurant à la place des Cevenols, dans sa maison, nommée la boutique Noyer, avoit chez lui des sacs de poudre à canon et quelques armes ; et comme son fils avoit été des plus zélés protestans dans les précédens troubles, lui, sa femme et sa famille furent mis en prison : sur cela le peuple se mutina vers le soir, força la maison de Fargues, la pilla pendant toute la nuit (les meubles et les épiceries valaient plus de 10,000 livres) ; le lendemain samedi, le peuple mit le feu à sa maison, et la ruina entièrement, alla assiéger la maison de ville, força le juge-mage et les consuls à condamner à mort Fargues, et le mena sur le champ à la maison, où il le fit pendre aux plus hautes fenêtres, où il demeura tout le lendemain dimanche : sa boutique étoit pleine des meilleures odeurs, et le roy en passant à Montpellier avoit bien daigné y entrer et prendre la collation.

Le 24 mars, on apprit la nouvelle de la victoire remportée à Jarnac par le duc d'Anjou, qui n'y perdit que cinquante hommes, et le lendemain on en fit des réjouissances. Au mois de may, le maréchal de d'Amville, nommé pour commander en Guyenne, Languedoc, Provence et Dauphiné, arriva à Toulouse avec Joyeuse, et fit prendre Fiac.

Les catholiques prirent au mois de juillet Combas-lez-Sommières; et les protestans des Cevennes surprirent Montpezat, vers la mi-août; ils s'emparèrent de Melgueil, lieu auparavant très fort d'assiette, mais qui l'an précédent avoit été démantelé, de manière qu'en peu de temps ils furent maîtres de tous les villages entre Montpellier, Sommières et Lunel.

Montpellier étoit comme bloqué par la proximité de Melgueil, qui n'en est qu'à une heure et demie. Saint-André, chevalier de l'Ordre, gouverneur d'Aigues-Mortes, et commandant pour Sa Majesté à Nismes et aux environs, et le baron de Castelnau, levèrent des troupes, et assiégèrent Melgueil : ce lieu étoit presque sans murailles, excepté ce que les protestans en avoient relevé depuis qu'ils en étoient les maîtres; mais comme il y avoit de bons fossés remplis d'eau, et qu'ils s'étoient remparés et parqués dedans, Castelnau, quoiqu'il eût beaucoup d'artillerie, leva le siège le 30 août; il l'avoit commencé le 27. Ceux de Melgueil, dont la plupart étoient habitans de Montpellier, confirmés en leur fort, songèrent à surprendre ladite ville par le moyen d'un gentilhomme et capitaine catholique, nommé le seigneur de Barri en Rouergue, qui les y devoit introduire le lendemain de Saint-Michel. Barri, qui avoit fait part du complot à son enseigne, nommé Travers, du pays de France, celui-ci l'alla dire à Castelnau dix ou douze jours avant l'exécution. Barri ne fut arrêté que le 30 septembre : on lui fit son procès, et le 11 novembre il fut décapité devant le consulat. Pendant le mois d'octobre, d'Amville prit par composition Mazères. Le dimanche 16 novembre, on rendit graces à Dieu pour la victoire remportée par Monsieur le 30 octobre à Montcontour, où ceux de la religion perdirent douze mille hommes et leur artillerie.

Le 15 novembre, les protestans surprirent Nismes : le capitaine Lescout, s'étant jeté dans le château, le défendit jusqu'au commencement de février, qu'il capitula. Saint-André, gouverneur audit pays, se voulant sauver par les murailles s'étant grièvement blessé, fut pris et amené à la ville, deux jours après fut meurtri et occis de guet-apens, dans son lit, malade.

L'armée des princes, forte de douze mille hommes, avec cinq canons, prit Monréal et Conqués-lez-Carcassonne, Servian et Gasouls-lez-Béziers, et Pignan près de Montpellier. La crainte que l'on eut qu'ils n'assiégeassent Montpellier, fit que l'on ruina les fauxbourgs, perte de plus de 50,000 livres pour les habitans qui avoient rebâti des maisons et des jardins depuis les premiers troubles; on y travailla le propre jour de Pâques 26 mars. L'armée des princes passa le 30, 31 mars et le 1er avril, des deux côtés de Lattes, à la vue de la ville de Castelnau et du Crez, où la garnison de Montpellier donna une camisade aux protestans, qui y perdirent cent soixante chevaux; l'armée des princes brûla en passant le Terrai, Montferrier et le Crez, et plusieurs maisons de la campagne; elle s'arrêta à Massillargues et aux environs, et mit le siège devant Lunel.

Le maréchal de d'Amville, ayant rassemblé ses forces, suivoit cette armée : il arriva à Montpellier le lundi 3 avril, il s'avança et fit ravitailler Lunel, ce qui obligea les princes d'en lever le siège après sept jours d'attaque : les vivres étoient fort rares, et le setier de bled valoit à Montpellier 3 livres 10 sols. Le maréchal y ayant resté quinze jours, alla à Lunel, Beaucaire, Avignon et au Saint-Esprit, poursuivant les ennemis, qui reçurent une grande route et déroute à Baïs-sur-Baïs. L'ennemi étant sorti du Languedoc, le maréchal vint séjourner à Avignon et à Beaucaire.

Le 19 août, deux gentilshommes, l'un de la part du roy, et l'autre de celle des princes, arrivèrent à Montpellier après avoir passé par Nismes et Melgueil, apportant la nouvelle de la conclusion de la paix; que l'on annonça le lendemain, et l'édit étant ensuite arrivé, on le publia le 26. Le dimanche, 27 septembre, le maréchal étant arrivé à Montpellier, permit à ceux de la religion et au ministre d'y rentrer, mais ils n'eurent point d'exercice dans la ville; et furent obligés d'aller au prêche à St-Jean-de-Vedas.

Le maréchal demeura audit Montpellier jusqu'au mois d'octobre 1571, que les états du pays furent tenus en ladite ville sous Joyeuse. Le 13 octobre, la garnison vuida Montpellier, et l'on vit les portes sans garde, onze ans après le commencement des troubles : la garnison de Nismes en sortit aussi. Molé, commissaire envoyé par le roy, resta à Montpellier une bonne partie de l'été.

L'an 1572, le roy envoya pour la main forte le seigneur des Ursières, chevalier de l'Ordre, natif de la ville, de la maison de Gaudette, ou du seigneur de La Vaulcière, et pour sur-intendant à la justice, Bellièvre, président au parlement de Dauphiné. Guillaume de la Costé, général des aydes, qui durant la guerre précédente avoit été colonel des habitans, de Leyder et Pierre Couvers, maîtres des comptes, eurent ordre de s'absenter de la ville.

Le samedi 30 août, passa par Montpellier un courrier du roy, apportant la nouvelle de la Saint-Barthélemi; on prit d'abord les armes, et on mit gardes aux portes de ceux de la religion, et on emprisonna les plus factieux; les autres, avec les ministres, trouvèrent moyen de s'évader. Le 8 septembre, on publia une ordonnance du roy, du 28 août, qui déclarait le meurtre de l'amiral avoir été fait par son ordre, vouloit que ses sujets protestans vécussent en sûreté, et défendoit les prêches et assemblées. En Languedoc, il n'y eut pas le moindre excès, par la bonne conduite de Joyeuse; ceux de Nismes et des Cevennes ne voulurent pas recevoir des garnisons; Castres obéit. Sur la fin d'octobre, le maréchal de d'Amville arriva de la cour à Beaucaire. Les protestans se saisirent d'Uzès, de Sommières, et de quelques autres petits lieux : le maréchal arriva à Montpellier vers Noël.

Au mois de janvier 1573, les états assemblés à Montpellier imposèrent des deniers pour la nouvelle guerre. Le maréchal prit Cavisson par composition, et Montpezat d'assaut. Vers le 10 février, il assiégea Sommières avec pièces de canon, étant le château très fort et la ville aussi; il donna un assaut le 18, et un autre le mardi 13 mars; la ville ne capitula que le 9 avril, après avoir perdu plus de mille hommes; l'armée catholique prit ensuite le pont de Quissac. Pendant que le maréchal étoit à Sommières, les députés des protestans vinrent lui proposer un accommodement qui ne réussit pas; il distribua les armées dans les placés, et alla à Montpellier à la fin d'avril. Un mois après, étant à Beaucaire, il rassembla son armée, et se logea à Manduel et à Bourgailgues pour empêcher ceux de Nismes de faire leur récolte. Les protestans se voyant maîtres de la campagne du côté de Montpellier, y faisoient continuellement des courses; ils surprirent un bon village et château fort, nommé Montlaur, à une lieue de Sommières, à trois de Montpellier, où tous les environs étoient obligés de leur apporter la contribution.

Au commencement de juillet, Lodève, qui n'avoit pas encore été prise, le fut par le baron de Tamerlets.

Le 4 août, le maréchal, étant campé à Milhau, à une lieue de Nismes, accorda à ceux de cette ville une trève de quinze jours, qui fut publiée à Montpellier le 6, et ensuite prorogée jusqu'au premier octobre, et publiée à Montpellier le 27 août. Le 13 septembre, le maréchal étant à Montpellier y fit publier l'édit de la paix, donné par le roy au château de Boulogne au mois de juillet précédent.

Vers la fin de septembre, le maréchal s'étant retiré à Montbazin pour se reposer, ceux de la religion demandèrent la continuation de la trève, et l'élargissement du seigneur de Saint-Cesari, de la ville de Nismes, venant d'Allemagne de négocier leurs affaires, pris par les catholiques durant la suspension. Le maréchal envoya à Montpellier Truchon, premier président au parlement de Grenoble, et le seigneur de Colhas, lieutenant principal à la sénéchaussée de Nismes, son conseil ordinaire, pour examiner ce qu'il y avoit à faire pour la prorogation de la trève. Sur cela on tint une assemblée le 26 septembre en la maison de ville, où Truchon présida, et avoit à sa droite le baron de Rieux gouverneur de Narbonne, le seigneur de Villeneuve, ci-devant gouverneur de Montpellier, le seigneur Alfonce, colonel des compagnies bourgeoises, étant lors en garnison à Montpellier, chevaliers de l'Ordre, Jean Torillon, Colhas, et à gauche la cour des aydes, La Mausson, chevalier de l'Ordre, premier consul. L'assemblée fut d'avis de prolonger la trève, et de rendre Calvière, sieur de Saint-Cesari; le maréchal ne fut pas d'avis de la reddition du prisonnier : la trève fut prorogée jusqu'à la mi-novembre, et publiée à Montpellier, le maréchal y étant, le 20 octobre.

On n'avoit fait aucune hostilité durant ce temps-là, si ce n'est du côté de Béziers, où les protestans avoient pris un bon village, nommé Brian-de-las-Allières, à quatre lieues de cette ville, sur le grand chemin de Carcassonne.

Le 29 octobre, Antoine Subjet, premier évêque de Montpellier qui porta ce titre, Guillaume Pellissier n'ayant porté que celui d'évêque de Maguelone, fit son entrée à Montpellier.

Le 20 novembre, les protestans, s'étant assemblés dans les montagnes de Lodève, descendirent au pays, et s'emparoient de Florensac et de Pomerols, au diocèse d'Agde, si le duc d'Uzès, autrefois M. d'Acier, n'étoit arrivé avec les députés des protestans, renvoyés par le roy pour traiter de la trêve avec le maréchal d'Amville; la trêve fut renouvelée au commencement de décembre pour trois mois, avec promesse de rendre Florensac et Pomerols, ce qui ne fut point exécuté. On pendit un maçon, un laboureur et un valet de serrurier, pour avoir projeté de livrer la ville de Montpellier. Les états, qui devoient commencer le 8 décembre, furent renvoyés au 15 janvier. Le maréchal, voyant que les protestans ne lui rendoient pas Pomerols, l'alla assiéger, et la garnison le lui rendit à composition; on convint de renvoyer Florensac à un autre traité; la trêve fut prolongée jusqu'à la fin de février.

Le 15 janvier 1574, les états commencèrent. Le château de Montferrand, appartenant à l'évêque de Montpellier, imprenable par son assiette, fut pris par les huguenots; les catholiques le reprirent par escalade au commencement d'avril.

Le 1er mars, le maréchal nomma premier consul de Montpellier Jean des Ursières, dit de Gaudette, seigneur de Castelnau, chevalier de l'ordre, avec cinq autres.

Au commencement d'avril, le maréchal s'assembla à Montpellier avec Joyeuse, Suze, Maugiron, Caylus et le sénéchal de Beaucaire, pour conférer des affaires de la guerre. Peu après, les protestans prirent la ville de Massillargues.

Vers le 20 mai, Béziers et Agde refusèrent d'obéir au maréchal, sous couleur qu'il fût compris dans la conjuration comme son frère, applaudissans à certains seigneurs de la cour étant en Avignon, et soi-disans du conseil du roy. Le maréchal déclara vouloir être au service de Dieu, de son église et du roy, vers lequel il dépêcha le baron de Rieux; cependant, averti qu'il pourroit être fait quelque entreprise sur sa personne, il se retira dans le palais de Montpellier, qu'il fortifia; il renforça la garnison de la ville, et prorogea pour six mois la trêve, qui fut publiée le 7 juin. Le dimanche 13, il reçut un courrier du duc de Savoye, qui lui apprit la mort du roy; il n'en eut aucun avis de la cour. Le maréchal écrivit d'abord à Joyeuse, qui étoit à Toulouse, et aux principaux de son gouvernement, leur indiquant une assemblée à Montpellier au 2 juillet.

Vers le 15 juin, le baron de Rieux revint de la cour à Pézenas, où étoit le maréchal, et lui apporta des lettres de la reine mère régente. Le 10 août, le maréchal étant à Beaucaire écrivit aux consuls de Montpellier que le roy, ayant passé les monts d'Allemagne et Venise, étoit arrivé à Ferrare, comme il le lui avoit écrit de cette ville le 1er août, avec ordre de l'aller trouver à Turin; qu'il partoit pour s'y rendre le 13. Il ordonna que l'on fît des feux de joie, et que l'on chantât le Te Deum, ce qui fut exécuté le 10 et 15 août.

Le même jour, on nomma pour aller saluer le roy, Jean Philippi, conseiller en la cour des aydes, Castelnau, premier consul, et deux autres. Le roy arriva à Lyon le 10 septembre. Le maréchal ne revint de son voyage que le 4 octobre, qu'il aborda au grau de Melgueil, d'où il vint à Montpellier; le lendemain il fit assembler tous les états de la ville; il renouvela cette assemblée le 11 octobre, la veille de son départ pour Beaucaire, et leur parla vivement pour les engager à vivre en paix avec les protestans.

Le roy, s'étant résolu à la guerre, fit assiéger le Pousin, qui fut abandonné de nuit.

Le maréchal étant à Beaucaire fit alliance avec les protestans; et, revenu à Montpellier, il leur promit l'exercice public de leur religion. Les capitaines de Pézenas et de Sommières refusent d'obéir au maréchal, ce qui fut cause qu'on désarma les catholiques de Montpellier.

Vers la mi-novembre, le maréchal tint à Montpellier une petite assemblée de quelques diocèses voisins. Il alla ensuite à Nismes, où se tint l'assemblée générale de ceux de la religion, et des autres de l'obéissance du maréchal. La reine mère lui écrivit le 22 pour qu'il apaisât ces troubles; le maréchal lui répondit que, s'étant uni avec les protestans, il ne pouvoit rien de lui-même, et qu'il agiroit pour la paix dans l'assemblée prochaine. Sur la fin de décembre, cette assemblée fut tenue à Nismes, les protestans l'y reconnurent pour leur chef en l'absence du prince de Condé; l'assemblée dura jusques au 15 février.

Le 10 janvier 1575, le roi partit d'Avignon, après avoir ôté le gouvernement du Languedoc au maréchal de d'Amville, et donné le commandement du bas au duc d'Uzès, laissant le haut à Joyeuse.

On découvrit une entreprise pour ôter Beaucaire à d'Amville.

Le mercredi 12 janvier, à six heures du matin, les gens de l'union, au nombre de cinquante, avec le maréchal, surprirent Aigues-Mortes, ville située dans des marécages; les tours de Constance et de La Reine se rendirent le même jour; quelques jours après le maréchal y vint: le roi, ayant appris cette nouvelle, y envoya Sarlabous, qui en étoit gouverneur, qui arriva trop tard. La prise de cette ville devint d'autant plus considérable pour ceux de l'union, qu'elle les rendit maîtres des salins de Peccais. Le maréchal assiégea ensuite Galargues sur le grand chemin, qui fut pris d'assaut après avoir enduré quelques coups de canon.

Sur la fin de janvier, le duc d'Uzès, avec une armée de plus de huit mille hommes et de l'artillerie, prit Saint-Gilles et le château de Vauvert, l'ayant fait battre de son canon; le maréchal, ayant rassemblé ses forces, s'alla poster à Lunel: ainsi les deux armées restèrent de-çà et de-là la rivière du Vidourle environ un mois, sans faire autre chose; le duc d'Uzès retira la sienne, et retourna vers Avignon.

Vers la mi-février, partirent de Montpellier sept députés protestans, conduits par un trompette du roi, pour aller en Allemagne vers le prince de Condé, et revenir en France traiter de la paix.

En ce temps-là, les protestans surprirent la ville d'Alais, sauf les châteaux; le maréchal y alla, mais les châteaux ne se rendirent qu'à la fin de mars, après qu'il y eut fait mener deux canons de Montpellier.

Le maréchal nomma les consuls de Montpellier pour cette année-là: le premier fut Antoine de Trémolet, baron de Montpezat, auparavant conseiller du roi et général en la cour des aides, de la religion; le second, Pierre Châlon, catholique; le troisième, Jean Miot, marchand. Les habitans payoient 3,500 livres par mois pour l'entretien de deux compagnies. On craignoit une famine; le bled valoit jusqu'à 8 livres le setier, et l'avoine 35 sols.

Le maréchal revint à Montpellier à la fin d'avril, et mit ses troupes en quartier dans les villages circonvoisins.

Le duc d'Uzès assiégeoit alors Baïs-sur-Baïs; l'artillerie ayant fait brèche au village, la garnison se retira dans le château; le duc l'attaqua pendant long-temps, mais enfin il fut obligé d'en lever le siège après avoir perdu beaucoup de monde par les arquebusades des assiégés, et en pleine campagne contre les protestans venus au secours dudit château.

A la mi-mai, le maréchal tomba dans une grosse maladie. Le lundi 30, le conseil-général extraordinairement nombreux s'assembla, et délibéra que, quoi qu'il arrivât, la ville observeroit l'ordre et le réglement établi par le maréchal depuis l'union. Le 6 juin, les députés de la religion revinrent d'Allemagne sans avoir rien fait. Le maréchal commença d'entrer en convalescence le 24 juin.

Le duc d'Uzès alla faire le dégât et brûler les gerbiers des aires de Nismes, de Beaucaire et des environs d'Uzès.

L'assemblée des députés pour la paix commença à Montpellier vers le 12 juillet, et dura jusqu'au commencement de septembre.

Au commencement de ce mois, la ville d'Aimargues, très-forte, fut surprise par le maréchal, par une intelligence qu'il eût dedans.

A la mi-octobre, Sommières, n'ayant pas été secouru par le duc d'Uzès, se soumit au maréchal, comme fit aussi le fort de Maguelone.

A la mi-décembre, le maréchal dressa une armée avec trois pièces de canon et une couleuvrine, marcha vers l'Eraut, prit d'assaut

Leupian, Valros et Puismisson, soumit beaucoup d'autres villages, mais il ne prit point Agde, Béziers et Pézenas.

Le 10 janvier 1576, les députés assemblés pour la paix à Montpellier en partirent. Le maréchal étoit du côté de Béziers, où il soumit Gignac, Clermont, et plus de soixante autres bons lieux, dont la plupart furent pris d'assaut; il perdit devant Pouzolles le seigneur de Montataire, colonel des compagnies françoises, personnage fort regretté, et retourna à Montpellier pour la fête de la Chandeleur.

Le premier mars, il nomma, comme l'année passée, les consuls; mais le premier, qui fut Arnaud de Rignac, étoit catholique.

Vers la mi-mai, le maréchal rassembla son armée, et marcha vers Béziers et Narbonne, soumit plusieurs bons lieux, et tous les environs de Béziers jusqu'à Coursan sur l'Aude, à une lieue de Narbonne. Le 30 mai, il reçut deux gentilhommes envoyés par le roy et par le duc d'Alençon, avec l'édit de paix publié à Paris le 14 mai; le lendemain, premier juin, le maréchal le fit publier dans son armée, et fut de retour à Montpellier le 6 juin; le jeudi 7, il le fit publier à Montpellier : on y établissoit une chambre de vingt conseillers pour rendre la justice aux protestans. Le dimanche 19 juin, jour de la Pentecôte, on fit une procession générale pour remercier Dieu de la paix, et le maréchal y assista.

Quelques jours après, Joyeuse, qui avoit commandé du côté de Toulouse, le baron de Rieux, gouverneur de Narbonne, plusieurs prélats, seigneurs et gentilshommes, qui avoient tenu contraire parti, vinrent à Montpellier, visiter le maréchal, et le reconnoître comme le gouverneur du pays. La noblesse s'étant retirée à la mi-juillet, le maréchal alla visiter le pays du côté du Saint-Esprit, et établir de nouveaux gouverneurs à Beaucaire et à Aigues-Mortes.

Au commencement d'août, fut vue à Montpellier, chose rare et prodigieuse, une mule qui avoit porté fruit; c'est une jument qu'elle allaitoit, et fut amenée d'un village près de Béziers.

Montmorency étant à Pézenas, le maréchal de Bellegarde l'y vint trouver pour lui persuader de quitter ce gouvernement, et se retirer au marquisat de Saluces, que le roy lui donnoit, à quoi il ne voulut entendre.

Les estats furent tenus à Béziers sous le maréchal et Joyeuse en novembre.

Au commencement de décembre, Thoré étant au Saint-Esprit, le capitaine Luynes, qui depuis la paix avoit été mis audit lieu par le maréchal pour y commander, se saisit dudit lieu et de la personne de Thoré, qui, quelques jours après, par le moyen de quelques gens du lieu, en fut mis hors : on prit d'abord les armes, on surprit des villes, et il y eut des meurtres; le maréchal apaisa le tout et en écrivit au roy : on étoit cependant sur le qui vive, et on y faisoit la guerre, quoique non ouvertement. Le maréchal, qui étoit vers Béziers, ayant assuré cette ville et celles des environs à son parti, revint à Montpellier, et fut de là au Saint-Esprit, qu'il ne put pas recouvrer; mais il s'assura de Viviers, du bourg Saint-Andiol, d'autres lieux catholiques dudit pays, et de la noblesse.

Au commencement de janvier 1577, le maréchal revint à Montpellier. Le 2 février, d'Oignon, chevalier de l'ordre du roy, l'un des maîtres d'hôtel, l'évêque du Puy, Rochefort, gouverneur de Blois, et du Roger, députés des états de Blois vers le maréchal, lui firent des remontrances de la part des états, auxquelles il ne jugea pas à propos d'acquiescer. Il y eut quelque rumeur entre les catholiques et les protestans à Béziers; le maréchal y fut; et l'ayant terminée d'une manière qui ne plut pas aux protestans, ils excitèrent une espèce de sédition à Montpellier, le mardi-gras 19 février : la maréchale, laissée dans le palais, y fut comme prisonnière; Châtillon, chef des protestans, apaisa l'émeute, et envoya au maréchal à Béziers des députés, lesquels étant revenus le dimanche 3 mars, la maréchale, avec tous les siens et tous ses meubles, sortit de la ville, avec grande douleur des catholiques, qui ne purent plus exercer leur religion qu'à huis clos. La forteresse du palais, qu'on disoit citadelle, fut abattue, le temple joignant le palais, la chapelle royale, et le collège des prêtres séculiers, ruinés.

Le maréchal, qui avoit encore dans son parti Villeneuve-lez-Maguelone, Frontignan et tout le pays jusqu'à Béziers, convoqua à

Montagnac, le 25 mars, une assemblée d'estats, qui dura jusqu'au 17 avril, lui restant à Pézenas; l'union y fut confirmée sous son obéissance, mais elle ne dura guère. Les protestans élurent pour leur chef Thoré, quoique frère du maréchal et catholique.

D'Amville ayant repris les armes, alla au mois de mai assiéger Thezan, occupé pour les protestans par le capitaine Bacon, qui le rendit. Au mois de juin, les forces du maréchal ayant augmenté, Joyeuse et autres seigneurs l'ayant joint, il alla assiéger Montpellier, et l'investit depuis les chemins de Clermont, La Vérune, Villeneuve, Pont-Juvenal, Saint-Mos, les Carmes et Jacobins; ce qui dura jusqu'au mois d'octobre : le maréchal logeoit tantôt à La Vérune, à Villeneuve et au Mas de Cocon. Pendant le siége, la ville de Melgueil se rendit au maréchal, qui l'alla recevoir; mais comme il n'y mit point de garnison, elle reprit le parti protestant. Mandelot, qui avec de grandes troupes faisoit la guerre aux environs de Nismes, vint, fort accompagné de cavalerie, conférer un demi-jour avec Montmorency à Castelnau; la ville se seroit rendue à lui faute de vivres, si elle n'avoit été secourue par Thoré et Châtillon, qui y entrèrent de nuit du côté de Montferrier, après quelque léger combat, et si La Noue n'avoit apporté la nouvelle de la paix faite à Poitiers en septembre, au maréchal logé au Mas de Cocon.

Le 27 mars 1578, les consuls de Montpellier sommèrent les officiers absens de revenir. Au mois de mai, les protestans se saisirent de Montagnac pendant que le maréchal et Joyeuse, revenus de tenir les estats à Béziers, étoient à Pézenas.

Le baron de Faugères, qui, en l'an 1573, avoit pris Lodève, fut meurtri à Faugères dans son château par les catholiques, et sa tête apportée à Lodève, où l'on s'en joua par les rues, comme en la prise il avoit fait de celle de Saint-Fulcrand.

En 1579, la reine mère, venant de la conférence de Nérac, fit tenir les estats du Languedoc à Castelnaudary. Accompagnée du maréchal, elle vint à Narbonne, Béziers, Pézenas et à La Vérune, où elle séjourna quelques jours pour accommoder les habitans des deux religions de Montpellier; ce qu'elle termina par un acte signé Pinard, secrétaire d'état, du 28 mai. Le maréchal, qui accompagna la reine jusqu'à Grenoble, revint en Languedoc au mois d'octobre, où il trouva que les protestans avoient surpris Saint-Hibery, Caux, Fort-de-Cabrières, Limascon, en escalade baillée de nuit par ceux de Gignac à la ville d'Agniane, pour surprendre et piller les gens de la cour des aydes de Montpellier, qui y étoient réfugiés, et tenans la cour pour la peste régnant à Montpellier, de laquelle escalade ils furent repoussés. Le maréchal permit à la cour de se changer à Pézenas, où il résidoit, et où, dans le temps qu'il travailloit à remédier aux troubles, Cornus, gentilhomme envoyé par le roy de Navarre, lui porta des lettres de ce prince, qui lui proposoit une conférence sur les confins de Guyenne et de Languedoc, pendant laquelle il y auroit une suspension d'armes : le maréchal y consentit et en écrivit au roy, qui lui permit cette entrevue : il avoit levé des troupes pour recouvrer Saint-Hibery et Caux, et l'entrevue en suspendit l'exécution. Il manda les estats au premier décembre à Carcassonne, où ayant fait la proposition, il les quitta pour aller trouver le roy de Navarre à Mazères, ville qui appartenoit à ce prince, et située au comté de Foix; le duc de Montmorency se logea à Belpuech de Gragniago, en son gouvernement de Languedoc; il étoit accompagné de la principale noblesse et des plus notables de la province, avec lesquels il alla le 19 décembre à Mazères, éloigné d'une lieue de Belpuech : le roy de Navarre le reçut très-agréablement; Rambouillet se trouva à la conférence de la part du roy, l'abbé de Gadagne de la part de la reine, deux conseillers du parlement de la chambre de l'édit établie à l'Isle en Albigeois : on ne prit aucune bonne résolution dans cette conférence, et le maréchal revint à Carcassonne terminer les estats.

Au commencement de 1580, il fut de retour à Pézenas. Le 4 juillet, le parlement de Toulouse vérifia une déclaration du roy contre les perturbateurs du repos public.

Au mois d'août, Montmorency leva une armée, et alla assiéger Villemagne, tenue par les protestans, et secourue par Châtillon : le siége fut long, et le maréchal obligé de le lever avec perte. La peste étoit à Montpellier, à Pézenas et à Béziers; d'où le maréchal se retira à Agde.

Le 21 janvier 1581, le maréchal, étant à Saint-Pons-de-Tomières, y fit publier la conférence de Fleix entre Monsieur et le roy de Navarre, du 26 décembre; deux jours après, le parlement de Toulouse la fit publier.

Le vicomte de Turenne, envoyé par le roy de Navarre à Montpellier, ne put pas persuader aux habitans de l'accepter, et ils ne la firent publier que le 14 mai, après que le roy leur eut accordé en avril une nouvelle abolition; ils tenoient le fort de Cabrières-lez-Pézenas, lieu très-fort, et qui avoit été occupé par les Albigeois, comme il paroît par une commission du mois de mai 1250, adressée au châtelain de Pézenas.

Au mois d'octobre, les protestans se saisirent de Villeneuve-la-Cremade, à une lieue de Béziers; et à la fin du même mois, il y eut une assemblée à Pézenas en présence du maréchal, où se trouvèrent Châtillon, quelques ministres et députés des villes du Bas-Languedoc; le seigneur de Clermont, envoyé par le roy de Navarre, y survint; et on y résolut que les édits et conférences seroient exécutées, que Villeneuve et Cabrières seroient rendus, ce qui fut incontinent effectué; et ledit château de Cabrières fut rasé de pied; les protestans rendirent aussi La Bastide-lez-Lodève.

Le prince de Condé vint à Montpellier, et passa par Pézenas, où étoit Montmorency.

Au commencement de 1582, le vicomte de Joyeuse, qui avoit toujours vécu en bonne intelligence avec le duc de Montmorency, surtout depuis l'union, prit un parti contraire, quitta Pézenas, et se retira à Narbonne. Au mois de février, Bacon, capitaine de la religion, s'empara de Minerve, en Minerbois; Montmorency alla au mois de mai à Azille-le-Comtal en Minerbois, et y fit une assemblée de quelques évêques, du baron de Rieux et autres; on y résolut le siège de Minerve, qui fut mis devant cette place au mois de juillet, sous le baron de Rieux, gouverneur de Narbonne. Le maréchal alla à Carcassonne, Brugueirolles, Limoux, Alet, Fanjaux, Castelnaudary, jusques à Montesquieu, près de Toulouse, faisant dire la messe en tous les lieux de la religion.

Revenu en septembre, il fut à Bisan-de-las-Allières, le siège étant encore devant Minerve, où il fit tant qu'à l'amiable Bacon quitta la place le 17 septembre, moyennant une abolition, que le maréchal avoit toute prête, et qu'il lui délivra lui-même.

Le premier octobre, le maréchal commença les états du Languedoc à Béziers, et le lendemain 2 il fut, bien accompagné, à Nissé, entre Béziers et Narbonne, conférer avec le duc de Joyeuse, fils du vicomte, qui étoit venu voir son père, et qui y étoit grandement accompagné: la conférence dura plus de deux heures, pendant lesquelles leurs troupes étoient à pied.

Au commencement de décembre, le maréchal alla à Alais, et en y allant il passa par Montpellier, où le prince de Condé résidoit, et où il n'avoit pas été depuis 1577. On lui rendit tous les honneurs imaginables, et il resta à Alais jusqu'au mois de mars.

En 1583, les protestans se saisirent de Montréal, d'Olargues, et près de Lodève-de-las-Ribes et Soagues, courans et riblans les environs.

Les catholiques assiégèrent Montréal, et ne purent pas le prendre; ils surprirent Alet, et le gardèrent.

Au mois de juillet, le baron de Rieux revint de la cour, et apporta à Montmorency, qu'il trouva à Béziers, des instructions du roy données à Paris le 27 mai, par lesquelles il approuvoit la conduite de Joyeuse, avouant ce qu'il avoit fait, voulant qu'il se tînt à Narbonne, et que Montmorency n'y allât point, moyennant quoi il seroit content de lui.

Il n'y eut point d'états en Languedoc, et le roy, par ses lettres du 3 décembre, fit faire le département des deniers par les trésoriers de France.

Au commencement de 1584 se manifesta le grand crédit et faveur du duc Joyeuse, qui fit faire son père maréchal de France, son frère cardinal et archevêque de Toulouse et Narbonne. La malveuillance du maréchal de Joyeuse se déclara contre Montmorency; au mois de mars, il engagea l'Estang, évêque de Lodève, de se saisir de la ville de Clermont, et il fit occuper le château et le lieu de Secenon, à trois lieues de Béziers.

Montmorency étant à Béziers au mois d'août,

le président de Bellièvre, envoyé par le roy pour pacifier le pays, y arriva; il fut de là trouver Joyeuse. Au mois d'octobre, Pontcarré, maître des requêtes, vint aussi de la cour, apportant la résolution sur la réponse donnée à Bellièvre; mais il trouva les affaires fort altérées, et retourna sans rien faire. En novembre, Montmorency assiégea Clermont, et prit d'assaut l'église, lieu fort, hors la ville, qui capitula; de là Montmorency alla surprendre Corsan sur l'Aude, où étoient les gens d'armes de Joyeuse. En décembre, Poigny-Rambouillet et Pontcarré, renvoyés par le roy pour la paix, assurèrent Montmorency de la bonne volonté du roy, et de sa manutention en son gouvernement, et ils négocièrent si bien entre lui et le maréchal de Joyeuse, que la guerre cessa de part et d'autre; Olargue fut rendu, et le château de Secenon rasé.

En 1585, au mois de mai, le roy accorda une abolition générale du passé au duc de Montmorency. Les estats furent tenus à Béziers en juillet. Montmorency alla conférer avec le roy de Navarre, en août, à Castres, et en septembre, étant à Pézenas, il s'unit avec les protestans; et au mois d'octobre, il publia une déclaration pour justifier sa conduite. Le roy lui avoit envoyé Pontcarré pour le regagner, mais il n'en put pas venir à bout: Cuxa, Oveillan, Capestang, Puisserguier, Béziers et Saint-Pons lui servoient de frontière contre le maréchal de Joyeuse, qui restoit armé à Narbonne sans rien faire.

En janvier 1586, Montmorency tint les estats à Pézenas; la reine mère lui envoya en mars l'abbé de Juilli et Veirac pour le ramener au service du roy, à quoi il ne voulut entendre.

En 1587, l'amiral de Joyeuse prit Marvejols en août, et vint dans le pays toulousain pour voir son père. Jean Douzon, seigneur de Villespassans, ayant voulu faire révolter Béziers contre le duc de Montmorency, le duc lui fit faire son procès; il fut étranglé de nuit, et le lendemain trouvé pendu dans la place publique, au mois d'août.

Le 20 octobre se donna en Guyenne cette grande bataille au lieu de Cotras, entre le roy de Navarre et ceux de la religion d'une part, et l'amiral de Joyeuse avec les forces du roy, d'autre, en laquelle ledit amiral fut occis, et avec lui grand nombre de grands seigneurs et noblesse, comprins un sien frère, le plus jeune, seigneur de Saint-Sauveur, fort aimé de leur père. Par sa mort, son frère, qui le suivoit, grand-prieur de Tholose, et qui étoit en Languedoc près son père faisant la guerre, fut dit duc de Joyeuse.

L'an 1588, au mois de mai, furent les barricades de Paris contre le roy Henri III y étant, et saisi de ladite ville par M. de Guyse, dont le roi délogea; de quoy s'ensuivit grand trouble au royaume, qui sembla vainement appaisé par l'indiction générale des états de France par le roy en la ville de Blois, qui y furent tenus au mois d'octobre suivant 1588, le roy de Navarre ni aucun grand ou petit de la religion appelés ou présens; esquels états continuant l'haine du roy contre M. de Guyse et ses partisans, ledit sieur de Guyse et son frère le cardinal y furent tués, et plusieurs prélats, grands seigneurs et autres, emprisonnés; les états dissipés, et grande guerre redressée entre le roy et ceux de la ligue, desquels se rendit chef M. du Maine, frère dudit seigneur de Guyse, se nommant conservateur de l'état et couronne de France, appelé avec eux le roy d'Espagne, ses gens, faveurs et forces, dont je laisse des discours plus amples aux écrivains de l'histoire royale.

L'an 1589, la ville de Tholose et ses adhérans, de l'obéissance de M. le maréchal de Joyeuse, au mois de février audit an, jurèrent l'union et confédération avec la ligue, sous la charge de M. du Maine, contre le roy et M. de Montmorency, de leur parti autoriser les articles de cette union par arrêt de la cour du parlement dudit Tholose, du 14 dudit mois de février 1589, s'en réservant ladite cour l'autorité et surintendance. Audit an 1589, par lettres patentes du roy données au camp de Beaugency le 17 du mois de juin, ledit seigneur translata le parlement de Tholose à la ville basse de Carcassonne, et y fit président M. de La Borgade, auparavant conseiller audit Tholose, qui en étoit sorti. En la même année, et le premier jour d'août, le roi Henri III étant à Saint-Cloud, près Paris, avec son camp et grande armée, pour bloquer Paris, fut misérablement tué par un jeune religieux de l'ordre des jacobins, qui, feignant lui vouloir parler en secret, lui donna d'un couteau dans le petit ventre; lequel moine fut illec tué sur-le-champ, et le pauvre roy mourut le lendemain. A ce meurtrier, nommé frère Clément, furent ès villes de Paris et Tholose, et autres de la ligue, faites funérailles publiques et solennelles; son effigie portée, et au contraire celle du roy défunt traînée par les rues. Après cette piteuse mort du roy Henry III, le roy de Navarre, dit Henri IV, comme plus prochain, vint à la couronne, et s'en vint audit Saint-Cloud, où il fut reçu honorablement de tous les princes, seigneurs, et de toute l'armée, ésquels il fit une déclaration le 4 dudit mois d'août 1589, par laquelle il promet maintenir la religion catholique, sans aucune chose innover et changer en icelle, promettant s'y faire instruire, et au surplus ne permettre l'exercice de la religion prétendue réformée que selon les édits du feu roy, permissifs d'icelle; après laquelle déclaration lesdits princes et seigneurs lui protestèrent toute fidélité et obéissance; desquelles choses il advertit M. de Montmorency en Languedoc, comme il fit aussi d'autre déclaration depuis faite par Sa Majesté au camp du Mans, le 25 novembre audit an 1589, publiée à Tours au parlement le 25 décembre suivant, par laquelle il indique une assemblée des états généraux du royaume au mois de mars prochain, en la ville de Tours, y convoque tous ceux de la ligue, les rappelle à soi et à son obéissance, en faisant les soumissions portées par ladite déclaration. Cependant que ces choses se faisoient en France, l'autre et second fils de M. le maréchal de Joyeuse, dit M. de Joyeuse par la mort de M. l'admiral, vint en Languedoc, et commença à y faire la guerre contre M. de Montmorency; et armées dressées par eux respectivement au terroir de Narbonne, lieu dit le Mas-de-Pardelhan. Ils firent une trève pour quatre mois, le dernier jour d'août susdit 1589.

L'an 1590 se passa cette année en Languedoc sans grande faction d'armes, chacun se tenant sur la garde.

FIN DES MÉMOIRES DE PHILIPPI.

MÉMOIRES

DE

HENRY DE LA TOUR D'AUVERGNE,

VICOMTE DE TURENNE, ET DEPUIS DUC DE BOUILLON,

ADRESSÉS A SON FILS, LE PRINCE DE SEDAN.

Mon fils, j'ai cru n'avoir pas assez fait pour vous en vous mettant au monde par la bénédiction de Dieu, mais que mon amour vers vous, et l'honneste désir de perpétuer l'honneur et la vertu en nostre race, et, plus que tout cela, la reconnaissance que je dois rendre à Dieu de nous avoir faits de rien, et m'avoir conservé et gardé comme la prunelle de son œil; ces choses, dis-je, me convient d'ajouter trois bienfaits à celui de la naissance. En premier lieu, de vous faire soigneusement instruire en la vraye religion, et rendre capable de cognoistre les fausses et erronées opinions, et cela par la science des Saintes Lettres, dans lesquelles seulement Dieu nous a donné la règle et le formulaire comment il veut estre servy et honoré de nous, vous exhortant à vous rendre désireux et diligent aux leçons qui vous en seront faites, comme celles qui peuvent vous faire jouir des biens et honneurs que reçoivent ceux qui craignent Dieu; ensuite de mettre l'estat de vos biens au meilleur et plus assuré terme que la vicissitude des choses humaines le peut désirer; pour le dernier, c'est de vous rendre capable, si Dieu vous continue en ce monde un bon aage, que vous puissiez estre instruit aux vertus morales et politiques.

De cecy il y a quantité de livres faits par toutes sortes de personnes, où les instructions sont en très-grand nombre, desquelles vous serez aydé en apprenant la langue latine, aux heures que ceux qui auront charge de vostre instruction vous donneront pour la lecture de ces mesmes livres. Mais d'autant que souvent les préceptes ne peuvent pas tant sur nous que les exemples, mesmement de ceux qui nous sont proches et familiars, j'ay voulu vous tracer icy le cours de ma vie, qui a esté accompagnée de plusieurs contrariétés, de bonheur et de malheur, d'actions louables et d'autres blasmables.

(1555). Elle commença sous le règne de Henry II, et est maintenant avancée à cinquante-quatre ans et dix mois, sous le règne de Henry IV.

Nostre maison tient de celle des anciens comtes d'Auvergne; mon père mourut en la bataille dite de Saint-Quentin, m'ayant laissé en l'aage de près de trois ans avec fort peu de support et faveur (1557). Une sœur que j'avois et moy fusmes menés, à l'aage d'un peu plus de trois ans, à Chantilly, où estoit Anne de Montmorency, connestable de France, et Magdelaine de Savoye sa femme, nos grands père et mère: là, ceux qui faisoient mes affaires convinrent d'une légère pension annuelle pour nostre entretenement. Sur les six ans de mon aage on me donna un gouverneur nommé Ville-montée, un précepteur, un valet de chambre et un page; ledit Ville-montée se trouva d'humeur colère et bizarre, qui fut occasion qu'il demeura peu de temps près de moy: mon précepteur commença à m'enseigner la langue latine et les premiers rudimens de la sphère et des cartes, à quoy je profitois beaucoup en l'un et l'autre, et avec plaisir.

Madame la connestable, une des superstitieuses de son temps, prit fantaisie que les sciences me feroient estre de la religion en laquelle Dieu m'a appellé en son temps, qui fut cause, à mon grand mal, de me faire oster mon précepteur, et par là le moyen d'apprendre les langues et la philosophie; qui m'a esté un grand deffaut pour les charges que j'ay eues, ainsi que le pourrez apprendre par la continuation de mon discours.

Lors la maison de Montmorency n'avoit plus de faveur, et estoit suspecte à la reyne mère du roy, pour la proximité qu'il y avoit entre ceux de Chastillon et elle : ma nourriture prise et reçue là dedans, et leur estant si proche, m'enveloppa, quoy que jeune, dans les occurrences familières de cette maison; je demeuray audit Chantilly jusqu'à dix ans, où, pour bonheur, j'eus la bonne grace de mon grand-père. Mon esprit assez prompt, mais soigneux d'ouyr et retenir les choses bien dites, me fit, dès mon jeune aage, admirer la vertu et sagesse de mondit sieur le connestable, et avoir réservé tout le temps de ma vie des propos et façons que je remarquois en luy, qui m'ont esté d'une incroyable utilité.

(1565) A dix ans, je fus mené à la cour du règne du roy Charles IX, où je reçus du roy, de la reyne sa mère, et de messieurs d'Anjou et d'Alençon, fort bon visage, la cour ayant le roy en minorité, la reyne sa mère qui se vouloit maintenir au gouvernement de l'estat de son fils, les factions de M. de Guyse qui se formoient; ceux de la religion, se défians et recognoissans la faute qu'ils avoient faite d'avoir quitté la cour dès les premiers troubles, essayoient de s'y restablir. Le roy Charles, d'un beau et excellent esprit, fut par sa nourriture conduit à divers vices, comme à la cruauté et aux juremens. D'autant que mon aage approchoit plus de celuy de M. d'Alençon, je me mis à le suivre plus que le roy et M. d'Anjou; j'allois et venois avec M. le connestable à la cour, où on m'avoit donné un gouverneur nommé Rofignac, qui avoit esté nourry page de mon père, un très-honneste et sage gentilhomme, qui avoit un grand soin de moy et de mes mœurs, et lequel j'aymois, honorois et craignois bien fort; j'eus un escuyer, nommé La Boissière, qui, en l'absence de M. de Rofignac, me servoit de gouverneur; deux pages, un fourrier, un cuisinier, un sommelier, deux laquais et un argentier; mon tuteur, qui estoit M. de Chavigny, me donnoit 12,000 liv. par an pour toute ma dépense. Je demeuray ainsi depuis la dixiesme année jusques à la douziesme ou environ, prenant ma nourriture à la manière de la cour, conduit et observé par mon gouverneur pour me faire voir les plus grands de la cour et y observer les choses honnestes, me cachant les vicieuses; et où elles estoient remarquées de moy, il ne manquoit pas de m'en dire les dangers, pour les éviter.

Avec cette induction et mon esprit, qui estoit assez relevé, j'observois non-seulement ce qui convenoit à mon aage et aux occupations convenables, mais aux plus sérieuses affaires, ce que je pouvois facilement faire, n'y ayant aucune porte fermée ny conseil où je n'entrasse, comme un enfant qui avoit bien de la bienvueillance du roy, de la reyne et de messieurs.

(1566) Lors se disposèrent les seconds troubles par la levée de six mille Suisses que fit le roy, sur le soupçon qu'on disoit avoir que le duc d'Alve venant aux Pays-Bas pour assujétir les dix-sept provinces en leur ostant leurs priviléges, ayant des forces, n'entreprist contre la France, ainsi qu'on tient pour maxime d'estat que les roys et républiques souveraines se doivent armer toutefois et quantes que leurs voisins s'arment plus que de coustume. Ceux de la religion ne crurent pas cela, mais que c'estoit un conseil pris à Bayonne lors que la reyne d'Espagne, accompagnée du duc d'Alve, y vint voir le roy et la reyne sa mère, de ruiner ceux de la religion en France et aux Pays-Bas; ce qui leur donna sujet de faire l'entreprise de Meaux, laquelle estoit d'oster messieurs de Guyse d'auprès du roy, et de changer quelques-uns du conseil.

(1567) Les soupçons de part et d'autre croissans, le roy envoya vers M. l'admiral de Chastillon diverses personnes pour entendre la cause des mescontentemens de ceux de la religion; ledit admiral n'en advouoit rien, et donnoit l'estat où il estoit pour preuve; estant à sa maison de Chastillon avec son train, soignant à son mesnage et faisant travailler à ses vignes. La cour vint à Monceaux environ le 22 ou le 23 septembre, où il me souvient qu'il fut tenu un conseil où la reyne mère proposa les occasions que ceux de la religion donnoient de prendre garde à eux et de pourvoir à la seureté du roy et du royaume, que les recherches d'hommes et d'armes qu'on sçavoit qu'ils faisoient secrètement partout le royaume, monstroient assez que ce n'estoit pas à ceux de la maison de Guyse à qui ils en vouloient, mais au roy et à l'estat; que si ce n'estoit qu'à ceux de Guyse à qui ils en vouloient, que le roi adviseroit de les contenter. Il est à remarquer que tous ceux de ladite maison s'estoient retirés de la cour, afin d'oster l'occasion à ceux de la religion de se servir d'eux pour prétexte de leurs entreprises. M. le chancelier de L'Hospital prit la parole, et dit qu'il y avoit trop long-temps qu'on voyoit naistre ces mescontentemens sans y avoir cherché les remèdes; qu'il falloit pourvoir à la seureté du roi, mais, s'il se pouvoit, que ce fust sans les armes, d'autant qu'elles donneroient sujet à ceux de la religion d'en faire autant, et que les uns et les autres proches et armés, il seroit malaisé qu'on n'en vinst aux mains; que l'acheminement des Suisses estoit la cause de ces méfiances; qu'il jugeoit à propos qu'on envoyast vers M. l'admiral luy offrir de ne faire avancer les Suisses, et que le roy vouloit pourvoir à son conseil et administration de ses affaires, et y donner à luy et aux autres de la religion le lieu qu'ils y pourroient tenir, et de mesme vers M. le prince de Condé, se promettant que si de bonne foy on tenoit ce procédé, que les malheurs qui menaçoient cet estat s'appaiseroient, estimant et croyant que ceux de la religion ne désiroient autre chose que de servir le roy. La reyne mère reprit la parole, et dit : « Monsieur le chancelier, voulez-vous répondre qu'ils n'ont autre but que de servir le roy?—Ouy, madame, repliqua-t-il, si on m'assure qu'on ne les veuille pas tromper. » Sur cela, le conseil se leva, et fut résolu qu'on iroit à Meaux, et qu'on y feroit avancer les Suisses.

La cour y arriva le 26 septembre : le lendemain y arrivèrent les Suisses; le roy et toute la cour monta à cheval, où j'estois, pour les aller voir : c'estoient les premiers que j'avois veus. Les advis croissoient des armes de ceux de la religion, et qu'ils estoient à cheval. Le soir du 28 on fit entrer trois compagnies de Suisses en garde, et on fit loger au Neuf-Marché tout le reste. On sceut que M. le prince, l'admiral, d'Andelot et de Mouy, estoient avec quelque nombre d'hommes à cinq ou six lieues de Meaux. Soudain on y envoya M. le mareschal de Montmorency vers eux pour entendre la cause de leurs armes; mais il y alloit principalement pour faire le service qu'il fit, et que nul autre que luy ne pouvoit faire, estant ce seigneur très sage et aimant l'estat, qui luy avoit fait tousjours avoir des mal-veillans, estant lors soupçonné de s'entendre avec M. l'admiral, parce qu'il avoit tousjours ses conseils portés à ne donner tant d'autorité à la maison de Guyse, qu'il croyoit avoir le but de son accroissement en la ruine de l'estat.

Il trouva ces messieurs prests de monter à cheval pour se trouver le 29, qui estoit le lendemain, avant le jour, à l'ouverture des portes de Meaux, et là, avec leurs armes, représenter au roy les moyens d'asseurer son estat en réformant son conseil, et n'y admettant point ceux de la maison de Lorraine. Ledit sieur de Montmorency les arreste, et leur demande temps de conférer, estimant qu'il leur feroit des ouvertures pour leur donner satisfaction. Aussitost il dépesche au roi et à M. le connestable son père, l'advertissant de l'estat où estoient les affaires, qu'il se promettoit de les retenir là jusques sur les huict heures, pour donner loisir au roy de s'en aller à Paris.

Cet advis receu, soudain on se résout de partir, et commença-t-on dès le soir à charger le bagage : j'eus ce jour-là douze ans; j'avisois ces choses comme bien nouvelles, et ne laissois pas de remarquer qu'elles se faisoient avec grande précipitation, et ay trouvé depuis, selon les expériences que j'ay eues, cela étrange d'avoir de la crainte, considéré que tout ce qui parut le lendemain de forces avec M. le prince ne fut pas de deux cents chevaux, harassés et assez mal armés, et le roy avec six mille Suisses, les quatre compagnies du corps, les cent Suisses de sa garde, et plus de trois cents gentilshommes : néantmoins il est à croire que si lesdits de la religion n'eussent esté arrestés, et qu'avant de sortir de Meaux ils se fussent trouvés sur la porte, qu'on eust eu difficulté de la fermer. Ce qui cause telles perplexités sont les meffiances qu'on a ordinairement des factions intestines, qui empeschent de suivre les meilleurs advis, pour la croyance qu'on a qu'ils seront traversés par ceux mesmes avec qui on les doit exécuter.

Les portes de Meaux sont fermées, sauf celle qui va vers Paris, par où tous les bagages sortaient dès minuit, avec l'ordre qu'on voit ordinairement à la cour, et la peur faisoit bien voir divers embarras. A quatre heures, dix enseignes suisses commencèrent à marcher et se mettre en bataille sur le haut, et après elles le roy, la reyne, messieurs et la cour, et après, les autres dix enseignes. M. le connestables estoit devant les dix premières enseignes, qui commença à les faire marcher, et fismes environ une lieue au plus en cet ordre. M. de Montmorency arrive sur les huict heures, et dit qu'ils estoient à cheval, mais non avec tout ce qu'ils avoient, ayans quelques troupes qui ne s'estoient encore trouvées au rendez-vous qui leur avoit esté donné. M. le connestable fit venir tous les Suisses, et mit le roy et toute sa suite sur la main droite, et luy, avec ce qu'il y avoit de gens de fait, se tenoit derrière et sur la main gauche, d'où ceux de la religion pouvoient venir. Sur les onze heures ils commencèrent à paroistre, et feu M. de Brissac, le tant valeureux gentilhomme, avec ce qui estoit de plus gaillard, les recognut, et y fut donné quelques coups, nous marchans tousjours, et eux sur notre aisle gauche, et derrière firent oster ce qu'il avoit de cavalerie devant les Suisses, et firent mine de vouloir donner dans les bataillons.

Les Suisses, quoyque nouveau levés et de peu d'expérience, firent fort bonne mine, jettans leurs fardeaux, baisans la terre, et tournans la teste du bataillon les picques baissées : cela arresta les autres, et commença-t-on à marcher droit à Claye : ayant fait une demie-lieue, ceux de la religion se préparent de venir aux mains, assaillans les Suisses en queue, s'estans séparés en quatre escadrons pour pouvoir donner par le flanc. Le roy lors, avec ce qui estoit auprès de luy, mit l'espée à la main, et se jette à la teste du bataillon qu'il avoit retourné, où il avoit la queue, pour se mesler avec le plus prochain escadron des ennemis.

Je fis comme les autres sans estonnement, me tenant le plus près du roy que je pouvois, mon espée à la main, pouvant asseurer que mon courage m'estoit aussi certain pour me porter dans le péril que d'aucun autre, estimant qu'outre qu'aux personnes bien nées et de bonne race les courages sont avec eux dès leur enfance pour leur faire mépriser la vie lorsqu'ils sont appellés par l'honneur de la mettre en péril, la personne de mon roy, son danger, attiroit de moy le désir de le servir, ainsi que la nature oblige le sujet à aimer et vouloir servir son prince, et mesme lorsqu'il est en péril, ce que j'eusse fait dès lors en donnant ma vie pour garantir la sienne. M. le connestable courut et s'avança près du roy, qui faisoit cette escapade de son propre mouvement et sans conseil ; il luy prit la bride, et l'arrestant, luy dit ces mots que ouys : « Sire, ce n'est pas ainsi que Vostre Majesté hazarde sa personne ; elle nous est trop chère pour la commettre à moindre troupe pour vous accompagner que dix mille chevaux françois. » Tout ainsi que la première fois ceux de la religion s'arrestans, trouvans la teste et non la queue du bataillon, et les Suisses avec une bonne résolution, on continua à marcher jusqu'à Mitry ; là M. le connestable fit ferme avec les Suisses, et fit avancer le roy et toute la cour pour se retirer à Paris, et demeurèrent avec M. le connestable tous ceux qui vouloient voir l'événement de ce jour.

J'y demeuray, d'autant que mon gouverneur estoit allé à Mitry faire accommoder le passage, et mettre quelques pièces de vin sur le chemin pour rafraischir les Suisses. Comme il fut revenu, M. le connestable me vit et me renvoya avec d'aigres et douces menaces, me montrant que d'un costé je n'estois pas capable d'un tel travail et danger, mais aussi qu'il estimoit de me voir en cet aage désireux d'apprendre et ne craindre le danger. Le sieur de Rofignac, mon gouverneur, demeura, et le sieur de La Boissière, mon escuyer, s'en vint avec moy, qui rattrapa le roy avant qu'il fust à Paris, d'où M. d'Aumale, avec toute la noblesse, le chevalier du guet et autres qui purent monter à cheval, estoient sortis pour venir à la rencontre du roy, qui y arriva sur les sept heures du soir avec une grande acclamation de tout le peuple, qui estoit accouru de tous les endroits de la ville pour voir leur roy réchappé du grand danger où l'on l'estimoit.

M. le connestable coucha à Claye avec les Suisses, et le lendemain arriva au Bourget. Ceux de la religion se logèrent à Sainct-Denis, où depuis, jusques à l'onziesme de novembre, que se donna la bataille de Sainct-Denis, se passèrent diverses occurrences de guerre où je n'avois aucune part, sinon que mon gouverneur m'invitoit d'écouter et retenir ce qui s'en disoit, remarquer les louanges qu'on donnoit à ceux qui faisoient quelque acte de courage, et au contraire le blasme de ceux qui faisoient peu vaillamment : « Afin, ce me disoit-il, qu'estant en aage vous puissiez faire vostre profit de ce qu'aurez à cette heure appris. » J'estois assez prompt à cela, et recevois un grand profit des devoirs que me rendoit ce sage gentilhomme ; mon esprit néantmoins ne manquoit en un défaut naturel qu'il a eu, c'est de ne l'avoir pu arrester qu'avec peine, pour se rendre du tout attentif à une seule chose où il auroit à s'occuper ; le délaissement de l'étude avoit bien aidé, d'autant que les leçons m'eussent servy, ou de gré ou de crainte, à l'arrester pour les retenir, et cela m'eust habitué à le pouvoir arrester ; mais n'ayant nulles heures destinées à cela, me trouvant tout le long du jour parmy le monde, voyant et oyant tousjours choses nouvelles, cela convenant à mon naturel, je dévorois la pluspart des choses sans les digérer.

Cela m'a, et en ce temps-là et depuis, fait paroistre le profit que je pouvois faire des choses que j'ay veues et ouyes, si j'eusse pu arrester mon esprit pour les comprendre.

La bataille de Saint-Denis se donna sur l'occasion que voulut prendre M. le connestable, qui ayant sçeu que M. d'Andelot estoit allé vers Estampes, ayant passé la rivière de Seine, et qu'il avoit mené avec luy plus du tiers de la cavalerie, dequoy M. le prince se trouvant affoibly, on pourroit le contraindre de venir au combat avec ce désavantage, ce qui arriva. L'événement de la bataille fut tel, que ceux de la religion perdirent le camp le premier soir, M. le connestable blessé, dont il mourut le neufiesme jour. M. d'Andelot, ayant ouy nouvelles du combat, marcha toute la nuit, et vint joindre M. le prince, et se vinrent représenter sur le lieu du combat, bruslèrent quelques moulins à la veue de Paris.

M. le connestable mort, sa compagnie de cent hommes d'armes fut séparée en trois, dequoy le roy, à la prière de mes oncles, messieurs de Montmorency, m'en donna un tiers et quarante-cinq archers, et fis ma première monstre dans le cloistre Saint-Honoré, armé, et fis mon premier serment au roy. Ceux de la religion deslogèrent, et s'en vinrent vers la Lorraine pour joindre les forces qui leur venoient d'Allemagne ; Monsieur eut lors le commandement de l'armée par la mort de M. le connestable : il partit de Paris avec l'armée du roy, pour suivre l'armée de ceux de la religion.

(1568) Je demeuray à Paris près de madame la connestable, allant quelquesfois au Louvre ; mais cette année se passa en plusieurs cérémonies superstitieuses qui se firent pour mondit sieur le connestable, où il me falloit assister. Je n'avois, ainsi que j'ay dit, nulles estudes que la lecture de quelques histoires que mon gouverneur me faisoit lire ; mais ses honnestes admonitions m'estoient de très-bonnes leçons. J'estois des plus grands de mon aage, d'une belle stature, le visage blanc et un peu pasle, d'une disposition médiocre, et faisant les exercices du corps assez agréablement. Je passay deux années commençant de monter à cheval, tirer des armes et danser. Lors qu'il se faisoit quelque partie à la cour de combattre à la barrière, j'en estois, opposé aux princes, qui n'estoient plus avancés que moy, le roy me faisant cet honneur de me choisir pour cela beaucoup plustost que plusieurs autres.

L'on avoit de ce temps-là une coustume, qu'il estoit messéant aux jeunes gens de bonne maison s'ils n'avoient une maistresse, laquelle ne se choisissoit par eux et moins par leur affection, mais, ou elles estoient données par quelques parens ou supérieurs, ou elles-mesmes choisissoient ceux de qui elles vouloient estre servies.

Peu après je fus à la cour ; M. le mareschal d'Amville, qui est à présent connestable de France, me donna mademoiselle de Chasteau-

Neuf pour maistresse, laquelle je servois fort soigneusement, autant que ma liberté et mon aage me le pouvoient permettre. J'estois soigneux de luy complaire et de la faire servir, autant que mon gouverneur me le permettoit, de mes pages et laquais. Elle se rendit très-soigneuse de moy, me reprenant de tout ce qui luy sembloit que je faisois de mal-séant, d'indiscret ou d'incivil, et cela avec une gravité naturelle qui estoit née avec elle, que nulle autre personne ne m'a tant aidé à m'introduire dans le monde et à me faire prendre l'air de la cour que cette demoiselle, l'ayant servie jusques à la Saint-Barthélemy, et toujours fort honorée. Je ne sçaurois désapprouver cette coustume, d'autant qu'il ne s'y voyoit, oyoit ny faisoit que choses honnestes, la jeunesse plus désireuse lors qu'en cette saison de ne faire rien de messéant. Cette coustume avoit telle force, que ceux qui ne la suivoient estoient regardés comme mal appris, et n'ayans l'esprit capable d'honneste conversation; depuis on n'a eu que l'effronterie, les médisances et saletés pour ornement, qui fait que la vertu est mésestimée et la modestie blasmée, et rend la jeunesse moins capable de parvenir qu'elle ne l'a esté de long-temps.

La paix se fit. Incontinent après, les troisièmes troubles recommencèrent; feu M. d'Alençon demeura à Paris, où je m'arrestay; il me prit en une singulière amitié et moy luy, l'aymant et affectionnant, non comme frère de mon roy, mais autant ou plus que personne qui fust, d'autant que j'ay passé plusieurs années près de luy, et en divers aages et en diverses saisons. Je vous veux dépeindre ce qui estoit de son naturel lors, et par la suitte de ce discours vous verrez comme il avoit changé, et je vous induiray à remarquer combien les mauvais exemples et l'approchement des personnes vicieuses ont de pouvoir à corrompre un bon naturel tel qu'il avoit.

Ce prince estoit de six mois plus vieux que moy, d'une stature moyenne, noir, le teint vif, les traits du visage beaux et fort agréables; son esprit doux, haïssant le mal et les mauvais, aymant la cause de la religion; la conception fort bonne, d'une conversation familière, ne luy paroissant aucune colère. L'amitié qu'il me portoit commença à me faire ressentir les traverses communes dans la cour, par l'envie que M. de Saint-Sulpice conçeut contre moy, d'autant que l'amitié que Monsieur me portoit empeschoit qu'il n'aymast tant deux fils qu'il avoit près de luy, et commença à faire entendre à la reine sa mère qu'il voyoit que je servois à former de petites intelligences de Monsieur avec M. de Montmorency; qui fit que la reine écrivit à son fils, luy défendant de souffrir cela, et qu'on m'éloigneroit de luy si on entendoit plus telles choses.

Monsieur soudain me montra la lettre, ainsi qu'il me communiquoit toutes choses: nous résolumes la réponse, et qu'il en parleroit à M. de Saint-Sulpice, se plaignant de ceux qui faisoient tels rapports à la reine pour le mettre en sa mauvaise grace et pour m'éloigner de luy; que je ne parlois jamais de telles choses, priant ledit sieur Saint-Sulpice d'asseurer la reine du contraire, et du désir qu'il avoit de luy estre fort obéissant. Cela servit jusques à ce que Monsieur eut la petite vérolle, en telle malignité qu'elle le changea du tout, l'ayant rendu mescognoissable, le visage luy estant demeuré tout creusé, le nez grossi avec difformité, les yeux appetissés et rouges, de sorte que d'agréable et beau qu'il estoit, il devint un des plus laids hommes qui se voyoit; et son esprit n'estoit plus si relevé qu'il estoit auparavant.

L'envie du sieur de Saint-Sulpice se servit de cette occasion, disant que Monsieur avoit pris cela allant en quelques compagnies de la ville où il y avoit de la petite vérolle dans la maison. Durant tout son mal, contagieux à moy, qui ne l'avois point eue lors, cela nonobstant ne m'éloigna de luy, faisant mes exercices souvent avec luy, qui commençoit d'estre en considération à la reine sa mère, qui ne s'estudioit qu'à posséder ses enfans, et luy sembloit ne le pouvoir si bien faire qu'en les tenant en jalousie avec leurs frères, et en méfiance avec leurs serviteurs. Elle luy écrivoit souvent, et en une lettre l'avertissoit de ne se fier du tout à son gouverneur, ny autres qui avoient charge de luy, mais qu'à elle seule il mandast ses conceptions: mauvaise procédure, en ce qu'elle devoit estimer qu'il pratiqueroit aussi bien cette leçon vers elle que contre les autres, et puis, qu'au lieu de donner à son gouverneur le moyen de cognoistre ses humeurs et actions, pour aider et fortifier les bonnes et corriger les mauvaises, elle faisoit qu'il les payoit d'hypocrisie et dissimulation, vices dangereux et bien éloignés de la prudence qui est propre pour converser parmi le monde.

(1569) Durant ce temps-là se donnèrent les batailles de Jarnac et Montcontour, et plusieurs grandes occasions. Il y avoit près de Monsieur huict ou dix jeunes hommes de bonne maison, entre lesquels estoit le puisné de Crèvecœur, deux de Bressieux et le cadet de Saint-Sulpice, qui depuis fut tué au siége de La Rochelle, lesquels m'aimoient. Un jour devisant ensemble, nous parlions des actions de M. de Brissac et de la grande réputation qu'il avoit, et combien estoient heureux ceux qui estoient près de luy; nous vinsmes à plaindre nostre malheur de ne faire rien, que nous estions assez d'aage (qui n'attaignoit quinze ans au plus vieux), et prismes la résolution d'aller le trouver : la proposition nous sembloit tellement aisée, que nous croyons qu'elle estoit desjà exécutée. Quand nous vinsmes au combat, ce fut alors que les difficultés se présentèrent, les pères et gouverneurs qu'il falloit tromper et pour diverses heures; vint au soin d'un chacun d'avoir des chevaux, que nos gens n'alloient faire seller, ny les laquais les amener que par le commandement des gouverneurs; d'argent point, s'enquérans du chemin comme gens qui n'avoient éloigné Paris de cinquante lieues, le danger du chastiment venant à estre découvert, le mécontentement de Monsieur, que j'estimois plus que tout le reste; nonobstant il fut résolu de suivre notre dessein, promesse solennelle entre nous de n'en rien dire; chacun avisa dequoy nous nous pourrions servir.

Nous trouvasmes dequoy pouvoir estre servis de quatre chevaux, de deux des miens, par le moyen d'un grand laquais que je gagnay, qui se nommoit Philippe, et le cadet de Saint-Sulpice, de deux de son frère aisné; pour de l'argent, nous trouvasmes jusques à soixante escus.

Le jour pris à quatre ou cinq jours de là, le jeune Bonnivet ne pust s'empescher qu'il ne le dist à son gouverneur, le sieur de La Charlotière, qui aussitost en avertit M. de Saint-Sulpice, et luy le sieur de Rofignac ; les interrogations vinrent à un chacun de nous de celuy auquel il avoit à répondre ; je hésitay à avouer jusqu'à ce que mon gouverneur me dit tant de particularités, que je ne pouvois ignorer qu'il ne parlast avec une certitude entière ; mon laquais fut appellé, son danger me fit moins craindre le mien d'estre fouetté, qui me fit tout avouer audit sieur de Rofignac, adjoustant qu'il n'y avoit qu'un désir d'acquérir de l'honneur qui nous poussoit à cela, que mon laquais m'avoit refusé plusieurs fois, mais que ma grande sollicitation l'avoit enfin engagé à me promettre, que je suppliois mondit gouverneur de luy pardonner ; ce qu'il fit après une rude réprimande sur la faute que je faisois de luy cacher mon désir, devant estimer qu'il ne déconseilleroit toutes les choses qui tourneroient à mon honneur ; que je faisois paroistre une grande présomption et confiance de mon esprit en l'aage où j'estois, de faire telles entreprises; qu'il m'avoit estimé d'une plus obéissante nature, et croyoit que je l'aimois pour ne luy vouloir pas céler de moindres affaires; qu'il se trouvoit empesché de ce qu'il devoit faire, d'avertir mes parens, et par leur avis procéder à mon chastiment, ou bien, dès l'heure mesme, faire ce qui estoit de sa charge, ou de demander son congé, estimant qu'il jugeoit n'estre capable de corriger mes défauts ainsi qu'il se l'estoit promis ; que néantmoins il vouloit se donner quelque loisir pour mieux discerner ce qu'il avoit à faire. Sur cela, les larmes aux yeux, je le suppliay de me pardonner, voulant suivre telle voie qu'il luy plairoit, fors celle de me laisser, qu'à l'avenir telles fautes, ny beaucoup moindres, ne seroient commises de moy. Il me laissa, et creu qu'il estoit allé trouver M. de Saint-Sulpice pour aviser comment il avoit à se gouverner. Il vit que ledit sieur de Saint-Sulpice mettoit toute la faute sur moy, son fils et tous les autres disans que c'estoit moy qui leur avois mis cela dans la fantaisie, et vouloit se servir de cela pour me rendre odieux à Monsieur, et luy conta l'histoire, luy faisant cognoistre le déplaisir que j'avois, et ce qui me faschoit le plus, estoit la crainte qu'il m'en voulust mal; et furent tous ses mauvais offices rendus inutiles par la sagesse de mon gouverneur, qui se contenta des témoignages que je lui rendis de mon déplaisir et du sentiment de ma faute pour n'y vouloir plus retourner. Je ne fus fouetté n'y bafoué par mes parens, auxquels néantmoins il ne le céla.

Icy est à remarquer combien la jeunesse est pleine d'imprudence, et combien elle commet d'erreurs et de fautes lors (comme la pluspart font) qu'ils se veulent croire seuls, et ne suivre les conseils de ceux qui leur sont ordonnés pour avoir le soin de leurs personnes.

(1570) La paix se fit : quelque temps après, le roy Charles se maria avec la fille de l'empereur, et furent les nopces célébrées à Maizières, et de là on alla à Villiers-Cotterets passer l'hyver, qui fut fort long, où l'on combatit beaucoup avec les neiges, y en ayant eu quantité, où je vis le roy prendre deux cerfs dans la forest, dans la neige, sans chiens, ayant mis des relais de veneurs et de chevaux pour luy et pour nous qui courions après luy. Avec cela, en deux jours nous prismes deux cerfs ; il s'y fit deux ou trois bastions de neige où l'on se frottoit avec courage ; on y fit aussi un fort beau combat à la barrière, où dans la grande salle, sur le haut dais, le roy avoit fait retrancher cela ; luy avec huict estoit dedans, et comme les parties avoient fait le tour de la salle, elles ressortoient ainsi qu'elles entroient : deux, trois, jusques à cinq dans la salle en mesme temps ; ceux qui estoient dans le camp sortoient, et en forme d'escarmouches se venoient rencontrer dans le milieu de la salle, et là il se rompoit des piques et s'y donnoit des coups d'épée ; cela dura quelque espace de temps, jusqu'à ce qu'ainsi qu'en une sortie de ville les assiégeans plus forts rembarrent ceux de la ville, le roy se renferma dans son fort, où l'on combattit main à main, et ainsi le combat se finit, ayant esté fait par une nouvelle façon qui fut fort belle.

(1571) On commença peu après le propos du mariage du roy de Navarre ; qui est le roy d'aujourd'huy, avec madame Marguerite, sœur du roy. J'avois lors quelque quinze ans, j'apprenois à faire ma cour au roy, à Monsieur, et à M. le duc, au dernier plus souvent qu'aux deux autres. Mon gouverneur mourut, M. de La Boissière demeura près de moy ; je commençay à ne craindre plus le fouet, et à respecter moins ledit sieur de La Boissière, de façon que je me licentiois souvent aux plaisirs plus qu'à mon devoir, laissant mon naturel commun à tous jeunes gens, mais le mien y ayant quelque inclination de suivre, approuver et imiter plutost les vices que les vertus. Le roy juroit, et luy ouys dire quelquefois que jurer estoit une marque de courage à un jeune homme.

Cela donc me rendit fort grand jureur, en quittant la modestie, qui est à estimer et chérir aux personnes jeunes et de qualité, et me rendit effronté, recognoissant bien que cela plaisoit au roy, faisant gloire de me croire, et n'avoir plus à rendre compte d'aucunes de mes actions à personne. Cela me faisoit mésestimer aux sages, à mes parens craindre la continuation, et prévoyans beaucoup d'inconvéniens qui me talonnoient ; entre autres M. de Montmorency, que j'aimois, craignois et honorois, m'en faisoit souvent des remonstrances : parmy ces mauvais comportemens paroissoit en moy du courage, et une curiosité d'ouyr et retenir ce qui se disoit et faisoit de bon hors la compagnie commune des courtisans, où tous les vices estoient passés pour une bienséance.

Je faisois cognoistre qu'il me restoit du remords de mes vices, et que je jugeois bien qu'ils n'estoient approuvés de tous. Cela faisoit espérer à ceux qui m'aymoient que l'aage changeroit cela, et que l'expérience me feroit cognoistre les malheurs qui arrivent à ceux qui suivent cette manière de vie.

La cour alla à Blois, où la reine de Navarre vint, et M. l'admiral de Chastillon, où fut résolu le mariage du roy de Navarre. J'eus là une petite prise avec un gentilhomme de Touraine, puisné de la maison des Arpentis, et fut dans la chambre du roy ; nous eusmes des propos aigres et non injurieux ; je sortis dehors et luy fut retenu ; depuis, Monsieur nous accorda, lequel avoit commandé à tous les siens de s'offrir à moy, et luy me dit que s'il luy eust été permis, que luy-mesme me fust venu trouver pour m'offrir de me servir de second si la querelle l'eust mérité ; encore que je sçavois bien que telles offres n'estoient pratiquables, néantmoins tel langage, partant de la bouche du frère de mon roy, ne laissoit à m'obliger fort, de façon que je me rendis plus soigneux de faire la cour à Monsieur qu'auparavant, et en fut M. le duc un peu marry.

Nous partismes de Blois, laissans la cour, qui s'en alloit vers l'Anjou, pour venir à Paris avec M. de Montmorency, qui, comme gouverneur de l'Isle de France, avoit eu commandement de faire abattre des croix qu'on avoit mises en deux maisons de ceux de la religion qui avoit esté rasées durant les troubles. Plusieurs de Paris s'y vouloient opposer : ce seigneur valeureux, sage et aimé, appella nombre de noblesse, et se fortifia du parlement; de sorte qu'il fit sans contradiction ce qui luy avoit esté ordonné. (1572) Le roy vint à Paris, où le roy de Navarre arriva avec tous les principaux de la religion.

Après ses nopces, M. de Montmorency fut ordonné pour aller en Angleterre jurer l'aliance avec la reine; je m'y en allay, où je receus toutes sortes d'honneurs et bonne chère de cette grande et sage princesse, qui avoit une grande cour dans cette belle et florissante ville de Londres. Cette grande princesse commençoit à me donner des arres des grandes obligations que vous, mon fils, et moy avons de porter honneur à sa mémoire, ainsi que vous l'entendrez par la suite du discours de ma vie.

Retourné en France, j'accompagnay mondit sieur de Montmorency à l'Isle-Adam, maison où il faisoit sa demeure, madame la connestable, sa mère, vivant encore. M. de Thoré, son frère, me vint trouver de la part de M. le duc, m'apportant une lettre de créance qui estoit pour m'asseurer entièrement de son amitié, qui n'estoit en rien amoindrie pour les refroidissemens qu'il avoit recognus en moy depuis quelque temps, qu'il sçavoit bien que Monsieur, son frère, me témoignait beaucoup d'affection pour me destourner d'estre près de luy comme j'avois tousjours esté, mais qu'il me convioit à l'aimer plus que personne. A cela se joignent les persuasions de mon oncle de Thoré, entre lesquelles il mettoit que Monsieur haïssoit la maison de Montmorency, et favorisoit celle de Guyse, qu'il me traverseroit tousjours près de Monsieur, ou il faudroit que je consentisse au mal qu'on vouloit à leur maison; que je me souvinsse combien j'avois tousjours aimé M. le duc, et la nourriture que j'a-vois prise près de luy. Cela fut fort considéré de moy, qui néantmoins avois, ainsi que je devois, le souvenir fort frais de cet office que Monsieur m'avoit rendu à Blois, lors que j'eus cette brouillerie avec le jeune Arpentis, estant une chose des plus détestables que l'oubliance des bienfaits, et le vice d'ingratitude celuy qui peut plus que nul autre rompre la commune société.

Venu à Paris, j'estois caressé et aimé de ces deux princes à qui m'auroit, et recevois d'eux toutes sortes de faveurs, de bienfaits point, parce que je n'en recherchois pas; et de cela ne faisois-je pas mieux, n'estant jamais mal-séant de recevoir des bienfaits de son maistre, pourveu qu'il vous les donne volontiers, et que vous luy fassiez cognoistre que les services que vous luy rendez ne sont pour l'espérance du profit, mais seulement pour le devoir et l'honneur, qui doit estre tousjours la principale fin de toutes vos actions.

Feu M. le prince d'Orange avoit repris les armes aux Pays-Bas; M. le comte Louys, son jeune frère, qui avoit esté toute la dernière guerre avec le roy de Navarre, estoit parti de France pour exécuter les entreprises de Mons, Valenciennes et autres places aux Pays-Bas, dequoy le roy estoit d'intelligence, ayant permis à ceux de la religion de l'assister, et, cas advenant que leurs entreprises succédassent, qu'il les favoriseroit ouvertement. La ville de Mons fut prise par ledit comte Louys : il y eut rumeur à la cour que le roy y envoyeroit des forces, et mesmes le roy Charles me dit qu'il vouloit que j'y menasse une compagnie de chevaux légers, ce que j'aimois bien mieux allant à la guerre, que ma compagnie de gens-d'armes et demeurant en paix. Le sieur d'Ivoy, de l'ancienne maison de Genlis, menant un secours dans Mons, fut défait par le duc d'Alve, qui avoit comme investi la ville. La journée de Saint-Barthélemy se résolut; on fit diverses résolutions pour l'exécution de cet acte tant horrible, ayant esté une fois délibéré que M. de Guyse tueroit M. l'admiral en une course de bague que faisoit le roy dans le jardin du Louvre, où tous Messieurs menoient des parties. J'estois de celle de M. le duc, lequel on croyoit avoir intelligence avec M. l'admiral : à cette occasion on fit que nos habillemens ne furent presls, et feu M. le duc et sa partie ne courut point. La résolution contre M. l'admiral fut changée avec prudence, d'autant qu'il estoit fort périlleux pour la personne du roy et de Messieurs de le vouloir tuer en ce lieu où l'on couroit la bague, y estans présens plus de quatre à cinq cens gentilshommes de la religion, qui eussent pu beaucoup entreprendre sur l'attentat de ce seigneur, qui estoit tant aymé d'eux. M. de Guyse aposta un nommé Maurevel, qui avoit tué M. de Mouy-Saint-Phale, pour tirer d'une arquebuse M. l'admiral, ainsi qu'il passeroit devant un logis du cloistre de Saint-Germain-de-l'Auxerrois, par où ledit admiral avoit à passer en retournant du Louvre en son logis. Il advint qu'on luy bailla une lettre, qu'il ouvrit et vouloit la lire à l'endroit du lieu où estoit cet assassin qui luy tire le coup, ne luy ayant porté que dans le bras, et n'en fut mort. J'estois en mon logis, où je m'habillois de nos habillemens pour courre la bague. M. le duc m'envoya quérir, et me dit ce coup, usant de ces mots : « Quelle trahison !... »

Le dimanche, 24 aoust, s'exécuta à Paris cette tant détestable et horrible journée du massacre fait sur ceux de la religion, où Dieu me conduisit par la main, en telle sorte que je ne fus massacré ny massacreur, pour le premier ayant couru fortune sur la délibération qu'on prit de tuer tous ceux de la maison de Montmorency, ce qui se serait exécuté sans que M. de Montmorency n'estoit à Paris, mais en sa maison de l'Isle-Adam. Ceux qui vouloient profiter des biens de cette maison concluoient à ma mort, pour estre sorti de sa fille aisnée, ainsi que Monsieur me dit quelques jours après, y ayant, ce me disoit-il, porté tout empeschement. Cet acte inhumain, qui fut suivy par toutes les villes du royaume, me navra le cœur, et me fit aimer et les personnes et la cause de ceux de la religion, encore que je n'eusse nulle cognoissance de leur créance.

Le siége de La Rochelle se prépare, où s'estoit retiré quelque nombre de gentilshommes qui ne vouloient aller à la messe; lesquels, avec les habitans, se résolurent de ne fleschir point, et respandre leur vie terrienne pour conserver la céleste.

(1573) L'armée du roy se prépare; Monsieur et M. le duc partent en poste de Paris pour aller assembler l'armée vers Poitiers. Je pars de Paris pour aller dire adieu à M. de Montmorency qui estoit à Chantilly, où ne voulant demeurer, que deux jours, je tombay malade d'une fièvre lente, comme si j'eusse demeuré étique ; elle me dura bien trois semaines ; mon oncle me vouloit destourner de ce voyage, tenant les armes du roy très injustes, et la défense de ceux de La Rochelle juste. Je ne luy pus obéir, estant aagé de seize à dix-sept ans, et n'ayant jamais veu la guerre, n'ayant que la règle du monde pour la conduite de mes actions. Quoyque je cognusse bien la meschanceté de la Saint-Barthélemy, néantmoins ne me trouyant audit siége, où toute la France alloit, on eust imputé cela à faute de cœur.

Cette première mauvaise impression qu'on eust prise de moy eust esté très difficile à lever, estant grandement à considérer à la jeunesse de faire tout ce que vous pourrez, mon fils, pour donner de vous une bonne impression à tous les commencemens de chacune action que vous ferez, et aux abords de chaque nouvelle compagnie.

Aussitost que je fus guéry, je partis avec un bon équipage de grands chevaux et de dix ou douze gentilshommes, mes armes belles et bien faites, avec toutes les pièces nécessaires pour un siége. Je m'en allay prendre congé du roy et de la reine sa mère, qui me firent cet honneur de m'asseurer de leurs bonnes graces. Je pars et vins à Champigny, où j'y trouvay une de mes tantes. Je fus contraint d'y séjourner huit ou dix jours pour achever de me remettre, temps que je perdois avec tristesse, oyant les canonnades qui se tiroient à La Rochelle, qui me faisoient craindre qu'elle se prist, et que je n'aurois rien veu de ce siége, craignant de laisser une mauvaise impression de moy et de n'avoir commencé à apprendre le mestier des armes ny éprouvé mon courage, pour estre asseuré que la crainte de la perte de l'honneur précédoit tousjours celle de la vie.

Je me rendis audit siége à la fin de février. Lorsque j'arrivay, il vint au-devant de moy environ deux cens gentilshommes. Je pris l'heure d'entrer dans les logis de l'armée, et d'approcher du quartier de Monsieur, que l'on jugeoit estre à cheval pour aller aux tranchées; de sorte qu'ainsi accompagné je fis la révérence à Monsieur, à M. le duc, au roy de Navarre et autres princes; je saluay les personnes de qualité qui estoient là, et accompagnay Monsieur à la tranchée, où j'ouys pour la première fois les canonnades et coups d'arquebuse, desquels il y eut des hommes blessés et tués; je je n'en eus aucun estonnement. De là j'allay à mon quartier, qui estoit loin de celuy de Monsieur d'une petite lieue; tous les jours j'allois à la cour et aux tranchées, où je prenois ma part des occasions et des périls qui s'y présentoient, et avec louange chacun faisoit sa cour aux uns plus qu'aux autres; je me rangeois ordinairement près de M. le duc, qui avoit du mescontement de se trouver dans cette armée sans aucune charge; aussi n'y en avoit-il point pour lui; son esprit ambitieux ne se contentoit de cette raison, outre qu'il avoit en horreur la Saint-Barthélemy, et regrettoit la mort de M. l'admiral, qui l'avoit pris en affection pour le servir. Cela fit qu'il prit intelligence avec M. de La Noue, qui estoit ressorti de La Rochelle, ainsi qu'il l'avoit promis au roy, qui l'avoit envoyé quérir sortant de la ville de Mons, que le duc d'Alve avoit prise, pour le convier de le servir et persuader ceux de La Rochelle de se mettre en leur devoir, et se rendre. Cette persuasion luy estoit faite avec menaces de le faire mourir s'il ne contentoit le roy; il promet de s'y employer, et, en cas qu'ils ne le voulussent croire, qu'il resortiroit de la ville.

Ce vertueux et vaillant gentilhomme entre tous ceux de son siècle se rendit à La Rochelle; là il fit pour eux tout ce qu'il pouvoit, se trouvant à toutes les occasions, et souvent les induisoit à s'accommoder avec le roy, en prenant leurs seuretés convenables pour se garder d'estre trompés. Quand ils avisoient aux moyens de ses seuretés, ils les jugeoient impossibles, veu les manquemens de foy, aux cruautés exercées contre ceux de la religion. J'ay voulu vous conter cette action, de laquelle il y a eu plusieurs opinions pour et contre: les uns disoient que M. de La Noue étoit blasmable, en ce qu'il avoit porté les armes dans La Rochelle, leur ayant fort servy à les acquérir au commencement du siège, qu'il demeura avec eux; d'autres, entre lesquels il y en avoit de la religion, qui disoient que ces persuasions à s'accommoder avec le roy pouvoient faire un esbranlement au courage de ceux de la ville; et des uns et des autres il y en avoit qui l'accusoient d'avoir mal servy et le roy et ceux de La Rochelle.

Voilà comme les actions des hommes sont sujettes à de grands blasmes, d'autant qu'on a souvent ou ses ennemis ou l'ignorance pour juges, ainsi que paroissoient ceux qui ne consideroient que la promesse de M. de La Noue avoit esté faite lui ayant le cousteau à la gorge, qu'il satisfit à la condition de sortir, et qu'il ne s'estoit pas obligé de ne porter les armes avec eux, non plus que de porter seulement ses persuasions de s'accommoder, ce qu'il fit. Et qui jugera sainement, cognoistra en cette action beaucoup de prudence, veu les extrémités où se rencontroit ce grand homme du danger de sa vie, où de faillir et à sa religion et à l'endroit de ceux qui avoient les armes à la main pour la maintenir. C'est une chose fascheuse à un homme de bien de promettre quelque chose qu'on ne tienne, sans donner sujet d'interpréter si la foy aura esté fidellement observée ou non.

A ce siége se présentèrent deux occasions principales: de l'assaut au bastion de l'Évangile, où je fus, et courusmes un très grand péril en nous en retournans, ayant à passer dans un trou qu'on avoit fait pour entrer dedans le fossé sous la contrescarpe. A l'entrée de ce trou ceux de La Rochelle y tiroient, et blessèrent ou tuèrent force hommes, de sorte qu'il y avoit une telle presse, que nous pensasmes estouffer dans les armes; l'autre fut l'assaut général, où je ne fus point, Monsieur n'ayant voulu que la noblesse y allast. Chacun, en cette armée mal disciplinée, portoit son courage aux occasions qu'on pouvoit faire naistre, sans aviser si elles pourroient servir pour la prise de la ville, la jalousie entre les frères fort grande et entre les princes et capitaines; cela fut cause qu'estant Monsieur et M. le duc allés promener vers la mer, et voir si deux forts qu'on y avoit ordonnés s'avançoient, en l'un desquels (chose que vous devez remarquer) Maurevel, le meurtrier de M. de Mouy, et qui avoit tiré M. l'admiral, n'ayant, ny le colonel de l'infanterie, n'y aucun mestre-de-camp, voulu le recevoir dans le corps de l'armée, ny souffrir qu'il entrast en garde avec eux, le tenant pour un homme diffamé d'avoir commis ces actes, quoyque pour le service du roy, indigne et traistre. Allant là, M. le duc m'appelle : « M. de Turenne, allons voir les pescheurs, » qui estoient ceux de la ville, qui, à toutes basses marées, jettoient une bonne escorte pour favoriser grand nombre de femmes et d'enfans qui alloient dans la vase chercher des coquilles, de quoy ils se nourrissoient : nous estans avancés, on commence à nous tirer quelques mousquetades; M. le duc me dit : « Allez à ce fort quérir quelques hommes, et attaquons une escarmouche; » ce que je fis. Celuy qui y commandoit me donna son lieutenant avec trente hommes; je m'avançay avec eux, et M. le duc me suivant, Monsieur, qui s'en retournoit, vit cette escoupeterie, et voit que M. son frère, qu'il trouva pied à terre tout bourbeux, n'estoit avec luy, quelqu'un luy disant qu'on l'avoit veu séparé, et moy avec luy.

Il s'en vint vers nous avec deux ou trois cens chevaux, qui fit que ceux de la ville commencèrent à tirer à la troupe de l'artillerie et des mousquetades, qui la fit arrester; et fut commandé à quelqu'un qui estoit près de luy de venir chercher M. son frère, qu'il trouva, comme j'ay dit, pied à terre, tout bourbeux. J'avois ce jour-là un habillement de satin gris que le rejaillissement de la vase des balles qui tomboient dedans m'avoit tout gasté. M. le duc, arrivé près de son frère, fut repris, et moy peu loué de l'avoir conduit en ce péril, et d'avoir pensé estre cause que deux frères fussent tués. Je méritois bien cette censure, sans que, comme j'ay dit, on n'estimoit en cette armée que ceux qui plus souvent se mettoient en des périls, quoyque sans commandement et sans fruit. Aussi la ville ne fut prise, et cette armée vaincue par le grand nombre de personnes signalées qui y mouroient tous les jours.

Je vous ay dit, au commencement de ce siège, les mescontentemens de M. le duc, et ses intelligences avec M. de La Noue, qui estoit dans l'armée du roy, lequel ne pensoit qu'à assister cette place, de façon qu'il aidoit audit duc à se résoudre de prendre les armes. Il y avoit dans l'armée quatre cens gentilshommes de la religion; le roi de Navarre et M. le prince de Condé y estoient, qui, offensés de la Saint-Barthélemy, ne désiroient rien tant que de se voir les armes à la main pour se venger; de façon que M. le duc se dispose à la prise des armes et à s'en aller, la fondant sur l'injustice de la Saint-Barthélemy, pour se faire donner un partage, et satisfaction à ceux de la religion des rigueurs qu'on leur tenoit. M. le duc doncques, le roy de Navarre, M. le prince et M. de La Noue et moy, se trouvèrent ensemble, et se promirent les princes grande amitié. Le roy de Navarre, ambitieux et soupçonneux, craignoit que M. le duc ne déclarast tout cecy au sieur de La Mole, qu'il aimoit, et que le roy de Navarre n'estimoit, de façon que j'estois l'instrument de leur confiance. On regardoit ce que l'on pouvoit faire : on avise de dresser des entreprises sur des places, ce qu'on fit sur Angoulesme et Saint-Jean d'Angely, où M. le duc se jetteroit. A cecy se présentoient force empeschemens. L'incertitude qu'ont toutes entreprises représentoit une ignominieuse perte, la difficulté d'assembler les hommes pour l'exécution, l'heure et le temps du partement de M. le duc sans qu'on s'en apperceust; toutes ces difficultés tiroient l'exécution de ce dessein en longueur. L'armée navale que le comte de Montgommery faisoit en Angleterre fit voile pour le secours de La Rochelle; le roy y avoit aussi une armée à l'ancre, composée de navires et galères; on avoit fait une pallissade au travers de l'embouchure du havre, à la portée du canon de la ville, où l'on avoit enfoncé des vaisseaux, et entr'autres une caraque qui se trouva là par hazard : ceux de la religion l'ayant prise sur les Espagnols durant les précédentes guerres, l'avoient laissé dépérir sur les vases, n'ayant pu la mettre en mer. Le comte de Montgommery arriva avec la grande marée de l'équinoxe en mars, ayant tout vent derrière luy, dans un bon et grand vaisseau que la reine d'Angleterre lui avait baillé, et environ vingt-cinq autres navires de combat, sans celles des charges qui portoient les vivres. Il y eut une fort grande irrésolution en l'armée de mer du roy, qui ne se voyoit capable ny de vaisseaux ny d'hommes pour résister, l'ordre y ayant esté si mauvais qu'il n'y avoit pas le tiers des hommes dans les vaisseaux qu'il y falloit pour en venir aux mains, et avoit ou esté si mal averty, qu'on ne sceut rien de l'arrivée du comte que lors qu'on le vit.

L'infanterie estoit fort diminuée, et par la mort et par les blessures et maladies; les soldats ne se pouvoient garder; et quoy qu'on fist des recrues tous les mois par tout le royaume, on ne pouvoit les tenir au camp. L'avarice des capitaines aidoit fort à cela, qui vouloient avoir moins de soldats pour à la monstre avoir davantage de passevolans pour gagner les payes; en quoy ils faisoient une faute qui cousta la perte de la vie et de l'honneur à plusieurs, d'autant qu'on leur ordonnoit de la garde à raison des hommes qu'ils mettoient en bataille à la monstre, et, leur arrivant quelque attaque à faire ou à soustenir, se trouvant moins d'hommes, ils s'y perdoient, et le service du roy demeuroit sans estre fait : cela apportoit de grandes difficultés à pourvoir les vaisseaux, ne pouvant tirer des hommes d'où ils estoient en garde, sans péril de laisser au pouvoir de ceux de dedans d'emporter le quartier qu'ils attaqueroient.

Sur cette difficulté je parlay à quelques jeunes hommes de qualité de nous aller jetter dans les vaisseaux, ce qu'ils approuvèrent; soudain je l'allay dire à Monsieur, qui en fut fort aise; nous partismes environ cinquante ou soixante, outre les gardes du roy de Navarre, qui me fit cest honneur de me les donner, et nous nous embarquasmes dans le vaisseau du vicomte d'Usaz, qui commandoit aux vaisseaux ronds qui estoient dans l'armée du roy. Le comte de Montgommery, au lieu de se servir du vent, de la marée et de l'occasion qu'il avoit pour la défourniture des vaisseaux, laisse passer la marée en délibérant ce qu'il avoit à faire; de sorte qu'au lieu de venir à nous il va se mettre à l'ancre entre Chef-de-Bois et l'isle de Ré, où il demeura quelques jours sans avoir porté assistance aux assiégés que de seize ou dix-huit milliers de poudre, qui leur furent portés par le moyen d'une petite patache, qui, à la marée de la nuit, passa aux travers de nos vaisseaux et la pallissade, et se rendit à La Rochelle. Ces princes s'assemblèrent avec M. de La Noue, et avisèrent de se jetter dans les vaisseaux du comte, nos entreprises s'estans perdues et le moyen de les exécuter recognu impossible, comme de pouvoir faire une armée dans la France, que le roy ne l'empeschât; mais que, se jettans avec le comte, et nous en allans en Angleterre, sans doute nous ferions lever le siège, releverions le courage avec l'espérance à ceux de la religion, qui en divers lieux du royaume estoient prests à prendre les armes, qu'on pourroit revenir à La Rochelle, et avec les armes obtenir ce qu'un chacun prétendoit, ou bien que d'Angleterre mesme nous traiterions. Ces raisons furent fort contredites par M. de La Noue, qui ne jugeoit La Rochelle en danger de quelque temps, durant lequel il se présenteroit des occasions meilleures et plus honorables; que tous ces princes s'en allant comme cela vers la reine d'Angleterre, on ne sçavoit comment elle voudroit user de leurs personnes, veu qu'on n'auroit eu auparavant aucune seureté d'elle, qui ne vouloit pas entrer en guerre avec la France, mesmement voyant si peu d'apparence qu'il y eut un party formé, n'estant pas à estimer que s'il y en eut eu, que nous n'eussions pas pris cette retraite; qu'au premier jour nous luy serions à charge pour nostre dépense, à laquelle il faudroit qu'elle subvinst, autrement que le comte de Montgommery n'avoit une absolue puissance sur ses vaisseaux, desquels possible les capitaines anglois ne voudroient nous porter en Angleterre; qu'au lieu de relever le courage à ceux de la religion, nous le leur ferions perdre, estimant qu'il n'y avoit point de seureté ny pouvoir à ces princes, puis qu'ils avoient pris et exécuté un tel dessein. Outre cela, M. de La Noue et le comte n'estoient pas bien ensemble, d'autant que lorsque le sieur de La Noue entra dans La Rochelle, ledit comte y écrivit des lettres pour les convier à le soupçonner, et mesme de s'en défaire, ce que ledit de La Noue avoit sceu : nous tinsmes ce conseil à cheval, prests à l'exécuter s'il y eust esté résolu.

Sur ces sages considérations la partie fût rompue : durant toutes ces menées je courus un grandissime péril, et pour moy et pour tous, par la légèreté, indiscrétion et imprudence qui m'accompagnoit. M. le duc avoit écrit de sa main une forme de protestation, par laquelle il déclaroit les raisons de sa prise des armes, et me commanda de la porter et faire voir à M. de La Noue ; c'estoit la nuit. Je la pris et m'en allay à mon quartier ; nous n'avions pu ménager tant de brouilleries que Monsieur ne fust en soupçon, et qu'il ne fist prendre garde à toutes nos actions, ce que nous recognoissions bien ; pour cela voulois-je prendre quelque commodité pour communiquer cecy à M. de La Noue. Arrivé à mon logis, je mets mon papier dans une layette ; le matin venu, je le prens et le mets dans ma manche entre la chair et la chemise, et m'en allay au quartier de Monsieur, où, après disné, y ayant assez peu de gens dans sa chambre, il commença à se jouer avec nous, et prend mon bras où j'avois ce papier ; soudain il le sentit, et me dit que c'estoit un poulet qui estoit venu de la cour, et, s'efforçant, me déboutonne ma manche et tire ledit papier : mon danger me fit perdre tout respect ; je luy sautay aux mains et luy ostay, en luy faisant croire que c'estoit une lettre de femme que pour rien du monde je ne voudrois qu'il en eust veu l'écriture.

Voilà comme la jeunesse est indiscrette, réduisant ses actions aux cas fortuits, sans les faire dépendre de la raison ; ce qui cause qu'il y en a tant qui se perdent avant que d'avoir atteint l'aage d'homme, et qui laissent écouler le meilleur de leur aage sans avoir fait aucun avancement en leur condition, ny s'estre poussés à aucun degré d'honneur. Cette faute mettoit plusieurs personnes en peine, et avec si peu de sagesse que je fus près d'y tomber. Tous nos desseins allèrent en fumée sans aucune exécution. Le siége se continua ; l'élection de Monsieur se fit pour être roy de Pologne ; les ambassadeurs polonois vinrent au camp pour luy faire sçavoir son élection et le convier d'y aller. Le roy Charles, jaloux de l'authorité de son frère, désiroit avec passion de le voir hors du royaume, ce qui fut cause principalement qu'on se résolut de traiter avec La Rochelle. La capitulation fut faite que la ville se rendroit, mais que le roy de Pologne n'entreroit dedans. Cela s'exécute, et le camp se licentie.

Le roy de Pologne et Monsieur s'en retournèrent à Paris. Ce désir de remuer demeura dans l'esprit de M. le duc ; l'intelligence avec M. de La Noue continua. Icy ay-je à vous noter, d'autant que vous viendrez en une saison où il y aura quantité d'enfans de France, Dieu continuant la vie au roy et à la reyne, qui en feront encore, et gardant ceux qui sont desjà nés, que vous vous serviez de mes préceptes, qui sont que vous ayez à dépendre du roy, de vous entretenir bien avec tous, mais faisant partis à part ; tenez-vous tousjours avec vostre roy, et que rien ne vous en puisse jamais séparer, que le maintien de la liberté de vostre conscience, pour laquelle je vous convie et vous conjure de présenter à Dieu vos biens, vostre vie et vostre personne ; et qu'il vous souvienne que les rois nous sont donnés de Dieu, et quoyque mauvais quelquefois, néantmoins nous les devons servir. Encore que M. le duc eust parmy ses autres raisons de prendre les armes pour la vengeance de la Saint-Barthélemy, si n'estoit-il pas permis par la loy de Dieu, ny politique, qu'il le fist, n'ayant en cela nulle vocation ; et quand Dieu eust bény ses desseins, c'eust esté pour punir ce qui avoit esté entrepris à la Saint-Barthélemy, mais gardant à Monsieur ce qu'il méritoit en se rendant autheur de tant de maux qu'une guerre illégitime apporte ; c'estoit sans justice que nous entreprenions toutes ces nouveautés. Je vous conjure de ne tomber en pareille faute. Ces commencemens me tirèrent de la cour, et me mirent en la mauvaise grace du roy, et m'ostèrent le moyen de parvenir aux charges, ainsi que vous l'entendrez.

La jeunesse, qui a du courage, croit souvent qu'elle ne le fait paroistre en ne faisant que les choses ordinaires, et se restraignant tousjours dans le corps de l'estat, où la puissance, l'ordre et le conseil demeure ; mais que, se jetant dans les partis, ils y sont plus recherchés, leur courage y paroist mieux, d'autant qu'ils sont souvent moindres en nombre, que les charges leur sont plutost données, et qu'y estans plus nécessaires et sans obligation, ils y peuvent plustost et plus facilement s'y agrandir ; ne considérans pas que Dieu ne veut pas tels desseins, que l'estat se maintient, et les partis s'en vont tousjours en dépérissant ; qu'il n'y a que confusion parmy eux, des égalités ordinaires parmy ceux de diverses extractions, d'autant que chacun y est volontairement, et s'en peut retirer quand il veut, disans recognoistre faire mal en suivant ce à quoy ils n'estoient obligés. Il ne se trouve rien de seur en tels partis ; et s'il arrive par hazard que quelqu'un fasse fortune, ce sont gens de peu qui n'ont rien à perdre, et ceux de maison qui ont du bien et de la qualité naturelle n'y peuvent rien gagner, et toutes les actions courageuses et braves sont blasmées par la postérité d'autant qu'elles sont faites contre le bien général de leur patrie.

Vous entendrez combien de peines et fascheries nous avons soustenues durant les guerres civiles qui se faisoient légitimement pour la maintenue de la liberté de nos consciences et jouissance des édits et loix sur ce faites, qui estoient à toutes occasions enfreintes, et la persécution preste à recommencer.

Estant à Paris, chacun se prépare pour aller en Pologne. Les commandemens de Monsieur me firent refuser le roy de Pologne d'y aller, lequel s'ennuyoit fort de partir de France pour aller commander à une nation si esloignée et si différente en mœurs et en police. Le roy Charles se trouvant desjà mal, estant jugé pulmonique par les médecins, M. de Guyse et les principaux serviteurs du roy de Pologne le conviyent à ne partir, et plustost se retirer de la cour; que sçachant l'estat de la vie du roy, qui ne pouvoit estre longue, que c'estoit se mettre au hazard de perdre la France, où Monsieur ne manqueroit de faire ses menées; qu'il avoit ceux de la religion pour ennemis, qui sçavoient qu'il avoit aidé à faire résoudre l'exécution de la Saint-Barthélemy, la maison de Montmorency malcontente : cela retenoit son esprit en suspens, et le fit séjourner près d'un mois à Paris après que le roy en estoit party, s'estant acheminé jusques à Vitry pour accompagner son frère jusques en Lorraine. Là, il tomba malade ; la reine mère pressoit, quoy qu'à regret, le partement de son fils, se promettant, comme elle fit, la mort du roy survenant, qu'elle conserveroit le royaume au roy de Pologne. Monsieur, le roy de Navarre et M. le prince estoient à Vitry, où ils se lièrent d'amitié plus estroitement que par le passé; et avec mauvais conseil on projetoit de remuer. Le roy de Navarre et Monsieur avoient occasion de le désirer pour l'irréparable offense receue à la Saint-Barthélemy, et la contrainte en leur conscience d'aller à la messe, ayans tousjours un vif ressentiment de la religion en leur cœur, et jugeans qu'ils demeuroient tousjours suspects au roy et à l'estat pour n'avoir jamais part à aucune charge ; mais les raisons de Monsieur estoient autres qui le devoient rendre agréable au roy, pour, par sa volonté, s'installer dans les affaires ; il inclinoit néanmoins à la prise des armes, estimant qu'elles luy feroient donner, en les posant, la lieutenance générale.

Nous avions souvent des lettres de M. de La Noue qui redressoit autant qu'il pouvoit sa créance parmy ceux de la religion, et sondoit les volontés pour recognoistre ceux qui par la peur de la Saint-Barthélemy s'estoient du tout révoltés. Les deux rois se séparèrent audit Vitry; la reine mère, Monsieur, le roy de Navarre, M. le prince et toute la cour partent pour conduire le roy de Pologne hors de la Lorraine. A Nancy me fut parlé du mariage de mademoiselle de Vaudemont, qui depuis a esté reine de France, et ce par le roy de Pologne. Je n'y voulus entendre, n'ayant lors nulle envie de me marier; et aussi mon oncle de Thoré m'avoit dit la vouloir rechercher; je ne voulus courre sur son marché, ayant tousjours eu cela d'avoir esté fort exact observateur de mes promesses et des amitiés que j'ay contractées, à quoy souvent plusieurs m'ont trompé. J'estimay que l'ouverture de ce mariage se faisait pour raison d'estat, pour me séparer et d'avec mes oncles et d'avec Monsieur, en m'alliant avec la maison de Lorraine, à ce que je n'aidasse à ce qui se pourroit brasser contre le roy de Pologne, estant hors du royaume.

Il nous pensa arriver un grand inconvénient, qui fut prévenu par une assez spirituelle prévoyance. Monsieur avoit un premier valet de chambre nommé Ferrand, qui l'avoit servy de violon estant jeune : ce valet de chambre s'estoit laissé gagner par la reyne mère pour l'avertir de tout ce que Monsieur feroit. M. de La Noue avoit escrit à Monsieur, luy rendant compte de ce qu'il négocioit, et l'assurant qu'un bon nombre de noblesse et de villes luy tendroient les bras pour le servir. Monsieur oublia cette lettre sous le chevet de son lict; Ferrand, le voyant faire le matin, prend cette lettre, et tout soudain la porte à la reine; par hazard j'estois allé en sa chambre; une sienne femme de chambre qui affectionnoit Monsieur me dit en passant : « On a une lettre que vostre maistre a perdue. » A l'instant je m'en vins retrouver Monsieur, et luy demanday sa lettre; il vit qu'il ne l'avoit plus; ce fut à délibérer ce qui estoit de faire. Monsieur avoit quelque envie de s'en aller; je m'avisay de luy donner conseil de faire réponse à M. de La Noue, par laquelle il luy témoignast trouver estrange qu'il le convioit à s'obliger des personnes pour son particulier, luy qui n'avoit autre but qu'à servir le roy et mériter ses bonnes graces ; que luy ni ceux de sa religion ne devoient entrer en nouvelles défiances, qu'on leur vouloit tenir ce qu'on leur avoit promis, et que pour cela il s'offroit de faire entendre au roy ce que c'estoit de leurs affaires. La lettre faite, il fut trouver la reyne sa mère, et, feignant ne sçavoir que la lettre fust perdue, luy dit avoir receu une lettre de M. de La Noue, qu'il luy portoit avec la réponse; cherchant dans sa poche, il ne trouve la lettre, comme il n'avoit garde, mais bien la réponse, assure fort la reyne ladite lettre ne contenir que ce qu'elle faisoit, et à quoy il avoit répondu.

La reyne se contenta de cela, et fit démonstration d'y ajouster foy, d'autant que le remède fut si promptement porté, qu'elle ne pouvoit s'imaginer que c'eust esté un fait aposté.

Nous partismes de Nancy et allasmes à Blamont, où le duc Christophle Palatin, accompagné du comte Ludovic de Nassau, vinrent trouver le roy de Pologne, l'asseurer de son affection, et qu'il espéroit bientost avoir une armée sur pied pour le servir. Cela fut accepté, et prit-on intelligence avec luy, qui se devoit entretenir par l'entremise de M. de Thoré, auquel il avoit eu communication avant la Saint-Barthélemy, lors qu'il alla à l'entreprise de Mons, ayant fait ses adieux à la reine, qui s'en revint par Bar-le-Duc, où elle voulut chasser La Mole d'auprès de Monsieur, disant que c'estoit luy qui avoit tousjours maintenu son maistre à n'estre pas si bien avec le roy de Pologne qu'il devoit estre. Monsieur empescha cela, et n'en estoit pas aussi la vraye cause, mais la jalousie que le roy de Pologne avoit prise de luy, qu'il n'aimât madame la princesse de Condé, femme de M. le prince, de la maison de Nevers, laquelle il avoit laissée avec une excessive passion, qui eust bien apporté du mal si la mort ne l'eust prévenue.

Nous trouvasmes le roy à Reims, joyeux du partement de son frère, qu'il n'avoit bien creu jusques à nostre retour de Reims. Nous allasmes à Soissons, où nous vint trouver M. de Thoré; là arriva un ministre nommé Saint-Martin, envoyé de la part de M. le comte à Monsieur : mon oncle et moy parlasmes à luy; sa créance estoit que ledit comte estoit à cheval, avec trois à quatre mil chevaux et six ou sept mil hommes de pied; qu'il venoit pour exécuter une entreprise sur Mastrich, et qu'il attendroit des avis de Monsieur pour tourner la teste vers luy où il seroit mandé. Nous ne peusmes luy donner jour ny lieu, mais que dans un mois nous luy ferions sçavoir de nos nouvelles. Nous donnons avis de cela à M. de La Noue, afin qu'il avisast quel temps nous pourrions prendre ; M. le comte Ludovic fut défait, le duc Christophle et luy tués, de façon que cette armée ne nous put servir; M. de La Noue aussi manda qu'il n'avoit aucune chose preste. Nous allasmes à Chantilly; là, Monsieur conféra avec M. de Montmorency, qui luy donna de très-bons conseils si nous les eussions sceu suivre, à sçavoir de se tenir à la cour, s'insinuer dans les bonnes graces du roy autant qu'il pourroit, lequel on voyoit bien ne pouvoir longuement vivre; qu'il establiroit sa créance en s'authorisant dans les affaires ; mais que sortant de la cour il feroit un party et se rendroit l'estat contre luy, qui tendroit les bras au roy de Pologne plus volontiers; qu'il falloit de la patience; que pour luy il estoit son serviteur, mais qu'il ne luy pouvoit promettre de monter à cheval, estant officier de la couronne ainsi qu'il estoit. Là se commença une brouillerie, qui eut suitte, de M. de Guyse et d'un gentilhomme qui l'avoit autrefois servi ; mais, estant parent de M. de La Mole, que Monsieur aymoit, il l'avoit retiré du service de M. de Guyse pour le mettre auprès de Monsieur.

(1574) Nous partismes de Chantilly et vinsmes à Saint-Germain-en-Laye, où l'on fit séjour de trois mois. Là, Monsieur et le roy de Navarre communiquoient souvent ensemble, et avions souvent des nouvelles de M. de La Noue. Les choses s'acheminans à une prise d'armes, ainsi que vous l'entendrez, M. de Montmorency vint à Saint-Germain. Un jour, sur les six heures du soir, c'estoit vers le mois de février, M. de Guyse descendant d'un degré, qui venoit de la chambre de la reine mère, accompagné d'un gentilhomme et d'un page, trouve le jeune Vantabran : ayant eu peu de propos, M. de Guyse met l'espée à la main ; l'autre veut enfiler le degré ; il le ratrape en bas, luy donne divers coups, l'ayant porté par terre ; croyant l'avoir tué, s'en court à la chambre du roy, qui gardoit le lict, d'où il s'approche avec une voix émeue. Il supplia le roy en s'abaissant de luy pardonner sa faute d'avoir tué Vantabran dans le chasteau, qui luy avoit dit que sa femme, madame de Guyse, et M. de Montmorency le vouloient faire tuer ; soudain M. de Montmorency répartit en suppliant le roy d'ordonner que Vantabran pust estre ouy, s'il luy restoit encore un peu de vie, se présentant, sous le bon plaisir du roy, à maintenir que luy ny madame de Guyse n'avoient jamais eu de semblables propos, ny près ny loin approchant de cela. Sur ces entrefaites La Mole entra, qui demanda justice au roy, et tint des propos mal rangés et assez audacieux, ajoutant que Dieu avoit gardé la vie à son cousin pour par sa bouche sçavoir la vérité. Vantabran est mené dans la garde-robe, quelques-uns du conseil ordonnés pour l'ouyr ; cela s'assoupit sans plus avant en avoir tiré la vérité. L'opinion commune fut qu'on vouloit jeter le chat aux jambes à M. de Montmorency, et si Vantabran eust esté tué, que cela eust servy de prétexte à ce qu'on eust pu entreprendre contre luy, s'estant remarqué que cet assassin de Maurevel s'estoit veu à Saint-Germain, ce qu'il n'avoit accoustumé ; le roy mesme n'estant bien aise de le voir près de luy, récompense ordinaire des traistres, d'estre en soupçon mesme à ceux qui les employent. Parmy toutes ces choses il y avoit des amours meslées, qui font ordinairement à la cour la plus-part des brouilleries ; et s'y passent peu ou point d'affaires que les femmes n'y ayent part,

et le plus souvent sont cause d'infinis malheurs à ceux qui les ayment et qu'elles ayment. C'est pourquoy, si vous me croyez et voulez estre sage, vous vous retirerez de la passion, et tascherez de vivre en sorte qu'elles ne croyent que vous les méprisiez ou fassiez mauvais offices, mais qu'elles vous pourront conjurer à les aymer plus que vous ne ferez, vous mettant toujours de tout vostre pouvoir au devant de toutes vos actions la gloire de Dieu, de n'enfreindre ses commandemens de tout votre possible.

M. de La Noue résout la prise des armes au 10 mars, avertit par tout, mesmement le sieur de Guitry Bertichères, pour avertir ceux de delà la rivière de Loire. Monsieur en est averty et les autres princes, mais assez tard, n'y ayant pas plus de trois semaines jusques au jour. Ces princes s'assemblèrent et avisèrent le moyen de se retirer et où ; il fut avisé de sçavoir de M. de Bouillon s'il vouloit les recevoir à Sedan, et à cet effet le sieur de La Boissière est dépesché vers luy, qui fit son voyage en huict jours, asseura la volonté de M. de Bouillon, non-seulement d'ouvrir les portes, mais qu'il viendroit recevoir ces messieurs sur la rivière de Vesle, qui passe à Reims, avec un bon nombre de noblesse, en luy faisant sçavoir le jour. Nous voilà donc résolus de nostre partement, et du lieu de nostre retraitte. Le roy de Navarre va prendre son logis au village pour y coucher ; M. de Thoré estoit avec nous, et M. de Montmorency s'en estoit retourné à Chantilly. Il arriva par une très-grande faute, de laquelle la vérification n'en a esté bien faite pour sçavoir d'où elle venoit, mais elle nous pensa couster la vie à tous, qui fut que M. de Guitry, au lieu de prendre le 10 de mars, s'avança de dix jours, m'ayant dit plusieurs fois que celuy que M. de La Noue luy avoit envoyé luy avoit donné l'autre jour qu'il avoit pris. Mon opinion a esté que l'ambition luy avoit fait commettre cette faute, estimant que s'avançant devant M. de La Noue, qu'il attireroit les hommes à luy, et qu'il pourroit plus facilement exécuter quelque entreprise, et qu'aussi il ne témoigneroit ne dépendre du commandement de M. de La Noue, raisons très-foibles pour luy avoir fait commettre tant de gens en un très-grand danger. Nous ne fusmes avertis que sur les deux heures après midy qu'il avoit donné son rendez-vous pour le lendemain de se venir saisir de Mantes, où estoit la compagnie de M. de Montmorency en garnison, commandée par le guidon du sieur de Buy, qui estoit de nostre intelligence. Nous, fort esbahis, nous n'avions donné jour à M. de Bouillon, et apprenions l'incertitude du sieur de Guitry des forces qu'il pouvoit faire, l'entreprise de Mantes fort incertaine, comme il a paru; de partir incontinent nous n'avions ny lieu ny forces certaines pour nous retirer. Nous renvoyons vers Guitry, luy mandant qu'aussitost qu'il seroit à Mantes qu'il nous avertist, que nous cependant aurions le pied à l'estrier dans le village, n'y ayant plus que Monsieur engagé dans le chasteau.

Sur l'entrée de la nuit, voilà l'alarme à la cour, si chaude, que, n'en cognoissans bien la cause, les perturbations estoient grandes, les bagages chargés, les cardinaux de Lorraine et de Guyse à cheval pour s'enfuir à Paris, et, à leurs exemples, plusieurs autres. Les tambours des Suisses, du corps et des compagnies françoises des gardes battoient aux champs. Les avis du rendez-vous du sieur de Guitry pour l'assemblée de ses forces se rapportoient de Normandie, de Beausse et du Vexin; où il estoit; le partement du roy résolu à l'instant, les gardes redoublées au chasteau; mon oncle de Thoré et moy, qui estions au village, au logis de M. le connestable, prest à partir si je l'eusse voulu croire, ce que je ne voulus, mais d'aller au chasteau aviser si nous pourrions faire sortir Monsieur. Estans dans le chasteau, où le roy de Navarre avoit aussi esté mandé, je cherchay Monsieur, et entray en la chambre de la reine, où le roy de Navarre s'approcha de moy, et me dit : « Nostre homme dit tout. » Alors je m'approchay de mon oncle de Thoré, et luy dis qu'il s'en allast, et qu'il vengeast le mauvais traitement qu'on me pourroit faire, et me crut, dont bien luy prit; s'il fust demeuré il estoit mort, d'autant que Monsieur l'avoit fort chargé par sa confession qu'il fit à la reine mère par la foiblesse de sa constance et par l'induction de La Mole, qui, marry de n'avoir esté de tous nos conseils, pour se venger de nous, et de moy principalement, estimant que ce mauvais office qu'il faisoit à son maistre, en luy conseillant de perdre sa créance et réputation, et ses meilleurs serviteurs, qu'il s'attiroit un grand gré du roy et de la reine, ce qui avint autrement, ainsi que vous l'entendrez.

La reine, ayant sceu ce qu'elle vouloit de son fils, sort de son cabinet et va à la chambre du roy, où je m'en allay par le grand degré, curieux, ainsi qu'il se peut juger, de sçavoir ce que Monsieur avoit dit. Ainsi que j'entray, je le vois parlant à madame de Sauve, riant comme s'il n'y eust eu rien; il la quitte, et me dit : « Je n'ay rien dit de vous, sinon qu'en général vous m'aviez promis de faire tout ce que je vous dirois; mais que votre oncle s'en aille. » Il commençoit à estre jour, on vouloit envoyer vers Guitry, mais je rompis ce coup; soudain je luy dis qu'il le devoit avoir fait, d'autant que ces gens-là croiroient qu'il les auroit tous trompés, et que je les rendrois capables d'excuser ce qu'il avoit dit, et que leur précipitation nous avoit tous perdus. J'avois aussi une autre raison, qui estoit que le roy s'attendoit de tirer quelque service de moy durant cette entremise, qu'on ne me feroit déplaisir, n'estant fort asseuré si Monsieur n'avoit dit de moy que cela. Je le conviay de remettre cela en avant de m'envoyer vers Guitry, ayant songé que j'y pourrois servir. Le roy se délibère que j'irois de la part de Monsieur, M. de Torsi de la sienne, et un nommé Arbonville de la part du roy de Navarre, qui n'avoit brouillé personne. M. de Guitry donne à Mantes sur les huict heures; le sieur de Buy avoit si mal préparé son fait, qu'il n'y eust eu seul gendarme de la compagnie qui fist mine de se joindre audit Guitry, non pas mesme le sieur de Buy; de façon qu'il fallut ressortir de la ville, n'ayant plus aucune entreprise ny nouvelles de nous, ny mesmes des autres rendez-vous qu'il avoit donnés, pour sçavoir quelle quantité d'hommes s'y estoient trouvés. Il s'achemine vers Dreux, et prend un logis à l'entrée de la ville sur la rivière d'Eure; audit Dreux s'estoit rendu le sieur de Saint-Léger avec quelque nombre de noblesse, qui, dans le lendemain, eussent esté plus forts que ledit Guitry, et l'eussent combattu ou contraint à se séparer, n'ayant avec luy qu'environ soixante gentilshommes et six vingts hommes de pied. Nous partons de Saint-Germain : arrivés à Dreux, nous ordonnasmes au sieur de Saint-Léger de ne rien entreprendre; nous sceumes où estoient logés ceux de la religion, et allasmes prendre nostre logis à demie lieue d'eux, d'où nous leur envoyasmes un trompette du roy, que nous avions mené pour faire sçavoir audit de Guitry nostre arrivée, le convier de nous venir trouver, ou bien nous asseurer de pouvoir aller là où ils estoient, on en chemin, en tel lieu que le trompette nous rapporteroit. Qui fut et bien aise et bien en suspens, ce fut ledit de Guitry de me sçavoir là, estimant que je l'éclaircirois de l'estat des affaires; et, en peine de conjecturer comment je venois en cette légation, il nous renvoye le trompette, en nous asseurant un lieu, où il se rendit avec environ vingt gentilshommes, et nous y acheminasmes. Le sieur de Torsi prit la parole, et leur dit le desplaisir qu'avoit le roy de les sçavoir les armes à la main, estans désireux d'oster toute la méfiance à ses sujets à raison des choses passées, par les bons et favorables traitemens qu'il leur vouloit rendre; qu'ils eussent à se retirer chacun chez soy et venir vers Sa Majesté, ainsi que d'obéissants sujets doivent faire, qu'ils en recevroient tout contentement. A cela le sieur de Guitry dit n'estre seul dans la France qui avoit les armes en la main, mais qu'elles y estoient prises par toutes les provinces, que l'inobservation du traité de La Rochelle estoit commune, qu'ils ne voyoient ny n'oyoient que le renouvellement des persécutions, qu'ils aimoient mieux mourir les armes en la main que par les supplices rigoureux exercés contre ceux de la religion. Je pris la parole, et dis qu'avec la volonté du roy Monsieur m'avoit voulu envoyer vers eux, pour leur dire le desplaisir qu'il avoit d'estre en doute de la bonne grace du roy, et d'avoir sceu la prise de leurs armes, qu'il ne vouloit favoriser ny assister, mais bien les asseurer qu'ils se pouvoient entièrement fier à la parole du roy; Arbonville dit à peu près les mesmes choses de la part du roy de Navarre. Alors le sieur de Guitry prie M. de Torsi et moy de trouver bon de parler avec luy à part, ce qui fut accordé. Alors je luy dis l'inconvénient arrivé à cause de sa précipitation, qui nous avoit osté le moyen de partir, et de faire jouer tous les ressorts de nos entreprises si à propos que nous eussions fait, que les princes n'estoient pas du tout prisonniers, mais tellement observés, qu'ils n'avoient aucune action libre. Je trouvay ce gentilhomme sans conseil, ny ouverture de moyens pour se garantir d'une prochaine et honteuse ruine; et ne voyant rien pour luy et tout contre luy, ne se pouvant fier pour venir trouver le roy, ny aussi comment se maintenir en le refusant, il me fallut luy ouvrir un moyen, qui fut de nous dire qu'il estoit prest d'aller trouver le roy, en luy donnant les seuretés nécessaires d'aller et retourner, m'ayant esté ordonné par le roy, sur tout en prenant congé de luy, de luy faire venir Guitry; que cependant que nous retournerions il s'avanceroit vers la Normandie, d'où il attendoit des exécutions sur des places par le sieur de Colombières et autres. Il approuve cela, de façon qu'après nostre communication le sieur de Torsi se trouva plus remis; et faisant cette ouverture de venir, qui contenteroit le roy, nous nous séparons avec cette response, et vinsmes trouver le roy, qui estoit venu loger au fauxbourg Saint-Honoré, au logis du mareschal de Rets, auquel nous fismes entendre ce que nous avions fait; dequoy Sa Majesté fut contente, et nous commanda de nous tenir prests pour retourner vers ledit Guitry, et luy porter les sauf-conduits nécessaires pour venir trouver le roy et pour s'en retourner.

Cependant il marcha, et le trouvasmes auprès de l'Aigle en Normandie, d'où nous luy fismes sçavoir nostre retour, à ce qu'il vinst vers nous, ou que nous allassions vers luy, ou en lieu entre deux pour nous aboucher; ce qui fut accepté, et là nous trouvasmes, où nous luy fismes voir les sauf-conduits du roy, qu'il nous demanda pour les communiquer à ceux qui estoient avec luy. Il s'estoit renforcé de quelque cent chevaux et deux cens hommes de pied. Il revint vers nous dès le jour mesme, disant que ses compagnons ne le vouloient laisser partir, et avec beaucoup de raisons. La méfiance estoit très-grande de l'invalidité de toutes les promesses, qui les faisoit douter de la seureté de sa personne ; ils se voyoient sans chef, n'ayant point encore d'avis certains de ce qu'avoit exécuté le sieur de Colombières, et moins que le comte de Montgommery eust mis pied à terre : ils sçavoient que M. de Matignon, qui depuis fut mareschal de France, estoit à Caen, où il assembloit des forces, estant un des lieutenans du roy en Normandie, qui les pouvoit combattre ; que se voyans sans le sieur de Guitry, plusieurs se desbanderoient, concluans à y laisser aller tout autre d'entre eux, mais point le sieur de Guitry.

A cela nous leur opposons la promesse qu'il avoit faite, que les sauf-conduits estans donnés sous son nom, le roy se tiendroit trompé d'eux ; enfin ils me prièrent d'aller jusques en leur quartier, pour faire sçavoir à toute la troupe nos raisons et asseurances. Il faut remarquer que Monsieur et les princes m'avoient enchargé d'empescher leur séparation, rebastissans de nouveau les moyens de sortir de la cour ; M. de Torsi trouva bon que je satisfisse à leur désir en m'en allant au quartier. Je voyois bien la continuation des soupçons que je donnois d'avoir intelligence avec eux, que je ne pouvois parler à plusieurs en public que ce que je dirois ne fust sceu, que les principales raisons que j'avois pour les faire consentir au voyage du sieur Guitry, estoit l'attente de la sortie de Monsieur, la communication qu'il pourroit avoir avec luy, la seureté qu'ils auroient cependant de ne pouvoir estre combattus, et de pouvoir se joindre avec le sieur de Colombières ; raisons lesquelles sceues du roy estre venues de moy, me portoient en un fort grand danger : néantmoins mon affection au service de Monsieur, la croyance que j'avois de ne faire fortune à la cour, me firent préférer les commandemens de Monsieur à ce qui estoit de mon devoir, en parlant à trente ou quarante gentilshommes ordonnés de tous les autres à cet effet, auxquels je fis concevoir mon but, qui estoit que, sur le voyage de M. de Guitry, on pust gagner le temps nécessaire pour leur faire voir des choses qui porteroient de grands avantages à leur party ; que, nous séparans d'eux, beaucoup de forces leur tomberoient sur les bras, qu'ils sçauroient ceux qui auroient pris les armes, et que je ne voyois nul hazard pour la personne dudit Guitry ; que nous nous obligerions, en nostre propre nom, de faire trouver bon au roy de le reconduire et le ramener parmy eux. Cela les fait résoudre à le consentir, principalement sur la croyance qu'ils prirent en moy que je ne voudrois estre autheur d'une perfidie. Ils envoyèrent vers M. de Torsi un des leurs avec moy, pour l'asseurer que le sieur de Guitry viendroit le lendemain nous trouver pour en nostre compagnie aller trouver le roy au bois de Vincennes, où il avoit pris son logis pour asseurer sa personne et celles des autres.

Comme il fut arrivé, le roy nous commanda de faire trouver le lendemain le sieur de Guitry en sa chambre, où il n'y auroit que la reine sa mère, ce que nous fismes. Là le roy tascha à le pratiquer, et sçavoir de luy la vraye cause de leurs armes, et ceux de son intrigue, le louant ainsi qu'il le méritoit, et luy donnant dequoy attendre de la récompense, s'il vouloit servir le roy en ce qu'il désiroit. A cela il se servit des raisons générales qu'ils avoient par les actes passés entre ceux de la religion, les nouvelles rigueurs qu'on exerçoit, qu'ils auroient estimé devoir cesser par l'absence du roy de Pologne, qu'ils avoient cru y pousser le roy, auquel ils désiroient toute prospérité, ne cherchans que le moyen et seureté de la liberté de leur conscience, que le roy leur donnant cela, il ne falloit douter qu'ils ne posassent les armes.

Durant six ou sept jours que nous demeurasmes au bois de Vincennes, le roy sceut l'arrivée du comte de Montgommery à Carantan, la prise de Saint-Lo, de Valoigne et autres petites places dans le bailliage de Costentin, de façon qu'il jugea bien qu'il falloit traiter ces affaires avec le général de ceux de la religion, qui avoient aussi pris les armes dans la pluspart des provinces de la Loire ; qui fit qu'on se résolut de renvoyer ledit Guitry et nous avec luy. Monsieur et le roy de Navarre bastissoient les moyens de leur partement, jugeans assez le péril où ils estoient ; et à cecy La Mole estoit des premiers instrumens. La faute qu'il avoit fait commettre à Monsieur à Saint-Germain, et l'estimant plus propre à la cour que dans les armes, me faisoit méfier de luy, de façon que Monsieur me voulant communiquer son dessein et m'en faire parler à La Mole, je le suppliay que je n'en sceusse rien, mais qu'il pouvoit s'asseurer que je ne luy manquerois point.

Nous repartons après avoir vu arriver M. de Montmorency, que j'allay trouver entre Escouan et Paris pour le détourner de son dessein, estant le jugement d'un chacun qu'il seroit arresté, comme il fut. Mes persuasions ne furent rien à cette ame asseurée contre ces dangers qu'il avoit préveus, et jugé moindres que les blasmes ou les difficultés à les excuser.

Nous arrivons à Caen, où estoit le sieur de Matignon, qui avoit fait tuer deux jours auparavant le sieur de Saint-Jenets, frère du comte de Montgommery, dans son chasteau, dont il portoit le nom, par un nommé de Mans. Nous arrivasmes à Saint-Lo, où nous trouvasmes le sieur de Colombières avec assez bon nombre d'hommes, qui commençoit à travailler et à ruiner les fauxbourgs. Il estoit neveu de M. de Torsi; il nous logea au fauxbourg, et nous posa un bon corps de garde devant nostre logis, nous disant que toute sorte de méfiance estoit permise à ceux qu'on avoit si souvent et si meschamment trompés, qu'ils avoient les armes à la main, espérans que Dieu les béniroit, en sorte qu'ils auroient la vengeance de tous les massacreurs. M. de Torsi plus que moy trouva estrange ceste façon de garde, et ces propos libres, lesquels il voulut modérer; mais il arriva tout le contraire, les derniers estans plus injurieux que les premiers, et conclud son propos, disant voilà ma sépulture, nous monstrant une tour par où il jugeoit que la ville seroit battue, ainsi qu'elle fut, et y mourut, ayant ses deux enfans près de luy lors de l'assaut, qui n'estoient aagés de plus de quatorze ans.

Nous passasmes à Carentan, où nous trouvasmes le comte de Montgommery arrivé, avec lequel nous ne traistasmes rien, et n'eusmes qu'à nous en retourner. Passans à Caen, nous trouvasmes commencement de forces, et le sieur de Matignon, soudain après nostre passage, logea quelques forces près de Saint-Lo, pour empescher les courses. Arrivés au bois de Vincennes, après avoir rendu compte au roy de l'estat auquel nous avions laissé le comte de Montgommery, qui n'estoit guères bon, tant pour la foiblesse des places que pour le peu de forces et un commencement de division que nous y recogneusmes entre luy et le sieur de Guitry, qui estoit un brave capitaine, on commença à dresser les armées de Normandie et de Poitou, celle-cy sous M. de Montpensier, et celle-là sous le sieur de Matignon. Lors furent créés trois régimens d'infanterie, dont le commandement fut donné à trois jeunes gentilshommes de bonne maison, qui furent Bussi d'Amboise, Lavardin, qui est maintenant mareschal de France, et l'autre à Lucé : M. le comte de Soissons a espousé sa nièce et son héritière. Je séchois sur les pieds de voir ces messieurs, qui n'estoient guères plus vieux que moy, lesquels avoient des charges et en moyen d'acquérir de la réputation ; mais, estant lié à la fortune de Monsieur, je ne pouvois sans faillir m'en séparer. Il différoit tousjours pour partir ; et, comme je vous ay dit, je n'avois voulu me mesler avec La Mole, n'y rien sçavoir de ce qu'ils faisoient. Le roy, au département qu'il fit des compagnies qui le serviroient en Poitou, y destina ma compagnie, qui fut occasion que je préparay mon équipage, et pris congé du roy et de la reyne le lundy de la semaine avant Pasques, et vins à Paris, où Monsieur arriva le mardy; et là il me conjura tant qu'il me fit parler à La Mole, et me communiqua le dessein qu'il avoit de partir le mercredy ou jeudy ensuivant. Il repart et s'en retourne au bois de Vincennes, et moy au bailliage du palais, où j'étois logé. Le mercredy, de bon matin, on me manda du bois de Vincennes que le roy prenoit quelque méfiance de moy de ce que j'achetois des chevaux, des armes, de la poudre, et autres commodités pour la guerre, ce qui me fit envoyer le sieur de La Boissière vers le roy, pour m'excuser sur le commandement que j'avois d'aller trouver M. de Montpensier, qui me faisoit faire provision des choses nécessaires pour la guerre. Il revint assez tard, et me porta un nouveau commandement d'aller trouver M. le mareschal d'Amville, mon oncle, en Languedoc, qui faisoit aussi des troupes pour faire la guerre à ceux de la religion, et que j'eussé à partir le lendemain. Je renvoye La Boissière dire au roy que j'obeirois en tout et partout à ses commandemens, et avertis Monsieur que je ne coucherois qu'à Juvisy, et que s'il pouvoit sortir, je me trouverois où il me manderoit pour tout le jeudy audit Juvisy; où estant avec mon train, qui estoit de huict ou dix gentilshommes, nombre de bons chevaux, le matin du vendredy j'eus avis que Monsieur, le roy de Navarre, les mareschaux de Montmorency et de Cossé estoient arrestés.

Je pars et m'en allay coucher à Milly, où je sceus par un que je ne sçay avoir jamais veu ny devant ny après, lequel se rompit la jambe en me venant trouver, et m'envoya son homme pour me dire qu'il avoit esté donné des commandemens aux villes et aux gouverneurs par où je passerois de me prendre. Je ne fus pas sans peine, me voyant entre les rivières de Seine et de Loire, peu cognoissant le pays, néantmoins résolu d'éviter tous mes dangers avec courage. Je pars et suis le grand chemin à moyennes journées jusques à Cone-sur-Loire, où je ne logeay dans la ville, mais au faux-bourg, où je laissay le plus pesant de mon train et ce qui estoit inutile; et feignant d'aller voir Sancerre, je pars sur les quatre heures avec dix-huict chevaux, et passe la rivière de Loire, ordonnant à mon argentier d'aller le grand chemin, en disant me devoir rencontrer. Je fis une grande traite, et allay jusques sur les dix heures du lendemain repaistre à cinq lieues par delà Bourges, où je ne séjournay que peu, et allasmes coucher bien avant dans le Bourbonnois, en un village qui estoit en la maison de Bellenave, où je trouvay un hoste qui avoit esté à feu M. de Bellenave, qui estoit d'ordinaire avec feu mon père, qui me recognut, et demanda aux miens si je n'estois pas M. le vicomte de Turenne. Il arriva une chose digne de remarque : le jour de la bataille de Saint-Quentin, où mon père fut blessé et pris, dequoy il mourut, estant mon père mené prisonnier, le sieur de Bellenave, pris aussi, luy fut présenté; soudain il le nomme Sagouin, nom qui luy avoit esté donné pour ce qu'il avoit la bouche petite; il arriva si à propos qu'il s'estoit nommé de ce nom et non de Bellenave, disant qu'il n'estoit qu'un valet, de façon que ceux qui le tenoient crurent cela, et le laissèrent aller sans payer aucune rançon, qu'il eust bien payée de deux mil escus. De là

je m'en allay à Joze, lieu de ma naissance, où je n'avois esté depuis que je fus mené à Chantilly, là où je fus fort visité de la noblesse.

Le roy despescha le sieur de Maignanne, enseigne d'une des compagnie des gardes-du-corps, avec commission au sieur de Saint-Héran, gouverneur d'Auvergne, de luy tenir main forte pour me prendre. Ledit sieur de Saint-Héran, qui avoit esté lieutenant de la compagnie de cent hommes d'armes de M. le connestable, et fort affectionné à feu mon père et à toute nostre maison, respondit audit de Maignanne qu'il estoit prest à faire ce que le roy luy avoit commandé, mais qu'il ne sçavoit de qui se servir dans la province, où ma maison estoit aymée et honorée et des villes et de la noblesse; qu'il falloit avoir des forces d'ailleurs, que j'estois accompagné de cinquante ou soixante gentilshommes; qu'il prioit ledit Maignanne de ne se monstrer, de crainte que dans Clermont, où ils estoient, on ne luy fist déplaisir. Il me donna avis de l'arrivée dudit Maignanne et du commandement qu'il avoit, me conseillant et priant de prendre garde à moy et de m'oster de là; je me résolus de m'en aller à Turenne.

Je pars de Joze fort bien accompagné, et vins à Chasteaugué, où estoit M. de Fleurat; je séjournay là trois jours, courant la bague, et passant le temps avec plus de cent gentilshommes. Sçachant que Maignanne observoit mes actions, et sollicitoit M. de Saint-Héran à l'exécution de sa commission, j'avisay d'envoyer Le Jeune, qui avoit le guidon de ma compagnie, à Clermont, accompagné de huict gentilshommes; descendit au logis où estoit Maignanne, lequel, les voyant entrer, monta en une chambre, où il fut suyvi par ledit Le Jeune, lequel le prenant par le bras luy dit que M. le vicomte de Turenne vouloit sçavoir qui il estoit : soudain l'autre descend le degré, et va à l'escurie faire apprester ses chevaux, et alla trouver le sieur de Saint-Héran pour prendre congé de luy, recognoissant qu'il falloit d'autres forces pour faire obéir le roy. Il ne fut empesché de ce dessein, et n'eust asseurance qu'il ne sortist de l'Auvergne, ce qu'il fist en un jour.

Je m'acheminay vers Turenne, et estois dans la montagne du Cantal en un lieu nommé Vic, prétendant de m'en aller le lendemain coucher à Roquebée, maison qui estoit lors au sieur de Montal, qui m'appartenoit de quelque chose. Je fus averty qu'il avoit retiré quelques hommes dans sa maison pour assassiner la pluspart de ce qui estoit avec moy, et me prendre prisonnier, trahison fort grande, d'autant que je l'avois obligé diverses fois estant à la cour, et luy m'ayant convié d'aller chez lui, et tousjours asseuré d'une très entière amitié. Cela vous doit faire cognoistre combien d'infidélités se trouvent entre les hommes qui, par ambition ou avarice, se départent des choses honnestes pour suivre celles qui satisfont à ces deux passions. J'avois avec moy son jeune frère, qui estoit chevalier de Malte, lequel, sans sçavoir l'infidélité de son frère, m'y servoit de guide pour la souffrir ; cela, avec ce que je sceus que M. de Vantadour, qui avoit espousé une des sœurs de ma mère, gouverneur du Limosin, s'en estoit allé à Turenne pour s'en saisir, me fit rebrousser chemin et m'en aller à Bouzols. Voilà les traverses et dangers où j'estois, qui, pareils ou plus grands, suivent ceux qui ont leur roy pour contraire : à Bouzols je séjournay quelques jours, estant accompagné de cinquante ou soixante gentilshommes ; de là je m'en vins à Turenne, ayant sceu en chemin la mort du roy Charles, Monsieur, le roy de Navarre et les deux mareschaux tousjours prisonniers ; je m'en vins, dis-je, à Turenne, où toute la noblesse catholique me vint voir, et quelques-uns de la religion qui ne se trouvoient dans les troupes qu'aux occasions, lesquelles estans passées ils se retiroient chez eux. Ceux de la religion me tenoient Beaulieu, Argental et la ville de Saint-Céré, et le sieur de Montal le chasteau ; ils ne me faisoient la guerre ny moy à eux. Il arriva que ceux de Cazillac, où il y avoit quelques soldats qui estoient de Turenne, firent quelque outrage à un de mes voisins, de quoy ils ne voulurent faire réparation, ce qui occasionna d'assembler mes amis, et les allay attaquer, et les pris. Ceux de Beaulieu commencèrent à courre ma terre ; je leur fis la guerre et les contraignis à s'accommoder avec moy, par l'authorité de M. le vicomte de Gourdon, qui estoit leur général en Limosin, Haute-Auvergne et Haut-Quercy. Cela dura jusques au siège de Miremont. En ce temps-là le roy revenoit de Pologne, et estoit à Turin, où, sous la parole de feu M. de Savoye, M. le mareschal d'Amville, qui estoit dans ladite ville, ayant fait la révérence au roy, et eu plusieurs discours qui ne l'avoient contenté, M. de Savoye, averty qu'on le vouloit tromper, et sur son retour le faire perdre, luy fit apprester sa galère et prendre le chemin de Metz, et le rendit sain et sauve dans son gouvernement ; il avoit traité avec ceux de la religion, et fort avancé l'union entre eux et les catholiques romains avant qu'aller à Turin, de quoy il m'avoit donné avis, m'exhortant de m'y joindre et à prendre les armes pour cet effet : j'avois appelé bon nombre de noblesse, attendant de sçavoir dudit sieur mareschal le jour que nous nous déclarerions. Je sceus qu'il estoit allé trouver le roy ; cela me mit en une fort grande peine, estimant qu'il s'accommoderoit, et que j'aurois fait une levée de boucliers à ma honte et à la ruine de ceux qui prendroient les armes avec moy.

Il se présente une occasion pour couvrir la vraye cause de l'assemblée de mes hommes, qui fut que le sieur de Saint-Héran s'estoit obligé d'assiéger le chasteau de Miremont en Auvergne, à la sollicitation de ceux du haut païs, mais poussé principalement par Montal, qui vouloit un grand mal à la dame à qui appartenoit la maison, estimant qu'il la feroit mourir, et ruineroit sa maison. Je fis que le sieur de Saint-Héran me convia de l'assister en ce siège, ce que j'offris de faire, et y menay trois cens gentilshommes et quelque infanterie. Ces entreprises estoient faites avec les promesses de ceux du païs pour les frais qu'il falloit faire pour les levées et paye des hommes, des vivres, munitions de guerre, esquipage d'artillerie : toutes ces choses estoient fournies mal à propos et moindres qu'il ne les falloit ; de façon que nous ne prismes la place, et s'y perdit nombre de gentilshommes en voulant faire un logis sur une espèce de contrescarpe, de façon que j'y eus plus de vingt gentilshommes tués, entre lesquels fut le sieur Oudart, que j'ay dit cy-devant avoir esté envoyé à Clermont faire desloger Maignanne. Nous levasmes le siège ; ceux de la religion avec lesquels j'estois entrèrent, ainsi qu'ils devoient, en une grande mesfiance de moy. Je m'en revins à Turenne, où tost après j'eus des lettres de Monsieur, qui me prioit de prendre les armes avec M. le mareschal d'Amville, qui aussi m'avertit de son retour en Languedoc, et m'envoya les articles de l'union afin que je les signasse. Cela me fit résoudre à prendre les armes ; de quoy je donnay avis à M. de La Noue, qui m'envoya tout ce qui estoit sorty des villes de Fontenay-le-Comte et Lusignan, avec les sieurs de Montguyon et de Chouppes, qui pouvoient estre environ mil arquebusiers à cheval, et cent ou six-vingts hommes de cheval ; j'avois près de trois cens gentilshommes catholiques, qui prirent les armes avec moy.

Il est à remarquer qu'estant revenu du siège de Miremont, le roy arriva à Lyon en mesme temps : j'envoyai vers luy pour luy rendre les devoirs que comme son sujet je luy devois, luy tesmoignant estre marry des mauvaises impressions que le feu roy son frère avoit prises de moy, ne désirant que d'estre maintenu en ses bonnes graces, et luy rendre les services que je luy devois. On fit fort peu de cas de ma recherche, et me fit-on cognoistre que je n'avois à espérer aucun avancement : ainsi en fit-on au général de ceux de la religion, qui tous firent sentir qu'ils ne désiroient autre chose que la seureté et liberté de leur conscience, biens et personnes.

Le roy, qui avoit esté conseillé de l'empereur, passant à Vienne, du sénat de Venise et de M. de Savoye, de donner la paix à ses sujets, s'en venoit avec cette intention ; mais la reine sa mère, le mareschal de Bellegarde et quelques autres la luy firent changer à son grand malheur et de tout son royaume, sur lequel il pouvoit régner heureux, où il a eu tousjours, jusques à la mort, des partis qui rendoient son authorité contestée, son peuple ruiné, la justice et les loix sans obéissance. Il s'en vint à Avignon, où il commença à préparer des forces, et attaqua Livron : pour moy je fus appellé par ceux de Montauban, qui estoient fort pressés. Le sieur de Joyeuse, commandant en Languedoc, et le sieur de Cornusson à Tholose, le sieur de Clermont de Lodève en Quercy, et le sieur de La Vallette, père de M. d'Espernon, en Gascogne, luy avoient pris tous les forts aux environs, où ils avoient mis des garnisons pour les empescher de ne cueillir ny bleds ny vins : les villes du Mas-de-Verdun, Buset et Lauserte, tenues par ceux de la religion dans les trois provinces où commandoient ces trois messieurs dessus nommés, estoient en telle extrémité qu'elles n'avoient des vivres que du jour à la journée ; les garnisons si petites qu'elles ne pouvoient suffire aux gardes ordinaires, moins pouvoient-elles lever leurs contributions, sur lesquelles elles prenoient leur entretenement ; ils me prient d'y aller, m'ayant, en une assemblée qu'ils avoient tenue, destiné pour commander en Guyenne sous M. le mareschal d'Amville.

(1575) Le premier rendez vous fut près de Turenne, en un lieu appellé les Bruyères-de-Nazaret ; de là nous allasmes à Bergerac, où commandoit le sieur Langoiran, puisné de la maison de Montferrant, laquelle est maintenant esteinte, lequel me receut bien ; mais néantmoins, trouvant ennuyeux pour luy de me recognoistre, je passay la rivière de Dordongne, celle du Drot, et à Clerat celle du Lot. Tous les lieutenans du roy faisoient ce qu'ils pouvoient pour se faire forts et me combattre, qui estoit mon plus grand désir, ayant près de six cens chevaux et deux mil hommes de pied, bons et bien commandés. Ils me laissent faire mon chemin sans empeschement ; je prends mon logis à deux lieues de Montauban, au village de Piqueros, où il y a un bon chasteau qui appartient à ceux de Montpezart, d'où ceux de Montauban recevoient beaucoup de dommage ; j'estimois qu'ils me donneroient de quoy l'assiéger, mais ils estoient despourveus de tout ; leur artillerie consistoit en deux canons, l'un pesant près de sept milliers, le calibre si grand qu'il falloit des moules exprès pour y fondre des balles, l'autre estoit un sautereau qui ne pesoit guère plus de quatre milliers, qui n'avoit que sept pieds de longueur, de façon que le premier ne se pouvoit mener qu'avec un grand nombre de bœufs, l'autre ne pouvoit demeurer sur son affust, mesmement en le tirant, à cause de sa légèreté, ny demeurer, ainsi qu'il le faut, dans les ambrazures, à cause qu'il estoit fort court, et pour l'un et pour l'autre on ne pouvoit faire de plate-forme suffisante à son recul. Il y avoit une ou deux bastardes ; mais le chateau fut jugé n'estre forçable avec cela. Je dèlogeay, et avec ces pièces je pris quatre ou cinq forts, et après je m'en allay à Montauban, où je fus receu avec un grand applaudissement du peuple, ainsi que c'est la coustume d'aymer ceux qui les délivrent d'oppressions; néantmoins la confiance n'y estoit pas entière, à cause que j'avois plusieurs catholiques, et moy-mesme qui l'estois, faisant dire la messe dans ma chambre; de quoy plusieurs s'offensoient : ceux de la religion, de voir cela introduit à Montauban, estimans que l'ayant chassée qu'elle n'y rentreroit point; les catholiques, de ce qu'ils avoient si peu d'exercice et en cachette, quoy que par les articles de l'union il estoit accordé aux troupes, à la campagne et dans les garnisons. Il y avoit M. de Terride qui m'obéissait un peu à regret; de façon qu'il me falloit mesnager entre toutes ces difficultés, et essayer qu'elles ne m'empeschassent à bien faire la guerre et acquérir la réputation et créance : par curiosité quelquesfois j'allay au presche, où divers catholiques me suivoient.

Je ne séjournay pas à Montauban trois jours que je ne misse dehors l'artillerie, la moisson pressant, pour les eslargir de toutes les petites garnisons; où je fus accompagné d'heur, d'autant que nous n'avions pas pour tirer cent cinquante coups de canon; néantmoins je pris à cette sortie huict ou dix forts assez bons, et où il se trouvoit bon nombre d'hommes dedans, mais ils estoient assaillis vertement, de sorte qu'aussitost que quelque trou estoit fait, ou quelques guérites abatues, on y donnoit; de sorte que nous prismes réputation, qui sert grandement à la guerre; et au contraire les capitaines la perdirent en nous laissant exécuter ce que nous entreprenions : nous nous servions de la diligence, qui est une partie fort requise à l'homme de guerre pour exploiter beaucoup de grandes choses et pour se garder de plusieurs dangers. Je prenois le temps de mes sorties avec considération de sçavoir si les lieutenans du roy, qui ne s'accordoient guères bien, estoient ensemble, de choisir les lieux que je voulois attaquer, qu'ils fussent en assiette favorable pour prendre un bon logis, les ennemis les voulans secourir, de les investir, ayans quelques avis que leurs garnisons fussent foibles : il arrivoit que la garnison avoit esté battue; et, me servant de l'occasion, je les investissois. Je faisois ce que je pouvois, avec l'avis des capitaines qui estoient avec moy, de vaincre nos nécessités par art et par la diligence. J'avois grand'peine à maintenir mes hommes, qui, volontaires et sans payement, ne se pouvoient garder avec rigueur.

Je pris nombre de ces petites garnisons en six semaines de temps; mais le plus pesant de la besogne estoit de conserver les trois places susdites, qui avoient faute de tout, et moy nuls magazins pour les envitailler. Il me falloit lever, tantost cent sacs de bled de maison en maison, sur les plus volontaires de Montauban; tantost je jettois partie de cela dans la ville, qui estoit au dernier morceau, par quelques soldats qui se dérobaient la nuit des gardes et des forts des ennemis, et entroient dans la place; tantost, mais rarement, je les faisois conduire par une légère escorte, estant cela fort hazardeux que vos hommes ne soient battus, d'autant qu'ils y alloient sçachans que s'ils estoient rencontrés ils le seroient par plus fort qu'eux, ce qui les rendoit (comme en semblables occasions il avient) peureux et capables d'estre battus par beaucoup moindre nombre d'hommes qu'ils n'estoient. Bien souvent j'y allois. Le sieur de Cornusson et de Joyeuse s'assemblèrent sur l'advis qu'ils eurent que j'avois assemblé toutes mes troupes, et m'en estois allé à Villemur pour mener un envitaillement à Buset, et prendre deux tours qui estoient à cinq cents pas dudit Villemur.

Lesdits sieurs se logèrent en un village qui s'appelle Bessins, et quelques autres lieux au delà de la rivière du Tarc. Le lendemain, je pars avec deux cens arquebusiers à cheval, et six vingt chevaux, ayant ordonné le sieur de Moulins, cadet de la maison de Komes, avec autres quarante chevaux et soixante arquebusiers à cheval, de se mettre à ma teste et à son dos les chevaux et charrettes qui portaient les munitions pour Buset. Comme je fus à une lieue de Villemur, laissant les quartiers de l'armée presque derrière, croyant que rien ne pouvoit aller à cette escorte qu'il ne vinst plustost à moy, je fis alte, et ledit de Moulins suivit son chemin. Après que j'eus fait ferme environ une heure, je fis retourner mon infanterie; et tost après je commençay à m'en retourner. L'espérance perdue de voir les ennemis, on commence à laisser les brassars, quelques-uns à s'avancer pour éviter le chaud, et de marcher en mauvais ordre ; tout soudain j'entends crier à ma queue « Armes ! » Je tourne avec ce qui se trouva près de moy, qui estoit environ soixante chevaux ; La Grange et le sieur de But furent les premiers que je vis pleins de sang, ayans chacun trois coups d'épée, me dire : « Monsieur de Moulins et les munitions sont perdues si vous ne les secourez. »

Je n'avois qu'un courtaut les pieds assez pesans ; je n'eus pas fait cent pas au trot, que les ennemis, meslés avec les nostres, qui nous les menoient sans leur sceu et sans la volonté des nostres ; eux nous voyans ils font ferme ; je fis sonner la charge, eux tournans, au mesme temps les deux resnes de mon cheval se rompent. M. Choupes, qui depuis fut lieutenant de ma compagnie, commence à donner sur la machoire de mon cheval, que je laissois aller pour l'envie que j'avois de me mesler avec cette troupe, qui estoit de cinquante chevaux choisis, commandés par le sieur Saint-Martin-Colombières, lieutenant du sieur de Joyeuse, qui luy avoit baillé son fils, estant la première fois qu'il s'estoit trouvé les armes à la main ; c'estoit celui-là qui depuis fut tant favorisé du feu roy : ma troupe, voyant mon cheval tourner et s'arrester par les coups du sieur de Choupes, s'arreste, et n'y eut que le sieur de Koiré, monté sur un cheval d'Espagne, ne prenant garde que nous nous arrestions ayant les ennemis à trente pas de nous, sort du chemin, et saute le fossé qui fermoit le chemin à nostre main droite, et s'avance pour gagner la teste des ennemis, estimant que c'estoit moy ; estant plus avancé qu'eux, il ressaute le fossé, et commence à leur demander où estoit M. de Turenne : eux, à ce mot, commençans à lui donner sans s'arrester, il vint tomber sur la croupe du dernier cheval des ennemis que nous pressions, ayans racommodé ma bride, avec sept ou huict coups d'espée à son cheval et deux ou trois sur luy, mais un entr'autres qui luy coupoit autant du corps en sa rondeur, au deffaut de sa cuirasse, comme il y en avoit à couper ; les boyaux tous dehors luy furent remis, et il fut mené à Villemur, et guéry depuis du plus grand coup qui se soit veu.

Les ennemis, trouvans la rivière guayable, et un logis de leur infanterie sur le bord, qui nous fit faire ferme, ayans pour nos peines eu cinq ou six des leurs tués ou pris, retournent au logis. Je préparay mon fait toute la nuit pour battre le lendemain ces tours, pouvans loger nostre artillerie sur le bord de l'eau de nostre costé ; et battre lesdites tours, qui estoient sur l'autre bord, du costé où estoient les ennemis logés à une lieue et demie. Je fis mes approches la nuit, et logeay mon artillerie, qui estoit trois canons et deux bastardes : la rivière du Tarc estoit guayable entre la ville et les tours ; j'avois trois pontons pour passer mon infanterie, qui estoit d'environ quinze cens hommes ; j'en passay environ mille sous la conduite d'un gentilhomme nommé La Garenne, de Poitou, qui fut fort négligent à travailler pour rehausser quelques fossés qu'il pouvait rendre inaccessibles à la cavalerie, et faciles à garder contre l'infanterie, estimant de pouvoir maintenir mon siége, encore que les ennemis me vinssent sur les bras avant que d'avoir forcé ces tours. Dès la pointe du jour, j'envoye deux troupes de cavalerie pour me tenir averty du mouvement que feroient les ennemis ; je disposay mon ordre à mon artillerie, et logeay ce qui estoit du mesme costé le long du bord de l'eau, et fis faire une bonne barricade sur le quay. De bon matin je passay de delà, où je vis la négligence du sieur de La Garenne, qui n'avoit pas donné un coup de pesle : en mesme temps le sieur de Verlac revint, qui avoit mené une des troupes pour prendre langue, et me monstre la poussière des ennemis, qui marchoient à nous : soudain, avec l'avis de M. de Frontrailles et autres, je fais retirer La Garenne d'une teste avancée, qu'il eust peu garder s'il eust fait ce qu'il devoit (remarquez les inconvéniens de la paresse), et le fis loger à la teste des premiers fossés qui limitoient le bord de la rivière, et retiray tous les hommes du costé de la tour qui regardoit la ville.

Dès le matin le canon tira ; les bleds estoient hauts, qui donnèrent moyen aux ennemis d'avancer leur infanterie, de façon que je ne fus repassé l'eau qu'ils commencent à attaquer nostre infanterie : s'ils avoient esté mal soigneux à travailler, ils furent aussi peu courageux à se deffendre. Après une petite salve d'arquebusades, ils se mettent à fuir droit à la rivière, les ennemis à les presser, de façon que plusieurs ne se servirent des ponts ny du guay, mais se noyoient. Cet effroy prit de nostre costé, y ayant beaucoup de péril sur nostre bord, la rivière estant petite et un chemin ras qui la bordoit; de façon que je vis l'heure que les ennemis, poussans leur bonne fortune, eussent passé en hazard d'entrer dans la ville. A ce péril il fallut oublier le mien : avec vingt ou vingt-cinq gentilshommes je me tins sur le quay, ralliant et asseurant ce que je pouvois. M. de Choupes, des plus braves gentilshommes que j'aye veu, relayé de nostre arquebuserie, fait recommencer tirer nostre canon, qui cessa le temps de deux volées : les ennemis s'arrestent, estimant avoir assez fait bruslans les tours, et se retirent, et moy aussi après avoir mis des vivres dans Buset, où tost après les ennemis brassèrent une entreprise par le moyen d'un sergent qui fut pris et mené à Thoulouse, où ils le vouloient faire pendre s'il ne leur promettoit de leur donner moyen d'entreprendre sur Buset. A quoy ce sergent consentit, et promit au sieur Duranti, lors advocat du roy, de luy faire sçavoir le moyen qu'il y verroit. Sur cette espérance ils le laissèrent aller : revenu au Buset, il avertit le capitaine Pasquet, qui commandoit dans la ville, de la promesse qu'il avoit faite pour sauver sa vie. Pasquet m'en avertit; je luy mande de faire que ce sergent entretinst les ennemis, et qu'il luy adjoignist quelque soldat bien asseuré et fidèle, qu'il diroit avoir desjà pratiqué, mais, s'il luy estoit possible, qu'il luy en falloit gagner jusques à trois pour se rendre maistre d'un corps de garde; les ennemis entrent en espérance de cette exécution, et demeurans en méfiance de celuy qui la bastissoit, après plusieurs pourparlers, ce sergent les asseure avoir gagné trois soldats et luy; qu'eux quatre pouvoient se saisir d'un corps de garde qui estoit dans une tour, et leur donner moyen de planter deux échelles.

Cela plut aux ennemis; mais, doutans, ils requirent du sergent de faire voir cela de jour à deux hommes qu'ils lui envoyeroient; le sergent le trouve bon, et convinrent que les deux soldats des ennemis viendroient habillés en paysans, feignans de porter du lieu d'où estoit le sergent quelques vivres pour lui : ainsi arresté, ainsi exécuté. Le gouverneur estoit averty de tout ceci : le jour de l'exécution fut pris, et devoit ledit sergent, le soir dont la nuit l'exécution se devoit faire, faire voir à deux soldats des ennemis l'estat de la ville, et un des deux demeurer dedans, et l'autre sortir quand on fermeroit la porte avec le sergent, qui feindroit d'aller faire quelque partie, et sur une heure ledit sergent avec le soldat devoient aller trouver le sieur de Cornusson, qui devoit estre dans une église rompue, n'y ayant que les quatre murailles avec trois cens hommes, pour de là venir planter les eschelles au lieu où les trois hommes des nostres et celuy des ennemis qui estoit demeuré avec eux estoient en garde, et où le sergent et celuy qui estoit avec lui les avoient veus ordonnés. Les ennemis recherchoient ces seuretés d'avoir un homme dedans la ville et un dehors qui leur fussent asseurés; davantage ils vouloient avoir celuy qui faisoit l'entreprise en leur puissance : néantmoins sans ce qu'il avint ils estoient tous perdus. Nous avions fait faire sous cette église une mine et une traisnée avec des petits canaux de bois bien joints, qui, mis sous terre, venoient répondre sur le chemin par où le sergent devoit passer en se venant rendre à eux, et y devoit mettre le feu. Le jour pris, il arrive que le capitaine Pasquet, allant à la guerre, fut pris et mené à Thoulouse, où il fut condamné : pensant sauver sa vie, il leur déclare nostre dessein, qui ne le sauva; mais il nous fit perdre cette occasion : qui vous doit avertir d'estre toujours douteux aux entreprises où il y aura des intelligences, estant fort difficile d'y trouver de quoy s'asseurer entièrement qu'en ne se commettant à ceux de qui vous vous pensez servir pour tromper les autres.

Je continuay à faire la guerre dans le pays de Quercy jusques à ce que je tombay malade, sur la fin de l'esté, d'une fièvre continue qui me dura bien seize jours; je fus en grand danger, que je recognoissois bien, et estois attiré à penser sérieusement à mon ame et à l'autre vie, en quoy je ne trouvois que douter, n'ayant le mérite de la mort de Jésus-Christ pour fondement de mon salut : mes peschés et mes transgressions paroissoient devant moy, mes œuvres sans mérite; quoy qu'on m'eust dit qu'il y en avoit qui aidoient à sauver; de sorte que ma condition estoit fort misérable, et la perturbation de mon ame qui augmentoit celle du corps : Dieu eut pitié de moy, en faisant servir cette maladie pour me le faire cognoistre.

La fièvre commença à me laisser, et tost après je fus bien guéry, ainsi que mon naturel y a tousjours esté porté; d'avoir esté bien tost abbatu et bien tost remis. Durant ma maladie, mes gens de guerre se trouvans sans estre employés, et les villes eslargies, se laissèrent desfournir de leur entretenement, de façon que les troupes de Poitou s'en allèrent, partie des gentilshommes catholiques se retirèrent aussi en Auvergne, d'où ils estoient pour la pluspart, qui est à remarquer qu'audit Auvergne, au bas pays, ceux de la religion n'y tenoient rien. Les ordonnances du roy portoient confiscation de tous les biens de ceux de la religion, et de ceux qui avoient les armes en la main pour eux; et néantmoins ce pays-là m'estoit si affectionné, et a tousjours tant aymé nostre maison, qu'ils ne touchoient aux biens d'aucun, et laissoient la liberté d'y aller et demeurer sans empeschement; aussi n'ay-je jamais voulu qu'on y fist courses ny autres prises. Me trouvant foible pour tenir la campagne, et se trouvant beaucoup de désobéissance aux commandemens et ordonnances que je faisois dans l'étendue du gouvernement, quoy que je ne les fisse que par l'avis d'un conseil qui m'avoit esté donné par toutes les provinces de personnes choisies, lesquelles signoient les résultats avec moy et le greffier de ce conseil, les ordonnances et mandemens en matière de finances; néantmoins il s'en exécutoit fort peu; les gouverneurs, les capitaines et les consuls des villes tiroient à eux tout ce qu'ils pouvoient; de sorte que tous les deniers qui provenoient de trois natures principales de contributions, des biens ecclésiastiques et des catholiques, et du dixiesme des rançons, tout cela se dépensoit en chaque lieu, sans qu'on en portast que fort peu au trésorier général; je fus donc conseillé de faire un tour par le gouvernement pour m'y faire recognoistre, avec ce, que ceux de Clérac se trouvans pressés, me prièrent d'aller à eux pour les eslargir. Je fis un tour jusques à Turenne, voir ma sœur, qui y séjourna jusques à la paix; je m'en revins à Montauban, d'où je partis avec près de deux cens chevaux et deux cens hommes de pied; je m'en vins à Lauserte, où je conduisois deux moyennes pièces que j'avois fait fondre des mitrailles qu'on avoit trouvées dans les forts que j'avois pris, lesquels j'estois fort soigneux de faire serrer.

Le sieur de Vesins, sénéchal de Quercy, ayant avis de mon partement, assembla près de quatre cens chevaux et plus de douze cens arquebusiers, délibéré de me combattre faisant mon chemin. J'eus avertissement par mes espions que ledit de Vesins venoit à moy; mes coureurs, auxquels j'avois commandé de jetter devant eux cinq ou six chevaux, me donnoient avis qu'il paroissoit à l'aisle d'un bois esloigné de mon chemin d'un bon quart de lieue; je commençay à prendre mon ordre, qui fut de faire cinq petits bataillons de mon infanterie, de cent cinquante hommes chacun, faisant le front large afin de faire moins de rangs, d'autant que c'estoit tout arquebuserie, et fis quatre escadrons, trois de quarante chevaux chacun, et le mien de plus de soixante; je mis les deux pièces à la teste. Pendant que je faisois cela, un prestre qui me servoit d'aumosnier met un mouchoir au bout d'une grande perche, et rallie tous les valets, et leur fait faire une haye estant en bon ordre; nous nous prismes tous à rire, n'estimans pas que cela eust deu servir comme il fit. Nous commençasmes à marcher en bon ordre; M. de Reniés, qui menoit mes coureurs, dit que ce qu'ils avoient veu estoit des ennemis qui paroissoient estre bien forts, mais qu'ils avoient changé de place et s'estoient reculés. Nous continuons nostre chemin sans allarme, s'estans lesdits ennemis séparés, nous jugeans trop forts, et cela par cette dernière troupe, dont M. l'aumosnier estoit le capitaine. Après avoir pourveu Lauserte, j'y commis M. de Beaupré avec une bonne garnison; je m'en allay à Clérac, trouvant estrange comment cette place s'estoit conservée au siège que deux ans auparavant elle avoit soustenu de toutes les forces de la Guyenne, où commandoient messieurs de Montluc, de La Valette et de Losse ; n'y ayant de fossé qu'à cloche-pied, on pouvoit descendre et monter, point de rempart ny moyen d'y en faire, des murailles de briques, si mauvaises qu'avec moins de quatre cens coups de canon on en rasa plus de six-vingt pas, un grand fauxbourg où les assiégeans s'estoient logés d'abord, et leur artillerie, sans avoir besoin de faire aucunes approches ny tranchées; ils avoient quelques forts qui les empeschoient, je les pris; de là je partis pour aller à Casteljaloux (Nérac ne faisant la guerre); le jeune Duras, nommé Rosan, commandoit audit Casteljaloux; sçachant que j'y allois, il en part; mes mareschaux de logis y estant allés, on leur refuse la porte, disans ne la pouvoir ouvrir à personne sans commandement du gouverneur. Cette response faite, je vais prendre mon logis à la maison du sieur de Malverade, et manday à ceux de Casteljaloux d'avertir ledit Rosan de mon séjour audit Malverade, pour sçavoir s'il ne vouloit pas me recognoistre et recevoir dans ledit Casteljaloux, l'assurant que je n'y changerois rien, comme aussi n'en avois-je aucune intention. Après deux jours de séjour j'eus un refus; je vins à Caumont et de là à Bergerac, puis à Turenne, où tost après j'eus des nouvelles de Monsieur, qui continuoit à chercher l'occasion de sortir de la cour. M. de La Noue et moy nous tenions en bonne intelligence, ayans le mesme avis de l'intention de Monsieur; nous avisasmes de nous mettre ensemble, et nous donnasmes rendez-vous près de Riberac, afin d'estre un bon corps pour aller joindre Monsieur.

Le rendez-vous donné, nous n'y manquasmes, et fismes plus de six cents bons chevaux et trois mille arquebusiers; nous nous tinsmes ensemble quelques jours pour avoir nouvelles de la sortie de Monsieur. Nous sceusmes qu'il avoit esté découvert, le sieur de Bussy d'Amboise fugitif; afin de donner quelque couleur à nostre conjonction, nous vinsmes attaquer une petite place où il y avoit quatre ou cinq maisons de gentilshommes et la ville fermée, où il y avoit assez bon nombre d'hommes; nonobstant nous emportasmes la ville d'emblée et deux chasteaux, et deux autres se rendirent. Le sieur Langoiran se mescontenta, désirant piller ces maisons et rançonner les gentilshommes, à quoy je ne voulus consentir; il tint quelques propos qui sembloient m'offenser; je les lui fis expliquer, de façon qu'il a tousjours demeuré jusques à sa mort qu'il ne m'aymoit guères; aussi ne cherchois-je pas son amitié, pour un des plus cruels et irréligieux hommes de son temps. Ayans pris ces places, nous nous séparasmes, M. de La Noue et moy, et m'en retournay à Turenne, d'où je repartis bientost pour m'en aller à Montauban.

La nourriture que j'avois prise en la religion romaine, ces exercices et cérémonies publiques, la haine qu'on portoit à ceux de la religion, l'éloignement à tous honneurs et dignités de la cour, se présentèrent devant moy, qui taschois à satisfaire mon ame en luy faisant trouver du repos, en se promettant de pouvoir faire son salut sans quitter la messe, et sans faire ouverte profession de la religion. Ainsi que j'estois sur ces contestations, Monsieur sort de la cour, et soudain dépesche le sieur de Chastelus pour m'en avertir, me priant et conjurant de l'aller trouver; me promettant une continuation et augmentation de son amitié, en m'exhortant de ne me point faire de la religion, en me déclarant qu'il ne me pourroit aymer ny se servir de moy ainsi qu'il le désiroit. Sa sortie me fut une grande joye et espérance de croistre ma condition; mais ces protestations sur le fait de la religion m'estoient un grand combat; je redepeschay le sieur de Chastelus avec les témoignages de ma joye de le sçavoir hors de péril et les armes en la main, que je serois bien tost à luy avec un bon nombre de serviteurs; que, pour ma religion, cela ne dépendoit de moy, mais de Dieu, que je n'avois dessein de contenter personne au monde tant que luy. J'eus en moins de quinze jours trois ou quatre dépesches de luy, me conjurant de ne faire protestation que je ne l'eusse veu, ce que je taschois de faire.

Je séjournay à Montauban fort peu de temps, ayant desjà fait diverses dépesches partout pour convier un chacun à faire le voyage pour aller trouver Monsieur, qui attendoit l'armée que M. le prince de Condé et mes oncles de Meru et de Thoré avoient négociée près M. l'électeur Frédéric, grand-père de celuy qui est maintenant, aussi appelé Frédéric, laquelle estoit de sept à huict mille chevaux allemans, quatre mille Suisses et cinq cens lansquenets: le duc Jean-Casimir, son fils, envoyé pour la commander, ne pouvant estre si tost prest, mon oncle de Thoré voulut s'avancer d'un mois avec douze cens chevaux reistres, quelques arquebusiers à cheval, et près de trois cens chevaux françois; il fut combattu et défait près de Dormans sur la rivière de Marne par feu M. de Guyse, où il eut le grand coup d'escoupette au visage; M. de Thoré se sauva, et alla trouver Monsieur avec peu de gens et moins de réputation, auprès duquel il trouva le sieur de Bussy d'Amboise, qui l'empescha de prendre le crédit et authorité qu'il s'estoit promis.

Je donne mon rendez-vous à Bergerac, partant de Turenne pour m'y en venir plustost de quelques jours que je n'eusse fait, ayant esté appelé par ceux de la ville, qui avoient chassé le sieur de Langoiran pour les rigueurs et cruautés qu'il y exerçoit, lequel avoit pris Périgueux quelques mois auparavant : offensé desdits de Bergerac, il les tourmentoit; je m'y en allay, où je fis cesser la voye de fait, et remettre les faits des uns et des autres devant Monsieur. De tous costés nos troupes s'amassoient de catholiques romains et de la religion : il vint des pluyes si grandes, qu'elles me retardèrent près de trois semaines, à partir plus tard que je n'eusse fait, durant lesquelles je pourveus aux places et à l'ordre des finances, afin que durant mon absence rien ne se changeast, soit par les ennemis, soit par les brouilleries qui sont ordinaires entre personnes volontaires. Je pars de Bergerac avec deux cens gentilshommes, n'y ayant cornette que la mienne, sous laquelle tout cela marchoit, ayant chacun fait faire une casaque de velours noir, et une petite manche en broderie d'incarnat blanc et noir. Le retardement que je fis fut cause que je ne pus joindre Monsieur jusqu'à Moulins; ceux de Limosin, la Marche, Auvergne et Bourbonnois m'attendoient, lesquels je joignis près de Croc, où je mis mes troupes, qui estoient de quatre cens gentilshommes et trois mille hommes de pied, desquels je donnay le commandement au vicomte de Lavédan, et fis arborer une enseigne blanche. J'avois en ce nombre de gentilshommes trois de la maison de Saint-Geniez, le vicomte de Gourdon, de Cabraires, baron de Beinac, de Salignac, le cadet de la maison de Limeuil, le sieur de Bonneval, de Beaupré, de Montguyon, qui tous marchoient, ainsi que j'ai dit, sous ma cornette; et est à remarquer que tout cela se fit par la bienveillance qu'on me portoit, la bonne opinion qu'ils avoient de mon mérite, et que je ferais fortune près de Monsieur; ce que je jugeois bien au contraire, à cause que m'étois fait de la religion. Ayant sceu que j'avois créé un colonel, et arboré une enseigne blanche, il envoya me prier de ne le faire point, d'autant qu'il avoit donné la charge de toute son infanterie françoise au sieur de Bussy, qui ne pourroit souffrir de voir un autre colonel et deux drapeaux blancs; que ce seroit apporter une grande division. Je luy remonstray qu'il y avoit un ordre parmy le party où nous estions; que les charges générales ne s'y donnoient que par les avis des assemblées politiques des églises; que les troupes que je menois partoient d'un des premiers gouvernemens de France, qui aurait du mescontentement de Monsieur et de moy s'il rompoit nos réglemens sans leur consentement; que je perdrois la meilleure part de cette infanterie par la honte qu'on feroit au sieur de Lavédan, qui y avoit du crédit, en luy ostant le commandement; que j'avois tousjours aymé et honoré M. de Bussy comme mon frère, l'ayant assisté en diverses querelles qu'il avoit eues; que je croyois que, par ces raisons générales, il se départiroit de demander choses qui fussent au préjudice de Monsieur, qui avoit besoin de prendre créance parmy ceux de la religion, en leur faisant cognoistre qu'il ne vouloit pas préférer les catholiques à eux, ce qu'ils croiroient d'autant plus que ce seroit aux troupes que je luy meine auxquelles on auroit fait cela; un chacun estimant et croyant qu'il me faisoit cet honneur de m'aymer, conclueroient que ce seroit à cause de la religion.

(1576) Je marche droit à Moulins, je trouve le duc Casimir logé à Bonegon, où je le saluay : il fut bien aise de me voir, et se conjouit de la grace que Dieu m'avoit faite de m'appeler à sa cognoissance : il avoit de la méfiance de Monsieur, qui commençoit desjà de traiter avec le roy et la reine pour se réconcilier, et voyoit-on que la cour estoit bien plus plaisante à ce prince que les armes, et dans un party où son authorité n'estoit absolue, de façon que ledit duc Casimir s'asseura en moy, qui avois ce bon corps de forces qui en dépendoit. Monsieur s'estoit logé à Moulins avec le gré du roy. Ainsi que j'en fus à six lieues près, je laisse le corps des troupes, et prends ce que j'avois de plus leste, et m'en vins faire la révérence à Monsieur avec trois cens gentilshommes ; j'en fus receu avec grand honneur, estant venu jusques au milieu de la salle au devant de moy : après avoir esté quelque peu avec luy, je m'en allay voir M. de Montmorency, que le roy avoit fait sortir avec un arrest d'innocence ; il fut fort aise de me voir, se souvenant des dangers qu'il avoit courus depuis que je l'avois voulu détourner d'aller au bois de Vincennes, et me dit que Monsieur prenoit un mauvais conseil en nourrissant de grandes méfiances à ceux de la religion, et qu'il luy tardoit fort qu'il ne fut réconcilié avec le roy.

Je demeuray près de dix jours, durant lesquels ma maison et table fournit à tout ce qui estoit avec moy, sans ceux de la suite de Monsieur, qui venoient manger avec moy. L'armée cependant passe la rivière de Loire et s'achemine en la Beausse, en partie contre le gré de Monsieur, qui ne vouloit s'approcher si près de Paris, de crainte d'offenser le roy, et aussi que l'on ne recognust sa foiblesse, à ce que ceux de la religion ne se rendissent plus difficiles lors qu'on viendroit à traiter : nonobstant, M. le prince, avec les François qui s'estoient joints à eux, et le duc Casimir, ne laissent de s'avancer, et supplient Monsieur de les aller joindre, ce qu'il retardoit de jour à autre, de sorte qu'on avoit avis que son traité s'en alloit fait. Ils luy font une dépesche par laquelle ils luy mandent les avis qu'ils avoient, et qu'ils estoient résolus que s'il ne se rendoit dans l'armée dans certains jours qu'ils luy limitoient, qu'ils aviseroient ce qu'ils auroient à faire sans plus s'attendre à luy.

Cette nouvelle le fascha, n'ayant encore rien de résolu avec le roy, qui sçavoit bien que s'il le voyoit seul et séparé de ceux de la religion, qu'il ne feroit guères sa condition avantageuse, ny mesme guères seure, y ayant entre ces frères une grande haine et méfiance. Monsieur attendoit des nouvelles de la reine sa mère, à laquelle il s'estoit obligé qu'on n'attenteroit rien, et qu'il ne partiroit de certains jours de Moulins : il ne sçavoit comment satisfaire à cela et retenir les autres. M'exposant un jour partie de ses peines, en me taisant sa promesse à la reine, se plaignant de ce qu'on le gehennoit, qu'il ne voyoit rien à entreprendre quand il seroit dans l'armée, estant bien asseuré que le roy n'ayant point de forces capables de les opposer aux siennes, qu'on ne faisoit que ruiner la France par les dégasts que faisoit l'armée, dont il s'attiroit une grande haine sur luy, qui pourroit quelque jour luy estre fort dommageable ; que la maison de Guyse se prévaudroit de tout cela, qui taschoit à le supplanter ; qu'il désiroit fort gagner encore quelques jours, dans lesquels ils verroit plus clair aux affaires du roy, ne devant ceux de la religion entrer en doute qu'il les voulust abandonner; je luy dis qu'il me sembloit estre de sa sagesse à dissimuler les choses qu'il avoit dit le gehenner, que puis qu'il avoit pris les armes en suite des mauvais traitemens qu'il avoit receus, que fort difficilement le roy volontairement le voudroit-il mieux traiter ; qu'il falloit asseurer sa condition en asseurant celle de ceux de la religion; que de penser de le faire séparément, qu'il estoit aisé à juger que ceux de la religion le feroient mieux sans luy que luy sans eux, qui avoient un party formé, une armée estrangère à leur faveur ; que luy n'avoit rien de tout cela, que quand on luy auroit promis quelque chose, qu'entre la promesse et l'exécution qu'il y falloit assez de temps pour ne rien exécuter de ce qu'ils luy auroient promis, leur ayant donné cet avantage de le voir séparé ; que je croyois que si on l'entretenoit dans des espérances que je ne cognoissois pas, que ce deust estre l'avantage du roi de traiter séparément, d'autant qu'il pouvoit de beaucoup servir à modérer les conditions auxquelles ceux de la religion estoient entrés vers les Allemans, et qu'il luy estoit plus expédient de se jetter dans l'armée. Il me monstra ne désapprouver mes raisons, mais qu'il ne pouvoit partir de quinze jours, lesquels il vouloit par tous moyens gagner. Là dessus, je m'offre à luy faire ce service, que d'aller trouver M. le prince et M. le duc Casimir, afin de les contenter et leur faire trouver bon ce délay. Je considérois que si Monsieur venoit à traiter, qu'il n'estoit plus expédient d'estre avec luy, mais dans le corps de ceux de la religion, où j'ay tousjours voulu faire ma condition; qu'il m'estoit plus honorable de me trouver dans l'armée avec ces belles troupes, à moy qui commençois à monstrer de la barbe, désirant d'acquérir réputation et créance, jugeant bien que je n'avois pas à attendre beaucoup de Monsieur. Je pars avec quinze ou vingt gentilshommes avec lettres et instructions, et charge d'asseurer ce délay, et renvoye tout ce qui estoit avec moy joindre mes troupes pour les faire avancer vers Pithiviers, où se devoit rendre l'armée.

Je trouve le duc Casimir à Saint-Vrin, petite ville qu'il avoit forcée : après l'avoir salué de la part de Monsieur, et présenté la lettre qu'il luy escrivoit, qui n'estoit que créance, je luy dis succintement quelque chose de ce dont j'estois chargé, le suppliant trouver bon que j'allasse rendre mes lettres à M. le prince, et le réconcilier, je dis convier de se rendre où le duc aviseroit pour luy faire entendre ma créance. Il trouva cela bon, et convia M. le prince de venir disner le lendemain avec luy. J'allay donc rendre mes lettres et ma créance à M. le prince, que j'estendis plus que je n'avois fait au duc, d'autant que j'estimois que les considérations dudit prince seroient autres que celles du duc pour le bien de la France et celuy particulièrement des églises, quoy que ledit duc et par soy, mais aussi principalement par les commandemens et instructions que M. son père luy avoit données de ne regarder à nulle chose tant qu'à la gloire de Dieu et à l'établissement de son service, néanmoins s'agissant des affaires entre les François, j'estimois plus à propos d'en instruire mondit sieur le prince; auquel je dis ce que Monsieur m'avoit commandé : j'y ajoustay les avis de ceux qui estoient près de luy de la religion, qui estoient qu'ils devoient empescher que le duc Casimir ne traitast pour luy, sur la méfiance qu'il avoit de Monsieur, lequel ils devoient tascher d'attirer en l'armée, où ils devoient essayer d'entreprendre quelque chose sur les troupes du roy, afin de faire cognoistre que tout ce qu'ils traiteroient avec Monsieur sans le général ne seroit que peine perdue, ne pouvant rien effectuer à leur préjudice. Et là fut résolu que le lendemain on iroit trouver le duc Casimir, et conduiroit-on la résolution qui s'y prendroit à ces avis.

Le lendemain, la chose passa ainsi qu'elle avoit esté projetée près M. le prince, et fut despesché le sieur du Verger, de la maison du Saillant, de Limousin, qui estoit avec moy, pour luy porter les prières qu'on luy feroit de s'en venir, et l'assurance qu'on luy donnoit de recevoir toute obéissance en l'armée. On eut avis que le sieur de Schomberg, avec quatre cornettes de reistres, et quelques arquebusiers à cheval, s'estoient avancés dans la Beausse. M. le prince, par l'avis de M. de La Noue, dessigna de les surprendre en leur logis. A cet effet, M. le prince prit deux mille chevaux reistres, et trois à quatre cents chevaux françois; je n'avois nul esquipage ny armes. Voyant cette occasion, je suppliay Monsieur par ledit du Verger de n'avoir désagréable que je m'y trouvasse : nous empruntasmes armes et chevaux. Au rendez-vous, qui avoit esté donné à onze heures du soir, il y eut des troupes qui se firent attendre plus de quatre heures, lequel retardement fut une des principales causes de faillir nostre dessein.

Les troupes arrivées, on ordonne de l'ordre de marcher. M. le prince me commanda de me mettre à la teste, et me donna six-vingt chevaux et cent arquebusiers à cheval; il mit M. de La Noue avec deux cornettes de reistres qui faisoient six cens chevaux et quelques François, et luy se mit après le reste. Nous marchasmes droit à Briarre en Beausse, où il y a une petite rivière qui fait un guay assez long qu'il nous falloit passer à la file, qui causa encore de la longueur. Ainsi que j'eus passé le guay, je ne fis que faire peu de chemin que j'entendis les trompettes des ennemis à l'estendart; j'en donne avis à M. le prince, et luy mande que je m'avançois pour le tenir mieux averty; que s'il luy plaisoit de me fournir davantage, afin que si c'estoit le gros du seigneur de Schomberg, je peusse l'amuser et l'empescher de se retirer. M. de La Noue s'en vint me trouver seul et me dire qu'il falloit attendre que M. le prince eust passé : en faisant ce qu'il me disoit, je ne laissois pas de contester que l'occasion se perdroit, en donnant aux ennemis le loisir de faire leur retraite, qu'ils ne deslogeoient que sur l'avis qu'ils avoient de nous, que l'heure qu'il estoit nous devoit rendre certains, n'estant que la pointe du jour; je persiste qu'au moins devait-on ordonner quelques troupes pour voir ce que c'estoit, et nous tenir avertis des mouvemens et chemins desdits ennemis. Rien de cela ne pleut audit sieur de La Noue, ayant cru qu'il y avoit un peu de jalousie de ce que c'estoit à moy, qui avois la teste, à exécuter ces desseins. Ce gentilhomme, plein de courage, a esté remarqué souvent d'avoir eu des jalousies.

M. le prince passé, le jour estant grand, on se met en ordre et en délibération de marcher en gros, sans qu'on s'avançast que fort peu devant M. le prince. Comme nous eusmes fait près de demie lieue, nous arrivasmes d'où ils estoient deslogés; il n'y eut moyen de les rejoindre. Je suppliay M. le prince de trouver bon que je m'avançasse pour voir s'il n'y auroit point quelques autres troupes, ce qu'il fit. Je me sépare, et se mirent avec moy environ deux cents chevaux; M. le prince alla loger : comme j'eus fait deux lieues, j'eus avis par des paisans qu'il y avoit une compagnie du jeune Johâne, de chevaux légers et quelques arquebusiers à cheval, qui ne faisoient que desloger et s'en alloient vers Estampes, où le roy avoit jeté le capitaine Sainte-Colombe avec deux mille hommes de pied. Je me mets sur leur piste, enfin nous les abordasmes sans aucun combat; il fut desfait, nous repeusmes en quelques métairies, et sur le soir allasmes trouver M. le prince et luy dire nostre course; et sur l'avis que nous luy donnasmes que des forces estoient entrées à Estampes, il résolut de les aller voir; le lendemain nous marchasmes en mesme ordre que le jour précédent. Le sieur de La Vergne, qui venoit joindre l'armée avec quinze ou dix-huit chevaux, sans commandement s'avance et donne dans le fauxbourg d'Estampes, sans sçavoir ce qui estoit dedans, et trouva de l'infanterie logée, qui le rechassa bien visté, ayans des arquebusades. Je m'avance et ne voulus loger ny descendre dans le fauxbourg, pour l'avantage qu'avoit l'infanterie dans le fauxbourg, plein de maisons et d'arbres dans un valon; je m'avance sur le haut, et vois ledit de La Vergne s'en venir à toutes brides accompagné d'arquebusiers, je le recueille et fismes arrester ce qui le suivoit. M. le prince, voyant ne pouvoir rien faire, alla loger, et le lendemain eut des nouvelles de Monsieur, qui s'en venoit joindre l'armée, et moy, du lieu où estoient mes troupes, que je m'en allay joindre afin d'entrer avec elles dans le corps de l'armée.

Monsieur vint prendre son logis à l'abbaye de Ferrières, et moy au chasteau de Boulé; je vins trouver Monsieur, et sceus qu'il auroit agréable de voir mes troupes le lendemain, où j'avois mon colonel et mon drapeau blanc. Le sieur de Bussy supportoit cela avec grande peine, de faire partie qui fust assez forte pour moy; il ne pouvoit endurer cela; son courage et son ambition ne le pouvoient supporter. Le lendemain venu, je vais me mettre en bataille à mille pas de Ferrières, où j'allay avec une bonne troupe trouver Monsieur, qui monta à cheval, et Bussy non : mes troupes furent trouvées très belles, comme elles estoient; ayant receu le bon soir de Monsieur, nous acheminans vers nos quartiers, qui estoient à Saint-Mathurin et à La Chappelle-la-Reine, j'eus avis que Bussy vouloit monter à cheval et tascher de faire quelque surprise à nostre infanterie en logeant. Je fis alte, et rebroussai chemin quelque espace; n'ayant trouvé ni veu personne, je m'en allay loger. Alors on commença le pourparler de la paix ouvertement; la reine demandant un lieu pour voir Monsieur, l'armée commença à s'approcher de la vallée d'Aillan. Après quelques allées et venues on convint du lieu de Chastenay pour se trouver, la reine et Monsieur, qui est une maison seule dans une belle campagne, pour estre hors de moyen de faire une surprise.

La reine mère, le jour pris, se rendit la première à Chastenay, ainsi qu'on a accoustumé; que, deux grands venans à se voir, celuy auquel on défère l'honneur est le premier au lieu désigné. Ce jour se passa en complimens et à entretenir les dames; le lendemain on commença à traitter; le traitté en trois ou quatre jours fut fort avancé, le roy et la reine ne voulans que retirer Monsieur, congédier les reistres, et tost après rompre le traitté qui donnait générale liberté pour l'exercice de la religion, et autres conditions fort avantageuses; à Monsieur un grand appanage, auquel je me présentay pour avoir en gouvernement l'Anjou et le Berry. Il me fit une fort froide réponse, qui me fit bien juger que je n'avois rien à attendre à cause de ma religion, ayant fait quatre ou cinq logis sans aller en son quartier, tenant tousjours quelqu'un près de luy pour cognoistre si la résolution seroit du tout arrestée à ne me donner contentement, luy faisant sçavoir que quand il me commettroit quelque chose entre mains, qu'il n'en seroit jamais desservy, et que le voulant retirer qu'il le pourroit, ayant eu toujours ceste maxime, que de ce qu'un autre s'est fié de vous, que pour raisons publiques ny particulières on ne les en doit frustrer, mais les remettre où elles estoient devant que vous estre commises.

Tout cela ne fit rien, me faisant sonder si je voulois changer de religion. Moins éclairci de la vraye cause de ma défaveur, laquelle les obligeoit et asseuroit de moy, je fus conseillé de prendre un adieu par un manifeste mescontentement. En ce temps-là les divisions des frères du roy de Navarre, de ceux de Guyse, de ceux de la religion, faisoient suivre une liberté de se mescontenter facilement, ayant facilité un chacun de recouvrer un maistre lorsqu'on en perdoit un, et aussitost qu'on voyoit quelqu'un mal content, il ne manquoit d'estre recherché d'autre part. Cela, mais principalement de donner à ceux de la religion preuve de ma constance, par le refus de tous honneurs au préjudice de ma religion, me fit aller trouver Monsieur en son quartier avec trois ou quatre cents gentilshommes ou capitaines. Après qu'il fut levé de table, je luy fis une grande révérence, le suppliant d'avoir agréable que je luy fisse souvenir du temps qu'il y avoit que je l'avois servy, comme, durant ce temps, je n'avois respecté ce que je devois à mon roy; à ma vie, ny à mon bien, que je ne m'en fusse départy pour le servir, ce qui m'avoit éloigné des bonnes graces du roy, mis plusieurs fois ma vie en péril, mon bien en diminution, pour n'avoir jamais receu aucun bienfait de luy; qu'à ceste heure que je l'avois servy, et que tant de seigneurs et gentilshommes qu'il voyoit là, m'ayant accompagné, que nous fussions les seuls qui auroient eu plus de part en sa mauvaise fortune et point du tout en sa bonne, que malaisement cela se considéreroit sans y remarquer plus d'ingratitude que de manquement de mérite en nous, qui servirions d'exemple à plusieurs, et de preuve à ceux de la religion qu'ils n'avoient rien à espérer de luy, estant aisé à juger que la profession que j'en avois faite estoit le seul obstacle de la distribution de ses honneurs en ma personne, que je sçavois estre recognue de tout autre mérite et qualité envers luy que quelqu'un de ceux que je voyois près de luy, à qui il destinoit des récompenses plus qu'ils n'en méritoit (voulant dessigner M. de Saint-Sulpice); que j'aymois mieux me plaindre de mon malheur en sa mécognoissance, que si je luy avois fait la moindre faute; que je venois prendre congé de luy pour me retirer en Guyenne avec tout ce qu'il voyoit-là, qui témoignoient combien ils jugeoient mon mescontentement juste, et leurs espérances mal fondées au service qu'ils luy avoient voué. A cela tout ce qui estoit avec moy monstra un consentement, et plusieurs qui estoient avec Monsieur, qui me dit estre fort marry de mon départ; que je prenois ce mescontentement volontairement, qu'il m'avoit tousjours aymé et m'aymeroit; que ceux qu'il vouloit gratifier s'estimoient dignes de ses bonnes graces. Sur quoy je repars, luy disant que si, hors de sa présence, ils me faisoient cognoistre qu'ils eussent pensé en rien s'égaler à moy, que je le ferois mourir. Je m'avance et luy fais une révérence, et commence à sortir. M. de Bonneval fut des premiers à me suivre, et luy dit: « Voicy que vous perdez en perdant M. de Turenne. »

Tout ce qui estoit venu avec moy me suit; Saint-Sulpice descend le degré, et me demande si j'avois entendu parler de luy; je luy dis qu'ouy, et, sans le respect de Monsieur, que je l'outragerois de sorte qu'il se souviendroit toute sa vie de m'avoir demandé l'explication de quelque chose, et qu'il remontast le degré; ce qu'il fit, oyant quelques-uns qui me disoient: « Monsieur, il le faut tuer. » Il remonta fort viste. Je montay à cheval, et me séparay dès ce jour-là de l'armée. Le lendemain, le duc Casimir et M. le prince envoyèrent vers moy me prier de vouloir patienter quelques jours, dans lesquels on verroit la condition du traité. Je leur manday que je le ferois, n'ayant autre dessein que servir au public de la religion, estimant que le mescontentement que j'avois de Monsieur serviroit à faire cognoistre combien il pouvoit peu sur ceux de la religion, et que les avantages qu'on luy feroit ne serviroient à contenter le corps de ceux de la religion. J'avois dès mon enfance servy Monsieur avec fidélité et amour; et, sans se souvenir de cela, ses affaires ne luy permettant de se servir de ceux de la religion, luy firent oublier à me bien faire. Exemple qui vous doit convier à ne prendre autre chemin pour vostre grandeur que le plus juste, et en celuy-là y faire tant de bonnes et vertueuses actions, que vous y trouviez vostre place dans les honneurs; et où la profession de la religion s'y opposeroit, ainsi que lors elle le fit à moy, prenez cela avec plaisir, d'autant que chacun vous louera, et vostre esprit vous donnera repos, sçachant que vos mérites surpasseront vostre recognaissance.

Il y avoit environ deux mois que le roy de Navarre estoit sorty de la cour et estoit à Saumur, qui aussi fit profession de la religion en abjurant la romaine, qu'il avoit prise par force à la Saint-Barthélemy : la paix se conclut ; je m'en revins droit à Turenne, d'où je me sépare d'avec la plus grande part de mes forces, tous ceux qui avoient fait le voyage m'ayans voulu accompagner jusques chez moy; ma sœur s'en alla bientost en Auvergne, à Joze. Le roy de Navarre, la paix faite, s'en vint en Xaintonge et Périgueux, où je l'allay trouver avec un bon nombre de noblesse, plus grand qu'il n'en avoit, où j'en receus tout l'honneur et carresse que je pouvois désirer, et de madame sa sœur, qui luy avoit esté renvoyée du roy après le despart dudit roy son frère. M. le prince arriva à Périgueux, ayant deslogé d'auprès de Monsieur le jour qu'il vouloit faire son entrée à Bourges, sur l'opinion qu'il eut qu'on lui vouloit faire un mauvais tour, et estime qu'il ne prit cette allarme sans sujet. Le roy de Navarre part de Périgueux, s'en va à Agen, qui luy avoit esté donné pour sa demeure par le traité, et moy à Turenne, avec promesse de le retourner trouver dans fort peu de jours. Ainsi que j'ay dit, le roy avoit donné tout ce qu'on avoit demandé pour retirer son frère avec de l'argent d'avec les estrangers, et rompre l'union des catholiques romains avec ceux de la religion : il commence de traiter avec Monsieur, qui s'en alla en Anjou, de son retour à la cour, et des moyens de le séparer d'avec ceux de la religion, qui, aux infractions et exécution des choses promises par l'édit, s'adressoient à luy comme garant du traité. Le roy de Navarre, de la religion, prenoit créance dans le party, et diminuoit celle de Monsieur autant qu'il pouvoit. Le mareschal d'Amville entre en quelque mauvais ménage avec lesdits de la religion, pour l'observation et interprétation de certains articles de l'union que chacun tiroit à son avantage, et aussi qu'il commença à ouyr les propositions du roy, et à se rendre suspect à ceux de la religion, qui avoient M. de Chastillon, fils de l'admiral, jeune, bouillant et ambitieux, qui taschoit à lui diminuer sa croyance.

M. de Thoré, la paix faite, se retira près de son frère, sans avoir eu aucune gratification de Monsieur. Je me joints avec le roy de Navarre, qui commence à traitter dans le party des moyens que nous avions de parer l'orage qui s'apprestoit en nous affoiblissant des catholiques romains, et recognoissant que le roy vouloit renouveller la guerre pour rompre cet édit, afin de faire ces choses avec plus de lustre, et garantir Monsieur, autant qu'il se pouvoit, d'estre blasmé. Le roy fait une espèce de convocation d'estats à Blois ; le mareschal d'Amville tenoit tousjours correspondance avec le roy de Navarre, qui le convia de s'aboucher afin de mieux résoudre ce que l'on devoit faire, et aussi pour vuider la prétention qu'avoit ledit mareschal que la comté de Foix estoit de son gouvernement; ce que le roy de Navarre nia, mais dit que comme son patrimoine est pays presque souverain, qu'il ne devoit avoir autre gouverneur que luy : il fut donc arresté qu'on se trouveroit à Aunita, petite ville d'Armagnac. En cette assemblée, où il y eut peu de personnes appelées au conseil, fut résolu qu'on envoyeroit aux estats de Saumur des députés du corps de ceux de la religion, du roy de Navarre et du mareschal ; que les catholiques unis parleroient par la bouche dudit mareschal, désirant le roy de Navarre et ceux de la religion qu'ils parlassent en commun : ce que ledit mareschal ne voulut, disant que par la paix il estoit porté de se despartir de l'union, et que faisant un corps, que ce seroit monstrer que nous contreviendrions au traité, et donner l'avantage au roy qu'il cherchoit de nous rendre auteurs de l'interruption du traité. Après plusieurs allégations, enfin il en fallut passer par-là, ce qui nous donna une grande lumière en l'intention du mareschal, le fait de Foix demeuré indécis, de façon que nous nous séparasmes. Le roy de Navarre s'en alla à Agen; M. de La Noue estoit lors son domestique, qui, sage et vertueux, n'estoit honoré ny cru ainsi qu'il l'estimoit, y ayant près du roy les sieurs de Lavardin et Roquelaure, catholiques, qui faisoient bande à part d'avec ceux de la religion, qui consentoient et aidoient de tout leur pouvoir aux plaisirs de ce prince, qui ont eu et ont encore grand pouvoir sur luy.

A quoy ledit sieur de La Noue s'opposoit, qui le rendoit moins agréable, ainsi qu'il avient ordinairement à la jeunesse de préférer ceux qui les flattent et aident à leurs passions, qu'ils ne font ceux qui aymans leur bien leur disent ce qui est bon de faire, et s'opposent à ce qu'ils ne doivent pas faire, chérissans les flatteurs et éloignans ceux qui les ayment, coustume qui ne se perd guère dans la cour, et parmy les enfans de France. Avisez de n'en faire de mesme, et d'honorer ceux qui vous conseilleront de conduire vos actions par la raison, et sousmettre vos passions sous l'honnesteté, pour vous garder de commettre des fautes infinies, qui font que nous passons le meilleur de nostre asge, et depuis dix-huit ans jusques à vingt-cinq, sans jugement, jettans toute nostre conduite à l'aventure, et sans avoir de but.

Je n'avois nulle obligation particulière au roy de Navarre; je ne laissois néantmoins d'y estre envié. Je me rendois fort assidu aux affaires, prenois soin d'avoir des avis de partout, de recueillir dans ma maison des gens de bien et d'esprit qui fussent en quelque croyance parmy les églises; où je trouvois des serviteurs de feu M. l'admiral je les retirois; j'avois un ministre ordinaire, et une église formée entre mes domestiques; je prenois plaisir, quand j'estois hors d'auprès du roy de Navarre, soit en allant par le pays ou dans ma maison, de mettre tousjours quelque question en avant de théologie, de philosophie, de politique, de la guerre, de la façon de bien parler ou bien escrire, de la civilité, ayant souvent eu quelques personnes qui avoient du sçavoir, cela me gardoit des mauvaises occupations que prennent les esprits oiseux, et me donnoit une superficie de cognoissance de la pluspart des discours qu'on tient en la fréquentation du vulgaire, pour en dire bien à propos quelque chose. Je prenois grand plaisir à monter à cheval, à courre la bague, ce que je faisois des mieux, tirer des armes, danser peu, bien suivy, n'ayant jamais moins de quinze, vingt et vingt-cinq gentilshommes défrayés de tout, et ne s'habillans guères que des habits que je leur donnois; quantité de pages, en ayant eu jusques à vingt-quatre; je n'avois estat de personne, et néantmoins je ne faisois guère de debtes, de quoy je me suis esmerveillé, d'autant qu'à cette heure je jouis au double de biens, de beaux estats du roy, et ne sçaurois faire une telle dépense.

Madame, sœur du roy de Navarre, commença à me faire bon visage; c'estoit une chrestienne princesse, qui avoit lors madame de Tignonville pour gouvernante, qui estoit une femme austère, méfiante, qui avoit un continuel égard sur sa maistresse, et ne souffroit ni enduroit rien de mal; le roy de Navarre aymoit sa jeune fille, qui s'appelloit Navarre, et maintenant a espousé le sieur de Panjas : elle souffroit ces amours avec impatience, mais elle ne pouvoit les empescher absolument, bien y portoit-elle toutes sortes d'empeschemens. Madame et moy parlions souvent ensemble, de façon qu'elle commença de prendre de la confiance en moy, qui l'honorois fort, ayant cette princesse de fort belles qualités, estant jeune et agréable, chantant des mieux, jouant fort joliment du luth, faisant quelques rimes, de sorte que luy rendant l'honneur que je luy devois, elle me disoit familièrement ses conceptions, et moy les miennes. Je ne luy parlois jamais que dans sa chambre et devant tout le monde ; de sorte que n'y ayant là personne qui me précédast, il sembloit qu'elle suivist plustost la coustume d'entretenir les plus grands que par un choix elle m'entretinst. Cela a duré long-temps, bien l'espace de quatre ou cinq ans, et finit ainsi que vous l'entendrez. Le roy son frère ne désagréoit pas cela, n'y voyant rien de mal séant, et jugeant que ce m'estoit un moyen de me retenir davantage à luy que la conversation honneste et vertueuse de sa sœur avec moy. Les premiers estats de Blois se tinrent, où fut délibéré la rupture de l'édit, et de faire deux armées, dont Monsieur en auroit une, et M. du Maine l'autre ; que Monsieur assailliroit les villes de La Charité et d'Issoire. [1577] Les armes se prennent, le roy de Navarre et ceux de la religion se mettent sur la défensive, qui fut assez foible; les villes de La Charité et d'Issoire se prennent. Je sceus que le sieur de Vesins alloit joindre l'admiral de Villars à Bordeaux, qui commandoit en Guyenne pour le roy, avec quatre compagnies d'harquebusiers à cheval : il partit de Cahors; j'assemblay les garnisons, et manday les régimens de Sainct-Maigrin, de Millac, cadet de la maison de Salagnac; et me mis après ledit de Vesins ; il passa à Bordeaux avec ce qu'il avoit de gentilshommes, et laissa dans le lieu de Jergon, qui est dans le comté de Benauge; les susdites compagnies, qui se barricadèrent dans l'église, qui estoit bonne. Je les investis là-dedans, et commence à sapper la muraille, qui se trouva fort bonne. Voyant que cela tiroit à quelques jours de temps, je campay à l'environ, n'estant qu'à quatre lieues de Bordeaux, contre nostre coustume, qui ne logions ailleurs que dans les villages, à l'occasion que, n'estant les hommes obligés par la solde, et n'ayans ny vivres ny équipages pour les porter qui suivist nos troupes, il falloit loger dans des villages pour y trouver commodités : néantmoins nous nous campasmes, choisissant une place de bataille en cas d'allarme, et continuasmes notre siège sans artillerie : nous eusmes quelques petites allarmes; dans quatre jours ceux de dedans se rendirent, pressés par notre sappe, qui nous avoit fait ouverture dans le bas du temple ; et les assiégés se trouvans aussi pressés de vivres et d'eau, nous les dévalisasmes, et mismes quelques-uns à rançon, et laissasmes aller le reste. Ainsi qu'ils sortoient, et que nos régimens battoient aux champs pour déloger, le sieur de Vesins parut avec trois cens chevaux à l'aisle d'un bois ; les deux régimens de Saint-Maigrin et de Millac commencent à disputer la main droite, les capitaines se piquent, de façon qu'il y eut quelques coups d'épées donnés, dont un capitaine de Saint-Maigrin, du lieu de Jonnins, nommé Carrière, fut blessé ; des drapeaux sont pris par les enseignes, et les testes, tournées l'une contre l'autre, s'en alloient aux mains, n'estant à cent cinquante pas loin les uns des autres.

J'estois avec ma cavalerie, qui considérois le sieur de Vesins qui faisoit mine de venir à nous, qu'on me vint dire le désordre en nostre infanterie. Je laisse la cavalerie en ordonnance au sieur de Faïras, ce qu'il avoit à faire les ennemis venans à luy, et m'en cours à mon infanterie, que je trouve allans les uns aux autres avec plus d'animosité qu'ils n'en eussent eu contre les ennemis ; je me mets entre deux, et arreste ceux qui aidoient davantage à cette mutinerie, entre lesquels je remarque ce capitaine Carrière, dont j'ai parlé cy-devant, qui avoit esté blessé, je luy porte mon épée dans l'estomac, l'asseurant que je le tuerois s'il faisoit un pas, et je dis au sieur de Lestelle, qui commandoit au régiment de Saint-Maigrin, d'arrester, ce qu'il fit ; soudain je cours à la teste du régiment de Millac, où il y avoit divers capitaines que j'y avois mis : à ma parole il s'arreste ; ce mouvement arresté, j'ouïs les uns et les autres, auxquels j'ordonne de se trouver à Rosan, où j'allay prendre mon logement, et que là on vuideroit la question. Ainsi j'appaisay cette mutinerie par ma diligence, et pour m'estre addressé à ceux qui aidoient à ce mal, qui est une maxime ordinaire en tel cas qu'il y a tousjours peu d'auteurs, lesquels arrestans, tout le commun qui les suit demeurent sans conseil ny résolution, et en fait-on aisément ce que l'on veut, mais il n'y faut aller à demy; en ne faisant qu'irriter lesdits auteurs, et ne les arrestans pas. Cela fait, je m'en retourne à Périgueux, qu'on menaçoit du siège, lequel avoit faute de vivres, estant entouré de forts qui luy empeschoient la récolte ; je la fis assez abondamment. Le roy de Navarre estoit à Montauban, qui eut avis par moy du siège de Brouage. M. le prince estoit à La Rochelle, qui avisoit à pourvoir, et de faire un armement de quelques vaisseaux, estant ledit Brouage sur la mer, où il y a un bon havre, et sollicitoit ledit roy de Navarre d'appeler les forces du Languedoc et celles de Guyenne pour la secourir. Outre l'intérêt public, ledit prince y avoit son particulier, ayant retiré cette place des mains du sieur de Mirembeau avec assez peu de justice. Le roy de Navarre s'en vint à Bergerac, et là assemble jusques à quatre cents chevaux et deux mille hommes de pied pour s'en aller à Ponts, où M. le prince, avec les forces du Poitou et Xaintonge, se devoit rendre.

Estans à Montguyon nous sceumes que Brouage estoit rendu, et cela plustost qu'on ne l'attendoit, par la mort du sieur de Soré, qui commandoit dedans, un des plus valeureux de son temps; ayant fait une sortie et renversé ce qui estoit dans la tranchée, s'estant rendu maistre de quelques pièces, ne se contentant de ce succès, poussant sa victoire au courant de l'armée du roy, chacun à l'allarme, ledit de Soré fut tué, et sa mort avança la reddition de Brouage entre les mains de M. du Mayne, qui commandoit l'armée. Ces nouvelles ouyes, le roy de Navarre reprend son chemin, en donnant avis à M. le prince, qui estoit à Ponts, par M. de La Noue; le duc du Mayne se vint loger près de Ponts, où il fut attaqué, et fit-on une escarmouche où le sieur de Genissac fut tué; de Montguyon prit le logis de Coutras, sur le fauxbourg qui est vers Libourne, pour mes troupes, où je fis faire de bonnes et bien flanquées barricades : c'estoit aux grands jours, le roy de Navarre estoit au logis de M. de Lavardin et moy aussi; nous entendions battre l'allarme, et des voix qui disoient que l'ennemi donnoit dans le quartier de M. de Turenne. Il y a un petit chasteau nommé Laubées d'Aumont, qui n'est qu'à mille pas du fauxbourg que les ennemis tenoient; ledit chasteau est du costé de la rivière vers Quitre; mais ils avoient de bons batteaux et la rivière estroite, pouvant passer nombre d'hommes; et tost je m'en cours à mes gardes, que je trouvay en tout devoir et point d'ennemis; je passay, monté sur un petit bidet, et pris huit ou dix arquebusiers avec moy, voulant voir si à cedit Laubées d'Aumont il y avoit quelque chose de nouveau; de nostre costé de l'eau il y avoit des saules, où il y avoit vingt-cinq arquebusiers sur le ventre, qui ne se pouvoient voir, ny le batteau qui les avoit passés : regardant le chasteau, m'estant arresté environ à vingt pas de ces arquebusiers sur le ventre, qui ne vouloient tirer, estimans que je m'approcherois et me prendroient : me voyant arresté, ils paroissent trois ou quatre, et me disent que je m'approchasse pour voir quelque chose qu'ils me vouloient monstrer. Les tenans pour estre des nostres, estans content de ce que je voulois voir, je tournay mon cheval pour m'en retourner. A l'instant ils nous font leur salve sans blesser personne, quoy que ce fut de moins de trente pas; je cours un grand péril et sans occasion, à quoy la jeunesse est souvent sujette d'encourir de grands dangers par sa précipitation et inconsidération, tels périls se trouvans plustost en ces guerres civiles qu'aux guerres où il y a de bons corps d'armée de part et d'autre. Chacun se prépare. Incontinent commencèrent les pourparlers de la paix; M. de Montpensier, l'évesque de Vienne, le mareschal de Biron et M. de Villeroy vinrent à Bergerac. Après les premières ouvertures il fallut renvoyer vers le roy, qui estoit à Poitiers; je pris cette occasion pour faire un petit tour à Turenne, laissant le roy de Navarre à Bergerac, duquel je fus incontinent redemandé, me faisant cet honneur de n'avancer ny ne résoudre rien aux affaires publiques sans mon avis.

Je pars de Turenne, et m'en vins coucher chez M. de Beynac, Bousolles, Alagnac, La Vilatte et Annal, que j'avois nourris pages, Bouschant d'Auvergne, tous sans armes que nos espées, tous ayans de fort mauvais chevaux; Bouschant avoit un petit cheval d'Auvergne assez bon; le mien estoit un cheval qui alloit un grand pas, ne sçachant tourner, et encore moins courir; nous allions ainsi, par les fautes que font ceux qui se fient plus que de raison en leur courage, et se servans moins de la prudence qu'ils ne doivent, estimans aussi que nous ne rencontrerions rien. Ayans passé par un bourg appelé La Salvetat, douze hommes armés de cuirasses et quinze arquebusiers à cheval, estans partis de Lunéville pour chercher quelques contributions, passent par cedit bourg et prennent langue de moy et de mon équipage; ils se mettent sur ma piste, les premiers qu'ils rencontrent furent quelques valets, auxquels ils donnèrent quelques coups d'espées. Cela me donne l'allarme : regardant derrière, je vis venir cela, estans cinq hommes de front; un de mes pages, nommé Solongnac, portoit mon espée, qu'il me donna; soudain je retourne sans aviser qui me suivoit, et vais choisissant celuy des ennemis qui estoit le plus à leur main droite, afin de n'en rencontrer qu'un, qui fut nommé La Force, auquel je portay une estocade dans le visage. Soudain ces cinq me mettent au milieu d'eux; sans m'estonner, pressant et poussant mon cheval, je me fis faire place. Alors les sieurs de La Vilatte et d'Annal vinrent à moy; partie des ennemis se mirent après ceux qui ne m'avoient suivy. M. de Beynac ne le put, la gourmette de son cheval s'estant rompue. Un page allemand, nommé Mile, que M. le duc Casimir m'avoit donné, venant à moy, fut fort blessé, de quoy depuis il mourut. Nous trois demeurasmes meslés avec ces gens, avec lesquels nous prenions avantage pour en blesser quelqu'un et le tirer du combat. Le défaut de nos chevaux faisoit que n'ayans de verdeur nous donnions force coups moindres que n'eussions fait. La Villate vint à estre blessé le premier, et puis Annal, qui nonobstant demeurions opiniastres à ne nous en aller. Enfin un qui se nommoit Le Perrier, et moy, allasmes l'un à l'autre; il me porte un coup d'espée dans la gorge, et moy un à la teste. Mon espée s'estant rompue, et le bout demeuré dans l'os, estans ainsi blessés tous trois, et les meilleurs hommes des ennemis l'estans aussi, nous fusmes aises les uns et les autres de nous séparer; ce que nous fismes. J'apperceus Bouschant, qui avoit veu l'esbat sans fuir, ny aussi sans se mesler, que j'appelay. Ainsi nous allasmes à Muchères, petit lieu dans la Boissile, où arrivé, mon coup me pressant fort, outre que c'estoit la première blessure que j'avois eue, je m'enquis plustost d'un ministre que d'un chirurgien : ne trouvant ny l'un ny l'autre, je me fis apprester un restrinctif, et voyant ceux qui estoient près de moy affligés, me tenant mort, je leur fis voir combien l'escole de la vraye religion m'avoit appris à cognoistre ce que c'estoit que de mourir; quoy qu'en l'aage de vingt-trois ans, je jouissois du bénéfice de la mort de Jésus-Christ, voyant le monde comme un mauvais passage que j'achevois de passer; mon esprit tranquille, je consolois ceux qui estoient près de moy, bien diversement à celuy qu'il ressentoit lors que je fus si malade à Montauban.

Mon ame lors flottant par la présence de mes péchés, et mal asseurée en la rémission par la croix, puissance et souffrance de Jésus-Christ, je puis attester avec vérité n'avoir qu'un seul regret, qui estoit de laisser mes biens, où force églises sont recueillies, à ma sœur, qui estoit de la religion romaine. Dieu en disposa autrement. Soudain le roy de Navarre, qui avoit esté averty, m'envoye ses médecins et chirurgiens, qui, après m'avoir pansé, furent d'avis de me mener à Badefort, suivant la prière qu'en faisoit M. de Saint-Helmes, à qui estoit la maison; là ils me jugèrent en grand danger, estimans que quantité de sang m'estoit tombé sur le diafragme, qui me causoit une extresme douleur au costé, et que se faisant un sac qui ne pouvoit s'évacuer, me continueroit la fièvre, qui m'emporteroit.

Cela leur pensa me faire une ouverture au costé. Voyans cette opération très-douteuse, ils usèrent de saignées aux bras et aux pieds, de ligatures et ventouses, si bien qu'après quelques jours ma playe se consolida, ayant tousjours une fièvre lente, amaigrissant et ma douleur de costé me continuant.

La paix se fit, le roy de Navarre me meine ainsi mal à Agen; là on commença à establir et exécuter l'édit, le roy disant vouloir maintenir cette paix qu'il avoit faite, et non la précédente, où il avoit esté forcé. Continuant à estre mal, je m'en vins à Turenne. Après avoir eu l'avis des médecins et chirurgiens, M. Joubert me dit à part que si je le voulois croire, que je prendrois de l'eau qu'on appelle d'arquebusade, où il entre des escrevisses, ce que je fis par quinze jours, avec tant de profit, que je crachay tout le sang pourry qui m'estoit demeuré dans le corps, et depuis je ne m'en suis pas senty. Cette paix fut souvent interrompue par des surprises de places qui se faisoient d'une part et d'autre, et plus encore de ceux de la religion, pressés, non tant par le roy de Navarre que par quelques autres particuliers, principalement de ceux de Languedoc, qui estoient entrés en une grande méfiance du mareschal d'Amville, leur gouverneur, estimans que si par ces moyens ils ne maintenoient quelques armes, qu'ils ne se pourroient conserver : quoyque cela se fist sans commandement dudit roy, si ne vouloit-il les désavouer, pour n'obliger ceux qui leur tenoient la main, ou de séparer le party, ou de se réconcilier avec le roy. Le roy de Navarre n'avoit voulu consentir que la reine Marguerite le vinst trouver, à cause du mauvais mesnage qu'ils avoient eu estans à la cour, les divers soupçons qu'elle luy avoit donnée de ses comportemens : quoy que le roy son frère ne l'aymast, si luy sembloit-il estre honteux pour luy de voir sa sœur comme répudiée par le roy de Navarre, lequel estoit blasmé des uns de ne se porter assez vertement à la réparation des contraventions à l'édit, des autres d'attirer sur le party une grande haine, à cause des mescontentemens du roy contre sa personne, à l'occasion de la reine sa sœur.

(1578) Ledit roy de Navarre m'envoya prier, estant à Turenne, de l'aller trouver, ce que je fis soudain. Il m'exposa ses peines, les blasmes susdits de son procédé, me demandant avis de ce qu'il avoit à faire. Mon opinion fut qu'on devoit convoquer une assemblée générale de ceux de la religion, pour, avec un avis commun, se résoudre sur ces difficultés et se décharger par après des blasmes qu'on luy donnoit sur le général. Le roy, la reine mère et Monsieur, par diverses voyes, négocioient pour la venue de la reine Marguerite. Ainsi que l'assemblée fut résolue et les députés venus à Montauban, le roy y envoya le sieur de Bellièvre, qui depuis a esté chancelier de France, pour déclarer sa bonne volonté à maintenir son édit, sa patience à supporter tant d'entreprises contre ledit édit par ceux de la religion, le désir qu'il avoit de revoir la reine sa sœur près du roy de Navarre. Il fut résolu que, de part et d'autre, on envoyeroit des députés par les provinces, pour réparer les contraventions faites à l'édit de costé et d'autre, et remporta ledit sieur de Bellièvre de plus douces paroles du roy de Navarre pour le regard de la reine Marguerite qu'il n'avoit auparavant, son esprit estant fort offensé; jusques là qu'il doutoit de la seureté de sa personne elle se rapprochant ; la pluspart de ceux qui estoient près de luy n'adhéroient à sa venue, et aussi peu le corps des églises, estimans qu'elle porteroit beaucoup de corruption et que le roy de Navarre mesme se laisseroit aller aux plaisirs, en donnant moins de temps et d'affection aux affaires.

Les députations allentirent un peu les aigreurs, qui estoient prestes à éclater en une guerre ouverte, et cependant firent peu ou rien du tout, ce à quoy les uns et les autres avoient contrevenu. La reine mère se laisse entendre de vouloir venir et amener sa fille; elle part, quoy qu'elle n'eust pas la parole du roy de Navarre de la recevoir, s'acheminant, priant et menaçant que, menant sa fille, si elle estoit refusée, que la honte qu'on feroit au roy et à elle seroit telle, que, prenant le seul roy de Navarre à partie, et donnant la jouissance de l'édit à ceux de la religion, qu'ils ne voudroient favoriser ledit roy de Navarre à une si mauvaise cause, ny qu'aucun prince estranger se voulust formaliser pour ledit roy, qui, averty de cecy, entendant force murmures des provinces, qu'ils n'avoient eu les armes en la main que pour la religion, que, cette occasion cessant, ils estoient sujets du roy, qu'il leur seroit fort dur d'abandonner le roy de Navarre, mais qu'ils y seroient contraints si la cause générale se rendoit particulière.

Cela fit changer d'avis, à sçavoir de dire à la reyne mère qu'elle vinst, et que sa fille se comportant selon son devoir, que tout le passé seroit mis en oubly. Le lieu de sa réception est arresté à La Réole, ville de seureté; le sieur Favas y commandoit. La reyne avoit le mareschal de Biron près d'elle, qui avoit fort mal recognu l'obligation qu'il avoit au roy de Navarre d'avoir fait chasser le marquis de Villars de la lieutenance de Guyenne pour l'y mettre. Ledit Biron cherchoit tous les moyens qu'il pouvoit pour brouiller. A cette première réception les choses se passèrent assez doucement, et néantmoins la reyne Marguerite demeura avec la reyne sa mère, qui s'en devoit venir au port de Sainte-Marie; et le roy de Navarre, accompagné de cinq ou six cens gentilshommes, s'en retourna à Nérac. Aussitost que la reyne fut arrivée audit port, elle le fit sçavoir audit roy de Navarre, le conviant d'appeler les députés des provinces pour conférer et restablir les choses esbranlées aux édits. Le roy de Navarre l'alla trouver audit port, qui n'est distant que de deux lieues de Nérac ; et là il refusa d'accepter ce lieu-là pour s'assembler, si ce n'estoit que la reyne le dispensast d'y estre.

Je vous ay dit qu'après que j'eus pris les armes qu'on m'avoit fermé les portes à Casteljaloux, où commandoit le sieur de Rosan, puisné de la maison de Duras; je m'estois résolu de me faire réparer ce mépris. Duras l'aisné, passant un jour par Leytoure, parlant à M. de Lavardin, lui avoit tenu quelques propos de moy sur ce sujet, plus libres qu'il ne me sembloit pour les endurer; ledit Duras estant avec la reyne mère, je me résolus de le faire appeller. Je pars de Nérac, et envoye le sieur de Frontenac au port, lequel n'y trouva plus ledit Duras. Cela failly, j'attendis l'occasion que vous sçaurez. Enfin, après plusieurs allées et venues, le lieu du port est refusé, mais celuy de Nérac choisi; et d'autant qu'il falloit du temps pour faire venir les députés, la reyne mère donna jusqu'à Thoulouse pour voir ces villes-là, où je fus envoyé vers elle sur les avis qu'avoit le roy de Navarre qu'on faisoit des entreprises sur des places tenues par ceux de la religion, qui s'excusoient d'envoyer leurs députés des provinces pour se trouver à Nérac au temps assigné. Arrivant à Thoulouse, je trouvai beaucoup de peuple amassé le long des rues par où je devois passer pour aller au logis qu'on m'avoit préparé. Ce peuple mutin, ennemy de ceux de la religion, me monstroit avoir désagréable ma venue, et qu'il ne voyoit pas volontiers que j'allasse trouver la reine mère.

Après estre arrivé, je fis avertir ladite reine pour prendre l'heure qu'il luy plairoit me donner; elle me remit au lendemain à deux heures, là où je l'allay trouver; et, luy ayant rendu mes lettres qui portoient créance, je luy fis entendre qu'en Dauphiné et Languedoc on avoit descouvert diverses entreprises qui se faisoient sur les places de ceux de la religion; que le mareschal de Biron en menoit une sur Périgueux; que le pouvoir qui luy avoit esté donné estoit restreint dans les conditions auxquelles le roy de Navarre ny ceux de la religion ne se soumettroient point; que s'il ne luy plaisoit faire cesser les entreprises, et se faire authoriser suffisamment, que ce seroit en vain de s'assembler, prévoyant le roy de Navarre qu'on estoit plus près d'une rupture que d'un accord; de quoy il ne vouloit ni ceux de son party estre blasmés, estant ce qui luy en faisoit donner avis pour luy donner sujet de prévenir cela, qui donneroit occasion aux mignons (ainsi appelloit-on les ducs de Joyeuse et d'Espernon), qui taschoient à luy rendre de mauvais offices près du roy, de le faire, de ce qu'au lieu d'avoir accommodé le roy de Navarre et la reine sa fille, et empesché la guerre, qu'en sa présence les affaires se fussent aigries et portées à une rupture entière.

Elle me dit qu'elle ne pouvoit empescher les catholiques, qu'on pilloit et travailloit en diverses façons, d'en faire de mesme, qu'elle estoit mère du roy, qu'elle sçavoit estre de si bon naturel qu'on ne luy pourroit rendre de mauvais offices près de luy; que, pour couper chemin à tout cela, il falloit que le roy de Navarre reprist sa fille, et que le jour de l'assemblée fust pris sans aucun délay; que cela osteroit l'occasion à tous remueurs de ménage, d'une religion et d'autre, de ne rien entreprendre, estimant qu'aussi bien s'ils n'estoient chastiés il faudroit réparer ce qu'ils auroient fait, me conviant d'y tenir la main, estant obligé, outre ce que je devois au roy, d'affectionner ce qui la regardoit, ayant cet honneur d'estre descendu de la maison de Boulogne et d'Auvergne comme elle, que c'estoit une grandeur et bonne fortune de m'approcher du roy, lequel elle sçavoit qu'il m'aymoit et estimoit. Je ne luy donnay loisir de parachever ces propos, que je cognoissois vouloir venir à me donner des espérances d'accroissement d'honneur, en me départant de la fidélité que je devois et voulois rendre à ma religion, et au roy de Navarre qui m'avoit employé : je la remerciay très-humblement, luy témoignant que j'estois de ceux qui ne donnoient jamais de l'accroissement à leur particulier en diminuant ce qui estoit de leur devoir, et faisant actions contraires à ce qu'ils témoignoient extérieurement se sentir obligés; que les remueurs s'accommodassent, que le roy de Navarre fust content, et lors je chercherois toutes occasions pour témoigner au roy et à elle que j'estois capable et fort disposé pour le bien servir.

Alors elle me dit qu'elle vouloit venir à Ausche, que si le roy de Navarre s'en vouloit approcher qu'ils prendroient un lieu pour se voir, que cependant elle escriroit pour arrester le cours de ces remuemens, ainsi qu'elle prioit le roy de Navarre d'en faire de mesme, et désira que de Thoulouse mesme j'en escrivisse aux églises de Languedoc; ce que je fis avec grande discrétion, ne voulant que mes lettres servissent à asseurer ceux de la religion, et donner plus de moyen par là d'entreprendre sur eux, et d'estre asseuré ou de malice ou d'ignorance, estant aisé à voir que la volonté de la reine n'estoit entièrement sincère, ni aussy si bien obéie, qu'il ne parust qu'on avoit besoin de se garder. Elle me renvoya avec cette asseurance de se vouloir assembler, et qu'à Ausche on résoudroit le lieu et le jour, qu'elle prioit qu'on hastast les députés afin qu'elle pust s'en retourner retrouver le roy.

Je donnois avis d'heure à autre au roy de Navarre de tout ce qui se passoit; sur mes avis il s'avance à Leytoure, où je le fus trouver, et lui rendis compte de toute ma négociation; après quoy il se résolut de s'approcher d'Ausche lors qu'il sçauroit que la reine mère y seroit. Sçachant son arrivée, il s'en alla en la maison de M. de Roquelaure, qui n'est pas loin d'Ausche, d'où, ayant sçeu l'arrivée de la reine, il prit résolution de s'y en aller, et assez légèrement, veu les défiances qu'il avoit.

Ausche est une petite ville presque peuplée de prestres. Le mareschal de Biron estoit venu là trouver la reine; nous arrivasmes à Ausche sur le midy, où nous ne trouvasmes la reine, estant allé à une tente de palombes, le mareschal de Biron et autres personnes de qualité estans avec elle. Nous trouvasmes la reine Marguerite et les filles. Le roy de Navarre et ladite reine se saluèrent, et se témoignèrent plus de préparation à un accommodement qu'ils n'avoient fait les autres fois qu'ils s'estoient veus: les violons vinrent; nous commençasmes tous à danser.

La danse continuant, le jeune Armagnac arrive, estant party de Nérac, dépesché vers le roy de Navarre pour l'avertir que, la nuit précédente, La Réole, qui estoit une des villes de seureté, avoit esté surprise par le chasteau. Il fit son message à l'oreille du roy, qui soudain m'appella; le premier mouvement fut si nous estions assez forts pour nous saisir de la ville; il fut jugé que non. Soudain je dis qu'il nous falloit sortir, et qu'avec justice nous pouvions nous saisir du mareschal de Biron et autres principaux qui estoient avec la reine, pour r'avoir La Réole. Nous prenons congé de la compagnie, qui trouva nostre départ plus prompt qu'elle ne se l'estoit promis, n'en sçachant l'occasion: ils monstroient de l'estonnement; tout cela hastoit nostre départ, interprétans tous les propos et gestes de ceux d'Ausche à une suitte délibérée de dessein contre nous; ainsi qu'il avient ordinairement que, quand on a quelque chose à entreprendre où il y a du hazard, tout ce qui se meut semble se mouvoir à l'opposition de ce que nous projettons.

Estans hors de la ville, mon ouverture fut proposée et non suivie, s'y trouvant du péril, pour estre ledit mareschal bien monté, et ayant assez d'hommes de main pour rendre le combat douteux, que c'estoit faire affront à la reine, y ayant apparence qu'elle n'en sçavoit rien; que cela estant, elle feroit restituer La Réole, que nous pouvions nous saisir de Fleurance, qui estoit sur nostre chemin, et de Leytoure; et qu'à cet effet il falloit faire avancer les mareschaux des logis, et les accompagner d'une partie des gardes, afin qu'ils nous peussent garder une porte, et que le roy iroit au devant de la reine, pour luy témoigner son offense et son respect, chose qui ordinairement engendre plustost du mespris, en ce qu'on croit que c'est plustost par faute de moyen de faire autrement que par volonté, et ne se void guères qu'en pareil cas on se souvienne de telles courtoisies.

Au rencontre de la reine, le roy de Navarre l'abordant, elle fit fort l'estonnée, et avec raison, ne sçachant ce que nous ferions; elle donne quantité de paroles pour asseurer une réparation. Le mareschal de Biron, autheur de cette exécution, qui n'estoit aymé du roy de Navarre, et qui ne s'asseuroit de moy, qu'il croyoit sçavoir qu'il avoit poussé la reine mère à m'imputer toutes les procédures du roy de Navarre qui ne luy agréoient, se jette hors du chemin séparé des carrosses, accosta quelques-uns des nostres, se justifiant et promettant de faire tout devoir pour luy faire rendre cette place. Nous nous séparasmes ainsi, et ne peusmes arriver à Fleurance qu'il ne fust trois heures de nuit.

Sur l'arrivée des mareschaux des logis, quelques-uns de la ville se jettèrent dans une porte où il y a deux tours, et commencèrent à faire quelques barricades. Comme nous eusmes mis pied à terre, le capitaine des gardes du roy de Navarre, nommé Saint-Martin, alla pour faire une ronde, venant au droit de cette porte saisie; on luy demanda qui vive, et à mesme instant bonnes arquebusades; il demeure là et avertit le roy, qui me commanda d'aller voir ce que c'estoit.

Je fus parler à ces habitans pour sçavoir l'occasion de leur retraite à cette porte, veu que tout estoit en repos, que nous venions de laisser la reine, laquelle nous devions retourner trouver dans peu de jours; ils nous firent paroistre de sçavoir autres nouvelles, nous disans ne vouloir partir d'où ils estoient sans commandement. Je mandai au roy leur réponse, et commençay à les attaquer, leur faisant quitter leurs barricades : retirés dans les tours, ils se voyent en danger du feu et de la sappe; ils se rendirent et sceusmes qu'aussitost que nous eusmes laissé la reine il leur avoit esté mandé de nous fermer la porte; mais, les mareschaux des logis estans dedans, ils n'avoient osé entreprendre de les faire sortir. Nous mismes garnison, et nous en allasmes à Nérac, où toute la négociation fut en allées et venues pour avoir réparation de La Réole; à la fin, il fut résolu qu'elle seroit remise à ceux de la religion, mais que le sieur d'Ussac en auroit le gouvernement, et le sieur de Favas n'y rentreroit. Cela convenu, on résolut d'appeler les députés, et envoye-t-on par tout. Les provinces s'y disposent, et s'assemblent pour députer et envoyer à Nérac. La Réole est remise entre les mains de d'Ussac, qui, gagné, quitta au bout de quelques mois la religion, et tint cette place la guerre suivante contre ceux de la religion, au préjudice de son ame et de son honneur, contrevenant à ce qu'il avoit promis.

(1579) La conférence se tint, où furent accordés les articles nommés la Conférence de Nérac : la reine part et s'en va à Agen, où le sieur de Duras la vint trouver; ce que sçachant, je pars de Nérac avant la pointe du jour, et me rendis vis-à-vis d'Agen, du mesme costé de Nérac, d'où j'envoyay un gentilhomme au sieur de Duras, luy dire le lieu où je l'attendois avec une épée et un poignard pour tirer raison de de luy des paroles qu'il avoit dites de moy. Le message fut bien fait, mais, peu après, ledit Duras fut arresté; je ne le sceus point qu'il ne fut plus de dix heures, n'ayant cessé de pleuvoir toute la matinée. Averty que je fus, je montay à cheval et m'en allay à Nérac, où le roy de Navarre estoit prest de monter à cheval pour apprendre de mes nouvelles. Il estoit question de faire exécuter, de sa part, des catholiques romains et de ceux de la religion, les articles accordés. Le roy de Navarre voulut que je prisse cette commission en toute la Guyenne. Ayant receu ses commandemens, j'allay à Agen trouver la reine; je prenois cette charge mal volontiers, cognoissant que ce ne seroit que des contestations odieuses, estant presque impossible, en tel cas, de satisfaire les uns et les autres, et le plus souvent les laissant tous mal-contents; d'ailleurs il ne se présentoit nulle occasion où estre employé, ce qu'un jeune homme qui veut parvenir doit rechercher de ne demeurer oisif.

Estant à Agen, la reine nous accorda, le sieur de Duras et moy, qui m'estois satisfait par cet appel, n'y ayant nuls propos injurieux. Ainsi qu'on travailloit pour l'ordre de l'exécution des articles, s'y estans passés quelques jours, estant retiré en mon logis, le sieur de Duras y vint : je le receus avec honneur; nous approchasmes d'une fenestre, nous reculans de la troupe de force gentilshommes qui estoient dans ma chambre. Il me dit que son frère de Rosan estoit venu, et que si je voulois parler à luy, qu'il le feroit trouver où je voudrois. Je luy dis qu'encore que j'eusse des défences, et que j'estois là pour les affaires publiques, que son avertissement m'obligeoit à jouir de son offre, et que le lendemain, de grand matin, je me trouverois au bout du gravier (ainsi appelle-t-on la place qui est entre la ville et la rivière de Garonne, du costé qui va à La Foz), monté sur un courtaut, avec une épée et un poignard, et que là son frère et moy nous nous contenterions. Il me dit qu'il vouloit estre de la partie; je refusay cela, il me le contesta; je m'accorde d'y mener un amy, adjoustant que personne n'avoit ouy nos propos, et que de ma part rien ne m'empescheroit. Nous nous donnons le bon soir, je le conduisis jusques dans la rue. Soudain, après estre retourné en ma chambre, je donnay le bon soir à tout le monde, et envoyay querir le baron de Salagniac, auquel je dis ce qui s'estoit passé entre Duras et moy, et que je le priois de m'assister en cela ; ce qu'il accepta volontiers. Nous avisasmes nos épées et poignards, et en prismes chacun une, longue de trois pieds, épées que nous portions ainsi ordinairement, et aussi deux poignards, n'estant lors cette vilaine et honteuse coustume introduite depuis, de porter aux duels des épées de cinq ou six pieds, des poignards avec des coquilles, comme des demy rondaches. Cela fait, nous nous séparons.

Le matin avant jour il me vint trouver ; ayant accommodé la pointe de nos épées, nous résolusmes d'user de toutes les courtoisies que les occasions nous offriroient envers ceux à qui nous devions avoir affaire. Je pris un pourpoint découpé, en quoy je faillois pour se pouvoir aisément embarrasser dans les découpures les gardes du poignard ou de l'épée. Le jour venu, nous prenons chacun un courtaut, des esperons sur nos bas de soie, nous faisant suivre par un petit laquais ; nous sortons par la porte du Pin, et nous nous rendons au lieu désigné, où nous demeurasmes près de deux heures ; à la fin nous voyons venir les deux frères, montés sur deux chevaux d'Espagne, contre ce qu'ils avoient arresté. Ils s'approchent de nous et veulent mettre pied à terre ; je leur dis : « Allons plus loin, voilà des gens qui courrent après nous qui nous separeroient. » Nous galoppons environ deux cents pas, bouillans de venir aux mains, et craignans que de la ville on ne courust et fussions empeschés. Je m'arreste et mis pied à terre, et, le baron près de moy, faisons oster nos esperons et priasmes Dieu ; eux mirent aussi pied à terre. Duras s'avance pour nous visiter ; nous estions tous détachés, la chair nous paraissant par les ouvertures de nos chemises ; eux ne l'estoient, mais seulement déboutonnés de quelques boutons. Ainsi que Duras me visitoit, je luy mis la main sur le pourpoint, luy disant qu'il n'estoit maillé, le tenant trop galant homme ; je dis de mesme à son frère, qui estoit à dix ou douze pas de moy ; je vis qu'il avoit des esperons ; je luy dis qu'il les ostât, le pouvans faire tomber, ce qu'il fit. Duras me dit ce que j'avois à demander à son frère ; je responds que nous n'estions là pour nous en éclaircir que par les armes, lesquelles nous mismes au poing, et allasmes les uns aux autres. Je luy donnois des estocades que je croyois le percer ; il me blesse un peu à la main gauche, il tombe ; je le fais relever ; je veux aller aux prises en me jettant sur luy ; je rencontre le bout de son épée du bras gauche et m'en blesse, l'ayant mené plus de soixante pas ; j'ouïs le baron de Salagniac qui disoit à l'aisné : « Prenez une autre épée. » Il survint neuf ou dix hommes de Duras, qui commencent à me charger par devant et par derrière, de sorte qu'ils me donnèrent vingt-huict coups, dequoy il y en avoit vingt-deux qui me tiroient du sang, et les autres dans mon habillement ; je ne tombe ny mes armes ; pensans m'avoir donné assez de coups, ils me laissent.

Il arrive quelques gens de la ville, mesme le gouverneur, le sieur de Lusignan, qui me rameine ; estant pansé, mes coups se recognoissent sans danger. Le roy de Navarre vint le lendemain sur le gravier pour me querir, où la reine l'alla trouver. Il témoigna un très-vif ressentiment de la supercherie qu'on m'avoit faite ; je m'en allay à Nérac, où je fus tost guéry. Il ne se peut rien faire aux actions de nostre vie de plus injuste envers Dieu, ny qui doive tant offenser les souverains, que tels combats, auxquels nous nous faisons meurtriers de nos ennemis ou de nous, et bien souvent de tous deux ; nous disposons de nos vies, qui ne nous sont libres, dépendantes des commandemens de nos souverains, pour les employer à la défense de nostre patrie et en ses querelles ; la seule fantaisie fait l'offense, et soumettant nostre honneur à pouvoir estre blessé par la seule imagination de moy ou d'autruy, et, pour le réparer, nous allons offenser Dieu grièvement, nostre prince, mettre nostre honneur au hazard ; n'estans les armes décisives pour celuy qui a la meilleure cause, les évènemens arrivans souvent au contraire, nous hazardons nostre vie et nostre bien.

C'est pourquoy, mon fils, si l'édit qui est maintenant observé sur ce sujet vient à n'estre observé lors que vous serez en aage de porter les armes, je vous commande, prie et conseille que vous évitiez toutes occasions de querelles, avisiez de n'offenser personne ; rendez-vous discret entre les gens de vostre aage et avec tous autres de ne leur dire rien qui les puisse fascher ; gardez-vous de vous mocquer, la mocquerie suscitant souvent des querelles ; empeschez-vous des jeux de mains, qui sont ordinairement occasion de faire des offenses entre les meilleurs amis ; si on vous offense, avisez de ne la recevoir légèrement, mais l'estant, prodiguez tout pour conserver vostre honneur et vostre réputation, à laquelle ayant laissé faire bresche, toutes les autres vertus sont inutiles aux hommes de vostre qualité ; et est celui-là incapable de s'agrandir jamais en sa condition, mesmement entre les François, où la vaillance est si commune, que celuy qui ne l'est paroist comme un homme indigne d'aucune louange ny mérite ; mais si vous estes sage et discret, vous vivrez avec une honneste et bienséante société qui vous empeschera de querelles, et n'aurez à porter vostre vie au péril, et vous donnerez de la réputation au service de Dieu et de vostre roy ; en mesprisant les dangers, vous témoignerez vostre courage ; et si en telles actions vous y trouvez ou des blessures ou la perte de la vie, vous aurez trouvé cela où il faut le chercher, et aurez, soit en vos douleurs, soit en mourant, cette satisfaction, que vostre honneur en sera accru, et la mémoire en sera bonne à ceux qui vous survivront.

J'ay fait cette digression, d'autant que ce sont les plus importantes actions qui se pourront présenter au cours de la vie.

La reine mère s'ennuyoit ; elle avoit fait son traitté, qui luy sembloit estre suffisant pour contenter tout le monde de l'issue de son voyage, et qu'elle avoit remis sa fille avec le roy de Navarre ; néantmoins elle jugeoit que ces choses ne seroient de durée : elle part et s'en va à Toulouse, et de là prit son chemin par Castelnaudary vers le Bas-Languedoc, où le roy de Navarre l'alla trouver, et se dirent adieu avec témoignage d'affection. Nous nous en retournons à Nérac ; on poursuit l'exécution des édits et conférence de Nérac, enquoy plusieurs choses furent omises de part et d'autre, mesmement en Languedoc, où quelques petites places que tenoient ceux de la religion devoient estre délaissées ne le furent point ; aussi du costé des catholiques il y eut diverses omissions à l'exécution de la conférence, estant certain que les uns et les autres, qui avoient leurs esprits portés à la faction, estoient bien aises par les désobéissances se garder tousjours quelques armes en la main ; cela nourrit et continua les méfiances de part et d'autre. M. le mareschal d'Amville monstroit se vouloir séparer du roy de Navarre ; ceux de la religion en Languedoc se préparoient ; M. de Chastillon, fils de M. l'admiral, mort à la Saint-Barthélemy, pour leur commander sous le roy de Navarre. Les soupçons croissans, on tint une assemblée générale de ceux de la religion à Montauban, où l'on fit union plus estroite de tout le corps ; et, pour estre plus certain des commandemens et résolutions lors qu'il faudroit que tout le général suivist une mesme délibération, on rompit quelques escus, desquels toutes les moitiés demeurèrent entre les mains du roy de Navarre, et les autres furent données à M. le prince, et à chacun de nous les principaux du party, et à chaque province, pour les garder entre les mains de gens eslus, et ensuite ordonner ce qu'ils auroient à faire lors qu'on les avertiroit de quelque résolution générale. Nous séjournasmes à Montauban quelque temps ; chacun s'employoit à se préparer à un nouveau remuement, et à recognoistre des places. M. le prince avise à se restablir dans le gouvernement de Picardie, estimant qu'il le luy falloit faire par surprise de place, mais que l'ayant fait, il falloit qu'un remuement grand divertist le roy de l'attaquer, ou pour le moins si fortement que, s'il n'estoit point diverty d'ailleurs, il bastit une entreprise sur La Fère.

Nous aussi aucunement pressés par divers attentats au préjudice des édits, mais ayans aussi envie d'avoir les armes à la main, M. le prince résout son partement de Saint-Jean ; avec cinq ou six hommes, leurs barbes et cheveux teints et des emplastres sur le visage, pour se faire mécognoistre, alla en poste, passe près de Paris et se rend à La Fère, de laquelle il se saisit ; nous prismes aussi jour pour la prise des armes, qui tomboit quelques vingt jours ou un mois après celuy de la saisie de La Fère.

M. le prince, estant à La Fère, envoye vers le roy l'avertir de son arrivée, s'excusant de ce qu'il avait entrepris cela sans son commandement, sur la crainte qu'il avoit que Sa Majesté eust plustost déféré aux persuasions de M. de Guyse qu'à ses prières, mais qu'il n'estoit là pour remuer, mais pour faire tout ce qui luy seroit commandé; conseil pris avec nous de ce procédé amuser le roy, qui, au lieu de s'aigrir, commence à traiter avec ledit prince pour régler l'authorité qu'il pourroit avoir, et exercer en son gouvernement; ce que croyant ledit prince, estima que la prise des armes ne feroit qu'empescher son establissement, envoye vers le roy de Navarre pour le divertir de la prise des armes. Le jour donné, un chacun pouvant avoir fait un mouvement qui seroit mal aisé de réparer, M. le prince, n'ayant qu'une partie des raisons de la prise des armes dépendante de luy, nous luy redepeschons, l'avertissant que les choses estoient si avancées qu'elles ne s'estoient pu retarder. Nous nous en revenons à Montauban, d'où le roy de Navarre part pour aller à Agen, et me donna le commandement du Haut-Languedoc.

(1580) Je pris congé du roy de Navarre, y ayant eu plusieurs qui trouvèrent estrange comment je prenois le Haut-Languedoc, et laissois la lieutenance de Guyenne, où j'avois si long-temps commandé, et où j'avois pris une grande créance. Je désiray de prendre une charge où je fusse seul, afin que le bien ou le mal que j'y ferois me fust imputé, estant l'ordinaire que la louange des grandes actions est souvent emportée par le chef, et ceux qui sont dessous en recouvrent souvent fort peu. J'avois, outre cela, un sujet qui me convioit à m'éloigner dudit roy, pour m'éloigner des passions qui tirent nos ames et nos corps après ce qui ne leur porte que honte et dommage; à quoy Dieu nous assiste lors que nous nous gardons assez puissans pour nous servir, et prendre les occasions qui nous éloignent du mal. Avant que je partisse, les catholiques avoient pris la ville de Sorèze par surprise, qui avoit mis un chacun en allarme; de sorte que je courois beaucoup de danger avant que d'estre à Puylaurens, où je me rendis; et là me vinrent trouver tous les députés des villes de Lauraguais, avec les principaux gentilshommes, me témoignans une grande joye de mon arrivée, et de ce qu'ils auroient à m'obéir. De là j'allay à Castres: les armes se prenoient. Avant que rien entreprendre j'estimay qu'il falloit establir un ordre aux finances, aux armes et à la police, qui me fit faire une convocation de toutes les villes dépendantes de mon gouvernement, de la noblesse et des ministres à Castres, où estans assemblés, je leur fis entendre la cause de la prise des armes, qui leur pouvoit estre mieux connue qu'à nuls autres, d'autant que cette province avoit pressé mon envoy pour leur commander, suivant ce qu'ils avoient désiré, que je désirois en leur commandant y avancer les affaires publiques, les garder des dommages de leurs ennemis, et y acquérir de l'honneur. Que pour le faire il falloit establir un ordre par lequel les gens de guerre peussent, estans entretenus, vivre avec discipline et obéissance qu'il falloit pour la garde des places, et pour ceux qui serviroient à la campagne, tant pour pouvoir entreprendre que pour s'opposer aux ennemis, qu'ils sçavoient pouvoir estre beaucoup plus forts que nous, ayans et plus de moyens et plus d'hommes. Je me retire de l'assemblée afin de les laisser libres, et recueillir leurs voix : peu de temps après, ils envoyent vers moy en mon logis deux de chaque corps, pour me remercier de ce que j'avois quitté de plus grandes charges pour leur venir commander, qu'ils vouloient suivre mes conseils et départir les moyens qu'ils avoient selon ce que je jugerois le plus nécessaire, et me prioient me trouver le lendemain au lieu de l'assemblée, pour y présider et y résoudre toutes les affaires.

Le lendemain, ils me font voir dequoy ils pouvoient faire estat pour l'entretenement de toutes les dépenses, leurs deniers dépendans de trois natures, sçavoir : des impositions en forme de taille, qui se jetteroient sur chaque consulat, desquelles il y en avoit une partie de certaines, qui estoient celles des consulats de la religion; les autres douteuses, pour estre toutes ou partie du consulat de Rome; l'autre nature de deniers estoit les biens ecclésiastiques, et la troisiesme des biens des catholiques romains qui faisoient la guerre. Le revenu estimé, on avisa combien chaque diocèse avoit de places qui tinssent pour nous, et les garnisons qui leur falloit, tant pour les garder de surprise que pour empescher que les garnisons des ennemis n'empeschassent leurs vivres, commerce et autres libertés. Cette dépense tirée à part, on avisa ce qui restoit pour entretenir près de moy quelques forces, qui furent seulement de huict cens hommes de pied, cent chevaux et cinquante arquebusiers de ma garde, avec cela quelques forts pour se servir de trois canons qui estoient dans la province. Pour les autres parties inopinées, elles restèrent à prendre sur des moyens inopinés et incertains. Cela résolu, chacun se sépare.

J'avois autour de la ville de Castres huict ou dix garnisons des ennemis, comme La Bruyère, où commandoit le sieur de La Croisette, lieutenant de M. d'Amville; l'autre Villemur, Soucelle Saint-Martin et quelques autres, la plus éloignée à deux lieues. Je pris grand soin de bien commencer, afin de donner une bonne opinion de moy aux nostres, et de la crainte aux ennemis, estant une chose de grand profit à la guerre de donner une bonne impression de son courage et de sa conduite. La garnison de toutes celles qui nous estoient contraires, là où il y avoit le plus d'hommes meilleurs et le mieux commandés, c'estoit La Bruyère. Après avoir bien fait cognoistre les avenues, et observé leur ordre pour sortir aux allarmes, j'appris qu'il y avoit un chemin creux assez proche de la ville, dans lequel on se pouvoit embusquer sans que la sentinelle du clocher de la ville peust voir l'avenue de ce chemin creux, et qu'aux allarmes ils estoient prompts à sortir et en désordre, ce à quoy ils avoient esté cognus par plusieurs petites courses de peu de gens que j'avois fait faire le jour précédent à leurs portes. Je pars de Castres avec deux cents hommes de pied, quatre-vingts chevaux et mes gardes, pour m'aller embusquer dans ce chemin, et donnay au sieur Boisselin, mon lieutenant, vingt chevaux pour aller à la porte de la ville, et ainsi qu'ils verroient qu'ils sortiroient qu'il se retirast, de sorte qu'il ne fist pas paroistre aux ennemis qu'il eust autre attente de salut qu'à Castres, et qu'il prist le chemin de sa retraite par un endroit que je luy dis, lequel je pouvois voir du lieu où j'estois embusqué.

Nous nous acheminons; tout se conduit selon l'ordre donné; nous sommes en nostre embuscade; Boisselin donne près la porte; les ennemis sortent, la cavalerie pousse les nostres, qui estoient bien soixante chevaux; environ deux cents hommes de pied les suivoient; ils outre-passent nostre embuscade; l'infanterie les suivant par un autre chemin, la recognut, ce que voyant, je désembusque et coupe la cavalerie entre la ville, et en tuasmes ou prismes la pluspart; nous pressasmes l'infanterie, desquels il ne nous en demeura que peu, le païs estant plein de fossés, qui nous empescha de nous pouvoir bien mesler, ainsi que l'eussions fait autrement.

Ce premier coup me prévalut tout le long de cette guerre vers les nostres et vers les ennemis; il se passa quelques mois sans qu'il se fist rien de notable. Le mareschal de Joyeuse, qui commandoit en Languedoc, et le sieur de Cornusson, sénéschal de Thoulouse, assemblèrent toutes leurs forces vers Carcassonne, pour venir renvitailler Sorèze, que nous tenions comme investie par les forts que nous avions autour; ils traisnèrent trois canons pour forcer lesdits forts. Sorèze est une petite ville assise au pied de la montagne qu'ils appellent au païs Nègre. Ayant avis de leur assemblée et de leur dessein, je mande toutes les garnisons, et donne leur rendez-vous à Ravel, ville que nous tenions à une lieue de Sorèze, où je me trouvay le jour que les ennemis descendirent la montagne pour venir à Sorèze, ayans demy lieue de plaine à passer avant que d'estre à Sorèze. Je montay à cheval avec environ deux cents chevaux, tant pour recognoistre l'armée ennemie que pour asseurer ceux qui estoient dans nos forts que, s'ils estoient attaqués, je les secourerois. Après avoir veu entrer et loger l'armée contraire le long des fossés de leur ville, et veu ceux qui estoient dans les forts en bonne occasion, je me retire à Ravel. Le capitaine Franc, qui venoient de Puylaurens au rendez-vous, entendant dire que j'estois à cheval, et que les ennemis arrivoient à Sorèze, estima que je pourrois avoir affaire de luy; au lieu de venir à Ravel, il alla droit à Balbausse, un des forts que je tenois, qui estoit un moyen corps de logis de pierre de taille, avec des guérites aux quatre coins, et deux petits ravelins au milieu de chaque face du corps de logis; il joint à la susdite maison un bois renfermé de fossés, ainsi que le sont presque tous les champs en ce païs-là. Les ennemis, voyans et entendans par les tambours cette infanterie, remontent à cheval, prennent leur infanterie, et viennent attaquer la nostre, qui, au lieu de se renfermer, se résolut de garder le bois. Les ennemis avec six ou sept cents chevaux et trois mille hommes de pied attaquent les nostres; la cavalerie ne le pouvant à cause du fossé, tout le combat se démesla par l'infanterie. Cela dura depuis les quatre heures jusqu'à la nuit.

J'estois à Ravel, sans le moyen de secourir les nostres, n'ayant pas plus de deux cents chevaux et sept ou huit cents hommes de pied, le païs fort contraire, pour la quantité de fossés, ceux qui sont les premiers placés ayans grand avantage sur ceux qui attaqueroient. J'assiste les nostres de poudres portées par quelques gens de cheval, qui avec hazard et sçachant bien les avenues de ce lieu, passoient; la nuit les sépara; les nostres se retirèrent proche de la maison, laissant quelques hommes dans le bois pour tenir les ennemis en croyance qu'ils le gardoient; lesdits ennemis font leurs feux, posent leurs gardes, démonstrant de les vouloir attaquer le lendemain, recognoissans la faute qu'ils avoient faite de n'y avoir mené leur artillerie. La nuit venue, je mis en délibération ce que nous devions faire pour le salut des nostres, leur perte nous estant de conséquence, telle qu'il s'ensuivroit celle de la pluspart du païs. Nous prismes résolution de partir dudit Ravel tous à pied, avec les armes de main que nous peusmes trouver, n'ayant en cette heure-là nostre infanterie que peu ou point de picques. Nous fismes trois petits corps de nos hommes armés; le mien estoit de cent hommes, et chacun des autres de cinquante ou soixante : ayans logés à nos flancs quelques arquebusiers, le gros de nostre infanterie marchoit entre nos petits gros d'hommes armés, qui avions pris deux chemins peu éloignés l'un de l'autre, qui se venoient rencontrer assez proche du lieu où nous pensions trouver les ennemis. Nous n'avions peu avertir les nostres de nostre acheminement pour leur secours.

En cet ordre nous arrivons; et trouvasmes les ennemis retirés, sans que les nostres en eussent eu avis; aussi nous les prismes avec nous; et, laissans dans la maison quelque cinquante hommes, je me retiray à Ravel, las du chemin qu'avions fait tous armés, bien aises d'avoir retiré les nostres. Les ennemis le lendemain matin se mettent en bataille, font marcher moins de mille pas de la contrescarpe de Sorèze leurs trois canons, et commencent à battre la pallissade et le logis de La Borie-Blanque. Ceux que j'avois laissé dedans relèvent un peu de terre entre le fossé et la maison, où ils se tenoient pour empescher l'assaut, à quoy ils voyoient l'ennemy préparé aussitost que la pallissade seroit rompue, et que les ruines pourroient avoir un peu remply le fossé. Entendant la batterie de Ravel, je sors avec mes troupes, et commence à marcher droit aux ennemis, lesquels, me voyans venir, retirent quelques compagnies de cavalerie qu'ils avoient avancé sur mon chemin : ils donnent l'assaut, duquel ils furent repoussés ; je continue à marcher, ayant fait ma teste de deux troupes d'infanterie d'environ six cens hommes de pied; les ennemis retirent leur artillerie, et viennent prendre leur place sur leur contrescarpe ; j'essaye, par quelques escarmouches, de les convier de s'avancer, mais ils ne le voulurent faire : ce que voyant, et la nuict s'approchant, ayant visité si nostre Borie se pouvoit réparer et mettre en estat, qu'estans retournés à Ravel, les ennemis la retourneroient assaillir avant que nous peussions la secourir, ce qu'ayant esté jugé impossible, avec l'avis des capitaines je la fis brusler; les ennemis, délogeans le jour d'après, reprennent la montagne, se retirent, se séparans chacun en leur garnison.

Ceux de Thoulouse, qui ont esté fort cruels à ceux de la religion, estimans que leur armée nous osteroit de la campagne, font brusler diverses maisons appartenantes à ceux de la religion ; qui me fit envoyer vers eux leur signifier que s'ils ne faisoient cesser telles rigueurs, et se maintenir dans l'usage de ce que la guerre permet, que j'en ferois de mesme. M'ayant fait réponse qui ne me contenta, je résolus de faire cesser la cruauté par la cruauté, quoique plusieurs qui avoient leurs biens au pouvoir des ennemis n'approuvassent ma résolution. Je ne laissay de partir le lendemain avec trois canons, m'estant venu joindre le sieur Bandou, de la maison de Leran, qui commandoit à Foix, et marche vers Thoulouse, envoye quelques troupes, qui bruslèrent quelques métairies appartenantes à quelques principaux de Thoulouse, et pris huict ou dix forts assez importans avec mon canon, entre lesquels fut la maison de Beauville, appartenante à ceux de Malères, où il arriva une chose estrange, néantmoins très-vraye : Ayant tiré quelques canons au machicolis, nos soldats, les plus hardis que j'aye jamais veu, vinrent au pied de trois tours qui faisoient un triangle en égard à elles, ayans une galerie à chacune pour leur estre communicables les unes aux autres ; les nostres en prennent les deux, à la plus grosse ils mettent le feu à la porte ; la porte bruslée, ils remplissent le bas estage de matière bruslante en telle quantité que quoique les estages fussent bien hauts et voustés, les voustes s'échauffent tellement, qu'estant les soldats et le peuple qui s'estoit mis là-dedans retiré au plus haut, la chaleur les contraignoit de telle sorte, que ny eux ny nous n'ayans moyen de les délivrer de ce piteux estat, ils se précipitoient du haut en bas avec grande pitié. Un enfant de douze ans, à ce qu'il m'a dit depuis, s'estant réservé au second estage, la fumée et le feu le pressant, se montre à la fenestre, où il luy fut tiré beaucoup d'arquebusades, desquelles deux luy donnèrent dans la barrette bleue ; des gentilshommes qui estoient à moy firent cesser de luy tirer ; cet enfant monte sur la fenestre, tourne son visage vers la tour, qui estoit ronde, et, sans aucun soin, commence à s'appuyer des mains et des pieds contre la tour (foible appuy sans l'admirable assistance de Dieu), descend de là jusques au bas, où il y avoit plus de trente pieds, sans tomber ; il est receu par les miens, qui me l'ameinent : enquis comme il avoit fait, ne le sçavoit bien, sinon qu'il avoit tousjours prié Dieu. Je le voulus retenir pour le nourrir, il ne voulut ; au contraire, il désira d'aller chez sa mère, qui estoit en un village proche appartenant au comte de Cramail ; je l'y fis conduire, et luy donnay quelque argent ; il estoit borgne, et croy qu'il est encore en vie.

Cela pris, je me retiray à Castres, et remis mes troupes en garnison ; bientost après on commença à parler de la paix. Le roy de Navarre m'envoye querir, me faisant cet honneur de ne résoudre aucunes affaires d'importance sans m'en communiquer. Monsieur, frère du roy, vient luy-mesme en Guyenne avec le pouvoir du roy pour la traiter, assisté de quelques conseillers d'estat. J'avisay à laisser la province asseurée et en bon odeur du service que j'y avois rendu. Ils esluent quelques députés, ainsi qu'il fut fait par toutes les autres provinces qui recognoissoient le roy de Navarre pour leur protecteur, pour assister audit traitté, qui fut fait à Coutras, où, par M. le prince d'Orange, de la part de toutes les provinces des Pays-Bas, furent envoyés des députés pour offrir leurs provinces à Monsieur. La paix conclue, M. le prince de Condé, père de celuy qui vit, se trouva mal-content du traitté, estimant qu'on ne s'estoit assez souvenu de luy, qui ne faisoit que d'arriver d'Allemagne, ayant trouvé en la province des esprits qui flattoient son mescontentement, en sorte qu'ils ne vouloient y laisser publier la paix, mais seulement une suspension d'armes accordée à M. le mareschal de Montmorency, gouverneur pour le roy en ladite province ; Monsieur et ledit roy de Navarre me convièrent d'y aller pour persuader ledit prince de s'accommoder, luy faisant entendre les raisons sur lesquelles le traitté s'estoit fait, et qu'où il voudroit se roidir je fisse recevoir le traitté à la province. J'accepte cette commission, quoy que j'y recognusse beaucoup de difficultés, l'humeur du prince arrestée et ferme aux choses où il s'estoit déclaré. Le traitté avoit donné plus d'avantage à d'autres qu'à luy, et à quelque autre province plus qu'à celle du Languedoc, et sçavois, comme j'ay tousjours esté sujet à estre envié, qu'on m'avoit préparé cette commission, qu'ils estimoient ruineuse.

Le mal que je voyois si cette division eust pris trait, l'affection singulière que j'ay tousjours eue à voir les églises unies et un bon repos à l'estat, me firent entreprendre cette négociation. (1581) Je pars d'auprès du roy de Navarre deux ou trois jours après que Monsieur et luy se furent séparés ; je m'achèminay en Languedoc vers M. le prince, que je trouvay à Nismes, duquel je fus fort bien receu, encore qu'on luy avoit dit que, s'il ne consentoit à la publication des articles de la paix, que je m'efforcerois de les faire publier. Cette jalousie faisoit rechercher les volontés de ceux qui s'y voudroient opposer, et tenoit la province en grande division. Je fis voir audit prince que j'avois toute mon adresse vers luy, que je n'avois en aucune ville où j'eusse passé rien exposé de ma commission, qui avoit pour fin à luy faire cognoistre les raisons qui avoient pressé le traitté sans l'y pouvoir attendre ; qu'il avoit esté malicieusement informé que le roy de Navarre ny autres eussent eu des avantages secrets à son préjudice, que les siens égaloient ceux dudit roy, Saint-Jean estant d'aussi grande conséquence qu'Agen, combien il estoit impossible de rompre le traitté, et de quelle conséquence et ruine seroit la division. Ledit prince avoit deux secrétaires, nommés La Huguerie et Sarrazin, le premier très-meschant, qui avoit des pensées à la ruine de l'estat, ainsi qu'il l'a témoigné au reste de sa vie. Ceux-cy donnoient des espérances à ce prince que, n'acceptant la paix, il se rendroit chef du party, et le poussèrent à de très-mauvais conseils : son esprit, bon et porté à aymer l'estat, fit qu'il prit résolution de s'en aller à Montauban, où estoit le roy de Navarre, que je demeurerois en Languedoc pour y faire publier la paix, lorsque j'aurois avis de Montauban après qu'il y seroit arrivé. Il part ; soudain ceux de la province des trois diocèses de Nismes, Montpellier et Uzès s'assemblent, et envoyent de Montauban déclarer qu'ils désiroient qu'on publiast la paix ; ces deux secrétaires estoient demeurés nonobstant leurs pratiques. Soudain que j'eus une lettre du roy de Navarre, je fis publier la paix, allay trouver M. de Montmorency, avec lequel je convins de ce qu'il falloit faire pour l'exécution dudit traitté.

J'appris soudain que M. le prince avoit témoigné un grand mescontentement contre moy ; il avoit estimé que cela se fit sans un particulier consentement de luy, La Huguerie luy ayant tousjours asseuré qu'il l'empescheroit. Le roy de Navarre me donne avis de cela, et remettoit en moy d'aller à Montauban ou non. Soudain je me résous d'y aller ; de Montpellier j'y fus en trois jours, bien asseuré de n'avoir donné nul mescontentement raisonnable audit prince, et que ce que j'avois fait estoit aussi avantageux pour son service comme luy estoient dommageables les conseils de ses secrétaires. Après quelques difficultés qu'il fit de me voir, en la présence du roy de Navarre je luy déduisis mon procédé, auquel n'ayant rien trouvé à redire, il me recognut pour son serviteur.

Le voyage de Monsieur se préparoit ; je pris congé du roy de Navarre, et m'en allay en mes terres d'Auvergne, et me préparay d'aller trouver Monsieur, lors que je le sçaurois sur la frontière de Picardie, où l'assemblée de ses forces se faisoit pour le secours de Cambray, que le duc de Parme tenoit assiégé.

En ce temps, chacun pensoit estre bien payé en dépensant son argent pour faire des troupes, avec lesquelles on peut acquérir de l'honneur ; j'y allay volontaire, et menay avec moy cinquante gentilshommes de très-bonne qualité, qui ne se dédaignoient pas de porter mes casaques orangées de velours, avec force passemens d'argent, et les armes dorées par bandes. Je fis acheminer nos équipages, et partis de Joze avec partie de ceux qui venoient avec moy ; je me mis sur la rivière d'Alier, et, ayant atteint les postes, j'allay trouver Monsieur, n'ayant voulu le roy que je passasse à Paris, ne voulant voir ceux qui alloient voir son frère, afin d'oster sujet de plainte au roy d'Espagne. Sa Majesté avoit donné commandement au sieur de Puy-Gaillard, avec huict cens chevaux et quatre mille hommes de pied, de costoyer l'armée de Monsieur, afin, disait-on, d'empescher qu'il n'entreprist rien contre son service ; mais ce nonobstant il avoit charge que si ces deux armées s'affrontoient, de paroistre et faire le holà en nostre faveur, conseil prudent de la reine mère, qui ne se laissoit emporter par la jalousie du roy, pour le flatter sur les moyens de s'en délivrer, mais satisfaisoit à cette raison d'estat, que la perte de Monsieur, accompagné de plus de trois mille gentilshommes françois, par un lieutenant du roy d'Espagne, importoit trop au roy et à son estat.

L'armée jointe, nous prismes le logement du

Catelet. Je suppliay Monsieur me permettre de convier quelques volontaires, jusques à cinquante, et ce que j'avois, pour m'en aller jetter dans Cambray, afin de luy donner avis des ennemis, et, qu'au cas qu'ils levassent le siége, estans fortifiés de ce qu'il me pourroit envoyer, et ce que nous serions dedans, que nous peussions embarrasser leur retraite, en sorte qu'il eust loisir d'y venir avec toute l'armée. Il y fit de la difficulté, luy semblant cette expédition périlleuse, qu'avec si peu de gens j'allasse me jetter dans une ville qui estoit bloquée il y avoit quatre mois, durant lesquels ils avoient fait tout ce qu'ils jugeoient convenir pour empescher qu'il n'y entrast vivres ny hommes. Il me faisoit cet honneur de m'aymer, et jugeoit que ma perte exciteroit de la méfiance entre ceux de la religion, et qu'il n'y eust quelque intelligence à la ruine de ceux qui en estoient : la première raison estoit celle qui me convioit d'y aller, afin que le péril me servist de degré à la réputation; j'obtins mon congé; j'eus peine à restraindre le nombre, plusieurs, outre ceux que j'avois demandé, y voulans venir. Je pars demi-heure devant la nuict avec des guides, et m'acheminay ayant fait trois troupes.

Comme nous fusmes à une lieue de Cambray, le sieur de Chouppes, à qui j'avois ordonné ma troupe de retraite, me mande qu'il avoit les ennemis sur les bras; je fais alte, et fis commander le semblable à mes coureurs; soudain ledit de Chouppes avec ce qu'il avoit vint à moy, me disant que ceux qu'il avoit avec luy estoient venus me joindre : c'estoit au mois d'aoust, la nuict très-claire, la lune estant dans son plein; je tasche de remettre en l'ordre que nous estions. Les ennemis, qui n'estoient que deux compagnies d'ordonnance, viennent à nous. Cette noblesse courageuse et volontaire, peu pour une bonne partie qui se fussent trouvés en telles occasions, commence de se séparer et tirer vers la ville; je vais aux ennemis avec environ vingt chevaux, où je fus porté par terre d'un coup de lance au bras gauche au-dessus du coude, ce qui estoit à l'espreuve du pistolet; néantmoins le brassart fut bien offensé, de sorte que le surfais de ma selle rompit; elle se tourna, et je tombay, où le sieur de La Vilatte, qui m'avoit si bien assisté lors que je fus blessé auprès de Bergerac, mit pied à terre, pensant que je fusse mort. Ainsi que nous parlions ensemble, luy ayant osté son casque, trois ennemis vinrent à la lueur de mes armes, qui estoient dorées, saluent ledit sieur de La Vilatte de trois coups d'espée sur la teste; il se laisse tomber sur moy, qui n'estois relevé, et se recommande à Dieu; ils luy disent de se rendre; je le convie à se lever et parler à eux; il se rend et les convie de me sauver la vie, sans me nommer; je me me lève, ils commencent à nous faire trotter dans les herbes fort hautes, et à vouloir oster mon casque, que je conteste si bien que je le garday. Ils commencent à disputer entre eux qui auroit plus de part à nos rançons, dont l'un, estimant le droit de son compagnon meilleur que le sien, concluoit à nous tuer, et l'autre à nous sauver, auprès duquel je m'approche, le convie d'avouer tout; je luy donne mon gantelet droit pour l'asseurer que lorsque je serois enquis je m'avouerois son prisonnier; cela nous préserva. Les armes, les herbes grandes, le chemin de plus de demy-lieue, et ce que l'appréhension pouvoit occasionner, me donna une telle soif que je n'en pouvais plus : eux, estimans que je faisois cela pour voir si nous serions secourus, me faisoient marcher du bout d'en bas de la lance sur le haussecou; je tasche plusieurs fois à vouloir pisser, mais ils ne me laissoient arrester, avec ce que mes tassettes m'en ostoient le moyen; à la fin je trouve de l'eau très-fangeuse, avec un peu je rafraischis ma gorge. Je fus mené à un fort à une petite lieue de Cambray, où ils menèrent tous ceux qui avoient esté pris, entre lesquels étoient M. de La Route, mon cousin-germain, blessé de trois coups d'espée sur la teste, les sieurs de Chouppes, mon lieutenant, La Feuillade, de Neufvie, Peunian, et jusques au nombre de seize ou dix-sept.

Là nous contasmes les diverses actions en nostre prise jusques au poinct du jour, que ceux qui nous avoient pris eurent convenu de quitter la tour, et mesme de mener l'infanterie avec leurs prisonniers au duc de Parme, qui estoit général pour le roi d'Espagne aux Pays-Bas. Il fut question d'en faire aller une partie à pied, et à tous de nous faire porter nos armes : plusieurs des nostres y consentoient, je m'y opposay, en sorte que nous eusmes des chevaux, et les preneurs s'accommodèrent de nos armes, sauf les miennes, que le duc de Parme voulut voir, et les retint, estant belles et fort bien faites, pour la folle et mal-séante coustume dont on s'habilloit, si long, qu'il m'est difficile maintenant de croire que l'on ait eu cela en usage, et moins aux armes qu'aux habits. Nous trouvasmes le duc de Parme prest à monter à cheval, ayant retiré son armée, qui estoit séparée, pour tout ensemble se retirer vers Arlon, mettant la rivière entre Monsieur et luy, ne voulant combattre à nostre bord. Après m'avoir salué et receu courtoisement, il me dit ces propres mots : « Monsieur le vicomte, la fortune qu'avez courue n'arrive qu'aux personnes de courage, et ceux de vostre aage cherchent l'honneur par les périls ; » que nous ne recevrions tous qu'un bon traitement. Je le remerciay, et lui dis que nous ne pouvions attendre autre chose d'un prince si généreux. On nous meine disner en une grange, où tous les principaux seigneurs de l'armée nous menèrent, et disnasmes ensemble. Durant le disner, ce ne fut qu'entretiens, offres de courtoisies ; on ordonne deux compagnies de lances pour nostre garde, qui nous menèrent à Bouchin, où commandoit un gentilhomme que j'avois vu en France, nommé Nocelles, près de M. de Montmorency, où il s'estoit retiré fugitif pour avoir servi M. le prince d'Orange au commencement des troubles des Pays-Bas. Cela me faisoit espérer que nous pourrions avoir quelque faveur; mais il ne se souvint plus du passé.

L'armée de Monsieur, ayant eu avis de ma prise, qui marchoit, s'arresta ce jour-là, et, ne s'estant avancée à Cambray, le duc de Parme ne vit personne jusques à Arlon, où les deux armées, ainsi que je l'ouys dire, se virent, le ruisseau entre deux ; il y eut quelques escarmouches de peu ou point d'effet. Le duc de Parme envoye M. de Rans, père du comte de Bucquoi qui est aujourd'huy, pour s'informer de ma maison, de ma fortune, de ma religion, et sentir si je désirois estre son prisonnier. Je satisfis à ses questions en sorte que je luy laissois à croire que mon aage me portoit à la recherche de la guerre, plus que nulle autre passion ; mais je fis contre moy de luy avoir fait cognoistre que si j'estois son prisonnier je craindrois l'estre du roy d'Espagne, et ma détention seroit plus longue que si j'estois au marquis de Robech, général de la cavalerie, qui avoit affaire d'argent, estant grand dépensier ; qu'il solliciteroit ma délivrance pour l'émolument qu'il en tireroit, qu'on ne le voudroit fascher, estant homme de caprice, qui à la révolte générale avoit esté des premiers à prendre les armes pour chasser les Espagnols. Ces raisons se trouvèrent fausses, d'autant qu'on craignit que si une fois ledit marquis avoit receu ma rançon, qu'elle luy donneroit du moyen pour relever ses affaires, et se passer plus aisément des bienfaits du roy d'Espagne, et se soucier moins de servir, avec ce que la Ligue commença ; Monsieur fut chassé des Pays-Bas, malade, dont il mourut, non sans soupçon de poison.

(1582 et 1583) Cela donc fit durer ma prison deux ans dix mois, et payer au bout de là 53,000 escus, dont j'en dois encore, ayant cet argent esté pris à Paris à rente sous les asseurances de M. de Montmorency.

De Bouchin nous fusmes menés à Valenciennes ; ces villes n'avoient encore receu garnison. Le duc de Parme estoit bien aise qu'ils vissent quelque fruit de ses armes. Nous arrivasmes à Valenciennes un jour de feste, conduits par trois compagnies de cavalerie ; nostre escorte estant descouverte du beffroy, la cloche d'alarme commença à battre ; le peuple s'amasse, et vint au devant de nous au fauxbourg, tenans les portes de la ville fermées, pour la jalousie qu'on leur donnast garnison. Cette crainte tourne en fureur contre nous, et le peuple commence à nous assaillir d'injures jusques à la porte de la ville, où estans entrés, au lieu de nous mener droit au logis qu'on nous avoit destiné, nous fismes toutes les rues principales ; durant ce chemin, le peuple se renouvelloit, et aussi se fortifioient leurs cris, leurs injures, et commencement de coups de pierre. Injurié de cette sorte, je m'adresse à ceux qui commandoient à nostre escorte, qui témoignoient estre marris de cela, en s'y opposant d'effet, ou qu'au moins, si ce peuple barbare, contre le droit de la guerre, avoit à assouvir sa rage sur nous, qu'ils nous donnassent des armes, pour, les tenans en la main, mourir avec elles. Enfin nous arrivasmes en nostre logis, avouant que cette injure m'est tousjours demeurée sur le cœur, en sorte que je prie Dieu m'oster le moyen de m'en venger.

(1584) De là on me meine à Hesdin, où j'eus permission de choisir un des prisonniers, qui fut le jeune Neufvie; mon cousin demeura à Arras, et les autres en divers lieux, qui sortirent bientost. Durant ma prison, le roy fit dire à mes amis qu'ils me fissent sçavoir qu'il me tireroit de prison, pourveu que je luy promisse de ne prendre jamais les armes pour ceux de la religion. Monsieur, averty de cela, me mandoit de promettre, et que la première chose qu'il traiteroit avec le roy seroit de luy demander ma parole, estimant qu'une promesse doit estre faite de bonne foy, avec délibération de la tenir, qu'ainsi que j'aurois promis au roy que je luy tiendrois. Ce que Sa Majesté me demandoit me paroissant contraire à ce que j'estimois estre de mon devoir vers les églises persécutées, je respondis que j'aymois mieux attendre dans ma prison une sortie libre et honorable, que d'en sortir laissant en doute si le moyen duquel je me serois servy auroit esté raisonnable.

Ainsi que j'ay dit, au bout de trois ans ou à peu près, j'eus ma liberté, un jour ou deux avant la mort de Monsieur. De Chasteau-Thierry j'allay à Chantilly voir ma grand'-mère, où je séjournay quelques jours pour reprendre ma santé, que le long repos avoit incommodée, et puis j'allay à Paris, où j'eus toutes les bonnes chères du roy que je pouvois désirer. M. de Joyeuse, vers qui estoit toute la faveur, et M. d'Espernon, jeunes gens, me traitoit et n'espargnoit rien à me témoigner de l'amitié, nous estans issus de germain. Après un peu de séjour je m'en allay passer par l'Auvergne, où je n'ay point retourné, et m'en vins en Limousin, où je n'ay esté depuis, où le roy de Navarre me convia de l'aller trouver, ce que je fis à Nérac, où estoit M. d'Espernon, qui voyant, Monsieur mort, le roy de Navarre la première personne après le roy, vouloit chercher le moyen de s'en pouvoir appuyer, ayant M. de Guyse pour ennemy, avec qui M. de Joyeuse sembloit s'accommoder. Les mal entendus estoient très-grands entre le roy et la reine, qui depuis fut démariée, ledit d'Es-pernon, fust, pour la contrariété de ces deux naturels, pour n'y trouver seureté, ayant des fins fort diverses. Cette intelligence ne prit aucune racine ; toutesfois le roy ne laissa d'en prendre jalousie, et sans une cheute que ledit d'Espernon fit en arrivant à la cour, de laquelle il perdit tous les sens, ayant esté quelques jours qu'on le tenoit pour n'en réchapper, cela émeut la pitié au roy, rallentit son mescontentement ; et l'autre, relevé, trouva facilité à reprendre sa place, et dissiper les projets de sa ruine.

Le roy de Navarre me témoigna toute sorte d'amitié et confiance, me disant ses perplexités, et consultant des remèdes. Nous voyons les pratiques de la Ligue croistre et paroistre de jour à autre, auxquelles évidemment la reine Marguerite participoit, et voyons un sien valet de chambre aller et venir ; je conseille audit roy de le faire prendre, le mener à Pau, et soudain luy faire confesser ce qu'il sauroit. La charge en fut donnée au capitaine Maselière de Nérac, qui l'alla attendre sur le chemin de Bordeaux, venant trouver M. de Guyse ; ainsi fut-il exécuté ; mais, arrivé à Pau, on obmit le principal, qui estoit de le faire chanter, et encore à Nérac sçavoir les formes qu'on y tiendroit, et tout cela pour gagner temps, durant lequel le roy et la reine mère furent avertis de la prise, font une dépesche, se plaignans de ce qu'un François pris dans la France en auroit esté tiré en une autre souveraineté, le redemandent avec menaces. Le roy de Navarre est conseillé de le rendre, de ne se devoir opiniastrer de conserver Maselière si le roy continuoit à le demander ; blasmant le conseil, l'homme fut rendu ; de là haine contre moy excitée pour avoir donné un très-nécessaire et utile avis, si on l'eut suivy en toutes ses parties, chose qui fort souvent rend les meilleurs conseils, sinon dommageables au moins infructueux, en n'en faisant qu'une partie. Vous remarquerez qu'il faut estre fort retenu aux conseils qu'on donne aux rois, parce qu'ils en mesurent le gré et le blasme selon leur succès, qui est souvent un faux témoin contre raison, et aux cours, où l'on ne craint de desservir son maistre, pourveu qu'à ceux qu'on envie on leur fasse de la peine.

Au bout de quelques jours, cette princesse,

craignant et persuadée de se retirer, ne pouvoit donner couleur à cette retraitte qui la deust contenter, et moins choisir un lieu où elle fust bien. Elle part de Nérac et va Agen, où le sieur de Lignerac l'attendoit avec cinq ou six de ses amis, la charge en croupe sans coussinet, et en cet équipage la meine au mur de Varroz. Ce partement accroist les méfiances, fait que le roy envoye convier les églises d'estre sur leurs gardes, convie M. de Montmorency de prendre quelque lieu pour se voir, où on feroit trouver M. le prince et autres plus autorisés dans leur party ; le roy l'avertissoit des entreprises de M. de Guyse, qui avoit failly de se saisir de Chaalons, et le prioit de l'assister s'il en avoit besoin. Le roy de Navarre se servoit des avis que luy donnoit le roy, encore qu'il jugeoit qu'ils s'accorderoient ; le lieu de Castres fut choisi, où se trouvèrent près dudit roy M. le prince, M. de Montmorency, et tous les signalés des provinces, capitaines et seigneurs du party.

(1585) Après s'estre veus quelques jours, et s'estre un peu éclairci des sentimens des uns et des autres, on assembla un conseil pour délibérer si on prendroit les armes ou si on attendroit que le roy, contraint par M. de Guyse, nous déclarast la guerre. Les opinions furent diverses, et ces deux opinions furent fort contestées. Les premiers disoient qu'il ne falloit point douter que le traité de M. de Guyse ne fust fait et à nostre désavantage, puis que le roy nous le celloit, contre les asseurances qu'il avoit données de nous tenir avertis de tout ce qu'il feroit avec ceux de la Ligue, qui commençans, nous le préviendrions ; que nous exécuterions des entreprises sur plusieurs places, que les plus expérimentés capitaines d'entre nous proposoient, avec grande apparence de bon succès ; qu'estans à la campagne des premiers, que nous attirerions les gens de guerre à nous ; que leurs affaires n'estoient encore bien prestes, tant pour n'avoir fait levées ny fait le fonds pour le payement de l'armée ; qu'on pourroit s'avancer vers la rivière de Loire, et les empescher de lever des troupes en deçà, sans les mettre en danger d'estre battus. Ceux de l'autre opinion disoient qu'ils croyoient, avec les premiers, que l'orage tomberoit sur nous, et que le roy et la Ligue estoient d'accord, mais que nous en serions accusés ; si nous prenions les armes, le roy nous accuseroit de l'y avoir nécessité, afin de ne demeurer entre les deux partis la proye de l'un et de l'autre ; les catholiques pacifiques, craignans la Ligue et haïssans la religion, nous donneroient le tort ; ceux de la religion, tièdes, non informés, et ceux des provinces qui n'avoient point de retraites, mais soumises à la rigueur des édits, en accuseroient le procédé, y chercheroient leur justification aux moyens autres que d'une commune défiance qu'ils pourroient tenir ; que les princes estrangers se laisseroient aisément persuader à croire cela ; que dedans et dehors nous sentirions plus affoiblir nostre défense ; pour avoir manqué à justifier la prise de nos armes, qu'elle ne seroit fortifiée par les avantages susdits ; qu'il nous falloit avoir égard à attirer la bénédiction de Dieu sur nos armes, que nous n'avons prises que pour garantir son église de la fureur de ses ennemis ; que les provinces où nos églises sont fortes, et les autres où elles n'ont point de seuretés, voyant nos procédés, les conjurations à nostre ruine, nostre patience, se joindroient des personnes de moyens et de prières, pour saintement et courageusement s'opposer à la ruine du public et à celle de l'estat ; mais qu'un chacun pouvoit se préparer, avisant à arrester des hommes, nos places se garder de surprises, et estre, au premier acte que le roy feroit de déclaration contre nous, à la campagne.

Cette dernière opinion l'emporta, de laquelle j'avois fait l'ouverture, et M. de Montmorency de l'autre : ainsi on se sépara, chacun allant à sa charge. Le roy de Navarre vint à Montauban, où il n'eut demeuré que peu de jours, qu'il ne fut asseuré de la perfection du traité de M. de Guyse avec le roy, à condition de nous faire la guerre. Desjà on voyoit la noblesse en Gascogne, qui y estoit en grand nombre, commencer à faire de petits rendez-vous, pratiquer des hommes ; ce qui fit partir le roy de Navarre plus tost, et passer la Garonne au Mas-de-Verdun pour s'en venir à Leytoure ; et de là à Nérac : nous vinsmes avec quelque défiance, n'ayant que sa cour et bien petite ; un chacun s'estant séparé, j'estois demeuré près de luy, qui, durant les chemins, me reprit à diverses fois pour discourir de la grandeur des affaires qui luy alloient tomber sur les bras; de la foiblesse du roi, qui voyoit en la puissance de la Ligue la puissance qu'ils pourroient avoir de Rome et d'Espagne, tant d'argent que d'hommes; qu'il estoit mal asseuré de M. de Montmorency, le Dauphiné fort divisé, et M. de Lesdiguières ne s'unissant jamais en toutes choses avec les résolutions communes, nos places mal garnies et aussi peu fortifiées, qu'on visoit à luy pour le rejetter de la succession.

Après avoir fait plusieurs lieues sur tels et semblables discours, remarquans bien plusieurs choses leur manquer, mais non à l'égard des autres, nous concluons que la cause estoit fondée en la justice divine et humaine, que Dieu la maintiendroit, qu'il falloit quitter tout plaisir pour penser à nostre deffense, que les estrangers s'y intéresseroient, devant voir que nostre ruine ne feroit que préparer la leur, que Dieu le maintiendroit en son droit si la nature luy en ouvroit l'occasion. Sur cela il me dit avec ferveur : « C'est de là que j'attends mon secours, et sous cette enseigne je combatray nos ennemis; m'abandonnerez-vous pas, ainsi que vous l'avez déjà fait? »

Arrivé à Nérac, on y célébra le jeusne avec une très-grande dévotion. Le roy de Navarre passa la Garonne et vint à Nérac, où il commença à donner des commissions et pouvoirs de faire la guerre. Il m'envoye vers la Dordogne avec le sieur d'Alui, Couroneau, La Moue et autres, pour faire des régimens et compagnies de cavalerie. A quoy je travaillay si diligemment, que dans moins de cinq semaines je fis cinq à six mille hommes de pied, et cinq à six cens chevaux, nous estans venu quelques troupes de la Loire, que les édits rigoureux faits par le roy, d'aller à la messe ou sortir du royaume dans peu de jours qui estoient donnés, nous faisoient venir, ne voulans délaisser la vérité, et aimans mieux porter les armes avec nous que de demeurer hors du royaume spectateurs. Je passe avec ces troupes, qui grossissoient de jour à autre, la rivière de l'Isle. Le roy avoit fait avancer le sieur de Saint-Chamarande, mareschal de camp, avec six mille Suisses, vers Confolans, pour commencer à former son corps d'armée, duquel feu M. du Mayne devoit estre général; le roy de Navarre s'en estoit retourné à Nérac, et mesme donné jusques en Béarn. Cependant qu'ils faisoient levées en Gascogne, M. le prince vers la Xaintonge et Poitou assembla ses forces, et alla investir Brouage; passé que j'eus la rivière de l'Isle, n'ayant nul commandement du roy de Navarre, mes troupes, selon la coutume des François, s'ennuyans de ne rien faire, je jugeois qu'elles s'affoibliroient plustost qu'autrement. J'envoye vers le roy de Navarre, l'avertissant du nombre des forces que j'avois, le lieu où j'estois, à dix-huit ou vingt lieues de Confolans, où estoient les Suisses, l'attaque de M. le prince à Brouage, le conviant de venir avec ce qu'il avoit de delà, qui pouvoient faire quatre mille hommes de pied et cinq cens chevaux, pour faire un bon et grand corps d'armée, afin d'empescher ceux de la Ligue, sous le nom du roy, de faire le leur. En mesme temps j'envoye à M. le prince, luy donnant les mesmes avis de mes forces, et le lieu où elles estoient, de plus la dépesche que j'avois faite au roy de Navarre, ajoustant que je craignois qu'on ne suivroit mes avis, et que les plaisirs de la compagnie de la comtesse de Guiche retiendroient le roy de Navarre de delà plus long-temps que le bien des affaires générales le requéroit; que si le roy de Navarre ne venoit ou ne me commandast chose très-importante, que s'il me mandoit que je l'irois trouver. Les plaisirs et les jalousies prévalent ordinairement dans les grandes affaires plus que la raison.

Le roy de Navarre ne vint ny ne me donna aucun commandement, sinon de me maintenir aux lieux et avec l'employ que je jugerois le meilleur. M. le prince estoit sur la délibération de l'exécution d'une entreprise sur le chasteau d'Angers, conduite par le sieur de Clairmont d'Amboise par le moyen de quelques hommes qu'il avoit pratiqués, qui estoient dans le chasteau. Voyant ceux qui estoient près de luy mes offres, la jalousie de mon arrivée, qu'ils jugèrent leur devoir oster et de l'authorité et de la réputation, portèrent ledit prince à me remercier, et que je m'avançasse, duquel avancement il fust réussi de très-grands avantages, soit que j'eusse peu rompre cette incertaine et très-mal digérée exécution d'Angers, ainsi qu'elle parut telle, comme vous l'entendrez, ou y allant ledit prince, j'eusse facilement mené à fin le siége commencé à Brouage. Il part donc de devant Brouage, va passer la rivière de Loire avec sa cavalerie, laisse son infanterie dans quelques retranchemens, à quelques lieues de Brouage; passé qu'il eut la rivière de Loire, il trouva l'entreprise découverte sans moyen de repasser; ses troupes se rompent, luy va en Bretagne, M. de La Trimouille avec luy, duquel il avoit espousé la sœur, se met sur mer, et passe en Angleterre, où cette vertueuse reine les reçeut fort bien. M. de La Val retourne à Saint-Jean avec peu de gens; à Brouage tout se retira. Ainsi ces forces, ces desseins et la personne de ce prince fort valeureux, revinrent à néant. N'ayant donc peu servir aux susdites occasions, j'avisay, en servant le public, de servir à mon particulier, puis qu'il en faisoit une bonne part, ce qu'autrement je n'eusse fait, et ne vous conseille de le faire, de laisser périr le public, quelque profit que vostre particulier en puisse recevoir.

J'avois eu avis de Paris que M. du Mayne, poussé par un de la maison de Haultefort, serviteur de M. de Guyse, pressoit le roy de venir dans le vicomté de Turenne, et, en y passant une partie de l'hyver, prendre mes maisons; mais que si je voulois cela en asseurant le roy, que la guerre ne se feroit de ma maison. Soudain je fis réponse à madame d'Angoulesme, messieurs de Chavigny et La Guiche, qui estoient ceux qui avoient manié cela, que je les remerciois, que puisque je mettois ma personne et ma vie au hasard pour me conserver la liberté de ma conscience, et le moyen de délivrer le roy de l'oppression où il estoit, que j'y voulois aussi mettre mon bien. J'en donne avis au roy de Navarre, luy ajoustant les avantages que ses affaires avoient, le duc du Mayne, allant à la vicomté, où je ne croyois qu'il pust prendre Turenne ny Saint-Ceré, que par ce moyen il nous donnoit loisir de voir et oster la crainte de son armée à nos villes, que nous fortifierions et munirions cependant; qu'ainsi donc mes dommages servoient ; pourquoy, sans luy en demander avis, j'avois fait telle réponse qui est dite cy-dessus. Il m'en remercia et m'en sçut bon gré. Je tourne teste avec mes troupes, que je ne peus garder de quelque diminution, et m'en vins en Limousin prendre Tulle, n'ayant point de canon, afin de loger dedans, comme je fis, partie des forces qu'il me falloit pour jetter dans Turenne; M. du Mayne approchant, j'y mis le maistre de camp La Morie, et quelque huict cens hommes de pied; je réprens mon chemin vers la Dordogne et Bergerac, où le roy de Navarre m'avoit mandé se devoir trouver.

M. du Mayne part de Paris, ayant pourveu à l'entretenement de l'armée, où il commandoit de deux millions de livres, d'une vente du temporel des biens ecclésiastiques (dequoy Scipion de Sardiny, père du vicomte que vous cognoissez, avoit fait le party), s'envint en Xaintonge, menaça Saint-Jean, et s'achemina à Ville-bois, où il devoit avoir son armée ensemble, et y faire, comme il fit, sa montre générale. Le roy de Navarre, ayant près de luy son conseil et les plus suffisans capitaines, vouloit demeurer à la teste de la Dordogne, où il y avoit ces trois places, Bergerac, Sainte-Foy et Chastillon, beaucoup moins accommodées qu'elles ne le sont à cette heure. Personne n'estoit de cet avis; le courage néantmoins trop grand de ce prince le portoit à vouloir suivre son avis. Ce que voyant, je le suppliay de faire délibérer en conseil cela, et de vouloir donner son consentement à ce que par la pluralité des voix y seroit résolu : ce qu'il promit de faire, avec beaucoup de difficulté, estimant qu'il iroit de sa réputation si, M. du Mayne estant si près, on le voyoit reculer; mais que néantmoins, et puis qu'il l'avoit promis, il suivroit ce qu'on résoudroit.

Le conseil assemblé, les avis de tous furent que ledit roy devoit s'en aller à Montauban, et me laisser à la garde des places sur la Dordogne, et autres au deçà de la Garonne; ce qu'il fit avec commandement de faire ce que la nécessité des affaires requerroit, pour, en deffendant ces places, ruiner cette armée, composée de quinze cens chevaux françois, douze cens reistres, de neuf mille hommes de pied françois et six mille Suisses, avec un bon équipage d'artillerie. Le mareschal de Matignon, lieutenant au gouvernement de Guyenne, avoit outre cela cinq à six mille hommes de pied et mille chevaux. Le roy de Navarre party, j'appellay à Bergerac tous les gouverneurs des places, à sçavoir : de Sainte-Foy, Chastillon,

Montségur, Sainte-Baseille, Clérac, Monflanquin et Bergerac, pour apprendre l'estat de leurs places pour les fortifications, garnisons, munitions de vivres et de guerre, ensemble les volontés et délibérations des habitans, tant des villes que de la campagne, où il y en a grand nombre de la religion. Lesdits gouverneurs venus, il me sembla qu'ils me donnoient assez exacte cognoissance de l'estat de leur gouvernement; je pris résolution de les aller toutes voir, ce que je pouvois faire en peu de jours, afin qu'avec eux nous jugeassions de celles qui se pouvoient garder, ensemble de l'ordre et moyens qu'avions fait tenir.

Je les vis donc l'une après l'autre, et fusmes d'avis que nous les devions toutes tenir, sauf Sainte-Baseille : nous ne trouvasmes dans toutes que vingt ou vingt-deux milliers de poudre, peu de salpestre, presque rien de toute autre chose, dans les magazins non plus; mais les villes, combatantes pour la liberté de leurs consciences, et les habitans presque tous de la religion, faisoient des efforts volontaires à travailler et se munir de leur pouvoir, suivant ce que j'avois avisé et ordonné à chaque place d'y faire. J'avisay d'où chaque place qui avoit la jalousie d'estre assiégée auroit à prendre des hommes; les rivières où elles estoient pour la pluspart nous donnoient cet avantage, qu'elles n'y pouvoient estre en mesme temps : ainsi je donne avis au roy de Navarre de nostre estat, et les avis que nous avions pris sous son bon plaisir; ce qu'il approuva, fors qu'il voulut qu'on deffendist Sainte-Baseille, dequoy après il en fut marry. Je fis un corps de deux mille cinq cens hommes de pied pour demeurer à la campagne, afin d'en jetter dans les places assiégées ou à assiéger, et avois deux cens gentilshommes avec moy.

(1586). L'armée du duc du Mayne et celle du mareschal de Matignon ne se joignirent; ledit duc s'achemine vers ma vicomté; en son chemin nous tenions Montignac-le-Comte, sur la rivière de Vézère; il fut mis en grande considération si nous le devions garder, le voyant hors de moyen de luy donner aucune assistance, et la place très-mauvaise. Les considérations estoient que c'estoit perdre de la réputation et les hommes qu'on mettoit dans le chasteau, qui seul se pouvoit garder, la ville ne pouvant attendre aucun effort; au contraire, qu'au lieu de perdre de la réputation, c'estoit en gagner, qu'on tireroit des conséquences du moins au plus, que si Montignac avoit osé se laisser battre et deffendre, ce que devoient faire les grandes villes. Ainsi je résolus d'y mettre quelque soixante hommes et de bons, le sieur de La Porte de Lissac pour les commander. M. du Mayne, n'estimant pas que cela se défendist, vint avec nonchalance l'attaquer; ainsi il luy fallut former un siège, faire des approches, asseoir la batterie, et le battre pour y faire bresche, où il fut donné sans l'emporter. Cela dura neuf jours, de sorte que nos affaires receurent un fort grand avantage que cette grande armée, que peu de nos gens de guerre en avoient veu de semblable, ayt eu de la peine et mis du temps à emporter cette bicoque.

La place fut rendue avec une honorable capitulation, perte de six ou sept hommes. Le mareschal alla assiéger Castels, maison appartenante au sieur de Favas, où il demeura devant plus d'un mois. Le duc du Mayne, avec son armée, après ledit siège de Montignac, alla loger dans ma vicomté, dans la ville de Martel; au délogement de Montignac, il fit recognoistre ma maison de Montfort, où s'allèrent jetter dedans vingt-cinq ou trente gentilshommes, qui partirent de Bergerac, où j'estois, et quelque trente soldats de mes gardes. Auprès de ladite maison il y a, à quelque deux cents pas, une montagne, que ceux qui furent envoyés pour recognoistre voulurent gagner, où il fut fait une escarmouche, et tellement deffendue, qu'elle demeura aux nostres; ainsi ils s'en retournèrent faire leur rapport à M. du Mayne de ce qu'ils avoient veu, lequel fit jugement que le courage de ces hommes, quoy que la place fust bien foible, luy feroit perdre plus de temps à la prendre, et hazarderoit plus son armée qu'il n'y auroit de profit à la prendre, et ainsi ne s'y amusa point. Il logea toute son armée dans la vicomté, dans laquelle il prit toutes les petites places, Montvalant, Gaignac, Beaulieu, Rosème, Meissac, Turenne et Saint-Ceré, dans lesquelles j'avois mis bonne garnison : dans Turenne j'avois jetté, comme j'ay desjà dit, le régiment de La Morie, que j'avois auparavant entretenu dans Tulle, laquelle j'avois fait quitter à l'abord de l'armée de M. du Mayne, comme ne se pouvant deffendre. M. de Bouzoles, avec trente ou quarante gentilshommes, s'y estoient jettés durant le séjour de M. du Mayne. A Martel il se fit plusieurs escarmouches sur le haut de Turenne au Marchedial, à l'une desquelles le sieur de La Morie ayant logé une embuscade, s'estant avancé pour attirer le sieur de Sacremore, qui commandoit à deux cens chevaux des ennemis, ledit de La Morie l'amenant à ladite embuscade, d'où fut faite une décharge d'arquebusade sur les ennemis, ledit La Morie allant le mesme chemin par où les ennemis le suivoient, une arquebusade tirée par un des nostres luy donna dans la teste, et le tua : estant une maxime que lors qu'en pareil cas on va pour attirer les ennemis, il faut que ceux qui les attirent cherchent un autre chemin pour la retraitte que celuy qui va droit à l'embuscade.

Durant ce temps-là, le roy de Navarre, estant à Montauban, s'exerçoit à prendre de petites places à l'entour de la ville, et à faire la guerre guerroyable avec les villes voisines, avec le petit corps de troupes qu'il avoit, qui pouvoient estre environ deux mille hommes de pied, et trois ou quatre cens chevaux. Il luy prit fantaisie de venir voir les villes de Gascogne, et passa la Garonne au Mas, s'en vint à Nérac, d'où il partit pour aller en Béarn, plus pour y voir la comtesse de Guiche que pour occasion que luy en donnoient les affaires publiques. M. du Mayne en averty, estima qu'avec la diligence il pouvoit aller passer la rivière de Garonne, pour par ce moyen l'assiéger dans quelques-unes des places que ledit roy tenoit au delà de la rivière de Dordogne auprès de Souillac, auquel lieu n'ayant point de bateaux suffisans pour passer son artillerie, et n'en pouvant faire approcher qu'il ne luy fallust perdre quelques jours, il la fit passer par le fond de l'eau avec des cables forts et puissans, ayant bien fait recognoistre que le fond estoit dur et sans vase ; s'avança avec douze cens chevaux, et quelques deux mille hommes de pied, pour l'effet susdit : ce qu'il ne put faire que ledit roy n'en fust averty, et ne fust venu à Caumont, d'où il passa la rivière pour aller en Gascogne. Moy cependant je partis au mesme temps de Bergerac que ledit duc partit de Martel, sur l'avis que j'eus que ledit duc alloit en Quercy, et m'en allay avec trois mille hommes de pied et quatre cens chevaux passer par la Gascogne, me jetter à Montauban, pour estre à la teste dudit duc s'il eust pris le chemin de Quercy. Ayant sceu le changement de son dessein, après estre arrivé à Montauban je repartis soudain avec ces mesmes forces, repassay la rivière de Garonne, et vins me jetter dans Nérac ; estant l'armée dudit duc logée à Eguillon, Port-Sainte-Marie, Tonnins et autres lieux aux environs, ils menacent les places de Nérac, Casteljaloux, Clérac, Montségur et Sainte-Baseille. Le mareschal de Matignon, en ce mesme temps, eut achevé son siège de Castels : ledit duc ayant envie de joindre ces deux armées, avisa d'assiéger Sainte-Baseille, où le roy avoit fait jetter huict à neuf cens hommes, lequel siège ne dura qu'onze ou douze jours, estant la place, comme il a esté dit cy-dessus, jugée très-mauvaise ; cependant nous fortifions toutes les places, et moy particulièrement Nérac, où je fis commencer et fort avancer la pluspart des fortifications qui y sont encore, jugeant que ledit duc nous devoit attaquer, encore qu'il y eust de bons hommes, où, s'il en fust venu à bout, il eust trouvé puis après peu de chose qui luy eust résisté, son armée estant puissante, les deux estant jointes, et n'y ayant rien qui luy disputast la campagne.

Néantmoins, au lieu de venir à nous, il alla assiéger Monségur, qui est une ville en Agénois, d'une belle assiette sur une montagne, en laquelle commandoit le sieur de Melon, dans laquelle on jetta moins d'hommes et de munitions qu'il n'en fut de besoin. Le roy de Navarre estoit encore à Bergerac, où il avoit peu d'hommes. Moy, voyant ces choses, j'allay passer la rivière, et m'en vins à Clérac, et n'osay dégarnir Nérac que je ne visse l'armée des ennemis bien éloignée, qui fut occasion que je n'y en pus pas jetter. M. du Mayne feignit une maladie durant ledit siège, pour avoir sujet de s'aller faire panser à Bordeaux, et laissa le sieur de Matignon pour parachever le siège ; ledit duc cependant se ménageoit de la créance dans Bordeaux pour s'en asseurer, y ayant tousjours une notable mésintelligence entre les serviteurs du roy et ceux de la Ligue. Le siége finy, l'armée de M. du Mayne s'estant répandue dans les provinces pour se rafraischir un peu, je m'en vins sur la Dordogne, où je voyois qu'ils jettoient leurs desseins, la ville de Bordeaux continuant à solliciter son élargissement, qu'on avoit desjà commencé par la prise de Castels, Sainte-Baseille et Montségur, n'ayant plus proche d'elle que la ville de Castillon.

FIN DES MÉMOIRES DU DUC DE BOUILLON.

MÉMOIRES

DES CHOSES ADVENUES EN FRANCE ÈS GUERRES CIVILES,

DEPUIS L'AN 1560 JUSQUES EN L'AN 1596.

PAR MESSIRE GUILLAUME DE SAULX,

SEIGNEUR DE TAVANNES,

CHEVALIER DES DEUX ORDRES DU ROY, LIEUTENANT-GÉNÉRAL POUR SA MAJESTÉ AU DUCHÉ DE BOURGONGNE.

LIVRE PREMIER.

La cognoissance de l'événement des choses humaines et des causes d'iceluy nous a esté donnée de Dieu pour en bien user à l'entretenement et à l'accroissement de l'ordre politique, qu'il veut estre maintenu en ce monde à sa gloire. C'est le but auquel la sincérité des plus advisés doit tendre. A leur imitation, j'ay rédigé par escrit succinctement quelques particularités de ce qui s'est passé au duché de Bourgongne et en aucunes autres provinces de ce royaume, depuis l'année 1560 jusques à 1596. J'ay remarqué et veu à l'œil ce que j'écris, ayant esté obmis par tous ceux qui ont fait mention de l'estat de France. Ma bonne volonté en ce sujet suppléera à tous les défauts qu'on me pourroit imputer, mon dessein n'ayant esté de produire une histoire entière, mais un simple et véritable récit, lequel ne se treuvera sans fruict. Les travaux que j'ay porté en la guerre pour le service de mon prince et le bien de ma patrie de Bourgongne, en laquelle j'ay eu, sept années expirées en l'an 1596, la première authorité, tant à commander aux forces et armées de la campagne qu'aux villes, y ayant esté utile, comme chacun de ce païs-là sçait. Les troubles cessés par la paix générale faicte en France, tant avec le roy d'Espagne qu'autres princes, et les rébellions civiles esteintes, j'ay pris le loisir de mettre la main à la plume, et avec un plus doux labeur que les passés me rendre dans le repos encores utile en cette description, que je désire estre receue de bonne part ; priant la Majesté divine nous vouloir continuer la paix, à son honneur et au bien de son peuple, aussi longuement que les plus sages et vertueux la désirent. La fragilité et imbécilité de l'homme est déplorable en ce qu'il ne demeure jamais en un mesme estat. Nous ne devons espérer rien de notre vertu et force sans la bénédiction du Tout-Puissant, ny autre appuy que celuy qui vient de luy-mesme, comme dit l'Escriture sainte : « Qui plante et arrose n'est rien ; mais Dieu, qui donne accroissement, est tout à toutes choses. »

Peu de temps avant l'année 1560, Henry, deuxiesme du nom, roy de France, célébroit à Paris les nopces du daufin François avec la royne d'Escosse, de Philippe, roy d'Espagne, et de madame Elisabeth; sa fille, celle de Philibert-Emmanuel, duc de Savoye, et de madame Marguerite, sa sœur, en grande joye, triomphes et festins, où toutes les pompes et félicités du monde s'estoient assemblées pour accroistre les délices de la paix générale faicte entre les princes par tous les païs de leur obéissance, quand le roy, en un tournoy dressé pour donner plaisir aux assistans, apporta par sa mort, advenue d'un coup de lance donné par le comte de Montgommery, le plus sensible deuil, et d'autant plus extresme qu'il n'estoit point attendu, et qui fut la première boucle de la chaisne qui a lié la France pour estre affligée par plus de trente-cinq années aux guerres civiles, qui l'ont porté sur le bord de son entière et totale ruine, où infailliblement elle auroit esté précipitée sans l'ayde divine qui l'en a garantie. Après le décès de ce grand prince, son fils, François second, estant en bas aage à son advènement à la couronne, employe messieurs de Guyse, oncles de la royne sa femme, en ses plus importantes affaires. Alors une grande assemblée des estats-généraux de France s'estant tenue en la ville d'Orléans, après laquelle quelques gendarmeries furent mandées, plusieurs réglemens sur le faict de la religion et de l'estat, en termes d'estre establis, demeurèrent indécis.

(1560) Ce jeune roy, par une descente sur l'oreille, ayant suivy son père de bien près, mourut une année après luy. Le prince de Condé, lors prisonnier, fut mis en liberté; et sous le roy Charles neufiesme, successeur du deffunct, qui estoit aussi en bas aage, les princes du sang et mesdits sieurs de Guyse débattoient entre eux la gloire et la charge du gouvernement du roy et du royaume, s'aydans les uns et les autres du faict et du prétexte de la religion.

(1561) Le mal desjà commencé s'accreut, pour auquel remédier la royne mère, Catherine de Médicis, estant déclarée régente, l'édict de janvier en l'année 1560 fut résolu par les estats, par lequel l'intérim estoit establv en France; c'est à dire l'exercice des deux religions fut publié par toutes les provinces en dépendans, excepté en quelques-unes, et mesmement en celle du duché de Bourgongne, se disans les Bourguignons plus anciens et premiers chrestiens que les autres François, lesquels ne l'avoient esté que par le moyen de l'une de leurs princesses mariée au roy Clovis premier. C'est pourquoy ils vouloient aussi estre les derniers à souffrir dans leur pays ceste nouvelle religion. Ils avoient avec eu Gaspard de Saulx, sieur de Tavannes, lieutenant du roy, pour les gouverner, personnage très catholique, et affectionné à Sa Majesté, lequel se conformoit à leur bonne résolution d'autant plus facilement, qu'en ce il disoit faire le service du roy son maistre, et que toute rébellion qui paroissoit en ces nouveaux religieux luy estoit suspecte, les mouvemens desquels pulluloient en divers lieux, et pouvoient apporter une grande subversion en tous ordres. Et de fait il ne se trouva point trompé par les desseins que tost après ils exécutèrent sur les villes de son gouvernement, que je déduiray briefvement après avoir informé le lecteur quel fut ledit sieur de Tavannes : son admirable générosité et probité méritent bien qu'on en grave le souvenir sur le marbre d'une éternelle mémoire. Son origine vient des comtes de Saulx, chasteau situé à cinq lieues de Dijon, à costé du chemin de Langres. C'est le nom de ceux de sa maison, qui a tousjours esté alliée en des nobles et grandes familles, et entre autres à celles de Montbéliard, Vienne, Sainct-Seine, Bauffremont, Tavannes, d'Inteville, Labaulme, Chabot et Pontaillier. Sa jeunesse commença à donner quelque bon indice de sa valeur à la bataille de Pavye, l'an 1524, où il se trouva estant mis hors de page du roy François premier. Après il fut ès guerres d'Italie, tant sans avoir charge que guidon de la compagnie des gens d'armes du sieur grand-escuyer Galliot, où ses déportemens furent si signalés, que monseigneur duc d'Orléans, frère du roy Henry second, dressant l'estat de sa maison, l'y voulut employer des premiers ; et luy ayant baillé le guidon de sa compagnie, peu de temps après lui en laissa la lieutenance : laquelle compagnie il eut après le décèds de monseigneur d'Orléans, lequel il assista et servit à la conqueste du duché de Luxembourg en l'année 1552, bien veu de luy, et ayant des premiers commandemens en son armée. Ledit sieur de Tavannes avoit fait preuve de sa valeur à la bataille de Cerizolles, où M. d'Anguien obtint la victoire sur l'Espagnol contre le marquis de Gast, à celle de Renty, en la présence du roy Henry second et de l'empereur Charles cinquiesme, comme se voit par l'extraict d'une lettre escrite du camp du roy par le sieur de Sallignac, gentilhomme françois, au cardinal de Ferrare, que j'ay estimé devoir estre icy couchée, m'asseurant que la lecture s'en treuvera très agréable, pour y estre remarquée la magnanimité de l'armée françoise, et principalement celle du roy, des princes, et aussi la valeur signallée du mesme sieur de Tavannes.

« Le roy de France Henry II, pour faire vivre son armée ès païs de l'ennemy, et attirer l'empereur Charles V avec la sienne à la bataille, avoit assiégé le chasteau de Renty le 12 aoust 1554; et le battoit de deux costés. M. le duc de Guyse, ayant charge de faire garder le bois sur un costau qui estoit à l'advenue des ennemis du costé de la plaine de Foquemberge, prit trois cens arquebusiers françois, et un nombre de corcelets, pour soustenir cette entreprise. L'ennemy n'avoit moins de gens que nous : M. de Guyse à minuict en vit un gros d'arquebuserie espagnolle venir à la teste du bois ; les nostres les contraignirent se retirer en leur camp. L'on recommença le lundy, treiziesme jour du mois, de tirer contre le chasteau. L'empereur ayant commandé aux conducteurs de son avant-garde l'ordre qu'ils avoient à tenir, M. de Guyse, environ midy que le soleil eust gaigné sur le brouillas, descouvrit trois files bien espaisses d'arquebusiers espagnols sortis de leur camp avec leurs troupes de piquiers ; et après eux, et à costé, trois gros escadrons de gens de cheval, l'un d'Espagnols, et les deux autres de pistolliers allemans, puis deux bataillons de lansquenets, et sept ou huict pièces d'artillerie, venans vers luy ; de quoy il donna advis au roy et à M. le connestable de Montmorency; lesquels commandèrent incontinent toutes les troupes de nostre armée se rendre sur la plaine au bas de la montagne, sans toutesfois diminuer la garde des trenchées : et cependant deux files de ces arquebusiers espagnols assaillirent le bois par deux costés, et la tierce du milieu donna par le devant, favorisée du reste de leurs troupes qui venoient en front; ce qui ne fut sans que les nostres les recoussent. Mais M. de Guyse, qui vit estre impossible de soustenir tel effort avec si peu de soldats ne pouvant estre si promptement secourus, commença à les retirer jusques au bout du costau à l'ayde du bois. Soudain les ennemys occupèrent ce qu'il avoit abandonné, s'avançans sur luy, où, pour le soustenir, vint sa compagnie de cent hommes d'armes, celle du sieur de Tavannes de cinquante, et le régiment des chevaux légers de M. de Nemours. Puis M. le connestable, après avoir, pour l'incommodité du lieu estroict, quelque peu changé l'ordre qui avoit esté arresté des bataillons, il en fit marcher un en avant des gens de pied françois par le haut, et après quatre régimens de gendarmerie, le bataillon des Suisses et un de lansquenets par le pendant, et la cavallerie légère de M. d'Aumalle plus avancée sur leur aisle gauche au bas de la plaine, et un nombre d'Escossois à pied des bandes au costé droict de la gendarmerie le long du bois, afin que les ennemis ne vinssent par le couvert tirer en flanc. Et ce faict, mondict sieur le connestable advertit le roy, disposant de mesme ses troupes en l'estendue de la plaine, qu'il voyoit marcher les ennemis en grandes forces bien serrés, ayant gagné la teste du bois sur M. de Guyse, lequel se laissoit pousser devant eux, et qu'il s'en alloit, ensemble M. de Vendosme et M. le mareschal, à eux. A cela le roy, content d'avoir amené l'empereur à la bataille, respondit qu'hardiment il allast quand l'occasion l'y convieroit, et qu'il le suivroit de près. Mondict sieur de Guyse, voyant approcher le bataillon de nos François, où M. l'admiral de Chastillon, colonel de l'infanterie françoise, s'estoit mis à pied, commanda que le régiment de chevaux légers de M. de Nemours, où les sieurs de Randan, de Piennes et Curton estoient avec leurs cornettes, fist la première charge, et que le sieur de Tavannes, avec sa compagnie d'ordonnance et le guydon de la sienne, le soustinst. Ceste cavallerie légère alla incontinent sur leurs gens de cheval, qui la receurent hardiment, et, trouvant les nostres en petit nombre, les renversèrent, et passèrent outre. Lors le sieur de Tavannes chargea et entra dedans les ennemis, les esbranla, mit la pluspart en routte, et leurs arquebusiers à pied qui endommageoient les nostres ; et là fut gaigné une cornette d'un colonel alleman. Soudain M. de Guyse, accompagné de M. le prince de Ferrare, M. le grand-prieur de France, son frère, ensemble d'autres seigneurs, alla avec les hommes d'armes de sa compagnie donner sur leurs gens de cheval et de pied, qui furent rompus. Les Espagnols à cheval entreprindrent, avec la faveur de quelque reste d'arquebusiers à pied, faire ferme à une aisle du bois. Sur ceux-cy M. de Nevers avec sa compagnie fit une charge et les deffit : les pistolliers allemans, après estre rompus, prirent la fuite. Fut rapporté que l'empereur, qui suivoit avec sa bataille, voyant son avant-garde défaicte, avoit usé d'une soudaine retraicte : la victoire, qui sembloit le favoriser du commencement, se tourna pour nous. Nos gens présentèrent au roy sept pièces d'artillerie et vingt enseignes ou cornettes gagnées. Ce jour il récompensa ceux qui les avoient prises de dons, et honora le sieur de Tavannes du collier de son ordre, le prenant de son col, et le mettant au sien en présence de l'armée. Leur camp se tint en armes toute la nuict, et nous en fismes de mesme en l'avant-garde. Le lendemain matin, ils nous apparurent des trenchées devant leur camp, vers nostre advenue : néantmoins, pour le désir que le roy avoit de terminer son entreprise par un général combat, il envoya M. le connestable et autres chefs recognoistre si on pouvoit les y assaillir ; mais, après qu'ils eurent recognu l'advantage du lieu, leur sembla que la raison de la guerre y répugnoit, et que le roy, ayant gasté le païs de l'empereur jusques à trois lieues de Bruxelles, pris ses places, et l'ayant contrainct de venir au combat, auquel il luy avoit rompu son avant-garde, pris de ses pièces d'artillerie, et plusieurs de ses enseignes, vraye marque de victoire et bataille gagnée, il se devoit contenter. Ce considéré, et le séjour apportant incommodité de vivres, le roy prit le chemin de son retour. »

(1562) Pour revenir à nostre premier discours, sur le refus fait l'année 1561 de la publication de l'édict de janvier au duché de Bourgongne, ceux de la nouvelle opinion y estans, se voyants exclus des assemblées qu'ils vouloient faire sous prétexte de la liberté du presche, dans lesquelles leurs desseins se pouvoient facilement tramer pour surprendre plusieurs places, appellèrent aucuns de leurs voisins, et entre autres le sieur de Montbrun, du Dauphiné, lequel s'estant saisi de la ville de Chaalon-sur-Saone par quelques intelligences, en fut aussitost chassé, à la diligence que fit le sieur de Tavannes avec sa compagnie de gensd'armes. Ceux qui s'estoient saisis de la ville de Mascon en furent chassés de mesme, de sorte que son gouvernement demeura entièrement en l'obéissance du roy : et pour l'y maintenir, il fit depuis faire des citadelles esdictes villes. La dernière d'icelles fut prise par un stratagesme remarquable. Ceux de la nouvelle opinion, que l'on appelloit lors huguenots, s'estans saisis de Lyon, Villefranche et Belle-ville, sous la conduite du comte de Saulx, avoient fait acheminer quatre mille Suisses entre lesdictes deux villes de Chaalon et Mascon, et, sur l'asseurance de ces forces avancées, on faisoit peu de garde en celle de Mascon. Le sieur de Tavannes, en ayant eu advis, fait acheminer depuis Chaalon, par chemins détournés, sa compagnie de gensd'armes, conduicte par le sieur de Trotedan, qui en estoit enseigne, accompagné des sieurs de Canteperdris et Sainct-Poyat, qui commandoient à trois cens hommes de pied choisis. Ayans faict leur repeue au chasteau de Lourdon, esloigné des villages, arrivent avant jour à demy quart de lieue de Mascon, où ils firent alte. Ledict sieur de Canteperdris s'estant avancé, avec soixante arquebusiers, à trois cens pas de la porte, desquels il en avoit logé quinze avec un capitaine dans une petite maison qui en estoit proche, et fait acheminer un chariot de foin conduict par trois soldats habillés en chartiers, incontinent qu'il fut demy heure de jour, deux hommes de la ville allant faire la descouverte entrèrent en ceste maison : l'un y fut tué et l'autre arresté. Ledict chariot ayant faict alte sur le pont levis de ladicte porte, les quinze soldats y allèrent promptement, et attaquèrent le corps de garde, qu'ils deffirent, assistés dudict Canteperdris, qui y accourut avec sa suite, et se saisirent de ceste porte, où le sieur de Trotedan ayant abordé avec sa cavallerie et le reste des gens de pied, la ville fut incontinent réduicte. Ces troupes furent ès places sans entrer en aucuns logis, jusques à ce que les habitans eurent esté désarmés et l'ordre nécessaire mis. Quelques-uns de la ville y furent tués, de ceux qui en petit nombre avoient voulu faire résistance. Les Suisses, voyans par ceste prise le chemin de leur retraicte aucunement fermé, d'espouvante se retirèrent en leur pays par le costé de Lyon, après avoir eu quelque mescontentement de ceux qui les avoient embarqués. Ces heureux exploits du sieur de Tavannes donnèrent occasion au roy luy commander d'assembler une armée pour la réduction de la ville de Lyon, laquelle il composa de quelques pièces d'artillerie, quatre mille hommes de pied sous la charge du sieur de Lesseing, frère du sieur de Maugiron, et de quatre à cinq cens chevaux, non compris les arquebusiers à cheval. L'ordre de la conduicte en fut si bon, que les vivres et la paye n'y manquèrent point pendant que ledict sieur de Tavannes en eut la charge. Il commença la guerre par les prises des villes de Ville-franche et Belle-ville, estans situées du long de la rivière de Saosne; et de là s'approcha de celle de Lyon, où les intelligences avoient esté si bien practiquées, que la réduction en estoit infaillible sans un accident qui arriva. L'ambition est accompagnée souvent de générosité; elle a aussi ses vices, et apporte souvent du mal. M. de Nemours, jeune prince, obtint alors de Sa Majesté le commandement de ceste armée, en laquelle s'estant acheminé avec ample pouvoir, le sieur de Tavannes la luy fit voir en ordre de bataille; et après cela, quoy que ce mesme prince de Nemours, qui l'honoroit du nom de père, le priast de demeurer, il se retira, luy faisant entendre que, luy laissant ses forces, il se retiroit en son gouvernement de Bourgongne, où sa présence estoit nécessaire au service de Sa Majesté. Ainsi ne voulut-il obéyr à celuy qui luy ostoit le commandement; qui luy devoit d'autant plus estre conservé qu'il en avoit magnanimement et utilement usé. M. de Nemours ne prit point la ville.

Peu de temps après le retour du sieur de Tavannes à Dijon, les huguenots faisant de nuict des assemblées et des presches, en nombre de cinq ou six cens hommes en armes, en la rue des Forges, proche le chasteau, et se vantans de traicter le sieur de Tavannes comme le sieur de La Motte-Gondrain, qui avoit esté pendu à la fenestre de son logis à Valence en Dauphiné, il pourveut à leurs insolences, faisant crier à son de trompe, un soir, que les habitans eussent chacun à mettre lanternes et clartés à leurs fenestres, et que, passé huict heures du soir, ils n'eussent à sortir la nuict de leur logis, et ce, sur peine de la vie. La mesme nuict il fit entrer par le chasteau la compagnie d'ordonnance de M. de Savoye, conduicte par le comte de Morvet, qui en estoit lieutenant : et, au son de quelques canonades, se rendirent quantité d'habitans des villages voisins à la ville, au poinct du jour, suivant l'advis qui leur en avoit auparavant esté donné. Deux heures après, pendant que cette cavallerie se promenoit sur le pavé, fut faicte recherche des armes, que l'on mit à la maison de ville; et crié que tous les vallets de boutique eussent à venir devant le logis dudict sieur de Tavannes à une heure après midy; où s'en trouva plus de douze cens, qui furent conduicts par ladicte cavallerie et chassés hors de la ville. On cogneut alors que tel marchand ou artisan qui ne devoit avoir qu'un valet en avoit six. Après cela, furent mis prisonniers audict chasteau douze des principaux desdicts huguenots; auxquels le sieur de Tavannes dit que s'il advenoit remuement leurs testes en respondroient. Parmy eux y avoit deux conseillers du parlement. Ainsi le péril fut par luy prudemment levé sans aucune effusion de sang, et la seureté establie, se comportant en cela comme père, et non en tyran, au contentement de toute la province. Il avoit esté mareschal de camp au voyage que fit l'armée du roy en Italie, en 1555, avec M. de Guyse, et avoit aussi la mesme charge au voyage d'Allemagne, où les villes de Metz, Verdun et Toul furent prises. Il eut le mesme employ à la prise des villes de Calais, Thionville et autres. Aussi fut-il gouverneur en la ville de Verdun en Lorraine, y commandant à deux compagnies d'hommes d'armes, quatre de chevaux légers, et douze de gens de pied, lors que l'empereur Charles cinquiesme alla assiéger Metz, et que l'on estoit incertain s'il assiégeroit Verdun ou Metz. Et peu auparavant ces mouvemens advenus en Bourgongne, les factieux de la nouvelle opinion s'estans saisis de Valence, ville en Dauphiné, sur la rivière du Rosne, la réduction en fut faicte par luy avec sa compagnie et autres troupes qu'il y avoit conduictes, suivant le commandement de Sa Majesté.

L'année 1562, la bataille de Dreux donnée, quelques exploicts de guerre suivis, l'édict de pacification publié (1563), les armes furent mises bas l'espace de cinq années, et jusques à la Sainct-Michel 1567, qu'au premier mal les prétendus nouveaux religieux en adjoustèrent un autre, faisant effort à Meaux de se saisir de la personne du roy Charles neufiesme, qui fut garanty par le bon secours des régimens de Suisses de sa garde, commandés par le colonel Pheifer. Le sieur de Tavannes fut aussitost mandé par Sa Majesté de s'acheminer à Verdun en Lorraine, comme il fit, avec plusieurs troupes, pour s'opposer avec messieurs de Guyse aux estrangers allemans qui venoient en faveur des ennemis. De là il s'achemina en l'armée que conduisoit M. le duc d'Anjou, frère du roy, où la reveuë s'en fit proche la ville de Troyes : et, avant son partement de Bourgongne, il en fit sortir le sieur de Poncena, qui s'estoit saisi de Sainct-Jean-Gon et Marciny, avec quatre cens chevaux, et certain nombre d'infanterie et pièces de campagne. Le sieur de Vantoux, du nom et armes du sieur de Tavannes, commandant sous son authorité au païs, y fut employé avec les compagnies de M. de Savoye, du comte de Beiné, et autres, s'en acquitta dignement, estant venu aux mains avec les ennemis à un pont proche Joncy en Masconnois. Pendant l'absence du sieur de Tavannes dudict païs, le mesme sieur de Vantoux conduict toutes les forces qu'il pust assembler à M. le duc de Nevers, venant d'Italie, qui avoit trois mille hommes de pied italiens, au siège de la ville de Mascon, que les ennemis avoient reprise : de laquelle, après les approches et batteries faictes, M. de Nevers et le sieur de Vantoux les chassèrent, s'en estant saisis par le costé du pont de la rivière de Saosne. Le travail, prudence et diligence qu'ils y employèrent leur réussit à grand honneur et louange. La paix réitérée (1568), lors que les ennemis avoient assiégé la ville de Chartres, ne dura que six mois : M. le prince de Condé, s'estant allarmé de quelques associations qui se faisoient par les catholiques en Bourgongne pour se conserver, et des compagnies de gens de pied que conduisoit de Metz en Piedmont le sieur de La Verrière, présumant qu'il y eust entreprise contre sa personne et celle des autres chefs de son party, s'en alla de sa maison de Noyers en Bourgongne à La Rochelle, suivy de plusieurs d'eux, et, entre autres, de messieurs l'admiral de Chastillon et d'Andelot frères. Il commença à assembler des forces, pour avec icelles attenter de toutes parts. Ceste prompte saillie luy cousta la vie six mois après, et aux principaux commandans à sa suitte à deux ou trois ans de là : exemple notable pour éviter le commencement d'une guerre non nécessaire ny juste. Que si celle qui se fait avec équité ameine infinis maux, que peut-il estre d'une guerre bastie sur des desseins pernicieux et une rébellion ouverte, ayant pour fondement un vain prétexte de religion et bien public, ne tendant néantmoins qu'à la ruïne de tous les deux, pour l'agrandissement d'un ou de plusieurs subjects par dessus leur souverain prince ? Ceux-cy travaillent, subsistent, prospèrent un temps, croissent en authorité et puissance; le commander leur est doux : mais enfin ils y trouvent leur ruïne totale et le chastiment de leurs forfaicts. Ainsi Dieu jette au feu les verges desquelles il a chastié son peuple. Les ambitieux chefs de party, qui aspirent à renverser un estat légitimement establi pour planter une tyrannie, ne viennent au but de leurs prétendus desseins, la pluspart meurent de morts violentes. Ils proposent injustement ; Dieu dispose justement d'eux et de leurs actions ; et, tournant leur mal en bien, ameine les peuples affligés à repentance, et après à la douceur du repos ; faisant son œuvre, qui est de départir ses grâces gratuitement aux siens.

Le roy Charles, voulant pourvoir aux remèdes nécessaires en une guerre civile qui luy estoit de si grande importance, appelle près de soy ses principaux serviteurs, et entr'autres le sieur de Tavannes, tant pour prendre advis de luy en son conseil pour ses plus urgentes affaires, que pour l'employer près monseigneur le duc d'Anjou son frère, pour ayder à la conduicte de son armée, vers lequel le sieur de

Tavannes alla après qu'il eust mis bon ordre en son gouvernement de Bourgongne.

Dès le commencement que l'on cognut la guerre déclarée, et que le prince de Condé estoit en Poictou, M. le duc de Montpensier y assembla les forces du païs, qui lors estoient fort petites, et n'eut guères bon moyen de garnir les places, bien qu'il départist de ses troupes en quelques-unes, attendant que le roy l'eust secouru de plus grandes forces, pour les mettre à seureté, et aussi qu'il eust fait approcher les gensd'armes qui estoient de ce costé-là, et pareillement les gens de pied. Bientost après arriva M. de Martigues avec bonne troupe, tant de pied que de cheval, comme aussi furent envoyés de la cour les sieurs de Brissac et Strosse, colonels de l'infanterie françoise. Ils arrivèrent en Poictou avec leurs troupes, à sçavoir trente enseignes de gens de pied du sieur de Brissac, et douze du sieur Strosse : ce qui donna grand contentement, pour l'espérance qu'on avoit que les gens de pied, et quelque nombre de gendarmerie, seroient desparties par les places afin de les tenir asseurées, et que M. de Montpensier se tiendroit à Poictiers aussi avec des forces, pour favoriser et secourir les endroicts les plus agités et pressés des ennemis; lesquels, ayans prémédité la guerre, avoient tout en un temps assemblé toutes leurs forces, réservé les gens de pied de Provence ; de sorte que sans les Provençaux ils pouvoient estre de quatre à cinq mille chevaux, et huict mille hommes de pied. A raison de quoy M. de Montpensier estant pour lors encore trop foible, sa délibération de se mettre sur la deffensive eust esté juste et raisonnable, attendant que l'armée de monseigneur le duc d'Anjou fust preste et arrivée ; mais estant stimulé par les seigneurs de la cour, qui désiroient de faire cognoistre leur valeur et acquérir de la réputation, ou bien pour ne vouloir les uns estre envoyés dedans les villes pour les garder, ou pour quelque raison occulte, demeurèrent ensemble et en suspens, sans estre départis à la garde des villes, espérant se fortifier assez à temps pour tenir la campagne et venir au combat. Mais le malheur voulut que, pensant bien faire, l'on fit tout autrement ; car M. de Guyse s'en venant en poste pour estre des premiers, en passant à Orléans, où estoit le rendez-vous pour assembler l'armée de monseigneur d'Anjou, où le sieur de Sansac estoit pour recueillir les gensd'armes, il bailla audict sieur de Guyse dix compagnies de gensd'armes à mener, disant qu'il estoit fils d'un trop bon père pour le laisser aller seul : occasion pourquoy M. de Montpensier, sentant venir ceste troupe de renfort, se résolut, à la persuasion de ceux qui estoient avec luy, de donner la bataille et envoyer demander congé de le faire ; ce qui luy fut accordé. Et pour estre encore plus renforcé, envoya dire à M. de Montluc, qui avoit de bonnes forces, qu'il se vinst joindre à luy, et au sieur d'Escars pareillement : ce qu'ils ne firent point, disant qu'ils alloient au devant des Provençaux, et partirent pour y aller ; mais toutesfois ils les laissèrent passer. Mondict sieur de Montpensier, résolu de combattre, encore que ledict sieur de Montluc n'y fust point, s'achemine à Confolant, les ennemis estans au siége d'Angoulesme, laquelle au bout d'un temps fut rendue ; de sorte que les ennemis furent dedans deux ou trois jours premier qu'on le sceust dedans le camp, tant l'on estoit bien adverty.

Tost après M. de Montpensier fut adverty de la venue des Provençaux ; où au lieu de combattre ceux qui estoient audit Angoulesme, il délibéra de s'en aller aller au devant d'eux, encores que M. de Longueville, qui avoit esté envoyé d'Estampes, y fut arrivé avec huict autres compagnies de gensd'armes, et les trouva à deux lieues de Périgueux, où les compagnies qui marchoient derrière, menées par Mouvant, furent défaictes, ledict Mouvant tué, et dix enseignes emportées. Mais le sieur d'Acier, avec la plus grande part desdicts Provençaux, se rendirent au camp du prince. Je vous ay faict ce discours cy-dessus, afin que vous cognoissiez le malheur de ce commencement, advenu par la faute de ces messieurs nos coureurs de la cour, qui ne se soucient pas de ce qui puisse advenir aux dépens du roy et du public, pourveu qu'ils contentent leur caprice : et encore plus mal advisés ceux qui leur permettent leurs courses et leur baillent des forces ; car qui n'eust point baillé ces forces-là à M. de Guyse en passant à Orléans ny souffert à tant de coureurs volontaires s'en aller devant pour gaster tout, ains demeurer à Orléans au rendez-vous où devoit se trouver l'armée, M. de Montpensier n'eust peut estre pas entrepris de donner la bataille, et se fust mis sur la deffensive, en mettant les gens de pied et autres forces, tant dans Angoulesme, Nyort, qu'aux autres villes perdues; l'armée de monseigneur d'Anjou eust esté assemblée assez à temps pour les aller secourir. Mais faisant semblant de vouloir donner la bataille, ils ne la donnèrent point, et si perdirent les villes, qui fut un malheur qui a duré longtemps. Monseigneur le duc d'Anjou estant arrivé à Orléans, où l'on se devoit assembler, n'y trouva que l'artillerie, les Suisses, et cinq ou six compagnies de gens d'armes : et là fut mis en avant par le sieur de Tavannes de séparer partie de l'artillerie, qui reviendroit facilement après par eau atteindre l'armée, pour assiéger Sanserre avec M. le marquis de Villars; mais comme les opinions sont diverses, d'autres capitaines firent changer celles-là. Cette entreprise fut rompue, qui a esté un grand mal; car ceux de Sanserre n'avoient ny gens ny munitions quelconques, et estoient prests de se rendre.

Donc monseigneur s'achemina, avec ce peu de forces qu'il avoit trouvées à Orléans, du costé de Blois, Amboise et Tours, allant tousjours retenu et en suspens, pour attendre l'issue de la bataille qui se devoit donner. Il faisoit tousjours recognoistre les villes, soit pour les fortifier, ou y faire dresser un camp fortifié, afin de pouvoir s'y retirer si le malheur eust voulu que l'on eust perdu la bataille; mais, estant en chemin, il eut advis qu'au lieu de combattre le prince de Condé, M. de Montpensier s'en alloit au devant des Provençaux, qui estoient reculés plus de quarante lieues en arrière, laissant l'armée du prince entre monseigneur d'Anjou et eux : ce qui le fit aller encores plus retenu. Et néantmoins, sans le sieur de Tavannes il recevoit un grand escorne; car, encores qu'il eust infiniment débattu que l'on ne devoit point avancer, si est-ce qu'à la persuasion d'aucuns il avoit esté conduit jusques au port de Pilles, en délibération de passer plus outre, jusques à Chastelleraut et Poictiers, au grand regret du sieur de Tavannes: lequel, avec plusieurs protestations, supplia mondict seigneur, qui s'en alloit disner à Présiny chez le sieur marquis de Villars, de descendre et vouloir encores tenir un conseil à La Haye en Touraine en passant, ce qu'il luy accorda. Et là fut remontré, par vives raisons, par ledict sieur de Tavannes, que l'armée estant si foible ne devoit point passer la rivière de Creuse, et ny moins passer à Chastelleraut que l'on ne fust joint avec M. de Montpensier, d'autant que les ennemis y pouvoient facilement venir, et qu'il valloit mieux couler du long de ladicte rivière de Creuse, et aller du costé du Blanc en Berry, et mander à M. de Montpensier de s'en venir de costé-là, pour tous ensemble se joindre plus seurement. Mais le sieur de Sansac et quelques autres estoient tousjours de contraire opinion ; de sorte que tout ce que put obtenir ledict sieur de Tavannes, fut que l'artillerie ne passeroit point ce jour-là le port de Pilles, et qu'on séjourneroit un jour. Ce conseil estant finy, et les capitaines séparés, l'un deçà, l'autre delà, chacun à leurs affaires, fit tant ledict sieur de Tavannes envers mondict seigneur, que l'armée séjourna quatre jours à Guierche; dans lequel temps on envoya haster en toute diligence M. de Montpensier, qui desjà estoit sur son retour. Au bout des quatre jours l'armée partit, et n'arriva pas si tost à Chastelleraut, que les ennemis, avec toutes leurs forces, en extresme promptitude peurent passer la Vienne à Chaumigny, et vindrent jusques à une lieue de Chastelleraut. Mais M. de Montpensier ayant esté fort hasté arriva le jour mesme, ses gens et ses chevaux néantmoins extresmement harassés : estans les ennemis logés à une lieue de là, monseigneur d'Anjou le lendemain matin fit mettre l'armée en bataille, et fut ordonné le vicomte d'Auchy pour les aller recognoistre avec quatre cents chevaux, sans toutesfois les attaquer qu'on ne luy mandast. Cependant le sieur de Tavannes, ayant recogneu un ruisseau qui estoit entre leur camp et le nostre, fit faire des ponts pour y passer l'armée, et fit passer les troupes de messieurs de Martigues, de Guyse et autres pour soustenir ledict vicomte, qui avoit descouvert les ennemis, auquel il manda de les attaquer. Cependant mondict sieur marcha avec toute son armée jusques au ruisseau ; mais ledict vicomte rapporta qu'il n'estoit demeuré des ennemis que quelques-uns sur la queue, et que leur armée s'estoit desjà retirée près dudict Chaumigny, qui est à cinq lieues dudict Chastelleraut, n'estant venu là en autre espérance que pour attraper monseigneur seul avec son armée avant que M. de Montpensier y arrivast. Ce qu'à dire la vérité ils eussent faict sans la providence du sieur de Tavannes, par le séjour fait à La Guierche. S'estans ainsi les ennemis retirés, et repassés la rivière à Chaumigny, pour s'en retourner en leur conqueste, après avoir donné deux ou trois jours de séjour aux troupes de M. de Montpensier, fut mis en délibération le chemin qu'on devoit tenir; sur quoy il y eut plusieurs advis, estant le sieur de Sansac et quelques autres tousjours d'opinion que l'on allast à Poictiers; remonstrant que c'estoit le plus beau lieu pour une armée qu'il estoit possible, et que de là on prendroit tel chemin que l'on voudroit pour trouver les ennemis. Ledict sieur de Tavannes au contraire disoit qu'encore qu'il n'eust point cognu le pays, qu'il avoit ouy dire que Poictiers estoit une ville en lieu fort plein de baricaves à l'entour et que, dudict Poictiers tirant vers Lusignan et Saint-Mexant, estoit un pays bien fort et plein de hayes, de bois et de colines; que les ennemis se retrouvant là, ayant vingt mille arquebusiers comme ils avoient, et les nostres seulement deux mille, les Suisses et la cavallerie de peu d'effet en ce lieu fort, lesdicts ennemis auroient l'advantage; qu'il avoit appris qu'on pouvoit aller à l'entour de ce pays-là par les plaines de Mireballais, et se venir retrouver à Saint-Mexant ou à Nyort : en ce faisant, tout le Lodunois et Bas-Poictou, qui n'estoit encore saisi des ennemis, eust esté conservé pour fournir des vivres, et qu'ayant ja esté envoyé le sieur de Lude dans Poictiers, l'on y pouvoit envoyer encores des gens de pied; que lesdicts ennemis ne se pourroient attaquer audict Poictiers, ny à Lusignan, qu'ils ne fussent combattus. Mais ceste opinion ne fut pas reçue; on marcha droit à Poictiers en deux jours. Le sieur de Tavannes avoit mis en avant à mondict sieur qu'à tout le moins on ne fist que repaistre audit Poictiers jusques à minuict, et soudain après repartir pour aller trouver les ennemis, qui ne pouvoient estre qu'à cinq ou six lieues de là. Mais tant s'en faut que l'on peust faire ceste exécution, qu'à cause de la difficulté de ladicte ville, qui se trouva si malaisée, l'armée ne la peut passer en deux jours, et fut-on contrainct d'y séjourner. Ladicte armée passée, monseigneur alla à la maison de Théligny, où l'on trouva le pays difficile et couvert, comme dit est, et fut délibéré le lendemain de faire une traicte assez bonne pour s'oster de ce pays fascheux, et aller loger sur le bord de la plaine; et fut résolu que l'on iroit à Pamprou avec l'avant-garde, et à Jaseneul la bataille : mais estans les mareschaux de camp arrivés audict Pamprou, trouvèrent que le lieu n'estoit point propre, et qu'il valloit mieux aller à Jaseneul pour l'avant-garde, et la bataille à Pamprou. Les mareschaux de camp envoyèrent advertir M. de Montpensier de ces changemens, et pareillement à Jaseneul vers monseigneur. Toutesfois M. de Montpensier dit qu'il ne fut point adverty, et ne laissa pas de passer outre avec l'avant-garde droit audict Pamprou, où il trouva que les ennemis y estoient, lesquels soudain furent en bataille, et se trouvèrent à la vue des uns et des autres, si près que l'arquebuserie joua longuement des deux costés : mais la nuit soudain survenue les sépara. Monsieur, de son costé, arrivant fort tard à Jaseneul, luy fut rapporté par le sieur d'Ochy, qui logeoit l'avant-garde, qu'il avoit trouvé cinq ou six mille hommes des ennemis logés proche Jaseneul; de sorte qu'estimant que ce fust toute leur armée, envoya en toute diligence chercher M. de Montpensier, qui manda soudain qu'il estoit à la veue des ennemis, que l'on allast à luy. Monsieur, qui receut l'advertissement, alla droict audit Jaseneul; de sorte que l'avant-garde et la bataille se trouvèrent séparées. Chacun pensoit, tant amis qu'ennemis, avoir toute l'armée devant soy; mais il fut advisé qu'estant Monsieur chargé de l'artillerie, les gensd'armes allés à leur logis, qu'il seroit impossible de marcher la nuict par un pays si fort que les ennemis ne les trouvassent en marchant, forts d'arquebuserie comme ils estoient, au grand désavantage de nostre armée, pour ne pouvoir la gendarmerie combattre, ny aussi les Suisses; qu'il valoit mieux révoquer M. de Montpensier avec ses troupes toute la nuict, et cependant faire fortifier le camp de tranchées, afin que si les ennemis venoient on pust les soustenir, attendant que l'on eust pu faire les esplanades nécessaires à la gendarmerie. M. de Montpensier revint toute la nuict; mais plusieurs bagages, pour n'avoir voulu sortir de leur logis de nuict, ou pour estre fourvoyés, faillirent à suivre la file, dont il y en eût quelques-uns de perdus. Et tout ainsi que M. de Montpensier estoit reparty de nuict pour nous venir trouver, aussi les six mille hommes ennemis qui estoient proche Jaseneul près monseigneur, partirent de nuict pour aller trouver le camp du prince à Pamprou: et voyant ledict prince que nous estions réduits en ce pays fort, se promit incontinent la victoire à cause de ceste grande arquebuserie. Il commença à marcher dès le grand matin, depuis ledict Pamprou jusques à Jaseneul, estimant nous trouver escartés et en un logis fort désadvantageux, et nos gensd'armes séparés par les villages; mais ayant très bien préveu ce qu'il pouvoit advenir, ils trouvèrent toute l'armée en bataille, à dire la vérité en un lieu fort étroict et dangereux à cause de ladicte arquebuserie, et leur armée arriva sur le costé de la main droite de la nostre. Soudain qu'ils furent à nostre veue, qui ne pouvoit estre que fort près à cause du pays couvert, ils commencèrent à desbander de leur arquebuserie par troupes. Le sieur de Brissac, l'un des colonels de nos gens de pied, se mit pour les aller soustenir avec sept ou huict cents arquebusiers : mais le sieur de Tavannes, ayant préveu le costé par où ils pouvoient venir, avait faict lever huict pièces d'artillerie de la teste des Suisses, qui furent soudain conduictes sur le costé droict à la veue desdicts ennemis, avec une extresme diligence, par le sieur de La Bordaisière; et lesquelles pièces portèrent une extresme faveur aux nostres, pour en estre les coups si souvent redoublés qu'aucun de leurs escadrons ne se pouvoit avancer pour soustenir cette grande arquebuserie qu'ils avoient desbandée : et leur délibération estoit d'assaillir par derrière le village du logis de monseigneur; car, l'ayant gaigné, ils eussent peu faire déplacer les Suisses et gens de cheval de leurs places de bataille, en danger d'y avoir quelque désordre. Pour en éviter le péril, il avoit esté pourveu au village par le bout d'embas des compagnies de gens de pied Bretons; gens nouveaux, où n'y trouvant pas trop grande seureté; le sieur de Tavannes fit partir une troupe d'arquebusiers qui estoit aux flancs des Suisses, sous la charge du sieur de Strosse, lequel y voulut puis après aller luy-mesme. Il fut assailly le long dudict village fort rudement par une grande troupe d'arquebusiers, où les nostres, pour estre peu, les soustindrent fort vivement; mais la plus grande charge estoit sur les bras du sieur de Brissac, qui, enfin voyant les ennemis renforcés de trois ou quatre mille arquebusiers frais, ayant desjà perdu plusieurs capitaines et beaucoup des siens, dit au sieur de Tavannes qu'il estoit forcé qu'il perdist s'il n'estoit renforcé d'arquebusiers. A quoy luy fut respondu qu'on feroit faire une charge par les gens de cheval, qu'il n'y avoit d'arquebusiers, et qu'il estoit plus que nécessaire faire ladicte charge. Et se trouvèrent le sieur de Tavannes et le sieur de Martigues ensemble, et se résolurent qu'il falloit faire ladicte charge. Sur quoy le sieur de Martigues prit la peine soudain d'aller parler au sieur de La Valette, maistre-de-camp de la cavallerie légère, qui estoit ordonné pour marcher à la teste de l'avant-garde, pour luy faire la charge dans une petite plaine qui s'estendoit entre les deux armées, où il y avoit toutesfois quelque haye. Le sieur de La Valette, père du sieur d'Espernon, ne s'en fit pas prier deux fois : comme gentilhomme courageux qu'il estoit, et fort advisé, sortit de la place de bataille avec sa compagnie et quelque troupe, alla charger si vivement ceste arquebuserie ainsi débandée, qu'il les mena tuant jusques auprès des bataillons et escadrons ennemis, sans qu'aucun des leurs fist un pas en avant pour les soustenir. On creut alors qu'ils ne s'osèrent découvrir à cause de l'artillerie, ou bien pour quelqu'autre raison incognue, et, au mesme instant, de l'autre costé furent ordonnés les sieurs de Rentigny et de Rambouillet pour faire la charge avec leurs gensd'armes à ceux qui assailloient le sieur de Strosse et les Bretons au coin du village ; ce qu'ils firent fort vaillamment, et menèrent toute l'arquebuserie qui estoit de ce costé-là battant jusques dans leurs troupes. On trouva trois ou quatre cents arquebusiers des leurs tués sur la place, mais beaucoup plus du costé du sieur de La Valette que de l'autre costé.

Ces charges ainsi faictes, il n'y eût plus

une seule arquebusade tirée tout ce jour-là. Les ennemis se campèrent où ils estoient, à un ject d'arc de nostre armée; et, à dire la vérité, cette arquebuserie, que menoit le sieur de Brissac, fit merveilleusement bien, pour estre les ennemis dix contre un; car il les soustindrent deux ou trois heures, et méritoient bien d'estre secourus, comme ils le furent aussi. La nuict doncques estant survenue, et toute l'armée tousjours en bataille, le duc d'Anjou commanda que l'on logeast au picquet, à fin d'estre plus près de luy : mesme encore que son logis fust tout proche de là, il n'y voulut point entrer, et prit un arbre pour son logis. Après qu'il eut soupé, il tint conseil avec bien peu de capitaines de ce qui seroit à faire; demanda son advis au sieur de Tavannes, lequel dit qu'il jugeoit que les ennemis n'avoient point fait ce jour-là en gens de guerre, de voir mettre en pièces à leur vue leurs gens sans les secourir, et que d'avoir déterminé une entreprise sans l'exécuter, qu'il ne pouvoit penser qu'ils n'eussent le cœur tremblant et faute d'asseurance; qu'il luy sembloit qu'on devoit commettre un des plus suffisans capitaines soustenu des corps de garde et quelques autres troupes, à fin de conduire un nombre de pionniers pour aller faire les esplanades, et remplir quelques petits fossés, et couper trois ou quatre hayes qui estoient entre les ennemis et nous; qu'il tenoit pour tout asseuré que le lendemain à grande peine se passeroit le jour sans combattre; qu'il espéroit la victoire, veu le déportement du jour précédent : conseillant Monseigneur qu'il choisist le sieur de Lignières, chevalier de l'Ordre et capitaine expérimenté, pour ceste exécution, et lui commandast d'aller prendre les pionniers vers le maistre de l'artillerie. Pour cet effect, Monseigneur l'ayant ainsi commandé au sieur de Lignières, il accepta ceste charge fort librement et partit pour s'y en aller. Toutesfois il ne l'exécuta point, et, qui pis est, n'en vint faire aucune responce que le lendemain, qui estoit une heure de jour quand il vint s'excuser, disant qu'il n'avoit sceu trouver des pionniers, desquels toutesfois nous en avions pour lors deux mille; et il eust suffi de cent pour ceste besogne, qui n'estoit pas grande, laquelle eust esté facilement faicte, d'autant que nos sentinelles estoient estendues jusques bien avant dans le lieu où il falloit faire les esplanades, sans qu'ils eussent esté empeschés des ennemis. Le jour venu, Monsieur les fut recognoistre luy-mesme. On voyoit du camp toute leur cavalerie en une petite plaine, sur un haut, et à laquelle l'on n'eust sceu aller qu'à la file, par faute d'avoir faict l'esplanade. Ils avoient fait partir les gens de pied dès la nuict, dont l'on ne se pouvoit appercevoir à cause du païs fort et couvert : et n'eust-on peu juger ce deslogement, tant à cause de la fumée des feux de leur camp comme de la bonne mine qu'ils faisoient, feignant se préparer pour venir au combat; et, sur les neuf ou dix heures, commencèrent à disparoir petit à petit, estant desjà leur infanterie à plus de trois lieues de là. La cavalerie, à ce que rapportèrent les espions, à mesure qu'on les avoit perdu de veue, alloit plus grand train pour r'atteindre leurs gens de pied : et ce jour-là ils firent six lieues droict à Mirebeau et au pays de Mireballais.

Alors Monseigneur trouvant son armée harassée, laquelle avoit travaillé trois jours, jour et nuict à cheval, avec plusieurs soldats blessés, il advisa de la faire rafraischir à Luzignan, qui est à une petite lieue de là, où il fit présent aux soldats blessés de quelque argent pour leur assistance. Après avoir séjourné deux jours à Luzignan, on mit en délibération ce qui estoit à faire. Les uns disoient qu'il falloit aller à la queue des ennemis; les autres qu'il falloit retourner par auprès de Pamprou, par la plaine droict à Mirebeau : le sieur de Tavannes estoit de ceste opinion, d'autant que c'estoit se jeter entr'eux et leur conqueste, à fin de les contraindre au combat; enfin le sieur de Brissac, colonel de l'infanterie, fit entendre qu'il ne pouvoit mettre ensemble trois cens hommes, à cause que tous ses gens estoient desbandés et la pluspart retirés à Poictiers : ce qui fit qu'on délibéra de passer à Poictiers pour aller retrouver les ennemis : ce qui fut fait; et l'armée y alla en un jour, où après avoir séjourné un autre jour, l'on fut d'advis de marcher droict au pont d'Ozance sur le chemin de Mirebeau, pour retourner trouver les ennemis : auquel lieu les mareschaux de camp allèrent faire l'assiette du camp. Ils vouloient faire passer l'armée de l'autre costé de l'eau sur le pont d'Ozancé, à sçavoir l'artillerie, les Suisses, gens de pied; la cavalerie de l'avant-garde si avant qu'elle pouvoit approcher à deux lieues des ennemis; celle de la bataille en arrière, en envoyant à deux et trois lieues la pluspart de l'autre costé de Poictiers : mais Monsieur arrivant sur le lieu, le logis fut recogneu par le sieur de Tavannes grandement désavantageux; d'autant qu'encores qu'on eust peu s'y retrancher pour attendre la cavalerie, il se trouva une montagne battant par derrière dans le logis, de sorte que l'on n'y eust peu demeurer; et d'autre part, tant de cavalerie si avancée du costé de l'ennemy eust tourné le dos, en danger de revenir avec effroy et perdre leur bagage, sans le péril où ils estoient d'estre surpris, logés si près des ennemis. Ainsi il fut advisé, après avoir entendu les raisons du sieur de Tavannes, que les Suisses et l'artillerie, qui n'estoient encores passés, avec tous les gens de pied de la bataille, demeureroient logés en un lieu fort éminent et avantageux, mettant la rivière et pont d'Ozance devant eux, assez près des faulxbourgs, et une partie de la gendarmerie dedans la ville. Les gens de pied et la pluspart des gens de cheval de l'avant-garde logèrent au pont d'Ozance, et le sieur de La Valette à un village un peu plus avant sur l'advenue des ennemis : ce qui fut, à ce que disent ceux qui s'y cognoissent, très-sagement préveu; mesme ayant advertissement que tout le dessein de l'admiral, expérimenté par deux fois à Chastelleraut et à Jaseneul, ainsi fort de gens de pied, estoit de surprendre l'armée dans le logis, d'autant que la nécessité de l'hyver contrainct de loger la gendarmerie escartée, qui ne se peut r'assembler en quatre ou cinq heures, quelques coups de canon que l'on puisse tirer pour les advertir, outre ce, les nuicts longues et propres pour exécuter les entreprises à venir de loing. Estans ainsi logés à la campagne hors de Poictiers, ils trouvèrent encores moins de gens de pied qu'à Luzignan; de sorte que le sieur de Brissac continua ses plaintes, et dit qu'il ne pouvoit mettre trois cens hommes aux champs. Néantmoins Monsieur ne laissa pas de faire recognoistre deux logis, l'un de Belle-Faye, qui estoit le droict chemin des ennemis et de Mirebeau, et l'autre de Dicey; et mit en délibération auquel des deux l'on devoit aller : aucuns disoient qu'on devoit aller à Dicey, les autres à Belle-Faye; et quelques-uns disoient qu'il falloit passer le Clain pous aller à Dicey. Le sieur de Tavannes fut d'opinion que si l'on vouloit passer la rivière d'Ozance, et aller du costé des ennemis, qui avoient de bons espions, qu'on ne devoit point nommer le lieu où l'on devoit aller; qu'il falloit que l'armée marchast en bataille, et, le cul sur la selle, faire l'assiette du camp au lieu qui seroit jugé le meilleur; et qu'il estoit nécessaire de loger le plus à la plaine que l'on pourroit, puis qu'on estoit foible d'arquebusiers et fort de gens de cheval. Enfin il fut résolu qu'à cause des pluyes continuelles qu'il faisoit, et pour estre si foibles de gens de pied, que tenir tousjours les gens de cheval à la campagne seroit les ruiner, qu'il vaudroit mieux les mettre en lieu fort, attendant que les gens de pied qui s'estoient absentés à cause de l'injure du temps fussent rassemblés, et que le sieur de Joyeuse, qui venoit de Languedoc, et le maistre de camp Sarlabous avec deux ou trois mille arquebusiers fussent arrivés; qu'on passeroit la rivière du Clain, qui vient de Dicey à Poictiers, et iroit-on loger de l'autre costé de ladicte rivière. Ce conseil tenu, soudain on fit le pont de batteaux sur la rivière, et le matin l'artillerie passa avec les Suisses et une partie de gens de cheval de l'avant-garde. Monsieur estant allé disner dedans la ville pour passer à travers sur les ponts, les ennemis avec toute leur cavallerie, et le reste de leur armée qui les suivoit, donnoient jusques sur le pont d'Ozance, où ils trouvèrent ce peu de gens de pied qu'avoit le sieur de Brissac, et luy-même en personne, lesquels, à la faveur du chasteau d'Ozance, qui est sur le bord du passage de la rivière, se deffendirent vaillamment; partie toutesfois des ennemis passa outre, jusques où estoient logés les Suisses, et y tuèrent quelques pionniers. De là vint l'alarme dedans la ville jusques au logis où estoit Monsieur. Soudain les sieurs de Tavannes, de Martigues, de Losses, de Carnavalet, montèrent à cheval, sortirent et coururent à l'alarme, où il arriva plusieurs hommes de cheval, armés de toutes piéces, que le sieur de Tavannes fit mettre en bataille sur le haut sous la conduicte du sieur de Martigues, cependant qu'il s'approcha plus près pour voir la contenance des ennemis. Cela favorisa fort le sieur de Brissac et sa troupe, qui toutefois avoit desjà commencé à se retirer par la vallée du long de la rivière, à la faveur de quelques hayes et des arbres. Il y eut là quelques soldats des nostres tués, et des leurs, entr'autres un gentilhomme de Bourgongne, qui fut recogneu avant que mourir. Il est tout certain que, si nostre armée eust esté logée au susdict logis ainsi desadvantageux, elle estoit en grand danger de recevoir une honte. Cela ferma la bouche aux calomniateurs, qui disoient que le sieur de Tavannes avoit fait recevoir une desfaveur à l'armée de la faire reculer, pour autant qu'en changeant ce mauvais logis les Suisses avoient reculé environ cinq cens pas. Et, à dire vray, c'estoient des gens qui parloient sans l'entendre ; car ils avoient ouy dire qu'on ne devoit point reculer ; mais il s'entend quand deux armées sont si près en bataille l'une de l'autre que l'on ne se puisse point démesler, et non pas quand elles sont à deux lieues ; alors pour évier un logis dangereux on peut reculer, et se mettre en celuy qui donne de l'advantage, tant pour le soulagement des soldats en hyver que la seureté, de laquelle procèdent toutes les victoires. Monsieur temporisa dans la ville, attendant que les retraictes d'une part et d'autre fussent faictes. Les ennemis se retirèrent les premiers ; lesquels furent suivis des nostres, qui recogneurent qu'ils retournoient loger à quatre lieues de là du costé de Mirebeau. Arrivé que fut le sieur de Tavannes vers Monsieur, il trouva que la pluspart des capitaines luy conseilloient de coucher dans la ville à cause du mauvais temps, et aussi qu'il avoit quatre lieues à faire, et qu'il estoit presque nuict. Surquoy Monsieur demanda l'opinion du sieur de Tavannes, qui luy fit response qu'il devoit, quelque pluye qu'il y eust, coucher en son camp, qui estoit le lieu le plus honorable de tous ses logemens. De quoy Monsieur monstra estre fort content. Il arriva à Dicey trois ou quatre heures de nuict en un bien fort mauvais logis pour l'armée. Toutesfois le lendemain chacun s'accommoda, et logea-t-on au large à cause de la rivière du Clain, qui se trouvoit entre les ennemis et nous, où il y avoit plusieurs quays, dont les uns furent rompus, aux autres ont mit des corps de garde, et là fut l'armée contrainte de séjourner dix ou douze jours, au grand regret de Monsieur premièrement, et de tous les gens de bien, à faute des gens de pied, lesquels estoient aucunement excusables pour n'estre en façon quelconque payés.

Durant lequel temps les ennemis en estans advertis vindrent loger depuis Mirebeau jusqu'à Bonivet, qui n'estoit qu'à deux lieues de nous, s'estant saisis du chasteau de Mirebeau, assez fort, pour avoir esté mal pourveu comme les autres places. Ils se saisirent pareillement de Loudun ; et comme ils sentirent que les troupes de Languedoc approchoient et seroient bientost à nous, ils partirent avec toute leur armée pour essayer de gaigner un passage sur la rivière de Vienne, pour pouvoir aller trouver le prince d'Orange en Champagne. Ils allèrent à Chastelleraut, qu'ils trouvèrent pourveu, de là passèrent à l'Isle-Bouchard, où ayans pris le fauxbourg, les ponts furent fort bien deffendus par la garnison qui y avait esté envoyée. De là ils en firent autant à Chinon ; enfin ils se résolurent d'aller à Saumur, à fin de pouvoir passer la rivière de Loyre, et par conséquent toutes les autres rivières à un coup ; de laquelle ville, qui estoit de leur costé, ils s'estoient si bien approchés qu'ils commençoient de venir à la sape : et de faict l'eussent emportée, foible comme elle estoit, avec leur artillerie, encore qu'il y eust des gens de bien dedans. Ce que voyant, Monsieur fit haster le sieur de Joyeuse et de Sarlabous ; lesquels estans arrivés près de luy, il fut remonstré par le sieur de Tavannes à part à Monsieur qu'il ne falloit pas aller suivre les ennemis par le droict chemin, et par là où ils estoient allés, mais qu'il estait nécessaire de recouper au devant de leur conqueste, et aller droict à Mirebeau, afin de prendre la ville en passant, qui nous eust coupé les vivres, et laisser quelques forces et artillerie derrière au sieur du Lude pour reprendre le chasteau ; que les ennemis ne penseroient jamais qu'on voulust laisser derrière le chasteau de Mirebeau, à cause des vivres, et que cela seroit occasion pour pouvoir gaigner au devant de leurs conquestes et les contraindre à la bataille. Monsieur, estant trop plus sage que son aage ne portoit, tint ce conseil et cette entreprise secrette, à cause des ennemis couverts qui sont ordinairement dans les chambres et salles des princes, comme les guerres civiles le portent; et ne la divulgua ny au mareschal de camp, ny à autre, qu'après la garde assise. Le matin il partit, laissant les ennemis du costé de Nyort, estant à main gauche de Mirebeau, et quand et quand fut ordonné au sieur de Tavannes qu'il fist marcher l'artillerie toute la nuict droict à Mirebeau, ce qu'il fit, et y alla pareillement le sieur de Losses, et firent faire les approches de la batterie en plein jour sans gabion. La ville et chasteau de Mirebeau pris, l'armée s'approcha à la veue des ennemis, du costé de la ville de Loudun, où ne se passa autre chose, sinon quelques escarmouches, néantmoins la gendarmerie presque tousjours à cheval, laquelle ne se retiroit aux logemens qu'à la nuict, et ce pour éviter une surprise, d'autant que l'armée des ennemis estoit à couvert dedans la ville pour sortir à leur commodité, et nous estions à la campagne, les gensd'armes aux villages. Le jour subséquent, pour le grand travail que portoit nostre armée sans aucuns vivres, parce qu'à Mirebeau, le chasteau duquel avoit esté pris ce jour-là d'assaut, et mis en pièces ce qui estait dedans, ne s'estoit point trouvé de bled, Monsieur advisa d'assembler le conseil pour voir ce qui seroit à faire, et fit cet honneur au sieur de Tavannes, d'autant qu'il estoit blessé, de l'aller tenir à son logis; et là fut délibéré que, ne pouvant avoir des vivres d'ailleurs que de Chinon, et que le camp des ennemis estoit au devant, qu'il falloit faire une lieue en tournoyant à l'entour d'eux et se mettre du costé dudict Chinon. Le sieur de Tavannes estoit d'advis que l'on laissast le chasteau de Barrogne à main droicte, lequel est au-dessous de la montagne que les ennemis avoient gaignée le jour de devant, et que si les ennemis revenoient en leur place de bataille, qu'il y auroit quelque moyen d'aller à eux sans point trouver de fossés, et qu'il falloit recognoistre le chemin. A quoi fut débattu par M. de Sansac et autres capitaines, que ce seroit passer fort près d'eux, et monstrer le costé d'une armée en marchant, qui seroit chose dangereuse. Sur quoy fut dit par le sieur de Tavannes que l'ordre des batailles se pouvoit dresser en sorte qu'encores qu'on marchast en monstrant le costé de l'armée, les premiers rangs se pourroient trouver facilement en bon ordre, sans guères bouger de leurs places, faisant départir l'artillerie, une partie à l'avant-garde et l'autre à la bataille; que le bagage pouvoit marcher à main droite et estre couvert de l'armée, et que si l'on failloit à combattre les ennemis en ce lieu-là, que l'on estoit pour attendre long-temps. Sur ces disputes fut résolu que les mareschaux de camp iroient le lendemain recognoistre le chemin et le logis. Ils y furent, et rapportèrent qu'il ne se trouvoit point de logis propre en passant si près des ennemis; qu'il falloit laisser le chasteau de Barrogne à la main gauche et aller jusques à la Marzelle, à une lieue de là, qui estoit sur le costé de Chinon, pour avoir les vivres. Le jour après fut mandée toute l'armée, encore que le mauvais temps durast tousjours; fut ordonné toutes les batailles, et l'avant-garde derrière, pour estre plus près des ennemis s'ils sortoient à la queue. Et après que l'on eust commencé à marcher en un fort bel ordre, sortirent de la ville de Loudun environ de deux à trois mille chevaux. Il faisait un temps obscur, comme brouillas, de sorte que l'on ne pouvait descouvrir ce qui venait après ces troupes. Là, le sieur de Martigues et autres seigneurs mandèrent à Monsieur qu'ils estoient pressés, voyant ces grosses troupes à cinq cens pas d'eux; que l'on luy mandast ce qu'il avait à faire. Surquoy Monsieur demanda advis au sieur de Tavannes. Il luy dit qu'il estoit d'advis qu'on mandast au sieur de Martigues que, s'ils passoient un chemin qui venoit du costé du parc à la vallée, lequel il avoit bien recogneu, il leur vouloit donner la bataille, et qu'il cheminast tousjours pour les laisser passer, et que toutesfois il n'allast point à la charge que Monsieur ne le luy commandast. Paroles que quelques-uns trouvoient estranges, de dire comme il estoit possible que Monsieur, qui cheminait tousjours devant avec la bataille, sans qu'il peust voir les ennemis, commandast à ceux de l'avant-garde, qui estoient derrière, de charger quand il seroit temps. Auxquels fut apprins secrettement que c'estoit à fin qu'ils ne se perdissent, et que Monsieur les peust soustenir, à l'exemple de plusieurs qui ont trouvé leurs batailles si loin de leur avant-garde, que l'un ou l'autre a esté deffaict, ou bien tous les deux, comme il arriva au sieur de Sainct-Paul en Italie, lequel pour s'estre trop avancé fut deffaict par Antoine de Leve, et à quelques autres. Les ennemis, voyant le bel ordre en quoy l'on se retiroit, le verglas et froid durant tousjours, les gensd'armes, gens de pied et autres gens de guerre, si harassés de froid et de faim, marchèrent en cet ordre jusques à la nuict sans se desbander qu'ils arrivèrent à Saincte-Marzelle, et ne furent la pluspart des gensd'armes aux villages qu'il ne fust nuict, ou une heure après. Le lendemain, Saincte-Marzelle estant de l'autre costé de la montagne et de Loudun, les ennemis par un fort grand brouillas sortirent de Loudun et revindrent en leurs montagnes, et amenèrent quelques pièces d'artillerie. Surquoy fut par le moyen de la nostre advertie la gendarmerie, laquelle fut le plustost qu'elle peust en leur place de bataille; et demeura toutesfois plus de trois heures, à cause du verglas, qui fit que le sieur de Sansac, en tombant, se rompit une jambe, qui ne fut pas tout seul ce jour-là. Et trois ou quatre jours auparavant, il se blessa environ deux cens gentilshommes cheus à cause des verglas. Les ennemis s'approchèrent fort près de nostre camp, mais c'estoit sçachant bien qu'on ne pouvoit aller à eux, d'autant qu'il se trouvoit entre deux une vallée et un ruisseau fort difficile à passer : et y eut, pour ce jour-là seulement, des escarmouches et force coups d'artillerie. Le lendemain, à cause que les vivres ne pouvoient venir par ce mauvais temps, fut advisé que l'on marcheroit encore deux lieues à un lieu appelé Marcey, sur le chemin de Chinon. Ce qui fut faict; et estant arrivé là, infinis soldats, tant de pied que de cheval, se desbandèrent par la nécessité pour aller audict Chinon, ensemble une grande partie des gentilshommes qui accompagnoient Monsieur. Toutesfois espérant que, l'injure de ce mauvais temps passée, ils reviendroient, on séjourna audict Marcey quatre jours; mais enfin lui fut remonstré par les colonels de gens de pied, signamment par le sieur de Brissac, qu'ils n'avoient plus de gens, et estoient ses compagnies et celles du sieur de Strosse si deffaictes, que les enseignes estoient presque toutes seules. Il ne restoit plus que Sarlabous, qui pouvoit avoir quinze cens hommes avec infinis malades; d'autre part, la moitié des Suisses malades et harassés, une grande partie de la gendarmerie qui estoit demeurée. Monsieur advisa, tant pour ne combattre avec son désavantage que pour séjourner et rafraischir son armée, de se loger à Chinon : ce qu'il fit avec les Suisses et l'artillerie, et fit passer la gendarmerie derrière pour se rafraischir; bailla au sieur de Brissac l'Isle Bouchard pour ramasser ses compagnies, au sieur de Strosse et au sieur Sarlabous, Saumur; et pour autant que l'armée du prince d'Orange estoit entrée en France, et que l'on avoit advertissement que les ennemis avoient envie de forcer les rivières de Loyre et de Vienne, Monsieur y pourveut pour leur empescher le passage, de sorte qu'ils ne pouvoient passer, sinon du costé de Gascongne ou devers Limoges.

Mais les ennemis, qui avoient grande envie de forcer le passage de Saumur, s'estoient acheminés jusques près Touars et Montreul-Bellay, en espérance que mondict sieur romproit son armée, où ils séjournèrent longuement, et durant lequel temps se fit plusieurs entreprises, les uns sur les autres. Mesmement le sieur de Brissac et plusieurs gentilshommes de la cour deffirent deux enseignes de gens de pied, dont les drapeaux furent envoyés au roy. Le sieur de La Rivière, qui commandoit à Saumur, avoit envoyé garder une abbaye où il y avoit force bleds et vins par un capitaine avec des soldats, qui la rendirent. Le séjour des deux armées fut fort long : enfin ils délibérèrent de partir les premiers, et chercher quelques autres moyens pour leur passage, et s'acheminèrent droict devant Nyort et Sainct-Mexant (1569), en espérance de donner ordre à leurs malades, dont ils avoient grande quantité, et départir ce qui étoit nécessaire pour la garde des villes; et le surplus s'achemina du costé de Limoges, pour venir, par le bout de la rivière de Loyre, passer en Bourgongne, et aller trouver le prince d'Orange; et, pour cet effect, ils envoyèrent pour prendre quelque passage sur la rivière de Vienne, comme Confolant, qu'ils trouvèrent bien pourveu. Quoy voyant, mondict sieur marcha avec son armée aux plus grandes journées qu'il peut droict à la rivière de Creuse, et jusques à La Rocheposé; mais comme ils en furent advertis leur entreprise fut rompue. Ce qui fit que mondict sieur, encores que son armée fust fort foible, résolut par son conseil que l'on pouvoit marcher jusques à Mommorillon, attendant que les reistres qui venoient fussent arrivés, et les Provençaux qu'amenoit le comte de Tende fussent venus. Ayant donc séjourné deux jours à Mommorillon, fut mis en avant par quelques-uns si l'on devoit aller jusques à Confolant ou non. Fut remonstré par le sieur de Montreuil, qui servoit de mareschal de camp à M. de Montpensier, que ledict sieur de Montpensier y avoit esté avec son armée, et mangé tous les vivres, et qu'il n'y avoit rien deçà l'eau; que c'estoit un pays de brandes, et qu'il falloit passer de l'autre costé. Nonobstant cela, la pluspart des capitaines fut d'opinion que l'on y devoit aller. A quoy ledict sieur de Tavannes remonstra que l'armée estant ainsi affoiblie, le secour de nos reistres prest à venir dedans sept ou huict jours, qu'il n'y avoit nulle apparence d'aller à Confolant, qu'estant là à mourir de faim, l'on seroit contrainct de passer de l'autre costé pour chercher à vivre, en danger de donner la bataille avec désavantage; et puis qu'ils estoient encores réduicts entre les rivières, ne pouvant passer pour aller à leurs reistres, qu'il n'y avoit nulle apparence de rien hazarder; que si l'on voyoit qu'ils eussent passé les rivières, en danger de s'aller joindre au prince d'Orange, qu'il estoit d'advis, fort ou foible, que l'on les combatist, et que si, d'advanture, l'on passoit outre ledict Confolant, qu'il seroit le dernier, quelque foible que l'on fust, qui diroit qu'il fallust retourner, sçachant très-bien combien les retraictes sont dangereuses aux François, mesmes quand ils ont à repasser une rivière. Toutes ces raisons n'empêchèrent pas que le plus de voix ne l'emportast, estant mondict sieur jeune et courageux, et de l'humeur de ceux qui désiroient d'aller du costé des ennemis. De sorte que le lendemain l'on partit pour aller à Confolant, où, après avoir séjourné deux jours, presque toute la gendarmerie passa l'eau, pour la nécessité des vivres. Il fut tenu un conseil de ce qui estoit à faire en ce lieu-là si nécessiteux, où tous les capitaines résolurent qu'il n'en falloit point desloger jusques à ce que le secours fust venu. Ceste opinion ainsi résolue, fut envoyé le vicomte d'Ochy audict sieur de Tavannes, estant malade, pour savoir son opinion; qui respondit qu'il estoit d'advis à Mommorillon de ne point passer plus avant, mais qu'à présent il avoit bien changé, d'autant que la nécessité des vivres avoit contrainct la gendarmerie de passer de là jusques à deux ou trois lieues, et que les ennemis pouvoient venir avec l'armée assaillir cette gendarmerie, qui serait contraincte, en gardant leur bagage, revenir en désordre repasser au bout dudict Confolant, et, à nostre veue, estre deffaicts ou en perdre une grande partie sans les pouvoir secourir. Qu'il estoit d'opinion que l'on envoyast le sieur de Biron dans le pays recognoistre un logis ou deux; et cependant, s'il pouvoit trouver quelques petites villes, comme Sivray et autres, qu'il s'en saisist pour faire préparer les vivres en nous attendant : que nous devions passer la rivière avec toute l'armée, et aller prendre place sur la rivière de Charante, comme à Verteul ou Rufec, lesquelles on pourroit gaigner premier que les ennemis fussent assemblés. Ce conseil fut fort bien receu de Monsieur pour les raisons susdictes, et mesmes puis qu'il falloit aller en avant : et le lendemain, suivant ceste délibération, l'on passa la rivière, et vint-on loger en un lieu qui s'appelle Champagne, après que ledict sieur de Biron eust saisi la ville de Sivray et La Roche-Foucault, et y eust establv des commissaires pour dresser des vivres : et le jour après nous vinsmes à Verteul et Rufec, où l'on prit le chasteau, que tenoient les ennemis. Cependant le comte de Tende arrivant avec environ deux mille Provençaux, on advisa de faire quelque séjour audict Verteul en attendant le comte Ringrave et le sieur de Bassompierre, père de celuy qui est aujourd'huy dans la cour l'exemple de la politesse, aussi bien que de la valeur, lesquels amenoient deux mille reistres. Durant ce temps se firent quelques petites courses les uns contre les autres, de peu d'effect : et cependant les sieurs de Martigues, de Guyse et de Brissac trouvèrent moyen d'avoir congé de Monsieur d'aller dehors sans le sceu du sieur de Tavannes, et y mener douze cens chevaux ; et ledict sieur de Tavannes, sentant les ennemis gaillards, avec grande envie de mener les mains, dès l'heure qu'il sceut ce départ supplia Monsieur de révocquer ce congé : ce qui vint bien à propos, car l'admiral de Chastillon les attendit tout le jour en deux villages en embuscade, avec deux mille chevaux et trois ou quatre mille arquebusiers.

Durant lequel temps un capitaine de chevaux légers, nommé La Rivière, ou pour le butin, ou pour autre considération, délibéra de s'aller saisir de la maison de Jarnac, qui estoit pleine de meubles, où il y a sept grandes lieues depuis ledict Verteul, à quatre lieues de Cognac, où estoit le camp des ennemis, et entre Angoulesme et ledit Cognac : il y demeura deux jours, accompagné d'environ cinquante ou soixante chevaux ; au troisiesme, il fut assiégé sans qu'il en advertist l'armée, et ne le sceut-on que quinze jours après qu'il fut assiégé. Soudain que Monsieur en fut adverty, l'on estima qu'il estoit perdu, d'autant que ce n'est qu'une maison basse, et qu'il y avoit artillerie, et falloit un grand temps à assembler l'armée ; qu'il valloit mieux y envoyer le sieur de La Vauguion avec cinq cens chevaux pour le favoriser ; que s'il n'estoit pris, l'on le pourroit aller secourir. Ledict sieur de La Vauguion rapporta qu'il estoit pris, et toutefois il ne l'estoit pas encores à l'heure qu'il y arriva, l'ayant assez mal recogneu ; mais il estoit pris à l'heure qu'il fit son rapport : s'estant Monsieur acheminé avec l'armée jusques à Montagnac pour deux occasions ; l'une, pour le secourir s'ils ne se fussent si tost rendus ; l'autre, pour exécuter l'entreprise que le sieur de Tavannes luy avoit de longtemps préméditée, pour aller faire le tour d'Angoulesme, et prendre Chasteau-Neuf, où estoit le pont de pierre, sur la Charante, entre ledict Cognac et Angoulesme ; aussi pour estre du costé de Gascongne, et empescher le passage aux ennemis d'aller au devant de leurs reistres par le Languedoc. Mais comme l'on estoit sur le point de marcher pour exécuter ceste entreprise, survint un paysan menteur qui dit que le chasteau de Jarnac n'estoit pas encore rendu. Sur quoy Monsieur demanda conseil de ce que l'on devoit faire. Tous les capitaines, vieux et jeunes, résolurent qu'il falloit passer l'eau, encores qu'il fust près de midy, et aller du costé dudict Jarnac. Alors il vit ledict sieur de Tavannes au désespoir de voir rompre ladicte entreprise de Chasteau-Neuf, jusques là que sa juste passion luy faisoit dire qu'il s'en iroit hors du camp ; qu'il tenoit tout asseuré que le discours du paysan c'estoit une menterie, que Jarnac estoit pris ; que les ennemis faisoient courir ce faux bruit, et qu'ils pouvoient avoir entreprise ; qu'il falloit penser aux inconvéniens ordinaires d'aller sur l'entreprise de son ennemy ; enfin qu'il ne falloit point passer l'eau, en quelque façon que ce fust ; et que, dès l'heure que les reistres seroient arrivés, qui seroit le lendemain, l'on adviseroit ce que l'on auroit à faire. Sur ces entrefaictes vint nouvelles que les ennemis estoient en campagne, et qu'ils marchoient de nostre costé. Surquoy M. de Guyse et le sieur de Brissac montèrent à cheval, avec cinq ou six cens chevaux, pour les aller trouver, et les rencontrèrent au nombre de huict ou neuf cens, qui estoient venus jusques à une lieue de nostre camp. Aussitost qu'ils virent les nostres ils commencèrent de se retirer ; les nostres se mirent à les suivre. Le sieur de Brissac menoit les coureurs ; M. de Guyse et le sieur de La Valette menoient la troupe. Ledict sieur de Brissac marchoit diligemment pour aller sur la queue ; mais ils luy firent une charge, de sorte que son plus beau fut de se retirer droict à sa troupe. L'admiral estoit à une lieue de là pour les soustenir avec autres deux mille chevaux ; et cette grosse cavalcade qu'ils faisoient tendoit à deux fins : l'une pour attirer quelque troupe au secours de Jarnac, sur le bruict qu'ils avoient fait courir par la voye d'une damoiselle catholique, qui avoit envoyé un homme, de la part d'un sien parent qui estoit dans Jarnac, dire qu'ils tiendroient ce jour-là et encores le lendemain jusques à dix heures ; l'autre fut pour nous attirer sur main droicte de la Charante, où n'ayant point de pont pour nous de ce costé-là, ils peussent passer du costé de Gascongne ou de Limoges, et nous devancer de plus de quatre journées pour aller vers leurs reistres avant que nous les eussions sceu r'atteindre.

Le lendemain que nos reistres furent arrivés, Monsieur partit pour poursuivre l'entreprise de Chasteau-Neuf, et y arriva en deux grandes traictes, qu'il fit avec diligence; mais il ne sceut tant se haster, que les ennemis, qui avoient eu advis que nostre armée passoit à Montignac, n'eussent já passé l'eau à Cognac, et ne se fussent acheminés, partie jusques à Barbesieux, pour prendre le chemin de leurs reistres; mais, estans advertis de nostre arrivée, en toute diligence se retirèrent à Cognac. Monsieur arriva à Chasteau-Neuf, et, en le faisant recognoistre pour y mettre l'artillerie, un Escossois, qui avoit esté archer de la garde, capitaine du chasteau, avec quelque nombre de soldats, se rendirent dès le soir mesme. Et le lendemain, dès la poincte du jour, le sieur de Tavannes alla ordonner pour refaire une arche du pont qui estoit rompue. L'arche fut refaicte en deux heures par les charpentiers que le sieur de La Bordaisière y mit; et fit soudain mettre des pionniers pour faire un ravelin, afin de garder le bout du pont de l'autre costé. Cela exécuté, il fut mis une enseigne pour la garde, et le sieur de Tavannes fit trouver certains grands bateaux que les ennemis avoient mis à fonds, et ordonna à un bourgeois de la ville, nommé Tesseron, d'assembler les pescheurs de la ville, et lever ces grands bateaux de dessous l'eau, pour s'en pouvoir aider quand l'occasion viendroit. Ce mesme soir Monsieur délibéra d'aller avec toute l'armée, et laisser le bagage à Chasteau-Neuf, jusques près de Cognac, où estoit celle des ennemis, tant pour voir leur contenance que pour essayer si l'occasion se présentait d'en tirer advantage; mais ayant attaqué quelques escarmouches seulement devant la ville de Cognac, tant s'en fallut que les ennemis sortissent en gros, que l'on apperceut toute leur armée qui passoit de l'autre costé de la rivière, du costé de Chasteau-Neuf : c'estoit sur les quatre heures après midy. Quoy voyant Monsieur, encores que le pont de Chasteau-Neuf fust fortifié, il ne laissa pas de retourner tout d'une traicte coucher audit Chasteau-Neuf, et ayant l'armée fait huit lieues, il fut deux heures de nuict avant que l'on y arrivast. Les ennemis demeurèrent de l'autre costé de la rivière à Jarnac, qui est à deux lieues de Chasteau-Neuf. Le sieur de Tavannes avoit souventesfois prédit à Monsieur que la gloire des armes feroit venir au combat ses ennemis. Il croyoit alors qu'ils entreprendroient, ou de venir faire quelque bravade, et se présenter de l'autre costé de l'eau, ou bien quelque stratagème pour couvrir l'autre chemin, que pouvoit prendre partie de leurs forces pour passer et repasser à Montagnac les rivières de Vienne et de Creuse, lesquelles estoient lors gayables, pour s'en aller par le Berry trouver leurs reistres; et, pour autant qu'il n'y avoit que le pont de la ville, où il estoit impossible de passer toute l'armée, le sieur de Tavannes se leva avant le jour, et fit appeler le comte de Gayasse; et eux deux seuls allèrent recognoistre le lieu où l'on pourroit faire un pont de bateaux des pescheurs, avec lesquels, d'autant que la rivière estoit trop large pour le faire par des bateaux, nous avions sondé les endroicts où l'eau estoit la plus basse pour y pouvoir faire des tréteaux, à fin de croistre le pont et satisfaire aux bateaux, qui n'estoient suffisans pour la largeur. Ceste délibération ainsi arrestée, le sieur de Tavannes commit ceste charge au comte de Gayasse d'aller prendre des charpentiers vers le sieur de La Bordaisière, grand-maistre de l'artillerie, et faire tenir tout le bois prest ce jour-là en un lieu loin de la rivière pour n'estre descouvert, afin que, la nuict venue et la garde assise, l'on peust faire le pont pour passer. Ce qui fut exécuté, et y fit travailler le maistre de l'artillerie luy-mesme en grande diligence; ayant le sieur de Tavannes fait entendre à Monsieur, qui lors estoit au conseil, l'ordre qui y avoit esté mis, il en demeura fort content. Sur l'après-dînée, l'armée des ennemis commença à paroistre de l'autre costé de l'eau, et enfin marcha toute leur cavallerie sur le haut de la montagne, de l'autre costé du pont. Sur quoy Monsieur fit sortir, tant des compagnies du sieur de Strosse que du sieur de Brissac, mille ou douze cents arquebusiers qui attaquèrent l'escarmouche avec quelques-uns des seigneurs de la cour; mais cela ne dura que demy-heure, que les ennemis commencèrent à se retirer; à sçavoir une partie s'alla loger du long de l'eau, du costé de Jarnac, en un lieu nommé Bassac ; et l'autre partie, qui estoit beaucoup la plus grosse, print le chemin comme si elle eust voulu aller du costé d'Angoulesme et Montagnac ; et ne sceut-on, pour ce jour-là, descouvrir où estoit allé loger ceste grosse troupe. Le soir, la garde assise, Monsieur mit en délibération ce qui estoit à faire. Il fut incontinent résolu de faire poser le pont en toute diligence, ainsi qu'il avoit esté ordonné. Il fut aussi mis en délibération si l'on passeroit la rivière ; tous les princes et capitaines furent d'opinion qu'il falloit passer. Sur quoy il fut ordonné au sieur de Biron, mareschal de camp, qui désiroit aussi infiniment que l'on passast, que, suivant l'ordre qu'ont accoustumé les troupes en marchant, chacun se trouvast à l'heure qui seroit dicte pour éviter la foule et désordre, et que chacun passást à l'heure qui luy seroit donnée, à commencer dès la minuict. Le sieur de Tavannes estoit toutesfois d'advis qu'avant que commencer à passer, et avant la minuict, que l'on devoit recognoistre qu'estoit devenue la grosse troupe qui avoit pris le chemin de Montagnac, et que si elle avoit passé sur les ponts dudict Montagnac, et les avoit rompu après, premier que l'on sceut avoir passé l'eau, ils seroient si loing pour aller trouver leurs reistres, qu'ils ne pourroient plus estre r'atteints, encores que l'on laissast dans le logis tout le bagage et chariots des reistres, qui ne sçauroient estre passés en un jour ; et que la moindre troupe, qui estoit demeurée à Bassac du long de la rivière, pouvoit estre la garnison qui devoit demeurer en Xaintonge, laquelle se pourroit estre retirée la nuit. Il insista aussi vivement qu'il falloit laisser des troupes de gens de pied pour la garde du bagage ; et fut résolu que l'on y laisseroit six enseignes de gens de pied, et que le capitaine La Rivière iroit recognoistre qu'estoit devenue la grosse troupe des ennemis, et cependant que l'armée ne laisseroit d'estre mandée, suivant l'ordre ordonné au sieur de Biron. Sur quoy chacun se retira pour reposer une heure, en peine toutesfois pour ne sçavoir quel party avoit pris la grosse troupe des ennemis : laquelle, au bout d'un temps, fut descouverte par le capitaine La Rivière, qui en vint faire le rapport à Monsieur, estre logée à une lieue de là. Monsieur envoya aussitost vers le sieur de Tavannes pour se resjouyr avec luy de ceste bonne nouvelle. Il luy fit response qu'il avoit raison de ne pouvoir dormir de joye ; au reste qu'il espéroit avant que la journée du lendemain fust achevée luy faire advouer qu'il estoit un des plus contents princes qui se pust trouver au monde. Davantage fut donné ordre que tous les bagages qui estoient dedans la ville de Chasteau-Neuf ne bougeroient de leurs logis, et que tous ceux de reistres, de la gendarmerie, et autres, tant de pied que de cheval, n'entreroient point dedans la ville, pour n'embarrasser le chemin des ponts. Le sieur de Tavannes se trouva luy-mesme à la poincte du jour pour faire ressortir ceux qui desjà y estoient entrés, et arrester les autres, et commander que tous se mettroient sur le haut du costau en la plaine qui est auprès du chasteau, laquelle se pouvoit descouvrir dès le costé de la rivière où estoient logés les ennemis ; de sorte qu'à juger de si loing, ce bagage sembloit plutost une grande partie de l'armée que ce qu'il estoit ; chose qui servoit à couvrir le passage des gens de guerre. L'armée ne commença point à passer dès la minuict, pour autant que la gendarmerie estoit logée à deux ou trois lieues de là, ains commença à passer seulement deux heures avant jour ; et néantmoins les ponts et entrées d'iceux ayant esté achevés avec tant d'heur et en extresme diligence, l'armée passa à souhait, et sans embarrassement quelconque. Durant lequel passage messieurs de Guyse, colonel des chevaux légers, et de Martigues, qui avoient esté ordonnés d'estre tousjours à l'avant-garde, ayans fait acheminer le sieur de La Valette devant eux, celuy-ci trouva que les ennemis commençoient desjà à arriver sur le haut de la montagne ; lesquels à l'instant se retirèrent, voyant que les nostres avoient pris la place. Ils prindrent leur place de bataille à un quart de lieue de là, près du village de Bassac, où à l'instant les autres grosses troupes les vindrent trouver, et se mirent en un lieu fort avantageux et très-difficile, à cause d'un ruisseau qu'ils mirent devant eux, où il falloit aller à la file ; durant lequel temps toute nostre armée se trouva passée. Monsieur, voyant les ennemis, la fit descendre de la montagne en la plaine, et fut attaquée l'escarmouche sur le bord du ruisseau, où les ennemis furent menés de telle façon qu'ils furent contraincts de quitter le ruisseau. Ils firent retirer leurs gens de pied, les couvrant de grosses troupes de cavallerie jusques à un quart de lieue de là, sur le bord d'un estang, à un autre ruisseau devant eux. Nostre avant-garde estant passée la première, les seigneurs qui alloient les premiers, comme M. de Guyse, le sieur de Brissac et quelques autres, se hastèrent tant qu'ils arrivèrent où estoient les ennemis en désordre, mesmes les enseignes desbandées, et se mirent en un village sur le bord de la chaussée. Ce que voyant le sieur de Tavannes, qui, par le commandement de Monsieur, alloit à la teste des nostres pour voir leurs déportemens, manda à Monsieur qu'il voyoit un très-mauvais ordre à ceux qui alloient devant, et qu'il estoit très-nécessaire qu'il se hastast en toute diligence avec toute la gendarmerie pour les soustenir; autrement qu'il les voyoit en danger d'estre perdus, et luy en fit deux ou trois recharges; la dernière fust par le seigneur Marc-Anthoine, escuyer de l'escurie du roy; ce que Monsieur fit en la plus grande diligence qu'il luy fust possible. Mais cependant les nostres, s'estant desbandés et avancés, recevoient une grande charge dans le village, de sorte que la pluspart retournoient et abandonnoient le lieu presque du tout avec un grand désordre. Le sieur de Tavannes n'avoit en cet endroict amené nulle troupe, et sa compagnie estoit demeurée avec Monsieur; ce qui fut cause qu'il alla trouver le comte Ringrave avec sa troupe de reistres, et le pria de vouloir venir à la charge pour soustenir les nostres, ce qu'il fit volontiers, et les mena le sieur de Tavannes au grand trot à costé du village. Ce que voyant, les ennemis tinrent bride, et se retirèrent: chose qui vint bien à propos pour ceux qui s'estoient avec si mauvais ordre tant avancés. Là demeurèrent les troupes l'une devant l'autre, ne pouvant venir au combat que par la chaussée de l'estang, à cause du petit ruisseau qui partoit au-dessous de la chaussée et de certaines hayes. Quoy voyant, le sieur de Tavannes envoya en diligence un gentilhomme des siens, nommé Richemont, au-dessous du ruisseau recognoistre s'il y avoit moyen de passer, lequel revint soudain, et rapporta que le passage estoit facile. Toutesfois, parce que la chose importoit beaucoup, et qu'il estoit question de venir à la bataille par ce costé-là, le sieur de Tavannes pria les sieurs de Losse et de La Vauguion, et le seigneur Baillon, d'aller recognoistre si ce gentilhomme disoit vérité; lesquels soudain rapportèrent que l'on y pouvoit facilement passer. A l'instant le sieur de Tavannes envoya vers Monsieur pour le faire prendre à main droicte avec ses troupes droict au passage, et y faire acheminer l'artillerie et le reste de l'armée; et quand et quand fit marcher messieurs de Guyse et de Martigues qui estoient ressortis du village et ralliés à leurs enseignes, et le reste de l'avant-garde, droict au passage pour aller au combat; estant tousjours l'armée des ennemis en bataille de l'autre costé du ruisseau, si près, et à la veue l'un de l'autre, que l'un ne pouvoit rien faire que l'autre ne le vist.

Et comme ces troupes commencèrent de descendre le long du ruisseau, ledict sieur de Tavannes, se doutant bien que les ennemis en feroient autant, alla à la troupe du ringrave, et le pria qu'il ne suivist point l'avant-garde; mais, comme il verroit les ennemis désemparer la chaussée et le ruisseau, qu'il passast; et, comme les nostres iroient à la charge, qu'il pourroit charger lesdicts ennemis par derrière, ou à tout le moins par le flanc: ce qu'il accorda, et le mit le sieur de Tavannes au chemin, voyant que les ennemis commençoient desjà à désemparer pour aller au devant de nostre avant-garde. Ce faict, il s'en retourna soudain trouver Monsieur, qui estoit son lieu, ayant charge de combattre près de luy. Nostre avant-garde, arrivée au passage, trouva que partie de l'artillerie qui avoit pris la main droicte y estoit desjà arrivée, et néantmoins si tard qu'elle n'eust le loisir de tirer que deux coups.

Là les ennemis vindrent à la charge les premiers, où l'on vit l'admiral et d'Andelot faire mollement; car, comme ils furent à la longueur des lances, la plus grande part tourna à gauche, et celle du prince de Condé vint tout droict, et se trouva la première à la charge. Le sieur de La Valette avec sa troupe les chargea fort vivement. Messieurs de Guyse et de Martigues, estans pour le soustenir, se trouvans abandonnés de partie de leurs gens qui tournèrent le dos, et le sieur de La Valette mal soustenu, toute la charge vint tomber sur M. de Montpensier et M. le prince dauphin; lequel prince dauphin tint ferme, où Monsieur arriva avec sa troupe bien à propos; en sorte que les ennemis furent mis en route. Là fut tué le prince de Condé. On peut asseurer véritablement que les reistres qui avoient passé sur la chaussée servirent grandement, encore qu'ils allassent assez mollement; car s'ils eussent voulu ils eussent donné par le derrière au prince de Condé à l'heure qu'il marchoit droit aux nostres; et bien qu'ils tinssent bride seulement, leur présence ayda aucunement à faire fuyr les ennemis, qui s'en allèrent au grand galop; et se voulant ralier par fois, ils furent poursuivis si vivement, qu'ils n'en eurent pas le moyen ny le loisir. Or, comme ils fuyoient, et que Monsieur avec son armée les poursuivoit, les reistres qui avoient passé sur la chaussée arrivèrent, lesquels, avec le reste des nostres, poursuivirent et emportèrent la victoire trois lieues durant; et après que Monsieur eust aussi poursuivy la victoire deux grandes lieues avec ses troupes, on luy rapporta que plusieurs des ennemis, tant de pied que de cheval, avoient pris la main gauche, et s'estoient retirés dedans Jarnac. Il y alla aussitost avec l'artillerie pour attaquer ladicte ville et chasteau, laquelle il leur fit abandonner, et les força de se retirer par le pont, qu'ils rompirent après eux. Mais ils ne sceurent se sauver si promptement, estans poursuivis de si près comme ils estoient, qu'il ne fust tué là mesme une partie de leur infanterie. Et dès le soir mesme Monsieur logea audict Jarnac, tant pour rassembler son armée que pour sçavoir qu'estoient devenus l'admiral, d'Andelot son frère, et les principaux qui estoient avec eux. On luy rapporta que les nostres avoient poursuivy lesdicts admiral et d'Andelot jusques à Xainctes, qui est à huict grandes lieues du lieu où la bataille avoit esté commencée, et que bien près de ceste ville-là la cornette de l'admiral fut prise, et le sieur de Beaujeu, qui la portoit, amené prisonnier, et que l'admiral et d'Andelot, qui estoient sous la cornette, s'estoient sauvés dedans la ville. L'armée de Monsieur et celle des ennemis commencèrent de se voir, et prendre les advantages les uns sur les autres dès le dimanche matin 13 de mars 1569, au soleil levant : le combat et la poursuite des ennemis à la bataille que Monsieur gaigna, dura jusqu'à six heures du soir.

Par l'advis du sieur de Tavannes, fut envoyé au roy le sieur de Lignerolles, après la bataille de Jarnac, proposer que s'il plaisoit à Sa Majesté permettre à Monsieur laisser en Guyenne M. de Montpensier, les Suisses, gens de pied, l'artillerie et le reste de l'armée, de s'acheminer avec deux mille chevaux joindre l'armée conduicte par messieurs d'Aumale et de Nemours en Bourgongne, qu'infailliblement il contraindroit le duc des Deux-Ponts, qui menoit d'Allemagne les reistres et lansquenets des ennemis, de venir à la bataille en certains lieux audit païs, où il estoit contrainct de passer; et espéroit en obtenir la victoire; tant pour l'augmentation des forces à l'armée, que pour l'obéyssance qui y seroit mieux rendue sous un seul chef que sous lesdits sieurs d'Aumalle et de Nemours, auxquels le pouvoir estant égal, la jalousie entr'eux estoit inévitable. Le sieur de Lignerolles, ayant esté ouy en cour, y fut retenu six semaines, sans estre dépesché, et après on luy dit que sa proposition estoit bonne. Surquoy il respondit qu'elle l'avoit esté à son arrivée, mais maintenant qu'elle estoit inutile, que les reistres ennemis avoient passé la Loire à La Charité. Le retardement vint par le moyen de M. le cardinal de Lorraine, qui vouloit que ses parens demeurassent en authorité. Par là on void que l'intérest particulier marche souvent avant celuy du public: mais ceux qui ne préfèrent le bien d'un estat à leurs passions particulières ne sont point excusables.

On séjourna le lendemain de la bataille de Jarnac au mesme lieu pour refaire les ponts. Le jour après, fut advisé d'aller à Cognac, lequel n'ayant pas esté fortifié, l'on estimoit que les ennemis ne s'y arresteroient point, et que, le prenant, ce seroit tenir Angoulesme en subjection; joint que suivre plus avant les ennemis, qui estoient retirés à Xainctes, à Saint-Jean-d'Angely et à La Rochelle, ne seroit que perdre le temps, principalement n'ayant point de grosse artillerie, laquelle néantmoins avoit esté mandée plus de trois mois auparavant, pour avoir moyen de battre les places et attirer les ennemis au combat. Ainsi estans arrivés près de Cognac, l'on le fit sommer, et fit-on semblant de faire quelque approche par le parc; mais il se treuva que la pluspart de leurs gens de cheval et de pied, jusques au nombre de quatre ou cinq mille, s'estoient sauvés là dedans; et n'ayant point de pièces de batterie que quatre petits canons, ny de munitions que pour tirer deux ou trois cens coups, aussi qu'il falloit loger à descouvert par une pluye extresmement froide, Monsieur se logea à demye-lieue de là, après avoir jugé que ce seroit perdre temps de l'assaillir sans artillerie. Le lendemain, ayant entendu que les ennemis se ralloient du costé de Sainct-Jean-d'Angely, Nyort et La Rochelle, fut advisé de faire repasser l'armée à Jarnac pour les aller trouver, après toutesfois avoir séjourné deux jours, à cause des grandes traictes que l'on avoit faictes pour l'entreprise de Chasteau-Neuf, et de la bataille, et pour faire reposer nos reistres, qui ne faisoient que d'arriver, estans venus à grandes journées. On s'avança jusques auprès de Dampierre, d'autant que les ennemis s'estoient acheminés jusques vers Thonnay-Charante : et là nous fusmes advertis que, sentans nostre venue, ils avoient passé la Charante jour et nuict, et estoient allés du costé de Ponts. On nous advertit qu'ils devoient passer à la faveur du capitaine Pilles, qui estoit dans Bergerac du costé de la Guyenne, pour joindre les vicomtes, qui estoient trois ou quatre seigneurs gascons unis ensemble avec quelques troupes de gens de guerre. Quoy voyant, nous retournasmes aussitost au passage de Jarnac, n'y en ayant nul autre plus près, pour essayer de les attraper au passage de la Garonne. On envoya au devant le sieur de Martigues avec deux mille chevaux, y compris la compagnie du sieur de Tavannes, conduicte par le sieur de Tavannes son fils aisné, autheur de ces Mémoires. Il trouva que les ennemis avoient changé de dessein, et avoient ordonné seulement le comte de Montgommery avec huict cornettes pour aller à Ponts, desquelles le sieur de Martigues en deffit quatre, dont les drapeaux furent envoyés au roy. Ce faict, il vint retrouver l'armée avant qu'elle fust au passage de Jarnac. Surquoy fust advisé d'envoyer faire venir quatre petits canons à Poictiers, que le sieur du Lude amena jusques à la rivière de Boutonne, où toute l'armée les alla recevoir, et ce pour prendre (en attendant la grosse artillerie qui venoit de Paris) les petites places qui tenoient le passage de Gascongne, comme Mussidan, Aubeterre, Bergerac et autres petits chasteaux. Alors les ennemis n'avoient point de corps d'armée où l'on les eust sceu attaquer, ains tenoient tous leurs gens dedans Cognac et Xainctes, par le moyen desquelles villes et du port de Thonnay-Charante ils avoient les passages de la rivière à leur commandement; et nous ne pouvions forcer lesdictes villes, par faute de la grosse artillerie.

De sorte que Monsieur s'achemina avec l'armée à Montmoreau, tant pour empescher l'armée des vicomtes, que l'on disoit tous les jours devoir passer, que pour prendre Mussidan et autres places avec les petits canons, qui n'estoient pas de grand effect; et fut employé plus de temps à la prise de Mussidan (où le comte de Brissac, l'un des colonels de l'infanterie françoise, et le sieur de Pompadour furent tués) que l'on n'avoit espéré, d'autant que ceux qui estoient dedans estoient gens bien résolus, et la firent combattre pied à pied depuis l'avoir faict raser. On nous advertit que les vicomtes, à cause de la prise de Mussidan, qui les favorisoit, avoient résolu de ne plus passer; et, d'autre part, que les ennemis faisoient estat d'avoir rallié environ quinze cens chevaux et deux mille arquebusiers, la pluspart à cheval; lesquels ils espéroient faire passer la rivière de Loyre au dessus de Rouane, pour aller trouver le duc des Deux-Ponts, qui commençoit à sortir d'Allemagne, et y avoit desjà huict cens chevaux des ennemis dans Angoulesmes : quoy voyant Monsieur, il s'en vint avec son armée loger à Villebois pour empescher cette entreprise, en attendant tousjours la grosse artillerie, de laquelle, quelques jours après, en arriva douze canons à Tours. Cependant le duc des Deux-Ponts arriva en la comté de Bourgongne. Surquoy on manda au roy s'il luy plaisoit qu'on assaillist les places, ou bien que l'on empeschast le passage des ennemis, qui pouvoient aller passer au long de l'Auvergne, pour là joindre les vicomtes et aller droict au passage de la rivière de Loyre; lesquels vicomtes pouvoient avoir avec eux six mille arquebusiers et six cens chevaux : de manière que tous ensemble ils pouvoient estre plus de deux mille chevaux et huict mille hommes de pied, et leurs places très-bien garnies ; remonstrant à Sa Majesté que nous ne pouvions assaillir les places, et empescher de passer les ennemis. Surquoy Sa Majesté manda que l'on empeschast sur tout le passage des ennemis, sans s'amuser aux places, comme chose plus importante, et que cependant le duc des Deux-Ponts seroit fort bien empesché de delà. L'on sçait assez en quel estat ils estoient réduicts, leurs hommes desseichés de faim et accablés de maladies, leurs villes toutes en un coup comme assiégées, et en grande nécessité.

On avoit laissé les forces du sieur du Lude du costé de Poictiers pour empescher la récolte, et Monsieur estoit de l'autre costé quand les nouvelles vindrent que le duc des Deux-Ponts avoit desjà passé la Bourgongne. Alors avec raison, Monsieur, pour n'estre forcé de combattre à si grand désavantage, fut contrainct de prendre party et s'approcher de la rivière de Vienne, mesme attendu que l'armée du duc, ayant forcé La Charité, venoit la première, estant arrivée au Blanc en Berry. M. d'Aumalle l'advertit, et le supplia de prendre garde à soy : ce qui fit cheminer l'armée entre Sevilly et Le Blanc. Et depuis, l'armée de M. d'Aumalle s'estant approchée, fut advisé de se joindre, non toutesfois sans grande crainte que ceux de son armée, desjà désobéissans, et qui avoient commencé de l'abandonner, ne continuassent, et ne servissent de mauvais exemple à l'armée de Monsieur : et depuis s'estre joincts à demy, et, par manière de dire, en poste en la présence de la royne mère, l'on entra dans le pays stérile du Limousin, sans avoir le temps d'y dresser nul magasin; par lequel pays les ennemis, qui avoient auparavant séjourné, marchoient à grandes journées ; et on les vint joindre à La Souterranne, où, par l'excuse que trouvèrent nos reistres sur les vivres, l'on ne les peut combattre, et on marcha avec la faim, jour et nuict, jusques au Petit-Limoges, où ils furent encore r'atteints ; et firent les reistres le mesme refus, par ce, disoient-ils, que leur bagage, qui ne les avoit peu suivre, estoit encore esloigné d'eux : de sorte que les ennemis passèrent la rivière de Vienne, où l'armée du duc des Deux-Ponts les vint joindre.

Quand l'armée de Monsieur eut passé Limoges, les capitaines furent d'advis de suivre les ennemis le plus diligemment que faire se pourroit, et demandèrent de porter avec eux du pain pour un jour, afin que, s'ils trouvoient les ennemis en lieu si avantageux que promptement l'on les peust combattre, ils eussent quelque temps pour en chercher les moyens; ou bien, s'ils faisoient quelques traictes, ils eussent moyens de les suivre, et oster l'occasion et excuse aux reistres de demeurer derrière, ou ne vouloir point combattre. Mais il ne fut possible d'en estre secourus, encores que, outre les commissaires ordinaires des vivres, plusieurs autres de la suitte de la royne mère s'en meslassent.

Enfin l'armée passa la rivière pour aller trouver les ennemis; et le jour mesme, ceste désobéyssance, desjà commencée en Bourgongne en l'armée de M. d'Aumalle, vint à continuer, de sorte que son lieutenant partit, et toute sa compagnie se desbanda, fors huict ou dix gens d'armes ; et infinis autres, tant de l'une que de l'autre armée, à leur exemple, s'en allèrent sans congé, et sans avoir esgard que nous allions pour donner la bataille ; ny à la présence de la royne, qui estoit encore à Limoges ; et depuis par ce mauvais exemple les nostres continuèrent à s'en aller, avec plus d'occasion toutesfois, pour avoir campé près d'un an entier, non qu'il y eust excuse qui valust ny pour l'un ny pour l'autre. Quoy voyant, Monsieur délibéra, avant qu'il y eust plus grande diminution, d'aller retrouver les ennemis, encore qu'il n'y eust aucuns vivres, principalement parce que nous estions contraincts de marcher sur leurs pas, et aux piteuses traces du feu qu'ils mettoient partout où ils passoient.

Monsieur donc vint loger à La Rochelabeille, à une lieue de Sainct-Juiez, où ils estoient en un lieu fort advantageux, et nous pareillement, pour avoir une vallée et un marais à la teste de nostre armée. Là fut délibéré ce qui seroit à faire. Quelques-uns furent d'opinion que l'on devoit passer la vallée qui estoit entre les deux camps deux heures devant jour, afin de prévenir et prendre la place avant que les ennemis s'en saisissent : chose qui ne fut point exécutée, pour les difficultés qui s'y trouvèrent. Les ennemis vindrent prendre la mesme place le matin, où partie de nostre arquebuserie, pour estre logés auprès du valon, au lieu de se rendre en leur place de bataille, sans commandement, ny sans considérer qu'ils ne pouvoient estre secourus de gens de cheval, allèrent passer la vallée du costé des ennemis pendant que l'armée se mettoit en bataille ; et, non contens de ce, allèrent par dedans le bois de fustaye monter sur le haut du costau, et là attachèrent l'escarmouche, où une troupe de leur cavalerie fit une charge. Là le sieur colonel Strosse et quelques capitaines et soldats furent prisonniers, et partie d'iceux tués.

Il s'en ensuivit ce que plusieurs seigneurs et gentilshommes pourront tesmoigner, lesquels s'y trouvèrent aussi sans commandement, et ne soustindrent la charge ; ce qui donna courage aux ennemis d'exécuter leur dessein. Monsieur y avoit envoyé pour les retirer ; pendant lequel temps il envoya le sieur de Tavannes devers les Italiens, qui estoient logés à l'un des bouts du camp, en un petit village, sur l'advenue par où les ennemis pouvoient venir ; en faisant toutesfois un grand tour. Il trouva que les Italiens s'estoient mis en bataille, à sçavoir leurs gens de cheval dedans le camp, et leurs gens de pied dehors le village entre deux : de sorte que les gens de pied et de cheval ne se pouvoient secourir l'un l'autre, à cause des marests, sinon à travers le village par un seul lieu bien fort estroit, l'arquebuserie séparée en un certain bois de haute futaye qui estoit plus avant. Surquoy fut remonstré par le sieur de Tavannes au sieur comte de Sainctefiour, qui commandoit aux troupes italiennes envoyées par le pape, qu'il estoit raisonnable que les gens de pied repassassent dans le camp afin de pouvoir combattre avec l'armée et leurs gens de cheval. Ledict sieur comte respondit qu'il luy sembloit n'estre pas fort honneste d'abandonner le logis, mesme que son bagage estoit encores dedans. A quoy fut reparty par ledit sieur de Tavannes que le logis ne luy estoit donné que pour sa commodité, et non pour y combattre ; que le lieu pour combattre estoit avec les autres batailles, et que, sauf son meilleur advis, il luy sembloit que son bagage devoit aller trouver le bagage de l'armée ; que le bataillon des gens de pied devoit passer du costé des gens de cheval ; que néantmoins il pourroit laisser quelque arquebuserie pour deffendre le village le plus longuement que faire se pourroit, lequel toutesfois ne pouvoit estre tenu à cause d'une montagne fort près de là qui luy estoit à cavalier. Chose à quoy ledit sieur comte s'accorda très-volontiers ; et, avec prompte diligence, fit repasser ses gens de pied du costé du camp, où estoient ses gens de cheval, et de là en avant se logea dans le camp à la campagne, au lieu qui fut advisé sur l'heure, tousjours néantmoins sur la seule advenue, ainsi que luy, comme personnage de valeur, le désiroit. Et pource qu'aucuns ont voulu dire que le camp estoit fort débile et mal à l'advantage, il se trouvera, par le dire de ceux qui s'y entendent, qu'il n'en estoit point en quelque part que ce fust de plus advantageux, comme l'on esprouva après que les batailles furent rangées ainsi qu'elles devoient estre.

Le lendemain, les ennemis partirent de leurs logis, et firent une grande traicte de six lieues du costé de Périgueux, lequel avoit esté fort bien pourveu, non toutesfois sans grande difficulté. Et après, Monsieur estant contrainct par famine et nécessité de prendre la main gauche, et aussi pour favoriser plus facilement le pays de Périgueux, l'armée vint à Lessac. Les ennemis trouvèrent le Périgueux si bien pourveu, qu'ils prindrent la main droicte, et depuis, tout à un coup, tournèrent droict à Chabanay, Confolant et le Dorat, qui estoit tourner la teste devers le Berry ou Touraine. Ce qui fit croire à Monsieur qu'ils voulussent aller gaigner Tours, ou autres villes qui sont sur la rivière de Loyre, combien qu'il n'en pouvoit advenir inconvénient, ayant commandé à M. du Lude, dès l'heure que les ennemis approcheroient de la Creuse, faire approcher le maistre de camp Onous avec quinze enseignes pour se jetter dans Tours quand il verroit l'occasion. D'autre part, il despescha le maistre de camp de l'Isle et les enseignes italiennes du duc de Somme, pour y aller et pourvoir à Loches en passant ; et de là, considérant que nos gens d'armes avoient tousjours continué de s'en aller, de sorte qu'il n'y en avoit presque plus, fut advisé de retourner par auprès de Limoges, gaigner le devant de Tours. Quoy faisant, les ennemis tournèrent tout court droict à Luzignan avec l'artillerie qu'ils avoient amenée d'Angoulesme. Ceste place se rendit en quatre jours. Celui qui estoit dedans, où le sieur du Lude, en eust peu rendre raison, luy ayant esté laissé trente enseignes de gens de pied et sept compagnies de gens d'armes, pour la garde seulement dudict Luzignan et de Poictiers, sans comprendre les compagnies qui gardoient les rivières de Vienne et Loyre, jusques à Saumur. Et pour ce que ces forces-là estoient trop puissantes pour garder seulement deux places, ains estoient bastantes pour tenir les ennemis serrés dans leurs places, et empescher la récolte, afin que quand l'armée des ennemis seroit passée en Guyenne, où du costé de la France, ils se joignissent avec les forces du sieur de Montluc, et se missent en campagne ainsi qu'il leur avoit esté commandé, afin d'essayer de reprendre quelques villes de la conqueste des ennemis, avec l'artillerie qui estoit à Poictiers; toutesfois le sieur du Lude avoit commandement exprès, mesme par le sieur d'Argence, qui luy apporta la parole, de ne sortir point et de n'assaillir rien avec l'artillerie que les ennemis ne fussent esloignés, comme dit est, et qu'ils ne peussent retourner à luy. Mais Monsieur sceut incontinent qu'il estoit devant Nyort, et l'advertit par quatre messagers de suite qu'il eust à prendre garde à soy, et se retirast avec l'artillerie : ce qu'il fit; mais ce fut si tard qu'il en laissa une partie à Saint-Mexant, et l'autre à Luzignan, et partie de ses forces demeurèrent à Saint-Mexant. Or, quelle raison peut-il alléguer d'estre sorty, et pourquoy il ne mit plus de gens dans Luzignan, et quel obstacle il eust, ensemble les autres gouverneurs, de ne fortifier les villes de Poictiers, Limoges, Périgueux, Libórne et Saumur, chose qui leur avoit esté commandée par infinies et réitérées fois, et envoyé ingénieux et pouvoir d'employer les forces et moyens du pays pour cet effet? Or, estant Monsieur acheminé pour venir gaigner Loches, M. de Guyse demanda plusieurs fois congé d'aller à la guerre. Ce qui luy fut refusé, mesme en la présence de M. d'Aumalle, tant à cause du peu de gens de cheval françois que nous avions, dont on ne pouvoit desgarnir le camp, que pour le respect de sa personne; mais enfin il pressa tellement, qu'il dit tout haut que le roy luy avoit donné la charge de colonel général des chevaux légers, et qu'il falloit qu'il fust indigne de sa charge s'il ne la faisoit. De sorte que Monsieur, quoy qu'à son grand regret, luy accorda son congé pour aller à la guerre, entre le camp des ennemis et le nostre seulement. Et toutesfois la première nouvelle qu'il en eust, fut qu'il s'estoit allé jetter dans Poictiers avec ce qu'il avoit emmené. Ce qu'ayant sceu, les ennemis, qui estoient encore à Luzignan pour surprendre ledict sieur de Guyse, où pour attirer nostre armée sans gens d'armes à la bataille pour l'aller secourir, l'allèrent assiéger à Poictiers : et l'on estime que sa présence y servit beaucoup, combien que le sieur du Lude avoit tousjours mandé que l'on s'asseurast de la place sans demander nostre secours.

Au commencement de l'automne, en l'année 1569, le siège de la ville de Poictiers continuant, et l'armée de M. le duc d'Anjou estant inférieure en nombre de cavalerie et de gens de pied à celle des ennemis, à cause de la gendarmerie licenciée avec congé ou autrement, ne pouvant secourir la ville, qui estoit en péril d'estre prise à faute de vivres et autres manquemens, le sieur de Tavannes conseilla de faire une diversion qui la rendit entièrement libre, qui fut telle : la ville de Chastelleraut, à quatre lieues des ennemis, fut investie par les forces de Monsieur. Le lendemain qu'elles en estoient approchées, la batterie faicte le matin, l'assaut se donna à midy, où la résistance fut telle qu'il fallut s'en retirer avec perte. Après cela on tint conseil de ce qui estoit à faire : quelques capitaines estoient d'advis que Monsieur séjournast un jour ou deux, à fin de faire cognoistre aux ennemis qu'on ne les redoutoit point. Le sieur de Tavannes, tout au contraire, dit que les ennemis estoient advertis du siège de la ville de Chastelleraut, où ils présumoient qu'on fust engagé, ayant tout ce jour-là ouy tirer l'artillerie; qu'infailliblement estans supérieurs en forces, ils viendroient à nous, tant pour secourir la ville que pour tenter un combat avec apparence d'en avoir la victoire; que le dessein qui avoit esté faict sur

Chastelleraut n'estoit que pour faire lever le siége de Poictiers et y faire entrer des vivres; ce qui empescheroit les ennemis d'y retourner; qu'il falloit que l'armée partist promptement et se retirast au port de Pilles, delà la rivière de Creuse, et deçà laisser deux mille arquebusiers dans le bourg, qui empescheroient, avec retranchement, l'advenue et passage des ennemis, et que celuy qui avoit le profit de la guerre en avoit l'honneur. Ce conseil fut receu et exécuté si à poinct, qu'il en advint ainsi qu'il avoit proposé, la ville de Poictiers demeurant par ce moyen desgagée. Les ennemis arrivèrent le soir mesmes proche le port de Pilles, où ils furent bien receus, et repoussés de l'infanterie qui les attendoit. Et le lendemain, furent faicts plusieurs retranchemens aux quays de la rivière pour empescher les ennemis de passer. Le séjour faict au port de Pilles donna commodité d'attendre plusieurs compagnies d'ordonnance, qui vindrent là trouver Monsieur; et son armée se renforça depuis, qui luy donna subject d'aller chercher les ennemis à Moncontour, où se donna la bataille à l'advantage de l'armée du roy, où le sieur de Tavannes remporta la gloire d'avoir mis l'ordre qui la rendit victorieuse, assisté la personne de M. le duc d'Anjou, et d'avoir généreusement combattu : ce fut le troisiesme jour d'octobre 1569. Les histoires qui ont devancé ces Mémoires n'en ont rien oublié, ny des succès de l'armée depuis son partement du port de Pilles, ensemble du siége et prise de Sainct-Jean-d'Angely, où le roy Charles neufiesme se trouva en personne.

L'année 1570, après que l'armée du roy, conduicte par le mareschal de Cossé, et celle des ennemis, par les princes de Navarre et de Condé et l'admiral de Chastillon, eurent passé en Bourgongne, où le sieur de Vantoux, de la maison de Saulx, commandoit en l'absence du sieur de Tavannes son parent, il y mit si bon ordre que les ennemis ne peurent prendre aucunes petites villes : aussi n'avoient-ils aucunes pièces de batterie, ains avoient perdu une partie de leurs gens à une charge faicte par le sieur de La Valette, à la veüe des deux armées, proche Arnay-le-Duc. Peu après, l'édict du roy pour la paix avec eux fut publié à Sainct-Germain-en-Laye (1571). Ce fut alors que le sieur de Tavannes, lors mareschal de France, et depuis gouverneur de Provence et admiral des mers de Levant, mit par escrit et donna au roy plusieurs mémoires et advis concernans le bien du royaume, manutention de la personne de Sa Majesté et de son estat, pleins de conseils utiles et maximes salutaires, qui se verront à la fin du présent livre, en termes sérieux, avec quelques autres advis dudit sieur de Tavannes, de pareil stile, faicts l'année 1572, concernant mesme subject, et discourant contre l'opinion de ceux qui persuadent la guerre de Flandre. La postérité jugera par tel ouvrage quel estoit l'ouvrier, lequel on a voulu blasmer d'avoir esté un des autheurs des exécutions faictes la mesme année 1572 contre les huguenots. Un seul exemple dissipera ce faux bruit, qui est le doux traictement qu'au commencement des guerres civiles il leur fit à Dijon, lors qu'ils y avoient commencé de prendre les armes : ils en furent quities pour un bannissement de la ville. Bien mit-il par escrit, après ces exécutions (voyant le roy résolu de faire la guerre et attaquer La Rochelle), les moyens comme il s'y falloit comporter, contenus au discours que j'ay jugé devoir estre adjousté aux susdicts advis.

Le mesme mareschal de Tavannes ne fut point au siége de La Rochelle; une violente maladie l'arresta en chemin, et l'osta du monde en l'aage de soixante et trois ans. Sa présence y eust sans doute apporté une heureuse issue, selon le jugement des plus advisés. Il laissa Guillaume de Saulx, sieur de Tavannes, son fils aisné, autheur de ces mémoires, lieutenant du roy en Bourgongne en l'absence de M. le duc de Mayenne et du sieur comte de Charny; qui pendant ce temps rompit plusieurs entreprises faictes sur les villes du païs par les ennemis, mesmement sur Mascon et la citadelle de Chaalon, où il fit prendre en sa présence le lieutenant de la garnison y estant prisonnier, et mener à Dijon. Le tombeau qu'il fit dresser au sieur mareschal de Tavannes son père, doit, par les mérites d'un personnage si signalé, avoir lieu dans ces mémoires, comme ses rares vertus l'ont eu dans les histoires qui racontent les guerres de son temps. Il est de la teneur qui suit :

A LA MÉMOIRE DE GASPARD DE SAULX,
SIEUR DE TAVANNES,
MARESCHAL DE FRANCE, GOUVERNEUR DE PROVENCE,
ADMIRAL DES MERS DU LEVANT,
QUI MOURUT LE XIX JUIN M. D. LXXIII.

D'hardiesse, d'assaut, de conseil, de vaillance
Je deffis, je prins, j'aiday, je regagnai,
Charles-Quint, un millord, Henry, le Dauphiné,
A Renty, à Calais, aux guerres, à Vallence.

Cinquiesme mareschal, premier je fus en France.
Admiral de Levant, j'ay aux mers commandé;
J'ay, lieutenant de roy, la Bourgongne gardée;
J'ay pour luy-mesme esté gouverneur de Provence.
En soixante-trois ans qu'au monde j'ay vescu,
Je n'ay rien, fors la mort, trouvé qui ait vaincu
Ma puissance, mon bras, mon bon-heur, ma prouesse;
Dont mon corps, mon esprit et mon renom aussi,
Vieil, heureux, immortel, gist, revit, court sans cesse
Au tombeau, dans les cieux, par tout ce monde icy.

LIVRE SECOND.

Sur la fin de l'année 1573, le roy Charles neufiesme, après le départ de M. le duc d'Anjou son frère, qui alloit en Poulogne prendre la couronne de ce royaume-là, donna charge à deux gentilshommes de qualité, en chacune province de son royaume, de visiter les villes et bourgs d'icelles, pour s'informer de ce qui estoit nécessaire au bien de son estat et de ses sujets, et des oppressions qu'ils recevoient, afin d'y pourvoir et y mettre un bon ordre, par l'advis de messeigneurs les princes de son sang et de messieurs de son conseil, en l'assemblée que pour ce suject il vouloit faire à Sainct-Germain-en-Laye. A quoy estant satisfaict, Guillaume de Saulx, sieur de Tavannes (1574), le mareschal de Tavannes son père estant lors décédé, fut employé pour la Bourgongne, où il estoit lieutenant de Sa Majesté en l'absence de M. le duc de Mayenne et du comte de Charny.

Après s'estre employé sincèrement à la visite des villes et bourgs de son gouvernement, il fut à la cour faire son rapport au roy et à l'assemblée de ce qu'il y avoit appris, et proféra, en la présence de Sa Majesté et de ceste assemblée, le discours suivant, que l'on trouva fort libre, en ce qu'il demanda la tenue des estats-généraux libres, ce qu'aucun des autres députés n'osa entamer. Ceste franchise fut très-agréable à aucuns de ladicte assemblée, des principaux et mieux affectionnés au public, comme ils le tesmoignèrent à l'issue d'icelle par les louanges qu'ils luy donnèrent. Ledict sieur de Tavannes estoit pour lors aagé de dix-neuf ans. Ce discours doncques estoit tel :

« Sire, par le commandement exprès de Vostre Majesté, j'ay veu et visité les villes qui sont en cinq bailliages du gouvernement de Bourgongne, délaissant les autres à la charge du sieur de Missery, auquel vous avez addressé pareille commission ; et me suis essayé satisfaire à vostre intention avec toute la fidélité et diligence que l'on pourroit désirer en un très-affectionné subject de ceste couronne ; n'ayant jamais rien eu de si cher, dès lors qu'il vous pleust m'honorer des charges que je tiens, sinon de faire en sorte qu'exécutant vos commandemens, je fusse recogneu de vous et d'un chacun pour très-humble asseuré serviteur de Vostre Majesté.

» J'ay dressé des mémoires qui contiennent particulièrement ce que j'ay veu, appris et entendu en chacun lieu, après m'estre secrettement et doucement informé des ecclésiastiques, principaux habitans des villes, mieux affectionnés à vostre service et à la conservation du repos public, des maires et échevins des lieux, de vos officiers establis pour rendre la justice, et des autres officiers commis au maniement de vos finances. Tous d'une mesme voix prient Dieu pour vostre prospérité, vous recognoissant, d'une sincère obéyssance, pour leur prince naturel, veulent toute leur vie vous révérer et honorer comme l'image de Dieu vivant; et néantmoins ils ont jetté quelques plaintes et doléances entre mes mains, qu'ils vous supplient très-humblement recevoir, bien asseurés, comme ils disent, que si elles viennent jusques à vos oreilles leur mal sera du tout guéry, du moins de beaucoup allégé et amoindry.

» Les ecclésiastiques se plaignent, non tous en général, mais aucuns d'entre eux, du trouble et empeschement qui leur est faict en la jouissance de leurs bénéfices. Pour ce regard les évesques ou leurs vicaires ont dressé des procès-verbaux pour estre présentés à Vostre Majesté.

» Le peuple se plainct que, pour raison de ceste non jouyssance, les services accoustumés d'estre faits à l'honneur et louange de Dieu ne sont point continués en plusieurs endroits, que la vie et les mœurs des ecclésiastiques ne sont point remplies de saincteté et religion, pour leur servir d'exemple; mais plustost qu'ils sont addonnés à tous vices; qu'entre eux s'exercent publiquement un trafic et commerce de bénéfices, comme si, avec la corruption des mœurs, telle marchandise estoit approuvée et rendue licite.

» Avec mesme volonté ils regrettent de ce qu'ils voyent bien souvent la place des magistrats estre occupée par ceux qui ont plus de deniers pour les acheter, et non par personnes capables, suffisans et de bonnes mœurs, lesquels devroient estre recherchés et tirés de leurs maisons pour estre employés au service du public. Adjoustent encore que le grand nombre desdits officiers retourne à leur foule et oppression, en ce que la justice leur est plus chèrement vendue, et que, par le moyen de ce qu'ils sont exempts des tailles et autres charges publiques, le reste du peuple en supporte davantage. C'est ce dernier point duquel ils se plaignent principalement, et disent que telle maladie, comme plus griefve, leur fait oublier le mal premier; que les impositions, subsides, emprunts qu'ils supportent, adjoustés à une continuelle stérilité de plusieurs années, ne leur laissent sinon l'esprit pauvre, souffreteux et misérable; lequel néantmoins ils maintiennent tousjours en vostre obéissance, et se contentent, pour s'exempter d'icelles charges, de vous apporter, non pas une volonté meschante de rébellion, qu'ils n'eurent jamais, mais, avec leurs plaintes très-humbles, leur grande pauvreté et nécessité.

» Ils se plaignent encore de la très-grande vexation qu'ils reçoivent par le passage et séjour des gens d'armes; lesquels, n'estans payés de leurs soldes, vivent aussi sans rien payer, pillent et rançonnent les pauvres villages, exercent sur eux, comme s'ils estoient ennemis, tous faits d'hostilité; et ne s'en osent plaindre, comme ils disent, de crainte que le feu mis en leurs maisons par la vengeance du soldat ou gendarme courroucé de leurs plaintes, ne leur oste ce que par le pillage ils n'auroient peu emporter. Demandent les estats-généraux libres pour mieux vous informer de leur mal, lequel vous estant cognu, ils s'asseurent de vostre clémence que le remède salutaire y sera apporté. Auxquels, pour appaiser aucunement leurs doléances, j'ay faict entendre que la corruption des mœurs qui estoit en la justice, le deffaut de piété et de saincteté qu'ils reprenoient justement ès ecclésiastiques, provenoient plustost de l'injure et misère des siècles passés que par vostre dissimulation; que n'aviez jamais rien tant désiré, sinon que ces deux fermes colonnes et appuys de vostre couronne, la piété et la justice, fussent maintenus en leurs entiers.

» Au regard des tailles et impositions, qu'ils devoient, comme bons, loyaux et fidèles subjects, considérer les charges que vous avez trouvé venant à la couronne; que depuis elles estoient accrues et augmentées à l'occasion des troubles qui avoyent apporté infinies despenses; que n'aviez espargné aucun soin et diligence, non pas mesme vostre propre patrimoine, pour les faire vivre en repos, et appaiser les dissensions civiles; aussi qu'il estoit raisonnable qu'eux, qui ressentoient le profit de cette tranquillité publique, fussent rendus participans des charges qui en provenoient; que c'estoit le devoir des bons et affectionnés subjects de départir libéralement toutes aydes à leur prince, duquel ils reçoivent asseurée protection et bon traitement; adjoustant avec plus ample discours remonstrances particulières à chacune de leurs doléances, selon que je les ay redigées par escrit aux mémoires que je vous présente. Quand il vous plaira me le commander, j'adjousteray autres choses qui regardent le gouvernement de Bourgongne, et le devoir de la charge que j'y tiens pour vostre service. »

Les résolutions prises en telles occurrences apportèrent quelque fruict, mais non tel qu'eust esté à désirer. L'intention de Sa Majesté d'assembler les estats-généraux, et par leur advis pourvoir raisonnablement aux affaires du royaume, ne fut suivie d'aucun effect. La mort le prévint : ce qui obligea M. le duc d'Anjou, estant lors roy de Poulogne, de venir prendre la couronne en France en l'an 1574, et le nom de Henry troisiesme, où ses subjects catholiques l'attendoient en intention de luy rendre toute obéissance. La reyne sa mère, Catherine de Médicis, osta généreusement en son absence toutes les difficultés qui pouvoient nuire à son establissement. Le bon ordre que le comte de Charny, grand-escuyer de France, et le sieur de Tavannes, fils aisné du mareschal, mirent au duché de Bourgongne, assistés de la noblesse du païs, y retint chacun en son devoir, au grand contentement de Sa Majesté, ainsi qu'elle leur tesmoigna près Montmélian en Savoye, où ils allèrent, avec partie de la noblesse de Bourgongne ; recevoir ses commandemens, et l'accompagnèrent passant par ceste province-là à son retour de Provence.

La guerre des religieux prétendus continuant en France, ils y firent venir en septembre 1575 deux mille reistres du costé de Champagne, qui furent deffaits à Dormans par l'armée du roy, qui estoit de quinze cens chevaux, commandés par M. le duc de Guyse, assisté de M. de Mayenne son frère, et du sieur de Biron le père. Les sieurs de Tavannes l'aisné, et le vicomte son frère, furent des premiers à ceste charge avec leurs compagnies de gensd'armes, lesquels, par le bon ordre qu'avoit mis ledict sieur de Biron, qui les y fit aller, portèrent coup à la victoire.

L'année 1576, en janvier, le duc de Casimir, avec six mille reistres, vint sous la conduicte de M. le prince de Condé passer en Bourgongne, sans s'arrester à la ville de Chastillon, où le sieur de Tavannes s'estoit acheminé avec sa compagnie de gensd'armes, et six compagnies de gens de pied du régiment de Piedmont, commandé par le sieur d'Autefort, pour la garder ; ainsi il passa du costé de Langre, et alla séjourner huict jours près de Dijon, où le comte de Charny et le sieur de Tavannes, avec leurs compagnies et plusieurs gentilshommes du païs, luy firent teste, faisant ledict sieur de Tavannes plusieurs sorties. Il mit bon ordre aux villes du long de la rivière de Saone, où il fut envoyé avec cent cinquante chevaux, compris sa compagnie de gensd'armes, faisant acheminer le sieur de Chevrière, père du sieur de Sainct-Chaumont son lieutenant, à la ville de Mascon pour y commander, et le sieur de Trémont à celle de Tournus ; et quant à luy, il alla à la ville de Chaalons. Ainsi les reistres n'eussent pris aucunes places en Bourgongne, si ceux de la ville de Nuis eussent voulu prendre garnison. Ils la refusèrent ; et, peu après, se voyans assiégés, la batterie commencée, et quelque commencement de bresche faicte, ils se rendirent, et, en ce faisant, apportèrent la commodité des vivres aux ennemis, qui en estoient en nécessité ; lesquels allèrent joindre M. d'Alençon, frère du roy, plus avant que Moulins.

Ce prince, sous prétexte du bien public, et néanmoins pour augmenter son apanage de la duché d'Anjou, qui depuis luy fut accordée, avoit pris les armes à l'exemple du duc de Guyenne, frère du roy Louys unziesme, sans considérer que ce que l'on obtient du souverain par violence, et non par amitié et service, n'est pas souvent de longue durée ; ayant faict mesme faute en Flandre, où, sous prétexte d'ayder ceux qui l'avoient faict duc de Braban, il voulut oster l'entière liberté aux habitans d'Anvers, et se voulut saisir de leur ville : lesquels non-seulement l'en chassèrent, mais aussi de tout le païs. Les desseins bastis sur le fondement de la vertu prospèrent et réussissent ; les mauvaises intentions sont suivies de malheur, et n'ont jamais bonne issue : les histoires sont pleines de tels exemples.

La prospérité du duc de Valentinois, fils du pape Alexandre sixiesme, en Italie, a faict trouver sa cheute plus misérable, et recognoistre que Dieu exerce ses jugemens sur les méchans. Celuy-cy par perfidie avoit ruiné plusieurs hommes, et par perfidie il fut luy-mesme ruiné, estant mené prisonnier en Espagne par le commandement de Gonsalve, vice-roy de Naples, sans avoir esgard à l'asseurance et sauf-conduict qu'il luy avoit donné, disant qu'en cela il n'estoit point authorisé de son prince.

M. le duc de Mayenne suivoit les ennemis

avec l'armée de Sa Majesté : le sieur de Tavannes estoit près de luy avec sa compagnie de gensd'armes et les forces de Bourgongne qu'il y avoit mené; il se logea à Moulins. La paix fut faicte ceste mesme année; les reistres furent renvoyés, M. d'Alençon obtint pour son apanage les duchés d'Anjou et de Berry, et l'armée sous sa charge par commandement du roy.

Après la tenue des estats-généraux à Blois l'an 1576, furent assiégées et prises les villes de la Charité et Issoire (1577). En ceste ville-cy, la valeur du vicomte de Tavannes se fit remarquer à l'assaut. Il se logea avec sa troupe entre la muraille de la ville et le retranchement du dedans, où, nonobstant qu'il fust blessé de plusieurs arquebusades, il demeura assez long-temps : il y perdit quelques gentilshommes, entre autres le sieur de Trotedan son parent, jeune homme fort valeureux, qui estoit allé des premiers à l'assaut, dont il mourut tost après en estre de retour. Cet effort ayda grandement à faire rendre la ville. En ce temps M. de Mayenne prit la ville de Brouage.

Es années 1578 et 1579, l'armée du roy, conduicte par ledict sieur de Mayenne, fit deux voyages en Dauphiné. Au premier, les villes de Gap et La Meure furent prises; en ceste-cy, qui fut forcée, le sieur vicomte de Tavannes se logea, avec le régiment de Livarot, à un assaut sur un bastion de la citadelle, avec cinquante hommes de sa compagnie de gensd'armes, et y tint ferme jusqu'au changement des gardes qu'autres y furent logés; et depuis fut au ravitaillement de Talard avec trois cens chevaux. Au second voyage, le sieur de Tavannes, son frère aisné, y mena sa compagnie d'ordonnance, et s'y rendirent toutes les places du Dauphiné à l'obéissance du roy. L'année après, ledict sieur de Tavannes, avec sa compagnie de gensd'armes, ayant esté ordonné pour la garde de la reyne régnante, Louyse de Lorraine, qui estoit aux bains à Bourbon, fut commandé d'aller au devant du roy jusques à Nevers, qui s'y acheminoit, et de conduire avec luy sa compagnie et celle du sieur de Ruffec; la sienne estoit lors composée de quatre-vingts maistres de la ville de Nevers. Sa Majesté l'envoya avec les mesmes troupes et trois cens arquebusiers de ses gardes, commandées par le capitaine Bus, charger le régiment du sieur de Montfort, où il y avoit douze cens hommes du costé de Sainct-Florentin, proche les sieurs de La Ferté-Imbaut et Beaujeu, qui pouvoient lors assembler deux cens chevaux en trois jours : ils dépendoient, avec ledict régiment, de M. le duc d'Anjou, frère du roy.

Ledict sieur de Tavannes prévint par sa diligence le secours qu'eust peu avoir ce régiment, et le deffit ès environs de Sainct-Florentin, l'ayant chargé dans un village où il se deffendit quelque temps; enfin il fut forcé, et le sieur de Tavannes fit exécuter à mort par le prévost huict ou dix des prisonniers les plus malfaicteurs : aucuns d'eux avoient bruslé quelques villages, et faict plusieurs grandes exactions. Le roy eut grand contentement de cest exploict, et de ce que ledict sieur de Tavannes luy dict que, nonobstant que ce régiment fust employé par M. le duc d'Anjou son frère, il le chargeroit, puisqu'il en avoit commandement de Sa Majesté, et que, où il y alloit de son service, il n'y avoit prince en France qu'il voulust espargner : luy baillant sa commission pour estre assisté de la noblesse et de ceux des villes et lieux où il passeroit. Le sujet de ce qui en advint fut qu'un nommé de La Porte, de Mascon, capitaine de l'une des compagnies de ce régiment arrivé à Cosne, les mareschaux des logis du roy y estans, s'enquéroit quel train Sa Majesté menoit quant et luy, et portoit lettres au sieur comte Charny de M. d'Anjou, pour faire hyverner ledit régiment en Bourgongne, attendant le printemps pour l'employer à faire la guerre en Flandre. Aussi les troupes dudict régiment faisoient plusieurs ravages, mesmement en la présence de M. le duc de Nevers, dans un village, comme il s'acheminoit pour aller recevoir Sa Majesté à ladicte ville de Nevers, et marchoient sans commission du roy.

L'an 1581, le sieur de Peuguillard par commandement du roy s'achemina, avec quatorze compagnies de gens d'armes, sur la frontière de Picardie, pour s'opposer aux desseins que pourroient avoir les Espagnols en France, sous le prétexte de la guerre que leur faisoit en Flandre M. d'Anjou, lequel renvitailla lors la ville de Cambray, avec plusieurs troupes, et entr'autres celles du sieur de Tavannes que le même sieur de Tavannes avoit conduictes près le sieur de Peuguillard. Le succès de ces guerres de Flandre réussit après que M. d'Anjou eust esté mis hors d'Anvers, comme a esté dit cy-dessus. Il mourut l'an 1582. Sa mort fit une grande explanade aux desseins dès long-temps projettés par messieurs de Guyse, de chercher l'establissment de leur grandeur sur les événemens de ce temps-là ; comme plusieurs ont voulu maintenir par raisons apparentes que c'a esté leur but, et que leurs effets l'ont depuis témoigné ; ce qui néantmoins ne leur a pas réussi, la noblesse françoise, par l'assistance donnée au roy Henry troisiesme et à leur roy Henry quatriesme, l'ayant généreusement empesché ; partie de laquelle toutesfois a été assez mal recognue : mais Sa Majesté estoit excusable à cause de ses grandes affaires.

Les hommes généreux se glissent facilement à l'ambition ; les entreprises hautes, soyent-elles justes ou non, leur plaisent, et souvent ils sont si peu fournis de prudence, que, voulant franchir tel précipice, ils y demeurent au milieu. Les uns en eschappent à demy froissés, les autres succombent et s'y perdent du tout. Exemple qui nous apprend de ne nous fier point entièrement en nos forces. L'équité doit premièrement marcher après l'authorité du magistrat. La rébellion d'un sujet envers son prince se peut rapporter à ce que nous disons péchés envers Dieu, puisqu'elle procède de la désobéissance, que Dieu deffend. Aussi sa justice divine les punit en temps et lieu rigoureusement. Un hardy et insolent entrepreneur n'emporte aucune louange, quand mesme ses desseins réussiroient heureusement pour luy, ce qui arrive fort rarement, car les meschans projets sont périssables. Il faut donc pour bien réussir suivre les bons desseins, lesquels toutesfois n'arrivent pas tousjours au but désiré, Dieu se réservant la disposition du succès des choses humaines, afin que nous ne nous en glorifions point, et pour nous faire cognoistre nostre foiblesse. Si est-ce pourtant qu'ils réussissent plus souvent que les méchans, par la faveur que le ciel leur accorde.

Mais ces véritables maximes et ces salutaires discours n'entrèrent point dans les esprits de messieurs de Guyse ; car, au mois de mars 1585, ils se plaignent que les princes, vieux seigneurs et capitaines, sont reculés de la cour, du moins du cabinet du roy, l'entrée duquel n'est que pour les sieurs d'Espernon et de Joyeuse, qu'on a eslevés jusques à les faire ducs et pairs, jeunes gentilshommes qui par leur bas aage ne pouvoient avoir acquis grand mérite, comme les vieux seigneurs. De plus, ils disent qu'il faut descharger le peuple ; et néanmoins peu après ils luy mirent eux-mesmes sur les espaules des fardeaux si pesants qu'il en fut accablé. Ne parlent aucunement de la religion, comme ils firent long-temps après avoir commencé la guerre. Font courir un sourd bruit qu'on les vouloit mettre au chasteau de la Bastille à Paris, prennent les armes. M. le duc de Guyse se saisit de la ville de Chaalons en Champagne ; M. le duc de Mayenne, de celle de Dijon et du chasteau d'icelle, après avoir débauché la fidélité du sieur Drée, lieutenant, qui commandoit dedans en l'absence du sieur de Tavannes, auquel Drée il donna mille escus, de deux mille qu'il luy avoit promis.

Ceste mauvaise practique arriva par l'infidélité de Pélissier, qui gagna les affections d'un plus grand que luy qui n'estoit pas pour lors en bonne intelligence avec ledit sieur de Tavannes ; et mesme Pélissier, qui commandoit comme lieutenant dans la ville et chasteau d'Auxonne, les rendit lors au party du duc de Mayenne. Ledict sieur de Tavannes s'en sentoit tant offensé, qu'il fut du dedans entièrement contre ledict duc de Mayenne, et fit entendre ses déportemens au roy Henry troisième à Paris, huict jours après la prise du chasteau de Dijon ; asseurant aussi Sa Majesté que le sieur comte de Charny (lequel avant son partement il visita en la ville de Chaalons-sur-Saone, pour le reconfirmer en la bonne résolution qu'il avoit prise de servir fidèlement Sa Majesté) faisoit bien son devoir en ces occurrences, et que ceux de la ville luy estoient fidèles, ensemble les habitans de Beaune. Ces derniers, aucunement esbranlés par les continuelles menées qu'on faisoit avec eux, furent raffermis par ledict sieur de Tavannes, qui les asseura d'estre de retour de la cour dans dix jours, avec ample pouvoir du roy pour les assister. Ils luy promirent aussi avec ceste condition qu'ils le recevroient pour leur commander, et luy rendroient toute obéissance. Et de faict il leur en porta à un jour nommé un si ample en lettres patentes, que par iceluy son authorité estoit entièrement establie en Bourgongne, et celle du duc de Mayenne anéantie ; et deffences aux Bourguignons de luy obéir : ces lettres estoient du unziesme avril 1585.

L'histoire peut remarquer que le sieur de Tavannes, entre autres discours qu'il fit au roy, en présence de son conseil, pour son service, remonstra que ses forces estoient composées de gens d'ordonnance et gens de pied entretenus, desquels il se pourroit long-temps servir à la campagne ; que celles des ennemis n'estoient que de volontaires, et qu'infailliblement ils n'y demeureroient pas un mois ; qu'il les falloit publier criminels de lèze-majesté, et confisquer leurs biens, s'ils ne se retiroient dans trois semaines en leurs maisons. Si cest advis eust esté suivy, c'eust esté la ruine entière des ennemis, qui eussent esté abandonnés incontinent ; et en mesme temps il leur falloit faire la guerre fermement, et les punir de leurs premières rébellions, et non pas faire l'accord de Nemours, qui ne fit que les faire reculer pour mieux franchir leur saut, et leur donner les moyens de faire le mal qu'ils firent depuis.

Or ledict sieur de Tavannes ayant esté receu dans la ville de Beaune, où il logea après sa compagnie d'hommes d'armes et cinquante hommes de pied pour sa garde, avec plusieurs gentilshommes volontaires qui le vindrent là trouver, il fit enregistrer son pouvoir au bailliage de ladicte ville, l'ayant fait publier en la chambre d'icelle, en présence de la plus grande partie des habitans, auxquels il fit publiquement un discours de messieurs de Guyse et de leurs adhérans : que leur intention et déportements estoient, sous beaux prétextes, de diviser l'estat de France, comme l'Italie l'a esté depuis les empereurs romains ; que c'estoit la ruine des peuples, et que les petits princes nécessiteux et foibles, pour conserver leur authorité, estoient contraints d'user de rapines et tailles excessives sur leurs subjects, et se servir d'autres moyens illicites. L'exemple en estoit fort apparent aux princes d'Italie. Leur remonstra qu'il n'y avoit rien de si utile, seur et honorable à ceux du royaume de France, que de vivre sous un grand roy comme estoit Sa Majesté ; que la noblesse estoit disposée à employer ses biens et sa vie pour le maintenir en sa grandeur, et ses subjects en leurs biens et privilèges, contre lesdicts sieurs de Guyse. Après avoir adjousté plusieurs autres choses sur ce subject, ledict sieur de Tavannes prit le serment des habitans de la ville de Beaune de demeurer fermes au service du roi, et ne recognoistre plus le duc de Mayenne pour gouverneur du duché de Bourgongne.

Il logea aux fauxbourgs d'icelle deux cens arquebusiers sous la charge du baron de Chigy, et envoya le baron de Lux commander à la ville de Seurre, avec le pouvoir qu'il luy avoit fait bailler estant à la cour, d'où il l'avoit ramené avec luy. Ce fait, il commença à s'opposer au duc de Mayenne ; et, pour contenter les habitans de Beaune et se fortifier, il leur permit de lever à leurs frais une compagnie de cent hommes, sous la charge du sieur Massot, un de leurs citoyens : à quoy ils furent d'autant plus excités qu'ils voyoient que ledict sieur de Tavannes entretenoit les gens de guerre en ladicte ville à ses propres despens ; ce qu'il continua l'espace de deux mois, et jusques à ce qu'il alla trouver le roy. Il fit aussi entretenir au sieur de Sainct-Riran, gouverneur au chasteau et ville de Beaune, pendant ce temps-là, cent hommes. Et, parce qu'un nommé Simon, avec plusieurs habitans de ladicte ville, faisoient souvent des assemblées aux Jacobins pour exciter quelques troubles et séditions, il le mande, ensemble ses complices, chacun en particulier ; exhorta les uns, menaça les autres, à ce qu'ils eussent à se déporter de leurs entreprises. Ils cessèrent leurs assemblées, mais non pas leurs mauvais desseins ; car ils persuadèrent après cela un cordelier qui preschoit ordinairement en caresme en l'hospital de Beaune, où chacun alloit ouïr ses sermons, de recommander par belles paroles, avec dextérité et artifice néantmoins, la cause de messieurs de Guyse, qu'il appeloit Princes Catholiques, nonobstant que le sieur de Tavannes fust ordinairement à sa prédication : lequel manda incontinent ce cordelier à la maison de la ville, et, en présence du sieur de Sainct-Riran, et des magistrats et eschevins d'icelle, luy remonstra le mal qui pouvoit arriver de la sédition qu'il vouloit exciter, et partant qu'il estoit punissable ; qu'on luy pardonnoit, à la charge de se contenir comme il devoit, et ne prescher plus contre le service du roy et repos de la ville : les eschevins et magistrats luy en parlèrent aussi dignement.

Ce coup estant rompu, le mesme Simon et ses complices en vouloient obliquement faire un autre : à sçavoir que le chapitre général des cordeliers, où ils se fussent trouvés plus de cinq ou six cens hommes, se tinst à Beaune. Ils en demandèrent permission au sieur de Tavannes, qui leur refusa, ne pouvant souffrir que, sous le prétexte d'une assemblée religieuse, on fist des monopoles profanes et séditieux.

Au mois de may de ceste année 1585, le duc de Mayenne, sous prétexte de son voyage de Dijon à la ville de Mascon, qui estoit lors de son party, par le moyen du sieur de Crusile, frère du sieur de Senecey, qui s'en estoit mis, ensemble la citadelle, vouloit en passant occuper la ville de Beaune, et, pour y parvenir, envoya vers les habitans d'icelle le baron du Brouillars, que le sieur de Tavannes laissa parler à eux à part en son absence, afin de monstrer aux habitans qu'il n'avoit deffiance de leur fidélité au roy. Ce baron leur fit deux propositions de la part du duc de Mayenne, à sçavoir qu'ils eussent à mettre promptement le sieur de Tavannes et ses gens hors de leur ville, et recevoir M. de Mayenne avec ses troupes allant à Mascon, ou autrement qu'il les iroit assiéger avec vingt pièces de canon. Les habitans ayant communiqué au sieur de Tavannes le discours *brouillé* de *du Brouillars*, s'assemblèrent en leur chambre de ville, et après firent réponse au duc de Mayenne qu'ils recognoissoient le sieur de Tavannes pour lieutenant du roy, que son pouvoir estoit reconfirmé par patentes de Sa Majesté, et enregistré en leur bailliage ; qu'ils n'attenteroient point aucunement à le mettre hors de leur ville, mais qu'ils lui rendroient toute sorte d'obéissance pour le service de Sa Majesté, sans y espargner leurs biens ny leur sang ; que quant à la réception du duc de Mayenne en leur ville, qu'ils ne le vouloient point recevoir, que le roy leur avoit deffendu de ne le plus recognoistre pour gouverneur du pays ; que s'il n'avoit assez de vingt pièces d'artillerie pour les venir assiéger, qu'il en amenast trente s'il vouloit ; qu'avec l'aide de Dieu, et l'assistance du sieur de Tavannes, ils se sçauroient bien conserver.

Peu de temps après, le duc de Mayenne passa allant à Mascon, et, en retournant, vint près de Beaune, à la portée du canon, avec ses forces, lesquelles il fit à diverses fois approcher de la ville sous la conduicte du sieur de Sacremore, qui commandoit lors à deux ou trois mille harquebusiers ; et on eut advis qu'il se vouloit saisir de l'église de la Magdelaine, qui estoit aux fauxbourgs, forte et bien voustée, sur laquelle il eust peu loger des pièces d'artillerie qui eussent commandé en courtine à la ville et au chasteau, qui en estoient près : et, en ce faisant, il vouloit desloger le baron de Chigy, qui estoit avec deux cens hommes de pied auxdicts fauxbourgs. A ceste occasion, par advis dudict sieur de Tavannes, des gentilshommes de son conseil, et des principaux habitans de la ville, après en avoir communiqué au sieur comte de Charny, qui estoit à Chaalons, elle fut mise sur pilotis, avec résolution, si Sacremore s'en approchoit, de la porter par terre : ce qui fut faict depuis la dernière fois qu'il en avoit esté près. Ceste église servoit aussi d'eschelle aux ennemis, d'où ils pouvoient, par le moyen d'aucuns séditieux qui estoient dans la ville, traitter de s'en emparer ; mais il y fut sagement pourveu au contentement des habitans, quoy que ceux du fauxbourg en fussent marris : ce qui fut cause qu'on mit des troupes en la campagne, pour éviter l'empeschement qu'ils y vouloient apporter. Le sieur de Tavannes fit aussi démolir les maisons qui touchoient par le dedans de la ville à la muraille d'icelle, et fit remparer la plus grande partie de ladicte muraille, y faisant travailler tous les jours une personne de chacune maison de la ville : fit aussi travailler ès ravelins qui estoient ès portes.

Ainsi toutes choses estans en bon ordre en ladicte ville, et le mareschal d'Aumont arrivé à Rouane avec huict mille Suisses pour le service du roy, qui s'acheminoient à Blois, et, selon le commandement de Sa Majesté, les forces des provinces près lesquelles ils passoient se joignoient à eux. Le sieur de Tavannes, ayant laissé les places munies de garnisons nécessaires, alla à Rouane joindre les Suisses avec sa compagnie d'hommes d'armes composée de quatre-vingt-dix maistres, et un régiment de six cens harquebusiers, en quatre compagnies de gens de pied. Le sieur de Joyeuse avec trois cens chevaux les vint aussi joindre sur le chemin, et quelques troupes de M. le duc de Montpensier. Le sieur de Cornusson, passant près Bourges, chargea avec sa compagnie de cavalerie celles du baron de Vatan, du party de messieurs de Guyse, qu'il deffit, et le prit prisonnier. Les troupes du sieur de La Chastre, commandant pour le mesme party à Bourges et en Berry, chargèrent aussi la compagnie de gensd'armes du sieur de Cousant dans le logis, et emmenèrent le sieur de Montessu Soran son enseigne, et quatre hommes d'armes prisonniers avec grande diligence, parce qu'ils furent suivis du sieur de Tavannes et de sa troupe de cavalerie une lieue entière, et jusques à ce qu'ils eussent passé une rivière : sans lui ils eussent exécuté un plus grand effect.

Les Suisses, avec les sieurs de Joyeuse et d'Aumont, ensemble leurs troupes de cavalerie et gens de pied, estans arrivés à Blois pour se joindre au premier jour à l'armée du roy vers Estampes, la paix fut faite par la royne mère à Nemours avec messieurs de Guyse ; et, incontinent après, l'édict d'union fut publié en la présence du roy au palais à Paris, et la guerre déclarée au roy de Navarre, et à ceux qui se disoient de la religion réformée, qu'on appelloit huguenots. Cette guerre fut faite depuis en Guyenne par l'armée du roy, sous le duc de Mayenne, avec peu d'effect, et après par le duc de Joyeuse, ayant mesme authorité. Beau prétexte pour messieurs de Guyse, afin de couvrir leurs desseins et arriver à leur but, attirans les peuples par apparences de religion : et, parce qu'ils estoient lors foibles ; ils avoient du temps pour se renforcer, et attendre la commodité de faire leurs coups. C'estoit assez, comme ils disoient, d'avoir formé un party.

Si le roy, suivant l'advis que luy avoit donné le sieur de Tavannes, eust à ce commencement employé ses forces contre eux, qui n'en avoient autres que quatre mille Suisses sous le colonel Pheiffer, et quelques gens ramassés en petit nombre, n'estant en tout, y compris les Suisses, la sixiesme partie des forces du roy, il les eust battus et confisqué leurs biens, et eust mis son royaume en repos, et empesché les maux qui y advindrent depuis, qui l'ont porté à la perte de sa vie et de son estat. Le malheur advint pour la Bourgongne qu'en suivant ceste paix, non seulement le chasteau de Dijon, qu'avoit pris le duc de Mayenne, luy demeura, mais aussi le chasteau de Beaune, que ledict sieur de Tavannes avoit bien faict conserver pendant la guerre : ce qui fut au regret des habitans de ladicte ville de Beaune, qui avoient faict ce qui estoit de leur devoir envers Sa Majesté.

Au mois de janvier 1586, la cérémonie des chevaliers de l'ordre du Sainct-Esprit tenue aux Augustins de Paris, le roy honora de cet ordre quelques gentilshommes de qualité qui, dès long-temps et en ces dernières occurences, luy avoient rendu plusieurs bons services, et entre autres le sieur de Tavannes.

Advint incontinent après, un accident qui fut tel : le vicomte de Tavannes perdit lors le gouvernement du chasteau et de la ville d'Auxonne par le moyen des habitans d'icelle, lesquels, marris d'avoir esté portés par luy au party du duc de Mayenne contre leur volonté, se saisirent de sa personne comme il estoit à la messe en l'église paroissiale, et luy firent rendre par force ledict chasteau, après avoir à leur dévotion attiré un soldat qui estoit dedans : ils y mirent pour quelque temps aucuns de leurs principaux habitans, et après le sieur de Pleuvaut-Rochefort, qui avoit esté de leur menée, et en avoit conféré au baron de Lux, qui sçavoit bien que le sieur vicomte de Tavannes estoit mal avec le sieur de Tavannes son frère, lequel désiroit que la ville d'Auxonne fust mise en d'autres mains qu'en celles dudict sieur vicomte, qui dépendoit du duc de Mayenne : c'est ce qui leur donna la hardiesse de faire leur entreprise.

Le malheur advint lors pour la Bourgongne, que le gouvernement de Provence ayant esté mis ès mains du sieur d'Espernon par le roy, pour appaiser messieurs de Guyse, qui en crioient assez haut, Sa Majesté leur octroya celuy de la ville et chasteau d'Auxonne, que ledict de Pleuvaut, qui estoit d'accord avec eux, leur livra, le duc de Guyse estant ès portes avec quelques forces ; et par cest accord, l'abbaye de Vezelay fut baillée audict Pleuvaut-Rochefort par le président Jannin, qui la possédoit, lequel en eut récompense du pays. Le duc de Guyse mit le baron de Senecey gouverneur en la ville et chasteau d'Auxonne, de laquelle le vicomte de Tavannes estoit sorty et mis hors de la prison, où il avoit esté détenu par les habitans quatre mois avant. Le récit de sa liberté est tel : le sieur de Tavannes, son frère aisné, ayant receu lettres de luy, par lesquelles il le prioit d'aller à la cour, et s'employer pour sa délivrance, ledict sieur de Tavannes y alla, et obtint lettres du roy par l'ayde de madame la mareschalle de Tavannes leur mère, qu'apporta un exempt des gardes, pour changer à sondict frère la prison de la ville d'Auxonne, et le mener au chasteau de Pagny, sous la garde du sieur comte de Charny. Ledict exempt, afin de le sortir plus librement de ladicte ville, ayant dit aux habitans qu'il auroit la teste coupée à Paris, ledict sieur vicomte fut mené audict Pagny, où ledict sieur comte ne le vouloit recevoir, mais le renvoyer à Auxonne, où lesdits habitans l'avoient voulu tuer deux ou trois fois, sans les prières dudict sieur de Tavannes, lequel, incontinent après, alla trouver Sa Majesté pour obtenir la délivrance dudict sieur vicomte. Le roy avoit fait partir le sieur de Richelieu, grand-prévost, avec cent chevaux pour le mener à la Bastille à Paris. De quoy estant adverty par ledict sieur de Tavannes son frère, auquel il avoit mandé qu'il avoit moyen de sortir de prison s'il avoit advis de ce dessein, se fit descendre par son homme de chambre avec des cordes, depuis le dessus du logis de Pagny, dans le fossé, pendant que ses gardes desjeunoient; et ayant passé la muraille du parc, trouva un cheval d'Espagne que son cousin le comte de Morevel luy avoit envoyé, et quelques gentilshommes de ses amis ensemble, avec lesquels il se retira au comté de Bourgongne : et cependant ledict sieur de Tavannes et madame la mareschale de Tavannes obtindrent des lettres d'abolition pour luy plus aisément que s'il eust esté prisonnier.

L'an 1586, le vicomte de Tavannes, estant soupçonné d'avoir faict avec aucuns de la ville de Dijon dessein sur la personne du duc de Mayenne, fut par le commandement d'iceluy pris au village de Tanlay, lors qu'il s'en alloit à Paris, par le capitaine Antonnet, qui conduisoit une compagnie de gens de pied. Un des gens du vicomte, nommé Argenton, en advertit au même jour le sieur de Tavannes son frère, qui estoit en l'une de ses maisons à Corcelles, près de la ville de Semur en Auxois, à dix lieues dudict Tanlay, et luy dit que ce capitaine Antonnet conduisoit sondict frère avec vingt chevaux pour le mettre prisonnier au chasteau de Dijon, et qu'il estoit monté sur le cheval d'Espagne qu'il luy avoit osté avec son équipage. Le sieur de Tavannes partit incontinent avec dix hommes de cheval bien armés, et alla toute la nuict en résolution de charger à l'improviste cet Antonnet (certain que celuy qui en use ainsi a un grand avantage sur son ennemy), afin de délivrer son frère, et de s'adresser au chef pour plus facilement deffaire sa troupe. Il fit alte pour cet effet en un petit village proche le val de Suson, à trois lieues de Dijon, environ une heure de jour. Tandis qu'il estoit là, il vit passer deux hommes de cheval qui portoient leurs espées à la main; et se doubtant que ce fust aucuns de ceux qu'il cherchoit, il part à toute bride, si viste qu'aucuns des siens ne le peut suivre que de loin ; et ayant galoppé à la vallée du Val-de-Suson, il atteignit ces deux hommes de cheval comme ils commençoient à monter la montagne, et porta son pistolet à la teste de l'un d'eux, qui tenoit le sien en main, et le menaça de le tuer s'il ne le luy délivroit et ne se rendoit à luy, et dist son nom : ce que l'autre fit aussitost. Alors il apprit que c'estoit Antonnet qui avoit pris son frère. Celuy-là l'asseura qu'il l'avoit mis en liberté, et qu'il rendroit son équipage et cheval d'Espagne; et, pour y satisfaire, envoya celuy qui estoit avec luy à Sainct-Sène pour les rendre : et quant à luy, il alla prisonnier avec ledict sieur de Tavannes en son chasteau de Corcelles, où il demeura jusques à ce que la vérité fust sceue de ce qui s'estoit passé en la liberté de son frère, et que le duc de Mayenne lui eust escrit pour le luy envoyer. Antonnet fut pris en prenant, nonobstant que M. de Mayenne eust envoyé trente hommes de sa compagnie de gensd'armes après le sieur de Tavannes, avec charge de mener les mains basses et luy ramener le prisonnier : le bon naturel est tousjours louable. Un gentilhomme de qualité qui tire son frère hors de peine, quelque mauvaise intelligence qui soit entre eux, en a tousjours de la gloire.

En l'année 1587, l'armée des reistres, composée de six ou sept mille chevaux, et commandée par le baron d'Hone sous la charge du duc de Bouillon, vint passer en Bourgongne, près la ville de Chastillon-sur-Seine, où il y eut quelques escarmouches avec ceux que le duc de Mayenne avoit mis en ladicte ville, y ayant voulu envoyer le sieur de Tavannes pour y commander avec quatre cornettes de cavallerie, et douze cens hommes de pied; ce qu'il refusa pour la résolution prise par luy de ne plus obéir au duc de Mayenne après le mauvais office qu'il en avoit receu à la surprise du chasteau de Dijon, et duquel il se souvint si bien, qu'il fit depuis perdre audict duc de Mayenne, avec l'ayde de la noblesse et des forces du roy qui vindrent sur la fin de la guerre, la Bourgongne et les autres places qu'il y avoit, comme l'on verra à la suitte de ce traicté.

Ledict sieur de Tavannes alla trouver le roy à Gien, avec quatre-vingt-dix hommes de sa compagnie, bien armés et d'ordonnance montés : ce que Sa Majesté eut agréable, et luy fit expédier des lettres de commandement pour servir en son armée, comme il fit, s'estant mis du régiment du sieur mareschal de Biron le père, avec lequel il se trouva en plusieurs occasions qui se présentèrent ; où il demeura jusqu'à ce que l'armée des reistres fut entièrement desfaicte par Sa Majesté, laquelle suivit la victoire depuis Beaugency jusques à Moulins, son armée estant lors de quatre ou cinq mille chevaux et quantité d'infanterie. Le roy eut seul l'honneur de ceste victoire, que M. le duc de Guyse se voulut attribuer en partie, à cause d'une charge qu'il fit faire la nuict au baron d'Hosne en un bourg fermé, nommé Auneau, où il fit entrer des forces par le chasteau, où furent tués quelques reistres et du bagage pris. Le mesme duc de Guyse s'ayda depuis de cest artifice pour gaigner les Parisiens afin de les avoir à sa dévotion, et se faire recognoistre luy-mesme chef de leur ville. Son dessein réussit, mais avec telle indignation de Sa Majesté, qui en sortit alors, que ledict duc de Guyse en perdit depuis la vie. Les conseils mal mesurés ruinent les grands et accablent les petits qui sont sous leur authorité. C'est un fléau de Dieu, qui chastie par tels moyens les pécheurs pour nous enseigner que la piété doit marcher la première en tous nos desseins, et ne faut chercher et suivre ès choses humaines à se maintenir et agrandir que par la raison.

Ce coup de Paris estant depuis advenu en l'année 1588, au mois de may, le roy se retira à Rouen, où les offres de plusieurs seigneurs et gentilshommes de France et d'ailleurs luy furent faictes pour son service, contre messieurs de Guyse et leurs adhérans, et entr'autres de la part du sieur de Tavannes, qui les exécuta vivement sur la fin de la mesme année, après avoir eu advis que le duc de Guyse, continuant ses desseins, avoit esté mis à mort, par commandement de Sa Majesté, à Blois, où les estats-généraux estoient assemblés. Et parce que dès lors ledict sieur de Tavannes commença de faire la guerre en Bourgongne comme gouverneur de ceste province pour le roy, laquelle y fut valeureusement continuée plus de sept années, et jusques à ce que Sa Majesté y fut entièrement mise en son authorité, et les émotions civiles de la France du tout appaisées, j'en diray le commencement, la continuation et la fin, attribuant l'heureux succès qui en réussit à Dieu seul, à qui en estoit la conduite, et non aux forces et vertus humaines ; car plusieurs difficultés et obstacles y furent surmontés par des forces petites et foibles en leurs principes, lesquelles s'accreurent depuis, et devindrent grandes par sa diligence et bons déportemens de ceux qui y travaillèrent.

LIVRE TROISIÈME.

Le sieur de Tavannes, estant en son chasteau de Corcelles, près la ville de Semur, au bailliage d'Auxois, en Bourgnogne, eût advis certain, le premier janvier 1589, de l'exécution faicte aux estats-généraux à Blois, sur la personne du duc de Guyse, le vingt-troisiesme du mois de décembre précédent ; et après avoir eu response des sieurs de Vaugrenant, président aux requestes à Dijon, Odebert, et autres de cette ville-là, vers lesquels il envoya un gentilhomme des siens, nommé Ferry, pour disposer secrètement ceux de la ville affectionnés au roy à recevoir ledit sieur de Tavannes, et les gentilshommes qu'il y pourroit mener avec lui promptement pour bloquer le chasteau de ladicte ville de tous costés, où il n'y avoit pas vingt hommes dedans, et s'efforcer de le prendre, il monta à cheval avec quarante hommes bien armés, sur l'entrée de la nuit du 5 janvier au susdict, au chasteau de Corcelles, et arriva, luy et le baron de Couches, et autres gentilshommes, au village d'Eu, à une lieue de Dijon, sur le matin du lendemain où il eut advis par ledict de Ferry que les factieux, pour M. le duc de Mayenne, s'estoient rendus les plus forts en ladicte ville de Dijon, et tenoient les portes de la ville en leur pouvoir, résolus de n'y laisser entrer le sieur de Tavannes ny autres gentilshommes que ceux de leur party, et que le sieur de Vaugrenant, qui avoit promis se saisir d'une porte, ne le pouvoit point faire.

Ledict sieur de Tavannes, qui avoit faict ceste première pointe sans commandement de Sa Majesté, s'asseurant s'en faire advouer, veu l'estat auquel estoient les affaires, et la charge qu'il avoit de lieutenant en Bourgongne pour Sa Majesté, fut contrainct pour lors de se retirer au chasteau de Corcelles, attendant une occasion meilleure pour le service du roy et bien du pays ; laquelle il trouva par après, comme on verra par ce qui s'ensuit. S'en retournant de ceste cavalcade, il eut quelque conférence avec le président Fremiot, qu'il trouva avoir une mesme inclination que luy, au village de Pasques, trois lieues près de Dijon, et promirent se voir à Corcelles ; ce qu'ils firent incontinent après, où le sieur de Tavannes proposa qu'il estoit résolu, avec l'authorité du roy et l'assistance de ses amis, de faire la guerre pour ce sujet ; et, pour avoir raison du duc de Mayenne, qui luy avoit osté la charge du chasteau de Dijon dès l'année 1585, fut d'advis qu'il falloit aller en cour à Blois pour rapporter ample pouvoir de Sa Majesté. Le sieur président Fremiot dit qu'il avoit résolu ce voyage, et que son intention estoit conforme à ce discours.

Incontinent après, ils partirent ensemble ; et estans arrivés à Blois, où la tenue des estats-généraux se continuoit, le roy, ayant en son cabinet entendu le sieur de Tavannes, la volonté qu'il avoit de s'employer pour son service, l'eut très agréable, et luy bailla un pouvoir très-ample pour commander en Bourgongne, nonobstant qu'il en eust desjà un pour sa charge de lieutenant en ce pays-là ; luy fit distribuer plusieurs commissions pour lever des gens de guerre, et fit mettre en ses mains des patentes ; révoquant le pouvoir de gouverneur du duc de Mayenne audit pays, et le déclarant et ses adhérans criminels de lèze-majesté.

Le roy ne fit point distribuer aucuns deniers au sieur de Tavannes, qui ne laissa pour cela de suivre son entreprise. Bien luy fit cest honneur Sa Majesté de luy discourir que le duc de Guyse avoit résolu se saisir de sa personne, s'il n'eust esté prévenu par mort ; qu'il en avoit eu advis certain des parens dudict sieur de Guyse, qu'il nomma. Le sieur de Tavannes ayant eu ses despesches, et entendu les dernières harangues des estats, s'en retourna en Bourgongne, ensemble le sieur président Fremiot.

En ce temps la citadelle de la ville d'Orléans estoit tenue par les serviteurs du roy et assaillie de ceux de la ville. Le mareschal d'Aumont, avec trois ou quatre mille hommes, aydoit à la conserver; et néantmoins, sur l'advis qu'il eut de la venue du duc de Mayenne, qui n'avoit pas deux cents chevaux, sans avoir fait recognoistre ses forces, abandonna cette citadelle, et perdit quatre canons qui estoient en la place. Cest acte préjudiciable, et celuy de la bataille d'Ivry, où il se comporta valeureusement, nous font remarquer la variété des succès humains, et que les armes sont journalières.

Le duc de Mayenne ayant passé audict temps en Bourgongne, s'estoit par intelligence, pour la somme de six mille escus, selon le bruit qui en couroit alors, ou autrement, saisi de la citadelle de Chaalons sur la rivière de Saône, l'ayant surprise à ceux qui y commandoient pour le baron de Lux, qui en estoit lors gouverneur, de son consentement, ainsi qu'on disoit, et qu'il n'avoit distribué au parlement de Dijon les lettres du roy dont il estoit chargé.

Aucuns des plus advisés pourroient s'enquérir par quelle industrie le sieur de Tavannes, sans deniers royaux, sans forces royales, n'ayant de Sa Majesté qu'un pouvoir en parchemin, pensoit faire la guerre en Bourgongne au duc de Mayenne, qui y tenoit toutes les villes en son obéissance, principalement celles de Dijon, Beaune et Chaalons, Auxonne, Chastillon, Mascon, Authun, par le moyen des garnisons qu'il avoit à sa dévotion ès citadelles et chasteaux, et que pour toute place n'y avoit à la dévotion de Sa Majesté que le chasteau de Corcelles, près Semur, en l'Auxois, appartenant audit sieur de Tavannes : certainement ceste entreprise estoit non-seulement téméraire, mais très-périlleuse audit sieur de Tavannes, qui avec icelle se mettoit en hasard de la perte de tout son bien assis en ladicte province, et de la ruine de sa famille : ce qu'il discouroit assez en soy-même ; mais ayant considéré qu'où le péril est grand la gloire en est plus grande, la justice de la cause d'assister son roy contre les rebelles, l'authorité de Sa Majesté recognue, avec la bienveillance des gentilshommes et habitans de ceste province-là, tant en la personne du feu mareschal de Tavannes son père qu'en la sienne, l'intelligence qu'il avoit en la ville de Flavigny, en Auxois, forte d'assiette pour y faire une bonne retraicte afin d'assembler des forces et y jeter un fondement et principe du progrès de ses desseins, une partie des deniers d'une de ses terres qu'il avoit vendue estant entre ses mains; tout ce que dessus, avec l'affection qu'il avoit à la patrie, luy fit, postposant toutes difficultés, passer par-dessus ces obstacles, et se jeter en tel labyrinthe dans les destours duquel estant divinement conduit, il en sortit heureusement. La louange en soit à Dieu.

Au commencement de février, en la mesme année 1589, le sieur de Tavannes, ayant distribué quelque quantité de deniers au sieur de Blanchefort l'aisné et à des capitaines, avec quatre commissions du roy qu'il leur donna pour lever un régiment de cinq ou six cens harquebusiers hors de la Bourgongne, afin de ne descouvrir son intention qu'après s'estre saisi de la ville de Flavigny, et ayant adverty, tant par lettres de Sa Majesté, qu'il envoya, que par les siennes, plusieurs gentilshommes de la province de se préparer à s'employer à la deffence d'une si juste cause, il s'achemina secrettement en Champagne, afin de faire une conjonction des forces de ceste province-là avec celles de Bourgongne, se saisir du bourg fermé d'Issurtille, quatre lieues près la ville de Dijon, et huict lieues près la ville de Langres, de laquelle ville de Langres il prétendoit tirer quatre canons, afin que, si les serviteurs du roy de la ville de Dijon se pouvoient rendre les maistres dans la ville, il peust battre le chasteau après l'avoir bloqué dehors pour empescher tout secours.

Ainsi, estant arrivé en la ville de Chaalons en Champagne, il fit entendre ce dessein au sieur de Tinteville, lieutenant audict pays, requérant son ayde en une si juste occasion ; mais il n'en rapporta que des espérances, et qu'il falloit dépescher en cour pour avoir sur ce commandement du roy.

Le sieur de Sautour, qui avoit assemblé cent ou six-vingts chevaux, et quelques gens de pied en sa maison, dans le païs, et avoit commencé à prendre les armes pour Sa Majesté, que le sieur de Tavannes alla aussi trouver, fit la mesme response. Nonobstant ce, et l'empeschement que luy pouvoit faire le baron de Vitaux, rôdant pour le party rebelle en Bourgongne avec huict cens arquebusiers, le sieur de Tavannes résolut de commencer la guerre en ce pays-là ; et ayant mis ensemble à la fin du mois de février les six cens arquebusiers que luy amena le sieur de Blanchefort, et assemblé cinquante gentilshommes de ses amis, les principaux desquels estoient les sieurs de Lerbigny, d'Espeulle, baron de Chantal, de Pizy, qui fut après marquis de Nesle, baron de Conforgien, Chamilly, il partit de sa maison de Corcelles avec douze chevaux seulement, et s'en alla à Flavigny, où les serviteurs de Sa Majesté qu'il avoit pratiqués l'attendoient, et luy firent ouverture des portes, après qu'il eut usé de son authorité de lieutenant de roy pour lever l'empeschement qu'aucuns vouloient faire à l'ouverture d'une barrière. Le lendemain ses troupes, qui estoient à six lieues de ladicte ville de Flavigny, vindrent loger à demie lieue près, à un village nommé Allise, ancienne ville que César assiégea, et y donna une grande bataille, où il obtint la victoire contre Vercingentorix, comme se void par ses Commentaires.

En ce lieu le sieur de Tavannes deux jours après fit la revue de ses troupes, comme auparavant l'establissement des affaires du roy au mesme Flavigny. Ayant fait assembler tous les habitans, leur discourut les pernicieux desseins des rebelles, desquels il nomma les chefs, qui ne tendoient qu'à diviser l'estat pour ériger des petites principautés, à la façon d'Italie, et après charger les sujets d'insupportables imposts, et s'attribuer les biens des principaux par des moyens illicites ; que le roy estoit puissant pour résister à telles violences, et qu'ils verroient en bref la ruine de ces entrepreneurs ; qu'il mettroit, avec l'ayde de Dieu, l'authorité de Sa Majesté, le secours de la noblesse et des bons sujets du roy, en bref à néant dans la Bourgongne la puissance des rebelles; les somme de faire entre ses mains le serment de la fidélité qu'ils devoient au roy, selon la teneur des patentes de Sa Majesté, qui luy donnoient tout pouvoir en Bourgongne, et anéantissoient celuy du duc de Mayenne. Elles estoient du 24 janvier 1589. Ces habitans y obéirent après les avoir publiquement lues. Elles furent aussi publiées en parlement à Flavigny, ès bailliages de Bourgongne, et par les carrefours des villes de la province.

Peu de temps avant, par l'advis des serviteurs du roy en Bourgongne, et entr'autres du président Fremiot, fut transféré le parlement de Dijon en la ville de Flavigny, par lettres-patentes de Sa Majesté du mois de mars l'an 1589, données à Tours, et publiées en Bourgongne tost après, afin que les deux authorités principales, de lieutenant de roy portée par le sieur de Tavannes, et du parlement, estant jointes ensemble, les sujets de Sa Majesté fussent plus facilement attirés à luy rendre l'obéissance qu'ils devoient, et à assister le sieur de Tavannes pour la réduction de la province. Et, à cest exemple, le parlement de Paris fut depuis transféré par le roy à Tours.

Le sieur de Tavannes s'estant pourveu de ceste ville de Flavigny, située en pays propre pour y faire des magasins de vivres nécessaires à l'entretenement des troupes qu'il assembloit, et forte d'assiette, commode pour loger quantité de gens de guerre, tant de pied que de cheval, après y avoir mis garnison, pour ne demeurer inutile attendant que ses forces s'accreussent par ceux de la noblesse de Bourgongne, auxquels il avoit fait tenir des lettres du roy et les siennes, et des compagnies des gens de cheval et de pied qu'aucuns capitaines levoient, il s'achemina au bourg fermé d'Issurtille, situé entre Langres et Dijon, pour s'en saisir par le moyen de quelque intelligence, et y faire une conjonction des forces de Champagne et de Bourgongne, tirer artillerie, munitions de guerre de la ville de Langres, et après faire quelque dessein sur la ville de Dijon avec les serviteus du roy qui estoient dedans icelle, ou sur autres places : il mena avec luy ce qu'il avoit de cavallerie, qui n'estoit pour lors que cinquante hommes de cheval cuirassés, desquels estoient les sieurs de Lurbigny, baron de Chantal le père, le baron de Conforgien, le sieur de Pizy, depuis marquis de Nesle, et autres gentilshommes, et cent arquebusiers à pied, choisis dans ses troupes, sous la conduite du sieur de Blanchefort, maistre-de-camp, des capitaines Longueval, Argolet, Ville-France et des Fourneaux.

Mais lorsqu'il estoit au chemin du bourg d'Issurtille avec les gens de cheval et de pied que je viens de nommer, il eut advis que le sieur de Bussy, frère du marquis d'Urfé, avoit, avec un régiment de quatre cens arquebusiers, assiégé le sieur de Cressey, serviteur de Sa Majesté, en son chasteau de Cressey. Ses troupes estoient logées ès environs du chasteau, dans le village, où ils avoient fait des barricades sur les advenues. Incontinent le sieur de Tavannes se résolut de deffaire ce régiment; à quoy il parvint comme s'ensuit. En descendant d'une montagne proche du village, il vit que, passant la prairie, ce peu de forces qu'il avoit seroient recogneues des ennemis, qui leur donneroit plus de courage pour s'opposer à luy, et s'emparer du pont qui estoit au bout du village sur la rivière, où il falloit passer, à trente pas de l'une des barricades. Pour y obvier, il fit marcher ses cinquante chevaux deux à deux, et en mesme ordre quelques valets à cheval, et à costé du dernier rang les premiers des cent hommes de pied, marchant aussi deux à deux ; en sorte que les ennemis pouvoient juger que le nombre en estoit beaucoup plus grand qu'il n'estoit; et à mesme temps il s'avança et passa le pont avec ses troupes, où quelques arquebusades leur furent tirées de la barricade : et, après avoir mis ses gens de cheval en bataille, il fit attaquer le village de Cressey, sur les deux advenues où estoient les barricades, par deux troupes de gens de pied, chacune de cinquante hommes, et de deux des capitaines qu'il assistoit, estant luy-mesme auprès d'eux. Ce combat dura trois heures. A l'une des barricades les ennemis furent forcés de la quitter et se retirer dans des maisons de pierres couvertes de lave : et comme ils estoient vivement attaqués, lors qu'ils ne les pouvoient plus tenir ils y mirent le feu, et se logèrent dans d'autres. L'autre barricade fut longuement débattue : enfin, dix hommes de cheval y firent une charge à coups de pistolets et d'espées, où le sieur de Charnasson fut blessé de deux arquebusades en se retirant. Après ils commencèrent à demander capitulation ; laquelle fut telle : Qu'il seroit permis aux capitaines et soldats du régiment du sieur de Bussy prendre party pour le service du roy avec le sieur de Tavannes (et d'entr'eux, de Marnay, capitaine, avec cinquante arquebusiers, print ce party, et s'y comporta mal, comme nous dirons cy-après) ; que le sieur de Bussy et les soldats qui demeureroient avec luy ne porteroient les armes de six mois, et qu'il viendroit offrir au sieur de Tavannes les armes. Ce qu'ayant faict, il leur en fut rendu une bonne partie après que le sieur de Bussy se fust présenté au sieur de Tavannes. Tous les soldats estoient bien vestus et armés de plusieurs pertuisanes dorées, mousquets et arquebuses, ayant tenu la campagne plus de deux mois sans aucun empeschement.

Ce mesme jour, le sieur de Tavannes ayant exécuté cest effet, après avoir fait sommer le capitaine Fontette, qui estoit avec cent arquebusiers à un village demy quart de lieue de Cressey, de capituler et rendre la place, il fit response qu'il le brusleroit plustost, et soy mesme dedans, estimant qu'en une heure de jour qui restoit il ne pourroit estre forcé. Le sieur de Tavannes, ne voulant manquer à son dessein d'Issurtille, alla coucher aux faux-bourgs. Ceux du lieu ne voulurent point ouvrir leurs portes de nuict : ce qu'ils promirent faire le lendemain matin. Les gardes posées, le sieur de Cressey dégagé des ennemis qui l'avoient assiégé, ayant cinq ou six chevaux reposés, fut ordonné pour partir une heure avant jour, afin d'aller jusques auprès de Dijon, qui n'estoit qu'à quatre lieues de là, recognoistre si les ennemis avec le sieur de Fervaques, qui avoit quelque cavalerie à Dijon, estant lieutenant pour les ennemis en la province, sur les advis qu'ils pouvoient avoir eu de ce qui s'estoit passé, se mettoient en chemin, et avec quelles forces, pour, après le rapport du sieur de Cressey, adviser ce qui seroit à faire. Cependant dès le point du jour ceux d'Issurtille sont sollicités d'ouvrir leurs portes, autrement qu'ils seroient assaillis. Ils promettoient d'obéir dans quelques heures, dans lesquelles ils attendoient la venue du sieur de Fervaques, qu'ils avoient adverty secrètement. Sur les huict heures du matin, le sieur de Cressey, qui n'avoit esté à une lieu loin, revint, et fit entendre qu'il n'y avoit aucunes troupes en la campagne.

Demye heure après, comme l'on estoit à disner afin de monter incontinent à cheval, et aller loger au bourg fermé d'Issurtille, ou s'employer à le forcer, les deux troupes de cavalerie du sieur de Fervaques furent veues, avec un régiment du baron de Vitteaux, de mille arquebusiers, qui avoient passé la Saone depuis le vicomté d'Auxonne, et estoient arrivés à Dijon le jour avant à la nuict, sans que le sieur de Tavannes en eust eu aucun advis. Incontinent il envoye le baron de Conforgien avec quatre ou cinq chevaux les recognoistre, et luy, avec quarante chevaux, s'achemine en la place de bataille qu'il avoit choisie du costé de la prairie. En passant, les ennemis le voulurent charger par le flanc en un chemin étroict où il y avoit des fossés des deux costés. Ils s'avançoient à cest effet : néantmoins il eut temps, avant qu'ils fussent à luy, de s'acheminer au pas jusques à ladicte place, où estant il alla à eux. Ainsi qu'il y alloit, le baron de Conforgien se joignit à luy. A mesme temps le sieur de Fervaques, avec l'une de ses troupes de cavalerie, de soixante chevaux, ayant lances et casaques bleues, de la compagnie du sieur de Chaufourcaut, s'achemine aussi à la charge, en laquelle y eut plusieurs blessés de part et d'autre, et aucuns portés par terre, desquels fut le sieur de Cressey, qui fut fait prisonnier, et le capitaine Lestang, qui s'estoit saisi de la cornette des ennemis, et y eut peu de morts. Le champ du combat demeura au sieur de Tavannes pour un demy quart d'heure.

S'estant le reste de la cavalerie des ennemis retiré à leur seconde troupe de cavalerie, et à leurs arquebusiers et mousquetaires qui avoient commencé à tirer, s'avançant du long des murailles des vignes, estant suivy du gros de leur régiment, cela fut cause que ledict sieur de Tavannes se retira avec la moitié de sa troupe de cavalerie à un pont sur la rivière qui est à un bout de la prairie : l'autre moitié de sa cavalerie avoit desjà passé la rivière, auquel lieu le baron de Conforgien eut un bras rompu d'une arquebusade. Le cheval du sieur de Tavannes avoit eu un coup de lance dedans le flanc, qui fut cause qu'il en prit un autre audict pont.

Cependant ces cent hommes de pied, et les cinquante qui avoient avec le capitaine Marnay pris party le jour devant, demeuroient engagés au fauxbourg d'Issurtille. Il proposa s'il y auroit moyen de les tirer de là; ce qu'estant trouvé impossible, attendu le grand nombre d'infanterie des ennemis qui avoient desjà investy le fauxbourg, il leur manda qu'ils advisassent de composer au mieux qu'ils pourroient, et s'en alla coucher à Poiseux-les-Granges, à quatre lieues d'Issurtille, pour s'en retourner à Flavigny. En ce lieu de Poiseux il fit panser les blessés; il y avoit entre autres six gentilshommes qui avoient des coups de lances dans les cuisses, qu'il fit panser.

Le lendemain il s'achemina à la ville de Flavigny, où il eut advis que les sieur de Blanchefort, Longueval, les capitaines Argolet, Ville-Franche et des Fourneaux, qui commandoient les gens de pied demeurés au fauxbourg d'Issurtille, après avoir tenu tout le jour et la nuict à leurs barricades, fait plusieurs sorties, et pris des prisonniers, et le susdict capitaine Marnay, contre son serment, et une partie des siens s'estant allé meschamment rendre aux ennemis, ils avoient esté receus à composition du sieur de Fervaques, leurs équipages sauvés, et promesse de ne porter les armes de trois mois. Ils y satisfirent. Servit que le sieur de Tavannes faisoit faire levée de deux régimens de gens de pied des barons de Chantal et de Chigy, et assembler sa compagnie de gensd'armes. Tel fut le premier combat qu'eurent les chefs des deux partis en Bourgongne, celuy de la Ligue ayant toutes les villes de cette province à sa dévotion, et celuy du roy la campagne et la seule ville de Flavigny pour première conqueste, en laquelle fut envoyée une lettre de celle de Dijon, trois jours après, à Brigandet, capitaine des habitans de la ville de Flavigny, contenant qu'il n'y avoit en icelle cent hommes de pied en garnison; qu'il eust à la rendre entre leurs mains, autrement qu'ils feroient couper la teste à son fils, qu'ils retenoient. Sa response, du tout généreuse, fut qu'il auroit plus en recommandation son honneur et devoir envers son roy et sa patrie que la vie de son fils, et qu'ils n'attendissent ceste trahison et perfidie d'un si homme de bien que luy.

Incontinent après arriva le baron de Chigy avec deux cens cinquante arquebusiers, qui furent logés aux fauxbourgs de Flavigny commodément. Le duc de Nemours, arrivant à sept lieues près à la ville d'Avalon, qui alloit à Lyon, y séjourna huict jours, attendant le sieur de Fervaques avec ses forces pour favoriser son passage, estant en alarme de ce que le sieur de Tavannes avoit esté recognoistre les siennes avec quelque cavalerie. Ces troupes ennemies se logèrent en la ville de Semur à trois lieues de Flavigny, assistées des mille arquebusiers du baron de Viteaux, et allèrent du costé de Dijon.

Le sieur de Tavannes, ayant laissé garnison d'infanterie audict Flavigny, et après y avoir estably gouverneur le sieur de Chérizy, sage et valeureux gentilhomme, considérant n'estre raisonnable qu'il s'y enfermast, sa présence estant nécessaire à la campagne pour assembler les troupes qui se levoient, et aller secourir Flavigny si les ennemis y avoient dessein, ou en faire contre eux, n'ayant lors trente hommes de cheval, compris le sieur de Lurbigny et Chamilly, voulut en passant recognoistre ces troupes ennemies, et logea une nuict demye lieue près d'eux; prit son chemin par les bois du Morvan-Palmarou, et près Moulin en Gilbert, et de là en Charolois, ne voulant que les ennemis recogneussent le petit nombre d'hommes qui estoient près de luy.

En ce pays, les sieurs de La Boutière, enseigne de sa compagnie d'ordonnance, et Girot, mareschal des logis d'icelle, luy amenoient soixante hommes d'armes, et le capitaine La Beluze, cent hommes de pied de l'assemblée de ses forces, qu'on estimoit plus grandes. La ville de Bourbon-Lancy, ensemble le chasteau, importans par leur situation proche la rivière de Loyre, et propres à joindre les forces de Bourbonnois et Bourgongne, se remirent en l'obéissance du roy, sur la semonce qu'en fit de la part du sieur de Tavannes le sieur de La Nocle aux habitans, lesquels firent et signèrent le serment de fidélité à Sa Majesté. De là ledict sieur de Tavannes s'estant logé cinq lieues près la ville de Mascon pour une entreprise, en fut empesché par l'arrivée de M. de Nemours; et de là, pour ne demeurer inutile, il se résolut d'aller attaquer la ville de Semur, capitale du bailliage d'Auxois, lorsqu'il y estoit moins attendu à cause de son esloignement; recognoissant ses forces croistre de jour à autre, mesmement le baron de Chantal luy amenant une bonne troupe de soldats en son régiment d'infanterie.

En passant à Couche, il sceut que le vicomte de Tavannes, son frère, levoit une troupe de cavalerie pour aller vers le duc de Mayenne, estant logé trois lieues près de luy. Il s'achemine pour le charger; mais luy se retirant ne perdit que son bagage, parmy lequel se trouvèrent cinquante lances, armés qu'on ne pouvoit lors tirer des villes. Ledict sieur de Tavannes défit près Beaune la compagnie du capitaine Moreau, fantassins; et afin que ceux de la ville de Semur n'eussent advis pour empescher la délibération qu'il avoit de faire planter un pétard à la porte du chasteau d'icelle, qu'il avoit fait recognoistre pour s'en saisir, ayant donné rendez-vous à trois lieues près aux gens de pied qui estoient à Flavigny, il s'y trouva avec eux avant jour, ayant fait une grande traicte, et, en passant près Toisi, maison du sieur de Cipierre, le mena avec luy, lequel n'avoit que douze chevaux, et, estant gouverneur de Semur, en avoit esté chassé, ensemble des fauxbourgs, par les habitans.

A ce rendez-vous, la reveue des forces faite, où il se trouva cent hommes de cheval et sept cens harquebusiers des régimens des barons de Chantal et Chigy, et l'advis demandé par ledit sieur de Tavannes au sieur de Cipierre et autres capitaines de ce qui estoit à faire, tous ayant dit que puisque le jour estoit venu, que l'on ne pourroit pétarder les portes du chasteau de Semur, comme l'on eust peu faire la nuict, que les ennemis en auroient advis, et qu'il se falloit retirer; sur ce, le sieur de Tavannes leur dit qu'il ne falloit point rompre ceste entreprise, qu'il y avoit des moyens de l'exécuter, n'y ayans que les habitans dans la ville et chasteau de Semur; que le donjon estant au milieu des deux, où y avoit peu de soldats, l'un où l'autre pris, ils viendroient à composition; que les habitans y pourroient venir de crainte qu'on ne bruslast leurs grands fauxbourgs, où il estoit aisé se loger, et que l'on devoit s'acheminer diligemment. A quoy chacun se disposa, et furent veus, par les habitans le matin en deux gros, deux troupes de cavalerie et deux de gens de pied du sieur de Tavannes, qui, à mesme temps, les envoya sommer par un gentilhomme de se rendre sous son authorité de lieutenant de roy, et de luy obéir en le recevant en leur ville; ce faisant, qu'ils ne recevroient aucune incommodité; y manquant, les troupes iroient incontinent les assaillir; que si leurs fauxbourgs estoient bruslés, ils en seroient cause; que s'ils vouloient envoyer quelques-uns de leur ville vers luy, il leur donneroit asseurance de son dire, et pourroient venir et retourner seurement. Ils y envoyèrent, mais sans nulle résolution, disant qu'on leur donnast deux jours pour avertir le frère du président Jannin à Ragny, et leur bailly, le sieur de Ragny, qui n'estoient esloignés d'eux que de cinq ou six lieues.

Le sieur de Tavannes, ayant pris ceste responce pour refus et désobéissance, et faisant faire halte à la cavallerie, envoye l'un des régimens de gens de pied, sous la charge du baron du Chantal, en l'un des fauxbourgs, et à mesme temps il descendit de cheval, se mit avec le régiment du baron de Chigy, qu'il mena au travers des vignes dedans le grand fauxbourg, jusques à la porte du chasteau de Semur, duquel furent tirées quelques arquebusades : et là, comme l'on vouloit planter le pétard à la porte, un capitaine de gens de pied, nommé La Baume, avec quelque eschelle, et à l'ayde de ses compagnons, monta au-dessus de la porte, ce qu'appercevant Blanot, maire de Semur, qui commandoit au chasteau, jugeant, comme il se voyoit vivement assailly, soit par le pétard ou autrement, qu'il pourroit estre pris en peu d'heures, il demanda les biens et la vie sauve, et qu'il feroit ouvrir la porte : ce qui luy fut accordé. Le sieur de Cipierre, revenant de l'autre fauxbourg, trouvant que le sieur de Tavannes entroit desjà au chasteau, l'y accompagna, et, à mesme temps, par le commandement dudict sieur de Tavannes, le capitaine La Plume, commandant au donjon, luy en ouvrit la porte. Lors le sieur de Tavannes y laissa le sieur de Cipierre gouverneur avec establissement de garnison, et luy dit que les gens de pied ayant travaillé séjourneroient un jour aux fauxbourgs, qu'il fist faire le lendemain aux habitans le serment deu au roy. Et s'en alla, ce jour mesme, le sieur de Tavannes loger à une lieue de là, en son chasteau de Corcelles, et fit loger la cavallerie au village de Corcelles.

Il m'a semblé devoir rediger assez au long ce discours, tant pour le bon effect qu'apporta ceste deuxième réduction de Semur aux serviteurs du roy en Bourgongne, en laquelle ville furent depuis tenus les estats-généraux du pays et logé le parlement pendant la guerre, qu'aussi en l'histoire générale des guerres de la Ligue on n'a point fait mention de ce qui s'est passé en Bourgongne pendant icelles, que de ce qui est avenu à la fin desdictes guerres, nonobstant qu'il s'y soit exécuté plusieurs bons effects et stratagèmes dignes d'éternelle mémoire, avec les forces seules de la province de Bourgongne, sans autre ayde (que bien peu) ny autres deniers que de ceux que les mesmes forces levoient avec les armes, après que l'imposition par les esleus du pays de Bourgongne en avoit esté faite : lesquels deniers estoient distribués suivant les ordonnances du sieur de Tavannes, gouverneur audict pays. Et, néantmoins, lesdictes forces se rendirent si puissantes par la conduite du sieur de Tavannes, qu'elles tenoient le plus souvent la campagne. La juste querelle doit estre soustenue par les gens de bien : le travail, la despense, les périls supportés par ledict sieur de Tavannes, les gentilshommes et capitaines de ladicte province, et par messieurs du parlement réfugiés à Flavigny et Semur, méritent, s'ils n'ont esté recognus, au moins qu'on en aye souvenance.

Les garnisons des gens de pied establies et logées au chasteau de Semur, et la compagnie d'hommes d'armes du sieur de Cipierre en la ville, parce qu'il en estoit gouverneur, comme avoient esté celles de la ville de Flavigny auparavant, le sieur de Tavannes, ne voulant perdre aucune occasion qu'il avoit recherchée pour le service du roy et bien du pays, s'achemina avec sa cavallerie de trois ou quatre compagnies de gensd'armes, et deux régimens de gens de pied, à l'exécution qu'il avoit pratiquée par le moyen de deux habitans de la ville de Sainct-Jean-de-Laone, nommés Lecostet et Martène, pour se saisir de ladicte ville, afin d'avoir un passage sur la rivière de Saone, tant pour la commodité du passage des estrangers que Sa Majesté feroit venir en France, que pour estre à quatre lieues de Dijon, avoir moyen de fatiguer ceste grande ville, où les conseils des ennemis qu'ils appelloient d'Union se tenoient, et s'accroistre de quelques autres places.

Ces troupes estans arrivées, sur la fin de

juin de l'année 1589, au village de Brazey, proche ceste ville de Sainct-Jean-de-Laone, ledict sieur de Tavannes envoya dans ladicte ville quelques-uns de ceux qui estoient sous sa charge vers les habitans, qu'ils eussent à envoyer deux ou trois de leurs eschevins vers luy, pour leur faire entendre, comme lieutenant du roy, ce qui estoit nécessaire pour le service de Sa Majesté. Quand ils furent venus vers luy, il leur dit qu'ils eussent à le recevoir en leur ville pour le service et bien du pays. Il estoit lors avec ses troupes à demy quart de lieue d'icelle. Ils luy dirent qu'ils recognoissoient sa qualité, et le laisseroient entrer en leur ville pour luy obéir, à condition qu'il n'y menast que quinze hommes de cheval avec luy, et qu'il leur promist de ne leur bailler point de garnison; qu'ils se garderoient bien eux-mesmes, que c'estoit la charge qu'ils avoient de leurs concitoyens, le suppliant de l'avoir agréable. A quoy fut respondu par le sieur de Tavannes que puis qu'ils luy vouloient obéir, il leur promettoit de ne leur bailler point de garnison s'ils ne la demandoient eux-mesmes, et qu'il iroit vers eux avec le nombre de gens de cheval qu'ils désiroient.

Incontinent après, s'estant acheminé dans la ville en cet équipage, il trouva les rues bordées d'arquebusiers, mousquetaires et hallebardiers; et estant descendu dans son logis, s'en alla à la halle, où les officiers du bailliage, eschevins et habitans estoient, attendant ce qu'il avoit à leur dire là. Ayant fait lire les patentes du roy exautorant le pouvoir de M. le duc de Mayenne, et, le donnant au sieur de Tavannes en la province, il les exhorta à l'obéissance, leur proposant divers discours du bon succès qui leur en viendroit, et qu'en bref Sa Majesté et luy, par son commandement, réduiroient à leur devoir, avec l'aide de la noblesse, ses ennemis en ceste province. Et, à mesme temps, leur fit faire serment au roy : et après, ledict sieur se retira en son logis, où il pratiqua que quelques-uns des principaux de ses troupes se présenteroient avec leurs trains pour venir à la ville, afin de se fortifier, à ce que, si les habitans venoient à changer d'advis, ils ne le fissent sortir : ce qu'ils eussent peu faire, n'ayant que quinze hommes de cheval armés près de luy. Ceux qui commandoient à la porte vindrent donc demander au sieur de Tavannes s'ils laisseroient entrer le sieur de Pizi, depuis marquis de Nesle, qui avoit douze ou quinze chevaux : il leur dit que c'estoit un seigneur de qualité, qu'ils le laissassent entrer. Le sieur de Chantal se présentant après, en fut fait autant, ensemble le sieur de Vaugrenant, amenans pareilles troupes.

Pendant le soir, les deux habitans cy-devant nommés, avec lesquels il avoit intelligence, furent par luy mandés : il leur recommanda que le lendemain matin ils ne faillissent, avec ceux qu'ils pourroient attirer à leur party, de demander garnison pour mettre à la ville, et ce en présence des eschevins et principaux habitans, qui devoient venir parler à luy. A quoi estant satisfaict, et remonstré par ledict sieur de Tavannes que s'ils ne recevoient garnison la Ligue leur en donneroit, et les traicteroit mal; qu'il leur avoit promis de ne leur en bailler s'ils ne la demandoient, mais qu'il leur en bailleroit une, puisqu'ils l'avoient agréable; ils permirent l'entrée de cent arquebusiers, avec le capitaine des Fourneaux, qui fut logé en une maison de l'abbé de Cisteaux, assez forte, sur la rivière, l'establissement de leur solde dressé (s'aydant des deniers du roy sans aucun frais à la ville) et des gardes.

Ledict sieur de Tavannes ayant finy un dessein en avoit tousjours un autre à exécuter. Il voulut tenter à surprendre la ville de Seurre, sur la rivière de Saone, ayant advis qu'il y avoit une grande courtine de terre mal escarpée où on pouvait monter, les eaux estans lors basses; et à cest effet fit loger son infanterie au fauxbourg d'icelle, nommé Sainct-George, et sa cavalerie en un village proche. Ayant fait recognoistre le fossé, il y avoit moyen de faire réussir ce dessein, attendu que le sieur de Fervaques, lieutenant lors en la province pour la Ligue, menant les forces en ladite ville de l'autre costé de ladite rivière, n'y avoit esté reçeu; le sieur de Tavannes y fust sans doute entré sans l'accident d'une grande pluye qui remplit ledit fossé, lequel fut trouvé non guéable par celuy qui y fut envoyé le recognoistre; de sorte qu'il se résolut de s'en retourner du costé de Semur en Auxois, et en passant sommer la ville de Nuys; et à cet effet il passa la rivière de Saone par bateaux, avec ses troupes, proche le chasteau de Bonencontre, qui estoit à luy.

Le parlement qu'il fit faire à la ville de Nuys, séjournant à trois ou quatre lieues auprès, ne servit que pour donner advis aux ennemis de son acheminement et logement, qui leur fut mandé par le capitaine Bailly, commandant au chasteau de Vergy pour la Ligue, qu'il fut contraint prendre à cause de la nuict. Les villages proches ledit logement estoient couverts de deux compagnies d'arquebusiers à cheval, avancés en deux villages, l'un du costé de Dijon, l'autre de Nuys ; sa cavalerie proche de luy, de quatre-vingts maistres, au village de Chevanes ; le régiment du baron de Chigy à une demy lieue près; celuy du baron de Chantal à Mézange, un quart de lieue près de Chevanes, auquel Chantal avoit esté ordonné de se rendre à La Grange-d'Estain, deux lieues de là, le lendemain à soleil levant : mais, au lieu d'obéir, il prit quartier sans despartement pour la pluspart de son régiment, le logeant en un autre village, et se tint à celuy de Mézange, où il estoit encore le lendemain avec six vingts arquebusiers seulement, que le soleil estoit levé, et là pluspart de son régiment estoit desjà au rendez-vous à La Grange-d'Estain : ce qui donna moyen aux ennemis, le trouvant des derniers au logis, de le charger. Pour réciter plus particulièrement ce qui s'y passa, je diray que le sieur de Tavannes avoit envoyé la nuict à quatre lieues de là, proche Dijon, huit hommes de cheval battre l'estrade, pour sçavoir les déportemens des ennemis, qui à cest effect devoient repasser proche le fauxbourg de Nuys, lesquels n'en apportèrent aucunes certaines nouvelles.

Cependant le sieur de Fervaques, avec une compagnie de gens à cheval, et les deux des sieurs de Guionville et Montigny, ensemble le régiment du baron de Viteaux, où il y avoit mille hommes, s'estoit acheminé à Nuys, y estant arrivé trois heures devant jour. Le matin, à soleil levant, lors que la cavalerie dudict sieur de Tavannes vouloit commencer à marcher, vint un arquebusier à cheval, de ceux du costé de Nuys, advertir qu'ils avoient esté deffaits par les ennemis au village de Villars. A mesme temps le sieur de Tavannes envoya le sieur Despeuille du costé du village, avec dix chevaux, les recognoistre, et cependant fit joindre avec luy le régiment des gens de pied du baron de Chigy, et s'avança à my-chemin dudict village, où ledict sieur Despeuille luy fit rapport que les ennemis ne venoient point à luy, mais tournoyoient la montagne, allant à Mézange, au quartier du sieur de Chantal. Au mesme temps, le sieur de Tavannes luy monstra une plaine de bleds, sur un petit haut, proche le bois, assez près du quartier du sieur de Chantal, et luy dict qu'il vouloit s'aller mettre avec ses troupes en ce lieu-là, où ils recognoistroient les ennemis, et sçauroient ce qui seroit à faire ; qu'il falloit repasser par Chevanes, où il avoit logé, ce qui fut fait.

En marchant, ils oyoient les tambours des ennemis, et quelques arquebusades qui se tiroient au quartier du sieur de Chantal. Comme il fut au lieu susdict, il envoya plus près des ennemis le sieur Despeuille les recognoistre, qui à son tour luy demanda quelle estoit son intention. Il luy dit d'aller charger les ennemis. Lors il luy représenta qu'il n'y avoit nulle apparence, et qu'il luy feroit voir, s'il s'avançoit, trois gros de cavalerie, que le moindre estoit aussi fort que le sien, et environ mille arquebusiers. Ce qu'ayant de plus près recognu ledict sieur de Tavannes, après le séjour de quelque temps, pour faire paroistre aux ennemis ses troupes, il les fit marcher au pas, les gens de pied devant, du long du bois, droit à son rendez-vous de La Grange-d'Estain, où il trouva la plus grande partie du régiment du sieur de Chantal, commandée par le capitaine La Beluze, qui s'y estoient trouvés comme on leur avoit ordonné ; et estoient ceux que ledict sieur de Chantal n'avoit voulu loger près luy, les ayant envoyés en un autre village sans despartement. Cependant les ennemis le prindrent fort blessé à une barricade, où il s'estoit bien deffendu, et deffirent cent ou six vingts arquebusiers près de luy. Là fut tué de Fontelle, un de leurs capitaines.

Leur cavalerie suivoit le sieur de Tavannes jusque près d'un vallon delà le village de Torrey, où ayant advis d'eux, il les attendit de l'autre costé du vallon sur le haut, et fit loger son infanterie deçà et delà de luy, du long des hayes et broussailles. Lors les ennemis firent sonner la charge à leurs trompettes : ledict sieur de Tavannes tenant ferme, et les attendant, fit aussi sonner ses trompettes environ demye heure ; mais ils ne passèrent point le vallon. L'on n'en sçait pas la cause, sinon qu'ils n'avoient point avec eux leurs gens de pied. A cause de ce temporisement, ledict sieur de Tavannes fit avancer ses gens de pied en la plaine, et après les suivit, ayant laissé sur le haut de ce vallon quelque temps douze chevaux, et arriva de jour à Sainct-Thibaut en Auxois, et le lendemain à la ville de Semur.

Or, le moyen d'agrandir le party du roy en Bourgongne estoit que les forces y employées pour son service fussent souvent à la campagne, tant pour y faire joindre partie des gentilshommes demeurans en leurs maisons aux champs, mettre ensemble de l'infanterie pour d'autant affoiblir celle des ennemis, qu'aussi pour exécuter des entreprises sur des villes et places, afin d'eslargir les logements des garnisons, et avoir plus de créance parmy ceux de ceste province-là. Ce considéré par le sieur de Tavannes, il assembla ce qui luy fut possible de cavalerie et gens de pied, et se résolut d'aller assiéger la ville de Saulieu, en laquelle n'y avoit que les habitans ; ce qui estoit assez difficile, car elle estoit fossoyée, flanquée de tours és environs, et ravelins en deux portes, et luy n'avoit point d'artillerie : en sorte qu'estant bien deffendue l'on ne la pouvoit prendre que par la mine ou la sape. Ainsi, s'en estant approché, il se logea, et sa cavalerie avec un régiment de gens de pied, en un grand fauxbourg qui s'estend depuis l'une des portes bien avant du long du fossé, n'y ayant que la largeur de trois ou quatre charrières entre deux. Il fit faire des mantelets pour approcher la muraille dans les fossés, ses corps de gardes bien dressés à l'advenue des portes ; et à celle qui estoit de l'autre costé de la ville fit loger le capitaine La Beluze, avec bon nombre d'hommes pour en attaquer le ravelin, et mit des gens au lieu où le fossé se deschargeoit, pour rompre le terrain afin d'en faire vuider l'eau. Et avant que ledict La Beluze commençast, ayant fait trève de demye heure avec les habitans de la ville, le sieur de Tavannes, faisant marcher deux soldats devant luy, alloit luy seul après, sous prétexte d'aller de l'un des cartiers à l'autre, et ainsi il la recognut.

Cela fait, et n'ayant rien obtenu de la sommation faite aux habitans, commença à faire descendre les mantelets dans le fossé, pour venir à la sape ou à la mine ; et à mesme temps La Beluze ayant gaigné moitié du ravelin qu'il attaquoit, les ennemis du dedans estoient contraints se départir en plusieurs lieux, craignans d'avoir une escalade, et n'osoient que fort peu paroistre aux fenestres des murailles, parce que les arquebusiers et mousquetaires, logés dans les couverts des maisons du grand fauxbourg, les tiroient incontinent qu'ils paroissoient ; de sorte qu'un nommé Savot et deux autres des principaux y furent tués, ce qui esbranla fort les ennemis. Ainsi, se voyant vivement attaqués en plusieurs lieux, dans cinq jours après celuy de l'arrivée des troupes, ils receurent le sieur de Tavannes ; lequel leur bailla le sieur des Barres pour gouverneur, et le sieur de Gand, capitaine de gens de pied, avec deux cents hommes payés des deniers du roy, sans que les habitans fournissent aucune chose pour eux ; et ne leur fut enjoint autre chose que de faire le serment au roy, et rendre l'obéissance deue au sieur de Tavannes, comme à son lieutenant-général en la province ; lequel dès-lors ordonna qu'un homme par jour, de chacune maison des habitans, pour quelque temps eust à travailler à porter des terres aux remparts derrière les murailles de la ville, où il n'y en avoit point. Ce mesme ordre avoit esté mis aux autres villes, incertain des desseins qu'on disoit que vouloit faire le duc de Nemours pour les ennemis.

Ce doux traitement que les habitans desdites villes receurent du sieur de Tavannes, estoit pour attirer ceux de celles qui n'estoient point réduites à leur devoir ; en quoy il n'employoit pas seulement ses travaux pour en faire la réduction à l'obéissance de Sa Majesté, mais aussi son bien, plusieurs sommes de deniers qu'il prenoit à constitution de rente pour le payement des garnisons qu'il y mettoit, que pour satisfaire à l'entretenement des troupes qui l'accompagnoient à la campagne, pour la guerre qu'il faisoit aux ennemis. Ses terres, qui estoient en la province, luy facilitoient cet emprunt, à quoy il estoit assisté des sieurs présidens Fremiot et Vaugrenant, desquels deniers il a esté depuis en partie dégagé par le roy.

Les propositions des entreprises ne viennent pas souvent à la fin qu'on a projetté : pourtant il n'est pas séant de n'en faire point, et de demeurer les bras croisés, quelques unes en réussissant tousjours ; que si elles viennent à manquer, c'est plustost par le deffaut de ceux qui n'obéissent point que de ceux qui commandent, comme se peut juger par ce qui s'ensuit.

Le sieur de Tavannes avoit fait investir de loin la ville de Dijon, capitale de Bourgongne, sans que l'on s'en apperceut, afin de s'en saisir à l'improviste, ayant fait loger le régiment du baron de Chigy au bourg de Pontailler, de quatre cens arquebusiers, quatre lieues près celuy du sieur d'Épinart, au bourg fermé d'Issurtille, aussi quatre lieues près, et avancer sa cavalerie à Sonbernon, cinq lieues de la ville de Dijon, où, laissant le baron de Lux pour y commander en son absence, s'achemina en diligence, avec vingt chevaux seulement, à la ville de Sainct-Jean-de-Laone, où ayant joint avec soy deux cens hommes de pied, et le sieur Despeuille, qu'il y avoit estably gouverneur, et quelque cavalerie y estant, et fait porter des eschelles et hallebardes sur des chariots, se trouva une heure et demye avant jour au village de Lonvi, demye lieue de Dijon.

A mesme heure le rendez-vous de ceux qui estoient logés esdits lieux estoit donné ; la cavalerie s'y rendit à mesme temps. Le régiment du sieur d'Épinart, jeune homme peu vigilant, s'estant mis en chemin, ne s'y trouva point ; celuy du baron de Chigy non plus, qui s'estoit aussi mis en chemin trop tard, pour s'estre amusé à se faire donner quatre cens escus par les habitans de Pontailler. Le sieur de Tavannes l'ayant depuis fait mettre prisonnier, les lui fit rendre. Ainsi, sans la faute de ses maistres de camp, le boulevard de ceux de ladite ville de Dijon, bas de courtine et non parachevé, se pouvoit facilement escalader, et, estant dessus, avec quelques petites eschelles gaigner la muraille ; l'ordre qu'on devoit tenir estant dedans si bien ordonné que l'exécution de l'entreprise estoit infaillible.

De là ses troupes s'acheminèrent à Issurtille, où une escalade tentée à la ville de Talan fut inutile. L'on prit du sel au dessous du chasteau de Saut-le-Duc, que tenoient les ennemis, dans le bourg, qui accommoda aucunement les troupes. Depuis, le duc de Nemours s'estant saisi de la ville d'Autun, le sieur de Tavannes y ayant dessein s'en estoit approché à deux lieues, vint à Dijon. Ledit sieur de Tavannes, s'estant présenté avec ses troupes à la campagne à demy quart de lieue de là, pour y attirer ledit sieur de Nemours, qui ne voulut point sortir, s'en retourna en Auxois du côté de Flavigny et Semur. Depuis, estant revenu à la ville de Sainct-Jean-de-Laone, où il avoit estably gouverneur le sieur Despeuille, et n'y ayant mené que sa compagnie d'hommes d'armes, avec la garnison qui estoit dedans, il deffit le régiment de pied du sieur de Cham-Fourcaut, et depuis, à la veue de ceux de la ville d'Auxonne, la compagnie de gens de cheval du sieur de Monmoyen, gouverneur de la ville de Beaune, logée en un village proche d'Auxonne, où son lieutenant, le chevalier Siméon, et plusieurs autres, furent pris prisonniers, avec bon nombre de chevaux et butin gaigné.

Le mesme sieur de Tavannes en ce temps empescha trois cens arquebusiers, sous la charge du capitaine Conflant, qui vouloient aller en garnison à Seurre, ainsi qu'ils commençoient à passer la rivière du Doux, proche le village de Longepierre, sur l'advis qu'il eut du sieur comte de Charny, que, s'il les empeschoit d'y entrer, ceux de la ville de Seurre se réduiroient sous l'obéissance du roy, et recevroient ledit sieur comte, comme ils luy avoient fait entendre ; mais après ils luy manquèrent de parole, car ceux qui ont desjà faussé la foy à leur roy ne la tiennent pas volontiers aux autres.

Le reste de l'automne 1589 fut employé par ledit sieur de Tavannes à fatiguer les ennemis qui estoient en la ville de Dijon, où leur conseil d'union se tenoit, et à prendre quelques chasteaux, comme ceux de Blaisi, Gilli, Saint-Seine et Argilli, tous situés à quatre ou cinq lieues de ladite ville, et y mettre garnison : lesquels, après avoir esté ainsi munis d'hommes, ne se pouvoient prendre qu'avec trois ou quatre canons, encores y employant du temps, pendant lequel il les pouvoit secourir. En son absence les garnisons qu'il avoit laissé à la ville de Flavigny, la pluspart des gens de pied des capitaines Longueval, Argolet, Ville-Franche, et les arquebusiers à cheval du capitaine Sainct-Mathieu, deffirent au village de Coyon, à quatre lieues de Dijon, la compagnie de soixante maistres du sieur de Montigny, prirent sa cornette, qui fut envoyée au roy à Estampes.

La mesme garnison de Flavigny se saisit du chasteau de Sommèse, où furent mises, par le commandement du sieur de Tavannes, quelques garnisons; lequel, ayant failly à charger des troupes qui estoient sorties de la ville d'Auxerre, avec deux pièces d'artillerie pour prendre une petite ville, il assiégea la ville de Chastillon-sur-Seine, où s'estant mis à pied, avec partie de son infanterie, des régimens de Blanchefort et Coublan, ayant laissé sa cavallerie près de là en bon ordre, se saisit de l'abbaye proche de ladicte ville, nonobstant la résistance des soldats et gens de cheval qui estoient dedans, et à mesme temps de l'église, sur le bord du fossé proche du chasteau que le sieur de Roche-Baron, avec le régiment de gens de pied du baron de Chantal, prit, et en chassa les soldats qui estoient dedans. Il prit aussi l'église des Cordeliers proche les fossés de la ville, où le capitaine La Baume se logea.

Ledict sieur de Tavannes avoit advisé, avec ceux qui sçavoient les lieux de la ville, de la forcer entre icelle et la basse ville fermée, qu'on appelle Chaumont, en forçant par la prairie un pont et la porte qui estoit foible au bout d'iceluy; mais les longueurs qu'amenèrent aucuns maistres de camp de gens de pied d'exécuter le commandement qu'il leur en avoit faict, rompirent se dessein, donnant loisir au sieur de Guionville de mener en la ville un secours de quatre-vingts hommes de cheval bien armés : ce qui fut cause de lever le siège, n'ayant point d'artillerie, et s'aller loger au village des Risseys, où les sieurs de Praslin et Sainct-Falle vindrent inviter le sieur de Tavannes d'aller aux faux-bourgs de la ville de Troyes se loger avec ses troupes pour se prévaloir de quelque mutinerie qui y pourroit réussir, disoient-ils; mais, n'y ayant aucune apparence, il n'y voulut point aller, estant bien plus important d'aller recevoir sur la frontière, au comté de Bourgongne, au village du Fay, quatre lieues près de Langres, six mille Suisses qu'amenoient les sieurs de Sancy, Beauvois-la-Nocle et Guitry : lesquels Suisses ne vouloient point entrer en France que ledict sieur de Tavannes ne leur menast sa cavallerie et autres forces de son gouvernement de Bourgongne qui estoient près de luy; comme il fit suivant le commandement qu'il en avoit du roy; et, avec les mesmes forces, les conduisit jusques près de la ville de Troyes, où M. le duc de Longueville les receut, et les mena avec des autres forces à Sa Majesté proche la ville de Paris, qui estoit lors assiégée.

Et depuis, ledict sieur de Tavannes accompagna de mesme le sieur Tichechomberg, qui alloit trouver le roy avec cinq ou six cornettes de reitres, et bon nombre de lansquenets que le sieur de Sancy avoit fait lever en Allemagne; et ayant esté près la ville de Chaumont pour attirer le sieur de Guionville, qui y avoit nombre de cavallerie, où il n'y eut qu'une escarmouche, surprit la ville de Chasteau-Vilain, prit le chasteau de Mara, et mena avec luy à Flavigny une couleyrine qu'il avoit eu de ceux de la ville de Langres.

On peut dire véritablement et sans vanterie que ce n'estoient pas petits services, mais utiles à Sa Majesté, faicts par ledict sieur de Tavannes et la noblesse de Bourgongne, de tendre la main à ces estrangers qui venoient à son secours, et en mesme temps faire la guerre dans le pays, sans autres deniers pour payer et entretenir les troupes, que ceux qui se levoient dans le mesme pays l'espée à la main, et sans estre assistés d'aucunes autres troupes envoyées par Sa Majesté; estans souvent ledict sieur de Tavannes, et quelques particuliers avec luy, contraints d'emprunter de l'argent pour subvenir aux urgentes nécessités. Aussi n'y a-t-il poinct un plus poignant aiguillon pour exciter les hommes à employer leurs biens et leurs fortunes, et coucher, comme l'on dit, de leur reste, que l'affection qu'ils ont au bien de leur prince souverain, de leur patrie et de leur honneur, pour faire paroistre leur fidélité, et fournir ce louable exemple aux autres, lesquels, à leur imitation, se portent à leur devoir; et, bien qu'ils n'en soyent recognus par la dépravation du siècle ou l'ingratitude des princes, du moins la louange leur en demeure éternelle.

LIVRE QUATRIÈME.

Le cours de cinq mois, pendant lesquels ledict sieur de Tavannes et les gens de guerre pour le roy Henry troisiesme en Bourgongne avoient tenu la campagne, s'estans escoulés au premier d'aoust 1589, jour qu'on peut nommer malheureux, auquel, au milieu de trente ou quarante mille hommes de guerre qui assiégeoient la ville de Paris, Sa Majesté fut traitreusement meurtrie à Sainct-Cloud d'un coup de couteau poussé de la main d'un jacobin, par l'artifice des chefs et prescheurs rebelles de la Ligue, poussé des fureurs infernalles, nos péchés contre Dieu ayant excité son courroux à permettre ce désastre; Henry quatriesme, de la lignée de Bourbon, descendu de sainct Louys, comme le plus proche parent du deffunct, fut recognu roy de France et de Navarre, et la prise de la ville de Paris, qui estoit infaillible sans cet accident survenu, fut sursise.

Incontinent après, le duc de Mayenne et le président Jannin, l'un de ses principaux conseillers, envoyèrent le sieur de Toire, de la maison de Chamesson, avec plusieurs lettres, lors que les troupes de Bourgongne estoient ensemble à Mulison, quatre lieues de la ville de Flavigny, aux sieurs de Tavannes, de Ragny, marquis de Nesle, Cipierre, barons de Lux, de Soucey, de Chantal, et autres chefs, pour les inciter à prendre le party dudict duc, qu'ils estimoient estre de l'Union et de l'église catholique; mais tant s'en faut qu'ils y voulussent entendre, qu'au contraire ledict sieur de Tavannes les ayant tous assemblés, leur fit prester le serment de fidélité au roy Henry IV, et les fit jurer tous de s'employer à venger la mort du roy décédé; et fut si bien pourveu par luy qu'aucuns qui s'en vouloient esloigner se rendirent après des plus fermes à y satisfaire. Le parlement qui estoit à la ville de Flavigny fit le mesme serment, à l'instance du président Fremiot, qui estoit présent à celuy de la noblesse. Dès lors lesdictes troupes s'acheminent avec ledict sieur de Tavannes du costé de la rivière de Saone, refusent la trève demandée par le baron du Brouillars de la part des ennemis, et faillent de bien peu à prendre la ville de Nuys, passent la rivière et celle du Doux, prennent les villes de Verdun, Louan, repassent la rivière de Saone entre les villes de Chaalons et Tornus, rebelles, se saisissent des villes de Charolles et Paret, les unes par assaut, les autres par intelligence, esquelles fut mis garnison. Les ennemis qui vindrent en leurs mains furent passés au fil de l'espée sans remission, tant la vengeance de la mort de leur prince les avoit justement animés.

Ces choses ainsi vaillamment exécutées, les gens de guerre qui s'y estoient employés retournèrent ès garnisons des villes et places réduites aux bailliages d'Auxois. Le conseil des rebelles estably à la ville de Dijon fit acheminer le sieur de Guionville avec quelque cavalerie et pièces de campagne qui allèrent, avec ce qu'ils peurent mettre ensemble, attaquer la susdicte ville de Verdun, où le baron Viteaux, après avoir pris le party du roy, avoit esté laissé gouverneur avec deux cens arquebusiers et sa compagnie de gens de cheval. Ils s'en saisirent en trois jours, à cause de l'absence dudict baron, qui estoit allé en sa maison, et l'esloignement des gens de guerre susdicts : les ennemis y laissèrent bonne garnison. Ils y furent si promptement qu'ils ne donnèrent pas le temps de la fortifier; mais ce gouverneur s'oublia grandement, l'abandonnant si tost, au lieu de s'y tenir et y faire travailler aux fortifications : aussi il en fut blasmé. Le comte de Crusille, qui n'avoit pas voulu se joindre avec le sieur de Tavannes, fut deffaict avec son régiment de gens de pied par le sieur de Guionville au bourg de Couche; loyer à la vérité digne de sa présomption.

En ce temps-là messieurs du parlement de Bourgongne s'acheminèrent de Flavigny à la ville de Semur, capitale du bailliage d'Auxois, qui estoit plus commode pour leur logement.

Le sieur de Tavannes, comme gouverneur de la province, suivant les patentes du roy, y tint les estats des trois ordres d'icelle, où se trouvèrent quantité de noblesse, plusieurs de l'église et du tiers estat; et y fut proposé et résolu ce qui estoit nécessaire pour le service de Sa Majesté et bien de la province, et pourveu à l'entretenement des garnisons et forces de la campagne. Il y excita un chacun à l'animosité qu'ils devoient avoir contre les ennemis de Sa Majesté et de la patrie. Or une partie des forces du pays s'en allèrent depuis à l'armée du roy. Le sieur de Tavannes prit avec celles qui restoient les chasteaux de l'Edauré et Julli, lesquels incommodoient la ville de Semur, assistés qu'ils estoient des garnisons des ennemis qui estoient au chasteau et bourg fermé de Viteaux. Il mit garnison au chasteau de Grignon, pour s'opposer à celles de la ville de Montbart, et empescher les courses qui se faisoient du côté de Flavigny et au chasteau de Blesi, à quatre lieues de Dijon. Après, l'hyver commença, et les compagnies se retirèrent aux garnisons pour y avoir quelque repos.

Au commencement de janvier de l'année 1590, le sieur de Tavannes s'achemina, avec son train seulement, pour aller trouver le roy à Laval en Bretagne, recevoir ses commandemens, et luy faire entendre le progrès au bien de son service que le travail et la diligence de ses serviteurs avoient produit en Bourgongne en huict ou neuf mois, ayant pris sept ou huict villes et plusieurs chasteaux, défaict à diverses fois des troupes ennemies : et outre ce, il luy proposa les moyens qu'il sembloit devoir estre tenus pour réduire entièrement ceste province à son obéissance, soit en fatiguant les grandes villes, logeant des garnisons ès places voisines d'icelles, et en attaquant quelques-unes; aussi se fortifier avec les forces du pays de quelques estrangers pour tenir la campagne, où troupes que le roy envoyeroit avec artillerie sous un prince ou mareschal de France.

Pendant son absence du pays, le légat Caietan, envoyé du pape, s'achemina à Dijon, et l'armée de Lorraine s'approcha de luy pour favoriser son passage allant à Paris; qui fut cause que le roy renvoya, pour y apporter empeschement, ledict sieur de Tavannes, après luy avoir faict bon accueil, et promis assistance en ce qu'il désiroit, au plustost que la commodité s'offriroit, et l'avoir ouy particulièrement en son conseil. A son retour il passa entre Orléans et Bourges, où les garnisons de cavallerie qui estoient dans ces places couroient ordinairement la campagne. En allant il avoit passé à la suitte des victoires du roy, ès villes de Vendosme et au Mans, qui avoient esté naguères prises, bien marry à son retour d'entendre que ce légat estoit jà bien avancé en Champagne.

Le printemps venu de ladicte année 1590, les garnisons de party et d'autre alloient à la guerre sans grand fruict : une entreprise sur la ville de Montbart par ceux du party du roy faillie, fut assemblé le conseil à Semur, en nombre de vingt hommes et plus, tant de messieurs du parlement que des chefs des gens de guerre, pour résoudre ce qui seroit à faire; où fut advisé que suivant l'advis que l'on en avoit eu qu'en une forte et grosse tour proche la ville de Marsigny, nommée Milamperle, qui estoit pleine de sel, y avoit garnison des rebelles de la ville de Lyon, qui le debvoient en bref conduire à ladicte ville de Lyon, que les troupes du roy y allant le pourroient enlever pour les payer, et employer les deniers aux urgentes nécessités, et, de plus, oster ceste commodité aux rebelles; à quoy les chefs se disposèrent, excepté les barons de Lux et de Viteaux, qui naguère avoient pris le party du roy, auxquels le sieur de Tavannes dit que puisqu'ils ne vouloient s'acheminer à ceste entreprise, que leurs compagnies estoient au roy, et qu'avec l'authorité qu'il avoit il les mèneroit avec luy, comme il fit ; et ces barons demeurèrent en leurs maisons.

Ainsi, avec deux cents maistres de gens de cheval et mille hommes de pied, il passa proche Nuys, où le marquis de Mirebeau le vint joindre avec vingt-cinq maistres de sa troupe, lequel vouloit aller faire guerre à part du costé de Langres ; mais, s'estant rapporté à ses compagnons s'il devoit estre de la partie, ledict sieur de Tavannes les persuada d'aller avec luy, et le marquis mesme s'y accorda. Il eust aussitost la charge de mener les coureurs, où il s'avança tellement, sans attendre les troupes, qui ne vouloient point laisser leurs bagages derrière, que le sieur de Bissy, qui estoit avec cinquante chevaux dans la ville de Beaune, l'en voyant approcher, le chargea, et luy tua deux gentilshommes de coups de lances; que si ledict sieur de Tavannes ne fust arrivé avec ce qui le suivoit pour le soustenir, la troupe dudict marquis eust esté desfaicte.

Ledict de Bissy se retira à Beaune, et les troupes arrivées proche la ville de Marcigny, la tour du sel, nommée Milemperle, flanquée de guérites et bien fossoyée, fut attaquée par le commandement du sieur de Tavannes, qui fit approcher quelques mousquetaires, à la faveur de certains charriots de foin, avec dessein de venir de là à la sape. Après quelques arquebusades tirées, trente soldats qui estoient dedans, douteux si l'artillerie venoit après, ignorans en avoir, voyant faire ces approches, se rendirent. Le mesme en fit la ville, laquelle avoit faict difficulté d'ouvrir les portes. Aussitost il establit au sel, pour en faire distribution selon ses ordonnances, des receveurs et controleurs, afin d'en tenir bon compte. Les compagnies de cavallerie et régiment de gens de pied en furent payés, lesquels avoient esté long-temps sans faire monstre : plusieurs gentilshommes volontaires eurent aussi leur part. Or, comme il y alloit une grande longueur à cette distribution, et que leur logement estoit escarté, à cause qu'en ce pays-là les paroisses sont de plusieurs villages, et en chacun quatre ou cinq maisons seulement, ledict sieur de Tavannes faisoit ordinairement battre l'estrade en deux troupes, et sollicitoit les gentilshommes voisins de luy donner advis des ennemis, afin qu'il ne fust surpris à l'improviste.

Ayant eu nouvelles qu'ils venoient à luy, au nombre de trois cents chevaux, sous la charge du sieur de La Varenne, gouverneur de la ville de Mascon, il donna rendez-vous proche de Marcigny à toutes les troupes; et, après en avoir faict la revue, à laquelle le sieur de Cipierre, qui avoit desjà sa compagnie d'ordonnance sur le lieu, arriva avec vingt maistres, venant du bailliage d'Auxois, qui luy dit que sur le bruit que les ennemis venoient à luy il l'estoit venu trouver, ledict sieur de Tavannes leur ordonna de se trouver une heure avant le jour au lieu de ceste revue, ayant sceu que les ennemis n'estoient plus qu'à six lieues de là : à quoy fut satisfaict, iceux ennemis n'estant plus qu'à quatre lieues, comme avoit esté rapporté le matin.

Ledict sieur de Tavannes s'achemina au devant d'eux, ayant laissé ses gens de pied à Marcigny, avec l'ordre suivant : le marquis de Mirebeau avec sa troupe de cavallerie menoit les coureurs, une compagnie d'arquebusiers à cheval à sa droite; après, pour le soustenir, le sieur de Cipierre avec sa compagnie de cavallerie et une d'arquebusiers à cheval; le sieur de Tavannes suivant, menoit le gros des troupes. Comme ils eurent faict deux lieues, les paysans les advertirent que les ennemis se retiroient devant eux à demy-lieue : ce qui les fit avancer, partie au pas, partie au trot, sans rompre leurs ordres. Enfin, sur l'entrée de la nuict, ayant fait six lieues, ils arrivèrent à Lespinace, où les ennemis, pour la pluspart, estoient logés, et n'avoient encore posé aucune sentinelle. Lors le sieur de Tavannes ordonna au sieur marquis de Mirebeau de charger dans le village, et fit mettre les arquebusiers à cheval pied à terre, et le feu dans une maison pour donner clarté, et qu'il demeureroit avec le reste de la cavallerie aux advenues du village, attendant les ennemis qui monteroient à cheval. Ledict sieur marquis s'en acquitta bien. Là furent pris plusieurs prisonniers et butin, et quelques-uns demeurèrent sur la place, mesmement de ceux qui sortirent à cheval du village, et trouvèrent la cavallerie en teste.

Ledict sieur de Tavannes vouloit encore aller charger la compagnie de cavallerie du sieur de Bissy, logée à une petite lieue de là; mais les capitaines qui estoient avec luy n'en furent pas d'advis, se contentant de cet effet; après lequel il se retira la nuict avec eux audict Marcigny, ayant faict quatorze lieues, où ils employèrent le reste du temps nécessaire pour la distribution du sel. De là ils s'acheminèrent du costé du bailliage d'Auxois, où tost après fut résolu que les forces de Champagne, conduites par le sieur de Tinteville, qui en estoit gouverneur pour le roy, et celles de Bourgongne par le sieur de Tavannes, gouverneur audict pays pour Sa Majesté, se joindroient ensemble, accompagnés de quatre cornettes de reistres du sieur Dammartin, et quelques lansquenets qu'ils avoient esté recevoir sur la frontière, afin d'assaillir quelques places au bailliage d'Auxois, qui incommodoit le party de Sa Majesté; et ce avec deux canons et une couleurine qu'ils avoient tiré de la ville de Langres : et furent pris les chasteaux de Duesne et Tisi, proche celuy de Monréal, après quelques canonnades tirées. Ce Monréal avoit esté peu auparavant surpris sur les ennemis par l'intelligence de madame de Ragny.

La ville et chasteau de Montbart furent aussi attaqués, les fauxbourgs, fermés de murailles et de tours, furent pris, la ville battue, et un faux assaut donné pour recognoistre la bresche et travail qu'on avoit faict au dedans d'une tour rompue de l'artillerie. Les lansquenets devoient pendant iceluy faire bresche, avec des pionniers, à la sape, à une muraille où il n'y avoit aucun terrain, où ledict sieur de Tavannes les avoit menés : à quoy ils manquèrent, s'excusant que les capitaines de gens de pied du régiment de Champagne, qu'il leur avoit donné pour marcher à leur teste, les avoient abandonnés. Dans ladicte tour fut tué le capitaine Bandeville, gentilhomme de Champagne, qui combattoit avec les ennemis, et sans estre suivy de ses soldats. Le sieur de Beaujeu, valeureux gentilhomme, qui avoit esté enseigne de la compagnie de l'admiral de Chastillon, fut aussi porté mort d'une arquebusade aux approches du pont de la ville, lors que l'on dressoit sur iceluy des barricades en biaysant pour approcher la porte. On fut contrainct d'attendre des poudres, que le sieur de La Ferté-Imbaut faisoit venir du chasteau de Grancey. Cet effort commencé, et les gardes posées la nuit, tant de cavalerie que d'infanterie, pour éviter les surprises des ennemis, pendant ce temps le sieur de Tinteville ayant eu commandement du roy de laisser là toutes occasions, et mener les reistres et lansquenets avec les forces de Champagne, pour estre à la bataille d'Ivry, il s'y voulut acheminer, et néantmoins y arriva trop tard, et ramena les canons à Langres : cela fit lever le siége.

Le sieur de Tavannes ramena la couleuvrine à Flavigny, et les compagnies aux garnisons; partie desquelles (de celles de gens de cheval) allèrent à l'armée du roy : ce qui donna sujet au sieur de Senessey, chef des rebelles, de battre et prendre le chasteau d'Argili, à trois lieues de Dijon, en trois jours. Ce temps si bref empescha le sieur de Tavannes de le pouvoir secourir, quoy qu'il se fust mis en chemin à cet effet avec sa compagnie de cavalerie et celle du marquis de Mirebeau. De là le mesme sieur de Senessey alla du costé de Lyon avec quelques forces vers le sieur de Sainct-Serlin, frère du duc de Nemours, où à une escarmouche fut pris le colonel Alfonse, depuis mareschal d'Ornano, que ledict sieur de Senessey emmena à la ville d'Auxonne, où il estoit gouverneur, au desceu du sieur de Sainct-Serlin. La rançon de ce prisonnier fut de vingt mille escus, payée des deniers dont les sieurs de Tavannes, Chevigny et président Fremiot s'obligèrent pour luy. Il fut ainsi mis en liberté.

En la suite de ce fascheux événement en vint un autre. D'un mauvais accident le récit en est triste et douloureux : dans ce travail, les hommes généreux se laissent souvent porter à des desseins téméraires. L'ambition les aveuglant leur oste la bonne conduite qui se doit observer aux entreprises hazardeuses; la promptitude par laquelle ils s'y précipitent affoiblit leur jugement; comme il advint au sieur Despeuille, gouverneur de la ville de Sainct-Jean-de-Laone, lequel, ayant fait des intelligences avec quelques soldats de la ville de Seurre, qui estoit rebelle, ne considéra pas beaucoup combien telles entreprises doubles sont subjectes à faillir : aussi, comme il s'y estoit porté, il tomba mort d'une arquebusade sur le pont de ladicte ville de Seurre, assez proche de la porte, où estoient les soldats de dedans qui faisoient semblant de se battre, et tirer l'un contre l'autre pour le faire avancer. Il fut après remporté par les siens, qui se retirèrent voyant ce malheur.

Certes, cette promptitude ne doit point empescher que la valeur de ce gentilhomme en plusieurs lieux ne soit à jamais recommandable. Le sieur de Tavannes, en ayant eu advis à Flavigny, distant de Sainct-Jean-de-Laone de dix-sept lieues, s'y achemina en un jour pour y mettre l'ordre nécessaire. Il y arriva si à propos, que les ennemis assembloient desjà des forces pour l'aller attaquer, lesquels par ce moyen en furent divertis. Son arrivée y servit, à deux mois de là, à réduire la ville de

Verdun sur la Saone, ensemble le sieur de Bissi, qui en estoit gouverneur, en l'obéissance du roy, par les négociations qu'il fit avec luy, comme aussi les chasteaux de Chaussin, La Perrière et Les Maillis. Il deffit partie de la garnison de la cavallerie et infanterie de Dijon, conduite par le sieur de Pradine, qui vouloient faire escorte à quelques marchandises qu'on menoit dans la ville.

Il fit aussi une entreprise sur le chasteau d'Auxonne, par le moyen d'un homme d'armes de sa compagnie d'ordonnance, nommé le sieur de Rougemont, et un autre qui en estoit, lesquels avoient intelligence avec un caporal de la garnison dudict chasteau, auquel on bailla quelque argent, et des promesses d'en avoir bien davantage s'il y servoit bien le roy. Il avoit promis de faire descendre sa femme par une eschelle de corde au bas d'une tour dudict chasteau pour servir d'ostage; mais un de ceux qui estoient employés à ce dessein par le sieur de Tavannes voulut incontinent monter à l'eschelle. Comme il fut au dessus, le sieur de Senessey, qui les y attendoit avec sa garnison, craignant, s'il y entroit, que d'autres le pourroient suivre, dit qu'il ne hazardoit pas ainsi son estat, et fit couper l'eschelle de corde, dont celuy qui estoit monté, nommé le capitaine Valot, tomba tout armé du haut en bas, et en fut malade six mois. Les flancs des autres tours tiroient cependant dans les fossés, néantmoins il y en eut peu de blessés des nostres.

Environ ce temps, les ennemis rebelles s'estant mis en campagne et pris quelques chasteaux, le conseil assemblé à Semur d'aucuns de messieurs du parlement, des capitaines et principaux gentilhommes de la province, à sçavoir, des sieurs de Ragny, Cipierre, les marquis de Mirebeau, de Nesle, baron de Soucey, et autres qui estoient lors près le sieur de Tavannes, les barons de Lux et de Viteaux s'estant remis au party contraire à Sa Majesté, ce conseil dis-je advisa de s'assembler pour charger ces troupes ennemies, et reprendre les places qu'ils tenoient entre la ville de Flavigny et celle de Langres; qui empeschoient les intelligences qui estoient pour le service de Sa Majesté entre les provinces de Champagne et de Bourgongne, et à cet effet, pendant que les troupes se rendoient à un rendez-vous donné,

le sieur de Tavannes envoya des espions recognoistre les ennemis. Ils rapportèrent qu'ils assiégeoient le chasteau de Trischasteau, où incontinent il s'achemina avec ses troupes, après avoir pris en chemin leurs espions. Il trouva le sieur de Francèche, capitaine du chasteau de Dijon, avec quelques gens de cheval qui investissoient le chasteau du Fossé, ayant laissé audict Trischasteau le sieur de Senessey avec les troupes ennemies qui avoient pris le chasteau, lequel se retira dudict fossé, et, se voyant pressé des coureurs, s'en alla à Trischasteau; où leur infanterie ayant fait de bonnes barricades, les conserva. Celles dudict sieur de Tavannes n'estoient pas encores armées; aussi c'estoit sur l'entrée de la nuict; ce qui fut cause que ledict sieur de Tavannes, avec ceux qui l'assistoient, s'alla loger demye lieue de là au bourg d'Issurtille.

Le sieur de Senessey et les siens ayant pris l'espouvante, se retirèrent toute la nuict à Dijon avec un canon qu'ils avoient, laissant la campagne libre audict sieur de Tavannes, lequel incontinent alla assiéger le chasteau de Trischasteau. Il le fit sommer par un trompette, auquel celuy qui commandoit dedans, nommé le capitaine La Verdure, pour response fit tirer deux arquebusades. Aussitost le sieur de Tavannes fit mettre en batterie deux pièces portans boulet de la grosseur du poing, qui avoient esté empruntées du chasteau de Grancey, pour abbattre des garites qui flanquoient la courtine: ce qu'estant faict, fut envoyé à icelle un capitaine de gens de pied avec ses soldats et quelques paysans à la sape. Nous avions logé des mousquetaires sur la contrescarpe pour tirer ceux qui paroissoient au dessus de la courtine, laquelle se trouvant espoisse de six ou sept pieds, il fallut du temps pour y faire brèche; néantmoins l'ouverture estant de cinq ou six pieds de largeur, comme l'on estoit prest à y entrer, ce La Verdure se rendit avec la place à discrétion, lequel méritant la corde fut aussitost pendu. Le sieur baron d'Aix, depuis comte d'Escars, fut mis dans ladicte place, de laquelle il estoit seigneur.

Deux rebelles qui commandoient au chasteau de Saline, qui n'estoit point tenable, ayant laissé tirer les pièces, furent aussi pendus. Ils avoient esté ravis au prévost par les soldats d'un régiment de gens de pied qui commençoit à marcher hors du logis ; mais le sieur de Tavannes l'ayant fait mettre en ordre, les criminels furent recogneus dans les rangs, ayant chacun une picque, et incontinent furent exécutés. Après cela les chasteaux de Meix, de Mignot et Gratedos furent pris. Ce dernier est situé à quatre lieues de Langres, où il y avoit trente arquebusiers à cheval sous la charge d'un gentilhomme nommé du Mets, qui couroit tout le païs ; et tenoit prisonnier le seigneur et la dame du lieu, lesquels furent délivrés sans payer rançon. Deux compagnies d'Albanois en estans proches lors que l'on vouloit charger, se retirèrent de bonne heure.

(1591) Ces expéditions achevées, l'hyver estoit desjà fort rude ; et les gardes qu'il falloit faire la nuict, où d'ordinaire y avoit deux ou trois compagnies de cavalerie, ayant fatigué les troupes, elles se retirèrent aux garnisons jusques au mois de may, que le sieur de Guitry, qui estoit à Langres, se voulant acheminer avec quelques gens de guerre qu'il conduisoit à Genève contre le duc de Savoye, où il deffit les troupes de Senas, fut prié par le sieur de Tavannes, en y allant, de luy accorder un séjour de trois jours proche la ville de Sainct-Jean-de-Laone, pendant lesquels, avec la garnison qu'il y avoit, il pourroit prendre les chasteaux de Rouvre et Bonencontre sur les advenues de Dijon, Beaune et Seurre : ce qu'il luy accorda. Ces lieux furent assiégés avec deux pièces moyennes et un canon que mena le sieur de Tavannes, où ayant pris les basses cours desdits chasteaux et place, ceux qui estoient dedans se rendirent. Il mit bonne garnison dans celuy de Bonencontre, qui estoit d'importance, pour estre basty tout de brique, avec quatre grands pavillons à machecoulis ; les murailles de mesme, espoisses de sept ou huit pieds, avec de grands pilliers de pierre du haut en bas, et situé sur la rivière de Saone, qui fut depuis fortifié par ledict sieur de Tavannes de quatre boulevars et doubles fossés, estant proche les villes de Seurre et Nuys, que les ennemis tenoient : aussi ceste place luy appartenoit.

Les troupes retirées à leurs garnisons, les rébelles de la Ligue qui estoient sous la charge du baron de Senesscy, lieutenant du duc de Mayenne en Bourgongne, attaquèrent, sous la conduicte du sieur de Guionville, qui avoit amené des troupes de Champagne, avec deux coulevrines sorties de Dijon, le chasteau de Mirebeau, qu'ils prindrent en deux jours sans faire batterie, par ce que le sieur de Biron, qui en estoit seigneur, voulant secrètement en sortir, fut pris par le capitaine La Gauche, et mené prisonnier par le sieur de Guionville en la ville de Chaumont-en-Bassigny, dont il estoit gouverneur, où il paya rançon. Le sieur de Tavannes n'eut pas le loisir, de si peu de temps, d'assembler des troupes pour le secourir.

Peu avant, le marquis de Mirebeau son fils, et le baron d'Aix, allans avec leurs compagnies du costé de Bassigny et Langres sans commandement, furent pris et menés prisonniers en Lorraine par les troupes de Lorraine, conduictes par le sieur de Mesley. Le chasteau de Gilli, à trois lieues de la ville de Dijon, sur le chemin de celle de Beaune, ayant esté pris par ledict sieur de Tavannes, fust depuis repris par le duc de Nemours allant à Lyon, qui l'assiégea lors que ledict sieur de Tavannes estoit allé avec les forces de Bourgongne vers le mareschal d'Aumont, du costé de Chasteau-Chinon, proche le Nivernois, pour s'employer avec icelles près de luy à faire la guerre au duché de Bourgongne, suivant le commandement qu'il en avoit du roy.

Alors ceste ville de Chasteau-Chinon fut réduicte : c'est toute la conqueste que ledict mareschal fit audict païs, avec le chasteau de La Motte, qu'il fit battre de quatre pièces d'artillerie, quoy que le sieur du lieu luy vouloit rendre : il y vouloit entrer par une bresche, et l'avoir à discrétion ; ce qui luy fut aisé, car ceux de dedans ne faisoient aucune deffense, et nonobstant cela il fit pendre une partie des soldats qui estoient dedans. Ledict duc de Nemours fit aussi pendre le capitaine Joannes, qui commandoit pour les rebelles à la ville de Nuys, pour avoir conféré avec le sieur de Tavannes au milieu d'une campagne seul à seul, entre la ville de Sainct-Jean-de-Laone et le chasteau de Solon.

Le mareschal d'Aumont s'estant acheminé plus avant dans le duché de Bourgongne, proche des villes de Flavigny, Semur et Saulieu, réduites avant son arrivée à l'obéissance du roy, et où il y avoit de bonnes garnisons establies, il mit en délibération quel dessein il devoit premièrement tenter avec deux ou trois canons qu'il avoit eu du duc de Nevers, deux que le sieur de Tavannes avoit fait faire à Sainct-Jean-de-Laone, et une couleyrine qui estoit à Flavigny, que ceux de Langres avoient prestée audict sieur de Tavannes; lesquelles pièces il luy amena, car il n'avoit aux exploits qui se présentoient autres forces que celles de la province, une compagnie de cavallerie du sieur de Chanlivaut, celle du vidame de Chartres, qu'il avoit amenée, et celle du sieur de Guitry, gentilhomme de valeur et de conduicte, le régiment de gens de pied du sieur de Milleron Briquemaut, et trois ou quatre compagnies de Suisses; qui peu de temps après arrivèrent.

L'advis du sieur de Tavannes et des principaux de ladicte province, et du sieur de Guitry, estoit que la ville d'Autun, grande et peu forte, n'estant point la pluspart des murailles remparées de terrain, et flanquées seulement de tours, devoit estre attaquée et prise avant que battre le chasteau nommé Renaut, lequel après pourroit venir plus facilement à composition. Il mesprisa tous ces advis; et, suivant le sien seul, avec celuy d'un homme de robbe longue nommé Lubert, nullement usité au fait des armes, il se résolut de faire une mine sous un terrain de ladicte ville, nommé la Jambe-de-Bois, laquelle ne réussit point. Après il fit battre le chasteau, dont il en arriva de mesme, ainsi que l'on pourra voir par le discours suivant. Le sieur de Guitry disoit aussi souvent du mareschal d'Aumont qu'il se conseilloit en latin, et seroit battu en françois. Les raisons proposées par les susdicts, pour lesquelles l'on devoit assiéger ceste grande ville, estoient la foiblesse du lieu, le peu d'hommes employés à la garde d'icelle, n'estant en tout que deux régimens de gens de pied commandés par le sieur de Ratilly, de Charolois et de La Castillière, avec les habitans; la commodité des deniers, à cause des grands décimes qui s'y lèvent, comme y estant establv une évesché, qu'on en tireroit l'utilité pour sa situation et sa conjonction des forces de Bourbonnois et Nivernois avec celles de Bourgongne : et fortifiant le bourg de René-le-Duc, toutes lesdictes villes d'Auxois seront jointes avec celle d'Autun, ensemble le chasteau de Montcenis, forte place, et celuy de Bourbon avec la ville; ceste estendue estant depuis l'Auxerrois jusques à la rivière de Loyre, du costé de Moulins.

Au mois de juin doncques de l'année 1591, l'on commença à faire les approches de celle d'Autun, où une partie du fauxbourg, du costé du chasteau, fut bruslée; en l'autre le régiment de Milleron-Briquemaut s'y logea, et là auprès depuis logèrent les Suisses, et ès deux portes de ladicte ville quelques gens de pied. Ainsi fut mis deux compagnies d'infanterie en garde du long d'une grande muraille qui faisoit autrefois le circuit de la ville, où l'on estoit à couvert jusques sur le bord du fossé, qui n'estoit en cet endroit large qu'environ vingt-cinq pieds, dans lequel y avoit un terrain qui faisoit courtine et flanc à la ville, nommé la Jambe-de-Bois; auquel, par le moyen d'une galerie de bois dans le fossé, l'on faisoit une mine. Outre cela on avoit dressé en un lieu haut derrière la muraille une gabionnade, où estoient logés quelques mousquetaires, pour incommoder ceux qui paroistroient sur ce terrain, principalement lors que la mine auroit joué, et que l'assaut se donneroit en ceste part-là; auquel temps le sieur de Guitry devoit faire tirer quelques pièces moyennes près d'une pyramide, placées delà le vallon commandant audict terrain.

Ces premières attaques commencées, le sieur de Tavannes, suivant l'advis du conseil, s'achemina à Alerey, proche la ville de Verdun sur la Saone, avec sa compagnie de gensd'armes, et partie de celle du sieur de Soucey; jusques au nombre de six vingts maistres, pour amener quatre compagnies de Suisses, et des poudres qui estoient à Verdun, trois lieues de la ville de Chaalons, où estoit la cavalerie ennemie, commandée par les barons de Lux et de Tiange. Il ne fut plustost à Alerey et mis pied à terre, qu'il sceut par ceux qu'il avoit envoyé battre l'estrade que les ennemis venoient à luy : ce qui le fit incontinent remonter à cheval pour les aller recevoir. Les premiers qu'il trouva furent quarante chevaux coureurs des ennemis, qui furent si vivement chargés de vingt des siens, soustenus de sa troupe, qu'après un léger combat ils furent défaits, et vingt gentilshommes des leurs faits prisonniers. Les troupes des ennemis estoient demeurées à un quart de lieue de là; ce qui leur donna loisir de se retirer à Chaalons après avoir esté suivis en ordre, partie au trot, partie au galop, près de deux lieues. Le sieur de Bissi, gouverneur de Verdun, qui avoit passé l'eau seul, s'y trouva, auquel le sieur de Tavannes presta un coursier; les sieurs de Rubigny et Conforgien, qui estoient venus de Verdun, y furent aussi.

Pendant cet exploit les Suisses passèrent la rivière, et arrivés qu'ils furent à Alerey, en sortirent un quart de lieue hors au devant du sieur de Tavannes pour le favoriser: il les trouva bien ordonnés et en bonne volonté de bien faire. Le lendemain il les mena à Autun, où il ne fut pas sitost arrivé qu'il retourna à la ville de Sainct-Jean-de-Laone, pour mener les deux canons qu'il y avoit fait fondre au mesme Autun. Il les y conduict seurement, les ayant fait charger sur des chariots, et leurs affuts et balles, pour aller plus diligemment. Aussitost qu'il fut arrivé, le mareschal d'Aumont s'achemina à Moulinot, une de ses maisons, pour conférer avec le sieur de Senessey, lieutenant au païs pour le duc de Mayenne, et quelques autres chefs rebelles de la Ligue, pour les attirer au party du roy; et en son absence luy donna charge de faire jouer la mine et y aller à l'assaut; ce qui fut fait. Le régiment d'infanterie d'Escarousel y alla le premier avec peu d'effort: en estant retourné, un autre fut commandé d'y aller, dont partie estoient arrivés sur le haut du terrain. Ceux qui le défendoient commençoient à fuyr dans la ville, sans le désordre qu'apportoient parmy les gens de pied aucuns gentilshommes de qualité volontaires, qui se retirèrent incontinent, et lesquels ledict sieur de Tavannes ne peut dissuader d'y aller. Le mareschal, de retour, ne voulut point faire batterie contre la ville de cinq canons et deux couleuvrines qu'il avoit, suivant les meilleurs advis des chefs: ce qui eust apporté un grand advantage à son dessein. Il les employa à battre le chasteau, et les logea en un lieu si bas, que la plus grande partie des coups donnoient à la contrescarpe. Les deux couleuvrines furent mises sur un haut, où le sieur de Tavannes eut charge de les placer, pour donner à un flanc qui défendoit la bresche; mais, sans attendre qu'il fust levé, le mesme jour le sieur d'Aumont voulut qu'on allast à l'assaut: ce que voyant, le sieur de Tavannes fit mettre pied à terre à trente de sa compagnie de gensd'armes (le sieur de Soussey estoit près de luy), et avec iceux alla trouver le mareschal pour recevoir ordre de luy en quel rang il devoit aller à l'assaut; mais luy, voyant que le régiment de Milleron-Briquemaut n'y avoit peu subsister, que le mesme Milleron y estoit demeuré mort, ne voulut point que le sieur de Bissi et ses deux fils, qu'il avoit ordonné avec quelques gens de pied pour soustenir le susdict régiment, ny le sieur de Tavannes y allassent. Il s'y tira sept ou huict cens canonnades. Deux jours après, le sieur mareschal d'Aumont leva le siège, pendant lequel furent faites quelques sorties, et une enseigne de gens de pied emportée en la ville. Le sieur du Val, nonobstant les gardes de gens de cheval et de pied, y entra la nuict, et y mena six vingts hommes: un si grand circuit estoit bien difficile à garder.

Mais le partement dudict sieur mareschal de devant ceste place fut, à ce qu'il disoit, pour aller charger trois cens chevaux conduits par le marquis de La Chambre, qui estoient passés près la ville de Beaune, sept lieues de là, pour aller trouver l'armée du duc de Mayenne: et néantmoins il s'achemina avec les troupes à la ville de Semur en l'Auxois, qui estoit un chemin bien esloigné de son dire: duquel lieu ledict sieur de Tavannes, avec sa permission, s'en retourna en la ville de Sainct-Jean-de-Laone, où, par intelligence, il pratiqua, moyennant la somme de six mille escus qu'il emprunta pour bailler au capitaine Bailly, gouverneur du chasteau de Vergy, la reddition de ceste place, une des plus fortes de tout le païs, assise sur un rocher. Il fut auparavant conférer de nuict avec luy, avec deux hommes de cheval seulement, proche d'icelle. En estant après le maistre il y mit une bonne garnison, laquelle incommoda grandement les ennemis du roy, car ceste place estoit située sur l'advenue de Dijon à Beaune et autres villes au chemin de Lyon. En icelle furent menés depuis prisonniers les sieurs de Claveson et Berbisey, président au parlement de Dijon, pris avec les instructions du duc de Mayenne pour le duc de Nemours, concernant la ville de Seurre et autres affaires importantes. Ils payèrent trois mille escus de rançon. Douze gensd'armes de la compagnie du sieur de Tavannes les ostèrent au capitaine Nicolas, gouverneur de la ville de Nuys, qui avoit vingt-cinq chevaux, et desjà estoit arrivé près des portes de ladite ville, où il les conduisoit.

Le mareschal d'Aumont, pendant le siége d'Autun, contre l'advis des sieurs de Tavannes et de Guitry, fit une entreprise sur la citadelle de Chaalons, que le sieur de Lartusie, qui en estoit gouverneur, luy avoit promis de mettre en main moyennant dix mille escus que luy devoit donner le conseiller Millet, qui, à cet effet, s'y rendit prisonnier. On envoya après luy vingt hommes d'armes de la compagnie du sieur de Cipierre, et le mareschal des logis Berge, pour y entrer par une poterne descendant dans le fossé. Ce Lartusie les y fit entrer à la vérité; mais, au lieu de leur livrer la place, il les prit prisonniers, les mit à rançon, et fit tirer quantité de mousquetades et coups de pièces aux gens de pied qui les suivoient, n'oubliant pas pour tout cela de se faire payer de la somme de dix mille escus audict Millet.

Ce mesme Lartusie avoit voulu, auparavant la venue du mareschal en Bourgogne, user du mesme stratagème envers le sieur de Tavannes, qui s'en sceut bien guarantir; et, pour cet effet, le conseil ayant esté assemblé à Sainct-Jean-de-Laone, fut envoyé, avec passeport de Lartusie, le sieur de Longueval en ladicte citadelle, auquel ledict Lartusie dit que si les présidens Fremiot et de Crespy vouloient, avec ses lettres de sauf-conduit, entrer par la mesme poterne, déguisés en habits de paysans, qu'il traicteroit, et après mettroit la citadelle et la ville au pouvoir du sieur de Tavannes, l'y recevant avec ses forces; qu'il avoit tousjours conservé l'affection au service du roy, comme son subject en Béarn. La légation du sieur de Longueval entendue à son retour, le sieur président Fremiot dit que tant s'en faut qu'il voulust entrer en habit de paysan par la poterne à la citadelle de Chaalons, qu'il n'y voudroit pas entrer en habit d'évesque. De là on peut remarquer la diversité des bons ou mauvais jugemens des hommes aux occurences qui s'offrent : et des événemens qui s'en ensuivent, les uns sont utiles et louables, et les autres blasmables et dommageables. Ces dix mille escus eussent esté mieux employés en la guerre qui se faisoit pour le service de Sa Majesté et le bien du pays, que d'avoir esté la proie des ruses et tromperies de ce Béarnois.

Le sieur mareschal fit depuis une entreprise sur la ville d'Avalon, où un pétard rompit la porte. Le sieur de La Ferté-Imbaut, qui conduisoit la troupe, entra environ vingt pas dans la ville et y fut tué; ce qui fit retirer ceux qui le suivoient sans aucun effet. Le mesme mareschal d'Aumont ayant eu la volonté, à sa venue au pays, d'oster le sieur de Cherisi, gouverneur de la ville de Flavigny, de sa charge, pour y en mettre un autre à sa dévotion, l'effet luy en fut empesché par l'instance d'aucuns des conseillers du parlement.

Ce changement empesché, celuy de Sainct-Jean-de-Laone luy réussit; il en osta le sieur de Tavannes, qui en avoit le gouvernement particulier, outre sa charge de lieutenant de roy, et y mit gouverneur le sieur de Vaugrenant, autrement nommé Baillet, qui avoit esté président aux requestes à Dijon; et qui estoit à sa dévotion. Pour le faire plus aisément, il alla entre Dijon et ladite ville, où le sieur de Tavannes le vint trouver avec sa compagnie de gensd'armes et deux cornettes de reistres qu'il avoit esté recevoir sur la frontière, conduictes par le sieur de Schombert; et le receut en la ville de Sainct-Jean-de-Laone. Quand ledit sieur d'Aumont y fut entré, il envoya la pluspart de ladite compagnie de gensd'armes et de la garnison de la ville du costé de la Bresse, pour des desseins qu'il y avoit, alla disner au logis du sieur de Tavannes, et la nuict du mesme jour fit entrer un régiment de gens de pied en ladite ville : et le matin après, lorsqu'il sceut que ledit sieur de Tavannes avoit passé la rivière de Saone pour aller mettre quelque ordre au fort de Laone, luy fit à son retour fermer les portes, et establit le sieur de Vaugrenant en sa place : ce qui fut cause qu'il s'achemina diligemment au chasteau de Vergy, où le mesme mareschal avoit desjà envoyé un gentilhomme pour capituler avec celuy qui y commandoit, qui estoit le sieur Vesure, lieutenant dudit sieur de Tavannes en ladicte place. Celuy-là le trouva du tout eslongné de ceste persuasion. L'ambition des chefs qui commandent dans une province doit estre bornée au bien du souverain, et non à celuy du particulier, qui ne peut estre appellé bien lorsqu'ils manquent à leur devoir, et, par l'authorité de leurs charges, font des changemens qui ne tendent qu'à leur profit; car il a semblé à plusieurs qu'alors l'estat de France se diviseroit, et qu'ils en auroient une pièce. La vanité de leurs pensées ne considéroit pas que Dieu, qui l'avoit maintenu entier plus d'onze cens ans contre les divisions, guerres civiles et autres troubles faicts par les étrangers, le pourroit conserver encore long-temps, et que des mauvais desseins n'en vient que de la honte à ceux qui les font, et ravissent injustement à autruy ce qui luy appartient.

Ledict sieur de Tavannes, sur ces occurences, escrivit depuis au roy, dont le subjet sera cy-après mentionné. Les trois compagnies de gens de pied de la garnison de Sainct-Jean-de-Laone, s'estant allé rendre audict Vergy, il les y mit en garnison avec celle qui y estoit desjà, et aussi sa compagnie de gensd'armes. Ledict sieur mareschal l'ayant depuis envoyé prier d'aller avec luy pour le service du roy en Bresse, après qu'il eut pris la petite ville de Louan, que le sieur de Cham-Fourcaut, qui y commandoit, luy rendit sous son asseurance, alla parler à luy : ce qui fut sa perte, car le mareschal luy fit trancher la teste. Ledit sieur de Tavannes y alla doncques avec sa compagnie de gensd'armes et les trois de gens de pied, tant pour le service du roy que pour tascher à raccommoder ce qu'indiscrettement ledit sieur mareschal avoit fait à Sainct-Jean-de-Laone : et ayant esté avec luy jusques auprès de Bourg en Bresse, où le marquis de Treffort avoit des forces, et de là par son commandement à la guerre du costé des villes de Mascon et Pont-de-Vaux, avec une compagnie de reistres qu'il luy ordonna, et la sienne susnommée, où il prit quelques prisonniers; alors ledit sieur mareschal s'en retourna du costé de la Bourgongne, et, en passant proche la ville de Chaalons, ordonna dix hommes d'armes de chacune compagnie de cavallerie sous sa cornette blanche portée par le sieur de La Serrée, pour se présenter auprès, afin d'attirer la compagnie de gensd'armes du duc de Mayenne qui estoit dedans pour venir à un combat, et en donna la conduicte audit sieur de Tavannes; car pour luy il ne se voulut poinct trouver en ceste occasion.

Le sieur de Tavannes donna la première troupe à mener au sieur de Cipierre, et mena luy-mesme la seconde pour le soustenir, ayant faict marcher quelques coureurs devant : lesquels s'estans meslés avec ceux de ladicte compagnie du duc de Mayenne, qui estoit sortie sur eux, le sieur du Val, qui en estoit mareschal-des-logis, fut blessé d'un coup de pistolet au bras, et quelques prisonniers pris. Sans le temporisement dudict sieur de Cipierre avec ladite première troupe, que ledict sieur de Tavannes eut peine de faire avancer, ceste compagnie du duc de Mayenne, que conduisoit le sieur de Thiange, eust esté deffaicte, s'estant trop avancée sans avoir mené des gens de pied pour la favoriser. Le lendemain le sieur de Tavannes, qui avoit faict parler, par le comte de Schombert et le vidame de Chastres, au mareschal d'Aumont, pour raccommoder ce qu'il avoit faict à Sainct-Jean-de-Laone, voyant qu'il n'y estoit point disposé, s'en alla à Vergy sans luy dire adieu, avec sa compagnie de gensd'armes et les trois de gens de pied qu'il avoit emmené de là.

(1592) Le mareschal d'Aumont alla à Flavigny faire, avec un conseil qu'il tint, quelques ordonnances, qui ne durèrent qu'autant qu'il fut dans le pays, son pouvoir ne s'estendant pas davantage. Ce faict, il se mit en chemin vers la ville de Sainct-Poursin en Bourbonnois, qu'il attaqua et ne la prit point, laissant des divisions dans la Bourgongne, sans y avoir apporté rien d'utile au service du roy, après avoir pris les deniers empruntés en Suisse pour estre employés pour le service de Sa Majesté en Bourgongne, et les avoir employés à dresser sa compagnie de gensd'armes. Aussi, quand il fut trouver le roy, Sa Majesté luy dit qu'il feroit mieux près de luy qu'en Bourgongne; mais la lettre que le sieur de Tavannes escrivit au roy des déportemens du mareschal d'Aumont en Bourgongne est de telle teneur.

« Sire, il m'a semblé, pour le deu de ma charge, estre nécessaire vous donner advis de ce qui se passe par deçà, afin qu'il vous plaise y pourvoir. L'armée du marquis du Pont à séjourné un mois depuis la prise de Coiffy et Montigny en Champagne; sans pouvoir attenter à aucun dessein sur la ville de Langres, où, à l'instance de M. de Tinteville et des habitans d'icelle, j'ay envoyé quatre-vingts chevaux, et à Chasteau-Vilain bon nombre de gens de pied, ces places s'estant trouvées munies de forces pour s'y opposer.

» J'ay aussi, par plusieurs despesches, mandé à M. le duc de Nevers que si les forces de Champagne et de ce pays estoient jointes près de luy, nous pourrions exécuter quelque effet sur ladicte armée; j'en attends sa résolution. Si mon frère, le vicomte de Tavannes, y vient à la guerre, comme il en est le bruit, je la luy feray si ferme que mes malveillans n'auront point subject de me blasmer. Les partialités forgées en cedict pays au profit particulier d'aucuns font tellement demeurer en arrière ce qui est du service de Vostre Majesté, que, cessant la guerre aux ennemis, elle se faict à ses fidelles serviteurs, au mespris de son authorité, par moyens obliques, qui viendront enfin à jeu descouvert. C'est y amener la ruine de vos affaires, commencée par le mauvais ordre qu'y a laissé M. le mareschal d'Aumont, par le conseil de Lubert. Pour à quoy obvier, il seroit utile d'envoyer par deçà un prince, mareschal de France, ou autre seigneur de qualité, et non pas ledict sieur mareschal d'Aumont; lequel, au lieu de retenir sur tous la puissance absolue qui luy avoit esté donnée, s'est rangé avec quelques uns qu'il faict despendre de luy seul; et les autres, qui ne despendoient que de vous, sire, il leur a faict tant d'indignités, qu'il leur a esté enfin impossible luy rendre obéissance: tellement que, s'en allant du pays, il a laissé le party de Vostre Majesté, qui estoit bien uny avant qu'il y fust venu, sur le poinct d'estre partagé en deux, pour se faire la guerre et se diminuer, à l'augmentation de celuy des ennemis.

» L'on sçait assez que ceux qui se licentient de leur devoir le font à dessein, et semble qu'ils veulent avoir leur appanage comme des petits roys, désespérant desjà du salut public. Je proteste que ce que j'en dis n'est point pour aucun intérest particulier; car le service de Vostredicte Majesté se faisant bien en ceste province, soit par moy ou par autre, je suis très-content. Ceste mesme province se plaint que ses priviléges, contenans qu'il ne sera donné par la rivière de Saone aucunes traictes de grains, si elle n'est premièrement fournie de ce qui luy est nécessaire, sont violés contre vos ordonnances et arrests de messieurs du parlement, qui doivent estre d'autant plus conservés qu'estans rompus les ennemis en tirent du profit, et les sieurs de Vaugrenant et Lubert, clercs d'armes seulement, en ont le gain pour leur particulier à Sainct-Jean de Laone, où ils commandent, et rien n'en vient au général.

» C'est pour ce subject que j'ay faict fortifier mon chasteau de Bonencontre, situé sur ladicte rivière, afin que la volonté de deux ou trois hommes fust postposée à la vostre, à celle de messieurs du parlement et à l'utilité du païs, et non pour en tirer aucun péage, comme ils ont voulu publier; ayant pis faict, car Guillerme, gouverneur pour le sieur de Mayenne en la ville de Seurre, a esté suscité par ledict de Vaugrenant d'employer ses munitions et gens de guerre pour attaquer ledict chasteau, qui bloque ladicte ville d'un costé et celle de Nuys de l'autre, estant entre deux, et qu'il seroit sous main assisté de luy, ainsi qu'il m'a esté rapporté, et, de plus, qu'ils ont tenu deux conseils ensemble à la campagne. J'ay tant de fidélité en ce qui est de vostre service, qu'outre que je suis disposé d'achever d'y employer mon bien et ma vie, qui que ce soit ne me peut fermer la bouche que je ne publie ce qui viendroit à ma cognoissance, important à vostre service. Et, en ce faisant, j'attends aussi que Vostre Majesté me fera cet honneur de me maintenir contre toutes les calomnies qui me pourroient estre opposées. En ceste vérité, je supplie le Créateur vous donner, sire, en parfaicte santé, très-heureuse et longue vie.

» A Vergy, ce 18 may 1592.

» De Vostre Majesté,

» Très-humble, très-obéissant, fidèle subject et serviteur,

» TAVANNES. »

En ce temps-là une subtilité d'esprit donna commodité au sieur de Vitray de faire réussir un dessein difficile et périlleux. Il est vray qu'il succéda à l'utilité d'autruy, et non pas à la sienne, comme il avoit prémédité, mais plustost à sa ruine, d'autant que depuis il perdit la vie voulant recouvrer sa perte, et se venger par une seconde entreprise pratiquée avec mesme moyen que la précédente. En telles occurrences l'on ne sçauroit trop considérer les circonstances de l'utilité ou dommage qui en peut succéder, pour arriver à l'un et esviter l'autre. Ledict sieur de Vitray doncques, ayant attiré un soldat qu'il cognoissoit dès longtemps, qui estoit de la garnison du chasteau de Saulx-le-Duc, bonne place à quatre lieues de Dijon, sur le chemin de Langres, possédée par les rebelles au roy, ce soldat luy promit de tendre une ficelle par quelque planche levée en une guérite, lors qu'il seroit en sentinelle, afin de tirer une eschelle de corde par laquelle le sieur de Vitray et les siens monteroient la nuict, et ce après que la ronde auroit passé, et que la cloche auroit sonné; ce qui ne se faisoit que d'heure en heure. La ronde ne pouvoit pas regarder dans le fossé, à cause des barreaux de fer qui estoient à la fenestre de ceste guérite. Cela fut heureusement exécuté, et le capitaine de la place et quelques soldats furent tués; ainsi le sieur de Vitray en est le maistre sans contredit. Mais le mal fut pour luy que, s'estant assisté du sieur de La Marche, qui avoit une compagnie de cavallerie en garnison au chasteau de Grancey, appartenant au sieur de Fervaques, où commandoit la dame sa femme, ledict La Marche, assisté de plusieurs des siens qui estoient près de luy, fit venir des plainctes du bourg audict sieur de Vitray, et le supplia d'y aller mettre ordre, ce qu'il fit; et à peine fut-il sorty du chasteau que la porte luy fut fermée par ledict La Marche, lequel y eut depuis sa garnison de gens de cheval et de pied entretenue par le sieur de Tavannes, gouverneur pour Sa Majesté au païs, et servit à la campagne près de luy, lors qu'il le manda. La vengeance est douce; celuy qui la peut faire à main-salve sans précipitation est estimé judicieux, et non téméraire; ceste dernière qualité est périlleuse et vitupérable.

Le sieur de Vitray, piqué contre ladicte dame et son capitaine, voulut adoucir son déplaisir vindicatif en prenant le chasteau de Grancey par l'intelligence d'un soldat de la garnison, avec lequel il alla conférer la nuict sur la contrescarpe du lieu, en intention de prendre heure pour faire monter ses gens avec luy audict chasteau, comme il avoit fait à Saulx-le-Duc; mais le sieur de La Rante, qui en estoit gouverneur, l'attendant avec aucuns des siens à cent pas de là, derrière des buissons, où ledict soldat le conduisoit, luy fit une salve d'arquebusades dont il fut tué; il fit après mettre son corps sur une charrette couverte de feuilles, et le fit mener par un charetier à Grancey, auquel il faisoit croire que c'estoit une beste fauve qu'il avoit tuée. Ce pauvre homme le croyoit ainsi; mais estant à Grancey au jour, et voyant ce que c'estoit, s'enfuit et laissa là sa charrette. Certes, la perte de ce gentilhomme estoit à regretter pour sa valeur, et pour l'affection qu'il avoit au service du roy.

Quelques mois s'estans depuis escoulés, le vicomte de Tavannes, lieutenant en Bourgongne du duc de Mayenne pour les rebelles, charge qui luy avoit esté remise par le baron de Senessey, qui en estoit pourveu auparavant, voulant faire son profit des divisions qu'avoit laissé le mareschal d'Aumont en ceste province-là (où il n'avoit si bien faict qu'il fit après à la bataille d'Ivry), commença à amasser des troupes, et faire la guerre dans le pays, où il prit le chasteau de Sommaise, proche Flavigny, fit battre la ville de Noyers, et y donna un assaut, duquel ayant esté repoussé il leva le siége. Le sieur de Ragny, qui y commandoit, assisté d'autres gentilshommes de qualité, de quelque cavallerie et gens de pied, s'y estant porté valeureusement, rendit ce dessein inutile : et lors le sieur de Tavannes, gouverneur pour le roy en Bourgongne, assembla les forces du pays pour s'opposer aux ennemis, et faire quelque dessein sur la frontière de l'Auxois et Autunois. Pour ce faire, il envoya une partie de sa compagnie de gensd'armes, conduite par le sieur de Sirot, mareschal des logis d'icelle, avec charge d'approcher les ennemis pour sçavoir des nouvelles de leurs actions. Il rapporta qu'ils avoient investy la ville de Verdun sur la Saône, et joint le marquis de Tréfort, qui estoit venu de la Bresse, de Savoye, et leur avoit amené quatre cens chevaux.

Le conseil tenu sur ces occurrences, et les forces du sieur de Tavannes trouvées beaucoup moindres que celles desdicts ennemis, fut résolu qu'elles se retireroient en leurs garnisons, et pour la pluspart en celles proches de la ville de Verdun, et de là feroient la guerre aux ennemis qui l'assiégeoient ; que la compagnie de cavallerie du sieur de Bissi, gouverneur d'icelle ville, y seroit renvoyée, laquelle eut peine d'y entrer, et à cet effet passa à un guay de la rivière de Saone. La compagnie de gensd'armes du sieur de Tavannes, retirée en la place de Vergy, deffit partie du régiment du sieur de Rossillon, qui alloit trouver les ennemis au siège, où furent pris deux capitaines. Ceste charge se fit dans un taillis, qui donna moyen au reste dudit régiment de se retirer à seureté. Ceste cavallerie sortant souvent de Vergy, incommodoit grandement ceux qui alloient au siége, et mesme les convoys des vivres qui s'y menoient depuis Beaune.

Ledict sieur de Tavannes mandoit souvent au sieur de Bissi qu'il meneroit du secours à la ville, qu'il se gardast bien de parlementer, comme l'on luy avoit dit qu'il faisoit. Ses lettres estoient tenues par le moyen de Pontus de Tiart sieur de Bissi, évesque de Chaalons, oncle dudit sieur de Bissi, qui faisoit tenir les réponses avec bonne espérance d'attendre le secours. La disposition de ce siège estoit qu'au fauxbourg delà la rivière de Saone, du costé de la Bresse-du-Roy, où il n'y avoit presque point d'eau au fossé de la ville, estoit logée l'infanterie avec le sieur de Lartusie, qui la commandoit, et l'artillerie avec laquelle la batterie se faisoit, à une courtine de terre palissadée par le bas, et à des terrains jettés quelque peu au dehors de la courtine. La cavallerie estoit logée ès villages de Bragny, Alerey, et autres deçà ladite rivière, faisant ordinairement garde à cheval. Ces logemens bien recognus, le sieur de Tavannes envoya à la ville de Sainct-Jean-de-Laone proposer aux sieurs de Cipierre et Vaugrenant, qui y avoient leurs compagnies de gensd'armes, et au sieur de Conforgien et autres qui estoient dedans, que s'ils l'avoient agréable il mèneroit sa compagnie de gensd'armes au nombre de quatre-vingt-dix maistres et trois cens hommes de pied en trois compagnies; passeroit à Sainct-Jean-de-Laone la rivière sur le pont ; et joignant à luy l'infanterie et cavallerie qui estoit audict Sainct-Jean-de-Laone, infailliblement ils defferoient l'infanterie des ennemis qui estoit aux fauxbourgs de Verdun delà l'eau, et gaigneroit leur artillerie, la cavallerie des ennemis, qui estoit de l'autre costé de la rivière, ne les pouvant secourir.

L'honneur qu'eust eu le sieur de Tavannes, comme chef et autheur de ceste entreprise, empescha ses envieux de s'y porter ; ce qui fut cause qu'il en fit une autre plus hasardeuse, laquelle réussit heureusement, dont luy seul chef en eut aussi seul l'honneur. Il fit lever le siège aux ennemis, leur ayant dressé un stratagème qu'ils ne prévirent point, en rendant par ce moyen l'exécution plus facile. Ce fut en cette sorte :

Il fit partir un homme d'armes de sa compagnie, et avec luy un arquebusier à cheval, de Vergy pour recognoistre le passage de la rivière de Saone, tant du milieu d'icelle où il falloit passer à nage, que l'entrée et issue qui estoit proche des portes de la ville de Verdun, les gardes que faisoient les ennemis sur ceste advenue, et leur logement : ce qu'il falloit exécuter la nuict, à cause desdictes gardes, et recognoistre le chemin le plus couvert, pour y mener le secours sans qu'ils l'apperceussent, et advertir le sieur de Bissi, qui commençoit à capituler, qu'il l'alloit secourir, et luy dire que, quand le secours entreroit en la rivière, l'on feroit paroistre pour signal une escharpe blanche desployée. Leur ayant enjoint ces commandemens, ils rapportèrent tost après que la rivière se pouvoit passer à cheval en nageant la moitié ou le tiers de la largeur d'icelle ; que l'entrée et issue en estoit facile, comme il l'avoit recogneu, y ayant passé à cheval la nuict; que les gardes des ennemis estoient de quarante chevaux sur le bord de la petite rivière de Saone, et de trente chevaux d'autre costé, où estoit leur cavallerie, logée pour la pluspart ès villages de Bragny et Allerey, assez près desdictes gardes ; qu'il y avoit deux lieues de bois proche les prés de la rivière de Saone, où l'on pouvoit aller à couvert en passant proche le chasteau de La Sale, qui appartenoit à l'évesque de Chaalon, oncle dudict sieur de Bissi.

Incontinent le sieur de Tavannes fit sonner les trompettes à cheval, mena cent cinquante maistres, tant de sa compagnie d'hommes d'armes, que de celle du sieur de Soucey, qu'il fit marcher en trois troupes; arriva à couvert des bois près de la prairie, ayant faict six lieues de chemin depuis Vergy, fit partir quatre hommes de cheval seulement, avec le sieur de Longueval, pour recognoistre : ils amenèrent deux arquebusiers à cheval prisonniers, qui dirent ce qu'ils sçavoient. Alors le sieur de Tavannes, ayant faict demeurer cent chevaux en deux troupes en un grand chemin dans le bois, partit avec la troisiesme troupe de cinquante maistres, qu'il conduisit jusques au milieu des prés, leur enjoignant de ne s'arrester point à combattre les gardes des ennemis; mais s'ils venoient à eux qu'ils fissent un peu ferme, et passassent outre à l'eau en suivant leurs guides, et, après y estre entrés, monstrassent le signal de l'escharpe blanche desployée : ce qui fut si bien suivy par eux, que, nonobstant qu'une des troupes desdictes gardes s'esbranla pour venir à eux, ils passèrent la rivière de Saone, partie à nage, armés de toutes pièces, sans perte d'aucuns d'eux, et furent receus dans Verdun, et n'y eut qu'un homme d'armes, nommé le sieur de Chomont, qui tomba tout armé dans la rivière sans se perdre, car son cheval, qu'il avoit pris par la queue, nageant avec les autres se sauva. Incontinent après, le sieur de Tavannes, oyant dans les quartiers ennemis sonner à cheval aux trompettes, se retira au pas trois lieues durant avec les deux troupes de chacune cinquante maistres ayant l'armet en teste, qu'ils ostèrent après qu'ils ne se virent point suivis des ennemis, et ayant faict autres trois lieues se rendirent à Vergy. Ainsi ils firent douze lieues en un jour, leur dessein ayant heureusement réussi.

Ces cinquante maistres passés à nage furent mis dans un fort de terre basty dans une isle proche ladicte ville de Verdun, où depuis ils servirent à rompre le projet qu'avoient faict les ennemis, et lors à rompre du tout les capitulations de la reddition de la place qui estoient en termes d'estre signées. Ce projet des ennemis fut un bateau si bien couvert par le devant, qu'il y pouvoit entrer soixante ou quatre-vingts hommes, sans estre offensés des mousquetades. Ils s'y mirent, la pluspart armés de cuiraces, et partie de mousquets et arquebuses; mais ils treuvèrent tant de résistance en ces nageurs du sieur de Tavannes, armés de toutes pièces, la picque à la main, et de quelques arquebusiers, que ceux qui estoient sur le devant du bateau se retirant sur le derrière le firent renverser, et furent tous noyés, excepté quelques-uns qui par pitié furent retirés avec des picques dans le fort, et faicts prisonniers, parmy lesquels se treuvèrent le sieur d'Atignac et trois ou quatre gentilshommes; entre les morts noyés fut le chevalier de Rochefort et plusieurs autres gentilshommes. Une heure avant cet accident, tomba un flambeau du ciel en la rivière : il pouvoit estre un advertissement de leur malheur.

La cavallerie ennemie avec le vicomte de Tavannes avoit passé l'eau du costé de la Bresse, lequel voyant cent trente chevaux de l'autre costé de l'eau, conduicts par le sieur de Tavannes, tant de sa compagnie que de celle du sieur d'Amanzé, estimant que ce fust du secours qui allast encore à Verdun, considérant celuy qui y estoit desjà entré, et la fortune advenue de ce bateau noyé, leva le siége et se retira en bel ordre sur le chemin de la ville de Chaalons. Alors le sieur de Tavannes envoya quelques-uns des siens à Verdun; ce fait, il se retira avec sa troupe à Vergy. Les garnisons de cavallerie qui estoient à la ville de Sainct-Jean-de-Laone n'en sortirent poinct, et ne firent aucune assistance aux assiégés, se contentans seulement d'ouïr parler de ce qui s'y passoit, sans s'employer à aucune sorte de secours; foulans aux pieds ce sage proverbe : « plus faire que dire, » et embrassant cestuy-ci : « beaucoup dire et ne rien faire; » ayant refusé l'offre qui leur avoit esté faicte par le sieur de Tavannes, où ils eussent acquis de la réputation : lequel escrit peu après, en may 1592, par un gentilhomme qu'il envoya au roy, la lettre cy-dessus mentionnée, pour la justification de ses déportemens.

Alors il s'en alla à la ville de Flavigny avec vingt hommes de la compagnie du sieur de Soussey, où il en mit hors un capitaine de gens de pied nommé Argolet, et y retint sa compagnie. Le mareschal d'Aumont l'y avoit laissé son partial : cela donna prétexte au sieur de Vaugrenant, lors gouverneur de Sainct-Jean de Laone, de persuader le marquis de Mirabeau de faire le dessein qu'il exécuta depuis audit Flavigny; auquel à cet effect il envoya sa compagnie, avec laquelle, et ce que put y mener ledit marquis, qui s'aida d'une mauvaise intelligence, Valon, capitaine des habitans de ladite ville, et le sieur de Cherissi, gouverneur pour le roy estans entré, il eschella la nuict ladite ville; et y fut tué ledit gouverneur, son logis pillé, et quelques soldats qui estoient en garde sous la halle tués. Stratagesme pour continuer les partialités dont les plaintes sont mentionnées en la susdite lettre escrite au roy.

Pendant que ledit sieur de Tavannes séjourna à Flavigny, suivant l'advis qu'il eut du duc de Nevers sur les lettres qu'il luy avoit escrites, il assembla quatre cents chevaux des forces de Bourgongne, y compris sa compagnie d'ordonnance, qui estoit revenue de la ville de Langres, et s'achemina avec ceste troupe à la ville de Mussy, vers le mesme duc de Nevers, qui avoit mené quelques forces en petit nombre, afin que, les deux jointes ensemble, ils allassent secourir Chasteau-Villain, que le marquis du Pont, fils aisné du duc de Lorraine, avoit assiégé avec une armée et quelques canons et pièces de batterie, n'ayant pas encore gagné la contrescarpe, laquelle estoit gardée par les capitaines Tieullay et Clerget, qui commandoient aux gens de pied que le sieur de Tavannes avoit envoyés. Mussy n'estoit esloigné de Chateau-Villain que de quatre lieues.

La résolution estoit de combattre ceste armée en se fortifiant, en passant près la ville de Chasteau-Villain, d'une partie de la garnison qui estoit dedans; mais comme l'on commençoit à s'acheminer, l'advis vint que le marquis du Pont, ayant esté adverty des forces qui alloient à luy, avoit levé le siège et presque laissé un canon engagé, et se retiroit vers les places qui estoient en sa dévotion ; ce qui fut cause qu'ayant les troupes de Bourgongne conduict jusqu'à Vandœuvre ledit duc de Nevers, qui s'en alloit à Chaalons en Champagne, où sa présence estoit nécessaire, le sieur de Tavannes les ramena en Bourgongne.

Le mesme duc de Nevers fut une autre fois en Bourgongne, où il eut les mesmes troupes près de luy qui furent à René-le-Duc, voulant aller secourir le chasteau de Doudin, fort d'assiette, sur les frontières du Masconnois, que le sieur de Solon avoit commencé à fortifier, estant assiégé par le vicomte de Tavannes, lieutenant au pays pour le duc de Mayenne; mais il fut pris en si peu de temps, qu'il n'y eut moyen de le secourir. Ledit vicomte s'estant desjà retiré de René-le-Duc à la ville de Chaalons-sur-Saone, le duc de Nevers s'en retourna en son gouvernement de Champagne.

Nous estions lors en l'année 1594, sur la fin de février, que les troupes ennemies s'estans assemblées à Beaune pour venir charger celles du roy levées en la province de Bourgongne, qui estoient proches le duc de Nevers, lesquelles estoient desjà séparées, le sieur de Bissi, gouverneur de la ville de Verdun, alla visiter les ennemis avec cinquante chevaux de sa garnison jusques près des fauxbourgs dudit Beaune; où les ayant rencontrées au nombre de deux cents chevaux, fit retirer sa troupe comme estant plus foible, et demeura près d'eux avec dix ou douze des mieux montés, disant tout haut qu'il ne se vouloit point retirer qu'il n'eust donné quelques coups de pistollets. Il n'avoit pour sa retraite que trois lieues à faire avec ce peu de gens. Il se mesla dans leurs premières troupes où, faisant une passade, son cheval tomba et luy fut blessé à terre, pris et emmené prisonnier au chasteau dudit Beaune, où il mourut, non sans soupçon que sa mort eust esté avancée par ceux qui pansoient ses playes. Le sieur de Tavannes, gouverneur pour Sa Majesté en Bourgongne, en ayant eu advis, se rendit incontinent avec sa compagnie de gensd'armes en la ville de Verdun, et si à propos, que sans son arrivée les ennemis l'alloient assiéger. Et, après y avoir mis bon ordre et séjourné un mois, il y laissa gouverneur le comte de Verdun, seigneur du lieu, qui avoit eu ses patentes du roy pour ce gouvernement, avec sa compagnie de cavalerie et la garnison ordinaire de gens de pied.

Cette occasion passée, il s'en présenta une autre : ce fut la réduction de la ville de Mascon sur la Saosne en l'obéissance du roy, où ledit sieur de Tavannes s'achemina avec cent chevaux, et y fut receu par les habitans, qui jurèrent toute fidélité à Sa Majesté ; à quoy le sieur de Varenne, qui estoit gouverneur en icelle pour le party contraire, se porta aussi à leur imitation. Or ceux de la ville de Tornus estans opiniastres en leur rébellion, et le sieur de Tavannes s'en estant retourné de Mascon à son chasteau de Bonencontre, prit jour avec le sieur colonel Alphonse Corse, depuis mareschal d'Ornano, qui avoit des troupes du costé de la ville de Lyon, laquelle estoit lors en l'obéissance du roy, pour se joindre avec celles de Bourgongne proche ladite ville de Tornus pour l'attaquer ; où s'estans trouvés ensemble, ledit sieur de Tavannes, avec sa compagnie de cavalerie, alla loger quelques compagnies de gens de pied dans un hospital à trente pas du fossé, où les ennemis, avec quelques cuirasses et arquebusiers, firent une sortie la nuict, rompirent la barricade faite à l'église, et tuèrent quelques soldats ; mais ils furent si vivement repoussés qu'il en demeura partie des leurs sur la place. Cela fut cause que ledit sieur de Tavannes retira les arquebusiers qui estoient en ceste église, deux heures avant le jour, et y en mit d'autres pour les rafraischir.

A trois jours de là, le vicomte de Tavannes, qui avoit encores le marquis de Treffort près de luy, passa avec des bateaux la nuict la rivière de Saosne, et entra avec quatre ou cinq cents chevaux en ladicte ville. Pendant ce temps fut pris par les troupes desdicts sieurs Alphonse et de Tavannes le bourg fermé de muraille de Brancion, qui est sur une montagne en forte assiette. Ils y entrèrent par le moyen de quelques pétards et eschelles ; et fut pris aussi une couleyrine qui estoit sur une plate-forme au bas du chasteau, que les soldats tirèrent hors de là avec des cordes, à la mercy des arquebusades du chasteau, moyennant quelque argent que leur fit donner ledit sieur de Tavannes. On la dévala depuis à force de bras à la plaine ; et n'ayant le chasteau, pour estre en lieu mal aisé, esté attaqué, on se contenta de faire tirer ceste pièce dans la ville de Tornus, et de présenter le combat au vicomte de Tavannes et au marquis de Treffort ; et pour ce faire furent en bataille, les attendant long-temps, ledit sieur de Tavannes avec cent cinquante chevaux de Bourgongne, et le sieur Alphonse avec à peu près autant de cavallerie qu'il avoit amené de Dauphiné, assistés des sieurs de La Baume, de Meures et de Gouvernet, avec la pluspart de leurs compagnies de cavallerie, ensemble celle dudict sieur Alphonse. Mais, n'ayans peu combattre ceux qui ne vouloient point sortir en campagne, ces troupes se retirèrent chacune en leur pays. Alors le comte de Verdun, gouverneur de ceste ville-là, ayant esté attiré par La Fortune, gouverneur pour le duc de Mayenne à Seurre, en une embuscade, comme il vouloit charger la cavallerie de Seurre, une salve d'arquebusiers mit ses gens en désordre : il y fut blessé, pris, et le lendemain il mourut ; estant demeuré gouverneur de Verdun en sa place le sieur de Sabran, son oncle.

Ceux de la ville de Beaune commençoient à vouloir traiter avec le sieur de Tavannes, lorsqu'il eut nouvelles que, suivant ce qu'il avoit mandé au roy d'envoyer un prince ou un mareschal de France faire la guerre en Bourgongne, et ce qu'il avoit escrit au mareschal de Biron, pour le prier de s'y acheminer avec l'armée de Sa Majesté qu'il conduisoit près de la ville de Troyes, laquelle à la faveur de ceste armée s'estoit mise à l'obéissance de Sa Majesté ; il sceut doncques que ledit mareschal de Biron s'acheminoit en Bourgongne : il alla au devant de luy avec trois cens chevaux jusques près d'Auxerre.

(1595) Le premier effect dudit mareschal en la province fut la prise de la ville de Nuys, où le sieur de Tavannes et les troupes de Bourgongne l'accompagnèrent. Peu de gens furent tués aux fauxbourgs ; et le capitaine Nicolas, gouverneur de la ville, y ayant esté tué deux jours après par quelqu'un des habitans, ceux-cy la rendirent. Le duc de Mayenne, qui quelques mois avant la venue du mareschal estoit venu à Dijon et à Beaune, s'estoit à son arrivée retiré à Chaalons-sur-Saosne. Ainsi le mareschal estant maistre de Nuys, il fut receu en la ville de Beaune par les habitans, qui tuèrent, pour avoir la liberté de se rendre au roy, le capitaine Guillerme et quelques soldats. Il battit le chasteau d'icelle, où le sieur de

Mommoyen commandoit, qui se rendit à luy. Le mesme fit depuis la ville d'Autun et celle de Dijon, où estoit le vicomte de Tavannes, qui se retira au chasteau, et de là à la ville de Talant : le sieur de Tavannes eut charge du mareschal de Biron d'aller prendre deux canons du costé de Mascon, et les amener avec un régiment de Suisses qui estoit vers cet endroit-là. Il avoit avec luy sa compagnie et quelques carrabins. Il passa près de Chaalon en allant et en retournant, sans que les forces du duc de Mayenne qui tenoient ceste place luy donnassent aucun divertissement.

Les habitans de ces grandes villes avoient esté tant fatigués par les garnisons des places voisines, que bien que le mareschal de Biron ne fust venu, ils n'eussent laissé de se mettre en l'obéissance du roy; car elles commençoient desjà toutes à parlementer couvertement avec ledit sieur de Tavannes. Il est bien vray que les forces qu'amena le mareschal, et son authorité, avançant les affaires du roy, firent plutost esclorre ce bon dessein. Or le sieur de Tavannes, estimant que le plus grand honneur qu'il pourroit avoir, estoit d'avoir aidé à l'entière réduction de la province de Bourgongne en l'obéissance du roy, pour ce faire avoit faict quelque project (dont il avoit parlé au roy à Paris) avec le sieur de Senecey de luy mettre entre les mains sa charge de lieutenant de Sa Majesté en Bourgongne, pour la réduction de la ville et chasteau d'Auxonne : ayant sceu depuis que le mareschal de Biron avoit des lettres patentes du roy du gouvernement de la province, en l'absence de M. d'Orléans, il continua ceste négociation, qui réussit depuis moyennant la récompense qu'il en receut. Ainsi il se deffit de sa charge par des considérations pertinentes.

En ceste mesme saison, qui estoit au mois de juin 1595, le roy estant venu à Dijon avec ce qui restoit de son armée, investit le chasteau, prépara l'artillerie pour le battre ; mais, sur l'advis qu'il eut que le duc de Mayenne estoit à la ville de Grey, au comté de Bourgongne, le connestable de Castille s'estant joint à ses forces avec cinq cens chevaux et quelque infanterie espagnole, Sa Majesté s'achemina au chasteau de Lux, à quatre lieues de Dijon et quatre de Grey, pour trouver moyen d'aborder ses ennemis, quoy qu'il n'eust qu'une partie de sa cavallerie près de luy. De là s'estant encore avancé d'une bonne lieue jusques à Fontaine-Françoise, le mareschal de Biron, qui menoit une première troupe d'environ cent chevaux, fut rencontré par la cavallerie espagnole de deux à trois cens chevaux, qui le suivirent de si près, estimant qu'il n'y eust en campagne que ce qu'il menoit, qu'en se retirant du costé du roy, il y eut à sa suitte le sieur de Rampoux, deux ou trois gentilshommes tués, et luy blessé d'un coup d'espée sur le derrière de la teste : mais ces poursuivans ayans apperceu une troupe de soixante chevaux que conduisoit le sieur de Tavannes, et voyant paroistre plus loing de là les forces du roy, tindrent ferme : ce qui donna loisir audit sieur de Tavannes de se retirer aussi avec les soixante chevaux auprès du roy; lequel, se voyant renforcé de ses troupes de cavallerie, qui n'estoient encore toutes arrivées de leurs logemens, se résolut d'aller en personne charger ceste cavallerie espagnole.

Ce jour-là Sa Majesté avoit des armes argentées, et marchoit à la teste des siens en bon ordre, un rang de gens de cheval devant luy, et près de sa personne le mareschal de Biron, les sieurs de Tavannes et de Ton, leurs compagnies et plusieurs seigneurs de qualité, deçà et delà de luy des compagnies d'arquebusiers à cheval, qui firent leur salve avec ceux des ennemis. Sa Majesté chargea vaillamment, et deffit ceste cavallerie espagnole, qui n'opiniastra pas le combat que de là longueur des lances, se retirant en courant et en désordre. Elle fut suivye un demy quart de lieue du gros que menoit le roy, et d'aucuns une demye lieue, qui rapportèrent que le reste des forces du duc de Mayenne et du connestable de Castille s'avançoient : ce qui fit retourner le roy du costé de Fontaine-Françoise, pour rejoindre le reste de sa cavallerie, qui y abordoit d'heure à autre.

Incontinent arrivèrent environ trois cens chevaux des ennemis, qui n'avoient pas encores combattu : c'estoit la compagnie du duc de Mayenne, celle du sieur de Villars-Houdan, et des autres dont les barons de Tiange et Villars-Houdan avoient la conduicte. Ils tinrent ferme sur le haut, sans s'acheminer vers le sieur de Tavannes, que le roy avoit faict avancer avec sa compagnie. Et voyant qu'il faisoit aussi avancer d'autres compagnies de celles qui estoient venues les dernières, ils firent un tour en limaçon avec leur cavallerie, et après disparurent, se retirans du costé du duc de Mayenne, qui estoit encore près de Grey : ce qui donna occasion à Sa Majesté (car il estoit desjà tard) de faire donner les quartiers pour aller loger ; et le lendemain s'en retourna à Dijon, où l'on tira quelques coups de canon à ceux du chasteau du costé des tranchées de la ville, et ceux du chasteau en tirèrent contre la ville. Les canons qui estoient au dehors furent placés dans les fossés d'icelle pour tirer au chasteau ; mais Fransèche, qui en estoit gouverneur, fit sa capitulation et le rendit à Sa Majesté. La ville de Talant, là proche, luy fut aussi rendue après que le sieur de Tavannes eut traité, par son commandement, avec son frère le vicomte de Tavannes, et que celuy-cy eut laissé mettre le mareschal des logis et vingt hommes d'armes de la compagnie dudit sieur de Tavannes dans le fort qu'on y avoit faict. Ne restant plus dans la province hors l'obéissance du roy que la ville et citadelle de Chaalon et la ville de Seurre, la première, estant sous l'authorité du duc de Mayenne, par l'accord qu'il fit fut réduicte avec sa personne à l'obéissance de Sa Majesté, et celle de Seurre, peu de temps après, fut rendue par La Fortune, italien, qui commandoit dedans, et fut le seul de son party qui prit de l'argent pour en sortir. Après cela, le roy, pour soulager son duché de Bourgongne, mena son armée par le comté de Bourgongne à Lyon, aux despens des petites villes et du peuple de ce païs-là ; où quelque cavallerie des nostres y estant à la guerre, dom Alonce, général de la cavallerie légère espagnolle, fut par eux pris prisonnier, et par eux mesmes traicté favorablement.

C'est ce que le sieur de Tavannes a rédigé par escrit des guerres et troubles de cet estat, avec la vérité et sincérité qu'un chacun peut remarquer ; car il a esté présent en la plupart des occasions qu'il raconte, ès quelles sont comprises les sept années de la seconde guerre des rebelles au roy, appellée par eux Ligue d'Union, au duché de Bourgongne, pendant lesquelles années il a esté seul gouverneur en Bourgongne de Sa Majesté, pour le service de laquelle, le bien de sa patrie, et pour son honneur, il s'est dignement et heureusement employé, comme chacun sçait, jusques à ce que ceste province a esté du tout remise à son devoir envers Sa Majesté : laquelle approuva ses actions par les lettres de validation qu'elle luy fit délivrer le 26 de février 1595 au parlement de Dijon. De toutes lesquelles choses il rapporte la louange à Dieu, duquel tous bons succès et prospérités nous viennent, comme de l'unique et véritable source de tous biens.

ADVIS ET CONSEILS DU MARESCHAL DE TAVANNES,

DONNÉS AU ROY SUR LES AFFAIRES DE SON TEMPS.

Advis après la paix faicte à Sainct-Germain en l'année 1571.

Il y a apparence que la paix durera, pour l'envie et nécessité qu'en a l'un et l'autre des partis ; et néantmoins il faut confesser que si l'un voit une occasion bien seure pour mettre fin entière à la chose de question, qu'il la prendra, comme l'expérience l'a desjà assez de fois monstré ; car de demeurer pour jamais en l'estat où l'on est, personne, de si mauvais jugement soit-il, ne le peut ny le doit espérer : et n'y en a point de si approchant la victoire entière que de prendre les personnes, car de prendre un royaume tout à un coup cela ne se peut ; de surprendre aussi ce qu'ils tiennent, réduire leur religion, rompre tout à une fois les alliances qui la soutiennent, il est impossible. Ainsi il n'y a moyen que de prendre les chefs tout à la fois, comme dit est, pour y mettre une fin ; chose dont ils se sauront fort bien garder : et ne se faut point tromper ; car si Leurs Majestés et messieurs ses frères continuent à se garder si mal qu'ils font, l'occasion est tousjours présente, n'y ayant endroit dans le royaume, signamment près de Paris, d'où ils ne se treuvent en vingt-quatre heures sept ou huict cens chevaux, sans ce qui sera dans la cour et dans Paris, trouppe bastante pour une telle exécution. Les personnes saisies, l'on sçait où cela peut aller, et comme ils feront la loy.

S'il y a apparence à ce que dessus, que les gardes retenues soient establies en sorte qu'elles puissent servir; que le régiment de Caussenis loge tousjours au plus prochain village de là où sera le roy; et si Sa Majesté est dans une ville, il logera dans un fauxbourg. Les archers de la garde qui sont en quartier peuvent avoir la cuirace; et s'ils ne la portent ordinairement pour éviter la deffiance, à tout le moins qu'ils l'ayent à leur bagage pour s'en servir s'il en est besoin, ne fust-ce qu'à donner la force à la justice à l'endroict des mal-vivants, ou désobéissances qui se font à la veue du roy, tant à l'observation de l'édict qu'autres délits.

Sa Majesté, outre tout cela, peut avoir un nombre de jeunes hommes qui feront tousjours porter leurs armes, et mener un bon cheval. Les compagnies des gensd'armes qui doivent tenir garnison dans les gouvernemens des provinces les plus près de Paris, comme l'Isle de France, Picardie, Normandie, Champagne et autres plus prochaines, que les garnisons en soient establies si près qu'elles puissent venir à toutes heures estans mandées.

Quand le roy aura estably ce peu d'ordre, et qu'il vueille toujours se loger en lieu seur, cela gardera d'entreprendre une telle exécution avec petit nombre. La faisant avec plus grand, il est mal aisé que l'on n'en soit adverty; bref, que les choses sont en bon train pour venir au-dessus des affaires, pourveu que l'on ne se laisse attrapper. Et leur faut tenir la parolle, pour ne leur donner occasion de prendre les armes en se gardant, de façon que Sa Majesté aye temps de les lever premièrement; car si Sa Majesté a ce loisir, c'est chose seure qu'ils seront tousjours batus. Et n'y a que ceste seule difficulté que tout n'aille bien; qui est de n'estre prévenu en un mauvais logis ou aux champs tout à la fois; car ce seroit le dernier coup, dont, par les moyens cy-dessus, il y a apparence de se garder.

<small>Autre advis en l'année 1571.</small>

Vous avez si bien traicté et festoyé vos serviteurs, qu'estans enyvrés ils ne cognoissent plus d'où est venu et d'où peut venir le bien. Ils le prennent d'eux-mêmes, attendu qu'ils ont tout ce qu'ils veulent, jusques à vostre substance, par menaces, braveries, ou du moins par prières superbes, en temps qu'ils vous cuident en nécessité, se tenans forts des partys et hommes qu'ils ont faicts à vos despens, et de ceux qu'ils entretiennent à vostre solde, encore que tout vienne de vous. Peu des moindres, qui sont le plus grand nombre, se sentent obligés, ayans ce qu'ils ont et ce qu'ils veulent de vous par la main d'autruy. Tous les honneurs qui souloient attirer les cœurs des hommes sont dénigrés, pour estre trop communs et mis entre gens indignes : c'estoit la gloire des braves, qui les menoit à la mort pour maintenir Vos Hautesses, qui par ce moyen est faillie. De là s'engendre le mespris et licence effrenée dont l'on use en vostre endroit; de sorte qu'il ne reste qu'à accorder la ligue de ces grands si enrichis de biens et de serviteurs à vos despens, comme dit est, que, non seulement vostre estat, mais vos personnes ne courent fortune très périlleuse.

Or, pour remédier à cecy, quant aux braveries et demandes superbes qui se font des biens de la couronne, cela se doit remettre en un autre temps, comme chose indigne d'un serviteur de demander à son maistre souverain en temps de nécessité une vieille querelle mal fondée; remettant à celuy qui la demande qu'après avoir respiré et prins haleine parmy tant d'affaires l'on y advisera par conscil, et ce, avec visage de douceur, et néantmoins magistral, sur tout à l'endroict desdits grands, en refrenant les dons qu'ils ont accoustumé de demander, afin de diminuer ces grandes richesses dont ils peuvent faire mal. Leur faut pareillement oster ce qu'ils demandent pour autruy, et que tout se donne par la main du maistre à ceux qui s'addresseront à luy, ou par la prière de la royne ou de Messieurs, afin d'obliger un chacun : et si ce sont gens qui suivent autre que Sa Majesté, royne, ou mesdicts sieurs, cela doit estre rebuté; et pour l'exécuter plus dextrement sans le faire cognoistre, aussi pour avoir moyen de faire du bien à ceux que Sa Majesté voudra, semble que tous les dons qui se demanderont doivent estre mis par brevets, que Sa Majesté recevra en les mettant dans sa poche, sans les bailler aux secrétaires, ni les accorder sur-le-champ; ains dira qu'il en fera responce, et iceux brevets mis en une boiste au coffre de la chambre, pour, au bout de quinze jours, ou tant, les voir secrettement hors de la présence des grands, et les accorder ou refuser à ceux qui les auront demandés, ou bien en retrancher aucuns pour faire bien à plus de gens. Cela s'appellera le jour de la libéralité, et seront alors baillés aux secrétaires pour les dépescher.

Voilà un moyen pour attirer les cœurs de ceux qui ne font plus de cas des honneurs et estats, que l'injure du temps a ainsi déshonorés. Mais voicy le principal pour y remédier : Que Sa Majesté révoque toutes les réserves données des bénéfices ; qu'il n'en soit donné un seul, petit ny grand, que de quatre ou six mois en six mois, et que cependant on y establisse un œconome pour lever et garder les fruicts des vacquans. Au bout du susdict terme donnera et bénéfice et fruicts à celuy ou à ceux qui luy feront service, et plus aux absents, qui sont à leurs charges, que aux présents, et ce, pour chasser la foule des capitaines, leur donnant occasion de se tenir à leur susdicte charge, et s'oster la presse des importuns : surtout, s'il y a guerre, en avoir tousjours de réserve pour donner à ceux qui seront en voyage, et luy feront les services les plus signalés. Quoy faisant, les bienfaicts suppléront aux susdicts honneurs, et enfin tout dépendra de Sa Majesté, à la diminution des partys. Cecy se veut exécuter sans monstrer pourquoy l'on le faict, et dire que l'on veut d'oresnavant employer les bienfaicts à l'endroit de ceux qui font service. Par ce moyen Sa Majesté obligera, tout en renforçant sa part petit à petit, à la diminution des autres aussi petit à petit, qui ne doivent et ne peuvent estre deffaicts tout à un coup.

Celuy des bénéfices se peut faire par édit, et le causer sur les surprinses qui se font ordinairement par les demandeurs, tant par les importuns qu'autres voyes ; de sorte que le plus du temps les gens de peu de sçavoir et mal conditionnés sont pourveus, tant aux éveschés, abbayes que autres bénéfices, bien souvent à la dévotion de ceux qui ont faict le moins de service ; et que, pour désormais y remédier, Sa Majesté ne se veut haster de conférer lesdicts bénéfices, ains les garder quelque temps, pour plus facilement choisir gens idoines pour les exercer. Parquoy sera mandé aux baillifs et séneschaux, quand il viendra à vacquer quelques bénéfices dans leur ressort, qu'ils advertissent soudain, et cependant facent saisir ledict bénéfice, et mesnager les fruicts par un œconome solvable qui en respondra, et fera continuer le service de Dieu à l'église, comme de coustume : lequel édict il fera publier par sondict ressort, à ce que personne ne se mette en peine et despence de courir lesdicts bénéfices.

Quant à l'autre point, des dons qui se demandent ordinairement, attendu l'édict des offices il ne s'en peut guères demander, sinon que les deniers recelés, larcins, ou abus commis aux offices, et autres choses pareilles qui ne sont en évidence; en cela seroit raisonnable d'en donner à l'advertisseur une quatriesme partie, ou telle portion qui sera advisée, pourveu que ce ne fust sur gens comptables qui auroient encores à compter; autrement plusieurs choses demeureroient cachées, qui se descouvrent par les demandeurs en espérance d'en avoir ledict quart. A eux la susdicte portion, et le surplus pour la libéralité et espargne du roy. Tant y a que ces dons ne se doivent donner si soudain, ains de huict en quinze jours du mouvement de Sa Majesté, ou par le moyen de la royne ou de Messieurs, et non d'autres, à ce que d'oresnavant tout despende de sa seule part.

Autre advis de l'année 1572.

Les gueux de Flandres se promettent qu'avec leurs alliés, tant d'Angleterre, protestans, François huguenots, qu'autres, leurs forces seront de dix mil chevaux, et grand nombre de gens de pied à l'équipollent, tant arquebusiers allemands qu'anglois, artillerie, par le moyen desdits Anglois, les plus forts pour la mer, les Pays-Bas mal contens, plusieurs villes prestes à se rebeller, et que tout cela s'offre estre à la dévotion du roy, luy donnent advis qu'il doit déclarer la guerre au roy d'Espagne ouvertement, d'autant que si ceste belle occasion se perd, malaisément se pourra recouvrer; outre, ce qui est à présumer, qu'estant ledict roy d'Espagne et le duc d'Albe en soupçon de Sa

Majesté, comme ils sont à cause du voyage de Strossi, encore que pour ceste heure ils tiennent fort beau langage, que, venant à estre victorieux avec la grande armée qu'il aura, il ne donne à la France, en grand danger, la trouvant despourveue, d'y faire un grand eschec.

A la vérité il y a quelque apparence en ce dire-là à qui ne considéreroit en quel estat est le roy et son royaume, et celuy du susdict roy d'Espagne, les affaires duquel sont allées jusques icy comme chacun sçait. Par ainsi, sans se tromper, faut considérer que le duc d'Albe n'a pas si mal pourveu à son faict, qu'il n'ait bientost une des plus grandes armées qui ait esté il y a long-temps ensemble. Et ores qu'elle n'excède point les susdictes forces de ses ennemis, la différence y est grande, d'autant qu'il est sur la deffensive, et a l'argent pour continuer la guerre et mettre les choses à la longue; tient le pays de quoy il vivra, les autres en danger d'y mourir de faim. Et n'aura que trois mois pour temporiser que l'on sera en l'hiver, durant lequel ne se peut tenir la campagne en Flandres à cause des marescages et humidités dudict pays. Et c'est vraysemblable qu'il puisse estre contrainct, luy qui est sage capitaine, ayant accoustumé d'aller retenu, si ce n'est au grand désadvantage et hasard de ceux qui l'iront assaillir.

Et quant à ce peuple rebelle, sa puissance, suffisance et bonne conduicte est jà monstrée par ceux qui sont descouverts. Le reste, encore qu'ils eussent bonne volonté d'user de rébellion, ne la sçauroient ny oseroient descouvrir (l'exemple y est, ayant veu le prince d'Orange avec une si grande armée en leur pays), sinon que l'on eust contrainct ledict duc d'Albe à la bataille, et qu'il l'eust perdue. Aussi, s'il la gaigne, ayant les forces du roy joinctes avec celles desdicts huguenots, voilà le royaume en grand branle, et est le mettre sur le tablier au hasard contre la Flandres, mesmes y ayant si grand nombre du peuple en cedict royaume de l'ancienne religion, et la pluspart mal-contens : qui serait pour se désespérer, à cause que, n'ayant point de finances pour ceste guerre, il est forcé d'en prendre sur soy; et est en somme porter la querelle d'une poignée de rebelles de dehors, pour en faire un grand nombre dedans.

Lesdicts rebelles de Flandres ont jà préparé la cause de la rébellion de ceux de France, disant que ce qu'ils ont commencé est pour les subsides, desquels le susdict peuple françois sçait bien à quoy s'en tenir : subsides de fraische mémoire levés pour chastier le peuple eslevé pour la religion qui se dit réformée, et à ceste heure autres subsides pour la soustenir. Chose très dangereuse pour les grands princes, qui se trompent s'ils cuident estre roys pour tenir des places fortes, maisons et autres choses, car il faut estre roy du peuple, et estre obéy et aimé : autrement, le mieux qui en puisse advenir, c'est maistriser la rébellion et sondict peuple par force avec les estrangers, les enrichir de leurs despouilles, à la ruine de leur royaume, et s'acquérir le nom de tyran, avec perpétuel doute de leur personne. Joinct que si Sa Majesté commence, il sera assailly du costé de Piedmont, Provence, Languedoc et autres lieux, facilement par le moyen des amis de la ligue saincte et de l'armée de mer. Et d'y envoyer des grandes forces pour y dresser une armée, et y faire teste, se fiant qu'il ne faudra pas de beaucoup aider aux susdicts gueux, attendu qu'ils sont desjà forts, il n'y a homme qui doive conseiller de ne se devoir rendre le plus fort, se joignant avec eux, pour leur faire la loy, et s'attribuer les conquestes.

Davantage, faut autres secondes forces pour si l'on venoit à la bataille (que tous conquérans doivent chercher), avoir une recousse, d'autant qu'il est bien plus raisonnable de deffendre le cœur du royaume que les membres. Ainsi de mener une armée en Piedmont, l'on sçait comme il est aisé : les places y sont en mauvais estat, le pays débile; comme il est perdu en un mois, les forces d'Italie pourront tomber en Dauphiné ou en Provence. M. de Savoye baillera vivres. L'entreprise du roy d'Espagne pour Algier pourra se remettre à une autre fois, et, à l'imitation du vieil empereur, s'aider de l'argent levé pour cela. Et ores que ledict duc d'Albe eust perdu la bataille et la plus grande part des Pays-Bas, la réputation et la force seront si grandes à l'endroict des huguenots, mesmes venans à mourir ou changer ceux qui les conduisent avec bonne intention, que le roy et son royaume sera tousjours mené en lesse ; et vaudroit bien mieux n'avoir point de

Flandres, ny autre conqueste, que d'estre incessamment à maistre. Par ainsi en gaignant c'est se perdre du tout.

Et est aussi à considérer que les gueux grossiers trompent les huguenots subtils par leur mauvaise conduicte, tant présente que passée. Je laisse là la foy rompue d'un homme courageux, comme le roy faict profession d'honneur, l'ingratitude d'avoir esté secouru en sa nécessité, rendre mal pour bien : qui seroit entièrement le contrepied du grand roy François premier, lequel, au lieu de recevoir ceux de Gand, donna passage à l'empereur Charles cinquiesme pour les chastier. Je laisse pareillement que l'on a veu les roys séparer les peuples pour plus aisément les vaincre, et mener à leur volonté ; et qu'à ceste heure les peuples ayant séparé les roys en pourront, s'ils veulent, faire de mesme, d'autant que tout cela est assez évident : et, pour conclure, jamais roy sortant de misère ne fut en si beau chemin.]

Ceux qui se sont eslevés dans le cœur de son royaume, qui tiennent une partie du peuple à leur dévotion, et y ont faict la loy, vont assaillir ses ennemis, où il ne peut perdre sans gaigner ; mais aux dépens d'autruy se peut lever le joug qui sera tousjours sur le col de Sa Majesté, venant à changer les chefs de bonne intention, comme dit est. Et de dire s'ils sont deffaicts ils seront suivis jusques en France, et tombera la nuée du duc d'Albe sur luy, l'exemple y est de la retraicte qu'il fit dernièrement, les ayant chassés de Flandres ; et ores, qu'il eust d'autre opinion, l'hiver l'y contraindra : et pour remédier et parvenir à tout, faut lever le susdict soupçon du roy d'Espagne contre Sadicte Majesté en quelque façon que ce soit, voire plutost remettre ledict voyage de Strossi à une autre fois, et luy faire entendre que c'est pour le contenter.

Et pour ce que quand les voisins arment il est raisonnable d'armer, soient dispersées ses forces aux frontières sans faire mal s'il n'est de besoin, le auff-guet baillé à quelques reistres sans les lever que l'on ne soit pressé, préparer doucement les Suisses aussi sans les lever, la gendarmerie tenue en estat sans les harasser, gouverneurs à accommoder les places, les munir et y renforcer les gardes. Cela sera suffisant pour quand l'occasion se présentera qu'il y ait mauvaise volonté du costé dudict roy d'Espagne ; se mettre en un camp fortifié près d'une ville ou rivière, ainsi que l'on saura choisir, et se conserver attendant les susdicts reistres, Suisses et secours des alliés, et faire teste à ceux qui chasseront ou fuiront dans le royaume à main armée. Excuse bien raisonnable pour s'armer, sans mettre ledict roy d'Espagne en jalousie ; remettant ceste belle occasion (si belle se doit appeler) à une autre fois, laquelle ne se peut perdre, ny la volonté de ceux de Flandres, qui crieront toujours à l'aide aux François tant et si longuement que les Espagnols les maistriseront.

Et faut considérer que les Pays-Bas d'icy en avant ne peuvent plus servir au roy d'Espagne, et que pour les régir il est contrainct de les ruiner du tout, et ne luy peut tourner qu'à grande despense, crainte et desplaisir. De sorte qu'il est à présumer qu'à la fin l'on y pourra mettre le pied par amour avec alliances, ou par force quand nostre foiblesse sera passée. Et enfin vaudroit bien mieux n'avoir point de profit que l'avoir par le moyen de ceux qui tiennent tant d'hommes aguerris dans les entrailles de la France, pour, à toutes les fois que, leurs susdicts chefs faillis, eux, ou ceux qui viendront après, voudront fonder une querelle sur les subsides, religion ou autre chose, mettre en proye le roy et son estat.

Laissons donc l'entreprise si injuste, mal fondée, et qui nous est si dangereuse ; maintenons nostre réputation envers Dieu et les hommes, et la paix avec un chacun, surtout avec nostre peuple, leur tenant la parole pour leur religion ; et reprenons haleine en nous laissant descharger par nos ennemis, car c'est toute la nécessité de ceste couronne et de l'estat.

Advis pourquoy a esté commencée ceste dernière guerre contre les rebelles de la religion prétendue réformée, en mars 1573.

Pour autant que quelques-uns treuvent à dire à la façon dequoy a esté entreprise ceste dernière guerre, pour ne s'estre trouvés aux premières délibérations après que Sa Majesté eust évité les surprises de l'admiral et ses adhérans, dient qu'il n'estoit raisonnable entreprendre la guerre en tant de lieux dans le royaume, qu'il valloit mieux dresser une bonne et forte armée, la mener en Guyenne ou en Languedoc, sans s'amuser à La Rochelle, qui tousjours se fust bien prise, à l'exemple de Calais; que, les susdicts pays de Guyenne et Languedoc réduicts, l'on eust peu aller à ladicte Rochelle en temps plus propre que l'hyver; tiennent le partement de M. le duc d'Anjou trop soudain, et enfin treuvent à dire à tout ce qui s'en est faict jusques icy; taxent quelques capitaines particulièrement, comme si les choses eussent esté faictes hors la présence de Sa Majesté, et qu'elle n'eust eu le jugement sain, comme elle a, pour sçavoir prendre le meilleur party; à dire la vérité, il y a quelque apparence à leurs opinions qu'une bonne grosse armée deust faire beaucoup d'exécutions. Mais ils ne considèrent pas que laissant La Rochelle libre, c'est la teste par où les autres se gouvernent; c'estoit laisser les practiques d'Angleterre, de Flandre et autres lieux toutes ouvertes; de sorte que, pendant que l'armée eust esté employée ailleurs, une descente de trois mille estrangers, fust Anglois ou Flamands, eust faict souslever les rebelles, tant de Bretaigne que autres deçà la Dordogne; et se pouvoient mettre en campagne pour, avec huict canons qu'ils ont, reprendre toutes les villes de Poictou, qui, par le peu d'hommes qui se sont trouvés à ce commencement, ne pouvoient estre garnies.

D'autre part, la susdicte armée estant à un seul lieu à réduire la Guyenne, comme dit est, ceux de Languedoc, d'où il s'est veu sortir vingt-deux mil hommes de pied pour un coup, soubs la charge du sieur d'Acier, avec les rebelles du Dauphiné, Provence, Bourgongne, Auvergne, Lionnois, et autres lieux circonvoisins, se pouvoient mettre en campagne. Ainsi voilà deux armées debout pour faire un grand ravage, pendant que celle du roy eust esté attachée à reprendre les villes de Guyenne, lesquelles se deffendent à ceste heure, comme chacun sçait; et de désemparer après s'y estre attaché, cela n'eust pu apporter que tout désordre et défaveur, outre ce que les princes protestans eussent plus hardiment délibéré, voyant lesdicts rebelles en campagne, de les secourir, et lesquels fussent facilement allés au devant du secours.

L'on pourroit demander soubs quels chefs eussent marché ces forces-là; mais l'on sçait comment l'union est parmy eux, laquelle engendre le conseil, et le conseil le chef, à l'exemple de l'ordre qu'ils ont mis à La Rochelle et autres villes rebelles. Ainsi Sa Majesté sceut bien peser, comme clair-voyant, tous les inconvéniens : occasion pour quoy elle entreprit d'assaillir sesdicts ennemis tout à un coup, et sçachant bien que les pays de Languedoc et Guyenne seroient bien aises de s'aider, et contribuer quelque argent dans leurs pays pour aider à se lever de la calamité où ils se voyoient rentrer par le moyen desdicts rebelles. A ceste occasion furent despeschés les mareschal d'Amville et l'admiral de Villars, gouverneurs, pour lever argent afin de tenir la campagne, et lever aussi les soldats dans le pays mesme, qui aussi bien, estans subjects au pillage comme ils sont, n'eussent failly de se lever pour lesdicts rebelles. Par quoy Sa Majesté s'est trouvée la plus forte, et tenant la campagne en ses deux endroicts, sans que cela aye rien incommodé de dresser son armée pour La Rochelle, où il estoit plus que nécessaire de despescher promptement des forces, tant pour les garder d'avitailler et se saisir des isles, qu'afin de refroidir l'espérance que les Anglois avoient de la secourir par la mer. Mesme en temps d'hiver, où les entreprinses de la marine reçoivent tant d'incommodités, fut envoyé M. de Biron, pour, avec les forces qu'avoit encore Strossi et le baron de La Garde, chefs par la mer, s'employer pour cest effect, ayant néantmoins esté commandé audict sieur de Biron, gouverneur de ladicte Rochelle, chercher toutes voyes amiables avec ceux de la ville.

Ceste expédition, encore qu'il se trouvast assez mal fourni d'hommes, et les isles saisies, refroidit tellement le cœur des Anglois, que, ny Mongommery, ny tous ceux qu'y ont envoyé les Rochellois, n'ont sceu obtenir nul secours. Et de dire que Monsieur soit party trop tost, tant s'en faut qu'il est party trop tard; car l'on sçait bien que le moyen d'assembler une armée, et tenir gens ensemble, est la présence d'un tel prince. Et s'il ne fust party au mesme temps qu'il est party, ce peu d'hommes qui estoient là s'en alloient desbandés, les forts qui sont nécessaires et la closture du port point achevés. Et pour ce qu'aucuns pensent la force de ladicte ville estre extresme, ils ne considèrent pas la délibération qui fut prise, qui est de la clorre avec les susdicts forts, tant par mer que par terre : et néantmoins si Monsieur trouvoit qu'il y eust apparence de la forcer pour abréviér le temps, menast l'artillerie pour en essayer le hasard; et, où cela ne réussiroit, les faire serrer avec les susdicts forts, afin de pouvoir desgager sa personne de là avec partie des forces, pour aller ailleurs où le service du roy le requerroit d'autre part. Partant, mondict seigneur, n'attendant le printemps, retardoit les délibérations du dehors, tant des protestans, Anglois, qu'autres. Ainsi je dis que ces trois endroits de La Rochelle, Guyenne et Languedoc, assaillis tout à un coup, cela les a gardés se mettre en campagne, se secourir l'un l'autre, et à desfavoriser leurs négoces d'avec les estrangers.

Quant à Sancerre, il fut advisé que, sans incommoder les susdictes entreprises, il estoit aisé l'assaillir des forces de Picardie, pour lors peu empeschées, qui sont le régiment de Serrious, cinq enseignes de Metz des vieilles compagnies de gens de pied, et quatre ou cinq enseignes des nouvelles, et de l'artillerie de l'arsenac de Paris, pour oster ceste petite ville qui semble vouloir servir d'eschelle et passage de la rivière de Loire pour le secours qui viendroit d'Allemagne, et aussi un brigandage ordinaire pour les grands chemins.

Or, je concluds que ces quatre entreprises de La Rochelle, Guyenne, Languedoc et Sancerre, pour les raisons cy-dessus, ont esté fort bien entreprises, et par le droict de la guerre, eu esgard aussi que le plus doibt emporter le moins, qui est la force du roy et sa bonne querelle, et que nulle des quatre ne doit estre levée, ny retardée en façon que ce soit, si ce n'est par la force ou par la voye amiable, aussi pour éviter la deffaveur que la moindre apporteroit si elle estoit abandonnée. Voilà quant à l'entreprise qu'ils dient estre si mal considérée.

Et si cependant ceux de dehors (il s'entend les protestans) vouloient encores envoyer quelques secours, Sa Majesté, avec ce qu'elle aura peu arrester de forces en Allemagne, aussi la gendarmerie qui repose, quelque renfort de Suisses, et ce qui se pourra tirer des susdicts quatre endroicts, se trouvera au pis aller une belle et grande armée de bonne heure debout pour les aller combattre jusques près le Rhin ou sur l'advenue qu'ils prendront. Et semble, sauf meilleur advis, que les choses sont peu à craindre, si ce n'est que le duc d'Albe vienne à faire la paix, d'autant que la faveur du prince d'Orange pourra porter partie de ses forces en France, lesquelles ne sont assez suffisantes pour les séparer en France et Flandres, s'ils ne veulent estre battus.

Si toutes leurs forces vont audict Flandres, comme il est à présumer, le duc d'Albe et les Pays-Bas ne peuvent estre vaincus ny conquis en une saison, durant laquelle Sa Majesté fera ses affaires. Aussi, s'il leur faict teste, et qu'il les contraigne, comme il a accoustumé, sortir hors dudict pays, et ils prennent le chemin de France, la susdicte armée du roy les pourra aller rencontrer; et, les trouvant jà harassés, il y a grande apparence de leur ruine. Aussi est nécessaire que Sa Majesté poursuive de nettoyer son estat pendant qu'ils seront occupés ailleurs. Et si le duc d'Albe faict la paix, faudra aussi regarder de prendre party. Cependant l'on en peut tousjours bien parler, d'autant que si lesdicts rebelles vouloient venir à la raison, Sa Majesté demeurast le maistre, sans toutefois perdre une seule heure de temps à s'aider de la force, avec toutes les diligences extresmes dequoy l'on se pourra adviser, attendant sçavoir les déportemens du dehors; car aussi bien est-ce tousjours tenir gens ensemble, et prests; où néantmoins il ne faut oublier de négocier vifvement, afin de leur oster l'impression et divertir leurs mauvaises entreprises; mesme de l'Allemagne, s'il faire se peut.

FIN DES MÉMOIRES DE GUILLAUME DE TAVANNES.

MÉMOIRES
DE
MARGUERITE DE VALOIS,
REINE DE FRANCE ET DE NAVARRE.

LIVRE PREMIER.

Je louerois davantage votre œuvre si elle ne me louoit tant, ne voulant qu'on attribue la louange que j'en ferois, plustost à la philaftie qu'à la raison, et ainsi que l'on pense que, comme Thémistocle, j'estime celuy dire le mieux qui me loue le plus. C'est un commun vice aux femmes de se plaire aux louanges, bien que non méritées. Je blasme mon sexe en cela, et n'en voudrois tenir cette condition. Je tiens néantmoins à beaucoup de gloire qu'un si honneste homme que vous m'aye voulu peindre d'un si riche pinceau. En ce portrait l'ornement du tableau surpasse de beaucoup l'excellence de la figure que vous en avez voulu rendre le sujet. Si j'ay eu quelques parties de celles que vous m'attribuez, les ennuis les effaçant de l'extérieur, en ont aussi effacé la souvenance de ma mémoire; de sorte que, me remirant en vostre discours, je ferois volontiers comme la vieille madame de Rendan, qui, ayant demeuré depuis la mort de son mary sans voir son miroir, rencontrant par fortune son visage dans le miroir d'un autre, demanda qui estoit celle-là. Et bien que mes amis qui me voyent me veulent persuader le contraire, je tiens leur jugement pour suspect, comme ayans les yeux fascinés de trop d'affection.

Je crois que quand vous viendrez à l'épreuve vous serez en cela de mon costé, et direz, comme souvent je l'escris, par ces vers de du Bellay :

.... c'est chercher Rome en Rome,
Et rien de Rome en Rome ne trouver.

Mais, comme l'on se plaist à lire la destruction de Troye, la grandeur d'Athènes, et de telles puissantes villes lorsqu'elles florissoient, bien que les vestiges en soient si petits qu'à peine peut-on remarquer où elles ont esté, ainsi vous plaisez-vous à décrire l'excellence d'une beauté, bien qu'il n'en reste aucun vestige ny témoignage que vos escrits. Si vous l'aviez fait pour représenter le contraste de la nature et de la fortune, plus beau sujet ne pouviez-vous choisir, les deux y ayans à l'envy fait essay de l'effort de leur puissance. En celuy de la nature, en ayant esté témoin oculaire, vous n'y avez besoin d'instruction; mais en celuy de la fortune, ne le pouvant décrire que par rapport (qui est sujet d'estre fait par des personnes ou mal informées ou mal affectionnées, qui ne peuvent représenter le vray ou par ignorance ou par malice, j'estime que vous recevrez plaisir d'en avoir les mémoires de qui le peut mieux sçavoir, et de qui a plus d'intérêt à la vérité de la description de ce sujet. J'y ay aussi esté conviée par cinq ou six remarques que j'ay faites en vostre discours, où il y a de l'erreur; qui sont lors que vous parlez de Pau et de mon voyage de France, quand vous parlez de feu M. le mareschal de Biron, quand vous parlez d'Agen, et aussi de la sortie de ce lieu du marquis de Canillac.

Je traceray mes mémoires, à qui je ne donneray un plus glorieux nom, bien qu'ils méritassent celuy d'histoire, pour la vérité qui y est contenue nuement et sans ornement aucun, ne m'en estimant pas capable, et n'en ayant aussi maintenant le loisir. Cette œuvre donc d'une après-disnée ira vers vous, comme les petits ours, en masse lourde et difforme, pour y recevoir sa formation. C'est un chaos duquel vous avez déjà tiré la lumière. Il reste l'œuvre de cinq ou six autres journées. C'est une histoire, certes, digne d'estre écrite par un cavalier d'honneur, vray François, nay d'illustre maison, nourry des roys mes père et frères, parent et familier amy des plus galantes et honnestes femmes de nostre temps, de la compagnie desquelles j'ay eu ce bonheur d'estre la liaison.

Les choses précédentes avec celle des derniers temps me contraignent de commencer du temps du roy Charles, et au premier point où je me puisse ressouvenir y avoir eu quelque chose remarquable à ma vie. Partant, comme les géographes qui décrivent la terre, quand ils sont arrivés au dernier terme de leur connoissance, disent : Au delà, ce ne sont que des déserts sablonneux, terres inhabitées, et mers non naviguées; de mesme je diray n'y avoir au delà que le vague d'une première enfance, où nous vivions plustost guidés par la nature, à la façon des plantes et des animaux, que comme hommes régis et gouvernés par la raison, et laisseray à ceux qui m'ont gouvernée en cet aage-là cette superflue recherche, où peut-estre en ces enfantines actions s'en trouveroit-il d'aussi dignes d'estre écrites que celles de l'enfance de Thémistocle et d'Alexandre; l'un s'exposant au milieu de la rue devant les pieds des chevaux d'un charretier qui ne s'estoit à sa prière voulu arrester; l'autre méprisant l'honneur du prix de la course, s'il ne le disputoit avec des roys; desquelles pourroit estre la repartie que je fis au roy mon père peu de jours avant le misérable coup qui priva la France de repos, et nostre maison de bonheur. N'ayant lors qu'environ quatre ou cinq ans, et me tenant sur ses genoux pour me faire causer, il me dit que je choisisse celuy que je voulois pour mon serviteur, de M. le prince de Joinville, qui a depuis esté ce grand et infortuné duc de Guyse, ou du marquis de Beaupréau, fils du prince de La Roche-sur-Yon (en l'esprit duquel la nature, pour avoir trop fait d'effort de son excellence, excita l'envie de la fortune jusques à luy estre mortelle ennemie, le privant par la mort en son an quatorziesme des honneurs et couronnes qui estoient justement promises à la vertu et magnanimité qui reluisoient en son esprit), tous deux se jouants auprès du roy mon père, moy les regardant. Je luy dis que je voulois le marquis. Il me dit : « Pourquoy? il n'est pas si beau. » (Car le prince de Joinville estoit blond et blanc, et le marquis de Beaupréau avoit le teint et les cheveux bruns.) Je luy dis pour ce qu'il estoit plus sage, et que l'autre ne peut durer en patience qu'il ne fasse tous les jours mal à quelqu'un, et veut tousjours estre le maistre : augure certain de ce que nous avons veu depuis. Et la résistance aussi que je feis pour conserver ma religion du temps du colloque de Poissy, où toute la cour estoit infectée d'hérésie, aux persuasions impérieuses de plusieurs dames et seigneurs de la cour, et mesme de mon frère d'Anjou, depuis roy de France, de qui l'enfance n'avoit pu éviter l'impression de la malheureuse huguenoterie, qui sans cesse me crioit de changer de religion, jettant souvent mes Heures dans le feu, et au lieu me donnant des psalmes et prières huguenotes, me contraignant les porter; lesquelles, soudain que je les avois, je les baillois à madame de Curton ma gouvernante, que Dieu m'avoit fait la grace de conserver catholique, laquelle me menoit souvent chez le bon-homme M. le cardinal de Tournon, qui me conseilloit et fortifioit à souffrir toutes choses pour maintenir ma religion, et me redonnoit des Heures et des chapelets au lieu de ceux que m'avoit bruslé mon frère d'Anjou. Et ses autres particuliers amis, qui avoient entrepris de me perdre, me les retrouvant, animés de courroux m'injurioient, disants que c'estoit enfance et sottise qui me le faisoit faire; qu'il paroissoit bien que je n'avois point d'entendement : que tous ceux qui avoient de l'esprit, de quelque aage et sexe qu'ils fussent, oyants prescher la charité, s'estoient retirés de l'abus de cette bigoterie, mais que je serois aussi sotte que ma gouvernante. Et mon frère d'Anjou, y ajoustant les menaces, disoit que la reyne ma mère me feroit fouetter : ce qu'il disoit de luy-mesme, car la reyne ma mère ne sçavoit point l'erreur où il estoit tombé. Et soudain qu'elle le sceut, le tansa fort, luy et ses gouverneurs, et, les faisant instruire, les contraignit de reprendre la vraye, sainte et ancienne religion de nos pères, de laquelle elle ne s'estoit jamais départie. Je luy respondis à telles menaces, fondant en larmes, comme l'aage de sept à huit ans où j'estois lors y est assez tendre, qu'il me fist fouetter, et qu'il me fist tuer s'il vouloit, que je souffrirois tout ce que l'on me sçauroit faire, plustost que de me damner. Assez d'autres responses, assez d'autres telles marques de jugement et de résolution s'y pourroient-elles trouver, à la recherche desquelles je ne veux peiner, voulant commencer mes mémoires seulement du temps que je fus à la suite de la reyne ma mère pour n'en bouger plus : car, incontinent après le colloque de Poissy (1561) que les guerres commencèrent, nous fusmes, mon petit frère d'Alençon et moy, à cause de nostre petitesse, envoyés à Amboise, où toutes les dames de ce pays-là se retirèrent avec nous, mesme vostre tante madame de Dampierre, qui me prist lors en amitié, qu'elle m'a continuée jusques à sa mort, et votre cousine madame la duchesse de Rais, qui sceut en ce lieu la grace que la fortune luy avoit faite de la délivrer à la bataille de Dreux d'un fascheux, son premier mary M. d'Annebaut, qui estoit indigne de posséder un sujet si divin et si parfait. Je parle icy du principe de l'amitié de vostre tante envers moy, non de vostre cousine, bien que depuis nous en ayons eu de si parfaite qu'elle dure encore et qu'elle durera toujours. Mais lors l'aage ancien de vostre tante et mon enfantine jeunesse avoient plus de convenance, estant le naturel des vieilles gens d'aimer les petits enfans, et de ceux qui sont en aage parfait, comme estoit lors vostre cousine, de mépriser et haïr leur importune simplicité.

(1564.) J'y demeuray jusques au commencement du grand voyage, que la reyne ma mère me feit revenir à la cour pour ne bouger plus d'auprès d'elle ; duquel toutefois je ne parleray point, estant lors si jeune que je n'en ay pu conserver la souvenance qu'en gros, les particularités s'estant évanouies de ma mémoire comme un songe. Je laisse à en discourir à ceux qui, estant en aage plus meur, comme vous, se peuvent souvenir des magnificences qui furent faites par tout, mesme à Bar-le-Duc, au baptesme de mon nepveu le prince de Lorraine, à Lyon à la venue de M. et de madame de Savoye, à Bayonne à l'entreveue de la reyne d'Espagne ma sœur et de la reyne ma mère, et du roy Charles mon frère ; là où je m'asseure que vous n'oublierez de représenter le festin superbe de la reyne ma mère en l'isle, avec le ballet, et la forme de la salle, qu'il sembloit que la nature eust appropriée à cet effet ; ayant cerné dans le milieu de l'isle un grand pré en ovale de bois de haute fustaye, où la reyne ma mère disposa tout à l'entour de grandes niches, et dans chacune une table ronde à douze personnes ; la table de Leurs Majestés seulement s'eslevoit au bout de la salle sur un haut dais de quatre degrés de gazons ; toutes ces tables servies par trouppes de diverses bergères, habillées de toile d'or et de satin diversement, selon les habits divers de toutes les provinces de France. Lesquelles bergères, à la descente des magnifiques batteaux (sur lesquels, venant de Bayonne à cette isle, l'on fut tousjours accompagné de la musique de plusieurs dieux marins, chantants et récitants des vers autour du batteau de Leurs Majestés), s'estoient trouvé chaque trouppe en un pré à part aux deux costés d'une grande allée de pelouse dressée pour aller à la susdite salle, chaque trouppe dansant à la façon de son pays : les Poitevines avec la cornemuse, les Provençales la volte avec les timballes, les Bourguignones et Champenoises avec le petit hautbois, le dessus de violon, et tabourins de village ; les Bretonnes dansans les passepieds et branlesgais ; et ainsi toutes les autres provinces. Après le service desquelles et le festin finy, l'on veit, avec une grande trouppe de Satyres musiciens, entrer ce grand rocher lumineux, mais plus esclairé des beautés et pierreries des Nymphes qui se faisoit dessus leur entrée que des artificielles lumières ; lesquelles descendantes vindrent danser ce beau ballet, duquel la fortune envieuse ne pouvant supporter la gloire, feit orager une si estrange pluye et tempeste, que la confusion de la retraitte qu'il falloit faire la nuit par batteaux, apporta le lendemain autant de bons contes pour rire que ce magnifique appareil de festin avoit apporté de contentement, et en toutes les superbes entrées qui leur furent faites aux villes principales de ce royaume, duquel ils visitèrent toutes les provinces.

(1569) Au règne du magnanime roy Charles mon frère, quelques années après le retour du grand voyage, les huguenots ayants recommencé la guerre, le roy et la reyne ma mère estans à Paris, un gentilhomme de mon frère d'Anjou, qui depuis a esté roy de France, arriva de sa part pour les advertir qu'il avoit réduit l'armée des huguenots à telle extrémité, qu'il espéroit qu'ils seroient contraints de venir dans peu de jours à la bataille, et qu'il les supplioit avant cela qu'il eust cet honneur de les voir, afin que si la fortune, envieuse de la gloire qu'en si jeune aage il avoit acquise, vouloit en cette désirée journée, après avoir fait un bon service à son roy, à sa religion et à cet estat, joindre le triomphe de sa victoire à celuy de ses funérailles, il partist de ce monde avec moins de regret, les ayant laissés tous deux satisfaits en la charge qu'ils luy avoient fait l'honneur de luy commettre ; de quoy il s'estimeroit plus glorieux que des deux trophées qu'il s'estoit acquis par ses deux premières victoires. Si ces paroles touchèrent au cœur d'une si bonne mère, qui ne vivoit que pour ses enfans, abandonnant à toute heure sa vie pour conserver la leur et leur estat, et qui sur tout chérissoit celuy-là, vous le pouvez juger. Soudain elle se résolut de partir avec le roy, le menant avec elle, et des femmes la petite troupe accoustumée, madame de Rais, madame de Sauve et moy. Estant portée des aisles du désir et de l'affection maternelle, elle feit le chemin de Paris à Tours en trois jours et demy ; qui ne fut sans incommodité et beaucoup d'accidents dignes de risée, pour estre le pauvre M. le cardinal de Bourbon, qui ne l'abandonnoit jamais, qui toutefois n'estoit de telle humeur ny de complexion pour telles courvées.

Arrivant au Plessis-lès-Tours, mon frère d'Anjou s'y trouva avec les principaux chefs de ses armées, qui estoient la fleur des princes et seigneurs de France, en la présence desquels il feit une harangue au roy, pour luy rendre raison de tout le maniement de sa charge depuis qu'il estoit party de la cour, faite avec tant d'art et d'éloquence, et redite avec tant de grace, qu'il se feit admirer de tous les assistans, et d'autant plus que sa grande jeunesse relevoit et faisoit davantage paroistre la prudence de ses paroles, plus convenable à une barbe grise et à un vieux capitaine qu'à une adolescence de seize ans, en laquelle les lauriers de deux batailles gaignées luy ceignoient déjà le front ; et la beauté, qui rend toute action agréable, florissoit tellement en luy, qu'il sembloit qu'elle feist à l'envy avec sa bonne fortune laquelle des deux le rendoit plus glorieux. Ce qu'en ressentoit ma mère, qui l'aimoit uniquement, ne se peut représenter par paroles, non plus que le deuil du père d'Iphigénie ; et à toute autre qu'à elle, de l'ame de laquelle la prudence ne désempara jamais, l'on eust aisément connu le transport qu'une si excessive joie luy causoit. Mais elle, modérant ses actions comme elle vouloit, monstrant en apparence que le discret ne fait rien qu'il ne veuille faire, sans s'amuser à publier sa joye et pousser les louanges dehors, qu'une action si belle d'un fils si parfait et si chéry méritoit, print seulement les points de sa harangue qui concernoient les faits de la guerre, pour en faire délibérer aux princes et seigneurs là présens, et y prendre une bonne résolution, et pourvoir aux choses nécessaires pour la continuation de cette guerre. A la disposition de quoy il fut nécessaire de passer quelques jours en ce lieu, un desquels la reyne ma mère se promenant dans le parc avec quelques princes, mon frère d'Anjou me pria que nous nous promenassions en une allée à part, où estant il me parla ainsi : « Ma sœur, la nourriture que nous avons prise ensemble ne nous oblige moins à nous aimer que la proximité. Aussi avez-vous pu connoistre qu'entre tous ceux que nous sommes de frères, j'ay tousjours eu plus d'inclination de vous vouloir du bien qu'à tout autre ; et j'ay reconnu aussi que vostre naturel vous portoit à me rendre mesme amitié. Nous avons esté jusques icy naturellement guidés à cela sans aucun dessein, et sans que telle union nous apportast aucune utilité que le seul plaisir que nous avions de converser ensemble. Cela a esté bon pour nostre enfance; mais à cette heure il n'est plus temps de vivre en enfans. Vous voyez les belles et grandes charges où Dieu m'a appellé, et où la reyne nostre bonne mère m'a eslevé. Vous devez croire que, vous estant la chose du monde que j'aime et chéris le plus, je n'auray jamais grandeurs ny biens à quoy vous ne participiez. Je vous connois assez d'esprit et de jugement pour me pouvoir servir auprès de la reyne ma mère, pour me maintenir en la fortune où je suis. Or, mon principal appuy est d'estre conservé en sa bonne grace. Je crains que l'absence m'y nuise; et toutesfois la guerre et la charge que j'ay me contraignent d'estre presque tousjours esloigné. Cependant le roy mon frère est tousjours auprès d'elle, la flatte et luy complait en tout. Je crains qu'à la longue cela ne m'apporte préjudice, et que le roy mon frère devenant grand, estant courageux comme il est, ne s'amuse tousjours à la chasse, mais devenant ambitieux vueille changer celle des bestes à celle des hommes, m'ostant la charge de lieutenant de roy qu'il m'a donnée pour aller luy-mesme aux armées : ce qui me seroit une ruine et déplaisir si grand, qu'avant que recevoir une telle cheute j'eslirois plustost une cruelle mort. En cette appréhension, songeant les moyens pour y remédier, je trouve qu'il m'est nécessaire d'avoir quelques personnes très-fidelles qui tiennent mon party auprès de la reyne ma mère. Je n'en connois point de si propre comme vous, que je tiens comme un second moy-mesme. Vous avez toutes les parties qui s'y peuvent désirer, l'esprit, le jugement et la fidélité. Pourveu que vous me vouliez tant obliger que d'y apporter de la subjection (vous priant d'estre tousjours à son lever, à son cabinet, et à son coucher, et bref tout le jour), cela l'obligera de se communiquer à vous, avec ce que je luy témoigneray vostre capacité, et la consolation et service qu'elle en recevra, et la supplieray de ne plus vivre avec vous comme avec un enfant, mais de s'en servir en mon absence comme de moy; ce que je m'asseure qu'elle fera. Parlez-luy avec assurance comme vous faites à moy, et croyez qu'elle vous aura agréable. Ce vous sera un grand heur et bonheur d'estre aimée d'elle. Vous ferez beaucoup pour vous et pour moy, et moy je vous tiendray, après Dieu, pour la conservation de ma bonne fortune. »

Ce langage me fust fort nouveau, pour avoir jusques alors vescu sans dessein, ne pensant qu'à danser ou aller à la chasse, n'ayant mesme la curiosité de m'habiller ni paroistre belle, pour n'estre en l'aage de telle ambition, et avoir esté nourrie avec telle contrainte auprès de la reyne ma mère, que non seulement je ne luy osois parler, mais quand elle me regardoit je transsissois de peur d'avoir fait quelque chose qui luy déplust. Peu s'en fallut que je ne luy respondisse comme Moïse à Dieu en la vision du buisson : « Que suis-je moy? Envoye celuy que tu dois envoyer. » Toutesfois, trouvant en moy ce que je ne pensois pas qui y fust, des puissances excitées par l'objet de ses paroles, qui auparavant m'estoient inconnues, bien que née avec assez de courage, revenant en moy de ce premier estonnement, ces paroles me pleurent, et me sembla à l'instant que j'estois transformée, et que j'estois devenue quelque chose de plus que je n'avois esté jusques alors. Tellement que je commençay à prendre confiance de moy-mesme, et luy dis : « Mon frère, si Dieu me donne la capacité et la hardiesse de parler à la reyne ma mère, comme j'ay la volonté de vous servir en ce que vous désirez de moy; ne doutez point que vous n'en retiriez l'utilité et le contentement que vous vous en estes proposé. Pour la subjection, je la luy rendray telle que vous connoistrez que je préfère vostre bien à tous les plaisirs du monde. Vous avez raison de vous asseurer de moy; car rien au monde ne vous honore et aime tant que moy. Faites estat que, moy estant auprès de la reyne ma mère, vous y serez vous-mesme, et que je n'y seray que pour vous. » Je proféray ces paroles trop mieux du cœur que de la bouche, ainsi que les effets le témoignèrent; car estant partis de là, la reyne m'appella à son cabinet et me dit : « Vostre frère m'a dit les discours que vous avez eu ensemble, et ne vous tient pour un enfant, aussi ne le veux-je plus faire. Ce me sera un grand plaisir de vous parler comme à vostre frère. Rendez-vous subjette auprès de moy, et ne craignez point de me parler librement, car je le veux ainsi. »

Ces paroles firent ressentir à mon ame ce qu'elle n'avait jamais ressenti, un contentement si démesuré, qu'il me sembloit que tous les contentemens que j'avois eus jusques alors n'estoient que l'ombre de ce bien, regardant au passé d'un œil dédaigneux les exercices de mon enfance, la danse, la chasse, et les compagnies de mon aage, et les méprisant comme des choses trop folles et trop vaines. J'obéis à cet agréable commandement, ne manquant un seul jour d'estre des premières à son lever, et des dernières à son coucher. Elle me faisoit cet honneur de me parler quelquefois deux ou trois heures, et Dieu me faisoit cette grace qu'elle restoit si satisfaite de moy, qu'elle ne s'en pouvoit assez louer à ses femmes. Je luy parlois tousjours de mon frère, et luy estoit adverty de tout ce qui se passoit, avec tant de fidélité que je ne respirois autre chose que sa volonté.

Je fus en cette heureuse condition quelque temps auprès de la reyne ma mère, durant lequel la bataille de Montcontour se bailla; avec la nouvelle de laquelle mon frère d'Anjou, qui ne tendoit qu'à estre tousjours auprès de la reyne ma mère, luy mandoit qu'il s'en alloit assieger Saint-Jean-d'Angely, et que la présence du roy et d'elle seroit nécessaire en ce siège. Elle, plus désireuse que luy de le voir, se résolut soudain de partir, ne menant avec elle que la trouppe ordinaire, de laquelle j'estois; et j'allois d'une joye extresmement grande, sans prévoir le malheur que la fortune m'y avoit préparé. Trop jeune que j'estois, et sans expérience, je n'avois à suspecte cette prospérité; et pensant le bien duquel je jouissois permanent, sans me douter d'aucun changement, j'en faisois estat asseuré. Mais l'envieuse fortune, qui ne put supporter la durée d'une si heureuse condition, me préparoit autant d'ennuy à cette arrivée que je me promettois de plaisir par la fidélité de laquelle je pensois avoir obligé mon frère.

Mais depuis qu'il estoit party, il avoit proche de luy Le Guast, duquel il estoit tellement possédé, qu'il ne voyoit que par ses yeux, et ne parloit que par sa bouche. Ce mauvais homme, né pour mal faire, soudain fascina son esprit, et le remplit de mille tyranniques maximes: Qu'il ne falloit aimer ni se fier qu'à soy-mesme; qu'il ne falloit joindre personne à sa fortune, non pas mesmes ny frère ny sœur, et autres tels beaux préceptes machiavélistes, lesquels imprimant en son esprit et les résolvant en pratique, soudain que nous fusmes arrivés, après les premières salutations, ma mère se mit à se louer de moy, et luy dire combien fidellement je l'avois servy auprès d'elle. Il luy respondit froidement qu'il estoit bien aise qu'il luy eust bien réussi, l'en ayant suppliée, mais que la prudence ne permettoit pas que l'on se pust servir des mesmes expédients en tout temps, et que ce qui estoit nécessaire à une certaine heure, pourroit estre nuisible à une autre. Elle luy demanda pourquoy il disoit cela. Sur ce, luy, voyant le temps de l'invention qu'il avoit fabriquée pour me ruiner, luy dit que je devenois belle, et que M. de Guyse me vouloit rechercher, et que ses oncles aspiroient à me le faire espouser; que si je venois à y avoir de l'affection, il seroit à craindre que je luy descouvrisse tout ce qu'elle me diroit; qu'elle sçavoit l'ambition de cette maison-là, et combien elle avoit tousjours traversé la nostre. Pour cette occasion il seroit bon qu'elle ne me parlast plus d'affaires, et que peu à peu elle se retirast de se familiariser avec moy.

Dès le soir mesme je reconnus le changement que ce pernicieux conseil avoit fait en elle; et voyant qu'elle craignoit de me parler devant mon frère, m'ayant commandé trois ou quatre fois, cependant qu'elle parloit à luy, de m'aller coucher, j'attendis qu'il fust sorty de sa chambre; puis, m'approchant d'elle, je la suppliay de me dire si par ignorance j'avois esté si malheureuse d'avoir fait chose qui luy eust déplu. Elle me le voulut du commencement dissimuler; enfin elle me dist: « Ma fille, vostre frère est sage, il ne faut pas que vous luy sachiez mauvais gré; ce que je vous diray ne tend qu'à bien. » Et me fist tout ce discours, me commandant que je ne luy parlasse plus devant mon frère.

Ces paroles me furent autant de pointes dans le cœur que les premières, lors qu'elle me receut en sa bonne grâce, m'avoient esté de joye. Je n'obmis rien à luy représenter de mon innocence; que c'estoit chose de quoy je n'avois jamais ouy parler ; et quand il auroit ce dessein, il ne m'en parleroit jamais que soudain je ne l'advertisse. Mais je n'advançay rien, car l'impression des paroles de mon frère luy avoit tellement occupé l'esprit, qu'il n'y avoit plus lieu pour aucune raison ny vérité. Voyant cela, je luy dis que je ressentois moins le mal de la perte de mon bonheur que je n'avois senty le bien de son acquisition ; que mon frère me l'ostoit comme il me l'avoit donné ; car il me l'avoit fait avoir sans mérite, me louant lors que je n'en estois pas digne, et qu'il m'en privoit aussi sans l'avoir démérité, sur un sujet imaginaire qui n'avoit nul estre qu'en sa fantaisie ; que je la suppliois de croire que je conserverois immortelle la souvenance de tout ce que mon frère me faisoit. Elle s'en courrouça, me commandant de ne luy en montrer nulle apparence.

Depuis ce jour-là elle alla tousjours me diminuant sa faveur, faisant de son fils son idole, le voulant contenter en cela et en tout ce qu'il désiroit d'elle. Cet ennuy me pressant le cœur, et possédant toutes les facultés de mon ame, et rendant mon corps plus propre à recevoir la contagion du mauvais air qui estoit lors en l'armée, je tombay à quelques jours de là extresmement malade d'une grande fièvre continue et du pourpre, maladie qui couroit lors, et qui avoit en mesme temps emporté les deux premiers médecins du roy et de la reyne, Chappelain et Castelan, comme se voulant prendre aux bergers pour avoir meilleur marché du troupeau. Aussi en eschappa-t-il fort peu de ceux qui en furent atteints. Moy estant en cette extrémité, la reyne ma mère, qui sçavoit une partie de la cause, n'obmettoit rien pour me faire secourir, prenant la peine, sans craindre le danger, d'y venir à toute heure, ce qui soulageoit bien mon mal ; mais la dissimulation de mon frère me l'augmentoit bien autant, qui, après m'avoir fait une si grande trahison, et rendu une si grande ingratitude, ne bougeoit jour et nuict du chevet de mon lit, me servant aussi officieusement que si nous eussions esté au temps de nostre plus grande amitié. Moy, qui avois par commandement la bouche fermée, ne répondois que par soupirs à son hypocrisie, comme Burrhus fit à Néron, lequel mourust par le poison que ce tyran luy avoit fait donner, luy témoignant assez que la cause de mon mal estoit la contagion des mauvais offices, et non celle de l'air infecté. Dieu eut pitié de moy et me garantit de ce danger ; et après quinze jours passés, l'armée partant, l'on m'emporta dans des brancars, où tous les soirs arrivant à la couchée, je trouvois le roy Charles, qui prenoit la peine, avec tous les honnestes gens de la cour, de porter ma litière jusques au chevet de mon lit.

(1570) En cet estat je vins de Saint-Jean-d'Angely à Angers, malade du corps, mais beaucoup plus malade de l'ame, où pour mon malheur je trouvay M. de Guyse et ses oncles arrivés ; ce qui réjouit autant mon frère, pour donner couleur à son artifice, qu'il me donna d'appréhension d'accroistre ma peine. Lors mon frère, pour mieux conduire sa trame, venoit tous les jours à ma chambre, y menant M. de Guyse, qu'il feignoit d'aimer fort. Et pour l'y faire penser, souvent en l'embrassant il luy disoit : « Pleust à Dieu que tu fusses mon frère. » A quoy M. de Guyse monstroit ne point entendre. Mais moy, qui sçavois la malice, perdois patience de n'oser luy reprocher sa dissimulation. Sur ce temps il se parla pour moy du mariage du roy de Portugal, qui envoya des ambassadeurs pour me demander. La reyne ma mère me commanda de me parer pour les recevoir ; ce que je fis. Mais mon frère luy ayant fait accroire que je ne voulois point de ce mariage, elle m'en parla le soir, m'en demandant ma volonté, pensant bien en cela trouver un sujet pour se courroucer à moy. Je luy dis que ma volonté n'avoit jamais dépendu que de la sienne ; et que tout ce qui luy seroit agréable me le seroit aussi. Elle me dit en colère, comme l'on l'y avoit disposée, que ce que je disois je ne l'avois point dans le cœur, et qu'elle sçavoit bien que le cardinal de Lorraine m'avoit persuadée de vouloir plustost son neveu. Je la suppliay de venir à l'effet du mariage du roy de Portugal, et lors elle verroit mon obéissance. Tous les jours on luy disoit quelque chose de nouveau sur ce sujet, pour l'aigrir contre moy et me tourmenter : invention de la boutique de du Guast. De sorte que je n'avois un jour de repos ; car d'un costé le roy d'Espagne empeschoit que mon mariage ne se fist, et de l'autre, M. de Guyse estant à la cour, servoit tousjours de prétexte pour fournir de sujet à me faire persécuter, bien que luy ny nul de ses parens ne m'eust jamais parlé, et qu'il y eust plus d'un an qu'il avoit commencé la recherche de la princesse de Porcian.

Mais parce que ce mariage-là traisnoit, on en rejettoit tousjours la cause sur ce qu'il aspiroit au mien. Ce que voyant, je m'advisay d'escrire à ma sœur madame de Lorraine, qui pouvoit tout en cette maison-là, pour la prier de faire que M. de Guyse s'en allast de la cour, et qu'il épousast promptement la princesse de Porcian, sa maistresse; luy représentant que cette invention avoit esté faite autant pour la ruine de M. de Guyse et de toute sa maison, que pour la mienne : ce qu'elle reconnut très-bien, et vint bientost à la cour, où elle fit faire ledit mariage, me délivrant par ce moyen de cette calomnie, et faisant connoistre à la reyne ma mère la vérité de ce que je luy avois tousjours dit; ce qui ferma la bouche à tous mes ennemis, et me donna repos.

(1571) Cependant le roy d'Espagne, qui ne veut que les siens s'allient hors de sa maison, rompit tout le mariage du roy de Portugal, et ne s'en parla plus. Quelques jours après, il se parla du mariage du prince de Navarre, qui maintenant est nostre brave et magnanime roy, et de moy. La reyne ma mère estant un jour à table, en parla fort long-temps avec M. de Méru, parce que la maison de Montmorency estoient ceux qui en avoient porté les premières paroles. Sortant de table, il me dit qu'elle luy avoit dit de m'en parler. Je luy dis que c'estoit chose superflue, n'ayant volonté que la sienne; qu'à la vérité je la supplierois d'avoir égard combien j'estois catholique, et qui me fascheroit fort d'épouser personne qui ne fust de ma religion. Après, la reyne allant à son cabinet m'appella, et me dist que messieurs de Montmorency luy avoient proposé ce mariage, et qu'elle en vouloit bien sçavoir ma volonté. Je luy répondis n'avoir ny volonté ny eslection que la sienne, et que je la supplios se souvenir que j'estois fort catholique.

(1572) Au bout de quelque temps, les propos s'en continuant tousjours, la reyne de Navarre, sa mère, vint à la cour, où le mariage fut du tout accordé avant sa mort; à laquelle il se passa un trait si plaisant, qui ne mérite d'estre mis en l'histoire, mais de le passer sous silence entre vous et moy. Madame de Nevers, de qui vous connoissez l'humeur, estant venue avec M. le cardinal de Bourbon, madame de Guyse, madame la princesse de Condé, ses sœurs et moy, au logis de la feue reyne de Navarre, à Paris, pour nous acquitter du dernier devoir deu à sa dignité et à la proximité que nous luy avions, non avec les pompes et cérémonies de nostre religion, mais avec le petit appareil que permettoit la huguenoterie, à sçavoir : elle dans son lict ordinaire, les rideaux ouverts, sans lumière, sans prestres, sans croix et sans eau béniste, et nous nous tenant à cinq ou six pas de son lict avec le reste de la compagnie : madame de Nevers, que de son vivant elle avoit haïe plus que toutes les personnes du monde, et elle le luy ayant bien rendu et de volonté et de parole, comme vous sçavez qu'elle en sçavoit bien user à ceux qu'elle haïssoit, part de nostre troupe, et avec plusieurs belles, humbles et grandes révérences s'approche de son lict, et, luy prenant la main, la luy baise; puis, avec une grande révérence pleine de respect, se mit auprès de nous. Nous qui sçavions leur haine, estimans cela.....

Quelques mois après, ledit prince de Navarre, qui lors s'appelloit roy de Navarre, portant le deuil de la reyne sa mère, y vint accompagné de huict cens gentilshommes tous en deuil, qui fust receu du roi et de toute la cour avec beaucoup d'honneur; et nos nopces se firent peu de jours après avec autant de triomphe et de magnificence que de nul autre de ma qualité; le roy de Navarre et sa troupe y ayans laissé et changé le deuil en habits très-riches et beaux, et toute la cour parée comme vous sçavez et le sçaurez trop mieux représenter, moy habillée à la royale avec la couronne et couet d'hermine mouchetée qui se met au devant du corps, toute brillante de pierreries de la couronne, et le grand manteau bleu à quatre aulnes de queue porté par trois princesses; les eschaffaux dressés à la coustume des nopces des filles de France, depuis l'évesché jusques à Nostre-Dâme, et parés de drap d'or; le peuple s'estouffant en bas à regarder passer sur cet eschaffaux les nopces et toute la cour, nous vinsmes à la porte de l'église, où M. le cardinal de Bourbon, qui faisoit l'office ce jour-là, nous ayant receu pour dire les paroles accoustumées en tel cas, nous passasmes sur le mesme eschaffaux jusques à la tribune qui sépare la nef d'avec le chœur, où il se trouva deux degrés, l'un pour descendre audit chœur, et l'autre pour sortir de la nef hors de l'église. Le roy de Navarre s'en allant par celuy de la nef hors de l'église.....

Nous estant ainsi, la fortune, qui ne laisse jamais une félicité entière aux humains, changea bientost cet heureux estat de triomphe et de nopces en un tout contraire, par cette blessure de l'admiral, qui offença tellement tous ceux de la religion que cela les mit comme en un désespoir; de sorte que l'aisné Pardaillan, et quelques autres des chefs des huguenots, en parlèrent si haut à la reyne ma mère, qu'ils luy firent penser qu'ils avoient quelque mauvaise intention. Par l'advis de M. de Guyse et de mon frère le roy de Pologne, qui depuis a esté roy de France, il fut pris résolution de les prévenir : conseil de quoy le roy Charles ne fust nullement, lequel affectionnoit M. de La Rouchefoucault, Teligny et La Noue, et quelques autres des chefs de la religion, desquels il se pensoit servir en Flandre. Et, à ce que je luy ay depuis ouy dire à luy-mesme, il y eut beaucoup de peine à l'y faire consentir; et sans ce qu'on luy fit entendre qu'il y alloit de sa vie et de son estat, il ne l'eust jamais fait. Et, ayant sceu l'attentat que Maurevel avoit fait à M. l'admiral du coup de pistolet qu'il luy avoit tiré par une fenestre, dont le pensant tuer il resta seulement blessé à l'épaule, le roy Charles, se doutant bien que ledit Maurevel avoit fait ce coup à la suasion de M. de Guyse, pour la vengeance de la mort de feu M. de Guyse son père, que ledit admiral avoit fait tuer de mesme façon par Poltrot, il en fust en si grande colère contre M. de Guyse, qu'il jura qu'il en feroit justice. Et si M. de Guyse ne se fust tenu caché tout ce jour-là, le roy l'eust fait prendre. Et la reyne ma mère ne se vit jamais plus empeschée qu'à faire entendre audit roy Charles que cela avoit esté fait pour le bien de son estat, à cause de ce que j'ay dit cy-dessus, de l'affection qu'il avoit à M. l'admiral, à La Noue et à Teligny, desquels il goustoit l'esprit et valeur, estant prince si généreux qu'il ne s'affectionnoit qu'à ceux en qui il reconnoissoit telles qualités. Et bien qu'ils eussent esté très-pernicieux à son estat, les renards avoient sceu si bien feindre qu'ils avoient gagné le cœur de ce brave prince pour l'espérance de se rendre utiles à l'accroissement de son estat, et en luy proposant de belles et glorieuses entreprises en Flandre, seul attrait en cette ame grande et royale. De sorte que, combien que la reyne ma mère luy représentast en cet accident que l'assassinat que l'admiral avoit fait faire à M. de Guyse rendoit excusable son fils, si, n'ayant peu avoir justice, il en avoit voulu prendre luy-mesme vengeance; qu'aussi l'assassinat qu'avoit fait ledit admiral de Charry, maistre de camp de la garde du roy, personne si valeureuse, et qui l'avoit si fidellement assisté pendant sa régence et la puérilité dudit roy Charles, le rendoit digne de tel traittement. Bien que telles paroles peussent faire juger au roy Charles que la vengeance de la mort dudit Charry n'estoit pas sortie du cœur de la reyne ma mère, son ame, passionnée de douleur de la perte des personnes qu'il pensoit, comme j'ay dit, luy estre un jour utiles, offusqua tellement son jugement, qu'il ne put modérer ny changer ce passionné désir d'en faire justice; commandant tousjours qu'on cherchast M. de Guyse, qu'on le prist, et qu'il ne vouloit point qu'un tel acte demeurast impuny.

Enfin comme Pardaillan découvrit par ses menaces, au souper de la reyne ma mère, la mauvaise intention des huguenots, et que la reyne vit que cet accident avoit mis les affaires en tels termes que, si l'on ne prévenoit leur dessein, la nuit mesme ils attenteroient contre le roy et elle, elle prit résolution de faire ouvertement entendre audit roy Charles la vérité de tout et le danger où il estoit, par M. le mareschal de Rais, de qui elle sçavoit qu'il le prendroit mieux que de tout autre, comme celuy qui luy estoit plus confident et plus favorisé de luy; lequel le vint trouver en son cabinet le soir sur les neuf ou dix heures, et luy dit que, comme son serviteur très-fidelle, il ne luy pouvoit céler le danger où il estoit s'il continuoit en la résolution qu'il avoit de faire justice de M. de Guyse, et qu'il falloit qu'il sceust que le coup qui avoit esté fait de l'admiral n'avoit esté par M. de Guyse seul, mais que mon frère le roy de Pologne, depuis roy de France, et la reyne ma mère, avoient esté de la partie; qu'il sçavoit l'extresme déplaisir que la reyne ma mère receust à l'assassinat de Charry, comme elle en avoit très-grande raison, ayant lors peu de tels serviteurs qui ne dépendissent que d'elle, estant, comme il sçavoit, du temps de sa puérilité toute la France partie, les catholiques pour M. de Guyse et les huguenots pour le prince de Condé, tendans les uns et les autres à luy oster sa couronne, qui ne luy avoit esté conservée, après Dieu, que par la prudence et vigilance de la reyne sa mère, qui, en cette extrêmité, ne s'estoit trouvé plus fidellement assistée que dudit Charry; que dès lors il sçavoit qu'elle avoit juré de se venger dudit assassinat; qu'aussi voyoit-elle que ledit admiral ne seroit jamais que très-pernicieux en cet estat, et quelque apparence qu'il fist de luy avoir de l'affection et de vouloir servir Sa Majesté en Flandre, qu'il n'avoit autre dessein que de troubler la France; que son dessein d'elle n'avoit esté en cet affaire que d'oster cette peste de ce royaume, l'admiral seul; mais que le malheur avoit voulu que Maurevel avoit failly son coup, et que les huguenots en estoient entrés en tel désespoir, que ne s'en prenant pas seulement à M. de Guyse, mais à la reyne sa mère et au roy de Pologne son frère, ils croyoient aussi que luy-mesme en fust consentant, et avoient résolu de recourir aux armes la nuict mesme. De sorte qu'il voyoit Sa Majesté en un très-grand danger, fust ou des catholiques à cause de M. de Guyse, ou des huguenots pour les raisons susdites.

Le roy Charles, qui estoit très-prudent, et qui avoit esté toujours très-obéissant à la reyne ma mère, et prince très-catholique, voyant aussi de quoy il y alloit, prit soudain résolution de se joindre à la reyne sa mère et se conformer à sa volonté, et garantir sa personne des huguenots par les catholiques, non sans toutesfois extresme regret de ne pouvoir sauver Teligny, La Noue et M. de La Rochefoucault. Et lors allant trouver la reyne sa mère, envoya quérir M. de Guyse et tous les autres princes et capitaines catholiques, où fust pris résolution de faire la nuict mesme le massacre de la Saint-Barthélemy. Et mettant soudain la main à l'œuvre, toutes les chaisnes tendues et le tocsin sonnant, chacun courut sus en son quartier, selon l'ordre donné, tant à l'admiral qu'à tous les huguenots.

M. de Guyse donna au logis de l'admiral, à la chambre duquel Besme, gentilhomme allemand, estant monté, après l'avoir dagué le jetta par les fenestres à son maistre M. de Guyse. Pour moy, l'on ne me disoit rien de tout cecy. Je voyois tout le monde en action; les huguenots désespérés de cette blessure; messieurs de Guyse, craignans qu'on n'en voulust faire justice, se suchetans tous à l'oreille. Les huguenots me tenoient suspecte, parce que j'estois catholique, et les catholiques, parce que j'avois épousé le roy de Navarre, qui estoit huguenot. De sorte que personne ne m'en disoit rien, jusques au soir qu'estant au coucher de la reyne ma mère, assise sur un coffre auprès de ma sœur de Lorraine, que je voyois fort triste, la reyne ma mère parlant à quelques-uns m'apperceut, et me dit que je m'en allasse coucher: comme je faisois la révérence, ma sœur me prend par le bras et m'arreste, et se prenant fort à pleurer, me dit: « Mon Dieu, ma sœur n'y allez pas! » Ce qui m'effraya extresmement. La reyne ma mère s'en apperceut, et appellant ma sœur se courrouça fort à elle, et luy deffendit de me rien dire. Ma sœur luy dit qu'il n'y avoit point d'apparence de m'envoyer sacrifier comme cela, et que, sans doute, s'ils découvroient quelque chose, ils se vengeroient de moy. La reyne ma mère répond que, s'il plaisoit à Dieu, je n'aurois point de mal; mais, quoy que ce fût, il falloit que j'allasse, de peur de leur faire soupçonner quelque chose...

Je voyois bien qu'ils se contestoient, et n'entendois pas leurs paroles. Elle me commanda encore rudement que je m'en allasse coucher. Ma sœur fondant en larmes me dit bon soir, sans m'oser dire autre chose; et moy je m'en allay toute transie et éperdue, sans me pouvoir imaginer ce que j'avois à craindre. Soudain que je fus en mon cabinet, je me mis à prier Dieu qu'il luy plust me prendre en sa protection, et qu'il me gardast sans sçavoir de quoy ny de quy. Sur cela, le roy mon mary, qui s'estoit mis au lit, me manda que je m'en allasse coucher. Ce que je fis, et trouvay son lit entouré de trente ou quarante huguenots que je ne connoissois point encore ; car il y avoit fort peu de temps que j'estois mariée. Toute la nuict ils ne firent que parler de l'accident qui estoit advenu à M. l'admiral, se résolvans, dès qu'il seroit jour, de demander justice au roy de M. de Guyse, et que, si on ne la leur faisoit, ils se la feroient eux-mesmes. Moy, j'avois tousjours dans le cœur les larmes de ma sœur, et ne pouvois dormir, pour l'appréhension en laquelle elle m'avoit mise sans sçavoir de quoy. La nuict se passa de cette façon sans fermer l'œil. Au point du jour, le roy mon mary dit qu'il vouloit aller jouer à la paume, attendant que le roy Charles fust éveillé, se résolvant soudain de luy demander justice. Il sort de ma chambre, et tous ses gentilshommes aussi.

Moy, voyant qu'il estoit jour, estimant que le danger que ma sœur m'avoit dit fust passé, vaincue du sommeil, je dis à ma nourrice qu'elle fermast la porte pour pouvoir dormir à mon aise. Une heure après, comme j'estois le plus endormie, voicy un homme frappant des pieds et des mains à la porte, et criant : « Navarre, Navarre ! » Ma nourrice, pensant que ce fust le roy mon mary, court vistement à la porte. Ce fust un gentilhomme nommé M. de Tejan, qui avoit un coup d'épée dans le coude et un coup de hallebarde dans le bras, et estoit encore poursuivy de quatre archers qui entrèrent tous après luy en ma chambre. Luy, se voulant garantir, se jetta sur mon lit. Moy, sentant ces hommes qui me tenoient, je me jette à la ruelle, et luy après moy, me tenant toujours à travers du corps. Je ne connoissois point cet homme, et ne sçavois s'il venoit là pour m'offenser, ou si les archers en vouloient à luy ou à moy. Nous criions tous deux, et estions aussi effrayés l'un que l'autre. Enfin Dieu voulut que M. de Nançay, capitaine des gardes, y vinst ; qui me trouvant en cet estat-là, encor qu'il y eust de la compassion, ne se put tenir de rire, et se courrouça fort aux archers de cette indiscrétion, les fit sortir, et me donna la vie de ce pauvre homme qui me tenoit, lequel je fis coucher et panser dans mon cabinet jusques à tant qu'il fust du tout guéry. Et changeant de chemise, parce qu'il m'avoit toute couverte de sang, M. de Nançay me conta ce qui se passoit, et m'asseura que le roy mon mary estoit dans la chambre du roy, et qu'il n'auroit nul mal. Et me faisant jetter un manteau de nuict sur moy, il m'emmena dans la chambre de ma sœur madame de Lorraine, où j'arrivay plus morte que vive, et entrant dans l'antichambre, de laquelle les portes estoient toutes ouvertes, un gentilhomme nommé Bourse, se sauvant des archers qui le poursuivoient, fust percé d'un coup de hallebarde à trois pas de moy. Je tombay de l'autre costé, presque évanouie, entre les bras de M. de Nançay, et pensois que ce coup nous eust percés tous deux. Et estant quelque peu remise, j'entray en la petite chambre où couchoit ma sœur.

Comme j'estois là, M. de Miossans, premier gentilhomme du roy mon mary, et Armagnac, son premier vallet de chambre, m'y vindrent trouver pour me prier de leur sauver la vie. Je m'allay jetter à jenoux devant le roy et la reyne ma mère pour les leur demander ; ce qu'enfin ils m'accordèrent.

Cinq ou six jours après, ceux qui avoient commencé cette partie, connoissans qu'ils avoient failli à leur principal dessein, n'en voulant point tant aux huguenots qu'aux princes du sang, portoient impatiemment que le roy mon mary et le prince de Condé fussent demeurés ; et connoissant qu'estant mon mary, nul ne voudroit attenter contre luy, ils ourdirent une autre trame : ils vont persuader à la reyne ma mère qu'il me falloit démarier. En cette résolution, estant allée un jour de feste à son lever que nous devions faire nos pasques, elle me prend à serment de luy dire vérité, et me demanda si le roy mon mary estoit homme, me disant que si cela n'estoit elle avoit moyen de me démarier. Je la suppliay de croire que je ne me connoissois pas en ce qu'elle me demandoit ; aussi pouvois-je dire alors comme cette Romaine à qui son mary se courrouçant de ce qu'elle ne l'avoit adverty qu'il avoit l'haleine mauvaise, luy répondit qu'elle croyoit que tous les hommes l'eussent semblable, ne s'estant jamais approchée d'autre homme que de luy ; mais quoy que ce fust, puis qu'elle m'y avoit mise j'y voulois demeurer, me doutant bien que ce qu'on vouloit m'en séparer estoit pour luy faire un mauvais tour.

[1573] Nous accompagnasmes le roy de Pologne jusques à Beaumont, lequel, quelques mois avant que de partir de France, s'essaya par tous moyens de me faire oublier les mauvais offices de son ingratitude, et de remettre nostre amitié en la mesme perfection qu'elle avoit esté en nos premiers ans, m'y voulant obliger par serment et promesse en me disant adieu. Sa sortie de France, et la maladie du roy Charles, qui commença presque en mesme temps, éveilla l'esprit des deux partis de ce royaume, faisans divers projets sur cet estat. Les huguenots ayans à la mort de l'admiral fait obliger, par écrit signé, le roy mon mary et mon frère d'Alençon à la vengeance de cette mort (ayans gagné avant la Saint-Barthélemy mondit frère sous l'espérance de l'establir en Flandre), leur persuadèrent, comme le roy et la reyne ma mère reviendroient en France, de se dérober passant en Champagne pour se joindre à certaines troupes qui les devoient venir prendre là. M. de Miossans, gentilhomme catholique, ayant advis de cette entreprise, qui estoit pernicieuse au roy son maistre, m'en advertit pour empescher le mauvais effet qui eust apporté tant de maux à eux et à cet estat. Soudain j'allay trouver le roy et la reine ma mère, et leur dis que j'avois chose à leur communiquer qui leur importoit fort, et que je ne la leur dirois jamais qu'il ne leur pleust me promettre que cela ne porteroit aucun préjudice à ceux que je leur nommerois, et qu'ils y remédieroient sans faire semblant de rien sçavoir. Lors je leur dis que mon frère et le roy mon mary s'en devoient le lendemain aller à des troupes de huguenots qui les venoient chercher à cause de l'obligation qu'ils avoient fait à la mort de l'admiral, qui estoit bien excusable par leurs enfans; et que je les suppliois leur pardonner, et sans leur en montrer nulle apparence leur empescher de s'en aller. Ce qu'ils m'accordèrent; et fust l'affaire conduite par telle prudence, que, sans qu'ils pussent sçavoir d'où leur venoit cet empeschement, ils n'eurent jamais moyen d'eschaper. Cela estant passé, nous arrivasmes à Saint-Germain, où nous fismes un grand séjour à cause de la maladie du roy. Durant lequel temps mon frère d'Alençon employoit toutes sortes de recherches et moyens pour se rendre agréable à moy, afin que je luy vouasse amitié comme j'avois fait au roy Charles; car jusques alors, pource qu'il avoit esté tousjours nourri hors de la cour, nous ne nous estions pas guères veus, et n'avions pas grande familiarité. Enfin, m'y voyant conviée par tant de submissions et de sujections et d'affection qu'il me témoignoit, je me résolus de l'aimer et embrasser ce qui le concerneroit, mais toutefois avec telle condition que ce seroit sans préjudice de ce que je devois au roy Charles mon bon frère, que j'honorois sur toutes choses. Il me continua cette bienveillance, me l'ayant témoignée jusques à sa fin.

(1574) Durant ce temps la maladie du roy Charles augmentant tousjours, les huguenots ne cessoient jamais de rechercher des nouvelletés, prétendans encor de retirer mon frère le duc d'Alençon et le roy mon mary de la cour; ce qui ne vint à ma connoissance comme la première fois. Mais toutefois Dieu permit que la mesche se découvrist à la reyne ma mère, si près de l'effet que les trouppes des huguenots devoient arriver ce jour-là auprès de Saint-Germain. Nous fusmes contraints de partir deux heures après minuit, et mettre le roy Charles dans une litière pour gagner Paris; la reyne ma mère mettant dans son chariot mon frère et le roy mon mary, qui cette fois ne furent traités si doucement que l'autre; car le roy s'en alla au bois de Vincennes, d'où il ne leur permit plus de sortir. Et le temps augmentant tousjours l'aigreur de ce mal, produisoit tousjours de nouveaux advis au roy pour accroistre la meffiance et mécontentement qu'il avoit d'eux; en quoy les artifices de ceux qui avoient tousjours désiré la ruine de nostre maison luy aidoient, comme je croy, beaucoup. Ces meffiances passèrent si avant, que messieurs les mareschaux de Montmorency et de Cossé en furent retenus prisonniers au bois de Vincennes, et La Mole et le comte de Coconas en pâtirent de leur vie.

Les choses en vindrent à tels termes que l'on députa des commissaires de la cour de parlement pour ouïr mon frère et le roy mon mary, lequel, n'ayant lors personne de conseil auprès de luy, me commanda de dresser par écrit ce qu'il avoit à respondre, afin que par ce qu'il diroit il ne mist ni luy ni personne en peine.

Dieu me fit la grâce de le dresser si bien qu'il en demeura satisfait, et les commissaires estonnés de le voir si bien préparé. Et voyant que par la mort de La Mole et du comte de Coconas ils se trouvoient chargés en sorte que l'on craignoit de leur vie, je me résolus (encor que je fusse si bien auprès du roy qu'il n'aimoit rien tant que moy), pour leur sauver la vie, de perdre ma fortune; ayant délibéré, comme je sortois et entrois librement en coche sans que les gardes regardassent dedans, ni que l'on fist oster le masque à mes femmes, d'en déguiser l'un d'eux en femme et le sortir dans ma coche. Et pource qu'ils estoient trop éclairés des gardes, et qu'il suffisoit qu'il y en eust un d'eux dehors pour asseurer la vie de l'autre, jamais ils ne se purent accorder lequel c'est qui sortiroit, chacun voulant estre celui-là et ne voulant demeurer; de sorte que ce dessein ne se peust exécuter. Mais Dieu y remédia par un moyen bien misérable pour moy; car il me priva du roy Charles, tout l'appui et support de ma vie, un frère duquel je n'avois receu que bien, et qui en toutes les persécutions que mon frère d'Anjou m'avoit faites à Angers m'avoit tousjours assistée, et advertie et conseillée. Bref, je perdis en luy tout ce que je pouvois perdre.

Après ce désastre malheureux pour la France et pour moy, nous allasmes à Lyon au devant du roy de Pologne, lequel, possédé encore par Le Guast, rendit de mesmes causes mesmes effets, et croyant aux advis de ce pernicieux esprit, qu'il avoit laissé en France pour maintenir son parti, conceut une extresme jalousie contre mon frère d'Alençon, ayant pour suspecte et portant impatiemment l'union de luy et du roy mon mari, estimant que j'en fusse le lien et le seul moyen qui maintenoit leur amitié, et que les plus propres expédiens pour les diviser estoient d'un costé de me brouiller et mettre en mauvais ménage avec le roy mon mari; et d'autre, de faire que madame de Sauve, qu'ils servoient tous deux, les ménageast tous deux de telle façon qu'ils entrassent en extresme jalousie l'un de l'autre. Cet abominable dessein, source et origine de tant d'ennuis, de traverses et de maux que mon frère et moy avons depuis soufferts, fut poursuivi avec autant d'animosité, de ruses et d'artifice, qu'il avoit esté pernicieusement inventé.

Quelques-uns tiennent que Dieu a en particulière protection les grands, et qu'aux esprits où il reluit quelque excellence non commune, il leur donne par des bons génies quelques secrets advertissemens des accidens qui leur sont préparés, ou en bien ou en mal, comme à la reyne ma mère, que justement l'on peut mettre de ce nombre, il s'en est veu plusieurs exemples. Mesme la nuict devant la misérable course, elle songea qu'elle voyoit le feu roy mon père blessé en l'œil, comme il fut; et estant éveillée, elle le supplia plusieurs fois de ne vouloir point courir ce jour-là, et vouloir se contenter de voir le plaisir du tournois sans en vouloir estre. Mais l'inévitable destinée ne permit tant de bien à ce royaume qu'il pust recevoir cet utile conseil. Elle n'a aussi jamais perdu aucun de ses enfans qu'elle n'ayt vu une fort grande flamme, à laquelle soudain elle s'écrioit : « Dieu garde mes enfans! » et incontinent après elle entendoit la triste nouvelle qui par ce feu luy avoit esté augurée. En sa maladie de Metz, où par une fièvre pestilentielle et le charbon elle fust à l'extrémité, qu'elle avoit prise allant visiter les religions des femmes, comme il y en a beaucoup en cette ville-là, lesquelles avoient esté depuis peu infectées de cette contagion; de quoy elle fust garantie miraculeusement, Dieu la redonnant à cet estat, qui en avoit encor tant de besoin, par la diligence de M. Castelan son médecin, qui, nouveau Esculape, fit lors une signalée preuve de l'excellence de son art. Elle resvant, et estant assistée autour de son lict du roy Charles mon frère, et de ma sœur et mon frère de Lorraine, de plusieurs messieurs du conseil, et de force dames et princesses, qui, la tenans comme hors d'espérance, ne l'abandonnoient point, s'écrie, continuant ses resveries, comme si elle eust veu donner la bataille de Jarnac : « Voyez comme ils fuyent, mon fils a la victoire. Hé! mon Dieu! relevez mon fils, il est par terre; voyez-vous dans cette haye le prince de Condé mort? » Tous ceux qui estoient-là croyoient qu'elle resvoit, et que, sçachant que mon frère d'Anjou estoit en terme de donner la bataille, elle n'eust que cela en teste. Mais la nuit après,

M. de Losses luy en apportant la nouvelle, comme chose très-désirée en quoy il pensoit beaucoup mériter : « Vous estes fascheux, luy dit-elle, de m'avoir éveillée pour cela ; je le sçavois bien ; ne l'avois-je pas veu devant hier? » Lors on reconnut que ce n'estoit point resverie de la fièvre, mais un advertissement particulier que Dieu donne aux personnes illustres et rares. L'histoire nous en fournit tant d'exemples aux anciens payens, comme le fantosme de Brutus et plusieurs autres que je ne décriray, n'estant mon intention d'orner ces mémoires, ains seulement narrer la vérité et les advancer promptement, afin que plus tost vous les receviez. De ces divins advertissemens je ne me veux estimer digne ; toutefois, pour ne me taire comme ingrate des graces que j'ay receues de Dieu, que je dois et veux confesser toute ma vie pour luy en rendre graces, et que chacun le loue aux merveilles des effets de sa puissance, bonté et miséricorde qu'il luy a plu faire en moy, j'advouray n'avoir jamais esté proche de quelques signalés accidens, ou sinistres ou heureux, que je n'en aye eu quelque advertissement, ou en songe ou autrement ; et puis bien dire ce vers :

De mon bien ou mon mal mon esprit m'est oracle.

Ce que j'éprouvay lors de l'arrivée du roy de Pologne, la reyne ma mère estant allée au devant de luy. Cependant qu'ils s'embrassoient et faisoient les réciproques bien-venues, bien que ce fust en un temps si chaud qu'en la presse où nous estions on s'étouffoit, il me prit un frisson si grand avec un tremblement si universel, que celuy qui m'aidoit s'en apperceut. J'eus beaucoup de peine à le cacher quand, après avoir laissé la reyne ma mère, le roy vint à me saluer. Cet augure me toucha au cœur ; toutefois il se passa quelques jours sans que le roy découvrist la haine et le mauvais dessein que le malicieux Guast luy avoit faict concevoir contre moy, par le rapport qu'il luy avoit faict que depuis la mort du roy j'avois tenu le party de mon frère d'Alençon en son absence, et l'avois faict affectionner au roy mon mary. Pourquoy espiant tousjours une occasion pour parvenir à l'intention prédite de rompre l'amitié de mon frère d'Alençon et du roy mon mary, en nous mettant en mauvais ménage, le roy mon mary et moy, et les brouillant tous deux sur le sujet de la jalousie de leur commun amour de madame de Sauve, une après-disnée la reyne ma mère estant entrée en son cabinet pour faire quelques longues dépesches, madame de Nevers, vostre cousine, madame de Rais, aussi vostre cousine, Bourdeille et Surgères, me demandèrent si je me voulois aller promener à la ville. Sur cela mademoiselle de Montigny, niepce de madame d'Uzès, nous dit que l'abbaye de Saint-Pierre estoit une fort belle religion. Nous nous résolusmes d'y aller. Elle nous pria qu'elle vinst avec nous, parce qu'elle y avoit une tante, et que l'entrée n'y est pas libre, sinon qu'avec les grandes. Elle y vint ; et comme nous montions en chariot, encor qu'il fust tout plein de nous six et de madame de Curton, dame d'honneur, qui alloit tousjours avec moy, Liancourt, premier escuyer du roy, et Camille s'y trouvèrent, qui se jettèrent sur les portières du chariot de Torigny, où se tenans comme ils peurent, et gaussans, comme ils estoient d'humeur bouffonne, dirent qu'ils vouloient venir voir ces belles religieuses. La compagnie de mademoiselle de Montigny, qui ne nous estoit aucunement familière, et d'eux deux, qui estoient confidens du roy, fust, que je croy, une providence de Dieu pour me garantir de la calomnie que l'on me vouloit imputer. Nous allasmes à cette religion, et mon chariot, qui estoit assez reconnoissable, pour estre doré et de velours jaune garni d'argent, nous attendit à la place, autour de laquelle y avoit plusieurs gentilshommes logés.

Pendant que nous estions dans Saint-Pierre, le roy, ayant seulement avec luy le roy mon mari, d'O, et le gros Ruffé, s'en allant voir Quélus, qui estoit malade, passant par ceste place et voyant mon chariot vuide, se retourna vers le roy mon mari, et luy dit : « Voyez, voilà le chariot de vostre femme, et voilà le logis de Bidé, qui estoit lors malade. » (Ainsi se nommoit aussi celuy qui a depuis servi vostre cousine.) « Je gage, dit-il, qu'elle y est ; » et commanda au gros Ruffé, instrument propre de telle malice, pour estre amy de du Guast, d'y aller voir ; lequel n'y ayant rien trouvé, et ne voulant toutefois que cette vérité empeschast le dessein du roy, luy dit tout haut devant le roy mon mari : « Les oiseaux y ont esté, mais ils n'y sont plus. » Cela suffit assez pour donner sujet de s'entretenir jusques au logis. Le roy mon mari témoignant en cela la bonté et l'entendement de quoy il s'est tousjours montré accompagné, et détestant en son cœur cette malice, jugea aisément à quelle fin il le faisoit. Et le roy se hastant de retourner avant moy pour persuader à la reyne ma mère cette invention et m'en faire recevoir un affront, j'arrivay qu'il avoit eu tout loisir de faire ce mauvais effet, et que mesme la reyne ma mère en avoit parlé fort estrangement devant des dames, partie par créance, et partie pour plaire à ce fils qu'elle idolastroit.

Moy revenant après, sans savoir rien de tout ceci, j'allay descendre en ma chambre avec toute la trouppe susdite qui m'avoit accompagnée à Saint-Pierre, et y trouvay le roy mon mari, qui soudain qu'il me vit se prist à rire, et me dit : « Allez chez la reyne vostre mère, et je m'asseure que vous en reviendrez bien en colère. » Je luy demanday pourquoy, et ce qu'il y avoit. Il me dit : « Je ne le vous diray pas, mais suffise à vous que je n'en crois rien, et que ce sont inventions pour nous brouiller vous et moy, pensant par ce moyen me séparer de l'amitié de monsieur vostre frère. » Voyant que je n'en pouvois tirer autre chose, je m'en vais chez la reyne ma mère. Entrant en la salle, je trouvay M. de Guyse, qui prévoyant n'estoit pas marry de la division qu'il voyoit arriver dans nostre maison, espérant bien que du vaisseau brisé il en recueilleroit les pièces. Il me dit : « Je vous attendois icy pour vous advertir que la reyne vous a presté une dangereuse charité; » et me fit tout le discours susdit, qu'il avoit appris de d'O, qui, estant lors fort amy de vostre cousine, l'avoit dit à M. de Guyse pour nous en advertir.

J'entray dans la chambre de la reyne ma mère, où elle n'estoit pas. Je trouvay madame de Nemours et toutes les autres princesses et dames, qui me dirent : « Mon Dieu, Madame, la reyne vostre mère est en si grande colère contre vous. Je ne vous conseille pas de vous présenter devant elle. — Non, ce dis-je, si j'avois fait ce que le roy luy a dit. Mais en estant du tout innocente, il faut que je luy parle pour l'en éclaircir. » J'entray dans son cabinet, qui n'estoit fait que d'une cloison de bois, de sorte que l'on pouvoit aisément entendre tout ce qui se disoit. Soudain qu'elle me vit, elle commença à jetter feu, et dire tout ce qu'une colère outrée et démesurée peut jetter dehors. Je luy représentay la vérité, et que nous estions dix ou douze, et la suppliay de s'en enquérir, et ne croire pas celles qui m'estoient amies et familières, mais madame de Montigny, qui ne me hantoit point, et Liancourt et Camille, qui ne dépendoient que du roy. Elle n'a point d'oreille pour la vérité ni pour la raison, elle n'en veut point recevoir, fust pour estre préoccupée du faux, ou bien pour complaire à ce fils, que d'affection, de devoir, d'espérance et de crainte elle idolastroit, et ne cesse de tanser, crier et menacer. Et luy disant que cette charité m'avoit esté prestée par le roy, elle se met encor plus en colère, me voulant faire croire que c'estoit un sien valet de chambre qui passant par là m'y avoit veue. Et voyant que cette couverture estoit grossière, que je la recevois pour telle et restois infiniment offensée du roy, cela la tourmentoit et éguillonnoit davantage : ce qui estoit ouy de sa chambre, toute pleine de gens.

Sortant de là avec le despit que l'on peut penser, je trouvay en ma chambre le roy mon mary, qui me dit : « Eh bien, n'avez-vous pas trouvé ce que je vous avois dit? » Et me voyant si affligée : « Ne vous tourmentez pas de cela, dit-il, Liancourt et Camille se trouveront au coucher du roy, qui luy diront le tort qu'il vous a fait, et m'asseure que demain la reyne vostre mère sera bien empeschée à faire les accords. » Je luy dis : « Monsieur, j'ay receu un affront trop public de cette calomnie pour pardonner à ceux qui me l'ont causé; mais toutes les injures ne me sont rien au prix du tort qu'on m'a voulu faire, me voulant procurer un si grand malheur que de me mettre mal avec vous. » Il me répondit : « Il s'y est, Dieu merci, failli. » Je luy dis : « Ouy, Dieu merci, et vostre bon naturel. Mais de ce mal si faut-il que nous en tirions un bien; que ceci nous serve d'advertissement à l'un et à l'autre pour avoir l'œil ouvert à tous les artifices que le roy pourra faire pour nous mettre mal ensemble; car il faut croire, puis qu'il a ce dessein, qu'il ne s'arrestera pas à cestuy-cy, et ne cessera qu'il n'ait rompu l'amitié de mon frère et de vous. » Sur cela mon frère arriva, et les fis par nouveau serment obliger à la continuation de leur amitié. Mais quel serment peut valoir en amour!

Le lendemain matin un banquier italien, qui estoit serviteur de mon frère, pria monditfrère, le roy mon mari et moy, et plusieurs autres princesses et dames, d'aller disner en un beau jardin qu'il avoit à la ville. Mais ayant tousjours gardé ce respect à la reyne ma mère, tant que j'ay esté auprès d'elle, fille et mariée, de n'aller en aucun lieu sans luy en demander congé, je l'allay trouver en la salle, revenant de la messe, pour avoir sa permission d'aller à ce festin. Elle, me faisant un refus public, dit que j'allasse où je voudrois, qu'elle ne s'en soucioit pas. Si cet affront fut ressenti d'un courage comme le mien, je le laisse à juger à ceux qui comme vous ont connu mon humeur. Pendant que nous estions en ce festin, le roy, qui avoit parlé à Liancourt, à Camille et à mademoiselle de Montigny, conneut l'erreur où la malice de Ruffé l'avoit fait tomber; et ne se trouvant moins en peine à la rabiller qu'il avoit esté prompt à la recevoir et à la publier, venant trouver la reyne ma mère luy confessa le vray, et la pria de rabiller cela en quelque façon que je ne luy demeurasse pas ennemie, craignant fort, parce qu'il me voyoit avoir de l'entendement, que je ne me sceusse plus à propos revancher qu'il ne m'avoit sceu offenser.

Revenus que nous fusmes du festin, la prophétie du roy mon mary fut véritable. La reyne ma mère m'envoya querir en son cabinet de derrière, qui estoit proche de celuy du roy, où elle me dit qu'elle avoit sceu la vérité de tout, et que je luy avois dit vray; qu'il n'estoit rien de tout ce que le valet de chambre qui luy avoit fait ce rapport luy avoit dit; que c'estoit un mauvais homme, et qu'elle le chasseroit. Et connoissant à ma mine que je ne recevois pas cette couverture, elle s'efforça par tout moyen de m'oster l'opinion que ce fust le roy qui me prestoit cette charité. Et voyant qu'elle n'y avançoit rien, le roy entrant dans son cabinet m'en fit force excuse, disant qu'on le luy avoit fait accroire, et me faisant toutes les satisfactions et démonstrations d'amitié qui se pouvoient faire.

Cela passé, après avoir demeuré quelque temps à Lyon, nous allasmes en Avignon. Le Guast, n'osant plus inventer de telles impostures, et voyant que je ne luy donnois aucune prise en mes actions, pour, par la jalousie, me mettre mal avec le roy mon mary, et esbranler l'amitié de mon frère et de luy, se servist d'une autre voye, qui estoit de madame de Sauve, la gaignant tellement qu'elle se gouvernoit du tout par luy; et usant de ses instructions, non moins pernicieuses que celles de la Célestine, elle rendit l'amour de mon frère et du roy mon mary (auparavant tiède et lente comme de personnes si jeunes), à une telle extrémité, qu'oubliant toute ambition, tout devoir et tout dessein, ils n'avoient plus autre chose en l'esprit que la recherche de cette femme; et en vindrent à une si grande et véhémente jalousie l'un de l'autre, qu'encor qu'elle fust recherchée de M. de Guyse, de du Guast, de Souvray, et plusieurs autres qui estoient tous plus aimés d'elle qu'eux, ils ne s'en soucioient pas, et ne craignoient, ces deux beaux-frères, que la recherche de l'un et de l'autre. Et cette femme, pour mieux jouer son jeu, persuada au roy mon mari que j'en estois jalouse, et pour cette cause je tenois le parti de mon frère.

Nous croyons aisément ce qui nous est dit par des personnes que nous aimons. Il prend cette créance, il s'esloigne de moy, et s'en cache plus que de tout autre, ce que jusques alors il n'avoit fait; car, quoy qu'il en eust eu la fantaisie, il m'en avoit toujours parlé aussi librement qu'à une sœur, connoissant bien que je n'en estois aucunement jalouse, ne désirant que son contentement. Moy voyant ce que j'avois le plus craint estre advenu, qui estoit l'esloignement de sa bonne grace, pour la privation de sa franchise, de quoy il avoit jusques alors usé avec moy, et que la meffiance qui prive de la familiarité est le principe de la haine, soit entre parens ou amis, et connoissant d'ailleurs que si je pouvois divertir mon frère de l'affection de madame de Sauve, j'osterois le fondement de l'artifice que Le Guast avoit fabriqué à nostre division et ruine... susdite à l'endroit de mon frère, usant de tous moyens que je pus pour l'en tirer: ce qui eust servi à tout autre qui n'eust eu l'ame fascinée par l'amour et les ruses de ces fines personnes. Mon frère, qui en tout autre chose ne croyoit rien que moy, ne put jamais se regaigner soi-mesme pour son salut et le mien, tant forts estoient les charmes de cette Circé, aidés de ce diabolique esprit de du Guast, de façon qu'au lieu de tirer profit de mes paroles, il les redisoit toutes à cette femme. Que peut-on céler à celuy que l'on aime? Elle s'en animoit contre moy, et servait avec plus d'affection au dessein de du Guast, et pour s'en venger disposoit tousjours davantage le roy mon mari à me haïr et s'estranger de moy; de sorte qu'il ne me parloit plus.

Il revenoit de chez elle fort tard; et pour l'empescher de me voir, elle luy commandoit de se trouver au lever de la reyne, où elle estoit subjette d'aller, et après tout le jour il ne bougeoit plus d'avec elle. Mon frère n'apportoit moins de soin à la rechercher, elle leur faisant accroire à tous deux qu'ils estoient uniquement aimés d'elle; ce qui n'avançoit moins leur jalousie et leur division que leur ruine.

(1575) Nous fismes un long séjour en Avignon et un tour par la Bourgogne et la Champagne pour aller à Rheims aux nopces du roy, et de là venir à Paris, où les choses se comportèrent tousjours de cette façon. La trame de du Guast alloit par ses moyens tousjours s'advançant à nostre division et ruine. Estans à Paris, mon frère approcha de luy Bussi, en faisant autant d'estime que sa valeur le méritoit. Il estoit tousjours auprès de mon frère, et par conséquent avec moy, mon frère et moy estans presque tousjours ensemble, et ordonnant à tous ses serviteurs de ne m'honorer et rechercher moins que luy. Tous les hommes et gens de sa suite accomplissoient cet agréable commandement avec tant de subjection, qu'ils ne me rendoient moins de service qu'à luy. Vostre tante voyant cela, m'a souvent dit que cette belle union de mon frère et de moy luy faisoit ressouvenir du temps de M. d'Orléans mon oncle et de madame de Savoye ma tante. Le Guast, qui estoit un poltron de ce temps, y donnant interprétation contraire, pensa que la fortune luy offroit un beau moyen pour se haster plus viste d'arriver au but de son dessein, et, par le moyen de madame de Sauve s'estant introduit en la bonne grace du roy mon mari, tascha par toute voye de luy persuader que Bussi me servoit. Et voyant qu'il n'y avançoit rien, estant assez adverti par ses gens, qui estoient tousjours avec moy, de mes déportemens, qui ne tendoient à rien de semblable, il s'adressa au roy, qu'il trouva plus facile à persuader, tant pour le peu de bien qu'il vouloit à mon frère et à moy, nostre amitié luy estant suspecte et odieuse, que pour la haine qu'il avoit à Bussi, qui l'ayant autrefois suivi l'avoit quitté pour se dédier à mon frère : acquisition qui accroissoit autant la gloire de mon frère que l'envie de nos ennemis, pour n'y avoir rien en ce siècle-là de son sexe et de sa qualité de semblable en valeur, réputation, grace et esprit. En quoy quelques-uns disoient que s'il falloit croire la transmutation des ames, comme quelques philosophes ont tenu, que sans doute celle de Hardelay, vostre brave frère, animoit celle de Bussi.

Le roy, imbu de cela par Le Guast, en parla à la reyne ma mère, la conviant à en parler au roy mon mari, et taschant de le mettre aux mesmes aigreurs qu'il l'avoit mis à Lyon; mais elle, voyant le peu d'apparence qu'il y avoit, l'en rejetta, luy disant : « Je ne sçais qui sont les brouillons qui vous mettent telles opinions en la fantaisie. Ma fille est malheureuse d'estre venue en un tel siècle. De nostre temps nous parlions librement à tout le monde, et tous les honnestes gens qui suivoient le roy vostre père, M. le dauphin, et M. d'Orléans, vos oncles, estoient d'ordinaire à la chambre de madame Marguerite, vostre tante, et de moy, et personne ne le trouvoit estrange, comme aussi n'y avoit-il pas de quoy. Bussi voit ma fille devant vous, devant son mari en sa chambre, devant tous les gens de son mari, et devant tout le monde. Ce n'est pas en cachette ni à porte fermée. Bussi est personne de qualité, et le premier auprès de vostre frère. Qu'y a-t-il à penser? En sçavez-vous autre chose que par une calomnie? A Lyon, vous me luy avez fait faire un affront très-grand, duquel je crains bien qu'elle ne s'en ressente toute sa vie. »

Le roy demeurant tout étonné : « Madame, dit-il, je n'en parle qu'après les autres. » Elle respondit : « Qui sont ces autres, mon fils? Ce sont gens qui vous veulent mettre mal avec tous les vostres. » Le roy s'en estant allé, elle me raconta tout, et me dit: « Vous estes née d'un misérable temps. » Et appellant vostre tante, madame de Dampierre, elle se mit à discourir avec elle de l'honneste liberté des plaisirs qu'ils avoient de ce temps-là, sans estre sujets comme nous à la mesdisance.

Le Guast, voyant la mine esventée, et qu'elle n'avoit pris feu de ce costé-là comme il désiroit, s'adresse à certains gentilshommes qui suivoient lors le roy mon mary, qui jusques alors avoient esté compagnons de Bussi, et depuis devenus ses ennemis par la jalousie que leur apportoit son advancement et sa gloire. Ceux-cy joignants à cette envieuse haine un zèle inconsidéré au service de leur maistre, ou, pour mieux dire, couvrans leur envie de ce prétexte, se résolurent un soir, sortant tard du coucher de son maistre pour se retirer en son logis, de l'assassiner. Et comme les honnestes gens qui estoient auprès de mon frère avoient accoustumé de l'accompagner, ils sçavoient qu'ils ne le trouveroient avec moins de quinze ou vingt honnestes hommes, et que, bien que pour la blessure qu'il avait au bras droit depuis peu de jours qu'il s'estoit battu contre Saint-Val, il ne portast point d'espée, sa présence seroit suffisante pour redoubler le courage à ceux qui estoient avec luy. Ce que redoutans, et voulans faire leur entreprise asseurée, ils résolurent de l'attaquer avec deux ou trois cents hommes, le voile de la nuict couvrant la honte d'un tel assassinat. Le Guast, qui commandoit au régiment des gardes, leur fournit des soldats, et se mettans en cinq ou six trouppes en le plus prochaine rue de son logis où il falloit qu'il passast, le chargent, esteignans les torches et flambeaux. Après une salve d'arquebusades et pistoletades qui eust suffi non à attrapper une trouppe de quinze ou vingt hommes, mais à deffaire un régiment, ils viennent aux mains avec sa trouppe, taschans tousjours dans l'obscurité de la nuit à le remarquer pour ne le faillir, et le connoissans à une escharpe colombine où il portoit son bras droit blessé, bien à propos pour eux, qui en eussent senti la force; qui furent toutesfois bien soutenus de cette petite trouppe d'honnestes gens qui estoient avec luy, à qui l'inopinée rencontre ni l'horreur de la nuit n'osta le cœur ni le jugement; mais faisant autant de preuve de leur valeur que de l'affection qu'ils avoient à leur amy, à force d'armes le passèrent jusques à son logis, sans perdre aucun de leur trouppe, qu'un gentilhomme qui avoit esté nourri avec luy, qui, ayant esté blessé auparavant à un bras, portoit une escharpe colombine comme luy, mais toutesfois bien différente, pour n'estre enrichie comme celle de son maistre; toutefois, en l'obscurité de la nuict, ou le transport, ou l'animosité de ces assassins, qui avoient le mot de donner tous à l'écharpe colombine, fit que toute la trouppe se jetta sur ce pauvre gentilhomme, pensant que ce fust Bussi, et le laissèrent pour mort en la rue.

Un gentilhomme italien qui estoit à mon frère y estant, de premier abord l'effroy l'ayant pris, il s'en accourt tout sanglant dans le Louvre, et jusques à la chambre de mon frère, qui estoit couché, criant que l'on assassinoit Bussi. Mon frère soudain y voulut aller. De bonne fortune, je n'estois point encore couchée, et estois logée si près de mon frère, que j'ouïs cet homme effrayé crier par les degrés cette espouvantable nouvelle aussitost que luy. Soudain je cours en sa chambre pour l'empescher de sortir, et envoyay prier la reyne ma mère d'y venir pour le retenir, voyant que la juste douleur qu'il sentoit l'emportoit tellement hors de luy-mesme, que sans considération il se fust précipité à tous dangers pour courir à la vengeance. Nous le retenons à toute peine, la reyne ma mère luy représentant qu'il n'y avoit nulle apparence de sortir seul comme il estoit, pendant la nuit, que l'obscurité couvre toute meschanceté; que Le Guast estoit peut-estre assez méchant d'avoir fait cette partie expressément pour le faire sortir mal à propos, afin de le faire tomber en quelque accident. Au désespoir qu'il estoit ces paroles eussent eu peu de force; mais elle y usant de son autorité l'arresta, et commanda aux portiers que l'on ne le laissast sortir, prenant la peine de demeurer avec luy jusques à ce qu'il sceust la vérité de tout.

Bussi, que Dieu avoit garanti miraculeusement de ce danger, ne s'estant troublé pour ce hasard, son ame n'estant point susceptible de la peur, estant né pour estre la terreur de ses ennemis, la gloire de son maistre et l'espérance de ses amis, entré qu'il fust en son logis, soudain se souvint de la peine en quoy seroit son maistre si la nouvelle de cette rencontre estoit portée jusques à luy incertainement ; et craignant que cela le fist jetter dans les filets de ses ennemis (comme sans doute il eust fait si la reyne ma mère ne l'en eust empesché), envoya soudain un des siens, qui apporta la nouvelle à mon frère de la vérité de tout. Et le jour estant venu, Bussi, sans crainte de ses ennemis, revint dans le Louvre avec la façon aussi brave et aussi joyeuse que si cet attentast luy eust esté un tournois pour plaisir.

Mon frère, aussi aise de le revoir que plein de despit et de vengeance, tesmoigna assez comme il ressentoit l'offense qui luy avoit esté faite de l'avoir voulu priver du plus brave et du plus digne serviteur dont prince de sa qualité eust jamais connoissance, bien que du Guast s'attaquoit à Bussi pour ne s'oser prendre de premier abord à luy-mesme. La reyne ma mère, la plus prudente et advisée qui ait jamais esté, connoissant de quels poids estoient tels effets, et prévoyant qu'ils pourroient enfin mettre ses deux enfans mal ensemble, conseilla mon frère que pour lever tel prétexte il fist que pour un temps Bussi s'esloignast de la cour; à quoy mon frère consentit par la prière que je luy en fis, voyant bien que, s'il demeuroit, Le Guast le mettroit tousjours en jeu, et le feroit servir de couverture à son pernicieux dessein, qui estoit de maintenir mon frère et le roy mon mari mal ensemble, comme il lui avoit mis par les artifices susdits. Bussi, qui n'avoit autre volonté que celle de son maistre, partit accompagné de la plus brave noblesse qui fust à la cour qui suivoit mon frère.

Ce sujet estant aisé au Guast, et voyant que le roy mon mari ayant en ce mesme temps une nuit eu une fort grande foiblesse, en laquelle il demeura esvanoui l'espace d'une heure (qui luy venoit, comme je crois, d'excès qu'il avoit faits avec les femmes, car je ne l'y avois jamais veu sujet), où je l'avois servi et assisté comme le devoir me le commandoit, de quoy il restoit si content de moy qu'il s'en louoit à à tout le monde, disant que, sans que je m'en estois apperceue, et j'avois soudain couru à le secourir et appeller mes femmes et ses gens, il estoit mort, et qu'à cette cause il m'en faisoit beaucoup meilleure chère, et que depuis l'amitié de luy et de mon frère commençoit à se renouer, estimant tousjours que j'en estois la cause et que je leur estois (comme l'on voit en toutes les choses naturelles, mais plus apparemment aux serpens coupés) un certain baume naturel qui réunit et rejoint les parties séparées, poursuivant tousjours la pointe de son premier et pernicieux dessein, et recherchant de fabriquer quelque nouvelle invention pour nous rebrouiller le roy mon mari et moy, mit à la teste du roy, qui depuis peu de jours avoit osté, par le mesme artifice de du Guast, à la reyne, sa sacrée princesse, très-vertueuse et bonne, une fille qu'elle aimoit fort, et qui avoit esté nourrie avec elle, nommée Changi, qu'il devoit faire que le roy mon mari m'en fist de mesme, m'ostant celle que j'aimois le plus, nommée Torigny, sans autre raison, sinon qu'il ne falloit point laisser à des jeunes princesses des filles en qui elles eussent si particulière amitié.

Le roy, persuadé de ce mauvais homme, en parla plusieurs fois à mon mari, qui lui respondit qu'il sçavoit bien qu'il me feroit un cruel desplaisir; que si j'aimois Torigny j'en avois occasion ; qu'outre ce qu'elle avoit esté nourrie avec la reyne d'Espagne ma sœur, et avec moy depuis mon enfance, elle avoit beaucoup d'entendement, et que mesme elle l'avoit beaucoup servi en sa captivité du bois de Vincennes ; qu'il seroit ingrat s'il ne s'en ressouvenoit, et qu'il avoit autrefois veu que Sa Majesté en faisoit grand estat plusieurs fois. Il s'en deffendit de ceste façon ; mais enfin Le Guast persistant tousjours à pousser le roy, et jusques à luy faire dire au roy mon mari qu'il ne l'aimeroit jamais si dans le lendemain il ne m'avoit osté Torigny, il fut contraint, à son grand regret, comme depuis il me l'a avoué, de m'en prier et me le commander. Ce qui me fut si aigre, que je ne me pus m'empescher de luy tesmoigner par mes larmes combien j'en recevois de desplaisir, luy remonstrant que ce qui m'en affligeoit le plus, n'estoit point l'esloignement de la présence d'une personne qui depuis mon enfance s'estoit toujours rendue subjette et utile auprès de moi, mais que sçachant comme je l'aimois, je n'ignorois pas combien son partement si précipité porteroit de préjudice à ma réputation. Ne pouvant recevoir ces raisons, pour la promesse qu'il avoit faite au roy de me faire ce desplaisir, elle partit le jour mesme, se retirant chez un sien cousin, nommé M. Chastelas.

Je restay si offensée de cette indignité à la suite de tant d'autres, que, ne pouvant plus résister à la juste douleur que je ressentois, qui bannissant toute prudence de moy m'abandonnoit à l'ennui, je ne me pus plus forcer de rechercher le roy mon mari. De sorte que Le Guast et madame de Sauve d'un costé l'estrangeant de moy, et moy m'esloignant aussi, nous ne couchions plus et ne parlions plus ensemble.

LIVRE SECOND.

Quelques jours après, quelques bons serviteurs du roy mon mari luy ayans fait connoistre l'artifice par le moyen duquel on le menoit à sa ruine, le mettant mal avec mon frère et moy pour le séparer de ceux de qui il devoit espérer le plus d'appui, pour après le laisser là et ne tenir compte de luy, comme le roy commençoit à n'en faire pas grand estat et à le mépriser, ils le firent parler à mon frère, qui depuis le partement de Bussi n'avoit pas amendé sa condition (car Le Guast tous les jours luy faisoit recevoir quelques nouvelles indignités), et connoissant qu'ils estoient tous deux en mesme prédicament à la cour, aussi défavorisés l'un que l'autre; que Le Guast seul gouvernoit le monde; qu'il falloit qu'ils mendiassent de luy ce qu'ils vouloient obtenir auprès du roy; que s'ils demandoient quelque chose, ils estoient refusés avec mépris; que si quelqu'un se rendoit leur serviteur, il estoit aussitost ruiné, et attaqué de mille querelles que l'on luy suscitoit; ils se résolurent, voyant que leur désunion estoit leur ruine, de se réunir, et se retirer de la cour, pour, ayant assemblé leurs serviteurs et amis, demander au roy une condition et un traittement digne de leur qualité, mon frère n'ayant eu jusques alors son appennage, et s'entretenant seulement de certaines pensions mal assignées, qui venoient seulement quand il plaisoit au Guast, et le roy mon mari ne jouissant nullement de son gouvernement de Guyenne, ne luy estant permis d'y aller, ni en aucunes de ses terres.

Cette résolution estant prise entr'eux, mon frère m'en parla, me disant qu'à cette heure ils estoient bien ensemble, et qu'il désiroit que nous fussions bien, le roy mon mari et moy, et qu'il me prioit d'oublier tout ce qui s'estoit passé; que le roy mon mari lui avoit dit qu'il en avoit un extresme regret, et qu'il connoissoit bien que nos ennemis avoient esté plus fins que nous, mais qu'il se résolvoit de m'aimer et de me donner plus de contentement de lui. Il me prioit aussi de mon costé de l'aimer et de l'assister en ses affaires en son absence. Ayant pris résolution tous deux ensemble que mon frère partiroit le premier, se dérobant dans un carrosse comme il pourroit, et qu'à quelques jours de là le roy mon mari, feignant d'aller à la chasse, le suivroit (regrettans beaucoup qu'ils ne me pouvoient emmener avec eux, toutesfois s'asseurans qu'on ne me sçauroit faire du déplaisir les sçachans dehors; aussi qu'ils firent bientost paroistre que leur intention n'estoit point de troubler la France, mais seulement d'establir une condition digne de leur qualité, et se mettre en seureté; car parmi ces traverses ils n'estoient pas sans crainte de leur vie, fust ou que véritablement ils fussent en danger, ou que ceux qui désiroient la division et ruine de nostre maison pour s'en prévaloir, leur fissent donner des alarmes par les continuels advertissemens qu'ils en recevoient), le soir venu, peu avant le souper du roy, mon frère changeant de manteau et le mettant autour du nez, sort, seulement suivi d'un des siens qui n'estoit pas reconnu, et s'en va à pied jusques à la porte Saint-Honoré, où il trouva Simier avec le carrosse d'une dame qu'il avoit emprunté pour cet effet, dans lequel il se mist, et va jusques à quelques maisons à un quart de lieue de Paris, où il trouva deux ou trois cens chevaux de ses serviteurs qui l'attendoient au rendez-vous qu'il leur avoit donné. L'on ne s'apperceut point de son partement que sur les neuf heures du soir.

Le roy et la reyne ma mère me demandèrent pourquoy il n'avoit point souppé avec eux, et s'il estoit malade. Je leur dis que je ne l'avois point veu depuis l'après-dinée. Ils envoyèrent en sa chambre voir ce qu'il faisoit. On leur vint dire qu'il n'y estoit pas. Ils disent qu'on le cherche par toutes les chambres des dames où il avoit accoustumé d'aller. On cherche par le chasteau; on cherche par la ville, on ne le trouve point. A cette heure-là l'allarme s'échauffe. Le roy se met en colère, se courrouce, menace, envoye querir tous les princes et seigneurs de la cour, leur commande de monter à cheval et le luy ramener vif ou mort, disant qu'il s'en va troubler son estat pour luy faire la guerre, et qu'il luy fera connoistre la follie qu'il faisoit de s'attaquer à un roy si puissant que luy. Plusieurs de ces princes et seigneurs refusèrent cette commission, remonstrans au roy de quelle importance elle estoit; qu'ils voudroient mettre leur vie en ce qui seroit du service du roy, comme ils sçavoient estre de leur devoir; mais d'aller contre Monsieur son frère, ils sçavoient bien que le roy leur en sçauroit un jour mauvais gré; et qu'il s'asseurast que mon frère n'entreprendroit rien qui pust déplaire à Sa Majesté, ni qui pust nuire à son estat; que peut estre c'estoit un mécontentement qui l'avoit convié à s'éloigner de la cour; qu'il leur sembloit que le roy devoit envoyer devers luy pour s'informer de l'occasion qui l'avoit meu à partir, avant que prendre résolution à toute rigueur comme celle-cy. Quelques autres acceptèrent, et se préparèrent pour monter à cheval. Ils ne purent faire telle diligence qu'ils pussent partir plustost que sur le point du jour; qui fut cause qu'ils ne trouvèrent point mon frère et furent contraints de revenir, pour n'estre pas en équipage de guerre.

(1576) Le roy pour ce départ ne monstra pas meilleur visage au roy mon mary, mais, en faisant aussi peu d'estat qu'à l'accoustumée, le tenoit tousjours de mesme façon : ce qui le confirmoit en la résolution qu'il avoit prise avec mon frère; de sorte que peu de jours après il partit, feignant d'aller à la chasse. Moy, le lendemain du départ de mon frère, les pleurs qui m'avoient accompagnée toute la nuit m'esmeurent un si grand rhumé sur la moitié du visage, que j'en fus avec une grosse fièvre arrestée dans le lit pour quelques jours, fort malade et avec beaucoup de douleurs. Durant laquelle maladie le roy mon mary, ou qu'il fust occupé à disposer de son partement, ou qu'ayant à laisser bientost la cour, il voulust donner ce temps qu'il avoit à y estre à la seule volupté de jouir de la présence de sa maistresse madame de Sauve, ne pensant avoir le loisir de me venir voir en ma chambre, et revenant pour se retirer à l'accoustumée à une ou deux heures après minuit, couchans en deux lits comme nous couchions tousjours, je ne l'entendois point venir, et se levant avant que je fusse esveillée, pour se trouver, comme j'ay dit cy-devant, au lever de madame ma mère, où madame de Sauve alloit, il ne se souvenoit point de parler à moy, comme il avoit promis à mon frère, et partit de cette façon sans me dire à Dieu.

Je ne laissay pas de demeurer soupçonnée du roy que j'estois la seule cause de ce partement; et jettant feu contre moy, s'il n'eust esté retenu de la reyne ma mère, sa colère, je crois, luy eust fait exécuter contre ma vie quelque cruauté; mais estant retenu par elle, et n'osant faire pis, soudain il dit à la reyne ma mère que pour le moins il me falloit donner des gardes pour empescher que je ne suivisse le roy mon mary, et aussi pour engarder que personne ne communiquast avec moy, afin que je ne les advertisse de ce qui se passoit à la cour. La reyne ma mère, voulant faire toutes choses avec douceur, luy dit qu'elle le trouvoit bon ainsi (bien aise d'avoir pu rabattre jusques au premier mouvement de sa colère), mais qu'elle me viendroit trouver pour me disposer à ne trouver si rude ce traitement-là; que ces aigreurs ne demeureroient tousjours en ces termes; que toutes les choses du monde avoient deux faces; que cette première, qui estoit triste et affreuse, estant tournée, quand nous viendrons à voir la seconde plus agréable et plus tranquille, à nouveaux événemens on prendroit nouveau conseil; que lors peut-estre on auroit besoin de se servir de moy; que comme la prudence conseilloit de vivre avec ses amis comme devant un jour estre ses ennemis, pour ne leur confier rien de trop, qu'aussi l'amitié venant à se rompre, et pouvant nuire, elle ordonnoit d'user de ses ennemis comme pouvant estre un jour amis.

Ces remontrances empeschèrent bien le roy de me faire ennuy (ce qu'il eust bien voulu); mais Le Guast luy donnant l'invention de décharger ailleurs sa colère, fit que soudain, pour me faire le plus cruel déplaisir qui se pouvoit imaginer, il envoya des gens à la maison de Chastelas, cousin de Torigny, pour, sous ombre de la prendre pour l'amener au roy, la noyer en une rivière qui estoit près de là. Eux arrivés, Chastelas les laisse librement entrer dans la maison, ne se doutant de rien. Eux soudain la voyant dedans, les plus forts usans avec autant d'indiscrétion que d'imprudence de la ruineuse charge qui leur avoit esté donnée, prennent Torigny, la liant, l'enferment dans une chambre, attendans de partir que leurs chevaux eussent repeu. Cependant usans à la françoise, sans se garder de rien, se gorgeans jusques au crever de tout ce qui estoit de meilleur en cette maison, Chastelas, qui estoit homme advisé, n'estant pas marry qu'aux dépens de son bien on pust gagner ce temps pour retarder le partement de sa cousine, espérant que qui a temps a vie, et que Dieu peut-estre changeroit le cœur du roy, qui contremanderoit ces gens icy pour ne me vouloir si aigrement offenser, et n'osant ledit Chastelas entreprendre par autre voye de les empescher, bien qu'il avoit des amis assez pour le faire : mais Dieu, qui a toujours regardé mon affliction pour me garantir des dangers et des déplaisirs que mes ennemis me pourchassoient, plus à propos que moy-mesme ne l'en eusse pu requérir quand j'eusse sceu cette entreprise, que j'ignorois, prépara un inespéré secours pour délivrer Torigny des mains de ces scélérats, qui fut tel :

Quelques valets et chambrières s'en estant fuis pour la crainte de ces satellites, qui battoient et frappoient là dedans comme en une maison de pillage, estant à un quart de lieue de la maison, Dieu guida par là La Ferté et Avantigny avec leurs troupes, qui estoient bien deux cents chevaux, qui s'alloient joindre à l'armée de mon frère, et fit que La Ferté reconnut parmi cette troupe de païsans un homme esploré qui estoit à Chastelas, et luy demanda ce qu'il avoit, et s'il y avoit quelques gensd'armes qui leur eussent fait quelque tort. Le valet luy respond que non, et que la cause qui les rendoit ainsi tourmentés estoit l'extrémité en quoy il avoit laissé son maistre pour la prise de sa cousine. Soudain La Ferté et Avantigny se résolurent de me faire ce bon office de délivrer Torigny, louans Dieu de leur avoir offert une si belle occasion de me pouvoir témoigner l'affection qu'ils m'avoient toujours eue; et hastans le pas, eux et toutes leurs troupes arrivèrent si à propos à la maison dudit Chastelas, qu'ils trouvèrent ces soldats sur le point qu'ils vouloient mettre Torigny sur un cheval pour l'emmener noyer. Entrans donc tous à cheval l'espée à la main dans la court, et crians : « Arrestez-vous, bourreaux, si vous luy faites mal vous estes morts, » ils commencèrent à les charger; et eux se mettans à fuir laissèrent leur prisonnière aussi transportée de joye que transie de frayeur ; et après avoir rendu graces à Dieu et à eux d'un si salutaire et si nécessaire secours, faisant apprester le chariot de sa cousine de Chastelas, elle s'en va avec sondit cousin, accompagnée de l'escorte de ces honnestes gens, trouver mon frère, qui fut très-aise, ne me pouvant avoir auprès de luy, d'y avoir une personne que j'aimasse comme elle. Elle y fut, tant que le danger dura, traitée et respectée comme si elle eust esté auprès de moy.

Pendant que le roy faisoit cette belle despesche pour sacrifier Torigny à son ire, la reyne ma mère, qui n'en scavoit rien, m'estoit venu trouver en ma chambre que je m'habillois encore, faisant estat, bien que je fusse encor mal de mon rhume, mais plus malade en l'ame qu'au corps de l'ennui qui me possédoit, de sortir ce jour-là de ma chambre pour voir un peu le cours du monde sur ces nouveaux accidens, estant tousjours en peine de ce qu'on entreprendroit contre mon frère et le roy mon mari. Elle me dit : « Ma fille, vous n'avez que faire de vous habiller. Ne vous faschez point, je vous prie, de ce que j'ay à vous dire. Vous avez de l'entendement. Je m'asseure que vous ne trouverez point estrange que le roy se sente offensé contre vostre frère et vostre mari, et que, sçachant l'amitié qui est entre vous, croyant que vous sçaviez leur partement, il soit résolu de vous tenir pour ostage de leur départ. Il sçait combien vostre mari vous aime, et ne peut avoir un meilleur gage de luy que vous. Pour cette cause, il a commandé que l'on vous mist des gardes pour vous empescher que vous ne sortiez de vostre chambre; aussi que ceux de son conseil luy ont représenté que si vous estiez libre parmi nous, vous descouvririez tout ce qui se délibéreroit contre vostre frère et vostre mari, et les en advertiriez. Je vous prie de ne le trouver mauvais. Ceci, si Dieu plaist, ne durera guères. Ne vous faschez point aussi si je n'ose si souvent vous venir voir, car je craindrois d'en donner soupçon au roy. Mais asseurez-vous que je ne permettray point qu'il vous soit fait aucun déplaisir; et que je feray tout ce que je pourray pour mettre la paix entre vos frères. »

Je luy représentay combien estoit grande l'indignité qu'on me faisoit en cela. Je ne voulois pas désavouer que mon frère m'avoit tousjours communiqué tous ses justes mescontentemens; mais pour le roy mon mary, depuis qu'il m'avoit osté Torigny, nous n'avions point parlé ensemble; que mesme il ne m'avoit point veue en ma maladie, et ne m'avoit point dit adieu. Elle me respond: « Ce sont petites querelles de mary à femme; mais on sçait bien qu'avec des douces lettres il vous regagnera le cœur, et que s'il vous mande de l'aller trouver, vous y irez; ce que le roi mon fils ne veut pas. » Elle s'en retournant, je demeurai en cet état quelques mois, sans que personne, ny mesme mes plus privés amis, m'osassent venir voir, craignans de se ruiner. A la cour l'adversité est toujours seule, comme la prospérité est accompagnée, et la persécution assistée de vrais et entiers amis. Le seul brave Grillon fut celuy qui, méprisant toutes deffenses et toutes défaveurs, vint cinq ou six fois dans ma chambre, estonnant tellement de crainte les Cerbères que l'on avoit mis à ma porte, qu'ils n'osèrent jamais le dire ny luy refuser le passage.

Durant ce temps-là le roy mon mary estant arrivé en son gouvernement, et ayant joint ses serviteurs et amis, chacun luy remonstra le tort qu'il avoit eu d'estre party sans me dire adieu, luy disant que j'avois de l'entendement pour le pouvoir servir, et qu'il falloit qu'il me regaignast, qu'il retireroit beaucoup d'utilité de mon amitié et de ma présence, lorsque les choses estans pacifiées, il me pourroit avoir auprès de luy. Il fut aisé à persuader en cela; estant esloigné de sa Circé, madame de Sauve. Ses charmes ayans perdu par l'absence leur force (ce qui le rendoit sans raison pour reconnoistre clairement les artifices de nos ennemis, et que la division qu'ils avoient trouvée entre nous ne luy procuroit moins de ruine qu'à moy), il m'écrivit une très-honneste lettre, où il me prioit d'oublier tout ce qui s'estoit passé entre nous, et croire qu'il me vouloit aimer, et me le faire paroistre plus qu'il n'avoit jamais fait; me commandant aussi de le tenir adverty de l'estat des affaires qui se passoient où j'estois, de mon estat et de celuy de mon frère; car ils estoient esloignés, bien qu'amis d'intelligence, mon frère estant vers la Champagne, et le roy mon mary en Gascogne. Je receus cette lettre estant encores captive, qui m'apporta beaucoup de consolation et soulagement, et ne manquay depuis (bien que les gardes eussent charge de ne me laisser escrire), aidée de la nécessité, mère de l'invention, de luy faire souvent tenir de mes lettres.

Quelques jours après que je fus arrestée, mon frère sceut ma captivité, qui l'aigrit tellement, que, s'il n'eust eu l'affection de sa patrie dans le cœur autant enracinée comme il avoit de part et d'intérest à cet estat, il eust fait une si cruelle guerre (comme il en avoit le moyen, ayant lors une belle armée), que le peuple eust porté la peine des effets de leur prince; mais, retenu par le devoir de cette naturelle affection, il écrivit à la reyne ma mère que si l'on me traittoit ainsi on le mettroit au dernier désespoir. Elle, craignant de voir venir les aigreurs de cette guerre à cette extrémité qu'elle n'eust le moyen de la pacifier; remontra au roy de quelle importance cette guerre luy estoit, et le trouva disposé à recevoir ses raisons, son ire estant modérée par la connoissance du péril où il se trouvoit, estant attaqué en Gascogne, Dauphiné, Languedoc et Poictou, et du roy mon mary et des huguenots, qui tenoient plusieurs belles places, et de mon frère en Champagne, qui avoit une grosse armée composée de la plus brave et gaillarde noblesse qui fust en France, et n'ayant pu depuis le départ de mon frère, par prières, commandemens, ni menaces, faire monter personne à cheval contre mon frère, tous les princes et seigneurs de France redoutans sagement de mettre le doigt entre deux pierres : tout considéré, le roy preste l'oreille aux remonstrances de la reyne ma mère, et se rend non moins désireux qu'elle de faire une paix, la priant de s'y employer.

Elle soudain se dispose d'aller trouver mon frère, représentant au roy qu'il estoit nécessaire qu'elle m'y menast; mais le roy n'y voulut consentir, estimant que je luy servois d'un grand ostage. Elle donc s'en va sans moy, et sans m'en parler; et mon frère voyant que je n'y estois pas, luy représenta le juste mescontentement qu'il avoit, et les mauvais traitemens qu'il avoit reçus à la cour, y joignant celuy de l'injure qu'on m'avoit fait m'ayant retenue captive, et la cruauté que pour m'offenser on avoit voulu faire à Torigny, disant qu'il n'escouteroit jamais nulle ouverture de paix que le tort que l'on m'avoit fait ne fust réparé, et qu'il ne me vist satisfaite et en liberté. La reyne ma mère, voyant cette response, revint, et représenta au roy ce que luy avoit dit mon frère; qu'il estoit nécessaire, s'il vouloit une paix, qu'elle y retournast, mais que d'y aller sans moy, son voyage seroit encore inutile, et croistroit plustost le mal que de le diminuer; qu'aussi de m'y mener sans m'avoir premier contentée, j'y nuirois plustost que d'y servir, et que mesme il seroit à craindre qu'elle n'eust de la peine à me ramener, et que je ne voulusse aller trouver mon mary; qu'il falloit m'oster les gardes, et trouver moyen de me faire oublier le traittement qu'on m'avoit fait : ce que le roy trouva bon, et s'y affectionna autant qu'elle.

Soudain elle m'envoye querir, me disant qu'elle avoit tant fait qu'elle avoit disposé les choses à la voye d'une paix; que c'estoit le bien de cet estat, qu'elle sçavoit que mon frère et moy avions tousjours désiré; qu'il se pouvoit faire une paix si advantageuse pour mon frère, qu'il auroit occasion de rester content et hors de la tyrannie de du Guast et de tous autres tels malicieux qui pourroient posséder le roy; qu'en outre, tenant la main à faire un bon accord entre le roy et mon frère, je la délivrerois d'un mortel ennuy qui la possédoit, se trouvant en tel estat qu'elle ne pouvoit sans mortelle offense recevoir la nouvelle de la victoire de l'un ou de l'autre de ses fils; qu'elle me prioit que l'injure que j'avois reçue ne me fist désirer plustost la vengeance que la paix; que le roy en estoit marry, qu'elle l'en avoit veu pleurer, et qu'il m'en feroit telle satisfaction que j'en resterois contente. Je luy respondis que je ne préferois jamais mon bien particulier au bien de mes frères et de cet estat, pour le repos et contentement duquel je me voudrois sacrifier; que je ne souhaittois rien tant qu'une bonne paix, et que j'y voudrois servir de tout mon pouvoir.

Le roy entra sur cela en son cabinet, qui avec une infinité de belles parolles tascha à me satisfaire, et me convia à son amitié, voyant que ny mes façons ny mes paroles ne démonstroient aucun ressentiment de l'injure que j'avois receue : ce que je faisois, plus pour le mépris de l'offence que pour sa satisfaction, ayant passé le temps de ma captivité au plaisir de la lecture, où je commençay lors à me plaire; n'ayant cette obligation à la fortune, mais plustost à la providence divine, qui dès lors commença à me produire un si bon remède pour le soulagement des ennuis qui m'étoient préparés à l'advenir : ce qui m'estoit aussi un acheminement à la dévotion, lisant en ce beau livre universel de la nature tant de merveilles de son créateur; car toute ame bien née faisant de cette connoissance une échelle, de laquelle Dieu est le dernier et le plus haut échellon, ravie se dresse à l'adoration de la merveilleuse lumière et splendeur de cette incompréhensible essence, et, faisant un cercle parfait, ne se plaist plus à autre chose qu'à suivre cette chaisne d'Homère, cette agréable encyclopédie, qui part de Dieu mesme, principe et fin de toutes choses. Et la tristesse contraire à la joye, qui emporte hors de nous les pensées de nos actions, réveille nostre ame en soy-mesme, qui, rassemblant toutes ses forces pour rejetter le mal et rechercher le bien, pense et repense sans cesse pour choisir ce souverain bien, auquel avec assurance elle puisse trouver quelque tranquillité; qui sont de belles dispositions pour venir à la connoissance et amour de Dieu. Je reçus ces deux biens de la tristesse et de la solitude à ma première captivité, de me plaire à l'étude, et m'adonner à la dévotion, bien que je ne les eusse jamais goustées entre les vanités et magnificences de ma prospère fortune.

Le roy, comme j'ay dit, ne voyant en moy nulle apparence de mescontentement, me dit que la reyne ma mère s'en alloit trouver mon frère en Champagne pour traiter une paix; qu'il me prioit de l'accompagner et y apporter tous les bons offices que je pourrois, et qu'il sçavoit que mon frère avoit plus de créance en moy qu'en tout autre; que de ce qui viendroit de bien en cela il m'en donneroit l'honneur, et m'en resteroit obligé. Je luy promis ce que je voulois faire, car je connoissois que c'estoit le bien de mon frère et celuy de l'estat, qui étoit de m'y employer en sorte qu'il en resteroit content.

La reyne ma mère part, et moy avec elle, pour aller à Sens, la conférence se devant faire en la maison d'un gentilhomme à une lieue de là. Le lendemain nous allasmes au lieu de la conférence. Mon frère s'y trouva, accompagné de quelques-unes de ses troupes, et des principaux seigneurs et capitaines catholiques et huguenots de son armée, entre lesquels estoit le duc Casimir, et le colonel qui luy avoit amené six mille reistres par le moyen de ceux de la religion, qui s'estoient joints avec mon frère à cause du roy mon mary. L'on traita là plusieurs jours de la paix, y ayant plusieurs disputes sur les articles, principalement sur ceux qui concernoient ceux de la religion, auxquels on accorda des conditions plus advantageuses qu'on n'avoit envie de leur tenir, comme il parut bien depuis, le faisant la reyne ma mère seulement pour avoir la paix, renvoyer les reistres, et retirer mon frère d'avec ceux desquels il n'avoit moins d'envie de se séparer, pour avoir toujours esté très-bon catholique, et ne s'estre servy des huguenots que par nécessité.

En cette paix il fut donné partage à mon frère selon sa qualité, à quoy il vouloit que je fusse comprise, me faisant lors establir assignal de mon dot en terres; et M. de Beauvais, qui estoit député pour son party, y insistoit fort aussi pour moi. Mais la reyne ma mère me pria que je ne le permisse, et qu'elle m'asseuroit que j'aurois du roy tout ce que luy demanderois. Ce qui me fit les prier de ne m'y comprendre, et que j'aimois mieux avoir de gré ce que j'aurois du roy et de la reyne ma mère, estimant qu'il me seroit plus asseuré.

La paix estant conclue, les asseurances prises d'une part et d'autre, la reyne ma mère se disposant à s'en retourner, je receus lettres du roy mon mary, par lesquelles il me faisoit paroistre qu'il avoit désir de me voir, me priant, soudain que je verrois la paix faite, de demander mon congé pour le venir trouver. J'en suppliay la reyne ma mère. Elle me rejette cela, et par toutes sortes de persuasions tasche de m'en divertir, me disant que lors qu'après la Saint-Barthelémy je ne voulus recevoir la proposition qu'elle me fit de me séparer de nostre mariage, elle loua lors mon intention, parce qu'il s'estoit fait catholique; mais qu'à cette heure qu'il s'estoit fait huguenot, elle ne me pourroit permettre que j'y allasse. Et voyant que j'insistois pour avoir mon congé, elle avec la larme à l'œil dit que si je ne revenois avec elle je la ruinerois; que le roy croiroit qu'elle me l'auroit faict faire, et qu'elle luy avoit promis de me ramener, et qu'elle feroit que j'y demeurerois jusqu'à ce que mon frère y fust; qu'il y viendroit bientost, et qu'elle me feroit donner mon congé.

Nous retournasmes à Paris trouver le roy, qui nous receut avec contentement d'avoir la paix, mais toutesfois agréant peu les avantageuses conditions des huguenots, et se délibérant, sitost qu'il auroit mon frère à la cour, de trouver une invention pour rentrer en guerre contre eux, pour ne les laisser jouir de ce qu'à regret on leur avoit accordé, seulement pour en retirer mon frère, lequel demeura un mois ou deux à venir, pour donner ordre à licentier les reistres et le reste de son armée. Il arriva après à la cour avec toute la noblesse catholique. Le roy les receut avec honneur, monstrant avoir contentement de le recevoir, et fit bonne chère aussi à Bussi, car Le Guast estoit mort, ayant esté tué par un jugement de Dieu lorsqu'il suoit une diette, comme aussi c'estoit un corps gasté de toutes sortes de vilainies, qui fut donné à la pourriture qui dès long-temps le possédoit, et son ame aux démons, à qui il avoit fait hommage par magie et toutes sortes de méchancetés. Ce fusil de haine et de division estant osté du monde, et le roy n'ayant son esprit bandé qu'à la ruine des huguenots, se voulant servir de mon frère contre eux, pour rendre mon frère et eux irréconciliables, et craignant qu'à cette raison j'allasse trouver le roy mon mari, nous faisoit à l'un et à l'autre toutes sortes de caresses et de bonne chère pour nous faire plaire à la cour. Et voyant qu'en ce mesme temps M. de Duras estoit arrivé de la part du roy mon mari, pour me venir querir, et que je le pressois fort de me laisser aller, qu'il n'y avoit plus lieu de me refuser, il me dit (monstrant que c'estoit l'amitié qu'il me portoit, et la connoissance qu'il avoit de l'ornement que je donnois à la cour, qui faisoit qu'il ne pouvoit permettre que je m'éloignasse que le plus tard qu'il pourroit) qu'il me vouloit conduire jusques à Poitiers, et renvoya M. le duc de Duras avec cette asseurance.

Cependant il demeura quelques jours à partir de Paris, retardant à me refuser ouvertement mon congé, qu'il eust toutes choses prestes pour pouvoir déclarer la guerre, comme il l'avoit desseignée, aux huguenots, et par conséquent au roy mon mari. Et, pour y trouver un prétexte, on fait courir le bruit que les catholiques se plaignent des avantageuses conditions que l'on avoit accordées aux huguenots à la paix de Sens. Ce murmure et mescontentement des catholiques passe si avant, qu'ils viennent à se liguer à la cour, par les provinces et par les villes, s'enrollans et signans, et faisans grand bruit, tacitement du sceu du roy, monstrans vouloir eslire M. de Guyse pour chef. Il ne se parle d'autre chose à la cour, depuis Paris jusques à Blois, où le roy avoit fait convoquer les estats; pendant l'ouverture desquels le roy appella mon frère dans son cabinet, avec la reyne ma mère, et quelques-uns de messieurs de son conseil. Il leur représente de quelle importance estoit pour son estat et pour son authorité la ligue que les catholiques commençoient, mesme s'ils venoient à se faire des chefs, et qu'ils esleussent ceux de Guyse; qu'il y alloit du leur plus que de tous autres (entendant de mon frère et de luy); que les catholiques avoient raison de se plaindre, et que son devoir et sa conscience l'obligeoient à mescontenter plustost les huguenots que les catholiques; qu'il prioit et conjuroit mon frère, comme fils de France et bon catholique qu'il estoit, de le vouloir conseiller et assister en cette affaire, où il y alloit du hazard de sa couronne et de la religion catholique; adjoustant à cela qu'il luy sembloit que, pour couper le chemin à cette dangereuse ligue, luy-mesme s'en devoit faire le chef, et pour monstrer combien il avoit de zèle à sa religion, et les empescher d'eslire d'autre chef, la signer le premier comme chef, et la faire signer à mon frère et à tous les princes et seigneurs, gouverneurs, et autres ayans charge en son royaume. Mon frère ne put que luy offrir le service qu'il devoit à Sa Majesté et à la conservation de la religion catholique.

(1577) Le roy ayant pris l'asseurance de l'assistance de mon frère en cette occasion, qui estoit la principale fin où tendoit l'artifice de cette ligue, soudain fait appeler tous les princes et seigneurs de sa cour, se fait apporter le roolle de ladite ligue, y signe le premier comme chef, et y fait signer mon frère et tous les autres qui n'y avoient encore signé. Le lendemain ils ouvrent les estats, et ayans pris l'advis de messieurs les évesques de Lyon, d'Ambrun et de Vienne, et des autres prélats qui estoient à la cour, qui luy persuadèrent qu'après le serment qu'il avoit fait à son sacre, nul serment qu'il pust faire aux hérétiques ne pouvoit estre valable, ledit serment de son sacre l'affranchissant de toutes les promesses qu'il avoit pu faire aux huguenots; ce qu'ayant prononcé à l'ouverture des estats, et ayant déclaré la guerre aux huguenots, il renvoya Genissac, le huguenot, qui depuis peu de jours estoit là de la part du roy mon mari, pour advancer mon partement, avec paroles rudes et pleines de menaces, luy disant qu'il avoit donné sa sœur à un catholique, non à un huguenot, et que si le roy mon mari avoit envie de m'avoir, qu'il se fist catholique.

Toutes sortes de préparatifs à la guerre se

font, et ne se parle à la cour que de guerre; et pour rendre mon frère plus irréconciliable avec les huguenots, le roy le fait chef d'une de ses armées. Genissac m'estant venu dire le rude congé que le roy lui avoit donné, je m'en vais droit au cabinet de la reyne ma mère, où le roy estoit, pour me plaindre de ce qu'il m'avoit jusques alors abusée, m'ayant toujours empeschée d'aller trouver le roy mon mari, et ayant feint de partir de Paris pour me conduire à Poitiers, pour faire un effet si contraire. Je luy représentay que je ne m'étois pas mariée pour plaisir ni de ma volonté; que ç'avoit esté de la volonté du roy Charles, mon frère, de la reyne ma mère, et de luy; que puisqu'ils me l'avoient donné, ils ne me pouvoient point empescher de courre sa fortune; que j'y voulois aller, et que s'ils ne me le permettoient, je me déroberois et y irois de quelque façon que ce fust, au hazard de ma vie.

Le roy me répondit : « Il n'est plus temps, ma sœur, de m'importuner de ce congé. J'advoue ce que vous dites, que j'ay retardé exprès pour vous le refuser du tout; car depuis que le roy de Navarre s'est refait huguenot, je n'ay jamais trouvé bon que vous y allassiez. Ce que nous en faisons, la reyne ma mère et moy, c'est pour vostre bien. Je veux faire la guerre aux huguenots, et exterminer cette misérable religion qui nous fait tant de mal; et que vous, qui estes catholique, et qui estes ma sœur, fussiez entre leurs mains comme ostage de moy, il n'y a point d'apparence. Et qui sçait si, pour me faire une indignité irréparable, ils voudroient se venger sur vostre vie du mal que je leur feray? Non, non, vous n'y irez point; et si vous taschez à vous dérober, comme vous dites, faites estat que vous aurez et moy et la reyne ma mère pour cruels ennemis, et que nous vous ferons ressentir nostre inimitié autant que nous en aurons de pouvoir, et que vous empirerez la condition de vostre mari plustost que de l'amender. »

Je me retiray avec beaucoup de déplaisir de cette cruelle sentence; et prenant advis des principaux de la cour, de mes amis et amies, ils me représentent qu'il me seroit mal-séant de demeurer en une cour si ennemie du roy mon mari, et d'où l'on luy feroit si ouvertement la guerre, et qu'ils me conseilloient, pendant que cette guerre dureroit, de me tenir hors de la cour, mesmes qu'il me seroit plus honorable de trouver, s'il estoit possible, quelque prétexte pour sortir du royaume, ou sous couleur de pélerinage, ou pour visiter quelqu'un de mes parens. Madame la princesse de La Roche-sur-Yon estoit de ceux que j'avois assemblés pour prendre leur advis, qui estoit sur son partement pour aller aux eaux de Spa. Mon frère aussi y estoit présent, qui avoit amené avec lui Mondoucet, qui avoit été agent du roy en Flandre, et, en estant depuis peu revenu, avoit représenté au roy combien les Flamans souffroient à regret l'usurpation que l'Espagnol faisoit sur les loix de Flandre de la domination et souveraineté de France; que plusieurs seigneurs et communautés de villes l'avoient chargé de luy faire entendre combien ils avoient le cœur françois, et que tous luy tendoient les bras. Mondoucet, voyant que le roy méprisoit cet advis, n'ayant rien en teste que les huguenots, à qui il vouloit faire ressentir le déplaisir qu'ils luy avoient fait d'avoir assisté mon frère, ne luy en parla plus, et s'adressa à mon frère, qui, ayant un vray naturel de prince, n'aymoit qu'à entreprendre choses grandes et hazardeuses, estant plus né à conquérir qu'à conserver; lequel embrasse soudain cette entreprise, qui luy plaist d'autant plus qu'il voit qu'il ne fait rien d'injuste, voulant seulement r'acquérir à la France ce qui lui estoit usurpé par l'Espagnol. Mondoucet, pour cette cause, s'estoit mis au service de mon frère, qui le renvoyoit en Flandre sous couleur d'accompagner madame la princesse de La Roche-sur-Yon aux eaux de Spa; lequel voyant que chacun cherchoit quelque prétexte apparent pour me pouvoir tirer hors de France durant cette guerre (qui disoit en Savoye, qui disoit en Lorraine, qui à Saint-Claude, qui à Nostre-Dame-de-Lorette), dit tout bas à mon frère : « Monsieur, si la reyne de Navarre pouvoit feindre d'avoir quelque mal à quoy les eaux de Spa, où va madame la princesse de La Roche-sur-Yon, peussent servir, cela viendroit bien à propos pour vostre entreprise de Flandre, où elle pourroit faire un beau coup. » Mon frère le trouva fort bon, et fut fort aise de cette ouverture, et s'écria soudain : « O reyne, ne cherchez plus, il faut que vous alliez aux eaux de Spa, où va madame la princesse. Je vous ay veu quelque fois une érésipèle au bras, il faut que vous disiez que lors les médecins vous l'avoient ordonné, mais que la saison n'y estoit pas si propre; qu'à cette heure, c'est leur saison, et que vous suppliez le roy vous permettre d'y aller. »

Mon frère ne se déclara pas davantge devant cette compagnie pourquoy il le désiroit, à cause que M. le cardinal de Bourbon y estoit, qu'il tenoit pour guysart et espagnol; mais moy je l'entendis soudain, me doutant bien que c'estoit pour l'entreprise de Flandre, de quoy Monducet nous avoit parlé à tous deux. Toute la compagnie fut de cet advis, et madame la princesse de La Roche-sur-Yon, qui y devoit aller, et qui m'aimoit fort, en receut fort grand plaisir, et me promit de se trouver avec moy quand j'en parlerois à la Reyne ma mère, pour le luy faire trouver bon.

Le lendemain je trouvay la reyne seule, et luy représentay le déplaisir que ce m'estoit de voir le roy mon mari en guerre contre le roy, et de me voir esloignée de luy; que pendant que cette guerre dureroit, il ne m'estoit ny honorable ny bien séant de demeurer à la cour; que si j'y demeurois je ne pouvois éviter de ces deux malheurs l'un : ou que le roy mon mari penseroit que j'y fusse pour mon plaisir, et que je ne le servirois pas comme je devois, ou que le roy prendroit soupçon de moy, et croiroit que j'avertirois tousjours le roy mon mari; que l'un et l'autre me produiroient beaucoup de mal; que je la supplois de trouver bon que je m'esloignasse de la cour pour l'éviter; qu'il y avoit quelque temps que les médecins m'avoient ordonné les eaux de Spa pour l'érésipèle que j'avois au bras, à quoy depuis si long-temps j'estois sujette, et que la saison à cette heure y estant propre, il me sembloit que si elle le trouvoit bon ce voyage estoit bien à propos pour m'esloigner en cette saison, non seulement de la cour, mais de la France, pour faire connoistre au roy mon mari que, ne pouvant estre avec luy pour la deffiance du roy, je ne voulois point estre au lieu où on luy faisoit la guerre; que j'espérois qu'elle par sa prudence disposeroit les choses avec le temps de telle façon que le roy mon mari obtiendroit une paix du roy et rentreroit en sa bonne grace; que j'attendrois cette heureuse nouvelle pour lors venir prendre congé d'eux pour m'en aller trouver le roy mon mari, et qu'en ce voyage de Spa madame la princesse de La Roche-sur-Yon, qui estoit là présente, me faisoit cet honneur de m'accompagner.

Elle approuva cette condition, et me dit qu'elle estoit fort aise que j'eusse pris cet advis; que le mauvais conseil que ces évesques avoient donné au roy de ne tenir ses promesses, et rompre tout ce qu'elle avoit promis et contracté pour luy, luy avoit pour plusieurs considérations apporté beaucoup de desplaisir, mesmes voyant que cet impétueux torrent entraisnoit avec soy et ruinoit les plus capables et meilleurs serviteurs que le roy eust en son conseil (car le roy en esloigna quatre ou cinq des plus apparens et plus anciens); mais qu'entre tout cela ce qui luy travailloit le plus l'esprit, estoit de voir ce que je luy représentois, que je ne pouvois éviter, demeurant à la cour, l'un de ces deux malheurs : ou que le roy mon mari ne l'auroit agréable et s'en prendroit à moy, ou que le roy entreroit en deffiance de moy, pensant que j'advertirois le roy mon mari; qu'elle persuaderoit au roy de trouver bon ce voyage. Ce qu'elle fit, et le roy m'en parla sans monstrer d'en estre en colère, estant assez content de m'avoir pu empescher d'aller trouver le roy mon mari, qu'il haïssoit lors plus qu'aucune chose du monde, et commanda que l'on dépeschast un courrier à dom Jean d'Austriche, qui commandoit pour le roy d'Espagne en Flandre, pour le prier de me bailler les passeports nécessaires pour passer librement aux païs de son authorité, parce qu'il falloit bien avant passer dans la Flandre pour aller aux eaux de Spa, qui sont aux terres de l'évesché de Liége.

Cela résolu, nous nous séparasmes tous à peu de jours de là (lesquels mon frère employa à m'instruire des offices qu'il désiroit de moi pour son entreprise de Flandre), le roy et la reyne ma mère s'en allans à Poitiers, pour estre plus près de l'armée de M. de Mayenne, qui assiégeoit Brouage, et qui de là devoit passer en Gascogne pour faire la guerre au roy mon mari, mon frère s'en allant avec l'autre armée, de quoy il estoit chef, assiéger

Issoire, et les autres villes qu'il prit en ce temps-là, et moy en Flandre, accompagnée de madame la princesse de La Roche-sur-Yon, de madame de Tournon, ma dame d'honneur, de madame de Mouy de Picardie, de madame la castelaine de Millon, de madamoiselle d'Atrie, de madamoiselle de Tournon, et de sept ou huict autres filles ; et d'hommes, de M. le cardinal de Lenoncourt, de M. l'évesque de Langres, de M. de Mouy, seigneur de Picardie, maintenant beau-père d'un frère de la reyne Louise, nommé le comte de Chaligny, de mon premier maistre d'ostel ; de mes premiers escuyers et autres gentilshommes de ma maison. Cette compagnie pleut tant aux étrangers qui la virent, et la trouvèrent si leste, qu'ils en eurent la France en beaucoup plus d'admiration.

J'allois dans une littière faite à pilliers doublés de velours incarnadin d'Espagne en broderie d'or, et de soye nuée à devise. Cette littière estoit toute vitrée, et les vitres toutes faites à devise, y ayant, ou à la doublure ou aux vitres, quarante devises toutes différentes, avec les mots en espagnol et italien, sur le soleil et ses effets ; laquelle estoit suivie de la littière de madame de La Roche-sur-Yon et de celle de madame de Tournon, ma dame d'honneur, et de dix filles à cheval avec leur gouvernante, et de six carrosses ou charriots où alloit le reste des dames et femmes d'elle et de moy. Je passay par la Picardie ; où les villes avoient commandement du roy de me recevoir selon que j'avois cet honneur de luy estre, et qui en passant me firent tout l'honneur que j'eusse pu désirer.

Estant arrivée au Castelet, qui est un fort à trois lieues de la frontière de Cambrésis, l'évesque de Cambray, qui estoit lors terre de l'Église, et pays souverain, qui ne reconnoissoit le roi d'Espagne que pour protecteur, m'envoya un gentilhomme pour sçavoir l'heure à laquelle je partirois, pour venir au-devant de moy jusques à l'entrée de ses terres, où je le trouvay très-bien accompagné de gens qui avoient les habits et l'apparence de vrais Flamands, comme ils sont forts grossiers en ce quartier-là. L'évesque estoit de la maison de Barlemont, une des principales de Flandre ; mais qui avoit le cœur espagnol, comme ils ont monstré, ayant esté ceux qui ont le plus assisté dom Jean. Il ne laissa de me recevoir avec beaucoup d'honneur, et non moins de cérémonies espagnoles. Je trouvay cette ville de Cambray, bien qu'elle ne soit bastie de si bonne estoffe que les nostres de France, beaucoup plus agréable, pour y estre les rues et places beaucoup mieux proportionnées, et disposées comme elles sont, et les églises très-grandes et belles, ornement commun à toutes les villes de la Flandre. Ce que je reconnus en cette ville d'estime et de marque, fût la citadelle, des plus belles et des mieux achevées de la chrétienté : ce que depuis elle fit bien éprouver aux Espagnols, estant sous l'obéissance de mon frère.

Un honneste homme, nommé M. d'Ainsi, en estoit lors gouverneur ; lequel en grace, en apparence, et en toutes belles parties requises à un parfait cavalier, n'en devoit rien à nos plus parfaits courtisans, ne participant nullement de cette naturelle rusticité qui semble estre propre aux Flamands. L'évesque nous fit festin, et nous donna après soupper le plaisir du bal, où il fit venir toutes les dames de la ville ; auquel ne se trouvant et s'estant retiré soudain après soupper, pour estre, comme j'ay dit, d'humeur cérémonieuse et espagnole, M. d'Ainsi estant le plus apparent de la troupe, il le laissa pour m'entretenir durant le bal, et me mener après à la collation de confitures, imprudemment, ce me semble, veu qu'il avoit la charge de la citadelle. J'en parle comme sçavante à mes despens, pour avoir plus appris que je n'en désirerois comme il se faut comporter à la garde d'une place forte. La souvenance de mon frère ne me partant jamais de l'esprit, pour n'affectionner rien tant que luy, je me ressouvins lors des instructions qu'il m'avoit données, et voyant la belle occasion qui m'estoit offerte pour luy faire un bon service en son entreprise de Flandre, cette ville de Cambray et cette citadelle en estans comme la clef, je ne la laissay perdre, et employay tout ce que Dieu m'avoit donné d'esprit à rendre M. d'Ainsi affectionné à la France, et particulièrement à mon frère. Dieu permit qu'il me réussit, si bien que se plaisant en mon discours, il délibéra de me voir le plus long-temps qu'il pourroit, et de m'accompagner tant que je serois en Flandre; et pour cet effect demanda congé à son maistre de venir avec moy jusques à Namur; où dom Jean d'Austriche m'attendoit, disant qu'il désiroit de voir les triomphes de cette réception.

Ce Flamand espagnolisé fut néantmoins si mal advisé que de le luy permettre. Pendant ce voyage, qui dura dix ou douze jours, il me parla le plus souvent qu'il pouvoit, monstrant ouvertement qu'il avoit le cœur françois, et qu'il ne respiroit que l'heur d'avoir un si brave prince que mon frère pour maistre et seigneur, méprisant la subjection et domination de son évesque, qui, bien qu'il fust son souverain, n'estoit que gentilhomme comme luy, mais beaucoup son inférieur aux qualités et graces de l'esprit et du corps.

Partant de Cambray j'allay coucher à Valenciennes, terre de Flandre, où M. le comte de Lalain, M. de Montigny son frère, et plusieurs autres seigneurs et gentilshommes, au nombre de deux ou trois cents, vindrent au devant de moy pour me recevoir au sortir des terres de Cambresis, jusques où l'évesque de Cambray m'avoit conduite. Estant arrivée à Valenciennes, ville qui cède en force à Cambray, et non en l'orbement des belles places et des belles églises, où les fontaines et les horloges, avec industrie propre aux Allemans, ne donnoient peu de merveilles à nos François, ne leur estant commun de voir des horloges représenter une agréable musique de voix avec autant de sortes de personnes que le petit chasteau qu'on alloit voir au faux-bourg Saint-Germain; M. le comte de Lalain, cette ville estant de son gouvernement, fit festin aux seigneurs et gentilshommes de ma troupe, remettant à Mons à traiter les dames, où sa femme, sa belle-sœur madame d'Aurec, et toutes les plus apparentes et galantes dames m'attendoient pour me recevoir, et où le comte et toute sa troupe me conduisit le lendemain. Il se disoit estre parent du roy mon mary, et estoit personne de grande autorité et de grands moyens, auquel la domination d'Espagne avoit tousjours esté odieuse, en estant très offensé depuis la mort du comte d'Egmont, qui luy estoit proche parent. Et bien qu'il eust maintenu son gouvernement sans estre entré en la ligue du prince d'Orange ny des huguenots, estant seigneur très catholique, il n'avoit néantmoins jamais voulu voir dom Jean, ny permettre que luy ny aucun de la part de l'Espagnol entrast en son gouvernement; dom Jean ne l'ayant osé forcer de faire au contraire, craignant, s'il l'attaquoit, de faire joindre la ligue des catholiques de Flandre, que l'on nomme la ligue des estats, à celle du prince d'Orange et des huguenots, prévoyant bien que cela luy donneroit autant de peine comme depuis ceux qui ont esté pour le roy d'Espagne l'ont esprouvé.

Le comte de Lalain estant tel, ne pouvoit assez faire de démonstration du plaisir qu'il avoit de me voir là; et quand son prince naturel y eust esté, il ne l'eust pu recevoir avec plus d'honneur et de démonstration de bienveillance d'affection. Arrivant à Mons, à la maison du comte de Lalain, où il me fit loger, je trouvay à la cour la comtesse de Lalain sa femme, avec bien quatre-vingt ou cent dames du pays ou de la ville, de qui je fus receüe, non comme princesse estrangère, mais comme si j'eusse esté leur naturelle dame. Le naturel des Flamandes estant d'estre privées, familières et joyeuses, et la comtesse de Lalain tenant de ce naturel, ayant davantage un esprit grand et eslevé, de quoy elle ne ressembloit moins à votre cousine que du visage et de la façon, cela me donna soudain asseurance qu'il me seroit aisé de faire amitié estroite avec elle, ce qui pourroit apporter de l'utilité à l'avancement du dessein de mon frère, cette dame possédant du tout son mary. L'heure du souper venue, nous allons au festin et au bal, que le comte de Lalain continua tant que je fus à Mons, qui fut plus que je ne pensois, estimant de devoir partir le lendemain.

Mais cette honneste femme me contraignit de passer une semaine avec eux; ce que je ne voulois faire, craignant de les incommoder: mais il ne me fust possible de le persuader à son mary ni à elle, qui encore à toute force me laissèrent partir au bout de huict jours. Vivant avec telle privauté avec elle, elle demeura à mon coucher fort tard; et y eust demeuré davantage, mais elle faisoit chose peu commune à personnes de telle qualité; ce qui toutesfois témoigne une nature accompagnée d'une grande bonté. Elle nourrissoit son petit fils de son laict, de sorte qu'estant le lendemain au festin assise tout auprès de moy à la table, qui est le lieu où ceux de ce pays-là se communiquent avec plus de franchise, n'ayant l'esprit bandé qu'à mon but, qui n'estoit que d'avancer [le dessein de mon frère, elle parée et toute couverte de pierreries et de broderies, avec une robille à l'espagnole de toile d'or noire, avec des bandes de broderie de canetille d'or et d'argent, et un pourpoint de toile d'argent blanche en broderie d'or, avec de gros boutons de diamant (habit approprié à l'office de nourrice), l'on luy apporta à la table son petit fils, emmaillotté aussi richement qu'estoit vestue la nourrice pour luy donner à taiter. Elle le met entre nous deux sur la table, et librement se déboutonne, baillant son tétin à son petit : ce qui eust esté tenu à incivilité à quelqu'autre, mais elle le faisoit avec tant de grace et de naïfté, comme toutes ses actions en estoient accompagnées, qu'elle en receut autant de louanges que la compagnie de plaisir.

Les tables levées, le bal commença en la salle mesme que nous estions, qui estoit grande et belle, où estans assises l'une auprès de l'autre, je luy dis qu'encores que le contentement que je recevois lors en cette compagnie se peust mettre au nombre de ceux qui m'en avoient plus fait ressentir, je souhaitois presque de ne l'avoir point receu, pour le déplaisir que je recevrois partant d'avec elle, de voir que la fortune nous tiendroit pour jamais privées du plaisir de nous voir ensemble ; que je tenois pour un des malheurs de ma vie que le ciel ne nous eust fait naistre elle et moy d'une mesme patrie : ce que je disois pour la faire entrer aux discours qui pouvoient servir au dessein de mon frère. Elle me répondit : « Ce pays a esté autrefois de France, et à cette cause l'on y plaide encor en françois ; et cette affection naturelle n'est pas encor sortie du cœur de la pluspart de nous. Pour moy je n'ay plus autre chose en l'ame depuis que j'ay eu l'honneur de vous voir. Ce pays a esté autrefois affectionné à la maison d'Austriche, mais cette affection nous a esté arrachée en la mort du comte d'Egmont, de M. de Horne, de M. de Montigny, et des autres seigneurs qui furent lors défaits, qui estoient nos proches parens, et appartenans à la pluspart de la noblesse de ce pays. Nous n'avons rien de plus odieux que la domination de ces Espagnols, et ne souhaitons rien tant que de nous délivrer de leur tyrannie, et ne sçaurions toutesfois comme y procéder, pour ce que ce pays est divisé à cause des différentes religions. Que si nous estions tous bien unis, nous aurions bientost jeté l'Espagnol dehors ; mais cette division nous rend trop foibles. Que pleust à Dieu qu'il prist envie au roy de France vostre frère de racquérir ce pays, qui est sien d'ancienneté ! Nous luy tendrions tous les bras. »

Elle me disoit ceci à l'improviste, mais préméditément pour trouver du costé de la France quelque remède à leurs maux. Moy, me voyant le chemin ouvert à ce que je désirois, je luy respondis : « Le roy de France mon frère n'est d'humeur pour entreprendre des guerres estrangères, mesmes ayant en son royaume le parti des huguenots, qui est si fort que cela l'empeschera tousjours de rien entreprendre au dehors ; mais mon frère, M. d'Alençon, qui ne doit rien en valeur, prudence et bonté aux rois mes père et frères, entendroit bien à cette entreprise, et n'auroit moins de moyens que le roy de France mon frère de vous y secourir. Il est nourri aux armes, et estimé un des meilleurs capitaines de nostre temps, estant mesme à cette heure commandant de l'armée du roy contre les huguenots, avec laquelle il a pris, depuis que je suis partie, sur eux une très forte ville nommée Issoire, et quelques autres. Vous ne sçauriez appeller prince de qui le secours vous soit plus utile, pour vous estre si voisin, et avoir un si grand royaume que celui de France à sa dévotion, duquel il peut tirer et moyens et toutes commodités nécessaires à cette guerre. Et s'il recevoit ce bon office de M. le comte vostre mari, vous pouvez vous asseurer qu'il auroit telle part à sa fortune qu'il voudroit, mon frère estant d'un naturel doux, non ingrat, qui ne se plaist qu'à reconnoistre un service ou un bon office receu. Il honore et chérit les gens d'honneur et de valeur, aussi est-il suivi de tout ce qui est de meilleur en France. Je crois que l'on traitera bientost d'une paix, et qu'à mon retour en France je la pourray trouver faite. Si M. le comte vostre mari est en cecy de mesme opinion que vous et de mesme volonté, qu'il advise s'il veut que j'y dispose mon frère, et je m'asseure que ce pays, et vostre maison en particulier, en recevra toute félicité. Que si mon frère s'establissoit par vostre moyen icy, vous pouvez croire que vous m'y reverriez souvent, estant nostre amitié telle qu'il n'y en eut jamais une de frère à sœur si parfaite. »

Elle receut avec beaucoup de contentement cette ouverture, et me dit qu'elle ne m'avoit pas parlé de cette façon à l'advanture ; mais voyant l'honneur que je luy faisois de l'aimer, elle avoit bien résolu de ne me laisser partir de là qu'elle ne me découvrist l'estat auquel il estoit, et qu'ils ne me requissent de leur apporter du costé de France quelque remède pour les affranchir de la crainte où ils vivoient de se voir en une perpétuelle guerre, ou réduits sous la tyrannie espagnole ; me priant que je trouvasse bon qu'elle découvrist à son mari tous les propos que nous avions eu, et qu'ils m'en pussent parler le lendemain tous deux ensemble ; ce que je trouvay très bon.

Nous passasmes cette après-disnée en tels discours, et en tous autres que je pensois servir à ce dessein ; à quoy je voyois qu'elle prenoit un grand plaisir. Le bal estant fini, nous allasmes ouir vespres aux Chanoinesses, qui est un ordre de religieuses de quoy nous n'avons point en France. Ce sont toutes damoimoiselles que l'on y met petites, pour faire profiter leur mariage jusques à ce qu'elles soient en aage de se marier. Elles ne logent pas en dortoir, mais en maison séparées, toutesfois toutes dans un enclos comme les chanoines, et en chaque maison il y en a trois, ou quatre, ou cinq, ou six jeunes avec une vieille, desquelles vieilles il y en a quelque nombre qui ne se marient point, ni aussi l'abbesse. Elles portent seulement l'habit de religion le matin au service de l'église, et l'après-disnée à vespres; et soudain que le service est fait, elles quittent l'habit, et s'habillent comme les autres filles à marier, allans par les festins et par les bals librement comme les autres ; de sorte qu'elles s'habillent quatre fois le jour. Elles se trouvèrent tous les jours au festin et au bal, et y dansèrent d'ordinaire.

Il tardoit à la comtesse de Lalain que le soir ne fust venu, pour faire entendre à son mary le bon commencement qu'elle avoit donné à leurs affaires : ce qu'ayant fait la nuit suivante, le lendemain elle m'amena son mary, qui me fit un grand discours des justes occasions qu'il avoit de s'affranchir de la tyrannie de l'Espagnol. En quoy il ne pensoit point entreprendre contre son prince naturel, sçachant que la souveraineté de Flandre appartenoit au roy de France. Il me représenta les moyens qu'il y avoit d'establir mon frère en Flandre, ayant tout le Hainaut à sa dévotion, qui s'estendoit jusques bien près de Bruxelles. Il n'estoit en peine que du Cambresis, qui estoit entre la Flandre et le Hainaut, et me dit qu'il seroit bon de gagner M. d'Ainsi, qui étoit encore là. Je ne luy voulus découvrir la parole que j'en avois, mais je luy dis que je le prieois luy-mesme de s'y employer, et qu'il le pourroit mieux faire que moy, estant son voisin et amy. L'ayant donc asseuré de l'estat qu'il pourroit faire de l'amitié de bienveuillance de mon frère, à la fortune duquel il participeroit autant de grandeur et d'authorité qu'un si grand et si signalé service receu d'une personne de sa qualité le méritoit, nous résolusmes qu'à mon retour je m'arresterois chez moy à La Fère, où mon frère viendroit, et que M. de Montigny, frère dudit comte de Lalain, viendroit traiter avec mon frère de cette affaire.

Pendant que je fus là je le confirmay et fortifiay toujours en cette volonté ; à quoy sa femme apportoit non moins d'affection que moy. Et le jour venu qu'il me falloit partir de cette belle compagnie de Mons, ce ne fut sans réciproque regret et de toutes les dames flamandes et de moy, et surtout de la comtesse de Lalain, pour l'amitié très grande qu'elle m'avoit vouée ; et me fit promettre qu'à mon retour je passerois par là. Je luy donnay un carquan de pierreries, et à son mari un cordon et enseigne de pierreries, qui furent estimés de grande valeur, mais beaucoup chéris d'eux pour partir de la main d'une personne qu'ils aimoient comme moy.

Toutes les dames demeurèrent là, fors madame de Havrech, qui vint à Namur, où j'allay coucher ce jour-là. Son mary et son beau-frère, M. le duc d'Arscot, y estoient, y ayans toujours demeuré depuis la paix entre le roy d'Espagne et les estats de Flandre ; car, bien qu'ils fussent du parti des Estats, le duc d'Arscot estoit un vieil courtisan des plus galans qui fussent de la cour du roy Philippes, du temps qu'il étoit en Flandre et en Angleterre, qui se plaisoit tousjours à la cour auprès des grands. Le comte de Lalain avec toute la noblesse me conduisit le plus avant qu'il pust, bien deux lieues hors de son gouvernement, et jusques à tant que l'on vist paroistre la troupe de dom Jean. Lors il prit congé de moy, pource que, comme j'ay dit, ils ne se voyoient point. M. d'Ainsi seulement vint avec moy, pour estre son maistre, l'évesque de Cambray, du parti d'Espagne.

Cet belle et grande troupe s'en estant retournée, ayant fait peu de chemin, je trouvay dom Jean d'Austriche, accompagné de force estafiers; mais seulement de vingt ou trente chevaux, accompagné des seigneurs le duc d'Arscot, M. de Havrech, le marquis de Varambon, et le jeune Balançon, gouverneur pour le roy d'Espagne du comté de Bourgogne, qui, galans et honnestes hommes, estoient venus en poste pour se trouver là à mon passage. Des domestiques de dom Jean, il n'y en avoit de nom et d'apparence qu'un, Ludovic de Gonzague, qui se disoit parent du duc de Mantoue. Le reste estoit de petites gens de mauvaise mine, n'y ayant nulle noblesse de Flandre. Il mit pied à terre pour me saluer dans ma littière, qui estoit relevée et toute ouverte. Je le saluay à la française, luy, le duc d'Arscot et M. de Havrech. Après quelques honnestes paroles il monta à cheval, parlant tousjours à moy jusques à la ville, où nous ne pusmes arriver qu'il ne fust soir, pour ne m'avoir les dames de Mons permis de partir que plus tard qu'elles purent, mesmes m'ayans amusé dans ma littière plus d'une heure à la considérer, prenans un extresme plaisir à se faire donner l'intelligence des devises. L'ordre toutesfois fust si beau à Namur, comme les Espagnols sont excellens en cela, et la ville si éclairée, que les fenestres et boutiques estans pleines de lumières, l'on voyoit luire un nouveau jour.

Ce soir dom Jean fit servir, et moy et mes gens, dans les logis et les chambres, estimant qu'après une longue journée il n'estoit raisonnable de nous incommoder d'aller à un festin. La maison où il me logea estoit accommodée pour me recevoir, où l'on avoit trouvé moyen d'y faire une belle et grande salle, et un appartement pour moy de chambres; anti-chambres et de cabinets, le tout tendu des plus beaux, riches et superbes meubles que je pense jamais avoir veus, estant toutes les tapisseries de velours ou de satin, faites avec de grosses colonnes faites de toille d'argent, couvertes de broderie de gros cordons, et des godrons de broderie d'or, eslevés de la plus riche et belle façon qui se peut voir; et au milieu de ces colonnes des grands personnages habillés à l'antique, et faits de la mesme broderie. M. le cardinal de Lenoncourt, qui avoit l'esprit curieux et délicat, s'étant rendu familier du duc d'Arscot, vieil courtisan, comme j'ay dit, d'humeur galante et belle, tout l'honneur certes de la trouppe de dom Jean, considérant un jour que nous fusmes là ces magnifiques et superbes meubles, luy dit : « Ces meubles me semblent plustost d'un grand roy que d'un jeune prince à marier, tel qu'est le seigneur dom Jean. » Le duc d'Arscot luy respondit : « Ils ont esté faits aussi de fortune, et non de prévoyance ny d'abondance, les estoffes luy ayant esté envoyées par un bascha du Grand-Seigneur, duquel, en la notable victoire qu'il eust contre le Turc, il avoit eu pour prisonniers les enfans. Et le seigneur dom Jean luy ayant faict courtoisie de les luy renvoyer, et sans rançon, le bascha pour revenche luy fit présent d'un grand nombre d'estoffes de soye, d'or et d'argent, qui luy arrivèrent estant à Milan, où l'on approprie mieux telle chose. Il en fit faire les tapisseries que vous voyez; et, pour la souvenance de la glorieuse façon de quoy il les avoit acquises, il fit faire le lict et la tente de la chambre de la reyne en broderie des batailles navales, représentans la glorieuse victoire de la bataille qu'il avoit gagnée sur les Turcs. »

Le matin estant venu, dom Jean nous fit ouïr une messe à la façon d'Espagne, avec musique, violons et cornets; et allans de là au festin de la grande salle, nous disnasmes luy et moy seuls en une table; la table du festin où estoient les dames et seigneurs éloignée trois pas de la nostre, où madame de Havrech faisoit l'honneur de la maison pour dom Jean, luy se faisoit donner à boire à genoux par Ludovic de Gonzague. Les tables levées, le bal commença, qui dura toute l'après-disnée. Le soir se passe de cette façon, dom Jean parlant tousjours à moy; et me disant souvent qu'il voyoit en moy la ressemblance de la reyne sa segnora, qui estoit la feue reyne ma sœur, qu'il avoit beaucoup honorée, me témoignant par tout l'honneur et courtoisie qu'il pouvoit faire à moy et à toute ma trouppe, qu'il recevoit très-grand plaisir de me voir là.

Les batteaux où je devois aller par la rivière de Meuse jusques à Liége ne pouvant estre si tost prests, je fus contrainte de séjourner le lendemain, où ayant passé toute la matinée comme le jour de devant, l'après-dinée nous mettans dans un très-beau batteau sur la rivière, environné d'autres batteaux pleins de hautbois, cornets et violons, nous abordasmes en une isle où dom Jean avoit fait apprester le festin dans une belle salle faite de lierre, accommodée de cabinets autour, remplis de musique de hautbois et autres instruments, qui dura tout le long du souper. Les tables levées, le bal ayant duré quelque heure, nous nous en retournasmes dans le mesme batteau qui nous avoit conduits jusques-là, et lequel dom Jean m'avoit fait préparer pour mon voyage. Le matin, voulant partir, dom Jean m'accompagna jusques dans le batteau, et, après un honneste et courtois adieu, me bailla pour m'accompagner jusques à Huy, où j'allois coucher, première ville de l'évesque de Liége, M. et madame de Havrech. Dom Jean sorti, M. d'Ainsi, qui demeura le dernier dans le batteau, et n'avoit congé de son maistre de me conduire plus loin, prend congé de moy avec autant de regrets que de protestations d'estre à jamais serviteur de mon frère et de moy.

La fortune envieuse et traitresse, ne pouvant supporter la gloire d'une si heureuse fortune qui m'avoit accompagnée jusques-là en ce voyage, me donna deux sinistres augures des traverses que pour contenter son envie elle me préparoit à mon retour; dont le premier fut que, soudain que le batteau commença à s'esloigner du bord, madamoiselle de Tournon, fille de madame de Tournon, ma dame d'honneur, damoiselle très-vertueuse, prit un mal si étrange, que tout soudain il la mit aux hauts cris pour la violente douleur qu'elle ressentoit, qui provenoit d'un serrement de cœur, qui fut tel que les médecins n'eurent jamais moyen d'empescher que peu de jours après que je fus arrivée à Liége la mort ne la ravist. J'en diray la funeste histoire en son lieu, pour estre remarquable. L'autre est qu'arrivant à Huy, ville située sur le penchant d'une montagne, il s'émeut un torrent si impétueux, descendant des ravages d'eau de la montagne en la rivière, que la grossissant tout d'un coup comme nostre batteau arrivoit, nous n'eusmes presque le loisir de sauter à terre, et courir tant que pusmes pour gagner le haut de la montagne, que la rivière fust aussi tost que nous à la plus haute rue auprès de mon logis, qui estoit le plus haut, où il nous fallut contenter ce soir-là de ce que le maistre de la maison pouvoit avoir, n'ayant moyen de pouvoir tirer des batteaux, ny mes gens, ny mes hardes, ny moins d'aller par la ville, qui estoit comme submergée dans ce déluge, duquel elle ne fut avec moins de merveille délivrée que saisie; car au point du jour l'eau estoit toute retirée, et remise en son lieu naturel.

Partant de là, M. et madame de Havrech s'en retournèrent à Namur trouver dom Jean, et moy je me remis dans mon batteau pour aller ce jour-là coucher à Liége, où l'évesque, qui en est seigneur, me receut avec tout l'honneur et la démonstration de bonne volonté qu'une personne courtoise et bien affectionnée peut témoigner. C'estoit un seigneur accompagné de beaucoup de vertu, de prudence et de bonté; et qui parloit bien françois, agréable de sa personne, honorable, magnifique, et de compagnie fort agréable, accompagné d'un chapitre et plusieurs chanoines, tous fils de ducs, comtes et de grands seigneurs d'Allemagne; parce que cet évesché, qui est un estat souverain de grand revenu, d'assez grande etendue, et rempli de beaucoup de bonnes villes, s'obtient par eslection; et faut qu'ils demeurent un an résidens, et qu'ils soient nobles pour estre receus chanoines.

La ville est plus grande que Lyon, et est presque en mesme assiette, la rivière de Meuse passant au milieu, très-bien bastie, n'y ayant maison de chanoine qui ne paroisse un beau palais; les rues grandes et larges; les places belles, accompagnées de très-belles fontaines; les églises ornées de tant de marbre, qui se tire près de là, qu'elles en paroissent toutes; les horloges faits avec l'industrie d'Allemagne;

chantans et représentans toutes sortes de musique et de personnages. L'évesque, m'ayant receue sortant de mon batteau, me conduisit en son plus beau palais, d'où il s'estoit délogé pour me loger, qui est, pour une maison de ville, le plus beau et le plus commode qui se puisse voir, ayant plusieurs belles fontaines et plusieurs jardins et galeries, le tout tant peint, tant doré, et accommodé avec tant de marbre, qu'il n'y a rien de plus magnifique et de plus délicieux.

Les eaux de Spa n'estans qu'à trois ou quatre lieues de là, et n'y ayant qu'auprès un petit village de trois ou quatre meschantes petites maisons, madame la princesse de La Roche-sur-Yon fut conseillée par les médecins de demeurer à Liége, et d'y faire apporter son eau, l'asseurans qu'elle auroit autant de force et de vertu estant apportée la nuict avant que le soleil fust levé. De quoy je fus fort aise, pour faire nostre séjour en lieu plus commode et en si bonne compagnie ; car outre celle de Sa Grace (ainsi appelle-t-on l'évesque de Liége, comme on appelle un roy Sa Majesté, et un prince Son Altesse), le bruit ayant couru que je passois par là, plusieurs seigneurs et dames d'Allemagne y estoient venus pour me voir, et entr'autres madame la comtesse d'Aremberg (qui est celle qui avoit eu l'honneur de conduire la reyne Elizabeth à ses nopces à Mézières, lors qu'elle vint épouser le roy Charles mon frère, et ma sœur aisnée au roy d'Espagne son mary), femme qui estoit tenue en grande estime de l'impératrice, de l'empereur, et de tous les princes chrestiens ; sa sœur madame la lantgrave, madame d'Aremberg sa fille, M. le comte d'Aremberg son fils, très-honneste et galant homme, vive image de son père, qui, amenant le secours d'Espagne au roy Charles mon frère, s'en retourna avec beaucoup d'honneur et de réputation.

Cette arrivée, toute pleine d'honneur et de joye, eust esté encor plus agréable sans le malheur de la mort qui arriva à mademoiselle de Tournon, de qui l'histoire estant si remarquable, je ne puis obmettre à la raconter, faisant cette digression à mon discours.

Madame de Tournon, qui estoit lors ma dame d'honneur, qui avoit lors plusieurs filles, desquelles l'aisnée avoit épousé M. de Balonçon, gouverneur pour le roy d'Espagne au comté de Bourgogne, et s'en allant à son mesnage, pria sa mère madame de Tournon de luy bailler sa sœur mademoiselle de Tournon pour la nourrir avec elle, et luy tenir compagnie en ce païs, où elle estoit esloignée de tous ses parens. Sa mère la luy accorde ; et y ayant demeuré quelques années, en se faisant agréable et aimable, car elle l'étoit plus que belle (car sa principale beauté estoit sa vertu et sa grace), M. le marquis de Varanbon, de qui j'ay parlé cy-devant, lequel estoit lors destiné à estre d'église, demeurant avec son frère M. de Balançon en mesme maison, devint, par l'ordinaire fréquentation qu'il avoit avec madame de Tournon, fort amoureux d'elle, et n'estant point obligé à l'église, il désire l'épouser. Il en parle aux parens d'elle et de luy. Ceux du costé d'elle le trouvèrent bon ; mais son frère M. de Balançon, estimant luy estre plus utile qu'il fust d'église, fait tant qu'il empescha cela, s'opiniastrant à luy faire prendre la robbe longue.

Madame de Tournon, très-sage et très-prudente femme, s'offensant de cela, osta sa fille mademoiselle de Tournon d'avec sa sœur madame de Balançon, et la prit avec elle. Et comme elle estoit femme un peu terrible et rude, sans avoir esgard que cette fille estoit grande et méritoit un plus doux traittement, elle la gourmande et crie sans cesse, ne luy laissant presque jamais l'œil sec, bien qu'elle ne fist nulle action qui ne fust très-louable ; mais c'estoit la sévérité naturelle de sa mère. Elle, ne souhaittant que de se voir hors de cette tyrannie, receut une certaine joye quand elle vit que j'allois en Flandre, pensant bien que le marquis de Varanbon s'y trouveroit, comme il fit, et qu'estant lors en estat de se marier, ayant du tout quitté la robbe longue, il la demanderoit à sa mère, et que par le moyen de ce mariage elle se trouveroit délivrée des rigueurs de sa mère.

A Namur, le marquis de Varanbon et le jeune Balançon son frère s'y trouvèrent comme j'ay dit. Le jeune de Balançon, qui n'estoit pas de beaucoup si agréable que l'autre, accoste cette fille, la recherche, et le marquis de Varanbon, tant que nous fusmes à Namur, ne fit pas seulement semblant de la connoistre. Le dépit, le regret, l'ennuy luy serre tellement le cœur, elle s'estant contrainte de faire bonne mine tant qu'il fut présent, sans monstrer de s'en soucier, que soudain qu'ils furent hors du batteau, où ils nous dirent adieu, elle se trouve tellement saisie qu'elle ne peut plus respirer qu'en criant et avec douleurs mortelles. N'ayant nulle autre cause de son mal, la jeunesse combat huit ou dix jours la mort, qui armée de despit se rend enfin victorieuse, la ravissant à sa mère et à moy, qui n'en fismes moins de deuil l'une que l'autre; car sa mère, bien qu'elle fust fort rude, l'aimoit uniquement.

Ses funérailles estant commandées les plus honorables qu'il se pouvoit faire, pour estre de grande maison comme elle estoit, mesme appartenant à la reyne ma mère, le jour venu de son enterrement, l'on ordonne quatre gentilshommes des miens pour porter le corps; l'un desquels estoit La Boessière (qui l'avoit passionnément adorée sans le luy avoir osé descouvrir, pour la vertu qu'il connoissoit en elle et pour l'inégalité), qui lors alloit portant ce mortel faix, et qui mouroit autant de fois de sa mort qu'il estoit mort de son amour.

Ce funeste convoy estant au milieu de la rue qui alloit à la grande église, le marquis de Varanbon, coupable de ce triste accident, quelques jours après mon partement de Namur s'estant repenti de sa cruauté, et son ancienne flamme s'estant de nouveau r'allumée (ô estrange fait!) par l'absence, qui par la présence ne pouvoit estre esmeue, se résout de la venir demander à sa mère, se confiant peut-estre en la bonne fortune qui l'accompagne d'estre aimé de toutes celles qu'il recherche, comme il a paru depuis peu en une grande qu'il a espousée contre la volonté de ses parens, et se promettant que sa faute luy seroit aisément pardonnée de sa maistresse, répétant souvent ces mots italiens : *Che la forza d'amore non risguarda al delitto*, prie dom Jean de luy donner une commission vers moy; et, venant en diligence, arrive justement sur le point que ce corps, aussi malheureux qu'innocent et glorieux en sa virginité, estoit au milieu de cette rue. La presse de cette pompe funèbre l'empesche de passer. Il regarde ce que c'est. Il advise de loin, au milieu d'une grande et triste troupe, des personnes en deuil, et un drap blanc couvert de chapeaux de fleurs. Il demande ce que c'est; quelqu'un de la ville luy répond que c'estoit un enterrement : luy trop curieux s'avance jusques aux premiers du convoy, et importunément presse de luy dire de qui c'est. O mortelle responce! L'amour, ainsi vengeur de l'ingrate inconstance, veut faire éprouver à son ame ce que par son dédaigneux oubli il a fait souffrir au corps de sa maistresse, les traits de la mort. Cet ignorant qu'il pressoit luy respond que c'est le corps de mademoiselle de Tournon. A ce mot il se pasme et tombe de cheval. Il le faut emporter en un logis comme mort, voulant plus justement en cette extrémité luy rendre union à la mort, que trop tard en la vie il luy avoit accordée. Son ame, que je crois, allant dans le tombeau requérir pardon à celle que son dédaigneux oubli y avoit mise, le laissa quelque temps sans aucune apparence de vie; et, estant revenu, l'anima de nouveau pour luy faire esprouver la mort, qui une seule fois n'eust assez puni son ingratitude.

Ce triste office estant achevé, me voyant en une compagnie estrangère, je ne voulois l'ennuyer de la tristesse que je ressentois de la perte d'une si honneste fille, et estant conviée ou par l'évesque (dit Sa Grace) ou par ses chanoines d'aller en festin en diverses maisons et divers jardins, comme il y en a dans la ville et dehors de très-beaux, j'y allay tous les jours, accompagnée de l'évesque, dames et seigneurs estrangers, comme j'ay dit, lesquels venoient tous les matins en ma chambre pour m'accompagner au jardin où j'allois pour prendre mon eau, car il faut la prendre en se promenant. Et bien que le médecin qui me l'avoit ordonnée estoit mon frère, elle ne laissa toutesfois de me faire bien, ayant depuis demeuré six ou sept ans sans me sentir de l'érésipèle de mon bras. Partant de là nous passions la journée ensemble, allans disner à quelque festin, ou après le bal nous allions à vespres en quelque religion; et l'après-soupper se passoit de mesme au bal, au dessus l'eau, avec la musique. Six semaines s'écoulèrent de la façon, qui est le temps ordinaire que l'on a accoustumé de prendre des eaux, et qui estoit ordonné à madame la princesse de La Roche-sur-Yon.

Voulant partir pour retourner en France, madame de Havrech arriva, qui s'en alloit retrouver son mary en Lorraine, qui nous dit l'estrange changement qui estoit arrivé à Namur et en tout ce païs-là depuis mon passage ; que le jour mesme que je partis de Namur, dom Jean, sortant de mon batteau, et montant à cheval, prenant prétexte de vouloir aller à la chasse, passa devant la porte du chasteau de Namur, lequel il ne tenoit encore, et feignant par occasion, s'estant trouvé devant la porte, de vouloir entrer dedans pour le voir, s'en estoit saisi, et en avoit tiré le capitaine que les estats y tenoient, contre la convention qu'il avoit avec les estats, et outre ce s'estoit saisi du duc d'Arscot, de M. de Havrech et d'elle ; que toutesfois, après plusieurs remonstrances et prières, il avoit laissé aller son beau-frère et son mary, la retenant elle jusques alors pour luy servir d'ostage de leurs déportemens ; que tout le païs estoit en feu et en armes. Il y avoit trois partis ; celuy des estats, qui estoient les catholiques de Flandre, celuy du prince d'Orange et des huguenots, qui n'estoient qu'un, et celuy d'Espagne, où commandoit dom Jean.

Me voyant tellement embarquée qu'il falloit que je passasse entre les mains des uns ou des autres, et mon frère m'ayant envoyé un gentilhomme nommé Lescar, par lequel il m'escrivoit que, depuis mon partement de la cour, Dieu luy avoit fait la grace de si bien servir le roy en sa charge de l'armée qui luy avoit esté commise, qu'il avoit pris toutes les villes qu'il luy avoit commandé d'attaquer, et chassé tous les huguenots de toutes les provinces pour lesquelles son armée estoit destinée ; qu'il estoit revenu à la cour à Poitiers, où le roy estoit pendant le siége de Brouage, pour estre plus près pour secourir l'armée de M. de Mayenne de ce qui luy seroit nécessaire ; que comme la cour est un Prothée qui change de forme à toute heure, y arrivant tousjours des nouvelletés, il l'avoit trouvée toute changée ; que l'on n'y avoit faict non plus d'estat de luy que s'il n'eust rien faict pour le service du roy ; que Bussi, à qui le roy faisoit bonne chère avant que partir, et qui avoit servi le roy dans cette guerre de sa personne et de ses amis, jusques à y avoir perdu son frère à l'assaut d'Issoire, estoit aussi défavorisé et persécuté de l'envie qu'il avoit esté du temps de du Guast ; que l'on leur faisoit tous les jours à l'un et à l'autre des indignités ; que les mignons qui estoient auprès du roy avoient faict pratiquer quatre ou cinq des plus honnestes hommes qu'il eust, qui estoient Maugiron, La Valette, Mauléon, Livarrot, et quelques autres, pour quitter son service, et se mettre à celuy du roy ; qu'il avoit sceu de bon lieu que le roy se repentoit fort de m'avoir permis de faire ce voyage de Flandre, et que l'on taschoit à mon retour, en haine de luy, de me faire faire quelque mauvais tour, ou par les Espagnols, les ayans avertis de ce que je traittois en Flandre pour luy, ou par les huguenots, pour se venger du mal qu'ils avoient receu de luy, leur ayant faict la guerre après l'avoir assisté.

Tout ce que dessus considéré ne me donnoit peu à penser, voyant que non seulement il falloit que je passasse ou entre les uns ou entre les autres ; mais que mesmes les principaux de ma compagnie estoient affectionnés ou aux Espagnols ou aux huguenots, M. le cardinal de Lenoncourt ayant autrefois esté soupçonné de favoriser le parti des huguenots, et M. Descarts, duquel M. l'évesque de Lisieux estoit frère, ayant aussi esté quelquesfois suspect d'avoir le cœur espagnol. En ces doutes pleins de contrariétés je ne m'en pus communiquer qu'à madame la princesse de La Roche-sur-Yon, et à madame de Tournon, qui, connoissans le danger où nous estions, et voyans qu'il nous falloit cinq ou six journées jusques à La Fère, passant tousjours à la miséricorde des uns des autres, me respondent la larme à l'œil que Dieu seul nous pouvoit sauver de ce danger ; que je me recommandasse bien à luy, et puis que je fisse ce qu'il m'inspireroit ; que pour elles, encore que l'une fust malade et l'autre vieille, je ne feignisse à faire de longues traittes, et qu'elles s'accommoderoient à tout pour me tirer de ce hasard.

J'en parlay à l'évesque de Liége, qui me servit certes de père, et me bailla son grand maistre avec ses chevaux pour me conduire si loin que je voudrois. Et comme il nous estoit nécessaire d'avoir un passeport du prince d'Orange, j'y envoyay Mondoucet, qui luy estoit confident, et ressentoit un peu de cette religion. Il ne revint point. Je l'attends deux ou trois jours, et crois que si je l'eusse attendu j'y fusse encores. Estant tousjours conseillée de M. le cardinal de Lenoncourt et du chevalier Salviati, mon premier escuyer, qui estoient d'une mesme caballe, de ne partir point sans avoir passeport, et me deffiant qu'au deffaut de passeport on me dressoit quelque autre chose de bien contraire, je me résolus de partir le lendemain matin. Eux voyans que sur ce prétexte on ne me pouvoit plus arrester, le chevalier Salviati, intelligent avec mon trésorier, qui estoit aussi couvertement huguenot, luy fait dire qu'il n'avoit point d'argent pour payer les hostes (chose qui estoit entièrement fausse; car estant arrivée à La Fère, je voulus voir le compte, et se trouva de l'argent que l'on avoit pris pour faire le voyage de reste encore pour faire aller ma maison plus de six semaines), et fait que l'on retint mes chevaux, me faisant avec le danger cet affront public. Madame la princesse de La Roche-sur-Yon ne pouvant supporter cette indignité, et voyant le hasard où l'on me mettoit, preste l'argent qui estoit nécessaire; et eux demeurans confus, je passe, après avoir fait présent à M. l'évesque de Liége d'un diamant de trois mille escus, et à ses serviteurs de chaisnes d'or ou de bagues, et vins coucher à Huy, n'ayant pour passeport que l'espérance que j'avois en Dieu.

Cette ville estoit, comme j'ay dit, des terres de l'évesque de Liége, mais toutesfois tumultueuse et mutine (comme tous ces peuples-là se sentoient de la révolte générale des Pays-Bas), et ne reconnaissoit plus son évesque à cause qu'il vivoit neutre, et elle tenoit le party des estats. De sorte que, sans reconnoistre le grand-maistre de l'évesque de Liége, qui estoit avec nous, ayans l'allarme que dom Jean s'estoit saisi du chasteau de Namur sur mon passage, soudain que nous fusmes logés ils sonnent le tocsin, et traisnent l'artillerie par les rues, et la bracquèrent contre mon logis, tendans les chaisnes afin que nous ne nous pussions joindre ensemble, et nous tindrent toute la nuict en ces altères, sans avoir moyen de parler à aucun d'eux, estant tout petit peuple, gens brutaux et sans raison. Le matin ils nous laissèrent sortir, ayans bordé toute la rue de gens armés.

Nous allasmes de là coucher à Dinan, où par malheur ils avoient fait ce jour mesme les bourgemaistres, qui sont comme consuls en Gascogne, et échevins en France. Tout y estoit ce jour-là en débauche, tout le monde yvre, point de magistrats connus, bref un vray cahos de confusion. Et pour empirer davantage nostre condition, le grand-maistre de l'évesque de Liége leur avoit fait autrefois la guerre, et estoit tenu d'eux pour mortel ennemi. Cette ville, quand ils sont en leurs sens rassis, tenoit pour les estats; mais Bacchus y dominant ils ne tenoient pas pour eux-mesmes, et ne reconnoissoient personne. Soudain qu'ils nous voyent approcher les fauxbourgs avec une trouppe grande comme estoit la mienne, les voilà allarmés. Ils quittent les verres pour courir aux armes, et tout en tumulte, au lieu de nous ouvrir, ils ferment la barrière. J'avois envoyé devant un gentilhomme, avec les fourriers et mareschal des logis, pour les prier de nous donner passage; mais je les trouvay tous arrestés là qui crioient sans estre entendus. Enfin je me lève debout dans la litière, et ostant mon masque, je fais signe au plus apparent que je veux parler à luy; et estant venu à moy, je le priay de faire faire silence afin que je pusse estre entendue. Ce qu'estant fait avec toute peine, je leur représentay qui j'estois, et l'occasion de mon voyage, que tant s'en faut que je leur voulusse apporter du mal par ma venue, que je ne voudrois pas seulement leur en donner le soupçon; que je les priois de me laisser entrer, moy et mes femmes, et si peu de gens qu'ils voudroient, pour cette nuit, et que le reste ils le laissassent dans le fauxbourg. Ils se contentent de cette proposition, et me l'accordent. Ainsi j'entray dans leur ville avec les plus apparens de ma trouppe, du nombre desquels fust le grand-maistre de l'évesque de Liége, qui par malheur fut reconnu comme j'entrois en mon logis, accompagnée de tout ce peuple yvre et armé.

Lors ils commencent à luy crier injures, et à vouloir charger ce bon homme, qui estoit un vieillard vénérable de quatre-vingts ans, ayant la barbe blanche jusques à la ceinture. Je le fis entrer dans mon logis, où ces yvrognes faisoient pleuvoir les arquebusades contre les murailles, qui n'estoient que de terre. Voyant ce tumulte, je demanday si l'hoste de la maison n'étoit point là dedans. Il se trouve de bonne fortune. Je le prie qu'il se mette à la fenestre, et qu'il me fasse parler aux plus apparens; ce qu'à toute peine il veut faire. Enfin, ayant assez crié par les fenestres, les bourgemaistres viennent parler à moy, si saouls qu'ils ne sçavoient ce qu'ils disoient. Enfin leur asseurant que je n'avois point sceu que ce grand-maistre leur fust ennemi, leur remonstrant de quelle importance il leur estoit d'offenser une personne de ma qualité, qui estoit amie de tous les principaux seigneurs des estats, et que je m'asseurois que M. le comte de Lalain et tous les autres chefs trouveroient fort mauvaise la réception qu'ils m'avoient faite; oyans nommer M. de Lalain, ils changèrent tous, et luy portèrent tous plus de respect qu'à tous les roys à qui j'appartenois. Le plus vieil d'entr'eux me demande en se sousriant et bagayant si j'estois donc amie de M. le comte de Lalain; et moy, voyant que sa parenté me servoit plus que celle de tous les potentats de la chrestienté, je luy répondis : « Ouy, je suis son amie, et sa parente aussi. » Lors ils me font la révérence et me baillent la main, et m'offrent autant de courtoisie comme ils m'avoient fait d'insolence, me priant de les excuser, et me promettans qu'ils ne demanderoient rien à ce bon homme le grand-maistre, et qu'ils le laisseroient sortir avec moy.

Le matin venu, comme je voulois aller à la messe, l'agent que le roy tenoit auprès de dom Jean, nommé du Bois, lequel estoit fort espagnol, arrive, me disant qu'il avoit des lettres du roy pour me venir trouver et me conduire seurement à mon retour; qu'à cette fin il avoit prié dom Jean de luy bailler Barlemont avec une trouppe de cavalerie pour me faire escorte et me mener seurement à Namur, et qu'il falloit que je priasse ceux de la ville de Dinan de laisser entrer M. de Barlemont, qui estoit seigneur du pays, et sa trouppe, afin qu'il me pust conduire. Ce qu'ils faisoient à double fin : l'une pour se saisir de la ville pour dom Jean, et l'autre pour me faire tomber entre les mains des Espagnols. Je me trouvay lors en fort grande peine; et, le communiquant à M. le cardinal de Lenoncourt, qui n'avoit pas envie de tomber entre les mains de l'Espagnol non plus que moy, nous advisasmes qu'il falloit sçavoir de ceux de la ville s'il y avoit quelque chemin par lequel je peusse éviter cette troupe de M. de Barlemont; et baillant ce petit agent nommé du Bois à amuser à M. de Lenoncourt, je passe en une autre chambre, où je fis venir ceux de la ville, et leur fais connoistre que s'ils laissoient entrer la troupe de M. de Barlemont ils estoient perdus, parce qu'ils se saisiroient de la ville pour dom Jean; que je les conseillois de s'armer et se tenir prests à leur porte, monstrans contenance de gens advertis et qui ne se veulent laisser surprendre; qu'ils laissassent entrer seulement M. de Barlemont et rien davantage. Leur vin du jour précédent estant passé, ils prirent bien mes raisons et me creurent, m'offrans d'employer leurs vies pour mon service, et me baillans un guide pour me mener par un chemin auquel je mettrois la rivière entre les trouppes de dom Jean et moy, et les laisserois si loing qu'ils ne me pourroient plus atteindre, allant tousjours par maisons ou villes tenans le party des estats.

Ayant pris cette résolution avec eux, je les envoye faire entrer M. de Barlemont tout seul, lequel estant entré leur veut persuader de laisser entrer sa trouppe. Mais voyans cela, ils se mutinent de sorte que peu s'en fallut qu'ils ne le massacrassent, luy disant que s'il ne la faisoit retirer hors de la veue de leur ville, qu'ils y feroient tirer l'artillerie; ce qu'ils faisoient afin de me donner temps de passer l'eau avant que cette trouppe me pust atteindre. M. de Barlemont estant entré, luy et l'agent du Bois font ce qu'ils peuvent pour me persuader d'aller à Namur, où dom Jean m'attendoit. Je monstre de vouloir faire ce qu'on me conseilloit, et après avoir ouy la messe et fait un disné court, je sors de mon logis, accompagnée de deux ou trois cens de la ville en armes; et, parlant tousjours à M. de Barlemont et à l'agent du Bois, je prens mon chemin droit à la porte de la rivière, qui estoit au contraire du chemin de Namur, sur lequel estoit la trouppe de M. de Barlemont. Eux s'en advisans me dirent que je n'allois pas bien; et moy les menant tousjours de paroles, arrivay à la porte de la ville, de laquelle sortant accompagnée d'une bonne partie de ceux de la ville, je double le pas vers la rivière et monte dans le bateau, y faisant promptement entrer tous les miens, M. de Barlemont et l'agent du Bois me criant tousjours du bord de l'eau que je ne faisois pas bien ; que ce n'estoit point l'intention du roy, qui vouloit que je passasse par Namur. Nonobstant leurs crieries nous passons promptement l'eau, et pendant que l'on passoit à deux ou trois voyages nos litières et nos chevaux, ceux de la ville, exprès pour me donner temps, amusent par mille crieries et mille plaintes M. de Barlemont et l'agent du Bois, les arraisonnans en leur patois sur le tort que dom Jean avoit d'avoir faussé sa foy aux estats et rompu la paix, et sur les vieilles querelles de la mort du comte d'Egmont, et le menaçant tousjours que si sa trouppe paroissoit auprès de la ville, ils feroient tirer l'artillerie. Ils me donnèrent temps de m'esloigner en telle sorte que je n'avois plus à craindre cette trouppe, guidée de Dieu et de l'homme qu'ils m'avoient baillé.

Je logeay ce soir-là en un chasteau fort nommé Fleurines, qui estoit à un gentilhomme qui tenoit le party des estats, et lequel j'avois veu avec le comte de Lalain. Le malheur fut tel que ledit gentilhomme ne s'y trouva point et n'y avoit que sa femme. Et comme nous fusmes entrés dans la basse-court, la trouvant toute ouverte, elle prit l'allarme et s'enfuit dans son dongeon, levant le pont, résolue, quoy que nous luy pussions dire, de ne nous point laisser entrer. Cependant trois cents gentilshommes que dom Jean avoit envoyés pour nous couper chemin et pour se saisir dudit chasteau de Fleurines, sçachans que j'y allois loger, paroissent sur un petit haut, à mille pas de là, et estimans que nous fussions entrés dans le dongeon, ayans pu connoistre de là que nous estions tous entrés dans la court, firent alte et se logèrent là auprès, espérans de m'attraper le lendemain matin. Comme nous estions en ces altères pour ne nous voir que dedans la court, qui n'estoit fermée que d'une meschante muraille et d'une meschante porte qui eust esté bien aisée à forcer, disputans tousjours avec la dame du chasteau, inexorable à nos prières, Dieu nous fit cette grace que son mary, M. de Fleurines, y arriva à nuit fermante, lequel soudain nous fit entrer dans son chasteau, se courrouçant fort à sa femme de l'indiscrète incivilité qu'elle avoit montrée. Ledit sieur de Fleurines nous venoit trouver de la part du comte de Lalain pour me faire seurement passer par les villes des estats, ne pouvant quitter l'armée des estats, de laquelle il estoit chef, pour me venir accompagner. Cette bonne rencontre fut si heureuse, que le maistre de la maison s'offrant de m'accompagner jusques en France, nous ne passasmes plus par aucunes villes où je ne fusse honorablement et paisiblement receue, pour ce que c'estoit pays des états ; y recevant ce seul desplaisir que je ne pouvois repasser à Mons comme j'avois promis à la comtesse de Lalain, et n'en approchais pas plus près que de Nivelles, qui estoit à sept grandes lieues de là, qui fut cause, la guerre estant si forte comme elle estoit, que nous ne nous pusmes voir elle et moy, ni aussi peu M. le comte de Lalain, qui estoit, comme j'ay dit, en l'armée des estats vers Anvers.

Je luy écrivis seulement de là par un homme de ce gentilhomme qui me conduisoit. Elle soudain me sçachant là, m'envoye des gentilshommes plus apparens qui fussent demeurés là pour me conduire jusques à la frontière de France (car j'avois à passer tout le Cambrésis, qui estoit my-party pour l'Espagnol et pour les estats), avec lesquels j'allay loger au Chasteau-Cambrésis, d'où eux s'en retournans, je luy envoyay, pour se souvenir de moy, une robbe des miennes que je luy avois ouy fort estimer quand je la portois à Mons, qui estoit de satin noir toute couverte de broderie de canon, qui avoit cousté huit ou neuf cens écus. Arrivant au Chasteau-Cambrésis, j'eus advis que quelques trouppes huguenotes avoient dessein de m'attaquer entre la frontière de Flandre et de France ; ce que n'ayant communiqué qu'à peu de personnes, une heure avant le jour je fus preste. Envoyant querir nos litières et chevaux pour partir, le chevalier Salviati faisoit le long comme il avoit fait à Liége : ce que connaissant qu'il faisoit à dessein, je laisse la litière, et montant à cheval, ceux qui furent les premiers prests me suivirent ; de sorte que je fus au Chastelet à dix heures du matin, ayant par la seule grace de Dieu eschappé toutes les embusches et aguets de mes ennemis.

De là allant chez moy à La Fère pour y séjourner jusques à tant que je sçaurois la paix estre faite, j'y trouvay arrivé devant moy un courrier de mon frère, qui avoit charge de m'attendre là, pour soudain que je serois arrivée retourner en poste et l'en advertir. Il écrivit par luy que la paix estoit faite, et que le roy s'en retournoit à Paris; que pour luy sa condition alloit tousjours en empirant, n'y ayant sorte de desfaveurs et d'indignités que l'on ne fist tous les jours éprouver et à luy et aux siens, et que ce n'estoit tous les jours que quelques querelles nouvelles que l'on suscitoit à Bussi et aux honnestes gens qui estoient avec luy : ce qui luy faisoit attendre avec extresme impatience mon retour à La Fère pour m'y venir trouver. Je luy redepeschay soudain son homme, par lequel, adverty de mon retour, il envoya soudain Bussi avec toute sa maison à Angers, et prenant seulement quinze ou vingt hommes des siens, s'en vint en poste me trouver chez moy à La Fère, qui fut un des grands contentemens que j'aye jamais receu, de voir une personne chez moy que j'aimois et honorois tant, où je me mis en peine de luy donner tous les plaisirs que je pensois luy rendre ce séjour agréable; ce qui estoit si bien receu de luy, qu'il eust volontiers dit comme saint Pierre : « Faisons icy nos tabernacles, » si le courage tout royal qu'il avoit et la générosité de son ame ne l'eussent appelé à choses plus grandes. La tranquillité de nostre cour au prix de l'autre d'où il partoit luy rendait tous les plaisirs qu'il y recevoit si doux, qu'à toute heure il ne pouvoit s'empescher de dire : « O ma reyne, qu'il fait bon avec vous ! Mon Dieu, cette compagnie est un paradis comblé de toutes sortes de délices, et celle d'où je suis party un enfer rempli de toutes sortes de furies et tourmens. » Nous passasmes près de deux mois, qui ne nous furent que deux petits jours, en cet heureux estat, durant lequel luy ayant rendu compte de ce que j'avois fait pour luy en mon voyage de Flandre, et des termes où j'avois mis ses affaires, il trouve fort bon que M. le comte de Montigny, frère du comte de Lalain, vinst résoudre avec luy des moyens qu'il y falloit tenir, et pour prendre aussi asseurance de leur volonté et eux de la sienne.

Il y vint accompagné de quatre ou cinq des plus principaux de Hainaut : l'un desquels avoit lettre et charge de M. d'Ainsi d'offrir son service à mon frère, et l'asseurer de la citadelle de Cambray. M. de Montigny luy portoit parole, de la part de son frère le comte de Lalain, de luy remettre entre ses mains tout le Hainaut et l'Artois, où il y a plusieurs bonnes villes. Ces offres très-asseurées receues de mon frère, il les renvoya avec présens de médailles d'or, où la figure de luy et de moy estoit, et asseurant les accroissemens et bienfaits qu'ils pouvoient espérer de luy; de sorte que, s'en retournans, ils préparèrent toutes choses pour la venue de mon frère, qui, se délibérant d'avoir ses forces prestes dans peu de temps pour y aller, s'en retourne à la cour pour tascher de tirer des commodités du roy pour fournir à cette entreprise.

Moy voulant faire mon voyage de Gascogne, et ayant préparé toutes choses pour cet effet, je m'en retournay à Paris, où arrivant, mon frère me vint trouver à une journée de Paris, où le roy et la reyne ma mère, et la reyne Louyse avec toute la cour, me firent cet honneur de venir au-devant de moy jusques à Saint-Denis, qui estoit ma disnée, où ils me receurent avec beaucoup d'honneur et de bonne chère, se plaisans à me faire raconter les honneurs et magnificences de mon voyage et séjour de Liége, et les avantures de mon retour. En ces agréables entretiens, estans tous dans le chariot de la reyne ma mère, nous arrivasmes à Paris, où après avoir souppé et le bal estant fini, le roy et la reyne ma mère estans ensemble, je m'approche d'eux, et leur dis que je les suppliois ne trouver mauvais si je les requérois avoir agréable que j'allasse trouver le roy mon mary; que la paix estant faite, c'estoit chose qui ne leur pouvoit estre suspecte, et qu'il me seroit préjudiciable et mal séant si je demeurois davantage à y aller. Ils montrent tous deux de le trouver très-bon, et de louer la volonté que j'en avois; et la reyne ma mère me dit qu'elle vouloit m'y accompagner, estant aussi son voyage nécessaire en ce pays-là pour le service du roy, auquel elle dit aussi qu'il falloit qu'il me baillast des moyens pour mon voyage; ce que le roy librement m'accorda. Et moy, ne voulant rien laisser en arrière qui me pust faire revenir à la cour, ne m'y pouvant plus plaire lors que mon frère en seroit dehors, que je voyois se préparer pour s'en aller bien tost en son entreprise de Flandre, je suppliay la reyne ma mère de se souvenir de ce qu'elle m'avoit promis à la paix avec mon frère, qu'advenant que je partisse pour m'en aller en Gascogne elle me feroit bailler des terres pour l'assignat de mon dot. Elle s'en ressouvint, et le roy le trouve très-raisonnable, et me promet qu'il seroit fait. Je le supplie que ce soit promptement, pour ce que je désirois partir, s'il luy plaisoit, pour le commencement du mois prochain : ce qui fut ainsi arresté, mais à la façon de la cour, car, au lieu de me dépescher, bien que tous les jours je les en sollicitasse, ils me firent traisner cinq ou six mois, et mon frère de mesme, qui pressoit aussi son voyage de Flandre, représentant au roy que c'estoit l'honneur et l'accroissement de la France ; que ce seroit une invention pour empescher la guerre civile, tous les esprits remuans et désireux de nouveauté ayant le moyen d'aller en Flandre passer leur fumée et se saouler de la guerre ; que cette entreprise serviroit aussi, comme le Piedmont, d'escole à la noblesse de France pour s'exercer aux armes, et y faire revivre des Montlucs et Brissacs, des Termes et des Bellegardes, tels que ces grands mareschaux, qui, s'estant façonnés aux guerres de Piedmont, avoient depuis si glorieusement et heureusement servi le roy et leur patrie.

Ces remonstrances estoient belles et véritables, mais elles n'avoient tant de poids qu'elles peussent emporter en la balance l'envie que l'on portoit à l'accroissement de la fortune de mon frère, auquel l'on donna tous les jours de nouveaux empeschemens pour le retarder d'assembler ses forces et les moyens qui luy estoient nécessaires pour aller en Flandre, luy faisant cependant à luy, Bussi, et à ses autres serviteurs, mille indignités, et faisant attaquer par plusieurs querelles Bussi, tantost par Quélus, tantost par Grammont, de jour, de nuit, et à toutes heures, estimans qu'à quelques-unes de ces allarmes mon frère se précipiteroit, ce qui se faisoit sans le sceu du roy ; mais Maugiron, qui le possédoit lors, et qui, ayant quitté le service de mon frère, croyoit qu'il s'en deust ressentir (ainsi qu'il est ordinaire que qui offense ne pardonne jamais), haïssoit mon frère d'une telle haine qu'il conjuroit sa ruine en toutes façons, le bravant et mesprisant sans respect, comme l'imprudence d'une telle jeunesse enflée de la faveur du roy le poussoit à faire toutes insolences, s'étant ligué avec Quélus, Saint-Luc, Saint-Maigrin, Grammont, Mauléon, Livarrot, et quelques autres jeunes gens que le roy favorisoit, qui, suivis de toute la cour, à la façon des courtisans qui ne suivent que la faveur, entreprenoient toutes les choses qui leur venoient en fantaisie, quelles qu'elles fussent. De sorte qu'il ne se passoit jour qu'il n'y eust nouvelle querelle entr'eux et Bussi, de qui le courage ne pouvoit céder à nul.

[1578] Mon frère, considérant que ces choses n'estoient pas pour advancer son voyage de Flandre, désirant plustost adoucir le roy que l'aigrir, pour l'avoir favorable en son entreprise, et estimant aussi que Bussi estant dehors advanceroit davantage de dresser les troupes nécessaires pour son armée, il l'envoye par ses terres pour y donner ordre ; mais Bussi estant parti, la persécution de mon frère ne cessa pour cela, et connut-on lors qu'encor que les belles qualités qu'il avoit apportassent beaucoup de jalousie à Maugiron et à ces autres jeunes gens qui estoient près du roy, la principale cause de leur haine contre Bussi estoit qu'il estoit serviteur de mon frère ; car depuis qu'il fut parti, ils bravent et morguent mon frère avec tant de mépris et si apparemment que tout le monde le connoissoit, encor que mon frère fust fort prudent et très-patient de son naturel, et qu'il eust résolu souffrir toutes choses pour faire ses affaires en son entreprise de Flandre, espérant par ce moyen en sortir bientost, et ne s'y revoir jamais plus sujet.

Cette persécution et ces indignités luy furent toutesfois fort ennuyeuses et honteuses, mesme voyant qu'en haine de luy l'on taschoit de nuire en toutes façons à ses serviteurs, ayant depuis peu de jours fait perdre un grand procès à M. de La Chastre, pource que depuis peu il s'estoit rendu serviteur de mon frère, le roy s'estant tellement laissé emporter aux persuasions de Maugiron et de Saint-Luc, qui estoit amis de madame de Senetaire, qu'il avoit luy-mesme esté solliciter ce procès pour elle contre M. de La Chastre, qui estoit lors auprès de mon frère, qui, s'en sentant offensé, comme l'on peut penser, faisoit participer mon frère à sa juste douleur.

En ces jours-là le mariage de Saint-Luc se fit, auquel mon frère ne voulant assister, il me pria aussi d'en faire de mesme; et la reyne ma mère, qui ne se plaisoit guère à la débordée outrecuidance de ces jeunes gens, craignant aussi que tout ce jour seroit en joye et en débauche, et que mon frère n'ayant voulu estre de la partie, l'on luy en dressast quelqu'une qui luy fust préjudiciable, fit trouver bon au roy qu'elle allast le jour des nopces disner à Saint-Maur, et nous y mena, mon frère et moy; c'estoit le lundy gras. Nous revinsmes le soir, la reyne ma mère ayant tellement presché mon frère, qu'elle le fit consentir de paroistre et se trouver au bal pour complaire au roy; mais au lieu que cela amendast ses affaires, elles s'en empirèrent, car y estant Maugiron et autres de sa caballe, ils commencèrent à le gausser avec des paroles si picquantes, qu'un moindre que luy s'en fust offensé, luy disans qu'il avoit bien perdu sa peine de s'estre r'habillé, que l'on ne l'avoit point trouvé à dire l'après-disnée, qu'il estoit venu à l'heure de ténèbres parce qu'elles luy estoient propres, et l'attaquans de sa laideur et petite taille.

Tout cela se disoit à la nouvelle mariée, qui estoit auprès de luy, et si haut qu'il se pouvoit entendre. Mon frère connoissant que cela se faisoit exprès pour le faire répondre, et le brouiller par ce moyen avec le roy, s'oste de là, si plein de dépit et de colère qu'il n'en pouvoit plus; et après en avoir conféré avec M. de La Chastre, se résolut de s'en aller pour quelques jours à la chasse, pensant par son absence attiédir l'animosité de ces jeunes gens contre luy, et en faire plus aisément ses affaires avec le roy pour la préparation de l'armée qui luy estoit nécessaire pour aller en Flandre. Il s'en va trouver la reine ma mère qui se déshabilloit, luy dit ce qui s'estoit passé au bal, de quoy elle fut très marrie, et luy fait entendre la résolution que là-dessus il avoit prise, qu'elle trouve très bonne, et luy promet de la faire agréer au roy, et en son absence de le solliciter de luy fournir promptement ce qu'il luy avoit promis pour son entreprise en Flandre;

et M. de Villequier estant là, elle luy commande d'aller faire entendre au roy le désir que mon frère avoit d'aller pour quelques jours à la chasse, ce qui luy sembloit qu'il ne seroit que bon pour appaiser toutes les brouilleries qui estoient entre luy et ces jeunes gens, Maugiron, Saint-Luc, Quélus et les autres.

Mon frère se retirant en sa chambre, tenant son congé pour obtenu, commande à tous ses gens d'estre le lendemain prests pour aller à la chasse à Saint-Germain, où il vouloit demeurer quelques jours à courir le cerf, ordonne à son grand-veneur d'y faire trouver les chiens, et se couche en cette intention de se lever le lendemain matin pour aller à la chasse soulager ou divertir un peu son esprit des brouilleries de la cour. M. de Villequier cependant estoit allé par le commandement de la reyne ma mère demander son congé au roy, qui d'abord l'accorda; mais estant demeuré seul en son cabinet avec le conseil de Roboam de cinq à six jeunes hommes, ils luy rendent ce partement fort suspect, et le mettent en telle appréhension, qu'ils luy font faire une des plus grandes folies qui se soit faite de nostre temps, qui fut de prendre mon frère et tous ses principaux serviteurs prisonniers. S'il fut imprudemment délibéré, il fut encor plus indiscrètement exécuté; car le roy, soudain prenant la parole, de nuit s'en alla trouver la reyne ma mère, tout ému comme en une allarme publique, ou que l'ennemi eust esté à la porte, luy disant : « Comment, madame, que pensez-vous m'avoir demandé de laisser aller mon frère? Ne voyez-vous pas, s'il s'en va, le danger où vous mettez mon estat? Sans doute sous cette chasse il y a quelque dangereuse entreprise. Je m'en vais me saisir de luy et de tous ses gens, et feray chercher dans ses coffres. Je m'asseure que nous découvrirons de grandes choses. » Et à mesme temps, ayant avec luy le sieur de Losse, capitaine des gardes, et quelques archers escossois.....

La reyne ma mère, craignant qu'en cette précipitation il fist quelque tort à la vie de mon frère, le prie qu'elle aille avec luy; et, toute déshabillée comme elle estoit, s'accommodant comme elle put avec son manteau de nuit, le suit montant à la chambre de mon frère, où le roy frappe rudement, criant que l'on luy ouvrist, que c'estoit luy. Mon frère se réveille en sursaut, et sçachant bien qu'il n'avoit rien fait qui luy deust donner crainte, dit à Cangé, son valat de chambre, qu'il luy ouvrist la porte. Le roy, entrant en cette furie, commença à le gourmander, et luy dire qu'il ne cesseroit jamais d'entreprendre contre son estat, et qu'il luy apprendroit que c'est de s'attaquer à son roy. Sur cela, il commanda à ses archers d'emporter ses coffres hors de là, et de tirer ses valets de chambre hors de la chambre.

Il fouille luy-mesme le lit de mon frère pour voir s'il y trouveroit quelques papiers. Mon frère ayant une lettre de madame de Sauve, qu'il avoit receue ce soir-là, la prend à la main pour empescher qu'on ne la vist. Le roy s'efforce de la luy oster. Luy y résistant, et le priant à mains jointes de ne la voir point, cela en donne plus d'envie au roy, croyant que ce papier seroit assez suffisant pour faire le procès à mon frère. Enfin l'ayant ouverte en la présence de la reyne ma mère, ils restèrent aussi confus que Caton, quand, ayant contraint César dans le sénat de monstrer le papier qui lui avoit été apporté, disant que c'estoit chose qui importoit au bien de la république, il luy fit voir que c'estoit une lettre d'amour de la sœur du mesme Caton adressant à César. La honte de cette tromperie augmentant plustost par le dépit la colère du roy que la diminuant, sans vouloir escouter mon frère, lequel demandoit sans cesse de quoy on l'accusoit, et pourquoy l'on le traitoit ainsi, il le commet à la garde de M. de Losse et des Escossois, leur commandant de ne le laisser parler à personne. Cela se fit une heure environ après minuit. Mon frère demeura en cette façon, estant plus en peine de moy que de luy, croyant bien que l'on m'en avoit fait autant, et ne croyant pas qu'un si violent et si injuste commencement pust avoir autre qu'une sinistre fin. Et voyant que M. de Losse avoit la larme à l'œil de regret de voir passer les choses en cette sorte, et que toutesfois, à cause des archers qui estoient là, il ne luy osoit parler librement, il luy demande seulement ce qui estoit de moy. M. de Losse répond que l'on ne m'avoit encore rien demandé. Mon frère luy répond : « Cela soulage beaucoup ma peine de sçavoir ma sœur libre; mais encor qu'elle soit en cet estat, je m'asseure qu'elle m'aime tant qu'elle aimera mieux se captiver avec moy que de vivre libre sans moy; » et le pria d'aller supplier la reine ma mère qu'elle obtinst du roy que je demeurasse en sa captivité avec luy ; ce qui luy fut accordé.

Cette ferme croyance qu'il eut de la grandeur et fermeté de mon amitié me fut une obligation si particulière, bien que par ses bons offices il en eust acquis plusieurs grandes sur moy, que j'ay tousjours mise celle-là au premier rang. Soudain qu'il eut cette permission, qui fut sur le point du jour, il pria M. de Losse de m'envoyer un archer escossois qui estoit là, pour m'annoncer cette triste nouvelle, et me faire venir en sa chambre. Cet archer entrant en la mienne, trouve que je dormois encore, sans avoir rien sceu de tout ce qui s'estoit passé. Il ouvre mon rideau, et, en un langage propre aux Escossois, me dit : « Bonjour, madame, monsieur vostre frère vous prie de le venir voir. » Je regarde cet homme presque toute endormie, pensant resver, et le reconoissant, je luy demande s'il n'estoit pas un Escossois de la garde. Il me dit qu'ouy; et je luy répliquay : « Et qu'est-ce donc ? mon frère n'a-t-il point d'autre messager que vous pour m'envoyer ? » Il me dit que non, que ses gens luy avoient esté ostés, et me conta en son langage ce qui lui estoit advenu la nuit, et que mon frère avoit obtenu permission pour moy de demeurer avec luy pendant sa captivité. Et voyant que je m'affligeois fort, il s'approcha de moy, et me dit tout bas : « Ne vous faschez point, j'ay moyen de sauver monsieur vostre frère, et le feray, n'en doutez point; mais il faudra que je m'en aille avec luy. » Je l'asseuray de toute la récompense qu'il pouvoit espérer de nous, et, me hastant de m'habiller, je m'en allay avec luy toute seule à la chambre de mon frère.

Il me falloit traverser toute la court toute pleine de gens qui avoient accoustumé de courir pour me voir et honorer. Lors chacun voyant comme la fortune me tournoit le visage, et eux aussi ne firent pas semblant de m'apercevoir. Entrant en la chambre de mon frère, je le trouve avec une si grande constance qu'il n'avoit rien changé de sa façon ni de sa tranquillité ordinaire. Me voyant, il me dit en m'embrassant avec un visage plus joyeux que triste : « Ma reyne, cessez, je vous prie, vos larmes. En la condition que je suis, vostre ennuy est la seule chose qui pourroit m'affliger ; car mon innocence et la droite intention que j'ay eue m'empeschent de craindre toutes les accusations de mes ennemis. Que si injustement l'on veut faire tort à ma vie, ceux qui feront cette cruauté se feront plus de tort qu'à moy, qui ay assez de courage et de résolution pour mépriser une injuste mort. Aussi n'est ce que je redoute le plus, ma vie ayant esté jusques icy accompagnée de tant de traverses et de peines, que ne sçachant que c'est des félicités de ce monde, je ne dois avoir regret de les abandonner. La seule appréhension que j'ay est que, ne me pouvant faire justement mourir, l'on me vueille faire languir en la solitude d'une longue prison, où encor je mépriseray leur tyrannie, pourveu que vous me vouliez tant obliger de m'assister de votre présence. »

Ces paroles, au lieu d'arrester mes larmes, me pensèrent faire verser toute l'humeur de ma vie. Je luy réponds en sanglottant que ma vie et ma fortune estoient attachées à la sienne ; qu'il n'estoit en la puissance que de Dieu seul d'empescher que je l'assistasse en quelque condition qu'il pust estre ; que si on l'emmenoit de là, et que l'on ne me permist d'estre avec luy, je me tuerois en sa présence. Passans en ces discours quelques heures, et recherchans ensemble l'occasion qui avoit convié le roy à prendre une si cruelle et si injuste aigreur contre luy, et ne nous la pouvans imaginer, l'heure vint de l'ouverture de la porte du chasteau, où un jeune homme indiscret, qui estoit à Bussi, estant reconnu par les gardes et arresté, ils luy demandèrent où il alloit. Luy estonné et surpris, leur respond qu'il alloit trouver son maistre. Cette parole rapportée au roy, l'on soupçonne qu'il est dans le Louvre, où l'après-disnée revenant de Saint-Maur mon frère l'avoit fait entrer parmi la trouppe pour conférer avec luy des affaires de l'armée qu'il faisoit pour Flandre, ne pensant pas lors devoir partir si tost de la cour comme depuis inopinément il se résolut.

Le soir, sur les occasions que j'ay dites, l'Archant, capitaine des gardes, ayant commandement du roy de le chercher, et de se saisir de luy et de Simier, s'il le pouvoit trouver, faisant cette perquisition à regret, pour estre intime amy à Bussi, duquel il estoit appelé par alliance son père, et luy le nommoit son fils, il monte à la chambre de Simier, où il se saisit de luy ; et se doutant bien que Bussi y estoit caché, il fait une légère recherche, estant bien aise de ne le trouver pas. Mais Bussi, qui estoit sur le lit, et qui voyait qu'il demeuroit seul en cette chambre, craignant que la commission fust donnée à quelque autre avec lequel il ne seroit en telle seureté, désirant plustost d'estre en la garde de l'Archant, qui estoit honneste homme et son amy, comme il estoit d'une humeur gaillarde et bouffonne, à qui les dangers et hazards n'avoient jamais pu faire ressentir la peur, comme l'Archant passoit la porte pour s'en aller, emmenant Simier, il sort la teste du rideau, et luy dit : « Hé quoy ! mon père, vous en voulez-vous aller ainsi sans moy ? n'estimez-vous pas ma conduite plus honorable que celle de ce pendart de Simier ? » L'Archant se tourna, et luy dit : « Ah ! mon fils, pleust à Dieu qu'il m'eust cousté un bras et que vous ne fussiez pas icy. » Il luy répond : « Mon père, c'est signe que mes affaires se portent bien, » allant tousjours se gaussant de Simier pour la tremblante peur où il le voyoit. L'Archant les mit en une chambre avec gardes, et s'en alla prendre M. de La Chastre, et le mena à la Bastille.

Pendant que toutes ces choses se faisoient, M. de Losse, bon homme vieil, qui avoit esté gouverneur du roy mon mary, et qui m'aimoit comme sa fille, ayant la garde de mon frère, connoissant l'injustice que l'on luy faisoit, et détestant le mauvais conseil par lequel le roy se gouvernoit, ayant envie de nous obliger tous deux, se résout de sauver mon frère ; et pour me découvrir son intention, commande aux archers escossois de se tenir sur le degré au dehors de la porte de mon frère, n'en retenant que deux avec soy, de qui il se fioit, et me tirant à part, me dit : « Il n'y a bon François à qui le cœur ne saigne de voir ce que nous voyons. J'ay esté trop serviteur du roy vostre père pour ne sacrifier ma vie pour ses enfans. Je crois que j'auray la garde de monsieur vostre frère en quel lieu que l'on le tienne. Asseurez-le qu'au hazard de ma vie je le sauveray. Mais afin que l'on ne s'apperçoive de mon intention, ne parlons plus ensemble ; mais soyez-en certaine. » Cette espérance me consoloit un peu ; et reprenant mon esprit, je dis à mon frère que nous ne devions point demeurer en cette forme d'inquisition sans sçavoir ce que nous avions fait ; que c'estoit à faire à des faquins d'estre tenus ainsi. Je priay M. de Losse, puis que le roy ne vouloit permettre que la reyne ma mère montast, qu'il luy plust nous faire sçavoir par quelqu'un des siens la cause de nostre retention. M. de Combaut, qui estoit chef du conseil des jeunes gens, nous fut envoyé, qui avec sa gravité naturelle nous dit qu'il estoit envoyé là pour sçavoir ce que nous voulions faire entendre au roy.

Nous luy dismes que nous désirions de parler à quelqu'un de la part du roy pour sçavoir l'occasion de nostre rétention, et que nous ne la pouvions imaginer. Il nous respond gravement qu'il ne faut demander aux dieux et aux roys raison de leurs effets, qu'ils faisoient tout à bonne et juste cause. Nous luy respondismes que nous n'estions pas personnes pour estre tenues comme ceux que l'on met à l'inquisition, à qui l'on fait deviner ce qu'ils ont fait. Nous n'en pusmes tirer autre chose, sinon qu'il s'employeroit pour nous, et qu'il nous y feroit tous les meilleurs offices qu'il pourroit. Mon frère se prit à rire ; mais moy, qui estois toute convertie en douleur pour voir en danger mon frère, que je chérissois plus que moy-mesme, j'eus beaucoup de peine à m'empescher de luy parler comme il méritoit.

Pendant qu'il faisoit son rapport au roy, la reyne ma mère estant en sa chambre avec l'affliction que l'on peut penser (qui, comme personne très-prudente, prévoyoit bien que cet excès, fait sans sujet ni raison, pourroit, si mon frère n'avoit le naturel bon, apporter beaucoup de malheur en ce royaume), envoya querir tous les vieux du conseil, M. le chancelier, les princes, seigneurs et mareschaux de France, qui estoient tous merveilleusement scandalisés du mauvais conseil que l'on avoit donné au roy, disans tous à la reyne ma mère qu'elle s'y devoit opposer, et remonstrer au roy le tort qu'il se faisoit, qu'on ne pouvoit empescher que ce qui avoit esté fait jusques alors ne fust point ; mais qu'il falloit r'habiller cela le mieux que l'on pourroit. La reyne ma mère va soudain trouver le roy avec tous ses ministres, qui luy remonstrent de quelle importance estoient ces effets. Le roy, ayant les yeux désillés du pernicieux conseil de ces jeunes gens, trouve bon que ces vieux seigneurs et conseillers le luy représentent, et prie la reine ma mère de r'habiller cela, et faire que mon frère oubliast tout ce qui s'estoit passé, et qu'il n'en sceust point mauvais gré à ces jeunes gens, et que par mesme moyen l'accord de Bussi et de Quélus fust fait.

Cela résolu, toutes les gardes furent soudain ostées à mon frère, et la reyne ma mère le venant trouver en sa chambre, luy dit qu'il devoit louer Dieu de la grace qu'il luy avoit faite de le délivrer d'un si grand danger ; qu'elle avoit veu l'heure qu'elle ne sçavoit qu'espérer de sa vie, que puis qu'il connoissoit par cela que le roy estoit de telle humeur qu'il s'offençoit non seulement des effets, mais des imaginations, et qu'estant résolu en ses opinions, sans s'arrester à aucun advis ni d'elle ni d'autre, il exécutoit tout ce qui luy venoit en fantaisie, pour ne le jetter plus en ces aigreurs, cela le devoit faire résoudre à s'accommoder en tout à sa volonté et de venir trouver le roy, monstrant ne se ressentir point de ce qui s'estoit passé contre sa personne, et ne s'en souvenir point. Nous luy respondismes que nous avions grandement à louer Dieu de la grace qu'il nous avoit faite de nous garantir de l'injustice que l'on nous préparoit, à quoy, après Dieu, nous reconnoissions luy en avoir à elle toute l'obligation ; mais que la qualité de mon frère ne permettoit pas que l'on le pust mettre en prison sans sujet, et l'en tirer sans formalité de justification et satisfaction. La reyne respond que les choses faites, Dieu mesme ne pouvoit faire qu'elles ne fussent, mais que l'on r'habilleroit le désordre qui avoit esté à sa prise, en faisant sa délivrance avec tout l'honneur et satisfaction qu'il pourroit désirer ; qu'aussi il falloit qu'il contentast le roy en tout, luy parlant avec tel respect et avec telle affection à son service, qu'il en demeurast content, et qu'il fist outre cela que Bussi et Quélus s'accordassent de sorte qu'il ne restast rien qui les pust brouiller ; advouant bien que le principal motif qui avoit produit ce mauvais conseil et ces mauvais effets avoit esté la [crainte que l'on avoit eue du combat que le vieil Bussi, digne père d'un si digne fils, avoit demandé, suppliant le roy trouver bon qu'il secondast son fils le brave Bussi, et que M. de Quélus fust secondé du sien; qu'eux quatre finiroient cette querelle sans brouiller la cour comme elle avoit esté pour cette querelle, ni mettre tant de gens en peine. Mon frère luy promit que Bussi, voyant qu'il n'y avoit point d'espérance de se battre, feroit pour sortir de prison ce qu'elle commanderoit.

La reyne ma mère descendant fit trouver bon au roy de faire sa délivrance avec honneur. Et pour cet effet, il vint en la chambre de la reyne ma mère, avec tous les princes, seigneurs et autres conseillers de son conseil, et nous envoya querir, mon frère et moy, par M. de Villequier; où, comme nous allions trouver Sa Majesté, passans par les salles et chambres, nous les trouvasmes toutes pleines de gens qui nous regardoient la larme à l'œil, louans Dieu de nous voir hors de danger. Entrans dans la chambre de la reyne ma mère, nous trouvasmes le roy avec cette compagnie que j'ay ditte, qui, voyant mon frère, luy dit qu'il le prioit de ne point trouver estrange et ne s'offenser point de ce qu'il avoit fait, poussé du zèle qu'il avoit au repos de son estat, et qu'il crust que ce n'avoit point esté avec intention de luy faire nul déplaisir. Mon frère luy répond qu'il devoit et avoit voué tant de service à Sa Majesté, qu'il trouveroit tousjours bon tout ce qu'il luy plairoit, mais qu'il le supplioit très-humblement de considérer que la dévotion et fidélité qu'il luy avoit témoignée ne méritoit pas un tel traitement; toutesfois qu'il n'en accusoit que son malheur, et restoit assez satisfait si le roy reconnoissoit son innocence. Le roy luy répondit qu'ouy, qu'il n'en estoit point en doute, et qu'il le prioit de faire autant d'estat de son amitié qu'il avoit jamais fait. Sur cela la reyne ma mère les prit tous deux et les fit embrasser.

Soudain le roy commanda que l'on fist venir Bussi pour l'accorder avec Quélus, et que l'on mist en liberté Simier et M. de La Chastre. Bussi entrant en la chambre avec cette belle façon qui luy estoit naturelle, le roy luy dit qu'il vouloit qu'il s'accordast avec Quélus, et qu'il ne se parlast plus de leur querelle, et luy commanda d'embrasser Quélus. Bussi luy répond: « Sire, s'il vous plaist que je le baise, j'y suis tout disposé; » et, accomodant les gestes avec la parole, luy fit une embrassade à la pantalone; de quoy toute la compagnie, bien qu'encor estonnée et saisie de ce qui s'estoit passé, ne se put empescher de rire. Les plus advisés jugèrent que cette légère satisfaction que recevoit mon frère n'estoit appareil suffisant à un si grand mal.

Cela fait, le roy et la reyne ma mère s'approchans de moy, me dirent qu'il falloit que je tinsse la main à ce que mon frère ne conservast nulle convenance qui le pust esloigner de l'obéissance et affection qu'il devoit au roy. Je leur répondis que mon frère estoit si prudent, et avoit tant de dévotion à son service, qu'il n'avoit besoin d'y estre sollicité ny par moy ny par autre; mais qu'il n'avoit receu et ne recevroit jamais autre conseil de moy que ce qui seroit conforme à leur volonté et à son devoir.

Estant lors trois heures après midy, que personne n'avoit encor disné, la reyne ma mère voulut que nous disnassions tous ensemble; puis commanda à mon frère et à moy d'aller changer nos habits, qui estoient convenables à la triste condition d'où nous estions présentement sortis, et nous aller parer pour nous trouver au souper du roy et au bal. Elle fut obéye pour les choses qui se pouvoient, de vestir et remettre; mais pour le visage, qui est la vive image de l'ame, la passion du juste mécontentement que nous avions s'y lisoit aussi apparente qu'elle y avoit esté imprimée avec la force et violence du dépit et juste desdain que nous ressentions par l'effet de tous les actes de cette tragi-comédie. Laquelle estant finie de cette façon, le chevalier de Sèvre, que la reyne ma mère avoit baillé à mon frère pour coucher en sa chambre, et qu'elle prenoit plaisir d'ouïr quelquefois causer, pour estre d'humeur libre, et qui disoit de bonne grace ce qu'il vouloit, tenant un peu de l'humeur d'un philosophe cynique, se trouvant devant elle, elle luy demande: « Eh bien, monsieur de Sèvre, que dites-vous de tout cecy? — C'est trop, dit-il, pour faire à bon escient, et trop peu pour se jouer. » Et se retournant vers moy, sans qu'elle le pust entendre, me dit: « Je ne crois pas que ce soit icy le dernier acte de ce jeu. Cet homme (voulant parler de mon frère) me tromperoit bien s'il en demeuroit là. »

Cette journée estant passée de cette façon, le mal ayant seulement esté adouci par le dehors et non par le dedans, les jeunes gens qui possédoient le roy, jugeans le naturel de mon frère par le leur, et leur jugement peu expérimenté ne permettant pas qu'ils peussent juger ce que peut le devoir et l'amour de la patrie sur un prince si grand et si bien né qu'il estoit, persuadent au roy, pour tousjours joindre leur cause à la sienne, que mon frère n'oublieroit jamais l'affront public qu'il avoit receu, et s'en voudroit venger. Le roy, sans se souvenir de l'erreur que luy avoient fait commettre ces jeunes gens, reçoit soudain cette seconde impression, et commande aux capitaines des gardes que l'on prist soigneusement garde aux portes que mon frère ne sortist point, et que tous les soirs l'on fist sortir tous les gens de mon frère hors du Louvre, luy laissant seulement ce qui couchoit d'ordinaire dans sa chambre, ou dans sa garderobbe.

Mon frère se voyant traitté de cette façon, et estre à la miséricorde de ces jeunes cervelles, qui, sans respect ni jugement, faisoient disposer de luy au roy comme il leur venoit en fantaisie, craignant qu'il ne luy advinst pis, et ayant l'exemple tout récent de ce qui sans occasion ni raison luy avoit esté fait, ayant supporté trois jours l'appréhension de ce danger, se résolut de s'oster de là pour se retirer chez luy, et ne revenir plus à la cour, mais avancer ses affaires le plus promptement qu'il pourroit pour s'en aller en Flandre. Il me communique cette volonté; et voyant que c'estoit sa seureté, et que le roy ni cet estat n'en pouvoient recevoir du préjudice, je l'approuvay, et en cherchant les moyens, voyant qu'il ne pouvoit sortir par les portes du Louvre, qui estoient si curieusement gardées que mesme l'on regardoit tous ceux qui passoient au visage, il ne s'en trouve point d'autre que de sortir par la fenestre de ma chambre, qui regardoit dans le fossé, et estoit au second estage. Il me prie pour cet effet faire provision d'un cable fort et bon, et de la longueur nécessaire. A quoy je pourvois soudain, faisant emporter le jour mesme par un garçon qui m'estoit fidelle une malle de lit qui estoit rompue, comme pour la faire raccoustrer; et à quelques heures de là la rapportant, il y mit le cable qui nous estoit nécessaire.

L'heure du souper estant venue, qui estoit un jour maigre, que le roy ne soupoit point, la reyne ma mère soupa seule en sa petite salle, et moy avec elle. Mon frère, bien qu'il fust assez patient et discret en toutes ses actions, sollicité de la souvenance de l'affront qu'il avoit receu, et du danger qui le menaçoit, impatientant de sortir, s'y trouve comme je me lève de table, et me dit à l'oreille qu'il me prioit de me haster, et de venir tost à ma chambre, où il se trouveroit. M. de Matignon, qui n'estoit encores mareschal, un dangereux et fin Normand qui n'aimoit point mon frère, en estant adverti par quelqu'un qui peut estre n'avoit pas bien tenu sa langue, ou le conjecturant sur la façon de quoy m'avoit parlé mon frère, dit à la reyne ma mère, comme elle entroit en sa chambre (ce que j'entr'ouïs presque, estant assez près d'elle et y prenant garde, et observant curieusement tout ce qui se passoit, comme font ceux qui se trouvent en pareil estat, et sur le point de leur délivrance sont agités de crainte et d'espérance), que sans doute mon frère s'en vouloit aller, que demain il ne seroit plus là, qu'il le sçavoit très-bien, et qu'elle y mist ordre.

Je vis qu'elle se troubla à cette nouvelle; ce qui me donna encore plus d'appréhension que nous ne fussions découverts. Nous entrans en son cabinet, elle me tira à part, et me dit : « Avez-vous veu ce que Matignon m'a dit ? » Je luy dis : « Je ne l'ay pas entendu, madame, mais j'ay vu que c'estoit chose qui vous donnoit peine. — Ouy, ce dit-elle, bien fort; car vous sçavez que j'ay répondu au roy que vostre frère ne s'en iroit point, et Matignon vient de me dire qu'il sçavoit très-bien qu'il ne sera demain icy. » Lors me trouvant entre ces deux extrémités, ou de manquer à la fidélité que je devois à mon frère, et mettre sa vie en danger, ou de jurer contre la vérité (chose que je n'eusse voulu pour éviter mille morts), je me trouvay en si grande perplexité, que si Dieu ne m'eust assisté, ma façon eust assez témoigné sans parler ce que je craignois qui fust découvert. Mais comme Dieu assiste les bonnes intentions, et sa divine bonté opéroit en cette œuvre pour sauver mon frère, je composay tellement mon visage et mes paroles, qu'elle ne put rien connoistre que ce que je voulois, et que je n'offensay mon ame ni ma conscience par aucun faux serment.

Je luy dis donc si elle ne connoissoit pas bien la haine que M. de Matignon portoit à mon frère; que c'estoit un brouillon malicieux qui avoit regret de nous voir tous d'accord; que lors que mon frère s'en iroit j'en voulois répondre de ma vie; que je m'asseurois bien que ne m'ayant jamais rien celé, il m'eust communiqué ce dessein s'il eust eu cette volonté; que lors que cela seroit je luy abandonnerois ma vie. Ce que je disois, m'asseurant bien que mon frère estant sauvé l'on n'eust osé me faire déplaisir; et, au pis aller, quand nous eussions esté découverts, j'aimois trop mieux engager ma vie que d'offenser mon ame par un faux serment, et mettre la vie de mon frère en hazard. Elle, ne recherchant pas de près le sens de mes paroles, me dit : « Pensez-bien à ce que vous dites, vous m'en serez caution, vous m'en répondrez sur vostre vie. » Je luy dis en souriant que c'estoit ce que je voulois; et luy donnant le bon soir je m'en allay en ma chambre, où me déshabillant en diligence, et me mettant au lit pour me deffaire de mes dames et filles, estant restée seule avec mes femmes de chambre, mon frère vint avec Simier et Cangé, et me relevant, nous accommodasmes la corde avec un baston, et ayant regardé dans le fossé s'il n'y avoit personne, estant seulement aidée de trois de mes femmes qui couchoient en ma chambre, et du garçon de la chambre qui m'avoit apporté la corde, nous descendons premièrement mon frère, qui rioit et gaussoit sans avoir aucune apprehension, bien qu'il y eust une très-grande hauteur, puis Simier, qui, tremblant, ne se pouvoit presque tenir de peur, puis Cangé, son valet de chambre. Dieu conduisit si heureusement mon frère sans estre découvert, qu'il se rendit à Sainte-Geneviefve, où Bussi l'attendoit, qui, du consentement de l'abbé, avoit fait un trou à la muraille de la ville, par lequel il sortit, et trouvant là des chevaux tous prests, se retira à Angers sans aucune infortune.

Comme nous descendions Cangé le dernier, il se lève un homme du fonds du fossé, qui commence à courir vers le logis qui est auprès du Jeu de Paume, qui est le chemin où l'on va vers le corps de garde. Moy, qui en tout ce hazard n'avois jamais apprehendé ce qui estoit de mon particulier, mais seulement la seureté ou le danger de mon frère, demeuray demy pasmée de peur, croyant que ce fust quelqu'un qui, suivant l'advis de M. Matignon, eust esté mis là pour nous guetter; et estimant que mon frère fust pris, j'entray en un désespoir qui ne se peut représenter que par l'essay de choses semblables. Estant en ces altères, mes femmes, plus curieuses que moy de ma seureté et de la leur, prennent la corde et la mettent au feu, afin qu'elle ne fust trouvée, si le malheur estoit si grand que cet homme qui s'étoit levé du fossé y eust été mis pour guetter. Cette corde estant fort longue, fait une si grande flamme que le feu se met dans la cheminée; de façon que sortant par dessus le couvert, et estant apperceu des archers qui estoient cette nuit-là en garde, ils viennent frapper effroyablement à ma porte, disans que l'on ouvrist promptement. Lors, bien que je pensasse à ce coup-là que mon frère fust pris, et que nous fussions tous deux perdus, ayant tousjours espéré en Dieu qui me conservoit le jugement entier (grace qu'il a pleu à Sa Divine Majesté me faire en tous les dangers que je me suis trouvée), voyant que la corde n'estoit que demi-bruslée, je dis à mes femmes qu'elles allassent tout bellement à la porte demander ce qu'ils vouloient, parlant bas comme si j'eusse dormi. Ce qu'elles font, et les archers leur dirent que c'étoit le feu qui estoit en ma cheminée, et qu'ils venoient pour l'esteindre. Mes femmes leur dirent que ce n'estoit rien, et qu'elles l'éteindroient bien, qu'ils se gardassent bien de m'éveiller. Ils s'en revont.

L'allarme passée, à deux heures de là voicy M. de Losse qui me vint querir pour trouver le roy et la reyne ma mère, pour leur rendre raison de la sortie de mon frère, en ayant esté advertis par l'abbé de Sainte-Geneviefve, qui, pour n'en estre embrouillé, et du consentement mesme de mon frère, lors qu'il vit qu'il estoit assez loing pour ne pouvoir estre attrapé, en vint advertir le roy, disant qu'il l'avoit surpris en sa maison, et que l'ayant tenu enfermé jusques à ce qu'ils eussent fait leur trou, il n'avoit pu plus tost en venir advertir le roy. Il me trouva au lit, car c'estoit la nuit, et me levant soudain avec mon manteau de nuit, une de mes femmes indiscrette et effrayée, se prend à mon manteau, en criant et pleurant, disant que je n'en reviendrois jamais. M. de Losse la repoussant me dit : « Si cette femme avoit fait ce trait devant une personne qui ne vous fust serviteur comme je suis, cela vous mettroit en peine; mais ne craignez rien, et louez Dieu, car monsieur vostre frère est sauvé. » Ces paroles me furent un advertissement bien nécessaire pour me fortifier contre les menaces et intimidations que j'avois à souffrir du roy, que je trouvay assis au chevet du lit de la reyne ma mère, en une telle colère, que je crois qu'il me l'eust fait ressentir, si la crainte de l'absence de mon frère et la présence de la reyne ma mère ne l'en eust empesché. Ils me dirent tous deux que je leur en avois répondu. Je leur dis qu'ouy, mais qu'il m'avoit trompé en cela comme eux ; que toutesfois je leur répondois, à peine de ma vie, que son partement n'apporteroit aucune altération au service du roy, et qu'il s'en alloit seulement chez luy pour donner ordre à celuy qui luy estoit nécessaire pour son entreprise de Flandre. Cela adoucit un peu le roy, et me laissa retourner en ma chambre. Il eut bientost nouvelles de mon frère, qui l'asseuroient de sa volonté telle comme je luy avois dit ; ce qui fit cesser sa plainte, non le mécontentement, montrant en apparence d'y vouloir aider, mais en effet traversant sous main les apprests de son armée pour Flandre.

LIVRE TROISIÈME.

Le temps s'estant passé de cette façon, moy pressant à toute heure le roy de me vouloir permettre d'aller trouver le roy mon mary, luy voyant qu'il ne me le pouvoit refuser, et ne voulant que je partisse mal satisfaite de luy, désirant outre cela infiniment de me séparer de l'amitié de mon frère, il m'oblige par toutes sortes de bienfaits, me donnant, suivant la promesse que la reyne ma mère m'en avoit faite à la paix de Sens, l'assignat de mon dot en terres, et outre cela la nomination des offices et bénéfices. Et outre la pension qu'il me donnoit, telles que les filles de France ont accoutumé d'avoir, il m'en donna encore une de l'argent de ses coffres, prenant la peine de me venir voir tous les matins, et me représentant combien son amitié me pouvoit estre utile ; que celle de mon frère me causeroit enfin ma ruine, et que la sienne me pouvoit faire vivre bienheureuse, et mille autres raisons tendantes à cette fin. En quoy jamais il ne put ébranler la fidélité que j'avois vouée à mon frère, et ne put tirer autre chose de moy, sinon que mon plus grand désir estoit de voir mon frère en sa bonne grace; qu'il me sembloit qu'il n'avoit pas mérité d'en estre esloigné, et que je m'asseurois qu'il s'efforceroit de s'en rendre digne par toute sorte d'obéissance et de très-humble service; que pour moy, je ressentois d'estre obligée à luy de tant d'honneur et de biens qu'il me faisoit, qu'il se pouvoit bien asseurer qu'estant auprès du roy mon mary, je ne manquerois nullement aux commandemens qu'il luy plairoit me faire, et que je ne travaillerois à autre chose qu'à maintenir le roy mon mary en son obéissance.

(1579) Mon frère estant lors sur son partement de Flandre, la reyne ma mère le voulut aller voir à Alençon avant qu'il partist. Je suppliay le roy de trouver bon que je l'y accompagnasse pour luy dire adieu; ce qu'il me permit, bien qu'à regret. Revenus que nous fusmes d'Alençon, ayant toutes choses prestes pour mon partement, je suppliay encore le roy de me laisser aller. La reyne ma mère, qui avoit aussi un voyage à faire en Gascogne pour le service du roy (ce pays-là ayant besoin de luy ou d'elle), elle se résolut que je n'irois pas sans elle. Et partans de Paris, le roy nous mena à son Dolinville, où, après nous avoir traitté quelques jours, nous prismes congé de luy, et dans peu de temps nous fusmes en Guyenne, où dès que nous entrasmes dans le gouvernement du roy mon mary, l'on me fit entrée par tout.

Il vint au devant de la reyne ma mère jusques à La Réolle, ville que ceux de la religion tenoient, pour la deffiance qui estoit encor alors, le pays n'estant encor bien estably, ne luy ayant pu permettre de venir plus outre. Il y estoit très-bien accompagné de tous les seigneurs et gentilshommes de la religion de Gascogne, et de quelques catholiques. La reyne ma mère pensoit y demeurer peu de temps; mais il survint tant d'accidens, et du costé des huguenots et de celuy des catholiques, qu'elle fut contrainte d'y demeurer dix-huit mois. Et en estant faschée, elle voulut quelquefois attribuer que cela se faisoit artificieusement pour voir plus long-temps ses filles, pource que le roy mon mary estoit devenu fort amoureux de Dayelle, et M. de Turenne de La Vergne; ce qui n'empeschoit pas que je ne receusse beaucoup d'honneur et d'amitié du roy, qui m'en témoignoit autant que j'en eusse pu désirer, m'ayant, dès le premier jour que nous arrivasmes, conté tous les artifices que l'on luy avoit faits pendant qu'il estoit à la cour pour nous mettre mal ensemble; ce qu'il reconnoissoit bien avoir esté fait seulement pour rompre l'amitié de mon frère et de luy, et pour nous ruiner tous trois; monstrant avoir beaucoup de contentement que nous fussions ensemble.

Nous demeurasmes en cette heureuse condition tant que la reyne ma mère fut en Gascogne; laquelle, après avoir establi la paix, changea de lieutenant de roy, à la prière du roy mon mary, ostant M. le marquis de Villars pour y mettre M. le mareschal de Biron. Elle passant en Languedoc, nous la conduisismes jusques à Castelnaudarry, où prenans congé d'elle, nous nous en revinsmes à Pau en Béarn, où n'ayant nul exercice de la religion catholique, l'on me permit seulement de faire dire la messe en une petite chappelle qui n'a que trois ou quatre pas de long, qui estant fort estroitte estoit pleine quand nous y estions sept ou huit. A l'heure que l'on vouloit dire la messe, l'on levoit le pont du chasteau, de peur que les catholiques du pays, qui n'avoient aucun exercice de la religion, l'ouïssent; car ils estoient infiniment désireux de pouvoir assister au saint sacrifice, de quoy ils estoient depuis plusieurs années privés; et, poussés de ce saint désir, les habitans de Pau trouvèrent moyen, le jour de la Pentecoste, avant que l'on levast le pont, d'entrer dans le chasteau, se glissant dans la chapelle, où ils n'avoient point été découverts jusques sur la fin de la messe, qu'entr'ouvrans la porte pour laisser entrer quelqu'un de mes gens, quelques huguenots qui espioient à la porte les apperçurent, et l'allèrent dire au Pin, secrétaire du roy mon mary, lequel possédoit infiniment son maistre, et avoit grande authorité en sa maison, menant toutes les affaires de ceux de la religion; lequel y envoya des gardes du roy mon mary, qui, les tirant hors et les battant en ma présence, les menèrent en prison, où ils furent long-temps, et payèrent une grosse amende.

Cette indignité fut ressentie infiniment de moy, qui n'attendois rien de semblable. Je m'en allay plaindre au roy mon mary, le suppliant faire lascher ces pauvres catholiques, qui n'avoient point mérité un tel chastiment, pour avoir voulu, après avoir esté si long-temps privés de l'exercice de nostre religion, se prévaloir de ma venue pour rechercher le jour d'une si bonne feste d'ouïr la messe. Le Pin se mit en tiers sans y estre appelé; et, sans porter ce respect à son maistre de le laisser répondre, prend la parole, et me dit que je ne rompisse point la teste au roy mon mary de cela, car, quoy que j'en peusse dire, il n'en seroit fait autre chose; qu'ils avoient bien mérité ce que l'on leur faisoit, et que, pour mes paroles, il n'en seroit ni plus ni moins; que je me contentasse que l'on me permettoit de faire dire une messe pour moy et pour ceux de mes gens que j'y voudrois mener. Ces paroles m'offensèrent beaucoup d'un homme de telle qualité, et suppliay le roy mon mary, si j'estois si heureuse d'avoir quelque part en sa bonne grace, de me faire connoistre qu'il ressentoit l'indignité qu'il me voyoit recevoir par ce petit homme, et qu'il m'en fist raison.

Le roy mon mary, voyant que je m'en passionnois justement, le fit sortir et oster de devant moy, me disant qu'il estoit fort marry de l'indiscrétion de du Pin, et que c'estoit le zèle de sa religion qui l'avoit transporté à cela, et qu'il m'en feroit telle raison que je voudrois; que pour les prisonniers catholiques, il adviseroit avec ses conseillers du parlement de Pau ce qui se pouvoit faire pour me contenter. M'ayant ainsi parlé, il alla après en son cabinet, où il trouva Le Pin, qui après avoir parlé à luy le changea tout; de sorte que, craignant que je le requisse de luy donner congé, il me fuit et me fait la mine. Enfin, voyant que je m'opiniastrois à vouloir qu'il choisist de du Pin ou de moy celuy qui luy seroit le plus agréable, tous ceux qui estoient là, et qui haïssoient l'arrogance de du Pin, luy dirent qu'il ne me devoit mécontenter pour un tel homme qui m'avoit tant offensé; que si cela venoit à la connoissance du roy et de la reyne ma mère, ils trouveroient fort mauvais qu'il l'eust souffert et tenu près de luy; ce qui le contraignit enfin de luy donner congé. Mais il ne laissa à continuer de me vouloir du mal et de m'en faire la mine, y estant, à ce qu'il m'a dit depuis, persuadé par M. de Pibrac, qui jouoit au double; me disant à moy que je ne devois souffrir d'estre bravée d'un homme de peu comme celuy-là, et, quoy que ce fust, qu'il falloit que je le fisse chasser, et disant au roy mon mary qu'il n'y avoit apparence que je le privasse du service d'un homme qui luy estoit si nécessaire : ce que M. de Pibrac faisoit pour me convier à force de déplaisir de retourner en France, où il estoit attaché en son estat de président et de conseiller au conseil du roy. Et pour empirer encore ma condition, depuis que Dayelle s'estoit éloignée, le roy mon mary s'estoit mis à rechercher Rebours, qui estoit une fille malicieuse, qui ne m'aimoit point, et qui me faisoit tous les plus mauvais offices qu'elle pouvoit en son endroit.

En ces traverses ayant tousjours recours à Dieu, il eut enfin pitié de mes larmes, et permit que nous partissions de ce petit Genève de Pau, où, de bonne fortune pour moy, Rebours y demeura malade, laquelle le roy mon mary perdant des yeux perdit aussi d'affection, et commença à s'embarquer avec Fosseuse, qui estoit plus belle pour lors, toute enfant et toute bonne. Dressant nostre chemin vers Montauban, nous passames par une petite ville nommée Eause, et la nuit que nous y arrivasmes le roy mon mary tomba malade d'une grande fièvre continue, avec une extresme douleur de teste, qui luy dura dix-sept jours, durant laquelle il n'avoit repos ni jour ni nuict, et le falloit perpétuellement changer de lit à autre. Je me rendis si sujette à le servir, ne me partant jamais d'auprès de luy, et sans me déshabiller, qu'il commença à avoir agréable mon service, et à s'en louer à tout le monde, et particulièrement à mon cousin M. de Turenne, qui, me rendant office de bon parent, me remit aussi bien auprès de luy que jamais j'avois esté : félicité qui me dura l'espace de quatre ou cinq ans que je fus en Gascogne avec luy, faisant la pluspart de ce temps-là nostre séjour à Nérac, où nostre cour estoit si belle et si plaisante, que nous n'envions point celle de France, y ayant madame la princesse de Navarre sa sœur, qui depuis a esté mariée à M. le duc de Bar mon neveu, et moy avec bon nombre de dames et filles, et le roy mon mary estant suivi d'une belle troupe de seigneurs et gentilshommes, aussi honnestes gens que les plus galans que j'ay veu à la cour; et n'y avoit rien à regretter en eux, sinon qu'ils estoient huguenots. Mais de cette diversité de religion il ne s'en oyoit point parler, le roy mon mary et la princesse sa sœur allans d'un costé au presche, et moy et mon train à la messe en une chapelle qui est dans le parc; d'où, comme je sortois, nous nous rassemblions pour nous aller promener ensemble, ou dans un très-beau jardin, qui a des allées de lauriers et de ciprès fort longues, ou dans le parc que j'avois fait faire, en des allées de trois mille pas qui sont au long de la rivière; et le reste de la journée se passoit en toutes sortes de plaisirs honnestes, le bal se tenant ordinairement l'après-disnée et le soir.

(1580) Durant tout ce temps-là le roy servoit Fosseuse, qui, dépendant du tout de moy, se maintenoit avec tant d'honneur et de vertu, qui si elle eust toujours continué de cette façon, elle ne fust tombée au malheur qui depuis luy en a tant apporté et à moy aussi. Mais la fortune envieuse d'une si heureuse vie, qui sembloit, en la tranquilité et union où nous nous maintenions, mépriser sa puissance, comme si nous n'eussions esté sujets à sa mutabilité, excita pour nous troubler un nouveau sujet de guerre entre le roy mon mary et les catholiques, rendant le roy mon mary et M. le mareschal de Biron, qui avoit esté mis en cette charge de lieutenant de roy en Guyenne à la requeste des huguenots, tant ennemis, que, quoy que je pusse faire pour les maintenir bien ensemble, le roy mon mary et luy, je ne pus empescher qu'ils ne vinssent à une extresme défiance et haine, commençans à se plaindre l'un de l'autre au roy, le roy mon mary demandant que l'on luy ostast M. le mareschal de Biron de Guyenne, et M. le mareschal taxant mon mary et ceux de la religion prétendue d'entreprendre plusieurs choses contre le traité de la paix.

Ce commencement de désunion s'allant toujours accroissant à mon grand regret, sans que j'y peusse remédier, M. le mareschal de Biron conseille au roy de venir en Guyenne, disant que sa présence y apporteroit un ordre. De quoy les huguenots estans advertis, ils creurent que le roy venoit seulement pour les désemparer de leurs villes et s'en saisir : ce qui les fit résoudre à prendre les armes ; qui estoit tout ce que je craignois de voir commencer une guerre, moy estant embarquée à courir la fortune du roy mon mary, et par conséquent me voir en un parti contraire à celuy du roy et à celuy de ma religion. J'en parlay au roy mon mary pour l'en empescher, et à tous ceux de son conseil, leur remonstrant combien peu avantageuse leur pourroit estre cette guerre, où ils avoient un chef contraire tel que M. le mareschal de Biron, grand capitaine et fort animé contre eux, qui ne les feindroit pas et ne les épargneroit pas comme avoient fait d'autres ; que si la puissance du roy estoit employée contre eux avec intention de les exterminer tous, ils n'estoient pas pour y résister. Mais la crainte qu'ils avoient de la venue du roy en Guyenne, et l'espérance de plusieurs entreprises qu'ils avoient sur la pluspart des villes de Gascogne et de Languedoc, les y poussoient tellement, qu'encores que le roy mon mary me fist cet honneur d'avoir beaucoup plus de créance et de fiance en moy, et que les principaux de la religion m'estimassent avoir quelque jugement, je ne pus pourtant leur persuader ce que bientost après ils reconnurent à leurs dépens estre vray.

Il fallut laisser passer ce torrent, qui allentit bientost son cours quand ils vindrent à l'expérience de ce que je leur avois prédit. Long-temps devant que l'on vinst à ces termes, voyant que les choses s'y disposoient, j'en avois souvent adverty le roy et la reyne ma mère pour y remédier en donnant quelque contentement au roy mon mary ; mais ils n'en avoient tenu compte, et sembloit qu'ils fussent bien aises que les choses en vinssent là, estans persuadés par le feu mareschal de Biron qu'il avoit moyen de réduire les huguenots aussi bas qu'il voudroit. Mes advis négligés, peu à peu les aigreurs se vont augmentant, de sorte qu'ils en viennent aux armes. Mais ceux de la religion prétendue réformée s'estans de beaucoup mécontés aux forces qu'ils faisoient estat de mettre ensemble, le roy mon mary se trouve plus foible que le mareschal de Biron ; mesmes toutes leurs entreprises estans faillies, fors celle de Cahors, qu'ils prindrent par pétards avec perte de beaucoup de gens, pour y avoir M. de Vézins combattu l'espace de deux ou trois jours, leur ayant disputé rue après rue, et maison après maison ; où le roy mon mary fit paroistre sa prudence et valeur, non comme prince de sa qualité, mais comme un prudent et hasardeux capitaine. Cette prise les affoiblit plus qu'elle ne les fortifia. Le mareschal de Biron, prenant son temps, tint la campagne, attaquant et emportant toutes les petites villes qui tenoient pour les huguenots, et mettant tout au fil de l'épée.

Dès le commencement de cette guerre, voyant que l'honneur que le roy mon mary me faisoit de m'aimer me commandoit de ne l'abandonner, je me résolus de courir sa fortune, non sans extresme regret de voir que le motif de cette guerre fust tel, que je ne pouvois souhaitter l'avantage de l'un ou de l'autre que je ne souhaitasse mon dommage ; car si les huguenots avoient du meilleur, c'estoit la ruine de la religion catholique, de qui j'affectionnois la conservation plus que ma propre vie. Si aussi les catholiques avoient l'advantage sur les huguenots, je voyois la ruine du roy mon mary. Retenue néantmoins auprès de luy par mon devoir et par l'amitié et fiance qu'il luy plaisoit me monstrer, j'écrivis au roy et à la reyne ma mère l'estat en quoy je voyois les affaires de ce pays-là, pour en avoir esté les advis que je leur en avois donnés négligés ; que je les supplioís, si en ma considération ils ne me vouloient tant obliger que de faire esteindre ce feu au milieu duquel je me voyois exposée, qu'au moins il leur plust commander à M. le mareschal de Biron que la ville où je faisois mon séjour, qui étoit Nérac, fust tenue en neutralité, et qu'à trois lieues près de là il ne se fist point la guerre, et que j'en obtiendrois autant du roy mon mary pour le parti de ceux de la religion.

Cela me fut accordé du roy, pourveu que le roy mon mary ne fust point dans Nérac, mais que lorsqu'il y seroit la neutralité n'auroit point de lieu. Cette condition fut observée de l'un et de l'autre parti avec autant de respect que j'eusse peu désirer ; mais elle n'empescha pas que le roy mon mary ne vinst souvent à Nérac, où nous estions, madame sa sœur et moy, estant son naturel de se plaire parmy les dames, mesme estant lors fort amoureux de Fosseuse, qu'il avoit tousjours servie depuis qu'il quitta Rebours ; de laquelle je ne recevois nul mauvais office, et pour cela le roy mon mary ne laissoit de vivre avec moy en pareille privauté et amitié que si j'eusse esté sa sœur, voyant que je ne désirois que de le contenter en toutes choses.

Toutes ces considérations l'ayant un jour amené à Nérac avec ses troupes, il y séjourna trois jours, ne pouvant se départir d'une compagnie et d'un séjour si agréable. Le mareschal de Biron, qui n'espioit qu'une telle occasion, en estant adverti, feint de venir avec son armée près de là pour joindre à un passage de rivière M. de Cornusson, sénéchal de Tolose, qui luy amenoit des troupes, et, au lieu d'aller là, tourne vers Nérac, et sur les neuf heures du matin se présente avec toute son armée en bataille près et à la volée du canon. Le roy mon mary, qui avoit eu advis dès le soir de la venue de M. de Cornusson, voulant les empescher de se joindre, et les combattre séparés, ayant forces suffisantes pour ce faire (car il avoit lors M. de La Rochefoucaut avec toute la noblesse de Xaintonge, et bien huict cens arquebusiers à cheval qu'il luy avoit amenés), estoit parti du matin au point du jour, pensant les rencontrer sur le passage de la rivière ; mais les ayant failli, pour n'avoir esté bien adverti, M. de Cornusson ayant dès le soir devant passé la rivière, il s'en revint à Nérac. Et comme il entroit par une porte, il sceut le mareschal de Biron estre en bataille devant l'autre. Il faisoit ce jour-là un fort mauvais temps, et une si grande pluye que la harquebuserie ne pouvoit servir. Néantmoins le roy mon mary jette quelques troupes des siennes dans les vignes, pour empescher que le mareschal de Biron n'approchast plus près. N'y ayant moyen, à cause de l'extresme pluye qu'il faisoit ce jour-là, de faire autre effet ; le mareschal de Biron demeurant cependant en bataille à nostre veue, et laissant seulement desbander deux ou trois des siens qui vindrent demander des coups de lance pour l'amour des dames, se tenoit ferme, couvrant son artillerie jusques à ce qu'elle fust preste à tirer ; puis, faisant soudain fendre sa troupe, fait tirer sept ou huict volées de canon dans la ville, dont l'une donna jusqu'au chasteau ; et ayant faict cela, part de là, et se retire, m'envoyant un trompette pour s'excuser à moy, et me mandant que si j'eusse esté seule il n'eust pour rien du monde entrepris cela, mais que je sçavois qu'il avoit esté dit en la neutralité qui avoit esté accordée par le roy, que si le roy mon mary estoit à Nérac la neutralité n'auroit point de lieu, et qu'il avoit commandement du roy de l'attaquer en quelque lieu qu'il fust.

En toutes autres occasions M. le mareschal de Biron m'avoit rendu beaucoup de respect, et témoigné de m'estre amy, car luy estant tombé de mes lettres entre les mains durant la guerre, il me les avoit renvoyées toutes fermées, et tous ceux qui se disoient à moy ne recevoient de luy qu'honneur et bon traittement. Je répondis à son trompette que je sçavois bien que M. le mareschal ne faisoit en cela que ce qui estoit du devoir de la guerre et du commandement du roy, mais qu'un homme prudent comme il estoit pouvoit bien satisfaire et à l'un et à l'autre sans offenser ses amis ; qu'il me pouvoit bien laisser jouir ces trois jours du contentement de voir le roy mon mary à Nérac ; qu'il ne pouvoit l'attaquer en ma présence sans s'attaquer aussi à moy ; que j'en estois fort offensée, et que je m'en plaindrois au roy.

Cette guerre dura encor quelque temps, ceux de la religion ayant toujours du pire; ce qui m'aidoit à disposer le roy mon mary à une paix. J'en écrivis souvent au roy et à la reyne ma mère, mais ils n'y vouloient point entendre, se fians en la bonne fortune qui jusques alors avoit accompagné M. le mareschal de Biron.

En mesme temps que cette guerre commença, la ville de Cambray, qui s'estoit depuis mon partement de France mise en l'obéissance de mon frère par le moyen de M. d'Ainsi, duquel j'ay parlé cy-devant, fust assiégée des forces espagnoles. De quoy mon frère, qui estoit chez luy au Plessis-lez-Tours, fut adverti, lequel estoit depuis peu revenu de son premier voyage de Flandre, où il avoit receu les villes de Mons, Valenciennes et autres qui estoient du gouvernement du comte de Lalain, qui avoit pris le parti de mon frère, le faisant reconnoistre pour seigneur en tous les pays de son authorité. Mon frère, le voulant secourir, faict soudain lever des gens pour mettre sus une armée pour s'y acheminer. Et pource qu'elle ne pouvoit estre si tost preste, il y fait jetter M. de Balagny pour soustenir le siège, attendant qu'avec son armée il le pust faire lever. Comme il estoit sur ces appresls, et qu'il commençoit d'avoir une partie des forces qui luy estoient nécessaires, cette guerre des huguenots intervint, qui fit débander tous ses soldats pour se mettre aux compagnies de l'armée du roy qui venoit en Gascogne; ce qui osta à mon frère toute espérance de secourir Cambray, lequel ne se pouvoit perdre qu'il ne perdist tout le reste du pays qu'il avoit conquis, et, ce qu'il regretloit le plus, M. de Balagny et tous les honnestes gens qui s'estoient jettés dans Cambray. Ce déplaisir luy fut extresme; et comme il avoit un grand jugement, et qu'il ne manquoit jamais d'expédiens en ses adversités, voyant que le seul remède eust esté de pacifier la France, luy, qui avoit un courage qui ne trouvoit rien de difficile, entreprend de faire la paix, et dépesche soudain un gentilhomme au roy pour le luy persuader, et le supplier de luy donner la charge de la traitter. Ce qu'il faisoit, craignant que ceux qui eussent esté commis ne l'eusseut fait tirer en telle longueur qu'il n'eust plus eu moyen de secourir Cambray, où

M. de Balagny s'estant jetté, comme j'ay dit, manda à mon frère qu'il luy donneroit le temps de six mois pour le secourir, mais que si dans ce temps-là l'on ne faisoit lever le siége, la nécessité de vivres y seroit telle, qu'il n'y auroit moyen de contenir le peuple de la ville et de l'empescher de se rendre.

Dieu ayant assisté mon frère au dessein qu'il avoit de persuader le roy à la paix; il agréa l'office que luy faisoit mon frère de s'employer à la traiter, estimant par ce moyen de le détourner de son entreprise de Flandre, qu'il n'avoit jamais eue agréable, et luy donna la commission de traiter et faire cette paix, luy mandant qu'il luy envoyeroit pour l'assister en cette négociation MM. de Villeroy et de Bellièvre. Cette commission réussit si heureusement à mon frère, que venant en Gascogne (où il demeura sept mois pour cet effet, qui luy durèrent beaucoup plus, pour l'envie qu'il avoit d'aller secourir Cambray, encor que le contentement qu'il avoit que nous fussions ensemble luy adoucist l'aigreur de ce soing), il fit la paix, au contentement du roy et de tous les catholiques, laissant le roy mon mary et les huguenots de son parti non moins satisfaits; y ayant procédé avec telle prudence, qu'il en demeura loué et aimé de tous, et ayant en ce voyage acquis ce grand capitaine M. le mareschal de Biron, qui se voua à luy pour prendre la charge de son armée en Flandre, et lequel il retiroit de Gascogne pour faire plaisir au roy mon mary, qui eut en son lieu pour lieutenant en Guyenne M. le mareschal de Matignon.

(1581) Avant que mon frère partist, il désira faire l'accord du roy mon mary et de M. le mareschal de Biron, pourveu qu'à la première veue il me fist satisfaction par une honneste excuse de ce qui s'estoit passé à Nérac, et me commanda de le braver avec toutes les rudes et dédaigneuses paroles que je pourrois. J'usay de ce commandement passionné de mon frère avec la discrétion requise en telles choses, sçachant bien qu'un jour il en auroit regret, pouvant beaucoup espérer d'assistance d'un tel cavalier.

Mon frère s'en retournant en France, accompagné de M. le mareschal de Biron, avec non moins d'honneur et de gloire d'avoir pacifié un si grand trouble au contentement de tous, que de toutes les victoires que par les armes il avoit eues, en fit son armée encor plus grande et plus belle. Mais que la gloire et le bonheur est tousjours suivi d'envie! Le roy n'y prenant point de plaisir, et en ayant eu aussi peu des sept mois que mon frère et moy avions demeuré ensemble en Gascogne traitans la paix, pour trouver un objet à son ire, s'imagine que j'avois fait naistre cette guerre, y ayant poussé le roy mon mari (qui peut bien tesmoigner le contraire) pour donner l'honneur à mon frère de faire la paix ; laquelle, si elle eust dépendu de moy, il eust eue avec moins de temps et de peine, car ses affaires de Flandre et de Cambray recevoient un grand préjudice de son retardement. Mais quoy, l'envie et la haine fascinent les yeux, et font qu'ils ne voyent jamais les choses telles qu'elles sont.

Le roy, bastissant sur ce faux fondement une haine mortelle contre moy, et faisant revivre en sa mémoire la souvenance du passé (comme durant qu'il estoit en Pologne, et depuis qu'il en estoit revenu, j'avois toujours embrassé les affaires et le contentement de mon frère plus que le sien), joignant tout cela ensemble, il jura ma ruine et celle de mon frère. En quoy la fortune favorisa son animosité, faisant que durant les sept mois que mon frère fut en Gascogne, le malheur fut tel pour moy qu'il devint amoureux de Fosseuse, que le roy mon mary servoit, comme j'ay dit, depuis qu'il eut quitté Rebours. Cela pensa convier le roy mon mary à me vouloir mal, estimant que j'y fisse de bons offices pour mon frère contre luy : ce qu'ayant reconnu, je priay tant mon frère, luy remonstrant la peine où il me mettoit par cette recherche, que luy, qui affectionnoit plus mon contentement que le sien, força sa passion, et ne parla plus à elle.

Ayant remédié de ce costé-là, la fortune, laquelle, quand elle commence à poursuivre une personne, ne se rebutte point pour le premier coup que l'on luy fait teste, me dresse une autre embusche bien plus dangereuse, faisant que Fosseuse, qui aimoit extresmement le roy mon mari, et qui toutesfois jusques alors ne luy avoit permis que les privautés que l'honnesteté peut permettre, pour luy oster la jalousie qu'il avoit de mon frère, et luy faire connoistre qu'elle n'aimoit plus que luy, s'abandonne tellement à le contenter en tout ce qu'il vouloit d'elle, que le malheur fut si grand qu'elle devint grosse. Lors se sentant en cet estat, elle change toute sorte de procédés avec moy ; et au lieu qu'elle avoit accoustumé d'y estre libre, et de me rendre auprès du roy mon mary tous les bons offices qu'elle pouvoit, elle commence à se cacher de moy, et à me rendre autant de mauvais offices qu'elle m'en avoit fait de bons. Elle possédoit de sorte le roy mon mary, qu'en peu de temps je le connus tout changé. Il s'estrangeoit de moy, il se cachoit, il n'avoit plus ma présence si agréable qu'il avoit eu les quatre ou cinq heureuses années que j'avois passées avec luy en Gascogne, pendant que Fosseuse s'y gouvernoit avec honneur. La paix faite, comme j'ay dit, mon frère s'en retournant en France pour faire son armée, le roy mon mary et moy nous en retournasmes à Nérac, où soudain que nous fusmes arrivés, Fosseuse luy met dans la teste, pour trouver une couverture à sa grossesse, ou bien pour se deffaire de ce qu'elle avoit, d'aller aux eaux de Aigues-Caudes, qui sont en Béarn. Je suppliay le roy mon mary de m'excuser si je ne l'accompagnois à Aigues-Caudes ; qu'il sçavoit que, depuis l'indignité que j'avois reçue à Pau, j'avois fait un serment de n'entrer jamais en Béarn que la religion catholique n'y fust. Il me pressa fort d'y aller, jusques à s'en courroucer. Enfin je m'en excuse. Il me dit alors que sa fille (car il appelloit ainsi Fosseuse) avoit besoin d'en prendre pour le mal d'estomac qu'elle avoit. Je luy dis que je voulois bien qu'elle y allast. Il me répond qu'il n'y avoit point d'apparence qu'elle y allast sans moy ; que ce seroit faire penser mal où il n'y en avoit point ; et se fasche fort contre moy de ce que je ne la voulois point mener. Enfin je fis tant qu'il se contenta qu'il allast avec elle deux de ses compagnes, qui furent Rebours et Villesavin, et la gouvernante. Elles s'en allèrent avec luy, et moy j'attendis à Bavière.

J'avois tous les jours advis de Rebours (qui estoit celle qu'il avoit aimée, et estoit une fille corrompue et double, qui ne désiroit que de mettre Fosseuse dehors, pensant tenir sa place en la bonne grace du roy mon mari) que Fosseuse me faisoit tous les plus mauvais offices du monde, médisant ordinairement de moy, et se persuadant, si elle avoit un fils, et qu'elle se peust deffaire de moy, d'épouser le roy mon mary; qu'en cette intention elle me vouloit faire aller à Pau, et qu'elle avoit fait résoudre le roy mon mary, estant de retour à Bavière, de m'y mener ou de gré ou de force. Ces advis me mettoient en la peine que l'on peut penser. Toutesfois, ayant tousjours fiance en la bonté de Dieu et en celle du roy mon mary, je passay le temps de ce séjour de Bavière en l'attendant, et versant autant de larmes qu'eux beuvoient de gouttes des eaux où ils estoient, bien que j'y fusse accompagnée de toute la noblesse catholique de ce quartier-là, qui mettoit toute la peine qu'elle pouvoit pour me faire oublier mes ennuis.

Au bout d'un mois ou cinq semaines, le roy mon mary revenant avec Fosseuse et ses autres compagnes, sceut de quelqu'un de ces seigneurs qui estoient avec moy l'ennuy où j'estois pour la crainte que j'avois d'aller à Pau; qui fut cause qu'il ne me pressa pas tant d'y aller; et me dit seulement qu'il eust bien désiré que je l'eusse voulu. Mais, voyant que mes larmes et mes paroles luy disoient ensemble que j'aimerois plustost la mort, il changea de dessein; et retournasmes à Nérac, où voyant que tout le monde parloit de la grossesse de Fosseuse, et que non seulement en nostre cour, mais par tout le pays cela estoit commun, je voulus tascher de faire perdre ce bruit, et me résolus de luy en parler; et la prenant en mon cabinet, je luy dis : « Encor que depuis quelque temps vous vous soyez estrangée de moy, et que l'on m'ayt voulu faire croire que vous me faites de mauvais offices auprès du roy mon mary, l'amitié que je vous ay portée, et celle que j'ay vouée aux personnes d'honneur à qui vous appartenez, ne me peut permettre que je ne m'offre de vous secourir au malheur où vous vous trouvez, que je vous prie de ne me nier, et ne vouloir ruiner d'honneur et vous et moy, qui ay autant d'interest au vostre, estant à moy, comme vous-mesme; et croyez que je vous feray office de mère. J'ay moyen de m'en aller, sous couleur de la peste que vous voyez en ce pays, et mesme en cette ville, au Mas d'Agenois, (qui est une maison du roy mon mari qui est fort escartée. Je ne méneray avec moi que le train que vous voudrez. Cependant le roy mon mary ira à la chasse d'un autre costé, et ne bougeray de là que vous ne ne soyez délivrée, et ferons par ce moyen cesser ce bruit qui ne m'importe moins qu'à vous. »

Elle, au lieu de m'en sçavoir gré, avec une arrogance extresme, me dit qu'elle feroit mentir tous ceux qui en avoient parlé; qu'elle connoissoit bien qu'il y avoit quelque temps que je ne l'aimois point, et que je cherchois prétexte pour la ruiner. Et parlant aussi haut que je luy avois parlé bas, elle sort tout en colère de mon cabinet, et y va mettre le roy mon mari; en sorte qu'il se courrouça fort à moy de ce que j'avois dit à sa fille, disant qu'elle feroit mentir tous ceux qui la taxoient; et m'en fit mine fort longtemps, jusques à tant que s'estans passés quelques mois, vint l'heure de son temps.

Le mal luy prenant un matin au point du jour, estant couchée en la chambre des filles, elle envoya querir mon médecin, et le pria d'aller advertir le roy mon mari; ce qu'il fit. Nous estions couchés en une mesme chambre en divers lits, comme nous avions accoustumé. Comme le médecin luy dit ceste nouvelle, il se trouva fort en peine, ne sçachant que faire, craignant d'un costé qu'elle fust découverte, et de l'autre qu'elle fust mal secourue, car il l'aimoit fort. Il se résolut enfin de m'advouer tout, et me prier de l'aller faire secourir, sçachant bien que, quoy qu'il se fust passé, il me trouveroit tousjours preste de le servir en ce qui luy plairoit. Il ouvre mon rideau, et me dit : « Ma mie, je vous ay célé une chose qu'il faut que je vous advoue. Je vous prie de m'en excuser, et de ne vous point souvenir de tout ce que je vous ay dit pour ce sujet. Mais obligez-moy tant que de vous lever tout à ceste heure, et aller secourir Fosseuse, qui est fort mal; je m'asseure que vous ne voudriez, la voyant en cet estat, vous ressentir de ce qui s'est passé. Vous sçavez combien je l'aime; je vous prie, obligez-moy en cela. » Je luy dis que je l'honorois trop pour m'offenser de chose qui vinst de luy, que je m'y en allois, et y ferois comme si c'estoit ma fille; que cependant il s'en allast à la chasse et emmenast tout le monde, afin qu'il n'en fust point ouy parler. Je la fis promptement oster de la chambre des filles, et la mis en une chambre escartée, avec mon médecin et des femmes pour la servir, et la fis très-bien secourir. Dieu voulut qu'elle ne fit qu'une fille, qui encores estoit morte. Estant délivrée, on la porta à la chambre des filles, où, bien que l'on apportast toute la discrétion que l'on pouvoit, on ne put empescher que le bruit ne fust semé par tout le chasteau. Le roy mon mari estant revenu de la chasse, la va voir, comme il avoit accoustumé. Elle le prie que je l'allasse voir, comme j'avois accoustumé d'aller voir toutes mes filles quand elles estoient malades, pensant par ce moyen oster le bruit qui couroit. Le roy mon mari venant en la chambre, me trouve que je m'estois remise dans le lit, estant lasse de m'estre levée si matin, et de la peine que j'avois eue à la faire secourir. Il me prie que je me lève et que je l'aille voir. Je luy dis que je l'avois fait lors qu'elle avoit eu besoin de mon secours, mais qu'à ceste heure elle n'en avoit plus à faire; que si j'y allois je découvrirois plustost que de couvrir ce qui estoit, et que tout le monde me monstreroit au doigt. Il se fascha fort contre moy, et ce qui me dépleut beaucoup, il me sembla que je ne méritois pas cette récompense de ce que j'avois fait le matin. Elle le mit souvent en des humeurs pareilles contre moy.

(1582) Pendant que nous estions de ceste façon, le roy, qui n'ignoroit rien de tout ce qui se passoit en la maison de tous les plus grands de son royaume, et qui estoit particulièrement curieux de sçavoir les déportemens de nostre cour, ayant esté adverti de tout ceci, et conservant encor le désir de vengeance qu'il avoit conceu contre moy, pour l'occasion que j'ay dite, de l'honneur que mon frère avoit acquis à la paix qu'il avoit faite, pense que c'estoit un beau moyen pour me rendre aussi misérable qu'il désiroit, me tirant hors d'auprès du roy mon mari, et espérant que l'éloignement seroit comme les ouvertures du bataillon macédonien. A quoy pour parvenir il me fit écrire par la reyne ma mère qu'elle désiroit me voir; que c'estoit assez d'avoir esté cinq ou six ans éloignée d'elle; qu'il estoit temps que je fisse un voyage à la cour, et que cela serviroit aux affaires du roy mon mari et de moy; qu'elle connoissoit que le roy estoit désireux de me voir; et que si je n'avois des commodités pour faire ce voyage, le roy m'en feroit bailler. Le roy m'écrivit le semblable, et m'envoyant Manniquet, qui estoit son maistre d'hostel, pour m'y persuader (pource que depuis cinq ou six ans que j'estois en Gascogne je n'avois jamais pu me donner ceste volonté de retourner à la cour). Il me trouva lors plus aisée à recevoir ce conseil, pour le mécontentement que j'avois à cause de Fosseuse, luy en ayant donné advis à la cour. Le roy et la reyne m'écrivirent deux ou trois fois coup sur coup, et me font délivrer quinze cens escus, afin que l'incommodité ne me retardast; et la reyne ma mère me mande qu'elle viendroit jusques en Xaintonge, et que si le roy mon mari me menoit jusques-là, elle communiqueroit avec luy pour luy donner asseurance de la volonté du roy; car il désiroit fort de le tirer de Gascogne, pour le remettre à la cour en la mesme condition qu'ils y avoient esté autrefois mon frère et luy; et le mareschal de Matignon poussoit le roy à cela, pour l'envie qu'il avoit de demeurer tout seul en Gascogne.

Le temps que j'avois demeuré en Gascogne, ni toutes ces belles apparences de bienveuillance, ne me faisoient point tromper aux fruits que l'on doit espérer de la cour, en ayant eu par le passé trop d'expérience; mais je me résolus de tirer profit de ces offres, et y faire un voyage seulement de quelques mois, pour y accommoder mes affaires et celles du roy mon mari, estimant qu'il serviroit aussi comme de diversion pour l'amour de Fosseuse, que j'emmenois avec moy, et que le roy mon mari, ne la voyant plus, s'embarqueroit possible avec quelqu'autre qui ne me seroit si ennemie. J'eus assez de peine à faire consentir le roy mon mary à me permettre ce voyage, pource qu'il se faschoit d'éloigner Fosseuse, et qu'il en fust parlé. Il m'en fit meilleure chère, désirant extresmement m'oster ceste volonté d'aller en France; mais l'ayant déjà promis par mes lettres au roi et à la reyne ma mère, mesme ayant touché la somme susdite pour mon voyage, le malheur qui m'y tiroit l'emporta sur le peu de volonté que j'avois lors d'y aller, voyant que le roy mon mary recommençoit à me monstrer plus d'amitié.

FIN DES MÉMOIRES DE MARGUERITE DE VALOIS.

MÉMOIRES

DE

JACQUES-AUGUSTE DE THOU,

DEPUIS 1553 JUSQU'EN 1601.

LIVRE PREMIER.

Jacques-Auguste de Thou naquit dans la maison de ses pères à Paris le 8 octobre 1553, vers les sept heures du matin. Le même jour il fut présenté au baptême dans l'église de Saint-André-des-Arcs, par René Roulier, évêque de Senlis, par François Demié, conseiller au parlement, d'une famille noble du Limousin, et par Marguerite Bourgeois, épouse d'Augustin de Thou son oncle. Ils le nommèrent Jacques; le père l'avoit ainsi souhaité pour renouveler un nom qui, outre le rapport avec celui de la mère, étoit comme héréditaire dans sa famille, et qui avoit été porté de suite par trois de ses aïeux avant Augustin de Thou, grand-père de l'enfant.

Son oncle Adrien de Thou, présent à la cérémonie, ajouta le nom d'Auguste, comme un nom heureux. Ce magistrat, d'un génie supérieur et d'une probité incorruptible, étoit alors conseiller-clerc au parlement de Paris. Depuis il fut pourvu d'une charge de maître des requêtes, avant que le nombre eût avili cette dignité. Une mort prématurée l'enleva dix-huit ans après, dans le temps que le roi Charles IX, qui l'estimoit beaucoup, lui destinoit l'ambassade d'Espagne.

Entre ses ancêtres, Jacques, second du nom, avoit épousé Marie Viole, dont la famille a donné plusieurs conseillers au parlement, et un Guillaume Viole, évêque de Paris.

Guichard, frère de ce Jacques, s'étoit marié avec Anne de Gannay, sœur de Jean de Gannay, depuis chancelier de France, dont Guichardin parle avec éloge en plusieurs endroits de son ouvrage. On consulta sur ce mariage Nicolas Boyer, jurisconsulte célèbre pour ce temps-là, comme on le peut voir dans sa quarantième consultation.

Comme la branche aînée, qui avoit toujours porté les armes, étoit éteinte ou fondue dans d'autres familles, Jacques, troisième du nom, descendu de la seconde, prit le parti de la robe. De Geneviève Le Moine des Lallemans, il laissa Augustin de Thou, qui fut choisi par François Ier pour remplir une charge de président à mortier au parlement de Paris, et qui en mourut revêtu peu de temps après, au mois de mars 1545. Le parlement, invité à ses funérailles, répondit, par la bouche de son premier président : que l'intégrité et l'éminente vertu d'Augustin de Thou, qui avoient paru durant sa vie avec tant d'éclat dans le parlement, méritoient que la cour non-seulement honorât ses obsèques comme elle avoit coutume d'honorer celles de ses présidens, mais qu'elle en pleurât encore la perte aussi long-temps que la justice y régneroit : ce qui fut mis sur les registres.

Il avoit épousé Claude de Marle, arrière-petite-fille de Henri de Marle, chancelier de France, massacré à Paris avec le connétable d'Armagnac, l'an 1418, sous le règne de Charles VI. Il eut de cette dame, en l'espace de vingt années, Christophe de Thou, et vingt et un autres enfans, tant de l'un que de l'autre sexe.

De Jacqueline Tuleu, dame de Céli, proche parente du chancelier Olivier, et petite-fille de Denise de Gannay, sœur du chancelier de ce nom, Christophe de Thou eut trois fils et quatre filles, outre six autres enfans morts en bas âge.

Jean de Thou l'aîné mourut jeune, après avoir laissé à la cour de France une grande idée de son mérite. Il eut de Renée Baillet : René de Thou et trois filles, restes d'une famille plus nombreuse. Renée, l'aînée, épousa Jean de Bourgneuf de Cussé, premier président au parlement de Bretagne; Isabelle, la seconde, fut mariée à Jean de Longueval de Manicamp, parent du comte de Buquoi en Flandre; et Jacqueline, la troisième, épousa Frédéric de Hangest d'Argenlieu.

Christophe de Thou, moins âgé de deux ans que son aîné, périt par un accident déplorable pendant les guerres de la Ligue, avec un fils du même nom, qu'il avoit eu de Françoise Allégrin.

Jacqueline, l'aînée des filles, prit l'habit de religieuse dans l'abbaye de Mallenoue; elle y mourut désignée abbesse de ce monastère. Marie fut abbesse des Clairets-au-Perche, monastère peu éloigné de Nogent-le-Rotrou. Anne épousa Philippe Hurault, comte de Cheverny, chancelier de France; et Catherine fut mariée à Achille de Harlay, premier président du parlement de Paris.

Jacques-Auguste de Thou, dont on écrit ici la vie, fut le dernier des fils de Christophe. On eut bien de la peine à l'élever, comme il disoit lui-même l'avoir appris de sa nourrice. Des tranchées fréquentes, une insomnie, et des cris violens et presque continuels, firent appréhender de le perdre. On ne le nourrit pendant deux ans que de lait, parce qu'il avoit pour toute sorte de bouillie une aversion invincible, qu'il a toujours eue depuis. Pour le sevrer, on se servit d'une certaine pâte qui est en usage en Italie, faite avec de la mie de pain, de la farine de froment séchée au four, et de l'huile d'olive; ce qui le rendit si délicat et si maigre, que jusqu'à l'âge de cinq ans on désespéra de sa vie. Depuis il commença à avoir plus d'embonpoint, tel qu'on le voit peint à l'âge de sept ans par Georges le Vénitien, qui étoit au cardinal de Lorraine, et qui logeoit dans le voisinage à l'hôtel de Fécamp.

Cette délicatesse fut cause qu'on eut plus d'attention à ménager sa santé qu'à cultiver son esprit; au reste, lorsqu'il se portoit bien, il apprenoit aisément tout ce qu'on lui montroit. Ennemi de la paresse, il méprisoit les amusemens et les plaisirs qui sont les principaux objets de l'enfance, et s'appliquoit surtout au dessin. Ce goût était héréditaire dans sa famille; car Adrien son oncle, Jean et Christophe ses frères, peignoient fort bien. Pour lui, il dessinoit déjà correctement avec la plume les estampes d'Albert Durer; par un effet de ce talent naturel, il apprit à écrire avant que de savoir lire. Enfin, dès qu'il eut atteint l'âge de dix ans, on le fit étudier, et peu de temps après on le mit au collège de Bourgogne avec René Roulier, neveu de l'évêque de Senlis. A peine y avoit-il été un an, qu'ayant été attaqué d'une fièvre violente, on fut obligé de le ramener chez son père.

Le Grand et Le Jay, ses médecins, le croyant sans espérance, l'abandonnèrent pendant trois jours; sa mère même, qui appréhenda que, s'il mouroit dans une chambre qui étoit près de celle de son père, son mari ne voulût plus rentrer dans cet appartement, le fit transporter dans une chambre plus éloignée. Gabrielle de Mareuil, héritière de l'illustre maison de Mareuil en Périgord, qui venoit souvent dans la maison pour ses affaires, prit soin de cet enfant abandonné des médecins, et, pour ainsi dire, de ses parens mêmes. Elle assistoit continuellement le malade, et passoit souvent les nuits auprès de lui. M. et madame de Thou la priant de ne se point fatiguer pour un enfant sans espérance, elle leur répondit que, loin de désespérer de sa santé, elle croyoit, sur l'idée qu'elle avoit de son tempérament et de son naturel, qu'il guériroit, et en auroit un jour de la reconnoissance.

Elle maria dans ce temps-là Renée, sa fille unique, née de son mariage avec Nicolas d'Anjou, marquis de Mézières, à François de Bourbon, prince dauphin d'Auvergne. De ce mariage vint Henri, duc de Montpensier, l'amour et les délices de son siècle, mais qui malheureusement lui fut trop tôt enlevé. De Thou l'honora toute sa vie, et il en fut pareillement aimé.

Il fallut six mois pour le rétablir d'une si grande maladie. Lorsqu'il fut guéri on le remit au collége. Henri Monantheuil de Rheims fut le premier qui lui donna des leçons; il étudia ensuite sous Jean-Martin de Paris, et enfin sous Michel Marescot et Pierre du Val de Normandie, philosophes célèbres, qui tous exercèrent depuis la médecine à Paris avec une grande réputation. Monantheuil, élevé dans le collége de Presles, et attaché à la doctrine de Ramus, joignit à la profession de la médecine celle des mathématiques, qu'il enseigna dans le collége royal jusqu'à sa mort. Ce fut sous ce professeur que de Thou apprit les élémens d'arithmétique et de géométrie.

Il disoit depuis qu'il avoit remarqué dès ce temps-là une faute considérable où tombent ceux qui abandonnent avec trop de confiance l'éducation de leurs enfans à des régens; qu'il croyoit qu'ils agiroient plus prudemment s'ils les faisoient observer de près par des personnes sûres qui leur fissent faire un bon emploi de leur temps, et qui prissent garde que leurs actions et leurs paroles ne s'éloignassent jamais de la modestie; qu'il croyoit devoir donner cet avis, dans un temps où cette faute étoit très-ordinaire, et que si Dieu lui faisoit la grace de lui donner des enfans (qu'il eut long-temps après en assez grand nombre), il seroit plus attentif à leur éducation qu'on n'avoit été à la sienne; qu'au reste, il avoit étudié tard, et qu'il n'approuvoit point la précipitation de ceux qui font instruire leurs enfans à peine âgés de cinq ans; qu'il s'étonnoit que le célèbre Quintilien, par un conseil moins utile que louable, eût tant recommandé de faire étudier les enfans de bonne heure, lui qui perdit un fils d'une grande espérance, pour l'avoir fait étudier avec excès dans un âge trop tendre : perte heureuse pour la postérité, puisqu'elle a donné lieu à ces admirables traits d'éloquence avec lesquels ce grand maître déplore la mort de son fils dans le sixième livre de ses Institutions.

De Thou avoit plus d'inclination pour les sciences que de force d'esprit et de mémoire pour les apprendre : aussi profita-t-il davantage par son assiduité et par le commerce des gens de lettres que par un grand travail. La foiblesse de son tempérament ne lui permettoit pas de s'appliquer fortement : d'ailleurs, le peu de contrainte où il avoit été élevé, ayant été comme abandonné à lui-même, l'accoutuma à une liberté qu'il conserva dans la suite dans toutes les actions de sa vie, et principalement dans ses études. Ce grand amour pour les sciences en fit naître un pareil dans son cœur pour tous les savans dont le nom ou les écrits étoient en réputation dans l'Europe. Il se proposa de les voir et de les entretenir. Adrien Turnèbe étant venu dans ce temps-là voir son ami Geoffroy de La Faye, celui-ci mena chez Turnèbe le jeune de Thou, qui se l'imprima si fortement, que l'image de cet homme célèbre, qui mourut peu de temps après, lui demeura toujours dans l'esprit, même en dormant.

Cinq ans après sa sortie du collége, il alla entendre Denis Lambin et Jean Pellerin, professeurs en langue grecque au collége Royal. Ce dernier y expliquoit le texte grec d'Aristote, dans le temps que l'illustre François-Juste de Tournon, encore fort jeune, prenoit ses leçons. Jean Daurat avoit déjà cessé d'enseigner, et s'étoit retiré dans l'abbaye de Saint-Victor. De Thou l'y voyoit souvent, et lui demandoit des nouvelles de Budé, qu'on lui avoit montré dans son enfance, de Germain Brice et de Jacques Tousan. L'entretien de Daurat étoit pour lui très-instructif. Daurat lui fit connaître Ronsard, qui avoit été son écolier. De Thou, qui se sentoit du talent pour la poésie, lia avec lui une amitié si étroite, que Ronsard, qui fit faire alors une nouvelle édition de ses ouvrages par Jean Galand, lui dédia ses Orphées avec un éloge magnifique. Il fut, par le même moyen, des amis de Jean-Antoine Baïf et de Remi Bellau, dont depuis il cultiva l'amitié avec un grand soin.

Sur la fin de l'année 1570, remarquable par le quatrième édit de pacification, et par le mariage de Charles IX avec Élisabeth, fille de l'empereur Maximilien II, de Thou partit de

Paris pour aller à Orléans étudier en droit, avec Christophe-Auguste de Thou, son cousin germain, fils de l'avocat-général, et avec René Roulier, son camarade de collège. Il employa l'année suivante à prendre des leçons de Jean Robert, de Guillaume Fournier, et d'Antoine Le Comte, arrivé depuis peu de Bourges. Il seroit de l'intérêt public qu'on recueillît en un seul volume les écrits dispersés de ce dernier. Adrien de Thou son oncle, et madame de Harlay sa sœur, moururent cette même année.

Dans un âge si peu avancé, la lecture des écrits de Jacques Cujas lui avoit donné tant d'estime pour lui, que, désirant passionnément de l'entendre, il quitta ses camarades, avec lesquels il vivoit dans une grande union, et s'en alla en Dauphiné. En passant, il s'arrêta six mois à Bourges : il alla entendre Hugues Doneau et François Hotman, dont les grandes questions ont été depuis imprimées. De Bourges il se rendit à Valence en Dauphiné, où Cujas expliquoit Papinien, et où François Roaldez et Edmond de Bonnefoi enseignoient. C'étoit un an avant les troubles de Paris.

Ce fut à Valence que commença son amitié pour Joseph Scaliger, venu exprès dans cette ville avec Louis de Montjosieu et George du Bourg, pour voir Cujas, qui l'en avoit prié. Cette amitié, née dans la conversation, s'augmenta toujours, et se conserva depuis, ou par lettres, ou par un commerce plus étroit, pendant trente-huit ans sans interruption. Il ne pouvoit cacher sa joie, quand des esprits d'un caractère aussi violent que malin lui reprochoient cette liaison. Il se faisoit honneur en public de leurs médisances. Le souvenir d'un commerce si doux, si honnête et si savant lui étoit si cher, qu'il disoit souvent que si Dieu lui en donnoit le choix, il étoit tout prêt de le racheter aux dépens des mêmes reproches, des mêmes traverses et des mêmes outrages que leur haine injuste lui avoit attirés; que c'étoit là toute la réponse qu'il avoit à faire à leurs indignes calomnies.

De Thou proteste avec sincérité que, tandis qu'il a pu jouir de l'entretien de ce grand homme, jamais il ne l'a ouï traiter aucune question de controverse sur les matières de religion, jamais il ne s'est aperçu qu'il en ait écrit à personne; du moins, si Scaliger en a parlé quelquefois, ce n'a été que malgré lui, et dans des rencontres où, étant fort pressé, il ne pouvoit s'en défendre. Louis, seigneur d'Abin, de l'illustre maison de Châteigner, qui s'est acquitté avec tant d'honneur de l'ambassade de Rome, Jean, seigneur de La Rocheposai, et Louis, évêque de Poitiers, ses fils, en sont des témoins irréprochables. Instruits l'un et l'autre dans la maison paternelle par cet homme célèbre (le dernier particulièrement ayant demeuré long-temps avec lui en Hollande), s'ils sont sortis de ses mains plus savans, ils n'en ont pas été moins attachés à la religion de leurs ancêtres.

Scaliger avoit, la religion à part, une érudition si profonde et si peu commune, qu'il n'y a point d'honnête homme qui ne dût souhaiter avec autant de passion de l'entendre et de recevoir ses leçons, que d'admirer et de respecter en lui les rares talens dont il avoit plu à Dieu de le combler.

Mais on est assez malheureux de croire que la religion, qui de jour en jour faisoit autrefois de nouveaux progrès, qui se fortifioit par la foi, par la charité et par une parfaite confiance en la bonté de Dieu, ne peut aujourd'hui se maintenir que par les conseils de la chair et du sang, par la brigue, par la cabale et par les fausses vues de la politique; sans faire réflexion que plus nous avons de confiance aux illusions de notre esprit (et plût à Dieu qu'on n'en eût pas tant!) plus nous diminuons celle que nous devons avoir en la Providence divine. De là vient la colère de Dieu contre nos péchés; de là l'emportement de nos passions, et cet abandon presque général à un sens réprouvé, qui, nous aveuglant sur nos devoirs, nous fait commettre les fautes les plus essentielles. Ne faut-il pas donc craindre qu'un mal si dangereux ne s'augmente tous les jours par la négligence de ceux qui devroient s'y opposer, et qui, se confiant témérairement sur leurs propres forces et sur leurs foibles lumières, décident souvent à contre-temps de ce qui concerne la religion? Ne doit-on pas craindre encore que ce qui reste de gens sages et équitables, qui se sont préservés de cette corruption par leur amour pour la paix, et par leur attachement à l'ancienne discipline, ne se laissent entraîner dans les mêmes égaremens? Il arrivera peut-être un jour qu'on cherchera de tous côtés inutilement le règne de Dieu, qui ne subsistera plus que dans un petit nombre de gens de bien, qui l'auront conservé par la douceur et par un esprit d'union et de charité.

Ce sont les plaintes dont a souvent ouï de Thou s'entretenir avec Nicolas Le Fèvre, quand ils cherchoient à se consoler ensemble de l'état déplorable de la chrétienté dans ces derniers temps. Ces conversations ne finissoient jamais sans s'animer mutuellement à persévérer dans l'exactitude de leurs devoirs, malgré la haine du public, persuadés que les gens de bien seroient toujours exposés à la persécution et à la calomnie, et qu'ils les devoient considérer comme une marque certaine de la bonté de Dieu, et comme des gages de la récompense qu'ils en doivent attendre. J'ai cru devoir en passant faire ces réflexions, au sujet de l'amitié que de Thou conserva toute sa vie pour l'illustre Scaliger: amitié qui lui fut reprochée par une espèce de gens d'un caractère aussi ennemi des lettres que de la vertu.

Son père, qui ne vouloit pas que son fils fût si long-temps éloigné de lui, soit qu'il prévît nos malheurs, soit qu'il eût d'autres raisons, le rappela un an après qu'il fut parti pour Valence. Il pria Charles de Lamoignon de le ramener avec lui à Paris. C'étoit un homme de bien, et son parent éloigné, qui, comme maître des requêtes, avoit été envoyé avec d'autres commissaires, pour l'inspection des gabelles, dans la Provence, le Languedoc et le Dauphiné. Celui-ci, ayant obtenu de Cujas le congé du jeune de Thou, l'emmena premièrement à Grenoble. Ce fut là que de Thou vit François de Beaumont, appelé communément le baron des Adrets. Lamoignon alla à l'évêché saluer ce baron, qui y logeoit, et qui étoit prêt à partir pour Saluces, avec les troupes destinées pour les garnisons des places qui sont au pied des Alpes. Comme Lamoignon se promenoit avec lui dans le jardin, de Thou, qui étoit encore dans l'habitude de dessiner, s'appliqua si fortement à considérer un homme qui avoit tant fait parler de lui, qu'après son départ il le peignit de mémoire de manière que tout le monde le reconnoissoit.

Des Adrets étoit alors fort vieux, mais d'une vieillesse encore forte et vigoureuse, d'un regard farouche, le nez aquilin, le visage maigre, décharné, et marqué de taches de couleur de sang noir, tel que l'on nous dépeint Sylla; du reste, il avoit l'air d'un véritable homme de guerre.

De Thou arriva enfin à Lyon avec Lamoignon; de là il passa par Moulins, Nevers et Gien, où il se mit sur la Loire, et vint à Orléans. Il n'y séjourna que peu de jours pour voir ses amis; et de là il se rendit à Paris auprès de son père.

Il trouva cette grande ville occupée des préparatifs des noces du roy de Navarre, et se rendit à l'église de Notre-Dame pour les voir. Après la messe il sauta par-dessus une barrière qu'on avoit faite pour empescher la foule, et entra dans le chœur. Il y écouta avec une grande curiosité un entretien de l'admiral de Coligny et de Montmorency d'Amville, qu'on persécuta si fort depuis. L'amiral fut blessé quelques jours après; et cette blessure fut un coup funeste pour l'état et pour la sûreté et la tranquillité publique. Ce fut en vain qu'on voulut y remédier par une paix frauduleuse, confirmée par plusieurs édits de la même nature; le calme ne fut enfin rétabli qu'après qu'on eut mis, par un dangereux exemple, plusieurs villes et plusieurs fortes places entre les mains des protestans, pour leur servir de sûreté (places qu'ils conservent encore), et pour finir une guerre intestine qui se renouveloit tous les jours.

Voilà ce que les troubles de Paris coûtèrent au roy et à l'état. Si l'on jette la vue sur les horreurs qui en ont été les funestes suites, on conviendra sans peine qu'elles ne sauroient être ni louées ni approuvées que par ceux qui ont un intérêt particulier d'entretenir dans le royaume une guerre perpétuelle et de nous ôter toutes les voies de la réconciliation. Qui pourroit donc condamner un vrai François, ami du repos de sa patrie, qui, aux dépens de sa fortune, a toujours conseillé la paix, qui a détesté et déteste encore les conseils violens, qui s'est toujours persuadé que, pour faire cesser les mouvemens de l'Europe qui ont si fort ébranlé la religion, il n'y a point de plus sûrs moyens que la paix, la douceur et la charité?

Il est constant que le premier président, dont l'exemple sera toujours pour son fils une règle de conduite par rapport à la religion et à l'état, eut tant d'horreur pour tout ce qui s'étoit passé dans la journée de Saint-Barthélemy, qu'étant tombé peu de temps après sur un endroit des Silves du poëte Stace, il en fit l'application à cette fatale journée, et l'écrivit à la marge du livre [1], de ce beau caractère qui lui étoit particulier, et qui est si connu dans les registres du parlement. Ce livre, que le fils conserve dans sa bibliothèque, est un fidèle témoin de ce que le père avoit pensé de cette action, contre les faux rapports de ceux qui ont prétendu que ce magistrat l'avoit approuvée.

De Thou a écrit dans l'histoire de son temps, comme une chose certaine sortie de la bouche de l'amiral, et qu'il avoit apprise de Villeroy, que l'amiral ayant reçu plusieurs avis du danger où il s'exposoit s'il se trouvoit aux noces du roi de Navarre, ne voulut jamais les croire; qu'il répondit toujours qu'il aimoit mieux mourir et être traîné par les rues de Paris, que de recommencer la guerre civile et de donner lieu de penser qu'il eût la moindre défiance du roi, qui depuis si peu de temps l'avoit reçu dans ses bonnes grâces.

De Thou disoit encore qu'un peu auparavant, comme il alloit à Vienne en Dauphiné, un certain capitaine, nommé Maye, le joignit en chemin, et lui dit qu'il falloit que l'amiral fût dans un étrange aveuglement, pour négliger avec tant d'imprudence le conseil de ses amis; qu'à moins qu'il n'eût perdu l'esprit, il lui étoit aisé de croire qu'après une si prompte réconciliation, tant de marques affectées de faveur et l'empressement qu'on avoit de le faire venir à ces noces, n'étoient qu'un piège pour attirer avec lui, de toutes les provinces, les chefs de son parti; que ce qu'on n'avoit pu faire pendant leur union, seroit exécuté de concert sur chaque particulier, qui étoit sans défiance au milieu de la joie publique. De Thou, pour réfuter Maye, se servit des meilleures raisons qu'il put trouver, et lui représenta qu'on avoit grand tort de juger si mal du roi et de ceux de son conseil. Ce capitaine, pour toute réponse, lui dit qu'il en appeloit à l'événement. Ensuite ils entrèrent ensemble dans Vienne, où les habitans eurent à peine aperçu Maye, qu'il se fit un soulèvement : cette émeute pensa lui coûter cher, pour avoir voulu défendre un homme qui l'accompagnoit, mais qu'il ne connoissoit point. Le peuple se plaignoit que, dans la dernière guerre, Maye les avoit ruinés par les courses, les ravages et les meurtres qu'il avoit faits sur leurs terres. De Thou, qui crut que le péril où étoit ce capitaine touchoit son honneur et la sûreté publique, fit tout son possible pour apaiser cette émotion, qui finit enfin, aux conditions que Maye sortiroit de la ville et iroit loger dans un faubourg.

De Thou marqua dans le journal de ses voyages l'aventure de cet homme, qu'il ne connoissoit point, et qu'il ne vit jamais depuis; car, après la journée de Saint-Barthélemy, ce capitaine ayant recommencé ses brigandages, fut assommé par des paysans.

Il en usoit ainsi, ou dans le dessein qu'il avoit déjà pris d'écrire l'histoire de son temps (quoiqu'il n'y ait point parlé de cette aventure, non plus que de plusieurs autres particularités qu'on n'y trouve point, et qu'on n'y doit point chercher), ou seulement pour laisser après lui la preuve d'un fait qui lui fut prédit avant l'événement; car on remarque que Dieu, par sa providence, fait souvent connoître aux gens de bien, en aidant leur prudence naturelle, les choses extraordinaires qui doivent arriver, comme les méchans les prédisent pas les mouvemens d'une conscience intimidée, ou les astrologues par l'expérience de leur art (si cet art n'est pas une chimère), afin que les hommes avertis se préparent à supporter ces accidens avec plus de patience, sans se plaindre d'avoir été surpris; c'est ce qu'il a fait remarquer exactement quand l'occasion s'en est présentée.

Retournons à cette terrible journée de Saint-Barthélemy : cette fête arrivoit cette année-là un jour de dimanche. De Thou sortit le matin pour entendre la messe. Il ne put voir sans horreur les corps de Jérôme Groslot, bailli d'Orléans, et de Calixte Garrault, qu'on traînoit à la rivière par la rue la plus proche. Il fut obligé de regarder ces objets affreux sans oser jeter une larme, lui dont le tendre naturel ne lui permettoit pas de voir sans émotion la mort

---

[1] Voici ces vers :

Excidat illa dies ævo, nec postera credant
Sæcula, nos certæ taceamus ; et obruta multâ
Nocte tegi propriæ patiamur crimina gentis.

d'une bête innocente. La peine que cela lui fit l'obligea de ne plus sortir, de peur de rencontrer de pareils spectacles.

La fureur de ces massacres étant un peu apaisée, il alla quelques jours après voir son second frère, qui logeoit près de la porte Montmartre: celui-ci le mena sur une hauteur d'où ils pouvoient découvrir Montfaucon. Le peuple y avoit traîné ce qui restoit du corps de l'amiral, et l'avoit attaché à une pièce de bois de traverse avec une chaîne de fer. Aussitôt l'idée de ce seigneur, qu'il avoit vu quelques jours auparavant dans l'église de Notre-Dame, et qu'il avoit considéré avec attention, se réveilla dans son esprit; il rappela dans sa mémoire ce capitaine fameux par tant de combats, par la prise de tant de villes, et sur le point de triompher des Pays-Bas; il voyoit alors son cadavre, après mille indignités, attaché à un infâme gibet. Ces réflexions lui firent admirer la profondeur des jugemens de Dieu, la foiblesse de notre condition, dont les bornes si étroites devroient bien nous refroidir sur nos vastes projets, et nous renfermer à tous momens dans la pensée de ce qui nous doit arriver un jour.

Le maréchal de Montmorency, par sa retraite, avoit évité le massacre; ce qui fut le salut de toute sa maison, si utile à l'état. Il fit enlever de nuit ce malheureux cadavre d'un lieu si infâme, le fit apporter à Chantilly et cacher dans un lieu secret, enfermé dans un cercueil de plomb, défendant qu'on le mît dans la chapelle, de peur qu'on ne l'en vînt tirer: on le porta depuis à Châtillon-sur-Loing, dans le tombeau de ses ancêtres.

(1573) Après ces temps malheureux, de Thou quitta la maison de son père, et vint loger chez Nicolas de Thou son oncle, conseiller au parlement, qui en avoit une fort belle dans le cloître de Notre-Dame, dont il étoit chanoine. Elle avoit été bâtie par Guillaume Briçonnet, évêque de Meaux, fils du cardinal Briçonnet: il fut aussi chanoine de la même église, et demeura quatorze ans de suite dans cette maison. Son oncle fut pourvu quelque temps après de l'évêché de Chartres, par le décès de Charles Guillard. Ce fut dans la maison de son oncle que de Thou commença sa bibliothèque, qu'il augmentoit tous les jours, et qui devint depuis si nombreuse. Destiné à l'état ecclésiastique, et regardé comme le successeur de Nicolas de Thou, il se donna entièrement à l'étude du droit canonique et à la lecture des auteurs grecs.

Il apprit dans ce temps-là que Paul de Foix, personnage d'un rare mérite, et distingué depuis peu par ses ambassades d'Angleterre et de Venise, étoit prêt à partir pour aller, de la part du roi, remercier le pape et les autres princes d'Italie qui avoient envoyé féliciter Sa Majesté sur l'élection de son frère au royaume de Pologne, et qu'il devoit de là passer en Allemagne et en Pologne. Comme il avoit une grande passion de voir l'Italie, il ne voulut pas négliger une si belle occasion; et s'étant fait recommander à Paul de Foix par son beau-frère de Cheverny, chancelier du roi de Pologne, il alla le joindre à Gien avec Christophe-Auguste de Thou, son cousin-germain, et avec messieurs de Marle et de La Borde-Arbaleste.

Il est à propos de faire connoître ici cet homme illustre, à qui de Thou témoigne avoir tant d'obligation, et de marquer quelques particularités de sa vie. Il étoit de l'ancienne maison de Foix ou Fox, comme on le trouve dans les anciens titres, et issu des comtes de Carmain; car cette maison est divisée en plusieurs branches. Son père lui laissa peu de bien pour un homme de sa naissance, et ce bien étoit fort embarrassé de procès; ce qui fut cause qu'on le destina à l'église. Comme il avoit fait ses humanités avec une merveilleuse facilité, il parloit fort bien la langue grecque, et écrivoit en latin élégamment; avec un esprit propre à toutes les sciences, il étudia le droit, qu'il apprit en peu de temps, et s'y attacha toute sa vie, préférant les sentimens de Cujas à ceux de tous les autres jurisconsultes. Depuis il s'appliqua entièrement à la philosophie, et principalement à celle d'Aristote, dont il honora toujours les sectateurs, entre autres, Daniel Barbaro, noble vénitien, qui disoit ordinairement, suivant de Thou, que, s'il n'étoit pas chrétien, il suivroit Aristote en toutes choses. Il eut pour interprètes de ce philosophe plutôt des amis que des maîtres, entre autres, Jacques Charpentier, qui s'est rendu célèbre dans l'école de Paris par ses leçons publiques et par ses querelles particulières avec Ramus.

il eut encore Augustin Nypho, petit-fils de ce fameux philosophe de Sessa, qu'il prit dans sa maison avec plusieurs autres savans, comme Charles Utenhove, Hubert Giffen et Robert Constantin, qui méritèrent par leurs écrits l'estime de leur siècle et de la postérité.

Depuis que de Foix eut quitté le parlement de Paris pour s'attacher aux négociations, il partageoit si bien son temps, qu'après avoir fini ses affaires, auxquelles il s'appliquoit avec une grande exactitude, il employoit le reste du jour à l'étude, de sorte qu'il ne perdoit pas un moment. Il avoit chez lui un jeune domestique qui devant quelqu'un des savans de sa suite lui lisoit toujours quelque endroit, ou des jurisconsultes, ou d'Aristote, ou de Cicéron, dont il avait presque toujours les ouvrages entre les mains. Il en usoit ainsi, ou pour soulager sa vue, ou pour exercer sa mémoire; mais il écoutoit avec tant d'application, qu'après la lecture il répétoit et expliquoit ce qu'on venoit de lire. Ainsi le lecteur et ceux de sa maison qui l'écoutoient, non-seulement s'instruisoient par ses savantes réflexions, mais enrichissoient encore leur mémoire et se formoient le jugement.

Cette manière d'étudier l'avoit accoutumé à des idées si claires et si précises, que tout ce qu'on lui avoit dit et tout ce qu'il avoit répondu, lorsqu'il traitoit des plus importantes affaires avec les princes et les ministres des rois, demeuroit gravé dans son esprit; et qu'il le faisoit transcrire de suite, sans oublier la moindre circonstance. Comme il ne lisoit jamais, il n'écrivoit point non plus, sinon dans les cas où le secret ne pouvoit se confier à personne.

On n'ajoutera rien ici de son souverain amour pour la vertu, de son zèle pour l'état et pour le bien public, de son aversion pour le vice et pour les séditieux, de l'élévation de son génie, de ses soins, de sa candeur et de sa foi inviolable pour ses amis. Toutes ces vertus étoient tellement réunies dans ce grand homme, elles y étoient jointes à tant de noblesse, qu'on ne pouvoit s'empêcher de l'aimer ou de l'admirer : ajoutez un air vénérable répandu sur son visage, un port majestueux, un accueil obligeant, un entretien plein de douceur et de gravité, sans bassesse et sans flatterie. Avec ces qualités, qui devoient lui gagner tous les cœurs,

il ne plaisoit point à la cour. Il n'eut pas de peine à s'en apercevoir, et ne se sentant pas né pour rester inutile dans une vie privée avec de si grands talens, il fut presque toujours occupé dans les ambassades comme dans un exil honorable qu'il s'étoit choisi. De Thou disoit souvent que si de Foix avoit lieu d'être satisfait de lui-même, et s'il contentoit tout le monde dans tout ce qu'on pouvoit attendre d'une vertu aussi pure et aussi parfaite que la sienne, pour lui il ne seroit jamais satisfait des éloges qu'il lui pourroit donner, parce que tout ce qu'il en diroit seroit toujours fort au-dessous de ce qu'il en pensoit.

Lorsqu'il le vint saluer à Gien, il trouva Arnaud d'Ossat auprès de lui. De Foix, prêt à partir pour l'Italie, avoit pris d'Ossat dans sa maison, et l'avoit tiré du barreau, qu'il suivoit pour cultiver la science du droit qu'il avoit apprise de Cujas. Quelques années auparavant, d'Ossat, qui avoit étudié sous Ramus au collège de Presles, avoit soutenu sa doctrine, comme il paroît par quelques dissertations de Charpentier sur la méthode, contre les sentimens de d'Ossat.

Cependant d'Ossat n'avoit point pris de parti dans les querelles violentes et les injures personnelles de Ramus et de Charpentier, qui ont tant fait de bruit. Comme il étoit très-judicieux, et qu'il n'avoit pas moins d'amour pour la vérité que de reconnoissance pour son maître, il avoit embrassé la doctrine d'Aristote, malgré la censure, juste ou injuste, de Ramus.

Il expliquoit alors Platon à Paul de Foix; mais comme les écrits de ce divin philosophe, quoique pleins de fleurs et d'une agréable variété, sont coupés de digressions tirées de loin, de récits pris de la fable, d'interrogations et de réponses dans le goût des dialogues; de Foix, accoutumé à la précision d'Aristote, qui ne s'écarte jamais de son sujet, se servoit de d'Ossat, qui lui développoit pendant le chemin les vrais sentimens de Platon; ce que de Foix répétoit ensuite. Cela ne se passoit qu'entre eux; mais quand on étoit descendu de cheval, il faisoit appeler de Thou et ceux qui mangeoient à sa table.

Tandis qu'on apprêtoit le repas, François Choësne, qui lui servoit de lecteur, et qui fut depuis président à Chartres, lui lisoit devant d'Ossat les sommaires de Cujas sur le Digeste. Comme ces sommaires étoient fort concis, de Foix les expliquoit exprès plus amplement, dans la vue que Cujas, en étant averti, s'étendit davantage sur le code : ce que ce grand jurisconsulte fit par un ouvrage plus étendu qu'il dédia à de Foix. On peut voir dans la préface combien ce grand homme, qui ne donnoit rien à la faveur, avoit d'estime pour lui. Après le repas, de Foix se faisoit lire par le même Choësne les Commentaires d'Alexandre Piccolomini sur les secrets de la physique. C'étoit ce que lui et d'Ossat expliquoient alternativement avec le plus de plaisir.

Le premier des princes d'Italie qu'ils visitèrent fut Philibert-Emmanuel, duc de Savoie, qu'ils trouvèrent malade d'une fièvre quarte. Ce prince étoit venu de Nice à Turin, et laissoit le soin de presque toutes ses affaires à la duchesse Marguerite, son épouse, qui avoit autant d'esprit que de vertu. De Foix, connu de cette princesse avant et depuis qu'elle fut mariée, et rempli pour elle d'une estime respectueuse, passa quelques jours à Turin. Le commerce des belles-lettres fit lier à de Thou dans cette cour une amitié fort étroite avec Guy du Moulin de Rochefort, du pays Blaisois, et déjà fort âgé. Après son retour en France, il continua ce commerce par la liaison qu'il eut avec le frère de Rochefort, et le renouvela quelques années après avec lui-même à Bâle, où ce savant homme mourut. La connoissance de l'histoire naturelle, que Rochefort expliquoit avec beaucoup d'agrément, et qu'il enrichissoit, par la solidité de son jugement, de plusieurs expériences, l'avoit mis fort bien dans l'esprit du duc et de la duchesse, qui le distinguoient autrement qu'un médecin, profession qu'il exerçoit néanmoins avec assez de succès.

Le duc ayant fait préparer une barque, de Foix descendit par le Pô à Casal avec toute sa suite. Cette ville est la capitale du Montferrat, et renommée par la force de sa citadelle. Ce fut de là que de Thou, qui prit congé de Paul de Foix, alla avec ses amis faire une promenade de deux jours dans le Milanais. Avant que d'entrer dans Pavie, ils s'arrêtèrent dans ce lieu funeste où François Ier avoit combattu et avoit été fait prisonnier. Ils y allèrent voir la Chartreuse, qui passe dans l'Europe pour la plus belle, et qui est célèbre par les tombeaux des vicomtes de Milan. Là il apprit du plus ancien chartreux, qu'il interrogea curieusement, suivant sa coutume, une particularité digne d'être sue, et qu'il mit sur son journal, ne croyant pas qu'elle eût été remarquée ailleurs. Ce bon religieux lui dit que le roi ayant été pris proche des murs de leur couvent, que le canon avoit renversés, fut conduit par une brèche dans leur église; que là s'étant mis à genoux devant le grand autel, dans le temps que les religieux étoient au chœur et qu'ils chantoient le psaume 118, après qu'ils eurent achevé le verset 70 et fait la pause ordinaire, le roi les prévint, et dit par cœur à haute voix le verset suivant, qui se rencontroit si à propos pour sa consolation : « Seigneur, il m'a été très-utile que vous m'ayez humilié, afin que j'apprenne à observer vos commandemens. »

Quand de Thou eut veu les églises de Pavie il vint à Milan, et de là par Lodi à Plaisance, où de Foix étoit déjà descendu par le Pô, et d'où il alla à Mantoue saluer le duc Guillaume. Ce fut là que de Thou connut Camille de Castiglione, fils de ce comte Balthazar Castiglione, qui s'est rendu si fameux par son savoir, par ses poésies, et principalement par son Homme de Cour, qu'il a fait d'imagination, comme Cicéron a fait son Orateur. Camille étoit si semblable à son père par sa sagesse, par ses inclinations, par son visage et sa taille, qu'il sembloit que le fils fût le père même.

Entre autres raretés qu'Isabelle d'Est, grand'-mère des ducs de Mantoue, princesse d'un excellent esprit, avoit rangées avec soin et avec ordre dans un cabinet magnifique, on fit voir à de Thou une chose digne d'admiration : c'étoit un Cupidon endormi, fait d'un riche marbre de Spezzia par Michel-Ange Buonarotti, cet homme célèbre qui de ses jours avoit fait revivre la peinture, la sculpture et l'architecture, fort négligées depuis long-temps. De Foix, sur le rapport qu'on lui fit de ce chef-d'œuvre, le voulut voir. Tous ceux de sa suite, et de Thou lui-même, qui avoit un goût fort délicat pour ces sortes d'ouvrages, après l'avoir considéré curieusement de tous les côtés, avouèrent tout d'une voix qu'il étoit infiniment au-dessus de toutes les louanges qu'on lui donnoit.

Quand on les eut laissés quelque temps dans l'admiration, on leur fit voir un autre Cupidon qui étoit enveloppé d'une étoffe de soie. Ce monument antique, tel que nous le représentent tant d'ingénieuses épigrammes que la Grèce à l'envi fit autrefois à sa louange, étoit encore souillé de la terre d'où il avoit été tiré. Alors toute la compagnie comparant l'un avec l'autre, eut honte d'avoir jugé si avantageusement du premier, et convint que l'ancien paroissoit animé, et le nouveau un bloc de marbre sans expression. Quelques personnes de la maison assurèrent alors que Michel-Ange, qui étoit plus sincère que les grands artistes ne sont ordinairement, avoit prié instamment la comtesse Isabelle, après qu'il lui eut fait présent de son Cupidon, et qu'il eut vu l'autre, qu'on ne montrât l'ancien que le dernier, afin que les connaisseurs pussent juger en les voyant de combien, en ces sortes d'ouvrages, les anciens l'emportent sur les modernes.

De Mantoue on se rendit à La Mirandole, où l'Artuisie, connu depuis dans les guerres civiles, commandoit une garnison de François: De Foix y fut reçu avec beaucoup de politesse par Fulvie de Corrégio, veuve et mère des Pic, princes de La Mirandole. Il n'y séjourna que deux jours; de là passant à Concordia, ville de cette principauté, il se rendit à Ferrare. Le duc Alfonse lui fit un accueil favorable, et à tous ceux de sa suite, qui ne trouvèrent point de différence entre cette cour et celle de France, tant ce prince, allié de nos rois et élevé dans leur cour, en avoit pris les manières. De Foix voulut avoir un entretien avec François Patrici de Dalmatie, qui y expliquoit Aristote d'une façon singulière et fort éloignée des précédentes interprétations. Aussi l'accusoit-on de vouloir introduire de dangereuses nouveautés, comme il paroît par quelques-unes de ses dissertations imprimées. De Thou le vit aussi, mais il ne lui parla pas.

De là de Foix fut conduit à Venise dans une galère que le duc de Ferrare avoit fait parer magnifiquement. Il entra de nuit dans cette ville par le grand canal, et par un si beau clair de lune que lui et toute sa suite furent charmés de voir dans la mer l'image de ces beaux édifices qui bordent ce canal des deux côtés; spectacle qui les fit souvenir de ce que dit Philippe de Comines, seigneur d'Argenton, ambassadeur à Venise du temps de Charles VIII, que c'est le plus beau village de l'Europe.

De Foix alla loger chez du Ferrier, ambassadeur de France; ceux de sa suite se logèrent aux environs: pour de Thou, il prit un appartement dans l'auberge de dona Justina, qui lui avoit été destiné par du Ferrier, ami particulier du premier président, son père. L'ambassadeur lui avoit choisi cette maison, parce que Justina étoit la seule femme de sa profession qui passât pour ne point faire certain commerce. De Foix fut conduit à l'audience par du Ferrier, suivant l'usage, et fut reçu fort honorablement par le sénat, tant par rapport à sa naissance que par rapport à l'estime qu'il s'étoit acquise dans son ambassade ordinaire auprès de la république.

Cependant les amis que de Foix avoit à Rome lui mandoient qu'il auroit de la peine à être bien reçu du pape; que le Saint-Père n'avoit pas oublié la mercuriale [1] où l'on avoit accusé de Foix, ni sa condamnation par les commissaires; que, quoiqu'ils l'eussent jugé contre les formalités ordinaires, et qu'il eût été depuis absous par le parlement assemblé, cela n'empêcheroit pas qu'on ne l'inquiétât encore. Là-dessus il jugea à propos de s'arrêter quelque part pour recevoir de nouveaux ordres du roi et pour attendre que ceux qui s'étoient chargés de son affaire à la cour de Rome lui ménageassent un accès favorable. Pour cela il choisit Padoue, la plus forte place des Vénitiens en terme ferme, fameuse d'ailleurs par les plus célèbres professeurs en toutes sortes de sciences.

Il s'y retira avec de Thou, qui ne le quittoit guère, et avec ceux de sa suite qui n'étoient pas allés voir le pays. Pendant ce séjour, de Thou prit le temps, avec son cousin-germain, de voir le pays des Vénitiens qui est en deçà des montagnes. Il visita Vicence, Peschiera, le fameux lac de Garde, Vérone, célèbre par son ancienneté et par les tombeaux des Scaliger, originaires du pays; Bresse, voisine et alliée de Vérone, et la patrie de Catulle; Ber-

---

[1] Il s'agit de la séance où Henri II fit arrêter Anne Du Bourg.

game, qui s'étend du côté des montagnes, d'où il revint, par Crème, Est et Crémone, à Padoue.

Jérôme Mercurial, de Forli dans la Romagne, y enseignoit encore. Il s'étoit fait un grand nom par son savoir et par ses écrits, dont la plupart avoient été rendus publics par ses disciples. De Thou lia une étroite amitié avec lui. Il n'y avoit pas long-temps que Mercurial étoit revenu de la cour de l'empereur Maximilien; depuis il fut appelé par le grand-duc à la cour de Florence, où il eut des appointemens. Il enseigna long-temps la médecine dans l'université de Pise, et revint enfin à Florence, où il vécut jusqu'à un âge fort avancé.

Nypho étoit aussi à Padoue, et y expliquoit Aristote. Il vouloit soutenir la réputation de son grand-père, et celle que lui-même s'étoit acquise à Paris, où il avoit enseigné avec un grand concours d'auditeurs, dans le temps qu'il étoit à Paul de Foix. C'étoit un homme insociable, médisant et jaloux, qui ne louoit personne. Il étoit piqué contre Jules-César Scaliger de ce qu'il n'avoit pas fait assez de cas de son grand-père Nypho, et que, dans ses discours ordinaires, il lui préféroit Pomponace, son maître. Comme la réputation de Jules étoit trop bien établie pour qu'il pût médire de son esprit ni de sa doctrine, il se déchaîna contre Joseph Scaliger et son fils. Le mérite de l'un et de l'autre étant au-dessus de la calomnie, il les attaqua sur leur naissance. Ayant appris que de Thou étoit des amis particuliers du fils, il le tira à part, et, avec un grand discours de déclamateur, il tâcha de persuader à ce jeune homme, qui d'ailleurs n'étoit pas crédule, que Jules Scaliger étoit fils de Benoît Bourdon, ou Bourden, et qu'il avoit pris mal à propos le nom de l'Escale ou de Scaliger. Ce fut lui qui donna lieu à cette fable, que d'autres esprits aussi malins appuyèrent depuis, à leur honte, dans de grands livres dignes d'être lacérés par la main du bourreau.

Quand les ministres de France et les amis de Paul de Foix lui eurent mandé qu'on le recevroit bien à Rome, il partit de Padoue sur la fin de l'hiver, et, passant par Buigo et Lignago, il arriva à Bologne, première ville de l'État ecclésiastique. Alessandro d'Allarmi, accompagné de la principale noblesse de la ville, vint au-devant de lui avec un grand cortège de carrosses, et lui offrit son logis, qu'il fut enfin obligé d'accepter, après s'en être défendu quelque temps. De Foix, dans le séjour qu'il y fit, fut traité avec toutes les marques de distinction, et visité par tous les ordres de la ville.

Charles Sigonius l'y vint saluer. Ce savant homme avoit eu plusieurs contestations avec François Robortel d'Udine, qui étoit mort alors. Fatigué de la vexation des Allemands du parti de Robortel, il avoit quitté Padoue, où il avoit d'abord fixé ses études, et s'étoit retiré à Bologne à la prière de Jacques Buoncompagnon. Il y composa, avec bien du jugement et une grande exactitude, l'histoire de Rome du dernier siècle, qu'il dédia à Buoncompagnon. Dès le temps qu'il étoit à Padoue, il avoit donné au public l'histoire de Rome du siècle précédent, et plusieurs autres ouvrages dignes de passer à la postérité.

Durant son séjour à Bologne, de Thou ne le quitta guère. Comme Sigonius avoit de la peine à s'exprimer en latin, de Thou fut obligé, pour ne se pas priver de sa conversation, de parler italien le mieux qu'il put. Sigonius lui avoua enfin qu'il étoit l'auteur, non-seulement des livres du *Sénat romain*, imprimés sous le nom de Jean Zamoïski, palatin de Belski, seigneur d'une réputation fort établie, mais encore de la *Pologne* de Pierre Crazinski, et du *Commentaire* sur les lois des Romains touchant la distribution des terres (*leges agrariæ*), donné sous le nom de Bernardin Lauretano. De Thou vit encore les *Mémoires d'Ulysse Aldobrandin sur l'histoire naturelle*.

De Bologne on se rendit à Florence par l'Apennin, qui était tout couvert de neiges. A peine l'eut-on descendu qu'on entra dans un pays si doux et si agréable, qu'il sembloit que l'on fût dans un autre climat, quoiqu'il soit au pied de ces affreuses montagnes. Le prince François de Médicis alla au-devant de Paul de Foix, et le conduisit dans le palais où il logeoit avec Jeanne d'Autriche sa femme. Le grand duc Côme, son père, vivoit encore, et s'étoit retiré dans le palais Piti, qui étoit joint à l'autre par une galerie ouverte bâtie sur la rivière d'Arne. Il avoit confié les soins du gouvernement à son fils, et s'en étoit réservé le titre et les honneurs. De Foix, avec toute sa suite, alla le saluer. Il le trouva dans une grande salle auprès du feu, en bonnet de nuit. Côme avoit été fort bel homme; mais il avoit alors la couleur du visage jaunâtre et brune, et étoit frappé de la maladie dont il mourut peu de temps après. Comme il entendoit avec peine et parloit de même, Camille Martelli, qu'il avoit épousée après la mort d'Eléonor de Tolède, sa première femme, ne l'abandonnoit point. Elle lui faisoit entendre ce qu'on lui disoit, et répondoit souvent pour lui.

Antoine-Marie Salviati, évêque de Saint-Papoul, depuis cardinal, ne quittoit point de Foix, non plus que Robert Ridolfi, qui s'étoit sauvé depuis peu d'Angleterre, où le pape l'avoit envoyé pour quelques négociations secrètes avec Marie reine d'Écosse. Pierre Vittori, vieillard vénérable, venoit encore souvent lui rendre visite, et quand de Foix étoit occupé, il entretenoit ordinairement de Thou.

Il se plaignoit qu'on commençoit à négliger les belles-lettres en Italie; il dit qu'il donneroit volontiers plusieurs ouvrages au public, s'il ne craignoit qu'on ne les estimât pas ce qu'ils valoient : il ajouta que les imprimeurs étoient ignorans et paresseux; que depuis quelques années il avoit mis son Æschyle, corrigé et augmenté entre les mains d'un jeune François assez savant (c'étoit Henri Étienne dont il parloit), qui après l'avoir fait attendre long-temps, s'étoit acquitté de l'impression fort négligemment; qu'il avoit fait aussi plusieurs notes tirées des anciens, sur les lettres de Cicéron à ses amis, et principalement à Atticus; qu'il appréhendoit fort de perdre cet ouvrage dans un siècle si malheureux.

Il mena de Thou à la bibliothèque de Saint-Laurent, et lui fit voir un gros volume, qu'on appelle l'Océan, et qui est un recueil manuscrit des interprètes grecs d'Aristote, avec un Virgile écrit en lettres capitales. Il déplora en même temps la dissipation de la fameuse bibliothèque de Médicis, que le malheur des séditions avoit fait transporter à Rome, et même hors d'Italie. C'est la même que Catherine de Médicis acheta depuis, et qu'elle fit apporter en France malgré l'opposition du grand-duc. Elle la garda en particulier tant qu'elle vécut, ayant un bibliothécaire à ses gages. Après sa mort, de Thou en augmenta la bibliothèque du roi, qu'il enrichit de ce trésor, acheté des créanciers de la reine.

Le livre des Pandectes ne courut pas la même fortune. Ceux de Pise le trouvèrent autrefois à Constantinople, et l'apportèrent d'abord à Pise, d'où on le transféra à Florence, où il fut mis dans la maison de ville; ce qui l'empêcha d'avoir le même sort que la bibliothèque de Médicis. Depuis on l'a conservé avec grand soin dans le palais, avec les raretés les plus précieuses du grand-duc. De Thou, qui le feuilleta, remarqua, par l'ancienneté des caractères et par la reliure, que c'étoit l'original de tous les exemplaires que nous en avons; car la transposition qu'on y voit aujourd'hui sur la fin paroît visiblement tirée de celui-ci, suivant la remarque d'Antoine Augustin : ce qui fit ressouvenir de Thou de la passion de Cujas pour voir ce livre. Cujas lui avoit souvent dit qu'il consigneroit volontiers deux mille écus pour pouvoir s'en servir durant l'espace d'un an, afin de réformer les Pandectes; car, quoique l'édition de Lélio Taurelli paroisse fort exacte, cet homme savant et laborieux prétendoit avoir découvert dans l'original, par ses propres lumières et par son examen, beaucoup de choses qui avoient pu échapper à Taurelli, et même des fautes d'impression. Étant à Turin, il avoit fait son possible pour se satisfaire là-dessus; il avoit employé le crédit du duc et de la duchesse de Savoie, auxquels il en avoit parlé, et qui s'étoient offerts d'être sa caution envers le grand-duc; mais ce prince avoit toujours répondu que le livre ne sortiroit point du lieu où il étoit; que si Cujas vouloit venir à Florence, il seroit content de lui, et le maître absolu du livre : ce qui fit dire à Cujas qu'il ne lui manquoit que cette satisfaction pour perfectionner la connoissance qu'il avoit de la jurisprudence, et que son regret là-dessus lui dureroit jusqu'à la mort.

De Thou vit encore à Florence Georges Vasari d'Arezzo, excellent peintre et architecte, qui le conduisit partout. Il remarqua les portraits de Jean et de Garcia de Médicis, fils du grand-duc. Ayant su leur sort funeste assez confusément, il pria Vasari en particulier de lui dire si ce qu'il en avoit appris étoit véritable. Celui-ci ne répondit que par un silence qui marquoit assez la vérité de ce qu'on en disoit en secret. Il ajouta néanmoins que Côme n'avoit rien fait qu'avec justice; mais qu'il avoit caché cet accident autant qu'il avoit pu, de peur que, dans les commencemens de sa domination, ses ennemis ne saisissent cette occasion de le rendre odieux.

De Florence on vint à Sienne, où le souvenir des François étoit encore récent. De Thou, qui songeoit déjà à écrire l'histoire de son temps, en visita la situation exactement, pour se former par la connoissance des lieux une plus juste idée du long siége de cette ville. De Foix, dans le séjour qu'il y fit, alla voir Alexandre Piccolomini, vénérable vieillard. Comme il ne s'étoit point fait annoncer, et qu'il le surprit, il le trouva seul appuyé sur son oreiller, retouchant ses Commentaires sur Aristote. Piccolomini fit à de Foix de grands remercimens de l'honneur de sa visite, et des excuses de l'absence de ses domestiques. Après que de Foix se fut assis, et que Piccolomini eut prié ceux de sa suite, dont étoit de Thou, de s'asseoir aussi, ce vieillard leur parla longtemps de ses études. Il leur dit que dans un âge où les divertissemens, même les plus innocens, ne lui étoient plus permis, il goûtoit les fruits de ses études avec beaucoup de plaisir: il ajouta qu'il ne disoit pas cela seulement pour faire voir la consolation qu'il avoit trouvée dans sa vieillesse, mais pour faire connoître, par son exemple, aux jeunes gens qui étoient présens, combien il est utile de ne se pas abandonner à l'oisiveté, mais de s'appliquer à l'étude.

(1574) De Sienne, de Foix prit le chemin de Lucques, chargé des lettres du roi et du nouveau roi de Pologne pour la république et pour les principaux de la noblesse, qui étoient la plupart de leurs amis. Ils le reçurent, et toute sa suite, non-seulement comme un ambassadeur, mais comme leur ami particulier. De là il se rendit à Rome en trois jours, après avoir passé par Montefiascone et par Viterbe, d'où il alla voir Bagnarea, que le cardinal Gambara a fort embelli, et qui est célèbre par l'abondance de ses fontaines et par ses eaux artificielles.

De Foix entra de nuit à Rome par Pontemolle, et fut conduit à l'audience secrète du pape par l'ambassadeur ordinaire. Quelques jours après il eut une audience publique, où de Thou et les principaux de sa suite furent admis à baiser les pieds de Sa Sainteté.

Alors par un grand abus, et sans égard pour l'honneur de la France et pour de Foix, son procès de la mercuriale, terminé il y avoit plus de douze ans, fut examiné de nouveau et renvoyé à une congrégation de cardinaux. On le peut excuser de s'être soumis à leur jugement, sur ce qu'ayant passé par Avignon pour voir le cardinal d'Armagnac, son proche parent, qui lui avoit promis de lui résigner ses grands bénéfices (comme il fit effectivement depuis), ce vieillard, âgé de près de quatre-vingts ans, avoit exigé de lui, avant toutes choses, qu'il finît ses affaires à la cour de Rome. D'ailleurs, des personnes mal intentionnées et qui ne l'aimoient pas, lui avoient fait espérer malicieusement que son affaire seroit bientôt terminée s'il la remettoit entre les mains du pape. Ainsi il fut la victime de sa bonne foi, qui l'engagea dans un labyrinthe d'affaires dont il eut toutes les peines imaginables de sortir au bout de dix ans.

Il ne faut pas oublier ici une particularité remarquable, dont de Thou, qui en avoit oublié la date, n'a point parlé dans son histoire générale, quoiqu'elle soit marquée dans ses recueils. On y trouve que de Foix, fatigué de la manière indigne dont on le traitoit dans cette cour, et de ses sollicitations inutiles auprès des cardinaux, alla trouver un jour le cardinal Prosper de Sainte-Croix, de la faction de France, et qu'il lui demanda son conseil pour pouvoir sortir, à son honneur et sans se brouiller avec le pape, d'une affaire si honteuse pour lui, et où le roi n'avoit point de part.

Au commencement de nos guerres civiles Sainte-Croix avoit été nonce en France, et nommé ensuite cardinal, à la recommandation de la reine. Instruit des secrets de l'état, il avoit traité les intérêts du pape et de cette princesse avec une prudence et une fidélité particulières, ainsi que le témoigne le duc de Nevers dans les Mémoires de son ambassade auprès de Sixte V. Comme il avoit conservé la même affection, et qu'il savoit que la reine avoit une grande considération pour de Foix, qui lui devoit sa fortune et ses emplois ; il le mena dans une grotte de sa vigne, un jour que les chaleurs étoient déjà fort grandes, quoiqu'on ne fût qu'au commencement de mai. Il voulut que de Thou fût du secret et qu'il les y accompagnât; il le considéroit, par rapport à l'amitié qu'il avoit faite en France avec le président de Thou, son père. Là, après s'être étendu sur son sincère attachement pour le roi et pour la reine, et sur son estime particulière pour la vertu et pour le mérite de Paul de Foix, il lui dit :

« Vous m'obligez, monsieur, de découvrir en votre faveur des secrets que l'on voile ici d'un religieux silence, et de vous faire connoître l'esprit de cette cour, et la sévérité dont elle use avec les étrangers lorsque l'occasion s'en présente et qu'elle n'a rien à craindre. Elle n'a pas de plus grande joie que d'embarrasser, par la longueur de ses délais et de sa procédure éternelle, quelque personne de distinction qui s'est soumise à son jugement. L'éclat que cela fait dans le monde fait naître dans les esprits une crainte respectueuse de son autorité; cependant cette sévérité n'a lieu qu'autant que la foiblesse ou la crainte qu'inspire la religion la font valoir : quand il se trouve un prince assez ferme pour s'exempter de ces bassesses, alors on use d'adresse et de déguisement avec lui, et toute cette rigueur disparoît. Sachez donc que le respect qu'on a pour cette cour n'est fondé que sur l'opinion des hommes et sur leur patience : ce qui perdroit les autres états, comme a fort bien remarqué un rusé Florentin, fait subsister celui-ci. Ce que j'ai l'honneur de vous dire est une marque de ma confiance; que ce m'en soit une de votre discrétion et de celle de la personne qui vous accompagne, quoiqu'elle soit encore jeune; je vous prie instamment que personne ne le sache. Je suis fâché que vous ne m'ayiez pas demandé au commencement ce que vous me demandez aujourd'hui; vous auriez évité, par une autre conduite, ce que vous aurez bien de la peine à réparer par la soumission.

» Je veux cependant, pour vous instruire, vous faire part d'un fait arrivé ici il n'y a pas long-temps. Vous avez connu Galéas de Saint-Séverin, comte de Cajazzo, que l'on m'a dit être mort en France depuis peu; il avoit gagné les bonnes grâces du roi Très-Chrétien, et avoit supplanté Adrien Baglioni, qui vient de mourir, et qui étoit frère de ce brave Astor, qui a défendu Fagamouste en Chypre, et que les Turcs ont fait massacrer inhumainement. Dans vos dernières guerres, le roy fit Saint-Séverin colonel de la cavalerie légère de France. Après la paix faite, il y a plus de quatre ans, Saint-Séverin vint à Bologne pour voir ses parens, recueillir le peu de bien qu'il avoit dans le pays et le transporter en France. Ceux qui s'en étoient emparés appréhendèrent qu'il n'y rentrât; et, par intérêt, ou en haine de la nouvelle religion, qu'ils l'accusoient de professer, ils le déférèrent à l'inquisition. Aussitôt on l'arrêta et on le conduisit à Rome.

» A cette nouvelle le roy entra dans une furieuse colère, et dépêcha sur-le-champ à Rome Saint-Goart, de la maison de Vivonne, homme de qualité parmi vous, et présentement ambassadeur en Espagne, à ce que j'ai appris. Ce prince le chargea expressément de redemander un homme qui étoit à son service et sur qui personne n'avoit de juridiction que lui, avec ordre de le ramener à quelque prix que ce fût. Saint-Goart en arrivant exposa d'abord ses ordres à Sa Sainteté. Le pape, qui ajoutoit à la sévérité de cette cour la dureté de son naturel, lui répondit qu'il étoit surpris que le roi Très-Chrétien prît si fort les intérêts d'un hérétique qu'il devroit voir punir avec joie; que cependant, puisqu'il demandoit un criminel avec tant d'instance, il examineroit cette affaire avec attention, pour marquer au roi les égards qu'il avoit pour sa demande.

» Saint-Goart, renvoyé avec cette réponse pour la première fois, demanda quelques jours après une nouvelle audience. Voyant qu'on la différoit de jour en jour, et qu'on renvoyoit cette affaire à une congrégation de cardinaux, il dit que c'étoit avec douleur qu'il se voyoit forcé d'exécuter ses ordres et de garder aussi peu de mesures qu'on en gardoit avec lui; que si dans trois jours on ne donnoit satisfaction au roi, et si on ne lui remettoit son officier, il seroit obligé de se le faire rendre; qu'il le déclaroit à Sa Sainteté, afin de lui donner le temps d'examiner, avec sa prudence ordinaire, s'il étoit plus avantageux à sa dignité et à celle du Saint-Siége, qu'il lui objectoit toujours, d'accorder ce qu'un roi Très-Chrétien, qui avoit tant mérité de l'église, lui demandoit, ou de se brouiller avec lui par un déni de justice; que le roi son maître ne pouvoit refuser sa protection à son officier, qui la la lui demandoit, ni s'empêcher de croire qu'en le retenant en prison on ne voulût, de dessein formé, offenser Sa Majesté; que c'étoit au pape à examiner promptement les intérêts de sa dignité et ceux du roi Très-Chrétien, parce que dans trois jours il se présenteroit sans demander audience.

» Au bout de trois jours, le pape en ayant usé avec la même rigueur, il vit bien que Sa Sainteté vouloit éluder sa demande par la longueur et l'embarras de la procédure. Ainsi il lui déclara qu'il ne lui étoit plus permis de rester à Rome; que le roi ne lui avoit donné que quinze jours pour attendre la résolution de Sa Sainteté; qu'ils étoient passés, et que ce temps avoit été suffisant pour se déterminer; que, puisqu'il n'avoit rien obtenu, il étoit enfin obligé de déclarer que le roi lui avoit ordonné de retirer son ambassadeur et de le ramener avec lui (c'étoit Charles d'Angennes, évêque du Mans, qui depuis fut cardinal); que s'il arrivoit quelque affaire de conséquence, le roi enverroit ses ambassadeurs; que cependant les affaires ordinaires se traiteroient par ses agens et par ses banquiers en cour de Rome. Après cette déclaration, sans attendre de réponse, il dit qu'au sortir de l'audience il alloit ordonner de la part du roi à l'ambassadeur ordinaire, déjà averti, qu'il eût à le suivre dans deux jours.

» Ces paroles, prononcées par Saint-Goart avec une grande présence d'esprit et avec une liberté digne d'un vrai François, mirent le pape dans la nécessité pressante de rejeter ou d'acheter l'amitié du roi: embarras semblable à celui du roi Antiochus, quand autrefois Popilius Lænas le pressa de la part du sénat par la description d'un cercle. Le vieux pontife, aussi lent que hautain, en fut extrêmement ému; cependant il dit à Saint-Goart, qui se retiroit, qu'il y penseroit davantage et que le roi seroit satisfait.

» Quand il fut sorti, le pape fit de grandes plaintes, s'emporta, demanda l'assistance de Dieu et des hommes, jeta les yeux de tous côtés, et s'écria que c'étoit fait de la religion, qu'il n'y avoit plus de liberté dans l'Église; qu'un jeune prince, qui portoit le nom de Très-Chrétien, prenoit par de mauvais conseils la défense des hérétiques, et ce qui étoit de plus outrageant, lui avoit envoyé un ivrogne qui prétendoit par son audace effrontée lui donner la loi, et à tout le sacré collège. Après ces plaintes et plusieurs semblables, il consulta une seconde fois avec les plus sensés des cardinaux qu'il avoit nommés pour cette affaire; et voyant que Saint-Goart se disposoit secrètement à exécuter ce qu'il avoit dit, il fut résolu qu'avant que ces contestations éclatassent, on lui rendroit incessamment Saint-Séverin; mais qu'on avertiroit Saint-Goart en particulier de ne point parler de ses ordres, plus injurieux au Saint-Siége qu'avantageux à Sa Majesté; que c'étoit assez qu'il eût obtenu du pape ce qu'il avoit demandé.

» Comme Pie V l'avoit plusieurs fois appelé ivrogne, cela donna lieu de rechercher la vie de Saint-Goart, et l'on trouva que non seulement il ne buvoit point de vin, mais qu'à peine buvoit-il trois verres d'eau en une année.

» Si vous m'eussiez demandé conseil dès le commencement, ajouta Sainte-Croix, je vous aurois donné ces instructions, non seulement par rapport à votre caractère, mais encore par rapport à notre amitié. Aujourd'hui que votre affaire a pris un autre tour par l'artifice de ceux qui vous ont engagé, il ne vous reste d'autre voie que celle de sortir d'ici le plus honorablement que vous pourrez, à la première occasion qui se présentera. Un plus long séjour ne vous seroit pas seulement inutile, mais honteux au roi et à votre dignité. Quand vous serez de retour, tâchez d'employer l'autorité du roi, qui, comme je viens de vous dire, a réussi sous un autre pape, quoique dans une affaire bien différente. Sans cela tous vos ménagemens et toutes vos soumissions seront inutiles: vous n'obtiendrez rien que par des longueurs insupportables et par une perte de temps également désagréable et ruineuse. »

Après cela le cardinal de Sainte-Croix pria de Foix de se souvenir du conseil, mais d'oublier celui qui le lui donnoit.

Cependant, ce procès étant toujours entre les mains des cardinaux, d'Ossat, jusqu'alors secrétaire de Paul de Foix pour ses études, commença à s'appliquer aux affaires. Il mit cette cause dans un si grand jour, et en fit un mémoire si net et si exact, dont on donna des copies aux cardinaux, que les plus éclairés jugèrent que, s'il demeuroit long-temps à la cour de Rome, il s'y feroit connoître avec distinction, et parviendroit un jour aux plus grandes dignités.

Quelque temps auparavant, de Thou, qui en avoit demandé la permission à Paul de Foix, étoit parti pour Naples sur la fin de février, lorsque le printemps commence en ce pays-là. Après avoir passé par Velletri, Terracine et Fondi, première ville du royaume de Naples, il y arriva par cette caverne pleine de poussière décrite par Sénèque, et creusée dans la montagne Pausilippe. Il vit Jean-Baptiste Porta, connu par son *Histoire des choses cachées de la nature*, que l'auteur a augmentée depuis. De là il fit une promenade jusqu'à Salerne et Sorrento, admirant partout la douceur de l'air et la beauté du pays. Il vit Mergolino, lieu célèbre par le tombeau de Sannazar, et par celui de Virgile, qui n'en est pas loin : l'aspect de la mer rend ce lieu fort agréable. Il se hâta de venir à Rome par Pouzzol et par les lieux remarquables d'alentour, mais si défait et si fatigué des mauvais gîtes, qu'il paraissoit plutôt revenir d'une longue et fâcheuse maladie que d'un voyage.

Les affaires de Paul de Foix n'interrompoient point ses études. D'Ossat, pendant les chaleurs de l'après-dînée, lisoit devant lui, et en présence des gentils-hommes de sa suite, la Sphère d'Alexandre Piccolomini, et l'expliquoit alternativement avec de Foix, suivant leur coutume. De Thou étoit un des plus assidus à les entendre. Son séjour à Rome fut de six mois. Il les employa à lier amitié, selon sa coutume, avec les plus savans hommes, principalement avec Marc-Antoine Muret, dont il avoit entendu l'éloge de la bouche de Joseph Scaliger, et que Jules Scaliger, son père, n'estimoit pas moins qu'il en étoit estimé. Ainsi, tout le temps qu'il n'étoit point auprès de Foix, qu'il quittoit fort peu ; il le passoit auprès de Muret, auquel il demandoit son sentiment au sujet de tous les habiles gens qui étoient à Rome.

Muret lui apprit le malheur de Scipione Tettio de Naples, homme à son gré universel, mais qui, accusé d'athéisme, avoit été condamné aux galères, où peut-être il étoit mort. Il regrettoit aussi Aonius Palearius de Verulo, et Nicolas Le Franc de Bénévent, dont l'un, à ce qu'il disoit, avoit été brûlé pour son indiscrète ingénuité sur les matières de religion, et l'autre condamné à être pendu, sous le pontificat de Pie V, pour avoir parlé trop librement au gré de la cour de Rome.

De Foix avoit été logé à Araceli, couvent de cordeliers au-dessus du palais de Saint-Marc, où le pape venoit ordinairement durant les chaleurs. Muret, qui y venoit souvent, mena plusieurs fois de Thou chez Paul Manuce, qui ne quittoit plus le lit. De Thou vit encore Latino Latini, Laurent Gambara, et Fulvio Ursini, logé au palais Farnèse : c'est celui qu'il fréquenta le plus après Muret. Ottaviano Pantagolo, homme illustre entre les gens de lettres, étoit déjà mort, de même que Onufre Panvini, son élève, et si cher à Scaliger, qui l'avoit connu à Rome, et qui l'aimoit par rapport à sa patrie, et à la grande connoissance qu'il avoit des antiquités romaines, sacrées ou profanes. Ce fut à Palerme que mourut Panvini.

Dans ce temps-là, de Foix, ennuyé de son séjour à Rome, et fatigué de la longueur de son affaire, à laquelle on avoit donné d'abord un mauvais tour, fut accablé de la nouvelle de la mort de Charles IX, qui lui fournit une occasion aussi honorable que funeste de sortir de Rome. Le pape Grégoire avoit déjà dépêché le cardinal Philippe Buoncompagnon, son neveu, en qualité de légat, pour saluer le nouveau roi de France, qu'on disoit être arrivé de Pologne sur les frontières de l'état de Venise. De Foix ayant pris congé du pape, suivit aussitôt le légat, et, passant par Orvieto, Terni, Narni, Forli, Spolette et Urbin, il laissa Pesaro à droite ; et, traversant le fameux Rubicon, arriva à Rimini en poste avec toute sa suite. Dans le peu de séjour que de Foix fit à Urbin avec le duc, de Thou n'eut que peu de temps pour examiner la beauté de l'architecture du palais, et la belle bibliothèque qu'on y conserve. Elle lui fut montrée par Frédéric Commendon, qu'il avoit plus d'envie de voir que la bibliothèque, dont il ne regarda que le vaisseau.

Ils prirent à Rimini une chaloupe, et arrivèrent à Ravenne avec un vent assez violent. De Thou y vit Hieronimo Rosso, excellent historien des antiquités de cette ville, dont on a fait deux éditions, et qui a tâché d'imiter Sigonius dans la profonde recherche des antiquités de sa patrie. De Foix arriva à Venise dans la même chaloupe, avant le légat, qui couroit par un autre chemin.

Là s'étant joints à du Ferrier, ils vinrent ensemble par le Frioul saluer le nouveau roi dans la Dalmatie. Bellièvre et Pibrac étoient auprès du prince. Pibrac venoit d'échapper d'un grand péril, qui fut le sujet d'un long entretien. De là on se rendit à Venise: l'histoire a pris soin d'écrire la réception qu'on y fit au roi, aussi bien que dans tous les lieux de son passage en Italie. A Venise, de Thou s'occupa dans les boutiques des libraires; il y trouva, entre autres, plusieurs livres grecs fort rares en France, dont il enrichit sa bibliothèque, qu'il avoit déjà commencée.

En quittant cette ville, il alla prendre congé de du Ferrier et lui demander un passe-port. Du Ferrier, ami particulier du premier président son père depuis le jour de la mercuriale, donna au fils des marques sincères de son amitié. Instruit qu'il étoit destiné à l'Eglise, suivant l'usage des familles nombreuses, ce sage et vertueux vieillard l'avertit de penser sérieusement à l'état qu'il embrassoit, d'examiner ses forces avant que de s'y engager davantage; qu'il paroîtroit par là qu'il avoit plus d'égard pour la gloire de Dieu et pour les biens incorruptibles du ciel, que pour ceux de la terre; qu'autrement ces grandes richesses, qu'on nommoit bénéfices, dont la plupart abusoient, et qu'ils n'employoient qu'à satisfaire leur cupidité, seroient un poison aussi mortel à son ame qu'à son honneur: paroles qui pénétrèrent de Thou si vivement, que depuis il apporta toutes les précautions possibles pour choisir un genre de vie.

De Venise toute la cour se rendit à Ferrare, d'où le roi dépêcha de Foix à Rome, pour remercier le pape de l'ambassade honorable qu'il lui avoit envoyée. De Foix, accompagné du jeune de Thou, prit son chemin par Bologne, et de là par Florence. Le grand-duc François vint au-devant d'eux en deuil. Côme, son père, étoit mort quelques mois auparavant, d'autant moins regretté, qu'étant depuis long-temps épileptique, on ne devoit plus le compter parmi les vivans.

De Thou se souvint de l'empressement extraordinaire de Muret pour voir l'Histoire de Zozime, qui est un abrégé d'Eunapius, dont Muret n'avoit jamais pu voir l'exemplaire qui est dans la bibliothèque du Vatican. Il avoit prié de Foix d'obtenir du grand-duc qu'il pût avoir pour quelques mois celui de Florence en sa disposition: ce qui lui fut d'abord accordé; mais comme on sut que Pie V en avoit défendu la lecture à Florence aussi bien qu'à Rome, le grand-duc s'en excusa depuis.

L'emportement de Zozime contre les chrétiens, dans un temps où la superstition régnoit encore, et ses satires contre Théodose et Constantin, étoient toujours présentes à l'esprit du vieux pontife; et il craignoit encore, dans le sein paisible du christianisme, et dans un temps où les erreurs du paganisme étoient abolies, ce que du temps d'Evagrius les chrétiens encore mal affermis avoient appréhendé.

Après avoir passé à Sienne, on arriva à Rome, dans le temps que la campagne d'alentour étoit embrasée par le feu qu'on met aux chaumes après la moisson. De Thou fit savoir à Muret ce qui s'étoit passé au sujet de Zozime, et l'assura que sitôt qu'il seroit de retour en France, il feroit son possible pour le satisfaire, s'il pouvoit trouver cette histoire, ou dans le royaume, ou en Allemagne; ce qu'il fit effectivement depuis, mais trop tard, comme on le dira dans la suite.

De Foix s'étant acquitté de sa commission, en peu de jours, partit de Rome pour revenir trouver le roi. Ayant laissé Florence à droite, et passé à Sienne, il vint à Lucques, où il fut reçu comme la première fois, avec de grandes marques d'amitié. De là, passant par Pise, Pistoie et Pietra-Santa, il arriva dans l'état de Gênes. Il vit Gênes et se rendit en Piémont, où le roi étoit déjà arrivé. Alors, pour ne point embarrasser la cour dans les défilés des montagnes, on ordonna à ceux qui la suivoient de prendre le chemin de Lyon.

De Thou y trouva son frère aîné, maître

des requêtes. Il y resta quelque temps pour apprendre la résolution de la cour. On y délibéra d'abord de la guerre contre les protestans. De Foix, dans le conseil, eut une dispute avec Villequier sur ce sujet; mais en secret cette guerre étoit résolue. De Thou disoit avoir vu de Foix en soupirer de regret, et soutenir qu'on ne seroit pas long-temps sans se repentir d'une résolution si pernicieuse et prise avec tant de précipitation.

De Thou fit à Lyon ce qu'il avoit fait à Venise; il y acheta bien des livres de Jean de Tournes et de Guillaume Rouillé, qui travailloit à l'impression de sa Botanique avec le secours de J. Dalechamps, et de sa Bible, suivant la correction de Salamanque.

Après un mois de séjour, l'aîné de Thou, s'en retournant à Paris, alla avec son frère trouver Paul de Foix, qu'il remercia de la part de son père et en son particulier. Il le pria de trouver bon qu'il ramenât son frère auprès du premier président. De Foix lui témoigna que la compagnie d'un jeune homme si sage lui avoit fait un grand plaisir, et qu'il ne le laissoit partir qu'à regret dans un temps où la cour devoit bientôt se rendre à Paris. Mais comme la guerre étoit résolue, et que le roi devoit descendre en Provence, ils ne voulurent pas tarder plus long-temps à satisfaire leur père. Ils le trouvèrent avec leur mère à Cely en Gâtinois. Ce magistrat, qui s'y occupoit à ses vendanges pendant les vocations, les revit avec beaucoup de joie.

(1575) Au retour d'Italie, de Thou s'appliqua pendant quatre ans à la lecture; il n'y profita pas tant que dans la conversation de ses doctes amis. Les principaux étoient Pierre et François Pithou frères, Antoine Loysel, Jacques Houllier, digne fils du grand Houllier, et Claude du Puy. Ce dernier, reçu conseiller au parlement dans ce temps-là, épousa Claude Sanguin, proche parente des de Thou. Par cette alliance les liens de leur amitié, formés par le savoir et par la vertu, furent serrés plus étroitement par ceux du sang. Sur tous les autres, Nicolas Le Fèvre fut l'ami qu'il cultiva davantage et qu'il conserva plus long-temps. C'étoit un homme dont le rare savoir et la droiture, la gravité et la douceur, égaloient la sagesse et la pitié. On en parlera davantage dans la suite.

(1576) Au commencement de l'année suivante, le roi, qui croyoit avoir pacifié la Provence et le Languedoc, et qui, après la mort du cardinal de Lorraine, avoit reçu des assurances de son mariage, qu'il souhaitoit depuis long-temps, traversa le duché de Bourgogne, se rendit en Champagne et vint à Reims, où il fut sacré. Le lendemain il épousa Louise de Lorraine, fille du comte de Vaudemont. Le premier président, avec Jean et Jacques de Thou ses fils, allèrent l'y trouver.

Sur la fin de la même année, le duc d'Alençon et le roi de Navarre se sauvèrent de la cour, et se retirèrent en différentes provinces. Leur départ jeta le royaume dans de nouveaux troubles. La reine-mère, qui vouloit regagner son fils, se rendit à Loches, accompagnée des maréchaux de Montmorency et de Cossé, qu'elle avoit exprès fait sortir de prison pour ménager la paix entre les deux frères. Le maréchal de Montmorency, qui avoit une grande autorité, oublia généreusement tous les mauvais traitemens qu'il avoit reçus, et fit cette réconciliation avec une fidélité qui a peu d'exemples. Peu de temps après on craignit que les brouilleries ne recommençasssnt, et l'on dépêcha de Thou au maréchal de Montmorency, auquel on donna des ordres secrets de se servir de son crédit pour les prévenir. Il y réussit et les suspendit pour quelque temps. L'accommodement fut suivi d'un édit, révoqué sitôt que la guerre recommença.

La même année, de Thou vit par occasion une partie des Pays-Bas; peu s'en fallut même qu'il ne passât en Angleterre. Il étoit allé pendant les vacations à Beauvais; il y trouva Christophe de Thou, son cousin-germain, grand-maître des eaux et forêts de France, avec Jean Longueil de Maisons, leur parent. De Beauvais ils allèrent tous trois de concert à Abbeville, à Boulogne et à Calais, et furent fort bien reçus par les gouverneurs. Ayant ensuite passé l'Aa, qui sépare la France des Pays-Bas, ils vinrent à Gravelines le long des dunes; d'où ayant laissé Bourbourg à droite, ils arrivèrent le même jour à Dunkerque, qui, brûlée dans les dernières guerres, avoit été depuis fort bien rétablie. Elle appartient, aussi bien que Bourbourg et Gravelines, à la maison de Luxembourg, et est depuis échue au roi de

Navarre, son principal héritier. Après y avoir passé la nuit, le lendemain ils allèrent à Nieuport, ville située sur le sable de la mer, et fort bien bâtie, comme toutes les villes des Pays-Bas.

Les troubles commençoient déjà dans ces provinces par l'insolence des soldats espagnols, que les peuples ne pouvoient plus souffrir, et dont les officiers n'étoient plus les maîtres; ainsi tout étoit en armes. Une troupe de François qui marchoit dans un temps si peu convenable, et que le bruit de ce qui se passoit sembloit avoir attirée, leur devint suspecte; aussi, en entrant à Altenbourg, on les arrêta et on les conduisit à Bruges, avec une escorte de Flamands, dont ils n'eurent pas lieu de se plaindre. Là le conseil du Franc, qui est la souveraine magistrature de la ville, les interrogea séparément; et, comme il reconnut que c'étoient des jeunes gens que la seule curiosité de voyager amenoit, il leur fit dire, par François Nansi, un des principaux capitaines de la bourgeoisie, qu'ils pouvoient voir la ville avec liberté, mais qu'ils feroient plus sagement de retourner chez eux.

Nansi, qui étoit un homme poli, demanda civilement à de Thou des nouvelles de messieurs Pithou et du Puy; ce qui donna lieu à de Thou de lui en demander à son tour de Hubert Goltzius, qui, quoique né dans la Franconie, s'étoit venu établir à Bruges, d'où il étoit alors absent. Ils admirèrent la beauté des bâtimens de cette ville, qui semblent autant de châteaux et de palais, comme aussi le nombre de ses canaux et des ponts de pierre qui les traversent. La ville étoit assez mal peuplée, et l'on prétendoit que l'affront qu'y reçut l'empereur Maximilien, il y a plus de cent ans, et dont il ne put se venger que lentement, en étoit la cause; car ce prince accorda de grands priviléges aux marchands d'Anvers, dont le commerce devint florissant par la ruine de celui de Bruges; de sorte qu'il fut entièrement transporté dans le Brabant. De Bruges ils se rendirent à Gand, ville célèbre par ses troubles domestiques, qui ont causé sa ruine. On peut encore juger de sa grandeur passée par l'état où elle est aujourd'hui.

Après avoir passé l'Escaut, ils vinrent à Anvers. Cette ville est dans une situation avantageuse; les bâtimens en sont fort beaux, et elle est encore florissante, malgré la citadelle qu'on y a bâtie pour retenir les habitans dans le devoir. Frédéric Perrenot de Champigni y commandoit. Ayant été conduits chez lui, de Thou prit la parole, et s'excusa sur l'envie de voyager, si naturelle aux jeunes gens, quoique dans un temps peu propre pour la satisfaire. Ils obtinrent la liberté de voir la ville, et chacun se dispersa suivant son goût.

De Thou alla chez Christophe Plantin, où, malgré le malheur des temps, il trouva encore dix-sept presses d'imprimerie. Il apprit de lui l'état malheureux des Pays-Bas, et que si le conseil n'y donnoit ordre, ils étoient sur le point d'être ruinés par les Espagnols.

Après avoir séjourné quelque temps à Anvers, et fait réflexion qu'il n'y avoit pas d'apparence, dans un temps de confusion, de passer en Hollande, où ils avoient eu dessein d'aller, ils songèrent à leur retour. Ils vinrent à Malines, et de là à Louvain. Ils convinrent que, tant pour la beauté que pour le nombre des colléges, Louvain ne cédoit en rien à Padoue. Ils visitèrent le couvent des Célestins, que Guillaume de Croui-de-Chièvres, ce sage gouverneur de Charles V, avoit fait bâtir pour lui servir de sépulture et à ceux de sa maison.

De Louvain ils revinrent par Bruxelles, qu'ils trouvèrent dans une grande émotion. La veille, les états, comme de concert, avoient fait arrêter ceux du conseil royal soupçonnés de favoriser le parti d'Espagne. Leur chef étoit Guillaume de Horne-de-Hèse. Ainsi nos voyageurs n'eurent que peu de jours pour voir cette cour des gouverneurs des Pays-Bas, et ce grand nombre de palais qu'ils ont fait bâtir sur une éminence. Après que de Thou eut rendu visite à Ulric Vigilius de Zwichem, et eut entretenu, par la permission de la garde qu'on leur avoit donnée, Mondoucet, agent du roi dans cette cour, ils se retirèrent, et vinrent à Mons en Hainaut par Notre-Dame de Hall. La mémoire de la surprise de Mons par Chaumont de Guitry étoit encore toute récente. Les troubles de Valenciennes les empêchant d'y entrer, ils revinrent par Cambray, qui n'est qu'à sept lieues de Péronne.

Ce fut là que finit leur voyage des Pays-Bas. Nos troubles domestiques, aussi dangereux que ceux de ces provinces, étoient alors fort allumés; on y avoit donné lieu sans réflexion, et en suivant de mauvais conseils. Le roi, mieux conseillé, les apaisa depuis, par un nouvel édit qu'il donna l'année suivante. Durant le séjour que la cour fit à Poitiers, le roi envoya souvent en poste, dans les chaleurs excessives de l'été de cette année, l'aîné de Thou vers le parlement et vers le premier président son père. Cet homme robuste, qui se fioit à ses forces et à son courage, courut la dernière fois en vingt-quatre heures depuis Poitiers jusqu'à Longjumeau. Jamais il ne put revenir d'un effort si violent; il fut attaqué d'abord d'une fièvre lente, qui, s'augmentant insensiblement, devint continue, et l'emporta. Dans le cours de sa maladie il perdit plusieurs de ses enfans encore jeunes. Il ne lui resta d'une famille si nombreuse qu'un fils, qui vit encore, et trois filles.

(1578) De Thou fut sensiblement touché de ces pertes et de la longue maladie d'un frère qu'il voyoit s'affoiblir de jour en jour, et qu'il regardoit comme le soutien de sa famille. Quoique pénétré de douleur, il ne l'abandonna point, non plus que Renée Baillet, sa belle-sœur, dame très-vertueuse, qui étoit inconsolable de la perte dont elle étoit menacée.

Le malade languit dix-neuf mois, et pendant ce temps-là de Thou fut reçu conseiller au parlement, à la place de Jean de La Garde de Saigne, conseiller-clerc. Pendant la maladie dont La Garde mourut, de Thou ne fit jamais de prières plus ardentes que celles qu'il fit à Dieu de redonner la santé à ce magistrat. Il n'ignoroit pas que le roi, à la recommandation de son père, lui destinoit cette charge; mais la douceur du repos et le charme de ses études lui faisoient regarder cet emploi comme si fort éloigné de son genre de vie, qu'il ne pouvoit se résoudre à le quitter pour un autre plein d'agitation et dont les occupations étoient si différentes.

C'est ainsi que toute sa vie il a fui les dignités pour lesquelles il étoit né, et qu'il sembloit que le démon de Socrate à la vue des honneurs le fît reculer. Il craignoit toujours de les trouver au-dessus de ses forces et de ne répondre pas assez aux espérances du public. Mais, après ces réflexions, il déposoit ses craintes et toutes ses vues dans le sein de la Providence divine, persuadé qu'en la suivant il rempliroit dignement les emplois qu'elle lui destinoit; car, dès sa jeunesse, et n'étant qu'un simple particulier, jamais personne ne s'attacha davantage au bien de l'état, jamais personne ne fut plus sensible à ses malheurs. Lorsqu'ils arrivoient, contre ce qu'il avoit prévu, il en étoit frappé jusqu'à en tomber malade, ce que ses amis lui reprochoient souvent; au lieu qu'il recevoit ses propres pertes avec une résignation et une fermeté dont on voit peu d'exemples.

Après la mort de La Garde, on apporta à de Thou les provisions de sa charge: c'étoient les premières que Hurault de Cheverny, son beau-frère, revêtu depuis peu de la dignité de garde des sceaux, avoit scellées. Pour satisfaire son père et les empressemens de sa famille, il se soumit à l'examen: il s'y présenta en tremblant, bien différent de ceux qui approchent de ce lieu auguste avec une voix arrogante et un front d'airain. Séguier y présidoit avec Prévôt de Morsan, et Bellièvre, fait depuis peu président à la place de Baillet, et qui monta depuis aux plus grandes dignités. De Thou fut interrogé pendant deux heures, en présence d'un grand nombre de conseillers, suivant l'usage, entre autres par du Puy de Saint-Valérien, oncle de ce du Puy de Vatan qui depuis eut une fin ignominieuse. Ce magistrat, fort versé dans le droit civil et dans le droit canonique, disputa contre lui très-vivement. Enfin, le parlement ayant donné son arrêt et pris son serment, Bellièvre le conduisit à la première chambre des enquêtes. On remarqua qu'il dit en le menant, comme par un esprit prophétique, qu'un jour celui qui le suivoit le précéderoit dans les plus grands emplois. La modestie du jeune de Thou et sa destination à l'état ecclésiastique lui firent faire alors peu d'attention à ce présage.

Voici sa conduite dans cette charge. Il parloit peu, s'appliquoit fortement à ce qu'on disoit, avoit du respect pour ses présidens, traitoit ses confrères avec honneur, déféroit à ses anciens, et vivoit avec les jeunes avec amitié et politesse. Angenout, doyen de sa chambre, homme qui avoit beaucoup de lumières et d'expérience, d'ailleurs d'une probité digne des premiers siècles, du Drac, Jourdain,

Brulard de Silleri, aujourd'hui chancelier de France, et Marillac de Ferrières, furent entre les autres ses amis particuliers.

Il fut deux ans sans rapporter de procès; même depuis il s'en défendit autant qu'il put. Comme un des derniers de sa chambre, quand il falloit opiner, il avoit une attention extraordinaire aux opinions, et suivoit celle qui lui paroissoit la meilleure. Après avoir loué celui qui l'avoit ouverte, il n'en disoit pas davantage, à moins qu'il n'eût de nouvelles raisons pour confirmer son avis. Quand il commençoit à parler, il ne pouvoit vaincre son émotion; dans la suite, il élevoit sa voix et poursuivoit avec tranquillité. Cette émotion et son peu de mémoire lui faisoient souvent perdre ce qu'il avoit médité, dont il ne se ressouvenoit qu'après le jugement. Voulant prévenir cette incommodité, il ne trouva point d'autre expédient que de mettre par écrit ses raisons en abrégé; ce qu'il pratiqua depuis dans les plus importantes affaires. Il ne s'en cachoit pas, et l'avouoit ingénument; mais au commencement cela lui donna de la confusion; car, malgré ses soins pour s'approcher de celui qui parloit, et quoiqu'il fût presque toujours au fait de la question proposée, sa mémoire infidèle lui faisoit toujours oublier une partie de ce qu'il vouloit dire, et son avis n'étoit jamais assez développé : semblable à ces poètes qui, gênés par la rime ou par la mesure, ne peuvent exprimer leurs pensées qu'imparfaitement. Aussi, quoique la chambre fût convaincue qu'on ne pouvoit mieux entrer dans la difficulté, il n'étoit jamais content de lui-même, et se plaignoit à ses amis en particulier qu'il lui échappoit toujours plusieurs raisons.

Jean Texier, fils d'un autre Jean Texier, professeur célèbre en droit à Orléans, étoit premier président de sa chambre. Ce magistrat vertueux et savant, mais très vieux, mourut peu de temps après.

Philibert de Diou, conseiller-clerc, étoit le second. Il étoit d'une noblesse distinguée de l'Autunois, et des amis particuliers du premier président : lorsqu'il logeoit dans son voisinage il mangeoit tous les jours chez lui. Il avoit beaucoup de candeur et une intégrité parfaite.

Claude Faucon, d'un esprit vif et plein de ressources, fut mis à la place de Texier; et peu de temps après, Bon Broé occupa celle de Diou, mort en son pays.

Broé étoit aussi conseiller-clerc, et avoit ménagé les intérêts particuliers de la reine-mère à Rome ou à Florence, avec une grande conduite. Ce fut à la recommandation de cette princesse qu'il fut pourvu de cette charge : il ne sera pas inutile d'en dire quelque chose de plus.

Il étoit de Tournon dans le Vivarais, et d'une assez bonne famille. Instruit dans les belles-lettres, il apprit le droit sous André Alciat, dans le temps que ce jurisconsulte étoit en France, et depuis il enseigna lui-même à Toulouse. Quand son oncle Pierre de Villars, conseiller au parlement de Paris, fut fait évêque de Mirepoix, Broé lui succéda dans sa charge de conseiller au parlement, l'an 1561. Tous deux avoient été avec distinction auprès de l'illustre cardinal de Tournon, seul protecteur des gens de lettres en ce temps-là. Il joignoit à la connoissance du droit civil et du droit canonique, qu'il possédoit parfaitement, une pénétration particulière, et une éloquence vive, mais douce et insinuante en même temps. Elle avoit paru avec éclat quand il suivoit le barreau : aussi, lorsqu'il fut président, et qu'il se trouvoit d'un avis contraire aux autres, c'étoit toujours si poliment et avec un tour si agréable qu'il réfutoit le sentiment opposé, que jamais personne n'eut lieu d'être mécontent de lui. Pour les difficultés du droit canonique, il les démêloit avec tant de clarté et de grâce, qu'il s'attiroit l'attention et les regards de toute la chambre, charmée de ses manières. De Thou étoit un de ses principaux admirateurs, et disoit souvent que tant qu'il avoit été dans le parlement, il n'avoit vu personne à qui il eût plus souhaité de ressembler en toutes manières.

A Faucon succéda Champrond, d'une noblesse du pays Chartrain, homme sévère, dont la capacité approchoit assez de celle de son collègue, mais qui étoit fort éloigné de sa douceur et de sa politesse. Ce fut avec ces magistrats que de Thou passa tout le temps qu'il fut conseiller aux enquêtes.

LIVRE SECOND.

(1579) Comme la longueur de la maladie de l'aîné de Thou faisoit espérer à sa femme qu'il en pourroit revenir, les médecins, après plusieurs remèdes inutiles, envoyèrent son mari aux eaux. On choisit, comme les meilleures, celles de Plombières en Lorraine, qui sortent du pied des montagnes des Vosges, et l'on résolut de partir au commencement du printemps. Le jeune de Thou, avec l'agrément de son père, fut du voyage. Après avoir passé par Châlons-sur-Marne, il arriva avec son frère et sa belle-sœur à Bar-le-Duc, d'où, après avoir traversé la Meuse et la Moselle, et passé à Toul, ils se rendirent à Nancy. De Thou y alla saluer le duc Charles, dont il fut fort bien reçu. Il fit à ce prince les excuses de son frère, dont la santé ne lui permettoit pas d'avoir le même honneur. De là ils passèrent par Saint-Nicolas, recommandable par la beauté de ses bâtimens, par les pèlerinages qui s'y font, et par les foires qui s'y tiennent; plus avant, par Remiremont et par Épinal, célèbres par leurs chapitres de filles de qualité, qui ne sont point obligées de faire de vœux. Enfin ils arrivèrent à Plombières, où il y avoit déjà bien des malades, venus des provinces voisines, tant de l'Allemagne que des Pays-Bas.

Pendant que son frère étoit aux eaux, de Thou prit avec lui un guide qui parloit fort bien l'allemand; et, après avoir traversé les monts des Vosges, il alla par Bruyères à Schélestadt, ville considérable, ainsi appelée d'une rivière du même nom; de là il vint à Strasbourg. Cette dernière ville, connue par son antiquité, est défendue du côté de la France par un triple fossé. Elle est ornée d'une belle cathédrale, dont la principale tour est d'une hauteur extraordinaire. De Thou, qui voulut y monter, fut saisi de frayeur en descendant; un vent violent qui s'éleva et des ouvertures qui ne montrent qu'un affreux précipice le firent frémir.

Il vit à Strasbourg Jean Lobel, qu'il avoit connu à Paris dans le temps que Lobel étoit à la cour agent des villes impériales : c'étoit un Flamand qui avoit beaucoup d'érudition et une grande connoissance de l'Allemagne. De Thou sut de lui que Hubert Languet, françois de nation, et qui étoit au service du prince d'Orange, étoit aux eaux de Bade. Lobel lui donna pour lui des lettres de recommandation, afin qu'il pût s'en faire connoître et l'entretenir avec liberté. De Thou vit encore à Strasbourg Hubert Giffen, professeur en droit, aux gages de la République. Il fut tout un jour avec lui à s'informer des savans d'Allemagne et à s'entretenir de belles-lettres; et comme il l'avoit connu chez Paul de Foix, il le fit ressouvenir avec plaisir de ce temps-là : heureusement ce jour-là Giffen ne donnoit point de leçon.

De là de Thou vint à Bade, où trouvant Languet de loisir, il ne le quitta point pendant trois jours. Il ne pouvoit se résoudre à s'éloigner de lui que dans le temps que Languet prenoit ses eaux. Il étoit charmé de sa franchise, de sa probité et de la solidité de son jugement, non-seulement par rapport aux belles-lettres, mais encore par rapport aux intérêts publics, qu'il avoit traités toute sa vie auprès des princes avec une droiture qui a peu d'exemple. Ce savant homme possédoit si bien les affaires d'Allemagne, qu'il en instruisoit même ceux du pays. De Thou en apprit beaucoup de particularités; et quand il le quitta, Languet lui fit présent d'un petit mémoire écrit de sa main, qui contenoit l'état du corps germanique, les droits de ses diètes, le nombre et l'ordre de ses cercles : de Thou le garda soigneusement, et prit de lui la route du chemin qu'il devoit faire.

Comme ils se trouvèrent à Bade dans le lieu où l'on prend les eaux, Languet lui fit remarquer Salentin, comte d'Ysembourg, qui étoit à une des fenêtres vis-à-vis, avec Jeanne de Ligne sa femme, sœur du comte d'Aremberg. De Thou ne le connoissoit point. Languet lui demanda ensuite en riant ce qu'il choisiroit, s'il en étoit le maître, ou d'une si belle femme, ou de l'archevêché de Cologne. De Thou lui ayant répondu qu'il ne comprenoit rien à sa question, Languet la lui expliqua : il lui dit que c'étoit là ce Salentin qui étoit devenu si amoureux de mademoiselle d'Aremberg, qu'il avoit quitté son riche archevêché pour l'épouser.

Il ajouta que les princes et les grands seigneurs allemands qui avoient embrassé la religion protestante se trouvoient alors fort embarrassés pour décharger leurs familles, et qu'ils étoient obligés de marier leurs filles, qu'ils ont presque toujours en grand nombre ; au lieu qu'avant que le célibat des religieuses eût été aboli par les protestans, ils les plaçoient dans de riches abbayes, dont elles étoient presque sûres de devenir abbesses dans la suite.

De Bade, de Thou vint à Pfortzheim sur l'Entz, ville du marquisat de Bade ; et passant par la Souabe, il prit la route de Stuttgard, qui n'est éloigné que d'une petite journée. Sur le chemin il eut une aventure peu considérable, mais dont on peut parler dans la vie d'un particulier. Son truchement s'égara, de même qu'un gentilhomme de Souabe qui les accompagnoit, mais qui ne savoit ni le latin, ni l'italien, ni le françois. Ce gentilhomme, qui ne crût pas qu'on pût gagner Stuttgard sans prendre des chevaux frais, s'arrêta dans le milieu d'un petit village, alla chez le ministre du lieu, et le pria de dire à de Thou qu'il étoit à propos de mettre pied à terre. De Thou n'étoit point content de s'arrêter dans un endroit qui lui paroissoit si incommode ; cependant il fallut rester. Il pria le ministre, qui parloit latin, de venir dîner avec eux dans l'hôtellerie, pour être son interprète, aussi bien que du gentilhomme et de l'hôte. Il y fit, contre son attente, meilleure chère que pendant tout le reste de son voyage : c'étoit le 25 de mai, jour destiné à la fête du pape saint Urbain. Surpris qu'on ne travailloit point ce jour-là, qu'il faisoit très-beau temps, il en demanda la raison au ministre ; mais il n'en put rien tirer que celui-ci n'eût dit tout ce qu'il pensoit du massacre de la Saint-Barthélemy, qu'il appeloit la boucherie de Paris ; après cela il lui parla ainsi :

« Quoiqu'on ait aboli les anciennes superstitions, il est cependant demeuré parmi le peuple de certains jours qu'il fête avec dévotion ; on n'a jamais pu les lui ôter de l'esprit, quelque peine qu'on ait prise pour le désabuser : celui-ci en est un. Ces gens grossiers, qui ne sont occupés que de leurs intérêts, se sont mis dans la tête depuis long-temps que s'il fait beau temps à pareil jour que celui-ci, leurs vendanges, en quoi consistent toutes leurs richesses, seront abondantes. C'est ainsi qu'on fête en France le jour de Saint-Vincent, qui est le 5 d'avril. »

De là de Thou vint à Stuttgard, principale place du duché de Wurtemberg : elle est située sur les bords du Necker, dans un pays agréable, avec un fort beau château. Il y alla saluer le duc Louis, qui lui fit entendre un concert, auquel il prit beaucoup de plaisir.

Tout proche est Esling, ville impériale sur la même rivière. Le Necker a sa source proche de celle du Danube et des montagnes d'Arbonne, et, passant par Rotweil et par Tubinge, prend son cours entre des coteaux chargés de vignes des deux côtés ; il sépare la Souabe par le milieu, en serpentant jusqu'à Heidelberg, au-delà duquel il se jette dans le Rhin. Pour venir à Esling, de Thou passa cette rivière sur un pont de communication avec Stuttgard. Esling est un lieu renommé par sa fabrique d'artillerie et par l'abondance de ses vins. Dans les celliers de l'hôpital, on en conserve une grande quantité en des tonneaux d'une grandeur extraordinaire ; le plus grand est placé le premier, et les autres, dans une longue suite, diminuent à proportion : le vin s'y garde très long-temps. On en but à la santé de M. de Thou, du numéro 40, d'un vin qu'on disoit être de quarante feuilles : les princes d'Allemagne le prennent par remède, et, à mesure qu'on en tire du plus grand tonneau, on en remet autant du tonneau voisin, mais qui est plus nouveau.

D'Esling de Thou vint à Geppinghen sur la Wils, autre place du duché de Wurtemberg. Le prince Christophe, père du duc, en a fait un château de plaisance avec des jardins très agréables : ses eaux médicinales sont en réputation. Albert de Bavière étant venu les prendre, de Thou alla le saluer. Ce prince l'interrogea sur les affaires de France ; mais sa maladie ne permit pas à de Thou d'être longtemps avec lui : il ne fut pas plutôt retourné dans ses états qu'il y mourut.

Tournant ensuite du côté du Danube, de Thou vit Ulm, qui est sur les bords de ce fleuve, et reprit son chemin par Burgaw. Il avoit déjà su de Languet que de tout le grand patrimoine de l'archiduc Ferdinand, qui s'étendoit depuis les Alpes de Carniole jusqu'aux montagnes des Vosges, au-delà du Rhin, c'étoit le seul bien que les princes ses neveux, fils de son frère Maximilien, avoient laissé aux enfans que l'archiduc Ferdinand avoit eus de Philippine Velser, qui vivoit encore : exemple de la vénération qu'ont les Allemands pour la dignité du mariage ; ils ne souffrent point que des enfans issus d'un mariage inégal, clandestin et contracté contre la volonté des parens, passent pour légitimes ; ni qu'ils partagent la succession de leurs pères.

Il partit de là pour Augsbourg. Sa grandeur et l'éclatante richesse de ses habitans la font passer, avec raison, pour la plus considérable ville d'Allemagne. Il y séjourna quelques jours pour la visiter ; il y vit les maisons de Foukre[1], et fut surpris entre autres de la magnificence de Marc Foukre, qui avoit fait une dépense prodigieuse pour les jardins de sa maison, située au bas de la ville. Il y avoit fait conduire les eaux d'un petit ruisseau qui est au-dessous, par des pompes qui fournissent à plusieurs jets d'eau, et qui remplissent quantité de canaux. Marc Foukre avoit de plus amassé un nombre surprenant de médailles de cuivre, d'argent et d'or, que de Thou examina avec soin. De Thou vit encore Jérôme Wolfius, qui a traduit tant d'auteurs grecs et contribué si utilement à éclaircir l'histoire bysantine. D'Augsbourg, ayant passé par Memmingen, il vint à Lindau, ville agréablement située sur le bord du lac de Constance, que le Rhin traverse comme le Rhône traverse celui de Genève, sans se mêler avec l'eau du lac; semblable à la fontaine d'Aréthuse, dont l'eau, comme dit Homère, surnage comme de l'huile, sans se confondre avec d'autre eau. Ceux qui font le tour du lac ne sauroient avoir la vue plus agréablement occupée : ce sont des coteaux d'une pente douce, chargés de vignes de tous côtés, jusque sur ses bords, et qui forment dans l'eau une riante perspective.

De là de Thou se fit conduire par eau à Constance, également bien située, à l'autre bout le plus bas du lac. Il eut la curiosité de voir le lieu où il y a plus de deux cents ans que s'assembla ce concile célèbre[1], qui non-seulement rétablit alors l'union dans l'église ; mais qui, par une sage prévoyance, donna les moyens de l'y remettre à l'avenir. Il fit en même temps des vœux pour le retour de cet esprit de charité dans le cœur des chrétiens. Il semble qu'il y soit éteint aujourd'hui par l'animosité de leurs guerres civiles, quoiqu'il n'y puisse subsister que par la paix.

De là, suivant toujours les bords du Rhin, il passa par Stein et par Schaffouse, un des principaux cantons des Suisses, par Lauffenbourg et par Rhinfeld, où le Rhin se précipite dans son lit de fort haut, par cascades et avec un très grand bruit, jusqu'à Bâle, qu'il commence à être navigable, et où de Thou se rendit.

Le séjour de Bâle ne lui fut pas inutile : il avoit des lettres de Pithou pour Théodore Zuingher et pour Basile Amerbach, homme poli et officieux. Il ne quitta point ce dernier, qui lui fit voir chez lui, avant toutes choses, des recueils manuscrits, des médailles anciennes et quelques petits meubles qu'Erasme avoit laissés à Amerbach son père par son testament, entre autres un globe terrestre d'argent, bien enluminé et gravé par un ouvrier de Zurich. Dans le temps que de Thou le regardoit avec attention, il s'ouvrit par le milieu : on remplit aussitôt de vin les deux hémisphères, et l'on but à la santé de M. de Thou, suivant l'usage du pays. De là on le conduisit à la bibliothèque publique, où l'on garde les manuscrits de plusieurs commentateurs grecs sur Platon et sur Aristote.

Il visita Félix Plater, docteur en médecine, logé dans une grande et agréable maison, où il le reçut fort civilement. Plater lui fit voir dans son écurie une espèce d'âne sauvage, de la grandeur des mulets de Toscace ou d'Auvergne. Cet animal avoit le corps court et de longues jambes, la corne du pied fendue comme celle d'une biche, quoique plus grosse,

[1] Les Fugger, comtes, et depuis princes de l'empire.

[1] Où furent brûlés Jean Huss et Jérôme de Prague.

le poil hérissé, et d'une couleur jaunâtre et brune. Il lui montra encore un rat de montagne, de la grandeur d'un chat, qu'ils appellent une marmotte; il étoit enfermé dans une cassette, et comme il avoit passé l'hiver sans manger, il étoit tout engourdi. Plater avoit aussi l'étui des fossiles de Conrad Gesner; on l'avoit apporté de Zurich tel qu'il est décrit et dessiné dans un de ses livres. Cet étui renfermoit bien des raretés différentes, entre autres, quantité d'insectes particuliers qui semblent autant de jeux de la nature. De Thou les examina à loisir et avec une grande curiosité, aidé d'Amerbach, qui s'y connoissoit fort bien. Il alla voir ensuite Théodore Zuingher, dans une maison qui appartenoit à ce savant homme, et qu'il avoit ornée de plusieurs inscriptions, en quoi il excelloit. Il alla voir de là le magasin de Pierre Perne de Lucques : ce vieillard étoit encore si vigoureux, qu'il travailloit lui-même à son imprimerie. Enfin, après avoir remercié Amerbach de sa politesse, il partit de Bâle pour venir le soir coucher à Mulhausen, où se tenoit une foire, comme il y en a souvent.

On trouve devant ce bourg une grande plaine, où s'assemble durant la foire une prodigieuse multitude de monde, de tout âge et de tout sexe; on y voit les femmes soutenir leurs maris, et les filles leurs pères, chancelans sur leurs chevaux ou sur leurs ânes; vous croyez voir une foule de Bacchantes et de Corybantes. Dans les cabarets tout est plein de buveurs ; là de jeunes filles qui les servent, leur versent du vin adroitement d'une grande bouteille à long col. Elles les pressent de boire en les agaçant par mille plaisanteries; elles boivent elles-mêmes et reviennent souvent faire la même chose, après s'être soulagées du vin qu'elles ont pris : ce spectacle plaisant et nouveau pour de Thou dura bien avant dans la nuit. Ce qu'il y a de particulier, est que, dans un si grand concours de peuple et parmi tant d'ivrognes, tout se passe sans querelle et sans contestation : ce fut inutilement qu'il appela plusieurs fois son hôte, trop occupé à servir tant de monde; l'hôte enfin lui fit préparer un lit et allumer un poêle.

De Thou sortit de là de grand matin : ayant laissé Colmar à droite, il vint dîner dans un village à la source de la Moselle. On y trouve quantité de grandes et d'excellentes truites ; qui s'élancent avec impétuosité; comme l'eau est fort basse, on les peut prendre avec la main.

De là il revint à Plombières. Il y trouva son frère peu soulagé par les eaux, et résolut avec sa belle-sœur de le reconduire chez lui. Ils revinrent par Bourbonne, où, de l'avis des médecins, ils séjournèrent quelques jours pour essayer des eaux, qui ne firent pas un meilleur effet que les autres. Enfin, ayant passé à Langres et à Troyes, ils le ramenèrent à Paris. Son frère y mourut au bout de quelques mois, malgré les soins infatigables de sa femme, qui avoit un courage au-dessus de son sexe, et après bien des remèdes inutiles. Peu de momens avant sa mort il recouvra la parole, dont il avoit presque perdu l'usage dans le cours d'une si grande maladie; il prononça distinctement à haute voix ce verset du psaume 50 : « Seigneur, ne me rejetez pas de devant votre face, et ne retirez point de moi votre Saint-Esprit, » et rendit le dernier soupir.

Son père, qui malgré sa douleur lui donna dans ce moment sa bénédiction, s'abstint pendant quelques jours d'aller au palais, et pour éviter les visites se retira dans la maison de l'évêque de Chartres, son frère, chez qui logeoit son fils Jacques de Thou.

Là, ce prélat et l'avocat-général son autre frère le prièrent avec instance de faire réflexion sur la diminution de sa famille, et lui demandèrent s'il ne seroit pas plus à propos de faire changer d'état à son fils, que de le laisser dans celui qu'il lui avoit choisi. Le premier président ne s'en éloignoit pas; mais plus occupé des affaires publiques que de celles de sa famille, il laissoit couler le temps sans se déterminer.

De Thou étoit accoutumé au célibat, et son ambition n'envisageoit que quelque ambassade pour continuer ses voyages : ainsi il s'excusoit auprès de ses oncles; et s'en remettoit entièrement à la volonté de son père. Ce fut de cette manière que se passa le reste de cette année, qu'il employa avec la veuve de son frère à se consoler de leur perte commune.

(1580) L'année suivante, la peste emporta bien du monde; ce qui obligea de Thou d'aller en Touraine avec Jacques Dennet, avocat au parlement, homme d'esprit et ami de sa famille. Le duc d'Anjou étoit alors au Plessis-les-Tours, et songeoit sérieusement à la guerre des Pays-Bas.

De Thou avoit pour ce prince des lettres de recommandation de son père, qui étoit son chancelier. Il se fit présenter par Jean de Simié, favori du duc, mais qui ne le fut pas long-temps. Ce prince le reçut obligeamment, et le congédia après lui avoir demandé des nouvelles de la cour. De Thou se retira à Maillé-Laval, château considérable en Touraine. Là, s'occupant tantôt à l'étude, tantôt à la chasse, il fit la description de Maillé en vers iambes. Elle fut imprimée depuis, tant pour la satisfaction de Nicolas Perrot, conseiller au parlement, homme d'une gravité antique, mais poli, et qui étoit alors de la cour du duc d'Anjou, que comme une preuve de sa reconnoissance pour un lieu qui lui avoit servi d'asile.

Enfin, comme il crut que c'étoit séjourner trop long-temps dans un même lieu, il en partit avec Dennet et avec Gilles de La Normandière, frère de cet avocat; ce dernier leur servit de guide. Ayant passé par Alençon, Séez et Falaise, il arriva à Caen, où il logea chez Jean de Novince d'Aubigny, qui lui fit une magnifique réception.

Il alla voir l'abbaye de Saint-Etienne, qui semble commander le château. Elle avoit été ruinée au commencement des guerres civiles, aussi bien que le tombeau de Guillaume, duc de Normandie, roi d'Angleterre; et on les avoit depuis réparés comme on avoit pu : c'est une abbaye fondée autrefois par ce même duc, avec de grands revenus. On y voit encore dans la cour l'écu des armes des gentilshommes qui passèrent avec lui à la conquête d'Angleterre. De là on lui fit voir le château et l'endroit par où l'amiral de Coligny l'avoit attaqué pendant la maladie du duc d'Elbeuf. Il apprit de ceux qui l'accompagnoient que la reine-mère, y étant venue quelque temps après, avoit dit qu'elle ne comprenoit pas comment on avoit pu si tôt rendre une si bonne place, que des femmes auroient pu défendre avec leurs quenouilles; ce qu'elle ne disoit pas sans taxer le gouverneur de lâcheté ou de trahison.

Il avoit envie d'aller jusqu'à Coutances; mais il se détourna pour passer par l'abbaye d'Aunay, du diocèse d'Avranches, dont étoit abbé Jean Prévôt qui l'accompagnoit, frère d'Augustin Prévôt, greffier au parlement, auteur de quelques poésies latines fort élégantes. Cet abbé n'étoit pas ignorant, mais grand parleur, médisant et si mauvais plaisant, qu'il en étoit insupportable. Il fit et dit plusieurs choses à la honte de ses religieux, qui vivoient sans règle, et enfin, montrant les murs de l'abbaye, qui étoient fort en désordre, il leur dit, par une froide raillerie et pour leur reprocher leur ignorance, que si les murs étoient dans ce désordre-là, cela ne venoit que de ce qu'il n'y en avoit pas un d'eux qui les pût soutenir d'un seul mot latin.

Messieurs de Sey, gentilshommes du pays, demeuroient proche de Coutances. Ils étoient parens de messieurs de Thou; car Jean de Marle, évêque de Coutances, frère du chancelier, et qui fut massacré avec lui par le peuple de Paris (dont les armes même se voyent encore à la clef de la voûte de l'église de Coutances), avoit marié Hilaire sa sœur à un de Sey, gentilhomme du voisinage, dont ces de Sey étoient descendus. Il ne resta que trois jours en cette ville, qui est sans murailles; de là, passant par Grandville, il arriva à Avranches, où il coucha chez l'évêque. Le lendemain il alla voir une abbaye fameuse qu'on nomme le mont Saint-Michel, au péril de la mer.

C'est un rocher escarpé de tous côtés, qu'on croit avoir été autrefois attaché à la terre; il en est à présent séparé de deux lieues, que l'on passe à cheval quand la mer est basse. Sa figure conique est enfermée tout autour d'un mur fort élevé; on y monte par des degrés taillés dans le roc, sans aucun repos. Cet escalier forme une rue bordée des deux côtés de boutiques, où l'on vend aux pèlerins des chapelets, des images de plomb et d'autres choses pareilles; il y a aussi quelques hôtelleries pour les loger. Au haut du rocher, qui aboutit en cône, comme je viens de le dire, il y a une citadelle où est l'abbaye, aussi grande et aussi spacieuse que le rocher a de tour par bas. Le bâtiment est soutenu par des arcs-boutans de pierre, qui servent aussi à élever avec des poulies toutes les grosses provisions de la maison.

L'église magnifiquement bâtie a une tour fort élevée, qui soutient une figure de Saint-Michel dorée et éclatante au soleil ; il y a deux cloîtres voûtés l'un sur l'autre et des réfectoires de même, des offices, des citernes et une bibliothèque, où il y avoit autrefois de bons manuscrits; on voit dans la maison de l'abbé une grande galerie fort bien percée; enfin tout est est au haut de ce roc si grand et si spacieux, qu'il semble qu'on se promène en terre ferme. A côté de la maison abbatiale, on trouve entre le midi et le couchant un petit jardin de terre rapportée, où malgré le froid du climat il vient de fort bons melons. Ce lieu, qui doit faire l'admiration de toute la France et de toute l'Europe, fut anciennement bâti avec beaucoup de dépenses. On doit être surpris que d'un désert stérile, éloigné de tout commerce, d'ailleurs d'un abord si difficile que, lorsqu'il est baigné de la mer, à peine y peut-on aborder avec des chaloupes, la religion de nos ancêtres ait fait un lieu si merveilleux, et qu'elle ait surmonté tant d'obstacles et de difficultés. J'espère que le lecteur ne trouvera pas ces remarques inutiles.

Au sortir de cette abbaye, de Thou vint par Saint-James et par Fougères, villes de la haute Bretagne, à Saint-Aubin du Cormier, lieu célèbre par la bataille qui s'y donna, il y a quatre-vingt-onze ans, entre l'armée du roi, commandée par Louis de La Trémouille, et celle de Louis duc d'Orléans et du prince d'Orange, qui furent tous deux faits prisonniers.

Enfin il revint à Rennes, capitale de la province, où le parlement, qui est semestre, réside encore aujourd'hui; il étoit autrefois à Nantes, où les ducs de Bretagne avoient fait bâtir un grand palais. De là il revint à Maillé, par Vitré, Laval, Château-Gontier, Angers, Saumur et Tours.

A son arrivée il reçut des lettres de son père, qui lui mandoit d'aller trouver le maréchal de Cossé pour des affaires de conséquence. Ce seigneur étoit allé à Poitiers dans le dessein de joindre le duc d'Anjou, qui en étoit parti pour aller trouver le roi de Navarre en Périgord, et pour tâcher de le porter à la paix. De Thou fut donc obligé de prendre la poste avec son fidèle Dennet, non sans courir quelque risque; car les partis commençant déjà à se mettre en campagne, comme si la guerre eût été déclarée, il fut arrêté, mais relâché aussitôt qu'on le reconnut.

Il trouva encore le maréchal à Poitiers, et s'acquitta des ordres que son père lui avoit donnés. Il entretint sur le même sujet Bellièvre, envoyé du roi, et revint aussitôt à Maillé. Perrot, qui étoit resté à Tours depuis le départ du duc d'Anjou, l'y vint trouver. Ils résolurent tous deux, contre l'usage des courtisans, d'aller à Bourgueil, abbaye située dans un des plus beaux pays du royaume, pour voir Simié, que le duc d'Anjou venoit de disgracier, et pour lui témoigner que s'ils l'avoient honoré dans sa faveur, ils gardoient pour lui les mêmes sentimens dans sa disgrace. Simié les reçut avec de grandes marques d'amitié ; l'entretien ne roula que sur son malheur.

(1581) Ensuite ils se séparèrent, après que de Thou lui eut offert les bons offices de son père, et le crédit qu'il pouvoit avoir auprès du duc d'Anjou. L'hiver, qui avoit été rude, avoit beaucoup diminué une maladie qui avoit emporté tant de monde; cela obligea de Thou de revenir à Paris, y étant de plus rappelé par son père, qui n'avoit point quitté cette grande ville. On y étoit occupé à l'exécution des articles de la conférence de Fleix. Entre autres conditions, on y étoit convenu qu'on députeroit des conseillers du parlement de Paris pour rendre la justice en Guienne, au lieu de la chambre mi-partie de cette province, où la différence de la religion causoit tant d'aigreur dans les esprits, qu'elle se remarquoit jusque dans les jugemens de cette chambre ; cela faisoit un tort considérable à ceux du pays, qui souffroient une grande vexation. Pour en arrêter le cours, on choisit douze conseillers laïques et deux clercs, auxquels le roi donna pour président Antoine Séguier, dont l'esprit adroit et plein d'expédiens n'en étoit pas moins équitable. Séguier, ami particulier du jeune de Thou, le fit nommer avec Coqueley, bourguignon, homme d'un grand jugement et d'un profond savoir, pour remplir les deux places de conseillers ecclésiastiques. Parmi les laïques on choisit entre autres Jean de Thumery, Claude du Puy, et Michel Hurault de L'Hôpital, petit-fils du grand chancelier de L'Hôpital. Ce dernier avoit été reçu conseiller depuis peu de temps. Il avoit épousé Olympe, fille du président de Pibrac, qui avoit fait porter ce nom à sa fille, en mémoire de l'honnête et savant commerce qu'il avoit eu autrefois à Ferrare avec Olympia Morata, dans le temps qu'elle étoit auprès de la duchesse Renée de France.

C'étoit un jeune homme d'un génie élevé, et qui écrivoit fort bien en latin et en françois; il le fit bien voir par les écrits qu'il publia au sujet des troubles de France. Comme il portoit le même nom que son grand-père, et qu'il étoit de la même chambre dont avoit été ce chancelier, de Thou, qui s'y trouvoit pareillement, fit une amitié particulière avec lui. Aussi, connoissant la passion qu'avoit L'Hôpital pour la nouvelle fauconnerie, et se sentant d'ailleurs du talent pour la poésie latine, il composa en sa faveur, et pour son coup d'essai, un poème sur cette nouvelle espèce de chasse, dont il fit imprimer depuis les deux premiers chants.

Le voyage des députés pour la Guienne étant résolu, les oncles de Jacques de Thou profitèrent de cette occasion pour presser encore son père de réfléchir sur l'état de sa famille presque éteinte, et de considérer qu'il n'avoit qu'un fils qui la pût relever. Il s'excusa à son ordinaire sur la nécessité du voyage de Guienne, qui ne lui permettoit pas de se déterminer. Le fils, jusqu'alors occupé de ses études, n'y avoit pas fait une plus grande attention; mais enfin il commença à songer sérieusement à sa vocation: les avis de du Ferrier lui revinrent dans l'esprit; l'état auquel on le destinoit, et où il ne se sentoit point porté, lui sembla un pesant fardeau; la vie tranquille où son penchant l'entraînoit lui parut douce; l'embarras des affaires l'effraya. Tant de raisons le déterminèrent à juger qu'il lui étoit plus convenable d'abandonner quelques grandeurs apparentes, remplies d'une infinité de peines, de choisir un genre de vie plus aisé, de se marier enfin lorsque l'occasion s'en présenteroit, et de se servir en attendant, auprès de ses oncles, des mêmes excuses que son père.

Peu de temps après son départ pour la Guienne, il passa par Angoulême, ayant été choisi par les commissaires du parlement de Paris, pour aller de leur part saluer Henri, prince de Condé, qui faisoit sa résidence à Saint-Jean-d'Angely. Ce prince le reçut avec toutes les marques de distinction dues à ceux qu'il représentoit, mais en son particulier avec beaucoup de bienveillance, fondée sur l'estime qu'il avoit pour le premier président de son père. Condé et les autres protestans n'avoient pas perdu la mémoire des preuves que ce magistrat leur avoit toujours données de son équité; il l'entretint souvent de ce qui pouvoit contribuer au bien de l'état, et des motifs qui devoient porter les députés à rétablir, par leur équité, la tranquillité dans la Guienne.

De Thou rendit compte de son voyage aux commissaires, et ils se rendirent tous ensuite à Libourne, ville située dans un lieu commode, où la rivière d'Ile se jette dans la Dordogne. Lorsque la mer, poussée par le vent, monte dans cette rivière, elle fait enfler et tourner les eaux de l'Ile avec tant de rapidité et de violence, que, sans l'expérience et l'adresse des pilotes, les vaisseaux courroient risque de s'y perdre. Ceux du pays regardent avec admiration l'effet d'un tourbillon particulier à cette rivière dans cet endroit-là, et l'appellent en leur langue *mascaret*. Les commissaires consultèrent d'abord s'ils y établiroient le siège de leur juridiction; mais la pauvreté des procureurs et des avocats, qui seroient obligés de s'y rendre de Bordeaux et des lieux voisins, sans compter d'autres difficultés qu'ils prévirent, les fit résoudre de s'arrêter à Bordeaux, comme dans un lieu plus commode pour tout le monde.

On choisit encore de Thou pour en aller conférer avec le maréchal de Matignon, qui avoit une grande autorité dans la province, dont il étoit commandant sous le roi de Navarre. Il eut ordre d'aller de là, sans s'arrêter, saluer ce prince, qu'il joignit à Castel-Jaloux, où il se divertissoit à la chasse. Il en fut reçu avec autant de marques de distinction et de bonté qu'il l'avoit été du prince de Condé, et ce prince lui ordonna de le suivre à Nérac.

De quelque côté qu'on aborde en cette ville, qui est située dans un pays très gras, on ne trouve que des sables. Comme il neigea toute la nuit après qu'ils furent arrivés, le lendemain, suivant l'usage du pays, le roi alla à la trace des bêtes fauves jusqu'à l'heure du dîner. Quand de Thou se fut acquitté de sa commission auprès de lui, il demeura encore deux jours à Nérac, pour y faire sa cour à la reine Marguerite et à la princesse Catherine, sœur unique du roi : il étoit bien aise aussi de voir et d'entretenir du Faur de Gratins, chancelier de Navarre.

Gratins avoit été élevé dans le parlement de Paris, et avoit de grandes obligations au premier président, qui l'avoit protégé dans l'affaire de la mercuriale, où l'on avoit voulu le mêler : il en témoigna au fils une sincère reconnoissance, et l'embrassa avec bien de la tendresse. Il lui dit que c'étoit lui qui avoit conseillé de demander des commissaires du parlement de Paris, connoissant leur droiture et leur équité, et avec quel désintéressement ils rendoient la justice à tout le monde sans partialité ; au lieu que dans la Guienne, depuis que la différence de religion y avoit divisé les esprits, la haine et la faveur dictoient tous les jugemens. Après cela de Thou prit congé du roi de Navarre : ce prince lui fit voir ses jardins, qu'il entretenoit avec un grand soin, et le promena dans de belles allées palissadées de lauriers.

Après avoir passé la Garonne, il reprit son chemin par Agen, et y fut reçu magnifiquement par Secondat de Roques. Ce gentilhomme avoit épousé la tante de Joseph Scaliger du côté de sa mère, et il en avoit eu plusieurs enfans dont la plupart prirent le parti des armes, entre autres Paul Secondat, qui fut tué au siége d'Ostende. Il avoit avec lui le frère aîné de Joseph Scaliger, nommé Sylvius, pour qui Jules, leur père, avoit écrit sa *Poétique*. Ce Sylvius étoit un homme fort doux et assez savant : comme on s'entretint des Commentaires de son père sur les livres d'Aristote touchant l'histoire naturelle des animaux, de Thou le pria de les revoir et de n'en priver pas plus long-temps le public. Sylvius y satisfit en partie, et donna le dixième livre, qu'il dédia à Duranti, premier président du parlement de Toulouse : après sa mort le reste tomba entre les mains de son frère Joseph, qui l'emporta en Hollande, et qui le laissa en mourant à Daniel Heinsius son élève, mais dans un si grand désordre, comme Heinsius l'écrivit à Casaubon, qu'on ne doit pas espérer d'en jouir.

Après que de Thou fut de retour à Bordeaux, les commissaires choisirent le couvent des Jacobins pour y tenir leurs séances. Loysel et Pithou étoient, l'un avocat, et l'autre procureur général de la commission : couple d'amis illustre par leur mérite et par leur probité, plus illustres encore par la conformité de leur zèle pour le bien public. L'ouverture s'en fit avec un concours extraordinaire de monde, que la nouveauté du spectacle ou l'aversion qu'on avoit pour les juges du pays avoit attiré.

(1582) Parmi ces occupations, de Thou n'interrompoit point ses études. Dans le dessein d'écrire l'histoire de son temps, il faisoit connoissance, partout où il passoit, avec ceux qui pouvoient y contribuer ; et, comparant tout ce qu'il avoit lu ou entendu, avec ce qu'il en apprenoit par lui-même, il en tiroit de justes conséquences. Il fut instruit de bien des particularités remarquables par Benoît de Largebaston, premier président de Bordeaux, vieillard vénérable, et par son âge fort avancé, et par sa profonde capacité. Ce magistrat, qui avoit été protégé dans les mouvemens précédens par le premier président de Thou, toujours prêt à secourir les illustres affligés, satisfit avec une complaisance rare à son âge la curiosité du jeune de Thou.

Il tira encore bien des lumières de Michel de Montagne, alors maire de Bordeaux, homme franc, ennemi de toute contrainte, et qui n'étoit entré dans aucune cabale, d'ailleurs fort instruit de nos affaires, principalement de celles de la Guienne, sa patrie, qu'il connoissoit à fond. L'amitié que de Thou lia ensuite avec Jean Malvin de Sessac, doyen du parlement, lui fut aussi d'un grand secours.

Pithou et lui trouvèrent beaucoup d'agrément et de politesse dans l'esprit éclairé d'Élie Vinet de Barbezieux. Vinet étoit recteur du collège de Bordeaux, si célèbre dans les siècles précédens, et s'occupoit alors à retoucher son *Ausone*. Autrefois il avoit été des amis de Turnèbe, de Muret, de Gruchy, de Guérente et de Georges Buchanan. Tous les ans il recevoit des lettres de ce dernier, quand les marchands écossois venoient enlever des vins à Bordeaux. De Thou vit les dernières que Buchanan avoit écrites à Vinet, d'une main tremblante à la vérité, mais d'un style ferme, et qui ne se ressentoit en aucune manière des foiblesses de son grand âge ; aussi

Buchanan ne s'en plaignoit pas, mais plutôt de l'ennui que cause une longue vie. Il lui mandoit qu'il avoit quitté la cour, et qu'il s'étoit retiré à Stirling; il ajoutoit sur la fin ces dernières paroles, dont de Thou s'est toujours souvenu depuis : « Au reste, je ne songe plus qu'à me retirer sans bruit et à mourir doucement : comme je me regarde comme un homme mort, le commerce des vivans ne me convient plus. »

De Thou fit voir à Vinet les deux premiers chants de son poème de la Fauconnerie, où il n'avoit pas mis encore la dernière main; Vinet l'engagea à les faire imprimer à Bordeaux par Simon Millanges, très-habile imprimeur.

Pendant le mois de février les commissaires interrompirent leurs séances, et quelques-uns prirent ce temps-là pour voir le pays de Médoc. Thumeri étoit malade d'une fièvre quarte qu'il domptoit en montant souvent à cheval; Loysel et Pithou, toujours prêts à marcher en si bonne compagnie, voulurent être du voyage. M. de Foix de Candale, auquel ils avoient rendu de fréquentes visites au Puy-Paulin à Bordeaux, leur avoit donné des lettres de recommandation.

Quand on a quitté le pays qui est au-delà de la Garonne, on trouve à gauche le rivage de la mer bordé de pins très élevés, dont on tire la poix ou la résine. Comme on enlève l'écorce de ces arbres, la nature prévoyante fait naître autour quantité d'arbustes pour les revêtir, entre autres des arboisiers dont les fleurs et les fruits, plus agréables qu'utiles, forment un spectacle qui, joint à la vue de la mer, plaît beaucoup aux yeux.

Du temps d'Ausone, on donnoit le nom de Boïates et de Boii aux habitans de ces côtes; ce poëte les nomme Picei, sans doute par rapport à la poix qu'on tire encore de ces pins, dont l'écorce fournit encore de nos jours à ces peuples de quoi se chauffer et s'éclairer. On trouve aussi le long de la côte le cap des Boïens, *Boiorum promontorium*, ainsi appelé autrefois, et qui conserve en quelque sorte son ancien nom; ce qui se prouve par le nom d'une petite ville qu'on appelle encore aujourd'hui Tête-de-Buch, et par le nom que portoient les seigneurs de la maison de Foix, entre autres ce fameux capitaine du temps de nos guerres contre les Anglois, duquel nos histoires font mention sous le nom de Captal de Buch.

Quelques-uns prétendent que cette ville tire son nom d'un rocher qui la domine, et qui est couvert d'une grande quantité de tests ou d'écailles d'huîtres que produit le voisinage de la mer; ce qui ne me paroît pas vraisemblable, car le mot latin *testa* ne signifie point ce qu'entendent les Gascons dans leur langue par le mot de teste.

La baie de ces côtes est faite de manière que cette petite ville, qu'on nomme Tête-de-Buch, est située à la partie supérieure, et Certé de l'autre côté. Certé appartenoit à Honorat de Savoie, marquis de Villars, auparavant gouverneur de la province; et c'étoit Françoise de Foix, sa femme, qui la lui avoit apportée en dot.

On fit dresser une table pour dîner sur le rivage; comme la mer était basse, on leur apportoit des huîtres dans des paniers; ils choisissoient les meilleures et les avaloient sitôt qu'elles étoient ouvertes; elles sont d'un goût si agréable et si relevé qu'on croit respirer la violette en les mangeant; d'ailleurs elles sont si saines qu'un de leurs valets en avala plus d'un cent sans s'en trouver incommodé. Là, dans la liberté du repas, on s'entretint tantôt de la beauté du lieu, tantôt de ce qu'on jugeoit le plus propre au bien de l'état, tantôt de ce fameux capitaine dont on vient de parler, tantôt de ces grands hommes dont Cicéron se souvient en quelque endroit de ses ouvrages, qui ne croyoient pas qu'il fût indigne d'eux d'employer un repos honnête et nécessaire pour délasser l'esprit de ses grandes occupations, à ramasser à Gaëte et à Laurentio des coquilles et de petits cailloux sur le rivage.

La beauté de la saison les invita à voir le reste du pays de Médoc et le château de M. de Candale : la maison de Foix possédoit autrefois tout ce pays-là. Ils le trouvèrent à Castelnau, où il s'étoit rendu depuis peu, et où il avoit accoutumé de séjourner jusqu'à l'automne, à moins qu'il n'allât à Cadillac ou à Bachevelle, deux châteaux qui sont sur la Garonne, où il alloit et d'où il revenoit par eau commodément.

Ce seigneur, savant dans la géométrie et dans les mécaniques, avoit chez lui des laboratoires, des ateliers et des forges, avec tous les instrumens nécessaires pour fondre ou pour fabriquer toutes sortes de machines. Il invita les commissaires à dîner: le repas fut assaisonné d'une savante conversation, suivant sa coutume. De Thou tourna l'entretien sur ce que les Pyrénées pouvoient avoir de hauteur : il savoit que c'étoit faire plaisir à son hôte que de le mettre sur ce chapitre.

M. de Candale leur raconta qu'il avoit été aux eaux de Béarn, proche de Pau, à la suite de Henri d'Albret, roi de Navarre, père de la princesse Jeanne, dont il étoit proche parent; que, dans le séjour qu'il y fit, il résolut de monter au sommet de la plus haute montagne, qui n'en est pas éloignée, et qu'on nomme les Jumelles, à cause qu'elle se sépare par le haut en forme de fourche; que dans le temps qu'il préparoit tout ce qu'il crut nécessaire pour son dessein, plusieurs gentilshommes et d'autres jeunes gens, vêtus de simples camisoles pour être moins embarrassés, s'offrirent de l'accompagner; qu'il les avertit que plus ils monteroient, plus ils sentiroient de froid, ce qu'ils n'écoutèrent qu'en riant; que pour lui il se fit porter une robe fourrée par des paysans qui connoissoient les lieux; que vers le milieu du mois de mai, sur les quatre heures du matin, ils montèrent assez haut pour voir les nuées au-dessous d'eux; qu'alors le froid saisit ces gens qui s'étoient si fort pressés, de manière qu'ils ne purent passer outre; que pour lui il prit sa robe et marcha avec précaution, accompagné de ceux qui eurent le courage de le suivre; qu'il monta jusqu'à un endroit où il trouva des retraites de chèvres et de boucs sauvages qu'il vit courir par troupes sur ces roches escarpées; qu'ayant été plus loin, il remarqua quantité d'aires d'aigles et d'autres oiseaux de proie; que jusque-là ils avoient rencontré des traces taillées dans le roc par ceux qui y avoient auparavant monté; mais qu'alors on ne voyoit plus de chemin, et que, pour regagner le sommet, il en restoit encore autant à faire qu'on en avoit fait; que l'air froid et subtil qui les environnoit leur causoit des étourdissemens qui les faisoient tomber en foiblesse, ce qui les obligea de se reposer et de prendre de la nourriture; qu'après s'être enveloppé la tête, il se fit une nouvelle route avec l'aide des paysans qu'il avoit amenés; que, quand le roc résistoit au travail, on se servoit d'échelles, de crocs et de grappins; que par ce moyen il arriva enfin jusqu'à un lieu où ils ne virent plus aucune trace de bête sauvage, ni aucun oiseau, qu'on voyoit voler plus bas; que cependant on n'étoit pas encore au sommet de la montagne; qu'enfin il le gagna, à peu de distance près, avec l'aide de certains crochets qu'il avoit fait faire d'une manière extraordinaire.

Qu'alors il choisit un lieu commode d'où il pût regarder sûrement jusqu'en bas; qu'il s'y assit, et qu'avec le quart de cercle il commença à prendre la hauteur; qu'il prit pour rez-de-chaussée le courant paisible que les eaux qui se précipitent de rocher en rocher avoient formé; que jusqu'au plus haut de la montagne, qu'il mesuroit aisément du lieu où il étoit, il trouva onze cents brasses ou toises de notre mesure, la toise de six pieds, ce qui compose treize cent vingt pas géométriques, le pas de cinq pieds, à la manière des Grecs.

De Thou, après avoir fait là-dessus de profondes réflexions, convint que M. de Candale ne s'étoit pas fort écarté de la vérité, ni du sentiment des anciens géomètres, qui rapportent que le mont Olympe, qu'ils ont cru le plus élevé qu'il y eût au monde, ne pouvoit pas avoir plus de dix stades de hauteur, non plus que la mer a de profondeur. Xenagoras trouva un demi-stade davantage dans la mesure qu'il prit de la même montagne. Je dirai en passant que ce calcul n'est pas exact dans Apulée, au livre qu'il nous a laissé du *Démon de Socrate*, et qu'il y faut suppléer par Plutarque dans la *Vie de Paul Emile*.

Que si on multiplie dix fois le stade de cent vingt-cinq pas, comptant le pas de cinq pieds, à la manière des Grecs, on trouvera mille deux cent cinquante pas géométriques; ce qui, à onze toises cinq pieds près, fait le même nombre que M. de Candale avoit trouvé; mais on laisse un calcul plus exact aux gens du métier.

De Castelnau la compagnie se rendit à Lesparre, autrefois ville libre et jouissant de ses droits, avec un château et des salines appartenantes à la maison de Montferrand. Depuis, du temps de Charles VII, elle tomba par confiscation dans la maison d'Albret, qui avoit toujours été fidèle à la France; alors elle appartenoit à Louis de Gonzague de Clèves, duc de Nevers, du chef de la duchesse son épouse.

De Lesparre on vint à Soulac, connu par sa chapelle dédiée à la Vierge, et par le port de Verdon, qui est fort commode. De là on découvre la Tour de Cordouan, située entre des bancs de sable et des rochers, à l'embouchure de la Garonne, qui, dans cet endroit, est large d'environ quatre lieues. Cette tour, qui la nuit sert de fanal aux vaisseaux, avoit été à demi ruinée : depuis elle a été rebâtie par l'adresse et le travail de Louis de Foix, parisien, qui portoit ce nom à cause de son père, qui étoit du pays.

Ils se rendirent de là à Blaye, par Royan et par Talmond ; ils y découvrirent les premiers une grande quantité de capillaires, que ceux du pays ne connoissoient pas ; ils leur apprirent la manière d'en faire du sirop, afin qu'à l'avenir ces gens s'épargnassent la peine et les frais d'en aller chercher à Montpellier. Ils en trouvèrent encore en beaucoup d'autres lieux, et principalement à Bourdeille, où il en croît de tous côtés. Bourdeille est un des plus forts châteaux du Périgord ; il est situé sur un rocher, baigné par la Drône, et creusé par la nature ou par la violence des eaux de cette rivière.

De là ils revinrent enfin à Bordeaux. La chambre des commissaires y étoit moins occupée aux affaires civiles qu'aux criminelles, de l'examen desquelles dépend la sûreté du public. Comme les ecclésiastiques ne pouvoient assister aux jugemens criminels, on chargeoit Coqueley et de Thou de faire les informations, d'interroger les coupables, et de les confronter aux témoins, comme il arriva dans le procès de Rostaing. Quand il fut instruit, Thumeri, Loysel, Pithou et de Thou firent un tour en Gascogne pendant les vacations de Pâques.

Ils passèrent d'abord à Bazas, où on les instruisit des véritables causes des malheurs de cette ville, et de la faction des Casse frères ; de là à Albret, d'où l'illustre maison d'Albret et tout le pays d'alentour tirent leur nom. Ils allèrent ensuite à Tartas, au Mont-de-Marsan, et à Aire, située sur l'Adour : cette ville a été ruinée par nos dernières guerres.

Continuant leur route par le Bigorre, ils virent Tarbes, qui en est la capitale, et descendirent dans un pays fort agréable, au pied des Pyrénées, où les vignes, comme dans la Lombardie, sont attachées aux ormeaux et aux peupliers : autrefois Tarbes étoit composée de trois villes ; mais ce n'étoit plus alors qu'une solitude, habitée seulement par des paysans.

Ils visitèrent des bains qui n'en sont pas loin, et qui étoient autrefois fort fréquentés, comme on le remarque par de beaux bancs qu'on y voit encore ; les eaux en sont fort chargées d'alun. De Thou en fut guéri d'une espèce de rhumatisme au bras gauche, causé par ses études trop assidues et par ses veilles.

De là ils allèrent à Campan, où le beurre est excellent ; tout proche est la vicomté de Lavedan, qui appartient à des seigneurs de la maison de Bourbon, et qui est renommée par les beaux chevaux qu'on y élève. En passant, ils examinèrent avec attention une inscription qui est sur l'autel d'une chapelle, et dont Scaliger s'est servi fort à propos dans sa description de la Gascogne. Ils remarquèrent en arrivant à Lourde, qui est un château sur une hauteur et sur les frontières du Bigorre, que ce n'est point là le pays anciennement appelé Lapurda, comme l'a cru le même Scaliger, dans la première édition de ses Commentaires sur Ausone, qui fut faite à Lyon. Lapurda est un pays bas proche de la mer, et fort éloigné de Lourde ; c'est plutôt le Bayonnais. Dans les anciens martyrologes des évêques de Bayonne, il n'y a que le pays situé depuis la Garonne jusqu'à l'Adour qui soit appelé le pays et l'évêché de Lapurda : encore aujourd'hui ce qui est entre l'Adour jusqu'à Fontarabie se nomme le pays de Labourd. De Thou en avertit Scaliger, qui, dans la seconde édition qui fut faite de son Ausone, avec celui de Vinet, supprima ce qu'il avoit dit.

De là, par Pontac, ils arrivèrent à Pau. Le roi Henri et la reine Jeanne sa mère ont fort embelli cette ville par un château et des jardins magnifiques : on y voit des berceaux de feuillage d'une hauteur surprenante. Ils trouvèrent à Pau la princesse Catherine, sœur du roi de Navarre ; elle les reçut avec toutes les marques possibles de bienveillance. Les devoirs de la charge de Loysel l'obligèrent de se séparer en ce lieu de sa compagnie ; Pithou avoit déjà fait la même chose dès Aire, et avoit regagné Bordeaux par Saint-Sever.

Thumeri et de Thou, qui restèrent seuls, allèrent aux bains du Béarn, qui ne sont éloignés de Pau que de sept lieues. Ce sont des sources d'eaux souffrées qui sortent des monts Pyrénées, et qui sont très bonnes contre la pierre, la néphrétique et les obstructions; elles sont si légères et si subtiles, que toute leur force se perd dans un moment, à moins qu'on ne les prenne au sortir de la source; aussi l'on ne peut les transporter dans des bouteilles, comme nos eaux de Lux, de Spa et de Pougues. De Thou avoit avec lui un jeune Allemand qui, quoique fort sobre, en buvoit tous les jours cinquante verres en une heure; pour lui, pendant sept jours, il en prit vingt-cinq verres à chaque fois, plutôt par plaisir que par nécessité. Quoiqu'elles ne le purgeassent point, il en ressentit un grand soulagement, avec un merveilleux appétit, un sommeil tranquille, et une légèreté surprenante répandue par tout le corps.

Au retour des eaux ils passèrent par Oleron, Sauveterre et Orthez, où la reine Jeanne avoit fondé un collège célèbre, et vinrent à Navarreins. Henri d'Albret, roi de Navarre, avoit ainsi nommé cette dernière ville pour se consoler de la perte de son royaume; il y avoit aussi fait bâtir un château fort et bien muni, pour défendre le reste de son pays de Béarn.

Passant ensuite par Saint-Palais et par Saint-Jean de Pied-de-Port, ils vinrent à La Bastide de Clarence. Ils y virent Jean de Licarrague, ministre de l'église du lieu, qui, par ordre de la reine Jeanne, avoit traduit le catéchisme et le nouveau Testament en langue basque, et qui l'avoit fait imprimer en beaux caractères, à La Rochelle, par Pierre Haultin. Tout autre que lui n'aurait pu le faire, vu le peu de rapport que cette langue, de même que l'irlandois et le bas-breton, a avec les autres.

Ce ministre, qui parloit également bien basque et françois, prêchoit devant ceux du pays en sa langue, dans la même église où les anciens catholiques célébroient l'office divin, mais à des heures différentes. La diversité de religion ne causoit entre eux aucune querelle, et ils étoient accoutumés à vivre ensemble paisiblement.

De Biscaye on vint à Bayonne par le pays de Labourd, en laissant à gauche Bidache, qui appartient à la maison de Grammont. L'Adour, qui passe par Acqs, sépare Bayonne en deux, et il n'y avoit pas long-temps qu'elle avoit failli à la submerger; les eaux qui tombent des Pyrénées dans cette rivière, et celle qu'elle reçoit de la Gave, qui s'y jette à Peyre-Horade, l'avoient si fort enflée, que, ne pouvant se rendre dans la mer par son embouchure ordinaire, comblée par les sables, elle avoit été contrainte de prendre son cours par le canal qui s'étend jusqu'au cap Breton. Les habitans avoient commencé à bâtir un mur sur pilotis pour fermer l'entrée de ce canal, afin que la rivière, forcée de couler par son lit ordinaire, entraînât les sables, et rendît par ce moyen sa sortie plus libre et plus profonde; ce que le hasard exécuta plutôt que leur travail. Les eaux se précipitèrent avec tant de rapidité pendant une basse marée, qu'elles écartèrent à droite et à gauche les sables qui bouchoient son lit, bien mieux que tous les pilotis qu'ils pouvoient faire; elles s'ouvrirent même un passage si large, qu'elles ne se débordoient presque plus dans la ville. Cependant on y appréhendoit toujours l'inondation; car les grandes marées apportant continuellement des sables dans le port, la rivière, qui n'avoit plus la liberté de son cours, avoit encore depuis peu de temps emporté une grande partie de leurs murailles.

Le langage de ces peuples est fort singulier, et les habits de leurs femmes ne le sont pas moins : elles en ont pour chaque âge et pour chaque état. Les filles, les femmes mariées, les veuves, les jeunes et les vieilles portent des habits différens, soit dans les cérémonies funèbres, soit dans celles des noces, soit aux processions. Leurs tailleurs ne sont que pour leur usage et pour celui du pays de Labourd : si l'on voyoit ailleurs des gens vêtus à leur manière, on croiroit qu'ils se seroient ainsi déguisés exprès pour faire rire sur un théâtre, ou pour aller en masque.

Jean-Denis de La Hillière, qui avoit succédé au vicomte d'Horte[1], commandoit dans la ville : c'étoit un vieux capitaine, fort simple, et si accoutumé à la fatigue, qu'il couchoit en tout

---

[1] Un des gouverneurs qui refusèrent de faire exécuter l'ordre de la cour sur la Saint-Barthélemy.

temps la tête nue, et buvoit toujours du vin pur sans s'en trouver incommodé, quoique le vin de Chalosse, dont il usoit, soit le plus fort de la province. Il reçut nos voyageurs avec beaucoup de politesse, et leur fit l'histoire de sa vie sans rien déguiser. Thumeri lui dit qu'il lui conseilloit de se marier, et, lui ayant frappé dans la main, il lui fit promettre qu'il y songeroit au plus tôt : ce qu'effectivement La Hillière fit peu de temps après.

Au sortir de là ils rencontrèrent un beau bois de liéges verts, et passèrent à Acqs, ville épiscopale, qui tire son nom des eaux bouillantes qu'on y voit; puis en cinq jours de marche ils se rendirent à Bordeaux. Ils trouvèrent sur leur route de grandes landes et des bruyères pleines d'abeilles et de tortues, avec des villages fort écartés les uns des autres, mais très peuplés : les paysans y sont plus riches que dans tout le reste de la Gascogne, quoique les autres soient dans un meilleur pays : leur travail et leur industrie rendent leur terroir aussi fertile qu'aucun autre.

Peu après leur retour à Bordeaux, on jugea le procès de Rostaing, qui fut condamné avec rigueur; ce qui fit dire par toute la ville que, depuis plus trente ans, on n'avoit point vu un si grand exemple de sévérité contre un gentilhomme : l'impunité qui régnoit dans toute la Guienne étoit cause qu'il n'y en avoit pas un, ou qui ne se vengeât lui-même, ou qui ne commît quelque violence, sans avoir recours à la justice.

En voici un exemple remarquable arrivé dans ce temps-là : le capitaine Gaillard, homme brave et déterminé, étoit ennemi juré d'un gentilhomme de ses voisins qui demeuroit proche de Saint-Émilion; il prétendoit que son frère avoit été lâchement assassiné par ce gentilhomme durant nos dernières guerres. Résolu de venger cette mort, il se fait accompagner d'une troupe de scélérats, vient de nuit escalader la maison de son ennemi, qui se croyoit en sûreté pendant la paix, applique un pétard à la porte, entre avec ces brigands, tue ce gentilhomme, qui étoit sorti au bruit l'épée à la main, massacre sa femme, son frère et ce qu'il trouve de valets. Le crime fut bientôt suivi de la punition : ces gens qu'il avoit amenés, courant vite au pillage dans l'obscurité, rencontrent un baril de poudre à canon; une étincelle de leurs mèches tombe dessus, y met le feu, qui renverse une partie de la maison, écrase et brûle ces scélérats, ou au moins leurs habits, les étend à demi morts sur le pavé, sans armes, nus et hors d'état de pouvoir souffrir aucun vêtement. Au bruit qui s'en répandit, le prévôt des maréchaux accourut et se saisit sans peine de ces bandits, qui couroient le pays impunément : il n'y eut que ceux qui étoient demeurés dehors qui se sauvèrent.

On prit aussi Gaillard, auteur de cette horrible action, qui, nu et blessé des coups de son ennemi, qui s'étoit défendu en brave homme, fut conduit sur un chariot à Bordeaux avec ses compagnons, mais si défigurés, et ayant la peau si noire et si brûlée, qu'ils sembloient n'avoir rien d'humain qu'une voix affreuse. Comme la prison étoit fort éloignée du lieu de la juridiction, il fallut leur faire traverser presque toute la ville : le peuple, frappé de ce spectacle, regardoit leur crime avec encore plus d'horreur. On fut obligé de les interroger dans la place et dans leur chariot, sur un fait qu'ils ne pouvoient nier; on ne les en fit sortir que pour les mettre sur une roue. Pour Gaillard, qui étoit homme de bonne mine, des archers le conduisirent devant les juges, sans être lié, mais enveloppé d'un linge, suivant l'usage de Toulouse et de Bordeaux. Il convint hardiment du fait, et avoua effrontément, comme une belle action, qu'il avoit tué son ennemi, accusant même ce malheureux d'être cause de la perte de ses braves soldats; c'est ainsi qu'il nommoit ces scélérats qui avoient été brûlés, ou écrasés par les ruines de la maison de ce gentilhomme. Il parut toujours aussi intrépide que s'il n'eût pas mérité la mort, ou qu'il ne dût pas la craindre, et il la souffrit avec la même fermeté avec laquelle il avoit parlé à ses juges.

On rendit encore, au rapport de M. de Thou, un jugement célèbre et digne de la majesté des commissaires. Une jeune demoiselle, dont le père étoit mort depuis quelques années, avoit quitté la maison de sa mère sous prétexte de religion, et, sans le consentement d'aucun de ses parents, avoit épousé un jeune homme d'une condition fort inférieure à la sienne : cependant ils n'avoient pas consommé le mariage.

Il fut déclaré nul, et la fille rendue à sa mère, qu'on avertit de ne lui faire aucune violence sous prétexte de religion ; on défendit de plus au jeune homme de voir la fille davantage, et de se marier avec elle, sur peine de la vie : arrêt d'autant plus nécessaire pour rétablir l'honneur et la validité des mariages, que dans ces temps de désordre il s'en étoit fait beaucoup de clandestins, et qu'on avoit besoin d'un exemple, pour réprimer l'insolence des ravisseurs, qui abusoient de la simplicité des filles de famille mal conseillées, et qui disposoient d'elles impunément sans l'avis de leurs parens. Des affaires particulières occupèrent le reste des séances jusqu'aux vacations ; avant qu'elles commençassent, on ordonna aux parties de se rendre à Agen, où la chambre tiendroit ses séances après la Saint-Martin.

Soit que le premier président prévît sa mort assez prochaine, soit qu'il ne pût supporter davantage la trop longue absence de son fils, il obtint du roi la permission de le faire revenir. On nomma en sa place François Godard, jeune homme qui avoit été reçu depuis peu conseiller au parlement, et qui avoit l'esprit fort délié. Pour de Thou, il fit entendre à ses amis qu'en retournant à Paris il avoit envie de voir le Languedoc et la Provence, et de passer à Clermont en Auvergne, pour y saluer son beau-frère de Harlay et les conseillers qui y tenoient les grands jours cette année-là.

Le bruit se répandit alors que le duc d'Anjou envoyoit au roi Salcède, qu'il avoit fait arrêter à Anvers. Les accusations fausses et véritables dont Salcède avoit chargé plusieurs personnes étoient cause qu'on parloit fort diversement de cette affaire. Quelques-uns des plus considérables de la cour qui s'y trouvoient mêlés, en avoient écrit au maréchal de Matignon, et lui avoient mandé que Salcède l'avoit accusé avec d'autres personnes du premier rang. Le maréchal, qui savoit qu'à son égard Salcède étoit un imposteur, s'étoit si fort mis dans l'esprit qu'il l'étoit à l'égard des autres, qu'il traitoit de calomnie tout ce que ce scélérat avoit déposé.

Il regardoit par une fenêtre des jeunes gens qui jouoient dans la place, quand de Thou vint lui demander un passe-port : il savoit que de Thou retournoit à Paris, et qu'il devoit passer en Languedoc pour y voir le duc de Montmorency ; ce qui l'obligea de l'entretenir sur le sujet de Salcède fort particulièrement et fort long-temps, dans la vue que de Thou pût partir d'auprès de lui bien instruit sur ce chapitre. Pour l'empêcher d'ajouter foi aux dépositions de ce malheureux, il lui dit que Salcède avoit passé sa jeunesse avec des brigands et des scélérats ; que depuis on lui avoit fait à Rouen son procès pour crime de fausse monnoie ; qu'il n'avoit évité que par la fuite la peine à laquelle on l'avoit condamné ; qu'il s'étoit caché de côté et d'autre depuis ce temps-là ; qu'enfin le duc de Mercœur, auquel il se trouvoit allié de fort loin par la mère de sa femme, l'avoit pris sous sa protection ; que tout ce qui venoit de la cour du duc d'Anjou devoit être suspect ; qu'elle étoit composée de gens sans religion et sans honneur qui se faisoient un jeu de jeter, par leurs calomnies, des soupçons dans l'esprit de Sa Majesté sur ses plus fidèles serviteurs et sur les plus grands de l'état, pour y remettre la confusion.

« Peut-on, disoit-il, rien imaginer de plus méchant et de plus imprudent en même temps, que de confondre dans une même conspiration tant de gens d'honneur, dont la probité reconnue éloigne d'eux jusqu'au moindre soupçon, avec le petit nombre de ceux qui peuvent être coupables ? Qu'on reconnoît bien là les traits empoisonnés des courtisans de ce prince, qui ne se font pas un scrupule de mettre en péril, aux dépens d'un misérable, la vie et l'honneur des plus gens de bien ! Si vous faites réflexion sur l'accusateur et sur ceux qui lui ont suggéré ses dépositions dans sa prison, vous jugerez aisément quels égards on doit avoir pour une accusation de cette importance, où le repos de l'état est si fort intéressé. »

Il ajouta que, malgré le bruit qu'on faisoit courir que le duc d'Anjou devoit envoyer Salcède au roi, il n'en croyoit rien ; qu'il ne pouvoit se persuader que ceux qui étoient auprès de ce prince le souffrissent ; que certainement Salcède se dédiroit en France de ses prétendues accusations, et que cela ne serviroit qu'à découvrir leurs mauvaises intentions et leur méchanceté.

Comme par le témoignage de sa conscience il étoit fortement persuadé de ce qu'il disoit, que d'ailleurs il joignoit à une profonde sagesse une éloquence vive et insinuante, de Thou, dont le bon naturel le portoit à juger favorablement de toutes choses, partit si convaincu de tout ce qu'il lui avoit dit, que toutes les fois qu'on parloit de Salcède (ce qui arrivoit souvent) il prenoit toujours le parti de réfuter avec chaleur tout ce qu'il en entendoit dire.

Il partit de Bordeaux avec Thumeri et Pithou, et vint à Moissac sur le Tarn, belle et ancienne abbaye, remplie autrefois de fort bons livres. Pithou et lui examinèrent ceux qui restoient, et prirent leur route par Aiguillon sur le Lot; le lendemain ils vinrent dîner au port Sainte-Marie, lieu connu par ses bons vins. Comme tous leurs valets s'y enivrèrent, ils ne purent partir que tard pour se rendre à Agen, où ils n'arrivèrent que bien avant dans la nuit, quoiqu'on n'y compte que deux lieues depuis Sainte-Marie. Secondat, dont on a déjà parlé, vint au-devant d'eux avec des flambeaux : comme ils se plaignoient de la longueur du chemin, il leur conta une histoire fort particulière.

Adam Fumée, autrefois médecin de Louis XI, et employé dans les principales affaires de ce prince, avoit laissé un petit-fils nommé Martin, qui étoit maître des requêtes, grande charge en ce temps-là, et que le nombre n'avoit pas encore avilie. Ce maître des requêtes étoit venu, il y avoit plus de trente ans, dîner à Sainte-Marie dans le commencement de l'hiver; quand il eut dîné il voulut venir coucher à Agen, où on lui dit qu'il n'y avoit plus que deux lieues. Son hôte le pria instamment de ne se point mettre en chemin, qu'il le trouveroit très mauvais, et que la nuit le surprendroit infailliblement. Lui, qui ne comptoit que sur deux lieues, et qui avoit envie d'avancer, monta à cheval. Il lui arriva encore pis que ce que son hôte lui avoit prédit : non-seulement il fut surpris de la nuit, mais il tomba encore dans un bourbier, d'où ses valets eurent bien de la peine à le retirer. Les magistrats d'Agen, qui l'attendoient, en étoient fort en peine, lorsqu'enfin il arriva à minuit, mais si fatigué et de si mauvaise humeur, qu'il reçut mal leurs complimens, et se retira aussitôt dans son auberge. Le lendemain, comme sa mauvaise humeur n'étoit pas encore passée, il alla tenir l'audience,

et ordonna, avant toutes choses, qu'à l'avenir, pour ne point tromper les voyageurs, on compteroit de Sainte-Marie à Agen six lieues.

Tout estant disposé dans Agen pour la séance des commissaires, Pithou et de Thou passèrent la Garonne pour voir le reste de la Gascogne, et se rendirent à Lectoure. Cette ville épiscopale, située sur une hauteur, est la capitale de la principauté d'Armagnac. Ils coururent quelque risque en y entrant; comme ils n'arrivèrent qu'à la nuit, et qu'ils tournoient autour des fossés, les sentinelles qui étoient sur les remparts tirèrent sur eux quelques coups de mousquet.

Le lendemain, Astrac de Fontrailles, gouverneur du pays, les reçut fort civilement, et leur fit des excuses de ce qui s'étoit passé la veille; ils y restèrent tout ce jour-là pour voir la ville et pour examiner la disposition du camp de Montluc, qui l'avoit assiégée et prise dans nos dernières guerres. Les Romains y avoient autrefois institué des sacrifices de taureaux en l'honneur de la mère des dieux ; ce qui se remarquoit par plusieurs inscriptions qu'on voyoit encore gravées sur les pierres d'un temple que la barbarie de nos guerres avoit ruiné, et dont on prétendoit se servir pour en rebâtir un autre.

Ils y visitèrent le château où le comte d'Armagnac fut assassiné du temps de Louis XI, et, comme on croit, par sa participation. Les murailles sont encore teintes de son sang, qu'on n'a pu effacer jusqu'aujourd'hui. Ces marques sanglantes les firent souvenir d'une action qui s'étoit passée dans le même château ; elle est assez semblable à celle du capitaine Gaillard, mais la suite n'en fut pas si funeste. De Thou, qui en avoit déjà appris quelque chose à Bordeaux de du Faur de Grateins, pria celui qui commandoit alors à Lectoure de l'en instruire plus particulièrement. Voici le fait :

Un nommé Baleins, qui en avoit été gouverneur avant celui qui leur contoit cette aventure, étoit un homme violent qui avoit été élevé dans les guerres contre les Turcs. Il étoit des amis d'un gentilhomme du pays, des principaux officiers de sa garnison, qui, sous prétexte de mariage ou autrement, ayant abusé d'une sœur qu'avoit Baleins, s'étoit retiré de la garnison et s'étoit marié à une autre personne.

Cette sœur, qui en fut informée, vint aussitôt tout échevelée et tout en larmes trouver son frère, et lui conta ce qui s'étoit passé. Baleins, qui étoit vif et intrépide, lui dit de se taire, de ne faire semblant de rien et de le laisser faire. Il continue pendant quelque temps de vivre avec cet officier aussi familièrement qu'auparavant, sans lui rien faire connoître de ce qu'il savoit : un jour il l'invite à dîner dans le château avec quelques autres de ses amis, et leur fait un repas magnifique ; le dîner fini et les conviés retirés, il le prend en particulier, lui fait mettre les fers aux pieds et aux mains par des gens apostés, se met dans un fauteuil comme juge, et l'interroge. Comme ce pauvre homme ne demeuroit d'accord de rien, il lui produit des témoins, et fait paroître tout d'un coup cette demoiselle, qui s'étoit cachée. Alors cet officier tout effrayé lui avoua qu'il avoit été de ses amis, mais qu'elle lui avoit fait plusieurs avances ; que de son côté il ne lui avoit rien promis et ne lui avoit jamais donné parole de l'épouser. Baleins continuant son personnage de juge, fait écrire par un secrétaire l'interrogatoire, les dépositions des témoins, et leur fait signer le tout, puis, sur le serment pris des témoins et sur la confession de l'accusé, le condamne à mort.

Alors le même homme qui avoit été l'accusateur, le témoin et le juge, voulut encore être le bourreau ; il poignarda lui-même ce malheureux, qui réclamoit inutilement Dieu et les hommes, et qui se plaignoit de l'infraction des droits de l'hospitalité. Baleins renvoya le corps aux parens du mort ; mais comme il jugea que si cette exécution venoit d'ailleurs à la connoissance du roi de Navarre, de qui il tenoit sa commission, elle ne manqueroit pas de prévenir ce prince contre lui, il lui en écrivit lui-même, et lui manda le détail de ce qui s'étoit passé : il dit qu'ayant un juste sujet de se venger d'un affront, il n'avoit cependant rien fait que dans toutes les formes de la justice ; qu'il lui envoyoit les copies du procès, et qu'il gardoit les originaux pour sa justification ; qu'il le prioit de lui donner sa grâce, prêt, s'il le souhaitoit, à remettre le château à qui il jugeroit à propos ; qu'il étoit assez content d'avoir trouvé le moyen de se venger par ses mains de l'outrage qu'il y avoit reçu.

Le roi de Navarre fut effrayé de l'audace de Baleins et de l'énormité de cette action : cependant, comme il appréhendoit que, s'il lui refusoit sa grâce, cet homme violent ne se portât à quelque résolution qui pouvoit être dangereuse dans la conjoncture présente, il ne laissa pas de la lui envoyer ; mais en même temps il fit partir un homme de confiance pour prendre possession du château. Baleins le remit sans difficulté sur les ordres du prince, et se retira avec sa famille dans un château assez fort qu'il avoit dans le voisinage.

De Lectoure ils vinrent à Auch, autrefois capitale de la Gascogne. C'est un très riche archevêché dans la principauté d'Armagnac : les cardinaux Hippolyte et Louis d'Est l'avoient possédé depuis le cardinal de Tournon, qui y avoit fondé un collége. Ce dernier prélat n'étoit pas homme de lettres, mais comme il avoit le cœur élevé, et qu'il vouloit soutenir son rang, il aima toute sa vie les sciences et ceux qui en faisoient profession. Le beau collége qu'il fit bâtir à Tournon dans le Vivarais, d'où cette maison illustre a tiré son nom, en est une marque, et toute sa vie en fut une preuve continuelle.

A la cour, à Rome, dans ses voyages, il avoit toujours à sa suite tout ce qu'il y avoit de gens illustres dans les belles-lettres ; il en prenoit tant de soin, qu'Arnaud du Ferrier, qui avoit été long-temps attaché à son service, disoit ordinairement qu'il n'avoit jamais étudié si commodément dans son cabinet qu'il le faisoit lorsqu'il accompagnoit ce cardinal dans ses voyages.

Quand ce prélat suivoit la cour, il n'étoit pas plutôt descendu de cheval qu'il visitoit la chambre des savans de sa suite, pour voir si les malles où étoient leurs livres étoient en bon état : de peur qu'ils n'attendissent après, il les faisoit porter par ses mulets, avec son lit et ses papiers ; puis, tout étant prêt, il les exhortoit à travailler pendant qu'il alloit trouver le roi, dont il étoit le principal ministre. Il tenoit table ouverte ; mais il en avoit une particulière pour un petit nombre de ses amis : elle étoit aussi pour ces savans dont il écoutoit les conversations avec plaisir. Cela se passoit sur la fin du règne de François Ier, dans le temps que Pierre Danès, du Ferrier, Vincent Lauro,

Denys Lambin et Muret, tous si distingués par leur savoir, étoient attachés à lui. C'est à ceux qui possèdent aujourd'hui cet archevêché à voir s'ils en usent aussi noblement.

De Thou, et Pithou, son compagnon de voyage, allèrent voir la cathédrale d'Auch, qui seroit la plus belle église de France et de toute la chrétienté si elle étoit achevée avec autant de magnificence qu'elle a été commencée. Le chœur, avec les stales des chanoines, étoit dans sa perfection, et l'on travailloit à la nef et aux bas-côtés. Ils virent aussi l'église de Saint-Oren, qui tomboit en ruine de vétusté: cependant cette église, où il y a une paroisse, appartient à un très-riche monastère dépendant de l'abbaye de Cluny. On y voit plusieurs autels qui sont des tombeaux de martyrs; les chrétiens y tenoient autrefois leurs assemblées. Les tables qui couvrent ces tombeaux ne sont pas plates comme les nôtres, mais un peu arrondies. On y voit les deux lettres grecques qui signifient le nom de Jésus-Christ, et qui étoient sur le Labarum des premiers empereurs chrétiens : preuves de l'antiquité de cette église et de ces monumens.

Au sortir d'Auch ils passèrent par Caumont, San-Mathan, Lobez, Saint-Gimont, et vinrent à Pibrac. Guy du Faur, qui en est seigneur, y étoit venu de Paris passer les vacations, et les y attendoit. Il reçut ses hôtes magnifiquement et les régala avec beaucoup de propreté et de délicatesse, surtout avec un visage qui rehaussoit extrêmement le mérite de la bonne chère.

Ils y séjournèrent trois jours, pendant lesquels ils se promenèrent beaucoup dans les cours et dans les jardins du château. Tout cela étoit fort négligé et fort inculte; mais les agrémens de l'esprit du maître rendoient tout agréable: tout y paroissoit fort simple, à l'exception des meubles, qui étoient magnifiques.

Pibrac dit peu de chose sur l'affaire de Salcède; cependant il en parla d'une manière qui faisoit comprendre qu'il en croyoit plus qu'il n'en témoignoit; comme il ne disoit point clairement ce qu'il pensoit, de Thou n'eut pas lieu de combattre ses sentimens. Pithou l'obligea de communiquer à Pibrac ce qu'il avoit écrit sur la fauconnerie; il savoit que leur hôte avoit une grande passion pour toute sorte de chasse, et qu'il se plaignoit que cette nouvelle manière de chasser n'eût point encore été bien décrite en latin. Pibrac lut ce poème en son particulier, et, comme il remarqua que sur la fin du premier livre l'auteur déploroit la mort d'un personnage considérable nommé François, qu'on pouvoit confondre avec une autre personne de même nom, il comprit enfin que l'auteur avoit eu en vue François de Montmorency, maréchal de France, mort depuis peu, et qui l'avoit honoré de son amitié. Il témoigna à de Thou le plaisir qu'il lui faisoit d'avoir fait mention d'un seigneur dont toute la France et ce qu'il y avoit de plus honnêtes gens devoient regretter la perte. Il l'exhorta à continuer cet ouvrage, et à travailler à cette partie qui concerne la guérison des oiseaux de proie, et que promet le commencement du premier chant.

Après, on s'entretint de la liaison de la famille de du Faur de Toulouse avec celle de de Thou: on ajouta que la générosité naturelle des François s'étoit tellement corrompue, que les amitiés n'avoient de force qu'autant qu'elles étoient fondées sur l'intérêt; que pour peu qu'on craignît qu'une liaison portât préjudice, non-seulement on abandonnoit ses amis avec lâcheté, mais qu'on les trahissoit avec perfidie; qu'il ne s'étoit trouvé que Christophe de Thou, qui, se confiant sur son intégrité, avoit osé prendre la défense de l'innocence persécutée; que les du Faur y ayant été exposés, non-seulement à Toulouse, mais encore par toute la France, il les protégea avec autant d'habileté que de constance, lorsqu'ils ne trouvoient plus d'appui dans le parlement, et qu'ils n'avoient que de foibles amis à la cour: paroles que prononça Pibrac, en regardant fixement de Thou, à qui elles causèrent une joie si sensible, que, malgré toute sa prudence et sa modestie, Pithou s'aperçut combien l'éloge qu'un si honnête homme venoit de faire du premier président son père avoit fait d'impression sur son esprit.

Pibrac étoit chancelier de Marguerite, reine de Navarre. Un petit refroidissement venoit de lui attirer de la part de cette princesse une lettre dans laquelle elle lui reprochoit sa témérité de ce qu'il avoit osé élever ses désirs jusqu'à elle; ce qui donnoit beaucoup de chagrin à Pibrac : il n'étoit pas moins inquiet de la réponse qu'il devoit faire. Un jour qu'il se promenoit avec de Thou, il lui en fit confidence ; il le crut le plus propre, comme le plus jeune, à excuser sa foiblesse ; et, par une espèce de honte, il ne voulut pas s'en ouvrir à Pithou. Il lui dit la réponse qu'il méditoit, mais avec un air si prévenu, en des termes si étudiés, et dans un style où il paroissoit tant de passion, que cela ne servit qu'à convaincre de Thou de la vérité des reproches que lui faisoit cette princesse. Pibrac lui envoya bientôt après cette réponse, qui courut depuis dans le monde, et qui étoit écrite avec toute la délicatesse et toute la finesse dont il étoit capable.

C'étoit un homme d'une probité incorruptible et d'une piété sincère ; il avoit un véritable zèle pour le bien public, le cœur élevé, l'ame généreuse, une extrême aversion pour l'avarice, beaucoup de douceur et d'agrément dans l'esprit ; outre cela, il étoit bien fait de sa personne, de bonne mine, et doué naturellement d'une éloquence douce et insinuante. Il avoit appris les belles-lettres sous Pierre Bunel, et avoit acquis sous Cujas une parfaite connaissance du droit : il n'avoit jamais pu vaincre sa paresse et son indolence naturelle, et il ne lui manquoit qu'un peu plus d'action et de vivacité. Il écrivoit en latin avec élégance, et il avoit beaucoup de talent pour la poésie françoise : ce qui fit naître d'abord un peu de jalousie entre lui et Ronsard, qui le piqua vivement; mais elle se convertit bientôt en une estime et en une amitié mutuelle. Ses quatrains, traduits en toutes sortes de langues, l'ont fait connoître par tout le monde, et servent parmi nous à l'instruction des enfans qu'on prend soin de bien élever. Disons de suite, afin qu'il ne manque rien à l'éloge de ce grand homme, que sa famille, qui étoit de Toulouse et originaire d'Auch, étoit déjà très noble et très illustre du temps de Charles VII et de Louis XI, et que son bisaïeul Gratien du Faur, président à mortier au parlement de Toulouse, avoit mérité, par son savoir et par son intégrité, de tenir une des premières places dans le conseil du roi que nous nommons aujourd'hui conseil d'état.

De Thou et Pithou prirent congé de leur généreux ami, et, ayant passé par un village nommé Leguevin, ils arrivèrent dans une grande plaine d'où l'on découvre Toulouse de loin. Cette ville est une des plus grandes du royaume, après Paris, si l'on considère le nombre et la beauté de ses églises, la dignité de son parlement, qui est le second de la France, le nombre des écoles et des écoliers, la richesse des habitans et la magnificence des édifices. On peut dire que, si elle ne l'égale pas, du moins elle lui est peu inférieure, et qu'elle peut encore avec justice s'appeler, comme autrefois, la ville de Pallas.

Ils y séjournèrent quelques jours, pour en voir les beautés les plus remarquables. Pithou en passa une grande partie avec François Roaldez, sous qui il avoit appris la jurisprudence à Valence en Dauphiné. De Thou lui rendit aussi visite, et Roaldez leur apprit des particularités considérables des provinces de Guienne et de Languedoc, tant des villes et des rivières que des autres lieux.

L'archidiacre Galand, attaché à la famille de du Faur, homme d'un commerce agréable, assez savant, et surtout bon botaniste, les conduisit à la cathédrale, aux principales églises et dans tous les lieux publics. Il leur fit voir le Capitol, et le lieu célèbre où les échevins, qu'on appelle capitouls, rendent la justice, comme aussi la statue de Clémence Isaure, qui fonda, il y a plus de deux cents ans, un prix pour celui qui feroit de plus beaux vers, et à laquelle on va rendre tous les ans une espèce d'hommage.

Il les mena encore à Saint-Jorry : ils y trouvèrent Pierre du Faur, cousin-germain de Pibrac, et président à mortier au parlement de Toulouse. Ce président, pendant les vacations, s'y divertissoit à l'étude, autant que sa santé le lui pouvoit permettre. C'étoit un homme laborieux et appliqué ; ses œuvres données au public, et principalement ses commentaires sur les règles du droit, dédiés à Cujas son maître, en sont une preuve. S'il étoit moins propre pour la cour que Pibrac, il étoit plus propre que lui pour le palais ; du reste, leur humeur, leur piété, leur probité, étoient égales. Lui et Pithou, qui s'étoient connus dès leur jeunesse, renouvelèrent connoissance. Sa femme, qui étoit belle et vertueuse, et sœur de François de Rieux, gouverneur de Narbonne, leur fit tout le bon accueil possible ; occupée uniquement de la santé de son mari et du soin de recevoir ses amis, elles les retint pendant trois jours.

De là ils allèrent à Montauban, où ils se séparèrent après avoir visité Claude Granger et Robert Constantin. Pithou retourna à Agen, et de Thou à Toulouse, pour descendre en Languedoc. Ce dernier en repartit dès le lendemain de son arrivée, sans rendre visite au premier président Duranti, qui avoit envie de le voir ; mais comme dès son premier voyage avec Pithou ils ne l'avoient point vu, pour certaines considérations qui regardoient leur compagnie, il ne crut pas devoir faire seul ce qu'ils n'avoient pas jugé à propos de faire ensemble : cependant il en eut toujours regret depuis. Le même jour il vint par Montesquiou coucher à Castelnaudary, et deux jours après à Carcassonne.

La rivière d'Aude et une grande esplanade qui avoit autrefois de chaque côté un faubourg très peuplé séparent Carcassonne en deux. La ville haute contient la cathédrale, le palais de l'évêque et la citadelle : le lieu où l'on tient la juridiction est dans la ville basse, où sont aussi logés les magistrats. Pibrac avoit donné à de Thou des lettres de recommandation pour Raimond Le Roux, qui en étoit juge-mage. C'étoit un homme de haute taille, qui avoit l'air sérieux, grave et antique. Il avoit écrit pour l'autorité du pape contre Charles du Moulin, au sujet de l'édit de 1552. Comme il avoit été avocat au parlement de Paris, où il avoit connu le premier président, il demanda fort de ses nouvelles à son fils, qu'il conduisit partout très poliment.

Il le mena dans la citadelle, où l'on voit beaucoup d'armes anciennes qui ne sont plus d'usage depuis l'invention des mousquets ; plusieurs manuscrits hébreux, qui paroissent être du temps que les Juifs furent bannis de ce pays-là, comme de tout le reste de la France, avec quantité d'informations et de jugemens rendus contre les Albigois.

De Carcassonne de Thou vint à Narbonne. Pibrac lui avoit aussi donné des lettres pour Baliste, qui en étoit syndic. Baliste le conduisit par toute la ville, et lui montra d'anciennes inscriptions qui se remarquoient parmi ses ruines ; comme il en avoit fait un recueil exact, il en étoit fort instruit. Il lui fit voir encore cet autel célèbre qui est à la porte de la principale église. Elie Vinet en parle dans ses Antiquités de Narbonne ; Smith, et, après lui, Jean Gruter, en ont fait aussi mention dans ce gros volume d'inscriptions qu'ils ont donné au public. On voit un grand nombre d'anciens monumens dans cette ville qui a autrefois donné son nom a tout le pays qui s'étend depuis les Alpes jusqu'à Vienne, et qui comprenoit la Provence et le Languedoc, avec tout l'ancien diocèse de Toulouse.

Guillaume de Joyeuse, qui commandoit en Languedoc sous le duc de Montmorency, demeuroit à Narbonne. De Thou alla saluer ce seigneur, qui le mena, avec toute sa famille, entendre la messe dans une chapelle de la grande église. On y voit cet admirable tableau de la résurrection du Lazare, peint par Sébastien del Piombo ; le dessin est de Michel-Ange, et c'est un présent du cardinal Hippolyte de Médicis.

Ce beau tableau les fit ressouvenir de ce que rapporte Vasari du défi de Michel-Ange avec Raphaël, pour un prix proposé par le cardinal de Médicis. Le tableau de Michel-Ange, qui fut achevé le premier, fut apporté à Narbonne du vivant du cardinal, et celui de Raphaël, qui représentoit l'ascension de Notre-Seigneur, fut mis à Rome dans l'église de Saint-Pierre *in Montorio*; mais il ne fut fini qu'après la mort du cardinal, qui mourut à Rome, où le défi s'étoit fait.

On voit dans le milieu du chœur de la grande église le tombeau de Philippe-le-Hardi, fils de saint Louis, et père de Philippe-le-Bel, avec sa représentation en marbre. Le corps de ce prince, qui mourut à Perpignan l'an 1285, au retour du combat qui s'étoit donné en Roussillon, entre lui et Pierre d'Aragon, qui y périt, fut apporté à Narbonne.

Au retour de l'église, Joyeuse invita de Thou à dîner. Comme de Thou le connoissoit peu, et que d'ailleurs il craignoit de devenir par là suspect au duc de Montmorency, s'il venoit à le savoir, il s'en excusa le plus honnêtement qu'il put.

Il alla trouver ce duc à Béziers, après avoir passé un bois plein de bruyères et de tamarins, et décrié pour les vols qui s'y commettoient : aussi, quand il parle de Béziers dans quelque endroit de ses poésies, il l'appelle *Biterras tamarisciferas.*

Le duc de Montmorency le reçut avec beaucoup d'honnêteté, et après les premières civilités et les assurances de ses bonnes intentions pour le premier président son père et pour toute sa famille, il lui parla aussitôt de Salcède. Il avoit été informé depuis peu des dispositions de ce scélérat, par Mathurin Chartier, qui arrivoit des Pays-Bas. De Thou se servit des raisons du maréchal de Matignon pour lui en faire connoître la fausseté : le duc soutint que ces dépositions n'étoient pas sans fondement. Enfin le duc, voyant que de Thou persistoit vivement dans son opinion, se ralentit un peu et lui dit qu'il le feroit parler le lendemain à un homme qui étoit fort instruit sur ce chapitre.

De Thou alla souper chez l'évêque de Béziers, qui le jour suivant le mena à son église, et le fit monter sur une plate-forme d'où l'on découvre tout le pays d'alentour. Ils y étoient à peine que le duc y arriva en bottes avec Chartier. « Voilà, dit-il en s'adressant à de Thou, l'homme avec qui je vous promis hier de vous mettre aux prises ; il a vu le premier président votre père en passant à Paris ; faites réflexion sur ce qu'il vous dira, et ce soir, quand je serai de retour, nous en parlerons plus à loisir. »

Il partit aussitôt pour un rendez-vous qu'il avoit donné, entre Béziers et Narbonne, à Anne, fils de Guillaume de Montmorency. Ce seigneur, qui avoit accompagné le roi jusqu'à Lyon, avoit demandé permission à Sa Majesté d'aller voir son père ; et, après être descendu par le Rhône et avoir donné avis de sa route au duc de Montmorency, il avoit pris la mer, et étoit arrivé à Narbonne le jour même que de Thou en étoit parti.

L'évêque s'étant retiré, de Thou resta seul avec Chartier, qui lui apprit ce qui s'étoit passé à Anvers, les conjectures et les motifs qui avoient porté le prince d'Orange à faire arrêter Salcède et le comte d'Egmont, les entretiens particuliers que le premier avoit eus avec le duc de Parme, et de quelle manière celui que le duc lui avoit associé s'étoit tué quand on l'arrêta. « Et, afin, lui dit-il, que vous soyez convaincu que je vous dis vrai, vous saurez que Salcède a été mis entre les mains de Bellièvre, qui l'a amené au roi : ce que le duc d'Anjou ni ceux de son conseil n'auroient jamais permis, s'il n'y eût eu que des suppositions dans cette affaire. »

Après plusieurs autres discours de part et d'autre, comme de Thou soutenoit toujours que ce qui rendoit les dispositions de Salcède suspectes de fausseté étoit que ce méchant homme avoit accusé de cette horrible conspiration un trop grand nombre de personnes d'honneur, dont l'innocence et la fidélité étoient généralement reconnues, Chartier lui dit qu'il se pouvoit faire que Salcède, qui cherchoit ses sûretés, en avoit peut-être accusé plusieurs à tort, ou que ceux qui l'avoient porté à un si grand crime avoient pu l'encourager en lui nommant un plus grand nombre de complices qu'il n'y en avoit ; que cependant le premier président son père, qu'il avoit vu secrètement à Paris par l'ordre du duc d'Anjou, étoit d'avis de ne rien précipiter dans une affaire d'une aussi grande conséquence, mais de la bien approfondir, en tenant longtemps le coupable en prison, de peur de gâter l'affaire par un jugement trop prompt. Après cet entretien ils se séparèrent.

Le soir le duc, étant de retour de son rendez-vous, fit appeler de Thou, qu'il entretint d'abord sur le chapitre de M. Joyeuse, et des marques d'amitié feintes ou véritables qu'ils s'étoient données ; puis, passant aussitôt à l'affaire de Salcède, il lui demanda ce qu'il en pensoit, après avoir entretenu Chartier. Comme de Thou persistoit toujours dans son sentiment, sans néanmoins vouloir le défendre aussi vivement qu'auparavant, il se contenta de répondre que le temps, qui étoit un grand maître, les en instruiroit ; qu'il falloit attendre de la prudence du roi et de celle de ses ministres ce qu'on devoit croire d'une affaire d'une si grande importance. Là-dessus le duc se retira dans sa chambre, après que de Thou lui eut demandé un passeport ; il lui donna le même Chartier pour l'accompagner, et lui ordonna de passer par Pézenas, où étoit la duchesse sa femme.

Il arriva le lendemain une aventure qui fut d'un mauvais présage pour Chartier, ainsi que la suite le vérifia. Comme ils marchoient tous deux sur le soir, par un petit sentier frayé entre les hauteurs escarpées, Chartier devant et de Thou derrière, un paysan armé, comme ils le sont presque tous en ce pays-là, demanda à de Thou, de dessus une hauteur, si ce n'étoit pas Chartier qui marchoit devant. De Thou voulant savoir le sujet de cette question, le paysan lui répondit qu'il seroit bien aise que ce fût Chartier, parce que le bruit couroit qu'il avoit été pendu. Alors de Thou cria de toute sa force à Chartier de s'arrêter, et lui dit ce qu'il venoit d'apprendre du paysan, qui cependant avoit disparu. Il l'exhorta d'être à l'avenir plus circonspect dans les affaires dont il se mêloit, et d'éviter par sa conduite de donner lieu à un si funeste présage. Chartier, qui ne se soucioit de rien et qui se croyoit à couvert de toute mauvaise aventure, ne reçut un avis si sage qu'avec un grand éclat de rire.

Quand ils furent arrivés à l'hôtellerie, il continua, sur le même ton et avec la même assurance, de l'entretenir des affaires dangereuses dont il s'étoit mêlé pour le maréchal de Bellegarde, dans le temps qu'il étoit à son service; des dernières intrigues auxquelles il avoit eu part avec lui; enfin, de la mort de son maître, fin digne de la vie libertine qu'il avoit menée : il ajouta d'autres particularités, qu'il est de l'intérêt public de ne pas révéler pour ménager l'honneur de la maison de ce maréchal.

Il ne fut pas plus discret sur son propre chapitre. Il dit qu'il étoit de Dol en Bretagne; qu'étant encore fort jeune, son père le chassa de sa maison pour ses mauvaises mœurs; qu'il s'embarqua sur un vaisseau qu'il trouva par hasard et qui l'amena à Bordeaux; qu'il s'y mit d'abord au service d'un chanoine de son pays; que comme il savoit quelque peu de latin, il se fit notaire apostolique; que son maître, qui étoit fort âgé, avoit chez lui une femme qu'il entretenoit, et que lui, qui étoit dans la vigueur de son âge, avoit gagné cette femme; que par son moyen il gouvernoit l'esprit de son maître, et que, quand il mourut, ils s'emparèrent de son bien; qu'appréhendant les poursuites des héritiers, il s'étoit retiré à Toulouse, et de là plus avant dans le Bas-Languedoc; qu'il s'y étoit insinué dans la maison de l'évêque d'Aleth, de la maison de Joyeuse, et y avoit exercé sa profession de notaire apostolique; que le voisinage des montagnes de Sault lui avoit donné l'occasion de faire société avec les bandouliers des Pyrénées, et avec leur chef, dont il avoit épousé la fille; que, comme dans cette province il se mêloit de tous les différends, qui y sont fréquens, il s'étoit si bien fait aux manières des habitans, qu'ils le croyoient né et élevé dans le pays; que de là il étoit entré en qualité de secrétaire au service du duc de Montmorency; mais qu'après la paix faite et rompue presque aussitôt avec les protestans, il avoit pris parti avec le maréchal de Bellegarde, et qu'après sa mort il s'étoit attaché au duc d'Anjou : circonstances qu'il contoit comme autant de belles actions aux gens de l'escorte, que les cousins empêchoient de dormir, non sans y mêler plusieurs aventures semblables aux contes d'Apulée; ce qui faisoit connoître d'un côté l'esprit surprenant du personnage, et de l'autre le peu de confiance qu'on pouvoit prendre en lui.

Quand de Thou fut arrivé à Pézenas, il alla saluer madame de Montmorency, qui le reçut honnêtement; il y laissa Chartier, et de là se rendit à Montpellier. Le prince de Condé y étoit venu s'y faire payer, par les receveurs de Sa Majesté, du reste du don que le roi lui avoit fait quand il le maria. Il se promenoit hors de la ville avec François de Coligni-Châtillon, qui en étoit gouverneur, lorsque de Thou y arriva. Comme il vit que sitôt que de Thou l'avoit aperçu il avoit mis pied à terre pour le venir saluer, il vint au devant de lui, et le reçut avec l'accueil le plus gracieux; il se souvint de l'entretien qu'il avoit eu avec lui l'année précédente, et le mena dîner à l'hôtel de Fises, où il logeoit.

On parla pendant le repas de la manie détestable des duels, qui s'étoit répandue partout. Isaac de Vaudrai-Mouy, qui s'y trouva avec d'autres gens de qualité, voulut l'excuser sur la nécessité de défendre son honneur, qu'un véritable gentilhomme est obligé de préférer à sa propre vie. Là-dessus le prince prenant la parole lui répondit, avec un air d'autorité qui convenoit à son rang, que c'étoit à tort que la noblesse faisoit consister son honneur dans ces sortes de combats; qu'ils étoient absolument contraires aux commandemens de la loi divine; que nous étions obligés de rapporter toutes nos pensées et toutes nos actions à la gloire de Dieu, et non à la nôtre; que notre salut dépendoit uniquement de l'observation de ses préceptes; qu'il n'étoit permis de tirer l'épée que par l'ordre du prince, pour la défense de la patrie ou pour celle de sa vie. Puis, se tournant vers le ministre, qui étoit derrière sa chaise, il lui demanda si ces combats étoient permis en conscience pour tirer raison des querelles particulières; à quoi le ministre ayant répondu qu'on ne le pouvoit faire sans risquer son salut : « Apprenez de moi, leur dit-il, que vous devez vous désabuser une bonne fois de cette erreur chimérique où vous êtes sur ce chapitre; je vous réponds là-dessus de votre honneur, et je m'offre volontiers d'en être la caution. »

Après que tout le monde se fut levé de table, le prince entretint de Thou en particulier de quelques affaires d'état et de ce qui regardoit les dépositions de Salcède, sans que de Thou témoignât la même chaleur qu'auparavant. Ayant pris congé du prince, qui lui fit présent d'un beau mulet et de son caparaçon, il se mit en bateau sur le lac pour se rendre à Aigues-Mortes.

Cette ville étoit autrefois célèbre par son port, où nos rois s'embarquoient pour leurs voyages de la Terre Sainte; aujourd'hui il est comblé et ne peut plus servir. On y voit l'ancienne tour de Constance, où il y a garnison, et où l'on mettoit autrefois des fanaux pour les vaisseaux qui y abordoient.

De là, prenant sur la gauche et laissant à droite les salines de Peccais, et ce qu'on appelle la Camargue, qui est un pays fort gras, enfermé entre le canal d'Aigues-Mortes, ou la Robine, et le Rhône, il vint par le Bas-Languedoc à Nîmes, qui, au rapport d'Ausone, prend son nom d'une fontaine qui est hors de la ville et qui sort avec un grand bruit.

Nîmes est recommandable par son amphithéâtre et par les ruines de plusieurs monumens antiques, dont la magnificence et la majesté effacent encore aujourd'hui tous les bâtimens modernes : c'est le lieu de la naissance des deux Antonins, comme Narbonne l'est de Carinus; ce sont les Antonins qui ont fait faire à Nîmes tous ces ouvrages dont on voit aujourd'hui les superbes restes. Près de la ville sont les ruines d'un temple abattu autrefois par les citoyens mêmes dans le temps d'un siége. La voûte, qui subsiste encore à moitié, fait regretter le reste de ce bel édifice; ajoutez à tant de raretés le pont du Gard à trois rangs d'arches les unes sur les autres : il est bâti entre des rochers auprès de Saint-Privat pour conduire l'eau dans la ville; et, ce qui est admirable, il paroît encore en très bon état après tant de siècles.

Ayant laissé Beaucaire à droite, de Thou vint, par Montfrin et par Aramont, à Villeneuve, sur les bords du Rhône du côté de la France : c'est un lieu célèbre par sa Chartreuse et par ses ruines; on y remarque encore plusieurs écussons aux armes des cardinaux. Il y a un pont qui relève du roi, non pas droit comme le pont Saint-Esprit, mais bâti en serpentant, à cause de la rapidité de la rivière et de la violence des vents, ce qui le rend fort commode.

Au bout est Avignon, qui est la capitale du Comtat; car Valence, comme l'a cru Cujas, n'est point comprise dans le pays qu'on nomme aujourd'hui le Comtat, mais dans la Gaule Narbonnaise, qui comprenoit autrefois toute le Dauphiné. Cette ville ne le cède à aucune autre de la chrétienté, tant par la beauté de ses murailles que par le palais du pape, qui tient à une roche fort élevée. Clément V s'y réfugia l'an 1306, la vingt-unième année du règne de Philippe-le-Bel : les papes y firent leur séjour jusqu'à l'année 1377, que Benoît XI en sortit pour retourner à Rome le 14 de janvier de l'année suivante.

De Thou alla saluer le cardinal Georges d'Armagnac, qui y faisoit la fonction de légat en l'absence du vieux cardinal de Bourbon. Ce prélat avoit déjà quatre-vingts ans, et n'étoit plus occupé que de sa santé. Comme il étoit très poli et qu'il recevoit bien les étrangers, il l'arrêta à dîner. Le repas fini, de Thou lui demanda une escorte et se retira, parce que ce cardinal se mettoit au lit au sortir de table. Quand il eut quitté le légat, il alla voir Henri d'Angoulême, qui commandoit dans la Provence, et qui se trouva alors à Avignon. D'Angoulême l'entretint long-temps sur le chapitre de Salcède, et lui fit entendre que, quoique ce scélérat eût varié dans ses dépositions, il ne doutoit pas qu'il n'y en eût beaucoup de vraies.

D'Avignon de Thou se rendit par eau et sans danger à Tarascon, qui est sur les bords du Rhône, vis-à-vis de Beaucaire, et de là vint à Arles.

Il est incertain en quel temps le siège épiscopal d'Arles a été établi, si c'est du temps de ce Trophime dont parle saint Paul, ou du temps d'un autre Trophime plus récent; quoi qu'il en soit, l'église est dédiée à saint Trophime. Cette ville, qui fut autrefois la capitale d'un royaume, en conserve encore quelques marques, qui sont aussi peu considérables que le fut la durée de ce royaume. On y voit dans le Rhône quelques piles du pont qui la joignoit à la partie qui étoit de l'autre côté, mais où il ne reste plus que les ruines d'un amphithéâtre et de plusieurs tombeaux, qui sont des monumens de son ancienne grandeur. Aujourd'hui la principale noblesse du pays y fait son séjour ordinaire, ce qui n'est point en usage dans les autres provinces. Il n'y a point de ville dans le royaume qui ait de plus grands priviléges et de plus grands revenus. Du côté qui regarde la rivière, elle est située dans un marais, et du côté du midi et du levant, dans un terrain pierreux qu'on nomme la Crau, et qui a été rendu plus doux par un canal qu'on a tiré de la Durance; quand il est cultivé, il produit, malgré les cailloux, du froment très bon et très pur.

Laissant à droite le château de Salon, où Henri d'Angoulême faisoit sa principale demeure, de Thou vint à Saint-Chamas, situé à la tête du lac de Martigues, renommé par ses salines et par sa caverne creusée dans le roc. Il le laissa encore à droite, et, par d'anciennes arcades qu'on trouve sur le chemin, il se rendit enfin à Marseille.

Ce nom seul donne une grande idée de cette ville, quoiqu'il n'y reste plus rien de ce qu'on y voyoit autrefois; on prétend même qu'elle est bâtie présentement dans un autre endroit. Les Corses et les habitans des îles voisines s'y retirent avec leurs effets pour y jouir de la liberté sous la protection de la France; ils en sont d'autant plus jaloux, qu'ils ont quitté pour elle leur pays et leur fortune; ils la comptent comme un de leurs plus grands biens, et croiroient avoir tout perdu s'ils en étoient privés. Aussi il n'y a rien qu'ils n'entreprennent pour se la conserver, ce qui les rend quelquefois fort mutins.

Le gouverneur du château d'If, qui est situé sur une roche escarpée dans la mer, et qui semble défendre l'entrée du port, y donna à dîner à de Thou, qui de là revint à Marseille. On trouve d'abord le château de Notre-Dame-de-la-Garde, qui commande le port, au delà duquel, mais assez proche, est la riche abbaye de Saint-Victor. De Thou ne mit que deux jours à voir Marseille; et de là se rendit à Aix.

Jean de Monchal, président du parlement, l'accompagna le plus poliment du monde par toutes les églises, à la maison de ville, à l'arsenal, et principalement au palais où le parlement s'assemble. De Thou l'avoit connu familièrement il y avoit plus de dix ans, lorsque ce président fut envoyé, avec Charles de Lamoignon, commissaire dans ces provinces, pour informer des malversations qui se commettoient dans les gabelles. Monchal lui fit voir aussi les bains, d'où cette ville a tiré son nom : ils sont fort bien bâtis, avec des bancs. Ceux du pays font usage de ces bains.

De là, après avoir passé par Cavaillon, il vint à Orange, ville recommandable par l'antiquité vénérable de ses monumens. On voit hors de son enceinte ces superbes trophées auxquels on donne encore le nom de trophées de Marius, et dont l'injure des siècles a respecté la majesté.

En sortant de la Provence, la première ville du Dauphiné que l'on rencontre est Montélimart : elle s'est fait assez connoître dans nos dernières guerres. Comme de Thou y soupoit, Colas, qui en étoit le vice-sénéchal (ce qui veut dire à peu près bailli, de peur qu'on ne se trompe sur ce terme de sénéchal), vint le trouver dans son auberge : il y avoit plus de dix ans que de Thou ne l'avoit vu, et il ne l'avoit connu qu'à Valence, dans le temps qu'il y étudioit en droit sous Cujas. Comme de Thou partit alors de Valence, il apprit que Colas avoit été depuis nommé recteur, ou, comme ils disent, prince de la jeunesse, parce qu'il étoit du pays; qu'on l'avoit accusé d'avoir assassiné, de nuit et en trahison, un jeune écolier de Bourgogne; qu'ayant été poursuivi pour ce crime, on l'avoit mis en prison, dont il n'étoit sorti que par faveur ou par la négligence de ses parties. Colas vint donc en robe saluer de Thou, qui le retint à souper. Pendant le repas, il l'entretint d'affaires d'état, avec de grands discours vagues et inutiles, y mêlant sans cesse le nom du duc de Mayenne, auquel il avoit offert ses services pendant que ce duc commandoit dans la Provence. C'étoit un parleur véhément, présomptueux et hardi, qui paroissoit disposé à tout hasarder pour s'élever au-dessus de sa condition. On n'auroit point parlé de ce bailli ni de ce repas, si dans les guerres suivantes il n'avoit fait parler de lui par la hardiesse de ses entreprises : il n'épargnoit rien pour en venir à bout, et se fit craindre même du duc de Mayenne, auquel il devoit son élévation, comme on le peut voir plus au long dans l'Histoire Générale.

Le lendemain, le même homme le vint trouver encore dans son hôtellerie, lui fit voir la ville, et le conduisit jusque sur les bords du Rhône, où ils se séparèrent après de grandes embrassades. De Thou passa ce fleuve sur un bac, et le même jour, traversant des montagnes fort rudes, il vint coucher à Aubenas, principale ville du marquisat de Montlaur. De là, pendant trois jours, il passa par des chemins affreux, au bout desquels il aperçut le Puy en Velay, au-delà d'une plaine très agréable, où la Loire, qui prend sa source tout proche et qui serpente entre des rives fleuries, se déborde quelquefois. De l'autre côté de la ville, on voit au milieu d'une prairie un rocher escarpé, en forme de cône au sommet, où l'on monte par des marches taillées dans le roc. On y voit une église dédiée à l'archange saint Michel, bâtie, à mon avis, sur le modèle de celle du Mont-Saint-Michel, dont on a parlé ci-dessus.

La ville s'élève insensiblement, et, à proportion de sa grandeur, est assez peuplée. On monte à la cathédrale par des degrés jusqu'au grand autel, qui est séparée du palais épiscopal par un mur bâti à l'antique. On y voit encore tout entières les deux lettres grecques qui signifient le nom de Jésus-Christ, et qu'on a remarquées en parlant de Saint-Oren d'Auch. Nectaire de Senneterre, qui en étoit évêque, reçut de Thou civilement, et lui montra sa bibliothèque, remplie de manuscrits anciens et dignes de la curiosité des savans.

Ayant quitté le Puy, il descendit les montagnes pour venir à Langeac, qui est le premier lieu d'Auvergne, situé dans cette plaine qu'on nomme la Limagne, et de là il se rendit à Clermont, capitale de la province. Il n'y fut pas plus tôt arrivé, qu'il alla saluer son beau-frère de Harlay, qui le reçut avec toutes les marques possibles d'amitié, comme firent aussi les autres commissaires pour les grands-jours, qui lui donnèrent une fois séance parmi eux. Il employa deux jours à voir la ville et tous ses dehors, avec les fontaines qui sont à l'entour, une entre autres dont l'eau se pétrifie au sortir de sa source, de manière que si l'on n'avoit soin d'en creuser tous les jours le canal avant que l'eau s'endurcît entièrement, elle seroit bientôt bouchée.

Il prit congé de son beau-frère et de Brulard, et, passant par Montferrand, par Thiers, célèbre manufacture de papier, et par Saint-Bonnet, il vint à Lyon.

Il y trouva Louis Châteigner d'Abin, commissaire du roi pour la visite des provinces, et qui eut la commodité et le loisir de le recevoir dans sa maison pendant trois jours. Il en passa la plus grande partie à visiter les imprimeries de Tournes et de Rouillé : il vit Daléchamps, qui travailloit sur Pline et qui corrigeoit la Botanique que Rouillé imprimoit. Il est de l'intérêt des gens de lettres de savoir ce que Daléchamps dit là-dessus à de Thou. Il l'assura qu'il y avoit près de trente ans qu'on travailloit à cet ouvrage, qu'on l'avoit retouché plusieurs fois, et que la plus grande partie en étoit imprimée quand il y mit la dernière main ; ce qui étoit cause qu'ayant été imprimé, revu et corrigé tant de fois, il s'en trouvoit des exemplaires fautifs, d'autres plus corrects, mais que les dernières éditions étoient toujours les meilleures.

Le premier de novembre, jour auquel Dieu retira du monde le premier président, de Thou étoit encore à Lyon ; comme il ne sut rien de cette mort jusqu'à Paris, il passa à Villefranche dans le Beaujolois, à Mâcon, à la fameuse abbaye de Tournus, à Châlons, toutes places sur la Saône qu'il laissa pour venir à Beaune. On y voit un bon château sur le bord d'une petite rivière qui y passe ; mais ses vins, si connus partout, rendent cette ville encore plus célèbre.

Citeaux n'en est pas éloigné. Cette abbaye, si fameuse dans le monde chrétien, fut bâtie par le duc Othon l'an 1098 ; aujourd'hui plus de mille soixante-dix monastères, tant d'hommes que de femmes, en dépendent. De Thou voulut y aller pour rendre visite à Nicolas Boucherat, qu'il savoit être des amis de son père. Boucherat, après avoir été vicaire-général de l'ordre, en avoit été élu général sous le titre d'abbé de Cîteaux. Il avoit fait plusieurs voyages en Italie, en Sicile, en Allemagne, en Pologne, en Hongrie, et dans les Pays-Bas, et par ses voyages il avoit acquis beaucoup d'expérience et d'érudition. Il étoit informé de la mort du premier président; mais, comme il vit que le fils l'ignoroit, il ne lui en témoigna rien : il le pria seulement, après le dîner, de demeurer à cause du mauvais temps : de Thou s'en excusa et vint coucher à Dijon, capitale de la Bourgogne, quoiqu'il n'y ait point d'évêché.

Le torrent de Suzon incommode fort cette ville par ses débordemens ; mais elle en est bien dédommagée par les commodités qu'elle reçoit de l'Ouche, et par sa situation avantageuse. On y voit l'église de Saint-Bénigne, bâtie par Grégoire, évêque de Langres ; dessous est une église souterraine, ou une caverne où l'on dit que ce saint homme se cachoit, ou qu'on l'y mit aux fers, lorsqu'il prêchoit la connoissance du vrai Dieu à ces peuples idolâtres. Le parlement de Bourgogne réside à Dijon. Il y avoit alors deux citadelles : celle qui fut bâtie par Louis XII est peu de chose ; l'autre, un peu meilleure, éloignée de la ville, et qu'on nommoit Talan, a depuis été démolie. La Chartreuse qui est hors la ville est fort célèbre ; on y voit dans le chœur trois tombeaux des ducs de Bourgogne de la maison de France. De Thou y alla rendre ses devoirs à Denis Brulard, premier président du parlement, qui savoit la mort de Christophe de Thou, mais qui, pour ne pas renvoyer son hôte affligé, ne lui en dit rien. Il s'étendit seulement sur les louanges du premier président, mais avec tant de vivacité et d'effusion de cœur, que non-seulement il pouvoit faire souffrir la modestie du fils, mais qu'il aurait encore pu lui faire naître quelque soupçon ; car son discours ressembloit plutôt à une oraison funèbre qu'à l'éloge d'un homme vivant.

De Thou le quitta au bout de deux jours, et, passant par la source de la Seine, il vint à Troyes par Châtillon, patrie du savant Guillaume Philander, par Mussy-l'Evêque, par Gyé et par Bar-sur-Seine. Troyes est une grande ville remplie de riches marchands : c'étoit autrefois le séjour des anciens comptes palatins de Champagne, et le lieu de leur sépulture. De Thou n'y séjourna qu'un jour, ignorant toujours la perte qu'il venoit de faire : ceux qui le suivoient avoient pris soin qu'il ne l'apprît qu'en arrivant à Paris.

Ainsi il passa à Méry, à Pont, où l'Aube se jette dans la Seine, à Nogent ; et, laissant la rivière à gauche, il se rendit à Provins, petite ville assez peuplée, sur le penchant d'un coteau : on y voit un beau couvent dédié à saint Jacques, mais souvent inondé par les débordemens d'une petite rivière enflée par les pluies.

De là il vint par Nangis à Boissy : ce fut en ce lieu qu'après le dîner un colonel suisse qui l'avoit accompagné depuis Lyon, lui apprit la mort du premier président. Il lui dit que, puisque ce malheur étoit sans remède, il devoit le prendre en patience et se soumettre à la volonté de Dieu, qui en avoit ainsi disposé ; que ses jugemens étoient adorables, et qu'il devoit être persuadé que sa providence n'avoit rien fait que pour le bien de ce magistrat et pour le sien.

Comme de Thou comptoit beaucoup sur la santé de son père, qui promettoit une plus longue vie, il fut frappé vivement d'une nouvelle si imprévue : ainsi, s'abandonnant à de tristes réflexions, soit à son sujet, soit par rapport au bien de l'état, qu'il n'oublioit pas, même dans ses plus grands malheurs, il monta à cheval et fit le reste du chemin comme un homme hors de lui-même.

On avoit fait la cérémonie des obsèques le jour qu'il arriva à Paris, quoiqu'il y eût déjà quinze jours que le premier président fût mort. Comme cela étoit arrivé pendant les vacations, le roi avoit voulu qu'on en différât la cérémonie afin qu'elle se fît avec plus d'éclat. On y dépensa quatre mille écus, qui étoit tout ce qui se trouva chez lui après sa mort. Ce magistrat, qui n'avoit point d'ambition et qui étoit ennemi juré de l'avarice, négligeoit assez souvent ses affaires ; mais avant sa mort il y avoit donné si bon ordre qu'il ne devoit rien; il avoit mis cette somme en réserve, ou pour subvenir à la nécessité des temps, ou pour la prêter au roi, quand Sa Majesté la lui demanderoit, ou pour en aider ses amis.

Lorsque le roi, accompagné des deux reines, fit l'honneur à la première présidente de lui rendre visite sur cette perte, on n'entendit aucune plainte sortir de la bouche de cette veuve affligée ; elle ne lui marqua jamais qu'elle eût besoin de rien, quoique après cette dépense il ne restât plus d'argent dans sa maison. Cette vertueuse femme, qui méprisoit tous les secours humains et qui n'en attendoit que de la divine providence, dit simplement, sans rien demander, que Dieu avoit suffisamment pourvu à ses besoins et à ceux de ses enfans, pourvu que sa grâce ne les abandonnât point. Le roi parut confus de ces paroles, et fut étonné d'une si grande confiance en Dieu. Ce prince prodigue, qui ne gardoit aucune mesure dans les bienfaits dont il accabloit même des gens indignes, sortit aussitôt avec la reine sa mère, qui étoit du même caractère. Ce mépris des biens de la terre sembla humilier le roi, qui mettoit sa gloire à les distribuer avec profusion.

Pierre du Val, fameux médecin, dont on a parlé au premier livre de ces Mémoires, avoit traité le premier président dans sa maladie, avec Jean Legrand, Jacques Piètre, Léonard Botal, et d'autres. Après sa mort il avoit assisté à l'ouverture du corps, qu'il avoit fallu faire pour l'embaumer. Il disoit qu'il n'en avoit jamais vu dont toutes les parties fussent plus saines et moins altérées par la vieillesse, et le cerveau mieux composé. Ce médecin, qui, indépendamment de sa profession, où il excelloit, avoit beaucoup d'esprit et de jugement, et se connoissoit en mérite, disoit encore qu'il n'avoit jamais connu deux personnes comparables au mari et à la femme; que leur piété étoit sans faste, qu'on ne pouvoit rien ajouter à leur amour pour la vérité, que leurs mœurs irréprochables n'avoient aucune tache d'avarice ni d'ambition, que leur conduite étoit régulière et équitable en public et en particulier, leur humeur douce, sociable et bienfaisante pour tout le monde.

En arrivant à Paris, de Thou trouva cette grande ville encore tout occupée du triste spectacle dont elle venoit d'être témoin. Etant allé descendre à la maison paternelle, il y vit d'abord l'évêque de Chartres et l'avocat-général, ses oncles. Après bien des larmes répandues de part et d'autre, ils se rendirent dans l'appartement de la première présidente, où, après avoir renouvelé leurs pleurs et leurs regrets, chacun se sépara.

Depuis ce temps-là, pour se consoler de n'avoir pu recevoir les derniers soupirs de son père, il s'appliqua entièrement, suivant ses moyens, à conserver par des monumens éternels une mémoire si chère, quoique déjà assez illustre par elle-même. Pénétré de la reconnoissance qui lui étoit commune avec toute la France, et qu'il lui devoit en son particulier, il lui fit ériger à Saint-André-des-Arcs, dans la chapelle de sa famille, deux monumens : l'un de sculpture, par Barthélemy Prieur, ouvrage où la beauté du travail renouvelle le souvenir d'un bon citoyen et d'un excellent ouvrier; l'autre exposé dans un plus grand jour, plus durable, et travaillé par les plus beaux esprits du siècle. Il fallut deux ans entiers pour mettre l'un et l'autre en sa perfection, Prieur n'ayant pu finir le premier plus tôt, ni de Thou recevoir plus promptement les réponses de ses amis qui travaillèrent au second.

Il en avoit en France, aux Pays-Bas, en Allemagne et en Italie. Tous s'efforcèrent à l'envi de lui donner des marques de leur estime en cette conjoncture; il n'y eut que Ronsard, dont le génie poétique commençoit à baisser, et qui étoit devenu paresseux, qui s'en excusa sur le prétexte de la nouvelle édition de ses Orphées.

Cette funeste occasion lui donna lieu de renouveler amitié avec Muret, Pierre Angéli, de La Bargue, Gilbert Génebrard, Le Fèvre de La Bodène, qui a travaillé avec d'autres à l'édition de la Bible de Plantin, Jean Dorat, Jean Passerat, Germain Le Vaillant, Nicolas Le Sueur, Adrien du Drac, Charles Mérard, Florent Chrétien, Scévole de Sainte-Marthe, qui devint son intime ami, Salluste du Bartas, Robert Étienne, Jean Guyon d'Autun, Henri Étienne et d'autres, auxquels il faut ajouter ses anciens amis, Joseph Nicolas Audebert, Scaliger, Guillaume du Vair, Pierre Pithou,

[1582].

Antoine Loysel, Augustin Prévôt, dont j'ai déjà parlé, Nicolas Rapin, Louis Aleaume, et Pierre Champagne de Bordeaux; tous ceux enfin qui lui avoient témoigné le même zèle à la mort de son frère, mort trois ans auparavant. Il choisit de tous ces ouvrages ceux qu'il jugea les plus convenables au sujet, et y mêla des siens.

Ces tristes occupations l'ayant empêché long-temps d'aller au palais, il y retourna enfin, et chercha dans les affaires publiques et dans ses études particulières quelque soulagement à ses déplaisirs. Il prit dans sa maison Claude de Châlons, qui avoit un talent particulier pour copier d'après les meilleurs peintres. Comme Châlons avoit l'humeur et l'esprit agréables, de Thou le regardoit travailler avec plaisir pendant ses lectures.

Enfin, pour faire plus de diversion à sa douleur, il revit son poëme de la Fauconnerie, et, à la persuasion du garde des sceaux de Cheverny son beau-frère, il y ajouta un troisième chant, touchant les remèdes propres pour la guérison des oiseaux qu'on dresse à la volerie. François de L'Orme, médecin de Poitiers, qui était alors à Paris pour ses affaires et qui venoit souvent le voir, lui fut en cela d'un grand secours : c'est le même qui a donné au public un *Traité de la rate*, avec le livre d'Hippocrate *Des plaies de la tête*. Le premier a été traduit en latin et corrigé par François Lavau; il contient un nouveau système des fonctions de la rate, fort différent de tout ce qu'on en avoit écrit jusqu'alors. De Thou, qui appréhendoit de se tromper sur les noms des remèdes et des simples qu'il avoit trouvés dans plusieurs auteurs barbares et souvent très ignorans sur ces matières, étoit bien aise de se servir de l'expérience d'un si habile homme pour éviter les équivoques.

Il fit depuis imprimer l'ouvrage entier, qu'il dédia au garde des sceaux. Dans les vers qu'il lui adresse, il lui fait le plan du genre de vie qu'il se propose de suivre, ce qui donna lieu à Cheverny de l'encourager à se marier. Cheverny avoit été lui-même destiné à l'Église; mais son frère aîné, Jacques, seigneur de Vibraye, n'ayant point eu d'enfans de sa femme qui étoit trop âgée, lui conseilla d'épouser Anne de Thou, dont Cheverny eut une fort belle famille; ainsi il ne proposoit rien à de Thou qu'il n'eût fait lui-même, et il avoit tout lieu d'être content du parti qu'il avait pris. On remit l'affaire à un autre temps; la première présidente étoit encore trop occupée de sa douleur pour y songer, et son fils différoit toujours de se résoudre sur ce qui le regardoit.

Le chancelier de Birague, qui avoit été très touché de la mort du premier président, se crut obligé, par les devoirs de l'amitié qu'il avoit eue pour lui, de contribuer au soulagement de la veuve et des enfans de son ami. Les manières généreuses, la candeur et la noblesse des sentimens qu'il avoit reconnues dans le feu premier président, et qui avoient tant de rapport à ses inclinations, étoient autant de motifs qui l'engageoient à honorer sa mémoire. Il envoyoit souvent faire des complimens et des offres de service à la veuve; il ne se passoit point de mois que Léonard Botal ne vînt, de sa part, prier le fils de l'aller voir et de manger avec lui. Ce vieux magistrat ne dédaignoit pas d'entretenir ce jeune homme et de lui conter avec familiarité jusqu'aux moindres circonstances de la liaison qu'il avoit eue avec le premier président son père, jusqu'à lui dire qu'ils aimoient tous deux les petits chiens de Malte ou de Lyon (qu'on a depuis nommés des bichons).

Il lui disoit encore que du temps que Louis XII et François Ier étoient maîtres de Milan, Galéas de Birague, son père, qui étoit patrice, le menoit souvent dans sa jeunesse aux actions publiques pour entendre Jean-Baptiste Panigarola, excellent orateur, qui portoit la parole pour le roi, et dont le fils, évêque d'Ath, n'est pas moins éloquent par rapport à sa profession; que son père l'exhortoit sans cesse à se rendre capable d'imiter un si grand exemple; mais que, comme alors il savoit peu la jurisprudence, il avoit pris le parti de suivre son penchant, qui le portoit du côté de la guerre, et à se mettre au service de la France, dont l'autorité ne se maintenoit dans le Piémont et dans le Milanais que par les armes; qu'il s'étoit également appliqué aux exercices militaires et aux affaires du cabinet; que le roi l'ayant attaché à son service par une charge de conseiller au parlement de Paris, Sa Majesté l'avoit depuis envoyé en Italie, où, par ses conseils et par la considération qu'il s'y étoit acquise, il avoit ménagé plusieurs affaires de la dernière importance avec nos gouverneurs; que trente ans durant il avoit été employé dans plusieurs négociations et dans des ambassades fort honorables; que quand on fit la paix avec le roi d'Espagne et le duc de Savoie, il avoit été honoré du gouvernement du Lyonnais, et enfin élevé à la première dignité de la robe : éloge qui a paru d'autant moins indigne de ces Mémoires, qu'il est sorti de la propre bouche de cet homme illustre dans une conversation particulière où la vanité ni l'affection n'avoient point de part.

Il ne laissa qu'une fille d'une conduite très-régulière, mais dont l'humeur libérale alla jusqu'à l'excès. Il la maria en premières noces avec Imbert de La Platière Bourdillon, maréchal de France, qui la laissa sans enfans. Quelques années après, du consentement de son père, elle épousa en secondes noces Jean de Laval, comte de Maillé, qui fut depuis marquis de Nesle et comte de Joigny. Ce seigneur étant encore décédé sans enfans, elle s'engagea, à l'insu de son père, avec Jacques d'Amboise, de la maison d'Aubijoux, et l'épousa sitôt que le chancelier son père fut mort. Il n'est pas surprenant que cette femme, qui avoit toujours vécu avec magnificence dans une cour où le luxe étoit au suprême degré, s'épuisât pour faire briller un mari jeune qui aimoit la dépense, mais pauvre, et qui ne tiroit rien de son père.

Ainsi tout l'argent comptant et les meubles magnifiques qu'elle avoit hérités de son père, qui vivoit splendidement, mais avec règle, furent bientôt dissipés.

La dernière campagne que son mari fit en Saintonge sous le commandement du duc de Joyeuse, où il fut tué avec lui, acheva de la ruiner. Alors, se voyant sans mari et sans bien, le chagrin la fit tomber dans une maladie de langueur; enfin, après avoir soutenu un long procès contre Florimond de Birague, son cousin-germain, à qui son père, qui prévoyoit la dissipation que feroit sa fille, avoit substitué ses biens, elle mourut dans une pauvreté si affreuse qu'il ne lui resta pas de quoi se faire enterrer. Les dames de la cour qu'elle avoit connues dans sa prospérité, et dont elle s'étoit attiré l'affection par ses grandes dépenses, lui fournirent journellement de quoi vivre, et, par charité, de quoi l'inhumer après sa mort.

La fin malheureuse de cette dame, qui avoit hérité des grands biens du premier magistrat de France, est une grande leçon pour les veuves et pour les autres dames de qualité qui ne mettent point de bornes à leur dépense, et qui se choisissent un mari sans le conseil de leurs pères ou de ceux qui en tiennent lieu.

Le cardinal de Birague mourut sur la fin de cette année; on lui fit une superbe pompe funèbre; toutes les cours en corps assistèrent à son convoi par ordre de Sa Majesté, honneur qui n'est dû qu'aux rois, aux fils de France, aux frères du roi et au connétable. Son corps fut porté à Sainte-Catherine-du-Val-des-Ecoliers, dans une chapelle où il avoit fait élever un tombeau pour lui et pour Valentine Balbiani, sa femme.

(1583.) Il ne faut pas oublier une ancienne coutume abolie qu'il renouvela lorsqu'il fut cardinal, et qui depuis lui n'a plus été pratiquée. C'étoit une procession qui se faisoit la nuit, et qui parcouroit toute la grande paroisse de Saint-Paul; on y chantoit et on y dansoit aux flambeaux. Le clergé y marchoit, la croix à la tête ; on y voyoit des vieillards, des hommes faits, de jeunes gens, des femmes de tout âge, des enfans, de jeunes filles qui marchoient en cadence aux sons des instrumens, avec assez de modestie. Il se fit à la mort de ce prélat une pareille cérémonie, où se trouvèrent plus de six mille personnes qui chantoient dévotement comme dans une procession; des domestiques, postés sous des portiques élevés dans les rues et ornés des armes du cardinal, leur offroient des rafraîchissemens, et cela se faisoit sans confusion.

Pierre du Val, dont on vient de parler, disoit qu'autrefois il avoit vu pratiquer la même chose dans la paroisse de Saint-Benoît; que la procession qui étoit partie de Saint-Jacques-du-Haut-Pas étoit venue au Petit-Châtelet et de là aux Carmes de la place Maubert; mais que tout cela avoit plutôt l'air d'une réjouissance publique que d'une action de piété; que cette coutume, que la simplicité avoit introduite, étoit dégénérée en débauche, et qu'elle avoit été abolie dans un temps suspect où elle pouvoit causer plus de scandale que d'édification ; cependant, quand ce cardinal la renouvela, personne n'y trouva à redire. Tant il est vrai qu'on interprète ces sortes de choses en bien ou en mal, selon la différence des temps, des lieux et des personnes.

LIVRE TROISIÈME.

L'année 1584 fut fatale à de Thou et au chancelier son beau-frère, qui perdit Anne de Thou sa femme ; elle mourut en couches, à La Roquette, proche Paris, après une violente maladie. La première présidente ne l'abandonna point, et lui rendit tous les soins d'une tendre mère. Le chancelier s'abstint des devoirs de sa charge pendant quelques jours, et, pour éviter les visites de la cour, il se retira chez lui. Comme il cherchoit dans la solitude et dans sa famille quelque soulagement à sa douleur, de Thou, à qui cette perte étoit également sensible, ne le quitta point. Le corps, qui passa en grande pompe au travers de la ville dans un chariot, fut porté au château de Cheverny, proche de Blois, et enterré dans la chapelle des Hurault.

Dans le temps que la cour étoit à Blois, où elle étoit allée après Pâques, on fit à cette dame, le 25 d'octobre, un service magnifique, en présence d'un grand nombre de prélats, de parens et d'amis, qui en avoient été priés. Renaud de Beaune, archevêque de Bourges, proche parent du chancelier, fit l'oraison funèbre. Elle fut imprimée cette même année avec des vers de Jean Dorat et de Paul Melisse, et avec un poëme que de Thou composa pour sa consolation particulière et pour celle de son beau-frère.

C'est ici la première fois qu'on a eu occasion de parler de Renaud de Beaune ; mais il n'est pas juste de poursuivre sans faire connoître au lecteur ce prélat si célèbre de son temps à la cour.

Il étoit petit-fils de Jacques de Beaune de Semblançay, auquel on fit le procès, et qui fut condamné à une mort injuste et infâme pour satisfaire la haine de l'impérieuse mère de François Ier. Il avoit étudié les belles-lettres sous Jacques Tousan et sous Jacques Stracelles. Sa mémoire étoit si fidèle et son jugement si solide, qu'en public ou devant ses amis il se servoit toujours à propos de ce qu'il avoit appris dès son enfance dans les poëtes grecs et latins ou dans les autres bons auteurs dont il citoit les beaux endroits exactement quand l'occasion s'en présentoit.

Plusieurs personnes l'ont entendu réciter à quarante ans une page entière d'Homère, sans en oublier un mot, quoique les grandes affaires où il fut employé dès sa jeunesse eussent dû lui en faire perdre les idées. Il étoit bien fait de sa personne et de bonne mine, naturellement éloquent, doux, et d'une humeur agréable, si modéré d'ailleurs, qu'il ne se fâchoit jamais, et qu'il ne lui échappoit jamais aucune parole désobligeante contre personne : circonstance d'autant plus remarquable qu'il avoit tous les signes d'un homme colère et emporté.

Il étoit d'un tempérament si chaud, qu'il avoit besoin d'un aliment presque continuel pour entretenir sa santé, qui faisoit sa plus grande attention. L'exercice ou le sommeil ne lui étoient point nécessaires pour digérer ; la chaleur naturelle y suppléoit suffisamment : à peine dormoit-il tous les jours quatre heures, au bout desquelles le besoin de manger le réveilloit. A deux heures après minuit ou même plus tôt, il se faisoit donner à manger, se reposoit ensuite, et expédioit ses affaires particulières jusqu'à quatre heures, qu'il se remettoit à table avec quelques-uns de sa maison qu'il faisoit lever. A huit heures on le servoit pour la troisième fois ; il sortoit après ce déjeuner pour les affaires publiques jusqu'à midi, qu'il rentroit chez lui pour dîner, toujours en bonne compagnie. Il mangeoit encore à quatre heures, et le soir sa table n'étoit pas moins bien servie que le matin : cela n'empêchoit pas qu'il ne mangeât encore avant que de se mettre au lit. Ces repas de cour qui se font à la hâte ne l'accommodoient point; il disoit agréablement qu'on y mangeoit plutôt comme des chiens gourmands que comme des hommes. L'hiver il étoit toujours une bonne heure à table, et l'été, qu'il semble qu'on ait moins d'appétit, cinq quarts d'heure. Aussi, s'étant excusé plusieurs fois au duc d'Alençon de manger chez lui, ce prince, qui en sut la raison, lui promit d'ordonner à son maître-d'hôtel de laisser toujours un temps suffisant entre les services.

Avec tout cela, on ne le vit jamais ni plus ému, ni plus assoupi, ni la tête plus embarrassée ; son esprit fut toujours aussi présent, aussi agréable, et son visage, malgré ses années, conserva la même sérénité, sans aucunes de ces marques de chaleur qui sont ordinaires aux grands mangeurs. Il faisoit peu d'exercice, et ne se servoit d'aucuns moyens pour exciter son appétit; mais il soulageoit la nature, accablée d'alimens, par quelques purgatifs qu'il faisoit préparer chez lui. Comme il n'étoit pas ignorant dans la médecine, il les ordonnoit lui-même : ainsi il n'étoit presque jamais malade, et son esprit, toujours actif, ne se ressentoit en aucune manière de la pesanteur du corps.

Il eut une grande barbe de bonne heure, et fut, fort jeune encore, conseiller au parlement, et, avant l'âge, président aux enquêtes, mais toujours avec réputation ; de là, maître des requêtes et presque aussitôt évêque de Mende, par le crédit de Marguerite sa sœur, qui étoit fort bien à la cour. Elle épousa dans ce temps-là Claude Gouffier, marquis de Boissy, grand écuyer de France, qui, à la faveur de ce mariage, fut créé duc de Roanez. Alors ce prélat fut employé dans les grandes affaires, et fait chancelier du duc d'Alençon dans le temps que la reine Catherine fit la maison des fils de France et que de Thou le père eut la charge de chancelier du duc d'Orléans ; mais comme ce sage magistrat ne pouvoit accorder l'assiduité que demande le palais avec cet emploi qui attache à la cour, il s'en défit en faveur de son gendre de Cheverny; ce qui depuis servit à ce dernier pour monter aux plus grandes dignités.

Il y avoit eu de tout temps une étroite liaison entre la famille de Beaune et celle de Thou. Quand la première fut accablée par une affreuse disgrâce, et qu'elle fut abandonnée de la cour et de la ville, comme il arrive tous les jours, elle ne trouva de secours que dans la dernière.

Renaud de Beaune demeura quelque temps chez le président Augustin de Thou, et ce fut en ce temps-là qu'on parla de marier Christophe de Thou, fils aîné du président, à Marguerite de Beaune dont on vient de parler. Ce mariage ne se fit point; mais l'amitié de deux personnes si vertueuses, fondée sur un sujet si légitime, subsista toujours. Quand cette dame fut en faveur auprès de la reine-mère, elle s'en servit pour avancer ses frères ; mais après eux ce fut Christophe de Thou pour lequel elle s'employa davantage. Plusieurs années avant qu'elle mourût, elle avoit mis son testament entre les mains de son bon ami (c'est ainsi qu'elle l'appeloit), et l'en avoit fait exécuteur. Elle lui laissa pour gage de son amitié un beau livre de prières, orné de fleurs peintes en miniatures, qu'elle avoit eu de la reine Claude, fille de Louis XII, femme de François Ier, et mère de Henri II. De Thou le conserva depuis avec grand soin parmi ses plus précieux bijoux.

Ajoutons encore ici quelques marques de l'intime amitié qu'il y eut toujours entre Renaud de Beaune et de Thou. Ils logeoient tous deux dans le cloître de Notre-Dame, et de Thou soupoit tous les soirs chez Beaune, qui l'entretenoit souvent, avec de grandes marques de reconnaissance, des obligations qu'il avoit à messieurs de Thou. Cela dura pendant trois ans, et jusqu'au temps que de Thou quitta la maison de son oncle pour aller loger chez sa mère ; mais cette séparation ne diminua rien de leur amitié, qui fut renouvelée depuis dans les occasions que le malheur des temps fit naître, comme on le dira dans la suite.

Cependant madame de Thou pressoit son fils de se déterminer, et de quitter ses bénéfices pour se mettre en état de pouvoir disposer de lui-même. Cela ne se pouvoit faire tant qu'il étoit conseiller-clerc; ce qui l'obligea de prendre une charge de maître des requêtes, non par ambition ou pour paroître à la cour, dont son inclination étoit fort éloignée, mais pour contenter sa mère, et parce que les ecclésiastiques aussi bien que les autres en pouvoient être revêtus : cela ne se fit pourtant pas sans difficulté. Le roi, prodigue et inconstant, après avoir fait des dépenses et des profusions énormes, et avoir créé quantité de nouvelles charges jusqu'alors inconnues dans le royaume, s'étoit enfin retranché, et avoit défendu d'en vendre aucune sous de rigoureuses peines; que si quelqu'une venoit à vaquer par mort ou par confiscation, ou elle étoit supprimée, ou l'on y commettoit ou l'on choisissoit quelque personne capable de la remplir : ordonnance avantageuse s'il eût été permis d'exercer paisiblement des charges dans un siècle rempli d'esprits si turbulens. Il ne restoit plus de voie que celle de permuter, et elle n'étoit accordée que par grâce. La reine-mère l'obtint pour de Thou, en considération du premier président son père, qu'elle avoit honoré de son estime.

Il fut donc pourvu le 10 avril d'une charge de maître des requêtes, à la place de Guillaume du Vair, qui, quoique fort jeune, en avoit été jugé capable par ses bonnes qualités et par son savoir, mais qui aima mieux se faire conseiller-clerc au parlement que de passer tout d'un coup du palais à la cour dans un âge si peu avancé.

La douleur de la mort d'un père et d'une si chère sœur faisant chercher à de Thou quelque soulagement et dans le public et dans le particulier, il se remit à l'étude. Il prit chez lui Maurice Bressieu, professeur royal de mathématiques qui avoit partagé avec Jean Stadius la chaire de Ramus, vacante par la mort de ce professeur, suivant le conseil de l'illustre et savant François de Foix Candale. Il s'attacha toute cette année et la suivante, autant que ses affaires le lui purent permettre, à la lecture du texte grec d'Euclide avec les notes de Proclus.

Sur la fin de celle-ci il entreprit de paraphraser en vers latins le livre de Job, comme l'ouvrage le plus propre, après les psaumes, pour exercer non-seulement son esprit, mais encore les meilleures plumes. Ce livre, au rapport de saint Jérôme, a été composé en vers hexamètres, à l'exception des deux premiers chapitres et du dernier. Ces vers, selon ce père, qui sont composés du dactyle et du spondée, et qui finissent toujours par ce dernier, produisent, par le génie particulier de la langue dans laquelle ils sont écrits, une vraie harmonie. Ils sont composés aussi d'autres pieds qui ont plus ou moins de syllabes, mais qui ont toujours le même temps. Quelquefois aussi ces vers ont une rime douce et agréable, avec une cadence libre, ce qui ne peut être compris que par ceux qui les savent mesurer. Chacun sent, par la version un peu obscure que nous avons de cet ouvrage, que le style en est tout figuré.

Pour mieux exécuter son dessein, outre l'explication de saint Jérôme, de Thou se servit de l'excellent commentaire de Jean Mercier, pour pouvoir joindre les agrémens de la langue latine avec la vérité du texte, et lier, pour l'utilité du lecteur, ce qui paroît séparé à la première vue. De Thou communiqua son projet à Pierre Pithou, qui l'approuva fort et qui l'exhorta à y travailler. Ce conseil, qu'il regarda comme une approbation générale, lui fit entreprendre cet ouvrage, qui l'occupa pendant deux ans.

En ce temps-là, Henri Étienne, n'ayant point de caractères propres, faisoit imprimer par un autre imprimeur « Aulugelle et Macrobe, » que Louis Carion de Bruges lui avoit promis d'éclaircir par un commentaire; ce qui fit naître entr'eux une grande contestation, préjudiciable au public et fomentée par l'imprimeur dont se servoit Étienne, et qui n'étoit qu'un brouillon. De Thou et Claude du Puy tâchèrent en vain de les accommoder; Carion, n'ayant point voulu se rendre à leurs prières, ne donna point ces notes sur ces auteurs, il se contenta d'en faire paroître quelques-unes sur Aulugelle.

Jean Guilleaume, qui étoit venu à Paris, proposoit aux imprimeurs de cette ville de faire une nouvelle édition des œuvres de Cicéron. L'espérance du gain que ces imprimeurs prétendoient faire sur cette édition les brouilla avec lui. Étienne les voulut accommoder; mais comme il survint d'autres difficultés, et que Guilleaume mourut à Bourges, où il étoit allé pour entendre Cujas, la chose ne fut point exécutée.

La mort de François duc d'Anjou, frère unique du roi, qui arriva cette année, consterna de Thou et tous les bons François ; elle fit espérer aux Espagnols de recouvrer les Pays-Bas, par où, plutôt que par ailleurs, ils ont toujours attaqué la France, et elle causa chez nous la guerre civile.

De Thou fut aussi très sensible à la mort de Paul de Foix, archevêque de Toulouse, et à celle de Guy du Faur de Pibrac, président au parlement de Paris, dont il est parlé dans le second livre de ces mémoires. Il faut dire ici que c'est à Pibrac, à de Thou, et aux soins de Scévole de Sainte-Marthe, que le public est redevable des poésies du fameux chancelier de L'Hôpital. Il seroit à souhaiter que cet ouvrage eût pu recevoir une plus grande perfection ; mais la maladie et la mort de Pibrac ne permirent pas aux autres de suppléer à ce qui y manquoit : comme il étoit le maître de ces poésies, qu'il prétendoit ranger par l'ordre des dates avant que de les faire imprimer, ce qui leur eût donné un grand jour et une grande beauté, ils ne purent pas faire la même chose. De Thou espéroit néanmoins qu'il pourroit en venir à bout, avec l'aide de Pierre Pithou et de Nicolas Le Fèvre, et les augmenter encore d'un tiers.

(1585) La guerre civile recommença l'année d'après la mort du duc de Brabant (c'est ainsi qu'on nommoit le duc d'Anjou), et elle ne fut pas moins funeste à ses auteurs qu'au roi et à l'état. De Thou, pour éloigner l'idée des malheurs publics, continuoit sa paraphrase sur Job, et s'occupoit aux mathématiques avec Bressieu.

L'avocat général son oncle l'avoit souvent pressé de songer de son vivant à se faire pourvoir de sa charge, dont il reconnoissoit avoir l'obligation au premier président son père. Il lui représentoit qu'il avoit beaucoup d'amis à la cour, qui emploieroient leur crédit en sa faveur, et qu'il se faisoit fort d'en obtenir les provisions du roi ; qu'il ne pouvoit voir sans douleur cette dignité sortir de sa famille ; mais qu'il mourroit content, s'il la voyoit remplie par une personne de son nom, puisque les inclinations opposées de son fils ne lui permettoient pas de la lui laisser.

De Thou le remercia de sa bonne volonté, et lui fit entendre que ce pénible emploi ne lui convenoit point ; qu'il obligeoit à parler continuellement en public sur toutes sortes de matières, et que cela demandoit une personne accoutumée dès ses premières années à ces sortes d'actions.

Peu de temps après parut l'édit d'union, qui non-seulement troubla la paix et la tranquillité de l'état, mais qui rendit encore le commerce vénal des charges, qui avoit été si sévèrement défendu, plus commun que jamais. L'avocat général fut pourvu par l'ordre du roi de celle de président, vacante par la mort de Pibrac. Il ne l'accepta qu'en faisant promettre à son neveu qu'il emploieroit ses amis pour en obtenir la survivance en sa faveur, puisqu'il n'avoit plus pour s'en défendre les mêmes raisons dont il s'étoit servi pour la charge d'avocat général : il lui dit que si cette charge ne lui convenoit point, il le prioit de le lui déclarer, parce que pour lui, en ne consultant que son goût particulier, il aimoit mieux être le premier des avocats généraux que le dernier des présidens. Ils s'accommodèrent ensemble là-dessus, sans autres conditions que celles que de Thou voulut y mettre de sa bonne volonté et sur sa parole. Il les exécuta depuis très religieusement après la mort de son oncle, qui n'avoit demandé aucun engagement par écrit.

Que ces hommes qui ne parlent que de religion, et qui témoignent tant de zèle et de ferveur, nous fassent voir autant de candeur, autant de droiture, autant de désintéressement. Tout ce que l'avocat général exigea de son neveu, fut de ne point se comporter par rapport à cette survivance aussi négligemment qu'il avoit coutume de le faire dans ses propres affaires. Mais comme celle-ci ne paroissoit intéresser que lui, il agit avec son indifférence ordinaire, et elle ne réussit que l'année suivante, que l'occasion se présenta de la terminer.

On apprit en ce temps-là la mort du pape Grégoire XIII. Le roi, qui n'ignoroit pas que c'étoit sous son pontificat qu'on avoit jeté les premiers fondemens de la ligue, appréhendoit qu'on n'élût un pape d'une humeur plus turbulente et plus porté à allumer qu'à éteindre le feu qui avoit commencé sous son prédécesseur.

Ainsi l'on résolut d'envoyer à Rome au prochain conclave : pour cet effet, on jeta d'abord les yeux sur le cardinal de Bourbon, qui avoit eu le chapeau depuis peu, et qu'on appela le cardinal de Vendôme, pour le distinguer de son oncle. On le crut plus propre qu'un autre à s'opposer aux intrigues de la ligue, et à défendre les intérêts du roi et de l'état, qui se trouvoient mêlés avec les siens : ce choix étoit fort du goût du roi.

Le cardinal, qui aimoit les belles-lettres, avoit fait amitié depuis quelques années avec de Thou : on soupçonnoit même ce dernier de gouverner cette éminence, et d'avoir fait naître la contestation qui arriva l'année précédente à l'assemblée de l'abbaye de Saint-Germain, où Vendôme disputa la préséance au cardinal de Guise, malgré le cardinal de Bourbon son oncle, dévoué à la ligue ; ce qui donna lieu à de grandes contestations, qui furent cause que le cardinal de Bourbon empêcha le roi d'envoyer son neveu à Rome. De Thou s'étoit offert de l'y accompagner, et d'être caution des sommes qu'il falloit emprunter pour faire ce voyage ; ce qu'il fit depuis dans une autre occasion, non seulement avec perte, mais avec de fâcheuses traverses. Comme ce cardinal mourut avant que tout l'emprunt dont il étoit caution fût remplacé, les créanciers de ce prélat le fatiguèrent autant qu'il leur fut possible.

C'est ainsi que par sa générosité naturelle il se faisoit aimer des princes et des grands seigneurs, dont il soulageoit les disgrâces par ses services ou par ses conseils, sans en attendre d'autre récompense que la seule satisfaction d'avoir suivi son penchant. Content de ce plaisir intérieur, il s'éloignoit d'eux insensiblement au retour de leur prospérité, et quittoit la place à ces faux amis et à ces lâches flatteurs qui ne reviennent à eux qu'avec leur bonne fortune. Il n'ignoroit pas que, se laissant aisément séduire par leurs artifices, ils oublient et regardent même avec aversion les services passés, la franchise et la fidélité de leurs véritables amis. Il savoit qu'ils ne se plaisent plus alors qu'avec ceux qui les trompent et qui leur déguisent la vérité ; aussi l'on peut assurer, sans prétendre leur rien reprocher, que de Thou, qui leur rendoit souvent des services considérables, n'a jamais reçu d'eux que de l'ingratitude ; mais comme il se satisfaisoit lui-même, il avoit pris son parti de ne se rebuter point, et de ne changer ni de bonne volonté ni de conduite, malgré les affaires qu'il s'étoit toujours attirées par sa candeur, incapable de se démentir et de s'abaisser à de serviles complaisances.

Quoiqu'on fasse ces réflexions à l'occasion du cardinal de Vendôme, on ne doit pas lui en faire l'application ; ce prince eut toujours pour lui une véritable amitié jusqu'en 1591, que le tiers-parti se fortifia pendant que le roi étoit occupé au siège de Chartres. Alors des esprits mal-intentionnés lui ayant persuadé de se faire chef du parti, après la mort du vieux cardinal de Bourbon son oncle, lui qui étoit du sang royal se laissa surprendre à leurs mauvais conseils, et ceux de ses amis qui ne pouvoient approuver ces factions lui devinrent suspects.

De Thou ne fut pas long-temps sans s'en apercevoir : cette amitié si vive dont il l'avoit honoré se refroidit. Aussi Paris ne fut pas plus tôt rentré sous l'obéissance du roi, que de Thou se retira pour toujours de la cour, et continua en liberté d'écrire l'Histoire qu'il avoit commencée il y avoit deux ans, et qu'il avoit conduite jusqu'au règne de François II.

Enfin ce cardinal étant malade à Saint-Germain-des-Prés, de la maladie dont il mourut, envoya chercher de Thou, le vit, et lui parla jusqu'au dernier moment de sa vie. Alors, comme ils tâchoient de se consoler l'un et l'autre dans ces entretiens particuliers, ils déplorèrent les funestes suites de nos guerres civiles, dont l'aveuglement fatal avoit causé le progrès des Espagnols dans les Pays-Bas et donné lieu aux desseins ambitieux du duc de Savoie.

Depuis que de Thou fut pourvu de la charge de maître des requêtes, et qu'il se fut démis de ses bénéfices, sa mère le pressoit continuellement de retourner dans la maison paternelle. Il avoit pendant deux ans différé, sous divers prétextes, de se rendre à ses instances ; mais enfin il résolut de satisfaire à des empressemens si tendres et si justes. Il y fit porter ses meubles, et principalement sa bibliothèque, qui étoit déjà très nombreuse. L'objet de sa mère n'étoit pas seulement de l'avoir auprès d'elle, mais de le presser de changer d'état et de se marier.

D'un autre côté, le président de Thou son oncle souffroit impatiemment sa négligence, et lui reprochoit que, quoiqu'il n'eût accepté la charge de président qu'à condition qu'il s'y feroit recevoir en survivance, il n'y avoit pas encore songé.

Heureusement François Choesne, lieutenant général de Chartres, se trouva alors à Paris. Il avoit été mis fort jeune auprès de Paul de Foix et lui avoit servi long-temps de lecteur pendant ses ambassades. Quand de Thou suivit de Foix dans celle d'Italie, Choesne faisoit encore la même fonction auprès de M. Foix. Le mérite et un zèle égal pour le bien de l'état, qu'ils s'étoient reconnus l'un et l'autre, les avoient liés d'une amitié fort étroite. Il arriva que Choesne vint un jour rendre ses devoirs au président de Thou; ce magistrat, qui savoit qu'il étoit des amis de son neveu, lui en fit aussitôt ses plaintes. Il le pria de le voir, et de lui faire entendre qu'il ne devoit pas avoir tant de paresse et d'indifférence sur ces affaires. Choesne se chargea volontiers de la commission, persuadé qu'elle feroit plaisir à l'oncle, qu'elle étoit utile au neveu, et qu'elle lui faisoit honneur.

Aussitôt il alla trouver de Thou et lui exposa le sujet de sa visite. Celui-ci le remercia de ses soins, et lui dit que cet empressement partoit de la bonne volonté de son oncle, mais qu'il falloit attendre un temps plus favorable; que les sollicitations et les assiduités étoient contraires à son humeur; qu'à son gré rien n'étoit si cher que ce qui s'achetoit par des prières; que les choses étoient dans une situation qu'il étoit impossible de rien obtenir du roi sans la faveur de ceux qui disposoient de ses graces.

Choesne, qui le vit d'humeur à s'étendre là-dessus, l'interrompit et lui dit : « Il n'y a que ceux qui négligent le temps qui se plaignent de sa perte. Si vous jugez qu'il est digne de vous et de votre dignité d'employer des sollitations auprès des favoris, ou que vous en appréhendiez le succès, je m'en charge volontiers. Vous connoissez Philippe des Portes, et vous n'ignorez pas qu'il est de mes parens et de mes amis; vous savez encore son crédit auprès du duc de Joyeuse, qui pour ces sortes d'emplois est tout puissant auprès de Sa Majesté; je suis persuadé que je ferai plaisir à l'un et à l'autre si je m'emploie à vous faire obtenir du roi par leur moyen ce que vous souhaitez. »

A peine eut-il achevé ces mots, qu'il alla de ce pas chez des Portes; qu'il trouva sur le point de sortir, avec son portefeuille, pour aller chez le duc de Joyeuse et pour l'entretenir de ce qu'il y avoit à faire ce jour-là. Il le tire à part, lui dit ce qui l'amenoit, et l'ayant trouvé bien disposé, il n'eut pas de peine à lui faire mettre cette affaire sur ses tablettes. Comme ceci se passoit le matin, des Portes lui dit seulement de venir dîner avec lui, et qu'il lui en rendroit compte. Choesne ne manqua pas d'y aller, et trouva la chose faite ; aussitôt il courut chez de Thou, qui, surpris de sa diligence et de la facilité du succès, fut fâché de n'avoir fait aucune démarche de civilité auprès du duc de Joyeuse et de des Portes.

(1586) De Thou lui en témoigna son chagrin, et lui dit qu'il ne pouvoit assez reconnaître un si grand service. Dans le moment même il alla trouver des Portes, et s'excusa sur l'activité du zèle de son ami, de ce qu'il ne lui avoit pas parlé lui-même de cette affaire. Des Portes ne souffrit pas qu'il en dît davantage, et lui répondit : « Je sais que vous êtes du nombre de ceux auxquels il convient mieux de témoigner leur reconnaissance des plaisirs qu'on leur a faits que de prendre la peine de les solliciter. Quand vous m'avez employé auprès du duc de Joyeuse pour obtenir ce que vous souhaitiez, comptez que vous nous avez obligés l'un et l'autre; c'est en pareille occasion que l'on peut dire qu'on se fait honneur, quand on rend service à un homme de mérite. »

De Thou pria des Portes de le mener sur-le-champ chez le duc de Joyeuse; mais des Portes lui dit qu'il ne le trouveroit pas ; qu'il lui sembloit même qu'ayant été obligé de si bonne grace, un remerciment si précipité pourroit importuner ce seigneur dans l'embarras où il étoit ; qu'il se chargeoit de son compliment, et qu'il étoit sûr que le duc ne trouveroit pas mauvais s'il ne le remercioit pas aussi promptement qu'il avoit été servi. Cependant Joyeuse partit pour son gouvernement de Normandie, comme il faisoit ordinairement tous les ans aux fêtes de Pâques : ainsi cela fut remis à son retour.

Claude Pinard, secrétaire d'état, expédia les provisions de cette charge de président le 22 mars; mais elles ne furent scellées que quelque temps après : ce qui fut cause que de Thou ne prêta serment au parlement que le 13 du mois d'août suivant. Toute cette auguste compagnie lui témoigna sa joie de le voir revêtu d'une charge éminente, que son grand-père, son père et son oncle avoient si dignement possédée, et qui étoit comme héréditaire dans sa famille. Après que Mathieu Chartier eut fait le rapport des provisions, la cour ordonna, quelque bien intentionnée qu'elle fût pour de Thou, qu'au cas qu'Augustin de Thou son oncle mourût avant que son neveu, qui n'avoit encore que trente-trois ans, eût atteint l'âge porté par les ordonnances, de Thou ne pourroit opiner comme président qu'il ne fût entré dans sa quarantième année ; ce qu'elle fit, pour ne pas préjudicier à ses réglemens ni à sa discipline.

Tous ses amis s'empressèrent de le féliciter sur cette promotion. Pour leur en témoigner sa reconnoissance, il composa quelques vers à la hâte, qu'il adressa à Pierre Pithou et à Antoine Loysel. Pithou y répondit par ces beaux vers qu'on voit dans ses ouvrages ; ce qui faisoit souvent dire à de Thou que si les siens étoient médiocres, du moins ils en avoient fait faire d'excellens.

Cette affaire finie, il ne restoit plus que de marier de Thou : pour cela, il falloit lever les difficultés qui pouvoient se rencontrer du côté de la cour ecclésiastique ; ce qui l'obligea de s'y pourvoir, et de présenter requête à l'official de Paris, devant lequel il fit appeler la première présidente sa mère, le chancelier et le premier président, ses deux beaux-frères, la veuve de son frère aîné, son autre frère Christophe-Auguste de Thou, qui ne comparut point, tous ceux enfin qui pouvoient y avoir intérêt : il n'y en eut pas un qui ne consentît à ses demandes ou qui ne s'en rapportât à ce qui en seroit ordonné. Ainsi, après toutes les informations et les preuves rapportées, principalement après que l'évêque de Chartres eut assuré que, quand son neveu fut pourvu d'une charge de conseiller-clerc, il n'avoit pris ce qu'on appelle les *quatre moindres* que par obéissance aux volontés du premier président,

et que, du vivant de son père, il avoit souvent témoigné sa répugnance pour cet état ; après que sa mère interrogée eut répondu la même chose, l'official le dégagea des obligations qu'il auroit pu contracter, le déclara libre de tous les vœux qu'il auroit pu faire, le rétablit dans son premier état, lui permit de se marier, s'il le jugeoit à propos, et déclara légitimes les enfans qui viendroient d'un mariage qu'il contracteroit dans les formes. Cette sentence fut rendue le 29 de mars, la surveille du dimanche des Rameaux.

Sur la fin de cette même année, de Thou mit la dernière main à sa traduction du Livre de Job, qui fut imprimée par Denis du Val. On en fit depuis une seconde et une troisième édition, beaucoup plus exactes et augmentées de quelques éloges. Pineda en mit une partie à la tête du gros Commentaire en deux volumes qu'il donna sur le Livre de Job. La première fois que ce savant homme lut cette paraphrase imprimée, il lui appliqua ce vers :

Non alio fuit hic Pelides dignus Homero.

Le changement de demeure que de Thou fut obligé de faire, et le voyage de Bressieu, interrompirent ses études de mathématiques. Bressieu s'en alla à Rome pour accompagner François de Luxembourg, duc de Piney, qui, suivant l'usage, y fut envoyé par le roi pour rendre, de la part de Sa Majesté, l'obédience au nouveau pape Sixte V ; car Marc-Antoine Muret, qui s'étoit si long-temps acquitté auprès des papes de la même commission qu'on donnoit à Bressieu, étoit déjà mort.

Bressieu, après avoir fait son discours, resta à Rome, où il acquit une grande réputation. Depuis, pendant nos guerres, il enseigna à Pérouse, d'où enfin, après plusieurs années, il revint en France.

[1587] L'année suivante vit naître plusieurs grands événemens, tantôt heureux, tantôt malheureux, mais, au jugement des plus sages, toujours funestes à la patrie. L'armée du duc de Joyeuse fut défaite en Saintonge avec l'élite de la noblesse de France, et lui-même y fut tué. Les Guise empêchèrent celle qui venoit au secours des protestans de passer la Loire, et la défirent deux fois, l'une à Vimory, et l'autre à Auneau en Beauce. Les suites de ces deux actions, qui l'année suivante furent si fatales au roi et au repos de l'état, firent douter avec justice si l'on devoit compter ces victoires pour des avantages.

Le public et de Thou en particulier perdirent au commencement de cette année Jacques Dennet, né à Paris, mais issu d'une noble famille de Ponthieu. Il avoit exercé la profession d'avocat au parlement de Paris, avec autant de capacité que d'intégrité. Les sentimens nobles qu'il conserva toute sa vie dans son emploi lui firent toujours préférer ses amis à ses intérêts particuliers. Il aimoit en gentilhomme les armes et la chasse; comme sa profession ne lui permettoit pas de suivre les armes, il eut toujours une meute de chiens courans. Il s'attacha au père et aux oncles de M. de Thou, tant qu'ils vécurent, entr'autres à Adrien de Thou, dont on a parlé au commencement de ces Mémoires, et à Jean de Thou son neveu.

Après leur mort il réunit en la personne de Jacques-Auguste de Thou toute l'amitié qu'il avoit eue pour sa famille, et vécut avec lui pendant quatorze ans dans une étroite liaison. Cette amitié, pour ainsi dire héréditaire, méritoit qu'on en fît mention dans la vie que l'on écrit. De Thou ne l'abandonna point pendant sa maladie, et fut presque continuellement auprès de lui dans le cloître de Notre-Dame, où il logeoit. Lorsque Dennet mourut, il reçut ses derniers sentimens, qui ordonnoient à sa famille, et principalement à Gilles Dennet, son frère, qui s'étoit établi en Normandie, de cultiver avec la famille des de Thou une amitié si bien fondée et qu'il leur laissoit en partage. Dennet mourut d'une pleurésie à l'âge de cinquante-huit ans, et voulut être inhumé à Saint-André-des-Arcs, où sont les tombeaux des de Thou.

Quittons ces tristes objets pour parler de l'heureux mariage où de Thou s'engagea cette même année. Il épousa Marie de Barbançon, fille de François de Barbançon de Cany, tué au combat de Saint-Denis, et dont il est parlé dans son Histoire Générale. Il étoit petit-fils de Michel de Barbançon, lieutenant de roi en Picardie, qui possédoit de grands biens dans cette province, du temps qu'Antoine de Bourbon, duc de Vendôme, en étoit gouverneur.

La maison de Barbançon est originaire du Hainaut, où est située la principauté de Barbançon, qui a passé aux comtes d'Aremberg, cadets de la maison de Ligne. Ils se sont signalés, sous le nom de Barbançon, dans le commandement des armées, durant les guerres des Pays-Bas, et sous Henri II et Charles V.

François de Barbançon laissa d'Antoinette de Vasières, riche héritière, très noble et très vertueuse, Louis, Anne et Marie de Barbançon. Anne avoit épousé Antoine Du Prat de Nantouillet, petit-fils du cardinal Antoine Du Prat, chancelier de France, si connu sous le règne de François Ier. Dès le vivant du premier président, Nantouillet étoit fort des amis du jeune de Thou son fils : ainsi il donna volontiers les mains à ce mariage. Ce fut Charles Turcant, maître des requêtes, qui en fut l'entremetteur avec Pierre du Val, dont on a déjà parlé, et qui étoit connu de madame de Cany par les services qu'il lui avoit rendus. Ce médecin, qui étoit toujours chez madame de Thou, l'avoit souvent entretenue de la mère et de la fille, et lui avoit fait naître un grand empressement pour ce mariage.

Pour garder les bienséances, on pria le chancelier de demander la demoiselle. Ayant mené son beau-frère, accompagné de plusieurs personnes de distinction, chez madame de Cany, qui logeoit au faubourg Saint-Germain à l'hôtel de Picquiny, il obtint le consentement de cette dame.

Sur ces entrefaites, madame de Cany tomba dans une maladie dont elle mourut; mais sa mort n'apporta point de changement à ce qu'on avoit arrêté. Au mois de mai suivant on convint des articles du mariage, que l'affliction de cette mort et les cérémonies des funérailles firent différer jusqu'au mois d'août, qu'il fut célébré avec toutes les formalités prescrites par l'église.

L'évêque de Chartres les fiança devant la première présidente de Thou, devant le chancelier, et le premier président de Harlay, en présence d'Augustin de Thou, fils du président, de Christophe-Augustin de Thou, cousin germain du fiancé, et de Renée Baillet, d'un côté; de l'autre, devant Louis de Barbançon Cany, Charles de Barbançon, son oncle, Antoine Du Prat Nantouillet, prévôt de Paris,

Anne de Barbançon, sa femme, les frères d'Estourmel, oncles des Barbançon, et devant plusieurs autres personnes de distinction, nommées dans l'acte. Le même évêque célébra la messe dans l'église de Saint-André-des-Arcs, et, pour éviter la foule, les maria après minuit.

Quoique le père et la mère de la demoiselle, qui avoient autrefois été protestans, fussent rentrés depuis long-temps dans le sein de l'église avec leurs enfans, on voulut cependant lever jusqu'au moindre soupçon, et on fit examiner la demoiselle en particulier par Arnaud du Mesnil, archidiacre de Brie et grand-vicaire de l'évêque de Paris, qui la confessa et qui lui donna ensuite l'absolution.

Après des formalités si exactes, qui ne seroit indigné de l'impudence de ces imposteurs qui, non contens de s'être efforcés de décrier l'Histoire que de Thou nous a donnée, ont encore voulu pénétrer jusque dans l'intérieur de sa famille pour le rendre odieux sur la religion ! Qu'ils examinent, ces dangereux calomniateurs, si de ce côté-là l'on a pu prendre plus de précautions pour recevoir avec respect le sacrement, et si du côté du monde on a rien oublié pour le rendre vénérable et authentique aux yeux du public, par le consentement et la présence d'un si grand nombre d'illustres parens.

Quelque temps après on reçut la nouvelle de la défaite arrivée en Saintonge. De Thou, pénétré de reconnoissance, et qui comptoit les pertes publiques au nombre des siennes particulières, en fut vivement frappé : sa prévoyance lui faisoit envisager un enchaînement de malheurs qui l'affligeoient; il ne pouvoit voir sans douleur la mort d'un jeune seigneur qui venoit de l'obliger si généreusement, et périr avec lui l'élite de la noblesse, c'est-à-dire les forces de l'état. Il détestoit la fureur des factions qui se répandoient de tous côtés; il regardoit cette perte comme le commencement d'une guerre funeste, excitée par des esprits entreprenans, livrés à des conseils étrangers, principalement dans un temps où la France avoit si grand besoin de repos pour se remettre de ses maux passés et pour rétablir la religion.

Car, quand une fois on eut violé la paix, les haines et les vengeances éclatèrent impunément; l'ambition n'eut plus de bornes, les lois furent méprisées, et l'honneur de la France fut presque anéanti. Cette religion, qui servoit de prétexte à la prise des armes, fut bannie de la campagne : s'il en restoit quelque apparence dans les villes, elle servoit seulement de matière aux déclamations des gens d'église : les chaires et les confessionnaux, loin de ranimer l'esprit de charité, n'inspiroient que la révolte, et, sous le voile de la religion, on ne respiroit que la haine, la vengeance, le massacre et l'incendie : tel fut l'état de la France après la perte de la bataille de Coutras.

Philippe des Portes, accablé de douleur et fuyant la compagnie des hommes, se retira chez J.-Antoine Baïf, à Saint-Victor. De Thou l'y alla voir pour le consoler, et pour chercher auprès d'un ami qui l'avoit obligé de si bonne grace quelque soulagement aux malheurs qui leur étoient communs.

Pour ne manquer à aucun de ses devoirs, il alla saluer ensuite François, cardinal de Joyeuse, qui restoit seul de la branche illustre de cette grande maison ; car Henri, comte du Bouchage, s'étoit fait capucin. Ce prélat ignoroit le service que son frère avoit rendu à de Thou, qui l'en instruisit, afin qu'après la mort de son bienfaiteur il restât quelqu'un de sa maison qui pût en avoir connoissance.

De Thou ne croyoit pas alors (mais qui l'auroit pu prévoir?) qu'il deviendroit un jour son allié; cela arriva cependant seize ans après; car, après qu'il eut perdu sa première femme, dont il n'eut point d'enfans, il épousa Gasparde de La Châtre, fille de Gabrielle de Batarnay, tante du cardinal de Joyeuse. Cette dame renouvela par sa fécondité l'espérance d'une famille presque éteinte.

La première présidente ne fut pas moins sensible à ce malheur public, dont elle appréhendoit les suites ; cela l'obligea de proposer à son fils, sur qui elle avoit beaucoup de pouvoir et qu'elle connoissoit assez négligent sur ses intérêts, de lui faire une donation par testament de la part qui pouvoit lui revenir de ses biens, à l'exclusion de ses autres héritiers. Elle vouloit lui laisser la maison paternelle, au lieu de ce qui lui pourroit échoir de ses biens en fonds de terre, qui lui avoient été cédés par ses enfans et par ses gendres, dans la vue que son fils, destiné pour succéder aux charges de ses pères, prit le soin des monumens érigés à leur mémoire dans leur paroisse, et qu'il fît exécuter les charges des fondations qu'elle y avoit faites : elle étoit bien persuadée qu'il s'en acquitteroit ponctuellement.

Cette donation se passa au vu et au su de ses autres héritiers, auxquels de Thou fit voir qu'il avoit ménagé la bonne volonté de sa mère avec tant de modération, qu'en cas qu'il arrivât dans la suite que sa part se trouvât la plus forte, il offroit de leur en faire raison, selon qu'ils le jugeroient à propos, après que les charges que sa mère lui laissoit auroient été déduites. Ce fut inutilement que de Thou fit insérer cette clause contre la volonté de sa mère. Après les partages aucun des héritiers ne se plaignit de la donation ni des legs que sa mère lui avoit faits ; ils trouvèrent tous qu'il ne s'étoit rien passé qu'avec justice, et convinrent qu'il avoit exactement observé la loi de ne faire à autrui que ce qu'on voudroit qui nous fût fait.

Peu de temps après ces dispositions, cette dame, plus accablée de la douleur que lui avoit causée la perte de son mari que du poids de ses années, n'ayant d'ailleurs plus rien à souhaiter après avoir marié son fils, tomba dans une maladie dont elle mourut. Elle résista à la violence du mal durant deux mois, après lesquels, ayant reçu tous ses sacremens, elle attendit la mort avec une entière confiance en la miséricorde de Dieu, et avec la même tranquillité d'esprit qu'on lui avoit toujours remarquée, jusque là que peu de momens avant sa mort elle prenoit congé de ses amis qui la venoient voir, et qu'elle se recommandoit aux absens avec la même politesse : ce qui fit dire à Pithou, lorsqu'il la vint voir, qu'elle lui avoit dit adieu avec autant de sang-froid que si elle se fût préparée à faire un petit voyage à sa maison de La Villette.

(1588) Elle mourut au commencement de janvier, à l'âge de soixante-dix ans, n'ayant survécu son mari que de cinq. Le parlement fit faire son oraison funèbre, et les présidens accompagnèrent son cercueil en grande cérémonie ; les principaux de la cour et les compagnies de la ville assistèrent au convoi.

Cette année vit naître l'amitié que de Thou conserva toute sa vie pour Gaspard de Schomberg, comte de Nanteuil, colonel-général de la cavalerie allemande, et pour tous ceux qui lui appartenoient. L'alliance y donna lieu ; et de Thou, qui avoit avec lui une grande conformité de caractère et de sentimens, ne quitta presque point un ami si estimable. Tout le temps que vécut Schomberg, il lui rendit fidèlement, à lui et aux siens, tous les services dont il étoit capable.

Paris étoit dans ce temps-là dans un tumulte et dans une agitation extraordinaire, causée par les mouvemens de la Ligue. Pendant que le roi s'amusoit à délibérer sur les moyens d'apaiser la sédition, prenant toujours les plus timides et les plus mauvais conseils, il donna le temps aux factieux de se rassurer et d'entreprendre. Comme ils étoient insolens et audacieux, ils obligèrent, par des instances réitérées, le duc de Guise, qui étoit à Soissons, pour examiner de plus près ce qu'il devoit espérer de leurs mouvemens, de venir à Paris, contre les défenses du roi. Au lieu de punir cette désobéissance, comme il auroit dû et pu le faire par le moyen des Suisses et des gardes-françoises qu'il avoit fait entrer dans la ville, ce prince, par une faute plus grande encore que la première, donna par son irrésolution le loisir au duc et aux chefs de la sédition, étonnés de l'arrivée de ces troupes, de reprendre leurs esprits, et de commencer cette fameuse journée que l'on nomma les Barricades.

Ce fut alors que de Thou eut la triste consolation de voir qu'il ne s'étoit point trompé dans le présage qu'il avoit tiré de ces mouvemens qui lui avoient causé tant d'inquiétude. Il alla à pied au Louvre, accompagné d'une ou de deux personnes sans armes, mais connues. Le silence y régnoit partout, la solitude y étoit affreuse, et l'étonnement, qui avoit passé jusque dans le cabinet du roi, y faisant différer ou changer de résolution à chaque moment, étoit cause qu'on n'en prenoit aucune vigoureuse. De là il courut à l'hôtel de Guise, qui en est fort éloigné : il trouva le duc qui se promenoit dans une rue qui est derrière l'hôtel de Montmorency, avec Pierre d'Espinac, archevêque de Lyon : elle étoit bordée de deux haies de soldats et de peuple qui regardoient ce prince avec admiration. Il se mêla parmi eux, et eut tout le loisir d'examiner le duc, qui tantôt donnoit des ordres, et tantôt recevoit avis de ce qui se passoit dans les autres quartiers de la ville. Quoiqu'il parût quelque embarras sur son visage, on y remarquoit néanmoins une fermeté et une sérénité qui sembloient répondre du succès de ses desseins et annoncer que cette journée alloit le faire triompher de ses ennemis.

Quand de Thou voulut retourner chez lui, il trouva toutes les rues embarrassées par des tonneaux qu'on apportoit de tous côtés. Comme il n'avoit point d'armes et qu'il étoit assez connu, les sentinelles le laissèrent passer. Etant arrivé à la tête du pont Saint-Michel, dont les ligueurs s'étoient emparés et qu'ils avoient fortifié par des barricades, il s'arrêta quelque temps à parler à Alphonse d'Ornano, qui gardoit le marché Neuf avec les troupes du roi : il le connoissoit dès le temps qu'il étudioit sous Cujas, à Valence en Dauphiné, où d'Ornano commandoit une garnison de Corses. Ce capitaine lui dit que le tumulte augmentoit, et qu'il lui conseilloit de se retirer chez lui le plus promptement qu'il pourroit : ce qui empêcha de Thou d'aller voir d'Auxy de La Tour, parent de sa femme, qu'on avoit porté blessé dans un cabaret.

En approchant des barricades, de Thou fut fort surpris d'y trouver des principaux de la ville mêlés avec les ligueurs. Ils lui dirent depuis qu'ils n'étoient venus que pour apaiser la sédition ; mais la vérité étoit que la peur les y avoit amenés, sans faire réflexion que leur présence autorisoit le désordre et rehaussoit le courage des mutins.

Jean de La Rue, tailleur d'habits, l'un des chefs des révoltés, l'arrêta lorsqu'il voulut franchir une barricade. De Thou lui dit que le roi avoit commandé à ses troupes de se retirer : cet insolent lui répondit que c'étoit la peur qui les y obligeoit, et non l'ordre du roi. Il quitta le plus tôt qu'il put ces séditieux, et gagna sa maison, qui n'étoit pas éloignée : sa femme l'y attendoit avec une grande impatience, dans le temps qu'au son de la cloche du Palais toutes celles de la ville sonnoient le tocsin.

Le soir, les troupes du roi ayant abandonné leurs postes et s'étant retirées, le duc de Guise se trouva maître de la ville. Alors de Thou retourna sur le pont Saint-Michel, où, comme il s'entretenoit, dans la boutique d'un boulanger, avec le président Brisson, colonel des compagnies bourgeoises de son quartier, il reconnut à ses discours que ce magistrat entroit dans les sentimens de cette populace, et qu'il s'accommodoit au temps : ce qui dans la suite lui fut très funeste.

Aussitôt arriva sur la place de Mouy de Risbourg, qui, après avoir hautement déclamé contre le roi et contre ceux qui l'environnoient, qu'il appeloit des scélérats, fit entendre les ordres dont il étoit chargé, avec commandement de la part du duc de les exécuter. La nuit qui suivit une journée si pleine de troubles ne fut pas plus tranquille : elle se passa dans la crainte et dans le tumulte. Le lendemain, le parlement envoya offrir au roi sa médiation pour réconcilier le duc de Guise avec Sa Majesté. D'un autre côté, les ligueurs crioient que le roi et le parlement agissoient de concert avec les huguenots : ils commencèrent par le quartier de l'Université, firent prendre les armes aux écoliers qui étoient assemblés dans les écoles, et par ordre de Brissac, à ce qu'on disoit, ils remplirent d'armes le grand couvent des Cordeliers. Alors des voix s'élevèrent de tous côtés qu'il falloit assiéger le Louvre. Dans un si grand embarras, le roi, destitué de fidèles conseillers (car le duc d'Epernon étoit en Normandie), suivit l'avis de ceux qui étoient auprès de lui et qui sous main favorisoient la rébellion ; et, ayant pris le parti honteux de sortir de la ville, accompagné du régiment des gardes et de ses courtisans, qui le suivirent comme ils purent, il se rendit à Trappes par le chemin de Saint-Cloud, et laissa la reine-mère à Paris, pour avoir par son moyen une porte ouverte à quelque accommodement. Sa retraite, ou plutôt sa fuite, releva entièrement les espérances et le courage des conjurés.

Au bout de trois jours, Schomberg demanda un sauf-conduit au duc de Guise ; car rien ne se faisoit que par les ordres de ce duc, quoique la reine fût à Paris. Il y fit comprendre de Thou, avec Albert, fils de Bellièvre, qui fut depuis archevêque de Lyon; tous trois se rendirent à Chartres, où le roi étoit déjà arrivé. Le duc d'Epernon l'y vint trouver de Normandie, dont il remit le gouvernement entre les mains du duc de Montpensier : il partit pour se rendre dans la Saintonge et dans l'Angoumois.

Cependant Villeroy se donnoit de grands mouvemens. Il alloit tantôt chez la reine, tantôt chez le duc de Guise, qui, enflé de la journée des Barricades, cherchoit, par des délais affectés, à maintenir son autorité et à prolonger la négociation; ce qui fit résoudre dans le conseil d'envoyer des commissaires dans les provinces pour sonder les sentimens des gouverneurs et des magistrats, les instruire de ce qui s'étoit passé, les confirmer dans leur devoir, et leur faire connoître l'intention où le roi étoit d'assembler les états.

De Thou eut la Normandie en partage. Par le conseil de Mouy de Pierrecourt, qui étoit alors auprès de Sa Majesté, dont il quitta depuis le parti, il commença par Evreux. Il y conféra avec Claude de Saintes, qui en étoit évêque, et qui étoit déjà secrètement du parti de la Ligue. De là, après avoir passé par Louviers, il se rendit à Rouen; il y disposa le parlement et les officiers de ville à recevoir le roi, qui devoit s'y rendre. A Dieppe, où il alla ensuite, il trouva les esprits des habitans, qui étoient presque tous protestans, fort animés contre les Guise, et très bien disposés pour le roi; mais de même que ceux de Caen, ils cachoient leurs sentimens, appréhendant que le roi n'aimât mieux chercher le repos, même aux dépens de sa dignité, que de recouvrer son autorité avec vigueur; ce qu'ils jugeoient par le caractère de ceux qu'il employoit dans ses affaires. Du reste, ils firent connoître à de Thou qu'ils n'appréhendoient point la guerre; prêts, en cas qu'elle recommençât, à sacrifier leurs biens et leurs vies pour le service du roi.

De Dieppe, ayant passé par Saint-Valéry en Caux, il se rendit à Fécamp. Cette ville est recommandable par une riche abbaye, bâtie près du port en forme de citadelle; on y voit encore des restes précieux d'une riche bibliothèque; il y conféra avec le gouverneur, et vint à Montivilliers. Tout y étoit en confusion par les menaces du gouverneur du Havre-de-Grâce, auquel les habitans étoient forcés d'obéir. Ce gouverneur étoit André de Brancas-Villars, qui avoit obtenu ce gouvernement par le crédit du duc de Joyeuse, dont il étoit proche parent. De Thou avoit ordre de le voir et de tâcher de le mettre dans les intérêts de Sa Majesté; mais comme Villars s'étoit vendu à la Ligue, aux dépens de l'argent des Parisiens, il reçut cette proposition non-seulement avec raillerie, mais encore avec mépris.

Il le quitta, et, après avoir passé la Seine, il se rendit à Caen par Saint-Pierre-sur-Dive. La plupart des habitans de cette ville, et Pelet de La Verune, leur gouverneur, étoient dans des dispositions différentes. La Verune, quoique fort uni avec Villars, étoit un esprit doux qui n'entroit point dans ses sentimens, et qui sembloit ne respirer que le service du roi et l'obéissance qu'il devoit à Sa Majesté; mais la considération des principaux de la ville l'empêchoit de se déclarer. De Thou ne vit point Longchamp, qui commandoit à Lisieux et qui étoit ligueur. Il se rendit le plus tôt qu'il put à La Mailleraye, où Pierrecourt, suivant qu'ils en étoient convenus, l'attendoit avec son frère, qui en étoit seigneur. De Thou les instruisit de ce qu'il avoit fait au Havre-de-Grâce et à Caen; mais, lorsqu'il leur fit part de la réponse de Villars, ils furent extrêmement surpris de la conduite de ce gentilhomme, et lui dirent qu'il n'y avoit qu'un coup de mousquet dans la tête qui pût guérir Villars de son arrogance et de sa folle ambition : ce que de Thou ne manqua pas de rapporter au roi quand il lui rendit compte de son voyage.

Ce prince avoit quitté Chartres pour se rendre à Rouen, où il passoit le temps à de vains spectacles. Il donna une audience particulière à de Thou, avec des ordres de sa propre main d'aller sur-le-champ en Picardie. Il ignoroit ce qui se passoit dans cette province; parce que ceux qu'il y avoit envoyés n'étoient point encore de retour. De Thou prit son chemin par Neufchâtel, et se rendit à Abbeville, où il eut une conférence avec les magistrats et avec le gouverneur d'une citadelle qui y étoit alors. De là, par Pont-Dormy, il alla à Amiens, dont il trouva les habitans prévenus en faveur de la Ligue. Balagny, qui étoit dans leur voisinage, les assuroit d'un secours de troupes et d'argent pour les défendre contre les Navarrois ennemis de la religion (c'est ainsi qu'il nommoit ceux qui tenoient le parti du roi). A peine de Thou put-il leur persuader, en leur montrant ses ordres, que Sa Majesté étoit bien éloignée de ces sentimens, et qu'elle n'avoit rien plus à cœur que de les protéger et de prendre la défense de la religion.

Ensuite il traversa la Somme, et se rendit à Corbie, pour y voir Pons de Belleforrière, qui en étoit gouverneur, mais qui étoit alors à la campagne : il l'attendit un jour entier ; ce qui lui donna le loisir d'examiner les restes d'une précieuse bibliothèque, qu'on avoit déjà pillée plusieurs fois, mais où il y avoit encore de fort bons manuscrits et des fragmens authentiques : il en mit à part plusieurs, qu'il espéroit retrouver après la fin des troubles et dont il prétendoit enrichir la république des lettres. La fatalité des guerres civiles ne le permit pas : Corbie fut ruinée quelques années après, et le respect dû à l'église où l'on conservoit ces précieux monumens n'empêcha pas la dissipation de ce trésor. Quand il y retourna depuis pour les chercher, quoique le gouverneur que le roi y avoit mis fût des parens de sa femme, quoiqu'il l'aidât de toute son autorité, il ne trouva plus rien dans les coffres où on les avoit enfermés, ni sur les tablettes ; il en vit seulement les débris, des planches renversées ou brisées, et les couvertures de ces rares manuscrits dispersées de tous côtés. Voilà les fruits de nos guerres civiles, qui plaisent tant à ces dangereux esprits qu'un zèle indiscret de religion transporte : tels sont les effets que produit une piété fanatique, qui ne respire que massacre et incendie.

Lorsque Belleforière fut revenu de la campagne, de Thou lui donna des lettres du roi, qui le sommoit de sa parole et des assurances qu'il lui avoit données de sa fidélité. Comme la réponse de Belleforière fut équivoque, il écrivit aussitôt à Sa Majesté, et lui manda ce qu'il avoit fait à Abbeville et à Amiens : il ajouta qu'on devoit se défier surtout de Belleforière. De là il se rendit à Noyon. Varane, château bâti dans une île de la rivière d'Oise, n'en est pas éloigné : comme il appartenoit à Louis de Barbançon, son beau-frère, il s'y rendit, et y trouva madame de Thou sa femme, qui étoit venue au-devant de lui et qu'il avoit laissée à Paris.

Cependant la reine-mère avoit ménagé un traité entre le roi et le duc de Guise, dont une des conditions étoit la guerre contre le roi de Navarre. Il fut suivi de l'édit de juillet, qu'on eut bien de la peine à faire signer au duc de Nevers. Quand il eut été arrêté, le roi partit de Rouen pour revenir à Chartres avec toute sa cour ; il vouloit y prendre avec le duc de Guise, qui s'y rendit avec la reine-mère, les mesures nécessaires pour la guerre contre les protestans.

Ce fut dans cette dernière ville que le roi, qui, dès le voyage de Rouen, avoit promis à de Thou de reconnoître ses services, surpassa les espérances qu'il lui avoit données, et le fit conseiller d'état. De Thou en prêta le serment le 26 d'août. La cour étoit alors fort attentive sur le succès qu'auroit cette formidable flotte d'Espagne, qu'on disoit destinée pour faire une descente en Angleterre. L'arrivée de Bernardin de Mendose redoubla l'inquiétude et la curiosité ; il n'étoit pas venu seulement comme ambassadeur, mais comme émissaire du roi son maître pour animer par sa présence le parti de la Ligue. Là-dessus l'on assembla le conseil : d'un côté de la table étoit le chancelier de Cheverny ; au-dessous de lui, Villequier, Claude Pinard, et Pierre Brûlart de Crosne, ces deux derniers secrétaires d'état ; de l'autre côté, l'archevêque de Bourges ; au-dessous, le duc de Guise et les conseillers d'état, entre autres de Thou et Méry de Vic.

Comme les esprits étoient alors fort divisés, tout s'y passa en basses flatteries ou en dissimulation. On parla beaucoup de la flotte d'Espagne, et on ne conclut rien. Cela donna lieu à de Thou d'envoyer cette lettre en vers à Claude du Puy : elle s'est trouvée parmi ses papiers, et mérite bien d'être insérée dans ces Mémoires.

LA DÉROUTE

DE LA FLOTTE D'ESPAGNE.

A CLAUDE DU PUY,
CONSEILLER AU PARLEMENT.

A Chartres, le 29 août 1588.

Après ce jour fatal où la rébellion,
Sous le voile trompeur de la religion,
Osa barricader jusqu'au palais du prince,
Le roi, quittant Paris, vint dans cette province.
Depuis, pour pallier le plus grand des forfaits,
On convint à Rouen d'une équivoque paix ;
Et la cour sur ses pas revint dans cette ville.

Les Guise même en grâce auprès d'un roi facile,
Après s'être excusés d'un fait mal éclairci,
De Paris depuis peu se sont rendus ici.
Superbe en ses discours, superbe en équipage,
L'ambassadeur d'Espagne est aussi du voyage.
Une flotte nombreuse alors couvrant nos mers,
Faisoit l'attention de cent peuples divers ;
Et le fier Castillan répandoit dans le monde
Qu'un glorieux triomphe alloit s'offrir sur l'onde,
Vantoit les millions destinés par son roi
En l'honneur de l'église et pour planter la foi ;
Qu'on verroit Albion et punie et soumise,
Et la flotte d'Espagne au bord de la Tamise ;
Même, sur les chemins qui conduisent ici,
S'il rencontroit un moine, il lui parloit ainsi ;
Au moindre paysan c'étoit même langage :
Que les milords épars avoient perdu courage,
Que Drak étoit en fuite, et ses meilleurs vaisseaux
Dispersés, en déroute, ou dans le fond des eaux ;
Que dans Londres, la reine, à bon droit alarmée,
S'étoit avec frayeur dans la Tour enfermée.
Mais quand un cavalier se trouvoit sur ses pas,
Il changeoit de discours dans un grand embarras :
Tantôt il étoit gai, puis tout-à-coup farouche,
Les mots prêts à sortir s'arrêtoient dans sa bouche ;
Tantôt, pour éviter un mensonge odieux,
Il disoit d'un ton grave et tout mystérieux :
La flotte a jusqu'ici trouvé le vent contraire,
Mais tout va bien encore, et tout le monde espère.
On a pourtant avis qu'aux côtes de Médoc
Un de leurs grands vaisseaux, brisé d'un rude choc,
S'est depuis quelques jours échoué sur le sable.
On nous assure encor, comme un fait véritable,
Qu'entre Douvre et Calais des orages nouveaux
Ont dispersé la flotte et battu ses vaisseaux ;
Et proche de Boulogne on a vu le rivage
Couvert de tous côtés des marques d'un naufrage,
Des débris différens, des voiles déchirés,
D'un succès malheureux présages assurés.

Maintenant en secret il faut que je te dise
Ce qu'on pense à la cour touchant cette entreprise,
L'espérance et la crainte où sont nos courtisans,
Toujours dissimulés, et quelquefois plaisans :
Ris-en, mon cher du Puy, s'il est permis de rire
En voyant tous les maux que la France s'attire.

Au logis de l'évêque, où le roi tient sa cour,
L'élite des seigneurs s'assembla l'autre jour.
Pour tenir le conseil on prit une chapelle ;
On agita d'abord cette grande nouvelle.
J'assistois au conseil, car la bonté du roi
Venoit de m'honorer de ce brillant emploi.
Tel qu'un homme dévot qui veut marquer son zèle,
Soudain on vit de Crosne ajuster sa prunelle,
Et, dans un saint transport, levant les mains aux cieux,
S'écrier : Quelle gloire à ce prince pieux !
Bénis soient les projets d'un roi si catholique,
Et ses puissans efforts pour vaincre un hérétique !

Périssent son armée et tous les Castillans !
Lui répondit Pinard, qui, dès ses jeunes ans,
Prenoit à tout propos plaisir à contredire ;
Périssent ses vaisseaux jusqu'au moindre navire !
Que Neptune en courroux puisse les abîmer !
N'est-ce pas sans notre ordre et sans nous informer
Qu'ils viennent dans nos mers avec tant d'arrogance
Pour surprendre un état si voisin de la France?

L'éloquent Beaune alors nous imposant à tous
Par un ton gracieux, un air affable et doux :
Que pensez-vous, dit-il, de cet apprêt terrible,
Et du titre pompeux d'une flotte INVINCIBLE ?
Ne voyez-vous pas bien qu'ayant dompté l'Anglois,
L'Ibère prétendra nous ranger sous ses lois ?
C'est ainsi qu'il s'avance à cette monarchie,
L'objet de ses desseins et de sa tyrannie.
Il en veut à l'Europe, et son ambition
Se couvre du manteau de la religion.
Jamais la piété, le véritable zèle,
N'ont été les motifs d'une guerre cruelle.
Que de Pierre et de Paul on lise les écrits,
Ils n'ont point approuvé de conquête à ce prix :
Ces divins fondateurs d'une église féconde
N'ont donné que leur sang pour conquérir le monde.
Tous les premiers chrétiens ont marché sur leurs pas,
Et pour gagner les cœurs ont souffert le trépas.

A ces mots Cheverny jette partout la vue,
Et son ame incertaine, embarrassée, émue,
Qui n'ose découvrir ses secrets sentimens,
Sur son maître étonné règle ses mouvemens :
Tantôt il parle bas ; puis, craignant le reproche,
Il demande tout haut si la flotte s'approche ;
Quel vent peut calmer l'onde ou la peut agiter,
Et quel obstacle enfin l'oblige à s'arrêter.

Ne vous alarmez point, le vent n'est plus contraire,
Je le sens à ma jambe, et j'en crois son ulcère,
Dit le gros Villequier, dont une chaise à bras
Embrassoit l'épaisseur, et n'y suffisoit pas.
Tu connois sa crapule, et que, par sa débauche,
Un ulcère malin pourrit sa jambe gauche.
Tu sais qu'il est encor un lâche corrupteur,
Un monstre d'impudence, un bas adulateur,
Et qu'il sert à la cour au plus honteux usage.
Comptez, ajouta-t-il, qu'on ne craint plus d'orage,
L'air est devenu calme et le temps a changé ;
Un grand, un puissant roi sera bientôt vengé :
Mon ulcère aujourd'hui coule avec abondance,
Et je gagerois bien que la flotte s'avance.
A ce discours infâme on eut la lâcheté
D'applaudir de concert comme à la vérité.

Un balustre du roi nous cachant la présence,
Guise écoutoit chacun dans un profond silence :
Enfin, quand il eut mis exprès son manteau bas
Pour faire remarquer sa taille et ses grands bras,
Du plus bas de la table, où, sans cérémonie,
Il s'étoit allé seoir par feinte modestie,
Il rompt ce grand silence, et, marquant son courroux,
Il frappe rudement la table de trois coups ;
Il pousse un long soupir, et, craignant d'en trop dire,
C'est en vain, nous dit-il, c'est en vain qu'on aspire
A faire en Angleterre aborder des soldats,
Si l'on n'a point de ports voisins de ses états ;

Le soldat fatigué d'un pénible voyage
Tombe à la fin malade, et n'a plus de courage.
Quiconque sans péril veut passer dans leurs mers,
Doit partir de Zélande ou des côtes d'Anvers :
A de grands galions, d'un abord difficile,
La Flandre n'offre rien qu'une rade inutile.
Pour faire avec succès de si puissans efforts,
Ce n'est que dans la France où l'on trouve des ports :
Seule elle peut fournir à des vaisseaux de guerre
Les moyens les plus sûrs de dompter l'Angleterre.
C'étoit donc un projet prudemment concerté,
D'établir pour la flotte un lieu de sûreté.
Mais en vain de Boulogne on tenta la surprise :
On a fait échouer cette juste entreprise,
Et le chef découvert, à la fuite obligé,
Y perdit son canon trop avant engagé,
Laissant à la merci d'une triste vengeance,
Ses amis malheureux suspects d'intelligence.

Guise se tut alors, mais encor agité,
Il se tourna vers Vic, assis à son côté,
Et lui dit à l'oreille, et comme en confidence :
La flotte a fait naufrage, et j'en ai connoissance ;
Des avis plus certains m'en sont ici venus
Que si Mars l'écrivoit à sa chère Vénus.

On leva le conseil, cette histoire finie.
Ainsi se sépara la noble compagnie.

Dans ce temps-là Schomberg, dont la reine s'étoit servi pour l'édit de juillet, vint à Chartres avec plusieurs de ses amis. Il venoit d'accorder à Paris Catherine sa fille à Louis de Barbançon de Cany, et c'étoit de Thou, beau-frère de Cany, qui avoit proposé ce mariage. Comme cette demoiselle avoit l'honneur d'être filleule de la reine-mère, qui l'avoit tenue sur les fonts de baptême, Schomberg voulut que les fiançailles se fissent à la cour et en présence de Leurs Majestés. L'évêque de Chartres en fit la cérémonie avec éclat, et le soir, le roi, la reine et tous les seigneurs assistèrent au festin. On avoit aussi invité à la fête Anne d'Anglure de Givry. C'était le cavalier de la cour le plus parfait ; beau, bien fait, de bonne mine, agréable dans la conversation, savant dans les lettres grecques et latines (talent assez rare parmi la noblesse), surtout brave, et connu pour tel ; d'ailleurs proche parent de Cany. Il s'en excusa d'abord sur une chute de cheval dont il étoit encore incommodé : cependant, pour ne pas manquer à son parent dans une occasion si remarquable, il trouva moyen de paroître devant la compagnie d'une manière galante et ingénieuse. Comme sa chute ne lui permettoit pas de se tenir debout, il prit de ces forçats turcs dont la ville étoit remplie depuis le naufrage de la flotte d'Espagne, se fit porter sur leurs épaules dans une espèce de palanquin, et, vêtu comme un roi des Indes, entra à visage découvert dans la salle du festin, tandis que ces forçats qui le portoient chantoient d'un ton fort plaisant des chansons mal articulées. Ce spectacle divertit fort le roi et toute la cour. Les réjouissances de ces fiançailles étant finies, on revint à Paris, où le mariage fut fait à l'hôtel Schomberg. Depuis, les nouveaux mariés s'en allèrent à Varane.

Ce fut dans ce château où de Thou, qui prévoyoit les funestes suites des barricades et la révolte de Paris, fit transporter ce qu'il avoit de meilleurs meubles, sous le prétexte des noces de son beau-frère : comme ses tapisseries, ses lits, sa vaisselle d'argent, ses pierreries, et tout ce que sa mère lui avoit laissé de plus précieux. La guerre s'étant allumée depuis avec plus de violence, Schomberg les envoya, avec quantité d'autres qu'il avoit, dans sa maison de Nanteuil, à La Fère en Vermandois, où le capitaine Guerry, sa créature, étoit en garnison avec sa compagnie.

Mais cette précaution, qui paroissoit si sage, leur fut préjudiciable à l'un et à l'autre ; car l'année suivante La Fère ayant été prise et pillée par Florimond d'Halwin, marquis de Maignelay, ils perdirent tous ces meubles, à l'exception de ce que les deux frères Lamet purent sauver, et de ce que purent détourner les concierges du château. Ils consignèrent ce qu'ils avoient préservé du pillage entre les mains de Bouchavanes, et ces meubles furent ensuite rendus de bonne foi à sa femme ; qui pendant ces mouvemens s'étoit retirée à Coucy-le-Château, où son frère Lamet étoit avec une garnison.

Cette perte alla seule à plus de dix mille écus pour de Thou, sans compter toutes les autres qu'il fit pendant ces guerres : cependant, après la paix, quoique la plupart en usassent autrement, on ne lui en entendit pas faire la moindre plainte. Il n'inquiéta personne là-dessus, soit à cause de son aversion naturelle pour les procès, soit qu'il ne voulût pas donner lieu aux esprits malintentionnés de lui reprocher qu'il n'avoit suivi le parti du roi que dans la vue de s'exempter de la perte et de s'attirer des récompenses; soit enfin qu'il fût persuadé que, pour son intérêt particulier, il ne devoit pas retracer l'image de ces désordres, dont il souhaitoit que la mémoire fût éteinte.

Cependant le temps marqué pour l'ouverture des états approchoit; déjà un grand nombre de députés s'étoient rendus à Blois, où le roi étoit arrivé. Là, ce prince, rebuté du ministère précédent, et méditant quelque secrète entreprise, changea la face de la cour : il relégua le chancelier et Bellièvre dans leurs maisons, et congédia Villeroi, Pinard et Brûlart, secrétaires d'état.

Schomberg partit aussitôt pour Blois, et de Thou l'y suivit; mais il se détourna d'un peu pour rendre visite au chancelier de Cheverny, qui s'étoit retiré à Éclimont, dans le pays Chartrain : il demeura trois jours chez lui. Il ne s'en passa pas un que le chancelier ne reçût des nouvelles de Blois, et qu'il n'apprît que, dans tous les différends du roi avec le duc de Guise, le duc l'emportoit toujours par la supériorité de son parti : ce qui fit dire au chancelier qu'il en tiroit un mauvais augure, et que toutes ces contestations auroient une autre fin qu'on ne pensoit; que le duc, voulant abaisser le pouvoir et avilir la dignité de son souverain, abusoit de la patience et de la dissimulation de Sa Majesté; que ceux de son parti, par leur hardiesse et leur insolence, élevoient son autorité trop haut; qu'il connoissoit parfaitement le génie du roi; que Sa Majesté tenteroit toutes sortes de voies pour ramener les esprits par la douceur, mais que s'ils persistoient dans leurs desseins, comme il y avoit de l'apparence, il étoit à craindre que cette modération ne se tournât en fureur, et que ce prince, aux dépens de tout ce qui en pourroit arriver, ne consultât que son désespoir, et ne prît enfin la résolution de poignarder lui-même le duc dans son appartement.

Après cette conversation, que de Thou tint alors fort secrète, il alla à Blois, dans le temps que les états y étoient assemblés. Il s'y passa des particularités qu'on ne trouve point dans l'Histoire qu'il nous a donnée, et que nous rapporterons ici, autant que la mémoire du président de Thou a pu se les rappeler.

De Thou s'étoit fort attaché au cardinal de Vendôme et à son frère le comte de Soissons : quoiqu'ils lui laissassent le soin de leurs affaires, il les faisoit plutôt comme leur ami que comme en ayant la disposition. Depuis la mort de son père et de sa mère, il voyoit souvent aussi Anne d'Est, mère des Guise et du duc de Nemours, et n'oublioit rien pour réunir ces deux maisons, moins ennemies que rivales.

Avant les troubles de Paris, Michel de Montaigne, dont on a déjà parlé, étoit venu à la cour : il l'avoit suivie à Chartres, à Rouen, et étoit alors à Blois. Il étoit des amis particuliers du président de Thou, et le pressoit tous les jours de songer sérieusement à l'ambassade de Venise, qu'on lui destinoit depuis le retour d'André Hurault de Meisse, parent du chancelier. Lui-même avoit dessein d'aller à Venise; et, pour l'y engager davantage, il lui promettoit de ne le point quitter durant tout le séjour qu'il y feroit.

Comme ils s'entretenoient des causes des troubles, Montaigne lui dit qu'autrefois il avoit servi de médiateur entre le roi de Navarre et le duc de Guise, lorsque ces deux princes étoient à la cour; que ce dernier avoit fait toutes les avances, par ses soins, ses services, et par ses assiduités, pour gagner l'amitié du roi de Navarre; mais qu'ayant reconnu qu'il le jouoit, et qu'après toutes ses démarches n'ayant trouvé en lui qu'un ennemi implacable, il avoit eu recours à la guerre, comme à la dernière ressource qui pût défendre l'honneur de sa maison; que l'aigreur de ces deux esprits étoit le principe d'une guerre qu'on voyoit aujourd'hui si allumée; que la mort seule de l'un ou de l'autre pouvoit la faire finir; que le duc ni ceux de sa maison ne se croiroient jamais en sûreté tant que le roi de Navarre vivroit; que celui-ci, de son côté, étoit persuadé qu'il ne pourroit faire valoir son droit à la succession de la couronne pendant la vie du duc. « Pour la religion, ajouta-t-il, dont tous les deux font parade, c'est un beau prétexte pour se faire suivre par ceux de leur parti; mais la religion ne les touche ni l'un ni l'autre : la crainte d'être abandonné des protestans empêche seule le roi de Navarre de rentrer dans la religion de ses pères, et le duc ne s'éloigneroit point de la confession d'Ausbourg, que son oncle Charles, cardinal de Lorraine, lui a fait goûter, s'il pouvoit la suivre sans préjudicier à ses intérêts : » que c'étoit là les sentimens qu'il avoit reconnus dans ces princes lorsqu'il se mêloit de leurs affaires.

Durant ces intrigues de Blois, le duc de Guise n'oublioit rien pour fortifier son parti; il prenoit la défense de ceux qui lui étoient attachés, gagnoit les autres par des caresses, se rendoit affable à chaque particulier, promettoit des emplois, des dignités, des charges et des gouvernemens aux plus intéressés, comme s'il en eût été déjà le maître; il mettoit enfin tout en usage pour s'attirer l'amitié de tout le monde.

Le bruit se répandit alors qu'Anne de Barbançon, femme de Nantouillet, avoit été poignardée. Le duc demanda à de Thou quelles nouvelles il en avoit, et lui offrit, aussi bien qu'à son beau-frère, ses services et son crédit. De Thou, qui fuyoit toute sorte d'engagemens, ne répondit à ce prince qu'en peu de paroles : malgré les complimens et les caresses du duc, il le quitta le plus tôt qu'il put. Le duc s'en plaignit à Schomberg, et quand celui-ci en parla à de Thou, ce dernier lui répondit que les bonnes grâces d'un si grand prince ne lui seroient pas seulement honorables, mais encore très utiles et très nécessaires dans la conjoncture présente, mais qu'il lui avouoit naturellement qu'il ne pouvoit approuver les différends continuels que le duc avoit avec Sa Majesté; qu'au reste, on ne voyoit autour du duc de Guise que tout ce qu'il y avoit de gens ruinés et de plus corrompus dans le royaume, et presque pas un honnête homme, que cette raison l'avoit obligé d'en user comme il avoit fait; que de l'humeur dont il étoit, il aimoit mieux vieillir dans une retraite honorable, que d'acheter un peu d'éclat par de si indignes liaisons.

Quand le duc de Guise apprit cette réponse, il dit qu'il avoit toujours fait son possible par ses soins et par ses bons offices pour gagner l'amitié des honnêtes gens; que toutes ses démarches ayant été inutiles (puisque plus il leur faisoit d'avances, plus ils sembloient s'éloigner de lui), il avoit été obligé, dans un temps où il avoit besoin d'amis, de recevoir ceux qui venoient s'offrir à lui de si bonne grâce.

Le clergé avoit fait choix de Renaud de Beaune, archevêque de Bourges, pour porter la parole dans les états : c'étoit un prélat qui n'étoit entré dans aucune faction, et dont l'esprit étoit opposé aux conseils violens. Comme on s'entretenoit sur la réforme qu'on devoit apporter au luxe qui s'étoit répandu partout avec tant de profusion, et qui depuis a été porté bien plus loin, il disoit que c'étoit à Paris que l'ancienne simplicité de nos pères avoit commencé à dégénérer. Il donnoit pour modèle d'une modération qu'on ne pouvoit trop recommander la première présidente de Thou, qui, en qualité de femme du premier magistrat du parlement, auroit pu se servir, comme les principales dames de la cour, d'une litière ou d'un carrosse, dont l'usage étoit encore fort rare en ce temps-là; que cependant cette dame n'alloit jamais par la ville qu'en croupe derrière un domestique, pour servir par sa modestie de règle et d'exemple aux autres femmes. Lorsque dans sa harangue il rappela en public, devant le roi et devant toute la cour, le souvenir d'une frugalité si estimable, il se servit du même exemple, qu'on retrancha tout entier de son discours lorsqu'il fut imprimé avec les autres qui avoient été prononcés dans les états.

Il étoit vrai qu'il n'y avoit pas fort longtemps que cette mode s'étoit introduite dans Paris. Jean de Laval-Boisdauphin, homme de qualité, a été le premier, sur la fin du règne de François Ier, qui se soit servi d'un carrosse, à cause de son embonpoint, qui ne lui permettoit pas de monter à cheval. Il n'y en avoit alors à la cour que deux, dont l'usage étoit venu d'Italie, l'un pour la reine, l'autre pour Diane, fille naturelle de Henri II. Dans la ville, Christophe de Thou fut le premier qui en eut un, après qu'il eut été nommé premier président; cependant il ne s'en servoit jamais, ni pour aller au palais, ni pour aller au Louvre quand le roi l'y mandoit, car les magistrats gardoient encore religieusement cette louable coutume de n'aller jamais à la cour que par ordre du roi. Sa femme en usoit de même, et, comme on vient de le dire, n'alloit qu'en croupe quand elle rendoit ses visites à ses parentes ou à ses amies; l'un et l'autre ne se servoient de leur carrosse que pour aller à la campagne, ce qui fut cause qu'on fut long-temps sans en voir à Paris. Le nombre s'en est tellement multiplié depuis, qu'on peut dire qu'il est aussi grand que celui des gondoles à Venise, et cela sans distinction ni de qualité ni de rang. On voit aujourd'hui les personnes de plus bas étage s'en servir indifféremment comme les plus relevées.

De Thou, qui voyoit avec douleur que la patience de Sa Majesté ne produisoit que du mépris pour l'autorité royale, à mesure que la fin des états approchoit, résolut de retourner à Paris pour donner ordre, le mieux qu'il pourroit, aux affaires générales et aux siennes propres. Dans cette vue, il alla prendre congé du roi, et l'attendit dans un passage obscur qui conduisoit de la salle où il mangeoit dans un cabinet. Là ce prince lui tint la main pendant un temps considérable sans lui parler; cela fit croire à tout le monde qu'il lui avoit confié plusieurs secrets : cependant il le renvoya, sans lui rien dire autre chose sinon qu'il le chargeoit de voir le premier président son beau-frère, et de le prier de sa part de veiller à ses intérêts. Schomberg, qui étoit derrière, demanda à de Thou en sortant de quoi le roi l'avoit entretenu si long-temps. De Thou lui répondit qu'à l'exception de quelques ordres obligeans dont Sa Majesté l'avoit chargé pour le premier président, le reste s'étoit passé dans un fort grand silence. Schomberg en fut étonné, et soupçonna que le dessein du roi avoit été d'abord de lui donner d'autres ordres, mais que les réflexions que ce prince avoit faites dans le temps qu'il lui tenoit la main lui avoient fait changer d'avis. De Thou crut la même chose après ce qui arriva à Blois, et que le roi, rempli de son projet, avoit eu d'abord envie de le charger d'instructions plus secrètes pour le premier président, mais qu'y faisant réflexion pendant ce profond silence, il avoit jugé plus sûr et plus à propos de renfermer son secret.

Il y avoit déjà long-temps que le duc de Guise tâchoit, par le moyen de ses émissaires et de Rossieux, de gagner les habitans d'Orléans pour se rendre maître de la citadelle. Dans cette vue il y avoit dépêché secrètement Trémont, pour être prêt à tout événement ; Charles de Balzac de Dunes, qui y commandoit en l'absence de François d'Entragues son frère, qui en étoit gouverneur, appréhendoit qu'on ne leur enlevât ce poste. Il y avoit plus d'un mois qu'il s'étoit aperçu des intrigues du duc de Guise; mais comme il n'espéroit pas de grands secours du côté du roi, dont l'esprit paroissoit affoibli, il cherchoit de l'argent de tous les côtés; comme il pouvoit, pour se défendre des entreprises des habitans et des intelligences du duc ; car le duc de Guise avoit prétendu, dans le traité honteux que le roi fit avec lui, qu'Orléans lui avoit été cédé pour sa sûreté et pour celle de son parti.

De Dunes faisoit sur cela diverses réflexions, dont il s'étoit ouvert plusieurs fois à de Thou dans le temps qu'il étoit à Blois. Il étoit de ses amis; il le connoissoit ennemi de toute faction, et uniquement attaché au parti du roi ; ce qui l'obligea de lui faire part de l'embarras où il se trouvoit. Il lui dit qu'il voyoit toutes choses disposées pour l'assiéger dans sa citadelle; que la patience imprudente et excessive de Sa Majesté, et sa sécurité à contre-temps, ne permettoit ni à son frère, ni à lui, d'en attendre aucun secours; que les affaires étoient réduites à une telle extrémité, qu'il ne lui restoit d'autre ressource que ses propres forces pour se défendre des entreprises du duc; qu'il ne manquoit ni de courage ni d'amis; qu'il n'ignoroit pas non plus que tout l'avantage consistoit à prévenir son ennemi; mais qu'il appréhendoit, en prenant cette résolution, d'exposer au pillage une ville riche que son frère et lui vouloient conserver; que dans cette vue ils avoient trouvé un expédient et meilleur et plus sûr, qui étoit d'agrandir la citadelle, qui, dans l'état où elle étoit, ne pouvoit pas résister long-temps; que s'ils pouvoient y réussir, ils se rendroient maîtres de la ville et assureroient une retraite à tous les bons François, aux serviteurs de Sa Majesté et à tous les vrais catholiques; qu'il arriveroit encore que le roi, se voyant fortifié de leur secours, reprendroit sa première vigueur au lieu de se laisser abattre à sa mauvaise fortune, comme tous ses serviteurs le voyoient avec douleur; mais que pour cela il avoit besoin d'argent, pour maintenir la discipline parmi les soldats, et pour assembler un nombre suffisant de pionniers, afin d'achever l'ouvrage en peu de jours, sans craindre d'être insulté par les bourgeois; qu'il avoit des perles d'un grand prix qu'il engageroit volontiers pour avoir de l'argent; que c'étoit l'affaire commune de tous les bons citoyens; qu'ainsi il le prioit instamment de les exhorter en particulier à lui ouvrir leurs bourses dans une si juste occasion.

De Thou goûta ce projet, et, comme il étoit aimé du cardinal de Vendôme, ainsi qu'on l'a déjà remarqué, et qu'il le trouva alors fort piqué du peu de cas que les Guise et le cardinal de Bourbon son oncle, qui leur étoit dévoué, faisoient de lui, il n'eut pas de peine à lui persuader d'avoir toujours une somme d'argent prête, pour s'en servir à tout événement contre les suites dangereuses que pourroit avoir ce mépris : ainsi le cardinal lui donna pouvoir d'emprunter pour lui, lorsqu'il seroit à Paris, jusqu'à vingt mille écus, et lui promit d'employer cette somme aux fortifications de la citadelle d'Orléans, après que de Thou lui en eut fait confidence, suivant qu'il en estoit convenu avec Dunes.

Le lendemain que de Thou prit congé du roi, il partit en poste avec Dunes pour Orléans, où ils arrivèrent le 18 décembre. Il y trouva Jean de Bourneuf de Cucé, qui avoit épousé Renée de Thou sa nièce. Il vint à Paris avec lui, et y chercha de l'argent de tous côtés; mais la nouvelle de la mort du duc de Guise fit évanouir son dessein et celui de Dunes.

Sur ces entrefaites, le roi envoya à Orléans le maréchal d'Aumont et d'Entragues, avec des troupes réglées, pour s'assurer de la citadelle, et pour se rendre maîtres de la ville, s'il étoit possible. Dès que les Parisiens surent cette nouvelle, ils y firent marcher du secours. Cucé, qui fut averti du jour que devoit partir ce secours, et de la route qu'il devoit prendre, dépêcha en diligence au maréchal, qui étoit dans la citadelle, et qui devoit assiéger la ville, à ce qu'on croyoit, pour l'informer de ce qui se passoit. Le valet qui portoit l'avis étoit le même qui avoit cherché, en présence de Dunes, des gants que Cucé avoit perdus dans la citadelle, et qu'on n'avoit pu retrouver : il eut ordre, si l'on ne le croyoit pas, d'en faire ressouvenir Dunes. Ce valet s'acquitta de sa commission exactement; Dunes, qui s'en défioit d'abord, fut persuadé de la vérité de l'avis par la circonstance des gants.

Là-dessus le maréchal fit marcher Philippe d'Angennes de Fargis, de la maison de Rambouillet, connu par son esprit, par sa valeur et par sa capacité, avec François de la Grange-Montigny. Comme ils avoient des troupes réglées, ayant rencontré cette nouvelle milice proche de Nemours, ils la mirent aisément en fuite, en désarmèrent plusieurs, et prirent leur poudre et leur bagage : une grande partie néanmoins gagna Orléans; car ils étoient plus de quinze cents hommes, qui, diminuant leur perte et faisant espérer aux habitans de plus grands secours, les portèrent par leur arrivée à continuer le siège de la citadelle.

Il n'y avoit pas plus de trois jours que de Thou étoit de retour de Blois à Paris. La veille de Noël, comme il se retiroit sur le soir dans sa maison, il apprit la mort du duc de Guise par le bruit qui s'en répandit dans toute la ville, et par l'émotion qu'y causa cette nouvelle. Comme il craignoit tout pour la vie de Sa Majesté, il crut d'abord que le roi avoit été tué par les conjurés, et que c'étoit un faux bruit qu'on faisoit courir exprès, pour couvrir ce crime du spécieux prétexte d'une juste défense à laquelle ceux du parti du roi auroient donné lieu.

La nuit ne fut pas plus tranquille; tout étoit plein dans les rues de gens qui alloient à la messe de minuit, et d'autres qui couroient en armes par la ville. Le matin, comme de Thou fut revenu de l'église, et qu'il s'approcha d'un feu qui n'étoit pas encore bien allumé, il sortit un serpent d'un fagot mouillé qu'on avoit tiré d'un lieu exposé à la pluie, ou d'une cave. On le considéra long-temps, et l'on trouva qu'il avoit sept ou huit pouces de longueur; qu'il étoit d'une couleur brune et tannée; qu'il étoit marqueté de taches par tout le corps; qu'il avoit deux têtes, l'une à la place où elle devoit être naturellement, et l'autre à la place de la queue; qu'il se traînoit en rond également par les deux bouts; enfin qu'il étoit tel que Solin décrit l'amphisbène. On l'examina avec attention : quand il avoit fait un certain chemin on lui présentoit du feu pour lui faire changer de route; alors il se servoit pour se traîner de l'autre extrémité où devoit être sa queue, et où il y avoit une tête. De très savans hommes n'ont pu comprendre comment cela se pouvoit faire, et les naturalistes ont observé qu'il est fort rare de voir en France et dans les pays occidentaux des serpens de cette espèce, qui ne sont communs qu'en Grèce, dans l'île de Lemnos, dans l'Asie Mineure et dans l'Afrique. C'est à eux de juger si ce que je viens de dire est naturel : on se contente de rapporter le fait. De Thou n'en parla alors à personne, de peur de donner matière à des esprits si fort portés à la superstition dans ce temps-là, de tirer de cette espèce de prodige de dangereuses conjectures.

Son arrivée à Paris, si subite et si imprévue, fit soupçonner aux ligueurs qu'il avoit connoissance de ce qui devoit se passer à Blois, et qu'il n'étoit venu que pour fortifier le parti du roi, et préparer ceux qui le suivoient à un si étrange événement. Ils délibérèrent souvent de quelle manière ils en useroient avec lui. Le nommé La Rue, dont on a déjà parlé, qui étoit attaché à la maison de Cany, mais qui étoit un scélérat, vint plusieurs fois chez lui pour voir insolemment qui y étoit, et s'il n'y avoit ni armes ni chevaux. De Thou fut fort tenté de le faire arrêter; mais il suivit le conseil de ses amis, et évita par sa patience, et en dissimulant malgré lui, le péril qui lui en pouvoit arriver.

Les factieux arrêtèrent en ce temps-là, contre toute apparence d'équité, Jean Obsopéius, qui avoit contribué si utilement avec Nicolas Le Fèvre à la seconde édition des Commentaires de Muret sur Sénèque. Il s'occupoit alors à une collection des oracles des sibylles et des prédictions de Zoroastre, ou plutôt des pieux chrétiens qui se sont servis de leur nom. De Thou, qui avoit encore quelque crédit auprès des magistrats, lui procura la liberté à condition qu'il sortiroit de la ville. Comme il le vit résolu de passer en Allemagne, il lui confia un exemplaire de Zozime, qu'il avoit fait copier par Ulric Ottinger de Lauffenbourg, jeune Allemand d'un beau naturel qu'il entretenoit dans sa maison, et qui écrivoit correctement le grec et le latin. Cette copie fut faite sur le manuscrit que Jean Lewenclau avoit apporté de Constantinople, dans le temps qu'il y étoit à la suite de l'ambassadeur de l'empereur. Lewenclau s'en étoit servi quelques années auparavant pour le traduire en latin : il l'avoit publié dans cette langue, avec les histoires de Procope et d'Agathias, corrigées sur la traduction de Christophe Personne.

Depuis, Lewenclau remit ce manuscrit en original à François Pithou, dans le temps qu'il étoit à Bâle, à condition que Pithou ne le feroit point imprimer sans l'en avertir. De Thou, à qui Pithou l'avoit confié, se ressouvint de la promesse qu'il avoit faite à Muret, quoique Muret fût déjà mort; et, sachant avec quel empressement un monument si rare étoit souhaité du public, il crut qu'il lui étoit permis de se servir de quelque détour honnête pour en enrichir la république des lettres. Il rendit à Pithou son manuscrit, et chargea Obsopéius de délivrer la copie qu'il en avoit tirée à Frédéric Sylburge, qui le fit imprimer deux ans après à Francfort par Véchel, avec d'autres auteurs grecs qui ont écrit l'histoire romaine, comme le dit Sylburge dans sa préface. De Thou eut bien de la peine à se conserver pour lui-même la liberté qu'il avoit procurée à Obsopéius. La Rue, dont on a parlé, ne l'ayant point trouvé chez lui, arrêta madame de Thou et la conduisit à la Bastille. Elle y resta toute la journée et bien avant dans la nuit; mais le duc d'Aumale l'en fit sortir à la recommandation de Bassompierre. Pour lui, il se cachoit et changeoit de logis toutes les nuits; enfin il se retira chez les cordeliers, à la prière de ses amis, qui appréhendoient pour sa liberté. Il fut caché dans ce couvent par le père Robert Chessé, prédicateur célèbre parmi le peuple, et qui étoit au commencement dans les intérêts du roi, mais qui peu de temps après changea malheureusement de parti, et à la prise de Vendôme fut pendu la même année à cause de ses prédications séditieuses.

Alors tous les bons François songèrent à se retirer de Paris, malgré la garde exacte que l'on faisoit aux portes. Les amis du président de Thou, qui savoient que sa vie et ses biens lui étoient moins chers que sa liberté, lui proposèrent plusieurs moyens de le tirer de cette espèce de captivité où il étoit. Il ne pouvoit se résoudre d'abandonner sa femme, nouvellement sortie de prison, et qui lui étoit si chère; mais cette dame, déguisée en bourgeoise, se sauva sur une haquenée et se retira à Chevreuse chez Pierre Brunet, qui avoit été maître-d'hôtel du premier président de Thou.

Pour lui, on résolut de le faire sortir en

habit de cordelier lorsque ces pères iroient en procession à Saint-Jacques-du-Haut-Pas; mais comme il étoit à craindre que s'il étoit reconnu il ne fût exposé à la risée publique, et que cela ne fît tort au couvent, on jugea plus à propos de le déguiser en soldat pour tromper la garde.

Un nommé Fesson, qui étoit connu pour un bon joueur de paume, et qu'à cause de ce talent le cardinal de Guise avoit pris pour valet de chambre, le conduisit dans un faubourg: de Thou y trouva des chevaux qui l'attendoient.

La destinée du pauvre Fesson fut aussi funeste que celle du père Chessé: deux ans après, comme il sortit de la ville dans le temps qu'elle étoit pressée par la famine, on l'arrêta au premier retranchement : il fut accusé d'avoir maltraité ceux qui tenoient le parti du roi. Le maréchal d'Aumont prévenu, et qui ne le connoissoit point, le fit pendre sur-le-champ. De Thou, qui étoit malade alors d'une fièvre violente au château de Nantouillet, fut sensiblement touché de n'avoir pu sauver un homme qui lui avoit rendu un service si important.

LIVRE QUATRIÈME.

(1589) Lorsque les deux exilés se retrouvèrent à Chevreuse, ils se rappelèrent avec plaisir le péril qu'ils venoient d'éviter et la manière dont ils avoient trompé la garde. Ils ne purent s'empêcher de rire, le mari de voir l'équipage de bourgeoise et le chaperon de sa femme, et la femme de voir l'attirail de guerre qu'avoit son mari. Dès le lendemain, vers le milieu de janvier, ils allèrent à Esclimont, où le chancelier de Cheverny s'étoit retiré : il les y reçut avec toutes les marques possibles d'amitié, et les y arrêta jusqu'au mois suivant. Ils trouvèrent chez lui Marie, leur sœur, abbesse des Clairets-au-Perche, qui venoit de recevoir ses bulles, mais qui n'avoit pas encore pris possession de son abbaye.

Là ils s'entretinrent souvent de l'état malheureux du royaume, de ce qui s'étoit passé à la cour, et de tout ce que les ligueurs avoient écrit et publié depuis le commencement des troubles. De Thou, rempli de l'idée d'écrire l'histoire qu'il commença deux ans après, faisoit son possible pour apprendre du chancelier, dans des conversations familières, les particularités de ces mouvemens, dont ce magistrat avoit connoissance. Il le fit ressouvenir du mauvais présage qu'il avoit tiré des démêlés continuels du duc de Guise avec le roi, qu'on a rapportés dans le livre précédent, et qu'il avoit entendu de sa bouche au mois de novembre dernier, dans le temps qu'il passa chez lui pour aller à Blois. A son retour à Paris, avant la mort des Guise, de Thou avoit fait confidence de cette prédiction à Édouard Molé, conseiller au parlement, qui étoit de ses amis, et qui, après ce qui arriva, ne pouvoit assez admirer la pénétration de Cheverny, qui avoit prévu, par de justes conjectures, une chose qui paroissoit si incertaine.

Comme l'abbesse des Clairets, le président et la présidente de Thou, virent que la fête de la Purification approchoit, ils prirent cette occasion pour se rendre à Chartres auprès de l'évêque leur oncle. Ce prélat les reçut chez lui avec autant de joie qu'avoit fait le chancelier. Pendant le séjour qu'ils y firent les affaires changèrent bien de face : le duc de Mayenne prit la citadelle d'Orléans, la ville s'étant déjà déclarée en sa faveur, il marchoit à Paris d'un air de vainqueur, tandis que les royalistes étoient maltraités en tous lieux.

Théodore de Lignery, qui, pour plusieurs raisons, étoit des amis particuliers de M. de Thou, l'avertit que Chartres étoit sur le point de se déclarer pour la Ligue : ce qui obligea de Thou de prendre son parti sur-le-champ pour se mettre en sûreté. Schomberg, par sa prévoyance, lui fut d'un grand secours en cette occasion : pour tirer son ami du danger où il le croyoit exposé, il lui envoya une lettre écrite de la propre main de Christine de Lorraine, qui étoit prête à partir pour l'Italie afin de se rendre auprès de Ferdinand de Médicis, grand-duc de Toscane, auquel elle étoit fiancée. Cette princesse lui mandoit de se trouver sur sa route pour l'accompagner en Italie. En effet, comme les ligueurs pressoient le duc de Mayenne de le faire arrêter, de Thou lui fit voir cette lettre fort à propos pour se garantir de la prison.

Le colonel Dominique de Vic, brave et fidèle serviteur du roi, étoit alors à Chartres, fort incommodé d'une blessure à la jambe qu'il avoit reçue à Chorges en Provence, où commandoit le duc d'Epernon. Il avoit long-temps gardé le lit dans l'espérance de se conserver la jambe, et à peine alors pouvoit-il monter sur une mule : comme les humeurs se jetoient sur cette partie, et de là se répandoient dans toute la masse du corps, il souffroit des douleurs continuelles qui le mettoient de plus en plus hors d'état de servir : ce qui fut beaucoup plus sensible que sa blessure même à un homme de son courage, dans un temps où la guerre étoit si fort allumée, et où le roi avoit besoin de lui. De Thou jugea qu'il ne guériroit jamais qu'en se la faisant couper. De Vic y consentit à sa persuasion, recouvra ses forces et sa santé, et rendit depuis de grands services à Henri III, et de plus grands encore à son successeur.

De Thou, qui s'étoit préservé de la prison, envoya sa femme en Picardie prendre soin de leurs affaires domestiques, avec Henri d'Escoubleau, évêque de Maillezais, prélat de grand mérite et attaché au bon parti. Pour lui, il s'en alla, par Marchénoir et par Fréteval, à Blois, avec un passe-port du duc de Mayenne.

A peine y fut-il arrivé, que le roi, malade et presque abandonné de tout le monde, lui fit dire de se rendre auprès de lui. Ce prince ne pouvoit se résoudre d'appeler le roi de Navarre à son secours; en vain Châteauvieux, Schomberg, d'O, Clermont, Balzac, du Plessis-Liancourt, Grimonville-Larchant, qui étoient avec lui dans le château, l'en avoient instamment sollicité : cela les obligea de prier de Thou de faire bien comprendre au roi la nécessité pressante de se déterminer, nécessité qui augmentoit de jour en jour. Ils espéroient que les conseils d'un homme nouvellement arrivé à la cour feroient une plus forte impression sur l'esprit de Sa Majesté.

De Thou fit connoître au roi, par plusieurs raisons, que la situation déplorable où étoient les affaires ne permettoit plus à Sa Majesté de choisir ; que tout le monde approuveroit que, dans une conjoncture si fâcheuse, il eût pris le meilleur parti, puisque c'étoit le plus sûr ; qu'il falloit qu'il assemblât des troupes de tous côtés, et que sa cause seroit toujours bonne quand il seroit victorieux ; que la noblesse, occupée chez elle à se défendre des insultes des villes voisines, se rendroit auprès de lui dès qu'elle le verroit à la tête d'une puissante armée ; qu'elle n'étoit retenue que par l'abattement où elle le voyoit; qu'elle avoit autant de zèle que jamais pour son service; qu'elle en seroit toujours animée, pourvu qu'il ne s'abandonnât pas lui-même, et ne refusât pas un secours nécessaire que le roi de Navarre lui offroit si à propos. Le roi fut ébranlé par ces raisons : ainsi Schomberg et de Thou, ayant fait venir secrètement du Plessis-Mornay, firent un traité avec lui pour le roi de Navarre son maître.

Le cardinal François Morosini, légat du pape, prélat d'un esprit équitable et très bien intentionné pour le roi, auquel il avoit obligation du chapeau, étoit encore à la cour. Il n'oublioit rien pour ménager quelque accommodement : dans cette vue il avoit envoyé au duc de Mayenne, lorsque ce prince étoit à Château-Dun, pour lui demander une entrevue où il pût traiter avec lui. Il n'ignoroit pas ce qui se passoit avec du Plessis-Mornay; et lorsque Schomberg et de Thou l'allèrent trouver de la part de Sa Majesté, il ne put désapprouver en particulier une chose où la nécessité forçoit le roi. Son caractère ne lui permettoit pas d'employer sa médiation avec d'autres qu'avec le duc de Mayenne; mais comme il n'en put rien obtenir, il se retira de la cour contre son inclination, repassa en Italie et laissa le royaume dans un grand désordre.

Pendant l'assemblée des états, de Thou l'avoit vu familièrement et avoit lié avec lui une amitié fort étroite Ce prélat l'avoit informé de plusieurs circonstances de sa dernière ambassade à Constantinople, où la république de Venise l'avoit envoyé ; il lui avoit appris l'horrible méchanceté du gouverneur de Corfou, qui avoit traversé sa négociation, et avec quelle conduite et quels ménagemens il avoit ramené les esprits des bachas. De Thou en a parlé dans son histoire : il lui dédia depuis, comme à un homme désintéressé et capable de calmer les troubles du royaume, la paraphrase en vers latins des Lamentations de Jérémie, qu'il fit en ce temps-là. Il cherchoit, en travaillant sur ce prophète, quelque consolation dans la calamité publique dont ce prélat étoit témoin. Il est certain que les funestes divisions qui depuis dix ans ont désolé ce royaume si florissant, et qui l'on réduit à la dernière extrémité, auroient pu être terminées par le tour d'esprit de ce cardinal, par l'affection qu'il portoit à la France, et par l'autorité qu'il s'étoit acquise dans les deux partis, s'ils eussent été capables de connoître leurs véritables intérêts ; mais Dieu ne permit pas qu'on employât un remède si favorable pour la guérison de nos maux. Les esprits étoient si échauffés, tant au dedans qu'au dehors du royaume, qu'à son retour à Rome on condamna sa modération, et qu'on le blâma de n'avoir pas plutôt allumé le feu de la révolte. On regardoit alors la douceur et la prudence comme des qualités hors de saison, et ceux qui par des talens si précieux auroient pu contribuer à l'union et à la paix, comme des gens dignes de la haine publique.

Après la funeste exécution de Blois, Henri de Bourbon, prince de Dombes, vint à la cour, où son père l'envoya : c'étoit un jeune prince parfaitement bien élevé et fort instruit dans les belles-lettres. De Thou lui fit sa cour, et lui présenta l'Ecclésiaste de Salomon, qu'il avoit traduit en vers latins, comme un gage de son affection respectueuse pour cette maison royale ; ce prince l'en remercia par un billet écrit de sa main, que de Thou fit imprimer depuis à la tête de sa traduction. Ce fut là l'origine de cette généreuse amitié dont ce prince l'honora jusqu'au dernier moment de sa vie : jamais il n'entreprit, ou ne fit rien d'important dans ses affaires de la plus grande conséquence, qu'il ne le communiquât auparavant à de Thou et qu'il ne lui en demandât son avis.

Comme on eut perdu toute espérance d'accommodement ; le roi quitta Blois et se rendit à Tours ; en chemin, il tira d'Amboise ceux qu'il avoit fait arrêter, pour les mettre dans un lieu plus sûr. On résolut d'établir un parlement à Tours, pour l'opposer à celui de la Ligue ; on vouloit, suivant l'ancien usage, y faire approuver les intentions de Sa Majesté, pour les faire savoir dans les provinces. Cet établissement n'étoit pas sans difficulté ; il se trouvoit un nombre suffisant de conseillers et de maîtres des requêtes : on avoit un avocat général, qui étoit Jacques Faye d'Espesses, très-zélé défenseur des droits du roi ; mais on n'avoit point de présidens : quelques-uns étoient demeurés à Paris, d'autres avoient été mis en prison ; le reste, pour se mettre en sûreté, s'étoit retiré dans des châteaux de leurs amis, en attendant qu'ils prissent conseil des événemens.

Il n'y avoit pas long-temps que le président Jean de La Guesle étoit mort au Laureau en Beauce, et sa charge n'étoit pas remplie. On assembla le conseil, où assistèrent le cardinal de Vendôme et François de Montholon, à qui le roi venoit de donner les sceaux. D'Espesses, qui s'y trouva, fit connoître publiquement qu'il y avoit long-temps qu'il étoit résolu de ne plus faire les fonctions de sa charge ; il ajouta qu'il étoit néanmoins prêt à les continuer, pourvu qu'on mît à leur tête un président qui, par son exemple, animât les conseillers à soutenir avec fermeté l'honneur de leur emploi. Lui et tous ceux du conseil convenoient que personne n'y étoit plus propre que de Thou. Ils dirent qu'il étoit d'une famille qui avoit donné des magistrats distingués et plusieurs conseillers au parlement, que son père et son grand-père avoient été présidens, qu'il étoit allié à plusieurs maisons illustres, et, ce qui méritoit le plus d'attention, qu'il avoit toujours suivi constamment le parti du roi ; qu'enfin cette dignité sembloit déjà lui appartenir, puisqu'il avoit eu l'agrément de celle de son oncle.

Comme cela se passoit en son absence et à son insu, un huissier vint aussitôt l'avertir de la part du roi de se rendre au conseil. De Thou n'y fut pas plutôt entré que le garde des sceaux lui fit entendre les intentions de Sa Majesté, que le cardinal de Vendôme appuya de très vives exhortations. Il se défendit constamment d'accepter l'honneur qu'on lui proposoit, et, après avoir témoigné les sentimens de sa reconnaissance pour le roi et pour ceux de son conseil qui avoient jeté les yeux sur lui pour remplir une place si honorable, il dit qu'il étoit vrai que la charge de président à mortier lui étoit destinée, mais que par un penchant naturel il avoit toujours fui les grands emplois; que, soit qu'il y eût de la timidité ou quelque chose de singulier dans son esprit, il avoit toujours regardé avec frayeur ces places que les hommes recherchent avec tant d'ambition; qu'il s'étoit attendu de n'être que le dernier des présidens lorsqu'il seroit revêtu de cette dignité; qu'il n'y avoit qu'une longue expérience qui pût donner à un premier président les qualités nécessaires; que tout homme de bien devoit plutôt souhaiter ces qualités que cette charge; que si on lui faisoit l'honneur de l'en croire digne, il étoit de son intérêt de ne pas tromper mal à propos la bonne opinion qu'on avoit de lui.

Comme, dans un temps si fâcheux, lui ni d'Espesses ne vouloient point abandonner la patrie, il se fit alors entre eux un combat honorable de zèle et de modestie : l'un déféroit à l'autre; et, quoique le parlement eût besoin d'un chef pour y mettre l'ordre, il sembloit qu'après eux personne n'eût plus osé accepter une dignité dont, par une modération si glorieuse, ils se jugeoint incapables. Enfin de Thou l'emporta par ses prières et par le pouvoir qu'il avoit sur l'esprit de son ami, qui fut fait président à la place de La Guesle. La charge d'avocat-général qu'avoit d'Espesses fut donnée, à la recommandation du cardinal de Vendôme, à Louis Servin, jeune homme fort savant et fort attaché aux intérêts de Sa Majesté.

Après une distinction si marquée de la part du roi, de Thou pouvoit rester en France en sûreté et avec honneur; cependant il aima mieux accompagner Schomberg en Allemagne, et partager avec son ami les périls et les incommodités du voyage. Schomberg avoit eu ordre d'y lever dix mille chevaux et vingt mille hommes de pied. Dans l'embarras où il étoit de choisir son monde pour l'assister dans cet emploi, il avoit jeté les yeux sur de Thou,

et l'avoit demandé pour l'envoyer négocier auprès de l'empereur et des autres princes d'Allemagne, principalement auprès de nos alliés, qui devoient l'appuyer de leur crédit et fournir de l'argent pour la levée de ces troupes.

Mais l'exécution de ce voyage étoit difficile : comme il fut su par tout le royaume, les ligueurs dressèrent de tous côtés des embuscades pour l'empêcher ou pour le retarder. Ils vouloient fermer toutes les avenues du secours qu'attendoit le roi, et ils se vantoient partout que, s'il n'en recevoit point des pays étrangers, il faudroit qu'il quittât honteusement le royaume avant quatre mois.

En effet, Schomberg, accompagné de Philibert La Guiche, grand-maître de l'artillerie, et de Montigny, qui venoit d'être fait gouverneur de Berry, prit d'abord le chemin le plus court par Romorantin, par le comté de Charolais et par Langres, pour gagner les frontières; mais il eut avis qu'il y avoit plus avant un gros corps de troupes qui l'attendoit; ce qui l'obligea de revenir sur ses pas à Blois.

De là il dépêcha de Thou au roi, qui étoit à Châtellerault, avec ordre de rendre compte à Sa Majesté du sujet de son retour, et de lui représenter que la seule voie qui lui étoit ouverte étoit les places du roi de Navarre; qu'il falloit changer d'avis selon les occurrences, et qu'en cette occasion le chemin le plus court étoit celui qui étoit le plus sûr; que dom Antoine, cet infortuné roi de Portugal, voulant se retirer en France, avoit failli d'être arrêté dans l'île de Susinio, sur les côtes de Bretagne, par les partisans de Philippe II; que ce prince n'avoit été en sûreté qu'à La Rochelle; que de là il avoit écrit à Sa Majesté qu'il n'avoit trouvé nulle part plus de fidélité que parmi les infidèles (c'est ainsi qu'il nommoit nos protestans); que s'ils étoient autrefois à craindre, il n'y avoit plus présentement que leurs places où le roi et ses fidèles sujets pussent passer sans péril, puisque tout le reste étoit presque au pouvoir des séditieux.

Le roi, qui venoit de recevoir les nouvelles de la défaite du duc d'Aumale près de Senlis, que Saveuse avoit été battu et tué par Coligny, que les Suisses que Harlay de Sancy amenoit en France par le lac de Genève marchoient partout victorieux, consentit aisément que

Schomberg, qui s'étoit chargé de la conduite d'un si puissant secours, prit le chemin le plus long, puisque c'étoit le plus sûr. Ainsi Schomberg passa par Saumur, par Loudun, par Thouars et par Niort, et gagna Saint-Jean-d'Angely, où il arriva heureusement avec quelques capitaines suisses.

On y avoit arrêté la princesse de Condé après la mort du prince son mari, de laquelle on parloit fort diversement. Comme Schomberg ni de Thou n'eurent pas la liberté de la voir, elle leur envoya la princesse Eléonore sa fille, et le fils posthume dont elle venoit d'accoucher, et elle leur recommanda vivement les intérêts de ces illustres orphelins. Les prières de cette mère captive ne lui furent pas inutiles; ils lui rendirent depuis, et à ses enfans, tous les services dont ils étoient capables, persuadés qu'il étoit absolument de l'intérêt du roi d'en user ainsi : ce qui ne les empêcha pas d'essuyer bien des traverses, tant de la part des oncles de ces deux enfans que de la part du roi lui-même.

Il avoit été résolu d'engager Elisabeth, reine d'Angleterre, à appuyer auprès des princes d'Allemagne les intérêts du roi, de son argent et de son crédit. Cette commission faisoit une partie de l'ambassade de Schomberg. Comme il ne pouvoit s'en acquitter en personne, il résolut d'abord d'y envoyer de Thou : depuis, le jugeant plus nécessaire auprès de lui, il choisit en sa place Pierre de Mornay-Buhy, frère de du Plessis. Buhy vint prendre de Schomberg ses dernières instructions à Saint-Jean-d'Angely, d'où il partit pour La Rochelle, et de là pour l'Angleterre.

Pour Schomberg, il continua sa route par Jonsac et par Coutras, d'où, après avoir examiné le lieu où la dernière bataille s'étoit donnée, il vint à Montaigne en Périgord : c'est de là que Michel de Montaigne et sa famille tirent leur nom. Montaigne étoit alors à Bordeaux : sa femme, sœur de Pressac, qui accompagnoit Schomberg, les reçut très-bien : Castillon sur la Dordogne n'en est pas loin. Cette ville soutint un long siège, pendant ces dernières guerres, contre le duc de Mayenne, qui s'en rendit enfin le maître; mais Henri de La Tour, vicomte de Turenne, la reprit aussitôt sans beaucoup de peine, et sans assura par une bonne garnison. C'est un lieu fameux dans toute la Gascogne par la défaite de Talbot, arrivée l'an 1453, et c'étoit alors un passage sûr pour les royalistes.

De Montaigne on alla à Bergerac, et de là à Sainte-Foy, qui étoit gardé par Pierre de Chouppes, gentilhomme poitevin, officier brave et expérimenté. Chouppes entretint la compagnie de la bataille de Coutras, où il s'étoit trouvé dans l'armée du roi de Navarre, et où il avoit fort bien servi. Il leur fit voir la disposition du camp et l'ordre de bataille des deux armées pendant le combat; il en avoit fait faire un plan qu'il avoit chez lui : des drapeaux déchirés et en assez mauvais ordre lui servoient de tapisserie dans sa salle à manger. Schomberg, pour qui il avoit de la considération, obtint de lui, sans beaucoup de peine, de faire ôter les marques d'un si funeste combat.

Schomberg passa de là à Montflanquin en Agénois, et, traversant la rivière à Nérac, puis à Leitoure, il vint à Mauvesin et à Montfort dans l'Armagnac. Guillaume de Saluste du Bartas, encore fort jeune, et auteur des deux Semaines, les y vint trouver en armes avec ses vassaux, et leur offrit ses services. Il étoit surprenant qu'à son âge, et dans son pays, sans autre secours que celui de la nature, qui lui avoit donné un talent particulier pour la poésie et un esprit fort juste, il eût composé un si bel ouvrage. Aussi il souhaitoit avec passion de voir la fin de nos guerres civiles pour le corriger, et pour venir à Paris le faire réimprimer, principalement sa première Semaine, qui avoit été reçue avec tant d'applaudissemens. Ce fut ce qu'il confirma plusieurs fois à de Thou pendant trois jours qu'il les accompagna; ce qu'on remarque exprès, afin que les critiques, comme il s'en trouve toujours, sachent qu'il n'ignoroit pas qu'il y eût des fautes dans son poème, mais qu'il étoit dans le dessein de les corriger par l'avis de ses amis. Sa mort ne lui permit ni de voir la fin de nos malheureuses guerres ni de mettre la dernière main à ce merveilleux ouvrage.

On vint ensuite à l'Ile-en-Jourdain, et de là au Mas de Verdun, où l'on passa la Garonne pour éviter le voisinage de Toulouse; puis on prit par le Quercy, d'où Schomberg se rendit à Montauban sur le Tarn. Ce fut là que Prégent de La Fin, vidame de Chartres, jeune seigneur également brave et bien fait, le vint joindre avec un corps de troupes choisies, et le conduisit par Négrepelisse à Saint-Antonin, à l'entrée du Rouergue: alors, comme on eut espérance de marcher plus commodément et plus vite par les plaines, on passa le Tarn pour se rendre à Villemur. Dans cet endroit on prit conseil de Louis d'Amboise, comte d'Aubigeoux, qui avoit son château de Groslé dans le voisinage: de là l'on vint à Millac, château qui appartient à François de Casillac de Sessac, qui y reçut Schomberg avec de grandes marques d'amitié.

Sessac avoit été bon courtisan et bon officier: dans sa jeunesse il s'étoit attaché à messieurs de Guise, et leur avoit rendu de grands services; mais depuis qu'on l'eut fait chevalier de l'Ordre il ne s'étoit engagé dans aucune faction. Toute la noblesse du pays lui faisoit la cour; il l'avertissoit librement de se rendre sage par son exemple; qu'il n'avoit rien négligé pour s'attirer l'amitié de plusieurs princes; qu'il n'en avoit jamais trouvé de plus sûre ni de plus avantageuse que celle du roi, que s'il lui envoyoit un chien galeux, il lui céderoit son propre lit; ce qu'il disoit exprès, sachant que quelques-uns de ceux qui le venoient voir trouvoient mauvais en particulier qu'il reçût si bien chez lui ceux qui suivoient le parti de Sa Majesté.

Il y avoit dans son voisinage un jeune gentilhomme nommé Louis de Voisins d'Ambres, d'une noblesse distinguée du pays: il étoit fort proche parent du comte d'Aubigeoux et le sien. Comme jusqu'alors il avoit fait une rude guerre aux protestans, il étoit à craindre que, la cause du roi se trouvant confondue avec la leur, il ne les traitât également, d'autant plus qu'il étoit maître de Lavaur, de Saint-Papoul et d'Albi, d'où il faisoit continuellement des courses de tous côtés. Sessac n'en pouvoit répondre, et dit à Schomberg que, puisqu'il étoit venu si avant, il lui conseilloit de laisser à droite les plaines du Languedoc et de prendre à gauche par les montagnes; que ce chemin étoit le plus rude, mais que c'étoit le plus sûr.

Quand ils l'eurent quitté, le premier lieu qu'ils trouvèrent fut Villefranche de Rouergue, où Bournazel, gouverneur de la province, attendoit Schomberg. On y arriva fort avant dans la nuit, parce qu'on fut souvent obligé de s'arrêter pour faire ferrer les chevaux. De là, en rebroussant chemin, on vint par le château de Bournazel à Figeac, et de là à Calvinet, la seule place d'Auvergne qui fût occupée par les protestans. Mesillac, comte de Restignac, y vint trouver Schomberg avec de bonnes troupes, et le conduisit le lendemain à Mur-de-Barrez.

Les Cevennes, qui commencent dans le Périgord, bornent, par une longue chaîne de montagnes, le Limousin au nord, le Quercy et le Rouergue au sud, plus loin l'Auvergne et le Velay, d'où descendant du côté du midi vers le Rhône, elles comprennent le Gévaudan au couchant, et le Vivarais au levant; là, elles sont les plus hautes et les plus impraticables; elles continuent de porter leur nom, et descendent par une plus douce pente jusqu'à Alais.

De Mur-de-Barrez le comte de Restignac conduisit les envoyés de Sa Majesté jusqu'à la vue de Maruéje, qui est le seul lieu où il y ait justice royale dans le Gévaudan.

Sitôt qu'il crut les avoir mis en sûreté il les quitta. Maruéje avoit été depuis peu ruinée par les troupes du roi, ou plutôt par l'animosité particulière d'Antoine de La Tour de Saint-Vidal. Il n'y étoit demeuré d'entier du côté du levant, qu'une fontaine avec son bassin et son piédestal, et de celui du couchant, une seule rue; le reste n'étoit qu'une solitude et qu'un amas confus de maisons renversées. Cette rue n'étoit pas mal peuplée, et ce fut là qu'on fit rafraîchir les chevaux. La Peire, qui est à droite sur une hauteur, et qui fut ruinée dans l'expédition du duc de Joyeuse, n'en est pas loin. On jugea à propos de pousser de là jusqu'à Chanac, qui est un bourg fort peuplé, comme le sont tous ceux de ce pays-là: on y voit le palais de l'évêque de Mende, avec le cabinet de Durand surnommé le Spéculateur. On coucha dans ce bourg, et le lendemain on se rendit à Mende; Adam Heurteloup, évêque et comte de Gévaudan, avoit eu cet évêché depuis Renaud de Beaune, dont nous avons parlé. Il reçut Schomberg, de Thou et toute leur suite, avec autant de cordialité que de magnificence.

Ce prélat étoit d'une grande exactitude pour tout ce qui regardoit son ministère, d'ailleurs d'une fidélité inviolable pour le service du roi et pour tous ceux qui suivoient le parti de Sa Majesté. Dans le premier repas qu'il leur donna on remarqua, avec quelque surprise, qu'on ne servoit aucune pièce de gibier ou de volaille à qui il ne manquât ou la tête, ou l'aile, ou la cuisse, ou quelque autre partie ; ce qui lui fit dire agréablement qu'il falloit le pardonner à la gourmandise de son pourvoyeur, qui goûtoit toujours le premier de ce qu'il apportoit. Comme ses hôtes lui demandèrent qui étoit ce pourvoyeur, il leur dit :

« Dans ce pays de montagnes, qui sont des plus riches du royaume par leur fertilité, les aigles ont coutume de faire leur aire dans le creux de quelque roche inaccessible où l'on peut à peine atteindre avec des échelles ou des grappins. Sitôt que les bergers s'en sont aperçus, ils bâtissent au pied de la roche une petite loge qui les met à couvert de la furie de ces dangereux oiseaux, lorsqu'ils apportent leur proie à leurs petits. Le mâle ne les abandonne point pendant trois mois, non plus que la femelle, tant que l'aiglon n'a pas la force de voler : le femelle ne s'accouple point alors avec le mâle. Pendant ce temps-là ils vont tous deux à la petite guerre dans tout le pays d'alentour ; ils enlèvent des chapons, des poules, des canards et tout ce qu'ils trouvent dans les basses-cours, quelquefois même des agneaux, des chevreaux, jusqu'à des cochons de lait, qu'ils portent à leurs petits. Mais leur meilleure chasse se fait à la campagne, où ils prennent des faisans, des perdrix, des gelinotes de bois, des canards sauvages, des lièvres et des chevreuils.

» Dans le moment que les bergers voient que le père et la mère sont sortis, ils grimpent vite sur la roche, et en apportent ce que ces aigles ont apporté à leurs petits ; ils laissent à la place les entrailles de quelques animaux ; mais mais comme ils ne le peuvent faire si promptement que les aiglons n'en aient déjà mangé une partie, cela est cause que vous voyez ce qu'on vous sert ainsi mutilé, mais, en récompense, d'un goût beaucoup au-dessus de tout ce qui se vend au marché. Il ajouta que lorsque l'aiglon est assez fort pour s'envoler, ce qui n'arrive que tard, parce qu'on l'a privé de sa nourriture, les bergers l'enchaînent, afin que le père et la mère continuent à lui apporter de leur chasse, jusqu'à ce que le père le premier et la mère ensuite s'étant accouplés, l'oublient entièrement ; alors les bergers le laissent là, ou l'apportent chez eux par pitié. »

Effectivement la table de l'évêque étoit fournie par de pareils pourvoyeurs, même par des vautours, qui sont des oiseaux carnassiers plus grands que les aigles, mais qui ont la tête de côté, et qui ne vivent que de cadavres et de carnage. De Thou eut la curiosité de voir ces aigles de près, ; il monta par un chemin très difficile auprès d'une aire dont l'aiglon étoit enchaîné. La mère ne tarda pas d'y arriver, les ailes si étendues qu'elle leur déroba presque la lumière ; elle apportait un faisan à son petit, et retourna aussitôt à la chasse. De Thou et ceux qui l'accompagnoient s'étoient cachés dans une petite loge pour éviter sa furie ; les paysans l'avoient averti que, faute de prendre cette précaution, ces dangereux animaux avoient déchiré des jeunes gens qui cherchoient des aires. L'évêque les assura qu'il ne falloit presque que trois ou quatre de ces aires pour entretenir sa table splendidement pendant toute l'année.

Ils séjournèrent chez lui pendant trois jours, et de là ils allèrent à Villefort par le plus rude chemin des Cevennes, d'où ayant laissé Florac et Anduse à droite, ils descendirent par une plaine à Alais, lieu très agréable, mais un peu ruiné par la guerre. Enfin ils gagnèrent Uzès, où Schomberg fut obligé de garder le lit pendant quelques temps ; comme il étoit fort replet, il étoit fatigué du chemin qu'il avoit été contraint de faire à pied, contre sa coutume, dans les chemins rudes et dangereux de ces montagnes. A Uzès, de Thou fut informé des ravages qu'un nommé Mathieu Merle, fils d'un cardeur de laine, fit pendant nos guerres civiles dans l'évêché de Mende et dans tout le Gévaudan : comme il les apprit de la propre bouche du frère de ce Mathieu Merle, qui venoit souvent voir Schomberg, il en a fait mention dans l'histoire qu'il nous a donnée.

Pendant que Schomberg étoit au lit, il envoya demander à Henri de Montmorency, gouverneur de la province, quelle route il devoit prendre : mais dans le même temps il reçut de nouveaux ordres du roi. Ce prince lui mandoit que puisque les troupes étrangères que Sancy lui avoit amenées lui étoient si utiles, il étoit nécessaire d'en lever davantage ; que, pour cet effet, comme il ne pouvoit tirer de l'argent que de l'Italie, il lui ordonnoit d'y passer, puisqu'il en estoit si proche ; que, devant que d'aller en Allemagne, il tirât de Florence et de Venise tout l'argent qu'il pourroit.

Les officiers suisses qui accompagnoient Schomberg avoient envie de retourner chez eux par la Savoie et par la Bresse, qui étoit leur plus court chemin. Pour les contenter et les payer, Schomberg dépêcha de Thou avec Antoine Moret des Réaux, qui étoit avec eux de la part du roi de Navarre, pour aller emprunter de l'argent à François Bonne de Lesdiguières. Des Réaux et de Thou prirent leur route par Montélimart, par Crest, par Die, et arrivèrent à Puymore. Ils trouvèrent Lesdiguières occupé au siége de Gap, qui lui fut enfin rendu par le vicomte de Pasgnières. Lesdiguières lui prêta deux mille écus d'or ; de Thou les ayant reçus, prit une autre route : il passa par Saint-Paul-Trois-Châteaux, par Moirs, par Grignan, et laissant Suze à gauche, il se rendit au Pont-Saint-Esprit, ainsi nommé à cause de son pont admirable sur le Rhône. Schomberg, qui étoit remis de ses fatigues, les y attendit.

S'étant tous rejoints, ils passèrent le Rhône et vinrent à Orange, où ils furent reçus magnifiquement par Hector de La Forêt de Blacons, gouverneur de la citadelle. Schomberg y congédia les officiers suisses et les paya : de là, passant près d'Avignon, il vint à Barbantanes, et logea dans le château de Mondragon, dont le seigneur le reçut fort poliment, et lui donna à souper avec Bernard Nogaret de La Valette.

La Valette avoit sommé Château-Renard, qui est dans le voisinage ; sur le refus que la place fit de se rendre, il fit amener du canon, la prit le lendemain, et en fit pendre le gouverneur. Après cette expédition, il accompagna Schomberg jusqu'à Cavaillon, ville du comtat Venaissain, sur la Durance. L'évêque du lieu les y reçut avec de grandes marques d'amitié, et les régala : alors La Valette les quitta, et leur donna le marquis d'Oraison pour les escorter.

Ils allèrent dîner à Mérindol, où d'abord, comme leur avoit dit d'Oraison, ils ne trouvèrent personne. A l'aspect de gens en armes, tous les habitans s'enfuirent dans des cavernes ; mais comme ils surent que c'étoit d'Oraison, dont ils n'avoient rien à craindre, ils revinrent sur leurs pas dans le moment. D'Oraison leur dit de ces peuples à peu près ce qu'en rapporte J. Sleidan, qui avoit été au service de Guillaume du Bellay-Langey, ou plutôt de Jean, cardinal du Bellay, son frère ; que c'étoient des gens simples, fidèles dans leur négoce, soumis aux magistrats, bienfaisans à tout le monde, et sans aucune malice ; qu'ils payoient exactement les tributs qu'ils devoient au roi ou à leurs seigneurs particuliers ; que, pour conserver leur religion, ils ne se marioient jamais que parmi eux ; qu'ils observoient religieusement les mêmes coutumes qu'ils avoient reçues des Vaudois et des Albigeois, qu'on avoit si fort persécutés ; que c'étoient là les restes de ces peuples qui se conservoient encore à Leurmarin, à Cabrières et dans les vallées des Alpes ; que ceux-ci étoient du diocèse de l'évêque de Marseille, auquel ils payoient ses droits régulièrement : toutes choses que d'Oraison n'avoit point apprises de Sleidan, qu'il n'avoit jamais lu, mais du bruit commun de toute la province.

Le jour même d'Oraison les mena coucher à son château de Cadenet, où il faisoit sa principale demeure. Le lendemain ils allèrent à Manosque, qui est une commanderie de l'ordre de Malte : de là ils traversèrent la Durance et vinrent à Riez. Fauste, qui en fut l'évêque dans le quatrième siècle, a rendu cette ville célèbre. L'église est hors de la ville et sur une hauteur qui la commande : les troupes et les munitions qu'on y mit dans nos dernières guerres l'avoient profanée. La plupart de la noblesse du pays fait son séjour dans cette ville, entre autres Tournon de Castellane, père d'une belle et nombreuse famille, et qui reçut Schomberg dans sa maison.

Enfin, après avoir passé par Draguignan, qui étoit occupé par le baron des Arcs, on arriva en deux jours à Fréjus, où il fallut en attendre trois pour mettre les tartanes en état. Tout étant prêt, Schomberg se rendit à Saint-Rapheau : l'on y voit encore une moitié d'amphithéâtre presque ruiné ; et c'est en ce lieu qu'abordent ordinairement les vaisseaux. Là,

Schomberg se défit de ses chevaux, et, sur le soir du premier jour d'août, il fit voile avec toute sa suite. Il eut le vent si favorable, qu'ayant passé l'île de Lérins et Antibes, le matin il découvrit Nice à l'embouchure du Var, et, sans aucune incommodité, il arriva à Monaco sur le midi.

Il n'en fut pas de même de Jacques de Thou : toute la nuit il eut une furieuse nausée, qui, après lui avoir fait faire des efforts extraordinaires, lui laissa une si grande altération, qu'ayant bu de l'eau pour l'apaiser, il se fit beaucoup de mal à l'estomac. Du vin de Corse qu'il prit le soulagea, et lui donna assez de force et de vigueur pour suivre Schomberg et pour gagner avec lui la ville de Gênes, où ils arrivèrent tous deux en bonne santé.

La république les reçut avec une grande distinction, malgré les plaintes des Espagnols. Des députés du sénat vinrent au devant d'eux les complimenter sur leur heureuse arrivée, et leur témoigner les dispositions favorables qu'ils avoient dans le cœur pour le service du roi et pour tous ceux qui venoient de sa part. Toute la ville étoit dans les mêmes sentimens, et faisoit des vœux pour Sa Majesté au préjudice des rebelles. Il arriva même qu'une galère de Marseille, qui, quelque temps auparavant, étoit venue dans le port sans la bannière de France, pensa être coulée à fond par le peuple. Les Marseillais, pour éviter leur perte, ne trouvèrent point d'autre ressource que de réclamer le nom du roi, ce qui seul apaisa la sédition.

De Thou visita Gênes pendant quatre jours avec beaucoup plus d'attention qu'il n'avoit fait dans le temps qu'il y vint la première fois avec Paul de Foix ; mais, comme durant les grandes chaleurs du pays il voulut boire à la neige, sans trop examiner les conséquences, il affoiblit son estomac, qui n'étoit pas bien remis des fatigues de la mer, et fut pris d'une fièvre lente, accompagnée de lassitudes et d'inquiétudes par tout le corps.

Dans ce temps-là Schomberg le quitta, et voulut aller à Florence *incognito*, pour s'assurer de l'argent qu'on lui avoit promis, et en tirer davantage s'il pouvoit. Il chargea de Thou d'aller droit à Venise, et de prendre de certaines mesures avec André Hurault de Meisse, ambassadeur de Sa Majesté ; il lui donna ensuite rendez-vous dans un lieu qu'il lui marqua et où il devoit l'attendre. On ne savoit point encore en Italie le détestable parricide commis en la personne du roi Henri III. De Thou, qui l'ignoroit aussi, passa l'Apennin et vint à Tortone : il vit Christine de Danemark, mère de Charles, duc de Lorraine, qui avoit eu cette ville pour son douaire. Il en partit aussitôt et se rendit à Plaisance, pouvant à peine se tenir à cheval : il y séjourna un jour pour se reposer. Heureusement, comme il ne pouvoit plus supporter la fatigue du cheval, il eut la commodité de descendre le Pô et de se rendre par eau à Venise.

Il y arriva le 14 d'août, le jour même qu'un courrier parti de Milan avoit répandu dans la ville la nouvelle de la mort du roi. Comme il venoit d'un lieu suspect, on n'y ajouta pas beaucoup de foi. Trois jours après il en arriva un autre qui confirma cette fâcheuse nouvelle, mais qui convertit la consternation générale en une joie inespérée : il fit savoir en même temps que l'armée de France et toute la noblesse avoient reconnu le roi de Navarre.

Sur cette nouvelle, Marc-Antoine Barbaro, procurateur de Saint-Marc, se rendit au sénat, et y proposa d'envoyer au nouveau roi une célèbre ambassade pour le féliciter sur son avénement à la couronne. Voici les principales raisons de son avis : Que la république avoit un fort grand intérêt qu'il y eût en France un roi reconnu et certain, qui, par sa puissance, conservât entre les princes chrétiens cet équilibre nécessaire qui sert de règle à la prudence de ses conseils ; qu'il ne pouvoit y en avoir d'autre que celui qu'une succession légitime appeloit à la couronne ; que si son droit à la succession recevoit quelque difficulté, et si elle dépendoit du suffrage de ses peuples, les grands et cette brave et nombreuse noblesse qui en font la force et l'appui avoient seuls le droit de se choisir un roi ; que le sénat étoit informé que le roi de Navarre avoit pour lui et le droit à la succession et le consentement de la noblesse, qui, malgré les soupçons qu'on avoit toujours eus de son trop de confiance et de sa légèreté, avoit donné des marques admirables de sa sagesse en cette occasion ; qu'au reste, le sénat ne pouvoit rien espérer que d'avantageux d'un si grand prince, dont la vertu mériteroit une couronne, quand sa naissance la lui refuseroit. C'est ainsi que ce sage sénat délibéra dans cette conjoncture.

Le cardinal de Joyeuse étoit alors à Venise, et logeoit au palais Saint-Georges, qui lui avoit été assigné par la république; il avoit auprès de lui Arnaud d'Ossat, ami particulier de M. de Thou. Le cardinal avoit choisi cette retraite après la bulle précipitée de Sixte V contre Henri III, et vouloit au moins par son absence défendre l'honneur de son souverain et la majesté de nos rois flétrie par cette bulle. Par là il donnoit aussi des marques publiques de sa reconnoissance pour un prince libéral qui l'avoit comblé de tant de bienfaits. De Thou ne le quittoit guère, et ils entendoient presque tous les jours ensemble la messe du père Ange de Joyeuse son frère, au couvent des capucins de Saint-Roch, où ce père étoit en ce temps-là.

Le cardinal ne doutoit point que le roi de Navarre, justement irrité du détestable parricide du roi, ne marchât droit à Paris, et qu'il ne se rendît le maître : ce qui lui paroissoit d'autant plus aisé que ce terrible coup devoit avoir étourdi ceux qui en étoient complices, et divisé les esprits de cette grande ville; que la noblesse étoit animée du désir de la vengeance, et le soldat, de l'espérance du pillage. Rempli de cette idée, il s'imaginoit déjà entendre les cris des enfans, les plaintes des vieillards et les gémissemens des femmes; il croyoit déjà voir le soldat furieux courir de tous côtés l'épée à la main, mettre tout à feu et à sang, commettre, en un mot, toutes les cruautés qu'on exerce dans une ville prise d'assaut.

Comme les troubles de sa patrie l'empêchoient d'y demeurer, il se plaignoit d'être contraint par la fortune de retourner dans un pays d'où il avoit été obligé de sortir du vivant du roi son maître. Il disoit cependant qu'il ne pouvoit demeurer ailleurs; que puisqu'il ne vouloit pas retourner en France, et qu'il n'avoit aucun engagement avec Henri IV, qui n'étoit pas reconnu à Rome et dans une grande partie de l'Europe, il se tiendroit à Rome comme dans un port assuré où il pourroit attendre la fin de la tempête et le calme des esprits; que là il se détermineroit plus sûrement sur le parti qu'il devoit prendre.

Ce prélat n'étoit engagé dans aucune faction, et ne s'y engagea jamais. On peut dire que la conduite qu'il tint depuis fut plutôt un effet de la dignité qu'il avoit à soutenir que de son inclination. Comme il s'étoit servi de sa prudence pour s'accommoder au temps, il se servit aussi de son équité dès que l'occasion s'en présenta. Il quitta tout engagement et s'attacha uniquement aux intérêts du roi et de sa patrie; ce qu'il fit si à propos et avec tant de zèle, que, lorsqu'il revint à la cour, il n'y eut point d'affaires de conséquence que le roi ne lui communiquât : même, depuis la mort déplorable de ce prince, il s'employa avec tant de désintéressement à réconcilier les grands seigneurs, qui étoient presque tous ses parens, qu'il devint le médiateur de leur réunion et l'arbitre de leurs différends.

Il retourna donc à Rome avec d'Ossat. Avant leur départ, d'Ossat étoit venu plusieurs fois voir de Thou, et s'étoit entretenu familièrement avec lui sur les affaires de France; ce fut au sujet de ces entretiens que de Thou lui dédia le poème suivant, qu'il acheva le 24 de septembre, et qui fut imprimé depuis à Tours avec la même date, mais sans le nom de celui auquel il étoit adressé.

Il eût peut-être été à propos de le rapporter ici tout entier, parce qu'il est devenu fort rare, et qu'il contient des faits de conséquence pour l'histoire de ce temps-là; mais la juste douleur des troubles passés, qui pouvoit alors en faire excuser la liberté, même dans l'esprit des plus malintentionnés, pourroit irriter aujourd'hui certaines personnes, que l'intérêt public, plus que celui de Jacques de Thou, porte à ménager, à cause du long intervalle qui s'est écoulé depuis les troubles. On n'en mettra donc ici que le commencement et la fin.

A MONSIEUR D'OSSAT.

Siècle infâme et rempli de monstres exécrables,
As-tu pu mettre au jour des François si coupables!
Que peut-il donc rester pour combler leur fureur,
Pour être à l'univers des spectacles d'horreur,
Si ces séditieux font gloire de leur crime,
Après le sang versé de leur roi légitime,
Prévenus d'une erreur contraire à tous les droits,
Qu'on peut empoisonner et poignarder les rois?

D'Ossat, mon cher d'Ossat, ami tendre et fidèle,
Nous qui pour la patrie avons le même zèle,

Nous dont le cœur est pur, et saine la raison,
Parlons en liberté de cette trahison.
Nous voici dans Venise, où, loin du sot vulgaire,
On peut s'entretenir sans peur de lui déplaire.
Qui l'eût jamais pensé, de notre nation,
Qu'un peuple si connu par son affection,
Par sa fidélité pour ses rois si certaine,
Ait immolé son prince à sa cruelle haine;
Que cette haine encor dure après son trépas?
Après tant de fureur que ne croira-t-on pas!

François dénaturés, s'il est permis encore
De vous donner un nom que l'univers honore,
De quoi vous a servi cet horrible attentat,
Qu'à rallumer la guerre et renverser l'état?
Ces troubles que permet la justice divine
Ne se termineront que par votre ruine;
Et vous reconnoîtrez, aux plus rudes fléaux,
Que la rébellion est le plus grand des maux.

Quoi! si vous aviez peur du joug de l'hérétique,
Pourquoi ne pas aimer un roi si catholique?
Un roi dont la vertu digne de ses aïeux,
Dont le zèle et la foi, etc.

Il y avoit de suite environ deux cents vers dont l'auteur est bien aise qu'on ne s'en souvienne plus. Puis, s'adressant à Henri IV, il ajoute:

Prince envoyé du ciel à l'état abattu,
Qui pourroit dignement célébrer ta vertu?
La prudente Venise admire ton courage,
Et déjà le sénat t'a donné son suffrage;
Malgré tes ennemis et leurs lâches complots,
La Brente en ta faveur fait murmurer les flots;
Et sur le lac de Garde on voit les dieux de l'onde
T'appeler par ton nom à l'empire du monde.

C'est en vain que Milan redouble ses efforts,
En vain le fier Ibère épuise ses trésors,
Pour armer contre toi le reste de la terre:
Ta valeur va fixer le destin de la guerre;
Tel est l'arrêt du ciel et ce qu'a dit de toi
L'oracle de Venise après la mort du roi.

Voyant de ton parti tout ce conseil de sages,
Les François abattus relèvent leurs courages;
Un lâche assassinat les avoit consternés;
Ils couroient dans Venise éperdus, étonnés,
Déplorant les malheurs de leur chère patrie
Et l'opprobre éternel dont elle s'est flétrie.

Pour nous, mon cher d'Ossat, pleins du plus doux espoir,
La piété du prince a dû nous faire voir
Que le ciel soutenant les droits de sa naissance,
Il nous rendra la paix et l'honneur à la France.
Tu veux aller à Rome, où, hâtant ton retour,
Tu verras le parti que prendra cette cour.

Ce digne cardinal, qui veille à nos affaires,
Veut toujours écouter tes avis salutaires.

Moi, je vais traverser par des pays affreux,
Pour revoir ma patrie et nos champs malheureux,
Où triomphe à grand bruit la Discorde cruelle,
Même après son trépas au roi toujours fidèle.

Je veux de mille pleurs arroser son tombeau;
En vain un peuple ingrat, et qui fut son bourreau,
Menace l'innocence et répand des blasphèmes;
En vain ces fiers Titans attaquent les dieux mêmes,
Recommencent la guerre à leur confusion.
Je crains peu leur menace et leur vaine union.

Quiconque a comme moi la conscience pure,
Se fie en sa vertu, quelques maux qu'il endure;
Son honneur le conduit au milieu des hasards,
Et sa fidélité l'armant de toutes parts,
Il souffre avec plaisir d'une troupe rebelle,
S'il peut donner au moins quelques marques de zèle.

Après le départ du cardinal de Joyeuse et de d'Ossat, de Thou voulut voir Padoue et jouir pendant quelques jours des charmes de la conversation de Jean Vincent Pinelli, qu'il n'avoit point vu depuis seize ans. Durant son séjour tranquille en cette ville, il visita souvent la belle bibliothèque que cet homme de lettres avoit formée pendant tant d'années et avec tant de soins. Il trouva dans la maison de Pinelli Aicardo de Gênes, homme poli, très-bon juge sur les matières de littérature, et qu'il n'avoit pas moins d'envie de voir que Pinelli. Aicardo faisoit grand cas de la version de saint Basile et des autres pères grecs qui ont écrit de la sainte Trinité, et qu'on a donnée au public avec Phœbade, évêque d'Agen. Il fit présent à de Thou d'un beau manuscrit du livre de l'hérésiarque Eunomius, dans la vue qu'en l'examinant sur ce qu'on avoit déjà imprimé de saint Basile, et sur ce qu'on devoit imprimer de saint Grégoire de Nisse, on pût donner plus de lumière et de correction à la nouvelle édition qu'on en préparoit.

De Thou s'informoit exactement à Pinelli de tous les hommes illustres dans les sciences qui avoient paru en Italie, et dont la mémoire commençoit à vieillir : il vouloit la faire revivre dans ses annales, comme en effet il le fit depuis sans aucune passion; il n'oublia pas non plus les savans espagnols, et l'on peut dire avec confiance qu'il rendit également justice partout où il trouva de la doctrine et de la vertu. Un procédé si équitable lui faisoit espérer quelque reconnoissance de la part des Italiens et des Espagnols; cependant il ne fut jamais plus trompé dans ses espérances : ce sont les deux nations qui lui ont témoigné plus d'ingratitude.

Revenons à Schomberg, qui étoit toujours resté à Florence. Dès qu'il eut appris la mort de Henri III il fit revenir Guichardin, son écuyer, qu'il avoit envoyé avec de l'argent pour lever des troupes. Il partit ensuite pour Mantoue, où il vouloit conférer avec de Meisse, ambassadeur de France à Venise. Il n'y fut pas plus tôt arrivé qu'il en partit avec de Thou, qui l'y étoit venu trouver pour se rendre à Vérone, où de Meisse les attendoit. Tous ensemble retournèrent encore à Mantoue pour quelques secrètes conférences avec le duc Vincent, et revinrent à Vérone. De Meisse les quitta là pour reprendre le chemin de Venise.

Schomberg et de Thou, qui s'arrêtèrent à Vérone, alloient souvent chez le comte Bévilaqua, dont la maison étoit ornée des plus belles statues de l'antiquité et des tableaux des meilleurs peintres. Ce comte n'aimoit pas seulement tous les beaux arts, mais avoit encore un goût merveilleux pour la musique. Il y avoit chez lui trois fois la semaine un concert composé de plus de trente des plus belles voix et des plus excellens joueurs d'instrumens. De Thou s'y trouvoit souvent, et s'entretenoit avec lui sur des matières indifférentes sans se découvrir. Bévilaqua ne s'étoit jamais marié : il étoit déjà avancé en âge, sérieux, mais poli, et songeoit à aller finir ses jours à Rome. Aussi le soupçonnoit-on de n'être pas dans les intérêts du roi Henri IV, quoique tous les peuples de l'état de Venise se fussent ouvertement déclarés en faveur de Sa Majesté.

Après un séjour de quelques jours, Schomberg et de Thou se séparèrent encore. Le premier prit la route d'Allemagne par le Trentin, et de Thou passa par Bresse et par le lac d'Ischia. En laissant à gauche Bergame et Chiavennes, il descendit chez les Grisons après avoir traversé la Valteline. Ce pays, qui est enfermé par les Alpes, produit des vins excellens. Il dîna à Tirano, et de là vint à Poschiave; il lui fallut ensuite traverser d'affreuses montagnes, et principalement celle d'Arbone, d'où le Rhin se précipite avec un bruit horrible, pour gagner Coire.

Cette ville étoit autrefois un évêché : on y voit encore à quelque distance la cathédrale, mais fort en désordre, ceux qui jouissent de l'évêché se contentant du titre de prince et d'en recevoir les revenus. A l'égard des cérémonies romaines, elles n'y sont plus d'usage, parce que les ligues grises ont presque toutes embrassé la doctrine des protestans. Ce fut à Coire que de Thou fut informé plus sûrement de ce qui se passoit en France, et qu'il apprit que le roi étoit presque partout suivi de la victoire.

Au sortir de Coire, de Thou alla s'embarquer, avant le lever du soleil, sur le lac le plus prochain, avec toute sa suite. Ce lac est entouré de tous côtés de montagnes fort élevées, et exposé, comme le lac de Garde, à des vents furieux. De Thou, de même que ceux qui l'accompagnoient, pensa l'éprouver à ses dépens. Le temps étoit pluvieux ; la barque où ils étoient n'étoit que de bois de sapin, et celui qui la conduisoit y avoit imprudemment reçu un Allemand avec son cheval ; cet animal, effrayé des vagues, se laissoit souvent tomber, et mettoit à toute heure la barque en risque de tourner. Comme la pluie et le vent augmentoient toujours et que la rive la plus proche de la terre étoit bordée d'un rocher continu, il n'y avoit pas d'apparence de pouvoir y aborder ; ce qui jetoit tout le monde dans une grande consternation : elle redoubla quand on vit le pilote abandonner le gouvernail et qu'on l'entendit crier que chacun songeât à se sauver comme il pourroit.

Nicolas Rapin, fils d'un autre Nicolas qui s'est distingué dans nos guerres par son esprit et par sa valeur, étoit auprès de M. de Thou : c'étoit un jeune homme plein de courage et qui savoit fort bien nager. Il mit bas sa cuirasse et son pourpoint ; se tint prêt à sauter dans le lac, et dit à de Thou de le prendre par la ceinture ; de s'y tenir ferme, et de se jeter avec lui ; qu'il le mettroit à terre sitôt qu'il pourroit y aborder, ou qu'il périroit le premier. Dans cette extrémité, et n'espérant plus qu'en la bonté divine, ils aperçurent une caverne creusée dans le roc. Aussitôt ils commandèrent au patron de tourner de ce côté-là, et, mettant la main à la rame pour forcer le vent, qui faisoit entrer l'eau de tous côtés dans la barque, ils gagnèrent le bord et sautèrent à terre, tous percés de la pluie. Ils n'emportèrent que ce qui se trouva sous leur main, ne croyant pas qu'il y eût pour eux un plus grand danger que celui d'être sur le lac pendant la tempête.

Heureusement il se trouva qu'il y avoit des espèces de marches taillées dans le roc de distance en distance; ainsi, quoiqu'ils fussent presque tous bottés et en manteau, et que le chemin fût très rude et très difficile, ils ne laissèrent pas, malgré le vent et la pluie, dont ils étoient fort incommodés, de monter avec plaisir plus de mille pas pour gagner la hauteur, fort surpris de rencontrer sur leur route un chariot attelé de bœufs qui descendoit par ce précipice.

Une auberge qui étoit à quelque distance du sommet leur fut d'un grand secours; les poêles servirent à sécher promptement leurs habits, et leur joie fut aussi grande qu'inespérée de pouvoir s'y remettre de leur frayeur et de s'y rafraîchir. Ils y dînèrent, et comme ils n'avoient point de chevaux, il fallut marcher à pied par un chemin très fangeux et très glissant pour gagner la couchée, qui étoit éloignée de deux milles, et à la tête du lac de Zurich. Personne cependant ne se plaignit de cette fatigue, tant leur esprit étoit encore rempli de l'idée du danger qu'ils avoient couru.

Enfin, le temps étant devenu beau, en deux jours ils vinrent à Zurich par le lac. Il fallut visiter cette ville, de tout temps la première des cantons, et féconde en hommes illustres dans les sciences: c'est où Conrad Gesner, Gaspard Volfius et Josias Simler ont pris naissance. On montra à de Thou leurs maisons, qui étoient fort peu de chose. Jean-Guillaume Stukius, homme officieux et attaché à la France, fit voir à de Thou ce qu'il y avoit de plus remarquable, et l'accompagna par toute la ville.

De là de Thou se rendit à Soleure. Comme il y arrivoit, il trouva, à plus de cinq cents pas en deçà de la ville, Nicolas Brûlart de Sillery, ambassadeur de Sa Majesté, qui étoit assis sous un tilleul; il ne pensoit guère à lui dans ce moment. Il le reconnut, et, mettant aussitôt pied à terre avec toute sa suite, il courut l'embrasser comme son intime ami, et demeura avec lui pendant quelques jours.

C'étoit dans le temps qu'on travailloit avec chaleur à conclure un traité commencé entre le duc de Savoie et le canton de Berne. Il étoit à craindre qu'il ne portât préjudice aux intérêts du roi s'il étoit ratifié par le serment des bailliages assemblés, suivant l'usage de ces peuples. Les cinq petits cantons, gagnés par l'or d'Espagne, en pressoient la conclusion; la Ligue, pour veiller à ses intérêts, leur avoit envoyé Léon Lescot de Clermont, conseiller au parlement de Paris. Comme il étoit des amis de Jacques de Thou, Sillery jugea à propos que celui-ci lui demandât une conférence, pour tâcher par son moyen de retarder cette affaire, ou d'y faire naître des difficultés; mais il n'en fut pas besoin. Les ministres, qui désapprouvoient ce traité, prêchèrent avec tant de force, et animèrent si bien les peuples du bailliage de Valais, que, sans que de Thou s'en mêlât, ils obligèrent non-seulement les députés qui étoient venus à Berne pour y accéder de se retirer sans rien conclure, mais les contraignirent encore de se mettre en sûreté par la fuite. Il fut même résolu d'informer contre eux comme contre des traîtres et des criminels d'état; ce qui délivra Sillery d'une grande inquiétude.

De Thou prit congé de lui, passa le mont Jura, et vint à Bâle avec les officiers suisses qui avoient quitté Schomberg à Orange, et qui, ayant achevé leurs affaires dans leur pays, retournoient à l'armée du roi; car après la mort de Henri III, Sancy avoit été renvoyé en Suisse par son successeur, pour faire de nouvelles levées. De Thou apprit à Bâle que Théodore Zuinger et Basile Amerbach, qu'il y avoit connus dix ans auparavant, étoient morts durant nos guerres. Il y fut quelquefois entendre Jacques Grinay, parent du fameux Simon, qui y enseignoit publiquement l'histoire de Sleidan. Comme Grinay avoit fréquenté les cours d'Allemagne, il y avoit appris beaucoup de particularités qui n'étoient point venues à la connoissance de cet auteur, qu'il expliquoit avec beaucoup de clarté et d'élégance.

De là ils traversèrent avec précaution la Franche-Comté, et arrivèrent tous à Langres, qui s'étoit déclarée pour le roi. Pierre Roussard, de la même famille que ce Louis à qui, selon Duaren, les jurisconsultes ont tant d'obligation, pour avoir donné plus de lumière qu'aucun autre aux observations du droit, en étoit lieutenant-général, et n'avoit rien oublié pour en bannir l'esprit de la Ligue.

Au sortir de Langres ils passèrent à Arc-en-Barois, et vinrent à Châteauvillain, dont les habitants, ayant été assiégés par les ennemis depuis peu de temps, les avoient repoussés avec perte. Ils y trouvèrent le comte Louis Diacette, qui s'occupoit à réparer cette place, très importante pour le passage des troupes du roi, et à la munir d'une bonne garnison. Il y avoit une amitié de père en fils entre Diacette et de Thou; aussi le comte le retint, et lui découvrit en secret plusieurs choses dont il crut que le roi devoit être informé. Il étoit persuadé qu'à la fin tout se tourneroit de manière que le successeur légitime, c'est-à-dire le roi de Navarre, demeureroit le maître du royaume; que les ennemis de ce prince n'avoient de ressource que dans le secours étranger et dans la faveur inconstante des peuples; que les chefs de la Ligue et la noblesse s'ennuieroient infailliblement de la guerre, se réconcilieroient avec Sa Majesté, et se retireroient.

Comme il faisoit la revue des officiers de sa garnison, il se défendit long-temps d'y recevoir un nommé Pierre Choesel de La Meuse, quoique cet officier eût fort bien fait son devoir dans la dernière occasion. Ayant cependant été comme forcé de le recevoir par les instantes prières de ses amis, qu'il ne crut pas devoir refuser, il leur dit qu'on verroit quelque jour qu'il avoit eu ses raisons pour les avoir si long-temps refusés; qu'un homme aussi querelleur que celui-là lui attireroit infailliblement quelque malheur considérable. Ce fut en effet ce même La Meuse qui, quatre ans après, prit querelle avec Diacette sur quelques paroles et le tua.

Lorsqu'un officier de la garnison de Châteauvillain vint en apporter la nouvelle à la cour, de Thou, qui s'y trouva, n'attendit pas qu'il nommât le meurtrier; et, se ressouvenant sur-le-champ de cette funeste prédiction, il dit que c'étoit La Meuse. Comme la chose fut aussitôt confirmée, on lui demanda comment il avoit pu la deviner; il raconta alors ce qu'il avoit entendu dire à Diacette il y avoit quatre ans; et tout le monde fut surpris du pressentiment que ce gentilhomme avoit eu d'un malheur si éloigné.

Diacette avoit épousé Anne Aquaviva, fille du duc d'Atri, dans le royaume de Naples, dame d'un grand mérite, qui avoit du courage et de la vertu. Elle avoit eu de son mariage un fils et une fille, avec lesquels elle s'étoit retirée à Langres, où son mari avoit eu soin de faire transporter des meubles très précieux: ils furent vendus dans la suite, et l'argent provenant de cette vente fut prêté au roi pour soutenir les frais de la guerre. Diacette avoit plus de soixante ans quand il fut tué; mais comme il s'étoit abstenu dès sa jeunesse des plaisirs des jeunes gens, il étoit encore d'une santé si vigoureuse, qu'à son âge il couchoit en hiver dans une chambre fort exposée aux injures de l'air, sans ciel de lit et sans rideaux; il n'étoit incommodé ni du froid, ni du serein, ni des brouillards, comme si Dieu lui eût conservé des forces (comme il le disoit) pour résister dans des temps si difficiles. Ce n'étoit ni par impatience ni par chagrin d'avoir sacrifié son bien pour le service du roi qu'il parloit ainsi: il faisoit voir en toutes occasions que le repos de l'état lui étoit plus cher que le sien, et que pour le procurer il étoit toujours prêt d'exposer sa personne et d'engager le reste de son bien.

Enfin de Thou partit de Châteauvillain avec les capitaines suisses, et prit son chemin par Vandœuvres et par Pougy, qui appartient à la maison de Luxembourg. Il y rencontra François, duc de Piney, qui s'en alloit à Rome. Il lui rendit compte de tout ce qui s'étoit passé à Florence, à Venise, à Mantoue et en Suisse. En arrivant à Pougy, Henri, fils du duc, qui n'étoit âgé que de dix ans, l'y reçut honorablement avec toute sa suite.

De Pougy, de Thou se rendit à Châlons. Il y avoit eu près de là un combat qui avoit duré trois jours; Robert de Joyeuse, comte de Grand-Pré, avoit combattu avec beaucoup de valeur contre Saint-Paul; mais sa victoire lui avoit coûté la vie. L'épitaphe suivante fait voir les regrets de Jacques de Thou sur la mort de ce jeune seigneur.

ÉPITAPHE DU COMTE DE GRAND-PRÉ.

Peuples, ornez de fleurs sans nombre
Le tombeau que vous élevez ;
Vous devez ce tribut à l'ombre
Du héros qui vous a sauvés.

Grand-Pré, qu'enferme cette bière,
Trois jours entiers a combattu,
Pour chasser de votre frontière
Un ennemi qui cède à sa vertu.

Il meurt après cette victoire,
Et meurt percé de mille coups.
Châlons, dormez en paix à l'abri de sa gloire,
Habitans, réjouissez-vous.

Si, par une attaque soudaine,
Dans vos remparts on osoit pénétrer,
Les mânes de ce capitaine
Suffiroient pour vous délivrer.

Ce fut à Châlons que de Thou fut informé de la perte qu'il avoit faite à La Fère de tous ses meubles, qui y avoient été transportés, comme on l'a dit ci-dessus. Il la supporta bien plus patiemment que celle de deux jeunes seigneurs de ses amis, dont on va parler.

De Châlons, il vint à Château-Thierry, situé sur la Marne : cette rivière se rend dans la Seine, et apporte une partie des vivres qui font subsister Paris. Comme il entroit la nuit dans la ville, dans le temps qu'on sonnoit la cloche pour la garde, il rencontra dans une rue Pierre Picherel, qui l'arrêta par la bride de son cheval. Cet homme étoit de La Ferté-Aucol, qui n'en est pas loin, et avoit été moine dans l'abbaye d'Essone. Il avoit l'esprit vif, et savoit fort bien les trois langues, ayant étudié sous Vatable avec Jean de Salignac et Jean Mercier. De Thou le reconnut après l'avoir examiné, et lui demanda ce qu'il faisoit là, parmi le bruit éclatant des armes et des trompettes. Picherel lui répondit, en lui montrant son logis qui n'étoit pas loin, que malgré ce tumulte il n'avoit pas laissé de travailler quatorze heures ce jour-là, qui étoit le dernier de sa soixante et dix-neuvième année ; qu'il venoit d'achever son commentaire sur saint Paul, et de mettre la dernière main à l'Epître à Philémon ; qu'il n'attendoit que la fin de la guerre, qu'il souhaitoit avec passion, pour le faire imprimer ; qu'à son âge il n'avoit aucune incommodité considérable ; qu'il avoit la vue et l'ouie aussi bonnes que jamais, et l'esprit aussi net ; il ajouta que si les jeunes gens sont exposés à une infinité de dangers qui ne leur permettent pas d'espérer de vieillir, ceux qui sont fort âgés sont sûrs de ne pouvoir pas vivre long-temps.

C'étoit à la considération de M. de Thou qu'il avoit écrit sur saint Paul, après avoir travaillé sur saint Luc et sur saint Matthieu, et il avoit entrepris ce Commentaire d'autant plus volontiers, qu'il étoit persuadé que peu de personnes jusqu'alors y avoient réussi. La religion à part, il louoit fort l'exactitude de Bèze ; mais il disoit qu'après avoir moissonné dans un champ si fertile, Bèze avoit encore laissé, et à lui et aux autres, beaucoup à recueillir. Malheureusement Picherel étant mort peu de temps après, ce précieux effet de sa succession tomba entre les mains de ses héritiers, qui, se ruinant en procès les uns contre les autres, le dissipèrent ou l'abandonnèrent à des mains étrangères, dont il n'y a pas d'apparence de le pouvoir retirer, ni que le public en profite.

Le vicomte de Comblisy, fils de Pinard, commandoit dans Château-Thierry. Il donna à souper à de Thou, et lui apprit que le roi s'étoit rendu maître des faubourgs de Paris. Ils convinrent que si le siége tiroit en longueur, la nécessité et le défaut de vivres obligeroient la ville à se rendre ; que sa place pourroit beaucoup contribuer à en avancer la prise, puisque c'étoit par là que Paris recevoit la plus grande partie de ses provisions ; qu'à la vérité Meaux, dont les ligueurs étoient les maîtres, abondoit en blés, mais qu'il n'y en auroit pas assez quand on priveroit cette grande ville du commerce des places qui sont au-dessus ; que par conséquent la sienne et celle de Châlons étoient d'une grande importance pour le roi ; qu'on ne pouvoit trop être sur ses gardes, ni trop recommander aux gouverneurs de ne rien laisser passer qui pût descendre à Meaux.

Il chargea de Thou de représenter à Sa Majesté qu'il étoit à propos de renforcer sa garnison : de Thou le quitta le lendemain dans ces bons sentimens, et prit sa route par Lagny, où commandoit pour le roi Jacques La Fin, dont l'histoire de ce temps-là parle en plusieurs endroits.

Ayant passé au-dessus de Paris, il prit son chemin par Montfort-l'Amaury, dans le temps que le roy, après la prise d'Etampes, étoit descendu dans le pays Chartrain. De Montfort il fallut marcher par Nogent-le-Roi, par Houdan, et entrer dans le Perche pour éviter Chartres, qui tenoit pour la Ligue, et se rendre à Frazé. Le lendemain, comme ils marchoient de nuit parce qu'il n'étoit pas sûr de marcher le jour, ils entendirent crier aux armes deux fois de suite, proche de Châteauneuf-en-Thimerais. Chacun alors se prépara comme si les ennemis eussent été en présence : on reconnut que c'étoient des troupes de Sa Majesté qui conduisoient sur des chariots les corps de deux jeunes seigneurs à leurs parens.

Celui de Louis de Rohan, duc de Montbazon, étoit dans le premier chariot ; ce triste spectacle fit cesser la crainte, mais il n'en causa pas moins de douleur. Celle du président de Thou fut si vive, qu'il ne put retenir ses larmes : les vers suivans ne font sentir qu'une partie de ses regrets.

SUR LA MORT DE LOUIS DE ROHAN,
DUC DE MONTBAZON.

Si le Dieu des combats ne verse point de larmes,
Il n'est pas insensible à la mort des guerriers :
On dit qu'il soupira quand le destin des armes
Accabla Montbazon sous ses propres lauriers.
Aux débris de son casque, aux éclats de sa lance,
On crut que sa douleur le rendroit furieux :
N'est-il pas juste que les dieux,
A la mort des héros de céleste naissance,
Remplissent de regrets et la terre et les cieux ?

Il y avoit une parfaite union d'amitié et une grande conformité d'humeur et d'inclination entre le duc de Montbazon et le président de Thou. Il avoit trouvé dans ce jeune seigneur des sentimens de religion si purs, une passion si solide pour l'équité et pour tous les devoirs de l'honnête homme, un zèle si ardent pour la patrie et pour l'honneur de la France, que ce n'étoit pas sans raison qu'il regrettoit avec des expressions si tendres la perte de tant d'excellentes qualités, qu'il avoit cherchées jusqu'alors inutilement parmi les plus grands seigneurs ; aussi n'en parloit-on jamais devant lui, que ce triste souvenir ne lui arrachât des larmes.

Environ une heure après, ils rencontrèrent le second chariot : il portoit le corps de Josias de La Rochefoucault, comte de Roucy, tué au combat d'Arques, le 24 de septembre. Ce seigneur étoit proche parent des enfans du prince de Condé, sortis d'Eléonore de Roye, sœur de Charlotte sa mère. Cette parenté lui avoit donné une grande familiarité avec le cardinal de Vendôme. Par ce moyen, de Thou, attaché au cardinal, avoit fait amitié avec lui ; il en donna des marques dans les vers suivans, qu'il composa pendant le chemin.

SUR LA MORT DU COMTE DE ROUCY.

A la mort de Roucy, les Jeux, les Ris, les Grâces,
Par mille pleurs marquèrent leur douleur ;
On les vit même éclater en menaces
Contre le dieu jaloux qui causa ce malheur.
Dieu cruel, dirent-ils, dieu de sang, de carnage,
Barbare, impitoyable Mars,
Qui voudra désormais suivre tes étendards,
Si tu n'as respecté ni la beauté ni l'âge
De ce jeune héros qui charmoit nos regards ?
Ce port si plein d'attraits, cette noble éloquence,
Rien n'a pu te fléchir, ni prières ni vœux.
Ah ! sans doute, pour fuir l'éclat de sa présence
Tu détournas l'oreille et tu fermas les yeux ;
Ou plutôt, inhumain, ta jalousie extrême
T'arma seule contre ses jours ;
Tu craignois sa valeur, ou ses charmans discours,
Qui t'auroient désarmé toi-même.

L'enjouement de ce jeune comte égaloit sa valeur : qualités héréditaires dans la maison de La Rochefoucault, et qui avoient rendu le comte François son père, tué dix-sept ans auparavant au massacre de la Saint-Barthélemy, si cher et si agréable à Charles IX. Le fils parloit bien latin et encore mieux italien ; il avoit si bien attrapé les manières, le ton et les différences de cette dernière langue, selon les personnages qu'il vouloit représenter, que, dans les heures de loisir qu'il passoit en particulier avec le cardinal son cousin, où de Thou se trouvoit souvent, personne ne pouvoit s'empêcher d'éclater de rire, principalement en voyant son grand sérieux.

Après avoir traversé la France, ils arrivèrent enfin à Château-Dun dans le Dunois, domaine de la maison de Longueville : le roi s'y étoit rendu après avoir mis garnison dans la petit ville de Patay en Beauce. De Thou l'y alla saluer aussitôt, et en fut reçu fort obligeamment : il lui rendit un compte exact de tout ce qu'il avoit fait en Italie, en Allemagne et en Suisse ; il lui fit connoître, dans une longue conversation qu'il eut avec lui, l'envie qu'il avoit remarquée dans Ferdinand de Médicis, grand-duc de Toscane, de lui proposer Marie de Médicis sa nièce, que Sa Majesté épousa dix ans après. Il lui dit que le sénat de Venise et tous les princes d'Italie, auxquels la trop grande puissance d'Espagne étoit suspecte, auroient fort souhaité que Sa Majesté rentrât dans la religion de ses pères ; mais qu'il ne croyoit pas que l'état de ses affaires permît qu'il le fît alors, ni même qu'il fût à propos qu'il témoignât en avoir le dessein ; que, ne pouvant l'assister ouvertement, ils l'assisteroient en secret de quelques secours d'argent ; qu'ils l'exhortoient néanmoins d'exécuter le plus tôt qu'il pourroit ce qu'il paroissoit résolu de faire, lorsqu'il trouveroit des conditions sûres et raisonnables.

Le roi, qui l'écoutoit attentivement, lui répondit que, contre son attente et contre toute apparence, la providence divine l'avoit élevé à ce haut degré de grandeur où les autres se hâtent de monter par le désordre et par le renversement des lois ; qu'il avoit vu devant lui quatre princes dans la famille royale, dont trois avoient régné sans laisser de postérité ; que Dieu avoit fait la grâce au quatrième de le mettre dans une situation égale à celle des rois ; mais que ce prince n'ayant pas reconnu ce que méritoient de si grands bienfaits, au contraire en ayant abusé, étoit mort avant que de parvenir à la couronne ; que c'étoit à lui de prendre bien garde de tomber dans le même crime d'ingratitude, de peur d'éprouver le même châtiment, et d'être privé d'enfans, ce qui lui seroit aussi sensible que préjudiciable à la France.

Que l'affaire de la religion lui faisoit d'autant plus de peine qu'on y agissoit avec plus d'aigreur que de charité ; que ce n'étoit ni entêtement ni obstination qui le faisoient persévérer dans une croyance où il avoit été élevé, et qu'il croyoit jusqu'à présent la plus orthodoxe ; mais qu'il ne refusoit pas d'en embrasser une meilleure lorsqu'on la lui feroit connoître ; que ce n'étoit ni par contrainte ni par violence qu'il vouloit qu'on l'y amenât, mais de bon gré, et comme par la main, ainsi que la providence l'avoit conduit sur le trône ; qu'il souhaitoit que sa conversion ne lui fût pas particulière, mais qu'à son exemple plusieurs autres, s'il se pouvoit, se fissent instruire tant au dedans qu'au dehors du royaume.

Que, suivant la coutume reçue dans l'église, cela se pourroit faire par l'assemblée d'un concile, ou, si le temps ne permettoit pas d'en tenir un général, par un national, ou du moins par une conférence ; qu'il étoit prêt de sacrifier sa vie pour faire cesser une guerre qui faisoit répandre tant de sang innocent ; qu'on devoit avoir assez d'égards pour un prince tel que lui, qui comptoit tant de rois au nombre de ses aïeux, et dont la cause étoit commune avec de puissantes nations pour faire en sa faveur ce que l'église avoit accordé si souvent avec tant de fruit. « Mon salut, ajoutoit-il, est-il si peu considérable, et celui de tant d'âmes répandues dans toute l'Europe est-il de si peu d'importance qu'il faille, pour les réunir, préférer une voie incertaine et ruineuse à une voie douce et raisonnable ? En voyant les périls dont Dieu me garantit tous les jours, qui sait s'il ne m'a point fait naître pour procurer la réunion de l'église ? je le présume et je le souhaite ; mais quoi qu'il en puisse arriver, je me suis engagé par serment de ne faire violence à personne, de même que je ne veux pas qu'on m'en fasse. J'ai juré de bonne foi, en montant sur le trône, de défendre la religion catholique, apostolique et romaine ; je le ferai exactement. J'en prendrai les évêques et les principaux auprès de moi ; je mettrai les autres sous ma protection ; et puisqu'il est de mon devoir et de l'intérêt de l'état que je veille également à la conservation de tous mes sujets, je veux qu'on sache et qu'on soit persuadé que l'ambition ne me met point les armes à la main, mais la justice des droits d'une légitime succession. Il est de mon devoir d'assurer le repos et la tranquillité des peuples qui, ne pouvant souffrir une domination étrangère, m'ont appelé à leur secours. Si je ne prenois pas leur défense, j'aurois à essuyer de justes reproches, et la honte, dans les temps à venir, d'avoir laissé périr, par ma lâcheté et par ma foiblesse, ceux qui attendoient leur salut de mon courage. »

Il tint encore sur le même sujet plusieurs autres discours, avec cette éloquence vive et insinuante qui lui étoit naturelle. Il ne put même s'empêcher de laisser échapper quelques larmes; marques certaines que ces paroles étoient conformes à ses intentions, et qu'il ne disoit rien qui ne partît du cœur.

Cependant l'armée s'approcha de Vendôme; le gouverneur qui y avoit été mis auparavant par Sa Majesté avoit trahi le feu roi et avoit manqué de parole au comte de Soissons, qui en avoit répondu. Il avoit fort maltraité le grand conseil dans le temps qu'il y tenoit sa juridiction durant les états; mais alors, n'ayant ni le courage de se défendre ni l'adresse de faire sa composition lorsqu'on le somma, il fut pris avec la ville et eut sur-le-champ la tête tranchée. On pendit Robert Chessé, cordelier. De Thou, qui avoit obligation à ce religieux, fit tout ce qu'il put pour le sauver; mais comme le roi étoit hors la ville, et que c'étoit Biron qui y commandoit absolument en son absence, on eut peu d'égard dans la chaleur de l'action aux sollicitations qu'on faisoit pour un homme d'une condition vile (à ce qu'on croyoit), dans le temps qu'on menoit au supplice le gouverneur de la ville, qui étoit d'une maison illustre; d'autant plus que ceux qui intercédoient pour ce gentilhomme imputoient sa trahison au cordelier.

Après la prise de Vendôme le roi se rendit à Tours, où il fut reçu aux acclamations de toute la ville. Il y fit espérer de remettre dans la première dignité de la robe Achille de Harlay, premier président, qui, s'étant peu de temps auparavant sauvé de la Bastille, étoit arrivé à Tours. De là il fut rejoindre son armée, qui étoit entrée dans le Maine, après avoir passé par l'Anjou et par le Château-du-Loir. Elle avoit assiégé Le Mans, capitale de la province, qui se rendit, à la honte des assiégés, après que ses faubourgs eurent été brûlés; ce qui donna beaucoup de chagrin à Sa Majesté.

Ce prince s'entretint avec de Thou sur le même sujet dont on a parlé ci-dessus, et de Thou prit cette occasion pour lui parler des conférences qu'il avoit eues avec Vincent, duc de Mantoue, qui recommandoit instamment à Sa Majesté les intérêts du duc de Nevers son oncle. Là-dessus le roi écrivit au duc de Nevers, et lui dépêcha de Thou, qui fit sur le chemin de grandes réflexions sur les entretiens qu'il avoit eu l'honneur d'avoir avec Sa Majesté, et sur les heureux succès de son nouveau règne.

LIVRE CINQUIÈME.

(1590) Quand de Thou se fut acquitté de sa commission auprès du duc de Nevers, il revint trouver le roi, qui, après la prise du Mans, s'étoit rendu maître avec la même facilité de Laval, de Château-Gontier, d'Alençon et d'Argentan. Le château de Falaise s'étoit aussi soumis aux forces et à la clémence de Sa Majesté, et Lisieux avoit pris le même parti.

Ce fut dans cette dernière ville que de Thou lui rendit compte de ce qu'il avoit fait à Nevers. Le roi alla ensuite assiéger Honfleur, qui l'arrêta quelque temps, et où il courut quelque danger. Après avoir réduit cette place et tous les châteaux des environs, il marcha aussitôt pour secourir Meulan, et renvoya de Thou à Tours, avec des lettres pour le cardinal de Vendôme. Il étoit instruit que ce prélat avoit auprès de lui des personnes mal-intentionnées, qui lui débitoient des nouvelles contraires aux intérêts de Sa Majesté, et qui les faisoient passer dans les villes de son parti. Comme sa pénétration lui en fit envisager les conséquences, il chargea de Thou expressément de ne point quitter le cardinal ni le comte de Soissons son frère, sûr que, tandis que de Thou seroit auprès de ces princes, ils ne se laisseroient par séduire par ces dangereux esprits.

Après qu'il eut fait lever le siége de Meulan à ses ennemis, il vint se présenter devant Dreux, et le 14 de mars il donna la bataille d'Ivry. Le comte de Soissons, de retour à Tours avant le combat, eut un grand chagrin de ne s'y être point trouvé. La douleur qu'il en ressentit fut si vive, qu'il fut pris d'une fièvre quarte qui lui dura quinze mois : pendant sa maladie on eut bien de la peine à lui ôter de l'esprit l'idée de ce combat. Tout le parti du roi reçut la nouvelle de cette victoire avec des démonstrations de joie qui éclatèrent de tous côtés.

Mantes ouvrit ses portes après la bataille ; Melun, après quelque résistance, fut forcé d'en faire autant. Nogent et Bray-sur-Seine se soumirent encore au vainqueur, que de Thou vint saluer aussitôt. Il trouva ce prince dans les mêmes dispositions où il l'avoit laissé en partant pour Nevers ; mais malheureusement la fureur de la guerre ne permettoit pas aux ligueurs de prêter l'oreille à des sentimens si raisonnables. De Thou, absent de sa femme depuis un an, la vint voir à Senlis par la permission de Sa Majesté.

Pendant le siége de Paris, le roi voulut surprendre Sens ; comme il y trouva plus de résistance qu'il n'avoit cru, il revint dans son premier poste : aussi disoit-on alors qu'il n'avoit quitté Dreux que pour vaincre à Ivry, et abandonné Sens pour prendre Paris ; que si le siége de cette dernière ville n'eut pas le succès qu'il en espéroit, on peut dire que sa bonté seule en fut la cause. Ce généreux prince, qui ne pouvoit se résoudre à emporter de force et exposer au pillage la capitale de son royaume, voulut bien en différer la prise, en écoutant des propositions d'accommodement : il aima mieux l'abandonner entière que de la prendre ruinée ; ce qui parut bien quatre ans après, lorsqu'il la prit sans la ruiner. Vrai roi, qui, plus attentif à la conservation de son royaume qu'avide de conquêtes, ne sépare point ses intérêts de ceux de son peuple !

Comme le siége de Paris tiroit en longueur, le roi voulut remettre l'ordre dans ses finances, que la guerre et ses fréquentes courses avoient fort dérangées. Pour cet effet il jeta les yeux sur le chancelier de Cheverny, et, pour le faire venir à la cour, il lui dépêcha de Thou au château d'Esclimont, où ce magistrat s'étoit retiré. De Thou y fit plusieurs voyages par des chaleur si excessives qu'il courut risque de sa vie.

Le lendemain du retour du chancelier, le roi se rendit maître de Saint-Denis. Cette expédition réduisit les Parisiens à l'extrémité ; mais les délais de sa clémence, dont on vient de parler, donnèrent le loisir au duc de Parme de venir à leur secours, et il fallut lever le siége.

Dans ce temps-là de Thou fut attaqué d'une fièvre violente au château de Nantouillet, dont le roi lui avoit confié la garde avec une bonne garnison. Il y apprit la mort de l'abbé d'Elbène. Il entretenoit un commerce journalier de lettres avec ce cher ami.

Au même château de Nantouillet, de Thou mit la dernière main à sa paraphrase en vers latins des six petits prophètes. Comme Schomberg étoit absent, il la dédia au fils de ce seigneur, qui se nommoit le comte de Nanteuil, jeune gentilhomme qui donnoit déjà de grandes espérances, qu'il a bien remplies depuis, et qui est présentement l'honneur de sa maison. Nous le voyons à la cour avec de grandes alliances et de grands biens ; il en a dans l'Anjou, dans la Bretagne et la Saintonge, outre ceux qui lui sont venus de la succession de son père, dont il soutient noblement la grande réputation.

Après la levée du siége de Paris on rappela la garnison de Nantouillet, et de Thou se retira à Senlis avec sa femme. Là il résolut de s'aller établir à Tours avec ce qu'il avoit pu sauver du débris de La Fère. Comme ils alloient à Méru, sur le soir, un parti de la garnison de Beauvais leur enleva ces restes, et fit madame de Thou prisonnière avec tout son équipage. Le mari ne pouvoit se résoudre à abandonner une épouse qui lui étoit si chère ; mais ses domestiques lui ayant représenté que, vu l'aigreur qui régnoit entre les partis, il avoit à craindre quelque chose de plus fâcheux que la prison, il se sauva sur un cheval vigoureux, et gagna Chaumont en Vexin, suivi tout au plus de deux valets.

Jean de Chaumont Guitry, ami intime de M. de Thou, commandoit dans le château. Il envoya sur-le-champ un trompette à Beauvais réclamer cette dame et tout ce qu'on lui avoit enlevé. Comme il ne put rien obtenir, on dépêcha à Gisors, où étoit le roi. Biron en écrivit à Sesseval, qui lui renvoya madame de Thou avec tous ses gens et son équipage : ainsi elle vint retrouver son mari avec ses mêmes chevaux, qu'elle avoit rachetés à Beauvais de l'argent qu'elle avoit emprunté de ses amis.

Dans ce temps-là on résolut à la cour d'envoyer en Allemagne Henri de La Tour, vicomte de Turenne, pour lever des troupes ; on lui voulut associer de Thou pour négocier auprès des princes d'Allemagne, tandis que Turenne agiroit de son côté ; mais dans la suite on aima mieux le laisser auprès du chancelier son beau-frère, pour le soulager dans l'expédition des affaires. Depuis, le roi le jugea plus utile à Tours auprès du cardinal de Bourbon-Vendôme, connaissant le pouvoir qu'il avoit sur son esprit, et la sagesse de ses conseils, qui retiendroient ce prélat dans son devoir. On avoit averti Sa Majesté que le tiers-parti, composé d'esprits ambitieux qui cherchoient à s'élever à la faveur des troubles, vouloit profiter de la division de la maison royale. Effectivement, quand de Thou fut arrivé à Tours, il s'aperçut que l'avis n'étoit pas sans fondement.

(1591) Cependant, par les conseils et par les soins du chancelier, on disposa toutes choses pour le siège de Chartres ; il fut plus long qu'on ne l'avoit cru. Pendant ce temps-là les ligueurs se rendirent maîtres de Château-Thierry et firent venir à Paris des vivres en abondance par la Champagne et par la Brie. On espéroit pourtant que la prise de Chartres incommoderoit plus Paris que cette ville ne recevroit de commodités de Château-Thierry.

Comme on doutoit de la prise de Chartres, même dans l'armée du roi, on commença à s'apercevoir de la mauvaise disposition des habitans de Tours. On y fit d'abord quelques assemblées particulières : on dit hautement depuis que le roi, qui avoit fait espérer de se réconcilier à l'église, avoit oublié toutes ses promesses depuis la bataille d'Ivry ; qu'il ne se soucioit plus de répondre aux vœux de ses peuples ; qu'il fondoit toutes ses espérances sur la force de ses armes ; qu'on savoit néanmoins combien le sort en étoit incertain ; que le siége qui l'occupoit depuis si long-temps en étoit une preuve ; que si une pareille place avoit pu interrompre le cours de ses victoires, que ne devoit-on pas craindre de tant de villes considérables et de fortes citadelles qui lui résisteroient dans toute l'étendue du royaume ? Qu'on se trompoit de compter sur sa bonne foi, tandis qu'il se rendoit maître des villes les unes après les autres ; qu'il le falloit presser de songer à lui sans différer davantage ; qu'autrement ils prendroient les mesures qui leur conviendroient le mieux.

Dans le temps qu'ils faisoient répandre ces plaintes, Chartres se rendit, contre leur attente ; mais leurs murmures ne cessèrent pas. Ce parti s'étoit déjà fortifié, non seulement parmi ceux qui tenoient celui du roi, mais il s'étoit insensiblement augmenté au-dedans et au-dehors du royaume, par de secrètes pratiques et de sourdes menaces : déjà les brouilleries éclatoient à Tours, et les soupçons qu'on avoit jetés dans l'esprit du peuple y causoient du mouvement. Là-dessus de Thou et Gilles de Souvré, gouverneur de la ville pour le roi, et dont le tiers-parti ne put jamais ébranler l'incorruptible fidélité, furent d'avis de faire venir à la cour ceux qui étoient à Tours, d'autant plus que le jeune duc de Guise venoit de se sauver de sa prison.

Le roi, après la surprise de Louviers, étoit à Mantes, où son armée se rétablissoit, et où il attendoit les secours qui lui venoient des pays étrangers. Il sortit de la ville pour aller au-devant du cardinal de Vendôme, et le combla de caresses ; il en usa de même envers ceux de la suite de ce prince, qu'il savoit être les principaux auteurs de ces cabales. Il espéroit qu'en leur faisant voir de plus grands avantages de son côté que de celui du cardinal, il les mettroit dans ses intérêts, et qu'ils lui serviroient de surveillans auprès de lui ; ce qui ne manqua pas d'arriver. Depuis ce temps-là il ne se passoit rien entre eux dont Sa Majesté ne fût incontinent avertie ; cependant ce parti, se fortifiant de jour en jour, pensa réussir dans une entreprise qu'il avoit formée pour surprendre Mantes, où le roi étoit alors en personne.

Après l'arrivée du cardinal et de quelques autres prélats qui s'étoient rendus auprès de lui, mais qui n'entroient point dans sa faction, on fit assembler le conseil, où l'on proposa diverses affaires. Par là on vouloit leur faire connoître que ce n'étoit pas par défiance qu'on les avoit mandés, mais pour prendre leurs avis. On y proposa d'abord la révocation des édits que la Ligue avoit extorqués du feu roi, et de faire une déclaration en faveur des protestans pour confirmer les édits de pacification et pour affermir la paix du royaume. Le cardinal s'y opposa, et crut rompre la délibération en se retirant; mais aucun des prélats qui assistoient au conseil ne l'ayant suivi, sa démarche fut inutile, et la déclaration fut dressée. Le roi, qui savoit que de Thou n'avoit que de bonnes intentions pour le repos de l'état, et qui connoissoit l'aversion qu'avoit ce magistrat pour toutes les factions qui déchiroient le royaume, le chargea de faire vérifier cette déclaration au parlement, avec ordre de proposer aux compagnies d'assister Sa Majesté de quelque argent ou de lui en prêter. Il lui donna aussi des lettres pour le comte de Soissons, qui étoit resté à Tours quand son frère le cardinal en partit pour la cour. Ce comte, qui avoit la fièvre, étoit allé prendre l'air au château de Maillé.

Avant que le roi partît de Mantes, il y reçut la nouvelle de la mort de Jacques Amyot, évêque d'Auxerre, grand-aumônier de France et garde de la bibliothèque du roi. Amyot avoit été précepteur de Charles IX et de Henri III, et comblé de grands bienfaits et de riches bénéfices par ses magnifiques élèves. Sa dépouille fut aussitôt partagée entre ceux auxquels on l'avoit déjà destinée; car pendant ces guerres on en usoit de cette manière, du vivant même de ceux qui possédoient des charges. Renaud de Beaune, archevêque de Bourges, fut fait grand-aumônier, et de Thou, garde de la bibliothèque. Il est de l'intérêt des gens de lettres de savoir qu'Amyot avoit traduit du grec en françois les Pœméniques de Longus, quelques livres de la bibliothèque historique de Diodore de Sicile, l'Histoire Éthiopique d'Héliodore, et enfin les OEuvres de Plutarque. Véritablement il a traduit ce dernier auteur avec plus d'élégance que de fidélité, et il s'est moins attaché à la vérité du texte qu'à la beauté de la diction; cependant ces traductions lui ont fait une grande réputation.

La charge de grand-aumônier qu'avoit eue Jean Le Veneur de Carrouges, évêque d'Évreux, et celle de proviseur du Collége-Royal, dont les cardinaux de Lorraine et de Châtillon avoient été pourvus, ayant vaqué dans le même temps, elles furent données conjointement à Amyot : abus de grande conséquence pour l'avenir, et qui obligea de Thou d'en avertir l'archevêque de Bourges et Jacques Davy du Perron, qui lui succéda; car si le hasard avoit voulu que ceux qui les avoient jusque alors possédées conjointement en fussent très capables, tant par eux-mêmes que par l'inclination qu'ils avoient pour les belles-lettres et pour ceux qui en faisoient profession, il pouvoit fort bien arriver, dans un temps et dans une cour où tout se donnoit à la brigue et à la faveur, que l'une de ces charges, et peut-être toutes les deux ensemble, passassent dans les mains de quelque ignorant qui disposeroit à sa fantaisie et des sciences et des professeurs.

Il engagea donc l'un et l'autre à prendre des provisions particulières de deux charges si différentes, afin que ceux qui brigueroient à l'avenir la première, comme la plus lucrative et la plus honorable, sussent que l'autre ne devoit être remplie que par des personnes qui pussent juger du mérite des gens de lettres, et que la porte des muses doit être fermée à des ignorans qui les déshonorent. Ces deux prélats convenoient de cette vérité; mais ni l'archevêque ni le cardinal n'y donnèrent aucun ordre; de sorte qu'on doit appréhender, comme l'ont bien prévu des personnes très habiles, que l'abus ne soit encore plus dangereux à l'avenir.

Dès que de Thou fut arrivé à Tours, il se rendit auprès du comte de Soissons, et lui présenta les lettres de Sa Majesté. Il l'instruisit des motifs qui avoient obligé le roi d'accorder un édit en faveur des protestans, et de révoquer ceux que la Ligue avoit extorqués de Henri III, et qui l'excluoient lui-même de la succession à la couronne. Il lui dit que Sa Majesté le prioit, et qu'il étoit de son intérêt de se trouver au parlement lorsqu'il s'y agiroit de la vérification de l'édit, pour faire connoître à toute la France qu'il ne s'étoit rien fait que du consentement de la maison royale. Le comte ne s'en éloigna pas d'abord, mais il s'aigrit depuis pour quelques raisons particulières; et lorsque, de l'avis de Sovré, de Thou retourna chez lui de la part du roi pour le presser de venir au parlement, le comte le reçut avec des paroles fort désobligeantes, et ne voulut pas s'y trouver. Il est vrai que quelques jours après il lui fit quelques excuses de cette dureté, et lui dit qu'il avoit de la considération et de la bonne volonté pour lui; que c'étoit plutôt par rapport à certaines personnes, qu'il étoit inutile de nommer, que par rapport à lui qu'il en avoit usé de cette manière.

Cependant, après la prise de Noyon, le roi s'en alla sur les frontières de Vermandois, au-devant de l'armée qui lui venoit d'Allemagne, et qui étoit conduite par Christophe, prince d'Anhalt, et par le vicomte de Turenne. Il se rendit après au siége de Rouen, le jour de Saint-Martin.

Il manda au premier président de Harlay de l'y venir trouver avec des députés du parlement, qui furent Jean de Thumery, Jacques Gillot, et Jean de Villemereau : de Thou les y accompagna. En passant au Mans, ils apprirent qu'en l'absence du duc de Mayenne il y avoit eu une sédition à Paris; que le président Barnabé Brisson, qui tâchoit de modérer l'emportement des esprits, y avoit péri ignominieusement avec Claude Larcher et Jean Tardif, et que le duc de Mayenne avoit aussitôt puni les auteurs de cet attentat.

La plupart furent touchés de la fin malheureuse de ces magistrats; quelques-uns cependant crurent que la république des lettres y avoit plus perdu que l'état, peu surpris de voir périr le président, puisqu'aux dépens de son honneur et de sa vie il avoit mieux aimé vivre avec les ligueurs, et occuper parmi eux une première charge qui ne lui appartenoit pas, que de suivre le parti de son roi, et de se contenter de la place qu'il pouvoit occuper en sûreté parmi ses confrères.

(1592) Le premier président, les députés et de Thou arrivèrent à Dernetal au commencement de février. Le jour précédent le roi avoit été blessé légèrement à Aumale par les troupes du duc de Parmes; qui vinrent fondre sur lui. Cette nouvelle fit trembler non-seulement l'armée, mais encore tous les bons François qui l'apprirent : chacun fit réflexion sur l'affreux changement qu'auroit apporté la perte d'un si grand prince, dont la vie faisoit la sûreté de l'état, principalement dans un temps où ses successeurs étoient foibles pour résister aux conseils et aux forces des étrangers, qui étoient si puissans dans le royaume ; d'ailleurs sa perte auroit entraîné la leur, puisqu'ils ne se soutenoient que par sa conduite et par son courage.

Le roi, qui appréhenda que l'approche imprévue de ses ennemis ne mît quelque désordre dans son armée, jeta Givri dans Neufchâtel avec une bonne garnison, pour les arrêter pendant quelque temps, bien assuré qu'ils ne voudroient pas laisser derrière eux une si bonne place. Il y envoya aussi quelques troupes allemandes sous les ordres de Fabien Rebours, dont l'histoire parle avec éloge en bien des endroits : cependant la place fut bientôt obligée de se rendre à des conditions honorables. Le duc de Parme prétendoit que Rebours, qui commandoit des étrangers, n'ayant point été nommé dans la capitulation, ne devoit point y être compris sous le nom général de la garnison ; Rebours prétendoit le contraire : cependant le duc le retint prisonnier pendant quelques jours, et le renvoya au roi, qu'il appeloit le prince de Béarn, et qu'il fit juge de ce différend. Le roi prononça en faveur de Rebours.

Sitôt que Rebours fut arrivé au camp, le roi lui demanda, avant de lui parler de son affaire, ce que le duc de Parme disoit de la dernière action de guerre de Sa Majesté. Rebours voulut d'abord s'en excuser ; mais, comme le roi lui ordonna de parler, il lui dit que le duc étoit surpris qu'un grand prince comme lui se fût exposé sans nécessité dans un aussi grand péril, où il hasardoit sa personne et tout son parti. Le roi, qui ne s'attendoit pas au sentiment du duc, qui n'étoit que trop véritable, répondit, avec indignation et avec chaleur, qu'il n'étoit pas étonnant que le duc de de Parme, qui faisoit la guerre sous les ordres, avec des soldats et aux dépens d'autrui, sans rien risquer du sien, parlât de cette manière; mais que pour lui, qui soutenoit par son courage et par ses fatigues le poids d'une guerre dont toutes les suites sembloient principalement le regarder, on ne devoit pas être surpris si, accablé de chagrins et environné de mille périls, il cherchoit, aux dépens d'une vie pleine de traverses, à finir la guerre.

Dans ce temps-là les assiégés firent une furieuse sortie, tuèrent et renversèrent tout ce qui se trouva dans la tranchée, avec une sanglante perte des assiégeans. Le maréchal de Biron en rejetoit la faute sur Louis Breton de Grillon, colonel du régiment des gardes : il prétendoit que les fréquentes allées et venues que Grillon avoit fait faire pour négocier avec André de Brancas de Villars, qui défendoit la ville et le fort Sainte-Catherine, avoient donné les moyens aux assiégés et fourni l'occasion à Villars d'entreprendre cette sortie.

Un jour que Grillon vint dans le cabinet du roi pour s'excuser là-dessus, il passa des excuses aux contestations, et des contestations aux emportemens et aux blasphèmes. Le roi, irrité de ce qu'il continuoit si long-temps sur le même ton, lui commanda de sortir; mais, comme Grillon revenoit à tous momens de la porte, et qu'on s'aperçut que le roi pâlissoit de colère et d'impatience, on eut peur que ce prince ne se saisît de l'épée de quelqu'un, et qu'il n'en frappât un homme aussi insolent. Enfin, s'étant remis après que Grillon fut sorti, et se tournant du côté des seigneurs qui l'accompagnoient, et qui, avec de Thou, avoient admiré sa patience après une brutalité si criminelle, il leur dit : « La nature m'a formé colère; mais, depuis que je me connois, je me suis toujours tenu en garde contre une passion qu'il est dangereux d'écouter : je sais par expérience que c'est une mauvaise conseillère, et je suis bien aise d'avoir de si bons témoins de ma modération. » Il est certain que son tempérament, ses fatigues continuelles et les différentes situations de sa vie lui avoient rendu l'ame si ferme, qu'il étoit beaucoup plus le maître de sa colère que de sa passion pour la volupté.

On remarqua que, durant la contestation de Grillon, le maréchal de Biron, qui se trouva chez le roi, et qui étoit assis sur un coffre, faisoit semblant de dormir; que plus elle s'échauffoit, et que les voix s'élevoient, plus il affectoit de dormir profondément. Quoique Grillon se fût d'abord approché de lui pour l'injurier, et qu'il lui criât aigrement aux oreilles qu'il n'étoit qu'un chien galeux et hargneux, la compagnie fut persuadée qu'il n'avoit affecté ce profond sommeil qu'afin de ne se point commettre avec un emporté et un furieux; ce qu'il eût été contraint de faire pour peu qu'il eût paru éveillé : on crut encore qu'il avoit voulu laisser au roi toute la fatigue de la contestation.

Avant cette sanglante sortie des assiégés, Sa Majesté s'étoit fait un plaisir, pendant le siège, de mener souvent le premier président et les députés, que de Thou accompagnoit, visiter ses travaux et ses tranchées; il les entretint au sujet des bulles d'excommunication du pape, et leur dit qu'il étoit pressé par les prélats de son parti, qui lui demandoient la permission d'envoyer leurs députés à Rome, conformément au résultat de leur assemblée tenue à Chartres au sujet de ces bulles, contre lesquelles ses parlemens de Tours et de Châlons en Champagne avoient donné leurs arrêts. Le premier président et les conseillers, qui n'étoient venus au camp que pour cette affaire, s'opposèrent long-temps à cette députation. Ils lui représentèrent qu'elle avoit été défendue par l'arrêt du parlement; que, suivant l'usage établi par leurs prédécesseurs, cet arrêt devoit avoir la même force pendant ces démêlés que s'il l'avoit prononcé lui-même; que, s'il vouloit maintenir l'autorité royale, il ne devoit point souffrir qu'aucun de ceux qui suivoient son parti se mêlât de donner atteinte à ses déclarations ni aux arrêts de son parlement : ainsi, de l'avis des députés, et de celui des cardinaux et des prélats qu'on assembla sur cette affaire, on dressa une espèce de nouvelle pragmatique, et l'on fit quelques réglemens sur la conduite que l'on devoit tenir dans ces temps de division, pour faire venir de Rome les provisions, les dispenses et les autres choses pour lesquelles on a coutume d'y recourir; que cependant les parlemens en connoîtroient conformément à ces réglemens. Ceci est expliqué plus au long dans l'Histoire Générale.

Mais comme cette délibération fut tenue secrète, cela n'empêcha pas que les prélats n'obtinssent la permission d'envoyer à Rome. Cette affaire étant terminée, le roi congédia honorablement le premier président et les députés. Il renvoya aussi à Tours de Thou, qui lui avoit apporté trente mille écus d'or qu'il avoit ramassés de tous côtés. Il le chargea de travailler encore à lui en envoyer davantage, avec un pouvoir particulier de se servir de cet argent comme il le jugeroit à propos, lui donnant même des gens pour exécuter ce qu'il leur commanderoit, et qui devoient lui obéir comme à lui-même. De Thou ne s'en servit qu'avec modération, et, tant qu'il put, ne fit violence à personne, à l'exception de quelques-uns qui, se croyant plus fins que les autres, s'attirèrent de très fâcheuses affaires en croyant les éviter.

Sur le chemin de Chartres à Tours il tomba dangereusement malade; cependant il souffrit son mal le plus patiemment qu'il put jusqu'à Tours, tantôt allant à cheval, tantôt en carrosse, quelquefois en litière; peu s'en fallut qu'il ne mourût en chemin la dernière journée. Sitôt qu'il fut arrivé, Charles Falaizeau et François Lavau, médecins célèbres, et tous deux de ses amis, le vinrent voir. Diane d'Angoulême, qui l'a toujours constamment honoré de son amitié, et dont la vertu héroïque répondoit à sa haute naissance, lui envoya aussi son médecin nommé Jaunai. Son mal venoit du séjour de quatre mois qu'il avoit fait au camp devant Rouen, où l'air, corrompu par la longueur du siége, avoit causé la peste.

En effet, au bout de trois jours on aperçut autour de ses reins ces espèces de charbons qui sont les marques certaines de cette maladie, et l'on désespéra absolument de sa guérison. On ne négligea rien contre un mal si dangereux, jusqu'au quatorzième jour, que, de l'avis de Falaizeau, qui disoit s'être quelquefois servi de ce remède avec succès, on lui fit prendre dans de l'eau cordiale une infusion d'une pierre de bézoard, que la duchesse d'Angoulême avoit donnée à Jaunai. Ce remède lui causa de fréquentes défaillances; mais les charbons se dissipèrent, ses forces se rétablirent à mesure que la fièvre diminua, et sa santé revint entièrement quelque temps après, avec autant de joie de tous les honnêtes gens de la ville que sa maladie leur avoit causé d'inquiétude.

Ses premiers soins après sa guérison furent de donner à Dieu des marques publiques de sa reconnoissance pour toutes les grâces qu'il avoit reçues de sa bonté; il mit au jour un poëme latin qu'il composa à l'imitation du Prométhée du poète Eschyle, et le dédia à Jean de Thumery et à Claude du Puy ses intimes amis, qui s'étoient intéressés particulièrement à sa santé.

Sur la fin de l'année il partit de Tours pour aller à Chartres, où la cour s'étoit rendue. Quelque temps auparavant le cardinal de Gondi et le marquis de Pisani, sur le refus du duc de Luxembourg, en étoient partis pour l'Italie. Ils avoient ordre d'y négocier la réconciliation du roi avec le pape; le sénat de Venise devoit y employer sa médiation, et le grand-duc avoit promis de l'appuyer de tout son crédit.

(1593) Dans ce temps-là, la princesse Catherine, qui pendant ces guerres avoit toujours demeuré à Pau, vint trouver le roi son frère. Ce prince alla au-devant d'elle, et la reçut à Tours comme elle y arrivoit. Pendant son absence les ennemis assiégèrent et prirent Noyon. Sur la nouvelle de ce siège le roi revint à Chartres, et courut dans le Vermandois pour tâcher de secourir la place, s'il étoit possible; mais les assiégés, qui avoient fait leur capitulation sous la condition de se rendre s'ils n'étoient secourus dans un temps marqué, ne reçurent aucunes nouvelles du roi, et quand ce temps fut expiré rendirent la place.

Sofrède de Calignon, fait chancelier de Navarre après la mort de Michel Hurault de L'Hôpital, vint aussi à la cour dans le même temps. C'étoit un homme distingué par sa probité et par son érudition, par son expérience et par une sagacité admirable dans les affaires les plus difficiles, qu'il avoit le talent d'aplanir. Il avoit étudié au collége de Bourgogne, et, comme il étoit plus âgé de quatre ans que de Thou, il lui avoit appris la manière de faire des vers; ce que de Thou marque en quelque endroit de ses ouvrages. De Thou renouvela avec lui une ancienne amitié que le malheur des guerres précédentes avoit interrompue, et la conserva depuis chèrement tout le temps de sa vie.

On sut que sur la fin de l'année dernière le duc de Mayenne avoit publié un manifeste à

Paris. Schomberg et de Thou, du consentement du roi, furent d'avis d'y répondre au nom des princes, des prélats et des seigneurs qui suivoient Sa Majesté : cela donna lieu de proposer une conférence entre les deux partis, qui, ne pouvant la refuser honnêtement, convinrent d'un rendez-vous et du temps qu'ils s'assembleroient. Après plusieurs entrevues on conclut une trêve, et l'on espéra que pendant qu'elle dureroit les esprits, échauffés par la chaleur et la violence des troubles qui leur avoient donné tant d'aversion pour la paix, pourroient enfin revenir de leur emportement, et la souhaiter avec autant de passion qu'ils y avoient témoigné de répugnance.

Ce fut encore dans ce temps-là que de Thou se mit à travailler à ce corps d'histoire que nous avons de lui, et c'est principalement par rapport à cet ouvrage que l'on écrit sa vie ; il y avoit plus de quinze ans qu'il en avoit formé le dessein. Dans cette vue il avoit depuis long-temps amassé de tous côtés les mémoires nécessaires, soit dans ses voyages, soit par le commerce de lettres et d'amitié qu'il avoit entretenu dès sa jeunesse avec tout ce qu'il y avoit de gens illustres dans l'Europe, et principalement en France. Il avoit appris ce qui s'étoit passé de plus particulier sous le règne de nos derniers rois de ceux qui avoient été employés dans les grandes ambassades : il avoit examiné avec application les mémoires et les instructions des secrétaires d'état : il n'avoit pas même négligé (on l'avoue naturellement) tout ce qu'on avoit écrit de part et d'autre dans ces temps de troubles, mais avec la sage précaution de distinguer la vérité du mensonge, par le moyen et par les avis de ceux qui avoient eu part eux-mêmes aux affaires les plus importantes.

Ainsi, c'est avec une extrême injustice que ses envieux lui ont reproché qu'il s'étoit attaché à de méchans libelles et à de mauvais bruits répandus dans le public ; on peut assurer qu'il n'a rien écrit qu'il n'ait puisé dans les sources mêmes de la vérité. On remarque dans sa narration ce rare caractère de candeur, également éloigné de la haine et de la flatterie : aussi l'on voit à la tête de son ouvrage une ode intitulée La Vérité, qui lui sert d'introduction. Ceux qui l'ont connu, et qui ont été témoins de sa conduite, peuvent lui rendre ce témoignage, que, si par modestie il se jugeoit inférieur à bien des gens en d'autres qualités, il leur a toujours disputé le premier rang à l'égard de la sincérité. Le mensonge lui fut toujours si odieux, qu'à l'exemple de cet ancien dont parle Cornélius Népos, il ne mentoit pas même dans ses discours les moins sérieux.

On sait encore que depuis sa vingtième année qu'il entra dans le monde, et qu'il vécut parmi les plus grands hommes de l'état, il y acquit la réputation d'avoir beaucoup de candeur et de probité ; qu'il conserva cette réputation entière dans le maniement des grandes affaires où il fut et où il est encore employé. S'il s'est trouvé contraint de rapporter quelques faits odieux, du moins, pour peu qu'on veuille lui rendre justice, on peut juger, par la comparaison de ceux qui ont traité le même sujet, avec quelle modération son penchant à interpréter favorablement toutes choses lui a fourni les termes les plus mesurés, pour tâcher d'en diminuer la honte et le reproche : aussi ses amis lui ont souvent ouï dire que tous les matins, outre les prières que chaque fidèle est obligé de faire au Seigneur, il lui adressoit ses vœux en particulier pour le prier de purifier son cœur, d'en bannir la haine et la flatterie, d'éclairer son esprit, et de lui faire connoître, au travers de tant de passions, la vérité que des intérêts fort opposés avoient presque ensevelie.

Il disoit qu'avec un si grand secours, et le témoignage de sa conscience, il ne doutoit pas qu'il n'eût rempli une grande partie des devoirs d'un historien, à moins que le jugement, qui est la partie la plus nécessaire, ne lui eût manqué ; que là-dessus il espéroit que les siècles à venir lui rendroient une justice qu'il n'attendoit peut-être pas du sien. C'est pourquoi, dans la confiance où il étoit que son ouvrage passeroit à la postérité, il souffrit qu'un de ses amis composât sous son nom le poème suivant, pour servir comme d'apologie à ce qu'il avoit appris et qu'on n'approuvoit pas, soit à Rome, soit à la cour de France. Il ne sera pas hors de propos de le rapporter ici, quoiqu'il ait été fait bien depuis les temps dont nous parlons.

A LA POSTÉRITÉ.

Fondement de l'histoire, exacte Vérité,
As-tu donc parmi nous perdu la liberté?
Quoi! pour avoir suivi tes fidèles maximes,
Exalté les vertus, fait détester les crimes,
A Rome, en France même, on traite d'attentat
Ce que j'ai composé pour l'honneur de l'état!
A qui donc me plaindrai-je, où sera mon refuge?
Rome est l'accusatrice et veut être mon juge.
Toi, qu'on ne peut corrompre, équitable Avenir,
Quand on m'attaquera daigne me soutenir;
J'ai travaillé pour toi, j'attends ma récompense
De ton jugement seul et de ma conscience.
Si mon travail te plaît, juste Postérité,
Que pourra contre moi le vulgaire entêté?
Sa jalouse critique et ses faux témoignages
Ne flétriront jamais mon nom ni mes ouvrages.
Un jour viendra, sans doute, où l'envie et l'erreur
Ne lançant plus les traits d'une injuste fureur,
Ce qu'on blâme aujourd'hui trouvera lieu de plaire,
Et l'on rendra justice à ma plume sincère.
Cependant, sans aigreur, et dans de simples vers,
Je veux me disculper aux yeux de l'univers;
Je dois cette défense à ma gloire offensée.
Ma plume n'a jamais déguisé ma pensée;
Vrai dans tous mes discours, libre en mes sentimens,
J'ai toujours de mon cœur suivi les mouvemens.
Eh! que n'eût-on pas dit, si ma plume servile
Au gré de mes censeurs eût corrompu mon style!
Accusé d'impudence et de mauvaise foi,
Je leur eusse fourni des armes contre moi.
Quiconque a le cœur pur, le jugement solide,
Aime la vérité comme un fidèle guide;
Si dans l'ennemi même il la faut respecter,
On doit dans ses amis les vices détester.
Que chacun à son gré me condamne ou m'approuve,
J'honore la vertu partout où je la trouve,
Sans distinguer ni rang, ni pays, ni parti:
Ainsi, victorieux du monde assujéti,
Alexandre à Porus accorda son estime.
J'eus toujours pour objet cette juste maxime;
Je ne m'en repens point. Que ces adulateurs,
Du mensonge fardé lâches admirateurs;
Qu'un tas de paresseux, d'ignorans, d'hypocrites,
Vils esclaves des grands, infames parasites,
Perturbateurs secrets du repos des états,
Blâment ces sentimens ou ne les blâment pas;
Pour moi qui suis sans fiel, mais qui hais l'artifice,
Je rends aux bonnes mœurs une entière justice.
J'ai toujours regardé comme un bon citoyen
Celui que l'on voit, même aux dépens de son bien,
Aux dépens de son sang, garder la foi promise,
Qui déteste la fraude et l'injuste surprise,
Que l'or ni les grandeurs ne tentèrent jamais,
Qui plus que tous les biens sait estimer la paix,
Et qu'on trouve en dedans, quand on le veut connoître,
Modeste et vertueux sans le vouloir paroître.
Une trop longue barbe, un air sombre, affecté,
Témoignent plus d'orgueil que de sincérité:
Dieu seul sonde les cœurs, démasque les visages,
Et montre dans leur jour tous les faux personnages.
Ici l'on me reproche, avec mille dédains,

D'épargner mon encens aux pontifes romains,
Lorsqu'à ceux que l'erreur de l'église sépare
On me voit sans scrupule en être moins avare,
Et qu'au lieu du silence, ou d'un juste mépris,
On voit que leur louange infecte mes écrits.
Téméraire critique, as-tu lu mes histoires?
N'ai-je pas exalté les Marcels, les Grégoires,
Ceux qui si justement sont surnommés pieux?
Qu'ai-je dit de Caraffe, et des dons précieux
Dont le ciel le combla comme un rare modèle?
Ai-je tu leurs vertus? Ai-je oublié leur zèle?
Mais si l'on doit louer de si dignes pasteurs,
Tous ont-ils mérité l'éloge des auteurs?
Combien en a-t-on vus, de moins saints que les autres,
Occuper à leur tour la chaire des apôtres?
C'est le sort des humains d'être tous imparfaits,
Et le Seigneur mesure à son gré ses bienfaits.
Quoi! pouvois-je approuver le profane Alexandre,
Dont l'infame avarice osa tout entreprendre?
Pour élever ses fils, enrichir sa maison,
N'usa-t-il pas du fer, et même du poison?
Si je monte plus haut, excuserai-je Jule,
Qui, du pouvoir des clefs abusant sans scrupule,
Les jeta dans le Tibre, et, les armes en main,
Mit en feu l'Italie et le peuple romain?
Comment justifier un autre Jule encore,
Qu'une lâche indolence à jamais déshonore,
Et qui, dans le réduit d'un jardin enchanté,
Oublia ses devoirs, ternit sa dignité?
Pourquoi, me dira-t-on, d'un style pathétique
Exposer ces défauts à la haine publique?
Ne valoit-il pas mieux les taire ou les cacher?
Censeur, sais-tu pourquoi l'on doit les reprocher?
Rien n'empêche les grands de suivre leur caprice
Que le soin de leur gloire et la honte du vice;
Ce frein seul les arrête et retient leur penchant,
Chacun fuit le reproche et le nom de méchant;
Tous craignent qu'en secret la Renommée instruite
Ne découvre au grand jour leur injuste conduite,
Et qu'un historien ne montre à l'univers
Des crimes qu'ils croyoient de ténèbres couverts.
Vous donc, ô souverains, qui gouvernez la terre,
Vous êtes au théâtre, et le peuple au parterre:
On vous voit d'autant plus que vous êtes plus haut;
On aperçoit de vous jusqu'au moindre défaut;
On veut vous pénétrer, et même le vulgaire
Pèse vos actions au poids du sanctuaire.
Si donc de la vertu vous suivez les sentiers,
Aux yeux de vos sujets montrez-vous tout entiers;
Leur louange sincère et votre conscience
Feront votre bonheur plus que votre puissance.
Sans craindre alors le peuple et ses regards malins,
Vous régnerez en paix, et parmi vos festins
Vous ne tremblerez plus en jetant votre vue
Sur une épée en l'air par un fil suspendue.
Tel le premier consul que Rome eut autrefois
Se fit aimer du peuple en observant les lois.
On voit dans Rome même une place publique
Où règnent la satire et l'affreuse critique.
Là triomphe Pasquin, qui raille impunément
Des foiblesses des grands et du gouvernement;
Il n'épargne personne, et son voisin Marphore
Lui répond par des traits plus déchirans encore.

[1593] LIVRE CINQUIEME. 659

Souvent de leurs bons mots les termes effrontés
Révoltent la pudeur par leurs impuretés :
Les poëtes, surtout, dont la muse affamée,
Par le mépris des grands, de rage est animée,
Sans craindre le retour, y versent en tous lieux
De leurs vers pleins de fiel le poison odieux.
En vain pour réprimer cette ouverte licence,
On fait armer des lois la suprême puissance,
La garde vainement veille autour de Pasquin,
On n'a jamais surpris ni lui ni son voisin ;
Et l'auteur inconnu de leur aigre satire
Toujours en liberté peut et pourra médire.
Mais de tous ces brocards les traits si redoutés
Donnent-ils quelque atteinte aux saintes vérités,
A cette foi si pure aux chrétiens révélée,
Que jadis Pierre et Paul de leur sang ont scellée,
Qui fut toujours la même, à qui les nations
Portent un saint respect dans ses décisions,
Et qui, de siècle en siècle à nos aïeux transmise,
Réunit l'univers dans le sein de l'église ?
Qu'à Rome on cesse donc de noircir un auteur
Qui ne veut imposer ni paroître flatteur.
S'il prise la vertu, s'il déteste le crime,
Sa liberté n'a rien qui ne soit légitime,
Et n'a point de rapport à la religion.
Pour moi, quoique ennemi de toute passion,
Si contre les méchans ma haine naturelle,
Ou si des vertueux la peinture fidèle,
M'ont fourni des traits vifs et pleins de liberté,
Je suis né catholique, et l'ai toujours été.
Dans l'église élevé dès ma plus tendre enfance,
Je n'ai point démenti cette heureuse naissance ;
J'ai marqué mon horreur, en tous lieux, en tous tems,
Contre un schisme suivi de longs soulèvemens ;
Jamais on ne m'a vu du parti des rebelles,
J'ai blâmé leurs fureurs et leurs ligues cruelles ;
Et, détestant la guerre et les séditieux,
J'ai suivi constamment la foi de mes aïeux.

Illustre cardinal, à qui, dès ma jeunesse,
Je fus lié des nœuds d'une étroite tendresse,
D'Ossat, qui m'as connu dans mes divers emplois,
Viens aux yeux du public justifier ton choix.
Mon cœur te fut ouvert tout le temps de ma vie :
Si la lumière, hélas ! ne t'étoit point ravie,
Tu fermerois la bouche à mes accusateurs,
Et la foible innocence auroit des protecteurs.
Favori des neuf sœurs, et l'honneur de notre âge,
Du Perron, joins au sien ton glorieux suffrage.
Et toi, témoin si sûr de mes soins pour l'état,
Gloire de ta patrie et du sacré sénat,
Morosin, qui m'aimas d'une amitié si tendre,
Dépose en ma faveur et daigne me défendre.
N'as-tu pas reconnu ma foi, ma probité ?
Sois mon garant fidèle à la postérité.

Je viens aux protestans, dont la moindre louange
Aux yeux de mes censeurs paroît un monstre étrange.
L'histoire, disent-ils, doit les rendre odieux.
Pouvois-je refuser aux talens précieux
De l'esprit, du savoir, de l'adroite éloquence,
D'exercer les beaux-arts, d'en donner connoissance,
Un éloge sincère, et qu'on doit aux vertus

Dont ceux que j'ai loués ont été revêtus ?
C'est ainsi qu'autrefois un auteur de Sicile,
Dans sa bibliothèque, à tous savans utile,
Fit passer jusqu'à nous et les dits et les faits
Des grands hommes fameux dans la guerre et la paix.
L'éloquent Sozomène a fait la même chose
Et rendit de sa plume hommage à Théodose.
Je crois qu'à leur exemple on doit me pardonner
De louer Léonclave, et Fabrice, et Gesner,
Et Camerarius, et le docte Xylandre,
Tant d'autres qu'en ces vers on ne sauroit comprendre;
Ascham et Bucanan, Votton et Junius,
Ces Étiennes, savans au monde si connus,
Dont les soins d'imprimer en de beaux caractères
De tant d'anciens auteurs les rares exemplaires
Rendront le nom illustre à nos derniers neveux.
J'ai joint le grand Erasme à ces hommes fameux,
Et n'ai pu me résoudre à ternir dans l'histoire
De ses rares talens l'honorable mémoire.
S'il eut quelques erreurs on dut les excuser ;
Puisque Erasme était homme, il pouvoit s'abuser :
Dans un esprit de paix on a dû le reprendre,
Et ne le forcer pas à vouloir se défendre.
Que de ses ennemis, dans la même rigueur,
On éclaire la vie, on pénètre le cœur :
Que n'y verroit-on pas ? de véritables crimes,
Et des erreurs peut-être, ou d'horribles maximes.
Chaque âge a ses défauts ; je sais que, jeune encor,
A sa plume mordante il donna trop l'essor ;
Mais, sans attention aux traits de sa critique,
Considérons sa mort chrétienne et catholique,
Et jugeons de son ame et de ses sentimens
Par sa dernière épître adressée aux Flamans.

Dois-je ici repousser un reproche honorable,
De montrer pour nos lois un zèle inébranlable,
D'en soutenir partout la juste autorité,
Et de blâmer tous ceux qui leur ont résisté ?
Ces lois, qui de l'état sont les fermes colonnes,
Sont dans l'ordre du Ciel, qui donne les couronnes.
En formant les états, Dieu leur donna des lois ;
Quiconque les viole est rebelle à sa voix.
De tout temps on a vu la justice divine
Des factieux publics permettre la ruine :
Tel Séjan, autrefois dans le Tibre entraîné,
Eprouva la fureur d'un peuple forcené ;
Tel de Catilina Céthégus le complice
Fut puni justement par le dernier supplice.
Vous n'arracherez point, dit le texte sacré,
Les limites du champ entre vous séparé.
Ceux donc qui, par la brigue ou de sourdes cabales,
Sapent dans un état les lois fondamentales,
Sont des serpens cachés qui déchirent son sein,
Prêts à faire éclater un dangereux dessein.
Peut-on penser, ô ciel ! à la suite du crime
De quiconque renverse un pouvoir légitime ?
Combien de maux affreux traîne infailliblement
Un changement de lois et de gouvernement !
Des esprits scrupuleux, fâchés qu'on les instruise,
S'offensent du récit du concile de Pise,
Convoqué par Louis, le plus doux de nos rois,
Prince dont la mémoire est chère aux bons François ;
Pour le bien de la paix il tenta cette voie

De séparer enfin le bon grain de l'ivroie,
Et de parer les traits qu'un pontife hautain
Alloit lancer sur lui les armes à la main.
Quoi donc ! pouvois-je taire une histoire publique?
Vous louez, diront-ils, cette audace authentique,
Même indirectement le saint-siége est noté.
Je vois ce qui les blesse, un trait de liberté.
Oseroient-ils blâmer un roi rempli de zèle
De soumettre au concile une juste querelle,
D'assembler ses prélats, afin de prévenir
Des abus que le schisme alloit entretenir?
Cette précaution n'est-elle pas permise
Dans un roi très-chrétien, fils aîné de l'église?
Ne devoit-il donc pas, en cette qualité,
User de son pouvoir et de sa fermeté ;
Soutenir tous ses droits et ceux de sa couronne,
Supprimer pour jamais le nom de Babylone ;
Empêcher l'avenir de trouver aucun lieu
Aux défauts prétendus de l'épouse de Dieu ;
Déraciner enfin ces semences fatales
De plainte, de discorde et de honteux scandales?
Que nous serions heureux, si les événemens
Avoient justifié de si beaux sentimens !
Qu'un concile si juste eût été nécessaire !
Jamais Jule, oubliant son sacré caractère,
N'eût rempli l'Italie et de feux et de sang.
Léon, qui le suivit dans cet auguste rang,
Profanant, vendant tout, jusques aux indulgences,
Pour fournir à son luxe, à ses folles dépenses,
N'eût jamais fait revivre un feu mal apaisé,
Dont le monde chrétien fut bientôt embrasé ;
Le Nord, la Germanie et toute l'Angleterre
Reconnoîtroient encor le siége de saint Pierre.

Autre nouveau reproche, effet de passion.
Pourquoi, dit-on, parler de cette sanction,
Que vos grossiers aïeux appeloient *Pragmatique*?
N'a-t-on pas supprimé ce réglement antique?
Cependant, établi par un grand empereur,
Deux rois, deux sages rois, l'ont remis en vigueur.
Tout le temps qu'il eut cours la France fut heureuse,
L'église dans la paix, sans secte dangereuse ;
Si le schisme est fatal au Germain, à l'Anglois,
Nous obligera-t-on à relâcher nos droits?
Faudra-t-il oublier un si constant usage?
N'oserons-nous du moins en informer notre âge?

Il ne me reste plus qu'à me justifier
D'un crime atroce, affreux, qu'on ne peut expier.
A quoi bon détester cette heureuse journée
Où dans un piége adroit l'hérésie amenée
Vit ses plus grands suppôts, de toutes parts meurtris,
Ensanglanter la France et les murs de Paris?
Ignorez-vous, dit-on, qu'une action si sainte
Dans Rome est approuvée, au Vatican est peinte,
Et que, de tous les coups portés à l'ennemi,
Aucun n'égale encor la Saint-Barthélemy?

Romains, dévots Romains, qui brûlez d'un faux zèle,
Me ferez-vous sans cesse une injuste querelle?
Pourquoi confondez-vous et les temps et les lieux?
Chantez à haute voix un jour si glorieux,
Célébrez tous les ans son illustre mémoire,

Et que le Vatican conserve cette histoire.
Vous le pouvez dans Rome, et par-delà les monts.
Les muses de Sicile, ou plutôt les démons,
Peuvent aussi chanter, au milieu de leur île,
Sur un semblable ton les vêpres de Sicile.
Ces applaudissemens ne conviennent qu'à vous,
Et nous trouvons amer ce qui vous paroît doux.
Nous sommes différens de pays, de langage.
Quoi ! j'aurois approuvé cet horrible carnage,
Désavoué cent fois avec confusion,
L'éternel déshonneur de notre nation !
J'aurois loué ce jour qui nous remplit d'alarmes,
Autorisa la haine et lui fournit des armes!
Jour affreux qui vit naître un esprit de fureur,
Qui vit verser le sang, sans remords, sans horreur !
Non, la fidélité que l'on doit à l'histoire
Manquant pour ce tableau de couleur assez noire,
Je n'ai pu trop marquer mon exécration :
Ce ne fut que désordre, effroi, combustion ;
On renversa les lois, appui de la patrie ;
L'état fut ébranlé, la justice flétrie ;
On viola la paix, ce trésor précieux,
Le bienfait le plus grand qu'on reçoive des cieux,
Le salut des états, pour qui l'église entière
Tous les jours au Seigneur adresse sa prière.

Vous qui, dans la mollesse et dans l'oisiveté,
Engourdis de langueur et de sécurité,
Passez vos jours heureux dans une paix profonde,
Digne postérité de ces maîtres du monde,
Vous vous trompez, Romains, si vous ne croyez pas
Que rien puisse troubler vos tranquilles états.
Ah ! si comme autrefois on voyoit à vos portes
Bourbon, accompagné de nombreuses cohortes,
Escalader vos murs, mourir victorieux,
Livrant à votre ville un assaut furieux ;
Si le superbe d'Albe et l'armée espagnole
Venoient encor de nuit au pied du Capitole,
Prêts à bouleverser vos tours et vos remparts ;
Alors, certes alors, fuyant de toutes parts,
Par vos propres périls rendus plus pitoyables,
Vous pourriez compatir à des malheurs semblables ;
Vous chercheriez la paix, dont le fruit précieux
Ailleurs qu'en vos états vous devient odieux.
Votre tour peut venir aussi bien que le nôtre :
Aujourd'hui, c'est à l'un, et demain, c'est à l'autre ;
Un orage fatal, dont nous sentons les coups,
Quoiqu'il soit éloigné, peut passer jusqu'à vous.
Ne voit-on pas aussi, dans votre propre terre,
De tristes monumens des fureurs de la guerre?
Le Comtat embrasé se souviendra long-temps
D'un ravage funeste à tous ses habitans.
Quand le fier des Adrets vengea la barbarie
Que dans Orange en feu Serbellon en furie
Exerça contre un peuple indignement traité,
Que vous payâtes bien cher cette inhumanité,
Qu'Avignon est à plaindre ! et qu'Orange est voisine !
Si parmi vous un jour ce même esprit domine,
Et si, las de la paix qui vous rend tous heureux,
Vous écoutez encor des conseils dangereux ;
Si tous ces fainéans, vain fardeau de la terre,
Aux dépens de vos biens rallument cette guerre,
Sans craindre des malheurs qu'ils ont déjà causés,

Sans prévoir les périls où vous vous exposez,
Hélas! combien de maux vous ferez-vous vous-mêmes!
Pourrez-vous regarder, sans des frayeurs extrêmes,
Vos sujets dans les fers, vos champs sans laboureur,
Le sang couler partout, vrai spectacle d'horreur!
Vos prêtres dispersés, fuyant de ville en ville,
Même au pied des autels ne trouver point d'asile;
Ou, si quelqu'un échappe aux fureurs du soldat,
Le peuple l'accuser des malheurs de l'état?
Mais, sans pousser plus loin un odieux présage,
Disons la vérité, rendons-lui témoignage:
Christ a-t-il quelque part dans tous ces mouvemens?
Est-ce là pratiquer ses saints commandemens?
Que devient, dans le cours d'une guerre cruelle,
Cette union des cœurs, cette amour mutuelle?
Que devient le lien de la société,
La source des vertus, l'ardente charité,
Qui toujours du chrétien fut la marque authentique?
A ne considérer que l'ordre politique,
Respecte-t-on des lois la juste autorité?
L'innocente pudeur est-elle en sûreté?
La guerre est en un mot le triomphe du vice,
Et l'on n'y voit ni foi, ni piété, ni justice.

Ne vous servez donc plus du glaive temporel,
Romains, votre partage est le spirituel.
Le fer détruit de Dieu les images vivantes;
N'élevez vers le ciel que des mains innocentes
Dont le sang n'ait jamais terni la pureté,
Et désarmez un Dieu justement irrité.
Envers les séparés devenez charitables;
Pour être dans l'erreur ils ne sont point coupables.
Si par foiblesse humaine ils ont été surpris,
Ce n'est point par le fer qu'on guérit les esprits.
Quelle est donc la maxime, ou plutôt l'injustice,
Qui prétend les forcer, même par le supplice?
Quittez ce sentiment indigne de chrétiens,
Il est pour les gagner de plus justes moyens:
L'innocence des mœurs, une pure doctrine,
Des raisons que fournit la parole divine,
Des argumens tirés de la tradition,
La pitié, la douceur, la conversation;
Voilà pour les dompter les armes qu'il faut prendre:
La rigueur les aigrit, les force à se défendre;
Les prisons, les gibets augmentent leur fureur.
Eh! qui pourroit, hélas! raconter sans horreur
Les troubles de l'Europe et la funeste suite
De cette dangereuse et sévère conduite.
J'étois près de finir, et je touchois au port,
Flatté que mes censeurs ne feroient plus d'effort,
Et qu'il ne restoit plus de traits à l'imposture,
Quand tout-à-coup s'élève un odieux murmure.
De mon père, dit-on, je trouble le repos,
J'impose à sa mémoire, et dis mal à propos
Que, contre son avis, et par obéissance,
Il excusa ce jour, la honte de la France,
Ce massacre inhumain dont, comme magistrat,
Il loua la justice au milieu du sénat.

Nom pour moi si sacré! cendres que je révère!
Ici je vous atteste, ô mânes de mon père!
J'appelle devant vous de ma sincérité,
Vous n'êtes point blessé de cette vérité!

Jour et nuit devant moi vient s'offrir votre image,
Elle éclaire mes pas, observe mon langage,
Et, si dans mon chemin je venois à broncher,
Je la vois toute prête à me le reprocher.
C'est elle, comme un juge éclatant de lumière,
Qui me montre le prix au bout de la carrière,
Et qui pour m'animer me met devant les yeux
Les grandes qualités de mes nobles aïeux.
Je les vois, signalant leur valeur et leur zèle,
Au siége d'Orléans répandre un sang fidèle.
Je vois deux noms fameux dans les siècles passés,
Au comble des honneurs l'un et l'autre placés,
De Marle et d'Armagnac mourans pour la patrie,
Du peuple par leur sang apaiser la furie.
Chef des conseils de paix et digne chancelier,
De Ganay, je ne puis ni ne veux t'oublier.
C'est à de si grands noms que je dois ma naissance;
Tous sont de ma famille ou dans mon alliance.
Non, la postérité ne m'accusera pas
De m'être indignement écarté de leurs pas;
Jamais on ne m'a vu, par d'infames bassesses,
Mendier à la cour les honneurs, les richesses;
Content dans mon état, dans ma condition,
J'ai vécu sans intrigue et sans ambition.

Ressource auprès des rois aujourd'hui nécessaire,
Ombres de mes aïeux, mémoire de mon père,
Qui, de tes longs travaux délivré pour jamais,
Possèdes dans le ciel une éternelle paix,
Vous savez que, toujours fidèle à ma naissance,
Fidèle aux grands emplois dont m'honora la France,
Je n'ai fait, en servant ma patrie et mon roi,
Rien d'indigne de vous, rien d'indigne de moi;
Que, n'ayant refusé ni mes soins ni ma peine,
Mon zèle, dégagé de faveur et de haine,
Mériteroit peut-être un peu d'attention,
Si l'on aimoit la paix et l'esprit d'union.
Lorsque je subirai la loi de la nature,
Mon ame auprès de vous se rendra toute pure;
Je mourrai sans reproche et sans être infecté
Des maximes d'un siècle ingrat, sans charité.

Mais puisque Dieu permet, dans sa juste colère,
Que l'on n'écoute plus de conseil salutaire,
Qu'on se laisse entraîner par les plus violens
(Ce que j'avois prévu dès mes plus jeunes ans,
Quand des faucons légers je chantois le courage),
Maintenant que je touche au déclin de mon âge,
Je laisse le champ libre à tous mes envieux,
Et quitte des emplois qui leur blessent les yeux.

On a déjà dit que cette apologie fut faite sous son nom par un de ses amis. Depuis long-temps un secret pressentiment lui faisoit appréhender que l'histoire qu'il nous a donnée ne lui attirât des affaires (ce qu'il craignoit moins par rapport à sa fortune que par rapport à l'utilité publique): cela le fit souvenir de son poëme de la Fauconnerie qu'il avoit composé il y avoit plus de vingt-sept ans, et qui finit par une espèce de présage de ce qui lui devoit arriver. Il l'avoit fait voir à son ami; et, afin qu'on puisse juger de sa prévoyance, il faut insérer ici les propres vers de ce poème:

> Ceux qui, passant un jour près de mon monument,
> Verront qu'un gazon simple en fera l'ornement,
> Diront, tout étonnés d'une telle aventure:
> Celui qui dans ces lieux choisit sa sépulture
> Des plus grands magistrats avoit reçu le jour;
> Il fut de sa famille et l'espoir et l'amour:
> De grandes qualités, une juste opulence,
> Tout pouvoit soutenir l'honneur de sa naissance.
> Pour régler ses devoirs il eut devant les yeux
> L'exemple et les vertus d'un grand nombre d'aïeux;
> D'un père illustre encor l'honorable mémoire
> Se joignoit dans son cœur à l'amour de la gloire.
> Il préféra pourtant aux plus brillans emplois
> Une douce retraite et le calme des bois;
> Il préféra l'étude et le repos des Muses
> Aux faveurs de la cour, si vaines, si confuses;
> Aimant mieux sans éclat vivre et mourir en paix,
> Le front ceint d'un laurier qui ne flétrit jamais,
> Qu'aux dépens des vrais biens que donne la retraite,
> Jouir dans le public d'une gloire inquiète.

Il est surprenant que de Thou, qui a toujours fait profession d'impartialité et de philosophie; qui n'a écrit ses annales que dans la vue de la gloire de Dieu et de l'utilité du public, à qui il importe que la vérité soit transmise à la postérité; qui n'a rien avancé que sur la foi des garans les plus sûrs; qui fait voir partout un esprit si dégagé de complaisance, de haine et d'ambition, ait été cependant attaqué par tant de calomniateurs au sujet de son histoire.

Il est plus étonnant encore que leur malignité ne se soit pas contentée de relever avec aigreur les fautes légères où il est difficile à tout historien de ne pas tomber dans le cours d'un si long ouvrage, mais qu'elle ait encore cherché par les plus mauvais artifices à décrier l'auteur, jusque-là que, passant de l'examen de ses écrits à ses mœurs, ils ont voulu pénétrer jusque dans l'intérieur de son domestique, afin que rien n'échappât à la fureur de leur animosité.

Ne pouvant comprendre la source de cette haine, pour en connoître les motifs je m'adressai un jour à lui-même, et lui demandai ce qu'il pensoit là-dessus. Il me répondit qu'il n'en savoit point d'autre raison, sinon qu'il y avoit dans ses écrits certaines choses que ses censeurs n'osoient relever. Je voulus alors deviner ce que c'étoit, et je m'imaginai que c'étoit l'aversion et l'horreur qu'il témoigne dans tout le corps de ses annales contre nos guerres de religion. Effectivement, il y tâche de détourner ses lecteurs d'une voie si violente, comme il s'en est expliqué plus librement dans sa préface, dans laquelle il déclare que la violence n'est pas un moyen légitime de réparer les brèches qui ont été faites à la religion. Il y insinue en plusieurs endroits qu'il est nécessaire de rétablir l'ancienne discipline de l'église, et que, conformément aux décrets du concile œcuménique de Constance, on devroit assembler des conciles tous les dix ans, si la nécessité n'oblige de le faire plus souvent.

Ce qui les irrite le plus, c'est qu'il y défend nos lois, les prérogatives du royaume, les libertés et les priviléges de l'église gallicane, et qu'il y donne des éloges à la pragmatique, qu'il nomme *palladium*. Comme ce sont des usurpateurs qui ne cherchent qu'à s'enrichir par surprise du bien d'autrui, aux dépens même du schisme et de la ruine de l'église, ils ne demandent pas mieux que de voir la guerre et la révolte déchirer les royaumes de la chrétienté, pour en pouvoir détruire les libertés, et pour établir leur puissance démesurée sur le mépris de la majesté des souverains.

Voilà ce qui leur tient si fort au cœur, voilà la source véritable de cette furieuse aversion, et le motif secret de ces libelles répandus partout, et remplis de tant de venin: il est inutile d'en chercher d'autre. C'est ce qui a donné lieu à la censure qu'on a faite à Rome de l'Histoire de Jacques-Auguste de Thou, sans aucuns égards pour l'auteur et sans écouter ses raisons: alors il n'en paroissoit encore qu'une partie imprimée, mais avec cette préface qui leur est si sensible, quoiqu'ils se gardent bien d'avouer qu'elle soit le motif de leur haine.

Cependant lorsque le cardinal Bellarmin l'eut lue, et qu'on lui en eut demandé son sentiment, il répondit qu'il n'y trouvoit rien digne de censure. Il est vrai qu'il ajouta que le règne de Henri II ayant plutôt été troublé par les guerres étrangères que par les guerres de religion, il y avoit eu de la précipitation d'en rejeter les causes sur elle: mais cette préface regarde l'histoire entière, qui comprend toutes nos guerres civiles : d'ailleurs, elle avoit été imprimée avec le règne de François II, sous lequel elles avoient commencé.

Cela n'empêche pas que ces censeurs importuns ne continuent de déclamer depuis dix ans. Ils ne sauroient souffrir que nous jouissions d'une paix conclue et exécutée de bonne foi : ils reprochent comme un crime à un homme qui a travaillé depuis treize ans, par l'ordre de Henri le Grand, à réconcilier les esprits, de parler des protestans avec modération, et de leur rendre la justice qui est due à tout le monde. Imbus d'une nouvelle doctrine, et se flattant que la providence divine favorisera leurs entreprises, ils croient procurer la gloire de Dieu par des cabales et des conjurations, par la guerre et par les massacres. La contrition, les prières et les larmes, les conférences paisibles avec nos frères séparés, leur paroissent des moyens trop doux contre un mal qui fait de jour en jour de nouveaux progrès. Ils se déchaînent contre ceux qui implorent le secours des conciles; ils les traitent de schismatiques, du moins de gens suspects et peu affectionnés à la religion. Ces hommes dangereux, qui, en abandonnant le soin des brebis égarées, se sont dépouillés de l'esprit de charité de nos ancêtres, aiment mieux, sous le prétexte de la liberté ecclésiastique, traiter avec une dureté hors de saison ceux qui tâchent de conserver le lien de la paix et de la concorde. Ils préfèrent la pompe, le faste, l'ambition, le désir de dominer sur les consciences, source de schisme, à la simplicité, à la frugalité de nos pères, à la douceur, à la charité : enfin, comme les sages du monde, ils se préparent à la guerre dans le sein de la paix. Les mauvais succès ne les rebutent point; ils se font un jeu de porter le fer, le feu et la désolation de tous côtés, pourvu qu'ils se vengent, pourvu qu'ils ruinent et fassent périr ceux qui n'ont pas approuvé leurs mauvais desseins, ou qui ont osé s'y opposer.

Voilà ces gens qui crient si haut contre l'auteur de l'histoire dont il s'agit. Voilà les causes de cette haine violente, d'autant plus dangereuse que c'est un feu couvert que rien ne peut éteindre; car c'est un crime chez eux, mais un crime de lèze-majesté divine, de défendre aujourd'hui les droits du royaume, ses libertés, sa dignité; de se précautionner, à l'exemple de nos généreux ancêtres, contre les entreprises et les usurpations des étrangers; de maintenir la justice de nos lois, les libertés et les prérogatives de l'église gallicane; de défendre la vie de nos rois, et de les garantir des conspirations et de l'assassinat.

Celui à qui ils reprochent ces sentimens auroit été honoré de la couronne civique et du triomphe, lorsque, par notre union et par notre courage, nous défendions autrefois les priviléges de notre patrie. Mais depuis que par nos dissensions et par notre lâcheté nous avons trahi l'état, en permettant à nos ennemis jurés d'en pénétrer les secrets, on a renversé cette barrière, et on a traité de chimère la fidélité que nous devons à nos souverains : on regarde aujourd'hui ce même homme avec horreur, comme un monstre exécrable et frappé de la foudre.

Il faut en demeurer là, et prier le lecteur d'excuser la longueur et la vivacité de ce discours. On y fait voir l'innocence d'un illustre accusé; mais on le fait contre son intention, et lui-même ne l'auroit jamais fait.

LIVRE SIXIÈME.

(1593) De Thou, qui s'étoit établi à Tours avec sa femme, et qui y avoit apporté de Paris, pendant la trève, les livres et les mémoires nécessaires qu'il avoit tirés de sa bibliothèque nombreuse et choisie, travailla à écrire l'histoire pendant le reste de cette année.

(1594) Au commencement de la suivante on résolut de sacrer le roi, qui avoit été réconcilié à l'église, quoique non absous par le pape. La cérémonie du sacre se fit à Chartres par les mains de Nicolas de Thou, évêque de cette ville. Le premier président et les conseillers du parlement, que le roi y avoit mandés, s'y trouvèrent avec M. et madame de Thou.

On délibéra dans la suite sur les négociations secrètes qu'on entretenoit avec Brissac pour la réduction de Paris. Anne d'Este, duchesse de Nemours et mère du duc de Mayenne, en avoit été avertie par les émissaires qu'elle entretenoit à la cour. Elle le fit savoir au duc son fils, comme elle le dit depuis à de Thou, pour qui elle avoit conservé la même amitié qu'elle avoit eue pour le premier président son père. Le duc négligea ces avis, et, ayant laissé la ville au pouvoir de Brissac, dont il se croyoit très assuré, il alla rejoindre son armée. Brissac, ayant déjà fait son traité avec le roi, remit quelque temps après à Sa Majesté la ville de Paris.

Après le sacre, de Thou s'en étoit retourné à Tours avec le premier président de Harlay. Au mois de mars suivant le roi entra dans Paris. Les officiers du parlement de Tours, qui depuis cinq ans y avoient rendu la justice, et qui étoient toujours restés fidèles à Sa Majesté, espéroient qu'on ne rétabliroit point le parlement de Paris sans attendre leur retour; mais François d'O, qui avoit eu le gouvernement de cette grande ville, et qui ne cherchoit que les occasions de diminuer l'honneur de cette compagnie, voulut gagner les bonnes grâces du peuple et la faveur des officiers du parlement qui venoient de faire leur paix; dans cette vue il sollicita instamment le roi de les rétablir, sans attendre le retour du premier président. Ce magistrat en eut un sensible déplaisir: il ne pouvoit se consoler qu'on lui eût fait perdre une si belle occasion d'arracher toutes les semences d'une faction dangereuse, et de voir que la grâce qu'on venoit d'accorder laissoit aux rebelles l'espérance de pouvoir un jour se révolter impunément.

La mort imprévue de d'O, qui arriva peu de temps après, adoucit un peu sa peine: on diminua et on partagea l'autorité du gouverneur, et il ne crut pas qu'après lui il s'en trouvât un autre assez puissant pour rallumer les étincelles d'une faction presque éteinte.

Sur la fin de cette année on bannit les jésuites de France. Cet arrêt fit de la peine à de Thou: d'un côté il connoissoit la nécessité indispensable où l'on étoit d'assurer la tranquillité publique, après un aussi grand péril que celui qu'on venoit d'éviter; de l'autre il étoit très fâché de perdre Clément du Puy, leur provincial, qui étoit fort de ses amis. Ce père venoit souvent lui rendre visite avec Pithou et Nicolas Le Fèvre : il avoit beaucoup d'éloquence, un jugement très solide et une profonde érudition : d'ailleurs il témoignoit en toutes rencontres qu'il n'avoit que de bonnes intentions pour le repos de l'état.

Charles de Lorraine, duc de Guise, fit dans ce temps-là sa paix avec le roi : on choisit de Thou et Maximilien de Béthune, marquis de Rosny, pour régler les conditions de son traité. Après qu'il fut arrêté, de Thou, dans l'ode suivante, rendit compte au public des motifs qui, contre son inclination, l'avoient obligé de suivre la cour, où les malheurs de la guerre l'avoient entraîné : il étoit bien aise aussi de faire voir de quelle manière il s'en étoit retiré sitôt qu'il en avoit trouvé l'occasion.

ADIEU A LA COUR.

ODE.

Cour, où les muses méprisées
Sont sans honneur et sans appui,
Où les ames désabusées
Trouvent tant de sujets d'ennui;
Cour, où des ministres indignes
Aux bassesses les plus insignes
Accordent les plus grands bienfaits;
C'est assez languir dans vos chaînes,
Toutes vos promesses sont vaines,
Je vous dis adieu pour jamais.

Je ne vois chez vous qu'injustice,
Imposture, irréligion;
L'intérêt, la basse avarice,
Y soutiennent l'ambition.
J'y vois triompher l'insolence
De vrais amis en apparence,
Dont le cœur est double et jaloux,
Chacun à l'envi s'y détruire,
L'envieux, toujours prêt à nuire,
Porter d'inévitables coups.

Donnerois-je un encens coupable
A tant de scélérats heureux?
D'un poète infame, exécrable,
Y louerois-je les vers affreux?

Pourrois-je y vivre en hypocrite,
Ou devenir le parasite
D'un grand de flatteurs obsédé ?
Ou traiter de galanterie
Les crimes et l'effronterie
D'une Laïs au teint fardé ?

Oh ! que la retraite a de charmes !
J'y pourrai vivre en liberté,
Sans être sujet aux alarmes
De l'ambitieux agité.
J'y garderai mon innocence,
Et les lois de ma conscience
Y régleront tous mes désirs ;
J'y pourrai, sans inquiétude,
D'une utile et savante étude
Goûter les tranquilles plaisirs.

Non, ce ne fut ni l'avarice
Ni la voix de l'ambition,
Qui m'appelèrent au service
D'un prince dans l'oppression.
Ce fut pour m'épargner un crime,
Pour servir mon roi légitime,
Qu'à la cour je suivis ses pas :
Une rébellion fatale
Le chassoit de sa capitale
Par le plus noir des attentats.

Schomberg, ce fut par tes suffrages
Qu'on m'honora d'emplois divers ;
Je te suivis dans tes voyages,
Avec toi je passai les mers.
Tous deux zélés pour notre prince,
Allant de province en province,
Nous y rétablîmes ses lois ;
En Italie, en Allemagne,
Malgré les intrigues d'Espagne,
Nous fîmes respecter ses droits.

Après que par la main d'un traître
La France eut perdu son appui,
N'y fîmes-nous pas reconnoître
Le prince qui règne aujourd'hui ?
Enfin, soumis par sa puissance,
Par sa valeur, par sa clémence,
Tout rend hommage à ce grand roi.
Qui peut donc blâmer mon envie,
D'achever doucement ma vie
Dans les devoirs de mon emploi ?

Tu jugeras de ma conduite,
Équitable Postérité !
Ma retraite n'est que la suite
De ma constante activité.
Depuis quatre ans suivant l'armée,
Ma fidélité confirmée
A mon roi même pour témoin,
Muses, à vos douceurs sensible,
Je cherche un asile paisible,
Pour ne voir la cour que de loin.

(1595) Sur la fin de cette année, les ambassadeurs de Venise, après avoir été long-temps en chemin, arrivèrent à Paris, suivis d'un train magnifique. On les y reçut avec des honneurs extraordinaires ; de Thou, nommé à l'ambassade de Venise, eut ordre du roi d'aller au-devant d'eux avec André Hurault de Meisse, qui étoit de retour de cette ambassade ; il eut ordre encore de leur tenir compagnie pendant leur séjour.

Dans la même année, mourut Augustin de Thou son oncle, président à mortier. Il y avoit déjà long-temps que de Thou étoit reçu en survivance de cette charge, il ne lui restoit plus que d'en prendre possession. Il le fit avec si peu d'empressement, que quand les ligueurs mirent son oncle à la Bastille avec le premier président de Harlay, il refusa d'en occuper la place dans le parlement séant à Tours, comme on l'a rapporté ci-devant. Après sa mort il ne voulut point aller au palais que la cérémonie de ses funérailles ne fût achevée, et qu'il ne se fût acquitté de tout ce qu'il devoit à sa mémoire.

Il avoit rendu des services considérables au jeune prince de Condé et à la princesse sa mère, lorsqu'elle avoit été inquiétée pour la mort équivoque de son mari. Cette même année il s'employa pour eux avec le même zèle ; et, quand le roi les fit venir à Paris, il n'oublia rien, soit à la cour, soit dans le parlement, pour leur faire rendre ce que leur naissance exigeoit, persuadé qu'il étoit de l'intérêt du roi et qu'il importoit au bien de l'état d'en user ainsi. Cependant ses ennemis, par le mauvais tour qu'ils donnèrent à ses services, essayèrent de rendre sa fidélité suspecte à la cour et au parlement ; ce qui lui attira des reproches des deux côtés. Il ressentit les effets de leur malignité long-temps depuis ; mais comme il étoit accoutumé à la perte de ses biens, qu'il faisoit peu de cas de la faveur que les courtisans recherchent avec avidité, et qu'il n'attendoit que du témoignage de sa conscience la récompense de tant de travaux et de tant de contradictions, il n'eut pas de peine à s'en consoler.

Afin de faciliter le succès de cette affaire, le roi, avant d'envoyer en Poitou le marquis de Pisani pour amener le jeune prince, dont il l'avoit fait le gouverneur, suivit l'avis du duc de Nevers, et donna, à Saint-Germain-en-Laye, un édit en faveur des protestans, pour éloigner les obstacles qu'ils pourroient apporter sur ce sujet. De Thou le fit vérifier au parlement sans modification. Cet édit expliquoit plus amplement l'article XIX de celui de 1577, qui les admettoit aux charges indifféremment avec les catholiques. Le procureur général, qui vouloit faire connoître qu'il s'y étoit opposé, fit mettre dans l'enregistrement de l'édit : « Oui et non, ce requérant le procureur-général; » ce qui alarma les protestans, qui crurent qu'on avoit prétendu les priver du bénéfice des édits précédens : ainsi ils obligèrent le roi de leur en accorder un autre l'année suivante.

(1596) Ils prirent le temps que ce prince étoit occupé au siége de La Fère, et, sous prétexte de la sûreté de leur religion, ils lui présentèrent une requête dans la situation la plus fâcheuse de ses affaires. Les suites en étoient dangereuses : pour les prévenir, ce sage prince crut qu'il falloit y donner ordre de bonne heure, ne point congédier leur assemblée, et y envoyer un commissaire fidèle qui traitât avec eux des articles qu'ils proposoient.

De Thou fut choisi pour cette commission dans le temps qu'il y pensoit le moins : il travailloit dans sa maison à écrire son histoire, et à réparer les pertes qu'il avoit souffertes dans ses biens depuis cinq ans. Les ordres qu'il reçut portoient que, sans prendre congé du roi, il partît incessamment pour se rendre à Loudun. Comme jusqu'alors il n'avoit reçu que de l'ingratitude de la part de ceux dont il en devoit le moins attendre, il s'excusa auprès de Sa Majesté et auprès de Villeroy, secrétaire d'état, qui avoit signé les ordres. Il prévoyoit que la négociation de cette affaire, qui étoit de la dernière importance, lui attireroit l'indignation de Rome et la disgrace de la cour par les intrigues de ses ennemis. Pour s'en défendre, il se servit jusqu'à deux fois du crédit de Schomberg, son bon ami, qui étoit malade à Paris ; mais Villeroy s'y opposa avec chaleur, et pressa Schomberg de le faire partir incessamment, alléguant pour toutes raisons que le service du roi demandoit que ce fût lui qui ménageât cette affaire, puisqu'il s'en étoit déjà mêlé.

De Thou, voyant que les remontrances de Schomberg étoient inutiles, alla trouver Nicolas de Harlay de Sancy, surintendant des finances, son ancien ami et allié, qui obtint du roi que de Vic et Calignon seroient chargés en sa place de cette fâcheuse commission ; mais en même temps de Thou reçut ordre d'aller à Tours avec Schomberg pour la paix du duc de Mercœur, qu'on devoit traiter avec les députés de ce prince, et en présence de la reine Louise sa sœur, qui étoit veuve de Henri III. Après quelques jours employés à cette négociation ils se rendirent à Angers.

Ce fut dans cette dernière ville que de Thou fut accablé de la nouvelle de la mort de Pierre Pithou, savant homme qui partageoit ses soins, qui étoit son conseil dans ses affaires et dans ses études, et qui le premier lui avoit inspiré le dessein d'écrire l'histoire de son temps. Cette mort lui fut si sensible, que, privé d'un aussi grand secours, il fut près de déchirer ce qu'il en avoit déjà composé, et d'abandonner absolument l'ouvrage. Il se retira quelques jours, et perdit beaucoup de sa gaîté ordinaire, jetant les yeux de tous côtés, et ne trouvant personne qui remplaçât son ami, ni qui le pût conduire dans son entreprise ; car en toutes choses il ne consultoit que Pithou, qui étoit doué d'un discernement admirable et d'un amour désintéressé pour la justice et pour la vérité. Il avoit fait examiner et corriger par un ami si judicieux tout ce qu'il avoit écrit jusqu'à la fin du règne de Henri II. Son manuscrit même étoit encore entre les mains de Pithou quand ce savant homme mourut ; pour le reste, il se servit des lumières de ses autres amis.

Lorsqu'il fut de retour à Tours avec Schomberg, il répondit à la lettre de consolation qu'il avoit reçue de Jacques Gillot, un des conseillers du parlement qui avoient le plus d'intégrité. Il trouva depuis l'occasion d'écrire à Casaubon, et voulut déposer sa douleur dans le sein de cet illustre savant. Pour marquer combien il estimoit Pithou, et combien il fut affligé de sa perte, il est à propos de rapporter ici la copie de la lettre qu'il écrivit à Casaubon, et qui s'est trouvée parmi ses papiers.

JACQUES-AUGUSTE DE THOU,

AU SAVANT ISAAC CASAUBON.

« Comme j'étois il y a quelques jours à Angers, où le roi m'avoit envoyé pour travailler avec M. de Schomberg à pacifier la Bretagne, j'y reçus, monsieur, la triste nouvelle de la mort de Pierre Pithou. D'abord j'en fus affligé comme je le devois être, et depuis d'autant plus sensiblement, que, ne m'y étant point attendu, je n'avois personne ici qui fit assez d'attention sur une si grande perte, et qui pût partager ma douleur. Aussi je vous avoue que j'en fus accablé : je m'oubliai moi-même, et l'emploi que j'avois à soutenir. Je ne prétends point m'en défendre, cette perte est de la nature de celles qui peuvent ébranler les esprits les plus fermes.

» Quoique vous n'ayiez jamais vu Pithou, vous connoissez assez tout son mérite et l'estime qu'il s'étoit acquise dans les pays les plus éloignés, qui, comme vous, ne le connoissoient que de réputation. Ainsi vous ne devez pas être surpris si ceux qui le voyoient tous les jours, qui étoient liés avec lui par une affection mutuelle et par un long commerce, ont été consternés de sa mort; car qu'y a-t-il au monde de plus précieux que l'amitié d'un homme de bien, sage et rempli de toutes les connoissances dont l'esprit est capable, d'un homme dont les mœurs et la vertu étoient pures et sans ambition, qui savoit parfaitement l'antiquité sacrée et profane, nos lois, notre droit et nos coutumes, qui avoit une prévoyance admirable et une expérience consommée, un jugement solide et une grande capacité par rapport à nos affaires?

» Quoique simple particulier, il sembloit qu'il eût la conduite du public; ceux qui gouvernoient l'état le consultoient comme un oracle, et ne sortoient jamais d'auprès de lui que pénétrés de ses lumières et de la sagesse de ses conseils. Aussi les plus vertueux de nos ministres n'entreprenoient rien d'important, ou pour le dedans ou pour le dehors de l'état, qu'ils ne le lui eussent auparavant communiqué, et qu'ils n'en eussent examiné toutes les conséquences avec lui.

» Voilà ce que ceux qui ne le connoissent que de nom, et qui ne l'ont jamais vu, ne savent pas. Pour moi, qui ai été assez heureux pour être un de ses amis, la perte m'en a été si sensible, que, me voyant privé de son conseil et de son secours, j'ai été sur le point d'abandonner mes études et le soin des affaires publiques, auxquelles j'ai lieu de croire que Dieu m'a appelé; le respect que je dois à sa mémoire et le souvenir de ses conseils m'en ont seuls empêché. Je n'oublierai jamais qu'il m'a souvent dit, lorsqu'il me voyoit accablé du mauvais état de nos affaires, dont il n'avoit pas meilleure opinion que moi, qu'il espéroit qu'elles se rétabliroient un jour, et qu'enfin il n'étoit point permis à un bon citoyen ni à un brave soldat de quitter le poste où la providence les avoit placés, en quelque mauvais état où les choses fussent réduites.

» En un mot, c'étoit un homme né pour l'utilité publique; la fertilité de son esprit et la vaste étendue de son génie avoient réuni dans sa personne tout ce qu'on peut savoir : il savoit plus que personne n'a jamais su. Jamais on ne l'a trouvé sans occupation, toujours appliqué à feuilleter les anciennes bibliothèques, à revoir et remettre en meilleur état les écrits des anciens, dont il a donné une infinité au public, à fortifier de ses conseils et de son expérience ceux qui se trouvoient dans la peine, ou enfin à aider et exciter ceux dont les talens pouvoient être utiles. Il est juste que ceux qui en ont reçu de Dieu imitent un exemple si estimable et tâchent de faire passer à la postérité la mémoire d'un si grand homme.

» Je suis témoin, illustre Casaubon, de l'amitié qu'il a conservée pour vous toute sa vie, et de la joie que je lui donnois quand je lui montrois les lettres de notre Scaliger, qui vous y nomme le plus savant homme de notre temps. Il me disoit que Dieu vous avoit fait naître pour vous opposer à l'ignorance qui nous menaçoit, et qu'il vous regardoit comme le seul homme qui pût rappeler les belles-lettres que nos guerres civiles avoient bannies.

» Ce fut lui qui m'engagea à vous prier de venir en France, et je crois qu'il vous en a

» écrit aussi plusieurs fois. Comme il n'avoit
» d'autre plaisir que celui de procurer l'utilité
» publique, il étoit persuadé qu'elle ne rece-
» vroit pas un médiocre avantage de vos con-
» férences, et il se flattoit que vous ne vous
» repentiriez pas non plus de celles que vous
» auriez avec lui. Il avoit commencé plusieurs
» ouvrages que son âge avancé et ses grandes
» occupations ne lui permettoient pas d'ache-
» ver; il espéroit qu'étant jeune, et moins
» occupé que lui, vous vous en chargeriez
» volontiers. Sa mort nous en a ravi une par-
» tie, et l'autre est si peu en ordre, que si
» Nicolas Le Fèvre, son ami intime, et le com-
» pagnon inséparable de ses études, n'y donne
» ses soins, nous courons risque d'en être
» privés entièrement; il n'y a que lui qui sa-
» che ses intentions, et qui puisse mettre ces
» pièces informes en état de paroître. Je ferai
» mon possible par mes prières pour l'obliger
» à y travailler.

» Cependant j'espère de votre bon cœur que
» vous prendrez part à ma peine, dont je vous
» entretiens peut-être trop long-temps, persua-
» dé que dans vos écrits vous voudrez bien ren-
» dre témoignage à la postérité du mérite de
» cet excellent homme. On peut dire que si
» quelqu'un s'est rendu digne d'avoir part aux
» éloges des hommes illustres de notre temps,
» celui-ci l'a mieux mérité que personne par la
» réputation qu'il s'est acquise. Je vous prie
» instamment d'y travailler, et d'animer par vo-
» tre exemple ceux qui sont capables de le fai-
» re. Adieu. Obligez-moi de me donner souvent
» des nouvelles de vos études et de tout ce qui
» vous regarde. Comptez que, dans l'agitation
» des affaires qui m'occupent, rien ne sauroit
» me donner plus de consolation que vos let-
» tres Encore une fois, adieu.

» A Tours, le 25 novembre 1596. »

(1597) Tout l'hiver se passa inutilement à traiter avec le duc de Mercœur. Cependant de Vic et Calignon, qui n'avoient pas mieux réussi auprès des protestans, arrivèrent de Rouen à Tours avec des ordres du roi pour Schomberg et de Thou de les aider dans cette négociation.

Schomberg s'y portoit assez volontiers; mais de Thou, qui la regardoit toujours comme une affaire fâcheuse pour lui, auroit bien voulu s'en excuser, comme il avoit fait la première fois; cependant, comme il n'avoit jamais pu rien refuser à Schomberg, il s'engagea dans cette négociation, dont il n'y eut que Calignon et lui qui demeurèrent chargés dans la suite. Avant la conclusion de cette affaire le roi dépêcha de Vic à Lyon, et Schomberg en Bretagne, pour disposer toutes choses à la guerre contre le duc de Mercœur, qui tous les jours affectoit de nouveaux délais.

Les protestans tenoient alors leurs assemblées à Saumur et à Châtellerault, tandis que les commissaires de Sa Majesté étoient à Tours, pour être plus proches de la reine Louise, qui étoit à Chenonceaux, et qui recevoit de temps en temps des nouvelles du duc de Mercœur.

Schomberg apprit assez confusément à Tours la surprise d'Amiens: la nouvelle lui en fut aussitôt confirmée par un courrier du roi. Elle fut reçue avec une consternation générale, et chacun, croyant le royaume à deux doigts de sa perte, songeoit à ses propres intérêts. Les protestans et leurs principaux chefs s'assemblèrent, moins pour les affaires de leur religion que pour prendre leurs mesures dans une conjoncture si malheureuse: ils n'attendirent point les ordres de Sa Majesté, et n'y appelèrent ni Schomberg ni de Thou, quelque instance que ce dernier pût faire pour s'y opposer.

La perte d'Amiens, que le roi avoit résolu de reprendre, partagea diversement les esprits: ceux qui ne regardoient que leurs intérêts particuliers fondoient là-dessus de grandes espérances; les autres en étoient véritablement touchés. La valeur du roi vint à bout de tout: il reprit Amiens, et rassura les frontières; ce qui confondit ses ennemis, et obligea les protestans, qui dans cette conjoncture s'imaginoient qu'il étoit permis à chaque particulier de pourvoir à sa sûreté, de recevoir d'un roi victorieux les conditions qu'il leur offrit, jugeant bien que la tranquillité publique se rétabliroit aisément sous un si grand prince.

Durant la longueur et l'incertitude de ce siége, de Thou avoit souvent pressé les ducs de Bouillon et de La Trimouille de lever des troupes, et de les mener au camp devant Amiens. Il avoit remontré que s'ils ne le faisoient ils s'attireroient la haine du public, et trouveroient les parlemens moins disposés à vérifier un édit qu'ils s'efforçoient d'étendre par de nouvelles conditions; mais le désordre étoit si grand, et les esprits si préoccupés, qu'ils n'étoient capables ni d'aucune résolution convenable à leurs intérêts ni d'écouter ceux qui leur donnaient de bons conseils.

Ainsi le duc de Bouillon, avec des troupes qu'il avoit levées dans le Limousin aux dépens du roi, s'en alla dans l'Auvergne et dans le Gévaudan, où Montmorency-Fosseuse avoit recommencé la guerre; et le duc de La Trimouille, avec des troupes levées sur le même pied dans le Poitou, y resta inutilement, sans que ni l'un ni l'autre donnassent de secours au roi.

Ce prince ne put jamais l'oublier, et lorsque de Thou, qui leur avoit fait des instances si vives et si réitérées, voulut par ses lettres les excuser auprès de Sa Majesté, le roi reçut fort mal ses excuses, et on le regarda d'un mauvais œil dans le temps qu'on vérifia l'édit.

Cependant, s'il parloit ouvertement en leur faveur, et dans le public et auprès du roi, tandis qu'il les blâmoit si librement dans le particulier, ce n'étoit pas pour s'attirer leurs bonnes grâces, mais pour les empêcher qu'une faute particulière ne retardât la conclusion d'une affaire générale d'où dépendoit le repos de l'état, et que le roi lui-même jugeoit si nécessaire; car ceux qui entretenoient encore des intelligences secrètes avec les restes de la ligue saisissoient cette occasion, comme si le hasard la leur eût offerte, pour irriter les esprits des protestans : ils feignoient d'un côté d'entrer dans leurs intérêts, afin de les rendre odieux au roi, et la conduite de ses commissaires suspecte; de l'autre, ils se plaignoient sans cesse au cardinal de Florence, légat en France, qui étoit alors à Paris. Il est constant que par l'intrigue de ces factieux la discussion des articles de l'édit des protestans donna moins de peine à de Thou qu'il n'en eut à le faire approuver du peuple et de la cour, et à le faire recevoir au parlement.

Aussi ne pouvoit-il trop se louer de la modération et de l'équité du légat. Toutes les fois qu'il falloit se rendre au lieu de l'assemblée, il l'alloit trouver de la part du roi, pour lui rendre compte des difficultés qui se rencontroient sur certains articles, et cela arrivoit souvent. Il trouva toujours dans le cardinal beaucoup de droiture et de désintéressement : ce prélat, attentif à soutenir son caractère, étoit persuadé qu'on devoit laisser à ceux que le roi avoit chargés de cette commission et de ses intérêts, le soin d'en user avec prudence et avec liberté. Il ne se sépara jamais du président de Thou sans lui donner des marques de sa bonne volonté et de sa confiance. Il lui témoigna seulement qu'il espéroit que dans cette négociation on ne pourroit imputer au roi ni à ses ministres aucune partialité, qu'il ne s'y passeroit rien que ce qu'exigeoient le bien des affaires et le repos de l'état.

Dans le temps de la reprise d'Amiens, de Vic et de Thou s'y rendirent en poste, pour faire voir au roi les articles convenus avec les protestans; mais ce prince, qui étoit allé faire une course dans l'Artois, n'y répondit qu'à son retour à Dourlens. Ce fut aussi dans ce temps-là que Villeroy et le président Richardot convinrent d'un temps et d'un rendez-vous pour traiter de la paix entre les deux couronnes.

Le légat se rendit quelque temps après à Vervins, où Pompone de Bellièvre et Nicolas Brûlart de Sillery l'allèrent trouver de la part du roi, pour négocier la paix avec les députés du roi d'Espagne; mais cette affaire ne fut terminée que l'année suivante.

(1598) Le roi, qui avoit pourvu à la sûreté de nos frontières, laissa dans Amiens le connétable de Montmorency, et vint cette année dans l'Anjou avec peu de troupes. Il voulut bien recevoir obligeamment, comme on en étoit convenu, les ducs de Bouillon et de La Trimouille, qui vinrent le saluer à Saumur, d'où Sa Majesté se rendit à Angers. Il mit dans cette ville la dernière main à l'édit des protestans, qui, pour quelques nouvelles difficultés, ne fut absolument achevé qu'à Nantes, ce qui le fit appeler l'édit de Nantes.

Avant que le roi vînt dans l'Anjou, Calignon et de Thou, qui s'étoient rendus à Saumur et à Chinon, eurent quelques petites aventures, peu considérables à la vérité, mais qu'on ne doit pas passer sous silence dans la vie d'un particulier.

Ils étoient logés à Chinon dans une grande maison qui autrefois avoit appartenu à François Rabelais, médecin célèbre, savant dans les langues grecque et latine, et fort habile dans sa profession. Il avoit absolument abandonné ses études sur la fin de ses jours, et s'étoit jeté dans le libertinage et dans la bonne chère. Il soutenoit que la plaisanterie étoit le propre de l'homme, et sur ce pied-là, s'abandonnant à son génie, il avoit composé un livre très ingénieux, où, avec une liberté de Démocrite et une plaisanterie souvent bouffonne et basse, il divertit ses lecteurs sous des noms empruntés, par le ridicule qu'il donne à tous les états de la vie et à toutes les conditions du royaume.

La mémoire de cet auteur enjoué, qui avoit employé toute sa vie et toutes ses études à inspirer la joie, donna lieu au président de Thou et à Calignon de plaisanter avec ses mânes, sur ce que sa maison étoit devenue une hôtellerie où l'on faisait une débauche continuelle: son jardin étoit le rendez-vous des habitans les jours de fête, et le cabinet de ses livres avoit été transformé en cellier.

L'aventure suivante mérite une attention plus sérieuse. Les juges d'Angoulême avoient condamné pour crime de magie un nommé Beaumont qui se disoit gentilhomme. Comme il en avoit appelé en parlement, et qu'on le conduisoit à Paris, il fut arrêté à Chinon par une dame de la première qualité, mais un peu trop curieuse sur ces matières : il y séjourna presque pendant deux ans avec assez de liberté. Le bruit se répandit aussitôt qu'il y avoit dit et fait des choses surprenantes. Gilles de Souvré, gouverneur de Tours, qui se trouvoit à Chinon, eut envie de le voir et de le questionner. Il l'obtint du président de Thou; mais, comme il le pressoit de l'interroger lui-même, de Thou s'en excusa sur ce qu'étant président de la Tournelle, il seroit peut-être obligé de le faire à Paris : ainsi ce fut Calignon qui s'en chargea.

Calignon y étoit très propre : outre les belles-lettres, il savoit fort bien la philosophie, les mathématiques et la jurisprudence. Après les questions ordinaires, il l'interrogea exactement sur les principes de la magie, sur ses effets, sur son excellence, sur ceux qui en faisoient profession, et sur tout ce qu'il avoit fait avant et après sa condamnation. Souvré et le président de Thou étoient cependant cachés dans l'embrasure d'une fenêtre, pour n'être point découverts. Calignon sut si bien s'insinuer dans l'esprit du criminel, qui se crut déjà en liberté, que ce malheureux, prenant confiance en lui, lui avoua plusieurs choses qu'il nia depuis constamment, lorsque, contre son espérance, on lui fit son procès à Paris.

Voici ce qu'on peut recueillir de plus certain de cet interrogatoire, ou plutôt de cette conférence : Beaumont prétendoit que la magie dont il faisoit profession étoit l'art de converser avec ces génies qui sont une portion de la Divinité ; bien différent de celui dont se servent ceux que nous appelons sorciers, qui ne sont que de vils esclaves du démon, grands ignorans, et dont les mauvais esprits abusent pour nuire aux hommes par le poison et par des charmes abominables : au lieu que les sages, qui ne s'appliquent qu'à faire le bien, commandent aux génies, connoissent par leur commerce les secrets de la nature les plus cachés, ignorés du reste des hommes, et dont personne n'a jamais écrit ; apprennent aux hommes à connoître l'avenir, les moyens d'éviter les périls, de recouvrer ce qu'ils ont perdu, de passer en un moment d'un lieu dans un autre ; entretiennent l'amitié entre les pères et les enfans, les maris et les femmes, entre tous ceux enfin auxquels on la doit.

Il ajouta qu'il conversoit avec ces esprits célestes, habitans de l'air, qui, bienfaisans de leur nature, ne sont capables que de faire du bien ; que ceux qui sont au centre de la terre, et qui commandent aux sorciers, sont des esprits malins qui ne sont capables que de faire le mal ; que le monde étoit rempli de sages qui faisoient profession de cette sublime philosophie ; qu'il y en avoit en Espagne, à Tolède, à Cordoue, à Grenade, et en beaucoup d'autres lieux ; qu'autrefois elle étoit célèbre en Allemagne, mais que depuis l'hérésie de Luther l'exercice y en avoit presque cessé ; qu'en France et en Angleterre elle s'y conservoit par tradition dans de certaines familles illustres ; qu'on n'admettoit à la connoissance de ces mystères que des gens choisis, de peur que par le commerce des profanes l'intelligence de ces grands secrets ne passât à de la canaille et à des gens indignes.

Il se mit à discourir ensuite de toutes les

merveilles qu'il avoit faites pour l'avantage de ceux qui avoient eu recours à lui; et cela avec un air si assuré, qu'au lieu d'une extravagance impie et criminelle, il sembloit parler d'une vérité certaine et reconnue. Après cet interrogatoire on le reconduisit au château. De Thou l'y fit garder exactement, et Souvré, qui avoit écouté, ne put s'empêcher d'admirer l'entêtement de ce malheureux : il obtint de cette dame qui l'avoit gardé si long-temps, qu'on le feroit conduire à Paris incessamment; il y arriva avant que de Thou y fût de retour. Beaumont n'y avoua rien de tout ce qu'il avoit dit à Calignon. On l'y condamna sur les informations d'Angoulême, et on le punit d'une mort digne de sa vie.

Comme le roi étoit encore à Nantes, Jean Valet et Jean Talouet, gentilhomme breton, auparavant mestre de camp dans les troupes du duc de Mercœur, lui donnèrent avis qu'un prêtre, nommé Côme Ruggieri, vouloit attenter à la vie de Sa Majesté par les voies détestables de la magie; que, sous prétexte qu'il savoit peindre, on lui avoit donné une chambre dans le château; qu'il y avoit fait une figure de cire ressemblant au roi, qu'il perçoit tous les jours, en prononçant de certaines paroles barbares, pour le faire mourir de langueur.

Les accusateurs donnèrent leur mémoire signé de leur main. Le roi commit le président de Thou et Charles Turcant pour en informer. Ce Côme Ruggieri étoit le même qu'on avoit mis à la question, il y avoit vingt-cinq ans, pour de pareils maléfices; un peu avant la mort de Charles IX. De Thou l'interrogeant là-dessus, il répondoit que c'étoit une calomnie de ses ennemis; que ses juges avoient reconnu son innocence, et l'avoient élargi d'une manière honorable; qu'il étoit vrai qu'il avoit une connoissance particulière de l'astrologie, et que peu de gens pouvoient aussi bien que lui prendre le point de la nativité; que par ce moyen il avoit prédit plusieurs événemens à quantité de personnes; que cela avoit donné lieu de l'accuser d'avoir commerce avec les mauvais esprits; mais qu'en tout cela il n'y avoit rien que de naturel; que s'il avoit réussi dans ses prédictions on n'en devoit pas conclure qu'il fût coupable; que l'affection qu'il avoit conservée pour Sa Majesté depuis tant d'années étoit une preuve de son innocence et de son aversion pour le crime dont on l'accusoit.

Il ajouta qu'après la journée de la Saint-Barthélemy le roi de Navarre et le prince de Condé étant au pouvoir du roi, la reine-mère, qui avoit beaucoup de créance en lui, lui demanda la nativité de ces princes; qu'il lui répondit qu'il l'avoit prise exactement, et que, suivant les principes de son art, l'état n'avoit rien à craindre de leur part; que cette assurance les sauva et les garantit des desseins qu'on avoit formés contre leurs vies; qu'il s'en étoit ouvert à François de La Noue, qui vint à la cour dans ce temps-là; qu'il l'engagea à le faire savoir adroitement à ces princes, et à les avertir de sa part que, s'ils vouloient éviter le péril qui les menaçoit, ils justifiassent par leur conduite ce qu'il avoit répondu à la reine; que la seule affection qu'il leur portoit lui avoit dicté cette réponse, et non l'expérience de son art, puisque l'affaire étoit de sa nature impénétrable à l'astrologie; qu'il croyoit que Sa Majesté n'avoit pas oublié un si grand service, persuadé qu'après des preuves si certaines de son affection, la générosité du roi ne lui permettroit pas de le voir tous les jours exposé à de pareilles calomnies.

De Thou rapporta cette réponse à Sa Majesté. Ce prince, après avoir fait quelques tours dans sa chambre, lui dit qu'il s'en souvenoit, et qu'il étoit vrai que La Noue lui en avoit parlé; mais qu'il ne mettoit sa confiance qu'en Dieu, et qu'il ne craignoit rien de ces sortes de charmes, qui n'ont de pouvoir que sur ceux qui se défient de la divine providence.

Ainsi cessèrent les poursuites contre Ruggieri, que l'on mit en liberté. Il s'étoit adroitement insinué dans l'esprit des dames de la cour, et par leur moyen le roi lui avoit promis sa grâce secrètement.

On a cru devoir s'étendre sur cette affaire, d'autant plus que cet homme a eu l'insolence de publier que ce que de Thou a rapporté de lui sur des preuves certaines (ce qui se trouve à l'année 1573 dans l'Histoire Générale, qui dans ce temps-là n'étoit pas encore imprimée) ne le regardoit point; que de Thou avoit été abusé par la conformité du nom d'un certain jardinier qui étoit alors accusé du même crime. Il eut même l'effronterie de solliciter une pension, qui lui fut accordée, pour écrire l'histoire. Mais pour prouver le contraire de ce qu'il avance on n'a qu'à lire sa confession signée de lui, qui est encore entre les mains de Charles Turcant, magistrat incorruptible; il y demeure d'accord que c'est lui-même, accusé injustement à la vérité, mais renvoyé honorablement, comme on l'a dit ci-dessus. En quoi il ment encore avec impudence; car, par les registres du parlement, il est constant qu'après la question on l'envoya aux galères, dont il ne s'exempta que par le crédit des courtisans, qui, fort portés pour ces sortes de devins, le retirèrent de la chaîne comme on le conduisoit à Marseille, et le ramenèrent à la cour.

Ceux qui se sont obstinés à noircir la réputation du président de Thou par toutes sortes de calomnies n'ont osé nier que ce Côme Ruggieri, qui sous le règne de Charles IX fut mis à la question pour crime de magie, ne fût le même qui fut interrogé à Nantes du temps de Henri IV. Ils ne le connoissoient que trop; mais, pour ne laisser passer aucune occasion de décrier cet auteur, ils ont dit qu'il avoit malicieusement affecté de charger un prêtre d'un crime si détestable. Qu'ils sachent donc, ces impudens calomniateurs, que Ruggieri n'étoit point dans les ordres quand on l'appliqua à la question; que quand de Thou, en l'interrogeant là-dessus, lui reprocha son astrologie judiciaire comme une impiété défendue à tout chrétien, et bien davantage à un prêtre, il s'en excusa comme il put, et protesta avec serment que depuis qu'il avoit pris les ordres (ce qui ne fut que long-temps après) il n'avoit tiré l'horoscope de personne, comme on le voit dans ses réponses que garde M. de Turcant.

Sa fin déplorable suffit pour faire connoître si c'étoit à tort que de Thou avoit si mauvaise opinion de lui. Ce malheureux, qui avoit vécu dans une profonde dissimulation, fit connoître à sa mort son éloignement pour le christianisme: comme il ne voulut recevoir aucun des sacremens que l'église donne aux fidèles, on inhuma son corps dans un lieu profane, au grand scandale du public, et à la honte de ceux qui protégeoient à la cour un imposteur si abominable.

Tout le temps que de Thou pouvoit dérober aux affaires il l'employoit à écrire l'histoire. Quand l'édit de Nantes fut enfin scellé, après plusieurs difficultés que des intérêts particuliers y faisoient naître, il demanda au roi, avant que ce prince quittât la Bretagne, la permission de revenir à Paris, où il arriva sur la fin de mai avec Calignon, son compagnon inséparable.

(1599) La plupart y étoient d'avis qu'on devoit presser la vérification de l'édit au parlement avant que les ligueurs, qui dans l'ame n'en étoient pas contens, quoique abaissés par tant de prospérités, fissent quelque cabale ou excitassent quelque mouvement. C'étoit le sentiment du président de Thou, qui vouloit qu'on terminât absolument cette affaire sans donner aux factieux le temps de remuer, persuadé que tout le monde se soumettroit sans peine aux volontés de Sa Majesté, après une paix procurée par un prince si bon et si sage.

Mais le légat, à qui l'état avoit tant d'obligations, demanda du temps, et on obtint la surséance jusqu'après son départ. Le duc de Bouillon se chargea de l'agrément des protestans, et d'empêcher qu'ils ne le prissent en mauvaise part; ainsi cette affaire fut remise à l'année suivante. Enfin, après plusieurs difficultés et plusieurs délais, l'édit fut vérifié au commencement du carême.

On avoit prévu qu'il s'y trouveroit de grandes oppositions, et que pour les lever la présence du président de Thou, chargé de cette négociation, y seroit nécessaire. Mais, comme il ne sortoit plus de chez lui depuis qu'on l'avoit nommé à l'ambassade de Venise, on y envoya à sa place le président Antoine Séguier. Tout ce qui regarde le reste de la vérification de ce fameux édit est rapporté plus au long dans le cent vingt-deuxième livre de l'Histoire Générale.

Cette même année fut triste pour lui, par la perte qu'il fit de trois hommes illustres qui étoient ou ses alliés ou ses meilleurs amis: c'étoient le comte de Schomberg, le chancelier de Cheverny et le marquis de Pisani, qui moururent tous trois dans ce temps-là.

Ici, suivant les Recueils du président de

Thou, on doit expliquer un peu plus amplement ce qui se passa sur le sujet du concile de Trente, parce que, comme l'affaire ne réussit point, il n'en a touché qu'un mot dans l'Histoire Générale.

Après la vérification de l'édit de Nantes en faveur des protestans, plusieurs autres choses faisoient encore de la peine à Sa Majesté : il sembloit que pour apaiser les catholiques, dont le mécontentement étoit fomenté par l'animosité des ligueurs, il étoit nécessaire de faire quelque coup d'éclat capable de compenser la perte qu'ils prétendoient avoir soufferte par les grâces qu'on venoit d'accorder aux protestans. Le pape, entre autres conditions, avoit imposé au roi celle de recevoir le concile de Trente, et l'on en demandoit l'exécution, tant de fois tentée et toujours refusée.

Villeroy, qui prétendoit que ç'avoit été l'intention du feu roi, étoit un des plus zélés sur cet article. Ses amis l'appuyoient avec chaleur dans cette poursuite, et tous de concert avoient persuadé à Sa Majesté que, puisqu'il avoit promis au pape de faire recevoir le concile, il ne pouvoit trouver de conjoncture plus favorable pour contenter les catholiques, chagrins de la publication de l'édit de Nantes : ils assuroient que les protestans n'en prendroient aucun ombrage : ils alléguèrent le propre témoignage des principaux d'entre eux, c'est-à-dire du duc de Bouillon et du marquis de Rosny, qui étoient à la cour, et qui avoient eux-mêmes fait entendre à ceux de leur parti qu'ils n'avoient aucun intérêt à la publication du concile ; que l'édit du roi qui l'ordonneroit auroit soin qu'elle ne pût préjudicier en aucune manière à ses droits ni à ceux de sa couronne, aux libertés de l'église gallicane, ni à aucun des articles accordés par les édits de pacification ; que par ces conditions l'honneur de la France, les libertés de l'église gallicane, et les intérêts des protestans, se trouvoient à couvert ; qu'ainsi il n'étoit point nécessaire que le parlement, qui devoit vérifier l'édit, examinât scrupuleusement et en détails les articles du concile, ni qu'il apportât des délais à sa publication.

De cette manière, après avoir, comme il leur paroissoit, disposé la cour en leur faveur, il ne restoit plus qu'à gagner les membres du parlement, chacun en particulier, plus difficiles, le premier président surtout, qu'ils s'attendoient de trouver plus contraire qu'aucun autre. Comme il étoit alors malade au lit, ils firent avertir de la part du roi les principaux conseillers d'état de se rendre dans la maison du premier président, et en même temps le font savoir à ce magistrat, sans lui marquer les intentions de Sa Majesté. D'abord il s'excusa sur sa maladie de l'honneur que le roi lui vouloit faire, et ajouta enfin qu'ayant pris médecine ce jour-là, il n'étoit pas en état de s'appliquer à aucune affaire sérieuse.

L'objet de ceux qui pressoient cette publication avec tant de chaleur et d'artifice étoit d'étourdir le premier président par la visite imprévue de Sa Majesté, de le mettre hors d'état de pouvoir répondre, en sa présence et par de solides raisons, sur une matière à laquelle il n'étoit point préparé, du moins de l'engager par cette délibération à ne pas opiner ensuite dans le parlement aussi fortement qu'il auroit pu faire.

Le roi, déjà en carrosse pour aller chez le premier président, reçut en chemin les excuses de ce magistrat, ce qui l'obligea de se rendre chez Zamet. Il fit avertir le président de Thou de se trouver au conseil ; ainsi ce président, sans savoir de quoi il étoit question, s'y trouva avec La Guesle, procureur-général. Surpris de se voir seul de président, il vit bien que c'étoit un piége que lui tendoient ceux qui vouloient le rendre suspect personnellement : il jugea donc qu'il devoit se conduire avec précaution, pour ne pas donner prise à ses ennemis, principalement après que de Meisse l'eut secrètement averti du sujet qui les assembloit.

Il ne fut pas plus tôt entré que le roi l'entretint quelque temps de la conférence proposée entre du Perron et du Plessis-Mornay. Il lui dit ensuite qu'il étoit résolu de satisfaire le pape au sujet de la publication du concile de Trente. Alors de Thou prit la liberté de lui en représenter les conséquences. Il dit que depuis trente-sept ans elle avoit été proposée plusieurs fois inutilement ; premièrement sous Charles IX, puis sous Henri III, prince zélé pour la religion catholique, et ennemi déclaré des protestans, d'où Sa Majesté pouvoit connoître combien dès ce temps-là il y avoit de difficultés qui subsistoient encore ; qu'ainsi cette affaire méritoit bien qu'on l'examinât à loisir, et que, tout intérêt à part, on en pesât mûrement tous les articles, premièrement dans son conseil, et après dans le parlement ; qu'il supplioit Sa Majesté de ne le pas obliger de dire sur-le-champ son avis sur une matière si importante, qu'il n'avoit pu prévoir, et sur laquelle il devoit opiner à son tour dans le parlement.

S'étant excusé à peu près de cette manière, le roi, avec ses principaux ministres, passa d'une antichambre où il étoit dans un cabinet. Là, après avoir ordonné à la compagnie de s'asseoir, il se mit sur un lit, et leur dit qu'il avoit pris la résolution de s'acquitter de la promesse que ses procureurs à Rome avoient donnée, de faire publier le concile de Trente ; que ses prédécesseurs en avoient été détournés, moins par le danger de cette publication que par la mauvaise volonté de ceux qu'on avoit chargés de cette affaire ; que cependant on n'en devoit rien appréhender ; et qu'il sauroit bien maintenir ses droits et les libertés de l'église gallicane, contre les prétentions de ceux qui n'ont pour toutes armes que les intrigues et l'artifice ; que les protestans, de leur côté, ne devoient point s'en alarmer, puisqu'ils trouvoient leur sûreté dans les articles des édits de pacification qu'il leur avoit accordés ; que le duc de Bouillon et Rosny, qu'il avoit amenés, convenoient que cette publication ne leur préjudicioit en rien ; que ce n'étoit plus un cardinal de Lorraine qui la leur demandoit, mais un roi aussi éloigné de toute mauvaise intention que capable de maintenir ses sujets dans la paix qu'il leur venoit de procurer par sa prudence, son affection pour eux, et par le succès de ses armes ; qu'il souhaitoit donc qu'on donnât cette satisfaction au pape sans délai, et à qui il avoit obligation, sans rappeler à contre-temps les horreurs du passé ; que, pour cet effet, le parlement devoit s'abstenir de ses contestations ordinaires en pareil cas ; que, sans entrer dans un examen trop rigoureux des articles particuliers du concile, il devoit consentir à la publication, en y ajoutant seulement quelques clauses pour le maintien de nos libertés.

Ces paroles furent reçues avec un grand applaudissement par le chancelier de Bellièvre et par Villeroy, qui dirent que les lettres-patentes étoient déjà signées et scellées avec ces mêmes clauses ; qu'il ne restoit plus qu'à les envoyer au parlement pour consommer cette affaire sans bruit et sans autres conditions.

Après cela chacun se regarda et demeura dans un profond silence : enfin de Thou reçut ordre du roi de parler. Il s'en excusa un seconde fois sur ce qu'ayant à dire son avis au parlement, ce seroit lui en ôter la liberté par une demande anticipée. Mais le roi le pressa de lui déclarer ses sentimens avec la même confiance qu'il le pourroit faire dans le parlement. Comme il s'y vit absolument contraint, il dit qu'il connoissoit bien par le discours de Sa Majesté et par celui de ses ministres que l'intention du roi étoit que non-seulement on reçût le concile, mais qu'on le publiât sans une plus grande discussion, ni sans d'autres conditions que celles qu'il y avoit mises ; que cependant, puisque le roi, en lui commandant de parler, lui faisoit la grace de lui permettre de dire librement son avis, il se croyoit obligé de déclarer à Sa Majesté qu'elle trouveroit dans le parlement des difficultés sur cette publication, qui seroient fort opposées à ce qu'on avoit voulu lui persuader, et peu conformes à ses intentions.

Que cette compagnie voudroit s'instruire exactement et examiner tous les articles ; que depuis l'établissement de notre monarchie, la plus puissante de la chrétienté, on ne trouveroit aucun exemple d'un concile reçu de cette manière ; que les rois les plus jaloux de la religion et du maintien de la discipline ecclésiastique n'avoient jamais porté leurs mains au sanctuaire ; qu'ils avoient laissé ce soin aux prélats, qui régloient en leur nom la pratique de cette discipline, conformément aux constitutions et aux saints décrets des conciles ; que les empereurs et les rois de la seconde race en avoient usé de même pour le bien de l'état, et qu'ils s'en étoient toujours bien trouvés ; qu'on en voyoit des preuves dans les capitulaires de Charlemagne, de Louis-le-Débonnaire, de Lothaire et des autres rois ; que c'étoit un exemple à suivre, qu'il n'y avoit pas deux cents ans que nos théologiens, de retour des conciles de Constance et de Bâle, où ils avoient assisté, avoient proposé et insisté vivement qu'on en reçût les décisions en France, tant pour l'avantage de l'église universelle que pour celui de la nôtre en particulier; qu'à ce sujet il s'étoit tenu la célèbre assemblée de Bourges, où par ordre du roi, en présence des prélats, des grands du royaume et des députés des parlemens, on avoit examiné avec attention tous les articles de ces conciles l'un après l'autre; que sur ceux qui recevoient quelque difficulté on avoit consulté le pape, et qu'on lui avoit sur cela dépêché des courriers.

Qu'enfin, au nom de Charles VII, on avoit arrêté ce qu'on appelle la Pragmatique-Sanction; qu'elle fut reçue par tous les ordres de l'état, et publiée dans tous les parlemens comme une loi constante et sacrée, qui passe encore aujourd'hui pour inviolable dans la doctrine de nos plus solides théologiens; qu'il n'y avoit en France que ce seul exemple de la publication d'un concile, et qu'on s'en souviendroit toutes les fois qu'on parleroit de recevoir celui de Trente; que tous les parlemens, et principalement celui de Paris, dont la prééminence et l'autorité servent de règle aux autres, demanderoient, dans l'examen et la publication du concile, qu'on gardât les mêmes formalités qu'on avoit observées du temps de la Pragmatique de Charles VII.

La plupart des assistans, après avoir entendu ce discours, convinrent que, puisqu'on ne pouvoit proposer cette publication sans rappeler la Pragmatique, qui avoit été faite après le concile de Bâle, il valoit mieux s'en désister; que ce seroit blesser le pape dans une partie trop sensible, et qu'au lieu d'une grâce qu'il attendoit de la part du roi, il en recevroit une injure très sensible.

« Ainsi, reprit le président de Thou, c'est imposer bien hardiment au roi, de vouloir lui persuader qu'on peut délibérer sur cette matière sans parler de la Pragmatique. Je puis assurer sur ma tête que, de cent conseillers qui opineront sur ce sujet, il y en aura quatre-vingt-dix et davantage qui seront d'avis de suivre l'exemple de l'assemblée de Bourges. »

Leroi, qui par sagesse ne vouloit pas rompre le conseil sans cause, qui d'ailleurs reconnut l'imprudence de ceux qui pressoient cette publication si mal à propos, prit la parole: « Ne croyez pas, dit-il, que je vous aie ici assemblés pour décider de la publication du concile, ni pour résoudre si j'enverrois mes lettres-patentes au parlement; ce n'a été que pour examiner avec vous comment on pourroit terminer une affaire d'une aussi grande importance à la satisfaction du pape, du consentement de mes parlemens, et sans préjudicier à l'intérêt de mon royaume. J'en veux parler séparément aux autres présidens et à mes avocats-généraux, avant que d'envoyer mes lettres, et avant qu'on opine sur cette affaire. »

Après cela tout le monde s'étant levé, de Meisse fit voir à Bellièvre et à Villeroy le danger de cette publication, et leur représenta qu'il n'y avoit personne assez hardi pour se charger du péril où elle exposeroit le roi et l'état. Ils lui répondirent que, immédiatement après la conclusion du concile de Trente, on avoit proposé dans le conseil à Fontainebleau de le recevoir; qu'il étoit vrai qu'on y avoit appelé les présidens du parlement; que Christophe de Thou, chef de cette compagnie, homme ferme et parfaitement instruit de nos droits, s'y étoit opposé, et avoit parlé longtemps et avec chaleur contre ce concile, jusqu'à entrer en de rudes contestations avec le cardinal de Lorraine, qui en pressoit la réception; mais que le second président, Pierre Séguier, avoit été d'une opinion contraire, et avoit montré, par plusieurs raisons aussi fortes, qu'on pouvoit le recevoir en y apportant quelque modification; et que ces deux avis avoient alors partagé le parlement: ce qu'ils disoient exprès pour y faire naître le même partage par la supposition de ces différentes opinions; mais leur artifice ne servit de rien, car le président de Thou, ami de Séguier, qui avoit succédé à la charge du président Séguier son père, et qu'on n'avoit point exprès appelé à cette délibération, lui demanda aussitôt ce qui s'étoit passé au conseil de Fontainebleau, et s'il étoit vrai que leurs pères eussent été d'avis opposés. Séguier lui soutint que rien n'étoit plus faux, et qu'ils avoient toujours été d'un même sentiment sur la publication du concile; il assura la même chose à tous ses amis, tant en général qu'en particulier.

Cela ferma la bouche à ceux qui insistoient si fort sur la publication, et qui furent informés de cet éclaircissement. Ils virent bien qu'ils ne devoient plus compter sur ce prétendu partage qu'ils vouloient faire croire, et qu'il falloit cesser une poursuite commencée avec chaleur et soutenue avec artifice.

(1600) Peu de temps après se tint à Fontainebleau cette célèbre conférence entre l'évêque d'Évreux et du Plessis. Quand elle fut finie, le roi partit pour l'expédition de la Savoie. On peut voir plus au long les particularités de ces deux affaires, sur la fin des annales du président de Thou.

Comme ce magistrat s'étoit utilement appliqué pendant deux ans avec Renaud de Beaune, archevêque de Sens, à la réformation de l'Université de Paris, dont le parlement avoit homologué les articles, cette compagnie le députa cette année avec deux des plus grandes lumières de son corps, Lazare Coqueley et Edouard Molé, pour les faire recevoir dans des assemblées générales de l'Université qu'on tint exprès. Cela lui attira encore des reproches de la part de ses ennemis; car, parmi ces articles, la conjoncture des temps y en avoit fait insérer plusieurs pour la sûreté du roi et de l'état, contre cette pernicieuse doctrine introduite depuis quelques années par les étrangers, qu'il est permis de détrôner les rois et de leur ôter la vie. Nouveau sujet de plainte pour ces esprits brouillons, et pour ces restes cachés de la Ligue, dont les têtes, comme celles de l'hydre, se renouveloient de temps en temps par la lâche indolence des courtisans, ou par leur indigne prévarication. Cette erreur avoit fait de nouveaux progrès pendant les troubles de la dernière guerre, et avoit un si grand cours que ceux qui pensoient autrement, suivant la doctrine constante de nos pères, étoient regardés comme gens suspects qu'on éloignoit des emplois publics, et qu'on privoit des grâces de la cour, abusée par de fausses maximes.

(1601) La perte de madame de Thou, qui mourut l'année suivante après une longue et fâcheuse maladie, consterna le président son époux, qui l'aimoit tendrement.

FIN DES MÉMOIRES DE JACQUES-AUGUSTE DE THOU.

MÉMOIRES

DE

JEAN CHOISNIN,

OU

DISCOURS AU VRAY DE TOUT CE QUI S'EST FAICT ET PASSÉ POUR L'ENTIÈRE NÉGOCIATION DE L'ÉLECTION DU ROY DE POLONGNE.

A TRÈS-HAUTE, TRÈS-PUISSANTE ET TRÈS-VERTUEUSE PRINCESSE,

CATHERINE DE MÉDICIS,

PAR LA GRACE DE DIEU ROYNE DE FRANCE,

MÈRE DES ROYS,

JEHAN CHOISNIN DE CHASTELLERAUT, SON TRÈS-HUMBLE ET TRÈS-OBEISSANT SERVITEUR, DÉSIRE TOUT HONNEUR ET FÉLICITÉ.

Madame,

Quand M. l'évesque de Valence revint de Polongne, il estoit résolu de n'escrire ny de parler que fort sobrement du service qu'il avoit faict à Vos Majestés, tant audict pays qu'à son passage par l'Allemaigne, et pensoit par ce seul moyen pouvoir surmonter l'envie qui en ce temps règne en ce royaume plus qu'en nul autre. Il avoit sagement préveu que ceux qui volontiers s'occupent à controller les actions d'autruy chercheroient par tous moyens luy oster, ou, pour le moins, diminuer la louange qu'il avoit acquise, et eust désiré (et de cela j'en suis tesmoing) qu'après avoir rendu compte de sa négociation, la mémoire, en ce qui luy concernoit, en eust esté ensepvelie; et, pour ceste cause, deffendit à nous qui avions esté avec luy de ne communiquer à personne ce que jà nous avions escript de son voyage. Mais il est advenu que quelques malins esprits, les uns poussés de quelque mauvaise volonté qu'ils portent audict sieur, les autres, qui sont les estrangers mal affectés à ceste couronne, ont par divers moyens calomnié l'élection qui avoit esté faicte. Les uns ont dit qu'il y avoit eu de la corruption et de la force; les autres ont calomnieusement rapporté le bon et heureux succès de ladicte élection à la recommendation et commandement que le Turc avoit faicte à la noblesse de Polongne. C'estoit autant à dire que le nom du roy n'y avoit de rien servy; que la vertu du roy esleu n'avoit esté mise en aucune considération; que les gentilshommes pollacs sont comme serfs et esclaves dudict grand-seigneur. Et enfin, c'estoit une invention pour rendre ladicte élection odieuse et suspecte à toute la chrestienté. Et encore que ce fust chose si notoirement faulse qu'elle ne méritoit qu'on y fist aucune response, toutesfois le roi, comme prince sage et advisé, prévoyant que ce faux bruit prendroit telle racine que ceux qui escrivent l'histoire de nostre temps, comme mal informés, pourroient authoriser et confirmer ladicte calomnie, il voulut et commanda audict sieur de Valence, pour esclaircir un chascun de la vérité, de mettre ou faire mettre par escript le discours de toute sa négociation. Qui fut cause que ledict sieur me donna congé de publier ce que j'avois recueilly, tant de ses mémoires que de ceux qu'il avoit employés audict pays. Par lequel discours l'on verra que le roy n'a esté aydé ni secouru d'homme vivant que de son seul nom et de celuy dudict roy esleu son frère. Et pour autant, Madame, qu'on ne peult nier que, pour le singulier et extresme désir que vous avez tousjours monstré à la grandeur de ceste couronne, vous n'ayez esté la première et seule occasion d'envoyer demander et poursuivre ledict royaume de Polongne, l'on sçait aussi que vous choisistes ledict sieur de Valence pour ministre de vostre grande et louable entreprinse, il m'a semblé ne devoir addresser mon petit labeur à autre qu'à Vostre Majesté, qui, avecques plus seur et plus sain jugement, en pourroit juger mieux que nul autre sçauroit faire : et serez peult estre bien ayse de mettre ce petit recueil en vostre librairie, afin que ceux qui viendront après ayent cognoissance du soing que vous avez eu de l'advancement et de la grandeur de nos seigneurs vos enfans, lesquels furent dès leur enfance privés du secours et de l'assistance du roy leur père. Mais Dieu, qui les print sous sa protection, vous a donné la force et la prudence pour leur servir non-seulement de mère, mais de bon, sage et provident père. Je vous supplie donc, Madame, ne trouver mauvais si, faisant publier ce petit traicté, je l'ay dédié à Votre Majesté. Et n'ayant autre moyen de vous faire service, je prieray Dieu, Madame, pour vostre santé et prospérité.

A Paris, ce 16 de mars 1574.

Vostre très-humble et très-obéyssant serviteur,

JEAN CHOISNIN.

LIVRE PREMIER.

(1571) Comme M. l'évesque de Valence fut adverty que, pour quelque difficultés qui semblèrent malaisées à desmesler, il n'y avoit plus d'espérance du mariage, dont avoit esté bien avant parlé, entre le très-illustre duc d'Anjou, à présent roy de Polongne, et la sérénissime royne d'Angleterre, il proposa à la royne mère du roy deux moyens qui lui sembloient faisables, pour faire tomber la couronne de Polongne entre les mains dudict seigneur.

Le premier estoit d'envoyer un gentilhomme vers le roy de Polongne, pour parler du mariage d'entre sa sœur l'infante et le susdict seigneur ; en cas qu'elle ne fust trop aagée, à telle condition qu'il le feroit recevoir par les estats pour son successeur, attendu qu'il estoit hors d'espérance d'avoir enfans.

L'autre moyen estoit que, si ledict seigneur roy, qui estoit attaint d'une maladie fort dangereuse, venoit à mourir, qu'en ce cas le gentilhomme qui auroit jà esté envoyé mettroit peine de gaigner la faveur de quelques-uns des seigneurs, soubs l'advis et conduicte desquels l'on pourroit puis après y envoyer des ambassadeurs de marque.

La royne mère, qui tousjours a infiniment désiré la grandeur de ceste couronne et du roy de Polongne son fils, bien qu'avec son bon jugement elle recogneust qu'en ces deux moyens il y auroit des difficultés qui seroient malaysées, ou peut-estre du tout impossibles à surmonter, toutesfois, vaincue de l'espérance, elle print résolution de faire tout ce qu'elle pourroit, remettant au surplus l'événement et l'issue de ceste entreprinse à Dieu, qui dispose des royaumes selon sa volonté. Mais quand ce vint sur l'élection du personnage, elle se rendit quelque temps irrésolue, bien que ledict seigneur évesque de Valence luy eust nommé le sieur de Lanssac le jeune (comme elle le sait), et depuis luy nomma un jeune gentilhomme, nommé le sieur de Renthy, de qui on luy avoit rendu fort bon tesmoignaige.

(1572) Autres affaires qui survindrent reculèrent cestuy-là pour un an entier, et jusques à ce que le roy fust à Bloys, qui fut l'an 1572, en février, auquel lieu ladicte dame, ayant ouy nouvelles que ledict seigneur roy de Polongne empiroit quant à sa santé, rappella ledict sieur évesque, et luy dit que son intention estoit de poursuivre vivement l'entreprinse dont autrefois elle luy avoit parlé. La difficulté de l'élection du personnage l'arresta quelques jours, parce qu'elle ne vouloit pas que celuy qui seroit envoyé allast de pleine venue en Polongne, de peur qu'estant descouvert, si l'affaire ne succédoit selon son désir, il y eust de la mocquerie. Enfin sagement elle advisa d'employer un homme duquel l'on ne se pourroit jamais doubter; et de telle condition estoit le sieur de Balagny, tant pour l'aage que pour le peu d'expérience qu'il avoit aux affaires publiques, et qui jà avec plusieurs autres gentilshommes françois estoit à Padoue pour apprendre la langue et s'exercer aux armes.

On lui envoya homme exprès, avec mémoires bien amples ; et, pour dissimuler le but de son voyage, lui fut commandé de passer par les cours des autres princes, pour lesquels le roy lui avoit donné des lettres de recommandation ; et, outre ceste dépesche, ledict sieur évesque lui envoya des lettres qu'il escrivoit audict seigneur roy Polongne, de qui il estoit bien cogneu : et fusmes avec lui, un gentilhomme de Dauphiné nommé Charbonneau, homme de moyen aage, et un autre appellé du Belle, baillif de Valence, et moi.

Il commença son voyage par l'archiduc Ferdinand, qui estoit en une maison de plaisance auprès d'Isprug, au comté de Tyrol, lequel, pour le respect du roy, le recueillit et lui fit fort bon visaige.

Semblable recueil lui fit l'empereur : et comme ce prince est humain et gratieux, lui demanda s'il passeroit plus outre ; et après avoir entendu qu'il verroit la cour du roy de Polongne, du roy de Suède et du roy de Dannemarc, ledict seigneur loua sa déliberation, luy usant de ces mots : « Vous avez passé vostre hyver en un lieu où la rigueur du froid ne vous a pas beaucoup travaillé ; vous passez le printemps en Austrye, qui est sa meilleure saison, et allez faire l'esté ès provinces où les chaleurs ne sont que de bien peu de durée. » Et ne veux obmettre à dire que ledict seigneur empereur examina de si près ledict de Balagny, que

M. de Vulcob, agent pour les affaires de Sa Majesté près ledict seigneur empereur, escrivit à la royne qu'il ne l'avoit point veu tant parler à gentilhomme françois qui fust venu vers Sa Majesté sans avoir quelque chose à négocier. Lui demanda par deux fois s'il ne passoit pas en Hongrie ; à quoi ledict sieur de Balagny respondit que, bien que la Hongrie soit une province qu'il désiroit infiniment veoir, toutesfois il n'avoit pas encore pensé d'y aller, que ce ne fust à quelque bonne occasion pour lui faire service ; et sembloit que ledict seigneur eust quelque opinion que ledict de Balagny allast en Turquie.

Au partir de là nous allasmes en Polongne, et y arrivasmes en telle saison que la peste estoit universelle par tout le royaume, pour laquelle peste ledict seigneur roy, qui pour lors, et deux ans devant, n'avoit bougé de Warsovye, bien qu'il fust malade, avoit esté contraint de desloger sans rien delibérer des affaires du pays, pour lesquels il avoit fait assembler une convocation génerale, et pour cest effect s'estoit acheminé vers la Lithuanye, en un sien chasteau appellé Knichin, qu'il aimait fort, où il délibéra de recouvrer sa première santé, ou bien d'y finir ses jours si Dieu l'avoit ainsi ordonné ; et avoit quelque inclination à ceste province, parce que ses prédécesseurs estoient descendus des Jaguellons, ducs de Lithuanye : et ont depuis lesdicts seigneurs roys pour ceste cause eu ledict pays en singulière recommandation.

Ce bruit du voyage et de la maladie dudict seigneur roy empescha que nous ne fismes grand séjour à Cracovye, et n'y arrestames que pour aller veoir les salines, qui sont à deux lieues de là, chose bien digne d'estre veue ; car, outre la valeur, qui est grande, et un thrésor fort rare, c'est un lieu dans terre où l'on met demye heure à descendre avec des grands et fort gros chables, avec lesquels cinquante hommes peuvent descendre à chacune fois ; et nous feit le bourguemestre ceste courtoisie d'y descendre avec nous, et tenoit entre ses bras ledict sieur de Balagny. Comme nous fusmes descendus, nous trouvasmes de grandes cavernes voultées et disposées comme les rues d'une ville, et en divers endroits plus de trois cens personnes qui tiroient le sel par grosses pièces, ne plus ne moins qu'on tire en ces quartiers la pierre des carrières; et ne peult-on y travailler ni s'y promener qu'avec des flambeaux.

Nous fusmes en ce temps advertis que le roy s'en alloit en Lithuanye, audict Knichin, auquel lieu nous acheminans, renconstrasmes à sept lieues près un gentilhomme du pays qu'on appelle le seigneur Sarnikoskri, chevalier de Malte, référendaire séculier, et frère du capitaine-général de la Grande-Polongne, lequel, nous cognoissant estrangers, s'offrit à nous faire tous les plaisirs qu'il pourroit; ce qu'il fit, et n'eut pas moins de soucy dudict sieur de Balagny, et de nous qui l'accompaignions, que si nous eussions esté ses propres enfans.

Le premier acte d'humanité fut qu'il nous mena à trois lieues près de la cour, en un lieu appellé Ticouchin, qui est une forteresse bastie dans des marais, qui, pour quelque froid qu'il fasse, ne gellent jamais, comme font la pluspart des autres marais, rivières et estangs de ce pays-là ; et est ladicte forteresse de cinq boulevars grands et beaux, au milieu desquels y a un fort beau chasteau basti de bricque, dans lequel est conservé le thrésor du roy et du royaume, que l'on estime estre de grande valeur. Et parce que le roy estoit fort malade, il avoit esté défendu au capitaine qui le gardoit de n'y laisser entrer personne, et par ce moyen l'entrée nous fut desniée. Bien nous fut-il permis de le veoir et contempler par dehors tant que nous voulusmes, et de si près que c'estoit presque autant que si nous y fussions entrés. Et quant au thrésor, je ne sçaurois dire que c'est ; bien veismes-nous, en un monastère qui est près de ladicte forteresse, trois mil corselets que l'on disoit avoir esté faits exprès pour la personne dudict seigneur roy.

Ledict référendaire nous laissa audict lieu, jusqu'à ce qu'il auroit esté en cour pour faire entendre nostre venue au roy et faire appréster logis, ce qu'il feit : et estans là arrivés, ledict sieur de Balagny fit supplier Sa Majesté de permettre qu'il lui présentast les lettres du roy; mais le mal le pressoit si fort qu'il ne lui put donner audience : bien lui fit-il dire que, si son mal lui donnoit quelque relasche, il le verroit et escouteroit voluntiers pour l'amour du prince qui l'avoit envoyé; et cependant le recommanda de fort bonne sorte à tous les seigneurs de sa cour, lesquels n'estoit besoing d'admonester à recevoir humainement un gentilhomme estranger; car il fault confesser que ceste nation surmonte en civilité et courtoysie toutes les autres ; et de faict nous y receusmes tant de faveur et tant d'honneur que de plus n'en eussions nous peu désirer; car il n'y eut évesque, il n'y eut palatin, il n'y eut seigneur de marque qui ne traictast ledict sieur de Balagny, qui ne le receust avec tel et si favorable recueil comme s'il eust esté personnage d'aage et d'authorité; et fusmes entre autres festoyés par l'évesque de Cracovye, vice-chancelier de Polongne, par le vice-chancelier de Lithuanye, par le palatin de Wratislavie, par le sieur Radzivil, mareschal de la cour de Lithuanye, par le sieur Troski, grand-tranchant. Nous fusmes amenés par le maistre de la chambre dudict seigneur roy en la maison d'un prince d'un sien neveu, qui est à une lieue de Knichin, où nous fusmes traictés comme en la maison du prince, la maison bien meublée, accompaignée de jardins, parc, estangs, bois, et de toute autre chose qui pouvoit donner plaisir. Et bien que ce fust en un lieu si avant au royaume, et esloigné de tout commerce de marchandises, si est-ce qu'outre la malvoysie et le muscat de Candye, l'on nous donna de cinq ou six sortes de vins; et diray plus : que je ne sçay si en ville de France l'on trouveroit plus de diverses sortes de confitures qu'on nous donna à la collation : qui est pour moustrer que ceste noblesse vit splandidement et commodément. Mais ce que plus nous contenta, fut qu'il avoit l'escurie bien fournie, et garnie de beaux et bons chevaux, outre le haras, qui estoit grand. Et en un grand poile il y avoit armes pour mener cent hommes au combat : à peine trouvera-t-on en France, en Italie et en Espaigne, un gentilhomme si bien fourni que cestuy-là ; et si il n'avoit point plus haut de trois à quatre mil florins de revenu. Ceste bonne chère fut accompaignée d'une grande démonstration d'amitié; et, à ce que j'ai depuis entendu, l'oncle et le neveu ont esté tousjours de nostre parti; aussi parloient-ils aussi bon françois comme s'ils eussent esté nés dans Paris.

Ledict sieur référendaire, le fils du palatin de Rava, les sieurs Erasme, doyen de Cracovye, et Gaspard de Binski, enfans du grand-chancelier de Polongne, nous festoyoient quasi tous les jours; et prenoient un merveilleux soing de nous, avec lesquels ledict sieur de Balagny contracta une grande et estroicte amitié.

Le roy, après avoir longuement languy, mourut le septiesme de juillet : et à ce que nous veismes, il ne fut pas fort regretté, parce que, selon qu'on disoit, il avoit autrement vescu avec ses subjets que n'avoient faict ses prédécesseurs.

Le susdict sieur de Balagny voyant son premier desseing rompu, délibéra d'employer le second, qui estoit de gaigner quelques seigneurs de la cour, et continua, comme il avoit jà commencé, de publier par toutes les compagnies les rares vertus du très illustre duc d'Anjou; et ayant, s'il lui sembloit, faict quelque bon fondement, il s'en descouvrit ouvertement auxdicts seigneurs Erasme et Gaspard de Binski, enfans dudict chancelier : il ne se voulut toutesfois fier audict seigneur référendaire, parce que l'abbé Cyre, ambassadeur de l'empereur, luy avoit dit et asseuré qu'il l'avoit gaigné pour l'archiduc Ernest.

Et il faut noter que ledict Cyre, durant six ans qu'il avoit esté là ambassadeur, avoit fait soigneusement et dextrement commencer la praticque de parvenir audict royaume, si bien qu'il pensoit l'emporter pour ledict seigneur archiduc. Et parce qu'il n'eust jamais pensé que ledict seigneur de Balagny fust là pour les mesmes affaires, il luy en contoit tous les jours comme s'ils eussent esté à un mesme maistre; qui fut cause que ledict seigneur de Balagny fut quelques jours irrésolu, à-sçavoir s'il devoit entamer la négociation ou non. D'un costé, il craignoit de n'arriver pas assez à temps en France pour faire envoyer les ambassadeurs; de l'autre costé, craignant aussi que, pour peu qu'il descouvrist l'occasion de sa venue, l'empereur feroit tous ses efforts d'empescher qu'aucun ne peust arriver de la part du roy.

Sa résolution fut de publier le plus qu'il pourroit la valeur dudict seigneur duc, et de prier les enfans dudict seigneur chancelier de vouloir estre des nostres, leur remonstrant combien d'honneur ce leur seroit d'avoir fait service à un prince si grand et si vertueux que cestuy-là : et avec ceste résolution il se mit en voyage pour s'en retourner en la plus grande diligence qu'il pourroit; et, estimant qu'il auroit moins d'empeschement par mer que par terre, et qu'un bon vent l'apporteroit en dix jours à Dieppe, il prit son chemin vers Danski; mais ce fut après avoir veu toute la cérémonie qui fut faite à l'endroit du corps dudict seigneur roy, qui est telle :

Qu'estant le lieu de Knichin, où il mourut, dans les bois, esloigné des bonnes villes où l'on eust pu recouvrir les aornemens et autres choses nécessaires pour luy faire ses funérailles, les seigneurs ne purent faire qu'une partie de ce qu'ils eussent bien voulu, d'autant que leur coustume est, incontinent après que leur roy est mort, de luy rebailler les aornemens royaulx, et avec iceux l'inhumer, et qu'ils estoient loing de Cracovye pour avoir la grande couronne, que celui qui gardoit le thrésor à Knichin, de peur que, soubs prétexte de prendre une couronne pour servir à ceste cérémonie, l'on luy fist esguarer quelque autre chose, ne voulut jamais consentir qu'on y entrast, furent contraints lesdicts seigneurs à ladicte cérémonie se servir de la couronne sans diadesme du roy Jehan de Hongrie, dernier mort, duquel il avoit hérité, et des autres aornemens royaulx qui se trouvèrent dans son coffret, et luy furent baillés lesdicts aornemens le jour après qu'il mourut, en la sorte qui s'ensuit :

Le corps du roy fut mis dans une grande salle tapissée de drap noir de tous costés, sur un grand lit royal couvert d'une couverture de drap d'or frizé, traynant de tous costés par terre. Le roy estoit vestu de chausses et pourpoint de satin cramoisy, et par dessus avoit une robe longue de damas cramoisy, un bonnet de nuict fait en calotte de satin cramoisy, et des bottines aux pieds, de toille d'or, le visage et les mains nues. Au bas du lict, de chaque costé, il y avoit une picque, des gantelets et une rondelle d'acier, le tout bien doré, damasquiné et richement garny. En un coing de ladicte salle près le lict, y avoit une grande bannière de damas cramoisy, sur laquelle au milieu estoit dépainte une aygle blanche à une teste, les aisles étendues, qui sont les armes de Polongne, qui avoit deux lettres entre-lassées sur l'estomach, S. A., qui signifioit Sigismond-Auguste; et autour des armes estoient dépaintes particulièrement toutes les armoiries des autres provinces de Polongne.

Dessus une petite table couverte d'un tapis de velours cramoisy, qui estoit entre le lict et la table sur laquelle on chanta la messe, y avoit un oreiller de mesme velours, sur lequel estoient la couronne, l'épée royale, avec la ceinture, le sceptre et les gantelets, le tout d'or massif, enrichy de pierreries richement élaborées, et une pomme d'or avec une petite croix dessus, telle que les empereurs portent, qui monstre que les roys dudict pays s'estiment empereurs.

Tous les seigneurs qui estoient à la cour, tant d'une religion que d'autre, se retrouvèrent à ceste cérémonie, à laquelle ils avoient invité le sieur de Balagny ; et, bien qu'ils fussent près de commancer, ils eurent ceste patience de l'attendre, afin, comme il est vraisemblable, qu'il en feist le rapport au roy.

L'aumosnier ayant dit la messe, l'évesque de Cracovye, qui estoit là avec une chappe de velours noir, telle qu'on porte à l'office des morts, recevoit les aornemens royaulx qui luy furent apportés de dessus la petite table sur l'autel; l'épée par ledict sieur référendaire; la couronne par le vice-chancelier de Lithuanie; le sceptre par le seigneur de Radzivil, mareschal de la cour de Lithuanie; et le globe par le seigneur Troski, grand-tranchant du feu roy, et les gantelets par le premier gentilhomme de la chambre : lesquels à mesure que ledict évesque les metteit sur le corps du roy mort, il lisoit dans un livre ce qu'estoit signifié par lesdicts aornemens. Et ainsi demoura ledict seigneur roy sur ce lict environné de force cierges et flambeaux, gardé jour et nuict par des prestres qui chantoyent, et quelques gentilshommes qui souloyent avoir la garde du corps jusques au troisiesme jour, où chacun le pouvoit veoir. Auquel temps ils furent contraints, pour la chaleur, de l'inhumer, et le mettre dans une bière de bois, ne pouvant recouvrer du plomb. Et avec le corps ils mirent semblablement les aornemens royaulx qu'ils avoient fait faire d'argent doré, et est leur coustume d'en user ainsi.

Le sieur de Balagny, après avoir veu toute ceste cérémonie, eut congé de tous les seigneurs, et laissa tel nom qu'il emporta l'amytié de beaucoup de gentilshommes. Et pour continuer ce qu'il avoit si bien commencé, me laissa audict pays, et avec bien peu d'argent, car il n'en estoit guères bien garny; mais les amys qu'il avoit acquis, et principalement les sieurs Erasme et Gaspard de Binski, et leurs parens, me receurent si volontiers, que je n'eus faute de rien jusques à la venue du sieur de Valence, et en leur compaignie fus receu en beaucoup de bonnes maisons, où souvent estoit tenu propos dudict sieur à présent roy; et par ce moyen plusieurs gentilshommes commencèrent à aymer celuy duquel ils n'avoient ouy que bien peu parler.

Toutesfois, après que la nouvelle de la Sainct-Barthélemy fut apportée audict pays, j'eus bien affaire à respondre, tant par paroles que par escript, à ce que l'on en disoit; et quelques-uns m'estimoient menteur pour avoir tant dict de bien dudict seigneur.

Mais, d'autant que j'estois bien adverty de tout ce qui estoit advenu durant nos guerres civiles, je gaignai ce poinct en la pluspart des compagnies, qu'on rejettoit toute la coulpe sur le peuple et sur quelques inimitiés particulières : pour le moins m'accordèrent-ils qu'il falloit attendre, comme l'on dit, le boyteux, c'est-à-dire que le sieur évesque de Valence fust arrivé ; car je les asseurois que ce seroit luy qui auroit la charge d'y venir, et duquel l'on pourroit sçavoir la vérité du faict.

Je reviens au sieur de Balagny, qui départit de Knichin sur la fin de juillet, et le quatriesme jour de son partement arriva à Poltoz, belle ville assise sur la rivière de Bourg, qui est un fleuve qui vient de Lithuanie, et va descendre dans la Vistulle, à quatre lieues de Warsovie, et appartient ladicte ville de Poltoz à l'évesque de Plosko; lequel sieur évesque le receut fort humainement, le retint deux jours à luy faire la meilleure chère dont il se pouvoit adviser, et lui parla de telle façon que ledict sieur de Balagny en emporta meilleure parolle de lui que de nul autre à qui il eust parlé.

Dudict lieu il despescha Charbonneau et Gloscoski, qui est un jeune gentilhomme pollac qu'il emmenoit en France, vers l'infante, qui estoit à Blonie, à quatorze lieues de là, avec une lettre par laquelle il la supplioit très humblement luy permettre de luy aller faire la révérence. Ladicte lettre fut leue devant les évesques qui la gardoient, et commanda à son grand-maistre-d'hostel luy escrire de sa part. La responce ne contenoit autre chose, si non qu'il excusast le temps misérable, et qu'elle estoit comme soubs la tutelle des sénateurs, sans lesquels elle ne vouloit parler à personne, et le prioit de la tenir pour excusée, et que s'il fust venu en un autre temps que cestuy-là, elle luy eust fait cognoistre combien elle estimoit les serviteurs du roy de France.

Ledict Charbonneau eut grands propos avec ledict maistre-d'hostel, et avec un médecin, pour raison de l'affaire qui depuis a succédé, et les trouva de si bonne volonté, qu'ils luy promirent de faire entendre le tout à leur maistresse, avec asseurance que ce propos ne luy desplairoit point; et de fait ils ont tousjours suivi nostre party.

Ledict évesque de Plosko conseilla audict de Balagny se mettre par eau pour éviter les villes pestiférées; et, pour ce faire, l'accommoda de sa barque, qui estoit fort bien accoustrée, avec laquelle il continua son voyage : et arrivé qu'il fut à Plosko, qui est une belle petite ville sur la rivière de la Vistulle, M. le référendaire, dont cy-dessus a été fait mention, et qui est capitaine dudict lieu, le pria d'y séjourner quelques jours pour l'envie qu'il avoit de le caresser et de le festoyer : à quoy il s'accorda volontiers, parce que depuis là jusques à Danski il n'y avoit point de lieu nect où il peust s'arrester pour attendre Charbonneau, qui arriva bientost après. Au partir de là ledict référendaire luy bailla une barque garnie de tout ce qu'il luy falloit, et plusieurs lettres de recommandation; mais il ne s'en ayda pas beaucoup, parce que, pour ne perdre temps, il ne voulut point descendre à terre, et aussi qu'en tous les lieux où il eust peu descendre il y avoit grand danger de peste, pour lequel il ne voulut entrer à Cujavie, mais envoya Charbonneau vers l'évesque, qui est un très digne personnage, pour s'excuser et luy présenter une lettre dudict référendaire.

Ledict sieur évesque fut si courtois, qu'il envoya en grande diligence dix gentilshommes après lui, pour lui faire entendre combien il estoit marry de ce qu'il ne l'avoit peu veoir en sa maison pour le festoyer; mais, puisque cela n'avoit pas esté, il le prioit d'aller loger à une sienne maison qu'il avoit hors la ville de Danski, où il seroit bien venu et recueilly.

Il arriva audict Danski le 5 d'aoust 1572. Et le soir Messieurs de la ville le firent visiter, et puis sur l'heure du soupper luy envoyèrent douze grands vases d'argent plains de douze sortes de vins. Le lendemain députèrent un d'entre eux, qui est un gentilhomme espagnol, lequel s'est habitué là, qui parle fort bon françois, pour lui faire compaignie, et lui monstrer et faire veoir ce qu'il estimoit estre digne de monstrer à un estranger. Et à ce que je luy ay ouy dire, il remarqua que la ville est fort grande et bien peuplée, et où les marchands profitent autant qu'en quelque autre ville que ce soit. C'est un magazin de tous les bleds de Polongne, desquels tous les Pays-Bas sont ordinairement secourus et nourris, et bien souvent le Portugal, et quelquefois une partie de la France. On s'y fournit aussi de miel, de cires, de cendres et de fourreures, qui sont marchandises dont la Pologne abonde autant que nul autre pays qui soit. Là se descharge grande quantité de marchandises qui viennent de Moscovie, d'Allemaigne, de France et d'Espaigne; au reste, la ville est bien bastie, belle et fort peuplée, et seroit forte s'il n'y avoit deux montaignes qui luy commandent, dont l'une est assez loing, et ne peut pas faire grand mal; pour l'autre, qui est fort près, les seigneurs luy ont approché un bastion beau et grand, qui peult servir de citadelle. Il y a de plus un port qui est des plus beaux du monde : car estant la Vistulle de soy fort large par tous les autres endroits de son cours, elle vient à se restrécir à une lieue de la mer, qui est le port dudict Danski, sans qu'elle y soit contrainte de montaigne aucune; là où estant demourée en sa largeur, elle n'auroit pas le fonds d'eau pour porter les navires et vaisseaux dudict port, comme elle faict. Là il fut festoyé par les seigneurs de la ville, en la maison du sieur Constantin Ferber, et ne veit jamais, à ce qu'il raconte, tant de vaisselle d'argent ensemble comme il fist en ladicte maison; parmy laquelle il veit six grandes couppes d'ambre, avec le pied d'or, garnis de dyamans, rubies et perles : et luy en fut présentée une qu'il refusa, et ne la voulut point accepter.

Le jour après, celuy qui tient le second lieu en ladicte ville luy vint offrir de la part des seigneurs tous secours, ayde et commodité, voire d'argent, s'il en avoit besoing. Et tout cela se faisoit pour le respect et l'honneur qu'ils portoient au nom du roy. Le convia aussi de s'aller tenir au chasteau, qui est à l'embouch eure du port, attendant que son navire fust appresté, de peur qu'il ne luy vinst mal pour la peste qui jà commençoit fort à s'eschauffer. Mais ledict de Balagny, qui ne pensoit qu'à son retour, bien qu'il fust caressé, honoré et visité par les plus grands, y séjourna seullement autant qu'il estoit besoing pour faire appresler son embarquement : il estoit conseillé d'achepter un navire pour soi, armé et équippé; et pour ce faire luy estoit offert de l'argent par les agens du référendaire, qui avoient charge de le pourvoir de toutes choses nécessaires. Mais, considérant que ce seroit faire trop de frais au roy, et aussi que le roy de Dannemarc en pourroit prendre quelque jalousie, il s'embarqua dans un navire françois appelé l'Ange de Fecamp.

Jusques icy ay-je voulu raconter du voyage dudict sieur de Balagny ce qui pouvoit servir au faict de la négotiation, qui depuis a esté heureusement achevée; j'ay aussi touché quelques particularités des villes où il passa depuis qu'il partit de la cour du feu roy de Polongne. Et pourra-l'on dire que cela ne servoit de rien à ladicte négotiation; mais je l'ay faict affin que les lecteurs de ce traicté entendent que la noblesse de la Polongne surmonte toutes les autres en courtoisye et humanité; que les estrangers y sont mieulx receus, caressés et honorés qu'en aucun endroit de la chrestienté, et qu'il y a beaucoup de belles et bonnes villes, et qu'à Danski, qui est une des principalles, tous estrangers y sont favorablement recueillis, et singulièrement les François, bien que durant l'interrègne, et après l'élection, ceux qui gouvernent ladicte ville ne se soient pas si bien portés envers quelques-uns comme ils avoient accoustumé. Et m'asseure qu'estant arrivé le roy par delà, ils luy seront aussi obéissans qu'ils ont esté à ses prédécesseurs, et redoubleront l'amitié qu'ils ont si longuement entretenue avec les François, parce que le commerce y sera plus grand qu'il n'a esté par le passé. Et quant à ce qu'il luy advint à son retour, tant en Dannemarc, où il fut favorablement recueilly par le roy dudict pays, et depuis en Suède, Novergue et Angleterre; il n'a voulu que j'en feisse aucune mention. Et s'il fust esté creu, son nom n'eust point esté inséré en ce discours, espérant que quelques jours il fera plus de service au roy qu'il ne feist audict voyage. Bien diray-je en passant qu'il rendit si bon compte de toutes choses à Leurs Majestés, que par leur commandement il fut incontinent despesché pour s'en retourner en Polongne, et y continuer à leur faire service, comme il avoit commencé.

LIVRE SECOND.

Je viens à la négotiation, qu'on peult dire longue et pénible, faicte par ledict sieur évesque de Valence, qui fut despesché cependant que nous estions audict pays, en la manière qui s'ensuit :

Le roy estant à Paris vers la fin du mois de juillet, fut adverty de la mort du roy de Polongne, et de la poursuite que faisoit l'empereur pour faire eslire l'archiduc Herneste son fils, comme aussi faisoient le Moscovite, le roy de Suède, le duc de Prusse et le Transsilvain : le roy donc ne voulut perdre ceste belle occasion qui se présentoit, et délibéra, avec la royne sa mère, d'y envoyer quelques notables personnages qui eussent et l'entendement et l'expérience pour conduire selon son désir une si grande entreprinse. Ceci dis-je pour respondre aux calomnies qui ont esté semées en Polongne et en Allemaigne, parmy lesquelles il y estoit contenu que le roy avoit fait un mauvais tour à l'empereur son beau-père, d'avoir couru sur sa fortune et sur la praticque qu'il avoit faicte long-temps auparavant. Ceste doléance avoit quelque apparence de raison, et les ambassadeurs de l'empereur sçavoient bien s'en ayder et par parolle et par escript, si bien qu'aucuns gentilshommes pollacs, quelque temps fut, en parlèrent en fort mauvaise sorte; mais ledict sieur évesque de Valence estant par delà, sceut très-bien et à propos remonstrer que chacun estoit tenu de faire son profit; que la poursuite d'un royaume, pourveu qu'elle soit faicte par les moyens légitimes et approuvés, ne peult estre blasmée, quand ce seroit de frère à frère, j'entends quand c'est d'un royaume qui n'appartient ne à l'un ne à l'autre. Mais nous n'en estions pas en ces termes; car, comme dessus a esté dit, avant que le roy se mist de la partye, il y avoit quatre compétiteurs, dont les deux y avoient aussi bonne part comme pouvoit avoir ledict seigneur empereur. Et doit-on tenir pour certain que, si le roy eust veu l'empereur seul poursuivant, il ne luy eust voulu donner aucun empeschement.

La difficulté fut sur le choix de ceux qui devoient estre envoyés. Bien recognoissoient Leurs Majestés qu'il falloit que ce fust un homme de robe longue, et qui sceust, comme l'on dit, aller et parler; car, puisqu'il falloit demander le royaume à cinquante ou cent mil gentilshommes, ils ne pouvoient estre gaignés que par oraisons publiques et autres discours semés par le pays, et en langue cognue et entendue par la pluspart des eslecteurs. Ledict sieur évesque proposa M. l'advocat Pybrac et M. Truchon, premier président de Grenoble, qui, à la vérité, sont des plus rares personnages de France; mais Leurs Majestés ne se vouloient passer pour lors de la présence ne du service dudict sieur de Pybrac. Et quant audict président Truchon, il estoit malade et tenu pour mort. Ledict sieur évesque, qui prévoyoit bien que tout cela luy tomberoit sur ses espaulles, nomma puis après M. le chevalier Seore et le jeune sieur de Lanssac. Mais, après avoir perdu quelques journées sur ceste recherche d'hommes, il fut contraint d'accepter la charge, voyant bien que s'il la refusoit, quelques bonnes raisons qu'il sceust alléguer, seroit toujours trouvé mauvais, mesmes que la royne estoit arrestée sur ce point, qu'il falloit que ce fust luy, et en disoit deux raisons : l'une, qu'il avoit esté autrefois en Polongne fort bien veu et bien receu, et qu'il seroit bien mal aisé qu'il n'y trouvast encores quelqu'un de ses amys qui luy serviroit de directeur et conducteur. L'autre raison qu'elle mettoit en avant estoit qu'il avoit esté si heureux, qu'il n'avoit jamais entreprins chose par commandement des prédécesseurs roys qu'il n'en fust venu à bout. Et voyant ledict sieur évesque qu'il ne se pouvoit destourner de ce voyage sans malcontenter Leurs Majestés, et aussi que le roy de Polongne qui est à présent l'en prioit bien fort, il accepta la charge, et demanda pour son adjoint le sieur de Malloc, conseiller du roy en sa cour de parlement de Grenoble, qui est homme de lettres, et se peult dire un des premiers de ce royaume à escrire en latin; et le demanda nommément parce qu'il l'a nourri, et avoit cogneu sa fidélité et diligence en beaucoup d'ambassades où il l'avoit autrefois mené avec luy. Et aussi, pour en dire la vérité, ledict sieur avoit besoing d'un homme qui le relevast de peine pour escrire et prononcer l'oraison. Mais Dieu, qui luy avoit destiné cest honneur, luy osta tous moyens d'avoir compaignie en cela, comme aussi luy donna-t-il entendement et la force de porter le faix, qu'il s'estoit figuré insupportable.

Les mémoires et instructions faictes, ledict sieur évesque partit le dix-septiesme jour du mois d'août, huict jours, jour par jour, avant la Sainct-Barthélemy.

Je diray une particularité, encores qu'elle semblera mal à propos; mais je ne la puis laisser, parce qu'elle servira d'exemple aux autres qui viendront après : c'est que ledict sieur évesque, au lieu d'Espernay se trouva attaint d'une dissenterie; et n'ayant pu recouvrer médecin, ny de Rheims ny de Chaalons, il s'achemina vers ledict Chaalons, et poursuivit ainsi son chemin jusques à Sainct-Disier, où le mal le contraignit de s'arrester trois jours; et le quatriesme, ayant entendu la nouvelle de la journée de la Sainct-Barthélemy, il recogneut que l'entrée de l'Allemaigne luy seroit fort périlleuse, et pour ceste cause, contre l'avis des médecins, il print résolution ou de mourir ou de passer les païs du comte Palatin, plus tost que ladicte nouvelle y fust tenue pour certaine.

Je ne feray point long discours de ce qu'advint audict sieur évesque en Lorraine, parce qu'il y a beaucoup de particularités qui se doivent plustost taire qu'escrire. Bien diray-je en passant qu'un secrétaire de l'évesque de Verdun, pour l'espérance qu'il avoit de faire bailler l'évesché de Valence à son frère, docteur en théologie, et pédagogue des enfans d'un prince (car pour autre occasion ne pourroit-il l'avoir faict) print la poste et picqua jour et nuict pour l'atteindre avant qu'il fust sorty de Lorraine, faisant entendre partout où il passoit qu'il avoit charge du roy de le faire tuer en quelque lieu que ce fust : commanda aux compaignies qui pour lors alloient à Metz de courir sus audict sieur évesque, les asseuroit qu'il portoit avec soy cinquante mil escus, et que tout ce butin seroit à eux; et, n'ayant trouvé ceste compaignie disposée à faire un acte si meschant, il recourut au lieutenant du gouverneur en la ville de Verdun, appellé Manègre; lequel Manègre se monstra fort disposé à commettre cet acte; et bien qu'il fust au lit malade, attaint de trois ou quatre grosses maladies, il reprint ses forces, tant il estoit ayse d'avoir une si bonne commission; emmena avec soy toute la garnison de la ville, hormis trente soldats, emmena aussi tous ceux de ladicte ville qu'il trouva de bonne volonté, et qui eurent moyen de venir ou à pied ou à cheval. L'évesque de Verdun (je ne sçays s'il sçavoit l'entreprinse, car ce n'est pas à moi à en juger) bailla tous ses officiers, et mesmes son cuisinier et sa mulle : et ledict Manègre, ainsi accompagné, s'achemina vers Sainct-Michel, pensant, comme il est vraysemblable, de trouver ledict sieur de Valence en campaigne; et s'il y fust ainsi advenu, il est certain que, faisant semblant de le prendre, il n'y eust pas eu faute d'une harquebusade sans sçavoir qui l'eust tirée; mais il advint le contraire de ce qu'il avoit pensé, car ledict sieur évesque estoit jà adverty qu'il estoit guetté et attendu, et s'estoit retiré dans ladicte ville de Sainct-Michel, gouvernée par le prévost, fort homme de bien; lequel prévost l'advertit de l'arrivée dudict secrétaire, et de l'entreprinse dudict Manègre, vers lequel Manègre, qui jà estoit à une lieue de ladicte ville, ledict sieur évesque envoya un de ses gens pour luy remonstrer que, s'il luy donnoit empeschement et ne luy donnoit moyen de passer seurement, il feroit chose grandement désagréable au roy, et surtout au très-illustre duc d'Anjou, comme il pourroit veoir par les dépesches qu'il estoit prest de luy monstrer.

Ledict Manègre envoya son beau-frère, appellé Sorbé, avec un autre bien fort honneste gentilhomme, appellé Sainct-Yon, pour dire audict sieur évesque de sa part que, s'il luy faisoit paroistre qu'il fust envoyé de la part de Leurs Majestés, non-seulement le préserveroit-il de tout mal, mais le feroit seurement conduire jusqu'à Strasbourg, et que pour cest effet il entreroit le matin en ladicte ville.

Ledict secrétaire, craignant que ledict Manègre, après qu'il auroit veu les despesches, ne voudroit parachever son entreprinse, vint trouver ledict sieur de Valence en son logis, et, après l'avoir salué d'un visaige riant, luy dit telles parolles : « J'ai commission du roy de vous faire tuer, quand bien vous seriez jà en Allemaigne; et toutesfois si vous voulez vous fier de moy, je vous raconteray le tout, et vous conduiray jusques à Spire, sans que vous ayiez nul mal ne desplaisir; » et sur cela luy dit qu'il vouloit parler à luy seul à seul, ce que ledict sieur luy accorda : et, comme j'ai depuis entendu, ce furent propos descousus comme ung coq-à-l'asne, et la conclusion fut qu'il estoit mort s'il ne se fuyoit de luy. Ledict sieur évesque monstra avoir plus de souvenance de sa vertu et de sa constance que du péril qui luy estoit présent; luy respondit qu'il ne mettroit jamais sa vie entre les mains d'un si petit compaignon que luy, ny n'estoit pas délibéré d'aller à la dérobée, ains se vouloit mettre au hazard, affin que s'il mouroit l'on sceust qui auroit esté l'aucteur de sa mort.

Manègre le matin entra dans la ville avec bien peu de compaignie, car ledict prévost ne le voulut recevoir autrement, et manda audict sieur qu'il le vinst trouver en son logis pour parler ensemble, s'excusant toutesfois que pour sa maladie il ne pouvoit l'aller trouver. Ledict sieur recogneut qu'il n'estoit pas temps de s'arrester sur les cérémonies, et alla pardevers luy, et luy feit veoir premièrement son passe-port, puis les lettres de Leurs Majestés, et les instructions; mais de tout cela il ne tint aucun compte, et dit audict sieur évesque qu'il le meneroit à Verdun, et le mettroit en seure garde jusques à ce que le roy en auroit ordonné.

Ledict sieur remonstra qu'il offançoit manifestement Leurs Majestés, et principallement celuy pour lequel il avoit entreprins le voyage, qui estoit ledict seigneur duc d'Anjou. A cela ledict Manègre respondit avoir commandement du roy exprès, bien qu'il n'en apparust rien par escript, excepté que ledict secrétaire monstroit une lettre de créance du sieur de Losses à son maistre, et un passe-port pour courir la poste.

La résolution fut qu'il falloit aller sans plus disputer. Ledict prévost protestoit en cas que mal ou desplaisir fussent faicts audict sieur. Le peuple, qui estoit sorty pour la pluspart en la rue, avec larmes tesmoignoit combien cela luy desplaisoit.

Manègre print son chemin par delà la rivière, et ledict sieur fut amené de deçà par un bien fort honneste gentilhomme, appellé de Lodieu. Ainsi la rivière estoit entre deux, qui donna occasion audict sieur de penser qu'on vouloit le massacrer, et que ledict Manègre s'excuseroit puis après sur ce qu'il n'auroit pu le secourir : et comme il examinoit ceste peur, si elle estoit bien fondée ou non, il s'apperceut que cinquante harquebousiers descendoient le long d'une colline, baissant la teste autant qu'ils pouvoient pour n'estre descouverts, et gaigner la haye du grand chemin où il falloit passer; qui fut cause que ledict sieur s'arresta, et demanda audict de Lodieu à quoy estoit bon cela, et pourquoi les soldats venoient ainsi à la desrobée; protesta qu'il ne passeroit point plus outre, et que si on luy vouloit faire desplaisir, ce seroit à la descouverte, et non par derrière une haye, et que celuy qui auroit esté l'autheur d'un acte si meschant en rendroit quelque jour compte. Ledict de Lodieu se monstra tout étonné : et croys certainement qu'il n'estoit pas de la partie; car il se courrouça assez aigrement contre lesdicts soldats, et les feit marcher en lieu descouvert.

Manègre, n'ayant pu exécuter ce que peut-estre il avoit pensé, repassa la rivière à une lieue de là pour revenir trouver ledict sieur évesque, sans luy faire aucune excuse de ce qu'il l'avoit ainsi abandonné, et tous ensemble vindrent audict Verdun, où il y avoit plus de trois mil personnes qui estoient venus voir le prisonnier, qu'on devoit pendre le matin.

Ledict sieur, qui peu de jours avant estoit party de la cour avec espérance de faire un service si grand et si notable qu'il en seroit mémoire à jamais, et par ce moyen acquérir une gloire immortelle, se voyoit ès mains des brigands, qui jà avoient faict le partage de sa despouille. Toutesfois il se monstroit tousjours si constant, qu'il menaçoit de faire pendre ceux qui estoient cause de sa retention. Et demoura ainsi huict jours en un logis avec estroitte garde, qu'on redoubloit souvent la nuict, pendant lesquels avec grande difficulté il luy fut permis d'envoyer vers le roy. Et de peur qu'on luy retinst son homme, il en envoya deux à la desrobée.

Sa Majesté, ayant sceu ceste nouvelle, feit telle démonstration que un chacun peut cognoistre que ce meschant avoit faulcement abusé de son nom; manda audict Manègre qu'il luy feroit rendre raison d'une telle et si lourde faute que ceste-là, luy enjoignant très-expressément de se saisir dudict faulsaire; feit aussi Sa Majesté entendre audict sieur évesque de Valence combien il estoit marry de l'outrage qui luy avoit esté faict, luy promettant qu'il en feroit punition exemplaire. Et affin que tout le monde sçache la bonne intention de Leurs Majestés, et combien leur volonté estoit aliénée de tels actes, et que beaucoup de semblables ont esté faicts à leur grand regret, j'ay voulu mettre icy la coppie desdictes lettres qu'elles escrivirent audict sieur évesque.

Je ne mets point icy la lettre du roy, parce qu'il y a affaires de conséquence; seullement y mettray l'extraict d'un article, lequel s'ensuit :

. . . .

« Car, outre que ce n'est point mon naturel de bailler de telles commissions que ce meschant disoit avoir de moy, je vous tiens pour mon bon et fidèle serviteur, qui n'a point mérité d'estre traicté de ceste façon ; et imputerez le tout à la malice dudict solliciteur, lequel j'espère de si bien faire chastier qu'il servira d'exemple : et en escris assez avant mon intention à Manègre, luy enjoignant très-expressément de s'asseurer de luy, et le mettre en lieu qu'on en puisse avoir la raison. Je vous prie de poursuivre vostre voyage, etc. »

Coppie de la lettre de la royne mère.

« Monsieur de Valence, outre ce que vous entendrez par la response que vous faict présentement le roy monsieur mon fils, je vous diray qu'il ne songea jamais à dire de vous ce que Maceré a fait semer par-delà, et qu'il ne vous tient point pour personne qui mérite un tel traitement. Dont si vous avez eu occasion de vous tenir asseuré auparavant ce qu'en a dict ledict Maceré, vous en devez prendre encores à ceste heure la mesme asseurance, et croire qu'il vous tient pour bon, affectionné et utile serviteur, comme je fais aussi pour ma part ; n'ayant rien cogneu en vous jusques icy qui m'ait peu faire penser à consentir d'estre faict de vous ce qu'il a dict par-delà : qui est bien digne de punition, comme le roy, mondict sieur et fils, désire qu'elle soit faicte. Vous priant de ne vous fascher de ces choses, et de vous tenir asseuré de la bonne grace du roy, mondict sieur et fils, et de la mienne, et de continuer vostre voyage selon que nous le désirons. Priant Dieu, monsieur de Valence, qu'il vous ait en sa saincte garde. A Paris, le cinquiesme jour de septembre 1572. »

Et au-dessus est escrit de la main de la royne ce que s'ensuit :

« Monsieur de Valence, il y a long-temps que je ne fus si marrie que j'ay esté du tour que l'on vous a faict, et vous prie ne vous en fascher, et vous asseurer que en sera faict telle démonstration que en serez contant : et vous prie que cela ne vous retarde ny vous descourage, car dans peu de jours, etc. Signé, CATHERINE. » Et au-dessus est escript :

« A monsieur de Valence, conseiller du roy monsieur mon fils, en son conseil privé. »

Coppie de la lettre de l'illustre duc d'Anjou.

« Monsieur de Valence, nous sommes infiniment marris de ce qui vous a esté faict à la suscitation du solliciteur Maceré, qui est entièrement contre la volonté du roy, mon seigneur et frère, et de la mienne ; n'ayant jamais pensé ny l'un ny l'autre à dire de vous que vous fussiez du nombre de ceux que l'on devoit faire arrester : de quoy vous pouvez demourer en repos, et vous tenir asseuré que vous avez autant de part en ses bonnes graces que vous eustes oncques, et de mon costé je tiendray main à ce qu'il soit faict une bonne punition dudict Maceré. Et sur ce je prie Dieu, monsieur de Valence, qu'il vous ait en sa saincte garde. Escript à Paris, le cinquiesme jour de septembre 1572. »

Et au-dessoubs est escript de la main dudict illustre duc d'Anjou ce qui s'ensuit :

« Monsieur de Valence, je suis bien marry de ce que l'on vous a faict, et vous asseure que Leurs Majestés et moi en sommes si faschés, que vous cognoistrez que nous ne lairrons ce faict de ceste façon, vous priant pour cela ne vouloir laisser d'achever vostre voyage, et me faire paroistre en cecy, etc. »

Ledict sieur évesque après estre délivré partit de Verdun pour continuer son voyage. Et arrivé qu'il fut à Strasbourg, il n'y trouva pas le conseiller Malloc, dont cy-dessus est faict mention, qui n'avoit pu venir estant détenu d'une grande maladie ; ne trouva point aussi l'abbé de Sainct-Rufz, son neveu, ne aussi le sieur Scaliger, qui est pour son aage un des plus rares hommes de ce royaume, lesquels il avoit mandé le venir trouver audict lieu, et l'attendre s'ils y arrivoient les premiers, comme ils firent. Mais y estans arrivés, ayant entendu la nouvelle de la journée Sainct-Barthélemy, s'en retournèrent en Dauphiné, n'estimant point que ledict sieur évesque en une telle saison entreprendroit de passer par l'Allemaigne. Cela troubla grandement ledict sieur, car il se voyoit frustré de l'espérance qu'il avoit d'estre aydé dudict sieur de Malloc, et aussi du service qu'il pensoit tirer desdicts son neveu et Scaliger ; et ne sçavoit comment entreprendre luy seul une négociation si difficile ; et toutesfois il n'y avoit plus lieu de délibérer ; et voulant s'acheminer, il rencontra en la rue Bazin, qui estoit procureur du roy en la prévosté de Bloys, homme de bon entendement et bien versé aux lettres, lequel il retira et emmena avec luy.

Estant arrivé à Francfort, il fut incontinent descouvert par les colonels des reistres, qui avoient suivy le party du feu admiral, lesquels le vindrent trouver, et par un bourguemestre qu'ils trouvèrent favorable feirent saisir ses hardes et ses chevaux.

Ledict sieur évesque pour la première fois leur dit fort gracieusement qu'il ne pouvoit estre arresté, attendu qu'il ne leur estoit aucunement obligé, et que outre cela il avoit si peu de moyen de leur bailler ce qu'ils demandoient, qu'ils ne faisoient que perdre tems de le faire retenir. Au contraire, lesdicts reistres maintenoient que le roy avoit obligé tout le bien de ses subjects. Ledict sieur évesque maintenoit que c'estoit chose en quoy Sa Majesté ny autre roy de ses prédécesseurs n'avoient jamais pensé.

Le jour après ils revindrent et commencèrent à user de menaces. Ledict sieur continua pour ce jour-là à leur respondre fort modestement, et pour les contenter passa plus outre, que s'il y avoit marchand qui sur sa parolle voulust leur faire quelque payement, volontiers il s'en obligeroit.

Le troisième jour ils amenèrent un marchand de Nuremberg, qui estoit prest, ce disoit-il, de bailler quatre cent mil florins, pourveu que ledict sieur s'en obligeast et baillast pleiges suffisans. Ledict sieur respondit qu'il s'en obligeroit volontiers à son propre et privé nom, et non comme serviteur du roy, car il n'en avoit aucune charge, et qu'il n'avoit aussi aucun moyen de bailler des pleiges. Sur cela survint une dispute qui ne se desmesla sans cholère d'un costé et d'autre; car lesdicts colonels maintenoient que ledict sieur leur avoit promis de trouver pleiges: ledict sieur affermoit n'en avoir jamais parlé, comme certainement n'avoit-il pas faict, et avoit pour tesmoing son hoste appellé le docteur Glaubourg, qui est un des principaux citoyens de ladicte ville.

La conclusion du débat fut que ledict sieur leur dit enfin qu'il ne leur devoit rien, qu'il estoit en ville libre où l'on ne luy pouvoit desnier justice, et si l'on luy faisoit tort il y avoit prou d'Allemands en France qui s'en ressentiroient.

Enfin ledict sieur recourut au sénat dudict lieu, et plaida sa cause avec quelque aigreur, pour le tort qu'il avoit receu en leur ville, et mesme de ce qu'un des bourguemestres l'avoit arresté assez ignominieusement; remonstroit que c'estoit chose de grande conséquence, et qui ne pouvoit estre faicte en la personne d'un ambassadeur; adjoustoit aussi que c'estoit pour entièrement rompre le commerce qui estoit entre les deux nations, duquel commerce eulx-mesmes ne se pouvoient que avec grande difficulté passer.

Ledict sénat désadvoua et blasma grandement ce que ledict bourguemestre avoit faict, qui expressément, à mon advis, ne s'y estoit voulu trouver. Et après avoir ouy les colonels, prononcèrent une sentence dont cy-après est est le double.

» Nous, président et eschevins de la court de
» la cité impériale de Francfort sur le Meyn,
» tesmoignons par la teneur de ces présentes,
» et faisons notoire à un chacun que, comme
» il soit ainsi, qu'à l'instance des héritiers de
» feu bonne mémoire le très-illustre prince
» Volgang, comte palatin du Rhein, duc de
» Bavière, etc., et de très-vertueux seigneur
» Volrad, comte de Mansfeld, et de vaillans et
» nobles hommes Mainhard de Schonberg,
» mareschal, et autres colonels, capitaines et
» reistres, qui, l'année 1569 dernièrement
» passée, urent à la guerre en France soubs le
» roy de Navarre et le prince de Condé, eust
» esté accordé que saisie seroit faicte des biens
» du très-puissant roy de France, lesquels on
» estimoit que le très-révérend sieur Jean de
» Montluc, évesque de Valence, avoit rière
» soi, à cause de la solde et gaiges deus à iceux
» par le susdict seigneur roy, dont le payement
» debvoit estre faict à ceste présente foire, ou
» desjà auparavant. Au contraire ledict sieur
» évesque auroit allégué que ny le roy de
» France seroit principalement obligé, ny luy
» auroit en son pouvoir aucuns deniers appar-
» tenans audict seigneur roy, et finablement
» qu'il ne pourroit estre contraint à tel paye-
» ment en son propre et privé nom.

» Nous, à ces causes, ayant veu les lettres
» d'obligation dudict seigneur roy, en vertu
» desquelles ladicte saisie auroit esté faicte,
» avoir receu préalablement le serment dudict

» sieur évesque, avons jugé, et jugeons par
» ces présentes, que ladicte saisie seroit par
» nous levée, prononçant et déclarant ledict
» sieur évesque, luy, sa famille et tous ses
» meubles et biens, estre mis en liberté, et hors
» de tout arrest, tant réal que personnel. En
» foi de quoy nous avons faict apposer à ces
» présentes le scel de nostre cour. Fait le
» vingt-deuxième jour du moys de septembre,
» l'an de salut 1572. »

Sur l'après-disnée, deux des principaux dudict sénat apportèrent audict sieur évesque ladicte sentence, et avec beaucoup de bonnes et honnestes parolles le prièrent de croire qu'ils estoient bien fort marris du tort qui luy avoit esté faict, mais qu'ils n'avoient moyen d'en faire plus grande démonstration, parce que lesdicts reistres n'estoient leurs subjects, qui estoient de divers et lointains endroits, mesmes menassoient de se revancher sur eux quand ils les trouveroient hors de ladicte ville; l'advertissant au surplus qu'il devoit prendre garde comment il pourroit seurement faire son voyage, et luy proposèrent deux moyens: l'un estoit d'envoyer vers le lantgrafve de Hessen pour le prier de luy donner escorte; l'autre de pratiquer quelqu'un desdicts colonels qui le voulust prendre soubs sa charge.

Ledict évesque ne voulut prendre le premier remède, parce qu'outre la perte du temps qu'il y auroit à envoyer querir et attendre l'escorte, il eust esté contraint d'aller trouver ledict lantgrafve, et luy communiquer l'occasion de son voyage; et délibéra sur ce d'essayer le second moyen, qui estoit de gaigner quelqu'un desdicts colonels, parmy lesquels s'en trouva un apellé Gracouf, qui est de Prusse, subject du roy de Polongne, qui du commencement demanda quatre cens mil escus, puis vint à deux mil, puis descendit à trois cens escus; moyennant lesquels, qu'il receut comptant, il s'obligea, par obligation signée de sa main, qu'il conduiroit ledict sieur évesque jusques à Leipseig avec toute seureté, au moins pour le regard de ses compaignons.

Les autres colonels ayant recogneu qu'ils n'avoient peu retenir ledict sieur évesque, et que, luy faisant desplaisir en chemin, ils en seroient reprins et désadvoués par M. le comte de Mansfeld leur chef, facilement condescendirent à l'accord faict avec ledict Cracouf, excepté qu'ils ne sçavoient rien desdicts trois cens escus. Et fut accordé avec eux qu'ils prometroient tous ensemble que ledict Cracouf conduiroit ledict sieur évesque en quelque endroict qu'il voudroit aller de l'Allemaigne, seurement, et que ledict sieur s'obligeroit aussi de poursuivre et procurer envers le roy leur payement, et se représenteroit en mesme estat à la foire qui est en caresme. Et fut apposée ceste clause, en mesme estat par ledict sieur, comme voulant dire en liberté; car jà avoit-il esté délivré sans qu'il peust estre retenu. Mais comme l'on fut sur le point de signer les promesses, lesdicts colonels ne voulurent que rien de ce qu'ils avoient faict ou accordé fust mis par escript: qui donna grande occasion audict sieur évesque de soupçonner qu'il y eust quelque entreprinse sur luy. Et fut conseillé par quelques gens de bien qu'il ne devoit bouger de là qu'il n'eust un saouf-conduit de l'empereur. Mais voyant que la perte du tems seroit la perte du fruict de son voïage, il se délibéra de prendre le hasard de la mort ou de la prison, plustost que de faillir à faire ce qu'il avoit promis.

Et ainsi accompaigné s'achemina vers Leipseig, et luy donna on à penser en chemin beaucoup de choses; car ledict Cracouf ne luy fit jamais autre compaignie, sinon qu'il luy envoyoit tous les matins un soldat pour luy monstrer la disnée et la soupée, tellement que ledict sieur par la campaigne n'eut autre compaignie que de ses gens.

Arrivé qu'il fut à Leipseig, qui pouvoit estre le 6 d'octobre, il entendit que les Pollacs se devoient assembler le 10 dudict pour faire l'eslection; entendit aussi la nouvelle de la grande et universelle peste qui estoit par tout ledict royaume de Polongne. Ces deux nouvelles luy donnèrent beaucoup à penser, car, d'un costé, il craignoit que l'eslection seroit faicte avant qu'il bougeast de là; de l'autre costé, il ne voyoit point comme il se pourroit sauver de la peste, car il n'avoit point homme du pays pour conduite, excepté Dominé (je l'appelle ainsi parce qu'en France il ne sera pas cogneu si je le disais en son nom pollac), qui l'estoit venu trouver de la part de Leurs Majestés audict Francfort.

Restoit la troisiesme difficulté des reistres qui sont au marquisat de Brandebourg, sur la frontière de Polongne, et qui sont tels qu'on peut estimer gens de frontières. Et à cela pensoit-il avoir bien pourveu ; car du chemin il envoya Pierre Lambert, son secrétaire, vers le comte Wolrad de Mansfeld, pour se plaindre du tort qu'il avoit receu de ses colonels, et pour le prier de luy donner un homme qui le voulust conduire le reste du chemin qu'il avoit à faire. Ledict comte de Mansfeld envoya devers ledict sieur évesque un sien secrétaire, qui luy dit de la part de son maistre qu'il estoit bien marry de l'insolence et de la témérité de sesdicts colonels, et que quant à luy bailler un homme, comme il auroit entendu le lieu et pourquoi ledict sieur évesque vouloit aller, qu'il feroit en cela et en toute autre chose service au roy : estant au surplus bien marry de ce qu'il n'avoit passé à sa maison, là où il l'eust honoré et faict fort bonne chère. Ledict sieur évesque, considérant qu'il ne pouvoit renvoyer audict comte qu'il ne perdist cinq ou six jours, résolut de passer outre, sans descouvrir à personne le chemin qu'il vouloit tenir, et print avec soy un des soldats dudict Cracouf, pour luy servir de guide.

Il n'envoya pas vers le duc de Saxe, parce qu'il estoit en Dannemarch ; ne voulut poinct aussi envoyer vers le conseil dudict duc, qui en son absence gouvernoit ledict pays, craignant qu'ils l'eussent retenu avec honneste prétexte ; car ils eussent respondu qu'il falloit attendre le retour de leur maistre. Et ainsi ledict sieur se fust de lui-mesme bridé pour avoir demandé congé : et print pour résolution qu'il valloit mieux passer en grande diligence ce qui restoit de l'estat du duc de Saxe, qui ne pouvoit estre que de trois bonnes journées.

Deux jours avant son partement il dépescha en Polongne Bazin et Dominé, pour aller entendre des nouvelles, avec charge de l'en advertir à la première ville de frontière, et à ces fins leur bailla un jeune gentilhomme pollac qu'il avoit amené de Paris, apellé Deconopastki.

Dominé s'opiniastra longuement pour faire que ledict sieur évesque prinst le chemin de la Silésie, qui estoit plus court, plus logeable, et moins subject à la peste ; lequel n'y voulut entendre, non pas qu'il eust peur de l'empereur, car il l'estimoit prince si bon et si sage, que par son commandement ne luy seroit point faict de desplaisir : et le monstra bien Sa Majesté depuis, car M. l'abbé de L'Isle, qui quelques moys après fut envoyé en Polongne, séjourna assez long-temps à Vienne, et depuis fut quatre jours à Prague en Bohesme, et cinq ou six à Breslau, qui est la capitale ville de Silésie, et bien près de la frontière de Polongne. Et ne fault pas dire qu'il ne fut recogneu, car luy et ses gens estoient vestus à la françoise, et n'y avoit que luy qui sceust autre langue que la naturelle ; et toutesfois l'on ne luy donna aucun empeschement, parce que les officiers desdictes villes ne pensoient pas qu'il allast en Polongne pour la poursuite dudict royaume, puisque ledict sieur évesque y estoit arrivé ; mais autrement fust advenu dudict sieur, d'autant qu'il estoit plus cogneu et remarqué, et qu'on sçavoit qu'il estoit dépesché pour cest effect. Par quoy, non sans grande raison, craignoit-il lesdicts serviteurs et officiers de Silésie, lesquels soubs honneste prétexte l'eussent peu retenir, et luy eussent faict accroire qu'il estoit des fugitifs pour la journée Sainct-Barthélemy, dont la nouvelle estoit courue deux ou trois jours auparavant ; et estant ladicte nouvelle si récente, il estoit aysé de forger là-dessus une excuse, et faire semblant d'en advertir l'empereur, lequel aussi eust dit qu'il en falloit advertir le roy. Et ainsi l'on eust faict couler trois ou quatre moys de tems.

Tel estoit le discours que faisoit ledict sieur évesque, qui n'estoit pas sans grande apparence de raison, et qui fut cause qu'il ne voulut poinct aller audict pays de Silésie, et print son chemin par le marquisat de Brandebourg ; et bien luy en print, car il est certain que l'entreprinse estoit faicte de le retenir, ou peut-estre de luy faire pis, comme l'on a depuis entendu de bon et de certain lieu.

Il passa par le marquisat de Brandebourg seurement, sans aucun empeschement, avant qu'estre cogneu de personne, et arriva à Mezericz, qui est la première ville de Polongne, environ la my-octobre, et ne peult y arriver plus tost pour sa maladie et pour les empeschemens qui luy avoient esté donnés en chemin en Lorraine et à Francfort.

Audict lieu de Mezericz fut ledict sieur évesque receu fort humainement par le vice-capitaine dudict lieu, homme de bon entendement, et qui a long-temps suivy les guerres d'Italie, et de luy entendit que les sieurs des estats par trois fois avoient esté contraints pour la peste de changer de lieu pour faire une diette, et l'alloient tenir à Lolo, à trente lieues de là, qui en vallent bien soixante de France, et qu'en chemin il n'y avoit que deux ou trois villes ou villages qui ne fussent pestiférés.

En mesme temps ledict sieur receut une lettre de Dominé, qu'il avoit envoyé devant, comme dessus a esté dict, par laquelle il luy mandoit qu'il estoit besoing qu'il s'en vinst en extresme diligence à ladicte diette, pour y comparoistre à une matinée, si faire se pouvoit, avant que l'on eust ouy parler de luy, et que pour certain les ambassadeurs de l'empereur s'y trouveroient.

Ce conseil sembla audict sieur évesque téméraire et précipité, et suivit ce qu'il avoit à part soy arresté, qu'estoit d'escrire par Bazin auxdicts estats, leur faisant entendre qu'il n'avoit voulu s'approcher d'eux sans les advertir de sa venue, espérant qu'ils luy feroient ce bien de luy donner tems et lieu de leur dire ce qu'il avoit en charge de Leurs Majestés.

Ledict sieur pensoit attendre audict lieu de Mezericz le retour dudict Bazin; mais, après y avoir séjourné quelques jours, ledict vice-capitaine luy remonstra qu'il pourroit estre reprins d'avoir permis qu'il fust là si longuement, parce que c'est une petite ville de garde et de frontière; tellement que ledict sieur fut contraint de s'acheminer tout bellement pour attendre en quelque lieu la response de sesdictes lettres.

Et pource que tout estoit pestiféré, et que l'on estoit contraint de coucher par les bois, advint que une nuict ledict sieur arriva vers la minuict en la maison d'un gentilhomme appelé Saboski, à deux lieues près de Posnanye, lequel, avec grande difficulté, le receut en sa basse cour seulement; et le lendemain il le voulut veoir et discourir avec luy des causes de sa venue, et monstra de loing huit filles et trois fils, disant audict seigneur que s'il estoit infect de peste, et qu'il le receust plus avant en sa maison, il seroit cause de la mort de tout son pauvre petit mesnage. A quoy ledict sieur évesque respondit que, bien que pour luy il n'y eust aucun danger, si est-ce qu'il estoit contant de n'y approcher de plus près, parce que le soupçon luy pourroit faire beaucoup de mal; mais ledict Saboski fut si honneste qu'il print le hazard sur luy, et après qu'il eut receu et bien festoyé ledict sieur, il luy bailla par escript les lieux où il seroit admis, luy conseillant au surplus de n'approcher du lieu de la diette de plus près de douze ou quinze lieues, comme ledict sieur avoit délibéré de faire.

Sur ces mémoires et advertissemens ledict sieur évesque s'achemina en une ville appellée Pysdreic, qui estoit jà infectée, mais non pas tant que les habitans en fussent sortis, là où il trouva le capitaine-général de la Grande-Polongne qu'il fut visiter en sa maison, et luy rendit raison de sa venue : bien qu'on le soupçonnast estre de la part impériale, toutesfois il n'en fit pas depuis aucune démonstration, et furent en peu d'heures si privés ensemble, qu'il luy offrit avec bien fort bonne façon tout aide et secours et assistance, réservé toutesfois ce qui concernoit l'eslection de leur roy, parce qu'il réservoit son opinion au jour où il la faudroit déclarer, et conscilla audict sieur d'aller à une petite ville, à cinq lieues de là, appellée Connin; mais avant que partir il arresta par force ledict sieur à disner, auquel disner il essaya premièrement de le faire boire plus qu'il ne falloit; mais l'ayant trouvé résolu de ne vouloir point changer sa façon de vivre, il s'adressa à ceux de sa compagnie et avec malvoisie et vin grec, et cinq ou six autres sortes de vins; et parce que les nostres burent fort bien, et ne furent pas du tout accoustrés, ledict capitaine-général se plaignoit de n'avoir eu tant de crédit avec eux comme il avoit eu avec les gens de l'ambassadeur de l'empereur, lesquels il disoit avoir traités en sa maison et enyvrés quelques-uns, si bien qu'il les avoit fallu emporter en la maison. Incontinent après disner, il luy bailla deux gentilshommes et son coche, pour le porter en plus grande diligence audict Connin; auquel lieu de Connin estoit la femme d'un palatin, sœur du castellan de Dantizic, qui est une dame belle, honneste et sage, s'il y en a dans toute la Polongne, et se peut dire la dame de tout le pays qui faict autant de bien aux pauvres. Laquelle ledict sieur feit visiter par ledict Deconopaski, son parent, dont cy-dessus est faicte mention. Ladicte dame, de peur de la peste, et aussi que son mary estoit absent, se feit excuser de ce qu'elle ne pouvoit veoir ledict sieur, ny faire envers luy tels offices d'humanité qu'il convenoit à un homme envoyé de la part d'un si grand prince.

Ceste response fit prendre audict sieur un nouveau parti, et s'en alla à trois lieues de là, vers le castellan de Laudan, duquel il fut fort humainement receu, tant pour sa courtoysie, qui est commune à toute la noblesse de Polongne, que pour ce qu'il avoit pour lors son fils à Paris, et fut si aise de l'arrivée dudict sieur, et si content de luy, qu'il le retint huit jours entiers, avec si bon traitement que meilleur ne l'eust-il peu faire à un prince. Et parce que c'est un homme qui par longue expérience a jà acquis beaucoup de crédit en sa patrie, ledict sieur acquit par luy beaucoup d'amis, et apprint plusieurs choses appartenantes à ladicte négociation.

Par la communication qu'eut ledict évesque avec ledict castellan et quelques autres qui le veirent auprès de luy, il recognut que l'entreprinse seroit plus difficile qu'il ne l'auroit pensé; car, comme tout le monde sçait, l'empereur, voyant que le roi dernier décédé n'avoit point d'enfans, avoit depuis six ans commencé ses praticques par un de ses serviteurs appellé l'abbé Cyre, qui, sous prétexte d'estre ambassadeur résidant auprès dudict feu roy décédé, avoit acquis beaucoup de crédit et de familiarité avec plusieurs seigneurs, et entre autres avec les Lithuans et avec une partie de la Grande-Polongne, la Voline, et, peu s'en falloit, toute la Prusse, comme sera dit cy-après. Ceux qui jà avoient esté persuadés par ledict Cyre que l'archiduc Ernest seroit utile audict royaume, voyant que leur roy estoit décédé, mettoient peine tous les jours d'en attirer d'autres; et pour authoriser ce qui jà avoit esté si bien commencé, ledict seigneur empereur avoit envoyé deux des principaux et des plus grands du royaume de Bohesme, pensant que, pour la conformité de la langue qu'ils ont avec la polacque, ils seroient plus favorablement receus et familiers avec ceux avec lesquels il conviendroit négocier. Et monstra ledict seigneur empereur qu'il entendoit tout ce qu'un prince pouvoit sçavoir pour gaigner le cœur de ceste nation; car outre qu'il avoit commencé ses praticques six ans auparavant, il choisit ses deux principaux ambassadeurs, personnages de grosse maison, de grande authorité, de mesme langue, et qui arrivèrent avec telle pompe et grandeur, que leur venue sembla plus être entrée de roys que d'ambassadeurs; et toutesfois l'issue ne fut pas telle qu'ils s'estoient persuadés.

D'autre costé, le Moscovite s'estoit jà insinué par des lettres qu'il avoit escrites à toute la noblesse, leur faisant des offres si avantageuses et si apparentes, qu'il sembloit qu'on ne le peust refuser. Ce parti estoit porté et favorisé par un palatin, homme qui, pour sa vertu, et grande modestie, a beaucoup de crédit; et si ledict Moscovite se fust bien gouverné à la conduite de ceste affaire, l'on peut dire que c'estoit le parti le plus dangereux pour nous, parce qu'il n'y avoit homme qui n'eust trouvé bonne paix perpétuelle et une union entre ces deux grandes, fortes et puissantes nations.

En tiers rang estoit le roy de Suède, qui rendoit sa cause fort recommandable pour estre prince voisin, prince d'aage, et qui jà est expérimenté à gouverneur un royaume, et qui a des pays en Livonie qu'il offroit de joindre avec la Polongne. A cela aidoit fort la royne sa femme, sœur du roy dernier décédé, et sembloit que, pour estre descendue de ceste couronne, l'on devoit préférer son fils à tous les autres princes estrangers.

Le duc de Prusse, soubs prétexte de demander le premier lieu, quand ce viendroit au jour de l'eslection, comme vassal du royaume, faisoit mettre en avant qu'il estoit prince jà accoustumé à gouverner avec grande modestie et administration de justice ses pays, prince qui pouvoit estre dit, comme pollac, aimé de ses subjects, appuyé de tous les grands princes d'Allemaigne, et qui avoit grande quantité d'argent pour subvenir aux nécessités du royaume. Son fait estoit porté par de grands personnages, qui par ce moyen pensoient faire le bien de leur pays. Mais l'empereur rompit le desseing dudict duc fort dextrement; car il luy offrit son aide et faveur en cas que Ernest ne fust eslu roy, et luy accorda en mariage sa niepce, fille du duc de Clèves. Et fut depuis interceptée une lettre par laquelle ledict empereur remercioit ledict duc de Prusse de l'honneste offre qu'il luy avoit faicte de favoriser son fils Ernest, le remercioit aussi de l'offre qu'il luy faisoit de deux mils reistres, qu'il luy promettoit de tenir prests s'il en estoit besoing. Ladicte lettre et quelque autre occasion reculèrent si bien le party dudict duc, qu'il n'y eut personne qui voulust endurer qu'il fust nommé parmy les compétiteurs, bien qu'il eust envoyé par tous les pays pour s'excuser et adoucir les malcontans, qui estoient en grand nombre ; car, comme ils sont presque toujours invincibles, ils ont pour la pluspart le cœur si grand, qu'on ne les gaigneroit jamais, ny par forces ny par menaces.

Le cinquiesme party estoit de ceux qui désiroient un roy pollac ; et s'il eust esté possible s'accorder à choisir l'un d'entre eux, ils eussent facilement tourné tous de ce costé-là, d'autant qu'il n'y avoit homme qui ne jugeast que ce seroit une grande commodité d'avoir un roy de sa nation, de sa langue et de sa cognoissance, un roy qui n'auroit les forces pour rien attenter, ny entreprendre sur les libertés dudict pays, et que telle négociation ne pouvoit estre qu'agréable à l'empereur, si son fils estoit refusé, et pareillement au Moscovite, à tous les princes d'Allemaigne, et au Turc, qui ouvertement soustenoit et recommandoit ce party.

Toutes ces considérations bien examinées, ledict sieur recogneut que sa bonne volonté luy avoit trop facilement faict entreprendre une affaire de si grande importance et difficille exécution ; car, d'un costé, l'entrée luy sembloit fort périlleuse, parce que tout le pays estoit embrasé de peste ; de l'autre costé, il y avoit peu de gentilshommes qui jà n'eussent arresté leur opinion en faveur de l'un ou de l'autre desdicts compétiteurs.

Ceux qui portoient les partis contraires estoient gens d'authorité, gens cogneus et favorisés. Les compétiteurs estoient princes si puissans et si voisins, que du moindre d'entre eux l'on pouvoit beaucoup espérer ou craindre ; et au contraire, ledict sieur estoit venu comme à la desrobée, homme incogneu et qui n'avoit pas grande intelligence des affaires du royaume ; il présentoit le nom d'un prince de lointain pays, prince de qui on ne devoit rien craindre en cas qu'il fust refusé : mais, au contraire, c'estoit le vray chemin d'acquérir la bonne grace de l'empereur, du Moscovite et de tous les princes d'Allemaigne. Et de plus le faisant roy, d'autant qu'il n'avoit ny forces ny amis voisins prochains, il sembloit qu'on n'en peust espérer aucun secours ny commodité.

Il ne restoit audict sieur évesque, pour estre volontiers ouy, que la grandeur et ancienneté de la maison de France, la mémoire du feu roy Henry et du feu roy François-le-Grand, la vertu du roy et du très-illustre duc d'Anjou, qui est certainement chose digne d'estre considérée. Ce sont deux frères bien nés et bien nourris, et accomplis de toutes choses dignes de grands princes, et qui ont un frère tiers qui suivra le chemin et la vertu de ses deux aisnés. Et qui plus est, ledict sieur duc d'Anjou ne pouvoit estre dict nouveau au gouvernement d'un royaume, ayant, par l'espace de sept ou huict ans, par commandement du roy son frère, porté le faix de toutes les affaires de ce royaume, ayant aussi telle expérience au faict de la guerre, qu'on ne pouvoit dire autrement, sinon que c'estoit un prince qui se feroit aimer aux amis et craindre aux ennemis. C'estoient de belles et dignes considérations, et dont ledict sieur évesque se sçavoit bien aider ; mais la difficulté estoit comment une telle noblesse, aiguë et de bon entendement, voudroit si soudainement s'arrester à prester foy sur sa parole, ny voudroit aussi laisser ce qu'ils pouvoient certainement espérer des autres compétiteurs, pour une nouvelle espérance qui pour lors sembloit estre telle, que ceux qui n'avoient cognoissance dudict prince la jugeoient sans apparence et fondement.

A cela survenoit une autre difficulté ; c'est que nos adversaires s'aidoient des troubles advenus en France depuis dix ans, remonstrans que le prince pour qui ledict sieur parloit estoit jà accoustumé aux guerres civiles, et en apporteroit la semence en Polongne.

Je dirai une autre scrupulle qui ne luy donnoit pas grand'peine, et si n'en discouroit pas à beaucoup de gens : c'estoit qu'il considéroit que s'il ne pouvoit venir au bout de son entreprinse, il se trouveroit beaucoup de gens qui diroient que c'estoit sa faute, et l'accuseroient d'une grande témérité ou légèreté d'avoir mis en avant ce qui pour lors sembloit impossible. Et quand bien Dieu le feroit si heureux de luy faire réussir son desseing, il sçavoit bien que l'envie est si grande en France qu'il n'auroit pas faulte d'ennemis, et qui mettroient peine de luy oster, ou pour le moins luy diminuer une partie de la gloire qu'il avoit méritée. Et de faict, c'est ce qui plus luy a donné de peine en Polongne : mais, se voyant jà embarqué, il se délibéra de mourir ou de vaincre, et surmonter toutes les difficultés.

Et pour ce faire il ne trouva que deux remèdes, qui estoient : l'un, de faire capable ladicte noblesse que toutes les commodités présentées par les susdicts compétiteurs estoient accompaignées de tant de circonstances, qu'enfin ce ne seroient point commodités, mais que les acceptant ce seroit la ruine de leur patrie. L'autre remède estoit qu'en discourant de ce qu'on pouvoit espérer du roi présentement esleu, ledict sieur auroit moyen de rendre capables les eslecteurs que de la personne du très-illustre duc d'Anjou l'on pouvoit espérer beaucoup de bien et rien craindre de mal.

Ce conseil sembla bon audict sieur; car aussi n'en avoit-il point d'autre, ny estoit accompaigné d'hommes à qui il en pust demander, et ne restoit que la difficulté de l'exécuter; car il n'avoit point d'accès auprès des seigneurs et de ceux qui pouvoient authoriser son desseing. Il n'avoit pas les cent cinquante gentilshommes, comme les ambassadeurs de l'empereur, qui peussent aller par le pays publier ses raisons. Enfin se trouvant en ceste perplexité, ils print deux résolutions : l'une, de faire entendre par quelques moyens aux seigneurs quelques particularités qui deussent les mouvoir à l'escouter volontiers; l'autre, qu'escrivant de ce qu'on pouvoit espérer dudict sieur duc d'Anjou, il le coucha en tels termes que ce fut comme en faire un parangon avec les autres compétiteurs, et par ce moyen les reculer si faire se pouvoit, et le mettre luy au haut bout. Et pour faire ce desseing, luy vint bien à propos que Bazin vint le trouver, qui luy rapporta sadicte première lettre, qu'il n'avoit pu présenter aux seigneurs qui estoient assemblés à Colo, parce que la peste soudainement départit l'assemblée, et fut remise en un autre lieu appellé Castki.

Ledict sieur changea pour la pluspart sadicte lettre, et y adjousta ce qui luy sembloit pouvoir servir à faire gouster et trouver bonne sa venue, de laquelle lettre la teneur s'ensuit :

« Messieurs, le roy très-chrestien m'avoit despesché pour aller devers vous, et avec moy un de ses conseillers du parlement de Grenoble, suyvant ce qu'il vous avoit jà escript par le sieur Andreas Mensinski, gentilhomme de vostre nation. Mais il est advenu que ledict conseiller est démouré malade, et de ma part je l'ay esté assez longuement. Et comme j'avois recouvert la santé, et m'estois acheminé pour satisfaire à ma charge, ils me sont survenus d'autres empeschemens que vous entendrez, s'il vous plaist, par le sieur Jehan Krasoski et par le sieur Jehan Bazin, officier du roy très-chrestien, que je vous envoye expressément, vous priant qu'après que vous les aurez ouys, il vous plaise de m'advertir en quel lieu et en quel temps vous voudrez que je me présente à vous; car je ne suis pas délibéré m'approcher de plus près que ce ne soit avec vostre congé. Cependant, affin que vous ne soyez en peine des causes de ma venue, et que, pour estre arrivé tard, autres n'ayent le moyen de préoccuper vos esprits en la poursuite qui se faict de vostre couronne, il m'a semblé devoir sommairement vous faire entendre que le principal point de ma charge est de vous déclarer la bonne, syncère et fraternelle intention du roy de France mon maistre envers vous et vostre royaume, pour lequel, comme j'espère, vous recevrez fort volontiers, et serez bien ayses qu'il vous présente monseigneur le duc d'Anjou son frère, qui est, pour le dire en un mot, son bras droict, sur lequel il s'appuye entièrement, et pour le faict de la guerre, et pour le faict du gouvernement du royaume; tellement qu'il ne vous présente pas un enfant qui ait besoing luy-mesme d'estre gouverné, mais vous présente un prince d'aâge compétant, prince expérimenté à toutes choses qui sont nécessaires pour heureusement porter le faix, soit pour la paix, soit pour la guerre, d'une grande et puissante couronne comme est la vostre. Il ne vous présente pas un prince qui vous apporte une troisiesme ou quatriesme religion, non usitée, cogneue ni entendue parmy nous; mais vous présente un prince vraiment catholique de religion, et non de faction, et qui est de telle et si grande prudence et expérience, qu'il s'y gouvernera si sagement, que, bien qu'il y ait quelque diversité de religion entre vous, il vous conservera et les uns et les autres en toute seureté. Il ne vous présente pas un prince qui vous apporte ny mœurs ny coustumes barbares et inusitées; mais, au contraire, il se présentera à vous avec telle intention, qu'avec la civilité que l'on voit reluire en France de là où il part, il luy sera facile de s'accommoder et embrasser vos mœurs et coustumes, qui sont certainement pleines de prudence et de civilité. Il ne vous présente pas un prince qui, en lieu de vous apporter un repos, ameine avec soy une inimitié et une guerre avec ceux qui ont puissance de vous donner de la peine; ains, au contraire, il vous présente un prince qui n'a point d'ennemis qui, pour raison de sa personne ny du lieu d'où il part, puissent estre offencés contre vous, si vous luy faictes cest honneur de l'appeller pour estre vostre roy. Et, qui plus est, comme il n'a point d'ennemis, aussi a-t-il beaucoup d'amis qui luy portent si bonne volonté, et leur puissance et si grande, que l'on pourra dire que les forces de vostre royaume en seront redoublées. Vostre nation a tousjours aymé la nostre; la nostre aussi a chéry, favorisé et honnoré la vostre. Vostre noblesse hantera nostre royaume; la nostre aussi vous visitera, vous hantera et vous servira, s'il venoit occasion qu'il en fut besoing. Le roy ne vous présente pas un prince qui soit pauvre et nécessiteux, et qui soit contraint de récompenser les siens des offices et estats qui par raison doivent estre réservés à vous et à ceux de vostre nation; mais vous présente un prince qui de soy est si riche, et a tant de pays qui lui appartiennent, où il y a tant d'officiers, d'estats et de bénéfices, que non seullement il aura moyen de récompenser ceux de sa nation, mais aussi en pourra gratifier plusieurs d'entre vous qui auront envie de faire quelque séjour en France. Le roi ne vous présente point un prince qui soit tant voisin de vos pays, que, pour avoir les forces voisines, vueille ou puisse entreprendre sur vos franchises, libertés et loix observées; mais, au contraire, il vous présente un prince qui n'aura forces que les vostres, qui ne prendra appuy, soustien ne grandeur, sinon sur vostre amour, fidélité et obéissance. Bien est vray que là où vos autres ennemis voudroient assaillir vostre royaume, il aura tousjours de bons amis qui se joindront à vous pour deffendre la couronne et les anciens limites de vostre pays. Attendant doncques que je puisse arriver pour plus amplement vous faire entendre ce qui m'a esté commandé par le roy très-chrestien et par mondict seigneur le duc d'Anjou son frère, je vous supplie, messieurs, vouloir considérer et examiner le contenu de ceste lettre, et vouloir recognoistre qu'en l'élection que vous ferez de mondict seigneur, il ne vous peut advenir perte, dommage ne incommodité aucune. Au contraire, vous en devez espérer, et pouvez vous promettre l'augmentation et la grandeur de ceste puissante couronne, l'ampliation, le repos et la seureté de vostre pays, le bien et l'advancement d'un chacun de vous, qui aurez un prince bon, sage, prudent et libéral. »

Ledict Bazin porta ladicte lettre audict lieu, et, la présentant, l'accompagna de ce qu'avoit esté accordé entre ledict sieur et luy. Et comme il est homme d'entendement, et qui a le langage latin en main, il fut fort volontiers escouté.

En ladicte diette il y eut du bonheur et du malheur pour nous.

Le bonheur fut qu'au mesme jour que Bazin présenta ladicte lettre, il y eut plainte des ambassadeurs de l'empereur, parce qu'ils estoient entrés au royaume sans avoir adverti le sénat, et qu'ils s'estoient départis sans congé des lieux qui leur avoient esté assignés pour leur demeure, et s'estoient acheminés à grandes journées pour aller parler à l'infante.

Cela despleut extresmement à la noblesses, qui ne pouvoit porter patiemment que les estrangers se peussent librement promener sans leur congé; car, outre qu'on soupçonnoit qu'il y eust de la désobéissance, et conséquemment du mespris, l'on pouvoit aussi estimer qu'ils eussent intention d'emporter ledict royaume par le moyen de ladicte infante, puisqu'ils vouloient plutost négocier avec elle qu'avec ladicte noblesse.

Ceste plainte fut accompaignée d'une autre ; c'est qu'on présenta à la dicte diette une malle qui avoit esté prinse à la frontière, et rapportée, où on trouva des lettres par lesquelles l'on cogneut que lesdicts ambassadeurs n'avoient pas dormy depuis leur venue, et qu'ils avoient bien commencé à faire des praticques.

Il fut aussi trouvé une lettre qu'on escrivoit au duc de Bavière, en laquelle il y avoit ces mots, *gens barbara et gens inepta*, et beaucoup d'autres choses qui ne valoient guères. Je crois bien que ladicte lettre avoit esté escrite sans le sceu desdicts ambassadeurs, qui estoient trop sages pour consentir qu'on usast de tel langage.

Toutes ces nouvelles despleurent grandement aux seigneurs et principaux du sénat, et irritèrent si fort la noblesse, que pour ce jour-là il n'y avoit homme des grands qui osast monstrer de favoriser le party dudict seigneur empereur ; si bien que les lettres dudict sieur évesque, qui estoient humbles et modestes, et la façon qu'il avoit tenue à ne vouloir s'approcher sans leur congé, rendirent nostre cause à l'endroit de tous si favorable, qu'il fut prins plus de deux mil copies desdictes lettres, puis portées par tout le royaume.

Mais ceste faveur ne dura que vingt-quatre heures ; car il survint incontinent quelqu'un qui apporta la nouvelle de la journée de la Sainct-Barthélemy, enrichie de tant de mémoires et particularités, qu'en peu d'heures la pluspart détestoient le nom des François. Et toutesfois les seigneurs ne laissèrent pas de faire bonne et honneste response audict Bazin ; et par les lettres qu'ils escrivirent audict sieur, le remercioient de l'honneur et du respect qu'il leur avoit porté, et qu'à la première occasion qu'ils pourroient faire l'assemblée générale, ils ne faudroient à l'appeller, le recevoir et escouter volontiers : cependant ne pouvant choisir lieu bien net de peste pour sa demeure, horsmis que ladicte ville de Connin, ils le prioient de s'en contenter, et de s'y retirer jusques à ce qu'ils l'eussent mieux pourveu.

Ils députèrent un gentilhomme, appellé de Luski, qui a esté longuement en France, pour lui faire compaignie, et le faire pourvoir de tout ce qui luy seroit nécessaire : lequel toutesfois, irrité de ladicte journée de Sainct-Barthélemy, ne voulut le venir trouver, bien qu'il eust accepté la charge.

Et quant aux ambassadeurs de l'empereur, l'on leur envoya deux personnages de qualité pour leur faire entendre l'intention du sénat, qui estoit qu'ils ne vouloient plus endurer qu'ils allassent ainsi par le pays sans congé, et que s'ils ne se contenoient autrement qu'ils n'avoient faict, ils se mettoient en grand danger, parce que la noblesse ne le pourroit comporter. Firent aussi, à ce que j'ai entendu, la plainte des lettres qui avoient esté surprinses, veues et leues, et du nombre des gens qui de leur part alloient par le pays pour faire des praticques ; et singulièrement de l'abbé Cyre et de Gastalde, leur déclarant que si lesdicts Cyre et Gastalde ne deslogeoient dans un jour préfix, ils seroient pris comme ennemis du royaume. Lesdicts ambassadeurs receurent avec grand honneur l'ambassade, s'excusèrent de ce qui avoit esté faict du commencement, promirent de se contenir au lieu qui leur seroit assigné : et quant aux susdicts Gastalde et Cyre, dirent que ledict Gastalde s'estoit déjà retiré, et qu'il n'estoit venu en Polongne que pour demander à l'infante une pension qu'il á sur le duché de Bar ; et pour le regard dudict Cyre, ils en escriroient audict empereur, qui depuis manda que ledict Cyre n'estoit pas son ambassadeur.

Suivant le mandement dudict sénat, ledict sieur évesque se retira à Connin, auquel lieu le palatin Laski, passant par là, le visita : et après avoir entendu dudict sieur beaucoup de particularités, tant de la personne du très-illustre duc d'Anjou que des commodités qu'il pouvoit porter à leur royaume s'il y estoit appellé, dit audict sieur qu'il estoit grandement obligé à la maison d'Austrye, et toutesfois, s'il voyoit que le très-illustre duc d'Anjou fust plus utile à leur patrie, il oublieroit tout respect particulier pour s'accommoder au bien public.

Audict lieu de Connin, le palatin de Sandomyre envoya son secrétaire appellé Preslaski, qui fit une grande et aigre querimonie de ce qui estoit advenu à Paris le jour de Sainct-Barthélemy ; et après avoir entendu dudict sieur que les affaires y estoient passées autrement que l'on ne les publioit en Polongne et en Allemaigne, il proposa quelques articles pour le prouffit du pays, en cas que le duc d'Anjou fust esleu roy, lesquels ledict sieur ne fit aucune difficulté de lui accorder. Il y eut quelque différend entr'eux sur ce que ledict sieur ne luy voulut rien bailler par escript, prévoyant bien que par quelqu'un mal affecté lesdicts articles seroient bientost après communiqués aux ambassadeurs de l'empereur, qui en feroient leur prouffit quand ce viendroit au temps de l'eslection; mais ledict Preslaski le pressa tellement, ou qu'il fallut rompre avec luy ou luy accorder ce qu'il demandoit, avec protestation et obligation de l'honneur que lesdicts articles ne seroient veus que de sondict maistre : mais il en advint comme ledict sieur avoit préveu, ainsi qu'il sera dict cy-après.

Jehan Zbaroski revenant de la Prusse, et passant par ledict lieu, visita ledict sieur, et d'entrée le traitta fort rudement pour la journée de Sainct-Barthélemy, si bien qu'enfin la patience eschappa audict sieur, et luy dit que s'il avoit chose à luy dire qui concernast le bien de sa patrie, ou le sien particulier, il estoit prest à l'escouter; mais s'il vouloit continuer à parler en telle façon d'un prince si grand que le roy son maistre, il seroit contraint de le laisser, et ne parler plus à luy, attendu mesmement qu'il ne vouloit donner foy à ce qu'il luy en avoit dit. Zbaroski dit que s'il avoit parlé avec quelque véhémence, ce n'avoit esté que pour représenter les propos qu'à son grand regret l'on tenoit de Sadicte Majesté.

Un gentilhomme appelé Ostrorogt, qui est de bonne maison et a fort bon nom parmy la noblesse et est des évangéliques, vint pardevers ledict sieur quand il estoit chez le castellan de Landan, et depuis revint audict Connin, désirant estre instruit de nostre guerre civile et de tout ce qu'en estoit survenu, et pareillement des bonnes mœurs et des vertus du très-illustre duc d'Anjou. C'est un gentilhomme sage, advisé et retenu, et qui ne dict pas au premier coup ce qu'il a délibéré de faire; mais il ne laissa pas d'entrer bien avant en propos avec luy pour le sonder à quel party il inclineroit le plus volontiers; et s'apperceut bien ledict sieur que ledict Ostrorogt pourroit estre des Pyastins, et fut bien contant de voir qu'il ne favorisoit point particulièrement aucun des trois autres compétiteurs, et se tint, de ce jour-là, asseuré qu'il seroit de nostre party, parce qu'estant homme de bon entendement, il recognoistroit bien la difficulté qu'il y auroit à choisir l'un d'entre eux, veu le nombre qu'il y avoit de seigneurs qui s'estimoient dignes d'estre roys.

Le référendaire, duquel a esté parlé au premier livre, visita ledict sieur audict lieu de Connin, soubs prétexte, disoit-il, d'entendre nouvelles du sieur de Balagny, avec lequel il avoit contracté grande amitié du temps de la maladie du roy dernier décédé, et l'ayant en main, ledict sieur ne voulut perdre l'occasion de le prier de suivre nostre party, luy mettant en avant toutes les raisons qu'il pensoit pouvoit suffire à le gaigner. Sa response fut que l'eslection du roy estoit une chose saincte et sacrée, qu'il trouvoit mauvais qu'on en parlast comme d'une chose qui despendist de la providence des hommes; qu'il se falloit remettre à Dieu, qui toucheroit au cœur des électeurs, et leur présenteroit celuy qu'il auroit destiné à estre leur oinct et sacré. Ce furent ses propres paroles ; et pour ce qu'il sembloit que par là il voulust taxer ledict sieur qu'il n'eust point faict mention de Dieu, il luy respondit que, parlant à un homme de lettres comme il estoit, il n'estoit aucun besoing de luy ramentevoir ce qui lui estoit assez cogneu. Bien luy vouloit-il dire en passant que si un malade requéroit qu'on luy fist venir un médecin, le parent ou ami qui en prendroit la charge ne feroit pas son devoir s'il disoit qu'il fallust appeller celuy que Dieu auroit choisi pour luy rendre la santé. Mais un autre qui diroit que le plus docte et expérimenté est celuy que Dieu a esleu, il feroit ce qu'il devroit pour le malade, et seroit estimé sage et advisé. Par mesme raison falloit-il croire que Dieu n'envoyeroit pas son ange pour monstrer celuy qu'il veult estre oinct et sacré; et c'est assez qu'il nous a faict entendre les vertus requises à un bon roy; et si les gentilshommes polonois le choisissoient tel, l'on pourroit dire que c'est celuy que Dieu avoit ordonné. Au partir, il promit audict sieur de le venir veoir, et mesme quand ledict sieur de Balagny serait de retour. Ceste response ne depleut pas audict référendaire ; car il en fit despuis le conte en plusieurs bonnes compagnies, et, à ce que l'on m'a dit, à l'avantage dudict sieur évesque.

Lequel fut à mesme temps pareillement visité par Panatoski, gentilhomme de bonnes lettres, de bon sens, et digne d'estre employé aux affaires publicques. Un gentilhomme aussi, appellé Zaremba, qui a esté nourry en France par le feu roy Henry, et qui avoit cogneu fort privément ledict sieur évesque, le vint pareillement visiter, comme aussi feirent plusieurs autres gentilshommes qui se monstrèrent fort volontaires à l'escouter, et aussi à luy respondre et contredire librement.

Une chose vint bien à propos audict sieur, c'est qu'estant confiné pour quelque temps audict Connin, M. le palatin de Berechstan, qui en est capitaine, s'y tenoit aussi, et ne sçays si c'estoit pour la conformité des mœurs, car ils se ressembloient en beaucoup de choses, ou bien pour la fréquentation, car ils se voyoient souvent, ils contractèrent grande amitié ensemble, et recognoit ledict sieur évesque luy estre grandement obligé.

La négociation si bien commencée, il despescha le doyen de Die pour advertir Leurs Majestés de son arrivée en Polongne, qui en estoient en grande peine, et pensoient qu'il fust mort ou en quelque lieu escarté prisonnier; et, sur ceste opinion, Leurs Majestés avoient despesché M. l'abbé de l'Isle.

Les mémoires baillés audict doyen contenoient les articles qui s'ensuivent :

Premièrement, un recueil du voyage dudict sieur, depuis Leipseig jusques au jour qu'il despescha ledict doyen.

Il porta un double de la lettre que ledict sieur escrivit aux estats, et la response qui avoit esté faicte.

Un discours en italien, faict par ledict sieur, faisant semblant que ce fust un gentilhomme pollac, par lequel estoit remonstrée la condition des autres compétiteurs estre de beaucoup moins avantageuse que la nostre.

Un roolle de tous les gentilshommes qui estoient venus avec les ambassadeurs de l'empereur, en nombre de six vingts, et les qualités d'iceux.

La copie des lettres interceptées, dont cy-dessus est faicte mention.

Un mémoire de tout ce qu'on disoit qu'avoient faict les ambassadeurs de l'empereur.

Une carte de Polongne.

Et le discours de tout ce qui estoit advenu audict sieur depuis son arrivée, et de tout ce qui luy donnoit à craindre ou espérer.

Plus, de supplier très-humblement Leurs Majestés d'envoyer un gentilhomme de robbe courte, et qui vint à temps pour se trouver à la convocation générale qui se devoit tenir à Warsovie, la feste des Roys, avec instructions et mémoires contenant la vérité du faict de la Sainct-Barthélemy, et pour contredire à beaucoup de calomnies qui avoient esté semées contre Leurs Majestés; et, bien que ledict sieur évesque eust jà respondu aux premiers qui avoient esté apportés, il avoit opinion qu'un gentilhomme envoyé par le roy exprès pour cest effect, avec lettres adressantes à tous les estats, serviroit de beaucoup; et pour autant qu'il avoit de longue main contracté grande amitié avec le jeune Lanssac, il supplia Leurs Majestés de n'en envoyer point d'autre. Mais il fut despesché si tard qu'il n'arriva que deux mois après la diette tenue.

Ladicte despesche faicte, ledict sieur mit peine, avec toute la diligence qu'il luy fut possible, d'entretenir les amis, ou pour le moins ceux qu'il ne voyoit point partiaux.

Il envoya Dominé en Lithuanie vers les seigneurs dudict pays, pour les advertir de sa venue, et pour leur porter la coppie de ladicte lettre qu'il avoit escrite auxdicts seigneurs des estats de Pologne, et un discours qui contenoit tout ce qui pouvoit fortifier nostre cause; lesquels luy firent response bien honneste et gratieuse, comme aussi firent les quatre villes de Prusse auxquelles ledict sieur envoya semblables despesches par un gentilhomme appellé d'Elbenné, qu'il avoit prins à Leipseig et emmené avec luy pour s'en servir comme il feit.

Tout le but dudict sieur tendoit à faire cognoistre qu'aucun des compétiteurs jà nommés ne pouvoit estre esleu qu'il n'apportast beaucoup d'inconvéniens audict royaume.

L'archiduc et le Moscovite avoient le Turc pour ennemi capital; le Moscovite ne pourroit comporter que le roy de Suède, son ennemi, fust aggrandi d'une si grande couronne; le roy de Dannemarch aussi n'en fust pas esté contant.

Au contraire, le roy qui a esté depuis esleu n'avoit inimitié avec personne, et par conséquent, quand il ne pourroit porter aucune commodité, aussi ne falloit-il craindre aucun trouble ne incommodité; et avec ce, l'on ne pouvoit nier qu'il ne fust prince de grande maison, prince expérimenté et à la guerre et à la paix.

Ces raisons, amplement desduites et fortifiées de bons argumens, furent volontiers receues par aucuns, qui les publièrent chacun au lieu de sa demeure; et ainsi de main en main tout le diré dudict sieur fut divulgué par tout le royaume.

Par le double de la lettre dudict sieur, qui fut porté en tous les endroicts dudict royaume, aussi par ledict discours en latin et italien soubs le nom d'un gentilhomme pollac, et par le récit de ceux qui avoient parlé avec ledict sieur, tous les bons esprits dudict pays entrèrent en dispute, chacun selon l'inclination qu'il avoit à l'un ou à l'autre desdicts compétiteurs.

Un gentilhomme pollac escrivit en faveur dudict archiduc, qui monstra en son dire plus de passion que de jugement.

Solikoski, secrétaire du feu roy, homme de lettres et de beaucoup de valeur, y respondit promptement et en nostre faveur: si bien qu'en peu de temps les cartes y furent tellement meslées, que la pluspart se despartirent de l'opinion qu'ils avoient conceue avant que d'avoir ouy ce que ledict sieur apportoit.

Et les ayant faicts ainsi irrésolus, il sembla audict sieur évesque qu'avec des escrits qu'il feroit publier, facilement il les pourroit attirer à nostre party.

Le plus grand empeschement qu'il avoit, c'estoit la nouvelle de Paris qu'on faisoit rafraischir de nouveaux advis. Toutes les sepmaines l'on apportoit des paintures où l'on voyoit toute manière de mort cruelle dépeinte: l'on y voyoit fendre des femmes pour en arracher les enfans qu'elles portoient. Le roy et le duc d'Anjou y estoient dépeints spectateurs de ceste tragédie; et, avec leurs gestes et des parolles escrites, ils monstroient qu'ils estoient marrys de ce que les exécuteurs n'estoient assez cruels.

Tels escrits et telles peintures irritoient tellement le cœur de plusieurs, qu'ils ne vouloient pour rien endurer qu'en leur présence le nom du roy fust nommé; les dames en parloient avec telle effusion de larmes, comme si elles eussent esté présentes à l'exécution.

A cela y print ledict sieur deux remèdes: l'un de respondre aux libelles diffamatoires, comme il avoit já commencé, et faire publier ses responses: auxquelles, après avoir remonstré que la pluspart de ce que l'on escrivoit sur ce faict estoit faux et calomnieux, il prenoit argument d'escrire au vray les vertus de celuy que l'on vouloit calomnier, et par ce moyen le rendoit supérieur en toutes choses à tous les autres qui prétendoient ladicte couronne.

L'autre remède estoit de faire porter en divers lieux deux portraicts qu'il avoit dudict sieur à présent roy, pour faire cognoistre qu'il n'avoit la face cruelle ny truculente, comme l'on l'avoit faict dépeindre.

Et par ces moyens, de ce que l'on espéroit qui seroit la ruine de nostre cause, ledict sieur en tira une grande commodité, qui estoit que, n'ayant permission d'envoyer par les pays informer et instruire les seigneurs palatins, castellans, capitaines et autres principaux seigneurs de la noblesse, pour les attirer à nostre party, l'on ne pouvoit desnier audict sieur qu'il ne fist publier la justification d'un prince qui estoit à tort calomnié, afin, disoit-il, que la faulce information qu'on vouloit leur faire prendre n'empeschast qu'au jour de l'eslection ils n'eussent le jugement entier et libre pour choisir celuy des compétiteurs qui leur seroit le plus prouffittable.

Ledict sieur feit aussi son prouffit de ce qu'il entendit en quelle manière l'eslection se devoit faire, et recogneut bien que la menue noblesse pourroit faire beaucoup de bien ou de mal; parce qu'elle surmonteroit les seigneurs en nombre: tellement qu'il print résolution de faire cappables tous les gentilshommes de grand ou de moyen estat de ses raisons.

En cest exercice fut ledict sieur depuis le 15 novembre jusques au 10 décembre.

Pendant lequel temps le seigneur Soliskoski, cy-dessus mentionné, servit bien à la cause; lequel, ayant veues les premières responses dudict sieur évesque, luy print envie de l'aider et de le relever de peine; et de ce jour-là commença à escrire pour nous en sa langue, en laquelle il est très-excellent sur tous les orateurs de Polongne, et y continua tant qu'il a esté besoing : tellement que je puis dire que ledict sieur a receu beaucoup d'aide et de support dudict Solikoski, parce que ses escrits en sa langue estoient volontiers receus par ceux de sa nation ; et encore que son nom n'y fust point opposé, si est-ce que son style estoit jà si recogneu et si remarqué par toute la Polongne, que les deux premières lignes descouvroient tousjours le nom de l'autheur.

Or, pendant que ledict sieur évesque s'employoit à ce que dessus est dict, il avoit une autre occupation qui luy donnoit beaucoup de peine, qui estoit de respondre aux lettres qu'on lui escrivoit de toutes parts. Sur quoy vient à noter que ceste nation est si active et si curieuse d'entendre ce qui concerne le prouffit de leur patrie, que, soudain que lesdicts premiers discours furent veus, une infinité de gentilshommes vouloient sçavoir ce que l'on pourroit espérer de la venue dudict sieur : les uns venoient expressément audict Connin ; les autres négocioient par lettres ; et tel estoit le jour qu'il falloit respondre à une trentaine, et par malheur ce fut que ledict sieur n'avoit aide que de Bazin, encor pour la pluspart du temps il s'en servoit pour aller par pays. Le travail doncques luy estoit insupportable, mais il reprenoit forces tous les jours pour l'espérance qu'il avoit d'une bonne issue.

Entre ceux qu'il vit aussi fut le grand trésorier du royaume ; qui est homme de bonne maison, sage et de quelque authorité, lequel, passant par Connin pour autres affaires, visita ledict sieur, accompaigné d'un autre dont j'ay oublié le nom. Et après avoir longuement discouru avec luy, il voulut particulièrement sçavoir le faict de la journée de Saint-Barthélemy (car il estoit des évangéliques). Et ne veux obmettre que sur ce que ledict sieur mettoit peine de luy persuader que le très-illustre duc d'Anjou n'avoit esté cause ni motif de ladicte journée, et que au roy son frère ni en luy on n'avoit jamais veu aucun signe de cruauté, il respondit qu'il n'estoit jà besoing que ledict sieur se travaillast pour cela, d'autant que s'ils voyoient que au reste le très-illustre duc fust plus prouffitable au royaume qu'un autre, la peur de sa cruauté ne les destourneroit pas de

l'eslire ; car, estant dans le royaume, il auroit plus d'occasion de craindre d'eulx qu'eulx de luy, si d'avanture il vouloit entreprendre chose contre leurs vies ou contre leurs libertés. C'est un point que ledict sieur traicta depuis en son oraison assez diffusément.

Tout ce grand commencement donna quelque espérance audict sieur, et mesme qu'il voyoit que tous ceux qui se mesloient d'escrire, de discourir et de haranguer parmy la noblesse, estoient personnages de bon entendement, et n'avoient autre passion que de chercher un roy qui fust vertueux, sage et expérimenté à gouverner, et desquels aucuns l'advertissoient souvent de négocier sincèrement, comme il avoit commencé, et que surtout il se gardast de corrompre personne par argent ny par promesses.

La manière de négocier dudict sieur contenta plusieurs personnages de bon entendement, car il n'essayoit point de gaigner personne par promesses.

Il proposoit nuement les vertus dudict sieur duc d'Anjou, le soulagement et commodité que le pays en pouvoit espérer, et concluoit là-dessus que si l'on se pouvoit plus promettre d'un autre que de luy, il porteroit patiemment que cestuy-là luy fust préféré. Mais, bien qu'il fust certain que tous les autres compétiteurs fussent dignes de toute grandeur, toutesfois ny en avoit-il pas un en qui toutes choses requises à un roy se puissent trouver pour le présent comme en luy, parce qu'il estoit desjà faict, instruict et expérimenté à commander.

Et par les moyens des amis que ledict sieur évesque avoit, il fut adverty qu'entre autres messieurs les palatins de Sandomyre, Laski, Lansissic, Lubellin, Brechstan, Keulnée et Plosko, M. le mareschal Oppalinski et beaucoup de castellans, capitaines et gentilshommes de marque, comme sera dict cy-après, estoient bien capables de ses raisons : et encore qu'ils réservassent tousjours à dire leur opinion quand ils auroient entendu tous les autres ambassadeurs, si estoit-il bien aisé audict sieur de cognoistre qu'ils jugeroient que nostre party estoit plus avantageux que les autres.

Environ le 10 décembre, un secrétaire d'un seigneur escrivit audict sieur évesque que son maistre et plusieurs autres palatins s'estoient retirés de nostre party, tant ils se tenoient offensés de ce qui estoit advenu à Paris; luy escrivoit aussi que les ambassadeurs de l'empereur emportoient la faveur de tous les grands; que l'Allemaigne et l'Angleterre estoient unies pour faire la guerre en France; qu'on avoit descouvert une prophétie à Nuremberg qui menassoit la France de l'extresme ruine dans deux ans; en somme, il y avoit trois feuillets de papier plains de telles manières de songes, et concluoit que ledict sieur pouvoit bien s'en retourner; lequel luy respondit en telle façon qu'à mon jugement ledict secrétaire se repentit d'avoir rien escript, et luy fit cognoistre qu'il n'estoit pas homme facile à estonner.

Un autre des seigneurs du pays envoya un sien parent vers ledict sieur, pour luy dire que en négociant il commettoit deux fautes qui luy faisoient perdre le cœur d'une grande partie de la noblesse. La première, c'est que, en parlant du très-illustre duc, il le faisoit si grand, et mesmes au faict des armes, qu'il sembloit qu'il voulust dire qu'il n'y avoit homme en Polongne qui valust rien.

La seconde, il trouvoit fort mauvais que ledict sieur eust dict que ledict très-illustre duc n'avoit désiré d'estre roy, ni pour les richesses ni pour la grandeur dudict royaume, mais seulement pour estre chef d'une si grande et vertueuse noblesse, faisant entendre au surplus audict sieur que, négociant en ceste façon qu'il avoit commencée, beaucoup de seigneurs en estoient offensés.

Au premier point de ses plaintes, ledict sieur respondit qu'il n'avoit jamais entendu que, pour dire qu'un prince fust plain de vertu et de valeur, tant pour le faict de la guerre que pour l'entretenement de la paix, quelque autre que ce fust, ou prince ou gentilhomme, s'en deust tenir offencé.

Pour le second point, il luy mit en avant que celuy qui pourchasse une riche héritière, s'il est sage, se gardera bien de dire que ce soit pour ses biens, ains dira tousjours que c'est pour sa vertu, qui est le vray langage que les compétiteurs devoient tenir en demandant le royaume de Polongne, et que si luy de sa part se tenoit offencé de sa responce, il en estoit bien marry pour son regard; mais estoit-il bien asseuré d'avoir contanté une infinité de seigneurs qui n'estoient de son advis. Ledict gentilhomme envoyé demanda là-dessus audict sieur s'il n'estimoit pas que son parent eust plus d'authorité que les autres qui estoient en pareil degré d'honneur; il respondit qu'il sçavoit bien que son parent avoit beaucoup d'authorité et de crédit; mais pour luy en donner plus ou moins qu'aux autres, cela n'estoit venu encore à sa cognoissance, et que pour couper court à ceste dispute, il luy faisoit une offre qui estoit telle : qu'il sembloit estre raisonnable que si sondict parent avoit tant de suite et tant de moyens, que, sans la diligence et sollicitude dudict sieur évesque, il peust procurer la couronne au duc d'Anjou, il seroit fort contant de se reposer, et de luy en laisser la charge et l'honneur de ce qui en adviendroit. Il respondit que sondict parent ne pouvoit pas entreprendre ce qui ne dépendoit pas de luy seul; ce qui donna occasion audict sieur de luy dire qu'il le prioit doncques de le laisser négocier à sa façon, puisqu'il falloit qu'il en eust la peine et le danger, s'il en estoit refusé.

Ces deux particularités ay-je voulu cotter, pour monstrer en quelle peine estoit ledict sieur évesque, qui estoit combattu tous les jours de divers endroits, et n'avoit personne à qui se conseiller, ni de qui il peust recevoir aucun solagement, sinon de Bazin et de ses serviteurs domestiques, qui ne pouvoient le servir qu'à faire ce qu'il leur commandoit.

En mesme jour, ou le jour après, ledict sieur fut visité par un gentilhomme, appellé le sieur Martin Dobory, parent du palatin de Lubellin, qui pour lors venoit de Vienne, et s'estoit trouvé au couronnement du roy de Hongrie; et dit que, voyant la contention qui estoit entre les gentilshommes du pays pour l'élection de leur roy, dont les uns disoient beaucoup de bien de l'archiduc Ernest, les autres, et en plus grand nombre, parloient fort gracieusement du très-illustre duc d'Anjou, lesquels estoient toutesfois fort combattus par aucuns, qui en ce mesme temps faisoient semer des libelles diffamatoires contre ledict seigneur; et bien que ledict sieur évesque y eust respondu suffisamment, toutesfois la passion estoit peult-estre cause qu'aucuns ne pouvoient comprendre la vérité. Voyant doncques ceste contention, luy, comme amateur de sa patrie, estoit résolu de s'en venir en France. Et comme il avoit veu l'archiduc Ernest, il verroit aussi ledict duc d'Anjou, et s'esclairciroit du bien et du mal. Ledict sieur loua grandement son desseing, comme certes il estoit louable, et luy bailla le sieur du Belle pour l'accompaigner et le conduire à la cour. Du Belle est un gentilhomme que Balagny avoit laissé à Vienne malade; et estant guéri de sa maladie, qui luy dura six mois, il s'estoit rencontré avec ledict sieur Martin en Hongrie, lequel le ramena en Polongne, et mesme l'amena avec luy chez le palatin de Lubellin.

Je ne veux obmettre une particularité pour monstrer combien la noblesse dudict pays est adonnée à tous honestes exercices et aux bonnes lettres. C'est que ledict sieur palatin s'enquit avec ledict sieur du Celle fort diligemment des affaires de France, des guerres civiles, de la journée de la Sainct-Barthélemy, et du naturel et des vertus du duc ; et après en avoir tant ouy qu'il en demeura satisfaict, il luy demanda dudict sieur évesque fort diligemment, puis luy montra les livres *de Oratore* de Cicéron, où il y a une épistre que Paulo Manutio luy escrivit lorsqu'il fut envoyé en Levant pour faire la paix pour toute la chrestienté, et luy dit telles paroles : « Puisque Paulo Manutio, qui est un des premiers hommes de nostre temps pour les bonnes lettres, par la lettre qu'il escrivit audict sieur il y a trente ans, et qui est icy apposée, parle de luy si honorablement, ce grand et honorable tesmoignage nous donne beaucoup d'expectation dudict sieur ambassadeur. Et quant à moy, disoit-il, je désire grandement de l'ouyr au jour qu'il fera son oraison à la convocation générale. » Ledict sieur évesque fut fort aise d'entendre dudict du Belle ceste particularité, parce que cela luy fit espérer que ledict palatin, ayant si bonne opinion de luy, la prendroit encore plus grande de celuy pour qui il parloit.

En mesme temps j'arrivai vers ledict seigneur, m'ayant laissé, comme cy-dessus est dict, ledict sieur de Balagny en Polongne pour tenir vive la mémoire du très-illustre duc d'Anjou, attendant qu'il vinst un ambassadeur : auquel sieur je feis bien entendre par le menu la diversité des opinions qui estoient en la mineure Polongne, et principalement pour le faict de Sainct-Barthélemy. C'estoit l'endroit où l'on apportoit le plus souvent des nouvelles de France ; j'entends de celles qu'on forgeoit pour reculer le très-illustre duc d'Anjou. Et avec cela, il y a à Cracovie un évesque appellé Didutius, homme fort éloquent, affectionné et obligé à l'empereur, lequel faisoit tout ce qu'il pouvoit pour advancer le fait de l'archiduc Ernest : à cela estoit-il aidé par aucuns gentils-hommes dudict pays qui n'estoient meus d'aucune passion particulière, ni d'autre respect, sinon qu'estimant que ce que l'on disoit dudict sieur duc fust véritable, par conséquent jugeoient qu'il n'estoit tel qu'il convenoit à leur nation et à leur pays. Cela donna occasion audict sieur évesque d'y renvoyer encore des responses nouvelles, qu'il fit aux libelles diffamatoires qui peu de jours auparavant avoient esté publiés ; lesquelles responses contentèrent quelques-uns des évangéliques, plusieurs des catholiques et mesme quelques-uns aussi des ecclésiastiques, qui admonestèrent ledict sieur à continuer, afin qu'au jour de l'élection il n'y eust aucun des électeurs qui fust gaigné ni préoccupé par fausses calomnies et opinions ; et tel estoit l'advis de M. l'archevesque et des évesques de Cujavie et de Cracovie et de plusieurs abbés.

Et pour autant qu'environ ce temps ledict sieur fut averty de deux mariages, l'un de la fille du castellan de Landan, et qu'ils l'avoient semond aux nopces, il print occasion d'y envoyer d'Elbenne pour y tenir sa place, avec des mémoires qui servirent beaucoup ; car le palatin de Lansissic, qui est homme d'authorité, s'y trouva, comme aussi firent un bon nombre de capitaines, castellans et gens de marque. Là fut veu le portraict dudict seigneur duc d'Anjou, qu'il leur avoit envoyé expressément Là furent vues et aussi examinées les responses faictes par ledict sieur évesque contre lesdicts libelles diffamatoires. Toute la compagnie s'en retourna bien informée de tout ce qui pouvoit appartenir à nostre cause.

Bazin, que ledict sieur avoit envoyé aux nopces de la fille du palatin de Wratislavie, ne trouva pas en ceste maison les choses si bien disposées, parce que son fils, qui s'estoit trouvé à la journée de Sainct-Barthélemy à Paris, l'avoit, par ses advertissemens, fort aigry, et ne s'en faut point esbahir ; car, outre que ceste nation, comme dessus est dict, déteste l'effusion de sang, si ce n'est contre les ennemis déclarés, ledict palatin, qui de soi est de douces mœurs, ne pouvoit oublier le danger où son fils avoit esté, et toutesfois ne laissa pas de recueillir ledict Bazin fort honnorablement. Le palatin de Posnanie, chef de la maison des Gourka, qui estoit aussi des nopces, ne luy parla pas si gratieusement : peult-être s'il eust vescu eust-il changé d'opinion, comme feirent plusieurs autres qui nous estoient autant ou plus contraires que luy ; car il estoit homme de fort bon entendement, et rapportoit de beaucoup et à la prud'hommie et au jugement de feu son père, qui fut de son temps un des grands personnages de tout le royaume, et riche de six vingt mil thalers de rente, avec lequel père ledict sieur évesque avoit contracté si grande et si estroitte amitié que plus grande ne pouvoit-elle estre entre deux frères : de sorte que ces trois enfans, c'est à sçavoir ledict palatin, le comte Andréas, qui a esté icy ambassadeur, et le comte Stanislaus, qui est son dernier frère, bien qu'ils fussent du party contraire au nostre, toutesfois faisoient-ils mention dudict sieur évesque fort honnorablement, monstrant avoir quelque regret de ce qu'ils ne pouvoient continuer avec luy l'amitié qui avoit esté entre luy et leurdict père. Ledict palatin mourut bientost après le jour desdictes nopces. Lesdicts comtes Andréas et Stanislaus furent au temps de l'élection des Pyastins, c'est-à-dire demandèrent un Pollac. J'ay voulu faire mention de ceste famille des Gourka, parce qu'elle est grande et en biens et en suite de parens et d'amis.

Il souvint audict sieur qu'il avoit cogneu un jeune gentilhomme à Paris, qui à présent est abbé de Tremasse, principalle abbaye dudict royaume, vers lequel ledict sieur m'envoya, faisant semblant de le faire visiter pour l'ancienne cognoissance qu'ils avoient l'un de l'autre ; lequel me veit et receut avec bien grande démonstration de l'aise qu'il avoit d'entendre nouvelles dudict sieur évesque, et en présence de beaucoup de gentils hommes de sa parentelle qui estoient venus faire la feste de Noël avec luy ; il racomptoit comme ledict sieur luy avoit esté bon amy au temps qu'il avoit demouré à Paris, l'avoit appellé souvent en sa maison, et fait offre de le secourir d'argent et autres choses, s'il en eust esté besoing. Fut aussi bien aise d'entendre les particularités qui concernoient le faict du très-illustre duc d'Anjou. Je ne faillis pas aussi de luy monstrer les raisons par lesquelles ledict seigneur duc estoit tel que luy et tous les amateurs de sa patrie pouvoient désirer.

L'abbé de Landan vint aussi visiter ledict sieur, comme aussi firent quelques prieurs de monastères, par le moyen desquels ses discours et ses responses furent envoyées en beaucoup de lieux.

Ces petites particularités ne m'ont point semblé inutiles pour faire cognoistre que ledict sieur évesque n'obmettoit rien qui peust servir à l'advancement de sa négociation ; et peult-estre aussi que les jeunes gens qui seront employés pour le service du roy, par cest exemple apprendront qu'une négociation ne peut estre bien conduite si l'ambassadeur n'est actif et diligent à inventer tout ce qui luy peut servir.

De tout ceci sembla audict sieur devoir donner advis à Leurs Majestés par le secrétaire du sieur Schumbergt.

(1573) La diette avoit esté convoquée au jour des Rois à Warsovie, pour adviser du jour et du lieu où l'eslection se pouvoit faire, et de l'ordre qu'il y faudroit tenir.

Auquel lieu ledict sieur envoya ledict Bazin, d'Elbenne et moi, avec lettres pour tous les seigneurs qui seroient présents : et là trouvasmes le bon François, qui estoit de retour de la Russie et de la Podollie, où ledict sieur l'avoit envoyé. C'est un François que nous avons trouvé par de-là, qui s'est monstré fort affectionné au service du roy ; et au contraire, tous les autres François, qui estoient habitués audict pays, se monstroient ennemis capitaux de nostre party ; voilà pourquoy ledict sieur évesque donne à celuy dont est faict mention le nom de bon François. Il nous donna expressément charge de veoir tous les ambassadeurs terrestres (ainsi sont appellés en ce pays-là les gentilshommes qui sont députés des provinces pour se trouver aux diettes générales), lesquels on choisit tousjours personnages de bon entendement, sages, et qui portent librement et sans respect les affaires dudict pays. L'on n'y en prend point qui n'ayt cognoissance des lettres, et qui ne sçache ce qu'il faut pour servir le public, tellement qu'à leur retour, faisant rapport de ce qu'ils ont veu et ouy, et ce qui a esté faict aux susdictes diettes, ils ont grand crédit et authorité parmi la noblesse. Voilà pourquoi ledict sieur mit tousjours peine de faire entendre auxdicts ambassadeurs les raisons qui pouvoient favoriser le très-illustre duc; et nommément en ladicte diette de Warsovie, nous y travaillasmes beaucoup par son commandement.

Et parce qu'avant qu'il nous dépeschast il avoit esté adverty que les sénateurs avoient délibéré de faire appeller les ambassadeurs pour estre ouys en ladicte diette, et prendre par escrit leur dire, et puis les renvoyer aux confins du royaume, estant d'advis que ce seroit assez de présenter à la menue noblesse ce qui auroit esté recueilly de leur dire; ce que avec grande raison ledict sieur jugeoit que seroit perte de cause pour luy, qui espéroit tousjours d'avoir quelque faveur parmy la noblesse, en prononçant son oraison; il nous donna charge de dire qu'il ne pouvoit estre ouy qu'en plaine assemblée de tous les estats, et que ainsi luy avoit esté expressément commandé par le roy. Sur cela il y eut beaucoup de brigues; mais il vint bien à propos que les ambassadeurs terrestres furent cause que cela fut interrompu, et firent entendre au sénat qu'ils n'estoient venus que pour parler du temps et du lieu de l'eslection, et non pour ouyr les ambassadeurs. La raison qui mouvoit les sénateurs de vouloir ouyr les ambassadeurs à la première diette, sans attendre la convocation générale, n'estoit pas sans grande apparence de raison, parce qu'ils ne pouvoient comprendre comme il seroit possible qu'un ambassadeur fust ouy et entendu de cinquante mille personnes; et voyoient bien le danger qu'il y avoit que l'eslection ne se fist par acclamation et non par voix délibérées et consultées; mais pour l'autre opinion il y avoit une raison fort pertinente, qui estoit que, faisant l'eslection en plaine campagne et assemblée générale, c'estoit moyen d'empescher qu'il n'y eust point de brigues, de menées et de corruptions. Cela remonstrions-nous qui volontiers estions escoutés, et principallement par les ambassadeurs terrestres. Au contraire, les ambassadeurs de l'empereur espéroient plus de faveur s'ils estoient ouys sans attendre la grande assemblée; et ceux qui nous défavorisoient publièrent de nouveaux advertissemens contre ledict seigneur duc d'Anjou, qui furent envoyés audict sieur en grande diligence, et auxquels il respondit avant la fin de ladicte diette. Et advint que sadicte response donna tant de contentement à ceux qui par passion estoient mal affectés, que chacun en voulut avoir, et en moins de huict jours en fut faict plus de mil exemplaires, et fut incontinent traduite en langage pollac, et envoyée par tous les endroits du royaume.

Les seigneurs se trouvèrent grandement troublés de ce que les Lithuans n'estoient venus à ladicte diette comme ils avoient promis, et, qui plus est, de ce que lesdicts Lithuans avoient escrit au Moscovite que de leur part n'accepteroient autre que luy. C'est advertissement fût cause que ces Pollacs, recognoissans le danger de la division, ne pensoient qu'à se réunir et se joindre ensemble; et comme ils estoient assemblés pour délibérer de ce qu'ils dévoient faire sur ce faict, arrivèrent quatre ambassadeurs dudict pays pour s'excuser de ce que les autres n'avoient peu venir à cause du mauvais temps, et qu'ils n'avoient osé abandonner leurs maisons, estant le Moscovite en armes. Et interrogés s'il estoit vrai qu'ils eussent faict quelque promesse au Moscovite, avouèrent que ladicte lettre avoit esté escrite du consentement de la pluspart d'entr'eux, pour garder que le Moscovite, qui estoit sur la frontière, ne les vinst assaillir; mais la vérité estoit telle qu'il n'y avoit homme d'entr'eux qui ne voulust plustost mourir que de consentir que ces deux pays de Polongne et de Lithuanie fussent divisés. Ceste assurance osta de peine les sénateurs, et plus facilement peurent délibérer et résoudre du jour et du temps de l'élection. Les uns vouloient que ce fust à Lubellin, pour estre plus près de Lithuanie; autres vouloient que ce fust à Warsovie. Quant est au jour, les uns vouloient que ce fust à la Saint-Jehan, et que cependant l'on s'occupast à la correction des loix et des statuts. Enfin il fut arresté que ce seroit au 5 d'avril, à Warsovie.

L'article du lieu fut grandement en nostre faveur, parce que la noblesse de Mazovie, qui n'est pas moindre de trente ou quarante mil gentilshommes, monstroit de vouloir plustost favoriser notre party que nul des autres, et qui pouvoit avec grande commodité venir à ladicte diette, et s'en retourner quand bon leur sembleroit.

En ladicte diette arriva un trouble qui eust esté fort mal-aisé d'amortir, si promptement n'y eust esté pourveu : c'est que les ambassadeurs de Lithuanie dirent que quelques sieurs pollacs tenoient le party du roy de France, et avoient esté corrompus moyennant cent mil escus que l'ambassadeur leur avoit départis. Laski respondit à cela que, quant à luy, il n'en avoit point prins, et que quand on luy en bailleroit, ce ne seroit point pour vendre sa voix; et bien que, pour les services que son père avoit faicts à la couronne de France, il ne pourroit estre blasmé s'il en prenoit récompense, toutesfois il n'en avoit point prins, ny pensé d'en prendre. Sandomyr vouloit qu'on nommast ceux qui avoient prins argent, et remonstra que c'estoit mal faict d'accuser en termes généraux une telle compagnie. Le palatin de Cracovie remonstra là-dessus que cest advertissement n'estoit point à mespriser, et qu'il falloit diligemment rechercher s'il estoit vray qu'il y eust de la corruption, ou par promesse ou par argent, et accompaigna ces parolles d'autres qu'il sembla audict palatin de Sandomyre qu'il le voulust taxer, tant parce qu'il n'y a pas grande amitié entr'eux deux qu'aussi qu'il avoit porté nostre party assez ouvertement; ce qui fut cause qu'il se picqua tant plus facilement, et respondit en telle sorte et avec telle aigreur, que ledict de Cracovie s'en aigrit aussi de son costé. Je ne sçay pas au vray quelles parolles il y eut davantage, mais je sçay bien qu'ils furent prests de mettre la main aux armes. Sandomyr se mit d'un costé, Cracovie de l'autre; leurs parenset amis firent le semblable. Le palatin de Brechstan, homme sage et vertueux, et amateur de paix, interrompit ce différend, et fut cause que tout cela s'appointa et passa doucement. Et sur ce propos je suis contraint de dire que ceux qui avoient donné cest advis aux Lithuans estoient bien impudens de controuver calomnie si peu apparente que celle-là; car l'on sçait bien que ledict sieur évesque estoit arrivé en Polongne comme à la desrobée, avec trois meschans coches où il n'eust sçeu porter quatre mil escus; et d'en prendre chez les marchands, l'on sçait bien que pour lors il n'y avoit marchand qui sceust fournir dix mil escus en trois mois. Et puis c'estoit chose qui ne se pouvoit faire que au veu et au sçeu de tout le monde. Aussi fut ladicte calomnie rejettée pour sottement controuvée. Les Lithuans, qui ne sçavoient pas comme ledict sieur estoit venu, recogneurent qu'ils avoient esté grandement déceus, et mesme le palatin de Cracovie en son dire n'eut jamais opinion qu'il y eust homme corrompu par argent ny par promesses. Et ne tendoit son propos, sinon à faire que ceste affaire de si grande importance fust conduite avec telle prudence qu'on ne peust prendre occasion de taxer ny soupçonner aucun d'entr'eux.

En ladicte diette survint un acte mémorable, qui est qu'un jeune Allemand qui se disoit serviteur et négociateur pour le roi de Suède avant l'arrivée des ambassadeurs dudict seigneur roy, je ne sçay s'il estoit poussé de luy-mesme ou d'autres, tant il y a qu'il avoit falsifié des lettres au nom dudict seigneur roy et royne de Suède, qu'il avoit luy-mesme forgées, et nommément en présenta à l'infante; laquelle dame n'estant pas contente des praticques du roy son beau-frère, pour des raisons qu'un chacun peult considérer, lisant ladicte lettre, et jettant l'œil sur la soubs-scription, descouvrit la faulseté, parce que le nom de Catherine y estoit escrit par un C, et la royne a tousjours accoustumé de l'escrire par K. Ceste descouverte fut communiquée à quelques-uns des principaux seigneurs par le grand capitaine de la Mazovie, serviteur de ladicte infante. Le négociateur, prins et convaincu de la faulseté, fut mis en prison avec si estroite garde qu'il ne pouvoit parler à personne. Le jour après, comme on le vouloit ouyr pour estre plus amplement examiné, l'on trouva qu'il s'estoit pendu et estranglé, bien qu'il eust les pieds et les mains liées : qui a donné argument à tout le monde de croire que quelqu'un qui mesme avoit esté déceu par luy, avoit moyenné de le faire mourir secrettement. Le corps fut traisné par toute la ville, avec proclamation que c'estoit un qui faulsement avoit prins la qualité d'ambassadeur de Suède, et en avoit falsifié des lettres.

En ce mesme tems arriva le doyen de Die fort à propos, qui rapporta audict sieur évesque response de tout ce dont il l'avoit chargé; de quoi il advertit les principaux de ses amis en ladicte diette, qui en furent confirmés et fortifiés en leur opinion.

Il rapporta des lettres que ledict sieur avoit désirées, et singulièrement des lettres latines pour quelques seigneurs (ce qui le feit penser que M. de Pibrac y avoit mis la main); lesquelles ledict sieur nous envoya pour les présenter en diligence audict Warsovie avant que la diette fust achevée, et furent fort volontiers receues.

M. l'abbé de L'Isle estoit jà arrivé audict Connin sur la fin de ladicte diette, lequel, comme dessus a esté dict, fut envoyé sur ce que le roy avoit entendu que ledict sieur évesque estoit retenu prisonnier à Francfort, et depuis emmené par les reistres, et qu'on ne sçavoit si on luy avoit coupé la gorge, ou emmené prisonnier en quelque lieu. Sur cest advertissement, le roy, faisant l'acte d'un bon maistre, avoit despesché en Allemaigne un messager lorrain, appellé Bar, qui promettoit sur sa vie de le trouver ou mort ou vif, et d'en rapporter des nouvelles : et luy furent baillées lettres de Sa Majesté, adressantes à messieurs de Francfort, et à tous les princes dudict pays. Cependant, afin que la noblesse de Polongne fust advertie de ce que ledict sieur évesque avoit charge de leur apporter, Sadicte Majesté s'advisa d'y envoyer ledict abbé de L'Isle; mais si ledict sieur évesque eust esté perdu, il fust venu mal à propos, car ledict sieur abbé de L'Isle y arriva fort tard, et demeura trois mois en voyage, parce qu'on luy fit prendre le chemin de Venise ; mais comme Leurs Majestés furent averties par ledict doyen de Die que ledict sieur évesque estoit arrivé audict pays de Polongne, ils advisèrent de ne luy donner point de compagnon, si ce n'estoit que luy-mesme en demandast, et despeschèrent un courrier à Venise pour rappeler ledict sieur abbé, pensans qu'il ne seroit encore bougé de là, et mandèrent à M. le président du Ferrier que si d'aventure il estoit party, d'envoyer après luy, ce qu'il feit : mais ledict courrier n'arriva en Polongne que dix ou douze jours après la venue dudict sieur abbé de L'Isle, lequel, se voyant révocqué, demanda conseil audict sieur évesque s'il devoit s'en retourner ou demourer. Et bien qu'il feist semblant de désirer s'en retourner, toutesfois l'on voyoit bien qu'il avoit grand regret d'avoir tant prins de peine pour ne faire qu'aller et revenir, et mesme qu'il perdroit l'occasion de voir ce qui n'avoit esté veu de nostre temps. Ledict sieur évesque, qui de longue main l'avoit aimé, et l'estimoit fort sage et digne d'une bonne charge, luy conseilla de demourer, et luy promit que Sa Majesté ne le trouveroit point mauvais.

J'ay voulu toucher ceste particularité pour faire cognoistre que ledict sieur évesque, qui jà estoit si avant en la négociation, et qui tenoit la bonne issue pour certaine (ainsi qu'il l'escrivit en ces mesmes jours, le 24 janvier, par Bar, lorrain, et par le porte-manteau de la royne), bien doncques qu'il eust luy seul porté la peine et le hazard, et que ce qui restoit ne pouvoit estre faict que par luy, qui estoit l'oraison qu'il falloit faire à la convocation générale, toutesfois il voulut par sa courtoisie faire part de l'honneur qu'il pensoit acquérir audict sieur abbé de L'Isle, et luy ouys dire souvent qu'il avoit esté fort aise de sa venue, parce qu'il luy sembloit que estans les ambassadeurs de l'empereur deux, et les ambassadeurs de Suède quatre, le roy en pouvoit avoir aussi en pareil nombre.

La diette rompue, nous retournasmes par devers ledict sieur évesque pour lui rendre compte de tout ce que nous avions appris ; qui estoit que la noblesse de la Mazovie, après avoir bien et sagement examiné toutes les raisons qu'on pouvoit desduire et alléguer pour tous les compétiteurs, monstroit jusques à ce jour-là incliner plus à nostre party qu'à nul des autres. En la Russie, celuy à qui ledict sieur avoit donné le nom de bon François, avoit apporté et semé parmi la noblesse la copie de la lettre dudict sieur, de ses discours et de ses responses, et avoit si bien prouffité, que la pluspart de la noblesse s'estoit persuadée que nostre party estoit le plus avantageux pour le bien de leur pays. Mais il fault notter que tous ceux qui en ce temps-là se déclaroient pour nous, qui estoient en grand nombre, tant audict pays qu'en tout le demourant dudict royaume, adjoustoient tousjours ceste condition, qu'ils réservoient leur dernier mot au temps qu'ils auroient ouy les autres ambassadeurs.

En ladicte dietle furent desputés l'évesque de Posnanie, et, ce me semble, l'évesque de Cracovie, pour aller trouver les ambassadeurs de l'empereur, pour les admonester de nouveau de se contenir au lieu qu'on leur bailloit pour leur séjour, et leur faire quelque quérimonie de ce qui estoit passé : lesquels ambassadeurs receurent lesdicts seigneurs évesques avec grand honneur ; receurent aussi fort volontiers le gentilhomme qui leur fut baillé pour leur assister ; et enfin la response qu'ils firent fut fort sage, gracieuse et modeste, à ce que ledict sieur évesque de Posnanie escrivit à beaucoup de seigneurs ; et depuis j'ay veu la lettre.

L'on n'envoya personne vers ledict sieur évesque, parce que aussi n'y avoit-il rien de quoy se plaindre de luy ; car en trois mois qu'il avoit jà demeuré à Connin, il n'en estoit jamais sorty, pour ne donner occasion de se plaindre de luy ; joint aussi que M. le palatin de Brostan, qui faisoit sa demeure audict lieu, pouvoit assez satisfaire à telle manière d'offices ; et cela fut couse, comme je crois, qu'on ne luy envoya point de gentilhomme pour luy faire compagnie. En cet endroit les ambassadeurs de l'empereur estoient plus honorés, mais ledict sieur évesque estoit plus favorisé, d'autant que c'estoit une grande commodité qu'il n'y eust personne de la part du sénat qui prinst garde sur ses actions. Bien luy escrivit-on une lettre, que s'il vouloit se retirer à Posnanie, où la peste avoit du tout cessé, il y seroit bien receu et mieux traicté qu'à Connin.

Sur ceste nouvelle et autres particularités qu'il n'est besoing d'escrire, ledict sieur despescha Bar, et depuis le porte-manteau de la royne, comme dessus a esté dit, et escrivit à Leurs Majestés qu'il espéroit et tenoit pour certain avoir bonne issue de sa négotiation, comme se tenant assuré que les autres ambassadeurs n'apporteroient rien qui peust reculer le très-illustre duc depuis esleu.

Peu de jours après lesdictes despesches faictes, il survint une mauvaise nouvelle qui donna beaucoup à penser audict sieur : c'est qu'un seigneur de qui il pouvoit espérer le plus, avoit escript des lettres en la Grande-Polongne en faveur de Rozambergt, l'un des ambassadeurs de l'empereur, et admonestoit ses amis que celuy-là seroit tel roy qu'on le pouvoit désirer ; car, outre qu'il estoit de Boesme, et que son langage n'estoit guères différent du pollac, il estoit gentilhomme sage, modeste, gracieux et riche. Ceste nouvelle ouverture, bien qu'elle fust faicte par ledict seigneur, homme de grand jugement et authorité, et que l'on estimoit du tout nostre, fut rejettée. Et quant audict sieur évesque, il ne faillit pas à faire entendre que ce seroit griefvement offenser l'empereur, si, en lieu de prendre son fils, on eslisoit un de ses serviteurs. Il remonstra aussi que si les gentilshommes pollacs eslisoient un prince estranger, ou un d'entre eux-mesmes, ils n'en pourroient estre aucunement blasmés ; mais de prendre un gentilhomme estranger, cela seroit mettre tout le monde à deviner pour trouver la raison qui les auroit pu mouvoir. Et de faict, quelques-uns eurent de ce temps-là opinion que ledict seigneur pollac avoit faict ceste ouverture, sçachant bien qu'elle ne seroit pas receue.

Or ledict sieur évesque, pour ne rien mespriser qui peust nous reculer, envoya Bazin en la Mineure-Polongne vers les seigneurs qu'il estimoit estre des plus capables de ses raisons ; capables, dis-je, non pour entendement ny pour jugement, car il est certain qu'il y en avoit qui contrarioient grandement à nostre party, qui toutesfois estoient grands personnages en grande prudence et bon jugement, et en singulière affection envers leur patrie. Quand je dis doncques capables, j'entends ceux qui jà s'estoient esclaircis et assurés que la pluspart de ce qui avoit esté escrit contre le très-illustre duc estoit faulsement controuvé. Si est-ce que ceux-là mesme après le retour de ladicte dietle de Warsovie avoient esté fort combattus. Et en trouva ledict Bazin quelques-uns du tout, ou peu s'en falloit, aliénés de nous. Ledict sieur l'avoit garny de si bons et amples mémoires, que, ayant la parole fort bonne et l'esprit vif, il ne demeura court en response ; et prouffita tellement son voyage, que non seulement il confirma les uns en leur première opinion, mais par sa diligence feit que les autres recogneurent la vérité de ce dont ils avoient esté auparavant mal informés. En ce voyage il visita messieurs les palatins de Sandomyr, de Podolie, Cracovie, castellan de Sandomyr, et plusieurs seigneurs dudict pays; tellement que si ledict sieur évesque l'a singulièrement recommandé, il en a grand raison ; car il s'est trouvé souvent en des lieux où il a failly respondre à des choses qui n'estoient pas contenues en sesdicts mémoires ; et toutefois il y respondoit aussi heureusement qu'il estoit possible, monstrant en cela la dextérité de son esprit, qui en peu de temps avoit compris tout ce que ledict sieur évesque avoit en son cœur.

Pendant que ledict Bazin estoit en la Mineure-Polongne, ledict sieur envoya le doyen de Die vers monseigneur le cardinal Commendon, pour le visiter de sa part, ce qu'il n'avoit pas tant différé sans quelque bonne cause ; car, encore que ledict cardinal fust là de la part de nostre Sainct Père, qui désiroit également, ou ledict archiduc Ernest, ou ledict seigneur duc d'Anjou, et ne luy en challoit pourveu qu'un catholique fust esleu, toutesfois ledict sieur évesque considéroit que ledict cardinal avoit esté jà long-temps avant sa venue en Polongne, et qu'il estoit impossible que pour son affection il ne fust enclin à favoriser l'empereur, pour n'avoir point esté recherché d'autre et aussi qu'il lui estoit particulièrement obligé.

Un autre point y avoit-il, qui estoit de grande importance : c'est que nos adversaires faisoient semer le bruict que le pape vouloit essayer par toutes façons de mettre ledict seigneur duc d'Anjou en Polongne, pour exterminer tous les évangéliques : et de faict, il y en avoit un bon nombre qui prestoient foy à tels advertissemens. Je ne puis sur ce passer une particularité qui est digne d'une risée : c'est que d'Allemaigne en Polongne fut apportée une lettre fausse et sottement controuvée, escrite au nom de monseigneur le cardinal de Lorraine, et adressante audict sieur évesque : le contenu de ladicte lettre estoit que ledict seigneur cardinal l'admonestoit de soigneusement et diligemment négocier pour le très-illustre duc d'Anjou, et que nostre Sainct Père le feroit bien rescompenser, outre que ce luy seroit une grande gloire que par sa diligence le royaume de Polongne fust pourveu d'un si bon roy qui raméneroit à la religion catholique, les uns par amour, et les autres par force ; et, s'il estoit besoing, on raméneroit une journée de Sainct-Barthélemy : il y avoit aussi beaucoup d'autres telles inepties qui ne méritent estre mentionnées. Ladicte lettre fut publiée par l'Allemaigne, et mesme les princes la receurent et estimèrent estre véritable. Et de ce fut adverti ledict sieur évesque par un sçavant homme, lecteur en philosophie en une des principales villes dudict pays, et qui estoit déceu comme les autres, et qui n'eust pas deviné qu'une telle imposture eust esté si sottement controuvée ; mais ledict sieur y feit telle response que la calomnie fut descouverte et congneue.

Toutes ces considérations meurent ledict sieur évesque à se gouverner en telle sorte comme s'il n'eust point sceu que ledict cardinal Commendon fust en Polongne, et se tenoit asseuré qu'estant homme de bon entendement, comme il est, il comprendroit de soy-mesme que ledict sieur n'avoit pas laissé de le faire visiter sans bonne et juste cause. Et de faict, quand ledict doyen luy apporta ladicte lettre, il la receut fort gracieusement, en donnant tel et si honorable tesmoignage dudict sieur, que certainement il recogneut luy en estre grandement obligé. Et entre autres choses dit audict doyen que depuis long-temps il cognoissoit ledict sieur évesque, qui avoit vingt ans de négotiation plus que luy ; et pour avoir esté employé en choses grandes et difficiles, il estoit certain qu'il entendoit fort bien le mestier d'ambassadeur, et qu'il s'asseuroit bien que les ambassadeurs de l'empereur ne seroient pas sans party ; toutesfois qu'il voyoit le party de l'empereur fortifié de longue main, et mesme que la Lithuanie estoit toute à sa dévotion, et une grande partie de la Polongne, si bien qu'il pensoit que nous serions les plus foibles. Toutesfois il fut trompé comme beaucoup d'autres.

En mesme temps l'on fit courir le bruict que le roy avoit fait entendre à l'empereur que s'il eust sceu qu'il eust prétendu audict royaume, il ne luy eust voulu, pour rien que ce soit, donner aucun empeschement; que ce qu'il en avoit faict avoit esté à l'importune sollicitation de l'évesque de Valence, lequel il promettoit révocquer, et luy faire cognoistre qu'il n'estoit contant de luy. Ceste nouvelle espandue en plusieurs endroicts, quelques bons personnages envoyèrent devers ledict sieur pour en sçavoir la vérité, et singulièrement M. le palatin de Lubellin, lequel j'allay incontinent visiter, et luy porter la response que faisoit ledict sieur évesque, qui estoit que bientost espéroit-il faire cognoistre à tels controuveurs de nouvelles qu'il n'estoit pas révocqué.

Ledict sieur de Valence, comme dessus a esté dit, n'avoit point voulu aller à Posnanie, pour ne perdre la commodité qu'il avoit d'envoyer vers ses amis, et recevoir aussi sans aucun respect ceux qui le vouloient venir veoir, et aussi que mal volontiers vouloit-il perdre la compagnie de M. le palatin de Brechstan. Mais le sieur abbé de L'Isle, ne pouvant porter l'incommodité des logis, s'y en alla, où il fut jusques à ce qu'il s'en fallust aller à la convocation générale.

Et peu de jours après, qui fut le premier jour de mars, qui est un mois avant la convocation générale, arriva le sieur de Lanssac, lequel le roy avoit despesché pour apporter un discours de tout ce qui estoit advenu à la journée de Sainct-Barthélemy, et faire entendre au sénat et à toute la noblesse le contraire de ce qui avoit esté dit contre Sa Majesté et dudict seigneur duc d'Anjou. Ceste despesche avoit esté faicte par l'advis et à la très-instante prière dudict sieur évesque. Je dys parce qu'il pensoit qu'elle pourroit prouffiter: et aussi avoit-il demandé ledict sieur de Lanssac et nommé expressément, et par deux fois supplia le roy de ne luy en donner point d'autre. Il le demanda pour les raisons cy-dessus couchées, et aussi que ledict de Lanssac estoit serviteur domestique de monseigneur le duc d'Anjou; et puisque c'estoit l'affaire dudict seigneur duc, il désiroit avoir quelqu'un des siens qui peust quelque jour tesmoigner et de sa peine et de sa diligence. J'adjouste le tiers point, qui est que, pour l'opinion qu'il avoit qu'il n'y eust homme en France qui l'aimast tant que ledict sieur de Lanssac, il le voulut préférer à ses neveux, l'évesque de Loudon, et baron de Montesquiou, qui sont personnages, comme tout le monde sçait, dignes d'une grande charge: et en cela monstra combien il estoit esloigné de toute ambition; car luy, qui pouvoit retenir toute la gloire et pour luy et pour ceux de sa maison, la voulut communiquer à ceux qui ne luy estoient rien.

Ledict sieur de Lanssac, comme dessus a esté dict, arriva à Posnanie un mois avant le jour de la convocation générale pour l'eslection, où il fut arresté prisonnier en son logis, et le semblable fut fait de M. l'abbé de L'Isle. L'excuse du vice-capitaine estoit que ledict sieur de Lanssac ne luy avoit point fait signifier sa venue, ny fait entendre qu'il fust envoyé par le roy, et que luy et ses gens estoient vestus à l'allemande; de sorte qu'il sembloit, à leur dire, que ledict sieur de Lanssac eust esté plutost pris pour Allemand que pour François, et aussi qu'on n'avoit pas encores entendu qu'il y eust autre ambassadeur que ledict sieur de Valence.

Il advint par bonheur qu'en ce mesme temps l'on tenoit une diette particulière pour la Grande-Polongne, où ledict sieur évesque envoya et en escrivit aux principaux: et fut ledict vice-capitaine blasmé d'en avoir usé si rigoureusement; et furent députés deux d'entre eux pour aller audict lieu de Posnanie pour faire délivrer lesdicts sieurs de L'Isle et de Lanssac, et leur en faire excuse au nom de toute la compagnie.

Incontinent qu'il fut délivré, il s'en vint à Connin trouver ledict sieur; et, après avoir veu sa despesche, ils arrestèrent ensemble de ne s'en servir point, parce qu'il n'en estoit pas besoing; et quant à sa personne, il le pria de vouloir attendre l'eslection, puisque l'on estoit à la veille; et, outre que ledict sieur espéroit de luy bailler moyen de faire service au roy, il auroit cest honneur d'avoir esté employé en la négotiation la plus grande qui fust esté il y a deux mil ans. A quoy il consentit très volontiers, et advoua, comme il a confessé par plusieurs fois depuis, qu'il estoit plus obligé après son père audict sieur évesque qu'à tous les hommes vivans; car, outre qu'il l'avoit nommé et demandé, il luy faisoit part d'une entreprinse si importante et si glorieuse. Et de ce jour-là, ledict sieur évesque luy communiqua tout ce qui s'étoit passé, et l'espérance qu'il avoit du bon succès, affin qu'en sa première lettre, il s'en fist honneur, et puis tesmoigner, comme font plusieurs autres, que ledict sieur évesque monstra plus de privauté et d'amitié audict sieur de Lanssac qu'il n'eust fait à ses propres neveux.

Il le pria d'aller visiter M. le palatin Laski, qui estoit à trois lieues de là, et à son retour il l'emmena veoir le sieur Ostrorogt, qui est un très-digne personnage, et a espousé une damoiselle dont sa grand'mère estoit de ce royaume, du pays de Bourbonnois, et de la maison de Masselargues, laquelle avoit esté amenée par une fille de Candalle, qui fut royne de Hongrie.

Aussi furent veoir un gentilhomme qui est à deux lieues de Connin, appelé le sieur Grugeski, parent de l'évesque de Posnanie : il a un nombre d'enfans qui já sont exercés aux armes; et ainsi passèrent lesdicts sieurs le mois de mars sans bouger plus dudict lieu de Connin.

Le sieur de Balagny, trois ou quatre jours avant la venue dudict sieur de Lanssac, estoit arrivé audict Connin, sortant d'une maladie qui l'avoit tenu un mois entier dans Cracovie : lequel Leurs Majestés avoient renvoyé en Polongne pour leur faire service en ce que ledict sieur évesque luy commanderoit. Et de fait, approchant la feste de Pasques, après qu'il fut bien fortifié, ledict sieur l'envoya visiter M. le mareschal Oppalinski, qu'il trouva accompaigné de quatre castellans et plusieurs gentilhommes. Et comme c'est un personnage d'honneur et des plus sages que j'aye cogneu, il est à croire qu'il print plaisir à la jeunesse et à la dextérité dudict sieur de Balagny; car il se descouvrit plus privément avec luy qu'il n'avoit faict avec les autres que ledict sieur évesque luy avoit envoyés, et print patience d'ouyr un discours qu'il luy fit de tout ce qu'on pouvoit espérer ou craindre de tous les compétiteurs. La response dudict seigneur Oppalinski fut qu'il espéroit veoir ledict sieur évesque dans dix jours à la convocation générale, qu'il espéroit aussi de l'ouyr le jour qu'il luy seroit permis de prononcer son oraison; qu'il seroit fort aise que les raisons dudict sieur évesque fussent telles que tout le monde les trouvast bonnes, comme certainement il les estimoit telles jusques à ce que du dire des autres ambassadeurs il pourroit tirer le contraire.

Avant que je sorte de Connin, je veux toucher une particularité qui servira peut-être à instruire les gentilshommes françois qui vont en estrange pays : c'est que ledict sieur évesque a demouré six mois audict Connin, portant beaucoup d'incommodités pour la pauvreté du lieu, et en eust porté davantage sans l'assistance de M. le palatin de Brechstan, à qui ledict sieur évesque s'est grandement obligé : et ne tenoit qu'en luy qu'il n'allast en Posnanie, comme dessus a esté dit. Ce que je veux dire, c'est que ledict sieur un jour se promenant sur un pont qu'il y a, assez long, quatre ivrongnes revenans du marché, gentilshommes de pauvre et basse qualité, coururent après ledict sieur, le braqmart au poing, criant : « France, fils de putain, » et s'approchant, donnèrent un coup de poing à un gentilhomme appellé La Brosse, qui estoit sur le devant du coche dudict sieur, et puis un autre voulut faire semblant de le frapper sur la teste. Ledict sieur estoit mal accompaigné, parce que c'estoit sur la porte de la ville, mais si avoit-il deux hommes qui voulurent mettre la main à l'espée, ce qu'il empescha; car il craignoit que, venant aux mains, tous ces pauvres ivrongnes fussent tués, qui eust esté un vray moyen pour faire lever la commune. Et ledict sieur, parlant avec eux sa langue en riant, approcha d'une maison qui estoit sur bord du pont; et pour ce qu'il y avoit des gens là dedans, ces fols prindrent leur chemin vers leurs maisons, avec de grandes menasses qu'ils faisoient. Mais huit jours après ils envoyèrent devers ledict sieur le prier de leur pardonner, faisant offre qu'ils viendroient en plaine place, le genoil à terre, luy demander pardon. Ils obtinrent de luy facilement tout ce qu'ils voulurent, car il ne cherchoit par tous moyens de gaigner le cœur de la noblesse ; mais advint qu'un gentilhomme appellé Latalski, homme de bonne maison, racompta ce fait aux seigneurs de la Grande-Polongne qui estoient assemblés pour faire une diette; auquel ils donnèrent charge de venir pardevers ledict sieur, pour luy dire que ce n'estoit pas à luy à pardonner une injure publicque comme celle-là, et que, pour sa modestie, ils ne vouloient point enfraindre leurs loix et coustumes; et décrétèrent prinse de corps contre les malfaiteurs, et, à faute de les pouvoir prendre, seroient adjournés à comparoistre en personne en la convocation généralle, où ils furent amenés prisonniers, et furent en très grand danger de leur vie. Ledict sieur évesque fut très-instamment prié par beaucoup de gentilshommes de les demander au sénat, puisqu'ainsi estoit qu'il ne s'en vouloit ressentir pour son particulier; mais lesdicts seigneurs le firent prier une fois pour toutes de n'en parler plus : et toutesfois, voulant en toute manière gratiffier ceux qui l'avoient prié pour eulx, il trouva un autre remède, qui fut tel, qu'il fit une certification que tels et tels prisonniers n'estoient pas ceux qui l'avoient assailly, et ainsi, sur son tesmoignage, furent délivrés avec le grand contentement de plusieurs, qui publièrent par toutes les compaignies la courtoisie que ledict sieur leur avoit faicte.

Il ne restoit audict sieur, sinon mettre la main au dernier acte, et qui devoit couronner tous les autres : c'estoit l'oraison qu'il devoit faire et prononcer devant toute la noblesse, de laquelle dépendoit le bien ou le mal de sa négotiation; car, comme dessus a esté touché, ceste noblesse a usé d'une si grande sincérité et foi envers leur patrie, que si bien il pensoit en avoir gaigné la plus grande part avant que de venir à la diette, toutesfois estoit-il bien adverty qu'ils se réservoient tousjours à vouloir escouter les autres ambassadeurs, pour asseoir certain jugement sur l'eslection qu'ils devoient faire. Et à ce propos ai-je bien souvent ouy dire audict sieur qu'en l'estat populaire les orateurs ont grand advantage, entre lesquels celuy qui mieux harangue et qui plus enrichit son oraison de raisons pertinentes, ameine le cœur des auditeurs au point qu'il désire. J'appelle estat populaire la Pologne, non pas que le peuple y ait aucune part, mais parce qu'en la Pologne tout gentilhomme en l'eslection du roy y a aussi bonne part que le plus grand du sénat. Espéroit donc ledict sieur que ses raisons bien dictes et bien entendues, comme il espéroit de les faire entendre, seroient volontiers receues et embrassées de tous les auditeurs; mais en cela voyoit-il une grande difficulté, c'est que les ambassadeurs de l'empereur devoient faire leur oraison en langue boesme, qui est prochaine de celle des Pollacs, et ainsi seroient entendus d'un chacun. Ledict sieur évesque ne la pouvoit faire qu'en latin; et bien qu'une grande partie des gentilshommes de ce pays-là parlent et entendent ledict langaige, si est-ce que de ceux-là mesme il s'en fust trouvé qui n'eussent pas bien comprins le fil et le but de ladicte oraison. Et quant à ceux qui ne parloient point latin, dont y en avoit une grande partie, ils eussent esté contraints de s'en rapporter au dire des autres, et peult-estre fussent-ils tombés ès mains de mauvais truchemens. Ceste considération mettoit en grand peine ledict sieur. Enfin il se résolut à deux choses qui luy servirent de beaucoup : la première fut de faire traduire son oraison à quelque bon et sçavant personnage qui eust la cognoissance des deux langues pollacque et latine; l'autre fut de faire imprimer ladicte oraison en deux langues, pour en distribuer en grand nombre parmy la noblesse, et par ce moyen auroit-il grand avantaige sur les autres ambassadeurs, qui ne faisoient estat que de bailler trente-deux exemplaires de leur oraison escripts à la main. Une difficulté restoit, qui estoit de trouver homme de qui l'on se peus tfier pour la traduire, d'en trouver aussi un autre qui la feist imprimer avec tel soing et diligence que personne n'en eust cognoissance. Pour le premier, M. Solikoski print volontiers charge de la traduire, et s'en acquitta fort dignement, comme il est parfait orateur en sa langue; et pour le second, ledict sieur me feit cest honneur de me choisir et de m'envoyer, parce qu'ayant hanté l'université de Paris, je sçavois bien que j'avois moyen de mettre le jour en œuvre les imprimeurs, et de retirer la nuict ce qu'ils avoient faict, et aussi que j'avois esté souvent à Cracovie, où j'avois contracté amitié avec des gens qui me pouvoient aider en cela. Or, estant ainsi despesché, je prins mon chemin vers ledict Solikoski, qui me despescha en six jours. De là m'en allai à Cracovie, et usay de telle diligence, qu'en huict jours j'eus quinze cens exemplaires imprimés aux deux langues (et fut le tout conduict si secrètement que personne n'en entendit jamais rien), lesquels je portay audict sieur à Warsovie, comme sera dict cy-après.

Cependant ledict sieur évesque ne perdoit pas temps, car il feit response à un libelle diffamatoire, le plus fol qui fut jamais inventé; il feit aussi un nouveau discours. Tous lesdicts deux traittés furent mis en pollac par ledict Solikoski, et envoyés par tous les endroicts du royaume.

Jusques icy, qui est le temps du partement dudict sieur pour aller à la convocation générale, je puis dire ledict sieur n'avoir esté secouru ni conforté d'homme vivant, que de la peine de ses serviteurs qu'il a employés, et de Solikoski, à qui il a confessé devoir beaucoup, comme il a tesmoigné au roy de Pologne; tellement que ledict sieur a porté luy seul le faix l'espace de six mois. Il a escript en latin dix rames de papier : chose qu'il avoit discontinué de faire, il y a quarante ans, et par conséquent ce luy a esté une peine insupportable.

Ledict sieur évesque, accompaigné de M. l'abbé de L'Isle et de M. de Lanssac, arriva à Warsovie le 3 d'avril, et d'entrée furent en grande controverse avec l'ambassadeur d'Espagne, qui vouloit avoir le premier lieu après les ambassadeurs de l'empereur. Ledict sieur maintenoit que le contraire avoit esté jugé à Rome et à Venise, et que cela n'avoit jamais esté mis en controverse que depuis six ans; et de peur que ce différend n'amenast quelque querelle, lesdicts seigneurs envoyèrent dire à nos ambassadeurs qu'il n'estoit point besoing qu'ils se trouvassent le lendemain à la grande messe, où toute l'assemblée se devoit trouver pour chanter le « Veni Creator. » Et depuis, estant assemblés, ils vuidèrent ce différend, et ordonnèrent que M. le cardinal Commendon seroit ouy le premier, puis les ambassadeurs de l'empereur, et après, ledict sieur évesque, et au quatrième l'ambassadeur d'Espagne. Aucuns disoient que ceste ordonnance n'estoit fondée, sinon sur ce que les premiers venus devoient estre les premiers ouys; mais cela n'avoit pas esté bien observé, parce que l'ambassadeur du duc de Prusse, qui estoit le dernier venu, fut le premier ouy : et de fait, l'ambassadeur d'Espagne ne prenoit pas ceste raison en payement, ains recogneut avoir perdu la place qu'il avoit demandée; car, bien qu'il demourast là autant que les autres ambassadeurs, toutesfois il ne vint jamais se monstrer au sénat : si faut-il bien penser qu'il n'estoit pas venu sans grande occasion, et peut-estre pensoit-il faire son estat plus secrètement que les autres; car la vérité est telle qu'on luy envoya 40,000 thalers. Je crois que c'estoit pour les donner aux trompettes et aux tambourins; mais ladicte somme ne fut apportée que jusques à la frontière; parce que l'eslection fut faicte plus tost qu'on ne cuydoit.

Avant que passer plus outre, je toucherai un mot de trois points qui sont de quelque importance : le premier est du nombre de la noblesse qui se trouva à ladicte eslection; le second, comment et en quel lieu elle fut logée; le troisiesme, de l'ordre qui fut gardé pour procéder à ladicte eslection.

Quant au premier, l'on ne pensoit pas que le nombre dust estre moindre que de cent mil gentilshommes, parce que depuis deux cens ans il ne s'estoit offert une telle occasion, d'autant que les roys avoient esté esleus de père en fils; mais l'hiver avoit esté si grand et finit si tard, que ceux qui estoient de loingtain pays n'y sceurent venir, et ne pense que le nombre ayt esté plus grand que de trente mil, excepté que les Mazovites, qui estoient sur leur fumier, par fois regorgeoient jusques au nombre de huict ou dix mille.

Quant au logis, l'archevesque, les évesques, les palatins et castellans, et la pluspart des capitaines estoient logés dans la ville; et outre de ce leur estoit baillé un quartier, à une, deux ou trois lieues de là, et non plus loing, contenant huict ou dix villages pour loger la noblesse de leur palatinat : et si quelquesfois les palatins couchoient en la ville, ils se retiroient de grand matin en leur quartier, pour venir en plus grande pompe au lieu qui estoit désigné pour le conseil, et faisoit beau veoir tous les matins quarante ou cinquante mil chevaux en campagne, et d'autant plus que chacun marchoit avec les siens en tel ordre comme s'il eust voulu faire une procession ecclésiastique.

Le lieu du conseil estoit à une grande lieue de la ville en plaine campagne, où il y avoit une douzaine de grands pavillons tendus pour recevoir et mettre à couvert, quand besoing estoit, la noblesse et les ambassadeurs; il y avoit aussy une grande tente ronde, soustenue par un seul mast, qui estoit capable de recevoir de cinq à six mil personnes, sans qu'aucun d'eux fust plus près du mast que de vingt pas; et laissoit-on cette grande place vuide affin qu'il y eust plus de silence. L'archevesque et les évesques estoient assis, et puis les palatins et castellans selon leur ordre; tellement que le premier rang environnoit tout le rond de ladicte tente, gardant la proportion, et ainsi du second rang au tiers, et du tiers au quart. Là se trouvoit tous les jours l'ordre ecclésiastique, les palatins, castellans et capitaines et ambassadeurs terrestres, qui estoient huict de chacun palatinat, pour rapporter tous les soirs à leur noblesse, chacun en son quartier, ce qu'avoit esté faict ce jour-là. Tout autre gentilhomme pollac selon sa liberté y pouvoit aussi venir, tellement qu'il y avoit tous les jours une belle et grande compagnie.

Je diray en passant une chose qui semblera estrange : c'est que cent mil chevaux ont demouré és environs de Warsovie six sepmaines, sans qu'ils soyent esté plus loing de trois lieues : et toutesfois n'y a jamais eu faute de foing, d'avoine, de pain, de chair, de poisson, ny de vin aussy. Je diray de plus, que parmy une si grande compaignie n'a esté entendu un mutinement ny une seulle querelle, et si n'y avoit pas faute d'inimitiés entretenues de longue main.

L'ordre qu'on pensoit tenir pour l'eslection estoit tel que les ambassadeurs devoient estre ouys, et en mesme instant chacun d'eux devoit bailler trente-deux exemplaires de son oraison; desquels chasque palatin en prendroit un pour le communiquer à sa noblesse. Et puis, pour le jour de l'eslection, il estoit ordonné que les palatins se retireraient en leurs quartiers, et là proposeroient à la noblesse de leur palatinat les compétiteurs, affin que les raisons entendues, tant d'un costé que d'autre, chacun en pust dire son opinion; et les voix, recueillies et closes avec le scel public du palatin, devoient estre rapportées au sénat, lequel, après avoir veu l'oppinion de la noblesse, en cas qu'ils n'eussent point esté d'accord, ou que leur opinion fust sans raison et sans fondement, devoit leur rémonstrer les raisons par lesquelles ils ne devoient persister : mais il ne fut pas besoing de tant de cérémonies, comme sera dict cy-après.

Après avoir, bien que sommairement, satisfaict aux trois points que dessus, je toucherai l'occupation des sénateurs, qui estoient résolus de différer l'eslection jusques à ce qu'ils auroient achevé la correction des loix et des statuts du royaume, comme ils avoient commencé en la diette des roys. Les évangéliques, d'autre costé, estoient tous bandés à ne consentir qu'aucun fust esleu que premièrement on n'eust pourveu à leur seureté. Pour leur seureté ils demandoient la confirmation de la confédération faicte par eux et par quelques-uns des catholiques à la susdicte diette des roys. Par ladicte confédération estoit dict que les deux partis promettoient et juroient de ne courir jamais l'un sur l'autre, ni consentir que aucun effort par force fust faict pour la diversité de la religion. Quelques-uns des catholiques n'en vouloient ouyr parler; bien déclaroient-ils et protestoient de plustost mourir que d'endurer qu'il y eust guerre civile entr'eux : mais ils craignoient que cette permission générale ne donnàst ouverture et accès à beaucoup d'hérésies et fausses opinions : tous les autres ambassadeurs estoient bien-aises de cette dilation, qui espéroient que la longueur du temps leur apporteroit plus de moyen de faire leurs affaires. Ledict sieur évesque, qui espéroit beaucoup au nombre de la noblesse qu'il pensoit attirer à soy par négotiation publicque, et non par menées et praticques, travailloit tant qu'il pouvoit à faire reculer toutes choses pour procéder à ladicte eslection, et faisoit remonstrer que ce recullement pouvoit porter beaucoup de préjudice au public, parce que, faisant longue demeure au lieu où ils ne pouvoient estre sans grands frais et incommodités, la pluspart d'entr'eux s'ennuieroit, et peut-estre, pour leurs affaires domestiques et particulières, ils seroient aussi contraints de se retirer avant l'eslection, et, à leur grand regret, après avoir perdu le temps et l'argent, ils ne se treuveroient à l'acte pour lequel ils avoient esté mandés. Cela prouffita beaucoup, comme sera dict cy-après.

Quant aux compétiteurs, il n'y en avoit que quatre : l'empereur, le roy, qui est à présent esleu, le roy de Suède et le Pyaste. Le Moscovite nous avoit faict peur ; mais une lettre qu'il escrivit le rendit si odieux, qu'il n'y avoit personne qui en voulust ouyr parler.

Les impériaux en apparence avoient la plus grande part. Il est certain que l'abbé Cyre, comme sera dict cy-après, avoit bien et fidellement servi son maistre. Les commodités qu'on pouvoit espérer de ce party pour la voisinance estoient plausibles, et en apparence telles qu'on ne pouvoit le refuser, et les ambassadeurs n'espargnoient chose du monde à fortifier leur party, et n'estoit jour qu'ils ne feissent festins à plusieurs desdicts seigneurs. Je ne sçay si cela leur prouffita ; mais je sçay bien que ledict sieur évesque disoit que ces festins leur feroient plus de mal que de bien, parce que la menue noblesse, qui n'estoit pas conviée, prenoit là argument et opinion que lesdicts ambassadeurs eussent faict estat d'avoir la couronne desdicts sénateurs, par conséquence, pensant estre mesprisée, prenoit résolution de contredire à ceux qui proposeroient l'archiduc Ernest.

Quant à nous, nous y vesquismes de telle sorte que tous les gentilshommes qui venoient estoient bien receus : mais, pour les raisons susdictes, ledict sieur ne voulut faire aucun banquet.

Les Suédois estoient quatre gentilshommes de fort bonne façon, qui négotioient fort dextrement, car, du commencement, ils faisoient semblant de n'estre venus que pour demander une ligue contre le Moscovite, pour demander aussi quelque chose qui appartient, se disoient-ils, à leur royne ; mais qu'ayant trouvé plusieurs de la noblesse de bonne volonté envers leur prince, ils ne pouvoient faire de moins que de se mettre de la partie des demandeurs.

Parmi les Pyastins, il y en avoit quelques-uns qui estoient plus violens que les autres, et qui ne s'aydoient de ce nom que pour pouvoir librement contredire à nostre party ; et faut dire que ce nom donna plus de peine audict sieur évesque que les autres ; car il sçavoit bien que le roy de Suède ne le pourroit estre pour beaucoup d'empeschemens, et aussi que les catholiques ne l'eussent pas volontiers enduré. Il sçavoit bien aussi que le Pyaste ne le pouvoit estre ; car, ores qu'il fust venu que tous se fussent accordés d'avoir un roy de leur nation, il estoit impossible de s'accorder sur le choix quand on viendroit au particulier, d'autant qu'il y en avoit une trentaine qui prétendoient chacun d'estre roy. Il craignoit doncques, avec grand'raison, que ces deux partis, après avoir faict la mine quelque tems, revinssent à la partie impérialle, et les nostres, qui estoient pour la pluspart catholiques, se retireroient aussi, et se tiendroient contens d'avoir un catholique, quel qu'il fust.

A cela ne voyoit-il qu'un remède, qui estoit de fortifier si bien nostre party, qu'il surmontast en nombre les autres trois, ores qu'ils se voulussent réunir ensemble ; et cela despendoit de l'événement de l'oraison, et des remonstrances qu'il pensoit faire, comme il advint, contre l'espérance de plusieurs.

Je puis tesmoigner que ledict sieur évesque me despescha vers Leurs Majestés le premier jour de may ; et, outre ce qu'estoit contenu par ses lettres, me chargea de leur dire que les ambassadeurs de l'empereur espéroient que les Suédois et les Pyastins reviendroient à leur party ; mais qu'en cela se trouveroient-ils déceus, parce que nostre partie seroit si grande qu'elle surmonteroit les autres trois, ores que toutes les trois parts vinssent à une, et que ceste nation est si soigneuse de la conservation de leur patrie, qu'il s'asseuroit bien que, avant que de veoir division entre eux, ils reviendroient tous à la plus grande part, qui seroit la nostre. Sur quoy il faut conclure que ledict sieur évesque estoit bien asseuré de son dire, puisqu'il en donnoit telle asseurance à Leurs Majestés, et par moi et par lesdictes lettres qu'il avoit escriptes.

Je réviens aux seigneurs, qui enfin, sollicités par la noblesse, surcirent pour quelques jours ladicte correction des loix, et donnèrent audience aux ambassadeurs.

L'ambassadeur de Prusse fut le premier ouy, bien qu'il fust le dernier venu ; mais ce fut, à ce que l'on dict, parce qu'il estoit domestique, et venant d'un prince qui est sensé et estimé comme Pollac.

Le second fut M. le cardinal Commendon, lequel, comme il s'estoit monstré en toutes ses actions homme de grande prudence et de bon jugement, aussi se monstra-il ce jour-là éloquent et parfaict orateur ; et fut son oraison telle pour le langaige, que tous les personnages doctes l'estimoient digne d'estre veue, leue et publiée : et s'il estoit sage, comme certainement pour tel se monstre-il en toutes choses, il feit ce jour-là cognoistre son entendement et sa prudence ; car un des seigneurs palatins l'interrompit par deux fois avec quelque aigreur, parce qu'il luy sembloit que ledict sieur cardinal défavorisast les évangéliques ; mais ledict sieur recueillit ceste interruption en telle sorte qu'il fit semblant de n'en estre aucunement offencé, et continua son dire avec telle constance et gravité, que mesme ceux qui ne le voyoient guère volontiers, pour avoir esté envoyé par le pape, confessoient publicquement que c'estoit un grand et digne personnage.

Au tiers jour les ambassadeurs de l'empereur furent appelés ; leur oraison fut prononcée par le sieur de Rozamberg, homme sage et fort éloquent aux deux langues : mais si est-ce qu'il ne contenta pas beaucoup les auditeurs, parce qu'il parloit trop bas ; et, comme il est homme tempéré et modeste, aussi n'avoit-il point d'action ny de véhémence, qui toutesfois est requise à esmouvoir les auditeurs.

Nos ambassadeurs furent aussi le mesme jour appelés, et avoit esté ainsi ordonné de ne donner point de temps entre deux, affin que l'un n'entendist point ce que l'autre avoit dit. Mais ledict sieur évesque, qui jà avoit proposé de faire en sorte qu'avant que de parler il descouvriroit le dire des autres, fit semblant d'estre malade, et n'y voulut aller pour ce jour, bien que ceux qui estoient députés pour l'y conduire le vinssent sommer par deux fois de la part du sénat, et fut constant en son opinion, dont bien luy en print : car avant qu'il fust nuict luy furent envoyées deux coppies de l'oraison desdicts ambassadeurs, qui sous correction peut-estre s'estoient trop hastés à bailler les coppies. En ladicte oraison il trouva qu'il y avoit cinq points qui expressément avoient esté dicts contre nous : et si bien nous n'y estions pas nommés, il se peut dire que l'on nous monstroit au doigt.

Premièrement en recommandant Ernest de la cognoissance de la langue bohème, ils vouloient remonstrer que si le très-illustre duc d'Anjou estoit esleu roy, à faute de la langue polacque il ne pourroit de long-temps faire son estat.

Pour le second, que si un prince de loingtain pays estoit esleu, il seroit inutile et ne pourroit les secourir quand il seroit besoing.

Pour le tiers, il disoit, en termes exprès, que les princes d'Autriche, ny les princes d'Allemaigne, ny le roy de Dannemarch ne luy donneroient jamais passage.

Pour le quatriesme, que l'empereur estoit prince sage, humain, ennemi de toute cruauté, et qui sçavoit gouverner ses subjects sans guerre civile, sans inhumanité ny effusion de sang, et entretenir en paix la diversité des religions.

Pour le cinquiesme point, ils avoient inséré dans leur oraison les articles que ledict sieur, dès le commencement de son arrivée, avoit baillé à un secrétaire d'un des seigneurs palatins, comme dessus a esté dict : je ne sçay pas par quel moyen lesdicts ambassadeurs les avoient recouverts et insérés, comme dict est, en leur oraison, et pensoient par ce moyen oster audict sieur évesque argument de les proposer, et qu'on ne trouveroit pas bon qu'il feist les mesmes offres que lesdicts ambassadeurs avoient faictes ; mais ledict sieur trouva incontinent remède, car il travailla toute la nuict pour respondre à ces points ; et, pour ce faire, il fallut couper cinq feuillets de son oraison, qui avoit esté jà imprimée, et y en adjouster autres cinq. Mais cela n'estoit rien au respect de la peine qu'il eut de l'apprendre en si peu de temps par cœur ; ce qui toutesfois succéda audict sieur si heureusement que la mémoire luy servit bien, tant à ce qu'il venoit de faire qu'à ce qu'il avoit quelques jours avant estudié, comme sera dit cy-après.

Le lendemain après, qui fust le 10 d'avril, Messieurs envoyèrent quérir nos ambassadeurs par les palatins de Lubellin, de Rave et de Poméranie, par le comte Tarchin et par deux castellans, par lesquels ledict sieur et ses collègues furent conduicts et présentés au sénat ; et, après avoir faict la révérence à toute la compagnie, ledict sieur évesque prononça son oraison : et bien qu'elle durast trois heures, il ne s'y trouva un seul homme qui fist semblant de s'enuuyer, ce qui donna un argument certain que le nom de celuy pour qui il parloit estoit favorablement receu.

L'oraison prononcée, il s'esleva une voix à l'entour de ladicte tente, une joye, une acclamation publicque, que si l'eslection eust esté faite un jour après, il ne s'y fust trouvé un seul contredisant.

Je ne veux obmettre une petite particularité que ceux qui desdaignent toutes choses la prendront pour une fable; mais si est-ce qu'elle est vraie: c'est que pendant que ledict sieur feit son oraison, une allouette ne bougea de dessus le mast de la tente, et chanta et gazouilla tousjours, ce qui fut remarqué par une grande partie des seigneurs, pour ce que l'allouette n'a pas accoustumé de se reposer qu'en terre; et ceux qui n'estoient point gaignés par passion avoient opinion que ce fust un bon augure. Je ne parleray point du lièvre ni du pourceau qui passoient parmy les tentes lorsque les autres ambassadeurs furent ouys, ni aussi que la grande tente tomba d'elle-mesme incontinent après l'audience baillée aux ambassadeurs de Suède; mais diray en passant que beaucoup de nobles et élevés esprits remarquèrent ces particularités, et prindrent là-dessus une opinion de bon succès de nos affaires. La raison estoit que, quand en une affaire publicque survient chose qui ne vient pas ordinairement, il semble que cela apporte quelqu'occasion de bien ou mal espérer. Ce n'est pas pourtant que les gentilshommes dudict pays estiment qu'autre que Dieu puisse conduire une telle affaire à bonne fin, et que ce n'est que de luy seul d'où despend tout bon succès. Aucuns d'entr'eux donnent ceste liberté de discourir aux esprits oyseux, et qui sont bien aises de s'exercer en quelque chose plutost qu'à mal dire ou mal faire. Soit donc prins le chant de l'allouette pour risée, ou comme on voudra, tant y a qu'il fut ainsi, et que si au ciel apparoissent des comettes à la naissance ou à la mort des grands princes, il ne sera pas inconvénient qu'en la terre eust esté donné quelque signe de l'eslection qui depuis fut faicte.

J'ay dit cy-dessus que l'oraison dudict sieur avoit esté imprimée, et que, pour respondre aux ambassadeurs de l'empereur, il y avoit adjousté cinq feuillets, ce qui le mettoit en grande peine, parce que le sénat faisoit instance d'avoir la coppie, qu'il estoit tenu bailler incontinent après l'avoir prononcée, pour estre portée aux palatinats : il ne pouvoit, ny ne vouloit la délivrer si tost, parce qu'il ne vouloit pas que les ambassadeurs qui venoient après luy respondissent comme il avoit faict aux autres, et aussy qu'il n'avoit peu en si peu de temps faire transcrire et traduire ce qu'il avoit adjousté de nouveau. Mais en cela fut-il secouru par le sieur Solikoski, qui mit en vulgaire ce qu'il avoit dict en latin, et mit en besoigne vingt escrivains qu'il faisoit travailler jour et nuict, si bien qu'en trois jours il rendit mil exemplaires de ladicte oraison, rabillés selon que ledict sieur l'avoit prononcée.

Et après que les ambassadeurs de Suède et autres eurent esté ouys, il en bailla à qui en demanda, et fut l'affluence telle de ceux qui en demandoient, que, trois jours après, il ne nous en demeura que bien peu, et encore fallut-il nous deffaire du tout.

Ledict sieur avoit en cela beaucoup davantage sur les autres ambassadeurs, lesquels, n'ayant point faict imprimer leur oraison, n'en baillèrent que trente-deux : chacune coppie devoit servir pour le moins à mil ou douze cens personnes. Mais ledict sieur en bailla en si grand nombre, que tout homme qui avoit quelque peu d'entendement ou de langaige l'avoit en main pour en faire la lecture à ceux de sa compagnie : si bien que l'on voyoit en chacun palatinat quarante ou cinquante conventicules pour lire et examiner ladicte oraison.

Le changement fut tel, que nosdicts ambassadeurs, qui avoient esté hors la ville, en lieu fort à l'escart, furent depuis ce jour-là si carressés et visités, que je sçay bien que audict sieur il luy en cuida couster la vie, tant il estoit las tous les soirs d'avoir parlé depuis le matin jusques au soir.

Il faut confesser que le sieur de Lanssac luy estoit venu fort à propos; car si ledict sieur évesque se trouvoit empesché, et qu'il ne peust parler à tous ceux qui venoient devers luy, il se tenoit asseuré que ledict sieur de Lanssac les auroit contentés tout ainsi que s'il s'y fust trouvé : comme aussi faisoit M. l'abbé de L'Isle de sa part. Et fut arresté entr'eux trois qu'ils ne bougeroient de la maison, affin de pouvoir recevoir et contenter ceux qui viendroient devers eux, qui estoient en effect ceux qui là nous estoient bien affectés, et ceux qui, après avoir ouye l'oraison dudict sieur évesque, estoient revenus à nostre party, et les uns et les autres se déclarèrent sans aucun respect. Et advint que beaucoup de gentilshommes vindrent devers ledict sieur évesque luy demander pardon de ce qu'ils avoient sollicité contre nostre party, et disoient que par son oraison ils avoient recogneu leur faute.

La noblesse ainsi rendue, peu s'en fallut, du tout nostre, ledict sieur envoya de tous costés pour entendre si nos adversaires inventeroient de nouveau quelque calomnie, et cependant nous envoya aussi visiter les principaux du sénat. J'allois vers ceux qui jà me cognoissoient avant la venue dudict sieur évesque.

Bazin visitoit souvent ceux avec qui il avoit prins cognoissance quand il fut envoyé en la première diette et quand il fut en la Mineure-Polongne.

Le doyen de Die faisoit le semblable envers tous ceux qu'il avoit veus par commandement dudict sieur évesque.

Le sieur de Balagny entretenoit ceux qui estoient de sa première cognoissance, et d'autres vers lesquels il avoit esté envoyé par ledict sieur évesque, dont les principaux sont messieurs les évesques de Cujavie, de Cracovie et de Plasko; les palatins de Lansissic, Russie, Kuelme et Plosko; M. le mareschal Oppalinski, le grand-chancelier et ses enfans, le castellan de Camimie, homme d'authorité, le capitaine-général de la Mazovie, le castellan de Landem, et autres quatre ou cinq dont j'ay oublié le nom. Envers tous ceux-là ledict sieur évesque employa ledict sieur de Balagny et non autre, horsmis le bon François et moy, quand nous l'accompagnions.

Il fut aussi visiter souvent M. le palatin de Wratislavie, de qui a esté parlé cy-dessus, et le référendaire, frère du capitaine-général de la Grande-Polongne, avec lesquels il avoit contracté grande amitié du temps de son premier voyage, et pareillement visita souvent M. Saffranies, gentilhomme de grande authorité, et d'une vie sévère et grandement louée d'un chacun.

Lesdicts Wratislavie et Saffranies luy firent tousjours response qu'ils pensoient que leur nation ne fust point despourvue de personnages capables, et qu'il ne s'en trouvast quelqu'un d'entr'eux digne de luy bailler la couronne; mais qu'ils seroient toujours du costé de là où la pluspart de la noblesse tourneroit, et si le sort tomboit sur le très-illustre duc d'Anjou, ils luy rendroient telle fidélité et obéissance qu'il convenoit à bons et fidelles subjects.

J'ouys un mot dudict Saffranies, que je ne puis laisser en arrière, affin qu'on cognoisse que ce n'est pas sans cause qu'il a le bruict d'estre amateur de sa patrie. Discourant avec ledict sieur de Balagny sur le faict de la Sainct-Barthélemy et des troubles de France, il dit ces propres mots : « Je suis de la religion qu'on dit évangélique, et n'ay pas délibéré d'en changer; mais j'aimerois mieux mourir cent fois, si tant de fois je le pouvois faire, que de prendre jamais les armes pour le faict de la religion contre mon prince. Et voilà pourquoi, puisque je délibère de l'endurer tel que Dieu me le donnera, je désire sur toutes choses qu'il ne soit point taché de cruauté. »

Ledict sieur de Balagny voyoit aussi le palatin de Rave, parce qu'il l'avoit cogneu à son premier voyage, et aussy avoit prins cognoissance et amitié avec son fils à Padoue. Ledict palatin a sept enfans portant les armes.

Beaucoup de gentilshommes aussy venoient voir ledict sieur de Balagny, qui estoient de sa première cognoissance.

J'ay touché ces particularités parce que je ne pouvois faire autrement sans faire tort audict sieur de Balagny, voulant ny prester ny desrober rien qui soit de l'honneur ny du labeur d'autrui.

Le sieur de Lanssac vit quelquefois le palatin Laski; alla aussi visiter le palatin de Welne et grand-capitaine de Samogitie, et luy bailla ledict sieur évesque Bazin pour luy aider pour le langaige. Lesdicts sieurs Welne et de Samogitie luy firent fort honneste et sage response, qu'ils portoient grand honneur à la couronne de France et au très-illustre duc d'Anjou, pour le grand commancement qu'il avoit en toutes choses dignes d'un prince souverain, et que, comme amateurs de leur patrie, ils seroient toujours d'advis de prendre celuy qui leur seroit le plus utile et le plus à propos pour gouverner leur royaume. Et de faict, ils furent pour nous au jour de l'eslection, bien qu'ils fussent les derniers à opiner, et certainement leur authorité servit de beaucoup pour la Lithuanie.

Il est vray qu'il y avoit d'autres grands seigneurs dudict pays, comme sont les chancelliers de Lithuanie et le duc Constantin, palatin de Kiovie, de qui dépendoit la Volinie, et le duc Sluski, lesquels ducs ne nous firent pas grand mal; car ils se retirèrent avant l'eslection pource qu'on ne leur avoit voulu donner séance de ducs, comme aussi avoit esté fait au duc de Prusse, et lesquels estoient assez ouvertement enclins à favoriser le parti d'Ernest; mais leur suite fut de nostre costé attirée par les Mazovites, avec lesquels, dès le commancement de leur arrivée, ils avoient juré fraternité, et avoient telle communication ensemble, qu'ils ne se séparèrent point, et furent tousjours d'une opinion.

Ledict sieur de Lanssac, vers la fin, à la prière dudict sieur évesque, alla visiter le castellan de Posnanie, parce que ses neveux, qui sont aujourd'huy à Paris, nous venoient veoir souvent pour voir baller, voltiger et tirer des armes.

Il fut aussi visiter le comte Stanislaus Goukbra, frère du comte Andréas, qui a esté ici ambassadeur, qui luy fit response que quand on viendroit au jour de l'eslection, il feroit ce qu'appartenoit à un bon gentilhomme soigneux et amateur du bien public. Cependant luy vouloit-il bien dire qu'il portoit un infiny regret de ce qu'il ne pouvoit visiter ledict sieur évesque de Valence, et luy rendre partie de l'amitié qu'il avoit eue avec son père, le priant d'en vouloir faire son excuse, avec beaucoup de démonstrations amyables; réservant toutesfois qu'il suivroit l'opinion du comte Andréas son frère, de qui il ne se pouvoit départir.

Depuis le 10 d'avril, qui fut le jour que l'oraison fut prononcée, jusqu'au 3 de may, que l'on commença à procéder à l'eslection, ledict sieur évesque fut tousjours grandement occupé, tant aux audiences que pour pourveoir aux difficultés qui survenoient d'un jour à autre, par la diligence de ceux qui vouloient empescher que le très-illustre duc fust esleu. J'en pourrois toucher beaucoup de particularités; mais il me suffira d'en toucher cinq, qui furent les principales.

La première fut qu'un palatin qui est homme d'entendement et d'authorité, fut d'avis que, pour oster tout empeschement qui pourroit survenir, il falloit faire trois choses.

La première, de licentier M. le cardinal Commendon, et lui commander de sortir hors du royaume : sa raison estoit parce que ledict cardinal ne pouvoit ny devoit assister à l'eslection, ny comme personne publicque, ny comme privée, et mesme qu'il n'estoit pas ambassadeur pour le pape, car il y avoit un nonce qui faisoit la charge d'ambassadeur; et de plus il n'avoit point este délégué par aucun des compétiteurs : et pour en dire la vérité, la principale raison estoit parce que ledict palatin et autres évangéliques craignoient que ledict cardinal, qui a beaucoup de crédit par-delà, ne rompist soubs prétexte de religion l'union qui estoit entre les uns et les autres, et empeschast que la confédération faicte à la diette des rois à Warsovie pour la diversité de la religion ne fust confirmée.

L'autre point qu'il vouloit mettre en avant, estoit qu'on licentiast trois ou quatre mil gentilshommes mazovites qui estoient là résidens, et par le moyen des autres qui pourroient survenir d'un jour à autre, pourroient surmonter en nombre le reste de la noblesse.

Le tiers point de ce qu'il vouloit proposer estoit que l'eslection fust différée jusques à ce que la correction des loix commancée à l'autre diette fust achevée; mais son principal but estoit que ladicte confédération fust jurée et confirmée.

Cela apporta beaucoup d'ennuy audict sieur évesque, et me souvient qu'un serviteur dudict sieur palatin apporta audict sieur ceste nouvelle, qu'il disoit estre la meilleure qu'il eust peu désirer pour nous. Et à la vérité, ledict sieur pensoit qu'il se mocquast; mais voyant que c'estoit à bon escient, il luy dit que ces trois articles-là ne pouvoient servir qu'à amener beaucoup de troubles; et sembloit qu'il ne peust advenir aux ambassadeurs de l'empereur chose tant agréable que ceste-là : car si ledict cardinal estoit licentié, ce que ledict sieur ne croyoit pas, il falloit aussi que les autres ambassadeurs courussent la mesme fortune, qui estoit en effect le pis qui nous pouvoit advenir.

Quant au second point, bien qu'il y eust de gentilshommes mazovites pauvres, si ne falloit-il pas croire qu'ils fussent aisés à gaigner, et moins du costé dont l'on faisoit semblant de le craindre; car ils se déclaroient assez ouvertement enclins à nostre parti, qui n'avions moyens ni la volonté de gaigner personne par argent ni par promesses.

Pour le tiers point, la prolongation estoit plus contre nous que contre aucun des compétiteurs, parce que nous estions de plus loing, et ayant moins de moyen d'estre secourus de conseil, d'amis et d'autres choses nécessaires. Et d'autant que l'on voit bien que le plus grand nombre penchoit de nostre costé, ladicte prolongation ne pouvoit servir qu'à faire avec le temps refroidir les volontés de ceux qui nous favorisoient; et, qui plus est, la menue noblesse, de laquelle nous estions portés pour la pluspart, seroit contrainte desloger dans peu de jours, ce qui feroit amoindrir d'autant notre party.

Ledict serviteur demoura constant en son opinion, quelque raison qu'on luy sceust alléguer.

Mais ledict sieur évesque despescha incontinent le sieur de Balagny, Bazin, le doyen de Die et moi, qui vismes ce jour-là la pluspart des principaux, et leur remonstrasmes les inconvéniens que ces trois articles, s'ils estoient accordés, apporteroient.

Ledict palatin, par la remonstrance que luy fit un de ses amis, recogneut que la poursuite desdicts trois articles pourroit plus nuire que prouffiter; mais il avoit jà parlé pour le premier article.

Et furent d'advis lesdicts seigneurs sénateurs que ledict cardinal et les autres ambassadeurs vuideroient le royaume, comme sera dict ci-après.

La seconde difficulté fut qu'estant sorti de ceste alarme, un colonnel appelé Cracouf, qui est celuy qui avoit conduict ledict sieur évesque jusques à Leipsic, se trouva aussi à ladicte diette, et avec ses compaignons qu'il y avoit amenés, fit tout ce qui luy estoit possible contre nous. Et pour autant qu'il est subject du roy de Polongne, et qu'il avoit esté aux guerres de France, nous craignions que beaucoup de gens donnassent foy à ses parolles · pour le moins ceux qui estoient de contraire party pensoient s'en pouvoir servir pour nous reculer; car estant suscités, à mon advis, par quelques ambassadeurs, ils s'en alloient par toutes les tentes monstrer un double du rolle des debtes du roy, pour par ce moyen faire penser à toute la nation qu'il ne falloit point espérer aucun secours ni commodité de nostre costé. Et affin qu'on ne vist point qu'ils se meslassent d'affaire où ils n'avoient aucun intérest, ils feirent une requeste, requérant à messieurs du sénat qu'il leur fust permis de pouvoir faire arrester ledict sieur évesque, en vertu d'une obligation qu'ils disoient ledict sieur avoir passé de se représenter à Francfort, comme dessus a esté dict. Ledict sieur évesque estant adverty par aucuns de ses amis du langage que tenoit ledict Cracouf, il feit entendre aux principaux seigneurs que c'estoit chose qu'on ne devait endurer, que un leur subject usast si ouvertement de telle calomnie. Cela fut cause que quelques-uns conseillèrent audict Cracouf d'envoyer vers ledict sieur, pour l'advertir qu'il vouloit présenter ladicte requeste, affin qu'il regardast de le contenter de quelque notable somme d'argent : mais ledict sieur, qui avoit ses armes en main, leur monstra incontinent la sentence qu'il avait apportée du sénat de Francfort, laquelle estonna fort le messager desdicts reistres, et recogneurent bien que s'ils la présentoient ils en auroient mauvaise issue.

Ledict Cracouf fut encore mis sus pour attacquer ledict sieur d'un autre costé, et envoya luy demander un serviteur qu'il luy avoit baillé à Leipsic pour le conduire, qui depuis ne l'avoit voulu laisser. Il demanda la valleur d'un cheval qu'il lui avoit baillé, et s'il ne luy satisfaisoit dans une telle heure, menassoit de venir au logis dudict sieur, et prendre ledict serviteur devant sa face. Disoit davantage qu'il luy en feroit rendre raison à son retour par l'Allemaigne. Ledict sieur lui fit response qu'il avoit en Allemaigne beaucoup plus d'amis que luy; et quant au serviteur, il estoit en liberté d'aller ou de demourer. Cette bravade fut faicte audict sieur, comme il est vraisemblable, à la sollicitation des ambassadeurs de quelques-uns des compétiteurs.

En ce mesme jour vint par devers ledict sieur un jeune gentil homme pollac, qui estoit page de Rosambergt, et qui faisoit semblant de s'en estre fuy pour venir servir ledict sieur. Et pour donner quelque apparence à la force, il ne fut pas si-tost en son logis qu'il fut poursuivy par des serviteurs dudict Rozambergt, qui faisoient semblant de le vouloir emmener par force; mais il leur fut respondu de telle façon qu'ils n'en firent pas grande instance. Le page entretint ledict sieur d'aussi bon sens que jeune homme qu'il veit jamais, et se disoit neveu du palatin de Cracovie, vers lequel il feit semblant d'aller le soir pour l'advertir de ce qui luy estoit advenu le matin. Il ne faillit pas de revenir, et dit audict sieur évesque que son oncle luy avoit promis de le prier de l'emmener en France avec soy, et que cependant il l'envoyoit par devers luy pour le prier de luy bailler l'asseurance qu'il vouloit bailler à ceux de la religion, affin de la communiquer à ses amis pour les ramener à nostre party. Ceste demande feit cognoistre audict sieur que c'estoit un espion, et pour tel il luy commanda de se retirer à sondict maistre, luy dire de sa part que telles finesses estoient trop grossières pour ceux qui avoient manié affaires avant que venir en Polongne.

La troisième allarme fut d'une lettre apportée de Constantinople. C'estoit une lettre que le bassa escrivoit aux estats de Polongne, par laquelle il les prie de la part du grand-seigneur d'eslire pour roy un d'entr'eux, et là où cela ne se pourroit faire, il les prie d'eslire le frère du roy de France.

Cela troubla fort ledict sieur évesque, parce que les autres compétiteurs eussent faict leur prouffit de cette recommandation; et mesmes les ambassadeurs de l'empereur avoient touché ce point en leur oraison, quand ils disoient que celuy qui auroit la Vallaquie par la faveur du grand-seigneur, faudroit qu'il se rendist son feudataire, et qu'il fist en tout temps ce que ledict seigneur luy commanderoit. Sçavoit aussi ledict sieur que ce mot apposé en la lettre de commandement irritoit grandement la noblesse. Or y avoit-il de plus que le bogdan, qui avoit retenu le messager de Constantinople, et avoit envoyé ladicte lettre par un des siens, escrivoit auxdicts estats: « Vous verrez par la lettre que je vous envoye, que le grand-seigneur vous commande d'eslire pour vostre roy le frère du roy de France: vous estes bons et sages pour vous garder de faire ceste faute; car, puisque ledict grand-seigneur le veut mettre là, vous pouvez penser que c'est pour en faire un puissant ennemy à toute la chrestienté. »

Incontinent que ledict sieur de Valence fut adverty de ces deux lettres, il envoya par tous les palatinats, afin de les prévenir avant que lesdictes lettres leur fussent communiquées, les advertir qu'elles estoient faulces et falsifiées, ou par bogdan ou par quelqu'autre de nos ennemis. Il fit remonstrer que nous n'avions point d'ambassadeur à Constantinople, comme certainement en ce temps-là M. Dacqs en estoit jà party. Il fit remonstrer que pour une chose de si grande importance que celle-là, le grand-seigneur, si telle eust esté son intention, eust bien sceu envoyer un chahuz, et en escrire luy-mesme; que ladicte lettre n'estoit pas cachetée d'un scel d'or, comme l'on a accoustumé de faire, ny enveloppée dans une bourse de soye ou de drap d'or, et que si l'on faisoit regarder le traduict, il seroit escrit en papier de Vallaquie ou de Polongne; qu'il leur devoit souvenir qu'en son oraison il avoit protesté de ne se vouloir aider de la faveur d'homme vivant, que de la leur seulle. Ceste remonstrance fut bien et favorablement receue et entendue. Ce mesme advertissement fut donné aux principaux seigneurs, qui fut cause que le lendemain après aucuns d'entre eux demandèrent le traduict de ladicte lettre, qui fut incontinent esgaré, et ne se trouva point. Et faut en cela donner quelque chose au bonheur dudict sieur évesque qui avoit maintenu que cela estoit faux; car le bassa qui avoit envoyé la lettre au bogdan n'avoit envoyé de traduict comme l'on avoit accoustumé de faire. Et n'avons-nous peu sçavoir si ledict traduict avoit esté fait, ou par le bogdan, ou par quelqu'un des seigneurs de Polongne, tellement que de faulceté il n'y en avoit point : mais qui eust représenté le traduict l'on l'eust jugé faux, parce qu'il n'estoit pas escrit sur papier de Constantinople. M. le mareschal Oppalinski, qui est homme de grande intégrité, fit grande instance qu'on veist le messager qui l'avoit apportée, et pareillement le traduict : mais le bruict de ladicte lettre fut incontinent amorty, et ne s'en parla plus.

Ceste fortune échappée, nos ambassadeurs pensoient estre au-dessus de toutes leurs affaires ; mais il en survint une autre fort dangereuse, qui est que quelques-uns des seigneurs, et en grand nombre, vouloient qu'on différast l'eslection jusques à ce que la correction des loix seroit faicte ; mais les Mazovites, advertis que la prolongation pourroit apporter beaucoup d'inconvéniens, assistés des Lithuans, vindrent aux pavillons dire qu'ils vouloient avoir un roy, et pressèrent si fort lesdicts seigneurs, qu'ils furent contraints de leur promettre que dedans huict jours précisément l'on commanceroit à procéder à l'eslection, et députèrent quelques-uns d'entre eux pour veoir ce qui já avoit esté faict de ladicte correction, et y adjouster ce qu'ils trouveroient estre nécessaire. Les ambassadeurs terrestres protestoient qu'ils n'estoient là venus que pour faire un roy ; mais enfin la huictaine fut accordée.

La cinquiesme allarme fut que les évangèliques protestoient de ne vouloir consentir qu'on procédast à l'eslection jusques à ce que la confédération fust signée de tous, et confirmée. Plusieurs des catholiques n'en vouloient ouyr parler, craignant que cela feist venir en leur royaume toute manière d'hérésies et faulces opinions ; car, au reste, ils protestoient de plustost prendre la mort que de consentir qu'il y eust jamais entr'eux guerre civile.

Ledict sieur de Valence, prévoyant que ceste contention pourroit apporter quelque rupture et telle division que, ou il n'y auroit point de roy, ou il y en auroit trois ou quatre, travailloit jour et nuict pour composer ce différend. Il remonstroit et faisoit remonstrer aux catholiques que plus tost que de veoir un schisme, qui seroit le moyen d'appeller Turcs, Tartares et Moscovites pour ruiner leur pays, il valloit mieux s'accommoder en quelque sorte avec les autres. Aux évangèliques il faisoit remonstrer que en vain mettoient-ils peine d'establir et mettre leur seureté, comme ils pensoient faire par ladicte confédération, si par leur importunité les catholiques se despartoient d'eux ; que si cela advenoit, ils seroient contraints d'abandonner et maisons et femmes et enfans, et, en lieu de religion, recevoir une désolation et entière ruine de tout le pays ; qu'ils se devoient contenter que ladicte confédération eust esté signée à la première diette par plusieurs et des principaux des catholiques, avec lesquels ils seroient tousjours les plus forts, s'il en estoit besoing, pour résister aux autres qui les voudroient assaillir : il leur remonstroit aussi les malheureux fruits qu'ont apporté les guerres civiles en plusieurs lieux de la chrestienté ; et entre les autres parmi la pluspart des hommes, tant d'une part que d'autre, il n'est resté aucune marque ny trace de religion. Ces admonnestemens profitèrent beaucoup, car il y eut des catholiques qui, pour éviter la guerre civile, aimèrent mieux signer ladicte confédération, espérans que Dieu avec le temps apporteroit quelque remède. Il y eut aussi beaucoup d'évangèliques qui remirent quelque chose de leur aygreur. Et ainsi fut appaisé ledict différend, sauf que l'archevesque et les évesques et quelques catholiques ne voulurent point la soubsscrire.

Le sieur Martin Dobory, dont cy-dessus a esté parlé, retournant de France, arriva quatre ou cinq jours avant l'eslection, qui récita fidèlement au sénat, et par beaucoup d'autres compaignies, ce qu'il avoit veu et cogneu de l'estat de la France, et de la personne du très-illustre duc d'Anjou.

Il ne sera poinct hors de propos que je racompte ce que devint l'abbé Cyre, duquel j'ay já parlé deux fois. Il avoit, comme dessus est dict, esté désavoué par l'empereur, et toutesfois, faisant l'office d'un serviteur constant et affectionné à son maistre, il ne s'estoit pas retiré, mais s'en alla en Lithuanie, où il pensoit estre quelque temps avant que l'on eust sceu de ses nouvelles ; et renouvella si bien ses anciennes praticques, que à son partement il pensoit tenir toute la Lithuanie en faveur de l'archiduc Ernest ; et de faict son espérance estoit très-bien fondée s'il n'y eust eu depuis du changement. Et partant dudict pays, il s'en revint devers la Prusse, et de là pensoit venir aux pays de l'empereur pour luy apporter nouvelles de ce qu'il avoit faict ; mais quelques bons personnages qui en entendirent la nouvelle se délibérèrent de le surprendre, et de faict tomba entre les mains du lieutenant de Mariembourg, dont est capitaine le castellan de Danski, et fut un peu rudement traicté par les soldats, qui l'emmenèrent prisonnier, sa malle et ses papiers saisis. Ceci advint sur la fin de la diette tenue à Warsovie la feste des Roys. Cependant l'empereur, estant adverty de ceste rétention, s'en plaignit aigrement; mais, d'autant qu'il n'y avoit personne qui eust puissance de le délivrer, ledict Cyre demoura là jusques à l'eslection : auquel temps il fut amené à Warsovie, la malle présentée au sénat, les lettres qu'il portoit veues et recogneues, et ses praticques descouvertes.

Et pour autant que ledict sieur de Valence s'apperceut bien que les palatins de Cracovie et Podollie estoient personnes de grande authorité, et que l'on avoit quelque opinion qu'ils portassent le party du roy de Suède, il les fit visiter avec espérance que s'il ne pouvoit les gaigner, peut-estre les pourroit-il adoussir, et sur-tout leur faire entendre au vray les vertus et la valleur du très-illustre duc d'Anjou. Par deux fois il les fit visiter par Bazin, et à la seconde Cracovie envoya audict sieur son fils, le capitaine de Cazimir, qui est un jeune homme autant sage et advisé, au dire dudict sieur évesque, qu'il en ait veu en Polongne, avec lequel il eut beaucoup de propos; et bien qu'il soit homme qui ne dict pas tout ce qu'il a sur le cœur sans y avoir bien pensé, toutesfois il sembloit en ses propos qu'il voulust taxer quelques-uns, qui se jactoient que si le très-illustre duc d'Anjou estoit esleu roy, ils auroient tant de crédit et d'authorité, qu'ils pourroient avancer ou reculer ceux à qui ils voudroient bien ou mal. Cela donna occasion audict sieur évesque de luy racompter ce qui estoit autrefois advenu entre le pape Clément et le cardinal Colomne. Ledict cardinal Colomne avoit véritablement beaucoup aydé audict Clément à estre pape; et sur le crédit qu'il avoit justement acquis, il devint un peu insolent à presser et importuner son maistre : et luy advint que, pour avoir esté refusé de quelque chose qu'il avoit demandée, il reprocha au pape qu'il luy estoit ingrat et recognoissoit mal qu'il l'avoit faict pape. Clément ne s'eschauffa pas fort de la colère de son cardinal, mais luy respondit ainsi : « Monseigneur, s'il est ainsi que vous m'ayez faict pape, permettez doncques que je soie pape, et que vous ne le soyez pas; car, faisant ce que vous faictes, vous me voulez oster ce que vous dictes m'avoir donné. » Ledict sieur conclud par là qu'il s'asseuroit qu'il n'y avoit seigneur en toute la Polongne qui voulust suivre l'exemple du cardinal Colomne; et quand il s'en trouveroit, ce qu'il ne pensoit pas, ledict seigneur duc, s'il estoit esleu, seroit prince si juste et si équitable, qu'il ne deffavoriseroit jamais l'un pour favoriser l'autre : ledict capitaine, comme il est sage, fit semblant de n'avoir poinct eu ceste opinion-là, et dict pour toute responce que ledict seigneur duc, s'il estoit esleu, seroit tousjours tel qu'il recognoistroit les hommes selon leur valeur; et quant à l'opinion de son père, c'estoit chose à quoy il ne s'estoit pas encore bien résolu, et qu'il se réservoit à prendre l'inspiration que Dieu luy donneroit au jour de l'eslection.

Les propos qu'ils eurent ensemble, rapportés audict sieur palatin, il luy print envie de venir luy-mesme veoir ledict sieur évesque; et après avoir parlé ensemble, furent assez contens l'un de l'autre. Et fut la résolution dudict palatin telle, qu'après avoir satisfaict à sa conscience, comme un bon amateur de sa patrie devoit faire, il luy feroit cognoistre qu'il estimoit et honoroit le duc d'Anjou autant que prince de la terre. Cela estoit autant à dire qu'après avoir nommé celuy qu'il pensoit estre le plus utile pour son royaume, il ne contrediroit point à l'eslection dudict seigneur duc d'Anjou, s'il voyoit que la pluspart inclinast de ce costé-là.

Le palatin de Polodie, qui est un des plus sages hommes que ledict sieur évesque ait cogneu en ce pays-là, vint pareillement le veoir. Et voyant ledict sieur qu'il avoit affaire à un homme franc, et qui parloit ouvertement, entre autres choses luy dict que nous avions deux manières d'adversaires : les uns estoient pour la haine qu'ils portoient et au roy et au très-illustre duc d'Anjou son frère, ou pour le faict de la religion, ou pour quelqu'autre particularité; les autres, que si bien ils estimoient le duc d'Anjou plus digne de régner que aucun des compétiteurs, ils pensoient toutesfois que pour le royaume de Polongne un autre seroit plus utile que luy, et que ledict sieur évesque s'asseuroit qu'il seroit du dernier rang, et non du premier, et que quand il seroit informé des vertus dudict seigneur duc d'Anjou, non-seulement l'aimeroit-il, comme il faisoit dès à présent, mais espéroit qu'il seroit entièrement des nostres, et recognoistroit que ledict seigneur duc, pour l'aage, pour l'expérience à la guerre et aux matières d'estat, pour n'avoir point d'ennemis, pour estre sorty de maison et de nation qui ne fut onques ennemie de la pollacque, pour n'estre empesché à résider ny à gouverner un autre royaume, comme seroit le roy de Suède, pour n'avoir poinct de forces voisines qui deussent rien donner à craindre à la noblesse dudict pays, devoit estre préféré à tous les autres compétiteurs; et toutes ces raisons considérant, il embrasseroit nostre cause.

Ledict palatin remercia ledict sieur, avec beaucoup de bonnes paroles, de la bonne opinion qu'il avoit de luy, et singulièrement de ce qu'il estimoit que s'il estoit contre nous, ce n'estoit pour autre raison, sinon que, bien que ledict seigneur duc fust des premiers princes du monde pour régner en tout autre pays, toutesfois il s'en pourroit trouver autre qui seroit plus utile pour la Polongne. La difficulté du passage luy sembloit fort grande, et encore plus la faute de la langue. Enfin ils départirent bons amis, horsmis que ledict palatin ne se déclara pas plus avant qu'il avoit faict. Et depuis parlant avec Bazin, et, comme j'ay entendu, avec d'autres, il disoit qu'il se tenoit grandement obligé audict sieur évesque de ce que si franchement et si librement il luy avoit parlé, et usoit de ces mots : « Il m'a » si bien dict ce que j'avois dans le cœur et ma » fantaisie, *quasi pernoctasset in corde meo;* » c'est-à-dire comme s'il eust demouré toute une nuict dans mon cœur.

Les gentilshommes de la Mazovie et autres, réunis ensemble, vindrent aux pavillons protester qu'ils vouloient que, toutes choses laissées, l'on procédast à l'eslection.

Les seigneurs promirent que, incontinent que les ambassadeurs seroint départis dudict lieu, comme ils avoient jugé estre nécessaire, toutes autres occupations seroient délaissées pour mettre fin à la plus nécessaire. Et pour ce faire, ordonnèrent que tous les ambassadeurs vuideroient le royaume, et commandèrent au chancelier de tenir preste la response qui leur seroit baillée pour retourner à leurs princes.

Ledict sieur évesque fit remonstrer à quelques-uns des principaux qu'il ne devoit en cest endroit estre traicté comme les autres, parce que sortant du royaume ils entroient en leurs maisons, et pouvoient revenir en deux jours; mais luy et ses compaignons estoient venus de si loing, que s'il partoit une fois il ne pourroit plus revenir.

Les grands qui s'en meslèrent pour nous ne purent rien gaigner, et fallut recourir aux gentilshommes privés; qui trouvèrent l'ordonnance si inique et si rigoureuse, qu'ils vindrent en grand nombre au sénat déclarer qu'ils désadvouoient leurs députés, qui sans leur sceu avoient consenti à ladicte ordonnance.

Les Mazovites dirent qu'il n'estoit besoing d'envoyer si loing les ambassadeurs de France, lesquels, s'il plaisoit ainsi au sénat, ils prendroient sur leur charge, et leur assigneroient quelque endroit de leur province où ils fussent seurement et commodément.

Les sénateurs, voyant l'advis commun de ladicte noblesse, changèrent d'opinion, et ordonnèrent que lesdicts ambassadeurs auroient le choix, ou de s'en retourner vers leurs princes, ou de demourer en lieux qui leur seroient assignés.

Aux ambassadeurs de l'empereur fut baillée la ville de Louvics, qui est grande et fournie de toutes commodités, qui n'est qu'à douze lieues de Warsovie.

Ledict sieur évesque fut envoyé à quinze lieues de là, en une ville appellée Plosko.

Les Suédois ne furent qu'à cinq lieues, parce que le palatin de Cracovie leur favorisoit.

Tous les ambassadeurs furent appelés en un mesme jour, pour prendre leurs despesches.

Et advint par bonheur que quelques-uns des amis dudict sieur évesque, en cheminant et approchant de la grande tente, luy dirent les principaux poincts de ce que les ambassadeurs de l'empereur avoient dict à leur départ; qui fut cause pour leur responde sur-le-champ, qu'en prenant congé ledict sieur évesque changea une partie de ce qu'il avoit délibéré de leur dire.

Cela fut remarqué et tenu pour miracle, parce que plusieurs ne pouvoient comprendre comment il avoit deviné, ou si tost entendu ce qui avoit esté dit contre nous. Quoy qu'il en soit, ceste seconde oraison luy donna plus de nom que la première, et dès ce jour-là il n'y avoit homme qui ne jugeast que nous emporterions la faveur de la noblesse.

Un mesme jour fut préfix à se retirer ; mais les ambassadeurs de l'empereur contestèrent deux ou trois jours, et protestoient de ne vouloir point partir que le cardinal et les autres ambassadeurs, et nommément ceux de France, ne s'en fussent allés.

La noblesse pressoit de commancer l'eslection, les sénateurs s'excusoient sur la demeure et désobéissance des ambassadeurs.

Le palatin de Cracovie, mareschal du royaume, les envoya tous sommer de s'en aller. Je ne sais pas en quels termes l'on parla aux autres ; mais à nos ambassadeurs, un gentilhomme bien discret leur dict telles paroles de la part dudict palatin : Qu'il les prioit de satisfaire à ce qu'ils avoient promis de desloger, et s'il y avoit quelque chose qui les arrestast, l'on satisferoit à tout ce dont ils pourroient avoir faute.

Ledict sieur évesque de Valence fit response qu'il ne vouloit point entrer en dispute à sçavoir qui devoit partir le premier ou le dernier ; que luy et ses compaignons avoient esté envoyés pour obéyr au sénat, et non pour contester. Mais vray estoit qu'ayant veu que les autres ne faisoient semblant de desloger, il pensoit que le sénat eust changé son ordonnance ; mais qu'ils estoient résolus de partir non-seulement au jour, mais à l'heure qui leur seroit mandée par lesdicts seigneurs. Bien pria-il le messager de dire audict sieur palatin, que, s'il estoit possible de les laisser pour ce jour-là, ils le prendroient à grande obligation, affin de se pourvoir de ce qui estoit nécessaire pour le voyage.

Ceste response fut fidellement portée audict palatin de Cracovie, lequel avec grand'préface d'honneur la redict à tout le sénat, et monstra qu'il estoit bien aise de faire parangon avec la response des ambassadeurs de l'empereur.

Et incontinent envoya par devers nos ambassadeurs, pour les prier que puisqu'ils avoient gaigné ce point de la modestie avec tout le sénat, qu'il les prioit aussi de satisfaire à leur promesse, qui estoit de desloger ce mesme jour.

Ce qui fut faict, car ledict sieur évesque s'en alla incontinent, et le sieur de Lanssac demoura ce soir-là pour entendre ce qui auroit estoit fait à l'après-disnée.

Une heure avant le départemen t dudict sieur, il me despescha vers Leurs Majestés, et leur mandoit que l'on commenceroit à procéder à l'eslection le lundy, et que d'entrée nous emporterions des douze parts les neuf ; et usoit de ce mot : Des douze tables du damier nous en avons les neuf asseurées. Et puis que cela advint, et en la mesme façon qu'il avoit escrit, l'on ne peult nier qu'en ladicte négotiation il n'y ait eu quelque chose, et de la diligence et de la prévoyance, et du discours dudict sieur pour prévoir le bien et le mal qui pouvoit advenir. Je dis ceci pour ceux qui font si bon marché de sa peine et de son industrie, et disent que tout autre l'eust faict aussi bien que luy ; auxquels suffiroit de dire que c'est assez qu'ils ne l'ont pas faict ; mais j'ajouteray ce mot : qu'il n'y a homme, tant soit-il son ennemy, s'il n'est du tout malin ou ignorant, qui n'avoue qu'il n'y eut jamais négotiation où tant de difficultés et d'empeschement soient survenus. On ne pourra aussi nier que ledict sieur n'aye promptement pourveu à tout.

Or je reviens à l'eslection, qui fut faicte en la manière qui s'ensuit :

Les gentilshommes vindrent derechef le premier jour de may protester que si le lundy après l'on ne commençoit à faire ladicte eslection, ils estoient résolus de se retirer, et la faire entre eux-mesmes. L'archevesque protesta aussi qu'il seroit de la partie. Les évesques de Cujavie et de Cracovie firent semblable déclaration, comme aussi firent quelques palatins et plusieurs castellans, qui menassoient de se retirer avec leur noblesse. L'affaire fut si rudement poursuivie ce jour-là, que, sans plus d'espérance de retardement, il fut arresté de y besoigner le lundy 3 de may ; auquel jour fut dict que les palatins se retireroient en leurs palatinats, et chacun feroit délibérer sa noblesse sur les quatre compétiteurs.

Je ne veux obmettre ce qui fut fait aux pavillons, qui est que les pages de Polongne, qui sont encore plus meschans que les nostres, eslirent parmy eux quatre compétiteurs, firent un sénat pour contrefaire l'eslection : celuy qui représentoit Ernest fut bien battu ; le Suédois fut chassé, et pour le regard du Pyaste, ils prindrent la charrette d'un gentilhomme qui estoit chargée de vivres, la mirent en pièces, bruslèrent l'essieu de ladicte charrette, qu'on appelle en ce pays-là pyaste, et se prindrent à crier : Le Pyaste est bruslé ; de sorte que les sénateurs ne les sceurent pour ce jour faire taire.

Ladicte noblesse, avant que de délibérer chacune en son quartier, se mit à genoux, et la plus grande partie avec larmes firent leurs prières, chantèrent une hymne du Sainct-Esprit ; et faut confesser qu'il n'advint jamais chose semblable à ceste-là ; car, incontinent leur oraison faicte, la partie françoise se trouva en tous les palatinats si grande, que les autres avoient presque honte de tenir le party contraire. Qui fut cause qu'en moins d'une heure nous emportasmes la pluralité des voix en treize palatinats, et si l'on ne sçavoit rien de l'autre, ce qui monstra bien que c'estoit une œuvre de Dieu.

Les sénateurs, le mardy matin, rapportèrent ce que chacun avoit trouvé : le mesme jour les autres palatinats qui restoient firent le semblable. Le mercredy, les Lithuans, qui n'avoient voulu se déclarer qu'ils n'eussent veu le cours du marché, se déclarèrent du tout pour nous. Le jeudy, les sénateurs opinèrent sur ce qui avoit esté faict par la noblesse, et, convaincus d'un si grand accord, suivirent pour la pluspart l'opinion commune. Le palatin de Sandomyr fit une fort belle oraison, et conclut pour le roy qui estoit esleu, comme aussi fit M. le mareschal Oppalinski. L'évesque de Cujavie fit une fort belle oraison, rapportant ce qui est escrit à l'eslection du roy Saül à ce qui se faisoit en faveur du roy qui depuis a esté esleu ; et ainsi de trente ou quarante mil voix qu'il y pouvoit avoir, il n'y en eut que quatre ou cinq cens pour les autres compétiteurs. Et encore eux, se voyant ainsi en si petit nombre, revindrent volontairement à nous, hors-

mis quelques-uns qui vouloient s'esclaircir, si disoient-ils, des raisons d'une part et d'autre. Et affin qu'on pust dire que l'eslection avoit esté véritablement faicte d'un commun accord, il fut dit qu'on choisiroit deux sénateurs pour chascun compétiteur, qui examineroient les raisons, tant d'une part que d'autre : M. le mareschal Oppalinski et le castellan de Danski furent esleus pour nous, et, ce me semble, l'évesque de Cujavie ; mais je n'en suis pas bien asseuré : ils monstrèrent en cela et leur éloquence et la dextérité de leur esprit ; car les autres députés furent tellement convaincus, que tous ceux qui avoient esté contraires, à haute voix revindrent à nous, horsmis l'évesque de Plosko, qui voulut avoir cest honneur de demourer seul constant pour Ernest.

Cecy fut faict le neuviesme de may, le samedy veille de la Penthecoste, sur les sept heures du soir ; et pour ce qu'il y avoit un jour qui estoit le dimanche entre deux jusques au lundy, qu'il falloit faire la proclamation, le bon archevesque, qui tressailloit de joye, de peur qu'il survinst quelque changement, cria par trois fois : « Nous avons pour nostre roy le très-illustre duc d'Anjou ; » et fut suivy d'une infinité de gentilshommes.

En mesme instant l'évesque de Cujavie, les palatins de Sandomyr, Laski, et le castellan de Racen, despeschèrent un homme à nosdicts ambassadeurs pour les faire venir en grande diligence, comme ils firent, et arrivèrent le lundy au soir.

Or, je reviens aux sénateurs, qui pensoient avoir tout faict : mais Podollie, Cracovie, Wratislavie, Rave, et tous ceux qui avoient tenu le party des autres compétiteurs, se réunirent ensemble, protestèrent que l'ordre n'avoit pas esté gardé, d'autant que l'archevesque n'avoit ny ne pouvoit avoir faict légitimement la proclamation ; car cela appartient à l'authorité des mareschaulx : joint aussi qu'ils avoient consenty à ladicte eslection, à la charge que les ambassadeurs du roy esleu jureroient de faire observer ce qui avoit esté arresté par eux sur les loix et statuts, et sur la confédération pour le faict de la religion.

Or les Zbaroski, Laski et plusieurs autres, qui avoient opinion que lesdicts palatins voulussent troubler ce qui avoit esté faict et venir à une autre eslection, se préparoient à user de force s'il en eust esté besoing.

Mais le mareschal Oppalinski, castellan de Danski, et les évesques de Cujavie et de Cracovie arrestèrent ce desseing.

Arrivés que furent lesdicts ambassadeurs, ledict sieur évesque envoya Bazin vers lesdicts palatins de Podollie et de Cracovie, leur remonstrer que les autres compétiteurs qui avoient esté exclus seroient bien aises de voir quelque division, et que cecy serviroit pour les faire venir à la poursuite avec les armes, qui seroit l'entière ruine et désolation dudict royaume; et que quand ainsi seroit qu'ils eussent juste occasion d'eux départir de la compaignie, encore les taxeroit-on à jamais d'avoir esté cause d'un si grand mal, qui ne pourroit jamais estre réparé.

Lesdicts palatins rendirent fort courtoisement raison à Bazin de leur départ; protestèrent que ce n'avoit point esté pour vouloir impugner l'eslection à laquelle ils avoient volontairement consenty, et que leur but ne tendoit qu'à faire que toutes choses fussent si bien faictes, qu'il n'y eust rien à redire pour l'advenir. Se plaignoient que ledict sieur archevesque, qui n'avoit point de pouvoir, avoit faict la proclamation qui appartient au mareschal du royaume, laquelle proclamation ne pouvoit aussi estre faicte qu'on n'eust traitté avec les ambassadeurs dudict seigneur roy, tant pour la seurté de luy que pour l'establissement des affaires de son royaume.

Cette response rapportée par ledict Bazin, qui fut toute la nuict avec eulx, ledict sieur la feit entendre aux principaux de nos amis, et les feit très-instamment prier de ne permettre point que nous vinssions à une rupture et division.

Les seigneurs, recognoissans le danger qu'il y avoit d'une grande et pernicieuse rupture, députèrent les évesques de Cujavie et de Cracovie, M. le mareschal Oppalinski et le chancelier, pour aller devers lesdicts palatins les prier de la part de tous de revenir à la compaignie : mais ils n'y gaignèrent rien pour ceste fois; car lesdicts palatins requéroient que la proclamation faicte par ledict sieur archevesque fust déclarée nulle. C'estoit chose à quoy beaucoup de gens ne pouvoient consentir, pour ne faire injure audict archevesque. Ledict sieur évesque proposoit que cela se pouvoit accorder, que ce que ledict archevesque avoit faict servist de déclaration et non de proclamation, et qu'il ne fust point parlé de ce qui avoit esté faict, ny en bien ny en mal, et que au reste la proclamation se fist à la manière accoustumée. Cecy fut le mercredy, et vers la nuict il renvoya Bazin auxdits palatins pour les prier de sa part de se contenter de ce moyen, lequel ils trouvèrent bon, et promirent de se trouver le jeudy matin à la tente, à la façon accoustumée; mais il survint une autre difficulté qui cuyda tout troubler : c'est que l'archevesque et tous les seigneurs, dès le mardy matin, s'estoient retirés dans la ville de Warsovie, délibérés de ne retourner plus aux tentes. Lesdicts palatins disoient qu'ils ne viendroient point ailleurs qu'au lieu où l'eslection avoit esté faicte, de sorte qu'ils furent en nouvelle combustion; qui fut cause que ledict sieur évesque envoya de nouveau Bazin vers lesdicts palatins de Podollie, Cracovie, Wratislavie, Rave et autres, pour les prier de ne s'arrester point à si peu de chose. Ils respondirent qu'à la première diette de Warsovie il avoit esté ordonné que l'eslection seroit faicte et parfaicte en la campaigne, soubs les pavillons, et que faisant la proclamation, qui estoit le principal acte de l'eslection, ailleurs que là où il avoit esté ordonné, ce seroit faire ouverture aux ennemis de révoquer en doubte ce qui avoit esté faict, et avec le temps procéder à une autre eslection. Ceste raison sembla audict sieur évesque fort apparente, il la fit incontinent entendre audict archevesque, le priant de vouloir retourner aux champs achever ce qui avoit esté si heureusement commencé. Ce bon homme n'y vouloit entendre, comme aussi ne faisoient pas plusieurs autres, qui ne pouvoient volontiers porter que lesdicts seigneurs palatins leur donnassent la loy. Enfin les amateurs de paix obtindrent ce point, que les uns et les autres se trouveroient le vendredy matin aux pavillons, où lesdicts palatins vindrent comme ils avoient promis.

Je diray une chose que j'ay apprinse de beaucoup de Pollacs, que le service qu'a faict ledict sieur de Valence au roy pour l'eslection est grand; mais celuy qu'il fit pour la proclamation surmonta l'autre, parce que si la rupture desdicts seigneurs n'eust esté renouée, tout ce qui avoit esté faict s'en fust allé en fumée : le roy de Polongne n'eust pu passer, ni eust voulu venir prendre un royaume où les voisins eussent esté jà appelés par les uns et par les autres, selon la passion et intérest particulier.

Les sénateurs avant que venir à la proclamation députèrent messieurs l'évesque de Cujavie, les palatins de Sandomyre, Laski, Podollie et Vuilne, et le grand-chancelier, le grand-capitaine de Samogitie, les castellans de Gnesnen, Sandomyr, Danzic et Sanoc, et le capitaine de Balzan. Tous ceux-là estoient députés (et ne me souvient pas bien s'il y en avoit d'autres) pour venir par devers nos ambassadeurs, et prendre d'eux, comme ils disoient, l'explication des articles contenus en l'oraison : mais comme elle estoit claire et facile, il n'estoit aucun besoing d'y rien adjouster ou diminuer.

D'entrée ils demandèrent les pouvoirs : le sieur de Lanssac, qui n'en avoit point, et avoit tenu rang d'ambassadeur, dit audict sieur évesque qu'il recevroit ce jour-là une grande honte s'il ne trouvoit moyen de l'en garentir ; ce qu'il feit fort volontiers pour l'amitié qu'il luy avoit tousjours portée, et feit entendre aux seigneurs que le roy avoit envoyé ledict sieur de Lanssac sans pouvoir, estimant que l'eslection peut-estre auroit jà esté faicte avant son arrivée. Et toutesfois Sa Majesté chargeoit expressément ledict sieur évesque de le retenir et luy faire tenir rang d'ambassadeur, s'il pensoit que sa présence fust nécessaire à la conduite de la négotiation. Il leur dit aussi que le commandement qu'il avoit receu du roy leur devoit autant ou plus contenter comme un pouvoir escrit en parchemin : aucuns d'eux ne vouloient recevoir ceste raison en payement. Enfin il fut contraint de leur dire qu'il estoit résolu de ne négotier point que ledict sieur de Lanssac ne demourast au degré tel qu'il avoit tenu. Les autres sénateurs dirent qu'il n'y avoit homme intéressé que ledict sieur évesque, et que pour ceste cause ce n'estoit que temps perdu de débattre cela. Et ainsi demoura ledict sieur de Lanssac. Ils voulurent aussi veoir le pouvoir de M. l'abbé de L'Isle, qui leur fut incontinent monstré. J'ai bien voulu toucher ces points, pour faire cognoistre que ces gens-là recherchoient de bien près lesdicts seigneurs ambassadeurs. Puis ils demandèrent les instructions ; ledict sieur leur dit que c'estoient pièces secrettes que les ambassadeurs n'avoient jamais accoustumé de montrer, que c'estoit assez qu'on eust monstré lettres de créance et le pouvoir. Quelques-uns d'entr'eux maintenoient que le tout devoit estre représenté, parce que au pouvoir il y avoit une clause contenant ces mots : « Jouxte la forme et la teneur de nos instructions, » et concluoient par-là que sans lesdictes instructions le pouvoir ne pouvoit de rien servir. Mais les autres dirent que c'estoit trop presser lesdicts ambassadeurs.

Puis, sur la déclaration des articles, la dispute fut grande et longue, parce que lesdicts députés essayoient de gaigner quelque chose à leur advantage. Nos ambassadeurs aussi estoient fermes à ne rien adjouster à ce qui estoit contenu en ladicte oraison. Et parce qu'il falloit respondre sur-le-champ, et qu'il n'y avoit lieu de consulter par ensemble, ledict sieur évesque estoit contraint de respondre promptement : et enfin toutes choses passèrent pour ce jour-là au contentement d'une part et d'autre.

Le samedy, lesdicts députés revindrent et présentèrent à nos ambassadeurs les articles qu'ils avoient faicts entr'eux avant l'eslection, parmi lesquels il y en avoit quelques-uns qui, à la vérité, sembloient avoir esté faicts contre l'authorité du roy, quel qu'il fust, qui seroit puis après esleu. Mais ledict sieur évesque, après en avoir ouy la lecture, respondit que ny luy ny ses collègues n'avoient aucun pouvoir d'approuver ny réprouver lesdicts articles. Quelques-uns desdicts députés maintenoient que les pouvoirs qui jà avoient esté monstrés estoient généraux. Ledict sieur évesque respondit que le pouvoir général ne se pouvoit estendre, sinon en ce que le roy auroit peu prévoir, et que lesdicts articles estoient de telle nature, que ledict seigneur roy ne pouvoit pas deviner qu'on en eust deu parler à ses ambassadeurs. Quelques-uns se malcontentèrent de ceste response ; mais la pluspart fut d'advis qu'on s'en devoit contenter. Ce sont les articles qui ont esté icy si longuement disputés par les ambassadeurs dudict pays, lesquels depuis ont esté corrigés à la volonté dudict seigneur roy.

Lesdicts députés retournèrent au sénat, où ils feirent rapport de toute leur négotiation, au grand contentement de toute la noblesse. Et je ne veux oublier à escrire que sur l'article qui contenoit que le roy de Polongne feroit apporter le revenu des terres qu'il a en ce royaume, plusieurs de la menue noblesse crièrent à haute voix : « Nous n'avons point affaire d'argent, ayons nostre roy, et luy et nous serons assez riches. »

Incontinent après l'on envoya par devers nos ambassadeurs, qui ne se firent pas prier d'aller mettre la dernière main à l'œuvre, et firent le serment entre les mains de l'archevesque à la manière accoustumée. Le palatin de Cracovie, sans leur donner loisir de se lever, leur en proposa un autre qui contenoit que ledict seigneur roy esleu maintiendroit la paix entre ceux qui sont de différentes religions, et n'essayeroit de les ramener par effusion de sang, ny par cruauté. Et encore que cest article ne fust pas de si grande importance qu'il en fallust débattre, toutesfois nos ambassadeurs trouvèrent mauvais ce second serment, duquel ne leur avoit esté parlé, au moins de le faire en ceste façon. Mais, voyant que toute la noblesse vouloit desloger, et qu'il n'y avoit plus de moyen de la retenir, et que si la proclamation n'eust esté faicte ce jour-là, il eust esté impossible de rassembler la compaignie, ils passèrent outre. Et après avoir esté amenés à leurs sièges près de M. l'archevesque, ledict palatin de Cracovie, comme mareschal du royaume, feit la proclamation pour la première fois. Le mareschal Oppalinski, comme mareschal de la cour, la feit pour la seconde fois. Le grand-capitaine de Samogitie, pour le mareschal de Lithuanie, la feit pour la tierce. Le « Te Deum laudamus » fut incontinent chanté, et la pluspart avec grande effusion de larmes. Et parce qu'il falloit aussi le chanter en la grande église de Warsovie, ledict sieur évesque pressa tant lesdicts palatins de Cracovie et de Podolie, et plusieurs autres des chefs évangéliques, qu'ils s'y trouvèrent avec les catholiques. Et cecy firent-ils volontiers pour monstrer que l'eslection et proclamation avoient esté faictes d'un commun accord et sans aucune division.

La proclamation faicte, toute la noblesse se retira : aussi firent les sénateurs, hormis quelque petit nombre qui demeurèrent pour eslire les ambassadeurs qui viendroient en France, et pour dresser leurs mémoires et faire sceller le décret. Parmi lesquels mémoires devoient estre insérés les articles qui avoient esté accordés avec nos ambassadeurs le jour avant la proclamation. Mais ils furent si changés et si déguisés, que ledict sieur évesque refusa tout à trac de les signer, et ne sçavoit à qui se prendre d'une si grande faute qui avoit esté faicte, comme aussi les sénateurs se trouvoient bien empeschés ; car les uns, qui n'avoient assisté à l'accord qui avoit esté faict avec nosdicts ambassadeurs, ne pensoient pas qu'on y eust rien adjousté ou diminué ; les autres, qui estoient bien recors de tout ce qui avoit esté passé, recognoissoient qu'il y avoit quelque chose de changé ; mais ils ne se voyoient pas assez en nombre pour la corriger. L'opinion commune estoit que le secrétaire avoit voulu dresser lesdicts articles le plus à l'avantaige dudict pays qu'il avoit peu, bien qu'il rejetast la coulpe sur le chancelier, qui estoit jà party. Enfin lesdicts seigneurs corrigèrent un article qui estoit le plus important. Aux autres ils n'y voulurent toucher : tellement que ledict sieur évesque, après avoir refusé longuement de les signer, et voyant que lesdicts ambassadeurs députés prenoient sur ce occasion de ne venir en France, il fut contraint de les signer, comme aussi firent ses compaignons, s'asseurant bien que le roy esleu, à sa venue, facilement obtiendroit des estats que le tout fust corrigé et remis comme il avoit esté accordé avant ladicte proclamation. J'estois jà venu par deçà ; mais j'ay entendu que ledict sieur évesque cuyda mourir d'ennuy de se voir réduit à telle nécessité qu'il falloit, ou signer chose qu'il n'avoit accordée, ou bien, en le refusant, estre cause d'un nouveau trouble, qui estoit ce que nos adversaires désiroient le plus ; mais enfin il print le party le moins dangereux, et qui plus facilement se pouvoit réparer.

Sur ces articles aussi a esté en France longuement disputé, parce que ledict sieur évesque maintenoit qu'ils estoient de beaucoup différens à ce qui avoit esté traité entre luy et ses collègues et les députés du sénat ; et s'asseuroit bien que ledict sénat et la noblesse repareroient la faute dudict secrétaire, comme elle a faict depuis.

Il luy survint une autre difficulté : c'est que le palatin de Cracovie, mareschal du royaume, ayant esté mal-content, ou de l'eslection des ambassadeurs, ou de quelque autre délibération qui n'est venue à ma cognoissance, se partit de la compaignie ; de quoy quelqu'un des amis de nostre party advertit nos ambassadeurs ; les advertit aussi que ledict palatin s'en alloit sans avoir ni signé ni scellé le décret de l'eslection, et que cela pourroit susciter beaucoup de trouble. Quelqu'un estoit d'advis de le retenir par force ; mais ledict sieur évesque, qui voyoit que ce seroit allumer un feu qui ne se pourroit facilement esteindre, voulut aller par devers ledict palatin pour le prier de ne s'en aller point que le décret ne fust scellé.

Ledict palatin se monstra si courtois et si gratieux, que incontinent le vint trouver, bien qu'il fust prest de monter en coche, et lui accorda de demourer jusques à tant que ledict décret seroit scellé. Et ainsi à la poursuite dudict sieur évesque, qui envoya incontinent par devers lesdicts seigneurs sénateurs, le décret fut apporté audict palatin. Et après qu'il y eut apposé son scel, il s'en alla pour se marier le jour après, comme il fit ; et, ainsi que j'ay entendu depuis, ce bonhomme, en l'aage de soixante-cinq ans, espousa une belle et jeune damoiselle.

J'avois obmis à escrire que le quatriesme jour après l'eslection, et pendant que, pour les raisons cy-dessus couchées, il y avoit quelque différend entre les palatins, arriva un chahus envoyé de la part du grand-seigneur, sur la venue duquel ledict sieur discouroit ainsi : « S'il vient pour nous favoriser, la noblesse du pays se tiendra grandement offencée, et dira qu'on a voulu employer la force et le crédit d'un tel prince que celuy-là pour la contraindre : s'il vient aussi pour nous empescher, cela pourra susciter quelque trouble, attendu que la proclamation n'est encore faicte. » Enfin ledict sieur s'advisa de prier tous les amis de nostre party d'empescher que ledict chahuz ne fust ouy qu'après que tout seroit faict, ce qui luy fut accordé ; car aussi bien estoit-il raisonnable, et ne pouvoit-on faire autrement que de mettre fin à l'œuvre qui jà estoit si advancée, et fut son audience différée pour quelques jours.

J'ay expressément réservé pour la fin de mon discours à parler dudict chahuz, qui fut entretenu six ou sept jours avec un traitement honneste et honnorable, lequel eut audience ; et, après avoir présenté les lettres qu'il apportoit, déclara sa charge fort sagement et modestement. Sa charge estoit de faire entendre à tous les seigneurs et à la noblesse de Polongne et de Lithuanie que le grand-seigneur l'envoyoit pour se condouloir avec eux de la perte de leur roy, son bon voisin, parent et amy, pour les admonester aussi de n'estre si longuement sans eslire un roy ; que telle longue dilation pourroit convier leurs ennemis à faire quelque entreprinse sur eux ; qu'il les exhortoit et prioit d'eslire un d'entre eux, et que si cela ne se pouvoit faire, se gardassent d'eslire prince qui eust inimitié ou querelle avec luy ; et, s'accommodant ainsi à son conseil et à son advis, il prendroit soubs sa protection, et le roy ainsi par eux esleu, et tous leurs pays ; qu'il avoit entendu que quelques princes leurs voisins parloient de leur courir sus, et forcer leur ancienne liberté ; qu'en ce cas Son Altesse leur faisoit offre de toutes ses forces pour les secourir et deffendre envers tous et contre tous ; et pour cest effect avoit jà escrit aux deux bogdans, et à son bascha en Hongrie, de se tenir prests à les venir secourir incontinent qu'ils en seroient requis.

Plus dit ledict chahuz que, deux jours avant son arrivée, il avoit entendu l'eslection jà faicte en faveur du duc d'Anjou, frère du roy de France, et que telle eslection ne seroit point désagréable au grand-seigneur, parce qu'il n'a nulle inimitié ni querelle avec ledict prince esleu.

Ceste proposition faicte en public, il parla en secret plus ouvertement aux palatins de Podolie et de Russie, qui sont personnages sages, amateurs de leur patrie, et de grande authorité, auxquels les Turcs, quand ils viennent en Polongne, ont accoustumé de s'addresser parce qu'ils sont sur la frontière.

Ledict chahuz vint veoir ledict sieur évesque, et après avoir longuement discouru avec luy, par le moyen d'un truchement qui parloit latin comme s'il eust esté vingt ans sur la leçon de Ciceron, il n'en tira autre chose, sinon que son maistre avoit infiniment désiré qu'en Polongne il n'y eust point de roy estranger, parce que c'estoit le vray moyen d'entretenir bonne amitié et intelligence avec ledict pays; mais, puisque le sort estoit tombé sur le très-illustre duc d'Anjou, il se tenoit asseuré que sondict maistre feroit envers luy tout bon office de voisin et amy; qu'il avoit entendu, depuis son arrivée, que l'empereur et les princes d'Allemaigne menassoient ledict roy esleu de luy empescher le passage pour venir en son royaume, et mesme que les ambassadeurs dudict seigneur empereur en avoient faict quelque mention en leur oraison; et si ainsi estoit, sondict maistre seroit contraint de s'en mesler, et n'endureroit point qu'un tel royaume, de qui il a esté tousjours bon amy, receust aucun tort de ses voisins.

Or je veux respondre à ceux qui sottement et calomnieusement ont divulgué que le roy de Polongne a esté esleu à la prière et sollicitation dudict grand-seigneur.

Aux François il me suffira de dire que M. l'évesque d'Acqs, qui est personnage tel qu'on le peut désirer pour un bon ambassadeur, voyant que le roy de Polongne estoit, ainsi qu'on faisoit courir le bruict en Constantinople, fort malade, il voulut tenter le gué, et sçavoir, le cas advenant que ledict roy mourust, quelle seroit l'affection du grand-seigneur et pour qui il voudroit employer sa faveur; et trouva en effect qu'il estoit résolu à tenir la main à ce qu'autre qu'un Pollac ne fust esleu; et de ce en donna advis ledict sieur évesque d'Acqs à Leurs Majestés et audict seigneur roy de Polongne, et confirma depuis son opinion par autres lettres. Le semblable escrivit-il aussi audict sieur évesque de Valence par lettres du 14 mars. Or, à mon advis, ledict sieur évesque d'Acqs, outre ce qu'il avoit appris de ceux avec lesquels il avoit négotié, il discouroit sagement que les seigneurs et gentilshommes pollacs trouveroient fort mauvais que aucun des compétiteurs se fust faict recommander par ledict grand-seigneur, tant parce que la recommandation d'un plus grand apporte avec soy quelque commandement, que aussi pour autres raisons particulières qu'il avoit entendu d'un gentilhomme pollac, ambassadeur pour lors à Constantinople; et de ce donna-il advis audict sieur évesque de Valence par les lettres cy-dessus mentionnées. Ceux qui en parlent donc si témérairement, seront tousjours convaincus par les lettres dudict sieur d'Acqs, escrites tant à Leurs Majestés que audict sieur évesque de Valence.

Quant aux estrangers (qui sont, comme il est vraisemblable, autheurs de ceste calomnie), il suffira de leur dire que si ledict grand-seigneur a recommandé le très-illustre duc d'Anjou avant l'eslection, leur calomnie pourroit avoir quelque apparence; mais il est certain que ledict chahuz arriva après que tout avoit esté faict. Et quant à la lettre du bascha, cy-dessus mentionnée, tant s'en fault qu'elle nous proffitast, qu'elle cuyda du tout ruiner toute la négotiation, parce qu'il y avoit ces mots: « Vous ne faudrez d'obéir au commandement du grand-seigneur. » Ceste parolle offença grandement les gentilshommes pollacs, qui ne receurent oncques commandement d'autre que de Dieu et de leur roy. Et encore en ladicte lettre n'estoit ledict seigneur, pour lors duc d'Anjou, recommandé, sinon en cas qu'ils ne voulussent eslire l'un d'entr'eux.

La conclusion doncques de ce propos sera telle : que le grand-seigneur voudroit que tous ceux de la maison de France eussent de grands empires; mais pour le royaume de Polongne, il eust voulu et désiré que un Pollac eust esté esleu. Et si depuis ladicte eslection luy a esté aggréable, il s'est monstré en cela prince sage et advisé de se sçavoir accommoder au temps et faire son proffit de tout ; et bien qu'il soit grand et puissant, et qui se peut dire formidable à ses voisins, si est-ce qu'il a recogneu qu'il n'avoit nulle occasion d'estre marry que lesdits Pollacs eussent usé de leur ancienne liberté, monstrant assez qu'il n'avoit point entendu que les prières qu'il faisoit d'en prendre un de leur nation leur servissent de commandement. L'on dit que les Pollacs mesmes ont escrit audict grand-seigneur qu'en l'eslection qu'ils ont faicte du duc d'Anjou, ils avoient eu esgard à sa prière et recommandation. Mais je responds à cela que ce sont paroles de courtoisie qui ne coustent rien à dire ou escrire pour conserver l'amitié d'un si grand prince que celuy-là ; et cela pourroit avoir quelque lieu si le chahuz fust arrivé avant l'eslection ; car je croy certainement que ladicte noblesse porte grand respect audict grand-seigneur ; mais puisque le chahuz n'est arrivé que après l'eslection, et n'a esté ouy que après la proclamation, l'on n'a peu deviner quelle estoit l'intention dudict grand-seigneur. Quant à la lettre du bascha, qui fut escrite quelques jours auparavant, elle fut tenue pour contrefaicte, ainsi que cy-dessus a esté dict.

Telle fut l'issue de ceste grande, longue et difficile négotiation, de laquelle ne peut estre dict l'autheur que Dieu seul : et confessera tout homme d'entendement qui voudra considérer que l'archiduc Ernest, pour la voisinance, pour la commodité d'ayde et de secours, s'il en estoit besoing, et pour la cognoissance de la langue, et pour estre si jeune que les Pollacs l'eussent peu former selon leur volonté, Ernest donc en apparence devoit estre plus désiré que le roy qui est présentement esleu. Le semblable se peut dire du roy de Suède, roy voisin, qui estoit comme appellé à la couronne par le moyen de sa femme, qui estoit sœur du feu roy, et qui vouloit unir sa part de la Livonie avec celle que les Pollacs possèdent.

Quant au Moscovite, il faut dire que Dieu seul l'a reculé ; car si ces deux puissances eussent esté réunies ensemble, l'Allemaigne n'eust eu moyen de s'en défendre, et pareillement tout le reste de la chrestienté eust eu belle peur.

L'opinion des Pyastins estoit autant plausible qu'il estoit possible ; car c'estoit une grande commodité d'avoir un roy de leur propre nation, qui, pour n'avoir force ni intelligence estrangère, eust plus obéy que commandé.

Au contraire, le très-illustre duc d'Anjou estoit de loingtain pays, de qui la pluspart des eslisans n'avoient que bien peu ouy parler, empesché par les ambassadeurs de presque tous les princes de la chrestienté, chargé, bien que faulcement, d'une infinité de calomnies ; et si l'on dit qu'il promettoit beaucoup de choses, aussi faisoient bien les autres.

Mais qui asseuroit ceste noblesse que ledict seigneur tiendroit ce que ses ambassadeurs promettoient, et mesme que plusieurs estrangers, par lettres et par advertissemes, mettoient peine de faire entendre à ladicte noblesse que tout ce que ledict sieur de Valence avoit dict n'estoit que songes, menteries et vaines promesses ? L'on dira que ce nombre des palatins et castellans avoient esté practiqués avant de venir à l'eslection ; mais il est certain que pour un sénateur il y avoit deux cens gentilshommes, tellement que, hors que tous lesdicts sénateurs eussent esté practiqués, ce que non, leur voix ne pouvoit comme rien monter au prix du grand nombre de ceux qui n'avoient peu estre praticqués. Et, qui plus est, l'on ne peult nier qu'en la pluspart des palatinats la noblesse n'ayt esté de contraire opinion à celle de leur palatin. Et bien qu'il y eust en toutes choses une réciproque amitié et intelligence entre les grands et les médiocres, si est-ce qu'en ce faict il faut confesser que l'opinion des grands n'a aucunement servi de préjugé envers les autres ; mais, au contraire, une bonne partie des sénateurs à ceste fois a suyvi l'opinion de leur noblesse. Et pour respondre à ceux qui parlent des praticques, je sçay que ledict sieur évesque n'a pas beaucoup dormy pendant qu'il a esté par delà. Je sçay qu'il a faict ce qu'un homme pouvoit faire pour gaigner le cœur de tous ceux qui avoient l'authorité d'élire ; mais ce n'a pas esté ny par don ny par présent, car il n'avoit nul moyen de le pouvoir faire. Ce n'a pas esté aussi par promesses ; car, s'il eust été possible de corrompre par ce moyen quelqu'un desdicts seigneurs, ils se fussent plustost arrestés aux promesses des ambassadeurs des autres compétiteurs, desquels ils pouvoient estre plus asseurés que des nostres. Et quand tout cela n'auroit point de lieu, si doit-on au moins penser que trente mil gentilshommes ne se fussent pas laissés guider à dix ou douze sénateurs, ores qu'ils eussent été gaignés ou praticqués. Quand je parle de gentilshommes, j'entends de ceux qui ont voyagé, et qui ont pour la pluspart la cognoissance de deux ou trois langues, et qui ont l'intelligence des affaires publiques, au moins de celles qui concernent leur royaume, parce qu'il y en a bien peu qui n'aspirent à estre ambassadeur ou juge terrestre en leur palatinat, et de là par venir à estre capitaines, ou de capitaineries ordinaires, qui sont de grand revenu, ou capitaines de guerre; puis espèrent aussi de parvenir aux estats de castellans et de palatins, et d'ambassadeurs vers les princes estrangers : de sorte que l'espérance qu'ils ont de venir par leurs services aux degrés d'honneur, les rend ainsi soigneux d'apprendre toutes choses vertueuses pour servir au public. Tel nombre doncques et telle manière de noblesse n'eust pas esté aysée à manier par praticques et par menées, et ne se pouvoit gaigner que par raison : la raison ne leur pouvoit estre déclarée que par oraison publicquement prononcée, et depuis veue, lue et examinée. De laquelle raison tous, ou pour le moins la plus grand part, poussés d'un instinct secret et à nous incogneu, se rendirent si capables et vaincus, que, comme sagement remonstra M. le castellan de Sanoc à M. l'eslecteur de Saxe, ils arrivèrent tous à une mesme opinion, et avec telle ardeur et affection, qu'il sembloit que le très-illustre duc d'Anjou leur eust esté visiblement envoyé du ciel pour estre leur roy. Et ne sera point hors de propos d'insérer ici la clause de l'oraison dudict sieur Sanoc; laquelle oraison a esté imprimée à Paris.

« Que si nous mesurons les actions humaines selon nostre jugement et conseil, ce vous sera une merveille, et peult-estre chose incroyable, que les opinions de treize palatinats se soyent peu résoudre et accorder en l'eslection de Henri de Valois, duc d'Anjou. Lequel accord et consentement le grand-duché de Lithuanie ayant congneu, passa du mesme advis sans aucune difficulté ou controverse. Alors vous eussiez veu les hommes desjà quitter leurs places pour dire leurs advis, et à l'envy redoubler le nom de Henry; et eussiez entendu de toutes parts les cris pleins d'allégresse et messagiers de bon heur : Vive, et soit bien heureux Henry, roy esleu ! Vous avez entendu, très-illustre duc, l'issue de nos estats non feinte, mais à la vérité représentée; car qui est celuy qui, d'un acte passé en un théastre si grand et si célèbre, et en la présence de tant d'hommes, osast rapporter autre chose que vérité? Et de ce vous jugez que la fin de ceste eslection s'est conduite, non par l'adresse d'hommes, mais par un secret jugement de Dieu, qui a touché les cœurs de notre peuple. Car combien y en a il d'entre nous qui, des extrémités du septentrion et du midy, esquelles nostre règne s'estend, eust ouy le nom de Henry duc d'Anjou, ou eust entendu ses faicts et ses gestes, ou eust mis en considération les commodités que nostre royaume en pouvoit recevoir? Ses actions pleines de vertu et de gloire avons-nous entendu, en une ou deux heures seulement, du très-entier, très-docte et très-éloquent Jehan de Montluc, évesque et comte de Valence, ambassadeur du très-clément et très-chrestien roy et du nostre esleu. L'oraison duquel, comme véritable, avec un singulier contentement et grande dévotion nous avons suyvi. »

Revenant doncques aux causes de l'eslection, ledict sieur de Valence, combien que avec bonne et juste cause en ceste affaire a acquis autant d'honneur qu'il en eust pu désirer, toutesfois recognoissant qu'une telle œuvre surpasse et l'industrie et l'entendement d'un homme quel qu'il soit, a tousjours en ses dicts et en ses escrits remis toute la louange et la gloire à Dieu ; et ne sera point hors de propos que je insère en ce discours la coppie des lettres qu'il escrivit à Leurs Majestés lorsqu'il leur envoya la nouvelle de l'eslection.

Au roy.

« Sire, l'occasion s'est présentée à faire descouvrir quelle estoit la volonté de vos ennemys, qui n'estoit pas moindre que de supprimer le nom de vostre couronne, et le rendre aussi humilié et abaissé comme Dieu l'avoit longuement eslevé sur toutes les autres maisons de la chrestienté. Et par mesme moyen leur a il fait cognoistre que s'il a permis que vous ayez esté en vos jeunes années combatu de la fortune, toutesfois il n'a pas laissé de vouloir estre vostre protecteur et deffenseur; tellement qu'en ceste province tant esloignée, où la plus part ne sçavoit que c'estoit que d'un roy de France, vous avez surmonté l'empereur, le roy d'Espagne, le roy de Suède, les princes de l'empire, le Moscovite et le Turc, qui avoit escrit contre vous, et d'autres qui soubs main ne se sont pas espargnés. Je m'asseure que vous recognoistrez en cela que Dieu ne vous abandonne point, et que, vous tenant avec luy, vous pouvez espérer autant de grandeur qu'eurent jamais vos prédécesseurs. Cependant serez vous recogneus deux frères, roys des deux plus beaux royaumes qui soyent en la chrestienté. Et pour ma part il ne me reste, Sire, qu'à prier celuy qui est l'autheur de toute l'œuvre, qu'il vous conserve longuement tous deux en tout bon heur, grandeur et prospérité.

» Sire, je supplie le Créateur vous donner en parfaicte santé très-longue et très-heureuse vie.

» À Plosko, ce 10 may 1573. »

A la royne.

« Madame, j'ay tenu ce que je vous avois promis : c'est de faire en sorte que vous verriez monseigneur roy de ce royaume. Quand je considère les empeschemens qui me furent donnés pour me garder d'approcher de ce pays; quand je considère aussi le grand nombre d'ennemis qu'il a fallu vaincre par raisons et par la parolle; qu'il a fallu aussi surmonter les grandeurs, les menées, les praticques des autres compétiteurs, je recognoys que Dieu a voulu, comme par un miracle, se servir de moy, et en telle sorte qu'il en faut rapporter l'honneur à luy seul; car s'il n'eust esté le conducteur de l'œuvre, cent tels que moy n'eussent sceu faire la dixiesme partie de ce que j'ay faict : et m'asseure, madame, que, recognoissant de luy seul le contentement que vous en recevrez, vous le supplierez aussi qu'il le vous veuille conserver longuement, et ferez toutes choses à ce qu'il veuille par sa grâce maintenir ce roy qu'il a faict par sa main miraculeusement. Quant est à moy, madame, je me recognoys grandement obligé à vous de ce qu'à ma requeste et à ma sollicitation vous entrastes en ceste poursuite qui sembloit estre impossible, et en ce faisant me donnastes moyen de parvenir à un point que mes ennemis, si aucuns en y a, seront contraints de m'estimer un des plus heureux hommes de la terre : et pour tel me tiendray-je tant qu'il vous plaira me donner quelque lieu au nombre de vos très-humbles et très-obéissans serviteurs, et me contenteray de mourir avec ce nom d'estre heureux ambassadeur; car, par la grâce de Dieu, j'ay eu cest heur qu'en quarante ans que j'ay servy, il ne m'a jamais esté rien commandé que je n'en soye venu à bout.

» Madame, je supplie le Créateur vous donner en parfaicte santé très-longue et très-heureuse vie.

» A Plosko, ce 10 de may 1573. »

Au roy de Polongne.

« Sire, je vous appelle ainsi parce que vous avez esté faict roy de Polongne si vous le voulez estre, non pas par ma main, comme vous m'escriviez par vos dernières lettres, mais par la main de Dieu, qui a monstré en cest affaire un des plus grands miracles qui advint cent ans a en la chrestienté. Il a voulu se servir de moy qui estois, ou par la vieillesse, ou pour autre occasion, délaissé comme inutile à travailler et à faire service au public. Et cela a il fait pour faire paroistre que ceste œuvre grande et admirable ne pouvoit estre faicte que par luy qui establit les rois, et qui tourne le cœur des eslisans où bon luy semble. Il vous a faict naistre de maison royale, et de la première de la chrestienté ; il vous a enrichi de tant et si rares et précieux dons convenables à un bon et grand prince; il vous a rendu victorieux en deux batailles mémorables ; et par la vertu qu'il a mis en vous il a attiré à vous l'amour et l'affection d'une infinité de personnes; il vous a rendu aymable aux uns, et formidable aux autres; il m'a inspiré à vous proposer et faire désirer ce royaume, chose à quoy vous n'aviez jamais pensé. De maladif et foyble il m'a rendu sain et fort pour porter la peine et le travail que un jeune homme eust esté bien empesché d'endurer. Il m'a retiré du danger de mort en Lorraine, en Allemaigne et en ce pays, où j'ay esté quelque temps assiégé de la peste. Il m'a donné et la force et la grâce à contredire et respondre à une infinité de calomniateurs qui s'estoient bandés contre vous. Il a rendu mon nom si favorable à l'endroict de beaucoup de gens qui n'en avoient jamais ouy parler, qu'ils ont presté foy à tout ce que j'ay dict et escrit de vous. Il m'a faict prononcer une oraison devant une si grande, si honorable et si diverse compagnie, que deux heures après la pluspart de ceux qui avoient esté vos ennemys se rendirent affectionnés, et comme solliciteurs de vostre cause. Toutes les praticques, menées, menaces et faveurs recherchées de tous les princes chrestiens, du Moscovite et du Turc, n'ont sceu empescher que ceux qui ne vous cognoissoient point, et qui n'avoient jamais ouy parler de vous, ne vous ayent sur tous les autres estimé, aymé et desiré pour leur roy. Ce seul acte peut servir à convaincre ceux qui nient la providence de Dieu, et à leur faire confesser que c'est luy qui gouverne et qui dispose selon sa volonté et juste jugement de toutes choses. C'est à luy donc, Sire, à qui vous estes tant obligé que je ne sçay s'il y eut, mil ans a, prince en la chrestienté qui le fut davantage. Si, par la langue d'un homme qui sembloit jà enterré, vous avez vaincu tout le monde qui vous estoit ennemy, vous devez espérer que, recognoissant l'heur de vostre victoire, et luy en rapportant l'honneur, la gloire et la louange, il augmentera les dons qu'il a mis en vous, et sera tellement vostre guyde et conduite en toutes choses, que la postérité vous renommera pour prince bon, sage et vertueux, et père du royaume qui vous a esté donné. Quant est à moy, Sire, tant s'en faut que je vous en demande aucune récompense (bien que avec juste cause je la pourrois désirer, pour avoir autant faict que homme de ma sorte fit jamais), que ce seroit à moy qui deusse vous donner récompense de l'honneur que je receus quand vous me baillastes un affaire de si grande importance entre mains. Mais, estant si petit compaignon comme je suis, et qui ay fait mon dernier effort, je ne puis faire autre chose sinon de prier Dieu toute ma vie à ce qu'il luy plaise longuement et heureusement vous conserver au bien qu'il vous à donné. Bien vous dirai-je, Sire, sur la fin de ma lettre, que Dieu m'inspira bien à vous demander M. le séneschal d'Agenois, lequel a monstré en tout ce qu'il a peu la grande et entière affection qu'il avoit de vous faire service. Je ne vous diray rien de celuy qui vous présentera ceste lettre, parce que j'espère, et m'en asseure, que vous sçaurez d'ailleurs que de moy qu'il n'a pas perdu temps pendant qu'il a esté par-deçà, et qu'il m'a rendu fort bon compte de tout ce que je luy ai baillé entre mains.

» Sire, je supplie le Créateur vous donner en bonne santé très-longue et très-heureuse vie.

» A Plosko, ce 10 may 1573. »

Et par ainsi se peut dire, et avec la vérité, que ledict seigneur roy esleu est infiniment obligé, premièrement à Dieu, qui a fait cognoistre sa vertu et sa valeur, et en sa faveur a disposé le cœur des eslisans; secondement, est obligé à Leurs Majestés, qui luy ont procuré ce bien et cet advancement; et quant audict sieur de Valence, encore qu'il n'y ait pas faute d'envieux en ce royaume, si ne luy sçauroit-on oster qu'il n'ayt esté le premier à proposer et exécuter ceste grande entreprinse, et que pour la fin qui s'en est ensuivie, on ne le puisse et doive dire heureux ambassadeur.

LIVRE TROISIÈME.

Après que ladicte négotiation fut du tout achevée, comme cy-dessus a esté escrit, nos trois ambassadeurs pensèrent à leur retour. Et eust bien voulu ledict sieur de Valence qu'ils ne se fussent point despartis : mais le sieur de Lanssac voulut s'en aller par mer, pensant, comme il est vraisemblable, d'arriver plus tost en France que les autres. M. l'abbé de L'Isle print une fois résolution de s'en aller par l'Italie, mais il changea d'opinion. Ledict sieur de Valence se trouvoit grandement empesché : d'un costé, il voyoit qu'il n'y avoit nulle seureté par les terres de l'empereur; car, ores que ledict seigneur soit prince si bon, si juste et si équitable, qu'on ne doive jamais penser ny croire que par son commandement soit faict desplaisir à personne, si est-ce que ses ministres et ses subjects portoient fort impatiemment que le royaume de Polongne fust tombé en autres mains que de l'archiduc Ernest; d'autre costé, il craignoit que, passant par le Brandebourg et par la Saxe, les reistres qui estoient malcontens ne l'arrestassent, ou ne luy feissent à la campaigne quelque tort ou desplaisir. L'on lui conseilloit d'aller à cachettes; et de faict le sieur Scambergt l'avoit recommandé à un sien parent qui prenoit la charge de le conduire seurement par des maisons de gentilshommes : mais il falloit que ce fust en habit desguisé. Ce party luy sembloit dangereux, parce que s'il luyf ust venu inconvénient, l'on eust pu dire qu'il n'avoit pas esté cogneu pour ambassadeur. Et de plus, revenant d'une ambassade si illustre, il eust fait tort au nom du roy (ce luy sembloit) de s'en retourner à cachettes. Par quoy sa résolution fut de faire ce qu'il devoit, et remettre l'issue de son voyage à Dieu, et envoya La Brosse vers les princes de Brandebourg et de Saxe, non pour leur demander saouf-conduit, mais pour les supplier de trouver bon que, passant par leur pays, il allast leur baiser les mains et recevoir leurs commandemens. Et advint que le mesme jour qu'il vouloit monter à cheval, il tomba malade d'une fièvre qui le retint quinze jours. Et incontinent qu'il se sentit tellement quellement allégé de sa fiebvre, bien qu'il n'en fust pas du tout guéry, s'achemina vers Mierdzeric, pour là attendre les ambassadeurs députés du pays qui s'en venoient en France, estant résolu de ne les laisser qu'il ne fust bien asseuré de leur volonté, parce qu'il y en avoit parmy eux qui n'avoient pas grande envie de faire le voyage.

En passant par la Grande-Polongne il fut festoyé par messieurs l'archevesque de Gnesnen et évesque de Posnanie, par le palatin de Lancissic et le castellan de Siradie, par les comtes Gourka, par le castellan de Gnesnen, par le capitaine-général de la Grande-Polongne, et par les sieurs Ostrorogt; et, n'eust esté que le temps le pressoit, et aussi qu'il n'estoit pas du tout nect de fiebvre, il eust esté longuement retenu par la noblesse dudict pays.

Arrivé qu'il fut à Mierdzeric, il despescha le bon François à tous les seigneurs du royaume, pour les prier de ne rompre point l'union qui estoit entre eux, et pour leur recommander la deffense dudict pays pendant que le roy seroit absent. Cependant arrivèrent lesdicts ambassadeurs députés, qui eurent bon besoing de sa présence et de son conseil pour une difficulté qui leur survint, qui estoit fort mal-aisée à desmesler; car l'empereur leur manda qu'il ne pouvoit leur donner saouf-conduit de passer par l'Allemaigne qu'il n'en communiquast aux princes de l'empire; le duc de Saxe aussi escrivit qu'il ne pouvoit leur donner passage par ses terres sans en advertir ledict seigneur empereur. Ce refus estoit accompaigné de parolles de reproches, avec beaucoup d'aigreur et démonstrations de malcontentement. Ledict sieur de Valence n'estoit guères mieux, car ledict La Brosse luy apporta une lettre si ambiguë, qu'il sembloit qu'elle eust esté expressément dressée pour le mettre à deviner. Il luy rapporta aussi que quelques ministres dudict seigneur eslecteur parloient en fort mauvaise sorte de luy, et disoient publicquement qu'il ne sortiroit jamais d'Allemaigne qu'il ne s'apperceust qu'il ne faisoit pas bon offencer l'empereur ny les princes dudict pays. Ledict sieur de Valence se trouva en grande perplexité; car, si les députés s'en fussent retournés, il est certain qu'il y eust eu du trouble, et que les bienveillans de l'empereur, prenans occasion sur la difficulté du passaige, eussent gaigné beaucoup de gens pour rompre ce qui avoit esté faict. Il leur remonstra qu'il ne falloit point attendre autre response dudict seigneur empereur sur les premiers jours de son malcontentement, et mesme que le castellan de Lubellin, qui avoit esté chargé de demander le saouf-conduit, s'estoit tousjours montré si ennemy de nostre party, qu'il n'avoit pas failly à irriter et enflamber le cœur dudict seigneur empereur, et l'emplir d'une vaine espérance qu'empeschant que le décret ne fust apporté au roy esleu, il y auroit encore remède de revenir à une nouvelle eslection; et de faict, ledict seigneur escrivit des lettres fort gratieuses à quelques-uns des seigneurs dudict pays, et mesme à quelques-uns desdits ambassadeurs députés.

Et quant au duc de Saxe, disoit ledict sieur de Valence que Son Excellence eust bien voulu qu'ils eussent passé par ses terres sans luy demander saouf-conduit, car le luy ayant demandé, l'on l'avoit mis en nécessité, ou de le refuser contre le droit et la raison, ou de le leur accorder avec le malcontentement dudict seigneur empereur. Il leur conseilloit donc de s'acheminer, puisqu'ils avoient libre passaige par les terres du marquis de Brandebourg, et renvoyer encore une fois par devers ledict seigneur eslecteur de Saxe, pour luy remonstrer qu'estans envoyés par un royaume amy et confédéré de l'empire, et envoyés par devers leur roy, qui pareillement estoit amy de l'empereur et de tous les princes d'Allemaigne, l'on ne pouvoit leur refuser le passaige sans violer les traittés d'amitié que ledict royaume de Polongne avoit depuis trois cens ans avec le sacré empire; et se confians de sa bonne volonté et de sa prudence, ils continueroient leur voyage jusques à Léipsic, où ils attendroient la response qu'il adviseroit de leur faire.

Il leur dit aussi que, pour leur monstrer le peu d'occasion qu'ils avoient de craindre, il se mettroit devant, et les attendroit à Léipsic, se tenant bien asseuré que ledict seigneur duc estoit trop sage pour rien entreprendre sur un serviteur du roy très-chrestien, et que si ses ministres avoient usé de quelques parolles ou menaces, ce n'estoit que pour contenter les ambassadeurs de l'empereur, qui pour lors s'estoient trouvés auprès dudict seigneur duc.

Lesdicts députés tombèrent en grande controverse : les uns disoient que ce seroit une grande témérité de passer plus outre contre la volonté desdicts seigneurs empereur et duc de Saxe, et que ce seroit hazarder leur vie et la réputation du royaume de Polongne. Les autres disoient que lesdicts seigneurs empereur et duc de Saxe estoient trop sages pour violer le droit des gens, et entreprendre une guerre contre ledict royaume, leur ancien amy et confédéré. Enfin la résolution fut prinse qu'on suivroit l'advis dudict sieur de Valence, qui se mit devant et attendit à Léipsic la venue desdicts députés; lesquels, le jour après leur arrivée, receurent la seconde response dudict seigneur duc de Saxe par un gentilhomme neveu de l'évesque de Posnanie. La response fut telle, que Son Excellence trouvoit fort estrange qu'ils eussent esté si mal conseillés que de passer par ses pays contre sa volonté, et que pour le moins devoient-ils attendre qu'il eust nouvelles de l'empereur, comme il leur avoit mandé par leur premier messager, et que pour ceste cause il commandoit à ses officiers de ladicte ville de leur faire bon traictement, mais qu'ils ne permissent point qu'ils s'en allassent; leur déclarant au parsus, que là où ils voudroient passer plus outre, ils se mettroient en tel danger, que, pour estre leur amy, il seroit fort marry de ce qu'en pourroit advenir; adjoustoit à sa lettre qu'ils eussent mieux fait de croire son conseil au temps de l'eslection. Les bourguemestres et conseillers de ladicte ville leur vindrent faire ceste déclaration, qui estoit en somme une honneste et gratieuse prison.

Un gentilhomme pollac, faisant son rapport, racompta comme le premier conseiller dudict seigneur duc eslecteur ne pouvoit contenir sa colère quand il parloit dudict sieur de Valence, qu'il nommoit à tous propos impudent, causeur et menteur; disoit entre autres choses que ledict seigneur duc luy avoit fait une telle response qu'il méritoit, et qu'il s'estoit bien gardé de s'y vouloir fier, car il s'en estoit allé par le pays de Bronsvich en habit desguisé; mais qu'on luy avoit baillé tant de gens après, qu'on le garderoit bien de retourner en France.

Les députés, se voyant retenus, tombèrent en nouvelle difficulté, et quelques-uns d'entre eux n'espargnoient pas ledict sieur de Valence, qui avoit esté cause de leur partement de Mierdzeric.

Ledict sieur, estant appellé par eux, leur remonstra que, par les menaces qu'on faisoit contre luy et en sa personne, ils pouvoient comprendre que ce n'estoit qu'un jeu joué à la main; car lesdicts conseillers, qui tant le menaçoient, sçavoient qu'il ne s'en estoit point allé par le pays de Bronsvich en habit desguisé, et estoient bien ayses de contenter les ministres dudict seigneur empereur. Et quant à leur rétention, c'estoit un vray congé qu'on leur donnoit de s'en aller, car si ledict seigneur duc eust entendu les vouloir retenir absolument, il n'eust pas usé de telles parolles : « Si vous passez plus outre, vous vous mettrez en tel danger. » Ceste clause estoit superflue, car ils estoient enclos dans une ville d'où ils ne pouvoient sortir sans congé des ministres dudict seigneur. Toutesfois, pour contenter ceux qui monstroient avoir quelque peur, il leur conseilloit d'envoyer un d'entre eux mesmes audict seigneur duc, pour luy monstrer que, les retenant et empeschant qu'ils ne peussent aller vers leur roy, il rompoit, comme dessus a esté dict, la confédération et alliance qui avoit esté de si long-temps gardée entre le royaume de Pologne et le sacré empire ; à l'entretiennement de laquelle les Allemands pour beaucoup de considérations devoient estre aussi soigneux comme les Pollacs. Et quant à son particulier, remonstroit que pour leur faire cognoistre le peu de peur qu'il avoit des menaces, il séjourneroit encore deux jours audict Léipsic, et qu'il s'asseuroit bien qu'il ne seroit point retenu, comme aussi ne fut-il : mais au contraire fut caressé, honoré et visité de beaucoup de gens de la ville, et singulièrement des escoliers, qui luy offrirent de se mettre au nombre de cent pour le conduire jusques au lansgrafve de Hessen.

La résolution desdicts députés fut de croire le conseil dudict sieur de Valence : ils le prièrent de s'en aller devant, affin que, selon le traitement qui luy seroit faict, ils se peussent résoudre d'aller plus avant ou de s'en retourner, et députèrent M. le castellan de Sanoc, qui est homme docte, sage et advisé, et amateur de sa patrie, pour aller par devers ledict seigneur duc de Saxe, duquel il ne peut avoir audience, pource que jà il avoit prins le chemin des forests pour sa chasse. Mais il fut ouy par le conseil, et son oraison envoyée audict seigneur, qui respondit qu'il eust bien voulu et désiré qu'ils eussent voulu croire son conseil, mais qu'estant résolus de passer outre, il ne leur seroit donné aucun empeschement.

Ledict sieur de Valence, après avoir demouré trois jours avec lesdicts ambassadeurs, print congé d'eux ; et furent-ils d'advis et l'en prièrent qu'il se mist devant, affin de ce qu'il luy adviendroit ou bien ou mal, ils peussent délibérer ce qu'ils avoient à faire, et le louèrent grandement de ce qu'ils le voyoient si constant et si résolu à ne rien craindre, ou à dissimuler le danger qui estoit assez apparent. Et ils ont depuis confessé, et le diront tousjours, que s'il eust faict semblant d'avoir peur, ils s'en fussent retournés, et leur retour eust esté la rupture de tout ce qui avoit esté faict. Mais parmy beaucoup de remonstrances, il fit recognoistre que les princes d'Allemaigne ne sont ni fols ni estourdis, pour prendre de gayeté de cœur, et avec une injuste querelle, la guerre avec les Pollacs et avec les François, et que, pour estre sages et advisés (comme certainement ils le sont et l'ont tousjours esté), ils ne voudroient entreprendre chose qui peust apporter, tant peu fust-il, de trouble à la chrestienté, et mesme contre deux nations avec lesquelles de si long-temps ils ont eu confédération, alliance et amitié. Les ayant donc ainsi rendus résolus, M. l'abbé de L'Isle demoura avec eux, et ledict sieur de Valence s'achemina vers M. le lansgrafve de Hessen, par Herfort, par Gotta et Heisnach : èsquels lieux il fut non seulement humainement, mais bien fort honorablement reçu ; et partout là où il passa luy fit-on offre de compaignie pour luy asseurer son chemin, ce qui fut cause qu'il renvoya un gentilhomme que M. de Schumbergt luy avoit laissé pour l'accompagner, et déclara, comme il avoit faict le premier jour, qu'il ne pouvoit avoir meilleure escorte que le nom du roy ; et de tout il advertit lesdicts ambassadeurs, affin qu'il ne feissent difficulté de le suivre.

Il alla veoir M. le lansgrafve de Hessen, qui le receut fort humainement : vray est-il que du commencement ils ne furent pas bien d'accord, parce que ledict sieur de Valence se plaignoit de ce qu'avoit esté faict auxdicts ambassadeurs de Polongne, remonstroit assez vivement les inconvéniens qui en pouvoient advenir si l'on refusoit le passage, qui devoit estre libre et aux François et aux Pollacs. M. le lansgrafve excusoit ce qu'avoit esté faict par M. l'eslecteur de Saxe ; puis demanda audict sieur de Valence s'il estoit vray qu'il eust asseuré le sénat et la noblesse de Polongne que luy et le duc Cazimire eussent promis de conduire le roy de Polongne par toute l'Allemaigne en despit de l'empereur ; qui estoit chose à quoy ny luy ny ledict Cazimire n'avoient oncques pensé, et de quoy l'empereur estoit fort mal content contre eux deux, pensant que cela fust véritable. Il adjouta puis après ces mots : « Vous pouviez bien faire les affaires de vostre maistre sans y mesler les autres princes. » Ledict sieur de Valence, qui jà à Léipsic avoit ouy parler de ceste calomnie, luy respondit si pertinemment, que ledict sieur fut fort content de luy.

Puis ledict seigneur luy demanda comment l'eslection avoit esté faicte, et s'il estoit vray qu'il y eust eu de la force et de la corruption de nostre costé, et qu'en ce cas, disoit-il, le roy de Polongne trouveroit peu d'amis qui voulussent favoriser sa cause. Sur quoy ledict sieur de Valence respondit si bien et si à propos, que ledict seigneur lansgrafve, et quelques-uns de son conseil qui estoient près de luy, recogneurent que c'estoient des calomnies sottement controuvées. Sur la fin du propos, ledict seigneur demanda audict sieur de Valence si de tout ce qu'il luy avoit dit il ne pouvoit advertir l'empereur et les princes ses amis, et mesmes qu'à cest effect son secrétaire avoit escript en ses tablettes les principaux points de ses propos. Il luy respondit que, pour luy donner plus grande seureté de la vérité de ce qu'il luy avoit dit, il luy en escriroit une lettre contenant les principaux points ; de quoy ledict seigneur fut fort content, et luy bailla deux gentilshommes pour le conduire et défrayer par ses terres. Il luy en bailla aussi un autre pour luy rapporter du premier logis l'escript qu'il luy avoit promis, et fut le messager si rigoureux exacteur de la promesse, que, bien que ledict sieur de Valence fust arrivé tard et fort lassé (car encore avoit-il tous les jours quelque ressentiment de sa fiebvre), il fallut escrire ce mesme soir. Il est vray que, pour ce qu'il estoit contrainct d'user de quelque aigreur pour respondre à ce dont l'on l'avoit faulcement voulu charger, il fit semblant d'escrire au secrétaire, et non pas au seigneur. Et pour autant que ladicte lettre contenta bien fort, non seulement ledict seigneur lansgrafve de Hesse, mais beaucoup d'autres grands personnages de la Germanie, et mesme que ceux qui trouvoient bon le passage du roi de Polongne s'en sont aydés, comme aussi ont-ils faict des autres propos que ledict sieur avoit eus avec ledict seigneur lansgrafve, comme depuis M. le président de Metz a fidellement rapporté à Leurs Majestés, il m'a semblé devoir insérer icy ladicte lettre en latin comme elle fut escrite, et puis la traduction en françois.

« Habebis nunc tu quidem, magnifice do-
» mine secretarie, litteras a me raptim ex
» itinere atque ideo fortasse negligenter cons-
» criptas ; neque enim laboriosissimum iter
» mihi quicquam temporis et otii ad illas ac-
» curate scribendas reliquit. Sed luculentiores
» ad paucos dies a me expecta, in quibus eo-
» rum quæ Varsoviæ in comitiis generalibus
» acta sunt, nihil me obmissurum spero,
» etenim illustrissimus princeps tuus ut res-
» ciat omnia quam maxime opto. Interim quæ
» ad existimationem tuendam meam perti-
» nent, et quæ sine meæ famæ dispendio præ-
» terire, neque in aliud tempus detrudere
» possum, paucis accipe. Hoc autem est : ad-
» monuit me, Lipsiæ adhuc cum essem, juve-
» nis quidam pacis et veritatis amantissimus,
» me apud Germaniæ principes fere omnes
» tribus de causis falso accusatum fuisse.

» Mea opera, inquiunt aliqui, meo item con-
» silio factum esse, ut quæ proximis diebus
» de rege Poloniæ facta est electio non libera
» extiterit, sed minis et vi etiam aperta ab elec-
» toribus extorta. Deinde muneribus, largitio-
» nibus et corruptelis me quam plures nobiles
» ad meas deduxisse partes veluti ludentes affir-
» mant. Postremo, litteras me confinxisse quasi
» ab illustrissimo principe tuo atque ab aliis
» Germaniæ principibus conscriptæ essent, il-
» las me senatui Polonorum publice ostendisse,
» atque legendas dedisse, in quibus dicti prin-
» cipes, dux illustrissimus Andium, si in regem
» eligeretur, in Poloniam, etiam invito Cæsare,
» ut tuto deduceretur, facturos se esse recipie-
» bant.

» Habes tria accusationis capita, ex quibus
» priora duo illa nulla egent responsione, imo
» vero a Poloniis ipsis tanquam inepta, et ve-
» luti puerilia omnino rejicerentur ; nam, quod
» ad vim attinet, si qua fuit, eam certe publice
» factam fuisse necesse est. Proferant vel unum
» testem qui unum ex nobilibus polonis de hac
» re conquestum fuisse velit affirmare. Dicant
» saltem, qui Germanis tam facile imponere se
» posse existimant, dicant, inquam, quos ego
» milites, quas copias ad vim inferendam co-
» gere potui, homo inermis, externus, ab ami-
» cis et opibus id temporis omnino inops, homo
» cui nulla cum nobilibus polonis intercedebat
» necessitudo, nobilibus, libertatis suæ acerri-
» mis, defensoribus, tamen terrori esse potui.
» Hæc quidem certe sunt ab omni etiam con-
» jectura alienissima, minas precibus addidere
» oratores aliqui. Ego causam quam suscepe-
» ram tuendam precibus non minis apud viros
» fortes et judices æquos obtinui. Sed videant
» illi qui talia sibi somnia fingunt, dum ad vim

» inferendam prudentissimos principes, et præ-
» sertim Cæsarem, principem pacis et quietis
» alumnum, malis artibus commovere student,
» pacatum orbem in summa discrimina ne con-
» jiciant.

» Multa quidem de hac re scribere statue-
» ram, sed meipsum revoco; animo etenim
» adeo exulcerato sunt aliqui, ut pericula quæ
» reipublicæ christianæ impendent, neque
» prospicere neque prospicientes audire velint.
» Prædictiones certissimas et christianas et
» prudentes pro minis atque conviliis acci-
» piunt. Sed de his satis. Illud præterea quod
» de largitionibus et corruptelis ausi sunt di-
» cere, ineptissimum atque a veritate alienis-
» simum esse nemo est qui non videat. Ego ad
» regni petitionem trecenta millia talentorum
» me profudisse nunquam questus sum (quid
» dicam Poloni intelligunt); sed qui aliena tam
» impudenter curant, ostendant qua via, qua
» permutatione, quorum mercatorum opera,
» tanta auri vis ad me delata sit, quæ tot nobi-
» lium judicium corrumpere potuerit. Cæteros
» competitores, non centum tantùm aut du-
» centis suffragiis vicimus; sed liberis atque
» frequentissimis totius nobilitatis suffragiis a
» nobis illi superati sunt. A decem nobilibus si
» tres competitores, rex scilicet Suessiæ, prin-
» ceps illustrissimus Hernestus, et Piasthus
» propositi fuere, centum mille statim adfuere
» qui Gallum sibi in regem postulabant. Ma-
» zovia tota, quæ triginta millia nobilium alere
» dicitur, ducem illustrissimum unum qui reg-
» no polonico regendo et tuendo dignus foret,
» ab initio usque in finem comitiorum semper
» judicavit. Illud etiam Lithuania fecit tota.

» Quid ad hæc igitur dicere possunt, qui ne-
» que victi, neque si victores essent, scirent
» fortasse quiescere? Fateantur, velint, nolint,
» oportet, corrumpendæ tam numerosæ nobi-
» lium multitudini, omnium principum divitias
» sufficere non potuisse. Ad dum de confingen-
» dis atque excogitandis calumniis laborant
» aliqui, Polonia, quæ totius orbis christiani
» propugnaculum est tutissimum, in summa
» pericula abducitur. Instat Poloniæ finibus
» barbarorum colluvies; Moscovitam ad Li-
» thuaniam vastandam numeroso atque potenti
» cum exercitu flumen jam transmisisse est
» certissimum, flumen, inquam, quod pro cer-
» tis inter utraque regna limitibus constitutum
» est; Tartari in Russiam summa cum celeri-
» tate irrumpentes, villis permultis incensis,
» ingenti ex jumentis et pecoribus præda facta,
» magnam hominum multitudinem ad extre-
» mam servitutem secum adduxerunt.

» Poloni hanc solam effugiendi periculi ra-
» tionem esse existimant, ut regem quam pri-
» mum secum habeant, atque ad illum accer-
» sendum nobiles aliqui, et senatores præcla-
» rissimi itineri sese commiserunt; regem,
» inquam, summa omnium ordinum consen-
» tione electum accedebant, regem præterea
» ex illustrissima et potentissima regum fami-
» lia, regem ex ea familia quæ de Germanis
» præcipuo ac singulari quodam studio bene
» mereri semper studuit; regem ex ea familia
» quæ austriacæ familiæ sanguinis propinqui-
» tate, nunc vero arctioris affinitatis vinculo
» est conjunctissima illi. Tamen, ut audio, a
» tam præclaro et necessario studio revocan-
» tur. Cur ita? Ego plane nihil video cur ita fieri
» debeat, Davus enim sum et non OEdippus.
» Videant illi qui me sunt prudentiores, quibus
» reipublicæ christianæ salus est maximæ cu-
» ræ. Ego plane, ut dixi, in hac re omnino
» cæcutio. Hoc unum libere dicam : ridet Tur-
» ca, qui etsi hostis potentissimus christianis sit
» omnibus, interregni tamen polonici tempore
» prudentem et pacis studiosum principem er-
» ga Polonos se præstitit; tantum ut libertatem
» constantissime in eligendo rege retinerent,
» efficacissimis verbis admonuit, ne quid inter
» illos dissidii oriretur, summam adhiberent
» cautionem, quod si quis de pristina illorum
» libertate, aut concordia aliquid detrahere
» tentaret, in illum vires suas omnes se velle
» convertere testificatus est. Inter christianos
» autem an sint aliqui qui concordiam et lauda-
» tissimam illam animorum conjunctionem la-
» befactare studeant res ipsa indicabit. Sed bene
» est quod Cæsar pacis et quietis, ut dixi, cupi-
» dissimus sit. Principes item Germaniæ, ne
» ejusmodi monstra ac pestes reipublicæ au-
» diantur, summam adhibebunt curam ac dili-
» gentiam. Sed de his plus satis; ad tertium
» propero.

» Si de confingendis, aut ostendendis, aut le-
» gendis litteris quas a me dicunt confictas esse,
» in mentem mihi quicquam venit unquam, ha-

» bear ego pro vano, levi, et de mendacio con-
» victo, a quo quidem vitio quam procul absim
» sciunt qui me norunt omnes. Polonorum no-
» bilium benevolentiam ad id quod agebam per-
» ficiendum, bonis artibus mihi conciliare stu-
» dui, nullius cujusquam gratiam ad preces
» regis christianissimi adhibendas esse duxi.
» Aperte enim fere omnes nos oppugnabant :
» qui igitur fieri potuit, ut eorum principum
» a quibus oppugnabar nomine, aut gratia
» abuti voluerim ?

» De illustrissimo autem tuo principe, illum
» auctoris amicitiæ quæ germanis principibus
» cum gallis regibus intercessit, non omnino
» oblitum esse semper existimavi : atque uti-
» nam quæ tempestas utrique genti impendet,
» si quid inter nos et vos oriatur dissidii, pros-
» picerent omnes ! Sed ad illustrissimum prin-
» cipem tuum redeo : quod is a me quicquam
» de iis quæ supra dicta sunt scripserit, quod
» litteras ab eo ad me vel ad quemvis alium
» scriptas vel conflctas ostenderim, id falsum
» est, atque a veritate longe remotissimum.
» Ego in frequentissimo et numeroso nobi-
» lium cætu orationem habui. Si vel testem
» unum qui vir sit probus qui de hac re testi-
» monium dicere velit mihi protulerint, di-
» cam iterum : Habear ego pro levi, vano
» atque indigno oratore. Sed si sint qui tam
» ineptas calumnias in me rejicere audent,
» sint, inquam, illi vani, leves, et inter vanos
» et leves omnium mendacissimi.

» Quod acerbius de hac re apud te egerim,
» vehementer doleo. Vereor enim ne indignas
» meas esse litteras, quæ tanto principi osten-
» dendæ sint existimes ; mea tamen maxime
» interest cavere ne ille offenso erga me sit
» omnino. Falso me accusatum fuisse ut in-
» telligat vehementer, ut debeo, sum solliciꞏ
» tus. Tu igitur, magnifice domine, veritatem
» quæ ab omnibus amari et coli debet, meam
» existimationem quam tibi curæ esse mihi
» ipse persuasi, ut tuearis atque a calumniis
» vindices etiam atque etiam rogo. Sed quod
» præcipuum erat, fere obmiseram. Celsi illus-
» trissimi principis tui convenire, atque utrius-
» que regis nomine salutare omnino certum
» habeo. At ne adventus, pro tua prudentia,
» atque pro ea qua me soles amplecti benevo-
» lentia, ut efficias vehementer peto. »

Traduction de la susdicte lettre latine escrite au secrétaire du landgrafve de Hessen.

« Monsieur le secrétaire, vous aurez pour
» ceste heure une lettre de moy, faicte sur le
» chemin et comme à la desrobée, et consé-
» quemment sera-elle peust-estre escrite avec
» moins de diligence qu'il ne conviendoit ; car
» la longueur et le travail de mon voyage ne
» me donnent assez de temps ne de loysir
» pour mieux vous satisfaire, ainsi que j'eusse
» bien voulu ; mais dans bien peu de jours vous
» aurez plus amples lettres de moy, esquelles
» j'espère n'oublier rien de tout ce qui s'est
» passé en l'assemblée géneralle de Varsovie,
» désirant bien fort que vostre prince très-il-
» lustre en soit informé. Cependant vous au-
» rez en peu de parolles ce qui concerne la
» deffence de ma réputation, et que je ne puis
» laisser coulier ou remettre en autre temps
» sans mettre en danger mon honneur et ma
» renommée : qui est que, comme j'estois der-
» nièrement à Léipsig, un jeune homme,
» amateur de paix et de vertu, m'advertit que
» j'estois faulcement déféré envers presque
» tous les princes d'Allemaigne de trois crimes.

» Pour le premier, l'on dict que l'eslection
» du roy de Polongne a esté faicte par mena-
» ces, et à force ouverte arrachée des eslec-
» teurs. Pour le second, ils asseurent et sem-
» ble qu'en cela ils veullent donner et dire
» que j'ay attiré de nostre costé plusieurs sei-
» gneurs et gentilshommes dudict pays par
» présens et corruptions. Pour le tiers, disent
» que j'ay supposé des lettres de vostre prince
» très-illustre, et d'autres princes d'Allemai-
» gne, et les ay publiquement monstrées et
» fait lire au sénat de Polongne ; esquelles les
» susdicts promettoient que si le très-illustre
» duc d'Anjou estoit esleu roy, ils le conduy-
» roient seurement jusques en son royaume,
» ores que l'empereur ne le voulust point.

» Voylà les trois chefs de mon accusation,
» desquels les deux premiers n'auroient be-
» soing d'aucune response, et les rejetteroient
» les Pollacs comme choses controuvées, gros-
» sières et dignes de n'estre dictes que parmi
» des enfans ; car, quant à la force, s'il y en a eu
» quelqu'une, il faut qu'elle ayt esté faicte publi-
» quement. Or, qu'ils mettent en avant un seul
» tesmoing qui asseure que gentilhomme pol-

» lac ne autre s'en soit jamais plainct. Ceux » qui espèrent facilement par faux donner » à entendre tromper les Allemans, que ceux- » là, dis-je, disent quels soldats, quelle armée » j'ay peu assembler pour avoir des forces, et » comment s'est peu faire que un homme seul, » estranger, sans armes, homme pour ce » temps-là desnué d'amys et d'argent, et qui » n'avoit aucune accointance avec la noblesse » dudict pays, ayt peu intimider ou forcer ceux » qui sont si aygres et si constans défenseurs » de leur liberté. Je sçay bien que quelques » ambassadeurs ont en leur demande adjousté » aux prières des menaces. Quant est à moy, » j'ay gagné la cause que j'avois entreprins de » porter au jugement des très-vaillans cheva- » liers, sages et providens juges, par prières, et » non par force et par menaces. Mais que » ceux-là qui rapportent ce qu'ils feignent » avoir songé, que ceux-là prennent bien » garde que, tandis qu'ils veulent esmouvoir » aux armes par très-mauvaises et dangereuses » inventions les princes très-saiges, et surtout » l'empereur, père de paix et de repos; qu'ils » prennent garde qu'ils ne mettent le monde, » qui pour ceste heure est paysible, en quelque » grand trouble et danger.

» Sur ce subject avois-je délibéré de vous » escrire beaucoup de choses; mais je me re- » tiens et révocque ma délibération; car il y » en a qui ont l'esprit si gasté et mal affecté, » qu'ils ne peuvent prévoir ne escouter ceux » qui de loing voyent et regardent les dan- » gers dont la chrestienté est menassée. Si l'on » les admoneste et advertit chrestiennement » et sagement des maux qui peuvent advenir, » ils prennent cela à menasses et injures. Mais » c'est assez dit quant à ce point. Sur ce qu'ils » ont voulu dire des corruptions faictes par » moy, il n'y a homme qui ne juge que cela est » inepte et esloigné de la vérité. Ce n'est pas » moy qui me suis plainct d'avoir despendu » cinq cens mil talars à mon maistre pour la » poursuyte dudict royaume (les Pollacs sça- » vent bien ce que je veux dire); mais ceux » qui si mal à propos se veulent empescher des » affaires d'autruy, qu'ils montrent par quelle » voye, par quelle lettre de change, et par » quels moyens l'on m'a peu apporter si grande » quantité de deniers pour corrompre le juge- » ment de tant de gentilshommes. Nous avons » surmonté les autres compétiteurs, non pas » de cent ne de deux cens voix, mais ç'a esté » par tous les suffrages libres et commun ac- » cord de toute la noblesse. S'il y en a eu dix » qui ayent demandé l'un des trois compéti- » teurs, assavoir le roy de Suède, le très-illustre » archiduc Herneste, ou un du pays qu'on en- » tendoit par le nom de Pyaste, il y en a eu cent » mil qui ont demandé le Françoys. Toute la » Mazovie, qui nourrit, comme l'on dict, » trente mil gentilshommes, a tousjours jugé » que le très-illustre duc d'Anjou estoit tel » qu'on pouvoit désirer pour gouverner et def- » fendre le royaume. La Lithuanie a depuis » esté de mesme opinion, comme aussi ont esté » toutes les autres provinces.

» Que diront donc ceux-là qui, ne vainqueurs, » ne vaincus, ne sçauroient peut-estre vivre » en repos? Il fault que, vueillent ou non, ils » confessent que pour corrompre un si grand » nombre de noblesse, les richesses de tous les » princes du monde n'eussent esté suffisantes. » Mais cependant qu'ils se travaillent à feindre » et controuver des calomnies, la Polongne, » qui est le plus asseuré boulevart de toute la » chrestienté, est pour aujourd'huy en très-pé- » rilleux estat : jà se présentent sur les confins » du royaume un infiny nombre de barbares ; » le Moscovite avec une grosse et puissante » armée a jà passé la rivière qui sert de bornes » et de limites aux deux royaumes; les Tar- » rares se sont desbordés et entrés en la Russie » avec une si merveilleuse vistesse, qu'ils ont » bruslé beaucoup de villages, pillé un très- » grand nombre de bestail, et emmené plu- » sieurs milliers de pauvres personnes.

» Les Pollacs voyans que le seul moyen d'é- » viter tous les maux et les dangers qui les » menassent est d'avoir bientost leur roy, quel- » ques-uns d'entre eux, choysis et esleus par » tous les estats, se sont mis en chemin pour » aller devers leur roy, un roy esleu d'un com- » mun consentement, un roy yssu de la plus » puissante et illustre maison de l'Europe, un » roy issu d'une famille qui tousjours s'est effor- » cée par biens-faicts obliger les Allemans, un » roy yssu d'une famille parente et alliée, et nou- » vellement par une estroite alliance conjoincte » avec la maison d'Austriche. Et toutesfois, à

» ce que nous voyons, l'on empesche lesdicts
» Pollacs, l'on les révocque d'un voyage si
» grand et si nécessaire. Et pourquoy cela?
» Quant à moy, je ne voy du tout point quelle
» raison il peult y avoir, et ne suis pas assez
» aygu pour le deviner. Or c'est à ceux qui sont
» plus sages que moy, et qui ont le soing du
» bien de la chestienté, à en sçavoir la raison;
» car, comme j'ay dict, ma veue ne va pas si
» avant que cela. Je diray ce mot avec telle li-
» berté que je doys: que le Turc se rit de
» nous; car, encores qu'il soit très-puissant
» ennemy et adversaire de tous les chrestiens,
» si est-ce que, durant l'interrègne de Pologne,
» il s'est montré envers ceste nation prince
» sage, amateur et désireux de paix. Il les a
» très-expressément admonestés d'estre tous
» d'un accord et d'une opinion, et de conser-
» ver la liberté qu'ils ont eu de tout temps
» d'eslire leurs roys; protestant que si quel-
» qu'un entreprenoit d'oster ou troubler la-
» dicte liberté, qu'il tourneroit toutes ses for-
» ces contre cestuy-là. Or, si parmy les chres-
» tiens s'en trouve qui veuillent rompre ceste
» ancienne et louable union et concorde, ce
» qu'adviendra cy-après nous en fera sages.
» Mais c'est un grand bien, comme j'ai cy-des-
» sus touché, que l'empereur ayme la paix et
» le repos de la chrestienté; que les princes
» d'Allemaigne, de leur costé, prendront garde
» que tels monstres et pestes du bien commun
» ne soient escoutés. C'est trop pour le second
» article; je viens au dernier.

» Si jamais il m'est tombé en l'esprit de sup-
» poser et falsifier des lettres, de les monstrer
» et les faire lire au sénat, comme ils m'accu-
» sent que j'ay faict, que je soye en ce cas tenu
» comme un homme vain, léger et convaincu
» de mensonge; duquel vice ceux qui me co-
» gnoissent savent combien de mon naturel j'en
» suis esloigné. Pour parvenir à ce que je pré-
» tendois, je me suis efforcé par moyens hon-
» nestes d'acquérir la bonne grace des Pollacs.
» Je me suis contenté du nom du roi très-chres-
» tien, et n'ay voulu emprunter le nom et la re-
» commandation d'autruy; car tous les princes
» estoient ouvertement contre nous. Comment
» eussé-je donques voulu abuser du nom et de la
» faveur de ceux qui nous estoient contraires?

» Quant à vostre très-illustre prince, je
» pense qu'il n'a point du tout oublié l'estroicte
» amitié et intelligence que tousjours a esté
» entre les roys de France et les princes alle-
» mans. Pleust à Dieu que un chascun co-
» gneust combien d'orage et de tempeste me-
» nasse l'une et l'autre nation, s'il advenoit
» qu'ils se départissent de ladicte ancienne
» amitié! Mais je reviens à vostre prince:
» c'est chose notoirement faulce et esloignée
» de toute vérité qu'il m'ayt jamais rien es-
» crit, et encore plus que j'aye monstré let-
» tres faulces et controuvées, ou que j'aye em-
» prunté son nom, ne d'autres princes d'Alle-
» maigne. Mes oraisons furent prononcées en
» une grande assemblée. S'il se trouve tes-
» moing, homme de bien, qui vueille dire ce
» dont l'on m'accuse, je dis derechef que je
» mérite d'estre tenu pour vain, léger et indi-
» gne de ma charge. Mais aussi ceux qui osent
» rejecter sur moy telles calomnies doivent
» estre estimés légers, vains, et, entre les lé-
» gers et les vains, les plus hardis menteurs.
» Il me déplaist d'avoir escrit peut-estre avec
» trop d'aigreur et de véhémence, et crains
» que pour cela vous ferez difficulté de pré-
» senter mes lettres à vostre très-illustre prin-
» ce: toutesfois il m'importe beaucoup de
» faire en sorte que un tel prince ne soit of-
» fensé de moy, et désire infiniment, comme
» je dois faire, qu'il entende que j'ay esté faul-
» cement accusé. Je vous prie donc, mon-
» sieur, de deffendre la vérité, qui doit estre
» aymée et prisée d'un chascun, et par mesme
» moyen garantir mon honneur de toute ca-
» lomnie, duquel honneur je me suis persuadé
» que vous voudrez estre le deffenseur. Mais j'a-
» vois presque oublié le principal poinct de ma
» lettre: c'est que je suis résolu de saluer la
» grandeur de vostre prince au nom des deux
» roys; mais je vous prie autant que je puis,
» par vostre prudence, et pour l'amitié que
» vous me portez, faire en sorte que ma venue
» ne luy soit point désaggréable. »

Ledict sieur de Valence paracheva son voyage sans trouver plus d'empeschement, horsmis de sa maladie, qui le rendoit si foible, qu'on n'espéroit point qu'il deust venir jusques à Metz. Mais le désir qu'il avoit de veoir Leurs Majestés pour leur rendre compte d'une si longue et heureuse ambassade, luy faisoit pour la pluspart oublier et le mal et la peine qu'il portoit.

Au rapport qu'il fit à Leurs Majestés de sa négotiation, il loua le royaume de Polongne de trois choses.

La première, c'est de la grande et longue estendue du pays, qui est telle qu'elle contient pour le moins deux fois autant que la France.

En second lieu, il le loua de la grande fertilité et abondance de toutes choses nécessaires au vivre et au plaisir de l'homme, horsmis du vin, duquel toutesfois il n'y a ny ville ny village qui n'en soit bien pourveu : et y en a beaucoup meilleur marché qu'on n'a accoustumé de l'avoir dans Paris : vins de Hongrie, de la Moravie, du Rhin et de la Gascogne, et des Malvoisies en grande quantité, qui leur sont apportées par les Arméniens du costé du Pont-Euxin ; tellement que le gentilhomme qui ne donne à son amy de quatre ou cinq sortes de vins, et de tous autres délices qu'il y a ou en Italie ou au pays de Levant, il ne pense pas l'avoir bien receu. Et ce qui retient parmy eux le bon marché de toutes denrées, c'est qu'il n'y a point de monopoles, principalement pour le bled et pour le vin. Je diray en passant chose qui semblera estrange : c'est que ledict royaume il y a trois ans fut persécuté universèllement de peste et de famine si grande, qu'il mourut une infinité de gens de faim : ce qui ne leur estoit advenu cent ans auparavant ; et toutesfois l'année suivante, aux fruicts nouveaux, le bled revint au mesme prix qu'il avoit esté dix ans auparavant. Et cela ne pouvoit estre, sinon qu'ils n'endurent point qu'il y ait marchands blatiers : et toutes choses concernant la police y sont religieusement et avec grande sévérité estroictement gardées.

Pour le tiers poinct de la louange dudict royaume, ledict sieur fit mention fort honnorable de la noblesse dudict pays, laquelle est recommandable parmy toutes les autres nations en cinq choses.

La première, c'est pour le grand nombre, qui est tel qu'on peut dire avec la vérité qu'il y a plus de gentilshommes en Polongne qu'il n'y en a en France, en Angleterre et en Espagne.

La seconde, le bon entendement et la dextérité en toutes choses ; car il est certain qu'il n'y a nation au monde qui si promptement s'accommode à toutes bonnes mœurs et vertus des autres nations, que faict la nation polacque : ils sont de leur naturel, comme j'ay cy-dessus dict, plus curieux que nuls autres de veoir les pays estrangers, espérans qu'à leur retour, s'ils y ont bien proffité, ils sont mieux veus et plus volontiers receus aux honneurs et dignités, et à l'administration des affaires publicques. Ils n'ont pas esté quatre mois en Italie qu'ils parlent parfaictement bien italien. Ils s'habillent, ils vivent, ils ont la mesme contenance que s'ils estoient nés en Italie. Le mesme font-ils en Espagne et en France. Quant est à l'Allemaigne, il apprennent bientost à parler allemand. Mais quant est aux habits et autres façons de vivre, ils retiennent tousjours la différence des coustumes qu'il y a entre les deux nations.

Pour le tiers point, ladicte noblesse est recommandable, ce disoit ledict sieur, pour la vaillantise et exercice au faict de la guerre. En quoy ils peuvent estre certainement comparés à quelque autre noblesse que ce soit ; car il n'y a nation qui porte le froid, le chauld, la faim, la soif et le travail plus patiemment que faict celle-là. Je croy que c'est parce qu'ils ont des inimitiés avec leurs voisins, et que dès leur enfance ils s'accoustument aux incommodités de la guerre ; joinct aussi qu'estans en paix et en repos en leurs maisons, leur manière de vivre est plus de soldat que d'homme cazannier. Et voit-on souvent qu'après qu'ils ont esté au festin depuis le matin jusques au soir, comme font tous les autres septentrionaux, sur l'entrée de la nuict, et au temps que l'air et la terre sont glacés, ils sont toute la nuict à cheval pour aller là où ils avoient entrepris. S'ils ont quelque chose à faire d'importance, ils ne mangent que sur le soir. Et ne pense pas qu'il y ait nation qui porte si longuement et si facilement la faim que celle-là. Et en conclusion, si ceste noblesse est conduicte par un bon chef comme est leur roy qui est à présent, l'on doit penser qu'elle sera renommée au faict des armes, comme elle a esté autresfois.

Pour le quatriesme point, ladicte noblesse surmonte les autres en union et intelligence, et commune amitié entre eux. Il y a grande diversité dé religion, introduite, à ce que l'on dict, par la connivence du feu roy; mais, recognoissans entre eux que la division apporteroit leur entière ruine, ils n'ont jamais voulu se courir sus l'un à l'autre. Ils espèrent que avec la prudence de leur roy, ceste grande diversité se pourra quelque jour réunir; et pour ceste cause retiennent-ils (ainsi qu'ils disent) plus soigneusement l'amitié entre eux, parce que s'ils prenoient les armes les uns contre les autres il n'y auroit plus d'amitié, il n'y auroit plus de commun zèle à conserver l'estat. Les uns n'auroient plus de crédit avec les autres pour les ramener, et par conséquent il n'y auroit plus d'espérance de réduire les choses à meilleur estat, et ne pourroit-on éviter la subversion et ruine des uns et des autres.

Le cinquiesme point de louange est le principal et duquel l'on doit tenir le plus de compte : c'est la fidélité et obéissance qu'ils ont à leurs roys légitimement esleus. L'on sçait qu'ils ont puissance d'eslire leurs roys, toutesfois ils ont tousjours esleu un des enfans des roys qui leur ont commandé. Je ne sçay si parmy toutes autres nations l'on pourroit trouver un tel exemple que celui-là. Leur estat est gouverné comme par une forme de républicque, et maintiennent que leurs roys ne peuvent contrevenir à ce qui a esté une fois receu par le commun consentement des estats : et toutesfois si leurs roys ont esté autres qu'ils ne devoient estre, soit ou qu'ils ayent mal gouverné, ou qu'ils ayent indignement vescu, ils ne se sont pourtant jamais rebellés depuis cinq cens ans, hormis que une fois. Et encore qu'ils eussent occasion de hayr toute la race, si ne voulurent-ils point prendre autre roy que le frère de celuy qu'ils avoient chassé. Loys, roy de Hongrie, qui estoit descendu de la maison d'Anjou, mourut sans enfans masles; et toutesfois après sa mort, les Pollacs, qui avoient droit d'eslire un autre s'ils eussent voulu, comme ils ont faict en ce temps, prindrent la fille dudict roy pour leur royne, qui depuis fut mariée avec le grand-duc de Lithuanie. Ils ont doncques retenu un droit de grandeur et d'authorité, mais ils n'en ont jamais abusé; et au contraire ils ont obéy à leurs roys vivans, et les ont respectés et honnorés après leur mort. Je ne sçay s'il y a nation au monde qui eust si constamment et si longuement conservé cest amour et affection au sang de ceux qui leur ont commandé.

Voilà le sommaire du récit que fit ledict sieur évesque de Valence, tant à Leurs Majestés que à la cour de parlement. J'adjousteray un mot, qui servira pour répondre à quelquesuns qui disent que ledict royaume n'a pas le revenu tel que celuy de France. Je suis d'accord avec eux en cela, car ils n'ont point d'imposition ny de tailles; mais aussi fault-il qu'ils m'accordent qu'il n'y a pas trois ou quatre mil hommes d'armes à payer, ce qui fut la cause de la première institution des tailles en ce royaume. Un roy de Polongne ne paye pas trois ou quatre cens mil francs aux galères tous les ans. Il n'est pas chargé de douze cens mil francs de gaiges aux officiers de justice et de finances comme nous sommes. Il n'est pas chargé de quinze cens mil francs de pension qu'il faut bailler pour contenter sa noblesse, comme nostre roy est contrainct de faire. Il n'est pas chargé de douze cens mille francs à payer aux garnisons des gens de pied. Bref, ceux qui en parlent ainsi recognoistront, s'il leur plaist, que le feu roy Sigismond, père du dernier décédé, a vescu de ce revenu que l'on faict si petit, avec autant de splendeur et de majesté que roi qu'il y eust de son temps en la chrestienté. La royne Bonne sa femme, quand elle sortit de Polongne, emporta six cens mille escus comptant. Ce dernier roy, à l'heure de sa mort, avoit cinq mil chevaux en ses escuries, a laissé un cabinet qu'il n'y en a point en toute la chrestienté de si riche que celuy-là. Je diray davantage, qu'il a laissé plus de riches habillemens et d'armes et d'artillerie que tous les roys qui sont aujourd'huy vivans n'en sçauroient monstrer. Quoy qu'il en soit de l'eslection du roy de Polongne, la France se peut dire avoir esté autant honnorée qu'elle fut jamais.

Le roy de son costé peut dire avoir acquis autant d'honneur qu'il n'eust peu faire avec la mort de cent mil hommes. Il a demandé un royaume au temps qu'il avoit beaucoup d'ennemis, un royaume qui estoit demandé par d'autres grands princes, et favorisés, peu s'en faut, de tous les grands princes de la chrestienté. Toutesfois son nom a esté tant estimé et honnoré, que ceste nation, si loingtaine de la nostre, a voulu préférer le duc d'Anjou, à présent roy dudict pays, à tous les autres compétiteurs. Je prie Dieu que ledict royaume luy serve d'une eschelle pour monter si haut qu'il se puisse esgaller avec la grandeur de ses prédécesseurs.

FIN DES MÉMOIRES DE JEAN CHOISNIN.

MÉMOIRES

DE

MATTHIEU MERLE,

BARON DE SALAVAS.

Le capitaine Matthieu de Merle, natif d'Uzès, avoit deux frères aînés ; il commença en portant l'arquebuse dans les gardes de M. d'Acier, depuis duc d'Uzès, avec lequel il fit le voyage de Poitou en 1568. Après la paix de 1570, d'Acier le donna à M. de Peyre, son beau-frère, qui, le connoissant homme de courage et d'entendement, le fit son escuyer, et le chargea de la garde de sa maison en Gévaudan, lorsqu'en 1572 il alla aux noces du roi de Navarre et de Marguerite de France, qui furent suivies du massacre où il fut tué. Les troubles s'étant allumés, Merle manda à ses amis d'Uzès de le venir trouver, ce qu'ils firent au nombre de trente bons soldats. Arrivés à Peyre, prend Le Malzieu en Gévaudan en 1573 ; la noblesse du pays l'assiége, ou tâche de l'attraper aux courses qu'il faisoit. Il dresse son ordre des contributions, donne parole à aucuns de la noblesse, exempte leurs terres, tient la main roide aux soldats, qu'ils n'eussent osé toucher un œuf sur leur vie aux lieux qui payent sa contribution volontairement. Aux autres leur faisoit la guerre rude, rend sa garnison forte, et la plupart à cheval, qui lui donne moyen de reconnoître Issoire, la trouve prenable par coups d'échelle ; mande à ses amis aux Cevennes, et à Uzès à son frère aîné le venir trouver au Malzieu ; ce qu'ils font au nombre de trois cents. Ils montent tous à cheval ou bien ou mal, laissant sondit frère au Malzieu avec ceux d'Uzès, pour lui être plus affidés ; ce fut en 1574. Se rend aux fossés d'Issoire. Etant sur le point de descendre un fossé, entend deux messagers qui crient aux sentinelles que Merle est en campagne, et voit des signaux de feu en plusieurs lieux et châteaux voisins. Merle avec sa troupe laisse passer ces messagers et le caporal, qui se retira à son corps de garde. A même instant ledit Merle entre au fossé, fait dresser une échelle, et monte le premier, trouve un habitant avec un bâton ferré à deux bouts, qui s'oppose vivement à lui, et tâche de renverser l'échelle ; mais Merle, s'étant fait bailler de main en main deux pistolets, les tire, et renverse la sentinelle de la muraille en bas ; ce qui lui facilite son entrée avec ses bons capitaines : ainsi il fut bientôt maître d'Issoire, où il établit le même ordre qu'au Malzieu ; se fait des amis parmi la noblesse voisine et quelques autres du pays. Se voyant fort et renforcé, fit plusieurs combats, et prit prisonnier de guerre, en une rencontre à cheval, le seigneur de La Guiche, accompagné de force noblesse et gens d'ordonnance du pays d'Auvergne : il se trouva enveloppé, et fut conduit en la ville d'Issoire en 1575, où après certain temps fut élargi sans rançon par commandement du roi de Navarre. En même temps la noblesse d'Auvergne ayant assiégé avec un canon le château de Malet, où le capitaine Merle avoit garnison, icelui part avec deux cents cuirasses et un nombre d'arquebusiers à cheval, bat les assiégeans, qu'il trouve écartés, et qui jettent leur pièce de canon dans un creux de rivière, duquel Merle la retira après.

La paix étant faite en 1576, le roi de Navarre commanda à Merle de remettre Chavagnac dans Issoire, et lui laisser le commandement et garde, comme ville d'ôtage ; à quoi Merle obéit, et se retira à Uzès, lieu de sa naissance, avec très-beau équipage.

Les troubles ayant recommencé en 1577, Merle part d'Uzès avec certains capitaines et soldats, et se rend au château de Peyre, où quelques jours après, reprit par pétard ou échelles Le Malzieu; et de là par l'entrepôt de la ville d'Issoire, prit par pétard la ville d'Ambert, de laquelle il fit infinies courses et autres desseins, comme sur Saint-Flour, où le frère aîné de Merle étant entré avec une vingtaine, les habitans de la ville les contraignirent de sauter les murailles avec perte d'aucuns. Le comte de Mertinengue étant venu assiéger Ambert, Merle et ses capitaines soutinrent les assauts, et contraignirent l'armée de Martinengue de se retirer, non sans grande perte d'hommes et munitions ; mais peu de temps après, Merle, ayant appris que le duc d'Alençon venoit assiéger Ambert avec une armée forte et bien équipée d'artillerie, ne crut pas pouvoir deffendre une ville si foible, ruinée depuis le dernier siége, et dont les brèches ne pouvoient être mises en état de deffense : il prit le parti d'abandonner la place, portant les poudres et armes, et les jetans dans la ville d'Issoire avec soldats, sans lesquels il auroit fallu abandonner la ville, qui soutint une furieuse batterie et plusieurs efforts : pour lui il se retira au Malzieu, d'où il tâcha de fatiguer l'armée qui assiégeoit Issoire.

En 1579, un des principaux chefs de la religion ordonna à Merle de faire quelques desseins ; Merle, qui avoit reconnu Mende, étant parti de Marvejols avec des troupes venues des Cevennes, entra à minuit, par coups d'échelles si vivement donnés, qu'ils forcent les gardes des murailles dans Mende, les cloches de la grande église sonnant à grande force, et même cette cloche, qu'on la tenoit par toute la France la nonpareille, et dont le bruit empêcha les habitans d'entendre l'allarme. S'étant rendus à la place au nombre de dix-sept, le baillif de Mende, ayant enfin entendu le bruit, courant à l'allarme avec une troupe de soldats et chanoines armés, furent par la troupe de la place mis en fuite, et le baillif tué : certains habitans, s'étant sauvés dans une tour des murailles, furent pressés de si près qu'ils se rendirent peu d'heures après.

Quelques mois après, Merle étant renforcé de bons hommes de guerre, les seigneurs de Saint-Vidal et d'Acher, et beaucoup de noblesse du Velay, de Gévaudan, d'Auvergne et du Vivarais, rassemblent des forces pour assiéger Mende, à cause des courses, prises des chevaux, que Merle faisoit ordinairement ; et s'étant donné rendez-vous en la ville et fauxbourg de Chanac, mandent un trompette à Merle s'il ne vouloit point se rendre auxdits seigneurs, que en cas qu'il ne le feroit qu'on le forceroit et tailleroit en pièces. Merle après avoir bien fait boire le trompette, lui dit qu'il notât bien sa réponse, qui étoit que lesdits seigneurs l'avoient fort souvent menacé de ce siége et de cette belle armée et qu'il lui tardoit fort de les voir ; mais que s'ils ne tenoient parole de le venir voir, qu'il les iroit voir eux. Cette réponse, rapportée par le trompette auxdits seigneurs, causa risée aux uns et dédain aux autres, d'une si arrogante réponse ; mais le bon fut que, ayant failli lesdits seigneurs partir de Chanac ledit jour pour l'aller voir, ledit Merle part de Mende sur les dix heures du soir avec cent cuirasses à cheval et deux cents arquebusiers avec des pétards, fait mettre pied à terre à une partie des cuirasses, l'autre soutenant de loin, afin que les chevaux ne donnassent l'allarme. Les cuirasses avec les deux cents arquebusiers ayant donné des coups de pétard à la porte du faubourg, du côté de Marvejols, étant les corps de garde au milieu de la grande rue de Chanac si pleins de gens de guerre que les pétards, ayant fait grand effet, tuèrent plusieurs desdits soldats, entrant pêle et mêle, firent un étrange fait : si les soldats ne se fussent pas amusés à piller et à prendre des chevaux, ils auroient forcé ces messieurs dans la ville, dans leur lit à leur aise. Merle, ayant entendu le pétard, donne dans le fauxbourg avec la troupe de cheval ; mais ayant reconnu que la prise des chevaux et le butin empêchoit les siens à passer outre pour forcer la ville, qui est entre le château et le fauxbourg, fit sonner la retraite, et retourna avec deux cents chevaux de ses ennemis à Mende, distant d'une lieue et demie.

En 1580, le seigneur de Chatillon estimant avoir plus de mérite, pour le grade de sa maison, pour commander à Mende que Merle, y ayant même l'obéissance comme général pour la pratique d'aucuns capitaines malcontens de Merle, ayant attiré Merle au siége du château de Balsiége près de Mende, ensemble bonne partie de la garnison, Chatillon se rend maître de Mende, fait refuser la porte à Merle, y établit garnison à sa dévotion. Merle, contraint de chercher retraite, surprend le château du Bois, où de là peu de temps après ayant pratiqué quelques soldats qui avoient été avec lui, passant devant la porte de Mende, il demanda un maréchal pour ferrer ses chevaux, lesquels avoient été déferrés exprès approchant de ladite ville. On lui présenta la colation, et à aucuns de sa troupe, qui pouvoient être de quinze à vingt à cheval : s'approchant de la porte, ceux qui portent la colation s'en saisirent et donnent entrée à Merle, lequel fit crier vive le Merle; de façon que la plupart de la garnison se joignit à lui, et ceux qui étoient aux tours les rendirent. Les capitaines La Roche et La Garde de Peyre, qui commandoient en l'absence de Chatillon, furent aussi saisis et mis dehors sans excès.

En ladite année 1580, monseigneur le prince de Condé ayant été pris par une garnison du duc de Savoye en Savoye, étant parti de Genève en habit déguisé, pour se rendre en Dauphiné, fut sauvé par un simple soldat de ladite garnison. Le prince étant arrivé à pied, qui ne se pouvoit soutenir du travail du chemin, n'ayant accoutumé d'aller à pied, fut honoré et bien reçu dudit seigneur des Diguières, qui lui fournit argent, chevaux et équipages, et le fit accompagner jusques avoir passé le Rhône, se rendant à Uzès et Nismes; lequel aussitôt prit le commandement, et commande au sieur de Gondin, maréchal de camp, s'acheminer avec son régiment de huit enseignes du côté de Mende, où il trouveroit les sieurs de Porquarès et de Merle, pour aviser à ôter les forts que les catholiques tenoient entre les Cevennes et Mende. Etant arrivé ledit de Gondin à Molines, près la ville d'Espagnac, et ayant conféré avec aucuns gentilshommes desdits pays des Cevennes, Porquarès s'achemina à Meirueis pour faire marcher poudres. Merle va faire partir de Mende deux canons et une bâtarde qu'il avoit fait faire, et une quantité de balles en faisant fondre la grande cloche tant renommée. Gondin alla bloquer la ville d'Espagnac avec ses troupes et quelques compagnies du pays. Etant arrivés Porquarès et Merle dans quatre jours après avec poudres, balles, et lesdits canons qui furent descendus à la descente de Molines, presque inaccessible, et la façon qui furent descendus, ayant attaché vingt paires de bœufs par derrière le canon pour le retenir, qu'ils ne prissent la descente, et tiré seulement par une paire au devant, logèrent ce même soir les canons joignant des maisons du côté de Florac. Le jour suivant, bon matin, commença la batterie ; sur le soir on se loge sur une tour faisant le coin de la ville, que le canon avoit abattu, attendant le jour d'après faire élargir la brèche et donner l'assaut; mais sur le minuit, les soldats de la garnison, en nombre de quatre-vingts ou cent, prirent telle appréhension d'être forcés, qu'ils persuadèrent M. de Lambrandes, leur gouverneur, de déloger avec eux ; ce qu'ils firent à l'instant, sortant en foule, passant la rivière de Tarn au gué, grimpant la montagne de Notre-Dame de Quezac, où aucuns furent tués, entre autres le sieur de Montoulons, et pris prisonniers les autres, se sauvant sans armes à Quezac.

Le jour suivant, Gondin avec son régiment et autres compagnies des Cevennes vont bloquer le château de Quezac; Porquarès et Merle font marcher le canon, qui fut mis en batterie sur le soir; au plus matin commence la batterie droite au château, leur ayant tiré environ deux cents coups de canon, n'étant encore la brèche raisonnable. Deux soirs après, font un trou audit château par derrière, passant certaine garde du côté de la rivière de Tarn, près du château traversent la rivière, et se sauvent la plupart par la montagne à Sainte-Eremie en Rouergue, ayant à leur sortie laissé quelques soldats en garde qui se laissent surprendre. Merle laisse dans lesdites places quelques-uns des siens pour la garde.

Quelques jours après, lesdits sieurs ayant fait telle diligence, que, bien qu'il fallût passer et repasser quatre fois à gué le canon à la rivière de Tarn, le plus souvent que le canon avoit une toise d'eau par dessus, et les bœufs à la nage, ils mirent ledit canon en batterie devant le château de Bedouès, très-fort de murailles, où il y avoit environ quatre-vingts ou cent soldats sous le capitaine Miral leur chef, qui furent enfermés dans ce château aussitôt par les troupes, où, après avoir souffert deux cent et tant de coups de canon, et la poudre manquant, se rendirent opiniâtres à se vouloir rendre; qui fit prendre résolution entre Porquarès, Merle et Gondin, c'est que Porquarès iroit à Meirueis pour avoir des poudres; Merle à Mende pour avoir des balles de canon et vivres; sous promesse que Gondin leur fit ne départir dudit siège, quelle rigueur de l'hiver qu'il fît, car il y avoit partout au plus beau un pied de neige, qu'ils ne fussent de retour; lui ayant recommandé la garde des canons, et qu'ils ne manqueroient d'être à lui dans huit jours avec leur appareil. Pendant ces entrefaites, le sieur de Vidal, gouverneur du Velai, s'avance à deux lieues de Bedouès, avec quinze cents hommes de pied et deux cents chevaux; mais, à cause des grandes neiges tombées aux montagnes qui étoient entre deux, il ne put passer; et tout ce qu'il put faire de jeter dans le château vingt soldats, conduits par le capitaine Estanières. Etant aussi averti que Gondi s'étoit bien retranché dans des faubourgs ruinés, et de même son canon, Saint-Vidal prend son chemin et se retire. Cependant les assiégés ne cessent de se moquer des assiégeans et de leur canon, qui attendoit la picorée, leur criant sans cesse. Mais, sur le douzième jour de leur partement, Porquarès et Merle arrivèrent avec la picorée pour le canon, où les ayant salués et assurés que le canon avoit reçu ses vivres, se rendent, sans avoir le jugement de demander leur vie; ce qui causa la mort d'aucuns, les chanoines mis à rançon, et tout le butin donné au régiment de Gondin; lequel ayant lettre du prince de Condé, de Nismes, comme le roi traitoit avec le roi de Navarre, lui mande le venir trouver avec son régiment, et fait retirer les autres troupes. Il conduisit le canon au château de Guezac, tenu par Merle, lequel après fit scier, et en faire son propre.

Et pour le regard du voyage de Genève, parce qu'il y a de belles particularités, je ne manquerai de vous en informer bientôt et du vrai.

FIN DES MÉMOIRES DE MATTHIEU MERLE.

TABLE

DES OUVRAGES ET DES MATIÈRES

CONTENUS DANS CE VOLUME.

Dédicace à Ludovic Vitet, VII	Notice sur Mich. de Castelnau, XIV	Notice sur Guill. de Saulx-Tavannes, XXII
Notice sur B. de Salignac, IX	Notice sur J. de Mergey, XV	
Notice sur G. de Coligny, XI	Notice sur F. de La Noue, XVII	Notice sur Marg. de Valois, XXIII
Notice sur La Chastre, XIII	Notice sur Ach. de Gamon, XX	Notice sur J.-A. de Thou, XXV
Notice sur Guill. de Rochechouart, XIII	Notice sur J. Philippi, XX	Notice sur J. Choisnin, XXXII
	Notice sur le duc de Bouillon, XXI	Notice sur Merle, XXXII

LE SIÉGE DE METZ PAR L'EMPEREUR CHARLES V,

PAR B. DE SALIGNAC.

Dédicace au roi Henri II. 1	1552 Il reçoit des renforts. 5	Thionville. 50
1552 Henry II apprend que Charles V fait des levées en Allemagne. 2	Charles V s'approche de la Moselle par Deux-Ponts. 12	1553 Levée du siége. 51
	Il commence le siége. 15	Procession à Metz en l'honneur de ce succès. Le duc de Guise fait brûler les livres des protestans. 55
François de Lorraine, duc de Guise, est envoyé à Metz. 3	Diverses escarmouches. 21	
	Attaque de la place sans succès. 31	
Il fait réparer la ville et l'approvisionne. 4	1553 L'empereur déçu se retire à	Liste des capitaines français qui étaient dans Metz. 56

GASPARD DE COLLIGNY.

SIÉGE DE SAINT-QUENTIN.

1557 Colligny reçoit l'ordre de se jeter dans Saint-Quentin. 59	1557 Il pourvoit aux fortifications. 61	1557 L'ennemi redouble ses feux. 72
	L'ennemi pousse ses tranchées. 68	Saint-Quentin et Gaspard de Colligny sont pris. 76
Il y entre de nuit. 60	Prise du connétable. 69	

LA CHASTRE.

VOYAGE DU DUC DE GUISE EN ITALIE, SON RETOUR, ET PRISE DE CALAIS ET DE THIONVILLE.

1557 Le duc de Guise est envoyé en Italie au secours du pape Paul IV. 77	1557 Le duc de Guise est rappelé en France. 79	lais. 82
	Grands préparatifs d'Henri II. 80	1558 Prise de Calais par le duc de Guise sur Wentworth. 83
Défaite de Saint-Quentin le jour de Saint-Laurent. 78	1558 Arrivée du duc de Guise, qui conçoit une attaque sur Ca-	Siége et prise de Thionville. 83
		La paix est conclue. 84

GUILLAUME DE ROCHECHOUART.

1497 Sa naissance. 85	guerres. 86	1560 Il est nommé capitaine de Vincennes. 89
1505 Il devient page de François, duc d'Angoulême. 85	1547 Il accompagne Henry II à Rheims à son sacre. 87	1565 Il est fait chevalier de l'Ordre. 89
1516 Il est envoyé en Italie. 85	1548 Il est nommé chambellan du dauphin. 88	Il termine ses arrangemens de famille. 90
Il est employé dans toutes les		

MÉMOIRES DE MICHEL DE CASTELNAU.

LIVRE PREMIER.	son fils, succède à la couronne. Il appelle au ministère le duc de Guyse et le cardinal de Lorraine, oncles de Marie	Stuart, reine d'Escosse, sa femme. Éloge du cardinal de Lorraine et du duc de Guyse. 9
1559 CHAPITRE PREMIER. — Mort du roi Henri II. François II,		

1559 CHAP. II. — Catherine de Médicis, mère du roy, s'unit avec la maison de Guyse. Cause des inimitiés entre les maisons de Guyse et de Montmorency. Anne de Montmorency, connestable de France, se retire de la cour. Mécontentement des princes du sang. 92

CHAP. III. — La maison de Guyse s'establit par le parti catholique. Punition des hérétiques. Edicts du feu roy Henri II contre eux. Divers interests touchant l'exécution desdits édicts. Exécution à mort du conseiller du Bourg. 93

CHAP. IV. — Autorité du parlement de Paris. Pouvoir du parlement d'Angleterre. Poursuites contre les protestans. Prétendues abominations desdits protestans en leurs assemblées. Opiniastreté des protestans. Peines ordonnées contre les catholiques en Angleterre. 94

CHAP. V. — Assemblées secrettes des protestans défendues par édict du roy. Le président Minard assassiné. Conspiration contre la maison de Guyse. Raison de l'exclusion des princes du sang des conseils et de l'administration du royaume. 95

CHAP. VI. — Justification de la maison de Guyse. Avilissement de l'ordre de Sainct-Michel et autres ordres et marques d'honneur. Les ordres de la Jartière et de la Toison maintenus en leur premier lustre. Les protestans de France, mal-contens du gouvernement, soulèvent le prince de Condé et l'admiral de Chastillon. Malheurs arrivés au royaume à l'occasion des guerres de la religion. 97

CHAP. VII. — Les causes générales des guerres civiles. Cause particulière de celle de France. Alliance des protestans avec les estrangers, et leurs desseins. Ils font entre eux le procès à la maison de Guyse. 98

1560 CHAP. VIII. — Récit particulier de l'entreprise d'Amboise. Desseins des religionnaires, communiqués au prince de Condé, révélés au cardinal de Lorraine. Prudence du duc de Guyse. Mauvaise conduite des conjurés. Mort de La Renaudie. Chastiment des coupables. 100

CHAP. IX. — Rigueur des ministres du roy contre les conjurés. Le cardinal de Lorraine, principale cause de l'engagement du prince de Condé dans le parti des protestans. La maison de Lorraine se sert de l'occasion pour s'aggrandir. Le duc de Guyse fait lieutenant-général. Il est dangereux de donner toute l'authorité à un seul. 101

1560 CHAP. X. — L'admiral de Chastillon et le sieur d'Andelot, son frère, mandés à la cour, se justifient par leur obéissance des soupçons que la maison de Guyse donnoit de leur intelligence avec les conjurés. Le prince de Condé mis en la disgrace du roy, et retenu en cour. Courageuse et hardie response dudict prince au roy. Il se retire. Prudence du connestable de Montmorency envoyé par le roy au parlement. 102

CHAP. XI. — La maison de Chastillon quitte la cour. Bon conseil de l'admiral à la reyne. L'édict de pacification mal gardé. Autre édict en faveur des protestans. Raisonnement de l'autheur sur la mauvaise conduite de la conspiration et entreprise d'Amboise. Diverses fautes des conjurés. 104

LIVRE SECOND.

CHAPITRE PREMIER. — Libelles publiés contre la maison de Guyse. Les religionnaires s'appuyent de la faveur des protestans d'Allemagne et d'Angleterre. Droit de la reyne Elisabeth sur la couronne d'Angleterre. Raisons des prétentions de la reyne Marie Stuart sur le mesme royaume, et de Jacques, roy d'Escosse, son fils. Droit de la maison de Suffolck, des comtes de Huntington et des comtes de Héreford. Les enfans ne se légitiment point en Angleterre par le mariage subséquent. 105

CHAP. II. — Histoire des amours de Henry VIII, roi d'Angleterre, avec Anne de Boulen, qu'il espouse nonobstant son mariage avec Catherine d'Espagne, qu'il prétend nul. Cela cause le schisme et l'hérésie en Angleterre. Le répude de Catherine improuvé par les religionnaires d'Allemagne et de Genève, qui refusent l'alliance de Henry. Raison pour laquelle le roy François Ier souhaita la nullité du premier mariage dudit roy Henry, déclaré valide en cour de Rome. Mort d'Anne de Boulen et de Thomas Morus. Raison du titre de Défenseur de la Foy porté par le roy d'Angleterre. Le roy Henry se fait chef de l'église anglicane. Continuation de ses mariages. 107

1560 CHAP. III. — Règne de Marie, reyne d'Angleterre. Refusée en mariage par Henry de Courtenay, comte de Worcester. Elisabeth, sœur et rivale de la reyne, mise en prison; délivrée par l'entremise de Philippe II, roy d'Espagne, qui prétendoit l'espouser après la mort de sa sœur. 109

CHAP. IV. — Elisabeth succède à la couronne d'Angleterre. Marie Stuart, reyne de France et d'Escosse, y prétend. Raisons d'estat pour l'abolition de la religion catholique en Angleterre. Marie Stuart insiste pour ses droits. Repartie des Anglois à ses prétentions. Elisabeth, pour s'y maintenir, brouille l'Escosse avec la France par ses intelligences avec les héretiques. Dangereux conseils de la maison de Guyse à la reyne régente d'Escosse, contre les religionnaires du pays, qui révolte le pays et ruine la religion catholique. 110

CHAP. V. — La reyne Elisabeth se déclare pour les hérétiques d'Escosse et commence la guerre avec la France. Protestation de la part du roy contre l'infraction de la paix par ladite reyne. Ses responses auxdites protestations. Dessein de la reyne d'Escosse sur l'Angleterre, et de la reyne d'Angleterre en Escosse. Traité entre les Escossois et les Anglois. 112

CHAP. VI. — Guerre en Escosse contre les François, qu'on ne peut secourir. Passage du sieur de Castelnau-Mauvissière par le Portugal, avec les galères de France. Les périls qu'il courut sur la mer avec l'armée navale. Paix faicte en Escosse. Article de ladite paix entre la France et l'Angleterre. Avantage des Anglois et désavantage des François en la guerre d'Escosse. Jugement du sieur de Castelnau sur la protection donnée par nos roys aux hérétiques et protestans. 113

CHAP. VII. — Résolution prise au conseil du roy d'arrester le prince de Condé. Il se retire en Béarn, et se fait chef des protestans. Raison pour laquelle lesdits protestans furent appelés huguenots. Nouveau différend entre les maisons de Guyse et de Montmorency. Advis donné par La Planche à la reyne mère contre ceux de Guyse. Libelles publiés contre la maison de Guyse. Le vidame de Chartres, arresté prisonnier, meurt à la Bastille. Le connestable écrit au prince de

TABLE DES MATIERES.

Condé. La maison de Guyse fait lever des troupes en Allemagne. 116

1560 Chap. VIII. — Conseil des grands du royaume convoqués à Fontainebleau. Le roy de Navarre et le prince de Condé refusent de s'y trouver, et le connestable s'y rend avec une grande suite. L'admiral présente une requeste et parle pour les huguenots. Le duc de Guyse et le cardinal de Lorraine offrent de rendre compte de l'administration des armes et des finances. Raison de la manière d'opiner dans les conseils du roy. L'archevesque de Vienne propose l'assemblée d'un concile national et des Etats du royaume. Advis de l'admiral. Réplique du duc de Guyse. Opinion du cardinal de Lorraine suivie. Réflexion sur la mort de l'admiral. 117

Chap. IX. — Les Estats du royaume assignés à Meaux. Faute du roy de Navarre de ne s'estre trouvé au conseil de Fontainebleau. Utilité de l'assemblée des Estats. L'interest de la maison de Guyse vouloit que le roy y fust le plus fort et que le connestable n'y eust pas l'authorité sur les armes de Sa Majesté. Entreprise des huguenots en Dauphiné. Le roy en accuse le prince de Condé, et mande au roy de Navarre de luy remettre le prince entre les mains. L'on fait en sorte de les faire venir à la cour sur des asseurances, et le roy de Navarre refuse l'assistance des huguenots en ce voyage. Ordres apportés à la maison de Guyse pour estre la plus forte aux Estats. Le prince de Condé mesprise les advis qu'on luy donne de ne point venir aux Estats. 119

Chap. X. — L'assignation des Estats changée de Meaux à Orléans par ceux de Guyse. Grand appareil du roy pour son voyage d'Orléans. Raison de l'invention de faire des lieutenants-généraux dans les gouvernemens des provinces du royaume. Orléans désarmé. Arrivée du roy à Orléans, et du roy de Navarre et du prince de Condé. Le prince de Condé arresté. Le roy de Navarre observé. La dame de Roye, belle-mère du prince de Condé, et autres, faicts prisonniers. Deffence de rien proposer aux Estats en faveur des huguenots. Chefs d'accusation imputés au prince de Condé. Magnanimité du dudit prince. Juges mandés pour lui faire son procès. 121

Chap. XI. — Procédure contre le prince de Condé, qui en appelle. Ruse de la cour pour le surprendre. Fautes de l'advocat Robert, son conseil. Ledit prince condamné à mort. Incompétence de ses juges. Privilège des chevaliers de l'Ordre. Si le roy peut estre juge des princes du sang et des pairs de France. Divers exemples sur ce sujet. Faute du prince de Condé. Rigueur du roy envers le prince. Le roy de Navarre en danger. 123

1560 Chap. XII. — Mort du roy François II. Le prince de Condé délivré. Réconciliation du roy de Navarre avec la maison de Guyse. Le roy de Navarre lieutenant-général du roy. Grand dessein pour la religion, échoué par la mort du roy. 125

LIVRE TROISIÈME.

Chapitre premier. — Marie Stuart, reyne d'Escosse, douairière de France, conseillée de se retirer en Escosse. Son embarquement à Calais. Son arrivée. Retour des seigneurs qui l'avoient accompagnée. Compliment de la reyne Élisabeth d'Angleterre à cette reyne. Sujet de la jalousie survenue entre ces deux reynes. Éloge d'Elisabeth, reyne d'Angleterre; douceur de son règne. Sa bonté et son affection au soulagement de ses sujets : elle ne vend point les charges et n'emprunte pas. Son apologie contre ceux qui l'ont crue encline à l'amour. L'autheur la propose pour exemple aux reynes à venir. Ledit autheur employé pour son mariage avec le duc d'Anjou. Défense faite en Angleterre, sur peine de crime de lèze-majesté, de parler de successeur à la couronne après cette reyne. 126

1561 Chap. II. — Changement arrivé en France par la mort du roy. La reyne mère faict un contre-poids des princes du sang avec la maison de Guyse. Le prince de Condé déclaré innocent. Les autres prisonniers délivrés. Le connestable de Montmorency maintient la maison royale contre ceux de Guyse. Sentimens du chancelier de L'Hospital sur les abus du clergé. Mauvaise administration des finances. Ordre apporté pour la despence du royaume. Le roy de Navarre refuse la régence. Les Estats d'Orléans licenciés sans parler de la requeste des huguenots. 129

1561 Chap. III. — Requeste présentée au roy par les huguenots, renvoyée au parlement. Diverses opinions. Edict de juillet dressé sur les délibérations du parlement. Sentimens de l'autheur en faveur dudit édict. Puissance des huguenots. La force ne sert de rien contre les héresies. L'on propose de recevoir la confession d'Ausbourg. Progrès de l'hérésie en France. Ignorance des ministres calvinistes. Prétextes des huguenots pour avoir des temples. La reyne justifiée de son intelligence avec eux. 130

Chap. IV. — Tenue du colloque de Poissy. La régence de la reyne mère confirmée. Les évesques et docteurs, et les ministres qui se trouvèrent à Poissy. Justification du cardinal de Lorraine, qu'on taxoit d'hérésie. Blasphesmes de Théodore de Bèze. Remonstrance du cardinal de Tournon au roy. Responce des docteurs catholiques à la profession de foy des huguenots, par la bouche du cardinal de Lorraine. Seconde conférence faite en particulier. Rupture du colloque sans succès. Il est dangereux d'exposer la vérité de la foy au hazard de la dispute. 133

1562 Chap. V. — Emeute au faux-bourg Saint-Marcel de Paris contre les huguenots, qui forcent l'église de Saint-Médard et la pillent. Edict de janvier en leur faveur. Réconciliation du prince de Condé et du duc de Guyse. La vérification de l'édict de janvier augmente l'hérésie. De la manière de prescher des huguenots, et leur façon de prier. Faute politique des ministres de France. Adresse des hérétiques, qui conservent quelque chose des cérémonies anciennes de l'église. Honneurs deus et rendus aux habits pontificaux. Raison de l'autheur contre le sentiment des ministres. Nécessité des cérémonies en l'église. 135

Chap. VI. — L'hérésie oblige les évesques et autres ecclésiastiques à estudier et à se réconcilier avec les lettres. Nouveauté de religion cause nouveauté en l'estat. Prières et jeusne pour la foy. Le roy de Navarre détourné du parti des protestans sous de belles espérances. Il s'unit, comme le connestable, à la maison de Guyse. Les huguenots affoiblis par ceste union. Sédition arrivée contre eux à Cahors et ailleurs. 137

Chap. VII. — Histoire du mas-

TABLE DES MATIÈRES.

sacre de Vassy. Plainte des huguenots contre ceste action, louée des catholiques. Sentiment des politiques. La reyne entre en soupçon du duc de Guyse. Réception de ce duc à Paris. Amour du peuple de Paris envers la maison de Guyse. Dévotion des Parisiens. 139

1562 CHAP. VIII. — Le roy de Navarre et ceux de son party mettent le prince de Condé hors Paris, et d'authorité y ramènent le roy, qui vouloit demeurer à Fontainebleau. Le prince de Condé et l'admiral, ayant manqué leur dessein de se rendre les plus forts auprès du roy, se saisissent d'Orléans. Persécution des huguenots à Paris. Ils s'assemblent à Orléans, font un party, et reconnaissent pour chef le prince de Condé. La qualité de prince du sang importante dans un party. Puissance du party huguenot, résolu à la guerre. Manifeste des huguenots. 141

CHAP. IX. — La reyne tasche de regagner le prince de Condé. Véritables desseins de ceste princesse. Massacre des huguenots à Sens. Guerre résolue. Livrée des huguenots, leurs raisons de faire la guerre. Déclaration du roy contre leurs prétextes. Révocation de l'édict de janvier. Prise de plusieurs villes par les huguenots. Le prince de Condé défend les excès et sacrilèges. Grand estonnement à la cour de tant de progrès. La reyne et le parlement de Paris offrent toute satisfaction au prince de Condé. Sa responce. Son manifeste envoyé aux princes estrangers. Leurs sentimens des malheurs et troubles de France. 143

CHAP. X. — Nouvelles offres des huguenots. Ceux de Guyse engagés par le pape et les catholiques contre les huguenots. Reproche des huguenots au cardinal de Lorraine. Division entre les calvinistes et les luthériens. Entreprise des huguenots sur Thoulouse. Ils s'emparent de Montauban. Synode tenu par les huguenots à Orléans. L'armée du roy marche vers Orléans. La reyne mère tasche en vain de terminer les affaires par conférence. Offres envoyées au prince de Condé avec les ordres du roy. Sa response. Profanation et sacrilèges commis par les huguenots. 146

CHAP. XI. — La reyne pratique une nouvelle conférence à Beaugency. Proposition du prince de Condé. Justification des seigneurs de son parti. Le prince insiste pour le maintien de l'édict de janvier. Rupture de la conférence. Lettre au roy de Navarre interceptée. La reyne suspecte aux huguenots. L'admiral ne veut hasarder la bataille. Blois assiégé et pris par l'armée du roy. Tours rendu au roy. Beaugency repris par le prince. Bourges réduict à l'obéissance. Angers repris sur les huguenots. Poictiers pris par le mareschal de Sainct-André, et pillé. 148

1562 CHAP. XII. — Guerre contre les huguenots en Normandie. Le sieur de Castelnau-Mauvissière employé pour le service du roy au sujet de cette guerre. Le parlement de Rouen retiré à Louviers. Le duc d'Aumale fait lieutenant-général en Normandie, par soupçon qu'on eut du duc de Bouillon, qui en estoit gouverneur. Siège de Rouen. Le sieur de Castelnau-Mauvissière continué en plusieurs emplois. Le duc de Bouillon le fait surprendre en une embuscade par les huguenots, qui le mènent au Havre. Diverses intelligences par luy pratiquées durant sa prison. On lui permet d'aller en cour. Le Havre livré aux Anglois par les huguenots. Les Anglois en mettent les François dehors. Le sieur de Castelnau-Mauvissière fait un second voyage à la cour sur sa foy, et se charge des complimens du comte de Warwick pour le roy. Son retour au Havre. Levées faites en Allemagne par le sieur d'Andelot. 150

CHAP. XIII. — Siège de Rouen et prise du fort Saincte-Catherine. Le roy tasche en vain de l'avoir par composition pour le sauver du pillage. Le sieur de Castelnau-Mauvissière traicte de sa rançon, et vient servir au siége. Pourquoy on vouloit point forcer Rouen. Le roy de Navarre blessé au siége. Rouen pris de force, pillé nonobstant les ordres du roy et les soins du duc de Guyse, et mesme par ceux de la cour, qui accoururent au butin. Le comte de Montgommery, gouverneur de Rouen, se sauve. Punition de quelques rebelles et huguenots. Modestie des Suisses au pillage de Rouen. Mort du roy de Navarre. Résolution du siége du Havre. Le sieur de Castelnau-Mauvissière y est employé. 154

LIVRE QUATRIÈME.

1562 CHAP. PREMIER. — Retour de la cour à Paris. Le comte Rhingrave et le sieur de Castelnau-Mauvissière marchent pour le siége du Havre. Belle escarmouche entre les reistres et les Anglois près de Graville. Misérable estat de la Normandie. 156

CHAP. II. — Chaalon et Mascon repris par le sieur de Tavannes sur les huguenots. Grands désordres en Provence et Dauphiné à cause du massacre de Cabrières et de Mérindol. Grande guerre en Provence entre le comte de Tende, huguenot, et le comte de Sommerive, son fils, chef du party catholique. Exploits du baron des Adrets contre le comte de Suze. Cruauté du baron des Adrets. Arrest du parlement contre les huguenots d'Orléans, qui déclaroit le prince de Condé estre prisonnier entre leurs mains. Le conseiller Sapin et l'abbé de Gastines pendus par représailles à Orléans. Leur mort vengée. Sentiment du sieur de Castelnau sur toutes les violences de part et d'autre, et sur l'inutilité de tant de secours estrangers entretenus par le roy à la ruyne de son royaume. Dangereuses intelligences des huguenots avec les Anglois et les princes d'Allemagne. Deux services importans rendus au roy en Angleterre contre le party huguenot, par le sieur de Castelnau-Mauvissière. Le roy escrit aux princes d'Allemagne pour empescher une levée de reistres par le sieur d'Andelot. Manifeste du prince de Condé contre l'arrest rendu par le parlement de Paris contre les huguenots. 157

CHAP. III. — Le prince de Condé justifie ses armes envers l'empereur. Le landgrave de Hessen favorise les levées du sieur d'Andelot. Prise de Sisteron par le comte de Sommerive. Quelques exploits du mareschal de Joyeuse en Languedoc. Grand affoiblissement des huguenots, qui se remettent par l'arrivée des reistres sous d'Andelot, et marchent droit à Paris. On les amuse en négociations. Offres et demandes du prince de Condé. Responce faite au prince. 160

CHAP. IV. — Quelques huguenots se retirent du party. Le prince de Condé songe à la retraite et décampe. L'armée du roy le suit. Diverses opinions des chefs huguenots touchant leur marche. Hardie proposition du prince de Condé de revenir à Paris. L'admiral contraire à son advis. Ils résolvent leur route en Normandie, prennent Gallardon. Les deux armées proche d'Ormoy. Le sieur de Castelnau-Mauvissière envoyé par le connestable et le duc de Guyse vers le roy et la reyne pour apporter un ordre de donner bataille. La reyne en est faschée et déplore l'estat des affaires. Son adresse pour se railler de cette députation des généraux. Le conseil du roy résout qu'un général doit se servir des occasions de combattre, sans demander conseil ny ordre à la cour. 162

1562 CHAP. V. — Le connestable et le duc de Guyse résolus au combat contre l'opinion de l'admiral, qui n'en vouloit rien croire. Fautes faites par les chefs de part et d'autre. Bataille de Dreux. Le prince tasche d'éviter le combat. Ordonnance de l'armée royale. Pourquoy le duc de Guyse ne prit point de commandement cette journée. Louange de sa valeur et de sa conduite. Forces des deux partis. Commencement du combat. Faute du prince de Condé. Mort du sieur de Montberon, fils du connestable. Le connestable blessé et pris. Grande valeur des Suisses. Exploit du duc de Guyse. Défaite des reistres du prince par le mareschal de Sainct-André. Le prince de Condé pris prisonnier par le sieur d'Amville. Louange du duc de Guyse. Faute de l'avant-garde royale. Grands devoirs de l'admiral de Chastillon en cette journée. Sa retraite. Le duc de Guyse demeuré général. 164

1563 CHAP. VI. — Observations sur la bataille de Dreux. Des morts et blessés en cette journée. Losse porte au roy la nouvelle de la victoire. Grand service du sieur de Biron. Le connestable mené à Orléans, et mis entre les mains de la princesse de Condé, sa nièce. Le prince de Condé prisonnier du duc de Guyse. L'admiral veut revenir au champ de bataille tenter un nouveau combat. Les reistres et les Allemans s'y opposent et l'empeschent. Le duc de Guyse, demeuré maistre du champ de bataille, vient saluer le roy à Rambouillet, luy fait le récit du combat et loue la valeur du connestable, du prince de Condé et du mareschal de Sainct-André, qui y fut tué. Il loue encore le duc d'Aumale et le grand-prieur, ses frères, et les sieurs d'Amville et de Martigues, et parle modestement de soy. Le duc de Guyse fait lieutenant-général pour l'absence du connestable. L'admiral éleu chef des huguenots pour l'absence du prince de Condé. Ses exploits en Berry. Le prince de Condé mené au chasteau d'Onzain. 167

1563 CHAP. VII. — Le sieur de Castelnau, après la bataille de Dreux, où il se rencontra, est renvoyé continuer le siége du Havre. Il prend Tancarville. Le roy luy en donne le commandement. Misérable estat de la Normandie entre les deux partis catholique et huguenot. L'admiral de Chastillon prend Jargeau et Sully, et se retire en Normandie. Querelle entre le mareschal de Vieilleville et le sieur de Villebon, gouverneur de Rouen. Le mareschal de Brissac envoyé lieutenant-général en Normandie, à la place du mareschal de Vieilleville. Amnistie publiée par ordre du roy, pour diminuer les troupes de l'admiral, qui escrit aux princes d'Allemagne que le roy n'est pas libre. La reyne tasche de divertir l'admiral de son voyage en Normandie, qu'il continue, et prend Caen. 169

CHAP. VIII. — Conqueste de l'admiral en Normandie. Déclaration de la reyne d'Angleterre sur le secours qu'elle luy donne. Le duc de Guyse assiége Orléans contre le conseil de plusieurs, et ainsi abandonne la Normandie à l'admiral. Le mareschal de Brissac, renfermé dans Rouen et hors d'estat de secourir la province, veut remettre son employ, n'estant point assisté. Il envoye vers le roy, et conseille la levée du siége d'Orléans pour venir secourir la Normandie. 171

CHAP. IX. — Le sieur de Castelnau-Mauvissière envoyé au roy à Blois par le mareschal de Brissac proposer ses advis. Le roy le renvoye au duc de Guyse devant Orléans. Le duc de Guyse à son arrivée le mène à l'attaque du fauxbourg de Portereau, qu'il emporte de force. Entretiens du duc de Guyse avec le sieur de Castelnau-Mauvissière, tendant à ne point quitter son entreprise. Libéralité du duc de Guyse envers les soldats blessés. En continuant le siége, le duc assemble le conseil de guerre pour entendre les ordres du sieur de Castelnau-Mauvissière. Discours du duc de Guyse contre le conseil de la levée du siége. Il ramène tous les chefs à son opinion, et fait différence du commandement des armées en guerres civiles et en guerres étrangères. Le duc de Guyse proposé la levée du ban et arrière-ban, et de faire une grande armée commandée par le roy, et s'en promet en peu de mois la ruine des rebelles et la paix du royaume. 173

1563 CHAP. X. — Le sieur de Castelnau-Mauvissière retourne vers le roy, qui approuve la résolution prise par le duc de Guyse, et renvoye le sieur de Castelnau-Mauvissière en Normandie vers le mareschal de Brissac. Histoire de l'assassinat du duc de Guyse par Poltrot. Prise de Poltrot. Les huguenots s'excusent et se purgent de ce meurtre, qui causa de grands malheurs. Continuation du siége d'Orléans. Poltrot tiré a quatre chevaux. Les charges du duc de Guyse continuées à son fils. Réflexion de l'autheur sur la mort tragique de tous les chefs des deux partis. 177

CHAP. XI. — Prise de Vienne par le duc de Nemours, qui entreprend sans effet sur la ville de Lyon et défait le baron des Adrets. Autre défaite des huguenots, et prise d'Annonay par le sieur de Sainct-Chaumont. Le duc de Nemours pratique le baron des Adrets, lequel le sieur de Mouvans retient prisonnier. 178

CHAP. XII. — La reyne moyenne une trêve. Entrevue du prince de Condé et du connestable. Raisons qui portoient la reyne à la paix. Dangereux estat de la France. Desseins des Anglois en France. La paix, souhaitée des deux partis, conclue, et à quelles conditions. Difficultés apportées à la vérification du traité par quelques parlemens Cette paix arreste les progrès de l'admiral en Normandie. Le prince de Condé le rappelle de Normandie. L'admiral se plaint de la précipitation de la paix. Aliénation des biens ecclésiastiques pour la subvention. 179

LIVRE CINQUIÈME.

CHAPITRE PREMIER. — Estat misérable de la France avant la paix. Confusion estrange de tous les ordres durant la guerre. Justification de cette paix et de l'édict de mars. La division fomentée en France par l'ambassadeur d'Angleterre, qui y engagea sa maistresse. Ses raisons pour la persuader d'appuyer le party huguenot. Prétexte de cette reyne. 182

1563 CHAP. II. — Le Havre assiégé par l'armée du roy. Les Anglois mettent tous les François hors de la place. Le connestable les somme de se rendre. Response des Anglois. Batterie du Havre. Progrès du siége. Mort du sieur de Richelieu. Batterie ordonnée par le mareschal de Montmorency. On empesche le secours. Bon service du sieur d'Estrées, grand-maistre de l'artillerie, et des mareschaux de Brissac et de Bourdillon. 183

CHAP. III. — Lettre des Anglois interceptée. Prudence de L'Aubespine, secrétaire d'estat. Grand service du prince de Condé et du duc de Montpensier au siége du Havre. Grande incommodité des assiégés. Le comte de Warwick parlemente. Prudence du connestable à la capitulation des assiégés. Conditions de la réduction du Havre. Grand service du connestable de Montmorency en la prompte exécution de ce siége. Grand secours d'Angleterre, arrivé deux jours trop tard. Civilité de la reyne envers l'admiral d'Angleterre, chef du secours. Exécution du traité du Havre. Sarlabos fait gouverneur de la place. 185

CHAP. IV. — Grand dessein sans effet d'un hospital fondé pour les soldats estropiés. Le sieur de Castelnau-Mauvissière prie le roy de le descharger du commandement de Tancarville. Le roy l'envoye au-devant des ambassadeurs d'Angleterre, Smyth et Throkmorton. Il arreste Throkmorton de la part du roy, et l'envoye au chasteau de Sainct-Germain-en-Laye. Raisons de sa détention. Smyth pareillement arresté par le sieur de Castelnau, en haine du mauvais traitement fait au sieur de Foix, ambassadeur de France en Angleterre. Prudence de Smyth, et ses bonnes intentions pour la paix des deux couronnes. Il refuse au sieur de Castelnau de traiter d'une trève, et propose de traiter de la paix. Le roy fait négocier avec luy par le sieur de Castelnau, qui le met en liberté. Le roy déclaré majeur au parlement de Rouen. Cheute dangereuse de la reyne, laquelle continue le traité de la paix d'Angleterre par l'entremise dudit sieur de Castelnau, qui met Smyth en pleine liberté et l'amène à Paris, où la cour se rendit. 187

1563 CHAP. V. — La douairière de Guyse accuse l'admiral de la mort de son mary et demande justice au roy. Punition d'un sacrilége exécrable commis à Paris contre la saincte hostie. Mort du mareschal de Brissac. Le seigneur Bourdillon succède à sa charge. Les ecclésiastiques obtiennent faculté de racheter les biens aliénés pour la subvention. Le roy va à Fontainebleau recevoir plusieurs ambassadeurs des princes catholiques, qui proposent et offrent assistance pour la ruine des hérétiques et rebelles, pour le faire rentrer en guerre. Le roy veut garder la paix jurée. Les Bourguignons demandent qu'il n'y ait point d'exercice de la religion prétendue en leur province. Nouvelle secte des déistes et trinitistes découverte à Lyon. 189

1564 CHAP. VI. — Divertissemens de la cour à Fontainebleau. Adresse et vaillance du prince de Condé. Festins faits par la reyne mère. Tournoy de douze Grecs contre douze Troyens, dont fut le sieur de Castelnau, comme aussi d'une belle tragi-comédie. Adventure de la tour enchantée, entreprise par le roy et son frère. 191

CHAP. VII. — Continuation de la haine entre ceux de Guyse et l'admiral. Pourparler de paix avec l'Angleterre, où le sieur de Castelnau est employé de la part du roy. Voyage du roy par toute la France pour affermir la paix des provinces. Négociations de la paix d'Angleterre conclue à Troyes. Difficulté terminée pour la prétention des Anglois sur Calais. 192

CHAP. VIII. — Le sieur de Castelnau député par le roy vers la reyne d'Angleterre pour l'exécution de la paix. La reyne d'Angleterre feint des difficultés de l'accepter, et blasme ses ambassadeurs. Solemnité de la publication de la paix. La reyne fait disner avec elle le sieur de Castelnau au festin qu'elle fit aux grands de sa cour. Plainte faite par la reyne d'Angleterre de la conduite de quelques seigneurs de France qu'elle avoit en ostage. Le sieur de Castelnau l'appaise et obtient leur liberté. Libéralité de la reyne d'Angleterre envers le sieur de Castelnau à son retour. Le roy, fort content de la négociation du sieur de Castelnau, accepte l'ordre de la Jarretière. 193

1564 CHAP. IX. — Le cardinal de Lorraine, à son retour du concile de Trente, sollicite chaudement la vengeance de la mort du duc de Guyse, son frère. Procès fait à Rome contre la reine de Navarre, et ses estats mis en interdit, à quoy le roy s'oppose, et le pape demeure ferme en son entreprise. Voyage du roy à Nancy. Le roy, sollicité de rompre la paix avec les huguenots, le refuse. La publication du concile de Trente refusée par les parlemens de France. Importance du voyage du roy, et de la nécessité qui oblige les roys en France de donner accès à leurs sujets, et de prendre connaissance des affaires de leur estat. 194

CHAP. X. — Belle réception du roy en Bourgogne. Fruit de ses voyages de Dauphiné et Languedoc. Citadelle bastie à Lyon par la reyne, à laquelle la maison de Lorraine et le roy d'Espagne taschent de persuader de rompre la paix pour ruiner les hérétiques. Intérest des particuliers et du roy d'Espagne en cette rupture. Le roy reçoit l'Ordre d'Angleterre, et va à Roussillon, où il reçoit visite du duc et de la duchesse de Savoye. Edict de Roussillon. Divers remuemens et plaintes réciproques des catholiques et des huguenots. Réglemens politiques en faveur des huguenots. 196

CHAP. XI. — Le sieur de Castelnau-Mauvissière renvoyé en Angleterre proposer le mariage du roy avec la reyne Elisabeth. Sage response de cette reyne. Les seigneurs anglois souhaitent le duc d'Anjou pour mary de leur reyne. Le sieur de Castelnau passe d'Angleterre en Escosse pour parler du mariage du duc d'Anjou avec la reyne Marie Stuart. Estat florissant de la reyne d'Escosse. Plusieurs princes la recherchent en mariage. Elle advoue que l'intérest de grandeur luy feroit préférer le prince Charles d'Espagne au duc d'Anjou. 197

CHAP. XII. — La reyne d'Angleterre, par raison d'estat, appréhende l'alliance de Marie Stuart avec quelque prince puissant. Elle moyenne adroitement son mariage avec Henry Stuart, seigneur de

TABLE DES MATIERES. 757

d'Arnlay, sous des prétextes fort spécieux. Raison de la prétention de Henry sur la couronne d'Angleterre. Les principaux seigneurs d'Escosse pratiqués pour faire réussir ce mariage. Leurs raisons pour y faire consentir leur reyne. Le seigneur de d'Arnlay tasche de gagner le sieur de Castelnau, qui n'y avoit pas d'inclination. La reyne d'Escosse le prie d'en escrire en France, où le mariage fut approuvé par politique. Elle l'engage d'aller exprès devers le roy Charles IX. La reyne d'Angleterre fait mine d'improuver ce mariage. 199

1564 CHAP. XIII. — Le sieur de Castelnau renvoyé par le roy en Angleterre pour le mariage du duc d'Anjou, ou pour favoriser celuy du comte de Leicester avec la reyne Elisabeth. Elle reçoit ses propositions avec grande satisfaction et se loue de sa conduite en tous ses emplois auprès d'elle. Sa response. Elle feint tousjours de ne point approuver le mariage de Marie Stuart, que le sieur de Castelnau trouve fait à son retour en Escosse. Le roy et la reyne d'Escosse renouvellent l'alliance avec la France. Le roy d'Escosse fait chevalier de l'ordre de Sainct-Michel. Ils se brouillent avec la reyne d'Angleterre. Le sieur de Castelnau employé par le roy pour leur réconciliation. Esprit altier de Marie Stuart. Malheureux succès de son mariage. Il met les deux reynes d'accord. Jalousie entre le roy et la reyne d'Escosse, cause de nouveaux troubles. Ingratitude du roy, qui fait tuer le secrétaire de la reyne. Mort tragique du roy. La reyne est chassée et se retire en Angleterre. Raison d'Elisabeth pour l'arrester prisonnière. Son courage dans sa prison. Le roy Jacques, son fils, au pouvoir de ses sujets. 201

LIVRE SIXIÈME.

1565 CHAPITRE PREMIER. — Nouvelles émotions en France entre les catholiques et les huguenots. Le roy ordonne l'exécution de l'édict de pacification. Grand hyver en France. Le sieur de Castelnau envoyé par le roy en Savoye. Entrevue du roy avec la reyne d'Espagne suspecte aux huguenots, qui brassent une contre-ligue avec les princes et peuples protestans, et font dessein sur les Pays-Bas. Les seigneurs et villes des Pays-Bas demandent au roy d'Espagne de faire retirer les garnisons espagnoles et d'abolir l'inquisition. Les Espagnols rappelés de Flandre. La duchesse de Parme faite gouvernante des Pays-Bas. Le cardinal de Granvelle, son conseil, veut maintenir l'inquisition. Les seigneurs du pays le chassent, demandent libre exercice de la nouvelle religion, qui leur est refusé. 203

1565 CHAP. II. — Le cardinal de Lorraine, voulant entrer à Paris en grande suite, est désarmé par le mareschal de Montmorency. Haine mortelle entre ces deux seigneurs. Le roy remet à juger leur différend à son retour à Paris. Il accorde les maisons de Guyse et de Chastillon, et réconcilie le cardinal de Guyse et le mareschal de Montmorency. La reyne mère recherche l'alliance de l'empereur et l'amitié des catholiques. Défiance des huguenots; ils soupçonnent quelque intelligence entre le roy et le duc d'Alve. L'admiral tasche de donner ombrage au roy des desseins de ce duc, et fait une belle remonstrance sur la conduite espagnole. Le peu de compte qu'on en fait augmente les défiances du prince de Condé et de l'admiral. 204

1566 CHAP. III. — Advis des huguenots aux Flamands sur l'arrivée du duc d'Alve, par le libelle intitulé le Sacré Concile. Requeste des religionnaires de Flandre pour abolir l'inquisition. Leur association, leur devise, et la raison du mot de gueux à eux donné. Liberté de religion accordée en Flandre par la duchesse de Parme, révoquée par ordre du roy d'Espagne. Retraite du prince d'Orange, qui veille à sa seureté. Le duc d'Alve passe, avec une armée, d'Italie en Flandre, par la France. Les huguenots continuent leurs soupçons de quelque intelligence, se préparent à la deffensive, et se plaignent par manifestes. Divers jugemens sur leur dessein de se saisir de la personne du roy. Service du sieur de Castelnau-Mauvissière et de ses deux frères en cette occasion. 206

1567 CHAP. IV. — Le sieur de Castelnau-Mauvissière envoyé par le roy complimenter la duchesse de Parme et le duc d'Alve, son successeur au gouvernement des Pays-Bas. Il découvre, en retournant à la cour, la conspiration faite par les huguenots pour surprendre le roy. Il en donne advis à la cour, qui n'en veut rien croire. Le connestable s'en moque. Le chancelier de L'Hospital en blasme le sieur de Castelnau. Advis au roy des assemblées que faisoit l'admiral. La reyne commence à s'en défier, et envoye aux nouvelles Vespasien de Castelnau, frère du sieur de Mauvissière, qui découvre tout ce qui se brassoit. La cour ne se peut résoudre à en rien croire, et le connestable mesme, qui menace les deux frères de Castelnau. Nouvelle confirmation de l'entreprise de l'admiral par Titus de Castelnau, autre frère du sieur de Mauvissière. 208

1567 CHAP. V. — Le sieur de Mauvissière et ses frères envoyés pour apprendre de certaines nouvelles de la marche des conjurés. Ledit sieur de Mauvissière se saisit contre eux du pont de Trillebardou. La cour, fort surprise, délibère et résout de remener le roy de Meaux à Paris. Le mareschal de Montmorency député vers l'admiral; et le sieur de Castelnau, despesché à Paris, amène du secours au roy. Dessein des huguenots avorté. Leur response au mareschal de Montmorency. Leurs hostilités contre Paris. Le roy se prépare contre eux et mande de ses forces. 210

CHAP. VI. — Le sieur de Castelnau-Mauvissière va, par ordre du roy, demander secours au duc d'Alve. Les huguenots s'opposent à son voyage et le repoussent dans Paris. Il prend un autre chemin, et arrive en Flandre avec beaucoup de difficulté. Sa négociation avec le duc d'Alve, qui agit avec plus d'ostentation que d'effet, et refuse le congé de venir servir le roy à plusieurs capitaines espagnols et italiens de son armée. Le duc l'amuse malicieusement pour donner temps aux huguenots de se fortifier et d'entretenir la guerre en France. Il refuse le secours tel qu'on lui demande, et fait d'autres offres pour son avantage. Le sieur de Castelnau le remercie de ses lansknets, et accepte un corps de troupes sous le comte d'Aremberg. Le sieur de Castelnau se met en marche avec le secours, qui refuse la route ordonnée par le roy, ayant ordre du duc d'Alve de ne point combattre. Les huguenots affoiblissent leurs troupes en les séparant pour en envoyer partie au-devant du secours. Le roy fait marcher son armée vers Sainct-Denis, après quelques vains pourparlers de paix, les huguenots demandans l'exécution de l'édict de pacification et l'éloignement de la maison de Guyse, qu'ils disoient prétendre au royaume. 212

1567 CHAP. VII. — Le connestable de Montmorency marche en bataille vers Sainct-Denis. Le prince de Condé, quoique plus foible, sort de la ville pour le combattre. Ordre de sa bataille. Bataille de Sainct-Denis. Vaillance du connestable et du mareschal de Montmorency, son fils. Le champ de bataille demeure au roy. Le connestable blessé. Sa mort, son éloge. Question de guerre touchant l'honneur de la bataille; s'il consiste en la quantité des morts ou au gain du champ. Les huguenots reviennent le lendemain au champ de bataille. Arrivée du comte d'Aremberg auprès du roy. Entrée en France du duc Jean-Casimir, avec les reistres, au secours des huguenots. 215

CHAP. VIII. — Suppression de l'office de connestable. Le duc d'Anjou, frère du roy, fait lieutenant-général. Le duc d'Aumale envoyé contre les reistres avec le sieur de Tavannes. Le duc d'Anjou fait abandonner Montereau-faut-Yonne aux huguenots, qui marchent pour joindre Casimir. Remarque du sieur de Castelnau touchant la personne de l'électeur palatin, père de Casimir. Occasion manquée de combattre les huguenots à Nostre-Dame-de-l'Espine. La reyne tasche de faire la paix par l'entremise du mareschal de Montmorency. Bernardin Bochetel, évêque de Rennes, envoyé ambassadeur vers l'empereur et les princes d'Allemagne, pour faire voir les mauvais desseins des huguenots sur la France. L'électeur palatin et Casimir, son fils, continuent d'appuyer le party huguenot. Leurs intérêts dans cette guerre. Le roy veut aussi avoir des reistres à son service. Offres faites au prince de Condé. Le sieur de Castelnau maintient qu'un roy peut traiter avec ses sujets, et leur doit garder sa foy et sa parole. 217

1568 CHAP. IX. — Les huguenots joignent leurs reistres. Le sieur de Castelnau envoyé par le roy en Champagne, vers ceux de la maison de Guyse, pour les porter à combattre les reistres, ce qu'ils refusent. Progrès des huguenots en Bourgogne, Provence, Dauphiné et Languedoc. Prise de Blois par le sieur de Mouvans. La foy violée dans les deux partis. Chartres assiégé par les huguenots. Le sieur de Castelnau-Mauvissière envoyé demander secours pour le roy au duc Jean-Guillaume de Saxe, qui amène cinq mille chevaux. 219

1568 CHAP. X. — Arrivée du sieur de Castelnau-Mauvissière avec le secours. Il est mal reconnu de son service, parce qu'on avoit changé d'advis, et qu'on inclinoit à la paix. On le renvoye vers le duc de Saxe pour le remercier de son service et le congédier. Raisons données au duc par le sieur de Castelnau. Le duc se plaint du roy. Ses raisons et ses sentimens. Le sieur de Castelnau l'appaise et le conduit à la cour.

CHAP. XI. — Paix faite avec les huguenots. Raisons des huguenots pour la souhaiter, quoyque douteuse. Le roy s'oblige par le traité de satisfaire Casimir. Louange du sieur de Morvillier. Le sieur de Castelnau-Mauvissière employé pour le traité et pour mettre les reistres hors du royaume, et en mesme temps député vers le duc d'Alve pour le remercier de son assistance. Le duc fasché de la paix. Grandes difficultés pour traiter avec Casimir, qui veut rentrer en France et venir vers Paris. Le roy conseillé de le faire combattre, et de rappeller pour cet effet le duc Jean-Guillaume de Saxe, son beau-frère, qui s'offre de servir contre luy. Le sieur de Castelnau-Mauvissière, commissaire du roy, menace les reistres et le duc Casimir, qui luy donnent des gardes et le retiennent. Enfin il est obligé de traiter, et les met hors de France. Le roy, pour recognoistre les grands services du sieur de Castelnau, luy donne le gouvernement de Sainct-Disier, qui depuis luy fut osté sans récompense. 222

—

LIVRE SEPTIÈME.

CHAPITRE PREMIER. — La paix publiée à Paris, troublée par des deffiances mutuelles et par l'ambition des grands. La Rochelle refuse l'obéyssance, et les huguenots de France arment pour le secours de ceux des Pays-Bas. Coqueville défait et décapité. Bulles pour l'aliénation du temporel des ecclésiastiques, suspectes aux huguenots, et autres motifs de leur défiance. Le prince de Condé et l'admiral se retirent à La Rochelle. Le cardinal de Chastillon se sauve en Angleterre. Tout se dispose à la guerre, et la reyne de Navarre se jette dans La Rochelle avec son fils. Le sieur d'Andelot et autres chefs huguenots s'y vont joindre. 225

1568 CHAP. II. — Le roy révoque les édicts faits en faveur des huguenots et de l'exercice de religion. Prise de plusieurs places en Poictou et pays d'Aunis par les huguenots. Leur défaite à Messignac par le duc de Montpensier. Le sieur d'Acier joint le prince de Condé. Le duc d'Anjou vient contre luy avec toutes les forces de France. Stratagesme du vicomte de Martigues pour sa retraite. Le prince de Condé se saisit de l'abbaye de Sainct-Florent, présente la bataille au duc d'Anjou. Les huguenots vendent les biens de l'église. La reyne d'Angleterre envoye des munitions à La Rochelle. 227

1569 CHAP. III. — La reyne mère offre la paix au prince de Condé. Siége de Sancerre par les catholiques levé. Prise de l'abbaye de Saint-Michel et des places de Saincte-Foy et Bergerac par les huguenots. Défaite de Montgommery; son entreprise sur Lusignan manquée. Entreprise sur Dieppe par Cateville et Lyndebeuf, découverts et chastiés. Autre entreprise des huguenots sur le Havre. Exploits du duc d'Anjou en Angoumois. Son dessein sur Coignac. Il passe la Charente pour aller aux ennemis. Son stratagesme pour leur oster la cognoissance de son passage. 228

CHAP. IV. — Le duc d'Anjou se prépare à donner bataille. Premières approches de la bataille de Jarnac. Le sieur de Castelnau-Mauvissière employé en cette fameuse journée. L'admiral contraint d'accepter le combat. Attaque du duc de Montpensier. Arrivée du prince de Condé au combat. Il charge le duc d'Anjou. Sa mort. Défaite des huguenots. Leur retraite, et du sieur d'Acier. Nombre des morts et des prisonniers à la

TABLE DES MATIÈRES.

bataille de Jarnac. Le duc d'Anjou donne au duc de Longueville le corps du prince de Condé, et dépesche à la cour le sieur de Castelnau-Mauvissière. 230

1569 CHAP. V. — Le sieur de Castelnau-Mauvissière, envoyé par le roy querir du secours en Allemagne, l'amène en quinze jours; est renvoyé en Flandre vers le duc d'Alve pour un autre secours. Raison du secours promis par le duc d'Alve. Vanité du duc d'Alve, ses exécutions sanglantes aux Pays-Bas. Diligence du sieur de Castelnau-Mauvissière en la conduite du secours donné au roy par le duc d'Alve. Mésintelligence pernicieuse entre les ducs de Nemours et d'Aumale, favorable au passage du duc des Deux-Ponts. Escarmouche de Nuÿts. Le duc des Deux-Ponts passe partout à la vue de nostre armée par la faute des chefs; prend la ville de La Charité-sur-Loire. 232

CHAP. VI. — Importance de la perte de La Charité. Le roy de Navarre fait chef du party huguenot par la mort du prince de Condé, conjointement avec le jeune prince de Condé. Le sieur de Castelnau-Mauvissière envoyé à la cour par le duc d'Aumale, renvoyé par le roy au duc d'Anjou. Exploits du duc d'Anjou en Xaintonge, Angoumois et Limousin. Mécontentement de son armée. La reyne mère vient à Limoges pour y mettre ordre. Subvention des ecclésiastiques de France par la vente de leur temporel. Le sieur de Terride fait la guerre à la reyne de Navarre. Mort du duc des Deux-Ponts. L'admiral arrive à l'armée du duc. Médaille de la reyne de Navarre, et sa devise. Remonstrance des hugueuots au roy, et leur manifeste. Response du roy. Lettres et protestations de l'admiral au mareschal de Montmorency. 234

CHAP. VII. — La reyne veut voir en bataille l'armée du duc d'Anjou, qui vouloit combattre les huguenots. L'admiral le vient attaquer; et, après une sanglante escarmouche, les deux armées se séparent. Le comte de Lude assiégé Niort; il est contraint de lever le siège, et les huguenots prennent plusieurs places en Poictou. Dessein de l'admiral sur le Poictou. Le duc de Guyse se jette dans Poictiers. Attaque des fauxbourgs de Poictiers, secourus par le duc de Guyse, et enfin emportés. Poictiers assiégé par l'admiral. Les sieurs d'Onoux et de Briançon tués au siège. Le duc de Guyse et le comte de Lude encouragent les habitans. Grand service du duc de Guyse en la défense de Poictiers, et du comte de Lude. Second assaut bravement soutenu par ceux de Poictiers. Siège de Chastelleraut par le duc d'Anjou pour faire diversion et faire lever celuy de Poictiers. 237

1569 CHAP. VIII. — Voyage du comte de Montgommery en Béarn, au secours de la reyne de Navarre contre le sieur de Terride. Il fait lever le siège de Navarrin, prend Ortez, et fait Terride prisonnier contre la foy de la capitulation; restablit la reyne de Navarre, et revient joindre l'armée des princes. Surprise d'Aurillac par les huguenots. Levée du siège de La Charité par les catholiques. Continuation du siège de Chastelleraut. Assaut donné à ladite ville par les Italiens. L'admiral lève le siège de Poictiers pour secourir Chastelleraut, qu'il secourt, et le duc d'Anjou quitte le siège et ravitaille Poictiers. Arrest de mort contre l'admiral, le comte de Montgommery et le vidame de Chartres. La teste de l'admiral mise à prix. Sentiment de l'autheur sur cette proscription. Grand service des sieurs de Biron et de Tavannes. L'admiral présente la bataille au duc d'Anjou, qui fortifie son armée et le suit vers Montcontour, qu'il avoit pris. Advantage du duc d'Anjou en un combat. 240

CHAP. IX. — Le duc d'Anjou poursuit les ennemis pour les combattre. Disposition de l'armée du duc. Disposition de celle de l'admiral. Bataille de Montcontour. Seconde charge. Le marquis de Bade tué. Troisième charge par le duc d'Anjou, qui fut renversé par terre. Grand service des sieurs de Tavannes et de Biron, et du mareschal de Cossé. Défaite et retraite des huguenots. Nombre des morts, des prisonniers et des blessés. Les huguenots se retirent à Partenay. Ils députent vers leurs alliés, et fuyent devant les victorieux. 242

1569 CHAP. X. — Exploits du duc d'Anjou. Surprise de Nismes par les huguenots. Siège de Saint-Jean-d'Angely par le duc d'Anjou. Brave résistance de Piles. Conditions proposées pour la réduction de cette ville, accordées par le sieur de Piles. Xaintes abandonnée par les huguenots. Secours jetté dans Sainct-Jean-d'Angely par Sainct-Surin. Continuation du siège. Réduction de Sainct-Jean-d'Angely à l'obéyssance du roy. Mort du vicomte de Martigues et d'autres audit siège. Entrée du roy en la ville. Le sieur de Castelnau-Mauvissière envoyé par la reyne Catherine pour proposer la paix à la reyne de Navarre. Response de la reyne de Navarre au sieur de Castelnau-Mauvissière, et ses plaintes contre le conseil du roy. 245

CHAP. XI. — Entreprise des huguenots sur la ville de Bourges découverte. Exploits du comte de Lude en Bas-Poictou, et du baron de La Garde, général des galères. Le baron de La Garde, repoussé de devant Tonnay-Charante, se saisit de Brouage. Le sieur de La Noue reprend Marans sur les catholiques, et autres places. Il défait le sieur de Puy-Gaillard, et continue ses conquestes. 247

1570 CHAP. XII. — Grand voyage de l'armée des princes, afin de faire de l'argent pour le payement des reistres. Leur dessein de revenir devant Paris. Grandes difficultés à l'exécution de leurs projets. Response du roy sur les propositions de paix faites par les huguenots. Les princes et l'admiral refusent les conditions offertes par le roy. Le mareschal de Cossé envoyé contre eux. Il présente la bataille devant René-le-Duc à l'admiral, qui l'évite prudemment. Escarmouche entre les deux armées. Le mareschal revient vers Paris pour le deffendre en cas d'attaque. La paix faite avec les princes et le party huguenot, nonobstant les oppositions du pape et du roy d'Espagne. Grands emplois et belles négociations du sieur de Castelnau-Mauvissière pour le service du roy. Sentiment dudit sieur de Castelnau touchant les guerres faites pour la religion. 249

TABLE DES MATIERES.

MÉMOIRES DE J. DE MERGEY.

1540 Naissance de Mergey. 252
1548 Il est mis au collége. 252
1550 Il est placé dans un monastère. 252
Il en sort pour être confié à M. de Polizy. 252
1554 Il est confié à Des-Chenets, chevalier de l'Ordre. 252
Il l'accompagne dans ses expéditions. 253
Il tue un soldat ennemi. 253
1555 Il est mis hors des pages. 254
1557 Défaite de Saint-Quentin. 255

1557 Il est fait prisonnier. 256
Il se rachète, puis préfère rester avec le comte de La Rochefoucault. 257
1558 Le comte et lui sont mis à rançon après une tentative de fuite et une maladie. 260
Il devient amoureux d'Anne de Courcelle. 261
1562 Il l'épouse, puis est envoyé à la reine mère. 261
Il vient rendre compte de sa mission. 263

1562 Bataille de Dreux. 264
1569 Bataille de Montcontour. 268
1572 Le roi de Navarre arrive à la cour. 269
Journée de la Saint-Barthélemy. Comment il y échappe. 270
1573 Le duc d'Anjou est nommé roi de Pologne. 273
1589 M. de Guise prisonnier à Tours. 274
1613 Mergey termine ses Mémoires. 275

MÉMOIRES DE FRANÇOIS DE LA NOUE.

PREMIERS TROUBLES.

1562 CHAPITRE PREMIER. — Comment ceux de la religion eussent été prévenus au commencement de la première guerre civile sans l'accident de Vassy. 276

CHAP. II. — A sçavoir si M. le prince de Condé fit un si grant erreur aux premiers troubles, comme plusieurs ont dict, de ne s'estre point saisi de la cour ou de Paris. 278

CHAP. III. — De trois choses que j'ay remarquées, qui arrivèrent avant que les armées se missent en campagne; dont l'une fut plaisante, l'autre artificieuse, et la tierce lamentable. 279

CHAP. IV. — De la promesse que fit M. le prince de Condé à la royne, un peu légèrement, de sortir hors du royaume de France, et de ce qui empescha qu'elle ne fust accomplie. 281

CHAP. V. — Par quelle action la guerre commença à s'ouvrir manifestement entre les deux armées. 284

CHAP. VI. — De la bonne discipline qui fut observée parmy les bandes, tant de cheval que de pied, de M. le prince de Condé, seulement l'espace de deux mois; puis de la naissance de la picorée. 286

CHAP. VII. — Pour quelles raisons l'armée de M. le prince de Condé se dissipa après la prise de Boisgency; et comme il tourna ceste nécessité en utilité; et du dessein de celle du roy de Navarre. 287

CHAP. VIII. — Que, sans le secours estranger qu'amena M. d'Andelot, les affaires de ceux de la religion estoient en très mauvais estat, et les courages de plusieurs fort abatus, tant pour la prise de Bourges et Rouen que pour la défaite de M. de Duras. 289

1562 CHAP. IX. — Du dessein que prit M. le prince de Condé, voyant les forces estrangères approcher, et comme il s'alla présenter devant Paris, où ayant séjourné onze jours sans faire nul effet, il s'achemina vers la Normandie. 291

CHAP. X. — Du siége mis par M. de Guyse devant Orléans, et du voyage que fit M. l'admiral en Normandie. 293

1563 CHAP. XI. — De six choses remarquables advenues à la bataille de Dreux. 296

SECONDS TROUBLES.

1567 CHAP. XII. — Des causes de la prise des armes aux seconds troubles; et comme les desseins sur quoy ceux de la religion s'estoient appuyés se trouvèrent vains. 298

CHAP. XIII. — Que trois choses que le prince de Condé attenta rendirent le commencement de son entreprise fort superbe; dont les catholiques furent d'abord estonnés. 302

CHAP. XIV. — De ce qui avint au deslogement de Sainct-Denis, qui est plus digne d'estre remarqué. 303

CHAP. XV. — Du voyage qui se fit vers la Lorraine par les deux armées à diverses fins. 305

1568 CHAP. XVI. — Du retour des deux armées vers Orléans et Paris, et la manière que tenoit le prince de Condé pour faire vivre, marcher et loger la sienne. 307

CHAP. XVII. — Des nouvelles forces de diverses provinces qui se trouvèrent à Orléans, ce qui convia M. le prince de Condé d'entreprendre le voyage de Chartres. 308

CHAP. XVIII. — De la seconde paix, qui fut faite à Lonjumeau. 310

TROISIESMES TROUBLES.

1568 CHAP. XIX. — De la diligente retraite de ceux de la religion aux troisiesmes troubles, et de la belle résolution de M. de Martigues quand il vint à Saumur. 311

CHAP. XX. — Que le temps qu'on donna à M. le prince de Condé, après s'estre retiré à La Rochelle, sans luy jeter aucune armée sur les bras, luy servit de moyen de se prévaloir d'une grande province, sans le soustien de laquelle il n'eust peu continuer la guerre. 313

CHAP. XXI. — Des premiers progrès des deux armées, lors qu'estant en leur fleur elles cherchoient avec pareil désir de s'entre-combattre. 314

CHAP. XXII. — Que les deux armées, en s'entre-voulant vaincre, ne peurent pas seulement se combattre, et comme la rigueur du temps les sépara, ruinant quasi l'une et l'autre armée en cinq jours. 318

1569 CHAP. XXIII. — De la mort de M. le prince de Condé à Bassac. 321

CHAP. XXIV. — Du mémorable passage du duc des Deux-Ponts, depuis les bords du Rhin jusques en Aquitaine. 323

CHAP. XXV. — Du siége de Poictiers. 326

CHAP. XXVI. — De la bataille de Moncontour. 328

CHAP. XXVII. — Que le siége de Saint-Jean-d'Angely fut la ressource de ceux de la religion. 330

CHAP. XXVIII. — Que la ville de La Rochelle ne servit pas moins à ceux de la religion qu'avoit fait Orléans aux troubles passés. 332

CHAP. XXIX. — Qu'en neuf mois l'armée de messieurs les princes fit près de trois

TABLE DES MATIERES. 761

cents lieues, tournoyant quasi le royaume de France, et de ce qui luy succéda en ce voyage. 333
1570 CHAP. XXX. — Des causes de la troisiesme paix, la comparaison d'icelle avec les précédentes, et si elles ont été nécessaires. 336

MÉMOIRES D'ACHILLE GAMON.

1558 Gamon est élu consul d'Annonay. 339
1559-1560 Assemblées des Etats de Languedoc à Beaucaire et à Montpellier pour payer les dettes du roi. 339
Chabot, avocat de Nîmes, y parle vivement contre les ecclésiastiques. 339
1561 Progrès de la réforme. Massacre de Vassy. 340
Prise d'Annonay par les catholiques, qui y portent le fer et le feu. 341
1563 Edit de pacification. 341
1567 On reprend les armes. 341
Annonay est pris et repris. 342
1572 Saint-Barthélemy. 343
1573 Edit pour la liberté de conscience, mais les gouverneurs déclarent que l'intention du roi est qu'il n'y ait qu'une religion en France. 344
1574 Troubles dans les villes et villages. 345
Henry III revient de Pologne. 347
Suite des révolutions politiques et religieuses à Annonay. 348
1576 Edit de pacification. 351
1585 Les impôts onéreux et les vexations des soldats amènent des soulèvemens dans le Vivarais. 351
Les villes deviennent désertes. 352
Les maladies contagieuses ajoutent leurs ravages aux ravages des hommes. 352

MÉMOIRES DE JEAN PHILIPPI.

1560 Un ministre protestant vient prêcher à Montpellier. 353
Le comte de Villars vient tenir les Etats de Languedoc à Beaucaire pour pourvoir aux affaires religieuses. Quelques protestans son pendus, des maisons sont rasées. 353
Les enfans chantent les Psaumes de David en français, et s'attroupent à l'imitation des autres. 353
Les assemblées publiques et les prêches sont prohibés. 354
Le peuple renverse les couvens et les églises. 354
1560 Querelles sanglantes entre les protestans et les catholiques. 355
1562 Le roi fait publier qu'il est libre et non détenu par les catholiques. 356
Plusieurs villes de Languedoc sont pillées par les protestans, d'autres par les catholiques. 356
Arrivée du baron des Adrets. 358
1563 Les protestans convoquent des états à Nîmes. 360
Paix conclue. 360
Jean Philippi, général des aides de Montpellier, est envoyé pour complimenter M. de d'Amville. 361
1567 Le roi voulant visiter son royaume défend l'exercice de la religion protestante dans les villes où il passerait. 362
1569 Bataille de Jarnac. 365
Continuation de la guerre civile dans le Languedoc. 367
1574 Jean Philippi est nommé pour aller saluer le roi à Lyon. 368
1581 Suites des troubles. 370
1589 Toulouse adhère à la ligue. 373
Henry IV est reconnu roi. 374
1590 Le Languedoc est pacifié. 374

MÉMOIRES DE HENRI DE LA TOUR D'AUVERGNE,

VICOMTE DE TURENNE, ET DEPUIS DUC DE BOUILLON.

Lettre du duc de Bouillon à son fils. Il lui donne de sages conseils. Motifs qui l'ont déterminé à écrire ses Mémoires. 375
1555 Naissance du duc de Bouillon. Origine de sa maison. 375
1557 Son père est tué à la bataille de Saint-Quentin. Le jeune duc est amené à Chantilly avec sa sœur. On lui donne un gouverneur nommé Villemonté. Humeur bizarre de ce gouverneur. 375
Progrès du duc de Bouillon dans les sciences. Le connétable lui retire son gouverneur. Adhérence à la maison de Montmorency. Il est dans les bonnes graces de son grand-père, dont il loue la sagesse. 376
1565 Il est présenté à la cour de Charles IX et fort bien accueilli. Factions qui divisent cette cour, et portrait du roi. On donne au duc un gouverneur nommé Rofignac. Son éloge. Train de maison du duc de Bouillon. Son esprit s'applique aux choses sérieuses. 376
1566 Levée de six mille Suisses, et seconds troubles à cette occasion. Les protestans essaient de faire disgracier les Guise et de changer le conseil. 376
1567 Les soupçons se fortifient de part et d'autre. Le roi fait parler à l'admiral de Châtillon, qui n'avoue rien et qui s'excuse. 376
La cour vient à Monceaux. Conseil où la reine mère accuse les protestans. L'Hôpital prend leur défense. Réponse de la reine mère et réplique du chancelier. La cour se rend à Meaux et les Suisses la rejoignent. M. le prince, l'amiral, d'Andelot et de Mouy se tiennent aux environs. Le maréchal de Montmorency est envoyé vers eux et les trouve prêts à partir. Il les retient et fait avertir le roi. Celui-ci fait à la hâte ses préparatifs de départ. Opinion du duc de Bouillon sur ce qui serait arrivé si les protestans n'eussent pas été arrêtés, et réflexions sur les partis. 377
1567 Le roi abandonne Meaux. Il est rejoint par le connétable, qui dispose les troupes. Escarmouche entre les protestans et M. de Brissac. Les Suisses sont attaqués et pris en queue. Conduite courageuse du duc de Bouillon. Le connétable arrête le roi qui s'élançait dans la mêlée. Il tient tête aux religionnaires tandis que le roi se retire sur Paris. Il réprimande le duc de Bouillon sur son audace et l'envoie rejoindre la cour. 378
Entrée du roi dans Paris aux acclamations du peuple. Le gouverneur du duc met sous les yeux de son élève les exemples propres à lui inspirer de la valeur; celui-ci en profite, tout en avouant que son esprit saisissait trop avidement pour retenir. Bataille

TABLE DES MATIÈRES.

de Saint-Denis et ce qui y donne lieu. Les protestans sont vaincus. Le connétable de Montmorency meurt des suites d'une blessure. Un tiers de sa compagnie est donné au duc de Bouillon, qui prête serment. Les protestans se retirent en Lorraine. Monsieur prend le commandement de l'armée. 379

1568 Le duc reste à Paris, et y profite des leçons de son gouverneur. Son portrait. Il est admis à combattre à la cour avec les princes. 379
Le duc de Bouillon rend des soins à mademoiselle de Châteauneuf. Elle aide beaucoup à le former aux belles manières. Réflexions sur cette coutume de donner à un jeune homme une maîtresse qui lui serve de guide. La paix se conclut. Troisièmes troubles. Le duc gagne l'amitié de Monsieur. Portrait de ce prince. Jalousie de M. de Saint-Sulpice. La reine, à son instigation, fait des reproches à son fils, qui se justifie. Monsieur est défiguré par la petite vérole. Nouveau trait de jalousie de M. de Saint-Sulpice à ce sujet. Le duc de Bouillon ne quitte pas le prince. Conseils funestes de la reine à son fils. 380

1569 Batailles de Jarnac et de Montcontour. Le duc de Bouillon et quelques uns de ses amis forment le projet d'aller rejoindre secrètement M. de Brissac à l'armée. Difficultés de cette entreprise. Les gouverneurs de ces jeunes gens en sont instruits et leur font subir un interrogatoire. Le duc s'excuse. Il essuie les reproches de M. de Rufignac. Il est particulièrement blâmé par M. de Saint-Sulpice, qui lui donne tous les torts, et point du tout par ses parens. 381
Réflexion sur l'imprudence de la jeunesse. 382

1570 La paix se conclut. Mariage du roi. Les noces ont lieu à Mézières. La cour va passer l'hiver à Villers-Cotterets. Divertissemens auxquels le duc prend part. 382

1571 Il est question de marier le roi de Navarre avec Marguerite, sœur du roi. Le duc de Bouillon fait assidûment sa cour aux princes. Il perd son gouverneur. Il néglige ses devoirs pour se jeter dans les plaisirs. Il devient, à l'exemple du roi et pour lui plaire, effronté et jureur. Craintes que cette conduite inspire à ses parens, et réprimande de

M. de Montmorency. La cour se rend à Blois, où le mariage du roi de Navarre est résolu. Altercation entre le duc et un gentilhomme tourangeau. Monsieur les réconcilie. Nouvelle preuve de l'amitié de ce prince. 382

1571 Le duc de Bouillon se rend à Paris avec M. de Montmorency, chargé d'une commission difficile. 383

1572 Arrivée de la cour dans cette ville. Voyage du duc en Angleterre. La reine le reçoit avec toutes sortes d'honneurs. Il accompagne M. de Montmorency à l'Ile-Adam. Lettre de M. le duc, apportée par M. de Thoré. Ce prince donne au duc l'assurance de son amitié et l'engage à y répondre. Celui-ci, sans oublier ce qu'il doit à Monsieur, a part à la faveur des deux frères. Le prince d'Orange reprend les armes dans les Pays-Bas. Un sieur d'Iroy, envoyé au secours de cette ville, est attaqué par le duc d'Albe et battu. Projet d'assassiner l'amiral de Coligny. Circonstance qui en fait manquer l'exécution. 383
Maurevel, aposté par M. de Guise, tire un coup d'arquebuse à l'amiral, et ne l'atteint qu'au bras. Massacre de la Saint-Barthélemy. Le duc de Bouillon le déplore, et s'applaudit de n'y avoir pris part d'aucune manière. Les protestans se retirent dans La Rochelle et se préparent à en soutenir le siége. 384

1573 Maladie du duc. Motifs qui l'engagent à se rendre au siége de La Rochelle. Séjour à Champigny. Arrivée à La Rochelle, où il est reçu par deux cents gentilshommes. 384
Le duc de Bouillon se trouve au feu pour la première fois. Il prend part aux opérations du siége. Mécontentement de M. le duc d'Alençon. De La Noue s'introduit dans la place par ordre du roi pour engager les assiégés à se soumettre. Cette action est diversement jugée, et réflexions à ce sujet. Attaque meurtrière du bastion de l'Evangile. Assaut général, auquel la noblesse ne prend point part. Jalousie des princes et des chefs entre eux. 385
Affront fait à Maurevel. Le duc de Bouillon et M. le duc se trouvent engagés dans une escarmouche. Le prince est renversé de cheval. Monsieur vient à leur secours, mais ils sont blâmés de s'être exposés ainsi. M. le duc, déjà mécontent, s'abouche avec le roi de Navarre et quelques gentils-

hommes, et projette avec eux d'abandonner l'armée et de se jeter dans quelque place forte. Difficultés qui s'y opposent. La reine d'Angleterre envoie le comte de Montgommery à la tête d'une flotte au secours de La Rochelle. 386

1573 Mauvais état de l'armée. Le duc de Bouillon et quelques jeunes gens de qualité se jettent sur des vaisseaux pour tenir tête à Montgommery. Mauvaise manœuvre de celui-ci. Les princes délibèrent s'ils doivent ou non aller trouver la reine d'Angleterre. Hésitations qui n'amènent rien de nouveau. 387
Danger que la légèreté et l'imprudence du duc lui font courir. Réflexion à ce sujet. Le siége se continue. Des ambassadeurs viennent offrir au duc d'Anjou la couronne de Pologne. Le roi, jaloux de son frère, voit avec plaisir qu'il va quitter le royaume. Négociations avec les Rochellois, qui amènent la levée du siége. Le duc d'Alençon conserve le désir de venger la Saint-Barthélemy. Le duc de Bouillon l'en blâme, et regrette d'avoir eu l'esprit remuant comme ce prince, ce qui s'est opposé à son avancement. Réflexions générales sur la présomption de la jeunesse. 388
Répugnance du duc d'Anjou à quitter la France. Ses amis cherchent à le retenir en lui représentant la mauvaise santé du roi et les intrigues qu'il y avoit à craindre de la part de Monsieur. Charles IX et la reine mère reconduisent le roi de Pologne jusqu'à Vitry. Le roi y tombe malade. Intimité de Monsieur avec le roi de Navarre. La cour reconduit le nouveau roi jusqu'en Lorraine. On propose au duc de Bouillon un mariage qu'il refuse. Ses motifs. 389
Une lettre de La Noue, adressée à Monsieur, tombe entre les mains de la reine mère. Inquiétude de ce prince, qui parvient avec peine à parer ce coup. Intelligence du roi de Pologne avec le duc palatin et le comte de Nassau, par l'entremise de M. de Thoré. La reine veut chasser La Mole. Monsieur s'y oppose, et par quelle raison. Le roi va à Rheims et de là à Soissons. On fait offre à Monsieur de 7000 hommes et 4000 chevaux. Ce que devient cette armée. Le duc de Bouillon et Monsieur vont à Chantilly. Sages conseils donnés à ce prince par M. de Montmo-

rency. 390
1574 Séjour à Saint-Germain-en-Laie. 390
Le roi de Navarre et Monsieur se voient fréquemment. Acheminement à une prise d'armes. M. de Montmorency vient à Saint-Germain. Aventure du duc de Guise avec Vantabran. Idée qu'on en conçoit généralement. Réflexion sur l'amour, qui se trouve mêlé à toutes les intrigues. La Noue fait savoir qu'il est prêt à marcher. Les princes conviennent d'un lieu de retraite. Faute qui met en danger grand nombre de personnes. Opinion du duc sur l'auteur et le motif de cette faute. 391
Alarme au château. La cour est prête à s'enfuir à Paris. Le duc de Bouillon apprend du roi de Navarre que Monsieur a eu la foiblesse de tout avouer à la reine mère. Inquiétudes sur la nature des révélations faites par ce prince. Le duc est envoyé vers Guitry par le roi, mais au nom de Monsieur. De Saint-Léger s'y rend aussi avec quelques gentilshommes disposés à combattre. 392
Arrivée à Dreux. Pourparlers entre les envoyés de la cour et de Guitry. Le duc de Bouillon prend celui-ci à part et lui raconte ce qui a fait échouer leur entreprise. Embarras de Guitry. Il consent, d'après le conseil du duc, à se rendre auprès du roi. Retour des envoyés à Paris. Ils en repartent chargés de saufs-conduits pour de Guitry. Ils le rejoignent à Laigle. 393
Méfiance qu'inspirent les promesses de la cour. Les compagnons de Guitry s'opposent à son départ. Le duc de Bouillon va les trouver et s'efforce de les décider. Ce qu'il sait des intentions secrètes des princes rend sa position difficile. Il préfère cependant rester fidèle à Monsieur, et il s'ouvre à quelques uns de ces gentilshommes. Il s'engage à ramener de Guitry, et obtient enfin de partir avec lui. Arrivée à Vincennes, où se trouve la cour. Le roi et la reine mère font des offres à de Guitry pour se l'attacher. Réponse de celui-ci. Le roi se décide à le renvoyer en apprenant différens événemens favorables à sa cause. 394
Le duc repart avec de Guitry. Il s'efforce en vain d'empêcher M. de Montmorency de se rendre à Paris. Il arrive à Saint-Lô. Conduite et langage singuliers du sieur de Colombières. Retour à Vincennes. Montgommery et de Guitry ne possèdent que peu de forces et la division se met entre eux. On organise quelques régimens pour leur opposer. Dépit du duc de Bouillon. Sa compagnie reçoit l'ordre de se diriger sur le Poitou. Il fait ses préparatifs. Le roi conçoit sur lui des soupçons. Le duc s'excuse, mais on lui commande de se rendre en Languedoc auprès du maréchal d'Amville, son oncle. 395
1574 Arrestation de Monsieur et du roi de Navarre. Départ du duc de Bouillon. Il est averti qu'on a l'intention de se saisir de lui. Son voyage à petites journées. De Maignanne commande au gouverneur d'Auvergne, de la part du roi, de faire arrêter le duc. Refus d'exécuter cet ordre. Le duc en est averti et se retire à Châteaugué. Maignanne repart sans avoir pu se faire obéir. 396
Trahison du sieur de Montal, et danger que court le duc de Bouillon. Mort de Charles IX. Le duc séjourne à Turenne et y vide quelques différends. Le maréchal d'Amville va saluer le nouveau roi à Turin, et revient à Metz mécontent. D'après ses avis le duc réunit autour de lui la noblesse. Craintes qu'il conçoit ensuite à ce sujet. Siège du château de Remiremont, pour servir de prétexte à ce rassemblement. Insuccès. Le duc devient suspect aux protestans. 397
Le duc de Bouillon prend les armes. Il en donne avis à de La Noue, qui lui adresse un renfort. Il fait assurer le roi, qui est à Lyon, de son obéissance et de son dévouement. Ce message est mal accueilli et on fait entendre au duc et aux protestans qu'ils n'ont rien à espérer de la cour. Le roi incline vers la paix. Il en est détourné par la reine mère et de Bellegarde. Préparatifs de guerre de part et d'autre. 398
1575 Le duc est impatient d'en venir aux mains, mais on ne laisse cheminer sans obstacle. Mauvais état du château de Montpezart. 398
Le duc de Bouillon est fort bien accueilli à Montauban. Sa position l'oblige à faire quelques mécontens. Il s'empare de quelques châteaux forts et acquiert de la réputation. Son activité lui donne l'avantage sur les lieutenans du roi, qui sont aussi peu d'accord entre eux. Difficulté de contenir, par la rigueur, des troupes non soldées. Dangers qu'il faut courir pour se procurer des provisions. Cornusson et Joyeuse se réunissent pour combattre le duc de Bouillon. Celui-ci marche à leur rencontre et perd un moment l'espoir de les rejoindre. 399
1575 Attaque soudaine et léger désordre qui en résulte d'abord. Erreur du sieur de Koiré, et blessure horrible qu'il reçoit. Le duc et les siens font bonne contenance, et les ennemis se retirent. On passe la nuit à se préparer au combat du lendemain. Les troupes sont disposées à la pointe du jour. 400
Déroute. Beaucoup de soldats se noient en fuyant. Effroi général dans l'armée du duc. Activité de ce dernier. Les ennemis se retirent. Ils trament une surprise contre Busset, au moyen d'un sergent prisonnier. Prudence et fidélité de ce dernier. Leur projet est déjoué. Ils échappent à une belle vengeance. Prise du capitaine commandant à Busset. Déclarations pour sauver sa tête. Inutiles pour lui, nuisibles à son parti. 401
Le duc continue la guerre en Quercy. Il tombe malade. Ses sentimens religieux. 401
Effet de sa maladie sur la guerre. Les protestans ne possèdent rien dans la Basse-Auvergne. Affection de ce pays pour la maison de Bouillon. Ordonnances du roi pour la confiscation des biens des religionnaires. Difficultés que rencontre le duc dans son gouvernement. Il est assisté d'un conseil de personnes choisies dans toutes les provinces pour signer les mesures financières et autres. Nature des contributions. Le duc visite ses provinces. La ville de Clérac réclame son secours. Il quitte Montauban avec 200 chevaux, 200 hommes de pied et 2 pièces d'artillerie. Vésins, sénéchal de Quercy, vient pour le combattre. Disposition des troupes. Ruse d'un prêtre. Les ennemis se retirent. Levée du siége de Clérac. 402
Castetjaloux refuse de se rendre. Le duc vient à Caumont, à Bergerac, puis à Turenne, où il reçoit des nouvelles de Monsieur. Ce prince cherche à quitter la cour. M. de La Noue et le duc de Bouillon réunissent leurs forces pour aller joindre Monsieur. La fuite de Bussy d'Amboise

TABLE DES MATIÈRES.

trahit le projet de Monsieur. Prétexte pour couvrir la jonction de La Noue, et du duc de Bouillon. Ils attaquent et prennent une petite place. Le duc refuse le pillage. 403

1575 Il se sépare de La Noue et regagne Montauban. Perplexités morales. Il balance entre la messe et le protestantisme. Monsieur quitte la cour. Il mande le duc près de lui et l'engage à retarder sa protestation. Le prince de Condé, MM. de Méru et de Thoré lèvent une armée d'Allemans et de Suisses pour Monsieur. 403

M. de Thoré est défait par M. de Guise. Langoiran prend Périgueux. Ses cruautés à Bergerac. Il est chassé par les habitans. Le duc de Bouillon rétablit la paix. Son armée se compose de catholiques et de religionnaires. Lui-même est protestant. Il crée un colonel et arbore un drapeau blanc. Reproches de Monsieur à ce sujet. Réponses du duc de Bouillon. Dans le parti religionnaire, les charges civiles générales sont données par les assemblées politiques des églises. 403

1576 Le duc marche sur Moulins, où il trouve le duc Casimir. Défiance de ce dernier à l'égard de Monsieur. Celui-ci traite de sa réconciliation avec le roi et la reine. 404

Son entrevue avec le duc de Bouillon. Marche de l'armée en Beauce. Tergiversation de Monsieur. Il ne veut que se faire craindre pour obtenir du roi des conditions avantageuses. Son entretien avec le duc de Bouillon. Il demande un délai de quinze jours avant de rejoindre les religionnaires. Le duc de Bouillon se charge d'obtenir ce délai du duc Casimir et de Condé. 405

Délibération à ce sujet. Monsieur est invité à se rendre au milieu de ses troupes. Schomberg s'avance dans la Beauce. Les religionnaires marchent contre lui, le duc de Bouillon à leur tête. 406

Jalousie de La Noue. Demi-succès. Entreprise inutile sur Étampes. Monsieur vient rejoindre les religionnaires. On parle de faire la paix. Entrevue de Monsieur et de la reine mère à Châtenay. Traité de paix. Ses conditions et motifs. Monsieur obtient un grand apanage. Le duc de Bouillon demande le gouvernement d'Anjou et de Berry. 407

Refus de Monsieur. La religion du duc en est la cause. Il adresse des reproches à Monsieur. Rupture violente. 408

1576 Réflexions. Le roi de Navarre a quitté la cour. Il abjure la religion romaine, qu'il avoit prise par force à la Saint-Barthélemy. Conclusion de la paix. Le duc de Bouillon se sépare de la plus grande partie de ses forces. Le roi de Navarre vient à Périgueux. Le duc de Bouillon va le trouver. Le prince de Condé arrive à Périgueux, s'éloignant de Monsieur. La ville d'Agen est donnée pour demeure au roi de Navarre. Efforts de la cour pour séparer entièrement Monsieur des religionnaires. Le roi de Navarre gagne du crédit parmi ceux de la religion en détruisant celui de Monsieur. Le maréchal d'Amville se rend suspect aux protestans. Nouvelle ingratitude de Monsieur. Le duc de Bouillon se joint au roi de Navarre. Le roi de France prépare la guerre. Convocation des États à Blois. Discussion entre d'Amville et le roi de Navarre au sujet du comté de Foix. Elle reste indécise; mais les protestans y apprennent les vraies intentions du maréchal. 409

La Noue est avec le roi de Navarre. Il s'oppose aux passions de ce prince. Conseils moraux. Occupations du duc. Il se lie avec la sœur du roi de Navarre. Caractère de cette princesse. 410

1577 Tenue des États de Blois. Rupture de l'Édit. Deux armées sont formées contre les religionnaires. Monsieur en commande une, M. Du Maine l'autre. Prise de la Charité et d'Issoire. Le duc de Bouillon poursuit le sieur de Vesins. Vesins laisse ses compagnies à Jergon. Elles se barricadent dans une église. Bouillon les investit et les force à se rendre. Motif qui l'oblige à loger toujours ses troupes dans les villages. Rencontre avec Vesins près de Bordeaux. Désordre dans l'infanterie du duc. Moyen pour apaiser une mutinerie. Périgueux est secouru. Brouage est assiégé. Condé est à la Rochelle et arme quelques vaisseaux. 411

Rendez-vous des troupes de Condé et du roi de Navarre à Ponts. Brouage se rend aux forces royales. Le duc de Bouillon court un grand danger. Pourparlers de paix. 412

Le duc est blessé dans une rencontre. Il est en danger de mourir. Par quel remède il est guéri. La paix est conclue. Interruptions fréquentes. 413

1577 Politique du roi de Navarre. Il refuse de voir sa femme. Mécontentement du roi de France à ce sujet. 414

1578 Négociations. La reine Marguerite vient avec sa mère trouver le roi de Navarre. Sa réception à La Réole. Caractère brouillon du maréchal de Biron. 414

Nérac est choisi pour lieu de conférences. Le duc se rend à Toulouse vers la reine mère, de la part du roi de Navarre. Leur entretien. Nouvelle entrevue à Auch entre la reine Marguerite et le roi de Navarre. Surprise de La Réole. Biron en est l'auteur. Il cherche à se justifier et promet de faire rendre la place. 416

Attaque de Fleurances. Elle se rend au roi de Navarre. La Réole est restitué; mais d'Ussac en est gouverneur. Il trahit les religionnaires et garde la place contre eux. 416

1579 Conférence de Nérac. La reine Marguerite reste avec le roi de Navarre. Le duc appelle un sieur de Duras en duel pour l'affront reçu devant Casteljaloux. Il est chargé de faire exécuter les articles de la conférence dans la Guienne. 417

Description de son duel avec Rosan, frère de Duras. Supercherie de Rosan. Le duc reçoit de nombreuses blessures. Réflexions sur le duel. 418

Conseils à son fils sur le même sujet. Adieux du roi de Navarre et de la reine mère. On poursuit l'exécution des édits et conférence de Nérac. Infractions de part et d'autre. La défiance continue. Assemblée générale à Montauban. Desseins de M. le prince sur la Picardie. Ruse de guerre. La Fère est saisi. 419

Conséquences de ce fait. Le commandement du Haut-Languedoc est confié au duc. 419

1580 Il quitte la lieutenance de Guienne. Motifs de cette conduite. Surprise de Sorèze par les catholiques. Le duc convoque une assemblée à Castres. Ses procédés en cette occasion. Il obtient une confiance absolue. Délibération de l'assemblée. Nature des impositions. 420

État du pays. Entreprise sur la Bruyère. Ses conséquences. 421

Combat aux environs de Sorèze. Retraite du duc de Bouillon. Attaque inutile sur Sorèze. Les ennemis se retirent. Haine des Toulousains pour les religionnaires. Leurs cruautés. 422

TABLE DES MATIÈRES.

1580 Représailles du duc de Bouillon. Admirable courage d'un enfant de douze ans. Le duc retourne à Castres. On parle de paix. Le duc assiste de ses conseils le roi de Navarre. Monsieur vient en Guienne pour traiter de la paix. Elle se conclut. Le prince de Condé en est mécontent. Le duc est envoyé pour apaiser son ressentiment et faire exécuter le traité. 422

1581 Séparation du roi de Navarre et de Monsieur. 423
Le duc trouve M. le prince à Nimes. Ses efforts pour le persuader. Obstacles qu'il rencontre. Il fait publier la paix dans le Languedoc. Convention avec M. de Montmorency pour faire exécuter le traité. Mécontentement de Condé contre le duc. Celui-ci se justifie. Cambray est assiégé par le duc de Parme. Monsieur va secourir cette ville. Le duc de Bouillon va le rejoindre comme volontaire. Le roi lui refuse son passage par Paris. Jalousie de ce dernier contre son frère. Surveillance des mouvemens de Monsieur. Prudence de la reine mère. 424

Le duc de Bouillon veut se jeter dans Cambray. Répugnance de Monsieur pour cette périlleuse entreprise. Motifs de sa répugnance. Le duc tente d'exécuter son projet. Il est blessé et fait prisonnier. On le mène, lui et les siens, vers le duc de Parme. 425
Sa réception. Il est mené prisonnier à Bouchain. Commencement de la Ligue. Monsieur est chassé des Pays-Bas. Causes de sa mort. 426

1582 — 1583 Durée de la prison et rançon du duc de Bouillon. Il est mené à Valenciennes. Fureur des habitans à son entrée. 426

1584 Le roi de France veut tirer le duc de prison. Condition qu'il y met. Le duc refuse. Sa délivrance. Il vient à Paris. Accueil que lui fait le roi. Favoris d'Henri III. Effets de la mort de Monsieur sur la politique. D'Epernon recherche le roi de Navarre. Joyeuse favorise les Guise. Brouilleries entre le roi et la reine. D'Epernon disgracié rentre en faveur. Perplexités du roi de Navarre. Progrès de la Ligue. La reine Marguerite y prend part. Sa correspondance avec le duc de Guise. Son émissaire est pris par le roi, son époux. Menaces du roi Henri III et de la reine mère à ce sujet. Haine que cette affaire suscite contre le duc de Bouillon. 427

1584 La reine Marguerite quitte Nérac et se retire à Varroz. Ce départ accroît les méfiances. Le duc de Guise faillit s'emparer de Châlons. Le roi de Navarre, Condé, Montmorency et les notables des provinces et du parti s'assemblent à Castres. 428

1585 Objet de la délibération. Diversité des opinions. Le duc de Bouillon propose de se tenir prêts à la guerre. Son avis est adopté. Traité entre le duc de Guise et le roi pour faire la guerre aux religionnaires. Pratiques en Gascogne. 428
Coup d'œil du roi de Navarre sur les difficultés de sa position. Célébration du jeûne à Nérac. Levée de troupes. Le duc y prend une part active. Les édits rigoureux du roi donnent grand nombre de partisans aux protestans. Mouvemens des troupes de part et d'autre. Le duc du Maine commande les forces de la Ligue. Le roi de Navarre va jusqu'en Béarn. Le prince de Condé investit Brouage. Le duc de Bouillon presse le roi de Navarre de se joindre à lui. Liaisons amoureuses de ce prince. Leur influence sur les affaires. Condé médite une entreprise sur Angers. Le duc veut le seconder. Jalousie contre lui. Condé l'invite à ne pas s'avancer. Résultat de cette conduite. 429

Condé quitte le siége de Brouage et passe la Loire. Son entreprise est découverte. Il ne peut repasser la rivière. Ses troupes sont rompues. Il va en Bretagne. Son passage en Angleterre, et l'accueil que lui fait la reine. Le duc de Bouillon pense à ses intérêts particuliers. Plan proposé par M. du Maine contre les possessions du duc. Condition qu'on met à son inexécution. Réponse du duc. Ce plan même est favorable aux religionnaires. Il va en Limousin prendre Tulle. Turenne est garni de troupes. Le duc est mandé à Bergerac par le roi de Navarre. M. du Maine s'avance dans la Saintonge, menace Saint-Jean et s'achemine à Ville-Bois. Revue générale. Avis du roi de Navarre de ne point reculer. Cause de cet avis. Il cède aux conseils du duc. 429

1585 Plan d'opérations. Le roi va à Montauban. Le duc garde les places sur la Dordogne. Composition de l'armée royale. Le duc appelle à Bergerac tous les gouverneurs des places. 430
Il apprend d'eux leurs ressources respectives. Il visite leurs places. Il veut abandonner Sainte-Basile. Le roi de Navarre s'y oppose et a lieu de s'en repentir. 430
Le duc garde la campagne pour porter secours à propos. 430

1586 Les deux armées royales ne se joignent point. M. du Maine marche vers le vicomté du duc de Bouillon. Embarras au sujet de Montignac. M. du Maine attaque cette place avec nonchalance. Il y passe neuf jours. Avantage qu'en tirent les religionnaires. La place se rend avec perte de quelques hommes et une honorable capitulation. Différens siéges qui traînent en longueur. M. du Maine prend toutes les petites places du vicomté. 431
Défense de Turenne. Opérations du roi de Navarre. Il va en Béarn plutôt pour la comtesse de Guiche que pour affaires. M. du Maine le poursuit. Passage de la Dordogne. Le roi de Navarre lui échappe. 431
Le duc de Bouillon se jette dans Montauban. Fin du siége de Cassel. Sainte-Basile est pris. Jonction des deux armées de la Ligue. Siége de Montségur. M. du Maine feint une maladie, va à Bordeaux et laisse le siége au maréchal de Matignon. Ses menées à Bordeaux. Mésintelligence entre les habitans. 432
Montségur est pris. Les troupes royales se répandent dans les provinces. Le duc de Bouillon vient sur la Dordogne et prévient les desseins des ennemis. Bordeaux sollicite du secours. 433

MÉMOIRES DE GUILLAUME DE SAULX, SEIGNEUR DE TAVANNES.

LIVRE PREMIER.

Discours préliminaire. Pensées solides. 434
1558 Mariage de François, dauphin de France, avec Marie d'Ecosse. 434
1559 Henri II est tué dans un tournois. Conséquences de sa mort. François II appelle les Guise au pouvoir. Grande assemblée des états-généraux à Orléans. 435
1560 Mort de François II. Le prince de Condé est mis en liberté.

TABLE DES MATIÈRES.

Charles IX est roi. Les Guise restent au pouvoir et luttent, pour le garder, avec les princes du sang. Prétexte de part et d'autre. 435

1561 Le mal va en augmentant. La reine mère, régente, veut y porter remède. L'exercice des deux religions est publié. Opposition que rencontre cet édit en Bourgogne. Gaspard de Saulx, seigneur de Tavannes, gouverne la Bourgogne. Origine de cette maison. Caractère de ce personnage et récit de ses bravoures. 436
Lettre où est décrite la bataille de Renty, entre Henri II et Charles V. 437

1562 Conséquences du refus fait en Bourgogne de recevoir l'édit de janvier. Ceux de la nouvelle religion sont exclus de l'assemblée. Ils s'emparent et sont chassés de Châlons-sur-Saône et Mâcon. Stratagème singulier pour surprendre Mâcon. 437
Les huguenots sont maîtres de Lyon. Tavannes est chargé de les réduire. Il cède le commandement au duc de Nemours. Lyon n'est pas soumis. 437
Agitation des huguenots à Dijon. Mesures prudentes du sieur de Tavannes pour assurer la tranquillité. Digression au sujet d'expéditions importantes. 438
Bataille de Dreux. 438

1563 Édit de pacification. Suspension d'armes pendant cinq années. 439

1567 Les religionnaires tentent de s'emparer de Charles IX à Meaux. Le sieur de Tavannes accompagne M. de Guise en Lorraine pour arrêter les Allemands. 439

1568 La paix réitérée ne dure que six mois. Alarmes du prince de Condé pour lui et son parti. Il se retire à La Rochelle, suivi de MM. l'amiral de Châtillon et d'Andelot, frères. Il rassemble des forces. Réflexions à ce sujet. Tavannes est appelé auprès du roi pour assister le duc d'Anjou dans la conduite de l'armée. 439
Les opérations commencent en Poitou, sous le prince de Condé pour les religionnaires, et M. de Montpensier pour le roi. Prise d'Angoulême. Les armes royales ne sont pas heureuses. 440
Effets des capricieuses volontés des gens de cour. Indécision dans les mesures de l'armée royale. Faute de M. de Montpensier. Embarras du duc d'Anjou. Activité du prince de Condé. 441
Le sieur de Tavannes sauve l'armée du duc d'Anjou. Cette armée marche vers Poitiers. Remontrances infructueuses de Tavannes sur cette marche. Rencontre de M. de Montpensier avec l'ennemi. 442

1568 Jonction des deux armées royales. La bataille s'engage. Singulière inaction du prince de Condé. 443
Conseils du sieur de Tavannes pour la journée suivante. Retraite habile de Condé. Il est suivi par l'armée royale. 444
Incertitudes dans les opérations de celle-ci. 445
Défaveur qui s'attache aux conseils de Tavannes. Sa justification. Les religionnaires s'emparent de Mirebeau, Loudun et assiègent Saumur. 446
Reprise de Mirebeau par Tavannes. L'armée royale poursuit sa marche. Difficultés levées par la prudence de Tavannes. La fatigue et l'intempérie de la saison épuisent les troupes de Monsieur. Le passage de la Loire est fermé aux ennemis. 448

1569 L'armée royale s'avance vers Confolant. Raisons pour et contre cette expédition. Danger des retraites pour les Français. Le sieur de Tavannes, quoique malade, n'en dirige pas moins l'armée par ses avis. 449
Imprudente entreprise d'un capitaine sur Jarnac. Résultat pour l'armée de Montpensier. Ruse de l'ennemi pour profiter de cette faute. La sage opposition de Tavannes est sans succès. 450
Monsieur se dirige sur Château-Neuf. L'ennemi ne se montre que pour escarmoucher. 451
Tavannes fait construire un pont de bateaux. Passage de l'armée. 451
Rencontre partielle avec l'ennemi. Action générale. 452
Défaite de l'ennemi. Le prince de Condé est tué dans le combat. Les Guise, par intérêt privé, empêchent de poursuivre les avantages de ce succès. 452
L'armée royale ne peut attaquer les fortes places, faute de grosse artillerie. 454
Quatre vicomtes gascons unissent leurs forces particulières. L'armée des religionnaires va les rejoindre. Son passage est intercepté. Attaque dans laquelle figure le fils de Tavannes, l'auteur de ces Mémoires. 455
Les religionnaires n'ont point de corps d'armée en campagne. Toutes leurs forces sont fractionnées et occupent Saintes et Cognac, où ils sont maîtres de la rivière. 455

1569 Monsieur veut empêcher la jonction des vicomtes avec l'ennemi. Attaque et prise de Mussidan. Perte de temps devant cette place. Mort du comte de Brissac. 455
Le duc des Deux-Ponts vient d'Allemagne pour soutenir la cause protestante. Son entrée en Bourgogne. 455
Pendant qu'on délibère longuement sur les mesures à prendre contre lui, il s'avance toujours. La Charité tombe en ses mains. L'armée de M. d'Aumale est insoumise. La crainte du mauvais exemple empêche la jonction avec celle de Monsieur. Demi-jonction en présence de la reine mère. Marche forcée à travers le Limousin. Misère des troupes. On atteint l'ennemi. Les reîtres refusent de combattre, faute de vivres. Nouvelle occasion, nouveau refus. A la faveur de ce refus, le duc des Deux-Ponts se réunit aux religionnaires français. La désobéissance continue. Embarras de Monsieur et du duc d'Aumale. Les ennemis mettent le feu partout où ils passent. 456
Position favorable qu'ils savent prendre. Sa description. 457
Lusignan se rend à eux après quatre jours de siége. Les lieutenans de Monsieur exécutent mal ses ordres. Courage de M. de Guise. Il se jette dans Poitiers, où il est assiégé. Diversion pour faire lever le siége de Poitiers. L'armée royale donne l'assaut à Châtelleraut. Elle est repoussée avec perte 458
Poitiers est dégagé par la prudence de Tavannes. Bataille de Montcontour. La gloire en est attribuée au sieur de Tavannes. L'armée royale va de succès en succès. Prise de Saint-Jean-d'Angely en présence de Charles IX. 459

1570 Le théâtre de la guerre est transporté en Bourgogne. Le maréchal de Cossé commande pour le roi; les princes de Navarre, de Condé et l'amiral de Châtillon pour les protestans. Publication de l'édit de paix. 459

1571 Tavannes est fait maréchal de France. 459

1572 Mémoires politiques qu'il adresse au roi. Il est soupçonné d'avoir conseillé les exécutions sanglantes contre les huguenots. Sa justification. 459
Maladie du maréchal de Tavannes. Son absence se fait sentir au siége de La Rochelle. Sa mort. Son fils, l'auteur de ces Mémoires, lui succède dans son gouvernement. 459

TABLE DES MATIERES.

1572 Épitaphe qu'il inscrit au tombeau de son père. 459

LIVRE SECOND.

1573 Le duc d'Anjou va régner en Pologne. Mesures que prend Charles IX pour connoître les besoins de son royaume. 460

1574 Le sieur de Tavannes visite les villes de son gouvernement. Rapport qu'il fait au roi. Maturité qu'il montre à l'âge de dix-neuf ans. Seul il demande la tenue des états-généraux. Discours remarquable qu'il prononce dans l'assemblée de Saint-Germain-en-Laye. 460
Mort de Charles IX. Henri III lui succède. 461

1575 Les religionnaires continuent la guerre. Défaite d'un corps de reîtres par le duc de Guise, le duc de Mayenne et Biron le père. 462

1576 Le duc Casimir, avec 6000 reîtres et sous la conduite du prince de Condé, vient passer en Bourgogne. Activité de M. de Tavannes pour défendre ce pays. La ville de Nuits refuse garnison et se rend aux ennemis. Avantages de cette conquête. Le duc d'Alençon fait la guerre à son frère. Son expulsion d'Anvers. Réflexions et comparaison à ce sujet. 462
Conclusion de la paix. Renvoi des reîtres. Le duché d'Anjou et de Berry est donné au duc d'Alençon. Tenue des états-généraux à Blois. 463

1577 Prise de La Charité et d'Issoire. La valeur du vicomte de Tavannes y contribue beaucoup. Le duc de Mayenne s'empare de Brouage. 463

1578-1579-1580 Double expédition en Dauphiné. Exploit contre un des régimens du duc d'Anjou. Satisfaction qu'en éprouve le roi, son frère. 463

1581 Guerre de Flandre contre les Espagnols. 463

1582 Mort du duc d'Anjou. Large carrière qu'elle ouvre aux desseins ambitieux des Guise. Ils sont prévenus par le dévouement de la noblesse. Reproche d'ingratitude à Henri IV. Réflexions sur l'ambition. 464

1585 Plaintes des Guise. Ils prennent le parti des vieux seigneurs qui sont sacrifiés à de jeunes favoris. Ils prêchent en faveur du peuple. Leur prétexte pour prendre les armes. Le duc de Guise se saisit de Châlons en Champagne, et le duc de Mayenne de Dijon. Ils emploient la corruption. Auxonne se rend à Mayenne. 464

1585 Autorité entière donnée en Bourgogne à Tavannes. Défenses du roi d'obéir au duc de Mayenne. Conseils politiques de Tavannes au roi. L'accord de Nemours est favorable aux Guise. Discours de Tavannes aux habitans de Beaune, dans lequel il dévoile les projets des Guise. Assemblées populaires à Beaune. Adresse de Tavannes pour les dissoudre. Prédications en faveur des Guise, surnommés les princes catholiques. 465
Sommation du duc de Mayenne à la ville de Beaune. Réponse des habitans. Défense de Beaune. 466
Traité d'union entre le roi et les Guise, fait à Nemours par la reine mère. Déclaration de guerre au roi de Navarre. Mayenne conserve Dijon et obtient la ville de Beaune. 467

1586 Soulèvement des habitans d'Auxonne. Ils saisissent et jettent en prison le vicomte de Tavannes, frère du gouverneur de Bourgogne et ami des Guise. 467
Comment il obtient sa liberté. Dévouement de son frère. 468

1587 Le duc de Bouillon vient en Bourgogne avec 7000 reîtres. Mayenne veut donner le gouvernement de Châtillon-sur-Seine à Tavannes. Refus de celui-ci. Son ressentiment contre ce duc. 469
Défaite des reîtres à Beaugency. Le roi et le duc de Guise s'attribuent la victoire. Artifice du duc de Guise pour se rendre maître de Paris. Dès lors le roi médite sa mort. 469

1588 Le roi quitte Paris et se retire à Rouen. Assassinat de Guise, le 23 décembre. 469

LIVRE TROISIÈME.

1589 Désappointement de Tavannes dans son entreprise sur Dijon. Cette ville tient ferme pour le duc de Mayenne. Tavannes va demander de plus amples pouvoirs au roi. Il réussit, mais n'obtient aucun denier pour les frais de guerre. Motif que donne le roi au meurtre du duc de Guise. 470
Le maréchal d'Aumont abandonne Orléans au duc de Mayenne. Celui-ci achète la citadelle de Châlons-sur-Saône. 471
Tavannes soutient seul et à ses frais la guerre contre le duc de Mayenne. Il vend ses terres pour subvenir aux frais. Démarches qu'il fait en Champagne, d'où il ne rapporte que des espérances vagues. 471

1589 Flavigny lui ouvre ses portes. Le parlement de Dijon est transféré à Flavigny par lettres-patentes du roi. Projet de campagne de Tavannes. 472
Combat de Cressey. 473
Nouveau combat. Tavannes ne peut prendre Issurtille et revient à Flavigny. Flavigny est le seul point que le parti de la ligue ne possède pas en Bourgogne. Moyen infâme employé pour l'obtenir. Réponse généreuse du capitaine. 474
Le duc de Nemours marche vers Lyon avec ses forces. 474
Expédition de Tavannes. La ville de Bourbon-Lancy lui prête serment de fidélité pour le roi. Il poursuit son frère le vicomte, qui suit le parti de Mayenne. Tavannes fait sommation à Semur de se rendre. 475
Attaque et reddition de cette ville. Importance et influence de cette conquête. Tavannes veut un point dans le voisinage de Dijon pour tenir ce centre de l'union en respect et avoir un passage libre sur la Saône. Saint-Jean-de-Laône lui convient pour ce double but. 476
Sommation qu'il fait faire à cette ville. Elle se rend, mais refuse garnison. Tavannes réussit à vaincre son refus. Fervaques, lieutenant pour la ligue, n'est point admis dans la ville de Seurre. Accident qui empêche Tavannes d'avoir cette place. 477
Ses desseins sur Nuits. Les ennemis sont instruits de sa marche, attaquent sa cavalerie trop éloignée du corps principal. Le sieur de Chantal, commandant la cavalerie, est blessé et fait prisonnier. 478
Siége de la ville de Saulieu par Tavannes. Elle se rend après cinq jours. Conditions généreuses que Tavannes impose aux villes qu'il soumet au roi. 479
Habile stratégie autour de Dijon. Cette ville est investie de loin et sans qu'elle s'en aperçoive. Cette opération manque par la négligence et l'avarice des lieutenans de Tavannes, qui en fait mettre un en prison, après restitution des deniers extorqués. Prise d'Autun par le duc de Nemours. Une partie de ses troupes est battue par Tavannes. Il revient à son projet sur Dijon, prend plusieurs forts environnans. 480

1589 Compagnie défaite à Coyon. Prise du château de Sommèse. Siége de Châtillon-sur-Seine. Tavannes s'empare d'une abbaye et de deux églises. Manque d'artillerie. Levée du siége. On engage Tavannes à marcher sur Troyes. Il refuse, et va sur la frontière recevoir 6000 Suisses. Ces Suisses sont dirigés sur Troyes, puis sur Paris. Cette ville est assiégée. Tavannes accompagne de même des troupes levées en Allemagne pour le roi. Surprise de Château-Vilain. Le château de Mara est emporté. Appréciation des services de Tavannes. Ses embarras financiers. 481

LIVRE QUATRIÈME.

Nombre des forces assiégeant Paris. Mort de Henri III. Henri IV est reconnu roi de France et de Navarre. La mort de Henri III retarde la prise de Paris. Le duc de Mayenne et le président Jeannin dirigent la ligue. Ils veulent gagner Tavannes. Celui-ci prête serment à Henri IV. Le parlement qui est à Flavigny prête aussi serment à Henri IV. Marche de Tavannes. Prise de Verdun, Louan, Charolles et Paret. Vengeance qu'il tire de la mort du roi. Les troupes de la ligue reprennent Verdun. Défaite du comte de Crusille. 482
Tavannes tient les états de Bourgogne. Résolutions de l'assemblée. Prise des châteaux de l'Edauré et de July. Tavannes prend ses quartiers d'hiver. 483
1590 Tavannes va trouver le roi. Propositions qu'il lui fait. Il est envoyé pour empêcher le passage du légat du pape. Il arrive trop tard. Expédition importante. Deux seigneurs refusent de suivre Tavannes. 483
Prise du château de Milamperle et de la ville de Marsigny. Une grande provision de sel est vendue pour payer les troupes. Tavannes va au-devant de l'ennemi. Ordre de ses forces. L'ennemi est battu. Jonction des troupes de Champagne et de Bourgogne. 484
Leurs opérations. Attaque de Montbart. Le gouverneur de Champagne va pour assister à la bataille d'Ivry, et arrive trop tard. Les rebelles prennent le château d'Argily. Le colonel Alphonse, depuis maréchal d'Ornano, est fait prisonnier. Sa rançon. Nouvel accident à Saint-Jean-de-Laône. Tavannes y accourt et déjoue les projets des ennemis. 485
1590 Ses heureuses négociations. Essai sur le château d'Auxonne. Assemblée à Semur. Son objet. Prise de Trichâteaux par Tavannes. Punition du gouverneur. Exécution de deux autres personnages. 486
Expéditions diverses menées à fin. 487
1591 Tavannes obtient de nouveaux succès. Importance du château de Bonencontre. Les rebelles prennent Mirebeau. Tavannes ne peut le secourir. Capture importante faite par les rebelles. Réduction de Château-Chinon. Vengeance exercée par le duc de Nemours. 487
Entreprise sur Autun. Entêtement du maréchal d'Aumont. Bon mot sur son compte. Autun est attaqué régulièrement. Exploit de Tavannes. 488
Renfort de Suisses. Conférence de Tavannes avec les chefs de la ligue en Bourgogne. Incapacité du maréchal d'Aumont. Levée du siége de Autun. Tavannes achète la reddition du château de Vergy. Importance de cette place. 489
Tavannes intercepte les instructions de Mayenne au duc de Nemours. Stratagème d'un gouverneur. Prudence de Tavannes. Procédés du maréchal d'Aumont à l'égard de Tavannes. 490
Réflexions à ce sujet. Prise de Louan. Exécution du gouverneur. Attaque contre les troupes du duc de Mayenne. Tavannes la dirige. Le maréchal refuse d'y prendre part. Le maréchal refuse de rendre justice à Tavannes. Celui-ci s'éloigne sans faire d'adieux. 491
1592 Ordonnances du maréchal. Leur peu de durée. Il ne fait rien d'utile pour le roi. Reproches du roi. Lettre de Tavannes au roi contre d'Aumont. 491
Entreprise périlleuse d'un gentilhomme. Le parti de Mayenne profite des divisions qu'a laissées le maréchal d'Aumont en Bourgogne. Ce dernier rétablit sa réputation après la bataille d'Ivry. Attaque et levée du siége de Noyers. Verdun-sur-Saône est investi par les troupes de la ligue. 493
Les forces de Tavannes sont de beaucoup inférieures à celles de l'ennemi. Il surveille le siège de Verdun. Belle conception d'un dessein pour surprendre les assiégeans. Ses envieux trouvent trop grand l'honneur qui en reviendroit à Tavannes. Il imagine un autre moyen plus audacieux, et réussit. Récit de ce stratagème. 494
1592 Verdun est secouru. Tentative analogue des ennemis. Elle ne réussit point. Superstition. Le frère de Tavannes est forcé de lever le siège de Verdun. 495
Les partisans du maréchal d'Aumont continuent leurs mauvais procédés à l'égard de Tavannes. Leur échauffourée à Flavigny. Le duc de Nevers est en Bourgogne et contribue à faire lever le siège de Château-Villain. 496
1594 Bravoure et mort de Bissi, gouverneur de Verdun. 496
Mâcon se livre au roi. La ville de Lyon obéit aussi au roi. Beaune cherche à se détacher de la ligue. Arrivée du maréchal de Biron pour commander en Bourgogne. En passant il soumet la ville de Troyes. 497
1595 Le maréchal de Biron s'empare de Nuits. Le duc de Mayenne se retire devant le maréchal à Châlons-sur-Saône. Beaune ouvre ses portes aux troupes du roi. Son château est forcé. Autun et Dijon suivent cet exemple. 497
Les villes sont fatiguées de la guerre et commencent à parlementer avec Tavannes. Considérations qui engagent Tavannes à se démettre de sa charge de gouverneur. Le roi vient à Dijon et investit le château. Mayenne, avec un renfort de cavalerie espagnole, vient à la rencontre du roi. Défaite de la cavalerie espagnole. Le roi commande en personne. 498
Capitulation du château de Dijon. La ville de Talant est rendue par le vicomte de Tavannes. Châlons et Seurre, restant seules pour Mayenne dans la province, se soumettent peu après. Le roi mène ses troupes dans le Lyonnais pour soulager la Bourgogne. Don Alonce, général espagnol, est fait prisonnier. 499
Conclusion de ces Mémoires. Lettres de validation délivrées à Tavannes par le roi, au parlement de Dijon. 499
Avis et conseils du maréchal de Tavannes donnés au roi sur les affaires de son temps. 499
Avis après la paix de Saint-Germain, en l'année 1574. 499
Autre avis, en 1571, relativement aux faveurs et récompenses. 500

Autre avis, en 1572, touchant la guerre de Flandre avec l'Espagne. 501	Motifs de la dernière guerre contre les religionnaires en mars 1573. 503	Revue des principales expéditions de cette guerre. 505

MEMOIRES DE MARGUERITE DE VALOIS,

REINE DE FRANCE ET DE NAVARRE.

LIVRE PREMIER.

Prologue. Marguerite de Valois repousse les louanges qu'on lui donne, et blâme son sexe de trop les aimer. Anecdote sur madame de Rendan. Motifs qui l'ont engagée à écrire ses Mémoires. 507
Ils commencent au temps de Charles IX. Traits de l'enfance de cette princesse. Jugement qu'elle portoit à cet âge sur le compte du prince de Joinville, depuis duc de Guise. Description de la personne et du caractère de ce duc, étant encore enfant. Résistance que fait Marguerite pour conserver la religion après le colloque de Poissy. Progrès de la nouvelle religion à la cour. Le duc d'Anjou en est un chaud partisan. Ses obsessions envers sa sœur pour la convertir. Raisons que lui et ses amis font valoir en faveur de la réforme. 507
La reine-mère force le duc d'Anjou à quitter la nouvelle religion. 508
1661 Cette année a lieu le colloque de Poissy. Commencement des guerres. Marguerite et le duc d'Alençon, à cause de leur jeunesse, sont envoyés à Amboise. Amitiés qu'elle y forme. 508
1564 Sa mère la fait revenir à la cour pour ne plus la quitter. Grandes réjouissances, fêtes magnifiques à l'occasion de l'entrevue de la reine d'Espagne avec Charles IX et la reine mère, dans une île près Bayonne. 508
1569 Les huguenots recommencent la guerre. Le duc d'Anjou annonce qu'il est réduit à l'extrémité. Avant de livrer bataille, il demande la présence de sa mère et de son frère à sa victoire. Voyage de la cour. Le cardinal de Bourbon prête à la gaité des voyageurs. Harangue du duc d'Anjou au roi. Prédilection de la reine-mère pour ce fils. Joie qu'elle éprouve de ses succès. 509
Entretien du duc d'Anjou avec sa sœur. Il la prie de la maintenir toujours dans les bonnes grâces de sa mère. Plan de conduite qu'il lui trace à ce sujet. Crainte que lui inspire le courage du roi, son frère. 510

1569 Effet de ce discours sur l'esprit de Marguerite. Sa réponse La reine mère change de conduite à son égard. 510
Marguerite regarde avec dédain les plaisirs frivoles et se tourne aux choses sérieuses. Bataille de Montcontour. Le roi, la reine mère et Marguerite vont assister au siége de Saint-Jean-d'Angely. Influence de Le Guast sur l'esprit du duc d'Anjou. Maximes machiavéliques qu'il puise dans les entretiens de ce favori. Projet de mariage de M. de Guise avec Marguerite. Ce projet fait redouter au duc d'Anjou le crédit de sa sœur auprès de la reine mère. Il conseille à sa mère de lui retirer sa confiance. Suites de ce conseil. 511
Protestations inutiles et ressentiment de Marguerite. Le duc d'Anjou est l'idole de sa mère. Maladie de Marguerite. Sa cause. Profonde dissimulation du duc d'Anjou avec le duc de Guise. Peine qu'en conçoit Marguerite. Le roi de Portugal demande sa main. Persécutions qu'elle essuie à cette occasion. Le roi d'Espagne s'oppose au mariage. 512
Comment Marguerite obtient la paix en faisant marier le duc de Guise. 513
1571 Les Montmorency proposent un mariage entre elle et le prince de Navarre. Objection de Marguerite motivée par la différence de religion. 514
1572 La reine de Navarre vient à la cour, où elle meurt après les conventions du mariage. Circonstance plaisante qui a lieu au lit de mort de la défunte. Arrivée et mariage du roi de Navarre. Description des cérémonies usitées en pareille occasion. 514
Les fêtes font place aux troubles. Attentat de Maurevel sur l'amiral de Coligny. Plaintes des huguenots. Le duc de Guise, la reine-mère et le roi de Pologne méditent la Saint-Barthélemy. Le conseil se tient à l'insu du roi Charles. Son opinion sur cet attentat. Il veut faire arrêter le duc de Guise, qui se tient caché. Affection du roi pour Coligny, La Noue et Teligny. La reine mère justifie le duc de Guise, qui vengeait l'as-

sassinat de son père par Poltrot. Menaces et hardiesse croissante des huguenots. Le maréchal de Rais est chargé par la reine mère de persuader Charles IX. Le maréchal lui déclare que l'attentat sur l'amiral étoit le fait de la reine mère, du roi de Pologne et du duc de Guise. 515
1572 Position critique du roi entre les catholiques et les huguenots. Le roi consent au massacre de la Saint-Barthélemy. Assassinat de Coligny. Ignorance dans laquelle on laisse Marguerite. Elle est suspectée par les huguenots parce qu'elle est catholique, et par les catholiques à cause de son mari. Comment elle passa la nuit avec le roi de Navarre. 515
Scènes sanglantes du lendemain. Le roi de Navarre échappe au danger. Marguerite sauve la vie à plusieurs gentilshommes. 516
Le but principal de ce massacre est manqué : c'étoit le massacre des princes du sang, le roi de Navarre et le prince de Condé. Trame pour dissoudre le mariage du roi de Navarre. Singulière question que fait la reine mère à sa fille touchant son mari. 516
1573 Le roi de Pologne veut regagner l'amitié de sa sœur. Sa sortie de France et maladie simultanée du roi Charles. Cette circonstance met en jeu les ambitieux projets des deux partis. Écrit signé par le roi de Navarre et le duc d'Alençon de venger la mort de Coligny. Le duc d'Alençon est gagné par l'espérance d'un établissement en Flandre. Ces deux princes doivent quitter la cour. Le projet est dévoilé par Marguerite. On les retient à force d'empressement. 517
1574 La maladie du roi augmente. Nouvelle tentative des huguenots avec les deux princes. La cour quitte Saint-Germain de nuit et à la hâte. Le duc d'Alençon et le roi de Navarre sont traités en prisonniers. La maladie aigrit le caractère du roi. Artifices pour le pousser à un parti extrême contre le roi de Navarre. Défiances du malade. Ses victimes. L'affaire des deux princes est déférée au

parlement. Marguerite écrit la défense de son mari. 517
1574 Elle risque sa fortune et la faveur de son frère pour tirer son époux de prison. Cette tentative ne réussit point. La mort du roi tranche les difficultés. Le roi de Pologne revient en France. Il est toujours dominé par Le Guast. De quel œil il voit la liaison de son frère, le duc d'Alençon, avec le roi de Navarre. Marguerite en est considérée comme le lien. Henri III veut rompre cette liaison en brouillant sa sœur avec son époux, et en semant de la jalousie entre celui-ci et le duc d'Alençon, tous deux amans de madame de Sauve. Maux qui découlent de ce dessein. Digression sur les pressentimens. 518
Le roi calomnie sa sœur auprès de son époux. Le roi de Navarre aperçoit le but de cette calomnie. Affront fait à Marguerite par la reine mère. Son idolâtrie pour son fils la rend aveugle et sourde à la vérité. 520
Réparation que fait le roi à Marguerite. 521
L'amour favorise enfin les desseins du roi et de son favori. Influence qu'obtient madame de Sauve sur l'esprit du roi de Navarre. Il s'éloigne de sa femme. 521
Sa rivalité avec le duc d'Alençon. 522
1575 Mariage de Henri III. Acharnement du roi à poursuivre son intrigue contre sa sœur. Il veut la calomnier encore auprès de la reine mère. Réponse de celle-ci. 522
Tentative d'assassinat sur Bussi, ami intime du duc d'Alençon et de Marguerite. 523
Bussi se sépare du duc d'Alençon pour lui éviter la persécution du roi et de Le Guast. Le dévouement de Marguerite lui rend le cœur de son époux. Nouvelles intrigues et persécutions envers cette princesse. 524
Eloignement réciproque des deux époux. 525

LIVRE SECOND.

Le roi de Navarre reconnaît qu'il a été joué par ses ennemis. Mépris et indignités dont il est l'objet à la cour, ainsi que le duc d'Alençon. Rapprochement opéré avec Marguerite. Les deux princes forment le projet de quitter la cour. Fuite du duc d'Alençon. 525
Colère du roi. Refus des seigneurs de poursuivre le duc. 526
1576 Le roi de Navarre s'échappe également. Maladie de Marguerite causée par le chagrin et la négligence de son époux à son égard. Le roi décharge sa colère sur sa sœur, qu'il accuse du départ des deux princes. 526
Atroce vengeance qu'en tire le roi. Elle n'échoue que par miracle. 527
Marguerite est traitée chez elle comme prisonnière. Fidélité du brave Crillon. Correspondance secrète entre le roi de Navarre et son épouse. Il est en Gascogne et le duc d'Alençon en Champagne, à la tête d'une puissante armée. D'Alençon menace de la guerre si on ne rend sa sœur à la liberté. La reine mère s'interpose. 528
La guerre, qui menace le roi de tout côté, le force à entendre à la paix. 529
La reine mère va trouver le duc d'Alençon et veut emmener Marguerite; mais le roi la garde comme otage. D'Alençon persiste. Marguerite est mise en liberté. Flatteries hypocrites du roi. Indifférence de Marguerite puisée dans la lecture. Sa tendance à la dévotion. 529
Conférence près de Sens entre le duc d'Alençon, le duc Casimir, la reine mère et Marguerite. Cette princesse détermine son frère à la paix. Le duc d'Alençon ne se sert des huguenots que comme moyen. Il obtient son apanage. Conclusion de la paix. Le roi de Navarre mande son épouse. La reine mère la retient à force de prières. 530
Le roi, content d'avoir retiré son frère, veut rompre le traité avec les huguenots. Licenciement des reîtres. Mort de Le Guast. Accueil fait à Bussi. 530
Le duc de Duras vient chercher l'épouse du roi de Navarre. Caresses de Henri III pour la retenir à la cour pendant qu'il prépare la guerre. Prétexte de guerre. Commencement de la ligue. Les catholiques demandent pour chef le duc de Guise. Convocation des états à Blois. La crainte de la ligue oblige Henri III à s'en déclarer le chef. Il gagne son frère à ce parti. 531
1577 Signature de la ligue. Ouverture des états. Le roi de Navarre insiste avec menaces pour avoir son épouse. Refus motivé du roi. 531
Sa réponse à Marguerite. 532
Projet de guerre en Flandre contre l'Espagne. Le roi n'a en tête que d'exterminer les huguenots. Prétexte que prend Marguerite pour quitter la cour. Le duc son frère la favorise. 532
1577 La reine mère désapprouve la conduite du roi son fils à l'égard des huguenots. La cour se dirige sur Poitiers. Siège de Brouage. Une partie de l'armée est commandée par le duc de Mayenne et l'autre par Monsieur, frère du roi. 533
Voyage de Marguerite aux eaux de Spa. Description de Cambrai et de sa citadelle. Opinion sur les Flamands. Marguerite gagne le gouverneur de la citadelle au parti de son frère. 534
Passage à Valenciennes, dont le seigneur est Français par le cœur. 535
Mœurs flamandes. Négociations relatives aux moyens de rendre le pays français, comme établissement au duc d'Alençon. 536
Réception de Marguerite à Namur par don Juan. Magnificences espagnoles. 538
Danger que court la reine de Navarre. Description de Liége. 539
Mort de mademoiselle de Tournon. Son histoire et cause de sa mort. Circonstance étrange arrivée à ses funérailles. 540
Surprise du château de Namur par don Juan. Guerre civile en Flandre. Partis qui la divisent. Marguerite reçoit des nouvelles du duc d'Anjou. Ce prince est encore disgracié. Ses projets sur la Flandre sont connus. Embarras où se trouve Marguerite. 542
Affront fait à cette princesse. Elle est assiégée dans la ville de Hug par le peuple. Cette ville tient pour les états contre l'évêque de Liége. Marguerite harangue le peuple. 543
Nouvel assaut donné à la reine de Navarre, à cause du grand-maître de l'évêque de Liége. Ivresse générale dans Huy. Piége que tend le roi à sa sœur pour la faire tomber aux mains des Espagnols. Comment elle échappe. 544
Don Juan envoie à sa poursuite. Les huguenots veulent la prendre entre la frontière de Flandre et de France. Elle arrive à La Fère. 545
Le duc son frère lui annonce que la paix est faite, que sa condition en cour devient de plus en plus mauvaise. Leur entrevue à La Fère. On y parle de l'entreprise sur la Flandre. Offres de services que reçoit le duc. 547

TABLE DES MATIÈRES.

1577 La cour revient à Paris. Marguerite obtient d'aller rejoindre le roi de Navarre. Sa mère veut l'accompagner. 546
Le roi est entièrement gouverné par ses mignons. Indignités dont ils abreuvent le duc d'Anjou. Dilations pour son entreprise en Flandre et pour le voyage de la reine de Navarre. 547
1578 Monsieur est en butte à la jalousie de Maugiron, mignon du roi. Injustice flagrante de Henri III. 547
Mariage du mignon Saint-Luc. Insultes faites à Monsieur dans cette circonstance. Il demande un congé pour aller à la chasse pendant quelques jours et dissiper son chagrin. Les mignons accusent ce dessein. Le roi court lui-même se saisir de son frère et le fait prisonnier. 548
Attachement de la reine de Navarre à son frère malheureux. Elle se rend prisonnière avec lui. 549
Recherches pour trouver Bussi dans le Louvre. Il se livre lui-même. 550
Assemblée d'un grand conseil pour remontrer au roi le danger de sa conduite. Craintes de celui-ci. Bon accord rétabli entre le roi et son frère, Bussi et Quélus. 550
Mort de M. de Sèvres. 552
Nouvelle injustice à laquelle le roi est poussé envers son frère par ses mignons. Monsieur se résout à s'enfuir dans ses terres pour organiser son expédition de Flandre. Moyens d'évasion. Circonstances alarmantes qui l'accompagnent. 553
La reine de Navarre subit la colère du roi. Celui-ci traverse les apprêts de son frère, sous prétexte de le seconder. 555

LIVRE TROISIÈME.

1578 Marguerite insiste pour aller rejoindre son époux. Le roi lui accorde au-delà de ce qu'elle demande. Motifs de cette conduite. 555
1579 Entrevue à Alençon entre Monsieur, la reine mère et Marguerite. 555
La reine mère accompagne sa fille en Gascogne. Leur réception par le roi de Navarre. Nouvelles amours de ce dernier. La paix se fait en Gascogne. Biron est fait gouverneur de Guyenne. Le roi de Navarre emmène son épouse en Béarn. Etat des catholiques dans ce pays. Mauvais traitemens à leur égard dont la reine est la cause. Brouilleries de ménage amenées par la religion. 556
Le roi de Navarre ne peut se passer de maîtresse. Sa maladie. Vie de la cour à Nérac. 557
1580 Haine profonde entre le roi de Navarre et le maréchal de Biron. Guerre qui en est la suite. Avis inutiles de Marguerite. Prise sanglante de Cahors par les huguenots. Représailles de Biron. Position critique de la reine de Navarre. 558
Elle obtient la neutralité de Nérac, lieu de son séjour, mais la neutralité cesse par la présence du roi de Navarre dans cette ville. Il enfreint cette condition. Le maréchal de Biron marche sur Nérac. 559

1580 Les huguenots ont le dessous dans cette guerre. Le roi de Navarre est disposé à la paix; mais le roi de France ne veut y entendre. 560
La ville de Cambrai, qui s'est livrée à Monsieur, est assiégée par les Espagnols. La guerre des huguenots empêche Monsieur de secourir Cambrai. Il se charge de faire la paix avec les huguenots, pour après suivre ses desseins sur la Flandre. Il réussit et gagne le maréchal de Biron pour commander son expédition de Flandre. 560
1581 Réconciliation entre le roi de Navarre et Biron. 560
Le roi accuse sa sœur d'avoir poussé son mari à la guerre pour réserver à Monsieur l'honneur de faire la paix. Il jure sa ruine et celle de son frère. 561
Fosseuse, maîtresse du roi de Navarre, devient grosse. Mauvais offices qu'elle rend à Marguerite. Brouilleries qui en sont la suite. 561
Chagrins de la reine. Craintes qu'on lui fait concevoir pour sa vie. Sa proposition délicate à la maîtresse de son époux. Ingratitude et arrogance de celle-ci. Embarras du roi lorsqu'elle accouche. Belle conduite de Marguerite. 562
Rôle humiliant auquel le roi de Navarre veut forcer son épouse. 563
1582 Le roi de France et la reine mère rappellent Marguerite en France. Ils veulent aussi y attirer le roi de Navarre. Motifs différens attribués à cette conduite. 563

MEMOIRES DE JACQUES-AUGUSTE DE THOU,

DEPUIS 1553 JUSQU'EN 1601.

LIVRE PREMIER.

1553 Naissance et baptême de de Thou. Raison qui lui fait donner le prénom de Jacques et celui d'Auguste. Généalogie. Caractères illustres dans sa famille. Réponse du parlement à la mort de l'un d'eux. 564
Enfance de de Thou. 565
Ses études. Défaut qu'il remarque dans l'éducation. Application pour les sciences. Son tempérament lui défend un travail fort. Ses liaisons avec les hommes célèbres de son temps. 566
1570 Quatrième édit de pacification. Mariage de Charles IX. 566

1570 Voyages scientifiques de Jacques de Thou. 567
1571 Personnages qu'il fréquente. Son amitié pour Scaliger. Outrages et calomnies que lui attire cette amitié. Eloge de Scaliger. Réflexions sur la religion. 567
Etat déplorable de la chrétienté. 568
1572 De Thou est rappelé par son père. Il voit à Grenoble le baron des Adrets. Portrait de cet homme. Préparatifs pour les noces du roi de Navarre. De Thou s'introduit dans le chœur de Notre-Dame. Il surprend là un entretien entre Poligny et Montmorency-d'Amville. L'amiral de Coligny est blessé. Suites de cet attentat. Paix frauduleuse. Les protestans obtiennent des places pour leur sûreté. Opinion de de Thou sur les troubles. 568
1572 Horreur que lui inspire la Saint-Barthélemy. Vers qu'il écrit à cette occasion. Conseils donnés à Coligny sur les dangers qui le menacent. Loyauté de cet amiral. Journée de Saint-Barthélemy tombait un dimanche. Spectacle affreux qui s'offre aux yeux de de Thou. 569
Il voit le cadavre de Coligny à Montfaucon. Le maréchal de Montmorency sauve sa famille par sa retraite. Il prend

TABLE DES MATIERES.

soin des restes de Coligny. 570
1573 De Thou est destiné à l'état ecclésiastique. Il va en Italie avec Paul de Foix. Portrait de ce personnage. 570
De Thou rencontre le célèbre d'Ossat. Querelles savantes entre Ramus et Charpentier. 571
Liaison avec le naturaliste Rochefort, à la cour de Savoie. Visite au champ de bataille où fut pris François Ier. Anecdote sur ce prince donnée à la Chartreuse. Excursions intéressantes. 572
Combien les anciens l'emportaient sur les modernes en sculpture. Modestie de Michel-Ange. Description de Venise. Les amis de Paul de Foix lui annoncent une mauvaise réception à Rome. Causes de cette conduite du pape. Séjour à Padoue. Excursions de de Thou. Personnages fameux qu'il voit. 573
Fureur d'un savant contre Jules Scaliger. Départ pour Rome. Arrivée à Bologne, où de Thou s'entretient avec le savant Sigonius. Ouvrages de cet homme. Réception à Florence par les Médicis. Côme cède le gouvernement de Florence à son fils François. 574
Négociations secrètes entre Rome et Marie, reine d'Écosse. L'envoyé du pape s'enfuit d'Angleterre. Belle bibliothèque de Saint-Laurent, à Florence. Volume monstrueux. Elle est transportée en France par Catherine de Médicis, et ensuite achetée par de Thou pour la bibliothèque du roi. Original des *Pandectes*. Passion de Cujas pour ce livre. Mort de deux fils du grand-duc. Secret qui couvre cette mort. 575
De Thou visite avec Paul de Foix Alexandre Piccolomini. Il étudie la situation de cette place, pour en décrire le siége fait par les Français. 576
1574 Entrée de nuit à Rome. Audience secrète du pape. Mauvaises affaires de Paul de Foix à Rome, à propos de sa *Mercuriale* lors de l'arrestation d'Anne Dubourg, sous Henri II. 576
Long entretien dans lequel le cardinal de Sainte-Croix dévoile à Paul de Foix la politique de la cour de Rome. Caractère du pape Pie V. Fermeté du roi de France à Rome. Conseils que le cardinal donne à Paul de Foix sur sa propre affaire. 577
D'Ossat rédige un mémoire qui lui fait une grande réputation. Visite de de Thou au tombeau de Virgile. Personnages remarquables dans les sciences. Victimes du despotisme religieux de Pie V. Mauvaise tournure que prend le procès de Paul de Foix. Il apprend la mort de Charles IX, et saisit cette occasion pour quitter Rome. 579
1574 De Foix rencontre et salue le nouveau roi dans la Dalmatie. 580
Occupations de de Thou à Venise. Avis sages que lui donne l'ambassadeur de Ferrier sur sa vocation à l'état ecclésiastique. Leur impression sur de Thou. De Foix est renvoyé à Rome par Henri III pour remercier le pape. De Thou l'accompagne. Mort de Côme de Médicis. La lecture de *Zozime* est interdite à de Thou. Craintes du pape Pie V. De Thou revient vers le roi. Arrivée à Lyon. 580
Dans cette ville on délibère sur la guerre à faire aux protestans. Dans le conseil, de Foix a une dispute avec Villequier, mais la résolution est prise d'avance. Regrets amers de de Foix. Personnages littéraires à Lyon. De Thou vient à Paris revoir son père. Le roi doit descendre en Provence pour la guerre. 581
1575 Nouveaux amis littéraires de de Thou. 581
1576-1577 Le roi croit avoir pacifié la Provence et le Languedoc. Mort du cardinal de Lorraine. Henri III vient à Rheims pour son sacre et son mariage avec Louise de Lorraine. Le jeune de Thou y assiste avec son père et son frère aîné. Le duc d'Alençon et le roi de Navarre se sauvent de la cour. Troubles qui en résultent dans le royaume. La reine mère va à Loches trouver le duc d'Alençon. Elle fait sortir de prison les maréchaux de Cossé et Montmorency pour l'aider dans sa négociation. Générosité de Montmorency. Il parvient à concilier les deux frères. Craintes de nouvelles brouilleries. De Thou est dépêché vers Montmorency, avec ordre à celui-ci de les prévenir. Edit de paix. Voyage de de Thou dans les Pays-Bas. Dunkerque est rebâti et échoit au roi de Navarre. 581
Troubles dans ces provinces, amenés par l'insolence des soldats espagnols. De Thou et ses compagnons sont pris et menés à Bruges. Description de cette ville. Cause de sa décroissance. De Thou vient à Gand, puis à Anvers. Description de ces villes. Il visite Plantin, chez qui, malgré le malheur des temps, il trouve encore dix-sept presses d'imprimerie. Maux que causent les Espagnols. Comparaison de Louvain à Padoue. Emeute à Bruxelles. Sa cause. Surprise de la ville de Mons. Troubles à Valenciennes. 582
1576-1577 Irréflexion et mauvais conseils source des troubles de France. Nouvel édit de paix. 583
1578 Pertes dans la famille de de Thou. Il est nommé conseiller au parlement. Examen qu'on lui fait subir. Prophétie de Bellièvre à son égard. Conduite de Jacques de Thou dans sa charge. 583
Il est collègue et ami de Brulard de Sillery. Embarras que lui cause son peu de mémoire. Le cardinal de Tournon est, en ce temps, le seul protecteur des gens de lettres. 584

LIVRE SECOND.

1579 Voyage aux eaux de Plombières. Affluence des malades de divers pays à cet endroit. De Thou va à Strasbourg. Sa frayeur en descendant de la tour de la cathédrale. Il va à Bade. Connaissance qu'il acquiert de l'Allemagne. Personnages qu'il y rencontre. 585
Anecdote curieuse. Son entretien avec un ministre protestant. Opinion en Allemagne sur la Saint-Barthélemy. Description de la ville d'Esling. Celliers extraordinaires. Entrevue de de Thou avec Albert de Bavière. 586
Mort de ce prince. Vénération des Allemands pour le mariage. Description remarquable des villes et des personnages visités par de Thou. 587
De Thou perd son frère aîné. On presse son père de le marier. 588
1580 Ravages de la peste. 588
Le duc d'Anjou prépare la guerre en Flandre. De Thou lui est présenté. De Thou se livre à la poésie. Il visite Caen et l'abbaye de Saint-Étienne. Il voit les écussons des gentilshommes qui accompagnaient le conquérant. Prise du château par Coligny. Indignation de la reine mère à cette occasion. Description du mont Saint-Michel. 589
De Thou est chargé d'un message politique. Le duc d'Anjou va rejoindre le roi de Navarre en Périgord. Dangers que court de Thou. 590

1581 La rudesse de l'hiver diminue la peste. De Thou revient à Paris. On discute les articles de la conférence de Fleix. Nomination de députés du parlement de Paris pour remplacer la chambre mi-partie établie à Montpellier. De Thou en fait partie. 590
De Thou se détermine au mariage. Il est envoyé par les députés pour saluer le prince de Condé à Saint-Jean-d'Angély. Les députés résolvent d'établir le siége de leur juridiction à Bordeaux. De Thou est envoyé auprès du roi de Navarre solliciter son approbation. 591
Motifs qui avaient déterminé la demande de députés au parlement de Paris. Ouverture de leurs séances à Bordeaux. 592
1582 Lumières que tire de Thou de ses entretiens avec Michel de Montaigne, maire de Bordeaux. Commerce de vins entre Bordeaux et l'Ecosse. Dernière lettre du célèbre Buchanan à son ami Barbezieux. 592
Voyage de de Thou dans le Médoc. Description de ce beau pays. 593
Ascension au plus haut sommet des Pyrénées. Hauteur de ces montagnes comparée à celle du mont Olympe. 594
Retour à Bordeaux, où les commissaires s'occupent moins des affaires civiles que des criminelles. Les ecclésiastiques ne pouvaient assister aux jugemens criminels. Nouvelles excursions pendant les vacations. Tour en Gascogne. Véritables causes des malheurs de la ville de Bazas. Aire a été ruinée par les dernières guerres. Culture de la vigne aux environs de Tarbes. Solitude de cette ville jadis si importante. Eaux thermales, où de Thou est guéri d'un rhumatisme. Erreur topographique que de Thou fait rectifier à Scaliger. Description de Pau, embellie par Henri de Navarre. Réception par la sœur de ce prince 595
Le roi de Navarre bâtit Navareins pour se consoler de la perte de son royaume. Traduction en langue basque. Tolérance religieuse. Chez les Basques le même temple sert pour les deux religions. Passage dans le Bayonnais. Mœurs des habitans. 596
Jugemens importans rendus par les commissaires à Bordeaux. 597
De Thou est mandé à Paris par le président son père. 598
Salcède dévoile une conspiration et accuse de hauts personnages, entre autres le maréchal de Matignon. Justification de celui-ci auprès de de Thou. Il renvoie les calomnies aux courtisans du duc d'Anjou. 598
1582 Opinion que conçoit de Thou sur cette affaire. 599
Anecdote curieuse. Ordonnance pour faire compter comme six les deux lieues qui séparent Agen de Sainte-Marie. Danger que courent les commissaires à Lectoure. Notions archéologiques. Visite au château de Lectoure, où les murailles sont encore teintes du sang du comte d'Armagnac, assassiné par ordre de Louis XI. Récit d'une autre action sanglante arrivée dans ses murs. 599
Beau collége fondé à Tournon par le cardinal de ce nom. Sa sollicitude pour les savans qui l'accompagnent. 600
Poème de de Thou sur la chasse. Eloge de son père fait par Pibrac, chancelier de la reine de Navarre. Lettre où Marguerite reproche à Pibrac d'avoir osé élever ses désirs jusqu'à elle. 601
Caractère de ce personnage. Il cultive la poésie française. Jalousie de Ronsard à cette occasion. Description de Toulouse, surnommée la ville de Pallas. Son parlement est le second de France. Fondation du prix de poésie par Clémence Isaure. 602
Accueil que fait Guillaume de Joyeuse à de Thou, à son passage par Narbonne. Curiosités rares de cette ville. Tombeau de Philippe-le-Hardi, mort au retour d'une bataille contre Pierre d'Aragon, qui y périt. Motifs qui font refuser à de Thou l'invitation de Joyeuse. 603
A Béziers, le duc de Montmorency veut convaincre de Thou de la vérité des dépositions de Salcède. Circonstances et gravité de cette affaire. 604
Présage funeste relatif à Mathurin Chartier, secrétaire du duc de Montmorency. Aventures de ce personnage et intrigues qu'il dirige. De Thou voit le prince de Condé à Montpellier. Discussion sur la manie des duels. Opinion du prince. 605
Antique célébrité d'Aigues-Mortes. Les rois s'y embarquaient pour la terre sainte. Son état actuel. Passage par Nîmes. Cette ville a donné naissance aux deux Antonin. C'est à eux qu'on attribue les beaux monumens dont on voit les restes. Pont du Gard. Séjour des papes à Avignon. Personnages qu'y rencontre de Thou. On lui parle encore de Salcède. 606
1582 Richesse d'Arles. La noblesse réside dans la ville, contrairement aux usages des autres provinces. Marseille. Protection qu'elle accorde aux Corses. Caractère de ce peuple. Trophées de Marius à Orange. 607
Tenue des grands jours à Clermont, présidée par de Harlay, beau-frère de de Thou. Mort du président Christophe de Thou, père de l'auteur. 608
Elle est ignorée par son fils. Celui-ci visite l'abbaye de Citeaux. Célébrité de cet ordre. Nombre extraordinaire des monastères qui en dépendent. Description de la Chartreuse, près de Dijon. De Thou apprend la mort de son père. Effet de cette nouvelle. Obsèques magnifiques faites au président. Désintéressement de ce magistrat. 609
Gêne dans laquelle il laisse sa veuve. Visite du roi et de la reine à la présidente. Hommages rendus dans le monde à la mémoire du défunt. Liste des célébrités littéraires de l'époque. 610
De Thou fait imprimer son ouvrage sur la Fauconnerie. On l'engage à se marier. Raisons qui le font différer. Histoire politique du chancelier de Birague. 611
Fin malheureuse de la fille de ce chancelier. Honneurs funèbres rendus au cardinal de Birague comme à un prince. 612
1583 Ancienne coutume renouvelée par ce cardinal. Procession nocturne où on dansait aux sons des instrumens. Remarquable cérémonie de ce genre à sa mort. 612

LIVRE TROISIÈME.

1584 Année fatale à la famille de de Thou. Mort de sa sœur, épouse du chancelier de Harlay. Service funèbre à Blois, où étoit la cour. Caractère et genre de vie singuliers de Renaud de Beaune. Il est petit-fils du personnage que la mère de François Ier fit injustement périr d'une mort infâme. 613
Liaison étroite entre les familles de Beaune et de Thou. Madame de Thou presse son fils de se marier et de renoncer à ses bénéfices. 614
Le roi renonce enfin à la vénalité des places. De Thou

TABLE DES MATIERES.

est nommé maître des requétes. Il s'applique aux mathématiques. Sa paraphrase du livre de Job. Analyse poétique de ce livre par saint Jérôme. Contestations typographiques entre Henri Estienne et d'autres imprimeurs. 615

1584 Mort du duc d'Anjou, frère unique du roi. Funestes conséquences de cette mort. La guerre avec l'Espagne et la guerre civile. A qui on doit les poésies du chancelier de L'Hôpital. 616

1585 La guerre civile recommence. Comment de Thou éloigne son esprit des malheurs publics. Apparition de l'édit d'union. Le commerce vénal des charges redevient plus commun que jamais. Mort du pape Grégoire XIII. C'est sous son pontificat qu'avait commencé la ligue. Craintes du roi relativement à un nouveau pape. 616

Le cardinal de Vendôme est destiné à être envoyé au conclave. Il choisit de Thou pour l'accompagner. On accuse celui-ci de gouverner son éminence et de l'avoir poussée à disputer la préséance au cardinal de Guise. Le cardinal de Bourbon s'oppose au voyage du cardinal, son neveu. Tracasseries que suscite cette affaire à de Thou. 617

1586 De Thou obtient la survivance de la place de son oncle le président, sans l'avoir sollicitée. 618

Ses démarches pour être dégagé de ses vœux ecclésiastiques et pouvoir se marier. De Thou fait imprimer sa paraphrase de Job. Le roi envoye complimenter Sixte V. 618

1587 Défaite et mort du duc de Joyeuse en Saintonge. Victoires des Guise. 619

Fatales conséquences de ces victoires pour le roi. Mariage de de Thou. 620

Le mariage se fait après minuit pour éviter la foule. Précautions religieuses. Interrogatoire subi par la nouvelle mariée, son père et sa mère ayant été protestans. Calomnies lancées contre de Thou à l'occasion de ce mariage. Sa douleur en apprenant la mort du duc de Joyeuse, à qui il devait la survivance de son oncle. 620

Etat de la France à cette époque. 621

Testament de la mère de de Thou. 621

1588 Mort de cette dame. Le parlement fait faire son oraison funèbre. Amitié de de Thou pour Schomberg. Tumultes de la ligue à Paris. Le duc de Guise entre à Paris malgré les défenses du roi. Irrésolution de ce prince. Journée des barricades. De Thou va au Louvre. Solitude autour du roi. Il voit le duc de Guise. Admiration qu'il inspire. 622

1588 Physionomie de ce grand homme dans ces momens critiques. La peur force les principaux de la ville à s'unir aux ligueurs. Effet de cette union sur les mutins. Toutes les cloches de la ville sonnent le tocsin. Le duc de Guise est maître de la ville. Le président Brisson commande une partie de la ligue. Le parlement offre de réconcilier le duc de Guise avec le roi. Les ligueurs crient que le parlement et le roi agissent de concert avec les huguenots. Les écoliers prennent les armes. Siége du Louvre. L'absence du duc d'Epernon laisse le roi sans conseillers fidèles. Le roi quitte Paris. Conséquences de cette fuite. De Thou et Schomberg se rendent à Chartres auprès du roi. Le duc d'Epernon vient l'y trouver et laisse la Normandie au duc de Montpensier. 623

Le duc d'Epernon accourt de Saintonge. Négociations de Villeroy entre la reine et le duc de Guise. Le roi envoie sonder les provinces et promet d'assembler les états. 624

De Thou est envoyé en Normandie. Incertitude qu'inspire la nonchalance du roi. Le gouverneur du Havre, vendu à la ligue, reçoit de Thou avec mépris. 624

Le roi se rend à Rouen, où il tue le temps par de vains spectacles. Il envoie de Thou en Picardie. 624

Ce pays est pour la ligue. Vandalisme des guerres civiles. La reine mère ménage un traité entre le duc de Guise et le roi pour s'unir contre le roi de Navarre. Edit de juillet. Le duc de Nevers ne consent qu'avec peine à le signer. 625

La cour revient à Chartres. Le duc de Guise s'y rend pour arrêter avec le roi les mesures contre les protestans. 625

De Thou est nommé conseiller-d'état. L'attention est fixée sur la fameuse armada qui doit faire une descente en Angleterre. Un ambassadeur espagnol est envoyé en France pour animer le parti de la ligue. Tenue d'un grand conseil à ce sujet. Personnages qui y figurent. De Thou est du nombre. Résultat de ce conseil. 625

1588 Lettre en vers où de Thou rend compte de ce conseil et où il décrit les personnages. 625

Fêtes à la cour à l'occasion d'un mariage. Forçats turcs, débris du naufrage de l'armada. Précautions de de Thou pour sauver ses meubles. Ils sont pris au pillage de La Fère l'année suivante. Pertes considérables que de Thou supporte sans se plaindre. 627

Les états s'assemblent à Blois. Le roi change la face de sa cour. Il médite une secrète entreprise. Dans les différends du roi avec le duc de Guise, ce dernier l'emporte toujours. Le chancelier de Cheverny déclare à de Thou que le roi, poussé au désespoir, pourra bien poignarder le duc de Guise. De Thou tient le secret sur cette conversation. Il se lie avec le cardinal de Vendôme et le comte de Soissons. Ses efforts pour réunir les deux maisons de Guise et de Nemours par Anne d'Est, leur mère commune. 628

Michel Montaigne vient à la cour. Il engage de Thou à demander l'ambassade de Venise pour l'y accompagner. Montaigne a servi de médiateur entre le duc de Guise et le roi de Navarre. La haine mortelle de ces deux personnages est le principe de la guerre. La religion de part et d'autre n'est qu'un prétexte. 628

Intrigues du duc de Guise à Blois pour augmenter son parti. Offres de service que fait le duc à de Thou. Refus motivé de celui-ci. Repartie du duc. 629

Renaud de Beaune porte la parole pour le clergé dans les états. Il s'élève contre la profusion du luxe, demande une réforme et cite l'exemple de la mère de de Thou. Usages de l'époque. Importation du carrosse sous François Ier. 629

De Thou revient à Paris. Son entrevue silencieuse avec le roi. Conclusions qu'il tire de ce silence extraordinaire. Intrigues du duc de Guise pour s'emparer de la citadelle d'Orléans. Embarras dans lequel l'indifférence du roi place ses serviteurs. Mesures que prend le gouverneur d'Orléans pour défendre la citadelle. 630

Il en fait confidence à de Thou, qui gagne à ce projet le cardinal de Vendôme, méprisé par les Guise. Le roi envoye des troupes à Orléans. Les

Parisiens envoient du secours et sont défaits; mais 1500 d'entre eux pénètrent dans la ville. On apprend à Paris l'assassinat du duc de Guise. Agitation à cette nouvelle. 631

1588 De Thou est surveillé de près par les ligueurs. Recherches qu'on fait chez lui. Il sauve un savant arrêté par les factieux. De Thou garde lui-même avec peine sa liberté. Sa femme est arrêtée et mise à la Bastille. De Thou change de logis toutes les nuits. Emigration parisienne. Madame de Thou s'échappe à la faveur d'un déguisement, ainsi que son époux. 632
Ses deux sauveurs sont pendus. 633

LIVRE QUATRIÈME.

1589 De Thou et son épouse se retrouvent chez le chancelier de Cheverny, qui avoit prédit la mort du duc de Guise. Le duc de Mayenne prend la citadelle d'Orléans. La ville se déclare pour lui. Les troupes royales sont partout maltraitées. Chartres se déclare pour la ligue. Danger de de Thou en cette ville. 633
Christine de Lorraine, fiancée au grand-duc de Toscane, l'invite à la suivre en Italie. Les ligueurs pressent Mayenne de faire arrêter de Thou. La lettre de Christine le sauve. Il obtient un passeport et se rend à Blois. Le roi, malade et abandonné de tout le monde, le fait mander auprès de lui. De Thou triomphe de sa répugnance à s'unir au roi de Navarre. Le traité se conclut. Le légat du pape s'y oppose et quitte la France. Le duc de Mayenne se refuse à toute conciliation. 634
Le légat du pape aurait pu pacifier la France. A Rome on condamne sa modération. Il devait allumer le feu de la révolte. En ce temps la douceur et la prudence sont des crimes. Henri de Bourbon, prince de Dombes, vient à la cour. Le roi vient à Tours. Il veut y établir un parlement pour l'opposer à celui de la ligue. On manque de président. De Thou est proposé.
Il refuse et force d'Espesses à accepter cette place. Schomberg va en Allemagne lever des troupes pour le roi. De Thou doit l'accompagner comme négociateur auprès de l'empereur et des autres princes. Les ligueurs leur ferment partout les chemins.

Leur but est d'obliger le roi à quitter la France. Schomberg revient à Blois. Infortune du roi de Portugal. Il se réfugie chez les protestans français. Les places du roi de Navarre sont la seule ressource de Henri III. Défaite du duc d'Aumale. Victoire de Coligny. Les Suisses s'avancent victorieux. 636
1589 Schomberg et de Thou vont à Saint-Jean-d'Angély. La veuve du prince de Condé y est arrêtée. Elle recommande ses deux orphelins à Schomberg et à de Thou. Traverses que leur suscite cette protection. Ambassade auprès d'Elisabeth d'Angleterre. Evénemens historiques à Castillon. Circonstances de la bataille de Coutras. Le jeune du Bartas, auteur des *Deux Semaines*, vient offrir ses services. Sa mort prématurée l'empêche de corriger son œuvre. 637
Schomberg recrute de nombreux partisans pour le roi. Description des lieux qu'il parcourt. 638
Manière curieuse dont les bergers du Gévaudan se procurent du gibier, au moyen des aigles. Ravages faits dans le Gévaudan pendant les guerres civiles. 639
Le roi ordonne à Schomberg de passer en Italie pour tirer de l'argent de Florence et de Venise. Lesdiguières assiégé et s'empare de Gap. Il prête de l'argent à Schomberg et à de Thou pour payer les Suisses. Le Château-Renard est emporté et le gouverneur pendu. Les habitans de Mérindol s'enfuient dans les Cevennes à l'approche de Schomberg et de sa suite. Naturel de ce peuple, restes des Albigeois et des Vaudois persécutés. 640
Schomberg et de Thou s'embarquent pour l'Italie. Leur réception à Gênes, malgré les Espagnols. De Thou tombe malade. Schomberg va incognito à Florence pour toucher l'argent promis. De Thou est chargé d'aller à Venise. Il voit à Tortone Christine de Danemark. Son arrivée à Venise le jour où s'y était répandue la nouvelle du meurtre de Henri III. On suspecte cette nouvelle. Trois jours après elle est confirmée. Douleur générale. Joie inespérée en apprenant que le roi de Navarre était reconnu. La république envoie féliciter Henri IV. Motifs sur lesquels elle appuie sa félicitation. 641
Le cardinal de Joyeuse est à

Venise pour protester par son absence contre la bulle de Sixte V contre Henri III. D'Ossat est avec le cardinal de Joyeuse. Poème que lui dédie de Thou. 642
1589 Le cardinal et d'Ossat retournent à Rome. De Thou vient à Padoue. Liaisons savantes qu'il y forme. Il s'enquiert des noms illustres dans les sciences dont la mémoire a vieilli en Italie et en Espagne, pour la faire revivre dans ses Annales. Ingratitude des deux nations. 643
De Thou et Schomberg se réunissent pour quitter l'Italie. Schomberg va en Allemagne. De Thou apprend à Coire les succès de Henri IV. Il s'embarque sur le lac, à Coire. Danger qu'il y court au milieu d'une tempête. 644
Passage à Zurich. Personnages qu'a produits cette ville. Rencontre inopinée avec Brulard de Sillery, ambassadeur de Henri IV. Traité sur pied en la Savoie et le canton de Berne. Les cinq petits cantons sont achetés par l'Espagne et la ligue. Comment les intérêts de Henri IV sont soutenus. On informe en Suisse contre les traîtres. Mort, pendant les guerres civiles, de Zwingle et Amerbach. De Thou arrive à Langres, qui s'est déclarée pour le roi. 645
Châteauvillain est maltraité par les ennemis. Raisons sur lesquelles le gouverneur fonde le succès définitif du roi. Un malheur particulier pressenti quatre ans d'avance. Combat de trois jours près de Châlons. Victoire et mort de Robert de Joyeuse. 646
De Thou fait son épitaphe. Il apprend le pillage de ses meubles à La Fère. Les faubourgs de Paris sont occupés par le roi. Meaux fournit des blés à la capitale. 647
Chartres tient toujours pour la ligue. Rencontre douloureuse que fait de Thou. Vers à cette occasion. Le roi est à Châteaudun. 648
De Thou lui rend compte de ses voyages. Le grand-duc de Toscane lui propose sa nièce pour épouse. Venise et les princes d'Italie souhaitent que le roi rentre dans la religion catholique. Réponse du roi. 649
Eloquence insinuante de ce prince. Marques de sensibilité. L'armée s'approche de Vendôme. Trahison et punition du gouverneur. Entrée triomphale du roi à Tours. De Harlay s'échappe de la

Bastille. Le Mans est assiégé. Ses faubourgs brûlent. Chagrin du roi. Message de de Thou auprès du duc de Nevers. 650

LIVRE CINQUIÈME.

1590 Villes nombreuses qui se rendent au roi. De Thou est chargé de surveiller le cardinal de Vendôme, entouré d'esprits dangereux. 650
Bataille d'Ivry. Chagrin du comte de Soissons. Conséquences de cette victoire. Les ligueurs poussent la guerre avec plus de fureur. Siége de Paris. Délais qu'occasione la bonté du roi. Il en profite pour mettre ordre à ses finances. Le chancelier de Cheverny est mandé pour le seconder. Saint-Denis est pris. Les Parisiens sont à l'extrémité. Clémence du roi. Le duc de Parme fait lever le siége. Maladie de de Thou. Le roi lui donne une garnison à Nantouillet. Il se retire à Tours avec le reste de ses meubles. Un parti ennemi l'en dépouille et emmène son épouse prisonnière. 651
Emplois différens auxquels le roi destine de Thou. Intrigues d'un tiers parti dont le cardinal de Vendôme se fait le chef. 652
1591 Siége de Chartres. Les ligueurs prennent Château-Thierry, et la Champagne leur envoie des vivres en abondance. Mauvaises dispositions des habitans de Tours envers le roi. Raisons de leur mécontentement. Chartres se rend. Le jeune duc de Guise s'évade de sa prison. Pratiques actives du tiers-parti. Ruses du roi pour le diminuer. Entreprise de ce parti sur Mantes pour surprendre le roi. 652
Conseil où l'on propose la révocation des édits que la ligue avait extorqués à Henri III, et une déclaration en faveur des protestans. Tactique du cardinal de Vendôme pour la faire échouer. Elle est adoptée, et de Thou est chargé de la faire vérifier en parlement. Henri IV demande de l'argent aux compagnies. 653
Mort de Jacques Amyot. Ouvrages de cet évêque. Opinion de de Thou sur le cumul des places. Le comte de Soissons est invité à se rendre au parlement pour la vérification de l'édit. 653
Pourquoi sa présence est nécessaire. Son refus. Le roi va recevoir les troupes qui viennent d'Allemagne. Siége de Rouen. Le roi y mande de Harlay et des députés du parlement. Sédition à Paris. Mort de trois magistrats. 654
1592 Le roi est blessé à la journée d'Aumale. Craintes et réflexions que cet accident fait naître. Le duc de Parme force Neufchâtel à capituler. Contestation au sujet du gouverneur Rebours. Le roi juge en faveur de Rebours. Comment il reçoit l'opinion du duc de Parme sur sa témérité. 654
Motifs qu'il donne pour la justifier. Sortie des assiégés. Perte sanglante des assiégeans. Biron rejette le malheur sur Grillon. Insolence de ce dernier en présence du roi. Belle modération de ce prince. Il maîtrise mieux sa colère que sa passion pour la volupté. Singulière conduite du maréchal de Biron pendant la contestation de Grillon avec le roi. Ce prince entretient les députés du parlement au sujet des excommunications du pape. Les parlemens de Châlons et de Tours condamnent ces bulles. Les évêques du parti du roi le pressent d'envoyer une députation à Rome. Opposition et défense du parlement. Pragmatique. Le parlement se réserve de connaître de toutes les bulles et dispenses envoyées de Rome. 655
Les prélats obtiennent d'envoyer à Rome. 655
Argent que de Thou apporte au roi. Plein pouvoir que le prince lui accorde. Il est sur le point de mourir en chemin. Il est atteint de la peste qui règne au camp devant Rouen. Joie que cause sa guérison. La cour vient à Chartres. Négociations du roi pour se réconcilier avec le pape. Appui de la république de Venise et du grand-duc de Toscane. 656
1593 Noyon est réduite à se rendre aux ligueurs. Arrivée à la cour de deux personnages importans. Manifeste du duc de Mayenne. 656
Réponse du roi à ce manifeste. Conférence entre les deux partis. Conclusion d'une trève. De Thou commence à écrire son Histoire. Comment il en recueillit les matériaux. Son caractère comme historien et comme homme public. 657
Ode à la Vérité. 658
Pressentiment des affaires que cette histoire lui attira.
La haine et la calomnie se déchaînent contre lui. Raisons qu'il en donne. Son Histoire est censurée à Rome. Opinion du cardinal Bellarmin. 662
1593 Frénésie du fanatisme à cette époque. 663

LIVRE SIXIÈME.

1594 Le roi se fait sacrer à Chartres. Il n'est point absous par le pape. Négociations secrètes avec Brissac sur la reddition de Paris. Le duc de Mayenne en reçoit avis par sa mère et le néglige. Brissac livre Paris. Ingratitude envers le parlement de Tours. François d'O en est l'auteur. Mort de ce personnage. Bannissement des jésuites. Peine qu'en conçoit de Thou. Charles, duc de Guise, fait sa paix avec le roi. De Thou quitte la cour. Ode à cette occasion. 664
1595 Ambassade vénitienne. De Thou est nommé ambassadeur à Venise. Mort de son oncle, dont il a la survivance. Nouveaux services qu'il rend à la famille de Condé. La princesse est inquiétée pour la mort équivoque de son mari. La calomnie dénature ses services. Il est disgracié. Edit en faveur des protestans. 665
Effet de cet édit. Circonstance qui alarme les protestans. Ils en demandent un autre. 666
1596 Siége de La Fère. Embarras du roi. De Thou est chargé de négocier avec les protestans. Il prévoit pour lui le danger de cette mission et refuse. Il va à Tours pour la paix du duc de Mercœur, en présence de sa sœur, veuve de Henri III. Douleur profonde de de Thou à la mort de Pierre Pithou. Il est sur le point d'abandonner son Histoire. 666
Lettre de de Thou à Casaubon. 667
1597 Les négociations avec le duc de Mercœur et les protestans sont sans succès. De Thou est forcé d'aller traiter avec ces derniers. Préparatifs de guerre contre Mercœur. Surprise d'Amiens. Effets de ce malheur sur les protestans. Le roi assiége Amiens. Efforts de de Thou pour amener les ducs de Bouillon et de La Trimouille à secourir le roi. 668
Ils refusent. Emploi de leurs forces. Les clauses avec les protestans sont convenues. Reprise d'Amiens. On négocie la paix avec l'Espagne. 669
1598 Le roi reçoit en grâce les ducs de Bouillon et de La Trimouille. Edit de Nantes. Aventure arrivée à Chinon à

TABLE DES MATIÈRES.

de Thou et à Colignon, tous deux négociateurs. 669
1598 Maison de Rabelais. Caractère de cet auteur. Crime de magie. Récit d'une conférence à ce sujet. 670
Côme Ruggieri est accusé d'assassinat par magie sur la personne du roi. De Thou l'interroge. Sa réponse et sa mise en liberté. Il donne un démenti à de Thou. 671
Traits de la vie et mort de Ruggieri. 672

1599 L'édit de Nantes mécontente les ligueurs. Délais pour sa vérification en parlement. Mort de Schomberg, du chancelier de Cheverny et de Pisani. 672
Condition imposée au roi par le pape en compensation de l'édit de Nantes. Négociations pour la publication du concile de Trente. Démarches du roi. De Thou rappelle l'opposition de Charles IX et même de Henri III. 673

1599 Discours du roi au parlement. Discours du président de Thou. 674
Réponse du roi. Débats subséquens. On renonce à la publication. 675
1600 Conférence célèbre entre le cardinal du Perron et Duplessis-Mornay. Expédition de Savoie. Réformation de l'université. Doctrines sur le régicide. 676
1601 De Thou perd son épouse. 676

MÉMOIRES DE JEAN CHOISNIN.

Lettre à Catherine de Médicis. L'intrigue et la corruption n'ont pas contribué à l'élection du roi de Pologne. Son nom seul a tout fait. 677

LIVRE PREMIER.

1571 Le projet de mariage entre la reine d'Angleterre et le duc d'Anjou est rompu. Premier moyen pour arriver à la couronne de Pologne. Deuxième moyen. Embarras de la reine mère sur le choix d'un négociateur. 678
1572 Le sieur de Balagny est choisi. Raisons de ce choix. Choisnin l'accompagne. Son itinéraire et sa réception dans les diverses cours. Peste universelle en Pologne. Le roi de Pologne se retire en Lithuanie. Séjour à Cracovie. Description des salines. 679
Maladie du roi. Défense de laisser entrer qui que ce soit. Comment les seigneurs polonais traitent Balagny. Caractère de ce peuple. Langue française en Pologne. 680
Mort du roi de Pologne. Intrigues de Balagny parmi les grands. L'archiduc Ernest aspire à la couronne. Funérailles du roi. 681
Balagny y est invité, afin qu'il en rende compte en France. Balagny revient en France et laisse Choisnin en Pologne. La Saint-Barthélemy nuit au duc d'Anjou. Choisnin en rejette le blâme sur le peuple. Partisans que gagne Balagny sur sa route. 682
Il demande une audience à l'infante de Pologne. Sa réponse. Elle est gardée en tutelle par les sénateurs. Balagny gagne son maître-d'hôtel. Itinéraire qu'il suit pour éviter la peste. Sa réception par la ville de Dantzick. Commerce de cette ville. Sa description. 683
Balagny passe par le Danemark, la Suède, la Norwége et l'Angleterre. 684

LIVRE SECOND.

1572 Le roi de France apprend la mort de Sigismond. Candidats à la couronne. 684
L'évêque de Valence est envoyé en Pologne. Il part huit jours avant la Saint-Barthélemy. Sa maladie 685
Aventure fabuleuse qui lui arrive en route. On le poursuit pour le tuer. Le gouverneur de Verdun le retient prisonnier. Comment il échappe à ce danger. Lettres du roi, de la reine et des princes à l'évêque de Valence. 686
Scaliger doit le rejoindre à Strasbourg, mais la Saint-Barthélemy le retient en Dauphiné. 688
Les chevaux et bagages de l'évêque de Valence sont saisis à Francfort. Motifs de cette saisie. Sa plainte au sénat. Sentence des sénateurs. 689
Conseils des sénateurs à l'évêque pour continuer son voyage. Accord qu'il fait avec un colonel de reîtres pour l'accompagner. Il apprend la prochaine assemblée des Polonais pour l'élection d'un roi. Ravages de la peste. 690
Le roi de Saxe est en Danemark. Comment l'évêque traverse la Saxe. Il évite de passer par la Silésie. Ses motifs. Prétexte préparé pour le retenir. L'évêque de Valence passe par le marquisat de Brandebourg. 691
Son arrivée en Pologne. Effet de la peste sur la Diète. On presse l'évêque de se trouver à la Diète. Présence des ambassadeurs de l'empereur. L'évêque de Valence écrit aux états. Accueil qui lui est fait chez deux seigneurs polonais. 692
Difficultés de l'entreprise. Influence de l'empereur. Rivalité du czar moscovite. Raisons qui militent en faveur du roi de Suède. Le duc de Prusse se met sur les rangs. Il est traversé par l'empereur. 693
1572 Mariage du duc. Cinquième parti pour le choix d'un roi polonais. Le Turc le favorise. Considérations pour et contre le duc d'Anjou. Les troubles de France plaident contre lui. 694
Perplexité de l'évêque de Valence. Moyen auquel il s'arrête. L'exécution en est retardée par la peste. La Diète change de séjour. Lettre de l'évêque aux états. 695
Puissantes raisons qu'elle contient. Plaintes contre les ambassadeurs de l'empereur. La noblesse se trouve offensée de leur négociation avec l'infante. 696
Saisie d'une correspondance où la nation est insultée. Contre-coup en faveur du duc d'Anjou. Nouvelle de la Saint-Barthélemy. Le nom français est abhorré. Message du sénat aux députés de l'empereur. L'ambassadeur de ce dernier est expulsé. L'empereur le désavoue. L'évêque de Valence pallie la Saint-Barthélemy. 697
Entretiens de l'évêque avec plusieurs seigneurs. 698
Sommaire de ses dépêches au roi de France. Il demande des mémoires sur la Saint-Barthélemy. Comment ses lettres sont reçues en Lithuanie. Motifs qu'il allègue contre la Moscovite et le roi de Suède. 699
Comment la Saint-Barthélemy est dépeinte en Pologne. Couleurs sous lesquelles y figurent le duc d'Anjou et le roi. Moyens que l'évêque emploie pour rétablir sa cause. Puissance de la petite noblesse dans la Diète. Un seigneur écrit en faveur du duc d'Anjou. 700

CHR. et MÉM. DIV. XVIe s.

50

TABLE DES MATIÈRES.

1572 Correspondance pénible de l'évêque de Valence. Singulière raison en faveur du duc. Les seigneurs l'engagent à ne gagner personne par promesses. Personnages qui favorisent son parti. 701
Lettre adressée à l'évêque de Valence. Prédiction qu'elle contient. Fautes qu'on reproche au négociateur. Ses réponses. Incertitude qui règne en Pologne sur le caractère du duc d'Anjou. Un seigneur qui avait vu le prince Ernest propose de venir en France pour voir le duc d'Anjou. 702
Particularité qui favorise l'évêque de Valence. L'évêque de Cracovie soutient le prince Ernest. L'évêque de Valence est invité à deux noces. Parti qu'il tire de cette circonstance. 703
Les ecclésiastiques viennent à lui. 704
1573 Convocation de la Diète. Le duc d'Anjou a pour ennemis les Français établis en Pologne. 704
Opinion diverse des députés et des sénateurs pour la tenue de la Diète et l'audition des ambassadeurs. La Lithuanie n'envoie point de députés. Elle semble favoriser le Moscovite. Ce dernier est en armes. 705
L'assemblée est fixée à Varsovie. Accusation de corruption. Justification. Fausses lettres en faveur du roi de Suède. L'infante découvre la supercherie. L'auteur est trouvé mort en prison. 706
Retour des ambassadeurs, avec réponse de la cour de France. Usage qu'en fait l'évêque de Valence. Rupture de la Diète. 707
Les partisans du duc d'Anjou ne veulent dire leur dernier mot qu'après avoir ouï les autres ambassadeurs. Différence de position entre les ambassadeurs français et ceux de l'empereur. Lettre d'un seigneur pour un Bohémien. 708
Intervention du pape. On fait courir le bruit que le duc d'Anjou est chargé de faire une Saint-Barthélemy en Pologne. L'état des choses jugé par le cardinal-légat. 709
Bruits que fait courir l'empereur. Arrivée du sieur de Lanssac, ambassadeur de France. Il est retenu prisonnier. Pourquoi. Diète particulière dans la Grande-Pologne. Lanssac est mis en liberté. 710
Personnages avec lesquels l'évêque de Valence le met en rapport. Vie de l'évêque à Connin. Insulte qui lui est faite. 711
1573 Conséquences de cette insulte. Générosité de l'évêque utile à sa cause. Difficultés que présente le prononcé de son discours. Il le fait traduire et distribue des exemplaires. 712
Il écrit en latin dix rames de papier. Arrivée à Varsovie. Dispute de préséance avec l'ambassadeur d'Espagne. Description de la Diète. 713
Ordre qu'on y tient. Objection du sénat et des évangéliques. Opinion des catholiques. Remontrances de l'évêque de Valence. 714
Nombre des compétiteurs. Le Moscovite est éliminé. Motif de son élimination. Puissance de chaque compétition. Ordre dans lequel sont entendus les ambassadeurs. 715
Ruse de l'évêque de Valence pour être entendu le dernier et connaître les objections de ses rivaux. Objections auxquelles il a à répondre. Il prononce un discours de trois heures. 716
Effet de ce discours. Acclamation publique. Particularités dont la superstition fait son profit. Publicité donnée au discours de l'évêque. Avantage que cette publicité lui donne sur les autres ambassadeurs. Caresses et empressement prodigués aux ambassadeurs français. 717
Activité des envoyés français. Mot d'un seigneur polonais au sujet de la religion du duc d'Anjou. 718
Refus de donner séance comme duc au duc de Prusse, et à deux autres. Ces derniers se retirent. Leur suite est attirée par les Mazovites pour le duc d'Anjou. On procède à l'élection le 3 mai. Proposition de renvoyer le cardinal Commendon. Motifs. Nombre et influence des gentilshommes mazovites. Avis de les licencier. On demande de différer l'élection jusqu'après la correction des lois. But de cette demande. Conséquences que tire l'évêque de ces diverses propositions. 719
Avis du sénat touchant le cardinal. Difficultés que suscite un colonel de ceux qui avaient arrêté l'évêque de Valence à Francfort. Moyens qu'il emploie et réponse de l'évêque. 720
Espion découvert. Lettre de la Sublime Porte à la Diète. Ce qu'elle recommande. Comment l'évêque de Valence en prévient l'effet. 721
1573 Opposition dangereuse des Mazovites et des Lithuaniens. Contre-protestation des évangéliques. Comment elle est reçue par les catholiques. Composition de ce différend par l'évêque de Valence. Pratiques pour le duc Ernest en Lithuanie. 722
Arrestation de l'abbé de Cyre, agent de l'empereur. Anecdote sur le pape Clément et le cardinal Colonna. A quel propos elle est rapportée. Entretien avec le palatin de Podolie. 723
Motifs qu'il oppose au duc d'Anjou. Nouvelle protestation des Mazovites. Ordonnance de renvoi des ambassadeurs. Remontrances de l'évêque de Valence, attendu son éloignement de la France. Les Mazovites prennent son parti. L'ordonnance est levée. Lieux de séjour assignés aux ambassadeurs. 724
Délais qu'apportent les ambassadeurs à leur départ. Sommation parlementaire du royaume. Menaces de la noblesse si on ne procède incontinent à l'élection. 725
Parodie comique de l'élection. Récit de l'élection. Puissance du parti français. Le duc d'Anjou est proclamé roi. Protestation du parti contraire. Raisons sur lesquelles elle s'appuie. 726
Difficultés sur la forme de la proclamation. Appréciation des services de l'évêque de Valence en cette occasion. 727
Discussion sur le pouvoir des ambassadeurs et sur l'adoption de divers articles. 728
Réponse de la petite noblesse à un de ces articles. Double serment exigé des ambassadeurs français. Proclamation en forme. Altération dans la rédaction des articles. Motif qui engage l'évêque de Valence à les signer. 729
Le maréchal de Pologne veut partir sans sceller le décret d'élection. Arrivée d'un ambassadeur turc. Il approuve l'élection du duc d'Anjou. Offres de service de la part du sultan. 730
Entretien de cet ambassadeur avec l'évêque de Valence. Réponse à ceux qui accusaient le duc d'Anjou de ne devoir son élection qu'au Grand-Seigneur. 731
Danger qu'eût offert l'élection du Moscovite. Résumé des raisons justificatives de l'élection. 732
Discours d'un castellan à l'électeur de Saxe. Lettre où l'évêque de Valence annonce au roi le résultat de sa négociation. 733

TABLE DES MATIERES.

1573 Lettre à la reine. Lettre au roi de Pologne. 734

LIVRE TROISIÈME.

Difficultés qui s'offrent à l'évêque de Valence pour son retour par l'Allemagne. 735
Sa maladie. Il attend les députés de Pologne. Refus de l'empereur et du duc de Saxe de leur donner passage. Mauvais traitemens dont est menacé l'évêque de Valence. Faute politique par laquelle on place le duc de Saxe dans une fausse position. 736
Controverse entre les députés. Nouvelle demande au duc de Saxe. Les députés et l'évêque de Valence viennent à Leipsick. Réponse du duc. Il les retient prisonniers dans cette ville. Tous les ressentimens tournent contre l'évêque. Il se justifie. Conseils qu'il donne. 737
1573 Honneurs qui lui sont rendus à Leipsick. Le duc de Saxe permet de passer outre. Dangers qu'eût entraînés la moindre faiblesse dans l'évêque de Valence. Comment il juge la position des princes d'Allemagne. Le landgrave de Hesse lui reproche de l'avoir compromis. L'évêque repousse cette calomnie. 738
Le landgrave lui demande un compte-rendu de l'élection pour l'envoyer à l'empereur. Lettre latine de l'évêque à ce sujet. 739
Traduction de cette lettre. 741

1573 Eloge de la Pologne. Son étendue. Ressources de ce pays. Commerce extérieur. Economie intérieure. Absence de monopoles. Caractère de la noblesse en ce pays. Ses mœurs. 744
Diversité de religion introduite par le feu roi. Union inaltérable malgré cette diversité. Haine de la guerre civile. Institution politique. Respect pour la personne de leur roi, quoique électif. Il n'y a en Pologne ni tailles ni impositions. Comparaison entre le revenu et les dépenses de la Pologne et de la France. Honneur qui revient à la France de l'élection du duc d'Anjou. 745

MÉMOIRES DE MATTHIEU MERLE,

BARON DE SALAVAS.

1568 Naissance du capitaine Merle. Il fait ses premières armes sous le duc d'Uzès, en Poitou. 747
1570 Il est écuyer de M. de Peyre après la paix. Il garde la maison de ce personnage dans le Gévaudan. 747
1572 Ce dernier assiste aux noces du roi de Navarre. Il est tué dans le massacre. Merle appelle ses amis près de lui. 747
1573 Il prend le Malzieu. La noblesse l'assiége. Ses procédés dans ce pays. 747
1574 Il donne l'assaut à Issoire et s'en empare. Le seigneur de La Guiche est son prisonnier. 747
1575 La noblesse d'Auvergne l'assiége dans Malet. Il disperse les assiégeans. 747
1576 La paix est faite. 747
Le roi de Navarre ordonne à Merle de remettre Issoire. 748
1577 Les troubles recommencent. Merle reprend le Malzieu. La ville d'Ambert se rend. Entreprise sur Saint-Flour. Comment les habitans les renvoient. Il soutient un siége à Ambert. Le duc d'Alençon marche contre Merle. Celui-ci abandonne Ambert, fortifie Issoire, et il y est assiégé par le duc. 748

1579 Merle surprend la ville de Mende. Coalition contre lui. Il est sommé de se rendre. Sa réponse. Rencontre avec ses ennemis. 748
1580 Mauvais tour qu'on lui joue à Mende. Sa vengeance. Prise du prince de Condé. Il s'échappe. Expédition qu'il ordonne à Merle. Celui-ci fait fondre la grande cloche de Mende. Succès de l'expédition. 749
Il assiége de Bedouès. Difficultés de l'entreprise. Le château est forcé de se rendre. Merle s'approprie le canon. Voyage de Genève. 750

FIN.

www.ingramcontent.com/pod-product-compliance
Lightning Source LLC
Chambersburg PA
CBHW071425300426
44114CB00013B/1325